bambinone

m ~ Badeanst... f ...tz-
Badeort *m*; ~
Bäderkunde *f*
balocc|are [b...
~ **qu** mit j-m...
halten; ~**arsi**... ...regel-
tändeln, die ... ...ildung
balocco [ba'l:...
Spielzeug *n.*
baloccone
Mensch *m*, de...

balordaggine [balor dau-dʒine] *f*
Tölpelei *f.*
balordo [ba'lordo] **1.** *adj.* dumm,
blöd; **2.** *m* Tölpel *m.*

Arabische Ziffern zur Unterteilung des Wortartikels

balsami|co [bal'sa:miko] (*pl. -ci*)
balsamisch; ~**na** [-sa'mi:na] *f* Balsamine *f.*
balsamo [balsamo] *m* Balsam *m.*
baltico [baltiko] (*pl. -ci*) baltisch.
baluardo [balu'ardo] *m* Bollwerk *n.*
baluginare [baludʒi'na:re] (1m)
aufblitzen.

Genusangabe beim italienischen und deutschen Substantiv

balza [baltsa] *f* Steilabhang *m*;
Kleidung: Falbel *f.*
balz|ana [bal'tsa:na] *f* weißer Streifen *m* am Fuß des Pferdes; *Kleidung:* Falbel *f*; ~**ano** [-'tsa:no] mit
weißem Streifen am Fuß (*vom Pferd*); *fig.* sonderbar; *cervello m*
~ Querkopf *m*; ~**are** [-'tsa:re] (1a)
springen; *Herz:* pochen; ~ **in piedi**
hochschnellen; ~**ellare** [-tsel-'la:re] (1b) hüpfen.

Präpositionale Konstruktion

Teilumschrift für die Aussprache des mit der Tilde gebildeten Stichwortes

balzello¹ [bal'tsel-lo] *m Jagdw.* Anstand *m.* [Abgabe *f.*]
balzello² [bal'tsel-lo] *m* Steuer *f*,
balzelloni [baltsel-'lo:ni] in großen
Sprüngen.

Hochzahlen (Exponenten) bei Stichwörtern mit gleicher Schreibung

balzo [baltso] *m* Sprung *m*; Abprall *m*, Rückprall *m*; Abhang *m*;
dare un ~ auffahren; *cogliere la palla al* ~ den Ball beim Rückprall
treffen; *fig.* die Gelegenheit beim
Schopfe ergreifen.

Hinweis auf übertragene Bedeutung

bamb|agia [bam'ba:dʒa] *f* Baumwolle *f*; ~**agino** [-ba'dʒi:no] baumwollen.
bamb|ina [bam'bi:na] *f kleines*
Mädchen *n*; ~**inaggine** [-bi'nad-dʒine] *f* Kinderei *f*; ~**inaia** [-bi-'na:ia] *f* Kinderfräulein *n*; ~**inata**
[-bi'na:ta] *f* Kinderei *f*; ~**inesco**
[-bi'nesko] (*pl. -chi*) kindisch.

Angabe der unregelmäßigen Pluralendung beim Adjektiv

bambino [bam'bi:no] **1.** *adj.* kindisch; **2.** *m kleines* Kind *n*; Junge *m*;
~ *Gesù* Jesuskind *n*; ~**ne** [-bi'no:ne]
m alberner junger Mann *m.*

Angabe der Wortart beim italienischen Stichwort

A B C D E F G H I J K L M N O P Q R S T U V W X Z

Langenscheidts Taschenwörterbuch
Italienisch

Langenscheidt Dizionario Tascabile
Italiano

Langenscheidt Dizionario Tascabile Italiano

Italiano-Tedesco
Tedesco-Italiano

Del

Prof. Dr. Vladimiro Macchi

e del

Dr. Walter Frenzel

LANGENSCHEIDT

BERLINO · MONACO · VIENNA
ZURIGO · NEW YORK

Langenscheidts Taschenwörterbuch Italienisch

Italienisch-Deutsch
Deutsch-Italienisch

Von

Prof. Dr. Vladimiro Macchi

und

Dr. Walter Frenzel

L

LANGENSCHEIDT

BERLIN · MÜNCHEN · WIEN
ZÜRICH · NEW YORK

Herausgegeben von der Langenscheidt-Redaktion

Auflage:	34.	33.	32.	31.	30.	Letzte Zahlen
Jahr:	2000	99	98	97	96	maßgeblich

© 1978 by Langenscheidt KG, Berlin und München
Druck: Graph. Betriebe Langenscheidt, Berchtesgaden/Obb.
Printed in Germany · ISBN 3-468-11181-9

Inhaltsverzeichnis
Indice

6

Vorwort

Die vorliegende Ausgabe des Taschenwörterbuchs Italienisch soll der im Laufe der letzten Jahre eingetretenen erheblichen Erweiterung des Wortschatzes – insbesondere in den Bereichen Naturwissenschaft und Technik, Verkehr, Wirtschaft und Politik – gerecht werden; dabei hat, angesichts der ständig gewachsenen Bedeutung des Handels zwischen Italien und den deutschsprachigen Ländern, der Wortschatz der Wirtschaftssprache besondere Berücksichtigung erfahren.

Unter den zahlreichen Neubildungen, die Aufnahme ins Wörterbuch gefunden haben, sind zu nennen: *Datenverarbeitung* (*elaborazione dei dati*), *Einbaumöbel* (*mobili componibili*), *Fahrerflucht* (*latitanza del conducente*), *Fernsprechauftragsdienst* (*servizio incarichi telefonici*), *Funksprechgerät* (*apparecchio radiotrasmittente*), *mehrstufig* (*pluristadio*), *Sprechanlage* (*citofono*) u.a.m.

Besonders berücksichtigt wurden auch die idiomatischen Redensarten; so findet man etwa im Teil I Italienisch-Deutsch die deutschen Entsprechungen italienischer Redensarten wie *non aver peli sulla lingua*, *menare il can per l'aia*, *cavarsela a buon mercato*, *promettere mari e monti*, im Teil II Deutsch-Italienisch die italienischen Entsprechungen für deutsche Redensarten wie *in Bausch und Bogen*, *sich etwas aus den Fingern saugen*, *auf Draht sein*, *ein langes Gesicht machen*, *den kürzeren ziehen* u.a.m.

Zahlreiche Ausdrücke und Wendungen der Umgangssprache wurden aufgenommen und je nach ihrer Gebrauchsebene durch ein F (= familiär), P (= populär) oder V (= vulgär) im Deutschen und entsprechend im Italienischen von der Hochsprache abgehoben.

Die Aussprache ist in der Lautschrift der Association Phonétique Internationale angegeben.

In den Anhängen zu beiden Teilen des Wörterbuchs sind in besonderen Verzeichnissen zusammengestellt: die wichtigsten italienischen und deutschen Eigennamen und Abkürzungen, italienische bzw. deutsche Deklinations- und Konjugationsmuster, Zahlwörter, Maße und Gewichte sowie Buchstabieralphabete.

LANGENSCHEIDT

Prefazione

La presente edizione del Dizionario Tascabile Italiano-Tedesco si è arricchita, nei limiti consentiti dalla mole di un dizionario tascabile, di voci entrate in uso in questi ultimi anni, riguardanti in modo particolare le scienze naturali e la tecnica, i trasporti, l'economia e la vita politica. In considerazione della sempre maggiore importanza delle relazioni commerciali tra l'Italia e i paesi di lingua tedesca è stata dedicata cura particolare al lessico del linguaggio dell'economia.

Alcuni esempi a titolo illustrativo dei numerosi neologismi accolti in quest'edizione: *elaborazione dei dati* (*Datenverarbeitung*), *mobili componibili* (*Einbaumöbel*), *latitanza del conducente* (*Fahrerflucht*), *servizio incarichi telefonici* (*Fernsprechauftragsdienst*), *apparecchio radiotrasmittente* (*Funksprechgerät*), *pluristadio* (*mehrstufig*), *citofono* (*Sprechanlage*) e molti altri.

Molta importanza è stata data anche alle espressioni idiomatiche e l'utente non cercherà invano nella prima parte italiano-tedesco le corrispondenze tedesche a: *non aver peli sulla lingua, menare il can per l'aia, cavarsela a buon mercato, promettere mari e monti,* oppure nella seconda parte tedesco-italiano le corrispondenze italiane per i modi di dire tedeschi come: *in Bausch und Bogen, sich etwas aus den Fingern saugen, auf Draht sein, ein langes Gesicht machen, den kürzeren ziehen* e altri.

Sono pure stati assunti in gran numero termini ed espressioni della lingua parlata. Essi vengono contraddistinti, secondo il lore livello d'uso, da una F (= familiare), P (= popolare) oppure V (= volgare).

La pronuncia dei lemmi viene indicata secondo l'alfabeto dell'Associazione fonetica internazionale.

Nell'appendice della prima parte così come in quello della seconda parte del dizionario vengono riportati gli elenchi dei nomi propri e delle abbreviazioni di uso comuni in Italia e in Germania, i paradigmi di declinazione e coniugazione sia della lingua italiana che di quella tedesca, le tabelle dei numerali, delle misure e dei pesi, così come gli alfabeti telefonici.

LANGENSCHEIDT

Teil I

Italienisch-Deutsch

Von

Prof. Dr. Vladimiro Macchi

Hinweise zum Teil Italienisch-Deutsch
Istruzioni per l'uso della parte italiano-tedesco

1. **Die alphabetische Anordnung** ist überall streng eingehalten. An alphabetischer Stelle sind auch angegeben:

   a) die unregelmäßigen Formen der Zeitwörter, des Komparativs und des Superlativs;

   b) die verschiedenen Formen der Fürwörter.

2. **Rechtschreibung.** Für die Schreibung der italienischen Wörter diente als Norm die Schreibweise der gebräuchlichsten italienischen Wörterbücher, für die deutschen Wörter die Rechtschreibung nach Duden.

3. **Phonetische Angaben.**

   a) Die Aussprache der Stichwörter wird in eckigen Klammern durch die Zeichen der A.P.I. angegeben (s. S. 15).

   b) In den Tabellen der Zahlwörter, der Konjugation der italienischen Verben und in dem Verzeichnis der italienischen Eigennamen wird die Betonung durch Akzent angegeben, wenn sie nicht, wie meistens, auf der vorletzten Silbe liegt, z. B. *Austria, Canadà.*

   Um eine falsche Betonung zu vermeiden, sind auch die Wörter auf -*ia* mit Akzent versehen, wenn der Ton auf dem *i* liegt, z. B. *Albanìa, Marìa.*

   Liegt die Betonung eines Wortes auf einem *e* oder *o*, so wird sie durch *accento acuto* (´) angegeben, falls der betreffende Vokal geschlossen auszusprechen ist; soll er offen ausgesprochen werden, so wird er mit einem *accento grave* (`) versehen, z. B. *Róma, Antònio; Stèfano, Tévere.*

4. **Tilde und Strich.** Abgeleitete und zusammengesetzte Wörter sind zwecks Raumersparnis oft zu Gruppen vereinigt.

1. **L'ordine alfabetico** è stato osservato rigorosamente. Occupano il loro posto anche:

   a) le forme irregolari dei verbi, del comparativo e del superlativo;

   b) le diverse forme dei pronomi.

2. **Ortografia.** Per le parole italiane è servita di norma l'ortografia dei dizionari italiani più usati, per le parole tedesche, l'ortografia del Duden.

3. **Indicazioni fonetiche.**

   a) La pronuncia dei singoli lemmi viene indicata in parentesi quadre per mezzo dei segni dell'alfabeto dell'Associazione fonetica internazionale (v. pag. 15).

   b) Nei prospetti dei numerali, delle coniugazioni dei verbi italiani e nell'elenco dei nomi propri usati in Italia la sillaba tonica viene indicata per mezzo dell'accento con le parole tronche, sdrucciole e bisdrucciole, per es. *Austria, Canadà.*

   Per evitare incertezze si segna l'accento anche con le parole in -*ia* con la *i* tonica, per es *Albanìa, Marìa.*

   Se l'accento di una voce cade sulla vocale *e* od *o*, questa viene contrassegnata con l'accento acuto, se è chiusa; con l'accento grave, se è aperta, per es. *Róma, Antònio; Stèfano, Tévere.*

4. **Tilde e sbarra verticale.** Per ragioni di spazio sono stati spesso riuniti in gruppo i derivati e le voci composte.

Der senkrechte Strich (|) im ersten Stichwort einer solchen Gruppe trennt den Teil ab, der allen folgenden Wörtern dieser Gruppe gemeinsam ist.

Die fette Tilde (~) vertritt entweder das ganze erste Stichwort einer Gruppe oder den vor dem senkrechten Strich (|) stehenden Teil dieses Stichworts.

Die einfache Tilde (~) vertritt in den Beispielen das betreffende Stichwort.

Die Tilde mit Kreis (≗, ≗) steht, wenn sich der Anfangsbuchstabe ändert (klein in groß oder umgekehrt).

Beispiele: **banco, ~giro** = bancogiro; **ben|tornato, ~venuto** = benvenuto; **bibli|ofilo, ~oteca,** ~ circolante = biblioteca circolante; **stato,** ≗ m = Stato.

La sbarra verticale (|) nella prima voce del gruppo segna l'elemento iniziale comune a tutte le parole del gruppo.

La tilde in nero (~) può sostituire o tutta intera la voce che apre il gruppo o la parte che precede la sbarra verticale (|).

La tilde in tondo (~) sostituisce negli esempi tutto il lemma a cui si riferisce.

La tilde con cerchietto (≗, ≗) indica il passaggio dalla lettera iniziale minuscola in maiuscola o viceversa.

Esempi: **banco, ~giro** = bancogiro; **ben|tornato, ~venuto** = benvenuto; **bibli|ofilo, ~oteca,** ~ circolante = biblioteca circolante; **stato,** ≗ m = Stato.

5. **Wörter von gleicher Schreibung,** aber verschiedener Abstammung sind getrennt aufgeführt und mit [1], [2] usw. bezeichnet worden, z. B. **botta[1]** f Schlag m; **botta[2]** f Kröte f.

5. **Voci con la stessa grafia** ma di etimologia diversa vengono trattate come voci distinte e sono contrassegnate con l'esponente (...[1], ...[2] ecc.), per es. **botta[1]** f Schlag m; **botta[2]** f Kröte f.

6. **Runde Klammern.** Wenn in einem italienischen Wort einzelne Buchstaben in runden Klammern stehen, so handelt es sich um zwei unterschiedslos gebräuchliche Formen, z. B. **maomett(an)ismo** = maomettismo und maomettanismo.

6. **Parentesi.** Quando in un lemma italiano vengono chiuse in parentesi una o più lettere, si tratta di più forme usate senza distinzione di significato, per es. **maomett(an)ismo** = maomettismo e maomettanismo.

7. **Flexion der Verben.** Bei jedem italienischen Verb weisen die in runden Klammern stehenden Zahlen und Buchstaben – z. B. amare (1a), finire (4d) – auf das entsprechende Konjugationsmuster hin (s. S. 621–638).

7. **Coniugazione dei verbi.** I numeri e le lettere, in parentesi, accanto ai singoli verbi, per es. amare (1a), finire (4d), si riferiscono ai paradigmi delle coniugazioni (v. pag. 621–638).

8. **Die Rektion der Verben** ist nur da angegeben, wo sie in beiden Sprachen verschieden ist. Deutsche Präpositionen sind überall mit der Kasusangabe versehen, z. B. **ricordarsi** sich erinnern (di an acc.).

8. **La reggenza dei verbi** si indica solo quando ci siano differenze fra le due lingue. Alle preposizioni tedesche segue sempre l'indicazione del caso che reggono, per es. **ricordarsi** sich erinnern (di an acc.).

9. **Bedeutung.** Die einzelnen Bedeutungen eines Stichwortes werden durch Zahlen oder – im allgemeinen – durch ein Semikolon voneinander getrennt. Die Bedeutungsunterschiede ein und desselben Wortes sind gekennzeichnet:

9. **I significati.** I singoli significati di una voce sono separati l'uno dall'altro per mezzo di numeri o, più spesso, per mezzo di un punto e virgola e vengono specificati:

a) durch Zeichen und Abkürzungen (s. S. 13–14),	a) per mezzo di simboli o abbreviazioni (v. pag. 13–14),
b) durch vorgesetzte Objekte,	b) per mezzo di complementi diretti o indiretti,
c) durch Zusatz des Subjekts.	c) per mezzo dell'aggiunta del soggetto.

Abkürzungen zum Teil Italienisch-Deutsch
Abbreviazioni nella parte italiano-tedesco

1. Zeichen – Simboli

F	familiär, *familiare*.	△	Baukunst, *architettura*.
P	populär, Volkssprache, *popolare*.	⚡	Elektrizität, Elektrotechnik, *eletricità, elettrotecnica*.
V	vulgär, unanständig, *volgare*.		
✗	Bergbau, *industria mineraria*.	⚖	Rechtswissenschaft, *diritto, giurisprudenza*.
✿	Pflanzenkunde, *botanica*.		
⊕	Technik, *tecnica*.	✗	Ackerbau, *agricoltura*.
✗	militärisch, *militare*.	🜍	Chemie, *chimica*.
⚓	Schiffahrt, *navigazione*.	✱	Medizin, *medicina*.
✝	Handel, *commercio*.	A̶	Mathematik, *matematica*.
✉	Postwesen, *poste*.	✈	Flugwesen, *aeronautica*.
🚂	Eisenbahn, *ferrovie*.	⚏	wissenschaftlich, *scientifico*.
♪	Musik, *musica*.	=	gleich, *eguale*.

2. Abkürzungen – Abbreviazioni

a.	auch, *anche*.	*conj.*	Konjunktiv, *congiuntivo*.
adj.	Adjektiv, *aggettivo*.	*cs.*	in cattivo senso, in schlechtem Sinne.
Abk.	Abkürzung, *abbreviazione*.		
abs.	absolut, *assoluto*.	*dat.*	Dativ, *dativo*.
abstr.	abstrakt, *astratto*.	*dim.*	Diminutiv, *diminutivo*.
acc.	Akkusativ, *accusativo*.	*ds.*	dies, dieses, *ciò, questo*.
adv.	Adverb, *avverbio*.	*ea.*	}
allg.	allgemein, *generalmente*.	*ea.*	} einander, *l'un l'altro*.
Anat.	Anatomie, *anatomia*.	*e-e*	}
Apoth.	Apothekerkunst, *farmaceutica*.	*e-e*	} eine, *una*.
art.	Artikel, *articolo*.	*ehm.*	ehemals, *anticamente*.
Artill.	Artillerie, *artiglieria*.	*Eign.*	Eigenname, *nome proprio*.
Astr.	Astronomie, *astronomia*.	*e-m*	}
Auto	Automobilwesen, *automobilismo*.	*e-m*	} einem, *a un(o)*.
		e-n	}
bibl.	biblisch, *biblico*.	*e-n*	} einen, *un(o) (accusativo)*.
Bill.	Billard, *biliardo*.	*e-r*	}
bsd.	besonders, *specialmente*.	*e-r*	} einer, *di una, a una*.
bursch.	burschikos, *studentesco, libero*.	*e-s*	}
Chir.	Chirurgie, *chirurgia*.	*e-s*	} eines, *di un(o)*.
cj.	Konjunktion, *congiunzione*.	*et.*	}
compr.	Komparativ, *comparativo*.	*et.*	} etwas, *qualche cosa*.
coll.	kollektiv, *collettivo*.	*f*	Femininum, *femminile*.

14

Fechtk.	Fechtkunst, *scherma.*	*n*	Neutrum, *neutro.*
Fernspr.	Fernsprechwesen, *comunicazioni telefoniche.*	*n/pl.*	Neutrum Pluralis, *neutro plurale.*
		od.	oder, *oppure.*
fig.	in figürlichem Sinne, *in senso figurato.*	*Path.*	Pathologie, *patologia.*
		pfr.	*più forte,* stärker.
f/pl.	Femininum Pluralis, *femminile plurale.*	*Phil.*	Philosophie, *filosofia.*
		Phot.	Photographie, *fotografia.*
gen.	Genitiv, *genitivo.*	*Phys.*	Physik, *fisica.*
Geogr.	Geographie, *geografia.*	*Physiol.*	Physiologie, *fisiologia.*
Geol.	Geologie, *geologia.*	*pl.*	Plural, *plurale.*
ger.	Gerundium, *gerundio.*	*poet.*	poetisch, *poetico.*
Ggs.	im Gegensatz zu ..., *in contrapposizione a ...*	*Pol.*	Politik, *politica.*
		p.p.	Partizipium Perfekti, *participio passato.*
Gram.	Grammatik, *grammatica.*		
Gymn.	Gymnastik, *ginnastica.*	*p.pr.*	Partizipium Präsentis, *participio presente.*
h.	haben, *avere.*		
Heral.	Heraldik, *araldica.*	*pr.*	Präsens, *presente.*
inf.	Infinitiv, *infinito.*	*p.r.*	*passato remoto,* Historisches Perfekt.
inv.	invariabel, *invariabile.*		
iro.	ironisch, *ironico.*	*pron.*	Pronomen, *pronome.*
j., j.	jemand, *qualcuno.*	*prov.*	Provinzialismus, *provincialismo.*
Jagdw.	Jagdwesen, *caccia.*	*prp.*	Präposition, *preposizione.*
j-m *j-m*	jemandem, *a qualcuno.*	*Psych.*	Psychologie, *psicologia.*
		qc.	*qualche cosa,* etwas.
j-n *j-n*	jemanden, *qualcuno* (acc.).	*qu.*	*qualcuno,* jemand, jemanden.
		Radio	Radio, *radio.*
j-s *j-s*	jemandes, *di qualcuno.*	*refl.*	reflexiv, *riflessivo.*
		Rel.	Religion, *religione.*
Kartensp.	Kartenspiel, *gioco delle carte.*	*s.*	siehe, *vedi.*
Kinderspr.	Kindersprache, *linguaggio dei bambini.*	*su.*	Substantiv (steht hinter Wörtern beiderlei Geschlechts, *sta dopo parole di genere comune*), *sostantivo.*
Kochk.	Kochkunst, *arte culinaria.*		
lit.	literarisch, gehoben, *letterario.*		
Lit.	Literatur(wissenschaft), *letteratura.*	*S.*	Seite, *pagina.*
		Schach	Schachspiel, *gioco degli scacchi.*
m	Maskulinum, *maschile.*	*scherzh.*	scherzhaft, *scherzoso.*
Mal.	Malerei, *pittura.*	*sg.*	Singular, *singolare.*
m-e *m-e*	meine, *la mia.*	*Skulp.*	Skulptur, *scultura.*
		s-m *s-m*	seinem, *al suo.*
Min.	Mineralogie, *mineralogia.*		
m-m *m-m*	meinem, *al mio.*	*sn*	sein, *essere.*
		s-n *s-n*	seinen, *il suo* (acc.).
m-n *m-n*	meinen, *il mio* (acc.).	*Spiel*	Spiel, *gioco.*
Mot.	Motor, *motori.*	*Sport*	Sport, *sport.*
m/pl.	Maskulinum Pluralis, *maschile plurale.*	*s-r* *s-r*	seiner, *della sua, alla sua.*
m-r *m-r*	meiner, *della mia, alla mia.*	*s-s* *s-s*	seines, *del suo.*
m-s *m-s*	meines, *del mio.*	*sup.*	Superlativ, *superlativo.*
		Tel.	Telegraph, *telegrafo.*
mst *mst*	meist, *per lo più.*	*Tennis*	Tennis, *tennis.*
		Thea.	Theater, *teatro.*
Myth.	Mythologie, *mitologia.*	*Tierheilk.*	Tierheilkunde, *veterinaria.*

Typ.	Typographie, *tipografia.*		*sitivo.*
u.	und, *e.*	*vgl.*	vergleiche, *confronta.*
unpers.	unpersönlich, *impersonale.*	*Wasserb.*	Wasserbau, *idraulica.*
usw. }		*z. B.*	zum Beispiel, *per esempio.*
usw. }	und so weiter, *eccetera.*	*Zeichenk.*	Zeichenkunst, *disegno.*
v.	von, vom, *di.*	*Zool.*	Zoologie, *zoologia.*
v/i.	intransitives Verb, *verbo intran-*	*zs.*	zusammen, *insieme.*
	sitivo.	*Zssg(n)*	Zusammensetzung(en), *com-*
v/t.	transitives Verb, *verbo tran-*		*posto (composti).*

Erklärung der italienischen Aussprache

Die Aussprachebezeichnung ist in der Lautschrift der Association Phonétique Internationale wiedergegeben.

A. Allgemeines

1. Der Akzent (') wird vor die betonte Silbe gesetzt, ausgenommen wenn er auf die erste Silbe fällt: telefono [te'lɛ:fono] *Telefon*, pensare [pen'sa:re] *denken*; aber: fare [fa:re] *tun.*

2. Doppelkonsonanten werden durch einen Bindestrich getrennt, um auszudrücken, daß sie wie zwei Konsonanten gesprochen werden:
   raffreddare [raf-fred-'da:re] *erkälten*, raccapricciare [rak-kaprit-'ʃa:re] *schaudern.*

B. Die Lautzeichen

1. Die Vokale

[a] kurzes helles a wie in **L**a**st**:
pietà [pie'ta] *Mitleid*, agosto [a'gosto] *August.*

[a:] langes helles a wie in s**a**gen:
animo [a:nimo] *Gemüt*, pensare [pen'sa:re] *denken.*

[e] kurzes geschlossenes e wie in **B**eruf:
vendere [vendere] *verkaufen*, generale [dʒene'ra:le] *allgemein.*

[e:] langes geschlossenes e wie in **S**ee:
vena [ve:na] *Vene*, seno [se:no] *Busen.*

[ɛ] kurzes offenes e wie in **ä**ndern:
inerte [i'nɛrte] *untätig*, indigenza [indi'dʒɛntsa] *Not.*

[ɛ:] langes offenes e wie in w**ä**hrend:
collega [kol-'lɛ:ga] *Kollege*, ebbene [eb-'bɛ:ne] *nun.*

[i] kurzes i wie in **I**dee:
invitare [invi'ta:re] *einladen*, vigilare [vidʒi'la:re] *wachen.*

[i:] langes i wie in **W**ie**ge**:
fine [fi:ne] *Ende*, sentire [sen'ti:re] *fühlen.*

[o] kurzes geschlossenes o wie in **M**o**ral**:
orario [o'ra:rio] *Stundenplan*, notorietà [notorie'ta] *Bekanntheit.*

[o:] langes geschlossenes o wie in **O**fen:
ora [o:ra] *Stunde*, grifone [gri'fo:ne] *Greif.*

[ɔ] kurzes offenes o wie in **W**o**lle**: costa [kɔsta] *Rippe*, notte [nɔt-te] *Nacht.*

[ɔ:] langes offenes o wie in **N**orden:
rosa [rɔ:za] *Rose*, noto [nɔ:to] *bekannt.*

[u] kurzes u wie in r**u**hig:
nutrire [nu'tri:re] *nähren*, purità [puri'ta] *Reinheit.*

[u:] langes u wie in Sch**u**le:
puro [pu:ro] *rein*, nudo [nu:do] *nackt.*

[y] = ü; [œ] vzw. [ø] = offenes bw. geschlossenes ö; [ɛ̃] bzw. [õ] = nasaliertes e bzw. o.

2. Die Konsonanten

[r] mit der Zungenspitze gerolltes r: rotolare [roto'laːre] *rollen*, ritirare [riti'raːre] *zurückziehen*.

[s] stimmloses s wie in Ha**s**t: senso [sɛnso] *Sinn*, salsa [salsa] *Soße*.

[z] stimmhaftes s wie in **S**onne: rosa [rɔːza] *Rose*, tesi [tɛːzi] *These*.

[ʃ] Zischlaut wie deutsches sch in **sch**ön: sciocco [ʃɔk-ko] *dumm*, scena [ʃɛːna] *Szene*.

[v] wie deutsches w in **W**eg: vaso [vaːzo] *Gefäß*, valvola [valvola] *Ventil*.

[ŋ] wie deutsches n vor g oder k in Me**n**ge, A**n**ker: stanco [staŋko] *müde*, lungo [luŋgo] *lang*.

[ɲ] mouilliertes n, wie der französische Schmelzlaut gn in Ko**gn**ak: cagna [kaɲa] *Hündin*, maligno [ma'liːɲo] *böse*.

[ʎ] mouilliertes l, wie im deutschen Fremdwort „bri**ll**ant": figlia [fiːʎa] *Tochter*, famiglia [fa'miːʎa] *Familie*.

Konsonantengruppen:

[ts] wie deutsches z in **Z**ahn: zitto [tsit-to] *still*, zucca [tsuk-ka] *Kürbis*.

[dz] wie d mit weichem s: zero [dzeːro] *null*, zigzag [dzig'dzag] *Zickzack*.

[tʃ] t mit deutschem sch, wie in **Tsch**ako: cima [tʃiːma] *Gipfel*, cencio [tʃentʃo] *Lumpen*.

[dʒ] d mit französischem j (wie in **J**amais): già [dʒa] *schon*, gengiva [dʒen-'dʒiːva] *Zahnfleisch*.

A

A, a [a] *f u. m* A, a *n*.

a [a] *prp.* **1.** *örtlich, Nähe, Richtung*: *a Roma* in Rom; *a tre metri di distanza* auf drei Meter Entfernung; *al sole* an der Sonne; *a casa* zu Hause; *a letto* zu Bett; **2.** *Bewegung*: *andare a Roma* nach Rom reisen; *andare a casa* nach Hause gehen; *andare alla finestra* ans Fenster gehen; **3.** *zeitlich*: *a che ora* um wieviel Uhr; *alle quattro* um vier (Uhr); *a Natale* zu Weihnachten; *a maggio* im Mai; *a venti anni* mit zwanzig Jahren; *a giorni, a settimane, a mesi* auf Tage, Wochen, Monate; *mille lire al mese* tausend Lire im Monat; *oggi a otto* heute in acht Tagen; *a cavallo fra due secoli* um die Jahrhundertwende; **4.** *Art und Weise*: *a piedi* zu Fuß; *alla moda* nach der Mode; *a tradimento* heimlich; hinterrücks; *macchina a vapore* Dampfmaschine *f*; *al burro Kochk.* mit Butter angerichtet; *a volta di corriere* umgehend; *a contanti bar*; *a gambe larghe* breitbeinig; **5.** *Werkzeug, Mittel*: *ricamato a mano* mit der Hand gestickt; *prendere all'amo* mit der Angel fangen; *fatto a macchina* maschinell hergestellt; **6.** *Aufeinanderfolge*: *a due a due* zu zweien; *a poco a poco* nach und nach; *a passo a passo* Schritt für Schritt; *al metro* pro Meter; **7.** *Preis*: *a che prezzo* zu welchem Preis; *mille lire al metro* tausend Lire der Meter; **8.** *Zweck, Bestimmung*: *a tuo danno* zu deinem Schaden; *a suo rischio* auf seine Gefahr; **9.** *entferneres Objekt, deutscher Dativ*: *al signor N.N.* an Herrn N.N.; *l'ho dato a tua madre* ich habe es deiner Mutter gegeben.

a' = ai.

abaca [a:baka] *f* (*pl.* -che) Manilahanf *m*, Abakapflanze *f*.

abate [a'ba:te] *m* Abt *m*.

abat-jour [aba'ʒu:r] *m* Lampenschirm *m*; Tischlampe *f*.

abbacchi|are [ab-bak-ki'a:re] (1g) Nüsse abschlagen; ✝ verramschen; **~ato** [-ki'a:to] niedergeschlagen, traurig; **~atura** [-kia'tu:ra] *f* Abschlagen *n*.

abbacchio [ab-'bak-kio] *m* (*pl.* -cchi) *Kochk.* Lamm *n*.

abbacinare [ab-batʃi'na:re] (1m) blenden, blind machen.

abbaco [ab-bako] *m* (*pl.* -chi) Rechenbuch *n*.

abbadessa [ab-ba'des-sa] *f* Abtissin *f*.

abbagli|amento [ab-baʎʎa'mento] *m* Blendung *f*; **~ante** [-'ʎante] **1.** *adj.* blendend; **2.** *m Auto*: Fernlicht *n*; **~are** [-'ʎa:re] (1g) blenden; **~arsi** [-'ʎarsi] trübe werden; **~ato** [-'ʎa:to] geblendet.

abbaglio [ab-'baʎo] *m* (*pl.* -gli) Versehen *n*; *prendere un ~* sich irren.

abbai|amento [ab-baia'mento] *m* Bellen *n*; **~are** [-'a:re] (1i) bellen, *Hund*: anschlagen; *~ dalla fame* den Magen knurren hören; *~ alla luna* sich umsonst aufregen; *non trova un cane che le abbai* keiner beißt bei ihr an; **~ata** [-'a:ta] *f* Gebell *n*.

abbaino [ab-ba'i:no] *m* Dachfenster *n*, Dachluke *f*; Dachstube *f*.

abbaio¹ [ab-'ba:io] *m* Bellen *n*.

abbaio² [ab-ba'i:o] *m fortwährendes* Gebell *n*.

abballare [ab-bal-'la:re] (1a) zusammenballen.

abbambolato [ab-bambo'la:to] schlaftrunken.

abbandon|are [ab-bando'na:re] (1a) verlassen, im Stich lassen; ✝ überlassen; *Kopf* sinken lassen; *Plan, Boxsport* aufgeben; *Zügel* fahrenlassen; *Tennis*: zurückziehen; *~ un partito* von einer Partei abfallen; **~arsi** [-'narsi] umsinken; den Mut sinken lassen; sich e-r *Leidenschaft* hingeben; **~ato** [-'na:to] **1.** *part.* ~ *dai medici* von den Ärzten aufgegeben; **2.** *m* Verlassene(r) *m*; Findelkind *n*.

abbandono [ab-ban'do:no] *m* Verlassen *n*; Überlassung *f*; Aufgabe *f*;

Rel. Hingabe *f; nell'~* in der Verlassenheit; *lasciare in ~* verlassen; *andare in ~* in Verfall geraten.

abbarbagliare [ab-barba'ʎa:re] (1g) blenden.

abbarbicarsi [ab-barbi'karsi] (1m *u.* d) Wurzel fassen; *fig.* Fuß fassen.

abbaruff|are [ab-baruf-'fa:re] (1a) verwirren; **~arsi** [-'farsi] sich raufen; sich streiten.

abbass|amento [ab-bas-sa'mento] *m* Senken *n*; Herablassen *n*; Sinken *n der Preise usw.*; Senkung *f*; Herabsetzung *f; fig.* Erniedrigung *f*; **~are** [-'sa:re] (1a) herunter-, herablassen; *Preis* herabsetzen; *fig.* erniedrigen; *~ la voce* leise reden; *~ le armi* die Waffen strecken; *fig. ~ la testa* sich beugen; **~arsi** [-'sarsi] sinken; fallen; niedergehen; sich bücken; *Preis:* sinken; *fig.* sich erniedrigen.

abbasso [ab-'bas-so] unten; hinunter; herunter; *~ ...!* nieder mit ...!

abbastanza [ab-bas'tantsa] **1.** *adj.* genügend, ausreichend; **2.** *adv.* genug; ziemlich.

abbatt|ere [ab-'bat-tere] (3a) niederwerfen; *fig.* niederschlagen; *Bäume* fällen; *Haus* niederreißen; ➤ abschießen; **~ersi** [-si] verzagen; zusammenbrechen; *~ in qu.* j-m zufällig begegnen.

abbattimento [ab-bat-ti'mento] *m* Niederschlagen *n; fig.* Niedergeschlagenheit *f*.

abbattut|a [ab-bat-'tu:ta] *f* Kahlschlag *m*; ⚓ Abfallen *n*; **~o** [-to] *adj.* niedergeschlagen.

abbatuffolare [ab-batuf-fo'la:re] (1n) zusammenballen.

abbazia [ab-ba'tsi:a] *f* Abtei *f*; Abteikirche *f*.

abbecedario [ab-betʃe'da:rjo] *m* (*pl. -ri*) Abc-Buch *n*, Fibel *f*.

abbell|imento [ab-bel-li'mento] *m* Verschönerung *f*; ♪ Verzierung *f*; **~ire** [-'li:re] (4d) verschönern; **~irsi** [-'lirsi] sich schönmachen; **~itore** [-li'to:re] *m fig.* Schönfärber *m*; **~itura** [-li'tu:ra] *f* Verschönerung *f*.

abbever|are [ab-beve'ra:re] (1m) tränken; **~arsi** [-'rarsi] trinken; **~atoio** [-ra'to:io] *m* (*pl. -oi*) Tränke *f*.

abbi [ab-bi], **abbia** [-bia] *s. avere*.

abbicare [ab-bi'ka:re] (1d) aufhäufen.

abbiccì [ab-bit-'tʃi] *m inv.* Abc *n*.

abbiente [ab-bi'ɛnte] wohlhabend; *gli -i* die Wohlhabenden.

abbietto [ab-bi'ɛt-to] *usw. s. abietto usw.*

abbigli|amento [ab-biʎa'mento] *m* Kleidung *f; industria f dell'~* Bekleidungsindustrie *f*; **~are** [-'ʎa:re] (1g) kleiden; **~atura** [-ʎa'tu:ra] *f* Toilette *f*; Toilettemachen *n*.

abbinare [ab-bi'na:re] (1a) zusammenfügen, vereinigen; koppeln.

abbindol|amento [ab-bindola-'mento] *m* Betrug *m*, Hintergehen *n*; **~are** [-'la:re] (1m) aufwickeln; *fig.* betrügen; übers Ohr hauen; **~arsi** [-'larsi] sich verwickeln; **~atore** [-la'to:re] *m* Betrüger *m*.

abbisognare [ab-bizo'ɲa:re] (1a) nötig sein; *~ di* brauchen; *mi abbisogna(no)* ich brauche.

abbocc|amento [ab-bok-ka'mento] *m* Unterredung *f*; **~are** [-'ka:re] (1d) **1.** *v/t.* anbeißen; *Faß* vollfüllen; **2.** *v/i.* anbeißen; **~arsi** [-'karsi]: *~ con qu.* eine Unterredung mit j-m haben; **~ato** [-'ka:to] *Wein:* süß; **~atura** [-ka'tu:ra] *f* Mündung *f*.

abbominare [ab-bomi'na:re] *usw. s. abominare usw.*

abbonacciare [ab-bonat-'tʃa:re] (1f) beruhigen, besänftigen.

abbon|amento [ab-bona'mento] *m* Abonnement *n*; Dauerkarte *f*; *biglietto m d'~* settimanale Wochenkarte *f*; *~ mensile* Monatskarte *f* (*für Straßenbahn*); *~ al telefono* Fernsprechanschluß *m*; *fare l'~ a un giornale* eine Zeitung abonnieren; **~are** [-'na:re] (1c *u.* o) abonnieren; vergüten; **~arsi** [-'narsi] abonnieren (*a* auf *acc.*); **~ato** [-'na:to] *m* Abonnent *m*; *~ al telefono* Fernsprechteilnehmer *m*.

abbond|ante [ab-bon'dante] reichlich, reich (*di* an *acc.*); **~anza** [-'dantsa] *f* Überfluß *m*; *nuotare nell'~* im Überfluß schwimmen; **~are** [-'da:re] (1a) im Überfluß vorhanden sein; *~ di* Überfluß haben an (*dat.*).

abbon|ire [ab-bo'ni:re] (4d) besänftigen; **~irsi** [-'nirsi] sich beruhigen.

abbono [ab-'bɔ:no] *s. abbuono*.

abbord|abile [ab-bor'da:bile] zugänglich; **~aggio** [-'dad-dʒo] *m* ⚓ Entern *n; fig.* Annäherungsversuch *m*; **~are** [-'daːre] (1a) **1.** *v/t.*: **~** qu. an j-n herantreten; **2.** *v/i.* ⚓ anlegen.

abbordo [ab-'bordo] *m* Anlegen *n*; *di facile* **~** zugänglich.

abborracci|amento [ab-bor-rat-tʃa'mento] *m* Pfuscherei *f*; **~are** [-'tʃaːre] (1f) pfuschen; **~atamente** [-tʃata'mente] nachlässig, liederlich; **~atura** [-tʃa'tuːra] *f* Pfuscharbeit *f*; **~one** [-'tʃoːne] *m* Pfuscher *m*.

abbotton|are [ab-bot-to'naːre] (1a) zuknöpfen; **~ato** [-'naːto] *a. fig.* zugeknöpft; **~atura** [-na'tuːra] *f* Knopfreihe *f*; Zuknöpfen *n*.

abbozz|are [ab-bot-'tsaːre] (1c) entwerfen; **~** *un sorriso* ein Lächeln andeuten; **~ata** [-'tsaːta] *f* Skizzierung *f*; **~aticcio** [-tsa'tit-tʃo] (*pl. -cci*) skizzenhaft; **~atore** [-tsa'toːre] *m* Skizzenmacher *m*, Skizzierer *m*; **~atura** [-tsa'tuːra] *f* Skizzierung *f*.

abbozzo [ab-'bɔt-tso] *m* Entwurf *m*, Skizze *f*; *in* **~** im Entwurf.

abbracciamento [ab-brat-tʃa-'mento] *m* Umarmung *f*.

abbracci|are [ab-brat-'tʃaːre] (1f) umarmen; *fig.* umfassen; **~** *una proposta* e-n Vorschlag mit Freude annehmen; **~** *una decisione* e-n Entschluß fassen; **~** *un partito* sich e-r Partei anschließen; **~** *una religione* zu e-r Religion übertreten; **~arsi** [-'tʃarsi] sich umarmen.

abbraccio [ab-'brat-tʃo] *m* (*pl. -cci*) Umarmung *f*.

abbranc|are [ab-bran̩'kaːre] (1d) anpacken; **~arsi** [-'karsi] sich anklammern (*a* an *acc.*).

abbrevi|amento [ab-brevia'mento] *m* Abkürzung *f*; **~are** [-vi'aːre] (1k *u.* b) **~**, abkürzen; **~ativo** [-via'tiːvo] **1.** *adj.* abkürzend; **2.** *m* Abkürzung *f*; **~atura** [-via'tuːra] *f*, **~azione** [-viatsi'oːne] *f* Abkürzung *f*.

abbrivare [ab-bri'vaːre] (1a) in See stechen.

abbrivo [ab-'briːvo] *m* Ansatz *m*; Anlauf *m*; *corsa f di* **~** Auslauf *m*; *fig. prendere l'* **~** in Fahrt kommen.

abbronz|amento [ab-brondza-'mento] *m* Bräunung *f*; ⊕ Bronzierung *f*; **~are** [-'dzaːre] (1a) **1.** *v/t.* versengen; *Haut* bräunen; ⊕ bronzieren; **2.** *v/i.* braun werden; **~arsi** [-'dzarsi] sich bräunen; **~a-**

tura [-dza'tuːra] *f* Sonnenbräune *f*; **~ire** [-'dziːre] (4d) braun werden; **~ito** [-'dziːto] sonn(en)verbrannt.

abbruciacchiare [ab-brutʃak-ki'aːre] (1g) sengen.

abbrun|are [ab-bru'naːre] (1a) mit Flor versehen; ⊕ polieren; **~arsi** [-'narsi] Trauer(kleidung) tragen; **~ire** [-'niːre] (4d) **1.** *v/t.* bräunen; **2.** *v/i.* braun werden.

abbrustol|imento [ab-brustoli-'mento] *m* Rösten *n*; **~ire** [-'liːre] (4d) rösten; **~ita** [-'liːta] *f*: *dare un'* **~** *a qc.* et. schnell rösten.

abbrut|imento [ab-bruti'mento] *m* Verrohung *f*; **~ire** [-'tiːre] (4d) verrohen, vertieren.

abbuiare [ab-bui'aːre] (1i) verdunkeln, verfinstern; *fig.* vertuschen.

abbuono [ab-bu'ɔːno] *m* ✝ Vergütung *f*; Preisnachlaß *m*.

abburatt|amento [ab-burat-ta-'mento] *m* Beuteln *n*; **~are** [-'taːre] (1a) beuteln; durchsiehen.

abderita [abde'riːta] *su.* Schildbürger(in *f*) *m*.

abdic|are [abdi'kaːre] (11 *u.* d) abdanken; **~azione** [-katsi'oːne] *f* Abdankung *f*.

aberr|are [aber-'raːre] (1b) abirren; **~azione** [-ratsi'oːne] *f* Abweichung *f*, Abirrung *f*; *Phys.* Aberration *f*; **~** *mentale* geistige Umnachtung *f*.

abetaia [abe'taːia] *f* Tannenwald *m*.

abet|e [a'beːte] *m* Tanne *f*, Tannenbaum *m*; **~ina** [abe'tiːna] *f* Tannenwäldchen *n*.

abiatico [abi'aːtiko] *m* (*pl. -ci*) Enkel *m*.

abiettezza [abiet-'tet-tsa] *f* Verworfenheit *f*.

abietto [abi'et-to] verworfen.

abiezione [abietsi'oːne] *f* Verworfenheit *f*.

abigeato [abidʒe'aːto] *m* Viehraub *m*.

abile [aːbile] geschickt; ✖ tauglich; brauchbar; **~** *a* fähig zu.

abil|ità [abili'ta] *f* Geschicklichkeit *f*; *avere l'* **~** *di fare ...* imstande sein, *et.* zu tun; **~itare** [-li'taːre] (11) befähigen; j-m die Berechtigung erteilen; **~itarsi** [-li'tarsi] sich habilitieren; **~itazione** [-litatsi'oːne] *f* Befähigung *f*; Habilitation *f*; **~** *pro-*

fessionale berufliche Qualifizierung *f*.

abissale [abis-'sa:le] abgründig.

abissino [abis-'si:no] **1.** *adj.* abessinisch; **2.** *m* Abessinier *m*.

abisso [a'bis-so] *m* Abgrund *m*.

abit|abile [abi'ta:bile] bewohnbar; **~acolo** [-'ta:kolo] *m Auto:* Innenraum *m*; Führerkabine *f*; 🚗 Kanzel *f*; **~ante** [-'tante] **1.** *adj.* wohnhaft; **2.** *su.* Einwohner(in *f*) *m*, Bewohner(in *f*) *m*; **~are** [-'ta:re] (11) **1.** *v/t.* bewohnen; **2.** *v/i.* wohnen; **~ato** [-'ta:to] *m* bewohnte Gegend *f*, Ortschaft *f*; **~atore** [-ta'to:re] *m* Bewohner *m*; **~azione** [-tatsi'o:ne] *f* Wohnung *f*.

abito [a:bito] *m* Kleid *n*; Anzug *m*; *fig.* Gewohnheit *f*; ~ *a doppio petto* zweireihiger Anzug *m*; ~ *da mezza stagione* Übergangsanzug *m*; ~ *da sera* Abendanzug *m*, Abendkleid *n*; ~ *da spiaggia* Strandanzug *m*; ~ *da lutto* Trauerkleid *n*; *vestire l'~* ins Kloster gehen; *l'~ non fa il monaco* die Kutte allein macht nicht den Mönch.

abitu|ale [abitu'a:le] gewohnt; **~are** [-tu'a:re] (11) gewöhnen (*a* an *acc.*); **~dinario** [-tudi'na:rio] (*pl.* -*ri*) **1.** *adj.* Gewohnheits...; **2.** *m* Gewohnheitsmensch *m*.

abitudine [abi'tu:dine] *f* Gewohnheit *f*; *l'~ è una seconda natura* die Gewohnheit ist eine zweite Natur.

abituro [abi'tu:ro] *m* Hütte *f*.

abiur|a [abi'u:ra] *f* Abschwörung *f*; **~are** [abiu'ra:re] (1a) abschwören.

ablativo [abla'ti:vo] *m* Ablativ *m*.

ablazione [ablatsi'o:ne] *f* 🔬 Entfernung *f*, Amputation *f*; *Geol.* Abtragung *f*.

abluzione [ablutsi'o:ne] *f* Waschung *f*.

abneg|are [abne'ga:re] (1b *u.* e) verleugnen; **~azione** [-gatsi'o:ne] *f* Selbstverleugnung *f*; Opferwille *m*.

abnorme [ab'nɔrme] abnorm, regelwidrig.

abol|ire [abo'li:re] (4d) abschaffen; *fig.* außer Kraft setzen; **~izione** [-litsi'o:ne] *f* Aufhebung *f*.

abomin|abile [abomi'na:bile] abscheulich; **~are** [-'na:re] (1c *u.* m) verabscheuen; **~azione** [-natsi'o:ne] *f* Verabscheuung *f*; Abscheu *m*;

~evole [-'ne:vole] verabscheuenswert.

abominio [abo'mi:nio] *m s.* abominazione.

aborigene [abo'ri:dʒene] **1.** *adj.* einheimisch; **2.** *m* Urbewohner *m*.

aborr|imento [abor-ri'mento] *m* Abscheu *m*; **~ire** [-'ri:re] (4d *u.* c) verabscheuen.

abort|ire [abor'ti:re] (4d) fehlgebären; abtreiben; *fig.* mißlingen; **~ivo** [-'ti:vo] abtreibend.

aborto [a'bɔrto] *m* Fehlgeburt *f*; Abtreibung *f*; *fig.* mißlungenes Werk *n*.

abras|ione [abrazi'o:ne] *f* Hautabschürfung *f*; **~ivo** [-'zi:vo] *m* Scheuer-, Putzmittel *n*.

abrog|are [abro'ga:re] (1e *u.* c *od.* 1l) abschaffen; **~azione** [-gatsi'o:ne] *f* Abschaffung *f*.

abrupto: *ex* ~ [egzab'rupto] plötzlich.

abruzzese [abrut-'tse:ze] **1.** *adj.* abruzzesisch; **2.** *su.* Abruzzese *m*, Abruzzesin *f*.

abside [abside] *f* Apsis *f*.

abulia [abu'li:a] *f* Willenlosigkeit *f*; Willensschwäche *f*.

abulico [a'bu:liko] (*pl.* -*ci*) willenlos; willensschwach.

abus|are [abu'za:re] (1a): ~ *di qc. et.* mißbrauchen; ~ *nel bere* zuviel trinken; **~ivo** [-'zi:vo] mißbräuchlich.

abuso [a'bu:zo] *m* Mißbrauch *m*.

acacia [a'ka:tʃa] *f* (*pl.* -*ce*) Akazie *f*.

acagiù [aka'dʒu] *m inv.* Mahagoni *n*.

acanto [a'kanto] *m* Akanthus *m*.

acaro [a:karo] *m* Milbe *f*.

acattolico [akat-'tɔ:liko] (*pl.* -*ci*) nichtkatholisch.

acca [ak-ka] *f* H, h *n*; *non capire un'~* gar nichts verstehen.

accad|emia [ak-ka'de:mia] *f* Akademie *f*; Hochschule *f*; ~ *di belle arti* Kunstakademie *f*; **~emicamente** [-demika'mente] *fig.* theoretisch; müßig; **~emico** [-'de:miko] (*pl.* -*ci*) **1.** *adj.* akademisch; **2.** *m* Akademiker *m*.

accad|ere [ak-ka'de:re] (2c) geschehen; *che accade?* was ist los?; **~uto** [-'du:to] *m* Vorfall *m*; Vorgang *m*.

accagli|amento [ak-kaʎa'mento] *m* Gerinnen *f*; **~are** [-'ʎa:re] (1g) **1.** *v/t.* gerinnen machen; **2.** *v/i.* gerinnen. **~arsi** [-'ʎarsi] gerinnen.

accalappi|acani [ak-kalap-pia-'ka:ni] *m inv.* Hundefänger *m*; **~amento** [-pia'mento] *m* Falle *f*; **~are** [-pi'a:re] (1k) fangen; *fig.* bestricken; **~atore** [-pia'to:re] *m* Hundefänger *m*; *fig.* Betrüger *m*.

accalcarsi [ak-kal'karsi] (1c) sich zs.-drängen.

accald|arsi [ak-kal'darsi] (1a) sich erhitzen; *fig.* sich erregen; **~ato** [-'da:to] erhitzt; *fig.* erregt.

accalor|are [ak-kalo'ra:re] (1a) erhitzen; **~arsi** [-'rarsi] sich erhitzen; *fig.* sich eifern; **~ato** [-'ra:to] erhitzt; *fig.* erregt; aufgeregt.

accamp|amento [ak-kampa'mento] *m* Lager *n*; Biwak *n*; **~are** [-'pa:re] (1a) *v/t.* Truppen lagern; *~ ragioni* Gründe vorbringen; **2.** *v/i.* **~arsi** [-'parsi] sich lagern.

accan|imento [ak-kani'mento] *m* Erbitterung *f*; Wut *f*; Beharrlichkeit *f*; **~irsi** [-'nirsi] (4d) in Wut geraten; *fig.* sich versteifen; *~ contro qu.* über j-n herziehen; **~ito** [-'ni:to] erbittert; ausdauernd.

accanto [ak-'kanto] **1.** *prp.* neben; **2.** *adv.* daneben; in der Nähe.

accanton|amento [ak-kantona-'mento] *m* Einquartierung *f*; *Geld:* Zurücklegen *n*; **~are** [-'na:re] (1a) einquartieren; *Geld* zurücklegen; *Vorschlag* zurückstellen.

accaparr|amento [ak-kapar-ra-'mento] *m* Aufkauf *m*; Hamstern *n*; **~are** [-'ra:re] (1a) gegen Handgeld kaufen; *fig.* aufkaufen; hamstern; **~atore** [-ra'to:re] *m* Hamsterer *m*; Spekulant *m*.

accapigli|amento [ak-kapiʎʎa'mento] *m* Rauferei *f*; **~arsi** [-'ʎarsi] (1g) sich in die Haare geraten; sich zanken.

accappatoio [ak-kap-pa'to:io] *m* (*pl. -oi*) Frisiermantel *m*; Bademantel *m*.

accappon|are [ak-kap-po'na:re] (1a) kastrieren; kappen; *mi si accappona la pelle* mich überläuft eine Gänsehaut; **~atura** [-na'tu:ra] *f* Verschneidung *f*, Kastration *f*.

accarezz|amento [ak-karet-tsa-'mento] *m* Liebkosung *f*; **~are** [-'tsa:re] liebkosen; streicheln; *Hoffnung* hegen; **~evole** [-'tse:vole] schmeichelnd.

accartocci|amento [ak-kartot-tʃa-'mento] *m* Zusammenrollen *n*;

~are [-'tʃa:re] (1c *u. f*) zusammenrollen.

accas|amento [ak-kasa'mento] *m* Verheiratung *f*; **~are** [-'sa:re] (1a) verheiraten.

accasci|amento [ak-kaʃ-ʃa'mento] *m* Niedergeschlagenheit *f*; **~are** [-'ʃa:re] (1f) entkräften; **~arsi** [-'ʃarsi] zusammenbrechen; verzagen; **~ato** [-'ʃa:to] niedergeschlagen. [kasernieren.)

accasermare [ak-kaser'ma:re] (1b)⟩

accatast|amento [ak-katasta'mento] *m* Aufstapelung *f*; **~are** [-'ta:re] (1a) aufschichten.

accatt|abrighe [ak-kat-ta'bri:ge] *m inv.* Streitsüchtige(r) *m*; **~apane** [-ta'pa:ne] *su. inv.* Bettler(in *f*) *m*; **~are** [-'ta:re] (1a) betteln; *fig.* suchen.

accatto [ak-'kat-to] *m* Bettelei *f*.

accatt|onaggio [ak-kat-to'nad-dʒo] *m* (*pl. -ggi*) Bettelei *f*; **~one** [-'to:ne] *m* Bettler *m*.

accavall|amento [ak-kaval-la'mento] *m* ⚕ Zerrung *f*; **~are** [-'la:re] (1a) quer legen über (*acc.*); *~ una maglia* eine Masche überschlagen; **~arsi** [-'larsi] sich überschlagen; *Sehne:* sich zerren; *Wellen:* sich überstürzen; **~atura** [-la'tu:ra] *f* Zerrung *f*; Überschlagung *f*.

accavigliare [ak-kaviʎ'ʎa:re] (1g) aufwickeln.

accec|amento [at-tʃeka'mento] *m* Blendung *f*; Verblendung *f*; Erblindung *f*; **~are** [-'ka:re] (1b *u. d*) **1.** *v/t.* blind machen; blenden; *Sinn* verblenden; *Fenster* zumauern; **2.** *v/i.* erblinden.

accedere [at-'tʃɛ:dere] (3a) hinzutreten; einwilligen (in *acc.*); *fig.* beipflichten; *si accede ... der Zugang ist ...*

acceler|amento [at-tʃelera'mento] *m* Beschleunigung *f*; **~are** [-'ra:re] (1b *u. m*) beschleunigen; *Auto:* ~ *il motore* Gas geben; **~ativo** [-ra-'ti:vo] beschleunigend; **~ato** [-'ra:to] **1.** *adj. polso m ~* schneller Puls *m*; *movimento m uniformemente ~* gleichmäßig beschleunigte Bewegung *f*; **2.** *m* (*od. treno m ~*) Personenzug *m*; **~atore** [-ra'to:re] *m* Beschleuniger *m*, Zeitraffer *m*; *Auto:* Gaspedal *n*; *~ a pedale* Fußgashebel *m*; **~azione** [-ratsi'o:ne] *f* Beschleunigung *f*.

accend|ere [at-'tʃɛndere] (3c) an-
zünden, anmachen; *Radio* anstellen; ✝ eröffnen; *fig.* entzünden;
~ersi [-si] sich entzünden; *fig.*
entbrennen.

accend|ibile [at-tʃɛn'diːbile] ent-
zündbar; **~igas** [-di'gas] *m inv.*
Gasanzünder *m*; **~imento** [-di-
'mento] *m* Anzündung *f*; ✝ Eröffnung *f*; **~ino** [-'diːno] *m* Feuerzeug
n; **~isigaro** [-di'siːgaro] *m* Feuerzeug *n*; **~itoio** [-di'toːio] *m* (*pl. -oi*)
Anzünder *m*; Zündapparat *m*;
~itore [-di'toːre] *m* ⊕ Zündapparat *m*.

accennare [at-tʃɛn'naːre] (1a) **1.**
v/i. winken; ~ *a qu.* j-m zuwinken;
~ *a qc.* hindeuten auf (*acc.*); ~ *di sì*
(*di no*) durch ein Zeichen bejahen
(verneinen); ~ *di fare qc.* Miene
machen, et. zu tun; **2.** *v/t.* ~ *qu. od.*
qc. hindeuten auf (*acc.*).

accenno [at-'tʃɛnno] *m* Wink *m*;
Hinweis *m*; Anspielung *f*.

accensione [at-tʃɛnsi'oːne] *f* Zündung *f*; ✝ Eröffnung *f*; ~ *a distan-*
za Fernzündung *f*; ⚡ ~ *automatica*
Selbstzündung *f*; ~ *anticipata* Früh-
zündung *f*; ~ *ritardata* Spätzündung
f; ~ *a candela* Kerzenzündung *f*; ~
mancata Fehlzündung *f*; *regolare*
l'~ die Zündung einstellen.

accent|are [at-tʃɛn'taːre] (1b) ak-
zentuieren; **~ato** [-'taːto] betont;
~atura [-ta'tuːra] *f* Akzentuierung *f*.

accento [at-'tʃɛnto] *m* Akzent *m*;
Betonung *f*; *fig.* Gewicht *n*, Nachdruck *m*.

accentr|amento [at-tʃɛntra'mento]
m Zentralisierung *f*; Zusammen-
ballung *f*; **~are** [-'traːre] (1b) zentralisieren; vereinigen; **~atore**
[-tra'toːre] zentralisierend.

accentu|are [at-tʃɛntu'aːre] (1b *u.*
m) betonen; hervorheben; **~ato**
[-tu'aːto] betont; ausgeprägt; **~a-**
zione [-tuatsi'oːne] *f* Betonung *f*.

accerchi|amento [at-tʃerkia'men-
to] *m* Umzingelung *f*; *Pol.* Ein-
kreisung *f*; **~are** [-ki'aːre] (1k) um-
zingeln; *Pol.* einkreisen.

accert|abile [at-tʃer'taːbile] fest-
stellbar; **~amento** [-ta'mento] *m*
Feststellung *f*; Vergewißerung *f*;
Ermittlung *f*; **~are** [-'taːre] (1b)
versichern; *Tatsache* feststellen;
ermitteln; **~arsi** [-'tarsi]: ~ *di qc.*
sich e-r Sache vergewissern.

accesi [at-'tʃeːsi] *s. accendere.*

acceso [at-'tʃeːso] **1.** *s. accendere;*
2. *adj.* feurig; *Haut:* gerötet; *rosso* ~
feuerrot; *colore m* ~ lebhafte
Farbe *f*.

access|ibile [at-tʃes-'siːbile] zu-
gänglich; *Preis:* annehmbar; **~ibi-**
lità [-sibili'ta] *f* Zugänglichkeit *f*;
~ione [-si'oːne] *f* Beitritt *m*; Neu-
anschaffung *f*.

accesso [at-'tʃes-so] *m* Zugang *m*;
fig. Anwandlung *f*; *fig. u.* ⚕ Anfall *m*; *di facile* ~ leicht zugänglich; *strada f di* ~ Zufahrtsstraße *f*;
avere ~ *presso qu.* bei j-m Zutritt
haben.

accessorio [at-tʃes-so'rːio] (*pl. -ri*)
1. *adj.* nebensächlich; Neben...;
2. *m* Nebensächliche(s) *n*; *pl.* Zubehör *m*.

accest|imento [at-tʃesti'mento] *m*
⚘ Bestocken *n*; **~ire** [-'tiːre] (4d)
bestocken.

accett|abile [at-tʃet-'taːbile] an-
nehmbar; **~abilità** [-tabili'ta] *f*
Annehmbarkeit *f*; **~ante** [-'tante]
m ✝ Akzeptant *m*; **~are** [-'taːre]
(1b) annehmen; ✝ akzeptieren; *in*
e-e Gesellschaft aufnehmen; ~
all'ospedale in ein Krankenhaus
aufnehmen; **~azione** [-tatsi'oːne] *f*
Annahme *f*; Aufnahme *f*; ✝ Akzept *n*; *mancata* ~ Nichtannahme *f*.

accetto [at-'tʃɛt-to] genehm; willkommen.

accezione [at-tʃetsi'oːne] *f* Bedeutung *f*, Sinn *m*.

acchet|amento [ak-keta'mento] *m*
Beruhigung *f*; **~are** [-'taːre] (1a)
beruhigen.

acchiappa|cani [ak-kiap-pa'kaːni]
m inv. Hundefänger *m*; **~mosche**
[-'moske] *m inv.* Fliegenfänger *m*.

acchiapp|are [ak-kiap-'paːre] (1a)
erwischen; ergreifen; **~arsi** [-'parsi]
sich *e-e Krankheit* zuziehen.

acchitare [ak-ki'taːre] (1a) *Bill.* aussetzen.

acchito [ak-'kiːto] *m* Aussetzen *n*;
fig. di primo ~ sofort.

acciabatt|are [at-tʃabat-'taːre] (1a)
herumlatschen; *fig.* pfuschen; **~a-**
tura [-ta'tuːra] *f* Pfuscherei *f*;
~one [-'toːne] *m* Pfuscher *m*.

acciacc|are [at-tʃak-'kaːre] (1d) zer-
quetschen, zerdrücken; *fig.* niederschlagen; **~ato** [-'kaːto] zerquetscht;

fig. gebrechlich; **~atura** [-ka'tu:ra] *f* Quetschung *f*; ♪ kurzer Vorschlag *m*.

acciacc|o [at-'tʃak-ko] *m* (*pl.* -*chi*) Gebrechen *n*; **~oso** [-tʃak-'ko:so] gebrechlich; kränklich.

accia|iare [at-tʃai'a:re] (1i) stählen; **~ieria** [-tʃaie'ri:a] *f* Stahlwerk *n*.

acciaio [at-'tʃa:io] *m* (*pl.* -*ai*) Stahl *m*; *poet.* Schwert *n*; ~ fuso Flußstahl *m*; Gußstahl *m*; ~ fuso in crogioli Tiegelstahl *m*; ~ saldato Schweißstahl *m*; ~ a nastro Bandstahl *m*; d'~ Stahl...; essere d'~ von Stahl sein, stählern sein; *fig.* hart (*od.* unnachgiebig) sein.

acciarino [at-tʃa'ri:no] *m* Feuerstein *m*.

acciarp|are [at-tʃar'pa:re] (1a) pfuschen; **~atura** [-pa'tu:ra] *f* Pfuschwerk *n*; **~one** [-'po:ne] *m* Pfuscher *m*.

accidempoli! [at-tʃi'dɛmpoli] F verflixt!

acciden|tale [at-tʃiden'ta:le] zufällig; nebensächlich, unwesentlich; **~talità** [-tali'ta] *f* Zufälligkeit *f*; Unebenheit *f*; **~tato** [-'ta:to] gelähmt; terreno ~ unebenes, holperiges Gelände *n*.

accidente [at-tʃi'dɛnte] *m* Vorfall *m*; Unfall *m*; ⚕ Schlaganfall *m*; ♪ Vorzeichen *n*, Versetzungszeichen *n*; F *fig.* lästige Person *f*, Plage *f*; mandare un ~ a qu. j-n zum Teufel wünschen; per ~ zufällig; accidenti! Ausruf des Staunens oder des Ärgers.

acciderba! [at-tʃi'dɛrba] verflixt!, zum Teufel!

accidia [at-'tʃi:dia] *f* Trägheit *f*; Unlust *f*.

accidioso [at-tʃidi'o:so] träge, verdrossen.

accigli|amento [at-tʃiʎa'mento] *m* Stirnrunzeln *n*; **~arsi** [-'ʎarsi] (1g) ein finsteres Gesicht machen; die Stirn runzeln; **~ato** [-'ʎa:to] finster(blickend).

accingersi [at-'tʃindʒersi] (3d): ~ a fare qc. sich an et. (*dat.*) anschikken.

acciò [at-'tʃɔ], **acciocché** [-tʃok-'ke] damit.

acciottol|are [at-tʃot-to'la:re] (1c u. m) beschottern; **~ato** [-'la:to] *m* Steinpflaster *n*; **~atura** [-la'tu:ra] *f* Beschottern *n*, Beschotterung *f*; **~io** [-'li:o] *m* Tellerklappern *n*.

accipicchia! [at-tʃi'pik-kia] F verflixt!

accipigli|arsi [at-tʃipi'ʎarsi] (1g) ein finsteres Gesicht machen; **~ato** [-'ʎa:to] finster(blickend).

acciucchire [at-tʃuk-'ki:re] (4d) **1.** *v/t.* betäuben; **2.** *v/i.* betäubt sein.

acciuff|are [at-tʃuf-'fa:re] (1a) beim Schopf fassen; packen; **~arsi** [-'farsi] sich in die Haare geraten.

acciug|a [at-'tʃu:ga] *f* (*pl.* -*ghe*) Sardine *f*; secco come un' ~ dürr wie ein Hering; **~ata** [-tʃu'ga:ta] *f* Sardellensoße *f*.

acclam|are [ak-kla'ma:re] (1a): ~ qu. j-m zujubeln; j-n durch Zuruf wählen; **~azione** [-matsi'o:ne] *f* Beifall *m*; per ~ durch Zuruf.

acclim|are [ak-kli'ma:re] (1a), **~atare** [-ma'ta:re] (1m) akklimatisieren; **~atarsi** [-ma'tarsi] sich akklimatisieren; sich ans Klima gewöhnen; **~atazione** [-matatsi'o:ne], **~atazione** [-matsi'o:ne] *f* Akklimatisation *f*.

acclive [ak-'kli:ve] ansteigend.

accl|udere [ak-'klu:dere] (3q) beifügen, beilegen; **~usa** [-'klu:za] *f* Anlage *f*; **~uso** [-'klu:zo] beiliegend; qui ~ anbei, in der Anlage, beiliegend.

accoccare [ak-kok-'ka:re] (1c u. d) Schlag versetzen; accoccarla a qu. j-m e-n Schabernack spielen.

accoccolarsi [ak-kok-ko'larsi] (1m u. c) sich zusammenkauern.

accodarsi [ak-ko'darsi] (1a) sich anreihen.

accogli|ente [ak-ko'ʎɛnte] einladend; gemütlich; **~enza** [-'ʎɛntsa] *f* Aufnahme *f*; Empfang *m*; e-s Wechsels: Honorierung *f*; fare ~ a qu. j-n freundlich aufnehmen.

accogliere [ak-'kɔ:ʎere] (3ss) aufnehmen; genehmigen; ✝ ~ una tratta eine Tratte honorieren.

accogli|mento [ak-koʎi'mento] *m* Aufnahme *f*; **~ticcio** [-'tit-tʃo] (*pl.* -*cci*) zusammengerafft.

accolgo [ak-'kɔlgo] *s.* accogliere.

accollacciato [ak-kol-lat-'tʃa:to] bis zum Hals zugeknöpft; abito *m* ~ hochschließendes Kleid *n*.

accoll|are [ak-kol-'la:re] (1c) **1.** *v/t.* aufbürden; ins Joch spannen; **2.** *v/i.* Kleid: hoch schließen; **~atario** [-la'ta:rio] *m* (*pl.* -*ri*) Übernehmer *m*; **~ato** [-'la:to] bis zum Hals zu geknöpft; **~atura** [-la'tu:ra] f Halsausschnitt m.

accollo [ak-'kɔl-lo] m Pacht f; Verpachtung f; △ Vorsprung m.

accolsi [ak-'kɔlsi] s. *accogliere*.

accolta [ak-'kɔlta] f Versammlung f; *c.s.* Rotte f.

accoltell|are [ak-koltel-'la:re] (1b) j-m e-n Messerstich versetzen; erstechen; **~atore** [-la'to:re] m Messerheld m.

accolto [ak-'kɔlto] s. *accogliere*.

acco|mandante [ak-koman'dante] m ✝ Hinterleger m, Deponent m; **~mandatario** [-manda'ta:rio] (pl. -ri) Kommanditär m; **~mandita** [-'mandita] f Kommandite f; *società f in ~* Kommanditgesellschaft f.

accomiatare [ak-komia'ta:re] (1a) verabschieden.

accomod|abile [ak-komo'da:bile] was sich ausbessern (*od.* gütlich beilegen) läßt; **~amento** [-da'mento] m Anordnung f; Beilegung f; Vergleich m; *tentativo m di ~* Vergleichsversuch m; *venire a un ~ zu e-m Vergleich kommen*; **~are** [-'da:re] (1c *u. m*) 1. *v/t.* zurechtmachen; *et.* ausbessern; *Streit* beilegen; *Angelegenheit* ordnen, erledigen; *Bericht, Bilanz* frisieren; F *~ bene qu.* j-n gehörig zurichten; 2. *v/i.* passen; **~arsi** [-'darsi] es sich bequem machen; sich einigen; *si accomodi!* bitte, nehmen Sie Platz!, bedienen Sie sich! *usw.*; **~atura** [-da'tu:ra] f Ausbesserung f.

accompagn|amento [ak-kompaɲa'mento] m Begleitung f; Pendant n, Gegenstück n; *Kleidung:* Garnitur f; *~ funebre* Trauer-, Leichenzug m; *musica f d'~* Begleitmusik f; **~are** [-'ɲa:re] (1a) 1. *v/t.* begleiten; *fig.* geleiten; F *~ in macchina* j-n mit dem Auto fahren; 2. *v/i.* passen (*con* zu); **~arsi** [-'ɲarsi] sich vereinigen; zusammengehen; **~atore** [-ɲa'to:re] m Begleiter m; **~atorio** [-ɲa'tɔ:rio] (pl. -ri) Begleit...; (*lettera* -*a f* Begleitbrief m.

accomun|are [ak-komu'na:re] (1a) gemeinschaftlich machen; gleichstellen; **~arsi** [-'narsi] sich verbrüdern.

acconci|are [ak-kon'tʃa:re] (1f) zurichten; zurechtmachen; (*qu.* j-n) unterbringen; *~ i capelli* frisieren;

fig. ~ per le feste übel zurichten; **~arsi** [-'tʃarsi] sich putzen; *~ a qc.* sich fügen (*dat.*); **~atura** [-tʃa'tu:ra] f Kopfputz m.

accончio [ak-'kontʃo] (*pl.* -ci) angebracht, geeignet.

accondiscendere [ak-kondiʃ-'ʃendere] (3c) einwilligen (*a in acc.*).

acconsentire [ak-konsen'ti:re] (4b) einwilligen (*a in acc.*); *chi tace acconsente* wer schweigt, stimmt zu.

accont|are [ak-kon'ta:re] (1b) befriedigen, zufriedenstellen; **~arsi** [-'tarsi] sich begnügen (*di mit dat.*).

acconto [ak-'konto] m Anzahlung f; Teilbetrag m.

accoppare [ak-kop-'pa:re] (1a) erschlagen.

accoppi|amento [ak-kop-pia'mento] m Paarung f; Begattung f; Vereinigung f; ⊕ *Radio:* Kopplung f; ⚡ *~ in parallelo* Parallelschaltung f; **~are** [-pi'a:re] (1k *u.* c) paaren; zusammenstellen; koppeln; **~arsi** [-pi'arsi] sich zusammentun; sich begatten; sich paaren; **~atura** [-pia'tu:ra] f Paarung f; Begattung f.

accor|amento [ak-kora'mento] m Gram m; **~are** [-'ra:re] (1c) betrüben; **~ato** [-'ra:to] betrübt.

accorci|amento [ak-kortʃa'mento] m Abkürzung f; **~are** [-'tʃa:re] (1f) kürzen; *~ le distanze* den Abstand verringern; **~arsi** [-'tʃarsi] kürzer werden; **~ativo** [-tʃa'ti:vo] 1. *adj.* abkürzend; 2. *m* Abkürzung f; **~atura** [-tʃa'tu:ra] f Abkürzung f.

accord|abile [ak-kor'da:bile] zu bewilligen(d); ♪ stimmbar; vereinbar; **~are** [-'da:re] (1c) 1. *v/t.* bewilligen, gewähren; ♪ stimmen; versöhnen; 2. *v/i.* passen; übereinstimmen; **~arsi** [-'darsi] sich einigen; **~atoio** [-da'to:io] m (*pl.* -oi) ♪ Stimmhammer m; **~atore** [-da'to:re] m Stimmer m; **~atura** [-da'tu:ra] f Stimmen n *der Instrumente*.

accordo [ak-'kɔrdo] m Einklang m; Übereinkommen n; ♪ Akkord m; *d'~ con* im Einverständnis mit; *~ fittizio* Scheinvertrag m; *~ speciale* Sonderabkommen n; *~ di Stato* Staatsabkommen n; *essere d'~* einig sein; *mettersi d'~* sich einigen; *venire a un ~* zu e-r Einigung kommen; *vivere in ~* in Eintracht leben; *d'~!* einverstanden!

accorgersi [ak-'kɔrdʒersi] (3d): ∼ *di qc.* et. wahrnehmen, bemerken.

accorgimento [ak-kɔrdʒi'mento] *m* Einsicht *f*.

accorrere [ak-'kor-rere] (3o) herbeilaufen.

accorsi[1] [ak-'kɔrsi] (*mi∼*) *s. accorgersi.*

accorsi[2] [ak-'kɔrsi], **accorso** [-so] *s. accorrere.*

accortezza [ak-kor'tet-tsa] *f* Umsicht *f*; Schlauheit *f*.

accorto [ak-'kɔrto] **1.** *s. accorgersi;* **2.** *adj.* umsichtig; schlau.

accosciarsi [ak-koʃ-'ʃarsi] (1c *u.* f) sich hinhocken.

accost|amento [ak-kosta'mento] *m* Annäherung *f*; Anlehnung *f*; ∼**are** [-'ta:re] (1c) nähern; *Tür* anlehnen; ∼**evole** [-'te:vole] zugänglich.

accosto [ak-'kɔsto] **1.** *adj.* angelehnt; **2.** *prp.* neben (*dat. u. acc.*).

accostumare [ak-kostu'ma:re] (1a) gewöhnen (*a* an *acc.*).

accotonare [ak-koto'na:re] (1a) das Tuch aufrauhen; *Haare* toupieren.

accottimare [ak-kot-ti'ma:re] (1c *u.* m) in Akkord geben.

accovacciarsi [ak-kovat-'tʃarsi] (1f) sich zusammenkauern.

accozz|aglia [ak-kot-'tsa:ʎa] *f* Gemisch *n*; zusammengewürfelte Menge *f*; ∼**amento** [-tsa'mento] *m* Vereinigung *f*; Gemisch *n*; ∼**are** [-'tsa:re] (1c) zusammentun; zusammenwürfeln.

accrebbi [ak-'kreb-bi] *s. accrescere.*

accredit|amento [ak-kredita'mento] *m* Beglaubigung *f*; Kredit *m*; ∼**are** [-'ta:re] (1b *u.* m) glaubhaft machen; *j-m* Ansehen verschaffen; † *j-m* Kredit eröffnen, gutschreiben; *Gesandten usw.* akkreditieren; ∼**ato** [-'ta:to] *adj.* angesehen.

accrescere [ak-'kreʃ-ʃere] (3n) vermehren.

accresc|imento [ak-kreʃ-ʃi'mento] *m* Vermehrung *f*; ∼**itivo** [-'ti:vo] **1.** *adj.* vermehrend; **2.** *m* *Gram.* Vergrößerungsform *f*.

accresp|are [ak-kres'pa:re] (1a) kräuseln; ∼**atura** [-pa'tu:ra] ⊕ *f* Fältelung *f*.

accucci|arsi [ak-kut-'tʃarsi] (1f), ∼**olarsi** [-tʃo'larsi] (1m) (sich) kuschen, *a. fig.*

accudire [ak-ku'di:re] (4d): ∼ *a qc.* et. besorgen; auf et. achten.

accul|are [ak-ku'la:re] (1a) zurückdrängen; ∼**arsi** [-'larsi] sich niedersetzen.

accumul|abile [ak-kumu'la:bile] anhäufbar; ∼**amento** [-la'mento] *m* Anhäufung *f*; ⊕ Speicherung *f*; ∼**are** [-'la:re] (1m) anhäufen; ∼**atore** [-la'to.re] *m* ⚡ Akkumulator *m*; *caricare un* ∼ e-n Akkumulator laden; ∼**azione** [-latsi'o:ne] *f* Ansammlung *f*; Akkumulation *f*.

accuratezza [ak-kura'tet-tsa] *f* Sorgfalt *f*.

accurato [ak-ku'ra:to] sorgfältig.

accusa [ak-'ku:za] *f* Beschuldigung *f*; ⚖ Anklage *f*; *rappresentante m l'*∼ Staatsanwalt *m*; *testimone m d'*∼ Belastungszeuge *m*; *capo m d'*∼ Anklagepunkt *m*.

accus|are [ak-ku'za:re] (1a) beschuldigen; anklagen; *Spiel* ansagen; ∼ *ricevuta* den Empfang bestätigen, quittieren; ∼ *mal di capo* über Kopfschmerz klagen; ∼**ativo** [-za'ti:vo] *m* Akkusativ *m*; ∼**ato** [-'za:to] *m* Angeklagte(r) *m*; ∼**atore** [-za'to:re] *m* Ankläger *m*; ∼**atorio** [-za'tɔ:rio] (*pl. -ri*) anklagend.

acefalo [a'tʃe:falo] kopflos.

acerbità [atʃerbi'ta] *f* Herbheit *f*; *fig.* Bitterkeit *f*.

acerbo [a'tʃerbo] herb; frühzeitig (*Tod*); zart.

acero [atʃero] *m* Ahorn *m*.

acerrimo [a'tʃer-rimo] *sup. v.* acre; ∼ *nemico* m Todfeind *m*.

acescenza [atʃeʃ-'ʃentsa] *f* Wein: Stich *m*.

acetabolo [atʃe'ta:bolo] *m* *Anat.* Gelenkpfanne *f*.

acetato [atʃe'ta:to] *m* Essigsalz *n*.

acetico [a'tʃe:tiko] (*pl. -ci*) essighaltig.

acet|ilene [atʃeti'le:ne] *m* Azetylen *n*; ∼**imetro** [-'ti:metro] *m* Säuremesser *m*; ∼**ire** [-'ti:re] (4d) sauer werden.

acet|o [a'tʃe:to] *m* Essig *m*; ∼ *aromatico* Kräuteressig *m*; ∼ *di vino* Weinessig *m*; ∼**one** [-'to:ne] *m* Azeton *n*; ∼**osa** [-'to:sa] *f* Sauerampfer *m*; ∼**osella** [-to'sɛl-la] *f* Sauerklee *m*; ∼**oso** [-'to:so] sauer; essighaltig.

achillea [akil-'lɛ:a] *f* Schafgarbe *f*.

acidific|are [atʃidifi'ka:re] (1d *u.* n) sauer machen, säuern; ∼**azione** [-katsi'o:ne] *f* Säurebildung *f*.

acidità [atʃidi'ta] *f* Säure *f*.

acido [a:tʃido] **1.** *adj.* sauer; **2.** *m* Säure *f*; ~ *borico* Borsäure *f*; ~ *nitrico* Salpetersäure *f*; ~ *urico* Harnsäure *f*.

acidulo [a'tʃi:dulo] säuerlich.

acino [atʃino] *m* Beere *f*; Samenkernchen *n e-r Beere*.

aclassismo [aklas-'sizmo] *m* Klassenlosigkeit *f*.

acme [akme] *f* Höhepunkt *m*, Krise *f e-r Krankheit*.

acne [akne] *f* Akne *f*.

aconfessionale [akonfes-sio'na:le] konfessionslos.

aconito [a'kɔ:nito] *m* blauer Eisenhut *m*.

acqua [ak-kua] *f* Wasser *n*; ~ *minerale* Mineralwasser *n*; ~ *(minerale) amara* Bitterwasser *n*; ~ *morta* stehendes Gewässer *n*; ~ *cheta* stilles Wasser *n*; *fig.* hinterhältiger Mensch *m*; ~ *santa* Weihwasser *n*; ~ *ossigenata* Wasserstoffsuperoxyd *n*; ~ *viva* Quellwasser *n*; *Motor:* ~ *di raffreddamento od. del radiatore* Kühlwasser *n*; ~ *di soda* Sodawasser *n*; ~ *per gargarismi* Gurgelwasser *n*; *a fior d'*~ auf der Oberfläche des Wassers; *contr'*~ gegen den Strom; *fare* ~ leck werden; F urinieren, F regnen; *lavorare sott'*~ heimlich wühlen; ~ *in bocca!* reinen Mund halten!; *ha l'*~ *alla gola* ihm sitzt das Messer an der Kehle; *-e pl.* Gewässer *n/pl.*; Bad *n*; *-e territoriali* Hoheitsgewässer *n/pl.*; *in cattive -e* in Bedrängnis.

acqua|forte [ak-kua'fɔrte] *f* Scheidewasser *n*; Stich *m*; ~**fortista** [-for'tista] *su.* (*m/pl.* -i) Kupferstecher(in *f*) *m*.

acquaio [ak-ku'a:io] *m* (*pl.* -ai) Ausguß *m*, Gußstein *m*.

acquaiolo [ak-kuai'ɔ:lo] **1.** *adj.* Wasser...; *topo m* ~ Wassermaus *f*; **2.** *m* Wasserverkäufer *m*.

acqua|marina [ak-kuama'ri:na] *f* Aquamarin *m*; ~**plano** [-'pla:no] *m* *Sport:* Wellenreiter *m*; ~**ragia** [-'ra:dʒa] *f* Terpentin *n*; ~**rello** [-'rɛl-lo] *m s. acquerello*.

acquario [ak-ku'a:rio] *m* (*pl.* -ri) Aquarium *n*; *Astr.* Wassermann *m*.

acquartier|amento [ak-kuartiera'mento] *m* ⚔ Einquartierung *f*; ~**are** [-'ra:re] (1b) einquartieren.

acquasant|iera [ak-kuasanti'ɛ:ra] *f*,

~**ino** [-'ti:no] *m* Weihwasserbecken *n*.

acqu|ata [ak-ku'a:ta] *f* Regenguß *m*; ⚓ Wasservorrat *m*; ~**atico** [-ku'a:tiko] (*pl.* -ci) Wasser...; *uccello m* ~ Wasservogel *m*.

acquavite [ak-kua'vi:te] *f* Branntwein *m*.

acquazzone [ak-kuat-'tso:ne] *m* Platzregen *m*.

acquedotto [ak-kue'dɔt-to] *m* Aquädukt *m*.

acqueo [ak-kueo] wässerig; Wasser...; *vapore m* ~ Wasserdampf *m*.

acque|rella [ak-kue'rel-la] *f* Sprühregen *m*; ~**rellare** [-rel-'la:re] (1b) aquarellieren, mit Wasserfarben malen; ~**rellista** [-rel-'lista] *su.* (*m/pl.* -i) Aquarellmaler(in *f*) *m*; ~**rello** [-'rel-lo] *m* Aquarell *n*; Treberwein *m*; ~**rugiola** [-'ru:dʒo-la] *f* Staubregen *m*.

acquetta [ak-ku'et-ta] *f* feiner Regen *m*; sehr leichter Wein *m*; sehr dünner Kaffee *m*.

acquie|scente [ak-kuieʃ-'ʃɛnte] zustimmend; fügsam; ~**scenza** [-'ʃɛntsa] *f* Zustimmung *f*; Fügsamkeit *f*.

acquiet|amento [ak-kuieta'mento] *m* Beruhigung *f*; ~**are** [-'ta:re] (1b) beruhigen.

acquirente [ak-kui'rɛnte] *m* Käufer *m*.

acqui|sire [ak-kui'zi:re] (4d) erwerben; ~**sito** [-'zi:to] erworben; *diritto m* ~ erworbenes Recht *n*; ~**sizione** [-zitsi'o:ne] *f* Erwerbung *f*; Errungenschaft *f*; ~**stabile** [ak-kuis'ta:bile] erwerbbar, erhältlich; ~**stare** [ak-kuis'ta:re] (1a) **1.** *v/t.* erwerben; *fig. Zeit* gewinnen; **2.** *v/i.* Fortschritte machen.

acquisto [ak-ku'isto] *m* Erwerbung *f*; Kauf *m*; *potere m d'*~ Kaufkraft *f*; ~ *d'occasione* Gelegenheitskauf *m*.

acquitrino [ak-kui'tri:no] *m* Morast *m*.

acquitrinoso [ak-kuitri'no:so] sumpfig.

acqu|olina [ak-kuo'li:na] *f* feiner Regen *m*; *mi viene l'*~ *in bocca* das Wasser läuft mir im Munde zusammen; ~**osità** [-kuosi'ta] *f* Wässerigkeit *f*; ~**oso** [-ku'o:so] wässerig.

acre [a:kre] herb.

acredine [a'krɛ:dine] *f* Schärfe *f*; *fig.* Bitterkeit *f*.

acribia [akri'biːa] f wissenschaftliche Genauigkeit f.

acri|monia [akri'mɔːnia] f Herbheit f; fig. Bissigkeit f; **~monioso** [-moni'oːso] herb; bissig.

acrobata [a'krɔːbata] su. (m/pl. -i) Akrobat(in f) m; Seiltänzer m.

acro|batico [akro'baːtiko] (pl. -ci) akrobatisch; volo m ~ Kunstflug m; **~batismo** [-ba'tizmo] m Akrobatenkunst f; **~bazia** [-ba'tsiːa] f Akrobatenstück n.

acromatico [akro'maːtiko] (pl. -ci) Phys. farblos.

acropoli [a'krɔːpoli] f Akropolis f.

acrostico [a'krɔstiko] m (pl. -ci) Akrostichon n.

acu|ire [aku'iːre] (4d) schärfen; fig. verschärfen; **~ità** [-i'ta] f Schärfe f.

aculeo [a'kuːleo] m Stachel m; Dorn m.

acume [a'kuːme] m Scharfsinn m.

acuminare [akumi'naːre] (1m) zuspitzen.

acustic|a [a'kustika] f Akustik f; **~o** [-ko] (pl. -ci) akustisch; cornetto m ~ Hörrohr n.

acut|angolo [aku'taŋgolo] spitzwink(e)lig; **~ezza** [-'tet-tsa] f Schärfe f; ~ di vista Sehschärfe f; **~izzarsi** [-tid-'dzarsi] (1a) sich verschärfen.

acuto [a'kuːto] 1. adj. scharf; spitz; ♪ hoch; ♀ akut; suono m ~ schriller Ton m; dolore m ~ heftiger Schmerz m; accento m ~ Akut m; 2. m ♪ hoher Ton m.

ad [ad] = a (vor Vokalen).

adacqu|amento [adak-kua'mento] m Bewässerung f; Verdünnung f; **~are** [-a'kuːre] (1a) bewässern; Wein verdünnen.

adag|iare [ada'dʒaːre] (1f) sanft hinlegen; **~ino** [-'dʒiːno] gemächlich.

adagio [a'daːdʒo] 1. adv. langsam, gemächlich; 2. m (pl. -gi) Sinnspruch m; ♪ Adagio n.

adamantino [adaman'tiːno] diamanten; fig. fest.

adamitico [ada'miːtiko] (pl. -ci) adamitisch; Adams...; in costume ~ im Adamskostüm.

Adamo [a'daːmo] m: pomo m d'~ Adamsapfel m.

adatt|abile [adat-'taːbile] anpassungsfähig; **~abilità** [-tabili'ta] f Anpassungsfähigkeit f; **~amento**

[-ta'mento] m Anpassung f; Angleichung f; Bearbeitung f; ~ radiofonico Funkbearbeitung f; **~are** [-'taːre] (1a) anpassen; bearbeiten; **~arsi** [-'tarsi] passen (zu od. für); ~ a qc. sich mit et. abfinden; **~ato** [-'taːto] passend; angepaßt; tauglich; **~atore** [-ta'toːre] m Anpasser m; Bearbeiter m; ⊕ Anpaßglied n, Paßstück n; Radio: Zwischensockel m.

adatto [a'dat-to] passend, geeignet (a zu dat., für acc.); essere ~ a sich eignen zu, taugen zu.

ad|debitare [ad-debi'taːre] (1m): ~ qu. di qc. j-m et. zur Last legen; j-n einer Sache beschuldigen; ♱ ~ di belasten mit; **~debito** [-'deːbito] m Beschuldigung f; ♱ Debet n; ~ di mora Verzugszuschlag m.

addendo [ad-'dɛndo] m ♑ Addend m.

addens|amento [ad-densa'mento] m Verdichtung f; **~are** [-'saːre] (1b) verdichten; **~arsi** [-'sarsi] sich zusammenziehen.

addent|are [ad-den'taːre] (1b) mit den Zähnen packen; **~atura** [-ta'tuːra] f ⊕ Verzahnung f; **~ellare** [-tel-'laːre] (1b) verzahnen; **~ellato** [-tel-'laːto] m Verzahnung f; fig. Anhaltspunkt m; **~ellatura** [-tel-la'tuːra] f ⊕ Zahnwerk n.

addentr|are [ad-den'traːre] (1a) hineintreiben; **~arsi** [-'trarsi] eindringen.

addentro [ad-'dentro] im Innersten; essere ~ in qc. mit et. vertraut sein.

addestr|amento [ad-destra'mento] m Ausbildung f, Abrichten n; corso m di ~ Schulungslehrgang m; ~ professionale Berufsausbildung f; **~are** [-'traːre] (1b) unterweisen; einüben; Tier abrichten, dressieren; Pferd zureiten; **~arsi** [-'trarsi] sich einüben; **~ato** [-'traːto] eingeübt; abgerichtet.

addetto [ad-'det-to] 1. adj. zugehörig; zugeteilt; 2. m ♱ Angestellte(r) m, Beschäftigte(r) m; Pol. Attaché m; ~ commerciale Handelsattaché m; ~ militare Militärattaché m; vietato l'ingresso ai non -i Unbefugten Eintritt verboten.

addì [ad-'di] am ...; ~ 25 febbraio am 25. Februar.

addiaccio [ad-di'at-tʃo] m (pl. -cci)

Pferch *m*; Biwak *n*; *dormire all'~* unter freiem Himmel schlafen.

addice [ad-'di:tʃe] (*si~*) *s.* addirsi.

addietro [ad-di'e:tro] zurück; rückwärts; *per l'~* früher.

addio [ad-'di:o] **1.** *int.* lebe (*od.* leben Sie) wohl; grüß Gott; *fig.* dahin!; *~ amicizia!* aus ist es mit der Freundschaft!; e *~* und damit gut; *mi ha dato tre marchi*, e *~* er hat mir drei Mark gegeben, und das war alles; *senza dire ~* ohne Abschiedsgruß; **2.** *m* Lebewohl *n*; Abschied *m*; *saluto m d'~* Abschiedsgruß *m*.

addir|ittura [ad-dirit-'tu:ra] geradezu; **~izzare** [-rit-'tsa:re] (1a) gerademachen; *fig.* zurechtweisen; *~ le gambe ai cani* et. Unmögliches unternehmen; **~izzarsi** [-rit-'tsarsi] sich aufrichten.

addirsi [ad-'dirsi] (3t) passen; sich ziemen.

addisse [ad-'dis-se] (*si~*) *s.* addirsi.

additare [ad-di'ta:re] (1a) zeigen.

additivo [ad-di'ti:vo] **1.** *adj.* additiv; Zusatz...; **2.** *m* Zusatzstoff *m*.

addivenire [ad-dive'ni:re] (4p) gelangen; *~ a un accordo* zu e-m Übereinkommen gelangen.

addizio|nale [ad-ditsio'na:le] zusätzlich; Zusatz...; *imposta f ~* Zusatzsteuer *f*; *articolo m ~* Zusatz *m*; *proposta f ~* Zusatzantrag *m*; **~nare** [-'na:re] (1a) addieren; **~natrice** [-na'tri:tʃe] *f* Addiermaschine *f*; **~ne** [-tsi'o:ne] *f* Addition *f*; *fare l'~* zusammenrechnen.

addobb|amento [ad-dob-ba'mento] *m* Ausschmückung *f*; **~are** [-'ba:re] (1c) ausschmücken.

addobbo [ad-'dɔb-bo] *m* Ausschmückung *f*.

addolc|imento [ad-doltʃi'mento] *m* Versüßung *f*; *fig.* Milderung *f*; **~ire** [-'tʃi:re] (4d) versüßen; *fig.* mildern; **~itivo** [-tʃi'ti:vo] versüßend; mildernd.

addolorare [ad-dolo'ra:re] (1a) betrüben; mit Schmerz erfüllen.

addome [ad-'dɔ:me] *m* Unterleib *m*.

addomestic|abile [ad-domesti'ka:bile] zähmbar; **~amento** [-ka'mento] *m* Zähmung *f*; **~are** [-'ka:re] (1b, d *u.* n) zähmen; **~arsi** [-'karsi] zahm werden; *~ con* sich gewöhnen an (*acc.*); *~ con qu.* mit j-m vertraut werden.

addominale [ad-domi'na:le] Unterleibs..., Bauch...; *dolori m/pl. -i* Bauchschmerzen *m/pl.*; *tifo m ~* Unterleibstyphus *m*.

addorment|amento [ad-dormenta'mento] *m* Einschläferung *f*; Betäubung *f*; **~are** [-'ta:re] (1b) einschläfern; betäuben; **~arsi** [-'tarsi] einschlafen; **~ato** [-'ta:to] verschlafen, schläfrig; betäubt; *fig.* verschlafen, schlapp.

addoss|amento [ad-dos-sa'mento] *m* Aufbürdung *f*; Belastung *f*; **~are** [-'sa:re] (1c) aufbürden, aufladen; *fig.* belasten; anlehnen; **~arsi** [-'sarsi] auf sich nehmen; *~ alla parete* sich an die Wand anlehnen.

addosso [ad-'dɔs-so] **1.** *prp.* auf (*dat. u. acc.*); **2.** *adv.* auf sich; *tirarsi ~* sich zuziehen; *dare ~ a qu.* über j-n herfallen; *levarsi qu. d'~* sich j-n vom Halse schaffen.

addotto [ad-'dot-to] *s.* addurre.

addottor|are [ad-dot-to'ra:re] (1a) zum Doktor machen; *iro.* Schlechtes beibringen; **~arsi** [-'rarsi] Doktor werden, promovieren.

addottrin|amento [ad-dot-trina'mento] *m* Belehrung *f*; **~are** [-'na:re] (1a) belehren.

add|uce [ad-'du:tʃe], **~ucesti** [-du'tʃesti], **~ucevo** [-du'tʃe:vo] *s.* addurre.

adducibile [ad-du'tʃi:bile] anführbar.

add|uco [ad-'du:ko] *s.* **~urre** [-'dur-re] (3e) *Gründe* anführen; **~ussi** [-'dus-si] *s. addurre*; **~uzione** [-dutsi'o:ne] *f* Anführen *n von Gründen*.

adegu|amento [adegua'mento] *m* Angleichen *n*; Angleichung *f*; **~are** [-gu'a:re] (1a) gleichmachen; anpassen; **~arsi** [-gu'arsi] sich anpassen; *~ alle circostanze* sich den Umständen anpassen; **~ato** [-gu'a:to] angemessen.

adempiere [a'dempiere] (4d *u.* g) erfüllen; *~ al proprio dovere* s-r Pflicht nachkommen.

ademp|imento [adempi'mento] *m* Erfüllung *f*; **~ire** [-'pi:re] (4d) *s. adempiere*.

adenite [ade'ni:te] *f* Drüsenentzündung *f*.

adepto [a'dɛpto] *m* Anhänger *m*.

ader|ente [ade'rɛnte] **1.** *adj.* haftend (*a* an *dat.*); zusammenhängend;

verwachsen; *Kleid*: enganliegend; *socio* m ~ außerordentliches Mitglied n; **2.** m Anhänger m; **~enza** ['rentsa] f Zusammenhängen n; 🞥 Verwachsung f; **-e** pl. Beziehungen f/pl., Protektionen f/pl.

adergersi [a'dergersi] (3d) sich erheben.

aderire [ade'ri:re] (4d) anhängen; *e-m Verein*: beitreten; *e-r Ansicht*: beistimmen; *e-r Bitte*: nachkommen; *Kleidung*: eng anliegen.

adesc|amento [adeska'mento] m Anlockung f; **~are** [-'ka:re] (1d) ködern, anlocken; *fig.* verführen.

ades|ione [adezi'o:ne] f Beitritt m; Zustimmung f; *Phys.* Adhäsion f; *atto* m *di* ~ Beitrittserklärung f; **~ivo** [-'zi:vo] zustimmend; anhaftend; Adhäsions...

adesso [a'des-so] jetzt.

adiac|ente [adia'tʃɛnte] anliegend; **~enza** [-'tʃentsa] f Nähe f; **-e** pl. Umgegend f.

adibire [adi'bi:re] (4d) verwenden.

adipe [a:dipe] m Fett n.

adiposo [adi'po:so] fett; fetthaltig.

adir|amento [adira'mento] m Erzürnung f; **~are** [-'ra:re] (1a) erzürnen; **~arsi** [-'rarsi] zornig werden; ~ *con* qu. auf j-n böse werden; **~ato** [-'ra:to] zornig.

adire [a'di:re] (4d) antreten; ~ *il tribunale* vor Gericht gehen; ~ *una eredità* eine Erbschaft antreten.

adito [a:dito] m Zugang m; *fig.* Veranlassung f; *dare* ~ *a dicerie* Anlaß zu Gerede geben.

adizione [aditsi'o:ne] f *e-r Erbschaft*: Antreten n.

adocchiare [adok-ki'a:re] (1g u. c) erblicken; liebäugeln mit.

adolesc|ente [adoleʃ-'ʃɛnte] su. Jüngling m, junger Mann m; junges Mädchen n; *gli -i* die Jugendlichen; **~enza** [-'ʃentsa] f Jünglingsalter n; Wachstumsalter n.

adombr|amento [adombra'mento] m Beschattung f; **~are** [-'bra:re] (1a) beschatten; *Mal.* schattieren; *fig.* verbergen; leicht andeuten; **~arsi** [-'brarsi] scheu werden.

adontarsi [adon'tarsi] (1a) sich beleidigt fühlen.

adoper|abile [adope'ra:bile] brauchbar; **~are** [-'ra:re] (1m u. c) (ge-) brauchen; **~arsi** [-'rarsi] sich be-

mühen; sich *zu* j-s *Gunsten* verwenden; **~ato** [-'ra:to] gebraucht.

adoprabile [ado'pra:bile] usw. s. *adoperabile usw.*

ador|abile [ado'ra:bile] anbetungswürdig; **~abilità** [-rabili'ta] f Anbetungswürdigkeit f; **~are** [-'ra:re] (1a) anbeten; **~atore** [-ra'to:re] m Anbeter m; **~azione** [-ratsi'o:ne] f Anbetung f.

adorn|amento [adorna'mento] m Schmücken n; Schmuck m; **~are** [-'na:re] (1a) schmücken.

adorno [a'dorno] geschmückt; hübsch, lieblich.

adott|abile [adot-'ta:bile] annehmbar; adoptierbar; **~amento** [-ta'mento] m Annahme f; Adoption f; **~are** [-'ta:re] (1c) adoptieren; *Theorie* annehmen; *Maßregel* ergreifen; **~ato** [-'ta:to] m Adoptivkind n; **~ivo** [-'ti:vo] adoptiert; *padre* m ~ Adoptivvater m.

adozione [adotsi'o:ne] f Adoption f; Annahme f; Ergreifung f.

adrenalina [adrena'li:na] f Adrenalin n.

adriatico [adri'a:tiko] (*pl.* -ci) **1.** *adj.* adriatisch; *costa* f *-a* Adriaküste f; *mare* m ♀ *od.* ♀ 2. ♀ m Adriatisches Meer n, Adria f.

aduggi|amento [adud-dʒa'mento] m Beschattung f; *fig.* Verdüsterung f; **~are** [-'dʒa:re] (1f) beschatten; *fig.* verdüstern.

adul|are [adu'la:re] (1a); ~ qu. j-m schmeicheln; **~atore** [-la'to:re] **1.** m Schmeichler m; **2.** *adj.* = **~atorio** [-la'to:rio] (*pl.* -ri) schmeichlerisch; **~azione** [-latsi'o:ne] f Schmeichelei f.

adulter|abile [adulte'ra:bile] verfälschbar; **~amento** [-ra'mento] m (Ver-)Fälschung f; **~are** [-'ra:re] (1m) (ver)fälschen; ehebrechen; **~atore** [-ra'to:re] m (Ver-)Fälscher m; Ehebrecher m; **~azione** [-ratsi'o:ne] f (Ver-)Fälschung f; **~ino** [-'ri:no] verfälscht; unehelich.

adulterio [adul'te:rio] m (*pl.* -ri) Ehebruch m.

adultero [a'dultero] **1.** *adj.* ehebrecherisch; **2.** m Ehebrecher m.

adulto [a'dulto] **1.** *adj.* erwachsen; *Pflanze*: entwickelt; *fig.* vorgeschritten; **2.** m Erwachsene(r) m.

adun|anza [adu'nantsa] f Versammlung f; ~ *del consiglio* Ratsversammlung *f*; **~are** [-'na:re] (1a) versammeln; **~ata** [-'na:ta] *f* Versammlung *f*; ⚔ Appell *m*.

adunco [a'dunko] (*pl. -chi*) gebogen; krumm.

adunghiare [aduŋgi'a:re] (1g) mit den Krallen packen.

adunque [a'duŋkue] *lit.* also.

adusare [adu'za:re] (1a) *lit.* gewöhnen (*a* an *acc.*).

adusto [a'dusto] versengt; mager; dürr.

aedo [a'ɛ:do] *m griechischer* Sänger *m.*

aera|re [ae'ra:re] (1l) lüften; **~to** [-'ra:to] gelüftet; **~zione** [-ratsi'o:ne] *f* Lüftung *f*.

aere [a:ere] *m poet.* Luft *f*.

aeremoto [aere'mɔ:to] *m* Luftbeben *n.*

aereo[1] [a'ɛ:reo] luftig; Luft...; ✈ Luft..., Flieger...; *arma f -a* Luftstreitkräfte *f/pl.*; *base f -a* Luftstützpunkt *m*; *linea f -a* Flugstrecke *f*; *servizi m/pl. -i* Flugverkehr *m*; *strato m ~* Luftschicht *f*; *via f -a* Luftweg *m*; *flotta f -a* Luftflotte *f*; *ponte m ~* Luftbrücke *f*; *posta f -a* Luftpost *f*.

aereo[2] [a'ɛ:reo] *m* Hochantenne *f*; Flugzeug *n*; ~ *supersonico* Überschallflugzeug *n.*

aereo...[3] [a'ɛ:reo...] *s. aero...*

aeriforme [aeri'forme] luftförmig.

aero|brigata [aerobri'ga:ta] *f* Geschwader *n*; **~dinamica** [-di'na:mika] *f* Aerodynamik *f*; **~dinamico** [-di'na:miko] stromlinienförmig; *linea f -a* Stromlinienform *f*; **~dromo** [-'rɔ:dromo] *m* Flugplatz *m*; **~fagia** [-fa'dʒi:a] *f* Luftschlucken *n*; **~faro** [-'fa:ro] *m* Luftfahrtleuchtturm *m*; **~fobia** [-fo'bi:a] *f* Luftscheu *f*; **~linea** [-'li:nea] *f* Luftverkehrslinie *f*.

aerolito [ae'rɔ:lito] *m* Meteorstein *m.*

aero|mele [aero'me:le] *m* Honigtau (*bestimmter Bäume*) *m*; **~metria** [-me'tri:a] *f* Messung *f* der Luftdichte.

aerometro [ae'rɔ:metro] *m* Luftdichtigkeitsmesser *m.*

aero|modellismo [aeromodel-'lizmo] *m* Modellflugzeugsport *m*; **~modellista** [-model-'lista] *m* Modellflugzeugbauer *m*; **~modello** [-mo'dɛl-lo] *m* Modellflugzeug *n*; **~nauta** [-'na:uta] *su.* (*m/pl. -i*) Luft-

fahrer(in *f*) *m*; **~nautica** [-'na:u-tika] *f* Luft(schiff)fahrt *f*; ~ *militare* Luftstreitkräfte *f/pl.*; *scuola f di ~* Fliegerschule *f*; **~nave** [-'na:ve] *f* Luftschiff *n*; **~navigazione** [-'na-vigatsi'o:ne] *f* Luftschiffahrt *f*; **~plano** [-'pla:no] *m* Flugzeug *n*; ~ *per passeggeri* Verkehrsflugzeug *n*; ~ *da ricognizione* Beobachtungsflugzeug *n*; *bomba f d'~* Fliegerbombe *f*; *cabina f dell'~* Flugzeugkabine *f*; ~ *postale* Postflugzeug *n*; ~ *da bombardamento* Bombenflugzeug *n*; ~ *da caccia* Jagdflugzeug *n*; **~porto** [-'porto] *m* Flughafen *m*; **~scalo** [-'ska:lo] *m* Luftschiffhafen *m.*

aeroscopo [ae'rɔskopo] *m* Aeroskop *n.*

aerostatica [aero'sta:tika] *f* Aerostatik *f.*

aerostato [ae'rɔstato] *m* Luftballon *m.*

aero|stazione [aerostatsi'o:ne] *f* Abfertigungsgebäude *n* (des Flughafens); **~tecnica** [-'teknika] *f* Luftfahrttechnik *f*; **~terapia** [-tera-'pi:a] *f* Luftheilverfahren *n*; **~trasportato** [-traspor'ta:to] luftbefördert; *truppe f/pl. -e* Luftlandetruppen *f/pl.*

afa [a:fa] *f* Schwüle *f.*

aff|abile [af-'fa:bile] leutselig, umgänglich; **~abilità** [-fabili'ta] *f* Leutseligkeit *f*, Umgänglichkeit *f.*

affaccend|arsi [af-fat-tʃen'darsi] (1b) sich viel zu schaffen machen; **~ato** [-'da:to] vielbeschäftigt.

affacchin|arsi [af-fak-ki'narsi] (1a) sich abplacken; **~ato** [-'na:to] abgearbeitet.

affacci|are [af-fat-'tʃa:re] (1f) zeigen; *Frage* aufwerfen; **~arsi** [-'tʃarsi] sich zeigen; *Zweifel*: aufkommen.

affagottare [af-fagot-'ta:re] (1c) zusammenbündeln.

affam|are [af-fa'ma:re] (1a) aushungern; **~ato** [-'ma:to] **1.** *adj.* hungrig; *pfr.* ausgehungert; **2.** *m* Hungerleider *m.*

affann|are [af-fan-'na:re] (1a) bekümmern; **~arsi** [-'narsi] sich betrüben; sich abmühen; **~ato** [-'na:-to] atemlos.

affanno [af-'fan-no] *m* Atemnot *f*; *fig.* Kummer *m.*

affannoso [af-fan-'no:so] keuchend; sorgenvoll.

affardellare [af-fardel-'la:re] (1b) zusammenpacken.

affare [af-'fa:re] *m* Geschäft *n*; Angelegenheit *f*; *uomo m d'-i Geschäftsmann m*; *-i pl. governativi* Regierungsgeschäfte *n/pl.*; *~ privato* Privatangelegenheit *f*; *conclusione f di un ~* Geschäftsabschluß *m*; *quartiere m degli -i* Geschäftsviertel *n*; *ministro m degli -i esteri* Außenminister *m*; *non è ~ mio* das ist nicht meine Sache; *che ~ è questo?* was soll das heißen?; *un ~ da nulla* eine Lappalie *f*; *donna f di mal ~* Dirne *f*; *giro m (cifra f) di -i* Umsatz *m*.

affarismo [af-fa'rizmo] *m* Geschäftemacherei *f*; **~ista** [-'rista] *su.* (*m/pl.* -i) Spekulant(in *f*) *m*; (rücksichtsloser) Geschäftemacher *m*; **~one** [-'ro:ne] *m* Gelegenheitsgeschäft *n*; **~uccio** [-'rut-tʃo] *m* (*pl.* -cci) kleines, elendes Geschäft *n*.

affascin|amento [af-faʃ-ʃina'mento] *m* Bezauberung *f*; **~ante** [-'nante] bezaubernd; faszinierend; verführerisch; **~are** [-'na:re] (1m) bezaubern; verführen; **~atore** [-na'to:re] *m* Verführer *m*; **~azione** [-natsi'o:ne] *f* Bezauberung *f*; Verführung *f*.

affastell|amento [af-fastel-la'mento] *m* Anhäufung *f*; *fig.* Gemisch *n*; **~are** [-'la:re] (1b) zu Bündeln binden; *fig.* vermengen; vermischen.

affatic|amento [af-fatika'mento] *m* Ermüdung *f*; **~ante** [-'kante] anstrengend, ermüdend; **~are** [-'ka:re] (1d) anstrengen, ermüden; müde machen; **~arsi** [-'karsi] sich anstrengen; müde werden; sich abplagen.

affatto [af-'fat-to] durchaus; gänzlich; *niente ~* durchaus nicht; *non è vero ~* es ist gar nicht wahr.

affattur|amento [af-fat-tura'mento] *m* Verhexung *f*; Verfälschung *f*; Panscherei *f*; **~are** [-'ra:re] (1a) verhexen; *Wein* panschen.

afferm|are [af-fer'ma:re] (1a) behaupten; bestätigen; bejahen; **~arsi** [-'marsi] sich behaupten; sich durchsetzen; Fuß fassen; **~ativa** [-ma'ti:va] *f* Bejahung *f*; **~ativo** [-ma'ti:vo] bejahend; **~azione** [-matsi'o:ne] *f* Bestätigung *f*; Behauptung *f*; Bejahung *f*; *allg.* Erfolg *m*.

afferr|amento [af-fer-ra'mento] *m*

Ergreifen *n*; **~are** [-'ra:re] (1b) ergreifen; greifen; zugreifen; *das Ufer* erreichen; **~arsi** [-'rarsi] sich festklammern (*a an acc.*).

affett|are[1] [af-fet-'ta:re] (1a) in Scheiben schneiden.

affett|are[2] [af-fet-'ta:re] (1b) heucheln; zur Schau tragen.

affettato[1] [af-fet-'ta:to] *m* kalter Aufschnitt *m*, Belag *m*.

affett|ato[2] [af-fet-'ta:to] *adj.* geziert, affektiert; unnatürlich; **~atrice** [-ta'tri:tʃe] *f* Aufschnittmaschine *f*; **~azione** [-tatsi'o:ne] *f* Geziertheit *f*; Künstelei *f*.

affettivo [af-fet-'ti:vo] das Gefühl betreffend, Gefühls...

affett|o [af-'fet-to] **1.** *adj.* behaftet, befallen (*di* mit *dat.*); **2.** *m* Zuneigung *f*; Liebe *f*; **~ materno** Mutterliebe *f*; **~uosità** [-tuosi'ta] *f* Herzlichkeit *f*; Zärtlichkeit *f*; **~uoso** [-tu'o:so] herzlich; zärtlich; liebevoll.

affezion|amento [af-fetsiona'mento] *m* Zuneigung *f*; **~are** [-'na:re] (1a) Zuneigung erwecken; **~arsi** [-'narsi]: *~ a qu.* j-n liebgewinnen; **~atissimo** [-na'tissimo] ergeben; **~ato** [-'na:to] anhänglich; ergeben.

affezione [af-fetsi'o:ne] *f* Zuneigung *f*; *♣* Leiden *n*, Affektion *f*; *prezzo m d'~* Liebhaberpreis *m*.

affiancare [af-fian'ka:re] (1d) *✕* flankieren; *allg.* unterstützen.

affiat|amento [af-fiata'mento] *m* Übereinstimmung *f*, Einvernehmen *n*; **~are** [-'ta:re] (1a) vertraut machen; einspielen; **~arsi** [-'tarsi] mit j-m vertraut werden; **~ato** [-'ta:to] *Thea.* eingespielt.

affibbi|amento [af-fib-bia'mento] *m* Zuschnallen *n*; **~are** [-bi'a:re] (1k) zuschnallen; *fig.* anschmieren; *~ un colpo* einen Schlag versetzen; *~ un nomignolo* e-n Spitznamen anhängen; *affibbiarla a uno* j-m e-n schlechten Streich spielen; **~atura** [-bia'tu:ra] *f* Zuschnallen *n*; Schnalle *f*.

affid|amento [af-fida'mento] *m* Anvertrauen *n*; Vertrauen *n*; *fare ~ su* sich verlassen auf (*acc.*); **~are** [-'da:re] (1a) anvertrauen; übergeben; **~arsi** [-'darsi]: *~ a* sich verlassen auf (*acc.*).

affievol|imento [af-fievoli'mento] *m* Schwächung *f*; *Radio:* Schwund *m*, Fading *n*; **~ire** [-'li:re] (4d) schwächen; **~irsi** [-'lirsi] schwächer werden.

affiggere [af-'fid-dʒere] (3mm) anschlagen; *Blick* heften.

affil|are [af-fi'la:re] (1a) schärfen, abziehen; *fig.* auszehren; **~ato** [-'la:to] scharf; fein; *naso m ~* schmale Nase *f*; **~atoio** [-la'to:io] *m* (*pl. -oi*) Wetzstein *m*, Schleifstein *m*; **~atrice** [-la'tri:tʃe] *f* Schleifmaschine *f*; **~atura** [-la'tu:ra] *f* Schärfen *n*.

affili|are [af-fili'a:re] (1g) *in eine Gesellschaft* aufnehmen; **~ato** [-li'a:to] **1.** *m* Mitglied *n*; **2.** *adj.*: *società f ~a* Zweiggesellschaft *f*; **~azione** [-liatsi'o:ne] *f* Aufnahme *f*.

affin|amento [af-fina'me:nto] *n* Läuterung *f*; *fig.* Schärfung *f*; Verfeinerung *f*; **~are** [-'na:re] (1a) fein machen; ⊕ zu Draht ziehen; scharf machen; läutern; *fig.* Ohr schärfen; **~atoio** [-na'to:io] *m* (*pl. -oi*) Schmelztiegel *m*; **~atura** [-na'tu:ra] *f* Läuterung *f*.

affinché [af-fin'ke] damit.

affine[1] [af-'fi:ne]: *~ di* um zu.

affine[2] [af-'fi:ne] *adj.* verwandt.

affinità [af-fini'ta] *f* Verwandtschaft *f*; *~ elettiva* Wahlverwandtschaft *f*.

affio|care [af-fio'ka:re] (1c *u.* d), **~chire** [-'ki:re] (4b) heiser werden; **~chito** [-'ki:to] heiser.

affiorare [af-fio'ra:re] (1a) auftauchen, an die Oberfläche kommen; *geol.* zutage liegen; *fig.* herauskommen.

affis|are [af-fi'za:re] (1a) anstarren; **~arsi** [-'zarsi]: *~ in den Blick richten auf* (*acc.*).

affissare [af-fis-'sa:re] (1a) heften; *j-n* fest anblicken.

affissi [af-'fis-si] *s. affiggere*.

affissione [af-fis-sio'o:ne] *f* Anschlagen *n*; *~ pubblicitaria* Plakatanschlag *m*.

affisso [af-'fis-so] **1.** *s. affiggere*; **2.** *m* Anschlag(zettel) *m*; *Gram.* Affix *n*.

affitt|abile [af-fit-'ta:bile] vermietbar; zu vermieten; **~acamere** [-ta-'ka:mere] *su.* Zimmervermieter(in*f*) *m*; **~aiolo** [-tai'o:lo] *m* Pächter *m*; **~amento** [-ta'me:nto] *m* Vermietung *f*; Verpachtung *f*; **~anza** [-'tantsa] *f* Pacht *f*; Verpachtung *f*;

~are [-'ta:re] (1a) *Gebäude* vermieten; *Ländereien* verpachten; **~ato** [-'ta:to]: *non ~ leerstehend*; **~atore** [-ta'to:re] *m* Vermieter *m*, Verpachter *m*; **~avolo** [-'ta:volo] *m* Pächter *m*.

affittire [af-fit-'ti:re] (4d) **1.** *v/t.* dicht machen; **2.** *v/i.* dicht werden.

affitt|o [af-'fit-to] *m* Vermietung *f*; (*a. prezzo m dell' ~*) Miete *f*; *dare in ~ vermieten*; *prendere in ~ mieten*; **~uale** [-tu'a:le], **~uario** [-tu'a:rio] *m* (*pl. -ri*) Mieter *m*, Pächter *m*; Untermieter *m*.

afflato [af-'fla:to] *m poet.* Hauch *m*; Eingebung *f*.

affl|iggere [af-'flid-dʒere] (3cc) betrüben; **~issi** [-'flis-si] *s. affliggere*; **~itto** [-'flit-to] betrübt; **~izione** [-flitsi'o:ne] *f* Betrübnis *f*; Trauer *f*. [werden.\

affloscire [af-floʃ-'ʃi:re] (4d) schlaff\

afflu|ente [af-flu'ente] **1.** *adj.* zufließend; **2.** *m* Nebenfluß *m*; **~enza** [-'entsa] *f* Andrang *m*; **~ire** [-'i:re] (4d) zufließen; zusammenströmen.

afflusso [af-'flus-so] *m* Zufluß *m*; *~ di sangue* Blutandrang *m*.

affog|are [af-fo'ga:re] (1c *u.* e) **1.** *v/t.* ertränken; ersäufen; **2.** *v/i.* ersticken; ertrinken; *fig.* in et. stecken; *o bere o ~ friß*, Vogel, oder stirb!; **~arsi** [-'garsi] ertrinken; **~ato** [-'ga:to]: *uova f/pl. -e verlorene Eier n/pl.*

affoll|amento [af-fol-la'me:nto] *m* Gedränge *n*; **~are** [-'la:re] (1c) drängen; *Lokal* füllen; *~ qu. di* (*od. con*) *qc.* j-n mit et. bestürmen; **~arsi** [-'larsi] zusammenströmen; *fig.* sich stürzen auf (*acc.*); **~ato** [-'la:to] gedrängt voll.

affond|amento [af-fonda'me:nto] *m* Versenken *n*; Versinken *n*; ⊕ Versenkung *f*; △ Einbettung *f*; **~are** [-'da:re] (1a) **1.** *v/t.* versenken; △ einbetten; **2.** *v/i.* versinken; **~arsi** [-'darsi] einsinken; ⚓ versinken; **~atore** [-da'to:re] *m* Rammschiff *n*.

affondo [af-'fondo] **1.** *adv.* tief, bis auf den Grund; **2.** *m Sport:* Ausfall *m*; *fare un ~ einen Ausfall machen.*

affoss|are [af-fos-'sa:re] (1c) Gräben aufwerfen; *~ qc. et. mit Gräben umgeben*; **~arsi** [-'sarsi] hohl werden; **~ato** [-'sa:to]: *occhi m/pl. -i tiefliegende Augen n/pl.*

affranc|amento [af-franka'mento] m Befreiung f; ⚭ Frankieren n; **~are** [-'ka:re] (1d) befreien; frankieren; **~atrice** [-ka'tri:tʃe] f Frankiermaschine f; **~atura** [-ka'tu:ra] f Frankierung f; *soggetto ad ~ gebührenpflichtig*; *stampe f/pl. soggette ad ~ portpflichtige Drucksache f*.

affranto [af-'franto] gebrochen, tiefgebeugt, erschöpft.

affratell|amento [af-fratel-la'mento] m Verbrüderung f; **~are** [-'la:re] (1b) verbrüdern.

affr|escare [af-fres'ka:re] (1d) Fresko malen; **~eschista** [-es'kista] su. (m/pl. -i) Freskomaler(in f) m; **~esco** [-'fresko] m (pl. -chi) Freskogemälde n.

affrett|are [af-fret-'ta:re] (1a) beschleunigen; **~arsi** [-'tarsi] sich beeilen.

africano [af-fri'ka:no] s. *africano*.

affront|arc [af-fron'ta:re] (1a): *~ qu. (qc.)* j-m (e-r Sache) kühn entgegentreten, ins Auge blicken; in Angriff nehmen; *~ il giudizio* vor Gericht erscheinen; **~arsi** [-'tarsi] gegenüberstehen.

affronto [af-'fronto] m Beleidigung f; Schmach f.

affum|are [af-fu'ma:re] (1a), **~icare** [-mi'ka:re] (1d u. m) räuchern; **~icato** [-mi'ka:to] geräuchert; **~icatura** [-mika'tu:ra] f Räucherung f.

affus|olare [af-fuso'la:re] (1m) spindelförmig zuspitzen; **~olato** [-sol'la:to] schlank, schmal.

affusto [af-'fusto] m ✗ Lafette f.

afide [a:fide] m Blattlaus f.

afonia [afo'ni:a] f Stimmlosigkeit f.

afono [a:fono] stimmlos.

afor|isma [afo'rizma] m (pl. -i) Aphorismus m, Gedankensplitter m; **~istico** [-'ristiko] (pl. -ci) aphoristisch.

afoso [a'fo:so] schwül.

africano [afri'ka:no] 1. adj. afrikanisch; 2. m Afrikaner m; Kuchen: Mohrenkopf m.

afta [afta] f Mundschwamm m.

agapanto [aga'panto] m Liebesblume f.

agape [a:gape] f Liebesmahl n.

agarico [a'ga:riko] m (pl. -ci) Blätterpilz m; *~ delizioso* Edelreizker m.

agata [a:gata] f Achat m.

agave [a:gave] f Agave f.

agenda [a'dʒɛnda] f Notizkalender m; Tagesordnung f.

agente [a'dʒɛnte] 1. adj. wirkend; 2. m Agent m; Polizeibeamte(r) m; ⚗ Agens n; *~ di cambio* Makler m; *~ delle tasse* Steuerbeamte(r) m; *~ provocatore* Lockspitzel m; *~ investigativo* Kriminalbeamte(r) m; *~ di pubblica sicurezza* Polizeibeamte(r) m; *~ segreto* Geheimpolizist m; *~ chimico* Chemikalie f.

agenzia [adʒen'tsi:a] f Agentur f; *~ generale* Generalagentur f; *~ telegrafica* Telegrafenagentur f, -büro n; *~ d'alloggi* Zimmernachweis m; *~ di viaggi* Reisebüro n; *~ delle tasse* Steueramt n; *~ stampa* Nachrichtenagentur f; *~ di pubblicità* Anzeigenbüro n; *~ d'informazioni* Informationsbüro n; *~ di trasporti* Transportgesellschaft f.

agevol|amento [adʒevola'mento] m Erleichterung f; **~are** [-'la:re] (1m) erleichtern; **~azione** [-latsi'o:ne] f Erleichterung f; *~ di prezzo* (Preis-)Ermäßigung f.

agevole [a'dʒe:vole] leicht.

agevolezza [adʒevo'let-tsa] f Leichtigkeit f; Erleichterung f; Gefälligkeit f.

agganciare [ag-gan'tʃa:re] (1f) zuhaken, zuschnallen; anhängen, ankuppeln; *~ una ragazza* ein Mädchen ansprechen.

aggeggio [ad-'dʒed-dʒo] m (pl. -ggi) Ding n; allerlei Kram m.

aggettare [ad-dʒet-'ta:re] (1b) vorspringen.

aggettiv|ale [ad-dʒet-ti'va:le] adjektivisch; **~are** [-'va:re] in ein Adjektiv verwandeln.

aggettivo [ad-dʒet-'ti:vo] m Adjektiv n, Eigenschaftswort n.

aggetto [ad-'dʒɛt-to] m Vorsprung m.

agghiacci|amento [ag-giat-tʃa'mento] m Gefrieren n; **~are** [-'tʃa:re] (1f) 1. v/t. gefrieren lassen; erstarren lassen; 2. v/i. gefrieren.

agghindare [ag-gin'da:re] (1a) herausputzen.

aggio [ad-dʒo] m (pl. -ggi) ✝ Agio n, Aufgeld n.

aggiogare [ad-dʒo'ga:re] (1e) ins Joch spannen; anspannen.

aggiorn|amento [ad-dʒorna'mento] m Vertagung f, Aufschiebung f;

laufende Fortbildung f; corso d'~
Fortbildungskurs m; ~are [-'na:re]
(1a) 1. v/t. vertagen; auf den heutigen Stand bringen; 2. v/i. Tag
werden; ~arsi [-'narsi] sich auf dem
laufenden halten.

aggiot|aggio [ad-dʒo'tad-dʒo] m
(pl. -ggi) Agiotage f, Spekulations-
geschäft n; ~atore [-ta'to:re] m
Agioteur m, Börsenspekulant m.

aggir|amento [ad-dʒira'mento] m
Umgehung f; ⚔ Umfassung f; fig.
Betrug m; ~are [-'ra:re] (1a) hinter-
gehen; ⚔ umgehen; fig. betrügen;
~arsi [-'rarsi] herumlungern; sich
drehen um; ⚓ ungefähr betragen;
~atore [-ra'to:re] m Betrüger m.

aggiudic|are [ad-dʒudi'ka:re] (1d
u. m) zuerkennen; ~atario [-ka-
'ta:rio] m (pl. -ri) Käufer m bei
Versteigerungen; ~ativo [-ka'ti:vo]:
sentenza f -a Zuerkennungsurteil n;
~azione [-katsi'o:ne] f Zuerkennung f.

aggiun|gere [ad-'dʒundʒere] (3d)
hinzufügen; ~si [-'dʒunsi] s. aggiungere; ~ta [-'ta] f Zusatz m;
Zuschuß m; Nachtrag m; Ergän-
zung f.

aggiunt|are [ad-dʒun'ta:re] (1a) zu-
sammenfügen; ~ivo [-'ti:vo] zusätzlich.

aggiunto [ad-'dʒunto] 1. s. aggiungere; 2. m Amtsgehilfe m, Adjunkt
m; ~ giudiziario Gerichtsassessor m.

aggiust|abile [ad-dʒus'ta:bile] was
sich instand setzen (od. ausbessern,
ausgleichen) läßt; ~aggio [-'tad-
dʒo] m (pl. -ggi) Regulierung f,
Justierung f; ~amento [-ta'mento]
m Instandsetzen n; Ausbesserung f;
Ausgleichung f; ~are [-'ta:re] (1a)
in Ordnung bringen; ausbessern;
Schlag versetzen; Streit beilegen;
Rechnung begleichen; ~ i conti con
qu. j-n zur Rechenschaft ziehen;
~ qu. j-n übel zurichten; ~arsi
[-'tarsi] sich einigen; ~ato [-'ta:to]
zutreffend; genau; bene ~ wohl-
gezielt; ~atura [-ta'tu:ra] f In-
standsetzung f; Ausbesserung f.

agglomer|amento [ag-glomera-
'mento] m Anhäufung f; Ansammlung f; ~are [-'ra:re] (1c u. m) anhäufen; ~arsi [-'rarsi] sich ansammeln; ~ato [-'ra:to] m Anhäufung
f; ~azione [-ratsi'o:ne] f s. agglo-
meramento.

agglutin|are [ag-gluti'na:re] (1m)
zusammenkleben; ~azione [-na-
tsi'o:ne] f Zusammenkleben n; ⚔
Gram. Agglutination f.

aggobbire [ag-gob-'bi:re] (4d)
bucklig werden; fig. schuften.

aggomitol|are [ag-gomito'la:re]
(1n) aufwickeln; ~arsi [-'larsi] sich
zusammenkauern.

aggradare [ag-gra'da:re] (1a) gefallen.

aggraff|are [ag-graf-'fa:re] (1a)
falzen; ~atrice [-fa'tri:tʃe] f Falz-
maschine f; ~atura [-fa'tu:ra] f
Falz m.

aggranch|iare [ag-granki'a:re] (1g),
~ire [-'ki:re] (4d) 1. v/t. erstarren
(lassen); 2. v/i. u. ~irsi [-'kirsi]
erstarren; sich verkrampfen.

aggrapp|are [ag-grap-'pa:re] (1a)
fest packen; ~arsi [-'parsi] sich
anklammern (a an acc.).

aggrav|amento [ag-grava'mento]
m Belasten n; Verschlimmerung f;
~ante [-'vante] 1. adj. erschwerend;
belastend; 2. f erschwerender Umstand m; ~are [-'va:re] (1a) belasten; Magen beschweren; Strafe
verschärfen; ~arsi [-'varsi] sich
verschlimmern, schlimmer werden.

aggravio [ag-'gra:vio] m (pl. -vi)
Last f; fare un ~ a qu. di qc. j-m
et. zur Last legen; tornare di ~
zur Last fallen.

aggrazi|are [ag-gratsi'a:re] (1f) (qu.
j-m) Anmut verleihen; Kochk.
schmackhaft machen; ~arsi [-tsi-
'arsi]: ~ qu. sich j-s Gunst erwerben; ~ato [-tsi'a:to] anmutig, nett.

aggredire [ag-gre'di:re] (4d) über-
fallen; fig. anfahren.

aggreg|are [ag-gre'ga:re] (1b u. e)
vereinigen; j-n zuordnen; j-n in e-n
Bund: aufnehmen; Länder einverleiben; angliedern (a an acc.); ~ato
[-'ga:to] m Vereinigung f; Bei-
geordnete(r) m; Hilfsarbeiter m;
Phys., ⊕ Aggregat n; ~azione [-ga-
tsi'o:ne] f Beigebung f; Aufnahme
f; Einverleibung f; Angliederung f.

aggress|ione [ag-gres-si'o:ne] f
Überfall m; ~ a scopo di rapina
Raubüberfall m; patto m di non ~
Nichtangriffspakt m; ~ività [-sivi-
'ta] f Angriffslust f; ~ivo [-'si:vo]
angreifend; ausfallend; aggressiv;
~ore [-'so:re] m Angreifer m; Pol.
Aggressor m.

aggrinz|are [ag-grin'tsa:re] (1a), **~ire** [-'tsi:re] (4d) runzeln; *Kleider* zerknittern; **~ito** [-'tsi:to] runzelig; *Obst*: schrumpelig.

aggrott|are [ag-grot-'ta:re] (1c) *Stirn, Brauen* runzeln; **~ato** [-'ta:to] finster blickend.

aggrovigliare [ag-grovi'ʎa:re] (1g) verwirren.

aggrumarsi [ag-gru'marsi] (1a) gerinnen.

aggrupp|amento [ag-grup-pa-'mento] *m* Gruppieren *n*; Ansammlung *f*; **~are** [-'pa:re] (1a) gruppieren; ansammeln.

agguagliare [ag-gua'ʎa:re] (1g) gleichmachen; vergleichen; **~** *qu.* j-m gleichkommen.

agguaglio [ag-gu'a:ʎo] *m* (*pl. -gli*) Vergleich *m*; Gleichstellung *f*.

agguantare [ag-guan'ta:re] (1a) packen, ergreifen.

agguato [ag-gu'a:to] *m* Hinterhalt *m*; *stare in* **~** auf der Lauer liegen.

agguerr|imento [ag-guer-ri'men-to] *m* Vorbereitung *f* auf den Krieg; **~ire** [-'ri:re] (4d) an den Krieg gewöhnen; stählen; **~ito** [-'ri:to] kriegstüchtig; *fig.* abgehärtet, gestählt.

aghetto [a'get-to] *m* Schnürsenkel *m*.

aghi|foglie [agi'fɔ:ʎe] *f/pl.* Nadelbäume *m/pl.*; **~forme** [-'fɔrme] nadelförmig.

agiat|ezza [adʒa'tet-tsa] *f* Wohlhabenheit *f*; **~amente** [-ta'mente] in bequemer Weise, bequem; im Wohlstand.

agiato [a'dʒa:to] wohlhabend; bemittelt; *poco* **~** minderbemittelt.

agile [a:dʒile] flink.

agilità [adʒili'ta] *f* Behendigkeit *f*, Wendigkeit *f*.

agio [a:dʒo] *m* (*pl. -gi*) Bequemlichkeit *f*; Gelegenheit *f*; Spielraum *m*; *stare a proprio* **~** es sich bequem machen; *sentirsi a proprio* **~** sich wohl fühlen; *vivere fra gli agi* im Wohlstand leben.

agiografia [adʒogra'fi:a] *f* Heiligenbiographie *f*.

agire [a'dʒi:re] (4d) handeln; *Arznei*: wirken; *Thea.* spielen; 𝄐 **~** *contro qu.* j-n vor Gericht zitieren.

agit|are [adʒi'ta:re] (1l) schwenken; schütteln; *Pol.* aufwiegeln, agitieren; *Gemüt* aufregen; **~ato**

[-'ta:to] bewegt; unruhig; *mare m* **~** bewegtes Meer *m*; **~atore** [-ta'to:re] *m* Agitator *m*; Aufwiegler *m*; **~atorio** [-ta'to:rio] (*pl. -ri*) agitatorisch; **~azione** [-tatsi'o:ne] *f* Aufregung *f*; Unruhe *f*; Kundgebung *f*; Streik *m*.

agli [a:ʎi] *prp. a mit art. gli.*

aglio [a:ʎo] *m* (*pl. -gli*) Knoblauch *m*.

agn|ato [a'ɲa:to] *m* Agnat *m*, Verwandte(r) *m* in männlicher Linie; **~azione** [aɲatsi'o:ne] *f* Verwandtschaft *f* in männlicher Linie.

agnellatura [aɲel-la'tu:ra] *f* Lammen *n*; Lammzeit *f*.

agnello [a'ɲel-lo] *m* Lamm *n*.

agnollotto [aɲol-'lɔt-to] *m* Teigklößchen *n* mit Fleischfüllung.

ago [a:go] *m* (*pl. -ghi*) Nadel *f*, Nähnadel *f*; Zunge *f* (*an der Waage*); *lavori m/pl. ad* **~** *od. d'* **~** Nähhandarbeiten *f/pl.*

agognare [ago'ɲa:re] (1a) sehnlich wünschen.

agone¹ [a'go:ne] *m* Wettkampf *m*; Kampfplatz *m*.

agone² [a'go:ne] *m* *Zool.* Finte *f*.

agonia [ago'ni:a] *f* Todeskampf *m*.

agon|ismo [ago'nizmo] *m* Kampfgeist *m*; **~istico** [-'nistiko] (*pl. -ci*) wettkämpferisch, Wettspiel...

agonizzare [agonid-'dza:re] (1a) im Sterben liegen.

agopuntura [agopun'tu:ra] *f* Akupunktur *f*.

agorafobia [agorafo'bi:a] *f* Platzangst *f*.

agoraio [ago'ra:io] *m* (*pl. -ai*) Nadelbüchse *f*.

agostiniano [agostini'a:no] *m* Augustinermönch *m*.

agosto [a'gosto] *m* August *m*; *in* **~** im August.

agr|aria [a'gra:ria] *f* Landwirtschaft *f*; **~ario** [-rio] (*pl. -ri*) 1. *adj.* landwirtschaftlich; Agrar...; *riforma f -a* Agrarreform *f*; 2. *m* Landwirt *m*.

agr|este [a'greste] ländlich, bäuerlich; *fig.* ungeschliffen; **~esto** [a'gresto] 1. *adj.* herb; 2. *m* unreife Traube *f*, Herling *m*; **~ezza** [a'gret-tsa] *f* Herbheit *f*.

agricolo [a'gri:kolo] landwirtschaftlich, Landwirtschafts...

agri|coltore [agrikol'to:re] *m* Landwirt *m*; **~coltura** [-kol'tu:ra] *f* Ackerbau *m*; **~foglio** [-'fɔ:ʎo] *m* (*pl. -gli*) Ilex *f*; Stechpalme *f*; **~mensore** [-men'so:re] *m* Feld-

messer *m*; *gruppo m -i* Vermessungs-
trupp *m*; **~mensura** [-men'su:ra] *f*
Feldmeßkunst *f*.

agro[1] [a:gro] *m* Acker *m*; Land *n*;
~ *romano* römische Campagna *f*.

agro[2] [a:gro] sauer.

agrodolce [agro'dolt∫e] süßsauer.

agr|onomia [agrono'mi:a] *f* Acker-
baukunde *f*; Landwirtschaftslehre
f; **~onomo** [a'grɔ:nomo] *m* Diplomlandwirt *m*.

agrostide [a'grɔstide] *f* Straußgras *n*.

agrumi [a'gru:mi] *m/pl.* Zitrus-
früchte *f/pl.*; Zitrusgewächse *n/pl.*

agucchiare [aguk-ki'a:re] (1g) strik-
ken; nähen.

aguglia [a'gu:ʎa] *f* Hornhecht *m*.

aguzz|are [agut-'tsa:re] (1a) schär-
fen; zuspitzen; *Appetit* anregen;
~ata [-'tsa:ta] *f* Schärfen *n*; *dare
un'~* ein wenig schärfen; **~atura**
[-tsa'tu:ra] *f* Schärfen *n*.

aguzzino [agud-'dzi:no] *m* Sklaven-
aufseher *m*; *fig.* Scherge *m*, Pei-
niger *m*.

aguzzo [a'gut-tso] spitz.

ah! [a:] ach!; **ahi!** [a:i] au!

ahimé! [ai'me] o weh!

ai [ai] *prp. a mit art. i.*

aia[1] [a:ia] *f* Tenne *f*.

aia[2] [a:ia] *f* Erzieherin *f*.

aio [a:io] *m* (*pl. ai*) Erzieher *m*.

aiola [a:jɔ:la] *f* Beet *n*.

aire [a'i:re] *m* Anlauf *m*.

airone [ai'ro:ne] *m* Reiher *m*.

aita [a'i:ta] *f poet.* Hilfe *f*.

aitante [ai'tante] tapfer; (*auch ~
della persona*) stark.

aiut|ante [aiu'tante] *m* Gehilfe *m*;
✗ Adjutant *m*; **~are** [-'ta:re] (1a):
~ *qu.* j-m helfen, j-n unterstützen;
~arsi [-'tarsi] sich selbst helfen;
sich gegenseitig helfen.

aiuto [ai'u:to] *m* Hilfe *f*; Hilfsarbeiter *m*; Hilfskraft *f*; *pl. -i* ✗
Verstärkung *f*.

aizz|amento [ait-tsa'mento] *m* Het-
ze *f*; (Auf-)Hetzerei *f*; **~are**
[-'tsa:re] (1a) hetzen; **~atore**
[-tsa'to:re] *m* Hetzer *m*.

al [al] *prp. a mit art. il.*

ala [a:la] *f* Flügel *m*; ⚔ Fläche
(Tragfläche) *f*; △ Seitengebäude
n; *Sport:* Außenstürmer *m*; ~ *destra*
Rechtsaußen(stürmer) *m*; ~ *sinistra*
Linksaußen(stürmer) *m*; *fare ~*
Spalier bilden.

alabar|da [ala'barda] *f* Hellebarde

f; **~data** [-bar'da:ta] *f* Hellebarden-
stoß *m*; **~diere** [-di'ɛ:re] *m* Helle-
bardier *m*.

alabastrino [alabas'tri:no] alaba-
stern.

alabastro [ala'bastro] *m* Alabaster
m.

alacre [a:lakre] eifrig.

alacrità [alakri'ta] *f* Eifer *m*.

alamari [ala'ma:ri] *m/pl.* Ver-
schnürungen (Rockverschnürun-
gen) *f/pl.*; ✗ Spiegel *m*.

alambicco [alam'bik-ko] *m* (*pl.
-cchi*) Destillierkolben *m*, Brenn-
kolben *m*.

alano [a'la:no] *m* Dogge *f*.

alare [a'la:re] Flügel...; *apertura f ~*
Flügelweite *f*.

alari [a'la:ri] *m/pl.* Feuerbock *m*.

alata [a'la:ta] *f* Flügelschlag *m*.

alato [a'la:to] beflügelt.

alba [alba] *f* Morgendämmerung *f*;
all'~ bei Tagesanbruch.

albagia [alba'dʒi:a] *f* Hochmut *m*.

albagioso [alba'dʒo:so] dünkelhaft.

albanese [alba'ne:se] **1.** *adj.* alba-
nisch; **2.** *m* Albanisch(e) *n*; **3.** *su.*
Albaner(in *f*) *m*.

albatro[1] [albatro] *m* Meerkirsch-
baum *m*.

albatro[2] [albatro] *m* Albatros *m*.

albeggi|amento [albed-dʒa'mento]
m Morgendämmerung *f*; **~are**
[-'dʒa:re] (1f) dämmern, tagen.

alber|are [albe'ra:re] (1l) mit Bäu-
men bepflanzen; ⚓ bemasten; **~ato**
[-'ra:to] mit Bäumen bestanden;
~atura [-ra'tu:ra] *f* Bepflanzung *f*;
⚓ Bemasten *n*; Mastwerk *n*; **~ello**
[-'rɛl-lo] *m* Bäumchen *n*; Weißpap-
pel *f*; Birken-, Kapuzinerpilz *m*;
Apothekergefäß *n*.

alberg|are [alber'ga:re] (1b *u. e*)
beherbergen, aufnehmen; **~atore**
[-ga'to:re] *m* Gastwirt *m*; Hotel-
besitzer *m*.

alberghiero [alberg'ɛ:ro] Hotel...;
industria f -a Hotelgewerbe *n*.

albergo [al'bergo] *m* (*pl. -ghi*) Hotel
n; ~ *diurno* Tageshotel *n* (*Bäder,
Friseur, Toiletten usw.*); ~ *della
gioventù* Jugendherberge *f*.

albero [albero] *m* Baum *m*; ⚓ Mast-
baum *m*; ⚙ *Auto:* Welle *f*; ~ *fruttifero* Obstbaum *m*; ~ *genealogico*
Stammbaum *m*; ~ *a gomiti* Kur-
belwelle *f*; ~ *a manovella* Kurbel-
welle *f*; ~ *delle camme* Nockenwelle

f; ~ *del motore* Antriebswelle *f*; ~ *cardanico* Kardanwelle *f*; ~ *flessibile* biegsame Welle *f*; ~ *longitudinale* Langbaum *m*; ~ *dell'elica* Schraubenwelle *f*; ~ *di comando* Antriebswelle *f*; ~ *di distribuzione* Steuerwelle *f*; ~ *di trasmissione* Übertragungswelle *f*.

albicocc|a [albi'kɔk-ka] *f* (*pl.* -cche) Aprikose *f*; **~o** [-ko] *m* (*pl.* -cchi) Aprikosenbaum *m*.

albi|no [al'bi:no] *m* Albino *m*; **~nismo** [-bi'nizmo] *m* Albinismus *m*.

albo [albo] **1.** *adj.* weiß; **2.** *m* Liste (Mitgliederliste) *f*; ~ *professionale* Berufsregister *n*; ~ *d'oro* goldenes Buch *n*, Ehrenbuch *n*.

albore [al'bo:re] *m* Morgendämmerung *f*; *gli ~i pl.* die Anfänge *m/pl.*

alborella [albo'rel-la] *f* Ukelei *m*.

album [al'bum] *m* Album *n*.

album|e [al'bu:me] *m* Eiweiß *n*; **~ina** [-bu'mi:na] *f* Eiweißstoff *m*; **~inato** [-mi'na:to] *m* Albuminat *n*; **~inoso** [-mi'no:so] eiweißhaltig; **~inuria** [-mi'nu:rja] *f* Albuminurie *f*.

alburno [al'burno] *m* Splint *m*, Splintholz *n*.

alca [alka] *f* Alk *m*.

alca|li [alkali] *m* Alkali *n*; **~lino** [-'li:no] alkalisch; **~loide** [-'lɔ:ide] *m* Alkaloid *n*.

alce [altʃe] *m* Elch *m*.

alchimia [alki'mi:a] *f* Alchimie *f*.

alchimista [alki'mista] *m* (*pl.* -i) Alchimist *m*.

alcione [al'tʃo:ne] *m poet.* Möwe *f*.

alcole [alkole] *m s. alcool.*

alc|olicità [alkolitʃi'ta] *f* Alkoholgehalt *m*; **~olico** [-'kɔ:liko] (*pl.* -ci) alkoholisch; *gradazione f (od. percentuale f) -a* Alkoholgehalt *m*; **~olismo** [-ko'lizmo] *m* Alkoholismus *m*; **~olizzare** [-kolid-'dza:re] (1a) alkoholisieren; **~olizzato** [-kolid-'dza:to] *m* Alkoholvergiftete(r) *m*; Betrunkene(r) *m*; **~olometro** [-ko'lɔ:metro] *m* Alkoholometer *m*.

alcool [alkool] *m inv.* Alkohol *m*; ~ *denaturato* denaturierter Alkohol *m*; *senz'~* ohne Alkohol, alkoholfrei.

alcorano [alko'ra:no] *m* Koran *m*.

alcova [al'kɔ:va] *f* Alkoven *m*.

alcuno [al'ku:no] **1.** *adj.* irgendein;

non ... ~ kein; **2.** *pron.* jemand; non ... ~ niemand; *pl.* -i einige.

aldilà [aldi'la] *m* Jenseits *n*.

alea [a:lea] *f* Würfelspiel *n*; *correre l'~* ein gewagtes Spiel spielen.

aleatorio [alea'tɔ:rjo] (*pl.* -ri) ungewiß; *contratto m ~* Zufallsvertrag *m*.

aleggiare [aled-'dʒa:re] (1f) die Flügel bewegen; *fig.* vorschweben.

alemanno [ale'man-no] **1.** *adj.* alemannisch, deutsch; **2.** *m* Alemanne *m*, Deutsche(r) *m*.

ales|aggio [ale'zad-dʒo] *m* Bohrung (Zylinderbohrung) *f*; **~are** [-'za:re] aufbohren; aufreiben; **~atore** [-za-'to:re] *m* Reibahle *f*; **~atrice** [-za'tri:tʃe] *f* Bohrmaschine *f*; **~atura** [-za'tu:ra] *f* Bohrung *f*.

alett|a [a'let-ta] *f* kleiner Flügel *m*; *des Fisches:* Flosse *f*; *Auto:* Kühlrippe *f*; *tubo m ad -e* Rippenrohr *n*; *raffreddamento m ad -e* Rippenkühlung *f*; **~one** [-'to:ne] *m* ⚓ Quersteuer *n*.

alfab|etico [alfa'bɛ:tiko] (*pl.* -ci) alphabetisch; **~eto** [-'bɛ:to] *m* Alphabet *n*, Abc *n*; *per ~* alphabetisch, in alphabetischer Reihenfolge.

alfa[1] [alfa] *f* Alpha *n*; *fig.* Anfang *m*; *dall'~ all'omega* von A bis Z, von Anfang bis zu Ende; *raggi m/pl. ~* Alphastrahlen *m/pl.*

alfa[2] [alfa] *f* Halfagras *n*, Esparto *m*.

alfiere [alfi'ɛ:re] *m* Fahnenträger *m*, Fähnrich *m*; *Schach:* Läufer *m*.

alfine [al'fi:ne] endlich.

alga [alga] *f* (*pl.* -ghe) Alge *f*.

algebra [aldʒebra] *f* Algebra *f*.

algebrico [al'dʒe:briko] (*pl.* -ci) algebraisch.

algerino [aldʒe'ri:no] **1.** *adj.* algerisch; **2.** *m* Algerier *m*.

algido [aldʒido] *poet.* eiskalt.

ali|ante [ali'ante] *m* Segelflugzeug *n*; *pilota m di ~* Segelflieger *m*; **~are** [-'a:re] (1a) segelfliegen.

alias [a:lias] sonst, alias.

alibi [a:libi] *m* Alibi *n*.

alice [a'li:tʃe] *f* Sardelle *f*.

alien|abile [alie'na:bile] veräußerlich; **~are** [-'na:re] (1b) veräußern; *Personen* entfremden; **~arsi** [-'na:rsi]: ~ *l'animo di qu.* sich j-m entfremden; **~ato** [-'na:to] **1.** *adj.* irre; **2.** *m* Irrsinnige(r) *m*; **~azione** [-natsi'o:ne] *f* Veräußerung *f*; ~

mentale Geisteskrankheit *f*; ~**ista**
[-'nista] *m* (*pl.* -i) Nervenarzt *m*.

alieno [ali'ɛːno] abgeneigt; abspenstig; *essere* ~ *da qc.* gegen et.
(*acc.*) sein.

aliforme [ali'forme] flügelförmig.

aliment|amento [alimenta'mento]
m Ernährung *f*; ~**are** [-'taːre] (1a)
1. *v/t.* ernähren; **2.** *adj.* = ~**ario**
[-'taːrio] (*pl.* -ri) zur Nahrung gehörig; *generi m/pl.* -i Nahrungsmittel *n/pl.*; ~**arista** [-ta'rista] *su.*
(*m/pl.* -i) Lebensmittelhändler(in*f*)
m; ~**azione** [-tatsi'oːne] *f* Ernährung *f*; ⊕ Speise *f*, Füllung *f*;
Radio: ~ *dalla rete* Netzanschluß *m*;
filo m di ~ Zuführungsdraht *m*; ~
rettale Rektalernährung *f*.

alimento [ali'mento] *m* Nahrung *f*,
Nahrungsmittel *n*; -i *pl.* ᚛᚛ Alimente *pl.*

alinea [a'liːnea] *m inv.* Paragraph *m*;
Typ. Absatz *m*.

aliquota [a'liːkuota] *f* Teil *m*.

aliscafo [ali'skaːfo] *m* Tragflächen-
boot *n*.

aliseo [ali'zɛːo] *m* (*od. adj.: vento
m* ~) Passatwind *m*.

alitare [ali'taːre] (1l) atmen; *Wind:*
säuseln.

alito [aːlito] *m* Hauch *m*; Atem *m*;
Mundgeruch *m*.

all', **alla** [al-l, al-la] *prp. a mit art.*
l', *la.*

allacci|amento [al-lat-tʃa'mento] *m*
Zuschnüren *n*; ᚛᚛ Anschluß-, Ver-
bindungsstrecke *f*; *Chir.* Unter-
binden *n*; ~**are** [-lat-'tʃaːre] (1f) zuschnüren; ᚛᚛ verbinden; *Chir.* un-
terbinden; ~**atura** [-tʃa'tuːra] *f s.
allacciamento.*

allag|amento [al-laga'mento] *m*
Überschwemmung *f*; ~**are** [-'gaːre]
(1e) überschwemmen.

allampanato [al-lampa'naːto] spin-
deldürr.

allappare [al-lap-'paːre] (1a) den
Mund zusammenziehen.

allarg|amento [al-larga'mento] *m*
Erweiterung *f*; ~**are** [-'gaːre] (1e)
erweitern; *Arme* ausbreiten; ~ *la
mano fig.* freigebig sein; ~**arsi**
[-'garsi] sich erweitern; ~ *nelle
spese* größere Ausgaben machen;
~**ata** [-'gaːta] *f* Erweiterung *f*; *dare
un'*~ *a qc.* et. ein wenig erweitern.

allarmare [al-lar'maːre] (1a) alar-

mieren; *fig.* beunruhigen; erschrecken.

allarm|e [al-'larme] *m* Alarm *m*;
fig. Besorgnis *f*; *dare l'*~ Lärm
schlagen; *segnale m d'*~ Alarm-
signal *n*; ᚛᚛ Notbremse *f*; ~ *aereo*
Fliegeralarm *m*; *sirena f d'*~ Alarmsirene *f*; *stato m d'*~ Alarmzustand
m; *esser pronto all'*~ alarmbereit
sein; *mettersi in* ~ in Unruhe geraten; ~**ista** [-'mista] *su.* (*m/pl.* -i)
Verbreiter(in *f*) *m* beunruhigender
Nachrichten; ~**istico** [-'mistiko]
(*pl.* -ci) beunruhigend, alarmierend.

allato [al-'laːto] **1.** *prp.* neben;
2. *adv.* nebenan.

allatt|amento [al-lat-ta'mento] *m*
Stillen *n*; ~**are** [-'taːre] (1a) nähren,
stillen.

alle [al-le] *prp. a mit art. le.*

alle|anza [al-le'antsa] *f* Bündnis *n*,
Bund *m*; *fare* ~ ein Bündnis (e-n
Bund) schließen; ~**ato** [-'aːto] **1.** *adj.*
verbündet; **2.** *m* Verbündete(r) *m*.

allegamento [al-lega'mento] *m* Legieren *n*; Ansetzen *n*; Anführung *f*
von Gründen.

allegare[1] [al-le'gaːre] (1b *u.* e)
Gründe anführen; *Vorwände* vor-
schützen.

allegare[2] [al-le'gaːre] (1e) **1.** *v/t.*
beilegen; ⊕ legieren; ~ *i denti* den
Mund zusammenziehen; **2.** *v/i.* ᚛
ansetzen.

alleg|ato [al-le'gaːto] *m* Anlage *f*;
qui ~ in der Anlage, anbei; ~**azione**
[-gatsi'oːne] *f* Anführung *f von
Gründen.*

allegger|imento [al-led-dʒeri-
'mento] *m* Erleichterung *f*; ~**ire**
[-'riːre] (4d) erleichtern.

alleggio [al-'led-dʒo] *m* (*pl.* -ggi)
Leichter(schiff *n*) *m*.

alleg|oria [al-lego'riːa] *f* Allegorie *f*,
Sinnbild *n*; ~**orico** [-'gɔːriko] (*pl.*
-ci) allegorisch, sinnbildlich; ~**oriz-
zare** [-gorid'dzaːre] (1a) allegorisch schildern.

all|egrare [al-le'graːre] (1a) er-
heitern; ~**egrezza** [-le'gret-tsa] *f*
~**egria** [-le'griːa] *f* Fröhlichkeit *f*;
~**egro** [-'leːgro] lustig, heiter.

allen|amento [al-lena'mento] *m*
Trainieren *n*; *tenuta f d'*~ Trai-
ningsanzug *m*; ~**are** [-'naːre] (1b)
stärken; *Sport:* trainieren; ~**atore**
[-na'toːre] *m* Trainer *m*.

allent|amento [al-lenta'mento] *m*

Nachlassen *n*; Lockern *n*, Entspannen *n*; Verlangsamung *f*; ~are [-'ta:re] (1b) **1.** *v/t.* nachlassen; *Kleider* aufmachen; *Bremse*, *Knoten*, *Schraube* lockern; **2.** *v/i. u.* ~arsi [-'tarsi] langsamer werden; schlaff werden.

allergia [al-ler'dʒi:a] *f* 🐝 Überempfindlichkeit *f*.

allesso [al-'les-so] gekocht; *s. lesso*; *chi la vuole* ~ *chi arrosto* der eine will es so, der andere so.

allest|imento [al-lesti'mento] *m* Zurechtmachen *n*; ⚓ Ausrüstung *f*; Veranstaltung *f*; ~ire [-'ti:re] (4d) zurechtmachen; ⚓ ausrüsten; *Fest* veranstalten.

allett|amento [al-let-ta'mento] *m* Lockung *f*; ~ante [-'tante] verlockend.

allett|are¹ [al-let-'ta:re] (1b) betten; beherbergen; *Getreide* zu Boden werfen; ~arsi [-'tarsi] sich krank zu Bett legen.

allettare² [al-let-'ta:re] (1b) locken.

allettatore [al-let-ta'to:re] *m* Verführer *m*.

allev|amento [al-leva'mento] *m* Aufziehen *n*; 🐛 *u. Zool.* Zucht *f*; ~ *selettivo* Zuchtauslese *f*; ~are [-'va:re] (1b) (auf)ziehen; erziehen; *Säugling* nähren, stillen; ~atore [-va'to:re] *m* Züchter *m*.

allevi|amento [al-levia'mento] *m* Erleichterung *f*; ~are [-vi'a:rc] (1b *u.* k) erleichtern.

allib|ire [al-li'bi:re] (4d) (*vor Entsetzen*) erbleichen; ~ito [-'bi:to] betroffen.

allibr|amento [al-libra'mento] *m* Buchung *f*; ~are [-'bra:re] (1a) buchen.

allietare [al-lie'ta:re] (1b) erfreuen.

allievo [al-li'ɛ:vo] *m* Zögling *m*; Schüler *m*; ~ *ufficiale* Offiziersanwärter *m*.

alligatore [al-liga'to:re] *m* Alligator *m*.

allignare [al-li'ɲa:re] (1a) Wurzel fassen; *fig.* Fuß fassen.

allind|are [al-lin'da:re] (1a) putzen; ~ato [-'da:to] elegant, aufgeputzt.

alline|amento [al-linea'mento] *m* Einreihen *n*; ✕ Aufstellung *f*; *Radio*: Trimmen *n*; ✝ ~ *monetario* Währungsangleichung *f*; ~are [-ne'a:re] (1m) einreihen; gleichstellen; ~arsi [-ne'arsi] sich in

Reih und Glied stellen; *fig.* sich angleichen.

allitterazione [al-lit-teratsi'o:ne] *f* Stabreim *m*, Alliteration *f*.

allo [al-lo] *prp. a mit art. lo.*

allocco [al-'lɔk-ko] *m* (*pl. -cchi*) Nachteule *f*; *fig.* Tölpel *m*.

allocuzione [al-lokutsi'o:ne] *f* Ansprache *f*.

allodiale [al-lodi'a:le] lehnfrei.

allodio [al-'lɔ:dio] *m* Freilehen *n*.

allodola [al-'lɔ:dola] *f* Lerche *f*.

allog|amento [al-loga'mento] *m* Unterbringen *n*; ~are [-'ga:re] (1c *u.* e) unterbringen; *ein Gut* verpachten; ~arsi [-'garsi] e-n Dienst annehmen; sich verheiraten; ~azione [-gatsi'o:ne] *f* Verpachtung *f*.

allogeno [al-'lɔ:dʒeno] *m* Fremdstämmige(r) *m*; *-i m/pl. fremdstämmige Bestandteile innerhalb e-r Nation.*

alloggi|amento [al-lod-dʒa'mento] *m* Unterbringung *f*, Unterkunft *f*; ✕ Lager *n*; ⊕ Gehäuse *n*, Sitz *m*; *dare* ~ *a qu.* j-n einquartieren; ~are [-'dʒa:re] (1f *u.* c) **1.** *v/t.* beherbergen; unterbringen; **2.** *v/i.* wohnen; ~ato [-'dʒa:to]: *essere* ~ logieren.

alloggio [al-'lɔd-dʒo] *m* (*pl. -ggi*) Wohnung *f*; *dare* ~ *a qu.* j-n beherbergen; *vitto e* ~ Kost und Logis.

allontan|amento [al-lontana'mento] *m* Entfernung *f*; ~are [-'na:re] (1a) entfernen; ~ *qc. da sé* et. von sich fernhalten; ~arsi [-'narsi] sich entfernen; *fig.* sich abwenden; sich abkehren.

allora [al-'lo:ra] dann; damals; also; *d'*~ *in poi* von da an; *fin d'*~ seit damals.

allorché [al-lor'ke] als.

alloro [al-'lɔ:ro] *m* Lorbeer *m*; *foglie f/pl. d'*~ Lorbeerblätter *n/pl.*

allorquando [al-lorku'ando] als.

alluce [al-'lu:tʃe] *m* große Zehe *f*.

allucin|ante [al-lutʃi'nante] sinnestäuschend; blendend; ~are [-'na:re] (1m) blenden; täuschen; ~ato [-'na:to] exaltiert; ~azione [-natsi'o:ne] *f* Sinnestäuschung *f*.

alludere [al-'lu:dere] (3q) anspielen (*a* auf *acc.*).

all|umare [al-lu'ma:re] (1a) mit Alaun gerben; ~ume [-'lu:me] *m* Alaun *m*; ~umina [-'mi:na] *f* Tonerde *f*; **~uminare** [-mi'na:re] (1m) mit Miniaturen versehen; **~uminio** [-'mi:njo] *m* Aluminium *n*.

allun|aggio[al-lu'nad-dʒo]*m*Mondlandung *f*; **~are** [-'na:re] (1a) auf dem Mond landen.

allung|amento [al-luŋga'mento] *m* Verlängerung *f*; ⊕ Dehnung *f*; **~are** [-'ga:re] (1e) verlängern; *Wein* verdünnen; *Hals* recken; *Hand* ausstrecken; *Schritt* beschleunigen; **~arsi** [-'garsi] sich verlängern; sich hinstrecken.

all|usi|usi [al-lu:zi] *s. alludere*; **~usione** [-luzi'o:ne] *f* Anspielung *f*; **~usivo** [-lu'zi:vo] anspielend; **~uso** [-'lu:zo] *s. alludere*.

alluvion|ale [al-luvio'na:le] angeschwemmt; **~ato** [-'na:to] **1.** *adj.* überschwemmt; **2.** *m* Hochwassergeschädigte(r) *m*.

alluvione [al-luvi'o:ne] *f* Überschwemmung *f*; Anschwemmung *f*.

alma [alma] *f poet. s. anima*.

alman|accare [almanak-'ka:re] (1d) grübeln; **~acchio** [-nak-'ki:o] *m* Grübelei *f*; **~acco** [-'nak-ko] *m* (*pl. -cchi*) Almanach *m*; **~accone** [-nak-'ko:ne] *m* Grübler *m*.

almanco [al'maŋko], **almeno** [al-'me:no] wenigstens.

almo [almo] *poet.* lebenspendend; ehrwürdig, hehr.

aloe [a:loe], **aloè** [alo'ɛ] *m* Aloe *f*.

alone [a'lo:ne] *m* Hof *m* um den Mond. [*m*.]

alopecia [alope'tʃi:a] *f* Haarausfall]

alpaca [al'pa:ka] *m Zool.* Alpaka *n*.

alpacca [al'pak-ka] *m* Alpaka(metall) *n*.

alp|e [alpe] *f* Berg *m*, Alm *f*; **~enstock** [-pen'stok] *m inv.* Alpenstock *m*; **~estre** [-'pestre] bergig; **~igiano** [-pi'dʒa:no] *m* Alpenbewohner *m*; **~inismo** [-pi'nizmo] *m* Bergsport *m*; Alpinismus *m*, Alpinistik *f*; Bergsteigerei *f*; **~inista** [-pi'nista] *su. (m/pl. -i)* Bergsteiger(in *f*) *m*; **~inistico** [-pi'nistiko] alpinistisch; **~ino** [-'pi:no] **1.** *adj.* alpenartig, Alpen...; *Club m* ~ Alpenklub *m*; **2.** ✕ *m* Alpenjäger *m*.

alquanto [alku'anto] etwas; **-i** *m/pl.* einige.

alsaziano [alsatsi'a:no] **1.** *adj.* elsässisch; **2.** *m* Elsässer *m*.

alt [alt] *m s. alto²*.

altalena [alta'le:na] *f* Schaukel *f*;

Luftschaukel *f*; *fig.* Schwanken *n*; Unbeständigkeit *f*; *fare all'~* = schaukeln.

altalenare [-le'na:re] (1a) sich schaukeln.

altana [al'ta:na] *f* Altan *m*.

altare [al'ta:re] *m* Altar *m*; *altar maggiore* Hochaltar *m*.

altarino [alta'ri:no] *m* kleiner Altar *m*; *scoprire gli -i e-e* Sache ans Licht bringen.

altea [al'tɛ:a] *f* Eibisch *m*.

alter|abile [alte'ra:bile] veränderlich; *fig.* leicht erregbar; **~are** [-'ra:re] (1l) verändern; fälschen; *Wahrheit* entstellen; **~arsi** [-'rarsi] sich verändern; schlecht werden; sich aufregen; **~ato** [-'ra:to] verändert; verdorben; erregt, gereizt; **~azione** [-ratsi'o:ne] *f* Veränderung *f*; Fälschung *f*; Entstellung *f*; *fig.* Erregtheit *f*.

altercare [alter'ka:re] (1b u. d) streiten.

alterco [al'terko] *m* (*pl. -chi*) Wortwechsel *m*.

alter|ezza [alte'ret-tsa] *f*, **~igia** [-'ri:dʒa] *f* Hoffart *f*, Hochmut *m*.

altern|ante [alter'nante] abwechselnd, Wechsel...; **~anza** [-'nantsa] *f* Wechsel *m*; ♭ Periode *f*; **~are** [-'na:re] (1b) abwechseln; **~arsi** [-'narsi] sich ablösen; **~atamente** [-nata'mente] abwechselnd; **~ativa** [-na'ti:va] *f* Wechsel *m*, Alternative *f*; **~ativo** [-na'ti:vo] abwechselnd; **~ato** [-'na:to]: *corrente-a ∉* Wechselstrom *m*; **~atore** [-na'to:re] *m ∉* Wechselstromgenerator *m*; **~azione** [-natsi'o:ne] *f ∉* Polwechsel *m*.

alterno [al'terno] wechselseitig; *angolo* ~ Wechselwinkel *m*; ∉ *interruttore m* ~ Wechselschalter *m*.

altero [al'tɛ:ro] stolz; hochmütig.

alt|ezza [al'tet-tsa] *f* Höhe *f*; Titel: Hoheit *f*; ~ *del barometro* Barometerstand *m*; ~ *della neve* Höhe *f* des Schnees; **~ezzoso** [-tet-'tso:so] hochmütig; **~iccio** [-'tit-tʃo] (*pl. -cci*) angeheitert.

altimetria [altime'tri:a] *f* Höhenmessung *f*.

altimetro [al'ti:metro] *m* Höhenmesser *m*.

alti|piano [altipi'a:no] *m s. altopiano*; **~sonante** [-so'nante] hochtönend.

altitudine [alti'tu:dine] *f* Höhe *f*; *sole m d'~* Höhensonne *f*.

alto¹ [alto] **1.** *adj.* hoch; *dall'~* von oben; *guardare dall'~ in basso* von oben herab ansehen; *fare ~ e basso den Herrn spielen; nel punto più ~* zuhöchst; *in ~* hinauf; *a voce -a* mit hoher Stimme, laut; *a testa -a* erhobenen Hauptes; *l'Alta Italia f* Oberitalien *n;* **2.** *m* Höhe *f.*

alto² [alto] *m* ⚔ Halt *m;* ~ *là!* halt! nicht weiter!

altoatesino [altoate'si:no] **1.** *m* Südtiroler *m,* Bewohner *m* des Oberetschgebietes; **2.** *adj.* südtirolerisch.

alto|forno [alto'forno] *m* Hochofen *m;* **~locato** [-lo'ka:to] hochgestellt; **~parlante** [-par'lante] *m* Lautsprecher *m;* **~piano** [-pi'a:no] *m* (*pl. altipiani*) Hochebene *f;* **~rilievo** [-rili'ɛ:vo] *m* Hochrelief *n.*

altr|esì [altre'si] ebenfalls; **~ettanto** [-tret-'tanto] gleichfalls.

altri [altri] ein anderer.

altrieri [altri'ɛ:ri]: *l'~* vorgestern.

altrimenti [altri'menti] sonst.

altro [altro] anderer; ~*!* gewiß!; ~ *che!* und wie!; *l'~ anno* voriges Jahr; *quest'~ anno* nächstes Jahr; *l'~ giorno* neulich; *l'~ ieri* od. *ieri l'~* vorgestern; *un ~ po'* noch ein wenig; *dell'~* noch mehr; *non ci manche-rebbe ~* das fehlte gerade noch; *non fai ~ che* du tust nichts als; *tutt'~!* im Gegenteil!; *tutt'~ che un asino* durchaus kein Esel; *per ~* übrigens; *senz'~* ohne weiteres; *l'un l'~* einander.

altr|onde [al'tronde]: *d'~* übrigens; **~ove** [al'tro:ve] anderswo(hin).

altrui [al'tru:i] **1.** *pron.* von anderen; **2.** *m:* l'~ Eigentum *n* anderer.

altr|uismo [altru'izmo] *m* Altruismus *m;* **~uistico** [-'istiko] (*pl. -ci*) altruistisch.

altura [al'tu:ra] *f* Anhöhe *f.*

alunno [a'lun-no] *m* Schüler *m.*

alveare [alve'a:re] *m* Bienenstock *m; fig.* Mietskaserne *f.*

alveo [alveo] *m* Flußbett *n.*

alveolo [al'vɛ:olo] *m Anat.* Alveole *f;* Zahnfach *n* (*im Kiefer*).

alvo [alvo] *m* Unterleib *m.*

alzabandiera [altsabandi'ɛ:ra] *m inv.* Flaggenhissen *n.*

alzaia [al'tsa:ja] *f* Zugseil *n.*

alz|are [al'tsa:re] (1a) erheben, aufheben; anheben; aufnehmen; *Preis* erhöhen; *Karten* abheben; *Augen* aufschlagen; ~ *le spalle* die Achseln

zucken; **~arsi** [-'tsarsi] aufstehen; aufsteigen; **~ata** [-'tsa:ta] *f* Erhebung *f;* Aufsatz (Tafelaufsatz) *m;* ~ *di spalle* Achselzucken *n; per ~ e seduta* durch Erheben und Sitzenbleiben; **~ato** [-'tsa:to]: *stare ~* aufbleiben.

alzo [altso] *m* ⚔ Visier *n; Artill.* Aufsatz *m.*

amab|ile [a'ma:bile] liebenswürdig; **~ilità** [amabili'ta] *f* Liebenswürdigkeit *f.*

amaca [a'ma:ka] *f* (*pl. -che*) Hängematte *f.*

amalg|ama [a'malgama] *m* (*pl. -i*) Amalgam *n;* Verquickung *f;* **~amare** [-ga'ma:re] (1m) amalgamieren; verquicken.

amante [a'mante] *su.* Liebhaber (-in *f*) *m;* Geliebte *f;* Mätresse *f.*

amanuense [amanu'ɛnse] *m* Schreiber *m.*

amaranto [ama'ranto] **1.** *adj.* amarantfarbig; **2.** *m* Tausendschönchen *m.*

amarasca [ama'raska] *f* (*pl. -sche*) Weichselkirsche *f.*

amare [a'ma:re] (1a) lieben; et. gern tun; ~ *meglio* et. lieber tun, vorziehen.

amareggi|amento [amared-dʒa-'mento] *m* Verbitterung *f;* **~are** [-'dʒa:re] (1f) verbittern; **~ato** [-'dʒa:to] betrübt.

amaren|a [ama're:na] *f* Weichselkirsche *f;* **~o** [-no] *m* Weichselkirschbaum *m.*

amar|etto [ama'ret-to] **1.** *adj.* etwas bitter; **2.** *m* Makrone *f;* **~ezza** [-'ret-tsa] *f* Bitterkeit *f.*

amar|o [a'ma:ro] bitter; *fig.* schmerzlich; **~ognolo** [-'ro:ɲolo] etwas bitter.

amarr|a [a'mar-ra] *f* Schiffstau *n;* **~aggio** [-'rad-dʒo] *m* Vertäuen *n;* **~are** [-'ra:re] (1a) vertäuen.

amat|ore [ama'to:re] *m* Liebhaber *m; ~ dello sport* (Amateur-)Sportler *m;* **~orio** [-'tɔ:rio] (*pl. -ri*) Liebes...; *poesia f -a* Liebesgedicht *n.*

amazzone [a'mad-dzone] *f* Amazone *f.*

ambagi [am'ba:dʒi] *f/pl.: senza ~* ohne Umschweife.

ambasceria [ambaʃ-ʃe'ri:a] *f* Auftrag *m,* Botschaft *f.*

ambascia [am'baʃ-ʃa] *f* (*pl. -sce*) Kummer *m.*

ambasci|ata [ambaʃ-'ʃaːta] f Botschaft f; ~atore [-ʃa'toːre] m Botschafter m; Gesandte(r) m.

ambe, ambedue [ambe, -'duːe] beide. [händig.)

ambidestro [ambi'destro] beid-)

ambient|ale [ambien'taːle] Umwelts..., Milieu...; ~amento [-ta'mento] m Anpassung f, Akklimatisierung f; ~arsi [ambien'tarsi] (1b) sich akklimatisieren.

ambiente [ambi'ɛnte] m Milieu n; Umgebung f.

ambiguità [ambigui'ta] f Zweideutigkeit f.

ambiguo [am'biːguo] zweideutig.

ambio [ambio] m Paßgang m, Halbtrab m.

ambire [am'biːre] (4d) erstreben.

ambito [ambito] m Bereich m.

ambiz|ione [ambitsi'oːne] f Ehrgeiz m; ~ioso [-tsi'oːso] ehrgeizig.

ambo [ambo] 1. adj. beide; 2. m zwei Nummern beim Lottospiel.

ambra [ambra] f Bernstein m.

ambrosiano [ambrozi'aːno] 1. adj. ambrosianisch (vom hl. Ambrosius); 2. m F Mailänder m.

ambul|acro [ambu'lakro] m Wandelgang m; ~ante [-'lante] wandernd; merciaio m ~ Hausierer m; esposizione f ~ Wanderausstellung f; ~anza [-'lantsa] f Ambulanz f; Feldlazarett n; carro m d'~ Krankenwagen m; ~atorio [-la'tɔːrio] (pl. -ri) 1. adj. wandernd; 2. m ✠ Unfallstelle f; Ambulatorium n.

amburghese [ambur'geːse] 1. adj. hamburgisch; 2. su. Hamburger(in f) m.

ameba [a'meːba] f Amöbe f.

amen [amen] m Amen n; in un ~ in e-m Nu; giungere all'~ zum Schluß kommen.

amenità [ameni'ta] f Lieblichkeit f; Spaßhaftigkeit f.

ameno [a'mɛːno] lieblich; unterhaltsam; letteratura f -a Unterhaltungsliteratur f.

americano [ameri'kaːno] 1. adj. amerikanisch; 2. m Amerikaner m.

ametista [ame'tista] f Amethyst m.

amianto [ami'anto] m Asbest m.

ami|care [ami'kaːre] (1d) befreunden; ~chevole [-'keːvole] freundschaftlich; ~cizia [-'tʃittsia] f Freundschaft f; in ~ im Vertrauen.

amico [a'miːko] (pl. -ci) 1. adj. befreundet; 2. m Freund m; ~ intimo Busenfreund m; ~ di casa Hausfreund m; ~ della gioventù Jugendfreund m.

amido [a'miːdo] m Stärke (Mehlstärke) f.

amidaceo [ami'daːtʃeo] stärkehaltig.

amigdala [a'migdala] f Mandel f, Tonsille f.

amistà [amis'ta] f poet. Freundschaft f.

ammacc|are [am-mak-'kaːre] (1d) zerdrücken; ~atura [-ka'tuːra] f Quetschung f, Beule f.

ammaestr|abile [am-maes'traːbile] gelehrig; abrichtbar; ~amento [-tra'mento] m Lehre f; Dressur f; ~ ideologico weltanschauliche Schulung f; ~are [-'traːre] (1b) belehren; Tiere abrichten; ~evole [-'treːvole] gelehrig; Buch: lehrreich.

ammagliare [am-ma'ʎaːre] (1g) zuschnüren.

ammainabandiera [am-mainabandi'ɛːra] m inv. Einholen n der Flagge.

ammainare [am-mai'naːre] (1a) Segel streichen; Fahne einholen.

ammal|are [am-ma'laːre] (1a) u. ~arsi [-'larsi] erkranken; ~ato [-'laːto] 1. s. ammalare; 2. adj. krank; 3. m Kranke(r) m.

ammali|amento [am-malia'mento] m Behexung f; Bezauberung f; ~are [-li'aːre] (1g) behexen; fig. bezaubern.

ammalizz|ire [am-malit-'tsiːre] (4d) 1. v/t. boshaft, schlau machen; 2. v/i. boshaft, schlau werden; ~ito [-'tsiːto] gewitzigt.

ammanco [am-'maŋko] m (pl. -chi) Fehlbetrag m.

ammanettare [am-manet-'taːre] (1a) mit Handschellen fesseln.

ammanierato [am-manie'raːto] gekünstelt.

ammannire [am-man-'niːre] (4d) zubereiten.

ammans|are [am-man'saːre] (1a), ~ire [-'siːre] (4d) zähmen; besänftigen; ~arsi [-'sarsi], ~irsi [-'sirsi] sich besänftigen, sich beruhigen.

amman|tare [am-man'taːre] (1a) in den Mantel hüllen; fig. bemänteln; ~tarsi [-'tarsi] sich bedecken.

ammar|aggio [am-ma'rad-dʒo] m (pl. -ggi) ≷ Wassern n; ~are [-'raːre] (1a) wassern.

ammass|are [am-mas-'sa:re] (1a)
ansammeln; sammeln; aufschichten; *Truppen* zusammenziehen;
~arsi [-'sarsi] sich anhäufen; sich
zusammendrängen.

ammasso [am-'mas-so] *m* Haufen
m; *Geol.* Ablagerung *f*; *Astr.* Stern-
haufen *m*; ~ *del grano* Zwangsab-
lieferung *f* des Getreides.

ammattire [am-mat-'ti:re] (4d)
verrückt werden; sich den Kopf
zerbrechen; *far* ~ verrückt machen.

ammatton|are [am-mat-to'na:re]
(1a) mit Backsteinen pflastern; **~ato**
[-'na:to] *m* Backsteinpflaster *n*.

ammazz|amento [am-mat-tsa-
'mento] *m* Ermordung *f*; *fig.* Hun-
dearbeit *f*; **~are** [-'tsa:re] (1a) tot-
schlagen; *Tiere* schlachten; *Wild*
erlegen; *Kartenspiel:* stechen; **~arsi**
[-'tsarsi] sich töten; *fig.* sich quälen;
~asette [-tsa'set-te] *m inv.* Prahlhans *m*; **~atoio** [-tsa'to:io] *m* (*pl.*
-oi) Schlachthof *m*.

ammenda [am-'menda] *f* Geldstrafe *f*; Entschädigung *f*; *fare* ~
wiedergutmachen.

ammennicolo [am-men-'ni:kolo] *m*
Kniff *m*; List *f*; Lappalie *f*.

ammesso [am-'mes-so] *s.* ammettere.

ammettere [am-'met-tere] (3ee)
abs. einräumen; *Personen* zulassen;
Sachen annehmen; ~ *all'ospedale* in
ein Krankenhaus aufnehmen; *ammesso che* ... zugegeben, daß ...

ammezz|are [am-med-'dza:re] (1b)
in der Mitte schneiden; bis zur
Hälfte fertigmachen; *Flasche* halb
leeren (*od.* füllen); **~ato** [-'dza:to]
1. *adj.* halb fertig; halb leer, halb
voll; **2.** *m* Zwischenstock *m*.

ammiccare [am-mik-'ka:re] (1d)
zuzwinkern.

ammina [am-'mi:na] *f* Amin *n*.

amminicolo [am-mi'ni:kolo] *m s.*
ammennicolo.

amministr|are [am-minis'tra:re]
(1a) verwalten; ~ *la giustizia* Recht
sprechen; **~ativamente** [-trativa-
'mente] auf dem Verwaltungswege;
~ativo [-tra'ti:vo] verwaltungsmä-
ßig; Verwaltungs...; *diritto m* ~ Ver-
waltungsrecht *n*; **~atore** [-tra'to:re]
m Verwalter *m*; **~azione** [-tratsi'o:-
ne] *f* Verwaltung *f*; Verabreichung
f; ~ *comunale* Stadtverwaltung *f*; ~
centrale Hauptverwaltung *f*; ~

dell'eredità Nachlaßpflegschaft *f*;
consiglio m d'~ Verwaltungsrat *m*;
spese f/pl. d'~ Verwaltungskosten *pl.*

ammir|abile [am-mi'ra:bile] be-
wundernswert; **~abilmente** [-rabil-
'mente] in bewundernswürdiger
Weise.

ammir|agliato [am-mira'ʎa:to] *m*
Admiralität *f*; **~aglio** [-'raʎo] *m*
(*pl.* -gli) Admiral *m*; *nave f* -a Admiralsschiff *n*.

ammir|are [am-mi'ra:re] (1a) be-
wundern; **~ativo** [-ra'ti:vo] Be-
wunderungs...; *punto m* ~ Ausrufungszeichen *n*; **~ato** [-'ra:to]
verwundert; **~azione** [-ratsi'o:ne]
f Bewunderung *f*; **~evole** [-'re:-
vole] bewundernswürdig.

ammisi [am-'mi:zi] *s. ammettere.*

ammis|sibile [am-mis-'si:bile] zu-
lässig; **~sibilità** [-sibili'ta] *f* Zu-
lässigkeit *f*; **~sione** [-si'o:ne] *f* Zulassung *f*; Aufnahme *f*; ⊕ Einlaß
m; *esame m d'*~ Aufnahmeprüfung *f*.

ammobi|liamento [am-mobilia-
'mento] *m* Möblierung *f*; Möbel
n/pl.; **~liare** [-li'a:re] (1g) möblie-
ren; einrichten.

ammodern|amento [am-moderna-
'mento] *m* Modernisierung *f*; Erneuerung *f*; **~are** [-'na:re] modernisieren; erneuern.

ammodo [am-'mɔ:do] *inv.* geschickt; *persona f* ~ anständige Person *f*.

ammogli|are [am-mo'ʎa:re] (1g)
verheiraten; **~arsi** [-'ʎarsi] sich
verheiraten.

ammol|lare [am-mol-'la:re] (1c)
einweichen; **~larsi** [-'larsi] nachgeben; weich werden; **~liente**
[-li'ɛnte] *m* erweichendes Mittel *n*;
~limento [-li'mento] *m* Erwei-
chung *f*; **~lire** [-'li:re] (4d) erweichen; **~lirsi** [-'lirsi] sich ver-
weichlichen.

ammo|niaca [am-mo'ni:aka] *f* Am-
moniak *n*; **~niacale** [-nia'ka:le] am-
moniakhaltig; **~niaco** [-'ni:ako]
(*pl.* -ci) Ammoniak...; *sale m* ~
Ammoniaksalz *n*.

ammonimento [am-moni'mento]
m Ermahnung *f*; Verweis *m*.

ammonio [am-'mɔ:nio] *m* Ammo-
nium *n*.

ammon|ire [am-mo'ni:re] (4d) er-
mahnen; ⚖ unter Polizeiaufsicht
stellen; **~ito** [-'ni:to] *m* unter

Polizeiaufsicht Stehende(r) *m*; **~itorio** [-ni'tɔ:rio] (*pl. -ri*) ermahnend; *lettera f -a* Mahnbrief *m*; **~izione** [-nitsi'o:ne] *f* Mahnung *f*; Rüge *f*.

ammont|are [am-mon'ta:re] (1a) **1.** *v/t.* anhäufen; **2.** *v/i.* sich belaufen (*a* auf *acc.*); *Preis:* steigen; **3.** *m* Betrag *m*; **~icchiare** [-tik-ki'a:re] (1g) aufhäufen.

ammorbare [am-mor'ba:re] (1c) verpesten.

ammorbidire [am-morbi'di:re] (4d) erweichen; *fig.* besänftigen.

ammort|amento [am-morta'men-to] *m* Amortisierung *f*; ~ *dei debiti* Schuldentilgung *f*; **~are** [-'ta:re] (1c) amortisieren; **~imento** [-ti-'mento] *m* Ertötung *f*; Absterben *n* e-s Körperteils; **~ire** [-'ti:re] (4d) **1.** *v/t.* schwächen; ertöten; *Mal.* dämpfen; **2.** *v/i. u.* **~irsi** [-'tirsi] erlöschen (*a. fig.*); erlahmen; **~izzamento** [-tid-dza'mento] *m* Amortisierung *f*; **~izzare** [-tid-'dza:re] (1a) amortisieren; **~izzatore** [-tid-dza-'to:re] *m Auto:* Stoßdämpfer *m*; **~izzazione** [-tid-dzatsi'o:ne] *f* Amortisierung *f*; ⊕ Dämpfung *f*.

ammorzare [am-mor'tsa:re] (1c) abschwächen; *Licht, Farben* dämpfen.

ammosciato [am-moʃ-'ʃa:to] kraftlos; verärgert.

ammost|are [am-mos'ta:re] (1a) zu Most keltern; **~atoio** [-ta'to:io] *m* (*pl. -oi*) Kelter *f*; **~atura** [-ta-'tu:ra] *f* Kelterung *f*.

ammucchi|are [am-muk-ki'a:re] (1g) aufhäufen; **~arsi** [-ki'arsi] sich ansammeln; sich zusammendrängen.

ammuffire [am-muf-'fi:re] (4d) schimmeln; *fig.* vermodern.

ammus|arsi [am-mu'zarsi] (1a) sich beschnüffeln; **~irsi** [-'zirsi] (4d) ein böses Gesicht machen.

ammutin|amento [am-mutina-'mento] *m* Meuterei *f*; **~are** [-'na:re] (1m) aufwiegeln; **~arsi** [-'narsi] meutern.

ammut|ire [am-mu'ti:re] (4d), **~olire** [-to'li:re] (4d) verstummen.

amnesia [amne'zi:a] *f* Gedächtnisschwäche *f*, *-verlust m*.

amnistia [amnis'ti:a] *f* Amnestie *f*, Straferlaß *m*.

amnistiare [am-nisti'a:re] (1h) amnestieren, j-m die Strafe erlassen.

amo [a:mo] *m* Fischangel *f*; *fig.* Falle *f*.

amorale [amo'ra:le] amoralisch, sittenlos.

amorazzo [amo'rat-tso] *m* unzüchtige Liebschaft *f*.

amor|e [a'mo:re] *m* Liebe *f*; *per l'~ di qu.* j-m zuliebe; *per l'~ di Dio* um Gottes willen; *d'~* e *d'accordo* in aller Liebe und Güte; *essere un ~* allerliebst sein; *è un ~ il vedere come ... es ist ein Vergnügen zu sehen, wie ...*; *fare all'~* eine Liebschaft haben; **~eggiamento** [-red-dʒa'mento] *m* Liebschaft *f*, Liebelei *f*; **~eggiare** [-red-'dʒa:re] (1f) liebeln; schön tun; **~etto** [-'ret-to] *m* flüchtige Liebelei *f*; **~evole** ['re:vole] liebevoll; **~evolezza** [-revo'let-tsa] *f* Freundlichkeit *f*; Liebe *f*.

amorfo [a'morfo] gestaltlos.

amor|ino [amo'ri:no] *m* Amorette *f*; ♀ Reseda *f*; **~osa** [-'ro:sa] *f* Geliebte *f*; *Thea.* Liebhaberin *f*; **~oso** [-'ro:so] **1.** *adj.* liebevoll; *in Zssgn:* Liebes...; *lettera f -a* Liebesbrief *m*; **2.** *m* Liebhaber *m*; **~uccio** [-'rut-tʃo] *m* (*pl. -cci*) Liebelei *f*.

amov|ibile [amo'vi:bile] absetzbar; versetzbar; ⊕ abnehmbar; **~ibilità** [-vibili'ta] *f* Absetzbarkeit *f*; Versetzbarkeit *f*.

amperaggio [ampe'rad-dʒo] *m* Stromstärke *f*.

amperometro [ampe'rɔ:metro] *m* Strommesser *m*.

amperora [amper'o:ra] *m inv.* Amperestunde *f*.

ampiezza [ampi'et-tsa] *f* Weite *f*; Geräumigkeit *f*; ⨅ Weitläufigkeit *f*; *fig.* Reichtum *m*, Überfluß *m*.

ampio [ampio] (*pl. -pi*) weit; geräumig; ⨅ weitläufig.

amplesso [am'ples-so] *m lit.* Umarmung *f*; Begattung *f*.

ampli|amento [amplia'mento] *m* Erweiterung *f*; **~are** [-'a:re] (1l) erweitern; ausdehnen; **~ficare** [-'ka:re] (1m *u.* d) erweitern; *Radio:* verstärken; **~ficatore** [-fika'to:re] *m Radio:* Verstärker *m*; **~ficazione** [-fikatsi'o:ne] *f* Erweitern *n*; *Radio:* Verstärkung *f*.

amplio [amplio] *s.* ampio.

ampoll|a [am'pol-la] *f* Flasche *f*, Fläschchen *n*; -e *pl.* Öl- und Essigflasche f; **~iera** [-li'ɛ:ra] f Öl- und Essigständer m.

ampoll|osità [ampol-losi'ta] f Schwülstigkeit f; **~oso** [-'lo:so] schwülstig.

amput|are [ampu'ta:re] (1l) amputieren; **~azione** [-tatsi'o:ne] f Amputation f.

amuleto [amu'le:to] m Amulett n.

anabattista [anabat-'tista] m (pl. -i) Wiedertäufer m.

anabbagliante [anab-ba'ʎante] **1.** adj. nicht blendend; **2.** m Abblendlicht n.

anacoluto [anako'lu:to] m Anakoluth n.

anacoreta [anako'rɛ:ta] m (pl. -i) Einsiedler m.

anacronismo [anakro'nizmo] m Anachronismus m.

anagrafe [a'na:grafe]: ufficio m ~ Einwohnermeldeamt n; per uso ~ für Urkundenzwecke.

anagramma [ana'gram-ma] m (pl. -i) Anagramm n.

analcolico [anal'kɔ:liko] (pl. -ci) **1.** adj. alkoholfrei; **2.** m alkoholfreies Getränk n.

anale [a'na:le] zum After gehörig; Steiß...

analfab|eta [analfa'bɛ:ta] **1.** adj. schreibunkundig; **2.** su. (m/pl. -i) Analphabet(in f) m; **~etismo** [-be'tizmo] m Analphabetismus m.

analgesico [anal'dʒe:ziko] (pl. -ci) **1.** adj. schmerzstillend; **2.** m schmerzstillendes Mittel n.

analisi [a'na:lizi] f Analyse f; in ultima ~ alles wohlüberlegt.

anal|itico [ana'li:tiko] (pl. -ci) analytisch; **~izzare** [-lid-'dza:re] (1a) analysieren.

analogia [analo'dʒi:a] f Analogie f.

analogo [a'na:logo] (pl. -ghi) analog.

ananas [a:nanas] m od. **ananasso** [-'nas-so] m Ananas f.

anarchia [anar'ki:a] f Anarchie f.

anarchico [a'narkiko] (pl. -ci) **1.** adj. anarchisch; **2.** m Anarchist m.

anarchismo [anar'kizmo] m Anarchismus m.

anatema [a'na:tema u. ana'tɛ:ma] m (pl. -i) Bannfluch m.

anatemizzare [anatemid-'dza:re] (1a) mit dem Bannfluch belegen.

anatidi [a'na:tidi] m/pl. Entenvögel m/pl.

anat|omia [anato'mi:a] f Anatomie

f; **~omico** [ana'tɔ:miko] (pl. -ci) **1.** adj. anatomisch; **2.** m = **~omista** [-to'mista] su. (m/pl. -i) Anatom(in f) m; **~omizzare** [-tomid-'dza:re] (1a) zergliedern.

anatra [a:natra] f Ente f.

anatroccolo [ana'trɔk-kolo] m junge Ente f.

anca [aŋka] f (pl. -che) Hüfte f.

ancella [an'tʃɛl-la] f lit. Magd f.

anche [aŋke] auch; ~ troppo nur allzusehr.

anchil|osato [aŋkilo'za:to] gelenklahm; **~osi** [-'lɔ:zi] f Gelenkversteifung f.

ancia [antʃa] f ♪ Rohrblatt n, Zunge f.

anco [aŋko] lit. s. anche.

ancona [aŋ'ko:na] f Altarbild n; Nische f.

ancora[1] [aŋ'ko:ra] noch; non ~ od. ~ no noch nicht; ~ una volta noch einmal.

ancora[2] [aŋkora] f Anker m; gettare l'~ den Anker auswerfen; levare l'~ den Anker einziehen.

ancor|aggio [aŋko'rad-dʒo] m (pl. -ggi) Ankergeld n; (a. luogo m dell'~) Ankerplatz m; **~are** [-'ra:re] (1l) verankern; **~arsi** [-'rarsi] vor Anker gehen.

ancorché [aŋkor'ke] obgleich.

andaluso [anda'lu:zo] andalusisch.

andamento [anda'mento] m Gang m; Verlauf m; Entwicklung f.

andante [an'dante] **1.** adj. gehend; ♪ gemäßigt; Person, Stil: ungezwungen; anno m ~ laufendes Jahr n; merce f ~ gangbare Ware f; **2.** m ♪ Andante n.

and|are [an'da:re] (1p) **1.** v/i. gehen; Maschinen: laufen, funktionieren; Waren: Absatz finden; (mit Wagen, Schiff usw.) fahren; ~ bene gut gehen; Kleider: passen, sitzen; ~ superbo di stolz sein auf (acc.); ~ a cavallo reiten; Auto: ~ di gran carriera rasen; ~ in bicicletta radfahren; ~ in giro umherstreichen; ~ di soppiatto schleichen; ~ in collera zornig auffahren; ~ in viaggio verreisen; andarvi hingehen, hinreisen; come va? wie geht es?; come va che ...? woher kommt es, daß ...?; come va, va aufs Geratewohl; non mi va es paßt mir nicht, es gefällt mir nicht; Kleidung: es steht mir nicht; Speisen, Getränke: es

schmeckt mir nicht; *chi va là?* wer
da?; *ne va la vita* das Leben steht
auf dem Spiel; *è bell'e andato!* ist
hin!; **2.** *m* Gehen *n*; *coll'~ del
tempo* im Laufe der Zeit; *a lungo ~*
auf die Dauer; *di questo ~* in dieser
Art und Weise; **~arsene** [-'darsene]
weggehen; **~ata** [-'da:ta] *f* Gehen *n*;
✠ Hinreise *f*; *biglietto m di ~* einfache Fahrkarte *f*; *~ e ritorno* Hin-
und Rückfahrt *f*; *biglietto m di ~ e
ritorno* Rückfahrkarte *f*; **~atura**
[-da'tu:ra] *f* Gang *m*.

andazzo [an'dat-tso] *m* Unsitte *f*;
Schlendrian *m*.

andicappare [andikap-'pa:re] (1a)
hemmen; belasten.

andirivieni [andirivi'ɛ:ni] *m inv.*
Hin- und Hergelaufe *n*.

andito [andito] *m* Korridor *m*, Gang
m.

androgino [an'drɔ:dʒino] **1.** *adj.*
zwitterhaft, Zwitter...; **2.** *m* Zwitter *m*, Hermaphrodit *m*.

androne [an'dro:ne] *m* Hausflur
m.

aneddotico [aned-'dɔ:tiko] (*pl. -ci*)
anekdotisch.

aneddoto [a'nɛd-doto] *m* Anekdote
f.

anel|ante [ane'lante] keuchend; *fig.*
sehnsüchtig; **~are** [-'la:re] (1b) **1.**
v/i. keuchen; *~ a qc. od.* **2.** *v/t.* her-
beisehnen.

anelito [a'nɛ:lito] *m* Keuchen *n*;
brennender Wunsch *m*.

anello [a'nɛl-lo] *m* Ring *m*; *~ di
congiunzione* Bindeglied *n*; *~ collettore* Schleifring *m*; *~ nuziale*
Ehering *m*; *le -a f/pl.* Haarlocken
f/pl.

anemia [ane'mi:a] *f* Blutarmut *f*.

anemico [a'nɛ:miko] (*pl. -ci*) blut-
arm.

anemometro [ane'mɔ:metro] *m*
Windmesser *m*.

anemone [a'nɛ:mone] *m* Anemone *f*.

anest|esia [aneste'zi:a] *f* Anästhesie
f, Narkose *f*; **~esista** [-te'zista] *su.*
(*m/pl. -i*) Anästhesist(in *f*) *m*; **~e-
tico** [-'tɛ:tiko] *m* (*pl. -ci*) betäuben-
des Mittel *n*.

aneto [a'nɛ:to] *m* Dill *m*.

aneurisma [aneu'rizma] *m* (*pl. -i*)
Aneurysma *m*.

anfibio [an'fi:bio] *m* (*pl. -bi*) Am-
phibie *f*; Amphibienflugzeug *n*; ✗
Schwimmkampfwagen *m*.

anfiteatro [anfite'a:tro] *m* Amphitheater *n*.

anfitrione [anfitri'o:ne] *m* *scherz-
haft:* Gastgeber *m*.

anfora [anfora] *f* Krug *m*.

anfrat|to [an'frat-to] *m* Schlucht *f*,
Abgrund *m*; **~tuosità** [-tuosi'ta] *f*
Krümmung *f*; **~tuoso** [-tu'o:so]
voller Schluchten.

angariare [aŋgari'a:re] (1k) bedrücken, tyrannisieren.

angelico [an'dʒe:liko] (*pl. -ci*) engelhaft.

angelo [andʒelo] *m* Engel *m*; *~
custode* Schutzengel *m*; *scherz.*
Polizist *m*.

angheria [aŋge'ri:a] *f* Bedrückung *f*,
Schikane *f*.

angina [an'dʒi:na] *f* Angina *f*; Man-
delentzündung *f*.

angiolo [andʒolo] *m s. angelo*.

angl|icano [aŋgli'ka:no] **1.** *adj.*
anglikanisch; **2.** *m* Anglikaner *m*;
~ista [aŋ'glista] *m* Anglist *m*; **~ofilo**
[aŋ'glɔ:filo] *m* Englandanhänger *m*;
~ofobo [aŋ'glɔ:fobo] *m* England-
hasser *m*; **~osassone** [aŋglo'sas-
sone] angelsächsisch; *popoli m/pl. -i*
angelsächsische Völker *n/pl.*

angolar|e [aŋgo'la:re] wink(e)lig;
Winkel...; **~ità** [-lari'ta] *f* Winklig-
keit *f*.

angol|o [aŋgolo] *m* Winkel *m*;
Ecke *f*; *~ complementare* Ergän-
zungswinkel *m*; *palla f d'~* Eckball
m; **~oso** [-'lo:so] eckig.

Angora [aŋgora] *f*: *lana f d'~* Angorawolle *f*.

ang|oscia [aŋ'gɔʃ-ʃa] *f* (*pl. -sce*)
Kummer *m*, **~osciare** [-goʃ-'ʃa:re]
(1f) bekümmern; ängstigen; **~o-
scioso** [-goʃ-'ʃo:so] kummervoll;
kummererregend.

anguil|la [aŋgu'il-la] *f* Aal *m*; *~
affumicata* Räucheraal *m*; **~laia**
[-guil-'la:ia] *f* Aalteich *m*; **~lesco**
[-guil-'lesko] (*pl. -chi*) aalartig.

anguinaia [aŋgui'na:ia] *f* Leiste *f*.

anguria [aŋ'gu:ria] *f* Wassermelone
f.

an|gustia [aŋ'gustia] *f* Enge *f*; *fig.*
Angst *f*; Bedrängnis *f*; *-e pl.* Not *f*;
di mente Beschränktheit *f*; Gei-
stesarmut *f*; **~gustiare** [-gusti'a:re]
(1k) quälen, plagen; **~gusto**
[-'gusto] eng.

anice [a:nitʃe] *m* Anis *m*.

anilina [ani'li:na] *f* Anilin *n*.

anima [a:nima] *f* Seele *f*; ⊕ Kern *m*; Einlage *f*; ~ da stirare Plättbolzen *m*; la buon'~ di mio padre mein seliger Vater *m*; ~ gemella verwandte Seele *f*; rendere l'~ a Dio s-n Geist aushauchen; non c'è ~ viva es ist keine Menschenseele da; rompere l'~ a qu. j-n belästigen.

anim|ale [ani'ma:le] **1.** *adj.* tierisch, Tier...; vita *f* ~ Tierleben *n*; **2.** *m* Tier *n*; *fig.* Tölpel *m*; protezione *f* degli -i Tierschutz *m*; società *f* protettrice degli -i Tierschutzverein *m*; **~alesco** [-ma'lesko] (*pl.* -chi) tierisch; **~alità** [-mali'ta] *f* Tierheit *f*; **~are** [-'ma:re] (1l) beleben; animieren; ermuntern, anregen; **~arsi** [-'marsi] Mut fassen; lebhaft werden; **~ato** [-'ma:to] beseelt; belebt; lebhaft; **~azione** [-matsi'o:ne] *f* Lebhaftigkeit *f*; Leben *n*; lebhafter Verkehr *m*.

animella [ani'mɛl-la] *f* Kalbsgekröse *n*.

animo [a:nimo] *m* Gemüt *n*; Seele *f*; Sinn *m*; Mut *m*; fare ~ Mut einflößen; farsi ~ Mut fassen; perdersi d'~ den Mut verlieren; avere in ~ im Sinne haben; stare di buon ~ guten Mutes sein; mal ~ Abneigung *f*; di mal ~ schweren Herzens; non mi regge l'~ ich habe nicht den Mut.

anim|osità [animosi'ta] *f* Erbitterung *f*; Voreingenommenheit *f*; **~oso** [-'mo:so] mutig; erbittert; voreingenommen.

anisetta [ani'zet-ta] *f* Aniswasser *n*; Anislikör *m*.

anitra [a:nitra] *f* Ente *f*.

annacqu|amento [an-nak-kua'mento] *m* Verwässerung *f*; **~are** [-ku'a:re] (1a) verwässern; Wein verdünnen; *fig.* abschwächen.

annaf|fiamento [an-naf-fia'mento] *m* Besprengung *f*; **~fiare** [-fi'a:re] (1k) begießen; sprengen; **~fiata** [-fi'a:ta] *f*: dare un'~ a qc. et. begießen; **~fiatoio** [-fia'to:io] *m* (*pl.* -oi) Gießkanne *f*; ~ automatico ⊕ Rasensprenger *m*; **~fiatura** [-fia'tu:ra] *f* Begießung *f*.

annali [an-'na:li] *m/pl.* Jahrbücher *n/pl.*, Annalen *pl.*

annasare [an-na'sa:re] (1a) *s. annusare.*

ann|aspare [an-nas'pa:re] (1a) **1.** *v/t.* aufspulen; **2.** *v/i.* in der Luft herumfuchteln; *fig.* sich verhaspeln; **~aspicare** [-pi'ka:re] (1m *u.* d) sich verheddern.

annata [an-'na:ta] *f* Jahrgang *m*; Wirtschafts-, Erntejahr *n*; Jahresbetrag *m*.

anneb|biamento [an-neb-bia'mento] *m* Umnebelung *f*; **~biare** [-bi'a:re] (1k) umnebeln; ✕ vernebeln.

anneg|amento [an-nega'mento] *m* Ertränken *n*; Ertrinken *n*; **~are** [-'ga:re] (1e) **1.** *v/t.* ertränken; **2.** *v/i. u.* **~arsi** [-'garsi] ertrinken.

anner|imento [an-neri'mento] *m* Schwärzen *n*; Schwarzwerden *n*; **~are** [-'ra:re] (1a), **~ire** [-'ri:re] (4d) **1.** *v/t.* schwärzen; **2.** *v/i. u.* **~irsi** [-'rirsi] schwarz werden.

annessione [an-nes-si'o:ne] *f* Annektierung *f*, Einverleibung *f*.

annesso [an-'nɛs-so] **1.** *p.p. v. annettere*; **2.** *adj.* zugehörig; beiliegend; **3.** *m* Nebengebäude *n*.

annettere [an-'nɛt-tere] (3m) beilegen; Länder annektieren.

annichil|amento [an-nikila'mento] *m* Vernichtung *f*; **~are** [-'la:re] (1m) vernichten; *fig.* niederschlagen; **~azione** [-latsi'o:ne] *f* Vernichtung *f*; **~ire** [-'li:re] (4d) vernichten; *fig.* zunichte machen; **~irsi** [-'lirsi] sich demütigen; sich erniedrigen.

annid|are [an-ni'da:re] (1a) nisten; **~arsi** [-'darsi] sich einnisten.

annient|amento [an-nienta'mento] *m* Vernichtung *f*; **~are** [-'ta:re] (1b) vernichten.

anniversario [an-niver'sa:rio] *m* (*pl.* -ri) Jahrestag *m*.

anno [an-no] *m* Jahr *n*; ~ luce Lichtjahr *n*; capo *m* d'~ Neujahr *n*; buon ~! Prost Neujahr!; ~ finanziario Haushaltsjahr *n*, Etatjahr *n*; ~ scolastico Schuljahr *n*; dare il buon ~ zu Neujahr gratulieren; pieno d'anni bejahrt; quanti -i hai? wie alt bist du?; ho 33 -i ich bin 33 Jahre alt; con gli -i mit der Zeit; entro l'~ im Laufe des Jahres; essere in là con gli -i in vorgeschrittenem Alter sein.

annod|amento [an-noda'mento] *m* Zusammenknoten *n*; *fig.* Knüpfung *f*; **~are** [-da:re] (1c) zusammenknoten; *fig.* knüpfen; **~arsi** [-'darsi] sich verknoten, sich verwickeln; ~ la cravatta sich die Krawatte umbinden; **~atura** [-da'tu:ra] *f* Zusammenknüpfung *f*; (*a. punto m dell'~*) Knotenpunkt *m*.

annoi|are [an-noi'a:re] (1i) langweilen; belästigen; **~arsi** [-'arsi] sich langweilen; **~ato** [-'a:to] gelangweilt.

annon|a [an-'nɔ:na] *f* Ernährungsamt *n*; Lebensmittel *n*; **~ario** [-no-'na:rio] (*pl. -ri*) Lebensmittel...; *leggi f|pl. -e* Gesetze *n|pl.* über die Verteilung der Lebensmittel; *carte f|pl. -e* Lebensmittelkarten *f|pl.*

annoso [an-'no:so] alt, bejahrt.

annot|are [an-no'ta:re] (1c) aufschreiben; mit Anmerkungen versehen; **~atore** [-ta'to:re] *m* Kommentator *m*; **~azione** [-tatsi'o:ne] *f* Anmerkung *f*.

annottare [an-not-'ta:re] (1c) Nacht werden.

annoverano [an-nove'ra:no] **1.** *adj.* hannoverisch; **2.** *m* Hannoveraner *m*.   [*m*] zählen zu.}

annoverare [an-nove'ra:re] (1c *u.*)

annu|ale [an-nu'a:le] **1.** *adj.* jährlich; **2.** *m* Jahrestag *m*; **~alità** [-ali'ta] *f* Jahresrente *f*, Jahresgehalt *n*; jährliche Zahlung *f*; **~ario** [-'a:rio] *m* (*pl. -ri*) Jahrbuch *n*; (*a. ~ della città*) Adreßbuch *n*.

annu|enza [an-nu'entsa] *f* Zustimmung *f*; **~ire** [-'i:re] (4d) zustimmen.

annull|amento [an-nul-la'mento] *m* Nichtigkeitserklärung *f*; Abschreibung *f*; 🗲 Kassierung *f*; **~are** [-'la:re] (1a) für ungültig erklären; *Vertrag* aufheben; *Befehl* widerrufen; *Bestellung* rückgängig machen; *Briefmarken* entwerten; 🗲 kassieren.

annunci|are [an-nun'tʃa:re] (1f) ankündigen; verkünden; *j-n* melden; *~ gridando* ausrufen; *~ la partenza* abmelden; **~atore** [-tʃa'to:re] *m* Verkündiger *m*; *Radio:* Ansager *m*; **~azione** [-tʃatsi'o:ne] *f* Verkündigung *f*.

annuncio [an-'nuntʃo] *m* (*pl. -ci*) Ankündigung *f*; Meldung (Anmeldung) *f*; 🕈 Anzeige *f*; *pl.* Anzeigenteil *m*; *-i economici* kleine Anzeigen *f|pl.*; *~ permanente* Daueranzeige *f*; *~ pubblicitario* Werbeanzeige *f*; *~ di nascita* Geburtsanzeige *f*.

annunziare [an-nuntsi'a:re] *usw. s.* *annunciare usw.*

annuo [an-'nuo] jährlich.

annusare [an-nu'sa:re] (1a) riechen an (*dat.*); *Tiere:* wittern; *~ tabacco* schnupfen.

annuvol|amento [an-nuvola'mento] *m* Bewölkung *f*; **~are** [-'a:re] (1m) bewölken; **~arsi** [-'larsi] sich bewölken; *fig.* sich trüben; *Gesicht:* sich verfinstern.

ano [a:no] *m* After *m*.

anodico [a'nɔ:diko] (*pl. -ci*) anodisch, Anoden...; *batteria f -a* Anodenbatterie *f*.

anodino [a'nɔ:dino] schmerzlindernd; *fig.* sanft, harmlos; unbedeutend.

anodo [a:nodo] *m* Anode *f*.

anofele [a'nɔ:fele] *f* Stechmücke *f*, Malariamücke *f*.

anomalia [anoma'li:a] *f* Unregelmäßigkeit *f*.

anomalo [a'nɔ:malo] unregelmäßig.

anonimia [anoni'mi:a] *f* Anonymität *f*.

anonimo [a'nɔ:nimo] anonym, ungenannt; *società f -a* Aktiengesellschaft *f*.

anoressia [anores-'si:a] *f* Appetitlosigkeit *f*.

anormal|e [anor'ma:le] anormal, regelwidrig; **~ità** [-mali'ta] *f* Anormalität *f*.

ansa [ansa] *f* Henkel *m*; *e-s Flusses:* Schleife *f*; Meeresbucht *f*; *fig.* Vorwand *m*.

Ansa [ansa] *f ehm.* Hansa *f*.

ans|ante [an'sante] keuchend; **~are** [-'sa:re] (1a) keuchen; jappen, japsen.

anseatico [anse'a:tiko] (*pl. -ci*) hanseatisch.

ansia [ansia] *f* angstvolle Unruhe *f*; brennender Wunsch *m*; Sehnsucht *f*; *~ di vedere qu.* Sehnsucht *f* nach j-m.

ansietà [ansie'ta] *f* Angst *f*; Sehnsucht *f*.

ansimare [ansi'ma:re] (1l) keuchen.

ansioso [ansi'o:so] begierig; sehnsüchtig.

anta [anta] *f* Fensterladen *m*; Schranktür *f*.

antagon|ismo [antago'nizmo] *m* Gegensatz *m*; **~ista** [-'nista] *su.* (*m|pl. -i*) Widersacher(in *f*) *m*; **~istico** [-'nistiko] (*pl. -ci*) antagonistisch; feindlich.

antartico [an'tartiko] (*pl. -ci*) antarktisch; zum Südpol gehörig; *polo m* ~ Südpol *m*.

ante... *s. anti...*

ante|cedente [antetʃe'dɛnte] **1.** *adj.* vorhergehend; **2.** *-i m/pl.* Vorleben *n*; **~cedenza** [-'dɛntsa] *f* Vorangehen *n*; **~cedere** [-'tʃɛːdere] (3l) vorangehen; **~cessore** [-tʃes-'soːre] *m* Vorgänger *m*; **~diluviano** [-dilu-vi'aːno] vorsintflutlich; **~fatto** [-'fat-to] *m* Vorgeschichte *f*; **~guerra** [-gu'ɛr-ra] *m* Vorkriegszeit *f*; **~lucano** [-lu'kaːno] *adj.* vor Tagwerden; **~nato** [-'naːto] *m* Vorfahr *m*.

antenna [an'ten-na] *f* Antenne *f*; *Zool.* Fühler *m*; ⚓ Rahe *f*; ~ *collettiva* Gemeinschaftsantenne *f*; ~ *direzionale* Richtantenne *f*; ~ *incorporata* Einbauantenne *f*; ~ *televisiva* Fernsehantenne *f*; ~ *trasmittente* Senderantenne *f*; ~ *ricevente* Empfangsantenne *f*.

ante|penultimo [antepe'nultimo] vorvorletzte(r); **~porre** [-'por-re] (3ll) vorsetzen; *fig.* vorziehen; höherstellen; **~posto** [-'posto] *s. anteporre*; **~prima** [-'priːma] *f* Voraufführung *f*, Vorführung *f* vor der Premiere.

antera [an'tɛːra] *f* Staubbeutel *m*.

anteriore [anteri'oːre] vordere; Vorder...; *zeitlich*: vorhergehend.

antescritto [antes'krit-to] obengeschriebenc.

antesignano [antesi'ɲaːno] *m* Bannerträger *m*; Bahnbrecher *m*.

anti... Gegen..., nicht...

anti|abbagliante [antiab-ba'ʎante] *s. anabbagliante*; **~aerea** [-a'ɛːrea] *f* Luftabwehr *f*; **~aereo** [-a'ɛːreo] Flugabwehr...; *allarme m* ~ Fliegeralarm *m*; *difesa f -a* Luftabwehr *f*, Luftschutz *m*; **~batterico** [-bat-'teːriko] (*pl. -ci*) bakterientötend; **~biotico** [-bi'ɔːtiko] (*pl. -ci*) **1.** *adj.* antibiotisch; **2.** *m* Antibiotikum *n*.

anticaglia [anti'kaʎa] *f* alter Plunder *m*; F alte Schachtel *f*; *von Büchern*: Schwarte *f*.

anticamente [antika'mente] vor (in) alter Zeit.

anticamera [anti'kaːmera] *f* Vorzimmer *n*; *fare* ~ warten, antichambrieren.

anticarro [anti'kar-ro]: *cannone m* ~ Panzerabwehrkanone *f*.

antichità [antiki'ta] *f inv.* Altertum

n; Altertümlichkeit *f*; ✝ Antiquität *f*.

anticiclone [antitʃi'kloːne] *m* Hochdruckgebiet *n*.

anticip|are [antitʃi'paːre] (1m) **1.** *v/t.* vorverlegen; früher tun als geplant; *Geld* vorschießen; et. vorwegnehmen; *fig.* voraussehen; **2.** *v/i.* zu früh kommen; **~ato** [-'paːto] verfrüht; (*a. adv.*) im voraus; **~azione** [-patsi'oːne] *f* Vorschuß *m*; Vorgreifen *n*.

anticipo [an'tiːtʃipo] *m* Vorschuß *m*; *in* ~ im voraus.

anticlericale [antikleri'kaːle] antiklerikal.

antico [an'tiːko] (*pl. -chi*) **1.** *adj.* alt; *ab* ~ von alters her; **2.** *gli -chi pl.* die Alten *pl.*, die Antike *f*; die Vorfahren *m/pl.*

anti|comunista [antikomu'nista] **1.** *adj.* kommunistenfeindlich; **2.** *su.* (*m/pl. -i*) Antikommunist(in *f*) *m*; **~concezionale** [-kontʃetsio'naːle] empfängnisverhütend; **~conformismo** [-konfor'mizmo] *m* Nonkonformismus *m*; **~conformista** [-konfor'mista] *su.* (*m/pl. -i*) Nonkonformist(in *f*) *m*; **~congelante** [-kondʒe'lante] **1.** *adj.* kältebeständig, gefrierfest; **2.** *m* Frostschutzmittel *n*; **~congiunturale** [-kondʒuntuːra'le] konjunkturhemmend; **~costituzionale** [-kostitutsio'naːle] verfassungswidrig; **~cristo** [-'kristo] *m* Antichrist *m*; **~crittogamico** [-krit-to'gaːmiko] (*pl. -ci*) **1.** *adj.* antikryptogamisch; **2.** *m* Pflanzenschutzmittel *n*; **~diluviano** [-dilu-vi'aːno] vorsintflutlich.

antidoto [an'tiːdoto] *m* Gegengift *n*.

antifascista [antifaʃ-'ʃista] **1.** *adj.* antifaschistisch; **2.** *m* Antifaschist *m*.

ant|ifona [an'tiːfona] *f* Vorgesang *m*; *sempre la stessa* ~ immer die alte Leier; **~ifonario** [-tifo'naːrio] *m* (*pl. -ri*) Choralbuch *n*; Vorsänger *m*.

antifurto [anti'furto] *m* Diebstahlsicherung *f*.

antigas [anti'gas]: *maschera f* ~ Gasmaske *f*; *protezione f* ~ Gasschutz *m*; *rifugio m* ~ Gasschutzraum *m*.

antilope [an'tiːlope] *f* Antilope *f*.

anti|meridiano [antimeridi'aːno] Vormittags...; **~militarista** [-mili-

ta'rista] su. (m/pl. -i) Antimilita-
rist(in f) m.

antiparassitario [antiparas-si'ta:-
rio] **1.** adj.: lotta f -a Schädlings-
bekämpfung f; **2.** m Schädlings-
bekämpfungsmittel n.

anti|parlamentare [antiparlamen-
'ta:re] antiparlamentarisch; **~pasto**
[-'pasto] m Vorspeise f; **~patia**
[-pa'ti:a] f Abneigung f; **~patico**
[-'pa:tiko] (pl. -ci) unsympathisch;
~penultimo [-pe'nultimo] vor-
vorletzte(r).

antipirina [antipi'ri:na] f Anti-
pyrin n.

antipode [an'ti:pode] m Gegen-
füßler m; stare agli -i in ganz ent-
gegengesetzten Orten wohnen; essere agli -i ganz entgegengesetzter
Meinung sein.

anti|poetico [antipo'ɛ:tiko] (pl. -ci)
unpoetisch; **~polio** [-'pɔ:lio] inv.
1. adj. Kinderlähmung verhütend;
2. f Kinderlähmungsschutzimpfung
f.

antiqu|aria [antiku'a:ria] f Alter-
tumskunde f; **~ariato** [-kuari'a:to]
m Antiquariat n; **~ario** [-ku'a:rio]
m (pl. -ri) Antiquitätenhändler m;
~ato [-ku'a:to] veraltet.

anti|rabbico [anti'rab-biko] (pl. -ci)
gegen die Tollwut; **~ruggine**
[-'rud-dʒine] m Rostschutzmittel n;
~sala [-'sa:la] f Vorsaal m; **~scheg-
ge** [-'sked-dʒe] inv. splittersicher;
~sdrucciolevole [-zdrut-tʃo'le:-
vole] **1.** adj. rutschsicher; **2.** m
Gleitschutz(vorrichtung f) m;
~semita [-se'mi:ta] su. (m/pl. -i)
Antisemit(in f) m; **~semitico** [-se-
'mi:tiko] (pl. -ci) antisemitisch; **~se-
mitismo** [-semi'tizmo] m Antise-
mitismus m; **~sepsi** [-'sepsi] f
Antisepsis f; **~settico** [-'set-tiko]
(pl. -ci) antiseptisch; **~sismico**
[-'sizmiko] (pl. -ci) erdbebensicher;
~sociale [-so'tʃa:le] unsozial; **~-
spastico** [-'spastiko] (pl. -ci) anti-
spastisch; **~sportivo** [-spor'ti:vo]
unsportlich, sportwidrig.

antistrofe [an'tistrofe] f Gegen-
gesang m.

antitesi [an'ti:tezi] f Gegensatz m.

anti|tetanico [antite'ta:niko] (pl. -ci)
gegen Starrkrampf; **~tetico** [-'tɛ:-
tiko] (pl. -ci) gegensätzlich; **~tuber-
colare** [-tuberko'la:re] antituber-
kulös.

anti|vedere [antive'de:re] (2s) vor-
aussehen; **~veggenza** [-ved-'dʒen-
tsa] f Voraussehen n, Vorhersagen
n; **~vigilia** [-vi'dʒi:lia] f Tag (od.
Abend) m vor dem Vorabend.

antologia [antolo'dʒi:a] f Anthologie f.

antrace [an'tra:tʃe] m Karbunkel m.

antracite [antra'tʃi:te] f Anthrazit
m; Kohlenblende f.

antro [antro] m Höhle f.

antro|pofagia [antropofa'dʒi:a] f
Menschenfresserei f; **~pofago**
[-'pɔ:fago] m (pl. -gi) Menschenfresser m; **~pologia** [-polo'dʒi:a] f
Anthropologie f; **~pologo** [-'pɔ:-
logo] m (pl. -gi) Anthropologe m;
~pometria [-pome'tri:a] f Körper-
messung f; **~pomorfo** [-po'morfo]
menschenähnlich; scimmia f -a
Menschenaffe m; **~pomorfismo**
[-pomor'fizmo] m Anthropomor-
phismus m.

anulare [anu'la:re] **1.** adj. ring-
förmig; **2.** m Ringfinger m.

anzi [antsi] vielmehr; im Gegenteil;
sogar; überdies; ~ che bevor; ~ che
no eher.

anzianità [antsiani'ta] f Dienst-
alter n.

anziano [antsi'a:no] **1.** adj. älter;
2. m Älteste(r) m.

anzidetto [antsi'det-to] besagt.

anzitempo [antsi'tempo] vorzeitig.

anzitutto [antsi'tut-to] vor allem.

aorta [a'ɔrta] f (große) Schlagader f.

apartitico [apar'ti:tiko] (pl. -ci)
parteilos.

apatia [apa'ti:a] f Stumpfheit f;
Gleichgültigkeit f.

apatico [a'pa:tiko] (pl. -ci) stumpf;
gleichgültig; temperamentlos.

ape [a:pe] f Biene f.

aperitivo [aperi'ti:vo] **1.** adj. lösend;
2. m appetitanregender Likör m;
Aperitiv m.

apersi [a'persi] s. aprire.

apertamente [aperta'mente] klar,
deutlich; offen.

aperto [a'perto] **1.** s. aprire; **2.** adj.
offen; **3.** m Freie n; all'~ im Freien,
ins Freie; scuola f all'~ Wald-
schule f.

apertura [aper'tu:ra] f Öffnung f;
Eröffnung f; Spalt m, Schlitz m;
Einweihung f; ♪ Ouvertüre f; 🎣
Spannweite f; ~ di credito Akkredi-
tiv n; ~ delle scuole Schulbeginn m;

Pol. ～ *a sinistra (a destra)* Öffnung *f* nach links (nach rechts); ✝ *corso m d'*～ Anfangskurs *m*.

apiario [api'a:rio] *m* (*pl.* -*ri*) Bienenhaus *n*.

apice [a:pitʃe] *m* Gipfel *m*; *fig.* Höhepunkt *m*.

apicol|tore [apikol'to:re] *m* Bienenzüchter *m*; **～tura** [-'tu:ra] *f* Bienenzucht *f*.

apistico [a'pistiko] (*pl.* -*ci*) die Bienenzucht betreffend; Bienen...

Apocalisse [apoka'lis-se] *f* Offenbarung *f* des Johannes.

apocalittico [apoka'lit-tiko] (*pl.* -*ci*) apokalyptisch; *fig.* fürchterlich, katastrophal.

apocope [a'pɔ:kope] *f Gram.* Weglassung *f* der Endsilbe.

apocrifo [a'pɔ:krifo] apokryph, unecht.

apodittico [apo'dit-tiko] (*pl.* -*ci*) apodiktisch, überzeugend.

apoft|egma [apof'tegma] *m*, **～ema** [-'tɛ:ma] *m* (*pl.* -*i*) Denkspruch *m*.

apogeo [apo'dʒɛ:o] *m Astr.* Erdferne *f*; *fig.* Gipfel *m*.

apolide [a'pɔ:lide] **1.** *adj.* staatenlos; **2.** *m* Staatenlose(r) *m*.

apolitico [apo'li:tiko] (*pl.* -*ci*) unpolitisch.

apol|ogetico [apolo'dʒe:tiko] (*pl.* -*ci*) verteidigend; **～ogia** [-'dʒi:a] *f* Verteidigung(srede *f*, -schrift *f*) *f*; Verherrlichung *f*; **～ogista** [-'dʒi:sta] *su.* (*m/pl.* -*i*) Verteidiger(in *f*) *m*.

apologo [a'pɔ:logo] *m* (*pl.* -*ghi*) Lehrfabel *f*.

apopl|essia [apoples-'si:a] *f* Schlaganfall *m*; **～ettico** [apo'plet-tiko] (*pl.* -*ci*) apoplektisch.

apostasia [aposta'si:a] *f* Abtrünnigkeit *f*.

apostata [a'pɔstata] *su.* (*m/pl.* -*i*) Abtrünnige(r *m*) *m u. f*.

apostatare [aposta'ta:re] (1m) abfallen, abtrünnig werden.

apost|olato [aposto'la:to] *m* Apostelamt *f*; **～olico** [apos'tɔ:liko] (*pl.* -*ci*) apostolisch; *nunzio m* ～ päpstlicher Nuntius *m*.

apostolo [a'pɔstolo] *m* Apostel *m*.

apostrofare [apostro'fa:re] (1m *u. c*) anreden; *Gram.* apostrophieren.

apostrofe [a'pɔstrofe] *f* Apostrophe *f*; Anrede *f*.

apostrofo [a'pɔstrofo] *m* Apostroph *m*.

apoteosi [apote'ɔ:zi] *f* Apotheose *f*, Verherrlichung *f*.

appag|amento [ap-paga'mento] *m* Befriedigung *f*; **～are** [-'ga:re] (1e) befriedigen; **～arsi** [-'garsi] sich zufriedengeben.

appai|amento [ap-paia'mento] *m* Paarung *f*; **～are** [-'a:re] (1i) paaren; **～arsi** [-'arsi] sich paaren.

appaiono [ap-'paiono] *s. apparire.*

appallottolare [ap-pal-lot-to'la:re] (1c *u.* n) zusammenballen.

appalt|are [ap-pal'ta:re] (1a) Arbeiten vergeben *od.* übernehmen; **～atore** [-ta'to:re] *m* Unternehmer (Bauunternehmer) *m*.

appalto [ap-'palto] *m* Vergebung *f* von Aufträgen; Konzession *f*; ～ *di sale e tabacchi* Salz- und Tabakverkaufsstelle *f*.

appannaggio [ap-pan-'nad-dʒo] *m* (*pl.* -*ggi*) Apanage *f*, Jahrgeld *n*.

appann|amento [ap-pan-na'mento] *m* Trübwerden *n*; Anlaufen *n*; Beschlagen *n*; **～are** [-'na:re] (1a) trüben; **～arsi** [-'narsi] sich trüben; *Fenster:* anlaufen; *Glas:* beschlagen; **～ato** [-'na:to] trübe; beschlagen; *oro m* ～ mattes Gold *n*.

apparato [ap-pa'ra:to] *m* Ausstattung *f*; ⊕ *u.* 🏛 Apparat *m*; ～ *digerente* Verdauungsapparat *m*; ～ *di truppe* Truppenaufgebot *n*; *con grande ..* mit großem Aufwand.

apparecchi|are [ap-parek-ki'a:re] (1g) vorbereiten; *Tisch* decken; *Stoff* ausrüsten; **～atura** [-kia'tu:ra] *f* Ausrüsten *n* des Stoffes.

apparecchio [ap-pa'rek-kio] *m* (*pl.* -*cchi*) Vorbereitung *f*; Aufbau *m*; ⊕ Apparat *m*; Gerät *n*; *Chir.* Verbandapparat *m*; ✈ Flugzeug *n*; ～ *fotografico* Fotoapparat *m*; ～ *a radio* Radioapparat *m*; ～ *registratore* Tonbandgerät *n*; ～ *telefonico* Fernsprechapparat *m*; ～ *telefonico a gettone* Münzfernsprecher *m*; ～ *televisivo* Fernsehgerät *n*; ～ *da caccia* Jagdflugzeug *n*; ～ *da bombardamento* Bomber *m*; ～ *a reazione* Düsenflugzeug *n*.

apparent|amento [ap-parenta-'mento] *m* Verschwägerung *f*; *Pol.* Wahlbündnis *n*; **～arsi** [-'tarsi] (1b) sich verschwägern; *Pol.* sich verbünden.

appar|ente [ap-pa'rɛnte] scheinbar;

~enza [-'rɛntsa] f Schein m; Äußere(s) n; Ansehen n; *salvare le -e* den Schein wahren.

apparigliare [ap-pari'ʎaːre] (1g) zusammenkoppeln; zusammenspannen.

appar|ire [ap-pa'riːre] (4e) erscheinen; **~iscente** [-riʃ-'ʃɛnte] auffallend; **~izione** [-ritsi'oːne] f Erscheinung f.

appartamento [ap-parta'mento] m Wohnung f; ~ *ammobiliato* möblierte Wohnung f.

appart|arsi [ap-par'tarsi] (1a) sich absondern, sich zurückziehen; **~ato** [-'taːto] zurückgezogen; *Ort*: abseits liegend.

appar|tenente [ap-parte'nɛnte] 1. *adj.* zugehörig; 2. m Angehörige(r) m; **~tenenza** [-te'nɛntsa] f Zugehörigkeit f; **~tenere** [-te'neːre] (2q) an-, zugehören.

apparvi [ap-'parvi] s. apparire.

appassimento [ap-pas-si'mento] m Welken n.

appassion|amento [ap-pas-siona-'mento] m Leidenschaftlichkeit f; **~are** [-'naːre] (1a) in Leidenschaft versetzen; **~arsi** [-'narsi] Leidenschaft (*für et. od. j-n*) fassen; sich begeistern; sich grämen (*di* über *acc.*); **~ato** [-'naːto] leidenschaftlich; begeistert; voreingenommen.

appassire [ap-pas-'siːre] (4d) welken, welk werden.

appell|are [ap-pel-'laːre] (1b) benennen; **~arsi** [-'larsi] sich berufen (*a* auf *acc.*); ⚖ appellieren; **~ativo** [-la'tiːvo] 1. *adj.* benennend; 2. m Gattungsname m.

appello [ap-'pɛl-lo] m Aufruf m; ⚖ Berufung f; ~ *nominale* Namensaufruf m; *corte* f *d'*~ Appellationsgericht m; *giudice* m *d'*~ Berufungsrichter m; *fare* ~ *a qu.* sich an j-n wenden; *ricorrere in* ~ Berufung einlegen.

appena [ap-'peːna] 1. *adv.* kaum; 2. *cj.* (*a.* ~ *che*) sobald.

appendere [ap-'pɛndere] (3c) aufhängen; ~ *il ricevitore* den Hörer auflegen.

appen|dice [ap-pen'diːtʃe] f Anhang m; Beilage f; *e-s Vertrages*: Nachtrag m; ✚ Wurmfortsatz m, Blinddarm m; *Zeitung*: Fortsetzungsroman m; *Zeitung: in* ~ unter dem Strich; **~dicite** [-di'tʃiːte] f Blinddarmentzündung f.

appesantire [ap-pesan'tiːre] (4d) beschweren; *fig.* schwerfällig machen.

appesi, appeso [ap-'pɛːsi, -so] s. appendere.

appest|are [ap-pes'taːre] (1b) mit der Pest anstecken; verpesten; **~ato** [-'taːto] m Pestkranke(r) m.

appet|ente [ap-pe'tɛnte] appetitlich; begehrend; **~ibile** [-'tiːbile] begehrenswert; **~ire** [-'tiːre] (4d) 1. *v/t.* begehren; 2. *v/i* schmecken; **~ito** [-'tiːto] m Appetit m; Lust f, Begierde f; *avere* ~ Appetit verspüren; *stuzzicare l'*~ den Appetit reizen; *buon* ~! guten Appetit!; **~itoso** [-ti'toːso] appetitlich.

appetto [ap-'pɛt-to] gegenüber; im Vergleich.

appezz|amento [ap-pet-tsa'mento] m Grundstück n; **~are** [-'tsaːre] (1b) in Stücke zerschneiden (teilen); **~atura** [-tsa'tuːra] f Anstückung f.

appian|amento [ap-piana'mento] m Ebnung f; **~are** [-'naːre] (1a) ebnen; schlichten; **~atoio** [-na-'toːio] m (*pl. -oi*) Straßenwalze f.

appiatt|amento [ap-piat-ta'mento] m Verstecken n; **~are** [-'taːre] (1a) verstecken; **~imento** [-ti'mento] m Nivellierung f; Senkung f der höheren Gehälter; **~ire** [-'tiːre] (4d) platt machen, abplatten.

appicc|are [ap-pik-'kaːre] (1d) aufhängen; *Feuer* anlegen; *mit e-r Krankheit* anstecken; *Streit* beginnen; **~arla a qu.** j-m et. aufbinden; **~aticcio** [-ka'tit-tʃo] (*pl. -cci*) klebrig; ansteckend.

appicc|icare [ap-pit-tʃi'kaːre] (1m u. d) 1. *v/t.* ankleben; *fig.* anschmieren; *Ohrfeige* versetzen; 2. *v/i.* anhaften; **~arsi** [-'karsi] kleben; *Personen*: sich anklammern; **~aticcio** [-ka'tit-tʃo] (*pl. -cci*) 1. *adj.* klebrig; 2. m zusammengekleistertes Zeug n; **~oso** [-'koːso] klebrig; *fig.* aufdringlich, lästig.

appicco [ap-'pik-ko] m (*pl. -cchi*) Vorwand m.

appiè [ap-pi'ɛ] am Fuße.

appiedare [ap-pie'daːre] (1b) 1. *v/t.* absitzen lassen; 2. *v/i.* absitzen.

appieno [ap-pi'ɛːno] völlig, ganz und gar.

appigionare [ap-pidʒo'na:re] (1a) vermieten.

app|igliarsi [ap-pi'ʎarsi] (1g) sich anklammern, sich halten (*a* un *acc.*); ~ *a un consiglio* e-m Rat Folge leisten; **~iglio** [-'piːʎo] *m* (*pl.* -*gli*) Haltepunkt *m*; *fig.* Vorwand *m*; *dare* ~ *a* Anlaß geben zu (*dat.*).

appiombo [ap-pi'ombo] **1.** *adv.* senkrecht; **2.** *m* Gleichgewicht *n*.

appioppare [ap-piop-'pa:re] (1c) anschmieren; *Ohrfeige* versetzen.

appisolarsi [ap-pizo'larsi] (1m) einschlummern.

applaudire [ap-plau'di:re] (4a *od.* d) **1.** *v/i.* Beifall klatschen; **2.** *v/t.* beklatschen; *j-n* Beifall spenden; *j-n* (*et.*) mit Beifall aufnehmen.

applauso [ap-'pla:uzo] *m* Beifall *m*.

applic|abile [ap-pli'ka:bile] anwendbar; **~abilità** [-kabili'ta] *f* Anwendbarkeit *f*; **~are** [-'ka:re] (1l u. d) anlegen; *Vorrichtung* anbringen; *Regeln* anwenden; *Ohrfeigen* versetzen; ~ *la mente* studieren; **~arsi** [-'karsi] sich befleißigen; ~ *a qc.* sich e-r Sache widmen; **~ato** [-'ka:to] *adj.* beflissen; *arte f* -*a* Kunstgewerbe *n*; *scienze f/pl.* -*e* angewandte Wissenschaften *f/pl.*; **~azione** [-katsi'o:ne] *f* Anbringung *f*; Anwendung *f*; *fig.* Fleiß *m*, Beflissenheit *f*; *scuola f* d'~ Fachschule *f*.

applique [a'plik] *f* *inv.* Wandleuchter *m*, Armleuchter *m*.

appo [ap-po] *poet.* bei.

appoderare [ap-pode'ra:re] (1b) in kleine Landgüter aufteilen.

appoggiacapo [ap-pod-dʒa'ka:po] *m* *inv.* Kopfstütze *f*.

appoggi|are [ap-pod-'dʒa:re] (1f u. c) lehnen; anlehnen; *fig.* unterstützen; ~ *la voce su qc.* et. betonen; **~arsi** [-'dʒarsi] sich lehnen; *fig.* ~ *su o a qc.* sich auf et. (*acc.*) stützen; ~ *a qu.* sich auf j-n verlassen; **~atoio** [-dʒa'to:io] *m* (*pl.* -*oi*) Stütze *f*; Rückenlehne *f*; **~atura** [-dʒa'tu:ra] *f* Stützen *n*; ♪ Vorschlag *m*.

appoggio [ap-'pɔd-dʒo] *m* (*pl.* -*ggi*) Stütze *f*; Halt *m*; *fig.* Unterstützung *f*; Protektion *f*.

appollaiarsi [ap-pol-lai'arsi] (1i) sich hocken; *fig.* sich einnisten.

appont|aggio [ap-pon'tad-dʒo] *m* Landung *f* (*auf einem Flugzeug-*

träger); **~are** [-'ta:re] (1a) auf e-m Flugzeugträger landen.

ap|porre [ap-'por-re] (3ll) darunter- (*od.* daneben)setzen; *Siegel* anbringen; ~ *qc. a qu.* j-n e-r Sache beschuldigen; **~porsi** [-'porsi]: *bene* ~ sich nicht täuschen; ~ *al vero* das Richtige treffen.

apport|are [ap-por'ta:re] (1c) bringen; *fig.* verursachen; *s.* portare; **~atore** [-ta'to:re] *m* Überbringer *m*.

apporto [ap-'porto] *m* Beitrag *m*.

appositamente [ap-pozita'mente] eigens.

apposito [ap-'pɔːzito] besonders, eigens dazu bestimmt, dafür vorgesehen.

apposizione [ap-pozitsi'o:ne] *f* Beifügung *f*; Anbringung *f*; *Gram.* Apposition *f*.

apposta [ap-'posta] *adv.* absichtlich; wissentlich; gerade.

appost|amento [ap-posta'mento] *m* Hinterhalt *m*; ⚔ Stellung (Feuerstellung) *f*; Bereitstellung *f*; **~are** [-'ta:re] (1a *od.* c) *j-m* auflauern; **~arsi** [-'tarsi] sich auf die Lauer legen.

apprend|ere [ap-'prendere] (3c) lernen; lehren (j-n et.); *Nachricht* erfahren; **~ersi** [-dersi] *fig.* sich anklammern.

apprend|ista [ap-pren'dista] *su.* (*m/pl.* -*i*) Lehrling *m*; **~istato** [-di'sta:to] *m* Lehrzeit *f*; Lehre *f*.

appren|sione [ap-prensi'o:ne] *f* Besorgnis *f*; **~sivo** [-'si:vo] ängstlich, furchtsam.

appresi, appreso [ap-'pre:si, -so] *s.* apprendere.

appress|amento [ap-pres-sa'mento] *m* Annäherung *f*; **~are** [-'sa:re] (1b) nähern; **~arsi** [-'sarsi] sich nähern; näherrücken.

appresso [ap-'pres-so] **1.** *prp.* neben (*dat. u. acc.*); **2.** *adv.* darauf; *come* ~ wie folgt.

apprest|amento [ap-presta'mento] *m* Vorbereitung *f*; Anlage *f*; **~are** [-'ta:re] (1b) zurechtmachen; vorbereiten; darreichen; **~arsi** [-'tarsi] sich vorbereiten, sich rüsten; **~ato** [-'ta:to] fertig, bereit.

appretto [ap-'pret-to] *m* Appretur *f*.

apprezz|abile [ap-pret-'tsa:bile] schätzbar; abschätzbar; nennenswert; **~amento** [-tsa'mento] *m* Schätzung *f*; *fig.* Achtung *f*, Wertschätzung *f*; ~are [-'tsa:re] (1b) schätzen; *fig.* zu würdigen wissen.

approccio [ap-'prɔt-tʃo] *m* (*pl. -cci*) ✗ Laufgraben *m*; *-i m/pl.* Annäherungsversuche *m/pl.*

appr|odare [ap-pro'da:re] (1c) landen; *fig.* führen (*a* zu *dat.*); *non* ~ *a nulla* zu nichts führen; ~odo [-'prɔːdo] *m* Landen *n*; (*a. luogo m* d'~) Landungsplatz *m*; *ponte n* d'~ Landungsbrücke *f*; *tassa f* d'~ Kaigebühr *f*.

approfitt|are [ap-profit-'ta:re] (1a): ~ *di qc. et.* benützen; *Gelegenheit* wahrnehmen; ~arsi [-'tarsi]: ~ *di qc. et.* ausnützen, Gebrauch machen von.

approfond|imento [ap-profondi-'mento] *m* Vertiefung *f*; *fig.* gründliche Untersuchung *f*; ~ire [-'di:re] (4d) tiefer machen; *fig.* ergründen; ~irsi [-'dirsi]: ~ *in qc.* sich in et. (*acc.*) vertiefen.

approntare [ap-pron'ta:re] (1a) bereithalten.

appropinquarsi [ap-propiŋku'arsi] (1a) *lit.* sich annähern.

appropri|arsi [ap-propri'arsi] (1m *u.* c): ~ *di qc.* sich et. aneignen; ~ato [-'a:to] geeignet; treffend; ~azione [-atsi'o:ne] *f* Aneignung *f*; ~ *indebita* Veruntreuung *f*.

approssim|are [ap-pros-si'ma:re] (1m *u.* c) nähern; ~arsi [-'marsi] sich nähern, näher kommen; ~ativamente [-mativa'mente] schätzungsweise; ~ativo [-ma-'ti:vo] annähernd; ~azione [-matsi'o:ne] *f* Annäherung *f*; *an-nähernde Berechnung f*; *per* ~ annähernd.

approv|abile [ap-pro'va:bile] zu billigen; annehmbar; ~are [-'va:re] (1c) billigen; anerkennen; *Gesetze* annehmen; *Schüler* versetzen; ~azione [-vatsi'o:ne] *f* Billigung *f*; Annahme *f*; Versetzung *f*.

approvvigion|amento [ap-prov-vidʒona'mento] *m* Verproviantierung *f*; Eindeckung *f*; *d'acqua potabile* Trinkwasserversorgung *f*; ~are [-'na:re] (1a) verproviantieren; ~ *di viveri* mit Lebensmitteln versorgen.

appunt|amento [ap-punta'mento] *m* Verabredung *f*; *prendere un* ~ *con qu.* sich mit j-m verabreden; ~are [-'ta:re] (1a) aufschreiben;

mit Nadeln anstecken; *Augen, Kanonen* richten; *Ohren* spitzen; *Bleistift* anspitzen; *Hände, Füße* stemmen; ~ato [-'ta:to] **1.** *adj.* spitz; **2.** *m* ✗ Gefreite(r) *m*; ~atura [-ta-'tu:ra] *f* Anstecken *n*; Richten *n*; Anspitzen *n*; ~ino [-'ti:no] *adv.* aufs genaueste; ~ire [-'ti:re] (4d) spitzen; ~ito [-'ti:to] spitz.

appunto [ap-'punto] **1.** *m* Notiz *f*, Vermerk *m*; Bemerkung *f*; *taccuino m* (*od. blocco m*) *per -i* Notizblock *m*; *fare* ~ *di qc. et.* vorwerfen; *prendere -i* sich Notizen machen; **2.** *adv.* (*a. per l'*~) gerade.

appurare [ap-pu'ra:re] (1a) nachprüfen; ins reine bringen.

appuzz|amento [ap-put-tsa'mento] *m* Verstänkern *n*; ~are [-'tsa:re] (1a) verstänkern; verpesten.

aprico [a'pri:ko] (*pl. -chi*) *lit.* der Sonne ausgesetzt.

aprile [a'pri:le] *m* April *m*; *pesce m* d'~ Aprilscherz *m*.

apr|ire [a'pri:re] (4f) öffnen; *Bücher* aufschlagen; *Theater, Kredit* eröffnen; *Schirm* aufspannen; *Apparat* anstellen; *Schalter* andrehen; *Licht* anknipsen, anmachen; ~ *l'animo a qu.* j-m sein Herz ausschütten; ~irsi [-'prirsi] sich öffnen; *Tür:* aufspringen; *Blumen:* aufbrechen; ~ *con qu.* sich j-m anvertrauen; ~ *il passo* sich e-n Weg bahnen; ~iscatole [-'ska:tole] *m inv.* Büchsenöffner *m*; ~itura [-i'tu:ra] *f* Öffnung *f*; Spalt *m*.

aquario [aku'a:rjo] *m* (*pl. -ri*) Aquarium *n*; *Astr.* Wassermann *m*.

aquatico [aku'a:tiko] *usw. s.* acquatico *usw.*

aquila [a:kuila] *f* Adler *m*.

aquil|ino [akui'li:no] adlerartig; *naso m* ~ Adlernase *f*; ~one [-'lo:ne] *m* Nord(en) *m*; Nordwind *m*; *Spiel:* Papierdrache *m*.

ara[1] [a:ra] *f lit.* Altar *m*.

ara[2] [a:ra] *f* Ar *n*.

arab|escare [arabes'ka:re] (1d) mit Arabesken zieren; ~esco [-'besko] *m* (*pl. -chi*) Arabeske *f*.

arabico [a'ra:biko] (*pl. -ci*) arabisch.

arabo [a'rabo] **1.** *adj.* arabisch; **2.** *m* Araber *m*; Arabisch(e) *n*.

arac [a:rak] *m* Arrak *m*.

arachide [a'ra:kide] *f* Erdnuß *f*.

aragosta [ara'gosta] *f* Hummer *m*.

aral|dica [a'raldika] *f* Wappen-

kunde *f*; **~dico** [-ko] (*pl.* -ci) **1.** *adj.* heraldisch; **2.** *m* Heraldiker *m*; **~do** [-do] *m* Herold *m*.

aralia [a'ra:lia] *f* Aralie *f*.

aranceto [aran'tʃe:to] *m* Orangengarten *m*.

aran|cia [a'rantʃa] *f* (*pl.* -ce) Orange *f*, Apfelsine *f*; **~ciaio** [-'tʃa:io] *m* (*pl.* -ai) Orangenhändler *m*; **~ciata** [-'tʃa:ta] *f* Orangeade *f*; Orangenlimonade *f*; **~ciato** [-'tʃa:to] orangenfarbig; **~ciera** [-'tʃe:ra] *f* Treibhaus *n* für Apfelsinen.

aran|cio [a'rantʃo] **1.** *m* (*pl.* -ci) Apfelsinenbaum *m*; Apfelsine *f*; **2.** *adj. inv.* = **~cione** [-'tʃo:ne] orangengelb.

ar|are [a'ra:re] (1a) pflügen; **~ativo** [ara'ti:vo] pflügbar, bestellbar; *terreno m* ~ Ackerland *n*; **~atore** [ara'to:re] *m* Pflüger *m*; **~atrice** [ara'tri:tʃe] *f* Motorpflug *m*.

arat|ro [a'ra:tro] *m* Pflug *m*; **~ura** [ara'tu:ra] *f* Pflügen *n*.

araucaria [arau'ka:ria] *f* Zimmertanne *f*.

arazzeria [arat-tse'ri:a] *f* Gobelinfabrik *f*; Gobelinsammlung *f*.

arazzo [a'rat-tso] Gobelin *m*.

arbitr|aggio [arbi'trad-dʒo] *m* (*pl.* -ggi) Schiedsspruch *m*; **~ale** [-'tra:le] schiedsrichterlich; *tribunale m* ~ Schiedsgericht *n*; **~are** [-'tra:re] (1l) entscheiden, schlichten; *Sport*: als Schiedsrichter leiten; **~arsi** [-'trarsi] sich herausnehmen; ~ *di fare qc.* sich anmaßen et. zu tun; **~ario** [-'tra:rio] (*pl.* -ri) willkürlich; **~ato** [-'tra:to] *m* Schiedsspruch *m*; Schiedsgerichtsverfahren *n*; Amt *n* e-s Schiedsrichters.

arbitrio [ar'bi:trio] *m* (*pl.* -ri) Willkür *f*; *libero* ~ freier Wille *m*; Eigenmächtigkeit *f*; *ad* ~ nach Belieben.

arbitro [arbitro] *m* Schiedsrichter *m*; *Boxsport*: Ringrichter *m*; Herr *m*, Gebieter *m* (*di qc.* über *acc.*).

arboreo [ar'bɔ:reo] baumartig, Baum...

arboresc|ente [arboreʃ'ʃente] baumartig; **~enza** [-'ʃentsa] *f* baumartiger Wuchs *m*.

arboscello [arboʃ'ʃel-lo] *m* Bäumchen *n*.

arbusto [ar'busto] *m* Strauch *m*.

arca [arka] *f* (*pl.* -che) Arche *f*; Lade *f*; *un'~ di scienza* ein Ausbund der Gelehrsamkeit.

arcade [arkade] *m* Arkadier *m*.

arcaico [ar'ka:iko] (*pl.* -ci) archaisch, altertümlich.

arcaismo [arka'izmo] *m* veraltetes Wort *n*.

arcangelo [ar'kandʒelo] *m* Erzengel *m*.

arcano [ar'ka:no] **1.** *adj.* geheimnisvoll; **2.** *m* Geheimnis *n*.

arcata [ar'ka:ta] *f* Arkade *f*; ♪ Bogenstrich *m*.

arcavol|a [ar'ka:vola] *f* Ururgroßmutter *f*; **~o** [-lo] *m* Ururgroßvater *m*.

archeggiare [arked-'dʒa:re] (1f) mit dem Bogen über die Saiten gleiten.

archeggio [ar'ked-dʒo] *m* (*pl.* -ggi) Bogenstrich *m*.

arche|ologia [arkeolo'dʒi:a] *f* Altertumskunde *f*; **~ologico** [-o'lɔ:dʒiko] (*pl.* -ci) archäologisch; **~ologo** [-ɔ:logo] *m* (*pl.* -gi) Altertumsforscher *m*, Archäologe *m*.

archetipo [ar'ke:tipo] *m* Grundtypus *m*.

archetto [ar'ket-to] *m* kleiner Bogen *m*; ♪ Geigenbogen *m*; ~ *da traforo* Laubsäge *f*.

archibu|giata [arkibu'dʒa:ta] *f* Büchsenschuß *m*; **~ugio** [-'bu:dʒo] *m* (*pl.* -gi) Büchse *f*.

archi|diocesi [arkidi'ɔtʃezi] *f* Erzbistum *n*; **~ginnasio** [-dʒin-'na:zio] *m* ehm. Universität *f*; **~mandrita** [-man'dri:ta] *m* (*pl.* -i) Archimandrit *m*; **~pendolo** [-'pendolo] *m* Mauerwaage *f*.

archi|tettare [arkitet-'ta:re] (1a) entwerfen; *fig.* schmieden; **~tetto** [-'tet-to] *m* Architekt *m*, Baumeister *m*; ~ *scenografico* Bühnenarchitekt *m*; **~tettonico** [-tet-'tɔ:niko] (*pl.* -ci) architektonisch; **~tettura** [-tet-'tu:ra] *f* Baukunst *f*.

architrave [arki'tra:ve] *f* Tragbalken *m*.

archiviare [arkivi'a:re] (1k) zu den Akten legen; archivieren, ablegen; *fig.* als erledigt betrachten, ad acta legen.

archiv|io [ar'ki:vio] *m* (*pl.* -vi) Archiv *n*; ~ *di Stato* Staatsarchiv *n*; **~ista** [-ki'vista] *su.* (*m/pl.* -i) Archivar(in *f*) *m*.

arci... [artʃi...] *mst*: Erz...; außerordentlich...; **~beato** [-be'a:to] überselig; **~bello** [-'bel-lo] außer-

ordentlich schön; **~briccone** [-brik-
'ko:ne] m Erzschuft m; **~contento**
[-kon'tɛnto] äußerst zufrieden;
~duca [-'du:ka] m (pl. -chi) Erz-
herzog m; **~ducale** [-du'ka:le] erz-
herzoglich; **~ducato** [-du'ka:to] m
Erzherzogtum n; **~duchessa** [-du-
'kes-sa] f Erzherzogin f.

arciere [ar'tʃɛ:re] m Bogenschütze
m.

arcigno [ar'tʃiɲo] rauh; fig. finster.

arcione [ar'tʃo:ne] m Sattelbaum m.

arci|pelago [artʃi'pɛ:lago] m (pl.
-ghi) Archipel m; **~prete** [-'prɛ:te]
m Erzpriester m; Stadtpfarrer m;
~vescovado [-vesko'va:do] m erz-
bischöflicher Palast m; Erzbistum
n; **~vescovile** [-vesko'vi:le] erz-
bischöflich; **~vescovo** [-'vɛskovo]
m Erzbischof m.

arco [arko] m (pl. -chi) Bogen m;
~ tondo Rundbogen m; ~ a sesto
acuto Spitzbogen m; concerto m per
-chi Streichkonzert n; orchestra f
d'archi Streichorchester n; strumento m ad ~ Streichinstrument n;
~ elettrico Lichtbogen m; ~ musicale tönender Lichtbogen m; **~-
baleno** [-ba'le:no] m Regenbogen
m; **~laio** [-'la:io] m (pl. -ai) Garnwinde f.

arcu|are [arku'a:re] (1l) biegen;
~ato [-'a:to] krumm; gebogen.

arcuccio [ar'kut-tʃo] m (pl. -cci)
kleiner Bogen m; Bügel m.

ard|ente [ar'dɛnte] brennend; glü-
hend; feurig; cappella f ~ Trauerkapelle f; **~entemente** [-dɛnte-
'mɛnte] adv. heiß; lebhaft.

ardere [ardere] (3uu) 1. v/t. bren-
nen; verbrennen; 2. v/i brennen;
Krieg: entbrennen; legna f da ~
Brennholz n.

ardesia [ar'dɛ:sia] f Schiefer m.

ard|imento [ardi'mento] m Kühn-
heit f; **~imentoso** [-men'to:so]
kühn; **~ire** [-'di:re] (4d) 1. v/i.
wagen; 2. m Kühnheit f; c.s.
Dreistigkeit f; **~itezza** [-'tet-tsa] f
Kühnheit f; c.s. Dreistigkeit f; **~ito**
[-'di:to] 1. adj. kühn; c.s. dreist;
farsi ~ sich erkühnen; 2. m ⚔ Soldat
m der Sturmtruppe.

ardore [ar'do:re] m Glut f.

arduità [ardui'ta] f Steilheit f;
Schwierigkeit f.

arduo [arduo] steil; schwierig.

area [a:rea] f Flächeninhalt m; ~

fabbricabile Bauplatz m; Sport: ~
della porta Torraum m; Sport: ~ di
rigore Strafraum m.

arena [a're:na] f Sand m; Thea.
Arena f, Amphitheater n; Kampfplatz m.

aren|aceo [are'na:tʃeo] sandig; **~ar-
si** [-'narsi] (1a) stranden; fig. versanden; **~ario** [-'na:rio] (pl. -ri)
sandig; pietra f -a Sandstein m;
~ella [-'nɛl-la] f feiner Sand m; **~ile**
[-'ni:le] m sandiger Küstenstreifen
m; **~osità** [-nosi'ta] f Sandigkeit f;
~oso [-'no:so] sandig.

areo... usw. s. aero... usw.

aretino [are'ti:no] aus Arezzo.

arganello [arga'nɛl-lo] m Winde f.

argano [argano] m Winde (Hebewinde) f; fig. tirare qc. cogli -i et.
an den Haaren herbeiziehen.

argent|ana [ardʒen'ta:na] f Neu-
silber n; **~are** [-'ta:re] (1b) ver-
silbern; **~atore** [-ta'to:re] m Ver-
silberer m; **~atura** [-ta'tu:ra] f
Versilberung f.

argenteo [ar'dʒɛnteo] silbern.

argent|eria [ardʒente'ri:a] f Silber-
zeug n; **~iera** [-ti'ɛ:ra] f Silber-
grube f; **~iere** [-ti'ɛ:re] m Silber-
arbeiter m; Silberwarenhändler m;
~ifero [-'ti:fero] silberhaltig.

argentino¹ [ardʒen'ti:no] 1. adj.
argentinisch; 2. m Argentinier m.

argentino² [ardʒen'ti:no] silber-
artig; voce f -a silberhelle Stimme f.

argento [ar'dʒento] m Silber n; ~
appannato Mattsilber n; ~ vivo
Quecksilber n; la parola è d'~, il
silenzio è d'oro Reden ist Silber,
Schweigen ist Gold; -i pl. Silber-
sachen f/pl.

argentone [ardʒen'to:ne] m Neu-
silber n.

arg|illa [ar'dʒil-la] f Ton m; piccione
m d'~ Schießsport: Wurftaube f;
~illaceo [-dʒil-'la:tʃeo] tonartig;
~illoso [-dʒil-'lo:so] tonhaltig.

argin|amento [ardʒina'mento] m
Eindeichung f; **~are** [-'na:re] (1l)
eindämmen; **~atura** [-na'tu:ra] f
Eindämmung f.

argine [ardʒine] m Damm m; Staudamm m.

argoment|are [argomen'ta:re] (1a)
schließen, folgern; untermauern;
~azione [-tatsi'o:ne] f Schlußfolgerung f.

argomento [argo'mento] m Argument *n*; Beweisgrund *m*; Veranlassung *f*; ⍟ Inhalt *m*; Stoff *m*, Thema *n*.

arguire [argu'i:re] (4d) folgern.

arg|utezza [argu'tet-tsa] *f* Scharfsinn *m*; Witz *m*; **~uto** [-'gu:to] scharfsinnig; witzig; **~uzia** [-'gu:tsia] *f* Scharfsinn *m*; Witz *m*.

aria [a:ria] *f* **1.** Luft *f*; ~ *compressa* Druckluft *f*; ~ *condizionata* Klimaanlage *f*; ~ *di montagna* Höhenluft *f*; *per* ~ in der Luft; *dare* ~ *a* lüften; *all'*~ *aperta* ins (im) Freie(n); *corrente f d'*~ Luftzug *m*; *colpo m d'*~ Erkältung *f* durch Luftzug; ~ *cattiva* dicke Luft *f* (*im Raum*); ~ *pesante* dicke Luft *f* (*im Freien*); *dominio m dell'*~ Luftherrschaft *f*; *male m d'*~ Luftkrankheit *f*; *andare all'*~ *od. per* ~ zu Wasser werden; *campar d'*~ von Licht und Luft leben; *Plan*: mandare per ~ umstoßen; **2.** Miene *f*; *aver l'*~ aussehen; *darsi l'*~ sich den Anschein geben; *darsi delle* -e wichtig tun, sich et. einbilden; **3.** ♪ Arie *f*.

Arianna [ari'an-na] *f*: *filo m d'*~ Leitfaden *m*.

ariano [ari'a:no] **1.** *adj.* arisch; **2.** *m* Arier *m*.

aridezza [ari'det-tsa] *f*, **aridità** [-di'ta] *f* Dürre *f*; *fig.* Gefühllosigkeit *f*; Leere *f*.

arido [a:rido] dürr; *fig.* trocken.

arieggiare [aried-'dʒa:re] (1f) *Zimmer* lüften.

ariete [ari'e:te] *m* Widder *m*; *ehm.* ⚔ Sturmbock *m*.

aringa [a'riŋga] *f* (*pl.* -ghe) Hering *m*; ~ *arrosta* Brathering *m*.

arioso [ari'o:so] **1.** *adj.* luftig; **2.** *m* ♪ Arioso *n*.

arista [a:rista] *f* *Kochk.* Schweinsrücken *m*; ♣ Granne *f*.

aristocr|atico [aristo'kra:tiko] (*pl.* -ci) **1.** *adj.* aristokratisch; **2.** *m* Aristokrat *m*; **~azia** [-kra'tsi:a] *f* Aristokratie *f*.

aritm|etica [arit'mɛ:tika] *f* Rechenkunst *f*; **~etico** [-ko] (*pl.* -ci) **1.** *adj.* arithmetisch; rechnerisch; **2.** *m* Arithmetiker *m*.

arlec|chinata [arlek-ki'na:ta] *f* Hanswurstiade *f*, Possen *f/pl.*; **~chinesco** [-ki'nesko] (*pl.* -chi) hanswurstmäßig; ♀chino [-'ki:no] *m* Harlekin *m*, Hanswurst *m*.

arma [arma] *f* (*pl.* -i) Waffe *f*;

Truppengattung *f*; ~ *da fuoco* Schußwaffe *f*; ~ *aeronautica* Luftwaffe *f*; ~ *azzurra* italienische Luftwaffe *f*; -i *convenzionali* konventionelle Waffen; -i *nucleari* Kernwaffen *f/pl.*; *compagno m d'*-i Waffengefährte *m*; *fatto m d'*-i Gefecht *n*; *porto m d'*-i Waffenschein *m*; *essere alle prime* -i Anfänger sein; *andare sotto le* -i eingezogen werden; *chiamare sotto le* -i einziehen; *abbassare le* -i die Waffen strecken; *passare per le* -i standrechtlich erschießen; *presentare le* -i das Gewehr präsentieren; *venire alle* -i zu kämpfen beginnen; *all'*-i! zu den Waffen!

armacollo [arma'kɔl-lo]: *ad* ~ umgehängt.   [tier *m*.

armadillo [arma'dil-lo] *m* Gürtel-⎰

armadio [ar'ma:dio] *m* (*pl.* -di) Schrank *m*; ~ *per gli atti* Aktenschrank *m*; ~ *a chiusura avvolgibile* Rollschrank *m*; ~ *a muro* Wandschrank *m*; ~ *per vestiti* Kleiderschrank *m*.

armaiolo [armai'ɔ:lo] *m* Waffenschmied *m*; Waffenhändler *m*.

armamentario [armamen'ta:rio] *m* (*pl.* -ri) *mst scherzh.* Rüstzeug *n*, Instrumente *n/pl.*

arm|amento [arma'mento] *m* Bewaffnung *f*; Ausrüstung *f*; Rüstung *f*; -i *pl. navali* Seeausrüstung *f*; *industria f degli* -i Rüstungsindustrie *f*; **~are** [-'ma:re] (1a) **1.** *v/t.* bewaffnen; ⚠ mit Gerüsten versehen; *Schiff* ausrüsten; **2.** *v/i. u.* **~arsi** [-'marsi] rüsten; **~ata** [-'ma:ta] *f allg.* Armee *f*; (~ *di mare*) Flotte *f*; (~ *di terra* Land-) Heer *n*; *generale m d'*~ kommandierender General *m*; *corpo m d'*~ Armeekorps *n*; **~ato** [-'ma:to] bewaffnet; **~atore** [-ma'to:re] *m* Reeder *m*; **~atura** [-ma'tu:ra] *f* Rüstung *f*; ⍟ Gerüst *n*; ⊕ Webart *f*.

arme [arme] *f* Waffe *f*; ⍰ Wappen *n*.

armeggi|amento [armed-dʒa'mento] *m* Herumwirtschaften *n*; **~are** [-'dʒa:re] (1f) die Waffen führen; *fig.* herumwirtschaften.

armeggio [armed-'dʒi:o] *m* Geschäftigkeit *f*; Wühlarbeit *f*.

armeggione [armed-'dʒo:ne] *m* Geschäftigtuer *m*; Streber *m*.

armellino [armel-'li:no] *m Zool.*
Hermelin *m*; ♀ Aprikose *f.*

armeno [ar'mɛ:no] **1.** *adj.* armenisch; **2.** *m* Armenier *m.*

armento [ar'mento] *m* Herde *f.*

armeria [arme'ri:a] *f* Zeughaus *n.*

armigero [ar'mi:dʒero] waffentragend.

armilla [ar'mil-la] *f* Armschmuck *m.*

armistizio [armis'ti:tsio] *m* (*pl.* -zi)
Waffenstillstand *m.*

armo [armo] *m* Mannschaft *f* e-s
Bootes.

arm|onia [armo'ni:a] *f* Harmonie *f*;
Zusammenklang *m*; Wohllaut *m*;
~ *imitativa lit.* Tonmalerei *f*;
~onica [-'mɔ:nika] *f* (*pl.* -che) Harmonika *f*; ~ *da bocca* Mundharmonika *f*; **~onico** [-ko] (*pl.* -ci)
harmonisch; **~onio** [-'mɔ:nio] *m*
(*pl.* -ni) Harmonium *n*; **~onioso**
[-moni'o:so] wohlklingend; **~onizzare** [-monid'dza:re] (1a) **1.** *v/t.*
in Einklang bringen; **2.** *v/i.* harmonieren; übereinstimmen.

armoraccio [armo'rat-tʃo] *m* (*pl.*
-cci) Meerrettich *m.*

arnese [ar'ne:se] *m* Werkzeug *n*;
fig. Kerl *m*; *Kleidung:* in buon
(*cattivo*) ~ in gutem (schlechtem)
Aufzug; -i *pl.* Handwerkszeug *n.*

arnia [arnia] *f* Bienenstock *m.*

arnione [arni'o:ne] *m* Niere *f.*

aroma [a'rɔ:ma] *m* (*pl.* -i) Aroma *n*;
Duft *m*; Blume *f des Weines.*

arom|aticità [aromatitʃi'ta] *f*
Würze *f*; **~atico** [-'ma:tiko] (*pl.*
-ci) aromatisch, wohlriechend; (ge-)
würzig; **~atizzare** [-matid'dza:re]
(1a) würzen.

arpa [arpa] *f* Harfe *f.*

arpagone [arpa'go:ne] *m* Enterhaken *m*; *fig.* Geizhals *m.*

arpeggiare [arped-'dʒa:re] (1f)
arpeggieren.

arpeggio [ar'ped-dʒo] *m* (*pl.* -ggi)
Arpeggio *n.*

arpese [ar'pe:se] *m* Klammer *f.*

arpia [ar'pi:a] *f* Harpyie *f*; *fig.*
Hexe *f.*

arpione [arpi'o:ne] *m* Haken *m*;
Harpune *f*; Türangel *f.*

arpista [ar'pista] *su.* (*m/pl.* -i)
Harfenspieler(in *f*) *m.*

arra [ar-ra] *f* Handgeld *n*; *fig.*
Bürgschaft *f.*

arrabattarsi [ar-rabat-'tarsi] (1a)
sich abhetzen; sich abmühen.

arrab|biamento [ar-rab-bia'mento] *m* Tollwerden *n*; Tollwut *f*;
Zornigwerden *n*; Zorn *m*; **~biare**
[-bi'a:re] (1k) toll werden; **~biarsi**
[-bi'arsi] zornig werden; **~biato**
[-bi'a:to] wütend; grimmig; toll
(*Hund*); **~biatura** [-bia'tu:ra] *f* Wut
f; Verärgerung *f*; prendersi un'~
sich ärgern. [entreißen.]

arraffare [ar-raf-'fa:re] (1a) raffen,

arrampic|arsi [ar-rampi'karsi] (1m
u. d) klettern; kraxeln; *Gewächse:*
emporranken; ~ *sui vetri* zu allen
möglichen Ausflüchten greifen;
~ata [-'ka:ta] *f* Besteigung *f*, Aufstieg *m*; Kletterpartie *f*; **~atore**
[-ka'to:re] *m* Kletterer *m*; ~ *sociale*
(gesellschaftlicher) Streber *m.*

arrancare [ar-raŋ'ka:re] (1d) hastig
davonhinken; ⚓ eilig rudern.

arrangi|amento [ar-randʒa'mento] *m* Abkommen *n*, Übereinkommen *n*; ♪ Arrangement *n*; **~are**
[-'dʒa:re] (1f) in Ordnung bringen;
♪ bearbeiten; *iron.* ~ *qu.* j-n übel
zurichten; **~arsi** [-'dʒarsi] sich einrichten; sich zu helfen wissen; auskommen; ~ *con qu.* sich mit j-m
verständigen; **~atore** [-dʒa'to:re] *m*
♪ Bearbeiter *m*, Arrangeur *m.*

arrecare [ar-re'ka:re] (1b *u.* d)
bringen; *fig.* verursachen.

arred|amento [ar-reda'mento] *m*
Einrichtung *f*; **~are** [-'da:re] (1b)
ausstatten, einrichten; **~atore** [-da-
'to:re] *m* Innenarchitekt *m.*

arredo [ar-'re:do] *m* Gerät *n*;
Hausrat *m*; Möbel *n/pl.*; -i *pl.*
Geräte *n/pl.*; Kleider *n/pl.*

arremb|aggio [ar-rem'bad-dʒo] *m*
Entern *n*; andare all'~ di qc. sich
auf et. stürzen; **~are** [-'ba:re] (1b)
entern.

arren|amento [ar-rena'mento] *m*
Stranden *n*; *fig.* Scheitern *n*; **~are**
[-'na:re] (1a) stranden; *fig.* scheitern.

arrend|ersi [ar-'rɛndersi] (3c) sich
ergeben; *fig.* nachgeben; **~evole**
[-ren'de:vole] nachgiebig; **~evolezza** [-rendevo'let-tsa] *f* Nachgiebigkeit *f.*

arrest|are [ar-res'ta:re] (1b) anhalten; ⚞ verhaften; abstoppen;
Bewegung hemmen; *Blut* stillen;
~arsi [-'tarsi] innehalten; stehenbleiben; *fig.* stocken; **~ato** [-'ta:to]
m Verhaftete(r) *m.*

arresto [ar-'rɛsto] *m* Anhaltung *f*; Ergreifung *f*; Hemmung *f*; Gefangennahme *f*; ⚐ Verhaftung *f*; Haft *f*; ✕ Arrest *m*; ～ dei pagamenti Zahlungseinstellung *f*.

arretr|arsi [ar-re'trarsi] (1b) zurückweichen; **～ato** [-'tra:to] **1.** *adj.* rückständig; veraltet; **2.** *-i m/pl.* Rückstände *m/pl.*

arri [ar-ri] *od.* ～*là!* hott!

arricch|imento [ar-rik-ki'mento] *m* Bereicherung *f*; **～ire** [-'ki:re] (4d) bereichern; **～ito** [-'ki:to] *m* Neureiche(r) *m*.

arricci|amento [ar-rit-tʃa'mento] *m* Kräuseln *n*; Rümpfen *n*; **～are** [-'tʃa:re] (1f) *Haare* locken; aufwickeln; brennen; *Schnurrbart* drehen; *Mauer* mit Mörtel bewerfen; *Nase* rümpfen; *Fell* sträuben; **～arsi** [-'tʃarsi] lockig werden; **～atura** [-tʃa'tu:ra] *f* Locken *n*; Kräuseln *n*.

arricciolare [ar-rit-tʃo'la:re] (1m) locken.

arridere [ar-'ri:dere] (3b) zulächeln.

arr|inga [ar-'ringa] *f* (*pl. -ghe*) Ansprache *f*, Rede *f*; **～ingare** [-rin-'ga:re] (1e): ～ *qu.* an j-n e-e Ansprache halten.

arrischi|are [ar-riski'a:re] (1g) wagen; riskieren; *Leben* aufs Spiel setzen; **～ato** [-ki'a:to] gewagt; waghalsig.

arrisi, arriso [ar-'ri:si, -so] *s.* arridere.

arriv|abile [ar-ri'va:bile] erreichbar; **～are** [-'va:re] (1a) **1.** *v/t.* erreichen; **2.** *v/i.* ankommen; angefahren kommen; anlangen; reichen; gelingen; ～ *a* erleben; arriva al ginocchio es reicht bis zum Knie; ～ *a fare qc.* dazukommen, et. zu tun; ～ *a un'età* ein Alter erreichen; ～ *a un giorno* e-n Tag erleben; se ci arrivo ... wenn es mir gelingt ...; non ci arrivo ich bringe es nicht fertig; ich komme nicht dahinter; a che punto è arrivato col Suo lavoro? wie weit sind Sie mit Ihrer Arbeit?; **～ato** [-'va:to] *m* Arrivierte(r) *m*, Emporkömmling *m*; ～ politico Borsenstreber.

arrivederci [ar-rive'dertʃi], *höflicher*: **arrivederla** [-la] auf Wiedersehen.

arriv|ismo [ar-ri'vizmo] *m* Strebertum *n*; **～ista** [-'vista] *su.* (*m/pl. -i*)

Streber(in *f*) *m*; **～istico** [-'vistiko] (*pl. -ci*) streberhaft.

arrivo [ar-'ri:vo] *m* Ankunft *f*; *Sport*: (*a. punto m d'～*) Ziel *n*; giudice *m* d'～ Zielrichter *m*; traguardo *m* d'～ Endspurt *m*; lettere *f/pl. in* ～ einlaufende Briefe *m/pl.*; -i *pl.* einlaufende Züge *m/pl.*

arrocc|amento [ar-rok-ka'mento] *m* ✕ Schanze *f*; linea *f* di ～ Verbindungslinie *f* hinter der Front; **～are** [-'ka:re] (1c *u.* d) *Schach*: rochieren.

arrochire [ar-ro'ki:re] (4d) **1.** *v/t.* heiser machen; **2.** *v/i.* heiser werden.

arrog|ante [ar-ro'gante] anmaßend; überheblich; **～anza** [-'gantsa] *f* Anmaßung *f*; **～are** [-'ga:re] (1c *u.* g) adoptieren; **～arsi** [-'garsi] sich anmaßen; **～azione** [-gatsi'o:ne] *f* Adoption *f*.

arrolamento [ar-rola'mento] *m* usw. s. arruolamento usw.

arross|amento [ar-ros-sa'mento] *m* Erröten *n*; Rötung *f*; **～are** [-'sa:re] (1a) **1.** *v/t.* rot machen; **2.** *v/i.* erröten; **～imento** [-si'mento] *m* Erröten *n*; **～ire** [-'si:re] (4d) erröten.

arr|ostimento [ar-rosti'mento] *m* Rösten *n*; Braten *n*; **～ostire** [-ros-sa'mento] (4d) rösten; *Fleisch* braten; **～ostito** [-'ti:to] geröstet; **～osto** [ar-'rosto] **1.** *adj. inv.* geröstet; gebraten; **2.** *m* Braten *m*; ～ d'agnello Lammbraten *m*; ～ d'anitra Entenbraten *m*; molto fumo e poco ～ viel Lärm um nichts.

arrot|abile [ar-ro'ta:bile] schleifbar; **～amento** [-ta'mento] *m* Schleifen *n*; Rädern *n*; **～are** [-'ta:re] (1c *od.* o) schleifen; überfahren (*Wagen*); **～atrice** [-ta'tri:tʃe] *f* Schleifmaschine *f*; **～atura** [-ta'tu:ra] *f* Schleifen *n*; Rädern *n*; **～ino** [-'ti:no] *m* Schleifer *m*.

arrotolare [ar-roto'la:re] (1m *u.* c) zusammenrollen.

arrotondare [ar-roton'da:re] (1a) abrunden.

arrovellarsi [ar-rovel-'larsi] (1b) sich ärgern (*con* über *acc.*); sich abplagen (*con* mit *dat.*).

arrovent|are [ar-roven'ta:re] (1b) glühend machen; **～ato** [-'ta:to] glühend; **～atura** [-ta'tu:ra] *f* Durchglühen *n*.

arruff|amatasse [ar-ruf-fama'tas-se] *m inv.* Störenfried *m*; Schwindler *m*; **~apopoli** [-'pɔ:poli] *m inv.* Volksaufwiegler *m*; Hetzredner *m*; **~are** [-'fa:re] (1a) verwirren; *Kopfhaare* zersausen; *Fell* sträuben; **~arsi** [-'farsi] sich raufen; **~ato** [-'fa:to] wirr; zerzaust; liederlich.

arruffianare [ar-ruf-fia'na:re] (1a) kuppeln.

arruf|fio [ar-ruf-'fi:o] *m* Verwirrung *f*; **~fone** [-'fo:ne] *m* Zänker *m*; Raufbold *m*; Schwindler *m*.

arruggin|ire [ar-rud-dʒi'ni:re] (4d) **1.** *v/t.* rostig machen; **2.** *v/i. u.* **~irsi** [-'nirsi] rosten; *fig.* einrosten.

arruol|amento [ar-ruola'mento] *m* Anwerbung *f*; **~are** [-'la:re] (1o) anwerben; ~ einziehen, einberufen; **~arsi** [-'larsi] sich anwerben lassen.

arruvidire [ar-ruvi'di:re] (4d) **1.** *v/t.* rauh machen; **2.** *v/i.* rauh werden.

arsella [ar'sɛl-la] *f* Muschel *f*.

arsen|ale [arse'na:le] *m* Arsenal *n*; Zeughaus *n*; *fig.* Rumpelkammer *f*; **~alotto** [-na'lɔt-to] *m* Arsenalarbeiter *m*.

arsenic|ale [arseni'ka:le] arsenikartig; **~ato** [-'ka:to] arsenikhaltig.

arsenico [ar-'sɛ:niko] *m* (*pl.* -ci) Arsenik *n*.

arsi¹ [arsi] *f* ♩ Hebung *f*; *Gram.* Betonung *f*.

arsi² [arsi] *s. ardere.*

arsiccio [ar'sit-tʃo] (*pl.* -cci) versengt, trocken.

arsione [arsi'o:ne] *f* Glut *f*; Brand *m*; Trockenheit *f*.

arso [arso] *s. ardere.*

arsura [ar'su:ra] *f* Glut *f*, Brand *m*; Durst *m*.

arte [arte] *f* Kunst *f*; ⊕ Handwerk *n*; *ehm.* Zunft *f*, Innung *f*; ~ *del legatore* Buchbinderhandwerk *n*; *le belle* -i die bildenden Künste *f/pl.*; ~ *decorativa interna* Raumkunst *f*; -i *grafiche* graphische Künste *f/pl.*; *storia f dell'*~ Kunstgeschichte *f*; *ad* ~ mit List; absichtlich; *con* ~ kunstvoll, kunstreich.

artefatto [arte'fat-to] künstlich, gekünstelt; *Wein:* gefälscht.

artefice [ar'tɛ:fitʃe] *m* Handwerker *m*, Künstler *m*; *fig.* Urheber *m*.

artemisia [arte'mi:zia] *f* Beifuß *m*.

arteria [ar'tɛ:ria] *f* Schlagader *f*; *fig.* Verkehrsader *f*.

arteriosclero|si [arterioskle'rɔ:zi] *f* Arterienverkalkung *f*; **~tico** [-tiko] (*pl.* -ci) *Path.* verkalkt.

arterioso [arteri'o:so] Arterien...; *sistema m* ~ Arteriensystem *n*.

artesiano [artezi'a:no] artesisch.

artico [artiko] (*pl.* -ci) arktisch; *polo m* ~ Nordpol *m*.

articol|are [artiko'la:re] **1.** *adj.* die Gelenke betreffend; Gelenk...; *dolore m* ~ Gelenkschmerz *m*; **2.** *v/t.* (1m) deutlich aussprechen; *Anat.* die Glieder bewegen; **~ato** [-'la:to] **1.** *adj.* artikuliert; *Anat.* gegliedert; *Gram.* mit dem Artikel verschmolzen; **2.** *m* Gliedertier *n*; **~azione** [-latsi'o:ne] *f* Artikulation *f*; Gliederung *f*; *Anat.* Gelenk *n*; ~ *del polso* Handgelenk *n*; **~ista** [-'lista] *su.* (*m/pl.* -i) Artikelschreiber(in *f*) *m*.

articolo [ar'ti:kolo] *m* Artikel *m*; Absatz *m*, Abschnitt *m*; † Ware *f*, Gegenstand *m*; §§ Paragraph *m*; *Gram.* Geschlechtswort *n*; *Anat.* Gelenk *n*; ~ *di fondo* Leitartikel *m*; ~ *di marca* Markenartikel *m*; ~ *di prima necessità* Bedarfsartikel *m*; -*i pl. di lana* Wollwaren *f/pl.*, Wollzeug *n*; -*i di moda* Modeartikel *m/pl.*; *tenere un* ~ e-n Artikel führen.

artiere [arti'ɛ:re] *m* Handwerker *m*; ✕ Pionier *m*.

artif|iciale [artifi'tʃa:le] künstlich; unecht; *fuochi m/pl.* -*i* Feuerwerk *n*; *seta f* ~ Kunstseide *f*; **~iciere** [-fi'tʃe:re] *m* Pyrotechniker *m*; ✕ Munitionstechniker *m*, Feuerwerker *m*; **~icio** [-'fi:tʃo] *m* (*pl.* -ci) Kunstgriff *m*, Trick *m*; *fuochi m/pl.* d'~ Feuerwerk *n*; **~iciosità** [-fitʃosi'ta] *f* Künstelei *f*; **~icioso** [-fi'tʃo:so] erkünstelt.

artigianato [artidʒa'na:to] *m* Handwerkerstand *m*; Gewerbe *n*; ~ *artistico* Kunsthandwerk *n*; *fiera f dell'*~ Handwerksmesse *f*.

artigiano [arti'dʒa:no] **1.** *adj.* Handwerker...; **2.** *m* Handwerker *m*.

artigliere [arti'ʎe:re] *m* Artillerist *m*.

artiglieria [artiʎe'ri:a] *f* Artillerie *f*; *pezzo m d'*~ Geschütz *n*; ~ *contraerea* Flakartillerie *f*; ~ *pesante* schwere Artillerie *f*.

artiglio [ar'tiːʎo] *m* (*pl.* -gli) Kralle *f*.

art|ista [ar'tista] *su.* (*m/pl.* -i) Künstler(in *f*) *m*; **~istico** [-'tistiko] (*pl.* -ci) künstlerisch.

arto [arto] *m* Glied *n*.

artr|ite [ar'triːte] *f* Gicht *f*; **~itico** [-'triːtiko] (*pl.* -ci) gichtisch, gichtbrüchig; **~osi** [-'trɔːzi] *f* Arthrose *f*.

arvicola [ar'viːkola] *m u. f* Feldmaus *f*.

arzig|ogolare [ardzigogo'laːre] (1n *u.* c) phantasieren; nachsinnen; nachgrübeln; **~ogolo** [-'gɔːgolo] *m* Sophisterei *f*; Spitzfindigkeit *f*; Schnörkel *m*; **~ogolone** [-gogo-'loːne] *m* Phantast *m*.

arzillo [ar'dzil-lo] rüstig; munter; *Wein*: prickelnd.

asbesto [az'bɛsto] *m* Asbest *m*.

ascaride [as'kaːride] *m* Spulwurm *m*.

ascaro [askaro] *m* (afrikanischer) eingeborener Soldat *m*.

asc|ella [aʃ-'ʃɛl-la] *f* Achselhöhle *f*; **~ellare** [aʃ-ʃel-'laːre] zur Achselhöhle gehörig.

ascend|ente [aʃ-ʃen'dente] **1.** *adj.* aufsteigend; *corrente f* ~ Aufströmung *f*; **2.** *m* Verwandte(r) *m* in aufsteigender Linie; *fig.* Einfluß *m*; **~enza** [-'dentsa] *f* Verwandtschaft *f* in aufsteigender Linie; *fig.* Ansehen *n*; Überlegenheit *f*.

ascendere [aʃ-'ʃendere] (3c) **1.** *v/t.* besteigen; aufsteigen; **2.** *v/i.* steigen; *Kosten*: betragen.

ascen|sionale [aʃ-ʃensio'naːle] ansteigend, Steig...; ⚡ *capacità f* ~ Steigfähigkeit *f*; *velocità f* ~ Steiggeschwindigkeit *f*; **~sione** [-si'oːne] *f* Aufstieg *m*; Auffahrt *f*; Aufflug *m*; ~ *d'un monte* Bergbesteigung *f*; ⚥ (*di Cristo*) Christi Himmelfahrt *f*; **~sore** [-'soːre] *m* Fahrstuhl *m*; **~sorista** [-so'rista] *m* (*pl.* -i) Fahrstuhlführer *m*, Liftboy *m*.

ascesa [aʃ-'ʃeːsa] *f* Aufstieg *m*; Anstieg *m*.

ascesi, asceso [aʃ-'ʃeːsi, -so] *s.* ascendere.

ascesso [aʃ-'ʃɛs-so] *m* Abszeß *m*; Geschwür *n*.

ascet|a [aʃ-'ʃeːta] *m* (*pl.* -i) Asket *m*; **~ico** [-'ʃeːtiko] (*pl.* -ci) asketisch; **~ismo** [-ʃe'tizmo] *m* Askese *f*, Selbstkasteiung *f*.

ascia [aʃ-ʃa] *f* (*pl.* -sce) Axt *f*; Beil *n*.

asciata [aʃ-'ʃaːta] *f* Beilhieb *m*.

asciuga|capelli [aʃ-ʃugaka'pel-li] *m* Haartrockner *m*; ~ *elettrico* Fön *m*; **~amano** [-'maːno] *m* Handtuch *n*; ~ *da bagno* Badetuch *n*; **~amento** [-'mento] *m* Abtrocknen *n*; **~ante** [-'gante]: *carta f* ~ Löschpapier *n*; **~are** [-'gaːre] (1e) (ab)trocknen; *Tränen, Schweiß* abwischen; **~atoio** [-ga'toːio] *m* (*pl.* -oi) Handtuch *n*; Bademantel *m*; **~atura** [-ga'tuːra] *f* Abtrocknen *n*.

asciuttezza [aʃ-ʃut-'tet-tsa] *f* Trockenheit *f*.

asciutto [aʃ-'ʃut-to] **1.** *adj.* trocken; *Wein*: herb; ~ *di parole* wortkarg; *rimanere a bocca* ~a (*a denti* ~a) das Nachsehen haben; **2.** *m* Trockene(s) *n*; *trovarsi all'* ~ *fig.* auf dem trockenen sitzen.

ascolt|ante [askol'tante] *su.* Zuhörer(in *f*) *m*; **~are** [-'taːre] (1a) (an)hören; *Fernspr.* mithören; ⚙ auskultieren, abhorchen; **~atore** [-ta'toːre] *m* Zuhörer *m*; *Radio*: Hörer *m*; **~azione** [-tatsi'oːne] *f* ⚙ Auskultation *f*.

ascolto [as'kolto] *m* Gehör *n*; *dare* (*porgere*) ~ Gehör schenken.

ascondere [as'kondere] (3hh) *lit.* verbergen.

ascosi, ascoso *u.* **ascosto** [as'koːsi, -so, -'kosto] *s.* ascondere.

ascrissi, ascritto [as'kris-si, -'krit-to] *s.* ascrivere.

ascrivere [as'kriːvere] (3tt) beimessen; zuschreiben; einschreiben; *als Mitglied* aufnehmen; ~ *a onore* (*colpa usw.*) zur Ehre (Schuld *usw.*) anrechnen.

ascrizione [askritsi'oːne] *f* Aufnahme *f* als Mitglied.

asello [a'sɛl-lo] *m* Wasserassel *f*.

asepsi [a'sepsi] *f* Asepsis *f*.

asessuale [ases-su'aːle] ungeschlechtlich.

asèttico [a'sɛt-tiko] (*pl.* -ci) aseptisch.

asfalt|are [asfal'taːre] (1a) asphaltieren; **~atrice** [-ta'triːtʃe] *f* Straßenteermaschine *f*; **~atura** [-ta-'tuːra] *f* Asphaltieren *n*; Asphaltbelag *m*.

asfalto [as'falto] *m* Asphalt *m*.

asfis|sia [asfis-'siːa] *f* Ersticken *n*; **~siante** [-si'ante]: *gas m* ~ Stickgas *n*; **~siare** [-si'aːre] (1k) ersticken.

asfodelo [asfo'dɛːlo] *m* Asphodill *m*.

asiatico [azi'a:tiko] (*pl. -ci*) **1.** *adj.* asiatisch; **2.** *m* Asiat *m*.

asilo [a'zi:lo] *m* Asyl *n*; Zufluchtsort *m*; Obdach *n*; *dare ~ a qu.* j-m Unterkunft geben; ~ *infantile* Kindergarten *m*; (Kinder-)Krippe *f*, Kinderhort *m*.

asimmetria [asim-me'tri:a] *f* Asymmetrie *f*, Ungleichmäßigkeit *f*.

asina [a:sina] *f* Eselin *f*.

asin|aggine [asi'nad-dʒine] *f* Eselei *f*; **~aia** [-'na:ia] *f* Eselstall *m*; **~aio** [-'na:io] *m* (*pl. -ai*) Eseltreiber *m*; **~ata** [-'na:ta] *f* Eselei *f*; **~esco** [-'nesko] (*pl. -chi*) eselhaft; **~ino** [-'ni:no] eselartig; *tosse f ~a* Keuchhusten *m*; **~ità** [-ni'ta] *f* Dummheit *f*.

asino [a:sino] *m* Esel *m*; *pezzo m d'~* alter Esel; *qui gli casca l'~* hier ist er mit s-m Latein am Ende; *lavare il capo all'~* e-m Undankbaren Wohltaten erweisen; *gli -i volano* die Dummköpfe bringen es am weitesten.

asma [azma] *m* Asthma *n*, Kurzatmigkeit *f*.

asmatico [az'ma:tiko] (*pl. -ci*) asthmatisch.

asociale [aso'tʃa:le] unsozial.

asola [a:zola] *f* Knopfloch *n*; Öse *f*.

asparagina [aspara'dʒi:na] *f* Asparagin *n*.

asparago [as'pa:rago] *m* (*pl. -gi*) Spargel *m*.

aspergere [as'perdʒere] (3uu) besprengen; *mit Pulver* bestreuen.

asperità [asperi'ta] *f s. asprezza*.

asperrimo [as'per-rimo] *sup. v. aspro.*

aspersi, asperso [as'persi, -so] *s. aspergere.*

asper|sione [aspersi'o:ne] *f* Besprengung *f*; Bestreuung *f*; **~sorio** [-'sɔ:rio] *m* (*pl. -ri*) Weihwedel *m*.

aspett|are [aspet-'ta:re] (1b) erwarten, warten auf (*acc.*); *chi la fa l'aspetti* wie man sich benimmt, so schläft man; **~arsi** [-'tarsi]: ~ *qc.* auf et. (*acc.*) gefaßt sein; *dovevo aspettarmela* das war vorauszusehen; **~ativa** [-ta'ti:va] *f* Erwartung *f*; *grande* ~ Spannung *f*; *mettere in* ~ in den Wartestand versetzen; **~azione** [-tatsi'o:ne] *f* Erwartung *f*.

aspetto¹ [as'pet-to] *m* Aussehen *n*; *sotto quest'~* unter diesem Gesichtspunkt.

aspetto² [as'pet-to] *m* Warten *n*; ♪ Pause *f*; *sala f d'~* Wartesaal *m*; *stare in ~* warten.

aspide [aspide] *m* Natter *f*.

aspir|ante [aspi'rante] **1.** *adj.* einatmend; aufsaugend; *pompa f ~* Saugpumpe *f*; **2.** *su.* Bewerber(in *f*) *m*; Aspirant(in *f*) *m*; **~apolvere** [-ra'polvere] *m* Staubsauger *m*; **~are** [-'ra:re] (1a) **1.** *v/t.* einatmen; ⊕ an-, aufsaugen; *Gram.* aspirieren; **2.** *v/i.* ~ *a qc.* nach et. streben; sich bewerben (um); **~atore** [-ra'to:re] *m* Staubsauger *m*; **~azione** [-ratsi'o:ne] *f* Einatmung *f*; Saugen *n*; An-, Aufsaugen *n*; Bestrebung *f*; Aspiration *f*; ~ *all'unità* Einheitsbestrebung *f*; *valvola f d'~* Saugklappe *f*.

aspirina [aspi'ri:na] *f* Aspirin *n*; *compressa f d'~* Aspirintablette *f*.

aspo [aspo] *m* Haspel *f*.

asport|abile [aspor'ta:bile] entfernbar; **~are** [-'ta:re] (1c) forttragen; entfernen; **~azione** [-tatsi'o:ne] *f* Entfernung *f*.

aspr|etto [as'pret-to] ein wenig herb; **~ezza** [as'pret-tsa] *f* Herbheit *f*; Rauheit *f*; *fig.* Härte *f*; Strenge *f*; **~igno** [as'pri:ɲo] ein wenig herb.

aspro [aspro] rauh; herb; hart; *Gram.* stimmlos.

assafetida [as-sa'fɛ:tida] *f Apoth.* Teufelsdreck *m*.

assaggiare [as-sad-'dʒa:re] (1f) kosten; *fig.* prüfen.

assaggio [as-'sad-dʒo] *m* (*pl. -ggi*) Kosten *n*; Probe *f*; Kostprobe *f*; *sala f d' -i* Probierstube *f*.

assai [as-'sa:i] **1.** *adj.* viel; **2.** *adv.* sehr; genug; ziemlich; *avere ~ di qc.* übergenug von et. haben; *iro. m'importa ~ di lui* es liegt mir sehr wenig an ihm.

assaissimo [as-sa'is-simo] sehr viel.

assale [as-'sa:le] *m* Achse *f*.

assalgo [as-'salgo] *s. assalire.*

assal|ire [as-sa'li:re] (4m) überfallen; *fig.* überkommen; *Feind* angreifen; *Festung* stürmen; **~itore** [-li'to:re] *m* Angreifer *m*.

assalsi [as-'salsi] *s. assalire.*

assaltare [as-sal'ta:re] (1a) *s. assalire.*

assalto [as-'salto] *m* Überfall *m*; Angriff *m*; Bestürmung *f*; *Fechtk.* Gang *m*; *truppa f d'~* Sturmtruppe *f*; *dare l'~ a qc.* et. bestürmen; *pigliare d'~* im Sturm nehmen; *fig.* sich stürzen auf (*acc.*).

assapor|amento [as-sapora'mento] *m* Kosten *n*; **~are** [-'ra:re] (1a) kosten, probieren.

assass|inare [as-sas-si'na:re] (1a) ermorden; *fig.* zugrunde richten; **~inio** [-'si:nio] *m* (*pl. -ni*) Mord *m*; **~ino** [-'si:no] **1.** *adj.* mörderisch; **2.** *m* Mörder *m*.

asse[1] [as-se] *f* Brett *n*; *Sport*: *~ elastica* Sprungbrett *n*.

asse[2] [as-se] *m* Achse *f*; *~ flessibile od. ~ oscillante* Schwingachse *f*.

asse[3] [as-se] *m* Vermögen *n*; *~ ereditario* Hinterlassenschaft *f*.

assecondare [as-sekon'da:re] (1a) *e-m Wunsch* nachkommen; *Gebet* erhören.

assedi|ante [as-sedi'ante] *m* Belagerer *m*; **~are** [-'a:re] (1k) belagern; *fig.* bestürmen.

assedio [as-'sɛ:dio] *m* (*pl. -di*) Belagerung *f*; *stato m d'~* Belagerungszustand *m*.

assegn|abile [as-se'ɲa:bile] anweisbar; **~amento** [-ɲa'mento] *m* Anweisung *f*; *fig.* Vertrauen *n*, Hoffnung *f*; *far ~ su* rechnen auf (*acc.*); **~are** [-'ɲa:re] (1a) anweisen; bestimmen; *Auftrag* erteilen; *Schularbeit* aufgeben; *Termin* festsetzen; **~atario** [-ɲa'ta:rio] *m* (*pl. -ri*) Assignatar *m*, Empfänger *m*; **~azionc** [-ɲatsi'o:ne] *f* Zuweisung *f*; Bestimmung *f*.

assegno [as-'se:ɲo] *m* Zuwendung *f*; Anweisung *f*, Geldanweisung *f*; Scheck *m*; *~ bancario* Überweisungsscheck *m*; *~ circolare* Rundscheck *m*; *~ pagabile in contanti* Barscheck *m*; *~ familiare* Familienzulage *f*; *~ postale* Postanweisung *f*; *~ turistico* Reisescheck *m*; *modulo m per ~* Scheckformular *n*; *giro m -i* Scheckverkehr *m*; *contro ~* gegen Nachnahme; *~ al portatore* Überbringerscheck *m*; *~ all'ordine* Orderscheck *m*.

assemblea [as-sem'blɛ:a] *f* Versammlung *f*; *~ generale* Voll-, Hauptversammlung *f*.

assembr|amento [as-sembra'mento] *m* Auflauf *m*; **~are** [-'bra:re] (1a) versammeln; **~arsi** [-'brarsi] sich ansammeln, sich zusammenrotten.

assenn|atezza [as-sen-na'tet-tsa] *f*

Klugheit *f*; Vernunft *f*; **~ato** [-'na:to] verständig.

assenso [as-'sɛnso] *m* Zustimmung *f*.

assentarsi [as-sen'tarsi] (1b) sich entfernen.

assente [as-'sɛnte] abwesend; *essere ~* fehlen; versäumen.

assente|ismo [as-sente'izmo] *m* Absentismus *m*; unentschuldigtes Fernbleiben *n*; politische Interessenlosigkeit *f*; Abseitsstehen *n*; **~ista** [-te'ista] *su.* (*m/pl. -i*) politisch desinteressierter Mensch *m*; Drückeberger *m*.

assent|imento [as-senti'mento] *m* Einwilligung *f*; **~ire** [-'ti:re] (4b) zustimmen.

assenza [as-'sɛntsa] *f* Abwesenheit *f*; *~ di qc.* Mangel *m* an et. (*dat.*).

assenziente [as-sentsi'ɛnte] zustimmend; *~ tuo padre* mit Zustimmung deines Vaters.

assenzio [as-'sɛntsio] *m* Absinth *m*; ♀ Wermut *m*; *fig.* Bitterkeit *f*.

asserire [as-se'ri:re] (4d) behaupten; *pfr.* versichern, beteuern.

asserragliare [as-ser-ra'ʎa:re] (1g) verbarrikadieren, verrammeln.

asser|tivo [as-ser'ti:vo] bejahend; **~to** [-'sɛrto] *m* Behauptung *f*; **~tore** [-'to:re] *m* Verfechter *m*, Befürworter *m*.

asserv|imento [as-servi'mento] *m* Versklavung *f*; **~ire** [-'vi:re] (4d) versklaven; *fig.* beherrschen.

asserzione [as-sertsi'o:ne] *f* Behauptung *f*, Versicherung *f*; *~ gratuita* unbegründete Behauptung *f*.

asses|sorato [as-ses-so'ra:to] *m* Amt *n* eines Beisitzers, eines Magistratsmitgliedes; **~sore** [-'so:re] *m* Beisitzer *m*; Magistratsmitglied *n*; *~ comunale* Stadtrat *m*.

assest|amento [as-sesta'mento] *m* Ordnen *n*; *~ del bilancio* Aufstellung *f* des Haushaltsplanes; **~are** [-'ta:re] (1b) ordnen; aufräumen; instand setzen; *Schlag* versetzen; *Rechnung* begleichen.

assesto [as-'sesto] *m* Ordnung *f*.

asset|are [as-se'ta:re] (1a) durstig machen; **~ato** [-'ta:to] durstig; *fig.* gierig (*di nach dat.*).

assett|amento [as-set-ta'mento] *m* Ordnen *n*; **~are** [-'ta:re] (1b) ordnen; aufräumen; zurechtmachen; **~ato** [-'ta:to] ordentlich.

assetto [as-'sɛt-to] *m* Ordnung *f*;

mettere, tenere in ~ in Ordnung bringen, halten; *in buon* ~ in gutem Zustand; ⚓ Trimmung *f*.

assever|are [as-seve'ra:re] (1m *u.* b) beteuern; **~ativo** [-ra'ti:vo] beteuernd; **~azione** [-ratsi'o:ne] *f* Beteuerung *f*.

assiano [as-si'a:no] **1.** *adj.* hessisch; **2.** *m* Hesse *m*.

assicella [as-si'tʃɛl-la] *f* Brettchen *n*.

assicur|abile [as-siku'ra:bile] versicherbar; **~are** [-'ra:re] (1a) versichern; sichern, sicherstellen; befestigen; **~arsi** [-'rarsi] sich versichern; sich sichern; sich vergewissern; **~ata** [-'ra:ta] *f* Wertbrief *m*; **~ato** [-'ra:to] *m* Versicherte(r) *m*; Versicherungsnehmer *m*; **~atore** [-ra'to:re] *m* Versicherer *m*; **~azione** [-ratsi'o:ne] *f* Versicherung *f*; ~ *contro i danni* Schadenversicherung *f*; ~ *degli impiegati* Angestelltenversicherung *f*; ~ *dei bagagli* Gepäckversicherung *f*; ~ *di responsabilità civile* Haftpflichtversicherung *f*; ~ *obbligatoria* Zwangsversicherung *f*; *compagnia f di* ~ Versicherungsgesellschaft *f*; ~ *sulla vita* Lebensversicherung *f*; ~ *contro gli incendi* Feuerversicherung *f*; ~ *contro la disoccupazione* Arbeitslosenversicherung *f*; ~ *di immobili* Gebäudeversicherung *f*; ~ *supplementare* Nachversicherung *f*; *domanda f di* ~ Versicherungsantrag *m*; *importo m dell'*~ Versicherungssumme *f*.

assider|amento [as-sidera'mento] *m* Erfrieren *n*, Erfrierung *f*; **~are** [-'ra:re] (1m) **1.** *v/t.* erstarren machen; **2.** *v/i.* erfrieren; **~azione** [-ratsi'o:ne] *f* Erstarrung *f*; Erfrieren *n*.

assidersi [as-'si:dersi] (3q) sich setzen (hinsetzen).

as|siduità [as-sidui'ta] *f* Emsigkeit *f*; Ausdauer *f*; häufiges Verkehren *n*; **~siduo** [-'si:duo] **1.** *adj.* emsig; ausdauernd; **2.** *m* häufiger Besucher *m*; Stammgast *m*; Leser *m* e-r Zeitung.

assieme [as-si'ɛ:me] zusammen.

assiep|amento [as-siepa'mento] *m* Umzäunung *f*; **~are** [-'pa:re] (1a) umzäunen; einzäunen; **~arsi** [-'parsi] *fig.* sich drängen.

ass|illare [as-sil-'la:re] (1a) aufreizen; quälen; *un problema assil-*

lante ein brennendes Problem; **~illo** [-'sil-lo] *m* Stechfliege *f*, Bremse *f*; *fig.* Stachel *m*; Begierde *f*.

assimil|abile [as-simi'la:bile] assimilierbar; **~are** [-'la:re] (1m) assimilieren; **~ativo** [-la'ti:vo] assimilierend; **~azione** [-latsi'o:ne] *f* Assimilation *f*.

assiolo [as-si'ɔ:lo] *m* Zwergohreule *f*.

assi|oma [as-si'ɔ:ma] *m* (*pl.* -i) Axiom *n*, Grundsatz *m*; **~omatico** [-sio'ma:tiko] (*pl.* -ci) axiomatisch, allgemein anerkannt.

assiro [as-'si:ro] **1.** *adj.* assyrisch; **2.** *m* Assyrer *m*.

assisa [as-'si:za] *f* *lit.* Uniform *f*.

assise [as-'si:ze] *f/pl.* (*mst Corte f d'*~) Schwurgericht *n*.

assisi, assiso [as-'si:zi, -zo] *s. assidersi.*

assist|ente [as-sis'tente] **1.** *adj.* beistehend; **2.** *su.* Assistent(in *f*) *m*; ~ *di laboratorio* Laborant(in *f*) *m*; ~ *f sanitaria* Fürsorgerin *f*; ~ *universitario* Assistent *m* an der Universität; ~ *di volo* Steward *m*, Hosteß *f*; **~enza** [-'tentsa] *f* Gegenwart *f*; Hilfe *f*, Beistand *m*; Kundendienst *m*; ~ *meccanica* Pannenhilfe *f*; ~ *medica* ärztliche Betreuung *f*; ~ *ai giovani* Jugendpflege *f*; **~enziario** [-tentsi'a:rio] *m* Fürsorgeamt *n*.

assistere [as-'sistere] (3f) **1.** *v/t.* (*j-m*) beistehen; *Kranken* pflegen; **2.** *v/i.* beiwohnen.

assito [as-'si:to] *m* Bretterwand *f*; Dielung *f*.

asso [as-so] *m* As *n*; *Würfelspiel*: die Eins; *fig.* Meister *m*, Kanone *f*; *piantare in* ~ im Stich lassen.

associ|are [as-so'tʃa:re] (1f) vereinigen; ~ *qu. a qc.* j-n an et. (*dat.*) teilnehmen lassen; abonnieren (*a* auf *acc.*); **~arsi** [-'tʃarsi] sich vereinigen; abonnieren (*a* auf *acc.*); beitreten (*e-r Gesellschaft*); **~ato** [-'tʃa:to] *m* Mitglied *n*; Teilnehmer *m*; Abonnent *m*; **~atore** [-tʃa'to:re] *m* Abonnentensammler *m*; **~azione** [-tʃatsi'o:ne] *f* Vereinigung *f*; Gesellschaft *f*; Subskription *f*; ~ *d'idee* Ideenassoziation *f*; ~ *a delinquere* Verbrecherbande *f*; ~ *studentesca* Studentenverbindung *f*; ~ *operaia* Arbeiterbund *m*; ~ *dei datori di lavoro* Arbeitgeberverband *m*.

assod|amento [as-soda'mento] *m* Hartmachen *n*; Hartwerden *n*; Feststellung *f*; **~are** [-'da:re] (1c) **1.** *v/t.* hart machen; *fig.* feststellen; **2.** *v/i.* hart werden.

assoggett|amento [as-sod-dʒet-ta-'mento] *m* Unterwerfung *f*; **~are** [-'ta:re] (1b) unterwerfen.

assol|are [as-so'la:re] (1a) der Sonne aussetzen; **~ato** [-'la:to] der Sonne ausgesetzt.

assolcare [as-sol'ka:re] (1d) durchfurchen.

assold|amento [as-solda'mento] *m* Anwerbung *f*; **~are** [-'da:re] (1c) anwerben; **~arsi** [-'darsi] sich anwerben lassen; **~ato** [-'da:to] **1.** *adj.* im Sold stehend; **2.** *m* Söldner *m*.

assolo [as-'so:lo] *m inv.* ♩ Solo *n*.

assolsi, assolto [as-'sɔlsi, -to] *s. assolvere.*

assol|utamente [as-soluta'mente] absolut, durchaus; ganz bestimmt; unbedingt; uneingeschränkt; **~u-tismo** [-'tizmo] *m* Absolutismus *m*; **~utista** *su.* (*m/pl.* -i) Absolutist(in *f*) *m*; **~uto** [-'lu:to] **1.** *s. assolvere;* **2.** *adj.* absolut; unbedingt; *Pol.* unumschränkt; **~utoria** [-'tɔːria] *f* freisprechendes Urteil *n*; **~utorio** [-'tɔːrio] (*pl.* -ri) freisprechend; **~uzione** [-tsi'oːne] *f* Freispruch *m*; *Rel.* Absolution *f*.

assolvere [as-'sɔlvere] (3g) freisprechen; *Schule* beendigen; *Aufgabe* erfüllen; *Rel. j-m* die Absolution erteilen.

assomigli|anza [as-somi'ʎantsa] *f* Ähnlichkeit *f*; **~are** [-'ʎa:re] (1g) **1.** *v/t.* vergleichen; ähnlich machen; **2.** *v/i. u.* **~arsi** [-'ʎarsi] (sich) ähneln.

assommare [as-som-'ma:re] (1a) zusammenzählen.

assonanza [as-so'nantsa] *f* Assonanz *f*; Anklang *m*.

assonn|acchiato [as-son-nak-ki'a:-to] halb eingeschlafen; **~are** [-'na:re] (1c) einschläfern; **~ato** [-'na:to] schlaftrunken.

assop|imento [as-sopi'mento] *m* Einschläferung *f*; **~ire** [-'pi:re] (4d) einschläfern; **~irsi** [-'pirsi] einschlummern.

assorb|ente [as-sor'bente] **1.** *adj.* aufsaugend; *carta f ~* Löschpapier *n*; **2.** *m*: *~ acustico* Schalldämpfer *m*; *~ igienico* Damenbinde *f*;

~imento [-bi'mento] *m* Aufsaugen *n*; ✝ Aufnahmefähigkeit *f*; **~ire** [-'bi:re] (4c *od.* 4d) auf-, einsaugen; absorbieren; *fig.* in Anspruch nehmen, einspannen.

assord|amento [as-sorda'mento] *m* Betäubung *f*; **~ante** [-'dante] betäubend; **~are** [-'da:re] (1a), **~ire** [-'di:re] (4a) **1.** *v/t.* betäuben; **2.** *v/i.* taub werden; *Gram.* stimmlos werden (*von Konsonanten*).

assort|imento [as-sorti'mento] *m* Sortiment *n*; Auswahl *f*; Satz *m* von Waren; Warenvorrat *m*; *libraio m d'~* Sortimentsbuchhändler *m*; **~ire** [-'ti:re] (4d) sortieren; **~ito** [-'ti:to] assortiert; zusammengestellt; gemischt; *ben ~* wohlversehen, mit allem Nötigen ausgestattet.

assorto [as-'sɔrto] **1.** *s. assurgere;* **2.** *adj.* versunken, vertieft.

assottigli|amento [as-sot-tiʎa'mento] *m* Verdünnung *f*; Abmagerung *f*; *fig.* Schärfen *n*; **~are** [-'a:re] (1g) verdünnen; *Geist* schärfen; *Vermögen* verringern; **~arsi** [-'ʎarsi] dünner werden.

assue|fà [as-sue'fa], **~faccio** [-'fat-tʃo], **~facevo** [-fa'tʃe:vo] *s. assue-fare* [-'fa:re] (3aa) gewöhnen (*a* an *acc.*); **~fatto** [-'fat-to] *s. assuefare;* **~fazione** [-fatsi'o:ne] *f* Gewohnheit *f*; **~feci** [-'fetʃi] *s. assuefare.*

ass|umere [as-'su:mere] (3h) übernehmen; *Notizen* einholen; *j-n* annehmen, anstellen; *~ qu. a una carica j-n* zu e-m Amt ernennen; **~unsi** [-'sunsi] *s. assumere.*

Assunta [as-'sunta] *f* die Jungfrau Maria *f*; Mariä Himmelfahrt *f*.

ass|unto [as-'sunto] **1.** *s. assumere;* **2.** *m* Aufgabe *f*; **~untore** [-sun-'to:re] *m* Übernehmer *m*; **~unzione** [-suntsi'o:ne] *f* Übernahme *f*; Erhebung *f*; ♀ Mariä Himmelfahrt *f*.

ass|urdità [as-surdi'ta] *f* Unsinn *m*, Sinnlosigkeit *f*; **~urdo** [-'surdo] **1.** *adj.* absurd; unsinnig; **2.** *m* Sinnlosigkeit *f*.

assurgere [as-'surdʒere] (3d) sich erheben, emporsteigen.

asta [asta] *f* Schaft *m*; Stange *f*; ✕ Lanze *f*; *Schrift*: Grundstrich *m*; *Uhr*: Zeiger *m*; *Waage*: Arm *m*; *Zirkel*: Schenkel *m*; ✝ (*auch ~ pubblica*) Versteigerung *f*; *mettere all'~* versteigern.

astaco [astako] m (pl. -ci) Hummer m.

astant|e [as'tante] m Anwesende(r) m; **~eria** [-tante'ri:a] f Aufnahmezimmer n im Krankenhaus.

astemio [as'tɛ:mio] (pl. -mi) **1.** adj. sich des Weines enthaltend, abstinent; **2.** m Abstinenzler m.

ast|enersi [aste'nersi] (2q): ~ da sich enthalten (gen.); (mi) **~engo** [-'tɛngo], (mi) **~enni** [-'ten-ni] s. astenersi; **~ensione** [-tensi'o:ne] f Enthaltung f; ~ dal voto Stimmenthaltung f (bei e-r Abstimmung); **~ensionista** [-tensio'nista] su. (m/pl. -i) Befürworter(in f) m der Enthaltung (Stimmenthaltung).

aster [aster] m Aster f.

astergere [as'tɛrdʒere] (3uu) abwischen.

asteria [as'tɛ:ria] f Seestern m.

aster|isco [aste'risko] m (pl. -chi) Typ. Sternchen n; **~oide** [-'rɔ:ide] m Asteroid m.

Asti [asti]: ~ spumante m süßer Schaumwein m.

asticciola [astit-'tʃɔ:la] f kleiner Stiel m.

asticella [asti'tʃɛl-la] f Sport: Sprunglatte f.

astiene [as'tiɛ:ne] s. astenersi.

astigiano [asti'dʒa:no] m Einwohner m von Asti.

astigm|atico [astig'ma:tiko] (pl. -ci) astigmatisch; **~atismo** [-ma'tizmo] m Astigmatismus m.

astin|ente [asti'nɛnte] **1.** adj. enthaltsam; **2.** m Abstinenzler m, Temperenzler m; **~enza** [-'nɛntsa] f Enthaltsamkeit f.

asti|o [astio] m (pl. -ti) Groll m; pfr. Haß m; Neid m; **~osità** [-si'ta] f Mißgunst f; **~oso** [-'o:so] grollend; neidisch.

astore [as'tɔ:re] m Habicht m.

astrale [as'tra:le] Stern...; mondo m ~ Sternhimmel m.

astr|arre [as'trar-re] (3xx) abstrahieren, absondern; fig. absehen; **~attezza** [-trat-'tet-tsa] f Abstraktheit f; **~attismo** [-trat-'tizmo] m abstrakte Kunst f; **~atto** [-'trat-to] abstrakt; zerstreut; **~azione** [-tsi'o:ne] f Abstraktion f; fare ~ absehen.

astretto [as'tret-to] s. astringere.

astr|ingente [astrin'dʒente] **1.** adj. ✵ (ver)stopfend; **2.** m Stopfmittel

n; **~ingere** [as'trindʒere] (3d) stopfen.

astr|o [astro] m Gestirn n; **~ofisica** [-'fi:zika] f Astrophysik f; **~olatria** [-la'tri:a] f Sternanbetung f; **~ologare** [-lo'ga:re] (1m u. c u. e) aus den Sternen wahrsagen; fig. phantasieren; **~ologia** [-lo'dʒi:a] f Sterndeuterei f; **~ologico** [-'lɔ:dʒiko] (pl. -ci) astrologisch; **~ologo** [as-'trɔ:logo] m (pl. -gi) Sterndeuter m; **~onauta** [-'na:uta] m (pl. -i) Astronaut m, Raumfahrer m; **~onautica** [-'na:utika] f Raumschiffahrt f; **~onave** [-'na:ve] f Raumschiff n; **~onomia** [-no'mi:a] f Sternkunde f; **~onomico** [-'nɔ:miko] (pl. -ci) astronomisch; **~onomo** [as'trɔ:nomo] m Astronom m.

astr|useria [astruze'ri:a] f verworrenes Zeug n; **~uso** [as'tru:zo] schwerverständlich.

astuccio [as'tut-tʃo] m (pl. -cci) Besteck n; Futteral n; ~ di compassi Reißzeug n.

ast|utezza [astu'tet-tsa] f Verschmitztheit f; **~uto** [-'tu:to] verschmitzt; listig; **~uzia** [-'tu:tsia] f Schlauheit f; List f.

atavico [a'ta:viko] (pl. -ci) atavistisch. [m.]

atavismo [ata'vizmo] m Atavismus

ate|ismo [ate'izmo] m Atheismus m; **~ista** [-'ista] su. (m/pl. -i) Atheist (-in f) m; **~istico** [-'istiko] (pl. -ci) atheistisch.

atelier [ateli'e] m inv. Atelier n, Künstlerwerkstatt f; Salon m.

ateneo [ate'nɛ:o] m Universität f.

ateniese [ateni'e:se] **1.** adj. athenisch; **2.** su. Athener(in f) m.

ateo [a:teo] m Atheist m.

atesino [ate'si:no] adj. aus der Etschgegend.

atlant|e [at'lante] m Atlas m; **~ico** [-tiko] (pl. -ci) atlantisch; oceano m ♀ Atlantischer Ozean m.

atleta [at'lɛ:ta] su. (m/pl. -i) Athlet (-in f) m.

atlet|ica [at'lɛ:tika] f Athletik f; ~ leggera Leichtathletik f; ~ pesante Schwerathletik f; **~ico** [-tiko] (pl. -ci) athletisch.

atletismo [atle'tizmo] m Athletik f.

atmosf|era [atmos'fɛ:ra] f Atmosphäre f; **~erico** [-'fɛ:riko] (pl. -ci) atmosphärisch.

atomico [a'tɔ:miko] (pl. -ci) ato-

misch; *bomba f* -a Atombombe *f*;
forza f -a Atomkraft *f*.

atomizz|are [atomid-'dza:re] (1a)
atomisieren, in kleinste Teile auflösen; **~atore** [-dza'to:re] *m* Zerstäuber *m*.

atomo [a:tomo] *m* Atom *n*.

atonale [ato'na:le] atonal.

atonia [ato'ni:a] *f* Schlaffheit *f*.

atono [a:tono] unbetont.

atrio [a:trio] *m* (*pl.* -ri) Vorhalle *f*,
Vorhof *m*; Vorraum *m*; ~ *della
stazione* Bahnhofshalle *f*.

atro [a:tro] *lit.* schwarz; *fig.* düster.

atr|oce [a'tro:tʃe] gräßlich; entsetz-
lich; **~ocità** [atrotʃi'ta] *f* Gräßlich-
keit *f*; le ~ *di guerra* die Kriegs-
greuel *m/pl.*

atrof|ia [atro'fi:a] *f* Verkümmerung
f; **~izzare** [-fid-'dza:re] (1a) einschrumpfen lassen; **~izzarsi** [-'dzar-
si] verkümmern.

atropina [atro'pi:na] *f* Atropin *n*.

atropo [atropo] *m* *Zool.* Toten-
kopf *m*.

attacc|abile [at-tak-'ka:bile] an-
greifbar; **~abottoni** [-kabot-'to:ni]
m inv. lästiger, aufdringlicher
Mensch *m*; **~abrighe** [-ka'bri:ge]
m inv. streitsüchtiger Mensch *m*;
Raufbold *m*; **~agnolo** [-'ka:ɲolo] *m*
Haken *m*; *fig.* Vorwand *m*; **~alite**
[-ka'li:te] *m inv.* Händelsucher *m*;
~amento [-ka'mento] *m* Anhängen
n; *Typ.* Ausschluß *m*; *fig.* Anhäng-
lichkeit *f*; **~ante** [-'kante] *m Sport:*
Stürmer *m*; **~apanni** [-ka'pan-ni]
m inv. Kleiderständer *m*.

attacc|are [at-tak-'ka:re] (1d) **1.** *v/t.*
anhängen; ankleben (*mit Leim*);
Kampf, Musikstück beginnen;
Knöpfe annähen; *Pferde* anspannen;
Gespräch anknüpfen; *Feuer* anlegen;
Zettel anschlagen; *Krankheit* anstecken; *j-n* angreifen; F ~ *un
bottone* mit j-m ein Gespräch anknüpfen; *Sport:* linea *f attaccante*
Stürmerreihe *f*; **2.** *v/i.* kleben;
haften; anfangen; sich anschließen
(*a an dat.*); *♪* einsetzen; *Wurzel
fassen;* **~arsi** [-'karsi] kleben,
haften; sich anklammern (*a an dat.
u. acc.*); **~aticcio** [-ka'tit-tʃo] (*pl.
-cci*) klebrig; *♣* ansteckend; *fig.*
[-'ka:to] *fig.* anhänglich; **~atura**
[-ka'tu:ra] *f* Verbindungsstelle *f*.

attacchino [at-tak-'ki:no] *m* Pla-
katankleber *m*.

attacco [at-'tak-ko] *m* (*pl.* -cchi)
Angriff *m*; *Pferde:* Gespann *n*; *♂*
Anschluß *m*; ⊕ Befestigung *f*;
Schisport: Bindung *f*; *♪* Anschlag
m; *♣* Anfall *m*; *Fußball:* Stürmerreihe *f*; *fig.* Beginn *m*, Anfang *m*;
~ *per rapina* Raubüberfall *m*; ~ *di
tosse* Hustenanfall *m*; *passare all'*~
zum Angriff übergehen.

attaché [ata'ʃe] *m* Attaché *m*.

attagliarsi [at-ta'ʎarsi] (1g) gut
passen.

attanagliare [at-tana'ʎa:re] (1g) mit
Zangen zwicken; ✕ mit e-r Zan-
genbewegung einschließen; *fig.*
festhalten.

attardarsi [at-tar'darsi] (1a) sich
verspäten; sich aufhalten.

attecch|imento [at-tek-ki'mento]
m Wurzelfassen *n*; *fig.* Gedeihen *n*;
~ire [-'ki:re] (4d) Wurzel fassen;
fig. gedeihen.

atteggi|amento [at-ted-dʒa'mento]
m Haltung *f*; Ausdruck *m*, Gebärde *f*; *fig.* Einstellung *f*, Stand-
punkt *m*; **~are** [-'dʒa:re] (1f) e-r
Sache e-e Haltung (*dem Gesicht* e-n
Ausdruck) geben; **~arsi** [-'dʒarsi]
sich gebärden als ...

attempato [at-tem'pa:to] bejahrt.

attend|amento [at-tenda'mento] *m*
Lager *n*, Zeltplatz *m*; **~arsi** [-'darsi]
(1b) zelten;   [ziersbursche *m*.⟩

attendente [at-ten'dente] *m* Offi-⟩

attendere [at-'tendere] (3c) **1.** *v/t.*
erwarten; warten; **2.** *v/i.* achtgeben;
obliegen (*den Pflichten*).

attend|ibile [at-ten'di:bile] zuver-
lässig; **~ibilità** [-dibili'ta] *f* Zuverlässigkeit *f*.

attenente [at-te'nente] *s. attinente.*

attenersi [at-te'nersi] (2q) sich halten (*a an acc.*).

attent|are [at-ten'ta:re] (1b) e-n
Anschlag machen auf (*acc.*); ~ *alla
propria vita* Hand an sich legen;
~arsi [-'tarsi] sich (ge)trauen; **~ato**
[-'ta:to] *m* Attentat *n*; ~ *dinamitardo* Sprengstoffanschlag *m*; **~a-
tore** [-ta'to:re] *m* Attentäter *m*.

attento [at-'tento] aufmerksam; *-i!*
✕ stillgestanden!

attenu|ante [at-tenu'ante] *f* Milde-
rungsumstand *m*; **~are** [-'a:re] (1m
u. b) abschwächen; mildern;
~azione [-atsi'o:ne] *f* Abschwä-
chung *f*; Milderung *f*; Verminderung *f*.

attenzione [at-tentsi'o:ne] *f* Aufmerksamkeit *f*; Beachtung *f*; ∼! Achtung!; *far* ∼ *a qc.* auf et. (*acc.*) achtgeben; *con* ∼ vorsichtig, mit Vorsicht.

atterr|aggio [at-ter-'rad-dʒo] *m* (*pl.* -ggi) Landung *f*; ∼ intermedio Zwischenlandung *f*; ∼ forzato Zwangslandung *f*; ∼ di fortuna Notlandung *f*; ∼ con avaria Bruchlandung *f*; **∼amento** [-ra'mento] *m* Niederreißen *n*; Landen *n*; Landung *f*; **∼are** [-'ra:re] (1b) **1.** *v/t.* zu Boden werfen; *Häuser* niederreißen; *fig.* demütigen; **2.** *v/i.* landen.

atterr|imento [at-ter-ri'mento] *m* Erschrecken *n*; **∼ire** [-'ri:re] (4d) erschrecken.

att|esa [at-'te:sa] *f* Erwartung *f*; **∼esi, ∼eso** [-'te:si, -so] *s. attendere*; atteso che in Anbetracht dessen, daß ...

attest|are [at-tes'ta:re] (1b) bezeugen; bescheinigen; **∼arsi** [-'tarsi] ✕ sich festsetzen; **∼ato** [-'ta:to] *m* Zeugnis *n*; Attest *n*; ∼ di buona condotta Führungszeugnis *n*; **∼azione** [-tatsi'o:ne] *f* Bezeugung *f*.

atticciato [at-tit-'tʃa:to] vierschrötig.

attico [at-tiko] (*pl.* -ci) **1.** *adj.* attisch; **2.** *m* elegante Dachwohnung *f*.

att|iguità [at-tigui'ta] *f* Nachbarschaft *f*; **∼iguo** [-'ti:guo] anstoßend.

attill|are [at-til-'la:re] (1a) schniegeln; **∼arsi** [-'larsi] sich herausputzen; **∼ato** [-'la:to] geschniegelt; vestito *m* ∼ enganliegendes Kleid *n*.

attimo [at-timo] *m* Augenblick *m*; in un ∼ im Nu.

attin|ente [at-ti'nɛnte] **1.** *adj.* zugehörig; **2.** *m/pl.* -i Angehörige *m/pl.*; **∼enza** [-'nɛntsa] *f* Beziehung *f*; **∼enze** [-tse] *f/pl.* Zubehör *n u. m.*

att|ingere [at-'tindʒere] (3d) schöpfen; *Nachrichten* beziehen; **∼ingitoio** [at-tindʒi'to:io] *m* (*pl.* -oi) Schöpfgefäß *n*; **∼insi, ∼into** [-'tinsi, -to] *s. attingere*.

attir|are [at-ti'ra:re] (1a) anziehen; *Kunden* locken; ∼ l'attenzione die Aufmerksamkeit lenken (su auf acc.); **∼arsi** [-'rarsi]: ∼ qc. sich etwas zuziehen.

attitudine [at-ti'tu:dine] *f* Haltung *f*; ∼ a qc. Anlage *f* (Neigung *f*) zu et.

attiv|are [at-ti'va:re] (1a) in Tätigkeit setzen; ⊕ in Betrieb setzen; **∼ismo** [-'vizmo] *m* Aktivismus *m*; **∼ista** [-'vista] *su.* (*m/pl.* -i) Aktivist(in *f*) *m*; **∼istico** [-'vistiko] (*pl.* -ci) aktivistisch; **∼ità** [-vi'ta] *f* Tätigkeit *f*; Aktivität *f*; Tätigkeitsdrang *m*; sfera *f* di ∼ Geschäftsbereich *m*; ✝ *pl.* Aktiva *pl.*; essere in ∼ in Betrieb sein; **∼o** [-'ti:vo] **1.** *adj.* tätig, handelnd; *Gram.* transitiv; **2.** *m Gram.* Aktiv(um) *n*; ✝ Aktiva *pl.*

attizz|amento [at-tid-dza'mento] *m* Anschüren *n*; **∼are** [-'dza:re] (1a) anschüren (*a. fig.*); **∼atoio** [-dza-'to:io] *m* (*pl.* -oi) Schürhaken *m*; **∼atore** [-dza'to:re] *m fig.* Aufhetzer *m*; Anschürer *m*.

atto [at-to] **1.** *adj.* fähig; ∼ al mare seetüchtig; **2.** *m* Tat *f*; Haltung *f*; Gebärde *f*; *Thea.* Aufzug *m*, Akt *m*; ∼ notarile notarielle Urkunde *f*; ∼ ostile feindselige Handlung *f*; ∼ d'ufficio Amtshandlung *f*; ∼ di fede Glaubensbekenntnis *n*; ∼ di volontà Willenserklärung *f*; ∼ di morte Sterbeurkunde *f*; ∼ pratico Praxis *f*; nell'∼ che di. di in dem Augenblick, als; dare ∼ di beurkunden; mettere in ∼ in die Tat umsetzen; far ∼ di im Begriff sein, et. zu tun; in ∼ in Wirklichkeit; prendere ∼ di zur Kenntnis nehmen; -i *pl.* ⚖ Akten *f/pl.*; -i dell'accademia Sitzungsberichte *m/pl.* der Akademie; mettere agli ∼i zu den Akten legen.

attonito [at-'tɔ:nito] erstaunt.

attorcere [at-'tɔrtʃere] (3d) drehen; *Wäsche* aus(w)ringen.

attorcigli|amento [at-tortʃiʎa-'mento] *m* Umwickeln *n*; Verschlingung *f*; **∼are** [-'ʎa:re] (1g) umwickeln; umschlingen; **∼arsi** [-'ʎarsi] sich herumschlingen.

attore [at-'to:re] *m* Schauspieler *m*; ⚖ Kläger *m*; ∼ cinematografico Filmschauspieler *m*.

attorni|amento [at-tornia'mento] *m* Umzingelung *f*; **∼are** [-ni'a:re] (1g) umzingeln, umgeben.

attorno [at-'torno] umher, herum; um ... herum; darsi ∼ sich zu schaffen machen, sich Mühe geben, sich anstrengen; stare ∼ a qc. sich um et. bemühen; stare ∼ a qu. j-m auf dem Halse liegen; levarsi qu. d'∼ sich j-n vom Halse schaffen.

attorsi [at-'torsi] *s.* attorcere.

attortigliare [at-torti'ʎaːre] (1g) *s.* attorcigliare.

attorto [at-'torto] *s.* attorcere.

attossic|amento [at-tos-sika'mento] *m* Vergiftung *f*; **~are** [-'kaːre] (1m, c *u.* d) vergiften; **~atore** [-ka'toːre] *m* Giftmischer *m*.

attraccare [at-trak-'kaːre] (1d) ⚓ anlegen; beidrehen.

attracco [at-'trak-ko] *m* (*pl.* -chi) ⚓ Anlegen *n*; Kai *m*.

attrae [at-'traːe] *s.* attrarre.

attraente [at-tra'ɛnte] anziehend, reizend.

attraggo [at-'trag-go] *s.* attrarre.

attr|arre [at-'trar-re] (3xx) anziehen; **~assi** [-'tras-si] *s.* attrarre; **~attiva** [-trat-'tiːva] *f* Reiz *m*; (*a.* forza *f* ~) Anziehungskraft *f*; **~attivo** [-vo] anziehend; *fig.* verlockend; **~atto** [-'trat-to] *s.* attrarre.

attrav|ersamento [at-traversa-'mento] *m* Durchkreuzen *n*, Durchqueren *n*; Kreuzung *f*, Übergang *m*; *fig.* Hindernis *n*; **~ersare** [-'saːre] (1b) durchqueren; durchkreuzen; *Grenzen* überschreiten; **~erso** [-'vɛrso] **1.** *prp.* durch; **2.** *adv.* quer, quer über; mitten durch; *prendere* ~ übelnehmen; *andare* ~ schiefgehen; *guardare* ~ scheel blicken; *rispondere* ~ in gereiztem Ton antworten.

attrazione [at-tratsi'oːne] *f* Anziehung *f*, Attraktion *f*; *forza f d'*~ Anziehungskraft *f*.

attrezz|are [at-tret-'tsaːre] (1a) ausrüsten; einrichten; ⚓ auftakeln; **~ato** [-'tsaːto] gut ausgestattet; **~atura** [-tsa'tuːra] *f* Ausrüstung *f*; ⚓ Takelage *f*; **~ista** [-'tsista] *su.* (*m*/*pl.* -i) *Thea.* Requisiteur(in *f*) *m*.

attrezzo [at-'tret-tso] *m* Gerät *n*; *ginnastica f agli* -i Geräteturnen *n*; *-i pl.* ⚓ Takelwerk *n*; *Thea.* Requisiten *n*/*pl.*; Werkzeug *n*; ~ *da cucina* Küchengerät *n*.

attrib|uire [at-tribu'iːre] (4d) zuschreiben; ~ *a lode* zum Lob anrechnen; **~utivo** [-bu'tiːvo] attributiv; **~uto** [-'buːto] *m* Kennzeichen *n*; *Gram.* Attribut *n*; **~uzione** [-butsi'oːne] *f* Zuschreiben *n*; Obliegenheit (Amtsobliegenheit) *f*.

attrice [at-'triːtʃe] *f* Schauspielerin *f*; ♀♂ Klägerin *f*.

attrist|amento [at-trista'mento] *m* Betrübnis *f*; **~are** [at-tris'taːre] (1a) traurig machen; **~arsi** [-'tarsi] traurig werden; **~ire** [-'tiːre] (4d) **1.** *v/t.* traurig machen; **2.** *v/i.* verkümmern, schlecht gedeihen.

attr|ito [at-'triːto] **1.** *adj.* zerknirscht; **2.** *m* Reibung *f*; *fig.* Spannung *f*, gespanntes Verhältnis *n*; *senza* ~ reibungslos; **~izione** [-tritsi'oːne] *f* Zerknirschung *f*.

attrupp|amento [at-trup-pa'mento] *m* Ansammlung *f*; **~arsi** [-'parsi] (1a) sich zusammenrotten.

attu|abile [at-tu'aːbile] ausführbar; **~abilità** [-abili'ta] *f* Ausführbarkeit *f*; **~ale** [-'aːle] gegenwärtig; aktuell; **~alità** [-ali'ta] *f* Aktualität *f*; *Film*: Wochenschau *f*; *le* ~ *pl.* die neuesten Nachrichten *pl.*; *di* ~ aktuell; **~are** [-'aːre] (1l) verwirklichen, ausführen; **~arsi** [-'arsi] sich verwirklichen, sich erfüllen; **~ariato** [-ari'aːto] *m* Amt *n* e-s Aktuars; **~ario** [-'aːrio] *m* (*pl.* -ri) Aktuar *m*; Gerichtsschreiber *m*; **~azione** [-atsi'oːne] *f* Verwirklichung *f*, Ausführung *f*; ♀♂ Inkrafttreten *n*, Durchführung *f*.

attutire [at-tu'tiːre] (4d) beruhigen; lindern; *Licht, Stoß* dämpfen.

aud|ace [au'daːtʃe] kühn; gewagt; frech, unverschämt; unanständig, schlüpfrig; **~acia** [-'daːtʃa] *f* Kühnheit *f*; Frechheit *f*.

audio [a:udio] *m* *inv.* Ton-Teil *m* des *Fernsehgerätes*.

audiovisivo [audiovi'ziːvo] audiovisuell.

audi|tore [audi'toːre] *m* (*päpstlicher*) Richter *m*; **~torio** [-'toːrio] *m* (*pl.* -ri) Zuhörerschaft *f*; Auditorium *n*, Hörsaal *m*; **~zione** [-tsi'oːne] *f* Anhörung *f*; Verhör *n*; *Radio*: Hören *n*.

auge [a:udʒe] *m*: essere in ~ auf der Höhe des Glücks, des Ansehens usw. sein; in Mode sein.

augello [au'dʒel-lo] *m poet.* Vogel *m*.

augur|ale [augu'raːle] Glückwunsch...; **~are** [-'raːre] (1l) wünschen; **~ato** [-'raːto]: *bene (male)* ~ glück-(unglück-)verheißend.

augure [a:ugure] *m* Augur *m*; Wahrsager *m* (*aus dem Vogelflug*).

augurio [au'guːrio] *m* (*pl.* -ri) Vorzeichen *n*; Glückwunsch *m*; *uccello m di mal* ~ Unglücksrabe *m*; *tanti -i!* herzliche Glückwünsche!

augusto [au'gusto] erhaben, hehr.

aula [a:ula] *f* Aula *f*; Hörsaal *m*; Klassenzimmer *n*; ~ *delle adunanze* Sitzungssaal *m*.

aulico [a:uliko] (*pl. -ci*) Hof...; *stile m* ~ erhabener Stil *m*.

aument|are [aumen'ta:re] (1a) **1.** *v/t.* vermehren; *Preise* steigern; *Gehalt* aufbessern; **2.** *v/i.* zunehmen; *fig.* anwachsen; *Preise:* steigen; anziehen; **~ista** [-'tista] *m* Preistreiber *m*.

aumento [au'mento] *m* Vermehrung *f*; Steigerung *f*; Zunahme *f*; ~ *salariale* Lohnerhöhung *f*; ~ *del prestigio* Prestigezuwachs *m*.

aura [a:ura] *f poet.* Lüftchen *n*; ~ *popolare* Volksgunst *f*.

aureo [a:ureo] golden; *base f -a* Goldbasis *f*; *sezione f -a* Goldener Schnitt *m*.

aureola [au're:ola] *f* Glorienschein *m*; *fig.* Nimbus *m*.

auricolare [auriko'la:re] Ohren...; *testimonio m* ~ Ohrenzeuge *m*.

aurifero [au'ri:fero] goldhaltig.

auriga [au'ri:ga] *m* (*pl. -ghi*) *lit.* Wagenlenker *m*.

aurora [au'ro:ra] *f* Morgenröte *f*; ~ *boreale* Nordlicht *n*.

auscult|are [auskul'ta:re] (1a) 𝒮 auskultieren, abhorchen; **~azione** [-tatsi'o:ne] *f* Auskultation *f*.

ausili|are [auzili'a:re] Hilfs...; *verbo m* ~ Hilfszeitwort *n*; **~aria** [-'a:ria] *f* Angehörige *f* des weiblichen Hilfsdienstes; **~ario** [-'a:rio] (*pl. -ri*) Hilfs...; *motore m* ~ Hilfsmotor *m*; 𝕏 *posizione f -a* Reserve *f*.

ausilio [au'zi:lio] *m* (*pl. -li*) Hilfe *f*.

auspic|are [auspi'ka:re] (1d) herbeiwünschen; **~ato** [-'ka:to]: *bene* (*male*) ~ glück-(unglück-)verheißend.

auspice [auspitʃe] *m* Schutzherr *m*; *ehm.* Wahrsager *m*.

auspicio [aus'pi:tʃo] *m* (*pl. -ci*) Vorbedeutung *f*; *sotto gli -i* unter der Schirmherrschaft.

austerità [austeri'ta] *f* Strenge *f*.

austero [aus'te:ro] streng.

australe [aus'tra:le] südlich.

australiano [australi'a:no] **1.** *adj.* australisch; **2.** *m* Australier *m*.

austriaco [aus'tri:ako] (*pl. -ci*)

1. *adj.* österreichisch; **2.** *m* Österreicher *m*.

autarchia [autar'ki:a] *f* Selbstverwaltung *f*, Autarkie *f*.

autarchico [au'tarkiko] autark, sich selbst verwaltend.

autentica [au'tentika] *f* (*pl. -che*) Beglaubigung *f*.

autentic|are [autenti'ka:re] (1m, d u. b) beglaubigen; **~azione** [-katsi'o:ne] *f* Beglaubigung *f*.

autenticità [autentitʃi'ta] *f* Echtheit *f*; Glaubwürdigkeit *f*.

autentico [au'tentiko] (*pl. -ci*) authentisch, echt; glaubwürdig; zuverlässig.

aut|iere [auti'ɛ:re] *m* 𝕏 Fahrer *m*; **~ista** [-'tista] *m* (*pl. -i*) Chauffeur *m*, Fahrer *m*; Autofahrer *m*; Kraftfahrer *m*; ~ *di piazza* Taxichauffeur *m*.

auto [a:uto] *f* Auto *n*; *s.* automobile.

auto... [auto] Selbst...; **~accensione** [-at-tʃensi'o:ne] *f* ⊕ Selbstzündung *f*; **~ambulanza** [-ambu'lantsa] *f* Unfallwagen *m*; **~aratrice** [-ara-'tri:tʃe] *f* Motorpflug *m*; **~biografia** [-biogra'fi:a] *f* Selbstbiographie *f*; **~blinda** [-'blinda] *f* gepanzertes Auto *n*; **~bus** [-'bus] *m* Autobus *m*; **~carro** [-'kar-ro] *m* Lastauto *n*; **~cisterna** [-tʃis'terna] *f* Tankwagen *m*; **~civetta** [-tʃi'vet-ta] *f* getarnter Polizeiwagen *m*; **~clave** [-'kla:ve] *f* Autoklav *m*, Gefäß *n* zum Erhitzen unter Druck; **~colonna** [-ko'lon-na] *f* Kraftwagenkolonne *f*; **~combustione** [-kombusti'o:ne] *f* Selbstentzündung *f*; **~controllo** [-kon'trol-lo] *m* Selbstkontrolle *f*; **~corriera** [-kor-ri'ɛ:ra] *f* Postauto *n*; Autopost *f*; Kraftomnibus *m*.

autocrate [au'tɔ:krate] *m* Selbstherrscher *m*.

auto|cratico [auto'kra:tiko] (*pl. -ci*) autokratisch; **~crazia** [-kra'tsi:a] *f* Autokratie *f*; Alleinherrschaft *f*.

autocritica [auto'kri:tika] *f* Selbstkritik *f*.

autoctono [au'tɔktono] **1.** *adj.* eingeboren; **2.** *m* Ureinwohner *m*.

autodafé [autoda'fe] *m inv.* Ketzergericht *n*.

auto|decisione [autodetʃizi'o:ne] *f* Selbstbestimmung *f*; *diritto m di* ~ Selbstbestimmungsrecht *n*; **~datta** [-di'dat-ta] *su.* (*m/pl. -i*)

Autodidakt(in *f)* *m;* **~difesa** [-di'fe:sa] *f* Selbstverteidigung *f.*

autodromo [au'tɔ:dromo] *m* Autorennbahn *f.*

auto|ferrotranviario [autoferrotranvi'a:rio] zum Autobus-, Eisenbahn- und Straßenbahnverkehr gehörig; **~furgone** [-fur'go:ne] *m* Lieferauto *n.*

autogeno [au'tɔ:dʒeno] unmittelbar; spontan; *saldatura f -a* Autogenschweißung *f; allenamento m ~* autogenes Training *n.*

auto|gol [auto'gol] *m inv.* Sport: Eigentor *n;* **~governo** [-go'verno] *m* Selbstregierung *f;* **~grafare** [-gra'fa:re] (1m *u. c)* vervielfältigen, vervielfachen; **~grafico** [-'gra:fiko] *(pl. -ci)* autographisch.

autografo [au'tɔ:grafo] **1.** *adj.* eigenhändig; **2.** *m* Autogramm *n.*

autogrill [auto'gril] *m inv.* Autogrill *m.*

autolesione [autolezi'o:ne] *f* 🔫🔫 Selbstverstümmelung *f.*

automa [au'tɔ:ma] *m (pl. -i)* Automat *m.*

automatico [auto'ma:tiko] *(pl. -ci)* **1.** *adj.* automatisch, selbsttätig; *bottone m ~* Druckknopf *m; ristorante m ~* Automatenrestaurant *n;* **2.** *m* Automat *m.*

automazione [automatsi'o:ne] *f* Automation *f.*

auto|mezzo [auto'mɛd-dzo] *m* Kraftfahrzeug *n;* **~mobile** [-'mɔ:bile] *f* Automobil *n; ~ da corsa* Rennwagen *m; ~ pubblica, ~ da piazza* Taxi *n; ~ chiusa* Limousine *f; ~ utilitaria* Kleinwagen *m; ~ da turismo* Tourenwagen *m;* **~mobilismo** [-mobi'lizmo] *m* Automobilsport *m;* **~mobilista** [-'lista] *su. (m/pl. -i)* Automobilfahrer(in *f) m;* Kraftfahrer(in *f) m;* **~mobilistico** [-'listiko] *(pl. -ci): incidente m ~* Autounfall *m;* **~motrice** [-mo:'tri:tʃe] *f* Triebwagen *m;* **~noleggio** [-no'led-dʒo] *m (pl. -ggi)* Autovermietung *f,* -verleih *m;* **~nomia** [-no'mi:a] *f* Selbstverwaltung *f;* ⊕ Reichweite *f,* Aktionsradius *m.*

autonomo [au'tɔ:nomo] autonom, selbständig.

auto|parco [auto'parko] *m* Parkplatz *m;* Autopark *m;* **~pilota** [-pi'lɔ:ta] *m* ✈ automatische

Steuerung *f;* **~pompa** [-'pompa] *f* Feuerwehrauto *n.*

autopsia [auto'psi:a] *f* Leichenschau *f;* Obduktion *f.*

auto|pullman [auto'pulman] *m* Reiseautobus *m;* **~radio** [-'ra:dio] *f* Autoradio *n.*

autore [au'to:re] *m* Autor *m;* Urheber *m;* ⚖ Verfasser *m;* ⚖ Täter *m; diritto m d'~* Urheberrecht *n.*

autorecapito [autore'ka:pito] *m* Zubringerdienst *m durch Auto.*

autorete [auto're:te] *f* Fußball: Eigentor *n.*

autor|evole [auto're:vole] angesehen; *Quelle:* bewährt; **~evolezza** [-revo'let-tsa] *f* Ansehen *n.*

autorimessa [autori'mes-sa] *f* Garage (Autogarage) *f.*

autor|ità [autori'ta] *f* Gewalt *f; Pol.* Behörde *f;* Ansehen *n; le ~ pl.* die Spitzen *f/pl.* der Behörden; *fare ~* eine Autorität sein; *di propria ~* aus eigener Machtvollkommenheit; **~itario** [-ri'ta:rio] *(pl. -ri)* eigenmächtig; *Pol.* autoritär.

autoritratto [autori'trat-to] *m* Selbstbildnis *n.*

autor|izzare [autorid-'dza:re] (1a) ermächtigen; bevollmächtigen; **~izzazione** [-rid-dzatsi'o:ne] *f* Ermächtigung *f.*

auto|scafo [autos'ka:fo] *m* Motorboot *n;* **~scatto** [-s'kat-to] *m* Selbstauslöser *m;* **~scuola** [-sku-'ɔ:la] *f* Fahrschule *f;* **~silo** [-'si:lo] *m inv.* Parkhaus *n;* **~stazione** [-statsi'o:ne] *f* Omnibusbahnhof *m;* **~stop** [-s'tɔp] *m: fare l'~* per Anhalter fahren; **~strada** [-s'tra:da] *f* Autostraße *f;* Autobahn *f;* **~suggestione** [-sud-dʒesti'o:ne] *f* Autosuggestion *f;* **~trattore** [-trat-'to:re] *m* Trecker *m;* **~treno** [-'trɛ:no] *m* Lastzug *m;* **~veicolo** [-ve'i:kolo] *n* Kraftfahrzeug *n;* **~vettura** [-vet-'tu:ra] *f* Kraftwagen *m; ~ da noleggio* Mietauto *n.*

autunnale [autun-'na:le] herbstlich.

autunno [au'tun-no] *m* Herbst *m.*

ava [a:va] *f* Großmutter *f.*

aval|lante [aval-'lante] *m* ✝ Avalist *m,* Wechselbürge *m;* **~are** [-'la:re] (1a) avalieren; bürgen.

avallo [a'val-lo] *m* Aval *m,* Wechselbürgschaft *f.*

avam|braccio [avam'brat-tʃo] *m*

(*pl.* -cci) Unterarm *m*; **~posto**
[-'posto] *m* Vorposten *m*.
avana [a'va:na] *adj.* tabakfarben.
avanguardia [avaŋgu'ardia] *f* Vorhut *f*; *fig.* Avantgarde *f*; d'~ avantgardistisch.
avannotto [avan-'nɔt-to] *m* Setzling *m*, Jungfisch *m*.
avan|scoperta [avansko'perta] *f* Vorpostenrekognoszierung *f*; **~spettacolo** [-spet-'ta:kolo] *m* Varietédarbietung *f vor e-m* Film.
avanti [a'vanti] **1.** *prp.* vor; **2.** *adv.* vorher; weiter; voran; ~ che bevor; per l'~ ehemals; d'ora in ~ von jetzt an; ~! herein!; vorwärts!; *andare* ~ vorgehen (*a. Uhren*); *essere* ~ voraus sein; *farsi* ~ vortreten; *mettere* ~ vorbringen; *Uhr* vorstellen; *mettersi* ~ sich vordrängen; *fig. mandare* ~ erhalten, in Gang halten; *tirare* ~ v/i. weiterkommen, sich durchschlagen; **3.** *m Sport:* Stürmer *m*.
avan|tieri [avanti'ɛ:ri] vorgestern; **~treno** [-'trɛ:no] *m Artill.* Protze *f*.
avanz|amento [avantsa'mento] *m* Fortschritt *m*; Beförderung *f*; **~are** [-'tsa:re] (1a) **1.** *v/t.* befördern; übertreffen; *Gesuch* einreichen; *Vorschlag* vorbringen; ~ *denaro* Geld sparen; **2.** *v/i.* vorwärts gehen, vorrücken; übrigbleiben; **~arsi** [-'tsarsi] vorrücken; **~ata** [-'tsa:ta] *f* Vormarsch *m*; **~ato** [-'tsa:to]: *posto m* ~ vorgeschobener Posten *m*.
avanzo [a'vantso] *m* Rest *m*; d'~ im Überfluß; *-i pl.* Überreste *pl.*
avaria [ava'ri:a] *f* Havarie *f*; Defekt *m*.
avariato [avari'a:to] beschädigt; verdorben.
avarizia [ava'ri:tsia] *f* Geiz *m*.
avaro [a'va:ro] **1.** *adj.* geizig; **2.** *m* Geizhals *m*.
avellana [avel-'la:na] *f* Haselnuß *f*.
avello [a'vel-lo] *m lit.* Grab *n*.
avemaria [avema'ri:a], **avemmaria** [avem-ma'ri:a] *f* Ave-Maria *n*.
avena [a've:na] *f* Hafer *m*.
avere [a've:re] (2b) **1.** *v/t.* haben; erhalten, bekommen; ~ a od. da müssen; ~ che fare zu tun haben; che hai? was fehlt dir?; ~ da qu. et. von j-m erfahren; ~ qc. con qu. et. gegen j-n haben; avercela con qu. gegen j-n aufgebracht sein; chi

ha avuto ha avuto und damit genug; **2.** *m* Vermögen *n*; ✝ Kredit *m*; dare e ~ Soll und Haben *n*; -i m/pl. Habseligkeiten *f/pl.*
averno [a'verno] *m poet.* Hölle *f*.
avia|tore [avia'to:re] *m* Flieger *m*; **~torio** [-'tɔ:rio] (*pl. -ri*) Flieger...; Flug...; **~zione** [-tsi'o:ne] *f* Fliegen *n*; Flugwesen *n*; Luftfahrt *f*; Flugtechnik *f*; ~ militare Luftwaffe *f*.
avicoltura [avikol'tu:ra] *f* Vogelzucht *f*.
avidità [avidi'ta] *f* Gier *f*; Begierde *f*; (a. ~ di danaro) Habsucht *f*.
avido [a:vido] gierig; begierig; habgierig.   [Luftwaffe.)
aviere [avi'ɛ:re] *m* Soldat *m der)*
avifauna [avi'fa:una] *f* Vogelwelt *f*.
avio|getto [avio'dʒɛt-to] *m* Düsenflugzeug *n*; **~linea** [-'li:nea] *f* Fluglinie *f*, -strecke *f*; **~rimessa** [-ri-'mes-sa] *f* Flugzeughalle *f*; **~trasportato** [-traspor'ta:to]: *truppe f/pl.* -e Luftlandetruppen *f/pl.*
avito [a'vi:to] der Ahnen, Ahnen...; l'~ castello das Schloß der Ahnen.
avo [a:vo] *m* Großvater *m*; *-i pl.* Ahnen *m/pl.*, Vorfahren *m/pl.*
avocare [avo'ka:re] (1l *u. d od.* 1c *u. d*): ~ a sé übernehmen.
avolo [a:volo] *m s. avo.*
avorio [a'vɔ:rio] *m* (*pl. -ri*) Elfenbein *n*.
avulso [a'vulso] losgetrennt.
avvalersi [av-va'lersi] (2r): ~ di qc. sich et. nutzbar machen.
avvall|amento [av-val-la'mento] *m* Senkung *f*; **~are** [-'la:re] (1a) *u.* **~arsi** [-'larsi] sich senken; **~atura** [-la'tu:ra] *f* Senkung *f*.
avvalor|amento [av-valora'mento] *m* Stärkung *f*; Bekräftigung *f*; **~are** [-'ra:re] (1a) stärken; *Meinung* bekräftigen; **~arsi** [-'rarsi] *fig.* Kraft (*od.* Mut) gewinnen.
avvampare [av-vam'pa:re] (1a) **1.** *v/t.* entzünden; *Tuch* versengen; **2.** *v/i.* aufflackern; *vor Zorn* entbrennen.
avvantaggi|are [av-vantad-'dʒa:re] (1f) begünstigen; ~ qu. j-m e-n Vorteil gewähren; **~arsi** [-'dʒarsi] vorwärtskommen; ~ di qc. aus et. Nutzen ziehen.
avve|dersi [av-ve'dersi] (2s): ~ di qc. et. (be)merken, wahrnehmen; **~dutezza** [-du'tet-tsa] *f* Umsicht *f*; **~duto** [-'du:to] umsichtig.

avvelen|amento [av-velena'mento]
m Vergiftung *f*; **~are** [-'na:re] (1a)
vergiften; *fig.* verbittern; **~atore**
[-na'to:re] *m* Giftmischer *m*.

avven|ente [av-ve'nɛnte] anmutig;
gutaussehend; **~enza** [-'nɛntsa] *f*
Anmut *f*; Reiz *m*.

avven|imento [av-veni'mento] *m*
Ereignis *n*; *-i pl. mondiali* Weltge-
schehen *n*; **~** *al trono* Thronbesteigung *f*; **~ire** [-'ni:re] (4p) **1.** *v/i.*
geschehen, eintreten, sich ereignen;
2. *adj. inv.* zukünftig; **3.** *m* Zukunft
f; *nell'~* künftig.

avvenni [av-'ven-ni] *s.* avvenire.

avven|tare [av-ven'ta:re] (1b)
schleudern; unüberlegt sagen; **~
tarsi** [-'tarsi] sich stürzen (*su* auf
acc.); **~tataggine** [-ta'tad-dʒine] *f*,
~tatezza [-ta'tet-tsa] *f* Unbesonnenheit *f*; **~tato** [-'ta:to] unüberlegt.

avventizio [av-ven'ti:tsio] (*pl.* -zi)
Neben..., zufällig; unvermutet;
provisorisch; *guadagno m ~* Neben-
verdienst *m*; *operaio m ~* Gelegenheitsarbeiter *m*.

avvento [av-'vɛnto] *m* Advent *m*;
~ *al trono* Thronbesteigung *f*.

avvent|ore [av-ven'to:re] *m* Kunde
m; *-i pl.* Kundschaft *f*; **~ura**
[-'tu:ra] *f* Abenteuer *n*; *andare in
cerca di -e* auf Abenteuer ausgehen;
~urare [-tu'ra:re] (1a) wagen;
~urarsi [-tu'rarsi] sich wagen; *fig.*
sich stürzen; **~urato** [-tu'ra:to]
glücklich; **~uriere** [-turi'ɛ:re] *m*
Abenteurer *m*; **~uroso** [-tu'ro:so]
abenteuerlich; glücklich.

avver|amento [av-vera'mento] *m*
Erfüllung *f*; Bestätigung *f*; **~are**
[-'ra:re] (1a) wahr machen; **~arsi**
[-'rarsi] in Erfüllung gehen.

avverbiale [av-verbi'a:le] adver-
bial.

avverbio [av-'vɛrbio] *m* (*pl.* -bi)
Adverb *n*, Umstandswort *m*.

avver|sare [av-ver'sa:re] (1b) be-
kämpfen; (*j-m*) entgegenarbeiten;
~sario [-'sa:rio] (*pl.* -ri) **1.** *adj.* geg-
nerisch; **2.** *m* Gegner *m*; **~sione**
[-si'o:ne] *f* Abneigung *f*; Feindseligkeit *f*; **~sità** [-si'ta] *f* Widerwärtigkeit *f*.

avverso [av-'vɛrso] abgeneigt; geg-
nerisch; ungünstig.

avvert|enza [av-ver'tɛntsa] *f* Be-
hutsamkeit *f*; Bemerkung *f*; Warnung *f*; ⨆ Vorbemerkung *f*, Vor-

wort *n*; **~imento** [-ti'mento] *m*
Warnung *f*; Benachrichtigung *f*;
~ire [-'ti:re] (4b) **1.** *v/t.* warnen;
benachrichtigen; bemerken; **2.** *v/i.*
merken; **~itamente** [-tita'mente]
in behutsamer Weise; mit Vorbedacht; **~ito** [-'ti:to]: *fare ~ darauf*
aufmerksam machen.

avvezz|amento [av-vet-tsa'mento]
m Gewöhnung *f*; **~are** [-'tsa:re] (1a)
gewöhnen (*a* an *acc.*).

avvezzo [av-'vet-tso] gewöhnt.

avvi|amento [av-via'mento] *m* An-
leitung *f*; Einführung *f*; ⊕ Ingangsetzen *n*; Anfahren *n*; **~** *della forma
Typ.* Zurichten *n* der Form; *scuola
f d'~* Berufsschule *f*; **~are** [-'a:re]
(1h) einleiten; **~** *qu. in qc.* j-n in et.
(*acc.*) einführen; *Prozeß* einleiten;
Motor anlassen; **~arsi** [-'arsi] sich
auf den Weg machen; *Motor*: anspringen; **~ato** [-'a:to] ⚓ gut im
Gange; *fig.* eingeführt, eingeweiht.

avvicend|amento [av-vitʃenda-
'mento] *m* Abwechseln *n*; **~are**
[-'da:re] (1b) abwechseln; um-
schichtig legen; **~arsi** [-'darsi] einander ablösen; aufeinanderfolgen.

avvicin|amento [av-vitʃina'mento]
m Annäherung *f*; **~are** [-'na:re] (1a)
nähern; **~arsi** [-'narsi] heran-
nahen, sich nähern.

avvidi [av-'vi:di] (*mi* ~) *s.* avvedersi.

avviene [av-vi'ɛ:ne] *s.* avvenire.

avvil|ente [av-vi'lɛnte] demüti-
gend; **~imento** [-li'mento] *m* De-
mütigung *f*; Niedergeschlagenheit
f; **~ire** [-'li:re] (4d) demütigen;
herabsetzen; *Preise* herabdrücken;
~irsi [-'lirsi] sich erniedrigen; den
Mut verlieren; **~ito** [-'li:to] niedergeschlagen; entmutigt.

avviluppare [av-vilup-'pa:re] einwickeln; verwickeln; *fig.* umgarnen.   [trunken.⟩

avvinazzato [av-vinat-'tsa:to] be-⟨

avvincente [av-vin'tʃɛnte] fesselnd,
packend.

avvincere [av-'vintʃere] (3d) umschlingen; *fig.* fesseln.

avvinghi|are [av-vingi'a:re] (1g)
fest umschlingen; **~arsi** [-'arsi] sich
anklammern (*a* an *dat.*).

avvinsi, avvinto [av-'vinsi, -to] *s.*
avvincere.

avvio [av-'vi:o] *m*: *dare l'~ a qc.*
et. in Gang bringen; *prendere l'~
da qc.* von et. (*dat.*) ausgehen.

avvis|aglia [av-vi'za:ʎa] f Scharmützel n, Geplänkel n; Anzeichen n; **~are** [-'za:re] (1a) benachrichtigen; warnen; mitteilen; ankündigen; **~atore** [-za'to:re] m Bote m; **~** d'incendi Feuermelder m.

avviso [av-'vi:zo] m Benachrichtigung f; Warnung f; Wink m, Ratschlag m; in der Zeitung: Anzeige f, Annonce f, Inserat n; (**~** pubblico öffentliche) Bekanntmachung f; **~** della partenza Abmeldung f; **~** di spedizione Versandanzeige f; ✝ Anzeige f; accettazione f di -i pubblicitari Inseratenannahme f; ⚓ Aviso(schiff n) m; essere d'**~** der Meinung sein; a mio **~** m-r Ansicht nach; mettere sull'**~** warnen; stare sull'**~** auf der Hut sein; ✝ lettera f d'**~** Avisbrief m.

avvistare [av-vis'ta:re] (1a) von weitem sehen, erkennen.

avvisto [av-'visto] s. avvedersi.

avvitare [av-vi'ta:re] (1a) an-, aufschrauben.

avviticchi|amento [av-vitik-kia-'mento] m Umschlingung f; Umklammern n; **~are** [-'a:re] (1g) umschlingen; **~arsi** [-'arsi] sich anklammern (a an dat.).

avviv|amento [av-viva'mento] m Belebung f; **~are** [-'va:re] (1a) beleben; Farben auffrischen.

avvizz|imento [av-vit-tsi'mento] m Verwelken n; **~ire** [-'tsi:re] (4d) welken.

avvocat|a [av-vo'ka:ta] f Fürsprecherin f; **~esco** [-ka'tesko] (pl. -chi) haarspalterisch; umständlich; **~essa** [-ka'tes-sa] f Rechtsanwältin f; **~o** [-'ka:to] m Rechtsanwalt m; borsa f d'**~** Aktenmappe f; **~ura** [-ka'tu:ra] f Advokatur f.

avv|olgere [av-'vɔldʒere] (3d) umwickeln; einhüllen; bewickeln (di mit dat.); fig. umgarnen; **~olgibile** [-vol'dʒi:bile] m Rolladen m; **~olgimento** [-voldʒi'mento] m Umwick(e)lung f; fig. Betrug m; ⚇ Wicklung f; **~olsi** [-'vɔlsi] s. avvolgere. [wickeln.]

avvoltare [av-vol'ta:re] (1c) auf-]

avvolto [av-'vɔlto] s. avvolgere.

avvoltoio [av-vol'to:io] m (pl. -oi) Geier m.

avvoltol|are [av-volto'la:re] (1m u. c) herumwickeln; **~arsi** [-'larsi] sich herumwälzen.

azalea [adza'lɛ:a] f Azalee f.

azienda [adzi'enda] f Betrieb m; Geschäft n; **~** commerciale Geschäftsbetrieb m; **~** di cura e soggiorno Kurverwaltung f; grande **~** Großbetrieb m; consiglio m d'**~** Betriebsrat m.

aziendale [adzien'da:le] Geschäfts...; Betriebs...

azionare [atsio'na:re] (1a) in Tätigkeit (Bewegung, Betrieb) setzen; Motor anlassen.

azionario [atsio'na:rio] Aktien...; capitale m **~** Aktienkapital n.

azion|e [atsi'o:ne] f Handlung f; Tat f; Wirkung (auf j-n) f; ✝ Aktie f; ⚖ Klage f; ✕ Kampfhandlung f; **~** privilegiata (di priorità) Vorzugs-(Prioritäts)aktie f; **~** di prima emissione Stammaktie f; **~** in profondità Tiefenwirkung f; raggio m d'**~** Reichweite f; Wirkungsbereich m; **~ista** [-o'nista] su. (m/pl. -i) Aktionär(in f) m.

azotato [adzo'ta:to] stickstoffhaltig.

azoto [a'dzɔ:to] m Stickstoff m.

azza [at-tsa] f Streitaxt f.

azzannare [at-tsan'na:re] (1a) mit den Hauern packen.

azzard|are [ad-dzar'da:re] (1a) wagen; **~arsi** [-'darsi] sich erkühnen; wagen.

azzard|o [ad-'dzardo] m Wagnis n; gioco m d'**~** Glücksspiel n; **~oso** [-dzar'do:so] gewagt; waghalsig.

azzeccagarbugli [at-tsek-kagar-'bu:ʎi] m inv. Rechtsverdreher m.

azzeccare [at-tsek-'ka:re] (1d u. b) erraten; Schlag versetzen.

azzerare [ad-dze'ra:re] (1b) ⊕ auf Null einstellen.

azzimare [ad-dzi'ma:re] (1l) herausputzen.

azzimo [ad-dzimo] ungesäuert.

azzopp|are [at-tsop-'pa:re] (1c), **~ire** [-'pi:re] (4d) **1.** v/t. lahm machen; **2.** v/i. lahm werden.

azzuff|amento [at-tsuf-fa'mento] m Handgemenge n; **~arsi** [-'farsi] (1a) aneinandergeraten; handgreiflich werden.

azz|urreggiare [ad-dzur-red-'dʒa:re] (1f) bläulich schimmern; **~urrino** [-'ri:no] bläulich; **~urro** [-'dzur-ro] **1.** adj. blau; **2.** m Himmelblau n; Blaufarbe f; +i pl. Sport: italienische Nationalmannschaft f; **~urrognolo** [-'ro:ɲolo] bläulich.

B

B, b [bi] *f u. m* B, b *n.*

baba [ba:ba] (*a.* babà) *m Süßspeise aus Mehl, Eiern, Sahne und Marsala.*

babau [ba'bau] *m Kindersprache:* schwarzer Mann *m.*

babbeo [bab-'bɛ:o] **1.** *adj.* dumm; **2.** *m* Tölpel *m.*

babbo [bab-bo] *m* Papa *m;* Vater *m;* ～ *Natale* Weihnachtsmann *m;* cose *f/pl.* che non hanno né ～ né mamma unglaubliche Dinge *n/pl.*

babbuasso [bab-bu'as-so] **1.** *adj.* albern; **2.** *m* Dummkopf *m.*

babbuccia [bab-'but-tʃa] *f (pl. -cce)* Pantoffel *m.*

babbuino [bab-bu'i:no] *m* Pavian *m; fig.* Dummkopf *m.*

bab|ele [ba'bɛ:le] *f* Durcheinander *n,* Lärm *m;* ～**elico** [-'bɛ:liko] (*pl. -ci*) lärmend.

babilonia [babi'lɔ:nia] *f* F wildes Durcheinander *n.*

babordo [ba'bordo] *m* ⚓ Backbord *n.*

bac|arsi [ba'karsi] (1d) wurmstichig werden; ～**ato** [-'ka:to] wurmstichig.

bacca [bak-ka] *f (pl. -cche)* Beere *f.*

baccalà [bak-ka'la] *m* Stockfisch *m; fig.* Dummkopf *m.*

bacc|anale [bak-ka'na:le] *m* Trinkgelage *n; ehm.* Bacchusfest *n;* ～**ano** [-'ka:no] *m* Heidenlärm *m;* ～**ante** [-'kante] *f* Bacchantin *f.*

baccarà [bak-ka'ra] *m* Bakkarat *n.*

baccel|lierato [bat-tʃel-lie'ra:to] *m* Bakkalaureat *n;* ～**liere** [-li'ɛ:re] *m* Bakkalaureus *m.*

baccello [bat-'tʃel-lo] *m* Schote *f; fig.* Dummkopf *m.*

bacchetta [bak-'ket-ta] *f* Rute *f; ♩* Taktstock *m;* Malerstock *m;* ～ *magica* Zauberstab *m;* ～ *divinatoria* Wünschelrute *f; comandare a* ～ herrisch befehlen.

bacchett|are [bak-ket-'ta:re] (1a) klopfen; ～**ata** [-'ta:ta] *f* Rutenhieb *m;* ～**one** [-'to:ne] *m* Scheinheilige(r) *m;* ～**oneria** [-tone'ri:a] *f* Frömmelei *f.*

bacchi|are [bak-ki'a:re] (1g) Obst abschlagen; ～**ata** [-ki'a:ta] *f* Schlag *m.*

bacchico [bak-kiko] (*pl. -ci*) bacchisch.

Bacco [bak-ko] *m* Bacchus *m; per* ♀*! od. corpo di* ♀*!* Donnerwetter!

bacheca [ba'kɛ:ka] *f (pl. -che)* Schaukasten *m.*

bachelite [bake'li:te] *f* Bakelit *n.*

bacherozzo [bake'rɔt-tso] *m* Made *f;* (Küchen-)Schabe *f.*

bachi|coltore [bakikol'to:re] *m* Seidenraupenzüchter *m;* ～**coltura** [-'tu:ra] *f* Seidenraupenzucht *f.*

bacia|mano [batʃa'ma:no] *m* Handkuß *m;* ～**pile** [-'pi:le] *su. inv.* Frömmler(in *f*) *m.*

baciare [ba'tʃa:re] (1f) küssen; berühren, streifen.

bacile [ba'tʃi:le] *m* Becken *n.*

bacillo [ba'tʃil-lo] *m* Bazillus *m; portatore m di -i* Keimträger *m.*

bacinella [batʃi'nɛl-la] *f* Waschschale *f.*

bacino¹ [ba'tʃi:no] *m* Küßchen *n.*

bacino² [ba'tʃi:no] *m* Becken *n;* ⚓ Dock *n.*

bacio¹ [ba'tʃi:o] schattig, nicht der Sonne ausgesetzt.

bacio² [ba'tʃo] *m (pl. -ci)* Kuß *m.*

baciozzo [ba'tʃɔt-tso] *m scherzh.* Schmatz *m.*

baciucchiare [batʃuk-ki'a:re] (1g) abküssen.

bac|o [ba:ko] *m (pl. -chi)* Wurm *m,* Made *f;* ～ *da seta* Seidenraupe *f;* ～**ologia** [bakolo'dʒi:a] *f* Seidenzuchtlehre *f;* ～**ologico** [-'lɔ:dʒiko] (*pl. -ci*) die Seidenzucht betreffend; Seidenzucht...

bacterio [bak'tɛ:rio] *usw. s.* batterio *usw.*

bada [ba:da] *f: tenere a* ～ hinhalten.

badare [ba'da:re] (1a) **1.** *v/t.* hüten; **2.** *v/i.* achtgeben (*a* auf *acc.*); sich in acht nehmen; ～ *ai fatti suoi* sich um seine Angelegenheiten kümmern; *non* ～ *a spese (fatiche)* keine Ausgaben (Anstrengungen) scheuen; ～ *alla casa* das Haus besorgen.

B

badense [ba'dɛnse] **1.** *adj.* badisch; **2.** *m* Badener *m*.

ba|dessa [ba'des-sa] *f* Äbtissin *f*; **~dia** [-'di:a] *f* Abtei *f*.

badil|ante [badi'lante] *m* Schaufler *m*, Erdarbeiter *m*; **~ata** [-'la:ta] *f* Schaufelvoll *f*; Schlag *m* mit der *Schaufel*.

badile [ba'di:le] *m* Schaufel *f*.

baff|o [baf-fo] *m* Klecks *m*; *Typ.* Linienstück *n*; Kielwasserschaum *m*; *mi fa un* ~ F es ist mir Wurst; *mst* **-i** *pl.* Schnurrbart *m*; F *coi* ~ *i* hervorragend, ganz ausgezeichnet; *ridere sotto i* ~ *i* sich ins Fäustchen lachen; **~ona** [-'fo:na] *f* Frau *f* mit Schnurrbart; **~one** [-'fo:ne] *m* Mann *m* mit Schnurrbart; **~uto** [-'fu:to] schnurrbärtig.

bagagliaio [baga'ʎa:io] *m* (*pl.* **-ai**) Gepäckwagen *m*; *Auto:* Kofferraum *m*.

bagaglio [ba'ga:ʎo] *m* (*pl.* **-gli**) Gepäck *n*; Reisegepäck *n*; *fare i -i* die Koffer packen; *spedire come* ~ *appresso* als Passagiergut senden; *sportello m deposito -i* Gepäckschalter *m*; *assicurazione f -i* Reisegepäckversicherung *f*.

bagar|inaggio [bagari'nad-dʒo] *m* Schieberhandwerk *n*; Aufkauf *m*; **~ino** [-'ri:no] *m* Schieber *m*; Aufkäufer *m*.

bagascia [ba'gaʃ-ʃa] *f* (*pl.* **-sce**) Dirne *f*.

bagattella [bagat-'tɛl-la] *f* Lappalie *f*.

bag|gianata [bad-dʒa'na:ta] *f* Dummheit *f*; **~giano** [-'dʒa:no] *m* Einfaltspinsel *m*.

bagliore [ba'ʎo:re] *m* Blitz *m*, Schein *m*; *fig.* Schimmer *m*.

bagn|ante [ba'ɲante] *m* Badegast *m*; **~are** [-'ɲa:re] (1a) naß machen; anfeuchten; *Straßen* besprengen; *Blumen, Ereignis* begießen; *il mare bagna un paese* das Meer bespült ein Land; **~arsi** [-'ɲarsi] naß werden; **~asciuga** [-ɲaʃ-'ʃu:ga] *m inv.* ⚓ Wasserlinie *f e-s Schiffs*; Strandlinie *f*; **~ato** [-'ɲa:to] **1.** *adj.* naß; ~ *fino alle ossa* bis auf die Haut durchnäßt; **2.** *m* nasser Boden *m*; *piove sul* ~ ein Unglück kommt zum anderen; **~atura** [-ɲa'tu:ra] *f* Baden *n*; Badezeit *f*; **~ino** [-'ɲi:no] *m* Bademeister *m*.

bagno [ba:ɲo] *m* Bad *n*; Badezimmer *n*; Badewanne *f*; ~ *di fango* Schlammbad *n*; ~ *all'aperto* Freibad *n*; ~ *minerale* Heilbad *n*; ~ *penale* Zuchthaus *n*; ~ *di sole* Sonnenbad *n*; ~ *solforico* Schwefelbad *n*; ~ *a vapore* Dampfbad *n*; *cura f di -i* Badekur *f*; ~ *in vasca* Wannenbad *n*; *fare il* ~ baden; *i -i pl.* Thermalbad *n*.

bagnomaria [baɲoma'ri:a] *m inv.* Wasserbad *n*.

bagordare [bagor'da:re] (1a) schwelgen.

bagordo [ba'gordo] *m* Schwelgerei *f*.

baia¹ [ba:ia] *f Geogr.* Bucht *f*; Haff *n*.

baia² [ba:ia] *f* Scherz *m*; Spott *m*; *dare la* ~ *a qu.* j-n zum besten haben.

baiadera [baia'dɛ:ra] *f* Bajadere *f*.

bailamme [bai'lam-me] *m* F Lärm *m*, Wirrwarr *m*.

baio [ba:io] (*pl.* **bai**) **1.** *adj.* braun (*vom Pferd*); **2.** *m* Braune(r) *m*.

baiocco [bai'ɔk-ko] *m* (*pl.* **-cchi**) *ehm. Kupfermünze*; **-cchi** *pl.* F Moneten *pl.*; *non valere un* ~ keinen roten Heller wert sein.

baionett|a [baio'net-ta] *f* Bajonett *n*; **~ata** [-net-'ta:ta] *f* Stoß *m* mit dem Bajonett. [hütte *f*).]

baita [ba:ita] *f* Hütte *f* (Alpen-]

balanite [bala'ni:te] *f* Eichelentzündung *f*.

balaustr|a [bala'ustra], **~ata** [-'tra:ta] *f* Balustrade *f*; **~ino** [-'tri:no] *m* Stechzirkel *m*.

balaustro [bala'ustro] *m* Säule *f*.

balbett|amento [balbet-ta'mento] *m* Stottern *n*; **~are** [-'ta:re] (1a) stottern; stammeln; *fig.* radebrechen; **~io** [-'ti:o] *m* Gestotter *n*.

balbo [balbo] stotternd.

balbuzie [bal'bu:tsie] *f* Stottern *n*.

balbuziente [balbutsi'ɛnte] stotternd.

balcanico [bal'ka:niko] (*pl.* **-ci**) balkanisch; Balkan...; *paesi m/pl.* **-ci** Balkanländer *n/pl.*

balconata [balko'na:ta] *f* Galerie *f*.

balcone [bal'ko:ne] *m* Balkon *m*.

baldacchino [baldak-'ki:no] *m* Baldachin *m*.

baldan|za [bal'dantsa] *f* Keckheit *f*; **~zoso** [-dan'tso:so] keck.

baldo [baldo] kühn.

baldoria [bal'dɔ:ria] *f* Lustigkeit *f*; *fare* ~ feiern; lustig sein.

baldracca [bal'drak-ka] f (pl. -cche) liederliches Weib n.

balena [ba'le:na] f Wal(fisch) m; osso m di ∼ Fischbein n.

balenare [bale'na:re] (1a) blitzen; fig. aufblitzen; ∼ a secco wetterleuchten.

balen|iera [baleni'ε:ra] f Walfänger m, Walfangschiff n; ∼iere [-re] m Walfänger m (Person).

balenio [bale'ni:o] m Wetterleuchten n.

baleno [ba'le:no] m Blitz m; in un ∼ im Nu.

balenottero [bale'nɔt-tero] m junger Walfisch m.

balestr|a [ba'lestra] f Armbrust f; Auto: Blattfeder f; ∼are [-les-'tra:re] (1b) schleudern; fig. heimsuchen; ∼iere [-lestri'ε:re] m Armbrustschütze m.

balestruccio [bales'trut-tʃo] m (pl. -cci) Mehlschwalbe f.

balì [ba'li] m Großmeister m bei einigen Orden.

balia¹ [ba'li:a] f Gewalt f.

balia² [ba'lia] f Amme f.

baliatico [ba'lia:tiko] m (pl. -ci) Ammendienst m; Ammenlohn m; Pflegling m e-r Amme.

balista [ba'lista] f ehm. Schleudermaschine f.

balistica [ba'listika] f Ballistik f.

balla [bal-la] f Warenballen m; fig. Lüge f, Märchen n; F raccontare -e Flausen erzählen.

ball|abile [bal-'la:bile] 1. adj. tanzbar; 2. m Tanzschlager m; ∼are [-'la:re] (1a) tanzen; fig. wackeln; ∼ata [-'la:ta] f Tänzchen n; ♩ u. ♪ Ballade f; ∼atoio [-la'to:io] m (pl. -oi) Balkon m; ∼erina [-le'ri:na] f Tänzerin f; Zool. Bachstelze f; ∼erino [-le'ri:no] m Tänzer m; ∼ettare [-let-'ta:re] (1a) tänzeln; ∼etto [-'let-to] m Ballett n.

ballo [bal-lo] m Tanz m, Ball m; corpo m di ∼ Balletttruppe f; locale m da ∼ Tanzlokal n; essere in ∼ auf dem Spiel stehen; tirare in ∼ qc. et. aufs Tapet bringen.

ballonzolare [bal-lontso'la:re] (1l) herumtanzen; hüpfen.

ballott|aggio [bal-lot-'tad-dʒo] m (pl. -ggi) Stichwahl f; ∼are [-'ta:re] (1c) abstimmen.

balne|are [balne'a:re] Bade...; stagione f ∼ Badesaison f; stabilimento m ∼ Badeanstalt f; stazione f ∼ Badeort m; ∼ografia [-'ografi:a] f Bäderkunde f.

balocc|are [balok-'ka:re] (1c u. d): ∼ qu. mit j-m spielen; fig. j-n hinhalten; ∼arsi [-'karsi] spielen; fig. tändeln, die Zeit verlieren.

balocco [ba'lɔk-ko] m (pl. -cchi) Spielzeug n.

baloccone [balok-'ko:ne] m Mensch m, der nichts ernst nimmt.

balordaggine [balor'dad-dʒine] f Tölpelei f.

balordo [ba'lordo] 1. adj. dumm, blöd; 2. m Tölpel m.

balsami|co [bal'sa:miko] (pl. -ci) balsamisch; ∼na [-sa'mi:na] f Balsamine f.

balsamo [balsamo] m Balsam m.

baltico [baltiko] (pl. -ci) baltisch.

baluardo [balu'ardo] m Bollwerk n.

baluginare [baludʒi'na:re] (1m) aufblitzen.

balza [baltsa] f Steilabhang m; Kleidung: Falbel f.

balz|ana [bal'tsa:na] f weißer Streifen m am Fuß des Pferdes; Kleidung: Falbel f; ∼ano [-'tsa:no] mit weißem Streifen am Fuß (vom Pferd); fig. sonderbar; cervello m ∼ Querkopf m; ∼are [-'tsa:re] (1a) springen; Herz: pochen; ∼ in piedi hochschnellen; ∼ellare [-tsel-'la:re] (1b) hüpfen.

balzello¹ [bal'tsel-lo] m Jagdw. Anstand m. [Abgabe f.]

balzello² [bal'tsel-lo] m Steuer f,)

balzelloni [baltsel-'lo:ni] in großen Sprüngen.

balzo [baltso] m Sprung m; Abprall m, Rückprall m; Abhang m; dare un ∼ auffahren; cogliere la palla al ∼ den Ball beim Rückprall treffen; fig. die Gelegenheit beim Schopfe ergreifen.

bamb|agia [bam'ba:dʒa] f Baumwolle f; ∼agino [-ba'dʒi:no] baumwollen.

bamb|ina [bam'bi:na] f kleines Mädchen n; ∼inaggine [-bi'nad-dʒine] f Kinderei f; ∼inaia [-bi-'na:ia] f Kinderfräulein n; ∼inata [-bi'na:ta] f Kinderei f; ∼inesco [-bi'nesko] (pl. -chi) kindisch.

bambino [bam'bi:no] 1. adj. kindisch; 2. m kleines Kind n; Junge m; ∼ Gesù Jesuskind n; ∼ne [-bi'no:ne] m alberner junger Mann m.

bamb|occiata [bambot-'tʃaːta] f
Kinderei f; **~occio** [-'bɔt-tʃo] m
(pl. -cci) dickes Kind n; Puppe f.
bambola [bambola] f Puppe f; carrozzina f da -e Puppenwagen m.
bamboleggiare [bamboled-'dʒaːre]
(1f) tändeln; sich kindisch betragen.
bambolotto [bambo'lɔt-to] m Pup-
penjunge m.
bambù [bam'bu] m Bambus m;
canna f di ~ Bambusstaude f.
ban|ale [ba'naːle] alltäglich; **~alità**
[banali'ta] f Abgedroschenheit f.
banan|a [ba'naːna] f Banane f;
~iera [-ni'εːra] f Bananendampfer
m; **~o** [-'naːno] m Bananenbaum
m.
banca [baŋka] f (pl. -che) Bank f;
biglietto m di ~ Banknote f; impiegato m di ~ Bankbeamte(r) m;
~bile [-'kaːbile] bankfähig.
bancarella [baŋka'rεl-la] f Verkaufsstand m.
ban|cario [baŋ'kaːrjo] (pl. -ri) 1. adj.
Bank...; assegno m ~ Bankanweisung
f; casa f -a Bankhaus n; movimento m ~ Bankverkehr m; 2. m
Bankangestellte(r) m; **~carotta**
[-ka'rɔt-ta] f Bankerott m; Zusammenbruch m; **~carottiere** [-ka-
rot-ti'εːre] m Bank(e)rotteur m.
banch|ettare [baŋket-'taːre] (1a)
schmausen; tafeln; **~etto** [-'ket-to]
m Festessen n; (Fest-)Mahl n; ~
nuziale Hochzeitsmahl n.
banchiere [baŋki'εːre] m Bankier m.
banchiglia [baŋ'kiːʎa] f Eisfeld n.
banchina [baŋ'kiːna] f Damm m;
Randstreifen m, Bankett n; ⚓
Bahnsteig m; ⚓ Landungssteg m,
Kai m; franco ~ frei auf den Kai.
banchisa [baŋ'kiːza] f Packeis n.
banco [baŋko] m (pl. -chi) Bank f;
Ladentisch m; Geogr. Sandbank f;
~ dei ministri Ministerbank f; ~
degli accusati Anklagebank f; ~ del
lotto Lottoannahmestelle f; ~ di
mescita Theke f, Schanktisch m; ~
da falegname Hobelbank f; tenere
il ~ die Bank halten; far saltare il ~
die Bank sprengen; vendere sotto ~
unter der Hand verkaufen; **~giro**
[-'dʒiːro] m Giroverkehr m.
bancon|e [baŋ'koːne] m Laden-
tisch m; **~iere** [-koni'εːre] m
Schankwirt m; Barmixer m; Verkäufer m.

banconota [baŋko'nɔːta] f Banknote f, Geldschein m.
banda [banda] f Bande f; Streifen
m; ⚓ Seite f; (a. ~ musicale Musik-)
Kapelle f; ~ di pellicola Bildstreifen
m; passare da ~ a ~ durch und durch
stechen (bohren); andare alla ~
nach e-r Seite überhängen.
band|ella [ban'dεl-la] f Tür-, Fen-
sterband n; **~ellare** [-del-'laːre]
(1b) mit Eisenblech beschlagen.
banderuola [banderu'ɔːla] f Wetterfahne f (a. fig.); ✕ u. ⚓ Wimpel m.
bandiera [bandi'εːra] f Fahne f, ⚓
Flagge f; fig. Aushängeschild n;
~ della nave Schiffsflagge f; asta f
della ~ Fahnenstange f, -stock m;
benedizione f della ~ Fahnenweihe
f; a -e spiegate mit wehenden
Fahnen.
bandinella [bandi'nεl-la] f über zwei
Rollen laufendes Handtuch n ohne
Ende.
bandire [ban'diːre] (4d) öffentlich
kundtun; Wettbewerb ausschreiben;
j-n verbannen, bannen; fig. beiseite
lassen; ~ qc. ai quattro venti et. in
alle Winde hinausposaunen.
bandista [ban'dista] su. (m/pl. -i)
Musikant(in f) m, Mitglied n e-r
Musikkapelle.
bandita [ban'diːta] f Gehege n; ~ di
caccia Jagdgehege n.
banditismo [bandi'tizmo] m Ban-
ditentum n.
bandito [ban'diːto] m Bandit m.
banditore [bandi'toːre] m Verstei-
gerer m; Verkünd(ig)er m; Aus-
schreier m.
bando [bando] m Bekanntmachung
f; Ausschreibung f; Verbannung f;
~ ai complimenti! nur keine Umstände!; ~ allo scherzo! Scherz beiseite!
bandoliera [bandoli'εːra] f Schul-
tergehänge n.
bandolo [bandolo] m Anfang m e-s
Knäuels; fig. perdere il ~ den Faden
verlieren; fig. tenere il ~ della matassa die Fäden in der Hand haben.
bandone [ban'doːne] m Eisenblech
n.
bao [baːo] s. bau.
baobab [bao'bab] m Affenbrotbaum
m.
bar [bar] m Bar f; Ausschank m;
Stehrestaurant n; Büfett n.

bardosso

bara [baːra] f Bahre f.

barabba [baˈrab-ba] m inv. Gauner m, Schurke m.

baracca [baˈrak-ka] f (pl. -cche) Baracke f; F mandare avanti la ∼ schlecht und recht durchkommen; **∼mento** [-kaˈmento] m Barackenlager n.

baraonda [baraˈonda] f Wirrwarr m; Getümmel n.

barare [baˈraːre] (1a) beim Spiel betrügen; F mogeln.

baratro [baratro] m Abgrund m.

baratt|are [barat-ˈtaːre] (1a) vertauschen; Geld wechseln; ∼ losschlagen; ∼ due parole con qu. einige Worte mit j-m wechseln; ∼ le parole die Worte verdrehen; **∼eria** [-teˈriːa] f Tauschhandel m; Betrügerei f; Verkauf m öffentlicher Ämter; **∼iere** [-tiˈeːre] m Tauschhändler m; Betrüger m; Ämterverkäufer m.

baratto [baˈrat-to] m Tausch m.

barattolo [baˈrat-tolo] m Gefäß n; Büchse f, Dose f; ∼ da conserva Konservendose f.

barba [barba] f Bart m; ⚓ Wurzel f; ∼ a punta Spitzbart m; ∼ piena Vollbart m; fare la ∼ a qu. j-n rasieren; farsi u ∼ sich rasieren; far venire la ∼ a qu. j-n schrecklich langweilen; di prima ∼ jung; fig. avere la ∼ lunga alt sein; in ∼ a qu. j-m zum Trotz; F tanto di ∼! so ein Bart!

barba|bietola [barbabiˈɛːtola] f rote Rübe f; ∼ da zucchero Zuckerrübe f; ⚓**blu** [-ˈblu] m inv. Blaubart m; **∼cane** [-ˈkaːne] m Strebemauer f; **∼gianni** [-ˈdʒan-ni] m inv. Schleiereule f; fig. Dummkopf m.

barbaglio [barbaˈʎʎo] m Blendung f; grelles Licht n.

barb|arico [barˈbaːriko] (pl. -ci) barbarisch; **∼arie** [-ˈbaːrie] f Barbarei f; **∼arismo** [-baˈrizmo] m Sprachwidrigkeit f; Barbarei f.

barbaro [barbaro] **1.** adj. barbarisch; **2.** m Barbar m.

barbassoro [barbas-ˈsɔːro] m Wichtigtuer m, Klugsprecher m.

barb|ata [barˈbaːta] f Wurzelwerk n; Senkreis n; **∼atella** [-baˈtɛl-la] f bewurzelter Steckling m.

barbazzale [barbat-ˈtsaːle] m Kinnkette f.

barbera [barˈbɛːra] m Art piemontesischer Rotwein m.

Barberia [barbeˈriːa] f: organetto di ∼ Leierkasten m.

barbetta [barˈbet-ta] f kurzer Bart m.

barbicare [barbiˈkaːre] (11 u. d) wurzeln.

barb|iere [barbiˈɛːre] m Barbier m, Haarschneider m; **∼iglio** [-ˈbiʎʎo] m Zool. Bartfaden m; **∼ino** [-ˈbiːno] kläglich, erbärmlich.

barbio [barbio] m (pl. -bi) Barbe f.

barbitonsore [barbitonˈsoːre] m scherzh. Bartscherer m.

barbiturico [barbiˈtuːriko] m (pl. -ci) Barbitursäurepräparat n.

barbo [barbo] m s. barbio.

barbogio [barˈbɔːdʒo] (pl. -gi) **1.** adj. altersschwach; **2.** m kindischer Greis m.

barbone [barˈboːne] m langer Bart m; (a. cane m ∼) Pudel m.

barboso [barˈboːso] F langweilig.

barbozza [barˈbɔt-tsa] f Kinnstück n.

barb|ugliare [barbuˈʎʎaːre] (1g) stottern; F blubbern; **∼uglione** [-ˈʎʎoːne] m Stotterer m; F Blubberer m.

barbuto [barˈbuːto] bärtig.

barc|a [barka] f (pl. -che) Boot n; fig. Geschäft n; ∼ da merci Lastkahn m; ∼ di salvataggio Rettungsboot n; ∼ a vela Segelboot n; **∼accia** [-ˈkat-tʃa] f (pl. -cce) Barkasse f; Thea. Proszeniumsloge f.

barca|iolo [barkaiˈɔːlo] m Schiffer m; **∼menare** [-meˈnaːre] (1a) v/i. u. **∼menarsi** [-meˈnarsi] lavieren (a. fig.); **∼rizzo** [-ˈrit-tso] m Fallreep n; **∼rola** [-ˈrɔːla] f ♪ Barkarole f, Schifferlied n.

barcata [barˈkaːta] f Bootsladung f.

barchetta [barˈket-ta] f Nachen m.

barcoll|are [barkol-ˈlaːre] (1c) taumeln; wackeln; fig. wanken; **∼oni** [-ˈloːni]: andare ∼ taumeln.

barcone [barˈkoːne] m Lastkahn m.

bardana [barˈdaːna] f Klette f.

bardare [barˈdaːre] (1a) anschirren.

bardatura [bardaˈtuːra] f Geschirr (Pferdegeschirr) n.

bardo [bardo] m Barde m.

bardolino [bardoˈliːno] m Rotwein m aus Bardolino am Gardasee.

bardosso [barˈdɔs-so]: a ∼ ohne Sattel.

B

bardotto [bar'dɔt-to] *m* Maulesel *m*; *fig.* Lehrjunge *m*.

barell|a [ba'rel-la] *f* Tragbahre *f*; **~are** [-rel-'la:re] (1b) auf einer Bahre tragen.

barena [ba're:na] *f* Sandbank *f*, Untiefe *f*.

bargello [bar'dʒɛl-lo] *m ehm.* Polizeihauptmann *m*.

bargiglio [bar'dʒiːʎo] *m* (*pl.* -gli) Koller *m des Hahnes*.

baricentro [bari'tʃɛntro] *m* Schwerpunkt *m*.

bar|iglione [bari'ʎo:ne] *m* kleine Tonne *f*; **~ilaio** [-'la:io] *m* (*pl.* -ai) Böttcher *m*; **~ile** [-'ri:le] *m* Faß *n*; Weinfaß *n*.

bario [bario] *m* Barium *n*.

barista [ba'rista] *su.* (*m/pl.* -i) Barbesitzer(in *f*) *m*; Barmixer *m*.

barite [ba'ri:te] *f* Baryt *m*.

baritonale [barito'na:le] *m* Bariton...; *voce f* ~ Baritonstimme *f*.

baritono [ba'ri:tono] *m* Bariton *m*.

barlume [bar'lu:me] *m* Schimmer *m*.

baro [ba:ro] *m* Falschspieler *m*; F Mogler *m*.

barocchismo [barok-'kizmo] *m* Barockstil *m*; Barock *m od. n*.

barocciaio [barot-'tʃa:io] *usw. s.* barrocciaio *usw.*

barocco [ba'rɔk-ko] (*pl.* -cchi) **1.** *adj.* barock; *chiesa f* ~ *-a* Barockkirche *f*; *epoca f* ~ *-a* Barockzeit *f*; *stile m* ~ Barockstil *m*; **2.** *m* Barock *m od. n*.

barografo [ba'rɔ:grafo] *m* Barograph *m*, Höhenmesser *m*.

barolo [ba'rɔ:lo] *m piemontesischer* Rotwein *m*.

bar|ometrico [baro'mɛ:triko] (*pl.* -ci) barometrisch; **~ometro** [-'rɔ:-metro] *m* Barometer *m*.

baron|ale [baro'na:le] freiherrlich; **~ata** [-'na:ta] *f* Schurkerei *f*.

barone [ba'ro:ne] *m* Baron *m*; Schurke *m*.

baron|essa [baro'nes-sa] *f* Baronin *f*, Freifrau *f*; **~ia** [-'ni:a] *f* Baronie *f*.

barr|a [bar-ra] *f* Stange *f*; Barren *m*; ⚓ Ruderpinne *f*; 🚉 Schranken *f/pl.*; ~ *di sospensione* Tragstange *f*; ⚡ ~ *collettrice* Sammelschiene *f*; *ferro m in* -e Stabeisen *n*; **~ato** [-'ra:to] durchstrichen, gekreuzt; *assegno m* ~ gekreuzter Scheck *m*; **~icare** [-ri'ka:re] (11 *u.* d) verrammeln, verbarrikadieren; **~icata**

[-ri'ka:ta] *f* Barrikade *f*; **~iera** [-ri'ɛ:ra] *f* Barriere *f*; Schranke *f*; ~ *doganale* Zollschranke *f*; ~ *sonica* Schallgrenze *f*.

barr|ire [bar-'ri:re] (4d) *Elefant:* schreien; **~ito** [-'ri:to] *m* Schrei *m des Elefanten*.

barrocci|aio [bar-rot-'tʃa:io] *m* (*pl.* -ai) Fuhrmann *m*; **~ata** [-'tʃa:ta] *f* Karrenladung *f*.

barroccino [bar-rot-'tʃi:no] *m* Handwagen *m*.

barroccio [bar-'rɔt-tʃo] *m* (*pl.* -cci) Karren *m*.

Bartolomeo [bartolo'mɛ:o] *m*: *notte f di San* ~ Bartholomäusnacht *f*.

baruff|a [ba'ruf-fa] *f* Rauferei *f*; **~are** [baruf-'fa:re] (1a) sich raufen.

barzelletta [bardzel-'let-ta] *f* Witz *m*; *prendere in* ~ ins Lächerliche ziehen.

basalto [ba'zalto] *m* Basalt *m*.

bas|amento [baza'mento] *m* Sockel *m*; **~are** [-'za:re] (1a) begründen; **~arsi** [-'zarsi] sich stützen (*su* di *acc.*).

basco [basko] (*pl.* -chi) baskisch; *berretto m* ~ Baskenmütze *f*.

basculla [bas'kul-la] *f* Brückenwaage *f*.

base [ba:ze] *f* Basis *f*, Grundlage *f*; Fundament *n*; *fig.* Grundlage *f*, Ausgangspunkt *m*; *Pol.* Gesamtheit *f* aller Parteimitglieder; 🜨 Grundlinie *f*; 🜩 Base *f*; ~ *aerea* Flugstützpunkt *m*, Luftstützpunkt *m*; ~ *navale* Flottenstützpunkt *m*; *a* ~ *a* ... auf Grund von ...

basette [ba'zet-te] *f/pl.* kurzer Backenbart *m*; Koteletten *pl.*

basicità [bazitʃi'ta] *f* 🜩 Basengehalt *m*.

basico [ba:ziko] (*pl.* -ci) 🜩 basisch.

basilare [bazi'la:re] grundsätzlich.

basilica [ba'zi:lika] *f* (*pl.* -che) Basilika *f*.

basilico [ba'zi:liko] *m* Basilienkraut *n*.

basilisco [bazi'lisko] *m* (*pl.* -chi) Basilisk *m*.

bassa [bas-sa] *f* Niederung *f*; ⚓ Ebbe *f*.

bass|etto [bas-'set-to] *m* Kontrabaß *m*; **~ezza** [-'set-tsa] *f* Niedrigkeit *f*; *fig.* Gemeinheit *f*; Tiefe *f*; **~ista** [-'sista] *m* (*pl.* -i) Baissier *m*.

basso [bas-so] **1.** *adj.* niedrig; ⚓ tief; *fig.* gemein; *a* -*a voce* mit leiser

Stimme; *a capo* ~ gesenkten Hauptes; *a occhi -i* mit niedergeschlagenen Augen; *la -a Italia f* Süd-, Unteritalien *n*; ~ *Reno m* Niederrhein *m*; *messa f -a* stille Messe *f*; ✝ *tenersi* ~ wenig verlangen; *fare man -a di qc.* sich e-r Sache bemächtigen; ♀ *Impero m* Spätrom *n*; **2.** *adv. a od. da* ~ unten; *a* ~ ...! nieder mit ...!; ~ ~ ganz tief, ganz niedrig; **3.** *m* Baß *m*; ~ *continuo* Generalbaß *m*; **4.** *-i pl.* Untiefen *f/pl.*; *fig.* gli alti e i *-i* das Auf und Ab.

basso|fondo [bas-so'fondo] *m (pl. bassifondi)* Untiefe *f*; *pl. fig.* die untersten Schichten *f/pl.* der Gesellschaft; *pl.* Unterwelt *f*; **~piano** [-pi'a:no] *m (pl. bassipiani)* Tiefebene *f*; **~rilievo** [-rili'ε:vo] *m (pl. bassirilievi)* Basrelief *n*.

bassotto [bas-'sɔt-to] **1.** *adj.* ziemlich klein; **2.** *m* Dackel *m*, Dachshund *m*.

bassoventre [bas-so'vεntre] *m* Unterleib *m*.

bassura [bas-'su:ra] *f* Niederung *f*.

basta¹ [basta] *f* Saum *m*, Einschlag *m*.

basta² [basta] *s. bastare.*

bastante [bas'tante] genügend.

bastard|o [bas'tardo] **1.** *adj.* unehelich; *fig.* unecht; **2.** *m* Bastard *m*; **~ume** [-tar'du:me] *f* Menge *f von falschen Dingen.*

bast|are [bas'ta:re] (1a) genügen, reichen; *basta! genug!*; *adesso basta!* jetzt aber Schluß!; *basta che tu scriva* du brauchst nur zu schreiben; *non mi basta l'animo* ich habe nicht das Herz (den Mut) dazu; **~evole** [bas'te:vole] genügend; ausreichend.

bastia [bas'ti:a] *f* Bastei *f*.

bastiglia [bas'ti:ʎa] *f* Bastille *f*; Zwinger *m*.

bastimento [basti'mento] *m* Schiff *n*.

bastione [basti'o:ne] *m* Bollwerk *n*.

basto [basto] *m* Saumsattel *m*; *portare il* ~ das Aschenbrödel sein; *essere da* ~ *e da sella* in allen Sätteln gerecht sein.

baston|amento [bastona'mento] *m* Prügeln *n*; **~are** [-'na:re] (1a) prügeln; **~ata** [-'na:ta] *f* Stockhieb *m*; **~atura** [-na'tu:ra] *f* Prügelei *f*.

baston|cino [baston'tʃi:no] *m* Stäbchen *n*; Spazierstock *m*; ⚠ Rundstab *m*; **~e** [-'to:ne] *m* Stock *m*; Schlagholz *n*; *fig.* Stütze *f*; ~ *di marescialo* Marschallstab *m*.

batacchio [ba'tak-kio] *m (pl. -cchi)* Knüppel *m*; Schwengel (Glockenschwengel) *m*.

bati|scafo [batis'ka:fo] *m* Tiefseetauchboot *n*; **~sfera** [-s'fε:ra] *f* Tiefseetaucherkugel *f*.

batista [ba'tista] *f* Batist *m*.

batocchio [ba'tɔk-kio] *m (pl. -cchi)* Stock *m e-s Blinden*; Schwengel (Glockenschwengel) *m*.

batosta [ba'tɔsta] *f* Schlag *m*; Schlappe *f*.

battagli|a [bat-'ta:ʎa] *f* Schlacht *f*; ~ *aerea* Luftkampf *m*; ~ *elettorale* Wahlkampf *m*; *campo m di* ~ Schlachtfeld *n*; **~are** [-ta'ʎa:re] (1g) kämpfen; **~ero** [-ta'ʎε:ro] kampflustig.

battaglio [bat-'ta:ʎo] *m (pl. -gli)* Schwengel (Glockenschwengel) *m*.

battaglione [bat-ta'ʎo:ne] *m* Bataillon *n*.

batt|elliere [bat-tel-li'ε:re] *m* Bootsführer *m*; **~ello** [-'tεl-lo] *m kleines* Schiff *n*.

battente [bat-'tεnte] *m* Flügel (Tür-, Fensterflügel) *m*; Türklopfer *m*.

batt|ere [bat-tere] (3a) **1.** *v/i.* schlagen; *Strahlen:* fallen; **2.** *v/t.* schlagen; dreschen; *Fleisch* hacken; *Kleider, Tür* klopfen; *Straße* ebnen, einschlagen; *Rekord* brechen; ~ *le ciglia* mit den Augenlidern zwinkern; *senza* ~ *ciglio* ohne die Miene zu verziehen; ~ *le mani* mit den Händen klatschen; ~ *i piedi* mit den Füßen stampfen; ~ *i denti* mit den Zähnen klappern; *in un* ~ *d'occhio* in einem Nu; ~ *bandiera* die Flagge führen; ~ *cassa* um Geld bitten; *battono le due* es schlägt zwei Uhr; **~ersela** [-sela] sich von dem Staube machen; **~ersi** [-si] sich schlagen; sich duellieren.

batteria [bat-te'ri:a] *f* Batterie *f*; ♩ Schlagzeug *n*; ⚡ ~ *a secco* Trockenbatterie *f*; ⚡ ~ *anodica* Anodenbatterie *f*; ⚡ ~ *d'accumulatori* Akkumulatorenbatterie *f*.

batt|erio [bat-'tε:rio] *m (pl. -ri)* Bakterie *f*; **~eriologia** [-teriolo-'dʒi:a] *f* Bakterienkunde *f*; **~eriolo-**

gico [-terio'lɔ:dʒiko] (*pl. -ci*) bakteriologisch; **~eriologo** [-teri-'ɔ:logo] *m* (*pl. -gi*) Bakteriologe *m*.

batterista [bat-te'rista] *m* (*pl. -i*) Schlagzeugspieler *m*.

bat|tesimale [bat-tezi'ma:le] Tauf…; *fonte m* ~ Taufbecken *n*; **~tesimo** [-'te:zimo] *m* Taufe *f*; *tenere a* ~ aus der Taufe heben; **~tezzando** [-ted-'dzando] *m* Täufling *m*; **~tezzare** [-ted-'dza:re] (1a) taufen.

batti|baleno [bat-tiba'le:no] *m* Augenblick *m*; *in un* ~ in einem Nu; **~becco** [-'bek-ko] *m* (*pl. -cchi*) Wortstreit *m*; **~carne** [-'karne] *m inv.* Fleischklopfer *m*; **~coda** [-'kɔ:da] *f* Bachstelze *f*; **~cuore** [-ku'ɔ:re] *m* Herzklopfen *n*; **~ferro** [-'fɛr-ro] *m* Schmiedehammer *m*; **~fianco** [-fi'aŋko] *m* Querstange *f* *in den Pferdeställen*.

battigia [bat-'ti:dʒa] *f* Küstenstreifen *m*, *wo die Wellen sich brechen*.

batti|lana [bat-ti'la:na] *m inv.* Wollkämmer *m*; **~lardo** [-'lardo] *m inv.* Hackbrett *n*; **~loro** [-'lɔ:ro] *m inv.* Goldschläger *m*; **~mano** [-'ma:no] *m* Händeklatschen *n*; **~mento** [-'mento] *m* Schlagen *n*; Klopfen *n*; **~palo** [-'pa:lo] *m* Pfahlramme *f*; **~panni** [-'pan-ni] *m inv.* Ausklopfer *m*.

battistero [bat-tis'tɛ:ro] *m* Taufkapelle *f*.

battistrada [bat-tis'tra:da] *m inv.* Vorreiter *m*; *Auto:* Reifenprofil *n*.

battito [bat-tito] *m* Schlag *m*; Herzklopfen *n*.

batti|tore [bat-ti'to:re] *m* Schläger *m*; ♪ Drescher *m*; *Jagdw.* Treiber *m*; **~trice** [-'tri:tʃe] *f* Dreschmaschine *f*; **~tura** [-'tu:ra] *f* Schlagen *n*; Dreschen *n*.

battut|a [bat-'tu:ta] *f* Schlag *m*; Anschlag *m*; ♩ Takt *m*; *Jagdw.* Treibjagd *f*; *Thea. u. allg.* schlagfertige *od.* witzige Antwort *f*; Flußbiegung *f*; *Sport:* Abstoß *m*; ~ *d'aspetto* Pause *f*, Taktpause *f*; ~ *d'arresto* Atempause *f*, Ruhepause *f*; ~ *di caccia* Treibjagd *f*; *non perdere* ~ keine Silbe überhören; **~o** [-to] gehämmert; viel befahren, viel begangen; *ferro a* ~ Schmiedeeisen *n*.

batuffolo [ba'tuf-folo] *m* Knäuel *m*

od. n, Bausch *m*; ~ *di capelli* Haarwulst *m*.

bau [bau]: *mst* ~~ wauwau; *Kinderspr. m* Wauwau *m*; *far* ~ Kinder erschrecken.

baule [ba'u:le] *m* Koffer *m*; Kabinenkoffer *m*; *Auto:* Kofferraum *m*; ~ *armadio* Schrankkoffer *m*; *fare i* -i sich zur Reise rüsten.

bauxite [bau'ksi:te] *f* Bauxit *m*.

bava [ba'va] *f* Speichel *m*; Geifer *m*; Schaum *m*; ⊕ Schlacke *f an Metallen*; *fare la* ~ schäumen *vor Zorn*.

bavaglino [bava'ʎi:no] *m* Lätzchen *n*.

bavaglio [bava'ʎo] *m* (*pl. -gli*) Knebel *m*; Brustlatz *m*.

bavarese [bava're:se] **1.** *adj.* bay(e)risch; **2.** *m* Getränk *n aus Schokolade u. Milch*; **3.** *su.* Bayer(in *f*) *m*.

baver|a [ba:vera] *f* Umhang *m*; Pelerine *f*; **~o** [-ro] *m* Kragen (Rockkragen) *m*; ~ *di pelliccia* Pelzkragen *m*.

bavoso [ba'vo:so] speichelnd.

bazar [ba'dza:r] *m inv.* Basar *m*; Warenhaus *n*.

bazza [bad-dza] *f* vorspringendes Kinn *n*.

bazzecola [bad-'dzɛ:kola] *f* Kleinigkeit *f*.

bazzica [bat-tsika] *f* Triumph *m*, *italienisches Kartenspiel*.

bazzicare [bat-tsi'ka:re] (11 *u.* d) **1.** *v/t. u.* **2.** *v/i.* ~ *con* (*da*) verkehren mit (bei).

bazzotto [bad-'dzɔt-to] *Ei:* pflaumenweich.

be' [bɛ] = *bene na!*

beare [be'a:re] (1b) beglücken.

beat|ificare [beatifi'ka:re] (1n *u.* d) seligsprechen; **~ificazione** [-katsi'o:ne] *f* Seligsprechung *f*; **~ifico** [-'ti:fiko] (*pl. -ci*) beseligend; **~itudine** [-ti'tu:dine] *f* Seligkeit *f*; Glückseligkeit *f*.

beato [be'a:to] selig; glücklich; *il beatissimo Padre* der Heilige Vater; ~ *te!* du Glücklicher!

bebè [be'bɛ] *m* Baby *n*.

becc|accia [bek-'kat-tʃa] *f* (*pl. -cce*) Waldschnepfe *f*; **~accino** [-kat-'tʃi:no] *m* Bekassine *f*.

beccafico [bek-ka'fi:ko] *m* (*pl. -cafichi*) Gartengrasmücke *f*.

beccaio [bek-'ka:io] *m* (*pl. -ai*) Schlächter *m*.

becca|morti [bek-ka'mɔrti] *m inv.*

Totengräber *m*; **~pesci** [-'peʃ-ʃi] *m inv.* Brandseeschwalbe *f*.

becc|are [bek-'ka:re] (1d) picken; mit dem Schnabel ergreifen; stechen; F erwischen, kriegen; sich zuziehen; *se ti becco* wenn ich dich erwische; **~arsi** [-'karsi] *fig.* sich zanken; *Geld* einsäckeln; *Krankheit* sich zuziehen; *Prügel* abkriegen.

becc|astrino [bek-kas'tri:no] *m* Karst *m*; **~ata** [-'ka:ta] *f* Schnabelvoll *m*; Schnabelhieb *m*; **~atello** [-ka'tel-lo] *m* Konsole *f*; **~atoio** [-ka'to:io] *m* (*pl.* -oi) Vogelnäpfchen *n*; **~atura** [-ka'tu:ra] *f* Picken *n* mit dem Schnabel.

becch|eggiare [bek-ked-'dʒa:re] (1f) *Schiffe:* stampfen; **~eggio** [-'ked-dʒo] *m* (*pl.* -ggi) Stampfen *n*; Stampfbewegung *f*.

becch|eria [bek-ke'ri:a] *f* Fleischerladen *m*; **~ime** [-'ki:me] *m* Vogelfutter *n*; **~ino** [-'ki:no] *m* Totengräber *m*.

becco [bek-ko] *m* (*pl.* -cchi) Schnabel *m*; Brenner (Lampenbrenner) *m*; *Zool.* Bock *m*; *fig.* Hahnrei *m*; **~** *a gas* Gashahn *m*; **~** *Bunsen* Bunsenbrenner *m*; *chiudi il* **~**! halt den Schnabel!; *mettere il* **~** *in qc.* sich in et. einmischen; *ecco fatto il* **~** *all'oca!* das wäre geschafft!; *non avere il* **~** *di un quattrino* keinen Pfennig besitzen.

beccuccio [bek-'kut-tʃo] *m* (*pl.* -cci) kleiner Schnabel *m*; Tülle *f*; Brenner *m*.

becero [be:tʃero] *m* Lümmel *m*.

becerume [betʃe'ru:me] *m* Gesindel *n*.

beduino [bedu'i:no] **1.** *adj.* beduinisch; **2.** *m* Beduine *m*.

Befana [be'fa:na] *f* Sagengestalt, die den Kindern in der Dreikönigsnacht beschert; *fig.* alte Hexe *f*; (*a. festa f della* **~**) Dreikönigsfest *n*.

beffa [bef-fa] *f* Spott *m*; *farsi -e di qu.* j-n zum besten haben.

beff|ardo [bef-'fardo] **1.** *adj.* höhnisch, spöttisch; **2.** *m* Spötter *m*; **~are** [-'fa:re] (1b): **~** *qu.* od. **~arsi** [-'farsi] *di qu.* j-n verspotten; sich über j-n lustig machen; **~eggiamento** [-fed-dʒa'mento] *m* Spötterei *f*, Verspottung *f*; **~eggiare** [-fed-'dʒa:re] (1f) verhöhnen.

bega [be:ga] *f* (*pl.* -ghe) Unannehmlichkeit *f*, Schererei *f*; Streit *m*.

beghina [be'gi:na] *f iro.* Betschwester *f*.

begli [be:ʎi] *s. bello.*

begonia [be'gɔ:nia] *f* Begonie *f*.

bel|are [be'la:re] (1b) *Schafe:* blöken; *Ziegen:* meckern; **~ato** [-'la:to] *m* Geblöke *n*; Gemecker *n*.

bei¹ [bɛ:i] *m* Bei *m* (*Titel*).

bei² [be:i] *s. bello.*

belga [belga] *m* (*pl.* -gi) Belgier *m*.

belgico [beldʒiko] (*pl.* -ci) belgisch.

belio [be'li:o] *m* anhaltendes Geblöke *n* (*Schafe*); Gemecker *n* (*Ziegen*).

bella [bel-la] *f* Schöne *f*; Freundin *f*, Geliebte *f*; Reinschrift *f*, Reine(s) *n*; Entscheidungsspiel *n*.

belladonna [bel-la'dɔn-na] *f* Tollkirsche *f*.

bellamente [bel-la'mente] in schöner Weise; mit Vorsicht; gemütlich.

belletto [bel-'let-to] *m* Schminke *f*.

bellezza [bel-'let-tsa] *f* Schönheit *f*; *concorso m di* **~** Schönheitswettbewerb *m*; *cura f della* **~** Schönheitspflege *f*; *istituto m di* **~** Schönheitssalon *m*; *è una* **~** *vederlo* es ist e-e Freude, ihn zu sehen; *la* **~** *di tre anni* die Kleinigkeit von drei Jahren; *le -e di una città* die Sehenswürdigkeiten einer Stadt.

bellicista [bel-li'tʃista] *m* Kriegshetzer *m*.

bellico [bel-liko] (*pl.* -ci) Kriegs...; kriegerisch.

bell|icoso [bel-li'ko:so] kriegerisch; **~igerante** [-lidʒe'rante] kriegführend; **~igeranza** [-lidʒe'rantsa] *f* Kriegszustand *m*.

bellimbusto [bel-lim'busto] *m* Stutzer *m*; Zieraffe *m*.

bellino [bel-'li:no] niedlich; hübsch.

bello [bɛl-lo] **1.** *adj.* schön; gut; *un bel sì* ein entschiedenes Ja *n*; *è un poltrone* **~** *e buono* er ist ein Faulenzer durch und durch; *domani farà* **~** morgen wird es schönes Wetter sein; *quest'è* *-a!* das ist stark!; *bell'e fatto* (*morto usw.*) bereits getan (gestorben *usw.*), erledigt; *bell'e finito* fix und fertig; *bell'e ito!* hin!; *a* **~** *posta* absichtlich; *hai un bel dire* du hast gut reden; *nel bel mezzo* gerade in der Mitte; *bel* **~** gemütlich; *farsi* **~** sich schönmachen; *farsi* **~** *di qc.* mit et. prahlen; **2.** *m* Schöne(s) *n*; *sul più* **~** im

B

schönsten Augenblick; *ci volle del* ~ *e del buono* es kostete große Mühe.
belloccio [bel-'lɔt-tʃo] (*pl.* *-cci*) hübsch.
belluino [bel-lu'i:no] tierisch, wild.
beltà [bel'ta] *f poet.* Schönheit *f.*
belva [belva] *f* wildes Tier *n*; *domatore m di -e* Tierbändiger *m.*
belvedere [belve'de:re] *m inv.* Aussichtspunkt *m*; Aussichtsturm *m*; 🚋 *vettura f ~* Aussichtswagen *m.*
bemolle [be'mɔl-le] *m* ♪ Erniedrigungszeichen *n.*
ben|accetto [benat-'tʃet-to] beifällig aufgenommen; **~amato** [-na-'ma:to] vielgeliebt; **~arrivato** [-nar-ri'va:to] willkommen; **~augurato** [-naugu'ra:to] glückverheißend.
benché [beŋ'ke] obwohl.
benda [benda] *f* Binde *f*; *Hygiene:* ~ *assorbente* Damenbinde *f.*
bend|aggi [ben'dad-dʒi] *m/pl.* Verbandzeug *n*; **~are** [-'da:re] (1b) verbinden; zubinden; **~atura** [-da-'tu:ra] *f* Verband *m.*
bene [bɛːne] **1.** *adv.* gut; wohl; ~*!* schön!; *per ~* ordentlich; ~ *ti sta!* das geschieht dir recht!; *sta ~! gut!*, schön!; *ben venga!* willkommen!; *di ~ in meglio* immer besser; *sentirsi ~* sich wohl fühlen; *star ~ a quattrini* gut bei Kasse sein; *andare ~* richtig gehen (*Uhr*); *la cosa è ben diversa* die Sache verhält sich ganz anders; ~ *a ragione* ganz mit Recht; *noi giudicammo ~ di ...* wir hielten es für angebracht zu ...; **2.** *m* Gut *n*; Wohl *n*; *il ~ pubblico* das öffentliche Wohl; *per il tuo ~* für dein Wohl; *a fin di ~* in bester Absicht; *-i pl.* Güter *n/pl.*; *-i pl. mobili* Mobilien *pl.*; *non avere un'ora di ~* keine Stunde Ruhe haben; *voler ~ a qu.* j-n liebhaben.
bene|dettino [benedet-'ti:no] *m* Benediktinermönch *m*; *Likör:* Benediktiner *m*; **~detto** [-'det-to] **1.** *s. benedire*; **2.** *adj.* gesegnet; *Rel.* geweiht; *iro.* verwünscht.
bene|dicesti [benedi'tʃesti], **~dico** [-'di:ko] *s. benedire*.
bene|dire [bene'di:re] (3t) segnen; (ein)weihen; *mandare qu. a farsi ~* j-n zum Teufel schicken; *vatti a fare ~!* scher dich zum Henker!; *acqua f benedetta* Weihwasser *n*; **~dissi** [-'dis-si] *s. benedire*; **~dizione** [-ditsi'o:ne] *f* Segnen *n*;

Segen *m*; Einsegnung *f*; ~ *papale* päpstlicher Segen *m*; ~ *delle bandiere* Fahnenweihe *f.*
beneducato [benedu'ka:to] wohlerzogen.
bene|fattore [benefat-'to:re] *m* Wohltäter *m*; **~ficare** [-fi'ka:re] (1m, b *u.* d) (*j-m*) Wohltaten erweisen; **~ficenza** [-fi'tʃentsa] *f* Wohltätigkeit *f*; Wohltat *f*; *spettacolo m di ~* Wohltätigkeitsvorstellung *f*; *a scopo di ~* zu wohltätigen Zwecken; **~ficiare** [-fi-'tʃa:re] (1f) Nutzen ziehen (*di aus dat.*); ~ *di un'amnistia* unter e-e Amnestie fallen; **~ficiario** [-fi-'tʃa:rio] *m* (*pl. -ri*) Nutznießer *m*; Begünstigte(r) *m*; ✝ Remittent *m*; **~ficiata** [-fi'tʃa:ta] *f* Benefizvorstellung *f*; **~ficio** [-'fi:tʃo] *m* (*pl. -ci*) Wohltat *f*; *Rel.* Pfründe *f*; *con ~ d'inventario* mit allem Vorbehalt; *a ~ del ...* zum Besten des ...
benefico [be'nɛ:fiko] (*pl. -ci*) wohltätig; Wohltätigkeits...
benefiz... *s. benefic...*
bene|merenza [beneme'rentsa] *f* Verdienst *n*; *le sue -e pubbliche s-e* Verdienste *n/pl.* um das Gemeinwohl; **~merito** [-'mɛ:rito] wohlverdient (*di um acc.*); **~placito** [-'pla:tʃito] *m* Genehmigung *f*; Gutdünken *n*; *a ~* nach Belieben.
benessere [be'nɛs-sere] *m* Wohlsein *n*, Wohlbefinden *n*; Wohlstand *m.*
bene|stante [benes'tante] **1.** *adj.* wohlhabend; begütert; **2.** *m* vermögender Mann *m*; **~stare** [-s'ta:re] *m* Wohlbefinden *n*; Zustimmung *f*; Genehmigung *f*; ~ *bancario* Bankgenehmigung *f*; *dare il ~* die Zustimmung geben; **~volenza** [-vo'lɛntsa] *f* Wohlwollen *n.*
benevolo [be'nɛ:volo] wohlwollend.
benfatto [ben'fat-to] wohlgestaltet.
Bengala [beŋ'ga:la] *m*: *fuoco m di* ♀ bengalisches Feuer *n.*
bengodi [beŋ'gɔ:di] *m* (*od. paese m di* ♫) Schlaraffenland *n.*
beniamino [benia'mi:no] *m fig.* Liebling *m.*
ben|ignità [beniɲi'ta] *f* Güte *f*; Milde *f*; ✽ Gutartigkeit *f*; **~igno** [-'ni:ɲo] gütig; mild; gutartig; **~ino** [-'ni:no] ziemlich gut.
ben|intenzionato [benintentsio-'na:to] gutgesinnt; **~inteso** [-in-'te:so] wohlverstanden.

benna [ben-na] f ⊕ Greifer m.

bennato [ben-'na:to] *lit.* wohlerzogen.

benone [be'no:ne] sehr gut.

ben|pensante [benpen'sante] vernünftig; **~portante** [-por'tante] rüstig; **~servito** [-ser'vi:to] m Zeugnis (Führungszeugnis) n; dare il ~ den Abschied geben.

bensì [ben'si] aber.

ben|tornato [bentor'na:to] willkommen; **~venuto** [-ve'nu:to] **1.** adj. willkommen; **2.** m Bewillkommnung f; dare il ~ in willkommen heißen; **~visto** [-'visto] beliebt; **~volere** [-vo'le:re] **1.** v/t.: farsi ~ da qu. sich bei j-m beliebt machen; **2.** m Wohlwollen n; **~voluto** [-vo'lu:to] beliebt.

benzina [ben'dzi:na] f Benzin n; serbatoio m di ~ Benzintank m; ~ a pressione Druckbenzin n; ~ a gravità Fallbenzin n; consumo m di ~ Benzinverbrauch m; indicatore m livello della ~ Benzinstandmesser m; serbatoio m della ~ Benzinbehälter m.

benzin|aio [bendzi'na:io], **~aro** [-'na:ro] m Tankwart m.

benzolo [ben'dzɔ:lo] m Benzol n.

beone [be'o:ne] m Säufer m.

beota [be'ɔta] m fig. Dummkopf m.

bequadro [beku'a:dro] m ♪ Auflösungszeichen n.

berbero [berbero] **1.** m ♀ Berberitze f; **2.** adj. Geogr. berberisch, Berber...

berciare [ber't͡ʃa:re] (1f u. b) heulen.

bere [be:re] **1.** v/t. (3i) trinken; ~ a garganella aus der Flasche trinken; ~ grosso od. bersela sich alles aufbinden lassen; darla a ~ a qu. j-m et. weismachen; ~ d'ogni acqua sich mit allem zufriedengeben; si è bevuto un patrimonio er hat ein Vermögen vertrunken; **2.** m Trinken n; Trunksucht f.

bergamasco [berga'masko] **1.** adj. aus Bergamo; **2.** m Einwohner m von Bergamo.

bergamott|a [berga'mɔt-ta] f (od. pera f ~) Bergamotte f; **~o** [-to] m Bergamottenbaum m.

berillio [be'ril-lio] m Beryllium n.

berillo [be'ril-lo] m Beryll m.

berlina¹ [ber'li:na] f Auto: Limousine f; Kutsche f.

berlina² [ber'li:na] f Pranger m;

mettere alla ~ an den Pranger stellen.

berlinese [berli'ne:se] **1.** adj. berlinisch; Berliner; **2.** su. Berliner(in f) m.

berling|accio [berliŋ'gat-t͡ʃo] m Donnerstag m vor Fastnacht; **~ozzo** [-'gɔt-tso] m Brezel f.

bernardino [bernar'di:no] m (od. cane m ~) Bernhardiner(hund) m.

bern|occolo [ber'nɔk-kolo] m Beule f; Knorren m; Höcker m; fig. Anlage f; aver il ~ di qc. die natürliche Anlage zu et. haben; **~occoluto** [-nok-ko'lu:to] knorrig; voller Beulen.

berr|etta [ber-'ret-ta] f Mütze f; ~ a visiera Schirmmütze f; **~ettificio** [-ret-ti'fi:t͡ʃo] m Mützenfabrik f; **~etto** [-'ret-to] m Mütze f; ~ basco Baskenmütze f; ~ goliardico Studentenmütze f.

berrò [ber-'rɔ] s. bere.

bers|agliare [bersa'ʎa:re] (1g) beschießen; fig. aufs Korn nehmen; **~agliere** [-'ʎe:re] m Bersagliere m; Scharfschütze m; **~aglieresco** [-ʎe'resko] (pl. -schi) iro. draufgängerisch; **~aglio** [-'sa:ʎo] m (pl. -gli) Zielscheibe f.

bersò [ber'sɔ] m Laube f.

berta [berta] f **1.** Spott m; dare la ~ a qu. j-n verspotten; **2.** ⊕ Ramme f.

Berta [berta] f: il tempo che ~ filava die gute alte Zeit.

berteggiare [berted-'d͡ʒa:re] (1f) verspotten.

Bertoldo [ber'tɔldo] m ital. Eulenspiegel m; ♀ fig. Dummkopf m.

bert|uccia [bert'tut-t͡ʃa] f (pl. -cce) Berberaffe m; **~ucciata** [-tut-'t͡ʃa:ta] f Dummheit f.

besciamella [bef-ʃa'mɛl-la] f Béchamelsoße f.

bestemmia [bes'tem-mia] f Fluch m, Gotteslästerung f; Kraftausdruck m.

bestemmi|are [bestem-mi'a:re] (1k) **1.** v/i. fluchen, Gott lästern; **2.** v/t. lästern; verwünschen; fig. ~ un po' d'italiano et. Italienisch radebrechen; **~atore** [-a'to:re] m Gotteslästerer m.

bestia [bestia] f Tier n; fig. Esel m; ~ feroce Raubtier n; è una (gran) ~ er ist ein (großer) Esel; andare (essere) in ~ in Wut geraten (sein);

la matematica è la sua ~ nera die
Mathematik ist sein Alpdruck.

besti|ale [besti'a:le] tierisch, vie-
hisch, bestialisch; **~alità** [-ali'ta]
f Roheit f; Scheußlichkeit f; fig.
Dummheit f; **~ame** [-'a:me] m
Vieh n; ~ grosso Großvieh n; ~
minuto Kleinvieh n; **~olina** [-o-
'li:na] f Tierchen n.

betatrone [beta'tro:ne] m ⊕ Beta-
tron n.

betonica [be'tɔ:nika] f Betonie f;
conosciuto come l'erba ~ bekannt
wie ein bunter Hund.

betoniera [betoni'ɛːra] f Betonma-
schine f.

bettola [bet-tola] Kneipe f, Schenke
f, Schankwirtschaft f.

bettoliere [bet-toli'ɛːre] m Schankwirt m.

betulla [be'tul-la] f Birke f.

bev|anda [be'vanda] f Getränk n;
~eraggio [-ve'rad-dʒo] m (pl. -ggi)
Trank m.

bev|ereccio [beve'ret-tʃo] (pl. -cci)
angenehm zu trinken; **~erino**
[-'ri:no] m Vogelnäpfchen n; **~e-
rone** [-'ro:ne] m Viehtrank m; **~i-
bile** [-'vi:bile] trinkbar; **~itore**
[-vi'to:re] m Trinker m; è poco ~
er kann nicht viel vertragen; **~uta**
[-'vu:ta] f Trunk m.

bevvi [bev-vi] s. bere.

biacca [bi'ak-ka] f (pl. -cche) weiße
Schminke f; Min. Bleiweiß n.

biada [bi'a:da] f Hafer m; -e pl.
Getreide n.

Biancaneve [biaŋka'ne:ve] f
Schneewittchen n.

biancastro [biaŋ'kastro] weißlich.

bian|cheggiare [biaŋked-'dʒa:re]
(1f) weiß schimmern; weiß werden;
~cheria [-ke'ri:a] f Wäsche f; ~
intima Unterwäsche f; ~ personale
Leibwäsche f; **~chetto** [-'ket-to] m
Bleichmittel n; weiße Schminke f;
~chezza [-'ket-tsa] f Weiße f;
~chiccio [-'kit-tʃo] (pl. -cci) weißlich.

bianco [bi'aŋko] (pl. -chi) **1.** adj.
weiß; arma f -a blanke Waffe f; cavallo m ~ Schimmel m; libro m ~
Pol. Weißbuch n; voce f -a helle
Sopranstimme f; fig. foglio m ~ un-
beschriebenes Blatt n; dare carta -a
a qu. j-m Vollmacht erteilen; notte
f -a schlaflose Nacht f; sciopero m ~
Sitzstreik m; **2.** m Weiße(s) m;

Weiße(r) m; ~ d'uovo Eiweiß n;
mostrare ~ per nero ein X für ein
U vormachen; lasciare in ~ unbe-
schrieben lassen; di punto in ~ unversehens; dare il ~ a qc. et. weiß
anstreichen; Kochk. pesce m in ~
gekochter Fisch m; ✝ girata f in ~
offenes Giro n, Blankogiro n.

biancore [biaŋ'ko:re] m Weiße f.

biancospino [biaŋkos'pi:no] m
Weißdorn f.

biascicare [biaʃ-ʃi'ka:re] (11 u. d)
mummeln; Worte murmeln; Spra-
che radebrechen.

biasim|abile [biazi'ma:bile] ta-
delnswert; **~are** [-'ma:re] (1l) tadeln; **~atore** [-ma'to:re] m Tadler
m; **~evole** [-'me:vole] tadelnswert.

biasimo [bi'a:zimo] m Tadel m.

bibbia [bib-bia] f Bibel f; traduzione
f della ~ Bibelübersetzung f.

biberon [bibe'rɔn] m Schnuller m.

bibita [bi:bita] f erfrischendes, nicht
alkoholisches Getränk n.

biblico [bi:bliko] (pl. -ci) biblisch.

bibli|ofilo [bibli'ɔ:filo] m Bücher-
freund m; **~ografia** [-ogra'fi:a] f
Bücherkunde f; **~ografico** [-o-
'gra:fiko] (pl. -ci) bibliographisch;
~ografo [-'ɔ:grafo] m Bibliograph
m; **~omane** [-'ɔ:mane] m Bücher-
narr m; **~omania** [-oma'ni:a] f
Büchersucht f; **~oteca** [-o'tɛ:ka] f
(pl. -che) Bibliothek f; Bücherschrank m; ~ circolante Leihbiblio-
thek f; ~ scolastica Schulbiblio-
thek f; **~otecario** [-ote'ka:rio] m
(pl. -ri) Bibliothekar m; **~oteco-
nomia** [-otekono'mi:a] f Bibliotheks-
wesen n.

bibulo [bi:bulo] aufsaugend; carta
f -a Löschpapier n.

bica [bi:ka] f (pl. -che) Hocke f;
Schober (Getreideschober) m;
(Stroh-)Miete f.

bicamera|le [bikame'ra:le] Zwei-
kammer...; **~lismo** [-ra'lizmo] m
Zweikammersystem n.

bicarbonato [bikarbo'na:to] m Bi-
karbonat n; ~ di soda doppelkohlen-
saures Natron n.

bicchierata [bik-kie'ra:ta] f Umtrunk m; Zecherei f; ~ d'onore
Ehrentrunk m.

bicchiere [bik-ki'ɛːre] m Glas
(Trinkglas) n; ~ di birra Glas n
Bier; ~ da birra Bierglas n; amico m
del ~ Freund m e-s guten Trunkes.

bicchier|ino [bik-kie'ri:no] *m* Likörglas *n*; **∼one** [-'ro:ne] *m* großes Glas *n*, Humpen *m*.

bicefalo [bi'tʃe:falo] doppelköpfig.

bicentenario [bitʃente'na:rio] *m* Zweihundertjahrfeier *f*.

bici [bitʃi] *f Abk. für* bicicletta.

bicicletta [bitʃi'klet-ta] *f* Fahrrad *n*; *andare in* ∼ radfahren; *in* ∼ mit dem Rad; ∼ *a motorino* Moped *n*; ∼ *da turismo* Tourenrad *n*; ∼ *da corsa* Rennrad *n*, Renner *m*; *gita f in* ∼ Radtour *f*.

bicipite [bi'tʃi:pite] doppelköpfig; *aquila f* ∼ Doppeladler *m*.

bicocca [bi'kɔk-ka] *f* (*pl.* -cche) Hütte *f*; Baracke *f*; ✗ kleine Bergfestung *f*.

bicolore [biko'lo:re] zweifarbig.

bicorne [bi'kɔrne] zweihörnig.

bicuspide [bi'kuspide] zweispitzig.

bidè [bi'dɛ] *m* Bidet *n*.

bidello [bi'dɛl-lo] *m* Pedell *m*; Schuldiener *m*.

bidente [bi'dɛnte] *m* Zweizack *m*; Karst *m*, Hacke *f*.

bidone [bi'do:ne] *m* Kanister *m*.

bieco [bi'ɛ:ko] (*pl.* -chi) scheel.

biella [bi'ɛl-la] *f* ⊕ Schubstange *f*; Pleuelstange *f*; *Typ.* Triebstange *f*.

biennale [bien-'na:le] **1.** *adj.* zweijährig; zweijährlich; **2.** ♀ *f* (*di Venezia*) Biennale *f*.

biennio [bi'en-nio] *m* (*pl.* -nni) Zeitraum *m* von zwei Jahren; zweijähriger Studienkurs *m*.

bieticol|tore [bietikol'to:re] *m* Zuckerrübenanbauer *m*; **∼tura** [-'tu:ra] *f* Zuckerrübenanbau *m*.

bietola [bi'e:tola] *f* Mangold *m*.

bietolone [bieto'lo:ne] *m fig.* Tölpel *m*.

bietta [bi'et-ta] *f* ⊕ Keil *m*.

bifase [bi'fa:ze] zweiphasig.

biffa [bif-fa] *f* Meßstab *m*.

biffare [bif-'fa:re] (1a) abstecken.

bifolco [bi'folko] *m* (*pl.* -chi) Bauer *m*; *fig.* ungeschliffener Mensch *m*.

bifora [bi:fora] *f* zweibogiges Fenster *n*.

bifurc|amento [biforka'mento] *m* Gabelung *f*; **∼arsi** [-'karsi] (1d) sich gabeln; **∼atura** [-ka'tu:ra], **∼azione** [-katsi'o:ne] *f* Gabelung *f*; **∼uto** [-'ku:to] gegabelt.

biforme [bi'forme] zweiförmig.

bifronte [bi'fronte] doppelgesichtig.

biga [bi:ga] *f* (*pl.* -ghe) Zweigespann *n*; zweirädriger Wagen *m*.

bigamia [biga'mi:a] *f* Doppelehe *f*.

bigamo [bi:gamo] *m* Bigamist *m*.

bigatto [bi'gat-to] *m* Seidenraupe *f*.

bighel|lonare [bigel-lo'na:re] (1a) umherschlendern; **∼lone** [-'lo:ne] *m* Faulenzer *m*.

bigiare [bi'dʒa:re] (1f) die Schule schwänzen.

bigio [bi:dʒo] (*pl.* -gi) grau.

bigliettaio [biʎet-'ta:io] *m* (*pl.* -ai) Kartenverkäufer *m*; 🚆 Fahrkartenverkäufer *m*; *Thea.* Kartenkontrolleur *m*; *Tram:* Schaffner *m*.

biglietteria [biʎet-te'ri:a] *f* Fahrkartenschalter *m*; Theaterkasse *f*.

biglietto [bi'ʎet-to] *m* Briefchen *n*; Zettel *m*; *Tram:* Fahrschein *m*; 🚆 Fahrkarte *f*; ∼ *d'andata e ritorno* Rückfahrkarte *f*; ∼ *circolare* Rundreisefahrschein *m*; ∼ *omaggio* Freikarte *f*; ∼ *di prenotazione* Platzkarte *f*; ∼ (*per viaggio*) *aereo* Flugkarte *f*; ∼ *d'ingresso* Eintrittskarte *f*; 🚆 Bahnsteigkarte *f*; ∼ *di visita* Visitenkarte *f*; ∼ *di banca* Banknote *f*; ∼ *di lotteria* Lotterielos *n*; *un* ∼ *da 100 marchi* ein Hundertmarkschein *m*.

bignè [bi'ɲɛ] *m* Beignet *m* (*mit Creme gefülltes Ölgebackenes*)

bigodino [bigo'di:no] *m* Lockenwickler *m*.

bigoncia [bi'gontʃa] *f* (*pl.* -ce) Kübel *m*; Tribüne (Rednertribüne) *f*.

bigoncio [bi'gontʃo] *m* (*pl.* -ci) großer Kübel *m*.

big|otteria [bigot-te'ri:a] *f* Frömmelei *f*; **∼otto** [-'gɔt-to] **1.** *adj.* bigott; **2.** *m* Frömmler *m*; Scheinheilige(r) *m*.

bikini [bi'ki:ni] *m inv.* Bikini *m*.

bilan|cia [bi'lantʃa] *f* (*pl.* -ce) Waage *f*; Fischnetz *n*; ♈ Bilanz *f*; ∼ *dei pagamenti* Zahlungsbilanz *f*; ∼ *pesa-bambini* Säuglingswaage *f*; *fig. dare il tracollo alla* ∼ den Ausschlag geben; **∼ciare** [-'tʃa:re] (1f) **1.** *v/t.* wiegen; im Gleichgewicht halten; *fig.* abwägen; **2.** *v/i.* richtig sein; stimmen; *scambi m/pl. bilanciati* Clearingverfahren *n*; **∼ciarsi** [-'tʃarsi] das Gleichgewicht halten; **∼ciere** [-'tʃɛ:re] *m* Balancierstange *f*; *Auto:* Kipphebel *m*; ⊕ Prägstock *m*; Schweber *m*; Unruh *f*; ⚓ Aus-

B

leger *m*; ~**cino** [-'tʃi:no] *m* Ortscheit *n*; Vorspannpferd *n*.

bilancio [bi'lantʃo] *m* (*pl.* -ci) Bilanz *f*; Abschluß (Geschäftsabschluß) *m*; ~ *dello Stato* Staatshaushalt *m*; ~ *preventivo* Haushaltsvoranschlag *m*; Haushaltsplan *m*; ~ *in deficit* Verlustbilanz *f*; ~ *semestrale* Halbjahresabschluß *m*; *fare il* ~ die Bilanz aufstellen.

bilaterale [bilate'ra:le] zweiseitig; gegenseitig.

bile [bi:le] *f* Galle *f*; *fig.* Wut *f*; *verde dalla* ~ grün vor Ärger.

bilia [bi:lia] *f* Billardloch *n*, -kugel *f*.

biliardo [bili'ardo] *m* Billard *n*.

biliare [bili'a:re] gallig; Gallen...; *calcolo m* ~ Gallenstein *m*.

bilico [bi:liko] *m* Gleichgewicht *n*; Schwebebalken *m*; *essere in* ~ in der Schwebe sein.

bilin|gue [bi'lingue] zweisprachig; ~**guismo** [-gu'izmo] *m* Zweisprachigkeit *f*.

bilione [bili'o:ne] *m* Billion *f*; *in Italien:* Milliarde *f*.

bilioso [bili'o:so] gallig.

bilustre [bi'lustre] zehnjährig.

bimb|a [bimba] *f* kleines Mädchen *n*; ~**o** [-bo] *m* kleiner Junge *m*; *beide a.:* Kind *n*; Baby *n*.

bimensile [bimen'si:le] zweimonatlich.

bimestr|ale [bimes'tra:le] zweimonatlich; zweimonatig; ~**almente** [-tral'mente] alle zwei Monate.

bimestre [bi'mestre] *m* Zeitraum *m* von zwei Monaten.

bimetallismo [bimetal-'lizmo] *m* Doppelwährung *f*.

bimotore [bimo'to:re] 1. *adj.* zweimotorig; 2. *m* zweimotoriges Flugzeug *n*.

binario [bi'na:rio] *m* (*pl.* -ri) Geleise *n*; Bahnsteig *n*; ~ *secondario* Nebengeleise *n*; *a* ~ *semplice* eingleisig.

binda [binda] *f* Winde *f*.

bindolo [bindolo] *m* Winde (Garnwinde) *f*; Wasserpumpe *f*; *fig.* Gauner *m*.

binocolo [bi'nɔ:kolo] *m* Feldstecher *m*, Fern-, Opernglas *n*.

binomio [bi'nɔ:mio] *m* (*pl.* -mi) Binom *n*.

bioccolo [bi'ɔk-kolo] *m* Flocke *f von Wolle*.

biochimica [bio'ki:mika] *f* Biochemie *f*.

biodo [bi'ɔ:do] *m* Binse *f*.

bio|grafia [biogra'fi:a] *f* Biographie *f*, Lebensbeschreibung *f*; ~**grafico** [-'gra:fiko] (*pl.* -ci) biographisch.

biografo [bi'ɔ:grafo] *m* Biograph *m*.

bio|logia [biolo'dʒi:a] *f* Biologie *f*; ~**logico** [-'lɔ:dʒiko] (*pl.* -ci) biologisch.

biologo [bi'ɔ:logo] *m* (*pl.* -gi) Biologe *m*.

bion|dastro [bion'dastro] strohblond; ~**deggiare** [-ded-'dʒa:re] (1f) blond schimmern; ~**dezza** [-'det-tsa] *f* Blondheit *f*; ~**dina** [-'di:na] *f* Blondine *f*; ~**dino** [-'di:no] *m* Blondkopf *m*.

biondo [bi'ondo] blond.

biossido [bi'ɔs-sido] *m* Dioxyd *n*.

bipart|ire [bipar'ti:re] (4d) in zwei Teile teilen; ~**itico** [-'ti:tiko] (*pl.* -ci) *Pol.* Zweiparteien...; *governo m* ~ Zweiparteienregierung *f*; ~**izione** [-titsi'o:ne] *f* Zweiteilung *f*.

bipede [bi:pede] 1. *adj.* zweifüßig; 2. *m* Zweifüßer *m*.

bipenne [bi'pen-ne] *f* zweischneidige Axt *f*.

biplano [bi'pla:no] *m* Doppeldecker *m*.

bipolare [bipo'la:re] zweipolig.

biposto [bi'posto] 1. *adj.* zweisitzig; 2. *m* Zweisitzer *m*.

birb|a [birba] *f* Bengel *m*, Taugenichts *m*; ~**ante** [bir'bante] *m* Schuft *m*, Schelm *m* (*a. scherzh.*); ~**anteria** [-bante'ri:a] *f* Streich *m*; ~**antesco** [-ban'tesko] (*pl.* -chi) gaunerhaft.

birb|o [birbo] *m* Gauner *m*; Spitzbube *m*; ~**onata** [-'na:ta] *f* Spitzbüberei *f*; ~**one** [-'bo:ne] *m* Spitzbube *m*; Schlingel *m*; Halunke *m*, Schuft *m*; *fare a qu. un tiro* ~ j-m einen bösen Streich spielen; *fa un freddo* ~ es ist bitter kalt; ~**oneria** [-ne'ri:a] *f* Gaunerstück *n*; ~**onesco** [-'nesko] (*pl.* -chi) schurkisch, spitzbübisch.

bireattore [bireat-'to:re] *m* Zweidüsenflugzeug *n*.

birichinata [biriki'na:ta] *f* Schelmenstreich *m*.

birichino [biri'ki:no] 1. *adj.* schelmisch; 2. *m* Schelm *m*.

birillo [bi'ril-lo] *m* *Bill.* Kegel *m*; *giocare ai* -*i* Kegel schieben.

biro [bi:ro] *f inv.* Kugelschreiber *m.*
birocciaio [birot-'tʃa:io] *usw. s.*
barrocciaio *usw.*

birr|a [bir-ra] *f* Bier *n;* ~ *chiara*
helles Bier *n;* ~ *scura* dunkles Bier
n; ~ *alla spina* Bier *n* vom Faß;
lievito m di ~ Bierhefe *f; mescita f*
di ~ Bierschenke *f; a tutta* ~ mit
höchster Geschwindigkeit; **~aio**
[-'ra:io] *m (pl. -ai)* Bierbrauer *m;*
~eria [-re'ri:a] *f* Bierhaus *n,* Bier-
stube *f;* Brauerei *f;* (Bier-)Restau-
rant *n.*

birro [bir-ro] *m* Polizist *m;* Scherge
m.

bis! [bis] noch einmal!; *Thea. u.* ♪
chiedere il ~ eine Wiederholung
verlangen.

bisaccia [bi'zat-tʃa] *f (pl. -cce)*
Doppelsack *m;* Quersack *m.*

bisav(ol)a [bi'za:v(ol)a] *f* Urgroßmutter *f.*   [vater *m.*⟩

bisavo(lo) [bi'za:vo(lo)] *m* Urgroß-⟨

bisbetico [biz'be:tiko] *(pl. -ci)* lau-
nisch, wunderlich; mürrisch, brum-
mig; *la -a domata* der Widerspen-
stigen Zähmung.

bisb|igliare [bizbi'ʎa:re] *(1g)* flü-
stern; **~iglio** [biz'bi:ʎo] *m* Ge-
zischel *n,* Geflüster *n.*

bisboccia [biz'bot-tʃa] *f* Gelage *n.*

bisca [biska] *f (pl. -che)* Spielhaus *n,*
Spielhölle *f.*

bischero [biskero] *m* Wirbel *m* an
Geigen usw.; P dummes Luder *m.*

biscia [biʃ-ʃa] *f (pl. -sce)* Natter *f.*

biscott|are [biskot-'ta:re] *(1c)* zwei-
mal backen; **~eria** [-te'ri:a] *f* Bis-
kuithandlung *f;* Backwerk *n;* Gebäck *n;* **~iera** [-ti'e:ra] *f* Gebäck-
schale *f;* **~ino** [-'ti:no] *m* Keks *m;* F
Nasenstüber *m;* -*i pl.* Gebäck *n.*

biscotto [bis'kɔt-to] *m* Keks *m,*
Plätzchen *n.*

biscroma [bis'krɔ:ma] *f* Zweiund-
dreißigstelnote *f.*

biscugino [bisku'dʒi:no] *m* Vetter
m zweiten Grades.

bisdosso [biz'dɔs-so]: *a* ~ ohne Sattel.

bisdrucciolo [biz'drut-tʃolo] mit
der Betonung auf der viertletzten
Silbe.

bisessuale [bises-su'a:le] zweige-
schlechtig.

bisestile [bises'ti:le] Schalt...; *anno*
m ~ Schaltjahr *n; giorno m* ~ Schalt-
tag *m.*

bisettimanale [biset-tima'na:le]
zweiwöchentlich.

bisillabo [bi'sil-labo] zweisilbig.

bisl|accheria [bizlak-ke'ri:a] *f* Ver-
schrobenheit *f;* **~acco** [-'lak-ko]
(pl. -cchi) verschroben.

bislungo [biz'luŋgo] *(pl. -ghi)* länglich.

bismuto [biz'mu:to] *m* Wismut *n.*

bis|nipote [bizni'po:te] *su.* Uren-
kel(in *f*) *m;* **~nonna** [-'nɔn-na] *f*
Urgroßmutter *f;* **~nonno** [-no] *m*
Urgroßvater *m.*

bisogna [bi'zo:ɲa] *f* Angelegenheit *f.*

bisogn|are [bizo'ɲa:re] *(1a)* nötig
sein; nötig haben; *mi bisogna(no)*
ich brauche; *bisogna (mit inf.)* man
muß ...; *bisogna che io ...* ich muß
...; *bisognava sentirlo!* ihr hättet ihn
hören sollen!; *non bisogna piangere*
man darf nicht weinen; **~evole**
[-'ɲe:vole] bedürftig; **~ino** [-'ɲi:no]
m Not *f;* ~ *fa trottar la vecchia* in
der Not frißt der Teufel Fliegen.

bisogno [bi'zo:ɲo] *m* Bedürfnis *n;*
Not *f;* Notdurft *f;* ✝ Bedarf *m;* ~
personale Eigenbedarf *m; al* ~, *in*
caso di ~ im Notfall; *secondo il* ~
je nach Notwendigkeit; *avere* ~ *di*
qc. et. brauchen; *che* ~ *c'è di ...?*
wozu muß man ...?; *fare i propri -i*
seine Bedürfnisse verrichten.

bisognoso [bizo'ɲo:so] bedürftig,
hilfsbedürftig.

bisonte [bi'zonte] *m Zool.* Bison *m.*

bissare [bis-'sa:re] *(1a) Thea.* noch
einmal verlangen *(od.* wiederholen).

bistecca [bis'tek-ka] *f (pl. -cche)*
Beefsteak *n;* ~ *ai ferri* Beefsteak *n*
vom Rost; ~ *alla milanese* (Wiener)
Schnitzel *n.*

bisticciare [bistit-'tʃa:re] *(1f)* zanken.

bisticcio [bis'tit-tʃo] *m (pl. -cci)*
Gezänk *n;* Wortspiel *n.*

bistorto [bis'tɔrto] verbogen,
krumm.

bistrato [bis'tra:to]: *occhi m/pl. -i*
mit Lidschatten geschminkte Au-
gen *n/pl.*

bistrattare [bistrat-'ta:re] *(1a)*
schlecht behandeln; *fig.* mißhandeln.

bistro [bistro] *m* Rußschwarz *n.*

bisturi [bisturi] *m inv. Chir.* Messer
n.

bisunto [bi'zunto] schmierig.

bitorzolo [bi'tɔrtsolo] *m* Knolle *f*; ♣ Auswuchs *m*.

bitta [bit-ta] *f* ♣ Poller *m*.

bitter [bit-ter] *m* Bittere *m* (*Magenlikör*), Magenbitter *m*.

bitum|are [bitu'ma:re] (1a) asphaltieren; **~atura** [-ma'tu:ra] *f* Asphaltieren *n*.

bitum|e [bi'tu:me] *m* Asphalt *m*; **~inoso** [-tumi'no:so] erdpechhaltig, Asphalt...; *carta f -a* Teerpappe *f*.

bivaccare [bivak-'ka:re] (1d) biwakieren.

bivacco [bi'vak-ko] *m* (*pl. -cchi*) Biwak *n*.

bivalente [biva'lɛnte] ⚛ zweiwertig.

bivalve [bi'valve] *Zool.* zweischalig.

bivio [bi:vio] *m* (*pl. -vi*) Scheideweg *m*; *fig.* Ungewißheit *f*.

bizant|inismo [bidzanti'nizmo] *m* iro. Haarspalterei *f*; **~ino** [-'ti:no] byzantinisch; *iro.* spitzfindig.

bizza [bid-dza] *f* Jähzorn *m*; *andare* (*montare*) *in ~* in Zorn geraten; *fare le -e* ungezogen sein, bocken (*Kinder*).

bizz|arria [bid-dzar-'ri:a] *f* Sonderbarkeit *f*; **~arro** [-'dzar-ro] sonderbar.

bizzeffe [bid-'dzef-fe]: *a ~* in Hülle und Fülle.

bizzoso [bid-'dzo:so] jähzornig.

bland|imento [blandi'mento] *m* Schmeichelei *f*; **~ire** [blan'di:re] (4d) umschmeicheln; **~izie** [-'di:tsie] *f/pl.* Schmeicheleien *f/pl.*

blando [blando] gelinde.

blasfemo [blas'fɛ:mo] *m lit.* Gotteslästerer *m.*

blasone [bla'zo:ne] *m* Wappen *n.*

blater|are [blate'ra:re] (1l) schwatzen; **~one** [-'ro:ne] *m* Schwätzer *m.*

blatta [blat-ta] *f* Schabe *f.*

blefarite [blefa'ri:te] *f* Lidentzündung *f.*

blenda [blɛnda] *f* 🗲 Blende *f.*

blenorragia [blenor-ra'dʒi:a] *f* Tripper *m.*

bleso [blɛ:zo] lispelnd; *essere ~* lispeln.

blind|are [blin'da:re] (1a) panzern; **~ato** [-'da:to] gepanzert, Panzer...; *treno m ~* Panzerzug *m.*

bloccare [blok-'ka:re] (1c *u.* d) blockieren, absperren; anhalten; *Preise, Ball* stoppen; ⊕ sperren.

blocco [blɔk-ko] *m* (*pl. -cchi*) Block *m*; ⚔, ♣ Blockade *f*; *Pol.* Sperre *f*, Stopp *m*; ✝ *in ~* pauschal; *~ cilindri* Zylinderblock *m*; *~ orientale* Ostblock *m*; *~ degli affitti* Mietstopp *m*; *~ dei salari* Lohnstopp *m*; *~ stradale* Straßensperre *f*; *~ per appunti* Notizblock *m*; *~ posto m di ~* Kontrollpunkt *m*; 🚂 Blockstelle *f.*

blu [blu] blau.

bluastro [blu'astro] bläulich.

bluff [bluf] *m* Bluff *m*; **~are** [-'fa:re] (1a) bluffen.

blusa [blu:za] *f* Bluse *f*; Hemdbluse *f.*

boa[1] [bo:a] *m inv.* Riesenschlange *f*; *Kleidung*: Boa *f.*

boa[2] [bo:a] *f* ♣ Boje *f*; *~ luminosa* Leuchtboje *f.*

boa|rio [bo'a:rio] Ochsen...; **~ro** [-ro] *m* Ochsenhirt *m.*

boato [bo'a:to] *m* Rollen *n des Donners*; Donnern *n des Vulkans.*

bob [bɔb] *m inv. Sport*: Bob *m*; *~ a quattro* Viererbob *m.*

bobbista [bob-'bista] *m Sport*: Bobfahrer *m.*

bobina [bo'bi:na] *f* Spule *f*; Rolle *f Papier*; *~ (del film)* Filmspule *f*; *~ di reazione* Drosselspule *f*; *~ d'accoppiamento* Kopplungsspule *f.*

bocca [bok-ka] *f* (*pl. -cche*) Mund *m*; Maul *n*; Mündung *f*; Bucht *f*; Öffnung *f*; *~ di leone* Löwenmaul *n*; *igiene f della ~* Mundpflege *f*; 🗲 *~ d'aria* Windmaul *n*; *~ del forno* Ofenloch *n*; *~ da fuoco* Geschütz *n*; *parlare a mezza ~* undeutlich sprechen; *a ~ stretta* mit Zurückhaltung; *chiudere, cucire la ~ a qu.* j-m den Mund verschließen; *mettere qc in ~ et.* suggerieren; *acqua in ~!* Mund gehalten!; *in ~ al lupo!* Hals- und Beinbruch!; *tenere a ~ dolce* mit schönen Worten hinhalten; *fare la ~ acerba* ein saures Gesicht ziehen; *essere sulla ~ di tutti* in aller Munde sein; *lasciare la ~ amara* einen bitteren Nachgeschmack hinterlassen; *mettere ~ in qc.* seine Nase hineinstecken in (*acc.*); *rimanere a ~ asciutta* das Nachsehen haben; *levar la parola di ~ a qu.* j-m das Wort aus dem Munde nehmen.

boccaccesco [bok-kat-'tʃesko] *iro.* Boccaccios Art; *fig.* schlüpfrig.

boccaccia [bok-'kat-tʃa] *f (pl. -cce,*

häßlicher Mund *m*; *fig.* Lästermaul *n*; avere una ~ e-n schlechten Geschmack im Munde haben; *far -cce* Gesichter schneiden.

boccaglio [bok-'ka:ʎo] *m* (*pl. -gli*) Mundstück *n*; ⊕ Stutzen *m*.

bocc|ale [bok-'ka:le] *m* Krug *m*; **~aporto** [-ka'pɔrto] *m* Schiffsluke *f*; **~ata** [-'ka:ta] *f* Mundvoll *m*; *prendere una ~ d'aria* ein wenig frische Luft schöpfen.

boccetta [bot-'tʃet-ta] *f* Fläschchen *n*.

bocch|eggiare [bok-ked-'dʒa:re] (1f) nach Luft schnappen; **~etta** [-'ket-ta] ♪ *f* Mundstück *n e-s Blasinstruments*; **~ettone** [-ket-'to:ne] ⊕ *m* Einfüllöffnung *f*; **~ino** [-'ki:no] *m* Mundstück *n*; Zigarrenspitze *f*; Mündchen *n*; ~ *di sughero* Korkmundstück *n*.

bocci|a [bot-tʃa] *f* (*pl. -cce*) Karaffe *f*; *italienisches Kugelspiel*; Kugel *f im Bocciaspiel*; **~are** [bot-'tʃa:re] (1c u. f) die Kugel werfen; *im Examen* durchfallen lassen, zurückweisen; *essere bocciato* durchfallen; durchgefallen sein; **~atura** [bot-tʃa-'tu:ra] *f* Durchfall *m*.

boccino [bot-'tʃi:no] *m* Kügelchen *n*; *fig.* Kopf *m*; *far girare il ~ a qu.* j-n aufbringen.

boccio [bɔt-tʃo] *m* (*pl. -cci*) Knospe *f*.

bocciolo [bɔt-'tʃɔ:lo] *m* Knöspchen *n*.

boccola [bok-kola] *f* Ohrgehänge *n*; ⊕ Nabenring *m*; Achsenbüchse *f*.

boccolo [bok-kolo] *m* Haarlocke *f*.

bocc|oncino [bok-kon'tʃi:no] *m* Bißchen *n*; Leckerbissen *m*; **~one** [-'ko:ne] *m* Bissen *m*; ~ *amaro* bittere Pille *f*; *in un ~* gierig; **~oni** [-'ko:ni] auf dem Bauche liegend.

boemo [bo'ɛ:mo] **1.** *adj.* böhmisch; **2.** *m* Böhme *m*.

boero [bo'ɛ:ro] *m* Bure *m*.

bofonchiare [bofoɲki'a:re] (1g) brummen.

boia [bɔ:ia] *m inv.* Henker *m*; *fa un freddo ~* es ist eine Hundekälte.

boiata [boi'a:ta] *f* Stümperei *f*.

boicott|aggio [boikot-'tad-dʒo] *m* Boykott *m*; **~are** [-'ta:re] (1c) boykottieren.

bolgia [bɔldʒia] *f fig. wildes* Durcheinander *n*.

bolide [bɔ:lide] *m* Meteorstein *m*;

schneller Wagen *m*, Renner *m*; *come un ~* wie ein Blitz.

bolla[1] [bol-la] *f* Blase *f*; ~ *di sapone* Seifenblase *f*.

bolla[2] [bol-la] *f od.* ~ *pontificia* Bulle *f*.

boll|are [bol-'la:re] (1a) stempeln, abstempeln; *fig.* betrügen; (*a.* ~ *a fuoco*) brandmarken; **~ato** [-'la:to]: *carta f -a* Stempelpapier *n*; **~atura** [-la'tu:ra] *f* Stempelung *f*.

bollente [bol-'lɛnte] kochend; heiß.

bollett|a [bol-'let-ta] *f* Zettel *m*; Schein *m*; ~ *di consegna* Lieferschein *m*; ~ *della luce* Stromrechnung *f*; *essere in* ~ in Geldverlegenheit sein; **~ario** [-'ta:rio] *m* (*pl. -ri*) Register *n* mit Matrize und Quittung.

bollettino [bol-let-'ti:no] *m* Bulletin *n*; Tagesbericht *m*; ~ *meteorologico* Wetterbericht *m*; ~ *di spedizione dei pacchi postali* Paketkarte *f*; ~ *ufficiale* Amtsblatt *n*.

boll|icina [bol-li'tʃi:na] *f* Bläschen *n*; **~ire** [-'li:re] (4c) kochen; *fig.* wallen; ~ *di rabbia* vor Wut kochen; **~ita** [-'li:ta] *f* Aufkochen *n*; *dare una ~ a qc.* et. einmal aufkochen; **~ito** [-'li:to] **1.** *adj.* gesotten; **2.** *m gekochtes* Rindfleisch *n*; **~itore** [-li'to:re] *m* Kochtopf *m*; ~ *elettrico* elektrischer Kochtopf *m*; ~ *a immersione* Tauchsieder *m*; **~itura** [-li'tu:ra] *f* Abkochen *n*.

bollo [bol-lo] *m* Stempel *m*; *carta f da* ~ Stempelpapier *n*; *marca f da* ~ Stempelmarke *f*; *esente da* ~ stempelfrei.

bollore [bol-'lo:re] *m* Sieden *n*; Aufwallen *n*; *fig.* Hitze *f*; Aufwallung *f*.

bolo [bɔ:lo] *m* (*od.* ~ *alimentare*) Speisebrei *m*.

bolsaggine [bol'sad-dʒine] *f* Kurzatmigkeit *f*; Dampf *m* (*mst v. Pferden*).

bolscev|ico [bolʃe'vi:ko] (*pl. -chi*) **1.** *adj.* bolschewistisch; **2.** *m* Bolschewik *m*; **~ismo** [-'vizmo] *m* Bolschewismus *m*; **~izzare** [-vid-'dza:re] (1a) bolschewisieren.

bolso [bolso] *m* dämpfig (*Pferde*).

bomba [bomba] *f* Bombe *f*; F Zylinder *m*; *fig.* Prahlerei *f*; Übertreibung *f*; *a prova di* ~ bombensicher; sehr widerstandsfähig; ~ *fumogena* Nebelbombe *f*; ~ *all'idrogeno* Wasserstoffbombe *f*; ~ *a mano* Handgranate *f;* ~ *esplosiva* Sprengbombe *f;* ~ *a orologeria* Zeitbombe *f;* ~ *sottomarina* Unterwasserbombe *f;* ~ *atomica* Atombombe *f;* ~ *incendiaria* Brandbombe *f; venire a* ~ zur Sache kommen.

bombard|a [bomˈbarda] *f* Bombarde *f;* ♪ Baßbrummer *m;* **~amento** [-bardaˈmento] *m* Beschießung *f;* Bombardierung *f;* **~are** [-barˈdaːre] (1a) beschießen; bombardieren; **~iere** [-bardiˈɛːre] *m* Bomber *m;* **~one** [-barˈdoːne] *m* Bombardon *n.*

bombetta [bomˈbetta] *f* steifer Hut *m,* F Melone *f.* [raupe *f.*]

bombice [bombitʃe] *m* Seiden-}

bombola [bombola] *f* Flasche *f;* Stahlflasche *f;* Spraydose *f;* ~ *di gas* Gasflasche *f.*

bomboniera [bomboniˈɛːra] *f* Bonbonschachtel *f.*

bompresso [bomˈpres-so] *m* ♣ Bugspriet *m.*

bon|accia [boˈnat-tʃa] *f* Meeresstille *f;* **~accione** [-natˈtʃoːne] *m* gutmütiger Mensch *m;* **~arietà** [-narieˈta] *f* Gutmütigkeit *f;* **~ario** [-ˈnaːrio] (*pl. -ri*) gutmütig.

bongustaio [bongusˈtaːio] *m* (*pl. -ai*) Feinschmecker *m.*

bon|ifica [boˈniːfika] *f* (*pl. -che*) Urbarmachung *f;* Trockenlegung *f;* ⊕ Veredelung *f;* **~ificare** [-nifiˈkaːre] (1m *u.* d) vergüten; ✍ urbar machen; ⊕ veredeln; **~ifico** [-ˈniːfiko] *m* ♰ Vergütung *f;* Gutschrift *f.*

bonomia [bonoˈmiːa] *f* Gutmütigkeit *f.*

bontà [bonˈta] *f* Güte *f.*

bonzo [bondzo] *m* Bonze *m.*

bora [boːra] *f* starker, kalter Wind *an der Adria.*

bor|ace [boˈratʃe] *m* Borax *m;* **~acifero** [-raˈtʃiːfero] borhaltig.

borbogliare [borboˈʎaːre] (1g) blubbern.

borbonico [borˈboːniko] (*pl. -ci*) bourbonisch.

borbott|amento [borbot-taˈmento] *m* Murmeln *n;* **~are** [-ˈtaːre] (1a) murren; ~ *una lingua* eine Sprache radebrechen; **~io** [-ˈtiːo] *m* Gemurmel *n;* **~one** [-ˈtoːne] *m* Brummbär *m.*

borchia [bɔrkia] *f metallener* Beschlag *m.*

bord|are [borˈdaːre] (1a) umsäumen; ⊕ bördeln; ♣ anholen; **~atino** [-daˈtiːno] *m* Bordat *n,* gestreifte Leinwand *f;* **~atrice** [-daˈtriːtʃe] *f* ⊕ Bördelmaschine *f;* **~atura** [-daˈtuːra] *f* Borte *f,* Rand *m;* ⊕ Bördeln *n.*

bordeggiare [borded-ˈdʒaːre] (1f) ♣ lavieren.

bordello [borˈdɛl-lo] *m* Bordell *n; fig.* Lärm *m.*

borderò [bordeˈrɔ] *m inv.* ♰ Bordereau *m,* Sortenverzeichnis *n.*

bordo [bordo] *m* Bord (Schiffsbord) *m; fig. di alto* ~ hochgestellt; *fuori* ~ außenbords; *virare di* ~ das Schiff drehen; *fig.* dem Gespräch eine andere Wendung geben.

bordone [borˈdoːne] *m* Wanderstab *m;* ♪ Brummbaß *m; tenere* ~ *a qu.* j-m die Stange halten.

borea [bɔːrea] *m* Nord(en) *m;* Nordwind *m.*

boreale [boreˈaːle] *m* Nord...; nordisch; *aurora f* ~ Nordlicht *n.*

bor|gata [borˈgaːta] *f* Flecken *m;* **~ghese** [-ˈgeːse] **1.** *adj.* bürgerlich; *in* ~ *in* Zivil; **2.** *m* Bürger *m;* Zivilist *m;* **~ghesia** [-geˈsiːa] *f* Bürgerstand *m;* Bourgeoisie *f;* **~ghesuccio** [-geˈsut-tʃo] *m* (*pl. -cci*) Spießbürger *m.*

borgo [borgo] *m* (*pl. -ghi*) Weiler *m;* Vorstadt *f.*

borgogna [borˈgoːɲa] *m* (*od. vino* ~) Burgunderwein *m.*

borgomastro [borgoˈmastro] *m* Bürgermeister *m.*

boria [bɔːria] *f* Aufgeblasenheit *f.*

boriarsi [boriˈarsi] (1k) sich brüsten (*di* mit); prahlen (*di* mit).

borico [bɔːriko] (*pl. -ci*) Bor...; *acido m* ~ Borsäure *f.*

borioso [boriˈoːso] aufgeblasen.

boro [bɔːro] *m* Bor *n.*

borotalco [boroˈtalko] *m* Puder *m,* Streupuder *m.*

borra [bor-ra] *f* Füllhaar *n;* Scherwolle *f; fig.* wertloses Zeug *n.*

borraccia[1] [bor-ˈrat-tʃa] *f* (*pl. -cce*) Feldflasche *f.*

borraccia[2] [bor-ˈrat-tʃa] *f* (*pl. -cce*) Abfall *m* der Scherwolle.

borragine [bor-ˈraːdʒine] *f* Borretsch *m.*

bors|a [borsa] *f* Beutel *m;* Tasche *f;* Handtasche *f;* Mappe *f;* ♰ Börse *f;* (*a.* ~ *di studio*) Stipendium *n;* ~ *nera*

Schwarzmarkt m; ~ delle azioni Aktienmarkt m; ~ da viaggio Reisetasche f; operazione f di ~ Börsengeschäft n; listino m di ~ Kurszettel m; ~ valori Fondsbörse f, Effektenbörse f; ~ dei cereali Getreidebörse f; ~ sostenuta gefestigte Börse f; metter mano alla ~ in die Tasche greifen; -e pl. Säcke m/pl. unter den Augen; **~aiolo** [-sai'ɔ:lo] m Taschendieb m; **~eggiare** [-sed-'dʒa:re] (1f): ~ qu. j-m die Geldtasche stehlen; **~eggio** [-'sed-dʒo] m (pl. -ggi) Taschendiebstahl m; **~ellino** [-sel-'li:no] m Geldbeutel m, Portemonnaie n; **~etta** [-'set-ta] f Handtäschchen n; ~ per signora Damenhandtasche f; ~ portaferri Werkzeugtasche f; **~ista** [-'sista] su. (m/pl. -i) Börsianer(in f) m; Stipendiat(in f) m; **~istico** [-'sisti-ko] (pl. -ci) Börsen...

bos|caglia [bos'ka:ʎa] f Waldung f; **~caiolo** [-kai'ɔ:lo] m Holzhauer m; **~chereccio** [-ke'ret-tʃo] (pl. -cci) Wald...; fungo m ~ Waldpilz m; **~chetto** [-'ket-to] m Wäldchen n; **~chivo** [-'ki:vo] bewaldet; Wald...; terreno m ~ Waldboden m.

bosco [bɔsko] m (pl. -chi) Wald m; ~ misto Mischwald m.

bosniaco [boz'ni:ako] (pl. -ci) 1. adj. bosnisch; 2. m Bosnier m.

bosso [bɔs-so] m Buchsbaum m.

bossolo [bɔs-solo] m Würfelbecher m; Almosenbüchse f; ⚔ Patronenhülse f.

botan|ica [bo'ta:nika] f Pflanzenkunde f; **~ico** [-ko] (pl. -ci) 1. adj. botanisch; 2. m Botaniker m.

botola [bɔːtola] f Falltür f.

botolo [bɔːtolo] m Köter m; fig. reizbarer Mensch m.

botta¹ [bɔt-ta] f Schlag m; Hieb m; ~ e risposta Hieb und Gegenhieb; Schlag auf Schlag; dare, ricevere -e Prügel geben, bekommen; -e da orbi tüchtige Tracht f Prügel.

botta² [bɔt-ta] f Kröte f.

bottaio [bot-'ta:io] m (pl. -ai) Böttcher m.

botte [bɔt-te] f Faß n; volta f a ~ Tonnengewölbe n; dare un colpo alla ~ e uno al cerchio es mit keiner Partei verderben wollen; essere in una ~ di ferro auf allen Seiten gesichert sein; voler la ~ piena e la moglie ubbriaca zwei Vorteile

wollen, die sich gegenseitig ausschließen.

bottega [bot-'te:ga] f (pl. -ghe) Laden m; F ferro m di ~ Handwerkszeug n.

botte|gaio [bot-te'ga:io] m (pl. -ai) Kaufmann m; **~ghino** [-'gi:no] m Lädchen n; Theaterkasse f; Lottobüro n.

bot|ticella [bot-ti'tʃel-la] f Fäßchen n; Pferdedroschke f; **~tiglia** [-ti'ti:ʎa] f Flasche f; **~tigliere** [-ti'ʎe:re] m Kellermeister m; **~tiglieria** [-ti-ʎe'ri:a] f Weinhandlung f.

bottino¹ [bot-'ti:no] m Beute f.

bottino² [bot-'ti:no] m Senkgrube f.

botto [bot-to] m Schlag m; di ~ schlagartig, plötzlich; tutti in un ~ alle auf e-n Schlag.

bott|onaio [bot-to'na:io] m (pl. -ai) Knopfmacher m; **~oncino** [-ton-'tʃi:no] m Knöpfchen n; Kragenknopf m; Hemdenknopf m; **~one** [-'to:ne] m Knopf m; ♀ Knospe f; ~ a molla Druckknopf m; ~ da polsino Manschettenknopf m; -i di brillante Brillantknöpfe m/pl.; -ohrringe m/pl.; ~ automatico Druckknopf m; ⚡ girare il ~ anknipsen; fig. attaccare un ~ a qu. j-n wider Willen in ein Gespräch verwickeln; **~oniera** [-toni'e:ra] f Knopfreihe f.

bovaro [bo'va:ro] m Ochsenhirt m.

bove [bɔːve] m lit. Ochse m.

bovino [bo'vi:no] Ochsen...; bestiame m ~ Rindvieh n.

box [bɔks] m inv. Box f, Stand m (für Pferde); Garage f; Laufgitter n, -ställchen n.

boxare [bok'sa:re] (1a) boxen.

boxe [bokse] f Boxen n.

bozza [bɔt-tsa] f Entwurf m; △ Quaderstein m; 🐝 Beule f; -e pl. Typ. Korrekturbogen m, -fahne f.

bozzello [bot-'tsel-lo] m ⊕ Block m.

bozz|ettista [bot-tset-'tista] m Skizzenschreiber m; Skizzenzeichner m; **~etto** [-'tset-to] m Entwurf m; Skizze f.

bozzolo [bɔt-tsolo] m Kokon m; chiudersi nel proprio ~ sich absondern.

brac|a [bra:ka] f, mst pl. -che Hose f; Schlinge f; F calare le -che aus Angst nachgeben; F mi cascano le -che mir fällt das Herz in die Hose; **~alone** [-ka'lo:ne] m liederlicher Mensch m.

braccare [brak-'ka:re] (1d) hetzen; *fig.* nachjagen (*dat.*).

braccetto [brat-'tʃet-to] *m* Ärmchen *n*; *a ~* Arm in Arm; *prendere qu. a ~* j-n unterfassen.

bracci|ale [brat-'tʃa:le] *m* Armbinde *f*; Armband *n*; **~aletto** [-tʃa'let-to] *m* Armband *n*; *~ a catenella* Kettenarmband *n*; **~antato** [-tʃan'ta:to] *m coll.* Tagelöhner *m/pl.*; **~ante** [-'tʃante] *m* Tagelöhner *m*; **~ata** [-'tʃa:ta] *f* Armvoll *m*; Stoß (Armstoß) *m beim Schwimmen*.

braccio [brat-tʃo] *m* (*pl.* le **braccia** *u. a.* i bracci) Arm *m*; Elle *f*; △ Flügel *m*; *a ~a aperte* mit offenen Armen; *~ della bilancia* Waagebalken *m*; *~ dei giradischi* Tonarm *m*; *~ di terra* Landzunge *f*; *il ~ destro di qu. fig.* j-s rechte Hand; *con le ~a legate* verhindert, et. zu tun; *gli cascano le ~a* er verliert den Mut; *avere le ~a lunghe* weitreichenden Einfluß haben; *incrociare le ~a* die Arbeit niederlegen.

bracciolo [brat-'tʃɔ:lo] *m* Armlehne *f*; *sedia f a ~i* Armlehnstuhl *m*.

bracco [brak-ko] *m* (*pl.* -cchi) Bracke *m*, Spürhund *m*.

bracconiere [brak-koni'ɛ:re] *m* Wilddieb *m*.

brace [bra:tʃe] *f* Kohlenglut *f*.

brache [bra:ke] *f/pl. s.* braca.

brachetta [bra'ket-ta] *f* Hosenlatz *m*.

brachic|efalia [brakitʃefa'li:a] *f* Kurzschädeligkeit *f*; **~efalo** [-'tʃɛ:-falo] *m* Kurzkopf *m*.

braciere [bra'tʃɛ:re] *m* Kohlenbecken *n*.

braciola [bra'tʃɔ:la] *f* Karbonade *f*.

bradipo [bra:dipo] *m* Faultier *n*.

bradisismo [bradi'sizmo] *m Geol.* Strandverschiebung *f*.

brado [bra:do] ungezähmt.

bragia [bra:dʒa] *f* (*pl.* -ge) Kohlenglut *f*.

brago [bra:go] *m* Schmutz *m*.

brama [bra:ma] *f* heftige Begierde *f*; Sehnsucht *f*.

brama|nesimo [brama'ne:zimo], **~nismo** [-'nizmo] *m* Brahmanismus *m*; **~no** [-'ma:no] *m* Brahmane *m*.

bramare [bra'ma:re] (1a) begehren.

bramino [bra'mi:no] *m s.* bramano.

bram|osia [bramo'si:a] *f* sehnliches Verlangen *n*; Sehnsucht *f*; **~oso** [-'mo:so] begierig; heftig verlangend.

bran|ca [braŋka] *f* (*pl.* -che) Klaue *f*; ♀ *u. fig.* Zweig *m*; *~ d'industrie* Industriezweig *m*; *pl.* -che Fangarme *m/pl.*, *Zool.* Scheren *f/pl.*; **~cata** [-'ka:ta] *f* Handvoll *f*; Schlag *m* mit der Tatze.

branchia [braŋkia] *f* Kieme *f*; **~le** [-ki'a:le] Kiemen...

brancicare [brantʃi'ka:re] (11 *u.* d) **1.** *v/t.* betasten; **2.** *v/i.* tappen.

branco [braŋko] *m* (*pl.* -chi) Herde *f*; Schwarm *m*; Rudel *n*; *fig.* Haufen *m*.

brancol|are [braŋko'la:re] (1l) herumtappen; **~oni** [-'lo:ni] tappend.

branda [branda] *f* Feldbett *n*.

brandeburghese [brandebur'ge:se] **1.** *adj.* brandenburgisch; **2.** *su.* Brandenburger(in *f*) *m*.

brandello [bran'del-lo] *m* Fetzen *m*; *a -i* in Fetzen.

brandire [bran'di:re] (4d) schwingen.

brando [brando] *m* Schwert *n*.

brano [bra:no] *m* Stück *n*; Stelle *f*, Abschnitt *m*.

branzino [bran'dzi:no] *m* Seebarsch *m*.

brasato [bra'sa:to] *vom Fleisch*: geschmort.

brasiliano [brazili'a:no] **1.** *adj.* brasilianisch; **2.** *m* Brasilianer *m*.

brattea [brat-tea] *f* ♀ Trag-, Deckblatt *n*.

brav|accio [bra'vat-tʃo] *m* (*pl.* -cci) Bramarbas *m*; *fare il ~* aufschneiden, prahlen; *~are* [-'va:re] prahlen; drohen; **~ata** [-'va:ta] *f* Prahlerei *f*; Herausforderung *f*.

bravo [bra:vo] **1.** *adj.* tüchtig; gut; anständig; artig; *~!* bravo!; *da ~!* Mut!; *fare il ~* den Mund vollnehmen, F artig sein; **2.** *m ehm.* gedungener Mordgeselle *m*.

bravura [bra'vu:ra] *f* Tüchtigkeit *f*.

breccia [bret-tʃa] *f* (*pl.* -cce) Bresche *f*; Steinschotter *m*.

brefotrofio [brefo'trɔ:fio] *m* (*pl.* -fi) Findelhaus *n*.

brenna [bren-na] *f* Klepper *m*.

brenta [brenta] *f* Weinfaß *n*; *ehm.* Weinmaß *f*.

bretella [bre'tɛl-la] *f* Achselband *n*; -e *pl.* Hosenträger *m/pl.*

bretone [bre:tone] bretonisch.

breve [bre:ve] **1.** adj. kurz; andare per le -i es kurz machen; in ~ mit kurzen Worten; bald; **2.** f ♩ Doppeltaktnote f; **3.** m (a. ~ pontificio) Breve n.

brev|ettare [brevet-'ta:re] (1a) patentieren; **~ettato** [-vet-'ta:to] **1.** adj. gesetzlich geschützt; geprüft; **2.** m Patentinhaber m; **~etto** [-'vet-to] m Patent n; Gebrauchsmusterschutz m; ~ di pilota Flugzeugführerschein m; concessione f di ~ Patentbewilligung f; ufficio m dei -i Patentamt n.

breviario [brevi'a:rio] m Rel. Brevier n; Kompendium n, Handbuch n.

brevità [brevi'ta] f Kürze f.

brezza [bred-dza] f Brise f.

briaco [bri'a:ko] usw. s. ubriaco usw.

briccica [brit-tʃika] f (pl. -che) Kleinigkeit f.

bricco [brik-ko] m (pl. -cchi) Kanne (Kaffee-, Teekanne) f.

bricc|onata [brik-ko'na:ta], **~oneria** [-kone'ri:a] f Schurkenstreich m; **~one** [-'ko:ne] m Spitzbube m.

briciol|a [bri:tʃola] f Krume f; **~o** [-lo] m Krümchen n.

brida [bri:da] f Zaum m; -e pl. Zügel m/pl.

briga [bri:ga] f (pl. -ghe) Sorge f; pl. Händel pl.; darsi ~ di qc. sich abmühen um et. (acc.); attaccar ~ con qu. Streit mit j-m suchen.

brig|adiere [brigadi'ɛ:re] m Unteroffizier m bei den Karabinieri u. bei der Polizei; colonnello m ~ Brigadekommandeur m; **~antaggio** [-gan'tad-dʒo] m Räuberwesen n; **~ante** [-'gante] m Räuber (Straßenräuber) m; **~antesco** [-gan'tesko] (pl. -chi) Raub...; räuberisch; **~antino** [-gan'ti:no] m ⊕ Brigantine f.

brig|are [bri'ga:re] (1e) sich abmühen, intrigieren, um et. zu erlangen; ~ per un posto sich um e-e Stelle bemühen; **~ata** [-'ga:ta] f Gesellschaft f; ✕ Brigade f.

brighella [bri'gɛl-la] m (venezianische Charaktermaske) Hanswurst m.

brigidino [bridʒi'di:no] m Waffel f; Kleidung: Kokarde f, Schleife f.

briglia [bri:ʎa] f Zaum m; ⊕ Flansch m; -e pl. Zügel m/pl.; a ~ sciolta od. a tutta ~ mit verhängtem Zügel.

brill|amento [bril-la'mento] m Abbrennen n e-r Sprengladung; **~antare** [-lan'ta:re] (1a) facettieren; Kuchen glasieren; **~ante** [-'lante] **1.** adj. glänzend; witzig, voll Geist; **2.** m Brillant m; Thea. Komiker m; **~antina** [-lan'ti:na] f Brillantine f; **~are** [-'la:re] (1a) **1.** v/t. aushülsen; auskörnen; abbrennen; far ~ una mina eine Mine sprengen lassen; **2.** v/i. glänzen; **~atoio** [-la'to:io] m (pl. -oi) Schälmaschine f; **~atura** [-la'tu:ra] f Schälung f; Aushülsung f; Auskörnen n.

brillo [bril-lo] angeheitert.

brin|a [bri:na] f (Tau) Reif m; **~are** [bri'na:re] (1a) reifen (betauen); **~ata** [-'na:ta] f Reif m; **~ato** [-'na:to] bereift.

brindare [brin'da:re] (1a): ~ a qu. auf j-n toasten, j-m zutrinken.

brindisi [brindizi] m inv. Toast m, Trinkspruch m.

brio [bri:o] m, **briosità** [briosi'ta] f Munterkeit f, Schwung m, Feuer n (fig.).

brioche [bri'ɔʃ] f Hefegebäck n.

brioso [bri'o:so] munter, geistreich, feurig.

briscola [briskola] f italienisches Kartenspiel; -e pl. Prügel pl.

britannico [bri'tan-niko] (pl. -ci) britisch.

britanno [bri'tan-no] m Brite m.

brivido [bri:vido] m Schauer m; -i pl. (della febbre) Fieberfrost m; mi vengono i -i mich überläuft es kalt.

brizzolato [brit-tso'la:to] gesprenkelt; capelli m/pl. -i graumeliertes Haar n.

brocca [brɔk-ka] f (pl. -cche) Krug m.

broccato [brɔk-'ka:to] m Brokat m.

brocco [brɔk-ko] m (pl. -cchi) Zielscheibe f; ♀ Schößling m; Klepper m, Mähre f.

broccolo [brɔk-kolo] m Sprossenkohl m; fig. Dummkopf m.

brochure [bro'ʃy:r] f Broschüre f; in ~ broschiert.

broda [brɔ:da] f fade Fleischbrühe f; fig. Brühe f, gehaltlose Rede f.

brod|aglia [bro'da:ʎa] f s. broda; **~etto** [-'det-to] m Soße f, Tunke f; Fischsuppe f.

brod|o [brɔ:do] m Fleischbrühe f; ~ di pollo Hühnerbrühe f; ~ ristretto Kraftbrühe f; pastina f in ~ Fleischbrühe *f* mit Einlage; *andare in ~ di giuggiole* vor Freude außer sich sein; **~oso** [bro'do:so] mit viel Fleischbrühe.

brogli|accio [bro'ʎat-tʃo] *m* (*pl. -cci*) † Schmierkladde *f*, Journal *n*; **~are** [-'ʎa:re] (1g) intrigieren.

broglio [brɔ:ʎo] *m* (*mst pl. -gli*) Umtriebe *m/pl.*; *-i elettorali* Wahlumtriebe *m/pl.*

bromo [brɔ:mo] *m* Brom *n*.

bromuro [bro'mu:ro] *m* Bromid *n*.

bron|chi [broŋki] *m/pl.* Bronchien *f/pl.*; **~chiale** [-'a:le] Bronchial...; *catarro* **~** Bronchialkatarrh *m*; **~chite** [-'ki:te] *f* Bronchitis *f*.

broncio [brontʃo] *m* finsteres Gesicht *n*, F Schnute *f*; *fare* (*od. tenere*) *il ~ a qu.* mit j-m schmollen.

bronco [broŋko] *m* (*pl. -chi*) Anat. Bronchie *f*; **~polmonite** [-polmo-'ni:te] *f* Bronchopneumonie *f*.

brontol|amento [brontola'mento] *m* Brummen *n*; **~are** [-'la:re] (1l) brummen; *Donner:* rollen; **~io** [-'li:o] *m* Gemurre *n*; Rollen *n des Donners*; **~one** [-'lo:re] *m* 1. *m* Brummbär *m*; 2. *adj.* mürrisch.

brontosauro [bronto'sauro] *m* Brontosaurier *m*.

bronz|are [bron'dza:re] (1a) bronzieren; **~atura** [-dza'tu:ra] *f* Bronzierung *f*.

bronzeo [brondzeo] ehern.

bronzina [bron'dzi:na] *f* ⊕ Lagerschale *f*.

bronzista [bron'dzista] *su.* (*m/pl. -i*) Bronzearbeiter(in *f*) *m*.

bronzo [brondzo] *m* Erz *n*; Bronze *f*; *~ dorato* Goldbronze *f*; *faccia f di ~* Mensch *m* ohne Gefühl; *i sacri -i* die Kirchenglocken *f/pl.*

brossura [bros-'su:ra]: *in ~* broschiert.

brucare [bru'ka:re] (1d) abfressen; abstreifen.

bruci|abile [bru'tʃa:bile] verbrennbar; **~acchiare** [-tʃak-ki'a:re] (1g) anbrennen; **~apelo** [-tʃa'pe:lo]: *a ~* aus nächster Nähe; ganz unerwartet, unvermittelt; **~are** [-'tʃa:re] (1f) 1. *v/t.* verbrennen; brennen; ⚡ ausbrennen; *~ la scuola* die Schule schwänzen; *~ le tappe* mit höchster Eile dem Ziel zustreben, schnell durchlaufen, rasch aufsteigen; *bruciarsi le cervella* sich e-e Kugel in den Kopf jagen; 2. *v/i.* brennen;

fig. schmerzen; *~ sul vivo* an e-r wunden Stelle berühren; **~aticcio** [-tʃa'tit-tʃo] *m*: *sapere di ~* verbrannt schmecken; **~ato** [-'tʃa:to] angebrannt; *~ dal sole* sonnenverbrannt; **~atore** [-tʃa'to:re] *m* Brenner *m*; **~atura** [-tʃa'tu:ra] *f* Brandwunde *f*; Ätzung *f*; Brandfleck *m*; **~ore** [-'tʃo:re] *m* Brennen *n*; *~ di stomaco* Sodbrennen *n*.

bruco [bru:ko] *m* (*pl. -chi*) Raupe *f*.

brughiera [brugi'e:ra] *f* Heideland *n*.

bruli|came [bruli'ka:me] *m* Gewimmel *n*; **~care** [-'ka:re] (1l *u. d*) wimmeln; **~chio** [-'ki:o] *m* Gewimmel *n*.

brullo [brul-lo] kahl.

brum|a [bru:ma] *f* diesiges Wetter *n*; Nebel *m*; **~ale** [bru'ma:le] winterlich; **~oso** [bru'mo:so] diesig, nebelig.

brun|a [bru:na] *f*, **~etta** [bru'net-ta] *f* Brünette *f*; **~ire** [-'ni:re] (4d) polieren; bräunen; **~itoio** [-ni'to:io] *m* (*pl. -oi*) Polierstahl *m*; **~itore** [-ni'to:re] *m* Polierer *m*; **~itura** [-ni'tu:ra] *f* Polierung *f*.

bruno [bru:no] 1. *adj.* braun; dunkel; dunkelhaarig; 2. *m* Braun *n*; braune *od.* dunkle Farbe *f*; Trauer *f*.

brusca [bruska] *f* (*pl. -che*) Pferdebürste *f*.

bruschin|are [bruski'na:re] kardätschen; **~o** [-'ki:no] *m* Pferdebürste *f*; Scheuerbürste *f*.

brusco [brusko] (*pl. -chi*) herb; barsch; rauh; ruppig; jäh.

bruscolini [brusko'li:ni] *m/pl.* gesalzene und geröstete Kürbiskerne.

bruscolo [bruskolo] *m* Splitterchen *n*; *mi è un ~ in un occhio* er ist mir ein Dorn im Auge.

brusio [bru'zi:o] *m* Lärm *m*.

brut|ale [bru'ta:le] viehisch; roh, brutal; **~alità** [-tali'ta] *f* Roheit *f*.

bruto [bru:to] 1. *adj.* roh; 2. *m* wildes Tier *n*; *fig.* Unmensch *m*, Unhold *m*.

brutt|a [brut-ta] *f* (*a. adj.: ~ copia f*) das Unreine *n*; **~are** [-'ta:re] (1a) besudeln; **~ezza** [-'tet-tsa] *f* Häßlichkeit *f*; **~o** [-'to] häßlich; schlecht; *alle -e* im schlimmsten Falle; *peso m ~* Bruttogewicht *n*; *il ~ è che ...* das schlimme ist, daß ...; **~ura** [-'tu:ra] *f* Schmutz *m*; *fig.* Schändlichkeit *f*.

bua [bu:a] *f Kinderspr.* Wehweh *n.*
buaggine [bu'ad-dʒine] *f* Dummheit *f.*
bubbola [bub-bola] *f* F Flause *f*; *Zool.* Wiedehopf *m.*
bubbolare [bub-bo'la:re] (1l) *Donner*: rollen.
bubboliera [bub-boli'ɛ:ra] *f* Pferdegeschirr *n* mit Schellen.
bubbolo [bub-bolo] *m* (*mst pl.* -*i*) Schellen *f/pl.*
bubb|one [bub-'bo:ne] *m* Beule *f*; **~onico** [-'bɔ:niko]: *peste f -a* Beulenpest *f.*
buca [bu:ka] *f* (*pl.* -*che*) Loch *n*; Schlitz *m*; ⚔ Trichter *m*; Kellerlokal *n*; *~ delle lettere* Briefkasten *m*; *~ della stufa* Ofenloch *n*; *~ del suggeritore* Souffleurkasten *m.*
buc|aneve [buka'ne:ve] *m inv.* Schneeglöckchen *n*; **~are** [-'ka:re] (1d) **1.** *v/t.* durchlöchern; lochen; *Fahrkarten* knipsen; *avere le mani bucate* verschwenderisch sein; **2.** *v/i.* eine Reifenpanne haben.
bucato [bu'ka:to] *m* Wäsche *f*; *di ~* frisch gewaschen; *fare il ~* Wäsche haben.
bucatura [buka'tu:ra] *f* Durchlöchern *n*; Stich *m*; Reifenpanne *f.*
buccia [but-tʃa] *f* (*pl.* -*cce*) Schale *f*; Haut *f*; Pelle *f*; *rivedere le -e a qu.* j-m genau auf die Finger sehen.
bucefalo [bu'tʃɛ:falo] *m iro.* Klepper *m.*
bucherellare [bukerel-'la:re] (1b) durchlöchern.
bucinare [butʃi'na:re] (1l) munkeln.
buco [bu:ko] *m* (*pl.* -*chi*) Loch *n*; *cercare per tutti i -chi* in allen Ecken suchen; *tappare un ~* Schulden bezahlen; *non cavare un ragno da un ~* nichts ausrichten; *un ~ nell'acqua* ein Schlag ins Wasser.
bucolic|a [bu'kɔ:lika] *f* Hirtendichtung *f*; **~o** [-ko] Hirten..., Schäfer...
budd|ismo [bud-'dizmo] *m* Buddhismus *m*; **~ista** [-'dista] *su.* (*m/pl.* -*i*) Buddhist(in *f*) *m.*
budello [bu'dɛl-lo] *m* (*pl. le budella*) Darm *m*; Gedärm *n*; Eingeweide *n*; enge Gasse *f.*
budino [bu'di:no] *m* Pudding *m*; *~ di semolino* Grießpudding *m.*
bue [bu:e] *m* (*pl. buoi*) Ochse *m*; *lavorare come un ~* wie ein Pferd arbeiten.
bufalo [bu:falo] *m* Büffel *m.*
bufera [bu'fɛ:ra] *f* Sturm *m.*
buffet [buf-'fe] *m inv.* Speiseschrank *m*; Anrichte(tisch *m*) *f*; Bahnhofsrestauration *f*; Erfrischungsraum *m.*
buffetto [buf-'fet-to] *m* Nasenstüber *m*; (*a. pan ~*) *feines* Weißbrot *n.*
buffo [buf-fo] **1.** *adj.* komisch; **2.** *m* Windstoß *m*; *Thea.* Sänger *m komischer Rollen.*
buff|onata [buf-fo'na:ta] *f* Narrenstreich *m*; **~one** [-'fo:ne] *m* Hanswurst *m*; *~ di corte* Hofnarr *m*; **~oneggiare** [-foned-'dʒa:re] (1f) den Hanswurst spielen; **~oneria** [-fone'ri:a] *f* dummer Streich *m*; **~onesco** [-fo'nesko] (*pl.* -*chi*) närrisch.
buggerare [bud-dʒe'ra:re] (1l) betrügen, begaunern.
bugia[1] [bu'dʒi:a] *f* Handleuchter *m.*
bugia[2] [bu'dʒi:a] *f* Lüge *f*; *~ ufficiosa* Notlüge *f*; *dire -e* lügen.
bugi|ardo [bu'dʒardo] **1.** *adj.* lügnerisch; **2.** *m* Lügner *m*; **~ardone** [-dʒar'do:ne] *m* Erzlügner *m.*
bugigattolo [budʒi'gat-tolo] *m* Loch *n*, Kabuff *n.*
bugna [bu:ɲa] *f* Quaderstein *m.*
bugnato [bu'ɲa:to] *m* △ Bossenwerk *n.*
bugno [bu:ɲo] *m* Bienenstock *m.*
buio [bu:io] **1.** *adj.* dunkel; **2.** *m* Dunkel *n*; *~ pesto* stockfinster; *essere al ~ di qc.* im unklaren sein über et. (*acc.*).
bulbo [bulbo] *m* Wurzel *f*; ⚘ Blumenzwiebel *f*; *~ dell'occhio* Augapfel *m.*
bulboso [bul'bo:so] zwiebelartig.
bulgaro [bulgaro] **1.** *adj.* bulgarisch; **2.** *m* Bulgare *m*; Bulgarisch(e) *n.*
bulin|are [buli'na:re] (1a) stechen; **~atore** [-na'to:re] *m* Stecher *m.*
bulino [bu'li:no] *m* (Grab-)Stichel *m*; *lavorare a ~* stechen.
bulldog [buldɔg] *m* Bulldogge *f.*
bulldozer [bul'do:zer] *m inv.* Planierraupe *f.*
bullett|a [bul-'let-ta] *f* Zwecke *f*; **~are** [-let-'ta:re] (1a) mit Zwecken beschlagen.
bullon|are [bul-lo'na:re] verbolzen; **~e** [-'lo:ne] *m* Bolzen *m.*
buoi [bu'ɔ:i] *s. bue.*
buon [bu'ɔn] *s. buono.*

buona|fede [buona'fe:de] f Gutgläubigkeit f; in ~ in gutem Glauben; **~lana** [-'la:na] f (pl. buonelane) Nichtsnutz m.

buonanima [buo'na:nima] Selige(r) m; mio nonno ~ mein seliger Großvater.

buona|notte [buona'nɔt-te] f gute Nacht f; dare la ~ gute Nacht wünschen; e ~! und damit Schluß!; **~sera** [-'se:ra] f guten Abend m.

buon|costume [buonkos'tu:me] m Sittlichkeit f, Moral f; squadra f del ~ Sittenpolizei f; **~giorno** [-'dʒorno] m guten Tag m; dare il ~ guten Tag wünschen; **~gustaio** [-gus'ta:io] m Feinschmecker m; **~gusto** [-'gusto] m Geschmack m; di ~ geschmackvoll.

buono [bu'ɔ:no] 1. adj. gut; freundlich; gültig; geeignet; triftig; a buon diritto mit vollem Recht; alla -a schlicht, einfach; colle -e auf gütlichem Wege; -a fortuna viel Glück; a buon mercato billig; di buon'ora früh(morgens); di buon occhio wohlwollend; di buon grado gern; avere buon naso e-e feine Nase haben; questa è -a da sich über j-n lustig machen; essere ~ a ... verstehen zu ...; ~ a nulla nichtsnutzig; non è ~ a nulla er ist zu nichts zu gebrauchen; ~ come il pane herzensgut; mio padre buon'anima mein seliger Vater; tenersi ~ qu. sich j-n warmhalten; 2. m Gute(s) n; ✝ Bon m; Gutschein m; Anweisung f; ~ del tesoro Schatzanweisung f; ~ di cassa Kassenschein m; ~ risposta Antwortschein m; il buono è che ... das Gute dabei ist, daß; mi ci volle del ~ e del bello es hat mich große Mühe gekostet; il tempo si mette al ~ das Wetter heitert sich auf.

buon|senso [buon'senso] m gesundes Urteil n; gesunder Menschenverstand m; **~tempone** [-tem'po:ne] m lustiger Bruder m, Spaßvogel m; Lebemann m; **~uscita** [-uʃ-'ʃi:ta] f Abstandszahlung f.

burattare [burat-'ta:re] (1a) beuteln.

buratt|inaio [burat-ti'na:io] m (pl. -ai) Puppenspieler m; Inhaber m e-s Marionettentheaters; **~inata** [-ti'na:ta] f fig. Farce f; **~ino** [-'ti:no] m Hampelmann m; Mario-

nette f; teatro m dei -i Marionetten-, Kasperletheater n.

buratto [bu'rat-to] m (Mehl-)Sieb n.

burb|anza [bur'bantsa] f Hochmut m; **~anzoso** [-ban'tso:so] hochmütig.

burbero [burbero] 1. adj. mürrisch; 2. m Griesgram m.

burchio [burkio] m (pl. -chi) Kahn m.

bure [bu:re] f Pflugbaum m.

buretta [bu'ret-ta] f 🜊 Reagenzglas n.

burgravio [bur'gra:vio] m (pl. -vi) ehm. Burggraf m.

burl|a [burla] f Schabernack m; Spaß m; **~are** [-'la:re] (1a) 1. v/t. zum besten haben; 2. v/i. scherzen; **~arsi** [-'larsi]: ~ di qu. sich über j-n lustig machen; **~esco** [-'lesko] (pl. -chi) scherzhaft; **~etta** [-'let-ta] f kleiner Scherz m; mandare in ~ ins Lächerliche ziehen; **~one** [-'lo:ne] 1. adj. scherzhaft; 2. m Spaßvogel m, Witzbold m.

burocrate [bu'rɔkrate] m Bürokrat m, Aktenmensch m.

burocr|atico [buro'kra:tiko] (pl. -ci) 1. adj. bürokratisch; 2. m Bürokrat m; **~azia** [-kra'tsi:a] f Bürokratie f.

burr|asca [bur-'raska] f (pl. -che) Sturm m; **~ascoso** [-ras'ko:so] stürmisch.

burr|ato [bur-'ra:to] mit Butter bestrichen; **~iera** [-ri'e:ra] f Butterdose f.

burro [bur-ro] m Butter f; Kochk. al ~ mit Butter gekocht; mit Butter angerichtet; fare il ~ buttern; tenero come il ~ butterweich.

burrona [bur-'ro:na]: pera f ~ Butter-, Schmalzbirne f.

burrone [bur-'ro:ne] m Schlucht f.

burroso [bur-'ro:so] butterig.

busca [buska] f Suche f.

busc|are [bus'ka:re] u. **~arsi** [-'karsi] (1d) (ab)kriegen; Krankheit f sich zuziehen.

buscher|are [buske'ra:re] (1l) V betrügen, begaunern; **~atura** [-ra-'tu:ra] f V Reinfall m.

busilli(s) [bu'zil-li(s)] m inv. Schwierigkeit f; qui sta il ~ da liegt der Hase im Pfeffer.

bussa [bus-sa] f Schlag m; -e pl. Prügel pl.

buss|are [bus-'sa:re] (1a) klopfen; ~ alla porta an die Tür klopfen; ~ a *quattrini* um Geld bitten; ‿ata *f* Schlag *m*.

bussola [bus-sola] *f* Kompaß *m*; Kompaßhäuschen *n*; Sänfte *f*; innere Tür *f*; ‿ *giroscopica* Kreiselkompaß *m*; *perdere la* ‿ den Kopf verlieren.

bussolotto [bus-so'lɔt-to] *m* Würfelbecher *m*; *gioco m dei -i* Taschenspielerei *f*; *giocatore m dei -i* Taschenspieler *m*, Gaukler *m*.

busta [busta] *f* Umschlag (Briefumschlag) *m*); Aktenmappe *f*; Futteral *n*; ‿ *paga* Lohntüte *f*; ‿ *portatovagliolo* Serviettentasche *f*.

bust|arella [busta'rɛl-la] *f* P Bestechungsgeld *n*; ‿**ina** [-'ti:na] *f* Tütchen *n*; *Kopfbedeckung*: Schiffchen *n*; kleine Aktenmappe *f*.

busto [busto] *m Anat.* Oberkörper *m*; *Mal.* Brustbild *n*; *Skulp.* Büste *f*; *Kleidung*: Korsett *n*; Schnürmieder *n*.

butirroso [butir-'ro:so] butterig.

buttafuori [but-tafu'ɔ:ri] *m inv.* Inspizient *m*.

butt|are [but-'ta:re] (1a) **1.** *v/i.* ♃ ausschlagen; **2.** *v/t.* werfen; ‿ (*via*) wegwerfen; ‿ *giù* niederreißen (*a. fig.*); *Brief* herunterschmieren; *Speise* herunterschlingen; *Regierung* stürzen; *buttarsi giù* den Kopf hängen lassen; ‿ *giù la pasta* Makkaroni ins kochende Wasser werfen; ‿ *sangue* bluten; ‿ *via* wegwerfen; ‿**ata** [-'ta:ta] *f* Wurf *m*; ♃ Trieb *m*.

butterato [but-te'ra:to] blatternarbig.

buttero [but-tero] *m* berittener Büffel- *od.* Pferdehüter *m in der römischen Campagna*; ♨ Blatternarbe *f*.

buzzo [bud-dzo] *m* Magen *m*; Eingeweide *n* der Tiere; *fig.* Wanst *m*; Dickwanst *m*; *di* ‿ *buono* mit allem Eifer.

buzzurro [bud-'dzur-ro] *m fig.* roher Mensch *m*, Grobian *m*.

C

C, c [tʃi] *f u. m* C, *c n*; C = 100.

cabala [ka'bala] *f* Kabbala *f*; Traumbuch *n*; *Kunst, die Zahlen des Lottos zu erraten*; *fig.* Kabale *f*; **-e** *pl.* Ränke *m/pl.*

cabal|ista [kaba'lista] *su. (m/pl. -i)* Kabalist(in *f*) *m*; *fig.* Intrigant(in *f*) *m*; **~ístico** [-'listiko] *(pl. -ci)* kabbalistisch.

caba|ret [kaba'rɛ] *m* Kabarett *n*; **~rettistico** [-ret-'tistiko] *(pl. -ci)* kabarettistisch.

cabina [ka'bi:na] *f* Kabine *f*; Badekabine *f*; **~ elettorale** Wahlkabine *f*; 𝕏 **~ del pilota** Pilotenraum *m*; **~ di proiezione** Vorführkabine *f*; **~ telefonica** Fernsprechzelle *f*.

cablogramma [kablo'gram-ma] *m (pl. -i)* Kabel *n*, (Übersee-)Telegramm *n*.

cabotaggio [kabo'tad-dʒo] *m* Küstenschiffahrt *f*.

cabr|are [ka'bra:re] 𝕏 steil hochziehen; **~ata** [-'bra:ta] *f* Steilflug *m*.

cacao [ka'ka:o] *m* Kakao *m*.

cac|are [ka'ka:re] (1d) P kacken; **~arella** [-ka'rɛl-la] *f* Durchfall *m*, Diarrhöe *f*.

cacasenno [kaka'sen-no] *su. inv.* Naseweis *m*.

cac|ata [ka'ka:ta] *f* P Kackerei *f*; **~atoio** [-ka'to:io] *m (pl. -oi)* Abtritt *m*.

cacatua [kaka'tu:a] *m inv.* Kakadu *m*.

cacca [kak-ka] *f* P Kacke *f*.

caccao [kak-'ka:o] *m s. cacao.*

caccia [kat-tʃa] *(pl. -cce)* **1.** *f* Jagd *f*; **~ riservata** abgeschlossenes Jagdrevier *n*; *andare a ~* auf die Jagd gehen; *Jagd machen* (di *auf acc.*); *dare la ~ a qu.* j-n verfolgen; **~ di od. apparecchio m da ~** Jagdflugzeug *n*; **~ a reazione** Düsenjäger *m*.

cacciagione [kat-tʃa'dʒo:ne] *f* Jagdbeute *f*; Wildbret *n*.

cacci|are [kat-'tʃa:re] (1f) jagen; werfen, stecken; *j-n* vertreiben; *Schrei* ausstoßen; *Nagel* einschlagen; *Dolch* stoßen; **~ via** hinauswerfen; **~arsi** [-'tʃarsi] sich hinein-

drängen; stecken, landen; *dove ti sei cacciato?* wo steckst du denn?; *cacciarsi nei guai* in des Teufels Küche geraten; **~asommergibili** [-tʃasom-mer'dʒi:bili] *m inv.* Unterseebootjäger *m*; **~ata** [-'tʃa:ta] *f* Jagd *f*; Vertreibung *f*; **~atora** [-tʃa'to:ra] *f* Jagdrock *m*; *Kochk.* *alla ~* auf Jägerart; **~atore** [-tʃa-'to:re] *m* Jäger *m*; Jagdflieger *m*.

caccia|torpediniere [kat-tʃator-pedini'ɛ:re] *m inv.* Torpedojäger *m*, Torpedobootzerstörer *m*; **~vite** [-'vi:te] *m inv.* Schraubenzieher *m*.

cacciucco [kat-'tʃuk-ko] *m* Fischsuppe *f*.

cachet [ka'ʃɛ] *m inv.* 𝕏 Kapsel *f*.

cachi [ka:ki] *m inv.* Khakifrucht *f*; Khakifarbe *f*.

cacio [ka:tʃo] *m (pl. -ci)* Käse *m*; *arrivare come il ~ sui maccheroni* höchst gelegen (wie gerufen) kommen; *essere come pane e ~* ein Herz und e-e Seele sein; *alto come un soldo di ~* kaum drei Käse hoch.

caciocavallo [katʃoka'val-lo] *m* süditalienischer Käse.

cacioso [ka'tʃo:so] käsig.

caciotta [ka'tʃɔt-ta] *f* mittelitalienischer Weichkäse.

cacofo|nia [kakofo'ni:a] *f* Mißklang *m*; **~nico** [-'fɔ:niko] *(pl. -ci)* mißklingend.

cactus [kaktus] *m inv.* Kaktus *m*.

cadauno [kada'u:no] jeder.

cad|avere [ka'da:vere] *m* Leichnam *m*; Leiche *f*; Aas *n*; **~averico** [-da've:riko] *(pl. -ci)* leichenähnlich; totenbleich; *rigidità f ~* Leichenstarre *f*.

caddi [kad-di] *s. cadere.*

cad|ente [ka'dɛnte] hinfällig; baufällig; *stella f ~* Sternschnuppe *f*; **~enza** [-'dɛntsa] *f* Kadenz *f*, Tonfall *m*; Takt *m*; **~enzato** [-den'tsa:-to] taktmäßig; **~ere** [-'de:re] (2c) **1.** *v/i.* fallen; einfallen, einstürzen; *Schüler, Kandidat:* durchfallen; *Wind:* sich legen; *Haare:* ausfallen; *Blätter, Früchte:* abfallen; *Flugzeuge, Bergsteiger:* abstürzen; **~ da**

cavallo vom Pferd stürzen; ~ *dalle nuvole* aus allen Wolken fallen; ~ *morto* tot umfallen; ~ *in miseria* in Armut geraten; ~ *ammalato* krank werden; ~ *in mente* einfallen; ~ *in contravvenzione* sich e-e Geldstrafe zuziehen; *far* ~ *il governo* die Regierung stürzen; *lasciarsi* ~ *su una poltrona* in e-n Sessel sinken; **2.** *m*: *il* ~ *del sole* der Sonnenuntergang.

cadetto [ka'det-to] *m* Kadett *m*.

cad|uceo [kadu't∫e:o] *m* Merkurstab *m*; **~ucità** [-t∫i'ta] *f* Hinfälligkeit *f*; **~uco** [-'du:ko] (*pl.* -chi) hinfällig; vergänglich; *mal m* ~ Fallsucht *f*.

caduno [ka'du:no] jeder.

caduta [ka'du:ta] *f* Fall *m*; Sturz *m*; Einschlag (Geschoßeinschlag) *m*; Absturz *m*; ~ *del governo* Regierungssturz *m*; ~ *di traverso* Querschläger *m* (*e-s Geschosses*).

caduto [ka'du:to] *m* ✕ Gefallene(r) *m*; *giorno m* (*commemorativo*) *dei -i* Heldengedenktag *m*; *tombe f/pl. dei -i* Kriegsgräber *n/pl.*

caffè [kaf-'fɛ] *m inv.* Kaffee *m*; Kaffeehaus *n*; ~ *espresso* Espressokaffee *m*; ~ *latte* Milchkaffee *m*; ~ *lungo* dünner Kaffee *m*.

caffeario [kaf-fe'a:rio] Kaffee...

caffeina [kaf-fe'i:na] *f* Koffein *n*; *senza* ~ koffeinfrei.

caffellatte [kaf-fel-'lat-te] *m inv.* Milchkaffee *m*.

caffettano [kaf-fet-'ta:no] *m* Kaftan *m*.

caffett|iera [kaf-fet-ti'ɛ:ra] *f* Kaffeekanne *f*; Kaffeemaschine *f*; *scherzh.* alter Klapperkasten *m*; **~iere** [-ti'ɛ:re] *m* Kaffeehausbesitzer *m*.

caffo [kaf-fo] **1.** *adj.* ungerade; **2.** *m* ungerade Zahl *f*.

cafon|ata [kafo'na:ta] *f* Lümmelei *f*; **~e** [-'fo:ne] *m* Grobian *m*.

cagionare [kad3o'na:re] (1a) verursachen;

cagion|e [ka'd3o:ne] *f* Ursache *f*; *per tua* ~ deinetwegen; *a* ~ *di* wegen (*gen.*); **~evole** [-d3o'ne:vole] kränklich; **~evolezza** [-d3onevo-'let-tsa] *f* Kränklichkeit *f*.

cagliare [ka'ʎa:re] (1g) gerinnen.

caglio [ka:ʎo] *m* Lab *n*.

cagna [ka:ɲa] *f* Hündin *f*.

cagn|ara [ka'ɲa:ra] F *f* Radau *f*; **~esco** [-'ɲesko] (*pl.* -chi) hündisch; *in* ~ grimmig; **~olino** [-ɲo'li:no] *m*

Hündchen *n*; **~otto** [-'ɲɔt-to] *m* Häscher *m*.

caiaco [kai'a:ko] *m* (*pl.* -chi) Kajak *m*.

caicco [ka'ik-ko] *m* (*pl.* -cchi) kleine Schaluppe *f*.

caimano [kai'ma:no] *m* Kaiman *m*.

cala [ka:la] *f* kleine Bucht *f*.

calabrache [kala'bra:ke] *m italienisches Kartenspiel*; *fig.* Waschlappen *m*.

calabrese [kala'bre:se] **1.** *adj.* kalabrisch; **2.** *m a. cappello m alla* ~ Kalabreserhut *m*; **3.** *su.* Kalabrier(in *f*) *m*.

calabro [ka:labro] kalabrisch.

calabrone [kala'bro:ne] *m* Hummel *f*; *fig.* aufdringlicher Verehrer *m*.

calafatare [kalafa'ta:re] ⚓ (1m) kalfatern.

calafato [kala'fa:to] *m* Kalfaterer *m*.

calamaio [kala'ma:io] *m* (*pl.* -ai) Tintenfaß *n*; *Typ.* Farbwerk *n*; *-ai pl.* blaue Ränder *m/pl.* um die Augen.

calamaro [kala'ma:ro] *m* Tintenfisch *m*.

calaminta [kala'minta] *f* Bergmelisse *f*.

calamistro [kala'mistro] *m lit.* Brennschere *f*.

calamità [kalami'ta] *f inv.* Unglück *n*.

calam|ita [kala'mi:ta] *f* Magnet *m*; **~itare** [-mi'ta:re] (1a) magnetisieren; **~itato** [-mi'ta:to] magnetisch; *ago m* ~ Magnetnadel *f*; **~itazione** [-mitatsi'o:ne] *f* Magnetisierung *f*.

calamitoso [kalami'to:so] unheilvoll.

calamo ['ka:lamo] *m* Rohr (Schreibrohr) *n*.

calandr|a [ka'landra] *f* **1.** Kalanderlerche *f*; **2.** Kalander *m*, Glättmaschine *f*; **~are** [-'dra:re] (1a) kalandern.

calandro [ka'landro] *m* Brachpieper *m*.

calante [ka'lante] abnehmend; *luna f* ~ abnehmender Mond *m*.

calappio [ka'lap-pio] *m* (*pl.* -ppi) Schlinge *f*.

calapranzi [kala'prandzi] *m inv.* Speisenaufzug *m*.

cal|are [ka'la:re] (1a) **1.** *v/t.* herablassen; *Segel* streichen; *Netze* auswerfen; *Preise* herabsetzen; *Linie* fällen; *Schlag* versetzen; *Bergsport:*

calarsi con la corda sich abseilen; **2.** *v/i.* herabsteigen; abnehmen; *Preise, Wasser:* sinken; *Sonne:* untergehen; *Nacht:* hereinbrechen; *Vorhang:* fallen; *Feind:* einbrechen; **~ata** [ka'la:ta] *f* Herablassen *n*; Herabsteigen *n*; Sinken *n*; Einfall *m*, Einbruch *m*; ♣ Kai *m*; *Bergsport:* ~ con la corda Abseilen *n*.

calca [kalka] *f* (*pl.* -che) Gedränge *n*.

calcagno [kal'ka:ɲo] *m* (*pl. i calcagni od. le calcagna*) Ferse *f*; *stare alle -a di qu.* j-m auf dem Fuße folgen; *avere qu. alle -a von* j-m verfolgt werden; *alzare le -a* sich aus dem Staube machen.

calcare[1] [kal'ka:re] (1d) drücken; *Zeichenk.* durchpausen; *Worte betonen;* ~ le orme di qu. in j-s Fußtapfen treten; ~ le scene sich dem Theater widmen; ~ la mano su qu. j-n hart anpacken.

calc|are[2] [kal'ka:re] **1.** *adj.* kalkig; *pietra f* ~ **= 2.** *m* Kalkstein *m*; **~areo** [-'ka:reo] kalkartig; kalkhaltig.

calc|ata [kal'ka:ta]: *dare una* ~ *a qc. et.* zusammenpressen; **~atoio** [-ka'to:io] *m* (*pl.* -oi) Pausstift *m*.

calce [kaltʃe] *f* Kalk *m*; ~ *spenta* gelöschter Kalk *m*; *latte m di* ~ Kalkmilch *f*; *in* ~ *fig.* am unteren Rand, untenstehend.

calcedonio [kaltʃe'dɔ:nio] *m* Chalzedon *m*.   [Beton *m*.\

calcestruzzo [kaltʃes'trut-tso] *m*\

calci|are [kaltʃi'a:re] (1f) Fußtritte geben; ausschlagen; Fußball spielen; *Fußball:* den Ball treten; *Ball* senden; ~ in rete einsenden; **~atore** [-tʃa'to:re] *m* Fußballspieler *m*.

calcific|are [kaltʃifi'ka:re] (1m *u.* d) *u.* **~arsi** [-'karsi] verkalken; **~azione** [-katsi'o:ne] *f* ♣ Verkalkung *f*.

calcina [kal'tʃi:na] *f* Mörtel *m*.

calcin|accio [kaltʃi'nat-tʃo] *m* (*pl.* -cci) Mörtelschutt *m*; **~aio** [-na:io] *m* (*pl.* -ai) Kalkgrube *f*; **~are** [-'na:re] (1a) zu Kalk verbrennen; **~atura** [-na'tu:ra] *f* Verkalken *n*; **~azione** [-natsi'o:ne] *f* Verkalkung *f*, Kalzinierung *f*; **~oso** [-'no:so] kalkig.

calcio [kaltʃo] *m* (*pl.* -ci) Fußtritt *m*; ⚔ Kolben *m*; ♠ Kalzium *n*; gioco *m del* ~ Fußballspiel *n*; *giocare al* ~ Fußball spielen; *campionato m di* ~

Fußballmeisterschaft f; ~ *di punizione* Freistoß *m;* ~ *di rigore* Elfmeterstoß *m;* ~ *d'angolo* Eckball *m;* ~ *d'inizio* Anstoß *m.*

calcistico [kal'tʃistiko] (*pl.* -ci) Fußball...; *gara f -a* Fußballkampf *m.*

calc|o [kalko] *m* (*pl.* -chi) *Zeichenk.* Pause *f; Skulp.* Abdruck *m;* **~ografia** [-ogra'fi:a] *f* Kupferstechkunst *f;* Kupferdruck *m;* **~ografo** [-'kɔ:grafo] *m* Kupferstecher *m.*

calcol|abile [kalko'la:bile] berechenbar; **~are** [-la:re] (1l) **1.** *v/i.* rechnen; vermuten; **2.** *v/t.* be-, errechnen; abwägen, abschätzen; **~atore** [-la'to:re] *m* Rechner *m;* *regolo m* ~ Rechenschieber *m;* **~atrice** [-la'tri:tʃe] *f* (*od. macchina f* ~) Rechenmaschine *f;* ~ *elettronica* Elektronenrechner *m;* **~azione** [-latsi'o:ne] *f* Kalkulation *f.*

calcolo [kalkolo] *m* Rechnung *f;* ♠ (Blasen-)Stein *m;* ~ *mentale* Kopfrechnen *n;* ~ *preventivo* Voranschlag *m;* ~ *degli interessi* Zinsrechnung *f; far* ~ *su qc. od. qu.* auf et. *od.* j-n rechnen.

calcolosi [kalko'lɔ:zi] *f* Steinleiden *n.*

calcomania [kalkoma'ni:a] *f* Abziehbild *n.*

caldaia [kal'da:ia] *f* Kessel *m;* ~ *per riscaldamento* Heizkessel *m.*

cald|ana [kal'da:na] *f* plötzliche Glut *f* im Gesicht; **~ano** [-'da:no] *m* Kohlenbecken *n;* **~arrosta** [-dar-'rɔsta] *f* geröstete Marone *f.*

caldeggiare [kalded-dʒa:re] (1f) warm befürworten.

calderaio [kalde'ra:io] *m* (*pl.* -ai) Kupferschmied *m.*

calderone [kalde'ro:ne] *m* großer Kessel *m.*

cald|o [kaldo] **1.** *adj.* warm; *-e lacrime (preghiere)* heiße Tränen (Bitten); *una notizia -a* eine brühwarme Nachricht; *non fare né* ~ *né freddo* gleichgültig lassen; **2.** *m* Wärme *f, pfr.* Hitze *f; ho* ~ mir ist warm; **~ura** [-'du:ra] *f* große Hitze *f.*

cale [ka:le] *s. calere.*

calefazione [kalefatsi'o:ne] *f* Erwärmung *f,* Erhitzung *f.*

caleidoscopio [kaleidos'kɔ:pio] *m* (*pl.* -pi) Kaleidoskop *n.*

calendario [kalen'da:rio] *m* (*pl.* -ri) Kalender *m;* ~ *a fogli staccabili* Abreißkalender *m.*

calend|e [ka'lɛnde]: *le ~ greche* der Nimmermehrstag; **~imaggio** [-lendi'mad-dʒo] *m* Maifeier *f*.

calendola [ka'lɛndola] *f* Ringelblume *f*.

calepino [kale'pi:no] *m* dickes Buch *n*; Schmöker *m*.

calere [ka'le:re] (2d): *mettere qc. in non cale* sich um et. (*acc.*) nicht kümmern.

calesse [ka'les-se] *m* Kalesche *f*.

calett|are [kalet-'ta:re] (1a) **1.** *v/t.* verbinden; **2.** *v/i.* gut schließen; **~atura** [-ta'tu:ra] *f* ⊕ Verbindung *f*; Verbindungsstelle *f*.

calibrare [kali'bra:re] (1l) kalibrieren.

calibro [ka:libro] *m* Kaliber *n*; ⊕ Lehre *f*; *grossi -i* schwere Kaliber *n/pl.*   [Becher *m*.]

calice [ka:litʃe] *m* Kelch *m*; Glas *n*,}

calicò [kali'kɔ] *m* Kaliko *m*.

cal|iffato [kalif-'fa:to] *m* Kalifat *n*; **~iffo** [-'lif-fo] *m* Kalif *m*.

cal|igine [ka'li:dʒine] *f* Nebel *m*; **~iginoso** [-lidʒi'no:so] neb(e)lig.

calla [kal-la] *f* Kalla *f*.

calle [kal-le] *m* Weg *m*; Straße *f*.

callifugo [kal-'li:fugo] *m* (*pl. -ghi*) Hühneraugenpflaster *n*.

call|igrafia [kal-ligra'fi:a] *f* Schönschreibekunst *f*; Schrift (Handschrift) *f*; **~igrafico** [-'gra:fiko] (*pl. -ci*) kalligraphisch; **~igrafo** [-'li:grafo] *m* Schreibkünstler *m*; formvollendeter Schriftsteller *m*.

callista [kal-'lista] *su.* (*m/pl. -i*) Hühneraugenoperateur(in *f*) *m*.

callo [kal-lo] *m* Hühnerauge *n*; Schwiele *f*; *fare il ~ a qc.* sich an et. (*acc.*) gewöhnen; *pestare i -i a qu.* j-m auf die Hühneraugen treten.

call|osità [kal-losi'ta] *f* Verhärtung *f* der Haut; **~oso** schwielig.

calma [kalma] *f* Stille *f*; Ruhe *f*; ✝ Flaute *f*; ⚓ Kalme *f*.

calm|ante [kal'mante] *m* Beruhigungsmittel *n*; **~are** [-'ma:re] (1a) beruhigen; *Schmerz lindern;* **~arsi** [-'marsi] sich fassen; sich legen.

calmierare [kalmie'ra:re] (1b) den Höchstpreis amtlich festsetzen.

calmiere [kalmi'ɛ:re] *m* amtlicher Höchstpreis *m* für Lebensmittel.

calmo [kalmo] ruhig.

calo [ka:lo] *m* Abnahme *f*; Sinken *n*.

calomelano [kalome'la:no] *m* Kalomel *n*.

cal|ore [ka'lo:re] *m* Wärme *f*; Hitze *f*; Fieber *n*; **~oria** [-lo'ri:a] *f* Kalorie *f*; **~orico** [-'lɔ:riko] (*pl. -ci*) kalorisch, Wärme...; **~orifero** [-lo'ri:fero] *m* Heizkörper *m*; **~orifico** [-lo'ri:fiko] (*pl. -ci*) wärmeerzeugend; *capacità f -a* Wärmekapazität *f*; **~orimetria** [-lorime'tri:a] *f* Wärmemessung *f*; **~orimetro** [-lo'ri:metro] *m* Wärmemesser *m*; **~oroso** [-lo'ro:so] *fig.* warm.

caloscia [ka'lɔʃ-ʃa] *f* (*pl. -sce*) Galosche *f*, Überschuh *m*.

calotta [ka'lɔt-ta] Kalotte *f*; *~ cranica* Schädeldach *n*; *~ polare* Polkappe *f*.

calpest|are [kalpes'ta:re] (1a) zertreten; zerstampfen; *fig.* mit Füßen treten; **~io** [-'ti:o] *m* Getrampel *n*.

calugine [ka'lu:dʒine] *f* Flaum *m*.

calunni|a [ka'lun-nia] *f* Verleumdung *f*; **~are** [-ni'a:re] (1k) verleumden; **~atore** [-nia'to:re] *m* Verleumder *m*; **~oso** [-ni'o:so] verleumderisch.

calura [ka'lu:ra] *f* Hitze *f*.

Calvario [kal'va:rio] *m* Kalvarienberg *m*; Leidensweg *m*.

calvinis|mo [kalvi'nizmo] *m* Kalvinismus *m*; **~ta** [-'nista] *su.* Kalvinist(in *f*) *m*; **~tico** [-'nistiko] (*pl. -ci*) kalvinistisch.

calvizie [kal'vi:tsie] *f* Kahlheit *f*.

calvo [kalvo] kahl(köpfig); *testa f -a* kahler Kopf *m*.

calz|a [kaltsa] *f* Strumpf *m*; *~ elastica* Gummistrumpf *m*; *~ di cotone* Baumwollstrumpf *m*; *~ di seta* Seidenstrumpf *m*; *-e senza cucitura* nahtlose Strümpfe *m/pl.*; *fare la ~* stricken; **~ante** [-'tsante] **1.** *adj.* passend; **2.** *m* Schuhanzieher *m*; **~are** [-'tsa:re] (1a) **1.** *v/t. Schuhe, Handschuhe* anziehen; mit Schuhwerk versehen; **2.** *v/i. fig.* passen; **3.** *m lit.* Fußbekleidung *f*; **~atoio** [-tsa'to:io] *m* (*pl. -oi*) Schuhanzieher *m*; **~atura** [-tsa'tu:ra] *f* Schuhwerk *n*; *-e pl.* Schuhwaren *f/pl.*; **~aturificio** [-tsaturi'fi:tʃo] *m* (*pl. -ci*) Schuhfabrik *f*; **~erotto** [-tse'rot-to] *m* Socke *f*; **~ettaio** [-tset-'ta:io] *m* (*pl. -ai*) Strumpfhändler *m*; **~ettone** [-tset-'to:ne] *m* Waden-, Sportstrumpf *m*; **~ino** [-'tsi:no] *m* (Herren-)Socke *f*; **~olaio** [-tso'la:io] *m* (*pl. -ai*) Schuhmacher *m*; **~oleria** [-tsole'ri:a] *f*

Schuhmacherladen *m*; Schuhgeschäft *n*; **~oncini** [-tson'tʃi:ni] *m/pl.* kurze Hosen *f/pl.*; Unterhose *f*; **~oni** [-'tso:ni] *m/pl.* Hose *f*; ~ *corti* kurze Hose *f*; *portare i ~ das Regiment führen.*

camaleont|e [kamale'onte] *m* Chamäleon *n*; **~ismo** [-leon'tizmo] *m fig.* Unbeständigkeit *f*.

camarilla [kama'ril-la] *f* Sippschaft *f*; ~ *di Corte* Hofkamarilla *f*.

cambiabile [kambi'a:bile] austauschbar.

cambiadischi [kambia'diski] *m inv.* Plattenwechsler *m*.

cambiale [kambi'a:le] *f* Wechsel *m*; ~ *in bianco* Blankowechsel *m*; ~ *fittizia* fingierter Wechsel *m*; *girare una ~* e-n Wechsel übertragen; *pagare una ~* e-n Wechsel einlösen; *prorogare una ~* e-n Wechsel verlängern; ~ *non negoziabile* unbegebbarer Wechsel *m*; ~ *sull'estero* Auslandswechsel *m*; *emittente* ~ *di ~* Wechselaussteller *m*; ~ *a vista* Sichtwechsel *m*; ~ *a scadenza fissa* Datowechsel *m*; ~ *di comodo* Gefälligkeitswechsel *m*; ~ *fuori piazza* Versandwechsel *m*.

cambiamento [kambia'mento] *m* Änderung *f*; ~ *d'aria* Luftveränderung *f*; ~ *di casa* Wohnungswechsel *m*; ~ *d'indirizzo* Anschriftänderung *f*; ~ *del passo* Schrittwechsel *m*; ~ *di governo* Regierungswechsel *m*; ~ *repentino di tempo* plötzlicher Wetter- (*od.* Witterungs-)Umschlag *m*.

cambiamonete [kambiamo'ne:te] *su. inv.* Geldwechsler(in *f*) *m*.

cambi|are [kambi'a:re] (1k) wechseln; auswechseln; ändern; umändern; umsteigen; *die Wache* ablösen; ~ *l'aria* entlüften; *Auto:* ~ *la marcia od. la velocità* schalten, umschalten; ~ *casa* umziehen; ~ *idea* sich eines Besseren besinnen; *tanto per* ~ zur Abwechslung; **~arsi** [-'arsi] sich verändern; (*a.* ~ *gli abiti*) sich umziehen; **~ario** [-'a:rio] (*pl.* -ri) Wechsel...; *diritto* ~ Wechselrecht *n*.

cambia|tensione [kambiatensi'o:ne] *f inv.* Spannungswähler *m*; **~valute** [-va'lu:te] *su. inv.* Wechsler(in *f*) *m*.

cambio [kambio] *m* (*pl.* -bi) Wechsel *m*; Geldwechsel *m*; Tausch *m*; Auswechslung *f*; ✕ Ablösung *f*;

Kurs (Wechselkurs) *m*; ~ *della borsa* Börsenkurs *m*; *Auto:* ~ *di velocità* Schaltung *f*; ~ *in folle* Leerlauf *m*; ~ *al volante* Lenkradschaltung *f*; *in* ~ statt dessen, dafür; *dare il* ~ *a qu.* j-n ablösen; *mettere fuori* ~ außer Kurs setzen.

camelia [ka'mɛ:lia] *f* Kamelie *f*.

camera [ka:mera] *f allg.* Zimmer *n*; (*a.* ~ *da letto*) Schlafzimmer *n*; *Pol.*, ⊕ Kammer *f*; ~ *a un letto* Einzelzimmer *n*; ~ *a due letti* Doppelzimmer *n*; *musica f da* ~ Kammermusik *f*; ~ *dei deputati* Abgeordnetenhaus *n*; ~ *oscura* Dunkelkammer *f*; ~ *d'aria* Fahrrad-, Autoschlauch *m*; ~ *di sicurezza* Stahlkammer *f*; ~ *di esplosione* Explosionsraum *m*; ~ *agraria* Landwirtschaftskammer *f*; ~ *di commercio* Handelskammer *f*; *veste f da* ~ Schlafrock *m*; *fare la* ~ das Zimmer aufräumen.

camerale [kame'ra:le] Kammer...; *beni m/pl.* -*i* fiskalische Güter *n/pl.*; *scienze f/pl.* -*i* Verwaltungslehre *f*.

cameraman [ka:meramen] *m* Kameramann *m*.

camer|ata [kame'ra:ta] **1.** *m* (*pl.* -*i*) Kamerad *m*; **2.** *f* Schlafsaal *m*; Abteilung *f*; **~atesco** [-ra'tesko] kameradschaftlich; **~atismo** [-ra'tizmo] *m* Kameradschaft *f*; **~iera** [-'ri:ɛra] *f* Zimmermädchen *n*; Kellnerin *f*; **~iere** [-'ri:ɛre] *m* Kammerdiener *m*; Kellner *m*; **~ino** [-'ri:no] *m* Umkleidezimmer *n*; Badekabine *f*; Klosett *n*; **~lengo** [-'lɛŋgo] *m* (*pl.* -ghi) Kämmerer *m*.

camice [ka:mitʃe] *m* Meßhemd *n*; Kittel (Operationskittel) *m*.

camiceria [kamitʃe'ri:a] *f* Wäschegeschäft *n*.

camicetta [kami'tʃet-ta] *f* Bluse (Damenbluse) *f*; Hemdbluse *f*.

camicia [ka'mi:tʃa] *f* (*pl.* -cie) Hemd *n*; ⊕ ~ (*del motore*) Mantel *m*; ~ *di forza* Zwangsjacke *f*; ~ *sportiva* Sporthemd *n*; *ridursi in* ~ in großes Elend geraten; *essere nato con la* ~ ein Glückspilz sein; *in maniche di* ~ in Hemdsärmeln; *sudare sette* e *sich sehr anstrengen.

camici|aio [kami'tʃa:io] *m* (*pl.* -*ai*) Hemdenfabrikant *m*; **~ola** [-'tʃɔ:la] *f* Unterhemd *n*; Sommerhemd *n*; **~otto** [-'tʃɔt-to] *m* Bluse (Arbeitsbluse) *f*.

campo

cam|iniera [kamini'ɛːra] f Kaminaufsatz m; Ofenvorsetzer m; **~ino** [-'miːno] m Kamin.

camion [ka'mion] m inv. Lastauto n.

camion|ale [kamio'naːle] f breite Fahrstraße f; **~cino** [-'tʃiːno] m Kleinlastwagen m; **~etta** [-'net-ta] f Jeep m; **~ista** [-'nista] m (pl. -i) Lastwagenfahrer m.

camitico [ka'miːtiko] hamitisch.

camma [kam-ma] f ⊕ Nocken m; albero m a -e Nockenwelle f.

camm|elliere [kam-mel-li'ɛːre] m Kameltreiber m; **~ello** [-'mɛl-lo] m Kamel n.

camm|eista [kam-me'ista] su. (m/pl. -i) Kameenschneider(in f) m; **~eo** [-'mɛːo] m Kamee f; Gemme f.

cammin|amento [kam-mina'mento] m Laufgraben m; **~are** [-'naːre] (1a) gehen; laufen; il tuo lavoro cammina? geht es mit deiner Arbeit voran?; **~ata** [-'naːta] f Gang m, Spaziergang m; **~atore** [-na'toːre] m Fußgänger m; essere un buon ~ gut zu Fuß sein; **~atura** [-na'tuːra] f Gangart f.

cammino [kam-'miːno] m Weg m; cammin facendo unterwegs; mettersi in ~ sich auf den Weg machen.

camomilla [kamo'mil-la] f Kamille f.

camor|ra [ka'mɔr-ra] f Kamorra f; **~rista** [-'rista] su. (m/pl. -i) Kamorrist(in f) m.

camoscio [ka'mɔʃ-ʃo] m (pl. -sci) Gemse f; pelle f di ~ Wildleder n.

camp|agna [kam'paːɲa] f Land n; ✕ Feldzug m; fig. Kampagne f, Kampf m; Sommerfrische f; stare, andare in ~ auf dem Lande leben; aufs Land ziehen; ~ diffamatoria Verleumdungs-, Lügenkampagne f; ~ elettorale Wahlkampf m; la ~ romana die römische Campagna; **~agnolo** [-pa'ɲɔːlo] **1.** adj. ländlich; Land...; vita f -a Landleben n; **2.** m Landbewohner m; **~ale** [-'paːle] **1.** adj. ländlich; giornata f -a arbeitsreicher Tag m; **2.** m Feldschlacht f.

campan|a [kam'paːna] f Glocke f; avere (od. essere di) -e grosse schwerhörig sein; sentire le due -e beide Parteien anhören; **~accio** [-'nat-tʃo] m (pl. -cci) Herdenglocke f; **~ario** [-'naːrio] Glocken...; torre f -a Glockenturm m; **~aro** [-'naːro] m Glöckner m; **~ella**

[-'nɛl-la] f Türklopfer m; ⚘ Glöckchen n; **~ello** [-'nɛl-lo] m kleine Glocke f; Klingel f; sonare il ~ klingeln; ~ di chiamata Rufglocke f; **~ile** [-'niːle] m Glockenturm m; **~ilismo** [-ni'lizmo] m Lokal-, Kirchturmpatriotismus m; **~ilista** [-ni'lista] su. (m/pl. -i) Lokalpatriot(in f) m.

camp|ano [kam'paːno] m Kuhglocke f; **~anula** [-'paːnula] f Glockenblume f.

camp|are [kam'paːre] (1a) **1.** v/t. ernähren; erretten; ~ la vita u. camparsela sich durchschlagen; **2.** v/i. leben; si campa man schlägt sich durch; ~ alla giornata in den Tag hineinleben; **~ata** [-'paːta] f lichte Weite f bei Brücken; **~eggiare** [-ped-'dʒaːre] (1f) sich abheben; hervortreten; zelten; ✕ lagern; **~eggiatore** [-ped-dʒa'toːre] m Lager-, Zeltbewohner m; **~eggio** [-'ped-dʒo] m Lager (Zeltlager) n; Camping n; Zeltplatz m; **~estre** [-'pɛstre] ländlich; Sport: corsa f ~ Geländelauf m, Querfeldeinlauf m; Feld...; fiore m ~ Feldblume f; **~icello** [-pi'tʃɛl-lo] m kleines Stück Feld n.

campi|onare [kampio'naːre] bemustern; **~onario** [-'naːrio] (pl. -ri) **1.** adj. Muster...; fiera f -a Mustermesse f; **2.** m Musterkarte f; Mustersammlung f; **~onato** [-pio'naːto] m Meisterschaft f; ~ di nuoto Schwimmeisterschaft f; ~ europeo Europameisterschaft f; ~ mondiale Weltmeisterschaft f.

campi|one [kampi'oːne] m Kämpe m, Vorkämpfer m; Sport: Meister m; Auto: Meisterfahrer m; ✝ Muster n; ~ di pugilato Boxmeister m; ~ mondiale Weltmeister m; ~ senza valore Muster n ohne Wert; ~ di prova Probesendung f; ~ fittizio Schaupackung f; su ~ nach Muster; **~onissimo** [-pio'nis-simo] m Sport: Weltmeister m; großer Sportler m.

campo [kampo] m Feld n; ✕ Lager n; Sport: Platz (Spielplatz) m; fig. Gebiet n; ~ d'aviazione Flugplatz m; ~ d'azione Wirkungsfeld n; ~ di battaglia Schlachtfeld n; ~ di concentramento Konzentrationslager n; ~ di lavoro Arbeitslager n; ~ (di) profughi Flüchtlingslager n; ~ spor-

tivo Sportplatz *m*; ~ *di fortuna* Notlandeplatz *m*; ~ *di Marte* Exerzierplatz *m*; ~ *di specializzazione* Spezialfach *n*, Spezialgebiet *n*; *Phot.* *profondità f di* ~ Tiefenschärfe *f*; *avere (dare)* ~ *di fare qc.* Gelegenheit *od.* Möglichkeit haben (gewähren), et. zu tun; *mettere in* ~ vorbringen, zur Sprache bringen; *tenere il* ~ sich behaupten, an der Spitze stehen.

camposanto [kampo'santo] *m* (*pl. campisanti*) Friedhof *m*.

camuffare [kamuf-'fa:re] (1a) vermummen; ✕ tarnen.

camuso [ka'mu:zo] stumpfnasig; *naso m* ~ Stumpfnase *f*.

canadese [kana'de:se] **1.** *adj.* kanadisch; **2.** *su.* Kanadier(in*f*) *m*.

canagli|**a** [ka'naʎa] *f* Pack *n*; Schurke *m*; ~**ata** [-na'ʎa:ta] *f* Schurkerei *f*; ~**esco** [-na'ʎesko] (*pl. -chi*) schurkisch.

canal|**e** [ka'na:le] *m* Kanal *m*; ⊕ Rohr *n*; *Geogr.* Meerenge *f*; ~ *a chiuse* Schleusenkanal *m*; ~**izzare** [-nalid-'dza:re] (1a) kanalisieren; ~**izzazione** [-dzatsi'o:ne] *f* Kanalisation *f*.

canapa [ka'napa] *f* Hanf *m*.

canap|**aia** [kana'pa:ia] *f* Hanfacker *m*; ~**aio** [-io] *m* (*pl. -ai*) Hanfhändler *m*.

canapè [kana'pɛ] *m inv.* Kanapee *n*.

canapificio [kanapi'fi:tʃo] *m* Hanffabrik *f*. [mer *m*.]

canapino [kana'pi:no] *m* Hanfkäm-⌡

canapo [ka'napo] *m* Hanfstrick *m*.

canarino [kana'ri:no] **1.** *m* Kanarienvogel *m*; **2.** *adj.* kanariengelb.

cancell|**abile** [kantʃel-'la:bile] auslöschbar; ausstreichbar; tilgbar; ~**are** [-'la:re] (1b) auslöschen; ausstreichen; (aus)radieren; *Schulden* tilgen; *j-n* streichen; *Verabredung* absagen; ~**ata** [-'la:ta] *f* Gitter *n*; ~**atura** [-la'tu:ra] *f* Durchstreichung *f*; ausgestrichene Stelle *f*; ~**azione** [-latsi'o:ne] *f* Streichung *f*, Durchstreichung *f*; Tilgung *f*; ~**eresco** [-le'resko] (*pl. -chi*) kanzleimäßig; ~**eria** [-le'ri:a] *f* Kanzlei *f*; *oggetti* (*od. articoli*) *m/pl. di* ~ Schreibwaren *f/pl.*, Büroartikel *m/pl.*; ~**ierato** [-lie'ra:to] *m* Kanzleramt *n*; ~**iere** [-li'ɛ:re] *m* ✝️ Gerichtsschreiber *m*; *Pol.* Kanzler *m*; ~ *federale* Bundeskanzler *m*.

cancello [kan'tʃɛl-lo] *m* Gitter *n*; Gittertür *f*.

cancer|**ogeno** [kantʃe'rɔ:dʒeno] krebserzeugend; ~**oso** [-'ro:so] krebsartig.

canchero [kaŋkero] *m* Krebs *m*; *fig.* lästiger Mensch *m*.

cancre|**na** [kaŋ'krɛ:na] *f* Brand *m*; *andare in* ~ brandig werden; ~**noso** [-kre'no:so] brandig.

cancro [kaŋkro] *m* *Path.*, *Astr.* Krebs *m*; ~ *polmonare* Lungenkrebs *m*; ~ *allo stomaco* Magenkrebs *m*; *germe m del* ~ Krebserreger *m*; *allg.* Leiden *n*.

candeggi|**ante** [kanded-'dʒante] *m* Bleichmittel *n*; ~**are** [-'dʒa:re] (1f) bleichen; ~**o** [-'ded-dʒo] Bleichen *n*.

cand|**ela** [kan'de:la] *f* Kerze *f*; ~ *d'accensione* Zündkerze *f*; *reggere la* ~ den Vermittler bei Liebschaften machen; *secco come una* ~ dürr wie eine Spindel; ~**elabro** [-de-'la:bro] *m* Armleuchter *m*; Kronleuchter *m*; Kerzenhalter *m*; ~**elaio** [-de'la:io] *m* (*pl. -ai*) Kerzenmacher *m*; ~**eletta** [-de'let-ta] *f* kleine Kerze *f*; ✝️ Sonde *f*; Zäpfchen *n*; ~**eliere** [-deli'ɛ:re] *m* Leuchter *m*.

Candelora [kande'lɔ:ra] *f* Lichtmeß *f*.

candelotto [kande'lɔt-to] *m* *kurze und dicke* Kerze *f*; ~ *fumogeno* Rauchbombe *f*.

candescente [kandeʃ-'ʃente] *lit.* weißglühend.

candid|**ato** [kandi'da:to] *m* Kandidat *m*; *presentarsi* ~ kandidieren; ~**atura** [-da'tu:ra] *f* Kandidatur *f*; ~**ezza** [-'det-tsa] *f* Weiße *f*; *fig.* Unschuld *f*.

candido [kandido] schneeweiß; *fig.* treuherzig; naiv.

cand|**ire** [kan'di:re] (4d) überzuckern, kandieren; ~**ito** [-'di:to] *m* kandierte Frucht *f*.

candore [kan'do:re] *m* blendende Weiße *f*; *fig.* Unschuld *f*, Reinheit *f*.

cane [ka:ne] *m* Hund *m*; ✕ Hahn (Flintenhahn) *m*; ~ *da caccia* Jagdhund *m*; ~ *poliziotto* Polizeihund *m*; *freddo* ~ Hundekälte *f*; *roba f da* -*i* Schund *m*; *figlio m d'un* ~ Schweinehund *m*; *non c'era un* ~ es war keine Menschenseele da; *menare il can per l'aia* et. auf die lange Bank schieben; *raddrizzare le gambe ai -i* ein schwieriges und scheinbar aussichtsloses Werk unternehmen; *essere come -i e gatti* wie Hund und Katze leben.

canea [ka'nɛːa] *f* Meute (Hunde-meute) *f*.

can|estra [ka'nɛstra] *f* großer Korb *m*; **~estraio** [-nes'traːio] *m* (*pl.* -ai) Korbmacher *m*; **~estro** [-'nɛstro] *m* Korb *m*; Kanister *m*.

canevaccio [kane'vat-tʃo] *s.* cano-vaccio.

canfora [kanfora] *f* Kampfer *m*.

canforato [kanfo'raːto] kampferhal-tig; Kampfer...; *spirito m ~* Kamp-ferspiritus *m*.

cangiante [kan'dʒante] schillernd, changierend.

canguro [kaŋ'guːro] *m* Känguruh *n*.

can|icola [ka'niːkola] *f* Hundsstern *m*; (*a. giorni m/pl. della ~*) Hunds-tage *m/pl.*; **~icolare** Hundstags...; *caldo m ~* Hundstagshitze *f*.

can|ile [ka'niːle] *m* Hundehütte *f*; Hundezwinger *m*; **~ino** [-'niːno] **1.** *adj.* hündisch; *tosse f -a* Keuch-husten *m*; *rosa f -a* Heckenrose *f*; **2.** *m* Eckzahn *m*.

canizie [ka'niːtsie] *f* weißes Haar *n*; *fig.* Greisenalter *n*.

canna [kan-na] *f* Rohr *n*; Spazier-stock *m*; ✕ Lauf (Flintenlauf) *m*; *Maß*: Rute *f*; ~ (*dell'organo* Orgel-) Pfeife *f*; ~ *della gola* Luftröhre *f*; ~ *da pesca* Angelrute *f*; *voce f di ~ fessa* kreischende Stimme *f*; *tre-mare come una ~* wie Espenlaub zittern; *povero in ~* arm wie eine Kirchenmaus.

cann|ella [kan-'nɛl-la] *f* Ausfluß-rohr *n*; Hahn (Faßhahn) *m*; ♀ Zimtpflanze *f*; *Kochk.* Zimt *m*; **~ello** [-'nɛl-lo] *m* Röhrchen *n*; ~ *di ceralacca* Stange *f* Siegellack; ~ *ossidrico* Knallgasgebläse *n*; **~eto** [-'neːto] *n* Röhricht *n*.

cann|ibale [kan-'niːbale] *m* Men-schenfresser *m*; **~ibalismo** [-niba-'lizmo] *m* Menschenfresserei *f*.

cann|iccio [kan-'nit-tʃo] *m* (*pl.* -cci) Flechtwerk (Rohrflechtwerk) *n*; Hürde *f*; **~occhiale** [-nok-ki'aːle] *m* Fernrohr *n*; *Thea.* Opernglas *n*; ~ *di puntamento* Zielfernrohr *n*; ~ *prismatico* Prismenfernrohr *n*; **~onata** [-no'naːta] *f* Kanonenschuß *m*; *è una ~!* das ist ja eine tolle

Sache!; **~oncino** [-non'tʃiːno] *m* ✕ kleine Kanone *f*; *Kleidung*: Falte *f*; *Kochk.* Schillerlocke *f*; **~one** [-'noːne] *m* großes Rohr *n*; ✕ Kanone *f*; *carne f da ~* Kanonenfutter *n*; *colpo m di ~* Kanonenschuß *m*; **~oneggia-mento** [-noned-dʒa'mento] *m* Be-schießung *f*; Kanonendonner *m*; **~oneggiare** [-ned-'dʒaːre] (1f) mit Kanonen beschießen; **~oniera** [-noni'ɛːra] *f* Kanonenboot *n*; **~oniere** [-noni'ɛːre] *m* Kanonier *m*; **~uccia** [-'nut-tʃa] *f* (*pl.* -cce) dünne Röhre *f*; dünner Halm *m*; ~ *della pipa* Pfeifenstiel *m*.

canoa [ka'nɔːa] *f* Kanu *n*.

canone [ka:none] *m* Regel *f*, Vor-schrift *f*; Kanon *m*, Satzung *f*.

canonica [ka'nɔːnika] *f* (*pl.* -che) Pfarrhaus *n*.

canoni|cale [kanoni'kaːle] Dom-herrn...; *abito m ~* Domherrnge-wand *n*; **~cato** [-'kaːto] *m* Dom-herrnwürde *f*; Domherrnpfründe *f*; Stiftsstelle *f*.

canonico [ka'nɔːniko] (*pl.* -ci) **1.** *adj.* kanonisch; *diritto m ~* Kirchenrecht *n*; **2.** *m* Domherr *m*.

canon|ista [kano'nista] *m* (*pl.* -i) Lehrer (Kenner) *m* des Kirchen-rechtes; **~izzare** [-nid-'dzaːre] (1a) heiligsprechen; **~izzazione** [-nid-dzatsi'oːne] *f* Heiligsprechung *f*.

canoro [ka'nɔːro] tonreich; singend; *uccello m ~* Singvogel *m*.

can|ottaggio [kanot-'tad-dʒo] *m* (*pl.* -ggi) Rudersport *m*; *società f di ~* Ruderverein *m*; **~ottiera** [-not-ti-'ɛːra] *f* Bootshaus *n*; Strohhut *m*; *Kleidung*: Trikot *m*; **~ottiere** [-not-ti'ɛːre] *m* Ruderer *m*; **~otto** [-'nɔt-to] *m* Kanu *n*; ~ *pneumatico* Schlauchboot *n*; ~ *smontabile* Falt-boot *n*.

canovaccio [kano'vat-tʃo] *m* (*pl.* -cci) Putzlappen *m*; Kanevas *m*; 🄤 Entwurf *m*.

cant|abile [kan'taːbile] **1.** *adj.* sing-bar; **2.** *m* Gesangsstück *n*; **~afavola** [-ta'faːvola] *f* unwahrscheinliche Erzählung *f*; **~ante** [-'tante] *su.* Sänger(in *f*) *m*; ~ *di musica leggera* Schlagersänger *m*; **~are** [-'taːre] (1a) **1.** *v/t.* singen; *j-n* besingen; *Hochamt* abhalten; **2.** *v/i.* singen; *Hahn*: krähen; *Henne*: gackern; *Grille*: zirpen; *Papier, Seide*: knistern; *fig.* ausplaudern, auspacken; *far ~ qu.* j-n zum Reden bringen; ~ *ai sordi* tauben Ohren predigen; *ha un bel ~* er hat gut reden; *carta canta* hier steht es schwarz auf weiß; *cantarla chiara a qu.* j-m die Wahrheit sagen.

cantaride [kan'ta:ride] *f* spanische Fliege *f*.

cant|astorie [kantas'to:rie] *su. inv.* Gassensänger(in *f*) *m*; **~ata** [-'ta:ta] *f* Gesang *m*, Kantate *f*; **~autore** [-tau'to:re] *m Schlagersänger, der eigene Kompositionen singt.*

canterano [kante'ra:no] *m* Kommode *f*.

canterellare [kanterel-'la:re] (1b) trällern.

canterino [kante'ri:no] **1.** *adj.* sangeslustig; **2.** *m* Singvogel *m*; F Sänger *m*.

cantero [kantero] *m* Nachttopf *m*.

cantica [kantika] *f* (*pl. -che*) *episches* Gedicht *n*, Gesang *m*.

canticchiare [kantik-ki'a:re] (1g) trällern.

cantico [kantiko] *m* (*pl. -ci*) *poet.* Gesang *m*; Kirchenlied *n*.

cantiere [kanti'e:re] *m* Bauplatz *m*; ⚓ Werft *f*.

cantilena [kanti'le:na] *f* Kantilene *f*, Singsang *m*; 🎵 Volkslied *n*.

can|tina [kan'ti:na] *f* (Wein-)Keller *m*; Weinausschank *m*; **~tiniere** [-tini'e:re] *m* Kellermeister *m*.

cantino [kan'ti:no] *m* vierte Saite *f* der Geige.

canto¹ [kanto] *m* Gesang *m*; Lied *n*; Schlag *m*; Zirpen *n*; ~ *popolare* Volkslied *n*; ~ *del gallo* Hahnenschrei *m*; ~ *del cigno* Schwanengesang *m*.

canto² [kanto] *m* Ecke *f*; Kante *f*; Seite *f*; *da ~* beiseite; *dal ~ mio* meinerseits; *dall'altro ~* andererseits; *lasciare da ~* beiseite lassen.

cant|onale [kanto'na:le] kantonal; **~onata** [-to'na:ta] *f* Ecke *f*; *prendere una ~* e-n Schnitzer machen; **~one** [-'to:ne] *m* Ecke *f*; *Geogr.* Kanton *m*; *Lago m dei Quattro Cantoni* Vierwaldstätter See *m*.

cant|oniera [kantoni'e:ra] *f* Eckbrett *n*; Eckschrank *m*; *casa f ~* Straßenwärterhaus *n*; 🚂 Bahnwärterhaus *n*; **~oniere** [-ni'e:re] *m* Straßenaufseher *m*; 🚂 Bahnwärter *m*.

cant|ore [kan'to:re] *m* Sänger *m*; *Rel.* Kantor *m*; *maestro m ~* Meistersinger *m*; **~oria** [-to'ri:a] *f* Sängertribüne *f*; **~orino** [-to'ri:no] *m* Choralbuch *n*.

cantuccio [kan'tut-tʃo] *m* (*pl. -cci*) Winkel *m*; ~ *di pane* Brotkante *f*.

canutezza [kanu'tet-tsa] *f* weißes Haar *n*.

canuto [ka'nu:to] weißhaarig.

canz|onaccia [kantso'nat-tʃa] *f* (*pl. -cce*) Gassenhauer *m*; **~onare** [-tso'na:re] (1a) **1.** *v/t.* j-n zum besten haben, F foppen; **2.** *v/i.* scherzen; **~onatore** [-tsona'to:re] *m* Spötter *m*; **~onatorio** [-tsona-'to:rio] (*pl. -ri*) spöttisch; **~onatura** [-tsona'tu:ra] *f* Verspottung *f*.

canz|one [kan'tso:ne] *f* Lied *n*; *la solita ~* die alte Leier; **~onetta** [-tso'net-ta] *f* Schlager *m*; **~onettista** [-tsonet-'tista] *su.* Schlagersänger(in *f*) *m*; **~oniere** [-tsoni'e:re] *m* Liederbuch *n*; Gedichtsammlung *f*.

caolino [kao'li:no] *m* Kaolin *n*, Porzellanerde *f*.

caos [ka:os] *m* Chaos *n*.

caotico [ka'ɔ:tiko] (*pl. -ci*) chaotisch.

cap|ace [ka'pa:tʃe] geräumig, fassend; *fig.* fähig; tüchtig; ~ *di fare qc.* imstande, et. zu tun; können; *far ~ qu. di qc.* j-n von et. (*dat.*) überzeugen; ~ *di resistere* widerstandsfähig; **~acità** [-patʃi'ta] *f* Rauminhalt *m*; Fähigkeit *f*; Tüchtigkeit *f*; Aufnahmefähigkeit *f*; Fassungsvermögen *n*; *fig.* Kapazität *f*; Tragkraft *f*; *misura f di ~* Hohlmaß *n*; **~acitare** [-patʃi'ta:re] (1m) überzeugen; *non mi capacita* ich bin nicht überzeugt; es gefällt mir nicht.

capanna [ka'pan-na] *f* Hütte (Laubhütte) *f*.

capannello [kapan-'nɛl-lo] *m* Grüppchen *n* v. *Zusammenstehenden.*

capan|no [ka'pan-no] *m* Badekabine *f*; *Jagdw.* Jagdhütte *f*; **~none** [-'no:ne] *m* Schuppen *m*; Flugzeughalle *f*.

cap|arbietà [kaparbie'ta] *f* Starrköpfigkeit *f*; **~arbio** [-'pa:rbio] (*pl. -bi*) **1.** *adj.* halsstarrig; **2.** *m fig.* Dickkopf *m*.

caparra [ka'par-ra] *f* Aufgeld *n*; ✝ Anzahlung *f*.

capata [ka'pa:ta] f Stoß m mit dem Kopf; *dare una ~* (*od. capatina*) auf kurze Zeit irgendwohin gehen.

capecchio [ka'pek-kio] m (*pl.* -cchi) Werg n.

capeggiare [kaped-'dʒa:re] (1b) anführen, befehligen.

capellini [kapel-'li:ni] m/pl. Fadennudeln f/pl.

cap|ello [ka'pel-lo] m Haar n; *a ~* aufs Haar; ganz genau; *innamorato fino ai ~i* bis über beide Ohren verliebt; *averne fino ai ~i* überdrüssig sein; *spaccare un ~ in quattro* Haare spalten; **~ellone** [-pel-'lo:ne] m Gammler m; **~elluto** [-pel-'lu:to] behaart.

capelvenere [kapel've:nere] m Venushaar n.

capestro [ka'pεstro] m Strick m.

capezzale [kapet-'tsa:le] m Kopfkissen n.

capezzolo [ka'pet-tsolo] m Brustwarze f.

cap|iente [kapi'εnte] enthaltend; **~ienza** [-'εntsa] f Aufnahmefähigkeit f.

cap|igliatura [kapiʎa'tu:ra] f Haarwuchs m; Frisur f; **~illare** [-pil-'la:re] haarförmig; kapillar; *fig.* bis ins einzelne ausgebaut; *vaso ~* Anat. Haargefäß n; Phys. Haarröhre f; **~illarità** [-lari'ta] f Kapillarität f.

capinera [kapi'nε:ra] f Grasmücke f.

capire [ka'pi:re] (4d) **1.** v/t. verstehen; begreifen; erfassen; **2.** v/i. Platz haben, hineingehen; *non ~ in sé* außer sich sein; *si capisce* natürlich, es versteht sich; *far ~ qc. a qu.* j-m et. begreiflich machen; *farsi ~* sich verständlich machen.

capit|ale [kapi'ta:le] **1.** adj. hauptsächlich; *nemico m ~* Todfeind m; *esecuzione f ~* Hinrichtung f; Typ. *lettera f ~* Großbuchstabe m; *pena f ~* Todesstrafe f; **2.** f (a. città f ~) Hauptstadt f; **3.** m Kapital n; *~ disponibile* flüssiges Kapital n; *~ iniziale* Grundkapital n; *consunzione f (od. sparizione f) del ~* Kapitalschwund m; *emigrazione f (od. esodo m) di ~i* Kapitalflucht f; *~ sociale* Stammkapital n; *far ~ su qu.* auf j-n rechnen; **~alismo** [-ta'lizmo] m Kapitalismus m; **~alista** [-ta'lista] **1.** su. (m/pl. -i) Kapitalist(in f) m; **2.** adj. kapitalistisch; **~alistico** [-ta'listiko] (pl. -ci) kapitalistisch; **~alizzare** [-talid-'dza:re] (1a) kapitalisieren; *~ interessi* Zinsen zum Kapital schlagen; **~alizzazione** [-talid-dzatsi'o:ne] f Kapitalisierung f.

capitana [kapi'ta:na] f (a. nave f ~) Admiralsschiff n.

capit|anare [kapita'na:re] (1a) führen; **~aneria** [-ne'ri:a] f Büro n des Hauptmanns (Kapitäns); ♣ Hafenkommando n.

capitano [kapi'ta:no] m Hauptmann m; ♣ Kapitän m; *~ di vascello* Kapitän m zur See; *~ d'industria* Industriekapitän m; *ehm. ~ di ventura* Söldnerführer m; Sport: Kapitän m.

capitare [kapi'ta:re] (1l) zufällig kommen; sich darbieten (Gelegenheit); vorkommen (Ereignis); *se mi capita l'occasione di ... (inf.)* wenn sich Gelegenheit bietet, daß ich ...; *~ bene (male) con qc.* es mit et. gut (schlecht) treffen; *~ in buone mani* in gute Hände geraten; *~ male* ein schlechtes Ende nehmen; *~ a proposito* wie gerufen kommen; *sono cose che capitano* so et. kommt vor.

capitello [kapi'tεl-lo] m Kapitell n.

capitol|are [kapito'la:re] **1.** adj. Kapitel...; **2.** v/i. (1m) kapitulieren; **~ato** [-'la:to] m Vertrag m; **~azione** [-latsi'o:ne] f Kapitulation f.

capitolino [kapito'li:no] kapitolinisch; *Museo m ~* Kapitolinisches Museum n.

capitolo [ka'pi:tolo] m Kapitel n; *lit.* scherzhaftes Gedicht n; *avere voce in ~* mitzureden haben.

capit|ombolare [kapitombo'la:re] (1n) purzeln; abstürzen; **~ombolo** [-'tombolo] m Absturz m; Purzelbaum m; **~omboloni** [-tombo-'lo:ni] kopfüber.

capitone [kapi'to:ne] m Flockseide f; Zool. großer Aal m.

capo [ka:po] m Kopf m; poet. u. fig. Haupt n; Führer m; Chef m; c.s. Häuptling m; Ende n; oberer Teil m; Geogr. Kap n; *~ contabile* Oberbuchhalter m; Sport: *~ squadra* Mannschaftskapitän m; *~ supremo* Oberhaupt n; *~ del governo* Regierungschef m; *~ dello Stato* Staatsoberhaupt n; *~ tecnico* Betriebsleiter m; *~ d'anno* Neujahr m; *~ di bestiame*

Stück n Vieh; ~ di vestiario Kleidungsstück n; da ~ noch einmal; da ~ a fondo von Anfang bis zu Ende; in ~ alla tavola am oberen Ende der Tafel; in ~ al mondo am Ende der Welt; in ~ alla strada am Anfang der Straße; in ~ a una settimana nach Verlauf e-r Woche; per sommi ~i in großen Zügen; avere in ~ di fare qc. im Sinne haben, et. zu tun; fare ~ s-n Mittelpunkt haben; far ~ a sich wenden an; non venire a ~ di nulla nichts zustande bekommen; non avere né ~ né coda weder Hand noch Fuß haben; buttarsi a ~ fitto sich kopfüber stürzen; mettere il ~ a partito vernünftig werden; da un ~ all'altro von e-m Ende zum anderen; dare il ~ in qc. auf et. (acc.) geraten (fallen).

capo|banda [kapo'banda] m (pl. capibanda) ♪ Kapellmeister m; = ~bandito [-ban'di:to] m (pl. capibanditi), ~brigante [-bri'gante] m (pl. capibriganti) Räuberhauptmann m; ~caccia [-'kat-tʃa] m inv. Oberjägermeister m.

capocameriere [kapokameri'ɛ:re] m Oberkellner m.

capocchia [ka'pɔk-kia] f Nagelkopf m; Nadelkopf m.

capoccia [ka'pɔt-tʃa] m inv. Oberaufseher m; c.s. Anführer m; F Kopf m.

capo|classe [kapo'klas-se] m (pl. capiclasse) Klassensprecher m; ~comico [-'kɔ:miko] m (pl. -ci) Leiter m e-r Theatertruppe; ~comitiva [-komi'ti:va] m Reiseleiter m; ~cuoco [-ku'ɔ:ko] m (pl. capicuochi) Küchenmeister m; ~danno [-'dan-no] m Neujahr n; ~doglio [-'dɔ:ʎo] m (pl. -gli) Pottwal m; ~dopera [-'dɔ:pera] m (pl. capidopera) Meisterwerk n; ~fabbrica [-'fab-brika] m (pl. capifabbrica) Werkmeister m; ~famiglia [-fa'mi:ʎa] m (pl. capifamiglia) Haushaltsvorstand m; ~fila [-'fi:la] m (pl. capifila) Flügelmann m; ~fitto [-'fit-to]: a ~ kopfüber; ~giro [-'dʒi:ro] m Schwindel m; ~infermiera [-infermi'ɛ:ra] f Oberschwester f; ~lavoro [-la'vo:ro] m Meisterwerk n; ~lega [-'le:ga] m (pl. capileghe) Verbandsführer m; ~linea [-'li:nea] m (pl. capilinea) Endstation f, Endhaltestelle f;

~lino [-'li:no] m ♀ Köpfchen n; fare ~ hervorlugen; ~lista [-'lista] m (pl. capilista) Listenführer m; ~luogo [-lu'ɔ:go] m (pl. capoluoghi) Hauptort m; ~macchinista [-mak-ki'nista] m (pl. capimacchinisti) Obermaschinist m; ~mastro [-'mastro] m (pl. capimastri) Maurermeister m; ~movimento [-movi'mento] m (pl. capimovimento) 🚆 Fahrdienstleiter m.

caponaggine [kapo'nad-dʒine] f Starrköpfigkeit f.

capo-officina [kapo-of-fi'tʃi:na] m (pl. capi-officina) Werkmeister m.

capo-operaio [kapo-ope'ra:io] m (pl. capi-operai) Meister m.

capo|pagina [kapo'pa:dʒina] m (pl. capipagina) Typ. Vignette f; ~parte [-'parte] m (pl. capiparte) Parteiführer m; ~popolo [-'pɔ:polo] m (pl. capipopolo) Volksanführer m; ~posto [-'posto] m (pl. capiposto) Wachhabende(r) m.

capo|rale [kapo'ra:le] m ✕ Gefreite(r) m; ~ maggiore Obergefreite(r) m; ~reparto [-re'parto] m (pl. capireparto) Abteilungsleiter m; ~rione [-ri'o:ne] m Anführer m; ~rädelsführer m; ~sala [-'sa:la] f inv. Stationsschwester f, Oberschwester f.

capo|saldo [kapo'saldo] m (pl. capisaldi) Richtstein m; fig. Hauptpunkt m; ✕ Stützpunkt m; ~scala [-s'ka:la] m (pl. capiscala) oberster Treppenabsatz m; ~scuola [-sku'ɔ:la] m (pl. capiscuola) Leiter m e-r Schule; ~sezione [-setsi'o:ne] m (pl. capisezione) Abteilungschef m; ~squadra [-sku'a:dra] m (pl. capisquadra) Aufseher m; Zugführer m; (Arbeiter-)Kolonnenführer m; ~stazione [-statsi'o:ne] m (pl. capistazione) Bahnhofsvorsteher m; ~stipite [-'sti:pite] m Stammvater m; ~tare [-'ta:re] (1a) Auto: sich überschlagen; ~tavola [-'ta:vola] m (pl. capitavola) Inhaber m des Ehrenplatzes an e-r Tafel; ~treno [-'trɛ:no] m (pl. capitreno) Zugführer m; ~ufficio [-uf-'fi:tʃo] m (pl. capiufficio) Bürochef m; ~verso [-'vɛrso] m (pl. capoversi) Absatz m in e-r Schrift; ~volgere [-'vɔldʒere] (3d) umkehren; auf den Kopf stellen; ⚓ kentern; ~volgimento [-vɔldʒi'mento] m Umsturz m;

~volsi, ~volto [-'vɔlsi, -'vɔlto] *s. capovolgere.*

cappa [kap-pa] *f* Mantel *m*; *scherzh.* ~ *magna* Galakleid *n*; ~ *del camino* Rauchfang *m*; *sotto la* ~ *del cielo* unter dem Himmelsgewölbe.

cappella [kap-'pɛl-la] *f* Kapelle *f*; Gotteshaus *n*; ~ *ardente* Trauerkapelle *f*.

capp|ellaio [kap-pel-'la:io] *m* (*pl. -ai*) Hutmacher *m*; Hutverkäufer *m*; **~ellano** [-pel-'la:no] *m* Kaplan *m*; Feldgeistliche(r) *m*; **~ellata** [-pel-'la:ta] *f* Hutvoll *m*; **~elleria** [-pel-le'ri:a] *f* Hutladen *m*; **~elletto** [-pel-'let-to] *m* Zehenteil *m* des Strumpfes; ~ *della valvola* Ventilklappe *f*; -*i* *m*/*pl.* mit Fleisch gefüllter Nudelteig *m* in *Hütchenform*; **~elliera** [-pel-li'ε:ra] *f* Hutschachtel *f*; **~ellino** [-pel-'li:no] *m* Damenhut *m*.

cappello [kap-'pɛl-lo] *m* Hut *m*; 📖 Kopf (Titelkopf) *m* e-s *Artikels*; kurze Einleitung *f*; ~ *duro* steifer Hut *m*; ~ *a cencio* Schlapphut *m*; ~ *di feltro* Filzhut *m*; ~ *a tre punte* Dreimaster *m*; ~ *a staio* Zylinder (-hut) *m*; *senza* ~ barhäuptig; *far* (*tanto*) *di* ~ *a qu.* den Hut (tief) ziehen *vor* j-m; *mettersi il* ~ den Hut aufsetzen; *togliersi il* ~ den Hut abnehmen.

cappero [kap-pero] *m* Kaper *f*; ‖ *-i*! Donnerwetter!

cappio [kap-pio] *m* (*pl. -ppi*) Schleife *f*; Schlinge *f*.

capp|onaia [kap-po'na:ia] *f* Kapaunenstall *m*; **~onare** [-po'na:re] (1a) kastrieren; **~one** [-'po:ne] *m* Kapaun *m*.

capp|otta [kap-'pɔt-ta] *f* Damenmantel *m*; *Auto:* Verdeck *n*; **~otto** [-'pɔt-to] *m* Mantel *m*; *Spiel:* Match *m*; **~uccia** [-'put-tʃa] *f* (*od. a.: insalata f* ~) Kopfsalat *m*; **~uccina** [-put-'tʃi:na] *f* Kapuzinerkresse *f*; **~uccino** [-put-'tʃi:no] *m* Kapuziner(mönch) *m*; Kaffee *m* mit *schaumig geschlagener* Milch; **~uccio** [-'put-tʃo] *m* (*pl. -cci*) Kapuze *f*; (*od. cavolo m* ~) Kopfkohl *m*; *lattuga f -a* Kopfsalat *m*.

capra [ka:pra] *f* Ziege *f*; ⊕ Bock *m*; *prendere la* ~ *per le corna* den Stier bei den Hörnern packen; *voler salvare* ~ *e cavoli* e-n Vorteil ohne die entsprechenden Nachteile haben wollen.

capr|aio [ka'pra:io] *m* (*pl. -ai*) Ziegenhirt *m*; **~etto** [-'pret-to] *m* Böckchen *n*; **~iccio** [-'prit-tʃo] *m* (*pl. -cci*) Laune *f*; Schrulle *f*; ♪ Capriccio *n*; *fare i -i* bocken, unartig sein; **~iccioso** [-prit-'tʃo:so] launisch; unartig; **~icorno** [-pri'kɔrno] *m* Steinbock *m*; **~ifoglio** [-pri'fɔːʎo] *m* Geißblatt *n*; **~ino** [-'pri:no] **1.** *adj.* ziegenartig; Ziegen...; *questione f di lana -a* Streit *m* um des Kaisers Bart; **2.** *m* Bockmist *m*; Bocksgeruch *m*; **~iola** [-pri'ɔ:la] *f* Bocksprung *m*; *Zool.* Ricke *f*; **~iolo** [-pri'ɔːlo] *m* Rehbock *m*.

capro [ka:pro] *m* Ziegenbock *m*; ~ *espiatorio* Sündenbock *m*.

caprone [ka'pro:ne] *m* Bock *m*.

capsula [kapsula] *f* Kapsel *f*; ✕ Zündhütchen *n*; ~ *spaziale* Raumkapsel *f*.

captare [kap'ta:re] (1a) *Radio:* empfangen; *fig.* erlangen, erreichen.

capzioso [kaptsi'o:so] arglistig.

carabattole [kara'bat-tole] *f*/*pl.* Plunder *m*; *pigliare le sue* ~ s-e Siebensachen packen.

carab|ina [kara'bi:na] *f* Karabiner *m*; **~iniere** [-bini'ε:re] *m* Karabiniere *m* (*italienischer Gendarm*).

carac|ollare [karakol-'la:re] (1c) herumtummeln; Volten reiten; **~ollo** [-'kɔl-lo] *m* *Reitsport:* Volte *f*.

caraffa [ka'raf-fa] *f* Karaffe *f*.

car|ambola [ka'rambola] *f* Karambolspiel *n*; **~ambolare** [-rambo-'la:re] (1m) karambolieren.

caram|ella [kara'mel-la] *f* Bonbon *m*; ‖ Monokel *n*; *crema f (alla)* ~ Karamelpudding *m*; **~ellaio** [-mel-'la:io] *m* Bonbonverkäufer *m*; **~ellare** [-mel-'la:re] (1b) kandieren.

caramente [kara'mente] herzlich.

carassio [ka'ras-sio] *m* Karausche *f*.

caratare [kara'ta:re] (1a) genau *nach Karaten* abwägen.

caratello [kara'tel-lo] *m* Fäßchen *n*.

car|atista [kara'tista] *su.* (*m*/*pl. -i*) Aktionär(in *f*) *m*; ⚓ Mitreeder *m*; **~ato** [-'ra:to] *m* Karat *n*.

caratter|e [ka'rat-tere] *m* Charakter *m*; Schriftzeichen *n*; amtliche Eigenschaft *f*; *Thea.* Rolle *f*; *-i pl Typ.* Lettern *f*/*pl.*; *senza* ~ charakterlos; *mancanza f di* ~ Charakterlosigkeit *f*.

caratter|ino [karat-te'ri:no] *m* reizbarer Mensch *m*; **~ista** [-'rista] *su.*

(m/pl. -i) Charakterschauspieler(in f) m; ~istica [-'ristika] f (pl. -che) Kennzeichen n; ~ (di logaritmo) Kennziffer f; ~istico [-'ristiko] (pl. -ci) charakteristisch, bezeichnend; ~izzare [-rid-'dza:re] (1a) charakterisieren, kennzeichnen; ~izzazione [-rid-dzatsi'o:ne] f Charakterisierung f.

caratura [kara'tu:ra] f Karatmessung f; ✝ Quote f, Anteil m.

caravella [kara'vɛl-la] f kleines Segelschiff n.

carbon|aia [karbo'na:ia] f Kohlenkeller m; Meiler m; Kohlenhändlerin f; F Loch n (Gefängnis); ~aio [-'na:io] m (pl. -ai) Köhler m.

carbonchio [kar'bɔŋkio] m 🐛 Karbunkel m; 🌱 Rostpilz m; Min. Karfunkel m.

carboncino [karbon'tʃi:no] m Augenbrauenstift m; Kohlestift m; disegno m a ~ Kohlezeichnung f.

carb|one [kar'bo:ne] m Kohle f; ~ bianco ⚡ Umschreibung für Wasserkraft f; ~ fossile Steinkohle f; carta f al ~ Kohlepapier n; miniera f di ~ Kohlengrube f; ~ della Ruhr Ruhrkohle f; ~oneria [-bone'ri:a] f ehm. Karbonaribewegung f; ~onico [-'bɔ:niko] (pl. -ci) kohlensauer; acido m ~ Kohlensäure f; ~onifera [-boni'ɛ:ra] f Kohlenschiff n; ~onifero [-bo'ni:fero] kohlenhaltig; Kohlen...; miniera f -a Kohlenbergwerk n; ~onile [-bo'ni:le] m ⚓ Kohlenbunker m; ~onio [-'bɔ:nio] m Kohlenstoff m; ~onizzare [-bonid-'dza:re] (1a) verkohlen; in Kohle verwandeln; ~onizzazione [-bonid-dzatsi'o:ne] f Verkohlung f; Verwandlung f in Kohle.

carbosiderurgico [karboside'rurdʒiko] (pl. -ci) montan; industria f -a Montanindustrie f.

carbur|ante [karbu'rante] m Brennstoff m; Treib-, Betriebsstoff m; consumo m di ~ Brennstoffverbrauch m; ~are [-'ra:re] (1a) vergasen; ~atore [-ra'to:re] m Vergaser m; ~ a vaschetta Schwimmervergaser m; ~azione [-ratsi'o:ne] f Vergasung f.

carburo [kar'bu:ro] m Karbid n; ~ di calcio Kalziumkarbid n.

carc|ame [kar'ka:me] m Tiergerippe n; Aas n; ~assa [-'kas-sa] f Geripppe n, Brustkorb m von Tieren; ⚓

Wrack n; fig. altes Gestell n; Klapperkasten m.

carcer|amento [kartʃera'mento] m Einkerkerung f; ~are [-'ra:re] (1l) einkerkern; ~ario [-'ra:rio] (pl. -ri) Gefängnis...; guardia f -a Gefängniswärter m; ~ato [-'ra:to] m Sträfling m; ~azione [-ratsi'o:ne] f Einkerkerung f.

carcere [kartʃere] m (pl. le -i) Gefängnis n; ~ duro verschärfte Gefängnishaft f; (pena f di) ~ Gefängnisstrafe f.

carceriere [kartʃeri'ɛ:re] m Kerkermeister m.

carcinoma [kartʃi'nɔ:ma] m (pl. -i) Path. Karzinom n.

carciofaia [kartʃo'fa:ia] f Artischockenpflanzung f.

carciofo [kar'tʃɔ:fo] m Artischocke f; fig. Dummkopf m.

cardamomo [karda'mɔ:mo] m Kardamom n u. m.

card|anico [kar'da:niko] (pl. -ci) giunto m ~ Kardangelenk n; ~ano [-'da:no]: albero m a ~ Kardanwelle f.

card|are [kar'da:re] (1a) Wolle kämmen; ~atore [-da'to:re] m Wollkämmer m; ~atrice [-da'tri:tʃe] f ⊕ Krempel m; ~atura [-da'tu:ra] f Kämmen n der Wolle.

cardellino [kardel-'li:no] m Stieglitz m.

card|iaco [kar'di:ako] (pl. -ci) Herz...; affezione f -a Herzleiden n; vizio m ~ Herzfehler m; ~ialgia [-dial'dʒi:a] f Herzkrampf m.

cardin|alato [kardina'la:to] m Kardinalswürde f; ~ale [-'na:le] **1.** adj. hauptsächlich; Grund...; virtù f -e Kardinaltugend f; numero m ~ Kardinalzahl f; punto m ~ Himmelsrichtung f; **2.** m Rel. Kardinal m; Collegio m dei -i Kardinalskollegium n; ~alizio [-na'li:tsio] (pl. -zi) Kardinals...; cappello m ~ Kardinalshut m; dignità f -a Kardinalswürde f.

cardine [kardine] m Angel (Türangel) f; fig. Angelpunkt m.

cardio|dilatazione [kardiodilatatsi'o:ne] f Herzerweiterung f; ~gramma [-'gram-ma] m (pl. -i) Kardiogramm n; ~logia [-lo'dʒi:a] f Herzheilkunde f; ~logo [-di'ɔ:logo] m (pl. -gi) Herzspezialist m; ~patia [-pa'ti:a] f Herzkrankheit f;

~patico [-'pa:tiko] (*pl.* -ci) herzkrank; *fig.* stärkend; **~tonico** [-'tɔ:niko] (*pl.* -ci) herzstärkend.

cardo [kardo] *m* Distel *f*.

carena [ka'rɛːna] *f* ⚓ Kiel *m*.

caren|aggio [kare'nad-dʒo] *m* (*pl.* -ggi) Kielholen *n*; *bacino m di* ~ (Trocken-)Dock *n*; **~are** [-'naːre] (1b) kielholen.

carenza [ka'rɛntsa] *f* Mangel *m*.

carestia [kares'tiːa] *f* Teuerung *f*; Mangel *m*.

carezza [ka'ret-tsa] *f* Liebkosung *f*.

carezz|are [karet-'tsaːre] (1a) liebkosen; *fig.* schmeicheln; **~evole** [-'tseːvole] einschmeichelnd.

cari|are [kari'aːre] *u.* **~arsi** [-'arsi] (1k) hohl werden; Knochenfraß bekommen.

cariatide [kari'aːtide] *f* Karyatide *f*.

cariato [kari'aːto]: *dente m* ~ hohler Zahn *m*.

carica [ka'rika] *f* (*pl.* -che) Amt *n*; *in* ~ im Dienst; ✕ Ladung *f*; (~ *alla baionetta* Bajonett-)Angriff *m*; ⚡ *stazione f di* ~ Ladestation *f*; *in* ~ im Amt, amtierend; *durata f della* ~ Amtsdauer *f*; *dare la* ~ aufziehen; *fig. tornare alla* ~ et. noch einmal versuchen.

caric|amento [karika'mento] *m* Ladung *f*; **~are** [-'kaːre] (1d *u.* l) beladen; aufbürden; ✕, ⚓, ⚡ *u.* ⊕ laden; *Feind* angreifen; *Uhr* aufziehen; *Pfeife* stopfen; *fig.* übertreiben; ~ *l'accumulatore* den Akku laden; ~ *una macchina fotografica* e-n Film einlegen; ~ *la memoria* das Gedächtnis überladen; ~ *qu. di botte* j-n verprügeln; *fig.* ~ *la mano* zu hart bestrafen; **~arsi** [-'karsi] sich überladen; auf sich laden; **~ato** [-'kaːto] *fig.* überladen; schwülstig; **~atore** [-ka'toːre] *m* Auflader *m*; Verschiffer *m*; ✕ Ladekanonier *m*; **~atura** [-ka'tuːra] *f* Karikatur *f*; **~aturista** [-katu'rista] *su.* (*m*/*pl.* -i) Karikaturenzeichner(in *f*) *m*.

carico [ka'riko] (*pl.* -chi) **1.** *adj.* beladen; ✕, ⚡ geladen; *un caffè* ~ ein starker Kaffee; *un colore troppo* ~ e-e zu grelle Farbe; ~ *di lavoro* mit Arbeit überladen; **2.** *m* Last *f*; ⊕ *u.* ⚓ Verladung *f*; Fracht *f*; ⚓ *u.* ✕ Ladung *f*; ~ *di legnate* Tracht *f* Prügel; ~ *collettivo od. misto* Sammelladung *f*; *nave f da* ~ Frachtdampfer *m*; *porto m di* ~ Verschif-

fungshafen *m*; *prova f di* ~ Belastungsprobe *f*; *testimone m a* ~ Belastungszeuge *m*; ⊕ *tubo m di* ~ Zuführungsrohr *n*; *segnare a* ~ *di qu.* zu j-s Lasten schreiben; *lettera f* (*od. polizza f*) *di* ~ Frachtbrief *m*.

carie [ka:rie] *f* Knochenfraß *m*; Zahnfäule *f*, Karies *f*.

carillon [kari'jɔ:] *m* Glockenspiel *n*.

carino [ka'riːno] hübsch; lieb.

carioso [kari'o:so] angefressen; *un dente* ~ ein hohler Zahn.

carissimo [ka'ris-simo] *m* liebster (*im Brief*).

carità [kari'ta] *f* Barmherzigkeit *f*; Liebe *f*; Wohltätigkeit *f*; Almosen *n*; ~ *pelosa* eigennützige Wohltätigkeit *f*; *suora f di* ~ Krankenschwester *f*; *per* ~! um Gottes willen!, aber ich bitte Sie!

carit|at|evole [karita'te:vole], **~ivo** [-'ti:vo] wohltätig.

carlinga [kar'liŋga] *f* (*pl.* -ghe) ✈ Rumpf *m*; Passagierraum *m*.

carlino [kar'liːno] *m* alte neapolitanische Münze; *dare il resto del* ~ den Rest (der Strafe) geben.

carlona [kar'loːna]: *alla* ~ in nachlässiger Weise.

carme [karme] *m* Gedicht *n*.

carmelitano [karmeli'taːno] *m* Karmeliter(mönch) *m*.

carminativo [karmina'tiːvo] *m* Mittel *n* gegen Blähungen.

carminio [kar'miːnio] *m* Karminrot *n*.

carn|agione [karna'dʒoːne] *f* Hautfarbe *f*; **~aio** [-'naːio] *m* (*pl.* -ai) Fleischkammer *f*; *fig.* Gemetzel *n*; *iro.* Menschenhaufen *m*; **~ale** [-'naːle] fleischlich; *fratello m* ~ leiblicher Bruder *m*; **~alità** [-nali'ta] *f* Sinnlichkeit *f*; **~ame** [-'naːme] *m s. carnaio*; **~ascialesco** [-naʃʃa'lesko] (*pl.* -chi) Karnevals...; *canto m* ~ Karnevalslied *n*.

carne [karne] *f* Fleisch *n*; ~ *salata* Pökelfleisch *n*; ~ *in scatola* Büchsenfleisch *n*; ~ *secca* Dörrfleisch *n*; ~ *tritata* Hackfleisch *n*; ~ *da cannone* Kanonenfutter *n*; *peccato m di* ~ fleischliches Vergehen *n*; *essere in* ~ blühend aussehen; *siamo tutti* ~ *e ossa* wir sind alle nur Menschen; *è lui in* ~ *e ossa* er ist es, wie er leibt und lebt; *metter troppa* ~ *al fuoco* zu vieles auf einmal unternehmen; *non è ~ per i tuoi denti* das ist nichts für dich.

carn|efice [kar'ne:fitʃe] *m* Henker *m*; **~eficina** [-nefi'tʃi:na] *f* Blutbad *n*; **~evalata** [-neva'la:ta] *f* Karnevalsvergnügen *n*; **~evale** [-ne'va:le] *m* Karneval *m*, Fasching *m*; **~evalesco** [-neva'lesko] (*pl.* -chi) karnevalsmäßig; Karnevals...; **~icino** [-ni'tʃi:no] fleischfarben; **~iere** [-ni'ɛ:re] *m* Jagdtasche *f*.

carn|ivoro [kar'ni:voro] fleischfressend; **~osità** [-nosi'ta] *f* Fleischigkeit *f*; ℱ Fleischauswuchs *m*; **~oso** [-'no:so] fleischig.

caro¹ [ka:ro] ✝ **1.** *adj.* teuer; **2.** *m* Teuerung *f*.

caro² [ka:ro] **1.** *adj.* lieb, teuer; *aver ~ qu.* j-n gern haben; *tenersi ~ qu.* sich j-n warmhalten; **2.** *m* Liebe(r) *m*, Teure(r) *m*.

carogna [ka'roɲɲa] *f* Aas *n*.

carola [ka'ro:la] *f lit.* Rundtanz *m*.

carosello [karo'sɛl:lo] *m* Karussell *n*; *fig.* Wirbel *m*, Durcheinander *n*.

carota [ka'rɔ:ta] *f* Mohrrübe *f*, Karotte *f*; *fig.* Flause *f*; *piantare -e* aufschneiden.

carotide [ka'rɔ:tide] *f* Halsschlagader *f*.

carovan|a [karo'va:na] *f* Karawane *f*; **~iera** [-vani'ɛ:ra] *f* Karawanenstraße *f*; **~iere** [-vani'ɛ:re] *m* Karawanenführer *m*.

carovita [karo'vi:ta] *m inv.* Teuerung *f*; *indennità f ~* Teuerungszuschlag *m*.

carpa [karpa] *f* Karpfen *m*.

carpentiere [karpenti'ɛ:re] *m* Zimmermann *m*.

carpine [karpine] *m* Hainbuche *f*.

carpione [karpi'o:ne] *m* Gardaseeforelle *f*.

carpire [kar'pi:re] (4d) ablisten.

carpo [karpo] *m* Handwurzel *f*.

carponi [kar'po:ni] auf allen vieren.

carr|adore [kar-ra'do:re] *m*, **~aio** [-'ra:io] *m* (*pl.* -ai) Wagenmacher *m*; **~eggiabile** [-red-'dʒa:bile] befahrbar; **~eggiare** [-red-'dʒa:re] (1f) befördern; *Straße* befahren; **~eggiata** [-red-'dʒa:ta] *f* Geleise (Karrengeleise) *n*; Spurweite *f*; Fahrbahn *f*; Fahrdamm *m*; Wagenspur *f*; *tornare in ~* wieder ins Geleise kommen; **~eggio** [-'red-dʒo] *m* Transport *m*; Rollgeld *n*; **~ello** [-'rɛl-lo] *m* ⊕ Wagen *m*; ⚡, *Auto:* Fahrgestell *n*; **~retrattile** einziehbares Fahrgestell *n*; *Ruderboot:* seggiolino *m a ~* Rollsitz *m*; *porta f a ~* Schiebetür *f*; **~etta** [-'ret-ta] *f* zweirädriger Wagen *m*; **~ettiere** [-ret-ti'ɛ:re] *m* Fuhrmann *m*; **~ettata** [-ret-'ta:ta] *f* Fuhre *f*; **~ettino** [-ret-'ti:no] *m* Wägelchen *n*; **~etto** [-'ret-to] *m* Handkarren *m*; **~ettone** [-ret-'to:ne] *m* Lastwagen *m*; **~iaggio** [-ri'ad-dʒo] *m* (*pl.* -ggi) ⚔ Troß *m*; **~iera** [-ri'ɛ:ra] *f* Lauf *m*; *fig.* Laufbahn *f*; *fare ~* Karriere machen; **~ierista** [-rie'rista] *su.* (*m/pl.* -i) Streber(in *f*) *m*; **~iola** [-ri'ɔ:la] *f* Schubkarren *m*; **~ista** [-'rista] *m* (*pl.* -i) Panzerfahrer *m*.

carro [kar-ro] *m* Fuhrwerk *n*; 🐂 Wagen *m*; ⊕ Karren *m*; *~ armato* Panzer *m*; *~ blindato* Panzerwagen *m*; *~ d'ambulanza* Krankenwagen *m*; *~ attrezzi* Abschleppwagen *m*; *~ bestiame* Viehwagen *m*; *~ cisterna* Tankwagen *m*; *~ frigorifero* Kühlwagen *m*; *~ motore* Motortriebwagen *m*; *mettere il ~ innanzi ai buoi et.* verkehrt anfangen; *in Zssgn:* ...wagen; *~ funebre* Leichenwagen *m*; *~ trionfale* Triumphwagen *m*.

carr|occio [kar-'rɔt-tʃo] *m* (*pl.* -cci) *ehm.* Kriegswagen *m*; **~ozza** [-'rɔt-tsa] *f* (*a.* Eisenbahn-)Wagen *m*; Kutsche *f*; *in ~! einsteigen!*; **~ozzabile** [-rot-'tsa:bile] *f*: *strada f ~* Fahrstraße *f*; **~ozzare** [-rot-'tsa:re] (1c) mit Karosserie versehen; **~ozzata** [-rot-'tsa:ta] *f e-e* Kutsche voll; Wagenfahrt *f*; **~ozzella** [-rot-'tsɛl-la] *f* Kinderwagen *m*; Droschke *f*; **~ozzeria** [-rot-tse-'ri:a] *f* Karosserie *f*; Karosseriewerkstatt *f*; **~ozzetta** [-rot-'tset-ta] *f* Beiwagen *m am Motorrad*; **~ozzina** [-rot-'tsi:na] *f*: *~ (da bambini)* Kinderwagen *m*; **~ozziere** [-rot-tsi'ɛ:re] *m* Karosseriebauer *m*; Karosseriemechaniker *m*; **~ozzino** [-rot-'tsi:no] *m* kleine Kutsche *f*; *fig.* zweifelhaftes Geschäft *n*.

carr|uba [kar-'ru:ba] *f* Johannisbrot *n*; **~ubo** [-'ru:bo] *m* Johannisbrotbaum *m*.

carrucola [kar-'ru:kola] *f* Flaschenzug *m*; ℱ Gleitrolle *f*.

carsico [karsiko] (*pl.* -ci) Karst...

carta [karta] *f* Papier *n*; *Astr.*,

Geogr. usw. Karte *f*; ~ *geografica* Landkarte *f*; ~ *bollata* Stempelpapier *n*; ~ *d'identità* Personalausweis *m*; ~ *di legittimazione* Legitimationskarte *f*, -papier *n*; ~ *del lavoro* Arbeitskarte *f*; ~ *delle Nazioni Unite* Charta *f* der Vereinten Nationen; ~ *igienica* Toilettenpapier *n*; ~ *libera* (*od. semplice*) stempelfreies Papier *n*; ~ *da musica* Notenpapier *n*; ~ *da filtro* Filtrierpapier *n*; ~ *oleata* Butterbrotpapier *n*; ~ *da imballaggio* Packpapier *n*; ~ *da lettere* (*listata a lutto*) Briefpapier *n* (mit Trauerrand); ~ *da parati* Tapete *f*; ~ *senza pasta* (*od. fibra*) *di legno* holzfreies Papier *n*; ~ *per macchina da scrivere* Schreibmaschinenpapier *n*; ~ *carbone* Kohlepapier *n*; ~ *asciugante* Löschpapier *n*; ~ *monetata* Papiergeld *n*; ~ *lucida* Glanzpapier *n*; ~ *stradale* Straßenkarte *f*; *mangiare alla* ~ nach der Karte essen; -e *pl.* Schriftstücke *n/pl.*; *Papiere n/pl.*; *Spiel*: Karten *f/pl.*; ⚓ Schriften *f/pl.*; -e *valori* Wertpapiere *n/pl.*; -e *in tavola!* heraus mit der Wahrheit!; *fig. giocare a* -e *scoperte* offen vorgehen; *fare* -e *false* Dokumente fälschen; *avere le* -e *in regola* gültige Papiere haben; *cambiare le* -e *in tavola* die Dinge auf den Kopf stellen.

cartacarbone [kartakar'bo:ne] *f* (*pl. cartecarbone*) Kohlepapier *n*.

cart|accia [kar'tat-tʃa] *f* (*pl. -cce*) Makulatur *f*, Altpapier *n*; **~aceo** [-'ta:tʃeo] papieren; *circolazione* -a Notenumlauf *m*.

cartaio [kar'ta:io] *m* (*pl. -ai*) Papierfabrikant *m*.

carta|modello [kartamo'dɛl-lo] *m* Schnittmuster *n*; **~moneta** [-mo-'ne:ta] *f inv.* Papiergeld *n*; **~pecora** [-'pɛ:kora] *f* (*pl. cartapecore*) Pergament *n*; **~pesta** [-'pesta] *f* Papiermaché *n*; **~straccia** [-'strat-tʃa] *f* (*pl. cartestracce*) Makulatur *f*; Altpapier *n*.

cart|eggiare [karted-'dʒa:re] (1f) korrespondieren; **~eggio** [-'ted-dʒo] *m* (*pl. -ggi*) Briefwechsel *m*; **~ella** [-'tɛl-la] *f* Mappe (Sammelmappe) *f*; Manuskriptseite *f*; Aktendeckel *m*; Aktentasche *f*; Schulranzen *m*; (~ *del debito pubblico* Staatsschuld-)Schein *m*; **~ellino**

[-tel-'li:no] *m* Zettel *m*; Etikett *n*; Schild *n*; Schildchen *n*; **~ello** [-'tel-lo] *m* Plakat *n*; Anschlagzettel *m*; ~ *stradale* Verkehrsschild *n*; *Pol.*, ✝ Kartell *n*; (*a.* ~ *di sfida*) Herausforderung *f*; ~ *indicatore* Wegweiser *m*; Straßenschild *n*; *di* ~ berühmt, von großem Ruf; **~ellone** [-tel-'lo:ne] *m* großes Plakat *n*; Theaterzettel *m*; **~ellonista** [-tel-lo-'nista] *m* Reklamezeichner *m*; Plakatmaler *m*; **~iera** [-ti'ɛ:ra] *f* Papierfabrik *f*.

cartil|agine [karti'la:dʒine] *f* Knorpel *m*; **~aginoso** [-ladʒi'no:so] knorpelig.

cart|ina [kar'ti:na] *f* Spiel: (*niedrige*) *nicht zählende* Karte *f*; *Apoth.* Dosis *f*; ~ *d'aghi* Brief *m* Nadeln; **~occio** [-'tɔt-tʃo] *m* (*pl. -cci*) Tüte *f*; **~ografo** [-'tɔ:grafo] *m* Kartograph *m*; **~olaio** [-to'la:io] *m* (*pl. -ai*) Papierhändler *m*; **~oleria** [-tole'ri:a] *f* Papierhandlung *f*; **~olina** [-to'li:na] *f* Postkarte *f*; ~ *illustrata* Ansichtskarte *f*; ~ *con risposta pagata* Antwortkarte *f*; **~omante** [-to'mante] *su.* Kartenleger(in *f*) *m*; **~omanzia** [-toman-'tsi:a] *f* Kartenlegen *n*; **~onaggio** [-to'nad-dʒo] *m* (*pl. -ggi*) Papparbeit *f*; Kartonage *f*; **~oncino** [-ton'tʃi:no] *m* Karte *f*; *dünne* Pappe *f*; ~ *da visita* Visitenkarte *f*; **~one** [-'to:ne] *m* Pappe *f*; Karton *m*; ~ *animato* Zeichentrickfilm *m*; ~ *ondulato* Wellpappe *f*; **~oteca** [-to-'tɛ:ka] *f* (*pl. -che*) Kartothek *f*; Zettelkasten *m*; Register *n*; **~uccia** [-'tut-tʃa] *f* (*pl. -cce*) Patrone *f*; **~ucciera** [-tut-'tʃɛ:ra] *f* Patronentasche *f*.

caruncola [ka'ruŋkola] *f* Fleischwärzchen *n*.

casa [ka:sa] *f* Haus *n*; ~ *d'affitto* Mietshaus *n*; ~ *chiusa* Bordell *n*; ~ *pia* Stift *n*; ~ *di ricovero* Asyl *n*; ~ *reale* königliche Familie *f*; ~ *di salute*, ~ *di cura* Heilanstalt *f*; ~ *madre* Stamm-, Mutterhaus *n e-r Gesellschaft*; ~ *propria* Eigenheim *n*; ~ *parrocchiale* Pfarrhaus *n*; ~ *di correzione* Zwangserziehungsanstalt *f*; ~ *editrice* Verlag *m*; ~ *dello studente* Studentenheim *n*; ~ *unifamiliare* Einfamilienhaus *n*; *amico m di* ~ Hausfreund *m*; *numero m di* ~ Hausnummer *f*; *portone m di* ~ Haustor *n*; *essere di* ~ zum Familienkreis gehören; *stare in ~ di qu.* bei j-m wohnen; *a ~ mia* bei mir zu Hause; *stare di ~ wohnen; metter su ~* e-n Haushalt gründen; *cambiare ~* umziehen; *fatto a ~* hausgemacht; *in ~ Baroni* bei Baroni; *vado a casa Consolo* ich gehe zu den Consolos; *tanti saluti a ~!* viele Grüße zu Hause!; *stare a ~ del diavolo* am Ende der Welt wohnen; *andare a ~ del diavolo* zugrunde gehen, zum Teufel gehen; *a ~* zu *od.* nach Hause; *senza ~* obdachlos.

casacca [ka'zak-ka] *f* (*pl. -cche*) weiter Rock *m*; *voltare ~* den Mantel nach dem Winde hängen.

casaccio [ka'zat-tʃo]: *a ~ fig.* aufs Geratewohl; zufällig.

cas|ale [ka'sa:le] *m* Gehöft *n*; **~alinga** [-sa'linga] *f* (*pl. -ghe*) Hausfrau *f*; *Kochk. alla ~* nach Hausfrauenart; *allg.* schlicht, ohne Umstände; **~alingo** [-sa'lingo] (*pl. -ghi*) häuslich; **~amatta** [-sa'mat-ta] *f* (*pl. casematte*) Kasematte *f*; **~amento** [-sa'mento] *m* Mietskaserne *f*; **~ato** [-'sa:to] *m* Geschlecht *n*; Familienname *m*.

casc|ame [kas'ka:me] *m* Abfall(produkt *n*) *m*; **~amorto** [-ka'mɔrto] *m* Schwerenöter *m*; Schmachtlappen *m*.

casc|are [kas'ka:re] (1d) fallen (= *cadere*); *fig. ~ male* übel weggekommen; *~ dalla fame (dalla sete, dal sonno)* vor Hunger (Durst, Schlaf) umfallen; *far ~ le braccia* den Mut (die Lust) nehmen; *non cascherà il mondo!* darum wird die Welt nicht untergehen!; **~arci** [-'kartʃi] *fig.* F hereinfallen; **~ata** [-'ka:ta] *f* Sturz *m*; (*a. ~ d'acqua*) Wasserfall *m*; **~aticcio** [-ka'tit-tʃo] (*pl. -cci*) leicht abfallend.

casc|ina [kaʃ-'ʃi:na] *f* Meierei *f*; Käserei *f*; **~inaio** [-ʃi'na:io] *m* (*pl. -ai*) Meiereibesitzer *m*.

casco [kasko] *m* (*pl. -chi*) Helm *m*; Kopfschützer *m*; Sturzhelm *m*; Trockenhaube *f*; *~ coloniale* Tropenhelm *m*.

caseggiato [kased-'dʒa:to] *m* Häusergruppe *f*; Wohnhaus *n*.

caseificio [kazei'fi:tʃo] *m* (*pl. -ci*) Käserei *f*; Käsefabrik *f*.

caseina [kaze'i:na] *f* Käsestoff *m*; Kasein *n*.

cas|ella [ka'sɛl-la] *f* Fach *n*; *~ postale* Schließfach (Postschließfach) *n*; Schrankfach *n*; **~ellante** [-sel-'lante] *m* Bahnwärter *m*; **~ellario** [-sel-'la:rio] *m* (*pl. -ri*) Kartei *f*; Register *n*; *~ giudiziario* Strafregister *n*; **~ello** [-'sɛl-lo] *m* Bahnwärterhäuschen *n*; **~ereccio** [-se-'ret-tʃo] (*pl. -cci*) häuslich.

caserma [ka'zɛrma] *f* Kaserne *f*.

casino [ka'si:no] *m* ehm. Lustschlößchen *n*, Pavillon *m*; Gesellschaftshaus *n*; Bordell *n*; Lärm *m*.

casinò [kazi'nɔ] *m* Spielkasino *n*.

casista [ka'zista] su. (*m*/*pl. -i*) Kasuist *m*; *fig.* übergewissenhafter Mensch *m*.

casistica [ka'zistika] *f* Kasuistik *f*.

caso [ka:zo] *m* Fall *m*; Zufall *m*; Vorgang *m*; Vorkommnis *n*; *Gram.* Kasus *m*; *~ legale* Rechtsfall *m*; *~ limite* Grenzfall *m*; *-i pl.* Begebenheiten *f*|*pl.*; Angelegenheiten *f*|*pl.*; *al ~* gelegentlich; *per ~* zufällig; *a ~* aufs Geratewohl; (*in*) *~ che* falls; *~ mai* für den Fall, daß; gegebenenfalls; *in ogni ~* in jedem Falle; *in nessun ~* auf keinen Fall; *nel peggiore dei -i* schlimmstenfalls; *~ di coscienza* Gewissensfrage *f*; *essere (mettere) in ~ di far qc.* imstande sein (in den Stand setzen), et. zu tun; *in ~ dei -i* für alle Fälle; *non c'è ~ di fare ...* es ist keine Möglichkeit, zu tun ...; *parlare a ~* unüberlegt sprechen; *non fa al ~ mio* es ist nicht mein Fall, es paßt mir nicht; *non fare ~ di qc.* kein Aufhebens von et. machen; *fare molto ~ di qu.* große Stücke auf j-n halten; *pensare ai -i propri* sich um seine Angelegenheiten kümmern.

cas|olare [kaso'la:re] *m* einsames, armes Haus *n*; **~otto** [-'sɔt-to] *m* Bude *f*; ⚔ Schilderhaus *n*; 🚃 Bahnwärterhäuschen *n*.

caspita! [kaspita] Donnerwetter!

cass|a [kas-sa] *f* Kasten *m*, Kiste *f*; ✝ Kasse *f*; Kassenraum *m*; ⊕ Gehäuse (Uhrgehäuse) *n*; Schaft (Flintenschaft) *m*; (*a. ~ da morto*) Sarg *m*; ♪ Trommel *f*; *~ di prestiti* Darlehenskasse *f*; *~ di risparmio* Sparkasse *f*; *~ malattie* Krankenkasse *f*; *~ toracica* Brustkasten *m*; *orario di di ~* Kassenzeit *f*; *a pronta ~* bar; *batter la gran ~* austrommeln; *~*

di risonanza Resonanzboden m;
~aforte [-saˈforte] f (pl. casseforti)
Geldschrank m; ~apanca [-sa-
ˈpaŋka] f (pl. cassepanche) Truhe f.
cassare [kas-ˈsaːre] (1a) streichen;
ausradieren; Urteil aufheben.
cassata [kas-ˈsaːta] f Art Gefrore-
ne(s) n, Halbgefrorene(s) n.
cassazione [kas-satsiˈoːne] f Kassation f; Corte f di ~ Kassationshof m.
cassero [kas-sero] m ⚓ Achterdeck
n.
casseruola [kas-seruˈɔːla] f Kasserolle f.
cass|etta [kas-ˈset-ta] f Kasten m;
(Kutsch-)Bock m; ~ delle lettere
Briefkasten m; ~ di sicurezza
Schließfach n; ~ di derivazione
Abzweigdose f; successo m di ~
Kassenschlager m; ~etto [-ˈset-to]
m Schublade f; ~ettone [-set-
ˈtoːne] m Kommode f, Kasten m;
soffitto m a -i Kassettendecke f.
cassia [kas-sia] f Kassia f.
cassier|a [kas-siˈeːra] f Kassiererin
f; ~e [-re] m Kassierer m.
cassone [kas-ˈsoːne] m großer Kasten m; ⚔ Munitionskarren m.
casta [kasta] f Kaste f.
cast|agna [kas-ˈtaɲa] f Kastanie f,
Marone f; ~agnaccio [-taˈɲat-tʃo]
m (pl. -cci) Kastanienkuchen m; ~a-
gnaio [-taˈɲaːio] m (pl. -ai) Ka-
stanienhändler m; ~agneto [-ta-
ˈɲeːto] m Kastanienwald m; ~a-
gnette [-taˈɲet-te] f/pl. Kastagnetten f/pl.; ~agno [-ˈtaːɲo] 1. adj.
kastanienbraun; 2. m Kastanien-
baum m; ~agnola [-taˈɲɔːla] f
Petarde f, Knallkapsel f.
castaldo [kasˈtaldo] m Güterver-
walter m, Hausmeister m; ehm.
Burgvogt m.
castano [kasˈtaːno] kastanienbraun.
castell|ana [kastel-ˈlaːna] f Schloß-
herrin f; ~ano [-no] 1. adj. Schloß-
...; 2. m Schloßherr m; ~etto
[-ˈlet-to] m kleines Schloß n; ~ di
caccia Jagdschloß n; ✝ Kreditbuch
n; ~ina [-ˈliːna] f Haufen m; Kinderspiel mit drei Nüssen.
castello [kasˈtel-lo] m Schloß n; ⊕
Gestell n; Uhrwerk n; Baugerüst n;
Typ. Kastenregal n; ~ di prua Vor-
derdeck n; ~ di poppa Hinterdeck n;
amministrazione f del ~ Schloßver-
waltung f; -i pl. in aria Luftschlös-
ser n/pl.; i i pl. romani die Um-

gebung f Roms (Frascati, Marino
usw.).
castig|amatti [kastigaˈmat-ti] m
inv. Peitsche f; Zuchtmeister m;
~are [-ˈgaːre] (1e) strafen, züch-
tigen; ~atezza [-gaˈtet-tsa] f Reinheit (Sittenreinheit) f; ~ato [-ˈgaːto]
rein; Stil: gepflegt.
castigo [kasˈtiːgo] m (pl. -ghi)
Strafe f.
castità [kastiˈta] f Keuschheit f.
casto [kasto] keusch.
castoro [kasˈtɔːro] m Biber m.
castr|are [kasˈtraːre] (1a) kastrieren;
kappen; ~ato [-ˈtraːto] m Hammel
m; carne f di ~ Hammelfleisch n.
castrense [kasˈtrense] ⚔ Feld...;
vescovo m ~ Feldbischof m.
castr|one [kasˈtroːne] m Hammel m;
fig. Schafskopf m; ~onaggine
[-troˈnad-dʒine], ~oneria [-trone-
ˈriːa] f Dummheit f.
casu|ale [kazuˈaːle] zufällig; ~alità
[-aliˈta] f Zufälligkeit f.
casupola [kaˈsuːpola] f ärmliches
Haus n.
cata|bolismo [katatoˈlizmo] m
Stoffwechselabbau m; ~clisma
[-ˈklizma] m (pl. -i) Erdumwälzung
f; Überschwemmung f; fig. Umwälzung f; ~comba [-ˈkomba] f
Katakombe f; Gruft f; ~falco
[-ˈfalko] m (pl. -chi) Katafalk m;
~fascio [-ˈfaʃ-ʃo]: a ~ durcheinander.
catalano [kataˈlaːno] 1. adj. kata-
lanisch; 2. m Katalane m; Kata-
lanisch(e) n.
catal|essi [kataˈles-si], ~essia [-les-
ˈsiːa] f Starrsucht f; ~ettico
[-ˈlet-tiko] (pl. -ci) starrsüchtig.
cataletto [kataˈlet-to] m Bahre f;
Sänfte f.
catalisi [kaˈtaːlizi] f 🜍 Katalyse f.
catalogare [kataloˈgaːre] (1m u. e)
katalogisieren, verzeichnen.
catalogo [kaˈtaːlogo] m (pl. -ghi)
Katalog m; ~ delle edizioni Verlags-
katalog m; ~ ragionato Sachkatalog
m.
catapecchia [kataˈpek-kia] f ver-
fallene Hütte f; Baracke f.
cata|plasma [kataˈplazma] m (pl. -i)
Umschlag m; Pflaster n; fig. Quälgeist m; ~pulta [-ˈpulta] f Wurf-
maschine f; ⚔ Startschleuder f;
Katapult m u. n; ~pultare [-pul-
ˈtaːre] (1a) schleudern; ~rifran-

gente [-rifran'dʒɛnte] m Rückstrahler m.

cat|arrale [katar-'ra:le] katarrhalisch; **~arro** [-'tar-ro] m Katarrh m; **~arroso** [-tar-'ro:so] mit e-m Katarrh behaftet.

cat|asta [ka'tasta] f Klafter m; Stoß m, Stapel m; una ~ di libri ein Stoß Bücher; **~astale** [-tas'ta:le] das Grundbuch betreffend; Kataster...; **~astare** [-tas'ta:re] (1a) katastrieren, ins Grundbuch eintragen; **~asto** [-'tasto] m Kataster m u. n, Grundbuch n. [strophe f.)

catastrofe [ka'tastrofe] f Katastrofico [katas'trɔ:fiko] (pl. -ci) katastrophal.

cate|chismo [kate'kizmo] m Katechismus m; **~chista** [-'kista] m (pl. -i) Katechet m; **~chizzare** [-kid-'dza:re] (1a) katechisieren; **~cumeno** [-'ku:meno] m Katechumene m.

categ|oria [katego'ri:a] f Kategorie f; fig. Reihe f; Stand m; **~orico** [-'gɔ:riko] (pl. -ci) kategorisch.

cat|ena [ka'te:na] f Kette f; -e pl. da neve Schneeketten f/pl.; ~ di sicurezza Sicherheitskette f; commercio m a ~ Kettenhandel m; comando m a ~ Kettenantrieb m; reazione f a ~ Kettenreaktion f; ~ di montaggio Fließband n; **~enaccio** [-te'nat-tʃo] m (pl. -cci) Riegel m; **~enella** [-te'nɛl-la] f Kettchen n.

cateratta [kate'rat-ta] f Schleuse f; Wasserfall m; 🔭 grauer Star m.

caterva [ka'tɛrva] f Haufen m.

catetere [kate'tɛ:re] m Katheter m, Sonde f.

cateto [ka'tɛ:to] m Kathete f.

catilinaria [katili'na:ria] f Brandrede f.

catinella [kati'nɛl-la] f Waschbecken n; Waschschüssel f; piove a -e es regnet in Strömen.

catino [ka'ti:no] m Waschbecken n.

catodico [ka'tɔ:diko] Kathoden...; raggi m/pl. -i Kathodenstrahlen m/pl.

catodo [ka:todo] m Kathode f.

catorzolo [ka'tɔrtsolo] m Knorren m.

catramare [katra'ma:re] (1a) teeren.

catrame [ka'tra:me] m Teer m.

cattedra [kat-tedra] f Katheder n (a. m), Lehrstuhl m.

cattedr|ale [kat-te'dra:le] f Kathedrale f; Dom m; **~atico** [-'dra:tiko] (pl. -ci) 1. adj. professorenhaft; Katheder...; tono m ~ Kathederton m; 2. m Universitätsprofessor m.

catt|ivarsi [kat-ti'varsi] (1a) sich et. erringen; **~iveria** [-ti've:ria] f Schlechtigkeit f; **~ività** [-tivi'ta] f Gefangenschaft f; **~ivo** [-'ti:vo] schlecht; unnütz; faul; Fieber: gefährlich; mare m ~ stürmisches Meer n; con le -e in unsanfter Weise; farsi ~ sangue sich ärgern.

catt|olicesimo [kat-toli'tʃe:zimo] od. **~olicismo** [-toli'tʃizmo] m Katholizismus m; **~olicità** [-tolitʃi'ta] f katholische Welt f; **~olico** [-'tɔ:liko] (pl. -ci) 1. adj. katholisch; 2. m Katholik m.

catt|ura [kat-'tu:ra] f Verhaftung f; Beschlagnahme f; 🔭 Prise f; mandato m di ~ Steckbrief m; **~urare** [-tu'ra:re] (1a) verhaften; in Beschlag nehmen; 🔭 aufbringen.

caucasico [kau'ka:ziko] (pl. -ci) kaukasisch.

caucciù [kaut-'tʃu] m Kautschuk m; ~ artificiale Kunstgummi n; Federharz n; Buna m u. n.

caud|atario [kauda'ta:rio] m (pl. -ri) Schleppenträger m; **~ato** [-'da:to] geschwänzt.

causa [ka:uza] f Ursache f; 🕱 Klage f; Rechtsfall m; fig. Sache f; far (od. muovere) ~ e-n Prozeß anstrengen; essere in ~ con qu. mit j-m prozessieren; essere ~ di un incidente einen Unfall verursachen; dar ~ vinta s-e Sache verloren geben; far ~ comune gemeinschaftliche Sache machen; a ~ di, per ~ di wegen; per ~ tua deinetwegen.

caus|ale [kau'za:le] 1. adj. ursächlich; 2. f Beweggrund m; **~alità** [-zali'ta] f Ursächlichkeit f; **~are** [-'za:re] (1a) verursachen; **~idico** [-'zi:diko] m (pl. -ci) scherzh. Advokat m.

causticità [kaustitʃi'ta] f Ätzkraft f.

caustico [ka:ustiko] (pl. -ci) 1. adj. ätzend; 2. m Ätzmittel n.

caut|ela [kau'tɛ:la] f Vorsicht f; **~elare** [-te'la:re] (1b) sicherstellen.

caut|erio [kau'tɛ:rio] m (pl. -ri) Brennmittel n; **~erizzare** [-terid-'dza:re] (1a) kauterisieren, ätzen; **~erizzazione** [-terid-dzatsi'o:ne] f Ätzung f.

cauto [ka:uto] vorsichtig.

cauzione [kautsi'o:ne] f Kaution f.

cava [ka:va] f Grube f; Steinbruch m.

cavadenti [kava'denti] m inv. c.s. Zahnklempner m.

cavalc|abile [kavalk'ka:bile] reitbar; strada f ~ Reitweg m; **~are** [-'ka:re] (1d) reiten; **~ata** [-'ka:ta] f Ritt m; **~atore** [-ka'to:re] m Reiter m; **~atura** [-ka'tu:ra] f Reittier n; **~avia** [-ka'vi:a] m inv. Überführung f; Straßenübergang m.

cavalci|one [kaval'tʃo:ne], **~oni** [-ni] rittlings.

caval|ierato [kavalie'ra:to] m Ritterwürde f; **~iere** [-li'ɛ:re] m Reiter m; Kavalier m; Ritter m (a. ital. Titel); Schach: Springer m; a ~ di oberhalb (gen.); stare a ~ di un luogo e-n Ort beherrschen; croce f di ~ Ritterkreuz n; ~ d'industria Hochstapler m.

cavalla [ka'val-la] f Stute f.

cavall|aio [kaval-'la:io] m (pl. -ai), **~aro** [-'la:ro] m Pferdehirt m; Pferdehändler m; **~eggiero** [-led-'dʒe:ro] m leichter Kavallerist m; **~eresco** [-le'resko] (pl. -chi) ritterlich; Ritter...; ordine m ~ Heldengedicht n; **~eria** [-le'ri:a] f Ritterlichkeit f; 𝕌 Ritterwesen n; ✕ Kavallerie f; epoca f della ~ Ritterzeit f; **~erizza** [-le'rit-tsa] f Reitbahn f; Kunstreiterin m; **~erizzo** [-le'rit-tso] m Kunstreiter m; **~etta** [-'let-ta] f Heuschrecke f; **~etto** [-'let-to] m Gestell n; Bock m; Staffelei f; 🏠 Dachstuhl m; **~ina** [-'li:na] f kleine Stute f; Gymn. Bock m; correre la ~ ein zügelloses Leben führen; **~ino** [-'li:no] Pferde...; mosca f -a Pferdebremse f.

cavall|o [ka'val-lo] m Pferd n; ~ baio Brauner m; ~ bianco Schimmel m; ~ sauro Fuchs m; ~ castrato Wallach m; ~ marino Seepferd n; ~ da corsa Rennpferd n; ~ da sella Reitpferd n; ✕ ~ di Frisia spanischer Reiter m; fig. ~ di battaglia Steckenpferd n; andare a ~ reiten; andare sul ~ di san Francesco auf Schusters Rappen reiten; stare a ~ rittlings sitzen; vivere a ~ di due secoli um die Jahrhundertwende leben; fig. essere a ~ über den Berg sein; una febbre da ~ ein sehr hohes Fieber;

~one [-'lo:ne] m große Welle f.

cavallo-vapore [ka'val-lo va'po:re] m (pl. cavalli-vapore) Pferdekraft f, Pferdestärke f.

cavalluccio [kaval-'lut-tʃo] m Pferdchen n; ~ marino Seepferdchen n.

cava|locchi [kava'lɔk-ki] m inv. Winkeladvokat m; **~macchie** [-'mak-kie] m inv. Fleckenreiniger m; **~pietre** [-'pi:etre] m inv. Steinbrecher m.

cav|are [ka'va:re] (1a) graben; herausnehmen; Zähne herausziehen; Kleider abnehmen; Wein abzapfen; Blut ablassen; Auge auskratzen; Nutzen ziehen; Wasser u. fig. schöpfen; fig. ~ di testa aus dem Sinn schlagen; **~arsela** [-'varsela] davonkommen; **~arsi** [-'varsi]: ~ d'impiccio sich aus der Verlegenheit ziehen; ~ la fame den Hunger stillen; ~ il sonno sich ausschlafen.

cav|astivali [kavasti'va:li] m inv. Stiefelknecht m; **~ata** [-'va:ta] f: ~ di sangue Aderlaß m; **~atappi** [-'tap-pi] m inv. Korkenzieher m; **~atina** [-'ti:na] f Kavatine f; **~aturaccioli** [-tu'rat-tʃoli] m inv. Korkenzieher m.

cavedano [ka've:dano] m Döbel m.

cav|erna [ka'verna] f Höhle f; **~ernicolo** [-ver'ni:kolo] m Höhlenbewohner m; **~crnosità** [-vernosi-'ta] f Hohlheit f; **~ernoso** [-ver-'no:so] hohl; tief; una voce ~ eine tiefe Stimme.

cavezza [ka'vet-tsa] f Halfter m; tenere qu. a ~ j-n im Zaume halten; rompere la ~ die Fesseln sprengen.

cavia [ka:via] f Meerschweinchen n.

caviale [kavi'a:le] m Kaviar m.

cavicchia [ka'vik-kia] f, **cavicchio** [-kio] m (pl. -cchi) Holzpflock m.

caviglia [ka'vi:λa] f (pl. -glie) Pflock m; Zapfen m; Anat. Knöchel m.

cav|illare [kavil-'la:re] (1a) tüfteln; **~illo** [-'vil-lo] m Spitzfindigkeit f; **~illoso** [-vil-'lo:so] spitzfindig.

cavità [kavi'ta] f Höhlung f; Höhle f.

cavo [ka:vo] 1. adj. hohl; 2. m Höhlung f; ⊕ Gießform f; ⚓ Kabel n; il ~ della mano die hohle Hand; ~ di rimorchio Schlepptau n; ~ bifilare Zweileiterkabel n; ~ coassiale Koaxialkabel n; ~ di massa Erdungskabel n.

cavol|aia [kavo'la:ia] f Kohlpflanzung f; *Zool.* Kohlweißling m; **~fiore** [-volfi'o:re] m Blumenkohl m.

cavolo [ka'volo] m Kohl m; ~ *di Bruxelles* Rosenkohl m; ~ *rapa* Kohlrabi m; ~ *verzotto* Wirsingkohl m; *fig. un* ~ gar nichts; *entrarci come i -i a merenda* rein gar nichts damit zu tun haben; *m'importa un* ~ ich kümmere mich den Teufel darum.

cazzo [kat-tso] P m männliches Glied n, P Schwanz m.

cazz|ottare [kat-tsot-'ta:re] (1c) puffen; **~ottata** [-tsot-'ta:ta] f Schlägerei f; **~otto** [-'tsot-to] m Faustschlag m, Puff m; *dare dei -i* Püffe austeilen.

cazzuola [kat-tsu'o:la] f Maurerkelle f.

ce [tʃe] = *ci* (*vor lo, la, li, le, ne*).

ceca [tʃeka] f (*pl. -che*) junger Aal m.

cec|aggine [tʃe'kad-dʒine] f Blindheit f; **~amente** [-ka'mente] blindlings.   [schütze m.)

cecchino [tʃek-'ki:no] m Scharf-∫

cece [tʃe:tʃe] m Kichererbse f.

cecità [tʃetʃi'ta] f Blindheit f.

ceco [tʃe:ko] **1.** *adj.* tschechisch; **2.** m Tscheche m.

cecoslovacco [tʃekozlo'vak-ko] (*pl. -cchi*) **1.** *adj.* tschechoslowakisch; **2.** m Tschechoslowake m.

cedere [tʃe:dere] (3a) **1.** *v/t.* abtreten; übertragen; † ablassen; überlassen; ~ *le armi* die Waffen strecken; ~ *il passo* den Vortritt lassen; ~ *il posto* s-n Platz überlassen; **2.** *v/i.* nachgeben; zurückweichen; *non* ~ nicht lockerlassen.

ced|evole [tʃe'de:vole] nachgiebig; **~evolezza** [-devo'let-tsa] f Nachgiebigkeit f; **~ibile** [-'dʒi:bile] abtretbar, übertragbar.

cediglia [tʃe'di:ʎa] f Cedille f.

cedimento [tʃedi'mento] m Sinken n; Nachgeben n.

cedola [tʃe:dola] f Abschnitt m; † (Zins-)Kupon m.

cedr|ata [tʃe'dra:ta] f erfrischendes Getränk n; Zedernsaft m; **~ina** [-'dri:na] f Zitronenkraut n.

cedro [tʃe:dro] m Zeder f.

cedr|one [tʃe'dro:ne] m Auerhahn m; **~onella** [-dro'nel-la] f Melissenkraut n.

ceduo [tʃe:duo] abholzbar; schlagbar.

cefalea [tʃefa'le:a] f heftiger Kopfschmerz m.

cefalico [tʃe'fa:liko] (*pl. -ci*) den Kopf betreffend; Kopf...

cefalo [tʃe'falo] m Meeräsche f.

ceffo [tʃef-fo] m Schnauze f; Fratze f.

ceffone [tʃef-'fo:ne] m Maulschelle f.

cel|are [tʃe'la:re] (1b) verbergen; **~ata** [-'la:ta] f Sturmhaube f; **~ato** [-'la:to] verborgen.

celeberrimo [tʃele'ber-rimo] *sup. v. celebre.*

celebr|ante [tʃele'brante] m Zelebrant m; **~are** [-'bra:re] (11 u. b) preisen; vollziehen; *Fest* feiern; *Messe* lesen, zelebrieren; **~azione** [-bratsi'o:ne] f feierliche Begehung f; Vollziehung f.

celebre [tʃe:lebre] berühmt.

celebrità [tʃelebri'ta] f Berühmtheit f; Größe f (*fig., Thea.*).

celere [tʃe:lere] **1.** *adj.* schnell; *treno m* ~ Eilzug m; *Typ. macchina f* ~ Schnellpresse f; **2.** f Funkstreife f.

celerità [tʃeleri'ta] f Geschwindigkeit f.

cel|este [tʃe'leste] himmlisch; himmelblau; *asse m* ~ Himmelsachse f; *volta f* ~ Himmelsgewölbe n; **~estiale** [-lesti'a:le] himmlisch.

celia [tʃe:lia] f Scherz m; Spaß m; *per* ~ zum Spaß.

celiare [tʃeli'a:re] (1b u. k) spaßen.

celibato [tʃeli'ba:to] m Ehelosigkeit f, Zölibat n (*Rel. m*).

celibe [tʃe:libe] **1.** *adj.* unverheiratet; **2.** m Junggeselle m.

cella [tʃel-la] f Zelle f.

cellula [tʃel-lula] f *organische* Zelle f; **~ fotoelettrica** photoelektrische Zelle f; ~ *al selenio* Selenzelle f.

cellul|are [tʃel-lu'la:re] **1.** *adj.* zellenartig; Zellen...; *segregazione f* ~ Einzelhaft f; **2.** m Zellengefängnis n; *F grüne Minna f*; **~oide** [-'lɔ:ide] f Zelluloid n; **~osa** [-'lo:sa] f Zellulose f; **~oso** [-'lo:so] zellig.

celtico [tʃeltiko] (*pl. -ci*) keltisch; *morbo m* ~ Franzosenkrankheit f.

cembalo [tʃembalo] m Zimbel f, Cembalo m.

cembro [tʃembro] m Zirbelkiefer f.

cement|are [tʃemen'ta:re] (1a) zementieren; verkitten; *fig.* befestigen; **~iero** [-ti'e:ro] Zement...; **~ificio** [-ti'fi:tʃo] m Zementfabrik f.

cemento [tʃe'mento] *m* Zement *m*;
~ armato Eisenbeton *m*; *Radsport*:
pista *f* in ~ Zementbahn *f*.

cena [tʃe:na] *f* Abendessen *n*; *Rel.*
Abendmahl *n*.

cen|acolo [tʃe'na:kolo] *m* Mal. Darstellung *f* des Abendmahls; **~are**
[-'na:re] (1a) zu Abend essen.

cenci|aio [tʃen'tʃa:io] *m* (*pl. -ai*),
~aiolo [-tʃaiɔ:lo] *m* Lumpensammler *m*.

cencio [tʃentʃo] *m* (*pl. -ci*) Lappen
m; Lumpen *m*; *cappello m a ~*
Schlapphut *m*; *bianco come un ~*
kreideweiß.

cencioso [tʃen'tʃo:so] lumpig.

cener|accio [tʃene'rat-tʃo] *m* (*pl.
-cci*) *m* Laugenasche *f*; **~ario**
[-'ra:rio] (*pl. -ri*) Aschen...; *urna f
-a* Aschenurne *f*; **~ata** [-'ra:ta] *f*
Lauge *f*.

cenere [tʃe:nere] *f* Asche *f*; *le Ceneri
f/pl. od. il giorno m delle Ceneri*
Aschermittwoch *m*.

Cenerentola [tʃene'rentola] *f*
Aschenbrödel *n*.

cener|ino [tʃene'ri:no] aschfarben;
~ognolo [-'rɔ:ɲolo] aschgrau.

cenetta [tʃe'net-ta] *f* kleines Abendessen *n*.   [Schalmei *f*.]

cennamella [tʃen-na'mel-la] *f*∫

cenno [tʃen-no] *m* Zeichen *n*; Wink
m; Andeutung *f*; *far ~ di sì* mit
dem Kopf nicken; *far ~ di no* den
Kopf schütteln; *far ~ a qu.* j-m zuwinken; *far ~ di voler andare* Anstalten machen fortzugehen.

cen|obio [tʃe'nɔ:bio] *m* (*pl. -bi*)
Kloster *n*; **~obita** [-no'bi:ta] *m*
(*pl. -i*) Zönobit *m*, Mönch *m*.

cenone [tʃe'no:ne] *m* üppiges
Abendessen *n*; *~ di san Silvestro*
Silvesterabendessen *n*.

cens|imento [tʃensi'mento] *m* Zählung (Volkszählung) *f*; **~ire** [-'si:re]
(4d) e-e Volkszählung vornehmen.

censo [tʃenso] *m* Vermögen *n*.

cens|orato [tʃenso'ra:to] *m* Zensoramt *n*; **~ore** [-'so:re] *m* Zensor *m*;
fig. Sittenrichter *m*; **~orio** [-'sɔ:rio]
(*pl. -ri*) zum Zensoramt gehörig;
Zensor...; **~ura** [-'su:ra] *f* Zensur
f; Verweis *m*; **~urabile** [-su'ra:bile]
tadelhaft; **~urare** [-su'ra:re] (1a)
tadeln.

cent|aurea [tʃen'ta:urea *od.* -tau-'rɛ:a] *f* Tausendgüldenkraut *n*;
~auro [-'ta:uro] *m* Kentaur *m*.

centellinare [tʃentel-li'na:re] (1a)
nippen.

cent|enario [tʃente'na:rio] (*pl. -ri*)
1. *adj.* hundertjährig; 2. *m* hundertjähriger Greis *m*; hundertster Jahrestag *m*; hundertjährige Gedenkfeier *f*; **~esimale** [-tezi'ma:le] zentesimal, hundertteilig; **~esimo**
[-'te:zimo] 1. *adj.* hundertste; 2. *m*
Hundertstel *n*; Centesimo *m*; **~igrado** [-'ti:grado] hundertgradig;
10 gradi -i 10 Grad Celsius;
~igrammo [-ti'gram-mo] *m* Zentigramm *n*; **~ilitro** [-'ti:litro] *m*
Zentiliter *m u. n*; **~imetro** [-'ti:-metro] *m* Zentimeter *m u. n*; *~ cubo*
Kubikzentimeter *m u. n*; *~ quadrato*
Quadratzentimeter *m u. n*.

centina [tʃentina] *f* ⌂ Lehrgerüst
n; ⚔ Rippe *f*.

centinaio [tʃenti'na:io] *m* (*pl. le
centinaia*) Hundert *n*; *un ~ di* ctwa
hundert.

centin|are [tʃenti'na:re] (11 *u. b*) mit
e-m Lehrgerüst versehen; schweifen; **~atura** [-na'tu:ra] *f* Schweifung *f*.

cent|o [tʃento] hundert, einhundert;
per ~ vom Hundert, Prozent *n*;
~ofoglie [tʃento'fɔ:ʎe] *m inv.* Zentifolie *f*; **~ogambe** [tʃento'gambe]
m inv. Kellerassel *f*.

centone [tʃen'to:ne] *m* Flickwerk *n*;
🕮 Stoppelwerk *n*, Sammelsurium
n.

centr|ale [tʃen'tra:le] 1. *adj.* zentral;
Haupt...; 2. *f* Zentrale *f*; Zentralleitung *f*; Hauptgeschäft *n*; *~ elettrica* Kraftwerk *n*; **~alinista** [-trali-'nista] *su.* Telefonist(in *f*) *m*;
~alino [-tra'li:no] *m* Telefonzentrale *f*; **~alismo** [-tra'lizmo] *m*
Zentralismus *m*; **~alità** [-trali'ta]
f zentrale Lage *f*; **~alizzare**
[-tralid-'dza:re] (1a) zentralisieren;
~alizzazione [-tralid-dzatsi'o:ne]
f Zentralisation *f*; **~are** [-'tra:re]
(1b) ins Zentrum treffen; ⊕ auswuchten; **~attacco** [-trat-'tak-ko]
m (*pl. -cchi*) *s. centravanti*; **~atura**
[-tra'tu:ra] *f* ⊕ Zentrierung *f*;
~avanti [-tra'vanti] *m* Mittelstürmer *m*; **~ifuga** [-'tri:fuga] *f* Zentrifuge *f*; **~ifugare** [-trifu'ga:re] (1e
u. m) schleudern; **~ifugo** [-'tri:fugo]
zentrifugal.

centrino [tʃen'tri:no] *m* Deckchen *n*,
Mitteldeckchen *n*.

122

centripeto [tʃen'tri:peto] zentripetal.

centri|smo [tʃen'trizmo] m Pol. Zentrismus m; **~sta** [-'trista] m (pl. -i) Pol. Anhänger m des Zentrismus.

centro [tʃentro] m Mittelpunkt m; Zentrum n (a. Pol.); ~ della città Stadtmitte f; ~ di raccolta Sammelstelle f; ~ di gravità Schwerpunkt m; ~ abitato geschlossene Ortschaft f; Pol. ~ sinistra linke Mitte f; ~ ferroviario Eisenbahnknotenpunkt m; essere nel suo ~ in s-m Element sein; colpire nel ~ ins Schwarze treffen.

centro|campista [tʃentrokam-'pista] m (pl. -i) Sport: Mittelfeldpendler m; **~campo** [-'kampo] m Sport: Mittelfeld n; **~destro** [-'destro] m rechter Mittelstürmer m; **~mediano** [-medi'a:no] m Mittelläufer m; **~sinistro** [-si'nistro] m linker Mittelstürmer m; **~sostegno** [-so'ste:ɲo] m s. centromediano.

centuplicare [tʃentupli'ka:re] (1m u. d) verhundertfachen.

centuplo [tʃentuplo] 1. adj. hundertfach; 2. m Hundertfache(s) n.

cent|uria [tʃen'tu:ria] f ehm. ✗ Zenturie f; Hundert m; **~urione** [-turi'o:ne] m ehm. ✗ Befehlshaber m e-r Zenturie.

cepp|aia [tʃep-'pa:ia] f Baumstrunk m; Wurzelstock m; **~atello** [-pa-'tɛl-lo] m Steinpilz m.

ceppo [tʃep-po] m Klotz m; Richtblock m; fig. Stamm m; Weihnachten n; -i pl. Fesseln f/pl.

cera¹ [tʃe:ra] f Wachs n; (Stiefel-) Wichse f; ~ per lucidare i pavimenti Bohnerwachs n.

cera² [tʃe:ra] f Aussehen n; avere una brutta ~ schlecht aussehen; far buona ~ a qu. j-n freundlich aufnehmen.

cera|iolo [tʃerai'ɔ:lo] m Wachshändler m; **~lacca** [-'lak-ka] f (pl. -cche) Siegellack m.

ceram|ica [tʃe'ra:mika] f (pl. -che) Keramik f; Töpferkunst f; **~ico** [-ko] (pl. -ci) keramisch; arte f -a Keramik f.

ceramista [tʃera'mista] su. (m/pl. -i) Keramikarbeiter(in f) m.

cerare [tʃe'ra:re] (1a) wachsen; bohnern.

Cerbero [tʃerbero] m Myth. Zerberus m, Höllenhund m.

cerbiatto [tʃerbi'at-to] m Hirschkalb n.

cerbottana [tʃerbot-'ta:na] f Blasrohr n.

cerca [tʃerka] f Suche f; in ~ di ... auf der Suche nach ...

cerc|are [tʃer'ka:re] (1d) suchen (di qu. nach j-m); ~ qu. sich nach j-m umsehen; andare a ~ holen (gehen); chi cerca trova wer sucht, der findet; **~atore** [-ka'to:re] m Sucher m; Bettelmönch m; ~ d'oro Goldgräber m.

cerchia [tʃerkia] f Ringmauer f; fig. Kreis m, Rahmen m.

cerchi|are [tʃerki'a:re] (1k) bereifen; **~ato** [-ki'a:to] bereift; occhi m/pl. -i geränderte Augen; **~atura** [-kia'tu:ra] f Faßbereifung f; Beringung f.

cerchio [tʃerkio] m (pl. -chi) Kreis m; Reifen m; Hof m um den Mond; far ~ umgeben.

cerchione [tʃerki'o:ne] m ⊕ Felge f.

cercine [tʃertʃine] m Tragkissen n.

cereale [tʃere'a:le] 1. adj. Getreide...; piante f/pl. -i od. 2. -i m/pl. Getreide n.

cereali|colo [tʃerea'li:kolo] getreidebaulich; **~coltura** [-likol'tu:ra] f Getreideanbau m.

cerebrale [tʃere'bra:le] Gehirn...; sostanza f ~ Gehirnsubstanz f; commozione f ~ Gehirnerschütterung f.

cereo [tʃe:reo] wächsern; bleich wie Wachs.

cer|eria [tʃere'ri:a] f Wachsfabrik f; **~etta** [-'ret-ta] f Wichse f; Haarpomade f.

cerimonia [tʃeri'mɔ:nia] f Zeremonie f; ~ funebre Trauerfeier f; ~ ufficiale Staatsakt m; -e od. Pl. Umstände m/pl.; senza -e zwanglos.

cerimoni|ale [tʃerimoni'a:le] 1. adj. zeremoniell; 2. m Zeremoniell n; **~ere** [-ni'ɛ:re] m Zeremonienmeister m; **~oso** [-ni'o:so] umständlich. [n.]

cerino [tʃe'ri:no] m Wachszündholz.

cernere [tʃernere] (3a) lit. auslesen.

cernia [tʃernia] f Zackenbarsch m.

cerniera [tʃerni'ɛ:ra] f Scharnier n; Gelenkband n.

cer|o [tʃe:ro] m Kerze (Altarkerze) f; **~oso** [tʃe'ro:so] wächsern; **~otto** [-'rɔt-to] m Zugpflaster n; fig. Quälgeist m.

cerro [tʃer-ro] m Zerreiche f.

certame [tʃerˈtaːme] *m* Wettkampf *m.*

cert|ezza [tʃerˈtet-tsa] *f* Gewißheit *f*; **~ificare** [-tifiˈkaːre] (1m *u.* d) vergewissern; bescheinigen; **~ificato** [-ˈkaːto] *m* Zeugnis *n*; Attest *n*; **~ di buona condotta** Führungszeugnis *n*; **~ di maturità** Reifezeugnis *n*; **~ di nascita** Geburtsschein *m*; **~ di morte** Totenschein *m*; **~ d'origine** Ursprungszeugnis *n.*

certo [tʃerto] gewiß, sicher; bestimmt; *un ~ non so che* ein gewisses Etwas; *dopo un ~ tempo* nach einiger Zeit.

cert|osa [tʃerˈtoːza] *f* Kartause *f*; **~osino** [-toˈziːno] *m* Kartäuser *m.*

certuni [tʃerˈtuːni] *pl.* manche.

ceruleo [tʃeˈruːleo] himmelblau.

cerume [tʃeˈruːme] *m* Ohrenschmalz *m.*

cerva [tʃerva] *f* Hirschkuh *f.*

cervell|accio [tʃervelˈlat-tʃo] *m* (*pl.* -cci) Querkopf *m*; Sonderling *m*; **~etto** [-ˈlet-to] *m Anat.* Kleinhirn *n.*

cervello [tʃerˈvel-lo] *m* (*pl.* i cervelli, *selten:* le cervella) Gehirn *n*; *Kochk.:* Hirn *n*; Brägen *m*; *fig.* Verstand *m*; **~ elettronico** Elektronengehirn *n*; *avere il ~ a posto* vernünftig sein; *stillarsi il ~* sich den Kopf zerbrechen; *mettere il ~ a partito* vernünftig werden; *perdere il ~* den Kopf verlieren; *uscire di ~* den Verstand verlieren; *farsi saltare le -a* sich e-e Kugel durch den Kopf jagen.

cervell|one [tʃervel-ˈloːne] *m fig.* Dummkopf *m*; **~otico** [-ˈlɔːtiko] (*pl.* -ci) wunderlich.

cervicale [tʃerviˈkaːle] Hals...; *vertebra f ~* Halswirbel *m.*

cervice [tʃerˈviːtʃe] *f* Genick *n.*

cervo [tʃervo] *m* Hirsch *m*; **~ volante** *Zool.* Hirschkäfer *m*; *Spiel:* Papierdrachen *m.*

cesareo [tʃeˈzaːreo] kaiserlich; *taglio m ~* Kaiserschnitt *m.*

cesarismo [tʃezaˈrizmo] *m* Cäsarentum *n.*

cesell|are [tʃezelˈlaːre] (1b) ziselieren; **~atore** [-laˈtoːre] *m* Ziseleur *m*; **~atura** [-laˈtuːra] *f* Ziselierung *f.*

cesello [tʃeˈzɛl-lo] *m* Grabstichel *m.*

cesena [tʃeˈzeːna] *f Zool.* Wacholderdrossel *f.*

cesoia [tʃeˈzoːia] *f* Schere *f.*

cespite [tʃeˈspite] *m* Einnahmequelle *f*; *lit.* Busch *m.*

cespo [tʃespo] *m* Büschel *n.*

cesp|uglio [tʃesˈpuːʎo] *m* (*pl.* -gli) Gesträuch *n*; **~uglioso** [-puˈʎoːso] mit Gesträuch bewachsen.

cess|are [tʃesˈsaːre] (1b) aufhören; **~azione** [-satsiˈoːne] *f* Aufhören *n*; Aufgabe *f*; **~ del lavoro** Arbeitseinstellung *f.*

cess|ionario [tʃes-sioˈnaːrio] *m* (*pl.* -ri) Zessionar *m*, Übernehmer *m*; **~ione** [-siˈoːne] *f* Abtretung *f.*

cesso [tʃes-so] *m* Abort *m*; P Lokus *m.*

cesta [tʃesta] *f* Korb *m.*

cest|aio [tʃesˈtaːio] *m* (*pl.* -ai) Korbmacher *m*; **~ello** [-ˈtel-lo] *m* kleiner Korb *m*; **~inare** [-tiˈnaːre] (1a) in den Papierkorb werfen; **~ino** [-ˈtiːno] *m* Körbchen *n*; Papierkorb *m*; **~ da viaggio** Beutel *m* mit Reiseproviant; **~ista** [-ˈtista] *m* (*pl.* -i) *Sport:* Korbballspieler *m*; **~istico** [-ˈtistiko] *Sport:* Korbball...

cesto [tʃesto] *m* Korb *m*; ♀ Staude *f*; Strauch *m.*

cesura [tʃeˈzuːra] *f* Zäsur *f.*

cetaceo [tʃeˈtaːtʃeo] **1.** *adj.* zu den Walfischen gehörig; **2.** *m* Walfisch *m.*

ceto [tʃeto] *m* Klasse *f*, Stand *m*; **~ medio** Mittelstand *m*; **~ operaio** Arbeiterstand *m.*

cetra [tʃeːtra] *f* Zither *f.*

cetr|iolino [tʃetrioˈliːno] *m* Essiggurke *f*; **~iolo** [-triˈɔːlo] *m* Gurke *f.*

chassis [ʃasˈsi] *m* Chassis *n*; Fahrgestell *n.*

che [ke] **1.** *adj.* welcher, welche, welches; was für ein; **2.** *pron.* der, die, das; welcher, welche, welches; **~?** was?; *ciò ~ ...* das, was ...; *nel tempo ~* in der Zeit, als ...; *a ~?* wozu?; woran?; worauf?; *di ~?* wovon?; worüber?; *con ~?* womit?; **~ è**, **~ non è** plötzlich; **3.** *cj.* daß; (*nach dem compr.*) als; **4.** *m* Was *n*; *non è un gran ~* es ist nichts Besonderes.

ché [ke] denn.

checché [kek-ˈke] was auch immer.

checchessia [kek-kesˈsiːa] was auch immer sei.

chepì [keˈpi], **cheppì** [kepˈpi] *m inv.* Käppi *n.*

cheppia [kep-pia] *f* Maifisch *m.*

chermisi [kermizi] *m* Karmesinrot *n*.

chet|are [ke'ta:re] (1a) *lit.* beruhigen; **~ichella** [-ti'kel-la]: *alla* ~ heimlich.

cheto [ke:to] *lit.* still.

chi [ki] *wer; (acc.)* wen; *di* ~? wessen?; *a* ~? wem?; *con* ~? mit wem?; *per* ~? für wen?; *c'è* ~ *dice* ... es gibt Leute, die sagen; ~ ... ~ ... der eine ... der andere; *un non so* ~ ein Unbekannter; *di* ~ è *il libro?* wem gehört das Buch?

chiacchiera [ki'ak-kiera] *f* Geschwätz *n*; *-e!* dummes Geschwätz!; *far due -e con* qu. mit j-m ein wenig plaudern.

chiacchier|are [kiak-kie'ra:re] (1l) plaudern; klönen; *c.s.* klatschen; **~ata** [-'ra:ta] *f* Plauderei *f*; *c.s.* Geschwätz *n*; **~io** [-'ri:o] *m* Geklatsche *n*; **~one** [-'ro:ne] **1.** *adj.* geschwätzig; **2.** *m* Schwätzer *m*.

chiama [ki'a:ma] *f* Namensaufruf *m*; ⚔ Appell *m*; *fare la* ~ namentlich aufrufen.

chiam|are [kia'ma:re] (1a) rufen; berufen; nennen; *Fernspr.*, *Funk*: anrufen; *andare a* ~ qu. j-n holen; *mandare a* ~ qu. j-n holen lassen; ~ *al telefono* anrufen, telefonieren; **~arsi** [-'marsi] heißen; ~ *soddisfatto* sich zufrieden erklären; **~ata** [-'ma:ta] *f* Ruf *m*; Vorladung *f*; *Thea.* Vorhang *m*; *Fernspr.* Anruf *m*; ⚔ Einberufung *f*; ~ *interurbana* Ferngespräch *n*; *segnale m di* ~ Rufzeichen *n*.

chianti [ki'anti] *m* Chiantiwein *m*.

chiapp|a [ki'ap-pa] *f* Fang *m*; V Arschbacke *f*; **~are** [-'pa:re] (1a) ergreifen.

chiara [ki'a:ra] *f* Eiweiß *n*.

chiar|etto [kia'ret-to] **1.** *adj.* hellrot; **2.** *m* Bleichert *m* (*hellroter Wein*); **~ezza** [-'ret-tsa] *f* Helligkeit *f*; Figur. Klarheit *f*, Deutlichkeit *f*; **~ificare** [-rifi'ka:re] (1m *u.* d) klären; aufklären; **~ificazione** [-rifikatsi'o:ne] *f* Klärung *f*; Aufklärung *f*; **~imento** [-ri'mento] *m* Erklärung *f*; Klarstellung *f*; **~ire** [-'ri:re] (4d) klären; klarmachen; *Wein, Öl* (ab)klären; ~ *una faccenda* e-e Angelegenheit bereinigen; **~irsi** [-'rirsi] sich aufklären; sich vergewissern; **~issimo** [-'ris-simo] sehr verehrt, *Anrede vor allem an Professoren*; *Titelkopf*

auf Briefen; **~itura** [-ri'tu:ra] *f* Klärung *f*.

chiar|o [ki'a:ro] **1.** *adj.* klar; hell; lichtvoll; *fig.* deutlich; *v. Personen*: berühmt; ~ *e tondo* klipp und klar; *vedere ~ in* qc. über etwas im klaren sein; *s. a. chiarissimo*; **2.** *m* Licht *n*; Helligkeit *f*; ~ *d'uovo* Eiweiß *n*; ~ *di luna* Mondschein *m*; *mettere in* ~ klarstellen; *ins reine bringen*; **~ore** [kia'ro:re] *m* Schein *m*, Schimmer *m*; Helligkeit *f*; **~oscuro** [-ros'ku:ro] *m* Helldunkel *n*; **~oveggente** [-roved-'dʒente] **1.** *adj.* klarblickend; **2.** *m* Hellseher *m*; **~oveggenza** [-roved-'dʒentsa] *f* Hellsehen *n*.

chiass|are [kias-'sa:re] (1a) lärmen; **~ata** [-'sa:ta] *f* Lärm *m*; Geschrei *n*; Strafpredigt *f*; *fare una* ~ *a* qu. j-n tüchtig ausschelten.

chiasso [ki'as-so] *m* Lärm *m*; *fig.* *fare* ~ Aufsehen erregen; Unsinn treiben.

chiass|one [kias-'so:ne] **1.** *adj.* lärmend; **2.** *m* lärmende Person *f*; **~oso** [-'so:so] lärmend.

chiatta [ki'at-ta] *f* Fähre *f*; Nachen *m*; Leichterschiff *n*.

chiattaiolo [kiat-tai'ɔ:lo] *m* Fährmann *m*.

chiav|accio [kia'vat-tʃo] *m* (*pl. -cci*) großer Riegel *m*; **~arda** [-'varda] *f* Bolzen *m*.

chiave [ki'a:ve] *f* Schlüssel *m* (*a.* ♪); ~ *falsa* Nachschlüssel *m*; ~ *inglese* Schraubenschlüssel *m*; ~ *di volta* Schlußstein *m*; (*in den Musikinstrumenten*) Klappe *f*; *buco m della* ~ Schlüsselloch *n*; *sotto* ~ unter Verschluß; ♪ *essere fuori di* ~ nicht den Ton halten; ♪ *stare in* ~ den Ton halten; **~tta** [kia'vet-ta] *f* Absperrhahn *m*; ~ *d'accensione* Zündschlüssel *m*.

chiavica [ki'a:vika] *f* (*pl. -che*) Kloake *f*.

chiavistello [kiavis'tel-lo] *m* Riegel *m*.

chiazza [ki'at-tsa] *f* Fleck *m*.

chiazzato [kiat-'tsa:to] scheckig; gesprenkelt; gefleckt.

chicca [kik-ka] *f* (*pl. -cche*) Bonbon *m u. n.*

chicchera [kik-kera] *f* Tasse *f*, Henkeltasse *f*.

chicchessia [kik-kes-'si:a] wer es auch sei.

chicchirichì! [kik-kiri'ki] kikeriki!

chicco [kik-ko] *m* (*pl.* -*cchi*) Korn *n*; Bohne (Kaffeebohne) *f*; Beere (Traubenbeere) *f*.

chiedere [ki'ɛ:dere] (3k) verlangen; fordern; fragen (*di* nach *dat.*); ~ qc. *a qu.* j-n um etwas ersuchen; ~ *un piacere a qu.* j-n um e-e Gefälligkeit bitten; ~ *indietro* zurückfordern; ~ *perdono a qu.* j-n um Verzeihung bitten; ~ *scusa a qu. di qc.* j-m etwas abbitten; ~ *troppo* überfordern.

chierica [ki'e:rika] *f* (*pl.* -*che*) Tonsur *f*.

chieri|cato [kieri'ka:to] *m* Priesterstand *m*; ~**chetto** [-'ket-to] *m* Meßdiener *m*, Ministrant *m*.

chierico [ki'e:riko] *m* (*pl.* -*ci*) Kleriker *m*; Meßdiener *m*; Chorknabe *m*.

chiesa [ki'ɛ:za] *f* Kirche *f*, Gotteshaus *n*.

chiesi [ki'ɛ:zi], **chiesto** [ki'ɛsto] *s.* chiedere.

chiesuola [kiezu'ɔ:la] *f* kleine Kirche *f*; *fig.* Sippschaft *f*, Klüngel *m*.

chifel [ki:fel] *m inv.* Hörnchen *n*; Kipfel *m* (*Gebäck*).

chiglia [ki:ʎa] *f* Kiel *m*.

chilo[1] [ki:lo] *m* Speisesaft *m*; *fare il* ~ Siesta halten.

chil|o[2] [ki:lo] *m s.* chilogrammo; ~**ociclo** [kilo'tʃiklo] *m* Kilohertz *n*; ~**ogrammo** [-lo'gram-mo] *od.* ~**ogramma** [-ma] *m* (*pl.* -*i*) Kilogramm *n*; *Auto:* zurückgelegte Kilometerzahl *f*; ~**ometrico** [-lo-'mɛ:triko] (*pl.* -*ci*) Kilometer...; in Kilometern; ~**ometro** [-'lɔ:metro] *m* Kilometer *m*; ~ *orario* Stundenkilometer *m*; ~ *quadrato* Quadratkilometer *m*; ~**owatt** [-lo-'vat] *m* Kilowatt *f*.

chim|era [ki'mɛ:ra] *f* Schimäre *f*, Hirngespinst *n*; ~**erico** [-'mɛ:riko] (*pl.* -*ci*) schimärisch, trügerisch.

chimic|a [ki:mika] *f* Chemie *f*; ~**o** [-ko] (*pl.* -*ci*) **1.** *adj.* chemisch; **2.** *m* Chemiker *m*.

chimo [ki:mo] *m* Speisebrei *m*.

china[1] [ki:na] *f* Abhang *m*; *fig.* mettersi su una brutta ~ auf eine schiefe Bahn geraten.

china[2] [ki:na] *f Apoth.* Chinarinde *f*.

chin|are [ki'na:re] (1a) neigen; ~ *il capo fig.* sich fügen; ~**arsi** [-'narsi] sich bücken; *fig.* sich fügen; ~**ato** [-'na:to] geneigt; schräg.

chinc|aglie [kin'ka:ʎe] *f/pl.* Kurzwaren *f/pl.*; ~**agliere** [-ka'ʎe:re] *m* Kurzwarenhändler *m*; ~**aglieria** [-kaʎe'ri:a] *f* Kurzwarenhandlung *f*; = ~**aglierie** [-'ri:e] *f/pl.* Kurzwaren *pl.*

chinino [ki'ni:no] *m Apoth.* Chinin *n*.

chino [ki:no] gebeugt.

chinotto [ki'nɔt-to] *m* Bitterorange *f*; Aperitif *m aus Bitterorangensaft*.

chiocci|a [ki'ɔt-tʃa] *f* (*pl.* -*cce*) Glucke *f*, Bruthenne *f*; ~**are** [kiot-'tʃa:re] (1f *u.* c) glucksen; ~**ata** [-'tʃa:ta] *f* Brut *f*.

chiocciola [ki'ɔt-tʃola] *f* Schnecke *f*; *scala f a* ~ Wendeltreppe *f*.

chioccolare [kiok-ko'la:re] (1l *u.* c) *Vögel:* schlagen.

chioccolo [ki'ɔk-kolo] *m* Lockpfeife *f*; *Vogeljagd f* Lockpfeife.

chiod|aiolo [kiodai'ɔ:lo] *m* Nagelschmied *m*; *fig.* Schuldenmacher *m*; ~**ame** [-'da:me] *m* Nägel *m/pl.*; ~**are** [-'da:re] (1c) (ver)nieten; ~**ato** [-'da:to] genagelt; benagelt; ~**atrice** [-da'tri:tʃe] *f* Nietmaschine *f*; ~**atura** [-da'tu:ra] *f* Nietung (Vernietung) *f*; Benagelung *f*, Nägel *m/pl.*; ~**ino** [-'di:no] *m* kleiner Nagel *m*; ♣ Hallimasch *m*.

chiodo [ki'ɔ:do] *m* Nagel *m*; F Schulden *f/pl.*; F *piantare* -*i* Schulden machen; *roba f da* -*i* haarsträubende Dinge *n/pl.*

chioma [ki'ɔ:ma] *f* Haar *n*; Mähne *f*; Krone (Baumkrone) *f*.

chiomato [kio'ma:to] mit wallender Mähne.

chiosa [ki'ɔ:za] *f* Glosse *f*, Randbemerkung *f*.

chios|are [kio'za:re] (1c) glossieren, auslegen; ~**atore** [-za'to:re] *m* Glossator *m*, Ausleger *m*.

chiosco [ki'ɔsko] *m* (*pl.* -*chi*) Kiosk *m*.

chiostra [ki'ɔstra] *f* Einfriedung *f*; ~ *dei denti* Gehege *n* der Zähne.

chiostro [ki'ɔstro] *m* Kreuzgang *m*; Kloster *n*.

chir|agra [ki'ra:gra] *f* Handgicht *f*; ~**agroso** [-ra'gro:so] an Handgicht leidend; ~**ografo** [-'rɔ:grafo] *m* handschriftliche Urkunde *f*; ~**omante** [-ro'mante] *m* Handwahrsager *m*; ~**omanzia** [-roman'tsi:a] *f* Handwahrsagekunst *f*; ~**urgia**

[-rur'dʒiːa] f Chirurgie f; **~urgico**
['rurdʒiko] (pl. -ci) chirurgisch;
~urgo [-'rurgo] m (pl. -ghi) Chirurg
m; **~ottero** [-'rɔt-tero] m Hand-
flügler m.

chissà [kis-'sa] wer weiß; vielleicht.

chit|arra [ki'tar-ra] f Gitarre f;
~arrista [-tar-'rista] su. (m/pl. -i)
Gitarrenspieler(in f) m; **~arronata**
[-tar-ro'naːta] f Leierei f.

chitina [ki'tiːna] f Chitin n.

chiù [ki'u] m Ohreule f; Ruf m der
Ohreule.

chiudere [ki'uːdere] (3b) schließen;
einschließen; Straße versperren;
Bremse anziehen; Hand ballen;
Radio abstellen; Betriebe stillegen;
~ la bocca a qu. j-m den Mund
stopfen; ~ un occhio ein Auge zudrücken; ~ il circuito einschalten;
~ in perdita mit Verlust abschließen. [immer.⟩

chiunque [ki'uŋkue] wer auch⟩

chiurlo [ki'urlo] m Ohreule f.

chius|a [ki'uːsa] f Gehege n; Tal-
enge f; Wasserbau: Schleuse f; ⚡
Schluß m; Geogr. Klause f; **~i** [-si]
s. chiudere; **~ino** [-'siːno] m Deckel
m; **~o** [-so] 1. s. chiudere; 2. adj.
verschwiegen, verschlossen; a porte
-e unter Ausschluß der Öffentlichkeit; a chiave abgeschlossen; 3. m
Gehege n; **~ura** [-'suːra] f Schluß
m; Verschluß m; Absperrung f;
Ladenschluß m; Stillegung f; ~
lampo Reißverschluß m; ~ delle
iscrizioni Meldeschluß m; ~ brevettata Patentverschluß m; ~ di cassa
Kassenschluß m.

choc [ʃɔk] m Schock m.

ci [tʃi] 1. pron. uns; 2. adv. hier,
dort; hierher, dorthin; ~ penso io
denke daran.

ciab|atta [tʃa'bat-ta] f Hausschuh
m; -e Pl. Latschen pl.; **~attare**
[-bat-'taːre] (1a) latschen; **~attino**
[-bat-'tiːno] m Schuhflicker m; **~at-
tone** [-bat-'toːne] 1. adj. latschig;
2. m Stümper m.

ciac [ʃak] m Film: Klappe f.

ciald|a [tʃalda] f Waffel f; **~onaio**
[-do'naːio] m (pl. -ai) Waffelbäcker
m; **~one** [-'doːne] m Eiswaffel f.

cialtr|ona [tʃal'troːna] f lieder-
liches Weib n; **~onata** [-tro'naːta]
f, **~oneria** [-trone'riːa] f Liederlichkeit f; **~one** [-'troːne] m Lieder-
jan m.

ciamb|ella [tʃam'bɛl-la] f Brezel f;
Rettungsring m; non tutte le -e
riescono col buco nicht alles fällt
nach Wunsch aus; **~ellaio** [-bel-
'laːio] m (pl. -ai) Brezelverkäufer m.

ciambellano [tʃambel-'laːno] m
Kammerherr m.

cianci|a [tʃantʃa] f (pl. -ce) Ge-
schwätz n; **~are** [-'tʃaːre] (1f)
schwätzen; **~atore** [-tʃa'toːre] m
Schwätzer m.

ciancicare [tʃantʃi'kaːre] (11 u. d)
stammeln.

cianfrusaglia [tʃanfru'zaʎa] f
Krimskrams m, Firlefanz m.

cianidrico [tʃa'nidriko] (pl. -ci)
Zyan...

ciano [tʃi'aːno] m Kornblume f.

cianogra|fia [tʃanogra'fiːa] f Blau-
pause f; **~fico** [-'graːfiko] (pl. -ci)
Zyanotypie...

cian|osi [tʃia'nɔːzi] f Leichenfarbe
f; Blausucht f; **~otico** [-'nɔːtiko]
(pl. -ci) leichenfarbig.

cianuro [tʃia'nuːro] m Zyanverbin-
dung f; ~ di potassio Zyankali n.

ciao! [tʃaːo] tschüs!

ciaramella [tʃara'mɛl-la] f Schalmei f.

ciarla [tʃarla] f Geschwätz n.

ciarl|are [tʃar'laːre] (1a) schwatzen;
~ataneria [-latane'riːa] f Markt-
schreierei f, Scharlatanerie f;
~atanesco [-lata'nesko] (pl. -chi)
marktschreierisch; **~atano** [-lata-
'no] m Marktschreier m, Scharlatan
m; ⚘ Quacksalber m; **~iero** [-li'ɛː-
ro] schwatzhaft.

ciarpame [tʃar'paːme] m Gerümpel n.

ciascheduno [tʃaske'duːno], **ciascuno** [tʃas'kuːno] jeder(mann);
jeder einzelne.

cib|are [tʃi'baːre] (1a) (er)nähren;
fig. abspeisen; **~arie** [-'baːrie] f/pl.
Nahrungsmittel n/pl.

cibernetica [tʃiber'nɛːtika] f Kyber-
netik f.

cibo [tʃi'bo] m Speise f; Nahrung f
(a. fig.); Tierfutter n; ~ casalingo
Hausmannskost f; -i pl. pesanti
schwerverdauliche Speisen f/pl.

ciborio [tʃi'bɔːrio] m (pl. -ri) Zibo-
rium n.

cicala [tʃi'kaːla] f Zikade f; fig.
Schwätzer m.

cical|are [tʃika'laːre] (1a) schwat-
zen; **~ata** [-'laːta] f Geschwätz n;

cimatore

~eccio [-'let-tʃo] m (pl. -cci) Geschwätz n.

cicalino [tʃika'li:no] m ⚥ Summer m.

cicatr|ice [tʃika'tri:tʃe] f Narbe f; **~izzare** [-trid-'dza:re] v/i. u. **~izzarsi** [-trid-'dzarsi] vernarben; **~izzazione** [-trid-dzatsi'o:ne] f Narbenbildung f.

cicca [tʃik-ka] f (pl. -cche) Zigarren- od. Zigarettenstummel m; F Kippe f.

cicc|aiolo [tʃik-kai'ɔ:lo] m Stummelsucher m; **~are** [-'ka:re] (1d) priemen; **~atore** [-ka'to:re] m Tabakkauer m.

cicchetto [tʃik-'ket-to] m Schnaps m; fig. Rüffel m; fare un ~ a qu. j-n anschnauzen.

ciccia [tʃit-tʃa] f scherzh. Fleisch n, Fett n; mettere su ~ Fett ansetzen.

cicciolo [tʃit-tʃolo] m Griebe f.

cicci|ona [tʃit-'tʃo:na] f dickes Weib n; **~one** [-'tʃo:ne] m Dicke(r) m; F Dickerchen n; **~oso** [-'tʃo:so] fleischig. [distel f.]

cicerbita [tʃi'tʃerbita] f Gänse-

cicerone [tʃitʃe'ro:ne] m fig. Führer m (Fremdenführer).

cicisbeo [tʃitʃiz'bɛ:o] m Hausfreund m; Galan m.

ciclabile [tʃi'kla:bile]: pista f ~ Radfahrweg m.

ciclamino [tʃikla'mi:no] m Alpenveilchen n.

ciclico [tʃi'kliko] zyklisch.

cicl|ismo [tʃi'klizmo] m Radfahrsport m; ~ su pista Bahnradsport m; **~ista** [-'klista] su. (m/pl. -i) Radfahrer(in f) m; **~istico** [-'klistiko] : corsa f -a Radrennen n; escursione f -a Radfernfahrt f.

ciclo [tʃi'klo] m Zyklus m; ~ di leggende Sagenkreis m.

ciclo|campestre [tʃiklokam'pestre] f, **~cross** [-'krɔs] m Geländeradrennen n; **~motore** [-mo'to:re] m Moped n.

cicl|one [tʃi'klo:ne] m Zyklon m; **~ope** [-'klɔ:pe] m Zyklop m; **~opico** [-'klɔ:piko] (pl. -ci) zyklopisch; **~ostilare** [-klosti'la:re] (1a) vervielfältigen; **~ostile** [-klos'ti:le] m Vervielfältigungsapparat m; **~otrone** [-klo'tro:ne] m Phys. Zyklotron n.

cicogna [tʃi'ko:ɲa] f Storch m, scherzh. Klapperstorch m.

cicoria [tʃi'kɔ:ria] f Zichorie f.

cicuta [tʃi'ku:ta] f Schierling m.

cieco [tʃe'ko] (pl. -chi) 1. adj. blind; lanterna f -a Blendlaterne f; vicolo m ~ Sackgasse f; Spiel: mosca f -a Blindekuh f; alla -a blindlings; 2. m Blinde(r) m; ~ di guerra Kriegsblinde(r) m.

cielo [tʃe'lo] m Himmel m; Wagendach n; regno m del ~ Himmelreich n; grazie al ~ Gott sei Dank; per amor del ~ um Gottes willen; lo sa il ~ Gott weiß es; voglia il ~ möge Gott; portare al settimo ~ in den Himmel erheben; a ~ sereno od. scoperto unter freiem Himmel.

cifra [tʃi:fra] f Ziffer f; Monogramm n; Chiffre f; Schlüsselwort n; Betrag m; ~ d'affari Umsatz m.

cifr|are [tʃi'fra:re] (1a) chiffrieren; **~ario** [-'fra:rio] m (pl. -i) Chiffreschlüssel m; **~ato** [-'fra:to] chiffriert, verschlüsselt.

ciglio [tʃi'ʎo] m (pl. i cigli u. le ciglia) Wimper (Augenwimper) f; Rand m.

ciglione [tʃiʎ'ʎo:ne] m (Graben-)Rand m.

cigno [tʃi'ɲo] m Schwan m.

cigol|are [tʃigo'la:re] (1l) quietschen, knarren; Feuer: knistern; **~io** [-'li:o] m Quietschen n; Geknister n.

cilecca [tʃi'lek-ka]: far ~ versagen a. fig.

cileno [tʃi'le:no] m 1. adj. chilenisch; 2. m Chilene m.

ciliegi|a [tʃili'ɛ:dʒa] f (pl. -ge) Kirsche f; **~o** [-dʒo] m (pl. -gi) Kirschbaum m.

cilindr|are [tʃilin'dra:re] (1a) walzen; Tücher walken; **~ata** [-'dra:ta] f ⊕ Hubraum m; automobile f di media ~ Mittelklassewagen m; **~ato** [-'dra:to] : carta f -a Glanzpapier n; **~atura** [-dra'tu:ra] f Walzen n; Walken n.

cil|indrico [tʃi'lindriko] (pl. -ci) zylindrisch; **~indro** [-'lindro] m Zylinder m; ⊕ Walze f.

cima [tʃi'ma] f Spitze f; Gipfel m; Bergspitze f; ⚓ Tau n; fig. Hauptkerl m, Kanone f; una ~ d'uomo ein hervorragender Mann m; in ~ oben (auf); da ~ a fondo von oben bis unten.

cim|are [tʃi'ma:re] (1a) stutzen; Tücher scheren; **~asa** [-'ma:za] f Sims m u. n; **~atore** [-ma'to:re] m

Tuchscherer *m*; **~atrice** [-ma'tri:-tʃe] *f* Schermaschine *f*; **~atura** [-ma'tu:ra] *f* Scheren *n*; Scherwolle *f*.

cimbalo [tʃimbalo] *m* Zimbel *f*; essere in -i angeheitert sein.

cimelio [tʃi'mɛ:lio] *m* (*pl.* -li) kostbare Antiquität *f*; Kostbarkeit *f*.

ciment|are [tʃimen'ta:re] (1a) auf die Probe stellen; riskieren; *j-n* reizen; **~arsi** [-'tarsi] sich messen (con mit *dat.*); sich versuchen (in in *dat.*).

cimento [tʃi'mento] *m* (gefährliche) Probe *f*; Wagnis *n*.

cimice [tʃi:mitʃe] *f* Wanze *f*; ⊕ Reißnagel *m*, Heftzwecke *f*.

cimiero [tʃimi'ɛ:ro] *m* Helmschmuck *m*.

ciminiera [tʃimini'ɛ:ra] *f* Schornstein (Fabrik-, Schiffsschornstein) *m*.

cimitero [tʃimi'tɛ:ro] *m* Friedhof *m*.

cimosa [tʃi'mɔ:sa] *f* Webekante *f*, Geweberand *m*.

cimurro [tʃi'mur-ro] *m* Staupe *f*, Hundestaupe *f*.

cinabro [tʃi'na:bro] *m* Zinnober *m*.

cincia [tʃintʃa] *f* (*pl.* -ce) Meise *f*.

cinciallegra [tʃintʃal-'le:gra] *f* Kohlmeise *f*.

cincil|la [tʃin'tʃil-la], **~là** [-tʃil-'la] *f* Chinchilla *m*.

cin cin! [tʃin'tʃin] F *beim Anstoßen der Gläser:* Prosit!

cincischi|are [tʃintʃiski'a:re] (1g) abschnipseln; *Kleidung* zerknittern; *Worte* verschlucken, mühsam hervorbringen; **~one** [-ki'o:ne] *m* langsamer Mensch *m*.

cine [tʃi:ne] *m Abk. für* cinema; **~amatore** [-ama'to:re] *m* Filmamateur *m*; **~asta** [-'asta] *m* (*pl.* -i) Filmschriftsteller *m*; Kameramann *m*; **~camera** [-'ka:mera] *f s.* cinepresa; ♀**città** [-tʃit-'ta] *f Filmstadt bei Rom*; **~giornale** [-dʒor'na:le] *m* Wochenschau *f*.

cinema [tʃi:nema] *m inv.* Lichtspieltheater *n*, Kino *n*; ~ muto Stummfilm *m*; ~ sonoro Tonfilm *m*; stella *f* del ~ Filmstar *m*.

cinematica [tʃine'ma:tika] *f* Bewegungslehre *f*.

cinemat|ografare [tʃinematogra-'fa:re] (1n *u.* c) filmen; **~ografia** [-gra'fi:a] *f* Filmwesen *n*; **~ografico** [tʃinemato'gra:fiko] (*pl.* -ci)

Kino..., Film...; artista su. ~ (-a) Filmschauspieler(in *f*) *m*; arte *f* -a Filmkunst *f*; adattamento *m* ~ Filmbearbeitung *f*; festival *m* ~ Filmfestspiele *n/pl.*; industria *f* -a Filmindustrie *f*; presa *f* -a Filmaufnahme *f*; propaganda *f* -a Filmreklame *f*; proiezione *f* -a Kino-, Filmvorstellung *f*; regista *m* ~ Filmregisseur *m*; studio *m* ~ Filmatelier *n*.

cine|matografo [tʃinema'tɔ:grafo] *m s.* cinema; **~presa** [-'pre:sa] *f* Filmkamera *f*.

cin|erario [tʃine'ra:rio] (*pl.* -ri) Aschen...; urna *f* -a Aschenurne *f*; **~ereo** [-'nɛ:reo] aschenfarbig.

cinese [tʃi'ne:se] **1.** *adj.* chinesisch; **2.** *m* Chinesisch(e) *n*; **3.** *su.* Chinese *m*, Chinesin *f*.

cinesiterapia [tʃinezitera'pi:a] *f* Heilgymnastik *f*.

cineteca [tʃine'tɛ:ka] *f* Filmarchiv *n*.

cinetico [tʃi'nɛ:tiko] (*pl.* -ci) kinetisch; Bewegungs...

cingere [tʃindʒere] (3d) umgürten; umgeben; umfassen; ~ la corona die Krone aufsetzen; ~ d'assedio belagern; ~ la spada sich das Schwert umgürten.

cinghia [tʃiŋgja] *f* Riemen *m*; Gürtel *m*; ~ di trasmissione Treibriemen *m*; *fig.* tirare la ~ den Gürtel enger schnallen.

cinghial|a [tʃiŋgi'a:la] *f* Bache *f*; **~e** [-le] *m* Wildschwein *n*.

cingolato [tʃiŋgo'la:to] Raupen..., Ketten...; veicolo *m* ~ Raupenfahrzeug *n*.

cingolo [tʃiŋgolo] *m* Gürtel *m*; ⊕ Raupenkette *f*; propulsione *f* a -i Raupenräderantrieb *m*.

cinguett|are [tʃinguet-'ta:re] (1a) zwitschern; schwätzen; **~io** [-'ti:o] *m* Zwitschern *n*; Geschwätz *n*.

cinico [tʃi:niko] (*pl.* -ci) **1.** *adj.* zynisch; **2.** *m* Zyniker *m*.

ciniglia [tʃi'ni:ʎa] *f* Chenille *f*.

cinismo [tʃi'nizmo] *m* Zynismus *m*.

cinnamomo [tʃin-na'mɔ:mo] *m* Zimtbaum *m*.

cino|dromo [tʃi'nɔdromo] *m* Hunderennbahn *f*; **~filia** [-fi'li:a] *f* Hundeliebhaberei *f*.

cinofilo [tʃi'nɔ:filo] *m* Hundeliebhaber *m*.

cinquanta [tʃiŋku'anta] fünfzig.

cinquant|enario [tʃiŋkuante'na:rio]

m (*pl.* -ri) fünfzigster Jahrestag *m*; **~enne** [-'ten-ne] fünfzigjährig; **~esimo** [-'tɛːzimo] fünfzigste; **~ina** [-'tiːna] *f* etwa fünfzig.

cinqu|e [tʃinkue] fünf; **~ecentista** [-kuetʃen'tista] *m* Schriftsteller (*od.* Künstler) *m* des 16. Jahrhunderts; **~ecento** [-kue'tʃento] **1.** fünfhundert; **2.** ♀ *m* 16. Jahrhundert *n*; **~ina** [-ku'iːna] *f* etwa fünf; *Lottospiel:* Quinterne *f*.

cinsi [tʃinsi] *s.* cingere.

cin|ta [tʃinta] *f* Gürtel *m*; Einfriedigung *f*; (*a. mura f|pl. di ~*) Ringmauern *f|pl.*; **~to** [-to] **1.** *s.* cingere; **2.** *m* Gürtel *m*.

cintola [tʃintola] *f* Gürtel *m*; Taille *f*; *Anat.* Hüfte *f*.

cin|tura [tʃin'tuːra] *f* Gürtel *m*; ~ di salvataggio Schwimmgürtel *m*, Rettungsgürtel *m*; ~ di sicurezza Sicherheitsgurt *m*; **~turino** [-tu-'riːno] *m* kleiner Gürtel *m*; ✕ Degenhänge *n*; **~turone** [-tu'roːne] *m* Koppel *n*.

ciò [tʃɔ] das, dies; *a* ~ hierzu; daran; con ~ damit; di ~ davon; daran; per ~ darin; ~ nonostante trotzdem; ~ che was.

ciocca [tʃɔk-ka] *f* (*pl.* -cche) Büschel *n*.

ciocco [tʃɔk-ko] *m* (*pl.* -cchi) Klotz *m*.

cioccol|ata [tʃɔk-ko'laːta] *f* Schokolade *f* (*Getränk*); ~ al latte Milchschokolade *f*; ~ in ghiaccio Eisschokolade *f*; **~ataio** [-la'taːio] *m* (*pl.* -ai) *s.* cioccolatiere; **~atiera** [-lati'ɛːra] *f* Schokoladenkanne *f*; **~atiere** [-lati'eːre] *m* Schokoladenhändler *m*, -fabrikant *m*; **~atino** [-la'tiːno] *m* Praline *f*; **~ato** [-'laːto] *m* Schokolade *f*, Schokoladentafel *f*.

ciociaro [tʃo'tʃaːro] *m* Bewohner (*od.* Bauer) *m* der römischen Campagna.

cioè [tʃo'ɛː] *od. a.* ~ *a dire* das heißt; und zwar.

ciompo [tʃompo] *m* ehm. Wollschläger *m*.

cionc|are [tʃoŋ'kaːre] (1d) saufen; **~atore** [-ka'toːre] *m* Säufer *m*.

ciondolare [tʃondo'laːre] (11) **1.** *v/i.* baumeln; *fig.* schlottern; **2.** *v/t.* hin und her bewegen.

ciondolo [tʃondolo] *m* Gehänge *n*; *Schmuck:* Anhänger *m*.

ciondol|one [tʃondo'loːne] *m* Mü-

ßiggänger *m*; **~oni** [-'loːni] *adv.* herabbaumelnd.

ciotola [tʃɔːtola] *f* Trinkschale *f*; Napf *m*.

ciottolo [tʃɔt-tolo] *m* Kieselstein *m*.

cip [tʃip] *m* Spielmarke *f*.

cipiglio [tʃi'piːʎo] *m* (*pl.* -gli) finsteres Gesicht *n*.

cipolla [tʃi'pol-la] *f* Zwiebel *f*; *scherzh.* Taschenuhr *f*; *odore* ~ *di* ~ Zwiebelgeruch *m*.

cipoll|aio [tʃipol-'laːio] *m* (*pl.* -ai) Zwiebelbeet *n*; Zwiebelhändler *m*; **~ata** [-'laːta] *f* Zwiebelgericht *n*; **~ina** [-'liːna] *f* Schnittlauch *m*; **~ino** [-'liːno] *m e-e Art karrarischer Marmor;* **~one** [-'loːne] *m* große Zwiebel *f*; F große Taschenuhr *f*.

cippo [tʃip-po] *m* Säulenstumpf *m* (*auf Friedhöfen od. als Grenzstein*).

cipresseto [tʃipres-'seːto] *m* Zypressenhain *m*.

cipresso [tʃi'pres-so] *m* Zypresse *f*.

cipria [tʃipria] *f* Puder *m*.

cipro [tʃiːpro] *m* Zypernwein *m*.

circa [tʃirka] **1.** *adv.* ungefähr; gegen; **2.** *prp.* betreffend.

circense [tʃir'tʃɛnse] Zirkus...; *-i m|pl., a.* giochi *m|pl.* -i Zirkusspiele *n|pl.*

circo [tʃirko] *m* (*pl.* -chi) Zirkus *m*; ~ nomade Wanderzirkus *m*.

circol|ante [tʃirko'lante]: *biblioteca* *f* ~ Leihbibliothek *f*; **~are** [-'laːre] **1.** *v/i.* (11) weitergehen; fahren; kursieren; umlaufen; **2.** *adj.* kreisförmig; *viaggio m* ~ Rundreise *f*; *biglietto m* ~ Rundreisefahrkarte *f*; **3.** *f* (*a. lettera f* ~) Rundschreiben *n*; **4.** *f* Ringbahn *f*; **~atorio** [-la'tɔːrio] *(pl.* -ri) Kreislauf...; *disturbo m* ~ Kreislaufstörung *f*; **~azione** [-latsi'oːne] *f* Kreislauf *m*, Zirkulation *f*; Verkehr *m*; Umlauf *m*; ~ *automobilistica* Kraftwagenverkehr *m*; *carta f di* ~ Kraftfahrzeugschein *m*; ~ *monetaria* Münzenumlauf *m*; ~ *del sangue* Blutkreislauf *m*; *durata f di* ~ Laufzeit *f*; *cambiale f in* ~ laufender Wechsel *m*; *mettere in* ~ in Umlauf bringen; *ritirare dalla* ~ aus dem Verkehr ziehen.

circolo [tʃirkolo] *m* Kreis *m*; Verein *m*, Klub *m*; Gesellschaft *f*; ~ *di lettura* Lesezirkel *m*; ~ *polare* Polarkreis *m*; ~ *vizioso* Zirkelschluß *m*.

circon|cidere [tʃirkon'tʃiːdere] (3q)

circoncisi 130

beschneiden; **~cisi** [-'tʃiːzi], **~ciso** [-'tʃiːzo] s. *circoncidere;* **~dare** [-'daːre] (1a) umgeben; umstellen; **~dario** [-'daːrio] m (pl. -ri) *Verwaltung:* (Land-, Stadt-)Kreis m; **~ferenza** [-fe'rɛntsa] f Umkreis m, Umfang m; *Geom.* Kreislinie f; ~ toracica Brustumfang m; **~flesso** [-'flɛs-so] m (od. a. accento a ~) Zirkumflex m; **~fuso** [-'fuːzo] adj. umgeben; **~locuzione** [-lokutsi'oːne] f Umschreibung f; **~vallazione** [-val-latsi'oːne] f Umgehungsstraße f; **~vicino** [-vi'tʃiːno] umliegend; **~voluzione** [-volutsi'oːne] f *Anat.* Windung f.

circo|scrivere [tʃirkos'kriːvere] (3tt) umschreiben; begrenzen; **~scrizione** [-skritsi'oːne] f Umschreibung f; Einschränkung f; *Pol.* Kreis m; ~ elettorale Wahlbezirk m; **~spetto** [-s'pɛt-to] umsichtig; **~spezione** [-spetsi'oːne] f Umsicht f; **~stante** [-s'tante] 1. adj. umliegend; 2. m Umstehende(r) m; **~stanza** [-s'tantsa] f Umstand m; Gelegenheit f; Lage f; **~stanziare** [-stantsi'aːre] (1g) eingehend beschreiben; **~stanziato** [-stantsi'aːto] eingehend.

circ|uire [tʃirku'iːre] (4d) umringen; **~uito** [-'kuːito] m Umkreis m; Rundstrecke f; Automobilrennen n; ≿ Rundflug m; ≿ Stromkreis m; ≿ corto ~ Kurzschluß m; **~umnavigazione** [-kumnavigatsi'oːne] f Erdumschiffung f.

cirro [tʃir-ro] m Zirruswolke f.
cirrosi [tʃir-'rɔːzi] f Zirrhose f.
cispa [tʃispa] f Augenbutter f.
cispadano [tʃispa'daːno] südlich des Po gelegen.
cisp|osità [tʃisposi'ta] f Triefäugigkeit f; **~oso** [-'poːso] triefäugig; occhio m ~ Triefauge n.
cistercense [tʃister'tʃɛnse] m Zisterzienser m.
cisterna [tʃis'tɛrna] f Zisterne f; Wasserbehälter m; Tank m; ~ di benzina Benzintank m; vagone-~ m Tankwagen m; nave f ~ Tankschiff n.
cisti [tʃisti] f *Anat.* Zyste f.
cistifellea [tʃisti'fel-lea] f Gallenblase f.   [dung f.)
cistite [tʃis'tiːte] f Blasenentzün-)
citare [tʃi'taːre] (1a) anführen, zitieren; ⚖ vorladen;

citar|edo [tʃita're:do] m, **~ista** [-'rista] m (pl. -i) Zitherspieler m.
citazione [tʃitatsi'oːne] f ⚖ Vorladung f; 🕮 Zitat n; ~ del tribunale gerichtliche Vorladung f.
citeriore [tʃiteri'oːre] diesseitig.
citiso [tʃiːtizo] m Goldregen m.
citofono [tʃi'tɔːfono] m Sprechanlage f.
citologia [tʃitolo'dʒiːa] f Zellenlehre f.
citrato [tʃi'traːto] m zitronensaures Salz n.
citrico [tʃiːtriko] (pl. -ci): acido m ~ Zitronensäure f.
citr|ullaggine [tʃitrul-'lad-dʒine] f Dummheit f; **~ullo** [-'trul-lo] m Dummkopf m.
città [tʃit-'ta] f Stadt f; ⚶ del Vaticano Vatikanstadt f, -staat m; ~ degli studi Universitätsviertel n; ~ anseatica Hansestadt f; ~ commerciale Handelsstadt f; ~ natale Geburts-, Vaterstadt f; ~ capitale Hauptstadt f; la ~ vecchia die Altstadt.
citta|della [tʃit-ta'dɛl-la] f Zitadelle f; **~dina** [-'diːna] f Städtchen n; **~dinanza** [-di'nantsa] f Bürgerschaft f; (a. diritto m di ~) Bürgerrecht n; Staatsangehörigkeit f; **~dino** [-'diːno] 1. adj. städtisch; 2. m Bürger (Staatsbürger) m; ~ del mondo Weltbürger m.
ciuc|aggine [tʃu'kad-dʒine] f Eselei f, Dummheit f; **~aio** [-'kaːio] m (pl. -ai) Eseltreiber m.
ciucciare [tʃut-'tʃaːre] (1f) lutschen.
ciuccio [tʃut-tʃo] m Lutscher m, Schnuller m; Esel m.
ciuco [tʃuːko] m (pl. -chi) Esel m.
ciuffo [tʃuf-fo] m Schopf m; Büschel n.
ciuffolotto [tʃuf-fo'lɔt-to] m Dompfaff m.
ciurlare [tʃur'laːre] (1a): ~ nel manico sich drücken.
ciurm|a [tʃurma] f Schiffsmannschaft f; *fig.* Rotte f; **~aglia** [-'maːʎa] f Pack n; **~are** [-'maːre] (1a) betrügen; **~atore** [-ma'toːre] m Gauner m.
civetta [tʃi'vet-ta] f Eule f; *fig.* Kokette f; far la ~ kokettieren.
civett|are [tʃivet-'taːre] (1a) kokettieren; **~eria** [-te'riːa] f Koketterie f; **~one** [-'toːne] m alter Stutzer m; **~uolo** [-tu'ɔːlo] kokett.

civico [tʃi'vi:ko] (*pl.* -ci) städtisch; Stadt...; *amministrazione f* -a Stadtverwaltung *f*; *guardia f* -a (städtischer) Schutzmann *m*; *numero m* ~ Hausnummer *f*.

civil|e [tʃi'vi:le] **1.** *adj.* bürgerlich; anständig; zivilisiert; *guerra f* ~ Bürgerkrieg *m*; *matrimonio m* ~ standesamtliche Trauung *f*; *stato m* ~ Standesamt *n*; Zivilstand *m* (*ob ledig oder verheiratet*); *diritto m* ~ Zivilrecht *n*; *parte f* ~ Zivilkläger *m*; *funerali m/pl.* -i Begräbnis *n* ohne Priester; **2.** *m* Zivilist *m*; **~ista** *su.* (*m/pl.* -i) Zivilrechtslehrer(in *f*) *m*; Spezialist(in *f*) *m* für Zivilprozesse; **~izzare** [-vilid-'dza:re] (1a) zivilisieren; **~izzazione** [-vilid-dzatsi'o:ne] *f* Zivilisierung *f*; Zivilisation *f*.

civiltà [tʃivil'ta] *f* Kultur *f*; Anstand *m*.

civismo [tʃi'vizmo] *m* Bürgersinn *m*.

clacson [klakson] *m* Autohupe *f*.

clamide [kla'mide] *f* ✗ Umhang *m*; Mantel *m*.

clam|ore [kla'mo:re] *m* Geschrei *n*; **~oroso** [-mo'ro:so] lärmend.

clandestino [klandes'ti:no] **1.** *adj.* heimlich; *lavoro m* ~ Schwarzarbeit *f*; **2.** *m* blinder Passagier *m*.

clar|inettista [klarinet-'tista] *su.* (*m/pl.* -i) Klarinettist(in *f*) *m*; **~inetto** [-ri'net-to] *m*, **~ino** [-'ri:no] *m* Klarinette *f*.

classe [klas-se] *f* Klasse *f*; Klassenzimmer *n*; *lotta f di* ~ Klassenkampf *m*; *cavallo m di* ~ reinrassiges Pferd *n*; ~ *turistica* Touristenklasse *f*; *la* ~ *superiore* die oberen Zehntausend.

classic|ismo [klas-si'tʃizmo] *m* Klassizismus *m*; **~ista** [-'tʃista] *su.* (*m/pl.* -i) Anhänger(in *f*) *m* des Klassizismus.

classico [klas-siko] (*pl.* -ci) **1.** *adj.* klassisch; **2.** *m* Klassiker *m*.

classifica [klas-'si:fika] *f* Rangliste *f*, Tabelle *f*; Wertung *f*, Einstufung *f*; ~ *generale* Gesamtwertung *f*; *capeggiare la* ~ Tabellenführer sein.

classif|icare [klas-sifi'ka:re] (1u. d) in Klassen einteilen; klassifizieren; **~icatore** [-fika'tore] *m* Ordner *m*; Aktenschrank *m*; **~icazione** [-fikatsi'o:ne] *f* Klassifikation *f*;

Klassierung *f*; (*in Schulen*) Zensur *f*.

class|ismo [klas-'sizmo] *m* Pol. Klassenstandpunkt *m*; **~ista** [-'sista] *Pol.* Klassen...; *società f* ~ Klassengesellschaft *f*.

Claudia [kla:udia]: *susina f* ~ Reineclaude *f*, Edelpflaume *f*.

claudicare [klaudi'ka:re] (11 u. d) *lit.* hinken.

clausola [kla:uzola] *f* Klausel *f*.

claustr|ale [klaus'tra:le] klösterlich; **~ofobia** [-trofo'bi:a] *f* Klaustrophobie *f*.

clausura [klau'zu:ra] *f Rel.* Klausur *f*.

clava [kla:va] *f* Keule *f*.

clavicola [kla'vi:kola] *f* Schlüsselbein *n*.

claxon [klakson] *s.* clacson.

clearing [kli:riŋ] *m* Verrechnung *f*; Giroverkehr *m*.

clem|ente [kle'mente] mild(e); gnädig; **~enza** [-'mentsa] *f* Milde *f*; Gnade *f*.

clept|omane [klep'tɔ:mane] **1.** *adj.* stehlsüchtig; **2.** *su.* Kleptomane *m*, Kleptomanin *f*; **~omania** [-toma-'ni:a] *f* Stehlsucht *f*.

cleric|ale [kleri'ka:le] klerikal; kirchlich gesinnt; **~alismo** [-ka-'lizmo] *m* Klerikalismus *m*.

clero [kle:ro] *m* Geistlichkeit *f*.

clessidra [kles-'si:dra] *f* Sanduhr *f*; Wasseruhr *f*.

cliché [kli'ʃe] *m inv.* Klischee *n*.

cliente [kli'ente] *su.* Kunde *m*, Kundin *f*; Klient(in *f*) *m*; Gast *m*; Patient(in *f*) *m*; ~ *abituale* Stammkunde *m*.

clientela [klien'te:la] *f* Kundschaft *f*; *servizio m* ~ Kundendienst *m*.

clima [kli:ma] *m* (*pl.* -i) Klima *n*; *fig.* Atmosphäre *f*; ~ *storico* geschichtliche Umwelt *f*; ~ *marittimo* Seeklima *n*.

clim|aterico [klima'tɛ:riko] (*pl.* -ci) klimakterisch; *fig.* gefährlich; *anni m/pl.* -i Wechseljahre *n/pl.*; **~atico** [-'ma:tiko] (*pl.* -ci) klimatisch; *stazione f* -a Luftkurort *m*.

clinic|a [kli:nika] *f* (*pl.* -che) Klinik *f*; ~ *privata* Privatklinik *f*; **~o** [-ko] (*pl.* -ci) **1.** *adj.* klinisch; **2.** *m* Kliniker *m*.

clip [klip] *m inv.* Büroklammer *f*.

clipeo [kli:peo] *m* ✗ Schild *m*.

clistere [klis'tɛ:re] *m* Klistier *n*.

clivo [ˈkliːvo] *m* Hügel *m*.

cloaca [kloˈaːka] *f* (*pl.* -che) Kloake *f*.

cloche [klɔʃ] *f inv.* ✈ Steuerknüppel *m*; *Auto:* cambio *m* a ~ Knüppelschaltung *f*.

clorato [kloˈraːto] *m* Chlorat *n*.

cloro [ˈklɔːro] *m* Chlor *n*.

clor|ofilla [kloroˈfil-la] *f* Chlorophyll *n*; **~oformio** [-roˈfɔrmio] *m* Chloroform *n*; **~oformizzare** [-roformidˈdzaːre] (1a) chloroformieren, einschläfern; **~osi** [-ˈrɔːzi] *f* Bleichsucht *f*; **~uro** [-ˈruːro] *m* Chlorid *n*.

club [klub] *m inv.* Klub *m*.

co... *in Zssgn* Mit..., mit...

coabit|are [koabiˈtaːre] (1m) zusammenwohnen; **~azione** [-tatsiˈoːne] *f* Zusammenwohnen *n*.

co|accusato [koak-kuˈzaːto] *m* Mitangeklagte(r) *m*; **~aderente** [-adeˈrɛnte] zusammenhängend; **~adesione** [-adeziˈoːne] *f* Zusammenhängen *n*; **~adiutore** [-adiuˈtoːre] *m* Gehilfe (Amtsgehilfe) *m*; **~adiuvare** [-adiuˈvaːre] (1m) mithelfen; **~adunare** [-aduˈnaːre] (1a) zusammenbringen.

coagul|abile [koaguˈlaːbile] gerinnbar; **~are** [-ˈlaːre] (1m) verdicken; **~arsi** [-ˈlarsi] gerinnen; **~azione** [-latsiˈoːne] *f* Gerinnen *n*.

coalizione [koalitsiˈoːne] *f* Koalition *f*; governo *m* di ~ Koalitionsregierung *f*.

coalizzarsi [koalidˈdzarsi] (1a) sich verbünden.

coart|are [koarˈtaːre] (1a) zwingen; **~azione** [-tatsiˈoːne] *f* Zwang *m*.

coassiale [koas-siˈaːle] koaxial; ✎ cavo *m* ~ Koaxialkabel *n*.

coattivo [koatˈtiːvo] zwingend; Zwangs...

coatto [koˈat-to] **1.** *adj.* Zwangs...; domicilio *m* ~ Zwangswohnsitz *m*; **2.** *m* zu Zwangswohnsitz Verurteilte(r) *m*.

coattore [koatˈtoːre] *m* ⚖ Mitkläger *m*.

cobalto [koˈbalto] *m* Kobalt *n*.

cobra [kɔbra] *m inv.* Kobra *f*.

coc|aina [kokaˈiːna] *f* Kokain *n*.; **~ainomane** [-kaiˈnɔːmane] **1.** *adj.* kokainsüchtig; **2.** *m* Kokainsüchtige(r) *m*.

cocca [kɔk-ka] *f* (*pl.* -cche) Zipfel *m*; Kerbe *f*.

coccarda [kokˈkarda] *f* Kokarde *f*.

cocchiere [kok-kiˈɛːre] *m* Kutscher *m*.

cocchio [ˈkɔk-kio] *m* (*pl.* -cchi) Kutsche *f*.

coccia [kɔt-ˈtʃa] *f* (*pl.* -cce) ✗ Stichblatt *n*.

coccige [kɔt-ˈtʃidʒe] *m* Steißbein *n*.

coccinella [kot-tʃiˈnɛl-la] *f* Marienkäfer *m*.

cocciniglia [kot-tʃiˈniːʎa] *f* Cochenille *f*, Schildlaus *f*.

coccio [kɔt-ˈtʃo] *m* (*pl.* -cci) Scherbe *f*; Blumentopf *m*.

cocci|utaggine [kot-tʃuˈtad-dʒine] *f* Dickköpfigkeit *f*; Hartnäckigkeit *f*; **~uto** [-ˈtʃuːto] **1.** *adj.* starrköpfig; **2.** *m* Dickkopf *m*.

cocco[1] [kɔk-ko] *m* s. *coccolo*.

cocco[2] [kɔk-ko] *m* (*pl.* -cchi) Kokosnuß *f*; Kokospalme *f*.

coccodè [kok-koˈdɛ] *m* Gegacker *n*.

coccodrillo [kok-koˈdril-lo] *m* Krokodil *n*; lacrime *f/pl.* di ~ Krokodilstränen *f/pl.*

coccola [kɔk-kola] *f* Beere *f*; s. *coccolo.* [verhätscheln.]

coccolare [kok-koˈlaːre] (1l *u.* c)

coccolo [kɔk-kolo] *m* Nesthäkchen *n*, Liebling *m*.

coccoloni [kok-koˈloːni]: stare ~ niedergekauert sein, hocken.

cocente [koˈtʃɛnte] brennend; *Schmerz:* heftig.

cocktail [kokteil] *m* Cocktail *m*, (alkoholisches) Mischgetränk *n*.

cocolla [koˈkɔl-la] *f* Mönchskappe *f*, -kutte *f*.

cocomero [koˈkɔːmero] *m* Wassermelone *f*.

cocuzzolo [koˈkut-tsolo] *m* Scheitel *m*, Wirbel *m* des Kopfes; Hutdeckel *m*.

coda [koːda] *f* Schwanz *m*; *Kleidung:* Schleppe *f*; *Astr.* Schweif *m*; ⊔ Schlußsatz *m*; *poet.* Schlußterzine *f*; ✗ Nachtrab *m*; ♪ Koda *f*; *fig.* Ende *n*; *Pol.* Zopf *m*; piano *m* a ~ Flügel *m*; in ~ am Ende, zuletzt; con la ~ dell'occhio aus dem Augenwinkel; fare la ~ Schlange stehen; mettersi in ~ sich anstellen; avere la ~ di paglia ein schlechtes Gewissen haben; andarsene con la ~ tra le gambe mit eingezogenem Schwanz abziehen; non avere né capo né ~ weder Hand noch Fuß haben.

cod|ardia [kodar'di:a] *f* Feigheit *f*; **~ardo** [-'dardo] **1.** *adj.* feige; **2.** *m fig.* Hasenfuß *m*.

codazzo [ko'dat-tso] *m* Gefolge *n*.

codeina [kode'i:na] *f* Kodein *n*.

codesto [ko'desto] der (die, das) da.

codibugnolo [kodi'bu:ɲolo] *m* Schwanzmeise *f*.

codice [ko'di:tʃe] *m* Kodex *m*, Handschrift *f*; ⚖ Gesetzbuch *n*; Kode *m*; ~ **stradale** Straßenverkehrsordnung *f*.

cod|icillo [kodi'tʃil-lo] *m* Kodizill *n*; Anhang *m*; Zusatz *m*; **~ificare** [-fi'ka:re] (1m *u. d*) zu e-m Gesetzbuch vereinigen; in ein Gesetzbuch aufnehmen; **~ificazione** [-fikatsi'o:ne] *f* Kodifizierung *f*.

codino [ko'di:no] *m* Zopf *m* (*a. fig.*).

codirosso [kodi'ros-so] *m* Rotschwanz *m*.

codrione [kodri'o:ne] *m* *Anat.* Steißbein *n*; Bürzel *m der Vögel*.

coefficiente [koef-fi'tʃɛnte] *m* Koeffizient *m*.

coerc|ibile [koer'tʃi:bile] erzwingbar; **~itivo** [-tʃi'ti:vo] Zwangs...; *misura f* ~*a* Zwangsmaßnahme *f*; **~izione** [-tʃitsi'o:ne] *f* Zwang *m*.

coe|rede [koe're:de] *su.* Miterbe *m*, Miterbin *f*; **~rente** [-'rɛnte] kohärent; **~renza** [-'rɛntsa] *f* Kohärenz *f*; **~sione** [-zi'o:ne] *f* Kohäsion *f*; **~sistente** [-zis'tɛnte] gleichzeitig bestehend; **~sistenza** [-zis-'tɛntsa] *f* gleichzeitiges Bestehen *n*; *Pol.* Koexistenz *f*; ~ *pacifica* friedliche Koexistenz *f*; **~sistere** [-'zistere] (3f) gleichzeitig bestehen; **~taneo** [-'ta:neo] **1.** *adj.* gleichalt(e)rig; **2.** *m* Altersgenosse *m*.

coevo [ko'ɛ:vo] zeitgenössisch.

cofanetto [kofa'net-to] *m* Schmuckkästchen *n*.

cofano [ko'fa:no] *m* Schrein *m*; Schmuckkästchen *n*; *Auto*: Motorhaube *f*.

coffa [kɔf-fa] *f* ⚓ Mastkorb *m*.

cogit|abondo [kodʒita'bondo] nachdenklich; **~ativa** [-ta'ti:va] *f* Denkvermögen *n*; **~ativo** [-ta'ti:vo] Denk...; *facoltà f* ~*a* Denkvermögen *n*.

cogli [ko:ʎi] *prp.* con mit art. gli.

cogl|iere [kɔ:ʎere] (3ss) pflücken; *Ähren* lesen; *j-n* überraschen; *Gelegenheit* ergreifen; *Schlag:* treffen; ~ *all'improvviso* überrumpeln; ~ *sul*

fatto auf frischer Tat ertappen; ~ *la palla al balzo* die Gelegenheit beim Schopfe fassen; **~iersi** [-'ʎersi]: ~ *qc.* sich et. zuziehen.

cogli|onare [koʎo'na:re] (1a) V foppen; **~one** [-'ʎo:ne] *m* Hode *f*; *fig.* Dummkopf *m*; V *rompere i -i qd* die Nerven gehen; **~oneria** [-ʎone-'ri:a] *f* Dummheit *f*.

cogli|tore [koʎi'to:re] *m* Sammler *m*; **~tura** [-'tu:ra] *f* Lese *f*.

cognac [kɔ:ɲak] *m inv.* Kognak *m*.

cogn|ata [ko'ɲa:ta] *f* Schwägerin *f*; **~ato** [-'ɲa:to] *m* Schwager *m*; **~azione** [-ɲatsi'o:ne] *f* Verschwägerung *f*.

cognito [kɔ:ɲito] bekannt.

cognizione [koɲitsi'o:ne] *f* Kenntnis *f*; ~ *di causa* Sachkenntnis *f*; ~ *di sé stesso* Selbsterkenntnis *f*; *avere* ~ *di qc.* über et. unterrichtet sein; *venire a* ~ *di qc.* et. erfahren.

cognome [ko'ɲo:me] *m* Zuname *m*, Familienname *m*; *nome m e* ~ Vor- und Zuname *m*.

coi [koi] *prp.* con mit art. i.

coibente [koi'bɛnte] **1.** *adj.* nicht leitend; **2.** *m* Nichtleiter *m*.

coin|cidenza [kointʃi'dɛntsa] *f* Zusammenfallen *n*; 🚂 Anschluß *m*; ~ (*di treno*) Zugverbindung *f*; *prendo la* ~ *per* ...? bekomme ich den Anschluß nach...?; *perdere la* ~ den Anschluß verpassen; **~cidere** [-'tʃi:dere] (3q) zusammenfallen; kollidieren; sich decken; **~ciso** [-'tʃi:zo] *s.* coincidere; **~qui-lino** [-kui'li:no] *m* Mitbewohner *m*; **~teressare** [-teres-'sa:re] (1b) beteiligen; **~teressato** [-teres-'sa:to] *m* Mitbeteiligte(r) *m*; **~volgere** [-'vɔldʒere] (3d) mit hineinziehen; **~volsi** [-'vɔlsi], **~volto** [-'vɔlto] *s.* coinvolgere.

coito [kɔ:ito] *m* Begattung *f*; Zeugungsakt *m*.

coke [kɔk] *m* Koks *m*.

col [kol] *prp.* con mit art. il.

cola [kɔ:la] *f* Sieb *n*.

colà [ko'la] da; dahin.

colabrodo [kola'brɔ:do] *m inv.* Fleischbrühesieb *n*.

colaggiù [kolad-'dʒu] da unten.

colapasta [kola'pasta] *m inv.* Sieb *n* (*für Nudeln*).

colare [ko'la:re] (1a) **1.** *v/t.* durchseihen; *Metalle* schmelzen; ⚓ ~ *a fondo, a picco* versenken; **2.** *v/i.*

tropfen; ⚓ ~ a fondo, a picco untergehen.

colassù [kolas-'su] da oben.

colata [ko'la:ta] f (fließender) Strom m (von flüssigem Metall, Lava usw.).

colat|oio [kola'to:io] m (pl. -oi) Sieb n; ~ura [-'tu:ra] f Durchseihen n; Durchgeseihte(s) n.

colazione [kolatsi'o:ne] f Mittagessen n; (prima) ~ Frühstück n; ~ alla forchetta Gabelfrühstück n; ~ al sacco Picknick n; far ~ frühstücken.

colchico [kolkiko] m (pl. -ci) Herbstzeitlose f.

colei [ko'le:i] die da; ~ che diejenige, welche.

colendissimo [kolen'dis-simo] hochverehrt.

coleottero [kole'ɔt-tero] m Käfer m.

colera [ko'le:ra] m Cholera f.

coleroso [kole'ro:so] 1. adj. cholerakrank; 2. m Cholerakranke(r) m.

colibri [koli'bri] m Kolibri m.

colic|a [kɔ:lika] f (pl. -che) Kolik f; ~ renale Nierenkolik f; ~o [-ko] kolikartig; Kolik...

colino [ko'li:no] m Sieb n.

colla[1] [kol-la] prp. con mit art. la.

colla[2] [kɔl-la] f Leim m; Klebstoff m; ~ forte Tischlerleim m; ~ di pesce Fischleim m.

collabor|are [kol-labo'ra:re] (1m) mitarbeiten; Pol. kollaborieren; ~atore [-ra'to:re] m Mitarbeiter m; ~atrice [-ra'tri:tʃe] f Mitarbeiterin f; ~azione [-ratsi'o:ne] f Mitarbeit f; ~azionismo [-ratsio'nizmo] m Pol. Kollaboration f; ~azionista [-ratsio'nista] su. (m/pl. -i) Pol. Kollaborateur(in f) m.

coll|ana [kol-'la:na] f Halskette f; 𝄞 Serie f, Reihe f (von Veröffentlichungen); ~ante [-'lante] m Bindemittel n; ~are [-'la:re] m Halskrause f; Halsband n; Kum(me)t n; Ordenskette f; gran ~ dell'Annunziata Träger m des höchsten Annunziatenordens.

collasso [kol-'las-so] m Kollaps m; ~ nervoso Nervenzusammenbruch m.

collaterale [kol-late'ra:le] 1. adj. Seiten...; linea f ~ Seitenlinie f; 2. m Seitenverwandte(r) m.

coll|audare [kol-lau'da:re] (1a) abnehmen; Maschinen: testen; fig. erproben; ~audatore [-lauda'to:re]

m Prüfer m, Tester m; ~audo [-'la:udo] m Abnahme f; von Maschinen: Test m; fig. Erprobung f; volo m di ~ Testflug m.

collazi|onare [kol-latsio'na:re] (1m) kollationieren, vergleichen; ~one [-tsi'o:ne] f Kollationierung f, Vergleich m.

colle[1] [kol-le] prp. con mit art. le.

colle[2] [kɔl-le] m Hügel m.

collega [kol-'lɛ:ga] su. (m/pl. -ghi) Kollege m, Kollegin f.

colleg|amento [kol-lega'mento] m Verbindung f (Nachrichtenverbindung) f; 𝄞 ~ in parallelo Parallelschaltung f; 𝄞 ~ in serie Serienschaltung f; ~are [-'ga:re] (1a) verbinden; Radio: ~ a terra erden; ~ato [-'ga:to] m Verbündete(r) m.

collegi|ale [kol-le'dʒa:le] 1. adj. kollegial; Schul...; 2. m Zögling m; Schuljunge m; ~alità [-dʒali'ta] f Kollegialität f; Eintracht f.

collegio [kol-'lɛ:dʒo] m (pl. -gi) Erziehungsanstalt f, Internat n; Kollegium n; ~ elettorale Wahlkreis m; ~ giudicante Richterkollegium n; ~ militare Kadettenanstalt f; ~ arbitrale Schiedsgericht n.

collera [kɔl-lera] f Zorn m; andare in ~ in Zorn geraten; essere in ~ con qu. auf j-n böse sein.

collerico [kol-'lɛ:riko] (pl. -ci) jähzornig.

collett|a [kol-'lɛt-ta] f Kollekte f, Sammlung f; ~ame [-'ta:me] m Sammelgut n.

collett|ivamente [kol-let-tiva'mente] zusammen; gemeinschaftlich; ~ivismo [-ti'vizmo] m Kollektivismus m; ~ivista [-ti'vista] su. Kollektivist(in f) m; ~ività [-tivi'ta] f Gesamtheit f; ~ivo [-'ti:vo] 1. adj. kollektiv; gemeinschaftlich; viaggio m ~ Gesellschaftsreise f; 2. m Pol. Kollektiv n.

colletto [kol-'let-to] m Kragen (Halskragen) m; ~ rovesciato Umlegekragen m; ~ alto Stehkragen m; ~ alla Robespierre Schillerkragen m; ~ duro steifer Kragen m; ~ floscio weicher Kragen m; numero m del ~ Kragennummer f.

colle|ttore [kol-let-'to:re] m Einsammler m; 𝄞 Stromsammler m; Kollektor m; bacino m ~ Sammelbecken n; ~zionare [-tsio'na:re] (1a) sammeln; ~zione [-tsi'o:ne] f

Sammlung *f*; ~ *di opere d'arte* Kunstsammlung *f*; *valore m di* ~ Liebhaberwert *m*; *fare* ~ *di qc. et.* sammeln; ~zionista [-tsio'nista] *su.* Sammler(in *f*) *m*; ~ *di franco-bolli* Briefmarkensammler *m*.

collidere [kol-'li:dere] (3q) kolli-dieren, zusammenstoßen.

collimare [kol-li'ma:re] (1a) zuein-ander passen; *Fernrohr* einstellen.

coll|ina [kol-'li:na] *f* Hügel *m*; ~**inoso** [-li'no:so] hügelig.

collirio [kol-'li:rio] *m* Augenwasser *n*.

collisione [kol-lizi'o:ne] *f* Kollision *f*; Zusammenstoß *m*.

collo¹ [kollo] *prp. con mit art.* lo.

collo² [kɔl-lo] *m* Hals *m*; Nacken *m*; † Ballen *m*, Stück *n*; ~ *del piede* Spann *m*; *fig. far allungare il* ~ *a qu.* j-n zappeln lassen; *a rotta di* ~ Hals über Kopf; *fig. rompersi l'osso del* ~ sich das Genick brechen.

colloc|amento [kol-loka'mento] *m* Aufstellung *f*; Anlage *f*; Unter-bringung *f*; Absatz *m*; *ufficio m di* ~ Stellenvermittlungsbüro *n*; ~ *a riposo* Pensionierung *f*; ~**are** [-'ka:re] (11 *u. d*) setzen; stellen; legen; anbringen; *Ware* absetzen; *Geld* anlegen; *j-n* unterbringen; ~ *a riposo* in den Ruhestand verset-zen; ~**azione** [-katsi'o:ne] *f* Stel-lung *f*, Anordnung *f*; Aufstellung *f*.

collocutore [kol-loku'to:re] *m* Un-terhändler *m*; Gesprächspartner *m*.

collodio [kol-'lɔ:dio] *m* Kollodium *n*.

collo|quiale [kol-lokui'a:le] Um-gangs...; ~**quio** [-'lɔ:kuio] *m* (*pl.* -qui) Unterredung *f*.

coll|osità [kol-losi'ta] *f* Klebrig-keit *f*; ~**oso** [-'lo:so] klebrig.

collotorto [kol-lo'tɔrto] *m* (*pl. colli-torti*) Scheinheilige(r) *m*.

collottola [kol-'lɔt-tola] *f* Nacken *m*.

collusione [kol-luzi'o:ne] *f* Kollu-sion *f*; heimliches Einverständnis *n*.

colluttazione [kol-lut-tatsi'o:ne] *f* Handgemenge *n*.

colluvie [kol-'lu:vie] *f inv. fig.* Un-menge *f*, Schwall *m*.

colmare [kol'ma:re] (1a) füllen; *Lücke* ausfüllen; *Maß* überschrei-ten; ~ *di benefici* mit Wohltaten überhäufen; ~ *di gioia* mit Freude erfüllen; ~ *qu. di onori* j-n mit Ehrungen überschütten.

colmo [kolmo] **1.** *adj.* voll; erfüllt;

2. *m* Gipfel *m*; Höhepunkt *m*; ~ *dell'estate* Hochsommer *m*; *nel* ~ *della notte* in tiefster Nacht; *per* ~ *di sventura* um das Unglück voll-zumachen; zum größten Unglück; *quest'è il* ~! da hört doch alles auf!

colofonia [kolo'fɔ:nia] *f* Geigenharz *n*, Kolophonium *n*.

colomba [ko'lomba] *f* Taube *f*.

colomb|accio [kolom'bat-tʃo] *m* Ringeltaube *f*; ~**aia** [-'ba:ia] *f* Tau-benschlag *m*; ~**ario** [-'ba:rio] *m* (*pl.* -ri) Kolumbarium *n*; Grab-kammer *f für Aschenurnen*, Urnen-halle *f*; ~**ina** [-'bi:na] *f* Täubchen *n*; ~**ino** [-'bi:no] taubenartig.

Colombina [kolom'bi:na] *f weibliche Figur der italien. Stegreifkomödie.*

colombo [ko'lombo] *m* Täuber *m*, Taube *f*.

colon [kɔ:lon] *m* Dickdarm *m*.

Colonia [ko'lɔ:nia] *f: acqua f di* ~ Kölnisch Wasser *n*.

colonia¹ [kolo'ni:a] *f* Pacht *f*; *dare a* ~ verpachten.

colonia² [ko'lɔ:nia] *f* Kolonie *f*; ~ *agricola* Siedlungskolonie *f*; ~ *marina* Ferienheim *n für Kinder am Meer*; ~ *penale* Strafkolonie *f*.

coloniale [koloni'a:le] kolonial; *esercito m* ~ Kolonialheer *n*; *generi m/pl.* -i Kolonialwaren *f/pl.*

colonico [ko'lɔ:niko] (*pl.* -ci) Bau-ern...; *casa f* -*a* Bauernhaus *n*.

coloniz|zare [kolonid-'dza:re] (1a) besiedeln, kolonisieren; ~**azione** [-dzatsi'o:ne] *f* Kolonisierung *f*.

col|onna [ko'lon-na] *f* Säule *f*; *Typ.* Kolumne *f*, Spalte *f*; Fahne *f*; ⚔ Kolonne *f*; *fig.* Stütze *f*; ~ *verte-brale* Wirbelsäule *f*; *Film:* ~ *so-nora* Tonspur *f*; ~ *di via* Marschko-lonne *f*; ~ *degli affissi* Anschlag-säule *f*; ~ *d'automezzi* Fahrzeug-kolonne *f*; ~**onnato** [-lon-'na:to] *m* Säulengang *m*; ~**onnello** [-lon-'nɛl-lo] *m* Oberst *m*; *tenente m* ~ Oberst-leutnant *m*.

colono [ko'lɔ:no] *m* Ansiedler *m*; Bauer *m*.

color|abile [kolo'ra:bile] färbbar; ~**ante** [-'rante] färbend; *materia f* ~ Farbstoff *m*; *industria f delle materie* -i Farbstoffindustrie *f*; ~**are** [-'ra:re] (1a) färben; ~**ato** [-'ra:to] farbig; ~**atura** [-ra'tu:ra] *f* Fär-bung *f*; ⚏ Kolorit *n*; ⚓ Koloratur *f*; ~**azione** [-ratsi'o:ne] *f* Färbung *f*.

colore [ko'lo:re] *m* Farbe *f*; *fig.* Anschein *m*; ~ *preferito* Lieblingsfarbe *f*; *scatola f dei -i* Farbkasten *m*; *stampa f a -i* Farbendruck *m*; *film m a -i* Farbfilm *m*; *vivacità f di -i* Farbenpracht *f*; *-i nazionali* Landesfarben *f/pl.*; ~ *a olio* Ölfarbe *f*; ~ *protettivo* Schutzfarbe *f*; *di ~ indelebile* farbecht; *di ~* bunt, farbig; *farne di tutti i -i* alle möglichen Streiche machen; *diventare di tutti i -i* grün und gelb werden.

color|ificio [kolori'fi:tʃo] *m* Farbenfabrik *f*; **~ire** [-'ri:re] (4d) färben; *Mal.* Farbe geben; *fig.* schönfärben; *Reden usw.* ausschmücken; **~ista** [-'rista] *su.* (*m/pl. -i*) Kolorist(in *f*) *m*; **~istico** [-'ristiko] (*pl. -ci*) die Farbe betreffend, Farb...; **~ito** [-'ri:to] **1.** *adj.* von frischer Gesichtsfarbe; **2.** *m* Kolorit *n*; Färbung *f*.

coloro [ko'lo:ro] die da; ~ *che* diejenigen, welche.

colossale [kolos-'sa:le] kolossal, riesenhaft.

Colosseo [kolos-'sɛ:o] *m* Kolosseum *n*.

colosso [ko'lɔs-so] *m* Koloß *m*.

colpa [kolpa] *f* Schuld *f*; Verschulden *n*; Sünde *f*; *essere in ~* schuldig sein; *la ~ è tua* du bist daran schuld; *che ~ ne ho io?* was kann ich dafür?; *per ~ tua* deinetwegen.

colp|evole [kol'pe:vole] schuldig; **~evolezza** [-pevo'let-tsa] *f* Schuldigsein *n*, Schuld *f*.

colpire [kol'pi:re] (4d) treffen; schlagen; *fig.* auffallen; ~ *nel segno* ins Schwarze treffen.

colpo [kolpo] *m* Schlag *m*; Hieb *m*; Stich *m*; Streich *m*; Schuß *m*; *Bill.* Stoß *m*; ~ *centrato* Volltreffer *m*; ~ *apoplettico* Schlaganfall *m*; ~ *d'aria* Luftzug *m*; ~ *di fortuna* Glücksfall *m*; ~ *di grazia* Gnadenstoß *m*; ~ *da maestro* Meisterstück *n*; ~ *di mano* Handstreich *m*; ~ *d'occhio* Blick *m*, Ausblick *m*; ~ *di pietra* Steinwurf *m*; ~ *di scena* Knalleffekt *m*; Überraschung *f*; ~ *di sole* Sonnenstich *m*; ~ *di Stato* Staatsstreich *m*; ~ *di vista* Durchblick *m*; ~ *di telefono* Anruf *m*; ~ *di testa* Sport: Kopfball *m*; *fig.* unbesonnene Handlung *f*; ~ *basso* Boxsport: Tiefschlag *m*; *fig.* böser Streich *m*; *far ~* Eindruck machen; Erstaunen erregen; *questo fu un*

buon ~! dies war ein guter Treffer!; *a un ~* mit e-m Schlage; *sul ~, di ~* sofort; schlagartig; *restare (morire) sul ~* auf der Stelle sterben.

colposo [kol'po:so] fahrlässig; *omicidio m ~* fahrlässige Tötung *f*.

colsi [kolsi] *s.* cogliere.

coltell|accio [koltel-'lat-tʃo] *m* (*pl. -cci*) Hackmesser *n*; **~ata** [-'la:ta] *f* Messerstich *m*; Messerhandlung *f*; **~eria** [-le'ri:a] *f* Messerhandlung *f*; **~inaio** [-li'na:io] *m* (*pl. -ai*) Messerschmied *m*; Messerhändler *m*; **~ino** [-'li:no] *m* Taschenmesser *n*; ~ *da frutta* Obstmesser *n*.

coltello [kol'tɛl-lo] *m* Messer *n*; ~ *anatomico* Skalpell *n*; *avere il ~ per il manico* alle Trümpfe in der Hand haben.

coltiv|abile [kolti'va:bile] ✍ bestellbar; **~are** [-'va:re] (1a) bestellen; bebauen; *fig.* pflegen; *Geist* ausbilden; *Wissenschaft* betreiben; **~ato** [-'va:to] **1.** *adj.* bebaut; **2.** *m* bestelltes Land *n*; **~atore** [-va'to:re] *m* Landwirt *m*; ~ *diretto* Kleinbauer *m*; **~azione** [-vatsi-'o:ne] *f* Bebauung *f*; Bestellung *f*; Zucht *f*.

colto[1] [kolto] gebildet.

colto[2] [kolto] *s.* cogliere.

coltre [koltre] *f* Bettdecke *f*; Leichentuch *n*.

coltro [koltro] *m* ✍ Pflugschar *f* (mit Messer).

coltrone [kol'tro:ne] *m* Steppdecke *f*; Türvorhang *m*.

coltura [kol'tu:ra] *f* Anbau *m*, Bau *m*; Bebauung *f*; ~ *intensiva* intensiver Anbau *m*; *-e pl.* Kulturflächen *f/pl.*; Pflanzung *f*.

colubro [ko:lubro] *m poet.* Schlange *f*, Natter *f*.

colui [ko'lu:i] der da; ~ *che* derjenige, welcher.

colza [koltsa] *f* Raps *m*; *olio m di ~* Rapsöl *n*.

coma [kɔ:ma] *m* Koma *n*.

comand|amento [komanda'mento] *m* Befehl *m*; *Rel.* Gebot *n*; **~ante** [-'dante] *m* Befehlshaber *m*; ~ *in capo* Oberbefehlshaber *m*; **~are** [-'da:re] (1a) befehlen; *Truppenteil* befehligen; ~ *qc. et.* bestellen; ~ *un piatto* ein Gericht (im Restaurant) bestellen; *comanda?* Sie wünschen?; *comandi!* bitte!; ⚓ zu Befehl!; **~ata** [-'da:ta] *f* ⚓ Wache *f*; ✗ Dienst *m*; **~atario** [-da'ta:rio] *m* (*pl.* -ri) ✝ Kommanditist *m*.

comando [ko'mando] *m* Befehl *m*; (~ *militare* Militär-)Kommando *n*; ⊕ Schaltung *f*; Antrieb *m*; ~ *di distretto* Bezirkskommando *n*; *leva f di* ~ Steuerungshebel *m*; ~ *supremo* Oberste Heeresleitung *f*; ~ *a distanza* Fernsteuerung *f*; ~ *a catena* Kettenantrieb *m*; *sotto il* ~ *di qu.* unter j-s Befehl.

comare [ko'ma:re] *f* Patin *f*; Nachbarin *f*.

comatoso [koma'to:so]: *stato* ~ komatöser Zustand *m*.

combaciare [komba'tʃa:re] (1f) 1. *v/t.* zs.-fügen; 2. *v/i.* zs.-passen.

comb|attente [kombat-'tente] *m* Krieger *m*; Frontkämpfer *m*, Frontsoldat *m*; **~attentistico** [-bat-ten-'tistiko] (*pl.* -ci) Krieger...; *associazione f -a* Kriegerverein *m*; **~attere** [-'bat-tere] (3a) 1. *v/t.* bekämpfen; 2. *v/i.* kämpfen; **~attimento** [-bat-ti'mento] *m* Kampf *m*; ~ *aereo* Luftkampf *m*; *pronto al* ~ gefechtsbereit; *terreno m di* ~ Kampfgelände *n*; *unità f di* ~ Gefechts-, Kampfeinheit *f*; **~attivo** [-bat-'ti:vo] Kampf...; kampflustig; **~attività** [-bat-tivi'ta] *f* Kampflust *f*.

combin|abile [kombi'na:bile] vereinbar; zusammenstellbar; **~are** [-'na:re] (1a) 1. *v/t.* vereinbaren; *Geschäft* zustande bringen; *Fahrkarte* zusammenstellen; 🕭 verbinden; 2. *v/i.* übereinstimmen; zusammenpassen; **~ata** [-'na:ta] *f Sport:* Kombination *f*; ~ *nordica* nordische Kombination; **~atore** [-na'to:re]: *disco m* ~ *Tel.* Wählerscheibe *f*; **~azione** [-natsi'o:ne] *f* Zusammenstellung *f*; 🜨 *u. fig.* Kombination *f*; Zufall *m*; *Kleidung:* Hemdhose *f*, Rockhose *f*; *per* ~ zufällig.

combriccola [kom'brik-kola] *f* Clique *f*, Bande *f*, Rotte *f*.

combust|ibile [kombus'ti:bile] 1. *adj.* brennbar; 2. *m* Brennmaterial *n*; Betriebsstoff *m*; *consumo m di* ~ Brennstoffverbrauch *m*; **~ibilità** [-tibili'ta] *f* Brennbarkeit *f*; **~ione** [-ti'o:ne] *f* Verbrennung *f*; *camera f di* ~ Verbrennungsraum *m*.

combusto [kom'busto] verbrannt.

combutta [kom'but-ta] *f* Bande *f*,

Gesindel *n*; *essere in* ~ *con qu.* mit j-m unter e-er Decke stecken.

come [ko:me] wie; als; ~ *me, te usw.* wie ich, du *usw.*; ~ *se* als ob; ~ *mai?* wieso?; ~ *si sia* wie es auch sei; ~ *dire* will sagen; *oggi* ~ *oggi* wie es heute steht; *io* ~ *io* was mich anbelangt.

comec|ché [komek-'ke] obwohl; **~chessia** [-kes-'si:a] wie auch immer.   [esser *m*.]

comedone [kome'do:ne] *m* Mit-

cometa [ko'mɛ:ta] *f* Komet *m*.

comfort [kom'fort] *m inv.* Bequemlichkeit *f*, Komfort *m*; *dotato di tutti i* ~ mit allem Komfort ausgestattet.

comica [kɔ:mika] *f* Komik *f*.

comicità [komitʃi'ta] *f* Komik *f*.

comico [kɔ:miko] (*pl.* -ci) 1. *adj.* komisch; Lustspiel...; *poeta m* ~ Lustspieldichter *m*; 2. *m* Komiker *m*.

comignolo [ko'mi:ɲolo] *m* Giebel *m*; Schornstein *m*.

cominciare [komin'tʃa:re] (1f) anfangen, beginnen; *a* ~ *da oggi* von heute an; ~ *da capo* von vorn anfangen; ~ *a capire qc.* sich über etwas klarwerden; ~ *a sfogarsi* loslegen; ~ *con poco* klein anfangen.

comino [ko'mi:no] *m* Kümmel *m*.

comitale [komi'ta:le] gräflich.

com|itato [komi'ta:to] *m* Komitee *n*, Ausschuß *m*; ~ *consultivo* beratender Ausschuß *m*; ~ *direttivo* Vorstand *m*; ~ *governativo* Regierungsausschuß *m*; **~itiva** [-mi'ti:va] *f* Gesellschaft *f*; **~izio** [-'mi:tsio] *m* Versammlung *f*; ~ *elettorale* Wahlversammlung *f*.

comma [kɔm-ma] *m inv.* Komma *n*; Absatz *m*, Abschnitt *m*; ♪ Komma *n*.

commando [kom-'mando] *m* (*pl.* -s) ✗ Kommando *n*.

commedia [kom-'mɛ:dia] *f* Lustspiel *n*; *fig.* Komödie *f*; *c.s.* Mache *f*.

commedi|ante [kom-medi'ante] *su.* Schauspieler(in *f*) *m*; *fig.* Komödiant(in *f*) *m*; **~ografo** [-di'ɔgrafo] *m* Lustspieldichter *m*.

commemor|abile [kom-memo'ra:bile] denkwürdig; **~are** [-'ra:re] (1m *u.* b) gedenken; ~ *qu.* j-s Andenken feiern; **~ativo** [-ra'ti:vo] Gedächtnis...; Denk...; *medaglia f*

-a Denkmünze *f*; **~azione** [-ratsi-'o:ne] *f* Gedächtnisfeier *f*; Gedächtnisrede *f*; *Rel.* ~ *dei morti* Allerseelen *n*.

commenda [kom-'menda] *f* Komturskreuz *n*; Pfründe *f*.

commend|abile [kom-men'da:bile] lobenswert; **~are** [-'da:re] (1b) loben; empfehlen; **~atizia** [-da-'ti:tsia] *f* Empfehlungsbrief *m*; **~atizio** [-da'ti:tsio] (*pl. -zi*) Empfehlungs...; **~atore** [-da'to:re] *m* Komtur *m*; *allg.* Kamerad *m*; **~evole** [-'de:vole] lobens-, empfehlenswert.

commensale [kom-men'sa:le] *m* Tischgast *m*; Tischgenosse *m*.

commensur|abile [kom-mensu-'ra:bile] kommensurabel, abmeßbar; **~are** [-'ra:re] (1a) vergleichen.

comment|are [kom-men'ta:re] (1a) kommentieren, erläutern; **~ario** [-'ta:rio] *m* (*pl. -ri*) Kommentar *m*; **~atore** [-ta'to:re] *m* Kommentator *m*.

commento [kom-'mento] *m* Kommentar *m*; Erläuterung *f*; *fig.* Bemerkung *f*.

commerci|abile [kom-mer'tʃa:bile] handelbar; **~abilità** [-tʃabili'ta] *f* Verkäuflichkeit *f*; **~ale** [-'tʃa:le] Handels...; *agente m* ~ Handelsagent *m*; *lettera f* ~ Handelsbrief *m*; *società f* ~ Handelsgesellschaft *f*; *direttore m* ~ Geschäftsführer *m*; *diritto m* ~ Handelsrecht *n*; **~alista** [-tʃa'lista] *m* Diplomkaufmann *m*; Berater *m* in Handelssachen; Steuerberater *m*; **~alizzare** [-tʃalid-'dza:re] (1a) absetzen; **~ante** [-'tʃante] **1.** *adj.* handeltreibend; **2.** *m* Kaufmann *m*; **~are** [-'tʃa:re] (1b *u.* f) handeln (*in* mit *dat.*).

commercio [kom-'mertʃo] *m* (*pl. -ci*) Handel *m*; *fig.* Verkehr *m*; ~ *all'ingrosso* Großhandel *m*; ~ *al minuto* Kleinhandel *m*; ~ *nazionale* Inlandhandel *m*; *camera f di* ~ Handelskammer *f*; *codice m di* ~ Handelsgesetzbuch *n*; *trattato m di* ~ Handelsvertrag *m*; ~ *in nome proprio* Eigenhandel *m*; *essere in* ~ käuflich sein.

commessa [kom-'mes-sa] *f* **1.** ✝ Auftrag *m*; **2.** ✝ Verkäuferin *f*, weibliche Angestellte *f*.

commesso [kom-'mes-so] **1.** *s.* *commettere*; **2.** *m* Verkäufer *m*; ~ *viaggiatore* Geschäftsreisende(r) *m*.

commestibile [kom-mes'ti:bile] **1.** *adj.* eßbar; **2.** *-i m/pl.* Eßwaren *f/pl.*, Lebensmittel *n/pl.*

comm|ettere [kom-'met-tere] (3ee) zusammenfügen; ✝ bestellen, in Auftrag geben; *Verbrechen* begehen; ~ *qc. a qu.* j-m et. auftragen; **~ettitura** [-met-ti'tu:ra] *f* Fuge *f*; Zusammenfügung *f*.

commiato [kom-mi'a:to] *m* Abschied *m*.

commilitone [kom-mili'to:ne] *m* Kriegskamerad *m*; *allg.* Kamerad *m*.

commin|are [kom-mi'na:re] (1a) 🕮 androhen; **~atoria** [-na'tɔ:ria] *f* Androhung *f*; **~atorio** [-na'tɔ:rio] (*pl. -ri*) androhend; **~azione** [-natsi'o:ne] *f* Androhung *f*.

comminuto [kom-mi'nu:to]: *frattura f -a* 🦴 Splitterbruch *m*.

commiser|abile [kom-mize'ra:bile], **~ando** [-'rando] bemitleidenswert, erbärmlich; **~are** [-'ra:re] (1m) bemitleiden; **~azione** [-ratsi-'o:ne] *f* Mitleid *n*; **~evole** [-'re:vole] bemitleidenswert.

commisi [kom-'mi:zi] *s.* *commettere*.

commiss|ariato [kom-mis-sari'a:-to] *m* Kommissariat *n*; ~ *di pubblica sicurezza* Polizeirevier *n*; **~ario** [-'sa:rio] *m* (*pl. -ri*) Kommissar *m*; **~ionare** [-sio'na:re] (1a) ✝ bestellen; **~ionario** [-sio'na:-rio] (*pl. -ri*) **1.** *adj.* Kommissions...; *casa f -a* Kommissionsgeschäft *n*; **2.** *m* Kommissionär *m*; **~ione** [-si'o:ne] *f* Auftrag *m*, Bestellung *f*; Ausschuß *m*; Besorgung *f*; Kommission *f*; *affare m* (*commercio m*) *di* ~ Kommissionsgeschäft *n*; ~ *governativa* Regierungskommission *f*; ~ *interna* Betriebsrat *m*; *fatto su* ~ auf Bestellung gemacht.

commisto [kom-'misto] vermischt.

commisurare [kom-mizu'ra:re] (1a) abmessen.

committente [kom-mit-'tente] **1.** *adj.* auftraggebend; *la casa* ~ die auftraggebende Firma; **2.** *su.* Auftraggeber(in *f*) *m*.

commodoro [kom-mo'do:ro] *m* Kommodore *m*.

commossi [kom-'mɔs-si] *s.* *commuovere*.

commosso [kom-'mɔs-so] **1.** *s.* *commuovere*; **2.** *a.* *fig.* bewegt, ergriffen.

comm|ovente [kom-mo'vente] rührend; **~ozione** [-motsi'o:ne] *f* Rührung *f*; ~ *cerebrale* Gehirnerschütterung *f*; ~ *nervosa* Nervenschock *m*; **~uovere** [-mu'o:vere] (3ff) bewegen; rühren; **~uoversi** [-mu'o:versi] gerührt werden.

commut|are [kom-mu'ta:re] (1a) tauschen; verändern; umwandeln; ⚡ umschalten; **~atore** [-ta'to:re] *m* ⚡ Umschalter *m*; **~azione** [-tatsi'o:ne] *f* Tausch *m*; Umwandlung *f*; Veränderung *f*; ⚡ Umschaltung *f*.

comò [ko'mɔ] *m inv.* Kommode *f*.

comod|are [komo'da:re] (11 *u.* c) gelegen sein, passen; **~ino** [-'di:no] *m* Nachttisch *m*; *Thea.* Zwischenvorhang *m*, *fig.* Lückenbüßer *m*; **~ità** [-di'ta] *f* Bequemlichkeit *f*; Komfort *m*; *fornito di tutte le* ~ mit allem Komfort ausgestattet; *con tutta* ~ in aller Ruhe.

comodo [kɔ:modo] **1.** *adj.* bequem; *stia* ~*!* lassen Sie sich nicht stören!; **2.** *m* Bequemlichkeit *f*; *fare* ~ *a qu.* j-m gelegen kommen, passen; *fare il proprio* ~ nur tun, was e-m gefällt.

com|padrone [kompa'dro:ne] *m* Mitbesitzer *m*; **~paesano** [-pae'za:no] *m* Landsmann *m*; **~pagine** [-'pa:dʒine] *f* Gefüge *n*.

comp|agna [kom'pa:ɲa] *f* Genossin *f*; Gefährtin *f*; **~agnevole** [-pa'ɲe:vole] umgänglich; gesellig; **~agnia** [-pa'ɲi:a] *f* Gesellschaft *f*; ✕ Kompanie *f*; *Rel.* Bruderschaft *f*; ~ *di assicurazioni* Versicherungsgesellschaft *f*; ~ *di prosa* Theatertruppe *f*; ~ *di viaggi* Reisegesellschaft *f*; *dama f di* ~ Gesellschafterin *f*; Ehrendame *f*; *Baldi e* ♀ (*Cia*) Baldi und Kompanie (Co.); *far* ~ *a qu.* j-m Gesellschaft leisten; **~agno** [-'pa:ɲo] **1.** *adj.* zueinander passend; **2.** *m* Genosse *m*; Partner *m*; Gegenstück *n*; *... e Compagni* (*Ci*) ✝ *...* und Kompanie; ~ *d'armi* Kriegskamerad *m*; ~ *di giochi* Spielgefährte *m*; ~ *di scuola* Schulkamerad *m*; ~ *di strada* Weggenosse *m*; **~agnone** [-pa'ɲo:ne] *m* lustiger Geselle *m*; Kumpan *m*.

companatico [kompa'na:tiko] *m* (*pl.* -ci) Zukost *f*, Belag *m*.

compar|abile [kompa'ra:bile] vergleichbar; **~are** [-'ra:re] (1a) vergleichen.

compar|ativo [kompara'ti:vo] **1.** *adj.* vergleichend; **2.** *m Gram.* Komparativ *m*; **~ato** [-'ra:to]: *anatomia f* -*a* vergleichende Anatomie *f*; **~azione** [-ratsi'o:ne] *f* Vergleich *m*; *Gram.* Steigerung *f*.

compare [kom'pa:re] *m* Gevatter *m*; *fig. c.s.* Helfershelfer *m*.

compar|ire [kompa'ri:re] (4e) erscheinen; auftreten; *fig.* hervortreten; **~iscente** [-rif-'ʃente] ansehnlich; **~izione** [-ritsi'o:ne] *f* Erscheinen *n*; ⚖ *mandato m di* ~ Vorladung *f*.

comp|arsa [kom'parsa] *f* Erscheinen *n*; *Thea.* Statist(in *f*) *m*; ✈ Ausbruch *m*; **~arso** [-so] *s. comparire.*

compart|ecipare [kompartetʃi'pa:re] (1n) teilnehmen (*a* an *dat.*); **~ecipazione** [-tetʃipatsi'o:ne] *f* Teilnahme *f*; **~ecipe** [-'tɛ:tʃipe] **1.** *adj.* mitbeteiligt; **2.** *m* Teilnehmer *m*; **~imentale** [-timen'ta:le] Bezirks...; **~imento** [-ti'mento] *m* Abteilung *f*; *Pol.* Bezirk *m*; 🚆 Abteil *n*; ~ *del vagone letti* Schlafwagenabteil *n*; ~ *stagno* ⚓ wasserdichte Abteilung *f*; **~ire** [-'ti:re] (4d) einteilen; austeilen; **~o** [-'parto] *m* Abteilung *f*; Fach *n*.

comparvi [kom'parvi] *s. comparire.*

compass|are [kompas-'sa:re] (1a) abzirkeln; **~ato** [-'sa:to] abgemessen; steif.

compassi|onare [kompas-sio'na:re] (1a) bemitleiden; **~one** [-si'o:ne] *f* Mitleid *n* (*di* mit *dat.*); *far* ~ leid tun, Mitleid erregen; *è una* ~ *il vedere ...* es tut e-m weh, zu sehen *...*; **~onevole** [-sio'ne:vole] bemitleidenswert; mitleidig.

compasso [kom'pas-so] *m* Zirkel *m*; Kompaß *m*.

compat|ibile [kompa'ti:bile] bemitleidenswert; passend zu; verträglich; vereinbar; entschuldbar; **~ibilità** [-tibili'ta] *f* Vereinbarkeit *f*; *allgemeinste* **~ibilmente** [-tibil'mente]: ~ *con ...* soweit es vereinbar ist mit *...*; **~imento** [-ti'mento] *m* Nachsicht *f*; Mitgefühl *n*; **~ire** [-'ti:re] (4d): ~ *qu.* mit j-m Nachsicht haben; *ti compatisco* du tust mir leid.

compatriota [kompatri'ɔ:ta] *su.* (*m/pl.* -*i*) Landsmann *m*, Landsmännin *f*.

comp|attezza [kompat-'tet-tsa] *f* Dichtigkeit *f*; *fig.* Geschlossenheit *f*.

f; **~atto** [-'pat-to] dicht; *fig.* geschlossen.

comp|endiare [kompendi'a:re] (1b *u.* k) kurz zusammenfassen; **~endio** [-'pendio] *m* (*pl.* -di) Grundriß *m*; Auszug *m*; **~endiosità** [-pendiosi-'ta] *f* kurze Fassung *f*; **~endioso** [-pendi'o:so] kurzgefaßt.

compenetr|are [kompene'tra:re] (1m *u.* b) sich gegenseitig durchdringen; **~azione** [-tratsi'o:ne] *f* Durchdringung *f*.

comp|ensabile [kompen'sa:bile] ausgleichbar; zu entschädigen; ersetzbar; **~ensare** [-pen'sa:re] (1b) ausgleichen; ersetzen; aufwiegen; bezahlen; *~ qu. di qc.* j-n für et. entschädigen; **~ensarsi** [-pen'sarsi] sich aufheben; **~ensato** [-pen'sa:to] *m* Sperrholz *n*; **~ensatore** [-pensa'to:re] *m* ⚡ Trimmer *m*; **~ensazione** [-pensatsi'o:ne] *f* Ausgleichung *f*; Belohnung *f*; Ersatz *m*; Entschädigung *f*; Verrechnung *f*; *Phys.* Kompensation *f*; *convenzione f di ~* Verrechnungsabkommen *n*; ✝ *stanza f di ~* Abrechnungsstelle *f*; *sistema m di ~* Abrechnungsverfahren *n*; **~enso** [-'penso] *m* Entschädigung *f*; Ersatz *m*; Belohnung *f*; Gehalt *n*; *in ~ di* (zum Ausgleich) dafür; *dietro ~* gegen Entgelt.

compera [kompera] *f usw. s.* compra *usw.*

comp|etente [kompe'tɛnte] maßgebend; zuständig; **~etenza** [-pe-'tɛntsa] *f* Urteilsfähigkeit *f*; Zuständigkeit *f*; Wetteifern *n*; Geschäftskreis *m*; -e *pl.* Gebühren *f/pl.*; **~etere** [-'pɛ:tere] (3a) streiten; wetteifern; *~ od. ~etersi a qu.* j-m zustehen; **~etitività** [-petitivi-'ta] *f* Konkurrenzfähigkeit *f*; **~etitivo** [-peti'ti:vo] konkurrenzfähig, Konkurrenz...; **~etitore** [-peti'to:re] *m* Mitbewerber *m*; Konkurrent *m*; **~etizione** [-petitsi'o:ne] *f* Wettstreit *m*; Konkurrenz *f*.

compiac|ente [kompia'tʃɛnte] gefällig; **~enza** [-'tʃɛntsa] *f* Wohlgefallen *n*; Gefälligkeit *f*; **~ere** [-'tʃe:re] (2k) gefällig sein, entgegenkommen; **~ersi** [-'tʃersi] Freude haben; *~ di fare ...* die Güte haben, (*et.*) zu tun; **~imento** [-tʃi'mento] *m* Wohlgefallen *n*.

compiangere [kompi'andʒere] (3d) beklagen; beweinen; *ti compiango* du tust mir leid.

compian|si [kompi'ansi] *s. compiangere*; **~to** [-'to] **1.** *s. compiangere*; **2.** *adj.* betrauert; **3.** *m* Bedauern *n*.

compier|e [kompiere] (4g) vollenden; *Missione* vollbringen; *Aufgabe* ausführen; *Pflicht* erfüllen; *~ gli anni* Geburtstag haben; **~si** [-si] sich vollziehen.

compieta [kompi'ɛta] *f Rel.* Abendgebet *n*.

compil|are [kompi'la:re] (1a) zusammenstellen; verfassen; *Zeitung* redigieren; *Formulare* ausfüllen; *c.s.* zusammenstoppeln; **~atore** [-la'to:re] *m* Kompilator *m*; Verfasser *m*; **~azione** [-latsi'o:ne] *f* Zusammenstellung *f*; Sammelwerk *n*; Ausfüllung *f* e-s *Formulars*.

comp|imento [kompi'mento] *m* Vollendung *f*; Vollbringung *f*; Erfüllung *f*; Ausführung *f*; **~ire** [-'pi:re] (4g) *s.* compiere.

compit|are [kompi'ta:re] (1l) buchstabieren; **~azione** [-tatsi'o:ne] *f* Buchstabieren *n*.

compitezza [kompi'tet-tsa] *f vollendete* Höflichkeit *f*.

compito¹ [kom'pi:to] vollendet; *fig.* höflich.

compito² [kɔmpito] *m* Aufgabe *f*; *~ per casa* Hausaufgabe *f*; *~ in classe* Klassenarbeit *f*; *essere all'altezza di un ~* e-r Aufgabe gewachsen sein.

compiu|tamente [kompiuta'mente] vollständig; **~tezza** [-'tet-tsa] *f* Vollständigkeit *f*.

compleanno [komple'an-no] *m* Geburtstag *m*; *buon ~!* alles Gute zum Geburtstag!

complem|entare [komplemen-'ta:re] Ergänzungs...; *fascicolo m ~* Ergänzungsheft *n*; *imposta f ~* Zusatzsteuer *f*; *scuola f ~* Fortbildungsschule *f*; **~ento** [-'mento] *m* Ergänzung *f*; *ufficiale m di ~* Reserveoffizier *m*.

compless|ato [komples-'sa:to] ♉ an Komplexen leidend; **~ione** [-si'o:ne] *f* Körperbau *m*, Konstitution *f*; **~ivamente** [-siva'mente] im ganzen; **~ivo** [-'si:vo] Gesamt...; *impressione f ~a* Gesamteindruck *m*. **complesso** [kom'ples-so] **1.** *adj.* verwickelt, kompliziert; ⚕, ♉ komplex; **2.** *m* Gesamtheit *f*; Ensemble *n*; in ~ im ganzen; un ~ di circostanze e-e Kette *f* von Umständen; ♣ Komplex *m*; ~ di inferiorità Minderwertigkeitskomplex *m*; ~ editoriale Verlagsgruppe *f*.

complet|amente [kompleta'mente] gänzlich; völlig; restlos; **~amento** [-'mento] *m* Vervollständigung *f*; **~are** [-'ta:re] (1b) vervollständigen.

completo [kom'plɛːto] **1.** *adj.* vollständig; vollzählig; 🚋 besetzt; **2.** *m* vollständiger (kompletter) Anzug *m*; ~ da uomo Herrenanzug *m*.

complic|are [kompli'ka:re] (1l u. d) verwickeln; **~ato** [-'ka:to] kompliziert; umständlich; **~azione** [-katsi'o:ne] *f* Verwick(e)lung *f*; Komplikation *f*.

complice [kɔmplitʃe] **1.** *adj.* mitschuldig; **2.** *su.* Helfershelfer(in *f*) *m*, Komplize *m*, Komplizin *f*.

complicità [komplitʃi'ta] *f* Mitschuld *f*.

complim|entare [komplimen'ta:re] (1a) begrüßen; *j-m* Komplimente machen; **~entarsi** [-men'tarsi]: ~ con qu. j-m gratulieren; **~ento** [-'mento] *m* Kompliment *n*; -i *pl.* Umstände *m/pl.*; non faccia -i! machen Sie keine Umstände!; **~entoso** [-men'to:so] voller Komplimente; umständlich.

compl|ottare [komplot-'ta:re] (1c) **1.** *v/i.* ein Komplott machen; **2.** *v/t.* aussinnen; **~otto** [-'plɔt-to] *m* Komplott *n*.

comp|one [kom'po:ne] *s.* comporre; **~onente** [-po'nɛnte] *m* Bestandteil *m*; Mitglied *n*; **~onimento** [-poni'mento] *m* 🖉 Vergleich *m*; 🏫 Aufsatz *m*; **~orre** [-'por-re] (3ll) zusammensetzen; bilden; Typ. setzen; ♩ komponieren; Streit beilegen; *Leiche* aufbahren; 📱 verfassen; ~ il volto e-e Miene aufsetzen; macchina *f* per ~ Setzmaschine *f*; Tel. ~ un numero eine Nummer wählen; **~orsi** [-'porsi] bestehen (di aus dat.).

comport|abile [kompor'ta:bile] erträglich; **~amento** [-ta'mento] *m* Benehmen *n*, Betragen *n*; **~are** [-'ta:re] (1c) vertragen; mit sich bringen; **~arsi** [-'tarsi] sich betragen.

comporto [kom'pɔrto] *m* Frist *f*; Nachsicht *f*.

comp|osi [kom'po:zi] *s.* comporre;

~osito [-'pɔːzito] zusammengesetzt; **~ositoio** [-pozi'to:io] *m* (*pl.* -oi) Typ. Winkelhaken *m*; **~ositore** [-pozi'to:re] *m* Setzer *m*; ♩ Komponist *m*; **~ositrice** [-pozi'tri:tʃe] *f* Setzmaschine *f*; **~osizione** [-pozitsi'o:ne] *f* Zusammensetzung *f*; Besetzung *f*, Aufstellung *f*; Ausarbeitung *f*; ♩ Mischung *f*; 🏫 Aufsatz *m*; Abfassung *f*; Werk *n*; ♩ Tondichtung *f*; Typ. Satz *m*; ~ amichevole gütliche Einigung *f*; Typ. ~ a mano Handsatz *m*.

compos|so [kompos-'ses-so] *m* Mitbesitz *m*; gemeinsamer Besitz *m*; **~essore** [-ses-'so:re] *m* Mitbesitzer *m*.

comp|osta [kom'posta] *f* Kompott *n*; **~ostezza** [-pos'tet-tsa] *f* Gesetztheit *f*; Anstand *m*; **~ostiera** [-posti'e:ra] *f* Kompottschale *f*; **~osto** [-'posto] **1.** *s.* comporre; **2.** *adj.* gesetzt; geordnet; stare ~ ruhig sitzen; artig sein; **3.** *m* Mischung *f*; Zusammensetzung *f*.

compra [kompra] *f* Kauf (Einkauf) *m*; fare -e Einkäufe machen.

compr|are [kom'pra:re] (1a) kaufen; anschaffen; ~ a occhi chiusi die Katze im Sack kaufen; ~ a rate auf Abzahlung kaufen; **~atore** [-pra'to:re] *m* Käufer *m*; **~avendita** [-pra'vendita] *f* Ein- und Verkauf *m*.

comprendere [kom'prendere] (3c) begreifen, verstehen; erfassen; umfassen, enthalten; zuzählen; ~ in un elenco in eine Liste aufnehmen.

compren|donio [kompren'dɔ:nio] *m* F Grips *m*, Auffassungsgabe *f*; duro di ~ schwer von Begriff; begriffsstutzig; **~sibile** [-'si:bile] begreiflich, faßlich, verständlich; **~sibilità** [-sibili'ta] *f* Verständlichkeit *f*; **~sione** [-si'o:ne] *f* Verständnis *n*; Verstehen *n*; **~siva** [-'si:va] *f* Fassungskraft *f*; **~sivo** [-'si:vo] umfassend; **~sorio** [-'sɔ:rio] *m* Gebiet *n*, Bezirk *m*.

compr|esi [kom'pre:si] *s.* comprendere; **~eso** [-so] **1.** *s.* comprendere; **2.** *adj.* durchdrungen; einbegriffen; ~ di spavento vom Schrecken ergriffen; tutto ~ alles in allem; servizio *m* ~ Bedienung einbegriffen.

compressa [kom'pres-sa] *f* Kompresse *f*; Tablette *f*; ~ d'aspirina Aspirintablette *f*.

compr|essi [kom'pres-si] *s. comprimere*; **~essione** [-pres-si'o:ne] *f* Druck *m*; Unterdrückung *f*; *Phys.* Kompression *f*; Verdichtung *f*; **~esso** [-'pres-so] *s. comprimere*; **~essore** [-pres-'so:re] *m* Kompressor *m*; **~** *stradale* Straßenwalze *f*.

comprimere [kom'pri:mere] (3r) (zusammen)drücken; *fig.* unterdrücken; ⊕ verdichten.

comprom|esso [kompro'mes-so] **1.** *s. compromettere*; **2.** *m* Kompromiß *m u. n*; Zwischenlösung *f*, Übereinkunft *f*; *soluzione f di* **~** Kompromißlösung *f*; **~ettere** [-'met-tere] (3ee) *j-n* bloßstellen; *et.* aufs Spiel setzen; **~ettersi** [-'met-tersi] sich bloßstellen; **~isi** [-'mi:zi] *s. compromettere*.

comproprie|tà [komproprie'ta] *f* Mitbesitz *m*; **~tario** [-'ta:rio] *m* (*pl. -ri*) Mitinhaber *m*.

comprova [kom'prɔ:va] *f* Nachweis *m*; Bestätigung *f*; *in* **~** als Nachweis.

comprov|abile [kompro'va:bile] beweisbar; **~are** [-'va:re] (1c) bestätigen; beweisen.

compulsare [kompul'sa:re] (1a) ⨂ nachschlagen; überprüfen.

comp|ungere [kom'pundʒere] (3d) *fig.* mit Schmerz (und Reue) erfüllen; **~unsi** [-'punsi] *s. compungere*; **~unto** [-'punto] zerknirscht; **~unzione** [-puntsi'o:ne] *f* Zerknirschtheit *f*.

comput|abile [kompu'ta:bile] berechenbar; **~amento** [-ta'mento] *m* Berechnung *f*; **~are** [-'ta:re] (1l) berechnen; anrechnen; **~ista** [-'tista] *su.* (*m/pl. -i*) Buchhalter(in *f*) *m*; **~isteria** [-tiste'ri:a] *f* Buchführung *f*.

computo [kɔmputo] *m* Berechnung *f*; **~** *preventivo* Vorkalkulation *f*.

comun|ale [komu'na:le] städtisch; Gemeinde...; *consiglio m* **~** Gemeinderat *m*; *palazzo m* **~** Rathaus *n*; *scuola f* **~** Gemeindeschule *f*; *segretario m* **~** Stadtsekretär *m*; **~anza** [-'nantsa] *f* Gemeinschaft *f*; **~ardo** [-'nardo] *m* Kommunarde *m*, Anhänger *m* der Pariser Kommune.

comune [ko'mu:ne] **1.** *adj.* gewöhnlich, niedrig, gemein; gemeinsam; allgemein; *in* **~** gemeinschaftlich; gemeinsam; *bene m* **~** Gemeinwohl

n; *luogo m* **~** Gemeinplatz *m*; *nome m* **~** Gattungsname *m*; **2.** *m* Allgemeinheit *f*; Gemeinde *f*; *palazzo m del* **~** Stadthaus *n*; *Camera f dei Comuni* Unterhaus *n*; *fuori del* **~** außergewöhnlich; **3.** *f Thea.* Mitteltür *f*.

comun|ella [komu'nɛl-la] *f* kleine Vereinigung *f*; Hauptschlüssel *m*; *far* **~** sich zusammentun; **~emente** [-ne'mente] *adv.* gewöhnlich.

comunic|abile [komuni'ka:bile] mitteilbar; übertragbar; *fig.* gesellig; **~ando** [-'kando] *m Rel.* Kommunikant *m*; **~are** [-'ka:re] (1m *u. d*) **1.** *v/t.* mitteilen; *Rel.* **~** *qu.* j-m das Abendmahl erteilen; *Krankheiten* übertragen; **2.** *v/i.* in Verbindung stehen; **~arsi** [-'karsi] *Rel.* das Abendmahl empfangen; **~ativa** [-ka'ti:va] *f* Mitteilungsgabe *f*; **~ativo** [-ka'ti:vo] mitteilsam; **~ato** [-'ka:to] *m* Meldung *f*; Bericht *m*; **~** *straordinario* Sondermeldung *f*; *Pol.*, ⨯ Kommuniqué *n*; **~azione** [-katsi'o:ne] *f* Mitteilung *f*; ✆, *Tel.* Verbindung *f*, Anschluß *m*; **~** *telefonica* Telefongespräch *n*; *dare* **~** *di qc. a qu.* j-m et. mitteilen.

comun|ione [komuni'o:ne] *f* Gemeinschaft *f*; Gemeinde *f*; *Rel.* Kommunion *f*; **~** *d'interessi* Interessengemeinschaft *f*; *Rel. fare la* **~** das Abendmahl empfangen; **~ismo** [-'nismo] *m* Kommunismus *m*; **~ista** [-'nista] *su.* (*m/pl. -i*) Kommunist(in *f*) *m*; **~ità** [-ni'ta] *f* Gemeinde *f*; Gemeinwesen *n*; Gemeinschaft *f*; Gesamtheit *f*; *Rel.* Bruderschaft *f*; **~** *europea del carbone e dell'acciaio* Montanunion *f*; **~itario** [-ni'ta:rio] gemeinschaftlich, Gemeinschafts...

comunque [ko'munkue] wie auch immer; jedoch; jedenfalls.

con [kon] mit; durch; bei; trotz; **~** *mio rammarico* zu m-m Bedauern; **~** *questo damit*; **~** *questo tempo* bei diesem Wetter; **~** *tutto che* trotzdem; obwohl; **~** *tutto ciò* trotz alledem; **~** *il pretesto* unter dem Vorwand; **~** *tutte le sue ricchezze* trotz allen s-n Reichtümern; *avere* **~** *sé* bei sich haben.

conato [ko'na:to] *m* Versuch *m*; Anstrengung *f*; Reiz *m*; **~** *di vomito* Brechreiz *m*.

conca [kɔnka] *f* (*pl. -che*) Gefäß

(Waschgefäß) *n*; Mulde *f*; *Wasserb.* Schleuse *f*; *Anat.* Muschel *f*; la ♀ d'oro die Goldene Muschel (*Tal bei Palermo*).

concaten|are [koŋkate'na:re] (1a) verketten; **~azione** [-natsi'o:ne] *f* Verkettung *f*.

concausa [koŋ'ka:uza] *f* Nebenursache *f*.

concavità [koŋkavi'ta] *f* Hohlrundung *f*, Konkavität *f*.

concavo [koŋkavo] hohl; *Phys.* konkav.

conc|edere [kon'tʃɛ:dere] (3l) gewähren; zugeben; erlauben; bewilligen; verleihen; *Frist* einräumen; **~edersi** [-'tʃɛ:dersi]: ~ qc. sich et. leisten; **~edibile** [-tʃe'di:bile] was man gewähren (zugestehen, erlauben) kann.

concento [kon'tʃento] *m poet.* Harmonie *f*.

concentr|amento [kontʃentra-'mento] *m* Konzentrierung *f*; ✗ Zusammenziehung *f*; *campo m di ~* Konzentrationslager *n*; **~are** [-'tra:re] (1b) konzentrieren; zusammenziehen; **~arsi** [-'trarsi] sich konzentrieren; **~ato** [-'tra:to] **1.** *adj.* konzentriert; *fig.* versunken; **2.** *m* Konzentrat *n*; ~ *di pomodoro* Tomatenmark *n*; **~azione** [-tratsi'o:ne] *f* Konzentrierung *f*.

concentrico [kon'tʃɛntriko] (*pl.* -ci) konzentrisch (*a.* ⚛).

concep|ibile [kontʃe'pi:bile] denkbar, begreiflich; **~imento** [-pi-'mento] *m* Begreifen *n*; Empfängnis *f*; Fassung *f*; Gestaltung *f* (*e-s Werkes*); **~ire** [-'pi:re] (4d) konzipieren; auffassen; *Haß* fassen; *Verdacht* schöpfen; *Plan* ausdenken, ersinnen; *Schrift* entwerfen; *Physiol.* empfangen.

conceria [kontʃe'ri:a] *f* Gerberei *f*.

concernente [kontʃer'nɛnte] betreffs, betreffend.

concernere [kon'tʃɛrnere] (3a) betreffen.

concert|are [kontʃer'ta:re] (1b) verabreden; ♪ einstudieren; **~atore** [-ta'to:re] *m* (*mst maestro m ~*) Kapellmeister *m*; **~ina** [-'ti:na] *f* Konzertharmonika *f*; **~ista** [-'tista] *m* (*pl.* -i) Solist *m* in e-m Konzert; Konzertsänger *m*; **~istico** [-'tistiko] (*pl.* -ci) Konzert...

concerto [kon'tʃɛrto] *m* Konzert *n*;

fig. Übereinkommen *n*; ~ *da camera* Kammerkonzert *n*; ~ *di musica sacra* Kirchenkonzert *n*; *di ~ con* im Einverständnis mit.

concessi [kon'tʃɛs-si] *s.* concedere.

concess|ionario [kontʃes-sio'na:rio] *m* (*pl.* -ri) Konzessionär *m*; **~ione** [-si'o:ne] *f* Zugeständnis *n*; Konzession *f*; ~ *di credito* Kreditgewährung *f*; **~ivo** [-'si:vo] *Gram.* einräumend.

concesso [kon'tʃɛs-so] *s.* concedere.

conc|etto [kon'tʃɛt-to] *m* Begriff *m*; Gedanke *m*; Idee *f*; Plan *m*; *essere in ~* im Rufe sein; *buon* ~ gute Meinung *f*; *tenere qu. in ~ di* ... j-n für ... halten; **~ettoso** [-tʃet-'to:so] geist-, gedankenreich; **~ezione** [-tʃetsi'o:ne] *f* Auffassung *f*; *Physiol.* Empfängnis *f*; ~ *della vita* Lebensauffassung *f*; *Rel.* l'*Immacolata* ♀ die Unbefleckte Empfängnis.

conchiglia [koŋ'ki:ʎa] *f* Muschel *f*; Schneckengehäuse *n*.

conchi|udere [koŋki'u:dere], **~usi** [-ki'u:zi], **~uso** [-ki'u:zo] *s.* concludere *usw.*

concia [kontʃa] *f* (*pl.* -ce) Lohe *f*, Beize *f*; Gerben *n*; Gerberei *f*.

conci|aia [kon'tʃa:ia] *f* Lohgrube *f*; **~are** [-'tʃa:re] (1f) gerben; beizen; *fig.* zurichten; ~ *qu. per il di delle feste* j-n übel zurichten; **~ato** [-'tʃa:to] gegerbt; gebeizt; *fig.* übel zugerichtet; **~atore** [-tʃa'to:re] *m* Gerber *m*; **~atura** [-tʃa'tu:ra] *f* Gerben *n*.

concili|abile [kontʃili'a:bile] versöhnlich; vereinbar; **~abolo** [-li'a:bolo] *m* Konventikel *n*, *geheime* Zusammenkunft *f*; **~ante** [-li'ante] versöhnlich; **~are** [-li'a:re] **1.** *adj.* Konzil...; **2.** *v/t.* (1k) versöhnen; vereinigen; ~ *il sonno* schläfrig machen; ~ *l'appetito* den Appetit anregen; ~ *una multa* eine gebührenpflichtige Verwarnung sofort bezahlen; **~arsi** [-li'arsi] sich versöhnen; *Achtung* erwerben; **~ativo** [-lia'ti:vo] versöhnlich; gewinnend; **~atore** [-lia'to:re] *m* Vermittler *m*; *giudice* ~ Friedensrichter *m*; **~azione** [-liatsi'o:ne] *f* Versöhnung *f*; *la* ♀ die Lateranverträge *m/pl.*

concilio [kon'tʃi:lio] *m* (*pl.* -li) Konzil *n*, Kirchenversammlung *f*.

concim|aia [kontʃi'ma:ia] *f* Mistgrube *f*; **~are** [-'ma:re] (1a) düngen; **~atura** [-ma'tu:ra] f, **~azione** [-matsi'o:ne] f Düngung f, Düngen n.

concime [kon'tʃi:me] m Dünger m, -i pl. chimici Kunstdünger m.

concinnità [kontʃin-ni'ta] f lit. Harmonie f.

concio [kontʃo] (pl. -ci) **1.** adj. zugerichtet; **2.** m Mist m.

conci|onare [kontʃo'na:re] (1a) eine Rede halten; c.s. predigen; **~one** [-'tʃo:ne] f Rede f.

conc|isione [kontʃizi'o:ne] f Kürze f; Gedrängtheit f; **~iso** [-'tʃi:zo] kurz, gedrängt, bündig.

concist|oriale [kontʃistori'a:le] Konsistorial...; **~oro** [-tʃis'to:ro] m Konsistorium f.

concit|are [kontʃi'ta:re] (11 u. c) aufregen; **~ato** [-'ta:to] aufgeregt; **~azione** [-tatsi'o:ne] f Aufregung f.

concitt|adinanza [kontʃit-tadi-'nantsa] f Mitbürgerschaft f; **~adino** [-ta'di:no] m Mitbürger m.

concl|ave [koŋ'kla:ve] m Konklave n; **~avista** [-kla'vista] m (pl. -i) Konklavist m.

concl|udente [koŋklu'dente] zutreffend, triftig; **~udere** [-'klu:dere] (3q) **1.** v/t. schließen; folgern (di aus dat.); Verträge, Geschäfte abschließen; non ~ nulla nichts zustande bringen; **2.** v/i. et. ausmachen; beweisen; schließen; **~udersi** [-'klu:dersi] enden; **~usi** [-'klu:zi] s. concludere; **~usione** [-kluzi'o:ne] f Schluß m; Abschluß m; Schlußfolgerung f; ~ di un affare Geschäftsabschluß m; in ~ schließlich; -i pl. ⚖ Schlußanträge m/pl.; **~usivo** [-klu'zi:vo] folgernd; (ab)schließend; **~uso** [-'klu:zo] s. concludere.

concomit|ante [koŋkomi'tante] mitwirkend; Neben...; circostanze f/pl. -i Nebenumstände m/pl.; **~anza** [-'tantsa] f Mitwirkung f; gleichzeitiges Bestehen n.

concord|abile [koŋkor'da:bile] leicht zu vereinbaren (od. in Einklang zu bringen); **~anza** [-'dantsa] f Übereinstimmung f; **~are** [-'da:re] (1c) **1.** v/t. abstimmen; in Einklang bringen; Preis vereinbaren; **2.** v/i. übereinstimmen; **~atario** [-da-'ta:rio] das Konkordat betreffend; die Lateranverträge betreffend; **~ato** [-'da:to] **1.** adj. verabredet,

vereinbart; **2.** m Konkordat n, Abkommen n; Vergleich m.

conc|orde [koŋ'korde] einig; **~ordemente** [-korde'mente] in Eintracht; **~ordia** [-'kordia] f Eintracht f.

concorr|ente [koŋkor-'rente] su. Mitbewerber(in f) m; ♦ Konkurrent(in f) m; ditta f ~ Konkurrenzunternehmen n; **~enza** [-'rentsa] f Konkurrenz(kampf m) f; articolo m (od. merce f) di ~ zugkräftige Ware f; ~ sleale unlauterer Wettbewerb m; **~enziale** [-rentsi'a:le] Konkurrenz...; konkurrenzfähig.

conc|orrere [koŋ'kor-rere] (3o) zusammenlaufen; zusammentreffen; beitragen (a zu dat.); sich bewerben (a um acc.); **~orsi** [-'korsi] s. concorrere; **~orso** [-'korso] **1.** s. concorrere; **2.** m Zusammenlauf m, -fluß m; Beitrag m; Mitwirkung f; Beteiligung f; Wettbewerb m; Examen (Ausscheidungsexamen) n; Andrang m; ♦ Konkurs m; massa f in ~ Konkursmasse f; ~ di bellezza Schönheitswettbewerb m; ~ a premi Preisausschreiben n; bandire un ~ einen Wettbewerb ausschreiben.

concr|etare [koŋkre'ta:re] (1b) konkretisieren; abschließen; Ideen zusammenfassen; **~etarsi** [-kre'tarsi] Gestalt annehmen; **~etezza** [-kre-'tet-tsa] f Konkretheit f; Sachlichkeit f; **~etizzare** [-kretid'dza:re] konkret machen; verwirklichen; **~eto** [-'kre:to] **1.** adj. konkret; **2.** m Konkrete(s) n; Wirklichkeit f; Tatsache f; venire al ~ zur Sache kommen; in ~ in Wirklichkeit.

concub|ina [koŋku'bi:na] f Konkubine f; **~inario** [-bi'na:rio] im Konkubinat, in wilder Ehe lebend; **~inato** [-bi'na:to] m Konkubinat n.

conculc|are [koŋkul'ka:re] (1d) unterdrücken; mit Füßen treten; **~azione** [-katsi'o:ne] f Unterdrückung f; Verachtung f.

concupiscenza [koŋkupiʃ-'ʃentsa] f Begierde f; Gelüst n; (a. ~ carnale) Lüsternheit f.

concuss|ionario [koŋkus-sio'na:rio] (pl. -ri) **1.** adj. erpresserisch; **2.** m Erpresser m; **~ione** [-si'o:ne] f Erpressung f.

concusso [koŋ'kus-so] s. concutere.

concutere [kon'ku:tere] (3v) erpressen.

condanna [kon'dan-na] *f* Verurteilung *f*; Ablehnung *f*; ~ *a morte* Todesurteil *n*.

condann|abile [kondan-'na:bile] strafbar; verwerflich; **~are** [-'na:re] (1a) verurteilen (*a* zu *dat.*); verwerfen; **~ato** [-'na:to] *m* Verurteilte(r) *m*; **~evole** [-'ne:vole] verwerflich.

condebitore [kondebi'to:re] *m* Mitschuldner *m*.

condens|abile [konden'sa:bile] verdichtbar; **~abilità** [-sabili'ta] *f* Verdichtbarkeit *f*; **~amento** [-sa'mento] *m* Verdichtung *f*; **~are** [-'sa:re] (1b) kondensieren, verdichten; zusammendrängen; **~ato** [-'sa:to] **1.** *adj.* kondensiert, Kondens...; *latte m* ~ kondensierte Milch *f*; **2.** *m* Abriß *m*, Auszug *m*; Konzentrat *n*; **~atore** [-sa'to:re] *m* Kondensator *m*; Kondensor *m*; ~ *variabile* Drehkondensator *m*; **~azione** [-satsi'o:ne] *f* Verdichtung *f*; Kondensierung *f*.

cond|imento [kondi'mento] *m* Würze *f*; **~ire** [-'di:re] (4d) (*a. fig.*) würzen; *Salat* zurechtmachen.

condisc|endente [kondiʃ-ʃen'dɛnte] nachgiebig; **~endenza** [-ʃen'dɛntsa] *f* Nachgiebigkeit *f*; **~endere** [-'ʃendere] (3c) nachgeben.

condiscepolo [kondiʃ-'ʃe:polo] *m* Mitschüler *m*.

condisces|i [kondiʃ-'ʃe:si], **~so** [-so] *s. condiscendere*.

condito [kon'di:to] gewürzt.

condiv|idere [kondi'vi:dere] (3q) mit anderen teilen; *Schmerz, Meinung* teilen; **~isi** [-'vi:zi], **~iso** [-'vi:zo] *s. condividere*.

condizion|ale [konditsio'na:le] **1.** *adj.* bedingt, Bedingungs...; *condanna f* ~ Verurteilung *f* mit Strafaufschub; **2.** *m Gram.* Konditional *m*; **3.** *f* Bewährungsfrist *f*; *con la* ~ mit Bewährungsfrist; **~amento** [-na'mento] *m*: ~ *dell'aria* Klimaanlage *f*; **~are** [-'na:re] (1a) bedingen, abhängig machen; mit Klimaanlage versehen; zubereiten; ✝ *Waren* versandfertig machen; **~ato** [-'na:to] bedingt; zubereitet; versandfertig; *con aria -a* mit Klimaanlage.

condizione [konditsi'o:ne] *f* Bedingung *f*; Zustand *m*; Lage *f*; Beschaffenheit *f*; *-i di pagamento* Zahlungsbedingungen *f/pl.*; ~ *preliminare* Vorbedingung *f*; *a (sotto)* ~ unter der Bedingung; *di bassa* ~ von niedriger Herkunft; *non sono in* ~ *di* ich bin nicht in der Lage; *le -i d'un paese* die Lage *f* (*od.* die Verhältnisse *n/pl.*) eines Landes; *tristi -i* Notlage *f*; *-i di consegna* Liefer(ungs)bedingungen *f/pl.*; *imporre una* ~ *e-e* Bedingung stellen.

condoglianza [kondo'ʎantsa] *f* Beileid *n*; *visita f di* ~ Kondolenzbesuch *m*; *fare le -e a qu.* j-m sein Beileid ausdrücken.

condolersi [kondo'lersi] (2e): ~ *con qu.* j-m sein Beileid aussprechen.

condominiale [kondomini'a:le] Mitbesitzer...; *riunione f* ~ Mitbesitzerversammlung *f*.

condominio [kondo'mi:nio] *m* Mitbesitz *m*, Teilhaberschaft *f*.

condomino [kon'dɔ:mino] *m* Mitbesitzer *m*.

condon|abile [kondo'na:bile] erläßlich; **~are** [-'na:re] (1a) *Schulden, Strafen* erlassen.

condono [kon'dɔ:no] *m* Straferlaß *m*.

condor [kɔndor] *m* Kondor *m*.

cond|otta [kon'dɔt-ta] *f* Benehmen *n*; Betragen *n*; Führung *f*; Verhalten *n*; Leitung *f*; ~ *forzata* Druckleitung *f*; (*a.* ~ *medica*) Gemeindearztstelle *f*; *medico m dl* ~ Gemeindearzt *m*; **~ottiero** [-dot-ti'e:ro] *m* Heerführer *m*; **~otto** [-'dot-to] **1.** *s. condurre*; **2.** *adj.*: *medico m* ~ Gemeindearzt *m*; praktischer Arzt *m*; **3.** *m* Leitungsröhre *f*; *Anat.* Kanal *m*.

cond|ucente [kondu'tʃɛnte] **1.** *s. condurre*; **2.** *m* Fahrer *m*, Chauffeur *m*; ✝ Geschäftsführer *m*; **~ucibilità** [-dutʃibili'ta] *f Phys.* Leitfähigkeit *f*; **~uco** [-'du:ko] *s. condurre*; **~urre** [-'dur-re] (3e) führen; *Phys.* leiten; *Arbeiten* ausführen; ~ *via* abführen; **~ursi** [-'dursi] sich benehmen; **~ussi** [-'dus-si] *s. condurre*; **~uttività** [-dut-tivi'ta] *f ⚡* Leit(ungs)fähigkeit *f*; **~uttore** [-dut-'to:re] *m* Leiter *m*; *Auto:* Fahrer *m*; 🚂 Zugführer *m*; ✝ Geschäftsführer *m*; *Phys.* Leiter *m*; *filo m* ~ Leitungsdraht *m*; *fig.* roter Faden *m*; *tubo m* ~ Leitungsrohr *n*; **~uttura** [-dut-'tu:ra] *f* Leitung *f*; ~

sotterranea Erdleitung f; ~ per luce Lichtleitung f; **~uzione** [-dutsi'o:ne] f *Phys.* Leitung (Überleitung) f; ✝ u. ✕ Führung f.

confabul|are [konfabu'la:re] (1m) plaudern; **~azione** [-latsi'o:ne] f Geplauder m.

conf|acente [konfa'tʃɛnte] passend; **~arsi** [-'farsi] (3aa) passen; *Speisen:* gut bekommen; **~ece** [-'fe:tʃe]: si ~ s. confarsi.

confeder|ale [konfede'ra:le] Bundes...; *deliberazione f* ~ Bundesbeschluß m; **~arsi** [-'rarsi] (1m u. b) sich verbünden; **~ativo** [-ra'ti:vo] Bundes...; eidgenössisch; **~ato** [-'ra:to] 1. *adj.* Bundes...; 2. m Bundesgenosse m; Verbündete(r) m; **~azione** [-ratsi'o:ne] f Bund m; ♀ (*Elvetica* Schweizerische) Eidgenossenschaft f; ~ del lavoro Gewerkschaftsbund m.

confer|enza [konfe'rɛntsa] f Besprechung f; Rede f; *Pol.* Konferenz f; ▯ Vortrag m; ~ al massimo livello Gipfelkonferenz f; ~ stampa Pressekonferenz f; ~ di Ginevra Genfer Konferenz f; **~enziere** [-rentsi'ɛ:re] m Vortragende(r) m; Conférencier m; Redner m, Ansager m; **~imento** [-ri'mento] f Verleihung f; **~ire** [-'ri:re] (4d) 1. *v/t.* verleihen; abliefern; 2. *v/i.* gut bekommen; nützen; ~ con qu. mit j-m e-e Besprechung haben.

conferma [kon'ferma] f Bestätigung f; a ~ zur Bestätigung, bestätigend.

conferm|are [konfer'ma:re] (1a) bestätigen; *Rel.* einsegnen, konfirmieren; **~arsi** [-'marsi] sich bestätigen; *im Brief:* verbleiben; mi confermo Suo ... ich verbleibe Ihr ...; **~ativo** [-ma'ti:vo] bestätigend, bekräftigend; **~azione** [-matsi'o:ne] f Bestätigung f; *Rel.* Einsegnung f, Konfirmation f.

confess|are [konfes-'sa:re] (1b) gestehen; *Rel.* ~ qu. j-m die Beichte abnehmen; **~arsi** [-'sarsi] beichten; **~ionale** [-sio'na:le] 1. *adj.* Beicht...; 2. m Beichtstuhl m; **~ione** [-si'o:ne] f Geständnis n; *Rel.* Beichte f; Bekenntnis n.

confesso [kon'fɛs-so] geständig.

confessore [konfes-'so:re] m Beichtvater m; Bekenner m.

confett|are [konfet-'ta:re] (1b) einmachen; überzuckern; *Obst* ein-

kochen; **~iera** [-ti'ɛ:ra] f Bonbonniere f; **~iere** [-ti'ɛ:re] m Konditor m, Zuckerbäcker m.

confetto [kon'fet-to] m Konfekt n, Bonbon m u. n; -i pl. Zuckerwerk n; Mandelbonbons m/pl. als Hochzeitsgeschenk; quando si mangiano i -i? wann wird Hochzeit sein?

confettura [konfet-'tu:ra] f Konfitüre f.

confez|ionare [konfetsio'na:re] (1a) zubereiten; *Kleidung* anfertigen; abito m confezionato Konfektionsanzug m; **~ionatrice** [-tsiona'tri:tʃe] f Weißnäherin f; **~ione** [-tsi'o:ne] f Anfertigung f; -i pl. ✝ Konfektion f.

conficcare [konfik-'ka:re] (1d) annageln; *Nägel* einschlagen; *fig.* einprägen.

confid|are [konfi'da:re] (1a) 1. *v/t.* anvertrauen; 2. *v/i.* vertrauen (in auf *acc.*); **~arsi** [-'darsi] sich anvertrauen; **~ente** [-'dente] 1. *adj.* zuversichtlich; 2. *su.* Vertraute(r m) m u. f; Spitzel (Polizeispitzel) m; **~enza** [-'dentsa] f Vertrauen n; vertrauliche Mitteilung f; Vertraulichkeit f; avere ~ con qu. mit j-m vertraut sein; persona f di ~ Vertrauensperson f, zuverlässiger Mensch m; prendersi ~ sich Vertraulichkeiten erlauben; **~enziale** [-dentsi'a:le] vertraulich; strettamente ~ streng vertraulich.

configgere [kon'fid-dʒere] (3cc) annageln; *Nägel* einschlagen; *fig.* einprägen.

configur|are [konfigu'ra:re] (1a) darstellen; gestalten; **~arsi** [-'rarsi] Gestalt annehmen; **~azione** [-ratsi'o:ne] f Gestaltung f.

confin|ante [konfi'nante] 1. *adj.* angrenzend; *Stato m* ~ Grenzstaat m; 2. m Nachbar (Grenznachbar) m; **~are** [-'na:re] (1a) 1. *v/t.* deportieren; 2. *v/i.* angrenzen (con an *acc.*); **~ario** [-'na:rio] Grenz...

confin|e [kon'fi:ne] m Grenze f; passaggio m di ~ Grenzübertritt m, Grenzübergang m; polizia f di ~ Grenzpolizei f; violazione f di ~ Grenzverletzung f; zona f di ~ Grenzgebiet n; **~o** [-no] m Konfinierung f; Verbannungsort m.

confisca [kon'fiska] f (pl. -che) Beschlagnahme f.

confisc|abile [konfis'ka:bile] ein-

congiuntivite

ziehbar; **~are** [-'ka:re] (1d) beschlagnahmen, einziehen.

confissi [kon'fis-si] s. configgere.

confiteor [kon'fi:teor]: dire il ~ sich (für) schuldig bekennen.

confitto [kon'fit-to] s. configgere.

conflagrazione [konflagratsi'o:ne] f Umsturz m; Weltbrand m; Krieg m.

conflitto [kon'flit-to] m Konflikt m; ~ mondiale Weltkrieg m.

conflu|ente [konflu'ente] m Zusammenfluß m; Nebenfluß m; **~enza** [-'entsa] f Zusammenfluß m; Zusammenlauf m; **~ire** [-'i:re] (4d) zusammenfließen.

confond|ere [kon'fondere] (3bb) verwirren; verwechseln; vermengen; beschämen; **~ersi** [-dersi] die Fassung verlieren; F sich verheddern.

confondibile [konfon'di:bile] leicht zu verwechseln; vermischbar.

conform|are [konfor'ma:re] (1a) anpassen; **~arsi** [-'marsi] sich richten (a nach dat.); ~ alla legge das Gesetz befolgen; **~ato** [-'ma:to] gestaltet, geschaffen, angeordnet; **~azione** [-matsi'o:ne] f Gestaltung f; Anpassung f; Bau m; Bildung f.

conf|orme [kon'forme] 1. adj. übereinstimmend, entsprechend; 2. adv. wie; je nachdem; gemäß; **~ormismo** [-for'mizmo] m Konformismus m; **~ormista** [-for'mista] su. (m/pl. -i) Konformist(in f) m; **~ormità** [-formi'ta] f Übereinstimmung f; in ~ a gemäß (dat.).

confort|abile [konfor'ta:bile] tröstlich, zu trösten(d); **~are** [-'ta:re] (1c) stärken; trösten; anregen; Meinungen bekräftigen; **~atore** [-ta'to:re] m Tröster m; **~evole** [-'te:vole] behaglich, gemütlich.

conforto [kon'forto] m Stärkung f; Trost m.

confrat|ello [konfra'tel-lo] m Mitbruder m; **~ernita** [-'ternita] f Bruderschaft f.

confric|are [konfri'ka:re] (1l u. d) reiben; **~azione** [-katsi'o:ne] f Reibung f.

confrontare [konfron'ta:re] (1a) 1. v/t. vergleichen; Personen konfrontieren; 2. v/i. übereinstimmen.

confronto [kon'fronto] m Vergleich m; Konfrontation f.

conf|usi [kon'fu:zi] s. confondere; **~usionario** [-fuzio'na:rio] m (pl.

-ri) Wirrkopf m; **~usione** [-fuzi-'o:ne] f Verwirrung f; Vermengung f; Verwechs(e)lung f; Beschämung f; **~uso** [-'fu:zo] 1. s. confondere; 2. adj. verworren; beschämt; verlegen.

confut|abile [konfu'ta:bile] widerlegbar; **~are** [-'ta:re] (1l) widerlegen; **~azione** [-tatsi'o:ne] f Widerlegung f.

congedare [kondʒe'da:re] (1b) verabschieden; entlassen.

congedo [kon'dʒe:do] m Abschied m; Urlaub m; (a. foglio m di ~) Urlaubsschein m; andare in ~ auf Urlaub gehen; pensioniert werden.

cong|egnare [kondʒe'ɲa:re] (1a) zusammensetzen; **~egno** [-'dʒe:ɲo] m Mechanismus m, Vorrichtung f.

congel|amento [kondʒela'mento] m Gefrieren n; ✗ Erfrierung f; punto m di ~ Gefrierpunkt m; **~are** [-'la:re] (1b) 1. v/t. zum Gefrieren bringen; Guthaben einfrieren; 2. v/i. u. **~arsi** [-'larsi] gefrieren; gerinnen; **~ato** [-'la:to]: carne f -a Gefrierfleisch n; crediti m/pl. -i eingefrorene Kredite m/pl.; **~azione** [-latsi'o:ne] f Gefrieren n; Gerinnen n; **~atore** [-la'to:re] m Gefrierapparat m; Gefrierfach n.

con|genere [kon'dʒe:nere] gleichartig; **~geniale** [-dʒeni'a:le] geistesverwandt; **~genito** [-'dʒe:nito] angeboren.

congerie [kon'dʒe:rie] f inv. Haufen m, Anhäufung f.

congestion|amento [kondʒestiona'mento] m Stauung f, Verstopfung f; ✗ Blutandrang m; ~ del traffico Verkehrsstockung f; **~are** [-'na:re] verstopfen; **~ato** [-'na:to] überfüllt, verstopft; ✗ mit Blut überfüllt; **~e** [-ti'o:ne] f Blutandrang m; ~ cerebrale Blutandrang m zum Kopf.

conget|tura [kondʒet-'tu:ra] f Vermutung f, Mutmaßung f; **~turale** [-tu'ra:le] mutmaßlich; **~turare** [-tu'ra:re] (1a) vermuten.

con|giungere [kon'dʒundʒere] (3d) verbinden; **~giungersi** [-si] sich verbinden; sich vereinigen; **~giungimento** [-dʒundʒi'mento] m Verbindung f; Vereinigung f; **~giunsi** [-'dʒunsi] s. congiungere; **~giuntiva** [-dʒun'ti:va] f Bindehaut f; **~giuntivite** [-dʒunti'vi:te] f Bindehautentzündung f; **~giuntivo** [-dʒun'ti:vo] **1.** adj. bindend; Binde...; particella f -a Bindewort n; **2.** m Konjunktiv m; **~giunto** [-'dʒunto] **1.** s. congiungere; **2.** m Verwandte(r) m; **~giuntura** [-dʒun'tu:ra] f Verbindung(sstelle) f; Fuge f; Gelegenheit f; Anat. Gelenk n; ✝ Konjunktur f; alta ~ Hochkonjunktur f; **~giunzione** [-dʒuntsi'o:ne] f Verbindung f; Vereinigung f; Gram. Bindewort n.

congiura [kon'dʒu:ra] f Verschwörung f.

congiur|are [kondʒu'ra:re] (1a) sich verschwören; **~ato** [-'ra:to] m Verschworene(r) m.

conglob|amento [kongloba'mento] m Anhäufung f; ✝ Pauschalierung f; **~are** [-'ba:re] (1l u. c) zusammenbringen; **~ato** [-'ba:to] pauschaliert.

conglomer|are [konglome'ra:re] (1m u. c) zusammenhäufen; **~ato** [-'ra:to] m Konglomerat n; Zusammenballung f.

congratul|arsi [kongratu'larsi] (1m): ~ con qu. j-m gratulieren; **~azione** [-latsi'o:ne] f (mst pl. -i) Gratulation f; Glückwunsch m; gli facemmo le nostre sentite -i wir gratulierten ihm herzlich.

congr|ega [kon'grε:ga] f (pl. -ghe) Versammlung f; c.s. Rotte f; **~egare** [-gre'ga:re] (1b u. e) versammeln; **~egazione** [-gregatsi'o:ne] f Kongregation f; ~ di carità Wohltätigkeitsvereinigung f.

congr|essista [kongres-'sista] su. (m/pl. -i) Kongreßteilnehmer(in f) m; **~esso** [-'gres-so] m Kongreß m; ~ medico Ärztetagung f; ~ del partito Parteitag m; **~essuale** [-gres-su'a:le] Kongreß...

congru|ente [kongru'ente] übereinstimmend, kongruent; **~enza** [-'entsa] f Kongruenz f, Übereinstimmung f.

congruo [kongruo] passend, angemessen.

congu|agliare [kongua'ʎa:re] (1g) ausgleichen; **~aglio** [-gu'a:ʎo] m (pl. -gli) Ausgleich m.

coni|are [koni'a:re] (1k u. c) prägen; abprägen; fig. erfinden; **~atore** [-nia'to:re] m Präger m; **~atura** [-nia'tu:ra] f Prägung f.

conicità [konitʃi'ta] f konische Form f.

conico [kɔ:niko] (pl. -ci) konisch, kegelförmig; sezione f -a Kegelschnitt m.

conifer|o [ko'ni:fero] **1.** adj. zapfentragend; **2.** ~e [-re] f/pl. Nadelhölzer n/pl.

con|iglicoltura [koniʎikol'tu:ra] f Kaninchenzucht f; **~igliera** [-ni-'ʎε:ra] f Kaninchenbau m; **~iglio** [-'ni:ʎo] m (pl. -gli) Kaninchen n; fig. Angsthase m.

conio [kɔ:nio] m (pl. -ni) Prägestock m; Gepräge n; fig. Art f; Schlag m.

coniug|abile [koniu'ga:bile] konjugierbar; **~ale** [-'ga:le] ehelich, Ehe...; vita f ~ Eheleben n; **~are** [-'ga:re] (1l, c u. e) konjugieren; **~azione** [-gatsi'o:ne] f Konjugation f.

coniuge [kɔ:niudʒe] su. Ehegatte m, Ehegattin f; -i pl. Ehepaar n.

connaturato [kon-natu'ra:to] angeboren.

connazionale [kon-natsio'na:le] m Landsmann m.

conn|essione [kon-nes-si'o:ne] f Zusammenhang m; **~esso** [-'nεs-so] **1.** s. connettere; **2.** adj. zusammenhängend.

conn|ettere [kon-'net-tere] (3m) in Zusammenhang bringen; non ~ wirres Zeug reden; **~ettivo** [-net-'ti:vo]: tessuto m ~ Bindegewebe n.

conniv|ente [kon-ni'vente] stillschweigend einverstanden; **~enza** [-'ventsa] f stilles Einverständnis n.

connotato [kon-no'ta:to] m Kennzeichen n; -i pl. Personenbeschreibung f.

connubio [kon-'nu:bio] m (pl. -bi) Ehebund m; fig. Bündnis n.

cono [kɔ:no] m Kegel m; ♀ Zapfen m; ~ gelato Eistüte f.

conobbi [ko'nɔb-bi] s. conoscere.

conocchia [ko'nɔk-kia] f (pl. -cchie) (Spinn-)Rocken m.

conosc|ente [konoʃ-'ʃente] su. Bekannte(r m) m u. f; **~enza** [-'ʃentsa] f Kenntnis f; Bekanntschaft f; per ~ zur Kenntnisnahme; avere ~ di qc. über et. unterrichtet sein; fare la ~ di qu. j-n kennenlernen; perdere la ~ das Bewußtsein verlieren.

conoscere [ko'noʃ-ʃere] (3n) kennen; erkennen; sich auskennen; kennenlernen; ~ di nome dem

Namen nach kennen; ~ qu. di vista j-n nur vom Sehen kennen; *farsi* ~ sich bekannt machen; *darsi a* ~ sich zu erkennen geben; *conosco i miei polli* ich kenne meine Pappenheimer.

conosc|ibile [konoʃ-'ʃi:bile] erkennbar; **~itivo** [-ʃi'ti:vo] erkennend; Erkenntnis...; *facoltà f -a* Erkenntnisvermögen *n*; **~itore** [-ʃi'to:re] *m* Kenner *m*; ~ *di vini* Weinkenner *m*; **~iuto** [-'ʃu:to] bekannt.

conquibus [koŋku'i:bus] *m scherzh.* Geld *m*.

conquist|a [koŋku'ista] *f* Eroberung *f*; Erwerbung *f*; Bezwingung *f*; *fig.* Errungenschaft *f*; ~ *dello spazio* Weltraumeroberung *f*; **~are** [-kuis-'ta:re] (1a) erobern; bezwingen; *fig.* erwerben; **~atore** [-kuista-'to:re] *m* Eroberer *m*; Bezwinger *m*.

consacr|are [konsa'kra:re] (1a) weihen; widmen; *fig.* anerkennen; **~arsi** [-'krarsi] sich widmen; **~ato** [-'kra:to] heilig; **~azione** [-kratsi-'o:ne] *f* Weihe *f*; Widmung *f*.

consan|guineità [konsaŋguinei'ta] *f* Blutsverwandtschaft *f*; **~guineo** [-gu'i:neo] **1.** *adj.* blutsverwandt; **2.** *m* Blutsverwandte(r) *m*.

consap|evole [konsa'pe:vole] mitwissend; bewußt; *fare* ~ *qu. di qc.* j-n über et. in Kenntnis setzen; **~evolezza** [-pevo'let-tsa] *f* Mitwisserschaft *f*; Bewußtsein *n*.

conscio [kɔnʃo] bewußt.

consecutivo [konseku'ti:vo] aufeinanderfolgend.

consegna [kon'se:ɲa] *f* Übergabe *f*; ✝ Auslieferung *f*; Ablieferung *f*; ✗ Instruktion *f*; Weisung *f*; *ritardo m di* ~ Lieferverzögerung *f*; *termine m di* ~ Liefertermin *m*; ~ *a domicilio* frei Haus; *dare in* ~ zur Aufbewahrung geben.

consegn|are [konse'ɲa:re] (1a) übergeben; aushändigen; ✞ abliefern; *Personen* ausliefern; ✞ aufgeben; **~arsi** [-'ɲarsi] ✞✞ sich stellen; **~atario** [-ɲa'ta:rio] *m* (*pl.* -ri) Empfänger *m*; Treuhänder *m*.

consegu|ente [konsegu'ente] **1.** *adj.* folgend; *fig.* konsequent; **2.** *m* Schlußsatz *m*; **~enza** [-gu'entsa] *f* Folge(erscheinung) *f*; *Phil.* Folgerung *f*; *di* ~ folglich; *in* ~ *di qc.* infolge von et.; **~ibile** [-gu'i:bile] erreichbar; **~imento** [-gui'mento]

m Erreichung *f*; Erlangen *n*; Erwerbung *f*; **~ire** [-gu'i:re] (4a) **1.** *v/t.* erreichen, erlangen; **2.** *v/i.* folgen; hervorgehen.

consenso [kon'senso] *m* Zustimmung *f*, Einwilligung *f*; *di* (*od. per*) *comune* ~ einstimmig.

consensuale [konsensu'a:le] übereinstimmend, zustimmend.

consen|taneo [konsen'ta:neo] entsprechend; **~timento** [-ti'mento] *m* Zustimmung *f*; **~tire** [-'ti:re] (4b) erlauben; einwilligen; zugeben; **~ziente** [-tsi'ente] zustimmend.

conserto [kon'serto] verschlungen; gekreuzt; *con le braccia conserte* mit gekreuzten Armen.

conserva [kon'serva] *f* Konservierung *f*; Konserve *f*; ~ *di frutta* eingemachtes Obst *n*; *in* ~ eingemacht; *industria f delle -e alimentari* Konservenindustrie *f*; *mettere in* ~ einmachen; *fig. di* ~ in Übereinstimmung.

conserv|are [konser'va:re] (1b) erhalten; aufbewahren; bewahren; *Kochk.* einmachen, konservieren; **~arsi** *Lebensmittel:* sich halten; *Personen:* gesund bleiben; *Dio La conservi!* Gott erhalte Sie!; **~ativo** [-va'ti:vo] konservativ; **~atore** [-va'to:re] *m* Bewahrer *m*; Vorsteher (Museenvorsteher) *m*; *Pol.* Konservative(r) *m*; ~ *delle ipoteche* Hypothekenbewahrer *m*; **~atorio** [-va'tɔ:rio] *m* (*pl.* -ri) Konservatorium *n*; **~azione** [-vatsi'o:ne] *f* Erhaltung *f*; *istinto m di* ~ Selbsterhaltungstrieb *m*; **~ificio** [-vi'fi:tʃo] *m* Konservenfabrik *f*. [lung *f.*]

consesso [kon'ses-so] *m* Versammlung *f.* consider|abile [konside'ra:bile] erwägenswert; beträchtlich; **~ando** [-'rando]: ~ *che* ... in Erwägung, daß ...; **~are** [-'ra:re] (1m) betrachten; erwägen; abwägen; schätzen; **~atezza** [-ra'tet-tsa] *f* Bedachtsamkeit *f*; **~ato** [-'ra:to] überlegt; angesehen; ~ *che* ... in Anbetracht dessen, daß ...; *tutto* ~ *credo* ... nach Abwägung aller Umstände glaube ich ...; **~azione** [-ratsi'o:ne] *f* Betrachtung *f*; Überlegung *f*; Ansehen *n*; *prendere in* ~ in Erwägung ziehen; **~evole** [-'re:vole] beachtenswert; beträchtlich; ansehnlich; **~evolmente** [-revol'mente] erheblich.

consigli|abile [konsi'ʎa:bile] ratsam; **~are** [-'ʎa:re] (1g) v/t. raten; beraten; **~arsi** [-'ʎarsi] sich beraten; **~ere** [-'ʎɛ:re] m Ratgeber m; Rat m; **~** *municipale* Stadtverordnete(r) m; Stadtrat m.

consiglio [kon'si:ʎo] m (pl. -gli) Rat m; *buon* **~** Tip m; **~** *federale* Bundesrat m; **~** *comunale* Gemeinderat m; Magistrat m; **~** *d'Europa* Europarat m; **~** *dei ministri* Ministerrat m; **~** *di sicurezza* Sicherheitsrat m; **~** *di fabbriceria* Kirchenvorstand m; **~** *di guerra* Kriegsrat m; **~** *tecnico* Betriebsrat m.

consiliare [konsili'a:re] Rats...

consimile [kon'si:mile] ähnlich.

consist|ente [konsis'tɛnte] **1.** s. *consistere*; **2.** adj. dauerhaft; haltbar; bestehend; **~enza** [-'tɛntsa] f Bestand m; Haltbarkeit f; Basis f, Grundlage f; **~** *di cassa* Kassenbestand m.

consistere [kon'sistere] (3f) bestehen (*in*, *di* aus dat.).

consoci|abile [konso'tʃa:bile] vereinbar; **~are** (1c u. f) vereinen; **~azione** [-tʃatsi'o:ne] f Verein m.

consocio [kon'sɔ:tʃo] m (pl. -ci) Kompagnon m, Mitinhaber m.

consol|ante [konso'lante] tröstlich; **~are¹** [-'la:re] (1c) trösten; *fig.* stärken; **~arsi** [-'larsi] sich freuen.

consol|are² [konso'la:re] konsularisch; **~ato** [-'la:to] m Konsulat n; **~** *generale* Generalkonsulat n.

consol|atore [konsola'to:re] m Tröster m; **~atorio** [-la'tɔ:rio] (pl. -ri) Trost...; *parole* f/pl. -e Trostworte n/pl.; **~azione** [-latsi'o:ne] f Trost m; Freude f; *premio m di* **~** Trostpreis m.

console [kɔnsole] m Konsul m; **~** *generale* Generalkonsul m.

consolid|amento [konsolida'mento] m Befestigung f; **~are** [-'da:re] (1m u. c) befestigen; † konsolidieren; **~ato** [-'da:to] **1.** adj. konsolidiert; **2.** m konsolidierte Schuld f.

consommé [konso'me] m Kraftbrühe f.

conson|ante [konso'nante] **1.** adj. gleichlautend; **2.** f Konsonant m; **~anza** [-'nantsa] f Gleichklang m; **~are** [-'na:re] (1o) zusammenklingen; *fig.* übereinstimmen.

consono [kɔnsono] gleichlautend; *fig.* übereinstimmend (*a* mit dat.).

consorella [konso'rɛl-la] f Mitschwester f.

con|sorte [kon'sɔrte] su. Gefährte m, Gefährtin f; Gatte m, Gattin f; **~sorteria** [-sorte'ri:a] f Clique f; Sippschaft f; **~sorziale** [-sortsi'a:le] genossenschaftlich; **~sorzio** [-'sɔrtsio] m (pl. -zi) Vereinigung f; Konsortium n; Genossenschaft f.

constare [kons'ta:re] (1a) feststehen; **~** *di* bestehen aus; *consta* es steht fest; *mi consta che ...* es ist mir bekannt, daß ...

constat|are [konsta'ta:re] (1l) feststellen; **~azione** [-tatsi'o:ne] f Feststellung f.

consueto [konsu'ɛ:to] **1.** adj. gewohnt; **2.** m Gewohnte(s) n; *secondo il* **~** wie gewöhnlich; *più del* **~** mehr als gewöhnlich.

consue|tudinario [konsuetudi'na:rio] (pl. -ri) **1.** adj. Gewohnheits...; *diritto m* **~** Gewohnheitsrecht n; **2.** m Gewohnheitsmensch m; **~tudine** [-'tu:dine] f Gewohnheit f; *per* **~** aus Gewohnheit.

cons|ulente [konsu'lɛnte] **1.** adj. beratend; **2.** m Berater m; **~** *legale* Rechtsberater m; **~ulenza** [-'lɛntsa] f Beratung f; Beratungsbüro n; **~** *legale* Rechtsberatung f; *ufficio m di* **~** Beratungsstelle f; **~ulta** [-'sulta] f Beratung f; *Pol.* Rat m; **~ultare** [-sul'ta:re] (1a) **1.** v/t. befragen; um Rat fragen; zu Rate ziehen; ⚕ konsultieren; *Buch* nachschlagen; **2.** v/i. beraten; **~ultarsi** [-sul'tarsi] sich beraten; **~ultazione** [-sultatsi'o:ne] f Befragung f; Beratung f; ⚕ Konsultation f; *orario m di* **~** Sprechstunde f; *libro m di* **~** Nachschlagewerk n; **~** *popolare* Volksbefragung f; **~ultivo** [-sul'ti:vo] beratend; **~ulto** [-'sulto] m Rat m; ⚕ Konsilium n *mehrerer Ärzte*; **~ultore** [-sul'to:re] m Berater m; **~ultorio** [-sul'tɔ:rio] m Beratungsstelle f; Sprechzimmer n.

consum|abile [konsu'ma:bile] verbrauchbar; **~are** [-'ma:re] (1a) verbrauchen; abnutzen, abtragen; (*a. fig.*) verzehren; *Ehe* vollziehen; *Verbrechen* begehen; **~arsi** [-'marsi] sich verzehren; **~ato** [-'ma:to] **1.** adj. abgenutzt; *fig.* erfahren; **2.** m Kraftbrühe f; Salat m; **~atore** [-ma'to:re] m Verzehrer m; † Verbraucher m, Konsument m; **~azione** [-matsi'o:-

ne] *f* Abnutzung *f*; Verzehrung *f*;
Vollziehung *f*; ~ *dei secoli* Weltende *n*; *pagare la* ~ die Zeche bezahlen.
consumo [kon'su:mo] *m* Verbrauch *m*; ~ *di energia elettrica* Stromverbrauch *m*; *articolo m di* ~ Verbrauchsgegenstand *m*; *generi m/pl. di* ~ Verbrauchsgüter *n/pl.*; ~ *all'ingrosso* Massenverbrauch *m*; *imposta f (di)* ~ Verbrauchssteuer *f*; ~ *di combustibile* Kraftstoffverbrauch *m*; *cooperativa f di* ~ Konsumverein *m*.
cons|untivo [konsun'ti:vo] **1.** *adj.* aufzehrend; **2.** *m* (*a. bilancio m* ~) Bilanz *f*; **~unto** [-'sunto] verbraucht, abgenutzt; **~unzione** [-suntsi'o:ne] *f* Abnutzung *f*; Auszehrung *f*.
cont|abile [kon'ta:bile] **1.** *adj.* Rechnungs...; ✕ *ufficiale m* ~ Zahlmeister *m*; **2.** *m* Buchhalter *m*; **~abilità** [-tabili'ta] *f* Rechnungswesen *n*; ✝ Buchhaltung *f*.
contachilometri [kontaki'lɔ:metri] *m inv.* Kilometerzähler *m*.
contad|ina [konta'di:na] *f* Bäuerin *f*; **~inella** [-di'nel-la] *f* Bauernmädchen *n*; **~inello** [-lo] *m* Bauernbursche *m*; **~inesco** [-di'nesko] (*pl. -chi*) bäu(e)risch; **~ino** [-'di:no] **1.** *adj.* bäu(e)risch; **2.** *m* Bauer *m*.
contado [kon'ta:do] *m* Land *n*; ländliche Umgebung *f* e-r Stadt.
cont|agiare [konta'dʒa:re] (1f) anstecken; **~agio** [-'ta:dʒo] *m* (*pl. -gi*) Ansteckung *f*; Seuche *f*; **~agioso** [-ta'dʒo:so] ansteckend.
conta|giri [konta'dʒi:ri] *m inv.* Drehzahlmesser *m*, Tourenzähler *m*; **~gocce** [-'got-tʃe] *m inv.* Tropfenzähler *m*.
contamin|are [kontami'na:re] (1m) beflecken; **~azione** [-natsi'o:ne] *f* Befleckung *f*.
contante [kon'tante] **1.** *adj.* bar; **2.** *m*: *-i pl.* Bargeld *n*; *assegno m pagabile in -i* Barscheck *m*; *pagamento m* (*od. versamento m*) *in -i* Barleistung *f*; *a pronti -i* gegen bare Zahlung; *affare m in -i* Kassageschäft *n*.
cont|are [kon'ta:re] (1a) **1.** *v/t.* zählen; rechnen; *Geschichten* erzählen; **2.** *v/i.* rechnen; gelten; **~ascondi** [-tase'kondi] *m inv.* Sekundenzähler *m*; **~atore** [-ta'to:re] *m* Zähler *m*; Meßuhr *f*; ⊕ Zähl-

apparat *m*; Messer (Gasmesser) *m*; Taxameteruhr *f*; ~ *dell'elettricità* Stromzähler *m*; ~ *di Geiger* Geigerzähler *m*.
contatto [kon'tat-to] *m* Berührung *f*; ⚡ Kontakt *m*; ~ *a spina* Steckkontakt *m*; ~ *radio* Funkverbindung *f*; ⚡ *far* ~ Kontakt haben; *presa f di* ~ Fühlungnahme *f*; *prendere* ~ Fühlung nehmen.
conte [konte] *m* Graf *m*.
contea [kon'te:a] *f* Grafschaft *f*.
cont|eggiare [konted-'dʒa:re] (1f) (be)rechnen; verrechnen; **~eggio** [-'ted-dʒo] *m* (*pl. -ggi*) Rechnen *n*; Abrechnung *f*; ~ *alla rovescia* Herunterzählen *n beim Start*.
cont|egno [kon'te:ɲo] *m* Benehmen *n*; Haltung *f*; zurückhaltend; **~egnoso** [-te'ɲo:so] zurückhaltend.
contemper|amento [kontempera-'mento] *m* Milderung *f*; Mischung *f*; **~are** [-'ra:re] (1m *u.* b) mildern; mischen.
contempl|are [kontem'pla:re] (1b) betrachten; beschauen; 👁 vor(her)sehen; *sich beziehen auf* (*acc.*); **~ativo** [-pla'ti:vo] beschaulich; **~atore** [-pla'to:re] *m* Beschauer *m*; **~azione** [-platsi'o:ne] *f* Betrachtung *f*; Beschaulichkeit *f*.
contempo [kon'tempo]: *nel* ~ gleichzeitig, zugleich.
contemp|oraneità [kontempora-nei'ta] *f* Gleichzeitigkeit *f*; **~oraneo** [-'ra:neo] **1.** *adj.* gleichzeitig; zeitgenössisch; **2.** *m* Zeitgenosse *m*.
contendere [kon'tendere] (3c) **1.** *v/t.* streitig machen; *fig.* verhindern; **2.** *v/i.* streiten.
conten|ere [konte'ne:re] (2q) enthalten; *Zorn* zügeln; *Tränen* zurückhalten; **~ersi** [-'nersi] *sich benehmen*; *sich beherrschen*.
contengo [kon'teɲgo], **contenni** [-'ten-ni] *s.* **contenere**.
content|abile [konten'ta:bile] zu befriedigen; **~amento** [-ta'mento] *m* Befriedigung *f*; **~are** [-'ta:re] (1b) befriedigen; zufriedenstellen; **~arsi** [-'tarsi] *sich begnügen* (*di* mit); **~atura** [-ta'tu:ra] *f* Zufriedensein *n*; *di facile* ~ leicht zu befriedigen; **~ezza** [-'tet-tsa] *f* Zufriedenheit *f*; **~ino** [-'ti:no] *m* Zugabe *f*; kleines Geschenk *n*.
contento [kon'tento] **1.** *adj.* zufrie-

den (*di* mit); *abs.* essere ~ sich freuen; **2.** *m* Zufriedenheit *f*.

conten|utista [kontenu'tista] *m* (*pl.* -*i*) *lit.* Schriftsteller, dem es mehr auf den Inhalt als auf die Form ankommt; **~uto** [-'nu:to] *m* Inhalt *m*; ~ metallico Metallgehalt *m*.

contenzioso [kontentsi'o:so] **1.** *adj.* umstritten; **2.** *m* Gerichtshof *m*; ~ tributario Steuergerichtsbarkeit *f*.

conteria [konte'ri:a] *f* Jett *m u. n*, Glasperlen *f*/*pl.* [grenzend.⟩

conterminale [kontermi'na:le] an-⟩

conterraneo [konter-'ra:neo] **1.** *adj.* aus demselben Ort; **2.** *m* Landsmann *m*.

conterrò [konter-'rɔ] *s* contenere.

cont|esa [kon'te:sa] *f* Streit *m*; **~esi** [-si], **~eso** [-so] *s.* contendere.

contessa [kon'tes-sa] *f* Gräfin *f*.

contessere [kon'tɛs-sere] (3a) verflechten.

contest|abile [kontes'ta:bile] bestreitbar; anfechtbar; **~are** [-'ta:re] (1b) beanstanden; bestreiten; 𝄪 anhängig machen; mitteilen, eröffnen; **~azione** [-tatsi'o:ne] *f* Anfechtung *f*; Anhängigmachen *n*; Mitteilung *f*, Eröffnung *f*.

contesto [kon'tɛsto] *m* Zusammenhang *m*.

contezza [kon'tet-tsa] *f* *lit.* Kenntnis *f*; dare ~ di qc. über et. (*acc.*) Nachricht geben.

conticino [konti'tʃi:no] *m* kleine Rechnung *f*.

contiene [konti'ɛ:ne] *s.* contenere.

cont|iguità [kontigui'ta] *f* Angrenzen *n*; Nähe *f*; **~iguo** [-'ti:guo] anstoßend; la mia camera è -a alla tua mein Zimmer stößt an das deinige an.

continentale [kontinen'ta:le] festländisch; blocco *m* ~ Kontinentalsperre *f*.

continente[1] [konti'nɛnte] *m* Festland *n*, Kontinent *m*.

contin|ente[2] [konti'nɛnte] enthaltsam; **~enza** [-'nɛntsa] *f* Enthaltsamkeit *f*.

conting|entamento [kontindʒenta'mento] *m* Kontingentierung *f*; **~entare** [-dʒen'ta:re] (1b) kontingentieren; **~ente** [-'dʒɛnte] **1.** *adj.* zufällig; zustehend; **2.** *m* Quote *f*; ⚔ Kontingent *n*; **~enza** [-'dʒɛntsa] *f* Zufälligkeit *f*; Gelegenheit *f*; -e *pl.* Umstände *m*/*pl.*

continu|abile [kontinu'a:bile] fortsetzbar; **~abilità** [-abili'ta] *f* Fortsetzbarkeit *f*; **~are** [-'a:re] (1m) **1.** *v*/*t.* fortsetzen; **2.** *v*/*i.* fortfahren; andauern; ⚏ continua Fortsetzung folgt; **~atamente** [-ata'mente] ununterbrochen; fortwährend; **~ativo** [-a'ti:vo] fortdauernd; **~atore** [-a'to:re] *m* Fortsetzer *m*; **~azione** [-atsi'o:ne] *f* Fortsetzung *f*; **~ità** [-i'ta] *f* Fortdauer *f*; Stetigkeit *f*.

continuo [kon'ti:nuo] fortdauernd; ständig; di ~ fortwährend; piogge *f*/*pl.* -e Dauerregen *m*; febbre *f* -a kontinuierliches Fieber *m*; ⚡ corrente *f* -a Gleichstrom *m*; 𝄪 frazione *f* -a Kettenbruch *m*; proporzione *f* -a stetige Proportion *f*.

conto [konto] *m* Rechnung *f*; Konto *n*; ~ corrente (bancario) Bankkonto *n*; Scheckkonto *n*; ~ corrente postale Postscheckkonto *n*; generale Sammelkonto *n*; ~ profitti e perdite Gewinn- und Verlustkonto *n*; ~ segreto Geheimkonto *n*; ~ delle spese Spesenkonto *n*; ~ vincolato Sperrkonto *n*; rendere ~ Rechenschaft ablegen; di gran ~ sehr angesehen; mettere ~ verlohnen; far ~ di ... gedenken zu (*inf.*); fare ~ che ... annehmen, daß ...; fare di ~ rechnen; fare i -i Abrechnung halten; fare ~ su qu. auf j-n rechnen; tenere ~ di qc. sich et. merken; tener da ~ qc. et. mit Sorgfalt behandeln; tenere qu. in gran (poco) ~ viel (wenig) von j-m halten; tenere qu. in ~ di ... j-n halten für ...; a ~ auf Abschlag; rendersi ~ di qc. sich et. klarmachen; per ~ mio was mich anbelangt; sul tuo ~ über dich; a buon ~ immerhin; alla fin dei -i schließlich; Corte *f* dei -i Rechnungshof *m*.

contorc|ere [kon'tɔrtʃere] (3d) verdrehen; **~ersi** [-si] sich winden.

contorcimento [kontortʃi'mento] *m* Verzerrung *f*; Winden *n*.

cont|ornare [kontor'na:re] (1a) umgeben (*di* mit); Kleidung: umsäumen; *Typ.* einfassen; Zeichnk. die Umrisse zeichnen; **~orno** [kon'torno] *m* Umriß *m*; Umgegend *f*; Einfassung *f*; Kontur *f*; Kochk. Beilage *f*.

cont|orsi [kon'tɔrsi] *s.* contorcere, **~orsione** [-torsi'o:ne] *f* Verdrehung *f*; *fig.* Verschrobenheit *f*; Akrobatenkunststück *n*; **~orto** [-'tɔrto]

1. *s.* contorcere; **2.** *adj.* gewunden; *fig.* stile *m* ~ geschraubter Stil *m*.

contra [kontra] *s.* contro.

contr|abbandare [kontrab-ban-'da:re] (1a) schmuggeln; **~abbandiere** [-bandi'ε:re] *m* Schmuggler *m*; **~abbando** [-'bando] *m* Schmuggel *m*; ~ d'armi Waffenschmuggel *m*; *di* ~ *fig.* heimlich; **~abbassista** [-bas-'sista] *su.* (*m/pl.* -i) Baßgeiger (-in *f*) *m*; **~abbasso** [-'bas-so] *m* ♪ Kontrabaß *m*.

contrac|cambiare [kontrak-kam-bi'a:re] (1k) vergelten; *Grüße* erwidern; **~cambio** [-'kambio] *m* (*pl.* -bi) Vergeltung *f*; Erwiderung *f*; **~cassa** [-'kas-sa] *f äußeres* Uhrgehäuse *n*; **~colpo** [-'kolpo] *m* Rückschlag *m*; **~cusa** [-'ku:za] *f* Gegenbeschuldigung *f*.

contrada [kon'tra:da] *f* Gegend *f*; Stadtviertel *n*; Straße *f*; ~ *selvaggia* Wildnis *f*.

contrad|detto [kontrad-'det-to] *s.* contraddire; **~dire** [-'di:re] (3t) widersprechen; **~dissi** [-'dis-si] *s.* contraddire; **~distinguere** [-dis-'tinguere] (3d) kennzeichnen; unterscheiden; **~dittore** [-dit-'to:re] *m* Widersprecher *m*; **~dittorio** [-dit-'tɔ:rio] (*pl.* -ri) **1.** *adj.* widersprechend; *Phil.* kontradiktorisch; **2.** *m* Diskussion *f*; **~dizione** [-ditsi'o:ne] *f* Widerspruch *m*.

contrae [kon'trae] *s.* contrarre.

contraente [kontra'ente] **1.** *adj.* vertragschließend; **2.** *m* Kontrahent *m*; Vertragschließende(r) *m*; ~ *di un mutuo* Darlehensnehmer *m*.

contra|erea [kontra'ε:rea] *f* Fliegerabwehrartillerie *f*, Flak *f*; **~ereo** [-'ε:reo] Flugabwehr...

contraf|fare [kontraf-'fa:re] (3aa) nachmachen; fälschen; *Typ.* nachdrucken; **~farsi** [-'farsi] sich verstellen; sich verkleiden; **~fatto** [-'fat-to] nachgemacht, gefälscht; unecht; **~fattore** [-fat-'to:re] *m* Nachahmer *m*; Fälscher *m*; Nachdrucker *m*; **~fazione** [-fatsi'o:ne] *f* Nachahmung *f*; Fälschung *f*; Nachdruck *m*; **~forte** [-'forte] *m* Strebepfeiler *m*; *Geogr.* Ausläufer *m*; *Kleidung*: Verstärkung *f*.

contraggenio [kontrad-'dʒε:nio] *m* Widerwille *m*; *di* ~ widerwillig.

contraggo [kon'trag-go] *s.* contrarre.

contralto [kon'tralto] *m* ♪ Altstimme *f*; Altist(in *f*) *m*.

contrammiraglio [kontram-mi-'ra:ʎo] *m* (*pl.* -gli) Konteradmiral *m*.

contrap|passo [kontrap-'pas-so] *m* Wiedervergeltung *f*; **~pelo** [-'pe:lo] *m* Gegenstrich *m*; **~pesare** [-pe-'sa:re] (1a) **1.** *v/t.* aufwiegen; das Gegengewicht herstellen zu; **2.** *v/i.* das Gegengewicht bilden; **~peso** [-'pe:so] *m* Gegengewicht *n*; Balancierstange *f*; **~porre** [-'por-re] (3ll) entgegensetzen; entgegenstellen; **~posizione** [-pozitsi'o:ne] *f* Gegenüberstellung *f*; **~posto** [-'posto] **1.** *s.* contrapporre; **2.** *m* Gegensatz *m*; Gegenstück *n*; **~puntare** [-pun'ta:re] (1a) kontrapunktieren; **~puntista** [-pun'tista] *su.* (*m/pl.* -i) Kontrapunktist(in *f*) *m*; **~punto** [-'punto] *m* Kontrapunkt *m*.

contrari|amente [kontraria'mente] im Gegensatz zu; **~are** [-ri'a:re] (1k) *j-m* widersprechen; durchkreuzen; hindern; **~ato** [-ri'a:to] verärgert, ärgerlich; **~età** [-rie'ta] *f* Widerspruch *m*; Ungunst *f*; *fig.* Widerwärtigkeit *f*; *pl.* Schicksalsschläge *m/pl.*

contrario [kon'tra:rio] (*pl.* -ri) **1.** *adj.* entgegen; entgegengesetzt; widrig; schädlich; konträr; *essere* ~ dagegen sein; *voto in* ~ Gegenstimme *f*; **2.** *m* Gegenteil *n*; Gegensatz *m*; *al* ~ im Gegenteil; *non aver nulla in* ~ nichts dagegen haben.

contrarre [kon'trar-re] (3xx) zusammenziehen; *Freundschaft* schließen; *Schulden* machen; *Krankheit* sich zuziehen; *Verpflichtung* eingehen; *Laster* annehmen; ~ *matrimonio* die Ehe schließen.

contrass|egnare [kontras-se'ɲa:re] (1a) gegenzeichnen; **~egno** [-'se:ɲo] *m* Zeichen *n*; Erkennungszeichen *n*; Erkennungsmarke *f*; Abzeichen *n*; *fig.* Anzeichen *n*.

contrassi [kon'tras-si] *s.* contrarre.

contr|astabile [kontras'ta:bile] bestreitbar; **~astare** [-tras'ta:re] (1a) **1.** *v/t.* bestreiten; **2.** *v/i.* entgegenstehen; e-n Gegensatz bilden; ~ *con qu.* mit j-m streiten; **~astato** [-tras'ta:to] umstritten; zweifelhaft; **~asto** [-'trasto] *m* Widerstand *m*; Gegensatz *m*; Streit *m*; *Phot.* Kontrast *m*; *senza* ~ unbestritten.

contrattabile [kontrat-'ta:bile] handelbar; käuflich.

contrattacco [kontrat-'tak-ko] *m* (*pl.* -*cchi*) Gegenangriff *m*.

contratt|are [kontrat-'ta:re] (1a) (unter)handeln; feilschen; **~azione** [-tatsi'o:ne] *f* Unterhandlung *f*.

contrattempo [kontrat-'tempo] *m* Zwischenfall *m*; Mißgeschick *n*.

contr|attile [kon'trat-tile] zusammenziehbar; **~attilità** [-trat-tili'ta] *f* Zusammenziehbarkeit *f*.

contratto[1] [kon'trat-to] **1.** *s.* contrarre; **2.** *adj.* verkrümmt.

contr|atto[2] [kon'trat-to] *m* Vertrag *m*; ~ *collettivo di lavoro* Kollektivvertrag *m*; ~ *di compra* Kaufvertrag *m*; ~ *d'affitto* Mietvertrag *m*; *contrario al* ~ kontraktwidrig; *conclusione f del* ~ Vertragsabschluß *m*; *schema m di* ~ Vertragsentwurf *m*; *violazione f di* ~ Vertragsbruch *m*; **~attuale** [-trat-tu'a:le] vertragsmäßig; *condizione f* ~ Vertragsbedingung *f*.

contrav|veleno [kontrav-ve'le:no] *m* Gegengift *n*; **~venire** [-ve'ni:re] (4p) zuwiderhandeln; **~ventore** [-ven'to:re] *m* Übertreter *m*; **~venzione** [-ventsi'o:ne] *f* Übertretung *f*; Gesetzesübertretung *f*; Geldstrafe *f*; ~ *alle leggi tributarie* Steuervergehen *n*; ~ *alle leggi forestali* Forstfrevel *m*; *avviso m di* ~ Strafmandat *n*; **~viso** [-'vi:zo] *m* Widerruf *m*.

contrazione [kontratsi'o:ne] *f* Zusammenziehung *f*; *Gram.* Kontraktion *f*.

contri|buente [kontribu'ente] *su.* Steuerzahler(in *f*) *m*; Beitragende(r) *m*; ~ *moroso* Steuerschuldner *m*; **~buire** [-bu'i:re] (4d) beitragen; **~buto** [-'bu:to] *m* Beitrag *m*; ~ *annuale* Jahresbeitrag *m*; ~ *straordinario* Sonderbeitrag *m*; **~butore** [-bu'to:re] *m* Beitragende(r) *m*; **~buzione** [-butsi'o:ne] *f* Beitrag *m*; Steuer *f*.

contristare [kontris'ta:re] (1a) betrüben.

contr|ito [kon'tri:to] zerknirscht; **~izione** [-tritsi'o:ne] *f* Zerknirschung *f*.

contro [kontro] gegen; wider; *dare* ~ *a qu.* gegen j-n sein.

contro|assicurazione [kontroassikuratsi'o:ne] *f* Rückversicherung

f; **~battere** [-'bat-tere] (3a) zurückschlagen; *fig.* widerlegen; **~battuta** [-bat-'tu:ta] *f* Rückschlag *m*; **~bilanciare** [-bilan'tʃa:re] (1f) aufwiegen; **~corrente** [-kor-'rente] *f* Gegenströmung *f*; ⚡ Gegenstrom *m*; **~dado** [-'da:do] *m* ⊕ Gegenmutter *f*; **~dichiarazione** [-dikiaratsi'o:ne] *f* Gegenerklärung *f*.

controffensiva [kontrof-fen'si:va] *f* Gegenoffensive *f*.

contro|figura [kontrofi'gu:ra] *f* *Film*: Double *n*; **~finestra** [-fi-'nestra] *f* Doppelfenster *n*; **~firma** [-'firma] *f* Gegenzeichnung *f*; **~firmare** [-fir'ma:re] (1a) gegenzeichnen; **~fodera** [-'fɔ:dera] *f* Zwischenfutter *n*; **~fondo** [-'fondo] *m* Doppelboden *m*; **~governo** [-go'verno] *m* Gegenregierung *f*; **~indicazione** [-indikatsi'o:ne] *f* ⚕ Kontraindikation *f*; **~lettera** [-'let-tera] *f* Gegenbrief *m*.

contr|ollare [kontrol-'la:re] (1c) prüfen, kontrollieren; beherrschen; **~ollo** [-'trɔl-lo] *m* Kontrolle *f*; ~ *dei biglietti* Fahrkartenkontrolle *f*; **~ollore** [-trol-'lo:re] *m* Kontrolleur *m*; Aufpasser *m*.

contro|luce [kontro'lu:tʃe] *f* Gegenlicht *n*; **~mano** [-'ma:no]: *viaggiare* ~ auf der falschen Straßenseite fahren; **~marca** [-'marka] *f* (*pl.* -*che*) Garderobenmarke *f*; **~marcia** [-'martʃa] *f* (*pl.* -*ce*) Gegenmarsch *m*; **~mina** [-'mi:na] *f* Gegenmine *f*; **~minare** [-mi'na:re] (1a) gegenminieren; *fig.* entgegenarbeiten; **~mossa** [-'mɔs-sa] *f* Gegenzug *m*; **~muro** [-'mu:ro] *m* Strebemauer *f*; **~nota** [-'nɔ:ta] *f* Gegennote *f*; **~pagina** [-'pa:dʒina] *f* Rückseite *f*; **~parte** [-'parte] *f* Gegenpartei *f*; *Spiel*: Widerpart *m*; **~partita** [-par'ti:ta] *f* ✝ Gegenposten *m*; *fig.* Ausgleich *m*; **~pelo** [-'pe:lo] **1.** *m* Gegenstrich *m*; *fare il* ~ gegen den Strich rasieren; **2.** *adv.* gegen den Strich; **~producente** [-produ'tʃente] gegenwirkend; **~progetto** [-pro'dʒet-to] *m* Gegenentwurf *m*; **~proposta** [-pro-'posta] *f* Gegenvorschlag *m*; **~prova** [-'prɔ:va] *f* Gegenprobe *f*; **~querela** [-kue're:la] *f* Gegenklage *f*.

contr|ordinare [kontrordi'na:re] (1m) widerrufen; abbestellen; **~ordine** [-'trordine] *m* Gegenbefehl *n*.

contro|relazione [kontrorelatsi'oː-ne] f Gegenbericht m; **~replica** [-'rɛːplika] f (pl. -che) Gegenerwiderung f; **~ricevuta** [-ritʃe'vuːta] f Gegenquittung f; **~riforma** [-ri'forma] f Gegenreformation f; **~risposta** [-ris'posta] f Gegenantwort m; **~rivoluzionario** [-rivolutsio'naːrio] (pl. -ri) 1. m Gegenrevolutionär m; 2. adj. gegenrevolutionär; **~rivoluzione** [-rivolutsi'oːne] f Gegenrevolution f; **~scena** [-'ʃɛːna] f Thea. stummes Spiel n; **~senso** [-'sɛnso] m Widersinn m; **~spionaggio** [-spio'nadː-dʒo] m Gegenspionage f, Spionageabwehr f.

controsservazione [kontros-servatsi'oːne] f Gegenbemerkung f.

contro|stimolo [kontros'tiːmolo] m Beruhigungsmittel n; **~valore** [-va'loːre] m Gegenwert m; **~vapore** [-va'poːre] m Gegendampf m; **~veleno** [-ve'leːno] s. contravveleno; **~versia** [-'vɛrsia] f Meinungsverschiedenheit f; Streitfrage f; Kontroverse f; porre in ~ bestreiten; **~verso** [-'vɛrso] strittig; **~vertere** [-'vɛrtere] (3uu) bestreiten; in Zweifel ziehen; **~vertibile** [-ver'tiːbile] bestreitbar; zweifelhaft; **~visita** [-'viːzita] f Gegenbesuch m; **~voglia** [-'vɔːʎa] widerwillig.

contum|ace [kontu'maːtʃe] trotzig; ⚖ abwesend bei e-r gerichtlichen Verhandlung; **~acia** [-'maːtʃa] f ⚖ Abwesenheit f; Ungehorsam m gegen e-e gerichtliche Ladung; ♃ Quarantäne f; condannare in ~ in Abwesenheit verurteilen; **~aciale** [-ma'tʃaːle]: giudizio m ~ Versäumnisurteil n; procedimento m ~ Versäumnisverfahren n.

contumelia [kontu'mɛːlia] f Beschimpfung f.

contundente [kontun'dɛnte] quetschend; corpo m ~ stumpfer Gegenstand m.

contundere [kon'tundere] (3bb) zerquetschen.

conturb|amento [konturba'mento] m Beunruhigung f; Aufregung f; **~are** [-'baːre] (1a) beunruhigen; aufregen; **~azione** [-batsi'oːne] f Aufregung f.

cont|usi [kon'tuːzi] s. contundere; **~usione** [-tuzi'oːne] f Quetschung

f; Verletzung f; **~uso** [-'tuːzo] s. contundere.

contutto|ché [kontut-to'ke] obgleich; **~ciò** [-'tʃɔ] trotz alledem.

convalesc|ente [konvaleʃ-'ʃɛnte] 1. adj. genesend; 2. m Rekonvaleszent m; **~enza** [-'ʃɛntsa] f Rekonvaleszenz f; **~enziario** [-ʃentsi'aːrio] m Heilstätte f, Genesungsheim n.

convalida [kon'vaːlida] f Beglaubigung f; Bestätigung f.

convalid|are [konvali'daːre] (1m) bestätigen; bekräftigen; **~azione** [-datsi'oːne] f Bestätigung f; Bekräftigung f.

convalle [kon'valːe] f weites Tal n.

convegno [kon've:ɲo] m Zusammenkunft f; Ort m der Zusammenkunft; Stelldichein n; punto m di ~ Treffpunkt m; darsi ~ zusammenkommen.

conven|evole [konve'neːvole] 1. adj. passend; 2. m Gebühr f; -i pl. Komplimente n/pl.; **~evolezza** [-nevo-'let-tsa] f Angemessenheit f; Gebührlichkeit f; **~iente** [-ni'ɛnte] passend; vorteilhaft; Preis: angemessen, mäßig; **~ienza** [-ni'ɛntsa] f Anstand m; Vorteil m; Würde f; visita f di ~ Anstandsbesuch m; matrimonio m di ~ Vernunftheirat f; -e pl. Umstände m/pl.; **~ire** [-'niːre] (4p) 1. v/t. vorladen; 2. v/i. zusammenkommen; zugeben; abmachen; sich lohnen; müssen; non mi conviene es paßt mir nicht; conviene che io ... ich muß ...; **~irsi** [-'nirsi] sich schicken; **~ticola** [-'tiːkola] f Konventikel n, heimliche Zusammenkunft f.

con|vento [kon'vɛnto] m Kloster n; **~ventuale** [-ventu'aːle] 1. adj. klösterlich; 2. m Franziskanermönch m.

convenuto [konve'nuːto] 1. s. convenire; 2. m Übereinkommen n; ⚖ Beklagte(r) m.

convenz|ionale [konventsio'naːle] konventionell; **~ionalismo** [-na-'lizmo] m Konventionalismus m; **~ione** [-tsi'oːne] f Abkommen n; Pol. Vertrag m; ~ doganale Zollabkommen m; ~ tariffale Tarifvertrag m.

converg|ente [konver'dʒɛnte] zusammenlaufend; **~enza** [-'dʒɛntsa] f Konvergenz f.

convergere [kon'verdʒere] (3uu) zusammenlaufen.

conversa [kon'versa] f Laienschwester f.

convers|are [konver'sa:re] (1b) **1.** v/i. sich unterhalten; plaudern; **2.** m Unterhaltung f; **~azione** [-satsi'o:ne] f Unterhaltung f.

conversione [konversi'o:ne] f Umwandlung f; Gesinnungswechsel m; Pol., Rel. Bekehrung f; ✗ Schwenkung f; ✝ Konvertierung f; cassa f -i Konversionskasse f.

converso [kon'verso] m Laienbruder m.

convert|ibile [konver'ti:bile] umwandelbar; umsetzbar; Währung: konvertierbar; **~ibilità** [-tibili'ta] f Umwandelbarkeit f; Umsetzbarkeit f; Konvertierbarkeit f; **~ire** [-'ti:re] (4b od. d) um-, verwandeln; Physiol. umsetzen; Rel., Pol. bekehren; ✝ konvertieren; **~irsi** [-'tirsi] sich verwandeln; sich bekehren; **~ito** [-'ti:to] m Bekehrte(r) m; **~itore** [-ti'to:re] m Bekehrer m; ✝ Konverter m.

conv|essità [konves-si'ta] f Konvexität f; **~esso** [-'ves-so] konvex.

convinc|ere [kon'vintʃere] (3d) überzeugen; **~ibile** [-vin'tʃi:bile] überzeugbar; **~imento** [-vintʃi-'mento] m Überzeugung f.

conv|insi [kon'vinsi], **~into** [-'vinto] s. convincere.

convinzione [konvintsi'o:ne] f Überzeugung f.

conv|issi [kon'vis-si], **~issuto** [-vis-'su:to] s. convivere.

convit|are [konvi'ta:re] (1a) einladen; **~ato** [-'ta:to] m Eingeladene(r) m, Tischgast m.

conv|ito [kon'vi:to] m Gastmahl n; **~itto** [-'vit-to] m Konvikt n; Erziehungsanstalt f; Alumnat n; **~ittore** [-vit-'to:re] m Zögling m.

conviv|ale [konvi'va:le] s. conviviale; **~ente** [-'vɛnte] zusammenlebend; **~enza** [-'vɛntsa] f Zusammenleben n; Gemeinschaftshaushalt m.

conv|ivere [kon'vi:vere] (3zz) zusammenleben; **~iviale** [-vivi'a:le] Tisch...; discorsi m/pl. -i Tischgespräche n/pl.; **~ivio** [-'vi:vio] m (pl. -vi) Gastmahl n.

convoc|are [konvo'ka:re] (1l, c u. d) einberufen; **~atore** [-ka'to:re] m

Einberufer m; **~azione** [-katsi'o:ne] f Einberufung f.

con|vogliare [konvo'ʎa:re] (1g u. c) begleiten; eskortieren; Fluß: mit sich führen; **~vogliatore** [-voʎa-'to:re] m Förderer m, Förderwerk n; **~voglio** [-'vɔʎo] m (pl. -gli) Geleit n; 🚂 Zug m; ⚓ Geleitzug m; lettera f di **~** Geleitbrief m; **~** funebre Leichenzug m.

convolare [konvo'la:re] (1a): **~** a giuste nozze heiraten.

convolvolo [kon'vɔlvolo] m (Acker-) Winde f.

convul|sionario [konvulsio'na:rio] m (pl. -ri) an Krämpfen Leidende(r) m; **~sione** [-si'o:ne] f Krampf m; **~sivo** [-'si:vo] krampferregend; krampfhaft.

convulso [kon'vulso] **1.** adj. krampfhaft; **2.** m Krampfanfall m; nervöses Zittern n.

coonest|amento [koonesta'mento] m Beschönigung f; **~are** [-'ta:re] (1b) beschönigen.

cooper|are [koope'ra:re] (1m u. c) mitwirken; **~ativa** [-ra'ti:va] f (od. società f **~**) Genossenschaft f; **~** acquisti Einkaufsgenossenschaft f; **~** di consumo Konsumverein m; **~** agricola di produzione Produktionsgenossenschaft f; **~ativismo** [-rati'vizmo] m Genossenschaftswesen n; **~ativistico** [-rati'vistiko] (pl. -ci) genossenschaftlich; **~ativo** [-ra'ti:vo] mitwirkend; genossenschaftlich; **~atore** [-ra'to:re] m Mitwirkende(r) m; Genossenschaftler m; **~azione** [-ratsi'o:ne] f Mitwirkung f.

coordin|amento [koordina'mento] m Koordinieren n; **~are** [-'na:re] (1m) beiordnen; zusammenfassen; koordinieren; **~ata** [-'na:ta] f ⅀ Koordinate f; **~ato** [-'na:to] koordiniert; **~atore** [-na'to:re] m Ordner m; **~azione** [-natsi'o:ne] f Beiordnung f; Koordinierung f.

coorte [ko'ɔrte] f ehm. Kohorte f; F Schar f.

copale [ko'pa:le] m Kopalleder n; vernice f di **~** Kopallack m.

coperchio [ko'perkio] m (pl. -chi) Deckel m; il soverchio rompe il **~** allzuviel ist ungesund.

copersi [ko'persi] s. coprire.

cop|erta [ko'perta] f Decke (Stoffdecke) f; ⚓ Deck n; Umschlag m;

Deckel *m*; *fig.* Deckmantel *m*; **⁓ertamente** [-perta'mente] heimlich; **⁓ertina** [-per'ti:na] *f* kleine Decke *f*; Buchdeckel *m*, Buchumschlag *m*; Umschlag *m*; **⁓erto** [-'pɛrto] **1.** *s.* coprire; **2.** *adj.* bedeckt (di mit); *fig.* zweideutig; odio *m* ⁓ verhüllter Haß *m*; **3.** *m* bedeckter Ort *m*; Gedeck *n*; essere al ⁓ in Sicherheit sein; **⁓ertone** [-per'to:ne] *m* Autoreifen *m*; Radmantel *m*; **⁓ertura** [-per'tu:ra] *f* Bedeckung *f*; △ Bedachung *f*; ✝ Deckung *f*; ⁓ aurea Golddeckung *f*; ⁓ metallica Metalldeckung *f* e-r *Währung*; ⁓ di credito Kreditabdeckung *f*; ⁓ delle spalle Rückendeckung *f*.

copia¹ [kɔ:pia] *f* Menge *f*.

copia² [kɔ:pia] *f* Abschrift *f*; Durchschrift *f*; Abbildung *f*; *Phot.* Abzug *m*; *Mal.* Kopie *f*; Exemplar *n*; bella ⁓ Reinschrift *f*; brutta ⁓ Unreine(s) *n*; In duplice ⁓ in zweifacher Ausfertigung; ⁓ fotostatica Fotokopie *f*.

copialettere [kopia'lɛt-tere] *m inv.* Kopierbuch *n*, Kopierpresse *f*.

copi|are [kopi'a:re] (1k *u.* c) kopieren; abschreiben; nachbilden; abbilden; ⁓ qu. j-n nachahmen; **⁓ativo** [-a'ti:vo] Kopier...; lapis m ⁓ Kopierstift *m*; **⁓atore** [-a'to:re] *m* Abschreiber *m*; Nachbildner *m*; Nachahmer *m*; **⁓atura** [-a'tu:ra] *f* Abschreiben *n*; **⁓one** [-'o:ne] *m* Manuskript *n des Theaterstücks*; *Film:* Drehbuch *n*.

copiosità [kopiosi'ta] *f* Reichlichkeit *f*, Fülle *f*.

copioso [kopi'o:so] reichlich.

copista [ko'pista] *su.* (*m/pl.* -i) Abschreiber(in *f*) *m*.

copisteria [kopiste'ri:a] *f* Vervielfältigungsbüro *n*; Schreibbüro *n*.

coppa [kɔp-pa] *f* Becher *m*, Pokal *m*; ⊕ Wanne *f*; *Art Wurst*; *Waage:* Schale *f*; -e *pl.* Kartenspiel: Treff *n*; *Sport:* ⁓ alternativa Wanderpreis *m*.

copp|ella [kop-'pɛl-la] *f* Schmelztiegel *m*; oro m di ⁓ lauteres Gold *n*; **⁓ellare** [-pel-'la:re] (1b) kupellieren, läutern; **⁓ellazione** [-pellatsi'o:ne] *f* Läuterung *f*.

coppetta [kop-'pet-ta] *f* 🩸 Schröpfkopf *m*.

coppia [kɔp-pia] *f* Paar *n*; in ⁓ paarweise; ⁓ d'amanti Liebespaar *n*;

una bella ⁓ ein stattliches Paar *n*; *Sport:* ⁓ di testa Spitzenpaar *n*; a -e paarweise.

copri|capo [kopri'ka:po] *m inv.* Kopfbedeckung *f*; **⁓catena** [-ka-'te:na] *m inv.* Kettenschutz *m*; (*Fahrrad*) Schutzblech *n*; **⁓fuoco** [-fu'ɔ:ko] *m* ⚔ Zapfenstreich *m*; Ausgehsperre *f*; **⁓letto** [-'let-to] *m inv.* Bettdecke *f*; **⁓miserie** [-mi-'zɛ:rie] *m inv.* feines Kleid *n* über schlechter Wäsche; *fig.* Deckmantel *m*; **⁓nuca** [-'nu:ka] *m inv.* Nackenschutz *m*; **⁓piedi** [-pi'ɛ:di] *m inv.* Fußdecke *f*.

coprire [ko'pri:re] (4f *u.* c) bedecken; *Ausgaben* decken; *Schuld* abdecken; *Amt* bekleiden; *Weg* zurücklegen; *Tiere* belegen; ⁓ di ingiurie mit Schmähungen überhäufen, ausschimpfen.

copri|teiera [kopri'tɛ:ra] *m* Teewärmer *m*, Teemütze *f*; **⁓tetto** [-'tet-to] *m inv.* Dachdecker *m*; **⁓vivande** [-vi'vande] *m inv.* Schüsselglocke *f*.

coproduzione [koprodutsi'o:ne] *f* Gemeinschaftsproduktion *f*.

copto [kɔpto] **1.** *adj.* koptisch; **2.** *m* Kopte *m*.

copula [kɔ:pula] *f* Verbindung *f*; Begattung *f*; *Gram.* Verbindungswort *n*.

copul|are [kopu'la:re] (11 *u.* c) vereinigen; verbinden; **⁓arsi** [-'larsi] sich verbinden, sich begatten; **⁓ativo** [-la'ti:vo] verbindend; **⁓azione** [-latsi'o:ne] *f* Verbindung *f*; fleischliche Vereinigung *f*.

cor|aggio [ko'rad-dʒo] *m* Mut *m*; Tapferkeit *f*; farsi ⁓ Mut fassen; perdersi di ⁓ den Mut verlieren; **⁓aggioso** [-rad-'dʒo:so] mutig.

corale [ko'ra:le] **1.** *adj.* Chor...; Gesang...; società *f* ⁓ Gesangverein *m*; **2.** *m* Choralbuch *n*.

corall|ifero [koral-'li:fero] korallentragend; banco m ⁓ Korallenbank *f*; **⁓ina** [-'li:na] *f* ♀ Korallenmoos *n*; **⁓ino** [-'li:no] korallenrot; korallenartig.

corallo [ko'ral-lo] *m* Koralle *f*.

corame [ko'ra:me] *m* Leder *n*.

coramella [kora'mɛl-la] *f* Streichriemen *m*.

corano [ko'ra:no] *m* Koran *m*.

cor|ata [ko'ra:ta] *f*, **⁓atella** [-ra-'tel-la] *f* Geschlinge *f*.

corazza [ko'rat-tsa] f Panzer m; ⚓ Panzerplatte f.

corazz|are [korat-'tsa:re] (1a) panzern; **~ata** [-'tsa:ta] f Panzerkreuzer m; **~ato** [-'tsa:to] Panzer...; nave f ~a Panzerschiff n; camera f ~a Stahlkammer f, Panzergewölbe n; **~atura** [-tsa'tu:ra] f Panzerung f; **~iere** [-tsi'ɛ:re] m Kürassier m.

corba [kɔrba] f Korb m.

corbell|are [korbel-'la:re] (1b) verspotten; sich lustig machen über (acc.); **~atura** [-la'tu:ra] f Fopperei f; Spötterei f; **~eria** [-le'ri:a] f Dummheit f; dummes Zeug n; **~ino** [-'li:no] m Körbchen n.

corbello [kor'bel-lo] m Tragkorb m; fig. Dummkopf m.

corbezzol|a [kor'bet-tsola] f Meerkirsche f; **~o** [-lo] m Meerkirschbaum m; **~i!** Donnerwetter!

corda [kɔrda] f Seil n, Leine f; Strick m; Strang m; Schnur f; Anat. u. ♃ Sehne f; ♪ Saite f (a. fig.); ~ vocale Stimmband n; strumento m a ~ Saiteninstrument n: tiro m alla ~ Sport: Tauziehen n; salto m della ~ Seilsprung m; fig. toccare una ~ e-e Saite berühren; tenere sulla ~ auf die Folter spannen; stare sulla ~ auf glühenden Kohlen sitzen; tagliare (od. saltare) la ~ sich drücken; ausreißen; mostrare le ~ fadenscheinig werden.

cord|aio [kor'da:io] m (pl. -ai) Seiler m; **~ame** [-'da:me] m Seilerwaren f/pl.; ⚓ Tauwerk n; **~ata** [-'da:ta] f Bergsteiger: Seilschaft f; **~ati** [-'da:ti] m/pl. Chordaten pl.; **~eria** [-de'ri:a] f Seilerbahn f.

cordi|ale [kordi'a:le] 1. adj. herzlich; innig; -i saluti m/pl. mit herzlichen (od. freundlichen) Grüßen; 2. m Herz-, Magenstärkung f; Kochk. Kraftbrühe f mit Ei u. Zitronensaft; **~alità** [-ali'ta] f Herzlichkeit f; Innigkeit f.

cord|icella [kordi'tʃɛl-la] f Schnürchen n; **~iera** [-di'ɛ:ra] f ♪ Griffbrett n; Saitenhalter m.

cordino [kor'di:no] m Schnürchen n; Spiel: Zugseil n.

cordite [kor'di:te] f Entzündung f der Stimmbänder.

cordoglio [kor'dɔ:ʎo] m (pl. -gli) Schmerz m; parole f/pl. di ~ Worte n/pl. des Beileids.

cordone [kor'do:ne] m Schnur f; Band (Ordensband) n; ⚓ Kabel n; fig. Dummkopf m; ~ ombelicale Nabelschnur f; ~ scorrevole Rollschnur f; Ballon: ~ di strappo Reißleine f; ~ sanitario Sanitätskordon m; Absperrung f; ~ militare Truppenkette f.

core [kɔ:re] s. cuore.

coregono [ko're:gono] m Maräne f.

core|ografia [koreogra'fi:a] f Ballettkunst f; **~ografico** [-'gra:fiko] (pl. -ci) die Tanzkunst betreffend, Ballett...; **~ografo** [-'ɔ:grafo] m Leiter m e-r Tanzgruppe.

corfiotto [korfi'ɔt-to] aus Korfu.

coriaceo [kori'a:tʃeo] lederartig.

coriandoli [kori'andoli] m/pl. Konfetti pl.

coric|are [kori'ka:re] (1l, c u. d) hinlegen; **~arsi** [-'karsi] sich hinlegen; zu Bett gehen; untergehen (Sonne).

coricino [kori'tʃi:no] m Herzchen n.

corifeo [kori'fe:o] m Koryphäe f.

corimbo [ko'rimbo] m Dolde f.

Corinto [ko'rinto] f: uva f di ~ Korinthe f.

corinzio [ko'rintsio] (pl. -zi) korinthisch.

corista [ko'rista] 1. su. (m/pl. -i) Chorsänger(in f) m; 2. m Stimmgabel f.

corizza [kɔrit-tsa] f Entzündung f der Nasenschleimhäute; Schnupfen m.

cormorano [kormo'ra:no] m Kormoran m.

cornacchia [kor'nak-kia] f Krähe f; fig. Unglücksrabe m.

corn|amusa [korna'mu:za] f Dudelsack m; **~are** [-'na:re] (1a) tuten; **~ata** [-'na:ta] f Stoß m mit den Hörnern; **~atura** [-na'tu:ra] f Geweih n; fig. Art f; Schlag m.

cornea [kɔrnea] f Hornhaut f.

corneale [korne'a:le] Hornhaut...; lenti f/pl. -i Haftgläser n/pl.

corneo [kɔrneo] hornartig.

corn|etta [kor'net-ta] f Hörnchen n; ♪ Kornett n; Auto: Hupe f; Zool. Seeschwalbe f; **~etto** [-'net-to] m Hörnchen n; Beule f auf der Stirn; ☿ Posthorn f; ~ acustico Hörrohr n; -i pl. grüne Bohnen f/pl.

cornice [kor'ni:tʃe] f Rahmen m; fig. Schnörkel m; △ Gesims n.

cornici|ame [korni'tʃa:me] m Gesimswerk n; **~are** [-'tʃa:re] (1f) ein-

rahmen; △ mit Gesims versehen;
~atura [-tʃa'tuːra] f Einrahmung f;
~one [-'tʃoːne] m △ Gesims n.

corniola[1] [korni'ɔːla] f Min. Karneol m.

corniola[2] [kɔrniola] f ♀ Kornelkirsche f.

cornista [kor'nista] su. (m/pl. -i)
Hornbläser(in f) m.

corno [kɔrno] m (pl. mst le corna)
Horn n; Geweih n; Beule f auf
der Stirn; ~ dell'abbondanza Füllhorn n; ~ da scarpe Schuhanzieher
m; dire -a di qu. von j-m Übles
reden; fig. fare le -a Hörner aufsetzen; facciamo le -a! unberufen!;
avere qu. sulle -a j-n auf dem Strich
haben; fiaccare le -a den Stolz beugen; con le -a rotte mit blutigem
Kopf; abbassare le -a klein werden;
non valere un ~ keinen Pfifferling
wert sein; non m'importa un ~ ich
pfeife darauf; un ~! ja Kuchen!, gar
nichts!

corn|ucopia [kornu'kɔːpia] f inv.
Füllhorn n; **~uto** [-'nuːto] gehörnt;
becco m ~ Hahnrei m.

coro [kɔːro] m Chor m; ~ parlato
Sprechchor m; canto m in ~ Chorgesang m; in ~ einstimmig.

corogr|afia [korogra'fiːa] f Landschaftsbeschreibung f; Landschaftskunde f; **~afico** [-'graːfiko] (pl. -ci)
chorographisch;   landschaftsbeschreibend.

corolla [ko'rɔl-la] f Blumenkrone f.

corollario [korol-'laːrio] m (pl. -ri)
Folgesatz m.

corona [ko'roːna] f Krone f; Kranz
m; Kreis m; Zahnkappe f; Rel.
Rosenkranz m; ~ di fiori Blumenkranz m; discorso m della ♀ Thronrede f.

coron|ale [koro'naːle] 1. adj. Kronen...; 2. m Anat. Kranzbein n;
Stirnbein n; **~amento** [-na'mento]
m Krönung f; **~are** [-'naːre] (1a)
krönen; bekränzen; **~aria** [-'naːria]
f Kranznelke f; Kranzschlagader f;
~ario [-'naːrio] Kranz..., Koronar-
...; vasi m/pl. -i Kranzgefäße n/pl.;
~azione [-natsi'oːne] f Krönung f.

corp|acciuto [korpat-'tʃuːto] dickbäuchig; **~etto** [-'pet-to] m Weste
f; Leibchen n; **~icino** [-pi'tʃiːno] m
kleiner Körper m.

corpo [kɔrpo] m Körper m; Leib m;
✕ Korps n; Typ. Korpus f; ~ di

case Komplex m von Häusern; ~
celeste Himmelskörper m; ~ elettorale Wählerschaft f; ~ di guardia
Wachmannschaft f; ~ franco Freikorps n; ~ d'armata Armeekorps n;
~ di stato maggiore Generalstab m;
~ insegnante Lehrkörper m; ~ degli
insegnanti (Lehrer-)Kollegium n;
a ~ a ~ Mann gegen Mann; ~ di
voce Stimmittel n; ~ del delitto Beweisstück n; dolori m/pl. di ~ Leibschmerz m; andare di ~ Stuhlgang
haben; ~ di Bacco! Donnerwetter!;
~ del diavolo! zum Teufel auch!

corp|orale [korpo'raːle] körperlich;
pena f ~ Körperstrafe f; spirituale
e ~ geistig und leiblich; **~orativismo** [-rati'vizmo] m Korporativismus m; **~orativo** [-ra'tiːvo]
körperschaftlich; **~oratura** [-ra'tuːra] f Körperbau m; **~orazione**
[-ratsi'oːne] f Körperschaft f,
Korporation f; **~oreo** [-'pɔːreo]
körperlich; **~oreità** [-porei'ta] f
Körperlichkeit f; **~oso** [-'poːso]
fest, dicht; **~ulento** [-pu'lento] beleibt; **~ulenza** [-pu'lentsa] f Beleibtheit f; Körperfülle f; **~uscolare** [-pusko'laːre] adj. Atom...;
~uscolo [-'puskolo] m Körperchen
n.

Corpus Domini [korpuz'dɔːmini]
m Fronleichnamsfest n.

corredare [kor-re'daːre] (1b) ausstatten (di mit); versehen (di mit).

corredo [kor-'reːdo] m Ausstattung
f; Aussteuer f.

corregg|ere [kor-'red-dʒere] (3cc)
verbessern; **~ersi** [-si] sich bessern.

correggibile   [kor-red-'dʒiːbile]
verbesserlich.

correggia [kor-'red-dʒa] f (pl. -gge)
Riemen m; **~eggiato** [-red-'dʒaːto]
m Dreschflegel m.

corregionale [kor-redʒo'naːle] 1.
adj. aus demselben Lande; 2. su.
Landsmann m.

correità [kor-rei'ta] f Mitschuld f.

correl|ativo [kor-rela'tiːvo] sich
aufeinander beziehend; **~atore**
[-'toːre] m Korreferent m; **~azione**
[-tsi'oːne] f (Wechsel-)Beziehung f.

correligionario [kor-relidʒo'naːrio]
m (pl. -ri) Glaubensgenosse m.

corrente [kor-'rɛnte] 1. adj. fließend; ✝ laufend; articolo m ~ Gebrauchsartikel m; il mese ~ der laufende Monat; *moneta f* ~ gangbare Münze *f*; *opinione f* ~ Tagesmeinung *f*; *prezzo m* ~ Tagespreis *m*; *conto m* ~ Kontokorrent *n*; Kontokorrentverkehr *m*; **2.** *m*: *essere al* ~ auf dem laufenden sein; *mettere al* ~ *in Kenntnis setzen; *mettersi al* ~ das Versäumte nachholen; † Rückstände bezahlen; **3.** *f* Strom *m*; *fig.* Strömung *f*; ~ *alternata* Wechselstrom *m*; ~ *continua* Gleichstrom *m*; ~ *d'alta tensione* Starkstrom *m*; ~ *trifase* Drehstrom *m*; ~ *d'aria* Luftzug *m*; Durchzug *m*; Luftströmung *f*.

corrent|ino [kor-ren'ti:no] *m* Dachlatte *f*; Holm *m*; **~ista** [-'tista] *su.* (*m/pl. -i*) Inhaber(in *f*) *m* e-s Kontokorrents *bei e-r Bank*.

correo [kor-'rɛ:o] *m* Mitschuldige(r) *m*.

correre [kor-rere] (3o) **1.** *v/t.* durcheilen; (durch)laufen; ~ *pericolo* Gefahr laufen; ~ *il mondo* die Welt durchwandern; **2.** *v/i.* laufen; rennen; *Wasser:* fließen; *Münzen:* im Kurs sein; *Zeit:* vergehen; ~ *in aiuto* zu Hilfe eilen; *lasciar* ~ et. auf sich beruhen lassen; *lasciar* ~ *qu.* j-n laufenlassen; *corre voce* es geht das Gerücht; *corrono dieci anni che* ... es sind zehn Jahre her, daß ...; *correva l'anno 1910* man schrieb das Jahr 1910; *ci corre molto* es ist ein großer Unterschied; *ci corse poco che* ... es fehlte nicht viel, daß ...

corresponsabile [kor-respon'sa:bile] **1.** *adj.* mitverantwortlich; **2.** *su.* Mitverantwortliche(r *m*) *m* u.*f*.

corressi [kor-'rɛs-si] *s.* correggere

corr|ettezza [kor-ret-'tet-tsa] *f* Richtigkeit *f*; Tadellosigkeit *f*; *fig.* Korrektheit *f*; **~ettivo** [-'ti:vo] **1.** *adj.* bessernd; mildernd; **2.** *m* Besserungsmittel *n*; ﹩ Milderungsmittel *n*; **~etto** [-'ret-to] **1.** *s.* correggere; **2.** *adj.* richtig; fehlerlos; tadellos; *fig.* korrekt; *caffè* ~ Kaffee *m* mit Kognak; **~ettore** [-ret-'to:re] *m* Verbesserer *m*; *Typ.* Korrektor *m*; **~ezionale** [-retsio'na:le] verbessernd; *tribunale m* ~ Jugendgericht *n*; **~ezione** [-retsi'o:ne] *f* Verbesserung *f*; *Typ.* Korrektur *f*; *casa f di* ~ Besserungsanstalt *f*.

corrid|oio [kor-ri'do:io] *m* (*pl. -oi*) Korridor *m*, Flur *m*; Gang *m*; ⚓

Zwischendeck *n*; *treno m a* ~ Durchgangszug *m*; **~ore** [-'do:re] *m* Renner *m*; Läufer *m*; Fahrer *m*; *Sport:* Rennfahrer *m*; Sprinter *m*; ~ *su breve distanza* Kurzstreckenläufer *m*; ~ *di gran fondo* Langstreckenläufer *m*; *squadra f di* -i Rennmannschaft *f*.

corr|iera [kor-ri'ɛ:ra] *f* Postwagen *m*; Postautobus *m*; **~iere** [-re] *m* Eilbote *m*; Läufer *m*; Kurier *m*; Post *f*, Briefpost *f*; *a volta di* ~ umgehend, postwendend.

corrigendo [kor-ri'dʒɛndo] *m* Zögling *m* e-r *Besserungsanstalt*.

corrimano [kor-ri'ma:no] *m inv.* Geländer *n*, Haltestange *f*.

corrispett|ività [kor-rispet-tivi'ta] *f* Wechselbeziehung *f*; **~ivo** [-'ti:vo] entsprechend; angemessen; in wechselseitiger Beziehung stehend.

corrispond|ente [kor-rispon'dɛnte] **1.** *adj.* korrespondierend; **2.** *m* Korrespondent *m*; Berichterstatter *m*; Geschäftsfreund *m*; ~ *estero* Auslandskorrespondent *m*; **~enza** [-'dɛntsa] *f* Übereinstimmung *f*; Korrespondenz *f*; Briefwechsel *f*; ~ *estera* Auslandskorrespondenz *f*; *lezioni f/pl. per* ~ Fernunterricht *m*; *stare in* ~ im (in) Briefwechsel stehen; ~ *in arrivo* eingegangene Korrespondenz *f*.

corrisp|ondere [kor-ris'pondere] (3hh) **1.** *v/t.* erwidern; † bezahlen; **2.** *v/i.* entsprechen; (*all'amore di qu.* j-s Liebe) erwidern; in Verbindung stehen; im (in) Briefwechsel stehen; korrespondieren; **~osi** [-'po:si] *s.* corrispondere; **~osto** [-'posto] **1.** *s.* corrispondere; **2.** *adj.* erwidert.

corrivo [kor-'ri:vo] voreilig, unbesonnen; † kulant.

corrobor|ante [kor-robo'rante] **1.** *adj.* stärkend; **2.** *m* Kräftigungsmittel *n*; **~are** [-bo'ra:re] (1m *u.* c) stärken; *Meinung* bekräftigen; **~ativo** [-ra'ti:vo] *s.* corroborante; **~azione** [-ratsi'o:ne] *f* Stärkung *f*; Bekräftigung *f*.

corrodere [kor-'ro:dere] (3b) zerfressen; *Säure:* ätzen.

corrompere [kor-rompere] (3rr) verderben; bestechen; verführen.

corr|osi [kor-'ro:si] *s.* corrodere; **~osione** [-rozi'o:ne] *f* Zerfressung *f*; Ätzung *f*; **~osivo** [-ro'zi:vo] **1.**

adj. ätzend; **2.** *m* Ätzmittel *n*; **~oso** [-'ro:so] *s.* corrodere.

corrotto [kor-'rot-to] **1.** *s.* corrompere; **2.** *adj.* verderbt.

corr|ucciare [kor-rut-'tʃa:re] (1f) ärgern; **~ucciarsi** [-rut-'tʃarsi] sich ärgern; **~uccio** [-'rut-tʃo] *m* (*pl. -cci*) Groll *m*; **~uccioso** [-rut-'tʃo:so] (jäh)zornig.

corrugare [kor-ru'ga:re] (1e) runzeln.   [pere.⟩

corruppi [kor-'rup-pi] *s.* corrom-⟨

corrutt|ela [kor-rut-'te:la] *f* Verderbtheit *f*; **~ibile** [-'ti:bile] vergänglich; bestechlich; verderblich; **~ibilità** [-tibili'ta] *f* Vergänglichkeit *f*; Bestechlichkeit *f*; **~ore** [-'to:re] **1.** *adj.* verderblich; **2.** *m* Verderber *m*; Bestecher *m*; Verführer *m*.

corruzione [kor-rutsi'o:ne] *f* Verderbnis *f*; Bestechung *f*; Bestechlichkeit *f*; Verwesung *f*; **~ di minorenni** Verführung *f* Minderjähriger.

corsa [korsa] *f* Laufen *n*; Rennen *n*; Fahrt *f*; ⚓ Kurs *m*; ⊕ Gang *m*; (*a. gara f di -e*) Wettlauf *m*; **~ agli armamenti** Wettrüsten *n*; **di gran ~** in vollem Lauf; *prendere la ~* weglaufen; *perdere la ~* den Zug versäumen; *fare una ~* laufen; *dare una ~ a qc. et.* flüchtig durchsehen; *passo m di ~* Sturmschritt *m*; Laufschritt *m*; *cavallo m da ~* Rennpferd *n*; *vettura f da ~* Rennwagen *m*; *Sport:* **~ dei sei giorni** Sechstagerennen *n*; **~ di (gran) fondo** Langstreckenlauf *m*, Dauerlauf *m*; **~ su strada** Straßenrennen *n*; **~ in piano** Flachrennen *n*; **~ in salita** Bergrennen *n*; **~ a vuoto** Leerlauf *m*; **-e** *pl.* (Pferde-)Rennen *n*; **~ al trotto** Trabrennen *n*.

corsaro [kor'sa:ro] **1.** *adj.* Korsaren-...; **2.** *m* Korsar *m*, Seeräuber *m*.

corseggiare [korsed-'dʒa:re] (1f) kapern.

corsetto [kor'set-to] *m* Korsett *n*.

corsi [korsi] *s.* correre.

corsia [kor'si:a] *f* Gang *m* zwischen Betten od. Sitzreihen; Krankenhaussaal *m*; Fahrbahn *f*.

corsico [kɔrsiko] (*pl. -ci*) korsisch.

cors|iere, **~iero** [korsi'ɛ:re, -ro] *m* *lit.* Roß *n*; **~ivo** [-'si:vo] **1.** *adj.* fließend; *carattere m ~ = 2. m* Kursivschrift *f*; kurzer Leitartikel *m*.

corso¹ [kɔrso] **1.** *adj.* korsisch; **2.** *m* Korse *m*.

corso² [kɔrso] **1.** *s.* correre; **2.** *m* Lauf *m*; Korso *m*; Kursus *m*; Verlauf *m*; Allee *f*; ⚓ Kurs *m*; **~ d'acqua** fließendes Gewässer *n*, Bach *m*; **~ della borsa** Börsenkurs *m*; **~ serale** Abendkurs *m*; **~ di perfezionamento** Fortbildungskurs *m*; ⚓ **fluttuazione f del ~** Kursschwankung *f*; **fuori ~** außer Kurs; **in ~ di stampa** im Druck; *essere in ~* gangbar sein; *anno m in ~* laufendes Jahr *n*; *nel ~ dell'anno* im Laufe des Jahres; *fare il suo ~* s-n Lauf nehmen; *fig.* sich austoben; *parole f/pl. in ~* gebräuchliche Wörter *n/pl.*

corte [korte] *f* Hof *m*; Gerichtshof *m*; **~ dei conti** Oberrechnungskammer *f*; **~ costituzionale** Verfassungsgericht *n*; **~ internazionale** internationaler Gerichtshof *m*; **~ marziale** Kriegsgericht *n*; *fare la ~ a qu.* j-m den Hof machen.

cort|eccia [kor'tet-tʃa] *f* (*pl. -cce*) Rinde *f*; *fig.* Oberfläche *f*; Äußere(s) *n*; **~eccioso** [-tet-'tʃo:so] rindig.

corteggi|amento [korted-dʒa'mento] *m* Hofmachen *n*; Huldigung *f*; **~are** [-'dʒa:re] (1f) (*j-m*) den Hof machen; **~atore** [-dʒa'to:re] *m* Verehrer *m*.

cort|eggio [kor'ted-dʒo] *m* (*pl. -ggi*) Gefolge *m*; **~eo** [-'tɛ:o] *m* Gefolge *n*; Geleit *n*; Zug *m*; **~ funebre** Leichenzug *m*; **~ nuziale** Hochzeitszug *m*; **~ese** [-'te:ze] höflich; freundlich; gefällig; **~esia** [-te'zi:a] *f* Höflichkeit *f*; Gefälligkeit *f*; Freundlichkeit *f*; *per ~!* bitte!; *fare od. usare una ~* e-e Gefälligkeit erweisen.

cortezza [kor'tet-tsa] *f* Kürze *f*; **~ di mente** Beschränktheit *f*.

corti|giana [korti'dʒa:na] *f* Kurtisane *f*; **~gianeria** [-dʒane'ri:a] *f* höfisches Wesen *n*; *c.s.* Kriecherei *f*; **~gianesco** [-dʒa'nesko] (*pl. -chi*) höfisch; **~giano** [-dʒa:no] **1.** *adj.* höfisch; **2.** *m* Höfling *m*.

cortile [kor'ti:le] *m* Hof *m*.

cortina [kor'ti:na] *f* Vorhang *m*; **~ di ferro** eiserner Vorhang *m*; **~ di nubi** Wolkenwand *f*; **~ di fuoco** Sperrfeuer *n*; **~ di nebbia** Nebelwand *f*.

corto [korto] kurz; *fig.* beschränkt; *tagliar ~* kurz abbrechen; *tenersi ~*

sich kurz fassen; *essere a ~ di quattrini* knapp bei Kasse sein; *la più -a* das einfachste; *alle -e kurz und gut;* **~circuito** [-tʃir'ku:ito] *m* Kurzschluß *m;* **~metraggio** [-me'trad-dʒo] *m* Kurzfilm *m;* Kulturfilm *m.*

corvetta [kor'vet-ta] *f* Korvette *f.*

corvino [kor'vi:no] rabenschwarz.

corvo [kɔrvo] *m* Rabe *m.*

cosa [kɔ:sa] *f* Sache *f;* Ding *n; ~ ovvia* Selbstverständlichkeit *f; ~ od. che ~* was; *qualche ~* etwas; *a che ~* wozu; *di che ~* wovon; *gran ~* viel; *poca ~* wenig; *sai che ~?* weißt du was?; *fa una ~,* scrivi tu stesso weißt du was, schreibe du selbst; *dimmi una ~* sag mal; *una ~ da nulla* e-e Kleinigkeit; *un'altra ~* etwas anderes; *le mie -e* m-e Angelegenheiten; *fra le altre -e* unter anderem; *le ~ stanno così* die Sache verhält sich so; *sono -e da ridere (piangere)* das ist zum Lachen (Weinen); *-e dell'altro mondo* haarsträubende Dinge *n|pl.; tante -e!* alles Gute!; *tante (belle) -e a Sua madre* viele Grüße an Ihre Mutter; *~ gradevole* Annehmlichkeit *f.*

cosà [ko'sa] F: *così o cosà* so oder so.

cosacco [ko'sak-ko] *m (pl. -cchi)* Kosak *m.*

coscetto [koʃ-'ʃet-to] *m* Keule *f.*

coscia [kɔʃ-ʃa] *f (pl. -sce)* Schenkel *m,* Oberschenkel *m; ~ di vitello* Kalbskeule *f.*

cosciale [koʃ-'ʃa:le] *m* Beinschiene *f; -i pl. della carrozza* Deichselgabel *f.*

cosciente [koʃ-'ʃɛnte] bewußt.

coscienza [koʃ-'ʃɛntsa] *f* Gewissen *n;* Bewußtsein *n; ~ del dovere* Pflichtbewußtsein *n; mano sulla ~* Hand aufs Herz; *in ~* nach bestem Wissen; *agire secondo ~* nach dem Gewissen handeln; *fare appello alla ~ di qu.* j-m ins Gewissen reden.

coscien|ziosità [koʃ-ʃentsiosi'ta] *f* Gewissenhaftigkeit *f;* **~zioso** [-tsi'o:so] gewissenhaft.

coscio [kɔʃ-ʃo] *m (pl. -sci)* Keule *f.*

coscri|tto [kos'krit-to] *m* Rekrut *m;* **~zione** [-kritsi'o:ne] *f* Aushebung *f.*

cosecante [kose'kante] *f* Kosekans *m.*

coseno [ko'se:no] *m* Kosinus *m.*

coserella [kose'rɛl-la] *f* Dingelchen *n.*

così [ko'si] so; *~ ~* mittelmäßig,

einigermaßen; *un anno ~* ein solches Jahr; *~ fosse vero!* wenn es nur wahr wäre!

cosicché [kosik-'ke] so daß.

cosiddetto [kosid-'det-to] sogenannt.

cosiffatto [kosif-'fat-to] derartig.

cosin|a [ko'si:na] *f* kleines Ding *n;* **~o** [-no] *m* Knirps *m.*

cosm|esi [koz'me:zi] *f,* **~etica** [-'me:tika] *f* Kosmetik *f;* **~etico** [-'me:tiko] *(pl. -ci)* **1.** *adj.* kosmetisch; **2.** *m* Schönheitsmittel *n;* Hautpflegemittel *n.*

cosmico [kɔzmiko] *(pl. -ci)* kosmisch.

cosmo [kɔzmo] *m* Weltall *n;* Weltraum *m.*

cosm|ografia [kozmogra'fi:a] *f* Weltbeschreibung *f;* **~ografico** [-'gra:fiko] *(pl. -ci)* weltbeschreibend; **~ografo** [-'mɔ:grafo] *m* Kosmograph *m;* **~ologia** [-lo'dʒi:a] *f* Kosmologie *f;* **~ologico** [-'lo:dʒiko] *(pl. -ci)* kosmologisch; **~nauta** [-'na:uta] *m (pl. -i)* Weltraumfahrer *m;* **~nautica** [-'na:utika] *f* Kosmonautik *f;* **~nautico** [-'na:utiko] *(pl. -ci)* kosmonautisch; **~opolita** [-po'li:ta] *su. (m/pl. -i)* Weltbürger (-in *f) m;* Kosmopolit(in *f) m;* **~opolitico** [-po'li:tiko] kosmopolitisch; **~opolitismo** [-poli'tizmo] *m* Kosmopolitismus *m.*

coso [kɔ:so] *m* Ding *n;* F Dingsda *n.*

cospar|gere [kos'pardʒere] (3uu) bestreuen; besprengen; **~si** [-si], **~so** [-so] *s.* cospàrgere.

cospergere [kos'pɛrdʒere] *s.* cospàrgere.

cospetto [kos'pet-to] *m* Angesicht *n;* Gegenwart *f; al ~ del mondo* vor den Augen der Welt; *~ di Bacco!* Donnerwetter!

cosp|icuità [kospikui'ta] *f* Ansehnlichkeit *f;* **~icuo** [-'pi:kuo] ansehnlich.

cospir|are [kospi'ra:re] (1a) sich verschwören; **~atore** [-ra'to:re] *m* Verschwörer *m;* **~azione** [-ratsi'o:ne] *f* Verschwörung *f.*

cossi [kɔs-si] *s.* cuòcere.

costa [kɔsta] *f* Rippe *f;* Seite *f; Geogr.* Küste *f; ~ marina* Meeresküste *f.*

costà [kos'ta] dort, dorthin *(bei der angeredeten Person).*

costaggiù [kostad-'dʒu] dort unten.

costale [kos'ta:le] Rippen...

costante [kos'tante] **1.** adj. konstant, gleichbleibend; fig. beständig; standhaft; **2.** f (a. quantità f ∼) ⅄ Konstante f.

costanza [kos'tantsa] f Beständigkeit f; Standhaftigkeit f; Ausdauer f.

costare [kos'ta:re] (1c) kosten.

costassù [kostas-'su] da oben.

costata [kos'ta:ta] f Rippenstück n; ∼ di manzo Rumpsteak n.

costat|are [kosta'ta:re] (1a) feststellen; **∼azione** [-tatsi'o:ne] f Feststellung f.

costato [kos'ta:to] m Rippengegend f.

costeggiare [kosted-'dʒa:re] (1f) entlanggehen (-laufen); ⚓ längs der Küste fahren.

costei [kos'tei] die da (f).

costell|are [kostel-'la:re] (1a u. b) mit Sternen besetzen; fig. bedecken, bestreuen; **∼ato** [-'la:to] gestirnt; **∼azione** [-latsi'o:ne] f Sternbild n.

costern|are [koster'na:re] (1b) in Bestürzung versetzen; **∼ato** [-'na:to] bestürzt; **∼azione** [-natsi'o:ne] f Bestürzung f.

costì [kos'ti] dort, dorthin (wo der Angeredete sich befindet).

costier|a [kos'tiɛːra] f Seeküste f; Gestade n; **∼o** [-ro] Küsten...; navigazione f -a Küstenschiffahrt f.

costip|amento [kostipa'mento] m Verstopfung f; **∼are** [-'pa:re] (1a) verstopfen; **∼arsi** [-'parsi] sich e-e Erkältung holen; **∼ato** [-'pa:to] verstopft; erkältet; **∼azione** [-patsi'o:ne] f Erkältung f; ∼ di ventre Verstopfung f.

costitu|endo [kostitu'endo] zu bildend(er); zu gründend(er); **∼ente** [-'ente] **1.** adj. bildend; Bestand...; parte f ∼ Bestandteil m; **2.** f (od. a. assemblea f ∼) verfassunggebende Versammlung f; **∼ire** [-tu'i:re] (4d) bilden; Gesellschaft gründen; ∼ qu. j-n einsetzen; Summe aussetzen; **∼irsi** [-tu'irsi] sich bilden; sich der Polizei stellen; ∼ qc. sich als etwas aufwerfen; ∼ parte civile als Zivilkläger auftreten; **∼tivo** [-tu'ti:vo] ausmachend; atto m ∼ Gründungsakt m.

costit|uto [kosti'tu:to] m Abkom-

men n; **∼uzionale** [-tutsio'na:le] konstitutionell; carta f ∼ Verfassungsurkunde f; Stato m ∼ Verfassungsstaat m; **∼uzionalità** [-tutsionali'ta] f Verfassungsmäßigkeit f; **∼uzione** [-tutsi'o:ne] f Bildung f; Gründung f; Einsetzung f; Beschaffenheit f; Konstitution f; Pol. Verfassung f; ∼ federale Bundesverfassung f; violazione f della ∼ Verfassungsbruch m; conforme alla ∼ verfassungsmäßig.

costo [kɔsto] m Preis m; ∼ della vita Lebenshaltungskosten pl.; prezzo m di ∼ (Selbst-)Kostenpreis m; -i pl. di produzione Produktionskosten pl.; vendere sotto ∼ unter Preis verkaufen; a ∼ di ... (inf.) auf die Gefahr hin, zu ...; ad ogni ∼ um jeden Preis; a ∼ dell'onore auch auf Kosten der Ehre.

costola [kɔstola] f Rippe f; Rücken m (e-s Buches); ∼ di vitello Kalbskotelett n; vivere alle -e di qu. auf j-s Kosten leben; stare alle -e di qu. j-m auf dem Halse liegen.

costol|etta [kosto'let-ta] f Kotelett n; Karbonade f; ∼ alla milanese Wiener Schnitzel n; ∼ di montone Hammelkotelett n; **∼one** [-'lo:ne] m Rippe f e-s Gewölbes; F ungeschlachter Kerl m; **∼uto** [-'lu:to] gerippt.

costone [kos'to:ne] m Geogr. Grat m.

costoro [kos'to:ro] die da, diese (pl.).

costoso [kos'to:so] kostspielig.

costr|etto [kos'tret-to] s. ∼ingere; **∼ingere** [-'trindʒere] (3d) zwingen; **∼insi** [-'trinsi] s. costringere; **∼ittivo** [-trit-'ti:vo] Chir. zusammenhaltend; **∼izione** [-tritsi'o:ne] f Nötigung f.

costr|uire [kostru'i:re] (4d) bauen; konstruieren; **∼ussi** [-'trus-si] s. costruire; **∼uttivo** [-trut-'ti:vo] Bau..., baulich; fig. aufbauend, konstruktiv; **∼utto** [-'trut-to] **1.** s. costruire; **2.** m Satzbildung f; fig. Nutzen m; Sinn m; parlare senza ∼ ohne Zusammenhang sprechen; trarre ∼ da qc. aus et. Nutzen ziehen; **∼uttore** [-trut-'to:re] m Erbauer m; **∼uzione** [-trutsi'o:ne] f Bau m; Gram. Satzbildung f; in ∼ im Bau; ∼ in cemento armato Eisenbetonbau m.

costui [kos'tui] der, da, dieser.

costum|anza [kostu'mantsa] f Sitte f; Gewohnheit f; **∼are** [-'ma:re] (1a) gewöhnt sein; *unpers.* Sitte sein; **~atezza** [-ma'tet-tsa] *f* Sittsamkeit *f*; **~ato** [-'ma:to] gesittet; gewöhnt.

costume [kos'tu:me] *m* Sitte *f*; Gewohnheit *f*; *Kleidung*: Tracht *f*, Kostüm *n*; ~ da bagno Badeanzug *m*; ~ nazionale Nationaltracht *f*; ~ da sciatore Schianzug *m*; avere per ~ gewöhnt sein; mal ~ üble Sitte *f*; buon ~ Anstand *m*; polizia *f* del buon ~ Sittenpolizei *f*.

costum|ino [kostu'mi:no] *m* Kleidchen *n*; **~ista** [-'mista] *m* (*pl.* -i) Kostümbildner *m*.

costura [kos'tu:ra] *f* Naht *f*; spianare le -e a qu. j-m das Fell gerben.

cotale [ko'ta:le] solch einer.

cotangente [kotan'dʒente] *f* Kotangens *m*.

cotanto [ko'tanto] soviel.

cote [kɔ:te] *f* Schleifstein *m*.

cotechino [kote'ki:no] *m* Art dicke Schlackwurst *f*.

cotenna [ko'ten-na] *f* Schwarte *f*; F Fell *n*; mettere ~ Fett ansetzen.

cotesto [ko'testo] *adj.* der, die, das *(bei der angeredeten Person)*.

cotica [ko'tika] *f* (*pl.* -che) Schwarte *f*.

cot|ogna [ko'tɔ:ɲa] *f* Quitte *f*; **~ognata** [-to'ɲa:ta] *f* Quittenmus *n*; **~ogno** [-'to:ɲo] **1.** *adj.*: mela *f* -a Quittenapfel *m*; **2.** ~ Quittenbaum *m*.

cotoletta [koto'let-ta] *f* Kotelett *n*.

cotone [ko'to:ne] *m* ♀ Baumwollenstaude *f*; Baumwolle *f*; ♯ Watte *f*; ~ fulminante Schießbaumwolle *f*; fig. tenere nel ~ in Watte packen.

coton|erie [kotone'ri:e] *f/pl.* Baumwollwaren *f/pl.*; **~iere** [-ni'ɛ:re] *m* Baumwollindustrielle(r) *m*; Baumwollarbeiter *m*; **~iero** [-ni'ɛ:ro] Baumwollen...; **~ificio** [-ni'fi:tʃo] *m* (*pl.* -ci) Baumwollspinnerei *f*; **~ina** [-'ni:na] *f* Baumwollstoff *m*; Kattun *m*; **~oso** [-'no:so] faserig; *Mal.* verschwommen; tela *f* -a Halbleinen *n*.

cotta[1] [kɔt-ta] *f* Kutte *f*; Chorhemd *n*.

cotta[2] [kɔt-ta] *f* Abkochung *f*; Backen *m*; *fig.* Rausch *m*; pigliare una ~ sich bis über die Ohren verlieben; F sich e-n antrinken; dare più -e a qc. et. mehrmals abkochen; di tre -e durchtrieben.

cottimista [kot-ti'mista] *su.* (*m/pl.* -i) Akkordarbeiter(in *f*) *m*.

cottimo [kot-timo] *m* Akkord *m*; prendere a ~ in Akkord nehmen; lavorare a ~ auf Akkord arbeiten.

cotto [kɔt-to] **1.** *s.* cuocere; **2.** *adj.* gekocht; F bezecht; verliebt; ~ bene durchgekocht.

cottura [kot-'tu:ra] *f* Kochen *n*; Backen *n*; di facile ~ rasch kochbar; di prima ~ einmal aufgekocht; *fig.* leicht verliebt.

coturnice [kotur'ni:tʃe] *f* Steinhuhn *n*.

cova [ko:va] *f* Brut *f*; Brüten *n*; Brutzeit *f*; essere in ~ brüten.

cov|are [ko'va:re] (1a) **1.** *v/t.* ausbrüten; Haß nähren; Krankheit in sich herumtragen; ~ il fuoco am Feuer hocken; ~ il letto lange im Bett liegen; **2.** *v/i.* brüten; Feuer: glimmen; *fig.* verborgen sein; **~ata** [-'va:ta] *f* Brut *f*; **~aticcio** [-va-'tit-tʃo] (*pl.* -cci) Brut...; gallina *f* -a Bruthenne *f*; **~atrice** [-va'tri:tʃe] *f* Brutapparat *m*; **~atura** [-va'tu:ra] *f* Brut *f*; Brutzeit *f*.

covile [ko'vi:le] *m* Höhle *f*; Lager *n* e-s Tieres.

covo [ko:vo] *m* Höhle *f*; (*für Vögel u. fig.*) Nest *n*.

covone [ko'vo:ne] *m* Garbe *f*.

cozza [kɔt-tsa] *f* Miesmuschel *f*.

cozz|are [kot-'tsa:re] (1c) mit den Hörnern stoßen; im (in) Widerspruch stehen; ~ col muro mit dem Kopf gegen die Wand rennen; **~arsi** [-'tsarsi] aneinandergeraten; **~ata** [-'tsa:ta] *f* Stoß *m* mit den Hörnern.

cozzo [kɔt-tso] *m* Stoß *m*; dare di ~ in qc. gegen et. stoßen; fare ai ~ sich gegenseitig mit den Hörnern stoßen; *fig.* sich widersprechen.

cozzone [kot-'tso:ne] *m* Pferdehändler *m*; Vermittler *m*.

crac [krak] *m* Bankrott *m*.

crampo [krampo] *m* Krampf *m*.

cran|ico [kra'niko] (*pl.* -ci) Schädel...; scatola *f* -a Schädel *m*; calotta *f* -a Schädeldecke *f*.

cranio [kra'nio] *m* (*pl.* -ni) Schädel *m*.

cran|iologia [kraniolo'dʒi:a] *f* Schädellehre *f*; **~iometria** [-me'tri:a] *f* Schädelmessung *f*; **~iometro** [-ni'ɔ:metro] *m* Schädelmesser *m*.

crapula [kra'pula] *f* Schlemmerei *f*.

crapul|are [krapu'la:re] (1l) schwelgen; **~one** [-'lo:ne] *m* Schlemmer *m*.

crasso [kras-so] dick; dicht; *ignoranza f -a* krasse Unwissenheit *f*.

cratere [kra'te:re] *m* Krater *m*.

crauti [kra'uti] *m/pl.* Sauerkraut *n*.

cravatt|a [kra'vat-ta] *f* Krawatte *f*; **~** *a farfalla* Fliege *f*; **~aio** [-'vat-'ta:io] *m* (*pl.* -ai) Krawattenmacher *m*.

cre|anza [kre'antsa] *f* Erziehung *f*; Anstand *m*; *buona* **~** gutes Benehmen *n*; **~anzato** [-an'tsa:to] wohlerzogen.

cre|are [kre'a:re] (1b) schaffen; *fig.* erwähnen, ernennen; **~atività** [-ati-vi'ta] *f* schöpferische Begabung *f*; **~ativo** [-a'ti:vo] schöpferisch; **~ato** [-'a:to] 1. *s. creare*; 2. *m* Weltall *n*; **~atore** [-a'to:re] 1. *adj.* schöpferisch; 2. *m* Schöpfer *m*; **~atura** [-a'tu:ra] *f* Geschöpf *n*; *fig.* Kreatur *f*; **~azione** [-atsi'o:ne] *f* Schöpfung *f*; Ernennung *f*; Wahl *f*.

crebbi [kreb-bi] *s. crescere*.

credente [kre'dente] *m* Gläubige(r) *m*.

credenza[1] [kre'dentsa] *f* Speisekammer *f*; Speiseschrank *m*; Anrichte *f*.

cred|enza[2] [kre'dentsa] *f* Glaube *m*; **✝** Kredit *m*; **~enziali** [-dentsi'a:li] *f/pl.* Beglaubigungsschreiben *n*.

credenzino [kreden'tsi:no] *m* Anrichtetisch *m*.

credenzone [kreden'tso:ne] *m* leichtgläubige Person *f*.

credere [kre'dere] (3a) 1. *v/t.* glauben; halten für; *lo credo un ...* ich halte ihn für einen ...; *lo credo bene!* das glaube ich wohl!; *credersi* sich halten für; 2. *v/i.* glauben (*in* an *acc.*); *ti credo* ich glaube dir; *credo in Dio* ich glaube an Gott; *non credevo ai miei occhi* ich traute m-n Augen nicht; 3. *m* Glauben *n*; Dafürhalten *n*; *a mio* **~** nach m-m Dafürhalten; *oltre ogni* **~** über alle Maßen.

cred|ibile [kre'di:bile] glaublich; **~ibilità** [-dibili'ta] *f* Glaubwürdigkeit *f*.

creditizio [kredi'ti:tsjo] Kredit...; *istituto m* **~** Kreditinstitut *n*.

credito [kre'di:to] *m* Kredit *m*; Guthaben *n*; *fig.* Ansehen *n*; *far* **~** *a qu.*

di *qc.* j-m et. zugute halten; *mettere a* **~** gutschreiben; *-i pl.* Ausstände *pl.*

creditore [kredi'to:re] *m* Gläubiger *m*; **~** *del fallito* Konkursgläubiger *m*.

credo [kre:do] *m* Glaubensbekenntnis *n*; *in un* **~** im Nu.

credulità [kreduli'ta] *f* Leichtgläubigkeit *f*.

credulo [kre:dulo] leichtgläubig.

credulone [kredu'lo:ne] *m* Leichtgläubige(r) *m*.

crema [kre:ma] *f* Krem (Creme) *f*; Rahm *m*; Sahne *f*; *fig.* Blüte *f*; **~** *caramella* Karamelpudding *m*; **~** *da barba* Rasiercreme *f*; **~** *per la pelle* Hautcreme *f*; **~** *solare* Sonnenschutzcreme *f*.

cremagliera [krema'ʎe:ra] *f*: *ferrovia f a* **~** Zahnradbahn *f*.

crem|are [kre'ma:re] (1b) verbrennen; **~atorio** [-ma'tɔ:rjo] (*pl.* -ri) 1. *m* Krematorium *n*; 2. *adj.* Verbrennungs...; *forno m* **~** Leichenverbrennungsofen *m*; **~azione** [-matsi-'o:ne] *f* Feuerbestattung *f*.

cremisi [kre:mizi] 1. *m* Karmesin *n*; 2. *adj.* karmesinrot.

cremolato [kremo'la:to] *m* Sahneeis *n*.

cremortartaro [kremor'tartaro] *m* Weinsteinrahm *m*.

cren [kren] *m*, **crenno** [kren-no] *m* Meerrettich *m*.

creolina [kreo'li:na] *f* Kreolin *n*.

creolo [kre:olo] *m* Kreole *m*.

creosoto [kreo'zɔ:to] *m* Kreosot *n*.

crepa [kre:pa] *f* Riß *m*.

crepaccio [kre'pat-tʃo] *m* (*pl.* -cci) großer Riß *m*; Gletscherspalte *f*.

crepa|cuore [krepaku'ɔ:re] *m* Herzeleid *n*; Kummer *m*; **~pancia** [-'pantʃa], **~pelle** [-'pel-le]: *ridere a* **~** vor Lachen platzen; *mangiare a* **~** sich den Bauch vollstopfen.

crep|are [kre'pa:re] (1b) bersten, krepieren (*Tiere und Menschen*); Risse bekommen (*Mauer*); springen (*Glas*); **~** *dalle risa* sich totlachen; **~** *di salute* von Gesundheit strotzen; **~atura** [-pa'tu:ra] *f* Riß *m*; Sprung *m*.

crepella [kre'pel-la] *f* Art Wollstoff *m*.

crepit|are [krepi'ta:re] (1l *u.* b) knistern; **~io** [-'ti:o] *m* Geknatter *n*.

crepito [kre:pito] *m* Geknister *n*.

crep|uscolare [krepusko'la:re] dämmerig; *lit.* dekadent; **~uscolo** [-'puskolo] *m* Dämmerlicht *n*; ~ *degli dei* Götterdämmerung *f*.

cresc|endo [kreʃ-'ʃendo] *m* Anwachsen *n*; ♪ Crescendo *n*; **~ente** [-'ʃente] wachsend; zunehmend; **~enza** [-'ʃentsa] *f* Wachstum *n*; *abito m a* ~ Kleid *n* auf Zuwachs.

crescere [kreʃ-ʃere] (3n) **1.** *v/t.* erhöhen; ~ *qu.* j-n großziehen; **2.** *v/i.* wachsen; zunehmen; *essere sul* ~ im Wachstum sein.

crescimento [kreʃ-ʃi'mento] *m* Wachsen *n*; Zunahme *f*.

crescione [kreʃ-'ʃo:ne] *m* Kresse *f*.

crescita [kreʃ-ʃita] *f* Wuchs *m*.

cresima [kre:zima] *f* Firmung *f*.

cresim|ando [krezi'mando] *m* Firmling *m*; **~are** [-'ma:re] (11 *u.* b) firmen; **~arsi** [-'marsi] eingesegnet werden.

cresp|a [krespa] *f* Falte *f*; **~o** [-po] **1.** *adj.* kraus; **2.** *m* Krepp *m*.

crespino [kres'pi:no] *m* Sauerdorn *m*.

cresta [kresta] *f* Kamm (Hahnenkamm) *m*; *egli alza la* ~ ihm schwillt der Kamm.

crestaia [kres'ta:ia] *f* Putzmacherin *f*.

crestina [kres'ti:na] *f* Häubchen *n*.

crestomazia [krestoma'tsi:a] *f* Chrestomathie *f*, Auswahl *f*.

creta [kre:ta] *f* Ton *m*; Kreide *f*.

cretaceo [kre'ta:tʃeo] tonartig.

cret|ineria [kretine'ri:a] *f* Blödsinn *m*; Dummheit *f*; **~inismo** [-ti'nizmo] *m* Kretinismus *m*; Blödsinnigkeit *f*; **~ino** [-'ti:no] *m* Idiot *m*.

cretoso [kre'to:so] tonhaltig.

cribro [kri:bro] *m* Sieb *n*.

cricca [krik-ka] *f* (*pl. -cche*) Clique *f*; Spiel: *drei gleiche Karten.*

cricchiare [krik-ki'a:re] (1k) klirren.

cricchio [krik-kio] *m* Klirren *n*.

cricco [krik-ko] *m* (*pl. -cchi*) ⊕ Winde *f*; Wagenheber *m*; *coltello m a* ~ Klappmesser *n*.

criceto [kri'tʃe:to] *m* Hamster *m*.

crimin|ale [krimi'na:le] **1.** *adj.* strafrechtlich; Straf...; verbrecherisch; **2.** *m* Strafrecht *n*; Verbrecher *m*; ~ *di guerra* Kriegsverbrecher *m*; **~alista** [-na'lista] *su.* (*m/pl. -i*) Strafrechtslehrer(in *f*) *m*; Kriminalist(in *f*) *m*; Spezialist(in *f*) *m* für Strafprozesse; **~alità** [-nali'ta] *f* Kriminalität *f*; Verbrechertum *n*.

crimine [kri:mine] *m* Verbrechen *n*.

criminologia [kriminolo'dʒi:a] *f* Kriminologie *f*.

criminoso [krimi'no:so] verbrecherisch.

crinale [kri'na:le] *m* Haarnadel *f*; (Gebirgs-)Kamm *m*.

crine [kri:ne] *m* Roßhaar *n*; *poet.* Haar *n*.

crin|iera [krini'ɛ:ra] *f* Mähne *f*; ✂ Helmbusch *m*; **~ito** [-'ni:to] haarig.

crino [kri:no] *m* Roßhaar *n*.

crinolina [krino'li:na] *f* Reifrock *m*.

cripta [kripta] *f* Grabgewölbe *n*.

crisalide [kri'za:lide] *f* Zool. Larve *f*.

crisantemo [krizan'te:mo] *m* Chrysantheme *f*.

crisi [kri:zi] *f* Krisis *f*, Krise *f*, Wendepunkt *m*; Notlage *f*; ~ *economica* Wirtschaftskrise *f*; ~ *governativa* Regierungskrise *f*; ~ *di coscienza* Gewissenskonflikt *m*.

cristall|aio [kristal-'la:io] *m* (*pl. -ai*) Kristall-, Glashändler *m*; Kristallarbeiter *m*; **~eria** [-le'ri:a] *f* Kristallfabrik *f*; Kristallgeschirr *n*; **~iera** [-li'ɛ:ra] *f* Vitrine *f*; **~ino** [-'li:no] **1.** *adj.* kristallhell; **2.** *m* Anat. Linse *f*; **~izzabile** [-lid-'dza:bile] kristallisierbar; **~izzare** [-lid-'dza:re] (1a) kristallisieren; **~izzarsi** [-lid-'dzarsi] Kristalle bilden; *fig.* erstarren; **~izzazione** [-lid-dzatsi'o:ne] *f* Kristallbildung *f*.

crist|allo [kris'tal-lo] *m* Kristall *m* *u. n*; Scheibe (Fensterscheibe) *f*; *bicchiere m di* ~ Kristallglas *n*; *vasellame m di* ~ Kristallgeschirr *n*; **~allografia** [-tal-logra'fi:a] *f* Kristallographie *f*; Kristallehre *f*.

cristiana [kristi'a:na] *f* Christin *f*.

cristian|accio [kristia'nat-tʃo] *m* (*pl. -cci*) schlimmer Christ *m*; **~amente** [-'mente] nach christlicher Art; als ein guter Christ; F einigermaßen gut; *sì, ma scrivi un po' più* ~ ja, aber schreibe ein wenig besser; **~eggiare** [-ned-'dʒa:re] (1f) christlich tun; **~ello** [-'nel-lo] *m* lauer Christ *m*; **~esimo** [-'ne:zimo] *m* Christentum *n*.

crist|ianità [kristiani'ta] *f* Christenheit *f*; **~iano** [-ti'a:no] **1.** *adj.* christlich; **2.** *m* Christ *m*; F Menschenkind *n*; F *da* ~ gut, anständig.

Cristo [kristo] *m* Christus *m*; *avanti (dopo)* ~ vor (nach) Christi Geburt; *gli anni di* ~ die christliche Zeitrechnung *f*; *un povero* ~ ein armer Teufel *m*.

criterio [kri'tɛːrio] *m* (*pl.* -ri) Kriterium *n*; Verstand *m*; *farsi un* ~ sich e-e Idee bilden; *senza* ~ unverständig; planlos.

critica [kri:tika] *f* (*pl.* -che) Kritik *f*; ~ *malevola* Nörgelei *f*.

critic|are [kriti'ka:re] (11 *u.* d) kritisieren; bekritteln; monieren; nörgeln; *pfr.* tadeln; **~astro** [-'kastro] *m* Krittler *m*; Nörgler *m*.

critico [kri:tiko] (*pl.* -ci) **1.** *adj.* kritisch; **2.** *m* Kritiker *m*.

criticone [kriti'ko:ne] *m* Krittler *m*; Tadler *m*.

crittogama [krit-'tɔːgama] *f* Kryptogame *f*; Pilzkrankheit *f* des Weinstockes.

crittografia [krit-togra'fi:a] *f* Geheimschrift *f*.

criv|ellare [krivel-'la:re] (1b) *siebartig* durchlöchern; durchsieben; **~ello** [-'vɛl-lo] *m* Sieb *n*.

croato [kro'a:to] **1.** *adj.* kroatisch; **2.** *m* Kroate *m*; Kroatisch(e) *n*.

croccante [krok-'kante] **1.** *adj.* knusp(e)rig; **2.** *m* Mandelkuchen *m*.

croccare [krok-'ka:re] (1c *u.* d) *s.* crocchiare.

crocchetta [krok-'ket-ta] *f* Fleischklößchen *n*.

crocchia [krɔk-kia] *f* Haarknoten *m*; *schneckenförmig zusammengelegter* Zopf *m*.

crocchiare [krok-ki'a:re] (1c *u.* k) hohl klingen; knirschen (*Knochen*); glucken (*Henne*).

crocchio [krɔk-kio] *m* (*pl.* -cchi) kleiner Kreis *m* von Personen.

croccolone [krok-ko'lo:ne] *m* Doppelschnepfe *f*.

croce [kro:tʃe] *f* Kreuz *n*; ♀ *Rossa* Rotes Kreuz *n*; *gran* ~ Großkreuz *n*; *punto in* ~ Kreuzstich *m*; *fare il segno della* ~ sich bekreuz(ig)en; *bandire la* ~ den Kreuzzug predigen; *dare la* ~ *addosso a qu.* j-n verfolgen; *mettere qu. in* ~ j-n martern; *a occhio e* ~ flüchtig; ungefähr; *a forma di* ~ kreuzförmig.

crocefisso [krotʃe'fis-so] *m* Kruzifix *n*.

crocetta [kro'tʃet-ta] *f* Kreuzchen *n*.

crocevia [krotʃe'vi:a] *m* Kreuzweg *m*; Kreuzung *f*, Straßenkreuzung *f*.

croc|iata [kro'tʃa:ta] *f* Kreuzzug *m*; **~iato** [-'tʃa:to] *m* Kreuzfahrer *m*; **~icchio** [-'tʃik-kio] *m* (*pl.* -cchi) Kreuzweg *m*; Straßenkreuzung *f*; 🚂 Knotenpunkt; **~iera** [-'tʃɛːra] *f* Balkenkreuz *n*; *volta f a* ~ Kreuzgewölbe *f*; 🛬 Rundflug *m*; ⚓ Kreuzen *n*; Seereise *f*; **~iere** [-tʃi'ɛːre] *m* Fichtenkreuzschnabel *m*; **~ifero** [-'tʃi:fero] **1.** *adj.* kreuztragend; *piante f/pl.* -e Kreuzblütler *m/pl.*; **2.** *m* Kreuzträger *m*; **~ifiggere** [-tʃi'fid-dʒere] (3mm) kreuzigen; **~ifissi** [-tʃi'fis-si] *s.* crocifiggere; **~ifissione** [-tʃifis-si'o:ne] *f* Kreuzigung *f*; **~ifisso** [-tʃi'fis-so] **1.** *s.* crocifiggere; **2.** *m* Kruzifix *n*; **~ione** [-'tʃo:ne] *m* großes Kreuz *n*; *fare un* ~ *su qc.* nichts davon wissen wollen.

croco [krɔːko] *m* Krokus *m*.

croda [krɔːda] *f* steiler Fels *m*.

crogiol|are [krodʒo'la:re] (11 *u.* c) langsam kochen; *Glas* langsam abkühlen lassen; **~arsi** [-'larsi] sich an e-r Sache weiden.

crogiolo [kro'dʒɔːlo] *m* Schmelztiegel *m*; Prüfstein *m*.

croll|are [krol-'la:re] (1c) **1.** *v/t.* schütteln; *la testa* den Kopf schütteln; **2.** *v/i.* einstürzen; **~ata** [-'la:ta] *f* Schütteln *n*; ~ *di spalle* Achselzucken *m*.

crollo [krɔl-lo] *m* Erschütterung *f*; Einsturz *m*; ~ *del cambio* Kurssturz *m*; *dare il* ~ *alla bilancia* den Ausschlag geben; *dare l'ultimo* ~ sterben; zugrunde gehen.

croma [krɔːma] *f* ♪ Achtelnote *f*.

cromare [kro'ma:re] (1c) verchromen.

cromatica [kro'ma:tika] *f* Chromatik *f*.

cromatico [kro'ma:tiko] (*pl.* -ci) chromatisch; *scala f* -a ♪ chromatische Tonleiter *f*; *Phys.* Farbenskala *f*.

croma|tismo [kroma'tizmo] *m* Färbung *f*, Farbgebung *f*; **~tura** [-'tu:ra] *f* Verchromung *f*.

cromo [krɔːmo] *m* Chrom *n*; *carta f al* ~ Kunstdruckpapier *n*.

cromo|fotografia [kromofotogra'fi:a] *f* Farbfotografie *f*; **~litografia** [-litogra'fi:a] *f* Farbendruck *m*; **~soma** [-'sɔːma] *m* (*pl.* -i) Chromosom *n*; **~tipia** [-ti'pi:a] *f* Farbendruck *m*.

cron|aca [kro:naka] *f* (*pl.* -che) Chronik *f*; ~ *nera* Skandalchronik *f*; **~ico** [kro:niko] (*pl.* -ci) chronisch.

cron|ista [kro'nista] *su.* (*m*/*pl.* -i) Chronist(in *f*) *m*; Berichterstatter (-in *f*) *m*; **~ografia** [-nogra'fi:a] *f* Chronographie *f*; **~ografo** [kro:-grafo] *m* Chronograph *m*; **~ologia** [-nolo'dʒi:a] *f* Chronologie *f*; **~ologico** [-no'lɔ:dʒiko] (*pl.* -ci) chronologisch; **~ometraggio** [-nome'trad-dʒo] *m Sport:* Zeitmessung *f*, Stoppen *n*; **~ometrare** [-nome'tra:re] *Sport:* abstoppen; **~ometrista** [-nome'trista] *su.* (*m*/*pl.* -i) *Sport:* Zeitnehmer(in *f*) *m*; **~ometro** [-'nɔ:metro] *m* Chronometer *n*; Stoppuhr *f*.

crosciare [kroʃ-'ʃa:re] (1f *u.* c) prasseln.

croscio [krɔʃ-ʃo] *m* Prasseln *n*.

crosta [krɔsta] *f* Kruste *f*; ✿ Schorf *m*; ~ *del pane* Brotrinde *f*; ~ *lattea* Milchschorf *m*.

crost|aceo [kros'ta:tʃeo] *m* Schaltier *n*; **~ata** [-'ta:ta] *f* Mürbeteigkuchen *m*; **~ino** [-'ti:no] *m* geröstete Brotschnitte *f*; **~oso** [-'to:so] krustig; ✿ schorfig.

crotalo [krɔ:talo] *m* Klapperschlange *f*.

crucciare [krut-'tʃa:re] (1f) bekümmern; ärgern.

cruccio [krut-tʃo] *m* (*pl.* -cci) Zorn *m*; Gram *m*.

cruciale [kru'tʃa:le] entscheidend.

cruciverba [krutʃi'vɛrba] *m inv.* Kreuzworträtsel *n*.

crud|ele [kru'dɛ:le] grausam; **~eltà** [-del'ta] *f* Grausamkeit *f*; **~ezza** [-'det-tsa] *f* Rauheit *f*; Härte *f*.

crudo [kru:do] roh; rauh; hart.

cruento [kru'ɛnto] blutig.

crumiro [kru'mi:ro] *m* Streikbrecher *m*.

cruna [kru:na] *f* Öhr (Nadelöhr) *n*.

cruore [kru'ɔ:re] *m poet.* Blut *n*.

crurale [kru'ra:le] *Anat.* Schenkel...

crusca [kruska] *f* Kleie *f*; *l'Accademia della* ♀ die Crusca (*Akademie in Florenz u. das von ihr herausgegebene Wörterbuch der ital. Sprache*).

crus|chello [krus'kel-lo] *m* Kleienmehl *n*; **~coso** [-'ko:so] kleiig; **~cotto** [-'kɔt-to] *m Auto:* Armaturenbrett *n*.

cubano [ku'ba:no] **1.** *adj.* kubanisch; **2.** *m* Kubaner *m*.

cub|are [ku'ba:re] (1a) Ⓐ kubieren; **~atura** [-ba'tu:ra] *f* Kubatur *f*; Kubikinhalt *m*; Rauminhalt *m*; **~etto** [-'bet-to], **~icino** [-bi'tʃi:no] *m Spiel:* Baustein *m*.

cubico [ku:biko] (*pl.* -ci) kubisch, Kubik...; Ⓐ *radice f* ~a Kubikwurzel *f*.

cubiforme [kubi'forme] würfelförmig.

cubilotto [kubi'lɔt-to] *m* Schmelzofen *m*.

cub|ismo [ku'bizmo] *m* Kubismus *m*; **~ista** [-'bista] *m* (*pl.* -i) Kubist *m*.

cubitale [kubi'ta:le] ellenlang; *lettere f*/*pl.* -i sehr große Buchstaben *m*/*pl.*

cubito [ku:bito] *m* Elle *f*; *Anat.* Ellenbogenröhre *f*.

cubo [ku:bo] **1.** *adj.* kubisch; **2.** *m* Würfel *m*; *Geom.* Kubus *m*; *Arith.* Kubikzahl *f*; *scatola f di* -i Baukasten *m*.

cuccagna [kuk-'ka:ɲa] *f* (*a. paese m di* ~) Schlaraffenland *n* (*a. albero m della* ~) Klettermast *m*.

cucc|are [kuk-'ka:re] (1d) hintergehen; **~arsi** [-'karsi] ~ *qc. et.* kriegen; F einsacken; *c.s.* wohl oder übel ertragen müssen.

cuccetta [kut-'tʃet-ta] *f* Hundehütte *f*; F Bett *n*; ⚓ Schlafkoje *f*; 🚋 Liegeplatz *m*.

cucchi|aia [kuk-ki'a:ia] *f* großer Löffel *m*; ⊕ Baggerlöffel *m*; **~aiata** [-ai'a:ta] *f* Löffelvoll *m*; **~aino** [-a'i:no] *m* Löffel *m*, Teelöffel *m*; **~aio** [-'a:io] *m* (*pl.* -ai) Löffel *m*; **~aione** [-ai'o:ne] *m* Schöpflöffel *m*.

cuccia [kut-tʃa] *f* (*pl.* -cce) Hundelager *n*; F Klappe *f*; *fare la* ~ kuschen.

cucciolo [kut-tʃolo] *m* junger Hund *m*; *fig.* Gelbschnabel *m*.

cucco [kuk-ko] *m* (*pl.* -cchi) *Kind:* Liebling *m*; Tölpel *m*.

cuccù [kuk-'ku] *m* Kuckuck *m*; *far* ~ Verstecken spielen.

cuccuma [kuk-kuma] *f* Kaffeekanne *f*, Teekanne *f*.

cucina [ku'tʃi:na] *f* Küche *f*; Herd *m*; Kochen *n*; ~ *casalinga* Hausmannskost *f*; ~ *economica* Sparherd *m*; ~ *elettrica* elektrischer Herd *m*,

Elektroherd m; ~ a gas Gasherd m.

cucin|abile [kutʃi'na:bile] kochbar; **~are** [-'na:re] (1a) kochen; *fig.* zurechtlegen; **~iere** [-'ni'ɛ:re] m Kochm; **~ino** [-'ni:no] m Kochnische f.

cuc|ire [ku'tʃi:re] (4a) nähen; *Bücher* heften; *macchina f da* ~ Nähmaschine f; *Typ.* Heftmaschine f; **~ito** [-'tʃi:to] m Nähen n; (*a. lavoro m di* ~) Näharbeit f; **~itrice** [-tʃi'tri:tʃe] f Näherin f; ⊕ Heftmaschine f; **~itura** [-tʃi'tu:ra] f Naht f; Nähen n; Heften n.

cuculo [ku:kulo] m Kuckuck m.

cucurbita [ku'kurbita] f Kürbis m.

cuffia [kuf-fia] f Haube f; *Thea.* Souffleurkasten m; *Radio:* Kopfhörer m; ~ da bagno Badekappe f; *fig. uscirne per il rotto della* ~ mit e-m blauen Auge davonkommen.

cugin|a [ku'dʒi:na] f Base f, Kusine f, Cousine f; **~o** [-no] m Vetter m, Cousin m.

cui [kui] den; (*a. a* ~) dem, denen; *di* ~ von dem; *il* ~ dessen, deren; *il* ~ *nome* dessen (deren) Name; *la* ~ *figlia* dessen (deren) Tochter; per ~ für den, für die; deshalb; weshalb.

cul|accio [ku'lat-tʃo] m (*pl. -cci*) Hinterstück n; Keil m; **~atta** [-'lat-ta] f Hinterteil n; **~eggiare** [-led-'dʒa:re] (1f) schwänzeln.

culinari|a [kuli'na:ria] f Kochkunst f; **~o** [-o] Koch...; kulinarisch; *arte f -a* Kochkunst f.

culla [kul-la] f Wiege f.

cull|amento [kul-la'mento] m Hinund Herwiegen n; **~are** [-'la:re] (1a) wiegen; **~ata** [-'la:ta] f Wiegen n.

culmin|ante [kulmi'nante] gipfelnd; *punto m* ~ Höhepunkt m; **~are** [-'na:re] (1l) gipfeln.

culmine [kulmine] m Gipfel m.

culmo [kulmo] m Halm m.

culo [ku:lo] m Gesäß n; Boden m *e-s Gefäßes.*

culto [kulto] m Kultus m; Religion f; *fig.* Verehrung f.

cult|ore [kul'to:re] m Pfleger m; **~ura** [-'tu:ra] f Kultur f; Bildung f; Pflege f; ✿ Bestellung f, Anbau m; ~ *popolare* Volksbildung f; **~urale** [-tu'ra:le] kulturell; **~urismo** [-tu'rizmo] m Körperkultur f.

cumino [ku'mi:no] m ♧ Kümmel m.

cumul|are [kumu'la:re] (1l) an-

häufen; **~ativo** [-la'ti:vo] alles zusammenfassend; Gesamt...; **~azione** [-latsi'o:ne] f Anhäufung f.

cumulo [ku:mulo] m Haufen m; Anhäufung f; ~ *di cariche* Ämterhäufung f.

cuna [ku:na] f *poet.* Wiege f.

cuneiforme [kunei'forme] keilförmig; *scrittura f* ~ Keilschrift f.

cuneo [ku:neo] m Keil m.

cunetta [ku'net-ta] f Querrinne f.

cunicolo [ku'ni:kolo] m unterirdischer Gang m.

cunicoltore [kunikol'to:re] m Kaninchenzüchter m.

cuoca [ku'ɔ:ka] f (*pl. -che*) Köchin f.

cuocere [ku'ɔ:tʃere] (3p) kochen; *Brot* backen; *Beefsteak* braten; *fig.* brennen; *questa mi cuoce* das wurmt mich; *s. cotto.*

cuoco [ku'ɔ:ko] m (*pl. -chi*) Koch m.

cuoiaio [kuoi'a:io] m (*pl. -ai*) Gerber m; Lederhändler m.

cuoio [ku'ɔ:io] m Leder n (*fig. pl. le cuoia*); ~ *artificiale* Kunstleder n; *distendere le -a* die Glieder recken; P *tirare le -a* krepieren.

cuore [ku'ɔ:re] m Herz n; *Kartensp. -i pl.* Cœur n; Gemüt n, Seele f; *di* ~ herzlich; *senza* ~ herzlos; *nel* ~ *di fig.* mitten in (*dat. od. acc.*); *di (gran)* ~ von (ganzem) Herzen; *stare a* ~ am Herzen liegen; *mettere il* ~ *in pace* sich beruhigen, sich dareinfinden; *parlare col* ~ *in mano (sulle labbra)* ganz offen sprechen; *lontan dagli occhi lontan dal* ~ aus den Augen, aus dem Sinn; *mi piange il* ~ es tut mir sehr leid.

cupidigia [kupi'di:dʒa] f, **cupidità** [-di'ta] f Gier f.

cupido [ku:pido] gierig.

cupo [ku:po] dunkel (*Farbe*); tief (*Ton, Stille*); finster (*Gesicht*).

cupola [ku:pola] f Kuppel f; *a* ~ kuppelförmig.

cura¹ [ku:ra] f Pfarre f.

cura² [ku:ra] f Sorge f; Pflege f; Sorgfalt f; ✚ Behandlung f, Kur f; ~ *successiva* Weiterbehandlung f; ~ *termale* Badekur f; ~ *della bellezza* Schönheitspflege f; ~ *del corpo* Körperpflege f; ~ *delle mani* Handpflege f; *soggiorno m di* ~ Kuraufenthalt m; ~ *d'anime* Seelsorge f; *aver* ~ achtgeben; ⊠ *a* ~ *di* von ... besorgt; *con* ~ sorgfältig; *senza* ~ oberflächlich.

cur|abile [ku'ra:bile] heilbar; ~ante [-'rante]: *medico m* ~ behandelnder Arzt *m*; ~are [-'ra:re] (1a) sorgen für; achten auf (*acc.*); pflegen; Ⓤ *e-e Ausgabe* besorgen; ⚕ behandeln; ~arsi [-'rarsi]: ~ *di qc.* sich um et. kümmern; ~atela [-ra'te:la] *f* Kuratel *f*, Vormundschaft *f*; ~ativo [-ra'ti:vo] heilend; Heil...; *metodo m* ~ Heilmethode *f*; ~ato [-'ra:to] *m* Pfarrer *m*; ~atore [-ra'to:re] *m* Pfleger *m*; ⚖ Vormund *m*; ⚕ (Massen-, Zwangs-) Verwalter *m*; ~ *d'anime* Seelsorger *m*; ~ *della massa*, ~ *fallimentare* Konkursverwalter *m*.

curia [ku:ria] *f* Kurie *f*; ⚖ Gerichtshof *m*.

curi|ale [kuri'a:le] **1.** *adj.* Kurial...; **2.** *m* Gerichtsperson *f*; ~alesco [-ria'lesko] (*pl. -chi*) Kurial...; *cavillo m* ~ juristische Spitzfindigkeit *f*.

curios|are [kurio'sa:re] (1a) neugierig zuhören *od.* zuschauen; gaffen; ~ità [-si'ta] *f* Neugierde *f*; Sehenswürdigkeit *f*.

curioso [kuri'o:so] neugierig; gespannt; sonderbar; *sarei* ~ *di sapere* ich möchte gern wissen.

cursore [kur'so:re] *m* ⊕ Schieber *m*, Läufer *m*; ⚡ ~ *di contatto* Kontaktschieber *m*.

curva [kurva] *f* Kurve *f*; krumme Linie *f*; Krümmung *f*; Windung *f*; *fig.* Knie *n*.

curv|are [kur'va:re] (1a) krümmen; *Kopf u. fig.* beugen; ~arsi [-'varsi] sich biegen; *Personen*: sich bücken; ~atura [-va'tu:ra] *f* Krümmung *f*; Biegung *f*; ~ilineo [-vi'li:neo] krummlinig.

curvo [kurvo] krumm; (tief) gebeugt.

cuscinetto [kuʃ-ʃi'net-to] *m* kleines Kissen *n*; Sattelkissen *n*; Nadelkissen *n*; ⊕ Lager *n*; ~ *del pistone* Kolbenlager *n*; ~ *a sfere* Kugellager *n*; ~ *a rulli* Rollenlager *n*; *stato m* ~ Pufferstaat *m*.

cuscino [kuʃ-'ʃi:no] *m* Kissen *n*; 🚃 Puffer *m*.

cuspide [kuspide] *f* Spitze *f*.

cust|ode [kus'tɔ:de] *m* Wärter *m*; Aufseher *m*; *angelo m* ~ Schutzengel *m*; ~odia [-'tɔ:dia] *f* Aufsicht *f*; Gewahrsam *m*; Futteral *n*; Überzug *m*; *dare in* ~ in Aufbewahrung geben; ~odire [-to'di:re] (4d) bewachen; bewahren.

cutaneo [ku'ta:neo] Haut...; *malattia f -a* Hautkrankheit *f*.

cute [ku:te] *f* Haut *f*.

cuticagna [kuti'ka:ɲa] *f* Genick *n*.

cuticola [ku'ti:kola] *f* Oberhäutchen *n*, Kutikula *f*.

cutrettola [ku'tret-tola] *f* Schafstelze *f*.

cutter [kut-ter] *m* ⚓ Kutter *m*.

czar [dzar] *m inv.* Zar *m*.

czarina [tsa'ri:na] *f* Zarin *f*.

czeco [tʃe:ko] *usw. s.* ceco *usw.*

D

D, d [di] f u. m D, d n; D — 500.

da [da] prp. von; aus; bei Personen a.: bei; zu; als; vor dem Infinitiv: zu(m); viene ~ Roma er kommt aus Rom; discendere ~ antica famiglia aus alter Familie stammen; sono ~ mio fratello ich bin bei m-m Bruder; vado dal medico ich gehe zum Arzt; ~ ieri seit gestern; tremare dal freddo vor Kälte zittern; ~ ragazzo als Knabe; vestirsi ~ donna sich als Frau verkleiden; l'ho fatto ~ me ich habe es allein gemacht; macchina f ~ scrivere Schreibmaschine f; cose f/pl. ~ fare Dinge n/pl., die zu erledigen sind.

dà [da] s. dare.

dabbasso [dab-'bas-so] od. da basso unten.

dabb|enaggine [dab-be'nad-dʒine] f Einfältigkeit f; **~ene** [dab-'bɛːne] rechtschaffen.

daccanto [dak-'kanto] neben (dat. u. acc.).

daccapo [dak-'kaːpo] noch einmal; von vorne; s. capo.

dacché [dak-'ke] da; seit, seitdem.

dada|ismo [dada'izmo] m Dadaismus m; **~ista** [-'ista] m (pl. -i) Dadaist m.

dado [da:do] m Würfel m; Schraubenmutter f; giocare ai -i würfeln; il ~ è tratto die Würfel sind gefallen.

daffare [daf-'faːre] m inv. Mühe f, Arbeit f; darsi ~ sich viel zu schaffen machen.

daga [da:ga] f (pl. -ghe) Seitengewehr n; allg. Schwert n.

dagli[1] [da:ʎi] prp. da mit art. gli.

dagli[2] [da:ʎi] (imper. v. dare gib ihm) ~! hat ihn!, auf ihn!

dai[1] [dai] prp. da mit art. i.

dai[2] [dai] s. dare.

daino [da:ino] m Damhirsch m.

dal [dal] prp. da mit art. il.

dalia [da:lia] f Dahlie f, Georgine f.

dall', **dalla**, **dalle**, **dallo** [dal-l', dal-la, dal-le, dal-lo] prp. da mit art. l', la, le, lo.

dalmata [dalmata] **1.** adj. dalmat(in)isch; **2.** su. (m/pl. -i) Dalmatiner(in f) m.

dalton|ismo [dalto'nizmo] m Farbenblindheit f; **~ista** [-'nista] su. (m/pl. -i) Farbenblinde(r m) m u. f.

dama [da:ma] f Dame f; Spiel: Damespiel n.

dama|scare [damas'kaːre] (1d) damastartig weben; **~scato** [-'kaːto] damastartig; **~scatura** [-ka'tuːra] f Damastweberei f; **~schetto** [-'ketto] m gold- u. silberdurchwebter Stoff m; **~schina** [-'kiːna] f Damaszenerklinge f; **~schinare** [-ki-'naːre] (1a) damaszieren; **~schino** [-'kiːno] damasziert.

damasco [da'masko] m (pl. -chi) Damast m.

dam|erino [dame'riːno] m Herrchen n; Stutzer m; **~igella** [-mi-'dʒɛl-la] f Fräulein n.

damigiana [dami'dʒaːna] f große Korbflasche f; Glasballon m; fare una ~ gründlich Fiasko machen.

Damocle [da:mokle] m: la spada di ~ das Schwert des Damokles.

dan|aro [da'naːro] m Geld n; Kartensp. Karo n; -i pl. contanti Barschaft f; impiego m di ~ Geldanlage f; indennità f in ~ Geldentschädigung f; **~aroso** [-na'roːso] begütert.

danda [danda] f Gängelband n.

danese [da'neːse] **1.** adj. dänisch; **2.** m Dänisch(e) n; **3.** su. Däne m, Dänin f.

dann|abile [dan-'naːbile] verdammenswert; **~are** [-'naːre] (1a) verdammen; fig. far ~ l'anima zur Verzweiflung bringen; **~arsi** [-'narsi] verdammt werden; fig. ~ l'anima sich zu Tode quälen; **~ato** [-'naːto] m Verdammte(r) m; **~azione** [-natsi-'oːne] f Verdammnis f; fig. Plage f; Verzweiflung f.

danneggi|amento [dan-ned-dʒa-'mento] m Beschädigung f; **~are** [-'dʒaːre] (1f) beschädigen; schaden (dat.); **~arsi** [-'dʒarsi] sich schaden; **~ato** [-'dʒaːto] m Beschädigte(r) m; ~ di guerra Kriegsbeschädigte(r) m.

danno¹ [dan-no] *s.* dare.

danno² [dan-no] *m* Schaden *m*;
~ *materiale* Sachschaden *m*; *recar*
~ Schaden zufügen; *diritto m al
risarcimento dei -i* Schadenersatz-
anspruch *m*; *domanda f di risarcimento di -i* Schadenersatzforderung
f.

dannoso [dan-'no:so] schädlich.

dannunziano [dan-nuntsi'a:no] im
Stil d'Annunzios.

dant|eggiare [danted-'dʒa:re] (1f)
Dante nachahmen, **~esco** [-'tesko]
(*pl.* -chi) in der Art Dantes; auf
Dante bezüglich; Dante...; **~ista**
[-'tista] *su.* (*m/pl.* -i) Dantefor-
scher(in *f*) *m*; **~ofilo** [-'tɔ:filo] *m*
Danteverehrer *m*.

danza [dantsa] *f* Tanz *m*.

danz|ante [dan'tsante] tanzend;
Tanz...; *tè m* ~ Tanztee *m*; **~are**
[-'tsa:re] (1a) tanzen; **~atore** [-tsa-
'to:re] *m* Tänzer *m*.

dappertutto [dap-per'tut-to] *od.* da
per tutto überall.

dapp|ocaggine [dap-po'kad-dʒine]
f Unfähigkeit *f*; **~oco** [-'pɔ:ko] **1.**
adj. inv. unfähig; minderwertig;
2. *m* unfähiger Mensch *m*.

dappresso [dap-'pres-so] nahe.

dapprima [dap-'pri:ma] zuerst.

dapprincipio [dap-prin'tʃi:pio] von
Anfang an; anfangs.

dardeggiare [darded-'dʒa:re] (1f)
Strahlen senden; *Flammen* schießen.

dardo [dardo] *m* Wurfspieß *m*;
Strahl (Sonnenstrahl) *m*; *a. fig.*
Pfeil *m*; (*a.* ~ *d'una fiamma*) Stich-
flamme *f*.

dare ['da:re] (1r) **1.** *v/t.* geben; her-
reichen; *Demission* einreichen; *Blick*
werfen; *Urteil* abgeben; *Ärgernis*
erregen; *Feuer* anlegen; *Examen*
ablegen; *Medizin* eingeben; *Mut*
einflößen; *Gewinn* einbringen; *Ruhe*
lassen; ~ *il buon giorno* guten Tag
wünschen; ~ *del tu* du nennen,
duzen; ~ *del lei* Sie nennen, siezen;
~ *il via* per *Sport:* das Startzeichen geben; *fig.* in Gang bringen; ~ *del
matto (dell'asino) a qu.* j-n e-n
Narren (e-n Esel) nennen; ~ *a noleggio* verleihen; ~ *il vitto a qu.* j-n
verkostigen; ~ *lezioni* unterrichten;
~ *quietanza* quittieren; **2.** *v/i.* (~ *in
qc., contro qc.*) stoßen (auf, gegen
acc.); *Fenster, Tür, Zimmer:* hinausgehen (*su auf acc.*); ~ *indietro* zu-

rückweichen; ~ *del capo contro qc.*
mit dem Kopf gegen et. rennen; ~
nel verde e-n Stich ins Grüne haben; ~
sul giardino auf den Garten hinausgehen; ~ *alla testa* zu Kopfe
steigen; ~ *in una risata* in Lachen
ausbrechen; ~ *nel segno* ins
Schwarze treffen; *dato che aveva
molti soldi* da er viel Geld hatte;
3. darsi [darsi] (*a qc.*) sich widmen
(*dat.*); sich hingeben; *darsi per ...*
sich ausgeben für ...; *può* ~ es kann
sein; ~ *a fare qc.* anfangen, et. zu
tun; *se si dà il caso* wenn der Fall
eintreten sollte; *darsela* (*od.* ~ *a
gambe*) sich aus dem Staube machen;
türmen; ~ *pensiero* sich sorgen; ~
premura sich bemühen; **4.** *m* † Soll
n; ~ *ed avere* Soll und Haben.

darsena [darsena] *f* Hafenbecken *n*.

darvinismo [darvi'nizmo] *m* Dar-
winismus *m*.

data ['da:ta] *f* Datum *n*; Datierung
f; *Kartenspiel:* Stich *m*; ~ *di nascita*
Geburtsdatum *n*; *in* ~ *di ieri* unter
dem gestrigen Datum; *in* ~ *odierna*
unter dem heutigen Datum; *di
fresca* ~ aus jüngster Zeit.

dat|abile [da'ta:bile] datierbar; **~a-
re** [-'ta:re] (1a) datieren; *a* ~ *da
oggi* von heute an; **~azione**
[-tatsi'o:ne] *f* Datierung *f*.

dativo [da'ti:vo] *m* Dativ *m*.

dato [da:to] **1.** *s.* dare; **2.** *adj.* ergeben; ~ *al bere* dem Trunk ergeben;
in -i casi in bestimmten Fällen;
~ *che cj.* in Anbetracht, daß; da;
angenommen, daß; **3.** *m* Tatsache
f; ℵ gegebene Größe *f*; ~ *di fatto*
Beweis *m*; *-i pl.* Daten *n/pl.*

datore [da'to:re] *m* Geber *m*; ~ *di
lavoro* Arbeitgeber *m*.

dattero [dat-tero] *m* Dattel *f*; Dat-
telbaum *m*; ~ *di mare* Dattel-
muschel *f*.

dattilo [dat-tilo] *m* Daktylus *m*.

dattil|ografa [dat-ti'lɔ:grafa] *f* Ste-
notypistin *f*; Maschinenschreiberin
f; **~ografare** [-logra'fa:re] (1n)
mit der Schreibmaschine schreiben;
~ografia [-logra'fi:a] *f* Maschinen-
schreiben *n*; **~ografico** [-lo'gra:-
fiko] (*pl.* -ci): *sbaglio m* ~ Tipp-
fehler *m*; **~ografo** [-'lɔ:grafo] *m*
Maschinenschreiber *m*; **~oscopia**
[-losko'pi:a] *f* Fingerabdruckver-
fahren *n*; **~oscritto** [-los'krit-to] *m*
Schreibmaschinentext *m*, -schrift *f*.

dattorno [dat-'torno] **1.** *prp.* um; **2.** *adv.* ringsherum; *levarsi qu. ~ sich j-n vom Halse schaffen; darsi ~ sich bemühen.*

davanti [da'vanti] **1.** *prp.* vor; **2.** *adv.* vorn; **3.** *adj. inv.* Vorder...; *i denti ~ die Vorderzähne m/pl.;* **4.** *m* Vorderseite *f; Kleidung:* Einsatz *m; ll ~ di una casa das Vorderhaus.*

davanzale [davan'tsa:le] *m* Fensterbrett *n.*

davanzo [da'vantso] *m* Überfluß *m.*

davvero [dav-'ve:ro] wirklich; *dire (fare) ~ im Ernst sprechen (handeln).*

dazi|abile [dattsi'a:bile] verzollbar; **~are** [-tsi'a:re] (1g) verzollen; **~ario** [-tsi'a:rio] (*pl. -ri*) Zoll...; *cinta f -a Zollgrenze f;* **~ere** [-tsi'ɛ:re] *m* Zollbeamte(r) *m.*

dazio [da:tsio] *m* (*pl. -zi*) Zoll *m;* Zollamt *n; ~ d'importazione* Einfuhrzoll *m; ~ protettivo* Schutzzoll *m; esente da ~ zollfrei.*

de' [de] = **dei.**

dea [dɛ:a] *f* Göttin *f.*

debbiare [deb-bi'a:re] (1k) den Boden abbrennen (*um ihn zu düngen*).

debellare [debel-'la:re] (1b) bezwingen; niederwerfen; *Krankheit* besiegen.

debilit|amento [debilita'mento] *m* Schwächung *f;* **~are** [-'ta:re] (1m) schwächen; **~azione** [-tattsi'o:ne] *f* Schwächung *f.*

debitamente [debita'mente] in gebührender Weise; richtig.

debito [dɛ:bito] **1.** *adj.* gebührend; *a tempo ~* zur rechten Zeit; **2.** *m* Schuld *f;* Pflicht *f;* ✝ Debet *n;* Belastung *f; ~ pubblico* Staatsschuld *f; registro m dei -i* Schuldregister *n; oberato di -i* überschuldet; *scrivere qc. a ~ di qu.* j-n mit et. belasten; *essere in ~ di qc.* et. schuldig sein; *far ~ di qc. a qu.* j-m et. zur Last legen.

debitore [debi'to:re] *m* Schuldner *m; andare ~ di qc.* et. schulden.

debole [dɛ:bole] **1.** *adj.* schwach; **2.** *m* Schwäche *f;* Neigung *f,* Vorliebe *f; avere un ~ per qc.* e-e Schwäche für et. haben.

debolezza [debo'let-tsa] *f* Schwäche *f; ~ fisica* Körperschwäche *f.*

debordare [debor'da:re] (1a) überfließen, überlaufen.

debosciato [deboʃ-'ʃa:to] ausschweifend, liederlich.

debutt|ante [debut-'tante] *su.* Debütant(in *f*) *m,* Anfänger(in *f*) *m;* **~are** [-'ta:re] (1a) debütieren.

debutto [de'but-to] *m* Debüt *n.*

decade [dɛ:kade] *f* Dekade *f.*

decad|enza [deka'dɛntsa] *f* Verfall *m,* Niedergang *m;* **~ere** [-'de:re] (2c) verfallen; *~ da un diritto* ein Recht verlieren; **~imento** [-di'mento] *m* Verfall *m.*

dec|aedro [deka'ɛ:dro] *m* Dekaeder *n;* **~agono** [-'ka:gono] *m* Zehneck *n.*

decaffeinizzato [dekaf-feinid-'dza:to] koffeinfrei.

decalcomania [dekalkoma'ni:a] *f* Abziehbild *n.*

dec|alitro [de'ka:litro] *m* Dekaliter *n;* **~alogo** [-'ka:logo] *m Rel.* Zehn Gebote *n/pl.;* **♀amerone** [-kame-'ro:ne] *m* Dekameron *n;* **~ametro** [-'ka:metro] *m* Dekameter *n.*

decampare [dekam'pa:re] (1a): *~ da qc.* von et. abstehen; auf et. (*acc.*) verzichten.

dec|anato [deka'na:to] *m* Dekanat *n;* **~ano** [-'ka:no] *m* Dekan *m.*

decant|are [dekan'ta:re] (1a) **1.** preisen; **2.** 🜋 abklären; **~azione** [-tatsi'o:ne] *f* Abklärung *f.*

decapit|are [dekapi'ta:re] (1m) enthaupten; **~azione** [-tatsi'o:ne] *f* Enthauptung *f.*

decappottabile [dekap-pot-'ta:bile] **1.** *adj. Auto:* mit Klappverdeck; **2.** *f* Kabriolett *n.*

decasillabo [deka'sil-labo] **1.** *adj.* zehnsilbig; **2.** *m* zehnsilbiger Vers *m.*

decatlon [dɛ:katlon] *m inv.* Zehnkampf *m.*

decedere [de'tʃɛ:dere] (3l) sterben.

deceduto [detʃe'du:to] *s.* decedere.

deceler|are [detʃele'ra:re] verlangsamen; **~azione** [-ratsi'o:ne] *f* Geschwindigkeitsabnahme *f.*

dec|emvirato [detʃemvi'ra:to] *m* Dezemvirat *n;* **~ennale** [-tʃen-'na:le] **1.** *adj.* zehnjährlich; **2.** *m* zehnjährige Gedenkfeier *f;* **~enne** [-'tʃen-ne] zehnjährig; **~ennio** [-'tʃen-nio] *m* (*pl. -ni*) Jahrzehnt *n.*

decente [de'tʃente] anständig.

decentr|amento [detʃentra'mento] *m* Dezentralisation *f;* **~are** [-'tra:re] (1b) dezentralisieren.

decenza [de'tʃentsa] *f* Anstand *m.*

decesso [de'tʃɛs-so] *m* Todesfall *m*, Ableben *n*.

decid|ere [de'tʃi:dere] (3q) beschließen; entscheiden; **~ersi** [-si] sich entschließen.

decifr|abile [detʃi'fra:bile] entzifferbar; **~amento** [-fra'mento] *m* Entzifferung *f*; **~are** [-'fra:re] (1a) entziffern; **~atore** [-fra'to:re] *m* Entzifferer *m*.

dec|igramma [detʃi'gram-ma] *m*, **~igrammo** [-mo] *m* (*pl.* -i) Dezigramm *n*; **~ilitro** [-'tʃi:litro] *m* Deziliter *m od. n.*

decima [de'tʃima] *f* Zehnt(e) *m*.

decim|ale [detʃi'ma:le] dezimal; Dezimal...; *sistema m* **~** Dezimalsystem *n*; **~are** [-'ma:re] (11 *u.* b) dezimieren; **~azione** [-matsi'o:ne] *f* Dezimierung *f.*

decimetro [de'tʃi:metro] *m* Dezimeter *m od. n.*

decimo [dɛ'tʃimo] 1. *adj.* zehnte; **~primo** elfte; **~secondo** zwölfte; **~terzo** dreizehnte; **~quarto** vierzehnte; **~quinto** fünfzehnte; **~sesto** sechzehnte; **~settimo** siebzehnte; **~ottavo** achtzehnte; **~nono** neunzehnte; 2. *m* Zehntel *m.*

decina [de'tʃi:na] *f* Zehner *m; una* **~** etwa zehn.

dec|isamente [detʃiza'mente] entschieden; **~isi** [-'tʃi:zi] *s.* decidere; **~isione** [-tʃizi'o:ne] *f* Entscheidung *f*; Entschluß *m*; *la maggioranza* Mehrheitsbeschluß *m; prendere una* **~** e-n Beschluß fassen; **~isivo** [-tʃi'zi:vo] entscheidend; **~iso** [-'tʃi:zo] 1. *s.* decidere; 2. *adj.* entschlossen.

declam|are [dekla'ma:re] (1a) deklamieren; **~** *contro qu.* gegen j-n losziehen; **~atore** [-ma'to:re] *m* Vortragskünstler *m*; **~atorio** [-ma'to:rio] (*pl.* -ri) deklamatorisch; pathetisch; **~azione** [-matsi'o:ne] *f* Deklamation *f*; Vortrag *m.*

declassare [deklas-'sa:re] (1a) deklassieren.

declin|abile [dekli'na:bile] deklinierbar; **~are** [-'na:re] (1a) 1. *v/t.* neigen; *Gram.* deklinieren; abwandeln; ⚖ *Namen* angeben; *Einladung ablehnen*; 2. *v/i.* sich neigen; abnehmen; *Phys. u. Astr.* **~** *da qc.* abweichen von et.; 3. *m* Neige *f*; *sul* **~** *del giorno* gegen Abend; **~azione** [-natsi'o:ne] *f* Abnahme *f*; Abweichung *f*; Deklination *f.*

declino [de'kli:no] *m* Untergang *m.*

decl|ive [de'kli:ve] 1. *adj.* abschüssig; 2. *m* **~ivio** [-'kli:vio] *m* (*pl.* -vi) Abhang *m*; **~ività** [-klivi'ta] *f* Abschüssigkeit *f.*

decoll|aggio [dekol-'lad-dʒo] ✈ *m* (*pl.* -ggi) Start *m*; **~are** [-'la:re] (1c) 1. *v/i.* starten; 2. *v/t.* enthaupten; **~azione** [-latsi'o:ne] *f* Enthauptung *f.*

decollo [de'kɔl-lo] *m* ✈ Start *m*, Abflug *m*; **~** *rimorchiato* Schleppstart *m.*

decolor|ante [dekolo'rante] 1. *adj.* entfärbend; 2. *m* Entfärbungsmittel *n*; **~are** [-'ra:re] (1a) entfärben; **~azione** [-ratsi'o:ne] *f* Entfärbung *f.*

decomp|onente [dekompo'nente] zerlegend; auflösend; **~onibile** [-po'ni:bile] zerlegbar; auflösbar; **~orre** [-'por-re] (3ll) zerlegen; auflösen; **~orsi** [-'porsi] *Leichen:* verwesen; **~osi** [-'po:si] *s.* decomporre; **~osizione** [-positsi'o:ne] *f* Zerlegung *f*; Auflösung *f*; Verwesung *f.*

decongestionamento [dekondʒestiona'mento] *m* Entlastung *f* verkehrsreicher Straßen.

decor|are [deko'ra:re] (1b) dekorieren; schmücken; **~** *qu. d'un ordine* j-m e-n Orden verleihen; **~ativo** [-ra'ti:vo] schmückend; dekorativ; **~atore** [-ra'to:re] *m* Dekorateur *m*; **~azione** [-ratsi'o:ne] *f* Ausschmückung *f*; (ritterlicher) Orden *m*; *Thea.* Dekoration *f.*

decoro [de'kɔ:ro] *m* Anstand *m*; Würde *f*; *fig.* Zierde *f.*

decoroso [deko'ro:so] anständig; würdig.

decorrenza [dekor-'rentsa] *f* Frist *f*; Laufzeit *f*; *con immediata* **~** ab sofort.

dec|orrere [de'kor-rere] (3o) ab-, verlaufen; *a* **~** *dal primo ...* vom ersten ... an gerechnet; **~orsi** [-'korsi] *s.* decorrere; **~orso** [-'korso] 1. *s.* decorrere; 2. *adj.* abgelaufen; *anno m* **~** vergangenes Jahr *n*; *interessi m/pl.* -*i* fällige Zinsen *m/pl.*; 3. *m* Ablauf *m*; Verlauf *m.*

decotto [de'kɔt-to] *m* Absud *m.*

decremento [dekre'mento] *m* Abnahme *f.*

decr|epitezza [dekrepi'tet-tsa] *f* Gebrechlichkeit *f*; Hinfälligkeit *f*;

epito [-'krɛːpito] altersschwach; *fig.* hinfällig.

decr|escenza [dekreʃ-'ʃentsa] *f* Abnahme *f*; **escere** [-'kreʃ-ʃere] (3n) abnehmen.

decr|etale [dekre'taːle] *f* (*od. a.* lettera *f* ~) päpstlicher Erlaß *m*; **etare** [-'taːre] (1a) verordnen; **eto** [-'krɛːto] *m* Dekret *n*; Erlaß *m*; ~ *di Dio* Gottes Ratschluß *m*.

decreto-legge [de'krɛːto'led-dʒe] *m* Notverordnung *f*.

decretorio [dekre'tɔːrio] *pl.* (-ri) bestimmend.

decubito [de'kuːbito] *m* Bettlägerigkeit *f*; anhaltendes Liegen *n*.

decuplo [de'kuplo] **1.** *adj.* zehnfach; **2.** *m* das Zehnfache.

dec|uria [de'kuːria] *f* Dekurie *f*, Abteilung *f* von 10 Mann; **urione** [-kuri'oːne] *m* Anführer *m* von 10 Mann.

decurt|are [dekur'taːre] (1a) kürzen; **azione** [-tatsi'oːne] *f* Kürzung *f*.

dedalo [dɛːdalo] *m fig.* Labyrinth *n*.

dedica [dɛːdika] *f* (*pl.* -che) Widmung *f*.

dedic|are [dedi'kaːre] (1b *u.* d) widmen; *Rel.* weihen; **atoria** [-ka'tɔːria] *f* (*od. a.* lettera *f* ~) Widmung *f*; **atorio** [-ka'tɔːrio] (*pl.* -ri) widmend; e-e Widmung enthaltend; **azione** [-katsi'oːne] *f* Einweihung *f*; Widmung *f*.

dedito [dɛːdito] ergeben.

dedizione [deditsi'oːne] *f* Ergebung *f*; Hingabe *f*.

dedotto [de'dot-to] **1.** *s.* dedurre; **2.** *adj.* abzüglich, nach Abzug von.

ded|ucibile [dedu'tʃiːbile] ableitbar; abziehbar; **urre** [-'dur-re] (3e) folgern; ableiten; *Arith.* abziehen; *Gründe* vorbringen; **ussi** [-'dus-si] *s.* dedurre; **uttivo** [-dut-'tiːvo] folgernd; herleitend; *Phys.* deduktiv; **uzione** [-dutsi'oːne] *f* Folgerung *f*; Ableitung *f*; Abzug *m*; *Phil.* Deduktion *f*; ⚖ Beweisführung *f*; *previa ~ di* nach Abzug von.

defalc|amento [defalka'mento] *m* Abziehen *n*; Abzug *m*; **are** [-'kaːre] (1d) abziehen.

defalco [de'falko] *m* (*pl.* -chi) Abzug *m*.

defec|are [defe'kaːre] (1b *u.* d) **1.** *v/t.* abklären; reinigen; **2.** *v/i.* Stuhlgang haben; **azione** [-katsi-

'oːne] *f* 🜊 Abklärung *f*; Stuhlgang *m*.

defenestrare [defenes'traːre] (1b) zum Fenster hinauswerfen; *fig.* ausbooten.

defer|ente [defe'rente] willfährig; **enza** [-'rentsa] *f* Willfährigkeit *f*; **ire** [-'riːre] (4d) **1.** *v/t. et.* unterbreiten; *j-n* anzeigen; *Eid* zuschieben; ~ *qu. al tribunale* j-n gerichtlich belangen; **2.** *v/i.* willfahren.

defezionare [defetsio'naːre] (1a) abtrünnig werden; ✕ desertieren.

defezione [defetsi'oːne] *f* Abfall *m*; Fahnenflucht *f*.

defici|ente [defi'tʃente] **1.** mangelhaft; schwachsinnig; **2.** *m* Schwachsinnige(r) *m*; **enza** [-'tʃentsa] *f* Mangel *m*; Schwachsinn *m*.

deficit [dɛːfitʃit] *m inv.* Fehlbetrag *m*.

deficitario [defitʃi'taːrio] passiv, defizitär.

defilare [defi'laːre] (1a) defilieren.

defin|ibile [defi'niːbile] definierbar; bestimmbar; entscheidbar; **ire** [-'niːre] (4d) definieren; bestimmen; *Streit* entscheiden; **itivo** [-ni'tiːvo] endgültig; definitiv; **ito** [-'niːto] *m* Gram. historisches Perfekt *n*; **izione** [-nitsi'oːne] *f* Definition *f*; Bestimmung *f*; Entscheidung *f*.

deflagr|are [defla'graːre] (1a) 🜊 abbrennen; **azione** [-gratsi'oːne] *f* rasches Abbrennen *n*.

deflazione [deflatsi'oːne] *f* Deflation *f*.

defl|essione [defles-si'oːne] *f* Abweichung *f*; **ettere** [-'flɛt-tere] (3qq) abweichen; **ettore** [-flet-'toːre] *m Auto*: Ausstellfenster *n*.

deflor|are [deflo'raːre] (1c) entjungfern; **azione** [-ratsi'oːne] *f* Entjungferung *f*.

defluire [deflu'iːre] (4d) abfließen, ablaufen; *Kapital*: abwandern.

deflusso [de'flus-so] *m* Abfluß *m*; *Kapital*: Abwanderung *f*.

deform|are [defor'maːre] (1a) entstellen; verunstalten; **azione** [-matsi'oːne] *f* Entstellung *f*; Verunstaltung *f*.

def|orme [de'forme] unförmig; mißgestaltet; **ormità** [-formi'ta] *f* Mißbildung *f*.

defraud|are [defrau'daːre] (1a) unterschlagen; bestehlen; *Gesetz* übertreten; ~ qu. di qc. j-n um et. (acc.) betrügen; **~atore** [-da'to:re] m Betrüger m; Unterschlager m; **~azione** [-datsi'o:ne] f Unterschlagung f; Betrug m.

defunto [de'funto] **1.** adj. verstorben; **2.** m Verstorbene(r) m.

degener|are [dedʒene'ra:re] (1m u. b) entarten; ausarten (in acc.); **~ativo** [-ra'ti:vo] degenerativ; **~ato** [-'ra:to] **1.** adj. entartet; fig. verkommen; **2.** m verkommener Mensch m; **~azione** [-ratsi'o:ne] f Entartung f; Ausartung f.

degenere [de'dʒe:nere] entartet; ganz verschieden (da von); figlio m ~ ungeratener Sohn m.

degen|te [de'dʒɛnte] bettlägerig; essere ~ all'ospedale im Krankenhaus liegen; **~za** [-tsa] f Krankenhausaufenthalt m.

degli [de'ʎi] prp. di mit art. gli.

deglut|ire [deglu'ti:re] (4d) verschlucken; **~izione** [-titsi'o:ne] f Verschlucken n.

degn|amente [deɲa'mente] würdig, in würdiger Weise; **~are** [-'ɲa:re] (1a) **1.** v/t. würdigen; **2.** v/i. u. **~arsi** [-'ɲarsi] geruhen; **~azione** [-ɲatsi'o:ne] f Gewogenheit f; Herablassung f.

degno [de:ɲo] achtbar; würdig (di gen.).

degrad|are [degra'da:re] (1a) **1.** v/t. degradieren; **2.** v/i. abnehmen; **~azione** [-datsi'o:ne] f Degradation f; fig. Erniedrigung f.

degust|are [degus'ta:re] (1a) kosten; **~azione** [-tatsi'o:ne] f Kostprobe f; sala f di ~ Probierstube f.

deh! [de] ach!

dei¹ [dei] prp. di mit art. i.

dei² [de:i] (pl. von Dio): gli ~ die Götter m/pl.   [rung f.]

deiezione [deietsi'o:ne] f Entlee-

deific|are [deifi'ka:re] (1m u. d) vergöttlichen; vergöttern; **~azione** [-katsi'o:ne] f Vergöttlichung f; Vergötterung f.

deismo [de'izmo] m Deismus m.

deista [de'ista] su. (m/pl. -i) Deist(in f) m.

deità [dei'ta] f Gottheit f.

del [del] prp. di mit art. il.

del|atore [dela'to:re] m Angeber m, Denunziant m; **~azione** [-tsi'o:ne] f Denunziation f; Anzeige f.

delebile [de'lɛ:bile] auslöschbar.

delega [dɛ:lega] f (pl. -ghe) Vollmacht f; Auftrag m.

deleg|are [dele'ga:re] (1l u. b u. e) beauftragen; mit Vollmacht versehen; abordnen (a zu dat.); ~ qc. a qu. j-m et. übertragen; **~ato** [-'ga:to] **1.** adj. beauftragt; consigliere m ~ geschäftsführendes Mitglied m (e-r AG); **2.** m Delegierte(r) m; ~ apostolico apostolischer Gesandter m; (a. ~ di pubblica sicurezza) Polizeikommissar m; **~azione** [-gatsi'o:ne] f Abordnung f; Auftrag m.

deleterio [dele'tɛ:rio] (pl. -ri) zerstörend; schädlich.

delfino [del'fi:no] m Delphin m; ♀ ehm. Dauphin m.

delib|are [deli'ba:re] (1a) (Wein usw.) kosten; **~azione** [-batsi'o:ne] f Kosten n; ⚖ Beschluß m über die Vollstreckung e-s ausländischen Urteils.

delibera [de'li:bera] f Beschluß m; Zuerkennung f.

deliber|are [delibe'ra:re] (1m) beraten; beschließen; zusprechen; **~atamente** [-rata'mente] vorsätzlich; **~ativo** [-ra'ti:vo] entscheidend; beschließend; **~ato** [-'ra:to] **1.** adj. entschlossen; absichtlich; **2.** m Beschluß m; **~azione** [-ratsi'o:ne] f Beratung f; Beschluß m; prendere una ~ e-n Beschluß fassen.

delic|atezza [delika'tet:tsa] f Zartheit f; Zartgefühl n; Leckerei f; -e pl. Feinheiten f/pl.; **~ato** [-'ka:to] zart; zartfühlend; lecker; fig. heikel; kitzlig.

delimit|are [delimi'ta:re] (1m) begrenzen; die Grenze bestimmen für; **~azione** [-tatsi'o:ne] f Be-, Abgrenzung f; Grenzbestimmung f.

deline|amento [delinea'mento] m Umreißen n; Umriß m; **~are** [-'a:re] (1m) umreißen; fig. beschreiben; entwerfen.

delinqu|ente [deliŋku'ente] m Verbrecher m; ~ minorenne jugendlicher Verbrecher m; **~enza** [-ku'entsa] f Verbrechertum n.

delinquere [de'liŋkuere] (3a) Verbrechen begehen; associazione f a ~ Verbrecherbande f.

deliquesc|ente [delikueʃ-'ʃente] zerfließend; **~enza** [-'ʃentsa] f Zerfließen n, Auflösung f.

deliquio [de'li:kuio] *m* (*pl.* -qui) Ohnmacht *f*.

delir|amento [delira'mento] *m* Phantasterei *n*; **~are** [-'ra:re] (1a) phantasieren (*Kranke*); rasen; irrereden.

delirio [de'li:rio] *m* (*pl.* -ri) Delirium *n*; Raserei *f*.

delitto [de'lit-to] *m* Verbrechen *n*; Vergehen *n*; Straftat *f*; Delikt *n*; ~ *politico* Staatsverbrechen *n*; *corpo m del* ~ Beweisstück *n*.

delittuoso [delit-tu'o:so] verbrecherisch.

delizia [de'li:tsia] *f* Wonne *f*; Vergnügung *f*; Delikatesse *f*; *vivere nelle* -e in Herrlichkeit und Freuden leben.

delizi|are [delitsi'a:re] (1g) entzücken; **~oso** [-tsi'o:so] köstlich, entzückend.

dell', della, delle, dello [del-l, -la, -le, -lo] *prp. di* mit *art.* l', la, le, lo.

delta [delta] *m* Delta *n*.

delucid|are [delutʃi'da:re] (1m) erklären; **~azione** [-datsi'o:ne] *f* Erklärung *f*; Aufklärung *f*.

del|udere [de'lu:dere] (3q) täuschen; vereiteln; **~usi** [-'lu:zi], **~uso** [-'lu:zo] *s. deludere*; **~usione** [-luzi'o:ne] *f* Enttäuschung *f*; **~usorio** [-lu'zɔ:rio] (*pl.* -ri) täuschend.

demag|ogia [demago'dʒi:a] *f* Demagogie *f*; **~ogico** [-'gɔ:dʒiko] (*pl.* -ci) demagogisch; **~ogo** [-'gɔ:go] *m* (*pl.* -ghi) Demagoge *m*; Volksverführer *m*.

demandare [deman'da:re] (1a) verweisen (*a qu.* an j-n); anvertrauen.

dem|aniale [demani'a:le] Staats...; *bene m* ~ Staatsgut *n*; **~anio** [-'ma:nio] *m* Domäne *f*; Staatseigentum *n*.

demarc|are [demar'ka:re] (1d) die Grenze bestimmen; **~azione** [-katsi'o:ne] *f* Grenze *f*; *linea f di* ~ Abgrenzungslinie *f*.

dem|ente [de'mente] **1.** *adj.* wahnsinnig; **2.** *m* Wahnsinnige(r) *m*; **~enza** [-'mentsa] *f* Wahnsinn *m*.

demeritare [demeri'ta:re] (1m *u.* b) **1.** *v/i.* ~ *di qc. u.* **2.** *v/t.* ~ *qc.* sich e-r Sache unwürdig zeigen.

demerito [de'me:rito] *m* Vergehen *n*; Fehler *m*.

demilitarizzare [demilitarid-'dza:re] (1a) entmilitarisieren.

demmo [dem-mo] *s. dare*.

democr|atico [demo'kra:tiko] (*pl.* -ci) **1.** *adj.* demokratisch; **2.** *m* Demokrat *m*; **~atizzare** [-kratid-'dza:re] (1a) demokratisieren; **~azia** [-kra'tsi:a] *f* Demokratie *f*; **~istiano** [-kristi'a:no] christlich-demokratisch.

demogr|afia [demogra'fi:a] *f* Bevölkerungskunde *f*; Statistik *f*; **~afico** [-'gra:fiko] (*pl.* -ci) Bevölkerungs...; *diminuzione f -a* Bevölkerungsabnahme *f*; *eccedenza f -a* Geburtenüberschuß *m*; *limitazione f -a* Geburtenbeschränkung *f*; *politica f -a* Bevölkerungspolitik *f*; *regolazione f -a* Geburtenregelung *f*.

demol|ire [demo'li:re] (4d) niederreißen; abbrechen; *Maschinen* verschrotten; *fig.* herunterreißen; **~izione** [-litsi'o:ne] *f* Niederreißung *f*; Herunterreißen *n*; Abbau *m*.

demoltiplic|are [demoltipli'ka:re] (1d) ⊕ untersetzen; **~azione** [-katsi'o:ne] *f* Untersetzung *f*.

demone [de'mo:ne] *m* Dämon *m*.

dem|oniaco [demo'ni:ako], **~onico** [-'mɔ:niko] (*pl.* -ci) dämonisch; **~onio** [-'mɔ:nio] *m* (*pl.* -ni) Dämon *m*, Teufel *m*.

demoralizz|ante [demoralid-'dzan-te] sittenverderbend; entmutigend; **~are** [-'dza:re] (1a) demoralisieren; entmutigen; **~azione** [-dzatsi'o:ne] *f* Entsittlichung *f*, Entmutigung *f*.

denaro [de'na:ro] *m* Geld *n*; *-i pl.* *contanti* Bargeld *m*.

denatalità [denatali'ta] *f* sinkende Geburtenziffer *f*.

denaturato [denatu'ra:to] denaturiert; *spirito m* ~ vergällter Spiritus *m*.

deneg|are [dene'ga:re] (11 *u.* b *u.* e *od.* 1b *u.* e) ableugnen; verweigern; **~azione** [-gatsi'o:ne] *f* Ableugnung *f*; Verweigerung *f*.

denicotinizzato [denikotinid-'dza:-to] nikotinfrei.

denigr|are [deni'gra:re] (1a) anschwärzen; verleumden; **~atore** [-gra'to:re] *m* Verleumder *m*; **~atorio** [-gra'tɔ:rio] (*pl.* -ri) verleumderisch; **~azione** [-gratsi'o:ne] *f* Anschwärzung *f*; Verleumdung *f*.

denomin|are [denomi'na:re] (1m *u.* c) benennen; **~arsi** [-'narsi] heißen; **~ativo** [-na'ti:vo] bezeich-

nend; benennend; **~atore** [-na-
'to:re] *m* Nenner *m*; **~ comune**
Generalnenner *m*; **~azione** [-na-
tsi'o:ne] *f* Benennung *f*; Name *m*.
denot|are [deno'ta:re] (11 *u.* b *od.*
1c) bezeichnen; bedeuten; zeigen;
~azione [-tatsi'o:ne] *f* Bezeichnung
f; Hinweis *m*.
dens|imetro [den'si:metro] *m* Dich-
tigkeitsmesser *m für Flüssigkeiten*;
~ità [-si'ta] *f* Dichtigkeit *f*; Dicke *f*;
~ della popolazione Bevölkerungs-
dichte *f*.
denso [denso] dicht; dickflüssig.
dent|ale [den'ta:le] 1. *adj.* dental;
Zahn...; 2. *f* Gram. Zahnlaut *m*;
~ario [-'ta:rio] (*pl.* -ri) Zahn...;
nervo m ~ Zahnnerv *m*; **~ata**
[-'ta:ta] *f* Biß *m*; **~ato** [-'ta:to] gezähnt; *ruota f -a* Zahnrad *n*; **~atura**
[-ta'tu:ra] *f* Gebiß *n*; ⊕
Verzahnung *f*.
dente [dente] *m* Zahn *m*; ⊕ Zacken
m; Scharte *f*; *al* ~ nicht ganz gar;
corona f del ~ Zahnkrone *f*; *radice f
del* ~ Zahnwurzel *f*; *cura f della
radice del* ~ Wurzelbehandlung *f*;
rimanere a -i asciutti leer ausgehen; *tirare coi -i* an den Haaren
herbeiziehen; *borbottare fra i -i* in
s-n Bart murmeln.
dent|ellare [dentel-'la:re] (1b) mit
Zacken versehen; **~ellato** [-tel-
'la:to] gezahnt; **~ellatura** [-tel-la-
'tu:ra] *f* Auszackung *f*; Auszah-
nung *f*; **~ello** [-'tel-lo] *m* Zacken *m*.
dentice [dentitʃe] *m* Zool. Zahn-
brassen *m*.
dent|iera [denti'ɛ:ra] *f* künstliches
Gebiß *n*; Zahnersatz *m*; ⊕ Zahnrad
n; Zahnstange *f*; **~ifricio** [-ti'fri:tʃo]
(*pl.* -ci) 1. *adj.* zahnreinigend;
Zahn...; *acqua f -a* Mundwasser *n*;
pasta f -a Zahnpasta *f*; 2. *m* Zahnpasta *f*, Zahnpulver *n*; **~ina**
[-'ti:na] *f* Zahnbein *n*; **~ista** [-'tista]
su. (*m/pl.* -i) Zahnarzt *m*, Zahn-
ärztin *f*; Zahntechniker *m*; **~istico**
[-'tistiko] (*pl.* -ci) zahnärztlich;
~izione [-titsi'o:ne] *f* Zahnen *n*.
dentro [dentro] 1. *prp.* in; innerhalb; binnen; 2. *adv.* hinein; herein; im Innern; *il di* ~ das Innere;
F *andare* ~ ins Gefängnis gehen;
esser ~ sitzen; *metter* ~ einsperren.
denud|are [denu'da:re] (1a) ent-
blößen; *Schwert* ziehen; **~azione**
[-datsi'o:ne] *f* Entblößung *f*.

denunci|a [de'nuntʃa] *f* (*pl.* -ce)
Anzeige *f*; Angabe *f*; Meldung *f*;
Anmeldung *f*; Kündigung *f*; **~ dei
redditi** Steuererklärung *f*; **~are**
[-nun'tʃa:re] (1f) anzeigen; angeben; *Mieter, Dienstboten* anmelden;
Vertrag kündigen; **~ la propria
partenza** sich polizeilich abmelden;
~ il proprio arrivo sich polizeilich
anmelden; **~atore** [-nuntʃa'to:re]
m Denunziant *m*, Angeber *m*.
denunzia [de'nuntsia] *usw. s.* denuncia *usw.*
denutr|ito [denu'tri:to] unterer-
nährt; **~izione** [-tritsi'o:ne] *f* Un-
terernährung *f*.
deodorante [deodo'rante] *m* deso-
dorierendes Mittel *n*.
depauper|amento [depaupera-
'mento] *m* Verarmung *f*; Schwächung *f*; **~are** [-'ra:re] (1m) arm
machen; *Kräfte* vermindern; schwächen; **~azione** [-ratsi'o:ne] *f* Verarmung *f*; Schwächung *f*.
depenn|are [depen-'na:re] strei-
chen; **~azione** [-natsi'o:ne] *f* Strei-
chung *f*.
deper|ibile [depe'ri:bile] leicht ver-
derblich; **~imento** [-ri'mento] *m*
Verfall *m*; Dahinsiechen *n*; **~ire**
[-'ri:re] (4d) verfallen; dahinsiechen.
depil|are [depi'la:re] (1a) enthaaren;
~atorio [-la'to:rio] (*pl.* -ri) 1. *adj.*
Enthaarungs...; 2. *m* Enthaarungs-
mittel *n*; **~azione** [-latsi'o:ne] *f*
Enthaarung *f*.
deplor|abile [deplo'ra:bile] *s.* de-
plorevole; **~are** [-'ra:re] (1c) *et.* beklagen; *j-n* bedauern; *c.s.* tadeln;
~azione [-ratsi'o:ne] *f* Beklagen *n*;
Bedauern *n*; Tadel *m*; **~evole**
[-'re:vole] beklagenswert; be-
dauernswert; tadelnswert.
depone [de'po:ne] *s.* deporre.
deponente [depo'nente] *m* † Hin-
terleger *m*, Deponent *m*; Gram. (a.
verbo m ~) Deponens *n*.
deponibile [depo'ni:bile] hinter-
legbar.
deporre [de'por-re] (3ll) hinterle-
gen; *Kleider* ablegen; *Waffen, Arbeit* niederlegen; *j-n* absetzen; *Gedanken* fallenlassen, verzichten auf
(*acc.*); ⚖ aussagen.
deport|are [depor'ta:re] (1c) depor-
tieren; verschleppen; **~ato** [-'ta:to]
m Deportierte(r) *m*; **~azione** [-ta-
tsi'o:ne] *f* Deportation *f*.

deporto [de'pɔrto] *m* ✈ Deport *m*.

deposi [de'pɔsi] *s.* deporre.

deposit|ante [depozi'tante] *m* Hinterleger *m*; **~are** [-'ta:re] (1m *u.* c) zur Aufbewahrung geben; ✈ hinterlegen; *Flüssigkeiten*: absetzen; **~ario** [-'ta:rio] *m* (*pl.* -*ri*) Verwahrer *m*; Depositar *m*; **~ato** [-'ta:to] *marca f* -*a* Schutzmarke *f*.

deposito [de'pɔ:zito] *m* Aufbewahrung *f*; Depot *n*; Niederlage (*Warenniederlage*) *f*; Lager *n*; 🚆 Packhof *m*; 🧪 Bodensatz *m*; ⚒ Ablagerung *f*; *~ bagagli* Gepäckaufbewahrung *f*; *~ lettere* Briefablage *f*; *cassa f -i* Depositenkasse *f*.

deposizione [depozitsi'o:ne] *f* (*s. deporre*) Ablegung *f*; Hinterlegung *f*; Niederlegung *f*; Absetzung *f*; (*a. ~ dalla croce*) Kreuzabnahme *f*; ⚖ (*a. ~ testimoniale*) Aussage (*Zeugenaussage*) *f*.

deposto [de'posto] **1.** *s.* deporre. **2.** *m* Zeugenaussage *f*.

deprav|are [depra'va:re] (1a) verderben; **~azione** [-vatsi'o:ne] *f* Verderbtheit *f*.

deprec|abile [depre'ka:bile] durch Bitten abwendbar; verwerflich; **~are** [-'ka:re] (11 *u.* b *u.* d *od.* 1b *u.* d) anflehen; et. durch Bitten abzuwenden versuchen; **~ativo** [-ka-'ti:vo] flehend; Anflehungs...; **~azione** [-katsi'o:ne] *f* Anflehen *n*; Bitte *f* um Abwendung e-s Übels.

depred|amento [depreda'mento] *m* Plünderung *f*; **~are** [-'da:re] (1b) plündern; **~atore** [-da'to:re] *m* Plünderer *m*; **~azione** [-datsi'o:ne] *f* Plünderung *f*.

depr|essi [de'pres-si] *s.* deprimere; **~essione** [-pres-si'o:ne] *f* (*a. fig.*) Niederdrückung *f*; Senkung *f des Bodens*; Niederung *f*; *Phys. u. Psych.* Depression *f*; *~ atmosferica* Tiefdruck *m*; *~ dei prezzi* Tiefstand *m* der Preise; *zona f di ~ atmosferica* Tiefdruckgebiet *n*; **~essivo** [-pres-'si:vo]niederdrückend; **~esso** [-'prɛs-so] **1.** *s.* deprimere; **2.** *adj.* schwach, niedergedrückt; niedergeschlagen; *polso m ~* schwacher Puls *m*; *aree f/pl. -e* Notstandsgebiete *n/pl.*

deprezz|amento [depret-tsa'mento] *m* Preisherabdrückung *f*; Entwertung *f*; Unterschätzung *f*; *~ monetario* Geldentwertung *f*; **~are** [-'tsa:re] (1b): *~ qc.* den Preis e-r Sache herabdrücken; *fig.* unterschätzen; entwerten.

de|primente [depri'mɛnte] bedrückend; **~primere** [-'pri:mere] (3r) niederdrücken; niederschlagen; ✞ drücken.

depur|amento [depura'mento] *m* *s.* depurazione; **~are** [-'ra:re] (1a) reinigen; 🧪 läutern; **~ativo** [-ra-'ti:vo] **1.** *adj.* reinigend; läuternd; **2.** *m* Blutreinigungsmittel *n*; **~atore** [-ra'to:re] **1.** *adj.* reinigend; läuternd; **2.** *m* Filtriergefäß *n*; **~azione** [-ratsi'o:ne] *f* Reinigung *f*; Läuterung *f*.

deput|are [depu'ta:re] (11 *u.* a) abordnen; **~ato** [-'ta:to] *m* Abgeordnete(r) *m*; *Camera f dei -i* Abgeordnetenhaus *n*; **~azione** [-tatsi'o:ne] *f* Deputation *f*; Abordnung *f*; Mandat (*Abgeordnetenmandat*) *n*; *~ provinciale* Provinzialausschuß *m*.

deragli|amento [deraʎa'mento] *m* 🚆 Entgleisung *f*; **~are** [-'ʎa:re] (1g) entgleisen.

derapare [dera'pa:re] (1a) *Auto:* schleudern.

derelitto [dere'lit-to] verlassen.

deretano [dere'ta:no] *m* **1.** *adj.* hintere; **2.** *m* Hintere(r) *m*, Gesäß *n*.

der|idere [de'ri:dere] (3g) auslachen; **~isi** [-'ri:zi] *s.* deridere; **~isione** [-rizi'o:ne] *f* Verhöhnung *f*; **~iso** [-'ri:zo] *s.* deridere; **~isore** [-ri'zo:re] *m* Verhöhner *m*; **~isorio** [-ri'zɔ:rio] (*pl.* -*ri*) spöttisch; *prezzo m ~* Spottpreis *m*.

deriva [de'ri:va] *f* ✈ ⚓ Abtrift *f*; *andare alla ~* abtreiben; *fig.* ins Treiben geraten; *trovarsi alla ~* abgetrieben werden; *alla ~ od. in ~ fig.* mit dem Strom.

deriv|abile [deri'va:bile] ableitbar; **~are** [deri'va:re] (1a) **1.** *v/t.* ableiten; **2.** *v/i.* herkommen; herstammen; herrühren; **~ativo** [-va'ti:vo] **1.** *adj.* abstammungs...; **2.** *m* = **~ato** [-'va:to] *m* abgeleitetes Wort *n*; Produkt *n*; **~azione** [-vatsi'o:ne] *f* Ableitung *f*; Abstammung *f*; ⚡ Nebenanschluß *m*.

derm|atologia [dermatolo'dʒi:a] *f* Lehre *f* von den Hautkrankheiten; **~atologo** [-'tɔ:logo] *m* (*pl.* -*gi*) Hautarzt *m*; **~atosi** [-'tɔ:zi] *f* Dermatose *f*.

deroga [deːroga] f (pl. -ghe) s. dero-
gazione.

derog|abile [deroˈgaːbile] abstell-
bar; abschaffbar; **~are** [-ˈgaːre] (1l
u. b u. e) zuwiderhandeln; ~ a qc.
allg. e-r Sache Abbruch tun; et.
einschränken; entkräften; **~ativo**
[-gaˈtiːvo], **~atorio** [-gaˈtoːrio] (pl.
-ri) aufhebend; entkräftend; **~a-
zione** [-gatsiˈoːne] f Zuwiderhand-
lung f; teilweise Aufhebung f; Einschränkung f.

derrata [der-ˈraːta] f, mst -e pl.
Lebensmittel n/pl.; -e coloniali
Kolonialwaren f/pl.

derubare [deruˈbaːre] (1a) be-
stehlen.

dervis [dɛrvis] m Derwisch m.

deschetto [desˈket-to] m Schuster-
tisch m.

desco [desko] m (pl. -chi) Tisch
(Eßtisch) m.

descr|issi [desˈkris-si] s. descrivere;
~ittibile [-kritˈtiːbile] beschreib-
bar; **~ittivo** [-kritˈtiːvo] beschrei-
bend; **~itto** [-ˈkrit-to] s. descrivere;
~ittore [-kritˈtoːre] m Beschreiber
m; **~ivere** [-ˈkriːvere] (3tt) beschreiben; **~ivibile** [-kriˈviːbile] be-
schreibbar; **~izione** [-kritsiˈoːne] f
Beschreibung f, Schilderung f; ~ di
viaggio Reisebeschreibung f.

deserto [deˈzɛrto] 1. adj. öde; men-
schenleer; asta f -a Versteigerung f
ohne Bieter; 2. m Wüste f; Öde f;
predicare al ~ der Wüste predigen.

desiare [deziˈaːre] (1h) poet. wünschen.

desider|abile [desideˈraːbile] wün-
schenswert; begrüßenswert; **~are**
[-ˈraːre] (1m) wünschen; **~ata**
[-ˈraːta] m/pl. Forderungen f/pl.;
~ato [-ˈraːto] m, mst -i pl. Wünsche
m/pl., Forderungen f/pl.

desid|erio [desiˈdɛːrio] m (pl. -ri)
Wunsch m; Wunschtraum m; ~ di
qc. Verlangen n nach et.; conforme
al ~ wunschgemäß; **~eroso** [-de-
ˈroːso] ~ di ... von dem Wunsch erfüllt, zu ...

design|are [desiˈɲaːre] (1a) bezeich-
nen; j-n (für ein Amt usw.) vorschlagen; **~azione** [-natsiˈoːne] f
Bezeichnung f; Vorschlag m.

desinare [desiˈnaːre] (1l) 1. v/i. zu
Mittag essen; 2. m Mittagessen n;
allg. Hauptmahlzeit f; dopo ~ nachmittags.

desinenza [deziˈnɛntsa] f Endung f;
Auslaut m.

desistere [deˈsistere] (3f) aufhören;
abstehen.

desol|ante [dezoˈlante] 1. p.pr. ver-
wüstend; 2. adj. trostlos; **~are**
[-ˈlaːre] (1a od. 1l u. b) verwüsten;
fig. betrüben; **~ato** [-ˈlaːto] adj.
verwüstet, trostlos; tiefbetrübt;
~azione [-latsiˈoːne] f Verwüstung
f; Trostlosigkeit f; tiefe Betrübnis f.

despota [dɛspota] su. (m/pl. -i) Des-
pot(in f) m, Gewaltherrscher(in f)
m. [spotico.\
despotico [desˈpɔtiko] usw. s. di-\

desquamare [deskuaˈmaːre] (1a)
1. v/t. abschuppen; 2. v/i. die
Schuppen verlieren.

dessert [des-ˈsɛr] m Nachtisch m.

desso [des-so] der nämliche.

dest|are [desˈtaːre] (1a) wecken;
fig. hervorrufen; **~arsi** [-ˈtarsi] aufwachen; erwachen.

destin|are [destiˈnaːre] (1a) be-
stimmen; **~atario** [-naˈtaːrio] m
(pl. -ri) & Empfänger m; **~azione**
[-natsiˈoːne] f Bestimmung f; (a.
luogo m di ~) Bestimmungsort m.

destino [desˈtiːno] m Schicksal n; s.
destinazione.

destitu|ire [destituˈiːre] (4d) ab-
setzen; **~ito** [-tuˈiːto]: ~ di qc. ohne
et.; ~ di fondamento unbegründet;
~zione [-tutsiˈoːne] f Absetzung f.

desto [desto] wach; fig. aufgeweckt.

destra [destra] f Rechte f; a ~
rechts; tenere la ~ rechts fahren
(gehen).

destr|eggiare [destred-ˈdʒaːre] (1f)
v/i. u. **~eggiarsi** [-ˈdʒarsi] lavieren;
~ezza [-ˈtret-tsa] f Geschicklich-
keit f; Schnelligkeit f; Kunstfertig-
keit f; c.s. List f; gioco m di ~
Taschenspielerkunststück n; ~ di
mano Fingerfertigkeit f.

destriere [destriˈɛːre] m Roß n.

destrina [desˈtriːna] f Dextrin n.

destro [dɛstro] 1. adj. recht; geschickt; rechtshändig; c.s. verschlagen; 2. m günstige Gelegenheit
f; Boxen: Rechte(r) m.

destrorso [desˈtrɔrso] rechtsgängig.

des|umere [deˈsuːmere] (3h) ent-
nehmen; ersehen; **~umibile** [-su-
ˈmiːbile] entnehmbar; **~unsi, ~unto**
[-ˈsunsi, -to] s. desumere.

detenere [deteˈneːre] (2q) in s-r Gewalt haben; Rekord halten.

deten|tore [deten'to:re] *m* Besitzer *m*; Träger *m*; *Sport*: (~ del titolo Titel-)Verteidiger *m*; **~uto** [-'nu:to] **1.** *adj.* gefangen; **2.** *m* Gefangene(r) *m*; **~zione** [-tsi'o:ne] *f* Haft *f*; 🔏 widerrechtlicher Besitz *m*; ~ di armi Tragen *n* von Waffen.

detergente [deter'dʒɛnte] *m* Reinigungsmittel *n*.

detergere [de'tɛrdʒere] (3uu) reinigen.

deterior|abile [deterio'ra:bile] verderblich; **~amento** [-ra'mento] *m* Verschlechterung *f*; Verfall *m*; **~are** [-'ra:re] (1a) **1.** *v/t.* verschlechtern; verfallen lassen; **2.** *v/i.* verderben; verfallen.

determin|abile [determi'na:bile] bestimmbar; **~ante** [-'nante] **1.** *adj.* entscheidend, ausschlaggebend; **2.** *f* Antrieb *m*, Motiv *n*; **~are** [-'na:re] (1m *u.* b) bestimmen; **~arsi** [-'narsi] sich entschließen; **~atezza** [-na'tettsa] *f* Bestimmtheit *f*; Entschlossenheit *f*; **~ativo** [-na'ti:vo] bestimmend; **~ato** [-'na:to] *adj.* bestimmt; *in -i giorni* an bestimmten Tagen; *una quantità* ~ a-e-e bestimmte Menge; *articolo m* ~ bestimmter Artikel *m*; **~azione** [-natsi'o:ne] *f* Bestimmung *f*; Entschluß *m*; **~ismo** [-'nizmo] *f* Determinismus *m*.

deterrente [deter-'rɛnte] **1.** *adj.* abschreckend; **2.** *m* Abschreckungsmittel *n*.

detersi [de'tɛrsi] *s.* detergere.

deters|ione [detersi'o:ne] *f* Reinigung *f*; **~ivo** [-'si:vo] **1.** *adj.* reinigend; **2.** *m* Reinigungs-, Putz-, Waschmittel *n*.

deterso [de'tɛrso] *s.* detergere.

detest|abile [detes'ta:bile] verabscheuungswürdig; **~are** [-'ta:re] (1b) verabscheuen; **~azione** [-tatsi'o:ne] *f* Abscheu *m*.

deton|ante [deto'nante] Spreng..., Zünd...; **~are** [-'na:re] (1c) explodieren; **~atore** [-na'to:re] *m* Zündkapsel *f*; **~azione** [-natsi'o:ne] *f* Detonation *f*.

detrae, detraggo [de'tra:e, -'trag-go] *s.* detrarre.

detr|arre [de'trar-re] (3xx) **1.** *v/t.* abziehen; **2.** *v/i.* ~ *a qc. et.* herabsetzen; **~assi** [-'tras-si], **~atto** [-'trat-to] *s.* detrarre; **~attore** [-trat-'to:re] *m* Verleumder *m*;

~azione [-tratsi'o:ne] *f* Abziehung *f*; Herabsetzung *f*; Verleumdung *f*.

detrimento [detri'mento] *m* Schaden *m*.

detrito [de'tri:to] *m* Gebröckel *n*; Abfall *m*.

detronizz|are [detronid-'dza:re] (1a) entthronen; **~azione** [-dza-tsi'o:ne] *f* Entthronung *f*.

detta [det-ta] *f*: *a* ~ *di qu.* nach j-s Aussage.

dettagli|ante [det-ta'ʎante] *su.* Detailhändler(in *f*) *m*; **~are** [-'ʎa:re] (1g) im einzelnen beschreiben; **~atamente** [-ʎata'mente] ausführlich, eingehend; **~ato** [-'ʎa:to] ausführlich.

dett|aglio [det-'ta:ʎo] *m* (*pl. -gli*) Einzelheit *f*; *commercio m al* ~ Einzelhandel *m*; **~aglista** [-ta'ʎista] *su.* (*m/pl. -i*) Detailhändler(in *f*) *m*.

dett|ame [det-'ta:me] *m* Lehre *f*; Vorschrift *f*; **~are** [-'ta:re] (1a) diktieren; *fig.* eingeben; *Gesetze* vorschreiben; **~ato** [-'ta:to] *m* Diktat *n*; **~atura** [-ta'tu:ra] *f* Diktat *n*; *sotto* ~ nach Diktat.

detti [det-ti] *s.* dare.

detto [det-to] **1.** *s.* dire; **2.** *adj.* obengenannt; **3.** *m* Ausspruch *m*; Wort *n*.

deturp|amento [deturpa'mento] *m* Verunstaltung *f*; *fig.* Schändung *f*; **~are** [-'pa:re] (1a) verunstalten; *fig.* schänden; **~atore** [-pa'to:re] *m* Verunstalter *m*; *fig.* Schänder *m*.

devalutazione [devalutatsi'o:ne] *f* Valutaabwertung *f*.

devast|are [devas'ta:re] (1a) verwüsten; **~atore** [-ta'to:re] verwüstend; zerstörerisch; **~azione** [-tatsi'o:ne] *f* Verwüstung *f*.

deve ['dɛ:ve], **devi** [dɛ:vi] *s.* dovere.

devi|amento [devia'mento] *m* Ablenkung *f*, Abweichung *f*; **~are** [-vi'a:re] (1h) **1.** *v/t. od. far* ~ vom rechten Weg abbringen; *Fluß* ableiten; 🚂 zur Entgleisung bringen; **2.** *v/i.* abweichen; *c.s.* irregehen; 🚂 entgleisen; **~atore** [-via'to:re] *m* Weichensteller *m*; **~azione** [-viatsi-'o:ne] *f* Ablenkung *f*; Abweichung *f*; Abtrift *f*; Entgleisung *f*; Umleitung *f*; Abzweigung *f*.

deviazion|ismo [deviatsio'nizmo] *m* Abweichlertum *n*; **~ista** [-'nista] *su.* (*m/pl. -i*) Abweichler(in *f*) *m*.

devo [dɛ:vo] *s.* dovere.

devol|uto [devo'lu:to] s. devolvere;
~**uzione** [-lutsi'o:ne] f Übertragung
f; Zufallen n; Bestimmung f.

devolv|ere [de'vɔlvere] (3g) übertragen, abtreten; ~**ersi** [-si] zufallen, übergehen.

devotissimo [devo'tis-simo] ergebenst.

devoto [de'vɔ:to] **1.** adj. ergeben;
Rel. andächtig; devot; **2.** m Gläubige(r) m; Freund m.

devozione [devotsi'o:ne] f Ergebenheit f; Hingebung f; Rel. Andacht f; ~i pl. Gebete n/pl.

di [di] prp. von, aus; nach Komparativ als; ~ ferro aus Eisen; io sono
~ Roma ich bin aus Rom; che sarà ~
noi was wird aus uns werden; ragazza f del popolo Mädchen n aus
dem Volke; battaglia f ~ Lipsia
Schlacht f bei Leipzig; ~ buon umore
bei guter Laune; ~ giorno bei Tage;
vestito ~ bekleidet mit; riempire ~
qc. mit et. füllen; ~ nome Arturo
mit Namen Artur; vivere d'aria von
Luft leben; ~ qui a Berlino von hier
nach Berlin; ricco ~ denaro reich an
Geld; morire ~ sterben an (dat.);
soffrire ~ gotta an Gicht leiden;
mancanza ~ Mangel an (dat.); ~
fame vor Hunger; ~ rabbia vor
Wut; parlare ~ politica über (von)
Politik reden; ~ la carica ~ direttore
das Amt e-s Direktors; d'estate im
Sommer; ~ questo passo auf diese
Weise; superbo ~ stolz auf (acc.);
domandare ~ qu. nach j-m fragen;
allungare ~ tre metri um drei Meter
verlängern; ~ chi è questo libro?
wem gehört dieses Buch?; più bello
~ schöner als.

dì [di] m inv. Tag m; a ~ 4 di maggio am vierten Mai; ai miei ~ zu
meiner Zeit; buon ~! guten Tag!

di' [di] s. dire.

dia [di:a] s. dare.

diab|ete [dia'bɛ:te] m Zuckerkrankheit f; ~**etico** [-tiko] (pl. -ci) zuckerkrank.

diabolico [dia'bɔ:liko] (pl. -ci) teuflisch; Teufels...; F verteufelt.

diacon|ato [diako'na:to] m Diakonat n; ~**essa** [-'nes-sa] f Diakonissin f.

diacono [di'a:kono] m Diakon m.

diadema [dia'dɛ:ma] m (pl. -i) Diadem n.

diafano [di'a:fano] durchsichtig.

diafo|resi [diafo're:zi] f Schwitzen
n; ~**retico** [-'rɛ:tiko] (pl. -ci)
schweißtreibend.

diaframm|a [dia'fram-ma] m (pl.
-i) Zwerchfell n; Phys., Phot. Blende f; ~**are** [-'ma:re] (1a) abblenden.

diagnosi [di'a:ɲozi] f Diagnose f.

diagn|osticare [diaɲosti'ka:re] (1n
u. c u. d) diagnostizieren; ~**ostico**
[-'ɲostiko] (pl. -ci) **1.** adj. diagnostisch; **2.** m Diagnostiker m.

diagonale [diago'na:le] **1.** adj.
schräg; **2.** f Diagonale f.

diagramma [dia'gram-ma] m (pl.
-i) Diagramm n.

dial|ettale [dialet-'ta:le] dialektisch, mundartlich; ~**ettica** [-'lettika] f Dialektik f; ~**ettico**
[-'lɛt-tiko] (pl. -ci) dialektisch;
~**etto** [-'lɛt-to] m Dialekt m, Mundart f.

dial|ogare [dialo'ga:re] (1l u. e) sich
unterhalten; dialogisch behandeln; ~**ogico** [-'lɔ:dʒiko] (pl. -ci) dialogisch; ~**ogizzare** [-lodʒid-'dza:re] (1a) **1.** v/t. dialogisch behandeln; **2.** v/i. F disputieren (su über
acc.).

dialogo [di'a:logo] m (pl. -ghi) Gespräch (Zwiegespräch) n; Wechselrede f; Thea. Dialog m; forma f di ~
Gesprächsform f; in forma di ~ gesprächsweise.

diamante [dia'mante] m Diamant
m; edizione f ~ Miniaturausgabe f.

diametr|ale [diame'tra:le] diametral; ~**almente** [-tral'mente]: ~
opposto in ganz entgegengesetzter
Richtung.

diametro [di'a:metro] m Durchmesser m.

diamine [di'a:mine] verflixt!; che
~ hai? was hast du denn nur?; ~!
natürlich!

diamo [di'a:mo] s. dare.

diana [di'a:na] f Morgenstern m.

dianzi [di'antsi] (kurz) vorher.

diapason [di'a:pazon] m inv. Stimmgabel f.

diapositiva [diapozi'ti:va] f Phot.
Diapositiv n.

diari|a [di'a:ria] f Diäten f/pl.,
Tagegelder n/pl.; ~**o** [-o] m (pl. -ri)
Tagebuch n.

diarista [dia'rista] su. (m/pl. -i)
Tagebuchschreiber(in f) m.

diarrea [diar-'rɛ:a] f Durchfall m.

diaspora [di'aspora] f Diaspora f.

diaspro [di'aspro] *m* Jaspis *m*.
diatriba [dia'triːba *od.* di'aːtriba] *f* heftige Kritik *f*; Streitschrift *f*.
diavola [di'aːvola] *f* Teufelin *f*; *fig.* wildes Mädchen *n*.
diavol|eria [diavole'riːa] *f* Teufelei *f*; **~esco** [-'lesko] (*pl.* -chi) teuflisch; **~essa** [-'les-sa] *f* Teufelin *f*; **~eto** [-'leːto] *m* Höllenlärm *m*; **~etto** [-'let-to] *m* kleiner Teufel *m*; **~ino** [-'liːno] *m* Lockenwickel *m*.
diavolo [di'aːvolo] *m* Teufel *m*; **~!** natürlich!; *buon* **~** guter Kerl *m*; *sete f del* **~** verteufelter Durst *m*; **~** *a quattro* Höllenlärm *m*; *se il* **~** *non ci mette la coda* wenn nichts dazwischenkommt.
dib|attere [di'bat-tere] (3a) umrühren; debattieren, erörtern; **~attersi** [-si] um sich schlagen; sich sträuben; **~attimento** [-bat-ti-'mento] *m* Erörterung *f*; Verhandlung *f*; **~attito** [-'bat-tito] *m* Debatte *f*.
dibosc|amento [diboska'mento] *m* Abholzung *f*; **~are** [-'kaːre] (1d) abholzen.
dicace [di'kaːtʃe] *lit.* geschwätzig; beißend.
dicastero [dikas'teːro] *m* Ressort *n*; Ministerium *n*.
dice [di'tʃe] *s.* dire.
dicembre [di'tʃembre] *m* Dezember *m*.
diceria [ditʃe'riːa] *f* Gerede *n*.
dicessi [di'tʃes-si], dicesti [-'tʃesti], dicevo [-'tʃeːvo] *s.* dire.
dichiar|are [dikia'raːre] (1a) erklären; klarlegen, klarstellen; ankündigen; &, 🚢 deklarieren, angeben; *ha qualcosa da* **~**? haben Sie etwas zu verzollen?; **~arsi** [-'rarsi] sich erklären; seine Liebe gestehen; **~atamente** [-rata'mente] ausdrücklich; **~ativo** [-ra'tiːvo] erklärend; **~azione** [-ratsi'oːne] *f* Erklärung *f*; Deklaration *f*; Angabe *f*; **~** *doganale* Zollerklärung *f*; **~** *del contenuto* Inhaltsangabe *f*; **~** *del valore* Wertangabe *f*; **~** *d'amore* Liebeserklärung *f*; **~** *di guerra* Kriegserklärung *f*.
dici [di'tʃi] *s.* dire.
diciann|ove [ditʃan-'nɔːve] neunzehn; **~ovenne** [-no'ven-ne] neunzehnjährig; **~ovesimo** [-no'veːzimo] neunzehnte(r).
diciass|ette [ditʃas-'set-te] sieb-

zehn; **~ettenne** [-set-'ten-ne] siebzehnjährig; **~ettesimo** [-set-'teːzimo] siebzehnte(r).
diciott|enne [ditʃot-'ten-ne] achtzehnjährig; **~esimo** [-'teːzimo] achtzehnte(r).
diciotto [di'tʃɔt-to] achtzehn.
dicit|ore [ditʃi'toːre] *m* Sprecher *m*; **~ura** [-'tuːra] *f* Redeweise *f*; 🕮 Sprache *f*; Text *m*.
dico [di'ko] *s.* dire.
didasc|alia [didaska'liːa] *f* Regieanweisung *f*; Begleittext *m*; **~alico** [-'kaːliko] (*pl.* -ci) didaktisch.
didattic|a [di'dat-tika] *f* Didaktik *f*; **~o** [-ko] (*pl.* -ci) 1. *m* Didaktiker *m*; 2. *adj.* didaktisch; *talento m* **~** Lehrgeschick *n*, -talent *n*.
didentro [di'dentro] *m* 1. Innere(s) *n*; 2. *adv.* von innen.
dieci [di'ɛːtʃi] zehn; *alle (verso le)* **~** um (gegen) zehn Uhr.
diecina [die'tʃiːna] *f*: *una* **~** etwa zehn.
diedi [di'ɛːdi] *s.* dare.
dielettrico [die'let-triko] (*pl.* -ci) 1. *adj.* dielektrisch; 2. *m* Dielektrikum *n*.
dieresi [di'ɛːrezi] *f* Diärese *f*, Vokaltrennung *f*.
diesis [di'ɛːzis] *m inv.* ♪ Kreuz *n*.
dieta [di'ɛːta] *f* Diät *f*; Landtag *m*; Parlament *n*.
dietetic|a [die'tɛːtika] *f* Diätetik *f*; **~o** [-ko] (*pl.* -ci) diätetisch.
dietro [di'eːtro] 1. *prp.* hinter; nach; gemäß; **~** *richiesta* auf Verlangen; 2. *adv.* hinten; *di* **~** Hinter-...; *camera f di* **~** Hinterzimmer *n*; *il di* **~** Hinterseite *f*; *der hintere Teil*; *dire qc.* **~** *a qu.* et. hinter j-s Rücken sagen; *star* **~** *a qu.* j-n überwachen; hinter j-m her sein; *tener* **~** *a* verfolgen; *lasciarsi* **~** *qu.* j-n hinter sich zurücklassen.
difatti [di'fat-ti] in der Tat.
difendere [di'fendere] (3c) verteidigen.
difen|dibile [difen'diːbile] *m* 1. zu verteidigen; **~sibile** [-'siːbile] gut zu verteidigen; **~siva** [-'siːva] *f* Defensive *f*, Verteidigungszustand *m*; *stare sulla* **~** in der Defensive bleiben; **~sivo** [-'siːvo] verteidigend; Verteidigungs-...; Schutz-...; *guerra f* **-a** Verteidigungskrieg *m*; *lega f* **-a** Verteidigungsbündnis *n*; **~sore** [-'soːre] *m* Verteidiger *m*.

dif|esa [di'fe:sa] f Verteidigung f; Schutz m; Sport: Hintermannschaft f; ~ antiaerea Fliegerabwehr f; legittima ~ Notwehr f; prendere le -e di qu. für j-n eintreten; **~esi** [-si], **~eso** [-so] s. difendere.

difett|are [difet'ta:re] (1b): ~ di qc. an et. (dat.) mangeln; **~ivo** [-'ti:vo] mangelhaft; verbo m ~ Defektivum n.

dif|etto [di'fet-to] m Fehler m; Defekt m; ~ di qc. Mangel m an et. (dat.); avere il ~ di (inf.) die schlechte Angewohnheit haben, zu (inf.); far ~ fehlen; ~ d'udito Hörfehler m; **~ettoso** [-fet-'to:so] mangelhaft; fehlerhaft.

diffam|are [dif-fa'ma:re] (1a) in Verruf bringen; verleumden; **~atore** [-ma'to:re] m Verleumder m; **~atorio** [-ma'tɔ:rio] (pl. -ri) verleumderisch; **~azione** [-matsi'o:ne] f Verleumdung f, üble Nachrede f.

differ|ente [dif-fe'rɛnte] verschieden; **~enza** [-'rɛntsa] f Unterschied m; fig. Arith. Differenz f; **~enziale** [-rentsi'a:le] **1.** adj. Differential...; tariffa f ~ gestaffelter Tarif m; **2.** m Auto: Differential n; **~enziare** [-rentsi'a:re] (1f) unterscheiden; Math. differenzieren; **~enziazione** [-rentsiatsi'o:ne] f Differenzierung f.

differ|ibile [dif-fe'ri:bile] aufschiebbar; **~imento** [-ri'mento] m Aufschub m; **~ire** [-'ri:re] (4d) **1.** v/t. verschieben; **2.** v/i. sich unterscheiden; differieren.

difficile [dif-'fi:tʃile] schwer; schwierig.

diffic|ilmente [dif-fitʃil'mente] schwerlich; **~oltà** [-kol'ta] f Schwierigkeit f; senza ~ reibungslos; **~oltoso** [-kol'to:so] schwierig.

diffida [dif-'fi:da] f Warnung f.

diffid|are [dif-fi'da:re] (1a) **1.** v/t. warnen; auffordern; **2.** v/i. ~ di qu. j-m mißtrauen; **~ente** [-'dɛnte] mißtrauisch; **~enza** [-'dɛntsa] f Mißtrauen n.

diffond|ere [dif-'fondere] (3bb) verbreiten; propagieren; **~ersi** [-si] sich ausbreiten; Krankheiten: um sich greifen.

diff|orme [dif-'forme] verschieden; unförmig; **~ormità** [-formi'ta] f Verschiedenheit f; Mißgestaltung f.

diffrazione [dif-fratsi'o:ne] f Diffraktion f.

diff|usi [dif-'fu:zi] s. diffondere; **~usione** [-fuzi'o:ne] f Verbreitung f; **~uso** [-'fu:zo] **1.** s. diffondere; **2.** adj. weitläufig, ausführlich; **~usore** [-fu'zo:re] m Verbreiter m; Strahler m, Lichtstrahler m; Radio: Lautsprecher m; Auto: Diffusor m; Zerstäuber m.

difilato [difi'la:to] schnurstracks; unverzüglich.

difterite [difte'ri:te] f Diphtherie f.

difuori [difu'ɔ:ri] od. al ~ draußen; al ~ di lui außer ihm.

diga [di:ga] f (pl. -ghe) Deich m.

dige|rente [didʒe'rɛnte] Verdauungs...; apparato m ~ Verdauungsapparat m; **~ribile** [-'ri:bile] verdaulich; **~ribilità** [-ribili'ta] f Verdaulichkeit f; **~rire** [-'ri:re] (4d) verdauen; ~ la sbornia den Rausch ausschlafen; **~rito** [-'ri:to]: non ~ unverdaut; **~stione** [-sti'o:ne] f Verdauung f; **~stivo** [-s'ti:vo] **1.** adj. die Verdauung befördernd; Verdauungs...; organi m/pl. -i Verdauungsorgane n/pl.; **2.** m Verdauungsmittel n; Magenlikör m.

digit|ale [didʒi'ta:le] **1.** adj. Finger...; impronta f ~ Fingerabdruck m; **2.** f ♀ Fingerhut m; **~azione** [-tatsi'o:ne] f ♪ Fingersatz m.

digiun|are [didʒu'na:re] (1a) fasten; **~atore** [-na'to:re] m Fastende(r) m; Hungerkünstler m.

digiuno [di'dʒu:no] **1.** adj. nüchtern; fig. bar, frei von; **2.** m Fasten n; (a. giorno m di ~) Fasttag m; a ~ nüchtern.

dignit|à [diɲi'ta] f Würde f; **~ario** [-'ta:rio] m (pl. -ri) Würdenträger m; **~oso** [-'to:so] würdig; würdevoll.

digrad|amento [digrada'mento] m Abstufung f; Abtönung f; **~are** [-'da:re] (1a) **1.** v/t. abstufen; Mal. abtönen; **2.** v/i. abnehmen; abfallen (Höhen).

digrassare [digras-'sa:re] (1a) das Fett abschneiden von; entfetten.

digredire [digre'di:re] (4d) abschweifen.

digressione [digres-si'o:ne] f Abschweifung f.

digrignare [digri'ɲa:re] (1a) fletschen.

digrossare [digros-'sa:re] (1c) aus dem groben herausarbeiten; ab schleifen.

diguazzare [diguat-'tsa:re] (1a) **1.** *v/t.* umschütteln; **2.** *v/i.* planschen.

dilacerare [dilatʃe'ra:re] *usw. s. lacerare usw.*

dilagare [dila'ga:re] (1e) **1.** *v/t.* überschwemmen; **2.** *v/i.* über die Ufer treten; *fig.* um sich greifen.

dilaniare [dilani'a:re] (1k) zerflei schen.

dilapid|amento [dilapida'mento] *m* Vergeudung *f*; ~**are** [-'da:re] (1m) vergeuden, verschwenden; ~**atore** [-da'to:re] *m* Verschwender *m*.

dilat|abile [dila'ta:bile] ausdehn bar; ~**abilità** [-tabili'ta] *f* Aus dehnbarkeit *f*; ~**are** [-'ta:re] (1a) ausdehnen; ~**atorio** [-ta'tɔ:rio] (*pl. -ri*) Erweiterungs...; ~**azione** [-ta tsi'o:ne] *f* Ausdehnung *f*; ~ *dello stomaco* Magenerweiterung *f*.

dilatorio [dila'tɔ:rio] (*pl. -ri*) auf schiebend; *tattica f -a* Verzöge rungstaktik *f*.

dilav|amento [dilava'mento] *m Geol.* Auswaschung *f*; ~**are** [-'va:re] (1a) auswaschen; ~**ato** [-'va:to] *fig.* verwässert.   [aufschieben.]

dilazionare [dilatsio'na:re] (1a)⌡

dilazione [dilatsi'o:ne] *f* Aufschub *m*, Stundung *f*.

dileggi|amento [diled-dʒa'mento] *m* Verspottung *f*; ~**are** [-'dʒa:re] (1f) verhöhnen.

dileggio [di'led-dʒo] *m* (*pl. -ggi*) Hohn *m*.

dilegu|are [dilegu'a:re] (1a) **1.** *v/t.* zerstreuen; **2.** *v/i. u.* ~**arsi** [-gu'arsi] sich zerstreuen; *fig.* verschwinden.

dilemma [di'lem-ma] *m* (*pl. -i*) Dilemma *f*.

diletta [di'let-ta] *f* Liebchen *n*.

dilett|ante [dilet-'tante] *m* Dilet tant *m*; ~ *di musica* Musikliebhaber *m*; ~**antesco** [-tan'tesko] (*pl. -chi*) dilettantisch; ~**antismo** [-tan 'tizmo] *m* Dilettantentum *n*; ~**are** [-'ta:re] (1b) erfreuen; ergötzen; ~**arsi** [-'tarsi] Vergnügen finden (*di* an *dat.*); sich amüsieren; ~ *di un'arte* zu s-m Vergnügen e-e Kunst betreiben; ~**evole** [-'te:vole] unterhaltend.

diletto [di'let-to] **1.** *adj.* geliebt; **2.** *m* Geliebte(r) *m*, Liebling *m*; Ver gnügen *n*.

dilettoso [dilet-'to:so] herzerfreu end.

dilig|ente [dili'dʒente] fleißig; ~**en za** [-'dʒentsa] *f* Fleiß *m*; & Post kutsche *f*.

diliscare [dilis'ka:re] (1d) ausgräten.

dilomb|arsi [dilom'barsi] (1a) sich die Hüften verrenken; ~**ato** [-'ba: to] **1.** *p.p.* verrenkt; **2.** *adj.* kreuz lahm, lendenlahm; *fig.* schwach.

dilucid|are [dilutʃi'da:re] (1m) be leuchten; *fig.* erläutern; ~**ativo** [-da'ti:vo] aufschlußreich; ~**azione** [-datsi'o:ne] *f* Erläuterung *f*.

diluire [dilu'i:re] (4d) auflösen; ver dünnen.

diluizione [diluitsi'o:ne] *f* Verdün nung *f*.

dilung|amento [dilunga'mento] *m* Verlängerung *f*; Entfernung *f*; ~**are** [-'ga:re] (1e) verlängern; ent fernen; ~**arsi** [-'garsi] *fig.* sich ver breiten (*su* über *acc.*).

diluvi|ale [diluvi'a:le] diluvial; an geschwemmt; ~**ano** [-vi'a:no] sint flutlich; ~**are** [-vi'a:re] (1k) gießen; *fig.* herabhageln.

diluvio [di'lu:vio] *m* Sintflut *f*; *fig.* strömender Regen *m*.

dimagr|ante [dima'grante] Schlankheits...; *cura f* ~ Schlank heitskur *f*; ~**are** [-'gra:re] **1.** *v/t.* mager machen; **2.** *v/i.* = **di magrire** [-'gri:re] (4d) abnehmen.

dimanda [di'manda] *usw. s. do manda usw.*

dimani [di'ma:ni] *lit.* **1.** *adv.* mor gen; **2.** *m u. f* der folgende Tag.

dimenare [dime'na:re] (1a) hin und her bewegen; *Kochk.* umrühren.

dimensione [dimensi'o:ne] *f* Um fang *m*; Dimension *f*.

dimentic|anza [dimenti'kantsa] *f* Vergessenheit *f*; Unachtsamkeit *f*; ~**are** [-'ka:re] (1m *u. d*): ~ *qc. u.* ~**arsi** [-'karsi] *di qc. et.* vergessen; ~**atoio** [-ka'to:io]: *mettere nel* ~ vergessen.

dim|entico [di'mentiko] (*pl. -chi*) uneingedenk; vergessend; ~**enti cone** [-menti'ko:ne] *m* vergeßlicher Mensch *m*.

dimesso [di'mes-so] **1.** *s. dimettere*; **2.** *adj.* einfach; vernachlässigt.

dimestichezza [dimesti'ket-tsa] *f* Vertraulichkeit *f*; *avere* ~ *con qu.* mit j-m auf vertrautem Fuße stehen.

dim|ettere [di'met·tere] (3ee) absetzen; *Schulden usw.* erlassen; **~ettersi** [-si] zurücktreten, s-n Abschied nehmen.

dimezz|amento [dimed·dza'mento] *m* Halbierung *f*; **~are** [-'dza:re] (1b) halbieren; in der Mitte durchschneiden.

dimin|uendo [diminu'endo] *m* Minuend *m*; **~uente** [-nu'ente] *m* strafmildernder Umstand *m*; **~uire** [-nu'i:re] (4d) 1. *v/t.* vermindern; verkleinern, verkürzen, verringern; *Preise* herabsetzen; 2. *v/i.* abnehmen; **~utivo** [-nu'ti:vo] 1. *adj.* vermindernd; herabsetzend; 2. *m* Diminutiv(um) *n*; Verkleinerungsform *f*, -wort *n*; **~uzione** [-nutsi-'o:ne] *f* Verminderung *f*; Herabsetzung *f*; Verkürzung *f*; **~** *del personale* Personalabbau *m*.

dimisi [di'mi:zi] *s. dimettere.*

dimiss|ionare [dimis·sio'na:re] (1a) demissionieren; abdanken; **~ionario** [-'na:rio] (*pl.* -ri) zurücktretend; *essere* **~** demissioniert haben; **~ione** [-si'o:ne] *f*, mst -*i pl.* Demission *f*; -*i pl.* Rücktrittsgesuch *n*; Entlassung *f*; *Pol.* Rücktritt *m*; **~oria** [-'sɔ:ria] *f od. lettera f -a* Entlassungsschreiben *n*.

dimora [di'mɔ:ra] *f* Aufenthalt *m*; Wohnsitz *m*; Wohnung *f*; *senza fissa* **~** ohne festen Wohnsitz.

dimor|ante [dimo'rante] wohnhaft; **~are** [-'ra:re] (1c) wohnen; sich aufhalten.

dimostr|abile [dimos'tra:bile] beweisbar; **~abilità** [-trabili'ta] *f* Beweisbarkeit *f*; **~ante** [-'trante] *m* Teilnehmer *m* an e-r Kundgebung; **~are** [-'tra:re] (1a) beweisen; zeigen; demonstrieren; verraten, erkennen lassen; *non dimostra i suoi anni* er sieht jünger aus, als er ist; **~ativo** [-tra'ti:vo] beweisend; anschaulich; *Gram.* hinweisend; **~azione** [-tratsi'o:ne] *f* Beweis *m*; Bezeigung *f*; Kundgebung *f*; **~** *di forza* Kraftprobe *f*.

dinami|ca [di'na:mika] *f* Dynamik *f*; **~cità** [-namitʃi'ta] *f fig.* Tatkraft *f*, Energie *f*; **~co** [-'na:miko] (*pl.* -ci) dynamisch; **~smo** [-na'mizmo] *m* Dynamismus *m*.

dinamitardo [dinami'tardo] *m* Sprengstoffattentäter *m*.

dinamite [dina'mi:te] *f* Dynamit *n*.

dinamo [di:namo] *f inv.* Dynamomaschine *f*.

dinamometro [dina'mɔ:metro] *m* Dynamometer *n*.

dinanzi [di'nantsi] 1. *prp.* vor; 2. *adv.* vorn(e); *mettere* **~** vorlegen; 3. *m* Vorderseite *f*.

din|asta [di'nasta] *m* (*pl.* -i) Dynast *m*, Herrscher *m*; **~astia** [-nas'ti:a] *f* Dynastie *f*; **~astico** [-'nastiko] (*pl.* -ci) dynastisch.

dindin [din'din] klingling.

dindo [dindo] *m* Pute *f*.

dindon [din'dɔn] bimbam.

diniego [dini'e:go] *m* (*pl.* -ghi) Weigerung *f*.

dinoccolato [dinok·ko'la:to] schlaksig.

dinosauro [dino'sa:uro] *m* Dinosaurier *m*.

dinotare [dino'ta:re] *usw. s. denotare usw.*

dintorno [din'torno] 1. *prp.* um; 2. *adv.* umher; 3. *m* Umriß *m*; -*i pl.* Umgegend *f*, Umgebung *f*.

Dio [di:o] (*pl.* gli dei) *m* Gott *m*; *grazie a* **~**! Gott sei Dank!; *casa f di* **~** Gotteshaus *n*; *per amor di* **~** um Gottes willen; *ogni ben di* **~** alle guten Gottesgaben; *per* **~**! bei Gott!; **~** *ce la mandi buona!* Gott sei uns gnädig!

diocesano [diotʃe'za:no] *m* Diözesan *m*.

diocesi [di'ɔ:tʃezi] *f* Diözese *f*.

diodo [di:odo] *m* Diode *f*.

dionisiaco [dioni'zi:ako] (*pl.* -ci) dionysisch.

diottria [diot·'tri:a] *f* Dioptrie *f*.

dipanare [dipa'na:re] (1a) abwickeln; *fig.* entwirren.

dipart|enza [dipar'tentsa] *f lit.* Abfahrt *f*; **~imentale** [-timen'ta:le] Bezirks…; **~imento** [-ti'mento] *m* Departement *n*; Bezirk *m*; Verwaltungsbezirk *m*; **~ire** [-'ti:re] (4d) teilen; **~irsi** [-'tirsi] (4a) sich entfernen; *fig.* abreisen; **~ita** [-'ti:ta] *f* Abreise *f*; Weggang *m*; *poet.* Tod *m*.

dipend|ente [dipen'dente] 1. *adj.* abhängig; 2. *su.* Untergebene(r) *m*; Angestellte(r) *m*; **~enza** [-'dentsa] *f* Abhängigkeit *f*; △ Nebenhaus *n*.

dip|endere [di'pendere] (3c) abhängen; **~esi** [-'pe:si], **~eso** [-'pe:so] *s. dipendere.*

dipin|gere [di'pindʒere] (3d) malen; *fig.* schildern; *Gesicht* schminken; ~ a olio in Öl malen; ~ ad acquerello tuschen; **~to 1.** *s.* dipingere; **2.** *adj.* geschminkt; *non ci starei* ~ da möchte ich nicht begraben sein; **3.** *m* Gemälde *n.*

diploma [di'plɔ:ma] *m* (*pl.* -i) Diplom *n.*

diplom|are [diplo'ma:re] (1c) ein Diplom erteilen (*dat.*); **~arsi** [-'marsi] sein Diplom erwerben.

diplom|atica [diplo'ma:tika] *f* Diplomatik *f;* **~atico** [-'ma:tiko] (*pl.* -ci) **1.** *adj.* diplomatisch; **2.** *m* Diplomat *m;* **~ato** [-'ma:to] mit e-m Diplom versehen; geprüft; Diplom...; **~azia** [-ma'tsi:a] *f* Diplomatie *f.*

dipoi [di'pɔi] hierauf.

dipolo [di'pɔ:lo] *m* Dipol *m.*

diport|amento [diporta'mento] *m* Benehmen *n;* **~arsi** [-'tarsi] (1c) sich betragen.

diporto [di'pɔrto] *m* Vergnügen *n;* Unterhaltung *f; andare a* ~ lustwandeln; *darsi* ~ sich belustigen.

dipresso [di'pres-so]: *a un* ~ ungefähr.

dirad|amento [dirada'mento] *m* Lichtung *f;* **~are** [-'da:re] (1a) lichten; seltener (dünner) machen; **~arsi** [-'darsi] sich lichten; seltener (dünner) werden.

diram|are [dira'ma:re] (1a) abästen; *Rundschreiben usw.* versenden; **~arsi** [-'marsi] sich verzweigen; **~azione** [-matsi'o:ne] *f* Verästelung *f;* Versendung *f;* Verzweigung *f.*

dire [di:re] (3t) **1.** *v/t.* sagen; aussprechen; behaupten, meinen; reden; *Messe* lesen; *vale a* ~ das heißt; *sarebbe a* ~? wie meinen Sie?; *non fo per* ~ ohne mich zu rühmen; *voler* ~ bedeuten; *vuol* ~ *che non ha potuto* er wird wohl nicht gekonnt haben; ~ *la sua* s-e Meinung sagen; *non c'è che* ~ das läßt sich nicht leugnen; *mi lasci* ~ lassen Sie mich ausreden; *a* ~ *bene* im besten Falle; *dico bene?* nicht wahr?; *come si dice in tedesco?* wie heißt das auf deutsch?; *non dico questo, ma* ... das nicht, aber ...; *quando si dice aver fortuna!* ist das ein Glück!; *dico sul serio* ich meine es ernst; *viene a* ~ *lo stesso* das kommt auf dasselbe heraus; *per dirla con Kant*

um mit Kant zu reden; *è soltanto un si dice* es ist nur ein Gerücht; *lo dicevo io!* ich habe es ja gleich gesagt!; *aver che* ~ con qu. mit j-m streiten; *dirsela con qu.* sich mit j-m vertragen; **2.** *m* Reden *n; Lei ha un bel* ~ Sie haben gut reden; *al* ~ *di* ... nach der Aussage von ...

dir|essi [di'res-si] *s. dirigere;* **~ettissima** [-ret-'tis-sima] *f* direkte Bahnverbindung *f; Sport:* direkter Aufstieg *m;* ♪ Schnellverfahren *n;* **~ettissimo** [-ret-'tis-simo] *m* Schnellzug *m;* **~ettiva** [-ret-'ti:va] *f* Verhaltungsregel *f,* -vorschrift *f;* Richtlinie *f;* **~ettivo** [-ret-'ti:vo] leitend; *consiglio* ~ Vorstand *m;* **~etto** [-'ret-to] **1.** *s. dirigere;* **2.** *adj.* gerade; unmittelbar; direkt; *treno m* ~ = **3.** *m* Eilzug *m;* Schnellzug *m;* **~ettore** [-ret-'to:re] *m* Leiter *m;* Direktor *m;* ♪ Dirigent *m;* ~ *generale, primo* ~ Generaldirektor *m;* **~ettorio** [-ret-'tɔ:rio] *m* Direktorium *n,* leitende Behörde *f;* **~ettrice** [-ret-'tri:tʃe] *f* Direktrice *f;* Leiterin *f;* Richtung *f;* **~ezionale** [-retsio'na:le] Richtungs...; *antenna f* ~ Richtantenne *f;* **~ezione** [-retsi'o:ne] *f* Leitung *f;* Direktion *f;* Richtung *f;* Richtlinie *f; cambiamento m di* ~ Richtungsänderung *f;* **~igente** [-ri'dʒente] **1.** *adj.* leitend; **2.** *su.* Leiter(in *f*) *m;* **~igenza** [-ri'dʒentsa] *f* Leitung *f;* **~igere** [-'ri:dʒere] (3u) leiten; ♪ dirigieren; *Schritte* lenken; *Briefe* richten; *j-n zu j-m* schicken; ~ *la parola a* ansprechen; **~igersi** [-'ri:dʒersi] sich wenden; **~igibile** [-ri'dʒi:bile] **1.** *adj.* lenkbar; **2.** *m* Luftschiff *n;* **~igibilità** [-ridʒibili-'ta] *f* Lenkbarkeit *f,* Steuerfähigkeit *f;* **~igismo** [-ri'dʒizmo] *m* Dirigismus *m.*

dirimente [diri'mente]: *impedimento m* ~ Ehehindernis *n.*

dirimere [di'ri:mere] (3a) scheiden; abbrechen.

dirimp|ettaio [dirimpet-'ta:io] *m* (*pl.* -ai) gegenüber wohnender Nachbar *m;* **~etto** [-'pet-to] gegenüber; *la casa* ~ das gegenüberliegende Haus.

dir|itta [di'rit-ta] *f* Rechte *f; a* ~ rechts; **~itto** [-'rit-to] **1.** *adj.* gerade; recht; *andar sempre* ~ immer geradeaus gehen; **2.** *m* rechte Seite *f*; ⚖ Recht *n*; Berechtigung *f*; Befugnis *f*; Gebühr *f*; ~ *commerciale* Handelsrecht *n*; ~ *costituzionale* Grundrecht *n*; ~ *internazionale* Völkerrecht *n*; ~ *esclusivo* Alleinverkaufsrecht *n*; ~ *ad una rendita* Rentenanspruch *m*; ~ *dell'uomo* Menschenrecht *n*; ~ *di autodecisione* Selbstbestimmungsrecht *n*; ~ *di precedenza* Vorfahrtsrecht *n*; ~ *di punire* Strafbefugnis *f*; ~ *di proprietà* Eigentumsrecht *n*; ~ *di sciopero* Streikrecht *n*; ~ *di voto della donna* Frauenstimmrecht *n*; ~ *d'usufrutto* Nutzungsrecht *n*; *parità f di* -*i* Gleichberechtigung *f*; *aver* ~ *a* Anspruch haben auf; *privare qu. dei suoi* -*i* j-n entrechten; *studiare* ~ Rechte studieren; *professore m di* ~ Professor *m* der Rechte; *di* ~ von Rechts wegen; **~ittura** [-rit-'tu:ra] *f* Geradheit *f*; *a* ~ *geradezu*; **~izzare** [-rit-'tsa:re] (1a) gerademachen; *Blicke* richten; **~izzone** [-rit-'tso:ne] *m*: *pigliare un* ~ *e-*n Bock schießen.

dirocc|are [dirok-'ka:re] (1c *u.* d) niederreißen; **~ato** [-'ka:to] zerfallen.

dir|ompente [dirom'pɛnte]: *bomba f* ~ Sprengbombe *f*; **~ompere** [-'rompere] (3rr) geschmeidig machen; *Hanf* brechen; **~ottamente** [-rot-ta'mente] heftig; *piangere* ~ bitterlich weinen; *piovere* ~ in Strömen regnen; **~ottamento** [-rot-ta'mento] *m* Kursabweichung *f*, Kursänderung *f*; Entführung *f*; **~ottare** [-rot-'ta:re] (1c) vom Kurs abweichen; verschieben; entführen; **~ottatore** [-rot-ta'to:re] *m* (Flugzeug-)Entführer *m*; **~otto** [-'rot-to] 1. *p.p. v.* dirompere; 2. *adj.* heftig; *piove a* ~ es regnet in Strömen.

dirozz|amento [dirod-dza'mento] *m* Bearbeitung *f* aus dem gröbsten; Verfeinerung *f*; **~are** [-'dza:re] (1a) aus dem gröbsten herausarbeiten; abschleifen; *fig.* verfeinern.

dirup|amento [dirupa'mento] *m* Einsturz *m*; **~are** [-'pa:re] (1a) hinunterstürzen; **~ato** [-'pa:to] abschüssig.

dirupo [di'ru:po] *m* abschüssige Stelle *f*; Absturz *m*.

dis... *in Zssgn s. auch* (*vor Konsonanten*) **s...**

disabbellire [dizab-bel-'li:re] (4d) der Schönheit berauben.

disabitato [dizabi'ta:to] unbewohnt.

disabituare [dizabitu'a:re] (1n) abgewöhnen.

disaccordo [dizak-'kɔrdo] *m* Uneinigkeit *f*.

disadatto [diza'dat-to] ungeeignet.

dis|adornare [dizador'na:re] (1a) des Schmuckes berauben; **~adorno** [-'dorno] schmucklos.

disaffezion|are [dizaf-fetsio'na:re] (1a) abgeneigt machen; **~arsi** [-'narsi]: ~ *qu.* j-s Zuneigung verlieren; ~ *da qu.* die Zuneigung zu j-m verlieren; **~ato** [-'na:to] lieblos.

disaffezione [dizaf-fetsi'o:ne] *f* Lieblosigkeit *f*.

disag|evole [diza'dʒe:vole] beschwerlich; unbequem; **~evolezza** [-dʒevo'let-tsa] *f* Beschwerlichkeit *f*; Unbequemlichkeit *f*.

disaggio [di'zad-dʒo] *m* ✝ Disagio *n*.

disagi|are [diza'dʒa:re] (1f) stören; belästigen; **~ato** [-'dʒa:to] unbequem; unbehaglich.

disagevole [diza'dʒe:vole] schwierig, beschwerlich; unbequem.

disagio [di'za:dʒo] *m* (*pl.* -*gi*) Unbequemlichkeit *f*; Entbehrung *f*; Mühseligkeit *f*; *a* ~ unbequem.

disamare [diza'ma:re] (1a) aufhören zu lieben.

disambientato [dizambien'ta:to] nicht eingewöhnt, nicht angepaßt.

disamina [di'za:mina] *f* Prüfung *f*.

disam|orare [dizamo'ra:re] (1a): ~ *qu.* j-m die Liebe (zu et.) nehmen; **~orarsi** [-'rarsi]: ~ *da qc.* (*qu.*) die Liebe zu et. (j-m) verlieren; **~orato** [-'ra:to] abgeneigt; **~ore** [-'mo:re] *m* Lieblosigkeit *f*.

disanimare [dizani'ma:re] (1m) entmutigen.

disappetenza [dizap-pe'tentsa] *f* Appetitlosigkeit *f*.

disapplic|ato [dizap-pli'ka:to] faul; **~azione** [-katsi'o:ne] *f* mangelnder Fleiß *m*.

disapprendere [dizap-'prɛndere] (3c) verlernen.

disapprov|are [dizap-pro'va:re] (1c) mißbilligen; **~azione** [-vatsi'o:ne] *f* Mißbilligung *f*.

disappunto [dizap-'punto] *m* Enttäuschung *f*; Verdruß *m*.

disarm|amento [dizarma'mento] *m* Entwaffnung *f*; ~**are** [-'ma:re] (1a) entwaffnen; ✕ *u.* ⚓ abrüsten; ⚓ abtakeln; ~**ato** unbewaffnet, wehrlos.

disarmo [di'zarmo] *m* Abrüstung *f*; ⚓ Abtakelung *f*; *problema m del* ~ Abrüstungsfrage *f*.

disarm|onia [dizarmo'ni:a] *f* Mißklang *m*; ~**onico** [-'mɔ:niko] (*pl.* -ci) unharmonisch; mißtönend.

disarticol|are [dizartiko'la:re] (1n) aus dem Gelenk lösen; ~**azione** [-latsi'o:ne] *f* Auslösung *f* aus dem Gelenk.

dis|astro [di'zastro] *m* schweres Unglück *n*; ~ *aviatorio* Flugzeugunglück *n*; ~**astroso** [-zas'tro:so] unheilvoll; unglücklich.

disatt|ento [dizat-'tɛnto] unaufmerksam; ~**enzione** [-tentsi'o:ne] *f* Unaufmerksamkeit *f*.

disattivare [dizat-ti'va:re] (1a) entschärfen; *fig.* unwirksam machen.

disavanzo [diza'vantso] *m* Fehlbetrag *m*.

disavved|utezza [dizav-vedu'tettsa] *f* Unachtsamkeit *f*; ~**uto** [-'du:to] unachtsam.

disavventura [dizav-ven'tu:ra] *f* Unglück *n*.

disavvertenza [dizav-ver'tɛntsa] *f* Unvorsichtigkeit *f*, Unachtsamkeit *f*.

disav|vezzare [dizav-vet-'tsa:re] (1a) entwöhnen; ~**vezzo** [-'vet-tso] entwöhnt.

disbr|igare [dizbri'ga:re] (1e) erledigen; ~**igo** [-'bri:go] *m* (*pl.* -ghi) Erledigung *f*.

discacciare [diskat-'tʃa:re] (1f) wegjagen.

discanto [dis'kanto] *m* ♪ Diskant *m*.

discapito [dis'ka:pito] *m* Schaden *m*.

discarico [dis'ka:riko] *m* (*pl.* -chi) Entlastung *f*; Entladung *f*.

discaro [dis'ka:ro] unangenehm.

discend|entale [diʃ-ʃenden'ta:le] absteigend; ~**ente** [-'dɛnte] *m* Nachkomme *m*; ~**enza** [-'dɛntsa] *f* Nachkommenschaft *f*; Herkunft *f*.

discendere [diʃ-'ʃendere] (3c) herab-, hinabsteigen; abstammen; sinken (*Preise, Temperatur*); *fig.* sich herablassen; *s. scendere.*

discepolo [diʃ-'ʃe:polo] *m* Schüler *m*; Jünger *m*.

discernere [diʃ-'ʃernere] (3a) unterscheiden.

discernimento [diʃ-ʃerni'mento] *m* Urteilsfähigkeit *f*; Unterscheidungsgabe *f*.

disces|a [diʃ-'ʃe:sa] *f* Abstieg *m*; Verfall *m*; Abhang *m*; Gefälle *n*; ✈ Landen *n*; ✕ Einfall *m*; ✗ Einfahrt *f*; Talfahrt *f*; *la strada è in* ~ *die* Straße fällt ab; ~**i** [-si], ~**o** [-so] *s. discendere*; ~**ista** [-ʃe'sista] *m* Abfahrtsläufer *m*.

dischi|udere [diski'u:dere] (3b) öffnen; ~**usi** [-si], ~**uso** [-so] *s. dischiudere.*

discinto [diʃ-'ʃinto] *adj. Kleid:* offen.

disciogliere [diʃ-'ʃɔ:ʎere] (3ss) lösen; *Heer, feste Stoffe in Wasser* auflösen; *Schnee* schmelzen; ~ *dalle catene von* den Fesseln befreien.

disciogl|imento [diʃ-ʃoʎi'mento] *m* Lösung *f*; Auflösung *f*; Schmelzung *f*.

disciol|si [diʃ-'ʃɔlsi], ~**to** [-to] *s. disciogliere.*

disciplina [diʃ-ʃi'pli:na] *f* Disziplin *f*; Zucht *f*; ⛪ Lehrfach *n*; Wissenschaft *f*.

disciplin|abile [diʃ-ʃipli'na:bile] fügsam; ~**are** [-'na:re] **1.** *adj.* disziplinarisch; Disziplinar...; **2.** *v/t.* (1a) disziplinieren; an Zucht gewöhnen; in Zucht halten; ~**atezza** [-na'tet-tsa] *f* Zucht *f*; Gewöhnung *f* an Zucht; ~**ato** [-'na:to] diszipliniert.

disco [disko] *m* (*pl.* -chi) Scheibe *f*; Diskus *m*; Schallplatte *f*; ~ *microsolco* Langspielplatte *f*; ~ *volante* fliegende Untertasse *f*; ~ *numerato od. cifrato Fernspr.* Nummernscheibe *f*; ~ *orario* Parkscheibe *f*; *concerto* ~ *di dischi* Plattenkonzert *n*; *Sport: lancio* m *del* ~ Diskuswerfen *n*; *lanciatore* m *del* ~ Diskuswerfer *m*.

discobolo [dis'kɔ:bolo] *m* Diskuswerfer *m*.

discofilo [dis'kɔ:filo] *m* Schallplattensammler *m*.

disco|grafia [diskogra'fi:a] *f* Diskographie *f*; ~**grafico** [-'gra:fiko] (*pl.* -ci) Schallplatten-...

discoide [dis'kɔ:ide] *m* Dragée *n*.

discolo [diskolo] **1.** *adj.* liederlich; **2.** *m* Taugenichts *m*.

discolor|are [diskolo'ra:re] (1a),

~ire [-'ri:re] (4d) 1. v/t. entfärben; 2. v/i. u. ~irsi [-'rirsi] sich entfärben; ~azione [-ratsi'o:ne] f Entfärbung f.

discolpa [dis'kolpa] f Rechtfertigung f; a mia ~ zu m-r Rechtfertigung.

discolpare [diskol'pa:re] (1a) rechtfertigen.

discon|oscente [diskonoʃ-'ʃente] undankbar; ~oscere [-'noʃ-ʃere] (3n) verkennen; nicht anerkennen.

discont|inuità [diskontinui'ta] f Unterbrechung f; ~inuo [-'ti:nuo] unterbrochen; unbeständig.

disc|ordanza [diskor'dantsa] f Mißklang m; (a. ~ d'opinioni) Meinungsverschiedenheit f; ~ordare [-'da:re] (1c) nicht übereinstimmen; ~orde [-'korde] uneinig; ungleich; nicht übereinstimmend; ~ordia [-'kordia] f Uneinigkeit f; Zwietracht f.

disc|orrere [dis'kor-rere] (3o) reden; plaudern; ~ del più e del meno von diesem und jenem reden; e via discorrendo und so weiter; ~orsi [-'korsi] s. discorrere; ~orsivo [-kor'si:vo] redend; Rede...; gesprächig; ~orso [-'korso] 1. s. discorrere; 2. m Gespräch n; Rede f; ~ del giorno Tagesgespräch n; ~ di saluto Begrüßungsansprache f; -i pl. c.s. Gerede n; pochi -i! kurz und gut!

disc|ostare [diskos'ta:re] (1c) entfernen; ~ostarsi [-'tarsi] fig. abweichen.

discosto [dis'kosto] entfernt.

discoteca [disko'tɛ:ka] f (pl. -che) Plattensammlung f, Diskothek f.

discr|editare [diskredi'ta:re] (1m) in Verruf bringen; ~edito [-'kre:dito] m Mißkredit m.

discrep|ante [diskre'pante] verschieden; ~anza [-'pantsa] f Abweichung f; Meinungsverschiedenheit f.

discr|etamente [diskreta'mente] leidlich; ~ bene ziemlich gut; ~etezza [-kre'tet-tsa] f Mäßigkeit f; Verschwiegenheit f; ~eto [-'kre:to] mäßig; bescheiden; taktvoll; verschwiegen; F ganz ordentlich; ziemlich gut; una stoffa f -a ein anständiger Stoff m; ~ezione [-kretsi'o:ne] f Mäßigkeit f; Bescheidenheit f; Urteilskraft f; Verschwiegenheit f; gli anni della ~

das Alter der Vernunft; a ~ nach Belieben; arrendersi a ~ sich bedingungslos ergeben; ~ezionale [-kretsio'na:le] dem Ermessen überlassen, ins freie Ermessen gestellt; potere m ~ unumschränkte Vollmacht f, Handlungsfreiheit f.

discrimin|are [diskrimi'na:re] (1m) unterschiedlich behandeln; ~azione [-natsi'o:ne] f Diskriminierung f.

disc|ussi [dis'kus-si] s. discutere; ~ussione [-kus-si'o:ne] f Debatte f, Erörterung f; Verhandlung f; Abhandlung f; ~usso [-'kus-so] s. discutere.

disc|utere [dis'ku:tere] (3v) debattieren; et. erörtern; besprechen; ~ verhandeln (über acc.); ~utibile [-ku'ti:bile] diskutierbar; fraglich.

disdegn|are [dizde'ɲa:re] (1a) 1. v/t. verschmähen; erzürnen; 2. v/i. verschmähen; ~arsi [-'narsi] in Zorn geraten; ~ato [-'ɲa:to] erzürnt.

disd|egno [diz'de:ɲo] m Zorn m; Verachtung f; ~egnoso [-de'ɲo:so] unwillig; verächtlich.

disd|etta [diz'det-ta] f Kündigung f; fig. Unglück n, F Pech n; termine m di ~ Kündigungsfrist f; ~etto [-'det-to] s. disdire; ~icevole [-di'tʃe:vole] unpassend; ~ico [-'di:ko] s. disdire.

disd|ire [diz'di:re] (3t) 1. v/t. widerrufen; Vertrag kündigen; ~ qc. a qu. j-m et. verweigern; 2. v/i. nicht passen; ~irsi [-'dirsi] sich widersprechen; sein Wort zurücknehmen; ~issi [-'dis-si] s. disdire.

disdoro [diz'do:ro] m Schmach f.

diseducare [dizedu'ka:re] (1m, b u. d) verziehen, schlecht erziehen.

dis|egnare [dise'ɲa:re] (1a) zeichnen; entwerfen; fig. sich vornehmen; ~egnatore [-seɲa'to:re] m Zeichner m; ~egno [-'se:ɲo] m Zeichnung f; Entwurf m; fig. Vorhaben n; ~ di legge Gesetzentwurf m; ~ in bianco e nero Schwarzweißzeichnung f; materiale m da ~ Zeichenmaterial n; sala f di ~ Zeichensaal m; ~ animato Trickfilm m; fare ~ su rechnen auf (acc.) od. mit (dat.).

diseguale [dizegu'a:le] s. disuguale.

disered|are [dizere'da:re] (1b) enterben; ~ato [-'da:to] enterbt; entrechtet; **~azione** [-datsi'o:ne] f Enterbung f.

diser|tare [dizer'ta:re] (1b) **1.** v/t. verheeren; *Fahne* verlassen; ~ la *seduta* zur Sitzung nicht erscheinen; **2.** v/i. desertieren; durchbrennen; **~tore** [-to:re] m Deserteur m; Fahnenflüchtige(r) m; **~zione** [-tsi'o:ne] f Fahnenflucht f.

dis|fà [dis'fa] (a. **disfa** [disfa]), **~faccio** [dis'fat-tʃo], **~facevo** [disfa'tʃe:vo] s. *disfare*; **~facimento** [disfatʃi'mento] m Auflösung f; Zerstörung f; Auftrennen n.

dis|fare [dis'fa:re] (3aa) auflösen; zerstören; auseinandernehmen; *Gepäck* auspacken; *Naht* auftrennen; **~farsi** [-'farsi] sich auflösen; *Butter:* zerfließen; ~ di qu. (qc.) sich von j-m (et.) losmachen; **~fatta** [-'fat-ta] f Niederlage f; **~fattismo** [-fat-'tizmo] m Defätismus m; **~fattista** [-fat-'tista] su. (m/pl. -i) Defätist(in f) m; **~fatto** [-'fat-to], **~feci** [-'fe:tʃi] s. *disfare*.

disfavore [disfa'vo:re] m Ungunst f; a ~ zuungunsten.

disfida [dis'fi:da] f lit. Herausforderung f.

disfo [disfo] (a. **disfò** [dis'fɔ]) s. *disfare*.

disfunzione [disfuntsi'o:ne] f 🔬 Funktionsstörung f.

disgelo [diz'dʒe:lo] m Auftauen n.

dis|giungere [diz'dʒundʒere] (3d) trennen; **~giungimento** [-dʒundʒi'mento] m Trennung f; **~giunsi** [-'dʒunsi] s. *disgiungere*; **~giuntivo** [-dʒun'ti:vo] trennend; Trennungs-...; **~giunto** [-'dʒunto] s. *disgiungere*; **~giunzione** [-dʒuntsi'o:ne] f Trennung f.

disgrazia [diz'gra:tsja] f Unglück n; Unfall m; *fig.* Pech n; ~ *ferroviaria* Eisenbahnunglück n; *cadere in* ~ in Ungnade fallen; *per* ~ unglücklicherweise.

disgra|ziatamente [dizgratsiata'mente] unglücklicherweise; **~ziato** [-tsi'a:to] unglücklich; *c.s.* unglückselig; *creatura* f -a Unglückskind n.

disgreg|amento [dizgrega'mento] m Trennung f; Auflösung f; **~are** [-'ga:re] (1b) trennen; auflösen; **~ativo** [-ga'ti:vo] auflösend.

disguido [dizgu'i:do] m 🕊 falsche Beförderung f.

disgust|are [dizgus'ta:re] (1a) anwidern; ~ qu. da qc. j-m et. verekeln; **~arsi** [-'tarsi]: ~ di qc. e-r Sache überdrüssig werden; ~ con qu. sich mit j-m überwerfen; **~ato** [-'ta:to] angewidert; blasiert; *fare il* ~ den Blasierten spielen; **~evole** [-'te:vole] unangenehm; *pfr.* widerwärtig.

disg|usto [diz'gusto] m Widerwille m; Unannehmlichkeit f; **~ustoso** [-gus'to:so] widerwärtig.

disil|ludere [dizil-'lu:dere] (3b) enttäuschen, ernüchtern; **~lusione** [-lusi'o:ne] f Enttäuschung f; Ernüchterung f; **~luso** [-'lu:so] ernüchtert.

disimparare [dizimpa'ra:re] (1a) verlernen.

disimpegn|are [dizimpe'ɲa:re] (1a) von e-r *Verpflichtung* entbinden; *Amt* versehen; *Pfand* einlösen; *Schiff* flottmachen; *Truppen* entsetzen; ~ *una parte* e-e Rolle durchführen; **~arsi** [-'ɲarsi] sich lossagen; ~ *bene* s-e Sache gut machen.

disimpegno [dizim'peɲo] m Losmachung f; Einlösung f; Erfüllung f; Flottmachung f; Entsetzung f.

disincagliare [dizinka'ʎa:re] ⚓ (1g) flottmachen; wieder in Gang bringen.

disincantato [dizinkan'ta:to] ernüchtert, enttäuscht.

disinfest|are [dizinfes'ta:re] (1a) Insekten bekämpfen; **~azione** [-tatsi'o:ne] f Insektenbekämpfung f.

disinf|ettante [dizinfet-'tante] m Desinfektionsmittel n; **~ettare** [-'ta:re] (1b) desinfizieren; **~ezione** [-fetsi'o:ne] f Desinfektion f.

dising|annare [dizingan-'na:re] (1a): ~ qu. j-n e-s Besseren belehren; j-m die Augen öffnen; **~annato** [-'na:to] ernüchtert; **~anno** [-'gan-no] m Enttäuschung f.

disin|nescare [dizin-nes'ka:re] (1d) entschärfen; **~nesco** [-'nesko] m Entschärfung f.

disin|nestare [dizin-nes'ta:re] (1b) ⊕ auskuppeln; 🔌 ausschalten; **~nesto** [-'nesto] m Entkupplung f; 🔌 Ausschaltung f.

disinserire [dizinse'ri:re] (4d) abschalten.

disintegr|are [dizinte'gra:re] (1m) zersetzen; auflösen; aus dem Zusammenhang lösen; *Phys.* spalten, zertrümmern; **~arsi** [-'grarsi] sich auflösen, zerfallen; **~atore** [-gra-'to:re] *m* Steinklopfmaschine *f*; **~azione** [-gratsi'o:ne] *f* Zerkleinerung *f*, Zersetzung *f*; *Phys.* Spaltung *f*.

disinter|essare [dizinteres-'sa:re] (1b) abfinden; **~essarsi** [-'sarsi] kein Interesse mehr haben (*di an dat.*); sich nicht kümmern (*di um*); **~essato** [-'sa:to] uneigennützig; unbeteiligt; **~esse** [-'res-se] *m* Uneigennützigkeit *f*.

disintossic|are [dizintos-si'ka:re] (1m, c u. d) entgiften; **~azione** [-katsi'o:ne] *f* Entgiftung *f*.

disinvitare [dizinvi'ta:re] (1a) ausladen.

disinv|olto [dizin'volto] ungezwungen; unbefangen; ungeniert; **~oltura** [-vol'tu:ra] *f* Ungezwungenheit *f*, Unbefangenheit *f*, Ungeniertheit *f*.

disist|ima [dizis'ti:ma] *f* Mißachtung *f*; **~imare** [-ti'ma:re] (1a) mißachten.

dislivello [dizli'vɛl-lo] *m* Ungleichheit *f*; Unebenheit *f*; Höhenunterschied *m*.

disloc|amento [dizloka'mento] *m* Verschiebung *f*; Versetzung *f*; Übersiedlung *f*; ⚓ Wasserverdrängung *f*; **~ato** [-'ka:to] ✂ abkommandiert; **~azione** [-katsi'o:ne] *f* ✂ Verlegung *f*; Abkommandierung *f*; räumliche Verteilung *f*.

dismisura [dizmi'zu:ra] *f* Unmaß *n*, Übermaß *n*; *a* ~ übermäßig.

disobbedire [dizob-be'di:re] *usw. s. disubbidire usw.*

disobblig|ante [dizob-bli'gante] ungefällig; **~are** [-'ga:re] (1m u. c u. e) (*von e-r Verbindlichkeit*) befreien; **~arsi** [-'garsi] sich *von e-r Verbindlichkeit* freimachen.

disobbligo [di'zɔb-bligo] *m* (*pl. -ghi*) Befreiung *f von e-r Verbindlichkeit*.

disoccup|ato [dizok-ku'pa:to] unbeschäftigt; arbeitslos; brotlos; **~azione** [-patsi'o:ne] *f* Arbeitslosigkeit *f*, Erwerbslosigkeit *f*.

dison|està [dizones'ta] *f* Unehrlichkeit *f*; **~esto** [-'nɛsto] unehrlich.

dison|orare [dizono'ra:re] (1a) entehren; **~ore** [-'no:re] *m* Unehre *f*;

Schande *f*; Entehrung *f*; **~orevole** [-no're:vole] entehrend.

disopra [di'so:pra]: *al* ~ *di* über; *dal* ~ von oben aus.

disordin|are [dizordi'na:re] (1m) in Unordnung bringen; verwirren; **~ato** [-'na:to] unordentlich; liederlich.

disordine [di'zordine] *m* Unordnung *f*; *-i pl.* Unruhen *f/pl.*; *mettere in* ~ in Unordnung bringen.

disorganico [dizor'ga:niko] (*pl. -ci*) unorganisch, unzusammenhängend.

disorganizz|are [dizorganid-'dza:re] (1a) desorganisieren; zerrütten; **~azione** [-dzatsi'o:ne] *f* Desorganisation *f*; Zerrüttung *f*.

disorient|amento [dizorienta'mento] *m* Verwirrung *f*; Richtungslosigkeit *f*; **~are** [-'ta:re] (1b) irreleiten; aus dem Text bringen; **~arsi** [-'tarsi] sich verwirren; **~ato** [-'ta:to] verwirrt.

disormeggiare [dizormed-'dʒa:re] (1f) ⚓ die Vertäuungen losmachen.

disossare [dizos-'sa:re] (1c) ausbeinen, -gräten.

disossid|are [dizos-si'da:re] (1m u. c) 🜍 desoxydieren; **~azione** [-datsi'o:ne] *f* Desoxydation *f*.

disotto [di'sot-to] unten; *al* ~ *di* unter.

dispaccio [dis'pat-tʃo] *m* (*pl. -cci*) Bericht *m*, Meldung *f*, Depesche *f*.

disparato [dispa'ra:to] verschieden.

disparere [dispa're:re] *m* Meinungsverschiedenheit *f*.

dispari [dispari] ungleich; *Zahl:* ungerade.

disparire [dispa'ri:re] (4e) verschwinden.

disparità [dispari'ta] *f* Verschiedenheit *f*; Ungleichheit *f*.

disparizione [d32paritsi'o:ne] *f* Verschwinden *n*.

dispar|so [dis'parso], **~vi** [-vi] *s. disparire*.

disparte [dis'parte]: *in* ~ beiseite; *starsene in* ~ Außenseiter sein.

dispendio [dis'pɛndio] *m* Aufwand *m*, Kosten *pl.*

dispendioso [dispendi'o:so] kostspielig.

dispensa [dis'pɛnsa] *f* Verteilung *f*; Speisekammer *f*; ⚖, *Rel.* Erlaß *m*; Dispens *m*; ⛶ Lieferung *f*; Vorlesungstext *m*; Skriptum *n*; *a* -e in Lieferungen.

dispens|are [dispen'sa:re] (1b) verteilen; Segen spenden; *j-n von et.* dispensieren, entbinden; **~ario** [-'sa:rio] *m* (*pl.* -ri) Poliklinik *f*; **~atore** [-sa'to:re] *m* Austeiler *m*; Spender *m*; **~iere** [-si'e:re] *m* Verteiler *m*; Küchenmeister *m*.

dispepsia [dispep'si:a] *f* schlechte Verdauung *f*.

disper|are [dispe'ra:re] (1b) keine Hoffnung mehr haben (*di* auf *acc.*); *far ~* zur Verzweiflung bringen; **~arsi** [-'rarsi] in Verzweiflung geraten; verzweifeln; **~ato** [-'ra:to] **1.** *adj.* verzweifelt; hoffnungslos; fassungslos; **2.** *m* Verzweifelte(r) *m*; Hungerleider *m*; **~azione** [-ratsi'o:ne] *f* Verzweiflung *f*; Hoffnungslosigkeit *f*.

disp|erdere [dis'perdere] (3uu) zerstreuen; auflösen; *Demonstranten* auseinandertreiben; *Vermögen* verschwenden; *~ i voti* die Stimmen zersplittern; **~erdersi** [-'perdersi] sich zerstreuen, auseinanderlaufen; **~ersi** [-'persi] *s. disperdere*; **~ersione** [-persi'o:ne] *f* Zerstreuung *f*; Zersplitterung *f*; **~ersivo** [-per-'si:vo] zerstreuend; **~erso** [-'perso] **1.** *s. disperdere*; **2.** *adj.* ✕ vermißt.

dispetto [dis'pet-to] *m* Ärger *m*; Bosheit *f*; Verachtung *f*; *a ~ di* zum Trotz (*dat.*); *a suo (marcio) ~* ihm zum (Hohn und) Trotz; *fare -i a qu.* ihn ärgern.

dispettoso [dispet-'to:so] boshaft, heimtückisch.

dispiac|ente [dispia'tʃente] mißfallend; unangenehm; *essere ~ di (inf.)* bedauern, zu (*inf.*); **~ere** [-'tʃe:re] **1.** *v/i.* (2k) mißfallen; *mi dispiace* es tut mir leid; *se non Le dispiace* wenn es Ihnen recht ist; **2.** *m* Kummer *m*; Bedauern *n*; *far ~* leid tun; *avere dei -i* Sorgen haben; *dare dei -i* Kummer machen; **~evole** [-'tʃe:vole] unangenehm.

dispiacqui [dispi'ak-kui] *s. dispiacere*.

disp|one [dis'po:ne], **~ongo** [-'pongo] *s. disporre*; **~onibile** [-'po'ni:-bile] verfügbar; **~onibilità** [-poni-bili'ta] *f* Verfügbarkeit *f*; ✕ *Pol.* Disposition *f*.

disp|orre [dis'por-re] (3ll) **1.** *v/t.* ordnen; vorbereiten; *~ qu. a fare*

qc. j-n zu et. überreden; **2.** *v/i.* bestimmen; verfügen (*di* über *acc.*); **~orsi** [-'porsi] sich anschicken.

disp|osi [dis'po:zi] *s. disporre*; **~ositivo** [-pozi'ti:vo] **1.** *adj.* bestimmend; **2.** *m* Anordnung *f*; ⊕ Einrichtung *f*, Vorrichtung *f*; *~ di sintonizzazione* Abstimmvorrichtung *f*; **~osizione** [-pozitsi'o:ne] *f* Anordnung *f*; Veranstaltung *f*; Bestimmung *f*; *natürliche Anlage f* (*a* zu *dat.*); Disposition *f*; *~ d'animo* geistige Verfassung *f*; Gemütszustand *m*, Stimmung *f*; *stare (mettere) a ~* zur Verfügung stehen (stellen); *mettere a ~* ✕, *Pol.* zur Disposition stellen; **~osto** [-'posto] **1.** *s. disporre*; **2.** *adj.* geordnet; *ben ~* gut angelegt; kräftig; geneigt (*a* zu *dat.*); **3.** *m* Bestimmung *f*.

dispotico [dis'po:tiko] (*pl.* -ci) despotisch.

dispotismo [dispo'tizmo] *m Pol. u. fig.* Despotismus *m*.

dispre|gevole [dispre'dʒe:vole] verachtungswürdig; **~giare** [-'dʒa:re] (1f *u.* b) *lit.* verachten; **~giativo** [-dʒa'ti:vo] verächtlich; **~giatore** [-dʒa'to:re] *m* Verächter *m*.

dispregio [dis'pre:dʒo] *m* (*pl.* -gi) Verachtung *f*.

disprezz|abile [dispret-'tsa:bile] verachtenswert; **~ante** [-'tsante] verächtlich; **~are** [-'tsa:re] (1b) verachten; **~atore** [-tsa'to:re] *m* Verächter *m*.

disprezzo [dis'pret-tso] *m* Verachtung *f*.

disputa [disputa] *f* Disputation *f*; Streit (Wortstreit) *m*; Auseinandersetzung *f*; Wortgefecht *n*; *~ religiosa* Glaubensstreit *m*.

disput|abile [dispu'ta:bile] streitig; strittig; **~abilità** [-tabili'ta] *f* Bestreitbarkeit *f*; **~are** [-'ta:re] (11) **1.** *v/t.* erörtern; streitig machen; **2.** *v/i.* disputieren; streiten; **~arsi** [-'tarsi] *~ qc.* sich um et. streiten; *~ qu.* sich um j-n reißen; **~azione** [-tatsi'o:ne] *f s. disputa*.

disquisizione [diskuizitsi'o:ne] *f* genaue Untersuchung *f*; ausführliche Darlegung *f*.

dissalare [dis-sa'la:re] (1a) entsalzen; einwässern.

dissaldare [dis-sal'da:re] (1a) loslöten.

dissangu|amento [dis-sangua-

'mento] *m* Verblutung *f*; *fig.*
Schröpfung *f*; **~are** [-gu'a:re] (1a)
Blut entziehen (*dat.*); *fig.* schröp-
fen.

dissapore [dis-sa'po:re] *m* Zwist *m*,
Unstimmigkeit *f*.

disseccar|e [dis-sek-'ka:re] (1d) aus-
dörren; austrocknen; **~si** [-si] eintrocknen.

disselciare [dis-sel'tʃa:re] (1f) das
Pflaster (Straßenpflaster) aufreißen.

dissemin|are [dis-semi'na:re] (1m)
ausstreuen; *fig.* verbreiten; **~atore**
[-na'to:re] *m* Ausstreuer *m*; **~azione**
[-natsi'o:ne] *f* Ausstreuung *f*.

dissennato [dis-sen-'na:to] unsin-
nig.

dissenso [dis-'senso] *m* Meinungsverschiedenheit *f*; Zwietracht *f*.

dissent|eria [dis-sente'ri:a] *f* Ruhr
f; **~erico** [-'tɛ:riko] *m* (*pl.* -ci)
Ruhrkranke(r) *m*.

dissen|tire [dis-sen'ti:re] (4b): ~ *da*
qu. anderer Meinung als j. sein;
non ~ *abs.* nichts dagegen haben;
~ziente [-tsi'ɛnte] anderer Meinung; andersdenkend.

disseppell|ire [dis-sep-pel-'li:re]
(4d) ausgraben; **~itore** [-li'to:re]
m Ausgräber *m*.

dissert|are [dis-ser'ta:re] (1b) er-
örtern; **~azione** [-tatsi'o:ne] *f* Abhandlung *f*; Dissertation *f*.

disservizio [dis-ser'vi:tsio] *m* (*pl.*
-zi) Mißwirtschaft *f*.

dissest|are [dis-ses'ta:re] (1b) in
e-e schwierige pekuniäre Lage bringen; **~ato** [-'ta:to] abgewirtschaftet;
dem Bankrott nahe.

dissesto [dis-'sesto] *m od.* ~ *finanziario* pekuniäre Schwierigkeit *f*.

dissetar|e [dis-se'ta:re] (1a): ~ *qu.*
j-m den Durst löschen; **~si** [-si]
s-n Durst löschen.

dissezione [dis-setsi'o:ne] *f* Sezie-
rung *f*.

dissi [dis-si] *s. dire.*

dissidente [dis-si'dɛnte] **1.** *adj.*
anderer Meinung; abweichend;
2. *m* Dissident *m*; *Rel.* Anders-
gläubige(r) *m*.

dissidio [dis-'si:dio] *m* (*pl.* -di)
Meinungsverschiedenheit *f*; Zwi-
stigkeit *f*; Unstimmigkeit *f*.

dissigillare [dis-sidʒil-'la:re] (1a)
entsiegeln.

dissimile [dis-'si:mile] unähnlich.

dissimul|are [dis-simu'la:re] (1m)

abs. heucheln; tun, als ob man
nichts merke; *et.* verbergen; *non
dissimulo che* ... ich verhehle nicht,
daß ...; **~atore** [-la'to:re] *m* Heuchler *m*; Simulant *m*; **~azione**
[-latsi'o:ne] *f* Verstellung *f*; Heuchelei *f*.

dissip|are [dis-si'pa:re] (1l) zer-
streuen; *Zweifel* beseitigen; *Geld*
verschwenden; **~atezza** [-pa'tet-
tsa] *f* Leichtsinn *m*; Zerstreutheit *f*;
~ato [-'pa:to] leichtsinnig; liederlich; **~atore** [-pa'to:re] *m* Verschwender *m*; **~azione** [-patsi'o:ne]
f Verschwendung *f*.

dissoci|abile [dis-so'tʃa:bile] trenn-
bar; **~are** [-'tʃa:re] (1f) trennen;
~azione [-tfatsi'o:ne] *f* Trennung *f*.

dissod|amento [dis-soda'mento] *m*
Urbarmachung *f*; **~are** [-'da:re]
(1c) urbar machen.

dissol|ubile [dis-so'lu:bile] ⚭ auf-
lösbar; **~ubilità** [-lubili'ta] *f* Auf-
lösbarkeit *f*; **~utezza** [-lu'tet-tsa] *f*
Ausschweifung *f*; **~uto** [-'lu:to] **1.**
s. dissolvere; **2.** *adj.* liederlich; ausschweifend; **~uzione** [-lutsi'o:ne] *f*
Auflösung *f*; Zersetzung *f*; *andare
in* ~ sich auflösen; sich zersetzen.

diss|olvere [dis-'solvere] (3g) auf-
lösen; zersetzen; *Zweifel* zerstreuen;
~olvimento [-solvi'mento] *m* Auflösung *f*; Zersetzung *f*.

dissomigli|ante [dis-somi'ʎante]
unähnlich; **~anza** [-'ʎantsa] *f* Un-
ähnlichkeit *f*; **~are** [-'ʎa:re] (1g) *u.*
~arsi [-'ʎarsi] einander nicht gleichen.

disson|ante [dis-so'nante] mißtö-
nend; verschieden; **~anza** [-'nan-
tsa] *f* ♪ *u. fig.* Dissonanz *f*, Mißklang
m; Mißton *m*; **~are** [-'na:re] (1c)
e-e Dissonanz bilden; nicht übereinstimmen.

dissotterr|amento [dis-sot-ter-ra-
'mento] *m* Ausgrabung *f*; **~are**
[-'ra:re] (1b) ausgraben.

dissu|adere [dis-sua'de:re] (2i) j-m
abraten; **~asi** [-su'a:zi] *s. dissuadere*; **~asione** [-suazi'o:ne] *f* Abraten
n; Warnung *f*; **~asivo** [-sua'zi:vo]
abratend; **~aso** [-su'a:zo] *s. dissuadere.*

dissuetudine [dis-sue'tu:dine] *f lit.*
Ungewohntheit *f*.

dissuggellare [dis-sud-dʒel-'la:re]
(1b) entsiegeln.

distacc|amento [distak-ka'mento]

m Lostrennung f; ✂ Detachement n; **~are** [-'kaːre] (1f) loslösen; auskuppeln; ✂ detachieren.

distacco [dis'takːo] m (pl. -cchi) Trennung f; ✈ Abflug m, Start m; fig. Abstand m, Entfernung f.

dist|ante [dis'tante] weit; entfernt; abgelegen; è molto ~ di (da) qui? ist es sehr weit von hier?; **~anza** [-'tantsa] f Entfernung f; Abstand m; fig. Unterschied m; a ~ Fern...; **~anziare** [-tantsi'aːre] (1g) überholen; entfernen; **~are** [-'taːre] (1a) entfernt sein.

distend|ere [dis'tɛndere] (3c) ausdehnen; hinlegen; Arme, Stoffe ausbreiten; Papier aufziehen; Butter aufstreichen; Schrift abfassen; Truppen aufstellen; ~ qu. in terra j-n zu Boden strecken; ~ morto tot niederstrecken; **~ersi** [-ersi] sich hinlegen; sich entspannen.

disten|sione [distensi'oːne] f (Aus-)Dehnung f; Ausbreitung f; a. Pol. Entspannung f; **~sivo** [-'siːvo] entspannend.

dist|esa [dis'teːsa] f Fläche f; a ~ in e-m fort; **~esi** [-'teːsi] s. distendere; **~eso** [-so] 1. s. distendere; 2. adv. per ~ ausführlich.

distico [distiko] m (pl. -ci) Distichon n, Zweizeiler m.

distill|amento [distil-la'mento] m Destillation f; **~are** [-'laːre] (1a) destillieren; **~ato** [-'laːto] 1. adj. destilliert; 2. m Destillat n; fig. Konzentrat n; **~atoio** [-la'toːio] m (pl. -oi) Destillierapparat m; **~atore** [-la'toːre] m Destillateur m; **~azione** [-latsi'oːne] f Destillation f; **~eria** [-le'riːa] f Brennerei f.

distinguere [dis'tiŋguere] (3d) unterscheiden; auszeichnen; erkennen.

distinguibile [distiŋgu'iːbile] unterscheidbar.

distinsi [dis'tinsi] s. distinguere.

distinta [dis'tinta] f Liste f, Aufstellung f.

distint|amente [distinta'mente] klar, deutlich; in Briefen: mit vorzüglicher Hochachtung; **~ivo** [-'tiːvo] 1. adj. unterscheidend; 2. m Abzeichen n; ~ di un partito Parteiabzeichen n; ~ di nazionalità Hoheitsabzeichen n.

distinto [dis'tinto] 1. s. distinguere; 2. adj. deutlich; fig. vornehm; aus-

---

D

gezeichnet; Thea. posto m ~ Sperrsitz m; con -i saluti hochachtungsvoll.

distinzione [distintsi'oːne] f Unterscheidung f; Unterschied m; fig. Vornehmheit f; Auszeichnung f.

dis|togliere [dis'tɔ:ʎere] (3ss) abbringen; Aufmerksamkeit ablenken; **~togliersi** [-'tɔːʎersi] abweichen von e-m Vorsatz; **~tolgo** [-'tɔlgo], **~tolsi** [-'tɔlsi], **~tolto** [-'tɔlto] s. distogliere.

distorsione [distorsi'oːne] f Verrenkung f; fig. Verzerrung f.

dis|trae [dis'traːe], **~traggo** [-'traggo] s. distrarre.

distr|arre [dis'trarre] (3xx) zerstreuen; Geist ablenken; Gelder entwenden; ~ qu. da qc. j-n von et. (dat.) abhalten; **~assi** [-'tras-si] s. distrarre; **~atto** [-'trat-to] s. distrarre; fig. abwesend; **~azione** [-tratsi'oːne] f Zerstreuung f; Zerstreutheit f; Unterschlagung f.

distr|etto [dis'tret-to] m Distrikt m; Bezirk m; (Land-, Stadt-)Kreis m; ✖ (a. ~ militare) Bezirkskommando n; ~ forestale Forstrevier n; ~ postale Zustellbezirk m; **~ettuale** [-tret-tu'aːle] Bezirks...

distribu|ire [distribu'iːre] (4d) verteilen; **~tivo** [-'tiːvo] austeilend; Austeilungs...; giustizia f -a ausgleichende Gerechtigkeit f; **~tore** [-'toːre] m Verteiler m; ~ (di benzina) Tankstelle f; ~ automatico (di francobolli) Automat (Briefmarkenautomat) m; **~zione** [-tsi'oːne] f Verteilung f; 🖨 Ausgabe f; ⊕ Steuerung f.

distric|are [distri'kaːre] (1d) entwirren; **~arsi** [-'karsi] sich aus e-r Verlegenheit ziehen.

distr|uggere [dis'trud-dʒere] (3cc) zerstören, vernichten; **~uggersi** [-'trud-dʒersi] fig. sich verzehren; **~uggibile** [-trud-'dʒiːbile], **~uttibile** [-trut-'tiːbile] zerstörbar; **~ussi** [-'trus-si] s. distruggere; **~uttivo** [-trut-'tiːvo] zerstörend; **~utto** [-'trut-to] s. distruggere; **~uttore** [-trut-'toːre] m Zerstörer m; **~uzione** [-trutsi'oːne] f Zerstörung f, Vernichtung f.

disturb|are [distur'baːre] (1a) stören; non si disturbi lassen Sie sich nicht stören; **~atore** [-ba'toːre] m Störer m.

disturbo [dis'tur-bo] *m* Störung *f*; ~ circolatorio Kreislaufstörung *f*; ~ nell'esercizio Betriebsstörung *f*; -i *pl.* di ricezione Empfangsstörung *f*.

disubbid|iente [dizub-bidi'ɛnte] ungehorsam; ~ienza [-di'ɛntsa] *f* Ungehorsam *m*; ~ire [-'di:re] (4d) ungehorsam sein; ~ a qu. j-m nicht gehorchen; ~ a qc. et. nicht befolgen.

disugu|aglianza [dizugua'ʎantsa] *f* Ungleichheit *f*; ~agliare [-gua'ʎa:re] (1g) ungleich machen; ~ale [-gu'a:le] ungleich; uneben; ~alità [-guali'ta] *f* Ungleichheit *f*; Unebenheit *f*.

disumano [dizu'ma:no] unmenschlich, grausam.

disun|ione [dizuni'o:ne] *f* Uneinigkeit *f*; ~ire [-'ni:re] (4d) trennen; entzweien; ~ito [-'ni:to] entzweit; uneinig; ungleichmäßig.

disuria [dizu'ri:a] *f* ⚕ Harnzwang *m*.　　　　　　　　　　[lich.↓

disusato [dizu'za:to] ungebräuch-↓

disuso [di'zu:zo] *m* Ungewohntheit *f*; cadere (od. andare) in ~ außer Gebrauch kommen.

dis|utilaccio [dizuti'lat-tʃo] *m* (*pl.* -cci) Nichtsnutz *m*; ~utile [-'zu:tile] unnütz; ~utilità [-zutili'ta] *f* Zwecklosigkeit *f*.

disvolere [dizvo'le:re] (2t) nicht mehr wollen.

dit|ale [di'ta:le] *m* Fingerhut *m*; Fingerling *m*; ~ata [-'ta:ta] *f* Schlag *m* mit e-m Finger.

dite [di:te] *s. dire*.

diteggiatura [dited-dʒa'tu:ra] *f* ♪ Fingersatz *m*.

ditirambo [diti'rambo] *m* Dithyrambe *f*.

dito [di:to] *m* (*pl.* i diti, *mst* le dita) Finger *m*; Zehe *f*; un ~ di *fig.* ein wenig ...; un ~ di vino ein Schluck Wein; mostrare a ~ mit dem Finger zeigen; toccare il cielo col ~ vor Freude außer sich sein; me la sono legata al ~ das werde ich dir (ihm usw.) nie vergessen; avere una cosa sulla punta delle -a et. an den Fingern hersagen können; contare sulle -a an den Fingern abzählen.

ditta [dit-ta] *f* Firma *f*; ✝ Haus *n*; ~ fornitrice Lieferfirma *f*.

dittafono [dit-'ta:fono] *m* Diktiergerät *n*.

dittat|ore [dit-ta'to:re] *m* Diktator *m*; ~orio [-'tɔ:rio] (*pl.* -ri) diktatorisch; ~oriale [-tori'a:le] Diktator-...; ~ura [-'tu:ra] *f* Diktatur *f*.

dittongo [dit-'tɔŋgo] *m* (*pl.* -ghi) Diphthong *m*, Doppellaut *m*.

diuretico [diu're:tiko] (*pl.* -ci) ⚕ harnabsondernd, diuretisch.

diurno [di'urno] täglich; Tages...; ore *f/pl.* -e Tagesstunden *f/pl.*; albergo *m* ~ Tageshotel *n* (*Frisier-, Badegelegenheit usw.*).

diut|urnità [diuturni'ta] *f* Langwierigkeit *f*; ~urno [-'turno] anhaltend.

diva [di:va] *f* Göttin *f*; Star *m*.

divag|amento [divaga'mento] *m* Zerstreuung *f*; Abschweifen *n*; ~are [-'ga:re] (1e) **1.** *v/t.* zerstreuen; **2.** *v/i.* abschweifen; ~azione [-gatsi'o:ne] *f* Zerstreuung *f*; Abschweifung *f*.

divampare [divam'pa:re] (1a) auflodern.

divano [di'va:no] *m* Diwan *m*.

divaricare [divari'ka:re] (1m *u.* d) auseinanderspreizen.

divario [di'va:rio] *m* (*pl.* -ri) Unterschied *m*.

divedere [dive'de:re] (2s): dare a ~ durchblicken lassen.

divellere [di'vɛl-lere] (3ww) entwurzeln.

divelto [di'vɛlto] *s. divellere*.

divengo [di'vɛŋgo], **divenni** [-'venni] *s. divenire*.

divenire [dive'ni:re] (4p) werden.

diventare [diven'ta:re] (1b) werden; ~ freddo erkalten; come sei diventato! wie du dich verändert hast!

diverbio [di'vɛrbio] *m* (*pl.* -bi) Wortwechsel *m*.

diver|gente [diver'dʒɛnte] auseinandergehend; ⚭ divergierend; ~genza [-'dʒɛntsa] *f* Auseinanderlaufen *n*; *fig.* Verschiedenheit (Meinungsverschiedenheit) *f*; ⚭ Divergenz *f*.

divergere [di'vɛrdʒere] (3uu *u.* 3a) auseinanderlaufen; *fig.* abweichen; ⚭ divergieren.

diverrei [diver-'rei], **diverrò** [-'rɔ] *s. divenire*.

divers|amente [diversa'mente] *adv.* anders; andernfalls; ~ificare [-sifi'ka:re] (1n *u.* d) **1.** *v/t.* verändern; **2.** *v/i. u.* ~ificarsi [-sifi'karsi] verschieden sein, abweichen; *unpers.*

e-n Unterschied machen; **~ificazione** [-sifikatsi'o:ne] f Veränderung f; Verschiedenheit f; **~ione** [-si'o:ne] f Ableitung f; Ablenkung f; ✗ Diversion f; **~ità** [-si'ta] f Verschiedenheit f; Unterschied m; **~ivo** [-'si:vo] **1.** adj. ableitend; ablenkend; **2.** m Ablenkung f; Unterschied m; ✗ und fig. Ablenkungsmanöver n.

diverso [di'verso] verschieden.

divert|ente [diver'tente] unterhaltend; amüsant; lustig; **~imento** [-si'mento] m Vergnügen n; ♪ Suite f; Unterhaltung f; buon **~**! viel Vergnügen!; -i pl. Belustigungen f/pl.; parco m di -i Vergnügungspark m; **~ire** [-'ti:re] (4b) unterhalten, vergnügen, amüsieren; zerstreuen; **~ito** [-'ti:to] belustigt, vergnügt.

divettare [divet-'ta:re] (1a) kappen.

divezz|amento [divet-tsa'mento] m Entwöhnung f; **~are** [-'tsa:re] (1a) entwöhnen.

divezzo [di'vet-tso] entwöhnt.

diviato [divi'a:to] lit. unverzüglich.

div|idendo [divi'dendo] m A̶ Dividend m; ✝ Dividende f; Gewinnanteil m; **~idere** [-'vi:dere] (3q) teilen; trennen; verteilen; entzweien; spalten; A̶ dividieren; **~idersi** [-'vi:dersi] sich trennen.

divieto [divi'e:to] m Verbot n; **~** d'importazione Einfuhrverbot n; **~** di pagamento Zahlungssperre f.

divin|amente [divina'mente] göttlich; fig. himmlisch; **~are** [-'na:re] (1a) wahrsagen; voraussehen; **~atore** [-na'to:re] m Wahrsager m; Seher m; **~atorio** [-na'to:rio] (pl. -ri) Wahrsager...; Seher...; arte f -a Wahrsagekunst f; verga f -a Wünschelrute f; **~azione** [-natsi'o:ne] f Wahrsagerei f; Voraussage f.

divincol|amento [divinkola'mento] m Drehung f; **~are** [-'la:re] (1m) **1.** v/t. drehen; winden; **2.** v/i. u. **~arsi** [-'larsi] sich winden; sich befreien.

divinis [di'vi:nis]: sospendere a **~** e-m Priester die Ausübung des Amtes untersagen.

divin|ità [divini'ta] f Göttlichkeit f; Gottheit f; **~izzare** [-nid-'dza:re] (1a) vergöttlichen; unter die Götter versetzen; fig. übermäßig loben;

~izzazione [-nid-dzatsi'o:ne] f Vergöttlichung f; Vergötterung f.

divino [di'vi:no] göttlich.

divisa [di'vi:za] f Wahlspruch m; Wappen n; Kleidung: Uniform f; (**~** estera) Devise f, fremde Geldsorte f; traffico m -e Devisenverkehr m; ufficio m -e Devisenstelle f.

divis|amento [diviza'mento] m Vorhaben n; **~are** [-'za:re] (1a) sich vornehmen.

divisi [di'vi:zi] s. dividere.

divis|ibile [divi'zi:bile] teilbar; **~ibilità** [-zibili'ta] f Teilbarkeit f; **~ionale** [-zio'na:le] Divisions...; moneta f **~** Scheidemünze f; **~ione** [-zi'o:ne] f Teilung f; Abteilung f; Trennung f; A̶, ✗, ⚓ Division f; Typ. Divis n; **~** del lavoro Arbeitsteilung f.

diviso [di'vi:zo] s. dividere.

divis|ore [divi'zo:re] m Teiler m; A̶ Divisor m; **~orio** [-'zo:rio] (pl. -ri) **1.** adj. scheidend; muro m **~** = **2.** m Scheidewand f.

divo [di'vo] **1.** adj. göttlich; **2.** m Filmheld m, Star m.

divor|amento [divora'mento] m Verschlingen n; **~are** [-'ra:re] (1c) fressen; fig. verschlingen; verzehren (Leidenschaften); vernichten (Flammen); **~** la strada den Weg in größter Eile zurücklegen; **~atore** [-ra'to:re] **1.** adj. verzehrend; verschlingend; **2.** m Fresser m; verschlinger m; Verzehrer m.

divorzi|are [divortsi'a:re] (1c u. g) sich scheiden lassen; **~ato** [-tsi'a:to] geschieden.

divorzio [di'vortsio] m (pl. -zi) Ehescheidung f.

divoto [di'vo:to] usw. s. devoto usw.

divulg|amento [divulga'mento] m Verbreitung f; **~are** [-'ga:re] (1e) verbreiten; ausplaudern; **~ativo** [-ga'ti:vo] populärwissenschaftlich; **~atore** [-ga'to:re] m Verbreiter m; **~azione** [-gatsi'o:ne] f Verbreitung f; opera f di **~** populärwissenschaftliches Werk n.

dizionario [ditsio'na:rio] m (pl. -ri) Wörterbuch n.

dizione [ditsi'o:ne] f Redeweise f; Vortrag m.

do¹ [dɔ] s. dare.

do² [dɔ:] m ♪ C n; **~** bemolle Ces n; **~** diesis Cis n.

dobbiamo [dob-bi'a:mo] s. dovere.

doccia [dot-tʃa] f (pl. -cce) Rinne (Dachrinne) f; Dusche f; Brause f; una ~ fredda e-e kalte Dusche; fare la ~ duschen.

doccione [dot-'tʃoːne] m ⚐ Wasserspeier m.

doc|ente [do'tʃɛnte] su. Dozent(in f) m; libero ~ Privatdozent m; **~enza** [-'tʃɛntsa] f: avere la libera ~ Privatdozent sein; ottenere la libera ~ Privatdozent werden.

docile [dɔ:tʃile] fügsam, gelehrig.

docilità [dotʃili'ta] f Fügsamkeit f.

dock [dɔk] m inv. ♏ Dock n.

docum|entare [dokumen'taːre] (1a) dokumentieren; beurkunden; belegen; **~entario** [-men'taːrio] m Kulturfilm m; Dokumentarfilm m; Tatsachenbericht m; ~ fotografico Bildbericht m; **~entazione** [-'men-tatsi'oːne] f Beurkundung f; Unterlagen f/pl.; **~ento** [-'mento] m Dokument n; Urkunde f; -i pl. Akten f/pl.; allg. Papiere n/pl.; ~ di bordo Schiffspapiere n/pl.; ~ di legittimazione Legitimationskarte f, -papier n; ~ personale Personalausweis m.

dodec|aedro [dodeka'e:dro] m ⚐ Zwölfflächner m; **~afonico** [-ka-'fɔniko] : musica f-a Zwölftonmusik f; **~agono** [-'kaːgono] m ⚐ Zwölfeck n.

dodic|enne [dodi'tʃen-ne] zwölfjährig; **~esimo** [-'tʃeːzimo] 1. adj. zwölfte; in ~ Duodez...; volume m in ~ Duodezband m; 2. m Zwölftel n.

dodici [do:ditʃi] zwölf.

doga [do:ga] f (pl. -ghe) Daube f.

dogale [do'gaːle] Dogen...

dogana [do'gaːna] f Zoll m; Zollamt n.

dogan|ale [doga'naːle] Zoll...; autorità f ~ Zollbehörde f; barriera f ~ Zollschranke f; dichiarazione f ~ Zollerklärung f; formalità f/pl. -i Zollabfertigung f; controllo m ~ Zollkontrolle f; guardia f ~ Zollaufseher m; tariffa f ~ Zolltarif m; **~iere** [-ni'e:re] m Zollbeamte(r) m.

dogaressa [doga'res-sa] f Gattin f des Dogen.

doge [dɔ:dʒe] m ehm. Doge m.

doglia [dɔ:ʎa] f Schmerz m; le ~ e pl. (del parto Geburts-)Wehen f/pl.

doglioso [do'ʎo:so] lit. schmerzerfüllt.

dogma [dɔgma] m (pl. -i) Dogma n.

dogm|atica [dog'ma:tika] f Dogmatik f; **~atico** [-'ma:tiko] (pl. -ci) 1. adj. dogmatisch; 2. m Dogmatiker m; **~atismo** [-ma'tizmo] m Dogmatismus m; **~atizzare** [-ma-tid'dza:re] (1a) dogmatisieren.

dolce [doltʃe] 1. adj. süß; weich; sanft; hold; Gram. stimmhaft; ~ far niente süßes Nichtstun n; 2. m Süße(s) n; Kochk. (Süß-)Speise f, -i pl. Süßigkeiten f/pl.

dolc|ezza [dol'tʃet-tsa] f Süße f; Sanftheit f; Weichheit f; **~iamaro** [-tʃa'ma:ro] bittersüß; **~iario** [-'tʃa:-rio] (pl. -ri) Süßwaren...; Konditor...; **~iastro** [-'tʃastro] widerlich süß; **~ificare** [-tʃifi'ka:re] (1m u. d) versüßen; mildern; **~igno** [-'tʃi:ɲo] süßlich; **~iume** [-'tʃu:me] m widerliche Süße f; -i pl. Süßwaren f/pl.

dol|ente [do'lente] 1. adj. schmerzend; fig. traurig; essere ~ bedauern; 2. m: i -i pl. die Leidtragenden pl.; **~ere** [-'le:re] (2e) schmerzen; mi duole (doleva) es tut (tat) mir leid; mi duole un dente ein Zahn tut mir weh, ich habe Zahnschmerzen; **~ersi** [-'lersi] sich beklagen (di über acc.); bedauern.

dolgo [dɔlgo] s. dolere.

dollaro [dɔl-laro] m Dollar m.

dolo [dɔ:lo] m Betrug m.

dolomite [dolo'mi:te] f Min. Dolomit m.

dolor|ante [dolo'rante] adj. schmerzhaft; **~are** [-'ra:re] (1a) 1. v/i. Schmerz empfinden; 2. v/t. (j-m) Schmerz zufügen.

dol|ore [do'lo:re] m Schmerz m; Jammer m; dolor di ventre Leibschmerzen m/pl.; assenza f di ~ Schmerzlosigkeit f; **~oroso** [-lo-'ro:so] schmerzhaft; schmerzlich.

doloso [do'lo:so] betrügerisch; böswillig; incendio m ~ Brandstiftung f.

dolsi [dɔlsi] s. dolere.

domabile [do'ma:bile] zähmbar.

domanda [do'manda] f Frage f; Gesuch n; Forderung f; ✝ Nachfrage f; ~ e offerta Angebot und Nachfrage.

domandare [doman'da:re] (1a) fragen; verlangen; abfordern; ~ a qu. j-n fragen; ~ di qu. nach j-m fragen; ~ qc. a qu. j-n um et. bitten; ~ perdono um Verzeihung bitten.

domani [do'ma:ni] 1. adv. morgen; ~ l'altro übermorgen; ~ mattina morgen früh; ~ sera morgen abend; ~ a otto morgen in acht Tagen; **2.** m der nächste Tag.

dom|are [do'ma:re] (1a) bändigen; fig. bezwingen; **~atore** [-ma'to:re] m Bändiger m; Bezwinger m; Dompteur m.

domattina [domat-'ti:na] morgen früh.

domatura [doma'tu:ra] f Bändigung f; Dressur f.

domenica [do'me:nika] f (pl. -che) Sonntag m.

domenic|ale [domeni'ka:le] sonntäglich; Sonntags...; **~ano** [-'ka:no] m Dominikaner m.

domestica [do'mestika] f (pl. -che) Hausmädchen n, -gehilfin f.

domesti|care [domesti'ka:re] (1m, b u. d) zähmen; **~chezza** [-'ket-tsa] f Vertraulichkeit f.

domestico [do'mestiko] (pl. -ci) **1.** adj. häuslich; Haus...; fig. vertraut; animale m ~ Haustier n; **2.** m Diener m; i -ci pl. die Dienerschaft.

domicili|are [domit∫ili'a:re] Haus...; ~ perquisizione f ~ Haussuchung f; **~arsi** [-li'arsi] (1k) sich niederlassen; **~ato** [-li'a:to] wohnhaft; essere ~ ortsansässig sein.

domicilio [domi't∫i:lio] m (pl. -li) Wohnsitz m.

domin|ante [domi'nante] beherrschend; **~are** [-'na:re] (11u. c) **1.** v/t. beherrschen; **2.** v/i. herrschen; **~atore** [-na'to:re] **1.** adj. (be)herrschend; **2.** m (Be-)Herrscher m; **~azione** [-natsi'o:ne] f Herrschaft f.

Domineddio [domined-'di:o] m Herrgott m.

dominio [do'mi:nio] m (pl. -ni) Herrschaft f; Domäne f; fig. Gebiet n; Bereich m; Pol. Dominion n; ~ del mondo Weltherrschaft f; ~ pubblico Gemeingut n.

domino [dɔ:mino] m Kleidung: Domino m; Spiel: Domino(spiel) n.

domma [dɔm-ma] usw. s. dogma usw.

domo [do:mo] lit. gezähmt.

Don [don] m Don m (Titel der Geistlichen u. der Adligen).

don|abile [do'na:bile] verschenkbar; **~are** [-'na:re] (1a) schenken; spenden; **~atario** [-na'ta:rio] m (pl. -ri) Beschenkte(r) m; **~atore** [-na'to:re] m Geber m; ~ di sangue Blut-

spender m; **~azione** [-natsi'o:ne] f Schenkung f.

donde [donde] woher; von wo aus; aver ben ~ allen Grund haben.

dondola [dondola] f Schaukelstuhl m.

dondol|amento [dondola'mento] m Schaukeln n; Baumeln n; **~are** [-'la:re] (11) **1.** v/t. schaukeln; ~ la testa mit dem Kopf wackeln; **2.** v/i. baumeln; **~arsi** [-'larsi] fig. faulenzen; **~io** [-'li:o] m Schaukeln n; Baumeln n.

dondolo [dondolo] m Gehänge n; Pendel n; cavallo m a ~ Schaukelpferd n; sedia f a ~ Schaukelstuhl m.

dondol|ona [dondo'lo:na] f Schaukelstuhl m; **~one** [-'lo:ne] m Tagedieb m; Müßiggänger m; **~oni** [-'lo:ni] adv. (a. a ~) müßig.

don don [don] bim, bam.

donna [dɔn-na] f Frau f, Weib n; Kartensp. Dame f, Königin f; Donna f (Titel vornehmer u. adliger Damen); Thea. prima ~ Erste Sängerin f, Schauspielerin f; ~ di casa Hausfrau f; ~ di servizio Dienstmädchen n; da ~ weiblich; Frauen...

donn|acchera [don-'nak-kera] f, **~accia** [-'nat-t∫a] f (pl. -cce) Weibsbild n; **~aiolo** [-nai'ɔ:lo] m Schürzenjäger m; **~esco** [-'nesko] (pl. -chi) weiblich; **~icciola** [-nit-'t∫ɔ:la] f albernes Weib n; Klatschbasc f; **~ina** [-'ni:na] f (nettes od. kluges) Mädchen n; iro. leichtes Mädchen n.

donnola [don-nola] f Wiesel n.

donnone [don-'no:ne] m Mannweib n.

dono [do:no] m Geschenk n; fig. Gabe f.

donzell|a [don'dzel-la] f Jungfrau f; Fräulein n; **~o** [-lo] m ehm. Edelknappe m.

dopo [dɔ:po] **1.** prp. nach; ~ domani übermorgen; ~ tutto schließlich; **2.** adv. nachher; ~ che nachdem.

dopo|borsa [dopo'borsa] m Nachbörse f; **~guerra** [-gu'er-ra] m inv. Nachkriegszeit f; del ~ Nachkriegs...; **~lavoro** [-la'vo:ro] m Feierabendwerk n, Freizeitorganisation f; **~pranzo** [-'prandzo] m Nachmittag m; **~scuola** [-sku'ɔ:la] m inv. Hilfsschule f; **~tutto** [-'tut-to] schließlich; eigentlich.

doppia [dop-pia] f Sport: Doppel

(-spiel) *n*; ✝ *ehm.* Dublone *f*; *Gram.*
Doppelkonsonant *m*.

doppiaggio [dop-pi'ad-dʒo] *m Film:*
Synchronisierung *f*.

doppi|are [dop-pi'a:re] (1k) verdop-
peln; ⚓ umschiffen; *Film:* syn-
chronisieren; **~etta** [-pi'et-ta] *f*
Doppelflinte *f*; **~ezza** [-pi'et-tsa] *f*
Doppelzüngigkeit *f*.

doppio [dop-pio] (*pl. -pi*) **1.** *adj.*
doppelt; *fig.* doppelzüngig; *Kleidung:* ~ petto *m* Zweireiher *m*; *in* ~
esemplare in zweifacher Ausfertigung; **2.** *m* Doppelte(s) *n*; *Sport:*
Doppel *n*; ~ *femminile* Damen-
doppel *n*; ~ *maschile* Herrendoppel
n; ~ *misto* gemischtes Doppel *n*.

doppione [dop-pi'o:ne] *m* Duplikat
n; Dublette *f*.

dor|are [do'ra:re] (1c) vergolden;
~ato [-'ra:to] **1.** *s. dorare*; **2.** *adj.*
goldig; goldfarbig; **~atore** [-ra-
'to:re] *m* Vergolder *m*; **~atura**
[-ra'tu:ra] *f* Vergoldung *f*.

dorico [dɔ:riko] (*pl. -ci*) dorisch.

dorifora [do'ri:fora] *f* Kartoffel-
käfer *m*.

dormiente [dormi'ente] **1.** *adj.*
schlafend; **2.** *m* Schläfer *m*; △
Grundbalken *m*.

dorm|icchiare [dormik-ki'a:re] (1k)
schlummern; **~iglione** [-mi'ʎo:ne]
m Langschläfer *m*; **~ire** [-'mi:re]
(4c) schlafen; *va a* ~! F laß dich
begraben!; **~ita** [-'mi:ta] *f* Schlaf *m*;
~itina [-mi'ti:na] *f* Schläfchen *n*;
~itorio [-mi'tɔ:rio] *m* (*pl. -ri*)
Schlafsaal *m*; **~iveglia** [-mi've:ʎa]
f Halbschlaf *m*.

dorrei [dor-'rei], **dorrò** [dor-'rɔ] *s.*
dolere.

dorsale [dor'sa:le] **1.** *adj.* Rücken...;
Anat. spina f ~ Rückgrat *n*; **2.** *f*
Wasserscheide *f*; Rückenlehne *f*.

dorso [dɔrso] *m* Rücken *m*.

dos|are [do'za:re] (1c) dosieren;
~atura [-za'tu:ra] *f* Dosierung *f*.

dose [dɔ:ze] *f* Dosis *f*; *rincarare la* ~
die Dosis verschärfen.

dossale [dos-'sa:le] *m* Decke (Mö-
beldecke) *f*.

dosso [dɔs-so] *m* Rücken *m*; *levarsi*
qu. di ~ sich j-n vom Halse schaffen.

dot|ale [do'ta:le] zur Mitgift gehö-
rig; Mitgift...; **~are** [-'ta:re] (1c)
ausstatten; (*j-m*) **~e** Mitgift geben;
~azione [-tatsi'o:ne] *f* Ausstattung
f; Schenkung *f*.

dote [dɔ:te] *f* Mitgift *f*; Aussteuer *f*;
fig. Gabe *f*.

dotto [dot-to] **1.** *adj.* gelehrt; **2.** *m*
Gelehrte(r) *m*.

dott|orale [dot-to'ra:le] Doktor...;
grado m ~ Doktorwürde *f*; *tono m* ~
Kathederton *m*; **~orando** [-to-
'rando] *m* Doktorand *m*; **~orato**
[-to'ra:to] *m* Doktortitel *m*; **~ore**
[-'to:re] *m* Doktor *m*; Arzt *m*; ~ *in*
... Doktor der ...

dottor|eggiare [dot-tored-'dʒa:re]
(1f) gelehrt tun, den Alleswisser
spielen; **~esco** [-'resko] (*pl. -chi*)
doktorenhaft; **~essa** [-'res-sa] *f*
Doktorin *f*; Ärztin *f*.

dottr|ina [dot-'tri:na] *f* Lehre *f*;
Gelehrsamkeit *f*; *Rel.* Katechismus
m; **~inale** [-tri'na:le] gelehrt;
theoretisch; **~inario** [-tri'na:rio]
(*pl. -ri*) doktrinär.

dove [do:ve] wo; wohin; ~ *sei?* wo
bist du?; ~ *vai?* wohin gehst du?;
di od. da ~ woher; *per ogni* ~ überall; ~ *che sia* (*u. dovecchessia*) wo
es auch immer sei.

dovere [do've:re] (2f) **1.** *v/i.* müssen;
sollen; *non* ~ nicht dürfen; *come si*
deve wie es sich gehört; **2.** *v/t.* ver-
danken; *Geld* schulden; ~ *avere qc.*
et. bekommen; **3.** *m* Pflicht *f*; Aufgabe *f*; Schularbeit *f*; *mi sento in* ~
ich fühle mich verpflichtet; *a* ~ wie
es sich gehört.

doveroso [dove'ro:so] gebührend;
schuldig; *è* ~ *per me* ... es ist m-e
Pflicht, ...

dovizia [do'vi:tsia] *f* Überfluß *m*;
Reichtum *m*.

dovizioso [dovitsi'o:so] reich.

dovunque [do'vunkue] wo auch
immer.

dovutamente [dovuta'mente]
pflichtgemäß.

dovuto [do'vu:to] gebührend; schuldig.

dozz|ina [dod-'dzi:na] *f* Dutzend *n*;
a -e dutzendweise; *da* ~ Dutzend...;
roba f da ~ Dutzendware *f*; *stare a* ~
in e-r Pension leben; *tenere a* ~
Kostgänger haben; **~inale** [-dzi-
'na:le] gewöhnlich; alltäglich;
~inante [-dzi'nante] *su.* Pensionär
(-in *f*) *m*; Kostgänger(in *f*) *m*.

draconiano [drakoni'a:no] drakonisch.

draga [dra:ga] *f* (*pl. -ghe*) Bagger *m*.

drag|aggio [dra'gad-dʒo] *m* Bag-

gern *n*; **~amine** [-ga'mi:ne] *m inv.* ⚓ Minensuchboot *n*.

dragante [dra'gante] *m* ♣ Tragant *m*.

dragare [dra'ga:re] (1e) baggern.

drago [dra:go] *m* (*pl.* -ghi) Drache *m*.

dragon|a [dra'go:na] *f* Degenquaste *f*; **~e** [-ne] *m* Drache *m*; ⚔ Dragoner *m*.

dramma[1] [dram-ma] *f* ✝ Drachme *f*.

dramma[2] [dram-ma] *m* (*pl.* -i) Drama *n*; Schauspiel *n*; ~ *musicale* Musikdrama *n*.

dramm|atica [dram-'ma:tika] *f* dramatische Dichtkunst *f*; **~aticità** [-matit∫i'ta] *f* Dramatik *f*; **~atico** [-'ma:tiko] (*pl.* -ci) dramatisch; **~atizzare** [-matid-'dza:re] (1a) dramatisieren; **~aturgia** [-matur-'dʒi:a] *f* Dramaturgie *f*; **~aturgo** [-ma'turgo] *m* (*pl.* -ghi) Dramaturg *m*.

drapp|eggiare [drap-ped-'dʒa:re] (1f) drapieren; **~eggio** [-'ped-dʒo] *m* (*pl.* -ggi) Drapierung *f*; **~ello** [-'pɛl-lo] *m* Trupp *m*; (pe-'ri:a] *f* Seidenwaren *f*/pl.; *Mal.* Draperie *f*.

drappo [drap-po] *m* Seidentuch *n*.

drastico [drastiko] (*pl.* -ci) drastisch.

dren|aggio [dre'nad-dʒo] *m* (*pl.* -ggi) Dränierung *f*; **~are** [-'na:re] (1a) dränieren.

dribblare [drib-'bla:re] (1a) *Sport*: dribbeln.

dritta [drit-ta] *f* Rechte *f*; *a* ~ rechts; *tenere la* ~ rechts gehen *od.* fahren.

dritto [drit-to] **1.** *adj.* gerade; aufrecht; *fig.* listig, schlau; **2.** *adv.* geradeaus; **3.** *m* F Schlaukopf *m*.

drizzare [drit-'tsa:re] (1a) gerademachen, -biegen; *fig.* wenden; ~ *le orecchie* aufhorchen.

droga [drɔ:ga] *f* (*pl.* -ghe) Droge *f*; Gewürz *n*; Rauschgift *n*.

dro|gare [dro'ga:re] (1c *u.* e) würzen; *Sport*: dopen; **~garsi** [-'garsi] Rauschgift nehmen; **~gheria** [-ge-'ri:a] *f* Drogerie *f*; **~ghiere** [-gi'ɛ:re] *m* Drogist *m*.

dromedario [drome'da:rio] *m* (*pl.* -ri) Dromedar *n*.

druido [dru:ido] *m* Druide *m*.

duale [du'a:le] *m* Dual *m*.

dual|ismo [dua'lizmo] *m* Dualismus *m*; **~ista** [-'lista] *su.* (*m*/*pl.* -i)

Dualist(in *f*) *m*; **~istico** [-'listiko] (*pl.* -ci) dualistisch; **~ità** [-li'ta] *f* Dualität *f*, Zweiheit *f*.

dubbiezza [dub-bi'et-tsa] *f* Ungewißheit *f*.

dubbio [dub-bio] (*pl.* -bbi) **1.** *adj.* zweifelhaft; *caso* ~ Zweifelsfall *m*; **2.** *m* Zweifel *m*; *mettere qc. in* ~ et. bezweifeln; *essere in* ~ im Zweifel sein; *senza* ~ zweifelsohne, zweifellos.

dubbioso [dub-bi'o:so] unentschieden; unsicher.

dubit|are [dubi'ta:re] (1l) zweifeln (*di* an *dat.*); bezweifeln (*di qc.* etwas); *dubito che non venga* ich zweifle, daß er kommt; **~ativo** [-ta'ti:vo] zweiflerisch; **~oso** [-'to:so] *s.* dubbioso.

duca [du:ka] *m* (*pl.* -chi) Herzog *m*.

duc|ale [du'ka:le] herzoglich; **~ato** [-'ka:to] *m* Herzogtum *n*; ✝ Dukaten *m*.

duce [du:t∫e] *m* Führer *m*.

duchessa [du'kes-sa] *f* Herzogin *f*.

due [du:e] zwei; *allg.* ein Paar *n*; ein paar; *a* ~ *a* ~ zu zweien, paarweise; *tutt'e* ~ beide; ~ *parole* ein paar Worte; ~ *volte* zweimal; *a* ~ *voci* zweistimmig; *una delle* ~ eins von beiden; *un* ~ *pezzi* ein zweiteiliger Badeanzug *m*.

duecent|esimo [duet∫en'te:zimo] zweihundertste; **~ista** [-'tista] *su.* (*m*/*pl.* -i) Schriftsteller(in *f*) *m*, Künstler(in *f*) *m aus dem 13. Jahrhundert.*

duecento [due't∫ento] **1.** *adj.* zweihundert; **2.** ♀ *m* dreizehnte(s) Jahrhundert *n*.

duell|ante [duel-'lante] *m* Duellant *m*; **~are** [-'la:re] (1b) *sich* duellieren.

duello [du'ɛl-lo] *m* Duell *n*, Zweikampf *m*.

duemila [due'mi:la] zweitausend.

duetto [du'et-to] *m* Duett *n*.

duna [du:na] *f* Düne *f*.

dunque [dunkue] also.

duo [du:o] *m* ♪ Duo *n*.

duo|decimo [duo'dɛ:t∫imo] zwölfte; **~deno** [-'dɛ:no] *m* Zwölffingerdarm *m*.

duole [du'ɔ:le] *s.* dolere.

duolo [du'ɔ:lo] *m lit.* Schmerz *m*.

duomo [du'ɔ:mo] *m* Dom *m*.

duplic|are [dupli'ka:re] (1l *u.* d) verdoppeln; **~ato** [-'ka:to] *m* Duplikat *n*; Zweitausfertigung *f*; *fig.* Kopie *f*, Nachbildung *f*; ⁓**atore** [-ka'to:re] *m* Vervielfältigungsapparat *m*; ⁓**azione** [-katsi'o:ne] *f* Verdoppelung *f*.

duplice [du:plitʃe] *adj.* zweifach.

duplicità [duplitʃi'ta] *f* Duplizität *f*.

duplo [du:plo] **1.** *adj.* doppelt; **2.** *m* Doppelte(s) *n*.

dur|abile [du'ra:bile] dauerhaft; ⁓**abilità** [-rabili'ta] *f* Dauerhaftigkeit *f*.

duracino [du'ra:tʃino] mit festem, vom Steine nicht ablösbarem Fleisch (*Pfirsich usw.*).

duralluminio [dural-lu'mi:nio] *m* Duralumin *n*.

duramadre [dura'ma:dre] *f* harte Hirnhaut *f*.

durame [du'ra:me] *m* Kernholz *n*.

dur|ante [du'rante] **1.** *s.* durare; *vita natural* ⁓ zeitlebens; **2.** *prp.* während; ⁓**are** [-'ra:re] (1a) **1.** *v/i.*

dauern; aushalten; halten (*Stoffe*) **2.** *v/t.* aushalten; ⁓ *fatica* Mühe haben; *chi la dura la vince* Beharrlichkeit führt zum Ziel; ⁓**ata** [-'ra:ta] *f* Dauer *f*; ⁓ *del contratto* Vertragszeit *f*; ⁓ *della vita* Lebensdauer *f*; ⁓ *di volo* Flugzeit *f*; *di* ⁓ haltbar; ⁓**aturo** [-ra'tu:ro], ⁓**evole** [-'re:vole] dauerhaft; haltbar; (farb)echt; ⁓**evolezza** [-revo'lettsa] *f* Dauerhaftigkeit *f*.

durezza [du'ret-tsa] *f* Härte *f*; harte Stelle *f*; (*a.* ⁓ *di mente*) Schwerfälligkeit *f*.

duro [du:ro] **1.** *adj.* hart; bitter; (*a.* ⁓ *di mente*) schwerfällig; ⁓ *d'orecchi* schwerhörig; **2.** *m* Harte(s) *n*.

durone [du'ro:ne] *m* Schwiele *f*, Hornhaut *f*.

durra [dur-ra] *f* Mohrenhirse *f*.

duttile [dut-tile] dehnbar; *fig.* geschmeidig.

duttilità [dut-tili'ta] *f* Dehnbarkeit *f*; Geschmeidigkeit *f*.

E

E, e [e] *f u. m* E, c *n.*

e [e] *cj.* und; e... e... sowohl ... als auch ...

è [ɛ] *s.* essere.

e' [e] *lit.* = ei, egli.

eban|ista [eba'nista] *m* (*pl.* -i) Kunsttischler *m*; **~isteria** [-niste'ri:a] *f* Kunsttischlerei *f*; **~ite** [-'ni:te] *f* Ebonit *n*, Hartgummi *m.*

ebano [ɛ:bano] *m* Ebenholz *n.*

ebbe [eb-be], **ebbi** [eb-bi] *s.* avere.

ebbene [eb-'bɛ:ne] nun.

ebbrezza [eb-'bret-tsa] *f* Trunkenheit *f.*

ebbro [ɛb-bro] trunken; betrunken.

ebdomadario [ebdoma'da:rio] (*pl.* -ri) **1.** *adj.* wöchentlich; **2.** *m* Wochenblatt *n.*

ebetaggine [ebe'tad-dʒine] *f* Stumpfsinn *m.*

ebete [ɛ:bete] **1.** *adj.* stumpfsinnig; **2.** *m* Dummkopf *m.*

ebetismo [ebe'tizmo] *m* Stumpfsinn *m.*

ebollizione [ebol-litsi'o:ne] *f* Aufkochen *n.*

ebr|aico [e'bra:iko] (*pl.* -ci) **1.** *adj.* hebräisch; **2.** *m* Hebräisch(e) *n*; **~aismo** [-a'izmo] *m* Judentum *n*; hebräische Religion *f*; **~aista** [-a'ista] *su.* (*m/pl.* -i) Hebraist(in *f*) *m*; **~aizzare** [-aid-'dza:re] (1a) hebräische Sitten nachahmen.

ebre|a [e'brɛ:a] *f* Jüdin *f*; **~o** [-o] **1.** *m* Hebräer *m*; Jude *m*; *persecuzione f degli -i* Judenverfolgung *f*; **2.** *adj.* hebräisch; jüdisch.

ebrietà [ebrie'ta] *f* Trunkenheit *f.*

ebro [ɛ:bro] *s.* ebbro.

eburneo [e'burneo] elfenbeinern.

ecatombe [eka'tombe] *f* Hekatombe *f*; *fig.* Gemetzel *n.*

eccd|ente [et-tʃe'dɛnte] übermäßig; **~enza** [-'dɛntsa] *f* Überschuß *m*; ~ *della popolazione* Bevölkerungsüberschuß *m.*

eccedere [et-'tʃɛ:dere] (3a) **1.** *v/t.* überschreiten; *Kräfte* übersteigen; **2.** *v/i.: ~ in qc.* etw. übermäßig tun; ~ *nel bere* übermäßig trinken.

eccehomo [et-tʃe'ɔ:mo] *m fig.* Jam-

merbild *n*; *sembrare un ~* übel zugerichtet sein.

eccell|ente [et-tʃel-'lɛnte] vortrefflich; ausgezeichnet; tadellos; **~entissimo** [-len'tis-simo] **1.** *sup. von* eccellente; **2.** (*Titel*) hochverehrter; **~enza** [-'lɛntsa] *f* Vortrefflichkeit *f*; *per ~* im wahrsten Sinne des Wortes; (*Titel*) Exzellenz *f.*

eccell|ere [et-'tʃel-lere] (3o) hervorragen; **~so** [-'tʃɛlso] hoch; *fig.* erhaben.

ecc|entricità [et-tʃentritʃi'ta] *f* Exzentrizität *f*; **~entrico** [-'tʃentriko] (*pl.* -ci) **1.** *adj.* exzentrisch; *fig.* überspannt; **2.** *m* ⊕ Exzenterscheibe *f.*

eccepire [et-tʃe'pi:re] (4d) einwenden.

eccess|ività [et-tʃes-sivi'ta] *f* Übermäßigkeit *f*; Übertriebenheit *f*; **~ivo** [-'si:vo] übermäßig; übertrieben.

eccesso [et-'tʃes-so] *m* Übermaß *n*; *fig. mst pl.* -i Ausschreitungen *f/pl.*; Ausschweifung *f*; *all'~* übermäßig; *spingere all'~* zu weit treiben; ~ *di consumo* Mehrverbrauch *m*; *dare in -i* wütend werden.

eccetera [et-'tʃɛ:tera] und so weiter.

eccetto [et-'tʃet-to] ausgenommen (*acc.*); abgesehen von (*dat.*); ~ *te* außer dir.

eccettu|abile [et-tʃet-tu'a:bile] ausschließbar; **~are** [-tu'a:re] (1m *u.* b) ausnehmen, -schließen; **~ativo** [-tua'ti:vo] ausschließend.

eccez|ionale [et-tʃetsio'na:le] außergewöhnlich; Ausnahme...; *legge f ~* Ausnahmegesetz *n*; *in via ~* ausnahmsweise; **~ionalmente** [-tsional'mente] ausnahmsweise; **~ione** [-tsi'o:ne] *f* Ausnahme *f*; ⚖ Einwand *m*; *per ~* ausnahmsweise.

ecchimosi [ek-'ki:mozi *od.* ek-ki'mɔ:zi] *f* Bluterguß *m.*

eccidio [et-'tʃi:dio] *m* (*pl.* -di) Gemetzel *n.*

eccit|abile [et-tʃi'ta:bile] erregbar; reizbar; **~abilità** [-tabili'ta] *f* Erregbarkeit *f*; Reizbarkeit *f*; **~a-**

mento [-ta'mento] *m* Anregung *f*; Aufreizung *f*; **~ante** [-'tante] **1.** *adj.* anregend; **2.** *m* Reizmittel *n*; **~are** [-'ta:re] (11 *u.* b) erregen; anregen; aufregen; ermuntern; **~ativo** [-'ti:vo] anregend; anreizend; **~atore** [-ta'to:re] *m* Erreger *m*; **~atrice** [-ta'tri:tʃe] *f* ⚡ Erregermaschine *f*; **~azione** [-tatsi'o:ne] *f* Erregung *f*; Aufregung *f*.

ecclesiastico [ek-klezi'astiko] (*pl.* -ci) **1.** *adj.* geistlich; *censura f* -*a* Kirchenzensur *f*; **2.** *m* Geistliche(r) *m*.

ecco [ɛk-ko] sieh da; hier (*od.* da) ist (sind); da kommt (kommen); ~! da hast du's!; io ~, *avrei fatto così* ich hätte es eigentlich so gemacht; ~ *perché* ... das ist der Grund, warum ...; ~ *come gli scriverei* nun, ich würde ihm so schreiben; ~ *fatto* das wäre glücklich gemacht; ~ *che cosa ha detto* hören Sie, was er gesagt hat; ~ *come stanno le cose* die Sache verhält sich so; *non ci vado,* ~ ich gehe nicht hin, und damit basta; *ed* ~ *come* und zwar folgendermaßen; ~ *venire tuo fratello* da kommt gerade dein Bruder; *in Zssgn:* **~mi** hier bin ich; **~ti** da bist du; **~lo** hier ist er; **~la** da ist sie; da kommt sie (da sind Sie; da kommen Sie) *usw.*; *eccoti il libro* da hast du das Buch; **~gli il denaro** da hat er das Geld.

echeggiare [eked-'dʒa:re] (1f) widerhallen.

eclettico [e'klet-tiko] (*pl.* -ci) **1.** *adj.* eklektisch; **2.** *m* Eklektiker *m*.

ecliss|are [eklis-'sa:re] (1a) verdunkeln; *fig.* in den Schatten stellen; **~arsi** [-'sarsi] *fig.* verschwinden.

ecliss|e [e'klis-se], **~i** [-si] *m u. f* Verdunk(e)lung *f*; *Astr.* ~ *solare* Sonnenfinsternis *f*; ~ *lunare* Mondfinsternis *f*.

eclittic|a [e'klit-tika] *f* (*pl.* -che) Ekliptik *f*; **~o** [-ko] (*pl.* -ci) ekliptisch.

eco [ɛ:ko] *m u. f* (*pl.* gli echi) Echo *n*; *far* ~ *a qu. fig.* j-m beistimmen.

ecologia [ekolo'dʒi:a] *f* Ökologie *f*.

ecometro [e'kɔ:metro] *m* Echolot *n*.

econom|ato [ekono'ma:to] *m* Verwaltung *f*; **~ia** [-'mi:a] *f* Ökonomie *f*; Wirtschaft *f*; Sparsamkeit *f*; Anordnung *f*, Aufbau *m*; *fare* ~ sparen;

~ *domestica* Haushaltung *f*; ~ *mondiale* Weltwirtschaft *f*; ~ *pianificata* Planwirtschaft *f*; ~ *politica* Nationalökonomie *f*; *miracolo m dell'* ~ Wirtschaftswunder *n*; *misura f di* ~ Sparmaßnahme *f*, *senso m dell'* ~ Sparsinn *m*; ~ *rurale* Landwirtschaft *f*; -*e pl.* Ersparnisse *f/pl.*

economico [eko'nɔ:miko] (*pl.* -ci) wirtschaftlich; sparsam; billig; *crisi f -a* Wirtschaftskrise *f*; *cucina f -a* Volksküche *f*; Sparherd *m*; *guerra f -a* Wirtschaftskrieg *m*; *politica f -a* Wirtschaftspolitik *f*; *comunità f -a europea* europäische Wirtschaftsgemeinschaft *f*.

econom|ista [ekono'mista] *su.* (*m/pl.* -i) Nationalökonom(in *f*) *m*, Volkswirtschaftler(in *f*) *m*; **~izzare** [-mid-'dza:re] (1a) sparen.

economo [e'kɔ:nomo] **1.** *adj.* sparsam; **2.** *m* Verwalter *m*.

ecumen|ico [eku'mɛ:niko] (*pl.* -ci) ökumenisch; **~ismo** [-me'nizmo] *m* ökumenische Bewegung *f*.

eczema [ek'dzɛ:ma] *m* (*pl.* -i) Ausschlag (Hautausschlag) *m*.

ed [ed] = e (*vor Vokalen*).

edace [e'da:tʃe] *lit.* verzehrend.

edelweiss [e'delvais] *m* Edelweiß *n*.

edema [ɛ:dema *od.* e'dɛ:ma] *m* (*pl.* -i) Gewebewassersucht *f*.

eden [e:den] *m* Eden *n*, Paradies *n*.

edera [ɛ:dera] *f* Efeu *m*.

edicola [e'di:kola] *f* Nische *f*; kleine Kirche *f*; Kiosk (Zeitungskiosk) *m*.

edicol|ante [ediko'lante], **~ista** [-'lista] *su.* (*m/pl.* -i) Zeitungsverkäufer(in *f*) *m*.

edific|ante [edifi'kante] erbauend; *fig.* erbaulich; **~are** [-'ka:re] (1m *u.* d) bauen; (*a. fig.*) erbauen; **~ato** [-'ka:to] *fig.* erbaut; **~atore** [-ka'to:re] *m* Erbauer *m*; **~atorio** [-ka'tɔ:rio] (*pl.* -ri) Bau...; *fig.* erbaulich; **~azione** [-katsi'o:ne] *f* Bau *m*; *fig.* Erbauung *f*.

edificio [edi'fi:tʃo] *m* (*pl.* -ci), **edifizio** [edi'fi:tsio] *m* (*pl.* -zi) Gebäude *n*; *fig.* Gefüge *n*, Aufbau *m*; *complesso m di* ~*i* Häuserblock *m*.

edile [e'di:le] **1.** *adj.* Bau...; *industria f* ~ Bauindustrie *f*; **2.** *m ehm.* Ädil *m*; Bauarbeiter *m*.

ediliz|ia [edi'li:ttsia] *f* Bauwesen *n*; Städteplanung *f*; **~io** [-tsio] (*pl.* -zi)

Bau...; **attività** *f -a* Bautätigkeit *f*; *regolamento m* ~ Bauordnung *f*.

edito [e:dito] herausgegeben, verlegt.

edit|ore [edi'to:re] **1.** *adj.* Verlags-...; *libraio m* ~ Verlagsbuchhändler *m*; *libreria f* ~*rice* Verlagsbuchhandlung *f*; **2.** *m* Herausgeber *m*, Verleger *m*; ~ *di giornale* Zeitungsverleger *m*; **~oria** [-to'ri:a] *f* Verlagswesen *n*; **~oriale** [-tori'a:le] **1.** *adj.* Verlags...; redaktionell; *casa f* ~ Verlagshaus *f*; **2.** *m* Leitartikel *m*.

editto [e'dit-to] *m* Edikt *n*.

edizione [editsi'o:ne] *f* Herausgabe *f*; Ausgabe *f*; Auflage *f*; ~ *di lusso* Prachtausgabe *f*; ~ *esaurita* vergriffene Ausgabe *f*; ~ *interamente rifatta* Neubearbeitung *f*; ~ *popolare* Volksausgabe *f*; ~ *straordinaria* Sonderausgabe *f*; *contratto m di* ~ Verlagsvertrag *m*.

edotto [e'dot-to] unterrichtet; *rendere* ~ unterrichten.

educ|anda [edu'kanda] *f weiblicher* Zögling *m*; **~andato** [-kan'da:to] *m* Erziehungsanstalt *f*; **~are** [-'ka:re] (1l, b *u.* d) erziehen; *et.* ausbilden; **~ativo** [-ka'ti:vo] erziehend; Erziehungs...; *metodo m* ~ Erziehungsmethode *f*; **~ato** [-'ka:to] (*a.* ben ~) wohlerzogen, höflich; **~atore** [-ka'to:re] *m*, **~atrice** [-ka'tri:tʃe] *f* Erzieher(in *f*) *m*; **~atorio** [-ka'tɔ:rio] *m* (*pl. -ri*) Erziehungsanstalt *f*; **~azione** [-katsi'o:ne] *f* Erziehung *f*; Ausbildung *f*; Zucht *f*; ~ *fisica* körperliche Erziehung *f*; ~ *pubblica* Erziehungswesen *n*; ~ *stradale* Verkehrserziehung *f*; *fig.* buona ~ gute Kinderstube *f*.

edule [e'du:le] eßbar, genießbar.

efebo [e'fɛ:bo] *m lit.* Jüngling *m*.

efelide [e'fɛ:lide] *f* Sommersprosse *f*.

effemeride [ef-fe'mɛ:ride] *f* Tagesbericht *m*; Zeitschrift *f*; Jahrbuch *n*.

effemin|amento [ef-femina'mento] *m* Verweichlichung *f*; **~are** [-'na:re] (1m) verweichlichen; **~atezza** [-na'tet-tsa] *f* Verweichlichung *f*; **~ato** [-'na:to] *m* Weichling *m*; **~atore** [-na'to:re] verweichlichend.

effer|atezza [ef-fera'tet-tsa] *f* Grausamkeit *f*; **~ato** [-'ra:to] grausam.

effervesc|ente [ef-ferveʃ-'ʃente] aufbrausend *a. fig.*; Brause...; *polvere f* ~ Brausepulver *n*; **~enza**

[-'ʃentsa] *f* Aufbrausen *n*; *Wein*: Gärung *f*.

effett|ivamente [ef-fet-tiva'mente] in Wirklichkeit, tatsächlich; **~ivo** [-'ti:vo] **1.** *adj.* wirklich; **2.** *m* ✝ Effektivbestand *m*; ~ *di guerra* Kriegsstärke *f*.

effetto [ef-'fɛt-to] *m* Wirkung *f*; ♪, *Mal., lit.* Effekt *m*; ✝ Wechsel *m*; Wertpapier *n*; *fare* ~ wirken; *fare l'*~ *di* ... den Eindruck machen, zu ...; *mandare ad* ~ verwirklichen; *in* ~ in der Tat; *per* ~ infolge; *senza* ~ wirkungslos; *con* ~ *retroattivo* mit rückwirkender Kraft; *-i pl.* ✝ Effekten *pl.*; Sachen *f/pl.*; Kleidungsstücke *n/pl.*

effettu|abile [ef-fet-tu'a:bile] ausführbar; **~abilità** [-tuabili'ta] *f* Ausführbarkeit *f*; **~are** [-tu'a:re] (1m *u.* b) ausführen; bewerkstelligen; *Zahlung* leisten; **~arsi** [-tu'arsi] sich verwirklichen; stattfinden; **~azione** [-tuatsi'o:ne] *f* Ausführung *f*.

effic|ace [ef-fi'ka:tʃe] wirksam; eindringlich, eindrucksvoll; **~acia** [-'ka:tʃa] *f* Wirksamkeit *f*; **~iente** [-'tʃɛnte] wirkend; schlagkräftig; **~ienza** [-'tʃɛntsa] *f* Potenz *f*; Wirkung(skraft) *f*; Leistungsfähigkeit *f*; *essere in* ~ leistungsfähig sein.

effigiare [ef-fi'dʒa:re] (1f) abbilden.

effigie [ef-'fi:dʒe] *f* Bildnis *n*.

effimero [ef-'fi:mero] eintägig; *fig.* vergänglich.

effloresc|ente [ef-floreʃ-'ʃente] aufblühend; *Min.* auswitternd; **~enza** [-'ʃentsa] *f* Aufblühen *n*; *Min.* Auswitterung *f*; ✽ Hautausschlag *m*.

efflusso [ef-'flus-so] *m* Ausfluß *m*.

effluvio [ef-'flu:vio] *m* (*pl. -vi*) Ausdünstung *f*; Ausströmung *f*.

effond|ere [ef-'fondere] (3bb) ergießen; **~ersi** [-dersi]: ~ *in complimenti* sich in Komplimenten erschöpfen.

effrazione [ef-fratsi'o:ne] *f* Einbruch *m*.

eff|usi [ef-'fu:zi] *s. effondere*; **~usione** [-fuzi'o:ne] *f* Ausgießung *f*; *fig.* Erguß (Herzenserguß) *m*; ~ *di sangue* Blutvergießen *n*; ✽ Bluterguß *m*; *con* ~ (*di cuore*) mit überströmendem Herzen; **~uso** [-'fu:zo] *s. effondere*.

egem|onia [edʒemo'ni:a] *f* Oberherrschaft *f*; Vormachtstellung *f*;

⁓**onico** [-'mɔːniko] (*pl. -ci*) hegemonisch; machtpolitisch.

egida [ɛːdʒida] *f* Ägide *f*.

egittologo [edʒitˈtɔːlogo] *m* (*pl. -gi*) Ägyptologe *m*.

egiziano [edʒitsiˈaːno] **1.** *adj.* ägyptisch; **2.** *m* Ägypter *m*.

egizio [eˈdʒiːtsio] altägyptisch.

egli [eˈʎi] er; es.

egloga [ɛːgloga] *f* Hirtengedicht *n*.

egocentrico [egoˈtʃɛntriko] egozentrisch.

egoismo [egoˈizmo] *m* Selbstsucht *f*; ⁓**ista** [-'ista] **1.** *adj.* selbstsüchtig; **2.** *su.* (*m/pl. -i*) Egoist(in *f*) *m*; ⁓**istico** [-'istiko] (*pl. -ci*) selbstsüchtig.

egregio [eˈgrɛːdʒo] (*pl. -gi*) ausgezeichnet, vortrefflich; *in Briefen*: ⁓ *signore* verehrter Herr.

egro [ɛːgro] *poet.* krank.

eguaglianza [eguaˈʎaːntsa] *f* Gleichheit *f*; ⁓**are** [-'ʎaːre] (1g) gleichmachen; (*j-m*) gleichkommen.

eguale [eguˈaːle] gleich, egal.

egualità [egualiˈta] *f* Gleichheit *f*.

eh? [e] nun?, he?

eh! [e] ach!

ehi! [ei] heda!

ehm! [em] hm!

ei [ei] *lit.* er; es.

eiaculatore [eiakulaˈtoːre] ausspritzend; Ausspritzungs...; ⁓**azione** [-latsiˈoːne] *f* Ausspritzung *f*.

elaborare [elaboˈraːre] (1m) ausarbeiten; *Physiol.: Speisen* verarbeiten; ⁓**atezza** [-raˈtettsa] *f* sorgfältige Ausführung *f*; ⁓**azione** [-ratsiˈoːne] *f* Ausarbeitung *f*; Verarbeitung *f*.

elargire [elarˈdʒiːre] (4d) spenden; ⁓**izione** [-dʒitsiˈoːne] *f* Spende *f*.

elasticità [elastitʃiˈta] *f* Elastizität *f*; Spannkraft *f*; Ausdehnbarkeit *f*; *fig.* Spielraum *m*; ⁓ *di azione* Handlungsfreiheit *f*.

elastico [eˈlastiko] (*pl. -ci*) **1.** *adj.* elastisch; *suola f -a* Gummisohle *f*; *calza f -a* Gummistrumpf *m*; **2.** *m* Gummiband *n*.

elce [eltʃe] *m u. f* Steineiche *f*.

elefante [eleˈfante] *m* Elefant *m*; ⁓**antessa** [-fanˈtessa] *f* Elefantenkuh *f*; ⁓**antiasi** [-fanˈtiːazi] *f* Elefantiasis *f*; ⁓**antino** [-fanˈtiːno] *f* Elefanten...

elegante [eleˈgante] elegant; fein; gewählt, erlesen; ⁓**anza** [-'gantsa] *f* Eleganz *f*.

eleggere [eˈlɛdːdʒere] (3cc) wählen (zu); (aus)erwählen.

eleggibile [eledˈdʒiːbile] wählbar; ⁓**ibilità** [-dʒibiliˈta] *f* Wählbarkeit *f*.

elegia [eleˈdʒiːa] *f* Elegie *f*; ⁓**iaco** [-'dʒiːako] (*pl. -ci*) elegisch.

elementare [elemenˈtaːre] elementar; *istruzione f* ⁓ Grundschulunterricht *m*; *maestro m* ⁓ Volksschullehrer *m*; *scuola f* ⁓ Grundschule *f*; ⁓**ento** [-'mento] *m* Element *n*; Bestandteil *m*; Einheit *f*; Person *f*; *termosifone m con sei -i* Heizkörper *m* mit sechs Rippen; *essere nel proprio* ⁓ in s-m Element sein; *-i pl.* Anfangsgründe *m/pl.*

elemosina [eleˈmɔːzina] *f* Almosen *n*; ⁓**osinare** [-moziˈnaːre] (1n *u.* c) betteln.

elencare [elenˈkaːre] (1b *u.* d) verzeichnen.

elenco [eˈlɛnko] *m* (*pl. -chi*) Verzeichnis *n*; ⁓ *delle cose* Sachverzeichnis *n*; ⁓ *dei partecipanti* Teilnehmerliste *f*; ⁓ *telefonico* Fernsprechverzeichnis *n*; ⁓ *delle voci* Stichwörterverzeichnis *n*.

elessi [eˈlɛssi] *s. eleggere.*

eletta [eˈletta] *f* Auserwählte *f*; Auslese *f*; Elite *f*.

elettivo [eletˈtiːvo] auf Wahl begründet; gewählt; Wahl...; *affinità f -a* Wahlverwandtschaft *f*.

eletto [eˈletto] **1.** *s. eleggere*; **2.** *adj.* erlesen.

elettorale [eletoˈraːle] Wahl...; *ehm.* kurfürstlich; Kur...; *campagna f* ⁓ Wahlkampf *m*; *collegio m* ⁓ Wahlbezirk *m*; *diritto m* ⁓ Wahlrecht *n*; *discorso m* ⁓ Wahlrede *f*; *legge f* ⁓ Wahlgesetz *n*; *manifesto m* ⁓ Wahlaufruf *m*; *seggio m* ⁓ Wahlbüro *n*; ⁓**orato** [-toˈraːto] *m* Wahlrecht *n*; Wählerschaft *f*, Wähler *m/pl.*; *ehm.* Kurwürde *f*; Kurfürstentum *n*; ⁓**ore** [-'toːre] *m* Wähler *m*; *ehm.* Kurfürst *m*.

elettrauto [elet-'traːuto] *m inv.* Kraftfahrzeugelektriker *m*; Elektrodienst *m*.

elettrice [elet-'triːtʃe] *f* Wählerin *f*.

elettricismo [elet-triˈtʃizmo] *m* Elektrizität *f*; ⁓**icista** [-triˈtʃista] *m* (*pl. -i*) Elektriker *m*; Elektrotechniker *m*; **~icità** [-tritʃi'ta] *f* Elektrizität *f*.

elettrico [e'lɛt-triko] (*pl.* -ci) elektrisch; *centrale f* -a Elektrizitätswerk *n*.

elettr|ificare [elet-trifi'ka:re] (1n u. d) elektrisieren, elektrifizieren; **~ificazione** [-trifikatsi'o:ne] *f* Elektrisierung *f*; **~izzabile** [-trid-'dza:bile] elektrisierbar; **~izzare** [-trid-'dza:re] (1a) elektrisieren; **~izzazione** [-trid-dzatsi'o:ne] *f* Elektrisierung *f*.

elettro [e'lɛt-tro] *m* Bernstein *m*.

elettro|calamita [elet-trokala'mi:ta] *f* Elektromagnet *m*; **~cardiogramma** [-kardio'gram-ma] *m* (*pl.* -i) Elektrokardiogramm *n*; **~chimica** [-'ki:mika] *f* Elektrochemie *f*; **~dinamica** [-di'na:mika] *f* Elektrodynamik *f*.

elettrodo [e'lɛt-trodo] *m* Elektrode *f*.

elettr|odomestico [elet-trodo-'mestiko] *m* (*pl.* -ci) Elektrohaushaltsgerät *n*; **~odotto** [-tro'dot-to] *m* elektrische Leitung *f*; **~oforno** [-tro'forno] *m* elektrischer Ofen *m*; **~oforo** [-'trɔ:foro] *m* Elektrizitätsträger *m*; **~ogeno** [-'trɔ:dʒeno] elektrizitätserzeugend; **~olisi** [-'trɔ:lizi] *f* Elektrolyse *f*; **~olitico** [-tro'li:tiko] (*pl.* -ci) elektrolytisch; **~olito** [-'trɔ:lito] *m* Elektrolyt *m*.

elettro|logia [elet-trolo'dʒi:a] *f* Elektrizitätslehre *f*; **~magnetismo** [-maɲe'tizmo] *m* Elektromagnetismus *m*; **~meccanica** [-mek-'ka:nika] *f* Elektromechanik *f*.

elettrometro [elet-'trɔ:metro] *m* Elektrometer *n*, Elektrizitätsmesser *m*.

elettro|mobile [elet-tro'mɔ:bile] *m* Elektromobil *n*; **~motore** [-mo-'to:re] *m* Elektromotor *m*; **~motrice** [-mo'tri:tʃe] *f* Triebwagen *m*.

elettr|one [elet-'tro:ne] *m* Elektron *n*; **~onica** [-'trɔ:nika] *f* Elektronik *f*; **~onico** [-'trɔ:niko] Elektronen...; *tubo m* **~** Elektronenröhre *f*.

elettro|scopia [elet-trosko'pi:a] *f* Elektroskopie *f*; **~scopio** [-s'kɔ:pio] *m* (*pl.* -pi) Elektroskop *n*; **~shock** [-'ʃɔk] *m* ⚕ Elektroschock *m*; **~statica** [-'sta:tika] *f* Elektrostatik *f*; **~tecnica** [-'tɛknika] *f* Elektrotechnik *f*; **~tecnico** [-'tɛkniko] *m* (*pl.* -ci) **1.** *adj.* elektrotechnisch; **2.** *m* Elektrotechniker *m*; **~terapia** [-tera'pi:a] *f* Elektrotherapie *f*;

~treno [-'trɛ:no] *m* elektrischer Zug *m*.

elev|amento [eleva'mento] *m* Erhebung *f*; **~are** [-'va:re] (1b) erheben; **~atezza** [-va'tet-tsa] *f* Erhabenheit *f*; Höhe *f*; **~ato** [-'va:to] hoch; *fig.* erhaben; **~atore** [-va'to:re] *m* Aufzug *m*; *Anat.* Hebemuskel *m*; ⊕ **~** *per automobili* Autoheber *m*; **~azione** [-vatsi'o:ne] *f* Erhebung *f*; *Astr.* Höhe *f*; *Rel.* (*a.* **~** *dell'ostia*) Elevation *f*.

elezione [eletsi'o:ne] *f* Wahl *f*; *giorno m delle* -*i* Wahltag *m*.

elfo [ɛlfo] *m* Elf *m*, Elfe *f*.

elianto [eli'anto] *m* Sonnenblume *f*.

elica [ɛ:lika] *f* (*pl.* -che) ♠ Schraubenlinie *f*; ⚓ *u.* ✈ (Luft-, Schiffs-) Schraube *f*; Propeller *m*; *pala f dell'* **~** Propellerflügel *m*; *vapore m a* **~** Schraubendampfer *m*; **~** *di sostegno* Tragschraube *f*.

elio [ɛ:lio] *m* Helium *n*.

elio|fobia [eliofo'bi:a] *f* Sonnenlichtscheu *f*; **~grafia** [-gra'fi:a] *f* Lichtdruckverfahren *n*; **~scopio** [-s'kɔ:pio] *m* (*pl.* -pi) Sonnenrohr *n*; **~terapia** [-tera'pi:a] *f* Heliotherapie *f*; Sonnenbad *n*; **~tipia** [-ti'pi:a] *f* Heliotypie *f*, Lichtdruck *m*; **~tropio** [-'trɔ:pio] *m* ♀ Heliotrop *n*.

eliporto [eli'porto] *m* Hubschrauberlandeplatz *m*.

elisi [e'li:zi] *s.* elidere.

elisione [elizi'o:ne] *f* Ausstoßung *f*.

elisir [eli'zir] *m* Elixier *n*.

eliso¹ [e'li:zo] *m* Elysium *n*.

eliso² [e'li:zo] *s.* elidere.

élite [e'lit] *f* Elite *f*, Auslese *f*.

ella [el-la] sie.

ellenico [el-'lɛ:niko] (*pl.* -ci) hellenisch.

ellen|ismo [el-le'nizmo] *m* Hellenismus *m*; ~ista [-'nista] *su.* (*m/pl.* -i) Hellenist(in *f*) *m*.

ell|isse [el-'lis-se] *f* A̷ Ellipse *f*; ~issi [-'lis-si] *f Gram.* Auslassung *f*, Ellipse *f*; ~ittico [-'lit-tiko] (*pl.* -ci) elliptisch.

elmetto [el'met-to] *m* Stahlhelm *m*.

elmo [elmo] *m* Helm *m*.

elocuzione [elokutsi'o:ne] *f* Vortrag *m*; Ausdrucksweise *f*, Lehre *f* vom Stil.

elogiare [elo'dʒa:re] (1f *u.* c) loben.

elogio [e'lɔ:dʒo] *m* (*pl.* -gi) Lobrede *f*; ~ funebre Grabrede *f*.

eloqu|ente [eloku'ɛnte] beredt; beredsam; ~enza [-ku'ɛntsa] *f* Beredsamkeit *f*.

eloquio [e'lɔ:kuio] *m* (*pl.* -qui) Redeweise *f*; Stil *m*.

elsa [elsa] *f* Degenglocke *f*.

elucubr|are [eluku'bra:re] (1m) sorgfältig ausarbeiten; ~azione [-bratsi'o:ne] *f* sorgfältige Arbeit *f a. iro.*

el|udere [e'lu:dere] (3q) umgehen; ~usi [-'lu:zi] *s. eludere*; ~usione [-luzi'o:ne] *f* Umgehung *f*; ~uso [-'lu:zo] *s. eludere.*

elvetico [el've:tiko] (*pl.* -ci) helvetisch, schweizerisch.

emaci|are [ema'tʃa:re] (1f) **1.** *v/t.* mager machen; **2.** *v/i. u.* ~arsi [-'tʃarsi] abmagern; ~ato [-'tʃa:to] abgemagert.

eman|are [ema'na:re] (1a) **1.** *v/t.* erlassen; **2.** *v/i.* ausströmen; herrühren; ~azione [-natsi'o:ne] *f* Ausstrahlung *f*; Erlaß *m*; Verkündung *f*.

emancip|are [emantʃi'pa:re] (1m) befreien, freigeben; ⚖ mündigsprechen; ~arsi [-'parsi] sich emanzipieren, sich freimachen; ~atore [-pa'to:re] *m* Befreier *m*; ~azione [-patsi'o:ne] *f* Befreiung *f*; ⚖ Mündigsprechung *f*; Emanzipation *f*.

emarginare [emardʒi'na:re] (1m) am Rande notieren.

ematina [ema'ti:na] *f* Hämatin *n*, Blutfarbstoff *m*.

ema|toma [ema'tɔ:ma] *m* (*pl.* -i) Bluterguß *m*; ~turia [-'tu:ria] *f* Blutharnen *n*.

embargo [em'bargo] *m* Sperre *f*, Blockade *f*; Einfuhrverbot *n*.

embl|ema [em'blɛ:ma] *m* (*pl.* -i) Emblem *n*; Sinnbild *n*; ~ematico [-ble'ma:tiko] (*pl.* -ci) sinnbildlich.

embolia [embo'li:a] *f* Embolie *f*.

embolo [embolo] *m* Blutpfropf *m*.

embrice [embritʃe] *m* Ziegelplatte *f*; platter Dachziegel *m*.

embri|onale [embrio'na:le] embryonal; *fig.* keimhaft, unentwickelt; ~one [-bri'o:ne] *m* Embryo *m*; *fig.* Keim *m*.

emend|abile [emen'da:bile] verbesserungsfähig; ~amento [-da'mento] *m* Besserung (Verbesserung) *f*; *Pol.* Abänderungsantrag *m*; ~are [-'da:re] (1b) (ver)bessern; *Fehler* berichtigen; ~ativo [-da-'ti:vo] verbessernd; Besserungs-...; ~azione [-datsi'o:ne] *f* Besserung (Verbesserung) *f*; Berichtigung *f*.

emerg|ente [emer'dʒɛnte] hervorgehend; *danno m* ~ eintretender Schaden *m*; ~enza [-'dʒɛntsa] *f* Zufall *m*; unvorhergesehener Fall *m*; *stato m d'~* Ausnahmezustand *m*; *in caso d'~* im Ernstfall.

emergere [e'mɛrdʒere] (3uu) emportauchen; *fig.* hervorgehen; *Personen:* hervorragen.

emerito [e'me:rito] ausgedient, emeritiert, außer Dienst.

emeroteca [emero'te:ka] *f* (*pl.* -che) Zeitungslesehalle *f*.

emersi [e'mɛrsi] *s. emergere.*

emersione [emersi'o:ne] *f* Auftauchen *n*; *Astr.* Erscheinen *n*, Austritt *m*.

emerso [e'mɛrso] *s. emergere.*

emesso [e'mes-so] *s. emettere.*

emetico [e'me:tiko] (*pl.* -ci) **1.** *adj.* Brechen erregend; **2.** *m* Brechmittel *n*.

emettere [e'met-tere] (3ee) ausgeben; *Töne* von sich geben; *Meinung* aussprechen; *Phys.* ausstrahlen; ☩ emittieren; in Umlauf bringen.

emiciclo [emi'tʃi:klo] *m* Halbkreis *m*.

emicrania [emi'kra:nia] *f* Migräne *f*.

emigr|ante [emi'grante] *m* Auswanderer *m*; ~ *che torna in patria* Rückwanderer *m*; ~are [-'gra:re] (1a) auswandern; ~ato [-'gra:to] *m* Auswanderer *m*; *Pol.* Flüchtling *m*; ~azione [-gratsi'o:ne] *f* Auswanderung *f*.

emin|ente [emi'nɛnte] hervorragend; hoch; erhaben; ~enza [-'nɛntsa] *f* Anhöhe *f*; *fig.* Höhe *f*; (*Titel*) Eminenz *f*.

emisf|erico [emis'fɛːriko] (*pl. -ci*) hemisphärisch; **~ero** [-'fɛːro] *m* Halbkugel *f*.

emisi [e'miːzi] *s.* emettere.

emiss|ario [emis-'saːrio] *m* (*pl. -ri*) Ableitungskanal *m*; Ausfluß *m*; *Pol.* geheimer Abgesandter *m*; Geheimagent *m*; **~ione** [-si'oːne] *f* Ausstoßen *n*; ✝ Emission *f*; Ausgabe *f*; *banca f di ~* Notenbank *f*.

emistichio [emis'tiːkio] *m* (*pl. -chi*) Halbvers *m*.

emittente [emit-'tɛnte] **1.** *adj.* Emissions…; *Radio:* ausstrahlend; *stazione f ~* Sender *m*; **2.** *m* ✝ Emittent *m*, Aussteller *m*; **3.** *f* Radiosender *m*.

emo|filia [emofi'liːa] *f* Bluterkrankheit *f*; **~filico** [-'fiːliko] *m* Bluter *m*; **~globina** [-glo'biːna] *f* Hämoglobin *n*.

emolliente [emol-li'ɛnte] **1.** *adj.* erweichend; **2.** *m* erweichendes Mittel *n*.

emolumento [emolu'mento] *m* Gehalt *n*; *-i pl.* Nebeneinkünfte *f/pl.*

emorr|agia [emor-ra'dʒiːa] *f* Blutung *f*; **~oidale** [-roi'daːle] hämorrhoidal; **~oidi** [-'rɔːidi] *f/pl.* Hämorrhoiden *f/pl.*

emo|scopia [emosko'piːa] *f* Blutprobe *f*; **~stasi** [-'taːzi] *f* Blutstockung *f*; **~statico** [-'taːtiko] (*pl. -ci*) blutstillend; **~teca** [-'tɛːka] *f* Blutbank *f*.

emot|ività [emotivi'ta] *f* Empfindlichkeit *f*, Erregbarkeit *f*; **~ivo** [-'tiːvo] erregbar; sehr empfindlich; auf das Gefühlsleben bezogen; *vita f -a* Gefühlsleben *n*.   [m.\

emottisi [emot-'tiːzi] *f* Bluthusten]

emoz|ionante [emotsio'nante] spannend; **~ionare** [-tsio'naːre] (1a) aufregen, erregen; **~ionato** [-tsio-'naːto] aufgeregt, erregt; **~ione** [-tsi'oːne] *f* Aufregung *f*.

empi|ere [empiere] (4g) füllen; anfüllen; **~ersi** [-si]: *~ la bocca fig.* den Mund vollnehmen.

empietà [empie'ta] *f* Gottlosigkeit *f*; *fig.* Ruchlosigkeit *f*.

empio [empio] (*pl. -pi*) gottlos; ruchlos.

empire [em'piːre] (4g) *s.* empiere.

emp|irico [em'piːriko] (*pl. -ci*) **1.** *adj.* empirisch; **2.** *m* Empiriker *m*; ☞ Naturarzt *m*; Heilpraktiker *m*; **~irismo** [-pi'rizmo] *m* Empirie *f*.

empito [empito] *m* Heftigkeit *f*; Wucht *f*.

emporio [em'pɔːrio] *m* (*pl. -ri*) Handelsplatz *m*; Kaufhaus *n*.

emul|are [emu'laːre] (1l *u.* b): *~ qu.* j-m nacheifern; **~atore** [-la'toːre] *m* Nacheiferer *m*; **~azione** [-latsi'oːne] *f* Nacheiferung *f*; Wetteifer *m*.

emulo [ɛːmulo] **1.** *adj.* wetteifernd; **2.** *m* Nacheiferer *m*; Nebenbuhler *m*.

emulsione [emulsi'oːne] *f* Emulsion *f*.

enc|austica [eŋ'kaustika] *f* Enkaustik *f*, Wachsmalerei *f*; **~austico** [-'kaustiko] (*pl. -ci*) enkaustisch; **~austo** [-'kausto] *m* Enkaustik *f*, Wachsmalerei *f*.

encefalite [entʃefa'liːte] *f* Gehirnentzündung *f*.

enciclica [en'tʃiːklika] *f* (*pl. -che*) *Rel.* Enzyklika *f*, päpstliches Rundschreiben *n*.

enciclop|edia [entʃiklope'diːa] *f* Enzyklopädie *f*, Konversationslexikon *n*; **~edico** [-'peːdiko] (*pl. -ci*) **1.** *adj.* enzyklopädisch; **2.** *m* Enzyklopädiker *m*; **~edista** [-pe-'dista] *m* Enzyklopädist *m*.

enclitico [eŋ'kliːtiko] (*pl. -ci*) enklitisch.

encomi|abile [eŋkomi'aːbile] lobenswert; **~are** [-mi'aːre] (1c *u.* k) öffentlich loben; **~astico** [-mi'astiko] (*pl. -ci*) lobrednerisch; Lob…; **~atore** [-mia'toːre] *m* Lobredner *m*.

encomio [eŋ'kɔːmio] *m* (*pl. -mi*) öffentliches Lob *n*.

endecasillabo [endeka'sil-labo] *m* Elfsilb(l)er *m*.

endemico [en'dɛːmiko] (*pl. -ci*) endemisch.

endocardite [endokar'diːte] *f* Herzentzündung *f*.

endocrino [en'dɔkrino] endokrin, mit innerer Sekretion.

endogeno [en'dɔdʒeno] endogen.

endovenoso [endove'noːso] intravenös.

energ|etico [ener'dʒɛːtiko] (*pl. -ci*) **1.** *adj.* energetisch; **2.** *m* Kräftigungsmittel *n*; **~ia** [-'dʒiːa] *f* Energie *f*, Tatkraft *f*; *~ nucleare* Kernenergie *f*.

energico [e'nɛrdʒiko] (*pl. -ci*) energisch, kraftvoll.

energumeno [ener'guːmeno] **1.** *adj.* besessen; **2.** *m* Besessene(r) *m*.

enfasi [enfazi] f Emphase f, Nachdruck m.

enfatico [en'fa:tiko] (pl. -ci) emphatisch.

enfi|agione [enfia'dʒo:ne] f Anschwellung f; **~are** [-fi'a:re] (1k) (an)schwellen; aufblähen.

enfisema [enfi'ze:ma] m Emphysem n, Luftgeschwulst f.

enfiteusi [enfi'te:uzi] f ½½ Emphyteuse f.

enigm|a [e'nigma] m (pl. -i) Rätsel n; **~atico** [-'ma:tiko] (pl. -ci) rätselhaft.

enig|mista [enig'mista] su. (m/pl. -i) Rätsellöser(in f) m; **~mistica** [-'mistika] f Rätselkunde f; **~mistico** [-'mistiko] (pl. -ci) Rätsel...; fig. rätselhaft.

enne [ɛn-ne] m u. f N, n n; il signor ~ ~ Herr Soundso.

ennesimo [en-'nɛ:zimo] ‡ n-ter; l'~ ... der soundsovielte ...

en|ofilo [e'nɔ:filo] den Weinbau pflegend, Weinbau...; **~ologia** [enolo'dʒi:a] f Önologie f; Weinbereitungslehre f; **~ologo** [e'nɔ:logo] m (pl. -gi) Weinsachverständige(r) m.

enorme [e'nɔrme] ungeheuer.

enormità [enormi'ta] f Ungeheuerlichkeit f, gewaltige Größe f.

ente [ente] m Wesen n; Institut n; Einrichtung f; Anstalt f; Stelle f; Gesellschaft f; ~ per il turismo Fremdenverkehrsamt n; ~ morale juristische Person f; ~ supremo höchstes Wesen n, Gott m.

ent|erico [en'tɛ:riko] (pl. -ci) Darm...; **~erite** [-te'ri:te] f Darmentzündung f; **~eroclisma** [-tero'klizma] m (pl. -i) Einlauf m, Darmspülung f.

entità [enti'ta] f Bedeutung f; Einheit f; Phil. Wesenheit f.

entom|ologia [entomolo'dʒi:a] f Insektenkunde f; **~ologo** [ento'mɔ:logo] m (pl. -gi) Insektenforscher m.

entrambi [en'trambi] beide.

entrante [en'trante] kommend; settimana f ~ nächste Woche f.

entrare [en'tra:re] (1a) eintreten; hinein-, hereingehen; Thea. auftreten; ~ a cavallo einreiten; ~ al ristorante einkehren; (questa chiave) non c'entra (dieser Schlüssel) geht nicht hinein; la non c'entri du hast damit nichts zu tun; c'entrano al massimo 30 persone es haben höchstens 30 Personen Platz; entra la messa die Messe beginnt; questa non gli entra das kann man ihm nicht beibringen; questa non mi vuole ~ das will mir nicht in den Kopf; questi guanti non mi entrano diese Handschuhe sind mir zu eng (F krieg' ich nicht an); ~ in carica ein Amt antreten; ~ negli affari altrui sich in andere Angelegenheiten einmischen.

entr|ata [en'tra:ta] f Eintreten n; Einzug m; Eingang m; Einfahrt f; Beitritt m; Antritt m; Einkommen n; ✝ Einnahme f; ♪ Einsetzen n; ~ di una casa Hausflur m; ~ del porto Hafeneinfahrt f; dazio m d'~ Eingangszoll m; permesso m d'~ Einreiseerlaubnis f; **~atura** [-tra'tu:ra] f Eingang m; Antritt m; Zutritt m.

entro [entro] binnen; s. a. dentro.

entro|bordo [entro'bordo] m Motorboot n; **~terra** [-'tɛr-ra] m inv. Hinterland n.

entusi|asmare [entuziaz'ma:re] (1a) begeistern; Zuhörer mitreißen; Begeisterung hervorrufen; **~asmo** [-zi'azmo] m Begeisterung f; ~ di breve durata Strohfeuer n; **~asta** [-zi'asta] **1.** su. (m/pl. -i) Schwärmer(in f) m; **2.** adj. = **~astico** [-zi'astiko] (pl. -ci) begeistert.

enumer|are [enume'ra:re] (1m) aufzählen; **~azione** [-ratsi'o:ne] f Aufzählung f.

enunci|are [enun'tʃa:re] (1f) ausdrücken; darlegen; **~ativo** [-tʃa'ti:vo] darlegend; **~azione** [-tʃatsi'o:ne] f Äußerung f; Darlegung f.

enuresi [enu're:zi] f Bettnässen n.

enzima [en'dzi:ma] m (pl. -i) Enzym n.

eolio [e'ɔ:lio] äolisch; arpa f -a Äolsharfe f.

epa [ɛ:pa] f lit. Bauch m.

ep|atico [e'pa:tiko] (pl. -ci) Leber...; macchia f -a Leberfleck m; **~atite** [epa'ti:te] f Leberentzündung f.

epica [ɛ:pika] f (pl. -che) Epik f.

epicentro [epi'tʃɛntro] m Epizentrum n, Mittelpunkt m e-s Erdbebens; fig. Schwerpunkt m; Herd m.

epico [ɛ:piko] (pl. -ci) **1.** adj. episch; **2.** m Epiker m.

epicu|reismo [epikure'izmo] m Epikureismus m; **~reo** [-'rɛ:o] epikureisch.

epid|emia [epide'miːa] f Epidemie
f; **~emico** [-'dɛːmiko] (pl. -ci) epi-
demisch.
epidermide [epi'dermide] f Haut f
(Oberhaut) f.
Epifania [epifa'niːa] f Dreikönigsfest n.
epigono [e'piːgono] m Epigone m.
epigrafe [e'piːgrafe] f Inschrift f.
epigr|afia [epigra'fiːa] f Inschrif-
tenkunde f; **~afico** [-'graːfiko]
(pl. -ci) epigraphisch; **~afista**
[-gra'fista] m (pl. -i) Inschriften-
kenner m; **~amma** [-'gram-ma] m
(pl. -i) Epigramm n; **~ammatico**
[-gram-'maːtiko] (pl. -ci) epigram-
matisch.
epigastrio [epi'gastrio] m (pl. -ri)
obere Magengegend f.
epilazione [epilatsi'oːne] f Enthaarung f.
epil|essia [epiles-'siːa] f Fallsucht f;
~ettico [-'let-tiko] (pl. -ci) epi-
leptisch, fallsüchtig.
epilogare [epilo'gaːre] (1m u. e)
kurz wiederholen.
epilogo [e'piːlogo] m (pl. -ghi) Epilog m; Schlußwort n; fig. Schlußakt m.
episcop|ale [episko'paːle] bischöf-
lich; **~ato** [-'paːto] m Bistum f;
Bischofswürde f.
epis|odico [epi'zɔːdiko] (pl. -ci)
episodenhaft; fig. nebensächlich;
~odio [-'zɔːdio] m (pl. -di) Episode f.
epistassi [epis'tas-si] f heftiges Na-
senbluten n; Epistaxis f.
epistola [e'pistola] f Epistel f.
epistol|are [episto'laːre] Brief...;
stile m ~ Briefstil m; **~ario** [-'laːrio]
m (pl. -ri) Briefsammlung f.
epi|taffio [epi'taf-fio] m (pl. -ffi)
Grabschrift f; **~talamico** [-ta'la-
miko] (pl. -ci) Hochzeits...; **~tala-
mio** [-ta'laːmio] m (pl. -mi) Hoch-
zeitsgedicht n.
epiteto [e'piːteto] m Beiname m.
epitome [e'piːtome] f lit. Auszug m.
epizoozia [epidzoo'dziːa] f Vieh-
seuche f.
epoca [ɛ'pɔka] f (pl. -che) Epoche f.
epopea [epo'pɛːa] f Epos n, Helden-
gedicht n.
eppure [ep-'puːre] und doch.
epulone [epu'loːne] m Schwelger
m.
epur|are [epu'raːre] (1a) reinigen;
fig. säubern; **~azione** [-ratsi'oːne] f

Reinigung f; Säuberung f; Pol.
Säuberungsaktion f.
equ|anime [eku'aːnime] gleichmü-
tig; gerecht; **~animità** [-animi'ta]
f Gleichmut m; Gerechtigkeit f,
Gleichheitssinn m) f; **~atore** [-a'toːre] m
Äquator m; **~atoriale** [-atori'aːle]
äquatorial; **~azione** [-atsi'oːne] f
Gleichung f.
equestre [eku'ɛstre] Reiter...; Ritter...; statua f ~ Reiterstandbild n;
ordine m ~ Ritterorden m; circo m
~ Zirkus m; compagnia f ~ Zirkus-
unternehmen n.
equi|angolo [ekui'angolo] gleich-
wink(e)lig; **~distante** [-dis'tante]
gleich weit entfernt; **~distanza**
[-dis'tantsa] f gleiche Entfernung f;
~latero [-'laːtero] gleichseitig; **~li-
brare** [-li'braːre] (1a) ins Gleichgewicht bringen, ausgleichen;
~librarsi [-li'brarsi] ins Gleichgewicht kommen; sich im Gleichgewicht halten; fig. sich gegenseitig
aufwiegen; **~librato** [-li'braːto] fig.
ruhig; ausgeglichen; **~librio**
[-'liːbrio] m (pl. -ri) Gleichgewicht
n; fig. Ausgeglichenheit f; **~li-
brista** [-li'brista] su. (m/pl. -i) Seil-
tänzer(in f) m.
equino [eku'iːno] Pferde...; allevamento m ~ Pferdezucht f; carne f -a
Pferdefleisch n.
equin|oziale [ekuinotsi'aːle] äqui-
noktial; **~ozio** [-'nɔːtsio] m (pl. -zi)
Tagundnachtgleiche f.
equip|aggiamento [ekuipad-dʒa-
'mento] m Ausrüstung f; Beman-
nung f; ~ sciistico Schiausrüstung f;
~aggiare [-pad-'dʒaːre] (1f) ausrüsten; ⚓ u. ✈ bemannen; **~aggio**
[-'pad-dʒo] m (pl. -ggi) Besatzung f,
Mannschaft f; ✕, ⊕ Ausrüstung f;
Wagen m, Kutsche f.
equi|parabile [ekuipa'raːbile]
gleichstellbar; **~parare** [-pa'raːre]
(1m) gleichstellen; **~parazione**
[-paratsi'oːne] f Gleichberechtigung f.
equipe [e'kip] f Gruppe f, Team n.
equipollente [ekuipol-'lɛnte] gleich-
wertig.
equiseto [ekui'sɛːto] m Schachtel-
halm m.
equità [ekui'ta] f Gleichheit f; Ge-
rechtigkeitsgefühl n.
equitazione [ekuitatsi'oːne] f Reit-
kunst f; Reitsport m.

equival|ente [ekuiva'lente] **1.** adj. gleichwertig; **2.** m Gleichbedeutende(s) n; Gegenwert m; Äquivalent n; **~enza** [-'lentsa] f Gleichwertigkeit f; **~ere** [-'lɛ:re] (2r) im Werte gleichkommen.

equivoc|are [ekuivo'ka:re] (1m u. d) sich irren, sich täuschen; **~ità** [-'tʃi'ta] f Zweideutigkeit f.

equivoco [eku'i:voko] (pl. -ci) **1.** adj. zweideutig; **2.** m Zweideutigkeit f; Mißverständnis n.

equo [ɛ:kuo] angemessen, gerecht.

era [ɛ:ra] f Ära f, Zeitrechnung f; **~** volgare christliche Zeitrechnung f; **~** atomica Atomzeitalter n.

era [ɛ:ra], **erano** [ɛ:rano] s. essere.

erariale [erari'a:le] fiskalisch; Staats...

erario [e'ra:rio] m (pl. -ri) Staatsschatz m, -kasse f.

erba [erba] f Gras n; in Zssgn Kraut n; -e pl. Kochk. Gemüse n; in **~** eben hervorsprießend; dottore m in **~** angehender Doktor m; mal'**~** (a. malerba) Unkraut n; fare d'ogni **~** fascio alles durcheinanderwerfen.

erb|accia [er'bat-tʃa] f (pl. -cce) Unkraut n; **~aceo** [-'ba:tʃeo] krautartig; **~aggio** [-'bad-dʒo] m (pl. -ggi) Gemüse n; **~ario** [-'ba:rio] m (pl. -ri) Pflanzenbuch n, -sammlung f; **~ivendolo** [-bi'vendolo] m Gemüsehändler m; **~ivoro** [-'bi:voro] pflanzenfressend.

erbo|rista [erbo'rista] m (pl. -i) Pflanzensammler m; **~rizzare** [-rid-'dza:re] (1a) botanisieren.

erboso [er'bo:so] grasig; grasbewachsen.

ercole [erkole] m fig. sehr starker Mann m, Herkules m.

erc|olino [erko'li:no]: gambe f/pl. -e O-Beine n/pl.; **~uleo** [-'ku:leo] herkulisch, riesenhaft.

erede [e're:de] su. Erbe m, Erbin f; **~** universale Universalerbe m, -erbin f.

ered|ità [eredi'ta] f Erbschaft f; andare a caccia di una **~** nach e-r Erbschaft schleichen; **~itare** [-di-'ta:re] (1m u. b) erben; **~itarietà** [-ditarie'ta] f Vererbung f; Erblichkeit f; **~itario** [-di'ta:rio] (pl. -ri) erblich; Erb...; difetto m **~** Erbfehler m; massa f -a Erbschaftsmasse f; principe m **~** Erbprinz m; Kronprinz m; **~itiera** [-diti'ɛ:ra] f reiche Erbin f.

erem|ita [ere'mi:ta] m (pl. -i) Eremit m, Einsiedler m; **~itaggio** [-mi'tad-dʒo] m (pl. -ggi) Einsiedelei f; **~itico** [-'mi:tiko] (pl. -ci) einsiedlerisch; Einsiedler...; vita f -a Einsiedlerleben n.

eremo [ɛ:remo] **1.** adj. öde; einsam gelegen; **2.** m Einsiedelei f.

eres|ia [ere'zi:a] f Ketzerei f; **~iarca** [-zi'arka] m (pl. -chi) Verbreiter m einer Irrlehre.

eressi [e'res-si] s. erigere.

eretico [e're:tiko] (pl. -ci) **1.** adj. ketzerisch; **2.** m Ketzer m.

eretto [e'ret-to] **1.** s. erigere; **2.** adj. aufgerichtet; col capo **~** erhobenen Hauptes.

erezione [eretsi'o:ne] f Errichtung f; Stiftung f; Physiol. Erektion f.

erg|astolano [ergasto'la:no] m Zuchthäusler m; **~astolo** [-'gasto-lo] m allg. Zuchthaus n; lebenslängliches Zuchthaus n.

ergere [erdʒere] (3d) errichten.

erica [e:rika] f Heidekraut n.

erig|ere [e'ri:dʒere] (3u) errichten; gründen; aufstellen; **~ersi** [-dʒersi] sich erheben; **~** a ... sich aufwerfen zu ...

erisipela [eri'zi:pela] f Path. Rose f; Rotlauf m.

eritema [eri'tɛ:ma] m ⚕ Erythem n; **~** dei ghiacciai Gletscherbrand m.

eritrociti [eritro'tʃi:ti] m/pl. rote Blutkörperchen n/pl.

erma [erma] f Herme f.

ermafro|ditismo [ermafrodi'tizmo] m Zwittrigkeit f; **~dito** ['di:to] **1.** adj. zwitterhaft; **2.** m Zwitter m.

ermellino [ermel-'li:no] m Hermelin n u. (Pelz) m.

erm|eticità [ermetitʃi'ta] f Luftdichte f; **~etico** [-'mɛ:tiko] (pl. -ci) hermetisch; luftdicht; Lit. dunkel, schwerverständlich; **~etismo** [-me-'tizmo] m Lit. dunkler Stil m.

ermo [ermo] s. eremo.

ernia [ernia] f Path. Bruch m.

erni|ario [erni'a:rio] (pl. -ri) Bruch-...; cinto m **~** Bruchband n; **~oso** [-ni'o:so] **1.** adj. an e-m Bruch leidend; **2.** m Bruchkranke(r) m.

ero [ɛ:ro] s. essere.

eroe [e'rɔ:e] m Held m; morte f da **~** Heldentod m.

erog|abile [ero'ga:bile] verteilbar; **~are** [-'ga:re] (1l, b u. e) verteilen, spenden; Gas, Wasser liefern;

~azione [-gatsi'o:ne] f Verteilung f; Spende f; Lieferung f.
eroico [e'rɔ:iko] (pl. -ci) heldenmütig; heroisch, Helden...; **azione** f -a Heldentat f.
eroina[1] [ero'i:na] f Heroin n.
ero|ina[2] [ero'i:na] f Heldin f; **~ismo** [-'izmo] m Heldenmut m; Heldentum n.
erompere [e'rompere] (3rr) hervorbrechen.
ero|sione [erozi'o:ne] f Ätzung f; Geol. Erosion f; **~sivo** [-'zi:vo] ätzend; Erosions...
erotico [e'rɔ:tiko] (pl. -ci) 1. adj. erotisch; Liebes...; 2. m Erotiker m.
erpete [erpete] m Flechte f.
erpetico [er'pɛ:tiko] (pl. -ci) flechtenartig.
erpic|are [erpi'ka:re] (1l u. d) eggen; **~atura** [-ka'tu:ra] f Eggen n.
erpice [erpit∫e] m Egge f.
err|abondo [er-ra'bondo] umherirrend; **~ante** [-'rante] irrend; ebreo m ~ Ewiger Jude m; cavaliere m ~ fahrender Ritter m; **~are** [-'ra:re] (1b) 1. v/i. irren; Blick: umherschweifen. 2. v/t. Weg verfehlen; **~ata** [-'ra:ta] f od. **~-corrige** m Druckfehlerverzeichnis n; **~atico** [-'ra:tiko] (pl. -ci) erratisch; **~ato** [-'ra:to] irrig; abwegig.
err|oneamente [er-ronea'mente] irrtümlicherweise; **~oneità** [-ronei'ta] f Irrtümlichkeit f; **~oneo** [-'rɔ:neo] irrtümlich; **~ore** [-'ro:re] m Irrtum m; Fehler m; ~ di stampa Druckfehler m; ~ di gioventù jugendliche Verirrung f; ~ giudiziario Justizirrtum m; cadere in ~ e-n Fehler begehen; per ~ aus Versehen.
ersi [ersi] s. ergere.
erta [ɛrta] f steile Anhöhe f; stare all'~ auf der Hut sein; all'~! aufgepaßt!, Achtung!
erto [ɛrto] 1. s. ergere. 2. adj. steil.
erud|ibile [eru'di:bile] bildungsfähig; **~ire** [-'di:re] (4d) bilden; ausbilden; **~ito** [-'di:to] 1. adj. gelehrt; belesen; 2. m Gelehrte(r) m; Stubengelehrte(r) m; **~izione** [-ditsi'o:ne] f Gelehrsamkeit f.
eruppi [e'rup-pi] s. erompere.
erutt|are [erut-'ta:re] (1a) 1. v/t. herausstoßen; Vulkan: ausspeien. 2. v/i. aufstoßen; **~ivo** [-'ti:vo] Krankheit: mit Ausschlag verbunden; Ausbruchs...; fase f -a Ausbruchsphase f; bocca f -a Ausbruchsschlund m.
eruzione [erutsi'o:ne] f Ausbruch m; ⚕ Ausschlag m; ⚒ Ausfall m.
esacerb|are [ezat∫er'ba:re] (1b) verschärfen; Wunde reizen; j-n verbittern; **~arsi** [-'barsi] Krankheit: sich verschlimmern; **~azione** [-batsi'o:ne] f Verschärfung f; Reizung f; Verbitterung f; Verschlimmerung f.
esager|are [ezadʒe'ra:re] (1m) übertreiben; **~ativo** [-ra'ti:vo] übertreibend; **~ato** [-'ra:to] übermäßig; **~azione** [-ratsi'o:ne] f Übertreibung f.
esagit|are [ezadʒi'ta:re] (1m) erregen; **~ato** [-'ta:to] erregt.
es|agonale [ezago'na:le] sechseitig; **~agono** [e'za:gono] 1. adj. sechseckig; 2. m Sechseck n.
esal|are [eza'la:re] (1a) 1. v/t. ausdünsten; ausatmen; Geist aushauchen; 2. v/i. verdunsten; aufsteigen; **~azione** [-latsi'o:ne] f Ausdünstung f; Ausatmen n.
esalt|are [ezal'ta:re] (1a) erheben; preisen; aufregen; **~arsi** [-'tarsi] sich begeistern; sich aufregen; **~ato** [-'ta:to] 1. adj. exaltiert, überspannt; überschwenglich; 2. m überspannter Mensch m; **~azione** [-tatsi'o:ne] f Erhebung f; Überschwenglichkeit f; Überspanntheit f.
esame [e'za:me] m Prüfung f; 🕮 Vernehmung f; ~ d'idoneità Eignungsprüfung f; ~ finale Abschlußprüfung f; ~ radioscopico Röntgenuntersuchung f; ✝ in ~ zur Ansicht; sede f d'~ Prüfungsstelle f; dar l'~ die Prüfung ablegen; superare un ~ e-e Prüfung bestehen.
esametro [e'za:metro] m Hexameter m.
esamin|abile [ezami'na:bile] prüfbar; **~ando** [-'nando] m Prüfling m; **~ante** [-'nante] m Examinator m; **~are** [-'na:re] (1m) prüfen; nachsehen; Zeugen vernehmen; **~atore** [-na'to:re] 1. adj. Prüfungs-...; commissione f -atrice Prüfungskommission f; 2. m Examinator m, Prüfer m.
esangue [e'zangue] blutleer.
esanime [e'za:nime] entseelt, leblos.
esantema [ezan'tɛ:ma] m (pl. -i) Hautausschlag m.

esasper|are [ezaspe'ra:re] (1m) verschärfen; *j-n* erbittern, aufbringen; **~arsi** [-'rarsi] aufgebracht werden; *Krankheit:* schlimmer werden; **~ato** [-'ra:to] erbittert; gereizt; **~azione** [-ratsi'o:ne] *f* Verschärfung *f*; Erbitterung *f*; Verschlimmerung *f*.

esattezza [ezat-'tet-tsa] *f* Genauigkeit *f*.

esatto [e'zat-to] **1.** *s. esigere;* **2.** *adj.* genau; **~!** richtig!; stimmt!

esatt|ore [ezat-'to:re] *m* Eintreiber *m*; (*a. ~ delle imposte*) Steuereinnehmer *m*; **~oria** [-to'ri:a] *f* Steuerannahmestelle *f*, -amt *n*.

esaud|imento [ezaudi'mento] *m* Erhörung *f*; **~ire** [-'di:re] (4d) erhören; **~izione** [-ditsi'o:ne] *f* Erhörung *f*.

esaur|ibile [ezau'ri:bile] erschöpfbar; **~iente** [-ri'ente] erschöpfend; *cultura f ~* Raubbau *m*; **~imento** [-ri'mento] *m* Erschöpfung *f*; ✝ Ausverkauf *m*; **~ nervoso** Nervenzusammenbruch *m*; **~ire** [-'ri:re] (4d) erschöpfen; verbrauchen; *Thema* erschöpfend behandeln; *Geschäfte* erledigen; ausverkaufen; **~irsi** [-'rirsi] sich erschöpfen; *Ware:* ausverkauft werden; *Quelle:* versiegen; **~ito** [-'ri:to] ✝ vergriffen.

esausto [e'zausto] erschöpft.

esautor|are [ezauto'ra:re] (1m) des Ansehens berauben; **~arsi** [-'rarsi] die Autorität einbüßen.

esazione [ezatsi'o:ne] *f* Eintreibung *f*, Erhebung *f* (*von Geldern*).

esca [eska] *f* (*pl. -che*) Lockspeise *f*; Köder *m*; *poet.* Speise *f*; Zunder *m*; *fig.* Lockmittel *n*.

escandesc|ente [eskandeʃ-'ʃente] jähzornig; **~enza** [-'ʃentsa] *f* Jähzorn *m*; -*e pl.* Entrüstungssturm *m*; *dare in ~e* aufbrausen.

escav|atrice [eskava'tri:tʃe] *f* Ausschachtungsbagger *m*; **~azione** [-vatsi'o:ne] *f* Ausgrabung *f*.

esce [ɛʃ-ʃe] *s. uscire.*

eschimese [eski'me:se] *m* Eskimo *m*.

esclam|are [eskla'ma:re] (1a) ausrufen; **~ativo** [-ma'ti:vo] **1.** *adj.* Ausrufungs...; *punto m ~* = **2.** *m* Ausrufezeichen *n*; **~azione** [-matsi'o:ne] *f* Ausruf *m*; Ausrufung *f*.

escl|udere [es'klu:dere] (3q) ausschließen; **~usi** [-'klu:zi] *s. escludere.*

esclus|ione [eskluzi'o:ne] *f* Ausschluß *m*; **~iva** [-'zi:va] *f* Ausschließung *f*; *Pol.* Einspruchsrecht *n*; ✝ Monopol *n*, Alleinverkaufsrecht *n*; **~ivamente** [-ziva'mente] ausschließlich; mit Ausschluß; **~ivismo** [-zi'vizmo] *m*, **~ività** [-zivi'ta] *f* Exklusivität *f*; ✝ **~ di** *spaccio* Alleinvertrieb *m*; **~ivo** [-'zi:vo] ausschließend; exklusiv; **~o** [-'klu:zo] *s. escludere.*

esco [esko] *s. uscire.*

escogit|abile [eskodʒi'ta:bile] ausdenkbar, erdenklich; **~are** [-'ta:re] (1m *u.* c) ausdenken.

escori|are [eskori'a:re] (1k *u.* c) abschürfen; **~azione** [-riatsi'o:ne] *f* Abschürfung *f*.

escr|emento [eskre'mento] *m* Exkrement *n*, Kot *m*; **~escenza** [-kreʃ-'ʃentsa] *f* Auswuchs *m*; **~etore** [-kre'to:re], **~etorio** [-kre-'to:rio] (*pl. -ri*) ausscheidend; **~ezione** [-kretsi'o:ne] *f* Absonderung *f*.

escursione [eskursi'o:ne] *f* Exkursion *f*; Ausflug *m*; Wanderfahrt *f*; Tournfahrt *f*; ✕ Streifzug *m*; *fare delle -i a piedi* wandern.

escursio|nismo [eskursio'nizmo] *m* Touristik *f*; Wandern *n*; **~nista** [-'nista] *su.* (*m/pl. -i*) Ausflügler(in *f*) *m*, Tourist(in *f*) *m*; **~nistico** [-'nistiko] (*pl. -ci*): *sport m ~* Wandersport *m*.

escussi [es'kus-si] *s. escutere.*

esc|ussione [eskus-si'o:ne] *f* Vernehmung *f*; **~utere** [-'ku:tere] (3v) vernehmen.

esecr|abile [eze'kra:bile] verdammenswert; **~abilità** [-krabili'ta] *f* Abscheulichkeit *f*; ~ando [-'krando] verdammenswert; **~are** [-'kra:re] (11 *u.* b) verabscheuen; verwünschen; **~azione** [-kratsi'o:ne] *f* Verabscheuung *f*; Verwünschung *f*.

esecut|ivo [ezeku'ti:vo] **1.** *adj.* exekutiv, vollziehend; ⚖ Vollstreckungs...; *potere m ~* Vollzugs-, Exekutivgewalt *f*; *disposizioni f/pl. -e od. provvedimenti m/pl. -i* od. *Durchführungsbestimmungen f/pl.*; **2.** *m* *vollziehender Ausschuß m*; Exekutive *f*; **~ore** [-'to:re] *m* Ausführer *m*; Vollstrecker *m*; ⚖ Gerichtsvollzieher *m*; ♪ Vortragende(r) *m*; ~

testamentario Testamentsvollstrecker *m*; **~oria** [-'tɔːria] *f* Vollstreckungsbefehl *m*; **~orietà** [-torie'ta] *f* Inkrafttreten *n*; Ausführbarkeit *f*; Vollstreckbarkeit *f*; **~orio** [-'tɔːrio] (*pl.* -ri) vollstreckbar; Vollstreckungs...; *decreto m* ~ Vollstreckungsbefehl *m*.

esecuzione [ezekutsi'oːne] *f* Ausführung *f*; ⚖ Vollstreckung *f*; (*a.* ~ *capitale*) Hinrichtung *f*; *Thea.* Aufführung *f*; ~ *della pena* Strafvollstreckung *f*; *mandare* (*andare*) *in* ~ zur Ausführung bringen (kommen); *dar* ~ *a* vollstrecken, ausführen.

esedra [e'zɛːdra] *f* Säulenhalle *f*.

eseg|esi [eze'dʒɛːzi] *f* Exegese *f*, Auslegung *f*; **~eta** [-'dʒɛːta] *su.* (*m*/*pl.* -i) Exeget(in *f*) *m*, Ausleger (-in *f*) *m*.

esegu|ibile [ezegu'iːbile] ausführbar; **~ibilità** [-guibili'ta] *f* Ausführbarkeit *f*; **~ire** [-gu'iːre] (4b *od.* 4d) ausführen; ♪ vortragen.

esempio [e'zɛmpio] *m* (*pl.* -pi) Beispiel *n*; *per* ~ zum Beispiel, beispielsweise; ~ *classico od. tipico* Schulbeispiel *n*; *senza* ~ beispiellos; *dare il buon* ~ mit gutem Beispiel vorangehen; *prendere* ~ *da qu.* sich ein Beispiel an j-m nehmen; *ti serva di* ~ das soll dir als Warnung dienen.

esempl|are [ezcm'plaːre] **1.** *adj.* musterhaft; exemplarisch; **2.** *m* Muster *n*; *Typ.* Exemplar *n*; Vorlage *f*; **~arità** [-plari'ta] *f* Mustergültigkeit *f*; **~ificare** [-plifi'kaːre] (1n *u.* d) durch Beispiele erläutern; **~ificazione** [-plifikatsi'oːne] *f* Erklärung *f* durch Beispiele.

esent|are [ezen'taːre] (1b) befreien (*da von dat.*); **~arsi** [-'tarsi] sich freimachen.

esente [e'zɛnte] befreit; frei.

esenzione [ezentsi'oːne] *f* Befreiung *f*.

esequie [e'zɛːkuie] *f*/*pl.* Beisetzung *f*.

eserc|ente [ezer'tʃɛnte] **1.** *adj.* ausübend; praktizierend; ✝ betreibend; **2.** *m* Gewerbetreibende(r) *m*; **~ire** [-'tʃiːre] (4d) betreiben; **~itare** [-tʃi'taːre] (1m *u.* b) üben; *Amt* ausüben; *Handwerk* betreiben; praktizieren (*Ärzte usw.*); **~itazione** [-tʃitatsi'oːne] *f* Übung *f*.

esercito [e'zɛrtʃito] *m* Heer *n*; Militär *n*.

esercizio [ezer'tʃiːtsio] *m* (*pl.* -zi) Übung *f*; Ausübung *f*; ✝, ⊕ Betrieb *m*; Rechnungsjahr *n*; ~ *di conversazione* Konversationsübung *f*; ~ *mnemonico* Gedächtnisübung *f*; ~ *pubblico* Gaststätte *f*; *pronto per l'*~ betriebsfertig; *l'*~ *fa il maestro* Übung macht den Meister.

esib|ire [ezi'biːre] (4d) vorweisen; anbieten; **~irsi** [-'birsi] sich produzieren; auftreten.

esib|itore [ezibi'toːre] *m* Vorzeiger *m*; **~izione** [-tsi'oːne] *f* Vorlegung *f*; Vorzeigen *n*; Anerbieten *n*; ⚖ Zustellung *f*; Vorführung *f*; Darbietung *f*; **~izionismo** [-bitsio'nizmo] *m* krankhafte Neigung *f*, sich selbst zur Schau zu stellen; **~izionista** [-bitsio'nista] *m* (*pl.* -i) Exhibitionist *m*, Angeber *m*.

esig|ente [ezi'dʒɛnte] anspruchsvoll; **~enza** [-'dʒɛntsa] *f* Erfordernis *n*, Anspruch *m*; -e *pl.* eccessive Überforderung *f*.

esigere [e'ziːdʒere] (3w) verlangen; *Außenstände* einziehen; ~ *in più* nachfordern.

esigibile [ezi'dʒiːbile] einziehbar.

esiguità [ezigui'ta] *f* Geringfügigkeit *f*.

esiguo [e'ziːguo] geringfügig.

esilar|ante [ezila'rante] erheiternd; *gas m* ~ Lachgas *n*; **~are** [-'raːre] (1m) erheitern.

esile [ɛːzile] dünn; schmächtig, zart.

esiliare [ezili'aːre] (1k) verbannen.

esilio [e'ziːlio] *m* (*pl.* -li) Verbannung *f*; *governo m in* ~ Exilregierung *f*; *andare in* ~ in die Verbannung gehen.

esilità [ezili'ta] *f* Schwächlichkeit *f*.

esim|ere [e'ziːmere] (3x) befreien; **~ersi** [-mersi] sich entziehen.

esimio [e'ziːmio] (*pl.* -mi) hervorragend; (*in Briefen*) hochverehrter.

esist|ente [ezis'tɛnte] bestehend, existent; **~enza** [-'tɛntsa] *f* Bestehen *n*; Dasein *n*; Existenz *f*; ~ *fittizia* Scheindasein *n*; *lotta f per l'*~ Kampf *m* ums Dasein.

esisten|ziale [ezistentsi'aːle] Existenz...; Existential...; **~zialismo** [-tsia'lizmo] *m* Existentialismus *m*; **~zialista** [-tsia'lista] *su.* (*m*/*pl.* -i) Existentialist(in *f*) *m*.

esistere [e'zistere] (3f) bestehen;

vorhanden sein; existieren; *ha cessato di ~* er lebt nicht mehr.

esit|abile [ezi'ta:bile] † absetzbar; **~ante** [-'tante] zögernd; **~anza** [-'tantsa] *f* Zögern *n*; **~are** [-'ta:re] (1l u. b) **1.** *v/t.* verkaufen; **2.** *v/i.* zögern; unschlüssig sein; **~azione** [-tatsi'o:ne] *f* Unschlüssigkeit *f*; *senza ~* ohne Zögern.

esito [ε:zito] *m* Ausgang *m*; Ergebnis *n*; † Absatz *m*; *senza ~* ergebnislos.

esiziale [ezitsi'a:le] verhängnisvoll;

esodo [ε:zodo] *m* Abwanderung *f* (*a. Kapital*); Auszug *m*.

esofago [e'zɔ:fago] *m* (*pl. -ghi*) Speiseröhre *f*.

esonerare [ezone'ra:re] (1m u. c) befreien; absetzen.

esonero [e'zɔ:nero] *m* Befreiung *f*; Absetzung *f*.

esorbit|ante [ezorbi'tante] übermäßig; *Preis:* enorm; **~anza** [-'tantsa] *f* Übermaß *n*; **~are** [-'ta:re] (1m u. c) das Maß überschreiten; *~ da* hinausgehen über.

esorc|ismo [ezor'tʃizmo] *m* Geisterbeschwörung *f*; **~ista** [-'tʃista] *su.* (*m/pl. -i*) Geisterbeschwörer(in *f*) *m*; **~izzare** [-tʃid-'dza:re] (1a): *~ qu.* aus j-m böse Geister austreiben.

esordiente [ezordi'ɛnte] *m* Anfänger *m*, Debütant *m*.

esordio [e'zɔrdio] *m* (*pl. -di*) Anfang *m*; ⚌ Einleitung *f*.

esordire [ezor'di:re] anfangen, debütieren.

esort|are [ezor'ta:re] (1c) ermahnen; *j-m* zureden, *j-n* ermuntern; **~ativo** [-ta'ti:vo] ermahnend; **~tore** [-ta'to:re] *m* Ermahner *m*; **~atorio** [-ta'tɔ:rio] (*pl. -ri*) ermahnend; Ermahnungs...; **~azione** [-tatsi'o:ne] *f* Ermahnung *f*.

esosità [ezozi'ta] *f* Gehässigkeit *f*; Unverschämtheit *f* (*von Preisen*); Geiz *m*.

esoso [e'zɔ:zo] widerwärtig; geizig.

esoterico [ezo'tε:riko]: *dottrina f -a* Geheimlehre *f*.

esoticità [ezotitʃi'ta] *f* fremdländische Eigentümlichkeit *f*.

esotico [e'zɔ:tiko] (*pl. -ci*) exotisch, fremdländisch.

espand|ere [es'pandere] (3uu) ausdehnen; **~ersi** [-dersi] sich ausbreiten; sich ausdehnen.

espans|ibile [espan'si:bile] (aus-)dehnbar; **~ibilità** [-sibili'ta] *f* Ausdehnbarkeit *f*; **~ione** [-si'o:ne] *f* Ausdehnung *f*; *fig.* Erguß *m*; Überschwang *m*; *politica f d'~ = ~ionismo* [-sio'nizmo] *m* Expansionspolitik *f*; *fig.* Erguß *m*; **~ività** [-sivi'ta] *f* Offenherzigkeit *f*, Mitteilsamkeit *f*; **~ivo** [-'si:vo] expansiv; dehnbar; *fig.* offenherzig; mitteilsam.

espatriare [espatri'a:re] (1m u. k)

espatrio [es'pa:trio] *m* (*pl. -i*) Auswanderung *f*.

espediente [espedi'ɛnte] *m* Ausweg *m*; Mittel *n*, Notbehelf *m*; *vivere di -i* sich (mehr oder weniger ehrlich) durchs Leben schlagen.

espellere [es'pεl-lere] (3y) ausstoßen; *Pol.* ausweisen.

esper|antista [esperan'tista] *su.* (*m/pl. -i*) Esperantist(in *f*) *m*; **~anto** [-'ranto] *m* Esperanto *n*.

esper|ienza [esperi'ɛntsa] *f* Erfahrung *f*; Experiment *n*; *secondo l'~* erfahrungsgemäß; **~imentale** [-rimen'ta:le] experimentell; Experimental...; **~imentare** [-rimen'ta:re] (1a) versuchen; erproben; **~imentato** [-rimen'ta:to] erprobt; **~imento** [-ri'mento] *m* Versuch *m*; Probe *f*; **~ire** [-'ri:re] (4d) *s. esperimentare.*

espero [espero] *m* *lit.* Abendstern *m*.

esperto [es'pεrto] **1.** *adj.* erfahren; fachkundig; geschickt, gewandt; **2.** *m* Experte *m*, Sachverständige(r) *m*; *~ nel ramo pubblicitario* Reklamefachmann *m*.

espettor|ante [espet-to'rante] hustenlösend; **~are** [-'ra:re] (1m u. b) aushusten; Schleim auswerfen; **~azione** [-ratsi'o:ne] *f* Auswurf *m*.

espi|abile [espi'a:bile] sühnbar; **~are** [-'a:re] (1h) büßen; abbüßen; sühnen; **~ativo** [-a'ti:vo] Sühn(e)...; *cappella f -a* Sühnekapelle *f*; **~atore** [-a'to:re] *m* Büßer *m*; **~atorio** [-a'tɔ:rio] (*pl. -ri*) Sühn(e)...; *capro m ~* Sündenbock *m*; **~azione** [-atsi'o:ne] *f* Sühne *f*; Abbüßung *f*.

espir|are [espi'ra:re] (1a) ausatmen; **~azione** [-ratsi'o:ne] *f* Ausatmung *f*.

esplet|amento [espleta'mento] *m* Erledigung *f*; **~are** [-'ta:re] (1b) erledigen; **~azione** [-tatsi'o:ne] f Erledigung f.

esplic|abile [espli'ka:bile] erklärbar; **~are** [-'ka:re] (1l, b u. d) entfalten, entwickeln; erklären; **~ativo** [-ka'ti:vo] erklärend; **~azione** [-katsi'o:ne] f Entfaltung f, Ausübung f; Erklärung f.

esplicito [es'pli:ʃito] ausdrücklich; klar; bestimmt.

esplodere [es'plo:dere] (3q) **1.** v/t. abschießen; *Schuß* abfeuern, abgeben; **2.** v/i. explodieren; in die Luft gehen; *fig.* herausplatzen.

esplor|abile [esplo'ra:bile] erforschbar; **~are** [-'ra:re] (1c) erforschen; *Land* auskundschaften; **~atore** [-ra'to:re] m Erforscher m; Forschungsreisende(r) m; ✗ Aufklärer m; *giovane* (m) ~ Pfadfinder m; **~azione** [-ratsi'o:ne] f Erforschung f; ✗ Rekognoszierung f, Aufklärung f; ~ aerea Luftaufklärung f; *viaggio* m d'~ Forschungsreise f.

espl|osi [es'plo:zi] s. esplodere; **~osione** [-plozi'o:ne] f Explosion f; Knall m; *fig.* Ausbruch m; **~osivo** [-plo'zi:vo] **1.** adj. Explosiv...; *carica* f -a Sprengladung f; *materia* f -a = **2.** m Sprengstoff m; Sprengkörper m; Verschlußlaut m; **~oso** [-'plo:zo] s. esplodere.

espone [es'po:ne] s. esporre.

esponente [espo'nɛnte] m ⅄ Exponent m; *fig.* Repräsentant m.

espongo [es'pongo] s. esporre.

esporre [es'por-re] (3ll) ausstellen; aussetzen; *Gründe* darlegen; ⬚ auslegen; *Phot.* belichten; ~ *la vita* da Leben aufs Spiel setzen; s. esposto.

esport|are [espor'ta:re] (1c) exportieren, ausführen; **~atore** [-ta'to:re] m Exporteur m; **~azione** [-tatsi'o:ne] f Export m, Ausfuhr f.

esposi [es'po:zi] s. esporre.

espos|imetro [espo'zi:metro] m (a. ~ ottico) Phot. Belichtungsmesser m; **~itivo** [-zi'ti:vo] erklärend, darlegend; **~itore** [-zi'to:re] m Aussteller m; Ausleger m; **~izione** [-zitsi'o:ne] f Ausstellung f; Aussetzung f; Auslegung f; Darlegung f; ⬚ Exposé n; Phot. Belichtung f; ~ di moda (od. delle novità) Modenschau f; ~ di prodotti industriali Industrieausstellung f.

esposto [es'posto] **1.** s. esporre; ~ a *mezzogiorno* nach Süden gelegen;

2. m Darstellung f; Bericht m; Findling m.

espressamente [espres-sa'mente] eigens, ausdrücklich.

espressi [es'pres-si] s. esprimere.

express|ione [espres-si'o:ne] f Ausdruck m; **~ionismo** [-sio'nizmo] m Expressionismus m; **~ionista** [-sio'nista] m (pl. -i) Expressionist m; **~ività** [-sivi'ta] f Ausdruckskraft f; **~ivo** [-'si:vo] ausdrucksvoll.

espresso [es'pres-so] **1.** s. esprimere; **2.** adj. ausdrücklich; Expreß...; **3.** m Eilbrief m; 🚆 Expreßzug m; ~ (od. caffè m ~) Espresso m; *macchina* f ~ Espressomaschine f; *per* ~ durch Eilboten; *consegna* f (od. recapito m) *per* ~ Schnelldienst m der Warenhäuser.

espr|imere [es'pri:mere] (3r) zum Ausdruck bringen, ausdrücken; aussprechen; ~ *con parole* in Worte kleiden; **~imibile** [-pri'mi:bile] ausdrückbar; aussprechbar.

espropri|are [espropri'a:re] (1m u. c) expropriieren, enteignen; **~arsi** [-pri'arsi] sich berauben; auf et. (acc.) verzichten; **~azione** [-priatsi'o:ne] f Enteignung f; ~ *forzata* Zwangsenteignung f.

espugn|abile [espu'ɲa:bile] einnehmbar; bezwingbar; **~are** [-'ɲa:re] (1a) einnehmen; bezwingen; *j-n* zu Fall bringen; **~atore** [-ɲa'to:re] m Bezwinger m; **~azione** [-ɲatsi'o:ne] f Einnahme f.

espulsi [es'pulsi] s. espellere.

espuls|ione [espulsi'o:ne] f Ausstoßung f; Pol. Ausweisung f; 🩺 Absonderung f; **~ivo** [-'si:vo] ausstoßend.

espulso [es'pulso] s. espellere.

espulsore [espul'so:re] m Austreiber m.

esp|ungere [es'pundʒere] (3d) ausstreichen; **~unzione** [-puntsi'o:ne] f Ausstreichung f.

espurg|are [espur'ga:re] (1e) reinigen; **~azione** [-gatsi'o:ne] f Reinigung f.

essa [es-sa] sie.

essenza [es-'sentsa] f Wesen n; 🜁 Essenz f.

essenz|iale [es-sentsi'a:le] **1.** adj. wesentlich; **2.** m Hauptsache f; **~ialità** [-tsiali'ta] f Wesentlichkeit f; **~ialmente** [-tsial'mente] im wesentlichen.

essere [ɛs-sere] (3z) **1.** *v/i.* sein; ∼ di bestehen aus (*dat.*); gemacht sein aus (*dat.*); ∼ di qu. j-m gehören; *esserci* vorliegen; *non c'è es gibt nicht; er ist nicht da; *non c'è di che!* keine Ursache!; *chi è?* wer ist da?; *c'è il dottore?* ist der Doktor zu Hause?; *ci sei?* hast du es?; *ci siamo!* da haben wir's!; *sia ... sia ...* sei es ... sei es ...; *così sia* amen; *non c'è di che* keine Ursache; *com' è che ...?* wie kommt es, daß ...?; ∼ in sé bei Sinnen sein; *se fossi in te* wenn ich an deiner Stelle wäre; *che sarà di noi?* was soll aus uns werden?; ∼ *per inf.* im Begriff sein zu *inf.*; *sono a Lei* ich stehe zu Ihrer Verfügung; *questo è ballare* das nennt man tanzen; *sarà* mag sein; *sarà quel che sarà* komme, was da wolle; ∼ *fondato* su beruhen auf; ∼ *gran richiesta (di)* sehr begehrt sein; **2.** *m* Sein *n*; Wesen *n*; Zustand *m*; Lebewesen *n*, Mensch *m*.

essicc|are [es-sik-'ka:re] (1d) austrocknen; **∼ativo** [-ka'ti:vo] austrocknend; **∼atoio** [-ka'to:io] *m* (*pl.* -oi) Trockenboden *m*; **∼atore** [-ka'to:re] *m* Trockenmaschine *f*; Trockengestell *n*; **∼azione** [-katsi'o:ne] *f* Austrocknung *f*.

esso [es-so] er.

essudato [es-su'da:to] *m* 🐾 Exsudat *n*, Ausschwitzung *f*.

est [est] *m* Osten *m*; *all'*∼ *di* östlich von.

estasi [estazi] *f* Verzückung *f*.

estasiarsi [estazi'arsi] (1k) in Ekstase geraten.

estate [es'ta:te] *f* Sommer *m*; ∼ di San Martino Altweibersommer *m*; *d'*∼ im Sommer; *sera f d'*∼ Sommerabend *m*; *sogno m di una notte d'*∼ Sommernachtstraum *m*.

estatico [es'ta:tiko] (*pl.* -ci) verzückt.

estemporaneo [estempo'ra:neo] unvorbereitet; improvisiert; *poeta m* ∼ Stegreifdichter *m*.

estend|ere [es'tendere] (3c) ausdehnen; **∼ersi** [-dersi] sich erstrecken; sich aus-, verbreiten.

esten|sibile [esten'si:bile] (aus-)dehnbar; **∼sione** [-si'o:ne] *f* Ausdehnung *f*; Erweiterung *f*; *in tutta l'*∼ *della parola* im wahrsten Sinne des Wortes; **∼sivo** [-'si:vo] aus-

dehnend; *cultura f -a* Extensivkultur *f*; **∼sore** [-'so:re] *m* Abfasser *m*; (*a. muscolo m* ∼) *Anat.* Streckmuskel *m*; *Gymn.* Muskelstrecker *m*.

estenu|ante [estenu'ante] aufreibend, zermürbend; **∼are** (1m *u.* b) entkräften; **∼ato** [-'a:to] abgespannt; **∼azione** [-atsi'o:ne] *f* Entkräftung *f*.

estere [estere] *m* 🔬 Ester *m*.

ester|iore [esteri'o:re] **1.** *adj.* äußerlich; **2.** *m* Äußere(s) *n*; **∼iorità** [-riori'ta] *f* Äußerlichkeit *f*.

esterminare [estermi'na:re] (1a *od.* 1m *u.* b) *usw. s.* sterminare *usw.*

esternare [ester'na:re] (1b) äußern, zum Ausdruck bringen.

esterno [es'tɛrno] **1.** *adj.* äußerer; Außen...; ⚕ *angolo m* ∼ Außenwinkel *m*; *Apoth.* per uso ∼ zum äußerlichen Gebrauch; *allievo m* ∼ Externe(r) *m*; **2.** *m* Äußere(s) *n*; Außenseite *f*; *all'*∼ außen; von außen.

estero [estero] **1.** *adj.* ausländisch; *Pol.* Außen..., auswärtig; *politica f -a* Außenpolitik *f*; *ministro m degli (affari) -i* Außenminister *m*; *commercio m* ∼ Außenhandel *m*; ✝ *cambiale f -a* Auslandswechsel *m*; **2.** *m* Ausland *n*; *all'*∼ im (ins) Ausland; **∼filia** [-fi'li:a] *f* Vorliebe *f* für Ausländisches.

esterrefatto [ester-re'fat-to] bestürzt.

estes|i [es'te:si] *s.* estendere; **∼o** [-so] **1.** *s.* estendere; **2.** *adj.* langgestreckt; weitläufig; *per* ∼ ausführlich.

est|eta [es'te:ta] *su.* (*m/pl.* -i) Ästhet(in *f*) *m*; **∼etica** [-'tetika] *f* Ästhetik *f*; **∼etico** [-'tetiko] (*pl.* -ci) **1.** *adj.* ästhetisch; **2.** *m* Ästhetiker *m*; **∼etismo** [-te'tizmo] *m* Ästhetizismus *m*; **∼etista** [-te'tista] *f* Kosmetikerin *f*.

estim|are [esti'ma:re] (1a) achten; schätzen; **∼atore** [-ma'to:re] *m* Schätzer *m*; **∼azione** [-matsi'o:ne] *f* Schätzung *f*; Achtung *f*.

estimo [estimo] *m* Abschätzung *f*; Register *n für die* Grundsteuer.

estin|guere [es'tinguere] (3d) löschen; *Schulden* tilgen; **∼inguersi** [-'tinguersi] erlöschen; *fig.* sterben; **∼inguibile** [-tingu'i:bile] löschbar; ✝ *tilgbar*; **∼insi** [-'tinsi] *s.* estinguere; **∼into** [-'tinto] **1.** *s.* estinguere;

età

2. *m* Verstorbene(r) *m*; **⁓intore** [-tin'to:re] *m* Löschapparat *m*; ⁓ *a mano* Handlöscher *m*; **⁓inzione** [-tintsi'o:ne] *f* Löschen *n*; ✝ Tilgung *f*; Erlöschen *n*.

estirp|are [estir'pa:re] (1a) ausrotten; *Chir.* ausschneiden; **⁓atore** [-pa'to:re] *m* Grubber *m*; **⁓azione** [-patsi'o:ne] *f* Ausrottung *f*; *Chir.* Exstirpation *f*.

estivo [es'ti:vo] sommerlich; Sommer...; *residenza f -a* Sommersitz *m*; *vacanze f/pl.* -e Sommerferien *pl.*

est|orcere [es'tɔrtʃere] (3d) erzwingen; *Geld* erpressen; **⁓orsi** [-'tɔrsi] *s.* estorcere. **⁓orsione** [-torsi'o:ne] *f* Erzwingung *f*; Erpressung *f*; **⁓orto** [-'tɔrto] *s.* estorcere.

estrad|are [estra'da:re] (1a) ausliefern; **⁓izione** [-ditsi'o:ne] *f* Auslieferung *f*.

estrae [es'tra:e], **estraggo** [es'traggo] *s.* estrarre.

estragiudiziale [estradʒuditsi'a:le] außergerichtlich.

estraneo [es'tra:neo] **1.** *adj.* fremd; *corpo m* ⁓ Fremdkörper *m*; *essere* *(rimanere)* ⁓ *a qc.* mit et. nichts zu tun haben; **2.** *m* Fremde(r) *m*.

estr|arre [es'trar-re] (3xx) herausziehen; *Nummer* ziehen; *Min.* zu Tage fördern, gewinnen; *(a. ⁓a sorte)* auslosen; **⁓assi** [-'tras-si] *s.* estrarre; **⁓attivo** [-trat'ti:vo] extraktiv; **⁓atto** [-'trat-to] **1.** *s.* estrarre. **2.** *m* Auszug *m*; Gewinnnummer *f*; ⁊ *u. Kochk.* Extrakt *m*; ⊕ Förderer *m*; ⁓ *di carne* Fleischextrakt *m*; ✝ ⁓ *di conto* Kontoauszug *m*; ⁊⁊ ⁓ *penale* Strafauszug *m*; **⁓azione** [-tratsi'o:ne] *f* (Aus-)Ziehung *f*; Verlosung *f*; Förderung *f*; Gewinnung *f*; Abstammung *f*, Herkunft *f*; ⁓ *di conto* Rechnungsauszug *m*; *lista f d'⁓* Gewinnliste *f*; ⁓ *del carbone* Kohlenförderung *f*; ⅄ ⁓ *di radice* Wurzelziehen *n*; ⁓ *a sorte* Auslosung *f*.

estremista [estre'mista] **1.** *adj.* extremistisch; **2.** *m* *(pl. -i)* Radikale(r) *m*.

estr|emità [estremi'ta] *f* äußerste(s) Ende *n*; Saum *m* *(fig.)*; *p. Anat.* Extremitäten *f/pl.*; **⁓emo** [-'trɛ:mo] **1.** *adj.* äußerst; *-a sinistra f* äußerste Linke *f*; ⁊⁊ ⁓ *supplizio m* Todesstrafe *f*; *al punto più* ⁓ zu-

äußerst; **2.** *m* äußerste(s) Ende *n*; Extrem *x*; *fig.* Gipfel *m*; *gli -i* die Hauptdaten *n/pl.*; *essere agli -i* im Sterben *(od.* in den letzten Zügen) liegen; ⁊⁊ *gli -i di un reato* der Tatbestand e-r strafbaren Handlung.

estrinsec|are [estrinse'ka:re] (1m *u.* d) äußern; **⁓azione** [-katsi'o:ne] *f* Äußerung *f*.

estrinseco [es'trinseko] *(pl. -ci)* äußerlich.

estro [estro] *m* **1.** Stechfliege *f*, Bremse *f*; *fig.* **2.** Eingebung *f*; Begabung *f*; Laune *f*.

estro|mettere [estro'met-tere] (3ee) ausstoßen; ausschließen; **⁓missione** [-mis-si'o:ne] *f* Ausstoßung *f*; Ausschluß *m*.

estroso [es'tro:so] sonderbar, wunderlich.

estro|versione [estroversi'o:ne] *f* Extraversion *f*; *fig.* **⁓verso** [-'vɛrso], **⁓vertito** [-ver'ti:to] **1.** *adj.* extravertiert; **2.** *m* Extravertierte(r) *m*.

estuario [estu'a:rio] *m* *(pl. -ri)* Mündungstrichter *m*.

esuber|ante [ezube'rante] übermäßig; überschwenglich; ⁓ *di forza* kraftstrotzend; **⁓anza** [-'rantsa] *f* Überfülle *f*; Lebhaftigkeit *f*.

esulare [ezu'la:re] (11 *u.* b) in die Verbannung gehen; *fig.* hinausgehen über *(acc.)*.

esulcer|are [ezultʃe'ra:re] (1m) zum Schwären bringen; *fig. j-n* erbittern; **⁓arsi** [-'rarsi] schwären; **⁓azione** [-ratsi'o:ne] *f* Schwären *n*; Geschwür *n*.

esule [ɛ:zule] *m* Verbannte(r) *m*; *andar* ⁓ in die Verbannung gehen.

esult|anza [ezul'tantsa] *f* Jubel *m*; **⁓are** [-'ta:re] (1a) jubeln; frohlocken; **⁓azione** [-tatsi'o:ne] *f* Jubel *m*.

esum|are [ezu'ma:re] (1a) exhumieren, ausgraben; **⁓azione** [-matsi'o:ne] *f* Exhumierung *f*, Ausgrabung *f*.

età [e'ta] *f* Alter *n*; Zeitalter *n*; ⁓ *avanzata* vorgerücktes Alter *n*; *d'⁓* betagt; *che* ⁓ *ha?* wie alt ist er?; *in* ⁓ *di* im Alter von; ⁓ *maggiore* Großjährigkeit *f*; *di mezza* ⁓ mittleren Alters; ⁓ *minore* Minderjährigkeit *f*; *secondo l'*⁓ nach dem Alter; *limiti m/pl. d'*⁓ Altersgrenze *f*; *essere della stessa* ~ gleichaltrig sein.

etere [eːtere] *m* Äther *m*; *poet.* Luft*f*.

etereo [eˈtɛːreo] ätherisch.

etern|are [eterˈnaːre] (1b) verewigen; **~ità** [-niˈta] *f* Ewigkeit *f*.

eterno [eˈtɛrno] **1.** *adj.* ewig; *ab* ~ von jeher; *in* ~ ewig; **2.** ♀ *m* Gott *m*.

eter|oclito [eteˈrɔːklito] unregelmäßig; *fig.* sonderbar; **~odossia** [-rodos-ˈsiːa] *f* Irrlehre *f*; **~odosso** [-roˈdɔs-so] irrgläubig; **~ogeneità** [-rodʒeneiˈta] *f* Verschiedenartigkeit *f*; **~ogeneo** [-roˈdʒɛːneo] verschiedenartig; wesensfremd.

etica [ɛːtika] *f* Ethik *f*; Sittenlehre *f*.

etichetta [etiˈket-ta] *f* Etikette *f*, Förmlichkeit *f*; Zettel *m*, Etikett *n*; *fig.* Bezeichnung *f*, Begriff *m*.

etico [ɛːtiko] **1.** *adj.* ethisch, sittlich; **2.** *m* Ethiker *m*.

etile [eˈtiːle] *m* Äthyl *n*.

etilismo [etiˈlizmo] *m* Alkoholismus *m*.

etimo [ɛːtimo] *m* Ursprung *m* e-s Wortes; Wurzel-, Stammwort *n*.

etim|ologia [etimoloˈdʒiːa] *f* Etymologie *f*; **~ologico** [-moˈlɔːdʒiko] (*pl.* -ci) etymologisch; **~ologo** [-ˈmɔːlogo] *m* (*pl.* -gi) Etymologe *m*.

etiope [eˈtiːope] **1.** *adj.* äthiopisch; **2.** *m* Äthiopier *m*.

etisia [etiˈziːa] *f* Schwindsucht *f*.

etnico [ɛtniko] (*pl.* -ci) ethnisch; heidnisch; Volks...

etn|ografia [etnograˈfiːa] *f* Völkerkunde *f*; **~ografico** [-noˈgraːfiko] (*pl.* -ci) ethnographisch; *museo m* ~ Museum *n* für Völkerkunde; **~ologia** [-noloˈdʒiːa] *f* Völkerkunde *f*; **~ologo** [-ˈnɔːlogo] *m* (*pl.* -gi) Ethnologe *m*.

etrusco [eˈtrusko] (*pl.* -chi) **1.** *adj.* etruskisch; **2.** *m* Etrusker *m*; Etruskisch(e) *n*.

ettaro [et-taro] *m* Hektar *n*.

ette [et-te] *m*: *un* ~ das Geringste; *non capire un* ~ überhaupt nichts verstehen.

etto [et-to] *m* hundert Gramm *n/pl.*

ett|ogrammo [et-toˈgram-mo] *m* (*pl.* -i) Hektogramm *n*; **~olitro** [-ˈtɔːlitro] *m* Hektoliter *m u. n*; **~ometro** [-ˈtɔːmetro] *m* Hektometer *m u. n*.

eucalipto [eukaˈlipto] *m* Eukalyptus *m*.

eucar|istia [eukarisˈtiːa] *f* *Rel.* Abendmahl *n*; **~istico** [-ˈristiko] (*pl.* -ci) eucharistisch, Abendmahls...

euf|emico [euˈfɛːmiko] (*pl.* -ci) beschönigend; **~emismo** [-feˈmizmo] *m* Euphemismus *m*; **~onia** [-foˈniːa] *f* Wohlklang *m*; **~onico** [-ˈfɔːniko] (*pl.* -ci) wohlklingend; **~orbia** [-ˈfɔrbia] *f* Wolfsmilch *f*; **~oria** [-foˈriːa] *f* Euphorie *f*; **~orico** [-ˈfɔːrico] (*pl.* -ci) euphorisch.

eunuco [euˈnuːko] *m* (*pl.* -chi) Eunuch *m*, Verschnittene(r) *m*.

eupeptico [euˈpɛptiko] (*pl.* -ci) **1.** *adj.* verdauungsfördernd; **2.** *m* verdauungsförderndes Mittel *n*.

eur|opeismo [europeˈizmo] *m* Europäertum *n*; **~opeista** [-ropeˈista] *su.* (*m/pl.* -i) Anhänger(in *f*) *m* des Europagedankens; **~opeo** [-roˈpɛːo] **1.** *adj.* europäisch; **2.** *m* Europäer *m*.

eurovisione [euroviziˈoːne] *f* Eurovision *f*.

eutanasia [eutanaˈziːa] *f* Euthanasie *f*.

evacu|are [evakuˈaːre] (1m) ausleeren; *abs.* Stuhlgang haben; *Ort* räumen; **~ativo** [-kuaˈtiːvo] abführend; **~azione** [-kuatsiˈoːne] *f* Ausleerung *f*; Stuhlgang *m*; Räumung *f*.

evadere [eˈvaːdere] (3q) **1.** *v/t.* erledigen; **2.** *v/i.* ausbrechen; *fig.* entfliehen, entweichen.

evanescen|te [evaneʃ-ˈʃɛnte] verschwindend; verschwommen; **~za** [-tsa] *f* *Radio:* Fading *n*.

evang|eliario [evandʒeliˈaːrio] *m* (*pl.* -ri) Evangelienbuch *n*; **~elico** [-ˈdʒɛːliko] (*pl.* -ci) evangelisch; **~elista** [-dʒeˈlista] *m* (*pl.* -i) Evangelist *m*; **~elizzare** [-dʒelidˈdzaːre] (1a): ~ *qu.* j-m das Evangelium verkünden; versuchen, j-n zu überzeugen (zu bekehren); **~elo** [-ˈdʒɛːlo] *m* Evangelium *n*.

evapor|abile [evapoˈraːbile] leicht verdunstend, verdunstbar; **~are** [-ˈraːre] (1m) **1.** *v/t.* verdunsten lassen; **2.** *v/i. u.* **~arsi** [-ˈrarsi] verdunsten; **~azione** [-ratsiˈoːne] *f* Verdunstung *f*; *-i pl.* Dämpfe *m/pl.*; Ausdünstungen *f/pl.*

evasi [eˈvaːzi] *s.* evadere.

evas|ione [evaziˈoːne] *f* Flucht *f*; Erledigung *f*; *dare* ~ *a qc.* et. erledigen (beantworten); ~ *fiscale*

Steuerhinterziehung *f*; ~ivo [-'ziː-vo] ausweichend.

evaso [e'vaːzo] **1.** *s.* evadere; **2.** *m* Ausbrecher *m*.

evasore [eva'zoːre] *m*: ~ fiscale Steuerhinterzieher *m*.

evenienza [eveni'entsa] *f* Eventualität *f*; Ereignis *n*; Umstand *m*; all'~ bei Gelegenheit.

evento [e'vɛnto] *m* Ereignis *n*; in (od. per) ogni ~ auf jeden Fall.

eventu|ale [eventu'aːle] möglich; eventuell; ~alità [-tuali'ta] *f* Möglichkeit *f*; Eventualität *f*; ~almente [-tual'mente] unter Umständen, eventuell.

evid|ente [evi'dɛnte] offenbar; klar; deutlich; essere ~ in die Augen springen; ~enza [-'dɛntsa]*f* Augenscheinlichkeit *f*; Klarheit *f*; Selbstverständlichkeit *f*; ad ~ klar; mettere in ~ hervorheben; zur Schau tragen.

evir|are [evi'raːre] (1a) entmannen; ~azione [-ratsi'oːne] *f* Entmannung *f*.

evit|abile [evi'taːbile] vermeidlich; ~are [-'taːre] (1l *u.* b) vermeiden.

evo [ɛːvo] *m* Zeitalter *n*; medio ~ Mittelalter *n*; ~ moderno Neuzeit *f*.

evoc|are [evo'kaːre] (1l, b *u.* d *od.* 1c *u.* d) heraufbeschwören; *fig.* wachrufen; ~azione [-katsi'oːne] *f* Beschwörung *f*; Anrufung *f*.

evol|uto [evo'luːto] **1.** *s.* evolvere; **2.** *adj.* entwickelt; bewußt; ~uzione [-lutsi'oːne] *f* Evolution *f*; Entwicklung *f*; ✕ Schwenkung *f*.

evolvere [e'vɔlvere] (3s) entwickeln.

evviva [ɛv-'viːva] **1.** *int.* hoch!; er lebe hoch!; **2.** *m inv.* Hoch *n*; Hochruf *m*; fare un ~ a qu. auf j-n ein Hoch ausbringen.

ex... [ɛks] (in Zssgn) ehemalig; l'ex-ministro *m* der ehemalige Minister.

extra ['ɛkstra] *adj. inv.* besonders, extra; di qualità ~ von besonderer Qualität.

extra|coniugale [ekstrakoniu'gaːle] außerehelich; ~europeo [-euro-'pɛːo] außereuropäisch; ~rapido [-'raːpido] sehr schnell; äußerst schnell; ~territorialità [-ter-ritoriali'ta] *f* Exterritorialität *f*.

eziologia [etsiolo'dʒiːa]*f* Ätiologie *f*.

F

F, f [ɛf-fe] *f u. m* F, f *n*.

fa¹ [fa] *s.* fare.

fa² [fa] *m ♩* F *n*; ~ *diesis* Fis *n*; ~ *bemolle* Fes *n*; *chiave f di* ~ Baßschlüssel *m*.

fabbisogno [fab-bi'zoːɲo] *m* Bedarf *m*; Voranschlag *m*.

fabbrica [fab-brika] *f* (*pl.* -che) Bau *m*; Gebäude *n*; Fabrik *f*; *operaio m di* ~ Fabrikarbeiter *m*; *prezzo m di* ~ Fabrikpreis *m*; *prodotto m di* ~ Fabrikerzeugnis *n*.

fabbric|abile [fab-bri'kaːbile]: *terreno m* ~ Bauland *n*; **~ante** [-'kante] *su.* Fabrikant(in*f*) *m*; **~are** [-'kaːre] (11 *u.* d) herstellen; △ bauen; verfertigen; *fig.* ersinnen; **~ato** [-'kaːto] *m* Fabrikat *n*, Fabrikerzeugnis *n*; Gebäude *n*; Häuserblock *m*; **~atore** [-ka'toːre] *m* Hersteller *m*; Erbauer *m*; Erfinder *m*; **~azione** [-katsi'oːne] *f* Herstellung *f*; ~ *della carta* Papierherstellung *f*; *difetto m di* ~ Fabrikationsfehler *m*; *segreto m di* ~ Fabrikationsgeheimnis *n*; **~eria** [-tʃe'riːa] *f* Kirchenbauamt *n*; **~ere** [-'tʃeːre] *m* Kirchenbauverwalter *m*.

fabbro [fab-bro] *m* Schmied *m*; (~ *ferraio*) Schlosser *m*; ~ *meccanico* Maschinenschlosser *m*.

faccenda [fat-'tʃɛnda] *f* Angelegenheit *f*; Geschäft *n*; *una* ~ *seria* eine heikle Angelegenheit; *-e pl. di casa* (*od. domestiche*) Hausarbeit *f*; *essere in* -e vielbeschäftigt sein.

faccend|iere [fat-tʃendi'eːre] *m* Vielbeschäftigte(r) *m*; *c.s.* Intrigant *m*; **~one** [-'doːne] *m* Hansdampf *m* in allen Gassen.

facc|etta [fat-'tʃet-ta] *f* kleines Gesicht *n*; ⊕ Facette *f*; Schleiffläche *f*; **~ettare** [-tʃet-'taːre] (1a) facettieren.

facchin|aggio [fak-ki'nad-dʒo] *m* (*pl.* -ggi) Trägerlohn *m*; *fig.* Plakkerei *f*; **~ata** [-'naːta] *f* schwere Arbeit *f*; Rüpelei *f*.

facchino [fak-'kiːno] *m* Dienstmann *m*; Träger *m*; Gepäckträger *m*.

faccia¹ [fat-tʃa] *s.* fare.

faccia² [fat-tʃa] *f* (*pl.* -cce) Gesicht *n*; Aussehen *n*; Oberfläche *f*; *Typ.* Seite *f*; ~ *tosta* Unverschämtheit *f*; *unverschämter Kerl m*; ~ *della terra* Erdoberfläche *f*; *di* ~ gegenüber; ~ *a* ~ unter vier Augen; *in* ~ ins Gesicht, offen.

facciale [fat-'tʃaːle] Gesichts...; *angolo m* ~ Gesichtswinkel *m*.

facciamo [fat-'tʃaːmo] *s.* fare.

facciata [fat-'tʃaːta] *f* Fassade *f*; Vorderseite *f*; *Typ.* Seite *f*.

face [faːtʃe] *f poet.* Fackel *f*.

fac|emmo [fa'tʃem-mo] *s.* fare; **~ente** [-'tʃɛnte] 1. *s.* fare; 2. *su.*: ~ *funzione* Stellvertreter(in *f*) *m*; **~essi** [-'tʃes-si], **~eva** [-'tʃeːva] *s.* fare.

fac|eto [fa'tʃeːto] scherzhaft; witzig; **~ezia** [-'tʃeːtsia] *f* Spaß *m*; Witz *m*.

fachiro [fa'kiːro] *m* Fakir *m*.

facile [faːtʃile] leicht; è ... *che* ... es ist leicht möglich, daß ...; ~ *all'ira* leicht aufbrausend; ~ *a credere* leichtgläubig; ~ *come bere un uovo* kinderleicht; *non è mica una cosa* ~ das ist kein Kinderspiel.

facil|ità [fatʃili'ta] *f* Leichtigkeit *f*; **~itare** [-li'taːre] (1m) erleichtern; **~itazione** [-litatsi'oːne] *f* Erleichterung *f*; Vergünstigung *f im Preis*; **~mente** [-'mente] mühelos.

facil|one [fatʃi'loːne] 1. *adj.* leichtsinnig; 2. *m* leichtsinniger Mensch *m*; **~oneria** [-lone'riːa] *f* Leichtfertigkeit *f*.

facinoroso [fatʃino'roːso] 1. *adj.* ruchlos; verbrecherisch; 2. *m* Verbrecher *m*.

facol|tà [fakol'ta] *f* Fähigkeit *f*; Befugnis *f*; (Ⓤ Fakultät *f*; ✝ Vermögen *n*; ⚖ ~ *di disporre* Verfügungsrecht *n*; **~tativo** [-ta'tiːvo] fakultativ; **~toso** [-'toːso] vermögend.

fac|ondia [fa'kondia] *f* Redegabe *f*; **~ondo** [-'kondo] redselig; beredt.

facsimile [fak'siːmile] *m* Faksimile *n*; Nachbildung *f*; **~totum** [-'toːtum] *m* Faktotum *n*.

faggeta [fad-'dʒeːta] *f*, **~eto** [-'dʒeːto] *m* Buchenwald *m*.

faggio [fad-dʒo] *m* (*pl.* -ggi) Buche *f*.

faggiola [fad-'dʒɔ:la] f Buchecker f.

fagian|a [fa'dʒa:na] f Fasanenhenne f; **~ella** [-'nɛl-a] f Zwergtrappe f; **~eria** [-ne'ri:a] f Fasanengehege n.

fagiano [fa'dʒa:no] m Fasan m; ~ reale Goldfasan m.

fagiolini [fadʒo'li:ni] m/pl. grüne Bohnen f/pl.

fagiolo [fa'dʒɔ:lo] m Bohne f; F andare a ~ behagen, zusagen.

faglia [fa:ʎa] f Geol. Verwerfung f.

fagocitare [fagotʃi'ta:re] (1a) fig. aufsaugen, aufnehmen.

fagotto [fa'gɔt-to] m Bündel n; ♪ Fagott m; far ~ sein Bündel schnüren; fortgehen.

fai [fai] s. fare.

faida [fa:ida] f Privatrache.

faina [fa'i:na] f Steinmarder m.

falange [fa'landʒe] f Phalanx f; Anat. Glied (Finger-, Zehenglied) n.

falangista [falan'dʒista] m (pl. -i) Pol. Falangist m.

falbo [falbo] falb, dunkelgelb.

falc|**ata** [fal'ka:ta] f Falkade f, Sprung m e-s Pferdes; **~ato** [-'ka:to] sichelförmig; luna f -a Mondsichel f.

falce [faltʃe] f Sichel f; (a. ~ fienaia) Sense f.

fal|**cetto** [fal'tʃet-to] m Hippe f; **~ciare** [-'tʃa:re] (1f) (ab)mähen; heuen; **~ciata** [-'tʃa:ta] f Sichel-, Sensenhieb m; **~ciatore** [-tʃa'to:re] m Schnitter m; Mäher m, **~ciatrice** [-tʃa'tri:tʃe] f (Gras-)Mähmaschine f; **~ciatura** [-tʃa'tu:ra] f Mähzeit f; Mähen n; Heuen n; **~cidia** [-'tʃi:dia] f ⚖ Kürzung f; fig. Gemetzel n; **~cidiare** [-tʃidi'a:re] (1k) kürzen, abziehen; **~cione** [-'tʃo:ne] m Futterschneide f.

falc|**o** [falko] m (pl. -chi) Falke m; **~one** [-'ko:ne] m Jagdfalke m; **~oneria** [-kone'ri:a] f ehm. Falknerei f; **~oniere** [-koni'ɛ:re] m Falkner m.

falda [falda] f Schicht f; Blatt n; Kleidung: Rockschoß m; Kochk. Lendenfleisch n; Flocke (Schneeflocke) f; Krempe (Hutkrempe) f; le -e di un monte Berghang m; ~ acquifera wasserführende Schicht f; attaccarsi alle -e di qu. sich an j-s Rockschöße klammern.

falegn|**ame** [fale'ɲa:me] m Tischler m; **~ameria** [-ɲame'ri:a] f Tischlerei f.

falena [fa'le:na] f Aschenteilchen n; Zool. Nachtfalter m.

falla [fal-la] f ⚓ Leck n; avere una ~ leck sein; fig. chiudere una ~ ein Loch stopfen.

fall|**ace** [fal-'la:tʃe] trügerisch; **~acia** [-'la:tʃa] f Betrug m; Unzuverlässigkeit f; **~are** [-'la:re] (1a) irren; **~ibile** [-'li:bile] fehlbar; **~ibilità** [-libili'ta] f Fehlbarkeit f; **~imentare** [-limen'ta:re] adj. Konkurs...; procedura f ~ Konkursverfahren n; liquidazione f ~ Konkursausverkauf m; **~imento** [-li'mento] m Zusammenbruch m; ♱ Bankrott m; apertura f del ~ Konkurseröffnung f; **~ire** [-'li:re] (4d) 1. v/t. verfehlen; 2. v/i. fehlen; fehlschlagen; ♱ Bankrott machen; **~ito** [-'li:to] 1. adj. fehlgeschlagen; aussichtslos; andare ~ fehlschlagen; ♱ Bankrott machen; 2. m Bankrotteur m.

fallo[1] [fal-lo] m Vergehen n; Sport: Regelverstoß m, Foul n; Fußball: ~ di mano Handspiel n; senza ~ ganz bestimmt, ohne Zweifel; cadere in ~ sich irren; mettere il piede in ~ e-n Fehltritt tun; cogliere in ~ auf frischer Tat ertappen.

fallo[2] [fal-lo] m Phallus m.

falloso [fal-'lo:so] Sport: regelwidrig, foul.

falò [fa'lɔ] m Feuer (Freudenfeuer) n; fare un ~ di qc. et. verbrennen.

taipalà [falpa'la] m inv. Falbel f.

fals|**amonete** [falsamo'ne:te] m inv. Falschmünzer m; **~are** [-'sa:re] (1a) fälschen; **~ariga** [-sa'ri:ga] f (pl. falsarighe) Linienblatt n; fig. Muster n; **~ario** [-'sa:rio] m (pl. -ri) Fälscher m; **~etto** [-'set-to] m Falsett n, Kopfstimme f; Fistelstimme f.

falsific|**abile** [falsifi'ka:bile] fälschbar; **~are** [-'ka:re] (1m u. d) fälschen; **~atore** [-ka'to:re] m Fälscher m; **~azione** [-katsi'o:ne] f Fälschung f.

falsità [falsi'ta] f Falschheit f; Fälschung f.

falso [falso] 1. adj. falsch; 2. m Falsche(s) n; Fälschung f; ~ in atto pubblico Urkundenfälschung f; essere nel ~ im Irrtum sein.

fama [fa:ma] f Ruf m; Gerücht n; Ruhm m; venire in ~ di ... als ... bekannt werden.

fame [fa:me] f Hunger m; Hungersnot *f*; ~ *da lupo* Wolfshunger *m*; *aver* ~ hungrig sein; *mi vien* ~ ich bekomme Hunger; *morto m di* ~ Hungerleider *m*; *pigliare per* ~ aushungern.

famelico [fa'me:liko] (*pl. -ci*) hungrig.

famigerato [famidʒe'ra:to] berüchtigt.

famiglia [fa'mi:ʎa] *f* Familie *f*; *fig.* Gruppe *f*; ~ *numerosa* kinderreiche Familie; *affare m di* ~ Familienangelegenheit *f*; *padre m di* ~ Familienvater *m*; F *fig. con tutta la sacra* ~ mit Kind und Kegel.

famiglio [fa'mi:ʎo] *m* (*pl. -gli*) Diener *m*.

famili|are [famili'a:re] **1.** *adj.* häuslich; Familien...; *fig.* vertraulich; leutselig; *essere* ~ *con qc.* mit et. vertraut sein; *relazione f* ~ Familienverhältnis *n*; *vita f* ~ Familienleben *n*; *linguaggio m* ~ Umgangssprache *f*; **2.** *m* Familienangehörige(r) *m*; **3.** *f* Familienwagen *m*; **~arità** [-ari'ta] *f* Vertraulichkeit *f*; Vertrautheit *f*; **~arizzare** [-arid-'dza:re] (1a) vertraut machen; **~arizzarsi** [-arid-'dzarsi] vertraut werden.

famoso [fa'mo:so] berühmt.

famulo [fa:mulo] *m lit.* Diener *m*.

fan|ale [fa'na:le] *m* Fanal *n*; Laterne *f*; Scheinwerfer *m*; ♃ Leuchtturm *m*; ~ *di coda* Schlußlicht *n*; **~aleria** [-nale'ri:a] *f* Lichter *n/pl.*, Lampen *f/pl.*; **~alino** [-na'li:no] *m* kleines Licht *n*, Leuchte *f*; ~ *di posizione* Standlicht *n*; **~alista** [-na'lista] *m* Leuchtturmwärter *m*.

fanatico [fa'na:tiko] (*pl. -ci*) **1.** *adj.* fanatisch; **2.** *m* Fanatiker *m*.

fanatismo [fana'tizmo] *m* Fanatismus *m*.

fanciulla [fan'tʃul-la] *f* (junges) Mädchen *n*.

fanciull|aggine [fantʃul-'lad-dʒine] *f* Kinderei *f*; **~esco** [-'lesko] (*pl. -chi*) kindlich; *c.s.* kindisch; **~ezza** [-'let-tsa] *f* Kindheit *f*.

fanciullo [fan'tʃul-lo] **1.** *adj.* kindlich; *c.s.* kindisch; **2.** *m* Kind *n*; *fig.* einfältiger Mensch *m*; *da* ~ als Kind.

fandonia [fan'dɔ:nia] *f* Flause *f*; Lüge *f*.

fanello [fa'nɛl-lo] *m* Hänfling *m*.

fanfaluca [fanfa'lu:ka] *f* (*pl. -che*) Schwätzerei *f*; Flause *f*.

fanf|ara [fan'fa:ra] *f* Fanfare *f*; **~aronata** [-faro'na:ta] *f* Prahlerei *f*; **~arone** [-fa'ro:ne] *m* Prahlhans *m*.

fangatura [faŋga'tu:ra] *f* Moorbad *n*.

fanghiglia [faŋ'gi:ʎa] *f* wässeriger Schlamm *m*.

fango [faŋgo] *m* (*pl. -ghi*) (*a.* ♣) Schlamm *m*; *allg. u. fig.* Schmutz *m*; ♣ *-ghi pl.* Schlammbäder *n/pl.*

fang|osità [faŋgosi'ta] *f* Sumpfigkeit *f*; **~oso** [-'go:so] schlammig; schmutzig; matschig.

fannullone [fan-nul-'lo:ne] *m* Nichtstuer *m*. [*f/pl.*]

fanoni [fa'no:ni] *m/pl.* Walbarten⌡

fantaccino [fantat-'tʃi:no] *m* Infanterist *m*.

fanta|scientifico [fantaʃ-ʃen'ti:-fiko] (*pl. -ci*) utopisch; **~scienza** [-'ʃɛntsa] *f* Science-fiction *f*.

fant|asia [fanta'zi:a] *f* Phantasie *f*, Einbildung(skraft) *f*; Laune *f*; ♪ Phantasie(stück) *n*; *colori m/pl.*, *disegni m/pl. di* ~ bunte Muster *n/pl.*; *mi vien* (*la*) ~ mir kommt in den Sinn *od.* ich bekomme Lust; *colpire la* ~ e-n tiefen Eindruck machen; **~asioso** [-tazi'o:so] phantasievoll; wunderlich; **~asista** [-ta'zista] *su.* Kabarettkünstler(in *f*) *m*; **~asma** [-'tazma] *m* (*pl. -i*) Phantom *n*; Gespenst *n*; **~asmagoria** [-tazmago'ri:a] *f* Phantasmagorie *f*; *fig.* Trugbild *n*; **~asmagorico** [-tazma'gɔ:riko] (*pl. -ci*) zauberhaft; **~asticaggine** [-tasti-'kad-dʒine] *f* Phantasterei *f*; **~asticare** [-tasti'ka:re] (1m *u.* d) phantasieren; grübeln; schwärmen; **~asticheria** [-tastike'ri:a] *f* Phantasterei *f*; **~astico** [-'tastiko] (*pl. -ci*) phantastisch; **~asticone** [-tasti-'ko:ne] *m* Phantast, Grübler *m*.

fante [fante] *m* Bursche *m*; ✠ Infanterist *m*; *Kartenspiel:* Bube *m*; *Schach:* Bauer *m*.

fant|eria [fante'ri:a] *f* Infanterie *f*; **~esca** [-'teska] *f* (*pl. -che*) (Dienst-)Mädchen *n*; **~ino** [-'ti:no] *m* Jockei *m*; **~occiaio** [-tot-'tʃa:io] *m* (*pl. -ai*) Puppenfabrikant *m*; **~occio** [-'tot-tʃo] *m* (*pl. -ci*) Puppe *f*; Hampelmann *m*; *Malerei:* Gliederpuppe *f*; F ✠ Infanterist *m*; **~olino** [-to'li:no] *m* Bübchen *n*; Kindchen *n*.

fantomatico [fanto'ma:tiko] (*pl. -ci*) unwirklich, irreal; Geister...

farabutto [fara'but-to] *m* Gauner *m*.

faraglione [fara'ʎo:ne] *m* Klippe *f*.

faraona [fara'o:na] *f* (*a.* gallina *f* ⁓) Perlhuhn *n*.

faraone [fara'o:ne] *m* Pharao *m*.

farc|ire [far'tʃi:re] (4d) *Kochk.* farcieren, füllen; **⁓ito** [-'tʃi:to] gefüllt.

fardello [far'dɛl-lo] *m* Bündel *n*; *fig.* Bürde *f*.

far|e[1] [fa:re] (3aa) **1.** *v/t.* (*a.* zu et.) machen; tun; (*a.* Grüße) ausrichten; *Eier* legen; *Beruf:* sein; ⁓ *benzina* tanken; ⁓ *un bagno* baden; ⁓ *il conto* die Rechnung aufstellen; ⁓ *i conti* rechnen; ⁓ *fregiaroni* frottieren; ⁓ *i suoi commenti* sich über etwas auslassen; *fare a* ⁓ *Pasqua a* ... Ostern in ... verleben; ⁓ *il medico* Arzt sein; ⁓ *le scale* die Treppe steigen; *farla a qu.* j-n hereinlegen; ⁓ *spiare* bespitzeln; ⁓ *uscire qu. dai gangheri* j-n in Harnisch bringen; ⁓ *vedere* zeigen; ⁓ *la via più lunga* einen Umweg machen; ⁓ *un piacere* entgegenkommen; ⁓ *carte* Karten geben; ⁓ *gli studi superiori* studieren; 🏵️ ⁓ *causa contro qu.* j-n belangen; ⁓ *fuoco* einheizen; ⁓ *vento* fächeln; ⁓ *giuochi di destrezza* jonglieren; ⁓ *un brindisi a qu.* j-m zutrinken; **2.** *v/i.* tun; ausmachen; *egli fa per due* er arbeitet für zwei; *questo non fa per me* das ist nichts für mich; *quanto Le devo?* — *faccia Lei* wieviel bekommen Sie? — nach Belieben; *Spiel:* ⁓ *a domino usw.* Domino *usw.* spielen; *faceva da Amleto* er spielte den Hamlet; ⁓ *di tutto per* ... alles aufbieten, um ...; *non faccio per vantarmi* ich will mich nicht rühmen; *un mese fa* vor e-m Monat; *tre anni fa* vor drei Jahren; *come fai a leggere* ...? wie kannst du ... lesen?; ⁓ *a chi arriva prima* um die Wette laufen; *a notte fatta* nach Einbruch der Nacht; **⁓si** [farsi] werden; ⁓ *grande* groß werden; ⁓ *alla finestra* ans Fenster treten; ⁓ *tardi* spät werden; ⁓ *indietro* zurücktreten; ⁓ *in là* zur Seite treten; ⁓ *avanti* vortreten; *farsela addosso* in die Hosen machen; ⁓ *pregare* sich bitten lassen.

fare[2] [fa:re] *m* Handlungsweise *f*; Tun *n*; *fig.* Art *f*, Manier *f*; *sul* ⁓ *del giorno* bei Tagesanbruch; *hai*

un bel ⁓, *ma* ... du kannst machen, was du willst, aber ...

faretra [fa'rɛ:tra] *f* Köcher *m*.

farf|alla [far'fal-la] *f* Schmetterling *m*; ⊕ Drosselklappe *f*; *Kleidung:* Fliege *f*; *Sport:* Schmetterlingsschwimmen *n*; **⁓allina** [-fal-'li:na] *f* kleiner Schmetterling *m*; *fig.* leichtes Mädchen *n*; **⁓allino** [-fal-'li:no] *m* Kornmotte *f*; *fig.* Flattergeist *m*; **⁓allone** [-fal-'lo:ne] *m* großer Schmetterling *m*; *fig.* Stutzer *m*; Schnitzer *m*.

farfara [farfara] *f* Huflattich *m*.

farfugliare [farfu'ʎa:re] (1g) murmeln.

farina [fa'ri:na] *f* Mehl *n*; ⁓ *di castagne* Kastanienmehl *n*; ⁓ *di frumento* Kornmehl *n*; ⁓ *di granoturco* Maismehl *n*; ⁓ *lattea* Kindermehl *n*; ⁓ *fossile* Kieselgur *f*, Bergmehl *n*; F *non è* ⁓ *schietta* ihm ist nicht zu trauen; *non è* ⁓ *del suo sacco* das ist nicht auf seinem Mist gewachsen; *la* ⁓ *del diavolo va tutta in crusca* unrecht Gut gedeiht nicht.

farin|aceo [fari'na:tʃeo] **1.** *adj.* mehlig; **2.** *-cei m/pl.* Mehlprodukte *n/pl.*; **⁓ata** [-'na:ta] *f* Mehlbrei *m*.

far|inge [fa'rindʒe] *f* Rachen *m*, Schlund *m*; **⁓ingite** [-rin'dʒi:te] *f* Rachenentzündung *f*.

farinoso [fari'no:so] mehlhaltig; mehlig; *neve* ⁓ *a* Pulverschnee *m*.

fari|saico [fari'za:iko] (*pl.* -ci) pharisäisch; heuchlerisch; **⁓seismo** [-ze'izmo] *m* Pharisäertum *n*; *fig.* Heuchelei *f*; **⁓seo** [-'ze:o] *m* Pharisäer *m*; *fig.* Heuchler *m*.

farmac|eutica [farma'tʃɛ:utika] *f* Pharmazeutik *f*; **⁓eutico** [-ko] (*pl.* -ci) pharmazeutisch; *armadio* ⁓ Hausapotheke *f*; **⁓ia** [-'tʃi:a] *f* Apotheke *f*; **⁓ista** [-'tʃista] *su.* (*m/pl.* -i) Apotheker(in *f*) *m*.

farmaco [farmako] *m* (*pl.* -ci) Arznei *f*.

farmac|ologia [farmakolo'dʒi:a] *f* Pharmakologie *f*, Arzneimittellehre *f*; **⁓opea** [-ko'pɛ:a] *f* amtliches Arzneibuch *n*.

farnetic|amento [farnetika'mento] *m* Wahnsinn *m*; **⁓are** [-'ka:re] (1m, b *u.* d) irrereden; schwätzen.

farnetico [far'nɛ:tiko] (*pl.* -ci) **1.** *adj.* frenetisch; rasend; **2.** *m* Raserei *f*; Laune *f*; Wahnsinnige(r) *m*.

faro [fa:ro] *m* ⚓ Leuchtturm *m*; *Auto*: Licht *n*, Scheinwerfer *m*.

farr|agine [far-'ra:dʒine] *f* Mischfutter *n*; *fig.* Sammelsurium *n*; **~aginoso** [-radʒi'no:so] wirr.

farricello [far-ri'tʃel-lo] *m* Schrot *n u. m.*

farro [far-ro] *m* Dinkel *m*.

farsa [farsa] *f* Posse *f*, Schwank *m*.

farsesco [far'sesko] (*pl. -chi*) possenhaft.

farsetto [far'set-to] *m* Weste *f*.

fascetta [faʃ-'ʃet-ta] *f* kleine Binde *f*.

fascia [faʃ-ʃa] *f* (*pl. -sce*) Binde *f*; Windel *f*; ⊕ Band *n*; Ring *m*; 🎗 Verband *m*; ~ *assorbente* Damenbinde *f*; ~ *elastica* elastische Binde *f*; ⚕ *sotto* ~ unter Kreuzband; *sin dalle -sce* von Kindheit an.

fasci|ame [faʃ-'ʃa:me] *m* Schiffsbekleidung *f*; Beplankung *f*; **~are** [-'ʃa:re] (1f) umwickeln; *Kinder* wickeln; 🎗 verbinden; **~atura** [-ʃa'tu:ra] *f* Umwickeln *n*; 🎗 Verband *m*; ~ *provvisoria* Notverband *m*.

fascicolo [faʃ-'ʃi:kolo] *m* 📖 Heft *n*; Lieferung *f*.

fascina [faʃ-'ʃi:na] *f* Reisigbündel *n*.

fascinare [faʃ-ʃi'na:re] (1l) bezaubern.

fascino [faʃ-ʃino] *m* Zauber *m*.

fascio [faʃ-ʃo] *m* (*pl. -sci*) Bündel *n*; *fig.* Stoß *m*, Haufen *m*; *Pol.* faschistische Partei *f*; *ehm.* ~ *dei littori* Rutenbündel *n*; ~ *andare* (*mandare*) *in* ~ zugrunde gehen (richten).

fasc|ismo [faʃ-'ʃizmo] *m* Faschismus *m*; **~ista** [-'ʃista] **1.** *adj.* faschistisch; **2.** *su.* (*m/pl. -i*) Faschist(in *f*) *m*.

fase [fa:ze] *f* Phase *f*, Abschnitt *m*; *Mot.* Takt *m*, Hub *m*; ⚡ Phase *f*; *fig. essere fuori* ~ nicht in Form sein; ~ *di lavorazione* Arbeitsgang *m*.

fasianidi [fazi'a:nidi] *m/pl.* Fasanvögel *m/pl.*

fastello [fas'tel-lo] *m* Bündel *n*.

fasti [fasti] *m/pl.* Jahrbücher *n/pl.*; *fig.* Denkwürdigkeiten *f/pl.*

fast|idio [fas'ti:dio] *m* (*pl. -di*) Ärger *m*, Verdruß *m*; Überdruß *m*; Sorge *f*; *mi è venuto a* ~ ich bin s-r überdrüssig geworden; *dare* ~ *a qu.* j-n belästigen; **~idioso** [-tidi'o:so] lästig.

fastigio [fas'ti:dʒo] *m* (*pl. -gi*) 🏛 Giebel *m*; (*a. fig.*) Gipfel *m*.

fasto [fasto] *m* Prunk *m*; Stolz *m*.

fast|osità [fastosi'ta] *f* Prunk *m*; Prunkhaftigkeit *f*; **~oso** [-'to:so] prunkvoll, prächtig.

fasullo [fa'zul-lo] falsch, schlecht.

fata [fa:ta] *f* Fee *f*; ♀ *Morgana* Fata Morgana *f*; *regina f delle* -e Feenkönigin *f*.

fat|ale [fa'ta:le] vom Schicksal bestimmt; verhängnisvoll; *donna f* ~ Frau *f* von gefährlicher Schönheit; **~alismo** [-ta'lizmo] *m* Fatalismus *m*; **~alista** [-ta'lista] *su.* (*m/pl. -i*) Fatalist(in *f*) *m*; **~alità** [-tali'ta] *f* Schicksalhaftigkeit *f*; Verhängnis *n*; **~ato** [-'ta:to] verzaubert.

fate [fa:te] *s. fare.*

fatica [fa'ti:ka] *f* (*pl. -che*) Mühe *f*; Ermüdung *f*; Anstrengung *f*; *a* ~ mit Mühe.

fatic|are [fati'ka:re] (1d) **1.** *v/t.* ermüden; **2.** *v/i.* Mühe haben; **~ata** [-'ka:ta] *f* Anstrengung *f*, Mühe *f*; **~oso** [-'ko:so] mühsam, anstrengend. [phetisch.]

fatidico [fa'ti:diko] (*pl. -ci*) pro-]

fato [fa:to] *m* Schicksal *n*.

fatta [fat-ta] *f* Art *f*, Gattung *f*; *Jagdw.* Losung *f*; Spur *f*.

fatt|accio [fat-'tat-tʃo] *m* (*pl. -cci*) trauriges Ereignis *n*; tragischer Vorfall *m*; Bluttat *f*; **~erello** [-te'rel-lo] *m* unbedeutender Vorfall *m*; kleine Geschichte *f*; **~ezze** [-'tet-tse] *f/pl.* Gesichtszüge *m/pl.*; **~ibile** [-'ti:bile] ausführbar, möglich; **~ispecie** [-tis'pɛ:tʃe] *f* 🏛 Tatbestand *m*; **~ivo** [-'ti:vo] tätig; wirkend.

fatto [fat-to] **1.** *s. fare.* **2.** *adj.* geeignet; ⚡ reif; ~ *a mano* handgemacht; ~ *a macchina* maschinenmäßig hergestellt; *fig. ben* ~ wohlgestaltet, schön; **3.** ~ *m* Tat *f*; Angelegenheit *f*; Vorfall *m*; ~ *compiuto* vollendete Tatsache *f*; ~ *di sangue* Bluttat *f*; *sicuro del* ~ *suo* selbstsicher; *il* ~ *è che* ... Tatsache ist, daß ...; *vie f/pl. di* ~ Tätlichkeiten *f/pl.*; *in* ~ *di pittura* was Malerei anbelangt; *cogliere sul* ~ auf frischer Tat ertappen; *sapere il* ~ *suo* gut Bescheid wissen; *dirgli il* ~ *suo* ihm Bescheid sagen; *di* -*i* in der Tat; *andare per i* -*i suoi* sich um s-e Angelegenheiten kümmern.

fatt|ore [fat-'to:re] *m* Schöpfer *m*; Verwalter *m*; ♈, ♍, *fig.* Faktor *m*; **∼oria** [-to'ri:a] *f landwirtschaftliches* Gut *m*; Farm *f*; Güterkomplex *m*; **∼orino** [-to'ri:no] *m* Bote *m*; Laufbursche *m*; Straßenbahnschaffner *m*; ∼ *telegrafico* Telegrammbote *m*; ∼ *postale* Postbote *m*; ∼ *di banca* Baukbote *m*; **∼uc-chiera** [-tuk-ki'ε:ra] *f* Hexe *f*; **∼ucchiere** [-re], **∼ucchiero** [-ro] *m* Zauberer *m*; **∼ucchieria** [-tukkie'ri:a] *f* Hexerei *f*; **∼ura** [-'tu:ra] *f* Herstellung *f*; Ausführung *f*; Rechnung *f*; Macherlohn *m*; *poet.* Schöpfung *f*; **∼urare** [-tu'ra:re] (1a) berechnen, in Rechnung stellen; verfälschen; behexen; **∼urato** [-tu'ra:to] **1.** *adj.* verfälscht; **2.** *m* ✝ Umsatz *m*; **∼uratrice** [-tura-'tri:tʃe] *f* Fakturiermaschine *f*; **∼urazione** [-turatsi'o:ne] *f* Verrechnung *f*; **∼urista** [-tu'rista] *su.* (*m/pl.* -i) Fakturist(in *f*) *m*.

fatuità [fatui'ta] *f* Seichtheit *f*; Eitelkeit *f*.

fatuo [fa:tuo] seicht; eitel; *fuoco m* ∼ Irrlicht *m*.

fauci [fa:utʃi] *f/pl.* Schlund *m*.

fauna [fa:una] *f* Fauna *f*, Tierwelt *f*.

fausto [fausto] glückverheißend; erfreulich.

fautore [fau'to:re] *m* Gönner *m*; Anhänger *m*; Beschützer *m*.

fava [fa:va] *f* Saubohne *f*; *pigliare due piccioni a una ∼* zwei Fliegen mit e-r Klappe schlagen.

favella [fa'vel-la] *f* Sprache *f*.

favellare [favel-'la:re] (1b) sprechen.

faveto [fa've:to] *m* Bohnenfeld *n*.

favilla [fa'vil-la] *f* Funke *m*.

favo [fa:vo] *m* Honigwabe *f*; ✄ Erbgrind *m*.

favola [fa:vola] *f* Fabel *f*.

favol|eggiare [favoled-'dʒa:re] (1f) Fabeln erzählen; **∼osità** [-losi'ta] *f* Märchenhaftigkeit *f*; Erdichtung *f*; **∼oso** [-'lo:so] märchenhaft; fabelhaft.

favonio [fa'vo:njo] *m* Föhn(wind) *m*.

favore [fa'vo:re] *m* Gunst *f*; Gefälligkeit *f*; Gefallen *m*; Beifall *m*; *biglietto m di ∼* Freikarte *f*; *condizioni f/pl. di ∼* Vorzugsbedingungen *f/pl.*; *prezzo m di ∼* Vorzugspreis *m*; *col ∼ di* begünstigt von; *a ∼ di qu.* zu j-s Gunsten; *votare in ∼ di qu.* für

j-n stimmen; *per ∼!* bitte!; *usare un ∼ e-e Gefälligkeit erweisen*; *fare un ∼ e-n Gefallen tun*; *quel fatto è in ∼ suo* das spricht für ihn.

favor|eggiamento [favored-dʒa-'mento] *m* Begünstigung *f*; **∼eggiare** [-red-'dʒa:re] (1f) begünstigen; **∼evole** [-'re:vole] günstig; **∼ire** [-'ri:re] (4d) **1.** *v/t.* begünstigen; ∼ *qu. di qc.* j-n mit et. beehren *od.* erfreuen; ∼ *qc.* die Gefälligkeit haben, et. zu geben; **2.** *v/i.* die Güte haben, zu ...; *favorisca dirgli ... haben Sie die Freundlichkeit, ihm zu sagen*; *sagen Sie ihm, bitte, ...*; *favorisca al piano superiore* wollen Sie sich in das obere Stockwerk bemühen*; *vuol ∼?* darf ich Ihnen anbieten?; *favorisca!* bitte!; **∼ita** [-'ri:ta] *f* Favoritin *f*; **∼itismo** [-ri'tizmo] *m* Günstlingswesen *n*; Korruption *f*; **∼ito** [-'ri:to] **1.** *adj.* begünstigt; Lieblings...; **2.** *m* Günstling *m*; Liebling *m*; *Sport*: Favorit *m*; -*i pl.* Backenbart *m*.

fazi|one [fatsi'o:ne] *f* Faktion *f*, Gruppe *f*; **∼oso** [-tsi'o:so] **1.** *adj.* aufwieglerisch; **2.** *m* Aufrührer *m*.

fazzoletto [fat-tso'let-to] *m* Taschentuch *n*; ∼ *da testa* Kopftuch *n*; ∼ *da collo* Halstuch *n*.

fé [fe] = *fede, fece*.

febbraio [feb-'bra:io] *m* Februar *m*.

febbre [feb-bre] *f* (*a. fig.*) Fieber *n*; ∼ *gialla* Gelbfieber *n*; ∼ *da cavallo* starkes Fieber *n*; ∼ *della ribalta* Lampenfieber *n*.

febbr|iciattola [feb-bri'tʃat-tola] *f* leichtes Fieber *n*; **∼icitante** [-britʃi'tante] fieberkrank, fiebernd; *essere ∼* Fieber haben; **∼icitare** [-britʃi'ta:re] (1m) fiebern; **∼ifugo** [-'bri:fugo] (*pl.* -ghi) **1.** *adj.* fiebervertreibend; **2.** *m* Fiebermittel *n*; **∼ile** [-'bri:le] fieberhaft; Fieber...

fecale [fe'ka:le] kotig; *materie f/pl.* -*i* Exkremente *n/pl.*

feccia [fet-tʃa] *f* (*pl.* -cce) Hefe *f*; Bodensatz *m*; *fig.* Abschaum *m*; -*cce pl.* Exkremente *n/pl.*

fece [fe:tʃe], **feci¹** [fe:tʃi] *s. fare*.

feci² [fe:tʃi] *f/pl.* Exkremente *n/pl.*

fecola [fe'kola] *f* Stärkemehl *n*.

fecond|abile [fekon'da:bile] befruchtbar; **∼are** [-'da:re] (1a) befruchten; **∼atore** [-da'to:re] **1.** *adj.* befruchtend; **2.** *m* Befruchter *m*; **∼azione** [-datsi'o:ne] *f* Befruchtung f; **~ità** [-di'ta] f Fruchtbarkeit f.

fecondo [fe'kondo] fruchtbar; reich.

fede [fe:de] f Glaube m; Treue f; Vertrauen n; Zeugnis n; Religion f; Trauring m; *articolo* m *di* ~ Glaubensartikel m; *verità* f *della* ~ Glaubenswahrheit f; *aver* ~ *in* qc. an et. (*acc.*) glauben; *aver* ~ *in* qu. j-m Glauben schenken; *far* ~ *di* qu. j-m Glauben schenken; *far* ~ *di* Zeugnis ablegen von; ~ *di nascita* Geburtsurkunde f.

fedecommesso [fedekom-'mes-so] m Fideikommiß n.

fedele [fe'de:le] **1.** *adj.* treu; ⟨I⟩ sinngetreu; **2.** m Gläubige(r) m.

fedeltà [fedel'ta] f Treue f; Genauigkeit f; Sorgfalt f.

federa [fe:dera] f Bezug (Kissenbezug) m.

feder|ale [fede'ra:le] Bundes...; *cancelliere* m ~ Bundeskanzler m; **~alismo** [-ra'lizmo] m Föderalismus m; **~alista** [-ra'lista] su. (m/pl. -i) Föderalist(in f) m; **~ativo** [-ra'ti:vo] föderativ, Bundes...; **~ato** [-'ra:to] verbündet; **~azione** [-ratsi-'o:ne] f Bund m; *Sport*: Verband m, Verein m.

fedifrago [fe'di:frago] (*pl. -ghi*) treubrüchig, wortbrüchig.

fedina [fe'di:na] f: ~ *penale* Strafregisterauszug m; -e *pl.* Backenbart m.

fegat|ello [fega'tɛl-lo] m *Kochk.* Schweinsleber f; **~ino** [-'ti:no] m Geflügelleber f.

fegato [fe:gato] m Leber f; *fig.* Mut m; ~ *di maiale* Schweinsleber f; ~ *d'oca* Gänseleber f; *fig. mangiarsi il* ~ sich krank ärgern.

fegatoso [fega'to:so] leberleidend; *fig.* jähzornig.

felce [fɛltʃe] f Farnkraut n.

feldspato [felds'pa:to] m Feldspat m.

fel|ice [fe'li:tʃe] glücklich; ~ *notte!* gute Nacht!; **~icità** [-litʃi'ta] f Glück n.

felicit|are [felitʃi'ta:re] (1m) beglücken; ~ qu. = **~arsi** [-'tarsi] *con* qu. j-n beglückwünschen; **~azione** [-tatsi'o:ne] f Glückwunsch m.

felino [fe'li:no] katzenartig; Katzen...; *razza* f *-a* Katzenart f.

fellà [fel-'la] m Fellache m.

fell|one [fel-'lo:ne] **1.** *adj.* treulos,

ruchlos; **2.** m Verräter m; Schurke m; **~onesco** [-lo'nesko] (*pl. -chi*) verräterisch; ruchlos; **~onia** [-lo-'ni:a] f Verrat m; Schurkerei f.

felpa [felpa] f Plüsch m.

feltr|are [fel'tra:re] (1a) verfilzen; **~atura** [-tra'tu:ra] f Filzen n.

feltro [feltro] m Filz m; *cappello* m *di* ~ Filzhut m.

feluca [fe'lu:ka] f (*pl. -che*) Zweispitz m (*Hut*); ⚓ Feluke f.

femmina [fem-mina] f Weib n; *Zool.* Weibchen n; ⊕ Zapfenloch n; Öse f; *chiave* f ~ Hohlschlüssel m.

femm|inaccia [fem-mi'nat-tʃa] f (*pl. -cce*) liederliches Weib n; **~ineo** [-'mi:neo] weiblich; **~inile** [-mi-'ni:le] **1.** *adj.* weiblich; *scuola* f ~ Mädchenschule f; **2.** m *Gram.* Femininum n; **~inilità** [-minili'ta] f Weiblichkeit f; **~inino** [-mi'ni:no] **1.** *adj.* weiblich; **2.** *m* Weibliche(s) n; *l'eterno* ~ das Ewigweibliche; **~inismo** [-mi'nizmo] m Frauenbewegung f; **~inista** [-mi'nista] *su.* (*m/pl. -i*) Frauenrechtler(in f) m; **~inuccia** [-mi'nut-tʃa] f (*pl. -cce*) kleines Mädchen n.

femorale [femo'ra:le] Schenkel...

femore [fɛ:more] m Oberschenkel m.

fendente [fen'dɛnte] m Hieb (Degenhieb) m.

fendere [fɛndere] (3l) spalten; *s. fesso.*

fend|ibile [fen'di:bile] spaltbar; **~itura** [-di'tu:ra] f Spaltung f; Riß m.

fenice [fe'ni:tʃe] f Phönix m; *fig.* Unikum n.

fenico [fe:niko]: *acido* m ~ Karbolsäure f.

fenicottero [feni'kɔt-tero] m Flamingo m.

fenolo [fe'nɔ:lo] m Phenol n, Karbolsäure f.

fen|omenale [fenome'na:le] phänomenal, außerordentlich; **~omeno** [-'nɔ:meno] m Erscheinung f; Phänomen n.

fer|ace [fe'ra:tʃe] fruchtbar; **~acità** [-ratʃi'ta] f Fruchtbarkeit f.

ferale [fe'ra:le] unheilvoll; Toten-...; *notizia* f ~ Trauerbotschaft f.

feretro [fɛ:retro] m Bahre f; Sarg m.

feria [fɛ:ria] f Ruhetag m; -e *pl.* Ferien *pl.*

feriale [feri'a:le] alltäglich; *giorno* m ~ Werktag m.

ferimento [feri'mento] *m* Verletzung *f*.

fer|inità [ferini'ta] *f* Wildheit *f*; **~ino** [-'ri:no] tierisch; grausam.

fer|ire [fe'ri:re] (4d) verwunden, verletzen; *fig.* schwer kränken; *si è ferito gravemente* er hat sich schwer verletzt; **~ita** [-'ri:ta] *f* Wunde *f*; Verletzung *f*; **~ito** [-'ri:to] *m* Verletzte(r) *m*; Verwundete(r) *m*; **~** *grave* Schwerverletzte(r) *m*; **~** Schwerverwundete(r) *m*; **~itoia** [-ri'to:ia] *f* Schießscharte *f*; **~itore** [-ri'to:re] *m* Verletzer *m*.

ferma [ferma] **1.** *int.* **~!** halt!; **2.** *f* Dienstzeit *f*, Militärzeit *f*.

ferm|acarte [ferma'karte] *m inv.* Briefbeschwerer *m*; **~acravatte** [-makra'vat-te] *m inv.* Krawattennadel *f*; **~aglio** [-'ma:ʎo] *m* (*pl. -gli*) Agraffe *f*; Brosche *f*; Spange *f am Damenschuh*; Klammer *f*.

ferm|amente [ferma'mente] in entschiedener Weise; *credere* **~** *fest* glauben; **~are** [-'ma:re] (1a) anhalten; befestigen (*a* an *dat.*); abstoppen; *Blut* stillen; *Maschine* zum Stillstand bringen; *Pol.* sistieren; **~arsi** [-'marsi] halten; stehenbleiben; sich aufhalten; **~ata** [-'ma:ta] *f* Halt *m*; *♪* Fermate *f*; Haltestelle *f*; *🚍* Station *f*; Aufenthalt *m*; **~** *facoltativa u.* **~** *a richiesta* Bedarfshaltestelle *f*; *🚍 dieci minuti di* **~** zehn Minuten Aufenthalt; **~atovaglia** [-mato'va:ʎa] *f* Tischtuchklammer *f*; **~atura** [-ma'tu:ra] *f* Verschluß *m*; Agraffe *f*.

ferment|abile [fermen'ta:bile] gärungsfähig; leicht in Gärung kommend; **~are** [-'ta:re] (1a) gären; **~ativo** [-ta'ti:vo] **1.** *adj.* fermentativ, Gär...; **2.** *m* Gärungsmittel *n*; **~azione** [-tatsi'o:ne] *f* Gärung *f*; *procedimento m di* **~** Gärungsverfahren *n*.

fermento [fer'mento] *m* Gärstoff *m*; *fig.* Gärung *f*, Unruhe *f*.

fermezza [fer'met-tsa] *f* Festigkeit *f*; *fig.* Beständigkeit *f*; Standhaftigkeit *f*; Ausdauer *f*.

fermo [fermo] **1.** *adj.* fest; ruhig; standhaft; beständig; entschieden; *terra* **~** *-a* Festland *n*; *per* **~** bestimmt; *essere* **~** stehen; *star* **~** ruhig bleiben; *☜* **~** *posta* postlagernd; *l'orologio è* **~** die Uhr ist

stehengeblieben; *il commercio è* **~** der Handel stockt; **2.** *m Pol. u. 🚊* Sistierung *f*.

fermoposta [fermo'posta] postlagernd.

fernèt [fer'nɛt] *m* Magenbitter *m*.

fer|oce [fe'ro:tʃe] wild; grausam; **~ocia** [-'ro:tʃa] *f* (*pl. -ce*) Wildheit *f*; Grausamkeit *f*.

ferodo [fe'rɔ:do] *m*: **~** *per freni* Bremsbelag *m*.

ferraglia [fer-'raʎa] *f* Alteisen *n*, Schrott *m*.

ferragosto [fer-ra'gosto] *m* Augustferien *pl.*; Mariä-Himmelfahrts-Fest *n* (*15. August*).

ferraio [fer-'ra:io] *m* (*pl. -ai*) Eisenschmied *m*.

ferraiolo [fer-rai'ɔ:lo] *m* Umhang *m*.

ferr|ame [fer-'ra:me] *m* Eisenwaren *f/pl.*; **~amento** [-ra'mento] *m* (*pl. mst le -a*) Eisenzeug *n*; **~are** [-'ra:re] (1b) *mit Eisen* beschlagen; **~ata** [-'ra:ta] *f* eisernes Gitter *n*; **~ato** [-'ra:to] mit Eisen beschlagen; *bastone m* **~** Stockdegen *m*; *strada f -a* Eisenbahn *f*; **~atura** [-ra'tu:ra] *f* Beschlagen *n*; Beschlag *m*; **~avecchio** [-ra'vɛk-kio] *m* (*pl. -cchi*) Trödler *m*; *-i pl.* alte Sachen *f/pl.*

ferreo [fer-reo] eisern (*a. fig.*).

ferr|iera [fer-ri'ɛ:ra] *f* Eisenhütte *f*; Hammerwerk *n*; **~ifero** [-'ri:fero] eisenhaltig; **~igno** [-'ri:ɲo] eisenartig.

ferro [fɛr-ro] *m* Eisen *n*; Werkzeug *n*; *⚔* Schwert *n*; (*a.* **~** *di cavallo*) Hufeisen *n*; (*a.* **~** *da stirare*) Plätteisen *n*; (*a.* **~** *da arrìcciare*) Brenneisen *n*; **~** *battuto* Schmiedeeisen *n*; *tocca* **~!** unberufen!, toi, toi, toi!; *dare il* **~** *a qc. et.* bügeln, plätten, *Haar* brennen; *mettere a* **~** *e fuoco* durch Feuer und Schwert vernichten; *-i pl.* Handwerkszeug *n*; Ketten *f/pl.*; *venire ai -i corti* aneinandergeraten; *Kochk. ai -i* auf dem Rost.

ferromodellismo [fer-romodel'lizmo] *m* Eisenbahnmodellbau *m*.

ferroso [fer-'ro:so] eisenhaltig.

ferro|via [fer-ro'vi:a] *f* Eisenbahn *f*; **~** *circolare* Ringbahn *f*; **~** *a cremagliera* Zahnradbahn *f*; **~** *sopr(a)elevata* Hochbahn *f*; **~** *sotterranea* Untergrundbahn *f*; **~** *suburbana* Vorortzug *m*; *per* **~** mit der Eisen-

bahn; **~viario** [-vi'a:rio] (*pl. -ri*)
Eisenbahn...; *linea f -a* Eisenbahn-
linie *f*; **~viere** [-vi'ɛ:re] *m* Eisen-
bahner *m*.
ferr|uginosità [fer-rudʒinosi'ta] *f*
Eisenhaltigkeit *f*; **~uginoso** [-rudʒi-
'no:so] eisenhaltig; **~uminare**
[-rumi'na:re] (1m) zusammenlöten,
schweißen.
fertile [fertile] fruchtbar (*di an dat.*)
fertil|ità [fertili'ta] *f* Fruchtbarkeit
f; **~izzanti** [-lid-'dzanti] *m/pl.*
Düngemittel *n/pl.*; **~izzare** [-lid-
'dza:re] (1a) fruchtbar machen.
ferula [fe:rula] *f* Rute *f*; Geißel *f*
(*a. fig.*).
fervente [fer'vente] *s. fervido.*
fervere [fervere] (3a) glühen; *fig.*
auf dem Höhepunkt sein; *Arbeit*:
eifrig betrieben werden.
fervido [fervido] glühend, sengend;
fig. inbrünstig; eifrig.
ferv|ore [fer'vo:re] *m* Hitze *f*; Glut
f; Inbrunst *f*; Feuereifer *m*; **~orino**
[-vo'ri:no] *m* Moralpredigt *f*; **~o-
roso** [-vo'ro:so] hitzig; inbrünstig;
eifrig.
fesso [fes-so] **1.** *s. fendere*; **2.** *adj.*
gesprungen, rissig; *Stimme*: schrill;
3. *m* Riß *m*; *fig.* blöder Mensch *m*.
fessura [fes-'su:ra] *f* Riß *m*; Spalt *m*.
festa [festa] *f* Fest *n*; Festtag *m*;
Feiertag *m*; *mezza ~* halber (kirch-
licher) Feiertag *m*; *~ commemorativa* Gedächtnisfeier *f*; *~ danzante*
Tanzveranstaltung *f*; *~ di Natale*
Weihnachtsfest *n*; *oggi è la mia ~*
heute ist mein Namens-, Geburtstag; *fare ~ a qu.* j-n herzlich begrüßen; *scherzh. fare la ~ a qu.*
j-n umbringen; *-e pl.* Festlichkeiten
f/pl.; *buone -e!* glückliche Feier-
tage!
fest|aiolo [festai'ɔ:lo] **1.** *adj.* fest-
liebend; **2.** *m* Festgeber *m*; Fest-
ordner *m*; **~ante** [-'tante] festlich
gestimmt; **~eggiamento** [-ted-
dʒa'mento] *m* Feiern *n*; *-i pl.* Festlichkeiten *f/pl.*; **~eggiare** [-ted-
'dʒa:re] (1f) feiern; **~evole** [-'te:-
vole] fröhlich, festlich gestimmt;
~ino [-'ti:no] *m* Festessen *n* (mit
Tanz und Musik).
festival [festival] *m inv.* Festspiel (*e
pl.*) *n*, Festival *n*; *~ della canzone*
Schlagerfestival *n*.
fest|ività [festivi'ta] *f* Fest *n*; Feier-
tag *m*; Fröhlichkeit *f*; **~ivo** [-'ti:vo]

festlich; Fest...; **~onato** [-to'na:to]
mit Blumengewinden ausge-
schmückt; **~one** [-'to:ne] *m* Girlande *f*, Blumengewinde *n*; *Kleidung*: Zacken *m*; **~osità** [-tosi'ta] *f*
Festlichkeit *f*; *fig.* Freudigkeit *f*;
~oso [-'to:so] festlich; freudig.
festuca [fes'tu:ka] *f* (*pl. -che*) Stroh-
halm *m*.
fetente [fe'tente] **1.** *adj.* stinkend; V
ekelhaft; **2.** *m* V Schurke *m*, Schuft
m.
feticcio [fe'tit-tʃo] *m* (*pl. -cci*) Fetisch *m*.
feticismo [feti'tʃizmo] *m* Fetischis-
mus *m*.
fetido [fɛ:tido] stinkend.
fetidume [feti'du:me] *m* stinkendes
Zeug *n*.
feto [fɛ:to] *m* Fötus *m*; Leibesfrucht
f.
fetore [fe'to:re] *m* Gestank *m*.
fetta [fet-ta] *f* Scheibe *f*; Schnitte *f*.
fett|uccia [fet-'tut-tʃa] *f* (*pl. -cce*)
Band *n*; **~uccine** [-tut-'tʃi:ne] *f/pl.*
Art Nudeln *f/pl.*
feud|ale [feu'da:le] feudal; Lehns...;
~alismo [-da'lizmo] *m*, **~alità**
[-dali'ta] *f* Lehnswesen *n*; **~atario**
[-da'ta:rio] (*pl. -ri*) **1.** *adj.* Lehns...;
2. *m* Lehnsherr *m*.
feudo [fɛ:udo] *m* Lehen *n*; Lehn(s)-
gut *n*.
fez [fets] *m* Fes *m*.
fiaba [fi'a:ba] *f* Märchen *n*.
fiabesco [fia'besko] (*pl. -chi*) märchenhaft.
fiacca [fi'ak-ka] *f* Mattigkeit *f*;
battere la ~ faulenzen.
fiaccare [fiak-'ka:re] (1d) zerbrechen; ermatten; *Hals* brechen;
~ le corna a qu. j-n tüchtig durchprügeln; *fig.* j-s Hochmut brechen.
fiacchezza [fiak-'ket-tsa] *f* Schlapp-
heit *f*.
fiacco [fi'ak-ko] (*pl. -cchi*) **1.** *adj.*
schlapp, müde, träge; **2.** *m*: *un ~
di legnate* e-e Tracht *f* Prügel.
fiaccola [fi'ak-kola] *f* Fackel *f*.
fiaccolata [fiak-ko'la:ta] *f* Fackel-
zug *m*.
fiaccone [fiak-'ko:ne] *m* Schwächling *m*.
fiala [fi'a:la] *f* Phiole *f*.
fiamma [fi'am-ma] *f* Flamme *f*;
Wimpel *m*; Geliebte *f*; *dare alle ~*
ins Feuer werfen.
fiamm|ante [fiam-'mante] feuer-

rot; *nuovo* ~ funkelnagelneu; **~ata**
[-'ma:ta] *f* rasch auflodernde
Flamme *f*; *fare una* ~ *di qc. et.* verbrennen; **~eggiare** [-med-'dʒa:re]
(1f) flammen; *fig.* funkeln; **~iferaio**
[-mife'ra:io] *m* (*pl. -ai*) Streichholzverkäufer *m*; **~ifero** [-'mi:fero] *m*
Streichholz *n*.

fiammingo¹ [fiam-'miŋgo] *m* (*pl.
-ghi*) *Zool.* Flamingo *m*.

fiammingo² [fiam-'miŋgo] (*pl.-ghi*)
1. *adj.* flämisch; **2.** *m* Flamländer
m, Flame *m*.

fiancata [fiaŋ'ka:ta] *f* △ Seitenflügel *m*; Seitenhieb *m*.

fiancheggi|amento [fiaŋked-dʒa-
'mento] *m* △ Flankendeckung *f*;
Flankierung *f*; **~are** [-'dʒa:re] (1f):
~ *qc.* an der Seite von et. liegen; ⚔
flankieren; *fig.* unterstützen; ⚔ bekräftigen; **~atore** [-dʒa'to:re] *m*
Mitläufer *m*.

fianco [fi'aŋko] *m* (*pl. -chi*) Seite *f*;
⚔ Flanke *f*; ⚓ Bordseite *f*, Breitseite *f*; Bergabhang *m*.

fiasca [fi'aska] *f* (*pl. -che*) große
Strohflasche *f*; ⚔ Feldflasche *f*.

fiaschetteria [fiasket-te'ri:a] *f*
Weinausschank *m*; Weinstube *f*.

fiasco [fi'asko] *m* (*pl. -chi*) Strohflasche *f*; *fig.* Fiasko *n*, Mißerfolg
m.

fiata [fi'a:ta] *f lit.* Mal *n*.

fiatare [fia'ta:re] (1a) atmen; ein
Wörtchen sagen; *non* ~ kein Sterbenswörtchen sagen.

fiato [fi'a:to] *m* Atem *m*; Hauch *m*;
fig. Ausdauer *f*, Kraft *f*; *fig. senza* ~
sprachlos; ♩ *strumento m a* ~ Blasinstrument *n*; *in un* ~ in e-m
Atem(zug); ~ *sprecato* verlorene
Mühe *f*; *avere il* ~ *corto* kurzatmig
sein (*a. fig.*); *riprendere* ~ wieder
zu Atem kommen; sich erholen;
puzzare il ~ übelriechenden Atem
haben; *sprecare il* ~ in den Wind
reden; *tenere il* ~ *coi denti* in den
letzten Zügen liegen.

fibbia [fib-bia] *f* Schnalle *f*.

fibra [fi:bra] *f* Faser *f*, Fiber *f*; *fig.*
Konstitution *f*; Charakter *m*; Mut
m; ~ *artificiale* Kunstfaser *f*.

fibr|illa [fi'bril-la] *f* Fäserchen *n*;
~illazione [-bril-latsi'o:ne] *f* 🇸
Kammerflimmern *n*; **~ina** [-'bri:na]
f Fibrin *n*; **~osità** [-brosi'ta] *f*
Faserigkeit *f*; **~oso** [-'bro:so] *f*
faserig.

fibula [fi:bula] *f* Schnalle *f*; *Anat.*
Wadenbein *n*.

ficc|anaso [fik-ka'na:so] *m* Schnüffler *m*; **~are** [-'ka:re] (1d) stecken;
Augen heften (*su auf acc.*); **~arsi**
[-'karsi] sich hineindrängen; ~ *nei
guai* sich in e-e unangenehme Lage
bringen; ~ *qc. in testa* sich et. in
den Kopf setzen; *dove s'è ficcato?*
wo steckt er (es)?

fico [fi:ko] *m* (*pl. -chi*) Feige *f*;
Feigenbaum *m*; ~ *d'India* Feigenkaktus *m*; *non vale un* ~ *secco* es
ist keinen Heller wert; *E non m'importa un* ~ das ist mir Wurst.

fidanza [fi'dantsa] *f lit.* Vertrauen *n*.

fidanz|amento [fidantsa'mento] *m*
Verlobung *f*; **~are** [-'tsa:re] (1a)
verloben; **~arsi** [-'tsarsi] sich verloben; **~ata** [-'tsa:ta] *f* Braut *f*; **~ato**
[-'tsa:to] *m* Bräutigam *m*; *i -i pl.*
die Verlobten *pl.*

fid|are [fi'da:re] (1a) **1.** *v/t.* anvertrauen; **2.** *v/i.* ~ *in qu.* auf j-n vertrauen; einen darauf in j-n verlassen; **~arsi**
[-'darsi]: ~ *di qu.* j-m trauen; ~ *di
fare qc.* sich trauen, et. zu tun; ~ *di*
sich verlassen auf (*acc.*); ~ *è bene,
non* ~ *è meglio* trau, schau, wem;
~atezza [-da'tet-tsa] *f* Zuverlässigkeit *f*; **~ato** [-'da:to] zuverlässig;
~ecommesso [-ekkom-'mes-so] *m*
Fideikommiß *n*; **~eiussore** [-deius-
'so:re] *m* Bürge *m*; **~ellini** [-del-
'li:ni] *m/pl.* Fadennudeln *f/pl.*;
~ente [-'dɛnte] vertrauend (*in auf
acc.*).

fido [fi:do] **1.** *adj.* treu; **2.** *m* Kredit
m.

fid|ucia [fi'du:tʃa] *f* Vertrauen *n*;
Zuversicht *f*; *abuso m di* ~ Vertrauensbruch *m*; *medico m di* ~ Vertrauensarzt *m*; *posto m di* ~ Vertrauensstellung *f*; **~uciario** [-du-
'tʃa:rio] (*pl. -ri*) **1.** *adj.* 🇸 treuhänderisch; **2.** *m* Vertrauensperson *f*,
-mann *m*; Treuhänder *m*; **~ucioso**
[-du'tʃo:so] vertrauensvoll; zuversichtlich.

fiele [fi'ɛ:le] *m* Galle *f*; *fig.* Groll *m*.

fien|agione [fiena'dʒo:ne] *f* Heuernte *f*; **~aio** [-'na:io] (*pl. -ai*) Heu-...; *forca f -a* Heugabel *f*; **~ile**
[-'ni:le] *m* Heuboden *m*.

fieno [fi'ɛ:no] *m* Heu *n*; *fare il* ~
heuen.

fienoso [fie'no:so] grasreich; heuartig.

fiera¹ [fi'ɛ:ra] *f* wildes Tier *n.*

fiera² [fi'ɛ:ra] *f* Messe *f*; (Jahr-) Markt *m*; ~ *di Lipsia* Leipziger Messe *f*; ~ *campionaria* Mustermesse *f.*

fierezza [fie'ret-tsa] *f* Wildheit *f*; Stolz *m.*

fieri [fi:eri]: *in* ~ im Entstehen; angehend.

fieristico [fie'ristiko] (*pl. -ci*) Messe-...; *recinto in* ~ Messegelände *n.*

fiero [fi'ɛ:ro] wild; stolz; heftig.

fievole [fi'e:vole] schwach.

fievolezza [fievo'let-tsa] *f* Schwäche *f.*

fifa [fi:fa] *f* F Furcht *f*; *aver* ~ Angst haben.

figaro [fi:garo] *m scherzh.* Friseur *m.*

figg|ere [fid-dʒere] (3cc) stecken; *Augen* heften (*in, su* auf *acc.*); ~**ersi** [-dʒersi]: ~ *in capo* sich in den Kopf setzen.

figlia [fi:ʎa] *f* Tochter *f.*

figli|are [fi'ʎa:re] (1g) jungen; *Kühe*: kalben; *Hunde*: werfen; ~**astra** [-'ʎastra] *f* Stieftochter *f*; ~**astro** [-'ʎastro] *m* Stiefsohn *m*; ~**ata** [-'ʎa:ta] *f* Wurf *m*; Kalben *n*; ~**atura** [-ʎa'tu:ra] *f s. figliata.*

figlio [fi:ʎo] *m* (*pl. -gli*) Sohn *m*; ~ *di papà* Sohn *m* reicher Eltern; *-gli pl.* Kinder *n/pl.*

figli|occia [fi'ʎɔt-tʃa] *f* (*pl. -cce*), ~**occio** [-'ʎɔt-tʃo] *m* (*pl. -cci*) Patenkind *n*; ~**olanza** [-ʎo'lantsa] *f* Kinder *n/pl.*; Kinderschar *f*; ~**ola** [-'ʎɔ:la] *f* Tochter *f*; Mädchen *n*; Kind *n*; ~**olo** [-'ʎɔ:lo] *m* Sohn *m*; Junge *m*; Kind *n*; *essere un buon* ~ ein guter Kerl sein.

figura [fi'gu:ra] *f* Figur *f*; Gestalt *f*; Gesicht *n*; *Mal.*, ⟨Ⅱ⟩ Bild *n*; *far bella (brutta)* ~ e-n guten (schlechten) Eindruck machen; *Kleidung*: *far* ~ j-m gut stehen; *far la* ~ *di ...* dastehen als ...; *iro. bella* ~! schöne Blamage!

figur|abile [figu'ra:bile] darstellbar; denkbar; ~**accia** [-'rat-tʃa] *f* (*pl. -cce*) Blamage *f*; *fare una* ~ sich blamieren; ~**ante** [-'rante] *su. Thea.* Statist(in *f*) *m*; ~**are** [-'ra:re] (1a) **1.** *v/t.* darstellen; bilden; **2.** *v/i.* hervortreten; vorkommen; ~**arsi** [-'rarsi] sich denken; sich vorstellen; *c.s.* sich einbilden; *figurati!* denke dir!; aber bitte!; *figurarsi!* man denke nur!; *si figuri!* stellen

Sie sich vor!; gern geschehen!; ~**ativo** [-ra'ti:vo] darstellend; *Kunst*: bildlich; ~**ato** [-'ra:to] bildlich; ~**ina** [-'ri:na] *f* (kleine) Gips-, Marmor- *usw.* Figur *f*; ~**inaio** [-ri'na:io] *m* (*pl. -ai*) Gipsfigurenhändler *m*; ~**inista** [-ri'nista] *su.* (*m/pl. -i*) Modezeichner(in *f*) *m*; ~**ino** [-'ri:no] *m* Modezeichnung *f*; Modell *n.*

figuro [fi'gu:ro] *m* finsterer Geselle *m.*

fila [fi:la] *f* Reihe *f*; ✗ Glied *n*; Schlange *f*; *di* ~ ohne Unterbrechung; hintereinander; *in* ~ gliedweise; *in* ~ *indiana* in Gänsemarsch; *tre giorni di* ~ drei Tage hintereinander; *fare la* ~ Schlange stehen; *mettersi in* ~ sich nebeneinanderstellen.

fil|abile [fi'la:bile] spinnbar; ~**accia** [-'lat-tʃa] *f* (*pl. -cce*) Scharpie *f*; ~**accioso** [-lat-'tʃo:so] faserig.

fil|amento [fila'mento] *m* Faser *f*, Faden *m*; ⚕ Staubfaden *m*; ⚡ Glühfaden *m*; ~**anda** [-'landa] *f* Spinnerei *f*; ~**andaia** [-lan'da:ia] *f* Spinnerin *f*; ~**andiere** [-landi'ɛ:re] *m* Spinnereibesitzer *m.*

fil|antropia [filantro'pi:a] *f* Menschenliebe *f*; ~**antropico** [-lan'trɔ:piko] (*pl. -ci*) menschenfreundlich; ~**antropo** [-'lantropo] *m* Menschenfreund *m.*

filare [fi'la:re] (1a) **1.** *v/t.* spinnen; **2.** *v/i.* laufen; *Auto*: rasen, flitzen; sich entfernen, F sich verdrücken; *Rede*: fließen; *mit einem Mädchen*: gehen; *far* ~ *qu.* hinter j-m her sein; **3.** *m* Reihe *f.*

filarmonico [filar'mɔ:niko] (*pl. -ci*) **1.** *adj.* philharmonisch; **2.** *m* Philharmoniker *m.*

filastrocca [filas'trɔk-ka] *f* (*pl. -cche*) Kinderreim *m*; Geschwätz *n*; ~ *di ...* lange Reihe *f* von ...

filat|elia [filate'li:a] *f* Briefmarkenkunde *f*; ~**elico** [-te'liko] (*pl. -ci*) **1.** *adj.* Briefmarken-...; **2.** *m u.* ~**elista** [-te'lista] *m* (*pl. -i*) Briefmarkensammler *m.*

fil|aticcio [fila'tit-tʃo] *m* (*pl. -cci*) Florettseide *f*; ~**ato** [-'la:to] *m* Garn *n*; *di* ~ in e-m fort; hintereinander; *sputo* ~ *filato!* (*pl. -oi*) Spinnmaschine *f*; Spinnstube *f*; Spinnerei *f*; ~**atore** [-la'to:re] *m* Spinner *m*; ~**atura** [-la'tu:ra] *f*

Spinnen n; Spinnerei f; **~ettare** [-let-'ta:re] (1a) rändern; ⊕ Gewinde schneiden; **~ettatrice** [-letta'tri:tʃe] f Gewindeschneidmaschine f; **~ettatura** [-let-ta'tu:ra] f Verzierung f mit feinen Streifen; ⊕ Gewindeschneiden n; Gewinde n; **~etto** [-'let-to] m Fädchen n; Trense f; Anat. Zungenband n; Spiel: Mühle f; Kochk. Filet n; ⊕ Gewinde n; **~ della vite** Schraubengewinde n.

fili|ale [fili'a:le] **1.** adj. kindlich; **2.** f Filiale f; ✝ Zweigniederlassung f; **~azione** [-liatsi'o:ne] f Kindschaft f; fig. Zusammenhang m; Produkt n, Ergebnis n.

filibustiere [filibusti'ɛ:re] m Freibeuter m. [Walzwerk n.)

filiera [fili'ɛ:ra] f ⊕ Zieheisen n;)

filiforme [fili'forme] fadenförmig.

filigr|ana [fili'gra:na] f Filigran n; Wasserzeichen n; **~anato** [-gra'na:to] filigranartig; mit Wasserzeichen versehen.

filippica [fi'lip-pika] f (pl. -che) Philippika f; heftige Strafrede f.

filisteo [filis'tɛ:o] **1.** adj. philisterhaft; **2.** m Philister m.

film [film] m (pl. inv.) Film m; **~ educativo** (od. didattico) Lehrfilm m; **~ parlato** od. sonoro Tonfilm m; **~ muto** Stummfilm m; **~ giallo** Kriminalfilm m; **~ pubblicitario** Reklamefilm m; **~ a colori** Farbfilm m; **girare un ~** e-n Film drehen.

film|are [fil'ma:re] (1a) filmen; verfilmen; **~ato** [-'ma:to] m Filmaufnahmen f/pl.; **~istico** [-'mistiko] (pl. -ci) filmisch; Film...

filo [fi:lo] m (pl. a. le -a) Faden m (a. fig.); Garn n; Zwirn m; (**~ d'erba** Gras-)Halm m; Schneide f; Draht m; **~ conduttore** ⚡ Leitungsdraht m; fig. roter Faden m (e-r Erzählung usw.); **~ di seta** Seidenzwirn m; **~ spinato** Stacheldraht m; **~ di ottone** Messingdraht m; **~ di ferro** Eisendraht m; **~ telegrafico** Telegrafendraht m; **~ d'acqua** Wasserstrahl m; **~ di voce** dünne Stimme f; **~ delle reni** Rückgrat n; **per ~ e per segno** ganz genau; **dare del ~ da torcere a qu.** j-m zu schaffen machen.

filobus [fi:lobus] m Autobus m mit Oberleitung; Trolleybus m.

filodendro [filo'dendro] m Philodendron n.

filodiffusione [filodif-fuzi'o:ne] f Drahtfunk m.

filodrammatic|a [filodram-'ma:tika] f Laienbühne f; **~o** [-ko] (pl. -ci) **1.** adj. Thea. dilettantisch; Liebhaber...; **2.** m Thea. Laienspieler m.

fil|ologia [filolo'dʒi:a] f Sprachwissenschaft f; **~ romanza** Romanistik f; **~ologico** [-lo'lo:dʒiko] (pl. -ci) philologisch; **~ologo** [-'lo:logo] m (pl. -gi) Philologe m.

filomela [filo'me:la] f poet. Nachtigall f.

filone [fi'lo:ne] m ⚒ Ader f; längliches Brot n; fig. Hauptströmung f.

filoso [fi'lo:so] faserig.

filos|ofale [filozo'fa:le]: **pietra f ~** Stein m der Weisen; **~ofare** [-zo'fa:re] (1m u. c) philosophieren; **~ofema** [-zo'fɛ:ma] m (pl. -i) philosophischer Ausspruch m; **~ofia** [-zo'fi:a] f Philosophie f; **~ofico** [-'zo:fiko] (pl. -ci) philosophisch; **~ofismo** [-zo'fizmo] m Scheinphilosophie f.

filosofo [fi'lo:zofo] m Philosoph m.

filossera [fi'los-sera] f Reblaus f.

filovia [filo'vi:a] f Drahtseilbahn f; Autobuslinie f mit Oberleitung.

filtr|are [fil'tra:re] (1a) **1.** v/t. filtrieren; durchseihen; **2.** v/i. durchsickern; **~azione** [-tratsi'o:ne] f Filtrierung f; Durchseihen n; Durchsickern f.

filtro [filtro] m Filter m; **~ amoroso** Liebestrank m; Phot. **~ giallo** Gelbfilter m.

filugello [filu'dʒel-lo] m Seidenraupe f.

filza [filtsa] f Reihe f; **~ di perle** Perlenschnur f.

fimo [fi:mo] m Lehm m; Mist m.

finale [fi'na:le] **1.** adj. endgültig; End...; Schluß...; **atto m ~** Schlußakt m; **effetto m ~** Endeffekt m; **esito m ~** Endergebnis m; **gara f** (Radsport: giro m) **~** Schlußrunde f; **scena f ~** Schlußszene f; **il giudizio ~** das Jüngste Gericht; **sillaba f ~** = **2.** f Endsilbe f; **3.** m ♪ Finale n; Sport: Endspiel n; Endrunde f; Endkampf m.

finalista [fina'lista] su. (m/pl. -i) Endspielteilnehmer(in f) m.

finalmente [final'mente] endlich; schließlich.

finanche [fi'naŋke] selbst; sogar.

finanz|a [fi'nantsa] f Finanz f;

guardia f di ~ Zollwächter *m; -e pl.* Finanzen *f/pl.;* Finanzwesen *n; intendenza f di* ~ Finanzamt *n; ministro m delle -e* Finanzminister *m; -e pl. dello Stato* Staatsgelder *n/pl.;* **~iamento** [-tsia'mento] *m* Finanzierung *f;* **~iare** [-tsi'a:re] (1g) finanzieren; **~iario** [-tsi'a:rio] *(pl. -ri)* **1.** *adj.* finanziell; Finanz…; *riforma f -a* Finanzreform *f; leggi f/pl. -e* Finanzgesetze *n/pl.; fare un sacrificio* ~ Geldopfer bringen; **2.** *m =* **~iere** [-tsi'ε:re] *m* Finanzmann *m.*

finca [fiŋka] *f (pl. -che)* Typ. Feld *n;* Spalte *f;* Tabelle *f.*

finché [fiŋ'ke] bis; solange als.

fine [fi:ne] **1.** *adj.* fein; **2.** *m* Zweck *m; a* ~ *di …* um zu …; **3.** *f (a. m)* Ende *n; in* ~, *alla* ~, *al* ~ schließlich; *il* ~ *loda l'opera* das Werk lobt den Meister; ✝ *salvo buona* ~ unter üblichem Vorbehalt; ~ *dell'anno* Jahreswende *f.*

fine-settimana [fineset-ti'ma:na] *m inv.* Wochenende *n.*

finestra [fi'nestra] *f* Fenster *n;* ~ *scorrevole* Schiebefenster *n.*

finestrino [fines'tri:no] *m* Zug, Auto: Fenster *n.*

finezza [fi'net-tsa] *f* Feinheit *f;* Gefälligkeit *f.*

fing|ere [findʒere] (3d) **1.** *v/t.* heucheln; vorgeben; ᴣ ersinnen; **2.** *v/i.* so tun, als ob …; **~ersi** [-dʒersi] sich verstellen.

finimento [fini'mento] *m* Vollendung *f;* Ausstattung *f;* Geschmeide *n; -i pl.* Geschirr (Pferdegeschirr) *n.*

finimondo [fini'mondo] *m* Weltuntergang *m; fig.* Lärm *m.*

finire [fi'ni:re] (4d) **1.** *v/t.* beend(ig)en; ~ *qu.* j-n umbringen; ~ *di parlare* ausreden; *finirla con qu.* mit j-m brechen; *finiscila!* hör(e) auf!; *la finirò io* da werde ich ein Ende machen; **2.** *v/i.* enden; ausgehen *(in* auf *acc.);* aufhören; *finì col dire* … zuletzt sagte er …; *andrà a* ~ *male* das wird ein schlechtes Ende nehmen; *dove vuol andare a* ~ *con queste parole?* worauf will er mit diesen Worten hinaus?

finissimo [fi'nis-simo] hochfein; tipptopp.

finitezza [fini'tet-tsa] *f* Vollendung *f;* Vollkommenheit *f.*

finitimo [fi'ni:timo] angrenzend.

finito [fi'ni:to] vollendet; *prodotto m* ~ Fertigware *f; è un uomo* ~ er ist ein erledigter Mann; *è finita* es ist aus; *farla finita con qc.* ein Ende machen mit et.

finlandese [finlan'de:se] **1.** *adj.* finn(länd)isch; **2.** *m* Finnländer *m,* Finne *m;* Finnisch(e) *n.*

finnico [fin-niko] *(pl. -ci)* finnisch.

fino¹ [fi:no] *adj.* dünn; fein; *c.s.* schlau, gerieben.

fino² [fi:no] *prp.* bis; ~ *a* bis zu; ~ *da* schon seit; von … an; ~ *a che* solange als.

finocchio [fi'nɔk-kio] *m (pl. -cchi)* Fenchel *m.*

finora [fi'no:ra] bis jetzt.

finsi [finsi] *s. fingere.*

finta [finta] *f* Verstellung *f; Kleidung:* Patte *f; Fechtk.* Finte *f; far* ~ *di* so tun, als ob.

fintaggine [fin'tad-dʒine] *f* Falschheit *f.*

fintantoché [fintanto'ke] bis, solange als.

finto [finto] **1.** *s. fingere;* **2.** *adj.* erheuchelt; falsch; künstlich; erdichtet; *assalto m* ~ Scheinangriff *m; porta f -a* blinde Tür *f; uomo m* ~ falscher Mensch *m; amore m* ~ erheuchelte Liebe *f; barba f -a* falscher Bart *m; battaglia f -a* Gefechtsübung *f; è tutto* ~ es ist alles nur Mache.

finzione [fintsi'o:ne] *f* Verstellung *f;* Erdichtung *f.*

fio [fi:o] *m* Strafe *f; pagare il* ~ *(di qc. et.)* büßen.

fioc|aggine [fio'kad-dʒine] *f* Heiserkeit *f;* **~amente** [-ka'mente] mit schwacher Stimme.

fioccare [fiok-'ka:re] (1c *u. d)* (in Flocken) schneien; *fig.* zuströmen, hageln.

fiocco [fi'ɔk-ko] *m (pl. -cchi)* Schleife *f;* Quaste *f;* Flocke (Schneeflocke) *f;* Kunstfaser *f; fig. coi -cchi* ausgezeichnet; tüchtig; *è una cosa coi -cchi* das hat sich gewaschen.

fiocina [fi'ɔ:tʃina] *f* Harpune *f.*

fiocin|are [fiotʃi'na:re] (1m *u. c)* harpunieren; **~atore** [-na'to:re] *m* Harpunier *m.*

fioco [fi'ɔ:ko] *(pl. -chi)* schwach; heiser.

fionda [fi'onda] *f* Schleuder *f.*

fior|aia [fio'ra:ia] *f* Blumenmädchen *n;* **~aio** [-'ra:io] *m (pl. -ai)* Blumenverkäufer *m*; Handelsgärtner *m*; **ame** [-'ra:me] *m* Blumenmuster *n*.

fior|cappuccio [fiorkap-'put-tʃo] *m* (*pl.* -*cci*) Rittersporn *m*; **daliso** [-da'li:zo] *m* Kornblume *f*; ⏀ französische Lilie *f*.

fiordo [fi'ɔrdo] *m* Fjord *m*.

fiore [fi'o:re] *m* Blume *f*; *Kartensp.* Treff *n*; -*i pl.* ⏀ Auslese *f*; ~ *del vino* Kahm *m*; ~ *di latte* Rahm *m*; ~ *di farina* Kernmehl *n*, Auszugmehl *n*; *fior di quattrini* Geld *n* in Fülle; *fior di roba* beste Ware *f*; *un fior di birbante* ein Erzschuft *m*; *un fior di galantuomo* ein Ehrenmann *m* durch und durch; *a fior d'acqua* an der Oberfläche des Wassers; *a fior di labbra* obenhin; *essere in* ~ in Blüte sein.

fiorente [fio'rɛnte] blühend.

fiorentino [fioren'ti:no] **1.** *adj.* florentinisch; **2.** *m* Florentiner *m*.

fior|ettare [fioret-'ta:re] (1a) schmücken; ⏀ kolorieren; **ettatura** [-ret-ta'tu:ra] *f* ♪ Koloratur *f*; **ettista** [-ret-'tista] *m* (*pl.* -*i*) Florettfechter *m*; **etto** [-'ret-to] *m* Blümchen *n*; *Fechtk.* Florett *n*; **icoltore** [-rikol'to:re] *m* Blumenzüchter *m*; **icoltura** [-rikol'tu:ra] *f* Blumenzucht *f*; **ino** [-'ri:no] *m* Gulden *m*.

fior|ire [fio'ri:re] (4d) blühen; **ista** [-'rista] *su.* (*m*/*pl.* -*i*) Verfertiger(*in f*) *m* von künstlichen Blumen; Blumenhändler(in *f*) *m*; *Mal.* Blumenmaler(in *f*) *m*; **ita** [-'ri:ta] *f* Blüte *f*; ⏀ Chrestomathie *f*; **ito** [-'ri:to] in Blüte stehend; *carta f -a* Tapete *f* mit Blumenmuster; *vino m* ~ schimm(e)liger Wein *m*; *stile m* ~ bilderreicher Stil *m*; **itura** [-ri'tu:ra] *f* Blüte *f*; *fig.* Ausschmückung *f*; ♪ Koloratur *f*.

fiotto [fi'ɔt-to] *m* Fluten *n*; *a -i* in Strömen.

firma [firma] *f* Unterschrift *f*; ✝ *avere la* ~ Prokura haben.

firmamento [firma'mento] *m* Firmament *n*, Himmelsgewölbe *n*.

firm|are [fir'ma:re] (1a) unterschreiben; **arsi** [-'marsi] unterzeichnen; **atario** [-ma'ta:rio] *m* (*pl.* -*ri*) Unterzeichner *m*.

fisarm|onica [fizar'mɔ:nika] *f* (*pl.* -*che*) Ziehharmonika *f*, Akkordeon *n*; **onicista** [-moni'tʃista]

su. (*m*/*pl.* -*i*) Akkordeonspieler(in *f*) *m*.

fisc|ale [fis'ka:le] fiskalisch; *fig.* inquisitorisch; *ritenuta f* ~ Steuerabzug *m*; *sgravio m* ~ Steuererleichterung *f*, Steuersenkung *f*; **alismo** [-ka'lizmo] *m* Fiskalpolitik *f*; *fig.* Härte *f*; **alità** [-kali'ta] *f* staatliche Kontrolle *f*.

fischi|amento [fiskia'mento] *m* Pfeifen *n*; Auspfeifen *n*; **are** [-ki-'a:re] (1k) **1.** *v/t.* pfeifen; ~ *l'inizio del gioco* das Spiel anpfeifen; ~ *la fine del gioco* das Spiel abpfeifen; ~ *qu.* j-n auspfeifen; **2.** *v/i.* pfeifen; *Vögel:* singen; *Schlangen:* zischen; *Wind:* sausen; *mi fischiano gli orecchi* mir saust es in den Ohren; **ata** [-ki'a:ta] *f* Pfiff *m*; *Thea.* Gezisch *n*; **atore** [-kia'to:re] *m* Pfeifer *m*; Auspfeifer *m*; **erellare** [-kierel-'la:re] (1b) vor sich hin pfeifen; **etto** [-ki'et-to] *m* Pfeife (Lockpfeife) *f*; -*i pl.* Art Suppennudeln *f*/*pl.*

fischio [fiskio] *m* (*pl.* -*chi*) Pfiff *m*; Pfeife *f*; *Sport:* ~ *finale* Abpfiff *m*.

fischione [fiski'o:ne] *m* Pfeifente *f*.

fisco [fisko] *m* (*pl.* -*chi*) Fiskus *m*; Staatskasse *f*.

fisica [fi:zika] *f* Physik *f*; ~ *nucleare* Atomphysik *f*.

fisico [fi:ziko] (*pl.* -*ci*) **1.** *adj.* physisch, körperlich; *educazione f -a* körperliche Erziehung *f*; **2.** *m* Physiker *m*; Gestalt *f*.

fisima [fi:zima] *f* fixe Idee *f*, Wahnvorstellung *f*.

fis|iognomia [fiziogno'mi:a] *f* Physiognomik *f*, Gesichtskunde *f*; **iologia** [-ziolo'dʒi:a] *f* Physiologie *f*; **iologico** [-zio'lɔ:dʒiko] (*pl.* -*ci*) physiologisch; **iologo** [-zi'ɔ:logo] *m* (*pl.* -*gi*) Physiologe *m*; **ionomia** [-ziono'mi:a] *f* Physiognomie *f*, Gesichtsausdruck *m*; *fig.* Charakter *m*; **ionomico** [-zio'nɔ:miko] (*pl.* -*ci*) physiognomisch; **ionomista** [-ziono'mista] *su.* (*m*/*pl.* -*i*) Gesichtsdeuter(in *f*) *m*; **ioterapia** [-ziotera'pi:a] *f* Physiotherapie *f*.

fiso [fi:zo] *poet.* starr geradeaus blickend.

fiss|aggio [fis-'sad-dʒo] *m* (*pl.* -*ggi*) *Phot.* Fixieren *n*; Fixiermittel *n*; **are** [-'sa:re] (1a) festmachen, festsetzen; *Gegenstand* befestigen; *Aufmerksamkeit* richten;

Blick heften; *j-n* anstarren; *Diener usw.* anstellen; *ein Haus* mieten; *Phot.* fixieren; ~ (*l'occhio*) stieren (*su auf acc.*); **~arsi** [-'sarsi] sich niederlassen; ~ *di ...* (*inf.*) sich in den Kopf setzen zu ...; ~ *in qu.* (*qc.*) nur an j-n (*et.*) denken; **~ato** [-'sa:to] *m* Mensch *m* mit e-r fixen Idee; **~atore** [-sa'to:re] *m* Fixierstoff *m*; *bagno m* ~ Fixierbad *n*; **~azione** [-satsi'o:ne] *f* Festsetzung *f*; fixe Idee *f*, Einbildung *f*.

fissi [fis-si] *s.* figgere.

fissile [fis-sile] *Phys.* spaltbar.

fissione [fis-si'o:ne] *f*: ~ *dell'atomo* Atomspaltung *f*.

fissipede [fis-'si:pede] **1.** *adj.* spaltfüßig; **2.** *m* Zweihufer *m*.

fissità [fis-si'ta] *f* Starrheit *f*.

fisso [fis-so] **1.** *adj.* fest; bestimmt; dauernd; ständig; festangestellt; *stella f -a* Fixstern *m*; **2.** *m* festes Gehalt *n*.

fistola [fistola] *f* ♪ Fistel *f*.

fitta [fit-ta] *f* Stich *m*; ♪ lockerer Erdboden *m*; Tiefe *f* des Spatenstiches; Menge *f*; *una* ~ *di spropositi* eine Menge Fehler.

fittavolo [fit-'ta:volo] *m* Pächter *m*.

fittile [fit-tile] irden, tönern.

fittizio [fit-'ti:tsio] (*pl.* -zi) künstlich; gefälscht; fingiert.

fitto¹ [fit-to] **1.** *s.* figgere; **2.** *adj.* dicht; gedrängt; **3.** *m*: *nel* ~ *della notte* im tiefsten Dunkel der Nacht; *nel* ~ *del bosco* im Dickicht.

fitto² [fit-to] *m* Miete *f*; Pacht *f*.

fittone [fit-'to:ne] *m* Pfahlwurzel *f*.

fittuario [fit-tu'a:rio] *m* (*pl.* -ri) Pächter *m*; Mieter *m*.

fium|ana [fiu'ma:na] *f* angeschwollener Fluß *m*; Flut *f*; *fig.* Menschenstrom *m*.

fiume [fi'u:me] *m* Fluß *m*; *fig.* Strom *m*; *letto m del* ~ Flußbett *n*; *pesce m di* ~ Flußfisch *m*.

fiutare [fiu'ta:re] (1a) wittern; *Tabak* schnupfen; *fig.* ausspüren.

fiuto [fi'u:to] *m* Witterung *f*; Beschnuppern *n*; *F* Nase *f*.

flabello [fla'bɛl-lo] *m* großer Fächer *m aus Straußenfedern.*

flaccidezza [flat-tʃi'det-tsa] *f* Schlaffheit *f*.

flaccido [flat-tʃido] schlaff.

flac|one [fla'ko:ne] *m* Fläschchen *n*; **~oncino** [-kon'tʃi:no] *m*: ~ *da profumo* Parfümfläschchen *n*.

flagell|ante [fladʒel-'lante] *m* Geißelbruder *m*; *Zool.* Geißeltierchen *n*; **~are** [-'la:re] (1b) geißeln; **~atore** [-la'to:re] *m* Geißler *m*; **~azione** [-latsi'o:ne] *f* Geißelung *f*.

flagello [fla'dʒel-lo] *m* Geißel *f*; Plage *f*; Quälgeist *m*.

flagrante [fla'grante] augenscheinlich; *cogliere in* ~ auf frischer Tat ertappen.

flanella [fla'nɛl-la] *f* Flanell *m*.

flangia [flandʒa] *f* ⊕ Flansch *m*.

flano [fla:no] *m Typ.* Mater *f*.

flash [fleʃ] *m inv. Phot.* Blitzlicht *n*; Kurznachricht *f*.

flato [fla:to] *m* Blähung *f*.

flatul|ento [flatu'lento] blähend; **~enza** [-'lentsa] *f* Blähung *f*.

flautista [flau'tista] *su.* (*m/pl.* -i) Flötenspieler(in *f*) *m*.

flauto [fla'uto] *m* Flöte *f*; ~ *magico* Zauberflöte *f*.

flavo [fla:vo] blond.

flebile [flɛ:bile] kläglich.

fleb|ite [fle'bi:te] *f* Venenentzündung *f*; **~oclisi** [-bo'kli:zi] *f* Infusion *f*; **~otomia** [-boto'mi:a] *f* Aderlassen *n*; **~otomo** [-'bɔ:tomo] *m* Aderlasser *m*.

flemma [flɛm-ma] *f* Phlegma *n*; Gelassenheit *f*.

flemmatico [flɛm-'ma:tiko] (*pl.* -ci) **1.** *adj.* phlegmatisch; **2.** *m* Phlegmatiker *m*.

flemmone [flɛm-mone] *m* Blutgeschwür *n*.

flessi [fles-si] *s.* flettere.

fless|ibile [fles-'si:bile] biegsam; **~ibilità** [-sibili'ta] *f* Biegsamkeit *f*; **~ione** [-si'o:ne] *f* Biegung *f*, Beugung *f*; *Gram.* Flexion *f*; *Sport:* Beuge *f*; ~ *dei prezzi* Rückgang *m* der Preise; **~ore** [-'so:re] *m*: *muscolo m* ~ Beugemuskel *m*; **~uosità** [-suosi'ta] *f* Schmiegsamkeit *f*; **~uoso** [-su'o:so] schmiegsam.

flettere [flɛt-tere] (3qq) biegen.

flirt [flœrt] *m* Flirt *m*.

flirtare [flir'ta:re] (1a) flirten.

flogistico [flo'dʒistiko] (*pl.* -ci) entzündlich.

flogosi [flo'gɔ:zi] *f* Entzündung *f*.

flora [flɔ:ra] *f* Flora *f*, Pflanzenwelt *f*.

flore|ale [flore'a:le] Blumen..., Blüten...; *stile m* ~ Jugendstil *m*; **~scenza** [-reʃ-'ʃentsa] *f* Blüte *f*; Blütenstand *m*.

flori|coltore [florikol'to:re] *m* Blumenzüchter *m*; **~coltura** [-rikol'tu:ra] *f* Blumenzucht *f*; **~dezza** [-ri'det-tsa] *f* Blüte(zeit) *f*; *fig.* Blühen *n*, Gedeihen *n*; ~ *apparente* Scheinblüte *f*.

florido [flɔ:rido] blühend.

florilegio [flori'lɛ:dʒo] *m* (*pl.* *-gi*) *lit.* Blütenlese *f*.

floscio [flɔʃ-ʃo] (*pl.* *-sci*) schlaff; *Kragen:* ungestärkt.

flotta [flɔt-ta] *f* Flotte *f*; ~ *aerea* Luftflotte *f*; ~ *mercantile* Handelsflotte *f*.

flott|azione [flot-tatsi'o:ne] *f* Flößen *n*; **~iglia** [-'ti:ʎa] *f* Flottille *f*.

flu|ente [flu'ɛnte] wallend, fließend; **~idità** [-idi'ta] *f* Flüssigkeit *f*; ~ *di stile* fließender Stil *m*.

fluido [flu:ido] **1.** *adj.* flüssig; fließend; **2.** *m* flüssiger Körper *m*; Flüssigkeit *f*; *fig.* Fluidum *n*.

fluire [flu'i:re] (4d) fließen.

flui|tare [flui'ta:re] (1l) flößen, schwemmen; **~tazione** [-tatsi'o:ne] *f* Flößen *n*, Schwemmen *f*.

fluoresc|ente [fluoreʃ-'ʃɛnte] fluoreszierend; **~enza** [-'ʃɛntsa] *f* Fluoreszenz *f*.

fluo|ridrico [fluo'ridriko] Fluor...; **~rite** [-'ri:te] *f* Fluorit *f*.

fluoro [flu'ɔ:ro] *m* Fluor *n*.

flussione [flus-si'o:ne] *f* Ausfluß *m*; rheumatischer Schmerz *m*.

flusso [flus-so] *m* Flut *f*; ⚕ Ausfluß *m*.

flutto [flut-to] *m* Woge *f*; Wellenschlag *m*; *-i pl.* Wellen *f/pl.*

fluttu|amento [flut-tua'mento] *m* Fluten *n*; *fig.* Schwanken *n*; **~ante** [-tu'ante]: *debito m ~* schwebende Schuld *f*; **~are** [-tu'a:re] (1l) wogen; *fig.* schwanken; **~azione** [-tuatsi'o:ne] *f* Wogen *n*; Schwankung *f*; ~ *dei prezzi* Preisschwankung *f*.

fluviale [fluvi'a:le] Fluß...; *navigazione f ~* Flußschiffahrt *f*.

fo [fɔ] *s.* fare.

fobia [fo'bi:a] *f* Angst *f*; Haß *m*; Abneigung *f*.

foca [fɔ:ka] *f* (*pl.* *-che*) Seehund *m*; Robbe *f*.

focaccia [fo'kat-tʃa] *f* (*pl.* *-cce*) Kuchen *m*; *rendere pan per ~* Gleiches mit Gleichem vergelten.

foc|aio [fo'ka:io]: *pietra f -a* Feuerstein *m*; **~ale** [-'ka:le] zum Brennpunkt gehörig; Brennpunkt...

foce [fɔ:tʃe] *f* Mündung *f*; *metter ~* (ein)münden.

fochista [fo'kista] *m* (*pl.* *-i*) Heizer *m*.

focol|aio [foko'la:io] *m* (*pl.* *-ai*), **~are** [-'la:re] *m* Herd *m* (*a. fig.*); ⊕ Heizraum *m*.

focoso [fo'ko:so] feurig.

fodera [fɔ:dera] *f* Futteral *n*; Überzug *m*; *Kleidung:* Futter *n*; ~ *dell'ombrello* Schirmhülle *f*.

foderare [fode'ra:re] (1l u. c.) *Kleidung* füttern. [Scheide *f*.]

fodero [fɔ:dero] *m* Futteral *n*; ⚔)

foga [fo:ga] *f* Eifer *m*; *pfr.* Feuer *n*.

foggia [fɔd-dʒa] *f* (*pl.* *-gge*) Art *f* und Weise *f*; *Kleidung:* Tracht *f*; Schnitt *m*.

foggiare [fod-'dʒa:re] (1f) formen.

foglia [fɔ:ʎa] *f* Blatt *n*; *-e pl.* Laub *n*; ~ *d'oro* Blattgold *n*; *ha mangiato la ~* ihm (ihr) ist ein Licht aufgegangen; *tremare come una ~* wie Espenlaub zittern.

fogli|aceo [fo'ʎa:tʃeo] blattartig; **~ame** [-'ʎa:me] *m* Laubwerk *n*.

foglio [fɔ:ʎo] *m* (*pl.* *-gli*) Blatt *n*; *Typ.* Bogen *m*; Zeitung *f*; Geldschein *m*; ~ *rosa* provisorische Fahrerlaubnis *f*; ~ *di carta* Blatt *n* Papier *n*; *in* ~ in Folio; ~ *di via* Begleitpapier *n*; Ausweisungsbescheid *m*; ~ *d'annotazioni* Merkblatt *n*; ~ *volante* Flugblatt *n*.

fogna [fo:ɲa] *f* Abzugsgraben *m*; Senkgrube *f*.

fogn|are [fo'ɲa:re] (1a) mit Abzugsgräben versehen; **~atura** [-ɲa'tu:ra] *f* Kanalisation(ssystem *n*) *f*; Bauen *n* von Abzugsgräben.

foia [fɔ:ia] *f* Geilheit *f*.

foiba [fɔ:iba] *f* *Geol.* trichterförmige Bodenvertiefung *f*, Doline *f*.

fola [fɔ:la] *f* Märchen *n*.

folaga [fɔ:laga] *f* (*pl.* *-ghe*) Wasserhuhn *n*.

folata [fo'la:ta] *f* Stoß *m*, Bö *f*; *fig.* Schwarm *m*; ~ *di vento* Windstoß *m*.

folcl|ore [folk'lɔ:re] *m* Volkskunde *f*; **~oristico** [-lo'ristiko] (*pl.* *-ci*) volkskundlich.

folgor|are [folgo'ra:re] (1l) blitzen; niederschmettern; **~ato** [-'ra:to] vom elektrischen Schlag getroffen; **~azione** [-ratsi'o:ne] *f* elektrischer Schlag *m*.

folgore [folgore] f Blitz m.
folgoreggiare [folgored-'dʒa:re] (1f) blitzen.
folklore [folk'lɔːre] m usw. s. folclore usw.
folla [fɔl-la] f Menge f; Gedränge n; Volkshaufen m; fig. Unmenge f; ~ di gente Menschenandrang m.
foll|are [fol-'la:re] (1a) walken; Weintrauben keltern; ~atore [-la-'to:re] m Walker m; Kelterer m; ~atrice [-la'tri:tʃe] f Walkmaschine f; ~atura [-la'tu:ra] f Walken n; Keltern f.
folle [fɔl-le] 1. adj. töricht; 2. m Tor m.
foll|eggiare [fol-led-'dʒa:re] (1f) töricht handeln; scherzen; ~etto [-'let-to] m (od. a. spirito m ~) Kobold m; ~ia [-'li:a] f Torheit f, Wahnsinn m.
follicolo [fol-'li:kolo] m ⚥ Fruchtkapsel f; Anat. Drüsenblase f.
follone [fol-'lo:ne] m Walke f.
foltezza [fol'tet-tsa] f Dichtigkeit f.
folto [folto] 1. adj. dicht; 2. m Dickicht n; nel ~ di ... im (in der) tiefsten ...
foment|are [fomen'ta:re] (1a) schüren; ~atore [-ta'to:re] m Aufreizer m; ~azione [-tatsi'o:ne] f Schüren n.
fomento [fo'mento] m Bähung f; fig. Zündstoff m; dare ~ a qc. et. schüren.
fomite [fɔ:mite] m Zündstoff m; Nährstoff m; fig. Herd m.
fonazione [fonatsi'o:ne] f Lautbildung f.
fonda [fonda] f Beutel m; ⚓ Ankerplatz m; essere alla ~ vor Anker liegen.
fondaccio [fon'dat-tʃo] m (pl. -cci) Bodensatz m; Hefe f (a. fig.); Überbleibsel n.
fondaco [fondako] m (pl. -chi) ehm. Tuchladen m; Warenlager n.
fond|ale [fon'da:le] m ⚓ Wassertiefe f; Thea. Hintergrund m; ~ame [-'da:me] m Bodensatz m; Rückstand m.
fondam|entale [fondamen'ta:le] wesentlich; Grund...; concetto m ~ Grundbegriff m; parte f ~ Grundbestandteil m; legge f ~ Grundgesetz n; principi m/pl. -i Hauptgrundsätze m/pl.; ~ento [-'mento] m (pl. a. le -a) Grund m; (a. fig.)

Grundlage f; far ~ su qu. auf j-n bauen; i primi -i die Anfangsgründe m/pl.; le ~a die Grundmauern f/pl.; senza ~ grundlos.
fond|are [fon'da:re] (1a) (a. fig.) gründen, stützen (su auf acc.); stiften; Meinung begründen; ~arsi [-'darsi] sich stützen (su auf acc.); ~ata [-'da:ta] f Bodensatz m; ~atezza [-da'tet-tsa] f Grund m; Stichhaltigkeit f; ~ato [-'da:to] begründet; ~atore [-da'to:re] m Gründer m; Stifter m; ~azione [-datsi'o:ne] f Gründung f; Stiftung f; -i pl. Fundament n.
fondente [fon'dente] 1. adj. schmelzend, im Mund zergehend; 2. m Fondant m; ⚗ Schmelzzusatz m.
fond|ere [fondere] (3bb) (durch-) schmelzen; Bronze gießen; Farben, Töne verschmelzen; ~ersi [-dersi] schmelzen; zerfließen; ⚡ durchbrennen.
fonderia [fonde'ri:a] f Gießerei f; Hütte f.
fondiario [fondi'a:rio] (pl. -ri) Grund...; imposta f (od. tassa f) -a Grundsteuer f.
fondibile [fon'di:bile] schmelzbar.
fond|ina [fon'di:na] f Pistolen-, Revolvertasche f; Suppenteller m; ~ista [-'dista] su. (m/pl. -i) Langstreckenläufer(in f) m.
fond|itore [fondi'to:re] m Gießer m; ~itrice [-di'tri:tʃe] f Gießmaschine f; ~itura [-di'tu:ra] f Schmelzen n, Gießen n.
fondo [fondo] 1. adj. tief; 2. m Grund m; Unterseite f; Satz (Bodensatz) m; Tiefe f; Hintergrund m; ✒ Gut n; Besitzung f; Mal. Grundfarbe f; Grundierung f; Kleidung: Hosenboden m; -i pl. ✝ Fonds m/pl.; Deckung f; basso ~ Untiefe f; bassi -i Unterwelt f; Elendsviertel n; ~ di cassa Kassenbestand m; ~ di bottega Restbestände m/pl.; -i pubblici Staatspapiere n/pl.; articolo m di ~ Leitartikel m; musica f di ~ Hintergrundmusik f; in ~ dell'anima im Innersten der Seele; è di buon ~ er (sie) ist von gutem Charakter; ⚓ dar ~ vor Anker gehen; dar ~ a qc. et. verschwenden; andare a ~ untergehen; ⚓ colare a ~ in den Grund bohren; a ~ gründlich; in ~ schließlich, im Grunde; in ~ a

unten in *od.* an; hinten; *senza ~* grundlos; *corsa f di ~* Langstreckenlauf *m*; *corsa f di mezzo ~* Mittelstreckenlauf *m*.

fondovalle [fondo'val-le] *m* Talboden *m*.

fonduta [fon'du:ta] *f* Fondue *n*.

fonema [fo'nɛ:ma] *m* (*pl. -i*) Phonem *n*, Laut *m*.

fonetica [fo'nɛ:tika] *f* Phonetik *f*.

fonico [fɔ:niko] (*pl. -ci*) phonisch, Laut...; *intensità f -a* Lautstärke *f*.

fon|ografico [fono'gra:fiko] (*pl. -ci*) phonographisch; **~ografo** [-'nɔ:grafo] *m* Phonograph *m*; **~ogramma** [-no'gram-ma] *m* (*pl. -i*) Fernsprechbericht *m*; **~ologia** [-nolo'dʒi:a] *f* Lautlehre *f*; **~ometro** [-'nɔ:metro] *m* Schallmesser *m*.

font|ana [fon'ta:na] *f* Springbrunnen *m*; **~anella** [-ta'nɛl-la] *f* kleiner Brunnen *m*, Straßenbrunnen *m*; *Anat.* Fontanelle *f*; **~aniere** [-tani'ɛ:re] *m* Brunnenmeister *m*.

fonte [fonte] *m u. f* Quelle *f* (*a. fig.*); *~ battesimale od. sacro ~* Taufbekken...; *d'acqua minerale* Heilquelle *f*; *da ~ attendibile* aus zuverlässiger Quelle.

fontina [fon'ti:na] *f* Art Weichkäse *m*.

forabosco [fora'bɔsko] *m* (*pl. -chi*) Zaunkönig *m*.

foracchiare [forak-ki'a:re] (1k) durchlochern.

foraggiera [forad-'dʒe:ra] *f* (*a. pianta f ~*) Futterpflanze *f*.

foraggio [fo'rad-dʒo] *m* (*pl. -ggi*) Futter(mittel) *n*.

for|ame [fo'ra:me] *m kleines Loch n*; **~are** [-'ra:re] (1a) durchlöchern; bohren; lochen; **~arsi** [-'rarsi] sich stechen; **~atura** [-ra'tu:ra] *f* Bohren *n*; Durchlöchern *n*; Reifenpanne *f*.

forbicette [forbi'tʃet-te] *f/pl.* Brenneisen *n*.

forbici [forbitʃi] *f/pl.* Schere *f*; *~ per manicure* Hautschere *f*.

forbiciata [forbi'tʃa:ta] *f* Schnitt *m* (*od.* Stich *m*) mit der Schere.

forbicina [forbi'tʃi:na] *f* Ohrwurm *m*.

forb|ire [for'bi:re] (4d) reinigen; *Mund* abwischen; ⊕ polieren; **~itezza** [-bi'tet-tsa] *f* Reinheit *f*; Korrektheit *f* (*des Stils*); **~ito** [-'bi:to] rein; *fig.* höflich; elegant.

forca [forka] *f* (*pl. -che*) Gabel (Heu- *od.* Mistgabel) *f*; 🜨 Galgen *m*; F Galgenstrick *m*; *-che pl.* caudinae kaudinisches Joch *n*.

for|cata [for'ka:ta] *f* Heugabelvoll *f*; Schlag *m* mit e-r Heugabel; **~cella** [-'tʃɛl-la] *f* Haarnadel *f*; ⊕ (Fahrrad-)Gabel *f*; *curva f a ~* Haarnadelkurve *f*; **~cellina** [-tʃel'li:na] *f* Nadelklammer *f*; **~chetta** [-'ket-ta] *f* Gabel (Eßgabel) *f*; *in punta di ~* affektiert; *essere una buona ~* ein tüchtiger Esser sein; **~chettata** [-ket-'ta:ta] *f* Gabelvoll *f*; **~chettone** [-ket-'to:ne] *m* Vorlegegabel *f*; **~cina** [-'tʃi:na] *f* Haarnadel *f*.

forcipe [fɔrtʃipe] *m* Geburtszange *f*.

forcola [forkola] *f* kleine Heugabel *f*; Riemengabel *f*.

forc|one [for'ko:ne] *m* Mistgabel *f*; **~uto** [-'ku:to] gabelförmig.

forellino [forel-'li:no] *m* kleines Loch *n*.

forense [fo'rense] gerichtlich; Gerichts...

foresta [fo'resta] *f* (ausgedehnter) Wald *m*; *~ vergine* Urwald *m*.

forestale [fores'ta:le] Wald..., Forst...; *accademia f ~* Forstakademie *f*; *economia f ~* Waldwirtschaft *f*; *guardia f ~* Förster *m*.

forest|eria [foreste'ri:a] *f* Fremdenherberge *f*; **~ierismo** [-tie'rizmo] *m* Fremdwort *n*; **~iero** [-ti'ɛ:ro] **1.** *adj.* fremd; ortsfremd; *industria f -a* Fremdenindustrie *f*; **2.** *m* Fremde(r) *m*; Ausländer *m*; *movimento m -i* Fremdenverkehr *m*.

forfait [for'fɛ] *m* Pauschale *f*, Pauschalpreis *m*; *a ~* Pauschal...

forfora [forfora] *f* Schorf *m*; Schuppen *f/pl.*

forgia [fɔrdʒa] *f* Schmiede *f*.

forgiare [for'dʒa:re] (1f) schmieden; formen.

foriero [fori'ɛ:ro] **1.** *adj.*: *segni m/pl. -i* Vorzeichen *n/pl.*; **2.** *m* Vorbote *m*.

forma [forma] *f* Form *f* (*a.* ⊕); Matrize *f*; Gestalt *f*; Leisten (Schusterleisten) *m*; *in ~* in Form; *essere in ~* gut in Form sein.

formaggi|aio [formad-'dʒa:io] *m* (*pl. -ai*) Käsefabrikant *m*; **~era** [-'dʒe:ra] *f* Käsedose *f*.

formaggio [for'mad-dʒo] *m* (*pl. -ggi*) Käse *m*.

form|ale [for'ma:le] formell; förmlich; ausdrücklich; **~alismo** [-ma-'lizmo] *m* Formalismus *m*; **~alista** [-ma'lista] *su. (m/pl. -i)* Formalist (-in *f*) *m*; F Umstandskrämer(in *f*) *m*; **~alità** [-mali'ta] *f* Formalität *f*; **~alizzarsi** [-malid-'dzarsi] (1a): ~ *di qc. an et. (dat.)* Anstoß nehmen.

form|are [for'ma:re] (1a) bilden; formen; **~arsi** [-'marsi] sich bilden; entstehen; ⚔ sich aufstellen; **~ato** [-'ma:to] *m* Format *n*; **~atore** [-ma'to:re] *m* Former *m*; **~azione** [-matsi'o:ne] *f* Bildung *f*; ⚔, Geol. Formation *f*; Sport: Mannschaft *f*; ~ *del governo* Regierungsbildung *f*; **~ella** [-'mel-la] *f* Ziegelstein *m*; Brikett *n*; ⚘ Pflanzloch *n*.

formentone [formen'to:ne] *m* Mais *m*.

formica[1] [for'mi:ka] *f (pl. -che)* Ameise *f*.

formica[2] [formika] *f eine Art* Chemiefolie *f*.

formi|caio [formi'ka:io] *m (pl. -ai)* Ameisenhaufen *m*; **~caleone** [-kale'o:ne] *m* Ameisenlöwe *m*; **~chiere** [-ki'ɛ:re] *m* Ameisenbär *m*; **~colare** [-ko'la:re] (1m) wimmeln; **~colio** [-ko'li:o] *n* Gewimmel *n*; Kribbeln *n*.

formidabile [formi'da:bile] gewaltig; großartig; furchtbar.

form|osità [formosi'ta] *f* Schönheit *f*; Formvollendung *f*; Üppigkeit *f*; **~oso** [-'mo:so] schön; formvollendet; üppig.

formula [fɔrmula] *f* Formel *f*.

formul|are [formu'la:re] (1l) formulieren; **~ario** [-'la:rio] *m (pl. -ri)* Formular *n*.

forn|ace [for'na:tʃe] *f* Hochofen *m*; **~aciaio** [-na'tʃa:io] *m (pl. -ai)* Brenner *m*; **~aciata** [-na'tʃa:ta] *f* Ofenladung *f*.

forn|aio [for'na:io] *m (pl. -ai)* Bäcker *m*; **~ata** [-'na:ta] *f* Schub *m* (Brot); **~ello** [-'nɛl-lo] *m* Kochherd *m*; kleiner Ofen *m*; Kocher *m*; ~ *economico* Sparkocher *m*; ~ *elettrico* elektrische Kochplatte *f*; ~ *a gas* Gasherd *m*.

fornic|are [forni'ka:re] (1l *u.* d) huren; **~azione** [-katsi'o:ne] *f* Hurerei *f*.

forn|imento [forni'mento] *m* Ausstattung *f*; Geschirr *n*; Garnitur *f*; **~ire** [-'ni:re] (4d) (be)liefern; verschaffen; besetzen; *Auskünfte* er-

teilen; *Nachweis* liefern; **~irsi** [-'nirsi] sich versehen (*di* mit *dat.*); **~itore** [-ni'to:re] *m* Lieferant *m*; **~itura** [-ni'tu:ra] *f* Lieferung *f*; Belieferung *f*; Ausstatten *n*; Ausstattung *f*; Garnitur *f*.

forno [forno] *m allg.* Ofen *m*; Backofen *m*; Bäckerei *f*; *alto* ~ Hochofen *m*; ~ *fusorio* Schmelzofen *m*.

foro[1] [fo:ro] *m* Loch *n*; Öffnung *f*.

foro[2] [fo:ro] *m* Forum *n*; ⚖ Gerichtshof *m*; gerichtliche Behörde *f*; Anwaltschaft *f*: ~ *competente* Gerichtszuständigkeit *f*.

forra [for-ra] *f* Schlucht *f*.

forse [forse] 1. *adv.* vielleicht; allenfalls; 2. *m* Zweifel *m*; *senza* ~ zweifellos; *mettere in* ~ als zweifelhaft hinstellen.

forsenn|atezza [forsen-na'tet-tsa] *f* Wahnsinn *m*; **~ato** [-'na:to] 1. *adj.* wahnsinnig; 2. *m* Wahnsinnige(r) *m*.

forte [fɔrte] 1. *adj.* stark; *fig.* kräftig, tüchtig, gut; *Kochk.* scharf; *far* ~ *qu.* j-n unterstützen; *farsi* ~ *di qc.* sich auf et. stützen; 2. *adv.* stark; ♩ laut; *parlare* ~ laut sprechen; *giocare* ~ hoch spielen; *mangiar* ~ tüchtig essen; 3. *m* Stärke *f*; ⚔ Fort *n*; ♩ Forte *n*; *questo è il suo* ~ dies ist s-e Stärke; *il* ~ *dell'esercito* das Gros des Heeres; *nel* ~ *del(la)* ... im (in der) höchsten, im (in der) tiefsten ...

fort|ezza [for'tet-tsa] *f* Stärke *f*; Festigkeit *f*; ⚔ Festung *f*; *Kleidung*: Einlage *f*; ~ *volante* fliegende Festung *f*; **~ificare** [-tifi'ka:re] (1m *u.* d) stärken; stählen; ⚔ befestigen; **~ificarsi** [-tifi'karsi] stärker werden; ⚔ sich verschanzen; *fig.* sich festigen; **~ificazione** [-tifikatsi'o:ne] *f* Befestigung *f*; Festungswerk *n*; **~ilizio** [-ti'li:tsio] *m (pl. -zi)* kleines Fort *n*; *fig.* Burg *f*; **~ino** [-'ti:no] *m* Blockhaus *n*.

fort|uito [for'tu:ito] zufällig; **~una** [-'tu:na] *f* Glück *n*; Schicksal *n*; *Myth.* Glücksgöttin *f*; Fortuna *f*; *dire la buona* ~ wahrsagen; *far* ~ sein Glück machen; *per* ~ glücklicherweise; *di* ~ provisorisch; Not...; *atterraggio* ~ *di* ~ Notlandung *f*; **~unale** [-tu'na:le] *m* Seesturm *m*; **~unatamente** [-tuna-ta'mente] glücklicherweise; **~unato** [-tu'na:to] glücklich; **~unoso** [-tu'no:so] stürmisch.

fra

foruncolo [fo'ruŋkolo] *m* Furunkel *m*.

foruncolosi [foruŋko'lɔːzi] *f* Furunkulose *f*.

forviare [forvi'aːre] (1h) **1.** *v/i.* vom Wege abgehen; **2.** *v/t.* irreführen; *fig.* auf Abwege bringen.

forza [fɔrtsa] *f* Kraft *f*; Gewalt *f*; *(a. ~ pubblica)* Polizei *f*; ~ *ascensionale* ☿ Auftrieb *m*; ~ *centrifuga* Fliehkraft *f*; ~ *fisica* Körperkraft *f*; ~ *di percussione* Durchschlagskraft *f*; *bella ~!* iro. Kunststück!; das glaube ich auch!; ~ *maggiore* höhere Gewalt *f*; *in* ~ in starker Anzahl; *a* ~ *od. a viva* ~ mit Gewalt, gewaltsam; *a* ~ *di* ... mittels, durch viel(es) ...; *in* ~ *di kraft* *(mit gen.)*; *per* ~ aus Zwang, notgedrungen, gewaltsam; *per* ~*!* allerdings!, natürlich!; ~*!* ran!, drauf!, los!; *di prima* ~ ersten Ranges; *esuberante di* ~ kraftstrotzend; *prova* ~ *f di* ~ Kraftprobe *f*; *fu* ~ *andarci* man mußte hingehen; *farsi* ~ sich ermannen; *-e pl.* ✗ Streitkräfte *f/pl.*; *-e pl. armate* Wehrmacht *f*; *-e pl. armate della Repubblica Federale Tedesca* Bundeswehr *f*; *-e pl. navali* Seestreitkräfte *f/pl.*

forzare [for'tsaːre] (1c) **1.** *v/t.* zwingen; forcieren; *Tür* aufbrechen; ✗ im Sturm nehmen; *Marsch* beschleunigen; **2.** *v/i.* drücken; ~**ato** [-'tsaːto] **1.** *adj.* erzwungen; notgedrungen; Zwangs...; *marcia f a ~* Eilmarsch *m*; *lavori m/pl. -i* Zwangsarbeit *f*; **2.** *m* Zuchthäusler *m*; ~**iere** [-tsi'ɛːre] *m* Geldschrank *m*; ~**oso** [-'tsoːso] Zwangs...; *corso m ~* Zwangskurs *m*; *esercizio m ~* Zwangsbewirtschaftung *f*; *riscossione f ~a* Zwangseintreibung *f*; ~**uto** [-'tsuːto] kräftig.

fosch|ezza [fos'ket-tsa] *f* Dunkelheit *f*; *fig.* Düsterkeit *f*; ~**ia** [-'kiːa] *f* Dunst *m*, Nebel *m*; nebliges Wetter *n*.

fosco [fosko] *(pl. -chi)* dunkel; *fig.* düster.

fosfato [fos'faːto] *m* Phosphat *n*.

fosfor|eggiare [fosfored-'dʒaːre] (1f) phosphoreszieren; ~**escente** [-reʃ-'ʃente] phosphoreszierend; ~**escenza** [-reʃ-'ʃentsa] *f* Phosphoreszenz *f*.

fosforico [fos'fɔːriko] *(pl. -ci)* phosphorisch.

fosforo [fosforo] *m* Phosphor *m*; F Grips *m*, Grütze *f*.

fosforoso [fosfo'roːso] phosphorhaltig.

fossa [fɔs-sa] *f* Graben *m*; Grube *f*; Grab *n*; ~ *comune* Massengrab *n*.

fossanche [fos-'saŋke] *Kurzform für anche se fosse* auch wenn es wäre.

fossato [fos-'saːto] *m* Wassergraben *m*.

fosse [fos-se] *s. essere.*

fossetta [fos-'set-ta] *f* Grübchen *n*.

fossi [fos-si] *s. essere.*

fossile [fɔs-sile] **1.** *adj.* fossil; *carbon m ~* Steinkohle *f*; **2.** *m* Fossil *n*.

fossilizz|arsi [fos-silid-'dzarsi] (1a) versteinern; ~**azione** [-dzatsi'oːne] *f* Versteinerung *f*.

fosso [fɔs-so] *m* Graben *m*.

foste [foste], **fosti** [fosti] *s. essere.*

foto [fɔːto] *f inv.* Foto *n*, Photo *n*.

foto|cellula [foto't͡ʃɛl-lula] *f* Photozelle *f*; ~**chimica** [-'kiːmika] *f* Photochemie *f*; ~**copia** [-'kɔːpia] *f* Fotokopie *f*; ~**cromia** [-kro'miːa] *f* Farbfotografie *f*; ~**cronaca** [-'krɔːnaka] *m* Bildbericht *m*; ~**cronista** [-kro'nista] *m* Bildberichterstatter *m*; ~**elettrico** [-e'let-triko] *(pl. -ci)* photoelektrisch; ~**genesi** [-'dʒɛːnezi] *f* Lichtausstrahlung *f*; ~**genico** [-'dʒɛːniko] fotogen, gut zu fotografieren; ~**grafare** [-gra'faːre] (1m *u.* c) fotografieren; aufnehmen; ~**grafia** [-gra'fiːa] *f* Fotografie *f*; ~ *aerea* Luftaufnahme *f*; ~ *a colori* Farbaufnahme *f*; ~ *contro luce* Gegenlichtaufnahme *f*; ~**grafico** [-'graːfiko] *(pl. -ci)* fotografisch; *macchina f -a* Fotoapparat *m*.

fotografo [fo'tɔːgrafo] *m* Fotograf *m*.

foto|gramma [foto'gram-ma] *m (pl. -i)* Photogramm *n*, Einzelbild *n*; ~**metria** [fotome'triːa] *f* Lichtmessung *f*; ~**montaggio** [-mon-'tad-dʒo] *m* Fotomontage *f*; ~**reporter** [-re'pɔrter] *m inv.* Pressefotograf *m*; ~**romanzo** [-ro-'mandzo] *m* Bilderroman *m*; ~**telegrafia** [-telegra'fiːa] *f* radiotelegrafische Bildübertragung *f*; ~**tipia** [-ti'piːa] *f* Lichtdruck *m*.

fott|ere [fɔt-tere] V ficken; *fig.* übers Ohr hauen; ~**uto** [-'tuːto] V verdammt.

fra[1] [fra] *m s. frate.*

fra² [fra] *prp.* **1.** zwischen; ~ *Roma e Berlino* zwischen Rom und Berlin; **2.** unter; ~ *l'altro* unter anderem; ~ *questi* darunter; *il più bello* ~ *questi libri* das schönste unter diesen Büchern; ~ *di noi* unter uns; **3.** in, binnen; ~ *il sonno* im Schlaf; ~ *breve* in kurzem; ~ *tre giorni* in drei Tagen; **4.** ~ *sé* bei sich; untereinander; **5.** ~ ... e ... beide(s) zusammen; ~ *luce e riscaldamento spendo* ... für Beleuchtung und Heizung zusammen zahle ich ...

frac [frak] *m inv.* Frack *m*.

fracassare [frakas-'sa:re] (1a) zertrümmern; **~asso** ['kas-so] *m* Lärm *m*; *fare* ~ Lärm machen, lärmen.

fracco [frak-ko] *m*: ~ *di legnate* Tracht *f* Prügel.

fracido [fra:tʃido] *lit. s.* fradicio.

fradicio [fra:ditʃo] (*pl.* -ci) **1.** *adj.* naß; faul (*a. fig.*); *ubriaco* ~ betrunken; *innamorato* ~ sterblich verliebt; **2.** *m* Feuchtigkeit *f*; Nässe *f*; *fig.* Fäulnis *f*.

fradiciume [fradi'tʃu:me] *m* große Nässe *f*; angefaultes Zeug *n*; *fig.* Fäulnis *f*.

fragile [fra:dʒile] zerbrechlich; *fig.* schwach; hinfällig.

fragilità [fradʒili'ta] *f* Zerbrechlichkeit *f*; *fig.* Schwäche *f*; Hinfälligkeit *f*.

fragola [fra:gola] *f* Erdbeere *f*; Erdbeereis *n*. [beet *n.*\]
fragolaia [frago'la:ia] *f* Erdbeer-�'
fragore [fra'go:re] *m* Getöse *n*; **~oroso** [-go'ro:so] tosend.

fragrante [fra'grante] wohlriechend; **~anza** [-'grantsa] *f* Wohlgeruch *m*; Duft *m*.

fraintendere [frain'tendere] (3c) mißverstehen.

frale [fra:le] *poet.* **1.** *adj.* zerbrechlich; schwach; hinfällig; **2.** *m* sterbliche Hülle *f*.

frammassone [fram-mas-'so:ne] *m* Freimaurer *m*; **~oneria** [-sone'ri:a] *f* Freimaurerei *f*.

frammentario [fram-men'ta:rio] (*pl.* -ri) fragmentarisch; **~ento** [-'mento] *m* Fragment *n*; Bruchstück *n*; Splitter *m*.

frammescolare [fram-mesko'la:re] (1m) vermengen (*a* mit *dat.*).

frammesso [fram-'mes-so] *s.* frammettere.

frammettere [fram-'met-tere]

(3ee) einschieben; dazwischenstellen; **~ettersi** [-'metters i] sich einmischen; **~ezzare** [-med-'dza:re] (1b) dazwischenlegen; *fig.* unterbrechen; **~ezzo** ['med-dzo] **1.** *prp.* mitten; **2.** *adv.* mittendurch; **~ischiare** [-miski'a:re] (1k) vermischen; **~isto** [-'misto] gemischt, vermischt.

frana [fra:na] *f* Erdsturz *m*; Bergsturz *m*; ~ *di rocce* Steinschlag *m* (*im Gebirge*).

franamento [frana'mento] *m* Einsturz *m*; **~are** [-'na:re] (1a) einstürzen.

francamente [fraŋka'mente] offen heraus, geradezu (*fig.*).

francatura [fraŋka'tu:ra] *f* Frankierung *f*; Freimachung *f*.

francescano [frantʃes'ka:no] **1.** *adj.* Franziskaner...; **2.** *m* Franziskaner *m*.

francese [fran'tʃe:ze] **1.** *adj.* französisch; **2.** *m* Französisch(e) *n*; **3.** *su.* Franzose *m*, Französin *f*; **~esismo** [-tʃe'zizmo] *m* Gallizismus *m*.

franchezza [fraŋ'ket-tsa] *f* Freimut *m*; Sicherheit *f*; Zivilcourage *f*; **~igia** [-'ki:dʒa] *f* Freiheit *f*; ⌾, 🕮 Portofreiheit *f*; ~ *doganale* Zollfreiheit *f*.

franco [fraŋko] (*pl.* -chi) **1.** *adj.* frei; *fig.* offen; sicher; unbefangen, ungezwungen; *Geogr.* fränkisch; französisch; *farla -a* unbehelligt davonkommen; 🕮 portofrei; ~ *di spese* spesenfrei; ~ *domicilio* frei (ins) Haus; ~ *stazione* bahnfrei; **2.** *m* ✝ Frank *m*; **3.** *m* Franke *m*.

francobollo [fraŋko'bol-lo] *m* Briefmarke *f*; *due -i da* ... *Lire* zwei Briefmarken zu ... Lire.

francolino [fraŋko'li:no] *m* Haselhuhn *n*.

frangente [fran'dʒente] *m* schwieriger Augenblick *m*; Bedrängnis *f*; *-i pl.* Brandung *f*.

frangere [fran'dʒere] (3d) (zer-) brechen; *Oliven* (aus)pressen.

frangia [fran'dʒa] *f* (*pl.* -ge) Franse *f*; *fig.* Schnörkelei *f*.

frangibile [fran'dʒi:bile] zerbrechlich; **~giflutti** [-dʒi'flut-ti] *m inv.*, **~gionde** [-dʒi'onde] *m inv.* Wellenbrecher *m*; **~gitura** [-dʒi'tu:ra] *f* Pressen (Auspressen) *n*; **~givento** [-dʒi'vento] *m inv.* Windschutz *m*.

franoso [fra'no:so] zerklüftet.

fransi [fransi], **franto** [franto] s. *frangere.*

frant|oio [fran'to:io] m (pl. -oi) Olivenpresse f; **~umare** [-tu'ma:-re] (1a) zersplittern; **~umazione** [-tumatsi'o:ne] f Zertrümmerung f, Zersplitterung f; **~ume** [-'tu:me] m Splitter m; *andare in* -i in tausend Stücke gehen.

frappé [frap-'pe] m Milch- od. Eismischgetränk m.

frap|porre [frap-'por-re] (3ll) dazwischenlegen; *Hindernis* in den Weg legen; **~** *indugi* zögern; **~posi** [-'po:zi] s. frapporre; **~posizione** [-pozitsi'o:ne] f Dazwischentreten n; fig. Vermittlung f; **~posto** [-'po:sto] s. frapporre.

fras|aio [fra'za:io] m (pl. -ai) Phrasenmacher m; **~ario** [-'za:rio] m (pl. -ri) Phrasensammlung f; Redeweise f.

frasca [fraska] f (pl. -che) belaubter Zweig m (*auch als Aushängeschild für Schenken*); fig. leichtsinnige Person f; *saltare di palo in* **~** vom Hundertsten ins Tausendste kommen.

frase [fra:ze] f Redensart f; Phrase f; *Gram.* Satz m; **~** *fatta* Gemeinplatz m.

fraseggi|amento [frazed-dʒa'men-to] m Art f, Sätze zu bilden; **~are** [-'dʒa:re] (1f) Sätze bilden; Redensarten anwenden; Phrasen dreschen; ♪ phrasieren; **~atore** [-dʒa'to:re] m Phrasendrescher m.

fraseggio [fra'zed-dʒo] m Satzbildung f; ♪ Phrasierung f.

fraseologia [frazeolo'dʒi:a] f Phraseologie f.

frassineto [fras-si'ne:to] m Eschenwald m.

frassino [fras-sino] m Esche f.

frastagli|amento [frastaʎa'mento] m Durchschneidung f; Durchquerung f; Auszackung f; **~are** [-'ʎa:re] (1g) kreuz und quer durchschneiden; *Gelände* durchqueren; *Kleidung:* auszacken; ⊕ stanzen; **~ato** [-'ʎa:to] durchschnitten; *un discorso* **~** e-e verworrene Rede f.

frastaglio [fras'ta:ʎo] m (pl. -gli) Auszackung f; Einschnitt m; Besatz m.

frastorn|are [frastor'na:re] (1a) j-n stören; *et.* vereiteln; ablenken (*da*

von *dat.*); **~ato** [-'na:to] verwirrt, benommen.

frastuono [frastu'o:no] m Getöse n, Lärm m.

frate [fra:te] m (Kloster-)Bruder m, Mönch m, Frater m.

fratell|anza [fratel-'lantsa] f Brüderlichkeit f; Brüderschaft f; Kameradschaft f; **~astro** [-'lastro] m Stiefbruder m.

fratello [fra'tel-lo] m Bruder m; -i pl. ✝ Gebrüder pl.

frat|ernita [fra'ternita] f Bruderschaft f; **~ernità** [-'ernita] f Brüderlichkeit f; **~ernizzare** [-ternid-'dza:re] (1a) brüderlich verkehren; sich verbrüdern; **~erno** [-'terno] brüderlich; **~esco** [-'tesko] (pl. -chi) mönchisch.

fratri|cida [fratri'tʃi:da] su. (m/pl. -i) Bruder- (*od.* Schwester)mörder (-in f) m; **~cidio** [-'tʃi:dio] m (pl. -di) Bruder- (*od.* Schwester)mord m.

fratta [frat-ta] f Gestrüpp m.

frattaglia [frat-'ta:ʎa] f, mst -e pl. Eingeweide n (*des Schlachtviehes*); **~** *di lepre* Hasenklein n; **~** *d'oca* Gänseklein n.

frat|tanto [frat-'tanto] inzwischen; mittlerweile; **~tempo** [-'tempo] m Zwischenzeit f; *nel* **~** unterdessen, inzwischen.

frattura [frat-'tu:ra] f Bruch m; **~** *della scatola cranica* Schädelbruch m.

fratturare [frat-tu'ra:re] (1a) (zer-)brechen.

fraud|are [frau'da:re] (1a) betrügen; **~atore** [-da'to:re] m Betrüger m; **~olento** [-do'lento] betrügerisch; **~olenza** [-do'lentsa] f Arglist f; Betrug m.

frazion|amento [fratsiona'mento] m Teilung f; **~are** [-'na:re] (1a) teilen, verteilen; **~ario** [-'na:rio] (pl. -ri) Bruch...; *numero* m **~** Bruchzahl f; **~ato** [-'na:to] geteilt, Teil...

frazione [fratsi'o:ne] f Bruchteil m; *Pol.* Fraktion f; ⅄ Bruch m; **~** *decimale* Dezimalbruch m.

freccia [fret-tʃa] f (pl. -cce) Pfeil m.

frecci|are [fret-'tʃa:re] (1f) mit dem Pfeil treffen, schießen; fig. **~** *qu.* j-m Geld abluchsen; **~ata** [-'tʃa:ta] f Pfeilschuß m; fig. Stichelei f; *dare una* **~** *a qu.* s. frecciare.

fredd|are [fred-'da:re] (1a) **1.** v/t.

kalt machen; erkalten lassen; F *j-n* töten; 2. *v/i. u.* ~arsi [-'darsi] kalt werden; ~ezza [-'det-tsa] f Kälte f; Kühle f (*a. fig.*); ~iccio [-'dit-tʃo] (*pl. -cci*) kühl.

freddissimo [fred-'dis-simo] eiskalt.

freddo [fred-do] 1. *adj.* kalt; *a* ~ kalt berechnend; 2. *m* Kälte f; Frost m; *aver* ~ frieren; *far* ~ kalt sein; *non mi fa né caldo né* ~ das läßt mich ganz kalt.

fredd|olino [fred-do'li:no] 1. *adj.* kühl; *m* Frösteln n; ~oloso [-do'lo:so] frostig; fröstelnd; gegen Kälte empfindlich; ~ura [-'du:ra] f Kälte f; *fig.* (fauler) Witz m; Kalauer m; ~urista [-du'rista] *su.* (*m/pl. -i*) Witzbold m.

frega [fre:ga] f (*pl. -ghe*) Einreibung f; Brunst f; *andare in* ~ brünstig werden.

freg|agione [frega'dʒo:ne] f Einreibung f; Frottierung f; ~amento [-ga'mento] m Reiben n; ~are [-'ga:re] (1e) reiben, scheuern; abreiben, frottieren; einreiben; *Worte* durchstreichen; F bemogeln; ~arsene [-'garsene] P darauf pfeifen; ~ata [-'ga:ta] f Reibung f; ♣ Fregatte f; *dare una* ~ *a qc. et.* reiben; F *dare una* ~ *a qu.* j-n bemogeln; ~atura [-ga'tu:ra] f Betrug m; F Reinfall m.

fregiare [fre'dʒa:re] (1f) schmücken; verzieren; ~ *qu. di un ordine* j-m e-n Orden verleihen.

fregio [fre'dʒo] m (*pl. -gi*) Verzierung f; △ Fries m.

fregna [fre:ɲa] V f weiblicher Geschlechtsteil m.

frego [fre:go] m (*pl. -ghi*) Ritz m; Strich (Federstrich) m; *dare di* ~ *a qc. et.* durchstreichen.

fregola [fre:gola] f Laichen n; *fig.* Brunst f; Lust f; *andare in* ~ laichen; brünstig werden.

freisa [fre:iza] f *piemontesischer Rotwein.*

frem|ebondo [freme'bondo] wutschnaubend; ~ente [-'mente] erregt, aufgeregt; wutschnaubend.

fremere [fre:mere] (3a) beben; schnauben; schaudern; *Meer*: brausen; *Wald*: rauschen.

fremito [fre:mito] m Beben n; Schau(d)er m; Schnauben n.

fren|are [fre'na:re] (1a) bremsen;

zügeln; *Mißbrauch* Einhalt tun (*dat.*); *Zorn* bezwingen; *Lachen* zurückhalten; *Leidenschaft* zähmen; *Zunge* im Zaum halten; *Pferd* bändigen; ~ata [-'na:ta] f Bremsen n; Bremsspur f; ~atore [-na'to:re] m Bremser m; Bändiger m; ~atura [-na'tu:ra] f Bremsen n.

fren|esia [frene'zi:a] f Raserei f; Tobsucht f; Wut f, Sucht f; ~ *di qc.* rasende Begierde f nach et.; ~eticare [-neti'ka:re] (1m, b *u. d*) rasen; ~etico [-'ne:tiko] (*pl. -ci*) rasend.

freno [fre:no] m Bremse f; Zügel m; Zaum m; ~ *ad aria compressa* Luftdruckbremse f; ~ *d'allarme* Notbremse f; *Auto*: ~ *sulle quattro ruote* Vierradbremse f; ~ *a mano* Handbremse f; *leva il* ~ *del* ~ *a mano* Handbremshebel m; ~ *a pedale* Fußbremse f; ~ *contropedale* Rücktrittbremse f; *ganasce f/pl. del* ~ Bremsbacken f/pl.; *tenere a* ~ im Zaum halten; *porre* ~ *a qc.* e-r Sache Einhalt gebieten; *mordere il* ~ die Faust in der Tasche ballen; *senza* ~ zügellos; *tirare il* ~ die Bremse anziehen; *allentare il* ~ die Bremse lockern; *regolare i -i* die Bremsen einstellen; *registrazione f del* ~ Bremseinstellung f.

fren|ocomio [freno'kɔ:mio] m (*pl. -mi*) Irrenanstalt f; ~ologia [-nolo'dʒi:a] f Schädellehre f.

frenulo [fre:nulo] m Zungenband n.

frequent|are [frekuen'ta:re] (1b) besuchen; häufig aufsuchen; ~ativo [-ta'ti:vo] *Gram.* iterativ; ~ato [-'ta:to] viel besucht; *una strada f -a* e-e belebte Straße f; ~atore [-ta'to:re] m (regelmäßiger) Besucher m.

frequ|ente [freku'ente] 1. *adj.* häufig; 2. *adv. di* ~ oft; ~enza [-ku'entsa] f Frequenz f; Häufigkeit f; Besucherzahl f; Verkehr m; *Radio*: *alta* ~ Hochfrequenz f; *bassa* ~ Niederfrequenz f; ~ *dei giri* Umdrehungsgeschwindigkeit f; *con* ~ häufig.

fresa [fre:za] f Fräse f.

fres|are [fre'za:re] (1b) fräsen; ~atore [-za'to:re] m Fräser m; ~atrice [-za'tri:tʃe] f Fräsmaschine f; ~atura [-za'tu:ra] f Fräsen n, Ausfräsung f.

freschezza [fres'ket-tsa] f Frische f.

fresco [fresko] (*pl.* -*chi*) **1.** *adj.* frisch; kühl; *di* ~ kürzlich; *stare* ~ *fig.* hereingelegt sein; der Dumme sein; *ora sto* ~ nun habe ich die Bescherung; ~ *di malattia* kaum genesen; *Mal. a* ~ Fresko...; **2.** *m* Kühle *f*; *Mal.* Fresko *n*; pigliare il ~ frische Luft schnappen; *fa* ~ es ist kühl; *mettere al* ~ kalt stellen; *fig.* ins Gefängnis stecken.

fresc|olino [fresko'li:no] *m* erquickende Kühle *f*; **~one** [-'ko:ne] *m* P Tölpel *m*; **~ume** [-'ku:me] *n* frisches Futter *n*; **~ura** [-'ku:ra] *f* Kühle *f*.

fretta [fret-ta] *f* Eile *f*; *in tutta* ~, *in* ~ e *furia* in aller Eile.

frett|are [fret-'ta:re] (1a) den Schiffsrumpf säubern; **~azza** [-'tat-tsa] *f* Schiffsbesen *m*, Schrubber *m*.

frettoloso [fret-to'lo:so] eilig; hastig.

fri|abile [fri'a:bile] bröck(e)lig; **~abilità** [-abili'ta] *f* Brüchigkeit *f*.

fricandò [frikan'dɔ] *m inv.* Frikandeau *n*, gedämpfte Kalbsschnitte *f*.

fricassea [frikas-'sɛ:a] *f* Frikassee *n*.

fricativa [frika'ti:va] *f* Reibelaut *m*.

friggere [frid-dʒere] (3cc) **1.** *v/t.* in Fett braten; *andare a farsi* ~ zum Teufel gehen; **2.** *v/i.* brodeln, brutzeln; *fig.* wimmern; ~ *dalla rabbia* vor Wut kochen.

friggi|torc [frid-dʒi'to:re] *m* Verkäufer *m* von in Öl gebackenen Fischen *usw.*; **~toria** [-to'ri:a] *f* Bratstube *f*.

frigidezza [fridʒi'det-tsa] *f* Kälte *f*, Frostigkeit *f*; *fig.* Gefühllosigkeit *f*.

frigido [fri:dʒido] (gefühls)kalt; ⚕ frigid.

frigio [fri:dʒo] (*pl.* -*gi*) phrygisch.

frign|are [fri'ɲa:re] (1a) quarren; **~io** [-'ɲi:o] *m* Gequarre *n*.

frigo [fri:go] *m inv.* Eisschrank *m*.

frigori|fero [frigo'ri:fero] **1.** *adj.* Kälte erzeugend; Eis...; *carro m* ~ Kühlwagen *m*; **2.** *m* Eisschrank *m*; Kühlhaus *n*; ~ *per surgelati* Tiefkühltruhe *f*.

fringuello [friŋgu'ɛl-lo] *m* Fink *m*; ~ *marino* Gimpel *m*.

frinire [fri'ni:re] (4d) zirpen.

frisare [fri'za:re] *Bill.* (1a) streifen.

friso [fri:zo] *m Bill.* Fries *m*.

frissi [fris-si] *s. friggere.*

frittata [frit-'ta:ta] *f* Eierkuchen *m*;

(a. ~ *avvolta)* Omelett(e *f*) *n*; ~ *verde* mit Kraut gefüllte Omelette *f*; *fare una* ~ *di qc.* et. ganz zerdrücken; *fare la* ~ e-e Dummheit machen; *rivoltare la* ~ die Worte umdrehen.

fritt|ella [frit-'tel-la] *f* Pfannkuchen *m*; *fig.* Fettfleck *m*; **~ellone** [-tel-'lo:ne] *m* Schmierfink *m*.

fritto [frit-to] **1.** *s. friggere;* **2.** *adj.* gebacken; *stare* ~ angeschmiert sein; ~ *e rifritto* abgedroschen; **3.** *m* gebackenes Gericht *n*; ~ *misto s. misto.*

frittura [frit-'tu:ra] *f* gebackenes Gericht *n*; ~ *di pesce* gebackene Fische *m*/*pl.*

friulano [friu'la:no] **1.** *adj.* friaulisch; **2.** *m* Friauler *m*; Friaulisch(e) *n*.

frivol|eggiare [frivoled-'dʒa:re] (1f) leichtsinnig schwatzen, handeln; **~ezza** [-'let-tsa] *f* Leichtfertigkeit *f*; Nichtigkeit *f*.

frivolo [fri:volo] leichtfertig; nichtig.

frizionare [fritsio'na:re] (1a) einreiben; massieren.

frizione [fritsi'o:ne] *f* Einreibung *f*; ⊕ Reibung *f*; *Auto:* Kupplung *f*; ~ *a secco* Trockenkupplung *f*; *staccare la* ~ auskuppeln; *ingranare la* ~ die Kupplung einrücken.

frizz|ante [frid-'dzante] prickelnd; *avere il* ~ prickelnd schmecken; **~are** [-'dza:re] (1a) prickeln; brennen.

frizzo [frid-dzo] *m* Witz *m*.

frod|are [fro'da:re] (1c) *j-n* betrügen (*di* um *acc.*); *Summen* unterschlagen; *Waren* einschmuggeln; **~atore** [-da'to:re] *m* Betrüger *m*; Defraudant *m*.

frode [frɔ:de] *f* Betrug *m*; -*i pl.* Unterschlagungen *f*/*pl.*

frodo [frɔ:do] *m* Schmuggel *m*; *cacciatore m di* ~ Wilderer *m*; *lavoro m di* ~ Schwarzarbeit *f*.

frodol|ento [frodo'lento] betrügerisch; **~enza** [-'lentsa] *f* Betrug *m*; Arglist *f*.

frogia [frɔ:dʒa] *f*, *mst* **froge** [frɔ:-dʒe] *f*/*pl.* Nüstern *f*/*pl.*

froll|are [frol-'la:re] (1c) **1.** *v/t.* mürbe machen; **2.** *v/i. u.* **~arsi** [-'larsi] mürbe werden; **~atura** [-la'tu:ra] *f* Mürbemachen *n*; Mürbewerden *n*.

frollo [frɔl-lo] mürbe; *fig.* schwach, schlapp; *pasta f -a* Mürbeteig *m*.

frombola [frombola] *f* Schleuder *f*.

fromboI|are [frombo'la:re] (1l) schleudern; **~iere** [-li'e:re] *m* Schleuderer *m*.

fronda[1] [fronda] *f ehm.* Fronde *f*; Oppositionspartei *f*; *vento m di ~* Aufruhrstimmung *f*.

fronda[2] [fronda] *f* Laub *n*; Zweig *m*.

frond|eggiare [fronded-'dʒa:re] (1f) sich belauben; *Pol.* opponieren; **~ista** [-'dista] *su.* (*m/pl.* -i) Frondeur *m*; **~oso** [-'do:so] belaubt.

frontale [fron'ta:le] **1.** *adj.* Stirn...; Front...; *osso m ~* Stirnbein *n*; *attacco m ~* Frontalangriff *m*; **2.** *m* Stirnbein *f*; Stirnriemen *m*; *Anat.* Stirnbein *n*.

fronte [fronte] **1.** *f* Stirn *f*; △ Vorderseite *f*; **2.** *m* ✗ Front *f*; *fare (od. tenere) ~ alle spese* die Kosten bestreiten; *fare ~ agli impegni* den Verpflichtungen genügen; *tener ~ a qu.* j-m die Stirn bieten; *di ~ a* gegenüber (*dat.*).

front|eggiare [fronted-'dʒa:re] (1f) gegenüberliegen (*dat.*); *Kosten* bestreiten; *~ qu.* j-m die Stirn bieten; **~espizio** [-tes'pi:tsio] *m* (*pl.* -zi) Titelblatt *n*; △ Vordergiebel *m*; F Stirn *f*; **~iera** [-ti'e:ra] *f* Grenze *f*; *incidente m di ~* Grenzzwischenfall *m*; *polizia f di ~* Grenzpolizei *f*; *varco m di ~* Grenzübergang *m*, Grenzübertritt *m*; **~ino** [-'ti:no] *m* (falsches) Stirnhaar *n*; Stirnriemen *m*; **~one** [-'to:ne] *m* △ Giebel *m*; Schutzblech *n* *vor dem Kamin*.

fronzolo [frondzolo] *m* (*mst pl.* -i) Tand *m*; *fig.* Schnörkeleien *f/pl.*

fronzuto [fron'dzu:to] (dicht) belaubt.

frosone [fro'zo:ne] *m* Kirschkernbeißer *m*.

frotta [frɔt-ta] *f* Schwarm *m*; *a -e* scharenweise.

frottola [frɔt-tola] *f* F Flause *f*; ⨅ Scherzlied *n*; *raccontare -e* dummes Zeug reden; flunkern.

frugacchiare [frugak-ki'a:re] (1k) durchstöbern.

frug|ale [fru'ga:le] genügsam; einfach; anspruchslos; **~alità** [-gali'ta] *f* Genügsamkeit *f*; Einfachheit *f*; Anspruchslosigkeit *f*.

frug|are [fru'ga:re] (1e) (herum-)stöbern; durchstöbern; *~ le tasche a qu.* j-m die Taschen durchsuchen; **~atore** [-ga'to:re] *m* Schnüffler *m*.

frugifero [fru'dʒi:fero] fruchtbringend.

frugnolare [fruɲo'la:re] (1c) mit der Blendlaterne auf den Vogel-(*od.* Fisch)fang gehen.

frugolare [frugo'la:re] (1l) umherstöbern.

frugolo [fru:golo] *m* unruhiger Geist *m*; unruhiges Kind *n*.

fru|ibile [fru'i:bile] genießbar; **~ire** [-'i:re] (4d); *~ di qc.* et. genießen.

frullana [frul-'la:na] *f* Sense *f*.

frullare [frul-'la:re] (1a) **1.** *v/t.* quirlen; *Kochk.* schlagen; **2.** *v/i.* schwirren; *mi frulla* es fällt mir ein.

frullato [frul-'la:to] *m* Eis- oder Milchmischgetränk *n*.

frullino [frul-'li:no] *m*, **frullo** [frullo] *m* Quirl *m*; *Spiel:* Schnarre *f*.

frullone [frul-'lo:ne] *m* Beutelkasten *m*.

frum|entaceo [frumen'ta:tʃeo] getreideartig; **~entario** [-men'ta:rio] (*pl.* -ri) Korn...; **~ento** [-'mento] *m* Korn *n*; Weizen *m*; **~entone** [-men-'to:ne] *m* Mais *m*.

frusciare [fruʃ-'ʃa:re] (1f) rascheln; knistern.

fruscio [fruʃ-'ʃi:o] *m* Rauschen *n*.

frusone [fru'zo:ne] *m* s. frosone.

frusta [frusta] *f* Peitsche *f*; Ausklopfer *m*; *Kochk.* Schaumschläger *m*.

frust|are [frus'ta:re] (1a) peitschen; *fig.* geißeln, tadeln; **~ata** [-'ta:ta] *f* Peitschenhieb *m*; **~atura** [-ta'tu:ra] *f* Auspeitschen *n*; **~ino** [-'ti:no] *m* Reitpeitsche *f*.

frusto [frusto] abgenutzt.

frustr|are [frus'tra:re] (1a) vereiteln; **~azione** [-tratsi'o:ne] *f* Vereitelung *f*; *Psych.* Frustration *f*.

frutice [fru:titʃe] *m* Strauch *m*.

frutta [frut-ta] *f* (*a.* le frutta *pl.*) Obst *n*; *~ candita* kandierte Früchte *f/pl.*; *~ cotta* gekochtes Obst *n*; *~ fresca* Frischobst *n*; *~ secca* Trockenobst *n*; *~ da tavola* Tafelobst *n*.

frutt|are [frut-'ta:re] (1a) **1.** *v/t.* einbringen; **2.** *v/i.* fruchten; Früchte tragen; **~eto** [-'te:to] *m* Obstgarten *m*; **~icoltore** [-tikol'to:re] *m* Obstzüchter *m*; **~icoltura** [-tikol-'tu:ra] *f* Obstzucht *f*; **~iera** [-ti'e:ra]

fumo

f Obstschale *f*; **~ifero** [-'ti:fero]
fruchtbringend; **⚮** zinsbringend;
albero m ~ Obstbaum *m*; **~ificare**
[-tifi'ka:re] (1m *u.* d) *s. fruttare*;
~ifico [-'ti:fiko] (*pl.* -ci) fruchtbringend; **~ivendolo** [-ti'vendolo]
m Obsthändler *m*.

frutto [frut-to] *m* Frucht *f*; *i -i pl.*
Früchte *f/pl.*; **⚮** Zinsen *m/pl.*; *-i
pl. di mare kleine eßbare Seetiere
n/pl.*

fruttuoso [frut-tu'o:so] fruchtbar.

fu [fu] **1.** *s. essere;* **2.** *adj. inv.* verstorben; *Pietro* ~ *Giovanni* (*od. del fu*) *Giovanni Peter, Sohn des verstor-
benen Johannes.

fucil|are [futʃi'la:re] (1a) erschie-
ßen; **~ata** [-'la:ta] *f* Flintenschuß
m; **~azione** [-latsi'o:ne] *f* Er-
schießung *f*.

fucile [fu'tʃi:le] *m* Gewehr *n*, Flinte
f; ~ *mitragliatore* Maschinenpistole
f; ~ *da caccia* Jagdflinte *f*; *calcio m
del* ~ Gewehrkolben *m*; *canna f del*
~ Gewehrlauf *m*.

fuciliere [futʃili'e:re] *m* ✕ Füsilier
m.

fucina [fu'tʃi:na] *f* Schmiede *f* (*a.
fig.*); Schlosserei *f*.

fucin|are [futʃi'na:re] (1a) schmie-
den; **~ato** [-'na:to] geschmiedet;
ferro m ~ Schmiedeeisen *n*; **~atore**
[-na'to:re] *m* Schmied *m*; **~atura**
[-na'tu:ra] *f* Schmieden *n*.

fuco [fu:ko] *m* (*pl.* -chi) ♣ Tang *m*;
Zool. Drohn(e *f*) *m*.

fucsia [fuksia] *f* Fuchsie *f*.

fuga [fu:ga] *f* (*pl.* -ghe) Flucht *f*;
♪ Fuge *f*; *Radsport:* Verfolgung *f*;
~ *di gas* Gasausströmung *f*; ~ *di
stanze* Flucht *f* von Zimmern.

fug|ace [fu'ga:tʃe] vergänglich; **~a-
cità** [-gatʃi'ta] *f* Vergänglichkeit *f*;
~are [-'ga:re] (1e) vertreiben;
verjagen; verscheuchen.

fugg|evole [fud-'dʒe:vole] flüchtig;
vergänglich; **~evolezza** [-dʒevo-
'let-tsa] *f* Flüchtigkeit *f*; Vergänglichkeit *f*; **~iasco** [-'dʒasko] (*pl.*
-chi) **1.** *adj.* flüchtig; **2.** *m* Flüchtling *m*; **~ifuggi** [-dʒi'fud-dʒi] *m
inv.* Flucht *f*; *ci fu un* ~ *generale*
alles rannte Hals über Kopf davon;
~ire [-'dʒi:re] (4a) fliehen; flüchten; **~itivo** [-dʒi'ti:vo] **1.** *adj.* flüchtig; **2.** *m* Flüchtling *m*.

fui [fui] *s. essere.*

fulcro [fulkro] *m* Stützpunkt *m*;

Drehpunkt *m*; *fig.* Schwerpunkt *m*,
Kern *m*.

fulg|ente [ful'dʒente] leuchtend;
~idezza [-dʒi'det-tsa] *f* Glanz *m*.

fulgido [fuldʒido] glänzend.

fulgore [ful'go:re] *m* Glanz *m*.

ful|iggine [fu'lid-dʒine] *f* Ruß *m*;
~igginoso [-lid-dʒi'no:so] rußig.

fulmicotone [fulmiko'to:ne] *m*
Schießbaumwolle *f*.

fulmin|ante [fulmi'nante] **1.** *p.pr.*
blitzend; niederdonnernd; **2.** *adj.*
sofort tödlich verlaufend; *apoplessia
f* ~ tödlicher Schlaganfall *m*; *tubercolosi f* ~ galoppierende Schwindsucht *f*; ✕ Schieß...; *polvere f* ~
Schießpulver *n*; *lettera f* ~ Brand-
brief *m*; **3.** *m* Zündhölzchen *n*; **~are**
[-'na:re] (1l) **1.** *v/t.* niederdonnern;
Artill. beschießen; *fig.* schleudern;
Dio mi fulmini ... Gott soll mich
strafen ...; **2.** *v/i.* blitzen; **~ato**
[-'na:to] vom Blitz (*od. elektrischen
Schlag*) getroffen; *fig. rimanere* ~
wie vom Blitz getroffen sein; **~a-
zione** [-natsi'o:ne] *f* Zerschmetterung *f*; elektrischer Schlag *m*.

fulmine [fulmine] *m* Blitz *m*.

fulmineo [ful'mi:neo] blitzschnell;
blitzend.

fulvo [fulvo] rotblond.

fum|abile [fu'ma:bile] rauchbar;
~acchio [-'mak-kio] *m* (*pl.* -cchi)
glimmendes Stück *n* Holz; Räucherung *f*; **~aiolo** [-mai'o:lo] *m* Schornstein *m*; **~are** [-'ma:re] (1a) rauchen; **~arola** [-ma'ro:la] *f* Geol.
Fumarole *f*; **~ata** [-'ma:ta] *f* Zug *m*
an der Zigarette usw.; Rauchwolke
f; **~atore** [-ma'to:re] *m* Raucher *m*;
🚭 (*compartimento*) ~*i pl.* Raucher-
abteil *n*; **~etto** [-'met-to] *m* Blasen-
text *m*; *-i pl.* Bilderstreifen *m/pl.*,
Comic strips *pl.*; **~igare** [-mi'ga:re]
(11 *u.* e) **1.** *v/i.* rauchen; ausdün-
sten; **2.** *v/t.* räuchern; **~igazione**
[-migatsi'o:ne] *f* Räucherung *f*.

fumista [fu'mista] *m* (*pl.* -i) Ofensetzer *m*.

fummo [fum-mo] *s. essere.*

fumo [fu:mo] *m* Rauch *m*; Rauchen
n; Trübung *f*; *far* ~ rauchen; *fig.
andare in* ~ in Rauch aufgehen; *mandare in* ~ über den Haufen werfen;
saper di ~ angebrannt schmecken;
i -i del vino die Dünste *m/pl.* des
Weines; *vendere* ~ ein Hochstapler
sein.

fumogeno [fu'mɔːdʒeno] rauchbildend; *bomba* f *-a* Rauchbombe f.
fum|osità [fumosi'ta] f Rauch m; **~oso** [-'moːso] rauchig.
fun|aio [fu'naːio] m (*pl. -ai*) Seiler m; **~ambolo** [-'nambolo] m Seiltänzer m; **~ame** [-'naːme] m Seilwerk n.
fune [fu'ne] f Seil n; ⚓ Tau n; **~ metallica** Drahtseil n; **~ di canapa** Hanfseil n; **~ di rimorchio** Schlepptau n; *tiro m alla* **~** Tauziehen n.
funebre [fu'neːbre] Trauer...; Leichen...; *fig.* traurig; *carro m* **~** Leichenwagen m; *ufficio m* **~** Leichenfeier f; *messa* f **~** Totenmesse f; *marcia* f **~** Trauermarsch m; *orazione* f **~** Leichenrede f; *partecipazione* f **~** Todesanzeige f.
fun|erale [fune'raːle] m (*a. -i pl.*) Begräbnis n; Leichenfeier f; **~erario** [-ne'raːrio] (*pl. -ri*) Begräbnis..., Grab...; *iscrizione* f *-a* Grabinschrift f; **~ereo** [-'nɛːreo] s. funebre.
funestare [funes'taːre] (1b) in Betrübnis versetzen; verheeren.
funesto [fu'nɛsto] unheilvoll; verhängnisvoll.
fung|aia [fun'gaːia] f Pilzbeet n; Pilzzucht f; *fig.* Haufen m; **~ato** [-'gaːto] pilzreich; *anno* **~**, *anno tribolato* ein pilzreiches Jahr ist ein unfruchtbares Jahr.
fungere [fundʒere] (3d) **1.** *v/t.* ausüben; **2.** *v/i.* fungieren; *in Amt* ausüben; **~ da** ... als ... tätig sein.
fungo [fungo] m (*pl. -ghi*) Pilz m; (*a.* 🍄) Schwamm m; **~ atomico** Atompilz m; **~ velenoso** Giftpilz m; *andare per -ghi* in die Pilze gehen.
fung|osità [fungosi'ta] f Schimmeligkeit f; **~oso** [-'goːso] schwammig; schimm(e)lig.
funicella [funi'tʃɛl-la] f Schnur f.
funi|colare [funiko'laːre] f Drahtseilbahn f; Bergbahn f; **~via** [-'viːa] f Seil(schwebe)bahn f.
funzion|amento [funtsiona'mento] m Funktionieren n; **~are** [-'naːre] (1a) funktionieren; F klappen; *in Amt ausüben;* ⊕ *in Betrieb sein;* gehen; tätig sein (*da* als); **~ario** [-'naːrio] m (*pl. -ri*) Beamte(r) m.
funzione [funtsi'oːne] f Obliegenheit f; Amtsverrichtung f; *facente* **~** Stellvertreter m; **~ sacra** kirchliche Handlung f; ♫, ♪,⊕ Funktion f; *fare le* **-i** *di* ... fungieren als ...; *nell'esercizio delle sue* **-i** in der Ausübung s-s Amtes.
fuoco [fu'ɔːko] m (*pl. -chi*) Feuer n (*a. fig.*); *Phys.* Brennpunkt m; *dar* **~** *a qc.* Feuer an et. (*acc.*) legen; et. in Brand stecken; **~ artificiale** Feuerwerk n; *azione* f *di* **~** Feuergefecht n; **~ di fila** Lauffeuer n; **~ di paglia** Strohfeuer n; **~ di sbarramento** Sperrfeuer n; *sorpresa* f *di* **~** Feuerüberfall m; *Optik:* **fuori ~** brennpunktlos; *pigliare* **~** Feuer fangen; *far* **~** ✗ feuern; *far* **~** *fiamma* Himmel und Erde in Bewegung setzen; *mettere a* **~** scharf einstellen.
fuorché [fuor'ke] außer.
fuori [fu'ɔːri] **1.** *prp.* außer; **~ di Berlino** außerhalb Berlins; **~ luogo** nicht am Platze, unangebracht; **~** (*di*) *mano* abgelegen; **~** (*di*) *via* weit weg; **~ di sé** außer sich; **~ d'uso** ungebräuchlich; **2.** *adv.* draußen, außerhalb, heraus, hinaus; *di* **~** von außen; **~!** heraus!
fuori|bordo [fuori'bordo] m *inv.* Außenbordmotor m; Boot n mit Außenbordmotor m; **~classe** [-'klas-se] m *inv.* Sonderklasse f; **~gioco** [-'dʒɔːko] m *inv.* Abseits n; **~legge** [-'led-dʒe] m *inv.* Bandit m, Verbrecher m; **~serie** [-'sɛːrie] f *inv.* Sonderklasse f.
fuor|uscita [fuoruʃ-'ʃiːta] f Heraustreten n; Auswanderung f; Emigrantin f; **~uscito** [-to] m *politischer* Flüchtling m, Emigrant m; **~viare** [-vi'aːre] (1h) **1.** *v/i.* aus dem Geleise treten; *vom rechten Weg abkommen; far* **~** **= 2.** *v/t.* irreleiten.
furb|acchione [furbak-ki'oːne] m Schlaukopf m; **~eria** [-be'riːa] f Schlauheit f; Schelmenstreich m; **~esco** [-'besko] (*pl. -chi*) schlau; *a. Diebs...; lingua* f *-a* Gaunersprache f; **~izia** [-'biːtsia] f Schlauheit f.
furbo [furbo] **1.** *adj.* schlau; **2.** m Schlaukopf m.
fureria [fure'riːa] f ✗ Büro n des Verpflegungsoffiziers.
furfantaggine [furfan'tad-dʒine] f Gaunerei f.
furfante [fur'fante] m Spitzbube m; Strolch m.
furfant|eggiare [furfanted-'dʒaːre] (1f) ein Gaunerleben führen; **~eria** [-te'riːa] f Schelmerei f;

Gaunerei *f*; **~esco** [-'tesko] (*pl.*
-*chi*) spitzbübisch.

furg|oncino [furgon'tʃiːno] *m* Lie-
ferwagen *m*; **~one** [-'goːne] *m* Lastwagen *m*; Möbelwagen *m*.

furia [fuːria] *f* Wut *f*; Eile *f*; *Myth.*
Furie *f*; *in fretta e* ~ in aller Eile;
essere in ~ wütend sein; *a* ~ *di* …
durch viel(es) …

furibondo [furi'bondo] rasend.

furiere [furi'ɛːre] *m* Feldwebel *m*;
~ *maggiore* Wachtmeister *m*.

furioso [furi'oːso] rasend; grimmig;
wütend; aufgebracht.

furono [fuːrono] *s. essere.*

fur|ore [fu'roːre] *m* Raserei *f*; *fig.*
Begeisterung *f*; *far* ~ = **~oreggiare**
[-rored-'dʒaːre] (1f) Furore machen, großen Erfolg haben.

furtivo [fur'tiːvo] gestohlen; *fig.*
verstohlen, heimlich.

furto [furto] *m* Diebstahl *m*; ~ *ag-
gravato* schwerer Diebstahl *m*; ~
di cassa Kassendiebstahl *m*; ~ *con
scasso* Einbruch(s)diebstahl *m*.

fusc|ellino [fuʃ-ʃel-'liːno] *m* Hälm-
chen *n*; Splitterchen *n*; **~ello**
[-'ʃel-lo] *m* Halm *m*; Splitter *m*.

fusi [fuːzi] *s. fondere.*

fus|ibile [fu'ziːbile] **1.** *adj.* schmelz-
bar; **2.** *m* ⚡ Sicherung *f*; **~ibilità**
[-zibili'ta] *f* Schmelzbarkeit *f*.

fusiforme [fusi'forme] spindel-
förmig.

fusione [fuzi'oːne] *f* Schmelzen *n*;
Skulp. Guß *m*; Zusammenschluß *m*,
Durchschmelzung *f*; ✝ Fusion *f*.

fuso¹ [fuːzo] *s. fondere; ferro m* ~
Gußeisen *n*.

fuso² [fuːso] *m* (*pl. a. le fusa*) Spindel *f*; *diritto come un* ~ kerzengerade; *fare le -a* schnurren.

fusoliera [fusoli'ɛːra] *f* Flugzeug-
rumpf *m*.

fusorio [fu'zɔːrio] (*pl. -ri*) Gieß…

fustagno [fus'taɲo] *m Art* Flanell
m.

fustig|are [fusti'gaːre] (1l *u.* e) aus-
peitschen; **~azione** [-gatsi'oːne] *f*
Auspeitschung *f*.

fusto [fusto] *m* Gestell *n*; Faß *n*;
Schaft (Säulenschaft) *m*; Rumpf *m*;
Stamm (Baumstamm) *m*; Stiel
(Blumenstiel) *m*.

futile [fuːtile] geringfügig.

futilità [futili'ta] *f* Geringfügigkeit *f*.

futur|ismo [futu'rizmo] *m* Futuris-
mus *m*; **~ista** [-'rista] *su.* (*m*/*pl. -i*)
Futurist(in *f*) *m*.

futuro [fu'tuːro] **1.** *adj.* zukünftig;
2. *m* Zukunft *n*; *Gram.* Futurum *n*;
romanzo m del ~ Zukunftsroman *m*;
in ~ zukünftig.

G

G, g [dʒi] *f u. m* G, g *n.*

gabardine [gabar'din] *f* Gabardine *m u. f.*

gabbamondo [gab-ba'mondo] *m inv.* Betrüger *m.*

gabb|ana [gab-'ba:na] *f s.* gabbano; *voltar* ~ den Mantel nach dem Winde hängen; **~anella** [-ba'nɛl-la] *f* Morgenrock *m;* Kittel (Arztkittel) *m;* **~ano** [-'ba:no] *m* Überrock *m,* Mantel *m;* Arbeitskittel *m.*

gabb|are [gab-'ba:re] (1a) betrügen; verspotten; **~arsi** [-'barsi]: ~ *di qu.* sich über j-n lustig machen.

gabbia [gab-bia] *f* Käfig *m;* Vogelbauer *n;* ⚓ Mastkorb *m;* Gefängnis *n,* F Loch *n; una* ~ *di matti* ein Irrenhaus; ⚒ ~ *d'estrazione* Förderkorb *m.*

gabbiano [gab-bi'a:no] *m* Möwe *f; fig.* Tölpel *m.*

gabbione [gab-bi'o:ne] *m* ✕ Schanzkorb *m.*

gabbo [gab-bo] *m* Scherz *m;* Spott *m; pigliare qc. a* ~ etwas leichtnehmen; *farsi* ~ *di qu.* sich über j-n lustig machen.

gabella [ga'bɛl-la] *f* Steuer (Warensteuer) *f;* Steueramt *n.*

gabell|are [gabel-la:re] (1b) versteuern; ausgeben (*per* für *acc.*); **~iere** [-li'ɛ:re] *m* Zöllner *m.*

gabinetto [gabi'net-to] *m* Kabinett *n;* Toilette *f;* ~ *di fisica* Physikraum *m;* ~ *di lettura* Lesezimmer *n;* ~ *dentistico, oculistico* zahnärztliche, augenärztliche Praxis *f;* ~ *pubblico* Bedürfnisanstalt *f.*

gaffe [gaf] *f* Fauxpas *m,* Taktlosigkeit *f.*

gagà [ga'ga] *m inv.* Geck *m,* Snob *m.*

gaggia [gad-'dʒi:a] *f* Akazie *f.*

gagli|ardetto [gaʎar'det-to] *m* Wimpel *m;* Standarte *f;* **~ardezza** [-ʎar'det-tsa] *f,* **~ardia** [-ʎar'dia] *f* Kraft *f,* Kühnheit *f;* Lebhaftigkeit *f;* **~ardo** [-'ʎardo] kräftig.

gagli|offaggine [gaʎof-'fad-dʒine] *f* Lümmelhaftigkeit *f;* **~offo** [-'ʎof-fo] *m* Lümmel *m.*

gaiezza [gai'et-tsa] *f* Fröhlichkeit *f.*

gaio [ga:io] (*pl.* gai) fröhlich.

gala [ga:la] *f* Krause *f; Kleidung:* Fliege *f; in gran* ~ in großer Gala; *abito m di* ~ Galakleid *n.*

galalite [gala'li:te] *f* Galalith *n.*

galante [ga'lante] **1.** *adj.* galant; **2.** *m* Galan *m.*

galant|eggiare [galanted-'dʒa:re] (1f) den Galan spielen; **~eria** [-te'ri:a] *f* Galanterie *f; Kochk.* Leckerbissen *m;* -e *pl.* ⚔ Galanteriewaren *f|pl.*

galantuomo [galantu'ɔ:mo] (*pl.* -uomini) **1.** *adj.* ehrenhaft; **2.** *m* Ehrenmann *m.*

galassia [ga'las-sia] *f* Milchstraße *f.*

galateo [gala'tɛ:o] *m* Anstandsbuch *n,* Knigge *m.*

galea [ga'lɛ:a] *f* Galeere *f.*

gal|eotto [gale'ɔt-to] *m* Zuchthäusler *m; ehm.* Galeerensträfling *m; fig.* Schurke *m,* Gauner *m;* Galgenvogel *m;* **~era** [-'lɛ:ra] *f* Zuchthaus *n; ehm.* ⚓ Galeere *f.*

galla [gal-la] *f* ⚘ Galle *f;* Blase *f; noce f di* ~ Gallapfel *m; a* ~ auf der Oberfläche; *venire a* ~ auftauchen; *tenersi a* ~ sich über Wasser halten.

galleggi|amento [gal-led-dʒa'mento] *m* Schwimmen *n; linea f di* ~ Wasserlinie *f;* **~ante** [-'dʒante] **1.** *adj.* schwimmend; *bacino m* ~ Schwimmdock *n;* **2.** *m* Schwimmer *m;* Schwimmkörper *m;* **~are** [-'dʒa:re] (1f) *obenauf* schwimmen.

galleria [gal-le'ri:a] *f* Galerie *f;* Passage *f;* ✕ Stollen *m;* ⚒ ~ *trasversale* Querstollen *m;* ~ *di pitture* Gemäldegalerie *f;* ~ *di quadri* Bildergalerie *f;* ~ *del vento* (*od.* ~ *aerodinamica*) Windtunnel *m.*

galletta [gal-'let-ta] *f* Zwieback (Schiffszwieback) *m.*

galletto [gal-'let-to] *m* Hähnchen *n;* ⊕ Mutter *f* (*pl.* -rn); *fare il* ~ übermütig sein.

gallicismo [gal-li'tʃizmo] *m* Gallizismus *m.*

gallico [gal-liko] (*pl.* -ci) gallisch.

gallina [gal-'li:na] *f* Henne *f;* ~ *di*

razza Zuchthenne *f*; *gambe f/pl. di ~* Krähenfüße *m/pl.*

gallin|accio [gal-li'nat-tʃo] *m* (*pl. -cci*) Truthahn *m*; **~aceo** [-'na:tʃeo] **1.** *adj.* hühnerartig; **2.** *m* (*mst -i m/pl.*) Hühnervögel *m/pl.*; **~aio** [-'na:io] *m* (*pl. -ai*) Hühnerhof *m*; Hühnerdieb *m*; **~ella** [-'nɛl-la] *f* Wasserhuhn *n*; **~etta** [-'net-ta] *f* Ackersalat *m*.

gallo¹ [gal-lo] *m* Hahn *m*; *canto m del ~* Hahnenschrei *m*; *Sport:* peso *m ~* Bantamgewicht *n*.

gallo² [gal-lo] *m* Gallier *m*.

gall|onare [gal-lo'na:re] (1a) betressen; **~onato** [-lo'na:to] mit Tressen geschmückt; **~one** [-'lo:ne] *m* Borte *f*; Tresse *f*.

galopp|are [galop-'pa:re] (1c) galoppieren; **~ata** [-'pa:ta] *f* Galoppritt *m*; **~atoio** [-pa'to:io] *m* (*pl. -oi*) Reitbahn *f*, Rennbahn *f*; **~atore** [-pa'to:re] *m* Galoppreiter *m*; **~ino** [-'pi:no] *m* Laufbursche *m*.

galoppo [ga'lɔp-po] *m* Galopp *m*; *di ~* im Galopp; *piccolo ~* Kanter *m*.

galoscia [ga'lɔʃ-ʃa] *f* (*pl. -sce*) Galosche *f*.

galvanico [gal'va:niko] (*pl. -ci*) galvanisch.

galvan|ismo [galva'nizmo] *m* Galvanismus *m*; **~izzare** [-nid-'dza:re] (1a) galvanisieren; **~izzatore** [-nid-dza'to:re] *m* Galvanisierer *m*; **~izzazione** [-nid-dzatsi'o:ne] *f* Galvanisierung *f*; **~ometro** [-'nɔːmetro] *m* Galvanometer *n*; **~oplastica** [-no'plastika] *f* Galvanoplastik *f*; **~oplastico** [-ko] (*pl. -ci*) galvanoplastisch; **~otipia** [-noti'pi:a] *f* Galvanotypie *f*.

gamba [gamba] *f* Bein *n*; *~ anteriore* Vorderbein *n*; *~ di legno* Holzbein *n*; *essere di buona ~* gut zu Fuß sein; F *in ~* tüchtig; F prima; *dalle ~ e corte* kurzbeinig; *darsela a -e* sich aus dem Staube machen; *andare a -e per aria* zugrunde gehen; *mettere la via tra le -e* laufen, so schnell man kann; *mettersi la coda tra le -e* sich davonmachen; *sich schämen*; *fig. star male in -e* nicht fest stehen; *rimettersi in -e* wieder munter sein.

gamb|ale [gam'ba:le] *m* Stiefelschaft *m*; *ehm.* Beinharnisch *m*; *~ di cuoio* Ledergamasche *f*; **~ata** [-'ba:ta] *f* Stoß *m* mit dem Bein.

gambero [gambero] *m* Krebs *m*; *~ di fiume* Flußkrebs *m*; *~ di mare* Hummer *m*.

gambetto [gam'bet-to] *m* Beinchen *n*; *Schach:* Gambit *n*; *dare* (*fare*) *il ~ a qu.* j-m ein Bein stellen.

gambo [gambo] *m* Stiel *m*; Stengel *m*; Schaft *m*.

gamella [ga'mɛl-la] *f* Kochgeschirr *n der Soldaten.*

gamma [gam-ma] *f* Skala *f*; Tonleiter *f*.

gan|ascia [ga'naʃ-ʃa] *f* (*pl. -sce*) Kinnlade *f*; Backe *f*; *dimenare le -e* viel und gierig essen; **~ascione** [-naʃ-'ʃo:ne] *m* Maulschelle *f*.

gancetto [gan'tʃet-to] *m* Heftklammer *f*. G

gancio [gantʃo] *m* (*pl. -ci*) Haken *m*.

ganga [ganga] *f* (*pl. -ghe*) 🪨 Gang *m*; *fig.* Verbrecherbande *f*.

ganghero [gangero] *m* (Tür-) Angel *f*; *Kleidung:* Haken *m*; *uscir dai -i* aus der Haut fahren.

ganglio [ganglio] *m* (*pl. -gli*) *Anat.* Nervenknoten *m*; *fig.* Zentrum *n*, Lebensnerv *m*.

ganimede [gani'mɛːde] *m* Geck *m*, Stutzer *m*.

ganzo [gandzo] *m* Buhle *m*; Geliebte(r) *m*.

gara [ga:ra] *f* Wettstreit *m*; Bewerbung *f*; *Spiel:* Wettkampf *m*; Rennen *n*; *~ aerea* Wettflug *m*; *~ automobilistica* Autorennen *n*; *~ eliminatoria* Ausscheidungswettkampf *m*; *~ finale* End-, Entscheidungsspiel *n*; *~ internazionale* Länderkampf *m*; *~ di corse* Rennen *n*; *~ di fondo* Langlauf *m*; *fuori ~* außer Konkurrenz; *fare a ~ um* die Wette tun.

garage [ga'raʒ] *m inv.* Garage *f*.

garagista [gara'dʒista] *m* (*pl. -i*) Garagenarbeiter *m*.

garante [ga'rante] *m* Bürge *m*; *star ~* bürgen.

garan|tire [garan'ti:re] (4d) bürgen; † garantieren; **~tito** [-'ti:to] garantiert; *fig.* zuverlässig; **~zia** [-'tsi:a] *f* Bürgschaft *f*; Garantie *f*; *~ del credito* Kreditversicherung *f*; *Pol. accordo m* (*od. patto m*) *di ~* Sicherheitsabkommen *n*; *biglietto m di ~* Garantieschein *m*; *contratto m di ~* Garantievertrag *m*; *senza ~* ohne Gewähr.

garb|are [gar'ba:re] (1a) gefallen;

behagen; passen; **~atezza** [-ba-'tet-tsa] *f* Liebenswürdigkeit *f*; **~ato** [-'ba:to] liebenswürdig; anmutig.

garbo [garbo] *m schöne* Form *f*; Anmut *f*; Liebenswürdigkeit *f*; *con* ~ schön, ordentlich; *senza* ~ plump, ungeschliffen.

garbuglio [gar'bu:ʎo] *m* (*pl.* *-gli*) Wirrsal *n*; Durcheinander *n*.

gardenia [gar'dɛ:nia] *f* Gardenie *f*.

Gardesan|a [garde'sa:na] *f* Straße *f* *entlang des Gardasees*; **2o** [-no] zum Gardasee gehörig.

gareggi|amento [gared-dʒa'mento] *m* Wetteifern *n*; **~are** [-'dʒa:re] (1f) wetteifern.

garetta [ga'ret-ta] *f* ✗ Schilderhaus *n*.

garetto [ga'ret-to] *m s.* garretto.

garganella [garga'nel-la] *f*: *bere a* ~ *ein Getränk* hinuntergießen.

gargarismo [garga'rizmo] *m* Gurgeln *n*; *fare i* ~ gurgeln.

gargar|izzare [gargarid-'dza:re] (1a): ~ *qc.* mit et. gurgeln; **~ozzo** [-'rɔt-tso] *m* Kehle *f*; Rachen *m*.

garibaldino [garibal'di:no] **1.** *adj.* garibaldinisch; *fig.* tapfer, kühn; **2.** *m* Garibaldiner *m*.

garitta [ga'rit-ta] *f s.* garetta.

garofano [ga'rɔ:fano] *m* Nelke *f*; *Kochk.* Gewürznelke *f*.

garrese [gar're:se] *m Zool.* Widerrist *m*.

garretto [gar-'ret-to] *m* Sprunggelenk *n*; Hacke *f*, Ferse *f*.

garr|ire [gar-'ri:re] (4d) kreischen; *Zikaden:* singen; *fig.* keifen; **~ito** [-'ri:to] *m* Kreischen *n*; Keifen *n*.

garrulità [gar-ruli'ta] *f* Geschwätzigkeit *f*.

garrulo [gar-rulo] kreischend; geschwätzig.

garza [gardza] *f* Gaze *f*; *Zool.* Silberreiher *m*.

garz|are [gar'dza:re] (1a) aufrauhen; **~atura** [-dza'tu:ra] *f* Aufrauhen *n*.

garzo [gardzo] *m* Aufrauhen *n*; ⚲ Weberkarde *f*.

garz|ona [gar'dzo:na] *f* Magd *f*; **~one** [-'dzo:ne] *m allg.* Bursche *m*; Geselle *m*; Knecht *m*.

gas [gas] *m inv.* Gas *n*; ~ *irritante* Reizgas *n*; ~ *lacrimogeno* Tränengas *n*; ~ *asfissiante* Giftgas *n*; ~ *naturale* Erdgas *n*; ~ *di scarico* Aus-

puffgas *n*; *conduttura f del* ~ Gasleitung *f*; *cucina f a* ~ Gasherd *m*; *rifornimento m di* ~ Gasversorgung *f*; *riscaldamento m a* ~ Gasheizung *f*; *rubinetto m del* ~ Gashahn *m*; *cucinare a* ~ auf (*od.* mit) Gas kochen; *Auto:* *dare* ~ Gas geben; *togliere il* ~ Gas wegnehmen; *a tutto* ~ mit Vollgas.

gasolina [gazo'li:na] *f* Gasolin *n*.

gasolio [ga'zɔ:lio] *m* Gasöl *n*, Diesel-öl *n*.

gass|are [gas-'sa:re] (1a) vergasen; Kohlensäure zusetzen; **~ificare** [-sifi'ka:re] (1m *u.* d) in Gas überführen; **~ista** [-'sista] *m* (*pl.* *-i*) Gasarbeiter *m*; Gasinstallateur *m*; **~ometro** [-'sɔ:metro] *m* Gasbehälter *m*; **~osa** [-'so:sa] *f* Brauselimonade *f*; Sprudel *m*; **~oso** [-'so:so] gashaltig; gasartig.

gastralgia [gastral'dʒi:a] *f* Magenkrampf *m*.

gastricismo [gastri'tʃizmo] *m* Magenleiden *n*.

gastrico [gastriko] (*pl.* *-ci*) gastrisch; Magen...; *catarro* ~ Magenkatarrh *m*; *malattia f -a* Magenkrankheit *f*; *succo m* ~ Magensaft *m*.

gastr|ite [gas'tri:te] *f* Magenschleimhautentzündung *f*; **~onomia** [-trono'mi:a] *f* Kochkunst *f*; Feinschmeckerei *f*; **~onomico** [-tro'nɔ:miko] (*pl.* *-ci*) gastronomisch; **~onomo** [-'trɔ:nomo] *m* Feinschmecker *m*; **~oscopia** [-trosko'pi:a] *f* Magenspiegelung *f*.

gatta [gat-ta] *f* Katze *f*; *Spiel:* ~ *cieca* Blindekuh *f*; ~ *morta* Duckmäuser *m*; *fare la* ~ *morta* sich dumm stellen; naiv tun, kokettieren; ~ *ci cova* da steckt etwas dahinter.

gatt|abuia [gat-ta'bu:ia] *f* Gefängnis *n*, F Loch *n*; **~aiola** [-tai'ɔ:la] *f* Katzenloch *n*; **~esco** [-'tesko] (*pl.* *-chi*) katzenartig.

gattice [gat-titʃe] *m* Silberpappel *f*.

gattino [gat-'ti:no] *m* Kätzchen *n*; Katzenjunge(s) *n*.

gatto [gat-to] *m* Katze *f*; Kater *m*; ⊕ Rammbock *m*; *star come cani e -i* sich wie Hund und Katze vertragen; *c'erano quattro -i* es waren nur wenige da.

gattone [gat-'to:ne] *m* große Katze *f*; *-i pl.* ⚕ Speicheldrüsenentzündung *f*, F Ziegenpeter *m*.

gatt|opardo [gat-to'pardo] *m* Leopard *m*; **~uccio** [-'tut-tʃo] *m* (*pl.* -cci) Fuchsschwanz *m*; *Zool.* Katzenhai *m*.

gaudente [gau'dɛnte] **1.** *adj.* genießerisch; **2.** *m* Lebemann *m*.

gaudio [ga'udio] *m* Wonne *f*.

gaudioso [gaudi'o:so] fröhlich.

gavazzare [gavat-'tsa:re] (1a) jubeln; schwelgen.

gavetta [ga'vet-ta] *f* Eßnapf *m der Soldaten; venire dalla ~* von der Pike auf dienen.

gavina [ga'vi:na] *f* Sturmmöwe *f*.

gavitello [gavi'tɛl-lo] *m* Boje (Ankerboje) *f*.

gavotta [ga'vɔt-ta] *f* Gavotte *f*.

gazometro [ga'dzɔ:metro] *m s. gassometro.*

gazosa [ga'dzo:sa] *f s. gassosa.*

gazza [gad-dza] *f* Elster *f*.

gazzarra [gad-'dzar-ra] *f* Lärm (Freudenlärm) *m*.

gazzella [gad-'dzel-la] *f* Gazelle *f*.

gazz|etta [gad-'dzet-ta] *f* Zeitung *f*; **~ ufficiale** Amtsblatt *n*; **~ettiere** [-dzet-ti'e:re] *m c.s.* Zeitungsschreiber *m*; **~ettino** [-dzet-'ti:no] *m* Blättchen *n*; *fig.* Klatschmaul *n.*

gel|are [dʒe'la:re] (1b) **1.** *v/t.* zum Gefrieren bringen; **2.** *v/i. u.* **~arsi** [-'larsi] (ge)frieren; erfrieren; *Blut:* erstarren; **~ata** [-'la:ta] *f* Glatteis *n*; **~ateria** [-late'ri:a] *f* Eisdiele *f*; Eisstube *f*; **~atiere** [-lat'e:re] *m* Eisverkäufer *m*; **~atina** [-la'ti:na] *f* Gelatine *f*; **~ esplosiva** Gummisprengstoff *m*; **~ di frutta** Fruchtgelee *n*; **~ di ossa** Knochenleim *m*; **~atinoso** [-lati'no:so] gallertartig; **~ato** [-'la:to] **1.** *adj.* eiskalt; **2.** *m* Gefrorene(s) *n*, Eis *n*; **~icidio** [-li'tʃi:dio] *m* Glatteis *n.*

gelido [dʒe:lido] eisig; frostig.

gelo [dʒe:lo] *m* Frost *m*; **~ notturno** Nachtfrost *m.*

gelone [dʒe'lo:ne] *m* Frostbeule *f*.

gel|osia [dʒelo'si:a] *f* Eifersucht *f*; Jalousie *f*, Rolladen *m*; **~oso** [-'lo:so] eifersüchtig (*di* auf *acc.*); *fig.* bedacht (*di* auf *acc.*).

gels|eto [dʒel'se:to] *m* Maulbeerhain *m*; **~icoltura** [-sikol'tu:ra] *f* Maulbeerzucht *f*.

gelso [dʒɛlso] *m* Maulbeerbaum *m*.

gelsomino [dʒelsomi'i:no] *m* Jasmin *m.*

gemebondo [dʒeme'bondo] wehklagend.

gemello [dʒe'mɛl-lo] **1.** *adj.* zusammengehörig; Zwillings...; *parto m* **~** Zwillingsgeburt *f*; **2.** *m* Kragenknopf *m*; **-i** *pl.* Zwillinge *m/pl.*; *Kleidung:* (*a. bottoni m/pl.* -i) Manschettenknöpfe *m/pl.*

gemere [dʒe:mere] (3a) stöhnen; *Taube:* gurren; *Holz:* ausschwitzen.

gemin|are [dʒemi'na:re] (11 *u.* b) verdoppeln; **~azione** [-natsi'o:ne] *f* Verdoppelung *f*.

gemino [dʒe:mino] *lit.* doppelt.

gemito [dʒe:mito] *m* Stöhnen *n*; Klage *f*.

gemma [dʒɛm-ma] *f* Juwel *n*; Gemme *f*; ♀ Knospe *f*, Auge *n*; *Fahrrad:* Katzenauge *n*.

gemm|are [dʒem-'ma:re] (1b) knospen; **~ato** [-'ma:to] *mit Edelsteinen* besetzt; **~azione** [-matsi'o:ne] *f* Knospentreiben *n*.

gemmeo [dʒɛm-meo] *lit.* edelsteinartig.

gemmifero [dʒem-'mi:fero] edelsteinreich; knospentreibend.

gend|arme [dʒen'darme] *m* Gendarm *m*; **~armeria** [-darme'ri:a] *f* Gendarmerie *f*.

gene [dʒe:ne] *m Biol.* Gen *n*.

geneal|ogia [dʒenealo'dʒi:a] *f* Genealogie *f*; **~ogico** [-'lɔ:dʒiko] (*pl.* -ci) genealogisch; *albero m* **~** Stammbaum *m*; *tavola f* **-a** Ahnentafel *f*; **~ogista** [-lo'dʒista] *su.* (*m/pl.* -i) Familienforscher(in *f*) *m*.

gener|abile [dʒene'ra:bile] erzeugbar; **~abilità** [-rabili'ta] *f* Erzeugbarkeit *f*.

gener|alato [dʒenera'la:to] *m* Generalsgrad *m*; **~ale** [-'ra:le] **1.** *adj.* allgemein; *direttore m* **~** Generaldirektor *m*; *quartiere m* **~** Hauptquartier *n*; *stare sulle* **-i** sich in Allgemeinheiten bewegen; *uscire dalle -i* auf das eigentliche Thema kommen; *in* **~** im allgemeinen; **2.** *m* Allgemeine(s) *n*; ✕, *Rel.* General *m*; *maggior* **~** Generalmajor *m*; *tenente* **~** Generalleutnant *m*; **~alessa** [-ra'les-sa] *f* Generalin *f*; **~alissimo** [-ra'lis-simo] *m* Generalissimus *m*, Oberbefehlshaber *m*; **~alità** [-rali'ta] *f* Allgemeinheit *f*; ✕ Generalität *f*; *le* **~** die Personalien *pl.*; **~alizzare** [-ralid-'dza:re] (1a) ver-

allgemeinern; **~alizzazione** [-ralid-
dzatsi'o:ne] f Verallgemeinerung f.
gener|are [dʒene'ra:re] (11 u. b)
(er)zeugen; **~ativo** [-ra'ti:vo] zeu-
gungsfähig; Zeugungs...; **~atore**
[-ra'to:re] m Erzeuger m; Strom-
erzeuger m; **~azione** [-ratsi'o:ne] f
Zeugung (Erzeugung) f; Geschlecht n; ~ nuova Nachwuchs m.
genere [dʒe:nere] m Geschlecht n
(a. Gram.); Art f; ✝ Ware f; Mal.
Genre n; in ~ ganz allgemein; überhaupt; -i di consumo Konsum-
güter n/pl., Gebrauchsgüter n/pl.
generica [dʒe'nɛ:rika] f Darstellerin
f von Nebenrollen; Varietékünst-
lerin f.
generi|camente [dʒenerika'mente]
im allgemeinen; **~cità** [-tʃi'ta] f
Allgemeinheit f, Unbestimmtheit f.
generico [dʒe'nɛ:riko] (pl. -ci) 1.
adj. generell; allgemein; 2. m Thea.
Darsteller m von Nebenrollen.
genero [dʒɛ:nero] m Schwiegersohn
m.
gener|osità [dʒenerosi'ta] f Groß-
mut f; Freigebigkeit f; **~oso**
[-'ro:so] großmütig; freigebig (con
gegen acc.); un vino m ~ ein feuriger
Wein m.
genesi [dʒɛ:nezi] f Entstehung f;
bibl. Genesis f.
gen|etica [dʒe'nɛ:tika] f Vererbungs-
lehre f; **~etico** [-'nɛ:tiko] (pl. -ci)
genetisch.
genetliaco [dʒenet'li:ako] (pl. -ci)
1. adj. Geburtstags...; 2. m Geburtstag m.
gengi|va [dʒen'dʒi:va] f Zahnfleisch
n; **~vite** [-dʒi'vi:te] f Zahnfleisch-
entzündung f.
genia [dʒe'ni:a] f Pack n.
gen|iale [dʒeni'a:le] genial; fröhlich;
gefällig, **~ialità** [-niali'ta] f Geniali-
tät f.
geniere [dʒeni'ɛ:re] m ✂ Pionier m.
genio [dʒɛ:nio] m (pl. -ni) Genius m;
Geist m; Genie n; Neigung f;
Geistesgröße f; (a. ~ tutelare)
Schutzgeist m; ✂ Pioniertruppe f;
di ~ gern; contro ~ mit Abneigung;
andare a ~ gefallen; non è di mio ~
ist nicht nach m-m Geschmack.
genit|ale [dʒeni'ta:le] Geschlechts...;
~ivo [-'ti:vo] m Genitiv m.
genito [dʒe:nito] lit. geboren.
genit|ore [dʒeni'to:re] m Erzeuger
m; Vater m; -i pl. Eltern pl.;

~rice [-'tri:tʃe] f Gebärerin f, Mutter f.
gennaio [dʒen-'na:io] m Januar m.
genocidio [dʒeno'tʃi:dio] m (pl. -di)
Völkermord m.
genovese [dʒeno've:se] 1. adj. genuesisch; 2. su. Genueser(in f)
m.
gentaglia [dʒen'ta:ʎa] f Pack n.
gente [dʒɛnte] f Volk n; Leute pl.;
Angehörige(n) pl.; c'è ~ da ist jemand; viene ~ es kommen Leute;
stasera abbiamo ~ heute abend
haben wir Gäste; ~ di mare Seeleute pl.; -i pl. Völker n/pl.; diritto
m delle -i Völkerrecht n.
gentildonna [dʒentil'dɔn-na] f
Dame f, vornehme Frau f.
gent|ile [dʒen'ti:le] 1. adj. liebens-
würdig; sanft; artig; gentilissima
signora! verehrte gnädige Frau!;
2. m Heide m; **~ilesco** [-ti'lesko]
(pl. -chi) heidnisch; **~ilesimo** [-ti-
'le:zimo] m Heidentum n; **~ilezza**
[-ti'let-tsa] f Liebenswürdigkeit f;
~ilità [-tili'ta] f Heidenwelt f;
~ilizio [-ti'li:tsio] (pl. -zi) Familien...; **~iluomo** [-tilu'ɔ:mo] (pl.
-uomini) m Edelmann m; ~ di corte
Kammerherr m.
genufl|essione [dʒenufles-si'o:ne] f
Kniebeuge f; **~esso** [-'flɛs-so]
kniend; **~ettere** [-'flɛt-tere] (3qq)
niederknien.
genu|inità [dʒenuini'ta] f Echtheit
f; **~ino** [-nu'i:no] echt; vino m ~
Naturwein m.
genziana [dʒentsi'a:na] f Enzian m.
geo|centrico [dʒeo'tʃɛntriko] (pl.
-ci) geozentrisch; **~desia** [-de'zi:a]
f Geodäsie f, Erdmeßkunst f; **~de-
tico** [-'dɛ:tiko] (pl. -ci) geodätisch;
ufficio m ~ Vermessungsamt n;
~fisica [-'fi:zika] f Geophysik f;
~gonia [-go'ni:a] f Geogonie f,
Lehre f von der Entstehung der
Erde; **~grafia** [-gra'fi:a] f Geographie f; ~ economica Wirtschafts-
geographie f; **~grafico** [-'gra:fiko]
(pl. -ci) geographisch; carta f -a
Landkarte f.
geografo [dʒe'ɔ:grafo] m Geograph
m.
geol|ogia [dʒeolo'dʒi:a] f Geologie
f; **~ogico** [-'lɔ:dʒiko] (pl. -ci) geo-
logisch.
geologo [dʒe'ɔ:logo] m (pl. -gi)
Geologe m.

geometra [dʒe'ɔ:metra] *m* (*pl.* -i)
Geometer *m*, Feldmesser *m*.

geom|etria [dʒeome'tri:a] *f* Geometrie *f*, Raumlehre *f*; ~ *piana*
Planimetrie *f*; ~ *solida* Stereometrie *f*; **~etrico** [-'me:triko] (*pl.* -ci)
geometrisch.

geranio [dʒe'ra:nio] *m* (*pl.* -ni)
Storchschnabel *m*, Geranium *n*.

ger|arca [dʒe'rarka] *m* (*pl.* -chi)
Hierarch *m*; Spitze *f*, bedeutende
Persönlichkeit *f*; *c.s.* Parteibonze
m; **~archia** [-rar'ki:a] *f* Hierarchie
f; **~archico** [-'rarkiko] (*pl.* -ci)
hierarchisch; *per via -a* auf dem
Dienstweg(e).

ger|ente [dʒe'rɛnte] *m* Geschäftsführer *m*; ~ *responsabile* verantwortlicher Schriftleiter *m*; **~enza**
[-'rɛntsa] *f* Geschäftsführung *f*.

gergo [dʒergo] *m* (*pl.* -ghi) Jargon
m; Kauderwelsch *n*; Geheimsprache *f*.   [heilkunde *f*.]

geriatria [dʒeria'tri:a] *f* Alters-}

gerla [dʒerla] *f* Tragkorb *m*.

germana [dʒer'ma:na] *f od. adj.*
sorella f ~ leibliche Schwester *f*.

germanesimo [dʒerma'ne:zimo] *m*
Germanismus *m*.

germ|anico [dʒer'ma:niko] (*pl.* -ci)
germanisch; **~anismo** [-ma'nizmo]
m Germanismus *m*; Deutschtum *n*;
~anista [-ma'nista] *su.* (*m/pl.* -i)
Germanist(in *f*) *m*; **~anistica**
[-ma'nistika] *f* Germanistik *f*;
~anizzare [-manid'dza:re] (1a)
germanisieren.

germano[1] [dʒer'ma:no] *m* Germane *m*.

germano[2] [dʒer'ma:no] **1.** *adj.* leiblich; *fratello m* ~ = **2.** *m* leiblicher
Bruder *m*; *Zool.* ~ *reale* Stockente *f*.

germe [dʒerme] *m* Keim *m*.

germ|inale [dʒermi'na:le] Keim...;
~inare [-mi'na:re] (11 *u.* b) **1.** *v/i.*
keimen; **2.** *v/t.* hervorbringen;
~inazione [-minatsi'o:ne] *f* Keimung *f*; *tempo m della* ~ Keimzeit
f; **~ogliare** [-mo'ʎa:re] (1g *u.* c) **1.**
v/t. hervortreiben; **2.** *v/i.* sprossen;
hervorsprießen; **~oglio** [-'mɔ:ʎo]
m (*pl.* -gli) Sprößling *m*.

geroglifico [dʒero'gli:fiko] (*pl.* -ci)
1. *adj.* hieroglyphisch; **2.** *m* Hieroglyphe *f*.

geronto|comio [dʒeronto'kɔ:mio]
m (*pl.* -mi) Altersheim *n*; **~logia**
[-lo'dʒi:a] *f* Altersheilkunde *f*.

gerundio [dʒe'rundio] *m* (*pl.* -di)
Gerundium *n*.

gess|aia [dʒes-'sa:ia] *f* Kreidegrube
f; **~aiolo** [-sai'ɔ:lo] *m* Gipsfigurenformer *m*, Gipsarbeiter *m*; Gipshändler *m*; **~are** [-'sa:re] (1b) gipsen; **~ato** [-'sa:to] übergipst; *vino
m* ~ mit Gips geklärter Wein *m*;
~etto [-'set-to] *m* Kreide *f*.

gesso [dʒes-so] *m* Gips *m*; Kreide *f*;
Skulp. Gipsabguß *m*.

gesta [dʒesta] *f/pl. lit.* Heldentaten
f/pl.

gest|ante [dʒes'tante] *f* Schwangere
f, werdende Mutter *f*; **~atorio**
[-ta'tɔ:rio]: *sedia f -a* Tragsessel *m*;
~azione [-tatsi'o:ne] *f* Schwangerschaft *f*; *fig.* Vorbereitung *f*, Bearbeitung *f*.

gesticol|are [dʒestiko'la:re] (1m)
gestikulieren; **~azione** [-kolatsi'o:ne] *f* Gebärdenspiel *n*.

gest|ione [dʒesti'o:ne] *f* Geschäftsführung *f*; Amtsdauer *f*; ~ *(degli
affari)* Führung *f* (der Geschäfte);
~ire [-'ti:re] (4d) **1.** *v/i.* gestikulieren; **2.** *v/t.* führen; verwalten.

gesto [dʒesto] *m* Geste *f*, Gebärde *f*.

gestore [dʒes'to:re] *m* Verwalter *m*;
Träger *m*.

Gesù [dʒe'zu] *m* Jesus *m*; ~ *bambino*
Christkind *m*.

gesu|ita [dʒezu'i:ta] *m* (*pl.* -i)
Jesuit *m*; **~itico** [-zu'i:tiko] (*pl.* -ci)
jesuitisch; **~itismo** [-zui'tizmo] *m*
Jesuitentum *n*.

gett|are [dʒet-'ta:re] (1b) **1.** *v/t.*
werfen; *Gewinn* einbringen; *Brücke*
schlagen; *Grundmauer* legen; *Schrei*
ausstoßen; *Schuld* schieben (*su auf
acc.*); *Statuen* gießen; ~ *fuori* hinauswerfen; ~ *via* wegwerfen; **2.** *v/i.*
fließen; 🌱 sprossen; **~arsi** [-'tarsi]
sich stürzen; *Fluß:* münden; **~ata**
[-'ta:ta] *f* Wurf *m*; 🌱 Trieb *m*.

gettito [dʒet-tito] *m* Werfen *n*; Einkommen *n*; Ertrag *m*; ~ *delle tasse*
Steueraufkommen *n*.

getto [dʒet-to] *m* Wurf *m*; Strahl
(Wasserstrahl) *m*; ⊕, *Skulp.* Guß
m; *il primo* ~ der erste Entwurf
m; *di* ~ aus e-m Guß; *lavoro m di* ~
Gußarbeit *f*; *a* ~ *continuo* fortwährend.

gettone [dʒet-'to:ne] *m* Marke *f*;
Telefonmünze *f*; Spielmarke *f*;
~ *di presenza* Sitzungsgeld *n*;
apparecchio m a ~ Münzautomat *m*.

gheppio [gep-pio] *m* (*pl.* -ppi) Turmfalke *m*.

gheriglio [ge'ri:ʎo] *m* (*pl.* -gli) Nußkern *m*.

gherm|inella [germi'nɛl-la] *f* Falle *f*; Schwindel *m*; F Hokuspokus *m*; ~ire [-'mi:re] (4d) packen.

gherone [ge'ro:ne] *m* Zwickel *m*.

ghetta [get-ta] *f* Gamasche *f*.

ghetto [get-to] *m* Getto *n*, Judenviertel *n*; *fig.* Heidenlärm *m*.

ghiac|ciaia [giat-'tʃa:ia] *f* Eiskeller *m*; Eisschrank *m*; ~ciaio [-'tʃa:io] *m* (*pl.* -ai) Gletscher *m*; ~ciare [-'tʃa:re] (1f) **1.** *v/t.* erfrieren machen; **2.** *v/i.* gefrieren; ~ciata [-'tʃa:ta] *f* Eisgetränk *n*; ~ciato [-'tʃa:to] vereist; eiskalt.

ghiaccio [giat-'tʃo] *m* (*pl.* -cci) Eis *n*; ~ artificiale Kunsteis *n*; ~ galleggiante Eisberg *m*; coperto di ~ eisbedeckt.

ghiacciolo [giat-'tʃɔ:lo] *m* Eiszapfen *m*.

ghiaia [gi'a:ia] *f* Kies *m*.

ghiai|ata [giai'a:ta] *f* Kiesaufschüttung *f*; ~one [-i'o:ne] *m* Geröllhalde *f*; ~oso [-i'o:so] kiesig.

ghianda [gi'anda] *f* Eichel *f*.

ghiandaia [gian'da:ia] *f* Eichelhäher *m*.

ghiandola [gi'andola] *f* Drüse *f*; ~ linfatica Lymphdrüse *f*.

ghiandolare [giando'la:re] Drüsen...

ghiareto [gia're:to] *m* Kiesgrund *m*.

ghibellino [gibel-'li:no] **1.** *adj.* ghibellinisch, staufisch, kaiserlich; **2.** *m* Gibelline *m*, Anhänger *m* der kaiserlichen Partei.

ghiera [gi'e:ra] *f allg.* Ring *m*; Zwinge (Stockzwinge) *f*.

ghigliot|tina [giʎot-'ti:na] *f* Guillotine *f*; ~tinare [-ti'na:re] (1a) guillotinieren.

ghigna [gi'ɲa] *f* Fratze *f*, Schnauze *f*.

ghign|are [gi'ɲa:re] (1a) grinsen; ~ata [-'ɲa:ta] *f* höhnisches Gelächter *n*.

ghigno [gi'ɲo] *m* Grinsen *n*.

ghinea [gi'ne:a] *f* Guinee *f*.

ghingheri [gingeri]: essere in ~ Staat machen.

ghiott|a [gi'ot-ta] *f* Pfanne *f* unter dem Bratspieß *m*; ~o [-to] **1.** *adj.* naschhaft; lecker; *fig.* gierig; cosa *f* -a Leckerbissen *m*; **2.** *m* Leckermaul *n*.

ghiott|one [giot-'to:ne] *m* Leckermaul *n*; ~oneria [-tone'ri:a] *f* Naschhaftigkeit *f*; Leckerbissen *m*.

ghiozzo [gi'ɔd-dzo] *m* Gründling *m*; *fig.* Tölpel *m*.

ghirba [girba] *f* ✕ Haut *f*, Leben *n*; lasciarci la ~ ums Leben kommen.

ghiribizzo [giri'bid-dzo] *m* Schrulle *f*, Grille *f*.

ghirigoro [giri'gɔ:ro] *m* Schnörkel *m*.

ghir|landa [gir'landa] *f* Girlande *f*; Kranz *m*; ~ nuziale Brautkranz *m*; ~landaio [-lan'da:io] *m* (*pl.* -ai) Kranzbinder *m*; ~landare [-lan'da:re] (1a) bekränzen.

ghiro [gi:ro] *m* Siebenschläfer *m*.

ghisa [gi:za] *f* Gußeisen *n*.

già [dʒa] schon; bereits; ehemals; non ~ che nicht etwa, daß ...; ~ allerdings; schon gut; il ~ re der ehemalige König.

giacca [dʒak-ka] *f* (*pl.* -cche) Jacke *f*; ~ di pelle Lederjoppe *f*; ~ a vento Windjacke *f*.

giacché [dʒak-'ke] da (*cj.*).

giacchetta [dʒak-'ket-ta] *f* Jackett *n*.

giacchio [dʒak-kio] *m* (*pl.* -cchi) Wurfnetz *n*.

giac|ente [dʒa'tʃente] **1.** *s. giacere;* liegend; **2.** *adj.* gelegen; unerledigt; † unverkauft; ~enza [-'tʃentsa] *f* Daliegen *n*; liegende (unerledigte) Sachen *f/pl.*; an Ort und Stelle liegender Vorrat *m*; ~ di magazzino Lagerbestand *m*; in ~ lagernd; ~ere [-'tʃe:re] (2k) liegen; *fig.* ruhen; ~ con schlafen mit (*dat.*); ~iglio [-'tʃi:ʎo] *m* (*pl.* -gli) Lager *n*; ~imento [-tʃi'mento] *m* Liegen *n*; Min. Lager *n*; ~ di carbon fossile Steinkohlenlager *n*.

giacinto [dʒa'tʃinto] *m* ♀ Hyazinthe *f*; Min. Hyazinth *m*.

giacitura [dʒatʃi'tu:ra] *f* Liegen *n*, Lage *f*.

giaciuto [dʒa'tʃu:to] *s. giacere.*

giaco [dʒa:ko] *m* (*pl.* -chi) Panzerhemd *n*.

giacobino [dʒako'bi:no] *m* Jakobiner *m*.

giacqui [dʒak-kui] *s. giacere.*

giaculatoria [dʒakula'to:ria] *f* Stoßgebet *n*; *fig.* Verwünschung *f*.

giada [dʒa:da] *f* Min. Jade *m*.

giaggiolo [dʒad-'dʒɔ:lo] *m* Schwertlilie *f*.

giaguaro [dʒagu'a:ro] *m* Jaguar *m*.

giall|astro [dʒal-'lastro], **~iccio** [-'lit-tʃo] (*pl. -cci*) gelblich; **~igno** [-'liːɲo] hellgelb.

giallo [dʒal-lo] **1.** *adj.* gelb; *febbre f -a* Gelbfieber *n*; *film m ~* Kriminalfilm *m*; *romanzo m ~* Kriminalroman *m*; **2.** *m* Gelb(e) *n*.

giallognolo [dʒal-'loːɲolo] gelblich.

giambo [dʒambo] *m* Jambus *m*.

giammai [dʒam-'mai] niemals.

Giand|uia [dʒan'duːia] *m piemontesische Maske;* **Quiotto** [-'dui'ɔt-to] *m feine piemontesische Schokolade.* [Janitschar *m.*]

giannizzero [dʒan-'nit-tsero] *m*]

giapponese [dʒap-po'neːse] **1.** *adj.* japanisch; **2.** *m* Japanisch(e) *n*; **3.** *su.* Japaner(in *f*) *m*.

giara [dʒaːra] *f (größer)* Krug.

giardin|aggio [dʒardi'nad-dʒo] *m* Gartenbau *m*; **~etta** [-'net-ta] *f* Kombiwagen *m*; **~iera** [-ni'ɛːra] *f* Gärtnerin *f*; Blumengestell *n*; Gemüsesuppe *f*; *maestra ~* Kindergärtnerin *f*; **~iere** [-ni'ɛːre] *m* Gärtner *m*.

giardino [dʒar'diːno] *m* Garten *m*; *~ botanico* botanischer Garten *m*; *~ d'infanzia* Kindergarten *m*; *~ pensile* Dachgarten *m*; *città f ~* Gartenstadt *f*, Villenkolonie *f*; *-i pubblici* öffentliche Anlagen *f/pl.*; *fiore m da ~* Gartenblume *f*.

giarrettiera [dʒar-ret-ti'ɛːra] *f* Strumpfband *n*; Sockenhalter *m*; *ordine m della ~* Hosenbandorden *m*.

giavellotto [dʒavel-'lɔt-to] *m* Wurfspieß *m*; Speer *m*.

gibbone [dʒib-'boːne] *m* Gibbonaffe *m*.

gibboso [dʒib-'boːso] höckerig.

giberna [dʒi'bɛrna] *f* Patronentasche *f*.

gibus [dʒi'buːs] *m* Klappzylinder *m*; Klapphut *m*.

gigante [dʒi'gante] **1.** *adj.* riesenhaft; **2.** *m* Riese *m*; *Myth.* Gigant *m*.

gigant|eggiare [dʒiganted-'dʒaːre] (1f) riesenhaft hervorragen; **~esco** [-'tesko] (*pl. -chi*) riesenhaft; riesig; *costruzione f -a* Riesenbau *m*; *statura f -a* Riesengestalt *f*, -größe *f*; **~essa** [-'tes-sa] *f* Riesin *f*; **~omachia** [-toma'kiːa] *f* Gigantenkampf *m*.

gigione [dʒidʒi'oːne] *m Thea.* Kulissenreißer *m*; *fig.* Angeber *m*.

gigli|aceo [dʒi'ʎaːtʃeo] lilienartig; **~ato** [-'ʎaːto] mit der Lilie geschmückt; *stemma m ~* Lilienwappen *n*; **~eto** [-'ʎeːto] *m* Lilienbeet *n*.

giglio [dʒiːʎo] *m* (*pl. -gli*) Lilie *f*.

gilda [dʒilda] *f* Gilde *f*.

gilè [dʒi'lɛ] *m* Weste *f*.

gin [dʒin] *m* Gin *m*, Wacholderschnaps *m*.

gine|ceo [dʒine'tʃɛːo] *m* Frauengemach *n*; **~cologia** [-kolo'dʒiːa] *f* Gynäkologie *f*; **~cologo** [-'kɔːlogo] *m* (*pl. -gi*) Gynäkologe *m*, Frauenarzt *m*.

gin|epra [dʒi'neːpra] *f* Wacholderbeere *f*; **~epraio** [-ne'praːio] *m* Wacholdergestrüpp *n*; *fig.* verwickelte Angelegenheit *f*; **~epro** [-'neːpro] *m* Wacholder *m*.

ginestra [dʒi'nɛstra] *f* Ginster *m*.

ginevrino [dʒine'vriːno] *m* Genfer *m*.

ging|illarsi [dʒindʒil-'larsi] (1a) die Zeit vertrödeln; **~illino** [-dʒil-'liːno] *m* Zeitvertrödler *m*; **~illo** [-'dʒil-lo] *m* Spielzeug *n*; *-i pl.* Nippsachen *f/pl.*, Kleinigkeiten *f/pl.*; **~illone** [-dʒil-'loːne] *m* Zeitvertrödler *m*.

ginn|asiale [dʒin-nazi'aːle] Gymnasial...; **~asio** [-'naːzio] *m* (*pl. -si*) Gymnasium *n*; **~asta** [-'nasta] *su.* (*m/pl. -i*) Turner(in *f*) *m*; **~astica** [-'nastika] *f* Gymnastik *f*; Turnen *n*; *~ femminile* Mädchenturnen *n*; *~ medica* Heilgymnastik *f*; *~ da camera* Zimmergymnastik *f*; *fare ~* turnen; **~astico** [-'nastiko] (*pl. -ci*) **1.** *adj.* gymnastisch; Turn...; **2.** *m* Turner *m*.

ginnico [dʒin-niko] (*pl. -ci*) Turn..., gymnastisch.

ginocch|iata [dʒinok-ki'aːta] *f* Kniestoß *m*; **~iello** [-ki'ɛl-lo] *m* Knieleder *n*; **~iera** [-ki'ɛːra] *f Fußball, Hockey usw.*: Knieschützer *m*.

ginocchio [dʒi'nɔk-kio] *m* (*pl. i -cchi u. le -cchia*) Knie *n*; *articolazione f del ~* Kniegelenk *n*; *stare in ~* knien; *mettere in ~* auf die Knie niederzwingen; *mettersi in ~* niederknien.

ginocchioni [dʒinok-ki'oːni] kniend.

gioc|are [dʒo'kaːre] (1o) **1.** *v/i.* spielen; *~ alle carte, al biliardo* Karten, Billard spielen; *~ al totocalcio* tippen; **2.** *v/t.* spielen; wet-

ten; **~arsi** [-'karsi] qc. et. ver-
scherzen; **~** di qu. sich über j-n
lustig machen; **~ata** [-'ka:ta] f Spiel
n; Einsatz m; **~atore** [-ka'to:re] m
Spieler m; **~attolo** [-'kat-tolo] m
Spielzeug n.

giocherellare [dʒokerel-'la:re] (1b)
spielen, tändeln.

giochetto [dʒo'ket-to] m leichtes
Spiel n; fig. Trick m, Kniff m.

gioco [dʒɔ:ko] m (pl. -chi) Spiel n;
Spielraum m; Einsatz m; Partie f;
fig. Spielerei f, Kinderspiel n;
Scherz m, Spaß m; **~** di abilità
Geschicklichkeitsspiel n; **~** di pazienza
Geduldspiel n; avere buon **~** leichtes
Spiel haben; farsi **~** di qu. sich über
j-n lustig machen; un **~** della fortuna ein Spielball des Schicksals;
essere il **~** di qu. j-m zum Gespött
dienen.

giocoforza [dʒoko'fɔrtsa]: essere **~**
müssen, genötigt sein.

giocoliere [dʒokoli'e:re] m Gaukler
m; Jongleur m.

gioc|ondare [dʒokon'da:re] (1a) er-
heitern; **~ondità** [-kondi'ta] f
Heiterkeit f; **~ondo** [-'kondo] heiter; **~oso** [-'ko:so] heiter, lustig.

giogaia [dʒo'ga:ia] f Wamme f;
Geogr. Bergkette f.

giogo [dʒo:go] m (pl. -ghi) Joch n.

gioia [dʒɔ:ia] f Freude f; Juwel n;
fig. Liebling m; grido m di **~** Freu-
denruf m, -schrei m; darsi alla pazza **~** sich toll amüsieren.

gioi|elleria [dʒoiel-le'ri:a] f Juwe-
lierkunst f; Juwelierladen m;
~elliere [-el-li'e:re] m Juwelier m;
~ello [-'el-lo] m Juwel n, Kleinod
n; **~oso** [-'o:so] fröhlich.

gioire [dʒo'i:re] (4d) sich freuen.

giorgina [dʒor'dʒi:na] f Georgine f.

giorn|alaio [dʒorna'la:io] m (pl.
-ai) Zeitungsverkäufer m; **~ale**
[-'na:le] m Zeitung f; Tagebuch n;
~ illustrato Illustrierte f; **~** letterario
Literaturzeitung f; **~** murale Wand-
zeitung f; **~** della sera Abendblatt n;
~ di bordo Schiffstagebuch n; **~** radio
Nachrichten f/pl.; **~aliero** [-na-
li'e:ro] 1. adj. täglich; introito m **~**
Tageseinnahme f; 2. m Tagelöhner
m; **~alino** [-na'li:no] m kleine Zeitung f; **~** per ragazzi Kinderzeitung
f; **~alismo** [-na'lizmo] m Journa-
lismus m, Zeitungswesen n; **~alista**
[-na'lista] su. (m/pl. -i) Journalist(in

f) m; **~alistico** [-na'listiko] (pl. -ci)
journalistisch; **~almente** [-nal-
'mente] täglich.

giornata [dʒor'na:ta] f Tag m; Ta-
gelohn m; Tagewerk n; Tagereise
f; Tagesmarsch m; ⚔ Schlacht f;
andare a **~** als Tagelöhner arbeiten;
la **~** di 8 ore der Achtstundentag; a
grandi -e in Eilmärschen; in **~** im
Laufe des Tages; vivere alla **~** in
den Tag hinein leben.

giorno [dʒorno] m Tag m; argomento m del **~** Tagesgespräch n;
avvenimento m del **~** Tagesereignis
n; un (bel) **~** e-s (schönen) Tages;
ogni **~** täglich; avanti **~** vor Tagesanbruch; si fa **~** es tagt; sul far del
~ bei Tagesanbruch; al **~** täglich;
buon **~**! guten Tag!; l'altro **~** neulich; da **~** bei Tage; tagsüber; al **~**
d'oggi heutzutage; un **~** sì, un **~**
no e-n Tag um den anderen; essere
al **~** auf dem laufenden sein; a **~**
durchbrochen; illuminato a **~** tag-
hell erleuchtet; a -i in wenigen
Tagen.

giostra [dʒɔstra] f Turnier n;
Karussell n.

giostrare [dʒos'tra:re] (1c) turnie-
ren; fig. lavieren, sich durchwinden.

giovamento [dʒova'mento] m Nutzen m.

giovane [dʒo:vane] 1. adj. jung;
più **~** jünger; 2. su. junger Mann
m; Jugendliche(r) m; junges Mädchen n.

giovan|etto [dʒova'net-to] m Jüng-
ling m; **~ile** [-'ni:le] jugendlich;
anni m/pl. -i Jugendjahre n/pl.;
sogno m **~** Jugendtraum m.

giovanotto [dʒova'nɔt-to] m junger
Mann m; Junggeselle m.

giov|are [dʒo'va:re] (1a) nützen;
~arsi [-'varsi] Gebrauch machen.

giovedì [dʒove'di] m Donnerstag
m; **~** santo Gründonnerstag m; gli
manca un **~** bei ihm ist e-e Schraube
los; **~** grasso letzter Donnerstag vor
Fastnacht.

giovenc|a [dʒo'venka] f (pl. -che)
Färse f; **~o** [-ko] m junger Ochse m.

gioventù [dʒoven'tu] f Jugend f,
Jugendalter n; coll. die jungen
Leute pl.

giovevole [dʒo've:vole] nützlich;
dienlich.

giov|iale [dʒovi'a:le] jovial, heiter;
~ialità [-viali'ta] f Fröhlichkeit f;

~ialone [-via'lo:ne] *m* lustiger Mensch *m*.

giovinastro [dʒovi'nastro] *m* Taugenichts *m*.

giovine [dʒo:vine] *usw. s.* **giovane** *usw.*

giovinezza [dʒovi'net-tsa] *f* Jugend *f*, Jugendalter *n*.

girabile [dʒi'ra:bile] girierbar; übertragbar.

gira|capo [dʒira'ka:po] *m* Schwindel *m*; **~dischi** [-'diski] *m* Plattenspieler *m*.

giraffa [dʒi'raf-fa] *f* Giraffe *f*; *Film:* Galgen *m*.

gir|amento [dʒira'mento] *m* Drehen *n*; ~ *di capo* Schwindel *m*; **~amondo** [-ra'mondo] *m* Weltbummler *m*; **~andola** [-'randola] *f* Feuerrad *n*; *fig.* Wetterfahne *f*; **~andolare** [-rando'la:re] (1m) umherstreichen; **~andolone** [-rando'lo:ne] **1.** *m* Umherschwärmer *m*; **2.** *adv.* andar ~ *od.* -*i* sich herumtreiben.

gir|ante [dʒi'rante] *m* ✝ Girant *m*; **~are** [-'ra:re] (1a) **1.** *v/t.* drehen; herumdrehen; *Film:* aufnehmen, drehen; *Welt* durchwandern; *Blick* umherschweifen lassen; *Feind, Schwierigkeiten* umgehen; *Gespräch* auf et. anderes bringen; ✝ girieren; **2.** *v/i.* sich drehen; umhergehen; *mi gira la testa* ich bin schwindlig; *gira e rigira* wie man die Sache auch dreht.

gir|arrosto [dʒirar-'rɔsto] Bratenwender *m*; **~asole** [-ra'so:le] *m* ♀ Sonnenblume *f*; *Min.* Sonnenstein *m*; **~ata** [-'ra:ta] *f* Drehung *f*; ✝ Giro *n*; *Indossament n*; ~ *in bianco* Blankogiro *n*; ~ *in pieno* Vollgiro *n*; **~atario** [-ra'ta:rjo] *m* (*pl.* -*ri*) Indossatar *m*, Girat *m*; **~avolta** [-ra'vɔlta] *f* Drehung *f* (um sich selbst).

gire [dʒi:re] (4h) *lit.* gehen; *girsene* davongehen.

gir|ella [dʒi'rɛl-la] *f* Drehscheibe *f*; *fig.* Wetterfahne *f*; **~ellare** [-rel-'la:re] (1b) herumschlendern; **~ello** [-'rɛl-lo] *m* Laufställchen *n*; **~ellone** [-rel-'lo:ne] *m* Bummler *m*; **~etto** [-'ret-to] *m* kurzer Spaziergang, Rundgang *m*; **~evole** [-'re:vole] drehbar; *fig.* wankelmütig; *porta f* ~ Drehtür *f*; *sedia f* ~ Drehstuhl *m*.

girifalco [dʒiri'falko] *m* (*pl.* -*chi*) Geierfalke *m*.

girino [dʒi'ri:no] *m* Kaulquappe *f*.

giro [dʒi:ro] *m* Drehung *f*; *Astr.* Umdrehung *f*; Spaziergang *m*; Umweg *m*; Rundgang *m*; Reiseroute *f*; Runde *f*; ✝ Giro *n*; Umlauf *m*; ~ *d'affari* Umsatz *m*; *Radsport:* ~ *d'Italia* Italienrennen *n*; ~ *di parole* Umschreibung *f*; ~ *tondo* Reigen *m*; ~ *artistico* Tournee *f*; ~ *a piedi* Wanderung *f*; *a zonzo* Bummel *m*; *in* ~ unterwegs; *prendere in* ~ *qu.* sich über j-n lustig machen; *a* ~ *di posta* postwendend.

girondino [dʒiron'di:no] *m* Girondist *m*.

gir|one [dʒi'ro:ne] *m* großer Kreis *m*; *Sport:* Runde *f*; ~ *di andata* Vorrunde *f*; ~ *di ritorno* Rückrunde *f*; **~onzolare** [-rondzo'la:re] (1m) (herum)schwärmen; **~otondo** [-ro'tondo] *m* Reigen *m*; **~ovagare** [-rova'ga:re] (1m, c *u.* e) umherschweifen; **~ovago** [-'rɔ:vago] (*pl.* -*ghi*) **1.** *adj.* umherziehend; *mercante m* ~ Hausierer *m*; *commercio m* ~ Hausierhandel *m*; **2.** *m* Bummler *m*.

gita [dʒi:ta] *f* Fahrt *f*; Gang *m*; Ausflug *m*; Wanderfahrt *f*; *andare in* ~ e-*n* Ausflug machen; ~ *domenicale* Sonntagsausflug *m*.

gitana [dʒi'ta:na] *f* Zigeunerin *f*.

git|ante [dʒi'tante] *su.* Ausflügler(in *f*) *m*; **~arella** [-ta'rɛl-la] *f* Spritzfahrt *f*.

gittata [dʒit-'ta:ta] *f* ✂ Tragweite *f*; Spannweite *f* e-*r* Brücke.

giù [dʒu] unten; herunter; hinunter; ~ *il cappello!* Hut ab!; *andar* ~ hinuntergehen, *fig.* herunterkommen; *fig. buttar* ~ arg mitnehmen; *essere molto* ~ danniederliegen; *è molto* ~ er sieht sehr schlecht aus; *fig. buttarsi* ~ verzagen; *fig. mandar* ~ *qc.* et. verwinden; *questa non mi va* ~ das will mir nicht in den Sinn; *e* ~ *pugni!* die Faustschläge hagelten nur so!

giubba¹ [dʒub-ba] *f* (Löwen-)Mähne *f*.

giubba² [dʒub-ba] *f* Joppe *f*, Jacke *f*; ✂ Rock (Waffenrock) *m*.

giubb|etto [dʒub-'bet-to] *m* Jäckchen *n*; **~one** [-'bo:ne] *m* Wams *n*; Joppe *f*; **~otto** [-'bɔt-to] *m* Sport-

G

jacke f; ~ di salvataggio Schwimm-
weste f.

giubil|are [dʒubi'laːre] (1l) **1.** v/t.
pensionieren; **2.** v/i. jubeln; **~a-
zione** [-latsi'oːne] f Pensionierung
f; **~eo** [-'lɛːo] m Jubiläum n.

giubilo [dʒu:bilo] m Jubel m.

giud|aico [dʒu'daːiko] (pl. -ci) jü-
disch; **~aismo** [-da'izmo] m Judentum n; **~aizzare** [-daid-'dzaːre]
(1a) zum Judentum bekehren.

giudeo [dʒu'dɛːo] **1.** adj. jüdisch;
2. m Jude m.

giudic|abile [dʒudi'kaːbile] **1.** adj.
zu beurteilen(d); **2.** m Angeschul-
digte(r) m; **~are** [-'kaːre] (1l u. d) **1.**
v/t. richten; halten für; ~ male qu.
j-n schlecht beurteilen; **2.** v/i. urteilen; denken; **~ativo** [-ka'tiːvo]
richterlich; **~ato** [-'kaːto] m Richt-
erspruch m; passare in ~ rechts-
kräftig werden; **~atore** [-ka'toːre]
m Urteilssprecher m.

giudice [dʒu:ditʃe] m Richter m;
~ istruttore Untersuchungsrichter
m; ~ popolare Geschworene(r) m; ~
di gara Schiedsrichter m.

giud|iziario [dʒuditsi'aːrio] (pl. -ri)
gerichtlich; Gerichts...; aggiunto m
~ Gerichtsassessor m; carcere m ~
Untersuchungsgefängnis n; errore
m ~ Fehlspruch m, Fehlurteil n;
Rechtsirrtum m; procedura f -a Gerichtsverfahren n; **~izio** [-'diːtsio]
m (pl. -zi) Urteil n; Verstand m;
Prozeß m, Gerichtsverfahren n; ~
civile Zivilprozeß m; ~ per direttissima Schnellverfahren n; il ~
universale das Jüngste Gericht;
~ statario Standrecht n; il dì del ~
der Jüngste Tag; citare in ~ vor
den Richterstuhl fordern; mettere ~
zur Vernunft annehmen; far mettere ~
zur Vernunft bringen; **~izioso**
[-ditsi'oːso] verständig.

giuggiol|a [dʒud-dʒola] f Brust-
beere f; fig. Bagatelle f; andare in
brodo di -e vor Freude außer sich
sein; **~o** [-lo] m Brustbeerbaum m.

giuggiolone [dʒud-dʒo'loːne] m
Tölpel m.

giugno [dʒu:ɲo] m Juni m.

giugulare [dʒugu'laːre] **1.** adj.
Kehl...; vena f ~ = **2.** f Kehlader f.

giulebbare [dʒuleb-'baːre] (1b) mit
Zucker einkochen.

giulebbe [dʒu'lɛb-be] m Sirup m.

giulivo [dʒu'liːvo] fröhlich.

giullare [dʒul-'laːre] m ehm. fahren-
der Spielmann m; fig. Hanswurst
m; ~ di corte Hofnarr m.

giument|a [dʒu'menta] f Stute f;
~o [-to] m Lasttier n.

giunc|aia [dʒuŋ'kaːia] f Binsenge-
büsch n; **~ata** [-'kaːta] f e-e Art
Quark m.

giunco [dʒuŋko] m (pl. -chi) Binse f.

giungere [dʒundʒere] (3d) **1.** v/t.
vereinigen, verbinden; Hände falten; **2.** v/i. ankommen; gelangen;
~ a qc. et. erreichen; ~ a tal punto
che ... so weit kommen, daß ...; se
giungo a ... (inf.) wenn es mir gelingt, zu ...; far ~ zugehen lassen.

giungla [dʒuŋgla] f Dschungel m.

giunsi [dʒunsi] s. giungere.

giunta [dʒunta] f Zugabe f; Kleidung: Ansatz m; Einsatz (Tischein-
satz) m; Pol. Kommission f; Ausschuß m; ~ del bilancio Budgetaus-
schuß m; (a. ~ municipale) Ge-
meindeausschuß m, Magistrat m;
~ esaminatrice Prüfungskommis-
sion f; per ~ obendrein.

giuntare [dʒun'taːre] (1a) annähen;
zusammenfügen.

giunto [dʒunto] **1.** s. giungere; **2.** m
Gelenk n; Kupplung f; Verbin-
dungsstück n; ~ cardanico Kardan-
gelenk n; ~ sferico Kugelgelenk n.

giuntura [dʒun'tuːra] f Zusammen-
fügung f; Fuge f; Anat. Gelenk n.

giuoco [dʒu'ɔːko] m s. gioco.

giur|amento [dʒura'mento] m
Schwur m, Eid m; ~ falso Meineid
m; formula f di ~ Eidesformel f;
fare un ~ e-n Eid ablegen; con ~
unter Eid; **~are** [-'raːre] (1a)
schwören; beschwören; ~ e sper-
giurare hoch und heilig schwören;
giurarla a qu. j-m Rache schwören;
~ativo [-ra'tiːvo] Eides...; **~ato**
[-'raːto] **1.** adj. eidlich; vereidigt;
2. m Geschworene(r) m.

giure [dʒu:re] m Recht n.

giureconsulto [dʒurekon'sulto] m
Rechtsgelehrte(r) m.

giurì [dʒu'ri] m inv. Jury f; ☆
Geschworenengericht n; ~ d'onore
Ehrengericht n.

giuria [dʒu'riːa] f Geschworene(n)
pl.; Schwurgerichtshof m; Prü-
fungskommission f bei e-m Wettbewerb; Preisgericht n.

giur|idico [dʒu'riːdiko] (pl. -ci)
rechtlich; juristisch; persona f -a

glucosio

Rechtsperson f; *situazione* f *-a* Rechtslage f; **~idicamente** [-ridika'mente] rechtlich, juristisch; **~isdizionale** [-rizditsio'na:le] richterlich; gerichtlich; Jurisdiktions...; **~isdizione** [-rizditsi'o:ne] f Jurisdiktion f, Gerichtsbarkeit f; **~isperito** [-rispe'ri:to] m Rechtsgelehrte(r) m; **~isprudenza** [-rispru'dɛntsa] f Jurisprudenz f, Rechtswissenschaft f; Jura pl.; **~ista** [-'rista] su. m(pl. -i) Jurist(in f) m.

giusquiamo [dʒuskui'a:mo] m Bilsenkraut n.

giusta [dʒusta] gemäß (dat.), laut (gen.).

giust|ap|porre [dʒustap-'por-re] (3ll) nebeneinanderstellen; **~posizione** [-pozitsi'o:ne] f Nebeneinanderstellung f.

giust|ezza [dʒus'tet-tsa] f Richtigkeit f; Typ. Kolumnenlänge f; Zeilenbreite f; **~ificabile** [-tifi'ka:bile] zu rechtfertigen(d); **~ificare** [-tifi'ka:re] (1m u. d) rechtfertigen; Typ. Kolumne justieren; **~ificativo** [-tifika'ti:vo], **~ificatorio** [-tifika'tɔ:rio] (pl. -ri) rechtfertigend; **~ificazione** [-tifikatsi'o:ne] f Rechtfertigung f.

giust|izia [dʒus'ti:tsia] f Gerechtigkeit f; Pol. Justiz f; ~ *sociale* soziale Gerechtigkeit f; *fare* ~ *a qu.* j-m Gerechtigkeit widerfahren lassen; *fare* ~ *sommaria* kurzen Prozeß machen; **~iziare** [-titsi'a:re] (1g) hinrichten; **~iziere** [-titsi'ɛ:re] m Scharfrichter m.

giusto [dʒusto] 1. *adj.* richtig; gerecht; treffend; 2. m Richtige(s) m; Gerechte(r) m. [haart.)

glabro [gla:bro] lit. glatt; unbe-)

glaciale [gla'tʃa:le] eisig; *oceano* m ♀ Eismeer m.

gladiat|ore [gladia'to:re] m Gladiator m, Fechter m; **~orio** [-'tɔ:rio] (pl. -ri) Gladiatoren...

gladiolo [gla'di:olo] m Gladiole f.

glande [glande] m Anat. Eichel f.

glandola [glandola] f usw. s. *ghiandola* usw.

glass|a [glas-sa] f Glasur f, Zuckerguß m; **~are** [-'sa:re] (1a) glasieren.

glauco [gla:uko] (pl. -chi) meergrün.

glaucoma [glau'kɔ:ma] m grüner Star m.

gleba [glɛ:ba] f Scholle f; *servo* m *della* ~ Leibeigene(r) m.

gli [ʎi] 1. *art.* m/pl. die; 2. *pron.* ihm; ihnen.

glicemia [glitʃe'mi:a] f Blutzucker m.

glicerina [glitʃe'ri:na] f Glyzerin n.

glicine [gli:tʃine] m Glyzinie f.

glie [ʎe]: **~la**, **~lo**, **~li**, **~le**, **~ne** = pron. gli (le) mit pron. la, lo, li, le, ne.

glittica [glit-tika] f Steinschneidekunst f.

glittoteca [glit-to'tɛ:ka] f (pl. -che) Glyptothek f.

globale [glo'ba:le] Gesamt...; *imposta* f ~ Gesamtsteuer f; *prezzo* m ~ Gesamtpreis m.

globo [glɔ:bo] m Kugel f; Geogr. Globus m; (a. ~ *terrestre*) Erdball m; ~ *aerostatico* Luftballon m; ~ *dell'occhio* Augapfel m; ~ *del lume* Lampenglocke f.

glob|osità [globosi'ta] f Kugelförmigkeit f, **~oso** [-'bo:so], **~ulare** [-bu'la:re] kugelförmig.

globulina [globu'li:na] f Globulin n.

globulo [glɔ:bulo] m Kügelchen n; Physiol. Körperchen n; ~ *rosso* rotes Blutkörperchen n.

gloria [glɔ:ria] f Ruhm m; fig. Herrlichkeit f; *le -e di qu.* j-s Ruhmestaten f/pl.; *degno di* ~ ruhmwürdig; *smanioso di* ~ ruhmsüchtig; *Dio l'abbia in* ~ Gott habe ihn selig.

glori|are [glori'a:re] (1k u. c) rühmen; **~arsi** [-ri'arsi] sich rühmen.

glorific|are [glorifi'ka:re] (1m u. d) verherrlichen; *Gott* lobpreisen; **~ativo** [-ka'ti:vo] verherrlichend; **~atore** [-ka'to:re] m Verherrlicher m; Lobpreiser m; **~azione** [-katsi'o:ne] f Verherrlichung f.

glorioso [glori'o:so] glorreich; ruhmreich; *andar* ~ *di* stolz sein auf (acc.).

glossa [glɔs-sa] f Glosse f; Auslegung f; Randbemerkung f.

gloss|are [glos-'sa:re] (1c) erklären; auslegen; **~ario** [-'sa:rio] m (pl. -ri) Glossar n; Wörterbuch n; **~atore** [-sa'to:re] m Glossator m; Ausleger m.

glottide [glɔt-tide] f Stimmritze f.

glott|ologia [glot-tolo'dʒi:a] f Sprachforschung f; **~ologo** [-'tɔ:logo] m (pl. -gi) Sprachforscher m.

glucosio [glu'kɔ:zio] m Traubenzucker m.

glutine [glu'tine] *m* Glutin *n*, Leim *m*; Klebstoff *m*.

glutin|osità [glutinosi'ta] *f* Klebrigkeit *f*; **~oso** [-'no:so] leimhaltig; klebrig.

gnao [ɲa:o], **gnau** [ɲa:u] miau.

gnaul|are [ɲau'la:re] (1a) miauen; **~io** [-'li:o] *m* Miauen *n*.

gnaulo [ɲa:ulo] *m* Miauen *n*.

gneis [gneis *od.* gnɛis] *m* Gneis *m*.

gnocco [ɲɔk-ko] *m* (*pl.* -cchi) Kloß *m*; *fig.* Tölpel *m*.

gnomo [ɲɔ:mo *od.* gnɔ:mo] *m* Gnom *m*, Erd-, Berggeist *m*.

gnor [ɲor] *Abk. für* signor; **~ sì** (*no*) ja (nein), mein Herr.

gnorri [ɲɔr-ri]: *fare lo* ~ sich dumm stellen.

gnosticismo [ɲosti'tʃizmo] *m* Gnostizismus *m*.

gnostico [ɲɔstiko] *m* (*pl.* -ci) Gnostiker *m*.

goal [gol] *m inv. Sport:* Tor *n*.

gobba [gɔb-ba] *f* Buckel *m*; Unebenheit *f*; *spianare la* ~ *a qu.* j-m den Buckel vollhauen.

gobbo [gɔb-bo] **1.** *adj.* buck(el)ig; *andar* ~ gebückt gehen; **2.** *m* Bucklige(r) *m*; Buckel *m*; *Kartenspiel:* Bube *m*; ♀ Artischockenpflanze *f*.

gobelin [gob'lɛ̃] *m inv.* Wandteppich *m*.

goccia [gɔt-tʃa] *f* (*pl.* -cce) Tropfen *m*; *a* ~ tropfenförmig; *a* -e tropfenweise; ~ *d'acqua* Wassertropfen *m*.   [triefen.)

gocciare [got-'tʃa:re] (1f) tropfen;)

gocciola [gɔt-tʃola] *f* Tropfen *m*.

gocciol|are [got-tʃo'la:re] (1l) tropfen; triefen; **~atoio** [-la'to:io] *m* (*pl.* -oi) Traufe *f*; **~atura** [-la'tu:ra] *f* Abgetropfte(s) *n*; **~io** [-'li:o] *m* andauerndes Tropfen *n*, Getröpfel *n*.

gocciolo [gɔt-tʃolo] *m* Tröpfchen *n*.

gocciolone [got-tʃo'lo:ne] *m* großer Tropfen *m*.

godere [go'de:re] (2a) **1.** *v/t.* genießen; *Gesundheit:* sich erfreuen (*gen.*); *godersela* sich amüsieren; **2.** *v/i.* sich freuen; Genuß haben.

godereccio [gode'ret-tʃo] (*pl.* -cci) genießerisch; vergnügungssüchtig.

god|ibile [go'di:bile] genießbar; **~imento** [-di'mento] *m* Genuß *m*; Freude *f*; Nutznießung *f*.

goffaggine [gof-'fad-dʒine] *f* Plumpheit *f*; Tölpelhaftigkeit *f*.

goffo [gɔf-fo] **1.** *adj.* plump; **2.** *m* Tölpel *m*.

gogna [go:ɲa] *f* Pranger *m*.

gola [go:la] *f* Kehle *f*; *allg.* Hals *m*; Rachen *m*; Gefräßigkeit *f*; Vielfraß *m*; ⊕ Rille *f*, Nut *f*; *Geogr.* Schlucht *f*; ~ *del camino* Rauchfang *m*; *mal m di* ~ Halsweh *n*; *far* ~ den Appetit reizen; *quanto ne ha in* ~ aus vollem Halse; *mentire per la* ~ unverschämt lügen.

goletta [go'let-ta] *f* ♣ Schoner *m*.

golf [gɔlf] *m inv.* Golf *n*, Golfspiel *n*; *Kleidung:* Wolljacke *f*; Pullover *m*.

golfetto [gol'fet-to] *m* Wolljäckchen *n*.

golfo [golfo] *m* Golf *m*, Meerbusen *m*.

goliard|ico [goli'ardiko] (*pl.* -ci) studentisch, Studenten...; *berretto m* ~ Studentenmütze *f*; **~o** [-do] *m* Student *m*.

goli|osità [golosi'ta] *f* Naschhaftigkeit *f*; Gefräßigkeit *f*; Leckerbissen *m*; **~oso** [-'lo:so] **1.** *adj.* naschhaft; gefräßig; **2.** *m* Leckermaul *n*.

golpe [golpe] *f* ✿ Brand *m*.

gomena [go:mena] *f* ♣ Tau *n*; ~ *dell'ancora* Ankertau *n*.

gomitata [gomi'ta:ta] *f* Stoß *m* mit dem Ellbogen.

gomito [go:mito] *m* Ell(en)bogen *m*; *fig.* Biegung *f*, Knie *n*; ⊕ Kröpfung *f*; *piegare a* ~ kröpfen; *alzare il* ~ e-n über den Durst trinken; *albero m a* -i gekröpfte Welle *f*.

gomitolo [go'mi:tolo] *m* Knäuel *m u. n.*

gomma [gom-ma] *f* Gummi *n u. m*; Luftreifen *m*; -e *pl.* Bereifung *f*; ~ *arabica* Gummiarabikum *n*; ~ *di scorta* Ersatzreifen *m*; ~ *da matita* Bleistiftradiergummi *m*.

gommapiuma [gom-mapi'u:ma] *f* Schaumgummi *m*.

gomm|ato [gom-'ma:to] gummiert; **~atura** [-ma'tu:ra] *f Auto:* Bereifung *f*; **~ino** [-'mi:no] *m* Gummidichtung *f*; **~ista** [-'mista] *m* (*pl.* -i) Reifendienst *m*; **~oresina** [-mo're:zina] *f* Gummiharz *n*; **~oso** [-'mo:so] gummiartig, gummihaltig.

gondola [gondola] *f* Gondel *f*.

gondoliere [gondoli'ɛ:re] *m* Gondelführer *m*.

gonfal|one [gonfa'lo:ne] *m* Banner

n; **~oniere** [-loni'ɛːre] *m* Bannerherr *m*.

gonfi|amento [gonfia'mento] *m* Anschwellen *n*; Füllung *f*; ⊕ Aufblasen *n*; *fig.* Aufgeblasenheit *f*; **~are** [-fi'aːre] (1k) **1.** *v/t.* aufblasen; mit Gas füllen; *fig.* et. aufbauschen; *j-n* lobhudeln; *Luftschlauch* aufpumpen; **2.** *v/i. u.* **~arsi** [-fi'arsi] anschwellen; *fig.* sich aufblähen; **~atura** [-fia'tuːra] *f* Aufblasen *n*; ⚓ Anschwellung *f*; *fig.* Aufbauschung *f*; **~ezza** [-fi'et-tsa] *f* Angeschwollenheit *f*; ⚓ Anschwellung *f*; *fig.* Schwülstigkeit *f*.

gonfio [gonfio] (*pl.* -fi) geschwollen; *fig.* aufgeblasen; *aveva il cuore* ~ ihm war das Herz schwer; *a* -*e vele* mit vollen Segeln.

gonfiore [gonfi'oːre] *m* Geschwollenheit *f*; Geschwulst *f*.

gong [gong] *m* Gong *m*.

gongolare [gongo'laːre] (1l) frohlocken.

gon|iometria [goniome'triːa] *f* Goniometrie *f*; **~iometro** [-ni'ɔːmetro] *m* Goniometer *n*, Winkelmesser *m*.

gonna [gon-na] *f*, **gonnella** [-'nɛl-la] *f* Rock (Frauenrock) *m*.

gonorrea [gonor-'rɛːa] *f* Gonorrhöe *f*, Tripper *m*.

gonzo [gondzo] **1.** *adj.* einfältig; **2.** *m* Einfaltspinsel *m*.

gora [gɔːra] *f* Wassergraben *m*; Fleck *m*.

gorbia [gorbia] *f* Stockzwinge *f*.

gordiano [gordi'aːno]: *nodo m* ~ gordischer Knoten.

gor|gheggiare [gorged-'dʒaːre] (1f) trillern; *Vögel*: schlagen; **~gheggio** [-'ged-dʒo] *m* (*pl.* -ggi) Triller *m*; Schlag *m*; **~giera** [-'dʒeːra] *f* Halskrause *f*.

gorgo [gorgo] *m* (*pl.* -ghi) Strudel *m*.

gorgogli|amento [gorgoʎa'mento] *m* Gurgeln *n*; Gekoller *n*; Brodeln *n*; **~are** [-'ʎaːre] (1g) gurgeln; *Bauch*: kollern; *Wasser*: brodeln.

gorgonzola [gorgon'dzɔːla] *m e-e* Art Käse.

gorilla [go'ril-la] *m inv.* Gorilla *m*.

gota [goːta] *f* Backe *f*.

gotico [gɔːtiko] *f* (*pl.* -ci) gotisch.

goto [gɔːto] *m* Gote *m*.

gotta [gɔt-ta] *f* Gicht *f*.

gotto [gɔt-to] *m* Becher *m*; Schoppen *m*.

gottoso [got-'toːso] **1.** *adj.* gichtisch; gichtkrank; **2.** *m* Gichtkranke(r) *m*.

govern|abile [gover'naːbile] regierbar; lenkbar; steuerbar; **~ante** [-'nante] *f* Wirtschafterin *f*; Erzieherin *f*; **~are** [-'naːre] (1b) leiten; lenken; herrschen; *Pol.* regieren; ⚓ steuern; *Vieh* versorgen; *Feld* düngen; **~arsi** [-'narsi] sich verhalten; sich beherrschen; **~ativo** [-na'tiːvo] Regierungs...; Staats...; *forze f/pl.* -*e* Regierungstruppen *f/pl.*; *scuola f* -*a* Staatsschule *f*; **~atore** [-na-'toːre] *m* Gouverneur *m*; Statthalter *m*.

governo [go'vɛrno] *m* Regierung *f*; Verwaltung *f*; ⚓ Steuerung *f*; ~ *della casa* Haushalt *m*; ~ *federale* Bundesregierung *f*; *forma f di* ~ Regierungsform *f*.

gozzo [got-tso] *m* Kropf *m*; ⚓ kleine Barke *f*.

gozzo|viglia [got-tso'viːʎa] *f* Schwelgerei *f*; **~vigliare** [-vi'ʎaːre] (1g) prassen.

gozzuto [got-'tsuːto] kropfkrank.

gracchia [grak-kia] *f* Krähe *f*.

gracchi|amento [grak-kia'mento] *m* Krächzen *n*; **~are** [-ki'aːre] (1k) krächzen; **~atore** [-kia'toːre] *m* Schwätzer *m*.

gracid|are [gratʃi'daːre] (1l) quaken; **~io** [-'diːo] *n* Gequake *n*.

gracile [graːtʃile] schmächtig; schwächlich.

gracilità [gratʃili'ta] *f* Schmächtigkeit *f*.

grad|assata [gradas-'saːta] *f* Aufschneiderei *f*; **~asso** [-'das-so] *m* Prahlhans *m*.

grad|atamente [gradata'mente] allmählich; **~azione** [-datsi'oːne] *f* Abstufung *f*; Alkoholgehalt *m*; *per* ~ stufenweise.

grad|evole [gra'deːvole] angenehm; **~evolezza** [-devo'let-tsa] *f* Annehmlichkeit *f*; **~imento** [-di-'mento] *m* Wohlgefallen *n*; Zufriedenheit *f*; Genehmigung *f*.

grad|ina [gra'diːna] *f* Gradiereisen *n*; **~inare** [-di'naːre] (1a) mit dem Gradiereisen bearbeiten; **~inata** [-di'naːta] *f* (breite) Treppe *f*; Stufenreihe *f*; **~ino** [-'diːno] *m* Stufe *f*.

grad|ire [gra'diːre] (4d) **1.** *v/t.* (gern) annehmen; entgegennehmen; wünschen; *gradisca l'espres-*

sione ... wollen Sie den Ausdruck ... entgegennehmen; *gradisce un po' di vino?* wünschen Sie ein wenig Wein?; **2.** *v/i.* gefallen; schmecken; **~ito** [-'di:to] angenehm; willkommen; gefällig.

grado[1] [gra:do] *m* Wohlgefallen *n*; Zufriedenheit *f*; *di buon ~* gern; *in ~ di lavorare* arbeitsfähig; *mio mal ~* gegen m-n Willen; *saper ~* Dank wissen; *andar a ~* behagen.

grado[2] [gra:do] *m* Stufe *f*; ♃, *Phys.* Grad *m*; ✕, *Pol.* Rang *m*; *~ di parentela* Verwandtschaftsgrad *m*; *essere in ~ di* imstande sein, zu; *mettere in ~* in die Lage versetzen; *di ~ in ~* stufenweise.

gradu|abile [gradu'a:bile] abstufbar; **~abilità** [-duabili'ta] *f* Abstufbarkeit *f*; **~ale** graduell; stufenweise; **~are** [-du'a:re] (1l) graduieren; abstufen; **~ato** [-du'a:to] **1.** *adj.* abgestuft; **2.** *m* Unteroffizier *m*; **~atoria** [-dua'tɔ:ria] *f* Rangordnung *f*; **~azione** [-duatsi'o:ne] *f* Abstufung *f*.

graffa [graf-fa] *f* ⚓ Krampe *f*; ⊕ Riemenschloß *n*; *Typ.* Akkolade *f*.

graf|fiamento [graf-fia'mento] *m* Kratzen *n*; **~fiare** [-fi'a:re] (1k) kratzen; *fig.* stibitzen; **~fiata** [-fi'a:ta] *f* Kratzen *n*; *dare una ~ a qc.* j-n ankratzen; **~fiatura** [-fia'tu:ra] *f* Kratzwunde *f*; **~fietto** [-fi'et-to] *m* kleiner Kratzer *m*; Reißnadel *f*.

graffio [graf-fio] *m* (*pl.* -*ffi*) Kratzer *m*; Kratzwunde *f*.

graffito [graf-'fi:to] *m* Schraffierung *f*.

grafia [gra'fi:a] *f* Schrift *f*; Schreibart *f*.

grafic|a [gra:fika] *f* Graphik *f*; **~o** [-ko] (*pl.* -*ci*) **1.** *adj.* graphisch; Schrift...; *segno m ~* Schriftzeichen *n*; **2.** *m* graphische Darstellung *n*; Graphiker *m*.

graf|ite [gra'fi:te] *f* Graphit *m*; **~ologia** [-folo'dʒi:a] *f* Handschriftendeutung *f*; **~ologo** [-'fɔ:logo] *m* (*pl.* -*gi*) Graphologe *m*; **~omane** [-'fɔ:mane] *su.* Schreibsüchtige(r *m*) *m u. f*; **~omania** [-foma'ni:a] *f* Schreibsucht *f*.

gragn|olare [graɲo'la:re] (1l) hageln; **~ola** [-'ɲɔ:la] *f* Hagel *m*.

gramaglia [gra'ma:ʎa] *f* Trauergewand *n*; Trauerabzeichen *n*.

gram|igna [gra'mi:ɲa] *f* Quecke *f*; Unkraut *n*; **~ignoso** [-mi'ɲo:so] voller Unkraut; **~inaceo** [-mi'na:tʃeo] **1.** *adj.* grasartig; **2.** *f/pl.* **~inacee** [-mi'na:tʃee] Gräser *n/pl.*

gramm|atica [gram-'ma:tika] *f* Grammatik *f*, Sprachlehre *f*; **~aticale** [-mati'ka:le] grammatikalisch; **~atico** [-'ma:tiko] **1.** *adj.* grammatisch; **2.** *m* Grammatiker *m*.

grammo [gram-mo] *m* Gramm *n*.

grammofono [gram-'mɔ:fono] *m* Grammophon *n*.

gramo [gra:mo] elendiglich.

gramola [gra:mola] *f* Knetmaschine *f*; Breche (Hanfbreche) *f*.

gramol|are [gramo'la:re] (1l) kneten; *Hanf* brechen; **~atura** [-la'tu:ra] *f* Kneten *n*; Brechen *n*.

gran [gran] *s.* grande.

grana[1] [gra:na] *f* F Unannehmlichkeit *f*, Schererei *f*; *piantare* -*e* Unannehmlichkeiten bereiten.

grana[2] [gra:na] *f* Korn *n*, Körnung *f*; (*a. formaggio m ~*) *e*-*e* Art Parmesankäse; F *fig.* Geld *n*.

gran|aglie [gra'na:ʎe] *f/pl.* Getreide *n*; **~aio** [-'na:io] *m* (*pl.* -*ai*) Getreidespeicher *m*; Kornkammer *f*; **~are** [-'na:re] (1a) körnen; **~ario** [-'na:rio] Getreide...; *mercato m ~* Getreidemarkt *m*; **~ata** [-'na:ta] *f* Besen *m*; ✕ Granate *f*; ♣ Granatapfel *m*; **~atiere** [-nati'e:re] *m* Grenadier *m*; **~atina** [-na'ti:na] *f* Grenadine *f*; Granatapfelsaft *m*; **~ato** [-'na:to] *m* Min. Granat *m*; ♣ Granatbaum *m*; (*a. mela f* -*a*) Granatapfel *m*.

gran|cancelliere [grankantʃel-li'e:re] *m* Großkanzler *m*; **~cassa** [-'kas-sa] *f* Pauke *f*; *battere la ~ a qc. et.* austrommeln; **~cevola** [-'tʃe:vola] *f* Meerspinne *f*.

granchio [graŋkio] *m* (*pl.* -*chi*) Krebs *m*; ✲ Krampf *m*; *fig.* Fehlgriff *m*; *~ al polpaccio* Wadenkrampf *m*.

granchiolino [graŋkio'li:no] *m* Krabbe *f*; *fig.* kleines Versehen *n*.

grandangolare [grandaŋgo'la:re] *f* Phot. Weitwinkelobjektiv *n*.

grande [grande] **1.** *adj.* groß; *gran gente f* viele Leute *pl.*; *~ città f* Großstadt *f*; *gran tempo m* lange Zeit *f*; ⚄ *~ velocità f* Eilgut *n*; **2.** *m* Erwachsene(r) *m*; Mächtige(r) *m*;

fare il ~ großtun; *alla* ~ in vornehmer Weise.

grand|eggiare [granded-'dʒa:re] (1f) hervorragen; großtun; **~emente** [-de'mente] sehr; viel; **~ezza** [-'det-tsa] f Größe f; **~icello** [-di'tʃel-lo] ziemlich groß; **~igia** [-'di:dʒa] f Großmannssucht f.

grandin|are [grandi'na:re] (11) hageln; **~ata** [-'na:ta] f Hagelschauer m.

grandine [grandine] f Hagel m; *fig.* Flut f, Schwall m.

grandi|osità [grandiosi'ta] f Großartigkeit f; **~oso** [-di'o:so] großartig.

gran|duca [gran'du:ka] m (*pl. -chi*) Großherzog m; **~ducale** [-du'ka:le] großherzoglich; **~ducato** [-du'ka:to] m Großherzogtum n; **~duchessa** [-du'kes-sa] f Großherzogin f.

gran|ello [gra'nel-lo] m Körnchen n; Beere f; **~elloso** [-nel-'lo:so] körnig.

granfia [granfia] f Klaue f.

gran|icolo [gra'ni:kolo] Getreide...; *colture f/pl. -e* Getreidekulturen; **~ifero** [-'ni:fero] körnertragend; **~iglia** [-'ni:ʎa] f Kies m; **~ire** [-'ni:re] (4d) körnen; **~ita** [-'ni:ta] f Gramolate f, gekörntes Fruchteis n; ~ *di caffè Art* Eiskaffee m; **~itico** [-'ni:tiko] (*pl. -ci*) granitartig; **~ito** [-'ni:to] **1.** *adj.* körnig; stramm; **2.** m Granit m; **~itura** [-ni'tu:ra] f ⊕ Körnen n; **~ivoro** [-'ni:voro] körnerfressend.   [Körnchen n.⟩

grano[1] [gra:no] m Gran m; *fig.*⟩
grano[2] [gra:no] m Korn n; Getreide n; Weizen m; *fig.* Körnchen n, Spur f; ~ *duro* Hartweizen m; ~ *tenero* Weichweizen m; ~ *saraceno* Buchweizen m.

gran|one [gra'no:ne] m Mais m; **~oso** [-'no:so] körnig; **~turco** [-'turko] m Mais m; **~ulare** [-nu'la:re] **1.** *adj.* körnig; **2.** *v/t.* (11) körnen; **~ulazione** [-nulatsi'o:ne] f Granulation f; Körnen n; **~uloma** [-nu'lo:ma] m (*pl. -i*) Granulom n; **~uloso** [-nu'lo:so] körnig.

grappa [grap-pa] f Branntwein m; Klammer f; ⊕ Krampe f; *Typ.* Akkolade f.

grappetta [grap-'pet-ta] f Brief-, Heftklammer f; ~ *per scatole* Kartonklammer f.

grappino [grap-'pi:no] m Gläschen n Schnaps; ⊕ Klettereisen n; ⚓ Dregge f.

grappolo [grap-polo] m Traube f (*a. fig.*).

graspo [graspo] m Traubenkamm m.

grass|atore [gras-sa'to:re] m Straßenräuber m; **~azione** [-satsi'o:ne] f Straßenraub m, Raubüberfall m.

grass|ello [gras-'sel-lo] m Stück n Fett; ⊕ Kalk m; **~etto** [-'set-to] m halbfette Schrift f, Halbfettdruck m; **~ezza** [-'set-tsa] f Fettigkeit f; Dicke f.

grasso [gras-so] **1.** *adj.* fett; dick; *fig.* schlüpfrig; **2.** m Fett n; Schmalz n; ~ *animale* Tierfett n; ~ *lubrificante* Schmierfett n; ~ *per cuoio* Lederfett n.

grass|occio [gras-'sɔt-tʃo] (*pl. -cci*) wohlgenährt; **~one** [-'so:ne] m Dickwanst m; **~otto** [-'sɔt-to] mollig; rundlich; **~ume** [-'su:me] m Fett n.

grata [gra:ta] f Gitter n.

grat|ella [gra'tel-la] f Rost m; Bratrost m; *in* ~ gegrillt; **~icciata** [-tit-'tʃa:ta] f, **~iccio** [-'tit-tʃo] m (*pl. -cci*) Flechtwerk n; **~icola** [-'ti:kola] f Gitter n; *Kochk.* Rost m; *Mal.* Fadengitter n *zum Kopieren*; **~icolare** [-tiko'la:re] (1m) vergittern; **~icolato** [-tiko'la:to] m Gitterwerk n.

gratifica [gra'ti:fika] f: ~ *natalizia* Weihnachtsgratifikation f.

gratific|are [gratifi'ka:re] (1m u. d) belohnen; bedenken (*di* mit); **~azione** [-katsi'o:ne] f Gratifikation f.

gratinato [grati'na:to] *Kochk.* gedämpft.

gratis [gra:tis] umsonst.

gratitudine [grati'tu:dine] f Dankbarkeit f.

grato [gra:to] dankbar; angenehm.

gratt|acapo [grat-ta'ka:po] m Sorge f; **~acielo** [-ta'tʃe:lo] m *inv.* Wolkenkratzer m, Hochhaus n; **~are** [-'ta:re] (1a) kratzen; abkratzen; *Brot, Käse* reiben; *Schrift* ausradieren; P klauen; *grattarsi la pancia* faulenzen; **~ata** [-'ta:ta] f: *dare una* ~ *a qc. et.* kratzen; **~ino** [-'ti:no] m Radiermesser n; **~ugia** [-'tu:dʒa] f (*pl. -ge*) Reibeisen n; **~ugiare** [-tu-'dʒa:re] (1f) *mit dem Reibeisen* reiben; *formaggio m grattugiato* geriebener Käse *m.*

gra|tuità [gratui'ta] *f* Unentgeltlichkeit *f;* **~tuito** [-'tuːito] unentgeltlich; frei.

gratulatorio [gratula'tɔːrio] (*pl. -ri*) beglückwünschend; Gratulations...

grav|abile [gra'vaːbile] besteuerbar; **~ame** [-'vaːme] *m* Last *f;* Beschwerde *f;* **~are** [-'vaːre] (1a) **1.** *v/t.* belasten; ~ *di dazio (seitens des Staates)* verzollen; **2.** *v/i.* lasten.

grave [graːve] **1.** *adj.* schwer; ernst (*a. Krankheit*); *Fehler:* grob; *Lage:* besorgniserregend; *fig.* ernst, würdevoll; ~ *d'anni* hochbejahrt; *accento m* ~ Gravis *m;* **2.** *m Phys.* Körper *m.*

grav|ezza [gra'vetːtsa] *f* Schwere *f;* **~idanza** [-vi'dantsa] *f* Schwangerschaft *f.*

gravido [graːvido] schwanger; *Tiere:* trächtig; *fig.* voll.

gravina [gra'viːna] *f* Doppelhacke *f.*

gravità [gravi'ta] *f* Schwere *f; fig.* Ernst *m; centro m di* ~ Schwerpunkt *m.*

grav|itare [gravi'taːre] (1l) lasten; *Phys.* gravitieren; **~itazione** [-vitatsi'oːne] *f* Schwerkraft *f;* **~oso** [-'voːso] beschwerlich; hart, schwer.

grazia [graːtsia] *f* Anmut *f;* Gnade *f,* Gunst *f;* Begnadigung *f; anno m di* ~ Jahr *n* des Heils; ~ *di Dio* Gottesgabe *f; di* ~ bitte; *in* ~ *di* wegen; *in* ~ *tua* deinetwegen; *con* ~ anmutig; *colpo m di* ~ Gnadenstoß *m; -e pl.* Dank *m; -e!* danke!; *-e a Dio* Gott sei Dank; *-e tante* besten Dank; *le tre Grazie* die drei Grazien.

grazi|abile [gratsi'aːbile] zu begnadigen(d); **~are** [-tsi'aːre] (1g) begnadigen; **~ato** [-tsi'aːto] begnadigt; geschickt; anmutig; **~osità** [-tsiosi'ta] *f* Liebreiz *m;* Gefälligkeit *f;* **~oso** [-tsi'oːso] anmutig; liebenswürdig.

greca [greːka] *f* (*pl. -che*) Randverzierung *f an der Generalsmütze.*

grecale [gre'kaːle] *m* Nordostwind *m.*

grec|ismo [gre'tʃizmo] *m* Gräzismus *m;* **~ista** [-'tʃista] *m* (*pl. -i*) Gräzist *m.*

greco [greːko] (*pl. -ci*) **1.** *adj.* griechisch; *i m* ~ Ypsilon *n;* **2.** *m* Grieche *m;* Griechisch(e) *n.*

gregario [gre'gaːrio] *m* (*pl. -ri*) Anhänger *m;* (gemeiner) Soldat *m; Zool.* Herdentier *n.*

gregge [gredːdʒe] *m* Herde *f.*

greggio [gredːdʒo] (*pl. -ggi*) roh; *materia f -a* Rohstoff *m.*

grembi|ale [grembi'aːle], **~ule** [-bi'uːle] *m* Schürze *f;* **~ulino** [-biu'liːno] *m* Schürzchen *n.*

grembo [grembo] *m* Schoß *m;* ~ *materno* Mutterleib *m.*

grem|ire [gre'miːre] (4d) anfüllen; **~ito** [-'miːto] voll.

greppia [grep-pia] *f* Krippe *f.*

greppo [grep-po] *m* Steilhang *m.*

gres [grɛs] *m* Steingut *n.*

greto [greːto] *m* Kiesgrund *m.*

gretola [greːtola] *f* Splitter *m;* Stäbchen *n; fig.* Ausflucht *f.*

grettezza [gret-'tetːtsa] *f* Kleinlichkeit *f;* (*a.* ~ *d'animo*) Engherzigkeit *f.*   [zig.\

gretto [gret-to] kleinlich; engher-}

greve [greːve] schwer.

grezzo [gredːdzo] *s.* greggio.

grida [griːda] *f ehm.* Verordnung *f.*

grid|are [gri'daːre] (1a) **1.** *v/t.* ausrufen; *um Hilfe* rufen; ~ *vendetta* nach Rache schreien; **2.** *v/i.* schreien; **~ata** [-'daːta] *f* Schrei *m;* Schelte *f.*

gridellino [gridel-'liːno] lila.

gridio [gri'diːo] *m* Geschrei *n.*

grido [griːdo] *m* (*pl. mst le -a*) Schrei *m;* Ausruf *m;* ~ *d'aiuto* Hilferuf *m; di* ~ von Ruf; *-a f/pl. al fuoco* Feuerlärm *m.*

grifagno [gri'faːɲo] raubgierig; grimmig.

grifo [griːfo] *m* Rüssel *m; fig.* Schnauze *f.*

grifone [gri'foːne] *m* Greif *m.*

grigiastro [gri'dʒastro] gräulich.

grigio [griːdʒo] (*pl. -gi*) grau; *fig.* düster, finster; ~ *chiaro* hellgrau; ~ *scuro* dunkelgrau.

grigiore [gri'dʒoːre] *m* Grau *n; fig.* Eintönigkeit *f.*

grigioverde [gridʒo'verde] **1.** *adj.* feldgrau; **2.** *m* Feldgrau *n.*

griglia [griːʎa] *f* Gitter *n;* Rost *m.*

grignolino [griɲo'liːno] *m piemontesischer* Rotwein.

grilletto [gril-'let-to] *m* Grille *f (a. fig.)*; ✂, *Phot.* Drücker *m,* Abzug *m.*

grillo [gril-lo] *m* Grille *f.*

grillotalpa [gril-lo'talpa] *f* Maulwurfsgrille *f.*

grimaldello [grimal'dɛl-lo] m Dietrich m.

grinfia [grinfia] f Kralle f.

grinta [grinta] f finsteres Gesicht n; *Sport*: Entschlossenheit f; *fig.* Unverfrorenheit f.

grinza [grintsa] f Runzel f; *non fare una ~* aufs Haar stimmen; *Kleidung*: wie angegossen sitzen.

grinzoso [grin'tso:so] runz(e)lig.

grippare [grip-'pa:re] (1a) ⊕ sich festfressen.

grippe [grip-pe] f Grippe f.

grisou [gri'zu] m Grubengas n.

grissino [gris-'si:no] m dünne Weißbrotstange f.

grisù [gri'zu] m s. *grisou*.

gromma [grom-ma] f Weinstein m.

grommare [grom-'ma:re] (1a) Weinstein ansetzen.

gronda [gronda] f Traufdach n.

grond|aia [gron'da:ia] f Dachrinne f; **~are** [-'da:re] (1a) **1.** v/i. träufeln; *Blut*: triefen; **2.** v/t. träufeln; vergießen.

grongo [groŋgo] m (*pl.* -ghi) Seeaal m.

groppa [grɔp-pa] f *Anat.* Kreuz n; Kruppe f.

groppo [grɔp-po] m Knoten m.

groppone [grop-'po:ne] m Kreuz n; Rücken m.

grossa [grɔs-sa] f Gros n, 12 Dutzend n/pl.

gross|amente [gros-sa'mente] in roher Weise; annähernd; **~ezza** [-'set-tsa] f Größe f; Dicke f; Stärke f; Schwangerschaft f; Dickleibigkeit f; hoher Wasserstand m; **~ista** [-'sista] su. (m/pl. -i) Groß-, Engroshändler(in f) m.

grosso [grɔs-so] **1.** *adj.* dick; stark; groß; schwanger; roh; *fiume m ~* stark angeschwollener Fluß m; *mare m ~* bewegtes Meer n; *dito m ~* Daumen m; F *pezzo m ~* hohes Tier n; *questa è -a* das ist stark; *dormire della ~a* fest schlafen; *farle -e* unglaubliche Dummheiten machen; *dirle -e* ungereimtes Zeug schwätzen; **2.** m Hauptteil m; Wichtigste(s) n; ✕ Gros n, Hauptmasse f.

grossolano [gros-so'la:no] grob; plump.

grotta [grɔt-ta] f Grotte f; Höhle f.

grott|esca [grɔt-'teska] f Groteskmalerei f; **~esco** [-'tesko] (*pl.* -chi) grotesk.

groviera [grovi'ɛ:ra] f Emmentaler m.

groviglio [gro'vi:ʎo] m (*pl.* -gli) Knoten m; *fig.* Verwirrung f; Durcheinander n.

gru [gru] f *inv.* Kranich m; ⊕ Kran m; Hebekran m; *~ idraulica* Wasserkran m.

gruccia [grut-tʃa] f (*pl.* -cce) Krücke f; *~ (per vestiti)* Kleiderbügel m.

grufolare [grufo'la:re] (1l) durchwühlen.

grugn|ire [gru'ɲi:re] (4d) grunzen; **~ito** [-'ɲi:to] m Grunzen n.

grugno [gru:ɲo] m Rüssel (des Schweines) m; *fig.* Schnauze f.

gruista [gru'ista] m (*pl.* -i) Kranführer m.

grull|aggine [grul-'lad-dʒine] f, **~eria** [-le'ri:a] f Dummheit f.

grullo [grul-lo] **1.** *adj.* dumm; **2.** m Dummkopf m.

gruma [gru:ma] f Weinstein m; *allg.* Kruste f.

grumo [gru:mo] m Klümpchen n.

grumolo [gru:molo] m Herz n *vom Kopfsalat*.

grumoso [gru'mo:so] klumpig.

gruppo [grup-po] m Gruppe f; *(fotografia f di un) ~* Gruppenaufnahme f; *a -i* gruppenweise.

gruzzolo [grut-tsolo] m Sparpfennig m.

guad|agnare [guada'ɲa:re] (1a) verdienen; gewinnen; *Ort* erreichen; *e-e Zeile* einbringen; **~agno** [-'da:ɲo] m Verdienst m; Gewinn m; *~ lordo* Rohgewinn m; *~ netto* Reingewinn m; *avidità f di ~* Profitgier f; *avido di ~* profitgierig; *mancato ~* Verdienstausfall m; *margine m di ~* Verdienstspanne f.

guadare [gua'da:re] (1a) durchwaten.

guadino [gua'di:no] m Kescher m.

guado[1] [gua'a:do] m ♀ Waid m.

guado[2] [gua'a:do] m Furt f; Durchwaten n; *passare a ~* durchwaten.

guai! [gua'ai] weh(e)!

guaina [gua'i:na] f Scheide f; Mieder n.

guaio [gua'a:io] m (*pl.* -ai) Unglück n; Wehgeschrei n; *guai pl.* Sorgen f/pl., Mißgeschick n.

gua|ire [gua'i:re] (4d) winseln; **~ito** [-'i:to] m Gewinsel n.

gual|care [gual'ka:re] (1d) w

~chiera [-ki'ɛ:ra] f Walkmühle f;
~chieraio [-kie'ra:io] m (pl. -ai)
Walker m.

gualcire [gual'tʃi:re] (4d) zerknittern.   [bracke f.}

gualdrappa [gual'drap-pa] f Scha-}

guancia [gu'antʃa] f (pl. -ce) Wange
f.

guan|ciale [guan'tʃa:le] m Kopf-
kissen n; ~cialino [-tʃa'li:no] m
kleines Kissen n; Nadelkissen n.

guano [gu'a:no] m Guano m; Vogel-
dünger m.

guan|taio [guan'ta:io] m (pl. -ai)
Handschuhmacher m; ~teria [-te-
'ri:a] f Handschuhladen m; ~tiera
[-ti'ɛ:ra] f Tablett n.

guanto [gu'anto] m Handschuh m;
~ di pelle Lederhandschuh m; ~
scamosciato Wildlederhandschuh
m; ~ a sacco Fausthandschuh m;
andare come un ~ wie angegossen
sitzen.

guantone [guan'to:ne] m Boxhand-
schuh m.

guappo [gu'ap-po] m Bandit m.

guarda|barriere [guardabar-ri'ɛ:-
re] m inv. Schrankenwärter m;
~boschi [-'bɔski] m inv. Förster m,
Forstaufseher m; ~caccia [-'kat-
tʃa] m inv. Jagdaufseher m; ~coste
[-'kɔste] m inv. ♣ Küstenwärter
m; ~freni [-'fre:ni] m inv. Bremser
m; ~linee [-'li:nee] m inv. Bahn-
wärter m; Sport: Linienrichter m;
~mano [-'ma:no] m Schutzleder n;
Degenkorb m; ~pesca [-'peska] m
inv. Fischereiaufseher m; ~portone
[-por'to:ne] m Pförtner m, Portier m.

guard|are [guar'da:re] (1a) 1. v/t.
schauen; ansehen; zusehen; nachsehen; behüten; achten auf (acc.);
Fenster: hinausliegen nach; Haus:
gelegen sein gegen; Dio (mi) guardi!
Gott behüte!; 2. v/i. zuschauen;
~ di far qc. trachten et. zu tun; non
~ a spese keine Kosten scheuen;
~arsi [-'darsi] sich hüten; si guardi!
vorsehen!, Vorsicht!

guarda|roba [guarda'rɔ:ba] m inv.
Garderobe f; Kleiderschrank m;
Thea. Ankleidezimmer n; ~robiera
[-robi'ɛ:ra] f, ~robiere [-robi'ɛ:re]
m Garderobier(e f) m; ~sala
[-'sa:la] m inv. Bahnhofsschaffner
m; ~sigilli [-si'dʒil-li] m inv. Siegel-
bewahrer m; Justizminister m.

guard|ata [guar'da:ta] f Blick m;

~atura [-da'tu:ra] f Art f zu blik-
ken; Blick m.

guarda|via [guarda'vi:a] m inv.
Leitplanke f; ~vivande [-vi'vande]
m inv. Fliegenschrank m.

guardia [gu'ardia] f Bewachung f;
Wächter m; Krankenwärter m; ✗
Wache f; Fechtk. Deckung f; Stichblatt n, Korb m am Degen; Typ.
Schutzblatt n; (a. il reggimento
della ~) Gardekorps n; (a. ~ municipale, ~ di pubblica sicurezza)
Schutzmann m, Polizist m; ~ del
corpo Leibwache f; ~ notturna
Nachtwächter m; ~ del fuoco Feuerwehr f; ~ medica Sanitätswache f;
Rettungsstation f; Unfallstation f;
medico m di ~ Arzt m vom Dienst;
~ d'onore Ehrenwache f; essere di ~
Wache haben; mettere in ~ warnen;
stare in ~ auf der Hut sein.

guardiamarina [guardiama'ri:na]
m inv. Seekadett m.

guar|diano [guardi'a:no] m Wäch-
ter m; ♪ Hüter m; ~dina [-'di:na]
f Wache f; Wachtlokal n; in ~ in
Polizeigewahrsam; ~dingo [-'din-
go] (pl. -ghi) behutsam; ~diola
[-di'ɔ:la] f Wachtturm m; Schilderhaus n; Portiersloge f.

guardo [gu'ardo] m Blick m.

guarentigia [guaren'ti:dʒa] f (pl.
-ge) Bürgschaft f; legge f delle -e
Garantiegesetz n.

guar|ibile [gua'ri:bile] heilbar;
~igione [-ri'dʒo:ne] f Genesung f;
in via di ~ auf dem Wege der Genesung; ~ire [-'ri:re] (4d) 1. v/t.
heilen; 2. v/i. genesen; ~itore
[-ri'to:re] m Heilpraktiker m.

guarn|igione [guarni'dʒo:ne] f Gar-
nison f; Besatzung f; ~imento
[-ni'mento] m Ausstattung f; ♣
Ausrüstung f; Kleidung: Besatz m;
Garnitur f; ~ire [-'ni:re] (4d) ausstatten; versehen; Kleidung: besetzen; garnieren; ♣ ausrüsten;
~itura [-ni'tu:ra] f, ~izione [-ni-
tsi'o:ne] f Ausrüstung f; Besatz m;
Kochk. Beilage f; Auto: Dichtung
f; ~ di gomma Gummidichtung f.

guasconata [guasko'na:ta] f Prahlerei f.

guasta|feste [guasta'feste] m inv.
Störenfried m; Spielverderber m;
~mestieri [-mesti'ɛ:ri] m inv.
Pfuscher m; Preisdrücker m.

guast|are [guas'ta:re] (1a) verderben; beschädigen; *fig.* verwöhnen; **~arsi** [-'tarsi] verderben; *Wetter*: schlecht werden; **~atore** [-ta'to:re] *m* ⚒ Pionier *m*.

guasto [gu'asto] **1.** *adj.* verdorben; beschädigt; schadhaft; abgestanden; schlecht; F kaputt; *un dente* ~ ein kranker Zahn; **2.** *m* Schaden *m*, Defekt *m*; *Auto*: Panne *f*; ~ *di macchina* Maschinenschaden *m*.

guattero [gu'at-tero] *m* Küchenjunge *m*.

guazza [gu'at-tsa] *f* (starker) Tau *m*.

guazzabuglio [guat-tsa'buʎo] *m* (*pl.* -gli) Mischmasch *m*; *fig.* Durcheinander *n*.

guazz|are [guat-'tsa:re] (1a) patschen; **~atoio** [-tsa'to:io] *m* (*pl.* -oi) Schwemme *f*; Tränke *f*; **~etto** [-'tset-to] *m* Soße *f*; Ragout *n*.

guazzo [gu'at-tso] *m* Tümpel *m*, Lache *f*; *Mal.* Wasserfarbe *f*; *pittura f a* ~ Guaschmalerei *f*.

guelfo [gu'ɛlfo] **1.** *adj.* welfisch; **2.** *m* Welfe *m*.

guercio [gu'ɛrtʃo] (*pl.* -ci) **1.** *adj.* schielend; *essere* ~ schielen; **2.** *m* Schielende(r) *m*.

guerra [gu'er-ra] *f* Krieg *m*; *caso m di* ~ Kriegsfall *m*; *pericolo m di* ~ Kriegsgefahr *f*; *prigioniero m di* ~ Kriegsgefangene(r) *m*; *teatro m di* ~ Kriegsschauplatz *m*; *tribunale m di* ~ Kriegsgericht *n*; **~lampo** Blitzkrieg *m*; ~ *a due fronti* Zweifrontenkrieg *m*; ~ *di movimento* Bewegungskrieg *m*; ~ *dei nervi* Nervenkrieg *m*; ~ *fredda* kalter Krieg *m*.

guerr|afondaio [guer-rafon'da:io] *m* (*pl.* -ai) Kriegshetzer *m*; **~eggiamento** [-red-dʒa'mento] *m* Kriegführung *f*; **~eggiare** [-red-'dʒa:re] (1f) **1.** *v/t.* bekriegen; **2.** *v/i.* Krieg führen; *guerra f guerreggiata* wirklicher Krieg *m*; **~esco** [-'resko] (*pl.* -chi) kriegerisch; Kriegs...; **~iero** [-ri'e:ro] **1.** *adj.* kriegerisch; **2.** *m* Krieger *m*; **~iglia** [-'ri:ʎa] *f* Guerillakrieg *m*; Bandenkrieg *m*; **~igliero** [-ri'ʎe:ro] *m* Guerillakämpfer *m*.

gufo [gu:fo] *m* Uhu *m*, Nachteule *f*.

guglia [gu:ʎa] *f* Turmspitze *f*.

gugliata [guʎ'a:ta] *f* eingefädeltes Stück *n* Zwirn.

guida [gu'i:da] *f* Führer *m*; Adreßbuch *n*; Läufer *m*; Führung *f*; ⛟ Einführung *f*; 🚋, ⊕ Schiene *f*; *fig.* Leitfaden *m*; ~ *alpina* Bergführer *m*; ~ *telefonica* Telefonbuch *n*; ~ *turistica* Reiseführer *m*; *Auto*: ~ *a destra* (*a sinistra*) Rechts-(Links-) steuerung *f*; *scuola f di* ~ Fahrschule *f*; *sotto la* ~ *di qu.* unter j-s Führung; -e *pl.* Zügel *m/pl.*

guid|abile [gui'da:bile] führbar; lenkbar; **~aiola** [-dai'o:la] *f* Leittier *n*; **~aiolo** [-dai'o:lo] Leit...; **~are** [-'da:re] (1a) führen; leiten; *Auto*: fahren; **~atore** [-da'to:re] *m* Fahrer *m*; Chauffeur *m*.

guiderdone [guider'do:ne] *m* Belohnung *f*.

guidone [gui'do:ne] *m* Standarte *f*.

guidoslitta [guido'zlit-ta] *f* Lenkschlitten *m*; ~ *a quattro* Viererbob *m*.

guinzaglio [guin'tsaʎo] *m* (*pl.* -gli) Koppel *f*; Leine (Hundeleine) *f*.

guisa [gu'i:za] *f* Weise *f*; *in* ~ *che* so daß.

guitto [gu'it-to] **1.** *adj.* schäbig; **2.** *m Thea.* Schmierer *m*.

guizzare [guit-'tsa:re] (1a) schnellen; *Blitze*: zucken; *Flammen*: züngeln; *Fische*: schnellen; ~ *via* davonflitzen.

guizzo [gu'it-tso] *m* Schnellen *n*; Zucken (Aufzucken) *n*.

guscio [guʃ-ʃo] *m* (*pl.* -sci) Schale *f*; ♀ Hülse *f*; *Zool.* Gehäuse *n*; ♄ Gerippe *n*.

gustare [gus'ta:re] (1a) **1.** *v/t.* schmecken; auskosten; *fig.* würdigen; **2.** *v/i.* schmecken; behagen.

gustevole [gus'te:vole] schmackhaft.

gusto [gusto] *m* Geschmack *m*; *fig.* Freude *f*; ~ *artistico* Kunstsinn *m*; *senso m del* ~ Geschmackssinn *m*; *è questione di* ~ das ist Geschmackssache; *ci ho* ~ das freut mich.

gust|osità [gustosi'ta] *f* Schmackhaftigkeit *f*; **~oso** [-'to:so] schmackhaft.

guttaperca [gut-ta'pɛrka] *f* Guttapercha *f*.

gutturale [gut-tu'ra:le] **1.** *adj.* guttural; Kehl...; *suono m* ~ = **2.** *f* Kehllaut *m*.

G

H

H, h [ak-ka] *f u. m* H, h *n*; *bomba f* H
H-Bombe *f*.
ha [a], **hai** [ai], **hanno** [an-no] *s.*
avere.
habitat [aːbitat] *m inv. Biol.* Um-
weltbedingungen *f/pl.*, Lebensbe-
dingungen *f/pl.*; Heimat *f*.
habitué [abity'eː] *m inv.* ständiger
Besucher *m*, Stammgast *m*.
hangar [aŋ'gar] *m inv.* Schuppen *m*,
Flugzeughalle *f*.

ho [ɔ] *s. avere.*
hobby [hɔbi] *m inv.* Hobby *n*.
hockey [hɔki] *m inv.* Hockey *n*; ∼ *su
ghiaccio* Eishockey *n*.
hostess [ɔstes] *f inv.* Stewardeß
f.
hotel [o'tɛl] *m inv.* Hotel *n*.
humus [uːmus] *m inv.* Humus *m*;
fig. Nährboden *m*.
hurrà! [ur-'ra] hurra!

I

I, i [i] *f u. m* I, i *n*.

i [i] *art. m*/*pl.* die.

iato [i'a:to] *m Gram.* Hiatus *m*.

iattanza [iat-'tantsa] *f* Übermut *m*.

iattura [iat-'tu:ra] *f* Unglück *n*; Pech *n*.

iberico [i'bɛ:riko] (*pl.* -ci) **1.** *adj.* iberisch; *penisola f -a* Iberische Halbinsel *f*; **2.** *m* Iberer *m*.

ibi [i:bi] *m* Ibis *m*.

ibidem [ibidem] ebendaselbst.

ibisco [i'bisko] *m* (*pl.* -chi) Eibisch *m*.

ibridismo [ibri'dizmo] *m* Kreuzung *f*, Bastardierung *f*.

ibrido [i:brido] Misch..., Bastard...

iceberg [aisberg] *m inv.* Eisberg *m*.

icon|a, ~e [i'ko:na, -ne] *f* Bild *n*; **~oclasta** [ikono'klasta] *m* (*pl.* -i) Bilderstürmer *m*; **~ografia** [-gra-'fi:a] *f* Ikonographie *f*; **~olatra** [-'la:tra] *f* Ikonographie *f*; **~olatra** [-'la:tra] *su.* (*m*/*pl.* -i) Bilderanbeter(in *f*) *m*; **~ostasi** [-'sta:zi] *f* Ikonostasis *f*.

icosaedro [ikoza'ɛ:dro] *m* Zwanzigflächner *m*.

Iddio [id-'di:o] *m* Gott *m*.

idea [i'dɛ:a] *f* Idee *f*; Begriff *m*; Gedanke *m*; Meinung *f*; ~ *fissa* fixe Idee *f*; *un'~ di* ein wenig; *scambio m di -e* Gedankenaustausch *m*; *avere l'~ di fare qc.* die Absicht haben, et. zu tun; *fig. ha un'~ di sua madre* er hat etwas von seiner Mutter; *neppur per ~* nicht einmal im Traume.

ide|abile [ide'a:bile] erdenkbar, **~ale** [-'a:le] **1.** *adj.* ideal; **2.** *m* Ideal *n*; Wunschtraum *m*; **~alismo** [-a'lizmo] *m* Idealismus *m*; **~alista** [-a'lista] *su.* (*m*/*pl.* -i) Idealist(in *f*) *m*; **~alistico** [-a'listiko] (*pl.* -ci) idealistisch; **~alità** [-ali'ta] *f* Idealität *f*; **~alizzare** [-alid-'dza:re] (1a) idealisieren; **~are** [-'a:re] (1b) ersinnen; sich vornehmen, planen; **~atore** [-a'to:re] *m* Schöpfer *m*; Erfinder *m*; **~azione** [-atsi'o:ne] *f* Planung *f*; Erfindung *f*.

idem [i:dem] ebenso.

id|enticità [identit∫i'ta] *f* Identität

f; **~entico** [i'dɛntiko] (*pl.* -ci) identisch; **~entificare** [identifi-'ka:re] (1n *u.* d) identifizieren; *Person* feststellen; **~entificazione** [-fikatsi'o:ne] *f* Identifizierung *f*; **~entità** [-'ta] *f* Identität *f*; *carta f d'~* Ausweispapier *n*.

ide|ologia [ideolo'dʒi:a] *f* Ideologie *f*; Weltanschauung *f*; **~ologico** [-o'lɔ:dʒiko] (*pl.* -ci) ideologisch; weltanschaulich; **~ologo** [-'ɔ:logo] *m* (*pl.* -gi) Ideologe *m*.

idi [i:di] *m*/*pl. u. f*/*pl.* Iden *pl*.

idilliaco [idil-'li:ako] (*pl.* -ci) idyllisch.

idillio [i'dil-lio] *m* (*pl.* -lli) Idylle *f*.

idioma [idi'ɔ:ma] *m* (*pl.* -i) Idiom *n*.

idiomatico [idio'ma:tiko] (*pl.* -ci) idiomatisch, eigentümlich.

idiosincrasia [idiosiŋkra'zi:a] *f* Idiosynkrasie *f*.

idiota [idi'ɔ:ta] *su.* (*m*/*pl.* -i) Idiot(in *f*) *m*, Blödsinnige(r *m*) *m u. f*.

idio|taggine [idio'tad-dʒine] *f* Blödsinn *m*; **~tismo** [-'tizmo] *m* mundartlicher Ausdruck *m*; **~zia** [-'tsi:a] *f* Schwachsinn *m*.

idol|atra [ido'la:tra] *su.* (*m*/*pl.* -i) Götzendiener(in *f*) *m*; **~atrare** [-la'tra:re] (1a) vergöttern; **~atria** [-la'tri:a] *f* Götzendienst *m*; *fig.* Vergötterung *f*; **~atrico** [-'la:triko] (*pl.* -ci) abgöttisch; **~eggiare** [-led-'dʒa:re] (1f) vergöttern.

idolo [i:dolo] *m* Götzenbild *n*; *fig.* Abgott *m*.

idoneità [idonei'ta] *f* Tauglichkeit *f*; Befähigung *f*.

idoneo [i'dɔ:neo] tauglich, geeignet, fähig.

idra [i:dra] *f* Hydra *f*.

idr|ante [i'drante] *m* Hydrant *m*; **~argirio** [idrar'dʒi:rio] *m künstliches* Quecksilber *n*; **~ato** [i'dra:to] *m* Hydrat *n*; *~ di carbonio* Kohlehydrat *m*; **~aulica** [i'dra:ulika] *f* Hydraulik *f*; **~aulico** [-ko] (*pl.* -ci) **1.** *adj.* hydraulisch; Wasser...; *centrale f -a* Wasserwerk *n*; **2.** *m* Klempner *m*.

idrico [i:driko] (*pl. -ci*) Wasser...; *bacino m ~* Wasserbecken *n*.

idro|carburo [idrokar'bu:ro] *m* Kohlenwasserstoff *m*; **~cefalo** [-'tʃɛfalo] *m* Wasserkopf *m*; **~coltura** [-kol'tu:ra] *f* Hydrokultur *f*; **~dinamica** [-di'na:mika] *f* Hydrodynamik *f*; **~dinamico** [-ko] (*pl. -ci*) hydrodynamisch; **~elettrico** [-e'lɛt-triko] (*pl. -ci*) hydroelektrisch.

idr|ofilo [i'drɔ:filo] hydrophil, wasseranziehend; *cotone m ~* Watte *f*; **~ofobia** [idrofo'bi:a] *f* Tollwut *f*; **~ofobo** [i'drɔ:fobo] wasserscheu; toll; **~ogenare** [idrodʒe'na:re] (1c) hydrieren; **~ogenato** [idrodʒe'na:to] wasserstoffblond; **~ogenazione** [-natsi'o:ne] *f* Hydrierverfahren *n*; **~ogeno** [i'drɔ:dʒeno] *m* Wasserstoff *m*; **~ografia** [idrogra'fi:a] *f* Gewässerkunde *f*; **~ografico** [idro-'gra:fiko] (*pl. -ci*) hydrographisch; **~ologia** [idrolo'dʒi:a] *f* Wasserkunde *f*; **~omele** [idro'mɛ:le] *n* Honigwasser *n*; **~ometria** [idrome'tri:a] *f* Wassermeßkunst *f*; **~ometro** [i'drɔ:metro] *m* Wassermesser *m*; **~omotore** [idromo'to:re] *m* Wassermotor *m*; **~opico** [i'drɔ:piko] (*pl. -ci*) wassersüchtig; **~opisia** [idropi'zi:a] *f* Wassersucht *f*; **~oplano** [idro'pla:no] *m* Wasserflugzeug *n*; **~oporto** [idro'pɔrto] *m*, **~oscalo** [idros'ka:lo] *m* Wasserflughafen *m*; **~osci** [idro-'ʃi] *m/pl.* Wasserski *m*; **~oscatore** [idros'ta:tika] *f* Hydrostatik *f*; **~oterapia** [idrotera'pi:a] *f* Wasserheilkunde (Kaltwasserheilkunde) *f*; **~oterapico** [idrote'ra:piko] (*pl. -ci*) hydrotherapisch; *stabilimento m ~* Wasserheilanstalt *f*; **~ovia** [idro'vi:a] *f* Wasserweg *m*, Flußweg *m*; **~ovolante** [idrovo-'lante] *m* Wasserflugzeug *n*.

iella [i'ɛl-la] *f* Unglück *n*, Pech *n*; *portare ~* Unglück bringen.

iena [i'ɛ:na] *f* Hyäne *f*.

ieri [i'ɛ:ri] gestern; *~ l'altro* vorgestern; *~ mattina* gestern früh; *~ sera* gestern abend.

iett|atore [iet-ta'to:re] *m* Unheilbringer *m*; **~atura** [-'tu:ra] *f* böser Blick *m*; Unglück *n*.

ig|iene [i'dʒɛ:ne] *f* Hygiene *f*, Gesundheitspflege *f*; **~ienico** [i'dʒɛ:niko] (*pl. -ci*) hygienisch, gesund-

heitlich; **~ienista** [idʒe'nista] *su.* (*m/pl. -i*) Hygieniker(in*f*) *m*.

ignaro [i'ɲa:ro] unwissend; *~ di qc. et.* nicht kennend, nicht wissend.

ignavia [i'ɲa:via] *f* Trägheit *f*.

ignavo [i'ɲa:vo] träge.

igneo [i:ɲeo] feuerartig; Feuer...

ignobile [i'ɲɔ:bile] unedel; gemein.

ignom|inia [iɲo'mi:nia] *f* Schmach *f*; **~inioso** [-mini'o:so] schmachvoll.

ignor|ante [iɲo'rante] **1.** *adj.* unwissend; **2.** *m* Ignorant *m*; **~anza** [-'rantsa] *f* Unwissenheit *f*; Unkenntnis *f*; **~are** [-'ra:re] (1a) nicht wissen; ignorieren.

ignoto [i'ɲɔ:to] **1.** *adj.* unbekannt; **2.** *m* Unbekannte(r) *m*.

ignudo [i'ɲu:do] nackt.

igr|ometria [igrome'tri:a] *f* Feuchtigkeitsmessung *f*; **~ometro** [i'grɔ:metro] *m* Feuchtigkeitsmesser *m*; **~oscopio** [igros'kɔ:pio] *m* (*pl. -pi*) Feuchtigkeitsanzeiger *m*.

ih! [i] hü!

il [il] *art.* der.

ilare [i:lare] heiter.

ilarità [ilari'ta] *f* Heiterkeit *f*.

ileo [i:leo] *m* Krummdarm *m*, Ileum *n*.

Iliade [i'li:ade] *f* Ilias *f*.

ilice [i:litʃe] *f* Steineiche *f*.

illacrimato [il-lakri'ma:to] *poet.* unbeweint.

illanguid|imento [il-laŋguidi'mento] *m* Schwächung *f*; † Stockung *f*; **~ire** [-'di:re] (4d) schmachten; † stocken.

illazione [il-latsi'o:ne] *f* Schlußfolgerung *f*.

illecito [il-'le:tʃito] unerlaubt.

illeg|ale [il-le'ga:le] ungesetzlich; rechtsungültig; **~alità** [-gali'ta] *f* Gesetzwidrigkeit *f*; Rechtsungültigkeit *f*.

illeggiadrire [il-led-dʒa'dri:re] (4d) **1.** *v/t.* (*j-m*) Anmut verleihen; **2.** *v/i.* anmutig werden.

illegg|ibile [il-led-'dʒi:bile] unleserlich; **~ibilità** [-dʒibili'ta] *f* Unlesbarkeit *f*.

illeg|ittimità [il-led ʒit-timi'ta] *f* Unrechtmäßigkeit *f*; illegitime Abstammung *f*; **~ittimo** [-'dʒit-timo] unrechtmäßig; illegitim, unehelich.

illeso [il-'le:zo] unversehrt.

illetterato [il-let-te'ra:to] **1.** *adj.* ungebildet; **2.** *m* Ungebildete(r) *m*; Analphabet *m*.

illib|atezza [il-liba'tet-tsa] f Unbescholtenheit f; Reinheit f; **~ato** [-'ba:to] unbescholten; rein; Mädchen: jungfräulich.

illiberale [il-libe'ra:le] engherzig; Pol. antiliberal.   [schränkt.]

illimitato [il-limi'ta:to] unbe-]

illividire [il-livi'di:re] (4d) bläulich werden; allg. erbleichen.

illogico [il-'lɔ:dʒiko] (pl. -ci) unlogisch.

illudere [il-'lu:dere] (3q) täuschen.

illumin|ante [il-lumi'nante] beleuchtend; gas m ~ Leuchtgas n; razzo m ~ Leuchtrakete f; **~are** [-'na:re] (1m) beleuchten; fig. erleuchten; ⬚ aufklären; **~azione** [-natsi'o:ne] f Beleuchtung f; ~ artificiale künstliches Licht n; ~ pubblicitaria Reklamebeleuchtung f; ~ al neon Neonbeleuchtung f; ~ stradale Straßenbeleuchtung f; **~ismo** [-'nizmo] m ⬚ Aufklärung f; **~ista** [-'nista] 1. adj. aufklärerisch; 2. m (pl. -i) Aufklärer m; **~istico** [-'nistiko] (pl. -ci) Aufklärungs...

illusi [il-'lu:zi] s. illudere.

ill|usione [il-luzi'o:ne] f Täuschung f; ~ ottica optische Täuschung f; **~usionista** [-luzio'nista] su. (m/pl. -i) Zauberkünstler(in f) m; **~uso** [-'lu:zo] s. illudere; **~usorio** [-lu-'zɔ:rio] (pl. -ri) illusorisch; trügerisch; hinfällig.

illustr|are [il-lus'tra:re] (1a) erläutern; ⬚ illustrieren; bebildern; j-n berühmt machen; **~ativo** [-tra-'ti:vo] erläuternd; **~atore** [-tra-'to:re] m Illustrator m; **~azione** [-tratsi'o:ne] f Erläuterung f; Illustration f, Bebilderung f; fig. Zierde f.

illustre [il-'lustre] erlaucht; berühmt; (in Briefen) ~ signore od. illustrissimo signore sehr geehrter Herr.

ilota [i'lɔ:ta] m (pl. -i) Helot m.

imbacuccare [imbakuk-'ka:re] (1d) einmummeln.

imbaldanz|ire [imbaldan'tsi:re] (4d) 1. v/t. übermütig (od. keck) machen; 2. v/i. u. **~irsi** [-'tsirsi] übermütig (od. keck) werden.

imball|aggio [imbal-'lad-dʒo] m (pl. -ggi) Verpackung f; carta f d'~ Packpapier n; spese d'~ Verpackungskosten pl.; **~are** [-'la:re] (1a) verpacken; Mot. hochjagen,

überdrehen; **~arsi** [-'larsi] Mot. durchgehen; **~atore** [-la'to:re] m Packer m; **~atura** [-la'tu:ra] f Verpackung f.

imbalsam|are [imbalsa'ma:re] (1m) einbalsamieren; **~azione** [-matsi'o:ne] f Einbalsamierung f.

imbambol|arsi [imbambo'larsi] (1m) vor sich hinstarren; **~ato** [-'la:to] betäubt; schläfrig; Augen: schlaftrunken.

imbandierare [imbandie'ra:re] (1b) flaggen.

imbandire [imban'di:re] (4d) festlich herrichten; Speisen auftragen; Tisch decken.

imbarazz|are [imbarat-'tsa:re] (1a) in Verlegenheit bringen; hindern; Magen beschweren; verlegen; **~ato** [-'tsa:to] verlegen; verwirrt.

imbarazzo [imba'rat-tso] m Hindernis n; Verlegenheit f; ~ di stomaco Magenstörung f, Magenbeschwerden f/pl.

imbarbarire [imbarba'ri:re] (4d) 1. v/t. verwildern lassen; 2. v/i. verrohen; barbarisch werden.

imbarc|adero [imbarka'dɛ:ro] m Landesteg m; Landungsbrücke f; **~are** [-'ka:re] (1d) einschiffen; Waren verladen; **~arsi** [-'karsi] sich einschiffen; ~ in un'impresa sich in ein Unternehmen einlassen; **~atoio** [-ka'to:io] m (pl. -oi) Einschiffungs~, Verladeplatz m; **~azione** [-katsi'o:ne] f Boot n.

imbarco [im'barko] m (pl. -chi) Einschiffung f; Verschiffung f, Verladung f; Landungsplatz m; prendere ~ sich einschiffen.

imbarilare [imbari'la:re] (1a) in Fässer abziehen.

imbastard|imento [imbastardi-'mento] m Entartung f; Fälschung f; **~ire** [-'di:re] (4d) 1. v/i. entarten; 2. v/t. fälschen; fig. verderben.

imbast|ire [imbas'ti:re] (4d) heften; ⬚ entwerfen; fig. schmieden; **~itura** [-ti'tu:ra] f Heftnaht f; Entwurf m.

imbattersi [im'bat-tersi] (3a) stoßen (in auf acc.); ~ in qu. j-m begegnen.

imbatt|ibile [imbat-'ti:bile] unschlagbar; **~ibilità** [-tibili'ta] f Unschlagbarkeit f.

imbavagliare [imbava'ʎa:re] (1g) knebeln.

imbavare [imba'va:re] (1a) begeifern.

imbecc|are [imbek-'ka:re] (1d) atzen; füttern; *fig.* ~ *qu.* j-m die Worte in den Mund legen; **~ata** [-'ka:ta] *f* Futter *n*, Atzung *f*; *fig.* Einflüsterung *f*; *prendere l'~* auf *j-s* Einflüsterung hören; *c.s.* sich bestechen lassen; *dare l'~ a qu. s.* imbeccare.

imbec|ille [imbe'tʃil-le] **1.** *adj.* blödsinnig; geistesschwach; schwachsinnig; **2.** *m* Dummkopf *m*; **~illire** [-tʃil-'li:re] (4d) verdummen; **~illità** [-tʃil-li'ta] *f* Dummheit *f*.

imbelle [im'bɛl-le] unkriegerisch; *fig.* feige.

imbellett|amento [imbel-let-ta-'mento] *m* Schminken *n*; **~are** [-'ta:re] (1a) schminken; **~atura** [-ta'tu:ra] *f* Schminken *n*.

imberbe [im'bɛrbe] bartlos.

imbestialire [imbestia'li:re] (4d) **1.** *v/t.* wütend machen; **2.** *v/i.* wütend werden.

im|bevere [im'be:vere] (3i) durchweichen; *imbeversi di qc.* et. aufsaugen; *fig.* et. in sich aufnehmen; lernen; **~bevibile** [-be'vi:bile] untrinkbar; **~bevuto** [-be'vu:to] durchdrungen.

imbiaccare [imbiak-'ka:re] (1d) mit Bleiweiß färben; *fig.* weiß schminken.

imbianc|are [imbian'ka:re] (1d) **1.** *v/t.* weißen; weiß machen; *Leinwand* bleichen; *Mauer* tünchen; *Wäsche* weiß waschen; **2.** *v/i. u.* **~arsi** [-'karsi] weiß werden; **~atura** [-ka'tu:ra] *f* Weißen *n*; Bleichen *n*; Tünchen *n*.

imbianch|ino [imbian'ki:no] *m* Anstreicher *m*; **~ire** [-'ki:re] (4d) *s.* imbiancare.

imbiondire [imbion'di:re] (4d) **1.** *v/t.* blond färben; **2.** *v/i.* blond werden.

imbitumare [imbitu'ma:re] (1a) teeren.

imbizzarr|ire [imbid-dzar-'ri:re] (4d) *u.* **~irsi** [-'rirsi] *Pferde:* scheu werden; *fig.* launisch werden.

imbocc|are [imbok-'ka:re] (1d) **1.** *v/t.* j-n päppeln; *fig.* ~ *qu.* j-m die Worte in den Mund legen; einflüstern; ~ *una strada* in e-e Straße einbiegen; **2.** *v/i.* einmünden; **~atura** [-ka'tu:ra] *f* Mundstück *n*;

Mündung *f*; Einfahrt *f* in *e-n Hafen.*

imbocco [im'bok-ko] *m s.* imboccatura.

imbon|imento [imboni'mento] *m* marktschreierische Reklame *f*; **~ire** [-'ni:re] (4d) beruhigen; **~itore** [-ni'to:re] *m* Reklameredner *m*, Werber *m*; Stimmungsmacher *m*.

imborghesire [imborge'zi:re] (4d) verbürgerlichen.

imborsare [imbor'sa:re] (1a) in den Beutel stecken; *Geld* einstecken.

imbosc|are [imbos'ka:re] (1d) im Wald verstecken; ✗ dem Militärdienst entziehen; *Waren* hamstern; **~arsi** [-'karsi] sich im Wald verstecken; ✗ sich dem Militärdienst entziehen; **~ata** [-'ka:ta] *f* Hinterhalt *m*; **~ato** [-'ka:to] *m* Drückeberger *m*; ✗ Fahnenflüchtige(r) *m*.

imbosch|imento [imboski'mento] *m* Bewaldung *f*; **~ire** [-'ki:re] (4d) **1.** *v/t.* bewalden; **2.** *v/i.* waldig werden; *fig.* verwildern.

imbottare [imbot-'ta:re] (1a) in Fässer füllen.

imbottigli|amento [imbot-tiʎa-'mento] *m* Flaschenabfüllung *f*; *Verkehr:* Stauung *f*; ✗ Einkesselung *f*; **~are** [-'ʎa:re] (1g) in Flaschen füllen; *Straße* verstopfen; ✗ einkesseln; **~ato** [-'ʎa:to] in Flaschen abgefüllt; *Fahrzeuge:* eingekeilt; **~atrice** [-ʎa'tri:tʃe] *f* Flaschenabfüllapparat *m*.

imbott|ire [imbot-'ti:re] (4d) polstern; *Kleider* wattieren; **~ita** [-'ti:ta] *f* Steppdecke *f*; **~ito** [-'ti:to] gepolstert; wattiert; *Brötchen:* belegt; **~itura** [-ti'tu:ra] *f* Polsterung *f*; Wattierung *f*.

imbozzacchire [imbot-tsak-'ki:re] (4d) einschrumpfen.

imbozzimare [imbod-dzi'ma:re] (1m *u.* c) schlichten, glätten.

imbracciare [imbrat-'tʃa:re] (1f) in den Arm nehmen.

imbrancare [imbraŋ'ka:re] (1d) zur Herde zusammentreiben.

imbratt|acarte [imbrat-ta'karte] *m inv.* Schmierfink *m*, schlechter Literat *m*; **~amuri** [-ta'mu:ri] *m inv.* Farbenkleckser *m*; **~are** [-'ta:re] (1a) beschmutzen; beschmieren; **~atele** [-ta'te:le] *m inv.* Farbenkleckser *m*; **~atore** [-ta'to:re]

immediato

m Beschmierer *m*; **~atura** [-ta'tu:ra] *f* Besudelung *f*.

imbrifero [im'bri:fero]: *bacino m ~* Einzugsgebiet *n e-s Flusses*.

imbrigliare [imbri'ʎa:re] (1g) aufzäumen; *fig.* im Zaum(e) halten, zügeln.

imbroccare [imbrok-'ka:re] (1c *u.* d) **1.** *v/t.* erraten; *abs.* ins Schwarze treffen; ⊕ durch Stifte befestigen (*Schuhmacher*); *non ne imbrocca una* ihm will nichts gelingen; **2.** *v/i.* ✿ knospen.

imbrodare [imbro'da:re] (1c), **imbrodolare** [-do'la:re] (1m *u.* c) beschmutzen; *chi si loda s'imbroda* Eigenlob stinkt.

imbr|ogliare [imbro'ʎa:re] (1g *u.* c) verwirren; verwickeln; *fig.* betrügen, F beschummeln; **~oglio** [-'brɔ:ʎo] *m* (*pl. -gli*) Verwirrung *f*; Verlegenheit *f*; Schwindel *m*; **~oglione** [-bro'ʎo:ne] *m* Schwindler *m*.

imbronci|are [imbron'tʃa:re] (1f) böse werden; ein mürrisches Gesicht machen; **~ato** [-'tʃa:to] grämlich; mürrisch; *Himmel*: überzogen; *Wetter*: trüb.

imbrun|are [imbru'na:re] (1a), **~ire** [-'ni:re] (4d) **1.** *v/t.* dunkel machen; **2.** *v/i.* dunkel werden.

imbruttire [imbrut-'ti:re] (4d) **1.** *v/t.* häßlich machen; **2.** *v/i.* häßlich werden.

imbucare [imbu'ka:re] (1d) Post einwerfen; *Briefe* einstecken.

imbudellare [imbudel-'la:re] (1b) in Därme füllen.

imbullettare [imbul-let-'ta:re] (1a) mit Zwecken beschlagen.

imburrare [imbur-'ra:re] (1a) mit Butter bestreichen.

imbutiforme [imbuti'forme] trichterförmig.

imbuto [im'bu:to] *m* Trichter *m*.

imbuzzare [imbud-'dza:re] (1a) *den Bauch* vollstopfen.

imeneo [ime'nɛ:o] *m poet.* Hochzeit *f*.

imenottero [ime'nɔt-tero] *m* Haut-flügler *m*.

imit|abile [imi'ta:bile] nachahmbar; nachahmenswert; **~are** [-'ta:re] (1a *od.* 1l) nachmachen; *~ qu.* j-n nachahmen; **~ativo** [-ta'ti:vo] nachahmend; **~atore** [-ta'to:re] *m* Nachahmer *m*; **~azione** [-tatsi'o:ne] *f* Nachahmung *f*.

immacolato [im-mako'la:to] unbefleckt.

immagazzin|amento [im-magaddzina'mento] *m* Lagerung *f*; **~are** [-'na:re] (1a) aufspeichern.

immagin|abile [im-madʒi'na:bile] erdenklich; vorstellbar; **~are** [-'na:re] (1m) ersinnen; **~arsi** [-'narsi] sich einbilden; sich vorstellen; *s'immagini!* und ob!; *keine Ursache!*; **~ario** [-'na:rio] (*pl. -ri*) eingebildet; **~ativa** [-na'ti:va] *f* Erfindungsgabe *f*; **~ativo** [-na'ti:vo] Einbildungs...; **~azione** [-natsi'o:ne] *f* Einbildung *f*; *forza f d'~* Einbildungskraft *f*.

imm|agine [im-'ma:dʒine] *f* Bild *n*; Ebenbild *n*; *~ televisiva* Fernsehbild *n*; **~aginifico** [-madʒi'ni:fiko] (*pl. -ci*), **~aginoso** [-madʒi'no:so] bilderreich.

immalinconire [im-maliŋko'ni:re] (4d) schwermütig werden.

immancabile [im-maŋ'ka:bile] unfehlbar.

immane [im-'ma:ne] ungeheuer.

immaneggiabile [im-maned-'dʒa:bile] unhandlich.

imman|ente [im-ma'nɛnte] *lit.* immanent, innewohnend; **~enza** [-'nɛntsa] *f* Innewohnen *n*.

immangiabile [im-man'dʒa:bile] ungenießbar.

immantinente [im-manti'nɛnte] unverzüglich.

immarcescibile [im-martʃeʃ-'ʃi:bile] unverweslich; unvergänglich.

immateri|ale [im-materi'a:le] unkörperlich; **~alità** [-riali'ta] *f* Unkörperlichkeit *f*.

immatricol|are [im-matriko'la:re] (1n) immatrikulieren; *Auto* zulassen; **~azione** [-latsi'o:ne] *f* Immatrikulation *f*; *Auto:* Zulassung *f*.

immat|urità [im-maturi'ta] *f* Unreife *f*; **~uro** [-'tu:ro] unreif; *Tod:* frühzeitig.

immedesim|are [im-medezi'ma:re] (1n) identifizieren; **~arsi** [-'marsi] sich in e-e Rolle hineinleben; sich einfühlen; sich in dieselbe Lage versetzen.

immedi|atamente [im-mediata-'mente] sogleich; **~atezza** [-dia'tet-tsa] *f* Unmittelbarkeit *f*; **~ato** [-di'a:to] unmittelbar; *programma m ~* Sofortprogramm *n*.

immeditato [im-medi'ta:to] unüberlegt.

imm|emorabile [im-memo'ra:bile] undenklich; **~emore** [-'mɛ:more] uneingedenk.

imm|ensità [im-mensi'ta] f Unermeßlichkeit f; ungeheure Menge f; **~enso** [-'mɛnso] ungeheuer; unermeßlich; **~ensurabile** [-mensu'ra:bile] unmeßbar; **~ensurabilità** [-mensurabili'ta] f Unmeßbarkeit f.

immerg|ere [im-'mɛrdʒere] (3uu) eintauchen; *Dolch* stoßen; **~ersi** untertauchen; *fig.* sich stürzen; *in Gedanken:* versinken; *U-Boot:* tauchen.

immerit|ato [im-meri'ta:to] unverdient; **~evole** [-'te:vole] unwürdig; è ~ *di questa pena* er hat diese Strafe nicht verdient.

imm|ersi [im-'mɛrsi] *s.* immergere; **~ersione** [-mersi'o:ne] f Eintauchen n; ♓ Tauchung f; Tiefgang m; *capacità f d'~* Tauchfähigkeit f; *bollitore m a ~* Tauchsieder m; *linea f d'~* Wasserlinie f; **~erso** [-'mɛrso] **1.** *s.* immergere; **2.** *adj.* getaucht, eingetaucht; *fig.* vertieft, versunken.

immesso [im-'mes-so] *s.* immettere.

immettere [im-'met-tere] (3ee) einführen; ⚖ einsetzen.

immigr|ante [im-mi'grante] m Einwanderer m; **~are** [-'gra:re] (1a) einwandern; *Kapital:* zufließen; **~ato** [-'gra:to] m Einwanderer m; Zugezogene(r) m; **~azione** [-gratsi'o:ne] f Einwanderung f; ✝ Zufluß m.

immin|ente [im-mi'nɛnte] nahe bevorstehend; *c.s.* drohend; **~enza** [-'nɛntsa] f nahes Bevorstehen n.

immischiarsi [im-miski'arsi] (1k) sich einmischen.

immiser|imento [im-mizeri'mento] m Verelendung f; **~ire** [-'ri:re] (4d) **1.** v/t. arm machen; **2.** v/i. verarmen.

immisi [im-'mi:zi] *s.* immettere.

immiss|ario [im-mis-'sa:rio] m (*pl.* -ri) Zufluß m; **~ione** [-si'o:ne] f Einlaß m; Einführung f; ⚖ Einsetzung f; *Typ.* Einlegen n.

immobile [im-'mo:bile] **1.** *adj.* unbeweglich; *fig.* unerschütterlich; **2.** -i m/pl. Immobilien pl.; Liegenschaften f/pl.

immob|iliare [im-mobili'a:re] Immobiliar...; *beni m/pl. -i* Liegenschaften f/pl.; *patrimonio m ~* Vermögen n an Liegenschaften; **~ilismo** [-bi'lizmo] m Unbeweglichkeit f; *fig.* Festhalten n am Alten; starre Haltung f; **~ilità** [-bili'ta] f Unbeweglichkeit f; **~ilitare** [-bili'ta:re] (1n), **~ilizzare** [-bilil-'dza:re] (1a) unbeweglich machen; immobilisieren; *Kapital* festlegen; **~ilizzazione** [-bilid-dzatsi'o:ne] f Immobilisierung f; Unbeweglichmachung f.

immoder|atezza [im-modera'tettsa] f Maßlosigkeit f; **~ato** [-'ra:to] maßlos.

immod|estia [im-mo'dɛstia] f Unbescheidenheit f; **~esto** [-'dɛsto] unbescheiden.

immol|are [im-mo'la:re] (1c) opfern; **~azione** [-latsi'o:ne] f Opferung f.

imm|ondezza [im-mon'det-tsa] f Unsauberkeit f; Unreinheit f; **~ondezzaio** [-mondets-'sa:io] m Müllabladeplatz m; Müllmann m; *fig.* Saustall m; **~ondizia** [-mon'di:tsia] f (*mst pl.*) Kehricht m u. n; **~ondo** [-'mondo] unsauber; unrein.

immor|ale [im-mo'ra:le] unsittlich; **~alità** [-morali'ta] f Unsittlichkeit f; *pl.* unsittliche Handlungen (*od.* Worte n/pl.) f/pl.

immorbidire [im-morbi'di:re] (4d) erweichen.

immort|alare [im-morta'la:re] (1a) unsterblich machen; **~ale** [-'ta:le] unsterblich; **~alità** [-tali'ta] f Unsterblichkeit f.

immoto [im-'mo:to] unbeweglich.

imm|une [im-'mu:ne] frei; immun; **~unità** [-muni'ta] f Freisein n; *Pol.* Immunität f, Unverletzlichkeit f; **~unizzare** [-munid-'dza:re] (1a) immunisieren; **~unizzazione** [-munid-dzatsi'o:ne] f Immunisieren n.

immusonito [im-muzo'ni:to] verdrossen.

immut|abile [im-mu'ta:bile] unveränderlich; **~abilità** [-tabili'ta] f Unveränderlichkeit f; **~ato** [-'ta:to] unverändert.

imo [i:mo] *lit.* **1.** *adj.* tiefste, unterste; **2.** m Tiefe f.

impacc|are [impak-'ka:re] (1d) einpacken; **~atore** [-ka'to:re] m

Einpacker *m*; **~atura** [-ka'tu:ra] *f* Einpackung *f*.

impacchett|are [impak-ket-'ta:re] (1a) einpacken; *fest zusammenschnüren*; *fig.* fesseln; **~atrice** [-ta'tri:tʃe] *f* Packerin *f*; Packmaschine *f*.

impacc|iare [impat-'tʃa:re] (1f) hindern; stören; **~iarsi** [-'tʃarsi]: ~ *di qc. od. in qc.* sich in et. (*acc.*) einmischen; **~iato** [-'tʃa:to] verlegen; unbeholfen.

impaccio [im'pat-tʃo] *m* (*pl.* -cci) Hindernis *n*; Verlegenheit *f*.

impacco [im'pak-ko] *m* (*pl.* -cchi) Wickel *m*; Umschlag *m*.

impadronirsi [impadro'nirsi] (4d) sich bemächtigen; ~ *di una lingua* sich *e-e* Sprache aneignen.

impagabile [impa'ga:bile] unbezahlbar.

impagin|are [impadʒi'na:re] (1m) *Typ.* umbrechen; **~ato** [-'na:to] *m* Umbruch *m*; **~atore** [-na'to:re] *m* Metteur *m*, Umbrecher *m*; **~azione** [-natsi'o:ne] *f* Umbruch *m*.

impagli|are [impaʎ'ʎa:re] (1g) mit Stroh bedecken; *Stühle* flechten; *Tiere* ausstopfen; **~ato** [-'ʎa:to]: *sedia* ~*a* Strohstuhl *m*; **~atore** [-ʎa'to:re] *m* Strohflechter *m*; Ausstopfer *m*; **~atura** [-ʎa'tu:ra] *f* Herstellung *f* der Strohsitze; Ausstopfung *f*.

impal|are [impa'la:re] (1a) pfählen; *f* durch Pfähle stützen; **~ato** [-'la:to] *fig.* steif.

impalc|are [impal'ka:re] (1d) *ein Zimmer* decken; **~atura** [-ka'tu:ra] *f* Decke *f*; Gerüst *n*; Herstellung *f* der Decke. [erbleichen.]

impallidire [impal-li'di:re] (4d)

impallinare [impal-li'na:re] (1a) durch *e-n* Schrotschuß verwunden.

impalmare [impal'ma:re] (1a) *lit.* heiraten.

impalp|abile [impal'pa:bile] untastbar; ganz fein; **~abilità** [-pabili'ta] *f* Untastbarkeit *f*.

impalud|amento [impaluda'mento] *m* Versumpfung *f*; **~are** [-'da:re] (1a) versumpfen lassen; **~arsi** [-'darsi] versumpfen.

impan|are [impa'na:re] (1a) *Kochk.* panieren; ⊕ *das Gewinde* schneiden; **~atura** [-na'tu:ra] *f* Panierung *f*; Gewindeschneiden *n*; Gewinde *n*.

impancarsi [impaŋ'karsi] (1d): ~ *a fare qc.* sich anmaßen, et. zu tun.

impani|are [impani'a:re] (1k) mit Vogelleim bestreichen; **~arsi** [-ni-'arsi] hängenbleiben, angeschmiert werden.

impannata [impan-'na:ta] *f* mit Stoff (*od.* Papier) bezogener Fensterrahmen *m*.

impantan|are [impanta'na:re] (1a) versumpfen lassen; **~arsi** [-'narsi] versumpfen; *fig.* ~ *in qc. in et.* (*acc.*) geraten.

impaperarsi [impape'rarsi] (1m) sich verhaspeln.

impappin|are [impap-pi'na:re] (1a) verwirren; **~arsi** [-'narsi] sich verhaspeln.

imparagonabile [imparago'na:bile] unvergleichbar.

impar|are [impa'ra:re] (1a) lernen; ~ *a leggere* (*a scrivere*) lesen (schreiben) lernen; **~aticcio** [-ra-'tit-tʃo] *m* (*pl.* -cci) Anfängerarbeit *f*; schlecht gelernte Lektion *f*.

impareggiabile [impared-'dʒa:bile] unvergleichlich.

imparentarsi [imparen'tarsi] (1b) sich verschwägern.

impari [impari] ungleich; ⅄ ungerade; ~ *a un compito e-r* Aufgabe nicht gewachsen.

imparisillabo [impari'sil-labo] ungleichsilbig.

imparità [impari'ta] *f* Ungleichheit *f*; Ungeradheit *f*.

imparruccarsi [impar-ruk-'karsi] (1d) die Perücke aufsetzen.

impar|tire [impar'ti:re] (4d) erteilen; **~ziale** [-tsi'a:le] unparteiisch; **~zialità** [-tsiali'ta] *f* Unparteilichkeit *f*.

impasse [ɛ̃'pas] *f* Sackgasse *f*; *fig.* Klemme *f*.

impass|ibile [impas-'si:bile] unempfindlich; gleichmütig; **~ibilità** [-sibili'ta] *f* Unempfindlichkeit *f*; Gleichmut *m*.

impast|are [impas'ta:re] (1a) kneten; kleistern; *Farben* mischen; **~arsi** [-'tarsi] sich besudeln; **~ato** [-'ta:to]: ~ *di* ... zusammengeknetet aus ...; **~atrice** [-ta'tri:tʃe] *f* Betonmischmaschine *f*; **~atura** [-ta-'tu:ra] *f* Kneten *n*; Mischen *n* der Farben; **~icciare** [-tit-'tʃa:re] (1f) zusammenstümpern.

impasticciare

impasto [im'pasto] *m* Kneten *n*; *fig.* Gemisch *n*.

impasto|iare [impastoi'a:re] (1i) fesseln; **~iarsi** [-i'arsi] sich verwickeln.

impataccare [impatak-'ka:re] (1d) arg beflecken.

impattare [impat-'ta:re] (1a) *Spiel:* remis machen.

impaurire [impau'ri:re] (4d) erschrecken.

imp|avidità [impavidi'ta] *f* Unerschrockenheit *f*; **~avido** [-'pa:vido] unerschrocken.

impa|ziente [impatsi'ente] ungeduldig; **~zientirsi** [-tsien'tirsi] (4d) ungeduldig werden; **~zienza** [-tsi-'entsa] *f* Ungeduld *f*.

impazz|ata [impat-'tsa:ta]: *all'~* wie wahnsinnig; **~ire** [-'tsi:re] (4d) verrückt werden.

impecc|abile [impek-'ka:bile] tadellos, einwandfrei; **~abilità** [-kabili'ta] *f* Tadellosigkeit *f*.

impeciare [impe'tʃa:re] (1f) auspichen; (mit Pech) beschmutzen.

impecorire [impeko'ri:re] (4d) zahm (wie ein Schaf) werden.

impedenza [impe'dentsa] *f* ∉ Impedanz *f*.

imped|imento [impedi'mento] *m* Hindernis *n*; Verhinderung *f*; *in caso d'~* im Verhinderungsfalle; *essere d'~* hinderlich sein; **~ire** [-'di:re] (4d) verhindern; hemmen; *Weg* versperren; **~ito** [-'di:to] gehindert.

impegn|are [impe'ɲa:re] (1a) verpfänden, versetzen; *Wort* geben; *Platz, Zimmer* vormerken, reservieren; *beim Tanz* engagieren; *Schlacht* beginnen; *~ molte truppe* viele Truppen einsetzen; *~ qu.* per contratto j-n vertraglich binden; **~arsi** [-'ɲarsi] sich verpflichten; *~ a fondo* sein Letztes geben; *~ in qc.* sich auf et. (*acc.*) einlassen; **~ativo** [-ɲa'ti:vo] viel Zeit beanspruchend; ernsthaft, gewichtig; **~ato** [-'ɲa:to] verpfändet; verpflichtet; bestellt, belegt; engagiert; *essere già ~* schon besetzt sein.

impegno [im'pe:ɲo] *m* Verpflichtung *f*; Eifer *m*; Einsatzbereitschaft *f*; *senza ~* unverbindlich.

impegol|are [impego'la:re] (1m) verpichen; **~arsi** [-'larsi] sich einlassen.

impelagarsi [impela'garsi] (1m *u.* b *u.* e) sich stürzen, sich verwickeln.

impellente [impel-'lɛnte] (an)treibend; drängend; *motivo m ~* Beweggrund *m*.

impellicciare [impel-lit-'tʃa:re] (1f) in e-n Pelz hüllen.

impenetr|abile [impene'tra:bile] undurchdringlich; *fig.* unergründlich; **~abilità** [-trabili'ta] *f* Undurchdringlichkeit *f*; Unergründlichkeit *f*.

impenit|ente [impeni'tɛnte] unbußfertig; verstockt; **~enza** [-'tɛntsa] *f* Unbußfertigkeit *f*; Verstocktheit *f*.

impenn|aggio [impen-'nad-dʒo] *m* (*pl.* -ggi) ✈ Leitwerk *n*; **~arsi** [-'narsi] (1a) *Pferd:* sich aufbäumen; *fig.* hochfahren, zornig werden; **~ata** [-'na:ta] *f* Sichaufbäumen *n*; ✈ überzogener Flug *m*; *fig.* Aufbrausen *n*; *prendere un'~* aufbrausen.

impen|sabile [impen'sa:bile] undenkbar; **~sato** [-'sa:to] ungeahnt; *all'~a* ganz unvermutet; ohne daran zu denken; **~sierire** [-sie'ri:re] (4d) besorgt machen; **~sierirsi** [-sie'rirsi] sich Sorgen machen; **~sierito** [-sie'ri:to] besorgt; sorgenvoll.

impepare [impe'pa:re] (1a) pfeffern.

imper|ante [impe'rante] herrschend; *fig.* vorherrschend; **~are** [-'ra:re] (1b) herrschen; **~ativo** [-ra'ti:vo] 1. *adj.* gebieterisch; 2. *m* Imperativ *m*; **~atore** [-ra'to:re] *m*, **~atrice** [-ra'tri:tʃe] *f* Kaiser(in *f*) *m*.

impercett|ibile [impertʃet-'ti:bile] unwahrnehmbar; **~ibilità** [-tibili-'ta] *f* Unmerkbarkeit *f*.

imperdonabile [imperdo'na:bile] unverzeihlich.

imperf|etto [imper'fet-to] 1. *adj.* unvollkommen; 2. *m* Imperfekt *n*; **~ezione** [-fetsi'o:ne] *f* Unvollkommenheit *f*; Fehler *m*.

imper|iale [impe'ria:le] 1. *adj.* kaiserlich; 2. *m* Kaiserliche(r) *m*; *ehm.* Verdeck (Wagenverdeck) *n*; **~ialismo** [-ria'lizmo] *m* Imperialismus *m*; **~ialista** [-ria'lista] *su.* (*m/pl.* -i) Imperialist(in *f*) *m*.

imp|erio [im'pe:rio] *m* Herrschaft *f*; Gewalt *f*; **~eriosità** [-periosi'ta] *f* gebieterisches Wesen *n*; *fig.* Notwendigkeit *f*; **~erioso** [-peri'o:so] gebieterisch.

imperito [impe'ri:to] unkundig, unerfahren.

imperituro [imperi'tu:ro] unvergänglich.

imperizia [impe'ri:tsia] *f* Unerfahrenheit *f*.

imperlare [imper'la:re] (1b) mit Perlen schmücken.

impermal|ire [imperma'li:re] (4d) reizen; **~irsi** [-'lirsi]: **~** *di qc.* übelnehmen.

imperme|abile [imperme'a:bile] **1.** *adj.* undurchdringlich; wasser-, luftdicht; **~** *alla luce* lichtundurchlässig; **2.** *m* Regenmantel *m*; **~abilità** [-abili'ta] *f* Wasser-, Luftdichtigkeit *f*; **~abilizzare** [-abilid'dza:re] (1a) wasserdicht machen; abdichten.

impermutabile [impermu'ta:bile] unabänderlich.

imperni|are [imperni'a:re] (1b *u.* k) verzapfen; *fig.* gründen, stützen; **~** *un'argomentazione su qc.* e-e Beweisführung auf et. (*acc.*) stützen; **~arsi** [-'arsi]: **~** *intorno a qc. fig.* sich um et. drehen.

impero [im'pe:ro] *m* Reich (Kaiserreich) *n*; Herrschaft *f*.

imperscrutabile [imperskru'ta:bile] unerforschlich.

imperson|ale [imperso'na:le] unpersönlich; **~are** [-'na:re] (1a) verkörpern.

imperterrito [imper'ter-rito] unerschrocken; unbeirrt.

impertin|ente [imperti'nɛnte] impertinent, unverschämt; **~enza** [-'nɛntsa] *f* Unverschämtheit *f*.

imperturb|abile [impertur'ba:bile] unverwirrbar; unerschütterlich; gleichgültig; **~abilità** [-babili'ta] *f* Unerschütterlichkeit *f*; Gleichgültigkeit *f*; **~ato** [-'ba:to] unverwirrt.

imperversare [imperver'sa:re] (1b) toben; *fig.* grassieren.

impervio [im'pɛrvio] (*pl.* -vi) ungangbar.

impetigine [impe'ti:dʒine] *f* Eiterausschlag *m*.

impeto [impeto] *m* Ungestüm *n*; Ausbruch *m*; Ansturm *m*; Wucht *f*; **~** *di rabbia* Wutausbruch *m*.

impetrare [impe'tra:re] (1b) (mit Bitten) erlangen; erbitten.

impettito [impet-'ti:to] kerzengerade; steif.

impetu|osità [impetuosi'ta] *f* Heftigkeit *f*; **~oso** [-tu'o:so] stürmisch; heftig; jähzornig.

impiagarsi [impia'garsi] (1e) wund werden.

impiallacci|are [impial-lat-'tʃa:re] (1f) furnieren; **~atura** [-tʃa'tu:ra] *f* Furnierung *f*.

impiant|are [impian'ta:re] (1a) anlegen; gründen; *Konto* eröffnen; *Maschinen* aufstellen; *fig.* in Gang bringen; **~ito** [-'ti:to] *m* Fliesenboden *m*.

impianto [impi'anto] *m* Anlegen *n*; Installierung *f*; Gründung *f*; Anlage *f*; Werk *n*; Installation *f*; **~** *di irrigazione* Bewässerungsanlage *f*; **~** *di luce* Lichtanlage *f*; **~** *industriale* Industrieanlage *f*; **~** *portuale* Hafenanlage *f*; **~** *telefonico* Fernsprechanlage *f*; **~** *elettrico* elektrische Anlage *f*; **~** *di riscaldamento* Heizanlage *f*; Heizung *f*.

impiastr|acarte [impiastra'karte] *m*, **~afogli** [-tra'fɔ:ʎi] *m inv.* Federfuchser *m*; **~are** [-'tra:re] (1a), **~icciare** [-trit-'tʃa:re] (1f) beschmieren.

impiastro [impi'astro] *m* Umschlag *m*; Pflaster *n*; *fig.* Plagegeist *m*.

impicc|agione [impik-ka'dʒo:ne] *f* Henken *n*; **~are** [-'ka:rc] (1d) (auf-)hängen; **~arsi** [-'karsi] sich erhängen; **~ato** [-'ka:to] *m* Erhängte(r) *m*; *faccia f d'~* Galgenstrick *m*.

impicci|are [impit-'tʃa:re] (1f) hindern; stören; **~arsi** [-'tʃarsi]: **~** *di od. in qc.* sich in et. (*acc.*) einmischen.

impiccio [im'pit-tʃo] *m* (*pl.* -cci) Hindernis *n*; Verlegenheit *f*; Schererei *f*; *essere d'~* im Wege sein, stören; *essere in un ~* in einer Klemme sein.

impiccione [impit-'tʃo:ne] *m* Störenfried *m*.

impieg|abile [impie'ga:bile] anwendbar; anstellbar; anlegbar; **~are** [-'ga:re] (1b *u.* e) anwenden; anspannen; *j-n* anstellen; *Geld* anlegen; *ho impiegato un'ora* ich habe eine Stunde gebraucht; **~arsi** [-'garsi] e-e Stelle annehmen; **~** *per qu.* sich für j-n verwenden; **~atizio** [-ga'ti:tsio] (*pl.* -zi) Beamten...;

classe f -a Beamtenklasse *f*; ~ato [-'ga:to] **1.** *adj.* angestellt; **2.** *m* Angestellte(r) *m*; Beamte(r) *m*; ~ *statale* Staatsbeamte(r) *m*.

impiego [impi'e:go] *m* (*pl.* -ghi) Verwendung *f*; Stelle *f*, Stellung *f*; Dienst *m*; ✝ Anlegung *f*; ~ *professionale* Berufstätigkeit *f*; *domanda f d'~* Stellengesuch *n*; *offerta f d'~* Stellenangebot *n*.

impietos|ire [impjeto'si:re] (4d) zu Mitleid rühren; ~irsi [-'sirsi] Mitleid haben.

impietr|ire [impie'tri:re] (4d) versteinern; ~irsi [-'trirsi] zu Stein werden; *fig.* erstarren, versteinern.

impigli|are [impi'ʎa:re] (1g) verwickeln, verstricken; ~arsi [-'ʎarsi] sich verwickeln.

impigrire [impi'gri:re] (4d) **1.** *v/t.* faul werden lassen; **2.** *v/i.* faul werden.

impingu|are [impiŋgu'a:re] (1a) *u.* ~**ire** [-gu'i:re] (4d) **1.** *v/t.* mästen; *fig.* bereichern; **2.** *v/i.* dick werden.

impinzare [impin'tsa:re] (1a) vollstopfen.

impiomb|are [impiom'ba:re] (1a) mit Blei befestigen; ⚙ plombieren; ~**atura** [-ba'tu:ra] *f* Verbleiung *f*; Plombierung *f*.

impiparsi [impi'parsi] F (1a) pfeifen (*di* auf *acc.*).

implac|abile [impla'ka:bile] unversöhnlich; unerbittlich; ~**abilità** [-kabili'ta] *f* Unversöhnlichkeit *f*; Unerbittlichkeit *f*; ~**ato** [-'ka:to] unversöhnt; unerbittlich.

impl|icare [impli'ka:re] (1l *u.* d) verwickeln; in sich schließen; ~**icitamente** [-plit∫ita'mente] stillschweigend; von selbst; ~**icito** [-'pli:t∫ito] selbstverständlich; darin enthalten; darin liegend.

implor|are [implo'ra:re] (1c) *j-n* anflehen; *et.* erflehen; ~**azione** [-ratsi'o:ne] *f* flehende Bitte *f*.

implume [im'plu:me] unbefiedert; *fig.* bartlos.

impolitico [impo'li:tiko] (*pl.* -ci) unpolitisch.

impollin|are [impol-li'na:re] (1c *u.* m) ⚘ bestäuben; ~**azione** [-natsi'o:ne] *f* Bestäubung *f*.

impolpare [impol'pa:re] (1a) **1.** *v/t.* dick machen; *fig.* stärken; **2.** *v/i.* Fleisch ansetzen.

impoltronire [impoltro'ni:re] (4d)

1. *v/t.* faul machen; **2.** *v/i.* faul werden.

impolver|are [impolve'ra:re] (1m) mit Staub bedecken; ~**arsi** [-'rarsi] verstauben; ~**ato** [-'ra:to] verstaubt, staubbedeckt.

impomatare [impoma'ta:re] (1a) pomadisieren.

impomiciare [impomi't∫a:re] (1m *u.* f) mit Bimsstein abreiben.

imponder|abile [imponde'ra:bile] unwägbar; ~**abilità** [-rabili'ta] *f* Unwägbarkeit *f*; *f/pl.* Imponderabilien *pl.*

imp|one [im'po:ne] *s. imporre*; ~**onente** [-po'nɛnte] imposant; *Berg:* mächtig; ~**onenza** [-po'nɛntsa] *f* Großartigkeit *f*; Stattlichkeit *f*; ~**ongo** [-'poŋgo] *s. imporre*; ~**onibile** [-po'ni:bile] besteuerbar.

impopol|are [impopo'la:re] unpopulär, unbeliebt; ~**arità** [-lari'ta] *f* Unbeliebtheit *f*.

imporporare [imporpo'ra:re] (1m) purpurn färben.

imp|orre [im'por-re] (3ll) **1.** *v/t.* auferlegen; *Hände* auflegen; *Willen* aufdrängen; *Achtung* einflößen; *Namen* geben; **2.** *v/i.* imponieren; ~**orsi** [-'porsi] sich aufdrängen; sich Autorität verschaffen; sich durchsetzen.

import|ante [impor'tante] wichtig; beträchtlich; ~**anza** [-'tantsa] *f* Bedeutung *f*, Wichtigkeit *f*; *darsi* ~ sich wichtig machen; *senza* ~ belanglos, unwichtig; ~**are** [-'ta:re] (1c) **1.** *v/t.* nach sich ziehen; *Summe* betragen; *Waren* einführen; **2.** *v/i.* am Herzen liegen; nötig sein; ~ *a qu.* j-n angehen; *che t'importa?* was geht dich an?; *non importa* (*nulla*) es tut nichts, es hat nichts zu bedeuten; ~**atore** [-ta'to:re] *m* Importeur *m*, Importhändler *m*; ~**azione** [-tatsi'o:ne] *f* Einfuhr *f*; *permesso m d'~* Einfuhrerlaubnis *f*.

importo [im'porto] *m* Betrag *m*.

import|unare [importu'na:re] (1a) belästigen; ~**unità** [-tuni'ta] *f* Aufdringlichkeit *f*; ~**uno** [-'tu:no] aufdringlich; lästig.

imposi [im'po:zi] *s. imporre*.

imposizione [impozitsi'o:ne] *f* Auferlegen *n*; Befehl *m*; Steuer *f*.

impossessarsi [impos-ses-'sarsi] (1b) sich bemächtigen.

imposs|ibile [impos-'si:bile] un-
möglich; **~ibilità** [-sibili'ta] f Unmöglichkeit f; **~ibilitare** [-sibili-
'ta:re] (1n) j-n verhindern; et. unmöglich machen; **~ibilitato** [-sibi-
li'ta:to] verhindert.

imposta[1] [im'posta] f Steuer f;
~ industriale Gewerbesteuer f; **~** di
consumo Verbrauchssteuer f; **~** sul
plusvalore Mehrwertsteuer f; **~**
sulla ricchezza mobile Einkommensteuer f; **~** sugli spettacoli pubblici
Vergnügungssteuer f; commissione
f delle **~e** Steuerkommission f.

imposta[2] [im'posta] f Tür-, Fensterladen m.

impost|are [impos'ta:re] (1c) Ar-
beit anlegen; Brief aufgeben; ✝
eintragen; Konto eröffnen; Problem
formulieren; ⚓ auf Stapel legen;
~azione [-tatsi'o:ne] f Anlegen n;
Aufgabe (Briefaufgabe) f; Eintragung f; Formulierung f.

imposto [im'posto] s. imporre.

impost|ore [impos'to:re] m Betrü-
ger m; Heuchler m; **~ura** [-'tu:ra]
f Betrügerei f; Heuchelei f.

impot|ente [impo'tente] ohnmäch-
tig; unfähig; Path. impotent; **~enza**
[-'tentsa] f Ohnmacht f; Unfähigkeit f; Impotenz f.

impover|imento [impoveri'mento]
m Verarmung f; **~ire** [-'ri:re] (4d)
1. v/t. arm machen; 2. v/i. ver-
armen.

imprati|cabile [imprati'ka:bile]
unausführbar; ungangbar; unfahr-
bar; unzugänglich; **~cabilità** [-ka-
bili'ta] f Unausführbarkeit f; Un-
wegsamkeit f; Unzugänglichkeit f;
~chire [-'ki:re] (4d) gewandt machen; **~chirsi** [-'kirsi] sich üben;
Fertigkeit erlangen.

imprec|are [impre'ka:re] (1d u. b)
1. v/t. **~** qc. a qu. et. auf j-s Haupt
herabwünschen; 2. v/i. fluchen; **~**
contro qu. j-n verwünschen; **~ativo**
[-ka'ti:vo] verwünschend; **~azione**
[-katsi'o:ne] f Verwünschung f.

imprec|isato [impretʃi'za:to] unbe-
stimmt; **~isione** [-zi'o:ne] f Unge-
nauigkeit f; **~iso** [-'tʃi:zo] ungenau.

impregiudicato [impredʒudi'ka:to]
unentschieden; ⚖ nicht vorbestraft.

impregn|are [impre'ɲa:re] (1a)
1. v/t. durchtränken; Physiol.
schwängern; 2. v/i. schwanger

werden; **~arsi** [-'ɲarsi] durchtränkt
werden.

impremeditato [impremedi'ta:to]
unvorbedacht.

imprendere [im'prendere] (3c)
unternehmen.

imprendibile [impren'di:bile] un-
einnehmbar.

imprendi|tore [imprendi'to:re] m
Unternehmer m; **~oriale** [-tori'a:-
le] Unternehmer...

imprepar|ato [imprepa'ra:to] un-
vorbereitet; **~azione** [-ratsi'o:ne] f
mangelnde Vorbereitung f.

impr|esa [im'pre:sa] f Unterneh-
men n; Wappenspruch m; **~** commerciale Handelsunternehmen n;
~ consociata Schwesterunterneh-
men n, Filiale f; **~** di servizio aereo
Luftfahrtgesellschaft f; **~esario**
[-pre'sa:rio] m (pl. -ri) Unternehmer m; Thea. Impresario m.

imprescindibile [impreʃ-ʃin'di:bi-
le] unaufschiebbar.

imprescritt|ibile [impreskrit-'ti:-
bile] unverjährbar; **~ibilità** [-tibi-
li'ta] f Unverjährbarkeit f.

impresi [im'pre:si], **impreso** [-so]
s. imprendere.

impressi [im'pres-si] s. imprimere.

impression|abile (a. [impres-sio'na:-
bile] empfindlich (a. Phot.); **~abili-
tà** [-nabili'ta] f Empfindlichkeit f;
~ante [-'nante] eindrucksvoll; be-
ängstigend; **~are** [-'na:re] (1a) (auf
j-n) Eindruck machen; beeindruk-
ken; Furcht einflößen; Phot. belichten; (seelisch) packen; lasciarsi
~ sich beeinflussen lassen; **~ato**
[-'na:to] beeindruckt; Phot. be-
lichtet.

impress|ione [impres-si'o:ne] f
Eindruck m; Phot. Belichtung f;
Typ. Druck m; Auflage f; **~ionismo**
[-sio'nizmo] m Impressionismus m;
~ionista [-sio'nista] m (pl. -i) Im-
pressionist m.

impresso [im'pres-so] s. imprimere.

impr|estare [impres'ta:re] (1b)
leihen; **~estito** [-'prestito] m Darlehen n; Anleihe (Staatsanleihe) f.

imprev|edibile [impreve'di:bile]
unvorhersehbar; **~eduto** [-ve'du:-
to] unvorhergesehen; **~idente**
[-vi'dente] unvorsichtig; **~idenza**
[-vi'dentsa] f Unvorsichtigkeit f;
~isto [-'visto] 1. s. impreveduto;
2. m Unvorhergesehene(s) n.

impreziosire [impretsio'si:re] (4d) kostbar machen.

imprigion|amento [imprid͡ʒona-'mento] m Gefangennahme f; **~are** [-'na:re] (1a) einkerkern, einsperren.

imprimere [im'pri:mere] (3r) aufdrücken; einprägen; bedrucken; *Typ.* drucken; ~ *movimento* a qc. et. in Bewegung setzen.

improb|abile [impro'ba:bile] unwahrscheinlich; **~abilità** [-babili-'ta] f Unwahrscheinlichkeit f.

improbità [improbi'ta] f Böswilligkeit f.

improbo [improbo] böswillig; *fig.* schwierig.

improdutt|ività [improdut-tivi'ta] f Unergiebigkeit f; **~ivo** [-'ti:vo] unergiebig.

impront|a [im'pronta] f Abdruck m; *fig.* Gepräge n; Spur f; ~ *digitale* Fingerabdruck m; **~are** [-'ta:re] (1a) abdrücken; abprägen; *essere improntato* durchdrungen sein; **~arsi** [-'tarsi] sich abprägen; **~itudine** [-ti'tu:dine] f Zudringlichkeit f.

impronunziabile [impronuntsi'a:-bile] unaussprechbar.

improperio [impro'perio] m (*pl.* -ri) Schmähung f.

improporzionato [improportsio-'na:to] unproportioniert, unangemessen.

improprietà [improprie'ta] f Sprachwidrigkeit f.

improprio [im'prɔ:prio] (*pl.* -ri) unpassend, unangebracht; *Bruch:* unecht; *Bedeutung:* uneigentlich.

improrogabile [improro'ga:bile] unaufschiebbar.

improvvido [im'prɔv-vido] nicht vorsorglich; unvorsichtig.

improvvis|are [improv-vi'za:re] improvisieren; aus dem Stegreif dichten (reden); **~ata** [-'za:ta] f Überraschung f; **~ato** [-'za:to] improvisiert; **~atore** [-za'to:re] m Improvisator m; Stegreifdichter m, -redner m; **~azione** [-zatsi'o:ne] f Improvisation f.

improvviso [improv-'vi:zo] plötzlich; *all'*~ unversehens.

imprud|ente [impru'dente] unklug; unvorsichtig; **~enza** [-'dentsa] f Unklugheit f; Unvorsichtigkeit f.

impube [im'pu:be] noch nicht mannbar.

impud|ente [impu'dente] unverschämt; **~enza** [-'dentsa] f Unverschämtheit f; **~icizia** [-di't͡ʃi:tsia] f Unzüchtigkeit f.

impudico [impu'di:ko] (*pl.* -chi) unzüchtig.

impugn|abile [impuɲ'na:bile] anfechtbar; **~abilità** [-ɲabili'ta] f Anfechtbarkeit f; **~are** [-'ɲa:re] (1a) ergreifen; *fig.* anfechten; **~atura** [-ɲa'tu:ra] f Griff m; **~azione** [-ɲatsi'o:ne] f Anfechtung f.

impuls|ività [impulsivi'ta] f Impulsivität f; **~ivo** [-'si:vo] treibend; impulsiv.

impulso [im'pulso] m Anstoß m; Antrieb m.

impune [im'pu:ne] straflos, ungestraft.

impun|ibile [impu'ni:bile] unbestrafbar; **~ità** [-ni'ta] f Straflosigkeit f; **~ito** [-'ni:to] ungestraft.

impunt|are [impun'ta:re] (1a) *v/i.* stocken; **~arsi** [-'tarsi] sich sträuben; sich versteifen; **~ato** [-'ta:to] halsstarrig; **~ire** [-'ti:re] (4d) steppen; **~uale** [-tu'a:le] unpünktlich; **~ualità** [-tuali'ta] f Unpünktlichkeit f; **~ura** [-'tu:ra] f Steppnaht f.

imp|urità [impuri'ta] f Unreinheit f; **~uro** [-'pu:ro] unrein.

imput|abile [impu'ta:bile] zuzuschreiben; verantwortlich (*di* für); *ciò è ~ a lui* das ist ihm zuzuschreiben; **~abilità** [-tabili'ta] f Anrechenbarkeit f; Zurechnungsfähigkeit f; **~are** [-'ta:re] (1a; *selten* 11) (*j-m et.*) zuschreiben; ~ *qu. di qc.* j-n e-r Sache bezichtigen, beschuldigen; **~ato** [-'ta:to] m Angeklagte(r) m; **~azione** [-tatsi'o:ne] f Beschuldigung f; Anklage f.

imputrid|imento [imputridi'men-to] m Verwesung f; **~ire** [-'di:re] (4d) verwesen.

impuzzire [imput-'tsi:re] (4d) **1.** *v/t.* verstänkern; **2.** *v/i.* stinkig werden.

in [in] *prp.* in; ~ *casa* zu Hause; ~ *braccio* auf dem Arm; ~ *capo* auf dem Kopf; ~ *gennaio* im Januar; *è ~ Germania* er ist in Deutschland; *va ~ Germania* er fährt nach Deutschland; *dare ~ regalo* zum Geschenk geben; ~ *italiano* auf italienisch; *eravamo ~ sei* wir waren sechs; *se* *fossi* ~ te wenn ich an deiner Stelle wäre.

in... *Partikel mit verneinender Bedeutung* (*deutsch*: un...).

inabile [i'na:bile] unfähig; ✗ untauglich; ~ *a fare il servizio* dienstunfähig.

inabilità [inabili'ta] f Unfähigkeit f; Untauglichkeit f.

inabilitare [inabili'ta:re] (1n) unfähig machen.

inabiss|are [inabis-'sa:re] (1a) **1.** v/t. in e-n Abgrund versenken; **2.** v/i. u. ~**arsi** [-'sarsi] tief sinken; ⏚ untergehen; *fig.* versinken.

inabit|abile [inabi'ta:bile] unbewohnbar; ~**abilità** [-tabili'ta] f Unbewohnbarkeit f; ~**ato** [-'ta:to] unbewohnt.

inaccess|ibile [inat-tʃes-'si:bile] unzugänglich; ~**ibilità** [-sibili'ta] f Unzugänglichkeit f.

inaccettabile [inat-tʃet-'ta:bile] unannehmbar.   [ungewährbar.

inaccordabile [inak-kor'da:bile]⟩

inac|etire [inatʃe'ti:re] (4d) zu Essig werden; ~**idire** [-tʃi'di:re] (4d) **1.** v/t. sauer machen; in Säure übergehen lassen; **2.** v/i. *fig.* versauern; ~**idito** [-tʃi'di:to] sauer.

inadatt|abile [inadat-'ta:bile] unanpaßbar; nicht verwendbar (*a* zu); ~**abilità** [-tabili'ta] f Unanpaßbarkeit f.

inadeguato [inadegu'a:to] unangemessen.

inademp|ibile [inadem'pi:bile] unerfüllbar; ~**iente** [-pi'ente] nicht einhaltend; ~**ienza** [-pi'entsa] f Nichteinhaltung f; ~**imento** [-pi'mento] m Nichterfüllung f; Nichteinhaltung f; ~**ito** [-'pi:to] unerfüllt.

inafferrabile [inaf-fer-'ra:bile] ungreifbar.

inal|are [ina'la:re] (1a) inhalieren, einatmen; ~**atore** [-la'to:re] m Atmungsgerät n; ~ *d'ossigeno* Sauerstoffatemgerät n; ~**azione** [-latsi'o:ne] f Inhalation f.

inalber|amento [inalbera'mento] m Aufpflanzen n; ~**are** [-'ra:re] (1m) aufpflanzen; ~**arsi** [-'rarsi] sich aufbäumen.

inalien|abile [inalie'na:bile] unveräußerlich; ~**abilità** [-nabili'ta] f Unveräußerlichkeit f; ~**ato** [-'na:to] unveräußert.

inalter|abile [inalte'ra:bile] unveränderlich; *Charakter:* unerschütterlich; ~**abilità** [-rabili'ta] f Unveränderlichkeit f; ~**ato** [-'ra:to] unverändert.

inamid|are [inami'da:re] (1m) stärken; *Wäsche* steifen; ~**atura** [-da'tu:ra] f Stärken n.

inammiss|ibile [inam-mis-'si:bile] unzulässig; ~**ibilità** [-sibili'ta] f Unzulässigkeit f.

inamov|ibile [inamo'vi:bile] unabsetzbar; unversetzbar; ~**ibilità** [-vibili'ta] f Unabsetzbarkeit f; Unversetzbarkeit f.

inane [i'na:ne] *lit.* vergeblich.

inanellare [inanel-'la:re] (1b) ringeln.

inanimato [inani'ma:to] unbeseelt, leblos.

inan|ità [inani'ta] f Vergeblichkeit f; ~**izione** [-nitsi'o:ne] f Entkräftung f.

inappagabile [inap-pa'ga:bile] unerfüllbar.

inappellabile [inap-pel-'la:bile] unanfechtbar; wogegen keine Berufung möglich ist.

inappet|ente [inap-pe'tente] appetitlos; ~**enza** [-'tentsa] f Appetitlosigkeit f.

inapplicabile [inap-pli'ka:bile] unanwendbar.

inapprezzabile [inap-pret-'tsa:bile] unschätzbar.

inappuntabile [inap-pun'ta:bile] tadellos, einwandfrei.

inappurabile [inap-pu'ra:bile] unaufklärbar.

inarcare [inar'ka:re] (1d) zu e-m Bogen krümmen; ~ *le ciglia* die Stirn runzeln.

inargent|are [inardʒen'ta:re] (1b) versilbern; ~**ato** [-'ta:to] *adj.* silberweiß; ~**atura** [-ta'tu:ra] f Versilberung f.

inaridire [inari'di:re] (4d) **1.** v/t. ausdörren; **2.** v/i. verdorren.

inarrend|evole [inar-ren'de:vole] unnachgiebig; ~**evolezza** [-devo-'let-tsa] f Unnachgiebigkeit f.

inarrestabile [inar-res'ta:bile] unaufhaltsam.   [erreichbar.⟩

inarrivabile [inar-ri'va:bile] un-⟩

inarticolato [inartiko'la:to] unartikuliert.

inascoltato [inaskol'ta:to] ungehört; unerhört.

inaspettato [inaspet-'ta:to] unerwartet.

inaspr|imento [inaspri'mento] *m* Verschärfung *f*; Verschlimmerung *f*; **~ire** [-'pri:re] (4d) verschärfen; *j-n* erbittern; **~irsi** [-'prirsi] schärfer, bitterer werden; *Krankheit:* sich verschlimmern.

inastare [inas'ta:re] (1a) aufpflanzen.

inattaccabile [inat-tak-'ka:bile] unangreifbar.

inattendibile [inat-ten'di:bile] unzuverlässig.

inatteso [inat-'te:so] unerwartet.

inatt|ività [inat-tivi'ta] *f* Untätigkeit *f*; **~ivo** [-'ti:vo] untätig.

inattu|abile [inat-tu'a:bile] unausführbar; **~abilità** [-tuabili'ta] *f* Unausführbarkeit *f*.

inaudito [inau'di:to] unerhört.

inaugur|ale [inaugu'ra:le] Einweihungs...; Antritts...; *discorso m* ~ Antrittsrede *f*; **~are** [-'ra:re] (1m) einweihen; (feierlich) eröffnen; *Statue* enthüllen; **~azione** [-ratsi'o:ne] *f* Einweihung *f*; (feierliche) Eröffnung *f*; Enthüllung *f*.

inauspicato [inauspi'ka:to] unter ungünstigen Vorzeichen begonnen.

inavved|utamente [inav-veduta-'mente] unabsichtlich; unachtsam; **~utezza** [-du'tet-tsa] *f* Unachtsamkeit *f*; **~uto** [-'du:to] unachtsam.

inavvert|enza [inav-ver'tentsa] *f* Unachtsamkeit *f*; **~itamente** [-tita-'mente] versehentlich, aus Unachtsamkeit; **~ito** [-'ti:to] unbemerkt; unvorhergesehen.

inazione [inatsi'o:ne] *f* Untätigkeit *f*.

incagli|are [iŋka'ʎa:re] (1g) **1.** *v/t.* hemmen; **2.** *v/i. u.* **~arsi** [-'ʎarsi] steckenbleiben; ⚓ stranden.

incaglio [iŋ'ka:ʎo] *m* (*pl.* -gli) Hindernis *n*; ⚓ Stranden *n*; ~ *alla circolazione* Verkehrsstockung *f*.

incalcolabile [iŋkalko'la:bile] unberechenbar; ungeheuer.

incall|imento [iŋkal-li'mento] *m* Verhärtung *f*; **~ire** [-'li:re] (4d) verhärten (*a. fig.*); *Hände:* schwielig werden; **~ito** [-'li:to] schwielig; *fig.* verhärtet, verstockt.

incalvire [iŋkal'vi:re] (4d) kahlköpfig werden.

incalz|ante [iŋkal'tsante] dringend;

Gefahr: drohend; **~are** [-'tsa:re] (1a) verfolgen; *fig.* drängen.

incamer|abile [iŋkame'ra:bile] einziehbar; **~amento** [-ra'mento] *m* Einziehung *f*; **~are** [-'ra:re] (1m) einziehen.

incamiciare [iŋkami'tʃa:re] (1f) verkleiden; umhüllen.

incammin|are [iŋkam-mi'na:re] (1a) anleiten, einführen; *fig.* in Gang bringen; **~arsi** [-'narsi] sich auf den Weg machen.

incanal|are [iŋkana'la:re] (1a) eindämmen; eindeichen; kanalisieren; *Geschäfte* einleiten; **~arsi** [-'larsi] fließen; *fig.* zusammenlaufen; **~atura** [-la'tu:ra] *f* Eindämmung *f*; Laufrinne *f*.

incancellabile [iŋkantʃel-'la:bile] unauslöschlich.

incancrenire [iŋkaŋkre'ni:re] (4d) brandig werden.

incandesc|ente [iŋkandeʃ-'ʃente] weißglühend; Glüh...; *fig.* hitzig, erhitzt; **~enza** [-'ʃentsa] *f* Weißglühen *n*; *lume m* (*od. luce f*) *a* ~ Glühlicht *n*; *lampada f a* ~ Glühlampe *f*.

incann|are [iŋkan-'na:re] (1a) aufspulen; **~atoio** [-na'to:io] *m* (*pl.* -oi) Garnwinde (Seidengarnwinde) *f*.

incant|are [iŋkan'ta:re] (1a) **1.** bezaubern; *fig.* entzücken; **2.** † versteigern; **~arsi** [-'tarsi] verzückt sein; ⊕ stocken; **~ato** [-'ta:to] verzaubert; verträumt; entzückt; **~atore** [-ta'to:re] **1.** *adj.* bezaubernd, Zauber...; **2.** *m* Zauberer *m*; **~esimo** [-'te:zimo] *m* Zauberei *f*; Zauber *m*; **~evole** [-'te:vole] bezaubernd; zauberhaft.

incanto¹ [iŋ'kanto] *m* Zauberei *f*; Zauber *m*; *d'~* wunderbar; *sparisce come per* ~ es verschwindet wie weggeblasen.

incanto² [iŋ'kanto] *m* Auktion *f*; *mettere all'~* versteigern.

incanutire [iŋkanu'ti:re] (4d) **1.** *v/t.* grau machen; **2.** *v/i.* ergrauen.

incap|ace [iŋka'pa:tʃe] **1.** *adj.* unfähig (*di* zu); außerstande; ~ *di battersi* kampfunfähig; **2.** *m* unfähiger Mensch *m*; Versager *m*; **~acità** [-patʃi'ta] *f* Unfähigkeit *f*.

incaparbire [iŋkapar'bi:re] (4d) halsstarrig werden.

incaponirsi [iŋkapo'nirsi] (4d) sich versteifen (*in* auf *acc.*).

incapp|are [iŋkap-'pa:re] (1a) **1.**
v/t. in den Mantel hüllen; **2.** *v/i.*
geraten; **~ottare** [-pot-'ta:re] (1c)
in den Mantel einhüllen; **~uc-**
ciare [-put-'tʃa:re] (1f): ~ qu. j-m
die Kapuze über den Kopf ziehen.

incap|ricciarsi [iŋkaprit-'tʃarsi]
(1f), **~riccirsi** [-'tʃirsi] (4d) sich in
den Kopf setzen; ~ di qu. sich in
j-n vernarren.

incarcer|amento [iŋkartʃera'men-
to] *m* Einkerkerung *f*; **~are** [-'ra:re]
(1m) einkerkern; **~azione** [-ratsi-
'o:ne] *f* Einkerkerung *f*.

incaric|are [iŋkari'ka:re] (1m u. d.)
beauftragen (di mit dat.); **~arsi**
[-'karsi]: ~ di qc. et. übernehmen;
~ di qu. sich j-s annehmen; **~ato**
[-'ka:to] *m* Beauftragte(r) *m*; ~ d'affari Geschäftsträger *m*.

incarico [iŋ'ka:riko] *m* (*pl. -chi*)
Auftrag *m*; *Schule:* Lehrauftrag
m.

incarn|are [iŋkar'na:re] (1a) ver-
körpern; **~arsi** [-'narsi] Mensch
(*od.* Fleisch) werden; *fig.* sich verkörpern; ✵ einwach-
sen; *fig.* sich verkörpern; **~ato**
[-'na:to] eingewachsen; *fig.* verkör-
pert; *Rel.* Fleisch geworden; **~a-**
zione [-natsi'o:ne] *f* Verkörperung
f; Menschwerdung *f*; **~ire** [-'ni:re]
(4d) ✵ einwachsen.

incarognire [iŋkaro'ɲi:re] (4d) zu
Aas werden; *fig.* faul werden.

incart|amento [iŋkarta'mento] *m*
Aktenbündel *n*, Aktenbündel *n*; **~ape-**
corire [-tapeko'ri:re] (4d) perga-
mentartig vertrocknen; **~are** [-'ta:-
re] (1a) (in Papier) einwickeln, einschlagen.

incarto [iŋ'karto] *m* Aktenheft *n*.

incart|occiare [iŋkartot-'tʃa:re] (1f
u. c) in e-e Tüte tun; **~onare** [-to-
'na:re] (1a) kartonieren.

incasellare [iŋkasel-'la:re] (1b) in
ein Fach legen.

inc|assare [iŋkas-'sa:re] (1a) (in
Kisten) verpacken; *Typ.* in den
Kasten einlegen; *Geld* einkassieren,
einziehen; *Tote* einsargen; *Schläge*
einstecken; *Edelsteine* einfassen;
Leitung in die Wand verlegen;
~assato [-kas-'sa:to] in Kisten ver-
packt; eingeschlossen; **~asso** [-'kas-
so] *m* Inkasso *n*; Einnahme *f*; ~
lordo Bruttoeinnahme *f*.

incastell|are [iŋkastel-'la:re] (1b)
ein Gerüst anbringen; **~atura**

[-la'tu:ra] *f* Gerüst *n*; *Tierheilk.*
Hufzwang *m*.

incaston|are [iŋkasto'na:re] (1a)
(ein)fassen; *fig.* einschalten; **~a-**
tura [-na'tu:ra] *f* Einfassung *f*; *fig.*
Einschaltung *f*.

incastrare [iŋkas'tra:re] (1a) einfügen; hineinzwängen; einzwängen; *Worte* einschalten.

incastro [iŋ'kastro] *m* Einschnitt *m*,
Einfassung *f*.

incaten|amento [iŋkatena'mento]
m Verkettung *f*; ⊕ Verankerung *f*;
~are [-'na:re] (1m) verketten; ⊕
verankern; *j-n u. fig.* fesseln.

incatram|are [iŋkatra'ma:re] (1a)
teeren; **~ato** [-'ma:to] teerig.

incattivire [iŋkat-ti'vi:re] (4d) **1.**
v/t. böse machen; **2.** *v/i.* böse
werden.

incauto [iŋ'ka:uto] unvorsichtig.

incav|are [iŋka'va:re] (1a) aushöh-
len; **~ato** [-'va:to] hohl; occhi *m/pl.*
~*-i* tiefliegende Augen *n/pl.*; **~atura**
[-va'tu:ra] *f* Aushöhlung *f*; ~ degli
occhi Hohläugigkeit *f*; ~ delle
guance Hohlwangigkeit *f*; **~ernarsi**
[-ver'narsi] (1b) sich in unterirdi-
schen Höhlen sammeln; **~ernato**
[-ver'na:to]: occhi *m/pl.* ~*-i* einge-
sunkene Augen *n/pl.*

incavezzare [iŋkavet-'tsa:re] (1a)
anhalftern.

incavo [iŋ'ka:vo] *m* Höhlung *f*;
stampa *f* in ~ Tiefdruck *m*.

incedere [in'tʃe:dere] (3l) *lit.* ein-
herschreiten.

incendi|are [intʃendi'a:re] (1b u. k)
entzünden; in Brand stecken; **~ario**
[-di'a:rio] (*pl. -ri*) **1.** *adj.* entzündend; aufreizend; Zünd...; bomba *f*
~*-a* Brandbombe *f*; **2.** *m* Brand-
stifter *m.*

incendio [in'tʃendio] *m* (*pl. -di*)
Feuer *n*; Feuersbrunst *f*; assicurazione *f* contro l'~ Feuerversiche-
rung *f*.

incener|imento [intʃeneri'mento]
m Einäscherung *f*; **~ire** [-'ri:re]
(4d) einäschern.

incens|amento [intʃensa'mento] *m*
Beräucherung *f*; **~are** [-'sa:re] (1b)
beräuchern; *fig.* (*j-m*) Weihrauch
streuen; **~ata** [-'sa:ta] *f* Beräucherung *f*; **~iere** [-si'ɛ:re] *m* Weihrauchfaß *n*.

incenso [in'tʃenso] *m* Weihrauch *m*.

incensur|abile [intʃensu'ra:bile]

tadellos, unbescholten; ~ato [-'ra:-to] nicht vorbestraft.

incentivo [intʃen'ti:vo] *m* Antrieb *m*, Ansporn *m*.

incepp|amento [intʃep-pa'mento] *m* Hemmnis *n*; ~are [-'pa:re] (1a) hemmen; ~arsi [-'parsi] klemmen; versagen.

incer|are [intʃe'ra:re] (1a) mit Wachs bestreichen; wachsen; ~ato [-'ra:to] *m* Wachsleinwand *f*; Wachstuch *n*; ~atura [-ra'tu:ra] *f* Wachsen *n*.

inc|ertezza [intʃer'tet-tsa] *f* Unsicherheit *f*; ~erto [-'tʃerto] **1.** *adj.* unsicher; ungewiß; **2.** *m* Ungewisse(s) *n*; Nebeneinkunft *f*.

incesp|are [intʃes'pa:re] (1a), ~icare [-pi'ka:re] (1m *u.* d) stolpern.

incessante [intʃes-'sante] unaufhörlich.

inc|esto [in'tʃesto] *m* Blutschande *f*; ~estuoso [-tʃestu'o:so] **1.** *adj.* blutschänderisch; **2.** *m* Blutschänder *m*.

incett|a [in'tʃet-ta] *f* Aufkauf *m*; *fare* ~ *di* = ~are [-tʃet-'ta:re] (1b) aufkaufen; ~atore [-tʃet-ta'to:re] *m* Aufkäufer *m*.

inchiesta [iŋki'ɛsta] *f* Untersuchung *f*; Umfrage *f*; *commissione f d'~* Untersuchungskommission *f*.

inchin|are [iŋki'na:re] (1a) neigen; ~arsi [-'narsi] sich beugen.

inchino [iŋ'ki:no] *m* Verbeugung *f*.

inchiod|are [iŋkio'da:re] (1c) vernageln; festnageln; *fig.* fesseln; ~arsi [-'darsi] F sich in Schulden stürzen; ~ato [-'da:to] F verschuldet; ~atura [-da'tu:ra] *f* Vernagelung *f*; Festnageln *n*.

inchiostr|are [iŋkios'tra:re] (1c) mit Tinte beschmieren; *Typ.* einfärben; ~atura [-tra'tu:ra] *f Typ.* Einfärbung *f*.

inchiostro [iŋki'ɔstro] *m* Tinte *f*; (~ *da stampa* Drucker-)Schwärze *f*; ~ *di China* (chinesische) Tusche *f*.

inciamp|are [intʃam'pa:re] (1a) stolpern (*in* über *acc.*); ~ *in j-m* begegnen; j-m über den Weg laufen; ~ata [-'pa:ta] *f*: *dare un'*~ straucheln.

inciampo [in'tʃampo] *m* Hindernis *n*; Verzögerung *f*.

incid|entale [intʃiden'ta:le] zufällig; Neben...; *tt attore m* ~ Nebenkläger *m*; *domanda f* ~ Zwischenfrage *f*;

proposizione f ~ Nebensatz *m*; ~entalmente [-dental'mente] beiläufig, nebenbei; ~ente [-'dɛnte] *m* Unfall *m*, Unglück *n*; Zwischenfall *m*; ~entemente [-dente'mente] beiläufig; ~enza [-'dentsa] *f* Einfall *m*; *per* ~ beiläufig.

incidere [in'tʃi:dere] (3q) einschneiden; *Chir.* schneiden; *Zeichenk.* gravieren; eingravieren; *Schallplatte* aufnehmen; ~ *in rame* in Kupfer stechen; *fig.* (*a.* ~ *nella mente*) einprägen; stark beeinflussen.

incignare [intʃi'na:re] (1a) zum erstenmal anziehen; *Faß* anstechen.

incinta [in'tʃinta] schwanger.

incipiente [intʃipi'ente] beginnend.

incipriare [intʃipri'a:re] (1m) pudern.

incirca [in'tʃirka]: *all'*~, *a un* ~ ungefähr; schätzungsweise.

incisi [in'tʃi:zi] *s.* incidere.

inc|isione [intʃizi'o:ne] *f* Einschnitt *m*; *Zeichenk.* Gravierung *f*; Stich *m*; ~ *in legno* Holzschnitt *m*; ~ *in rame* Kupferstich *m*; Kupferdruck *m*; ~ *di dischi* Schallplattenaufnahme *f*; ~ *a nastro* Tonbandaufnahme *f*; ~isivo [-tʃi'zi:vo] (ein)schneidend; *dente m* ~ Schneidezahn *m*; ~iso [-'tʃi:zo] **1.** *s.* incidere; **2.** *m Gram.* eingeschalteter Satz *m*; ~isore [-tʃi'zo:re] *m Graveur m*, Stecher *m*.

incit|amento [intʃita'mento] *m* Anregung *f*; ~are [-'ta:re] (1l) anregen; anspornen.

incitrullire [intʃitrul-'li:re] (4d) **1.** *v/t.* dumm machen; **2.** *v/i.* dumm werden.

inciv|ile [intʃi'vi:le] ungesittet; unzivilisiert; unhöflich; ~ilimento [-vili'mento] *n* Zivilisierung *f*; ~ilire [-vi'li:re] (4d) zivilisieren; ~iltà [-vil'ta] *f* Unhöflichkeit *f*.

inclem|ente [iŋkle'mente] erbarmungslos; *Wetter:* unfreundlich; ~enza [-'mentsa] *f* Härte *f*; Unfreundlichkeit *f*.

inclin|abile [iŋkli'na:bile] beugbar; ~are [-'na:re] (1a) **1.** *v/t.* neigen; **2.** *v/i.* hinneigen; ~ato [-'na:to] schräg; *piano m* ~ schiefe Ebene *f*; ~azione [-natsi'o:ne] *f* Neigung *f*.

incline [iŋ'kli:ne] geneigt.

inclito [iŋklito] ruhmreich.

incl|udere [iŋ'klu:dere] (3q) mit einschließen; *Briefe* beilegen; in-

inconfessato

cluso il servizio Bedienung inbegriffen; **~usi** [-'klu:zi] *s.* includere; **~usione** [-kluzi'o:ne] *f* Einschließung *f*; Beilegung *f*; **~usivamente** [-kluziva'mente] einschließlich; **~uso** [-'klu:zo] *s.* includere.

incoativo [iŋkoa'ti:vo] *Gram.* inchoativ.

incoercibile [iŋkoer'tʃi:bile] unbezwingbar.

incoer|ente [iŋkoe'rɛnte] inkonsequent; zusammenhanglos; **~enza** [-'rɛntsa] *f* Inkonsequenz *f*; Zusammenhanglosigkeit *f*.

incogliere [iŋ'kɔ:ʎere] (3ss) zustoßen.

incognit|a [iŋ'kɔ:ɲita] *f* & unbekannte Größe *f*; *fig.* fraglicher Punkt *m*, Rätsel *n*; **~o** [-to] **1.** *adj.* unbekannt; *quantità f -a* unbekannte Größe *f*; *in* ~ inkognito; **2.** *m* Inkognito *n*.

incolgo [iŋ'kɔlgo] *s.* incogliere.

incoll|are [iŋkol-'la:re] (1c) leimen, ankleben; **~atura** [-la'tu:ra] *f* Leimen (Anleimen) *n*.

incoller|ire [iŋkol-le'ri:re] (4d) *u.* **~irsi** [-'rirsi] in Zorn geraten.

incolonnare [iŋkolon-'na:re] (1a) in geschlossenen Kolonnen aufstellen; *Zahlen* untereinanderschreiben.

incolore [iŋko'lo:re] farblos.

incolp|abile [iŋkol'pa:bile] zu beschuldigen(d); **~are** [-'pa:re] (1a) beschuldigen; **~arsi** [-'parsi]: ~ *a vicenda* sich gegenseitig anklagen; **~evole** [-'pe:vole] unschuldig.

incolsi [iŋ'kɔlsi] *s.* incogliere.

incolto [iŋ'kolto] ungebildet; ungepflegt; ✍ unbebaut.

inc|olume [iŋ'kɔ:lume] unversehrt; **~olumità** [-kolumi'ta] *f* Unversehrtheit *f*.

incomb|ente [iŋkom'bɛnte] bevorstehend; *Gefahr:* drohend; *Pflicht:* obliegend; **~enza** [-'bɛntsa] *f* Auftrag *m*.

incombere [iŋ'kombere] (3a) bevorstehen; *Gefahr:* drohen; *Pflicht:* obliegen.

incomb|ustibile [iŋkombus'ti:bile] unverbrennbar; feuerbeständig; **~ustibilità** [-bustibili'ta] *f* Unverbrennbarkeit *f*; Feuerfestigkeit *f*; **~usto** [-'busto] unverbrannt.

incominciare [iŋkomin'tʃa:re] (1f) anfangen (*a* zu); *a* ~ *da oggi* von heute an.

incommensur|abile [iŋkom-mensu'ra:bile] unmeßbar; **~abilità** [-surabili'ta] *f* Unmeßbarkeit *f*.

incomod|are [iŋkomo'da:re] (1m *u.* c) stören, belästigen; **~arsi** [-'darsi] sich bemühen; **~ità** [-di'ta] *f* Unbequemlichkeit *f*.

incomodo [iŋ'kɔ:modo] **1.** *adj.* unbequem; **2.** *m* Unbequemlichkeit *f*; Störung *f*; *-i pl.* Beschwerden *f/pl.*, Gebrechen *n/pl.*; *Le levo l'~* ich will Sie nicht länger stören; *scusi l'~* verzeihen Sie die Störung.

incompar|abile [iŋkompa'ra:bile] unvergleichlich; **~abilmente** [-rabil'mente] unverhältnismäßig.

incompat|ibile [iŋkompa'ti:bile] unvereinbar; unverträglich; **~ibilità** [-tibili'ta] *f* Unvereinbarkeit *f*; Unverträglichkeit *f*.

incompet|ente [iŋkompe'tɛnte] unzuständig; unfähig; **~enza** [-'tɛntsa] *f* Unzuständigkeit *f*; Unfähigkeit *f*.

incom|piuto [iŋkompi'u:to] unvollendet; **~pleto** [-'plɛ:to] unvollständig.

incomposto [iŋkom'posto] unordentlich; nachlässig.

incomprens|ibile [iŋkompren'si:bile] unverständlich; **~ibilità** [-sibili'ta] *f* Unverständlichkeit *f*; **~ione** [-si'o:ne] *f* Unverständnis *n*.

incompreso [iŋkom'pre:so] unverstanden; verkannt.

incomputabile [iŋkompu'ta:bile] unerrechenbar.

incomunic|abile [iŋkomuni'ka:bile] nicht mitteilbar; unübertragbar; **~abilità** [-kabili'ta] *f* Unübertragbarkeit *f*; *fig.* Kontaktarmut *f*.

inconcep|ibile [iŋkontʃe'pi:bile] unbegreiflich; **~ibilità** [-pibili'ta] *f* Unbegreiflichkeit *f*.

inconcili|abile [iŋkontʃili'a:bile] unversöhnlich; unvereinbar; **~abilità** [-liabili'ta] *f* Unversöhnlichkeit *f*; Unvereinbarkeit *f*.

inconcl|udente [iŋkoŋklu'dɛnte] nichtssagend; **~uso** [-'klu:zo] unabgeschlossen.

inconcusso [iŋkoŋ'kus-so] unerschüttert.

incondizionato [iŋkonditsio'na:to] bedingungslos.

inconfess|abile [iŋkonfes-'sa:bile] schändlich; uneingestehbar; **~ato** [-'sa:to] uneingestanden.

inconfut|abile [iŋkonfu'ta:bile] un-widerlegbar; **~abilità** [-tabili'ta] f Unwiderlegbarkeit f; **~ato** [-'ta:to] unwiderlegt.

incongru|ente [iŋkoŋgru'ɛnte] nicht übereinstimmend; **~enza** [-gru'entsa] f Widerspruch m.

incongruo [iŋ'koŋgruo] nicht entsprechend; unpassend.

inconsapevol|e [iŋkonsa'pe:vole] ahnungslos, unwissend; unbewußt; **~ezza** [-pevo'let-tsa] f Unbewußtheit f; Ahnungslosigkeit f.

inconscio [iŋ'konʃo] **1.** adj. unbewußt; **2.** m inv. Unbewußte(s) n.

inconsegu|ente [iŋkonsegu'ɛnte] folgewidrig; inkonsequent; **~enza** [-gu'entsa] f Folgewidrigkeit f; Inkonsequenz f.

inconsider|atezza [iŋkonsidera'tet-tsa] f Unüberlegtheit f; **~ato** [-'ra:to] unüberlegt.

inconsist|ente [iŋkonsis'tente] haltlos; **~enza** [-'tentsa] f Haltlosigkeit f.

inconsolabile [iŋkonso'la:bile] untröstlich.

inconsueto [iŋkonsu'ɛ:to] ungewohnt.

incontamin|abile [iŋkontami'na:-bile] unbefleckbar; **~atezza** [-na-'tet-tsa] f Unbeflecktheit f; Makellosigkeit f; **~ato** [-'na:to] unbefleckt; makellos.

incontanente [iŋkonta'nente] lit. unverzüglich.

incontent|abile [iŋkonten'ta:bile] ungenügsam; nicht zu befriedigen(d); **~abilità** [-tabili'ta] f Ungenügsamkeit f.

incontest|abile [iŋkontes'ta:bile] unbestreitbar; **~ato** [-'ta:to] unbestritten.

incontin|ente [iŋkonti'nɛnte] unenthaltsam; unmäßig; **~enza** [-'nentsa] f Unenthaltsamkeit f; Unmäßigkeit f; **~** d'urina Harnfluß m.

incontr|are [iŋkon'tra:re] (1a) **1.** v/t. begegnen (dat.); treffen; fig. Haß sich zuziehen; Beifall finden; **~** difficoltà auf Schwierigkeiten stoßen; **2.** v/i. Anklang finden; **~arsi** [-'trarsi]: **~** con qu. j-m begegnen, zusammenkommen mit; **~ario** [-'tra:rio]: all'**~** verkehrt,

umgekehrt; andare all'**~** schiefgehen.

incontrast|abile [iŋkontras'ta:bile] unbestreitbar; unanfechtbar; **~ato** [-'ta:to] unbestritten; unangefochten.

incontro [iŋ'kontro] **1.** m Begegnung f; Sport: Kampf m; Wettstreit m; **~** segreto Geheimtreffen n; **2.** prp. u. adv. entgegen; gegenüber; all'**~** im Gegenteil.

incontrov|erso [iŋkontro'vɛrso] unbestritten; **~ertibile** [-ver'ti:bile] unumstößlich.

inconveni|ente [iŋkonveni'ɛnte] **1.** adj. unschicklich; **2.** m Unannehmlichkeit f; Nachteil m; Hindernis n; **~enza** [-ni'entsa] f Unschicklichkeit f.

inconvert|ibile [iŋkonver'ti:bile] unbekehrbar; unwandelbar; ✝ unkonvertierbar; **~ibilità** [-tibili'ta] f Unkonvertierbarkeit f.

incoragg|iamento [iŋkorad-dʒa-'mento] m Ermutigung f; **~iante** [-'dʒante] ermutigend; **~iare** [-'dʒa:re] (1f) ermutigen; **~iarsi** [-'dʒarsi] Mut fassen.

incord|are [iŋkor'da:re] (1c) besaiten; **~atura** [-da'tu:ra] f Besaitung f.

incornici|are [iŋkorni'tʃa:re] (1f) einrahmen; **~atura** [-tʃa'tu:ra] f Einrahmung f.

incoron|are [iŋkoro'na:re] (1a) krönen; **~azione** [-natsi'o:ne] f Krönung f.

incorp|orabile [iŋkorpo'ra:bile] einverleibbar; **~orare** [-po'ra:re] (1m u. c) einverleiben; **~orazione** [-poratsi'o:ne] f Einverleibung f; **~oreità** [-porei'ta] f Unkörperlichkeit f; **~oreo** [-'pɔ:reo] unkörperlich.

incorregg|ibile [iŋkor-red-'dʒi:bile] unverbesserlich; **~ibilità** [-dʒibili'ta] f Unverbesserlichkeit f.

incorrere [iŋ'kor-rere] (3o) (e-r Strafe) verfallen; **~** in un errore e-n Fehler begehen; **~** in un pericolo Gefahr laufen.

incorr|ettezza [iŋkor-ret-'tet-tsa] f Inkorrektheit f; **~etto** [-'ret-to] inkorrekt; ⛛ unverbessert; fehlerhaft.

incorr|otto [iŋkor-'rot-to] unverdorben; fig. unbestochen; **~uttibile** [-rut-'ti:bile] unverweslich;

unbestechlich; **~uttibilità** [-rut-tibili'ta] f Unverweslichkeit f; Unbestechlichkeit f.

incosci|ente [iŋkoʃ-'ʃɛnte] unbewußt; verantwortungslos; unzurechnungsfähig; **~enza** [-'ʃɛntsa] f Unbewußtheit f; Verantwortungslosigkeit f.

incost|ante [iŋkos'tante] unbeständig; **~anza** [-'tantsa] f Unbeständigkeit f.

incostituzion|ale[iŋkostitutsio'na:-le] verfassungswidrig; **~alità** [-na-li'ta] f Verfassungswidrigkeit f.

incr|edibile [iŋkre'di:bile] unglaublich; **~edibilità** [-kredibili'ta] f Unglaublichkeit f; **~edulità** [-kreduli'ta] f Ungläubigkeit f; **~edulo** [-'krɛ:dulo] **1.** adj. ungläubig; **2.** m Ungläubige(r) m.

increm|entare [iŋkremen'ta:re] steigern; fördern, heben; **~ento** [-'mento] m Zunahme f, Zuwachs m; Förderung f; Steigerung f; fig. Gedeihen n; dare **~** a qc. et. fördern.

increscioso [iŋkreʃ-'ʃo:so] bedauerlich, unerfreulich.

incresp|are [iŋkres'pa:re] (1a) kräuseln; runzeln; Kleidung fälteln; plissieren; **~atura** [-pa'tu:ra] f Kräuselung f; Fältelung f.

incretinire [iŋkreti'ni:re] (4d) **1.** v/t. blödsinnig machen; **2.** v/i. verblöden.

incrimin|are [iŋkrimi'na:re] (1m) inkriminieren, beschuldigen; beanstanden; **~azione** [-natsi'o:ne] f Inkriminierung f, Beschuldigung f; Beanstandung f.

incrin|are [iŋkri'na:re] (1a) **1.** v/t. e-n Sprung, Riß verursachen; **2.** v/i. u. **~arsi** [-'narsi] e-n Sprung bekommen; **~atura** [-na'tu:ra] f Sprung m.

incroci|amento [iŋkrotʃa'mento] m Kreuzung f; **~are** [-'tʃa:re] (1f) kreuzen; **~ato** [-'tʃa:to]: parole f/pl. -e Kreuzworträtsel n; **~atore** [-tʃa-'to:re] m ⚓ Kreuzer m; **~** da battaglia Schlachtkreuzer m.

incrocio [iŋ'kro:tʃo] m (pl. -ci) Kreuzung f; Rassenmischung f; ⚓ **~** di binari Bahnkreuzung f.

incrollabile [iŋkrol-'la:bile] fest; fig. unerschütterlich.

incrost|are [iŋkros'ta:re] (1a) **1.** v/t. bekrusten; überziehen (di mit);

2. v/i. u. **~arsi** [-'tarsi] sich mit e-r Kruste bedecken.

incrudelire [iŋkrude'li:re] (4d) grausam werden.

incruento [iŋkru'ento] unblutig.

incub|atrice [iŋkuba'tri:tʃe] f Brutapparat m; **~azione** [-tsi'o:ne] f Brüten n; ⚕ Inkubationszeit f einer Krankheit.

incubo [iŋkubo] m Alpdruck m.

incudine [iŋ'ku:dine] f Amboß m.

inculcare [iŋkul'ka:re] (1d) einschärfen; F einpauken.

incunabulo [iŋkuna'bulo] m Inkunabel f, Wiegendruck m.

incuneare [iŋkune'a:re] (1m) einkeilen.

incup|ire [iŋku'pi:re] (4d) **1.** v/t. verdüstern; **2.** v/i. u. **~irsi** [-'pirsi] sich verdüstern.

incur|abile[iŋku'ra:bile] unheilbar; **~abilità** [-rabili'ta] f Unheilbarkeit f; **~ante** [-'rante] unbekümmert (di um); essere **~** di qc. sich nicht um et. (acc.) kümmern; **~anza** [-'rantsa] f Unbekümmertheit f; Gleichgültigkeit f.

incuria [iŋ'ku:ria] f Nachlässigkeit f.

incuriosire [iŋkurio'si:re] (4d) **1.** v/t. neugierig machen; **2.** v/i. neugierig werden.

incursione [iŋkursi'o:ne] f Einfall m; **~** aerea Luftangriff m.

incurv|are [iŋkur'va:re] (1a) krümmen; **~atura** [-va'tu:ra] f Krümmung f.

incussi [iŋ'kus-si], **incusso** [-so] s. incutere.   [wacht.⟩

incustodito [iŋkusto'di:to] unbe-⟩

incutere [iŋ'ku:tere] (3v) einflößen.

indaco [indako] m (pl. -chi) Indigo m u. n.

indaffarato [indaf-fa'ra:to] vielbeschäftigt.

indag|abile [inda'ga:bile] erforschbar; **~are** [-'ga:re] (1e) (nach-)forschen; untersuchen; **~atore** [-ga'to:re] **1.** adj. forschend; **2.** m Forscher m.

indagine [in'da:dʒine] f Forschung (Nachforschung) f; Untersuchung f; fare -i Nachforschungen anstellen.

indarno [in'darno] vergebens.

indebit|are [indebi'ta:re] (1m) mit Schulden belasten; **~arsi** [-'tarsi] sich in Schulden stürzen; **~ato** [-'ta:to] verschuldet.

indebito [in'de:bito] ungerecht; ungebührlich.

indebol|imento [indeboli'mento] m Schwächung f; **~ire** [-'li:re] (4d) 1. v/t. schwächen; 2. v/i. schwach werden.

indec|ente [inde'tʃente] unanständig; **~enza** [-'tʃentsa] f Unanständigkeit f.

indecifrabile [indetʃi'fra:bile] unentzifferbar; unleserlich.

indec|isione [indetʃizi'o:ne] f Unentschlossenheit f; **~iso** [-'tʃi:zo] unentschlossen.

indeclin|abile [indekli'na:bile] unabweislich; Gram. undeklinierbar; **~abilità** [-nabili'ta] f Unabweislichkeit f; Undeklinierbarkeit f.

indecoroso [indeko'ro:so] unziemlich; unanständig.

indefesso [inde'fes-so] unermüdlich.

indefettibile [indefet-'ti:bile] unvergänglich.

indefin|ibile [indefi'ni:bile] undefinierbar, unbestimmbar; unerklärbar; **~itezza** [-ni'tet-tsa] f Unbestimmtheit f; **~ito** [-'ni:to] unbestimmt.

indeformabile [indefor'ma:bile] unverformbar.

ind|egnità [indeɲi'ta] f Unwürdigkeit f; Nichtswürdigkeit f; **~egno** [-'de:ɲo] unwürdig; nichtswürdig.

indelebile [inde'lɛ:bile] unauslöschlich; Farben: echt.

indeliberato [indelibe'ra:to] unentschieden; unüberlegt.

indelic|atezza [indelika'tet-tsa] f Unfeinheit f; Taktlosigkeit f; Unehrlichkeit f; **~ato** [-'ka:to] unfein; taktlos.

indemagliabile [indema'ʎa:bile] maschenfest.

indemoniato [indemoni'a:to] verteufelt; besessen.

indenne [in'dɛn-ne] schadlos.

indenn|ità [inden-ni'ta] f Entschädigung f; **~** d'alloggio Wohnungsgeldzuschuß m; **~izzare** [-nid-'dza:re] (1a) entschädigen; **~izzo** [-'nid-dzo] m Schadenersatz m; Versicherungsleistung f.

indentro [in'dentro]: all'**~** nach innen.

inderogabile [indero'ga:bile] unumgänglich, unausweichlich.

indescrivibile [indeskri'vi:bile] unbeschreiblich.

indesider|abile [indeside'ra:bile], **~ato** [-'ra:to] unerwünscht.

indetermin|abile [indetermi'na:bile] unbestimmbar; **~atezza** [-na-'tet-tsa] f Unbestimmtheit f; **~ato** [-'na:to] unbestimmt; unentschlossen; **~azione** [-natsi'o:ne] f Unbestimmtheit f; Unentschlossenheit f.

indetto [in'det-to] s. indire.

indi [indi] lit. von dorther; darauf.

indiano [indi'a:no] 1. adj. indisch; in fila **-a** im Gänsemarsch; fare l'**~** sich dumm stellen; 2. m Inder m; Indianer m.

indiavolato [indiavo'la:to] verteufelt; besessen.

indic|are [indi'ka:re] (1l u. d) zeigen; angeben; **~ativo** [-ka'ti:vo] anzeigend; bezeichnend; modo m **~** Indikativ m; **~ato** [-'ka:to] angezeigt; angebracht, ratsam; **~atore** [-ka'to:re] m Anzeiger m; **~** stradale Wegweiser m; Auto: **~** di direzione Winker m, Richtungsanzeiger m; **~** del livello d'olio Ölstandanzeiger m; **~azione** [-katsi'o:ne] f Anweisung f; Hinweis m; 𝕤 Verordnung f; **~** del prezzo Preisangabe f.

indice [inditʃe] m Verzeichnis n; Anat. Zeigefinger m; ⊕ Zeiger m; **~** dei prezzi Preisindex m.

indicibile [indi'tʃi:bile] unsagbar.

indietreggiare [indietred-'dʒa:re] (1f) zurückweichen.

indietro [indi'ɛtro] zurück; all'**~** rückwärts.

indifeso [indi'fe:so] unverteidigt; fig. wehrlos.

indiffer|ente [indif-fe'rente] gleichgültig; **~entismo** [-ren'tizmo] m Indifferentismus m; **~enza** [-'rentsa] f Gleichgültigkeit f; **~ibile** [-'ri:bile] unaufschiebbar.

indigeno [in'di:dʒeno] 1. adj. einheimisch; 2. m Eingeborene(r) m; Einheimische(r) m.

indig|ente [indi'dʒente] bedürftig; **~enza** [-'dʒentsa] f Dürftigkeit f; Elend n.

indig|eribile [indidʒe'ri:bile] unverdaulich; **~eribilità** [-dʒeribili-'ta] f Unverdaulichkeit f; **~estione** [-dʒesti'o:ne] f Verdauungsstörung f; fare un'**~** sich den Magen verderben; **~esto** [-'dʒesto] unverdaut; unverdaulich.

indign|are [indi'ɲaːre] (1a) entrüsten; **~azione** [-ɲatsi'oːne] f Entrüstung f.

indimentic|abile [indimenti'kaːbile] unvergeßlich; **~ato** [-'kaːto] unvergessen.

indimostr|abile [indimos'traːbile] unbeweisbar; **~ato** [-'traːto] unbewiesen.

indipend|ente [indipen'dɛnte] unabhängig; **~enza** [-'dɛntsa] f Unabhängigkeit f; **guerra** f d'**~** Unabhängigkeitskrieg m.

indire [in'diːre] (3t) ansagen; vorschreiben; festsetzen; *Sitzung* anberaumen; *Versammlung* einberufen; *Krieg* erklären.

indir|etto [indi'retto] indirekt, mittelbar; **~izzare** [-rit-'tsaːre] (1a) adressieren, richten (*a* an *acc.*); *Buch* widmen; **~** qu. a qu. j-n an j-n verweisen; **~** qu. in et. (*dat.*) anleiten; **~izzarsi** [-rit-'tsarsi]: **~** a qu. sich an j-n wenden; **~** a un'arte sich e-r Kunst zuwenden; **~izzo** [-'rit-tso] m Richtung f; ⚭ Adresse f, Aufschrift f, Briefaufschrift f; **~** telegrafico Telegrammadresse f; *cambiare* d'**~** umadressieren; *cambiamento* m d'**~** Umadressierung f; Adressenänderung f.

indisciplina [indiʃ-ʃi'pliːna] f Zuchtlosigkeit f.

indisciplin|abile [indiʃ-ʃipli'naːbile] unbändig; nicht in Zucht zu halten; **~atezza** [-na'tet-tsa] f Zuchtlosigkeit f; **~ato** [-'naːto] zuchtlos.

indiscolpabile [indiskol'paːbile] unentschuldbar.

indiscr|etezza [indiskre'tet-tsa] f Zudringlichkeit f; Unbescheidenheit f; **~eto** [-'kreːto] zudringlich, unbescheiden; **~ezione** [-kretsi'oːne] f Indiskretion f; Vertrauensbruch m; Taktlosigkeit f; **~iminato** [-krimi'naːto] unterschiedslos; wahllos, blind.

indisc|usso [indis'kus-so] unerörtert; **~utibile** [-ku'tiːbile] undiskutierbar.

indispens|abile [indispen'saːbile] unentbehrlich; è **~** che tu … es ist unbedingt nötig, daß du …; **~abilità** [-sabili'ta] f Unentbehrlichkeit f.

indispett|ire [indispet-'tiːre] (4d)

ärgern; **~ito** [-'tiːto] ärgerlich; gereizt.

indisp|onente [indispo'nɛnte] ärgerlich; **~orre** [-'por-re] (3ll) verstimmen; **~osi** [-'poːzi] s. *indisporre*; **~osizione** [-pozitsi'oːne] f Unwohlsein n; **~osto** [-'posto] **1.** s. *indisporre*; **2.** adj. unpäßlich, unwohl.

indissol|ubile [indis-so'luːbile] unauflöslich; 🌐 unlöslich; **~ubilità** [-lubili'ta] f Unauflöslichkeit f; Unlöslichkeit f.

indist|inguibile [indistiŋgu'iːbile] ununterscheidbar; **~intamente** [-tinta'mente] ohne Unterschied; **~into** [-'tinto] undeutlich.

indistrutt|ibile [indistrut-'tiːbile] unzerstörbar; **~ibilità** [-tibili'ta] f Unzerstörbarkeit f.

indivia [in'diːvia] f Endivie f.

individu|ale [individu'aːle] individuell; **~alismo** [-dua'lizmo] m Individualismus m; **~alista** [-dua'lista] su. (m/pl. -i) Individualist (-in f) m; **~alità** [-duali'ta] f Persönlichkeit f; **~alizzare** [-dualid'dza:re] (1a) individualisieren; einzeln erkennen; **~alizzazione** [-dualid-dzatsi'oːne] f Individualisierung f; **~are** [-du'aːre] (1n) einzeln erkennen; identifizieren.

individuo [indi'viːduo] m Individuum n; Person f; *chi è quell'*~? wer ist dieser Mann?

indiv|isibile [indivi'ziːbile] unteilbar; unzertrennlich; **~isibilità** [-zibili'ta] f Unteilbarkeit f; Untrennbarkeit f; **~iso** [-'viːzo] ungeteilt, ungetrennt.

ind|iziare [inditsi'aːre] (1g) verdächtigen; **~iziario** [-tsi'aːrio] (pl. -ri) Indizien…; processo m **~** Indizienprozeß m; **~iziato** [-tsi'aːto] m Verdächtige(r) m; **~izio** [-'diːtsio] m (pl. -zi) Anzeichen n; ⚖ Indiz n, Verdachtsgrund m.

indocile [in'doːtʃile] unfolgsam.

indocilità [indotʃili'ta] f Unfolgsamkeit f.   [europäisch.]

indoeuropeo [indoeuro'pɛːo] indo-⟩

indogermanico [indodʒer'maːniko] (pl. -ci) indogermanisch.

indolcire [indol'tʃiːre] (4d) **1.** v/t. versüßen; *fig.* mildern; **2.** v/i. süß (milde) werden.

indole [indole] f Natur f; Gemütsart f.

indol|ente [indo'lɛnte] träge; **~enza**
[-'lɛntsa] f Trägheit f; **~enzimento**
[-lentsi'mento] m Gefühllosigkeit f;
~enzirsi [-len'tsirsi] (4d) steif
werden.

indolore [indo'lo:re] schmerzlos.

indomabile [indo'ma:bile] unzähm-
bar.

indomani [indo'ma:ni] m: l'~ der
folgende Tag.

indomato [indo'ma:to], **indomito**
[in'dɔ:mito] ungezähmt.

indonesiano [indonezi'a:no] 1. adj.
indonesisch; 2. m Indonesier m.

indorare [indo'ra:re] (1c) vergol-
den; fig. Pille versüßen.

indoss|are [indos-'sa:re] (1c) u.
~arsi [-'sarsi] anziehen; anhaben,
tragen; **~atrice** [-sa'tri:tʃe] f
Mannequin n.

indosso [in'dɔs-so] s. addosso.

indotto[1] [in'dot-to] 1. s. indurre;
2. m ⚓ Anker m; 3. adj.: corrente f
-a Induktionsstrom m.

indotto[2] [in'dot-to] ungelehrt.

indovin|abile [indovi'na:bile] er-
ratbar; **~are** [-'na:re] (1a) erraten;
raten; **~ato** [-'na:to] gelungen;
~ello [-'nɛl-lo] m Rätsel n; rubrica
f -i Rätselecke f.

indovino [indo'vi:no] 1. adj. er-
ratend; voraussehend; 2. m Weis-
sager m.

ind|ubbiamente [indub-bia'men-
te] zweifelsohne; **~ubbio** [-'dub-
bio] (pl. -bbi) unzweifelhaft; sicher,
bestimmt.

ind|ugiare [indu'dʒa:re] (1f) 1. v/t.
verzögern; 2. v/i. zögern; **~ugiarsi**
[-du'dʒarsi] sich aufhalten; **~ugio**
[-'du:dʒo] m (pl. -gi) Verzögerung
f; Zaudern n; Verzug m.

indulg|ente [indul'dʒente] nach-
sichtig; nachgiebig; **~enza** [-'dʒen-
tsa] f Nachsicht f; Rel. Ablaß m.

indulgere [in'duldʒere] (3d) Nachsicht haben.

indulto [in'dulto] m Straferlaß m.

indumento [indu'mento] m Gewand n; allg. Kleid n.

indur|imento [induri'mento] m
Verhärtung f; Abhärtung f; **~ire**
[-'ri:re] (4d) 1. v/t. (ver)härten;
abhärten; 2. v/i. u. **~irsi** [-'rirsi]
hart werden; **~ito** [-'ri:to] ver-
härtet; neve f -a Harschschnee m.

ind|urre [in'dur-re] (3e) bewegen;
veranlassen; c.s. verleiten; folgern;

Phys. induzieren; **~ursi** [-'dursi]
sich entschließen; **~ussi** [-'dus-si]
s. indurre.

industre [in'dustre] fleißig; be-
triebsam.

industria [in'dustria] f Industrie f;
Gewerbe n; fig. Eifer m; ~ alimentare Nahrungsmittelindustrie f; ~
automobilistica Autoindustrie f; ~
metallurgica Metallindustrie f; ~
pesante Schwerindustrie f; ~ tessile
Textilindustrie f; -e pl. di importanza vitale Schlüsselindustrie f;
~ dei beni di consumo Verbrauchs-
güterindustrie f; cavaliere m d'~
Hochstapler m.

industri|ale [industri'a:le] 1. adj.
industriell; Gewerbe...; gewerbe-
treibend; città f ~ Industriestadt f;
regione f ~ Industriebezirk m; paese
m ~ Industriestaat m; 2. m Indu-
strielle(r) m; **~alismo** [-tria'lizmo]
m Industrialismus m; **~alizzare**
[-alid-'dza:re] (1a) industrialisieren;
~alizzazione [-trialid-dzatsi'o:ne]
f Industrialisierung f; **~arsi** [-tri-
'arsi] (1m) sich befleißigen; sich
abmühen; **~oso** [-tri'o:so] betrieb-
sam.

induttanza [indut-'tantsa] f ⚡ In-
duktanz f.

ind|uttivamente [indut-tiva'men-
te] durch Induktionsschluß; **~ut-
tivo** [-dut-'ti:vo] induktiv; Induk-
tions...; elettricità f -a Induk-
tionselektrizität f; **~uttore** [-dut-
'to:re] m Induktor m; **~uzione**
[-dutsi'o:ne] f Induktion f; Rück-
schluß m.

inebetire [inebe'ti:re] (4d) verblöden, stumpfsinnig werden.

inebri|ante [inebri'ante] berau-
schend; **~are** [-bri'a:re] (1m u. b)
berauschen; **~arsi** [-bri'arsi] sich
berauschen (di an dat.).

ineccepibile [inet-tʃe'pi:bile] einwandfrei.

inedia [i'nɛ:dia] f Hunger m; fig.
Langeweile f.

inedito [i'nɛ:dito] unveröffentlicht.

ineduc|abile [inedu'ka:bile] nicht
erziehbar; **~ato** [-'ka:to] unerzogen; ungezogen.

ineff|abile [inef-'fa:bile] unaus-
sprechlich, unsagbar; **~abilità**
[-fabili'ta] f Unaussprechlichkeit f.

ineffettuabile [inef-fet-tu'a:bile]
unausführbar.

ineffic|ace [inef-fi'ka:tʃe] unwirksam; **~acia** [-'ka:tʃa] f Unwirksamkeit f.

ineffici|ente [inef-fi'tʃɛnte] nicht leistungsfähig; unbrauchbar; **~enza** [-'tʃɛntsa] f Leistungsunfähigkeit f, Unfähigkeit f.

inegu|aglianza [inegua'ʎantsa] f Ungleichheit f; Unebenheit f; **~ale** [-gu'a:le] ungleich; uneben.

ineleg|ante [inele'gante] unelegant, plump; **~anza** [-'gantsa] f Mangel m an Eleganz; Plumpheit f.

inelegg|ibile [ineled-'dʒi:bile] unwählbar; **~ibilità** [-dʒibili'ta] f Unwählbarkeit f.

ineluttabile [inelut-'ta:bile] unabwendbar; unumgänglich.

inemendabile [inemen'da:bile] unverbesserlich.

inenarrabile [inenar-'ra:bile] unerzählbar; fig. unaussprechlich.

inequivocabile [inekuivo'ka:bile] unmißverständlich.

iner|ente [ine'rɛnte] haftend (an); verknüpft (mit); **~enza** [-'rɛntsa] f notwendiger Zusammenhang m.

inerme [i'nɛrme] wehrlos.

inerpic|are [inerpi'ka:re] (1m u. d) u. **~arsi** [-'karsi] emporklettern.

inerte [i'nɛrte] untätig; Kapital: tot.

inerzia [i'nɛrtsia] f Untätigkeit f; forza f d'~ Beharrungsvermögen n.

ines|attezza [inezat-'tet-tsa] f Ungenauigkeit f; **~atto** [-'zat-to] ungenau.

inesaudito [inezau'di:to] unerhört.

ines|auribile [inezau'ri:bile] unerschöpflich; **~austo** [-'zausto] unerschöpft.

inescusabile [inesku'za:bile] unentschuldbar.

inesegu|ibile [inezegu'i:bile] unausführbar; **~ito** [-gu'i:to] unausgeführt.

inesig|ibile [inezi'dʒi:bile] uneintreibbar; **~ibilità** [-dʒibili'ta] f Uneintreibbarkeit f.

inesist|ente [inezis'tɛnte] nicht vorhanden; **~enza** [-'tɛntsa] f Nichtvorhandensein n.

inesor|abile [inezo'ra:bile] unerbittlich; **~abilità** [-rabili'ta] f Unerbittlichkeit f.

inesp|erienza [inesperi'ɛntsa] f Unerfahrenheit f; **~erto** [-'pɛrto] unerfahren.

inespi|abile [inespi'a:bile] unsühnbar; **~ato** [-pi'a:to] ungesühnt.

inesplic|abile [inespli'ka:bile] unerklärlich; **~abilità** [-kabili'ta] f Unerklärlichkeit f; **~ato** [-'ka:to] unerklärt.

inesplor|abile [inesplo'ra:bile] unerforschbar; **~ato** [-'ra:to] unerforscht.

inesprimibile [inespri'mi:bile] unaussprechlich.

inespugn|abile [inespu'ɲa:bile] uneinnehmbar; **~abilità** [-ɲabili'ta] f Uneinnehmbarkeit f.

inessiccabile [ines-sik-'ka:bile] nicht austrocknend; Quelle: unversiegbar.

inestimabile [inesti'ma:bile] unschätzbar.

inestingu|ibile [inestingu'i:bile] unauslöschlich; untilgbar; Liebe: unversiegbar; **~ibilità** [-guibili'ta] f Unauslöschlichkeit f, Untilgbarkeit f.

inestirpabile [inestir'pa:bile] unausrottbar.

inestricabile [inestri'ka:bile] unentwirrbar.

inettitudine [inet-ti'tu:dine] f Unfähigkeit f; Untauglichkeit f.

inetto [i'nɛt-to] unfähig; untauglich.

inevaso [ine'va:zo] unerledigt; Brief: unbeantwortet.

inevitabile [inevi'ta:bile] unvermeidbar.

inezia [i'nɛ:tsia] f Lappalie f.

infagott|are [infagot-'ta:re] (1c) zusammenwickeln; einmummeln; **~arsi** [-'tarsi] sich einmummeln.

infall|ibile [infal-'li:bile] unfehlbar; **~ibilità** [-libili'ta] f Unfehlbarkeit f; **~ibilmente** [-libil'mente] ganz bestimmt.

infam|ante [infa'mante] ehrenrührig; **~are** [-'ma:re] (1a) entehren; verleumden; **~atorio** [-ma'tɔ:rio] (pl. -ri) entehrend; verleumderisch.

inf|ame [in'fa:me] schändlich; nichtswürdig; niederträchtig; fig. abscheulich; **~amia** [-'fa:mia] f Schändlichkeit f; Schmach f.

infangare [infaŋ'ga:re] (1e) mit Schmutz bedecken.

infant|a [in'fanta] f Infantin f; **~e** [-te] m Kind n; Infant m.

infant|icida [infanti'tʃi:da] su. (m/pl.

-*i*) Kindesmörder(in *f*) *m*; **~icidio** [-ti'tʃi:dio] *m* (*pl*. -*di*) Kindesmord *m*; **~ile** [-'ti:le] kindlich; Kinder...; *asilo m* ~ Kindergarten *m*; **~ilismo** [-ti'lizmo] *m* Schwachsinn *m*.

infanzia [in'fantsia] *f* Kindheit *f*; *coll*. Kinder *n*/*pl*.; *assistenza f dell'*~ Kinderfürsorge *f*; *giardino m d'*~ Kindergarten *m*.

infarc|imento [infartʃi'mento] *m* Farcieren *n*; Vollstopfen *n*; **~ire** [-'tʃi:re] (4d) farcieren; vollstopfen.

infarin|are [infari'na:re] (1a) mit Mehl bestreuen; F pudern; **~ato** [-'na:to]: *fig*. essere ~ *di qc*. e-e oberflächliche Kenntnis von et. haben; **~atura** [-na'tu:ra] *f* Bestreuen *n* mit Mehl; *fig*. oberflächliche Kenntnis *f*.

infarto [in'farto] *m* Infarkt *m*.

infastid|ire [infasti'di:re] (4d) langweilen; belästigen; **~irsi** [-'dirsi] verdrießlich werden (*di* über *dat*.).

infatic|abile [infati'ka:bile] unermüdlich; **~abilità** [-kabili'ta] *f* Unermüdlichkeit *f*.

infatti [in'fat-ti] in der Tat.

infattibile [infat-'ti:bile] untunlich.

infatu|are [infatu'a:re] (1m) betören; **~arsi** [-tu'arsi] sich vernarren (*di* in *acc*.); **~ato** [-tu'a:to] eingenommen; vernarrt (*di* in *acc*.); **~azione** [-tuatsi'o:ne] *f* Wahn *m*; Eingenommenheit *f*.

infausto [in'fausto] unglückselig.

infec|ondità [infekondi'ta] *f* Unfruchtbarkeit *f*; **~ondo** [-'kondo] unfruchtbar.

infed|ele [infe'de:le] **1.** *adj*. ungetreu; treulos; *Übersetzung*: ungetreu, ungenau; *Rel*. ungläubig; **2.** *m* Ungläubige(r) *m*; **~eltà** [-del-'ta] *f* Untreue *f*; *Rel*. Unglaube *m*; *lit*. Ungenauigkeit *f*.

infel|ice [infe'li:tʃe] unglücklich; **~icità** [-litʃi'ta] *f* Unglück *n*; Unglücklichsein *n*.

infeltr|ire [infel'tri:re] (4d) *u*. **~irsi** [-'trirsi] verfilzen.

infemminire [infem-mi'ni:re] (4d) **1.** *v*/*t*. verweiblichen; **2.** *v*/*i*. weibisch werden.

infer|iore [inferi'o:re] **1.** *adj*. unterer; niedriger; geringer; minderwertig; *l'Italia f* ~ Unteritalien *n*; *ginnasio m* ~ Untergymnasium *n*; *di qualità* ~ von geringerer Qualität; *essere* ~ *a qu*. j-m nachstehen;

essere ~ *al proprio compito* s-r Aufgabe nicht gewachsen sein; **2.** *m* Untergebene(r) *m*; **~iorità** [-riori'ta] *f* Inferiorität *f*; Minderwertigkeit *f*; Unterlegenheit *f*; *complesso m d'*~ Minderwertigkeitsgefühl *n*, -komplex *m*.

inferire [infe'ri:re] (4d) folgern; *Schläge* beibringen.

inferm|are [infer'ma:re] (1a) krank werden, erkranken; **~eria** [-me'ri:a] *f* Krankensaal *m*; Lazarett *n*; **~iera** [-mi'ɛ:ra] *f* Krankenschwester *f*; **~iere** [-mi'ɛ:re] *m* Krankenwärter *m*; **~ità** [-mi'ta] *f* Krankheit *f*; Leiden *n*; ⚖ ~ *parziale* verminderte Zurechnungsfähigkeit *f*; **~iccio** [-'mit-tʃo] (*pl*. -*cci*) kränklich.

infermo [in'fermo] **1.** *adj*. leidend; **2.** *m* Kranke(r) *m*.

infernale [infer'na:le] höllisch; Höllen...; *sofferenza f* ~ Höllenqual *f*.

inferno [in'ferno] *m* Hölle *f*.

inferoc|ire [infero'tʃi:re] (4d) **1.** *v*/*t*. wild, wütend machen; **2.** *v*/*i*. *u*. **~irsi** [-'tʃirsi] wild werden.

inferriata [infer-ri'a:ta] *f* Eisengitter *n*.

infersi [in'fersi] *s. inferire*.

infervor|are [infervo'ra:re] (1m *u*. b) mit Leidenschaft erfüllen; anspornen; anfeuern; **~arsi** [-'rarsi] sich ereifern.

infest|are [infes'ta:re] (1b) verheeren; verseuchen; **~azione** [-tatsi'o:ne] *f* Verheerung *f*; Verseuchung *f*.

infesto [in'festo] schädlich; gefährlich.

infet|tare [infet-'ta:re] (1b) infizieren; verseuchen; **~tivo** [-'ti:vo] ansteckend; Infektions...; *malattia f* -*a* Infektionskrankheit *f*.

infetto [in'fet-to] infiziert; angesteckt; *aria f* -*a* verpestete Luft *f*.

infeud|amento [infeuda'mento] *m* Belehnung *f*; **~are** [-'da:re] (1b) belehnen; unterjochen.

infezione [infetsi'o:ne] *f* Infektion *f*, Ansteckung *f*; Verseuchung *f*.

infiacch|imento [infiak-ki'mento] *m* Entkräftung *f*; **~ire** [-'ki:re] (4d) entkräften.

infiamm|abile [infiam-'ma:bile] leicht entzündbar; entzündlich, feuergefährlich; *materia f* ~ Zündstoff *m*; **~abilità** [-mabili'ta] *f* Ent-

zündbarkeit *f*; Feuergefährlichkeit *f*; **~are** [-'ma:re] (1a) entzünden; *fig.* entbrennen; **~atorio** [-ma'tɔːrio] (*pl.* -ri) entzündend; Entzündungs...; **~azione** [-matsi'oːne] *f* Entzündung *f*; ~ *cerebrale* Gehirnentzündung *f*; ~ *alla gola* Halsentzündung *f*.

infiascare [infias'kaːre] (1d) in Flaschen füllen.

infido [in'fiːdo] treulos.

infierire [infie'riːre] (4d) wüten.

infievolire [infievo'liːre] (4d) schwächen.

infiggere [in'fid-dʒere] (3cc) hineinschlagen; *fig.* einprägen.

infil|are [infi'laːre] (1a) einfädeln; *Kleid* überstreifen; *Perlen usw.* aufreihen; *Ring* anstecken; *Kochk.* aufspießen; *Straße* einschlagen; ~ *la porta* zur Tür hinausgehen; **~arsi** [-'larsi]: ~ *il cappotto usw.* den Mantel *usw.* anziehen.

infiltr|amento [infiltra'mento] *m* Durchsickern *n*; **~arsi** [-'trarsi] (1a) durchsickern; *fig. allmählich* eindringen; **~azione** [-tratsi'oːne] *f* Durchsickern *n*; *allmähliches* Eindringen *n*; 🞖 Infiltration *f*.

infilz|are [infil'tsaːre] (1a) aufspießen; *Perlen* aufziehen; *j-n* durchbohren; *Kleidung*: heften; **~ata** [-'tsaːta] *f* Reihe *f*, Folge *f*.

infimità [infimi'ta] *f* Niedrigkeit *f*.

infimo [infimo] unterst; geringst.

infine [in'fiːne] schließlich.

infing|ardaggine [infiŋgar'dad-dʒine] *f* Faulheit *f*; **~ardire** [-gar'diːre] (4d) **1.** *v/t.* faul machen; **2.** *v/i.* faul werden; **~ardo** [-'gardo] faul.

in|fingersi [in'findʒersi] (3d) sich verstellen; **~fingimento** [-findʒi-'mento] *m* Verstellung *f*.

infin|ità [infini'ta] *f* Unendlichkeit *f*; Unmenge *f*, Unmasse *f*; **~itesimale** [-nitezi'maːle] Infinitesimal-...; *quantità f* unendlich kleine Größe *f*; **~itesimo** [-ni'teːzimo] **1.** *adj.* unendlich klein; **2.** *m* unendlich kleine Größe *f*; **~ito** [-'niːto] **1.** *adj.* unendlich; **2.** *m* Unendliche(s) *n*; *Gram.* Infinitiv *m*; *ripetere all'*~ ohne Ende wiederholen.

infino [in'fiːno] bis; ~ *a che* so lange wie.

infinocchiare [infinok-ki'aːre] (1k *u.* c) hinters Licht führen; beschwatzen.

infioccare [infiok-'kaːre] (1c *u.* d) bebändern.

infiochire [infio'kiːre] (4d) heiser werden.

infior|are [infio'raːre] (1a) mit Blumen schmücken (bestreuen); **~ato** [-'raːto] blumig; **~escenza** [-reʃ-'ʃentsa] *f* Blütenstand *m*.

infirmare [infir'maːre] (1a) entkräften.

infischiarsi [infiski'arsi] (1k): ~ *di qc.* auf et. (*acc.*) pfeifen.

infissi [in'fis-si] *s.* infiggere.

infittire [infit-'tiːre] (4d) dicht werden.

infitto [in'fit-to] *s.* infiggere.

inflazi|one [inflatsi'oːne] *f* Inflation *f*; **~onistico** [-tsio'nistiko] (*pl.* -ci) inflationistisch.

infless|ibile [infles-'siːbile] unbiegsam; *fig.* unbeugsam; **~ibilità** [-sibili'ta] *f* Unbiegsamkeit *f*; Unbeugsamkeit *f*; **~ione** [-si'oːne] *f* Beugung *f*; (*a.* ~ *di voce*) Tonfall *m*; *Gram.* Flexion *f*.

infl|iggere [in'flid-dʒere] (3cc) verhängen; *Schaden* zufügen; *Niederlage* beibringen; **~issi** [-'flis-si], **~itto** [-'flit-to] (1b) *s.* infliggere.

influ|ente [influ'ente] einflußreich; **~enza** [-flu'entsa] *f* Einfluß *m*; *Path.* Influenza *f*; *ammalato d'*~ grippekrank; **~enzale** [-fluen'tsaːle]: *epidemia f* ~ Grippeepidemie *f*; **~enzare** [-fluen'tsaːre] (1b) beeinflussen; **~ire** [-flu'iːre] (4d) einwirken (*su* auf *acc.*); Einfluß haben (auf *acc.*).

influsso [in'flus-so] *m* Einfluß *m*.

infoc|are [info'kaːre] (1d) glühend machen; **~arsi** [-'karsi] glühend werden; *fig.* sich ereifern; aufbrausen; **~ato** [-'kaːto] glühend; feuerrot.

infoderare [infode'raːre] (1m *u.* c) in die Scheide stecken.

infognarsi [info'ɲarsi] (1a) sich einlassen (*in in acc.*), verfallen (*dat.*).

infoltire [infol'tiːre] (4d) dicht werden.

infond|atezza [infonda'tet-tsa] *f* Unbegründetheit *f*; **~ato** [-'daːto] unbegründet.

infondere [in'fondere] (3bb) *Kraft* verleihen; *Mut* einflößen.

inforc|are [infor'kaːre] (1d) aufgabeln; *Brille* aufsetzen; ~ *la bicicletta* sich auf das Fahrrad schwingen; **~ata** [-'ka:ta] *f* Heugabelvoll *f*; **~atura** [-ka'tu:ra] *f* Gabelung *f*; *Kleidung*: Schritt *m*.

informale [infor'ma:le] **1.** *adj.* informell, gegenstandslos; **2.** *m* informelle Kunst *f*.

inform|are [infor'ma:re] (1a) benachrichtigen, unterrichten; belehren; *fig.* leiten; **~arsi** [-'marsi] sich erkundigen; sich orientieren; anfragen; **~ativo** [-ma'ti:vo] erklärend; unterrichtend; *a titolo ~* zur Information; **~atore** [-ma'to:re] **1.** *adj.* gestaltend, bildend; leitend; **2.** *m* Auskunftgeber *m*; **~azione** [-matsi'o:ne] *f* Auskunft *f*; Erkundigung *f*; Aufschluß *m*; Orientierung *f*; *ufficio m -i* Auskunftsbüro *n*.

informe [in'forme] unförmlich, unförmig.

informicolirsi [informiko'lirsi] (4d) *Glieder*: einschlafen.

inforn|are [infor'na:re] (1a) in den Backofen schieben; **~ata** [-'na:ta] *f* Schub *m*.

infortun|arsi [infortu'narsi] (1a) verunglücken; **~ato** [-'na:to] **1.** *adj.* verunglückt; **2.** *m* Verunglückte(r) *m*.

infortunio [infor'tu:nio] *m* (*pl.* -ni) Unfall *m*; ~ *professionale* Berufsunfall *m*; ~ *sul lavoro* Arbeitsunfall *m*; *assicurazione f contro gli -i* Unfallversicherung *f*; *avere un ~* e-n Unfall haben.

infortun|istica [infortu'nistika] *f* Unfallforschung *f*; **~istico** [-'nistiko] (*pl.* -ci) Unfall...

infoss|amento [infos-sa'mento] *m* Vertiefung *f*; Einfallen *n*; Hohlwerden *n*; **~are** [-'sa:re] (1c) in e-e Grube legen; **~arsi** [-'sarsi] *Augen*: hohl werden; *Wangen*: einfallen; **~ato** [-'sa:to] tiefliegend; eingefallen.

infradic|iare [infradi'tʃa:re] (1m), **~ire** [-'tʃi:re] (4d) *v/t.* durchnässen; naß machen; **~iarsi** [-'tʃarsi], **~irsi** [-'tʃirsi] sich naß machen; faulig werden.

inframmettere [infram-'met-tere] (3ee) dazwischenlegen.

inframmischiare [infram-miski-'a:re] (1k) vermischen.

infr|angere [in'frandʒere] (3d) brechen; *Gesetze* übertreten; *Verträge* verletzen; **~angibile** [-fran-'dʒi:bile]: *vetro m ~* splitterfreies Glas *n*; **~ansi** [-'fransi], **~anto** [-'franto] *s. infrangere.*

infrarosso [infra'ros-so] infrarot; *raggi m/pl. -i* Infrarotstrahlen *m/pl.*

infrascritto [infras'krit-to] unterschrieben.

infrasettimanale [infraset-tima-'na:le]: *festa f ~* in die Woche fallender Festtag *m*.

infrastruttura [infrastrut-'tu:ra] *f* Infrastruktur *f*; 𝕏 Bodenorganisation *f*.

infrasuono [infrasu'ɔ:no] *m* Infraschall *m*.

infrazione [infratsi'o:ne] *f* Übertretung *f*; Verletzung *f*; Nichteinhaltung *f*; ~ *disciplinare* Verstoß *m* gegen die Disziplin; ~ *valutaria* Devisenvergehen *n*.

infreddarsi [infred-'darsi] (1a) sich erkälten; **~olirsi** [-do'lirsi] (4d) frösteln.

infrequente [infreku'ente] selten.

infrollire [infrol-'li:re] (4d) **1.** *v/t.* mürbe machen; **2.** *v/i.* mürbe werden.

infrutt|escenza [infrut-teʃ-'ʃentsa] *f* Fruchtstand *m*; **~ifero** [-'ti:fero] unfruchtbar; † unverzinslich; **~uoso** [-tu'o:so] fruchtlos.

infuori [infu'o:ri]: *all'~* di außer.

infurbire [infur'bi:re] (4d) schlau werden.

infuri|are [infuri'a:re] (1k) wüten; **~arsi** [-ri'arsi] in Wut geraten; **~ato** [-ri'a:to] wütend.

inf|usi [in'fu:zi] *s. infondere;* **~usibile** [-fu'zi:bile] unschmelzbar; **~usione** [-fuzi'o:ne] *f* Infusion *f*; Aufguß *m*; **~uso** [-'fu:zo] **1.** *s. infondere;* **2.** *m* Aufguß *m*; **~usorio** [-fu'zɔ:rio] *m* (*pl.* -ri) Infusionstierchen *n*.

ingabbiare [ingab-bi'a:re] (1k) in den Käfig sperren; F einlochen.

ingaggi|are [ingad-'dʒa:re] (1f) engagieren; 𝕏 anwerben; *Schlacht* beginnen; **~arsi** [-'dʒarsi] sich anwerben lassen; eintreten; **~ato** [-'dʒa:to] eingestellt; **~atore** [-dʒa-'to:re] *m* Anwerber *m*.

ingaggio [iŋ'gad-dʒo] *m* (*pl.* -ggi) Einstellung *f*; Anwerbung *f*; Anheuerung *f*.

ingagliard|ire [iŋgaʎar'di:re] (4d)

1. *v/t.* stärken; **2.** *v/i. u.* **~irsi** [-'dirsi] erstarken.

ingann|are [iŋgan-'na:re] (1a) täuschen; betrügen; *Zeit* totschlagen; *l'apparenza inganna* der Schein trügt; **~arsi** [-'narsi] sich täuschen; **~atore** [-na'to:re] **1.** *adj.* trügerisch; **2.** *m* Betrüger *m*; **~evole** [-'ne:vole] trügerisch.

inganno [in'gan-no] *m* Betrug *m*.

ingarbugli|are [iŋgarbu'ʎʎa:re] (1g) verwirren; *j-n* betrügen; **~one** [-'ʎo:ne] *m* Schwindler *m*.

ingegn|arsi [indʒe'ɲarsi] (1a) sich bemühen; *abs.* sich redlich quälen; **~ere** [-'ɲe:re] *m* Ingenieur *m*; **~eria** [-ɲe'ri:a] *f* Ingenieurwesen *n*; technische Fakultät *f*.

ingegno [in'dʒe:ɲo] *m* Talent *n*; Begabung *f*; Geist *m*; Genie *n*; *~ della chiave* Schlüsselbart *m*.

ingegn|osità [indʒeɲosi'ta] *f* Geschicklichkeit *f*; Findigkeit *f*; **~oso** [-'ɲo:so] geistreich; erfinderisch.

ingelosire [indʒelo'si:re] (4d) **1.** *v/t.* eifersüchtig machen; **2.** *v/i.* eifersüchtig werden.

ingemmare [indʒem-'ma:re] (1a) mit Edelsteinen besetzen; *fig.* schmücken.

ingenerare [indʒene'ra:re] (1m *u.* b) erzeugen.

ingeneroso [indʒene'ro:so] unedel.

ingenito [in'dʒe:nito] angeboren.

ingente [in'dʒɛnte] riesig, gewaltig.

ingentil|imento [indʒentili'mento] *m* Veredelung *f*; Verfeinerung *f*; **~ire** [-'li:re] (4d) veredeln; verfeinern.

ing|enuità [indʒenui'ta] *f* Harmlosigkeit *f*, Naivität *f*; **~enuo** [-'dʒe:nuo] harmlos, naiv.

inger|enza [indʒe'rɛntsa] *f* Einmischung *f*; **~ire** [-'ri:re] (4d) einführen; hinunterschlucken; **~irsi** [-'rirsi] sich einmischen.

ingess|are [indʒes-'sa:re] (1b) (ver-)gipsen; *Chir.* eingipsen; **~atura** [-sa'tu:ra] *f* Vergipsung *f*; Eingipsung *f*; Gipsverband *m*.

inghiaiare [iŋgiai'a:re] (1i) mit Kies bestreuen.

inghiott|imento [iŋgiot-ti'mento] *m* Verschlucken *n*; Verschlingen *n*; **~ire** [-'ti:re] (4d) schlucken; hinunterschlucken; *fig.* verschlingen.

inghirlandare [iŋgirlan'da:re] (1a) bekränzen.

ingiall|imento [indʒal-li'mento] *m* Vergilben *n*; **~ire** [-'li:re] (4d) **1.** *v/t.* gelb machen; **2.** *v/i.* vergilben; **~ito** [-'li:to] vergilbt.

ingigantire [indʒigan'ti:re] (4d) **1.** *v/t.* ins Riesenhafte vergrößern; ungeheuer stärken; *fig.* mächtig aufbauschen; **2.** *v/i.* riesengroß werden.

inginocchi|amento [indʒinok-kia-'mento] *m* Knien *n*; **~arsi** [-ki'arsi] (1k) niederknien; **~ato** [-ki'a:to] niederkniend; **~atoio** [-kia'to:io] *m* (*pl. -oi*) Betpult *m*.

ingioiellare [indʒoiel-'la:re] (1b) mit Edelsteinen schmücken.

ingiù [in'dʒu] abwärts; hinunter; nach unten.

ingiudicato [indʒudi'ka:to] unentschieden; noch nicht beurteilt.

ingi|ungere [in'dʒundʒere] (3d) befehlen; **~unsi** [-'dʒunsi], **~unto** [-'dʒunto] *s. ingiungere*; **~unzione** [-dʒuntsi'o:ne] *f* Befehl *m*.

ingiuria [in'dʒu:ria] *f* Beleidigung *f*, Beschimpfung *f*; Schmähung *f*; *fig. le -e della stagione* die Unbilden der Jahreszeit; *fare ~ a qu.* j-n beleidigen.

ingiuri|are [indʒuri'a:re] (1k) beschimpfen; beleidigen; **~oso** [-ri'o:so] beleidigend; Schimpf...

ingiust|amente [indʒusta'mente] zu Unrecht; **~ificabile** [-tifi'ka:bile] nicht zu rechtfertigen(d); **~ificato** [-tifi'ka:to] unberechtigt; *Beschwerde:* unbegründet; *Abwesenheit:* unentschuldigt; **~izia** [-'ti:tsia] *f* Ungerechtigkeit *f*.

ingiusto [in'dʒusto] ungerecht.

inglese [iŋg'le:se] **1.** *adj.* englisch; **2.** *m* Englisch(e) *n*; **3.** *su.* Engländer(in *f*) *m*.

inglorioso [iŋglori'o:so] unrühm-lich.

ingobbire [iŋgob-'bi:re] (4d) bucklig werden; *fig.* hocken.

ingoi|amento [iŋgoia'mento] *m* Verschlucken *n*; Verschlingen *n*; **~are** [-i'a:re] (1i) *abs.* schlucken; (*a. fig.*) *et.* hinunterschlucken; verschlingen.

ingolf|amento [iŋgolfa'mento] *m Mot.* Überlaufen *n*, Ersaufen *n*; **~arsi** [-'farsi] (1a) *Mot.* überlaufen, ersaufen; *fig.* sich einlassen (*in* auf *acc.*); *~ in debiti* sich in Schulden stürzen.

ingollare [iŋgol-'la:re] (1a) hinunterschlucken.

ingolosire [iŋgolo'si:re] (4d) **1.** v/t. naschhaft machen; **2.** v/i. naschhaft werden.

ing|ombrante [iŋgom'brante] platzraubend; sperrig; **~ombrare** [-'bra:re] (1a) *abs.* im Wege sein; verhindern; füllen; *Weg* versperren; **~ombro** [-'gombro] **1.** *adj.* versperrt; beengt; dicht angefüllt; *essere d'~* im Wege stehen; **2.** *m* Hindernis *n*.

ingommare [iŋgom-'ma:re] (1a) gummieren; aufkleben.

ing|ordigia [iŋgor'di:dʒa] *f (pl. -ge)* Gefräßigkeit *f*; *fig.* Gier *f*; **~ordo** [-'gordo] gefräßig; gierig.

ingorgarsi [iŋgor'garsi] (1e) sich verstopfen; *Wasser*: sich stauen; *Verkehr*: stocken.

ingorgo [iŋ'gorgo] *m (pl. -ghi)* Stauung *f*; *Verkehr*: Stau *m*.

ingovernabile [iŋgover'na:bile] unlenkbar; *Pol.* schwer zu regieren.

ingozzare [iŋgot-'tsa:re] hinunterschlucken.

ingran|aggio [iŋgra'nad-dʒo] *m (pl. -ggi)* ⊕ Zahnwerk *n*; Getriebe *n (a. fig.)*; *~ del cambio* Wechselradgetriebe *n*; *~ del differenziale* Ausgleichsgetriebe *n*; **~are** [-'na:re] (1a) ineinandergreifen; *fig.* F klappen, funken; *~ la marcia* den Gang einschalten; **~ato** [-'na:to] *Motor*: heißgelaufen.

ingrand|imento [iŋgrandi'mento] *m* Vergrößerung *f*; *fare un ~* eine Vergrößerung machen; **~ire** [-'di:re] (4d) **1.** v/t. vergrößern; **2.** v/i. größer werden; **~itore** [-di'to:re] *m* Vergrößerungsapparat *m*.

ingrass|amento [iŋgras-sa'mento] *m* Mästen *n*; Düngen *n*; Dickwerden *n*; **~are** [-'sa:re] (1a) **1.** v/t. mästen; fett machen; *⚶* düngen; schmieren; *Auto* abschmieren; **2.** v/i. dick, fett werden; **~atore** [-sa'to:re] *m* Mäster *m*; ⊕ Schmierbüchse *f*.

ingrasso [iŋ'gras-so] *m* Mästen *n*; *⚶* Dünger *m*; *bestiame m da ~* Mastvieh *n*.

ingr|atitudine [iŋgrati'tu:dine] *f* Undankbarkeit *f*; **~ato** [-'gra:to] undankbar; *Angelegenheit*: unangenehm.

ingravidare [iŋgravi'da:re] (1m)

1. v/t. schwängern; **2.** v/i. schwanger werden.

ingraziarsi [iŋgratsi'arsi] (1g) sich einschmeicheln; *~ qu.* j-s Gunst erwerben.

ingr|ediente [iŋgredi'ente] *m* Ingredienz *f*, Bestandteil *m*; Zutat *f*; **~esso** [-'gres-so] *m* Eintritt *m*; Eingang *m*; *feierlicher* Einzug *m*; *~ principale* Haupteingang *m*; *biglietto m d'~* Eintrittskarte *f*.

ingross|amento [iŋgros-sa'mento] *m* Anschwellen *n*; Verdickung *f*; Vergrößerung *f*; **~are** [-'sa:re] (1c) **1.** v/t. dick machen; anschwellen lassen; vergrößern; *Frauen* schwängern; **2.** v/i. dicker werden; zunehmen; *Zunge*: schwer werden; *Fluß*: anschwellen.

ingrosso [iŋ'gros-so]: *all'~* in Bausch und Bogen; *✝* en gros, Groß...; *commercio m all'~* Großhandel *m*; *consumo m all'~* Massenverbrauch *m*.

ingrugn|are [iŋgru'ɲa:re] (1a), **~ire** [-'ɲi:re] (4d) maulen, schmollen; **~ato** [-'ɲa:to], **~ito** [-'ɲi:to] schmollend.

ingrullire [iŋgrul-'li:re] (4d) blöde werden; *fare ~* dumm machen.

inguadabile [iŋgua'da:bile] undurchwatbar.

ingui|are [iŋgui'a:re] (1i) in Schwierigkeiten bringen; P *ein Mädchen* schwängern; **~arsi** [-'arsi] Unannehmlichkeiten bekommen; **~ato** [-'a:to] in Schwierigkeiten steckend.

inguainare [iŋguai'na:re] (1a) in die Scheide stecken.

ingualcibile [iŋgual'tʃi:bile] knitterfrei.

inguant|arsi [iŋguan'tarsi] (1a) die Handschuhe anziehen; **~ato** [-'ta:to] behandschuht; in Handschuhen.

inguaribile [iŋgua'ri:bile] unheilbar.

inguinale [iŋgui'na:le] Leisten...; *ernia f ~* Leistenbruch *m*.

inguine [iŋguine] *m Anat.* Leiste *f*.

inib|ire [ini'bi:re] (4d) untersagen; *Psych.* hemmen; **~ito** [-'bi:to] gehemmt, an Hemmungen leidend; **~itorio** [-bi'to:rio] *(pl. -ri)* verbietend; hemmend, Hemmungs...; **~izione** [-bitsi'o:ne] *f* Verbot *n*; *Psych.* Hemmung *f*.

iniett|are [iniet-'ta:re] (1b) einspritzen; **~ato** [-'ta:to]: ~ *di sangue* blutunterlaufen.

iniezione [inietsi'o:ne] *f* Einspritzung *f*; ♂ Spritze *f*.

inim|icare [inimi'ka:re] (1d) zum Feinde machen; **~icarsi** [-mi'karsi] sich verfeinden; **~icizia** [-mi'tʃi:tsja] *f* Feindschaft *f*; **~ico** [-'mi:ko] (*pl.* -ci) feindlich.

inimitabile [inimi'ta:bile] unnachahmlich.

inimmaginabile [inim-madʒi'na:bile] undenkbar, unvorstellbar.

inintellig|ibile [intintel-li'dʒi:bile] unverständlich; **~ibilità** [-dʒibili'ta] *f* Unverständlichkeit *f*.

ininterrotto [ininter-'rot-to] ununterbrochen.

iniquità [inikui'ta] *f* Ungerechtigkeit *f*; Schändlichkeit *f*; Bosheit *f*; *pl.* boshafte Handlungen *f/pl.*

iniquo [i'ni:kuo] ungerecht; schändlich.

inizi|ale [initsi'a:le] **1.** *adj.* Anfangs-...; *stipendio m* ~ Anfangsgehalt *n*; **2.** *f* Initiale *f*, Anfangsbuchstabe *m*; **~are** [-tsi'a:re] (1g) anfangen; einführen; *fig.* einweihen; **~ativa** [-tsia'ti:va] *f* Initiative *f*; Anstoß *m*; *spirito m d'~* Unternehmungsgeist *m*; **~ato** [-tsi'a:to] *m* Eingeweihte(r) *m*; **~atore** [-tsia'to:re] *m* Bahnbrecher *m*; Urheber *m*; **~azione** [-tsiatsi'o:ne] *f* Einweihung *f*.

inizio [i'ni:tsio] *m* (*pl.* -zi) Beginn *m*.

innaffi|amento [in-naf-fia'mento] *m* Besprengung *f*; Begießen *n*; **~are** [-fi'a:re] (1k) besprengen; *Blumen* begießen; **~atoio** [-fia'to:io] *m* (*pl.* -oi) Gießkanne *f*; **~atrice** [-fia-'tri:tʃe] *f* Sprengwagen *m*; **~atura** [-fia'tu:ra] *f* Besprengung *f*; Begießen *n*.

innalz|amento [in-naltsa'mento] *m* Erhebung *f*; Erhöhung *f*; Errichtung *f*; **~are** [-'tsa:re] (1a) erheben (*a. fig.*); *Preise* erhöhen; *Denkmal* errichten.

innamor|amento [in-namora'mento] *m* Verlieben *n*; Verliebtheit *f*; **~are** [-'ra:re] (1a) verliebt machen; *fig.* entzücken; **~arsi** [-'rarsi]: ~ *di* sich verlieben in (*acc.*); **~ato** [-'ra:to] *m* Verliebte(r) *m*.

innanzi [in-'nantsi] **1.** *prp.* vor; **2.** *adv.* vorher; vorwärts; *d'allora* ~ von da an; *fig. essere* ~ *a qu.* j-m voraus sein; *fig. essere molto* ~ weit

vorgeschritten sein; *fig. passare* ~ *a qu.* j-n übertreffen; *tirare* ~ fortfahren; *fig.* sich durchschlagen.

innato [in-'na:to] angeboren.

innaturale [in-natu'ra:le] unnatürlich.

innegabile [in-ne'ga:bile] unleugbar.

inneggiare [in-ned-'dʒa:re] (1f) Hymnen singen; ~ *a* lobpreisen (*acc.*).

innervos|ire [in-nervo'si:re] (4d) nervös machen; **~irsi** [-'sirsi] nervös werden.

innescare [in-nes'ka:re] (1d) anködern; *Bomben* scharf machen.

innesco [in-'nesko] *m* (*pl.* -chi) Zündstoff *m*; ⚡ Zündung *f*.

innest|abile [in-nes'ta:bile] pfropfbar; einimpfbar; **~are** [-'ta:re] (1b) okulieren, pfropfen; ♂ einimpfen; *Auto*: einschalten; ~ *la marcia indietro* zurückschalten; **~atoio** [-ta-'to:io] *m* (*pl.* -oi) Pfropfmesser *n*; **~atore** [-ta'to:re] *m* Veredler *m*.

innesto [in-'nesto] *m* ♂ Pfropfen *n*; Pfropfreis *n*; ♂ Impfung *f*; ⊕ Kupplung *f*.

inno [in-no] *m* Hymne *f*; ~ *nazionale* Nationalhymne *f*.

innoc|ente [in-no'tʃɛnte] unschuldig; harmlos; **~enza** [-'tʃɛntsa] *f* Unschuld *f*; Harmlosigkeit *f*.

inn|ocuità [in-nokui'ta] *f* Unschädlichkeit *f*; **~ocuo** [-'nɔ:kuo] unschädlich.

innomin|abile [in-nomi'na:bile] unnennbar; **~ato** [-'na:to] ungenannt; namenlos.

innov|are [in-no'va:re] (1c) *abs.* Neuerungen einführen; *et.* erneuern; **~atore** [-va'to:re] *m* Neuerer *m*; **~azione** [-vatsi'o:ne] *f* Neuerung *f*; Erneuerung *f*.

innumerevole [in-nume're:vole] unzählbar.

inoccultabile [inok-kul'ta:bile] nicht zu verbergen.

inocul|are [inoku'la:re] (1m *u.* c) einimpfen; **~azione** [-latsi'o:ne] *f* Einimpfung *f*.

inodoro [ino'do:ro] geruchlos.

inoff|ensibile [inof-fen'si:bile] nicht zu beleidigen(d); unverletzlich; **~ensivo** [-fen'si:vo] harmlos; **~eso** [-'fe:so] unbeleidigt; unverletzt.

inofficioso [inof-fi'tʃo:so] nichtamtlich.

inoltr|are [inol'tra:re] (1a) einreichen; *Briefe* nachsenden; **~arsi** [-'trarsi] vorrücken; eindringen; **~ato** [-'tra:to] vorgerückt; *a sera ~a* in vorgerückter Stunde.

inoltre [i'noltre] außerdem.

inoltro [i'noltro] *m* Weiterbeförderung *f.*

inond|are [inon'da:re] (1a) überschwemmen; **~azione** [-datsi'o:ne] *f* Überschwemmung *f*; Hochwasser *n.*

inoper|osità [inoperosi'ta] *f* Untätigkeit *f*; **~oso** [-'ro:so] untätig.

inopia [i'nɔ:pia] *lit.* Elend *n*; Dürftigkeit *f.*

inopin|abile [inopi'na:bile] undenkbar; **~ato** [-'na:to] unvermutet.

inopport|unità [inop-portuni'ta] *f* Ungelegenheit *f*; Unzeitigkeit *f*; **~uno** [-'tu:no] unangebracht; ungelegen; unzeitig.

inoppugnabile [inop-pu'ɲa:bile] unanfechtbar.

inorg|anicità [inorganitʃi'ta] *f* Mangel *m* an Zusammenhang; **~anico** [-'ga:niko] (*pl.* -ci) unorganisch; ohne inneren Zusammenhang.

inorgoglire [inorgoʎ'i:re] (4d) **1.** *v/t.* stolz machen; **2.** *v/i.* stolz werden.

inorridire [inor-ri'di:re] (4d) **1.** *v/t.* mit Schauder erfüllen; entsetzen; **2.** *v/i.* schaudern; **~ito** [-'di:to] entsetzt.

inospit|ale [inospi'ta:le] unwirtlich; ungastlich; **~alità** [-tali'ta] *f* Unwirtlichkeit *f*; Ungastlichkeit *f.*

inospite [i'nɔspite] *s. inospitale.*

inosserv|abile [inos-ser'va:bile] unwahrnehmbar; unbefolgbar; **~ante** [-'vante] nicht beachtend; **~anza** [-'vantsa] *f* Nichtbeachtung *f*; Nichteinhaltung *f*; **~ato** [-'va:to] unbeachtet; unbemerkt.

inossidabile [inos-si'da:bile] rostfrei.

inquadr|amento [iŋkuadra'mento] *m* Einrahmung *f*; ✕ Aufstellung *f* in Kadern; Einreihung *f*; **~are** [-'dra:re] (1a) einrahmen; *Personen* einreihen; angliedern; ✕ in Kadern aufstellen; **~atura** [-dra'tu:ra] *f* Gliederung *f*; *Phot., Mal.* Bildausschnitt *m.*

inqualificabile [iŋkualifi'ka:bile] unqualifizierbar; unbeschreiblich.

inquantoché [iŋkuanto'ke] soweit.

inquiet|ante [iŋkuie'tante] besorgniserregend; **~are** [-'ta:re] (1b) beunruhigen; *fare ~ qu.* j-n aufbringen, ärgern; **~ezza** [-'tet-tsa] *f* Unruhe *f.*

inquieto [iŋkui'e:to] unruhig.

inquietudine [iŋkuie'tu:dine] *f* Unruhe *f*; Beunruhigung *f.*

inquilino [iŋkui'li:no] *m* Mieter *m*; Hausbewohner *m.*

inquin|amento [iŋkuina'mento] *m* Verunreinigung *f*; **~are** [-'na:re] (1a) verunreinigen; *fig.* verderben.

inqui|rente [iŋkui'rente] untersuchend; Untersuchungs...; *commissione f ~* Untersuchungskommission *f*; **~sire** [-'zi:re] (4d) untersuchen; **~sitivo** [-zi'ti:vo] Untersuchungs...; nachforschend; **~sitore** [-zi'to:re] *m* Inquisitor *m*; **~sitoria** [-zi'tɔ:ria] *f* gerichtliche Untersuchung *f*; **~sitorio** [-zi'tɔ:rio] (*pl.* -ri) inquisitorisch; **~sizione** [-zitsi'o:ne] *f* Untersuchung *f*; ⚖ Nachforschung *f*; Inquisition *f.*

insabbi|amento [insab-bia'mento] *m* Versandung *f*; **~are** [-bi'a:re] (1k) versanden.

insacc|are [insak-'ka:re] (1d) einsacken; ✕ einkesseln; *Wurstwaren* füllen; **~ato** [-'ka:to] *m: carne f ~a* Wurstwaren *f/pl.*

insala|ta [insa'la:ta] *f* Salat *m*; *~ di cetrioli* Gurkensalat *m*; *~ di lattuga* Kopfsalat *m*; *~ di patate* Kartoffelsalat *m*; **~tiera** [-lati'e:ra] *f* Salatschüssel *f.*

insaliv|are [insali'va:re] (1a) einspeicheln; **~azione** [-vatsi'o:ne] *f* Einspeichelung *f.*

insalubre [insa'lu:bre] ungesund.

insalubrità [insalubri'ta] *f* Ungesundheit *f.*

insalutato [insalu'ta:to] unbegrüßt; *andarsene ~ ospite* fortgehen, ohne sich zu verabschieden.

insalvatichire [insalvati'ki:re] (1d) verwildern.

insanabile [insa'na:bile] unheilbar; unversöhnlich.

insanguin|are [insaŋgui'na:re] (1m) mit Blut beflecken; **~ato** [-'na:to] blutig.

ins|ania [in'sa:nia] *f* Torheit *f*; **~anire** [-sa'ni:re] (4d) verrückt werden; **~ano** [-'sa:no] töricht.

insapon|are [insapo'na:re] (1a)

einseifen; **~atura** [-na'tu:ra] *f*
Einseifen *n*.

insaporire [insapo'ri:re] (4d)
schmackhaft machen.

insaputa [insa'pu:ta]: *all'~ di qu.*
ohne j-s Wissen.

insazi|abile [insatsi'a:bile] uner-
sättlich; **~abilità** [-tsiabili'ta] *f*
Unersättlichkeit *f*; **~ato** [-tsi'a:to]
ungesättigt.

inscatolare [inskato'la:re] (1m) in
Dosen füllen.

inscenare [inʃe'na:re] (1a) inszenieren; in Szene setzen.

inscindibile [inʃin'di:bile] untrenn-
bar.

insecchire [insek-'ki:re] (4d) 1. *v/t.*
trocken machen; ausdörren; 2. *v/i.*
vertrocknen, verdorren.

insedi|amento [insedia'mento] *m*
Einsetzung *f*; Amtsantritt *m*; **~are**
[-di'a:re] (1b u. k) *in ein Amt* einsetzen; **~arsi** [-di'arsi] *ein Amt* antreten.

insegna [in'seɲa] *f* Abzeichen *n*;
♱ (Laden-)Schild *n*; ▨ Wappen *n*;
fig. Grundsatz *m*, Prinzip *n*; *~
luminosa* Lichtreklame *f*; *-e pl.*
Insignien *pl.*

insegn|amento [inseɲa'mento] *m*
Unterricht *m*; Belehrung *f*; Lehr-
beruf *m*; *~ obbligatorio* Pflicht-
unterricht *m*; *~ universitario* Hoch-
schulunterricht *m*; *~ dell'italiano*
Italienischunterricht *m*; *corso m d'~*
Lehrgang *m*; *programma m d'~*
Lehrplan *m*; *darsi all'~* den Lehr-
beruf ergreifen; **~ante** [-'ɲante]
1. *adj.* lehrend; *corpo m ~* Lehrkörper *m*; 2. *su.* Lehrer(in *f*) *m*;
-i m/pl. Lehrkräfte *f/pl.*; **~are**
[-'ɲa:re] (1a) lehren; *abs.* Lehrer
sein; *~ qc. a qu.* j-n et. lehren; j-n
in et. unterrichten.

insegu|imento [insegui'mento] *m*
Verfolgung *f*; **~ire** [-gu'i:re] (4b)
verfolgen; **~itore** [-gui'to:re] *m*
Verfolger *m*.

insellare [insel-'la:re] (1b) satteln.

inselvatichire [inselvati'ki:re] (4d)
verwildern.

insenatura [insena'tu:ra] *f* Einbuchtung *f*; Bucht *f*.

insens|ataggine [insensa'tad-dʒi-
ne] *f*, **~atezza** [-sa'tet-tsa] *f* Torheit *f*; **~ato** [-'sa:to] 1. *adj.* unsin-
nig; 2. *m* Tor *m*; **~ibile** [-'si:bile]
unmerklich; unempfindlich; seelen-

los; **~ibilità** [-sibili'ta] *f* Unemp-
findlichkeit *f*.

insepar|abile [insepa'ra:bile] unzer-
trennlich; **~abilità** [-rabili'ta] *f*
Unzertrennlichkeit *f*; **~ato** [-'ra:to]
ungetrennt.

insepolto [inse'polto] unbeerdigt.

insequestr|abile [insekues'tra:bile]
unkonfiszierbar; ♱ unpfändbar;
~abilità [-trabili'ta] *f* Unkonfis-
zierbarkeit *f*; Unpfändbarkeit *f*.

inser|imento [inseri'mento] *m* Ein-
fügung *f*; ⊕ Einschaltung *f*; **~ire**
[-'ri:re] (4d) einfügen; einreihen;
⚡ einschalten; *Artikel* einrücken;
♱ *abs.* inserieren; **~irsi** [-'rirsi] beitreten (*dat.*); sich einschalten; **~i-
tore** [-ri'to:re] *m* Inserent *m*; ⚡
Einschalter *m*.

inserto [in'serto] 1. *s. inserire*; 2. *m*
Aktenheft *n*, Aktenstück *n*; *in der
Zeitung*: Beilage *f*.

inserv|ibile [inser'vi:bile] un-
brauchbar; **~ibilità** [-vibili'ta] *f*
Unbrauchbarkeit *f*; **~iente** [-vi'εn-
te] *m* Diener *m*.

inserz|ione [insertsi'o:ne] *f* Ein-
fügung *f*; Einrückung *f*; Einschaltung *f*; Inserat *n*, Anzeige *f*; *mettere un'~* inserieren; **~ionista**
[-tsio'nista] *su.* (*m/pl. -i*) Inserent(in
f) *m*.

insett|icida [inset-ti't∫i:da] 1. *adj.*
insektentötend; *polvere f ~* Insek-
tenpulver *m*; 2. *m* (*pl. -i*) Insekten-
vertilgungsmittel *n*; **~ivoro** [-'ti:-
voro] 1. *adj.* insektenfressend;
2. *m* Insektenfresser *m*.

insetto [in'set-to] *m* Insekt *n*.

insidia [in'si:dia] *f* Hinterlist *f*; *fig.*
Falle *f*.

insidi|are [insidi'a:re] (1k) *j-m* e-e
Falle stellen; nachstellen; **~oso**
[-di'o:so] hinterlistig; tückisch.

insieme [in'si:e:me] 1. *adv.* zusammen; zugleich; *~ a* nebst; 2. *m* Gesamtheit *f*; Ganze(s) *n*.

insigne [in'siɲe] hervorragend.

insignificante [insiɲifi'kante] unbedeutend.

insignire [insi'ɲi:re] (4d) auszeichnen; *~ qu. di qc.* j-m et. verleihen; *fu insignito dell'ordine* er
wurde mit dem Orden ausgezeichnet.

insignor|ire [insiɲo'ri:re] (4d) 1.
v/t. zum Herrn machen; reich
machen; 2. *v/i.* reich werden; **~irsi**

[-'rirsi] sich bemächtigen; reich werden.

insincero [insin'tʃɛ:ro] unaufrichtig; unecht.

insindacabile [insinda'ka:bile] unkontrollierbar; unanfechtbar.

insino [in'si:no] bis; ~ a che so lange (als, wie).

insinu|ante [insinu'ante] einschmeichelnd; **~are** [-nu'a:re] (1m) hineinführen; *fig.* einflößen; unterstellen; *Verdacht* erregen; **~arsi** [-nu'arsi] eindringen; *fig.* sich einschmeicheln; **~azione** [-nuatsi'o:ne] f Insinuation f; Unterstellung f.

insipid|ezza [insipi'det-tsa] f, **~ità** [-di'ta] f Abgeschmacktheit f; Fadheit f.

insipido [in'si:pido] fade.

insipi|ente [insipi'ente] unwissend; *pfr.* töricht; **~enza** [-pi'entsa] f Unwissenheit f; *pfr.* Torheit f.

insist|ente [insis'tente] beharrlich; dringlich; **~enza** [-'tentsa] f Beharrlichkeit f; Dringen n.

insistere [in'sistere] (3f) auf et. (*acc.*) bestehen; ~ a fare qc. et. nachdrücklich *od.* immer wieder tun; *non* ~ su un argomento bei e-m Thema nicht zu lange verweilen; ~ in una richiesta auf e-r Forderung bestehen.

insito [insito] angeboren.

inso|cevole [inso'tʃe:vole] ungesellig; menschenscheu; **~cevolezza** [-tʃevo'let-tsa] f Ungeselligkeit f.

insoddisfatto [insod-dis'fat-to] unbefriedigt.

insoff|erente [insof-fe'rente] ungeduldig; *essere* ~ di qc. et. nicht ertragen können; **~erenza** [-fe'rentsa] f Nichtertragen n; Ungeduld f; **~ribile** [-'fri:bile] unerträglich.

insolazione [insolatsi'o:ne] f Sonnenstich m.

insol|ente [inso'lente] frech; **~entire** [-len'ti:re] (4d) 1. *v/t.* frech behandeln; 2. *v/i.* frech werden; **~enza** [-'lentsa] f Frechheit f.

insolito [in'sɔ:lito] ungewöhnlich; ungewohnt.

insol|ubile [inso'lu:bile] unlösbar; 🜍 unlöslich; **~ubilità** [-lubili'ta] f Unlösbarkeit f; Unlöslichkeit f; **~uto** [-'lu:to] ungelöst; unaufgelöst; **~vente** [-'vente] 1. *adj.* zah-

lungsunfähig; 2. m Zahlungsunfähige(r) m; **~venza** [-'ventsa] f Zahlungsunfähigkeit f; **~vibile** [-'vi:bile] zahlungsunfähig; **~vibilità** [-vibili'ta] f s. insolvenza.

insomma [in'som-ma] kurz; schließlich; ~ delle somme kurz und gut.

insommerg|ibile [insom-mer-'dʒi:bile] unversenkbar; **~ibilità** [-dʒibili'ta] f Unversenkbarkeit f.

insondabile [inson'da:bile] unergründlich.

ins|onne [in'sɔn-ne] schlaflos; **~onnia** [-'sɔn-nia] f Schlaflosigkeit f; **~onnolito** [-son-no'li:to] schlaftrunken.

insopport|abile [insop-por'ta:bile] unerträglich; **~abilità** [-tabili'ta] f Unerträglichkeit f.

insopprimibile [insop-pri'mi:bile] ununterdrückbar.

insordire [insor'di:re] (4d) taub werden.

insorgere [in'sordʒere] (3d) sich erheben, sich empören; *Schwierigkeiten, Zweifel:* auftreten, entstehen.

insormontabile [insormon'ta:bile] unüberwindlich.

insorsi [in'sorsi] s. insorgere.

insorto [in'sorto] 1. s. insorgere; 2. m Aufständische(r) m.

insosp|ettabile [insospet-'ta:bile] über jeden Verdacht; **~ettato** [-'ta:to] unverdächtig; unvermutet, unvorhergesehen; **~ettire** [-'ti:re] (4d) 1. *v/t.:* ~ qu. in j-m Verdacht erregen; 2. *v/i. u.* **~ettirsi** [-'tirsi] Verdacht schöpfen.

insosten|ibile [insoste'ni:bile] unhaltbar; **~ibilità** [-nibili'ta] f Unhaltbarkeit f.

insostituibile [insostitu'i:bile] unersetzbar.

insozzare [insod-'dza:re] (1a) besudeln.

insper|abile [inspe'ra:bile] nicht zu erhoffen(d); **~ato** [-'ra:to] unverhofft.

inspiegabile [inspie'ga:bile] unerklärlich.

inspir|are [inspi'ra:re] (1a) einatmen; *fig.* einflößen; eingeben; **~atore** [-ra'to:re] Einatmungs...; **~azione** [-ratsi'o:ne] f Einatmung f.

inst|abile [ins'ta:bile] unbeständig;

~abilità [-tabili'ta] f Unbeständigkeit f.

install|are [instal-'la:re] (1a) aufstellen; einsetzen; ⊕ anlegen; *in ein Amt einsetzen*; **~arsi** [-'larsi] *ein Amt einsetzen*; sich einrichten; **~atore** [-la'to:re] m Installateur m; **~azione** [-latsi'o:ne] f Anlage f; Einführung f; Einsetzung f; Amtsantritt m.

instancabile [instan'ka:bile] unermüdlich.

instare [ins'ta:re] (1q) drängen.

instaur|are [instau'ra:re] (1a) errichten, gründen; **~azione** [-ratsi'o:ne] f Errichtung f, Gründung f.

insù [in'su] hinauf; oben; nach oben.

insubordin|atezza [insubordina-'tet-tsa] f Unbotmäßigkeit f; Widersetzlichkeit f; **~ato** [-'na:to] unbotmäßig; widersetzlich; **~azione** [-natsi'o:ne] f Widersetzlichkeit f.

insuccesso [insut-'tʃes-so] m Mißerfolg m.

insudiciare [insudi'tʃa:re] (1m u. f) beschmutzen.

insuffici|ente [insuf-fi'tʃɛnte] ungenügend; unzureichend; untauglich; **~enza** [-'tʃɛntsa] f Untauglichkeit f; Unzulänglichkeit f; **~ cardiaca** Herzschwäche f.

insulare [insu'la:re] inselartig; Insel...; *stato m ~* Inselstaat m.

insulina [insu'li:na] f Insulin n.

insulsaggine [insul'sad-dʒine] f Fadheit f; Abgeschmacktheit f; Geistlosigkeit f.

insulso [in'sulso] fade; *fig.* abgeschmackt.

insultare [insul'ta:re] (1a) beleidigen; beschimpfen.

insulto [in'sulto] m Beleidigung f; Beschimpfung f; *Path.* Anfall m.

insuper|abile [insupe'ra:bile] unübertrefflich; unüberwindlich; **~abilità** [-rabili'ta] f Unübertrefflichkeit f; Unüberwindlichkeit f; **~ato** [-'ra:to] unübertroffen; unüberwunden.

insuperb|ire [insuper'bi:re] (4d) 1. *v/t.* stolz machen; 2. *v/i. u.* **~irsi** [-'birsi] stolz werden.

insur|rezionale [insur-retsio'na:le] aufständisch; **~rezione** [-tsi'o:ne] f Aufstand m.

insussist|ente [insus-sis'tɛnte] nicht bestehend; hinfällig; unbegründet;

~enza [-'tentsa] f Nichtbestehen n; Hinfälligkeit f Unbegründetheit f.

intabarrare [intabar-'ra:re] (1a) in den Mantel einhüllen.

intacc|are [intak-'ka:re] (1d) 1. *v/t.* anschneiden; *Klinge* schartig machen; *fig.* anbrechen; anrühren; angreifen; 2. *v/i.* mit der Zunge anstoßen; **~atura** [-tak-ka'tu:ra] f Anschnitt m; Kerbe f; *Klinge*: Scharte f.

intagli|are [inta'ʎa:re] (1g) schnitzeln; *Metalle* stechen; *Steine* schneiden; **~atore** [-ʎa'to:re] m Schnitzer (Holzschnitzer) m; Stecher (Kupferstecher) m.

intaglio [in'ta:ʎo] m (*pl. -gli*) Schnitzerei f; Stecherei f; Steinschneidekunst f.

intang|ibile [intan'dʒi:bile] unantastbar; **~ibilità** [-dʒibili'ta] f Unantastbarkeit f.

intanto [in'tanto] inzwischen; unterdessen; *~ che* während.

intarl|ato [intar'la:to] wurmstichig; **~atura** [-la'tu:ra] f Wurmstich m.

intarmare [intar'ma:re] (1a) von den Motten zerfressen werden.

intarsi|are [intarsi'a:re] (1k) *in Holz* einlegen; *fig.* einflechten; **~atore** [-sia'to:re] m Intarseur m; Kunsttischler m.

intarsio [in'tarsio] m (*pl. -si*) Einlegearbeit f, Intarsia f; *fig.* Ausschmückung f.

intas|amento [intasa'mento] m Verstopfung f; **~are** [-'sa:re] (1a) verstopfen; **~arsi** [-'sarsi] sich verstopfen; **~ato** [-'sa:to] verstopft.

intascare [intas'ka:re] (1d) einstecken.

intatto [in'tat-to] unberührt; unversehrt; *fig.* unbefleckt.

intavol|are [intavo'la:re] (1m) täfeln; *Frage* aufwerfen; *Verhandlungen* einleiten; *Gespräche* anfangen; *Schachspiel* aufstellen; **~ato** [-'la:to] m getäfelter Wand f; getäfelter Fußboden m; Holztäfelung f; **~atura** [-la'tu:ra] f Täfelung f.

integerrimo [inte'dʒer-rimo] rechtschaffen, makellos.

integr|abile [inte'gra:bile] ergänzbar; integrierbar; **~ale** [-'gra:le] 1. *adj.* vollständig; wesentlich; Integral...; *pane m ~* Schrotbrot n; *calcolo m ~* Integralrechnung f; 2. & m Integral n; **~almente**

[-gral'mente] vollständig; **~ante** [-'grante] wesentlich; ergänzend; **~are** [-'gra:re] (1l) vervollständigen; *&* integrieren; **~azione** [-gratsi'o:ne] f Vervollständigung f; Integration f; ~ *economica* Wirtschaftsintegration f; ~ *dei mercati* Zusammenschluß m der Märkte; **~ità** [-gri'ta] f Vollständigkeit f; Unversehrtheit f; Integrität f; *fig.* Unbescholtenheit f.

integro [integro] vollständig; unversehrt; *fig.* makellos, rein.

intelai|are [intelai'a:re] (1i) in den Rahmen einspannen; *Garn* aufbäumen; *das Gerüst* (e-r Maschine) aufbauen; **~atura** [-ia'tu:ra] f Aufspannen n; Rahmenwerk n; Gerüst n.

intell|ettivo [intel-let-'ti:vo] zum Verstande gehörig; Verstandes...; *potenza f ~a* Verstandeskraft f; **~etto** [-'let-to] m Verstand m; Geist m; Intellekt m; **~ettuale** [-lettu'a:le] **1.** *adj.* geistig; intellektuell; *patrimonio m ~* Gedankengut n; *lavoratore m ~* Geistesarbeiter m; **2.** *su.* Intellektuelle(r *m* m u. f; **~igente** [-li'dʒɛnte] klug, verständig; **~igenza** [-li'dʒɛntsa] f Klugheit f; Talent n; Verständnis n; Einverständnis n; **~igibile** [-li'dʒi:bile] verständlich; **~igibilità** [-lidʒibili'ta] f Verständlichkeit f.

intemer|ata [inteme'ra:ta] f Strafpredigt f; **~ato** [-'ra:to] unbescholten.

intemper|ante [intempe'rante] unmäßig; **~anza** [-'rantsa] f Unmäßigkeit f.

intemp|erie [intem'pe:rie] f/pl. Unwetter n; **~estività** [-pestivi'ta] f Unzeitigkeit f; **~estivo** [-pes'ti:vo] unzeitig.

intend|ente [inten'dente] **1.** *adj.* kundig; verständig; *essere ~ di qc.* sich auf et. (*acc.*) verstehen; **2.** *m* Kenner m; Intendant m; **~enza** [-'dɛntsa] f Intendantur f; ~ *di finanza* Finanzamt n.

intend|ere [in'tendere] (3c) verstehen; hören; meinen; beabsichtigen; vorhaben; verlangen; ~ *l'arte* kunstverständig sein; *fare ~ zu* verstehen geben; *dare ~ qc.* et. durchblicken lassen; *s'intende!* selbstverständlich!; natürlich!; **~ersi** [-si] übereinkommen, sich verständigen;

~ *di qc.* sich auf et. (*acc.*) verstehen; **~ersela** [-sela]: ~ *con qu.* sich mit j-m verstehen; mit j-m im Einverständnis sein; *c.s.* mit j-m unter e-r Decke stecken; *intendiamoci!* wohlverstanden!

intend|imento [intendi'mento] m Einsicht f; Absicht f; **~itore** [-'to:re] m Kenner m.

intener|imento [inteneri'mento] m Erweichung f; Rührung f; **~ire** [-'ri:re] (4d) **1.** *v/t.* erweichen; **2.** *v/i. u.* **~irsi** [-'rirsi] weich, gerührt werden.

intens|ificare [intensifi'ka:re] (1n *u.* d) vermehren; verstärken, steigern; intensiver machen; **~ificazione** [-sifikatsi'o:ne] f Intensivierung f; Verstärkung f; **~ità** [-si'ta] f *allg. u. Phys.* Intensität f; Heftigkeit f; *&* ~ *di corrente* Stromstärke f; **~ivo** [-'si:vo] intensiv.

intenso [in'tenso] heftig; intensiv.

intentabile[1] [inten'ta:bile] nicht zu versuchen(d).

intentabile[2] [inten'ta:bile] *ₜₜₓ* anstrengbar.

intentare [inten'ta:re] (1b) *ₜₜₓ* anstrengen; *Klage* erheben.

intentato [inten'ta:to] unversucht; unerforscht.

intento [in'tento] **1.** *adj.* bedacht; beschäftigt (*a* mit *dat.*); **2.** *m* Absicht f; Zweck m.

inten|zionale [intentsio'na:le] vorsätzlich; **~zionato** [-tsio'na:to] gesinnt; *essere ~ di* die Absicht haben zu; **~zione** [-tsi'o:ne] f Absicht f; *avere ~* willens sein; *con ~* absichtlich; *senza ~* unabsichtlich, ohne Absicht.

interamente [intera'mente] gänzlich; durchweg(s).

intercalare [interka'la:re] **1.** *v/t.* (1a) einschalten; **2.** *adj.* eingeschaltet; *Schalt...; mese m ~* Schaltmonat m; **3.** *m* Refrain m.

intercambiabile [interkambi'a:bile] auswechselbar.

intercapedine [interka'pɛ:dine] f Zwischenraum m.

interc|edere [inter't∫ɛ:dere] (3l) dazwischentreten; ~ *per qu.* für j-n ein gutes Wort einlegen; **~essione** [-t∫es-si'o:ne] f Fürsprache f; **~essore** [-t∫es-'so:re] m Fürsprecher m.

intercett|are [intert∫et-'ta:re] (1b) auffangen; abhören; **~azione**

[-tatsi'o:ne] f Auffangen n; Abhören n.

inter|comunale [interkomu'na:le] zwischengemeindlich; mehrere Gemeinden betreffend; **~comunicante** [-komuni'kante] in Verbindung stehend; **~comunicazione** [-komunikatsi'o:ne] f gegenseitige Verbindung f; **~continentale** [-kontinen'ta:le] zwischenkontinental; die Erdteile verbindend; **~correre** [-'kor-rere] (3o) dazwischenliegen; **~costale** [-ko'sta:le] Interkostal...

interdetto [inter'det-to] **1.** s. interdire; **2.** adj. verboten; rimanere **~** sprachlos bleiben; **3.** m Rel. Interdikt n.

interdipend|ente [interdipen'dɛnte] voneinander abhängig; **~enza** [-'dentsa] f gegenseitige Abhängigkeit f.

interd|ire [inter'di:re] (3t) untersagen; ⚖ **~** qu. j-n entmündigen; Rel. mit dem Interdikt belegen; **~izione** [-ditsi'o:ne] f Verbot n; Entmündigung f; Rel. Interdikt n, Interdiktion f.

interess|amento [interes-sa'mento] m Interesse n, Teilnahme f; **~ante** [-'sante] interessant; aufschlußreich; in stato **~** in anderen Umständen; **~are** [-'sa:re] (1b) **1.** v/t. interessieren; angehen, betreffen; **~** qu. in qc. j-n an et. beteiligen; **2.** v/i. von Wichtigkeit sein; **~arsi** [-'sarsi] sich interessieren (di für acc.); sich annehmen (gen.); **~ato** [-'sa:to] **1.** adj. interessiert (a an dat.); gewinnsüchtig; † beteiligt; **2.** m Beteiligte(r) m.

interesse [inte'rɛs-se] m Interesse n; Gewinnsucht f; Anteil m; Zinsfuß m, Zinsen m/pl.; **~** composto Zinseszins m; **~** usurario Wucherzins m; **-i** pl. fig. Angelegenheiten f/pl.; Geschäfte n/pl.; comunità f d'-i Interessengemeinschaft f; godimento m degli -i Zinsgenuß m; matrimonio m d'**~** Geldheirat f; servizio m degli -i Zinsendienst m; fare gli -i di qu. für den Vorteil e-s anderen arbeiten; vivere sugli -i von den Zinsen leben; per **~** aus Interesse; senza **~** interessenlos.

interezza [inte'ret-tsa] f Vollständigkeit f.

interfer|enza [interfe'rɛntsa] f In-

terferenz f; fig. Einmischung f; Überschneidung f; **~ire** [-'ri:re] (4d) interferieren; fig. sich einschalten.

interfogliare [interfo'ʎa:re] (1g u. c) durchschießen.

interfono [inter'fɔ:no] m Haustelefon n.

interiezione [interietsi'o:ne] f Interjektion f, Ausruf m.

interim [interim] m inv. Interim n; vorläufige Verwaltung f.

inter|inale [interi'na:le] interimistisch; **~inato** [-ri'na:to] m Interimszustand m; **~ino** [-'ri:no] interimistisch, stellvertretend.

inter|iora [interi'o:ra] f/pl. Eingeweide n/pl.; **~iore** [-'o:re] **1.** adj. innere; **2.** m Innere(s) n; **~iormente** [-or'mente] inwendig.

inter|linea [inter'li:nea] f Zwischenlinie f; Typ. Durchschuß m; **~lineare** [-line'a:re] **1.** adj. interlinear; **2.** v/t. (1n) zwischen die Zeilen schreiben; Typ. durchschießen; **~lineatura** [-linea'tu:ra] f Durchschuß m; **~lineazione** [-lineatsi'o:ne] f Durchschießung f.

interlo|cutore [interloku'to:re] m redende Person f; Gesprächspartner m; Thea. Partner m; -i pl. Personen f/pl.; **~cutorio** [-ku'tɔ:rio] (pl. -ri): risposta f -a Zwischenbescheid m; **~quire** [-ku'i:re] (4d) dareinreden.

interludio [inter'lu:dio] m (pl. -di) Intermezzo n.

interm|ediario [intermedi'a:rio] (pl. -ri) **1.** adj. dazwischenliegend; **2.** m Vermittler m; **~edio** [-'mɛ:dio] (pl. -di) mittlere; Mittel...; Zwischen...; spazio m **~** Zwischenraum m; **~ezzo** [-'mɛd-dzo] m Intermezzo n; Zwischenstück n; Zwischenspiel n.

intermin|abile [intermi'na:bile] endlos; **~ato** [-'na:to] unendlich; unbeendet.

interministeriale [interministeri'a:le] interministeriell.

intermitt|ente [intermit-'tɛnte] aussetzend; intermittierend; febbre f **~** Wechselfieber n; **~enza** [-'tɛntsa] f Unterbrechung f; Aussetzen n.

intern|amente [interna'mente] innen; innerlich; im Innern; **~amento** [-na'mento] m Internierung f; **~are** [-'na:re] (1b) internieren;

~**arsi** [-'narsi] tief eindringen; ~**ato** [-'na:to] *m* Internierte(r) *m*; Internat *n*.

internazion|ale [internatsio'na:le] **1.** *adj.* international; **2.** ♀ *f* Internationale *f*; ~**alismo** [-na'lizmo] *m* Internationalismus *m*; ~**alità** [-nali'ta] *f* Internationalität *f*.

internista [inter'nista] *m* (*pl.* -i) Internist *m*, Arzt *m* für innere Krankheiten.

interno [in'terno] **1.** *adj.* innere, innerlich; innig; Inlands...; **2.** *m* Innere(s) *n*; Innenaufnahme *f*; (*a. alunno m* ~) Interne(r) *m*; *via Dante No 6* ~ *9* Dantestraße Nr. 6 Tür 9; *commercio m* ~ Inlandshandel *m*; *ministro m dell'*~ *od. degli -i* Minister *m* des Innern, Innenminister *m*; *navigazione f -a* Binnenschiffahrt *f*.

intero [in'te:ro] ganz; voll; vollständig; *latte m* ~ Vollmilch *f*; *un anno* ~ ein ganzes Jahr.

interparlamentare [interparlamen'ta:re] interparlamentarisch.

interpell|ante [interpel-'lante] *m* Interpellant *m*; ~**anza** [-'lantsa] *f* Interpellation *f*; ~**are** [-'la:re] (1b) interpellieren, befragen.

interplanetario [interplane'ta:rio] (*pl.* -ri) interplanetar, Weltraum...; *esplorazione f* ~ Weltraumforschung *f*; *stazione f -a* Weltraumstation *f*; *viaggio m* ~ Weltraumfahrt *f*.

interpol|are [interpo'la:re] (1m *u.* b) einschalten; ~**azione** [-latsi'o:ne] *f* Einschaltung *f*.

interp|orre [inter'por-re] (3ll) einschieben; *Berufung* einlegen; *Autorität* einsetzen; ~ *tempo* zögern; ~**orsi** [-'porsi] sich dazwischenlegen; vermitteln; ~**osi** [-'po:zi] *s. interporre;* ~**osizione** [-pozitsi'o:ne] *f* Vermittlung *f*; ~ *di tempo* Verzögerung *f*; ~**osto** [-'posto] *s. interporre; persona f -a* vermittelnde Person *f*.

interpret|are [interpre'ta:re] (1m *u.* b) auslegen; deuten; interpretieren; *Gefühlen* Ausdruck geben (*dat.*); *Rolle* spielen; *fig.* auffassen; ~**ariato** [-tari'a:to] *m* Dolmetscherwesen *n*; ~**ativo** [-ta'ti:vo] erklärend, Erklärungs...; ~**azione** [-tatsi'o:ne] *f* Auslegung *f*; Deutung *f*.

interprete [in'terprete] *m* Ausleger *m*; Deuter *m*; Dolmetscher *m*; *Thea., Film:* Darsteller *m*.

interpunzione [interpuntsi'o:ne] *f* Interpunktion *f*.

interrare [inter-'ra:re] (1b) eingraben.

inter|regionale [inter-redʒo'na:le] interregional; ~**regno** [-'re:ɲo] *m* Interregnum *n*; Zwischenregierung *f*.

interrog|are [inter-ro'ga:re] (1m, b *u.* e) befragen; *Schüler* abfragen; *Zeugen* verhören; ~**ativo** [-ga'ti:vo] fragend; *punto m* ~ Fragezeichen *n*; ~**atore** [-ga'to:re] *m* Fragesteller *m*; ~**atorio** [-ga'to:rio] (*pl.* -ri) **1.** *adj.* fragend; **2.** *m* Verhör *n*; Vernehmung *f*; ~**azione** [-gatsi'o:ne] *f* Frage *f*; Anfrage *f*.

interr|ompere [inter-'rompere] (3rr) unterbrechen; *Tel.* ~ *la comunicazione* abhängen; ~ *il lavoro* pausieren; ~**otto** [-'rot-to], ~**uppi** [-'rup-pi] *s. interrompere;* ~**uttore** [-rut-'to:re] *m* Unterbrecher *m*; ⚡ Schalter (Ausschalter) *m*; *Licht-schalter m*; ⚡ ~ *a leva* Hebel-schalter *m*; ~**uzione** [-rutsi'o:ne] *f* Unterbrechung *f*, ⚡ Störung *f*; ~ *della circolazione* Verkehrsstörung *f*.

inter|secare [interse'ka:re] (1m, b *u.* d) kreuzen; (durch)schneiden; ~**sezione** [-setsi'o:ne] *f* Schnittpunkt *m*; Schnittlinie *f*; ~**stizio** [-s'ti:tsio] *m* (*pl.* -zi) Zwischenraum *m*; ~**urbana** [-ur'ba:na] *f* Ferngespräch *n*; ~**urbano** [-ur'ba:no]: *comunicazione f -a* Fernsprechverbindung *f*; ~**vallo** [-'val-lo] *m* Zwischenraum *m*; (*a.* ~ *di tempo*) Zwischenzeit *f*; Abstand *m*; ♪ Tonabstand *m*; *momenti m/pl. di lucido* ~ *od. lucidi* ~ lichte Augenblicke *m/pl.*; *a -i* in Pausen.

interv|enire [interve'ni:re] (4p) dazwischenkommen; *Schutzleute:* einschreiten; ~ *a una festa* e-m Fest beiwohnen; *Pol.* intervenieren; *fig.* sich dazwischenlegen; ~**entismo** [-ven'tizmo] *m* Interventionismus *m*; ~**entista** [-ven'tista] *su.* (*m/pl.* -i) Interventionist (-in *f*) *m*; Anhänger(in *f*) *m* des Kriegseintritts Italiens; ~**ento** [-'vɛnto] *m* Dazwischentreten *n*; Erscheinen *n*; Anwesenheit *f*; *der Polizei:* Einschreiten *n*; *Pol.* Intervention *f*; Zuziehung *f*; ✂ Eingriff *m*; con *l'~ di* ... im Beisein von ...

inter|vista [inter'vista] *f* Interview *n*, Unterredung *f*; **~vistare** [-vis-'ta:re] (1a) interviewen; **~vistatore** [-vista'to:re] *m* Interviewer *m*.

intes|a [in'te:sa] *f* Einverständnis *n*; *Pol.* Entente *f*, Verband *m*; *volontà f d'~* Verständigungswille *m*; *darsi l'~* sich verabreden; **~i** [-si] *s. intendere;* **~o** [-so] **1.** *s. intendere;* **2.** *adj.* ben *~* wohlverstanden; *ben ~ che* wenn nur; unter der Bedingung, daß; *male ~* mißverstanden; *non darsene per ~* sich darum nicht kümmern; *resta ~ che* es bleibt dabei, daß; *è cosa -a che* es ist abgemacht, daß; *come siete rimasti -i?* was habt ihr ausgemacht?

intessere [in'tes-sere] (3a) einweben; *Kränze* flechten; *fig.* anzetteln; *~ qc. a qc.* et. mit et. ausschmücken.

intest|are [intes'ta:re] (1b) mit der Überschrift versehen; ✝ auf *j-s* Namen eintragen; **~arsi** [-'tarsi] sich versteifen (*di auf acc.*); **~atario** [-ta'ta:rio] *m (pl. -ri)* (eingetragener) Inhaber *m*.

intestato¹ [intes'ta:to] hartnäckig.

intestato² [intes'ta:to] ohne Testament.

intest|atura [intesta'tu:ra] *f* Eintragung *f*; Starrköpfigkeit *f*; (Brief-) Kopf *m*; *Typ.* Kolumnentitel *m*; **~azione** [-tatsi'o:ne] *f* Überschrift *f*; Titel *m*; Briefkopf *m*; Eintragung *f*.

intest|inale [intesti'na:le] Darm...; *colica f ~* Darmkolik *f*; **~ino** [-'ti:no] **1.** *adj.* innere; *guerra f -a* Bürgerkrieg *m*; **2.** *m* Darm *m*; *~ cieco* Blinddarm *m*.

intiepid|ire [intiepi'di:re] (4d) **1.** *v/t.* lau machen; **2.** *v/i. u.* **~irsi** [-'dirsi] lau werden.

intim|are [inti'ma:re] (1l *od.* 1a) **1.** *v/t.* gebieten; ⚖ ankündigen; zustellen; *Krieg* erklären; *~ la resa* zur Übergabe auffordern; **2.** *v/i.: ~ a qu. di (inf.)* j-n auffordern zu; **~azione** [-matsi'o:ne] *f* Ankündigung *f*; Aufforderung *f*; ✝ Vorladung *f*; *~ di guerra* Kriegserklärung *f*; *~ di pagamento* Zahlungsaufforderung *f*.

intimid|atorio [intimida'to:rio] einschüchternd; *politica f -a* Ein-

schüchterungspolitik *f*; **~azione** [-datsi'o:ne] *f* Einschüchterung *f*; **~ire** [-'di:re] (4d) einschüchtern; **~irsi** [-'dirsi] verzagen; schüchtern werden.

intimità [intimi'ta] *f* Vertrautheit *f*.

intimo [intimo] **1.** *adj.* innerst, innig; *fig.* intim, vertraut; **2.** *m* Innerste(s) *n*; (*a. adj.: amico m ~*) Busenfreund *m*.

intimor|ire [intimo'ri:re] (4d): *~ qu.* j-m bange machen; **~irsi** [-'rirsi] Angst bekommen.

int|ingere [in'tindʒere] (3d) eintauchen; *fig.* schöpfen; **~ingolo** [-'tingolo] *m* Soße *f*, Tunke *f*; **~insi** [-'tinsi], **~into** [-'tinto] *s. intingere.*

intirizz|imento [intirid-dzi'mento] *m* Erstarrung *f*; **~ire** [-'dzi:re] (4d) **1.** *v/t.* starr machen; **2.** *v/i. u.* **~irsi** [-'dzirsi] erstarren; **~ito** [-'dzi:to] erstarrt; steif.

intitol|are [intito'la:re] (1m) betiteln; benennen (*a nach dat.*); *~ qc. a qu.* j-m et. widmen; **~azione** [-latsi'o:ne] *f* Benennung *f*; Titel *m*; Zueignung *f*.

intoller|abile [intol-le'ra:bile] unerträglich; **~abilità** [-rabili'ta] *f* Unerträglichkeit *f*; **~ante** [-'rante] unduldsam; **~anza** [-'rantsa] *f* Unduldsamkeit *f*.

intonac|are [intona'ka:re] (1m, c u. d) verputzen; übertünchen; **~atura** [-ka'tu:ra] *f* Verputzen *n*.

intonaco [in'tɔ:nako] *m (pl. -chi)* Verputz *m*; Tünche *f*; Mörtelüberzug *m*; *fig.* Äußere(s) *n*; F Schminke *f*; *sotto ~* unter Putz.

inton|are [into'na:re] (1c) *abs.* einsetzen; einstimmen; *Gesang* anstimmen; *Instrument* stimmen; *Farben* abstimmen; **~arsi** [-'narsi] passen (*a zu dat.*), übereinstimmen (*mit dat.*); *questo cappello s'intona bene col vestito* der Hut paßt in der Farbe zum Kleid; **~ato** [-'na:to] aufeinander abgestimmt; *essere ~* den Ton halten; **~azione** [-natsi'o:ne] *f* Anstimmen *n*; Einsetzen *n*; *dare l'~* den Ton angeben.

intonso [in'tonso] ungeschoren; *Bücher:* unbeschnitten.

intont|imento [intonti'mento] *m* Betäubung *f*; Benommenheit *f*; **~ire** [-'ti:re] (4d) **1.** *v/t.* betäubt machen; verwirren; **2.** *v/i.* betäubt werden; ~**ito** [-'ti:to] betäubt, benommen.

intoppare [intop-'pa:re] (1c) **1.** v/t. zufällig treffen; F kriegen; **2.** v/i. stolpern (*in* über *acc.*); stoßen (*in* auf *acc.*).

intoppo [in'tɔp-po] m Hindernis n.

intorbid|amento [intorbida'mento] m Trübung f; ~**are** [-'da:re] (1m u. c) u. ~**ire** [-'di:re] (4d) trüben; ~**irsi** [-'dirsi] trübe werden.

intorno [in'torno] **1.** prp. um; um ... herum; ungefähr; über; **2.** adv. umher, herum; d'ogni ~ von allen Seiten her; ~ ~ ringsherum; levarsi qu. d'~ sich j-n vom Halse schaffen.

intorpid|imento [intorpidi'mento] m Steif-, Stumpfwerden n; ~**ire** [-'di:re] (4d) **1.** v/t. steif (stumpf) machen; **2.** v/i. steif (stumpf) werden; fig. abstumpfen.

intossic|are [intos-si'ka:re] (1m, c u. d) vergiften; ~**azione** [-katsi'o:ne] f Vergiftung f; ~ alcoolica Alkoholvergiftung f; sintomo m di ~ Vergiftungserscheinung f.

intraducibile [intradu'tʃi:bile] unübersetzbar.

intr|alciamento [intraltʃa'mento] m Behinderung f, Störung f; ~**alciare** [-'tʃa:re] (1f) behindern, stören; ~**alcio** [-'traltʃo] m (pl. -ci) Störung f; Hindernis n.

intrallazzo [intral-'lat-tso] m Machenschaft f.

intramezzare [intramed-'dza:re] (1b) teilen; dazwischenlegen.

intramontabile [intramon'ta:bile] unvergänglich.

intramuscolare [intramusko'la:re] intramuskulär.

intransig|ente [intransi'dʒɛnte] intransigent, unversöhnlich; ~**enza** [-'dʒɛntsa] f Intransigenz f, Unversöhnlichkeit f.

intransitivo [intransi'ti:vo] **1.** adj. intransitiv; **2.** m intransitives Zeitwort n.

intrappolare [intrap-po'la:re] (1m) in der Falle fangen; fig. überlisten.

intrapr|endente [intrapren'dɛnte] **1.** adj. unternehmend; unternehmungslustig; **2.** m Draufgänger m; ~**endenza** [-'dɛntsa] f Unternehmungslust f; ~**endere** [-'prɛndere] (3c) unternehmen; Laufbahn einschlagen; Studium beginnen; ~**esi**

[-'pre:si], ~**eso** [-'pre:so] s. intraprendere.

intrasferibile [intrasfe'ri:bile] nicht verlegbar; † nicht übertragbar.

intratt|abile [intrat-'ta:bile] schwer zu behandeln; unzugänglich; ~**abilità** [-tabili'ta] f schwer zu behandelnder Charakter m; Unzugänglichkeit f.

intratten|ere [intrat-te'ne:re] (2q) unterhalten; ~**ersi** [-'nersi] sich aufhalten (su bei dat.).

intra|vedere [intrave've:de:re] (2s) flüchtig erblicken; fig. ahnen; ~**visto** [-'visto] s. intravedere.

intrecci|are [intret-'tʃa:re] (1f) verflechten; Haare flechten; Finger ineinanderkreuzen; ~**arsi** [-'tʃarsi] sich verschlingen.

intreccio [in'tret-tʃo] m (pl. -cci) Verwick(e)lung f; Lit. Handlung f.

intr|epidezza [intrepi'det-tsa] f Unerschrockenheit f; ~**epido** [-'trɛ:pido] unerschrocken.

intric|are [intri'ka:re] (1d) verwickeln; ~**ato** [-'ka:to] verwickelt; fig. verworren.

intrico [in'tri:ko] m (pl. -chi) Gewirr n; fig. Verwirrung f, Durcheinander n.

intridere [in'tri:dere] (3q) einrühren; einweichen; beschmutzen.

intrig|ante [intri'gante] **1.** adj. intrigant; **2.** m Intrigant m, Ränkeschmied m; ~**are** [-'ga:re] (1e) **1.** v/t. verwickeln; **2.** v/i. intrigieren; Ränke schmieden; ~**arsi** [-'garsi]: ~ in qc. sich in et. (acc.) (hin)einmischen.

intrigo [in'tri:go] m (pl. -ghi) Intrigen f/pl., Machenschaften f/pl.

intrinseco [in'trinseko] (pl. -ci) **1.** adj. inner; fig. vertraut; amico m ~ Busenfreund m; valore m ~ Sachwert m; **2.** m Innere(s) n; innerstes Wesen n; innerer Wert m; Vertraute(r) m.

intri|si [in'tri:zi], ~**so** [-zo] s. intridere; intriso di sangue blutbefleckt.

intristire [intris'ti:re] (4d) verkümmern.

introd|otto [intro'dot-to] s. introdurre; ~**ucibile** [-du'tʃi:bile] einführbar; ~**uco** [-'du:ko] s. introdurre; ~**urre** [-'dur-re] (3e) einführen; Besuch vorlassen; Ware einführen; ~ qu. a qc. j-n in et. (acc.) einweihen; ~**ursi** [-'dursi]

sich einschleichen; **~ussi** [-'dus-si]
s. *introdurre*; **~uttivo** [-dut'ti:vo]
einführend; einleitend; **~uzione**
[-dutsi'o:ne] *f* Einführung *f*; *Lit.*
Einleitung *f*; ♱ Einfuhr *f*; ♩
Ouvertüre *f*.

intr|oitare [introi'ta:re] (1c) ein-
kassieren, einziehen; **~oito** [-'tro:i-
to] *m* Eingang *m*; Einnahme *f*;
Rel. Introitus *m*; ~ *giornaliero*
Tageseinnahme *f*.

introm|ettere [introˈmet-tere] (3ee)
einführen; **~ettersi** [-ˈmet-tersi]
sich einmischen; **~isi** [-ˈmiːzi] *s.*
intromettere; **~issione** [-mis-siˈo:-
ne] *f* Einmischung *f*; Vermittlung
f.

intronare [introˈnaːre] (1c) betäuben.

introspe|ttivo [introspet-ˈtiːvo]
introspektiv; **~zione** [-spetsiˈo:ne]
f Introspektion *f*; *Lit.*, *Phil.* Selbst-
beobachtung *f*.

introvabile [introˈvaːbile] unauffindbar.

intro|versione [introversiˈo:ne] *f*
Introversion *f*; **~verso** [-ˈvɛrso],
~vertito [-verˈtiːto] **1.** *adj.* intro-
vertiert; **2.** *m* Introvertierte(r)
m.

intrufolarsi [intrufoˈlarsi] (1m)
sich hineindrängen, sich hindurch-
schlängeln.

intr|ugliare [intruˈʎaːre] (1g) ver-
mischen; pan(t)schen; *bursch. Magen* verkorksen; **~ugliarsi** [-ˈʎarsi]
sich beschmutzen; *fig.* sich einmischen; **~uglio** [-ˈtruʎːo] *m* (*pl.*
-gli) Pan(t)scherei *f*; Gebräu *n,*
V Gesöff *n.*

intr|usione [intruziˈo:ne] *f* Eindrin-
gen *n*; **~uso** [-ˈtruːzo] *m* Eindring-
ling *m.*

intu|ire [intuˈi:re] (4d) intuitiv er-
fassen; ahnen; **~itivo** [-tuiˈtiːvo] in-
tuitiv, anschaulich; ersichtlich.

intuito [inˈtuːito] *m*, **intuizione**
[-tuitsiˈo:ne] *f* Intuition *f*; Eingebung *f*, Ahnung *f*.

inturgidire [inturdʒiˈdiːre] (4d)
anschwellen.

inum|anità [inumaniˈta] *f* Un-
menschlichkeit *f*; **~ano** [-ˈmaːno]
unmenschlich.

inum|are [inuˈmaːre] (1a) begra-
ben; **~azione** [-matsiˈo:ne] *f* Be-
erdigung *f.*

inumid|ire [inumiˈdiːre] (4d) an-

feuchten; **~irsi** [-ˈdirsi] feucht
werden.

inurb|amento [inurbaˈmento] *m*
Verstädterung *f*; **~anità** [-baniˈta]
f Unhöflichkeit *f*; **~ano** [-ˈbaːno]
unhöflich; **~arsi** [-ˈbarsi] (1a) in die
Stadt ziehen.

inusitato [inuziˈtaːto] ungebräuchlich.

in|utile [iˈnuːtile] unnütz; sinnlos;
~utilità [inutiliˈta] *f* Nutzlosigkeit
f; **~utilizzabile** [inutiliˈdzaːbile]
unverwendbar; **~utilizzare** [inu-
tilidˈdzaːre] (1a) unnütz machen;
~utilizzato [-ˈdzaːto] ungebraucht,
unbenutzt; **~utilmente** [inutil-
ˈmente] vergebens, umsonst.

inv|adente [invaˈdɛnte] aufdring-
lich; **~adenza** [-vaˈdɛntsa] *f* Auf-
dringlichkeit *f*; **~adere** [-ˈvaːdere]
(3q) eindringen in (*acc.*); ⚔ einfallen in (*acc.*); einnehmen; hereinbrechen über (*acc.*); *Epidemie:*
heimsuchen; *Wasser:* überfluten;
~ *i diritti di qu.* in j-s Rechte eingreifen.

invagh|imento [invagiˈmento] *m*
Sichverlieben *n*; **~ire** [-ˈgiːre] (4d)
bezaubern; verliebt machen; **~irsi**
[-ˈgirsi] ~ *di* sich verlieben in
(*acc.*).

invalere [invaˈleːre] (2r) Geltung
gewinnen; Fuß fassen; sich ein-
bürgern.

invalid|are [invaliˈdaːre] (1m) ent-
kräften; für ungültig erklären;
~azione [-datsiˈo:ne] *f* Entkräftung
f; Ungültigkeitserklärung *f*; **~ità**
[-diˈta] *f* Ungültigkeit *f*; Rechts-
ungültigkeit *f*; Invalidität *f*, Dienst-
unfähigkeit *f*; Arbeitsunfähigkeit
f; *assicurazione f contro l'* ~ Invalidi-
tätsversicherung *f.*

invalido [inˈvaːlido] **1.** *adj.* invalid;
⚖ ungültig; rechtsungültig; **2.** *m*
Invalide *m.*

inv|alsi [inˈvalsi], **~also** [-so] *s. in-
valere.*

invano [inˈvaːno] vergebens.

invarcabile [invarˈkaːbile] unüber-
schreitbar.

invari|abile [invariˈaːbile] unver-
änderlich; **~abilità** [-riabiliˈta] *f*
Unveränderlichkeit *f*; **~ato** [-riˈaː-
to] unverändert.

invas|amento [invazaˈmento] *m*
Besessenheit *f*; **~are** [-ˈzaːre] (1a)
ergreifen; in ein Gefäß tun; **~ato**

[-'za:to] besessen; **~atura** [-za-'tu:ra] f ⚓ Stapel m.

inv|asi [in'va:zi] s. *invadere*; **~asione** [-vazi'o:ne] f (feindlicher) Einfall m (*di* in acc.); Umsichgreifen n; Eingreifen n; Verbreitung f; *guerra* f *d'~* Angriffskrieg m; **~aso** [-'va:zo] s. *invadere*; **~asore** [-va-'zo:re] 1. adj. einfallend; *l'esercito ~* das einfallende Heer; 2. m Eindringling m; einfallender Feind m.

invecchi|amento [invek-kia'men-to] m Altern n; **~are** [-ki'a:re] (1k) 1. v/t. alt machen; 2. v/i. alt werden; altern; ergrauen; *fig.* veralten.

invece [in've:tʃe] statt dessen; hingegen, jedoch; *~ di inf.* anstatt zu; *~ di lui* (= *in sua vece*) an seiner Stelle.

inveire [inve'i:re] (4d) losziehen; heftig schelten (*contro* auf acc.).

invelen|ire [invele'ni:re] (4d) 1. v/t. erbittern; 2. v/i. u. **~irsi** [-'nirsi] wild werden; **~ito** [-'ni:to] erbittert.

invend|ibile [inven'di:bile] unverkäuflich; **~ibilità** [-dibili'ta] f Unverkäuflichkeit f.

invendic|abile [invendi'ka:bile] unrächbar; **~ato** [-'ka:to] ungeracht.

invenduto [inven'du:to] unverkauft.

inventare [inven'ta:re] (1b) erfinden.

invent|ariare [inventari'a:re] (1k) *abs.* ein Inventar machen; *~ qc.* et. ins Inventar eintragen; **~ario** [-'ta:rio] m (pl. -ri) Inventar n; Sachverzeichnis n; Inventur f.

inven|tiva [inven'ti:va] f Erfindungsgabe f; **~tivo** [-'ti:vo] erfinderisch; **~tore** [-'to:re] m Erfinder m; **~zione** [-tsi'o:ne] f Erfindung f; *una pura ~* eine glatte Lüge.

inverdire [inver'di:re] (4d) grünen.

inverec|ondia [invere'kondia] f Schamlosigkeit f; **~ondo** [-'kondo] schamlos.

invern|ale [inver'na:le] winterlich; Winter...; *accampamento* m *~* Winterlager n; *semestre* m *~* Wintersemester m; *sport* m *~* Wintersport m; **~ata** [-'na:ta] f Winter m.

inverniciare [inverni'tʃa:re] (1f) firnissen, lackieren.

inverno [in'verno] m Winter m; *d'~* im Winter; *notte* f *d'~* Winternacht

f; *nel cuore dell'~* im tiefsten Winter.

invero [in've:ro] wirklich; in der Tat.

invero|simiglianza [inverosimi-'ʎantsa] f Unwahrscheinlichkeit f; **~simile** [-'si:mile] unwahrscheinlich.

inversione [inversi'o:ne] f Inversion f; Umkehrung f; Umstellung f; *~ di rotta* Kurswechsel m.

inverso [in'verso] umgekehrt.

invertebrato [inverte'bra:to] 1. adj. wirbellos; 2. m wirbelloses Tier n, Invertebrat m.

invert|ibile [inver'ti:bile] umkehrbar; umstellbar; **~ire** [-'ti:re] (4b od. 4d) umkehren; umstellen; *~ le parti* die Rollen vertauschen; *Auto: ~ la marcia* den Rückwärtsgang einschalten; **~ito** [-'ti:to] m Invertierte(r) m; Homosexuelle(r) m. [bar.)

investibile [inves'ti:bile] † anleg-)

investig|are [investi'ga:re] (1m, b u. e) forschen; erforschen; nachforschen; **~ativo** [-ga'ti:vo] nachforschend; *agente* m *~* Polizeiagent m; **~atore** [-ga'to:re] m Erforscher m; Nachforscher m; *~ privato* Privatdetektiv m; **~azione** [-gatsi'o:ne] f Nachforschung f.

invest|imento [investi'mento] m *Auto:* Überfahren n; † Anlegen n; 🚢 Zusammenstoß m; ⚓ Kollision f; *~ di capitali* Kapitalanlage f; **~ire** [-'ti:re] (4d od. 4b) einsetzen; bekleiden (*di* mit); *ehm.* belehnen; ✗ angreifen; ⚓ aufrennen auf (acc.); *Auto:* überfahren; *Geld* anlegen; 🚢 fahren auf (acc.); **~irsi** [-'tirsi] aufeinanderstoßen; *~ della parte di qu.* sich in j-s Zustand versetzen; *Thea.* sich in die Rolle hineinleben; **~itura** [-ti'tu:ra] f Bekleiden n; Einsetzung f; *ehm.* Belehnung f; **~izione** [-titsi'o:ne] f: *banca* f *d'~* Investitionsbank f.

inveterato [invete'ra:to] eingewurzelt.

invetriata [invetri'a:ta] f Glasfenster n.

invettiva [invet-'ti:va] f Invektive f, heftiger Ausfall m.

invi|are [invi'a:re] (1h) senden; schicken; **~ato** [-vi'a:to] m Abgesandte(r) m; *~ speciale* Sonderberichterstatter m.

invidia [in'vi:dia] *f* Neid *m*.

invidi|abile [invidi'a:bile] beneidenswert; **~are** [-di'a:re] (1k) beneiden; **~oso** [-di'o:so] **1.** *adj.* neidisch; **2.** *m* Neider *m*.

invido [invido] *poet.* neidisch.

invil|uppare [invilup-'pa:re] (1a) einwickeln; *fig.* verwirren; **~uppo** ['lup-po] *m* Bündel *n*; *fig.* Verwirrung *f*.

invinc|ibile [invin'tʃi:bile] unbesiegbar; **~ibilità** [-tʃibili'ta] *f* Unbesiegbarkeit *f*.

invio [in'vi:o] *m* (*pl. -vii*) Sendung *f*.

inviol|abile [invio'la:bile] unverletzlich; unantastbar; **~abilità** [-labili'ta] *f* Unverletzlichkeit *f*; Unantastbarkeit *f*; **~ato** [-'la:to] unverletzt; unberührt.

inviper|ire [invipe'ri:re] (4d) *u.* **~irsi** [-'rirsi] giftig werden, sich erbosen; **~ito** [-'ri:to] wütend.

invischi|are [inviski'a:re] (1k) mit Vogelleim bestreichen; **~arsi** [-ki'arsi] auf den Leim gehen (*a. fig.*).

invis|ibile [invi'zi:bile] unsichtbar; **~ibilità** [-zibili'ta] *f* Unsichtbarkeit *f*.

inviso [in'vi:zo] *lit.* unbeliebt.

invit|ante [invi'tante] einladend; **~are** [-'ta:re] (1a) einladen; auffordern; **~ato** [-'ta:to] *m* Gast *m*; **~atorio** [-ta'tɔ:rio] (*pl. -ri*) einladend; Einladungs...

invito [in'vi:to] *m* Einladung *f*; Aufforderung *f*; **~** *a presentarsi* Vorladung *f*.

invitto [in'vit-to] *lit.* unbesiegt.

invoc|abile [invo'ka:bile] anrufbar; **~are** [-'ka:re] (1c *u.* d) anrufen; anflehen; **~ativo** [-ka'ti:vo] anrufend; anflehend; **~azione** [-katsi'o:ne] *f* Anrufung *f*.

invogli|are [invoʎ'ʎa:re] (1g *u.* k) anregen; **~** *qu. a qc.* in j-m die Lust zu et. (*dat.*) erwecken; **~arsi** [-'ʎarsi] Lust bekommen (*di zu dat.*).

invol|are [invo'la:re] (1a) entwenden; **~arsi** [-'larsi] entschwinden.

involgar|ire [involga'ri:re] (4d) *u.* **~irsi** [-'rirsi] ordinär (gemein) werden.

involgere [in'vɔldʒere] (3d) einwickeln, einschlagen; **~** *qu. in qc.* j-n in et. (*acc.*) hineinziehen.

involo [in'vo:lo] *m* Start *m*, Abflug *m*.

involontario [involon'ta:rio] (*pl. -ri*) unfreiwillig.

involsi [in'vɔlsi] *s.* involgere.

inv|oltare [invol'ta:re] (1c) einwickeln; **~oltini** [-vol'ti:ni] *m/pl.* Rouladen *f/pl.*; **~olto** [-'vɔlto] **1.** *s.* involgere; **2.** *m* Bündel *n*; Paket *n*; **~olucro** [-'vɔ:lukro] *m* Hülle *f*.

invol|uto [-'lu:to] verwickelt; **~uzione** [-lutsi'o:ne] *f* Verwicklung *f*; *c.s.* Niedergang *m*; **~** *senile* Altersschwäche *f*.

invulner|abile [invulne'ra:bile] unverletzlich; **~abilità** [-rabili'ta] *f* Unverletzlichkeit *f*.

inzaccherare [intsak-ke'ra:re] (1m) mit Schmutz bespritzen.

inzeppare [intsep-'pa:re] (1a) vollstopfen; überladen.

inzuccherare [intsuk-ke'ra:re] (1m) überzuckern; zuckern.

inzupp|are [intsup-'pa:re] (1a) einweichen; **~ato** [-'pa:to] durchnäßt.

io [i:o] **1.** *pron.* ich; **~** *come* **~** ich für m-e Person; **2.** *m* Ich *n*; *il mio* **~** mein Ich.

iodato [io'da:to] **1.** *adj.* jodhaltig; Jod...; **2.** *m* jodsaures Salz *n*.

iodico [i'ɔ:diko] (*pl. -ci*) jodhaltig.

iodio [i'ɔ:dio] *m* Jod *n*.

iodoformio [iodo'fɔrmio] *m* Jodoform *n*.

ioduro [io'du:ro] *m* Jodverbindung *f*.

iole [i'ɔ:le], **iolla** [i'ɔl-la] *f* Jolle *f*; **~** *a quattro* (*otto*) *juniores* Juniorenvierer (-achter) *m*.

ione [i'o:ne] *Phys.* Ion *n*.

ionico [i'ɔ:niko] (*pl. -ci*) ionisch.

ionosfera [iono'sfe:ra] *f* Ionosphäre *f*.

iosa [i'ɔ:za]: *a* **~** in Hülle und Fülle.

iota [i'ɔ:ta] *m u. f* Jota *n*; *fig.* Tüttelchen *n*.

ipecacuana [ipekaku'a:na] *f* Brechwurzel *f*.

iperalimentazione [iperalimentatsi'o:ne] *f* Überernährung *f*.

iperbole [i'pɛrbole] *f* Hyperbel *f*.

iperbolico [iper'bɔ:liko] (*pl. -ci*) hyperbolisch.

iper|dosaggio [iperdo'zad-dʒo] *m* (*pl. -ggi*) Überdosierung *f*; **~emia** [-e'mi:a] *f* Blutandrang *m*; **~estesia** [-este'zi:a] *f* Überempfindlichkeit *f*; **~metropia** [-metro'pi:a] *f* Weitsichtigkeit f; **~nutrizione** [-nutri-tsi'o:ne] f Überernährung f; **~sensibile** [-sen'si:bile] überempfindlich; **~sensibilità** [-sensibili'ta] f Überempfindlichkeit f; **~tensione** [-tensi'o:ne] f Hypertension f, Hypertonie f; **~** *sanguigna* erhöhter Blutdruck m; **~teso** [-'te:so] hypertonisch; **~trofia** [-tro'fi:a] f Hypertrophie f; Überentwicklung f.

ipn|osi [ip'nɔ:zi] f Hypnose f; **~o-tico** [-'nɔ:tiko] (pl. -ci) hypnotisch.

ipnot|ismo [ipno'tizmo] m Hypnotismus m; **~izzare** [-tid-'dza:re] (1a) hypnotisieren; **~izzatore** [-tid-dza'to:re] m Hypnotiseur m.

ipocond|ria [ipokon'dri:a] f Hypochondrie f; Gemütskrankheit f; fig. Schwermut f; **~riaco** [-'dri:ako] (pl. -ci) 1. adj. schwermütig; 2. m Hypochonder m; Schwermütige(r) m.

ipocrisia [ipokri'zi:a] f Heuchelei f.

ipocrita [i'pɔ:krita] 1. adj. heuchlerisch; 2. su. (m/pl. -i) Heuchler(in f) m.

ip|odermico [ipo'dermiko] (pl. -ci) subkutan; **~ofisi** [i'pɔ:fizi] f Anat. Hypophyse f, Hirnanhang m; **~o-gastrio** [-'gastrio] m Unterleib m; **~ogeo** [-'dʒɛ:o] m unterirdisches Gewölbe n; Gruft f.

ipot|eca [ipo'tɛ:ka] f (pl. -che) Hypothek f; **~** *cauzionale* Sicherungshypothek f; *prendere (accendere)* *un'~* e-e Hypothek aufnehmen; *conservatore m delle -che* Hypothekenbewahrer m; **~ecabile** [-te'ka:bile] verpfändbar; mit e-r Hypothek belastbar; **~ecare** [-te'ka:re] (1b u. d) mit Hypotheken belasten; verpfänden; **~ecario** [-te'ka:rio] (pl. -ri) hypothekarisch; Hypotheken...; *banca f -a* Hypothekenbank f.

ipotensione [ipotensi'o:ne] f zu schwacher Blutdruck m.

ipotenusa [ipote'nu:za] f Hypotenuse f.

ipotesi [i'pɔ:tezi] f Hypothese f.

ipotetico [ipo'tɛ:tiko] (pl. -ci) hypothetisch.

ippic|a [ip-pika] f Pferdesport m; **~o** [-ko] (pl. -ci) Pferde...; *società f -a* Verein m für Pferdezucht.

ippo|campo [ip-po'kampo] m Seepferdchen n; **~castano** [-kas'ta:no] m Roßkastanie(nbaum m) f.

ippodromo [ip-'pɔ:dromo] m Hippodrom m u. n.

ippopotamo [ip-po'pɔ:tamo] m Nilpferd n.

ipsilon [ipsilon] m Ypsilon n.

ira [i:ra] f Zorn m; *dire ~ di Dio di qu.* alles mögliche Schlechte über j-n sagen; *è un'~ di Dio* er (sie) ist wirklich eine lästige Person.

iracheno [ira'ke:no] 1. adj. irakisch; 2. m Iraker m.

ira|condia [ira'kondia] f Jähzorn m; **~condo** [-'kondo] jähzornig.

iraniano [irani'a:no] 1. adj. iranisch; 2. m Iran(i)er m.

iranico [i'ra:niko] (pl. -ci) iranisch.

irasc|ibile [iraʃ-'ʃi:bile] jähzornig; **~ibilità** [-ʃibili'ta] f Reizbarkeit f.

irato [i'ra:to] zornig.

ire [i:re] (4i) lit. gehen; scherzh. *bell'e ito* schon fort; fig. verloren; tot; F futsch.

ireos [i:reos] m inv. Schwertlilie f.

iridato [iri'da:to] regenbogenfarbig; Sport: *maglia f -a* Regenbogentrikot n.

iride [i:ride] f Regenbogen m; Anat. Iris f, Regenbogenhaut f; ♀ Iris f, Schwertlilie f.

iridesc|ente [irideʃ-'ʃɛnte] irisierend; **~enza** [-'ʃɛntsa] f Irisieren n.

irlandese [irlan'de:se] 1. adj. irisch; 2. m Irisch(e) n; 3. su. Irländer(in f) m.

ironia [iro'ni:a] f Ironie f.

ironico [i'rɔ:niko] (pl. -ci) ironisch.

ironizzare [ironid-'dza:re] (1a) ironisieren.

iroso [i'ro:so] jähzornig.

irradi|amento [ir-radia'mento] m Ausstrahlung f; **~are** [-di'a:re] (1k) 1. v/t. bestrahlen; *Licht* ausstrahlen; *Radio:* senden; 2. v/i. strahlen, ausstrahlen; **~azione** [-diatsi'o:ne] f Bestrahlung f; Ausstrahlung f; Phys. Irradiation f; Einstrahlung f; *centro m d'~* Ausstrahlungszentrum n.

irraggiare [ir-rad-'dʒa:re] (1f) s. irradiare.

irraggiung|ibile [ir-rad-dʒun'dʒi:bile] unerreichbar; **~ibilità** [-dʒi-bili'ta] f Unerreichbarkeit f.

irragion|evole [ir-radʒo'ne:vole] unvernünftig; **~evolezza** [-nevo-'let-tsa] f Unvernunft f.

irrancidire [ir-rantʃi'di:re] (4d) ranzig werden.

irrazion|ale [ir-ratsio'na:le] unvernünftig; Å u. Phil. irrational; **~alismo** [-na'lizmo] m Irrationalismus m; **~alità** [-nali'ta] f Irrationalität f.

irreale [ir-re'a:le] unwirklich.

irrealizzabile [ir-realid-'dza:bile] nicht zu verwirklichen(d).

irreconcili|abile [ir-rekontſili'a:bile] unversöhnlich; **~abilità** [-liabili'ta] f Unversöhnlichkeit f.

irrecuperabile [ir-rekupe'ra:bile] unwiederbringlich.

irrecusabile [ir-reku'za:bile] unabweisbar; unwiderlegbar.

irred|entismo [ir-reden'tizmo] m Irredentismus m; **~entista** [-den-'tista] su. (m/pl. -i) Irredentist(in f) m; **~ento** [-'dento] unerlöst; unter fremder Herrschaft stehend; **~imibile** [-di'mi:bile] unerlösbar; † unkündbar; **~imibilità** [-dimibili-'ta] f Unkündbarkeit f.

irrefrag|abile [ir-refra'ga:bile] unwiderlegbar; **~abilità** [-gabili'ta] f Unwiderlegbarkeit f.

irrefrenabile [ir-refre'na:bile] unbändig; unaufhaltsam.

irrefut|abile [ir-refu'ta:bile] unwiderleglich; **~abilità** [-tabili'ta] f Unwiderleglichkeit f.

irreggimentare [ir-red-dʒimen-'ta:re] (1a) in ein Regiment einreihen; disziplinieren.

irregol|are [ir-rego'la:re] unregelmäßig; ✗ irregulär; **~arità** [-lari-'ta] f Unregelmäßigkeit f.

irreli|gione [ir-reli'dʒo:ne] f, **~giosità** [-dʒosi'ta] f Irreligiosität f; **~gioso** [-'dʒo:so] irreligiös.

irremissibile [ir-remis-'si:bile] unverzeihlich; nicht zu erlassen(d).

irremov|ibile [ir-remo'vi:bile] unerschütterlich; **~ibilità** [-vibili'ta] f Unerschütterlichkeit f.

irremuner|abile [ir-remune'ra:bile] unbelohnbar; **~ato** [-'ra:to] unbelohnt.

irreparabile [ir-repa'ra:bile] unersetzlich; nicht wieder gutzumachen(d).

irreperibile [ir-repe'ri:bile] unauffindbar.

irreprens|ibile [ir-repren'si:bile] tadellos; untadelig; **~ibilità** [-sibili'ta] f Tadellosigkeit f.

irre|quietezza [ir-rekuie'tet-tsa] f Ruhelosigkeit f; Unruhe f; **~**

quieto [-kui'ɛ:to] ruhelos; unruhig.

irresist|ibile [ir-resis'ti:bile] unwiderstehlich; **~ibilità** [-tibili'ta] f Unwiderstehlichkeit f.

irresol|utezza [ir-resolu'tet-tsa] f Unentschlossenheit f; **~uto** [-'lu:to] unentschlossen.

irrespirabile [ir-respi'ra:bile] nicht einzuatmen(d).

irrespons|abile [ir-respon'sa:bile] unverantwortlich; **~abilità** [-sabili'ta] f Unverantwortlichkeit f.

irrestringibile [ir-restrin'dʒi:bile] nicht einlaufend.

irretire [ir-re'ti:re] (4d) umgarnen.

irrevers|ibile [ir-rever'si:bile] irreversibel, nicht umkehrbar; unwiderruflich; **~ibilità** [-'sibili'ta] f Nichtumkehrbarkeit f; Unwiderruflichkeit f.

irrevoc|abile [ir-revo'ka:bile] unwiderruflich; **~abilità** [-kabili'ta] f Unwiderruflichkeit f.

irriconosc|ibile [ir-rikonoſ-'ſi:bile] unerkennbar; unkenntlich; **~ibilità** [-ſibili'ta] f Unerkennbarkeit f.

irridere [ir-'ri:dere] (3q) verlachen.

irriducibile [ir-ridu'tſi:bile] nicht herabsetzbar; unbeugsam, fest; erbittert; Å irreduzibel.

irrifless|ione [ir-rifles-si'o:ne] f Unüberlegtheit f; **~ivo** [-'si:vo] unüberlegt.

irrig|abile [ir-ri'ga:bile] bewässerbar; **~are** [-'ga:re] (1e) bewässern; **~atore** [-ga'to:re] m Bewässerungsspritze f; ⚙ Irrigator m; **~atorio** [-ga'to:rio] (pl. -ri) Bewässerungs...; **~azione** [-gatsi'o:ne] f Bewässerung f; Spülung f.

irrigid|imento [ir-ridʒidi'mento] m Erstarrung f; **~ire** [-'di:re] (4d) erstarren; **~irsi** [-'dirsi] sich versteifen; ✗ sull'attenti stramm stehen; **~ito** [-'di:to] steif, erstarrt; versteift.

irriguo [ir-'ri:guo] wasserreich; bewässert.

irrilevante [ir-rile'vante] unerheblich.

irrimediabile [ir-rimedi'a:bile] unheilbar; unabstellbar; nicht wieder gutzumachen(d); questo male è ~ diesem Übel ist nicht abzuhelfen.

irripetibile [ir-ripe'ti:bile] unwiederholbar; ⚖ nicht rückerstattungsfähig.

ir|risi [ir-'ri:zi] *s.* irridere; **~risione** [-rizi'o:ne] *f* Verspottung *f*; **~riso** [-'ri:zo] *s.* irridere; **~risore** [-ri-'zo:re] *m* Spötter *m*; **~risorio** [-ri'zo:rio] (*pl.* -ri) spöttisch; *prezzo m* ~ Spottpreis *m*.

irrispettoso [ir-rispet-'to:so] respektlos.

irrit|abile [ir-ri'ta:bile] reizbar; **~abilità** [-tabili'ta] *f* Reizbarkeit *f*; **~are** [-'ta:re] (11 *od.* 1a) reizen; verärgern; <ins> entzünden; **~arsi** [-'tarsi] böse (erzürnt) werden (*di qc.* über *et. acc.*; *contro qu.* auf *j-n*); **~azione** [-tatsi'o:ne] *f* Gereiztheit *f*; <ins> Entzündung *f*.

irrito [ir-rito] nichtig, ungültig.

irriver|ente [ir-rive'rente] unehrerbietig; **~enza** [-'rentsa] *f* Unehrerbietigkeit *f*.

irrobustire [ir-robus'ti:re] (4d) stärken.

irrompere [ir-'rompere] (3rr) hereinbrechen; eindringen.

irror|are [ir-ro'ra:re] (1c) betauen; *mit Tränen* benetzen; spritzen; berieseln; **~atore** [-ra'to:re] *m* Spritze *f*; **~atrice** [-ra'tri:tʃe] *f* Sprühgerät *n*; *impianto m di* ~ Berieselungsanlage *f*.

irru|ente [ir-ru'ente] 1. *adj.* ungestüm; 2. *m* Draufgänger *m*; **~enza** [-'entsa] *f* Ungestüm *n*.

irrugginire [ir-rud-dʒi'ni:re] *s.* arrugginire.

irruppi [ir-'rup-pi] *s.* irrompere.

irruvidire [ir-ruvi'di:re] (4d) 1. *v/t.* aufrauhen; 2. *v/i.* rauh (plump) werden (*a. fig.*).

irruzione [ir-rutsi'o:ne] *f* Einbruch *m*.

irsuto [ir'su:to] struppig, borstig.

irto [irto] gesträubt; stachelig; *fig.* ~ *di* strotzend von (*dat.*).

ischeletrire [iskele'tri:re] (4d) zum Skelett werden.

ischio [iskio] *m* Sitzbein *n*.

iscr|itto [is'krit-to] eingetragen; Ⰶ eingeschrieben; *per* ~ schriftlich; **~ivere** [-'kri:vere] (3tt) einschreiben, eintragen; *Studenten* immatrikulieren; *Sport:* melden; **~iversi** [-'kri:versi] sich einschreiben; ~ *a un corso* e-n Kurs belegen; ~ *a un partito* e-r Partei beitreten.

iscrizione [iskritsi'o:ne] *f* Eintragung *f* (*des Namens*); Einschrei-

bung *f*; Inschrift *f*; *Universität:* Immatrikulation *f*; *Sport:* Meldung *f*; *lista f d'*~ Meldeliste *f*; *termine m d'*~ Meldeschluß *m*.

islam|ismo [izla'mizmo] *m* Islam *m*; **~ita** [-'mi:ta] *su.* (*m/pl.* -i) Mohammedaner(in *f*) *m*; **~itico** [-'mi:tiko] (*pl.* -ci) islamisch.

islandese [izlan'de:se] 1. *adj.* isländisch; 2. *su.* Isländer(in *f*) *m*.

isobarico [izo'ba:riko] (*pl.* -ci): *linee f/pl.* isobariche Isobaren *f/pl.*

isola [i:zola] *f* Insel *f*; 🔺 Häusergruppe *f*; ~ *pedonale* Verkehrsinsel *f*.

isol|amento [izola'mento] *m* Absonderung *f*; Abgeschlossenheit *f*; *Pol., Phys.* Isolierung *f*; **~ano** [-'la:no] *m* Inselbewohner *m*; **~ante** [-'lante] 1. *adj.* Isolier..., isolierend; 2. *m* Isolierstoff *m*, Isoliermaterial *n*; **~are** [-'la:re] (11) absondern; isolieren; **~arsi** [-'larsi] sich abschließen; **~ato** [-'la:to] 1. *adj.* isoliert; abgesondert; *in casi -i* vereinzelt; 2. *m* Häusergruppe *f*; Gebäudeblock *m*; *Sport:* Einzelfahrer *m*; **~atore** [-la'to:re] 1. *adj. s.* isolante; 2. *m* Isolator *m*; **~azionismo** [-latsio'nizmo] *m* Isolationismus *m*; **~azionista** [-latsio'nista] 1. *adj.* isolationistisch; 2. *m* (*pl.* -i) Isolationist *m*.

isoscele [i'zɔʃ-ʃele] gleichschenk(e)lig.

isotermico [izo'termiko] (*pl.* -ci) isothermisch, gleichwarm.

isotopo [i'zɔ:topo] *m* Isotop *n*.

ispan|ista [ispa'nista] *su.* (*m/pl.* -i) Hispanist(in *f*) *m*; **~istica** [-'nistika] *f* Spanienkunde *f*.

isp|ettorato [ispet-to'ra:to] *m* Amt *n* (*od.* Wohnung *f*) des Inspektors; ~ *delle scuole* Schulaufsichtsbehörde *f*; **~ettore** [-pet-'to:re] *m* Inspektor *m*; ~ *delle scuole* Schulrat *m*; **~ezionare** [-petsio'na:re] (1a) inspizieren, besichtigen; **~ezione** [-petsi'o:ne] *f* Inspektion *f*; Besichtigung *f*; Schau *f*.

ispidezza [ispi'det-tsa] *f* Borstigkeit *f*; Struppigkeit *f*.

ispido [ispido] borstig; struppig.

ispir|are [ispi'ra:re] (1a) einatmen; *fig.* inspirieren, eingeben; *Mut, Gefühle* einflößen; **~arsi** [-'rarsi] sich begeistern; sich inspirieren; **~ato** [-'ra:to] inspiriert; begeistert;

~atore [-ra'to:re] *m* Ratgeber *m*; **~azione** [-ratsi'o:ne] *f* Einatmung *f*; Inspiration *f*; Begeisterung *f*; Eingebung *f*.

isra|eliano [izraeli'a:no] *m* Israeli *m*; **~elita** [-e'li:ta] *su.* (*m/pl.* -i) Israelit(in *f*) *m*; **~elitico** [-e'li:tiko] (*pl.* -ci) israelitisch.

issare [is-'sa:re] (1a) hissen; aufziehen.

issofatto [is-so'fat-to] *adv.* auf der Stelle.

istallare [istal-'la:re] (1a) installieren, aufstellen.

istant|anea [istan'ta:nea] *f* Momentaufnahme *f*; **~aneo** [-'ta:neo] augenblicklich.

istante[1] [is'tante] *m* Bittsteller *m*; ⚖ Kläger *m*.

istante[2] [is'tante] *m* Augenblick *m*.

istantemente [istante'mente] dringlich.

istanza [is'tantsa] *f* Dringlichkeit *f*; Gesuch *n*; ⚖ Instanz *f*.

isterico [is'tɛ:riko] (*pl.* -ci) hysterisch.

isterilire [isteri'li:re] (4d) **1.** *v/t.* unfruchtbar machen; **2.** *v/i.* unfruchtbar werden.

isterismo [iste'rizmo] *m* Hysterie *f*.

istig|are [isti'ga:re] (1 *u.* e) aufreizen; **~atore** [-ga'to:re] *m* Anstifter *m*; Aufwiegler *m*; **~azione** [-gatsi'o:ne] *f* Anstiften *n*; Aufreizung *f*.

istillare [istil-'la:re] (1a) einträpfeln; *fig.* einflößen.

istintivo [istin'ti:vo] instinktiv.

istinto [is'tinto] *m* Instinkt *m*; Naturtrieb *m*; Drang *m*.

istit|uire [istitu'i:re] (4d) einsetzen; gründen; stiften; **~utivo** [-tu'ti:vo] einführend; **~uto** [-'tu:to] *m* Institut *n*; Anstalt *f*; ~ *di bellezza* Schönheitssalon *m*; ~ *di credito* Kreditanstalt *f*; ~ *di cultura* Kulturinstitut *n*; ~ *di emissione* Emissionsinstitut *n*; **~utore** [-tu'to:re] *m* Erzieher *m*; Gründer *m*; Stifter *m*; **~uzione** [-tutsi'o:ne] *f* Institution *f*; Einrichtung *f*; Einsetzung *f*; Gründung *f*; ~ *assistenziale* Wohlfahrtseinrichtung *f*.

istmico [istmiko] (*pl.* -ci) isthmisch.

istmo [istmo] *m* Isthmus *m*, Landenge *f*.

istologia [istolo'dʒi:a] *f* Histologie *f*, Gewebelehre *f*.

istoriare [istori'a:re] (1k *u.* c) bemalen, ausmalen; illustrieren.

istrad|amento [istrada'mento] *m* Anleitung *f*; Einleitung *f*; **~are** [-'da:re] (1a) *et.* einleiten; *j-n* anleiten.

istriano [istri'a:no] **1.** *adj.* istrisch; **2.** *m* Istrier *m*.

istrice [istritʃe] *m* Stachelschwein *n*.

istri|one [istri'o:ne] *m* Komödiant *m*; **~onesco** [-o'nesko] (*pl.* -chi) komödiantenhaft.

istru|ire [istru'i:re] (4d) belehren; unterrichten; anleiten; ⚖ Voruntersuchung in Gang bringen; **~irsi** [-'irsi] sich bilden; **~ito** [-'i:to] gebildet.

istrutt|ivo [istrut-'ti:vo] lehrreich; aufschlußreich; **~ore** [-'to:re] **1.** *adj.* ⚖ *Untersuchungs...*; *giudice m ~* Untersuchungsrichter *m*; **2.** *m* Instrukteur *m*; Lehrer *m*; **~oria** [-'tɔ:ria] *f* ⚖ Untersuchung (Voruntersuchung) *f*; Instruktion *f*.

istruzione [istrutsi'o:ne] *f* Unterricht *m*; Anleitung *f*; Anweisung *f*; Verhaltensvorschrift *f*; ✗ Ausbildung *f*; ⚖ Untersuchung *f*; *pubblica ~* öffentliches Unterrichtswesen *n*; *ministro m della pubblica ~* Unterrichtsminister *m*; ~ *obbligatoria* Schulpflicht *f*; -*i per l'uso* Gebrauchsanweisung *f*.

istupidire [istupi'di:re] (4d) **1.** *v/t.* dumm machen; **2.** *v/i.* verdummen.

italian|ismo [italia'nizmo] *m* Italianismus *m*, Wort *n* od. Wendung *f* italienischer Herkunft; **~issimo** [-'nis-simo] betont italienisch, nationalistisch; **~ista** [-'nista] *su.* (*m/pl.* -i) Italianist(in *f*) *m*; **~ità** [-ni'ta] *f* italienischer Charakter *m*; italienische Eigenart *f*; **~izzare** [-nid-'dza:re] italianisieren.

italiano [itali'a:no] **1.** *adj.* italienisch; **2.** *m* Italiener *m*; Italienisch(e) *n*.

italico [i'ta:liko] (*pl.* -ci) italisch; *Typ.* kursiv.

italo [i:talo] ital(ien)isch; *in Zssgn*: *italo-francese* italienisch-französisch.

iterare [ite'ra:re] (1l) wiederholen.

itinerario [itine'ra:rio] *m* (*pl.* -ri) Reiseplan *m*; Reiseführer *m*; Reiseroute *f*.

ito [i:to] *s. ire.*

itt|erico [it-'tɛ:riko] (*pl.* -ci) gelb-

süchtig; **~erizia** [-te'ri:tsia] *f* Gelbsucht *f*.
ittico [it-tiko] (*pl. -ci*) auf Fische od. Fischfang bezüglich; Fisch...; *mercato m ~* Fischmarkt *m*.
itti|ologia [it-tiolo'dʒi:a] *f* Fischkunde *f*; **~ologo** [-ti'ɔ:logo] *m* (*pl. -gi*) Fischkundige(r) *m*.

iugero [i'u:dʒero] *m* ⚸ Morgen *m*.
iugoslavo [iugoz'la:vo] **1.** *adj.* jugoslawisch; **2.** *m* Jugoslawe *m*.
iugulare [iugu'la:re] Kehl...; Hals-...; *vena f ~* Halsader *f*.
iut|a [i'u:ta] *f* Jute *f*; **~ificio** [iuti'fi:tʃo] *m* Jutespinnerei *f*.
ivi [i:vi] dort, daselbst.

J

J, j [i'luŋga] *f u. m* J, j *n*.
jack [dʒɛ:k] *m* ⚡ Klinkenstecker *m*.
jazz [dʒɛts] *m* Jazz *m*; *musica f ~* Jazzmusik *f*; *orchestra f ~* Jazzkapelle *f*.
jazzista [dʒad-'dzista] *m* (*pl. -i*) Jazzer *m*, Jazzmusiker *m*.
jeep [dʒi:p] *f* Jeep *m*.
jet [dʒɛt] *m* Düsenflugzeug *n*.

jockey [dʒɔ:ki] *m* Jockei *m*.
jolly [dʒɔl-li] *m* Joker *m*.
judo [dʒu:do *u.* dʒu'do] *m inv.* Judo *n*.
juke-box [dʒu:kbɔks] *m* Jukebox *f*.
jumbo [dʒumbou] *m* Jumbo-Jet *m*.
jungla [i'uŋgla] *f s.* giungla.
junior [i'u:nior] **1.** *adj.* junior, jünger; **2.** *m* (*pl. juniores*) *Sport*: Junior *m*.

K

K, k [kap-pa] *f u. m* K, k *n*.
kaki¹ [ka:ki] *m inv.* Khakibaum *m*; Khakifrucht *f*.
kaki² [ka:ki] **1.** *adj. inv.* khakifarben; **2.** *m inv.* Khaki *m*.
kantiano [kanti'a:no] **1.** *adj.* Kant...; **2.** *m* Kantianer *m*.

kayak [kaiak] *m* Kajak *m*.
knock-down [nɔkdaun] knockdown.
knock-out [nɔkaut] knockout; *fig.* erledigt.
koala [ko'a:la] *m inv.* Beutelbär *m*.
kursaal [kurzal] *m inv.* Kursaal *m*; Badeanstalt *f*.

L

L, l [ɛl-le] *f u. m* L, l *n.*

l' = lo, la.

la¹ [la] *art. f/sg.* die.

la² [la] *pron.* **1.** *acc. sg.* sie; ~ *prenderò* ich werde sie nehmen; **2.** ♀ *acc. sg.* Sie; *quando* ~ *rivedrò?* wann werde ich Sie wiedersehen?; *prov. a. nom. sg. La mi dica un po'* sagen Sie mal; **3.** *prov.* es; ~ *è dura* es ist schwer; ~ *prendo* ich nehme es; *ma va'* ~! aber geh!, ach was!

la³ [la] *m ♪* A *n*; ~ *bemolle* As *n*; ~ *diesis* Ais *n.*

là [la] da, dort; dahin, dorthin; *di* ~ von dort; *vado di* ~ ich gehe auf die andere Seite; *al di* ~ jenseits; auf der anderen Seite; *più in* ~ weiter; *troppo in* ~ zu weit; *chi va* ~? wer da?; *essere in* ~ *con gli anni* in vorgerücktem Alter stehen; *ma va'* ~! aber geh!, ach was!

labaro [la:baro] *m* Standarte *f.*

labbro [lab-bro] *m (pl. le -a)* Lippe *f*; *Typ.* breiter Rand *m*; ~ *leporino* Hasenscharte *f*; *dire a fior di* ~ undeutlich (*od.* in gleichgültigem Ton) sagen; *bere a fior di* ~ nippen; *avere il cuore sulle -a* das Herz auf der Zunge haben.

labiale [labi'a:le] **1.** *adj.* labial; Lippen...; **2.** *f* Lippenlaut *m.*

labile [la:bile] schwach; hinfällig.

labilità [labili'ta] *f* Unbeständigkeit *f*; schwankender Zustand *m.*

labirinto [labi'rinto] *m* Labyrinth *n.*

labor|atorio [labora'tɔ:rio] *m (pl. -ri)* Laboratorium *n*, Labor *n*; Werkstätte *f*; ~**iosità** [-riosi'ta] *f* Arbeitsamkeit *f*; ~**ioso** [-ri'o:so] arbeitsam; *fig.* beschwerlich.

laburista [labu'rista] *(m/pl. -i)* **1.** *adj.* Labour...; **2.** *m* Mitglied *n* der Labour-Partei.

lacca [lak-ka] *f (pl. -cche)* Lack *m*; ~ *per capelli* Haarlack *m.*

laccare [lak-'ka:re] (1d) lackieren.

laccetto [lat-'tʃet-to] *m* Schnürband *n.*

lacchè [lak-'kɛ] *m* Lakai *m*; Speichellecker *m.*

laccio [lat-tʃo] *m (pl. -cci)* Schlinge

f; Schnürsenkel *m*; *fig.* Fallstrick *m.*

lacer|abile [latʃe'ra:bile] zerreißbar; ~**ante** [-'rante] zerreißend; herzzerreißend; ~**are** [-'ra:re] (1l) *v/t.* zerreißen; ~**arsi** [-'rarsi] zerreißen; ~**azione** [-ratsi'o:ne] *f* Zerreißen *n*; Riß *m.*

lacero [la:tʃero] zerrissen.

lacerto [la'tʃɛrto] *m* Oberarmmuskel *m.*

lac|onicità [lakonitʃi'ta] *f* lakonische Art *f*; Bündigkeit *f*; ~**onico** [-'kɔ:niko] *(pl. -ci)* lakonisch.

lacrima [la:krima] *f* Träne *f*; Tropfen *m*; *piangere a calde -e* bitterlich weinen; ♀ *Christi* Wein, *der am Fuße des Vesuvs wächst.*

lacrim|ale [lakri'ma:le] Tränen...; *fossetta f* ~ Tränengrube *f*; ~**are** [-'ma:re] (1l) tränen; Tränen vergießen, weinen; ~**atoio** [-ma'to:io] *m (pl. -oi)* Tränensack *m*; ~**atorio** [-ma'tɔ:rio] *(pl. -ri)* Tränen...; ~**azione** [-matsi'o:ne] *f* Tränen *n*; ~**evole** [-'me:vole] beweinenswert; ~**ogeno** [-'mɔ:dʒeno] tränenerzeugend; *gas m* ~ Tränengas *n*; ~**oso** [-'mo:so] voll Tränen; tränennaß.

lacuale [laku'a:le] See...; *navigazione f* ~ Seeschiffahrt *f.*

lacuna [la'ku:na] *f* Lücke *f*; *pieno di -e* lückenhaft.

lacustre [la'kustre] See...; *abitazione f* ~ Pfahlbau *m.*

laddove [lad-'do:ve] dort, wo; während, wo doch.

ladino [la'di:no] **1.** *adj.* ladinisch; **2.** *m* Ladiner *m.*

ladra [la:dra] *f* Diebin *f*; Spitzbübin *f*; F Innentasche *f.*

ladreria [ladre'ri:a] *f* Dieberei *f.*

ladro [la:dro] **1.** *adj.* diebisch, spitzbübisch; F *tempo m* ~ Hundewetter *n*; *occhi m/pl. -i* schelmische Augen *n/pl.*; **2.** *m* Dieb *m*; *Typ.* Fehlbogen *m.*

ladr|ocinio [ladro'tʃi:nɪo] *m (pl. -ni)* Diebstahl *m*; ~**one** [-'dro:ne] *m* Straßenräuber *m*; *bibl.* Schächer *m*; ~**oneccio** [-dro'net-tʃo] *m (pl. -cci)*

Räuberei *f*; **~onesco** [-dro'nesko] (*pl. -chi*) diebisch; **~uncolo** [-'druŋkolo] *m* kleiner Dieb *m*.

laggiù [lad-'dʒu] da unten.

laghetto [la'get-to] *m* Teich *m*.

lagna [la:ɲa] *f* F Gejammer *n*; Quälgeist *m*.

lagn|anza [la'ɲantsa] *f* Beschwerde *f*; **~arsi** [-'ɲarsi] (1a) sich beklagen (*di* über *acc.*).

lagno [la:ɲo] *m* Klage *f*.

lago [la:go] *m* (*pl. -ghi*) See *m*; **~ artificiale** Stausee *m*; **~ di Como** Comer See *m*; **~ di Costanza** Bodensee *m*; **~ di Garda** Gardasee *m*; **~ di Lucerna** Vierwaldstätter See *m*; **~ di sangue** Blutlache *f*; *essere tutto in un ~ di sudore* schweißgebadet sein.

laguna [la'gu:na] *f* Lagune *f*.

laic|ale [lai'ka:le] weltlich; Laien...; **~ato** [-'ka:to] *m* Laientum *n*; **~izzare** [-tʃid-'dza:re] (1a) verweltlichen; **~izzazione** [-tʃid-dzatsi'o:ne] *f* Verweltlichung *f*.

laico [la:iko] (*pl. -ci*) **1.** *adj.* weltlich; Laien...; **2.** *m* Laie *m*.

laidezza [lai'det-tsa] *f* Häßlichkeit *f*; Unanständigkeit *f*.

laido [la:ido] häßlich, widerlich; unanständig.

laidume [lai'du:me] *m* Schmutz *m*.

lama[1] [la:ma] *m inv. Zool.* Lama *n*.

lama[2] [la:ma] *f* Klinge *f*; **~ di coltello** Messerklinge *f*; **↗** morastige Wiese *f*.

lambicc|amento [lambik-ka'mento] *m*: **~ di cervello** Kopfzerbrechen *n*; **~are** [-'ka:re] (1d) **⚗** destillieren; **~arsi** [-'karsi]: **~ il cervello** sich den Kopf zerbrechen; **~ato** [-'ka:to] gewunden, gekünstelt.

lambicco [lam'bik-ko] *m* (*pl. -cchi*) Destillierkolben *m*.

lambire [lam'bi:re] (4d) lecken; *fig.* streifen.

lambretta [lam'bret-ta] *f* Motorroller *m* (*e-r Fabrik in Lambrate bei Mailand*).

lambrusco [lam'brusko] *m herber, prickelnder Wein*.

lamella [la'mɛl-la] *f* Plättchen *n*; Lamelle *f*.

lament|are [lamen'ta:re] (1a) beklagen; **~arsi** [-'tarsi] sich beklagen (*di* über *acc.*); **~azione** [-tatsi'o:ne] *f* Wehklagen *n*; **~ela** [-'tɛ:la] *f*

Klage *f*, Beschwerde *f*; **~evole** [-'te:vole] kläglich.

lamento [la'mento] *m* Klage *f*; Gejammer *n*. [lich.}

lamentoso [lamen'to:so] jämmer-}

lam|etta [la'met-ta] *f*: **~ da barba** Rasierklinge *f*; **~iera** [-mi'ɛːra] *f* Blech *n*; **~ ondulata** Wellblech *n*.

lamina [la:mina] *f* dünne Metallplatte *f*; Blatt *n*; **~ d'oro** Goldfolie *f*.

lamin|abile [lami'na:bile] walzbar; **~are** [-'na:re] **1.** *adj.* blätterig; **2.** *v/t.* (1l) walzen; **~ato** [-'na:to]: *ferro m ~* Walzeisen *n*; **~atoio** [-na'to:io] *m* (*pl. -oi*) Walzwerk *n*; **~atore** [-na'to:re] *m* Walzwerker *m*; **~atura** [-na'tu:ra] *f* Walzen *n*.

lampada [lampada] *f* Lampe *f*; **~ ad arco** Bogenlampe *f*; **~ ad acetilene** Karbidlampe *f*; **~ a gas** Gaslampe *f*; **~ al neon** Neonlicht *n*; **~ per saldare** Lötlampe *f*; **~ tascabile** Taschenlampe *f*.

lampad|ario [lampa'da:rio] *m* (*pl. -ri*) Kronleuchter *m*; **~ina** [-'di:na] *f* kleine Lampe *f*; **⚡** Glühbirne *f*.

lamp|ante [lam'pante] funkelnd; *fig.* einleuchtend; *chiaro ~* sonnenklar; **~eggiante** [-ped-'dʒante] leuchtend; **~eggiare** [-ped-'dʒa:re] (1f) blitzen; **~eggiatore** [-ped-dʒa-'to:re] *m Auto*: Blinker *m*; *Phot.* Blitzgerät *n*; **~ione** [-pi'o:ne] *m* Laterne *f*; **~ista** [-'pista] *m* (*pl. -i*) 👷 Lampenwärter *m*; **~isteria** [-piste'ri:a] *f* Lampenraum *m*.

lampo [lampo] *m* Blitz *m*; *in un ~* im Nu; *guerra f ~* Blitzkrieg *m*; *d'ingegno* Geistesblitz *m*; *Phot.* **~ al magnesio** Blitzlicht *n*.

lampone [lam'po:ne] *m* Himbeerstrauch *m*; Himbeere *f*.

lampreda [lam'pre:da] *f* Lamprete *f*.

lana [la:na] *f* Wolle *f*; **~ artificiale** Kunstwolle *f*; **~ sintetica** Zellwolle *f*; **~ di vetro** Glaswolle *f*; *mezza ~* Halb-, Mischwolle *f*; *di ~* wollen; Woll...; *coperta f di ~* Wolldecke *f*; *stoffa f di ~* Wollstoff *m*; *fig. della stessa ~* von derselben Sorte; F *buona ~* geriebener Kerl *m*; *far questioni di ~ caprina* um des Kaisers Bart streiten.

lanaiolo [lanai'ɔ:lo] *m* Wollarbeiter *m*; Wollhändler *m*.

lancetta [lan'tʃet-ta] *f* Zeiger *m*; *Chir.* Lanzette *f*.

lancia [lant∫a] f (pl. -ce) Lanze f; ⚓ Schaluppe f; ~ di salvataggio Rettungsboot n.

lanci|abombe [lant∫a'bombe] m inv. Granatwerfer m; **~afiamme** [-t∫afi'am-me] m inv. Flammenwerfer m; **~amine** [-t∫a'mi:ne] m inv. Minenwerfer m; **~amissili** [-t∫a'mis-sili] m inv. Raketenabschußvorrichtung f; **~arazzi** [-t∫a-'rad-dzi] m inv. Raketenpistole f; **~are** [-'t∫a:re] (1f) schleudern; werfen; Bomben abwerfen; fig. lancieren; **~arsi** [-'t∫arsi] sich stürzen (contro auf acc.); **~asiluri** [-t∫asi-'lu:ri] m inv. Torpedoboot n; Torpedorohr n; **~ata** [-'t∫a:ta] f Lanzenstich m; Wurf m; **~ato** [-'t∫a:to] Auto: in voller Fahrt; **~atoia** [-t∫a-'to:ia] f Wurfnetz n; **~atore** [-t∫a-'to:re] m Schleuderer m; Sport: Werfer m.

lanciere [lan't∫ε:re] m Lanzenreiter m.

lancinante [lant∫i'nante] Schmerz: stechend.

lancio [lant∫o] m (pl. -ci) (Ab-)Sprung m; Wurf m; Bombe: Abwurf m; Rakete: Start m; fig. Lancierung f; di (od. d'un) ~ im Nu; di primo ~ sofort; ~ del disco Diskuswerfen n; ~ del giavellotto Speerwerfen n; ~ del martello Hammerwerfen n; ~ del peso Kugelstoßen n; ✈ pista f di ~ Rollbahn f; ~ col paracadute Fallschirmabsprung m.

landa [landa] f Heide f.

laneria [lane'ri:a] f Wollware f; -e pl. Wollwaren f/pl., Wollzeug n.

lan|graviato [laŋgravi'a:to] m Landgrafschaft f; **~gravio** [-'gra:vio] m (pl. -vi) Landgraf m.

languidezza [laŋgui'det-tsa] f Schwäche f, Mattigkeit f; Schmachten n.

languido [laŋguido] matt; schmachtend.

langu|ire [laŋgu'i:re] (4a od. 4d) schmachten; Gespräch: stocken; fig. dahinsiechen; **~ore** [-gu'o:re] m Mattigkeit f; Schmachten n; Flauheit f.

lan|iero [lani'ε:ro] Woll...; industria f -a Wollindustrie f; **~ifero** [-'ni:fero] wolletragend; **~ificio** [-ni'fi:t∫o] m (pl. -ci) Wollspinnerei f.

lan|olina [lano'li:na] f Lanolin n; **~oso** [-'no:so] wollig.

lant|erna [lan'tεrna] f Laterne f; ⚓ Leuchtturm m; ~ cieca Blendlaterne f; ~ magica Zauberlaterne f; **~ernino** [-ter'ni:no] m kleine Laterne f; cercare col ~ mit der Laterne suchen; **~ernone** [-ter'no:ne] m große Laterne f; fig. Langbein n.

lan|ug(g)ine [la'nu(d-)dʒine] f Flaum m; **~ug(g)inoso** [-nu(d-)dʒi'no:so] flaumig; **~uto** [-'nu:to] wollig.

laonde [la'onde] deshalb.

lapalissiano [lapalis-si'a:no]: verità f -a Binsenwahrheit f.

laparatomia [laparato'mi:a] f Bauchschnitt m.

lapid|are [lapi'da:re] (1l) steinigen; **~aria** [-'da:ria] f Inschriftenkunde f; **~ario** [-'da:rio] (pl. -ri) Lapidar...; lapidar; kurz und bündig; **~azione** [-datsi'o:ne] f Steinigung f.

lapide [la:pide] f Grabstein m; Gedenktafel f.

lapillo [la'pil-lo] m Steinchen n; Lavastückchen n.

lapis [la:pis] m inv. Bleistift m; ~ rosso Rotstift m; ~ girevole od. automatico Drehbleistift m; ~ colorato Buntstift m.

lapislazzuli [lapiz'lad-dzuli] m inv. Lasurstein m.

lappola [lap-pola] f Klette f.

lappone [lap-'po:ne] **1.** adj. lappländisch; **2.** m Lappisch(e) n; **3.** su. Lappe m, Lappin f.

lardato [lar'da:to] gespickt (a. fig.).

lard|ellare [lardel-'la:re] (1b) spicken; **~ello** [-'del-lo] m Speckschnittchen n; **~ite** [-'di:te] f Speckstein m.

lardo [lardo] m Speck m; nuotare nel ~ im Überfluß leben.

lard|one [lar'do:ne] m Speckseite f; **~oso** [-'do:so] speckig.

largamente [larga'mente] im Überfluß; ausführlich; umständlich.

largh|eggiare [larged-'dʒa:re] (1f) freigebig sein; ~ in parole (promesse usw.) viele Worte (Versprechungen usw.) machen; **~etto** [-'get-to] ♪ etwas langsam; **~ezza** [-'get-tsa] f Breite f; Weite f; fig. Freigebigkeit f.

larg|ire [lar'dʒi:re] (4d) spenden; gewähren; **~itore** [-dʒi'to:re] m Spender m; **~izione** [-dʒitsi'o:ne] f Spende f.

largo [largo] m (pl. -ghi) **1.** adj. breit;

Kleidung: bequem; *fig.* weit; freigebig; großzügig; *lit.* weitläufig; ♩ langsam; *allg.* umfangreich, ansehnlich; *quanto una mano* handbreit; *al ~* auf offener See; *alla -a!* Platz gemacht!; *alla -a con ...!* weg mit ...!; *stare alla -a da qu.* j-m aus dem Wege gehen; *pigliarla -a* weit ausholen; 2. *m* Breite *f;* Platz *m;* offene See *f; ~!* Platz!; *farsi ~* sich Platz machen; *prendere il ~* ⚓ das offene Meer gewinnen; *fig.* sich davonmachen.

larice [laːritʃe] *m* Lärche *f.*

laringe [laˈrindʒe] *f* Kehlkopf *m.*

laring|ite [larinˈdʒiːte] *f* Kehlkopfentzündung *f;* **~ofono** [-rinˈgɔːfono] *m* Kehlkopfmikrophon *m;* **~oiatra** [-ringoiˈaːtra] *m* Kehlkopfarzt *m;* **~oiatria** [-ringoiaˈtriːa] *f* Kehlkopfkunde *f;* **~oscopio** [-ringosˈkɔːpio] *m* (*pl. -pi*) Kehlkopfspiegel *m;* **~otomia** [-ringotoˈmiːa] *f* Kehlkopfschnitt *m.*

larva [larva] *f* Gespenst *n; Zool.* Larve *f; fig. u. Kleidung:* Maske *f.*

larv|are [larˈvaːre] (1a) maskieren, vermummen; **~atamente** [-vataˈmente] in verhüllter Weise; **~ato** [-ˈvaːto] verschleiert.

lasagna [laˈzaːɲa] *f* breite Nudel *f.*

lasca [laska] *f* (*pl. -che*) Plötze *f;* *sano come una ~* gesund wie ein Fisch.

lasciapassare [laʃʃapasˈsaːre] *m inv.* Passierschein *m.*

lasci|are [laʃ-ˈʃaːre] (1f) lassen; verlassen; (*a. ~ andare*) loslassen, laufen lassen; aufhören; liegenlassen; überlassen; (*a. ~ indietro*) zurücklassen; *Worte* auslassen; *Reste* übriglassen; *Stellung* aufgeben; *Kinder* hinterlassen; *Erbschaft* vermachen; *~ detto (scritto) qc.* et. mündlich (schriftlich) hinterlassen; *~ andare, ~ correre* ein Auge zudrücken; *~ passare* gelten lassen; *~ perdere* sich nicht weiter um et. kümmern; *lasciamo andare!* lassen wir's gut sein!; *~ la scelta di qc. a qu.* j-m etwas freistellen; **~arsi** [-ˈʃarsi] sich trennen; auseinandergehen; *~ andare* sich gehen lassen.

lascito [laʃ-ˈʃito] *m* Vermächtnis *n.*

lasc|ivia [laʃ-ˈʃiːvia] *f* Unzüchtigkeit *f;* Geilheit *f;* **~ivo** [-ˈʃiːvo] unzüchtig; geil.

lasco [lasko] (*pl. -chi*) lose, locker.

lassativo [las-saˈtiːvo] **1.** *adj.* abführend; **2.** *m* Abführmittel *n.*

lasso¹ [las-so] *poet.* matt; *ahi ~!* weh mir!

lasso² [las-so] *m: ~ di tempo* Zeitraum *m.*

lassù [las-ˈsu] da oben; dort hinauf.

lastra [lastra] *f* Platte *f;* Steinplatte *f;* Scheibe (Fensterscheibe) *f;* Scholle (Eisscholle) *f; Phot.* Negativ *n.*

lastric|amento [lastrikaˈmento] *m* Pflastern *n;* **~are** [-ˈkaːre] (11 u. d) pflastern; **~ato** [-ˈkaːto] *m* Pflaster (Straßenpflaster) *n;* **~atore** [-kaˈtoːre] *m* Pflasterer *m;* **~atura** [-kaˈtuːra] *f* Pflasterung *f.*

lastrico [lastriko] *m* (*pl. -chi od. -ci*) Pflaster (Straßenpflaster) *n; fig.* Elend *n; essere sul ~* arbeitslos sein; *ridursi sul ~* in Not geraten.

latebra [laˈtɛːbra od. laˈtebra] *f* Schlupfwinkel *m;* *-e pl. fig.* Innerste(s) *n.*

latente [laˈtente] verborgen, versteckt; 🜨 latent.

laterale [lateˈraːle] seitlich; Seiten...

laterizio [lateˈriːtsio] (*pl. -zi*) **1.** *adj.* ziegelsteinartig; Ziegelstein...; Bau...; **2.** *m* Ziegelstein *m.*

latice [laːtitʃe] *m* ♀ Milchsaft *m.*

lati|foglie [latiˈfɔːʎe] *f/pl.* Laubhölzer *n/pl.;* **~fondista** [-fonˈdista] *su.* (*m/pl. -i*) Großgrundbesitzer(in *f*) *m;* **~fondo** [-ˈfondo] *m* Großgrundbesitz *m.*

latin|eggiare [latined-ˈdʒaːre] (1f) lateinische Redewendungen gebrauchen; **~ismo** [-ˈnizmo] *m* Latinismus *m;* **~ista** [-ˈnista] *su.* (*m/pl. -i*) Latinist(in *f*) *m;* **~ità** [-niˈta] *f* Latinität *f;* **~izzare** [-nid-ˈdʒaːre] (1a) latinisieren.

latino [laˈtiːno] **1.** *adj.* lateinisch; *America f -a* Lateinamerika *n;* **2.** *m* Lateiner *m;* Latein *n; fig. parlare in buon ~* kein Blatt vor den Mund nehmen; *capire il ~* den Wink verstehen.

latit|ante [latiˈtante] 🜨 flüchtig; **~anza** [-ˈtantsa] *f* Flüchtigsein *n;* *darsi alla ~* flüchtig werden.

latitudine [latiˈtuːdine] *f* Breite *f; fig.* Weite *f.*

lato¹ [laːto] *adj.* weit.

lato² [laːto] *m* Seite *f;* *dal ~ mio* meinerseits; *~ esposto al vento* Windseite *f.*

latomia [lato'mi:a] f Latomie f, Steinbruch m.

latore [la'to:re] m Überbringer m.

latr|are [la'tra:re] (1a) bellen; **~ato** [-'tra:to] m Gebell n.

latrina [la'tri:na] f Abort m; Klosett n; ~ pubblica Bedürfnisanstalt f.

latta [lat-ta] f Blech n; ~ bianca Weißblech n; ~ di benzina Benzinkanister m.

latt|aia [lat-'ta:ia] f Milchfrau f; **~aio** [-'ta:io] m (pl. -ai) Milchhändler m; **~ante** [-'tante] m Säugling m; assistenza f dei -i Säuglingsfürsorge f; **~azione** [-tatsi'o:ne] f Milchabsonderung f; Zeit f des Stillens.

latte [lat-te] m Milch f; ~ acido Sauermilch f; ~ condensato Kondensmilch f; ~ in polvere Trockenmilch f; ~ rappreso dicke Milch f; bambino m da ~ Säugling m; dare il ~ a qu. j-n nähren, stillen; levare il ~ a qu. j-n entwöhnen; fior m di ~ Rahm m; ~ di gallina Leckerbissen m.　　　　　　　　　　[sahne f.]

lattemiele [lat-temi'ɛ:le] m Schlag-]

latt|eo [lat-teo] milchig; Milch...; farina f -a Kindermehl n; via f -a Milchstraße f; **~eria** [-te'ri:a] f Milchhandlung f; **~icinio** [-ti'tʃi:nio] m (pl. -ni) Milchspeise f; Milchprodukt n.

lattico [lat-tiko] (pl. -ci) Milch...; acido m ~ Milchsäure f.

latt|iera [lat-ti'ɛ:ra] f Milchkanne f; **~iero** [-ti'ɛ:ro] Milch...; **~ifero** [-'ti:fero] milchbringend, milchhaltig; **~iginoso** [-tidʒi'no:so] milchig; **~ime** [-'ti:me] m 🐟 Milchschorf m; **~ivendolo** [-ti'vendolo] m Milchhändler m.

lattoniere [lat-toni'ɛ:re] m Klempner m.

lattonzolo [lat-'tontsolo] m Milchkalb n; Milchschwein n; fig. Milchbart m.

lattosio [lat-'tɔ:zio] m Milchzucker m.

lattuga [lat-'tu:ga] f (pl. -ghe) Lattich m; Kopfsalat m.

lauda [la:uda] f (pl. le -i) Lobgesang m.

laudano [la:udano] m Laudanum n.

laudativo [la:uda'ti:vo] lobend.

laurea [la:urea] f Doktorwürde f; Doktorat n; prendere la ~ den Doktor machen, promovieren.

laure|ando [laure'ando] m Doktorand m; **~are** [-'a:re] (1l) den Doktortitel verleihen; **~arsi** [-'arsi] den Doktortitel besitzen; **2.** m Doktor m.

laureto [lau're:to] m Lorbeerhain m.

lauro [la:uro] m Lorbeer m, Lorbeerbaum m.

lauto [la:uto] üppig; una -a paga ein glänzendes Gehalt.

lava [la:va] f Lava f.

lav|abiancheria [lavabianke'ri:a] f Waschmaschine f; **~abile** [-'va:bile] waschbar; abwaschbar; **~abo** [-'va:bo] m Waschbecken n; Waschtisch m; Waschraum n; **~acro** [-'va:kro] m Bad n; Waschung f; **~aggio** [-'vad-dʒo] m (pl. -ggi) Waschen n, Waschung f; Autowäsche f; ⊕ Schlämmen n; ~ gastrico Magenspülung f; fig. ~ del cervello Gehirnwäsche f; ~ a secco chemische Reinigung f.

lavagna [la'va:ɲa] f Schiefertafel f, Wandtafel f; Min. Schiefer m.

lav|amano [lava'ma:no] m Waschbecken n; **~anda** [-'vanda] f Abwaschung f; Rel. Fußwaschung f; ♀ Lavendel m; **~andaia** [-van'da:ia] f Waschfrau f; Wäscherin f; **~anderia** [-vande'ri:a] f Waschanstalt f; ~ a vapore Dampfwäscherei f; **~andino** [-van'di:no] m Ausguß m; Waschbecken n; **~apiatti** [-vapi'at-ti] inv. **1.** m Küchenjunge m; **2.** f Geschirrspülmaschine f; **~are** [-'va:re] (1a) waschen; Mund spülen.

lavastoviglie [lavasto'vi:ʎe] f inv. Geschirrspülmaschine f.

lav|ata [la'va:ta] f: dare una ~ a qc. et. waschen; ~ di capo Rüffel m, Verweis m, Abreibung f; fig. dare una ~ di capo a qu. j-m den Kopf waschen; **~ativo** [-va'ti:vo] m Klistier m; fig. Brechmittel n; **~atoio** [-va'to:io] m (pl. -oi) Waschküche f, Waschhaus n; **~atore** [-va'to:re] m Wäscher m; **~atrice** [-va'tri:tʃe] f Waschmaschine f; **~atura** [-va'tu:ra] f Waschen n; Spülwasser n; **~ello** [-'vɛl-lo] m Spülbecken n.

lavina [la'vi:na] f Lawine f.

lavor|abile [lavo'ra:bile] bearbeitbar; 🖋 bestellbar; **~ante** [-'rante] su. Arbeiter(in f) m; **~are** [-'ra:re]

(1a) **1.** v/i. arbeiten; **2.** v/t. bearbeiten; ∠ bestellen; **∼arsi** [-'rarsi]: ∼ qu., qc. sich j-n kaufen; sich et. einverleiben; **∼ativo** [-ra'ti:vo] Arbeits...; ∠ bestellbar; bebaubar; *giornata f* -a Arbeitstag m; **∼ato** [-'ra:to] bearbeitet; ∠ bestellt; ∼ a *mano* handgearbeitet; **∼atore** [-ra-'to:re] m Arbeiter m; arbeitsamer Mensch m; ∼ edile Bauarbeiter m; ∼ intellettuale geistiger Arbeiter m; ∼ qualificato Facharbeiter m; **∼a-zione** [-ratsi'o:ne] f Bearbeitung f; ∠ Bestellung f; ∼ su misura Maßanfertigung f; **∼io** [-'ri:o] m fortgesetztes Arbeiten n; c.s. Wühlarbeit f.

lavoro [la'vo:ro] m Arbeit f; Leistung f; Thea. Drama n; -i pl. pubblici öffentliche Arbeiten f/pl.; ∼ a macchina Maschinenarbeit f; ∼ a mano Handarbeit f; ∼ su misura Maßarbeit f; ∼ malfatto Pfuscharbeit f; Machwerk n; ∼ minuzioso Kleinarbeit f; ∼ monotono Tretmühle f; ∼ standardizzato Fließbandarbeit f; condizioni f/pl. di ∼ Arbeitsbedingungen f/pl.; contratto m di ∼ Arbeitsvertrag m; possibilità f di ∼ Arbeitsmöglichkeit f; senza ∼ arbeitslos.

lazzaretto [lad-dza'ret-to] m Lazarett n; ∼ da campo Feldlazarett n.

lazzarone [lad-dza'ro:ne] m Tagedieb m.

lazzeruol|a [lad-dzeru'ɔ:la] f Azarolapfel m; **∼o** [-lo] m Azarolapfelbaum m.

lazzo [lad-dzo] m Witz m; komische Gebärde f.

le¹ [le] art. f/pl. die.

le² [le] pron. (dat. f/sg.) ihr; (acc. f/pl.) sie; ♀ Ihnen.

leader [li:der] m Parteiführer m, führender Politiker m.

leale [le'a:le] redlich; loyal.

lealtà [leal'ta] f Redlichkeit f; Loyalität f; Treue f.

lebbr|a [leb-bra] f Lepra f, Aussatz m; **∼osario** [-bro'sa:rio] m (pl. -ri) Lazarett n für Aussätzige; **∼oso** [-'bro:so] aussätzig.

lecc|apiatti [lek-kapi'at-ti] m inv. Tellerlecker m; Schmarotzer m; **∼apiedi** [-kapi'ɛ:di] m inv. Speichellecker m; **∼are** [-'ka:re] (1d) lecken (a. fig.); **∼ato** [-'ka:to] affek-

tiert; **∼atura** [-ka'tu:ra] f Lecken n; fig. Affektiertheit f; Schmeichelei f.

lecceto [let-'tʃe:to] m Steineichenwald m.

leccio [let-tʃo] m (pl. -cci) Steineiche f.

leccornia [lek-kor'ni:a] f Leckerbissen m.

lecito [le:tʃito] erlaubt; farsi ∼ sich erlauben.

lecitina [letʃi'ti:na] f Lezithin n.

ledere [le:dere] (3q) verletzen; beschädigen; s. leso.

lega¹ [le:ga] f (pl. -ghe) Meile f.

lega² [le:ga] f (pl. -ghe) Bund m; Verband m; Kartell n; ⊕ Legierung f; fig. Sorte f; ♀ delle Nazioni Völkerbund m.

leg|accio [le'gat-tʃo] m, **∼acciolo** [-'gat-tʃolo] m Schnürband n; Strumpfband n.

leg|ale [le'ga:le] **1.** adj. legal, gesetzlich; gesetzmäßig; rechtmäßig; gerichtlich; atti m/pl. -i gerichtliche Akten f/pl.; medicina f ∼ Gerichtsmedizin f; **2.** m Rechtsanwalt m; **∼alità** [-gali'ta] f Gesetzlichkeit f; Gesetzmäßigkeit f; Rechtsgültigkeit f; **∼alitario** [-gali'ta:rio] (pl. -ri) gesetzmäßig; **∼alizzare** [-galid-'dza:re] (1a) legalisieren, beglaubigen; **∼alizzazione** [-galid-dzatsi'o:ne] f Legalisierung f, Beglaubigung f.

leg|ame [le'ga:me] m Band n; c.s. Fessel f; fig., lit. Zusammenhang m; **∼amento** [-ga'mento] m Binden n; Anat. Gelenkband n.

legare¹ [le'ga:re] (1b u. e) vermachen.

leg|are² [le'ga:re] (1e) **1.** v/t. binden; fig. vereinigen; zusammenpassen; fesseln; zuschnüren; Perlen fassen; Buch einbinden; Typ. ausbinden; ∼ alla rustica broschieren; **2.** v/i. in Zusammenhang stehen; **∼arsi** [-'garsi]: ∼ in cordata sich anseilen; legarsela al dito sich et. hinter die Ohren schreiben.

leg|ata [le'ga:ta] f: dare una ∼ a qc. et. binden; **∼atario** [-ga'ta:rio] m (pl. -ri) Legatar m; **∼ato** [-'ga:to] m Vermächtnis n; Pol. Gesandte(r) m; **∼atore** [-ga'to:re] m Buchbinder m; **∼atoria** [-gato'ri:a] f Buchbinderei f; **∼atura** [-ga'tu:ra] f Binden n; Fassung f; Einband (Bucheinband) m; Einbinden n; fig. Fessel f;

~azione [-gatsi'o:ne] f Legation f,
Gesandtschaft f.

legge [lɛd-dʒe] f Gesetz n; Recht n;
in forza di ~ kraft des Gesetzes;
disposizioni f|pl. di ~ gesetzliche
Bestimmungen f|pl.; *studiar* ~ Jura
studieren; *dottore m in* ~ Doktor m
der Rechte; *dettar* ~ Vorschriften
machen.

legg|enda [led-'dʒɛnda] f Legende
f; (Münzen-)Aufschrift f; Zeichen-
erklärung f (*auf Landkarten usw.*);
~endario [-dʒen'da:rio] (*pl. -ri*)
1. *adj.* legendenhaft, märchenhaft;
2. m Legendensammlung f.

leggere [lɛd-dʒere] (3cc) lesen; ~
qc. a qu. j-m et. vorlesen; *nell'attesa
di leggerVi ...* Ihrer Antwort ent-
gegensehend ...

leggerezza [led-dʒe'ret-tsa] f Leichtigkeit f; *fig.* Leichtfertigkeit f.

leggero [led-'dʒɛ:ro] leicht; klein;
fig. leichtsinnig; flatterhaft; *alla* ~a
leichtsinnig, ohne Bedacht.

leggerone [led-dʒe'ro:ne] m Leicht-
fuß m.

leggi|adria [led-dʒa'dri:a] f An-
mut f; **~adro** [-'dʒa:dro] anmutig.

legg|ibile [led-'dʒi:bile] leserlich;
~ibilità [-dʒibili'ta] f Lesbarkeit f.

leggiero [led-'dʒɛ:ro] *s.* leggero.

legg|io [led-'dʒi:o] m (*pl. -ii*) Lese-
pult m; ♪ Notenständer m; **~iuc-
chiare** [-dʒuk-ki'a:re] (1k) oberflächlich lesen.

legifer|are [ledʒife'ra:re] (1m) Ge-
setze machen; **~atore** [-ra'to:re] m
Gesetzgeber m.

legionario [ledʒo'na:rio] m (*pl.
-ri*) Legionär m; ~ *straniera*
Fremden-
legion f.

legisl|ativo [ledʒizla'ti:vo] gesetz-
gebend; **~atore** [-la'to:re] m Gesetzgeber m; **~atura** [-la'tu:ra] f
Legislatur f; Legislaturperiode f;
~azione [-latsi'o:ne] f Gesetzge-
bung f.

legittima [le'dʒit-tima] f ⚖ Pflicht-
teil m.

legittim|are [ledʒit-ti'ma:re] (1m)
legitimieren; **~arsi** [-'marsi] sich
ausweisen; **~azione** [-matsi'o:ne]
f Legitimation f; Ausweis m; *carta
f di* ~ Ausweiskarte f; **~ista**
[-'mista] *su.* (m/pl. *-i*) Legitimist (in
f) m; **~ità** [-mi'ta] f Legitimität f,
Rechtmäßigkeit f.

legittimo [le'dʒit-timo] legitim;
rechtmäßig; ehelich; einwandfrei.

legna [le:ɲa] f Brennholz n; *far* ~
Brennholz sammeln.

legn|aceo [le'ɲa:tʃeo] holzartig;
~aia [-'ɲa:ia] f Holzboden m;
~aiolo [-ɲai'ɔ:lo] m Holzarbeiter m;
~ame [-'ɲa:me] m Nutzholz n; (*a.
~ da costruzione*) Bauholz n; ~ *da
miniera* Grubenholz n; ~ *da taglio*
Schnittholz n; **~are** [-'ɲa:re] durchprügeln; **~ata** [-'ɲa:ta] f Schlag m
mit dem Stock.

legno [le:ɲo] m (*pl. i -i*) Holz n;
Droschke f; *poet.* Schiff n; (*pl. le -a*)
Brennholz n; ~ *compensato* Sperr-
holz n.

legn|osità [leɲosi'ta] f Holzigkeit f;
~oso [-'ɲo:so] holzig.

leguleio [legu'lɛ:io] m (*pl. -lei*) *lit.*
Rechtsverdreher m.

legum|e [le'gu:me] m Hülsenfrucht
f; *-i pl.* Gemüse n; **~inoso** [-gumi-
'no:so] hülsenfruchtartig.

lei [lɛ:i] *pron. f/sg.* sie; ♀ Sie; *dare
del Lei a qu.* j-n siezen.

lembo [lembo] m Rand m; *Kleidung:*
Zipfel m.

lemma [lɛm-ma] m (*pl. -i*) Stichwort n.

lemme [lɛm-me]: ~ ~ ganz sachte.

lemuri [le'muri] m/pl. Lemuren m/pl.; *Gespenster n/pl.; Zool.* Halb-
affen m/pl.

lena [le:na] f Atem m; *fig.* Kraft f;
Ausdauer f; *di buona* ~ tüchtig, mit
aller Kraft.

lendine [lendine] m Nisse f.

lene [lɛ:ne] *poet.* sanft.

len|iente [leni'ɛnte] **1.** *adj.* 🍼 lin-
dernd; **2.** m Linderungsmittel n;
~imento [-ni'mento] m Linderung
f.

len|ire [le'ni:re] (4d) mildern;
~itivo [-ni'ti:vo] **1.** *adj.* lindernd;
2. m Linderungsmittel n.

len|ocinio [leno'tʃi:nio] m (*pl. -ni*)
Kuppelei f; *fig.* Verlockung f;
~one [-'no:ne] m Kuppler m.

lente [lente] f ♀ u. *Phys.* Linse f;
-i pl. Brille f; *Phot.* ~ *addizionale*
Vorsatzlinse f; ~ *a contatto* Kon-
taktglas n; ~ *d'ingrandimento* Ver-
größerungsglas n.

lentezza [len'tet-tsa] f Langsam-
keit f.

lent|icchia [len'tik-kia] f ♀ Linse f;
~icolare [-tiko'la:re] linsenförmig;

~iggine [-'tid-dʒine] *f* Sommersprosse *f*; **~igginoso** [-tid-dʒi-'no:so] sommersprossig.

lento [lento] langsam; locker; lose.

lenza [lentsa] *f* Angelschnur *f*.

lenzuolo [lentsu'ɔːlo] *m* (*pl. i -i u. le -a*) Laken *n*; Bettuch *n*; Leichentuch *n*; *bisogna distendersi quanto il ~ è lungo* man muß sich nach der Decke strecken.

leone [le'oːne] *m* Löwe *m*; *bocca f di ~* Löwenmaul *n*; *coraggio m da ~* Löwenmut *m*.

leon|essa [leo'nes-sa] *f* Löwin *f*; **~ino** [-'niːno] löwenartig; Löwen...

leopardo [leo'pardo] *m* Leopard *m*.

lepidezza [lepi'det-tsa] *f* Spaßhaftigkeit *f*; Witz *m*.

lepido [lɛ'pido] spaßhaft; witzig.

lepidottero [lepi'dɔt-tero] *m* Falter *m*.

leporino [lepo'riːno]: *labbro m ~* Hasenscharte *f*.

lepre [lɛ:pre] *f* Hase *m*.

lercio [lɛrtʃo] (*pl. -ci*) dreckig.

lesi [lɛ:zi] *s.* ledere.

lesina [leˈziːna] *f* Ahle *f*.

lesinare [lezi'naːre] (1l) knausern.

les|ionare [lezio'naːre] beschädigen; verletzen; **~ione** [-zi'oːne] *f* Beschädigung *f*; Verletzung *f*; Körperverletzung *f*; *~ all'onore* Ehrenbeleidigung *f*; **~ivo** [-'ziːvo] verletzend; schädigend.

leso [lɛ:zo] *s.* ledere; *-a Maestà f* Majestätsbeleidigung *f*.

lessare [les-'saːre] (1a) *v/t.* Fleisch usw. kochen.

lessi [lɛs-si] *s.* leggere.

lessicale [les-si'kaːle] lexikalisch.

lessico [lɛs-siko] *m* (*pl. -ci*) Lexikon *n*.

lessi|cografia [les-sikogra'fiːa] *f* Lexikographie *f*; **~cografo** [-'kɔ:grafo] *m* Lexikograph *m*; **~cologia** [-kolo'dʒiːa] *f* Lexikologie *f*; **~cologo** [-'kɔːlogo] *m* (*pl. -gi*) Lexikologe *m*.

lesso [lɛs-so] **1.** *adj.* gekocht, gesotten; **2.** *m* gekochtes Fleisch *n*.

lestezza [les'tet-tsa] *f* Flinkheit *f*.

lesto [lɛsto] flink; bereit; behende; F *essere di mano -a* lange Finger haben.

lestofante [lesto'fante] *m* Gauner *m*.

letale [le'taːle] tödlich.

let|amaio [leta'maːjo] *m* (*pl. -ai*) Mistgrube *f*; **~ame** [-'taːme] *m* Mist *m*.

let|argia [letar'dʒiːa] *f* Lethargie *f*; **~argico** [-'tardʒiko] (*pl. -ci*) lethargisch; **~argo** [-'targo] *m* (*pl. -ghi*) Lethargie *f*; *Zool.* Winterschlaf *m*.

leticare [leti'kaːre] (11 *u. d*) *s.* litigare.

letific|ante [letifi'kante] erfreulich; **~are** [-'kaːre] (1m *u. d*) froh stimmen.

letizia [le'tiːtsia] *f* Freude *f*, Wonne *f*.

letta [let-ta] *f* Lesung *f*; *dare una ~ a qc.* et. rasch durchlesen.

lettera [let-tera] *f* Brief *m*; *Gram.* Buchstabe *m* (*a. fig.*); Wortlaut *m*; *Typ.* Letter *f*; *per ~* brieflich; *alla ~* buchstäblich; *rimanere ~ morta* unbeachtet bleiben; *~ amorosa* Liebesbrief *m*; *~ assicurata* Wertbrief *m*; *~ commerciale* Geschäftsbrief *m*; *~ iniziale* Anfangsbuchstabe *m*; *~ maiuscola* Großbuchstabe *m*; *~ minuscola* Kleinbuchstabe *m*; *~ di cambio* Wechsel *m*, Tratte *f*; *~ di credito* Kreditbrief *m*; *~ di porto*, *~ di vettura* Frachtbrief *m*; *~ raccomandata* eingeschriebener Brief *m*; *-e pl.* Literatur *f*; *facoltà f di -e* philosophische Fakultät *f*.

letter|ale [let-te'raːle] buchstäblich; wörtlich; **~ario** [-'raːrio] (*pl. -ri*) literarisch; **~ato** [-'raːto] **1.** *adj.* gebildet; **2.** *m* Schriftsteller *m*, Literat *m*; **~atura** [-ra'tuːra] *f* Literatur *f*; *~ amena* Belletristik *f*.

lettico [let-tiko] (*pl. -ci*) lettisch.

lett|iera [let-ti'ɛːra] *f* Bettgestell *n*; **~iga** [-'tiːga] *f* (*pl. -ghe*) Sänfte *f*, Tragbahre *f*; **~ighiere** [-tigi'ɛ:re] *m* Sänftenträger *m*.

letto¹ [let-to] *m* Bett *n*; *~ a due piazze* Doppelbett *n*; *di primo ~* aus erster Ehe; *~ caldo per le sementi* Mistbeet *n*; *andare a ~* schlafen gehen; *essere a ~* im Bett liegen; krank sein.

letto² [let-to] *s.* leggere.

lettone [let-tone] **1.** *adj.* lettisch; **2.** *m* Lette *m*.

lett|orato [let-to'raːto] *m* Lektorat *n*; **~ore** [-'to:re] *m* Leser *m*; Lektor *m*; **~rice** [-'triːtʃe] *f* Leserin *f*.

lettuccio [let-'tut-tʃo] *m* (*pl. -cci*) Ruhebett *n*; *essere fra letto e ~* kränklich sein.

libertà

lettura [let-'tu:ra] f Lektüre f; Vortrag m; dare ~ di qc. et. vorlesen; -e pl. od. libro m di -e Lesebuch n.

leucemia [leut∫e'mi:a] f Leukämie f.

leucociti [leuko't∫i:ti] m/pl. weiße Blutkörperchen n/pl.

leucorrea [leukor-'re:a] f Weißfluß m.

leva¹ [le:va] f ✕ Aushebung f; Einberufung f; essere di ~ einberufen werden; sottoposto alla ~ militärpflichtig.

leva² [le:va] f Hebel m (a. fig.); ~ di comando Auto: Schalthebel m; ✗ Steuerknüppel m; ~ dell'accensione Zündhebel m; ~ a mano Handhebel m; ~ del cambio Schalthebel m; ~ a mano Handhebel m; ~ a piede Fußhebel m; ~ del freno a mano Handbremshebel m; fig. far ~ su qc. sich e-r Sache bedienen.

lev|ante [le'vante] m Osten m; ~antino [-van'ti:no] m Levantiner m.

lev|are [le'va:re] (1b) 1. v/t. heben, aufheben; fort-, wegnehmen; Zähne ausziehen; Lohn entziehen; Zelt abbrechen; Gruß versagen; Anker lichten; Sitzung aufheben; ♫ abziehen; Kartenspiel abheben; ~ di mezzo beseitigen; ~ qc. dal capo a qu. j-m et. ausreden; 2. m: l'ancora Lichten n des Ankers; ~arsi [-'varsi] aufstehen; Sonne: aufgehen; Hut abnehmen; Kleider ausziehen; Laster sich abgewöhnen; Lust auf et. befriedigen.

lev|ata [le'va:ta] f Aufhebung f; Aufstehen n; Astr. Aufgang m; Ankerlichten n; ✉ Leerung f; ~atoio [-va'to:io] (pl. -oi): ponte m ~ Zugbrücke f; ~atrice [-va'tri:t∫e] f Hebamme f; ~atura [-va'tu:ra] f Aufheben n; fig. geistige Fähigkeit f; Bedeutung f.

levig|are [levi'ga:re] (1l, b u. e) glätten; schleifen; ~atezza [-va'tet-tsa] f Glätte f; ~ato [-'ga:to] glatt; geschliffen.

levr|iere [levri'e:re], ~iero [-ro] m Windhund m.

lezione [letsi'o:ne] f Stunde (Lehrstunde) f; Lektion f; Vorlesung f; Lesart f; fig. Lehre f; ~ privata Privatstunde f; ~ di tedesco Deutschstunde f; prendere -i Stunden nehmen; dare -i Stunden geben; iron. dare una ~ eine Lektion erteilen.

lezi|osaggine [letsio'sad-dʒine] f Ziererei f; ~oso [-tsi'o:so] geziert.

lezzo [led-dzo] m Gestank m.

li [li] 1. art. m/pl. die; 2. pron. m/pl. sie.

lì [li] dort, da; ~ per ~ auf der Stelle; im ersten Augenblick; ero ~ ~ per ich war eben im Begriff zu; beinahe wäre ich; giù di ~ ungefähr; di ~ a pochi giorni wenige Tage darauf.

liana [li'a:na] f Liane f.

libagione [liba'dʒo:ne] f Trankopfer n; F fare troppe -i tüchtig zechen.

lib|are [li'ba:re] (1a) als Trankopfer darbringen; poet. trinken; fig. auskosten; ~azione [-batsi'o:ne] f s. libagione.

libbra [lib-bra] f Pfund n.

libeccio [li'bet-t∫o] m Südwestwind m.

lib|ellista [libel-'lista] su. (m/pl. -i) Verfasser(in f) m e-r Schmähschrift; ~ello [-'bɛl-lo] m Schmähschrift f.

libellula [li'bɛl-lula] f Libelle f.

liber|ale [libe'ra:le] 1. adj. freigebig; großzügig; Pol. liberal; arti f/pl. -i freie Künste f/pl.; 2. m Liberale(r) m, Freidenker m; ~alesco [-ra'lesko] (pl. -chi) c.s. liberal tuend; ~alismo [-ra'lizmo] m Liberalismus m, Freisinn m; ~alità [-rali'ta] f Freigebigkeit f; ~alizzare [-ralid-'dza:re] (1a) liberalisieren; ~alizzazione [-ralid-dzatsi'o:ne] f Liberalisierung f; ~amente [-ra'mente] freiheraus; ~are [-'ra:re] (1l) befreien; Wohnung räumen; Dio liberi! Gott behüte!; ~arsi [-'rarsi] sich befreien (di von dat.); ⚓ frei werden; ~atore [-ra'to:re] m Befreier m; ~azione [-ratsi'o:ne] f Befreiung f; guerra f di ~ Befreiungskrieg m.

libercolo [li'berkolo] m Büchelchen n.

liber|ismo [libe'rizmo] m freie Wirtschaft f, Freihandel m; ~ista [-'rista] m (pl. -i) Anhänger m der freien Wirtschaft.

libero [li:bero] frei; -a professione f freier Beruf m; commercio m ~ Freihandel m; ~ da imposte steuerfrei; uscir ~ freigesprochen werden; ~ di spese lastenfrei.

liber|tà [liber'ta] f Freiheit f; mettersi in ~ es sich bequem machen; ~ di azione Bewegungsfreiheit f; ~

di pensiero Gedankenfreiheit *f*; ~ *di stampa* Pressefreiheit *f*; *prendersi la* ~ *di* sich die Freiheit nehmen zu; **~tario** [-'ta:rio] *m* (*pl. -ri*) Anarchist *m*; **~tinaggio** [-ti'nad-dʒo] *m* Ausschweifung *f*; **~tino** [-'ti:no] 1. *adj.* ausschweifend; 2. *m* Freigeist *m*; sittenloser Mensch *m*; Wüstling *m*; **liberto** [li'bɛrto] *m* Freigelassene(r) *m*.

libico [li:biko] (*pl. -ci*) libysch.

libidine [li'bi:dine] *f* sinnliche Lust *f*; Begierde *f*.

libidinoso [libidi'no:so] lüstern; wollüstig.

libito [li:bito] *m* Belieben *n*.

libra [li:bra] *f Astr.* Waage *f*.

libraio [li'bra:io] *m* (*pl. -ai*) Buchhändler *m*.

librario [li'bra:rio] (*pl. -ri*) Buch...; Buchhändler...; *industria f -a* Buchdruckergewerbe *n*; *mercato m.* ~ Büchermarkt *m*; **~arsi** [-'brarsi] (1a) schweben; *volo m librato* Gleitflug *m*; **~eria** [-bre'ri:a] *f* Bibliothek *f*; Bücherschrank *m*; Buchhandlung *f*; **~esco** [-'bresko] (*pl. -chi*): *sapienza f -a* Bücherweisheit *f*; **~ettista** [-bret-'tista] *su.* (*m*/*pl. -i*) Operntextdichter(in *f*) *m*; **~etto** [-'bret-to] *m* Büchlein *n*; Gutscheinheft *n*; Operntext *m*; *assegni m librati* Scheckbuch *n*; ~ *della cassa di risparmio* Sparkassenbuch *n*; ~ *di lavoro* Arbeitsbuch *n*; **~iccino** [-brit-'tʃi:no] *m* Büchelchen *n*.

libro [li:bro] *m* Buch *n*; ♀ Bast *m*; *-i contabili* Geschäftsbücher *n/pl.*; ~ *mastro* Hauptbuch *n*; ~ *dei conti* Kontobuch *n*; ~ *delle entrate* Einnahmebuch *n*; ~ *nero* schwarze Liste *f*; ~ *di lettura* Lesebuch *n*; *mettere a* ~ eintragen.

liceale [litʃe'a:le] Gymnasial... (*s. liceo*); Licenza *f* ~ Abitur *n*; **~alista** [-a'lista] *su.* (*m*/*pl. -i*) Gymnasiast(in *f*) *m*.

licenza [li'tʃɛntsa] *f* Erlaubnis *f*; Urlaub *m*; Entlassung *f*; Zügellosigkeit *f*; Ausgelassenheit *f*; Jagdschein *m*; *Rel.*, ♱, *Sport*: Lizenz *f*; Abgangszeugnis *n*; ~ *di costruzione* Baugenehmigung *f*; *esame m di* ~ Abiturientenprüfung *f*; *proroga f di* ~ Urlaubsverlängerung *f*; *prendersi troppe -e* sich zu viele Freiheiten nehmen.

licenziabile [litʃentsi'a:bile] künd-

bar; **~amento** [-tsia'mento] *m* Entlassung *f*; Kündigung *f*; ~ *senza preavviso* fristlose Entlassung *f*; **~ando** [-tsi'ando] *m* Abiturient *m*; **~are** [-tsi'a:re] (1g) entlassen; beurlauben; j-m kündigen; ~ *alle stampe* in den Druck geben; **~arsi** [-tsi'arsi] sich verabschieden; kündigen; **~ato** [-tsi'a:to] 1. *adj.* entlassen; 2. *m* Entlassene(r) *m*; Lizentiat *m*; **~osità** [-tsiosi'ta] *f* Ausgelassenheit *f*; Liederlichkeit *f*; **~oso** [-tsi'o:so] ausgelassen; liederlich; allzu frei.

liceo [li'tʃɛ:o] *m* Gymnasium (Obergymnasium) *n*; ~ *classico* humanistisches Gymnasium *n*; ~ *scientifico* naturwissenschaftliches Gymnasium *n*.

lichene [li'kɛ:ne] *m* ♀ Flechte *f*.

licitare [litʃi'ta:re] (1l) bieten (bei e-r Auktion); **~azione** [-tatsi'o:ne] *f* Angebot *n*; Versteigerung *f*.

lido [li:do] *m* Strand *m*; ♀ Strand von Venedig.

lieto [li'ɛ:to] froh, erfreut (*di* über *acc.*).

lieve [li'e:ve] leicht.

lievitare [lievi'ta:re] (11 *u.* b) 1. *v/t.* mit Hefe (Sauerteig) versetzen; durchsäuern; 2. *v/i.* gären; *Teig*: aufgehen; **~azione** [-tatsi'o:ne] *f* Durchsäuerung *f*; Aufgehen *n*.

lievito [li'ɛ:vito] *m* Sauerteig *m*; Gärstoff *m* (*a. fig.*); ~ *in polvere* Backpulver *n*.

ligamento [liga'mento] *m Anat.* Ligament *n*; **~entoso** [-men'to:so] flechsenartig.

ligio [li:dʒo] (*pl. -gi*) getreu, ergeben; ~ *al dovere* pflichttreu.

lignaggio [li'ɲad-dʒo] *m* (*pl. -ggi*) Geschlecht *n*; Abstammung *f*.

ligneo [li:ɲeo] holzig.

lignite [li'ɲi:te] *f* Braunkohle *f*.

ligure [li:gure] 1. *adj.* ligurisch; genuesisch; 2. *m* Ligurer *m*.

ligustro [li'gustro] *m* Liguster *m*.

liliaceo [lili'a:tʃeo] lilienartig; Lilien...

lilla [lil'la] *m* Flieder *m*.

lilla [lil-la] 1. *adj.* lila; 2. *m* Flieder *m*.

lillipuziano [lil-liputsi'a:no] 1. *adj.* Liliputaner...; 2. *m* Liliputaner *m*.

lima [li:ma] *f* Feile *f*; ~ *piatta* Flachfeile *f*; *fig.* ~ *sorda* Schleicher *m*; langsam aufreibende Sorgen *f/pl.*;

dare l'ultima ~ den letzten Schliff geben.

limabile [li'ma:bile] abfeilbar; *fig.* ausfeilbar.

limaccioso [limat-'t∫o:so] schlammig.

lim|are [li'ma:re] (1a) feilen; *fig.* ausfeilen; **~atrice** [-ma'tri:t∫e] *f* Feilmaschine *f*; **~atura** [-ma'tu:ra] *f* Feilspäne *m/pl.*; Feilen *n*; Ausfeilen *n*.

limbo [limbo] *m* Limbus *m*, Vorhölle *f*.

limit|abile [limi'ta:bile] beschränkbar; einschränkbar; **~are** [-'ta:re] **1.** *v/t.* (1l) beschränken (*a* auf *acc.*); abbauen; *Ausgaben* einschränken; **2.** *m lit.* Schwelle *f*; **~atezza** [-ta-'tet-tsa] *f* Beschränktheit *f*; **~ativo** [-ta'ti:vo] einschränkend; **~ato** [-'ta:to] eingeschränkt; endlich; **†** *società f a responsabilità -a* Gesellschaft *f* mit beschränkter Haftung; **~azione** [-tatsi'o:ne] *f* Beschränkung *f*; Einschränkung *f*; Abbau *m*.

limite [li:mite] *m* Grenze *f*; Schwelle *f*; ~ *di età* Altersgrenze *f*; ~ *di velocità* Geschwindigkeitsgrenze *f*; *nei -i del possibile* soweit es möglich ist; *senza -i* grenzenlos.

limitrofo [li'mi:trofo] angrenzend; Grenz...

limo [li:mo] *m* Schlamm *m*.

limonata [limo'na:ta] *f* Limonade *f*, Zitronenwasser *n*.

limone [li'mo:ne] *m* Zitrone *f*; Zitronenbaum *m*; *succo m di* ~ Zitronensaft *m*.

limosina [li'mɔ:zina] *f usw. s.* elemosina *usw.*

limpidezza [limpi'det-tsa] *f* Klarheit *f*.

limpido [limpido] klar.

linaiolo [linai'ɔ:lo] *m* Flachshändler *m*; Flachskämmer *m*.

lince [lint∫e] *f* Luchs *m*.

Lincei [lin't∫ɛ:i]: *Accademia f dei* ~ *naturwissenschaftliche Akademie in*

linceo [lint∫eo] luchsartig.   [*Rom.*]

linci|aggio [lin't∫ad-dʒo] *m* Lynchen *m*; Lynchjustiz *f*; **~are** [-'t∫a:re] lynchen.

lindezza [lin'det-tsa] *f* Sauberkeit *f*.

lindo [lindo] schmuck; sauber.

linea [li:nea] *f* Linie *f*; *Typ.* Zeile *f*; 🚆 Strecke *f*; Gleis *n*; ~ *aerea* Luftlinie *f*; ~ *d'arrivo* Ziellinie *f*; ~

dell'autobus Autobuslinie *f*; ~ *di navigazione* Schiffahrtslinie *f*; ~ *mediana* (*od. centrale*) Mittellinie *f*; ~ *principale* Hauptlinie *f*; ~ *secondaria* Nebenstrecke *f*; ~ *telefonica* Telefonleitung *f*; *in prima* ~ hauptsächlich; *in* ~ *di massima* grundsätzlich; *mantenere la* ~ schlank bleiben; *perdere la* ~ dick werden; *Tel. restare in* ~ am Apparat bleiben; *tracciare una* ~ e-n Strich ziehen.

line|amento [linea'mento] *m* (*mst -i pl.*) Gesichtszüge *m/pl.*; **~are** [-'a:re] **1.** *adj.* linear, linienförmig; **2.** *v/t.* (1l) lin(i)ieren; **~arità** [-ari'ta] *f* Geradlinigkeit *f*; *fig.* Geradheit *f*; **~etta** [-ne'et-ta] *f* Strichelchen *n*; Bindestrich *m*.

linfa [linfa] *f* Lymphe *f*.

linf|atico [lin'fa:tiko] (*pl. -ci*) lymphatisch; Lymph...; **~atismo** [-fa'tizmo] *m* Lymphatismus *m*.

lingotto [lin'gɔt-to] *m* Barren (Metallbarren) *m*; *-i pl. Typ.* Stege *m/pl.*

lingua [lingua] *f* Zunge *f*; Sprache *f*; ~ *di manzo* Rinderzunge *f*; ~ *di bue* Ochsenzunge *f*; ~ *materna* Muttersprache *f*; *in prima* ~ Umgangssprache *f*; ~ *straniera* Fremdsprache *f*; ~ *sporca* belegte Zunge *f*; ~ *scritta* Schriftsprache *f*; *l'ho sulla punta della* ~ es schwebt mir auf der Zunge; *non aver peli sulla* ~ kein Blatt vor den Mund nehmen; *la* ~ *batte dove il dente duole* wes das Herz voll ist, des geht der Mund über.

lingu|accia [lingu'at-t∫a] *f* (*pl. -cce*) Lästermaul *n*; **~acciuto** [-guat-'t∫u:to] **1.** *adj.* schwatzhaft; **2.** *m* Großmaul *n*; **~aggio** [-gu'ad-dʒo] *m* (*pl. -ggi*) Sprache *f*; ~ *tecnico* Fachsprache *f*; **~aiolo** [-guai'ɔ:lo] *m* Sprachpedant *m*; **~ale** [-gu'a:le] Zungen...; *suono m* ~ Zungenlaut *m*; **~etta** [-gu'et-ta] *f* Zünglein *n*; **~ista** [-gu'ista] *su.* (*m/pl. -i*) Sprachforscher(in *f*) *m*; Linguist(in *f*) *m*; **~istica** [-gu'istika] *f* Sprachwissenschaft *f*; Linguistik *f*; Sprachforschung *f*; **~istico** [-gu'istiko] (*pl. -ci*) sprachwissenschaftlich; *conoscenze f/pl.* -*che* Sprachkenntnisse *f/pl.*

linificio [lini'fi:t∫o] *m* (*pl. -ci*) Flachsspinnerei *f*.

linimento [lini'mento] *m* Einreibe-
mittel *n*.

lino [li:no] *m* Flachs *m*; (*a. tela f di*
~) Leinwand *f*; *di* ~ leinen.

linoleum [li'nɔ:leum] *m inv.* Linoleum *n*.

linoti|pia [linoti'pi:a] *f* Zeilensatz
m; **~pista** [-'pista] *su.* (*m/pl.* -i)
Zeilensetzer(in *f*) *m*.

liocorno [lio'kɔrno] *m* Einhorn *n*.

lionato [lio'na:to] löwenfarbig.

lipoma [li'pɔ:ma] *m* Fettgeschwulst
f.

lipsiano [lipsi'a:no], **lipsiense**
[lipsi'ense] **1.** *adj.* Leipziger; **2.** *m*
Leipziger *m*.

liquame [liku'a:me] *m* Jauche *f*.

liquef|are [likue'fa:re] (3aa) schmel-
zen; *Luft, Gas* flüssig machen;
~arsi [-'farsi] schmelzen; flüssig
werden; *fig.* zergehen; sich auflösen; **~azione** [-fatsi'o:ne] *f*
Schmelzung *f*; Verflüssigung *f*.

liquid|are [likui'da:re] (11) liqui-
dieren; *Laden* auflösen; *Waren* aus-
verkaufen; *Rechnung* bezahlen,
begleichen; *Pension* auszahlen;
~atore [-da'to:re] *m* Liquidator *m*;
~azione [-datsi'o:ne] *f* Liquidie-
rung *f*; Ausverkauf *m*; *Börse:* Abrechnung *f*; ~ *di fine stagione*
Schlußverkauf *m*; ~ *totale* Räu-
mungsausverkauf *m*; **~ità** [-di'ta]
f ✝ Flüssigkeit *f*.

liquido [li:kuido] **1.** *adj.* flüssig; ✝
bar; **2.** *m* Flüssigkeit *f*.

liquirizia [likui'ri:tsia] *f* Lakritze *f*.

liqu|ore [liku'o:re] *m* Likör *m*; **~o-
reria** [-kuore'ri:a] *f* Likörfabrik *f*;
Likörgeschäft *n*; **~orista** [-kuo-
'rista] *su.* (*m/pl.* -i) Likörfabrikant
(-in *f*) *m*; Likörhändler(in *f*) *m*;
~oroso [-kuo'ro:so]: *vino* ~ *m* ~
starker Wein *m*.

lira [li:ra] *f* ✝ Lira *f*; ♪ Leier *f*.

liric|a [li:rika] *f* (*pl.* -che) Lyrik *f*;
~o [-ko] (*pl.* -ci) **1.** *adj.* lyrisch;
cantante m ~ Opernsänger *m*; *spettacolo m* (*od. teatro m*) ~ Oper *f*;
2. *m* Lyriker *m*.

lirismo [li'rizmo] *m* Lyrismus *m*;
poetische Begeisterung *f*.

lisca [liska] *f* (*pl.* -che) *Getreide:*
Spelze *f*; Gräte (Fischgräte) *f*;
avere la ~ lispeln.

lisci|amento [liʃʃa'mento] *m* Glät-
ten *n*; *fig.* Schmeichelei *f*; **~are**
[-'ʃa:re] (1f) glätten; (heraus)put-

zen; *Bart* streichen; ~ *qu.* j-m
schmeicheln; **~ata** [-'ʃa:ta] *f: dare
una* ~ *a qc.* et. glattstreichen;
~atoio [-ʃa'to:io] *m* (*pl.* -oi) Polier-
stahl *m*; **~atura** [-ʃa'tu:ra] *f* Glätten *n*; Putzen *n*; Streicheln *n*;
Schmeichelei *f*.

liscio [liʃ-ʃo] (*pl.* -sci) **1.** *adj.* glatt;
caffè m ~ Kaffee *m* ohne Milch;
vermut m ~ Wermut *m* ohne Selterswasser; *passarla* ~ *a* gut davonkommen; **2.** *m* Schminke *f*.

liscivia [liʃ-'ʃi:via] *f* Lauge *f*; ~ *di
sapone* Seifenlauge *f*.

liscoso [liʃ'ko:so] spelzig; *Fisch:*
voll Gräten.

liseuse [li'zø:z] *f* Bettjäckchen *n*.

liso [li:zo] abgetragen.

lisolo [li'zɔ:lo] *m* Lysol *n*.

lista [lista] *f* Streifen *m*; Leiste *f*;
Liste *f*; ~ *elettorale* Wahlliste *f*; ~
dei cibi Speisekarte *f*; ~ *di bordo od.
dei passeggeri* Schiffsliste *f*; ~ *dei
vini* Weinkarte *f*.

list|are [lis'ta:re] (1a) mit Streifen
besetzen; verbrämen (*di* mit *dat.*);
~ato [-'ta:to] gestreift; ~ *a bruno*
mit Trauerrand; **~ello** [-'tel-lo] *m*
Leiste *f*; Zierleiste *f*; **~ino** [-'ti:no]
m Liste *f*; Speisekarte *f*; ~ *di borsa*
Kurszettel *m*; ~ *prezzi* Preisliste *f*.

litania [lita'ni:a] *f* Litanei *f*.

litantrace [litan'tra:tʃe] *m* Steinkohle *f*.

lite [li:te] *f* Streit *m*; Streithandel
m; Prozeß *m*; *muovere* ~ e-n Prozeß
anstrengen.

litig|are [liti'ga:re] (11 u. e) streiten;
Prozeß führen; **~arsi** [-'garsi] sich
zanken.

lit|igio [li'ti:dʒo] *m* (*pl.* -gi) Streit
m; **~igioso** [-ti'dʒo:so] streitsüch-
tig.

litogr|afare [litogra'fa:re] (1m u. c)
lithographieren; **~afia** [-gra'fi:a] *f*
Lithographie *f*, Steindruck *m*;
Steindruckerei *f*; **~afico** [-'gra:fiko]
(*pl.* -ci) lithographisch.

litografo [li'tɔ:grafo] *m* Lithograph
m, Steindrucker *m*.

litro [li:tro] *m* Liter *m u. n*; *un* ~
(*due* -i) *di vino* ein Liter (zwei
Liter) Wein.

littor|ale [lit-to'ra:le] **1.** *adj.* Kü-
sten...; **2.** *m* Küstenland *n*; **~anea**
[-'ra:nea] *f* Küstenstraße *f*; **~aneo**
[-'ra:neo] **1.** *adj.* Küsten...; **2.** *m*
Küstenbewohner *m*.

litt|ore [lit-'to:re] *m* Liktor *m*; **~orina** [-to'ri:na] *f* Schnelltriebwagen *m*; **~orio** [-'to:rio] (*pl.* -ri) **1.** *adj.* Liktoren...; *fascio m ~ =* **2.** *m* Rutenbündel *n.*

lituano [litu'a:no] **1.** *adj.* litauisch; **2.** *m* Litauer *m.*

lit|urgia [litur'dʒi:a] *f* Liturgie *f*; **~urgico** [-'turdʒiko] (*pl.* -ci) liturgisch.

liut|aio [liu'ta:io] *m* (*pl.* -ai) Lautenmacher *m*; Lautenverkäufer *m*; **~ista** [-'tista] *su.* (*m/pl.* -i) Lautenspieler(in *f*) *m.*

liuto [li'u:to] *m* Laute *f.*

livella [li'vɛl-la] *f* Libelle *f*, Wasserwaage *f.*

livell|amento [livel-la'mento] *m* Nivellierung *f*; **~are** [-'la:re] (1b) nivellieren; *fig.* ausgleichen; **~atore** [-la'to:re] *m* Planierer *m*; *fig.* Ausgleicher *m*; **~atrice** [-la'tri:tʃe] *f* Planierraupe *f*; **~azione** [-latsi'o:ne] *f* Nivellierung *f.*

livello [li'vɛl-lo] *m* Niveau *n* (*a. fig.*); Höhe *f*, Höhenlage *f*; Wasserwaage *f*; ~ *dell'acqua* Pegelstand *m*; ~ *di produzione* Produktionsstand *m*; ~ *di vita* (Lebens-)Standard *m*; 🚂 *passaggio m a* ~ Bahnübergang *m*; *ad altissimo* ~ auf höchster Ebene; *basso* ~ Tiefstand *m*; *sopra il* ~ *del mare* über dem Meeresspiegel.

livid|astro [livi'dastro] schwarzblau; **~ezza** [-'det-tsa] *f* schwarzblaue Farbe *f* (*nach Stößen*).

livido [li:vido] **1.** *adj.* schwarzblau; blau unterlaufen; mit Blut unterlaufen; *fig.* gehässig; **2.** *m* Strieme (Hautstrieme); blauer Fleck *m.*

livid|ore [livi'do:re] *m s. lividezza*; **~ura** [-'du:ra] *f* Strieme (Hautstrieme) *f*; blauer Fleck *m.*

livore [li'vo:re] *m* Neid *m*; Mißgunst *f.*

livrea [li'vrɛ:a] *f* Livree *f*; *Zool.* Federkleid *n.*

lizza [lit-tsa] *f* Schranken *f/pl.*; *scendere in* ~ in die Schranken treten.

lo [lo] **1.** *art. m/sg.* der; **2.** *pron. acc. m/sg.* den, das, es.

lobato [lo'ba:to] gelappt.

lobbia [lob-bia] *f* Schlapphut *m.*

lobelia [lo'bɛ:lia] *f* Lobelie *f.*

lobo [lɔ:bo] *m* Lappen *m.*

lobulo [lɔ:bulo] *m* Ohrläppchen *n.*

loc|ale [lo'ka:le] **1.** *adj.* örtlich; Orts...; Lokal...; *colore m* ~ Lokalkolorit *n*; *commercio m* ~ Platzgeschäft *m*, Platzhandel *m*; **2.** *m* Lokal *n*; Räumlichkeit *f*; **~alità** [-kali'ta] *f* Lokalität *f*, Örtlichkeit *f*; Gegend *f*; ~ *balneare* Badeort *m*; ~ *di confine* Grenzort *m*; **~alizzare** [-kalid-'dza:re] (1a) lokalisieren; **~alizzazione** [-kalid-dzatsi'o:ne] *f* Lokalisierung *f*; **~anda** [-'kanda] *f* Wirtshaus *n*; Gastwirtschaft *f*; Gasthof *m*; **~andiere** [-kandi'ɛ:re] *m* Wirt *m*; **~andina** [-kan'di:na] *f* Theaterzettel *m*; **~are** [-'ka:re] (1d) vermieten; **~atario** [-ka'ta:rio] *m* (*pl.* -ri) Mieter *m*; Pächter *m*; **~ativo** [-ka'ti:vo] **1.** *adj.* Miet...; Pacht...; *imposta f -a* Haussteuer *f*; **2.** *m* Gram. Lokativ *m*; **~atore** [-ka'to:re] *m* Vermieter *m*; Verpächter *m*; **~azione** [-katsi'o:ne] *f* Miet-, Pachtvertrag *m.*

locom|obile [loko'mɔ:bile] *m* Lokomobile *f*; **~otiva** [-mo'ti:va] *f* Lokomotive *f*; **~otore** [-mo'to:re] *m*, **~otrice** [-mo'tri:tʃe] *f* elektrische Lokomotive *f*; **~ozione** [-motsi'o:ne] *f* Ortsveränderung *f*; *mezzo m di* ~ Transportmittel *n.*

loculo [lɔ:kulo] *m* Grabstätte *f*; Nische *f.*

locusta [lo'kusta] *f* Heuschrecke *f.*

locuzione [lokutsi'o:ne] *f* Redensart *f*; Redewendung *f.*

lod|are [lo'da:re] (1c) loben; **~arsi** [-'darsi]: ~ *di qu.* sich über j-n lobend aussprechen; **~ativo** [-da'ti:vo] lobend; **~atore** [-da'to:re] *m* Lobredner *m.*

lode [lɔ:de] *f* Lob *n.*

lodevole [lo'de:vole] lobenswert.

lodigiano [lodi'dʒa:no] **1.** *adj.* aus der Stadt Lodi; **2.** *m* Art Käse.

lodo [lɔ:do] *m* Schiedsspruch *m.*

lodola [lɔ:dola] *f* Lerche *f.*

logar|itmico [loga'ritmiko] (*pl.* -ci) logarithmisch; **~itmo** [-'ritmo] *m* Logarithmus *m.*

loggia [lɔd-dʒa] *f* (*pl.* -gge) Loggia *f*, Säulenhalle *f*; ~ *massonica* Loge (Freimaurerloge) *f.*

loggi|ato [lod-'dʒa:to] *m* Bogengang *m*; **~one** [-'dʒo:ne] *m* *Thea.* Galerie *f.*

logic|a [lɔ:dʒika] *f* Logik *f*; Denklehre *f*; **~o** [-ko] (*pl.* -ci) **1.** *adj.* logisch; **2.** *m* Logiker *m.*

logisti|ca [lo'dʒistika] f ✕ Nachschubwesen n; **~co** [-ko] Nachschub...

loglio [lɔ'ʎo] m (pl. -gli) Lolch m.

log|ogrifo [lo'gɔːgrifo] m Logogriph m, Buchstabenrätsel n; **~omachia** [-goma'kiːa] f Wortgefecht n.

logor|amento [logora'mento] m Abnutzung f; fig. Zerrüttung f; **~ante** [-'rante] aufreibend; **~are** [-'raːre] (1l) abnutzen; abscheuern; Gesundheit untergraben; Augen verderben; **~arsi** [-'rarsi] abs. sich quälen; **~io** [-'riːo] m Abnutzung f; fig. Untergrabung f.

logoro [lo:goro] abgenutzt; Kleidung: abgetragen; fig. zerrüttet.

logorrea [logor-'reːa] f Wortfluß m.

lolla [lɔl-la] f Spreu f.

lombaggine [lom'bad-dʒine] f Hexenschuß m.

lombardo [lom'bardo] **1.** adj. lombardisch; **2.** m Lombarde m.

lomb|are [lom'baːre] Lenden...; **~ata** [-'baːta] f Lendenstück n.

lombo [lombo] m Lende f.

lombrico [lom'briːko] m (pl. -chi) Regenwurm m.

londinese [londi'neːse] **1.** adj. Londoner; **2.** m Londoner m.

long|anime [lon'gaːnime] langmütig; **~animità** [-ganimi'ta] f Langmut f.

longarina [longa'riːna] f ⊕, ⚔ Querträger m.

long|evità [londʒevi'ta] f Langlebigkeit f; **~evo** [-'dʒeːvo] langlebig.

longherone [lonɡe'roːne] m ⊕, ⚔ Holm m, Träger m.

longi|tudinale [londʒitudi'naːle] Geogr. longitudinal; Längen...; **~tudine** [-'tuːdine] f Geogr. Länge f.

longobardo [loŋgo'bardo] **1.** adj. langobardisch; **2.** m Langobarde m.

lont|ananza [lonta'nantsa] f Entfernung f; **~ano** [-'taːno] fern; weit; weitab (da von dat.); di (da) ~ von ferne, aus der Ferne; alla -a von weitem; ~ da (inf.) weit davon entfernt, zu (inf.); abita molto ~? wohnen Sie sehr weit?; rifarsi di ~ weit ausholen; parente m u. f alla -a Verwandte(r) m) m u. f; ~ dagli occhi, ~ dal cuore aus den Augen, aus dem Sinn.

lontra [lontra] f Fischotter m.

lonza [lontsa] f Kochk. Lendenstück n.

loppa [lɔp-pa] f Spreu f.

loqu|ace [loku'aːtʃe] gesprächig; **~acità** [-kuatʃi'ta] f Gesprächigkeit f; **~ela** [-ku'ɛːla] f Sprache f; Redegabe f.

lordare [lor'daːre] (1a) beschmutzen; verunreinigen.

lordo [lordo] schmutzig; † Brutto...; peso m ~ Bruttogewicht n.

lord|ume [lor'duːme] m Unrat m; **~ura** [-'duːra] f Schmutz m.

loric|a [lo'riːka] f (pl. -che) Panzer m; **~ato** [-ri'kaːto] gepanzert.

loro [lo:ro] **1.** pron.: a) nom. u. acc. sie; ♀ Sie; b) dat. ihnen; ero da ~ ich war bei ihnen; senza di ~ ohne sie; ♀ Ihnen; c) possessiv: ihr; ~ amico ihr Freund; i ~ genitori ihre Eltern; questi libri sono ~ diese Bücher gehören ihnen; ♀ Ihr; **2.** m: il ~ ihr (Ihr) Hab und Gut n.

losanga [lo'zaŋga] f Raute f, Rhombus m.

losco [losko] (pl. -chi) schielend; fig. anrüchig.

loto [lɔːto] m Lotosblume f.

lotta [lɔt-ta] f Kampf m; Sport: Ringkampf m; ~ corpo a corpo Nahkampf m; ~ per l'esistenza Existenzkampf m; ~ possessiv: (tra Stato e Chiesa) Kulturkampf m; fare alla (od. la) ~ ringen.

lott|are [lot'taːre] (1c) kämpfen; ringen (per um acc.; con gegen acc.); **~atore** [-ta'toːre] m Kämpfer m; Ringkämpfer m; Ringer m.

lotteria [lot-te'riːa] f Lotterie f; biglietto m della ~ Lotterieschein m.

lott|izzare [lot-tid-'dzaːre] (1a) in Parzellen aufteilen, parzellieren; **~izzazione** [-dzatsi'oːne] f Parzellierung f.

lotto [lɔt-to] m Teil m; Anteil m; Spiel: Lotto n; ~ di terreno Parzelle f.

lozione [lotsi'oːne] f Waschung f; Gesichts-, Haarwasser n.

lubrico [lu'briːko] (pl. -ci) glitschig; schlüpfrig (a. fig.).

lubrif|icante [lubrifi'kante] **1.** adj. Schmier...; **2.** m Schmiermittel n; **~icare** [-'kaːre] (1m u. d) (ein-) schmieren; ~ la macchina das Auto abschmieren; **~icativo** [-ka'tiːvo] s. lubrificante; **~icatore** [-ka'toːre] **1.** m Ölbüchse f; **2.** adj. Schmier...;

L

~icazione [-katsi'o:ne] f Schmierung f; ~ *forzata* Druckschmierung f.

lucano [lu'ka:no] **1.** *adj.* lukanisch; **2.** m Lukanier m.

lucarino [luka'ri:no] m Zeisig m.

lucchese [luk-'ke:se] aus Lucca.

lucchetto [luk-'ket-to] m Vorlegeschloß n.

lucci|care [lut-tʃi'ka:re] (1l u. d) leuchten; funkeln; **~chio** [-'ki:o] m Geglitzer n; **~cone** [-'ko:ne] m dicke Träne f; **~core** [-'ko:re] m Leuchten n; Geglitzer n.

luccio [lut-tʃo] m (pl. -cci) Hecht m.

lucciola [lut-tʃola] f Glühwürmchen n; *vendere -e per lanterne* in X für ein U vormachen.

luce [lu:tʃe] f Licht n; *Typ.* Satzfläche f; Spiegelglas n; *dare (mettere) alla ~ Kinder* zur Welt bringen, *Bücher* herausgeben; *venire alla ~ Kinder:* zur Welt kommen; *Bücher:* erscheinen; *far la ~ su qc. et.* aufklären; *~ ad arco* Bogenlicht n; *~ ad intermittenza* Blinklicht n; *impianto m ~* Lichtleitung f; *resistente alla ~* lichtecht.

luc|ente [lu'tʃente] leuchtend; **~entezza** [-tʃen'tet-tsa] f Glanz m; *~ metallica* Metallglanz m.

lucere [lu:tʃere] (3cc a u. 2g) glänzen.

lucerna [lu'tʃerna] f dreischnäbelige Öllampe f; *Kleidung:* Zweispitz m.

lucern|aio [lutʃer'na:io] m (pl. -ai), **~ario** [-'na:rio] m (pl. -ri) Glasdach n; Lichtschacht m; **~iere** [-ni'e:re] m Lampenträger m.

lucertola [lu'tʃertola] f Eidechse f.

lucherino [luke'ri:no] m Zeisig m.

lucid|are [lutʃi'da:re] (1l) glänzend machen; *Zeichenk.* durchzeichnen; *Metalle* polieren; *Fußboden* bohnern; *Schuhe* putzen; **~atore** [-da'to:re] m Polierer m; **~atrice** [-da'tri:tʃe] f Bohnermaschine f; **~atura** [-da'tu:ra] f Glänzen n; *Boden:* Bohnern n; *Schuhe:* Putzen n; **~ezza** [-'det-tsa] f Glanz m; *fig.* = **~ità** [-di'ta] f Klarheit f; *~ di mente* geistige Klarheit f.

lucido [lu:tʃido] **1.** *adj.* blank; glänzend; *fig.* klar; **2.** m Glanz m; *(a. ~ da scarpe)* Schuhcreme f; *Boden:* Bohnerwachs n; ⊕ Putzmittel n.

lucignolo [lu'tʃi:ɲolo] m Docht m.

lucr|are [lu'kra:re] (1a) gewinnen; **~ativo** [-kra'ti:vo] einträglich; ergiebig; rentabel.

lucro [lu:kro] m Gewinn m.

lucroso [lu'kro:so] gewinnbringend.

luculliano [lukul-li'a:no] lukullisch.

ludibrio [lu'di:brio] m Gespött n; *mettere in ~* verhöhnen.

ludo [lu:do] m Spiel n.

lue [lu:e] f inv. Seuche f; Syphilis f.

luglio [luʎʎo] m Juli m. [lich.⟩

lugubre [lu:gubre] traurig; kläg-⟩

lui [lui] pron. er; ihn; *di ~* seiner, von ihm; *a ~* ihm.

luì [lu'i] m Laubsänger m.

lum|aca [lu'ma:ka] f (pl. -che) Schnecke f; **~acone** [-ma'ko:ne] m fig. Duckmäuser m.

lume [lu:me] m Licht n, Lampe f; *a. fig.* Leuchte f; *far ~* leuchten; *-i pl. fig.* Einsicht f.

lum|eggiare [lumed-'dʒa:re] (1f) abschattieren; **~icino** [-mi'tʃi:no] m Lichtchen n; *cercare col ~* mit der Laterne suchen; *essere al ~* in den letzten Zügen liegen; **~iera** [-mi'e:ra] f Kronleuchter m; **~inare** [-mi'na:re] m Gestirn n; fig. Leuchte f; **~inaria** [-mi'na:ria] f Festbeleuchtung f; **~inescente** [-minef-'ʃente] lumineszierend; **~inescenza** [-minef-'ʃentsa] f Lumineszenz f; **~inistica** [-mi'nistika] f Thea. Beleuchtungstechnik f; **~ino** [-'mi:no] m Lämpchen n; Öllämpchen n; **~inosità** [-minosi'ta] f Helligkeit f; Lichtstärke f; **~inoso** [-mi'no:so] leuchtend; hell; Licht...; *quadro m ~* Leuchttafel f; *segnale m ~* Lichtsignal n; *raggio m ~* Lichtstrahl m; *insegna f -a* elektrisches Reklameschild n; *sorgente f -a* Lichtquelle f.

luna [lu:na] f Mond m; fig. Laune f; *~ nuova* Neumond m; *~ piena* Vollmond m; *~ di miele* Flitterwochen f/pl.; *mezza ~* Halbmond m; *chiaro m di ~* Mondschein m; *atterraggio m sulla ~* Mondlandung f; *avere la ~* schlechter Laune sein.

luna-park [luna'park] m inv. Vergnügungspark m.

lun|are [lu'na:re] zum Mond gehörig; Mond...; *fase f ~* Mondphase f; *razzo m ~* Mondrakete f; **~ario** [-'na:rio] m (pl. -ri) Kalender m; *sbarcare il ~* sich durch-

schlagen; **~atico** [-'na:tiko] (*pl. -ci*)
launenhaft; **~ato** [-'na:to] mond-
förmig; **~azione** [-natsi'o:ne] *f*
Mondwechsel *m*; **~edì** [-ne'di] *m*
Montag *m*; **~ grasso** Rosenmontag
m.

lunetta [lu'net-ta] *f* △ Lünette *f*,
halbkreisförmiges Fenster *n*.

lung|aggine [luŋ'gad-dʒine] *f* Lang-
samkeit *f*; Weitläufigkeit *f*; **~a-
gnata** [-ga'ɲa:ta] *f* Salbaderei *f*;
~arno [-'garno] *m* Straße *f* am
Arno entlang.

lungh|esso [luŋ'ges-so] längs; **~etto**
[-'get-to] ziemlich lang; **~ezza**
[-'get-tsa] *f* Länge *f*.

lungi [lundʒi] weit; fern.

lungi|mirante [lundʒi'mirante]
weitblickend; **~miranza** [-mi-
'rantsa] *f* Weitblick *m*.

lungo [luŋgo] (*pl. -ghi*) **1.** *prp.*
längs; **2.** *adj.* lang; langsam; *Getränk:* dünn; *alla -a* auf die Dauer;
saperla -a schlau sein; **3.** *adv. tirare
in ~ od. menare per le -ghe* in die
Länge ziehen; *di gran -a* bei
weitem; **4.** *m* Länge *f*; *per ~ e per
largo* lang und breit.

lungo|fiume [luŋgofi'u:me] *m* inv.
Uferpromenade *f* (am Fluß);
~mare [-'ma:re] *m* inv. Strand-
promenade *f*; **~metraggio** [-me-
'trad-dʒo] *m* (*pl. -ggi*) abendfüllen-
der Film *m*. [scheibe *f*.]

lunotto [lu'nɔt-to] *m* Auto: Heck-/

lunula [lu:nula] *f* Möndchen *n* am
Fingernagel.

luogo [lu'ɔ:go] *m* (*pl. -ghi*) Ort *m*;
Platz *m*; *lit.* Stelle *f*; **~ climatico**
(Luft-)Kurort *m*; **~ climatico in
alta montagna** Höhenkurort *m*; **~
comune** Gemeinplatz *m*; **~ di destinazione** Bestimmungsort *m*; **~ di
nascita** *od.* **~ nativo** Geburtsort *m*;
~ di soggiorno Aufenthaltsort *m*;
avere ~ stattfinden; *dare (fare) ~*
Platz machen; *fig.* Gelegenheit
bieten; *in primo ~* erstens; *in ogni ~*
überall; *in qualche ~* irgendwo; *in
nessun ~* nirgends; *in ~ di* qu. an j-s
Stelle; *in ~ di* (*inf.*) anstatt zu (*inf.*).

luogoten|ente [luɔgote'nɛnte] *m*
Statthalter *m*; **~enza** [-'nɛntsa] *f*
Statthalterschaft *f*.

lupa [lu:pa] *f* Wölfin *f*.

lup|anare [lupa'na:re] *m* Bordell *n*;
~ara [-'pa:ra] *f* Jagdgewehr *n* (mit
verkürzten Läufen); **~icino** [-pi-

't∫i:no] *m* Wölflein *n*; **~inella**
[-pi'nɛl-la] *f* Esparsette *f*; **~ino**
[-'pi:no] **1.** *adj.* wölfisch; Wolfs...;
2. *m* ♀ Lupine *f*.

lupo [lu:po] *m* Wolf *m*; *in bocca al ~!*
Hals- und Beinbruch!; F *~ di mare*
Wasserratte *f*; Seebär *m*; *fig. da ~*
Wolfs...; Mords...; *fame f da ~*
Heißhunger *m*.

luppolo [lup-polo] *m* Hopfen *m*.

lurido [lu:rido] schmutzig.

lus|inga [lu'ziŋga] *f* (*pl. -ghe*) Ver-
lockung *f*; Schmeichelworte *n/pl.*;
~ingare [-ziŋ'ga:re] (1e) schmeicheln (*qu.* j-m); durch leeres Versprechen anlocken; zu falschen
Hoffnungen verleiten; **~ingarsi**
[-ziŋ'garsi] sich schmeicheln; sich
Hoffnungen hingeben; **~inghiero**
[-ziŋgi'ɛ:ro] *m* Schmeichler *m*;
Betörer *m*; **~inghevole** [-ziŋ'ge:-
vole], **~inghiero** [-ziŋgi'ɛ:ro]
schmeichelhaft; verführerisch.

luss|are [lus-'sa:re] (1a) verrenken;
~azione [-satsi'o:ne] *f* Verrenkung *f*.

lusso [lus-so] *m* Luxus *m*, Aufwand
m; Pracht *f*; *edizione f di ~* Prachtausgabe *f*; *treno m di ~* Luxuszug *m*.

luss|uoso [lus-su'o:so] luxuriös,
prunkvoll; Luxus...; **~ureggiante**
[-sured-'dʒante] üppig; **~ureggiare**
[-sured-'dʒa:re] (1f) wuchern; **~u-
ria** [-'su:ria] *f* Wollust *f*; **~urioso**
[-suri'o:so] wollüstig.

lustr|ale [lus'tra:le] alle fünf Jahre
wiederkehrend; reinigend; *Rel. acqua f ~* Weihwasser *n*; **~are**
[-'tra:re] (1a) putzen; *Fußboden*
bohnern; *Möbel, Metall* polieren.

lustr|ascarpe [lustras'karpe] *m* inv.
Schuhputzer *m*; *fig.* Speichellecker
m; **~ata** [-'tra:ta] *f*: *dare una ~ a
s.* lustrare; **~atore** [-tra'to:re] *m*
Polierer *m*; **~atura** [-tra'tu:ra] *f*
Putzen *n*; Polieren *n*; **~ino** [-'tri:no]
m Flitter *m*; Glanzseide *f*.

lustro[1] [lustro] **1.** *adj.* blank; **2.** *m*
Glanz *m*; Schuhcreme *f*; *fig.* Ruhm
m.

lustro[2] [lustro] *m* Jahrfünft *n*.

luter|anesimo [lutera'ne:zimo], **~a-
nismo** [-ra'nizmo] *m* lutherische
Konfession *f*; **~ano** [-'ra:no] **1.** *adj.*
lutherisch; **2.** *m* Lutheraner *m*.

lutto [lut-to] *m* Trauer *f*; **~ pubblico** Landestrauer *f*; *portare il ~*
in Trauer sein.

M

M, m [ɛm-me] *f u. m* M, m *n*;
M = 1000.

ma [ma] aber; sondern; *non c'è ~
che tenga* da gibt es kein Wenn und
Aber; ~ *ché!* ach was!; *non io, ~ tu*
nicht ich, sondern du.

macabro [ma:kabro *od.* ma'ka:bro]
grausig; Toten...; *danza f -a* Totentanz *m*.

macaco [ma'ka:ko] *m* (*pl.* -chi)
Makak *m*; *fig.* Affe *m*.

macadam [maka'dam] *m* Makadam
m u. n.

macaone [maka'o:ne] *m Zool.*
Schwalbenschwanz *m*.

macché [mak-'ke] *s.* ma.

maccher|onaio [mak-kero'na:io] *m*
(*pl.* -ai) Makaroniverkäufer *m*; **~onata** [-ro'na:ta] *f* Makaroniessen
n; **~one** [-'ro:ne] *m* (*mst -i pl.*) Makkaroni *pl.*; **~onico** [-'rɔ:niko] (*pl.*
-ci): *latino m ~* Küchenlatein *n*.

macchia [mak-kia] *f* Fleck *m*; Buschwald *m*; *~ d'inchiostro* Tintenklecks
m; *~ d'olio* Ölfleck *m*; *~ a* heimlich; *darsi alla ~* ein Strauchdieb
werden; *Pol.* (als Partisan) in die
Berge gehen; *fig.* untertauchen.

macchi|are [mak-ki'a:re] (1k) beflecken; **~ato** [-ki'a:to] gefleckt;
caffè ~ Kaffee *m* mit wenig
Milch; **~etta** [-ki'et-ta] *f* kleiner
Fleck *m*; *fig.* Original *n*; Karikatur
f; **~ettare** [-kiet-'ta:re] (1a) sprenkeln.

macchina [mak-kina] *f* Maschine *f*;
Auto *n*; *fig.* Maschinerie *f*, Getriebe
n; *~ agricola* landwirtschaftliche
Maschine *f*; *~ contabile* Buchungsmaschine *f*; *~ telescrivente* Fernschreiber *m*; *~ ad aria compressa*
Preßluftmaschine *f*; *~ da corsa*
Rennwagen *m*; *~ a vapore* Dampfmaschine *f*; *~ fotografica* Fotoapparat *m*; *~ da presa* Filmkamera
f; *~ da scrivere* Schreibmaschine *f*;
~ da cucire Nähmaschine *f*; *Typ.*
Heftmaschine *f*; *~ per (stampare)*
gl'indirizzi Adressiermaschine *f*;
Typ. mettere in *~* einheben; *andare
in ~* mit dem Auto fahren; *Typ.* in

Druck gehen; *scrivere a ~* maschineschreiben.

macchin|ale [mak-ki'na:le] mechanisch; **~are** [-'na:re] (1l) **1.** *v/t.* anzetteln; planen, zu (*inf.*); **2.** *v/i.* intrigieren; *~ di* (*inf.*)
planen, zu (*inf.*); **~ario** [-'na:rio]
m (*pl.* -ri) Maschinenwerk *n*; **~atore** [-na'to:re] *m* Intrigant *m*;
~azione [-natsi'o:ne] *f* Machenschaft *f*; Anzettelung *f*; **~etta**
[-'net-ta] *f*: *~ da barba* Rasierapparat *m*; **~ismo** [-'nizmo] *m* Mechanismus *m*; **~ista** [-'nista] *m* (*pl.*
-i) Maschinist *m*; Mechaniker *m*;
Maschinenmeister *m*; 🚂 Lokomotivführer *m*.

macedone [ma't∫ɛ:done] **1.** *adj.* mazedonisch; **2.** *su.* Mazedonier(in *f*)
m.

macedonia [mat∫e'dɔ:nia] *f*: *~ di
frutta* Obstsalat *m*.

macell|abile [mat∫el-'la:bile]
schlachtbar; **~aio** [-'la:io] *m* (*pl.* -ai)
Schlächter *m*, Metzger *m*; **~are**
[-'la:re] (1b) schlachten; **~atore**
[-la'to:re] *m* Schlächter *m*; **~azione**
[-latsi'o:ne] *f* Schlachten *n*; **~cria**
[-l∫e'ri:a] *f* Metzgerei *f*, Schlächterei *f*.

macello [ma't∫ɛl-lo] *m* Schlachthaus *n*; *fig.* Gemetzel *n*.

macer|abile [mat∫e'ra:bile] aufweichbar; einstampfbar; **~are** [-'ra:re] (1l) aufweichen; Hanf rotten,
rösten; *Papier* einstampfen; *fig.*
verzehren; kasteien; **~arsi** [-'rarsi]
sich verzehren; *Rel.* sich kasteien;
~atoio [-ra'to:io] *m* (*pl.* -oi) Röstgrube *f*; Stampftrog *m*; **~azione**
[-ratsi'o:ne] *f* Aufweichung *f*; Einstampfung *f*; *fig. Rel.* Kasteiung *f*.

maceria [ma't∫ɛ:ria] *f* (*mst -ie pl.*)
Schutt *m*, Trümmer *pl.*

macero [ma't∫ɛ:ro] **1.** *adj.* mürbe;
verrottet; *fig.* entkräftet; *carta f da
~* Makulatur *f*; **2.** *m s.* maceratoio.

machiav|ellico [makia'vel-liko] (*pl.*
-ci) machiavellistisch; *fig.* hinterlistig; **~ellismo** [-vel-'lizmo] *m*
Machiavellismus *m*; *fig.* Hinterlist *f*.

macigno [ma'tʃiːɲo] *m* Stein (Bruchstein) *m*; Fels *m*.

macil|ento [matʃi'lɛnto] abgezehrt; **~enza** [-'lɛntsa] *f* Abgezehrtheit *f*, Hagerkeit *f*.

macina [ma:tʃina] *f* Mühlstein *m*.

macin|abile [matʃi'naːbile] mahlbar; **~acaffè** [-nakaf-'fɛ] *m inv.* Kaffeemühle *f*; **~apepe** [-na'peːpe] *m inv.* Pfeffermühle *f*; **~are** [-'naːre] (11) mahlen; *Farben* zerreiben; *fig.* viel essen; *Geld* vergeuden; **~ato** [-'naːto] *m* Gemahlene(s) *n*; **~atura** [-na'tuːra] *f* Mahlen *n*; Zerreiben *n*.

macinino [matʃi'niːno] *m* Kaffeemühle *f*; *scherzh. Auto:* Kiste *f*, Klapperkasten *m*.

maciull|a [ma'tʃul-la] *f* Breche (Flachsbreche) *f*; **~are** [-tʃul-'laːre] (1a) brechen; *fig.* tüchtig essen.

macro|cefalia [makrotʃefa'liːa] *f* Großköpfigkeit *f*; **~cefalo** [-'tʃɛː-falo] großköpfig; **~cosmo** [-'kɔzmo] *m* Makrokosmos *m*; **~scopico** [-'skɔːpiko] (*pl. -ci*) makroskopisch.

maculato [maku'laːto] scheckig.

madama [ma'daːma] *f* Madame *f*.

madapolam [madapo'lam] *m* Madapolam *m*.

madia [ma:dia] *f* Backtrog *m*.

madido [ma:dido] feucht; benetzt; **~ di sudore** schweißgebadet.

Madonna [ma'dɔn-na] *f* Madonna *f*; Heilige Jungfrau *f*; Mutter *f* Gottes; *ehm. Anrede für vornehme Damen.* [gewaltig.}

madornale [mador'naːle] riesig;}

madre [ma:dre] *f* Mutter *f*; *Anat.* Gebärmutter *f*; **~ di famiglia** Hausfrau *f*; *dura (pia) ~* harte (weiche) Hirnhaut *f*; **~ badessa** Oberin *f*; **~ superiora** Oberschwester *f*; *lingua f ~* Muttersprache *f*.

madr|eggiare [madred-'dʒaːre] (1f) nach der Mutter schlagen (arten); **~epatria** [-dre'paːtria] *f* Vaterland *n*; **~eperla** [-dre'pɛrla] *f* Perlmutter *f*; **~eperlaceo** [-dreper'laːtʃeo] perlmutterartig; **~epora** [-'drɛːpora] *f* Sternkoralle *f*; **~eselva** [-dre'sɛlva] *f* Geißblatt *n*; **~evite** [-dre'viːte] *f* Schraubenmutter *f*.

madrigale [madri'gaːle] *m* Madrigal *n*.

madrileno [madri'lɛːno] *adj. u. m* Madrider *adj. u. m*.

madrina [ma'driːna] *f* Patin *f*, Taufpatin *f*.

maest|à [maes'ta] *f* Majestät *f*; *Vostra ♀ Ew.* Majestät; **~osità** [-tosi'ta] *f* majestätisches Aussehen *n*; Majestät *f*; **~oso** [-'toːso] majestätisch.

maestra [ma'ɛstra] *f* Lehrerin *f*.

maestr|ale [maes'traːle] *m* Nordwestwind *m*; **~anza** [-'trantsa] *f* Arbeiterschaft *f*, Belegschaft *f* e.r *Fabrik*; *ehm.* Innung *f*; **~ia** [-'triːa] *f* Meisterschaft *f*; **~ina** [-'triːna] *f* junge Lehrerin *f*.

maestro [ma'ɛstro] **1.** *adj.* meisterhaft; Haupt...; Meister...; *libro m ~* Hauptbuch *n*; *mano f -a* Meisterhand *f*; *♃ albero m ~* Großmast *m*; *strada f -a* Landstraße *f*; **2.** *m* Meister *m*; Lehrer *m*; Kapellmeister *m*; **~ di ballo** Tanzlehrer *m*; **~ di canto** Gesanglehrer *m*; *gran ~* Großmeister *m*.

maf(f)ia [ma(f-)fia] *f* Mafia *f*.

maga [ma:ga] *f* (*pl. -ghe*) Zauberin *f*.

mag|agna [ma'gaːɲa] *f* Fehler *m*; Gebrechen *n*; **~agnare** [-ga'ɲaːre] (1a) verderben; zerquetschen.

magari [ma'gaːri] sogar; lieber; eher; vielleicht; **~!** und wie!; **~ venisse** wenn er nur kommen wollte; **~ mi rovino, ma voglio** auch wenn ich mich zugrunde richte, will ich's.

magazz|inaggio [magad-dzi'nad-dʒo] *m* Einlagerung *f*; Lagergeld *n*; **~iniere** [-dzini'eːre] *m* Lageraufseher *m*; **~ino** [-'dziːno] *m* Magazin *n*; Lager *n*; Speicher *m*; *-i pl.* Warenhaus *n*.

maggese [mad-'dʒeːse] **1.** *adj.* Mai...; *fieno m ~* Maiheu *n*; **2.** *m* Brachfeld *n*.

maggio [mad-dʒo] *m* Mai *m*; **~ musicale** Musikfestspiele in Florenz.

maggiol|ata [mad-dʒo'laːta] *f* Maifest *n*; Mailied *n*; Maifeier *f*; **~ino** [-'liːno] *m* Maikäfer *m*.

maggiorana [mad-dʒo'raːna] *f* Majoran *m*.

maggior|anza [mad-dʒo'rantsa] *f* Mehrheit *f*; **~ assoluta** absolute Mehrheit *f*; **~ di due terzi** Zweidrittelmehrheit *f*; **~are** [-'raːre] (1a) erhöhen; **~ i prezzi** die Preise hochtreiben; **~asco** [-'rasko] *m* (*pl. -chi*) Majorat *n*; **~azione** [-ratsi'oː-ne] *f* Preissteigerung *f*; **~domo** [-'dɔːmo] *m* Haushofmeister *m*.

maggiore [mad-'dʒoːre] **1.** *adj.* größer; Haupt...; *il ~* der größte;

malaccorto

(*a.* ~ d'età) älter; *il* ~ der älteste; ♪ Dur...; do *m* ~ C-Dur *n*; *stato m* ~ Generalstab *m*; ~ *profitto od. utile m* Mehrgewinn *m*; *andar per la* ~ am meisten gelten (wollen); **2.** *m* ✕ Major *m*; ~ *generale* Generalmajor *m*.

maggior|enne [mad-dʒo'rɛn-ne] großjährig, mündig; **~enti** [-'rɛnti] *m/pl.* Honoratioren *m/pl.*; **~ità** [-ri'ta] *f* Mündigkeit *f*; ✕ Regimentsbüro *n*; **~itario** [-ri'ta:rio] (*pl.* -ri) Mehrheits...; *sistema m* ~ Mehrheitswahlsystem *n*; **~mente** [-dʒor'mente] viel mehr; um so mehr.

magia [ma'dʒi:a] *f* Magie *f*, Zauberei *f*.

magiaro [ma'dʒa:ro] **1.** *adj.* madjarisch; ungarisch; **2.** *m* Ungar *m*.

magico [ma:dʒiko] (*pl.* -ci) zauberhaft; feenhaft; Zauber...; ☐ bezaubernd; *bacchetta f* -*a* Zauberstab *m*.

magist|ero [madʒis'tɛːro] *m* (Lehr-)Amt *n*; Meisterschaft *f*; (*a. scuola f di* ~) Lehrer(innen)seminar *n*; **~rale** [-'tra:le] meisterhaft; *c.s.* schulmeisterlich; Lehrer...; *scuola f* ~ Lehrer(innen)seminar *n*; **~rato** [-'tra:to] *m* Magistrat *m*; Justizbeamte(r) *m*; **~ratura** [-tra'tu:ra] *f* Richteramt *n*; Richterstand *m*.

maglia [ma:ʎa] *f* Masche *f*; Pullover *m*; Unterjacke *f*; *Sport:* Trikot *n*; Trikotträger *m*; *ehm.* Panzerhemd *n*; *lavoro m a* ~ Strickarbeit *f*; *fare la* ~ stricken.

magli|aia [ma'ʎa:ia] *f* Strickarbeiterin *f*; **~eria** [-ʎe'ri:a] *f* Strickwaren *f/pl.*; Strickwarengeschäft *n*; -*e pl.* Trikotwaren *f/pl.*; **~etta** [-'ʎet-ta] *f* Unterhemd *n*; Öse *f*; **~ficio** [-ʎi-'fi:tʃo] *m* (*pl.* -ci) Strickwarenfabrik *f*.

maglio [ma:ʎo] *m* (*pl.* -gli) großer Hammer *m*; ⊕ Ramme *f*; *Spiel:* Krockethammer *m*.

maglione [ma'ʎo:ne] *m* Strickjacke *f*, Pullover *m*.

magn|animità [maɲanimi'ta] *f* Großmut *f*; **~animo** großmütig.

magnano [ma'ɲa:no] *m* Schlosser *m*.

magnate [ma'ɲa:te] *m* Magnat *m*.

magn|esia [ma'ɲɛːzia] *f* Magnesia *f*; **~esio** [-'ɲɛːzio] *m* Magnesium *n*; **~ete** [-'ɲɛːte] *m* Magnet *m*; **~etico** [-'ɲɛːtiko] (*pl.* -ci) magnetisch;

~etismo [-ɲe'tizmo] *m* Magnetismus *m*; **~etizzare** [-ɲetid-'dza:re] (1a) magnetisieren; **~etizzatore** [-ɲetid-dza'to:re] *m* Magnetiseur *m*; **~etizzazione** [-ɲetid-dzatsi'o:ne] *f* Magnetisierung *f*; **~etofono** [-ɲe'tɔ:fono] *m* Tonbandgerät *n*; Magnetophon *n*.

magnific|amento [maɲifika'mento] *m* Verherrlichung *f*; **~are** [-'ka:re] (1m *u. d*) verherrlichen; **~enza** [-'tʃentsa] *f* Herrlichkeit *f*; Magnifizenz *f*.

magnifico [ma'ɲi:fiko] (*pl.* -ci) herrlich; prächtig; fabelhaft.

magniloqu|ente [maɲiloku'ɛnte] pathetisch; *c.s.* schwülstig; **~enza** [-ku'entsa] *f* Pathos *n*; *c.s.* Schwülstigkeit *f*.

magno [ma:ɲo] groß.

magnolia [ma'ɲɔ:lia] *f* Magnolie *f*.

mago [ma:go] *m* **1.** (*pl.* -ghi) Magier *m*; Zauberer *m*; **2.** (*pl.* -gi) *i tre re -gi* die Heiligen Drei Könige.

mag|ona [ma'go:na] *f* Eisenhütte *f*; **~oniere** [-goni'ɛːre] *m* Hüttenarbeiter *m*.

magra [ma:gra] *f* Trockenheit *f*, Niedrigwasser *n*.

magrezza [ma'gret-tsa] *f* Magerkeit *f*; *fig.* Dürftigkeit *f*.

magro [ma:gro] **1.** *adj.* mager; wasserarm; *fig.* durstig; **2.** *m* Magere(s) *n*.

mai [mai] je; jemals; *non* ~ nie, niemals; *più* nie wieder; nie mehr; ~ *e poi* ~ nie und nimmermehr; *come* ~? wieso denn?; *se* ~ wenn überhaupt; *che vuole* ~? was will er denn?; *quanto* ~, *che* ~ in höchstem Grade; *gli vuole un bene che* ~ sie hat ihn außerordentlich lieb; *meglio tardi che* ~ besser spät als nie.

maial|a [mai'a:la] *f* Sau *f*; **~ata** [-a'la:ta] *f* Schweinerei *f*; **~e** [-'a:le] *m* Schwein *n*; Schweinefleisch *n*.

maiolica [mai'ɔ:lika] *f* (*pl.* -che) Majolika *f*; *pl.* Majolikawaren *f/pl.*

maionese [maio'ne:se] *f* Mayonnaise *f*.

mais [mais] *m* Mais *m*.

maiuscol|a [mai'uskola] *f* großer Buchstabe *m*; **~etto** [-'let-to] *m* *Typ.* Kapitälchen *n*; **~o** [-lo] groß.

malaccio [ma'lat-tʃo] übel, schlimm; *non c'è* ~ nicht übel.

malaccorto [malak-'kɔrto] unklug.

malachite [mala'ki:te] *f* Malachit *m*.

mal|acreanza [malakre'antsa] *f* (*pl. malecreanze*) Ungezogenheit *f*; **~afede** [-la'fe:de] *f* böse Absicht *f*; Hinterlist *f*; *in ~* wider besseres Wissen; **~affare** [-laf-'fa:re]: *di ~* verrufen; *donna di ~* Dirne *f*.

mal|agevole [mala'dʒe:vole] schwierig; beschwerlich; **~agevolezza** [-ladʒevo'let-tsa] *f* Schwierigkeit *f*; Beschwerlichkeit *f*; **~agrazia** [-la'grat:tsia] *f* Ungeschicklichkeit *f*; Unhöflichkeit *f*; **~agraziato** [-lagratsi'a:to] ungeschickt; unhöflich; **~alingua** [-la-'lingua] *f* (*pl. malelingue*) Lästerzunge *f*; **~amente** [-la'mente] übel; elendiglich; **~andato** [-lan'da:to] verwahrlost; heruntergekommen.

malandr|inaggio [malandri'nad-dʒo] *m* Straßenräuberei *f*; **~inesco** [-dri'nesko] (*pl. -chi*) straßenräuberisch; **~ino** [-'dri:no] *m* Straßenräuber *m*.

mal|animo [ma'la:nimo] *m* Mißgunst *f*; **~anno** [-'lan-no] *m* Unheil *n*; Krankheit *f*; Gebrechen *n*; *pfr.* Unheilstifter *m*; **~apena** [-la'pe:na]: *a ~* kaum, mit Mühe und Not; **~aria** [-'la:ria] *f* Malaria *f*; **~arico** [-'la:riko] (*pl. -ci*) Malaria...; **~arnese** [-lar'ne:se] *m* übles Subjekt *n*; *in ~* schlecht angezogen.

mal|aticcio [mala'tit-tʃo] (*pl. -cci*) kränklich; **~ato** [-'la:to] 1. *adj.* krank (*di* an *dat.*); **~** *di stomaco* magenkrank; 2. *m* Kranke(r) *m*; **~attia** [-lat-'ti:a] *f* Krankheit *f*; **~** *contagiosa* ansteckende Krankheit *f*; **~** *infettiva* Infektionskrankheit *f*; **-e** *della pelle* Hautkrankheiten *f/pl.*; **~** *d'orecchi* Ohrenkrankheit *f*; *di che ~ è morto?* woran ist er gestorben?

mal|augurato [malaugu'ra:to] unheilvoll; **~augurio** [-lau'gu:rio] *m* böses Omen *n*; *uccello m di ~* Unglücksrabe *m*; **~avita** [-la'vi:ta] *f* Verbrecherwelt *f*; **~avoglia** [-la-'vɔʎʎa] *f* Unlust *f*; *di ~* ungern; **~caduco** [malka'du:ko] *m* Fallsucht *f*; **~capitato** [-kapi'ta:to] übel angekommen, hereingefallen; **~cauto** [-'ka:uto] unvorsichtig; **~certo** [-'tʃɛrto] unsicher; **~concio** [-'kɔntʃo] (*pl. -ci*) übel zugerichtet; **~consigliato** [-konsi'ʎa:to] unvorsichtig; schlecht beraten; **~con-**

~tento [-kon'tɛnto] 1. *adj.* unzufrieden; 2. *m* Unzufriedenheit *f*; **~costumato** [-kostu'ma:to] von lockeren Sitten; **~costume** [-kos-'tu:me] *m* Sittenlosigkeit *f*; **~creanza** [-kre'antsa] *f* Ungezogenheit *f*; **~destro** [-'dɛstro] ungeschickt; **~dicente** [-di'tʃɛnte] 1. *adj.* lästerlich; verleumderisch; 2. *m* Lästerer *m*; **~dicenza** [-di'tʃɛntsa] *f* üble Nachrede *f*; Lästersucht *f*; **~disposto** [-dis'posto] übelgesinnt.

male [ma:le] 1. *m* a) Böse(s) *n*; Schlechte(s) *n*; Übel *n*; *fare del ~* Böses tun; *che c'è di ~?* was ist denn Schlimmes dabei?; *~ da poco* kaum es weiter nichts ist!; *il ~ è che* das Schlimme dabei ist, daß; *aversela* (*od. prendersela) a ~* übelnehmen; *non se l'abbia a ~!* nehmen Sie es nicht übel!; *mettere ~* Zwietracht stiften; *volere ~ a qu.* j-n nicht leiden können; *pfr.* j-n hassen; *andare a ~* herunterkommen; *Speisen:* verderben; *mandare a ~* zugrunde richten; b) ⚕ Leiden *n*; *mal di gola* Halsschmerzen *m/pl.*; *mal d'orecchi* Ohrenreißen *n*; *mal di testa* (*di occhi, denti usw.*) Kopf- (Augen-, Zahn- *usw.*) Schmerz *m*; *mal d'aria* Luftkrankheit *f*; *mal di montagna* Höhenkrankheit *f*; *mal di mare* Seekrankheit *f*; *avere mal di mare* seekrank sein; *farsi ~* weh tun; *ho ~ a un dito* ich habe e-n bösen (*od.* schlimmen) Finger; *ho ~ ai denti* ich habe Zahnschmerzen; *gli vien ~* es wird ihm schlecht; 2. *adv.* schlecht; *restar ~* unangenehm enttäuscht (od. berührt) sein; *pfr.* bestürzt sein; *capir ~* falsch verstehen; *rispondere ~* gereizt antworten; *fai ~ a* du tust unrecht daran, daß; *di ~ in peggio* immer schlimmer, immer schlechter; *meno ~ che* noch ein Glück, daß; *meno ~!* Gott sei Dank!; *sentirsi ~* sich unwohl fühlen.

maledetto [male'det-to] 1. *s. maledire*; 2. *adj.* verdammt.

maledico[1] [ma'lɛ:diko] (*pl. -ci*) lästerlich; verleumderisch.

maledico[2] [ma'di:ko] *s. maledire*.

maled|ire [male'di:re] (3t) verfluchen; verdammen; **~isse** [-'dis-se] *s. maledire*; **~izione** [-ditsi'o:ne] *f* Fluch *m*; **~!** verflucht!

mal|educato [maledu'ka:to] 1. *adj.*

ungezogen; 2. *m* Flegel *m*; Lümmel *m*; **∠efatta** [-le'fat-ta] *f* Fehler *m*; *fig.* Vergehen *n*; **∠eficio** [-le'fi:tʃo] *m* (*pl.* -ci) Missetat *f*; Behexung *f*; **∠efico** [-'le:fiko] (*pl.* -ci) schädlich; unheilvoll; **∠erba** [-'lɛrba] *f* Unkraut *n*.

malese [ma'le:se] 1. *adj.* malaiisch; 2. *su.* Malaie *m*, Malaiin *f*.

mal|**esperto** [males'pɛrto] unerfahren; **∠essere** [-'lɛs-sere] *m* Unbehagen *n*; Unwohlsein *n*; **∠estro** [-'lestro] *m* Unheil *n*; **∠evolenza** [-levo'lɛntsa] *f* Böswilligkeit *f*; Abneigung *f*; **∠evolo** [-'le:volo] böswillig; mißgünstig; **∠fatto** [mal-'fat-to] 1. *adj.* mißgestaltet; liederlich; 2. *m* Übeltat *f*; **∠fattore** [-fat-'to:re] *m* Missetäter *m*; **∠fermo** [-'fermo] nicht fest; locker; *fig.* schwankend; schwach; **∠fido** [-fi'da:to] mißtrauisch; **∠fido** [-'fi:do] unzuverlässig; **∠fondato** [-fon-'da:to] schwach fundiert; unbegründet; **∠garbo** [-'garbo] *m* Ungeschicklichkeit *f*; Unhöflichkeit *f*; **∠governo** [-go'vɛrno] *m* Mißwirtschaft *f*; **∠grado** [-'gra:do] trotz; *mio* (*tuo*) **∠** gegen m-n (deinen) Willen.

malia [ma'li:a] *f* Behexung *f*; Bezauberung *f*.

maliard|**a** [mali'arda] *f* Zauberin *f*; **∠o** [-do] *m* Zauberer *m*.

malign|**are** [mali'na:re] (1a) boshafte Bemerkungen machen, klatschen (*su* über *acc.*); **∠ità** [-ɲi'ta] *f* Bosheit *f*; Arglist *f*; ♣ Bösartigkeit *f*.

maligno [ma'li:ɲo] 1. *adj.* boshaft; ♣ bösartig; 2. *m* boshafter Mensch *m*.

malinc|**onia** [maliŋko'ni:a] *f* Melancholie *f*, Schwermut *f*; **∠onico** [-'kɔ:niko] (*pl.* -ci) melancholisch, schwermütig.

mal|**incuore** [maliŋku'ɔ:re]: *a* **∠** ungern; **∠intenzionato** [-lintentsio'na:to] übelgesinnt; **∠inteso** [-lin'te:so] 1. *adj.* mißverstanden; 2. *m* Mißverständnis *n*; **∠izia** [-'li:ttsia] *f* Bosheit *f*; List *f*; *è pieno di -e er ist sehr boshaft*; *senza* **∠** arglos; **∠izioso** [-litsi'o:so] boshaft, tückisch; *Augen, Lächeln*: verschmitzt.

malle|**abile** [mal-le'a:bile] hämmerbar; *fig.* geschmeidig; **∠abilità**

[-leabili'ta] *f* Hämmerbarkeit *f*; Geschmeidigkeit *f*.

malleolo [mal-'lɛ:olo] *m* Fußknöchel *m*.

mallev|**adore** [mal-leva'do:re] *m* Bürge *m*; *stare* **∠** Bürgschaft leisten; **∠eria** [-ve'ri:a] *f* Bürgschaft *f*.

mallo [mal-lo] *m* grüne Nußschale *f*.

malloppo [mal-'lɔp-po] *m* Bündel *n*; Diebesbeute *f*.

mal|**menare** [malme'na:re] (1a) mißhandeln; **∠meritare** [-meri-'ta:re] (1m *u.* b) sich nicht verdient machen (*di* um); **∠messo** [-'mes-so] schlecht gekleidet; ungepflegt; **∠nato** [-'na:to] ungezogen; **∠nutrito** [-nu'tri:to] schlecht ernährt, unterernährt.

malo [ma:lo] schlecht; böse; *-a lingua f* böse Zunge *f*; *in* **∠** *modo* in übler Weise.

mal|**occhio** [ma'lɔk-kio] *m* böser Blick *m*; **∠ora** [-'lo:ra] *f* Verderben *n*; *andare* (*mandare*) *in* **∠** zugrunde gehen (richten); *andare alla* **∠** verschlampen; *va alla* **∠**! hol dich der Teufel!; **∠ore** [-'lo:re] *m* Krankheit *f*; Unwohlsein *n*; **∠preparato** [-prepa'ra:to] unvorbereitet; **∠sano** [-'sa:no] ungesund; **∠sicuro** [-si-'ku:ro] unsicher; **∠soddisfatto** [-sod-dis'fat-to] unbefriedigt; **∠sofferente** [-sof-fe'rɛnte]: **∠** *di qc. et.* widerwillig duldend, sich sträubend (gegen).

malta [malta] *f* Mörtel *m*.

mal|**talento** [malta'lɛnto] *m* Böswilligkeit *f*; **∠tempo** [-'tempo] *m* Unwetter *n*.

maltese [mal'te:se] 1. *adj.* maltesisch; 2. *su.* Malteser(in *f*) *m*.

malto [malto] *m* Malz *n*.

mal|**tolto** [mal'tɔlto] unrechtmäßig erworben; **∠trattamento** [-trat-ta'mento] *m* Mißhandlung *f*; **∠trattare** [-trat-'ta:re] (1a) mißhandeln.

mal|**uccio** [ma'lut-tʃo] ziemlich schlecht; **∠umore** [-lu'mo:re] *m* üble Laune *f*; Verstimmung *f*; Mißmut *m*; *di* **∠** verstimmt; **∠usanza** [-lu'zantsa] *f* üble Gewohnheit *f*.

malva [malva] *f* Malve *f*; Stockrose *f*.

mal|**vagio** [mal'va:dʒo] (*pl.* -gi) 1. *adj.* schlecht; *pfr.* ruchlos; *tempo m* **∠** abscheuliches Wetter *n*; 2. *m*

Bösewicht *m*; **~vagità** [-vadʒi'ta]
f Schlechtigkeit *f*; Ruchlosigkeit *f*.
malvasia [malva'zi:a] *f* Malva-
sier(wein) *m*.
mal|veduto [malve'du:to] unbe-
liebt (*da* bei); **~versazione** [-ver-
satsi'o:ne] *f* Unterschlagung *f*;
~visto [-'visto] unbeliebt; **~viven-
te** [-vi'vɛnte] *m* Verbrecher *m*; **~vi-
venza** [-vi'vɛntsa] *f* Verbrechertum
n; **~volentieri** [-volenti'ɛ:ri] ungern; **~volere** [-vo'le:re] **1.** *v/t.
farsi ~ da qu.* sich bei j-m unbeliebt
machen; **2.** *m* Abneigung *f*.
mamma [mam-ma] *f* Mama *f*,
Mutter *f*; *~ mia! Ausruf des Er-
staunens.*
mammalucco [mam-ma'luk-ko] *m*
(*pl. -cchi*) Mameluck *m*.
mamm|ario [mam-'ma:rio] Brust-
...; *ghiandola f -a* Brustdrüse *f*;
~ella [-'mɛl-la] *f* Brust (Mutterbrust)*f*; **~ifero** [-'mi:fero] *m* Säugetier *n*; **~illare** [-mil-'la:re] Brust...
mammola [mam-mola] *f* (*od. a.
viola f ~*) Veilchen *n*.
mammone [mam-'mo:ne] *m* Mammon *m*.
mammut [mam-'mut] *m* (*pl. inv. od.
-i*) Mammut *n*; *fig.* F großes Tier *n*.
manata [ma'na:ta] *f* Handvoll *f*,
Schlag *m* mit der Hand.
manca [maŋka] *f* linke Hand *f*; *a ~*
links.
manc|amento [maŋka'mento] *m*
Fehler *m*; **~anza** [-'kantsa] *f* Mangel
m (*di an dat.*); Verknappung *f*;
Vergehen *n* (*contro gegen*); *~ di abitazioni* Wohnungsnot *f*; *~ di tempo*
Zeitmangel *m*; *per od. in ~ di* in
Ermangelung von; *per ~ di prove*
aus Mangel an Beweisen; **~are**
[-'ka:re] (1d) fehlen; verknappen;
gegen et. verstoßen; (*a. ~ ai vivi*)
sterben; *~ di entbehren*; *~ di fare qc.*
versäumen, et. zu tun; *~ di parola*
das Wort nicht halten; *~ di rispetto*
es an Ehrerbietung fehlen lassen;
venire a ~ sich auslöschen; sterben;
sentirsi ~ ohnmächtig werden; **~ato**
[-'ka:to] Nicht...; verfehlt; **~paga-
mento** *m* Nichtzahlung *f*.
manche|vole [maŋ'ke:vole] man-
gelhaft; **~volezza** [-kevo'let-tsa] *f*
Mangelhaftigkeit *f*.
mancia [mantʃa] *f* (*pl. -ce*) Trink-
geld *n*; *~ competente* Belohnung *f*,
Finderlohn *m*.

manciata [man'tʃa:ta] *f* Handvoll *f*.
manc|ina [man'tʃi:na] *f* linke Hand
f; linke Seite *f*; **~ino** [-'tʃi:no]
1. *adj.* links; linkshändig; *fig.* treulos; *colpo m ~* heimtückischer Stoß
m; *fig.* hinterhältiger Streich *m*;
2. *m* Linkshänder *m*.
manco[1] [maŋko] link; *a (mano) -a*
links.
manco[2] [maŋko] **1.** *adv.* (= *meno*)
weniger; *né ~* nicht einmal; *~ per
sogno* nicht einmal im Traum; *~
male che* ein Glück, daß; **2.** *m*
Mangel *m*; † Manko *n*; Fehlbetrag
m; *~ di peso* Fehlgewicht *m*.
mand|amentale [mandamen'ta:le]
Bezirks...; **~amento** [-da'mento] *m*
Bezirk *m*; Amt *n*; **~ante** [-'dante]
m Mandant *m*, Auftraggeber *m*;
~are [-'da:re] (1a) schicken; senden; *~ fuori* (her)ausschicken; *Buch*
herausgeben; *Schrei* ausstoßen;
Licht ausstrahlen; *Ball* werfen; ⚓
~ a fondo in den Grund bohren; *~
a dire* sagen lassen; *~ a prendere*
holen lassen; *~ qu. a spasso* j-m den
Laufpaß geben; *~ a monte* über den
Haufen werfen; *fig. ~ giù herunter-
schlucken; Dio ce la mandi buona!*
Gott stehe uns bei!
mandarino[1] [manda'ri:no] *m* ⚘
Mandarine *f*; [*darin m*.]
mandarino[2] [manda'ri:no] *m* Man-]
mand|ata [man'da:ta] *f* Sendung *f*;
Trupp *m*; **~atario** [-da'ta:rio] *m*
(*pl. -ri*) Bevollmächtigte(r) *m*;
commerciale Handlungsbevoll-
mächtigte(r) *m*; **~ato** [-'da:to] *m*
Auftrag *m*; *Pol.* Mandat *n*; Vollmacht *f*; *c.s.* Anstiftung *f*; † Anweisung *f*; *~ bancario* Bankanweisung *f*; *~ di pagamento* Zahlungsanweisung *f*; *~ d'arresto* Haftbefehl
m.
mandibola [man'di:bola] *f* Kinn-
lade *f*; *Sport: colpo m alla ~* Kinn-
haken *m*.
mandiritto [mandi'rit-to] *m* Schlag
m von rechts nach links.
mand|ola [man'dɔ:la] *f* Mandola *f*;
~olinata [-doli'na:ta] *f* Mandoli-
nenständchen *n*; **~olinista** [-doli-
'nista] *su.* (*m/pl. -ti*) Mandolinen-
spieler(in*f*) *m*; **~olino** [-do'li:no] *m*
Mandoline *f*.
mandorla [mandorla] *f* Mandel *f*.
mandorlato [mandor'la:to] *m* Mandelkuchen *m*.

M

manifattore

mandorlo [mandorlo] *m* Mandel-
baum *m*.
mandra [mandra] *f s.* mandria.
mandragola [man'dra:gola] *f* Al-
raune *f*.
mand|ria [mandria] *f* Herde *f*; *fig.*
Schar *f*, Haufen *m*; **~riano**
[-dri'a:no] *m* Viehtreiber *m*.
mandrillo [man'dril-lo] *m* Mandrill
m.
mandrino [man'dri:no] *m* ⊕ Spindel *f*; Dorn *m*.
mandritta [man'drit-ta] *f* rechte
Hand *f*; *a* ~ rechts.
mane [ma:ne] *f* Morgen *m*.
maneg|gevole [maned-'dʒe:vole],
~giabile [-'dʒa:bile] handlich;
wendig; leicht lenkbar; **~giare**
[-'dʒa:re] (1f) handhaben; umgehen
(mit *dat.*); verwalten; *Pferde* zureiten; **~giatore** [-dʒa'to:re] *m* (*a.*
~ *di cavalli*) Schulreiter *m*.
maneggio [ma'ned-dʒo] *m* (*pl.* -ggi)
Handhabung *f*; Handhabe *f*; (*a.* ~
di cavalli) Schulreiten *n*; Reitbahn
f; -*i pl*. Umtriebe *m/pl*.
maneggione [maned-'dʒo:ne] *m*
Intrigant *m*.
man|esco [ma'nesko] (*pl.* -chi)
handgreiflich; gleich zum Schlage
bereit; **~ette** [-'net-te] *f/pl*. Handschellen *f/pl*.; **~forte** [-'forte] *f inv.*
Hilfe *f*; *s.* mano.
mangan|are [maŋga'na:re] (1l)
rollen; mangeln; *Papier* glätten;
~atura [-na'tu:ra] *f* Mangeln *f*;
Rollen *n*; Glätten *n*; **~ello** [-'nɛl-lo]
m Knüppel *m*.
manganese [maŋga'ne:se] *m* Min.
Mangan *n*.
mangano [maŋgano] *m* Rolle *f*;
Mangel *f*.
mang|ereccio [mandʒe'ret-tʃo] (*pl.*
-cci) eßbar; **~eria** [-dʒe'ri:a] *f* Unterschlagung *f*.
mangiabile [man'dʒa:bile] eßbar.
mangia|cristiani [mandʒakristi'a:-
ni] *m inv.* Leuteschinder *m*; **~fa-
gioli** [-fa'dʒɔ:li] *m inv.* Bohnen-
fresser *m*; **~minestre** [-mi'nestre]
m inv. F Nassauer *m*; **~pagnotte**
[-pa'ɲɔt-te] *m inv.* unnützer Brot-
esser *m*; Tagedieb *m*.
mangi|are [man'dʒa:re] **1.** *v/t.* (1f)
essen; *Tiere:* fressen; *Motten:* zer-
nagen; *Spiel:* schlagen; *Vermögen*
verpulvern; *Worte* verschlucken;
fig. verzehren, nagen; ~ *con gli*

occhi mit den Augen verschlingen;
mangiarsi le unghie an den Nägeln
kauen; ~ *la foglia* et. sofort verstehen *od.* durchschauen; **2.** *m*
Essen *n*.
mang|iata [man'dʒa:ta] *f* tüchtiges
Essen *n*; **~iatoia** [-dʒa'to:ia] *f*
Krippe *f*; **~iatore** [-dʒa'to:re] *m*
Esser *m*; F Fresser *m*; **~iatoria**
[-dʒa'tɔ:ria] *f* Dieberei *f*; **~ime**
[-'dʒi:me] *m* Futter(mittel) *n*; **~ione**
[-'dʒo:ne] *m* Vielfraß *m*.
mangiucchiare [mandʒuk-ki'a:re]
(1g) naschen; mit Unlust essen.
mango [maŋgo] *m* (*pl.* -ghi) Mango-
baum *m*; Mangofrucht *f*.
mangusta [maŋ'gusta] *f* Manguste
f.
mani [ma:ni] *m/pl.* Manen *m/pl*.
man|ia [ma'ni:a] *f* Wahnsinn *m*;
Manie *f*; **~iaco** [-'ni:ako] (*pl.* -ci)
1. *adj.* wahnsinnig; **2.** *m* Wahnsin-
nige(r) *m*.
manica [ma:nika] *f* (*pl.* -che) Ärmel
m; *essere di* ~ *larga* weitherzig
(duldsam, nicht sehr streng) sein;
è un altro paio di -che! das ist et.
anderes!
manicaretto [manika'ret-to] *m*
Leckerbissen *m*.
manich|etta [mani'ket-ta] *f* Ärmel-
schoner *m*; **~ino** [-'ki:no] *m* Glie-
derpuppe *f*; Mannequin *n*, Vor-
führdame *f*.
manico [ma:niko] *m* (*pl.* -chi) Griff
m; Henkel *m*; Stiel *m*; Heft *n*.
manicomio [mani'kɔ:mio] *m* (*pl.*
-mi) Irrenhaus *n*.
manicotto [mani'kɔt-to] *m* Muff *m*;
⊕ Muffe *f*.
manicure [mani'ku:re] **1.** *su.* Hand-
pfleger(in *f*) *m*, Maniküre *f*; **2.** *f*
Handpflege *f*; *astuccio m per* ~ Ma-
niürkasten *m*.
maniera [mani'ɛ:ra] *f* Art *f*; Weise
f; *Lit.*, *Mal.* Manier *f*; *di* ~ *che*
so, daß; -*e pl.* Manieren *f/pl*.
manier|ato [manie'ra:to] manie-
riert; gekünstelt; **~ismo** [-'rizmo]
m Manierismus *m*; Künstelei *f*;
~ista [-'rista] *su.* (*m/pl.* -i) Ma-
nierist(in *f*) *m*.
maniero [mani'ɛ:ro] *m* Schloß *n*;
Burg *f*.
manieroso [manie'ro:so] manier-
lich.
manifatt|ore [manifat-'to:re] *m*
Handwerker *m*; Industrielle(r) *m*;

~ura [-'tu:ra] *f* Manufaktur *f*;
Fabrikation *f*; Fabrik *f*; **-e** *pl.* Manufakturwaren *f/pl.*; **~uriero** [-turi'ɛ:ro] Verarbeitungs...

manifest|ante [manifes'tante] *su.*
Teilnehmer(in *f*) *m* e-r Kundgebung; **~are** [-'ta:re] (1b) **1.** *v/t.*
kundtun; offenbaren; *Wunsch* äußern; **2.** *v/i.* demonstrieren; **~arsi**
[-'tarsi] sich zeigen; **~azione**
[-tatsi'o:ne] *f* Kundgebung *f*; Willenskundgebung *f*; **~ di protesta**
Protestkundgebung *f*; **~ sportiva**
Sportveranstaltung *f*; **~ino** [-'ti:no]
m Flugblatt *n*.

manifesto [mani'festo] **1.** *adj.* klar;
offenbar; **2.** *m* Anschlag *m*; Plakat
n; *Thea.* Theaterzettel *m*; *Pol.* Manifest *n*.

maniglia [ma'niːʎa] *f* Griff *m*;
Klinke *f*; Handgriff *m*.

manigoldo [mani'goldo] *m* Schurke
m.

mani|luvio [mani'lu:vio] *m* (*pl.* -vi)
Handbad *n*; **~polare** [-po'la:re]
(1m) bearbeiten; hantieren; *Wein
usw.* pan(t)schen; **~polatore** [-pola-
'to:re] *m* Bearbeiter *m*; *⚡ Taster*
(Morsetaster) *m*; **~ di vini** Pan(t)-
scher *m*; **~polazione** [-polatsi'o:ne]
f Manipulation *f*; Bearbeitung *f*;
Pan(t)scherei *f*.

manipolo [ma'niːpolo] *m* Schar *f*,
Gruppe *f*.

maniscalco [manis'kalko] *m* (*pl.*
-chi) Hufschmied *m*.

manna [man-na] *f* Manna *n u. f*; *fig.*
Segen *m*, Gottesgabe *f*.

mannaggia! [man-'nad-dʒa] verflucht!

mannaia [man-'na:ia] *f* Richtbeil *n*.

mannaro [man-'na:ro]: *lupo m ~*
Werwolf *m*.

mano [ma:no] *f* (*pl.* -i) Hand *f*;
Spiel: Vorhand *f*; (*a. ~ di colore*)
Anstrich *m*; *a portata di ~* bei der
Hand, griffbereit; *fuori ~* entlegen,
abgelegen; *alla ~* bereit, bei der
Hand; *fig.* umgänglich; *dare una ~
a qu.* j-m helfen; **~ d'opera** Arbeits-
kräfte *f/pl.*; *essere di ~* ausspielen;
Pferd: prendere la ~ durchgehen;
mettere ~ a qc. et. anfangen,
Schwert usw. ergreifen; *tener ~*
Beihilfe leisten; *prestare ~ forte*
tätige Hilfe leisten; *cedere la ~* den
Vortritt lassen; *fare man bassa su
qc.* et. fortnehmen (rauben); *man ~*

allmählich; *a ~ a ~* nach und
nach; *a ~ a ~ che od. di ~ in ~ che*
während; *per ~* an der Hand;
sotto ~ bei der Hand; *c.s.* heimlich;
a quattro -i vierhändig; *menare le -i*
schlagen; *venire alle -i* handgemein
werden.

mano|dopera [mano'do:pera] *f*
Arbeitskräfte *f/pl.*; Arbeiterschaft
f; **~messo** [-'mes-so] *s.* manomettere.

manometro [ma'nɔ:metro] *m* Manometer *n*; Luft-, Dampfdruck-
messer *m*.

mano|mettere [mano'met-tere]
(3ee) aufbrechen; *fig.* verletzen,
antasten; *Geld* unterschlagen; **~
misi** [-'mi:zi] *s.* manomettere;
~missione [-mis-si'o:ne] *f* Aufbrechen *n*; *fig.* Verletzung *f*; **~
morta** [-'mɔrta] *f* Tote Hand *f*.

manopola [ma'nɔ:pola] *f* Ärmel-
aufschlag *m*; Griff *m*; Fausthand-
schuh *m*; *Radio:* **~ di sintonia** Abstimmknopf *m*.

mano|scritto [manos'krit-to] **1.** *adj.*
(hand)geschrieben; **2.** *m* Manuskript *n*; *Lit.* Handschrift *f*; **~vale**
[-'va:le] *m* Handlanger *m*; Hilfsarbeiter *m*; **~ muratore** Bauhilfs-
arbeiter *m*; **~vella** [-'vel-la] *f* Kurbel (Handkurbel) *f*; *Auto:* **~ d'avviamento** Anwerfkurbel *f*.

man|ovra [ma'nɔ:vra] *f* Manöver *n*;
🚂 Rangieren *n*; **~ di mare** See-
manöver *n*; **~ di terra** Landmanö-
ver *n*; *posto m di ~* Stellwerk *n*;
~ovrabile [-no'vra:bile] wendig;
Person: lenkbar; **~ovrare** [-no-
'vra:re] (1c) manövrieren; *🚂* rangieren; *Maschine* bedienen; **~ovra-
tore** [-novra'to:re] *m Straßenbahn:*
Wagenführer *m*.

man|ritta [man'rit-ta] *f* rechte
Hand *f*; *a ~* rechts; **~rovescio** [-ro-
'veʃ-ʃo] *m* (*pl.* -sci) Schlag *m* mit
dem Handrücken; **~salva** [-'salva]:
a ~ unbehelligt, unbehindert.

mansarda [man'sarda] *f* Mansarde
f, Dachzimmer *n*.

mansione [mansi'o:ne] *f* Obliegenheit *f*; Befugnis *f*.

mans|uefare [mansue'fa:re] (3aa)
zähmen; besänftigen; **~uefarsi**
[-'farsi] zahm werden; **~ueto** [-su-
'ɛ:to] zahm; sanft; **~uetudine** [-sue-
'tu:dine] *f* Zahmheit *f*; Sanftheit *f*.

mant|ella [man'tɛl-la] *f* Damenmantel *m*; **~ellina** [-tel-'li:na] *f* Umhang *m*; **~ello** [-'tɛl-lo] *m* Mantel *m*; **~ di mezza stagione** Übergangsmantel *m*.

man|tenere [mante'ne:re] (2q) erhalten; für j-s Unterhalt aufkommen; *Wort* halten; *Ordnung, Behauptung* aufrechterhalten; *Frau* aushalten; *Geheimnis* bewahren; **~tenimento** [-teni'mento] *m* Unterhalt *m*; Aufrechterhaltung *f*; **~tenitore** [-teni'to:re] *m* Erhalter *m*; Unterhalter *m*; Aufrechterhalter *m*; **~tenni** [-'tɛn-ni] *s.* mantenere; **~tenuta** [-te'nu:ta] *f* Mätresse *f*.

mantice [mantitʃe] *m* Blasebalg *m*; Verdeck (Wagenverdeck) *n.*

mantide [mantide] *f* Zool. Gottesanbeterin *f*.

mantiglia [man'ti:ʎa] *f* Mantille *f*.

manto [manto] *m* Mantel *m*; *fig.* Deckmantel *m*; **~ di neve** Schneeschicht *f*.

mantovano [manto'va:no] 1. *adj.* mantuanisch; 2. *m* Mantuaner *m*.

man|uale [manu'a:le] 1. *adj.* Hand...; *lavoro m* **~** Handarbeit *f*; 2. *m* Handbuch *n*; Lehrbuch *n*; **~ubrio** [-'nu:brio] *m* (*pl. -ri*) Hantel *f*; Kurbel *f*; ⊕ Griff *m*; *Fahrrad:* Lenkstange *f*; **~ufatto** [-nu'fat-to] *m* Manufakturarbeit *f*; Fabrikat *n*; **~utengolo** [-nu'tɛngolo] *m* Hehler *m*; **~utenzione** [-nutentsi'o:ne] *f* Instandhaltung *f*.

manzo [mandzo] *m* (junges) Rind *n*; *carne f di* **~** Rindfleisch *n*; **~ lesso** (gekochtes) Rindfleisch *n*; *arrosto m di* **~** Rinderbraten *m*.

manzoniano [mandzoni'a:no] 1. *adj.* Manzonis; 2. *m* Nachahmer *m* Manzonis.

maomett|(an)ismo [maomet-ta-'nizmo] *m* Mohammedanismus *m*; **~ano** [-'ta:no] 1. *adj.* mohammedanisch; 2. *m* Mohammedaner *m*.

mappa [map-pa] *f* geographische (*od.* topographische) Karte *f*.

mappamondo [map-pa'mondo] *m* Weltkarte *f*; Globus *m*; *scherzh.* Popo *m*.

maquillage [maki'ja:ʒ] *m* Schminken *n*; Schminke *f*.

marachella [mara'kɛl-la] *f* Lausbüberei *f*; Streich *m*.

maragià [maradʒi'a] *m* Maharadscha *m*.

marameo! [mara'mɛ:o] ja, Kuchen!

marangone [maraŋ'go:ne] *m Zool.* Kormoran *m*; *prov.* Tischler *m*.

mar|asca [ma'raska] *f* (*pl. -che*) Weichselkirsche *f*; **~aschino** [-ras-'ki:no] *m* Maraschino *m*, Weichselkirschlikör *m*.

marasma [ma'razma] *m* (*pl. -i*) Marasmus *m*; ♣ Auszehrung *f*; **~ senile** Altersschwäche *f*.

mara|tona [mara'to:na] *f* Marathonlauf *m*; **~tonista** [-to'nista] *su.* (*m/pl. -i*) Marathonläufer(in *f*) *m*.

maraviglia [mara'vi:ʎa] *usw. s.* meraviglia *usw.*

marca¹ [marka] *f Geogr.* Mark *f*; *Marche pl.* Marken *pl.* (*Landschaft um Ancona*).

marca² [marka] *f* (*pl. -che*) Zeichen *n*; ♰ Marke *f*; *articolo m di* **~** Markenartikel *m*; **~ da bollo** Freimarke *f*; **~ da gioco** Spielmarke *f*; **~ di fabbrica** Schutzmarke *f*.

marcantonio [markan'tɔ:nio] *m* F Kerl *m*, Bursche *m*.

marc|are [mar'ka:re] (1d) zeichnen; markieren; stempeln; *Sport:* decken; ein Tor schießen; *fig.* hervorheben; ✗ **~ visita** sich krank melden; **~atamente** [-kata'mente] nachdrücklich; **~atempo** [-ka'tempo] *m* Zeitnehmer *m*; **~ato** [-'ka:to] bedeutsam; ausdrücklich; **~atore** [-ka'to:re] *m* Markör *m*; Stempler *m*; *Sport:* Bewacher *m*; Torschütze *m*; **~atura** [-ka'tu:ra] *f* Zeichnen *n*; Markieren *n*; Stempeln *n*; *Sport:* Deckung *f*; Tor *n*.

marcescibile [martʃeʃ-'ʃi:bile] verweslich.

mar|chesa [mar'ke:za] *f* Marquise *f*; **~chesato** [-ke'za:to] *m* Marquisat *n*; Würde *f* e-s Marquis; **~chese** [-'ke:ze] *m* Marquis *m*; **~chetta** [-'ket-ta] *f* Klebemarke *f*; **~chiano** [-ki'a:no] ungeheuerlich; **~chiare** [-ki'a:re] (1k) zeichnen; markieren; **~ d'infamia** brandmarken; **~chigiano** [-ki'dʒa:no] aus den Marken (*Marche*) stammend.

marchio [markio] *m* (*pl. -chi*) Mal *n*; *c.s.* Brandmal *n*; **~ di fabbrica** Schutzmarke *f*; **~ di qualità** Gütezeichen *n.*

marcia [martʃa] *f* (*pl. -ce*) Marsch *m*; *Sport:* Lauf *m*; ⊕, *Auto:* Gang *m*; *prima* **~**, *seconda* **~** erster, zweiter Gang *m*; **~ in avanti** Vorwärtsgang *m*; **~ indietro** Rückwärtsgang

M

m; ~ *in folle* Leerlauf m; ~ *forzata* Gewaltmarsch m; ~ *funebre* Trauermarsch m; *mettersi in* ~ sich in Bewegung setzen.

marci|apiede [martʃapi'e:de] m Bürgersteig m; 🚆 Bahnsteig m; **~are** [-'tʃa:re] (1f) marschieren; gehen; *Motor:* laufen; **~ata** [-'tʃa:-ta] f Marsch m; **~atore** [-tʃa'to:re] m Geher m.

marcio [martʃo] (*pl.* -ci) *adj.* faul; morsch; *Wunde:* eitrig; *avere torto* ~ ganz und gar unrecht haben.

marc|ire [mar'tʃi:re] (4d) faulen; vermodern; vereitern; *fig.* zugrunde gehen, verkommen; **~ita** [-'tʃi:ta] f Rieselfeld n; **~iume** [-'tʃu:me] m fauliges Zeug n; Eiter m; *fig.* Fäulnis f.

marco [marko] m (*pl.* -chi) Mark f; ~ *oro* Goldmark f.

marco|nigramma [markoni'gramma] m (*pl.* -i) drahtloses Telegramm n; **~nista** [-'nista] m (*pl.* -i) Funker m; **~niterapia** [-nitera'pi:a] f Kurzwellenbehandlung f.

mare [ma:re] m Meer n; See f; *forze* $f/pl.$ *di* ~ Seemacht f; *per* ~ *e per terra* zu Wasser und zu Lande; *trasporto m per* ~ Seetransport m; *viaggio m per* ~ Seereise f; *fig.* ~ *magno* Gewirr n, Gewühl n.

mar|ea [ma're:a] f Seegang m; Gezeiten *pl.*; *alta* ~ Flut f; *bassa* ~ Ebbe f; ~ *massima* Springflut f; ~ *violenta* Sturmflut f; **~eggiare** [-red-'dʒa:re] (1f) wogen; **~eggiata** [-red'dʒa:ta] f Sturzwelle f; **~emma** [-'rem-ma] f Maremmen *pl.*; **~emmano** [-rem-'ma:no] **1.** *adj.* Maremmen...; **2.** m Maremmenbewohner m; **~emoto** [-re'mɔ:to] m Seebeben n.

maresci|allato [mareʃ-ʃal-'la:to] m Marschallgrad m; **~allo** [-'ʃal-lo] m Marschall m; Feldwebel m, Wachtmeister m; *bastone m di* ~ Marschallstab m.

maretta [ma'ret-ta] f leichter Seegang m.

marezz|are [mared-'dza:re] (1a) moirieren; *Holz* masern; **~atura** [-dza'tu:ra] f Moirierung f; Maserung f.

marezzo [ma'red-dzo] m Moirierung f; Maserung f.

margarina [marga'ri:na] f Margarine f.

margherit|a [marge'ri:ta] f Margerite(nblume) f; **~ina** [-ri'ti:na] f Gänseblümchen n.

margin|ale [mardʒi'na:le] Rand...; **~alia** [-'na:lia] $f/pl.$ Randbemerkungen $f/pl.$; **~almente** [-nal-'mente] am Rande; nebenbei; **~are** [-'na:re] (1l) marginieren; (be)rändern; *Typ.* einlegen; **~atore** [-na-'to:re] m *Typ.* Bogenanleger m; **~atura** [-na'tu:ra] f Einlegen n.

margine [mardʒine] m Rand m; *fig.* Überschuß m; Saum m; *Typ.* Steg m; *in* ~ beiläufig, nebenbei; ~ *di guadagno* Gewinnspanne f; ~ *d'interesse* Zinsspanne f.

marg|otta [mar'gɔt-ta] f Ableger m; **~ottare** [-got-'ta:re] (1c) ein Reis absenken.

margr|aviato [margravi'a:to] m Markgrafschaft f; **~avio** [-'gra:vio] m (*pl.* -vi) Markgraf m.

mariano [mari'a:no] Marien...

marina [ma'ri:na] f Meer n; Seeküste f; ⚓ Marine f; *Mal.* Seestück n.

marin|aio [mari'na:io] m (*pl.* -ai) Matrose m; Schiffer m; **~ara** [-'na:ra] $s.$ *marinaro*; **~are** [-'na:re] (1a) marinieren; *Schule* schwänzen; **~aresco** [-na'resko] (*pl.* -chi) Schiffs...; Matrosen...; **~aro** [-'na:ro] See...; Matrosen...; *zuppa f alla* -*a* Fischsuppe f; **~eria** [-ne'ri:a] f Seewesen n.

marino [ma'ri:no] See...; Meer...; *animale m* ~ Seetier n.

marioleria [mariole'ri:a] f Gaunerei f.

mariolo [mari'ɔ:lo] m Spitzbube m.

marion|etta [mario'net-ta] f Marionette f; (Draht-)Puppe f; **~ettata** [-net-'ta:ta] f Puppenkomödie f.

marit|abile [mari'ta:bile] heiratsfähig; **~ale** [-'ta:le] ehelich; Ehe...; **~almente** [-tal'mente] wie Eheleute; **~are** [-'ta:re] (1a) verheiraten.

marito [ma'ri:to] m Mann (Ehemann) m; Gatte m; ~ *esemplare od. modello* Mustergatte m; *andare a* ~ *od. prendere* ~ sich verheiraten.

maritozzo [mari'tɔt-tso] m Art Kuchen mit Rosinen, Piniolen *usw.*

marittimo [ma'rit-timo] **1.** *adj.* See...; *assicurazione f* -*a* Seeversicherung f; **2.** m Hafenarbeiter m.

marmaglia [mar'ma:ʎa] f Gesindel n; F Kinderschar f.

marmellata [marmel-'la:ta] f Marmelade f.

marm|ifero [mar'mi:fero] marmorhaltig; Marmorbruch...; **~ista** [-'mista] su. (m/pl. -i) Marmorschneider(in f) m, -arbeiter(in f) m.

marm|itta [mar'mit-ta] f (Fleisch-) Topf m; Feldkessel m; Auto: Auspuffrohr m; **~ittone** [-mit-'to:ne] m untauglicher Mensch (od. Soldat) m.

marmo [marmo] m Marmor m; Marmorbildwerk n.

marmocchio [mar'mɔk-kio] m (pl. -cchi) Junge m; Gör n.

marmoreo [mar'mɔ:reo] marmorn.

marmorizzare [marmorid-'dza:re] (1a) marmorieren.

marmotta [mar'mɔt-ta] f Murmeltier n; fig. Faultier n.

marna [marna] f Mergel m.

marnoso [mar'no:so] mergelig.

marocchino¹ [marok-'ki:no] m Maroquin(leder n) m.

marocchino² [marok-'ki:no] **1.** adj. marokkanisch; **2.** m Marokkaner m.

maroso [ma'ro:so] m Sturzwelle f.

marra [mar-ra] f ♪ Karst m.

marrano [mar'ra:no] m Grobian m.

marrone¹ [mar-'ro:ne] **1.** adj. kastanienbraun; **2.** m Marone f, Edelkastanie f.

marrone² [mar-'ro:ne] m Schnitzer m, Fehler m.

marsala [mar'sa:la] m Marsalawein m.

marsina [mar'si:na] f Frack m.

marsupiale [marsupi'a:le] m Beuteltier n.

Marte [marte] m Mars m; campo m di ~ Exerzierplatz m.

martedì [marte'di] m Dienstag m; ~ grasso Fastnacht f.

martell|amento [martel-la'mento] m Hämmern n; **~are** [-'la:re] (1b) hämmern; fig. plagen; fuoco m martellante Trommelfeuer n; **~ata** [-'la:ta] f Hammerschlag m; **~etto** [-'let-to] m kleiner Hammer m; Klavierhammer m; **~ina** [-'li:na] f Spitzhammer m.

martello [mar'tel-lo] m Hammer m; Türklopfer m; ♪ Stimmhammer m; ~ pneumatico Preßlufthammer m; sonare a ~ Sturm läuten.

martin|ello [marti'nɛl-lo] m, **~etto**

[-'net-to] m Hebewinde f; Wagenheber m.

martingala [martin'ga:la] f Sprungriemen m; Gürtelspange f (am Rock od. Mantel).

martinicca [marti'nik-ka] f (pl. -cche) Wagenbremse f.

martin [mar'ti:n]: ~ pescatore m Eisvogel m.

Martino [mar'ti:no] m: estate f di san ~ Altweibersommer m; fare san ~ fortziehen; ausräumen.

martire [martire] su. Märtyrer(in f) m.

mart|irio [mar'ti:rio] m (pl. -ri) Märtyrertum n; Märtyrertod m; fig. Marter f, Pein f; **~irizzare** [-tirid-'dza:re] (1a) martern.

martora [martora] f Marder m.

martoriare [martori'a:re] (1k u. c) martern; foltern.

marx|ismo [mar'ksizmo] m Marxismus m; **~ista** [-'ksista] su. (m/pl. -i) Marxist(in f) m.

marza [martsa] f Pfropfreis n.

marzaiola [martsai'ɔ:la] f Knäkente f.

marzapane [martsa'pa:ne] m Marzipan n.

marziale [martsi'a:le] martialisch; Kriegs...; tribunale m ~ Kriegsgericht n.

marziano [martsi'a:no] m Marsbewohner m.

marzio [martsio]: campo m ~ Exerzierplatz m.

marzo [martso] m März m; tempo m di ~ Aprilwetter n.

marzocco [mar'dzɔk-ko] m (pl. -cchi) steinerner Löwe m (v. Florenz); fig. Dummkopf m.

marzolina [martso'li:na] f Büffelkäse m.

marzolino [martso'li:no] März...; sementa f -a Märzsaat f.

mas [mas] m inv. Schnellboot n.

mascal|zonata [maskaltso'na:ta] f Schurkerei f, Schurkenstreich m; **~zone** [-'tso:ne] m Lump m, Schurke m.

mascarpone [maskar'po:ne] m weicher, weißer Käse aus geronnener Sahne.

masc|ella [maʃ-'ʃɛl-la] f Kinnlade f; ~ inferiore, ~ superiore Unter-, Oberkiefer m; **~ellare** [-ʃel-'la:re] Kinnbacken...; dente m ~ Backenzahn m.

M

maschera [maskera] f Maske f; Totenmaske f; *Thea.*, *Kino*: Platzanweiser(in f) m; ~ antigas Gasmaske f; ~ subacquea Taucher-maske f; *ballo* m *in* ~ Maskenball m.

mascher|amento [maskera'mento] m Tarnung f; ~are [-'ra:re] (1l) maskieren; tarnen; *fig.* bemänteln; ~ata [-'ra:ta] f Maskenzug m; (*a. fig.*) Mummerei f; ~ina [-'ri:na] f kleine Maske f; *Schuh*: Kappe f; *Auto*: Kühlerverkleidung f; ~one [-'ro:ne] m große Maske f; △ Maskaron m.

mas|chietta [maski'et-ta] f burschikoses junges Mädchen n; *capelli* m/pl. *alla* ~ Bubikopf m (*Frisur*); ~chietto [-ki'et-to] m (männlicher) Säugling m; kleiner Junge m; ~chile [-'ki:le] 1. adj. männlich; *scuola* f ~ Knabenschule f; 2. m Maskulinum n.

maschio [maskio] (*pl.* -chi) 1. adj. männlich; mannhaft; 2. m Knabe m; *Zool.* Männchen n; *allg.* Mann m; △ Schraube f; Gewindebohrer m; △ Burg f.

maschiotto [maski'ɔt-to] m kräftiger Junge m.

mascolino [masko'li:no] s. *maschile*.

masn|ada [maz'na:da] f Rotte f; ~adiere [-nadi'e:re] m Räuber (Straßenräuber) m.

massa [mas-sa] f Masse f; *in gran* ~ massenhaft.

mass|acrante [mas-sa'krante] aufreibend; zermürbend; ~acrare [-sa'kra:re] (1a) hinschlachten; ~acro [-'sa:kro] m Gemetzel n.

mass|aggiare [mas-sad-'dʒa:re] (1f) massieren; ~aggiatore [-sad-dʒa-'to:re] m Masseur m; ~aggiatrice [-sad-dʒa'tri:tʃe] f Masseuse f; ~aggio [-'sad-dʒo] m (*pl.* -ggi) Massàge f; *fare il* ~ a *od.* fare -i massieren.

mass|aia [mas-'sa:ia] f Hausfrau f; Wirtschafterin f; ~aio [-'sa:io] (*pl.* -ai) 1. adj. sparsam; 2. m Hausvater m; Wirtschafter m.

massello [mas-'sel-lo] m (Metall-)Klumpen m.

masser|ia [mas-se'ri:a] f Meierei f; Bauernhof m; ~izia [-'ri:tsia] f (*mst pl.* -izie) Hausrat m.

mass|icciare [mas-sit-'tʃa:re] (1f) beschottern; ~icciata [-sit-'tʃa:ta] f Beschotterung f; Schotterbett n;

~iccio [-'sit-tʃo] (*pl.* -cci) 1. adj. massiv; *fig.* derb; 2. m Massiv n.

massima [mas-sima] f Grundsatz m; Regel f; *per* ~, *in* ~ grundsätzlich.

massim|ale [mas-si'ma:le] höchst; maximal; *salario* m ~ Maximallohn m; ~alismo [-ma'lizmo] m Maximalismus m; ~alista [-ma'lista] su. (*m/pl.* -i) Maximalist(in f) m; Radikale(r m) m u. f; ~amente [-ma'mente] besonders.

massime [mas-sime] besonders.

massimo [mas-simo] 1. adj. größte; 2. m Maximum n; Höchstmaß n.

masso [mas-so] m Fels m; Block m.

mass|one [mas-'so:ne] m Freimaurer m; ~oneria [-sone'ri:a] f Freimaurerei f; ~onico [-'sɔ:niko] (*pl.* -ci) freimaurerisch.

massoterapia [mas-sotera'pi:a] f Massagebehandlung f.

mastello [mas'tel-lo] m Bütte f.

mastic|abile [masti'ka:bile] kaubar; ~are [-'ka:re] (1l u. d) kauen; *Gebete* murmeln; *Worte* undeutlich aussprechen; *Sprache* radebrechen; ~atorio [-ka'tɔ:rio] (*pl.* -ri) Kau...; ~azione [-katsi'o:ne] f Kauen n.

mastice [mastitʃe] m Mastix m; Kitt m.

mastino [mas'ti:no] m Schäferhund m; Hetzhund m.

mastite [mas'ti:te] f Brustdrüsenentzündung f.

mastod|onte [masto'donte] m Mastodon n; ~ontico [-'dontiko] (*pl.* -ci) kolossal.

mastro [mastro] m Meister m; (*a. libro* m ~) Hauptbuch n.

masturb|are [mastur'ba:re] (1a), *mst* ~arsi [-'barsi] masturbieren; ~azione [-batsi'o:ne] f Masturbation f.

matassa [ma'tas-sa] f Strähne f; *fig.* verwickelte Sache f; *avere il bandolo della* ~ die Fäden e-r Angelegenheit in der Hand halten.

matematic|a [mate'ma:tika] f (*pl.* -che) Mathematik f; *lezione* f *di* ~ Mathematikstunde f; ~o [-ko] (*pl.* -ci) 1. adj. mathematisch; 2. m Mathematiker m.

materasso [mate'ras-so] m Matratze f; ~ *pneumatico* Luftmatratze f.

materia [ma'tɛ:ria] f Materie f; Stoff m; Fach n; *Path.* Eiter m; ~ ~ colorante Farbstoff m; ~ *facolta-*

M

tiva Wahlfach *n*; ~ *obbligatoria* Pflichtfach *n*; ~ *prima* Rohstoff *m*; ~ *plastica* Kunststoff *m*; *entrare in* ~ zur Sache kommen; *indice m delle -e* Inhaltsverzeichnis *n*.

materi|ale [materi'a:le] **1.** *adj.* materiell; stofflich; *fig.* greifbar; tatsächlich; *Person*: grob, plump; **2.** *m* Material *n*; ⊕ Zeug *n*; *-i pl.* Materialien *n/pl.*; (*a. Lit.*) Stoff *m*; ~ *di lavoro* Werkstoff *m*; ~ *da costruzione* Baumaterial *n*; ~ *grezzo* Rohmaterial *n*; ~ *plastico* Kunststoff *m*; *fig.* ~ *umano* Menschenmaterial *n*; **~alismo** [-ria'lizmo] *m* Materialismus *m*; **~alista** [-ria'lista] (*m/pl. -i*) *adj.* materialistisch; **2.** *su.* Materialist(in *f*) *m*; **~alistico** [-ria'listiko] (*pl. -ci*) materialistisch; **~alità** [-riali'ta] *f* Materialität *f*; ~ *d'un atto* Tatbestand *m*; **~alizzare** [-rialid'dza:re] (1a) materialisieren; **~alizzazione** [-rialid-dzatsi'o:ne] *f* Materialisierung *f*; **~almente** [-rial'mente] materiell; *fig.* tatsächlich; **~alone** [-ria'lo:ne] *m* plumpe Person *f*; **~ato** [-ri'a:to] gemacht; bestehend (*di* aus).

maternità [materni'ta] *f* Mutterschaft *f*; (*a. ospizio m della* ~) Entbindungsanstalt *f*; *assistenza f della* ~ Mütterfürsorge *f*; *protezione f* (*od. difesa f*) *della* ~ Mutterschutz *m*.

materno [ma'tɛrno] mütterlich; Mutter...; *zio m* ~ Onkel *m* mütterlicherseits.

matita [ma'ti:ta] *f* Bleistift *m*; ~ *automatica* Drehbleistift *m*; ~ *colorata* Buntstift *m*; ~ *copiativa* Kopierstift *m*; ~ *per sopracciglia* Augenbrauenstift *m*; ~ *rossa* Rotstift *m*. [Mutterrecht *n*.]

matriarcato [matriar'ka:to] *m* ⌐

matr|ice [ma'tri:tʃe] *f* Typ. Matrize *f*; *Anat.* Gebärmutter *f*; ⊕ Stanze *f*; **~icida** [-tri'tʃi:da] *su.* (*m/pl. -i*) Muttermörder(in *f*) *m*; **~icidio** [-tri'tʃi:dio] *m* (*pl. -di*) Muttermord *m*; **~icola** [-'tri:kola] *f* Matrikel *f*; ⚔ Stammrolle *f*; *s. matricolino*; **~icolare** [-triko'la:re] (1m) in die Matrikel (Stammrolle) eintragen; *Studenten* immatrikulieren; **~icolato** [-triko'la:to] *fig.* abgefeimt, durchtrieben; *furbo m* ~ geriebener Bursche *m*; **~icolino** [-triko'li:no] *m* frisch immatrikulierter Student *m*; *fig.* Neuling *m*; **~igna** [-'tri:ɲa] *f*

Stiefmutter *f*; **~imoniale** [-trimoni'a:le] ehelich; Ehe...; *letto m* ~ zweischläf(r)iges Bett *n*; *camera f* ~ Doppelschlafzimmer *n*; **~imonio** [-tri'mɔ:nio] *m* (*pl. -ni*) Ehe *f*; Heirat *f*; ~ *civile* Ziviltrauung *f*; **~izzare** [-trid'dza:re] (1a) nach der Mutter arten; **~ona** [-'tro:na] *f* Matrone *f*; **~onale** [-tro'na:le] matronenhaft.

matta [mat-ta] *f* Verrückte *f*.

matt|acchione [mat-tak-ki'o:ne] *m*, **~accino** [-tat-'tʃi:no] *m* lustiger Kerl *m*, Spaßmacher *m*.

mattana [mat-'ta:na] *f* Laune *f*.

mattare [mat-'ta:re] (1a) *Spiel*: matt setzen.

mattatoio [mat-ta'to:io] *m* (*pl. -oi*) Schlachthof *m*.

matterello [mat-te'rɛl-lo] *m* Nudelholz *n*; Rollholz *n*.

mattina [mat-'ti:na] *f* Morgen *m*; *di* ~ morgens; *questa* ~ heute morgen; *domani* ~ morgen früh; **~ata** [mat-ti'na:ta] *f* Morgen *m*; ♩ Matinee *f*; Morgenständchen *n*; Frühkonzert *n*; **~iero** [-ni'ɛ:ro] **1.** *adj.* früh aufstehend; **2.** *m* Frühaufsteher *m*.

mattino [mat-'ti:no] *m* Morgen *m*; *di buon* ~ frühmorgens.

matto[1] [mat-to] *Schachspiel*: matt; *essere* ~ schachmatt sein; *oro m* ~ mattes Gold *n*.

matto[2] [mat-to] **1.** *adj.* verrückt; *gusto m* ~ tolle Lust *f*; *andar* ~ *per qc.* auf et. (*acc.*) ganz verrückt sein; **2.** *m* Narr *m*.

mattoide [mat-'tɔ:ide] *m* Halbverrückte(r) *m*.

matt|onaia [mat-to'na:ia] *f* Ziegelei *f*; **~one** [-'to:ne] *m* Ziegelstein *m*; *fig.* Wälzer *m*; langweiliger Mensch *m*; **~onella** [-to'nel-la] *f* Kachel *f*; Brikett (Kohlenbrikett) *n*; *Bill.* Bande *f*; **~onificio** [-toni-'fi:tʃo] *m* Ziegelfabrik *f*.

mattutino [mat-tu'ti:no] **1.** *adj.* morgendlich, Morgen...; **2.** *m* Rel. Morgengeläute *n*; Matutin *f*.

matur|are [matu'ra:re] (1a) **1.** *v/t.* zur Reife bringen; **2.** *v/i. u.* **~arsi** [-'rarsi] reifen; ✝ fällig werden; **~ato** [-'ra:to] reif; ✝ fällig; **~azione** [-ratsi'o:ne] *f* Reifen *n*; Reife *f*; ✝ Fälligkeit *f*; **~ità** [-ri'ta] *f* Reife *f*; *esame m di* ~ Reifeprüfung *f*.

M

maturo [ma'tu:ro] reif; reiflich; gesetzt.

mausoleo [mauzo'lɛ:o] *m* Mausoleum *n*; Grabkapelle *f*.

mazza [mat-tsa] *f* Stock (Spazierstock) *m*; (~ d'*Ercole*) Keule (Herkuleskeule) *f*; Stab *m*; ⊕ schwerer Hammer *m*.

mazzata [mat-'tsa:ta] *f* Stock-, Keulenschlag *m*.

mazzeranga [mat-tse'raŋga] *f* (*pl.* -ghe) Handramme *f*.

mazziere [mat-tsi'ɛ:re] *m* Stabträger *m*.

mazzo [mat-tso] *m* Bündel *n*; (~ di fiori Blumen-)Strauß *m*; ~ di chiavi Schlüsselbund *m*; ~ di carte Spiel *n* Karten.

mazzolino [mat-tso'li:no] *m* Sträußchen *n*.

mazzuolo [mat-tsu'ɔ:lo] *m* Steinmetzhammer *m*; Trommelschlegel *m*.

me [me] (*acc.*) mich; (*dat.*) mir (= mi vor lo, la, li, le, ne); povero ~! ich Armer!; come ~ wie ich; di ~ meiner; per ~ für mich; meinetwegen; quanto a ~ was mich betrifft; secondo ~ m-r Meinung nach.

me' [mɛ] = meglio.

meandro [me'andro] *m* Krümmung *f*; Windung *f*.

meato [me'a:to] *m* Anat. Gang *m*, Kanal *m*.

mecc|anica [mek-'ka:nika] *f* Mechanik *f*; ~anicamente [-kanika'mente] mechanisch, unwillkürlich; ~anico [-'ka:niko] (*pl.* -ci) 1. *adj.* mechanisch; ingegnere *m* ~ Maschineningenieur *m*; 2. *m* Mechaniker *m*; Autoschlosser *m*; ~anismo [-ka'nizmo] *m* Mechanismus *m*; Getriebe *n*; Uhrwerk *n*; ~ di chiusura Verschlußvorrichtung *f*; ~anizzazione [-kanid-dzatsi'o:ne] *f* Mechanisierung *f*.

meccano [mek-'ka:no] *m* Metallbaukasten *m*.

meccanografico [mek-kano'gra:fiko] (*pl.* -ci) Lochkarten...

Mecen|ate [metʃe'na:te] *m* 1. Maecenas *m*; 2. ♀ Mäzen *m*; ~atismo [-na'tizmo] *m* Mäzenatentum *n*.

meco [me:ko] *lit.* mit mir.

medaglia [me'da:ʎa] *f* Medaille *f*; (a. ~ commemorativa) Denkmünze *f*; (~ al valor militare) militärische Auszeichnung *f*; ~ d'oro Goldmedaille *f*.

medagli|ere [meda'ʎɛ:re] *m* Medaillensammlung *f*; ~etta [-'ʎet-ta] *f* kleine Medaille *f*; Abzeichen der it. Parlamentarier; ~one [-'ʎo:ne] *m* Medaillon *n*; Mal., Skulp. ovales Bild *n*; Kochk. rundes Stück *n* Fleisch.

medaglista [meda'ʎista] su. (*m/pl.* -i) Medaillensammler(in *f*) *m*.

medesimamente [medezima'mente] ebenfalls.

medesimo [me'de:zimo] selber; selbst; il ~ derselbe; dasselbe; la -a dieselbe; io ~ ich selbst; la -a cosa ein und dasselbe.

media [mɛ:dia] *f* Durchschnitt *m*; Durchschnittszahl *f*; ♣ Mittel *n*; in ~ durchschnittlich, im Durchschnitt; ~ oraria Durchschnittsgeschwindigkeit *f*.

med|ianico [medi'a:niko] (*pl.* -ci) medial; Medium...; ~ianità [-dia-ni'ta] *f* mediale Fähigkeit *f*; ~iano [-di'a:no] 1. *adj.* Mittel...; 2. *m* Fußball: Läufer *m*; ~iante [-di'ante] 1. *prp.* vermittels; 2. *m* ♪ Mittelton *m*; ~iato [-di'a:to] mittelbar; indirekt; ~iatore [-dia'to:re] *m* Vermittler *m*; ~iazione [-diatsi'o:ne] *f* Vermittlung *f*.

medica [mɛ:dika] *f* (a. erba *f* ~) Luzerne *f*.

medic|abile [medi'ka:bile] zu behandeln; heilbar; ~amento [-ka'mento] *m* Arznei *f*; posto *m* di ~ Verbandplatz *m*; ~amentoso [-ka-men'to:so] heilkräftig, Heil...; ~are [-'ka:re] (11, b u. d) behandeln; verbinden; ~astro [-'kastro] *m* Kurpfuscher *m*; ~azione [-katsi'o:ne] *f* Behandlung *f*; Verband *m*.

medic|ina [medi'tʃi:na] *f* Medizin *f*; Heilkunde *f*; Arznei *f*; ~ interna innere Medizin *f*; ~ legale Gerichtsmedizin *f*; studente *m* di ~ Medizinstudent *m*; esercitare la ~ den ärztlichen Beruf ausüben; prendere la ~ die Arznei einnehmen; ~inale [-tʃi'na:le] 1. *adj.* Heil...; 2. *m* Heilmittel *n*; Arznei *f*.

medico [mɛ:diko] (*pl.* -ci) 1. *adj.* medizinisch; ärztlich; visita *f* -a ärztliche Untersuchung *f*; erba *f* -a Luzerne *f*; 2. *m* Arzt *m*; ~ condotto Gemeindearzt *m*; ~ militare Stabsarzt *m*; ~ primario Chefarzt *m*; ~

specialista Facharzt *m*; ~ *chirurgo* Chirurg *m*.

medievale [medie'va:le] *s.* **medioevale**.

medio [mɛ:dio] (*pl.* -di) mittlere; Mittel...; durchschnittlich; *dito m* ~ Mittelfinger *m*; *guadagno m* ~ durchschnittlicher Gewinn *m*; *scuola f* -a Mittelschule *f*.

med|iocre [medi'ɔ:kre] mittelmäßig; **~iocrità** [-diokri'ta] *f* Mittelmäßigkeit *f*.

medio|evale [medioe'va:le] mittelalterlich; **~evo** [-'ɛ:vo] *m* Mittelalter *n*; **~leggero** [-led'dʒe:ro] **1.** *adj.* Halbmittel...; **2.** *m* Halbmittelgewichtler *m*; **~massimo** [-'mas:simo] **1.** *adj.* Halbschwer...; **2.** *m* Halbschwergewichtler *m*.

medit|abondo [medita'bondo] nachdenklich; **~are** [-'ta:re] (11 *u.* b) überlegen; durchdenken; ~ *su qc.* über et. (*acc.*) nachdenken; über et. (*acc.*) brüten; *Projekte* planen; **~atamente** [-tata'mente] mit Überlegung; vorsätzlich; **~ativo** [-ta'ti:vo] nachsinnend; **~azione** [-tatsi'o:ne] *f* Nachdenken *n*; Betrachtung *f*.

mediterraneo [mediter-'ra:neo] **1.** *adj.* mittelländisch; *clima m* ~ Mittelmeerklima *n*; *isola f* -a Mittelmeerinsel *f*; *mare m* ♀ *od.* **2.** ♀ *m* Mittelländisches Meer *n*, Mittelmeer *n*.

medium [mɛ:dium] *m inv.* Medium *n*.

Medusa [me'du:za] *f* **1.** Meduse *f*; **2.** ♀ *Zool.* Qualle *f*.

mefistofelico [mefisto'fe:liko] (*pl.* -ci) mephistophelisch.

mefitico [me'fi:tiko] (*pl.* -ci) stickig, verpestet.

meg|afono [me'ga:fono] *m* Megaphon *n*; **~alomane** [-ga'lɔ:mane] größenwahnsinnig; **~alomania** [-galoma'ni:a] *f* Größenwahn *m*.

megera [me'dʒe:ra] *f* Megäre *f*.

meglio [mɛ:ʎo] **1.** *adv.* besser; ~! *od. tanto ~!* um so besser!; ~ *no!* besser nicht!; *alla* ~ so gut wie möglich; *di bene in* ~ immer besser; ~ *a* ~ bestmöglich; **2.** *m* Bessere(s) *n*; Beste(s) *n*.

mela [me:la] *f* Apfel *m*.

melagr|ana [mela'gra:na] *f* Granatapfel *m*; **~ano** [-no] *m* Granatapfelbaum *m*.

melanconia [melaŋko'ni:a] *usw. s.* **malinconia** *usw.*

melanite [mela'ni:te] *f* Melanit *m*; schwarzer Granat *m*.

melanzana [melan'tsa:na] *f* Eierapfel *m*, Aubergine *f*; Eierpflanze *f*.

melassa [me'las-sa] *f* Melasse *f*; Zuckersatz *m*.

melata [me'la:ta] *f* Meltau *m*.

melato [me'la:to] honigsüß.

melensaggine [melen'sad-dʒine] *f* Albernheit *f*.

melenso [me'lenso] albern, einfältig.   [pflanzung *f*.]

meleto [me'le:to] *m* Apfelbaum-)

melico [mɛ:liko] (*pl.* -ci) melodisch; lyrisch.

meliga [mɛ:liga] *f* (*pl.* -ghe) Mohrenhirse *f*; *prov.* Mais *m*.

melissa [me'lis-sa] *f* Melisse *f*.

mell|ifero [mel-'li:fero] honigerzeugend; **~ificare** [-lifi'ka:re] (1m *u.* d) Honig erzeugen; **~ificazione** [-lifikatsi'o:ne] *f* Honigerzeugung *f*; **~ifluo** [-'li:fluo] honigsüß.

melma [melma] *f* Schlamm *m*.

melmoso [mel'mo:so] schlammig; mulmig.

melo [mɛ:lo] *m* Apfelbaum *m*.

mel|odia [melo'di:a] *f* Melodie *f*; Wohlklang *m*; **~odico** [-'lɔ:diko] (*pl.* -ci), **~odioso** [-lodi'o:so] melodisch; wohlklingend.

melodr|amma [melo'dram-ma] *m* (*pl.* -i) Melodrama *n*; Oper *f*; **~ammatico** [-dram-'ma:tiko] (*pl.* -ci) melodramatisch; opernhaft.

melone [me'lo:ne] *m* Melone *f*.

membr|ana [mem'bra:na] *f* Membrane *f*; **~anaceo** [-bra'na:tʃeo] häutig; **~anoso** [-bra'no:so] membranartig; *codice m* ~ Pergamenthandschrift *f*; **~atura** [-bra'tu:ra] *f* Glieder *n/pl.*, Gliederbau *m*.

membro [membro] *m* (*pl.* le *membra*) Anat. Glied *n*; *fig.* (*pl.* i -i) Mitglied *n*; ~ *artificiale* Prothese *f*.

membruto [mem'bru:to] starkglied(e)rig.

memor|abile [memo'ra:bile] **1.** *adj.* denkwürdig; *in quel giorno* ~ an jenem denkwürdigen Tag; **2.** -i *m/pl.* Denkwürdigkeiten *f/pl.*; **~ando** [-'rando] denkwürdig; **~andum** [-'randum] *m inv.* Denkschrift *f*; Merkblatt *n*.

memore [mɛ:more] eingedenk (*di gen.*).

memoria [me'mɔ:ria] f Gedächtnis n; Andenken n; Erinnerung f;
Lit. Denkschrift f; -e *pl. Lit.* Erinnerungen f/pl.; a ~ auswendig; ~
d'uomo seit Menschengedenken; *far ~ di qc.* et. erwähnen; an et.
(acc.) erinnern; *richiamare alla ~*
ins Gedächtnis rufen; *mio padre
buona ~ od. la buona ~ di mio padre*
mein Vater seligen Angedenkens.

memoriale [memori'a:le] m Denkschrift f.

mena [me:na] f (mst. -e pl.) Machenschaften f/pl., Umtriebe m/pl.

menabò [mena'bɔ] m inv. Typ.
Layout n.

menadito [mena'di:to]: a ~ am
Schnürchen.

menare [me'na:re] (1a) führen; F
prügeln; *Schläge* versetzen; *Aufsehen* erregen; ~ le mani sich raufen; ~
la lingua ~ e lose Zunge haben; ~
il can per l'aia et. auf die lange
Bank schieben.

menda [menda] f Fehler m; Mangel
m.

mend|ace [men'da:tʃe] lügenhaft;
~acia [-'da:tʃa] f Lügenhaftigkeit f;
~acio [-'da:tʃo] m (pl. -ci) Lüge f.

mendic|ante [mendi'kante] 1. adj.
bettelnd; Bettel...; monaco m ~
Bettelmönch m; 2. su. Bettler(in f)
m; **~are** [-'ka:re] (11 u. d od. 1d)
1. v/t. erbetteln; fig. Vorwände
suchen; ~ la vita sich mit Mühe
durchschlagen; 2. v/i. betteln; **~ità**
[-tʃi'ta] f Bettelei f; *ricovero m di ~*
Armenhaus n.

mendico [men'di:ko] m (pl. -chi)
Bettler m.

menefreghismo [menefre'gizmo]
m F gleichgültige Haltung f; Inter-
esselosigkeit f aus Prinzip.

Meneghino [mene'gi:no] m Mailänder Maske; F Mailänder m.

menestrello [menes'trɛl-lo] m
Troubadour m.

men|inge [me'nindʒe] f Hirnhaut f;
~ingite [-nin'dʒi:te] f Hirnhaut-
entzündung f.

menisco [me'nisko] m (pl. -chi)
Meniskus m.

meno [me:no] 1. adv. weniger; da ~
weniger; a ~ che außer wenn; es
müßte denn sein, daß; per lo ~
wenigstens; fare a ~ di qc. et. entbehren können; fare a ~ di (inf.) es
unterlassen, zu (inf.); non poter fare

a ~ di nicht umhin können, zu;
venir ~ in Ohnmacht fallen; *venir ~
a qc.* et. nicht halten (od. erfüllen);
in men che non si dica schneller als
man es wiedererzählen kann; 2. m
Wenigste(s) n; per lo ~ wenigstens.

menom|amente [menoma'mente]
keineswegs; **~are** [-'ma:re] (11 u.
b) schmälern; **~azione** [-matsi'o:-
ne] f Schmälerung f.

menomo [mɛ:nomo] geringst,
kleinst.

menopausa [meno'pa:uza] f Meno-
pause f.

mensa [mensa] f Tafel f; sacra ~
Abendmahl n; Studentenmensa f;
(Werks-)Kantine f.

mens|ile [men'si:le] 1. adj. monat-
lich; 2. m Monatsgehalt n; **~ilità**
[-sili'ta] f Monatsgehalt n.

mensola [mensola] f Konsole f.

menta [menta] f Minze f; Pfeffer-
minze f; Pfefferminzlikör m.

mentale¹ [men'ta:le] Kinn...

ment|ale² [men'ta:le] geistig; Gei-
stes...; malattia f ~ Geisteskrankheit f; calcolo m ~ Kopfrechnen n;
lavoro m ~ Geistesarbeit f; restri-
zione f ~ stillschweigender Vorbehalt m; facoltà f/pl. -i geistige Fä-
higkeiten f/pl.; sforzo m ~ Geistes-
anstrengung f; **~alità** [-tali'ta] f
Mentalität f; Geistesverfassung f;
Denkart f; **~almente** [-tal'mente]
im Geiste; innerlich.

mente [mente] f Geist m; Gedächtnis n; Sinn m; malato di ~ geistes-
krank; avere in ~ di (inf.) im Sinne
haben, beabsichtigen zu (inf.); a ~
auswendig; a ~ di im Sinne (gen.);
porre ~ a qc. auf et. (acc.) achtgeben; tenere a ~ qc. sich et.
merken; et. behalten; daran denken; ficcarsi qc. in ~ sich et. einprägen; venire in ~, passare per la
~ einfallen; passare (od. uscire) di
~ entfallen.

mentecatto [mente'kat-to] schwachsinnig.

mentina [men'ti:na] f Pfeffer-
minzbonbon m od. n.

ment|ire [men'ti:re] (4d od. 4b)
1. v/t. falsche Angaben machen
(über acc.); erheucheln; 2. v/i.
lügen; **~ito** [-'ti:to] falsch; **~itore**
[-ti'to:re] m Lügner m.

mento [mento] m Kinn n.

mentolo [men'tɔ:lo] m Menthol n.

mentore [mentore] *m* Mentor *m*.

mentovare [mento'va:re] (11 *u.* b) *lit.* erwähnen.

mentre [mentre] **1.** *cj.* (*a. ~ che*) während; **2.** *m*: *in quel ~* mittlerweile; *nel ~ che* während.

menù [me'nu] *m inv.* Speisenfolge *f*, Menü *n*.

menzionare [mentsio'na:re] (1a) erwähnen.

menzione [mentsi'o:ne] *f* Erwähnung *f*; *~ onorevole*, *~ d'onore* ehrenvolle Erwähnung *f*; *degno di ~* erwähnenswert; *far ~ di qc. et.* erwähnen.

menz|ogna [men'tsoɲa] *f* Lüge *f*; **~ognero** [-tso'ɲe:ro] **1.** *adj.* lügenhaft; wahrheitswidrig; **2.** *m* Lügner *m*.

meramente [mera'mente] rein; nur.

meraviglia [mera'viʎa] *f* Wunder *n*; Verwunderung *f*; *mi fa ~ che* es wundert mich, daß; *a ~* wundervoll; *fare le -e* höchst verwundert tun.

meravigli|are [meravi'ʎa:re] (1g) verwundern; **~arsi** [-'ʎarsi] sich wundern (*di* über *acc.*); **~ato** [-'ʎa:to] verwundert; **~oso** [-'ʎo:so] wunderbar, fabelhaft.

merc|ante [mer'kante] *m* Kaufmann *m*; *~ di qc.* Händler *m*; *~ di grano* Getreidehändler *m*; *fare orecchi da ~* tun, als ob man nichts höre; **~anteggiare** [-kanted-'dʒa:re] (1f) **1.** *v/t.* verschachern, schachern (mit et.); **2.** *v/i.* handeln; feilschen; *~ in qc.* mit et. handeln; **~antile** [-kan'ti:le] kaufmännisch; Handels...; *codice m ~* Handelsgesetzbuch *n*; *flotta f ~* Handelsflotte *f*; **~antilismo** [-kanti'lizmo] *m* Merkantilismus *m*; **~anzia** [-kan'tsi:a] *f* Ware *f*.

mercato [mer'ka:to] *m* Markt *m*; Absatzgebiet *n*; (*a. ~ coperto*) Markthalle *f*; ♀ *Comune Europeo* Gemeinsamer Markt *m*; *~ monetario* Geldmarkt *m*; *~ nero* Schwarzmarkt *m*; *~ settimanale* Wochenmarkt *m*; *piazza f del ~* Marktplatz *m*; *studio m del ~* Marktforschung *f*; *a buon ~* billig; *fare ~ di qc.* mit et. Handel treiben; *cavarsela a buon ~* mit e-m blauen Auge davonkommen.

merce [mertʃe] *f* Ware *f*; *~ lavorata* (*pronta*) Fertigware *f*; *~ minuta*

Stückgut *n*; *tenere una ~ e-e Ware* führen; *~ di contrabbando* Schmuggelware *f*; *carro m -i* Güterwagen *m*; *libera circolazione f delle -i* freier Warenverkehr *m*; *movimento m -i* Frachtverkehr *m*; *-i pl.* Güter *n/pl.*; *-i coloniali* Kolonialwaren *pl.*; *-i ingombranti* Sperrgüter *n/pl.*; *treno m -i* (*od. un merci*) Güterzug *m*.

mercé [mer'tʃe] **1.** *f* Gnade *f*; *Dio ~* Gott sei Dank; *tua ~* dank deiner Hilfe; **2.** *prp.* dank.

merc|ede [mer'tʃe:de] *f* Lohn *m*; Belohnung *f*; **~enario** [-tʃe'na:rio] (*pl.* -ri) **1.** *adj.* gedungen; bezahlt; *fig.* käuflich; *soldato m ~* = **2.** *m* Söldner *m*; **~eologia** [-tʃeolo'dʒi:a] *f* Warenkunde *f*; **~eologico** [-tʃeo-'lo:dʒiko] (*pl.* -ci) warenkundlich; **~eria** [-tʃe'ri:a] *f* Kurzwarenhandlung *f*; Kurzwaren *f/pl.*; **~erizzare** [-tʃerid-'dza:re] (1a) merzerisieren; **~iaio** [-'tʃa:io] *m* (*pl.* -ai) Kurzwarenhändler *m*; **~iaiolo** [-tʃai'ɔ:lo] *m* (*~ ambulante*) Hausierer *m*; **~imonio** [-tʃi'mo:nio] *m* Schacher *m*. **mercoledì** [merkole'di] *m* Mittwoch *m*; *~ delle Ceneri* Aschermittwoch *m*.

Mercurio [mer'ku:rio] *m* **1.** *Astr.*, *Myth.* Merkur *m*; **2.** ♀ ☿ Quecksilber *n*.

merda [merda] *f* V Scheiße *f*.

merdoso [mer'do:so] dreckig.

mer|enda [me'rɛnda] *f* Vesperbrot *n*, Jause *f*; **~endare** [-ren'da:re] (1b) vespern; jausen.

meretr|ice [mere'tri:tʃe] *f* Dirne *f*; **~icio** [-'tri:tʃo] *m* (*pl.* -ci) Prostitution *f*.

meridi|ana [meridi'a:na] *f* Sonnenuhr *f*; **~ano** [-di'a:no] **1.** *adj.* Mittags...; *luce f -a* helles Licht *n*; *le dodici -e* zwölf Uhr mittags; **2.** *m* Meridian *m*, Mittagskreis *m*; **~onale** [-dio'na:le] **1.** *adj.* südlich; Süd...; *Europa f ~* Südeuropa *n*; *Italia f ~* Süditalien *n*; **2.** *su.* Südländer(in *f*) *m*; **~one** [-di'o:ne] *m* Süden *m*; Süditalien *n*.

mer|iggiare [merid-'dʒa:re] (1f) Mittagsruhe (im Schatten) halten; **~iggio** [-'rid-dʒo] *m* (*pl.* -ggi) Mittag *m*; Mittagszeit *f*; *di bel* (*od.* *pien*) *~* bei hellem Tage.

meringa [me'ringa] *f* (*pl.* -ghe) Baiser (Sahnebaiser) *n*.

merino [me'ri:no] *m* Merinoschaf *n*; Merinostoff *m*.

merit|amente [merita'mente] verdientermaßen; **~are** [-'ta:re] (1l *u.* b) **1.** *v/t.* verdienen; *unpers.* sich lohnen; **2.** *v/i.* ~ di qc. sich um et. (*acc.*) verdient machen; **~atamente** [-tata'mente] verdientermaßen; **~evole** [-'te:vole] würdig, wert (*di gen.*); **~evolmente** [-tevol'mente] verdientermaßen.

merito [me:rito] *m* Verdienst *n*; *rendere* ~ *di qc.* et. vergelten; *in* ~ *a* in bezug auf (*acc.*); *in* ~ diesbezüglich; darüber; *per* ~ *suo* durch ihn (sie); *entrare nel* ~ *di qc.* e-r Sache auf den Grund gehen.

meritorio [meri'tɔ:rio] (*pl.* -ri) verdienstvoll.

merlano [mer'la:no] *m* Schellfisch *m*.

merl|are [mer'la:re] (1b) mit Zinnen versehen; **~atura** [-la'tu:ra] *f* Zinnenkrönung *f*; **~ettare** [-let-'ta:re] (1a) auszacken; mit Spitzen besetzen; **~etto** [-'let-to] *m* Spitze *f*.

merlo[1] [merlo] *m* ⚔ Zinne *f*.

merlo[2] [merlo] *m* Amsel *f*; *fig.* Einfaltspinsel *m*, Gimpel *m*.

merlotto [mer'lɔt-to] *m* junge Amsel *f*; *fig.* Einfaltspinsel *m*.

merluzzo [mer'lut-tso] *m* Kabeljau *m*; *olio di fegato di* ~ Lebertran *m*.

mero [mε:ro] rein.

mesata [me'sa:ta] *f* Monat *m*; Monatsgehalt *n*.

mescere [meʃ-ʃere] (3dd) mischen; mixen; *Wein usw.* einschenken.

meschinità [meskini'ta] *f* Armseligkeit *f*; Dürftigkeit *f*.

meschino [mes'ki:no] armselig; dürftig; geringfügig; *fig.* kläglich; *me* ~*!* ich Armer!

mescita [meʃ-ʃita] *f* Ausschank *m*.

mescol|abile [mesko'la:bile] vermischbar; **~amento** [-la'mento] *m* Mischen *n*; **~anza** [-'lantsa] *f* Mischung *f*; Gemisch *n*; **~are** [-'la:re] (1l) mischen; **~ata** [-'la:ta] *f*: *dare una* ~ (*in einig*) mischen; **~atrice** [-la'tri:tʃe] *f* Mischmaschine *f*; Betonmischmaschine *f*; **~io** [-'li:o] *m* Gemisch *n*; häufiges Mischen *n*.

mese [me:se] *m* Monat *m*; Monatsgehalt *n*; Monatslohn *m*; *al* ~ monatlich, im Monat; *per -e i -i* monatelang; *ai primi del* ~ Anfang des

Monats; ~ *d'inverno* Wintermonat *m*.

mesenterio [mezen'tɛ:rio] *m* Gekröse *n*.

messa[1] [mes-sa] *f* Legen *n*, Setzen *n*, Stellen *n*; *Spiel:* Einsatz *m*; ~ *in scena* Inszenierung *f*; *Typ.:* ~ *in macchina* Einheben *n*; *Auto:* ~ *in marcia* Ingangsetzen *n*; *Phot.* ~ *a fuoco* Einstellung *f*; *Frisur:* ~ *in pieghe* Wasserwelle *f*; ~ *a punto* Richtigstellung *f*; Zurechtweisung *f*; ⊕ genaue Einstellung *f*; ~ *a terra* Erdung *f*.

messa[2] [mes-sa] *f Rel.* Messe *f*; Gottesdienst *m*; ~ *bassa* stille Messe *f*; ~ *pontificale* Pontifikalamt *n*; ~ *solenne* Hochamt *n*; *andare a* ~ zur Messe gehen; *dire la* ~ *die* Messe lesen; *servire la* ~ ministrieren.

mess|aggeria [mes-sad-dʒe'ri:a] *f* (*mst.* -e *pl.*) Bücher- und Zeitschriftenvertrieb *m*; **~aggera** [-'dʒɛ:ra] *f* Botin *f*, Botenfrau *f*; **~aggero** [-'dʒɛ:ro] *m* Bote *m*; **~aggio** [-'sad-dʒo] *m* (*pl.* -ggi) Botschaft *f*; Nachricht *f*; Ansprache *f*.

messale [mes-'sa:le] *m* Meßbuch *n*.

messe [mεs-se] *f* Ernte *f*.

messere [mes-'sɛ:re] *m scherzh.* Herr *m*.

Messia [mes-'si:a] *m* Messias *m*.

messianico [mes-si'a:niko] (*pl.* -ci) messianisch.

messicano [mes-si'ka:no] **1.** *adj.* mexikanisch; **2.** *m* Mexikaner *m*.

messinscena [mes-sin'ʃɛ:na] *f* Inszenierung *f*.

messo [mes-so] **1.** *s. mettere;* **2.** *m* Bote *m*; ⚖ Gerichtsdiener *m*.

mest|are [mes'ta:re] (1a) rühren; umrühren; *fig.* wühlen; **~atoio** [-ta'to:io] *m* (*pl.* -oi) Rührkelle *f*; **~atore** [-ta'to:re] *m* *fig.* Aufwiegler *m*.

mestica [mestika] *f* (*pl.* -che) Grundfarbe *f*; Mischung *f* (*der Farben*).

mestierante [mestie'rante] *su. c.s.* Gewerbetreibende(r) *m*; Stümper *m*.

mestiere [mesti'ε:re] *m* Handwerk *n*; Beruf *m*; Tätigkeit *f*; *c.s.* Gewerbe *n*; *di* ~ von Beruf, Berufs...; *uno del* ~ einer vom Fach, ein Fachmann; *essere del* ~ das Handwerk kennen.

mestieri [mesti'ɛ:ri]: essere ~ nötig sein.

mestizia [mes'ti:tsia] f Traurigkeit f.

mesto [mɛsto] traurig.

mestola [mestola] f Schöpflöffel m; Maurerkelle f.

mestolo [mestolo] m Rührlöffel m; tenere il ~ das Kommando führen.

mestolone [mesto'lo:ne] m Pfeifente f.

mestru|ale [mestru'a:le] Menstrual...; **~azione** [-truatsi'o:ne] f Menstruation f.

mestruo [mɛstruo] m Menstruation f.

meta [me:ta] f Ziel n; arrivare alla ~ das Ziel erreichen.

metà [me'ta] f Hälfte f; F bessere Hälfte; a ~ zur Hälfte; a ~ strada auf halbem Wege; fare a ~ halbpart machen.

meta|bolismo [metabo'lizmo] m Metabolismus m; **~carpo** [-'karpo] m Mittelhand f; **~fisica** [-'fi:zika] f Metaphysik f; **~fisico** [-'fi:ziko] (pl. -ci) 1. adj. metaphysisch; 2. m Metaphysiker m.

metafora [me'ta:fora] f Metapher f.

metaf|oreggiare [metafored-'dʒa:re] (1f) in Metaphern sprechen; **~orico** [-'fɔ:riko] (pl. -ci) metaphorisch, bildlich.

metallico [me'tal-liko] (pl. -ci) metallisch; filo m ~ Metalldraht m.

metall|ifero [metal-'li:fero] metallhaltig; **~izzare** [-lid-'dza:re] (1a) metallisieren.

metallo [me'tal-lo] m Metall n; ~ duro Hartmetall n; ~ leggero Leichtmetall n; ~ prezioso Edelmetall n; di ~ metallen.

metall|oide [metal-'lɔ:ide] m Metalloid n; **~urgia** [-lur'dʒi:a] f Metallurgie f; Hüttenkunde f; **~urgico** [-'lurdʒiko] (pl. -ci) 1. adj. metallurgisch; Metall...; 2. m Metallarbeiter m.

metalmeccanico [metalmek-'ka:niko] (pl. -ci) 1. adj. Metall- und Maschinenbau...; 2. m Arbeiter m der Metall- und Maschinenbauindustrie.

metamorfosi [meta'mɔrfozi] f Metamorphose f, Verwandlung f.

metan|o [me'ta:no] m Methangas n; **~odotto** [-tano'dɔt-to] m Methangasleitung f.

metastasi [me'tastazi] f Metastase f.

metatesi [me'ta:tezi] f Buchstabenumstellung f.

metempsicosi [metempsi'kɔ:zi] f Seelenwanderung f.

meteora [me'te:ora] f Meteor m.

mete|orico [meteɔ'riko] (pl. -ci) meteorisch; **~orismo** [-o'rizmo] m Meteorismus m; **~orite** [-o'ri:te] f Meteorstein m; **~orologia** [-orolo'dʒi:a] f Meteorologie f; **~orologico** [-oro'lɔ:dʒiko] (pl. -ci) meteorologisch; bollettino m ~ Wetterbericht m; servizio m ~ Wetterdienst m; stazione f -a Wetterwarte f; **~orologo** [-o'rɔ:logo] m (pl. -gi) Meteorologe m.

meticcio [me'tit-tʃo] m (pl. -cci) Mestize m; Mischling m.

meticol|osità [metikolosi'ta] f Peinlichkeit f; übertriebene Genauigkeit f; **~oso** [-'lo:so] peinlich genau.

met|ile [me'ti:le] m Methyl m; **~ilico** [-'ti:liko] (pl. -ci) Methyl...

met|odica [me'tɔ:dika] f Methodik f, Lehrkunde f; **~odico** [-'tɔ:diko] (pl. -ci) 1. adj. methodisch; 2. m Methodiker m; **~odista** [-to'dista] su. (m/pl. -i) Methodist(in f) m.

metodo [me:todo] m Methode f; ~ pedagogico Erziehungsmethode f; ~ d'insegnamento Lehrmethode f; ~ di misurazione Meßverfahren n.

metodo|logia [metodolo'dʒi:a] f Methodenlehre f, Methodik f; **~logico** [-'lɔ:dʒiko] (pl. -ci) methodologisch.

metonimia [metoni'mi:a od. -ni'mi:a] f Metonymie f.

metraggio [me'trad-dʒo] m (pl. -ggi) Vermessung f nach Metern; Meterlänge f; film m a corto ~ Kurzfilm m.

metric|a [me:trika] f Metrik f, Versbau m; Verslehre f; **~o** [-ko] (pl. -ci) metrisch.

metro [me:tro] m Meter m u. n; poet. Metrum n, Versmaß n; ~ quadrato Quadratmeter m u. n; ~ cubo Kubikmeter m u. n; ~ a nastro Bandmaß n.

metrologia [metrolo'dʒi:a] f Metrologie f, Maß- und Gewichtslehre f.

metronomo [me'trɔ:nomo] m Metronom n, Taktmesser m.

metronotte [metro'nɔt-te] m inv. Nachtschutzmann m.

M

metropoli [me'trɔ:poli] f Metropole f, Großstadt f.

metropo|lita [metropo'li:ta] m (pl. -i) Metropolit m; **~litana** [-li'ta:na] f Hauptkirche f; Untergrundbahn f; **~litano** [-li'ta:no] **1.** adj. Haupt-...; Heimat...; italienisch; **2.** m Schutzmann m; Verkehrspolizist m; Verkehrsposten m.

mett|ere [met-tere] (3ee) **1.** v/t. legen; setzen; stellen; Geld anlegen; Zähne, Bart bekommen; Wurzel schlagen; Zeit brauchen; ~ in azione in Betrieb setzen; fig. in die Tat umsetzen; ~ in conto in Rechnung stellen; ~ in fuga in die Flucht schlagen; ~ in moto anlassen; ~ in ordine una faccenda e-e Angelegenheit bereinigen; ~ in prosa in Prosa übertragen; ~ al sicuro sicherstellen; ~ in esecuzione in Kraft setzen; ~ in fila einreihen; ~ sete durstig machen; ~ sonno schläfrig machen; ~ a dormire qc. et. auf sich beruhen lassen; ~ dentro einsperren; ~ a posto zurechtweisen; ~ le mani avanti e-m Einwand zuvorkommen; ~ i punti sugli i et. genau nehmen; ~ fuori heraushängen; hinauswerfen; ~ fine ein Ende machen; quanto me lo mette questo libro? wieviel berechnen Sie mir für dieses Buch?; ~ su aufstecken; ~ su superbia stolz werden; ~ su qu. j-n aufhetzen; ~ su casa e-n Haushalt gründen; ~ su bottega e-n Laden aufmachen; ~ su un'imposta (su qc.) (seitens des Staates) versteuern; **2.** v/i. Straße: führen; Fluß: münden; Tür: hinausgehen; mettiamo che nehmen wir an, daß; **~ersi** [-si] sich stellen, sich setzen; ~ a letto sich zu Bett legen; ~ al sole sich sonnen; ~ a sedere sich hinsetzen; ~ un abito ein Kleid anziehen; ~ il cappello den Hut aufsetzen; ~ a fare qc. anfangen, et. zu tun; ~ bene (male) sich gut (schlecht) anlassen; ~ in cammino sich auf den Weg machen.

metti|foglio [met-ti'fɔ:ʎo] m inv. Typ. Bogeneinleger m; **~male** [-'ma:le] m inv. Störenfried m.

mezza [med-dza] f halbe Stunde f; è sonata la ~ es hat halb geschlagen.

mezz|adria [med-dza'dri:a] f Halbpacht f; **~adro** [-'dza:dro] m Halbpächter m.

mezz'ala [med-'dza:la] f Fußball: ~ destra Halbrechte(r) m; ~ sinistra Halblinke(r) m.

mezza|lana [med-dza'la:na] f (pl. mezzelane) Halbwolle f; **~luna** [-'lu:na] f (pl. mezzelune) Halbmond m; Kochk. Wiegemesser n.

mezz|ana [med-'dza:na] f Kupplerin f; ⚓ Backstein m; ⚓ Besansegel n; **~anino** [-dza'ni:no] m Zwischenstock m; **~ano** [-'dza:no] **1.** adj. mittlere; **2.** m Kuppler m.

mezz|anotte [med-dza'nɔt-te] f (pl. mezzenotti) Mitternacht f; Norden m; **~atela** [-'te:la] f (pl. mezzetele) halbleinenes Gewebe n; **~atinta** [-'tinta] f (pl. mezzetinte) Mittelfarbe f.

mezzetta [med-'dzet-ta] f Schoppen m.

mezzo[1] [met-tso] überreif.

mezzo[2] [med-dzo] **1.** adj. halb; uno e ~ anderthalb; a ~ giugno Mitte Juni; a -a strada auf halbem Wege; di -a età in den mittleren Jahren; di -a statura von Mittelgröße; ~ servizio m Halbtagsarbeit f; ~a festa f Halbfeiertag m; Sport: ~ fondo m Mittelstrecke f; ~ metro m Halbmeter m; **2.** m Mitte f; Hälfte f; Mittel (Verkehrsmittel) n; ~ antiruggine Rostschutzmittel n; ~ artistico Kunstmittel n; ~ di pagamento Zahlungsmittel n; ~ di pubblicità Zugmittel n; ~ di trasporto Beförderungsmittel n; per ~ di durch; mittels; in ~ inmitten; nel ~ di mitten in (an); la porta di ~ die mittlere Tür; via f di ~ Mittelweg m; Ausweg m; togliere di ~ beseitigen; andarne di ~ auf dem Spiel stehen, kompromittiert werden; fare a ~ zur Hälfte teilen; F viaggiare con -i di fortuna per Autostop reisen.

mezzo|busto [med-dzo'busto] m (pl. mezzibusti) Brustbild n; **~dì** [-'di] m inv. Mittag m; **~fondista** [-fon'dista] m (pl. -i) Mittelstreckenläufer m; **~fondo** [-'fondo] m Mittelstreckenlauf m; **~giorno** [-'dʒorno] m (pl. mezzogiorni) Mittag m; Geogr. Süden m; ♀ Süditalien n; **~rilievo** [-rili'e:vo] m (pl. mezzirilievi) Halbrelief n; **~sangue** [-'saŋgue] m Halbblut n; **~soprano** [-so'pra:no] m (pl. mezzisoprani) Mezzosopran m; **~tempo** [-'tempo] m Sport: Halbzeit f.

mezzuccio [med-'dzut-tʃo] m lächerliches Mittel n, Mittelchen n.

mi¹ [mi] m ♪ E n; ~ diesis E-Dur n; ~ bemolle e-Moll n.

mi² [mi] pron. mir; mich.

miagol|are [miago'la:re] (1l) miauen; **~ata** [-'la:ta] f Miauen n; **~io** [-'li:o] m fortwährendes Miauen n.

miagolo [mi'a:golo] m Miau n.

miasma [mi'azma] m (pl. -i) Miasma n, giftiger Dunst m.

mica¹ [mi:ka] 1. f (pl. -che) Krümchen n; 2. adv. gar; doch; non ~ ja nicht; non è ~ vero es ist gar nicht wahr; ~ male nicht übel, ganz gut.

mica² [mi:ka] f (pl. -che) Glimmer m.

miccia [mit-tʃa] f (pl. -cce) Lunte f.

Michelaccio [mike'lat-tʃo] m: fare la vita del ~ ein Schlaraffenleben führen; faulenzen.

micidiale [mitʃidi'a:le] tödlich; fuoco m ~ mörderisches Feuer n.

micio [mi:tʃo] m (pl. -ci) Miez(e) f.

micro... in Zssgn Klein...

microbio [mi'krɔ:bio] m (pl. -bi) u.

microbo [mi'krɔ:bo] m Mikrobe f.

micro|camera [mikro'ka:mera] f Kleinbildkamera f; **~cefalia** [-tʃefa-'li:a] f Kleinköpfigkeit f; **~cosmo** [-'kɔzmo] m Mikrokosmos m; **~film** [-'film] m inv. Mikrofilm m; **~fisica** [-'fi:zika] f Mikrophysik f.

microfono [mi'krɔ:fono] m Mikrophon n.

micr|ometrico [mikro'me:triko] mikrometrisch; **~ometro** [-'krɔ:metro] m Mikrometer n; **~omotore** [-kromo'to:re] m Fahrradmotor m; Moped n; **~organismo** [-kɔrga-'nizmo] m Kleinstlebewesen n; **~oscopia** [-krosko'pi:a] f Mikroskopie f; **~oscopico** [-kros'kɔ:piko] (pl. -ci) mikroskopisch; **~oscopio** [-kros'kɔ:pio] m (pl. -pi) Mikroskop n; **~osolco** [-kro'solko] m (pl. -chi) Langspielplatte f.

mid|olla [mi'dol-la] f Krume (Brotkrume) f; Anat., Zool., ♀ Mark n; **~ollare** [-dol-'la:re] krumenartig; markartig; Mark...; **~ollo** [-'dol-lo] m Mark n; ♀ Kern m; **~olloso** [-dol-'lo:so] krumig; markig.

miei [mi'e:i] pl. von mio.

miele [mi'e:le] m Honig m.

mielite [mie'li:te] f Rückenmarksentzündung f.

mietere [mi'e:tere] (3a) Getreide mähen; Leben hinraffen.

miet|itore [mieti'to:re] m Mäher m; Schnitter m; **~itrebbiatrice** [-trebbia'tri:tʃe] f Mähdrescher m; **~itrice** [-'tri:tʃe] f Mäherin f; Schnitterin f; Mähmaschine f; **~itura** [-'tu:ra] f Mähen n; Mähzeit f.

migliaccio [miʎ'ʎat-tʃo] m (pl. -cci) Blutwurst f; Kastanienkuchen m.

migliaio [miʎ'ʎa:io] m (pl. le -glia gliaia) Tausend n; un ~ etwa tausend.

migliarino [miʎʎa'ri:no] m Rohrspatz m.

miglio¹ [mi'ʎʎo] m (pl. le -glia) Meile f; lontano più -a meilenweit.

miglio² [mi'ʎʎo] m (pl. -gli) Hirse f.

miglior|amento [miʎʎora'mento] m Verbesserung f; Besserung f; **~are** [-'ra:re] (1a) 1. v/t. verbessern; 2. v/i. u. **~arsi** [-'rarsi] sich bessern; egli migliora es geht ihm besser.

migliore [miʎ'ʎo:re] besser; il ~ der beste.

miglioria [miʎʎo'ri:a] f Verbesserung f; Besserung f.

mignatta [miɲ'ɲat-ta] f Blutegel m; fig. Klette f.

mignolo [mi'ɲɲolo] m (od. a. dito ~) kleiner Finger m; kleine Zehe f.

migr|are [mi'gra:re] (1a) wandern; **~atore** [-gra'to:re], **~atorio** [-gra-'tɔ:rio] (pl. -ri) wandernd; Wander...; uccello m ~ Zugvogel m; **~azione** [-gratsi'o:ne] f Wanderung f; ~ dei popoli Völkerwanderung f.

milanese [mila'ne:se] 1. adj. mailändisch; 2. m Mailändisch(e) n; 3. su. Mailänder(in f) m.

miliardario [miliar'da:rio] m (pl. -ri) Milliardär m.

miliardo [mili'ardo] m Milliarde f.

miliare¹ [mili'a:re] f Ausschlag m; (a. febbre f ~) Friesel n u. m.

miliare² [mili'a:re]: pietra f ~ Meilenstein f; fig. Markstein m.

mili|onario [milio'na:rio] m (pl. -ri) Millionär m; **~one** [-li'o:ne] m Million f; **~onesimo** [-lio'ne:zimo] 1. adj. millionste; 2. m Millionstel m.

milit|ante [mili'tante] 1. adj. streitend; 2. su. Streiter(in f) m; aktives Mitglied n; **~are** [-'ta:re] (11) streiten; kämpfen; ~ in un partito in e-r Partei tätig sein; 2. adj. mili-

M

tärisch; Militär...; *arte* f ~ Kriegskunst f; *accademia* f ~ Kriegsakademie f; *collegio* m ~ Kadettenschule f; *servizio* m ~ Wehr-, Militärdienst m; *abile al servizio* ~ militärtauglich; **3.** m Soldat m; **~a**resco [-ta'resko] (*pl. -chi*) soldatisch; **~arismo** [-ta'rizmo] m Militarismus m; **~arista** [-ta'rista] *su.* (*m/pl. -i*) Militarist(in*f*) m; **~arizzare** [-tarid-'dza:re] (1a) militarisieren; **~arizzazione** [-tarid-dzatsi'o:ne] f Militarisierung f.

milite [mi:lite] m Soldat m; Streiter m; *il* ~ *ignoto* der Unbekannte Soldat.

militesente [milite'zente] vom Militärdienst befreit.

milizi|a [mil-lan'tsia] f Miliz f; Militär n; Heer n; ~ *ferroviaria* Bahnpolizei f; ~ *stradale* Straßenpolizei f; **~ano** [-litsi'a:no] m Milizsoldat m.

millant|are [mil-lan'ta:re] (1a) **1.** v/t. vorspiegeln; prahlen mit; **2.** v/i. u. **~arsi** [-'tarsi] sich rühmen; **~a**tore [-ta'to:re] m Prahler m; **~eria** [-te'ri:a] f Prahlerei f.

mille [mil-le] (*pl. mila*) tausend.

mill|efoglie [mil-le'fɔ:ʎe] m *inv.* Schafgarbe f; Blätterteiggebäck n; **~enario** [-le'na:rio] (*pl. -ri*) **1.** *adj.* tausendjährig; **2.** m tausendjährige Gedenkfeier f; **~enne** [-'len-ne] tausendjährig; **~ennio** [-'len-nio] m (*pl. -nni*) Jahrtausend n; **~epiedi** [-lepi'e:di] m *inv.* Tausendfüß(l)er m; **~esimo** [-'le:zimo] **1.** *adj.* tausendste; **2.** m Tausendstel n; Jahrtausend n.

mill|igrammo [mil-li'gram-mo] m Milligramm n; **~imetro** [-'li:metro] m Millimeter m u. n.

milza [miltsa] f Milz f.

mimet|ismo [mime'tizmo] m Mimikry f; **~izzare** [-tid-'dza:re] (1a) ✕ tarnen.

mimic|a [mi:mika] f Mimik f, Gebärdenspiel n; **~o** [-ko] (*pl. -ci*) mimisch; Gebärden-...

mimo [mi:mo] m Mime m.

mimosa [mi'mo:sa] f Mimose f.

mina¹ [mi:na] f halber Scheffel m.

mina² [mi:na] f ✕, ♜ Mine f; ~ *subacquea* Seemine f; ~ *vagante* Treibmine f.

minaccevole [minat-'tʃe:vole] drohend.

minaccia [mi'nat-tʃa] f (*pl. -cce*) Drohung f; Gefahr f, Bedrohung f.

minacci|are [minat-'tʃa:re] (1f) bedrohen; drohen (*qc. a qu.* j-m mit et.); **~oso** [-'tʃo:so] drohend.

min|are [mi'na:re] (1a) verminen; *fig.* unterminieren, untergraben; **~ato** [-'na:to]: *campo* m ~ Minenfeld n.

minareto [mina're:to] m Minarett n.

min|atore [mina'to:re] m Bergmann m; **~atorio** [-'tɔ:rio] (*pl. -ri*) drohend; Droh-...; *lettera* f *-a* Drohbrief m.

minchion|are [miŋkio'na:re] (1a) **1.** v/t. foppen; **2.** v/i. scherzen; **~atura** [-na'tu:ra] f Fopperei f.

minchi|one [miŋki'o:ne] **1.** *adj.* dumm; **2.** m Dummkopf m; **~o**neria [-kione'ri:a] f Dummheit f.

miner|ale [mine'ra:le] **1.** *adj.* mineralisch; Mineral...; *acqua* f ~ Mineralwasser n; *regno* m ~ Mineralreich n; **2.** m Mineral n; **~alizzare** [-ralid-'dza:re] (1a) mineralisieren; **~alizzazione** [-ralid-dzatsi'o:ne] f Mineralisierung f; **~alogia** [-ralo'dʒi:a] f Mineralogie f, Steinkunde f; **~alogico** [-ra'lɔ:dʒiko] (*pl. -ci*) mineralogisch; **~alogista** [-ralo'dʒista] m (*pl. -i*) Mineraloge m; **~ario** [-ra'rio] (*pl. -ri*) den Bergbau betreffend; Bergbau-...; *società* f *-a* Bergwerksgesellschaft f.

minestra [mi'nestra] f Suppe f; ~ *di fagioli* Bohnensuppe f; ~ *di patate* Kartoffelsuppe f; ~ *di verdura* Gemüsesuppe f.

minestr|ina [mines'tri:na] f Brühe f mit Einlage; **~one** [-'tro:ne] m dicke Suppe f mit allerlei Gemüse; *fig.* Mischmasch m.

mingherlino [miŋger'li:no] dünn, schmächtig.

mini|are [mini'a:re] (1k) in Miniatur malen; *fig.* fein ausarbeiten; **~atore** [-nia'to:re] m Miniaturenmaler m; **~atura** [-nia'tu:ra] f Miniaturmalerei f; *in* ~ Miniatur...; **~aturista** [-niatu'rista] m (*pl. -i*) Miniaturenmaler m.

miniera [mini'ɛ:ra] f Bergwerk n; *fig.* Fundgrube f; ♜ *legname* m *da* ~ Grubenholz n.

mini|golf [mini'gɔlf] m *inv.* Minigolf n; **~gonna** [-'gɔn-na] f Minirock m.

minima [mi:nima] f ♪ halbe Note f.

minimamente [minima'mente] im geringsten.

minimizzare [minimid-'dza:re] (1a) bagatellisieren.

minimo [mi:nimo] **1.** *adj.* kleinste, geringste, wenigste; *peso* m ~ Mindestmalgewicht n; *prezzo* m ~ Mindestpreis m; *offerta* f ~ -a Mindestgebot n; *provento* m (*od. reddito* m) ~ Minimalertrag m; *quota* f (*od. tassa* f) ~ -a Mindestgebühr f; *tariffa* f ~ -a Minimaltarif m; **2.** m Minimum n; Mindestmaß n; *Mot.* Leerlauf m.

minio [mi:nio] m Mennige f.

minist|eriale [ministeri'a:le] **1.** *adj.* ministeriell, Ministerial...; *crisi* f ~ Regierungskrise f. **2.** f (*od. a. circolare* f ~) Ministerialerlaß m; **~ero** [-'tɛ:ro] m Ministerium n; Ministeramt n; ~ federale Bundesministerium n; ~ sacerdotale Priesteramt n; ~ d'economia Wirtschaftsministerium n; *pubblico* ~ Staatsanwaltschaft f; *rappresentante* m *il pubblico* ~ Staatsanwalt m.

ministro [mi'nistro] m Minister m; *fig.* Werkzeug n; ~ *federale* Bundesminister m; *primo* ~ Ministerpräsident m, Premierminister m; ~ *di Dio* Priester m; ~ *protestante* Pastor m; ~ *delle comunicazioni* Verkehrsminister m; *consiglio* m *dei* -i Ministerrat m.

minor|anza [mino'rantsa] f Minorität f, Minderheit f; **~are** [-'ra:re] (1a) schmälern; **~ato** [-'ra:to] m: ~ *di guerra* Kriegsbeschädigte(r) m; **~azione** [-ratsi'o:ne] f Schmälerung f.

minore [mi'no:re] **1.** *adj.* kleiner; (*a.* ~ *d'età*) jünger; minderjährig; ♪ Moll...; *do* m ~ c-Moll n; *di* ~ *età* minderjährig; **2.** *su.* Minderjährige(r m) m u. f.

minor|enne [mino'rɛn-ne] minderjährig; *tribunale* m *dei* -i Jugendgericht n; **~ile** [-'ri:le] Minderjährigen...; *delinquenza* f ~ Jugendverbrechertum n; **~ità** [-ri'ta] f Minderjährigkeit f; **~itario** [-ri'ta:rio] (*pl.* -ri) Minderheits...

minuendo [minu'endo] m Minuend m.

minuetto [minu'et-to] m Menuett n.

minugia [mi'nu:dʒa] f (*pl.* -ge) Darm m; ♪ Darmsaite f.

minusc|ola [mi'nuskola] f kleiner Buchstabe m; **~olo** [-kolo] winzig.

minuta [mi'nu:ta] f erster Entwurf m, Konzept n.

minut|aglia [minu'ta:ʎa] f Krimskrams m; kleine Leute *pl.*; **~ezza** [-'tet-tsa] f Kleinigkeit f.

minuto [mi'nu:to] **1.** *adj.* klein; *fig.* eingehend, genau; *pioggia* f ~ -a feiner Regen m; *spese* f/*pl.* -e kleine Ausgaben f/*pl.*; ♥ *al* ~ im einzelnen, im Detail; *per* ~ aufs genaueste; *bestiame* m ~ Kleinvieh n; *commercio* m *al* ~ Klein-, Einzelhandel m; *prezzo* m *al* ~ Kleinverkaufspreis m; **2.** m Minute f; ~ *secondo* Sekunde f.

minuzia [mi'nu:tsia] f Kleinigkeit f.

minuzi|osità [minutsiosi'ta] f Kleinigkeitskrämerei f; **~oso** [-tsi'o:so] kleinlich, minuziös.

minuzzolo [mi'nut-tsolo] m Stückchen n; Krümchen (Brotkrümchen) n.

minzione [mintsi'o:ne] f Harnen n, Urinieren n.

mio [mi:o] (*pl. miei*) **1.** *adj. u. pron.* mein; *il* ~ *maestro* mein Lehrer; *i miei amici* meine Freunde; *questo libro è* ~ dieses Buch gehört mir; *gli dirò la* -a ich werde ihm m-e Meinung sagen; *dalla* -a auf m-r Seite; **2.** m Meine(s) n, Meinige(s) n; *del* ~ von m-m Vermögen, aus m-r Tasche; *i miei* m-e Angehörigen *pl.*

miope [mi:ope] kurzsichtig.

miopia [mio'pi:a] f Kurzsichtigkeit f.

miosotide [mio'zɔ:tide] f Vergißmeinnicht n.

mira [mi:ra] f Korn n, Visier n; Ziel n; Absicht f; *avere in* ~ beabsichtigen, im Sinne haben; *prendere di* ~ *qc.* auf (*acc.*) zielen; *prendere di* ~ *qu.* j-n aufs Korn nehmen.

mirabella [mira'bɛl-la] f Mirabelle f.

mirabile [mi'ra:bile] wunderbar.

mirab|ilia [mira'bi:lia] f/*pl.* Wunderdinge n/*pl.*; **~olano** [-bo'la:no] m Prahler m; **~olante** [-bo'lante] erstaunlich.

mir|acolato [mirako'la:to] durch ein Wunder geheilt; **~acolo** [-'ra:kolo] m Wunder n; ~ *economico* Wirtschaftswunder n; *fare* -i Wunder tun; *sono vivo per* ~ es ist ein Wunder, daß ich noch lebe; **~acoloso** [-rako'lo:so] wunderbar; wun-

M

dertätig; Wunder...; *immagine f -a* Wunderbild *n*.

miraggio [mi'rad-dʒo] *m* (*pl. -ggi*) Luftspiegelung *f*; Blendwerk *n*.

mirare [mi'ra:re] (1a) **1.** *v/t.* (an-) schauen; **2.** *v/i.* zielen; ~ *a qc.* nach et. (*dat.*) streben.

miriade [mi'ri:ade] *f* Myriade *f*.

mir|iagramma [miria'gram-ma] *m* (*pl. -i*) Myriagramm *n*; **~iametro** [-ri'a:metro] *m* Myriameter *n*; **~ia-podi** [-ri'a:podi] *m/pl*. Tausendfüß(l)er *m/pl*.

mirifico [mi'ri:fiko] (*pl. -ci*) wunderbar.

mirino [mi'ri:no] *m* ✕ Korn *n*; *Phot.* Sucher *m*.

mirra [mir-ra] *f* Myrrhe *f*.

mirteto [mir'te:to] *m* Myrtenwäldchen *n*.

mirtillo [mir'til-lo] *m* Heidelbeere *f*; ~ *rosso* Preiselbeere *f*.

mirto [mirto] *m* Myrte *f*.

mis|antropia [mizantro'pi:a] *f* Menschenhaß *m*; **~antropico** [-zan'trɔ:piko] (*pl. -ci*) menschenfeindlich; **~antropo** [-'zantropo] *m* Menschenfeind *m*.

miscel|a [miʃ-'ʃe:la] *f* Mischung *f*; *Mot.* Gemisch *n*; **~are** [-ʃe'la:re] (1b) mischen, vermischen.

miscell|anea [miʃ-ʃel-'la:nea] *f* Miszellen *pl.*; **~aneo** [-neo] vermischten Inhalts.

mischia [miskia] *f* Handgemenge *n*; ✕ Schlachtgetümmel *n*; *fig.* Streit *m*.

mischi|are [miski'a:re] (1k) mischen; **~arsi** [-ki'arsi] sich einmischen.

mis|conoscere [misko'noʃ-ʃere] (3n) verkennen; **~credente** [-kre-'dɛnte] **1.** *adj.* ungläubig; **2.** *m* Ungläubige(r) *m*; **~credenza** [-kre-'dɛntsa] *f* Unglaube *m*.

miscuglio [mis'ku:ʎo] *m* (*pl. -gli*) Mischung *f*, Gemisch *n*.

miser|abile [mize'ra:bile] **1.** *adj.* elend; erbärmlich; jämmerlich; **2.** *m* Elende(r) *m*; **~ando** [-'rando], **~evole** ['re:vole] bejammernswert.

miseria [mi'zɛ:ria] *f* Elend *n*; Armut *f*; *fig.* Kleinigkeit *f*; ~ *nera* tiefste Not *f*; *cadere* (*vivere*) *nella* ~ in Not geraten (leben); *costare una* ~ spottbillig sein.

miseric|orde [mizeri'kɔrde] barmherzig; **~ordia** [-'kɔrdia] *f* Barm-

herzigkeit *f* (*di* mit *dat.*); *senza* ~ erbarmungslos; **~!** barmherziger Himmel!; **~ordioso** [-kordi'o:so] barmherzig.

misero [mi:zero] elend; jämmerlich; kümmerlich; ~ *me!* ich Unglücklicher!

miserrimo [mi'zɛr-rimo] *sup. v. misero.*

misfatto [mis'fat-to] *m* Verbrechen *n*; Missetat *f*.

misi [mi:zi] *s.* mettere.

misirizzi [misi'rit-tsi] *m inv.* Stehaufmännchen *n*.

mis|ogamia [mizoga'mi:a] *f* Ehefeindschaft *f*; **~ogamo** [-'zɔ:gamo] *m* Ehefeind *m*; **~oginia** [-zodʒi'ni:a] *f* Weiberhaß *m*; **~ogino** [-'zɔ:dʒino] *m* Weiberfeind *m*; **~oneismo** [-zone'izmo] *m* Haß *m* gegen Neuerungen; **~oneista** [-zone'ista] *su.* (*m/pl. -i*) Neuerungsfeind(in *f*) *m*.

missile [mis-sile] *m* Flugkörper *m*; *ferngesteuertes* Geschoß *n*; Raketenwaffe *f*; ~ *teleguidato a lunga gittata* Fernlenkrakete *f*.

missi|listica [mis-si'listika] *f* Raketentechnik *f*; **~listico** [-'listiko] (*pl. -ci*) Raketen...; *base f -a* Raketenstützpunkt *m*.

missini [mis-'si:ni] *m/pl.* Pol. Anhänger *m/pl.* des Movimento Sociale Italiano (MSI), Neofaschisten *m/pl.*

miss|ionario [mis-sio'na:rio] *m* (*pl. -ri*) Missionar *m*; **~ione** [-si'o:ne] *f* Mission *f*; Aufgabe *f*; *Pol.* Delegation *f*; *compiere una* ~ eine Aufgabe erfüllen; **~iva** [-'si:va] *f* (*od. a. lettera f* ~) Sendschreiben *n*; Zuschrift *f*.

mist|erioso [misteri'o:so] geheimnisvoll; **~ero** [-'tɛ:ro] *m* Geheimnis *n*; *Lit.* Mysterium *n*, geistliches Schauspiel *n*.

mistica [mistika] *f* Mystik *f*.

misticismo [misti'tʃizmo] *m* Mystizismus *m*.

mistico [mistiko] (*pl. -ci*) **1.** *adj.* mystisch; **2.** *m* Mystiker *m*.

mistific|are [mistifi'ka:re] (1m *u.* d) mystifizieren, täuschen; fälschen; **~atore** [-ka'to:re] *m* Heuchler *m*; Fälscher *m*; **~azione** [-katsi'o:ne] *f* Mystifikation *f*, Irreführung *f*.

misto [misto] **1.** *adj.* gemischt; *scuola f -a* Knaben- und Mädchenschule *f*; *matrimonio m* ~ Mischehe *f*; *fritto m* ~ *Gericht aus gebackenem*

Kalbshirn u. Artischocken; 🐂 *treno m* ~ Personen- und Güterzug *m; lana f -a* Halbwolle *f;* seta *f -a* Halbseide *f;* **2.** *m* Gemisch *n.*

mistura [mis'tu:ra] *f* Mischung *f; Apoth.* Mixtur *f.*

misura [mi'zu:ra] *f* Maß *n;* ♪ Takt *m;* Maßnahme *f; fig.* Maß *n,* Maßstab *m;* Grenze *f;* ~ **coercitiva** Gewaltmaßnahme *f;* ~ **-e preventive** Schutzmaßnahmen *f/pl.;* unità *f* di ~ Maßeinheit *f;* con ~ maßvoll; ~ in pollici Zollstock *m;* su ~ nach Maß; *Sport:* vincere di ~ knapp gewinnen; a ~ che in dem Maße wie.

misur|abile [mizu'ra:bile] meßbar; **~abilità** [-rabili'ta] *f* Meßbarkeit *f;* **~are** [-'ra:re] (1a) messen; *Ausgaben* einschränken; *Worte* abwägen; *Kleider* anprobieren; **~arsi** sich messen (con mit *dat.*); **~ato** [-'ra:to] (ab)gemessen; maßvoll; **~atore** [-ra'to:re] *m* Abmesser *m;* ⊕ Messer *m,* Meßapparat *m;* **~azione** [-ratsi'o:ne] *f* Abmessen *n; Sport:* genommene Zeit *f;* Vermessung *f;* **~ino** [-'ri:no] *m* Meßbecher *m.*

mite [mi:te] milde, sanft; *Tier:* zahm; *Preis:* mäßig.

mitezza [mi'tet-tsa] *f* Milde *f;* Mäßigkeit *f.*

mitico [mi:tiko] (*pl.* -ci) mythisch, sagenhaft.

mitig|abile [miti'ga:bile] zu mildern(d); **~are** [-'ga:re] (11 *u.* e) mildern; **~azione** [-gatsi'o:ne] *f* Milderung *f.*

mito [mi:to] *m* Mythus *m.*

mitol|ogia [mitolo'dʒi:a] *f* Mythologie *f;* **~ogico** [-'lɔ:dʒiko] (*pl.* -ci) mythologisch.

mitra¹ [mi:tra] *f* Mitra *f,* Bischofsmütze *f.*

mitra² [mi:tra] *m* Maschinenpistole *f.*

mitr|aglia [mi'tra:ʎa] *f* Maschinengewehr *n;* **~agliare** [-tra'a:re] (1g) mit Maschinengewehrfeuer beschießen; **~agliatrice** [-traʎa-'tri:tʃe] *f* Maschinengewehr *n;* **~agliere** [-tra'ʎe:re] *m* Maschinengewehrschütze *m.*

mitria [mi:tria] *s.* mitra¹.

mittente [mit-'tente] *m* Absender *m.*

mnem|onica [mne'mɔ:nika] *f* Gedächtnisschulung *f;* **~onico** [-'mɔ:niko] (*pl.* -ci) Gedächtnis...; *sport m*

~ **Denksport** *m;* **~otecnica** [-mo-'teknika] *f* Gedächtnisschulung *f.*

mo'¹ [mɔ] jetzt.

mo'² [mɔ] *m* Art *f; a* ~ **d'esempio** beispielsweise.

mobile [mɔ:bile] **1.** *adj.* beweglich; *fig.* unbeständig; ✗ mobil; **squadra** *f* ~ Überfallkommando *n; tariffa f* ~ Staffeltarif *m; ricchezza f* ~ bewegliche Habe; **imposta** *f* **di ricchezza** ~ Einkommensteuer *f;* **2.** *m* Möbel *n; fig. un bel* ~ ein sauberer Patron; **-i** *pl.* Einrichtung *f;* ~ **da giardino** Gartenmöbel *n.*

mobilia [mo'bi:lia] *f* Mobiliar *n.*

mobil|iare [mobili'a:re] **1.** *adj.* Mobiliar...; *beni m/pl.* -i Mobiliarvermögen *n;* **2.** *m* Mobiliar *n;* **3.** *v/t.* möblieren; **~iere** [-li'e:re] *m* Möbelfabrikant *m;* **~ificio** [-li'fi:tʃo] *m* Möbelfabrik *f;* **~io** [-'bi:lio] *m: industria f di* ~ Möbelindustrie *f;* **~ità** [-bili'ta] *f* Beweglichkeit *f;* **~itabile** [-bili'ta:bile] mobilisierbar; **~itare** [-bili'ta:re] (1m) ✗ mobil machen; mobilisieren; **~itazione** [-litatsi'o:ne] *f* ✗ Mobilmachung *f;* (~ *di capitali* Kapitalien-)Flüssigmachung *f;* **~izzare** [-lid-'dza:re] (1a) *s.* mobilitare.

moca [mɔ:ka] *m* Mokka *m.*

mocassino [mokas-'si:no] *m* Mokassin *m.*

moccichino [mot-tʃi'ki:no] *m* Taschentuch *n.*

moc|cio [mot-tʃo] *m* (*pl.* -cci) Nasenschleim *m;* **~cioso** [-'tʃo:so] rotzig, rotznäsig.

moccolo [mɔk-kolo] *m* Kerzenstumpf *m; fig.* Fluch *m; tirare un* ~ e-n Fluch ausstoßen.

moda [mɔ:da] *f* Mode *f; alla* ~ nach der Mode; *di* ~ modern; *fuori* ~ altmodisch; *articoli m/pl. di* ~ Modeartikel *m/pl.; mostra f della* ~ Modenschau *f.*

mod|ale [mo'da:le] modal; *verbo m* ~ Modalzeitwort *n;* **~alità** [-dali'ta] *f* Modalität *f,* Art und Weise *f.*

modano [mɔ:dano] *m* Maßstab *m.*

modella [mo'del-la] *f weibliches* Modell *n.*

modell|abile [model-'la:bile] modellierbar; **~are** [-'la:re] (1b) modellieren; formen; **~atore** [-la'to:re] *m* Modellierer *m;* ~ *in legno* Modelltischler *m;* **~atura** [-la'tu:ra] *f* Modellierung *f;* **~ista** [-'lista] *su.*

(m/pl. -i) Modellzeichner(in *f*) *m*;
Modellbauer *m*; **~istica** [-'listika] *f*
Modellbau *m*.

modello [mo'dɛl-lo] **1.** *adj.* Muster...; *fig.* musterhaft; *marito m ~*
Mustergatte *m*; *podere m ~* Mustergut *n*; **2.** *m* Modell *n*; *fig.* Muster *n*;
~ di nave Schiffsmodell *n*; *~ di prova* Versuchsmodell *n*.

moder|abile [mode'ra:bile] zu mäßigen(d); zu zügeln(d); **~are** [-'ra:re] (11 *u.* c) mäßigen; **~atezza** [-ra-'tet-tsa] *f* Mäßigung *f*; *con ~* mäßig;
~ativo [-ra'ti:vo] mäßigend; zügelnd; **~ato** [-'ra:to] **1.** *adj.* mäßig,
gemäßigt; **2.** *m Pol.* Gemäßigte(r) *m*; Konservative(r) *m*; **~atore**
[-ra'to:re] *m* Mäßiger *m*; Leiter *m*;
~azione [-ratsi'o:ne] *f* Mäßigung *f*.

modern|ismo [moder'nizmo] *m*
Modernismus *m*; **~issimo** [-'nis-simo] hochmodern; **~ista** [-'nista]
m (pl. -i) Modernist *m*; **~ità** [-ni'ta]
f Neuheit *f*; moderne Geschmacksrichtung *f*; **~izzare** [-nid-'dza:re]
(1a) modernisieren.

moderno [mo'dɛrno] modern, neu;
evo m ~ Neuzeit *f*; *lingue f/pl.-e*
neuere Sprachen *f/pl*.

mod|estia [mo'dɛstia] *f* Bescheidenheit *f*; **~esto** [-'dɛsto] bescheiden; *Preis:* reell; *Meinung:* unmaßgeblich.

modicità [moditʃi'ta] *f* Mäßigkeit *f*.
modico [mɔ:diko] *(pl. -ci)* mäßig.
modific|abile [modifi'ka:bile] modifizierbar, abänderlich; **~are** [-'ka:re] (1m *u.* c) modifizieren, abändern; **~atore** [-ka'to:re] **1.** *adj.*
abändernd; **2.** *m* Abänderer *m*; **~azione** [-katsi'o:ne] *f* Modifikation *f*,
Abänderung *f*.

mod|ista [mo'dista] *f* Modistin *f*,
Putzmacherin *f*; **~isteria** [-diste-'ri:a] *f* Modengeschäft *n*.

modo [mɔ:do] *m* Art *f*, Weise *f*; Art und Weise *f*; ♪ Tonart *f*; *Gram.*
Modus *m*; *~ di dire* Redensart *f*; *~ di pagare* Zahlungsweise *f*; *~ di pensare* Denkart *f*; *per ~ di dire*
sozusagen, gewissermaßen; *avere ~ di Gelegenheit* (Möglichkeit) haben zu; *non c'è ~ di* es gibt keine Möglichkeit zu; *a ~* anständig; *a ~ suo*
nach s-m Kopf; *sono fatto a questo ~* ich bin einmal so; *di ~ che so, daß;
ad ogni ~* jedenfalls; *in tutti i -i* auf jeden Fall; *in che ~?* inwiefern?; *in*

certo qual ~ gewissermaßen; *oltre ~*
außergewöhnlich.

modul|are [modu'la:re] (11 *u.* c)
modulieren; **~azione** [-latsi'o:ne] *f*
Modulation *f*.

modulo [mɔ:dulo] *m* Muster *n*;
Formular *n*, Vordruck *m*; *~ per telegramma* Telegrammformular *n*;
-i di spedizione Versandpapiere *n/pl*.

mogano [mɔ:gano] *m* Mahagoni *n*.

moggio [mɔd-dʒo] *m (pl. -ggi, mst le moggia)* Scheffel *m*.

mogio [mɔ:dʒo] *(pl. -gi)* geduckt,
kleinlaut.

moglie [mo:ʎe] *f (pl. -gli)* Gattin *f*,
Ehefrau *f*, Gemahlin *f*; *prender ~*
sich verheiraten.

mohair [mo'ɛ:r] *m* Mohär *m*.

moina [mo'i:na] *f* Schmeichelei *f*,
Liebkosung *f*.

moire [mwa:r] *f* Moiré *m u. n.*

mola [mɔ:la] *f* Schleifstein *m*.

mol|are [mo'la:re] **1.** *v/t.* (1c) schleifen; **2.** *adj. dente m ~* Back(en)zahn *m*; *pietra f ~* Mühlstein *m*; **~atrice**
[-la'tri:tʃe] *f* Schleifmaschine *f*;
~azza [-'lat-tsa] *f* Mahlstein *m*; ⚙
Mischmaschine *f*.

mole [mɔ:le] *f* gewaltige Größe *f*; ⚙
gewaltiges Bauwerk *n*; Wucht *f*;
Umfang *m*.

molecola [mo'lɛ:kola] *f* Molekül *n*.

molecolare [moleko'la:re] Molekular...

molestare [moles'ta:re] (1b) belästigen.

mol|estia [mo'lɛstia] *f* Belästigung *f*; **~esto** [-'lɛsto] lästig.

molitorio [moli'tɔ:rio] *(pl. -ri)*
Mühlen...; *industria f -a* Mühlenindustrie *f*.

molla [mɔl-la] *f* Feder (Sprungfeder) *f*; *fig.* Triebfeder *f*; *-e pl.*
Feuerzange *f*; *roba f da pigliare con le -e* haarsträubende Dinge *n/pl*.

mollare [mol-'la:re] (1c) loslassen;
locker lassen.

molle [mɔl-le] weich; schlaff; naß;
mettere in ~ einweichen.

molleggi|amento [mol-led-dʒa-'mento] *m* Federung *f*; **~are**
[-'dʒa:re] (1f) sich elastisch bewegen; federn.

mollett|a [mol-'let-ta] *f* kleine Feder (Sprungfeder) *f*; *-e pl.* Zuckerzange *f*; *Typ.* Pinzette *f*; *~ da bucato*
Wäscheklammer *f*; **~iera** [-let-ti'ɛ:ra] *f* Wickelgamasche *f*; **~one**
[-let-'to:ne] *m* Molton *m*.

moll|ezza [mol-'let-tsa] *f* Weichheit *f*; Schlaffheit *f*; **~ica** [-'li:ka] *f* (*pl.* -che) Krume *f*; **~iccio** [-'littʃo] (*pl.* -cci) weich; feucht; **~ificare** [-lifi'ka:re] (1m *u.* d) erweichen; **~ificazione** [-lifikatsi'o:ne] *f* Erweichung *f*.

mollusco [mol-'lusko] *m* (*pl.* -chi) Molluske *f*, Weichtier *n*.

molo [mɔːlo] *m* Mole *f*, Kai *m*; diritto *m* di ~ Kaigebühr *f*.

molosso [mo'lɔs-so] *m* Bulldogge *f*.

molt|eplice [mol'te:plitʃe] vielfach; **~eplicità** [-teplitʃi'ta] *f* Vielfältigkeit *f*.

moltiplica [mol'ti:plika] *f* (*pl.* -che) Radübersetzung *f*.

moltiplic|abile [moltipli'ka:bile] multiplizierbar; **~ando** [-'kando] *m* Multiplikand *m*; **~are** [-'ka:re] (1m *u.* d) **1.** *v/t.* vermehren; *Ậ* multiplizieren (*per* mit); vervielfältigen; **2.** *v/i. u.* **~arsi** [-'karsi] sich vermehren; **~ativo** [-ka'ti:vo] vervielfältigend; **~atore** [-ka'to:re] *m* Vermehrer *m*; *Ậ* Multiplikator *m*; Vervielfältiger *m*; **~azione** [-katsi'o:ne] *f* Vermehrung *f*; Multiplikation *f*; Vervielfältigung *f*.

moltitudine [molti'tu:dine] *f* Menge *f*.

molto [molto] **1.** *adj.* viel; -i e -i sehr viele; **2.** *adv.* viel, sehr; (*a.* ~ *tempo*) lange; ~ *prima* lange vorher; *fra non* ~ in absehbarer Zeit; **3.** *m* Viele(s) *n*.   [genblicklich.}

momentaneo [momen'ta:neo] au-}

momento [mo'mento] *m* Moment *m*, Augenblick *m*; Zeitpunkt *m*; *fig.* Bedeutung *f*; *dal* ~ *che* da; *a* -*i* bald, gleich; *a* -*i cadevo* beinahe wäre ich gefallen; *per il* ~ vorläufig; *di* ~ *in* ~ jeden Augenblick; *non vedere il* ~ *di* (*inf.*) die Zeit nicht erwarten können, zu (*inf.*).

monaca [mɔːnaka] *f* (*pl.* -che) Nonne *f*; *Zool.* Bachstelze *f*.

monac|ale [mona'ka:le] mönchisch; Mönchs...; Nonnen...; *abito m* ~ Mönchskutte *f*, Nonnengewand *n*; **~anda** [-'kanda] *f* Novize *f*; **~are** [-'ka:re] (1l, c *u.* d) zur Nonne machen; **~arsi** [-'karsi] Nonne werden; **~ato** [-'ka:to] *m* Mönchstum *n*; **~azione** [-katsi'o:ne] *f* Einkleidung *f* zur Nonne.

monacense [mona'tʃense] *adj. u. m* Münch(e)ner (*m*).

mona|chetto [mona'ket-to] *m* Schließhaken *m*; **~china** [-'ki:na] *f* junge Nonne *f*; *Zool.* Säbelschnäbler *m*; **~chino** [-'ki:no] *m* Mönchlein *n*; *Zool.* Dompfaff *m*; **~chismo** [-'kizmo] *m* Mönch(s)tum *n*.

monaco [mɔːnako] *m* (*pl.* -ci) Mönch *m*.

monade [mɔːnade] *f* Monade *f*.

mon|arca [mo'narka] *m* (*pl.* -chi) Monarch *m*; **~archia** [-nar'ki:a] *f* Monarchie *f*; **~archico** [-'narkiko] (*pl.* -ci) **1.** *adj.* monarchisch; **2.** *m* Monarchist *m*.

mon|astero [monas'tɛːro] *m* Kloster *n*; **~astico** [-'nastiko] (*pl.* -ci) klösterlich; Kloster...; *vita f* -*a* Klosterleben *n*.

monatto [mo'nat-to] *m ehm.* Totengräber *m* (*während der Pest*).

moncherino [moŋke'ri:no] *m* Armstumpf *m*.

monco [moŋko] (*pl.* -chi) **1.** *adj.* verstümmelt; mit verstümmelter Hand; *è* ~ *da un braccio* er hat nur e-n Arm; **2.** *m* Krüppel *m*.

moncone [moŋ'ko:ne] *m* Stumpf *m* (*des amputierten Gliedes*).

monda [monda] *f* Jäten *n* in Reisfeldern.

mond|accio [mon'dat-tʃo] *m* Jammerwelt *f*; **~ana** [-'da:na] *f* Mondäne *f*; *c.s.* Frau *f* von zweifelhaftem Ruf; **~anità** [-dani'ta] *f* Weltlichkeit *f*; **~ano** [-'da:no] mondän, weltlich.

mond|are [mon'da:re] (1a) reinigen; *Obst* schälen; **~ariso** [-da-'ri:so] *su. inv.* Jäter(in *f*) *m* auf dem Reisfeld; **~atura** [-da'tu:ra] *f* Reinigen *n*; Schälen *n*; **~ezza** [-'det-tsa] *f* Reinheit *f*; **~ezzaio** [-det-'tsa:io] *m* (*pl.* -ai) Kehrichthaufen *m*; Kehrichtgrube *f*.

mondiale [mondi'a:le] Welt...; *fama f* ~ Weltruf *m*; *guerra f* ~ Weltkrieg *m*; *economia f* ~ Weltwirtschaft *f*; *potenza f* ~ Weltmacht(stellung) *f*; *esposizione f* ~ Weltausstellung *f*; *di fama* ~ weltberühmt.

mondina [mon'di:na] *f* Jäterin *f* auf dem Reisfeld.

mondo[1] [mondo] *f* rein; geschält.

mondo[2] [mondo] *m* Welt *f*; ~ *elegante* Modewelt *f*; *giro m del* ~ Weltreise *f*; *l'altro* ~ das Jenseits; *da che* ~ *è* ~ seitdem die Welt be-

M

steht; *cose f/pl. dell'altro* ~ unglaubliche Dinge *n/pl.; un* ~ *di e-e Masse von;* viele; *divertirsi un* ~ sich köstlich amüsieren; *tutto il* ~ *è paese* es wird überall mit Wasser gekocht.

monegasco [mone'gasko] (*pl. -chi*) **1.** *adj.* aus Monaco; **2.** *m* Monegasse *m*.

mon|elleria [monel-le'ri:a] *f* Lausbubenstreich *m;* **~ellesco** [-nel-'lesko] (*pl. -chi*) lausbübisch; **~ello** [-'nel-lo] *m* Lausbube *m;* Schlingel *m*.

moneta [mo'ne:ta] *f* Münze *f;* ~ *d'oro* Goldstück *n;* ~ *metallica* Hartgeld *n; carta f* ~ Papiergeld *n; svalutazione f (od. deprezzamento m) della* ~ Geldentwertung *f*.

monet|ario [mone'ta:rio] (*pl. -ri*) Münz...; Geld..., Währungs...; *crisi f -a* Währungskrise *f; riforma f -a* Währungsreform *f; fondo m* ~ *europeo* europäischer Währungsfonds *m;* **~ato** [-'ta:to] geprägt; *carta f -a* Papiergeld *n;* **~azione** [-tatsi'o:ne] *f* Münzen *n*.

mongolfiera [moŋgolfi'ɛ:ra] *f* Luftballon *m*.

mongolico [moŋ'gɔ:liko] (*pl. -ci*) mongolisch.

mongolismo [moŋgo'lizmo] *m* 🟉 Mongolismus *m*.

mongolo [mɔŋgolo] **1.** *adj.* mongolisch; **2.** *m* Mongole *m*.

mongoloide [moŋgo'lɔ:ide] mongolid; 🟉 mongoloid, an Mongolismus leidend.

monile [mo'ni:le] *m* (Arm-, Hals-) Geschmeide *n*.

monismo [mo'nizmo] *m* Monismus *m*.

monito [mɔ:nito] *m* Verweis *m*.

monit|ore [moni'to:re] *m* Anzeiger *m;* **~orio** [-'tɔ:rio] (*pl. -ri*) warnend; Warnungs...; *lettera f -a* Mahnbrief *m*.

monoblocco [mono'blɔk-ko] (*pl. -cchi*): *motore m* ~ Blockmotor *m*.

monocolo [mo'nɔ:kolo] **1.** *adj.* einäugig; **2.** *m* Monokel *n*.

mono|colore [monoko'lo:re] **1.** *adj.* einfarbig; *Pol.* Einparteien...; **2.** *m* Einparteienregierung *f;* **~cordo** [-'kordo] *m* Monochord *n;* **~fase** [-'fa:ze] einphasig; **~gamia** [-ga-'mi:a] *f* Monogamie *f*.

monogamo [mo'nɔ:gamo] monogam.

mono|grafia [monogra'fi:a] *f* Monographie *f;* **~gramma** [-'gram-ma] *m* (*pl. -i*) Monogramm *n*, Namenszug *m*.

mon|olito [mo'nɔ:lito] *m* Monolith *m;* **~ologo** [-'nɔ:logo] *m* (*pl. -ghi*) Monolog *m*, Selbstgespräch *n*.

mono|mania [monoma'ni:a] *f* Monomanie *f*, fixe Idee *f;* **~metallismo** [-metal-'lizmo] *m* Monometallismus *m*.

monomio [mo'nɔ:mio] *m* (*pl. -mi*) 𝔄 Monom *n*.

mono|motore [monomo'to:re] einmotorig; **~pattino** [-'pat-tino] *m* *Spiel:* Roller *m;* **~petto** [-'pet-to] *Kleidung:* einreihig; **~plano** [-'pla:no] *m* Eindecker *m;* **~polio** [-'pɔ:lio] *m* (*pl. -li*) Monopol *n;* Alleinvertrieb *m;* **~polistico** [-po'listiko] (*pl. -ci*) monopolistisch; **~polizzare** [-polid'dza:re] (1a) monopolisieren; **~polizzatore** [-polid-dza'to:re] *m* Monopolist *m;* **~posto** [-'posto] *m* Einsitzer *m;* **~rotaia** [-ro'ta:ia] Einschienen...; **~scopio** [-'skɔ:pio] *m* Fernsehtestbild *n;* **~sillabo** [-'sil-labo] **1.** *adj.* einsilbig; **2.** *m* einsilbiges Wort *n;* **~teismo** [-te'izmo] *m* Monotheismus *m;* **~teista** [-te'ista] *su.* (*m/pl. -i*) Monotheist(in *f*) *m;* **~teistico** [-te'istiko] (*pl. -ci*) monotheistisch; **~tonia** [-to'ni:a] *f* Eintönigkeit *f*.

monotono [mo'nɔ:tono] eintönig.

monsignore [monsi'ɲo:re] *m* Monsignore *m*.

monsone [mon'so:ne] *m* Monsun *m*.

monta [monta] *f* Bespringen *n;* Beschälplatz *m; cavallo m da* ~ Zuchthengst *m*.

montacarichi [monta'ka:riki] *m inv.* Lastenaufzug *m*.

montaggio [mon'tad-dʒo] *m* (*pl. -ggi*) ⊕ Montierung *f*, Montage *f; Film:* Schnitt *m*.

mont|agna [mon'ta:ɲa] *f* Gebirge *n;* Berg *m; fig.* Haufen *m; mal m di* ~ Bergkrankheit *f; sacco m da* ~ Rucksack *m; alta* ~ Hochgebirge *n; -e russe* Achterbahn *f;* **~agnoso** [-ta'ɲo:so] gebirgig; **~anaro** [-ta-'na:ro] **1.** *adj.* Berg...; **2.** *m* Bergbewohner *m;* **~ano** [-'ta:no] Gebirgs..., Berg...; *soggiorno m* ~ Aufenthalt *m* im Gebirge.

morire

montante [mon'tante] **1.** *adj.* ansteigend; **2.** *m* Pfosten *m*, Pfeiler *m*; ✗ Strebe *f*; *Boxen:* Aufwärtshaken *m*; *Fußball:* Torpfosten *m*.

mont|are [mon'ta:re] (1a) **1.** *v/t.* besteigen; *Pferd* reiten, besteigen; *Stute* bespringen; *Sahne* schlagen; *Kopf* verdrehen; ⊕ montieren, zusammensetzen; *Maschinen* einbauen; ~ *la guardia* auf Wache ziehen; *fig.* ~ *qu.* j-n eitel machen; ~ *contro qu.* gegen j-n aufhetzen; ~ *qc.* et. aufbauschen; **2.** *v/i.* steigen; einsteigen; ~ *in collera* in Zorn geraten; **~atoio** [-ta'to:io] *m* (*pl. -oi*) Trittbrett *n*; Wagentritt *m*; **~atore** [-ta'to:re] *m* Monteur *m*, Installateur *m*; *Film:* Schnittmeister *m*; **~atura** [-ta'tu:ra] *f* Montage *f*, Montierung *f*; *fig.* Übertreibung *f*, Aufbauschung *f*; **~avivande** [-tavi'vande] *m inv.* Speisenaufzug *m*.

monte [monte] *m* Berg *m*; *fig.* Haufen *m*; ♀ Bianco Montblanc *m*; ♀ Cervino Matterhorn *m*; *a* ~ *di pietà* Leihhaus *n*; *a* ~ stromaufwärts; *fig. andare a* ~ zu Wasser werden; *mandare a* ~ über den Haufen werfen; *Spiel:* ~ wieder von vorn anfangen.

Montecitorio [montet∫i'to:rio] *m das Abgeordnetenhaus in Rom.*

montone [mon'to:ne] *m* Widder *m*; Hammel *m*.

montu|osità [montuosi'ta] *f* gebirgige Beschaffenheit *f*; **~oso** [-tu'o:so] gebirgig.

montura [mon'tu:ra] *f* Uniform *f*.

monum|entale [monumen'ta:le] monumental; **~ento** [-'mento] *m* Denkmal *n*; △ Gebäude *n*; ~ *nazionale* Nationaldenkmal *n*.

mora[1] [mɔ:ra] *f* Negerin *f*; schwarzhaariges Mädchen *n*.

mora[2] [mɔ:ra] *f* ♀ Maulbeere *f*; Brombeere *f*.

mora[3] [mɔ:ra] (*od. morra*) *f* Moraspiel *n*.

mora[4] [mɔ:ra] *f* ♫, † Verzug *m*.

morale [mo'ra:le] **1.** *adj.* moralisch; sittlich; *Moral…*; **2.** *f* Moral *f*; Sittenlehre *f*; **3.** *m* Geist *m*, Moral *f*.

moral|eggiare [moraled-'dʒa:re] (1f) Moral predigen; moralisieren; **~ista** [-'lista] *m* (*pl. -i*) Moralist *m*; **~izzazione** [-lid-dzatsi'o:ne] *f* Moralisieren *n*.

moratoria [mora'tɔ:ria] *f* Moratorium *n*, Fristgewährung *f*.

moravo [mo'ra:vo] **1.** *adj.* mährisch; **2.** *m* Einwohner *m* von Mähren.

morbidezza [morbi'det-tsa] *f* Weichheit *f*; *c.s.* Weichlichkeit *f*.

morbido [mɔrbido] weich; *c.s.* weichlich.

morbillo [mor'bil-lo] *m* Masern *pl.*

morbo [mɔrbo] *m* Seuche *f*; *poet.* Krankheit *f*.

morb|osità [morbosi'ta] *f* Krankhaftigkeit *f*; **~oso** [-'bo:so] krankhaft.

morchia [mɔrkia] *f* Ölrückstand *m*; *allg.* Bodensatz *m*.

mord|ace [mor'da:t∫e] bissig; **~acità** [-dat∫i'ta] *f* Bissigkeit *f*; **~ente** [-'dente] **1.** *adj.* beißend; **2.** *m* Beißende(s) *n*; ⊕ Beize *f*; *fig.* Kampfgeist *m*, Angriffslust *f*.

mordere [mɔrdere] (3uu) beißen; *Insekten:* stechen; *Säure:* beizen.

morello [mo'rel-lo] **1.** *adj.* schwarzbraun; **2.** *m* Rappe *m*.

morena [mo'rɛ:na] *f Geol.* Moräne *f*.

moresco [mo'resko] (*pl. -chi*) maurisch.

M

mor|etta [mo'ret-ta] *f* Mohrenmädchen *n*; **~ettina** [-ret-'ti:na] *f* Brünette *f*; **~etto** [-'ret-to] *m* Mohrenknabe *m*.

morfina [mor'fi:na] *f* Morphium *n*.

morfin|ismo [morfi'nizmo] *m* Morphiumsucht *f*; **~ista** [-'nista] *su.* (*m/pl. -i*) Morphinist(in *f*) *m*, Morphiumsüchtige(r) *m*; **~izzare** [-nid-'dza:re] (1a) mit Morphium vergiften; **~omane** [-'nɔ:mane] *su. s.* morfinista.

morfol|ogia [morfolo'dʒi:a] *f* Formenlehre *f*; Gestaltlehre *f*; **~ogico** [-'lɔ:dʒiko] (*pl. -ci*) morphologisch.

morganatico [morga'na:tiko] (*pl. -ci*) morganatisch.

moria [mo'ri:a] *f* große Sterblichkeit *f*; Seuche *f*.

moribondo [mori'bondo] sterbend; im Sterben; *essere* ~ im Sterben liegen.

moriger|atezza [moridʒera'tet-tsa] *f* Sittsamkeit *f*; **~ato** [-'ra:to] sittsam.

morione [mori'o:ne] *m* Sturmhaube *f*.

mor|ire [mo'ri:re] (4k) sterben; ♀

eingehen; *Licht*: erlöschen; *Worte*: verhallen; (*a. sentirsi* ~) vergehen (*da vor dat.*); ~ *dal caldo* vor Hitze ersticken; ~ *di fame* verhungern; ~ *di vecchiaia* an Altersschwäche sterben; **~ituro** [-ri'tuːro] *m* Sterbende(r) *m*; dem Tod Geweihte(r) *m*.

mormor|are [mormo'raːre] (1l) murmeln; *c.s.* murren; *Bach, Blätter*: rauschen; **~azione** [-ratsi'oːne] *f* Gemurmel *n*; Murren *n*; **~io** [-'riːo] *m* Gemurmel *n*; Murren *n*; Murmeln *n*; Rauschen *n*.

moro¹ [mɔːro] 1. *adj.* schwarz; 2. *m* Mohr *m*; 3. *m* Maure *m*.

moro² [mɔːro] *m* ♀ Maulbeerbaum *m*.

morosità [morosi'ta] *f* Säumnis *f u. n.*

moroso [mo'roːso] ✝ säumig.

morra [mɔr-ra] *f* Moraspiel *n*.

morrei [mor-'rɛi], **morrò** [-'rɔ] *s. morire.*

morsa [mɔrsa] *f* Schraubstock *m*; Maulkorb *m*; ⚙ Verzahnungsstein *m*; *fig.* Zange *f*.

morsetto [mor'set-to] *m* ⊕ Klammer *f*, Zwinge *f*; ⚡ Klemme *f*; ~ *negativo* Minusklemme *f*.

morsi [mɔrsi] *s. mordere.*

mors|icare [morsi'kaːre] (1l, c u. d) beißen; *Brot* anbeißen; *Mücken*: stechen; **~icatura** [-sika'tuːra] *f* Biß *m*; Anbeißen *n*; Stich *m*.

morso [mɔrso] 1. *s. mordere.* 2. *m* Biß *m*; Stich *m*; Bissen *m*; Gebiß (Pferdegebiß) *n*.

mortadella [morta'dɛl-la] *f* Art Mettwurst *f*.

mortaio [mor'taːio] *m* (*pl. -ai*) Mörser *m*.

mortale [mor'taːle] sterblich; tödlich; *Tod...*; *angoscia f* ~ Todesangst *f*; *colpo m* ~ Todesstoß *m*; *peccato m* ~ Todsünde *f*.

mortalità [mortali'ta] *f* Sterblichkeit *f*; ~ *infantile* Säuglingssterblichkeit *f*.

mortaretto [morta'ret-to] *m* Böller *m*.

morte [mɔrte] *f* Tod *m*; Ableben *n*; Lebensende *n*; ~ *immatura* frühzeitiger Tod *m*; *letto m di* ~ Sterbebett *n*; *pericolo m di* ~ Lebensgefahr *f*; *sentenza f di* ~ Todesurteil *n*; *silenzio m di* ~ Totenstille *f*; *a* ~ tödlich; *a* ~! tötet ihn (sie)!

mortella [mor'tɛl-la] *f* Myrte *f*.

mort|icino [morti't∫iːno] *m* totes Kind *n*; kleine Leiche *f*; **~ifero** [-'tiːfero] todbringend; **~ificare** [-tifi'kaːre] (1m u. d) ertöten; betäuben; *fig.* demütigen; beschämen; **~ificazione** [-tifikatsi'oːne] *f* Abtötung *f*; Demütigung *f*; Beschämung *f*.

morto [mɔrto] 1. *s. morire.* 2. *adj.* tot; *un braccio* ~ ein lahmer Arm; *stanco* ~ todmüde; *acqua f -a* stehendes Wasser *n*; *punto m* ~ toter Punkt *m*; 3. *m* Tote(r) *m*; F verstecktes Geld *n*; ~ *di fame* Hungerleider *m*; *giorno m dei -i* Allerseelen *n*.

mort|orio [mor'tɔ:rio] *m* (*pl. -ri*) Leichenfeier *f*; (*a. faccia f da* ~) Leichenbittermiene *n*; **~uario** [-tu'aːrio] (*pl. -ri*) Leichen...; Toten...; *sala f -a* Leichenhalle *f*; *annuncio m* ~ Todesanzeige *f*.

mosaicista [mozai't∫ista] *su.* (*m/pl. -i*) Mosaikarbeiter(in *f*) *m*.

mosaico [mo'zaːiko] *m* (*pl. -ci*) Mosaik *n*.

mosca [moska] *f* (*pl. -che*) Fliege *f*; *peso m* ~ Fliegengewicht *n*; ~ *cieca* Blindekuh *f*; ~ *cavallina* Pferdebremse *f*; ~! still!; *gli salta la* ~ *al naso* er regt sich auf; er gerät in Zorn; ~ *volante* Mückensehen *n*; *raro come una* ~ *bianca* selten wie ein weißer Rabe; *restare con un pugno di -e* mit leeren Händen abziehen.

mosc|aio [mos'kaːio] *m* (*pl. -ai*) Fliegenschwarm *m*; **~aiola** [-kai-'ɔːla] *f* Fliegenschrank *m*.

moscardino [moskar'diːno] *m* Zool. Haselmaus *f*; *Apoth.* Moschuspille *f*.

mosc|atello [moska'tel-lo] 1. *adj.* Muskateller...; 2. *m* Muskateller (-wein) *m*; **~ato** [-'kaːto] 1. *adj.* Muskat...; *noce f -a* Muskatnuß *f*; 2. *m* Muskateller(wein) *m*.

moscerino [mo∫-∫e'riːno] *m* kleine Fliege *f*.

moschea [mos'kɛːa] *f* Moschee *f*.

moscherino [moske'riːno] *s. moscerino.*

mosch|etteria [mosket-te'riːa] *f* Musketiertruppe *f*; (*a. fuoco m di* ~) Gewehrfeuer *n*; **~ettiere** [-ket-ti'eːre] *m* Musketier *m*; **~etto** [-'ket-to] *m* Muskete *f*.

motoscooter

moschicida [moski'tʃi:da]: *carta f* ~ Fliegenpapier *n.*

moscio [moʃ-ʃo] (*pl. -sci*) schlaff; *l'erre -a* weiches R *n.*

moscone [mos'ko:ne] *m* Brummer *m*; Ruderboot *n*; *fig.* Verehrer *m.*

moscovita [mosko'vi:ta] **1.** *adj.* moskowitisch, Moskauer; **2.** *m* Moskauer *m*; *allg.* Russe *m.*

mossa [mɔs-sa] *f* Bewegung *f*; Gebärde *f*, Geste *f*; *fig. u. Spiel*: Zug (Schachzug) *m*; Anstoß *m*; *Spiel*: *avere la prima* ~ anziehen; *fig. prendere le -e da* ausgehen von (*dat.*).

mossi [mɔs-si] *s.* muovere.

mossiere [mos-si'ɛ:re] *m* Starter *m.*

mosso [mɔs-so] *s.* muovere.

most|arda [mos'tarda] *f* Senf *m*; **~ardiera** [-tardi'e:ra] *f* Senftopf *m.*

mostardina [mostar'di:na] *f* Pfefferkraut *n.*

mosto [mɔsto] *m* Most (Weinmost) *m.*

mostoso [mos'to:so] mostig.

mostra [mɔstra] *f* Ausstellung *f*; Auslage (Schaufensterauslage) *f*; ✝ Muster *n*; *Kleidung*: Aufschlag *m*; ~ *speciale* Sonderschau *f*; *fig.* mettere in ~ zur Schau tragen.

mostr|abile [mos'tra:bile] vorzeigbar; **~are** [-'tra:re] (1a) zeigen; ~ *di so* tun als ob; **~arsi** [-'trarsi] sich zeigen; sich erweisen; ~ *conciliante* entgegenkommen.

mostr|icciattolo [mostrit-'tʃat-tolo] *m* kleines Ungeheuer *n*; **~ina** [-'tri:na] *f* Spiegel *m* (*an Uniformkragen*).

mostro [mostro] *m* Ungeheuer *n*; *fig.* Scheusal *n*; *un* ~ *di sapienza usw.* ein Ausbund von Wissen *usw.*

mostr|uosità [mostruosi'ta] *f* Ungeheuerlichkeit *f*; Scheußlichkeit *f*; Unförmlichkeit *f*; **~uoso** [-tru'o:so] ungeheuerlich; scheußlich; unförmlich.

mota [mɔ:ta] *f* Schlamm *m.*

motel [mo'tɛl] *m* Motel *n.*

motiv|are [moti'va:re] (1a) begründen; **~azione** [-vatsi'o:ne] *f* Begründung *f.*

motivo [mo'ti:vo] *m* Grund (Beweggrund) *m*; Antrieb *m*; Ursache *f*; ♪ Motiv *n*; *a* ~ *di* wegen; *dar* ~ *a lagnanze* Anlaß zu Klagen geben; *per quale* ~? aus welchem Grund?

moto¹ [mɔ:to] *m* Bewegung *f*; *Auto*: Gang *m*; ~ *perpetuo* Perpetuum

mobile *n*; ~ *popolare* Volksaufstand *m*; *essere in* ~ in Betrieb (*od. Gang*) sein; *mettere in* ~ in Betrieb (*od. Gang*) setzen; *Mot.* anlassen.

moto² [mɔ:to] *f* Motorrad *n.*

moto|aratrice [motoara'tri:tʃe] *f* Motorpflug *m*; **~barca** [-'barka] *f* Motorboot *n*; **~carro** [-'kar-ro] *m* Motorrad *n* mit Anhänger; **~carrozzetta** [-kar-rot-'tset-ta] *f* Seitenwagen *m* (*des Motorrades*); **~cicletta** [-tʃi'klet-ta] *f* Motorrad *n*; **~ciclismo** [-tʃi'klizmo] *m* Motorradsport *m*; **~ciclista** [-tʃi'klista] *su.* (*m/pl. -i*) Motorradfahrer(in *f*) *m*; **~ciclo** [-'tʃi:klo] *m* Motorrad *n*; **~cisterna** [-tʃis'tɛrna] *f* Motortanker *m*; **~furgone** [-fur'go:ne] *m* Lieferwagen *m*; **~leggera** [-led-'dʒe:ra] *f* Leichtmotorrad *n*; Motorroller *m*; **~nave** [-'na:ve] *f* Motorschiff *m*; **~pesca** [-'peska], **~peschereccio** [-peske'ret-tʃo] *m* (*pl. -cci*) Motorkutter *m*; **~pompa** [-'pompa] *f* Motorpumpe *f*; **~propulsione** [-propulsi'o:ne] *f* Motorantrieb *m.*

motore [mo'to:re] **1.** *adj.* bewegend, Trieb...; *apparato m* ~ Triebwerk *n*; **2.** *m* Motor *m*; *fig.* Triebkraft *f*; ~ *a benzina* Benzinmotor *m*; ~ *a sei cilindri* Sechszylinder(motor) *m*; ~ Diesel Dieselmotor *m*; ~ *a due tempi* Zweitaktmotor *m*; ~ *a quattro tempi* Viertaktmotor *m*; ~ *con raffreddamento ad aria* luftgekühlter Motor *m*; ~ *a raffreddamento d'acqua* wassergekühlter Motor *m*; ~ *a combustione* Verbrennungsmotor *m*; *veicolo m a* ~ Motorfahrzeug *n*; *accendere il* ~ den Motor anlassen; *fermare il* ~ den Motor abstellen; *il* ~ *batte* der Motor klopft; *il* ~ *s'arresta* der Motor bleibt stehen.

motor|etta [moto'ret-ta] *f* Motorroller *m*; **~ino** [-'ri:no] *m* kleiner Motor *m*; ~ *d'avviamento* Anlasser *m*; **~ismo** [-'rizmo] *m* Kraftfahrsport *m*; **~ista** [-'rista] *m* (*pl. -i*) Motorschlosser *m*; ⚓ Bordmechaniker *m*; **~izzare** [-rid-'dza:re] (1a) motorisieren; **~izzato** [-rid-'dza:to] motorisiert; *truppe f/pl. -e* motorisierte Truppen *f/pl.*; **~izzazione** [-riddzatsi'o:ne] *f* Motorisierung *f*; *ispettorato m della* ~ Verkehrsamt *n.*

moto|scafo [motos'ka:fo] *m* Motorboot *n*; **~scooter** [-'sku:ter] *m* *inv.*

M

Motorroller *m*; **~scooterista** [-sku-te'rista] *su.* (*m*/*pl.* -i) Motorroller-fahrer(in *f*) *m*; **~slitta** [-'zlit-ta] *f* Motorschlitten *m*.

motoso [mo'to:so] schlammig.

moto|trazione [mototratsi'o:ne] *f* Motorantrieb *m*; **~veicolo** [-ve'i:-kolo] *m* Motorfahrzeug *n*; **~veliero** [-veli'e:ro] *m* Segelschiff *n* mit Hilfsmotor; **~velodromo** [-ve'lɔ:dro-mo] *m* Motorradrennbahn *f*.

motrice [mo'tri:tʃe] *f* **1.** *adj.* bewegend; *forza f* **~** Triebkraft *f*; **2.** *f* Triebwagen *m*.

mott|eggevole [mot-ted-'dʒe:vole] scherzend; spöttisch; **~eggiamento** [-ted-dʒa'mento] *m* Witzeln *n*; Spöttelei *f*; **~eggiare** [-ted-'dʒa:re] (1f) *v*/*t.* höhnen; **2.** *v*/*i.* scherzen; **~eggio** [-'ted-dʒo] *m* (*pl.* -ggi) Witzwort *n*; Hohn *m*; **~etto** [-'tet-to] *m* Motette *f*.

motto [mɔt-to] *m* Witzwort *n*; Motto *n*; Leitspruch *m*; *non far* **~** kein Wort sprechen.

motuproprio [motu'prɔ:prio] *m* Motuproprio *n*; *di* **~** aus eigenem Antrieb.

mov|ente [mo'vɛnte] *m* Triebfeder *f*; Beweggrund *m*; **~enza** [-'vɛntsa] *f* Bewegung *f*; **~ibile** [-'vi:bile] bewegbar; **~imentare** [-vimen'ta:re] (1a) beleben; **~imentato** [-vimen-'ta:to] bewegt; belebt; **~imento** [-vi'mento] *m* Bewegung *f*; ✝ Umsatz *m*; ♪ Tempo *n*; Verkehr (Straßenverkehr) *m*; ⊕ Betrieb *m*; **~** *ferroviario* Bahnverkehr *m*; **~** *a motore* Maschinenantrieb *m*; **~** *forestieri* Fremdenverkehr *m*; **~** *di resistenza* Widerstandsbewegung *f*; **~** *di transito* Durchgangsverkehr *m*; **~** *nelle strade* Straßenverkehr *m*.

mozione [motsi'o:ne] *f* Bewegung *f*; *Pol.* Antrag *m*; **~** *d'ordine* Antrag *m* zur Geschäftsordnung; **~** *di fiducia* Vertrauensfrage *f*.

mozzare [mot-'tsa:re] (1a) abschneiden (*a. fig.*); *Atem* benehmen.

mozzarella [mot-tsa'rɛl-la] *f* Büffelkäse *m*.

mozzicone [mot-tsi'ko:ne] *m* Stumpf *m*; Zigarrenstummel *m*.

mozzo[1] [mot-tso] **1.** = *mozzato* (*s.* *mozzare*); **2.** *adj.* verstümmelt; stumpf; **3.** *m* Stallbursche *m*; ⚓ Schiffsjunge *m*.

mozzo[2] [mod-dzo] *m* ⊕ Nabe *f*.

mucca [muk-ka] *f* (*pl.* -cche) Kuh (Milchkuh) *f*.

mucchio [muk-kio] *m* (*pl.* -cchi) Haufe(n) *m*.

mucill|aggine [mutʃil-'lad-dʒine] *f* Schleim (Pflanzenschleim) *m*; **~aginoso** [-lad-dʒi'no:so] schleimhaltig.

muco [mu:ko] *m* (*pl.* -chi) Schleim *m*.

muc|osa [mu'ko:sa] *f* Schleimhaut *f*; **~osità** [-kosi'ta] *f* Schleimigkeit *f*; **~oso** [-'ko:so] schleimig.

mud|a [mu:da] *f* Mauser *f*; **~are** [mu'da:re] (1a) mausern.

muffa [muf-fa] *f* Schimmel *m*; F *fig.* Hochmut *m*; *sapere di* **~** muffig riechen (*od.* schmecken); *prendere la* **~** schimmeln.

muffire [muf-'fi:re] (4d) schimmeln.

muffola [muf-fola] *f* Fausthand-schuh *m*; ⊕ Muffel *f*.

muffoso [muf-'fo:so] schimm(e)lig; muffig.

muflone [mu'flo:ne] *m* Mufflon *m*.

mugghiare [mug-gi'a:re] (1k) brüllen; *Meer*, *Wind*: brausen.

mugghio [mug-gio] *m* (*pl.* -ghi) Gebrüll *n*; Brausen *n*.

muggine [mud-dʒine] *m* Meer-äsche *f*.

mugg|ire [mud-'dʒi:re] (4d *u.* 4a) *s.* mugghiare; **~ito** [-'dʒi:to] *m* *s.* mugghio.

mughetto [mu'get-to] *m* Maiglöck-chen *n*; *Path.* Mundschwamm *m*.

mugnaio [mu'ɲa:io] *m* (*pl.* -ai) Müller *m*.

mugol|are [mugo'la:re] (1l) winseln; heulen (*Sturm*); **~io** [-'li:o] *m* Gewinsel *n*; Geheul *n*; **~one** [-'lo:ne] *m* F Heulpeter *m*.

mugugnare [mugu'ɲa:re] (1a) brummen, murren.

mula [mu:la] *f* Mauleselin *f*.

mul|attiera [mulat-ti'e:ra] *f* Saum-pfad *m*; **~attiere** [-ti'e:re] *m* Maul-eseltreiber *m*.

mulatto [mu'lat-to] *m* Mulatte *m*.

muliebre [mu'li:ebre] weiblich; Frauen...

mulin|are [muli'na:re] (1a) grübeln; aushecken; *Wind*: (auf)wirbeln; **~ello** [-'nel-lo] *m* Wirbel *m*; ⊕ Winde *f*; *Spiel*: Papiermühle *f*; *Gymn.* Welle *f*; *far* **~** *col bastone* den Stock im Kreise herumwirbeln.

mulino [mu'li:no] *m* Mühle *f*; **~** *ad*

acqua Wassermühle *f*; ~ *a vento* Windmühle *f*; *tirare acqua al proprio* ~ das Wasser auf s-e Mühle leiten.

mulo [mu:lo] *m* Maulesel *m*; Maultier *m*; *fig.* starrköpfiger Mensch *m*.

multa [multa] *f* Geldstrafe *f*.

multare [mul'ta:re] (1a) zu e-r Geldstrafe verurteilen.

multi|colore [multiko'lo:re] vielfarbig; **~forme** [-'forme] vielgestaltig.

multiplo [multiplo] **1.** *adj.* vielfach; **2.** *Å* Vielfache(s) *n*.

mummia [mum-mia] *f* Mumie *f*.

mummific|are [mum-mifi'ka:re] (1m *u.* d) mumifizieren; **~azione** [-katsi'o:ne] *f* Mumifizierung *f*.

mungere [mundʒere] (3d) melken; *fig.* schröpfen.

mungi|trice [mundʒi'tri:tʃe] *f* Melkmaschine *f*; **~tura** [-'tu:ra] *f* Melken *n*.

municip|ale [munitʃi'pa:le] städtisch; Stadt...; *consiglio m* ~ Gemeinderat *m*; *consigliere m* ~ Stadtverordnete(r) *m*; *palazzo m* ~ Rathaus *n*; **~alità** [-pali'ta] *f* städtische Behörde *f*; **~alizzare** [-palid-'dza:re] (1a) in städtische Regie nehmen; **~alizzazione** [-palid-dzatsi'o:ne] *f* Übernahme *f* durch die Stadt.

municipio [muni'tʃi:pio] *m* (*pl.* -pi) städtische Behörde *f*; Rathaus *n*.

mun|ificenza [munifi'tʃentsa] *f* großzügige Freigebigkeit *f*; **~ifico** [-'ni:fiko] (*pl.* -ci) freigebig.

mun|ire [mu'ni:re] (4d) befestigen; versehen (*di* mit); **~izionamento** [-nitsiona'mento] *m* Munitionsversorgung *f*; **~izione** [-nitsi'o:ne] *f* Munition *f*; **~izioniere** [-nitsioni'ɛ:re] *m* Munitionsverwalter *m*.

munsi [munsi], **munto** [munto] *s.* mungere.

muoio [mu'ɔ:io], **muori** [mu'ɔ:ri] *usw. s.* morire.

muov|ere [mu'ɔ:vere] (3ff) **1.** *v/t.* bewegen; ⊕ antreiben; *fig.* aufwerfen; *Frage* aufwerfen; *Zweifel, Anklagen* vorbringen; ~ *una lite* e-n Prozeß anstrengen; *Krieg* führen; *Spiel*: ziehen; *fig.* ~ *una pedina* e-e Karte ausspielen; **2.** *v/i.* ausgehen (*da* von); **~ersi** [-si] sich bewegen; aufbrechen; sich entfernen; ~ *a pietà* sich zum Mitleid bewegen lassen.

mur|aglia [mu'ra:ʎa] *f* Mauer *f*; *la Grande* ♀ die Chinesische Mauer; **~aglione** [-ra'ʎo:ne] *m* große Mauer *f*; ~ *del porto* Hafenmauer *f*; **~aiolo** [-rai'ɔ:lo]: *picchio m* ~ Mauerspecht *m*; **~ale** [-'ra:le] Wand...; *carta f* ~ Wandkarte *f*; **~amento** [-ra'mento] *m* Mauern *n*; Mauerwerk *n*; **~are** [-'ra:re] (1a) mauern; zumauern; *j-n* einmauern; **~ario** [-'ra:rio] (*pl.* -ri) Mauer...; *lavoro m* ~ Maurerarbeit *f*; **~atore** [-ra'to:re] *m* Maurer *m*; **~atura** [-ra'tu:ra] *f* Maurerarbeit *f*.

murena [mu're:na] *f* Muräne *f*.

muriatico [muri'a:tiko] (*pl.* -ci): *acido m* ~ Salzsäure *f*.

muricciolo [murit-'tʃɔ:lo] *m* niedrige Mauer *f*; *lo sanno anche i* -*i* das pfeifen schon die Spatzen von den Dächern.

murice [mu:ritʃe] *m* Stachelschnecke *f*.

muro [mu:ro] *m* (*pl. a. le mura*) Mauer *f*; ~ *maestro* Hauptmauer *f*; ~ *del suono* Schallmauer *f*; ~ *di confine* Grenzmauer *f*; *fig.* mettere *con le spalle al* ~ in die Enge treiben; *le* -*a f/pl.* (Stadt-)Mauer *f*.

musa [mu:za] *f* Muse *f*.

muschiato [muski'a:to] Moschus..., nach Moschus riechend; *topo m* ~ Bisamratte *f*.

muschio[1] [muskio] *m* Moschus *m*, Bisam *m*.

muschio[2] [muskio], **musco** [musko] *m* (*pl.* -chi) Moos *n*.

muscol|are [musko'la:re] Muskel...; *attività f* ~ Muskeltätigkeit *f*; *strappo m* ~ Muskelzerrung *f*; *fasci m/pl.* -*i* Muskelstränge *m/pl.*; **~atura** [-la'tu:ra] *f* Muskulatur *f*.

muscolo [muskolo] *m* Muskel *m*; ~ *plantare* Fußmuskel *m*; *azione f* (*od. gioco m*) *dei* -*i* Muskelspiel *n*.

muscol|osità [muskolosi'ta] *f* Muskelstärke *f*; **~oso** [-'lo:so] muskulös.

muscoso [mus'ko:so] moosig.

museo [mu'zɛ:o] *m* Museum *n*.

museruola [muzeru'ɔ:la] *f* Maulkorb *m*.

musetto [mu'zet:to] *m* Gesichtchen *n*.

musica [mu:zika] *f* Musik *f*; Musikkorps *n*; Kapelle *f*; ~ *da camera* Kammermusik *f*; ~ *sacra* Kirchenmusik *f*; ~ *strumentale* Instrumentalmusik *f*; ~ vocale Vokalmusik *f*; negozio *m* di ~ Musikalienhandlung *f*; mettere in ~ vertonen; *fig.* questa per me è ~ das ist Musik in m-n Ohren.

music|abile [muzi'ka:bile] vertonbar; **~ale** [-'ka:le] musikalisch; Musik...; serata *f* ~ Musikabend *m*; strumento *m* ~ Musikinstrument *n*; **~alità** [-kali'ta] *f* Musikalität *f*; **~ante** [-'kante] *su.* Musikant(in *f*) *m*; **~are** [-'ka:re] (1l *u.* d) komponieren, in Musik setzen.

musicista [muzi'tʃista] *su.* (*m/pl.* -i) Komponist(in *f*) *m*; Musiker(in *f*) *m*.

musico [mu:ziko] *m* (*pl.* -ci) Musiker *m*.

music|ologo [muzi'kɔ:logo] *m* (*pl.* -gi) Musikwissenschaftler *m*; **~omane** [-'kɔ:mane] *m* Musiknarr *m*.

musino [mu'zi:no] *m* Gesichtchen *n*.

musivo [mu'zi:vo] musivisch; Mosaik...; oro *m* ~ Musivgold *n*.

muso [mu:zo] *m* Maul *n*; Schnauze *f*; F Gesicht *n*; Schnute *f*; brutto ~ häßliche Fratze *f*; allungare il ~ abmagern; fare (tenere) il ~ maulen; sul ~ ins Gesicht; dire qc. sul ~ et. ins Gesicht sagen.

mus|oliera [muzoli'ɛ:ra] *f* Maulkorb *m*; **~one** [-'zo:ne] *m* Griesgram *m*, Sauertopf *m*; **~oneria** [-zone'ri:a] *f* Maulen *n*.

mussare [mus-'sa:re] (1a) moussieren.

mussola [mus-sola] *f*, **mussolina** [mus-so'li:na] *f* Musselin *m*.

mustacchi [mus'tak-ki] *m/pl.* Schnurrbart *m*.

musulmano [musul'ma:no] **1.** *adj.* muselmanisch; **2.** *m* Moslem *m*.

muta¹ [mu:ta] *f* Meute (Hundemeute) *f*; Gespann (Pferdegespann) *n*.

muta² [mu:ta] *f* Wechsel *m*; ✂ Ablösung *f*; Mauserung *f*; Häutung *f*; Satz *m*; ~ della voce Stimmbruch *m*, Stimmwechsel *m*.

mut|abile [mu'ta:bile] veränderlich; **~abilità** [-tabili'ta] *f* Veränderlichkeit *f*.

mut|amento [muta'mento] *m* Wechsel *m*; Veränderung *f*; ~ fonetico Lautwandel *m*; ~ semantico Bedeutungswandel *m*; ~ di governo Regierungswechsel *m*; **~ande** [-'tande] *f/pl.* Unterhose *f*; **~andine** [-tan'di:ne] *f/pl.* Badehose *f*; Schlüpfer *m*, Schlupfhose *f*; **~are** [-'ta:re] (1a) **1.** *v/t.* ändern; wechseln; ✂ ablösen; ~ casa umziehen; **2.** *v/i.* sich ändern; **~arsi** [-'tarsi] sich verändern; *Kleidung*: sich umziehen; *Wetter*: umschlagen; **~azione** [-tatsi'o:ne] *f* Änderung *f*; Wechsel *m*; **~evole** [-'te:vole] *s.* mutabile.

mutezza [mu'tet-tsa] *f* Stummheit *f*.

mutil|are [muti'la:re] (1l) verstümmeln; **~ato** [-'la:to] **1.** *adj.* schwerbeschädigt; **2.** *m* Krüppel *m*; ~ di guerra Kriegsbeschädigte(r) *m*; Kriegsversehrte(r) *m*; **~azione** [-latsi'o:ne] *f* Verstümmelung *f*.

mutilo [mu:tilo] *lit.* verstümmelt.

mutismo [mu'tizmo] *m* Stummheit *f*; Schweigsamkeit *f*.

muto [mu:to] **1.** *adj.* stumm; film *m* ~ Stummfilm *m*; vocale *f* -a stummer Vokal *m*; **2.** *m* Stumme(r) *m*.

mutolo [mu:tolo] **1.** *adj.* stumm; **2.** *m* Stumme(r) *m*.

mutria [mu:tria] *f* eisige Miene *f*; *fig.* Unverfrorenheit *f*.

mutua [mu:tua] *f* Krankenversicherung *f*; Krankenkasse *f*; mettersi in ~ sich krank schreiben lassen; essere in ~ krank geschrieben sein.

mutu|alità [mutuali'ta] *f* Gegenseitigkeit *f*; gegenseitige Hilfe *f*; **~ante** [-tu'ante] *m* Darleiher *m*; **~are** [-tu'a:re] (1l) Geld auf Zinsen ausleihen (verleihen); **~atario** [-tua'ta:rio] *m* (*pl.* -ri) Entleiher *m*; **~ato** [-tu'a:to] **1.** *adj.* krankenversichert; **2.** *m* Kassenmitglied *n*; **~azione** [-tuatsi'o:ne] *f* Austausch *m*.

mutuo [mu:tuo] **1.** *adj.* gegenseitig; **2.** *m* Darlehen *n*; ~ bancario Bankdarlehen *n*; contrarre un ~ ein Darlehen aufnehmen.

N

N, n [ɛn-ne] *f u. m* N, n *n.*

nababbo [na'bab-bo] *m* Nabob *m.*

nacchere [nak-kere] *f/pl.* Kastagnetten *f/pl.*

nacqui [nak-kui] *s.* nascere.

nafta [nafta] *f* Naphtha *n;* Rohöl *n.*

naft|alina [nafta'li:na] *f* Naphthalin *n;* **~olo** [-'tɔ:lo] *m* Naphthol *n.*

naia[1] [na:ia] *f* Brillenschlange *f.*

naia[2] [na:ia] F Kommiß *m.*

naiade [na:iade] *f* Najade *f.*

nailon [na:ilon] *m inv.* Nylon *n.*

nana [na:na] *f* Zwergin *f.*

nanerello [nane'rɛl-lo] *m* Zwerglein *n.*

nanna [nan-na] *f* Kinderspr.: far la ~ schlafen.

nano [na:no] **1.** *adj.* sehr klein; Zwerg...; **2.** *m* Zwerg *m.*

napoleonico [napole'ɔ:niko] (*pl.* -ci) napoleonisch.

napoletano [napole'ta:no] **1.** *adj.* neapolitanisch; **2.** *m* Neapolitaner *m.*

nappa [nap-pa] *f* Quaste *f,* Troddel *f.*

nappo [nap-po] *m lit.* Becher *m.*

narc|isismo [nartʃi'zizmo] *m* Narzißmus *m;* **~iso** [-'tʃi:zo] *m* Narzisse *f.*

narc|osi [nar'kɔ:zi] *f inv.* Narkose *f;* **~otico** [-'kɔ:tiko] (*pl.* -ci) **1.** *adj.* narkotisch; betäubend; einschläfernd; **2.** *m* Betäubungsmittel *n;* Schlafmittel *n;* **~otizzare** [-kotid-'dza:re] (1a) narkotisieren.

nari [na:ri] *f/pl. lit.* Nasenlöcher *n/pl.* [Nüster *f.*]

narice [na'ri:tʃe] *f* Nasenloch *n;*

narr|are [nar'ra:re] (1a) erzählen; **~ativa** [-ra'ti:va] *f* erzählende Literatur *f;* **~ativo** [-ra'ti:vo] erzählend; **~atore** [-ra'to:re] *m* Erzähler *m;* **~azione** [-ratsi'o:ne] *f* Erzählung *f.*

narvalo [nar'va:lo] *m* Narwal *m.*

nasale [na'sa:le] **1.** *adj.* nasal; Nasen...; **2.** *m* Nasallaut *m.*

nascente [naʃ-'ʃɛnte] *Sonne:* aufgehend; *Tag:* anbrechend.

nascere [naʃ-ʃere] (3gg) geboren werden; zur Welt kommen; ♀ keimen; *fig.* entstehen; *Sonne:* aufgehen; *Tag:* anbrechen; *Fluß:* entspringen; ~ come i funghi wie die Pilze aus der Erde schießen.

nascita [naʃ-ʃita] *f* Geburt *f;* Zool. Wurf *m;* ♀ Keimen *n; fig.* Anfang *m,* Beginn *m; di* ~ von Geburt; *fin dalla* ~ von Geburt an.

nascituro [naʃ-ʃi'tu:ro] **1.** *adj.* ungeboren; *fig.* zukünftig; **2.** *m* Leibesfrucht *f;* das erwartete Kind.

nasc|ondere [nas'kondere] (3hh) verbergen, verstecken; non Le nascondo che ich will Ihnen nicht verhehlen, daß; fare a nascondersi Verstecken spielen; **~ondiglio** [-kon'di:ʎo] *m* (*pl.* -gli) Versteck *n;* **~osi** [-'kɔ:si] *s.* nascondere; **~osto** [-'kɔsto] **1.** *s.* nascondere; **2.** *adv.* di ~ heimlich; di ~ a qu. hinter j-s Rücken.

nasello [na'sɛl-lo] *m* ⊕ Schließhaken *m;* Zool. Seehecht *m.*

nasiera [nasi'ɛ:ra] *f* Nasenring *m.*

naso [na:so] *m* Nase *f;* restare con un palmo di ~ mit e-r langen Nase abziehen.

nasone [na'so:ne] *m* Winde *f.*

naspo [naspo] *m* ⊕ Haspel *f.*

nassa [nas-sa] *f* (Fisch-)Reuse *f.*

nastrino [nas'tri:no] *m* Ordensband *n; allg.* Bändchen *f.*

nastro [nastro] *m* Band *n;* ~ isolante Isolierband *n;* ~ magnetico Tonband *n;* ~ trasportatore Förderband *n;* ~ per macchina da scrivere Schreibmaschinenfarbband *n.*

nastroteca [nastro'tɛ:ka] *f* Tonbändersammlung *f.*

nasturzio [nas'turtsio] *m* Kresse *f.*

nasuto [na'su:to] langnasig.

Natale [na'ta:le] *m* ⊕ Weihnacht(en *n*) *f; albero m di* ~ Weihnachtsbaum *m; vigilia f di* ~ Weihnachtsabend *m; babbo m* ~ Weihnachtsmann *m; buon* ~! frohe Weihnachten!

nat|ale [na'ta:le] **1.** *adj.* heimatlich; Geburts...; **2.** *m* Geburtstag *m;* ~ di Roma Gedenktag der Grün-

dung Roms (*21. April*); **~ali** [-'ta:li] *m/pl.* Herkunft *f*; *avere i ~* geboren werden; stammen (*a*, *in* aus); **~alità** [-tali'ta] *f* Geburtenstand *m*; *aumento m della ~* Geburtenzunahme *f*, Geburtenzuwachs *m*; *indice m di ~* Geburtenziffer *f*; **~alizio** [-ta'li:tsjo] (*pl. -zi*) **1.** *adj.* Geburts...; Weihnachts...; *acquisti m/pl. -i* Weihnachtseinkäufe *m/pl.*; *vacanze f/pl. -e* Weihnachtsferien *pl.*; **2.** *m* Geburtstag *m*.

nat|ante [na'tante] schwimmend; **~atoia** [-ta'tɔ:ja] *f* Schwimmhaut *f*; **~atorio** [-ta'tɔ:rjo] (*pl. -ri*) Schwimm...; *vescica f -a* Schwimmblase *f*.

natica [na:tika] *f* (*pl. -che*) Hinterbacke *f*; *-che pl.* Gesäß *n*.

natio [na'ti:o] *s. nativo.*

nat|ività [nativi'ta] *f* Geburt *f*; **~ivo** [-'ti:vo] **1.** *adj.* heimatlich; gebürtig; stammend (aus); Geburts...; *fig.* angeboren; **2.** *m* Eingeborene(r) *m*.

nato [na:to] (*p.p. v. nascere*) geboren; *~ morto* totgeboren; *~ con la camicia* Glückspilz *m*, Sonntagskind *n*.

natta [nat-ta] *f* Grützbeutel *m*.

natura [na'tu:ra] *f* Natur *f*; Wesen *n*; Charakter *m*; ℙ weibliches Geschlechtsorgan *n*; *Mal. ~ morta* Stilleben *n*; † *in ~* Natural...; *contro ~* naturwidrig; *per ~* von Natur aus; *secondo ~* naturgemäß, natürlich.

natur|ale [natu'ra:le] **1.** *adj.* natürlich; naturgetreu; naturgemäß; selbstverständlich; Natur...; *Kochk.* ohne Beigaben; **2.** *m* Wesen *n*; Charakter *m*; *Mal., Skulp. al ~ in* Lebensgröße; *più grande del ~* überlebensgroß; *protezione f delle bellezze -i* Naturschutz *m*; **~alezza** [-ra'let-tsa] *f* Natürlichkeit *f*; **~alismo** [-ra'lizmo] *m* Naturalismus *m*; **~alista** [-ra'lista] *su.* (*m/pl. -i*) Naturforscher(in *f*) *m*; *Mal., Lit.* Naturalist(in *f*) *m*; ⚕ Naturheilkundige(r *m*) *m u. f*; **~alistico** [-ra-'listiko] (*pl. -ci*) naturalistisch; **~alità** [-rali'ta] *f* Staatsangehörigkeit *f*; **~alizzare** [-ralid-'dza:re] (1a) naturalisieren; **~alizzazione** [-ralid-dzatsi'o:ne] *f* Naturalisierung *f*; **~ismo** [-'rizmo] *m* Naturheilverfahren *n*; **~ista** [-'rista] *m* (*pl. -i*)

Anhänger *m* e-r natürlichen Lebensweise.

naufr|agare [naufra'ga:re] (11 *u. e*) Schiffbruch erleiden; *fig.* scheitern; **~agio** [-'fra:dʒo] *m* (*pl. -gi*) Schiffbruch *m*; Untergang *m*.

naufrago [na:ufrago] *m* (*pl. -ghi*) Schiffbrüchige(r) *m*.

nausea [na:uzea] *f* Übelkeit *f*; Ekel *m*; Brechreiz *m*; *far ~ a qu.* j-n anekeln.

nause|abondo [nauzea'bondo] ekelhaft; **~ante** [-ze'ante] ekelerregend; **~are** [-ze'a:re] (11) anekeln; **~ato** [-ze'a:to] blasiert.

nautic|a [na:utika] *f* Schiffahrtskunde *f*; **~o** [-ko] (*pl. -ci*) See...; Schiffahrts...; *carta f -a* Seekarte *f*; *sport m ~* Wassersport *m*.

nautilo [na:utilo] *m* Nautilus *m*.

nav|ale [na'va:le] See...; *accademia f ~* Seekadettenschule *f*; *base f ~* Flottenbasis *f*; Flottenstützpunkt *m*; *stazione f ~* Flottenstation *f*; *battaglia f ~* Seeschlacht *f*; *cantiere m ~* Werft *f*; *ingegnere m ~* Schiffsingenieur *m*; *forze f/pl. -i* Seemacht *f*; **~ata** [-'va:ta] *f* △ Schiff *n*; *~ maggiore* Langschiff *n*.

nave [na:ve] *f* Schiff *n*; *~ da guerra* Kriegsschiff *n*; *~ cisterna* Tanker *m*; *~ passeggeri* Passagierschiff *n*; *~ di linea* Linienschiff *n*; *~ portaerei* Flugzeugträger *m*; *~ ammiraglia* Flaggschiff *n*; *~ di convoglio* Begleitschiff *n*; *~ fanale* Feuerschiff *n*; *~ da battaglia* Schlachtschiff *n*; *la ~ fa acqua* das Schiff ist leck; *~ scuola* Schulschiff *n*.

navetta [na'vet-ta] *f* ⊕ Schiff (Weberschiff) *n*.

navicella [navi'tʃɛl-la] *f* Schiffchen *n*; 🜨 Gondel *f*; *Rel.* Räucherbüchse *f*.

navig|abile [navi'ga:bile] schiffbar; **~abilità** [-gabili'ta] *f* Schiffbarkeit *f*; **~ante** [-'gante] *m* Seefahrer *m*; **~are** [-'ga:re] (1) **1.** *v/t.* befahren; **2.** *v/i.* zur See fahren; 🜨 fliegen; *fig.* sich befinden; *fig. ~ in cattive acque* sich in e-r schlechten Lage befinden; *~ a vela* segeln; **~ato** [-'ga:to] *fig.* erfahren; **~atore** [-ga'to:re] *m* Seefahrer *m*; 🜨 Navigator *m*; **~azione** [-gatsi'o:ne] *f* Schiffahrt *f*; Navigation *f*; *~ interna* Binnenschiffahrt *f*; *~ marittima* Seeschiff-

fahrt *f*; ～ *a vela* Segelschiffahrt *f*;
～ *aerea* Luftfahrt *f*, Luftverkehr *m*;
società f di ～ Schiffahrtsgesellschaft
f.

naviglio [na'vi:ʎo] *m* (*pl.* -gli)
Schiff *n*; Flotte *f*; ～ *mercantile*
Handelsflotte *f*.

navone [na'vo:ne] *m* Kohlrübe *f*.

nazion|ale [natsio'na:le] **1.** *adj.*
national; staatlich; einheimisch;
Landes...; *festa f* ～ Nationalfeiertag
m; *in moneta* ～ in Landeswährung;
2. *f* Fernverkehrsstraße *f*; *Sport*:
(Fußball-)Nationalmannschaft *f*;
～alismo [-na'lizmo] *m* Nationalis-
mus *m*; **～alista** [-na'lista] *su.* (*m/pl.*
-i) Nationalist(in *f*) *m*; **～alistico**
[-na'listiko] (*pl.* -ci) nationalistisch;
～alità [-nali'ta] *f* Nationalität *f*;
Staatsangehörigkeit *f*; **～alizzare**
[-nalid-'dza:re] (1a) nationalisieren;
verstaatlichen; **～alizzazione** [-na-
lid-dzatsi'o:ne] *f* Verstaatlichung *f*;
～alsocialismo [-nalsotʃa'lizmo] *m*
s. nazismo.

nazione [natsi'o:ne] *f* Nation *f*,
Volksgemeinschaft *f*; Staat *m*; *bene
m della* ～ Volkswohl *n*; *ehm. società
f delle -i* Völkerbund *m*.

naz|ismo [na'tsizmo] *m* Nazismus
m, Nationalsozialismus *m*; **～ista**
[-'tsista] *su.* (*m/pl.* -i) Nationalsozia-
list(in *f*) *m*, Nazi *m*.

ne¹ [ne] **1.** *pron.* (= *di lui usw.*) von
ihm, von ihr, von ihnen; (= *di ciò
usw.*) davon, darüber, damit; **2.**
Ortspron. von dort, von hier.

ne² [ne] *prp.* ne *la*, ne *lo usw.* anstatt
nella, nello usw.

ne' [ne] = *nei.*

né [ne] und nicht; auch nicht;
～ ... ～ weder ... noch.

neanche [ne'aŋke] auch nicht;
nicht einmal.

nebbia [neb-bia] *f* Nebel *m*; *cortina f di* ～ Nebelwand *f*.

nebb|ietta [neb-bi'et-ta] *f*, **～iolina**
[-bio'li:na] *f* leichter Nebel *m*.

nebbiolo [neb-bi'ɔ:lo] *m* *piemontesischer Rotwein*.

nebb|ione [neb-bi'o:ne] *m* dichter
Nebel *m*; **～iosità** [-biosi'ta] *f*
Nebligkeit *f*; *fig.* Verschwommen-
heit *f*; **～ioso** [-bi'o:so] neblig; ver-
schwommen; dunstig; *tempo m* ～
Nebelwetter *n*.

nebulizz|are [nebuliz-'dza:re] (1a)
zerstäuben, sprühen; **～atore** [-dza-

'to:re] *m* Zerstäuber *m*; **～azione**
[-dzatsi'o:ne] *f* Zerstäubung *f*.

nebul|osa [nebu'lo:sa] *f* *Astr.* Ne-
belfleck *m*; **～osità** [-losi'ta] *f* Ne-
belhaftigkeit *f*; **～oso** [-'lo:so] ne-
belhaft.

necess|ario [netʃes-'sa:rio] (*pl.* -ri)
1. *adj.* nötig, notwendig; **2.** *m* Nö-
tige(s) *n*; Necessaire (Reisenecess-
saire) *n*; **～ità** [-si'ta] *f* Notwendigkeit *f*; Not *f*; *articolo m di prima* ～
Bedarfsartikel *m*; *in caso di* ～ im
Notfall; *avere* ～ *di qc.* et. nötig
haben; *per* ～ aus Not; **～itare**
[-si'ta:re] (1m *u.* b) **1.** *v/t.* erfor-
dern; **2.** *v/i.* brauchen, nötig haben;
3. *unpers.* nötig sein.

necr|oforo [ne'krɔ:foro] *m* Leichen-
träger *m*; *Zool.* Totengräber *m*;
～ologia [-krolo'dʒi:a] *f* Nachruf *m*;
～ologico [-kro'lɔ:dʒiko] (*pl.* -ci)
nekrologisch; **～ologo** [-kro'lɔ:dʒo]
m (*pl.* -gi) Totenliste *f*; Nachruf *m*;
～omante [-kro'mante] *m s. negro-
mante*; **～opoli** [-'krɔ:poli] *f* Grabstätte *f*; Totenstadt *f*; **～oscopia**
[-krosko'pi:a] *f* Leichenschau *f*;
～osi [-'krɔ:zi] *f* Knochenbrand *m*.

nef|andezza [nefan'det-tsa] *f* Ruch-
losigkeit *f*; **～ando** [-'fando] ruchlos; **～asto** [-'fasto] unheilvoll.

nefr|ite [ne'fri:te] *f* Nierenent-
zündung *f*; **～itico** [-'fri:tiko] (*pl.*
-ci) **1.** *adj.* Nieren...; **2.** *m* Nieren-
kranke(r) *m*.

neg|abile [ne'ga:bile] zu leugnen(d);
verweigerbar; **～abilità** [-gabili'ta]
f Verneinbarkeit *f*; **～are** [-'ga:re]
(1e) verneinen; leugnen; verleugnen; verweigern; absprechen; *in
Abrede stellen*; **～ativa** [-ga'ti:va] *f*
Verneinung *f*; Verweigerung *f*;
Phot. Negativ *m*; **～ativamente** [-ga-
tiva'mente] in verneinender Weise;
abschlägig; **～ativo** [-ga'ti:vo] verneinend; abschlägig; Verneinungs-
...; *& morsetto m* ～ Minusklemme *f*;
responso m ～ Fehlanzeige *f*; **～ato**
[-'ga:to] : *essere* ～ *a qc.* für e.
(*acc.*) unbegabt sein; **～atore** [-ga-
'to:re] *m* Verneiner *m*; Leugner *m*;
～azione [-gatsi'o:ne] *f* Negation *f*,
Verneinung *f*.

neghittoso [negit-'to:so] träge; faul.

negletto [ne'glet-to] **1.** *s. negligere*;
2. *adj.* nachlässig; vernachlässigt.

negli [ne'ʎi] *prp. in mit dem art. gli.*

négligé [negli'ʒe] *m* Morgenrock *m*.

neglig|ente [negli'dʒɛnte] nachlässig; **~enza** [-'dʒɛntsa] f Nachlässigkeit f.

negligere [ne'gliːdʒere] (3u) vernachlässigen.

negozi|abile [negotsi'aːbile] umsetzbar; ~ *alla borsa* an der Börse gehandelt; **~abilità** [-tsiabiliˈta] f Umsetzbarkeit f; Handelbarkeit f; ~ *bancaria* Bankfähigkeit f; **~ante** [-tsiˈante] m Kaufmann m; ~ *in olio* Ölhändler m; **~are** [-tsiˈaːre] (1g u. c) **1.** v/t. verhandeln über (*acc.*); **2.** v/i. verhandeln; ✝ handeln (*in* mit *dat.*); **~ato** [-tsiˈaːto] m Verhandlung f; -*di pace* Friedensverhandlungen f/pl.; **~atore** [-tsiaˈtoːre] m Unterhändler m; **~azione** [-tsiatsiˈoːne] f Verhandlung f.

negozio [neˈgɔːtsio] m (*pl. -zi*) Geschäft n; Handel m; Sache f, Angelegenheit f; ~ *di generi alimentari* Lebensmittelgeschäft n; *apertura* f *di* ~ Geschäftseröffnung f.

negra [neˈgra] f Negerin f.

negr|iera [negriˈɛːra] f Sklavenschiff n; **~iere** [-riˈɛːre] m Sklavenhändler m; *fig.* Leuteschinder m, Ausbeuter m.

negro [neˈgro] **1.** *adj.* schwarz; **2.** m Neger m.

negrom|ante [negroˈmante] m Nekromant m, Totenbeschwörer m; **~antico** [-ˈmantiko] (*pl. -ci*) nekromantisch; **~anzia** [-manˈtsiːa] f Totenbeschwörung f; Schwarze Kunst f.

neh? [neː] nicht wahr?

nei [nei], **nel** [nel], **nell'** [nel-l], **nella** [nel-la], **nelle** [nel-le], **nello** [nel-lo] *prp.* in mit dem *art. i, il, l', la, le, lo.*

nembo [nembo] m Sturm m; Nebelschleier m; ~ *di polvere* Staubwolke f.

nem|ica [neˈmiːka] f (*pl. -che*) Feindin f; **~ico** [-ˈmiːko] (*pl. -ci*) **1.** *adj.* feindlich; *essere* ~ feindlich gesinnt sein; **2.** m Feind m; ~ *mortale* Todfeind m.

nemm|anco [nem-ˈmaŋko] *lit.*, **~eno** [-ˈmeːno] auch nicht, nicht einmal; ~ *io* ich auch nicht; ~ *per ombra* nicht im geringsten.

nenia [nɛːnia] f Nänie f, Klagelied n.

neo [nɛːo] m Leberfleck m, Schönheitsmal n; *fig.* kleiner Fehler m.

neo... *in Zssgn* neu...; Neu...

neo|classicismo [neoklas-siˈtʃizmo]

m Neoklassik f; **~fascismo** [-faʃˈʃizmo] m Neofaschismus m.

neofito [neˈɔːfito] m Neubekehrte(r) m.

neo|latino [neolaˈtiːno] neulateinisch; *Sprachw.* romanisch; **~litico** [-ˈliːtiko] (*pl. -ci*) neusteinzeitlich; **~logismo** [-loˈdʒizmo] m Neologismus m.

neon [nɛːon] m Neonlicht n; *luce* f *al* ~ Neonlicht n; *tubo* m *al* ~ Neonröhre f.

neonato [neoˈnaːto] m Neugeborene(r) m.

nepotismo [nepoˈtizmo] m Nepotismus m, Vetternwirtschaft f.

neppure [nep-ˈpuːre] auch nicht; nicht einmal; ~ *per idea* nicht im geringsten; *neppur'io* ich auch nicht.

nequizia [nekuˈiːtsia] f Schlechtigkeit f; Verruchtheit f.

nerastro [neˈrastro] schwärzlich.

nerbata [nerˈbaːta] f Peitschenhieb m.

nerbo [nɛrbo] m Ochsenziemer m; *fig.* Kraft f; ✂ Kern m.

nerboruto [nerboˈruːto] nervig.

ner|eggiante [nered-ˈdʒante] schwärzlich; ins Schwarze übergehend; **~eggiare** [-red-ˈdʒaːre] (1f) **1.** v/i. ins Schwarze übergehen; schwarz aussehen; **2.** v/t. schwärzlich färben; **~etto** [-ˈret-to] m *Typ.* Halbfettschrift f; Halbfettdruck m; **~iccio** [-ˈrit-tʃo] (*pl. -cci*) schwärzlich.

nero [neːro] **1.** *adj.* schwarz; *fig.* finster; ~ *come il carbone* kohlschwarz; *vino* m ~ Rotwein m; *borsa* f -*a* Schwarzmarkt m; **2.** m Schwarze(r) m, Mohr m.

nerofumo [neroˈfuːmo] m Ruß m.

nerognolo [neˈroːɲolo] schwärzlich.

nervatura [nervaˈtuːra] f Nervensystem n; ⊕ Rippen f/pl.; ⚘ Blattrippen f/pl.

nervino [nerˈviːno] nervenstärkend.

nervo [nɛrvo] m Nerv m; ⚘ Rippe f; *fig.* Kraft f; *dare ai* -*i a qu.* j-n nervös machen, j-m auf die Nerven gehen.

nerv|osismo [nervoˈzizmo] m Nervosität f; **~oso** [-ˈvoːso] **1.** *adj.* nervös; ⊕ sehnig; Nerven...; *commozione* f -*a* Nervenschock m; *esaurimento* m ~ Nervenzusammenbruch m; *malattie* f/pl. -*e* Nervenkrankheiten f/pl.; **2.** m Nervenerre

gung f; F *mi viene il* ~ ich werde nervös.

nespol|a [nɛspola] f Mispel f; -e *pl. fig.* Prügel *pl.*; **~o** [-lo] m Mispelbaum m.

nesso [nɛs-so] m Zusammenhang m.

nessuno [nes-'suːno] **1.** *adj.* kein; **2.** *pron.* niemand.

netta|penne [net-ta'pen-ne] m *inv.* Federwischer m; **~piedi** [-pi'ɛːdi] m *inv.* Fußmatte f.

nettare¹ [net-'taːre] (1a) reinigen; Zähne, Nase putzen.

nettare² [nɛt-tare] m Nektar m, Göttertrank m.

nettezza [net-'tet-tsa] f Reinheit f; ~ *urbana* Straßenreinigung f.

netto [net-to] **1.** *adj.* rein; *di* ~ glatt; *guadagno m* ~ Reingewinn m; *chiaro e* ~ klar und deutlich; ✝ Netto...; **2.** m Reine(s) n.

netturbino [net-tur'biːno] m Straßenkehrer m.

neu|rologia [neurolo'dʒiːa] f Neurologie f; **~rologo** [-'rɔːlogo] m (*pl.* -gi) Neurologe m; **~ropatia** [-pa-'tiːa] f Nervenleiden n; **~ropatico** [-'paːtiko] (*pl.* -ci) **1.** *adj.* neuropathisch; **2.** m Nervenleidende(r) m; **~rosi** [-'rɔːzi] f Neurose f.

neutr|ale [neu'traːle] neutral; **~alismo** [-tra'lizmo] m Neutralität f; **~alista** [-tra'lista] *su.* (*m/pl.* -i) Neutralist(in f) m; **~alità** [-trali'ta] f Neutralität f; **~alizzare** [-tralid-'dzaːre] (1a) neutralisieren; **~alizzazione** [-tralid-dzatsi'oːne] f Neutralisierung f.

neutro [nɛːutro] **1.** *adj.* neutral; parteilos; *Gram.* zum Neutrum gehörig; **2.** m Neutrum n.

neutrone [neu'troːne] m Neutron n.

nev|aio [ne'vaːio] m (*pl.* -ai) Schneeberg m; **~ata** [-'vaːta] f Schneefall m.

neve [neːve] f Schnee m; *fiocco m di* ~ Schneeflocke f; *palla f di* ~ Schneeball m; *bianco come la* ~ schneeweiß.

nev|icare [nevi'kaːre] (1l *u.* d) schneien; **~icata** [-vi'kaːta] f Schneefall m; **~ischio** [-'viskio] m Schneegestöber n; feiner, körniger Schnee m; **~oso** [-'voːso] schneeig, schneebedeckt.

nevr|algia [nevral'dʒiːa] f Neuralgie f, Nervenschmerz m; **~algico** [-'vraldʒiko] (*pl.* -ci) neuralgisch;

Nerven...; *punto m* ~ empfindliche Stelle f (*a. fig.*); **~astenia** [-vraste-'niːa] f Neurasthenie f; **~astenico** [-vras'tɛːniko] (*pl.* -ci) neurasthenisch; **~osi** [-'vrɔːzi] f Neurose f; **~otico** [-'vrɔːtiko] (*pl.* -ci) **1.** *adj.* neurotisch; **2.** m Neurotiker m; Nervenmittel n.

nevvero? [nev-'veːro] nicht wahr?

nibbio [nib-bio] m (*pl.* -bbi) Hühnergeier m.

nicchia [nik-kia] f Muschel f; △ Nische f.

nicchiare [nik-ki'aːre] (1k) unschlüssig sein, schwanken.

nicchio [nik-kio] m (*pl.* -cchi) Muschel f.

nichel [niːkel] m Nickel n.

nichel|are [nike'laːre] (1b) vernickeln; **~atura** [-la'tuːra] f Vernickelung f.

nichelino [nike'liːno] m kleine Nickelmünze f.

nichelio [ni'kɛːlio] m Nickel n.

nichil|ismo [niki'lizmo] m Nihilismus m; **~ista** [-'lista] *su.* (*m/pl.* -i) Nihilist(in f) m.

nico|tina [niko'tiːna] f Nikotin n; **~tinismo** [-ti'nizmo] m Nikotinvergiftung f.

nid|iata [nidi'aːta] f Brut f; *fig.* Kinderschar f; **~ificare** [-difi'kaːre] (1m *u.* d) nisten.

nido [niːdo] m Nest n; Kindergarten m; ~ *d'uccelli* Vogelnest n.

niellare [niel-'laːre] (1b) ⊕ niellieren.

niello [ni'ɛl-lo] m Niello n; Niellierarbeit f.

niente [ni'ɛnte] **1.** m Nichts n; *un bel* ~ rein gar nichts; **2.** *adv.* nichts; *non ho* ~ ich habe nichts; *non dirò mai* ~ ich werde nie etwas sagen; ~ *affatto, per* ~ durchaus nicht; vergebens; umsonst; ~ *paura!* nur keine Furcht!; ~ *lettere* keine Briefe; *grazie! — ~!* danke! — keine Ursache!; *come se* ~ *fosse* mir nichts dir nichts.

niente|dimeno [niɛntedi'meːno] nichtsdestoweniger; **~meno** [-'meːno] nichts weniger; ~! nichts Geringeres!

nimbo [nimbo] m Nimbus m, Heiligenschein m.

ninfa [ninfa] f Nymphe f; *Zool.* Puppe f.

ninf|ea [nin'fɛːa] f Wasserlilie f;

Seerose *f*; **~omane** [-'fɔ:mane] mannstoll; **~omania** [-foma'ni:a] *f* Mannstollheit *f*.

ninnananna [nin-na'nan-na] *f* Wiegenlied *n*.

ninnare [nin-'na:re] (1a) einlullen.

ninnolo [nin-nolo] *m* Spielzeug *n*; *-i pl.* Nippsachen *f/pl.*

nipote [ni'po:te] *su.* Neffe *m*, Nichte *f*; Enkel *m*, Enkelin *f*; *-i pl.* Nachkommen *m/pl.*

nipponico [nip-'pɔ:niko] (*pl. -ci*) japanisch.

nitidezza [niti'det-tsa] *f* Klarheit *f*; *Phot.* ~ *dell'immagine* Bildschärfe *f*.

nitido [ni:tido] klar; *Phot.* scharf.

nitore [ni'to:re] *m* Glanz *m*, Klarheit *f*.

nitrato [ni'tra:to] *m* Nitrat *n*.

nitrico [ni:triko] (*pl. -ci*) salpetersauer; Salpeter...

nitrificazione [nitrifikatsi'o:ne] *f* Salpeterbildung *f*.

nitr|ire [ni'tri:re] (4d) wiehern; **~ito** [-'tri:to] *m* Gewieher *n*.

nitro [ni:tro] *m* Salpeter *m*.

nitro|glicerina [nitroglitʃe'ri:na] *f* Nitroglyzerin *n*; **~oso** [-'tro:so] salpet(e)rig.

niuno [ni'u:no] *s.* nessuno.

niveo [ni:veo] schneeweiß.

no [nɔ] nein; ~ *e poi* ~ nein und abermals nein; *se* ~ sonst; andernfalls; *dire di* ~ nein sagen; *se* ~, ~ wenn nicht, dann nicht; *non dico di* ~, *ma* das schon, aber; *piccolo anzi che* ~ eher klein; ~ *davvero* wahrhaftig nicht.

nobile [nɔ:bile] 1. *adj.* edel; *Heral.* ad(e)lig; *guardia f* ~ Nobelgarde *f*; 2. *m* Adlige(r) *m*.

nobil|iare [nobili'a:re] ad(e)lig; Adels...; *titolo* ~ *m* Adelstitel *m*; **~itare** [-li'ta:re] (1m) adeln; **~itazione** [-litatsi'o:ne] *f* Erhebung *f* in den Adelsstand; **~tà** [-bil'ta] *f* Adel *m*.

nocca [nɔk-ka] *f* (*pl. -cche*) Knöchel *m*.

nocchi|ere [nok-ki'ɛ:re] *m*, **~ero** [-ro] *m* Steuermann *m*.

nocchieruto [nok-kie'ru:to] knorrig.

nocchio [nɔk-kio] *m* (*pl. -cchi*) Knorren *m*.

nocchiuto [nok-ki'u:to] knorrig.

noccio [nɔt-tʃo] *s.* nuocere.

noccilola [not-'tʃo:la] *f* Hasel-

nuß *f*; *color* ~ haselnußfarben; **~olina** [-tʃo'li:na] *f* (*a.* ~ *americana*) Erdnuß *f*; **~olo**[1] [-'tʃɔ:lo] *m* Haselnußstrauch *m*.

nocciolo[2] [nɔt-tʃolo] *m* Kern *m* (*a. fig.*).

noce [no:tʃe] 1. *m* Nußbaum *m*; Nußbaumholz *n*; 2. *f*; *Anat.* Knöchel (Fußknöchel) *m*; ~ *di cocco* Kokosnuß *f*; ~ *di galla* Gallapfel *m*; ~ *moscata* Muskatnuß *f*; ~ *vomica* Brechnuß *f*; *Kochk.* ~ *di vitello* Kalbsnuß *f*.

noc|ella [no'tʃɛl-la] *f* Knöchel (Handknöchel) *m*; **~eto** [-'tʃe:to] *m* Nußbaumhain *m*.

nociuto [no'tʃu:to] *s.* nuocere.

nocivo [no'tʃi:vo] schädlich.

nocqui [nɔk-kui] *s.* nuocere.

nocumento [noku'mento] *m* lit. Schaden *m*.

nodello [no'dɛl-lo] *m* Knorren *m*; *Anat.* Gelenk *n*.

nodo [nɔ:do] *m* Knoten *m* (*a.* ⚓); *fig.* Band *n*; Schwierigkeit *f*, Verwicklung *f*; 🚂 Knotenpunkt *m*; *Kleidung*: Schleife *f*; *c.s.* Fessel *f*; ~ *gordiano* Gordischer Knoten *m*; ~ *linfatico* Lymphknoten *m*; ~ *stradale* Straßenknotenpunkt *m*; *fig.* *avere un* ~ *alla gola* ein Würgen in der Kehle haben; *il* ~ *della questione* der Kern der Frage; *tutti i -i vengono al pettine* es ist nichts so fein gesponnen, es kommt doch ans Licht der Sonnen.

nod|osità [nodosi'ta] *f* Knorrigkeit *f*; **~oso** [-'do:so] knorrig.

nodulo [nɔ:dulo] *m* 🎗 Knötchen *n*.

noi [noi] wir; *di* ~ unser; *a* ~ uns; *con* ~ mit uns; *senza di* ~ ohne uns; ~ *altri* wir; *a* ~! auf!

noia [nɔ:ia] *f* Lang(e)weile *f*; Belästigung *f*; *-e pl.* Unannehmlichkeiten *f/pl.*; *dar* ~ *a qu.* j-n belästigen; *venire a* ~ zum Überdruß werden.

noi|osità [noiosi'ta] *f* Langweiligkeit *f*; Lästigkeit *f*; **~oso** [-i'o:so] langweilig; lästig; umständlich.

nol|eggiare [noled-'dʒa:re] (1f) verfrachten; mieten; **~eggiatore** [-led-dʒa'to:re] *m* Verfrachter *m*; Mieter *m*; **~eggio** [-'led-dʒo] *m* Verfrachten *n*; Mieten *n*; Fracht *f*; Miete *f*; ~ *d'auto* Autovermietung *f*; Autoverleih *m*; *autovettura f da* ~

Mietauto n; *contratto m di ~* Leihvertrag m.

nolente [no'lɛnte] widerwillig.

nolo [nɔ:lo] m Fracht f; Miete f; Leihgebühr f; Bootsmiete f; *~ supplementare* Mehrfracht f; *prendere a ~* mieten; *dare a ~* vermieten.

nomade [nɔ:made] **1.** *adj.* nomadisch; *circo m ~* Wanderzirkus m; **2.** *m* Nomade m.

nom|are [no'ma:re] (1a) *lit.* benennen; *~arsi* [-'marsi] *lit.* heißen.

nome [no:me] m Name m; Vorname m; *Gram.* Nomen n, Hauptwort n; *~ proprio* Eigenname m; *~ di battesimo* Vorname m, Taufname m; *~ di famiglia* Familienname m; *~ e cognome* Vor- und Zuname m; *di ~ Edoardo* mit Namen Eduard; *cose f/pl. senza ~* unglaubliche Dinge n/pl.; *avere il ~ di* heißen; *metter ~ a qu.* j-n benennen; *conoscere di ~* dem Namen nach kennen; *in ~ di* in Vertretung von; *senza ~* namenlos; *fig.* gemein.

nom|ea [no'me:a] f Ruf m; *~enclatura* [-meŋkla'tu:ra] f Nomenklatur f; *~ignolo* [-'mi:ɲolo] m Spitzname m.

nomina [nɔ:mina] f Ernennung f.

nomin|abile [nomi'na:bile] nennbar; ernennbar; *~ale* [-'na:le] namentlich; Namen...; *appello m ~* Namensaufruf m; *~* nominell; *valore m ~* Nennwert m; *~are* [-'na:re] (11 *u. c*) nennen; ernennen (*a* zu *dat.*); benennen; *~ erede* zum Erben einsetzen; *~arsi* [-'narsi] heißen; *~atamente* [-nata'mente] namentlich; *~ativo* [-na'ti:vo] **1.** *adj.* auf den Namen lautend; **2.** *m* Name m; Adresse f; *Gram.* Nominativ m.

non [non] nicht; *~ già che* nicht, daß; *~ che* geschweige denn; *~ ... punto* nicht im geringsten; *~ cedibile* unabtretbar; *~ valido* ungültig.

non|agenario [nonadʒe'na:rio] (*pl. -ri*) **1.** *adj.* neunzigjährig; **2.** *m* Neunziger m; *~agesimo* [-na'dʒe:zimo] neunzigste; *~agono* [-'na:gono] m Neuneck n.

nonché [noŋ'ke] geschweige denn; ebenso wie, sowie.

nonconformista [noŋkonfor'mista] *su.* (*m/pl. -i*) Nonkonformist(in f) m.

noncur|ante [noŋku'rante] gleich-

gültig; *~ di* unbekümmert um; *~anza* [-'rantsa] f Unbekümmertheit f; Gleichgültigkeit f.

nondimeno [nondi'me:no] nichtsdestoweniger.

nonn|a [nɔn-na] f Großmutter f; *~o* [-no] m Großvater m; *-i* pl. Großeltern pl.; Vorfahren m/pl.

nonnulla [non-'nul-la] m inv. Kleinigkeit f.

nono [nɔ:no] **1.** *adj.* neunte; **2.** *m* Neuntel n.

non|ostante [nonos'tante] trotz; (*a. ~ che*) trotzdem; *ciò ~* trotz alledem; *~pertanto* [-per'tanto] nichtsdestoweniger; *~plusultra* [-plu-'sultra] m Höchste(s) n; Äußerste(s) n; *~senso* [-'sɛnso] m Unsinn m.

non-ti-scordar-di-me [nontiskor-'dardime] m inv. Vergißmeinnicht n.

nonuplo [nɔnuplo] neunfach.

norcino [nor'tʃi:no] m Schweinemetzger m.

nord [nɔrd] m Nord(en) m; *mare m del ~* Nordsee f; *al ~ di* nördlich von; *più al ~* nördlicher.

nordest [nor'dɛst] m Nordosten m.

nordico [nɔrdiko] (*pl. -ci*) nordisch.

nordovest [nor'dɔ:vest] m Nordwesten m.

norma [nɔrma] f Norm f; Richtschnur f; Anweisung f; Regel f; *-e vigenti* geltende Bestimmungen f/pl.; *-e per l'uso* Gebrauchsanweisungen f/pl.; *-e di circolazione* Verkehrsvorschriften f/pl.; *a ~ di legge* laut Gesetz; *a ~ di applicazione* Anwendungsvorschrift f; *a ~ di gemäß* (*dat.*); *di ~, per ~* zur Richtschnur; *per tua ~* damit du es weißt.

norm|ale [nor'ma:le] normal; vorschriftsmäßig; *~alità* [-mali'ta] f Normalität f; *~alizzare* [-malid-'dza:re] normalisieren; *~alizzazione* [-malid-dzatsi'o:ne] f Normalisierung f.

normanno [nor'man-no] **1.** *adj.* normannisch; **2.** *m* Normanne m.

normativo [norma'ti:vo] maßgebend, normativ.

normografo [nor'mɔ:grafo] m Schablone f.

norvegese [norve'dʒe:se] **1.** *adj.* norwegisch; **2.** *m* Norwegisch(e) n; **3.** *su.* Norweger(in f) m.

nosocomio [nozo'kɔ:mio] m (*pl. -mi*) Krankenhaus n.

nossignore [nɔs-si'ɲoːre] nein, mein Herr.

nost|algia [nostal'dʒia] f Sehnsucht f (di nach dat.); Heimweh n; **~algico** [-'taldʒiko] (pl. -ci) sehnsüchtig; von Heimweh ergriffen.

nostr|ale [nos'traːle], **~ano** [-'traːno] **1.** adj. einheimisch; hiesig; Landes...; **2.** m Landeswein m.

nostro [nɔstro] **1.** adj. pron. unser; il ~ amico unser Freund; i ~ i genitori unsere Eltern; questo giardino è ~ dieser Garten gehört uns; la -a del 5 marzo unser Brief vom 5. März; il ~ der unsrige; **2.** m Unsrige n; unsere Habe f; il ~ (od. il ~ autore m) unser Autor m; i -i pl. die Unsrigen su./pl.; unsere Angehörigen su./pl.

nostromo [nos'trɔːmo] m Maat m.

nota [nɔːta] f Aufzeichnung f; ⫷ Anmerkung f; Verzeichnis n; Liste f; † Rechnung f; Note f; fig. Gepräge n, Eigenart f; ~ caratteristica charakteristische Eigenart f; ~ diplomatica diplomatische Note f; † ~ di consegna Ablieferungsschein m; ~ a piè pagina Fußnote f; degno di ~ bemerkenswert; prendere ~ di qc. et. aufschreiben; von et. (dat.) Kenntnis nehmen.

notabene [nota'bɛːne] m Notabene n, Vermerk m.

not|abile [no'taːbile] **1.** adj. beachtenswert; angesehen; **2.** m/pl. -i Honoratioren pl.; **~abilità** [-tabili'ta] f Ansehen f; Honoratioren pl.

notaio [no'taːio] m (pl. -ai) Notar m.

not|are [no'taːre] (1c) aufzeichnen, aufschreiben; bemerken; Le faccio ~ che ich mache Sie darauf aufmerksam, daß; **~arsi** [-'tarsi] sich et. merken.

not|ariato [notari'aːto] m Notariat n; **~arile** [-ta'riːle] notariell; Notariats...; diritti m/pl. -i Notariatsgebühren f/pl.; **~aro** [-'taːro] m Notar m; **~azione** [-tatsi'oːne] f Anmerkung f; ♪ Notensystem n; **~erella** [-te'rɛl-la] f kleine Anmerkung f; **~evole** [-'teːvole] bemerkenswert; angesehen; **~ifica** [-'tiːfika] f (pl. -che) s. notificazione; **~ificare** [-tifi'kaːre] (1m u. d) bekanntmachen; kundtun; mitteilen; Pol. anmelden; **~ificazione**

[-tifikatsi'oːne] f Mitteilung f; Bekanntmachung f; Anmeldung f; **~izia** [-'tiːtsia] f Kunde f; Nachricht f; Neuigkeit f; Angabe f; ⫷ Kenntnis f; -e sportive Sportnachrichten f/pl.; le ultime -e die letzten Nachrichten; **~iziario** [-titsi'aːrio] m (pl. -ri) Chronik f; Zeitung: Nachrichtenteil m.

noto [nɔːto] bekannt; berühmt; far ~ kundtun, mitteilen.

not|oriamente [notoria'mente] in aller Öffentlichkeit; **~orietà** [-torie'ta] f Offenkundigkeit f; **~orio** [-'tɔːrio] (pl. -ri) allbekannt; offenkundig.

nott|ambulismo [not-tambu'lizmo] m Nachtwandeln n; **~ambulo** [-'tambulo] m Nachtwandler m; **~ata** [-'taːta] f Nacht f; fare la ~ die Nacht aufbleiben.

notte [nɔt-te] f Nacht f; di ~ nachts; camicia f da ~ Nachthemd n; ~ bianca durchwachte Nacht f; nella ~ dei tempi in grauer Vorzeit; buona ~! gute Nacht!; nel cuore della ~ mitten in der Nacht.

nottetempo [nɔt-te'tempo]: di ~ bei Nacht.

nottola [nɔt-tola] f Klinke f; Zool. Abendsegler m; fig. portare -e ad Atene Eulen nach Athen tragen.

nott|olino [not-to'liːno] m Fensterriegel m; Klinke f; **~olone** [-to'loːne] m Ziegenmelker m; fig. Nachtschwärmer m; **~urno** [-'turno] **1.** adj. nächtlich; Nacht...; ore f/pl. -e Nachtstunden f/pl.; volo m ~ Nachtflug m; **2.** m Rel. Nokturn f; Mal. Nachtbild n; ♪ Notturno m.

nov|anta [no'vanta] **1.** adj. neunzig; **2.** m Neunzig f; i ~ (anni) die Neunziger m/pl.; **~antenne** [-van'ten-ne] **1.** adj. neunzigjährig; **2.** m Neunzigjährige(r) m; **~antennio** [-van'ten-nio] m (pl. -nni) Zeitraum m von 90 Jahren; **~antesimo** [-van'teːzimo] **1.** adj. neunzigste; **2.** m Neunzigstel n; **~antina** [-van'tiːna] f (etwa) neunzig; essere sulla ~ in den Neunzigern sein.

nov|atore [nova'toːre] m Neuerer m; **~azione** [-vatsi'oːne] f Neuerung f; † Novation f.

nove [nɔːve] **1.** adj. neun; **2.** m Neun f.

novecento [nove'tʃento] **1.** adj. neunhundert; **2.** m Neunhundert f;

♀ zwanzigstes Jahrhundert *n; stile m ~* moderner sachlicher Stil *m; mobili m/pl. ~* Möbel *n/pl.* in moderner zweckentsprechender Form.

novella [no'vel-la] *f* Novelle *f.*

novell|are [novel-'la:re] (1b) *(Novellen (Geschichten) erzählen;* **~atore** [-la'to:re] *m* Erzähler *m,* Novellenerzähler *m;* **~iere** [-li'ε:-re] *m* Novellist *m;* Novellendichter *m;* **~ino** [-'li:no] **1.** *adj.* jung; frisch; **2.** *m* Neuling *m;* **~ista** [-'lista] *su. (m/pl. -i)* Novellist(in *f)* *m;* **~istica** [-'listika] *f* Novellenliteratur *f.*

novello [no'vel-lo] neu; jung.

nov|embre [no'vembre] *m* November *m;* **~ena** [-'ve:na] *f* neuntägige Andacht *f* (vor einem Fest); **~endiale** [-vendi'a:le] neuntägig; neun Tage dauernd; **~ennale** [-ven-'na:le] Neunjahres...; **~enne** [-'ven-ne] neunjährig; **~ennio** [-'ven-njo] *m (pl. -nni)* Zeitraum *m* von neun Jahren.

noverare [nove'ra:re] (11 *u.* c) zählen *(fra zu dat.).*

novero [no:vero] *f* Zahl *f.*

nov|ilunio [novi'lu:njo] *m (pl. -ni)* Neumond *m;* **~issimo** [-'vis-simo] allerneu(e)ste; **~ità** [-vi'ta] *f* Neuheit *f;* Neuigkeit *f;* Nachricht *f;* **~izia** [-'vi:tsja] *f* Novize *f;* **~iziato** [-vitsi'a:to] *m* Lehrzeit *f;* Rel. Noviziat *n;* **~izio** [-'vi:tsjo] *(pl. -zi)* **1.** *adj.* neu; unerfahren; **2.** *m* Neuling *m;* Rel. Novize *m.*

nozione [notsi'o:ne] *f* Kenntnis *f;* Begriff *m.*

nozze [not-tse] *f/pl.* Hochzeit *f; seconde ~* zweite Ehe *f; ~ d'oro* goldene Hochzeit *f.*

nube [nu:be] *f* Wolke *f.*

nubifragio [nubi'fra:dʒo] *m (pl. -gi)* Wolkenbruch *m.*

nubile [nu:bile] ledig *(nur von Mädchen); età ~* heiratsfähiges Alter *n.*

nuca [nu:ka] *f (pl. -che)* Nacken *m.*

nucle|are [nukle'a:re] Kern...; *armi f/pl. -i* Atom-, Kernwaffen *f/pl.; centrale ~* Atomkraftwerk *n; fisica f ~* Atomphysik *f; energia f ~* Atomenergie *f; scissione f ~* Atomspaltung *f;* **~ina** [-'i:na] *f* Nuklein *n.*

nucleo [nu:kleo] *m* Kern *m; Phys.* Atomkern *m; fig.* Gruppe *f; ~ cellulare* Zellkern *m.*

nud|ismo [nu'dizmo] *m* Nacktkultur

f; **~ista** [-'dista] *su. (m/pl. -i)* Anhänger(in *f) m* der Nacktkultur; **~ità** [-di'ta] *f* Nacktheit *f; fig.* Kahlheit *f.*

nudo [nu:do] **1.** *adj.* nackt; bloß; kahl; entblößt; *a occhio ~* mit bloßem Auge; *fig. ~ e crudo* ungeschminkt, unverblümt; *mettere a ~* bloßlegen; **2.** *m Mal.* Akt *m.*

null|a [nul-la] **1.** *adv.* nichts; *cosa f da ~* Kleinigkeit *f; per ~* durchaus nicht; *non per ~* nicht ohne Grund; *~ osta* es bestehen keine Bedenken; **2.** *m* Nichts *m; in bel ~* rein gar nichts; **~adimeno** [-ladi'me:no] nichtsdestoweniger; **~aosta** [-la-'osta] *m* Unbedenklichkeitsbescheinigung *f;* Genehmigung *f;* **~atenente** [-late'nente] bedürftig; **~atenenza** [-late'nentsa] *f* Mittellosigkeit *f;* **~ità** [-li'ta] *f* Nichtigkeit *f;* Ungültigkeit *f; fig.* Null *f.*

nullo [nul-lo] *adj.* nichtig; ungültig; *partita f ~* unentschiedener Kampf *m; dichiarare ~* für ungültig erklären.

nume [nu:me] *m* Gottheit *f.*

numer|abile [nume'ra:bile] zählbar; **~abilità** [-rabili'ta] *f* Zählbarkeit *f;* **~ale** [-'ra:le] **1.** *adj.* Zahl...; **2.** *m* Zahlwort *n;* **~are** [-'ra:re] (11) aufzählen; *Seiten* numerieren; **~ato** [-'ra:to] numeriert; **~atore** [-ra-'to:re] *m* Zähler *m (a. Ą);* Typ. Numerierapparat *m;* **~azione** [-ratsi'o:ne] *f* Zählen *n;* Numerierung *f;* **~icamente** [-rika'mente] numerisch; der Zahl nach.

numerico [nu'mε:riko] *(pl. -ci)* numerisch.

numero [nu:mero] *m* Zahl *f;* Anzahl *f;* Nummer *f; Gram.* Numerus *m; ~ cardinale* Grundzahl *f; ~ ordinale* Ordnungszahl *f; ~ frazionario* Bruchzahl *f; ~ di casa* Hausnummer *f; ~ di codice* Postleitzahl *f; ~ di targa* Autonummer *f; Tel. sbagliare il ~* falsch wählen; *Motor: ~ dei giri* Drehzahl *f,* Tourenzahl *f; abita al ~ 8* er wohnt Nummer 8; *~ speciale od. unico* Sondernummer *f (e-r Zeitschrift); essere in ~* beschlußfähig sein; *~ legale* Beschlußfähigkeit *f; nemico ~ uno* Hauptfeind *m; un gran ~ di* eine Reihe von.

numeroso [nume'ro:so] zahlreich.

numismatic|a [numiz'ma:tika] *f*

Münzkunde *f*; **~o** [-ko] (*pl.* -ci)
1. *adj.* numismatisch; Münzen...;
2. *m* Numismatiker *m*, Münz-
kenner *m*.
Nunziata [nuntsi'aːta] *f* Mariä Verkündigung *f*; *weibl. Vorname.*
nunziatura [nuntsia'tuːra] *f* Nun-
tiatur *f*.
nunzio [nuntsio] *m* (*pl.* -zi) Bote *m*;
Rel. Nuntius *m*.
nuocere [nu'ɔːtʃere] (3ii) schaden.
nuora [nu'ɔːra] *f* Schwiegertochter *f*.
nuot|are [nuo'taːre] (1c) schwim-
men; *ho nuotato* ich bin geschwommen; **~ata** [-ta'taːta] *f* Schwimmen *n*;
~atore [-ta'toːre] *m* Schwimmer *m*;
non ~ Nichtschwimmer *m*.
nuoto [nu'ɔːto] *m* Schwimmen *n*;
bacino m di ~ Schwimmbecken *n*;
~ *a rana* Brustschwimmen *n*; ~ *stile*
libero Freistilschwimmen *n*; ~ *sul*
dorso Rückenschwimmen *n*; *a* ~
schwimmend; *passare a* ~ durch-
schwimmen; *salvarsi a* ~ sich
durch Schwimmen retten.
nuova [nu'ɔːva] *f* Nachricht *f*.
nuovaiorchese [nuovaior'keːse] *su.*
New Yorker(in *f*) *m*.
nuovamente [nuova'mente] von
neuem, nochmals.
nuovo [nu'ɔːvo] **1.** *adj.* neu; noch
nicht gebraucht; unerfahren; anderer; weiter; *di* ~ wieder; *essere* ~
in qc. in et. (*dat.*) unbewandert sein;
essere ~ *in una città* in e-r Stadt

fremd sein; ~ *fiammante* funkelnagelneu; *un viso* ~ ein unbekanntes
Gesicht; *uomo m* ~ Emporkömm-
ling *m*; **2.** *m* Neue(s) *n*; *che c'è di* ~?
was gibt es Neues?; *di bel* ~ wie-
derum; *rimettere a* ~ erneuern.
nutria [nu:tria] *f* Biberratte *f*.
nutr|ice [nu'triːtʃe] *f* Amme *f*; *allg.*
Ernährerin *f*; **~iente** [-tri'ɛnte]
nährhaft; **~imento** [-tri'mento] *m*
Nahrung *f*; Ernährung *f*; **~ire**
[-'triːre] (4d *od.* 4a) nähren (*di* mit
dat.); *fig.* Hoffnungen hegen; *fuoco*
m nutrito lebhaftes Feuer *n*; **~irsi**
[-'trirsi] sich ernähren (*di* von *dat.*);
~itivo [-tri'tiːvo] nährhaft; *sostanza*
f -a Nährstoff *m*; **~ito** [-'trito]
ernährt, genährt; *fig.* lebhaft; **~i-**
zione [-tritsi'oːne] *f* Ernährung *f*.
nuvola [nu:vola] *f* Wolke *f*; *senza*
-e wolkenlos; *fig. cascare dalle -e*
aus den Wolken fallen.
nuvolaglia [nuvo'laːʎa] *f* Gewölk
n.
nuvolo [nu:volo] **1.** *adj.* wolkig; **2.** *m*
(große) Wolke *f*; *fig.* Schwarm *m*.
nuvol|osità [nuvolosi'ta] *f* Be-
wölktheit *f*; **~oso** [-'loːso] wolkig.
nuzi|ale [nutsi'aːle] hochzeitlich;
Braut...; Hochzeits...; *velo m* ~
Brautschleier *m*; *banchetto m* ~
Hochzeitsmahl *n*; *benedizione f* ~
Trauung *f*; **~alità** [-ali'ta] *f* Ehe-
schließungsziffer *f*.
nylon [na:ilon] *m* Nylon *n*.

O

O, o [ɔ] f u. m O, o n.

o¹ [o] cj. oder; ~ ... ~ entweder ... oder; ~ che ..., ~ che sei es, daß ... oder.

o² [o] int. o!, oh!; ~ signore! o Gott!; s. oh.

oasi [ɔ:azi] f Oase f.

obbedire usw. s. ubbidire usw.

obbiettare usw. s. obiettare usw.

obbiettivo usw. s. obiettivo usw.

obblig|ante [ob-bli'gante] verbindlich; **~are** [-'ga:re] (1l, c u. e) verpflichten; verbinden; zwingen; ~ a letto ans Bett fesseln; **~arsi** [-'garsi] sich verpflichten; bürgen; haften; **~ata** [-'ga:ta] f Schisport: Riesenslalomlauf m; **~ato** [-'ga:to] verbunden; verpflichtet; Le sarò molto ~ ich werde Ihnen sehr verbunden sein; ~ al risarcimento ersatzpflichtig; **~atorio** [-ga'tɔ:rio] (pl. -ri) obligatorisch; materia f -a Pflichtfach n; **~azione** [-gatsi'o:ne] f Verpflichtung f; ✝ Obligation f; Schuldschein m; ~ bancaria Bankschuldverschreibung f; ~ di preferenza Prioritätsobligation f; **~azionista** [-gatsio'nista] su. (m/pl. -i) Obligationsinhaber(in f) m.

obbligo [ɔb-bligo] m (pl. -ghi) Verpflichtung f; Pflicht f; ~ di denuncia Anmeldepflicht f; ~ del servizio attivo Militärdienstpflicht f; essere in ~ di (inf.) die Pflicht haben zu (inf.).

obbr|obrio [ob-'brɔ:brio] m (pl. -bri) Schmach f; Schmähung f; **~obrioso** [-brobri'o:so] schändlich, schmachvoll.

obduzione [obdutsi'o:ne] f Obduktion f.

obelisco [obe'lisko] m (pl. -chi) Obelisk m.

oberato [obe'ra:to] belastet.

obesità [obezi'ta] f Fettleibigkeit f.

obeso [o'be:zo] fettleibig.

obice [ɔ:bitʃe] m Haubitze f.

obiett|are [obiet-'ta:re] (1b) einwerfen; einwenden; **~ivare** [-ti-'va:re] (1a) objektiv betrachten; **~ività** [-tivi'ta] f Objektivität f;

~ivo [-'ti:vo] **1.** adj. objektiv; sachlich; **2.** ~ Ziel n; Phys. Objektiv n.

obiettore [obiet-'to:re] m: ~ di coscienza Militärdienstverweigerer m aus Gewissensgründen.

obiezione [obietsi'o:ne] f Einwendung f; ~ di coscienza Militärdienstverweigerung f aus Gewissensgründen; senza -i stillschweigend.

obitorio [obi'tɔ:rio] m (pl. -ri) Leichenhalle f.

obl|atore [obla'to:re] m Spender m; **~azione** [-blatsi'o:ne] f Spende f.

obl|iabile [obli'a:bile] vergeßbar; **~iare** [-bli'a:re] (1h) vergessen; **~io** [-'bli:o] m Vergessenheit f; Vergessen n; porre in ~ vergessen.

obliquità [oblikui'ta] f Schrägheit f.

obliquo [o'bli:kuo] schräg; Phys., fig. schief.

obliter|are [oblite'ra:re] (1m) lit. ausstreichen; **~azione** [-ratsi'o:ne] f lit. Ausstreichung f.

oblò [o'blɔ] m ⚓ Bullauge n.

oblungo [o'blungo] (pl. -ghi) länglich.

oboe [ɔ:boe] m Oboe f.

oboista [obo'ista] su. (m/pl. -i) Oboist(in f) m.

obolo [ɔ:bolo] m Obolus m, Scherflein n.

oca [ɔ:ka] f (pl. -che) Gans f; ecco fatto il becco all'~ so, das wäre getan; mi viene la pelle d'~ mich überläuft e-e Gänsehaut.

ocaggine [o'kad-dʒine] f Albernheit f, Dummheit f.

ocarina [oka'ri:na] f Okarina f.

occasion|ale [ok-kazio'na:le] gelegentlich, Gelegenheits...; **~almente** [-nal'mente] gelegentlich, bei Gelegenheit; **~are** [-'na:re] (1a) Anlaß geben zu; verursachen.

occasione [ok-kazi'o:ne] f Gelegenheit f; lavoratore m d'~ Gelegenheitsarbeiter m; in ~ di anläßlich (gen.); all'~ bei Gelegenheit; per l'~ zur Feier des Tages.

occhi|acci [ok-ki'at-tʃi]: fare gli

O

~ *a qu.* j-m böse Blicke zuwerfen;
~aia [-ki'a:ia] *f* Augenhöhle *f*; -e
pl. blaue Ränder *m/pl.* unter den
Augen; **~alaio** [-kia'la:io] *m* (*pl.*
-*ai*) Optiker *m*; **~ali** [-ki'a:li] *m/pl.*
Augengläser *n/pl.*; Brille *f*; ~ da
sole Sonnenbrille *f*; ~ da neve
Schneebrille *f*; **~alino** [-kia'li:no]
m Lorgnette *f*; Monokel *n*; **~aluto**
[-kia'lu:to] *scherzh.* bebrillt; **~ata**
[-ki'a:ta] *f* Blick *m*; **~ataccia** [-kia-
'tat-tʃa] *f* scheeler Blick *m*; **~atina**
[-kia'ti:na] *f* rascher Blick *m*;
~eggiare [-kied-'dʒa:re] (1f) äugeln; **~ellaia** [-kiel-'la:ia] *f* Knopf-
lochnäherin *f*; **~ellatrice** [-kiel-
la'tri:tʃe] *f* Öseneinsetzmaschine *f*;
~ellatura [-kiel-la'tu:ra] *f* Knopf-
lochreihe *f*; **~ello** [-ki'el-lo] *m*
Knopfloch *n*; **~etto** [-ki'et-to] *m*
Äuglein *n*; *Typ.* Schmutztitel *m*.
occhio [ok-kio] *m* (*pl.* -*cchi*) Auge
n; Blick *m*; Fettauge *n*; ♀ Knospe
f; ⊕ Öhr *n*; *fig.* Umsicht *f*; *Typ.*
Schriftbild *n*; *colpo m d'~* Ausblick
m; *a ~ nach Augenmaß; *a ~ nudo*
mit bloßem Auge; *a ~ e croce*
schätzungsweise; *a vista d'~* zu-
sehends; *dare nell'~* auffallen; *sott'~
od. con la coda dell'~* verstohlen;
a quattr' -i unter vier Augen;
uovo m all'~ di bue Spiegelei *n*;
chiudere un ~ ein Auge zudrücken;
costare un ~ ein Heidengeld kosten;
perdere d'~ aus den Augen verlieren; *a perdita d'~* so weit das Auge
reicht.
occhi|olino [ok-kio'li:no] *m* Äug-
lein *n*; *fare l'~ a qu.* mit j-m liebäugeln; j-m zuzwinkern; **~uto**
[-ki'u:to] vieläugig.
occid|entale [ot-tʃiden'ta:le] west-
lich; West...; *blocco m ~* Westblock
m; *Europa f ~* Westeuropa *n*; **~ente**
[-'dente] *m* Westen *m*; *a ~* westlich.
occipite [ot-'tʃi:pite] *m* Hinterkopf
m.
occlusione [ok-kluzi'o:ne] *f* Verstopfung *f*; ✄ ~ *intestinale* Darm-
verschluß *m*.
occorr|ente [ok-kor-'rɛnte] **1.** *adj.*
erforderlich; **2.** *m* Nötige *n*; ~ *per
scrivere* Schreibzeug *n*; **~enza**
[-'rɛntsa] *f* Bedarfsfall *m*; Gelegenheit *f*; Angelegenheit *f*; *all'~* nötigenfalls.
occorrere [ok-'kor-rere] (3o) brauchen, nötig haben; *Le occorre altro?*

brauchen Sie noch etwas?; *occorre*
man muß; *non occorre* man braucht
nicht; *occorrendo* nötigenfalls.
occ|orsi [ok-'korsi], **~orso** [-'korso]
s. occorrere.
occult|abile [ok-kul'ta:bile] ver-
steckbar; verhehlbar; **~amento**
[-ta'mento] *m* Verbergung *f*; Ver-
heimlichung *f*; **~are** [-'ta:re] (1a)
verstecken; verhehlen; **~azione**
[-tatsi'o:ne] *m* Verstecken *n*; Verhehlen *n*; **~ismo** [-'tizmo] *m* Geheimlehre *f*.
occulto [ok-'kulto] verborgen; geheim.
occup|are [ok-ku'pa:re] (11 *u. c*) ein-
nehmen; besetzen; *j-n* beschäftigen;
Zeit hinbringen; **~arsi** [-'parsi]
sich beschäftigen (*di*, in mit *dat.*);
~ *di qu.* sich um j-n kümmern;
~ato [-'pa:to] besetzt; werktätig;
~atore [-pa'to:re] **1.** *adj.* besitzer-
greifend; **2.** *m* Besitzergreifende(r)
m; Eroberer *m*; **~azione** [-patsi'o:-
ne] *f* Besetzung *f*; Besitzergreifung
f; Beschäftigung *f*; *truppe f/pl. d'~*
Besatzungstruppen *f/pl.*
oceanico [otʃe'a:niko] (*pl.* -*ci*)
ozeanisch.
oceano [o'tʃɛ:ano] *m* Ozean *m*.
oceanografia [otʃeanogra'fi:a] *f*
Meereskunde *f*.
ocello [o'tʃɛl-lo] *m* Pfauenauge *n*;
Insektenauge *n*.
ocra [ɔ:kra] *f* Ocker *m*.
ocul|are [oku'la:re] **1.** *adj.* Augen...;
testimone m ~ Augenzeuge *m*; *lente
f ~ = * **2.** *m* Okular *n*; **~atezza**
[-la'tet-tsa] *f* Umsicht *f*; **~ato**
[-'la:to] umsichtig; **~ista** [-'lista] *m*
(*pl.* -*i*) Augenarzt *m*; **~istica**
[-'listika] *f* Augenheilkunde *f*;
~istico [-'listiko] (*pl.* -*ci*) Augen...
od = *o* (*vor Vokalen*).
odalisca [oda'liska] *f* (*pl.* -*che*)
Odaliske *f*.
ode [ɔ:de] *f* Ode *f*.
odi|abile [odi'a:bile] hassenswert;
~are [-di'a:re] (1k) hassen; **~ato**
[-di'a:to] verhaßt; **~atore** [-dia-
'to:re] *m* Hasser *m*.
odierno [odi'ɛrno] heutig.
odio [ɔ:dio] *m* Haß *m*; *avere in ~ qu.*,
portare ~ a qu. j-n hassen; *essere
in ~* verhaßt sein.
odi|osità [odiosi'ta] *f* Gehässigkeit
f; **~oso** [-'o:so] gehässig; verhaßt.
odissea [odis-'sɛːa] *f* Odyssee *f*; *fig.*

Irrfahrt f; ~ di dolori Leidensgeschichte f.

odo [ɔːdo] s. udire.

odont|algia [odontalˈdʒiːa] f Zahnschmerz m; **~algico** [-ˈtaldʒiko] (pl. -ci) Zahnschmerz...; **~oiatra** [-toiˈaːtra] m Zahnarzt m; **~oiatria** [-toiˈtriːa] f Zahnheilkunde f; **~oiatrico** [-toiˈaːtriko] (pl. -ci) zahnärztlich; **~ologia** [-toloˈdʒiːa] f Zahnlehre f; **~otecnico** [-toˈtekniko] m Zahntechniker m.

odor|are [odoˈraːre] (1a) 1. v/t. riechen an (dat.); beriechen; fig. wittern; 2. v/i. riechen (di nach dat.); **~ato** [-ˈraːto] m Geruchsinn m.

odore [oˈdoːre] m Geruch m, Duft m; fig. Witterung f; **~i** pl. Kochk. Küchenkräuter n/pl.

odor|ifero [odoˈriːfero] Geruch verbreitend; riechend; **~oso** [-ˈroːso] (wohl)riechend.

offend|ere [of-ˈfendere] (3c) beleidigen; Körperteile verletzen; fig. verstoßen gegen; **~ersi** [-dersi] sich gekränkt fühlen.

offen|siva [of-fenˈsiːva] f Offensive f; **~sivo** [-ˈsiːvo] beleidigend; verletzend; ⚔ Angriffs...; guerra f -a Angriffskrieg m; **~sore** [-ˈsoːre] m Beleidiger m.

off|erente [of-feˈrɛnte] m Bieter m; maggior ~ Meistbietende(r) m; **~erta** [-ˈfɛrta] f Anerbieten n; † Angebot n; Rel. Opfergabe f; Spende f; ~ d'impiego Stellenangebot n; ~ merceologica Warenangebot n; ~ speciale Sonderangebot n; **~erto** [-ˈfɛrto] s. offrire; **~ertorio** [-ferˈtɔːrjo] m (pl. -ri) Opfergebet n.

off|esa [of-ˈfeːsa] f Beleidigung f; Verletzung f; **~esi** [-si], **~eso** [-so] s. offendere.

offici|ante [of-fiˈtʃante] m Offiziant m, Zelebrant m; **~are** [-ˈtʃaːre] (1f) zelebrieren.

officina [of-fiˈtʃiːna] f Werkstatt f; ~ di riparazioni Reparaturwerkstatt f; capo m ~ Werkmeister m.

officinale [of-fitʃiˈnaːle] arzneilich, Arznei...

offrire [of-ˈfriːre] (4f u. c) anbieten; darbieten; † bieten; Rel. darbringen; Demission einreichen; ~ sotto costo unterbieten.

offusc|amento [of-fuskaˈmento] m Trübung f; Verdunk(e)lung f;

~are [-ˈkaːre] (1d) verdunkeln; trüben.

oft|almia [oftalˈmiːa] f Augenentzündung f; **~almico** [-ˈtalmiko] (pl. -ci) Augen...; **~almoscopio** [-talmosˈkɔːpio] m (pl. -pi) Augenspiegel m.

oggettiv|amente [od-dʒet-tivaˈmente] objektiv, in objektiver Weise; **~are** [-ˈvaːre] (1a) vergegenständlichen; **~ismo** [-ˈvizmo] m Objektivismus m; **~ità** [-viˈta] f Objektivität f.

oggettivo [od-dʒet-ˈtiːvo] objektiv; sachlich.

oggetto [od-ˈdʒet-to] m Gegenstand m; Gram. Objekt n; fig. Ziel n, Zweck m; ~ trovato Fundsache f; -i di prima necessità Bedarfsgüter n/pl.; avere per ~ zum Gegenstand haben.

oggi [ɔd-dʒi] heute; d'~ heutig; da ~ a domani von heute auf morgen; ~ stesso heute noch; da ~ in poi von heute an; a tutt'~ bis zum Ablauf des heutigen Tages; ~ come ~ heutzutage; a ~ otto heute über acht Tage.

oggi|dì [od-dʒiˈdiː], **~giorno** [-ˈdʒorno] heutzutage.

og|iva [oˈdʒiːva] f Spitzbogen m; **~ivale** [-dʒiˈvaːle] spitzbogig.

ogni [oːɲi] jeder, jede, jedes; ~ tanto ab und zu; ~ sei giorni alle sechs Tage.

ogn|iqualvolta [oɲikualˈvɔlta] jedesmal, wenn; **~issanti** [oɲisˈsanti] m inv. Allerheiligen n; **~ora** [oˈɲoːra] immer; **~uno** [oˈɲuːno] jedermann.

oh! [ɔː] o; oh!; ach!

ohè! [oˈɛ] he!; heda!

ohi! [ɔːi] au!; ach!

ohibò!, oibò! [ɔiˈbɔ] pfui!

ohimè!, oimè! [ɔiˈmɛ] ach!, weh mir!

olà! [oˈla] holla!, heda!

olandese [olanˈdeːse] 1. adj. holländisch; formaggio m ~ Holländer Käse m; 2. m Holländisch(e) n; 3. su. Holländer(in f) m.

ole|acea [oleˈaːtʃea] f Ölpflanze f; **~aceo** [-ˈaːtʃeo] ölartig; ölhaltig; **~andro** [-ˈandro] m Oleander m; **~ario** [-ˈaːrjo] (pl. -ri) Öl...; mercato m ~ Ölmarkt m; **~astro** [-ˈastro] m Oleaster m, wilde Olive f; **~ato** [-ˈaːto] Öl..., geölt; carta f

-*a* Ölpapier *n*; **~ifero** [-'i:fero] ölbringend; **~ificio** [-i'fi:tʃo] *m* (*pl. -ci*) Ölfabrik *f*.

ole|odotto [oleo'dot-to] *m* Ölleitung *f*; **~ografia** [-ogra'fi:a] *f* Öldruck *m*; *fig.* Kitsch *m*; **~ografico** [-o'gra:fiko] (*pl. -ci*) öldruckartig; *fig.* kitschig; **~osità** [-osi'ta] *f* Öligkeit *f*; **~oso** [-'o:so] ölig; mit Öl angemacht.

olezzare [oled-'dza:re] (1a) duften (*di* nach *dat.*).

olezzo [o'led-dzo] *m poet.* Duft *m*.

olfatto [ol'fat-to] *m* Geruchssinn *m*.

oli|are [oli'a:re] (1k) ölen; **~ato** [-'a:to] geölt; mit Öl angemacht; **~atore** [-a'to:re] *m* Ölspritze *f*; Ölbüchse *f*; Ölkanne *f*; ⊕ Öler *m*; **~azione** [-atsi'o:ne] *f* Ölzuführung *f*.

oliera [oli'ɛ:ra] *f* Öl- und Essigständer *m*.

olig|arca [oli'garka] *m* (*pl. -chi*) Oligarch *m*; **~archia** [-gar'ki:a] *f* Oligarchie *f*; **~archico** [-'garkiko] (*pl. -ci*) oligarchisch.

olimpiade [olim'pi:ade] *f* Olympiade *f*; **~** *invernale* Winterolympiade *f*.

olimpico [o'limpiko] (*pl. -ci*) olympisch.

olimpionico [olimpi'ɔ:niko] (*pl. -ci*) **1.** *adj.* olympisch; **2.** *m* Olympiasieger *m*.

Olimpo [o'limpo] *m* Olymp *m*.

olio [ɔ:lio] *m* (*pl. -li*) Öl *n*; **~** *combustibile* Heizöl *n*; **~** *di canfora* Kampferöl *n*; **~** *di fegato di merluzzo* Lebertran *m*; **~** *lubrificante* Schmieröl *m*; **~** *minerale* Erdöl *m*; **~** *santo* Letzte Ölung *f*; **~** *di ricino* Rizinusöl *n*; **~** *solare* Sonnenschutzöl *n*; **~** *da ardere* Brennöl *n*; **~** *di semi* Leinöl *n*; **~** *miscelato* Mischung *f* aus Oliven- und Leinöl; **~** *pesante* Schweröl *n*; *pittura f a* **~** Ölmalerei *f*; *quadro m a* **~** Ölbild *n*; *condire con l'* **~** mit Öl anmachen; *liscio come l'* **~** spiegelglatt.

oliva [o'li:va] *f* Olive *f*.

oliv|astro [oli'vastro] **1.** *adj.* olivgrün; **2.** *m* Oleaster *m*; **~eto** [-'ve:to] *m* Olivengarten *m*; *monte m* **~** Ölberg *m*; **~icoltura** [-vikol'tu:ra] *f* Olivenanbau *m*.

olivo [o'li:vo] *m* Ölbaum *m*.

olmeto [ol'me:to] *m* Ulmenwäldchen *n*.

olmo [olmo] *m* Ulme *f*.

olocausto [olo'ka:usto] *m* Opfer (Brandopfer) *n*.

olografo [o'lɔ:grafo] eigenhändig geschrieben.

oltracciò [oltrat-'tʃɔ] außerdem.

oltraggi|are [oltrad-'dʒa:re] (1f) beschimpfen; beleidigen; **~atore** [-dʒa'to:re] *m* Beschimpfer *m*; Beleidiger *m*; **~o** [-'trad-dʒo] *m* (*pl. -ggi*) Beschimpfung *f*; Schändung *f*; Beleidigung *f*; *fig.* Verstoß *m*; *gli -i del tempo* der Zahn der Zeit; **~oso** [-'dʒo:so] beleidigend.

oltr|alpe, **oltr'alpe** [ol'tralpe] jenseits der Alpen; **~anza** [-'trantsa] *f*: *a* **~** übermäßig; bis aufs äußerste; ✗ bis auf den letzten Mann; **~anzismo** [-tran'tsizmo] *m* Extremismus *m*; **~anzista** [-tran'tsista] *su.* (*m/pl. -i*) Extremist(in *f*) *m*.

oltre [oltre] **1.** *prp.* außer; jenseits; über; **2.** *adv.* weiter.

oltre|ché [oltre'ke] außerdem, daß; **~mare** [-'ma:re] **1.** *adv.* jenseits des Meeres; *d'* **~** überseeisch; *paesi m/pl. d'* **~** Überseeländer *n/pl.*; *traffico m d'* **~** Überseeverkehr *m*; **2.** *m* Ultramarinblau *n*; **~marino** [-ma-'ri:no] überseeisch; **~misura** [-mi-'zu:ra], **~modo** [-'mɔ:do] überaus; **~monte** [-'monte] jenseits der Berge; **~oceano** [-o'tʃɛ:ano] jenseits des Ozeans; **~passabile** [-pas-'sa:bile] überschreitbar; **~passare** [-pas-'sa:re] (1a) überschreiten; **~tomba** [-'tomba] *m* Jenseits *n*.

omaccione [omat-'tʃo:ne] *m* großer plumper Mann *m*.

omaggio [o'mad-dʒo] *m* (*pl. -ggi*) Huldigung *f*; *copia f* (*in*) **~** Freiexemplar *n*; *floreale* Blumenspende *f*; *rendere* **~** *a qu.* j-m huldigen; *in* **~** *alla legge* dem Gesetz gemäß; *i miei -i ...* m-e Empfehlungen *f/pl. ...*

omai [o'mai] *lit.* nunmehr.

ombel|icale [ombeli'ka:le] Nabel...; **~ico** [-'li:ko] *m* (*pl. -chi*) Nabel *m*.

ombra [ombra] *f* Schatten *m*; *fig.* Spur *f*; *all'* **~** im Schatten; *fig.* unter dem Schutz (*di* von *dat.*); *fig. dare* **~** *a qu.* j-n argwöhnisch machen; *fig. mettere in* **~** in den Schatten stellen.

ombr|are [om'bra:re] (1a) beschatten; *Mal.* schattieren; **~eg-**

giare [-bred-'dʒa:re] (1f) beschatten, überschatten; *Mal.* schattieren; ~ *le palpebre* Lidschatten auftragen; **~eggiato** [-bred-'dʒa:to] schattig; *Mal.* schattiert; **~eggiatura** [-bred-dʒa'tu:ra] *f* Schattierung *f*; **~ella** [-'brɛl-la] *f* Dolde *f*; *s. ombrello*; **~ellaio** [-brel-'la:io] *m* (*pl. -ai*) Schirmfabrikant *m*, -händler *m*; **~ellifera** [-brel-'li:fera] *f* Doldengewächs *n*; **~ellificio** [-brel-li'fi:tʃo] *m* Regenschirmfabrik *f*; **~ellino** [-brel-'li:no] *m* Sonnenschirm *m*; **~ello** [-'brɛl-lo] *m* Regenschirm *m*; **~ellone** [-brel-'lo:ne] *m* Strandschirm *m*; **~etto** [-'bret-to] *m* Lidschatten *m*; **~ifero** [-'bri:fero] Schatten spendend.

ombrina [om'bri:na] *f* Umberfisch *m*.

ombr|osità [ombrosi'ta] *f* Schatten *m*; *fig.* Argwohn *m*; Scheu *f*; **~oso** [-'bro:so] schattig; *fig.* argwöhnisch; scheu.

omelette [ome'lɛt] *f* Omelett *n*.

omeop|atia [omeopa'ti:a] *f* Homöopathie *f*; **~atico** [-'pa:tiko] (*pl. -ci*) homöopathisch.

omerico [o'mɛ:riko] *pl.* (*-ci*) homerisch.

omero [ɔ:mero] *m* Schulter *f*.

omertà [omer'ta] *f* Schweigepflicht *f* (*unter Verbrechern*).

omesso [o'mes-so] *s.* omettere.

omettere [o'met-tere] (3ee) auslassen; unterlassen.

om|iciattolo [omi'tʃat-tolo] *m* Knirps *m*; kleiner, unbedeutender Mensch *m*; **~icida** [-mi'tʃi:da] (*m/pl. -di*) **1.** *adj.* mörderisch; **2.** *su.* Mörder(in *f*) *m*; Totschläger(in *f*) *m*; **~icidio** [-mi'tʃi:dio] *m* (*pl. -di*) Mord *m*; ~ *colposo* fahrlässige Tötung *f*; *tentato* ~ Mordversuch *m*.

omisi [o'mi:zi] *s.* omettere.

omissione [omis-si'o:ne] *f* Auslassung *f*; Unterlassung *f*.

omnibus [ɔmnibus] *m inv.* Omnibus *m*; *treno* ~ Personenzug *m*.

omo [ɔ:mo] *s. uomo.*

omog|eneità [omodʒenei'ta] *f* Gleichartigkeit *f*; **~eneo** [-'dʒɛ:neo] homogen, gleichartig.

om|ologare [omolo'ga:re] (1m, c *u.* e) bestätigen; ratifizieren; **~ologazione** [omologatsi'o:ne] *f* Bestätigung *f*; Ratifizierung *f*; **~ologo** [o'mɔ:logo] (*pl. -ghi*) gleichlautend;

~onimia [omoni'mi:a] *f* Gleichnamigkeit *f*; **~onimo** [o'mɔ:nimo] **1.** *adj.* gleichnamig; **2.** *m* Namensvetter *m*.

omosessu|ale [omoses-su'a:le] homosexuell; **~alità** [-suali'ta] *f* Homosexualität *f*.

omuncolo [o'muŋkolo] *m* Homunkulus *m*; Knirps *m*.

onagro [ɔ:nagro] *m* wilder Esel *m*.

onan|ismo [ona'nizmo] *m* Onanie *f*; Masturbation *f*; **~ista** [-'nista] *m* (*pl. -i*) Onanist *m*.

oncia [ontʃa] *f* (*pl. -ce*) Unze *f*; *fig.* Quentchen *n*; *a* ~ *a* ~ nach und nach.

onda [onda] *f* Welle *f*; *fig.* Flut *f*; ~ *sonora* Schallwelle *f*; *Radio:* *gamma f* (*od. campo m*) di -e Wellenbereich *m*; -e *corte* Kurzwellen *f/pl.*; -e *ultracorte* Ultrakurzwellen *f/pl.*; -e *media* Mittelwelle *f*; ~ *luminosa* Lichtwelle *f*; *Verkehr:* ~ *verde* grüne Welle *f*; *Radio:* *andare in* ~ gesendet werden; *a* -e wellenförmig.

ondata [on'da:ta] *f* Wellenschlag *m*; Sturzwelle *f*; *fig.* Welle *f*; ~ *di caldo* Hitzewelle *f*; ~ *di freddo* Kältewelle *f*; Kaltwelle *f*; ~ *di sangue* Blutandrang *m*; ~ *di ribasso* Preissturz *m*.

onde [onde] woher; worauf; wodurch; wovon; damit.

ondegg|iamento [onded-dʒa'mento] *m* Wogen *n*; *fig.* Schwanken *n*; **~ante** [-'dʒa:nte] wogend; schwankend; **~are** [-'dʒa:re] (1f) wogen; schwanken; **~ato** [-'dʒa:to] gewellt.

ondina [on'di:na] *f* Undine *f*, Wassernixe *f*.

ondoso [on'do:so] wellig.

ondul|are [ondu'la:re] (11) **1.** *v/i.* undulieren, sich wellenförmig bewegen; **2.** *v/t.* ondulieren; **~ato** [-'la:to] wellig, gewellt; **~atorio** [-la'tɔ:rio] (*pl. -ri*) wellenförmig; **~azione** [-latsi'o:ne] *f* Undulation *f*, wellenförmige Bewegung *f*; Ondulierung *f*; *Frisur:* ~ *permanente* Dauerwelle *f*.

onerare [one'ra:re] (11 *u.* c) belasten.

onere [ɔ:nere] *m* Last *f*; ~ *fiscale* Steuerlast *f*; -*i sociali* Sozialzasten *f/pl.*

oneroso [one'ro:so] drückend.

on|està [ones'ta] *f* Ehrlichkeit *f*;

~esto [o'nɛsto] ehrlich; rechtschaffen.

onice [ɔːnitʃe] *m* Onyx *m*.

onni|possente [on-nipos-'sɛnte] allmächtig; **~potente** [-po'tɛnte] allmächtig; **~potenza** [-po'tɛntsa] *f* Allmacht *f*; **~presente** [-pre'zɛnte] allgegenwärtig; **~presenza** [-pre'zɛntsa] *f* Allgegenwart *f*; **~sciente** [-niʃi'ɛnte] allwissend; **~scienza** [-niʃi'ɛntsa] *f* Allwissenheit *f*; **~veggente** [-ved-'dʒɛnte] allsehend; **~veggenza** [-ved-'dʒɛntsa] *f* Fähigkeit *f*, alles zu sehen.

onnivoro [on-'niːvoro] **1.** *adj.* allesfressend; **2.** *-i m/pl.* Allesfresser *pl.*

onom|astico [ono'mastiko] (*pl.* -ci) **1.** *adj.* Namens...; **2.** *m* Namenstag *m*; **~atopeico** [-mato'pɛːiko] (*pl.* -ci) onomatopoetisch, lautmalend.

onor|abile [ono'raːbile] ehrenvoll; ehrbar; **~abilità** [-rabili'ta] *f* Ehrbarkeit *f*; Ehre *f*; **~ando** [-'rando] ehrwürdig; **~anza** [-'rantsa] *f* Ehrenbezeigung *f*; Ehrung *f*; **~are** [-'raːre] (1a) ehren; beehren (*di* mit *dat.*); *Wechsel* honorieren; **~arsi** [-'rarsi]: ~ *di qc.* sich et. zur Ehre anrechnen; **~ario** [-'raːrio] (*pl.* -ri) **1.** *adj.* Ehren...; **2.** *m* Honorar *n*; Vergütung *f*; **~atamente** [-rata'mente] ehrenvoll; **~atezza** [-ra'tet-tsa] *f* Ehrbarkeit *f*; Ehre *f*; **~ato** [-'raːto] geehrt, angesehen.

onore [o'noːre] *m* Ehre *f*; *gli -i di casa* die Honneurs; *in* ~ *di* zu Ehren von (*dat.*); *parola f d'*~ Ehrenwort *n*; *uomo m d'*~ Ehrenmann *m*.

onor|evole [ono're:vole] rühmlich; ehrenwert; ♀ *m Titel der Parlamentsmitglieder*; **~evolezza** [-revo'let-tsa] *f* Ehrenhaftigkeit *f*; **~ificenza** [-rifi'tʃɛntsa] *f* Auszeichnung *f*; Orden *m*; **~ifico** [-'riːfiko] (*pl.* -ci) ehrend; Ehren...

onta [onta] *f* Schmach *f*; *a* ~ trotz; *a* ~ *di ciò* dessenungeachtet.

ontano [on'taːno] *m* Erle *f*.

ont|ologia [ontolod'ʒiːa] *f* Ontologie *f*; **~ologico** [-to'lɔːdʒiko] (*pl.* -ci) ontologisch; **~ologo** [-'tɔːlogo] *m* (*pl.* -gi) Ontologe *m*.

onusto [o'nusto] *lit.* beladen.

op|acità [opatʃi'ta] *f* Undurchsichtigkeit *f*; **~aco** [-'paːko] (*pl.* -chi) undurchsichtig; lichtundurchlässig.

opale [o'paːle] *m* Opal *m*.

opal|escente [opaleʃ-'ʃɛnte] farben-

spielend; **~escenza** [-leʃ-'ʃɛntsa] *f* Opaleszenz *f*; **~ina** [-'liːna] *f* Opalglas *n*; **~ino** [-'liːno] opalartig.

opera [ɔːpera] *f* Werk *n*; Schöpfung *f*; ♪ Oper *f*; Opernhaus *n*; ~ *assistenziale* Hilfswerk *n*; *d'arte* Kunstwerk *n*; ~ *pia* Wohlfahrtsstiftung *f*; ~ *di tutta una vita* Lebenswerk *n*; *a* ~ *di* durch Vermittlung von; *per* ~ *sua* durch sein Eingreifen *od.* Verdienst; *all'*~! ans Werk!; *mettersi all'*~ sich an die Arbeit machen; *mettere in* ~ in die Tat umsetzen; anwenden; *in* ~ in Betrieb; *prestar l'*~ *di* tätig sein als; *prestazione f d'*~ Arbeitsleistung *f*; *mano f d'*~ Arbeitskräfte *f/pl.*

oper|abile [ope'raːbile] operierbar; **~abilità** [-rabili'ta] *f* Operierbarkeit *f*; **~aio** [-'raːio] (*pl.* -ai) **1.** *adj.* Arbeiter...; *classe f* -*a* Arbeiterklasse *f*; **2.** *m* Arbeiter *m*; Arbeitnehmer *m*; ~ *specializzato* Facharbeiter *m*; **~ante** [-'rante] **1.** *adj.* wirksam; **2.** *m* Tagelöhner *m*; **~are** [-'raːre] (1l *u.* c) **1.** *v/t.* vollbringen; *Chir.* operieren; *Stoffe* mustern; **2.** *v/i.* handeln; wirken; **~ativo** [-ra'tiːvo] wirkend, Wirkungs...; *Verordnung:* gültig, wirksam; ✕ strategisch; **~ato** [-'raːto] **1.** *adj.* gemustert; **2.** *m* Wirken *n*, Werk *n*; **~atore** [-ra'toːre] *m* *Chir., Thea.* Operateur *m*; *Film:* (*a.* ~ *cinematografico*) Kameramann *m*; **~atorio** [-ra'tɔːrio] (*pl.* -ri) Operations...; *sala f* -*a* Operationssaal *m*; **~azione** [-ratsi'oːne] *f* Handlung *f*; Unternehmung *f*; *Chir., Math.*, ✕, ♰ Operation *f*; *le quattro -i* die vier Rechnungsarten *f/pl.*; **~etta** [-'ret-ta] *f* Operette *f*; **~istico** [-'ristiko] (*pl.* -ci) Opern...; **~osità** [-rosi'ta] *f* Tätigkeit *f*; Arbeitsamkeit *f*; **~oso** [-'roːso] tätig; geschäftig; arbeitsam.

opificio [opi'fiːtʃo] *m* (*pl.* -ci) Fabrik *f*.

opimo [o'piːmo] *lit.* fett; *fig.* fruchtbar; reichlich.

opin|abile [opi'naːbile] denkbar; diskutierbar; **~are** [-'naːre] (1a) meinen; urteilen; **~ione** [-ni'oːne] *f* Meinung *f*; *secondo la tua* ~ deiner Meinung nach.

oppiato [op-pi'aːto] **1.** *adj.* mit Opium vermischt; **2.** *m* Opiat *n*.

oppio [ɔp-pio] *m* Opium *n*.

oppi|omane [op-pi'ɔːmane] *su.*

Opiumsüchtige(r *m*) *m u. f*; **~omania** [-oma'ni:a] *f* Opiumsucht *f*.

opp|onente [op-po'nɛnte] **1.** *adj.* entgegengesetzt; **2.** *m* Opponent *m*, Widersacher *m*; **~orre** [-'porre] (3ll) **1.** *v/t.* entgegenstellen; *Schwierigkeit* bereiten; *Widerstand* leisten; **2.** *v/i.* einwenden; **~orsi** [-'porsi] sich widersetzen; dagegen sein.

opport|unismo [op-portu'nizmo]*m* Opportunismus *m*; **~unista** [-tu'nista] *su.* (*m/pl.* -i) Opportunist (-in *f*) *m*; **~unistico** [-tu'nistiko] (*pl.* -ci) opportunistisch; **~unità** [-tuni'ta] *f* günstige Gelegenheit *f*; Zweckmäßigkeit *f*; **~uno** [-'tu:no] angebracht; zweckmäßig; günstig; *al momento* ~ bei passender Gelegenheit; *a tempo* ~ zur gelegenen Zeit.

opp|osi [op-'po:si] *s. opporre*; **~ositore** [-pozi'to:re] *m* Widersacher *m*; Opponent *m*; **~osizione** [-pozitsi'o:ne] *f* Gegenüberstellung *f*; *Pol.*, *Astr.* Opposition *f*; **~osto** [-'posto] **1.** *s. opporre*; **2.** *adj.* entgegengesetzt; **3.** *m* Gegenteil *n*; *all'* ~ im Gegenteil.

oppr|essi [op-'prɛs-si] *s. opprimere*; **~essione** [-pres-si'o:ne] *f* Unterdrückung *f*; *fig.* Beklemmung *f*; **~essivo** [-pres-'si:vo] unterdrükkend; beklemmend; Zwangs...; **~esso** [-'prɛs-so] **1.** *s. opprimere*; **2.** *m* Unterdrückte(r) *m*; **~essore** [-pres-'so:re] *m* Unter-, Bedrücker *m*; **~imente** [-pri'mɛnte] drückend, niederdrückend; *fig.* beklemmend; **~imere** [-'pri:mere] (3r) *allg.* bedrücken; *Völker* unterdrücken; *fig.* beklemmen.

oppugn|abile [op-pu'ɲa:bile] anfechtbar; **~are** [-'ɲa:re] (1a) bekämpfen; anfechten.

oppure [op-'pu:re] oder (auch); das heißt.

optare [op'ta:re] (1c) optieren, sich entscheiden für.

opul|ento [opu'lɛnto] *lit.* üppig; sehr reich; **~enza** [-'lɛntsa] *f lit.* Üppigkeit *f*; Reichtum *m*.

opuscolo [o'puskolo] *m* Broschüre *f*, kleines Heft *n*; Flugschrift *f*.

opzione [optsi'o:ne] *f* Option *f*.

ora [o:ra] **1.** *f* Stunde *f*; *che* ~ *è*? (*od. che* -*e sono?*) wieviel Uhr ist es?; ~ *estiva* Sommerzeit *f*; ~ *locale*

Ortszeit *f*; ~ *di chiusura* Ladenschluß *m*; ~ *d'ufficio* Sprechstunde *f*; -*e straordinarie* Überstunden *f/pl.*; -*e di punta* Hauptverkehrsstunden *f/pl.*; -*e piccole* sehr spät, nach Mitternacht; *non vedere l'*~ *di* (*inf.*) nicht erwarten können, daß; *di buon'*~ frühzeitig; *alla buon'*~ in Gottes Namen; *è l'*~ *di* (*inf.*) es ist Zeit zu (*inf.*); **2.** *adv.* jetzt; nun; *or* ~ gleich; eben; *per* ~ vorläufig; ~ *come* ~ unter diesen Umständen; ~ ... ~ bald ... bald.

oracolo [o'ra:kolo] *m* Orakel *n*.

orafo [ɔ:rafo] *m* Goldschmied *m*.

orale [o'ra:le] mündlich.

oramai [ora'mai] nunmehr.

orangutàn [oraŋgu'tan] *m inv.* Orang-Utan *m*.

orario [o'ra:rio] (*pl.* -ri) **1.** *adj.* stündlich; Stunden...; *Radio:* *segnale* *m* ~ Zeitansage *f*; **2.** *m* Stundenplan *m*; 🚆 Fahrplan *m*, Kursbuch *n*; *in* ~ pünktlich; fahrplanmäßig; *arrivare in* ~ fahrplanmäßig eintreffen; ~ *di lavoro* Arbeitszeit *f*; ~ *di volo* Flugplan *m*; ~ *di servizio* Dienstzeit *f*.

orata [o'ra:ta] *f* Goldbrasse *f*.

orat|ore [ora'to:re] *m* Redner *m*; **~oria** [-'tɔ:ria] *f* Redekunst *f*; **~orio** [-'tɔ:rio] (*pl.* -ri) **1.** *adj.* rednerisch; Rede...; **2.** *m* Betsaal *m*, Bethaus *n*; ♪ Oratorium *n*.

orazione [oratsi'o:ne] *f* Rede *f*; *Rel.* Gebet *n*.

orbace [or'ba:tʃe] *m* grobes Wollzeug *n*.

orbare [or'ba:re] (1c) *lit.:* ~ *qu. di qc.* j-n e-r Sache berauben.

orbe [ɔrbe] *m lit.* Welt *f*; ~ *terracqueo* Erdball *m*.

orbene [or'bɛ:ne] nun gut; also.

orbettino [orbet-'ti:no] *m* Blindschleiche *f*.

orbita [ɔrbita] *f* Bahn *f*; *Astr.* Kreisbahn *f*; *Anat.* Augenhöhle *f*; *fig.* Rahmen *m*.

orbo [ɔrbo] blind; ~ *di qc.* e-r Sache beraubt; *da* -*i* blindlings.

orca [ɔrka] *f* (*pl.* -che) *Zool.* Schwertwal *m*.

orchestra [or'kɛstra] *f* Orchester *n*; *Thea.* Orchesterraum *m*; ~ *sinfonica* Symphonieorchester *n*; *direttore m d'*~ Kapellmeister *m*.

orchestr|ale [orkes'tra:le] orchestermäßig; Orchester...; **~are**

[-'traːre] (1b) orchestrieren; *fig.* organisieren, aufziehen; **~azione** [-tratsi'oːne] *f* Orchestrierung *f*.

orchidea [orki'dɛːa] *f* Orchidee *f*.

orcio [ortʃo] *m* (*pl.* -ci) Krug *m*.

orco [orko] *m* (*pl.* -chi) Orkus *m*; *fig.* Menschenfresser *m*, Ungeheuer *n*, Riese *m*.

orda [ɔrda] *f* Horde *f*.

ordigno [or'diɲːo] *m* Werkzeug *n*; Maschine *f*; Mechanismus *m*; Triebwerk *n*; ~ esplosivo Sprengkörper *m*.

ordinale [ordi'naːle] Ordnungs...

ordin|amento [ordina'mento] *m* Ordnung *f*; Anordnung *f*; Einrichtung *f*; ~ sociale Gesellschaftsordnung *f*; Verordnung *f*; ⚔ Schlachtordnung *f*, Abteilung *f*, Staffel *f*; Ordonnanz *f*; (Offiziers-)Bursche *m*; **~are** [-'naːre] (11) (an)ordnen; befehlen; *Waren, Speisen* bestellen; ✝, 🕆 verordnen; *Rel.* ordinieren, weihen; *ordinarsi prete* die Priesterweihe erhalten; **~ariato** [-nari'aːto] *m* Ordinariat *n*; **~ario** [-'naːrio] (*pl.* -ri) **1.** *adj.* gewöhnlich; ordentlich; **2.** *m* Gewöhnliche(s) *n*; ordentlicher Professor *m*; ~ militare Feldbischof *m*; **~ativo** [-na'tiːvo] ordnend; Ordnungs...; **~ato** [-'naːto] ordentlich; **~atore** [-na'toːre] **1.** *adj.* anordnend; **2.** *m* Ordner *m*; **~azione** [-natsi'oːne] *f* ✝ Bestellung *f*; *Rel.* Priesterweihe *f*; 🕆 Verordnung *f*; *lettera f d'~* Bestellbrief *m*; *dietro ~* auf Bestellung.

ordine [ordine] *m* Ordnung *f*; Befehl *m*; Reihe *f*; Auftrag *m*; *Thea.* Rang *m*; *Rel.*, ⊘ Orden *m*; (*a. ~ sacro*) Priesterweihe *f*; 🕆 Auftrag *m*; ~ alfabetico alphabetische Reihenfolge *f*; -i cavallereschi Ritterorden *m/pl.*; ~ dall'estero Auslandsauftrag *m*; ~ di pagamento Zahlungsanweisung *f*; di prim'~ erstklassig; prodotto m di prim'~ Spitzenleistung *f* (*Fabrikat*); mettere in ~ (gli atti) (die Akten) einordnen; pagate all'~ di ... zahlen Sie an die Order des Herrn ...; fino a nuovo ~ bis auf weiteres; ~ del giorno Tagesordnung *f*; ⚔ Tagesbefehl *m*; per ~ di età dem Alter nach; numero m d'~ laufende Nummer *f*; l'~ dei medici die Ärztekammer; richiamare all'~ zur Ordnung rufen; in ~ in Ord-

nung; der Reihe nach; fuori ~ nicht an s-m Platz; secondo l'~ laut Befehl.

ord|ire [or'diːre] (4d) *Text.* anzetteln; *fig.* anstiften; **~ito** [-'diːto] *m* *Text.* Zettel *m*; *fig.* Gewebe *n*, Netz *n*; **~itoio** [-di'toːio] *m* (*pl.* -oi) Zettelrahmen *m*; **~itore** [-di'toːre] *m* *Text.* Anzettler *m*; *fig.* Anstifter *m*; **~itura** [-di'tuːra] *f* Anzett(e)lung *f*; *fig.* Aufbau *m*.

orecchia [o'rek-kia] *f* Ohr *n*; Henkel *m*, Griff *m*.

orec|chiabile [orek-ki'aːbile] leicht ins Ohr fallend; **~chiante** [-ki'ante] *su.* nach dem Gehör singende (spielende) Person *f*; oberflächlicher Mensch *m*; **~chiare** [-ki'aːre] (1k) horchen, lauschen; **~chietta** [-ki-'et-ta] *f* *Anat.* Herzvorhof *m*; **~chino** [-'kiːno] *m* Ohrring *m*.

orecchio [o'rek-kio] *m* (*pl.* -cchi) Ohr *n*; ♪ Gehör *n*; *a* ~ nach dem Gehör; *fare l'~ a qc.* sich an et. (*acc.*) gewöhnen.

orec|chioni [orek-ki'oːni] *m/pl.* Ziegenpeter *m*; **~chiuto** [-ki'uːto] langohrig.

or|efice [o're:fitʃe] *m* Goldschmied *m*; **~eficeria** [-refitʃe'riːa] *f* Goldschmiedekunst *f*; Goldarbeit *f*; Juweliergeschäft *n*.

orfan|a [ɔrfana] *f* Waisenmädchen *n*; **~o** [-no] **1.** *adj.* verwaist; **2.** *m* Waisenknabe *m*.

orfanotrofio [orfano'trɔːfio] *m* (*pl.* -fi) Waisenhaus *n*.

organetto [orga'net-to] *m* *s.* organino.

organico [or'gaːniko] (*pl.* -ci) **1.** *adj.* organisch; **2.** *m* Haushaltsstellenplan *m*; Personal *n*.

organ|ino [orga'niːno] *m* Leierkasten *m*; ~ da bocca Mundharmonika *f*; **~ismo** [-'nizmo] *m* Organismus *m*; **~ista** [-'nista] *su.* (*m/pl.* -i) Organist(in *f*) *m*; Orgelspieler(in *f*) *m*; **~izzare** [-nid-'dzaːre] (1a) organisieren; **~izzatore** [-nid-dza'toːre] **1.** *m* Organisator *m*; **2.** *adj.* organisatorisch; **~izzazione** [-nid-dzatsi'oːne] *f* Organisation *f*; Gliederung *f*; ~ giovanile Jugendorganisation *f*.

organo [ɔrgano] *m* Organ *n*; ♪ Orgel *f*; concerto m d'~ Orgelkonzert *n*; -i dei sensi Sinnesorgane *n/pl.*

organzino [organ'dzi:no] *m* Organsin *m u. n.*

orgasmo [or'gazmo] *m* Erregung *f.*

orgia [ɔrdʒa] *f* (*pl.* -ge) Orgie *f*, wüste Ausschweifung *f.*

orgiastico [or'dʒastiko] (*pl.* -ci) orgiastisch.

org|oglio [or'gɔ:ʎo] *m* Hochmut *m*; **~oglioso** [-go'ʎo:so] hochmütig, stolz.

oricello [ori'tʃɛl-lo] *m* Lackmus *m u. n.*

orient|ale [orien'ta:le] 1. *adj.* östlich; orientalisch; Ost...; 2. *m* Orientale *m*; **~alista** [-ta'lista] *su.* (*m/pl.* -i) Orientalist(in *f*) *m*; **~amento** [-ta'mento] *m* Orientierung *f*; *fig.* Anleitung *f*, Lenkung *f*; ~ *politico* politische Richtung *f*; ~ *professionale* Berufsberatung *f*; **~are** [-'ta:re] (1b) *v/t.* orientieren; **~arsi** [-'tarsi] sich orientieren; sich zurechtfinden; **~ato** [-'ta:to] orientiert (*in qc.* über et. *acc.*); **~azione** [-tatsi'o:ne] *f* Orientierung *f.*

oriente [ori'ɛnte] *m* Osten *m*, Orient *m*; *Grand'~* Großorient *m*, Großloge *f*; *estremo ~* Ferner Osten *m*; *vicino ~* Naher Osten *m*; *a ~ di* östlich von (*dat.*).

orifizio [ori'fi:tsio] *m* (*pl.* -zi) Öffnung *f.*

origano [o'ri:gano] *m* Dost *m.*

origin|ale [oridʒi'na:le] 1. *adj.* ursprünglich; originell, eigenartig; Original...; *peccato m ~* Erbsünde *f*; *testo m ~* Urtext *m*; 2. *m* Original *n* (*a. fig.*); Vorlage *f*; Urtext *m*; **~alità** [-nali'ta] *f* Originalität *f*; Ursprünglichkeit *f*; **~are** [-'na:re] (1m) 1. *v/t.* erzeugen; 2. *v/i. u.* **~arsi** [-'narsi] herstammen; **~ario** [-'na:rio] (*pl.* -ri) 1. *adj.* ursprünglich; gebürtig (*di, da* aus *dat.*); *essere ~ di* stammen aus (*dat.*); 2. *m* Ureinwohner *m.*

origine [o'ri:dʒine] *f* Ursprung *m*; Abstammung *f*; Herkunft *f*; *in ~* ursprünglich; *le -i* die Anfänge; † *certificato m d'~* Ursprungszeugnis *n.*

origliare [ori'ʎa:re] (1g) horchen, belauschen.

origliere [ori'ʎe:re] *m* Kopfkissen *n.*

orina [o'ri:na] *f* Urin *m*, Harn *m*; *analisi f dell'~* Harnuntersuchung *f.*

orin|ale [ori'na:le] *m* Nachtgeschirr *n*; Nachttopf *m*; **~are** [-'na:re] (1a)

urinieren; **~ario** [-'na:rio] (*pl.* -ri) harntreibend; Harn...; **~atoio** [-na-'to:io] *m* (*pl.* -oi) Pissoir *n.*

oriolo [ori'ɔ:lo] *m* Pirol *m.*

oriundo [ori'undo] stammend (*di* aus *dat.*); *è ~ berlinese* er ist aus Berlin.

orizzont|ale [orid-dzon'ta:le] 1. *adj.* horizontal, waagerecht; 2. *f* Horizontale *f*; **~are** [-'ta:re] (1a) orientieren.

orizzonte [orid-'dzonte] *m* Horizont *m.*

orl|are [or'la:re] (1a) säumen; **~atura** [-la'tu:ra] *f* Saum *m*; Säumen *n.*

orlo [orlo] *m allg.* Rand *m*; ⊕ Saum *m*; *-i pl. Typ.* Einfassung *f.*

orma [orma] *f* Spur *f*, Fußstapfe *f*; *Jagdw.* Fährte *f.*

ormai [or'mai] nunmehr.

ormeggiare [ormed-'dʒa:re] (1f) das Schiff vertäuen.

ormeggio [or'med-dʒo] *m* (*pl.* -ggi) Vertäuung *f* des Schiffes; Ankertau *n.*

orm|one [or'mo:ne] *m* Hormon *n*; **~onico** [-'mɔ:niko] (*pl.* -ci) hormonal, Hormon...

ornam|entale [ornamen'ta:le] ornamental; **~entazione** [-mentatsi-'o:ne] *f* Ornamentik *f*; **~ento** [-'mento] *m* Schmuck *m*; *Mal., Skulp.* Ornament *n*; *fig.* Zierde *f.*

orn|are [or'na:re] (1a) schmücken; ornamentieren; **~atista** [-na'tista] *su.* (*m/pl.* -i) Ornamentist(in *f*) *m*; **~ativo** [-na'ti:vo] schmückend; **~ato** [-'na:to] 1. *adj.* schmuckvoll; 2. *m* Schmuck *m*; Ornamente *n/pl.*

ornello [or'nɛl-lo] *m* Esche *f.*

ornit|ologia [ornitolo'dʒi:a] *f* Ornithologie *f*; **~ologo** [-'tɔ:logo] *m* (*pl.* -gi) Ornithologe *m.*

oro [ɔ:ro] *m* Gold *n*; *Kartensp.* Karo *n*; *d'~* golden; ~ *fine* Feingold *n*; *valuta f in ~* Goldwährung *f*; ~ *base f* ~ Goldbasis *f*; *-i pl.* Goldsachen *f/pl.*

orogr|afia [orogra'fi:a] *f* Gebirgskunde *f*; **~afico** [-'gra:fiko] (*pl.* -ci) orographisch.

orol|ogeria [orolodʒe'ri:a] *f* Uhrmacherkunst *f*; Uhrengeschäft *n*; Uhrwerk *n*; *bomba f ad ~* Zeitbombe *f*; **~ogiaio** [-lo'dʒa:io] *m* (*pl.* -ai) Uhrmacher *m*; **~ogio** [-'lɔ:dʒo] *m* (*pl.* -gi) Uhr *f*; ~ *da* *polso* Armbanduhr *f*; ~ *da tasca* Taschenuhr *f*; ~ *a scatto* Stoppuhr *f*.

oroscopo [o'rɔskopo] *m* Horoskop *n*.

orpello [or'pel-lo] *m* Flittergold *n*; *fig.* Schein *m*.

orr|endo [or-'rendo] fürchterlich; **~ibile** [-'ri:bile] schrecklich; entsetzlich; schaurig.

orrido [ɔr-rido] **1.** *adj.* grauenhaft; gruselig; **2.** *m* Grauenhafte(s) *n*; Abgrund *m*.

orripilante [or-ripi'lante] grauenerregend.

orrore [or-'ro:re] *m* Entsetzen *n*; Abscheu *m* (*di vor dat.*); *-i pl.* Greueltaten *f|pl.*; *avere in* ~ verabscheuen.

orsa [orsa] *f* Bärin *f*; *Astr.* ♀ *maggiore (minore)* großer (kleiner) Bär *m*.

orsacchiotto [orsak-ki'ɔt-to] *m* junger Bär *m*; ~ *di stoffa* Teddybär *m*.

orsaggine [or'sad-dʒine] *f* Bärbeißigkeit *f*, mürrisches Wesen *n*.

orso [orso] *m* Bär *m*; *fig.* ungeschliffener, ungeselliger Mensch *m*; ~ *bianco* Eisbär *m*; ~ *bruno* Braunbär *m*; ~ *lavatore* Waschbär *m*.

orsoline [orso'li:ne] *f|pl.* Ursulinenorden *m*.

orsù [or'su] auf denn!; wohlan!

ort|aggio [or'tad-dʒo] *m* (*pl.* -ggi) Gemüse *n*; **~aglia** [-'ta:ʎa] *f* Gemüseländereien *f|pl.*; Gemüse *n*; **~ense** [-'tɛnse] gemüseartig; Garten...

ortensia [or'tɛnsia] *f* Hortensie *f*.

ortica [or'ti:ka] *f* (*pl.* -che) Brennnessel *f*; ~ *del mare* Qualle *f*; *fig. gettare qc. alle -che* et. an den Nagel hängen.

ortic|aio [orti'ka:io] *m* (*pl.* -ai) Brennnesselgestrüpp *n*; **~aria** [-'ka:ria] *f* Nesselausschlag *m*; *febbre f* ~ Nesselfieber *n*.

orticolo [or'ti:kolo] gärtnerisch, Gartenbau...

orticolt|ore [ortikol'to:re] *m* Gemüsegärtner *m*; **~ura** [-'tu:ra] *f* Gemüsebau *m*.

ortivo [or'ti:vo] Gemüse..., Garten...; *terreno m* ~ Gartenbauland *n*.

orto [ɔrto] *m* Gemüsegarten *m*; Garten *m*; ~ *botanico* botanischer Garten *m*; *non è erba del tuo* ~ das ist nicht auf deinem Mist gewachsen.

orto|dossia [ortodos-'si:a] *f* Orthodoxie *f*, Rechtgläubigkeit *f*; **~dosso** [-'dɔs-so] orthodox, strenggläubig; **~epia** [-e'pi:a] *f* Orthoepie *f*; **~frutticolo** [-frut-'ti:kolo] den Obst- und Gemüseanbau betreffend; **~grafia** [-gra'fi:a] *f* Orthographie *f*, Rechtschreibung *f*; **~grafico** [-gra'fiko] (*pl.* -ci) orthographisch.

ortolano [orto'la:no] *m* Gemüsegärtner *m*; Gemüsehändler *m*; *Zool.* Ortolan *m*.

ortop|edia [ortope'di:a] *f* Orthopädie *f*; **~edico** [-'pe:diko] (*pl.* -ci) **1.** *adj.* orthopädisch; **2.** *m* Orthopäde *m*.

orza [ɔrdza] *f* Luvseite *f*; *a* ~ links.

orzaiolo [ordzai'ɔ:lo] *m* Gerstenkorn *n am Auge.*

orzare [or'dza:re] (1c) luven.

orzata [or'dza:ta] *f* Mandelmilch *f*.

orzo [ɔrdzo] *m* Gerste *f*; ~ *perlato* Graupe *f*.

osanna [o'zan-na] *m* Hosianna *n*; Jubelgeschrei *n*.

osannare [ozan-'na:re] (1a) Hosianna rufen; ~ *a qu.* j-m zujubeln.

osare [o'za:re] (1c) wagen; *osar fare* wagen zu tun.

oscenità [oʃ-ʃeni'ta] *f* Schlüpfrigkeit *f*, Unanständigkeit *f*; Zote *f*.

osceno [oʃ-'ʃe:no] schlüpfrig; zotig.

oscill|are [oʃ-ʃil-'la:re] (1a) schwanken; *Phys.* schwingen; **~atore** [-la'to:re] *m* Oszillator *m*; **~atorio** [-la'tɔ:rio] (*pl.* -ri) schwingend; **~azione** [-latsi'o:ne] *f* Schwankung *f*; *Phys.* Schwingung *f*; *-i di cambio* Kursschwankungen *f|pl.*; ~ *dei prezzi* Preisschwankung *f*; **~ografo** [-'lɔ:grafo] *m* Oszillograph *m*.

oscur|abile [osku'ra:bile] verdunkelbar; **~amento** [-ra'mento] *m* Verdunk(e)lung *f*; **~antismo** [-ran'tizmo] *m* Obskurantismus *m*; **~antista** [-ran'tista] *su.* (*m/pl.* -i) Obskurant(in *f*) *m*; **~are** [-'ra:re] (1a) verdunkeln; **~ità** [-ri'ta] *f* Dunkelheit *f*; Finsternis *f*; *fig.* Unklarheit *f*; *nell'* ~ im Dunkel.

oscuro [os'ku:ro] **1.** *adj.* dunkel; unbekannt; *Phot. camera f -a* Dunkelkammer *f*; **2.** *m* Dunkel *n*; *essere all'* ~ *di qc.* von et. (*dat.*) nicht unterrichtet sein.

osped|ale [ospe'da:le] *m* Krankenhaus *n*; ~ *militare* Militärlazarett *n*; **~aliero** [-dali'ɛ:ro] Krankenhaus...;

spese *f/pl.* -e Krankenhauskosten
pl.; **~alizzare** [-dalid-'dza:re] (1a)
in das Krankenhaus aufnehmen
(*od.* einliefern).

ospit|ale [ospi'ta:le] gastfreundlich,
gastlich; Gast-; **~alità** [-tali'ta] *f* Gast-
freundschaft *f*; **~are** [-'ta:re] (1l *u.*
c) beherbergen; als Gast aufneh-
men.   [geber(in *f*) *m.*⟩
ospite [ɔspite] *su.* Gast *m*; Gast-⟨
ospizio [os'pi:tsio] *m* (*pl.* -zi)
Hospiz *m*; **~** *dei vecchi* Altersheim *n*.

oss|ame [os-'sa:me] *m* Knochen
m/pl.; Gebeine *n/pl.*; **~ario** [-'sa:-
rio] *m* (*pl.* -ri) Beinhaus *n*; **~atura**
[-sa'tu:ra] *f* Knochengerüst *n*; *fig.*,
△ Gerüst *n*.

osseo [ɔs-seo] Knochen..., Bein...
oss|equente [os-seku'ente] erge-
ben; unterwürfig; **~equiare** [-se-
kui'a:re] (1m, b *u.* i) *j-m* huldigen,
ein Kompliment machen; **~equio**
[-'se:kuio] *m* (*pl.* -qui) Ergebenheit *f*; *i miei* -*i* m-e Empfehlungen
f/pl.; *con* -*i* hochachtungsvoll; *in* ~
alle leggi den Gesetzen gemäß;
~equiosità [-sekuiosi'ta] *f* Ehr-
erbietigkeit *f*, Ehrerbietung *f*;
~equioso [-sekui'o:so] ergeben;
unterwürfig; dienstfertig.
osserv|abile [os-ser'va:bile] wahr-
nehmbar; zu beobachten(d); **~ante**
[-'vante] befolgend; *Rel.* praktizie-
rend; **~anza** [-'vantsa] *f* Befolgung
f; *Rel.* Regel *f*; Hochachtung *f*;
con perfetta ~ mit vorzüglicher
Hochachtung; *di stretta* ~ streng-
gläubig; **~are** [-'va:re] (1b) beob-
achten; bemerken; bemängeln,
aussetzen; *Regel* befolgen; *Pflicht*
erfüllen; ~ *una dieta* eine Diät einhalten; *Le faccio* ~ ich mache Sie
darauf aufmerksam; **~atore** [-va-
'to:re] **1.** *adj.* beobachtend; Beob-
achtungs...; **2.** *m* Beobachter *m*;
~ *militare* Militärbeobachter *m*;
~atorio [-va'to:rio] *m* (*pl.* -ri) Observatorium *n*; Sternwarte *f*; ~
meteorologico Wetterwarte *f*; **~a-
zione** [-vatsi'o:ne] *f* Beobachtung
f; Bemerkung *f*; Einwand *m*.
ossession|ante [os-ses-sio'nante]
quälend, bedrückend; **~are** [-'na:-
re] quälen, bedrängen; **~ato** [-'na:-
to] besessen (*da* von *dat.*).
ossessione [os-ses-si'o:ne] *f* quä-
lender Gedanke *m*; Besessenheit *f*;
Psych. Zwangsvorstellung *f*.

ossesso [os-'ses-so] **1.** *adj.* besessen;
2. *m* Besessene(r) *m*.
ossia [os-'si:a] oder (auch); das
heißt.
ossid|abile [os-si'da:bile] oxydier-
bar; **~are** [-'da:re] (1l *u.* c) oxy-
dieren; **~azione** [-datsi'o:ne] *f*
Oxydation *f*.
ossido [os-sido] *m* Oxyd *n*; ~ *di
carbonio* Kohlenoxyd *n*.
ossidrico [os-si'dri:ko] (*pl.* -ci):
fiamma f -*a* Sauerstoffgebläse *n*.
ossigen|are [os-sidʒe'na:re] (1m)
mit Sauerstoff anreichern; *Haare*
bleichen, blondieren; *fig.* beleben;
~ato [-'na:to] mit Sauerstoff gesättigt; *Haare*: gebleicht, blondiert;
acqua f -*a* Wasserstoffsuperoxyd *n*;
~azione [-natsi'o:ne] *f* Aufnahme *f*
von Sauerstoff; Sättigung *f* mit
Sauerstoff.
ossigeno [os-'si:dʒeno] *m* Sauerstoff *m*; *tenda f a* ~ Sauerstoffzelt *n*.
ossitono [os-'si:tono] *adj.* mit dem
Akzent auf der letzten Silbe.
osso [ɔs-so] *m* (*Anat. pl.* le ossa)
Knochen *m*, Bein *n*; Stein (*Obst-
stein*) *m*; *di* ~ beinern; ~ *sacro*
Kreuzbein *n*; ~ *del collo* Genick *n*;
fig. è un ~ *duro* es ist e-e harte
Nuß; *le* -*a pl.* Gebeine *n/pl.*; *in
carne e* -*a* aus Fleisch und Blut,
leibhaftig; *avere le* -*a rotte* todmüde sein; *far l'*~ *a qc.* sich an et.
(*acc.*) gewöhnen.
ossobuco [os-so'bu:ko] *m* Kochk.
Kalbshaxe *f*.
ossuto [os-'su:to] (stark)knochig.
ost|acolare [ostako'la:re] (1m) *j-m*
Hindernisse bereiten; *Pläne* durch-
kreuzen; **~acolista** [-tako'lista] *su.*
(*m/pl.* -*i*) *Sport:* Hürdenläufer(in *f*)
m; **~acolo** [-'ta:kolo] *m* Hindernis
n; *Sport:* Hürde *f*; *essere d'*~ *a qu.*
j-m hinderlich sein.
ostaggio [os'tad-dʒo] *m* (*pl.* -ggi)
Geisel *m u. f*; *in* ~ als Geisel.
ost|ante [os'tante]: *ciò non* ~ nichts-
destoweniger; **~are** [-'ta:re] (1c)
im Wege stehen; *nulla osta* es bestehen keine Bedenken; *nullaosta*
m inv. Erlaubnis *f*, Visum *n*.
oste [ɔste] *m* Gastwirt *m*.
osteggiare [osted-'dʒa:re] (1f) *lit.*
bekämpfen.
ostello [os'tɛl-lo] *m poet.* Wohnstätte
f; Haus *n*; ~ *della gioventù* Jugendherberge *f*.

osten|sibile [osten'si:bile] zeigbar;
~**sorio** [-'sɔ:rio] *m* (*pl.* -ri) *Rel.*
Monstranz *f*.

ostent|are [osten'ta:re] (1b) zur
Schau tragen; mit et. (*dat.*) prahlen; *Liebe usw.* heucheln; ~**ativo**
[-ta'ti:vo] ostentativ; prahlerisch;
~**atore** [-ta'to:re] *m* Prahler *m*; ~**a-**
zione [-tatsi'o:ne] *f* Ostentation *f*;
Zurschaustellung *f*; Prahlerei *f*.

osteologia [osteolo'dʒi:a] *f* Kno-
chenlehre *f*.

ost|eria [oste'ri:a] *f* Wirtshaus *n*;
Schenke *f*; Gasthaus *n*; ~**essa**
[-'tes-sa] *f* Gastwirtin *f*.

ost|etricia [oste'tri:tʃa] *f* Geburts-
hilfe *f*; ~**etrico** [-'tɛ:triko] (*pl.* -ci)
1. *adj.* Entbindungs...; **2.** *m* Ge-
burtshelfer *m*.

ostia [ɔstia] *f* Hostie *f*; Oblate *f*.

ostico [ɔstiko] (*pl.* -ci) bitter; herb.

ostile [os'ti:le] feindlich; feindselig.

ostilità [ostili'ta] *f* Feindschaft *f*; ✕
Feindseligkeit *f*; *cessare le* ~ die
Feindseligkeiten einstellen.

ostin|arsi [osti'narsi] (1a): ~ *in qc.*
sich auf et. (*acc.*) versteifen; ~**atezza**
[-na'tet-tsa] *f* Hartnäckigkeit *f*;
~**ato** [-'na:to] hartnäckig; ~**azione**
[-natsi'o:ne] *f* Halsstarrigkeit *f*.

ostracismo [ostra'tʃizmo] *m*: *dare*
l'~ *a qu.* j-n ächten.

ostrica [ɔstrika] *f* (*pl.* -che) Auster *f*.

ostricaio [ostri'ka:io] *m* (*pl.* -ai)
Austernbank *f*; Austernhändler *m*.

ostro [ɔstro] *m poet.* Süden *m*; Süd-
wind *m*.

ostrogoto [ostro'gɔ:to] **1.** *m* Ostgote
m; *fig.* Barbar *m*; **2.** *adj.* ostgotisch;
fig. barbarisch.

ostr|uire [ostru'i:re] (4d) ver-
schließen; verstopfen; ~**uito** [-tru-
'i:to] verstopft; versperrt; ~**uzione**
[-trutsi'o:ne] *f* Verstopfung *f*; Ver-
schließung *f*; *Pol.* Obstruktion *f*;
~**uzionismo** [-trutsio'nizmo] *m*
Obstruktion *f*; ~**uzionista** [-trutsio-
'nista] *su.* (*m/pl.* -i) Obstruktio-
nist(in *f*) *m*; ~**uzionistico** [-trutsio-
'nistiko] (*pl.* -ci) Obstruktions...

otalgia [otal'dʒi:a] *f* Ohrenschmerz
m.

otarda [o'tarda] *f* Trappe *f*.

ot|ite [o'ti:te] *f* Ohrenentzündung *f*;
~**oiatra** [otoi'a:tra] *m* (*pl.* -i) Ohren-
arzt *m*; ~**orinolaringoiatra** [-to-
rinolaringoi'a:tra] *m* (*pl.* -i) Hals-
Nasen-Ohren-Arzt *m*.

otre [o:tre] *m* Schlauch *m*.

ott|aedrico [ot-ta'e:driko] (*pl.* -ci)
achtflächig; ~**aedro** [-ta'e:dro] *m*
Achtflächner *m*; ~**agonale** [-tago-
'na:le] achteckig; ~**agono** [-'ta:-
gono] *m* Achteck *n*; ~**angolare**
[-tango'la:re] achteckig; ~**angolo**
[-'tangolo] *m* Achteck *n*.

ottano [ot-'ta:no] *m* Oktan *n*; *numero*
m di -*i* Oktanzahl *f*.

ott|anta [ot-'tanta] achtzig; ~**an-**
tenne [-tan'ten-ne] achtzigjährig;
~**antesimo** [-tan'te:zimo] acht-
zigste; ~**antina** [-tan'ti:na] *f* etwa
achtzig; *essere sull'*~ in den Acht-
zigern sein.

ottarda [ot-'tarda] *s. otarda.*

ottativo [ot-ta'ti:vo] *m* *Gram.*
Optativ *m*.

ott|ava [ot-'ta:va] *f* Zeitraum *m* von
acht Tagen; *Rel. u. poet.* Oktave *f*;
~**avino** [-ta'vi:no] *m* Oktavflöte *f*;
~**avo** [-'ta:vo] **1.** *adj.* achte; **2.** *m*
Achtel *n*; *Typ.* Oktav *n*.

ottemper|anza [ot-tempe'rantsa] *f*
Befolgung *f*; *in* ~ *a* gemäß (*dat.*);
~**are** [-'ra:re] (1m *u.* b) gehorchen;
~ *alle leggi* den Gesetzen nachkommen.

ottenebr|are [ot-tene'bra:re] (1m
u. b) verdunkeln; *fig.* umnachten;
~**azione** [-bratsi'o:ne] *f* Ver-
dunk(e)lung *f*; *fig.* Umnachtung *f*.

ott|enere [ot-te'ne:re] (2q) er-
langen; erhalten; erzielen; erreichen; ~**engo** [-'tengo] *s. otte-*
nere; ~**enibile** [-te'ni:bile] erlang-
bar; erhältlich; erreichbar.

ottenne [ot-'ten-ne] **1.** *s. ottenere*;
2. *adj.* achtjährig.

ottenni [ot-'ten-ni] *s. ottenere.*

ottennio [ot-'ten-nio] *m* (*pl.* -nni)
Zeitraum *m* von acht Jahren.

ottentotto [ot-ten-'tɔt-to] *m* Hot-
tentotte *m*.

otterrò [ot-ter-'rɔ] *s. ottenere.*

ottetto [ot-'tet-to] *m* Oktett *n*.

ottic|a [ɔt-tika] *f* Optik *f*; ~**o** [-ko]
(*pl.* -ci) **1.** *adj.* optisch; *nervo m* ~
Sehnerv *m*; **2.** *m* Optiker *m*.

ottim|ale [ot-ti'ma:le] Höchst...,
Best...; ~**ismo** [-'mizmo] *m* Opti-
mismus *m*; ~**ista** [-'mista] *su.*
(*m/pl.* -i) Optimist(in *f*) *m*; ~**istico**
[-'mistiko] (*pl.* -ci) optimistisch;
zuversichtlich.

ottimo [ɔt-timo] (*sup. v. buono*)
sehr gut, beste.

otto [ɔt-to] **1.** *adj.* acht; *oggi a* ~ heute über acht Tage; *dare gli* ~ *giorni a qu.* j-m kündigen; **2.** *m* Acht *f*; ~ *volante* Achterbahn *f*.

ott|obrata [ot-to'bra:ta] *f* Ausflug *m* im Oktober (*zur Weinprobe*); **~obre** [-'to:bre] *m* Oktober *m*; **~obrino** [-to'bri:no] Oktober...

otto|centesimo [ot-totʃen'te:zimo] **1.** *adj.* achthundertste; **2.** *m* Achthundertstel *n*; **~cento** [-'tʃento] **1.** *adj.* achthundert; **2.** *m* Achthundert *f*; ♀ 19. Jahrhundert *n*; *stile m* ~ altmodisch; **~centesco** [-tʃen'tesko] im Stil des 19. Jahrhunderts.

ottoman|a [ot-to'ma:na] *f* Ottomane *f*; **~o** [-no] **1.** *adj.* ottomanisch; **2.** *m* Ottomane *m*.

ottomila [ot-to'mi:la] achttausend.

ottone [ot-'to:ne] *m* Messing *n*; *-i pl.* ♪ Blechinstrumente *n/pl.*

ottuagenario [ot-tuadʒe'na:rio] (*pl. -ri*) **1.** *adj.* achtzigjährig; **2.** *m* Achtzigjährige(r) *m*.

ottundere [ot-'tundere] (3bb) abstumpfen.

ottuplicare [ot-tupli'ka:re] (1m *u.* d) verachtfachen.

ottuplo [ɔt-tuplo] achtfach.

ottur|amento [ot-tura'mento] *m s.* otturazione; **~are** [-'ra:re] (1a) zu-, verstopfen; *Zahn* plombieren; **~atore** [-ra'to:re] *m Phot.* Verschluß *m*; ~ *a posa* Zeitverschluß *m*; ~ *a tendina* Schlitzverschluß *m*; **~azione** [-ratsi'o:ne] *f* Verschließung *f*; *Füllung f*; *Zähne:* Plombierung *f*.

ott|usangolo [ot-tu'zaŋgolo] stumpfwink(e)lig; **~usi** [-'tu:zi] *pl.* ottundere; **~usità** [-tuzi'ta] *f*

Stumpfheit *f*; *fig.* Stumpfsinnigkeit *f*; **~uso** [-'tu:zo] **1.** *s.* ottundere; **2.** *adj.* stumpf; *fig.* stumpfsinnig.

ov|aia [o'va:ia] *f Anat.* Eierstock *m*; **~aiolo** [ovai'ɔ:lo] eierlegend; *gallina f -a* Legehenne *f*; **~ale** [o'va:le] **1.** *adj.* oval; **2.** *m* Oval *n*; **~ario** [o'va:rio] *m* (*pl. -ri*) ♀ Fruchtknoten *m*; *Anat.* Eierstock *m*.

ov|atta [o'vat-ta] *f* Watte *f*; **~attare** [ovat-'ta:re] (1a) wattieren.

ovazione [ovatsi'o:ne] *f* Ovation *f*.

ove [o:ve] **1.** *adv.* wo; wohin; **2.** *cj.* falls.

ovest [ɔ:vest] *m* Westen *m*.

oviforme [ovi'forme] eiförmig.

ovi|le [o'vi:le] *m* Schafstall *m*; **~ni** [o'vi:ni] *m/pl.* Schafe *n/pl.*

oviparo [o'vi:paro] **1.** *adj.* eierlegend; **2.** *m* eierlegendes Tier *n*.

ovolo [ɔ:volo] *m* Eierbrikett *n*; Kaiserling *m*.

ovunque [o'vuŋkue] wo(hin) auch immer.

ovvero [ov-'ve:ro] oder, oder auch; das heißt.

ovviare [ov-vi'a:re] (1h) vorbeugen.

ovvio [ɔv-vio] (*pl. -vvi*) selbstverständlich, klar.

oziare [otsi'a:re] (1g) faulenzen, müßig gehen.

ozio [ɔ:tsio] *m* (*pl. -zi*) Muße *f*; *c.s.* Müßiggang *m*, Mußestunden *f/pl.*

ozi|osaggine [otsio'sad-dʒine] *f*, **~osità** [ˌosi'ta] *f* Faulenzerei *f*; **~oso** [-'o:so] **1.** *adj.* müßig; **2.** *m* Müßiggänger *m*.

ozonizz|are [odzonid-'dza:re] (1a) ozonisieren; **~atore** [-dza'to:re] *m* Ozonisator *m*; **~azione** [-dzatsi'o:ne] *f* Ozonisation *f*.

ozono [o'dzɔ:no] *m* Ozon *n u. m.*

P

P, p [pi] *f* u. *m* P, p *n*.

pac|are [paˈkaːre] (1d) beruhigen, beschwichtigen; **~atezza** [-kaˈtettsa] *f* Ruhe *f*; Abgeklärtheit *f*; **~ato** [-ˈkaːto] ruhig.

pacca [pak-ka] *f* (*pl.* -cche) Schlag *m*.

pacchetto [pak-ˈket-to] *m* Päckchen *n*; ~ *azionario* Aktienpaket *n*.

pacchia [pak-kia] *f* Fresserei *f*, Schlemmerei *f*.

pacchiano [pak-kiˈaːno] plump, grob, ungeschliffen; geschmacklos.

pacco [pak-ko] *m* (*pl.* -cchi) Paket *n*; ~ *assicurato* Wertpaket *n*; ~ *postale* Postpaket *n*.

paccotiglia [pak-koˈtiːʎa] *f* minderwertige Waren *f*/*pl.*, Schundware *f*.

pace [paːtʃe] *f* Friede(n) *m*; Eintracht *f*, Harmonie *f*; ~ *concordata* Verständigungsfriede *m*; ~ *separata* Separatfrieden *m*; *conferenza f della* ~ Friedenskonferenz *f*; *offerta f di* ~ Friedensangebot *n*; *trattato m di* ~ Friedensvertrag *m*; *dar* ~ *a qu.* j-n in Ruhe lassen; *darsi* ~ sich beruhigen; *prendersi qc. in santa* ~ et. mit Seelenruhe hinnehmen; *far* ~ sich versöhnen.

pachiderma [pakiˈdɛrma] *m* (*pl.* -i) Dickhäuter *m*; dickfelliger Mensch *m*. [stifter *m*.]

paciere [paˈtʃɛːre] *m* Frieden(s)-)

pacific|are [patʃifiˈkaːre] (1m *u.* d) beruhigen, aussöhnen; **~arsi** [-ˈkarsi]: ~ *con qu.* sich mit j-m versöhnen; **~atore** [-kaˈtoːre] *m* Frieden(s)stifter *m*; Versöhner *m*; **~azione** [-katsiˈoːne] *f* Beruhigung *f*; Aussöhnung *f*; *Pol.* Befriedung *f*.

pacifico [paˈtʃiːfiko] (*pl.* -ci) friedlich; allgemein anerkannt; Friedens...; *oceano m* ♀ Stiller Ozean *m*.

pacif|ismo [patʃiˈfizmo] *m* Pazifismus *m*; Friedensbewegung *f*; **~ista** [-ˈfista] *su.* (*m*/*pl.* -i) Pazifist(in *f*) *m*.

pacioccone [patʃokˈkoːne] *m* gutmütiger Mensch *m*.

padano [paˈdaːno] Po...; *pianura f* -a Poebene *f*.

padella [paˈdɛl-la] *f* Pfanne *f*; Bratpfanne *f*; ⚕ Stechbecken *n*; *fig. cadere dalla* ~ *nella brace* vom Regen in die Traufe kommen; *far* ~ sein Ziel verfehlen.

padellata [padel-ˈlaːta] *f* Pfannevoll *f*.

padiglione [padiˈʎoːne] *m* Halle *f*, Pavillon *m*; Zelt *n*; Betthimmel *m*; ~ *fieristico* Messehalle *f*; ~ *dell'orecchio* Ohrmuschel *f*; ~ *del telefono* Hörmuschel *f*.

padre [paːdre] *m* Vater *m*; *Rel.* Pater *m*.

padr|eggiare [padredˈdʒaːre] (1f) nach dem Vater geraten; **♀eterno** [-dreˈterno] *m* Gottvater *m*; *scherzh.* Wichtigtuer *m*; **~igno** [-ˈdriːɲo] *m* Stiefvater *m*; **~ino** [-ˈdriːno] *m* Pate *m*; Taufpate *m*; Sekundant *m*.

padr|ona [paˈdroːna] *f* Herrin *f*; Wirtin *f*; Hausfrau *f*; ~ *di casa* Hauswirtin *f*; **~onale** [-droˈnaːle] herrschaftlich; Herren...; Arbeitgeber...; *organizzazione f* ~ Arbeitgeberorganisation *f*; **~onanza** [-droˈnantsa] *f* Herrschaft *f*; Anmaßung *f*; ~ *di una lingua* Beherrschung *f* e-r Sprache; **~onato** [-droˈnaːto] *m* Besitztum *n*; die Arbeitgeber *m*/*pl.*; **~oncina** [-dronˈtʃiːna] *f* gnädiges Fräulein *n*; **~oncino** [-dronˈtʃiːno] *m* junger Herr *m*; **~one** [-ˈdroːne] *m* Herr *m*; Besitzer *m*; Chef *m*; Arbeitgeber *m*; ~ *di casa* Wirt (Hauswirt) *m*; Hausbesitzer *m*; ~!, ~ *mio!* bitte sehr!; *sei* ~ *di* (*inf.*) es steht dir frei, zu (*inf.*); **~oneggiare** [-droned-ˈdʒaːre] (1f) (be)herrschen; **~onesco** [-droˈnesko] (*pl.* -chi) herrisch.

padule [paˈduːle] *m* (kleiner) Sumpf *m*.

paes|aggio [paeˈzad-dʒo] *m* (*pl.* -ggi) Landschaft *f*; Landschaftsbild *n*; **~ano** [-ˈzaːno] **1.** *adj.* einheimisch; Landes...; **2.** *m* Landbewohner *m*; Landsmann *m*.

paese [paˈeːze] *m* Land *n*; Dorf *n*; *Mal.* Landschaft *f*; ~ *agricolo*

Agrarstaat m; Pol. -i non allineati blockfreie Länder n/pl.; -i sottosviluppati unterentwickelte Länder n/pl.; Paesi Bassi Niederlande pl.; ~ esportatore Ausfuhrland n; ~ di provenienza Ursprungsland n; F mandare a quel ~ zum Teufel schicken; ~ che vai, usanze che trovi andere Länder, andere Sitten.

paesello [pae'zɛl-lo] m Dörfchen n.

paesista [pae'zista] su. (m/pl. -i) Landschaftsmaler(in f) m.

paf!, paffete! [paf-fete] paff!, bums!

paff|utello [paf-fu'tɛl-lo] **1.** adj. pausbackig; **2.** m Pausback m; **~uto** [-'fu:to] pausbackig; guancia f ~a Pausbacke f.

paga [pa:ga] f (pl. -ghe) Gehalt n; Sold m; (Arbeits-)Lohn m; fig. Belohnung f.

pagabile [pa'ga:bile] zahlbar; erschwinglich; Wechsel: non ~ uneinlösbar; ~ a vista zahlbar bei Sicht.

pagaia [pa'ga:ia] f Paddel n.

pagamento [paga'mento] m Zahlung f; ~ anticipato Vorauszahlung f; ~ posticipato Nachzahlung f; in contanti Barzahlung f; ~ a rate Ratenzahlung f; Abschlagzahlung f; ~ a saldo Restzahlung f; condizioni f/pl. di ~ Zahlungsbedingungen f/pl.; intimazione f di ~ Zahlungsaufforderung f; movimento m -i Zahlungsverkehr m; ordine m di ~ Zahlungsbefehl m; rifiuto m di ~ Zahlungsverweigerung f.

paganesimo [paga'ne:zimo] m Heidentum n.

pagano [pa'ga:no] **1.** adj. heidnisch; **2.** m Heide m.

pag|are [pa'ga:re] (1e) abs. zahlen, bezahlen; honorieren; fig. belohnen; heimzahlen; ~ anticipatamente im voraus zahlen; ~ in contanti bar zahlen; ~ a rate ratenweise zahlen; quanto pagherei se was würde ich nicht geben, wenn; me la pagherai! das sollst du büßen!; ~arsi [-'garsi] sich bezahlt machen; ~ato [-'ga:to] bezahlt; Wechsel: non -a uneingelöst; ~atore [-ga'to:re] m Zahler m; ufficiale m ~ Zahlmeister m.

pagella [pa'dʒɛl-la] f (Volksschul-)Zeugnis n.

paggio [pad-dʒo] m (pl. -ggi) Page m; Edelknabe m.

pagherò [page'rɔ] m Schuldschein m.

pagina [pa:dʒina] f Seite f; a ~ auf Seite; voltar ~ umblättern; fig. zu e-m anderen Thema übergehen.

pagin|are [padʒi'na:re] (11) paginieren; ~atrice [-na'tri:tʃe] f Paginiermaschine f; ~atura [-na'tu:ra] f Paginierung f.

paglia [pa:ʎa] f Stroh n; di ~ Stroh...; cappello m di ~ Strohhut m; ~ d'acciaio Stahlspäne m/pl.; avere la coda di ~ Dreck am Stecken haben.

pagli|accesco [paʎat-'tʃesko] (pl. -chi) hanswurstmäßig; läppisch; ~accetto [-ʎat-'tʃet-to] m Strampelanzug m; ~acciata [-ʎat-'tʃa:ta] f dummer Streich m; ~accio [-'ʎat-tʃo] m (pl. -cci) Spaßmacher m; Possenreißer m; ~aio [-'ʎa:io] m (pl. -ai) Strohschober m; ~ericcio [-ʎe'rit-tʃo] m (pl. -cci) Strohsack m; ~erino [-ʎe'ri:no] strohfarben; ~etta [-'ʎet-ta] f Strohhut m; Metallwolle f; ~one [-'ʎo:ne] m s. pagliericcio; ~uzza [-'ʎut-tsa] f Strohhalm m.

pagn|otta [pa'ɲɔt-ta] f runder Laib m Brot; ~ottina [-ɲot-'ti:na] f Brötchen n.

pago [pa:go] (pl. -ghi) lit. zufrieden.

pagoda [pa'go:da] f Pagode f.

paio¹ [pa:io] s. parere.

paio² [pa:io] m (pl. le paia) Paar n; a ~a paarweise; un ~ di ein paar.

paiolo [pai'ɔ:lo] m Kochkessel m.

pala [pa:la] f Schaufel f; ⚓ Ruderblatt m; Altarbild n; ~ dell'elica Schraubenflügel m.

paladino [pala'di:no] m Paladin m; fare il ~ di qc. et. verfechten.

palafitta [pala'fit-ta] f Pfahlwerk n; -e pl. Pfahlbauten m/pl.

palafitt|are [palafit-'ta:re] (1a) Wasserb. pfählen; Dämme durch eingerammte Pfähle befestigen; ~ata [-'ta:ta] f Pfahlbau m.

palafr|eniere [palafreni'ɛ:re] m Reitknecht m; ~eno [-'fre:no] m Zelter m.

palamidone [palami'do:ne] m langer Bratenrock m.

pal|anca [pa'laŋka] f (pl. -che) Planke f; langer, dicker Pfahl m;

Pfahlwerk *n*; F **-che** *pl.* Geld *n*; **~anchino** [-laŋ'ki:no] *m* Tragsessel *m*; **~ancola** [-'laŋkola] *f* Steg *m*; Planke *f*.

paland|ra [pa'landra], **~rana** [-'dra:na] *f* langer, weiter Überrock *m*; ⚓ kleines Schiff *n*, Bilander *m*.

palata [pa'la:ta] *f* Schaufelvoll *f*; Schlag *m mit e-r Schaufel*; *a* **-e** in Hülle und Fülle.

palatale [pala'ta:le] **1.** *adj.* Gaumen...; **2.** *f* Gaumenlaut *m*.

palatino[1] [pala'ti:no] Gaumen...

palatino[2] [pala'ti:no] palatinisch; Pfalz...; *guardia f* **-a** palatinischer Gendarm *m im Vatikan*.

palato [pa'la:to] *m* Gaumen *m*.

palazzina [palat-'tsi:na] *f* große Villa *f*.

palazzo [pa'lat-tso] *m* Palast *m*; Gebäude *n*, Wohngebäude *n*; Mietshaus *n*; **~** *comunale* Rathaus *n*; **~** *di giustizia* Justizpalast *m*; **~** *reale* Königspalast *m*.

palch|ettista [palket-'tista] *su.* (*m*/*pl.* **-i**) *Thea.* Logeninhaber(in *f*) *m*; **~etto** [-'ket-to] *m* Fach *n*; *Thea.* Loge *f*.

palco [palko] *m* (*pl.* **-chi**) Gerüst *n*; ⌂ Decke (Zimmerdecke) *f*; *Thea.* Loge *f*; (*a.* **~** *scenico*) Bühne *f*; ⚖ Schafott *n*; Tribüne (Rednertribüne) *f*; (*a.* **~** *morto*) Hängeboden *m*; *Jagdw.* Hochsitz *m*; ⚓ Kommandobrücke *f*.

palcoscenico [palkoʃ-'ʃɛːniko] *m* (*pl.* **-ci**) Bühne *f*; **~** *girevole* Drehbühne *f*.

paleo [pa'lɛ:o] *m* Kreisel *m*.

pale|ografia [paleogra'fi:a] *f* Paläographie *f*, Handschriftenkunde *f*; **~ografico** [-o'gra:fiko] (*pl.* **-ci**) paläographisch; **~ografo** [-'ɔːgrafo] *m* Paläograph *m*.

paleont|ologia [paleontolo'dʒi:a] *f* Paläontologie *f*, Versteinerungskunde *f*; **~ologico** [-to'lɔːdʒiko] (*pl.* **-ci**) paläontologisch; **~ologo** [-'tɔːlogo] *m* (*pl.* **-gi**) Paläontologe *m*.

palesare [pale'za:re] (1a) offenbaren; enthüllen; *Geheimnis* verraten.

palese [pa'le:ze] offenbar; allen bekannt; *far* **~** kundtun.

palestra [pa'lɛstra] *f* Ringschule *f*; Turnhalle *f*; *fig.* Schule *f*.

paletot [pal'to] *m inv.* Paletot *m*, Mantel *m*.

paletta [pa'let-ta] *f* kleine Schaufel *f*; 🚩 Signalscheibe *f*.

palettare [palet-'ta:re] (1a) anpfählen.

palettata [palet-'ta:ta] *f* Schaufelvoll *f*.

paletto [pa'let-to] *m* Riegel *m*; kleiner Pfahl *m*.

palina [pa'li:na] *f* Nivellierlatte *f*, Bake *f*.

palinsesto [palin'sɛsto] *m* Palimpsest *m u. n.*

palio [pa:lio] *m* (*pl.* **-li**) Wettlauf *m*; Wettrennen *n*; *mettere in* **~** als Preis aussetzen.

palischermo [palis'kermo] *m* Ruderboot *n*.

palissandro [palis-'sandro] *m* Palisanderholz *n*.

palizzata [palit-'tsa:ta] *f* Palisade *f*, Pfahlwerk *n*.

palla [pal-la] *f* Kugel *f*; *Spiel:* Ball *m*; *Tennis:* **~** *bassa od. radente* Flachball *m*; **~** *a base* Schlagball *m*; **~** *del calcio* Fußball *m*; **~** *di cannone* Kanonenkugel *f*; **~** *di gomma* Gummiball *m*; **~** *a mano* Handball *m*; **~** *a nuoto* Wasserball *m*; *fare alla* **~** Ball spielen; **~** *di cavolo* Kohlkopf *m*; **~** *dell'occhio* Augapfel *m*; *caricare a* **~** scharf laden; *fig. cogliere la* **~** *al balzo* die Gelegenheit beim Schopf ergreifen.

pallacanestro [pal-laka'nɛstro] *f* Korbball *m*.

palladio [pal-'la:dio] *m* (*pl.* **-di**) Palladium *n*; *fig.* Hort *m*, Bollwerk *n*.

palla|maglio [pal-la'ma:ʎo] *m* (*pl.* **-gli**) Kricketspiel *n*; **~mano** [-'ma:no] *f* Handballspiel *n*; **~nuoto** [-nu'ɔːto] *f* Wasserball *m*; **~volo** [-'vɔːlo] *f* Volleyball *m*.

pall|eggiare [pal-led-'dʒa:re] (1f) **1.** *v*/*t.* hin und her werfen; **2.** *v*/*i.* Ball spielen; **~eggiarsi** [-led-'dʒarsi]: **~** *qc.* sich et. gegenseitig vorwerfen; **~eggio** [-'led-dʒo] *m* Ballwerfen *n*.

palli|amento [pal-lia'mento] *m* Bemäntelung *f*; **~are** [-li'a:re] (1k) bemänteln; beschönigen; **~ativo** [-lia'ti:vo] **1.** *adj.* verdeckend; Schein...; **2.** *m* Palliativ *n*, Linderungsmittel *n*; *fig.* Notbehelf *m*.

pallidezza [pal-li'det-tsa] *f* Blässe *f*.

pallido [pal-lido] bleich, blaß.
pallin|a [pal-'li:na] f Kügelchen n; **~o** [-no] m kleiner Ball m; kleine Kugel f; Malkugel f; Schrot m u. n; fig. avere il ~ e-e fixe Idee haben; avere il ~ della pesca begeisterter Angler sein.
pallio [pal-lio] m (pl. -lli) Pallium n, Bischofsmantel m.
pall|onata [pal-lo'na:ta] f Schuß m mit dem Fußball; fig. Aufschneiderei f; **~oncino** [-lon'tʃi:no] m kleiner Ballon m; Luftballon m; Lampion m; **~one** [-'lo:ne] m Ballon m; großer Spielball m; Fußball m; ♟ Glaskolben m; ~ frenato Fesselballon m; ~ di sbarramento Sperrballon m; ~ sonda Ballonsonde f; fig. ~ gonfiato Hohlkopf m.
pallore [pal-'lo:re] m Blässe f; ~ mortale Totenblässe f.
pallott|ola [pal-'lɔt-tola] f Kügelchen n; ✂ Kugel f; **~oliere** [-lottoli'e:re] m Rechenbrett n.
palma [palma] f ♀ Palme f; Anat. Handfläche f; ~ della vittoria Siegespalme f; portare in ~ di mano auf Händen tragen.
palm|are [pal'ma:re] auf der Hand liegend; Anat. Handflächen...; **~ata** [-'ma:ta] f Schlag m auf die Handfläche; **~ato** [-'ma:to] Stoff: mit Palmen bestickt; piede m ~ Schwimmfuß m.
palmento [pal'mento] m Mahlwerk n; Kelterwerk n; Mehlkasten m; mangiare a due ~i mit vollen Backen kauen.
palm|eto [pal'me:to] m Palmenhain m; **~ifero** [-'mi:fero] palmenreich; **~ipede** [-'mi:pede] m Schwimmvogel m; **~izio** [-'mi:tsio] m (pl. -zi) Palme f; Palmzweig m.
palmo [palmo] m Spanne f; a ~ a ~ Schritt für Schritt.
palo [pa:lo] m Pfahl m; Stange f; Mast m; Sport: Torpfosten m; ~ del telegrafo Telegraphenmast m; ~ della luce Lichtmast m; ~ a traliccio Gittermast m; saltare di in frasca vom Hundertsten ins Tausendste kommen; F fare da ~ Schmiere stehen.
palombaro [palom'ba:ro] m Taucher m.
palombo [pa'lombo] m Glatthai m.
palp|abile [pal'pa:bile] betastbar; fig. handgreiflich; **~abilità** [-pabi-

li'ta] f Handgreiflichkeit f; Fühlbarkeit f; **~are** [-'pa:re] (1a) betasten; **~ata** [-'pa:ta] f: dare una ~ a betasten.
palpebra [palpebra] f Augenlid n.
palpeggiare [palped-'dʒa:re] (1f) fortwährend betasten.
palpit|ante [palpi'tante] zuckend; ~ d'attualità höchst aktuell; **~are** [-'ta:re] (1l) beben; Herz: pochen; Busen: wogen; Glieder: zucken; **~azione** [-tatsi'o:ne] f Herzklopfen n; fig. Sorge f, Angst f.
palpito [palpito] m Herzschlag m.
paltò [pal'tɔ] m Paletot m, Mantel m.
pal|udamento [paluda'mento] m Gewand n; **~udato** [-lu'da:to] feierlich; schwülstig; **~ude** [-'lu:de] f Sumpf m; bonificare una ~ e-n Sumpf trockenlegen; **~udoso** [-lu'do:so] sumpfig; Sumpf...; **~ustre** [-'lustre] sumpfig; Sumpf...; piante f/pl. -i Sumpfpflanzen f/pl.
pampino [pampino] m Weinblatt n.
panacea [pana'tʃe:a] f Allheilmittel n.
panama [pa:nama] m inv. Panamahut m.
pan|are [pa'na:re] (1a) panieren; **~ata** [-'na:ta] f Brotsuppe f.
panca [paŋka] f (pl. -che) Bank (Sitzbank) f; ~ della chiesa Kirchenbank f; fai ridere le -e da lachen die Hühner; scaldare le -e die Schulbank umsonst drücken.
pancaccio [paŋ'kat-tʃo] m (pl. -cci) Pritsche f.
pancetta [pan'tʃet-ta] f durchwachsener Speck m.
panch|etto [paŋ'ket-to] m Schemel m; **~ina** [-'ki:na] f kleine Bank f, Bänkchen n.
pancia [pantʃa] f (pl. -ce) Bauch m; Leib m; P Wanst m; fig. Ausbauchung f; dolor m di ~ Bauchweh n; grattarsi la ~ faulenzen; a ~ all'aria auf den Rücken; mettere su ~ sich (dat.) ein Bäuchlein zulegen.
panci|era [pan'tʃe:ra] f Bauchbinde f, Unterleibsbinde f; **~olle** [-'tʃɔl-le]: in ~ bequem hingestreckt; **~one** [-'tʃo:ne] m großer Bauch m, Schmerbauch m; Fettwanst m; **~otto** [-'tʃɔt-to] m Weste f; **~uto** [-'tʃu:to] dickbäuchig.
panc|oncello [paŋkon'tʃɛl-lo] m Latte f; **~one** [-'ko:ne] m Bohle f; Ladentisch m; ⊕ Hobelbank f.

pancotto [paŋ'kɔt-to] *m* Brotbrei *m*.

pancreas [paŋkreas] *m inv.* Bauchspeicheldrüse *f*.

pandemonio [pande'mɔ:nio] *m* Höllenlärm *m*.

pane [pa:ne] *m* Brot *n*; *un* ~ ein Laib *m* Brot; ~ *con burro* Butterbrot *n*; ~ *di grano* Weizenbrot *n*; ~ *nero* (*od. di segala*) Schwarz-, Roggenbrot *n*; ~ *casalingo* Hausbrot *n*; ~ *misto* Mischbrot *n*; ~ *tostato* Röstbrot *n*; ~ *integrale* Vollkornbrot *n*; ~ *di Spagna* Art Torte; ~ *di zucchero* Zuckerhut *m*; *essere come* ~ *e cacio* ein Herz und e-e Seele sein; *buono come il* ~ herzensgut; *dir* ~ *al* ~ *das Kind beim rechten Namen nennen; rendere pan per focaccia* es j-m heimzahlen; *mangiare il* ~ *a tradimento* leben, ohne zu arbeiten.

paneg|irico [pane'dʒi:riko] *m* (*pl. -ci*) Lobrede *f*; **~irista** [-dʒi'rista] *su.* (*m/pl. -i*) Lobredner(in *f*) *m*.

panello [pa'nel-lo] *m* Ölkuchen *m*.

panereccio [pane'ret-tʃo] *m* (*pl. -cci*) *Path.* Fingerwurm *m*.

panett|eria [panet-te'ri:a] *f* Bäckerei *f*; Bäckerladen *m*; **~iere** [-ti'ɛ:re] *m* Bäcker *m*; **~one** [-'to:ne] *m* Art Stollen; Sandkuchen *m*.

panfilo [pa:nfilo] *m* Jacht *f*; ~ *a motore* Motorjacht *f*.

panforte [pan'fɔrte] *m* Pfefferkuchen *m*.

pangerma|nesimo [pandʒerma-'ne:zimo], **~nizmo** [-'nizmo] *m* Pangermanismus *m*.

pangrattato [paŋgrat-'ta:to] *m* geriebenes Brot *n*, Semmelbrösel *m/pl*.

pania [pa:nia] *f* Vogelleim *m*.

panico[1] [pa:niko] (*pl. -ci*) **1.** *adj.* panisch; *timor m* ~ = **2.** *m* Panik *f*.

panico[2] [pa'ni:ko] *m* (*pl. -chi*) Hirse *f*.

pan|iera [pani'ɛ:ra] *f* Korb (Weidenkorb) *m*; **~ieraio** [-e'ra:io] *m* (*pl. -ai*) Korbmacher *m*; **~iere** [-'ɛ:re] *m* Korb *m*; Brotkorb *m*.

pan|ificare [panifi'ka:re] (1m *u.* d) **1.** *v/t.* Brot backen; **2.** *v/i.* zu Brot werden; **~ificazione** [-fikatsi'o:ne] *f* Brotherstellung *f*; **~ificio** [-'fi:tʃo] *m* (*pl. -ci*) Bäcker *m*; Brotbäckerei *f*; **~ino** [-'ni:no] *m* Brötchen *n*; ~ *imbottito* belegtes Brötchen *n*.

panna[1] [pan-na] *f* Sahne *f*, Rahm *m*; ~ *montata* Schlagsahne *f*.

panna[2] [pan-na] *f* Panne *f*, Auto-

panne *f*; *essere in* ~ eine Panne haben; *rimanere in* ~ steckenbleiben.

pann|eggiamento [pan-ned-dʒa-'mento] *m* Drapierung *f*; **~eggiare** [-ned-'dʒa:re] (1f) *mit Stoff* drapieren; **~ello** [-'nel-lo] *m* Leinwandstück *n*; Tuchstück *n*; ⊕ Füllung *f*; ~ *portastrumenti* Armaturenbrett *n*; ~ *di comando* Schalttafel *f*; **~icello** [-ni'tʃel-lo] *m* Lappen *m*; ~ *-i caldi* unwirksame Heilmittel *n/pl.*; Palliativ *n*; **~ilino** [-ni'li:no] *m* Leinentuch *n*; ~ *-i sacri* Altartücher *n/pl*.

panno [pan-no] *m* Tuch *n*; *-i pl.* Wäsche *f*; Kleider *n/pl.*; *essere nei -i di qu.* in j-s Lage sein; *tagliare i -i addosso a qu.* j-m Übles nachreden.

pannocchia [pan-'nɔk-kia] *f* Maiskolben *m*.

pannolino [pan-no'li:no] *m* Leinentuch *n*; Windel *f*.

panor|ama [pano'ra:ma] *m* (*pl. -i*) Panorama *n*, Rundblick *m*; *Mal.* Rundgemälde *n*; *godere un bel* ~ e-e schöne Aussicht genießen; **~amica** [-'ra:mika] *f* Überblick *m*, Übersicht *f*; *Phot.* Panoramaaufnahme *f*; Aussichtsstraße *f*; **~amico** [-'ra:miko] (*pl. -ci*) Aussichts..., Panorama...

panpepato [panpe'pa:to] *m* Pfefferkuchen *m*.

panslav|ismo [panzla'vizmo] *m* Panslawismus *m*; **~ista** [-'vista] *su.* (*m/pl. -i*) Panslawist(in *f*) *m*.

Pantalone [panta'lo:ne] *od.* ♀ *m* venezianischer Hanswurst *m*; *paga* ~ das Volk zahlt.

pantaloni [panta'lo:ni] *m/pl.* Hosen *f/pl*.

pant|ano [pan'ta:no] *m* Sumpf *m*; **~anoso** [-ta'no:so] sumpfig.

pan|teismo [pante'izmo] *m* Pantheismus *m*; **~teista** [-te'ista] *su.* (*m/pl. -i*) Pantheist(in *f*) *m*; **~teistico** [-te'istiko] (*pl. -ci*) pantheistisch.

pantera [pan'te:ra] *f* Panther *m*.

pant|ofola [pan'tɔ:fola] *f* Pantoffel *m*; Hausschuh *m*; **~ofolaia** [-tofo'la:ia] *f* Pantoffelmacherin *f*.

pantografo [pan'tɔ:grafo] *m* Pantograph *m*, *Zeichenk.* Storchschnabel *m*.

pantom|ima [panto'mi:ma] *f* Pan-

paragrafare

tomime f; **~imico** [-'mi:miko] (pl. -ci) pantomimisch.

panzana [pan'tsa:na] f Flause f.

paonazzo [pao'nat-tso] violett.

papà [pa'pa] m Papa m; Vater m.

papa [pa:pa] m Papst m.

pap|abile [pa'pa:bile] zum Papst wählbar; **~ale** [-'pa:le] päpstlich; **~alina** [papa'li:na] f Hauskappe f; **~alino** [-pa'li:no] **1.** adj. päpstlich; **2.** m päpstlicher Soldat m; Papist m.

paparazzo [papa'rat-tso] m scherzh. Pressefotograf m.

papato [pa'pa:to] m Papsttum n; päpstliche Würde f.

papaverina [papave'ri:na] f Papaverin n.

papavero [pa'pa:vero] m Mohn m; alti -i pl. F hohe Tiere n/pl.

paper|a [pa:pera] f junge Gans f; fig. Schnitzer m; Versprechen n (mit komischer Wirkung); **~o** [-ro] m Gänserich m; fig. Dummkopf m.

papessa [pa'pes-sa] f Päpstin f.

papilla [pa'pil-la] f Papille f.

papillare [papil-'la:re] papillar...

papiraceo [papi'ra:tʃeo] papyrusartig.

papiro [pa'pi:ro] m Papyrus m.

papi|smo [pa'pizmo] m Papismus m; **~sta** [-'pista] m (pl. -i) Papist m.

pappa [pap-pa] f (Brot-)Brei m; fare la ~ essen; fig. trovare la ~ fatta sich ins warme Nest setzen.

pappafico [pap-pa'fi:ko] m (pl. -chi) Zool. Gartengrasmücke f; ♣ Bramrahe f; Vorbramsegel n.

pappag|allata [pap-pagal-'la:ta] f papageienhaftes Geschwätz n; **~alesco** [-gal-'lesko] (pl. -chi) papageienhaft; **~allo** [-'gal-lo] m Papagei m.

pappagorgia [pap-pa'gordʒa] f Doppelkinn n.

pappardella [pap-par'dɛl-la] f fig. Gewäsch n; -e pl. in Brühe gekochte Nudeln f/pl.

papp|are [pap-'pa:re] (1a) gierig essen; Geld usw. einsäckeln; **~ata** [-'pa:ta] f Schmauserei f; **~ataci** [-pa'ta:tʃi] m inv. Trottel m; Zool. Mücke (Stechmücke) f; **~atore** [-pa'to:re] m Vielfraß m, ∨ Freßsack m; **~atoria** [-pa'to:ria] f Schmauserei f; fig. unerlaubter Gewinn m; Räuberei f; **~ina** [-'pi:na] f Kinderbrei m.

paprica [pa:prika] f Paprika m.

par [par] = paio; pari.

para [pa:ra] f Paragummi n.

parabola [pa'ra:bola] f Parabel f.

parabolico [para'bɔ:liko] (pl. -ci) parabolisch, Parabel...; Parabol...

parabordo [para'bordo] m ♣ Fender m.

parabrezza [para'bred-dza] m Windschutzscheibe f.

paracadut|are [parakadu'ta:re] (1a) mit dem Fallschirm absetzen; **~arsi** [-'tarsi] mit dem Fallschirm abspringen; **~e** [-'du:te] m inv. Fallschirm m; lancio m col ~ Fallschirmabsprung m; **~ista** [-'tista] m (pl. -i) Fallschirmspringer m; ✕ Fallschirmjäger m.

para|carro [para'kar-ro] m Prellstein m; Ofenvorsetzer m; **~cenere** [-'tʃe:nere] m inv. Ofenvorsetzer m; **~colpi** [-'kɔlpi] m inv. Stoßfänger m, Puffer m.

paracqua [pa'rak-kua] m inv. Regenschirm m.

paradigma [para'digma] m (pl. -i) Paradigma n, Muster n.

parad|isiaco [paradi'zi:ako] (pl. -ci) paradiesisch; **~iso** [-'di:zo] m Paradies n; Himmelreich n; ~ terrestre Eden n.

parad|ossale [parados-'sa:le] paradox; **~osso** [-'dɔs-so] m Paradoxon n.

parafango [para'fango] m (pl. -ghi) Auto: Kotflügel m.

parafare [para'fa:re] (11) paraphieren.

paraffina [paraf-'fi:na] f Paraffin n.

par|afrasare [parafra'za:re] (1m) umschreiben; **~afrasi** [-'ra:frazi] f Paraphrase f, Umschreibung f; **~afrastico** [-ra'frastiko] (pl. -ci) umschreibend.

para|fulmine [para'fulmine] m Blitzableiter m; **~fumo** [-'fu:mo] m Rauchblech n; **~fuoco** [-fu'ɔ:ko] m (pl. -chi) Ofenvorsetzer m.

paraggio [pa'rad-dʒo] m (pl. -ggi) Küstenstrich m; -i pl. Gegend f; in questi -i in dieser Gegend; nei -i di in der Gegend von (dat.).

parag|onabile [parago'na:bile] vergleichbar; **~onare** [-go'na:re] (1a) vergleichen; **~one** [-'go:ne] m Vergleich m; pietra f di ~ Prüfstein m; a ~ di im Vergleich zu (dat.); senza ~ unvergleichlich.

par|agrafare [paragra'fa:re] (1m)

in Paragraphen teilen; **~agrafo** [-'ra:grafo] *m* Paragraph *m*.

paralisi [pa'ra:lizi] *f* Lähmung *f*; Paralyse *f*; ~ *infantile* Kinderlähmung *f*; ~ *progressiva* fortschreitende Paralyse *f*.

paral|itico [para'li:tiko] (*pl. -ci*) gelähmt; **~izzare** [paralid-'dza:re] (1a) lähmen.

parall|ela [paral-'lɛ:la] *f* Parallele *f*; **-e** *pl.* Barren (Turnbarren) *m*; **~elepipedo** [-lele'pi:pedo] *m* Parallelepipedon *n*; **~elismo** [-le'lizmo] *m* Parallelismus *m*; **~elo** [-'lɛ:lo] **1.** *adj.* parallel; **2.** *m* Parallele *f*; **~elogrammo** [-lelo'gram-mo] *m* Parallelogramm *n*.

paralogismo [paralo'dʒizmo] *m* Trugschluß *m*.

para|luce [para'lu:tʃe] *m inv.* Phot. Sonnenblende *f*; **~lume** [-'lu:me] *m* Lampenschirm *m*; **~mano** [-'ma:no] *m inv.* Ärmelaufschlag *m*.

paramento [para'mento] *m* Festschmuck *m*; *Rel.* (Meß-)Ornat *n*.

parametro [pa'ra:metro] *m* Parameter *m*.

paramilitare [paramili'ta:re] halbmilitärisch.

paramosche [para'moske] *m inv.* Fliegennetz *n*.

paranco [pa'raŋko] *m* (*pl. -chi*) Flaschenzug *m*.

paraninfo [para'ninfo] *m* Heiratsvermittler *m*.

paran|oia [para'nɔ:ia] *f* Paranoia *f*; **~oico** [-'nɔ:iko] (*pl. -ci*) paranoisch.

paranza [pa'rantsa] *f* Fischerbarke *f*.

para|occhi [para'ɔk-ki] *m inv.* Scheuklappe *f*; **~petto** [-'pet-to] *m* Brustwehr *f*; **~piglia** [-'pi:ʎa] *m inv.* Getümmel *n*; **~pioggia** [-pi'ɔd-dʒa] *m inv.* Regenschirm *m*.

par|are [pa'ra:re] (1a) **1.** *v/t.* schmücken; schützen (*da* vor *dat.*, *gegen acc.*); *Schläge* parieren, abwehren; ~ *a festa* festlich schmücken; **2.** *v/i.* hinzielen, **~arsi** [-'rarsi] sich zeigen; sich schmücken; ~ *dinanzi a qu.* j-m entgegentreten.

parascintille [paraʃ-ʃin'til-le] *m inv.* Funkenfänger *m*.

parasole [para'so:le] *m* Sonnenschirm *m*; *Phot.* Blende *f*.

parass|ita [paras-'si:ta] (*m/pl. -i*) **1.** *adj.* Schmarotzer...; *animale m* ~

Parasit *m*, Schmarotzertier *n*; **2.** *m* Schmarotzer *m*; *F* Nassauer *m*; **~itico** [-'si:tiko] (*pl. -ci*) parasitisch; **~itismo** [-si'tizmo] *m* Parasitentum *n*, Schmarotzertum *n*.

parastatale [parasta'ta:le] halbstaatlich.

parastinchi [para'stiŋki] *m inv.* Sport: Beinschiene *f*.

parata [pa'ra:ta] *f* Parade *f*; *Fechtk.* Deckung *f*; *Sport:* Abwehr *f*; *salone m di* ~ Prunksaal *m*; *in gran* ~ in großer Uniform.

paratia [para'ti:a] *f* Schott *n*.

paratifo [para'ti:fo] *m* Paratyphus *m*.

parat|o [pa'ra:to] *m* Bekleidung *f*; Tapete *f*; *Rel.* Ornat (Meßornat) *n*; **~oia** [-ra'to:ia] *f* Schleuse *f*.

para|urti [para'urti] *m inv.* Auto: Stoßstange *f*; 🚗 Puffer *m*; **~vento** [-'vento] *m* Windschirm *m*; spanische Wand *f*.

parca [parka] *f* (*pl. -che*) Parze *f*.

parcella [par'tʃɛl-la] *f* Parzelle *f*; Rechnung *f des Rechtsanwalts*.

parcellare [partʃel-'la:re] (1b) parzellieren.

parcheggiare [parked-'dʒa:re] (1f) parken.

parch|eggio [par'ked-dʒo] *m* Parken *n*; (*a. posto m di* ~) Parkplatz *m*; *divieto m di* ~ Parkverbot *n*; **~imetro** [-'ki:metro] *m* Parkuhr *f*.

parco¹ [parko] (*pl. -chi*) mäßig; karg (*di* mit).

parco² [parko] *m* (*pl. -chi*) Park *m*; ~ *dei divertimenti* Rummelplatz *m*; ~ *nazionale* Nationalpark *m*.

parecchio [pa'rek-kio] ziemlich viel; ziemlich lange; *parecchi m/pl.*, *parecchie f/pl.* mehrere; manche.

paregg|abile [pared-'dʒa:bile] gleichzustellen(d); vergleichbar; **~amento** [-dʒa'mento] *m* Ausgleichung *f*; Gleichstellung *f*; **~are** [-'dʒa:re] (1f) gleichmachen; *Rechnung* ausgleichen; den staatlichen Schulen gleichstellen; *Sport:* unentschieden spielen; *Tor:* ausgleichen; ~ *qu.* j-m gleichkommen; **~ato** [-'dʒa:to] paritätisch; ausgeglichen; gleichgestellt.

pareggio [pa'red-dʒo] *m* (*pl. -ggi*) Ausgleich *m*; *Sport:* Unentschieden *n*; *Pol.,* 🕂 (Bilanz-)Gleichgewicht *n*; *a* ~ zur Deckung; *Sport: chiudersi in* ~ unentschieden enden.

parelio [pa'rɛ:lio] *m* Nebensonne *f*.

parenchima [pa'reŋkima] *m* (*pl.* -*i* Anat., ♀ Parenchym *n*, Zellgewebe *n*.

parentado [paren'ta:do] *m* Verwandtschaft *f*; Familie *f*.

parente [pa'rente] **1.** *adj.* verwandt; **2.** *su.* Verwandte(r *m*) *m u. f.*

parentela [paren'te:la] *f* Verwandtschaft *f*.

parentesi [pa'rentezi] *f* Parenthese *f*; Klammer *f*; (*detto*) *fra* ~ beiläufig gesagt; *fig. aprire una* ~ *e* Zwischenbemerkung einschieben.

parere [pa'rɛ:re] **1.** *v/i.* (2h) scheinen; den Anschein haben; aussehen; *pare un galantuomo* er scheint ein Ehrenmann zu sein; *pare che es scheint, daß; che Le pare?* was meinen Sie?; *come mi pare* wie mir scheint; *ma che Le pare!* aber was denken Sie!; *pare impossibile* man sollte es nicht für möglich halten; *a quanto pare* anscheinend; *non mi par vero* ich kann es kaum glauben; **2.** *m* Ansicht *f*; 🖈 Gutachten *n*; ~ *legale* Rechtsgutachten *n*.

paretaio [pare'ta:io] *m* (*pl.* -*ai*) Vogelherd *m*.

parete [pa'rɛ:te] *f* Wand *f*; ~ *divisoria* Trennwand *f*; *le* -*i domestiche* die eigenen vier Wände.

pargolo [pargolo] *m* Kindlein *n*.

pari [pa:ri] **1.** *adj.* gleich; ♀ gerade; ~ *alle difficoltà del momento* den Schwierigkeiten der Stunde gewachsen; *al* ~ *di* ebenso wie; *alla* ~ auf derselben Stufe; ✝ *pari*; Sport: unentschieden; *siamo* ~ wir sind quitt; *senza* ~ ohnegleichen; **2.** *m* Gleichgestellte(r) *m*; *da* ~ *a* ~ wie ein Gleichgestellter; *un* ~ *mio* meinesgleichen; *un* ~ *tuo* deinesgleichen.

parietale [parie'ta:le] *m* (*od. osso* ~) *Anat.* Scheitelbein *n*.

parific|amento [parifika'mento] *m* Gleichstellung *f*; **~are** [-'ka:re] (1m *u.* d) gleichstellen; **~ato** [-'ka:to] gleichgestellt; *scuola* *f* -*a* staatlich anerkannte Schule *f*.

parigino [pari'dʒi:no] *adj. u. m* Pariser *adj. u. m*.

pariglia [pa'ri:ʎa] *f* Paar *n*; Spiel: Pasch *m*; (*a.* ~ *di cavalli*) Gespann *n*; *rendere la* ~ mit gleicher Münze zahlen.

parimenti [pari'menti] gleichfalls.

parità [pari'ta] *f* Parität *f*, Gleichheit *f*; ~ *aurea* Goldparität *f*; ~ *di diritti* Gleichberechtigung *f*; *a* ~ *di condizioni* bei gleichen Bedingungen.

paritetico [pari'tɛ:tiko] (*pl.* -*ci*) paritätisch.

parlam|entare [parlamen'ta:re] **1.** *adj.* parlamentarisch; *commissione f* ~ parlamentarischer Ausschuß *m*; **2.** *v/i.* (1a) parlamentieren, verhandeln; **3.** *m* = **~entario** [-men'ta:rio] *m* (*pl.* -*ri*) Abgeordnete(r) *m*; **~entarismo** [-menta'rizmo] *m* Parlamentarismus *m*; **~ento** [-'mento] *m* Parlament *n*.

parl|ante [par'lante] **1.** *adj.* sprechend; *fig.* ausdrucksvoll; **2.** *m* Sprechende(r) *m*; **~antina** [-lan'ti:na] *f* Gesprächigkeit *f*; *avere una buona* ~ zungenfertig sein; **~are** [-'la:re] **1.** *v/t. u. v/i.* (1a) sprechen (*a qu.* u.); ~ *al muro* in den Wind reden; ~ *coi piedi* dummes Zeug reden; ~ *del più e del meno* von diesem und jenem sprechen; **2.** *m* Sprache *f*; **~ata** [-'la:ta] *f* Redeweise *f*; Rede *f*; **~ato** [-'la:to] **1.** *adj.* gesprochen; Sprach...; *lingua f* -*a* Umgangssprache *f*; **2.** *m* Tonfilm *m*; **~atore** [-la'to:re] *m* Redner *m*; **~atorio** [-la'to:rio] *m* (*pl.* -*ri*) Sprechzimmer *n*.

parlott|are [parlot-'ta:re] (1c) miteinander flüstern; **~io** [-'ti:o] *m* Getuschel *n*.

parmigiano [parmi'dʒa:no] *m* **1.** Einwohner *m* von Parma; **2.** *f* Parmesankäse *m*; *Kochk. alla* -*a* mit Butter und Parmesankäse.

par|odia [paro'di:a] *f* Parodie *f*; **~odiare** [-di'a:re] (1k *u.* c) parodieren.

parola [pa'rɔ:la] *f* Wort *n*; ✂ Parole *f*; ~ *d'ordine* Kennwort *n*; -*e incrociate* Kreuzworträtsel *n*; *far* ~ *un Wort sagen*; *pigliare in* ~ beim Wort nehmen; *essere di* ~ Wort halten; *domandare la* ~ ums Wort bitten; ~ *per* ~ wortwörtlich; *sulla* ~ aufs Wort; ~! *mein Wort!*; *in* ~! auf Ehre!; *di poche* -*e* zugeknöpft.

parolaccia [paro'lat-tʃa] *f* unanständiges Wort *n*.

paro|laio [paro'la:io] *m* (*pl.* -*ai*) Schwätzer *m*; **~liere** [-li'ɛ:re] *m* Texter *m*.

P

parossismo [paros-'sizmo] *m* Paroxysmus *m*.

parossitono [paros-'si:tono] mit der Betonung auf der vorletzten Silbe.

parotide [pa'rɔːtide] *f* Ohrspeicheldrüse *f*.

parquet [par'ke] *m* Parkettboden *m*.

parrei [par-'rɛi] *s. parere.*

parri|cida [par-ri'tʃi:da] *su.* (*m/pl. -i*) Vatermörder(in *f*) *m*; Muttermörder(in *f*) *m*; **cidio** [-'tʃi:dio] *m* (*pl. -di*) Vatermord *m*; Muttermord *m*.

parrò [par-'rɔ] *s. parere.*

parrocchia [par-'rɔk-kia] *f* Pfarrei *f*.

parrocchi|ale [par-rok-ki'aːle] Pfarr...; **ano** [-ki'aːno] *m* Pfarrkind *n*.

parroco [par-roko] *m* (*pl. -ci*) Pfarrer *m*.

parr|ucca [par-'ruk-ka] *f* (*pl. -cche*) Perücke *f*; *fig.* Schelte *f*; **ucchiere** [-ruk-ki'eːre] *m* Friseur *m*, Haarschneider *m*; **uccone** [-ruk-'koːne] *m* große Perücke *f*; *fig.* Zopf *m*.

parsimo|nia [parsi'mɔːnia] *f* Mäßigung *f*; Sparsamkeit *f*; **nioso** [-moni'oːso] mäßig; sparsam.

parso [parso] *s. parere*; è ~ di (*inf.*) man hielt es für richtig, zu (*inf.*).

partaccia [par'tat-tʃa] *f* (*pl. -cce*) derber Verweis *m*; schlechte Aufnahme *f*; *hai fatto una bella* ~ *du hast dich schön blamiert.*

parte [parte] *f* Teil *m*, Anteil *m*; Seite *f*; *Thea.* Rolle *f*; ♪ Partie *f*; *Pol.*, ⚖ Partei *f*; ~ *avversaria* Gegenpartei *f*; ~ *civile* Zivilkläger *m*; ~ *di ricambio* Ersatzstück *n*; *-i genitali* Geschlechtsorgane *n/pl.*; ~ *del protagonista* Titelrolle *f*; *fare (od. dare)* ~ *di qc. a qu.* j-m et. mitteilen; *far* ~ *di una società* e-m Verein angehören; *fare la (una)* ~ die (e-e) Rolle spielen; *essere a* ~ *di qc. von et. (dat.)* Kenntnis haben; *mettere qu. a* ~ *di qc.* j-n in Kenntnis von et. (*dat.*) setzen; *a* ~ getrennt, besonders; extra; *a* ~ *i suoi difetti* abgesehen von s-n Fehlern; *da* ~ abseits; beiseite; *da* ~ *a* ~ durch und durch; *da una* ~ einerseits; *dall'altra* ~ andererseits; *in nessuna* ~ nirgends; *dalle nostre -i* bei uns (zulande); *da tutte le -i* überall; *da mia* ~ meinerseits; *d'altra* ~

übrigens; *in* ~ teils, teilweise; *prendere in buona (mala)* ~ gut (übel) aufnehmen; *questa è una cosa a* ~ das ist e-e Sache für sich; *da un anno a questa* ~ seit e-m Jahr; *in gran* ~ zum großen Teil; *prendere le -i di qu.* für j-n eintreten.

partecip|abile [partetʃi'paːbile] mitteilbar; **ante** [-'pante] *su.* Teilnehmer(in *f*) *m*; Teilhaber(in *f*) *m*; **are** [-'paːre] (1m) **1.** *v/t.* mitteilen; *Tod usw.* anzeigen; **2.** *v/i.* teilnehmen (*a an dat.*); Anteil haben (*an dat.*); **azione** [-patsi'oːne] *f* Mitteilung *f*; Anzeige *f*; Teilnahme *f*; Anteil *m*; ~ *agli utili* Gewinnanteil *m*; *in* ~ mit Beteiligung.

partecipe [par'teːtʃipe] teilnehmend.

parteggiare [parted-'dʒaːre] (1f) Partei ergreifen.

partenopeo [parteno'pɛːo] *m poet. u. scherzh.* Neapolitaner *m*.

part|ente [par'tɛnte] *su. Sport:* Starter(in *f*) *m*; *s. partire;* **enza** [-'tɛntsa] *f* Abreise *f*; Abfahrt *f*; ✕ Abmarsch *m*; *Sport:* Start *m*, Ablauf *m*; ~ *lanciata* fliegender Start *m*; ~ *da fermo* stehender Start *m*; ~ *a volo* Abflug *m*; *lettere f/pl. in* ~ auslaufende Briefe *m/pl.*; *essere di* ~ vor der Abreise stehen; *pronto per la* ~ fahrbereit; *fig. punto m di* ~ Ausgangspunkt *m*; *Sport: ordine* ~ *di* ~ Startordnung *f*.

part|icella [parti'tʃel-la] *f* Teilchen *n*; *Gram., Phys.* Partikel *f*; **icipio** [-ti'tʃiːpio] *m* (*pl. -pi*) Partizip(ium) *n*, Mittelwort *n*; **icola** [-'tiːkola] *f* Teilchen *n*; *Rel.* Hostie *f*.

particol|are [partiko'laːre] **1.** *adj.* besonder(r); einzeln; eigen; **2.** *m* Einzelheit *f*; *in* ~ im besonderen; **areggiare** [-lared-'dʒaːre] (1f) detaillieren, einzeln darlegen; **areggiato** [-lared-'dʒaːto] ausführlich; **arismo** [-la'rizmo] *m* Partikularismus *m*; **arità** [-lari'ta] *f* Einzelheit *f*; Eigentümlichkeit *f*.

parti|gianeria [parti dʒane'riːa] *f* Parteilichkeit *f*; **giano** [-'dʒaːno] **1.** *adj.* parteiisch; Partei...; Partisanen...; **2.** *m* Anhänger *m*; Partisan *m*.

partire¹ [par'tiːre] (4d) *v/t.* teilen.

part|ire² [par'tiːre] (4a) *v/i.* abreisen; *Sport:* starten; ~ *per* reisen nach; *Zug:* abfahren; *Brief:* abgehen; *Schuß*: losgehen; *fig.* ausgehen von; ~ *per l'estero* ins Ausland fahren; **~irsi** [-'tirsi] *lit.* sich trennen; sich entfernen.

part|ita [par'ti:ta] f Partie f; † Posten m; *Sport*: Spiel n, Treffen n; ~ *semplice (doppia)* einfache (doppelte) Buchführung f; ~ *amichevole* Freundschaftsspiel n; ~ *internazionale* Länderspiel n; ~ *a scacchi* Schachpartie f; ~ *di calcio* Fußballspiel n; ~ *di campionato* Meisterschaftsspiel n; **~itario** [-ti'ta:rio] m *(pl. -ri)* Postenbuch n; **~itivo** [-ti'ti:vo] Teilungs...; *articolo m* ~ Teilungsartikel m.

partito [par'ti:to] m Partie f; *Pol.* Partei f; Entschluß m; ~ *governativo* Regierungspartei f; ~ *d'opposizione* Oppositionspartei f; *al di sopra dei -i* überparteilich; *prendere un* ~ e-n Entschluß fassen; *ingannarsi a* ~ sich gründlich irren; *a mal* ~ in einer schlimmen Lage; *trarre* ~ *di* Nutzen schlagen aus *(dat.)*; *mettere la testa a* ~ vernünftig werden; *per* ~ *preso* mit Vorbedacht.

partitocrazia [partitokra'tsi:a] f Parteienherrschaft f.

part|itore [parti'to:re] m Teiler m; Einteiler m; **~itura** [-ti'tu:ra] f Partitur f; **~izione** [-titsi'o:ne] f Teilung f.

partner [partner] *su. inv.* Partner(in f) m.

parto [parto] m Entbindung f; *fig.* Erzeugnis n; *dolori m/pl. di* ~ Geburtswehen f/pl.

partor|iente [partori'ente] f Wöchnerin f; **~ire** [-'ri:re] (4d) gebären; niederkommen mit; entbunden werden von; zur Welt bringen; *fig.* erzeugen, erwecken.

parure [pa'ry:r] f inv. Satz m, Garnitur f.

parvenza [par'ventsa] f Anschein m.

parvi [parvi] *s. parere.*

parzi|ale [partsi'a:le] Teil..., teilweise; *fig.* parteiisch, voreingenommen; *fornitura f* ~ Teillieferung f; *risultato m* ~ Teilergebnis n; **~alità** [-tsiali'ta] f Parteilichkeit f; Voreingenommenheit f.

pasc|ere [paʃ-ʃere] (3dd) 1. *v/i.* weiden; 2. *v/t.* abweiden; *fig.* ~ *qu. di qc.* j-n mit et. abspeisen; **~ersi**

[-ʃersi] sich nähren; sich weiden.

pascià [paʃ-'ʃa] m inv. Pascha m.

pasciuto [paʃ-'ʃu:to] *s. pascere*; *ben* ~ wohlgenährt.

pascolare [pasko'la:re] (1l) weiden.

pascolo [paskolo] m Weide f.

Pasqua [paskua] f Ostern pl.; ~ *di rose* Pfingsten pl.; *contento come una ♀* seelenvergnügt.

pasquale [pasku'a:le] 1. *adj.* österlich; Oster...; 2. ♀ m *männlicher Vorname.*

pasquinata [paskui'na:ta] f Pasquill n, Satire f.

passabile [pas-'sa:bile] annehmbar, leidlich.

passaggio [pas-'sad-dʒo] m *(pl. -ggi)* Durchgang m; Übergang m; Vorbeifahren n; Straßenüberführung f, Straßenübergang m; 🚢 Durchreise f; ⚔ Durchmarsch m; 🚇 Stelle f; *Sport*: Zuspiel n; *di* ~ auf der Durchreise; *fig.* nebenbei; *nur* vorübergehend; *detto di* ~ beiläufig gesagt; *essere di* ~ auf der Durchreise sein; ~ *pedonale* Fußgängerübergang m; ~ *a livello* Bahnübergang m; ~ *a livello custodito* beschrankter Bahnübergang m; ~ *a livello incustodito* unbeschrankter Bahnübergang m; *chiedere un* ~ darum bitten, im Auto mitgenommen zu werden; *dare un* ~ im Auto mitnehmen.

passam|aneria [pas-samane'ri:a] f Besatzware f; Posamenterie f; **~ano** [-'ma:no] m Posament n, Besatz m; Geländer n.

passamontagna [pas-samon'ta:ɲa] m inv. Mütze f mit Ohrenklappen.

passante [pas-'sante] *su.* Vorübergehende(r m) m u. f.

passaporto [pas-sa'porto] m Paß m (Reisepaß m); ~ *collettivo* Sammelpaß m; *controllo m dei -i* Paßkontrolle f.

pass|are [pas-'sa:re] (1a) 1. *v/i.* vorbeigehen (an *dat.*); vorübergehen; gehen, kommen (*per* durch *acc.*); hinübergehen (zu *dat.*); durchdringen; durchgehen; übergehen; eintreten (in *acc.*); *Spiel*: passen; *Zeit*: vergehen; *Flüsse*: durchfließen; *Gesetze*: angenommen werden; ~ *avanti a qu.* j-m vorangehen; ~ *avanti* vorwärts gehen; *in der Schule*: versetzt werden; *beim Examen*: durchkommen; *dienstlich*: befördert werden; ~ *di moda* aus der Mode kommen; *con il passar del tempo* im Laufe der Zeit; ~ *a vie di fatto* tätlich werden; ~ *per* gelten für (*acc.*); ~ *da qu.* bei j-m vorsprechen, bei j-m vorbeikommen; *fig. lasciar* ~ *ein Auge* zudrücken; **2.** *v/t.* überschreiten; überholen; übersetzen; durchbohren; *Kochk.* passieren; *Aufträge* erteilen; *Schüler* versetzen; *Zeit* verbringen; *Unannehmlichkeit* ertragen; ~ *la palla* den Ball zuspielen; ~ *una visita medica* sich e-r ärztlichen Untersuchung unterziehen; *Tel. mi passi Milano* verbinden Sie mich mit Mailand; *se la passa benone* es geht ihm glänzend.

pass|ata [pas-'sa:ta] *f* Durchgang *m*; ✕ Durchmarsch *m*; *Kochk.* Püree *n*, Mus *n*; ~ *di mele* Apfelmus *n*; *dare una* ~ *alla lezione* die Lektion flüchtig durchsehen; **atempo** [-sa'tempo] *m* Zeitvertreib *m*; **atista** [-sa'tista] *su.* (*m/pl.* -i) Lobredner(in *f*) *m* der guten alten Zeit; **ato** [-'sa:to] **1.** *s. passare*; **2.** *adj.* vergangen; früher; verblüht; verdorben; **3.** *m* Vergangenheit *f*; *Kochk.* Püree *n*; **atoia** [-sa'to:ia] *f* Läufer *m*; **atoio** [-sa'to:io] *m* (*pl.* -*oi*) Steg *m*.

passaverdura [pas-saver'du:ra] *m inv.* Passiergerät *n*.

passeggero [pas-sed-'dʒe:ro] **1.** *adj.* vorübergehend; flüchtig; vergänglich; **2.** *m* Passagier *m*; Fahrgast *m*.

passeggi|are [pas-sed-'dʒa:re] (1f) spazierengehen; **ata** [-'dʒa:ta] *f* Spaziergang *m*; Spazierweg *m*; Promenade *f*; ~ *in carrozza* Spazierfahrt *f*; ~ *a cavallo* Ausritt *m*; ~ *in macchina* Spazierfahrt *f* im Auto; **atore** [-dʒa'to:re] *m* Spaziergänger *m*; **atrice** [-dʒa'tri:tʃe] *f* Spaziergängerin *f*; Straßenmädchen *n*.

passeggino [pas-sed-'dʒi:no] *m* Laufstühlchen *n*.

passeggio [pas-'sed-dʒo] *m* (*pl.* -*ggi*) Spaziergang *m*; Spazierweg *m*; *andare a* ~ spazierengehen.

passe-partout [paspar'tu] *m inv.* Hauptschlüssel *m*; Passepartout *n*.

passera [pas-sera] *f* Sperling *m*; *pesce m* ~ Flunder *f*.

passeraio [pas-se'ra:io] *m* (*pl.* -*ai*) Gezwitscher *n*.

passerella [pas-se'rɛl-la] *f* Landungssteg *m*; Überführung *f*.

passero [pas-sero] *m* Sperling *m*, Spatz *m*.

passerotto [pas-se'rɔt-to] *m* junger Sperling *m*.

passibile [pas-'si:bile] strafbar (*di* mit *dat.*); unterworfen (*dat.*); *il prezzo è* ~ *di aumento* der Preis kann erhöht werden.

passiflora [pas-si'flo:ra] *f* Passionsblume *f*.

passino [pas-'si:no] *m* Sieb *n*.

passion|ale [pas-sio'na:le] **1.** *adj.* leidenschaftlich; Leidenschafts...; **2.** *m* Passional *n*, Leidensgeschichte *f* der Heiligen; **alità** [-nali'ta] *f* Leidenschaftlichkeit *f*.

passione [pas-sio'o:ne] *f* Leidenschaft *f*; Liebhaberei *f*, Steckenpferd *n*; Schmerz *m*, Kummer *m*; *Rel.* Passion *f*; *settimana f di* ~ Karwoche *f*; *con* ~ leidenschaftlich.

passito [pas-'si:to] *m* süßer Wein *m*.

passività [pas-sivi'ta] *f* Passivität *f*; † Passiva *pl.*, Fehlbetrag *m*.

passivo [pas-'si:vo] **1.** *adj.* passiv; **2.** *m Gram.* Passiv(um) *n*; † Passiva *pl.*

passo[1] [pas-so] welk; verdorrt; *uva f -a* Rosine *f*.

passo[2] [pas-so] *m* Schritt *m*; Durchgang *m*; Ⓤ Stelle *f*; *fig.* Maßnahme *f*; *Geogr.* Paß *m*; ~ *di carica* Sturmschritt *m*; ~ *di lumaca* Schneckentempo *n*; ~ *falso* Fehltritt *m*; *a ogni* ~ auf Schritt und Tritt; *uccello m di* ~ Zugvogel *m*; *film m a* ~ *ridotto* Schmalfilm *m*; *a* ~ *d'uomo* im Schrittempo; *fare due -i* ein paar Schritte machen; *fig. segnare il* ~ nicht weiterkommen; *fare il* ~ *secondo la gamba* sich nach der Decke strecken.

pasta [pasta] *f* Teig *m*; Teigwaren *f/pl.*; Kuchen *m*; ⊕ Kleister *m*; Paste *f*; Masse *f*; *fig.* Wesen *n*, Charakter *m*; *una buona* ~ *in* guter Kerl *m*; ~ *al brodo* Suppe *f* mit Einlage (*Nudeln usw.*); ~ *asciutta* trockene Makkaroni; ~ *frolla* Mürbeteig *m*; *fig.* Waschlappen *m*; *fig. avere le mani in* ~ die Hände im Spiel haben.

pastaio [pas'ta:io] *m (pl. -ai)* Nudel-
händler *m*.

pastasciutta [pastaʃ'ʃut-ta] *f s.*
pasta.

pasteggiare [pasted-'dʒa:re] (1f)
Mahlzeit halten; *vino m da* ~ Tischwein *m*.

past|ello [pas'tɛl-lo] *m* Pastell(bild)
n; Pastellstift *m*; Farbstift *m*; **~icca**
[-'tik-ka] *f (pl. -cche)* Pastille *f*,
Tablette *f*; **~icceria** [-tit-tʃe'ri:a] *f*
Konditorei *f*; Backwerk *n*; ~ *da tè*
Teegebäck *n*; **~icciare** [-tit-'tʃa:re]
(1f) schmieren, klecksen; pfuschen;
~icciere [-tit-'tʃɛ:re] *m* Konditor
m; **~iccino** [-tit-'tʃi:no] *m* Feinge-
bäck *n*; **~iccio** [-'tit-tʃo] *m (pl.
-cci)* Pastete *f; fig.* verwickelte Geschichte *f*; wirres Zeug *n*; ~ *di
maccheroni* Makkaronigericht *n*
mit Fleischfüllung; *un bel* ~*! das
ist e-e schöne Bescherung!; essere
nei -i* in der Patsche sitzen; **~ic-
cione** [-tit-'tʃo:ne] *m* Pfuscher *m*;
Schwindler *m*; **~ificio** [-ti'fi:tʃo] *m
(pl. -ci)* Teigwarenfabrik *f*; Nudel-
fabrik *f*; **~iglia** [-'tiʎːa] *f* Pastille *f*;
~ina [-'ti:na] *f* Suppennudeln *f/pl.*;
~ *in brodo* Brühe *f* mit Einlage.

pastinaca [pasti'na:ka] *f (pl. -che)*
Pastinake *f*.

pasto [pasto] *m* Mahlzeit *f*; Essen *n*;
Fütterung *f der Tiere; vino m da* ~
Tischwein *m; fuori dei -i* außerhalb
der Hauptmahlzeiten.

pastoia [pas'to:ia] *f* Spannstrick *m;
fig.* Fessel *f*.

pastone [pas'to:ne] *m* Kleienfutter
n; fig. Mischmasch *m*.

past|ora [pas'to:ra] *f* Hirtin *f*;
~orale [-to'ra:le] 1. *adj.* Hirten...;
2. *m* Bischofsstab *m*; 3. *f Rel.*
Hirtenbrief *m*; [U] Hirtengedicht *n*;
~ore [-'to:re] *m* Hirt *m*; Prediger
m; (*a.* ~ *evangelico*) Pastor *m*;
~orella [-to'rɛl-la] *f* Hirtin *f*; [U]
Hirtenlied *n*; **~orello** [-to'rɛl-lo] *m*
Hirtenknabe *m*; **~orizia** [-to'ri:tsia]
f Viehzucht *f*; **~orizio** [-to'ri:tsio]
(pl. -zi) Hirten...; Vieh...

pastorizz|are [pastorid-'dza:re] (1a)
pasteurisieren; **~ato** [-'dza:to] pa-
steurisiert; *latte m* ~ pasteurisierte
Milch *f*; **~azione** [-dzatsi'o:ne] *f*
Pasteurisierung *f*.

past|osità [pastosi'ta] *f* Weichheit *f*;
Süßlichkeit *f*; **~oso** [-'to:so] weich;
süßlich.

pastrano [pas'tra:no] *m* (weiter)
Mantel *m*.

past|ura [pas'tu:ra] *f* Weide *f*;
~urare [-tu'ra:re] (1a) weiden.

pat|acca [pa'tak-ka] *f (pl. -cche)*
geringwertige Münze *f*; falsches
Geld *n*; Klecks *m*; **~accone** [-tak-
'ko:ne] *m* Schmutzfink *m*; große
Taschenuhr *f*.

patata [pa'ta:ta] *f* Kartoffel *f*; -*e
fritte* Bratkartoffeln *f/pl.*; *insalata
f di -e* Kartoffelsalat *m*.

patatrac [pata'trak] *m* Krach *m*.

patavino [pata'vi:no] paduanisch,
aus Padua.

patema [pa'tɛ:ma] *m (pl. -i)* Ge-
mütsbewegung *f*; Sorge *f*.

patent|are [paten'ta:re] (1b) pa-
tentieren; **~ato** [-'ta:to] patentiert;
zugelassen; *fig.* echt, Erz..., Ober...;
pazzo m ~ ausgemachter Idiot *m*.

patente [pa'tɛnte] 1. *adj.* offen-
kundig; 2. *f* Patent *n*; Diplom *n*;
Erlaubnis *f*; Schein *m*; ~ *di guida*
Führerschein *m*; *ritiro m della* ~
Führerscheinentzug *m*.

patereccio [pate'ret-tʃo] *m (pl. -cci)*
Fingerwurm *m*.

patern|ale [pater'na:le] 1. *adj.*
väterlich; 2. *f* Standrede *f*; **~a-
lismo** [-na'lizmo] *m* Paternalismus
m; **~ità** [-ni'ta] *f* Vaterschaft *f*;
[U] Autorschaft *f*; *ricerca f della* ~
Vaterschaftsklage *f*.

paterno [pa'tɛrno] väterlich.

paternostro [pater'nɔstro] *m* Vater-
unser *n*.

patetico [pa'tɛ:tiko] *(pl. -ci)* pathetisch.

patibolare [patibo'la:re] Galgen...;
faccia f ~ Galgengesicht *n*.

patibolo [pa'ti:bolo] *m* Schafott *n*.

patimento [pati'mento] *m* Leiden *n*.

patina [pa:tina] *f* Patina *f*, Edelrost
m; Belag *m der Zunge*.

patinare [pati'na:re] (1l) mit Edelrost überziehen.

pat|ire [pa'ti:re] (4d) 1. *v/i.* leiden
(di an dat.); 2. *v/t.* leiden, erleiden;
~ *la fame* hungern; **~ito** [-'ti:to]
1. *adj.* leidend; abgemagert; 2. *m*
Fanatiker *m*; ~ *del jazz* Jazzfan *m*.

pat|ogeno [pa'tɔ:dʒeno] krankheit-
erregend; **~ologia** [-tolo'dʒi:a] *f*
Pathologie *f*; **~ologico** [-to'lɔ:-
dʒiko] *(pl. -ci)* pathologisch; **~o-
logo** [-'tɔ:logo] *m (pl. -gi)* Patho-
loge *m*.

P

patria [pa:tria] *f* Vaterland *n*.

patr|iarca [patri'arka] *m* (*pl. -chi*) Patriarch *m*; **~iarcale** [-triar'ka:le] patriarchalisch; **~iarcato** [-triar'ka:to] *m* Patriarchat *n*; **~icida** [-tri'tʃi:da] *su.* (*m*/*pl. -i*) Vatermörder(in *f*) *m*; **~icidio** [-tri'tʃi:dio] *m* (*pl. -di*) Vatermord *m*; **~igno** [-'tri:ɲo] *m* Stiefvater *m*; **~imoniale** [-trimoni'a:le] patrimonial; **~imonio** [-'mɔ:nio] *m* (*pl. -ni*) Erbgut *n*; Vermögen *n*; *artistico* Kunstschätze *pl.*; **~** *ereditario* Erbteil *n*; **~** *immobiliare* Grundbesitz *m*; **~** *intellettuale* Gedankengut *n*.

patrio [patrio] vaterländisch; *amor m* **~** Vaterlandsliebe *f*; *-a potestà f* väterliche Gewalt *f*.

patr|iota [patri'ɔ:ta] *m* (*pl. -i*) Patriot *m*; Landsmann *m*; **~iottardo** [-triot-'tardo] *m* Chauvinist *m*; **~iottico** [-tri'ɔt-tiko] (*pl. -ci*) patriotisch; **~iottismo** [-triot-'tizmo] *m* Patriotismus *m*.

patr|iziato [patritsi'a:to] *m* Patrizierstand *m*; Aristokratie *f*; **~izio** [-'tri:tsio] (*pl. -zi*) 1. *adj.* Patrizier...; 2. *m* Patrizier *m*; **~izzare** [-trid-'dza:re] (1a) nach dem Vater schlagen.

patroc|inare [patrotʃi'na:re] (1a): **~** *qc. für et.* eintreten; 🏛 verteidigen; **~inatore** [-tʃina'to:re] *m* Fürsprecher *m*; Verteidiger *m*; **~inio** [-'tʃi:nio] *m* (*pl. -ni*) Schutz *m*; Verteidigung *f*.

patr|onale [patro'na:le] Patronats...; **~onato** [-'na:to] *m* Patronat *n*; **~onessa** [-'nes-sa] *f* Patronin *f*; *Rel.* Schutzherrin *f*; **~onimico** [-'ni:miko] (*pl. -ci*) patronymisch; **~ono** [-'trɔ:no] *m* Patron *m*, Schutzherr *m*.

patta [pat-ta] *f* Unentschieden *n*; Patt *n*; *an der Tasche:* Klappe *f*, Patte *f*; *esser* (*pari e*) **~** quitt sein.

patteggi|are [pat-ted-'dʒa:re] (1f) verhandeln; **~atore** [-dʒa'to:re] *m* Unterhändler *m*.

pattin|aggio [pat-ti'nad-dʒo] *m* (*pl. -ggi*) Eislauf *m*; Schlittschuhlaufen *n*; **~** *artistico* Kunstlaufen *n*; **~** *a coppie* Paarlaufen *n*; **~are** [-'na:re] (1l) Schlittschuh laufen; **~atore** [-na'to:re] *m* Schlittschuhläufer *m*.

pattino¹ [pat-tino] *m* Schlittschuh

m; Kufe (Schlittenkufe) *f*; **~** *a rotelle* Rollschuh *m*.

pattino² [pat-'ti:no] *m* Wasserschlitten *m*.

patto [pat-to] *m* Abmachung *f*; Vertrag *m*; Bedingung *f*; *stare ai -i* die Bedingungen einhalten; *a nessun* **~** unter keiner Bedingung; *a* **~** *che* unter der Bedingung, daß; *venire a -i* übereinkommen; ✕ kapitulieren.

patt|uglia [pat-'tu:ʎa] *f* Patrouille *f*; Streife *f*; **~** *di polizia* Polizeistreife *f*; **~ugliare** [-tu'ʎa:re] (1g) patrouillieren.

pattu|ire [pat-tu'i:re] (4d) ausbedingen, abmachen; **~ito** [-tu'i:to] 1. *adj.* abgemacht; vereinbart; 2. *m* Abmachung *f*; Vereinbarung *f*.

patt|ume [pat-'tu:me] *m* Kehricht *m u. n*; **~umiera** [-tumi'e:ra] *f* Mülleimer *m*.

paturnie [pa'turnie] *f*/*pl.* P trübe Laune *f*: *avere le* **~** schlecht gelaunt sein.

paura [pa'u:ra] *f* Furcht *f*; *avere* **~** *di qu.* sich vor j-m fürchten; *aver* **~** *di* (*inf.*) fürchten zu (*inf.*); *far* **~** *a qu.* j-n erschrecken.

pauroso [pau'ro:so] furchtsam; furchterregend.

pausa [pa:uza] *f* Pause *f*.

paventare [paven'ta:re] (1b) *lit.* sich fürchten vor (*dat.*).

pav|esare [pave'za:re] (1a) flaggen, festlich schmücken; **~ese** [-'ve:ze] 1. *adj.* aus Pavia; 2. *m* Schiffsflagge *f*.

pavido [pa:vido] *lit.* furchtsam.

pavim|entare [pavimen'ta:re] (1a) dielen; Fußboden legen; *Straßen* asphaltieren; **~entazione** [-mentatsi'o:ne] *f* Herstellung *f* des Fußbodens; Dielung *f*; Straßendecke *f*; **~ento** [-'mento] *m* Fußboden *m*.

pav|oncella [pavon'tʃel-la] *f* Kiebitz *m*; **~one** [-'vo:ne] *m* Pfau *m*; **~oneggiarsi** [-voned-'dʒarsi] (1f) sich brüsten (*di* mit *dat.*).

pazi|entare [patsien'ta:re] (1b) sich gedulden; **~ente** [-tsi'ente] 1. *adj.* mühselig; geduldig; 2. *m* Patient *m*; **~enza** [-tsi'entsa] *f* Geduld *f*.

pazz|erello [pat-tse'rel-lo] *m* Tollkopf *m*; **~esco** [-'tsesko] (*pl. -chi*) verrückt; **~ia** [-'tsi:a] *f* Wahnsinn *m*; Tollheit *f*.

pazzo [pat-tso] 1. *adj.* wahnsinnig;

~ da legare total verrückt; andar ~ di verrückt sein auf (acc.); **2.** m Wahnsinnige(r) m, Irre(r) m; Narr m, Tor m.

pe' = pei.

pecca [pek-ka] f (pl. -cche) Fehler m; Mangel m.

pecc|abile [pek-'ka:bile] fehlbar; **~abilità** [-kabili'ta] f Sündhaftigkeit f; **~aminoso** [-kami'no:so] sündhaft; **~are** [-'ka:re] (1b u. d) sündigen; **~ato** [-'ka:to] m Sünde f; ~! schade!; ~ mortale Todsünde f; ~ veniale läßliche Sünde f; che ~! wie schade!; è un gran ~ che es ist wirklich schade, daß; **~atore** [-ka'to:re] m Sünder m.

pecchia [pek-kia] f Biene f.

pece [pe:tʃe] f Pech n; ~ greca Kolophonium n.

pechinese [peki'ne:se] **1.** adj. Pekinger; **2.** su. Pekinger(in f) m; **3.** m Zool. Pekinese m.

pecioso [pe'tʃo:so] pechig.

pecora [pɛ:kora] f Schaf n.

pecor|aggine [peko'rad-dʒine] f Dummheit f; Feigheit f; **~aio** [-'ra:io] m (pl. -ai) Schäfer m; **~ella** [-'rɛl-la] f Schäflein n; Lämmerwolke f; **~esco** [-'resko] (pl. -chi) schafartig; schafköpfig; **~ile** [-'ri:le] m Schafstall m; **~ino** [-'ri:no] **1.** adj. Schaf...; **2.** m Schafmist m; (a. formaggio m ~) Schafkäse m; **~one** [-'ro:ne] m Schafskopf m.

peculato [peku'la:to] m Amtsunterschlagung f.

pecul|iare [pekuli'a:re] eigentümlich; eigen; **~iarità** [-liari'ta] f Eigentümlichkeit f.

pec|ulio [pe'ku:lio] m Spargroschen m; **~unia** [-'ku:nia] f Geld n, F Moneten pl.; **~uniario** [-kuni'a:rio] (pl. -ri) pekuniär; Geld...; pena f -a Geldstrafe f.

pedaggio [pe'dad-dʒo] m (pl. -ggi) Brücken-, Wegegeld n.

pedag|ogia [pedago'dʒi:a] f Pädagogik f, Erziehungskunde f; **~ogico** [-'gɔ:dʒiko] (pl. -ci) pädagogisch; **~ogista** [-go'dʒista] m (pl. -i) Pädagoge m; **~ogo** [-'gɔ:go] m (pl. -ghi) Pädagoge m.

ped|alare [peda'la:re] (1a) treten; radfahren; F radeln; **~alata** [-da-'la:ta] f Pedaltritt m; **~ale** [-'da:le] m Fußhebel m; ♪ u. Radsport:

Pedal n; Baumstamm m; **~aliera** [-dali'e:ra] f Pedal (Orgelpedal) n; **~ana** [-'da:na] f Fußbrett n; Trittbrett n; Kleidung: Stoßkante f; ~ da letto Bettvorleger m.

pedante [pe'dante] **1.** adj. pedantisch; **2.** m Pedant m.

pedant|eggiare [pedanted-'dʒa:re] (1f) schulmeistern; **~eria** [-te'ri:a] f Pedanterie f; **~esco** [-'tesko] (pl. -chi) pedantisch.

pedata [pe'da:ta] f Fußstapfe f; Fußtritt m.

pede|rasta [pede'rasta] m (pl. -i) Päderast m; **~rastia** [-ras'ti:a] f Päderastie f.

pedestre [pe'dɛstre] zu Fuß; fig. niedrig, gemein.

pedi|atra [pedi'a:tra] m (pl. -i) Kinderarzt m; **~atria** [-dia'tri:a] f Pädiatrie f, Kinderheilkunde f; **~atrico** [-di'a:triko] (pl. -ci) pädiatrisch; ospedale m ~ Kinderkrankenhaus n.

pedi|cure [pedi'ku:re] su. Fußpfleger(in f) m; **~luvio** [-'lu:vio] m (pl. -vi) Fußbad n.

ped|ina [pe'di:na] f Damespiel: Stein m; Schachspiel: Bauer m; fig. non muovere ~ keinen Schritt tun; **~inare** [-di'na:re] (1a) heimlich folgen; ausspionieren; **~issequo** [-'dis-sekuo] sklavisch nachahmend; **~ivella** [-di'vɛl-la] f Tretkurbel f; **~ometro** [-'dɔ:-metro] m Schrittmesser m; **~onale** [-do'na:le] Fußgänger...; passaggio m ~ Fußgängerübergang m; **~one** [-'do:ne] m Fußgänger m; ✕ Fußsoldat m; **~uccio** [-'dut-tʃo] m (pl. -cci) Pfote f, Fuß m; ⚖ Konsole f; **~ule** [-'du:le] m Socke f; leichter Bergschuh m; Füßling m.

pedun|colato [pedunko'la:to] ⚘ gestielt; **~colo** [-'duŋkolo] m ⚘ Stiel m, Stengel m.

pegaso [pɛ:gazo] m Pegasus m.

peggio [pɛd-dʒo] **1.** adv. schlechter; **2.** m Schlechtere(s) n; c'è di ~ es gibt noch Schlimmeres; il ~ das Schlimmste; il ~ è che das schlimmste dabei ist, daß; alla ~ schlimmstenfalls; avere la ~ den kürzeren ziehen; di male in ~ immer schlimmer.

peggi|oramento [ped-dʒora'mento] m Verschlimmerung f; ~ del tempo Wettersturz m; **~orare**

[-'ra:re] (1a) **1.** v/t. verschlechtern; verschlimmern; **2.** v/i. sich verschlimmern; **~orativo** [-ra'ti:vo] **1.** adj. verschlechternd; **2.** m Verschlechterungswort n, Pejorativum n; **~ore** [-'dʒo:re] **1.** adj. schlechter, schlimmer; **2.** m: il ~ der Schlechteste, Schlimmste.

pegli [pe:ʎi] prp. per mit dem art. gli.

pegno [pe:ɲo] m Pfand n; mettere qc. in ~ et. versetzen, verpfänden; casa f di ~ Pfandhaus n.

pegola [pe:gola] f Pech n.

pei, pel prp. per mit dem art. i, il.

pelago [pɛ:lago] m (pl. -ghi) Meer n; fig. Unmenge f.

pel|ame [pe'la:me] m Haar n; Fell n; fig. essere dello stesso ~ von demselben Schlag sein; **~androne** [-lan'dro:ne] m Taugenichts m; Faulpelz m; **~apatate** [-lapa'ta:te] m inv. Kartoffelschäler m; **~are** [-'la:re] (et) enthaaren; Obst schälen; Hühner rupfen; fig. das Fell über die Ohren ziehen; **~arsi** [-'larsi] das Haar verlieren; **~ata** [-'la:ta] f: dare una ~ a qu. j-n rupfen; **~ato** [-'la:to] haarlos, kahl; geschält; **~atura** [-la'tu:ra] f Enthaaren n; Rupfen n; Abschälen n.

pellaccia [pel-'lat-tʃa] f (pl. -cce) fig. dickfellige Person f; Gauner m.

pell|agra [pel-'la:gra] f Pellagra n; **~agroso** [-la'gro:so] m Pellagrakranke(r) m.

pell|aio [pel-'la:io] m (pl. -ai) Gerber m; **~ame** [-'la:me] m Felle n/pl.; Leder n.

pelle [pel-le] f Haut f (a. fig.); Leder n; Fell n; ~ di camoscio Wildleder n; ne va la ~ es gilt das Leben; fare la ~ a qu. j-n umbringen; rimetterci la ~ ums Leben kommen; salvare la ~ mit heiler Haut davonkommen; non capire (od. stare) nella ~ außer sich sein vor Freude; per la ~ mit Leib und Seele, Stock...: italiano m per la ~ Stockitaliener m; amico m per la ~ Busenfreund m.

pellegr|ina [pel-le'gri:na] f Pilgerin f; Kleidung: Pelerine f; **~inaggio** [-gri'nad-dʒo] m (pl. -ggi) Pilgerfahrt f; **~inare** [-gri'na:re] (1a) pilgern; wandern; **~inazione** [-grinatsi'o:ne] f Wallfahrt f; **~ino** [-'gri:no] m Pilger m.

pelletteria [pel-let-te'ri:a] f Lederwarenindustrie f, Lederwarenhandlung f; -e pl. Lederwaren f/pl.

pellicano [pel-li'ka:no] m Pelikan m.

pell|icceria [pel-lit-tʃe'ri:a] f Pelzhandlung f; -e pl. Pelzwaren f/pl.; **~iccia** [-'lit-tʃa] f (pl. -cce) Pelz m; **~icciaio** [-lit-'tʃa:io] m (pl. -ai) Kürschner m; **~icciame** [-lit-'tʃa:me] m Pelzwerk n; Pelzsachen f/pl.

pellicola [pel-'li:kola] f Häutchen n; Phot. Film m; Filmstreifen m; ⊕ Schicht f; ~ a colori Farbfilm m; ~ impressionata belichteter Film m; ~ pubblicitaria Werbefilm m.

pellirossa [pel-li'ros-sa] su. (pl. pellirosse) Rothaut f.

pelo [pe:lo] m Haar n; Fell n; Kleidung: Pelz m; ⚓ Flaum m; ~ dell'acqua Wasserspiegel m; contro ~ gegen den Strich; essere di primo ~ ein Neuling sein; essere a un ~ nahe daran sein; ci mancò un ~ um ein Haar; dello stesso ~ von demselben Schlag sein; non aver -i sulla lingua kein Blatt vor den Mund nehmen; cercare il ~ nell'uovo in jeder Suppe ein Haar finden.

pel|osità [pelosi'ta] f Haarigkeit f; Behaartheit f; **~oso** [-'lo:so] haarig; behaart; carità f ~ berechnende Mildtätigkeit f; **~uria** [-'lu:ria] f Flaum m; **~uzzo** [-'lut-tso] m Härchen n.

pena [pe:na] f Strafe f; Qual f; Sorge f; ~ capitale Todesstrafe f; sotto ~ bei Strafe; sotto ~ di morte od. ~ la vita bei Todesstrafe; stare in ~ besorgt sein; valer la ~ der Mühe wert sein; fa ~ a sentire es tut e-m leid, wenn man hört; a mala ~ mit knapper Not, mit Mühe.

pen|ale [pe'na:le] **1.** adj. strafbar; Straf...; codice m ~ Strafgesetzbuch n; **2.** f Strafe f; **~alista** su. (m/pl. -i) Strafrechtler(in f) m; Strafverteidiger(in f) m; **~alità** [-nali'ta] f Strafbarkeit f; Strafe f; Sport: Strafpunkt m; **~alizzare** [-nalid-'dza:re] (1a) Sport: mit Strafpunkten belegen; **~alizzazione** [-naliddzatsi'o:ne] f Sport: Bestrafung f; Strafpunkt m; **~are** [-'na:re] (1a) leiden; Mühe haben; far ~ quälen.

penati [pe'na:ti] m/pl. Penaten pl.

pencolare [peŋko'la:re] (1l u. b) schwanken.

P

pend|aglio [pen'da:ʎo] *m* (*pl.* -gli) Gehänge *n*; Koppel (Säbelkoppel) *n*; **~ente** [-'dɛnte] **1.** *p. pr.* hängend; schwebend; **2.** *adj.* abschüssig; *fig.* essere ~ schweben; torre *f* ~ schiefer Turm *m*; **3.** *m* Gehänge *n*; **~enza** [-'dɛntsa] *f* Neigung *f*; *fig.*, ✝ schwebende Streitsache *f*; unbezahlte Rechnung *f*; Schuld *f*; in ~ geneigt; abschüssig; ⚖ schwebend.

pendere [pɛndere] (3a) hängen; sich neigen; *Weg*: abschüssig sein; *Geschäft*: schweben.

pen|dice [pen'di:tʃe] *f* Abhang *m*; **~dio** [-'di:o] *m* Abhang *m*; Gefälle *n*.

pendol|a [pɛndola] *f* Pendeluhr *f*; **~are**[1] [pendo'la:re] (11 *u.* b) pendeln.

pendolare[2] [pendo'la:re] *su.* Pendler(in *f*) *m*.

pendolo [pɛndolo] *m* Pendel *n*; orologio *m* a ~ Pendeluhr *f*.

pene [pɛ:ne] *m* Penis *m*, männliches Glied *n*.

penetr|abile [pene'tra:bile] durchdringbar; **~abilità** [-trabili'ta] *f* Durchdringbarkeit *f*; **~ali** [-'tra:li] *m/pl. lit.* geheimster Winkel *m*; Innerste(s) *n*; Allerheiligste(s) *n*; **~ante** [-'trante] eindringend; *fig.* scharf; **~are** [-'tra:re] (11 *u.* b) **1.** *v/t.* durchdringen; **2.** *v/i.* eindringen; **~ativo** [-tra'ti:vo] durchdringend; eindringend; **~azione** [-tratsi'o:ne] *f* Durchdringen *n*; Eindringen *n*; *fig.* Scharfsinn *m*.

penicillina [penitʃil·'li:na] *f* Penizillin *n*.

peninsulare [peninsu'la:re] peninsular; Halbinsel...

penisola [pe'ni:zola] *f* Halbinsel *f*.

penit|ente [peni'tɛnte] **1.** *adj.* bußfertig; **2.** *su.* Büßer(in *f*) *m*; Beichtkind *n*; **~enza** [-'tɛntsa] *f* Buße *f*; Strafe *f*; far ~ Buße tun; **~enziale** [-tentsi'a:le] Buß...; **~enziario** [-tentsi'a:rio] (*pl.* -ri) **1.** *adj.* Buß...; carcere *m* ~ = **2.** *m* Strafanstalt *f*; **~enziere** [-tentsi'ɛ:re] *m* Beichtvater *m*.

penna [pen·na] *f* Feder *f*; Daune *f*; Schreibfeder *f*; ~ stilografica Füllfederhalter *m*; ~ a sfera Kugelschreiber *m*; lasciare nella ~ (beim Schreiben) auslassen; lasciarci le -e das Leben verlieren.

pennacchio [pen-'nak·kio] *m* (*pl.* -cchi) Federbusch *m*.

pennell|are [pen-nel·'la:re] (1b) bepinseln; **~ata** [-'la:ta] *f* Pinselstrich *m*; **~atura** [-la'tu:ra] *f* Einpinselung *f*; **~eggiare** [-led-'dʒa:re] (1f) mit dem Pinsel arbeiten; **~essa** [-'les·sa] *f* Flachpinsel *m*.

pennello [pen-'nɛl·lo] *m* Pinsel *m*; ~ da barba Rasierpinsel *m*; *Kleidung:* andare (*od.* stare) a ~ wie angegossen sitzen.

pennichella [pen-ni'kɛl·la] *f* F Nickerchen *n*.

penn|ino [pen-'ni:no] *m* Schreibfeder *f*; **~one** [-'no:ne] *m* Wimpel *m*; Standarte *f*; ⚓ Segelstange *f*; **~uto** [-'nu:to] befiedert.

penombra [pe'nombra] *f* Halbschatten *m*.

penoso [pe'no:so] peinlich; mühselig.

pens|abile [pen'sa:bile] denkbar; **~amento** [-sa'mento] *m* Gedanke *m*; Plan *m*; **~are** [-'sa:re] (1b) denken (*a* an *acc.*); überlegen (*acc.*); sorgen (*a* für *acc.*); ~ di (*inf.*) gedenken zu (*inf.*); che ne pensa? was meinen Sie?; pensarci für et. sorgen; non ci pensi seien Sie unbesorgt; ci penso io das lassen Sie nur m-e Sorge sein; senza ~ aus Versehen, unabsichtlich; **~ata** [-'sa:ta] *f* Einfall *m*, Gedanke *m*; **~atamente** [-sata'mente] mit Vorbedacht; **~atore** [-sa'to:re] *m* Denker *m*; libero ~ Freidenker *m*; **~iero** [-si'ɛ:ro] *m* Gedanke *m*, Sorge *f*; ~ amoroso Liebesgedanke *m*; sopra ~ in Gedanken versunken; stare in ~ besorgt sein; **~ieroso** [-sie'ro:so] nachdenklich.

pensile [pensile] hängend.

pensilina [pensi'li:na] *f* Schutzdach *n*.

pension|abile [pensio'na:bile] pensionsberechtigt; **~amento** [-na'mento] *m* Pensionierung *f*; **~ante** [-'nante] *m* Pensionär *m*; Gast *m*; **~are** [-'na:re] (1a) pensionieren; **~ato** [-'na:to] **1.** *adj.* pensioniert, im Ruhestand; **2.** *m* Pensionat *n*, Heim *n*; Pensionär *m*; Ruhegehaltsempfänger *m*.

pensione [pensi'o:ne] *f* Ruhestand *m*; Ruhegehalt *n*, Rente *f*; Kostgeld *n*; Pension *f*; ~ completa Vollpension *f*; mezza ~ Halbpension *f*.

pensoso [pen'so:so] nachdenklich.
pent|aedro [penta'ɛ:dro] *m* Pentaeder *n*, Fünfflächner *m*; **~agonale** [-tago'na:le] fünfeckig; **~agono** [-'ta:gono] *m* Fünfeck *n*; **~agramma** [-ta'gram-ma] *m* (*pl. -i*) ♪ fünf Notenlinien *f/pl.*; **~ametro** [-'ta:metro] *m* fünffüßiger Vers *m*.

pentathlon [pentatlon] *m* Fünfkampf *m*. [sten *pl.*)]

Pentecoste [pente'kɔste] ♪ Pfing-}

pent|imento [penti'mento] *m* Reue *f*; **~irsi** [-'tirsi] (4b *od.* 4d) (*di qc. et.*) bereuen; *mi pento* ich bereue.

pentola [pentola] *f* Kochtopf *m*; **~ a pressione** Dampfkochtopf *m*; *qc. bolle in ~* et. ist im Gange.

pentol|aio [pento'la:io] *m* (*pl. -ai*) Töpfer *m*; **~ino** [-'li:no] *m* Töpfchen *n*; **~one** [-'lo:ne] *m fig.* Dummkopf *m*.

penultimo [pe'nultimo] vorletzte.

penuria [pe'nu:ria] *f* Mangel *m* (*di an dat.*); **~ di alloggi** Wohnungsmangel *m*; **~ d'acqua** Wassermangel *m*; **~ di denaro** Geldknappheit *f*.

penzol|are [pendzo'la:re] *u.* **~arsi** [-'larsi] (1l) herabhängen, baumeln; **~oni** [-'lo:ni] baumelnd.

peonia [pe'ɔ:nia] *f* Päonie *f*.

pep|aiola [pepai'ɔ:la] *f* Pfefferbüchse *f*; Pfeffermühle *f*; **~are** [-'pa:re] (1a) pfeffern; **~ato** [-'pa:-to] gepfeffert; *fig.* gesalzen; *pan m ~* Pfefferkuchen *m*.

pepe [pe:pe] *m* Pfeffer *m*; *essere tutto ~* sehr lebhaft sein, vor Geist sprühen.

peperone [pepe'ro:ne] *m* Pfefferschote *f*; Paprika *m*; ⊦ große Gurke *f*, Gurke *f*; *rosso come un ~* feuerrot.

pepsina [pe'psi:na] *f* Pepsin *n*.

peptone [pep'to:ne] *m* Pepton *n*.

per [per] *prp.* für; durch; *~ mano* an der Hand; *~ i capelli* an den Haaren; *menare ~ il naso* an der Nase führen; *~ ordine* auf Befehl; *~ consiglio* auf Anraten; *~ qualche tempo* auf einige Zeit; *~ qualche giorno* auf einige Tage; *~ la qual cosa* wofür; *~ amore (odio)* aus Liebe (Haß); *~ questa ragione* aus diesem Grunde; *~ tutta la strada* auf dem ganzen Wege; *~ mancanza di* aus Mangel an (*dat.*); *~ tutta la notte* die ganze Nacht hindurch; *~ incarico* im Auftrag(e); *camminare*

~ i campi durch die Felder gehen; *mandare ~ il medico* nach dem Arzt schicken; *~ terra* zu Lande; *~ mare* zur See; *~ mia sventura* zu m-m Unglück; *~ la prima volta* zum ersten Mal(e); *~ esempio* zum Beispiel; *~ (inf.)* um zu (*inf.*); *cinque ~ tre* fünf mal drei; *~ parte mia* was mich betrifft; *~ poco* beinahe.

pera [pe:ra] *f* Birne *f*; *fig.* Schädel *m*.

per|altro [pe'raltro] allerdings; **~bacco!** [-'bak-ko] Donnerwetter!; **~bene** [-'bɛ:ne] anständig; **~cento** [-'tʃɛnto] *m* Prozent *n*; **~centuale** [-tʃentu'a:le] **1.** *adj.* prozentual; **2.** *f* Prozentsatz *m*.

perc|epibile [pertʃe'pi:bile] wahrnehmbar; **~epibilità** [-tʃepibili'ta] *f* Wahrnehmbarkeit *f*; **~epire** [-tʃe'pi:re] (4d) wahrnehmen; *Gehalt* beziehen; **~ettibile** [-tʃet-'ti:bile] wahrnehmbar; **~ettivo** [-tʃet-'ti:vo] wahrnehmend; Wahrnehmungs...; **~ezione** [-tʃetsi'o:ne] *f* Wahrnehmung *f*.

perché [per'ke] weil; damit; **~?** warum?; *ho il mio ~* ich habe m-n Grund.

perciò [per'tʃɔ] deshalb; darum.

perciocché [pertʃok-'ke] da; weil.

perc|orrenza [perkor-'rentsa] *f* Strecke *f*; **~orrere** [-'kor-rere] (3o) durchlaufen; bereisen; *Buch* durchsehen; **~orsi** [-'korsi] *s.* percorrere; **~orso** [-'korso] **1.** *s.* percorrere; **2.** *m* Fahrt *f*; Strecke *f*.

perc|ossa [per'kɔs-sa] *f* Schlag *m*; **~ossi** [-'kɔs-si], **~osso** [-'kɔs-so] *s.* percuotere; **~otimento** [-koti'men-to] *m* Schlagen *n*; **~uotere** [-ku'ɔ:-tere] (3ff) schlagen; durchprügeln; *fig.* heimsuchen; **~ussione** [-kus-si'o:ne] *f* Perkussion *f*; Stoß *m*; **~ussore** [-kus-'so:re] *m* Schlagbolzen *m*.

perdente [per'dɛnte] **1.** *adj.* verlierend; **2.** *m* Verlierer(in *f*) *m*.

perd|ere [perdere] (3b *u.* 3uu) verlieren; *Zug* versäumen; *Gelegenheit* sich entgehen lassen; *Hoffnung* aufgeben; **~ di vista** aus den Augen verlieren; **~ersi** [-dersi] sich verirren; verlorengehen; abhanden kommen; auf Abwege geraten; **~ d'animo** verzagen, den Mut verlieren; **~ in chiacchiere** viele Worte machen.

perdiana! [perdi'a:na] bei Gott!

perd|ifiato [perdifi'a:to]: *a* ~ atemlos; ~**igiorno** [-'dʒorno] *su. inv.* Tagedieb *m.*

perdinci! [per'dintʃi] zum Teufel auch!

perdio! [per'di:o] bei Gott!

perdita [perdita] *f* Verlust *m*; ~ *di produzione* Produktionsausfall *m*; *operazione f in* ~ Verlustgeschäft *n*; ~ *di tempo* Zeitverlust *m*; *a* ~ *d'occhio* so weit das Auge reicht.

perd|itempo [perdi'tempo] *m* Zeitverlust *m*; *fig.* Trödler *m*, Bummler *m*; ~**izione** [-tsi'o:ne] *f* Verderben *n*; *Rel.* Verdammnis *f.*

perdon|abile [perdo'na:bile] verzeihlich; ~**are** [-'na:re] (1a) verzeihen; *Strafe* erlassen; *un male che non perdona* eine unheilbare Krankheit.

perdono [per'do:no] *m* Verzeihung *f*; *Rel.* Sündenablaß *m*; *chiedere* ~ *a qu.* j-n um Verzeihung bitten.

perdur|abile [perdu'ra:bile] dauerhaft; ~**are** [-'ra:re] (1a) dauern; ausdauern.

perdutamente [perduta'mente] leidenschaftlich; maßlos.

peregr|inare [peregri'na:re] (1a) *lit.* wandern; umherirren; ~**inazione** [-grinatsi'o:ne] *f lit.* Wanderung *f*, ~**inità** [-grini'ta] *f lit.* Gewähltheit *f*; ~**ino** [-gri:no] *lit.* fremd; *fig.* fremdartig; selten.

perenne [pe'ren-ne] ewig (dauernd); *pianta f* ~ perennierende Pflanze *f.*

perentorio [peren'tɔ:rio] (*pl.* -ri) peremptorisch; unumstößlich.

perequazione [perekuatsi'o:ne] *f* Ausgleich *m.*

pereto [pe're:to] *m* Birnbaumpflanzung *f.*

perf|ettamente [perfet-ta'mente] jawohl, durchaus; ausgezeichnet; ~**ettibile** [-fet-'ti:bile] vervollkommnungsfähig; ~**ettibilità** [-fet-tibili'ta] *f* Vervollkommnungsfähigkeit *f*; ~**ettivo** [-fet-'ti:vo] vervollkommnend; ~**etto** [-'fɛt-to] **1.** *adj.* vollkommen; völlig; **2.** *m Gram.* Perfekt *n*; ~**ezionabile** [-fetsio-'na:bile] vervollkommnungsfähig; ~**ezionamento** [-fetsiona'mento] *m* Vervollkommnung *f*; *corso m di* ~ Fortbildungskurs *m*; ~**ezionare** [-fetsio'na:re] (1a) vervollkommnen; ~**ezione** [-fetsi'o:ne] *f* Voll-

kommenheit *f*; *a* ~ vollkommen, perfekt; *condurre a* ~ vollenden.

perfidia [per'fi:dia] *f* Treulosigkeit *f.*

perfido [pɛrfido] treulos; falsch.

perfino [per'fi:no] sogar.

perfor|abile [perfo'ra:bile] durchbohrbar; ~**ante** [-'rante] durchbohrend; *proiettile m* ~ durchschlagendes Geschoß *n*; ~**are** [-'ra:re] (1c) durchbohren; perforieren; ~**atore** [-ra'to:re] *m* Durchbohrer *m*; Brieflocher *m*; ~**atrice** [-ra'tri:tʃe] *f* (*od. a. macchina f* ~) Bohrmaschine *f*; *Typ.* Perforiermaschine *f*; ~**azione** [-ratsi'o:ne] *f* Durchbohrung *f.*

perfosfato [perfos'fa:to] *m* Superphosphat *n.*

pergamena [perga'me:na] *f* Pergament *n.*

pergamo [pɛrgamo] *m lit.* Kanzel *f.*

pergola [pɛrgola] *f* Laube (Weinlaube) *f.*

pergolato [pergo'la:to] *m* Laubengang *m.*

peri|cardio [peri'kardio] *m* Herzbeutel *m*; ~**cardite** [-kar'di:te] *f* Herzbeutelentzündung *f*; ~**carpio** [-'karpio] *m* Fruchtgehäuse *n.*

per|icolante [periko'lante] *Haus:* einsturzgefährdet; *fig.* gefährdet; ~**icolare** [-ko'la:re] (1m) in Gefahr sein; ~**icolo** [-'ri:kolo] *m* Gefahr *f*; ~ (*di nave*) Seenot *f*; ~ *di morte* Lebensgefahr *f*; ~ *d'incendio* Feuersgefahr *f*; ~ *di contagio* Ansteckungsgefahr *f*; *fonte f di* -i *Gefahrenquelle f*, Gefahrenherd *m*; *correre* ~ Gefahr laufen; *esporsi al* ~ sich der Gefahr aussetzen; *fuori* ~ außer Gefahr; *mettere in* ~ gefährden; *non c'è* ~ *che venga* sei unbesorgt, er kommt nicht; ~**icolosità** [-kolosi'ta] *f* Gefährlichkeit *f*; ~**icoloso** [-ko'lo:so] gefährlich.

peri|elio [peri'ɛ:lio] *m* Sonnennähe *f*; ~**feria** [-rife'ri:a] *f* Peripherie *f*; Umfang *m*; Randgebiet *n*; ~**ferico** [-ri'fɛ:riko] (*pl.* -ci) peripherisch; Außen..., Rand...; vorstädtisch; ~**frasare** [-rifra'za:re] (1m) umschreiben.

perifrasi [pe'ri:frazi] *f* Umschreibung *f.*

perigeo [peri'dʒɛ:o] *m* Erdnähe *f.*

per|imetrale [perime'tra:le] Umfangs..., Außen...; ~**imetro** [-'ri:-

periodare

peri|odare [perio'da:re] (1m) Perioden, Sätze bauen; **~odicità** [-rioditʃi'ta] *f* Periodizität *f*; **~o-dico** [-ri'ɔ:diko] (*pl.* -ci) **1.** *adj.* periodisch; **2.** *m* Zeitschrift *f*; Zeitung *f*; ~ *mensile* Monatsschrift *f*.

periodo [pe'ri:odo] *m* Periode *f*; *Gram.* Satz *m*; ~ *di prosperità* Konjunktur *f*; ~ *di transizione* Übergangsperiode *f*.

peri|ostio [peri'ɔstio] *m* Knochenhaut *f*; **~ostite** [-os'ti:te] *f* Knochenhautentzündung *f*; **~patetica** [-pa'tɛ:tika] *f scherzh.* Straßenmädchen *f*; **~patetico** [-pa'tɛ:tiko] (*pl.* -ci) **1.** *adj.* peripatetisch; **2.** *m* Peripatetiker *m*; **~pezia** [-pe'tsi:a] *f* plötzlicher Glücksumschwung *m*; -e *pl.* Wechselfälle *m/pl.*

periplo [pɛ:riplo] *m lit.* Umsegelung *f*.

perire [pe'ri:re] (4d) umkommen; zugrunde gehen; *fig.* untergehen.

periscopio [peris'kɔ:pio] *m* (*pl.* -pi) Periskop *n*.

peristaltico [peris'taltiko] (*pl.* -ci) peristaltisch.

peristilio [peris'ti:lio] *m* (*pl.* -li) Hof *m* mit Säulengang.

peritale [peri'ta:le] Experten...; *giudizio m* ~ Expertengutachten *n*.

peritarsi [peri'tarsi] (11 *u.* b) sich scheuen; zaudern.

perito [pe'ri:to] **1.** *adj.* erfahren; **2.** *m* Sachverständige(r) *m*; ~ *giudiziario* gerichtlich bestellter Gutachter *m*.

perit|oneo [perito'nɛ:o] *m* Bauchfell *n*; **~onite** [-to'ni:te] *f* Bauchfellentzündung *f*.

perituro [peri'tu:ro] vergänglich.

perizia [pe'ri:tsia] *f* Erfahrung *f*; Untersuchung *f*; Begutachtung *f*; Sachverständigengutachten *n*; ~ *arbitrale* Schiedsspruch *m*.

perizoma [peri'dzɔ:ma] *m* (*pl.* -i) Lendenschurz *m*.

perla [perla] *f* Perle *f*; ~ *coltivata* Zuchtperle *f*; *collana f di -e* Perlenschnur *f*.

perl|aceo [per'la:tʃeo] perlfarbig; **~ato** [-'la:to] perlfarbig; Perl...; *orzo m* ~ Gerstengraupe *f*; **~ifero** [-'li:fero] perlenbildend, Perlen...; *ostrica f -a* Perlenauster *f*.

perlo|meno [perlo'me:no] wenigstens; **~più** [-pi'u] meistens, fast immer.

perlustr|are [perlus'tra:re] (1a) auskundschaften; *Gelände* durchsuchen; **~azione** [-tratsi'o:ne] *f* Erkundung *f*.

permal|osità [permalosi'ta] *f* Reizbarkeit *f*; **~oso** [-'lo:so] übelnehmerisch.

perman|ente [perma'nɛnte] **1.** *adj.* ständig; ✗ stehend; **2.** *f* Dauerwelle *f*; ~ *a freddo* kalte Dauerwelle *f*; *farsi fare la* ~ sich Dauerwellen machen lassen; **~enza** [-'nɛntsa] *f* Fortdauer *f*; Aufenthalt *m*; **~ere** [-'ne:re] (2m) bleiben.

permanganato [permaŋga'na:to] *m* Permanganat *n*.

perme|abile [perme'a:bile] durchlässig; **~abilità** [-abili'ta] *f* Durchlässigkeit *f*; **~are** [-'a:re] (11 *u.* b) durchdringen.

perm|esso [per'mes-so] **1.** *s.* *permettere*; **2.** *m* Erlaubnis *f*, Genehmigung *f*; Urlaub *m*; Erlaubnisschein *m*; ~ *di caccia* Jagdschein *m*; ~ *di convalescenza* Erholungsurlaub *m*; ~ *di espatrio* Ausreiseerlaubnis *f*; ~ *d'importazione* Einfuhrerlaubnis *f*; *con* ~! gestatten Sie!; **~ettere** [-'met-tere] (3ee) erlauben; **~ettersi** [-'met-tersi] sich erlauben; sich die Freiheit nehmen; *non posso permettermelo* ich kann es mir nicht leisten; **~isi** [-'mi:zi] *s. permettere*.

permuta [permuta] *f* Austausch *m*.

permut|abile [permu'ta:bile] austauschbar; **~abilità** [-tabili'ta] *f* Austauschbarkeit *f*; **~are** [-'ta:re] (11 *u.* b) austauschen; ändern; **~azione** [-tatsi'o:ne] *f* Vertauschung *f*; ⅋ Permutation *f*.

pernice [per'ni:tʃe] *f* Rebhuhn *n*.

perni|ciosa [perni'tʃo:sa] *f* bösartiges Wechselfieber *n*; **~ciosità** [-tʃosi'ta] *f* Bösartigkeit *f*; **~cioso** [-'tʃo:so] verderblich; bösartig.

pernio [pernio] *m* (*pl.* -ni), **perno** [perno] *m* Stift *m*; Angel (Türangel) *f*; *fig.* Haupt-, Angelpunkt *m*; *dente m a* ~ Stiftzahn *m*.

pernott|amento [pernot-ta'mento] *m* Übernachten *n*; Übernachtung *f*; **~are** [-'ta:re] (1c) übernachten.

pero [pe:ro] *m* Birnbaum *m*.

però [pe'rɔ] jedoch, doch; deshalb.

perocché [perok-'ke] *lit.* weil.

peronospora [pero'nɔspora] f Peronospora f.

peror|are [pero'ra:re] (1c od. 11 u. b) **1.** v/i. e-e Rede halten; **2.** v/t. vertreten, verteidigen; **~azione** [-ratsi'o:ne] f Rede f; Redeschluß m.

perossido [pe'rɔs-sido] m Peroxyd n.

perpend|icolare [perpendiko'la:re] **1.** adj. senkrecht; **2.** f Senkrechte f; **~icolarità** [-dikolari'ta] f senkrechte Lage f; **~icolo** [-'di:kolo] m Lot n; a ~ senkrecht.

perpetr|are [perpe'tra:re] (11 u. b) lit. verüben; **~azione** [-tratsi'o:ne] f Begehen n.

perpetu|are [perpetu'a:re] (1m u. b) verewigen; fortpflanzen; **~azione** [-tuatsi'o:ne] f Verewigung f; Fortpflanzung f; **~ità** [-tui'ta] f Fortdauer f; Ewigkeit f.

perpetuo [per'pɛ:tuo] fortdauernd; lebenslänglich; ewig.

perpl|essità [perples-si'ta] f Unschlüssigkeit f; **~esso** [-'plɛs-so] unschlüssig.

perquis|ire [perkui'zi:re] (4d) durchsuchen; **~izione** [-zitsi'o:ne] f Durchsuchung f; (a. ~ domiciliare) Haussuchung f.

persec|utore [perseku'to:re] m Verfolger m; **~uzione** [-kutsi'o:ne] f Verfolgung f; mania f di ~ Verfolgungswahn m.

perseg|uibile [persegu'i:bile] strafbar; **~uire** [-'i:re] (4a) verfolgen; **~uitare** [-i'ta:re] (1m) verfolgen; belästigen.

persever|ante [perseve'rante] beharrlich; **~anza** [-'rantsa] f Ausdauer f; **~are** [-'ra:re] (1m u. b) beharren.

persi [pɛrsi] s. perdere.

persiana [persi'a:na] f Jalousie f.

persiano [persi'a:no] **1.** adj. persisch; **2.** m Perser m; Persisch(e) n.

persico [pɛrsiko] (pl. -ci) **1.** adj. persisch; pesce m ~ Barsch m; **2.** m Pfirsichbaum m.

persino [pɛr'si:no] sogar.

pers|istenza [persis'tɛntsa] f Beständigkeit f; Beharrlichkeit f; **~istere** [-'sistere] (3f) andauern; beharren; dabei bleiben.

perso [pɛrso] s. perdere.

persona [per'so:na] f Person f; ~ fisica natürliche Person f; ~ giuri-

dica Rechtsperson f; in ~, di ~ persönlich; conoscere di ~ persönlich kennen.

person|aggio [perso'nad-dʒo] m (pl. -ggi) Persönlichkeit f; Thea. Person f; **~ale** [-'na:le] **1.** adj. persönlich; documenti m/pl. -i Personalpapiere n/pl.; pulizia f ~ Körperpflege f; **2.** m Personal n, Belegschaft f; Gestalt f; ~ di sorveglianza Aufsichtspersonal n; riduzione f del ~ Personalabbau m; **3.** f Sonderausstellung f e-s Malers, Bildhauers usw.; **~alità** [-nali'ta] f Persönlichkeit f; **~ificare** [-nifi'ka:re] (1n u. d) personifizieren, verkörpern; **~ificazione** [-nifikatsi'o:ne] f Personifikation f, Verkörperung f.

persp|icace [perspi'ka:tʃe] scharfsichtig; **~icacia** [-spi'ka:tʃa] f Scharfblick m; Weitblick m; **~icuità** [-spikui'ta] f Durchsichtigkeit f; Deutlichkeit f; **~icuo** [-'spi:kuo] durchsichtig; deutlich.

persu|adere [persua'de:re] (2i) überzeugen; j-n zu et. überreden; **~asi** [-'su'a:zi] s. persuadere; **~asione** [-suazi'o:ne] f Überzeugung f; Überredung f; **~asivo** [-sua'zi:vo] überzeugend; überredend; **~aso** [-'su'a:zo] s. persuadere.

pertanto [per'tanto] deswegen; dennoch; non ~ nichtsdestoweniger.

pertica [pɛrtika] f (pl. -che) Stange f; Rute f; Kletterstange f; scherzh. Hopfenstange f.

perticone [perti'ko:ne] m scherzh. Hopfenstange f.

pertin|ace [perti'na:tʃe] hartnäckig; **~acia** [-'na:tʃa] f Halsstarrigkeit f.

pertin|ente [perti'nɛnte] zugehörig; **~enza** [-'nɛntsa] f Zugehörigkeit f; Zuständigkeit f; Befugnis (Amtsbefugnis) f; non è di mia ~ das steht mir nicht zu.

pertosse [per'tɔs-se] f Keuchhusten m.

pertugio [per'tu:dʒo] m (pl. -gi) lit. Loch n; Öffnung f.

perturb|amento [perturba'mento] m Störung f; **~are** [-'ba:re] (1a) stören; erregen; **~atore** [-ba'to:re] m Störer m; Aufwiegler m; **~azione** [-batsi'o:ne] f Störung f; Erregung f; ~ atmosferica atmosphärische Störung f.

peruviano [peruvi'a:no] **1.** adj. peruanisch; **2.** m Peruaner m.

perv|adere [per'va:dere] (3q) durchdringen; **~asi** [-'va:zi], **~aso** [-'va:zo] *s. pervadere*.

perv|enire [perve'ni:re] (4p) gelangen; *far* ~ zugehen lassen; **~enni** [-'ven-ni] *s. pervenire.*

perv|ersione [perversi'o:ne] *f* Perversion *f*; **~ersità** [-versi'ta] *f* Verderbtheit *f*; Entartung *f*; Widerwärtigkeit *f*; **~erso** [-'verso] verderbt; verrucht; unnatürlich; **~ertimento** [-verti'mento] *m* Verderbtheit *f*; Perversion *f*; **~ertire** [-ver'ti:re] (4b) verderben; **~ertito** [-ver'ti:to] *m* Entartete(r) *m*; Pervertierte(r) *m*; **~ertitore** [-verti'to:re] *m* Verderber *m*.

pervic|ace [pervi'ka:tʃe] *lit.* verbohrt; **~acia** [-'ka:tʃa] *f* Verbohrtheit *f*.

pervinca [per'viŋka] *f* (*pl.* -che) Wintergrün *n*.

pesa [pe:sa] *f* Wiegen *n*, Abwiegen *n*; Waage *f*, Brückenwaage *f*.

pes|abile [pe'sa:bile] wägbar; **~a-lettere** [-sa'let-tere] *m inv.* Briefwaage *f*; **~ante** [-'sante] schwer; gewichtig; *fig.* plump; *Luft:* drückend; **~antezza** [-san'tet-tsa] *f* Schwere *f*; Druck *m*; ~ *di stomaco* Völlegefühl *n*; **~are** [-'sa:re] (1a) **1.** *v/t.* wiegen; *fig.* erwägen; **2.** *v/i.* wiegen; schwer sein; *fig.* lasten; gewichtig sein; **~ato** [-'sa:to] bedächtig; erwogen; **~atura** [-sa-'tu:ra] *f* Wiegen *n*.

pesca¹ [peska] *f* (*pl.* -che) Pfirsich *m*.

pesca² [peska] *f* Fischerei *f*; Fischfang *m*; ~ *con la lenza* Angelfischerei *f*, Angeln *n*; ~ *d'alto mare* Hochseefischerei *f*; ~ *subacquea* Unterwasserfischerei *f*; *una buona* ~ ein guter Fang.

pesc|aggio [pes'kad-dʒo] *m* Tiefgang *m*; **~amine** [-ka'mi:ne] *m inv.* Minensuchboot *n*, Minensucher *m*; **~are** [-'ka:re] (1d) **1.** *v/t.* fischen; angeln; *fig.* auffischen; **2.** *v/i.* ♣ Tiefgang haben; *fig.* ~ *nel torbido* im trüben fischen; **~ata** [-'ka:ta] *f* Fischzug *m*; Ausbeutung *f* e-s Fischzuges; **~atore** [-ka'to:re] *m* Fischer *m*; Angler *m*; ~ *di frodo* Raubfischer *m*.

pesce [peʃ-ʃe] *m* Fisch *m*; ~ *arrosto* Bratfisch *m*; ~ *d'acqua dolce* Süßwasserfisch *m*; ~ *di mare* Seefisch

m; ~ *d'aprile* Aprilscherz *m*; *mercato m del* ~ Fischmarkt *m*; *sano come un* ~ gesund wie ein Fisch im Wasser.

pesce|cane [peʃ-ʃe'ka:ne] *m* (*pl. pescicani*) Haifisch *m*; *fig.* Kriegsgewinner *m*; reicher Spekulant *m*; **~sega** [-'se:ga] *m* (*pl. pescisega*) Sägefisch *m*.

pesch|ereccio [peske'ret-tʃo] (*pl.* -cci) **1.** *adj.* Fischer...; Fischerei...; **2.** *m* Fischerboot *n*; **~eria** [-ke'ri:a] *f* Fischmarkt *m*; **~iera** [-ki'ɛ:ra] *f* Fischteich *m*.

pesciaiol|a [peʃ-ʃai'ɔ:la] *f* Fischkochtopf *m*; **~o** [-lo] *m* Fischhändler *m*.

pescivendolo [peʃ-ʃi'vendolo] *m* Fischhändler *m*.

pesco [pesko] *m* (*pl.* -chi) Pfirsichbaum *m*.

pescoso [pes'koso] fischreich.

pesista [pe'sista] *m* (*pl.* -i) Gewichtheber *m*; Kugelstoßer *m*.

peso [pe:so] *m* Gewicht *n*; *fig.* Last *f*; ~ *gallo* Bantamgewicht *n*; ~ *piuma* Federgewicht *n*; ~ *mosca* Fliegengewicht *n*; ~ *medio* Mittelgewicht *n*; ~ *medio massimo* Halbschwergewicht *n*; ~ *massimo* Schwergewicht *n*; ~ *netto* Nettogewicht *n*, Reingewicht *n*; ~ *lordo* Bruttogewicht *n*; ~ *vivo* Lebendgewicht *n*; *aumento m di* ~ Gewichtszunahme *f*; *perdita f di* ~ Gewichtsverlust *m*; *Sport:* sollevamento *m* -i Gewichtheben *n*; *essere di* ~ *a qu.* j-m zur Last fallen; *di nessun* ~ belanglos, unwichtig; *a* ~ nach Gewicht.

pessim|ismo [pes-si'mizmo] *m* Pessimismus *m*; **~ista** [-'mista] **1.** *su.* (*m/pl.* -i) Pessimist(in *f*) *m*; Schwarzseher(in *f*) *m*; **2.** *adj.* pessimistisch; **~istico** [-'mistiko] (*pl.* -ci) pessimistisch.

pessimo [pes-simo] sehr schlecht; *il* ~ der schlechteste.

pesta [pesta] *f* Spur *f*; Fährte *f*; Bahn *f*.

pest|aggio [pes'tad-dʒo] *m* (*pl.* -ggi) Prügel *pl.*; Prügelei *f*; **~apepe** [-ta'pe:pe] *m inv.* Pfefferstoßer *m*; **~are** [-'ta:re] (1a) zertreten; verprügeln, verhauen; *F Klavier* hämmern; ~ *i piedi a qu.* j-m auf die Füße treten; ~ *i piedi* mit den Füßen stampfen; **~ata** [-'ta:ta] *f*:

dare una ~ a qu. j-m auf die Füße treten.

peste [peste] *m* Pest *f*; Seuche *f*; Gestank *m*; *Person:* Plage *f*.

pestello [pes'tel-lo] *m* Mörserkeule *f*, Stößel *m*.

pest|ifero [pes'ti:fero] pesterzeugend; pestilenzialisch; **~ilente** [-ti'lεnte] pestartig; **~ilenza** [-ti-'lεntsa] *f* Pestilenz *f*; Gestank *m*; **~ilenziale** [-tilεntsi'a:le] pestilenzialisch.

pesto [pesto] **1.** *adj.* gestoßen; geschlagen; *carta f* ~a Papiermaché *n*; *buio* ~ stockdunkel; **2.** *m* Kochk. feingehackte Kräuter *n/pl*.

petalo [pe:talo] *m* Blumenblatt *n*.

petardo [pe'tardo] *m* Knallfrosch *m*; ~ *luminoso* Leuchtkugel *f*.

petecchiale [petek-ki'a:le]: *febbre f* ~ Fleckfieber *n*; *tifo m* ~ Fleck-typhus *m*.

petente [pe'tεnte] *m* Bittsteller *m*.

petizione [petitsi'o:ne] *f* Petition *f*; Gesuch *n*.

peto [pε:to] *m* ∨ Furz *m*.

petraia [pe'tra:ia] *f* Steinhaufen *m*; steiniger Boden *m*.

petrific|are [petrifi'ka:re] (1m *u.* d) versteinern; **~azione** [-katsi'o:ne] *f* Versteinerung *f*.

petr|oliera [petroli'ε:ra] *f* Öltanker *m*; **~olifero** [-tro'li:fero] erdöl-bringend; *campo m* ~ Erdölfeld *n*; *sorgente f* *-a* Ölquelle *f*; **~olio** [-'tro:lio] *m* Petroleum *n*; Erdöl *n*; ~ *greggio* Rohöl *n*.

pett|egola [pet-'te:gola] *f* Klatsch-base *f*; **~egolare** [-tego'la:re] (1m) klatschen; **~egolezzo** [-tego'let-tso] *m* Klatsch *m*; **~egolo** [-'te:golo] **1.** *adj.* schwatzhaft; **2.** *m* Klatsch-maul *m*.

pettin|are [pet-ti'na:re] (11 *u.* b) kämmen; frisieren; *Wolle* hecheln; *fig. j-n* abkanzeln; **~ata** [-'na:ta] *f*: *dare una* ~ *a qu.* j-n kämmen; *fig.* j-m e-n Rüffel erteilen; **~ato** [-'na:to] *m* Kammgarn *n*; **~atrice** [-na'tri:tʃe] *f* Friseuse *f*; **~atura** [-na'tu:ra] *f* Frisur *f*; Haartracht *f*.

pettine [pet-tine] *m* Kamm *m*; ⊕ Hechel *f*.

pett|ino [pet-'ti:no] *m* Vorhemd *n*; Latz *m*; **~irosso** [-ti'ros-so] *m* Rotkehlchen *n*.

petto [pet-to] *m* Brust *f*; Busen *m*; ~ *di pollo* Hühnerbrust *f*; *a* ~ *a* ~

Auge in Auge; *a* ~ *di* im Vergleich zu (*dat.*); *Kleidung:* a un ~ ein-reihig; a doppio ~ zweireihig.

pettor|ale [pet-to'ra:le] **1.** *adj.* Brust...; **2.** *m* Brustriemen *m*; **~ina** [-'ri:na] *f* Brusttuch *n*; **~uto** [-'ru:to] vollbrüstig; *fig.* aufge-blasen.

petul|ante [petu'lante] anmaßend; **~anza** [-'lantsa] *f* Anmaßung *f*.

petunia [pe'tu:nia] *f* Petunie *f*.

pezza [pet-tsa] *f* Lappen *m*; Tuch *n*; Flicken *m*; Windel *f*; Weile *f*; *lit. da lunga* ~ seit langer Zeit; ~ *giustificativa od.* ~ *d'appoggio* Be-leg *m*.

pezz|ato [pet-'tsa:to] scheckig; **~a-tura** [-tsa'tu:ra] *f* Stückgröße *f*; **~ente** [-'tsεnte] *su.* Bettler(in *f*) *m*; **~etta** [-'tset-ta] *f* Läppchen *n*; kalter Umschlag *m*.

pezzo [pet-tso] *m* Stück *n*; ✕ Ge-schütz *n*; *Spiel:* Stein *m*; Weile *f*; *da un* ~ seit langer Zeit; *per un* ~ e-e Strecke lang (*e-e Zeitlang*); ~ *di bravura* Bravourstück *n*; ~ *di carta* Fetzen *m* Papier; *due* ~*i* zwei-teiliges Kleid *n*; *Bikini m*; ~ *di ricambio* Ersatzstück *n*; *tutto d'un* ~ stocksteif; *fig.* aus e-m Guß; ~ *d'uomo (di donna)* stattliche Figur *f*; *fig.* ~ *grosso* großes Tier *n*; ~ *d'asino* großer Esel *m*.

pezzuola [pet-tsu'ɔ:la] *f* Läppchen *n*; Taschentuch *n*.

piac|ente [pia'tʃεnte] gefällig; ein-nehmend; anmutig; **~ere** [-'tʃe:re] **1.** *v/i.* (2k) gefallen; *Speisen:* schmecken; *piaccia a Dio!* Gott gebe es!; *Le piace il vino?* trinken Sie gerne Wein?; **2.** *m* Gefallen *m*, *n*; Vergnügen *n*; Belieben *n*; *viag-gio m di* ~ Vergnügungsreise *f*; *aver* ~ *di* sich freuen über (*acc.*); *far* ~ Freude machen; *mi faccia il* ~ tun Sie mir den Gefallen; *tanto* ~! es freut mich!; *con* ~ gern; *per* ~ ge-fälligst; *a* ~ nach Belieben; **~evole** [-'tʃe:vole] angenehm; ein-nehmend; hübsch; wohlgefällig; **~e-volezza** [-tʃevo'let-tsa] *f* Anmut *f*; Liebenswürdigkeit *f*; Scherz *m*; **~imento** [-tʃi'mento] *m* Belieben *n*; *a mio* ~ nach m-m Belieben.

piacqui [pi'ak-kui] *s. piacere.*

piaga [pi'a:ga] *f* (*pl.* -ghe) Wunde *f*; *fig. u. bibl.* Plage *f*.

piag|are [pia'ga:re] (1e) mit Wunden bedecken; **~ato** [-'ga:to] voll Wunden.

piagn|isteo [pian̂is'tɛ:o] *m* Geplärre *n*; **~ona** [-'n̂o:na] *f* Klageweib *n*; **~one** [-'n̂o:ne] *m* weinerlicher Mensch *m*; **~ucolare** [-n̂uko'la:re] (1m) plärren; **~ucolio** [-n̂uko'li:o] *m* Geplärre *n*; **~ucolone** [-n̂uko'lo:ne] *m* weinerliche Person *f*; **~ucoloso** [-n̂uko'lo:so] weinerlich; wehleidig.

pialla [pi'al-la] *f* Hobel *m*.

piall|accio [pial-'lat-tʃo] *m* (*pl. -cci*) Furnierplatte *f*; **~are** [-'la:re] (1a) hobeln; **~ata** [-'la:ta] *f* Hobelzug *m*; *dare una ~ a qc.* et. abhobeln; **~atore** [-la'to:re] *m* Hobler *m*; **~atrice** [-la'tri:tʃe] *f* Hobelmaschine *f*; **~atura** [-la'tu:ra] *f* Hobeln *n*; **~etto** [-'let-to] *m* Reibscheit *n*.

piana [pi'a:na] *f* ebenes Gelände *n*; ⊕ Latte *f*; breiter Balken *m*.

pian|eggiante [pianed-'dʒante] fast eben; leicht gewellt; **~ella** [-'nɛl-la] *f* Pantoffel *m*; ⊕ Flachziegel *m*; **~erottolo** [-ne'rɔt-tolo] *m* Treppenabsatz *m*.

pianeta [pia'ne:ta] **1.** *m* Planet *m*; **2.** *f* Meßgewand *n*.

piangente [pian'dʒɛnte] weinend.

piangere [pian'dʒɛre] (3d) **1.** *v/i.* weinen; **2.** *v/t.* beweinen.

pianific|are [pianifi'ka:re] (1m *u.* d) planen; planmäßig einteilen; **~azione** [-katsi'o:ne] *f* Planung *f*.

pian|ino [pia'ni:no] recht leise; sachte; *pian ~* ganz sachte; **~ista** [-'nista] *su.* (*m/pl. -i*) Pianist(in *f*) *m*; Klavierspieler(in *f*).

piano [pi'a:no] **1.** *adj.* eben; flach; leise; **2.** *adv.* langsam; leise; sachte; **3.** *m* Ebene *f*; Plan *m*; ⊕ Stockwerk *n*; Geschoß *n*; Grundriß *m*; ♪ Klavier *n*; ✗ Fläche *f*; **~** *regolatore* Stadtbauplan *m*; Bebauungsplan *m*; **~** *quinquennale* Fünfjahresplan *m*; **~** *inclinato* schiefe Ebene *f*; **~** *rialzato* Hochparterre *n*; *primo ~* Vordergrund *m*; *Film:* Nahaufnahme *f*; *fig. persona f di primo ~* Persönlichkeit *f* von Rang; *passare in secondo ~* in den Hintergrund rücken; **~** *stradale* Fahrbahn *f*.

pian|oforte [piano'fɔrte] *m* Klavier *n*; **~** *a coda* Flügel *m*; **~** *a mezza coda* Stutzflügel *m*; *concerto m per* **~**

Klavierkonzert *n*; *pezzo m per* **~** Klavierstück *n*; *riduzione f per* **~** Klavierauszug *m*; **~ola** [-'nɔ:la] *f* Pianola *m*; **~oro** [-'nɔ:ro] *m* Hochebene *f*.

piansi [pi'ansi] *s. piangere.*

pianta [pi'anta] *f* Pflanze *f*; ♙ Grundriß *m*; Plan (Stadtplan) *m*; **~** *coltivata* Kulturpflanze *f*; **~** *medicinale* Heilpflanze *f*; *della città* Stadtplan *m*; **~** *del piede* Fußsohle *f*; *di sana* **~** ganz und gar; *in* **~** ständig; *essere in* **~** *stabile* fest angestellt sein.

piant|aggine [pian'tad-dʒine] *f* Wegerich *m*; **~agione** [-ta'dʒo:ne] *f* Anpflanzung *f*; Pflanzen *n*; **~agrane** [-ta'gra:ne] *m inv.* P Stänker *m*; **~are** [-'ta:re] (1a) pflanzen; *Getreide* anbauen; *Boden* bebauen; *Fahne, Kanone* aufpflanzen; *Lager* aufschlagen; *Nägel* (hin)einschlagen; *Dolch* stoßen (*in acc.*); *fig. Augen* heften (*addosso a auf acc.*); **~** *qu.* j-n im Stich lassen); *carote* aufschneiden; **~** *chiodi* Schulden machen; **~** *grane* Scherereien bereiten; *ben piantato* kräftig gebaut; *piantala!* höre endlich auf!; **~arsi** [-'tarsi] sich aufstellen; **~ata** [-'ta:ta] *f* Anpflanzung *f*; **~atoio** [-ta'to:io] *m* (*pl. -oi*) Steckholz *n*; **~atore** [-ta'to:re] *m* Pflanzer *m*.

pianterreno [pianter-'re:no] *m* Parterre *n*; Erdgeschoß *n*.

pianto [pi'anto] **1.** *s. piangere*; **2.** *m* Weinen *n*; Tränen *f/pl.*; *scoppiare in* **~** in Weinen ausbrechen.

piant|onare [pianto'na:re] (1a): **~** *una casa* Wachtposten vor ein Haus stellen; **~one** [-'to:ne] *m* ♣ Setzling *m*; ✗ Posten *m*; *stare di* **~** *auf* Posten stehen.

pianura [pia'nu:ra] *f* Ebene *f*; **~** *padana* Poebene *f*.

pianuzza [pia'nut-tsa] *f* Scholle *f*.

piare [pi'a:re] (1h) piepen.

piastr|a [pi'astra] *f* Platte *f*; **~** *di rame* Kupferplatte *f*; **~ella** [-'trɛl-la] *f* flaches Steinchen *n*; Fliese *f*; **~ellare** [-trel-'la:re] (1b) mit Fliesen auslegen; **~ellista** [-trel-'lista] *m* (*pl. -i*) Fliesenleger *m*; **~ina** [-'tri:na] *f* Plättchen *n*; ✗ **~** *di riconoscimento* Erkennungsmarke *f*.

piatt|aforma [piat-ta'forma] *f*

Plattform f; 🎯 Drehscheibe f;
~ello [-'tel-lo] m Tellerchen n;
Sport: Tontaube f; **~ina** [-'ti:na] f
🎵 Bandkabel n; **~ino** [-'ti:no] m
Tellerchen n; Untertasse f.

piatto [pi'at-to] **1.** *adj*. platt; flach;
2. m Schüssel f; Teller m; Gericht
n; Schale (Waagschale) f; 🎵 **-i** *pl*.
Becken n; ~ espresso Schnellgericht n; ~ unico Eintopfgericht n;
~ forte Hauptgericht n; ~ fondo
Suppenteller m; ~ freddo kalte
Platte f; ~ nazionale Nationalge-
richt n.

piattola [pi'at-tola] f *Zool.* Schabe f;
Filzlaus f; *fig.* langweiliger Mensch
m, Nervensäge f.

piazza [pi'at-tsa] f Platz m; *fig.*
Pöbel m; ~ d'armi Exerzierplatz m;
fare ~ pulita reinen Tisch machen;
scendere in ~ demonstrieren; *letto*
m *a due* -e Doppelbett n; *automobile* f *da* ~ Autodroschke f.

piazz|aforte [piat-tsa'fɔrte] f Fe-
stung f; *fig.* Bollwerk n; **~aiolo**
[-tsai'ɔ:lo] **1.** *adj*. pöbelhaft; **2.** m
Flegel m; **~ale** [-'tsa:le] m Platz m;
~amento [-tsa'mento] m Plazie-
rung f; **~are** [-'tsa:re] (1a) aufstellen; ~ *qu.* j-n anstellen; *Waren*
absetzen; *Sport*: plazieren; **~ata**
[-'tsa:ta] f Skandal m, Krach m;
~ista [-'tsista] su. (m/pl. -i) 🎵 Ver-
treter(in f) m; **~ola** [-'tsɔ:la] f kleiner Platz m; Ausweichstelle f; 🎵
Bettung f; ~ *di sosta* Rastplatz m.

pica [pi:ka] f (*pl.* -che) Elster f.

picca [pik-ka] f (*pl.* -cche) Pike f;
Ärger m; Trotz m; *per* ~ zum
Trotz; *rispondere* picche e-e ab-
schlägige Antwort geben.

picc|ante [pik-'kante] pikant; pri-
kelnd; schlüpfrig; *Kochk.* scharf;
~arsi [-'karsi] (1d) sich verbeißen;
~ *di qc.* sich einbilden, et. zu verstehen; **~ato** [-'ka:to] pikiert;
Kochk. mit Zitrone abgeschmeckt.

picchè [pik-'kɛ] m Pikeestoff m.

picch|ettare [pik-ket-'ta:re] (1a)
abstecken; durch Streikposten
überwachen; **~etto** [-'ket-to] m Ab-
steckpflock m; 🎵 Wache f; Trupp
m; Streikposten m; ~ *d'onore* Ehrenwache f; *essere di* ~ Wachdienst
haben.

picchi|are [pik-ki'a:re] (1a) schla-
gen; klopfen; verprügeln; **~ata**
[-ki'a:ta] f Schlag m; 🎵 Sturzflug

m; **~atello** [-kia'tel-lo] **1.** F *adj*. ein
bißchen verrückt; **2.** m Sturz-
kampfbomber m; **~atore** [-kia-
'to:re] m Schläger m; **~ettare**
[-kiet-'ta:re] (1a) sprenkeln; **~et-
tatura** [-kiet-ta'tu:ra] f Tüpfelung
f; **~ettio** [-kiet-'ti:o] m (*pl.* -tii)
Klopfen n; Prasseln n.

picchio [pik-kio] m (*pl.* -cchi)
Schlag m; *Zool.* Specht m.

picchiotto [pik-ki'ɔt-to] m Türklopfer m.

picc|ineria [pit-tʃine'ri:a] f Klein-
lichkeit f; **~ino** [-'tʃi:no] **1.** *adj*.
klein; *fig.* kleinlich; **2.** m Kleine(r)
m, Junge m.

picciolo [pit-'tʃɔ:lo] m Stengel m,
Stiel m.

picci|onaia [pit-tʃo'na:ia] f Tau-
benschlag m; *Thea.* Olymp m;
~one [-'tʃo:ne] m Taube f; ~ *viaggiatore* Brieftaube f; *prendere due*
-*i con una fava* zwei Fliegen mit
e-r Klappe schlagen.

picco [pik-ko] m (*pl.* -cchi) Bergspitze f; *a* ~ senkrecht; 🎵 *andare a*
~ untergehen; *mandare a* ~ in den
Grund bohren.

piccolezza [pik-ko'let-tsa] f Klein-
heit f; *fig.* Kleinlichkeit f.

piccolo [pik-kolo] **1.** *adj*. klein; ge-
ring; *fig.* kleinlich; ~ *borghese*
kleinbürgerlich; -*a industria* f
Kleinindustrie f; ~ *possidente* m
Kleinbauer m; **2.** m Kleine(r) m;
(*Tier*) Junge(s) n.

picc|onata [pik-ko'na:ta] f Schlag
m mit der Spitzhacke; **~one** [-'ko:-
ne] m Spitzhacke f.

piccoso [pik-'ko:so] reizbar; übel-
nehmerisch.

piccozza [pik-'kɔt-tsa] f Hacke f;
Bergsport: Eispickel m.

pick-up [pi'kap] m Tonabnehmer m.

picnic [pik'nik] m *inv.* Picknick n.

pid|occhieria [pidok-kie'ri:a] f
Filzigkeit f; **~occhio** [-'dɔk-kio] m
(*pl.* -cchi) Laus f; **~occhioso**
[-dok-kio'o:so] lausig; *fig.* knauserig.

piè [pi'ɛ] = **piede.**

pied'arm! [pie'darm] Gewehr ab!

piedatterra [piedat-'ter-ra] m *inv.*
Absteigequartier n.

piede [pi'ɛ:de] m Fuß m; ~ *piatto*
Senkfuß m; *pigliar* ~ Fuß fassen;
a -*i* zu Fuß; *in* ~ *i* stehend; *su due* -*i*
sogleich; *cadere in* -*i* gut davonkommen; *essere in* -*i* aufsein; *stare*

in -i stehen; stehenbleiben; *levarsi
qu. dai* -i sich j-n vom Halse schaffen; *levati di tra i* -i! geh mir aus
den Augen (*od.* aus dem Weg)!; a
~ *libero* auf freiem Fuße; *a* -i *nudi*
barfuß; *fare qc. con i* -i et. stümper-
haft machen; *essere sul* ~ *di guerra*
auf dem Kriegsfuß stehen.

piedistallo [piedis'tal-lo] *m* Piede-
stal *n*, Sockel *m*; Postament *n*.

piega [pi'ɛːga] *f* (*pl.* -ghe) Falte *f*;
Typ. Falz *m*; *fig.* buona ~ gute
Wendung *f*; *a* -e faltig.

pieg|abile [pie'gaːbile] biegbar;
faltbar; **~amento** [-ga'mento] *m*
Biegung *f*; **~are** [-'gaːre] (1b *u.* e)
1. *v/t.* biegen; *Stoffe* falten; *Zeitungen, Serviette* zusammenlegen;
Kopf beugen; *Typ.* falzen; **2.** *v/i.*
abbiegen; sich neigen; **~arsi**
[-'garsi] sich biegen; *fig.* sich beugen; nachgeben; **~atrice** [-ga-
'triːtʃe] *f* Falzapparat *m*; **~atura**
[-ga'tuːra] *f* Biegung *f*; Faltung *f*;
Zusammenlegung *f*; Falzung *f*.

piegh|ettare [pieget'taːre] (1a)
fälteln; **~ettatura** [-get-ta'tuːra] *f*
Fältelung *f*; **~evole** [-'geːvole]
biegsam; zusammenklappbar; *fig.*
nachgiebig; *sedia f* ~ Klappstuhl *m*;
~evolezza [-gevo'let-tsa] *f* Bieg-
samkeit *f*.

piego [pi'ɛːgo] *m* (*pl.* -ghi) Päckchen *n* (*v. Briefen, Papieren usw.*).

piemontese [piemon'teːse] **1.** *adj.*
piemontesisch; **2.** *m* Piemonte-
sisch(e) *n*; **3.** *su.* Piemonteser(in *f*)
m.

piena [pi'ɛːna] *f* Gedränge *n*; Hochwasser *n*; Überfülle *f*; *Thea. far* ~
ein volles Haus haben.

pien|amente [piena'mente] völlig;
~ezza [-'net-tsa] *f* Fülle *f*.

pieno [pi'ɛːno] **1.** *adj.* voll (*di von
dat.*); vollständig; unumschränkt;
~ *di boria od. di sé* blasiert; *a* -e
mani mit vollen Händen; *mani
f/pl.* -e *di sangue* blutbefleckte
Hände *f/pl.*; *in* ~ *giorno* bei hellem
Tage; **2.** *m* Fülle *f*; ✗ *colpo m in*
~ Volltreffer *m*; *occupato in* ~ voll-
beschäftigt; *nel* ~ *dell'inverno* mitten im Winter; *Auto: fare il* ~
volltanken.

pien|one [pie'noːne]: *un* ~ *un* voller
Saal, ein volles Theater; ein volles
Haus; **~otto** [-'nɔt-to] rundlich.

pietà [pie'ta] *f* Mitleid *n* (*di* mit);

Barmherzigkeit *f*; *Rel.* Frömmig-
keit *f*; *Mal. u. Skulp.* Pietà *f*; *fare* ~
j-s Mitleid erregen.

pietanza [pie'tantsa] *f Kochk.* Gericht *n*.

piet|ismo [pie'tizmo] *m* Pietismus
m; **~ista** [-'tista] *su.* (*m/pl.* -i)
Pietist(in *f*) *m*; **~oso** [-'toːso] mit-
leidig; barmherzig; jammervoll.

pietra [pi'etra] *f* Stein *m*; ~ *preziosa*
Edelstein *m*; ~ *angolare* Eckstein *m*
(*a. fig.*); ~ *filosofale* Stein *m* der
Weisen; ~ *miliare* Meilenstein *m*
(*a. fig.*); *età f della* ~ Steinzeit *f*;
cava f di ~ Steinbruch *m*; *mettiamo-
ci una* ~ *sopra* sprechen wir nicht
mehr davon, F Schwamm drüber.

pietr|aia [pie'traːja] *f s. petraia*;
~ificare [-trifi'kaːre] (1m *u.* d)
usw. s. petrificare usw.; **~ina**
[-'triːna] *f* Feuerstein *m*; **~isco**
[-'trisko] *m* (*pl.* -schi) Steinsplitt
m; **~oso** [-'troːso] steinig.

piev|ania [pieva'niːa] *f* Pfarre *f*;
Pfarrhaus *n*; **~ano** [-'vaːno] *m*
Pfarrer *m*.

pieve [pi'eːve] *f* Pfarre *f*; Pfarrhaus
n; Pfarrkirche *f*; Pfarrgemeinde *f*.

pifferaio [pif-fe'raːjo] *m* Querpfeifer *m*.

piffero [pif-fero] *m* Querpfeife *f*;
Querpfeifer *m*; *fig.* Tropf *m*.

pigiama [pi'dʒaːma] *m inv.* Pyjama
m, Schlafanzug *m*.

pigi|amento [pidʒa'mento] *m*
Drücken *n*; Drängen *n*; Pressen *n*;
~are [-'dʒaːre] (1f) drücken; *Wein-
trauben* pressen; *Menschen*: drängen; *un pigia pigia* ein Gedränge *n*;
~ata [-'dʒaːta] *f*: *dare una* ~ *a*
drücken; **~atoio** [-dʒa'toːio] *m* (*pl.*
-oi) Weinkelter *f*; **~atore** [-dʒa-
'toːre] *m* Presser (Traubenpresser)
m; **~atura** [-dʒa'tuːra] *f* Keltern
n, Kelterung *f*.

pigionante [pidʒo'nante] *su.* Mieter
(-in *f*) *m*.

pigione [pi'dʒoːne] *f* Miete *f*; *dare a*
~ vermieten; *prendere a* ~ mie-
ten.

pigli|are [pi'ʎaːre] (1g) nehmen; er-
greifen; ~ *fiato* Atem holen; **~arsi**
[-'ʎarsi] sich zuziehen; ~ *cura di
qu.* sich um j-n kümmern.

piglio[1] [pi'ʎo] *m* Nehmen *n*; *dare di
~ a* qc. et. ergreifen.

piglio[2] [pi'ʎo] *m* Gesicht *n*; Miene *f*.

pigmento [pig'mento] *m* Pigment *n*.

pioppeto

pigmeo [pig'mɛːo] **1.** *adj.* zwergig; **2.** *m* Zwerg *m*.

pigna [pi:ɲa] *f* Tannenzapfen *m*; ⚠ Pfeiler *m*.

pign|atta [pi'ɲat-ta] *f* Kochtopf *m*; **⸿attaio** [-ɲat-'taːio] *m* (*pl.* -ai) Töpfer *m*.

pign|oleria [piɲole'riːa] *f* Kleinigkeitskrämerei *f*, Pedanterie *f*; **⸿olo** [-'ɲɔːlo] *m* Pinienkern *m*; *fig.* kleinlicher, bürokratischer Mensch *m*, Pedant *m*.

pignone [pi'ɲoːne] *m* ⊕ Zahnrad *n*, Ritzel *n*; *Wasserb.* Bühne *f*; ⚠ Futtermauer *f*.

pignor|amento [piɲora'mento] *m* Pfändung *f*; **⸿are** [-'raːre] (1a) pfänden; **⸿atario** [-ra'taːrio] *m* (*pl.* -ri) Pfandleiher *m*.

pigol|are [pigo'laːre] (1l) piepen; F quengeln; **⸿io** [-'liːo] *m* Gepiepe *n*.

pigrizia [pi'griːtsia] *f* Faulheit *f*; **∼ mentale** Denkfaulheit *f*.

pigro [pi:gro] faul.

pila [pi:la] *f* Pfeiler *m*; ⊕ Wanne *f*; *Rel.* Becken (Weihwasserbecken) *n*; ⚡ Säule *f*; Taschenlampenbatterie *f*; **∼ atomica** Atommeiler *m*; **∼ a secco** Trockenbatterie *f*; *la* **∼** *è scarica* die Batterie ist leer.

pilastro [pi'lastro] *m* Pfeiler *m*.

pillacchera [pil-'lak-kera] *f* Schmutzspritzer *m*; *fig.* Makel *m*.

pillo [pil-lo] *m* Stampfe *f*.

pillola [pil-lola] *f* Pille *f*.

pilone [pi'loːne] *m* Stützpfeiler *m*; ⚡ Leitungsmast *m*; **∼ d'antenna** Antennenmast *m*; ⚡ **∼ a traliccio** Gittermast *m*.

pil|ota [pi'lɔːta] *m* (*pl.* -i) Schiffsführer *m*; ✈ Flugzeugführer *m*, Lotse (Hafenlotse) *m*; *allievo* **∼** *m* Flugschüler *m*; *brevetto* **∼** *m di* **∼** Pilotenschein *m*; *maestro* **∼** *m* Fluglehrer *m*; **⸿otaggio** [-lo'tad-dʒo] *m* ✈ Steuerung *f*, Führung *f*; ⚓ Lotsen *m*; Lotsengebühr *f*; *scuola f di* **∼** Fliegerschule *f*; **⸿otare** [-'taːre] (1c) führen; steuern; lenken; lotsen.

piluccare [piluk-'kaːre] (1d) abknabbern; *Trauben* abbeeren.

pimpinella [pimpi'nɛl-la] *f* Pimpernell *m*.

pina [pi:na] *f s.* *pigna*.

pinacoteca [pinako'tɛːka] *f* (*pl.* -che) Pinakothek *f*, Gemäldesammlung *f*.

pinastro [pi'nastro] *m* Kiefer *f*.

pineta [pi'neːta] *f* Pinienhain *m*.

ping-pong [piŋ'pɔŋ] *m* Tischtennis *n*, Pingpong *n*.

pingue [piŋgue] fett; dickleibig.

pin|guedine [piŋgu'eːdine] *f* Fettleibigkeit *f*; **⸿guino** [-gu'iːno] *m* Pinguin *m*.

pinna [pin-na] *f* *Zool.* Flosse *f*; *Anat.* Nasenflügel *m*.

pinnacolo [pin-'naːkolo] *m* Zinne *f*.

pinnipede [pin-'niːpede] *m* Flossenfüßler *m*.

pino [pi:no] *m* Pinie *f*; Fichte *f*; **∼ marittimo** Strandkiefer *f*; **∼ nero** Schwarzkiefer *f*; **∼ vulcanico** Rauchpilz *m*.

pin|occhio [pi'nɔk-kio] *m* (*pl.* -cchi), **⸿olo** [-'nɔːlo] *m* Pinienkern *m*.

pinza [pintsa] *f* Pinzette *f*.

pinz|are [pin'tsaːre] (1a) stechen; **⸿ata** [-'tsaːta] *f* Stich *m*; **⸿ette** [-'tset-te] *f/pl.* Pinzette *f*; **⸿imonio** [-tsi'mɔːnio] *m* Salatsoße *f aus Öl, Pfeffer und Salz*.

pinzocher|a [pin'tsɔːkera] *f* Betschwester *f*; **⸿o** [-ro] *m* Betbruder *m*.

pio [pi:o] fromm; barmherzig; *-a madre f* weiche Hirnhaut *f*.

pioggerell|a [piod-dʒe'rel-la], **⸿ina** [-rel-'liːna] *f* Sprühregen *m*.

pioggia [pi'ɔd-dʒa] *f* (*pl.* -gge) Regen *m*; **∼ dirotta** strömender Regen *m*; *stagione f delle* -e Regenzeit *f*.

piolo [pi'ɔːlo] *m* Pflock *m*, Zapfen *m*; Sprosse *f*; **∼ dell'attaccapanni** Kleiderhaken *m*; *scala f a* -i Leiter *f*.

piomb|aggine [piom'bad-dʒine] *f* Graphit *m*; ⚡ Bleiwurz *f*; **⸿are** [-'baːre] (1a) **1.** *v/t.* abloten; *Zähne* plombieren; 🔨 *u.* ⚓ das Bleisiegel anlegen; **2.** *v/i.* senkrecht abfallen; **∼ sopra qu.** über j-n herabfallen; **⸿atura** [-ba'tuːra] *f* Abloten *n*; Plombierung *f*; Bleiverschluß *m*; **⸿ino** [-'biːno] *m* Bleikugel *f*; Senkblei *n*; *Zeichenk.* Reißblei *n*; Spitzenklöppel *m*.

piombo [pi'ombo] *m* Blei *n*; Plombe *f*; *filo m di* **∼** Bleidraht *m*; *soldatino m di* **∼** Bleisoldat *m*; *a* **∼** senkrecht; *coi piedi di* **∼** vorsichtig; *-i pl.* Bleidächer *n/pl.*, Bleikammern *f/pl.*

pioniere [pioni'ɛːre] *m* Bahnbrecher *m*; ⚔ Pionier *m*.

piop|paia [piop-'paːia] *f*, **⸿peto** [-'peːto] *m* Pappelpflanzung *f*.

P

pioppo [pi'ɔp-po] *m* Pappel *f*.

piorrea [pior-'rɛːa] *f* Pyorrhöe *f*, Eiterfluß *m*.

piota [pi'ɔːta] *f* Fußsohle *f*; F Pfote *f*; 🖾 Rasenscholle *f*.

piovano[1] [pio'vaːno] *s. pievano.*

piov|ano[2] [pio'vaːno] Regen...; *acqua f -a* Regenwasser *n*; **~asco** [-'vasko] *m (pl. -chi)* Regenschauer *m*.

piovere [pi'ɔːvere] (3kk) regnen; *fig.* hageln, hereinschneien; *~ dal cielo in den Schoß fallen; ~ a catinelle* in Strömen gießen; *fig. piove sul bagnato* ein Unglück kommt selten allein.

piov|igginare [piovid-dʒi'naːre] (1m) nieseln; **~igginoso** [-vid-dʒi'noːso] regnerisch; **~oso** [-'voːso] regnerisch; *giornata f -a* Regentag *m*; *tempo m ~* Regenwetter *n*.

piovra [pi'ɔːvra] *f* Polyp *m*; *fig.* Blutsauger *m*.

pipa [piːpa] *f* Pfeife *f*; *~ di spuma* Meerschaumpfeife *f*.

pip|are [pi'paːre] (1a) *Pfeife* rauchen; **~ata** [-'paːta] *f* Zug *m* aus e-r Pfeife; **~etta** [-'pet-ta] *f* Pfeifchen *n*; 🜏 Pipette *f*; *~ graduata* Meßpipette *f*.

pipì [pi'pi] *f Kinderspr.* Pipi *n*; *fare ~* Pipi machen.

pipistrello [pipis'trɛl-lo] *m* Fledermaus *f*.   [nagel *m*.⟩

pipita [pi'piːta] *f* Pips *m*; Nied-⟨

pira [piːra] *f* Scheiterhaufen *m*.

piramidale [pirami'daːle] pyramidenförmig.

piramide [pi'raːmide] *f* Pyramide *f*.

piramidone [pirami'doːne] *m* Pyramidon *n*.

pir|ata [pi'raːta] *m (pl. -i)* Seeräuber *m*; **~ateria** [-rate'riːa] *f* Seeraub *m*; *allg.* Räuberei *f*; **~atesco** [-ra'tesko] *(pl. -chi)* seeräuberisch, Piraten...

pirenaico [pire'naːiko] *(pl. -ci)* pyrenäisch.

pirico [piːriko] *(pl. -ci)* pyritisch; Pyrit...; *polvere f -a* Schießpulver *n*.

pirite [pi'riːte] *f* Pyrit *m*; Schwefelkies *m*.

piroett|a [piro'et-ta] *f* Pirouette *f*, Drehsprung *m*; **~are** [-et-'taːre] (1a) pirouettieren.

pirofilo [pi'rɔːfilo] feuerfest; *vetro m ~* feuerfestes Glas *n*.

pirografia [pirogra'fiːa] *f* Brandmalerei *f*.

pirolo [pi'rɔːlo] *m* Pflöckchen *n*; Wirbel *m*.

piro|mane [pi'rɔːmane] *m* Pyromane *m*; **~mania** [-roma'niːa] *f* Pyromanie *f*.

piro-piro [piro'piːro] *m Zool.* Wasserläufer *m*.

pir|oscafo [pi'rɔskafo] *m* Dampfer *m*; *~ di linea* Liniendampfer *m*; *~ per passeggeri* Passagierdampfer *m*; **~osi** [-'rɔːzi] *f* Sodbrennen *n*; **~otecnica** [-ro'tɛknika] *f* Feuerwerkskunst *f*; **~otecnico** [-ro'tɛkniko] *(pl. -ci)* **1.** *adj.* Feuerwerks...; **2.** *m* Feuerwerker *m*.

piscia [piʃ-ʃa] *f* V Pisse *f*.

pisci|acane [piʃ-ʃa'kaːne] *m* Butterblume *f*; **~aletto** [-ʃa'let-to] *su. inv.* Bettnässer(in *f*) *m*; **~are** [-'ʃaːre] (1f) V pissen; **~ata** [-'ʃaːta] *f* V Pissen *n*; *fare una ~* pinkeln; **~atoio** [-ʃa'toːio] *m (pl. -oi)* Pissoir *n*.

piscicolt|ore [piʃ-ʃikol'toːre] *m* Fischzüchter *m*; **~ura** [-'tuːra] *f* Fischzucht *f*.

piscina [piʃ-'ʃiːna] *f* Schwimmbassin *n*; Schwimmhalle *f*; Fischteich *m*.

pisello [pi'sɛl-lo] *m* Erbse *f*.

pisol|are [pizo'laːre] (1l) ein Nickerchen machen; **~ino** [-'liːno] *m* Nickerchen *n*.

pisp|igliare [pispi'ʎaːre] (1g) flüstern; **~iglio** [-'piːʎo] *m (pl. -gli)* Geflüster *n*.

pispola [pispola] *f* Lockpfeife *f*; *Zool.* Wiesenpieper *m*.

pispolare [pispo'laːre] (1l) mit der Lockpfeife jagen.

pisside [pis-side] *f* Hostienkelch *m*.

pista [pista] *f* Reitbahn *f*; Rennbahn *f*; Spur *f*; 🎿 Startbahn *f*; Landebahn *f*; Tanzfläche *f*; *~ di lancio* Rollbahn *f*; *~ da sci* Schipiste *f*; *~ per ciclisti* Fahrradweg *m*; *~ sonora* Tonspur *f*; *corsa f su ~* Bahnrennen *n*/*pl.*

pistacchio [pis'tak-kio] *m (pl. -cchi)* Pistazie *f*; Pistazienbaum *m*.

pistillo [pis'til-lo] *m* Stempel *m* (Blütenstempel) *m*.

pist|ola [pis'tɔːla] *f* Pistole *f*; *~ automatica* Maschinenpistole *f*; *~ a tamburo* Revolver *m*; *colpo m di ~ = ~olettata* [-tolet-'taːta] *f* Pistolenschuß *m*; **~one** [-'toːne] *m* Pumpenkolben *m*; ♪ Piston *n*.

plagio

pitagorico [pita'gɔːriko] (*pl.* -ci) pythagoreisch; *tavola f* -a Einmaleins *n*.

pitale [pi'taːle] *m* Nachttopf *m*.

pitoc|care [pitok-'kaːre] (1c *u.* d) betteln; F schnorren; **~cheria** [-tok-ke'riːa] *f* Bettelei *f*; Knauserei *f*; **~co** [-'tɔk-ko] (*pl.* -cchi) **1.** *adj.* bettelhaft; knick(e)rig; **2.** *m* Bettler *m*; Knauser *m*.

pitone [pi'toːne] *m* Riesenschlange *f*.

pitonessa [pito'nes-sa] *f scherzh.* Wahrsagerin *f*.

pittima [pit-tima] *f* lästige Person *f*; Plagegeist *m*.

pitt|ore [pit-'toːre] *m* Maler *m*; **~oresco** [-to'resko] (*pl.* -chi) malerisch; **~orico** [-'tɔːriko] (*pl.* -ci) Mal...; *arte f* -a Malkunst *f*; **~rice** [-'triːtʃe] *f* Malerin *f*; **~ura** [-'tuːra] *f* Malerei *f*; U Schilderung *f*; **~ a fuoco** Brandmalerei *f*; **~urare** [-tu'raːre] (1a) malen; ausmalen; **~urato** [-tu'raːto] F geschminkt.

pit|uita [pi'tuːita] *f* Schleim *m*; **~uitario** [-tui'taːrio] (*pl.* -ri) Schleim...; *membrana f* -a Schleimhaut *f*.

più [pi'u] **1.** *adv.* mehr (*di, che* als); Å und, plus; **~** *giorni* mehrere Tage; **~** *volte* mehrere Male; *che* **~**? was weiter?; **~** *su* weiter oben; *in qua* weiter nach hier; *di* **~** mehr; *per di* **~** noch dazu; *ma c'è di* **~** aber noch mehr; *senza* **~** ohne weiteres; *essere da* **~** mehr wert sein; *besser sein*; *tutt'al* **~** höchstens; *a* **~** *non posso* mit voller Kraft; *soviel wie möglich*; *mai* **~** nie wieder; *al* **~** *tardi* spätestens; **2.** *m* Mehr *n*; Meiste *n*; *per lo* **~**, *il* **~** *delle volte* meistens; *i* **~**, *le* **~** die meisten; *andare (mandare) nel numero dei* **~** ins Jenseits gehen (befördern).

piuma [pi'uːma] *f* Daune *f*; Feder (Flaumfeder) *f*; *peso m* **~** Federgewicht(ler *m*) *n*.

pium|accio [piu'mat-tʃo] *m* (*pl.* -cci) Puderquaste *f*; **~aggio** [-'mad-dʒo] *m* Gefieder *n*; **~ato** [-'maːto] mit Federn verziert; **~ino** [-'miːno] *m* Federbett *n*; Oberbett *n*; (*auch* **~** *per la cipria*) Puderquaste *f*; **~osità** [-mosi'ta] *f* Flaumigkeit *f*; **~oso** [-'moːso] flaumig.

piuttosto [piut-'tosto] lieber; eher.

piva [pi'va] *f* Dudelsack *m*; *ritornar-* *sene con le* **-e** *nel sacco* mit langer Nase abziehen.

pivello [pi'vel-lo] *m* F Anfänger *m*, Grünschnabel *m*.

piviale [pivi'aːle] *m* Pluviale *n*.

piviere [pivi'ɛːre] *m* Regenpfeifer *m*.

pizz|a [pit-tsa] *f* Pizza *f*; **~aiola** [-tsai'ɔːla] *f*: *bistecca f alla* **~** Schnitzel *n mit Tomaten, Knoblauch und Petersilie*; **~aiolo** [-tsai'ɔːlo] *m* Pizzaverkäufer *m*; **~ardone** [-tsar-'doːne] *m scherzh.* Schutzmann *m*; **~eria** [-tse'riːa] *f* Pizzeria *f*, Pizzabäckerei *f*.

pizzetto [pit-'tset-to] *m* Spitzbart *m*.

pizzicagnolo [pit-tsi'kaɲolo] *m* Delikatessenhändler *m*.

pizzic|are [pit-tsi'kaːre] (1l *u.* d) **1.** *v/t.* kneifen; *Zunge* beißen; ♪ *Saiten* zupfen; *fig.* reizen; necken; **2.** *v/i.* jucken; *Wein:* prickeln; **~ato** [-'kaːto] *m* ♪ Pizzikato *n*.

pizzicheria [pit-tsike'riːa] *f* Delikatessengeschäft *n*.

pizzico [pit-tsiko] *m* (*pl.* -chi) Kneifen *n*; Jucken *n*; Prise *f*; *un* **~** *di sale* e-e Prise Salz.

pizzic|ore [pit-tsi'koːre] *m* Jucken *n*; **~orino** [-ko'riːno] *m* Kitzel *m*; *fare il* **~ a qu.** j-n kitzeln; **~otto** [-'kɔt-to] *m* Kneifen *n*; **~ottare** [-kot-'taːre] (1c) kneifen.

pizzo [pit-tso] *m* Spitze *f*; Kinnbart *m*; *-i pl.* Backenbart *m*; *barba f a* **~** Spitzbart *m*.

plac|abile [pla'kaːbile] leicht zu besänftigen(d); versöhnbar; **~abilità** [-kabili'ta] *f* Versöhnbarkeit *f*; **~are** [-'kaːre] (1d) besänftigen; beruhigen.

placca [plak-ka] *f* (*pl.* -cche) Platte *f*; Metallschild *n*; Erkennungsmarke *f*; **~ del cane** Hundemarke *f*.

placcare [plak-'kaːre] (1d) plattieren.

placenta [pla'tʃɛnta] *f* Mutterkuchen *m*.

placidità [platʃidi'ta] *f* Ruhe *f*; Gelassenheit *f*.

placido [pla'tʃido] ruhig; gelassen.

plafoniera [plafoni'ɛːra] *f* Deckenleuchte *f*.

plaga [pla'ga] *f* (*pl.* -ghe) *lit.* Gegend *f*.

plagi|are [pla'dʒaːre] (1f) plagiieren, abschreiben; **~ario** [-'dʒaːrio] *m* (*pl.* -ri) Plagiator *m*.

plagio [pla'dʒo] *m* (*pl.* -gi) Plagiat *n*.

plan|are [pla'na:re] (1a) 🦎 gleiten; **~ata** [-'na:ta] f Gleitflug m.

plancia [plantʃa] f Kommandobrücke f.

planetario [plane'ta:rio] (pl. -ri) **1.** adj. planetarisch; Planeten...; **2.** m Planetarium n.

plan|imetria [planime'tri:a] f Planimetrie f, Flächenmessung f; **~imetro** [-'ni:metro] m Planimeter n; **~isfero** [-nis'fɛ:ro] m Planiglob n.

plantigrado [plan'ti:grado] m Zool. Sohlengänger m.

plasma [plazma] m Plasma n; **~ sanguigno** Blutplasma n.

plasm|abile [plaz'ma:bile] gestaltungsfähig; **~are** [-'ma:re] (1a) formen.

plastica [plastika] f Plastik f; Bildhauerkunst f; Kunststoff m.

plastic|are [plasti'ka:re] (1l u. d) modellieren; **~atore** [-ka'to:re] m Modellierer m.

plasticità [plastitʃi'ta] f Plastik f; Plastizität f.

plastico [plastiko] (pl. -ci) plastisch.

plastificare [plastifi'ka:re] (1m u. d) mit Kunststoff beschichten.

plastilina [plasti'li:na] f Plastilin n, Knetmasse f.

platano [pla:tano] m Platane f.

plat|ea [pla'tɛ:a] f Thea. Parterre n, Parkett n; F Glatze f; **~eale** [-te'a:le] pöbelhaft; Fehler: offensichtlich.

platin|are [plati'na:re] (1l) platinieren; **~ato** [-'na:to] platiniert; Haare: platinblond; **~ifero** [-'ni:fero] platinhaltig.

platino [pla:tino] m Platin n.

platonico [pla'tɔ:niko] (pl. -ci) platonisch.

plau|dente [plau'dɛnte] Beifall spendend; **~sibile** [-'zi:bile] plausibel; annehmbar; **~sibilità** [-zibili'ta] f Annehmbarkeit f.

plauso [pla'uzo] m Beifall m; begeisterte Aufnahme f.

plebaglia [ple'baʎʎa] f Gesindel n.

plebe [plɛ:be] f Plebs f; Pöbel m.

pleb|eismo [plebe'izmo] m pöbelhafter Ausdruck m; **~eo** [-'bɛ:o] **1.** adj. plebejisch; **2.** m Plebejer m; **~iscitario** [-biʃ-ʃi'ta:rio] (pl. -ri) plebiszitär; **~iscito** [-biʃ-'ʃi:to] m Volksentscheid m, Volksabstimmung f, Plebiszit n.

pleiadi [plɛ:iadi] f/pl. Plejaden f/pl.

plenario [ple'na:rio] (pl. -ri) voll; General...; seduta f **-a** Vollversammlung f, Plenarsitzung f.

pleni|lunare [plenilu'na:re] Vollmond...; **~lunio** [-'lu:nio] m (pl. -ni) Vollmond m; **~potenziario** [-potentsi'a:rio] (pl. -ri) **1.** adj. bevollmächtigt; **2.** m Bevollmächtigte(r) m.

pleon|asmo [pleo'nazmo] m Pleonasmus m; **~astico** [-'nastiko] (pl. -ci) pleonastisch.

plesso [plɛs-so] m Geflecht n; **~ nervoso** Nervengeflecht n.

pletora [plɛ:tora] f Vollblütigkeit f; fig. Überfluß m.

pletorico [ple'tɔ:riko] (pl. -ci) vollblütig; fig. überladen.

plettro [plɛt-tro] m Plektron n.

pleura [plɛ:ura] f Brustfell n.

pleurite [pleu'ri:te] f Brustfellentzündung f.

plico [pli:ko] m (pl. -chi) Päckchen n; in **~ separato** mit gesonderter Post.

plinto [plinto] m Sockel m.

plotone [plo'to:ne] m ⚔ Zug m, Abteilung f.

plumbeo [plumbeo] bleiern; bleifarbig; grigio **~** bleigrau.

plur|ale [plu'ra:le] m (od. adj.: numero m **~**) Mehrzahl f; **~alismo** [-ra'lizmo] m Pluralismus m; **~alità** [-rali'ta] f Mehrheit f.

pluriennale [plurien-'na:le] mehrjährig, langjährig.

plurimo [plu:rimo]: voto m **~** Mehrstimmrecht n.

pluri|motore [plurimo'to:re] m 🦎 mehrmotoriges Flugzeug n; **~nominale** [-nomi'na:le]: lista f **~** aus mehreren Namen bestehende Wahlliste; **~secolare** [-seko'la:re] jahrhundertealt; **~stadio** [-'sta:dio] mehrstufig.

plusvalore [pluzva'lo:re] m Mehrwert m; tassa f sul **~** Mehrwertsteuer f.

plut|ocrate [plu'tɔ:krate] m Plutokrat m; **~ocratico** [-tɔ'kra:tiko] (pl. -ci) plutokratisch; **~ocrazia** [-tokra'tsi:a] f Plutokratie f.

plutonio [plu'tɔ:nio] m Plutonium n.

pluvi|ale [pluvi'a:le] Regen...; **~ometro** [-'ɔ:metro] m Regenmesser m.

pneum|atica [pneu'ma:tika] f (pl. -che) Pneumatik f; **~atico** [-'ma:-

tiko] (*pl.* -ci) **1.** *adj.* pneumatisch; *posta f* -a Rohrpost *f; pompa f* -a Luftpumpe *f;* **2.** *m* Auto, Fahrrad: Reifen *m.*

pneumotorace [pneumoto'ra:tʃe] *m* Pneumothorax *m.*

po' [pɔ] = *poco.*

pocher [pɔ:ker] *m* Pokerspiel *n.*

poch|ezza [po'ket-tsa] *f* Wenigkeit *f;* **~ino** [-'ki:no] ziemlich wenig; *un* ~ ein klein wenig, ein bißchen.

poco [pɔ:ko] (*pl.* -chi) **1.** *adj.* wenig; gering; **2.** *adv.* wenig; *senti un po'!* hör mal!; ~ *su* ~ *giù* ungefähr; *a* ~ *a* ~ nach und nach; ~ *alla volta* allmählich; ~ *prima,* ~ *fa* vor kurzem, vor kurzer Zeit; ~ *dopo* kurz darauf; *press'a* ~ beinahe; ~ *meno* gleichsam; *poc'anzi* kurz vorher; *qui c'è* ~ *da divertirsi* hier ist nicht viel los; *cosa da* ~ nicht so schlimm; **3.** *m* Wenige(s) *n;* Geringe(s) *n; un* ~ *di* ein wenig; *ogni po'* jeden Augenblick; *un altro* ~ noch ein wenig; *un altro* ~, *e poi cadeva* beinahe wäre er umgefallen; *con quel po' po' di libri* mit allen diesen Büchern.

pod|agra [po'da:gra] *f* Podagra *f,* Fußgicht *f;* **~agroso** [-da'gro:so] **1.** *adj.* podagrakrank; **2.** *m* Podagrakranke(r) *m.*

podere [po'de:re] *m* Gut (Landgut) *n.*

poderoso [pode'ro:so] stark, mächtig.

podestà [podes'ta] *m* Bürgermeister *m.*

podio [pɔ:dio] *m* (*pl.* -di) Podium *n;* Tribüne *f;* Dirigentenpult *n.*

pod|ismo [po'dizmo] *m* Gehsport *m;* **~ista** [-'dista] *su.* (*m/pl.* -i) Wettgeher(in *f*) *m;* **~istico** [-'disti-ko] (*pl.* -ci) Fuß...; *corsa f* -a Wettgehen *n.*

poema [po'ε:ma] *m* (*pl.* -i) Dichtung *f;* Gedicht *n.*

poesia [poe'zi:a] *f* Poesie *f;* Dichtkunst *f;* Gedicht *n.*

poeta [po'ε:ta] *m* (*pl.* -i) Dichter *m.*

poet|are [poe'ta:re] (1b) dichten; **~astro** [-'tastro] *m* Dichterling *m;* **~essa** [-'tes-sa] *f* Dichterin *f.*

poetic|a [po'ε:tika] *f* Poetik *f;* **~o** [-ko] (*pl.* -ci) poetisch; dichterisch; *arte f* -a Dichtkunst *f; linguaggio m* ~ Dichtersprache *f.*

poggia|capo [pod-dʒa'ka:po] *m inv.*

Kopfstütze *f;* Sesselschoner *m;* **~piedi** [-'pi'ε:di] *m inv.* Fußschemel *m.*

poggi|are [pod-'dʒa:re] (1f *u.* c) lehnen, anlehnen; legen, setzen; stützen; *fig.* gründen; **~arsi** [-'dʒar-si] sich anlehnen; sich stützen.

poggio [pɔd-dʒo] *m* (*pl.* -ggi) Anhöhe *f.*

poggiolo [pod-'dʒɔ:lo] *m* Balkon *m;* Geländer *n.*

poh! [pɔ] pah!

poi [pɔi] *adv.* dann; nachher; aber, dagegen; demnächst; hierauf; *da quel tempo in* ~ von jener Zeit an; *dalle 6 in* ~ von 6 Uhr an; *o prima o* ~ früher oder später; *tu* ~ *non lo farai* du aber wirst es nicht tun.

poiana [po'ia:na] *f* Mäusebussard *m.*

poiché [poi'ke] da, denn.

pois [pw'a]: *a* ~ gepunktet, getüpfelt.

poker [pɔ:ker] *m inv.* Poker *n.*

polacc|a [po'lak-ka] *f* (*pl.* -cche) Polin *f;* Polonäse *f;* **~o** [-ko] **1.** *adj.* polnisch; **2.** *m* Pole *m;* Polnisch *n.*

pol|are [po'la:re] Polar...; *esplorazione f* ~ Polarforschung *f; oceano m* ~ Polarmeer *m; circolo m* ~ Polarkreis *m;* **~arità** [-lari'ta] *f* Polarität *f;* **~arizzare** [-larid-'dza:re] (1a) polarisieren; **~arizzazione** [-larid-dzatsi'o:ne] *f* Polarisation *f.*

polca [nɔlka] *f* (*pl.* -che) Polka *f.*

polemic|a [po'lε:mika] *f* (*pl.* -che) Polemik *f;* **~o** [-ko] (*pl.* -ci) polemisch.

polem|ista [pole'mista] *su.* (*m/pl.* -i) Polemiker(in *f*) *m;* **~izzare** [-mid-'dza:re] (1a) polemisieren.

polenta [po'lεnta] *f* Polenta *f.*

polent|ina [polen'ti:na] *f* kleine Polenta *f;* Breiumschlag *m;* **~one** [-'to:ne] *m* große Polenta *f;* Polentaesser *m* (*Schimpfwort der Süditaliener für die Norditaliener*); *fig.* Bummelant *m,* Trödelfritze *m.*

poli|ambulanza [poliambu'lantsa]*f* Poliklinik *f;* **~andria** [-an'dri:a] *f* Vielmännerei *f;* **~clinica** [-'kli:ni-ka] *f* (*pl.* -che) Poliklinik *f;* **~clinico** [-'kli:niko] (*pl.* -ci) **1.** *adj.* poliklinisch; **2.** *m* Poliklinik *f;* **~cromia** [-kro'mi:a] *f* Polychromie *f,* Mehrfarbendruck *m.*

policromo [po'li:kromo] mehrfarbig, bunt.

P

poli|edrico [poli'e:driko] (*pl. -ci*) vielflächig; *fig.* vielfältig, vielseitig; **~edro** [-'ɛ:dro] *m* Vielflächner *m*; **~estere** [-'ɛstere] *m* Polyester *m*; **~etilene** [-eti'lɛ:ne] *m* Polyäthylen *n*; **~fonia** [-fo'ni:a] *f* Polyphonie *f*; **~fonico** [-'fɔ:niko] polyphonisch; vielstimmig.

poligala [po'li:gala] *f* Kreuzblume *f*.

pol|igamia [poliga'mi:a] *f* Vielweiberei *f*; **~igamo** [-'li:gamo] **1.** *adj.* polygam; **2.** *m* Polygamist *m*.

poli|glotta [poli'glɔt-ta] **1.** *m* Polyglotte *f*; **2.** *adj.* vielsprachig; **~gonale** [-go'na:le] vieleckig.

poligono [po'li:gono] *m* ⚔ Vieleck *n*; ⚔ Schießplatz *m*; Zielfeld *n*.

poli|grafare [poligra'fa:re] (1m) vervielfältigen; **~grafico** [-'gra:fiko] (*pl. -ci*) **1.** *adj.* polygraphisch; *stabilimento m* ~ Buchdruckerei *f*; **2.** *m* Buchdrucker *m*.

poligrafo [po'li:grafo] *m* Vielschreiber *m*; Hektograph *m*.

polinomio [poli'nɔ:mio] *m* (*pl. -mi*) Polynom *n*.

polio [pɔ:lio], **poliomielite** [poliomie'li:te] *f* (spinale) Kinderlähmung *f*.

polipo [pɔ:lipo] *m* Polyp *m*.

poli|senso [poli'sɛnso] mehrdeutig; **~sillabo** [-'sil-labo] vielsilbig; **~teama** [-te'a:ma] *m* (*pl. -i*) Schauspielhaus *n*; **~tecnico** [-'tekniko] (*pl. -ci*) **1.** *adj.* polytechnisch; **2.** *m* Polytechnikum *n*; **~teismo** [-te'izmo] *m* Vielgötterei *f*; **~teista** [-te'ista] *su.* (*m*/*pl. -i*) Polytheist(in *f*) *m*; **~teistico** [-te'istiko] (*pl. -ci*) polytheistisch.

politica [po'li:tika] *f* Politik *f*; ~ *estera* Außenpolitik *f*; ~ *interna* Innenpolitik *f*; ~ *del giorno* Tagespolitik *f*.

politic|ante [politi'kante] **1.** *adj.* politisierend; **2.** *m* = **~astro** [-'kastro] *m* Kannegießer *m*.

politico [po'li:tiko] (*pl. -ci*) **1.** *adj.* politisch; **2.** *m* Politiker *m*.

politicone [politi'ko:ne] *m* Schlaukopf *m*, Politikus *m*.

poli|zia [poli'tsi:a] *f* Polizei *f*; ~ *confinaria* Grenzpolizei *f*; ~ *stradale* (*od. della strada*) Verkehrspolizei *f*; *agente m di* ~ Polizeibeamte(r) *m*; **~ziesco** [-tsi'esko] (*pl. -chi*) Polizei...; **~ziotto** [-tsi'ɔt-to] *m* Polizist *m*; *c.s.* Spitzel *m*.

polizza [polit-tsa] *f* Schein *m*, Police *f*; ~ *di pegno* Pfandschein *m*; ~ *di cambio* Wechselbrief *m*; ~ *di assicurazione* Versicherungspolice *f*.

polizzino [polit-'tsi:no] *m* Ladeschein *m*.

polla [pol-la] *f* Springquelle *f*.

poll|aio [pol-'la:io] *m* (*pl. -ai*) Hühnerstall *m*; **~aiolo** [-lai'o:lo] *m* Geflügelhändler *m*; **~ame** [-'la:me] *m* Geflügel *n*; **~astra** [-'lastra] *f* junge Henne *f*; *fig.* = **~astrella** [-las'trel-la] *f fig.* Backfisch *m*; **~astro** [-'lastro] *m* junges Huhn *n*; *fig.* Einfaltspinsel *m*; **~eria** [-le'ri:a] *f* Geflügelhandlung *f*.

pollice [pol-litʃe] *m* Daumen *m*; große Zehe *f*; Zoll *m*.

polli|coltore [pol-likol'to:re] *m* Hühnerzüchter *m*; **~coltura** [-kol'tu:ra] *f* Hühnerzucht *f*.

pollina [pol-'li:na] *f* Hühnermist *m*.

polline [pɔl-line] *m* Blütenstaub *m*.

pollino [pol-'li:no] Hühner...

pollivendolo [pol-li'vendolo] *m* Hühnerverkäufer *m*.

pollo [pol-lo] *m* Huhn *n*; ~ *arrosto* Brathuhn *n*; *allevamento m di* ~ Hühnerzucht *f*; *conoscere i suoi -i* seine Pappenheimer kennen; *fai ridere i -i* da lachen die Hühner.

pollone [pol-'lo:ne] *m* Schößling *m*.

polm|onare [polmo'na:re] Lungen...; **~onaria** [-mo'na:ria] *f* Lungenkraut *n*; **~one** [-'mo:ne] *m* Lunge *f*; **~onite** [-mo'ni:te] *f* Lungenentzündung *f*.

polo¹ [pɔ:lo] *m* Pol *m*; ~ *nord* Nordpol *m*; ~ *sud* Südpol *m*.

polo² [pɔ:lo] *m* Polospiel *n*.

polonese [polo'ne:se] *f* Polonäse *f*.

polpa [polpa] *f* Fleisch *n*; *fig.* Mark *n*.

polp|accio [pol'pat-tʃo] *m* (*pl. -cci*) Wade *f*; **~acciuto** [-pat-'tʃu:to] fleischig; **~astrello** [-pas'trel-lo] *m* Fingerkuppe *f*; **~etta** [-'pet-ta] *f* Klops *m*; Klößchen *n*; **~ettone** [-pet-'to:ne] *m* Hackbraten *m*, falscher Hase *m*; *fig.* Schinken *m*, Wälzer *m*.

polpo [polpo] *m* Krake *m*.

polp|oso [pol'po:so], **~uto** [-'pu:to] fleischig.

polsino [pol'si:no] *m* Manschette *f*.

polso [polso] *m* Puls *m*; *fig.* Tatkraft *f*; *fig. toccare il* ~ auf den Zahn fühlen.

polt|iglia [pol'tiʎa] f Brei m; Matsch m; **~iglioso** [-ti'ʎo:so] breiig; matschig.

poltr|ire [pol'tri:re] (4d) faulenzen; **~ona** [-'tro:na] f Lehnstuhl m; Thea. Parkettplatz m; ~ letto Schlafsessel m; **~oncina** [-tron-'tʃi:na] f Thea. Parkettsitz m; **~onaggine** [-tro'nad-dʒine] f Faulenzerei f; **~one** [-'tro:ne] 1. adj. faul; 2. m Faulenzer m; **~oneria** [-trone'ri:a] f Faulenzerei f; **~onissima** [-tro'nis-sima] f Thea. Sperrsitz m.

polvere [polvere] f Staub m; Puder m; Pulver n; ~ negli occhi Sand m in den (die) Augen; caffè m in ~ gemahlener Kaffee m; fare la ~ abstauben.

polver|iera [polveri'ɛ:ra] f Pulvermagazin n; **~ificio** [-ri'fi:tʃo] m (pl. -ci) Pulverfabrik f; **~ina** [-'ri:na] f Apoth. Pulver n; **~ino** [-'ri:no] m Streusand m; Streusandbüchse f; Streubüchse f; Kohlenstaub m; **~io** [-'ri:o] m dicker Staub m; **~izzabile** [-rid-'dza:bile] pulverisierbar; **~izzare** [-rid-'dza:re] (1a) pulverisieren; fig. zerstören; **~izzazione** [-rid-dzatsi'o:ne] f Pulverisierung f; **~izzatore** [-rid-dza'to:re] m Zerstäuber m; **~one** [-'ro:ne] m dicke Staubwolke f; **~oso** [-'ro:so] staubig.

pom|ario [po'ma:rio] m (pl. -ri) lit. Obstgarten m; **~ata** [-'ma:ta] f Pomade f; **~ellato** [-mel-'la:to] 1. adj. scheckig; 2. m Apfelschimmel m; **~ello** [-'mɛl-lo] m Jochbein n, Wangenbein n.

pomer|idiano [pomeridi'a:no] nachmittägig; Nachmittags...; alle tre -e um drei Uhr nachmittags; **~iggio** [-'rid-dʒo] m (pl. -ggi) Nachmittag m; nel ~ nachmittags.

pometo [po'me:to] m lit. Obstgarten m.

pomice [po'mi:tʃe] f (od. adj. pietra f ~) Bimsstein m.

pomic|iare [pomi'tʃa:re] (11 u. f) bimsen; F knutschen; **~ione** [-'tʃo:ne] m F Knutscher m.

pomicolt|ore [pomikol'to:re] m Obstzüchter m; **~ura** [-'tu:ra] f Obstzucht f.

pomo [po:mo] m Apfel m; Apfel-

baum m; Knopf (Stock-, Degenknopf) m.

pomodoro [pomo'dɔ:ro] m Tomate f.

pompa¹ [pompa] f Pomp m, Prunk m; far ~ di qc. mit et. (dat.) prahlen; -e funebri Leichenbegängnis n; impresa f di -e funebri Beerdigungsinstitut n.

pompa² [pompa] f ⊕ Pumpe f; Spritze (Feuerspritze) f; Benzinpumpe f; ~ aspirante Saugpumpe f; ~ d'alimentazione Speisepumpe f; ~ ad aria Luftpumpe f; ~ della benzina Benzinpumpe f.

pomp|aggio [pom'pad-dʒo] m Pumpen n; **~are** [-'pa:re] (1a) pumpen; **~ata** [-'pa:ta] f: dare una ~ a qc. schnell aufpumpen.

pompeiano [pompei'a:no] pompejanisch.

pompelmo [pom'pɛlmo] m Pampelmuse f.

pompiere [pompi'ɛ:re] m Feuerwehrmann m; -i pl. Feuerwehr f.

pomp|osità [pomposi'ta] f Prunk m; **~oso** [-'po:so] prunkhaft.

ponce [pontʃe] m Punsch m.

ponder|abile [ponde'ra:bile] wägbar; fig. erwägbar; **~abilità** [-rabili'ta] f Wägbarkeit f; fig. Erwägbarkeit f; **~are** [-'ra:re] (11 u. c) erwägen; **~atezza** [-ra'tet-tsa] f Überlegung f; **~ato** [-'ra:to] überlegt; bedachtsam; **~azione** [-ratsi'o:ne] f Erwägung f; Überlegung f; **~oso** [-'ro:so] gewichtig.

pondo [pondo] m poet. Gewicht n; fig. Last f.

pone [po:ne] s. porre.

ponente [po'nɛnte] m Westen m.

ponentino [ponen'ti:no] m Westwind m.

poneva [po'ne:va] s. porre.

ponfete! [ponfete] plumps!

pongo [poŋgo] s. porre.

ponte [ponte] m Brücke f; ⚠ Gerüst n; ⚓ Deck n; Bill. Bock m; Zahnheilkunde: Brücke f; Spiel: Bridge n; testa f di ~ Brückenkopf m; ~ d'approdo Landungsbrücke f; ~ di comando Kommandobrücke f; ~ di passeggiata Promenadendeck n; ~ d'atterraggio Landedeck n; ~ girevole Drehbrücke f; ~ sospeso Hängebrücke f; ~ radio Funkverbindung f; ~ di barche Schiffsbrücke f; ~ aereo Luftbrücke f;

fare il ～ an e-m Werktag zwischen zwei Feiertagen ebenfalls nicht arbeiten.

pontefice [pon'te:fitʃe] *m* (*a.* ～ *massimo od. sommo* ～) Papst *m*.

pont|eggio [pon'ted-dʒo] *m* Baugerüst *n*; ～ *tubolare* Stahlgerüstbau *m*; **～icello** [-ti'tʃɛl-lo] *m* kleine Brücke *f*; ✂ Abzug(s)bügel *m*; ♪ Steg *m*; **～iere** [-ti'ɛ:re] *m* Brückenbauer *m*; ✗ Pionier *m*.

pontific|ale [pontifi'ka:le] **1.** *adj.* päpstlich; bischöflich; **2.** *m* Pontifikale *n*; **～are** [-'ka:re] (1m *u.* d) das Hochamt halten; **～ato** [-'ka:to] *m* Papstwürde *f*; Pontifikat *n*; päpstliche Regierung *f*.

pontificio [ponti'fi:tʃo] (*pl.* -ci) päpstlich; ～ *Stato m* ～ Kirchenstaat *m*.

pontile [pon'ti:le] *m* Einsteigesteg *m*.

pontone [pon'to:ne] *m* Ponton *m*.

ponzare [pon'tsa:re] (1a) sich anstrengen; ～ *su qc.* über et. hocken, brüten.

popol|accio [popo'lat-tʃo] *m* (*pl.* -cci) Pöbel *m*; **～amento** [-la'mento] *m* Besiedelung *f*; *Zool.* Besetzung *f*; **～ana** [-'la:na] *f*, **～ano** [-'la:no] *m* Frau *f*, Mann *m* aus dem Volk; **～are** [-'la:re] **1.** *adj.* volkstümlich; Volks...; *ballo m* ～ Volkstanz *m*; *credenza f* ～ Volksglaube *m*; *democrazia f* ～ Volksdemokratie *f*; **2.** *v/t.* besiedeln, bevölkern; **～areggiante** [-lared-'dʒante] im Volkston, volkstümelnd; **～aresco** [-la-'resko] volkstümlich; **～arità** [-lari-'ta] *f* Popularität *f*, Volkstümlichkeit *f*; **～arizzare** [-larid-'dza:re] (1a) popularisieren; gemeinverständlich machen; verbreiten; **～arizzazione** [-larid-dzatsi'o:ne] *f* Popularisierung *f*; **～azione** [-latsi'o:ne] *f* Bevölkerung *f*; Menge *f*; Völkerschaft *f*; ～ *civile* Zivilbevölkerung *f*; ～ *rurale* Landbevölkerung *f*; **～ino** [-'li:no] *m* niederes Volk *n*.

popolo [pɔ:polo] *m* Volk *n*; ～ *civile* Kulturvolk *n*; ～ *minuto* niederes Volk *n*.

popoloso [popo'lo:so] volkreich; stark bevölkert.

popone [po'po:ne] *m* Melone *f*.

poppa [pɔp-pa] *f Anat.* Brust (Mutterbrust) *f*; ⚓ Hinterteil (Schiffshinterteil) *n*; Achterdeck *n*, Hinterschiff *n*; *vento m in* ～ Rücken-

wind *m*; *fig. avere il vento in* ～ mit günstigem Wind segeln.

popp|ante [pop-'pante] *su.* Säugling *m*; **～are** [-'pa:re] (1a) saugen; *fig.* lutschen; **～ata** [-'pa:ta] *f* Saugen *n*; **～atoio** [-pa'to:io] *m* (*pl.* -oi) Sauger *m*; F Schnuller *m*.

poppiere [pop-pi'ɛ:re] *m* Bootsachtermann *m*.

porca[1] [pɔrka] *f* (*pl.* -che) ♪ Furchenkamm *m*. [Sau *f*.\
porca[2] [pɔrka] *f* (*pl.* -che) *Zool.*\

porc|accione [porkat-'tʃo:ne] *m* Schweinehund *m*; **～aio** [-'ka:io] *m* (*pl.* -ai) Schweinestall *m*; **～aro** [-'ka:ro] *m* Schweinehirt *m*.

porcellana [portʃel-'la:na] *f* Porzellan *n*.

porc|ellino [portʃel-'li:no] *m* Ferkel *n*; *fig.* Schmutzfink *m*; ～ *d'India* Meerschweinchen *n*; **～ellona** [-tʃel-'lo:na] *f* schmutzige Person *f*; P Sau *f*; **～ellone** [-tʃel-'lo:ne] *m* *fig.* Schwein *n*.

porche|ria [porke'ri:a] *f* Schweinerei *f*; **～riola** [-keri'ɔ:la] *f* kleine Schweinerei *f*; **～tta** [-'ket-ta] *f* im Ofen gebratenes Ferkel *n*.

porc|ile [por'tʃi:le] *m* Schweinestall *m*; **～ino** [-'tʃi:no] **1.** *adj.* Schweine...; *pan m* ～ Alpenveilchen *n*; **2.** *m* Steinpilz *m*.

porco [pɔrko] (*pl.* -ci) **1.** *adj.* V säuisch; Schweine...; *fig.* verdammt; **2.** *m* Schwein *n*; V Saukerl *m*, Schweinehund *m*.

porcospino [porko'spi:no] *m* Stachelschwein *n*.

porfido [pɔrfido] *m* Porphyr *m*.

porg|ere [pɔrdʒere] (3d) **1.** *v/t.* reichen; *Hilfe* leisten; *Ohr* leihen; **2.** *v/i. Redner*: vortragen; **～ersi** [-dʒersi] *Gelegenheit*: sich bieten.

porgitore [pordʒi'to:re] *m* Überbringer *m*; Vortragende(r) *m*.

pornogr|afia [pornogra'fi:a] *f* Pornographie *f*; **～afico** [-'gra:fiko] (*pl.* -ci) pornographisch.

poro [pɔ:ro] *m* Pore *f*.

por|osità [porosi'ta] *f* Porosität *f*; **～oso** [-'ro:so] porös.

porpora [pɔrpora] *f* Purpur *m*; *Zool.* Purpurschnecke *f*; *fig.* Kardinalswürde *f*.

porpor|ato [porpo'ra:to] **1.** *adj.* in Purpur gekleidet; **2.** *m* Kardinal *m*; **～ina** [-'ri:na] *f* Purpurfarbe *f*; **～ino** [-'ri:no] purpurn.

porr|aceo [por-'ra:tʃeo] lauchgrün; **~aio** [-'ra:io]: *cipolla f -a* Schnittlauch *m*.

por|re [por-re] (3ll) setzen; stellen; legen; *Hand, Geld* anlegen; *Ende* machen; *Kandidaten* aufstellen; ~ *in dubbio* in Zweifel ziehen; ~ *speranza in qu.* Hoffnung in j-n setzen; ~ *attenzione a qc.* et. beachten; *poni od. poniamo* che setzen wir den Fall, daß; **~si** [-si] sich setzen, sich stellen, sich legen; *Hut* sich aufsetzen; ~ *a fare* anfangen zu tun; ~ *in capo* sich in den Kopf setzen.

porro [pɔr-ro] Porree *m*; *Path.* Warze *f*.

porroso [por-'ro:so] voller Warzen.

porsi [pɔrsi] *s.* porgere.

porta [pɔrta] *f* Tor *n*; Tür *f*; ~ *doppia* Doppeltür *f*; ~ *maggiore* Portal *n*; ~ *scorrevole* Schiebetür *f*; ~ *di sicurezza* Notausgang *m*; *-e chiuse* unter Ausschluß der Öffentlichkeit.

porta|bagagli [portaba'ga:ʎi] *m inv.* Gepäckträger *m*; *Auto:* Kofferraum *m*; *Fahrrad:* Gepäckständer *m*; *rete f* ~ Gepäcknetz *n*; **~bandiera** [-bandi'ε:ra] *m inv.* Fahnenträger *m*.

portabile [por'ta:bile] tragbar.

porta|cappelli [portakap-'pel-li] *m inv.* Hutschachtel *f*; **~carte** [-'karte] *m inv.* Briefmappe *f*, Briefordner *m*; **~cenere** [-'tʃe:nere] *m inv.* Asch(en)becher *m*; **~chiavi** [-ki'a:vi] *m inv.* Schlüsselring *m*; **~cipria** [-'tʃi:pria] *m inv.* Puderdose *f*; **~dolci** [-'doltʃi] *m inv.* Kuchenteller *m*; **~elicotteri** [-eli'kɔt-teri] *f inv.* Hubschrauberträger *m*; **~erei** [-'ε:rei] *f inv.* Flugzeugträger *m*; **~feriti** [-fe'ri:ti] *m inv.* Krankenträger *m*; **~fiaschi** [-fi'aski] *m inv.* Flaschenkorb *m*; **~finestra** [-fi-'nεstra] *f* (*pl.* portefinestre) Balkontür *f*; **~fiori** [-fi'o:ri] *m inv.* Blumenständer *m*; **~fogli** [-'fɔʎi] *m inv. u.* **~foglio** [-'fɔ:ʎo] *m* (*pl. -gli*) Brieftasche *f*; *Pol.* Portefeuille *n*; **~fortuna** [-for'tu:na] *m inv.* Talisman *m*; **~lampada** [-'lampada] *m inv.* Glühlampenfassung *f*; **~lapis** [-'la:pis] *m inv.* Bleistifthalter *m*.

portale [por'ta:le] *m* Portal *n*.

portalettere [porta'let-tere] *m inv.* Briefträger *m*; Postbote *m*.

portamento [porta'mento] *m* Haltung *f*; Benehmen *n*.

porta|missili [porta'mis-sili] *m inv.* Raketenträger *m*; **~monete** [-mo'ne:te] *m inv.* Geldbörse *f*, Geldtasche *f*; **~munizioni** [-munitsi'o:ni] *m inv.* Munitionsträger *m*.

portante [por'tante] tragend, Trag...; *Radio:* onda *f* ~ Trägerwelle *f*.

portant|ina [portan'ti:na] *f* Sänfte *f*; **~ino** [-ti:no] *m* Krankenträger *m*.

porta|ombrelli [portaom'brel-li] *m inv.* Schirmhülle *f*; Schirmständer *m*; **~ordini** [-'ɔrdini] *m inv.* Melder *m*; **~pacchi** [-'pak-ki] *m inv.* Paketzusteller *m*; **~penne** [-'pen-ne] *m inv.* Federhalter *m*.

port|are [por'ta:re] (1c) bringen; tragen; *Befehle* überbringen; *Gründe* angeben; beibringen; *Gefühle* empfinden, hegen; *Mitgift* zubringen; *fig. j-n* begünstigen; ~ *via* wegtragen; ~ *un regalo* ein Geschenk mitbringen; ~ *in tavola* auftragen; *essere portato a* dazu geneigt sein; **~arsi** [-'tarsi] sich begeben; sich benehmen.

porta|ritratti [portari'trat-ti] *m inv.* Fotografienständer *m*; **~riviste** [-ri'viste] *m inv.* Zeitungsständer *m*; **~sapone** [-sa'po:ne] *m inv.* Seifennapf *m*; **~sciugamani** [-taʃ-ʃuga-'ma:ni] *m inv.* Handtuchhalter *m*; **~sigarette** [-siga'ret-te] *m inv.* Zigarettenetui *n*; **~sigari** [-'si:gari] *m inv.* Zigarrentasche *f*; **~spilli** [-'spil-li] *m inv.* Nadelkissen *n*; **~stecchini** [-stek-'ki:ni] *m inv.* Zahnstocherbehälter *m*.

port|ata [por'ta:ta] *f* Tragfähigkeit *f*, Ladefähigkeit *f*; Hörweite *f*; Sehweite *f*; ⚔ Schußweite *f*; *bei Tisch:* Gang *m*, Gericht *n*; *fig.* di grande ~ von großer Tragweite; *a* ~ *di voce* in Rufweite; *alla* ~ *di erschwinglich* für (*acc.*); *a* ~ *di mano* bei der Hand, griffbereit; **~atessera** [-ta'tes-sera] *m inv.* Ausweishülle *f*; **~atile** [-'ta:tile] tragbar; *farmacia f* ~ Haus-, Reiseapotheke *f*; *macchina f* ~ Reiseschreibmaschine *f*; *radio f* ~ Kofferradio *n*; **~ato** [-'ta:to] **1.** *adj.* geneigt (*a* zu *dat.*); **2.** *m* Ergebnis *n*, Folge *f*; **~atore** [-ta'to:re] *m* Träger *m*; Überbringer *m*; ✝ Vorzeiger *m*; Inhaber *m*.

P

porta|valvole [porta'valvole] *m
inv. Radio:* Röhrenfassung *f*; **~vasi**
[-'va:zi] *m inv.* Blumenständer *m*;
~vivande [-vi'vande] *m inv.* Essen-
träger *m*; Servierwagen *m*; **~voce**
[-'vo:tʃe] *m inv.* Schalltrichter *m*;
Sprachrohr *n*; *fig.* Sprecher *m*.

portello [por'tel-lo] *m* Pförtchen
(Torpförtchen) *n*; ⚓ Luke *f*.

port|ento [por'tento] *m* Wunder *n*;
~entoso [-ten'to:so] wunderbar.

port|icato [porti'ka:to] **1.** *adj.* mit
Säulengängen versehen; **2.** *m* Säulengang *m*; **~icciola** [-tit-'tʃo:la] *f*,
~icina [-ti'tʃi:na] *f* kleine Tür *f*.

portico [pɔrtiko] *m* (*pl.* -ci) Bogen-
gang *m*.

port|iera [porti'e:ra] *f* Türvorhang
m; Wagen-, Autotür *f*; Pförtnerin
f; **~iere** [-ti'e:re] *m* Pförtner *m*;
Portier *m*; *Sport:* Torwart *m*; **~i-
naio** [-ti'na:io] *m* (*pl.* -ai) Pförtner
m; **~ineria** [-tine'ri:a] *f* Pförtner-
loge *f*.

portinsegna [portin'se:ɲa] *m inv.*
Fahnenträger *m*.

porto[1] [pɔrto] *s. porgere.*

porto[2] [pɔrto] *m* Tragen *n*, Führen
n, Besitzen *n*; ⚹ Porto *n*; 🚂 Fracht
f; **~** *d'armi* Waffenschein *m*.

porto[3] [pɔrto] *m* Hafen *m*; **~** *di
mare* Seehafen *m*; **~** *mercantile*
Handelshafen *m*; **~** *militare* Kriegs-
hafen *m*; **~** *franco* Freihafen *m*;
~ *d'imbarco* Einschiffungshafen *m*;
fig. condurre a buon **~** zu e-m guten
Ende führen; *fig. toccare il* **~** am
Ziel sein.

portoghese [porto'ge:se] **1.** *adj.*
portugiesisch; **2.** *m* Portugiesisch(e)
n; **3.** *su.* Portugiese *m*, Portugiesin
f; *Thea. fare il* **~** sich um das Eintrittsgeld drücken.

portombrelli [portom'brɛl-li] *m
inv.* Schirmständer *m*.

portone [por'to:ne] *m* Haustor *n*;
Portal *n*.

portua|le [portu'a:le] *m* Hafen-
arbeiter *m*; **~rio** [-rio] (*pl.* -ri) ⚹
Hafen...

porzione [portsi'o:ne] *f* Teil *m*;
Anteil *m*; *Kochk.* Portion *f*; *mezza*
~ halbe Portion *f*.

posa [pɔ:sa] *f* Ruhe *f*; Haltung *f*;
Legen *n*; *Mal. u. c.s.* Pose *f*; Phot.
Belichtung *f*; *senza* **~** unaufhörlich; **~** *della prima pietra* Grund-
steinlegung *f*.

posacenere [posa'tʃe:nere] *m inv.*
Asch(en)becher *m*.

posamento [posa'mento] *m* Fuß-
gestell *n*; Grundlage *f*.

posa|mine [posa'mi:ne] *m inv.* ⚹
Minenleger *m*; **~piano** [-pi'a:no]
m inv. langsamer Mensch *m*.

pos|are [po'sa:re] (1c) **1.** *v/t.* hin-
legen; hinstellen; hinsetzen; **2.** *v/i.*
ruhen; *Flüssigkeit:* sich setzen;
Mal. sitzen; *fig. c.s.* posieren; **~arsi** [-'sarsi] sich legen; sich
niederlassen; **~ata** [-'sa:ta] *f* Be-
steck *n*; **~atezza** [-sa'tet-tsa] *f*
Gesetztheit *f*; **~ato** [-'sa:to] bedächtig; gesetzt.

poscia [pɔʃ-ʃa] *lit.* dann; als-
dann.

poscritto [pos'krit-to] *m* Postskriptum *n*, Nachschrift *f*.

posdomani [pozdo'ma:ni] übermorgen.

pose [po:se], **posi** [-si] *s. porre.*

posit|iva [pozi'ti:va] *f* Phot. Positiv
n; **~ivismo** [-ti'vizmo] *m* Positivis-
mus *m*; **~ivista** [-ti'vista] *su.* (*m/pl.*
-i) Positivist(in *f*) *m*; **~ivo** [-ti'ivo]
1. *adj.* positiv; *di* **~** bestimmt; **2.** *m*
Positive(s) *n*; *Gram.* Positiv *m*;
Phot. Positiv *n*.

pos|itura [pozi'tu:ra] *f* Lage *f*;
~izione [-tsi'o:ne] *f* Stellung *f*;
Lage *f*; *Gram.* Position *f*; **~** *chiave*
Schlüsselstellung *f*; **~** *normale*
Normalstellung *f*; *guerra f di* **~**
Stellungskrieg *m*; *essere in* **~** *svan-
taggiosa di fronte a qu.* j-m gegen-
über im Nachteil sein.

posp|orre [pos'por-re] (3ll) nach-
setzen; *fig.* vernachlässigen; verschieben; **~osi** [-'po:si] *s. posporre;*
~osizione [-pozitsi'o:ne] *f* Nach-
stellung *f*; Vernachlässigung *f*.

posposto [pos'posto] *s. posporre.*

possa[1] [pɔs-sa] *s. potere.*

possa[2] [pɔs-sa] *f*, **possanza** [pos-
'santsa] *f lit.* Macht *f*.

possed|ere [pos-se'de:re] (2o) be-
sitzen; *Sprache* beherrschen; *fig.*
meistern; **~imento** [-di'mento] *m*
Besitztum *n*.

possente [pos-'sɛnte] *lit.* mächtig.

poss|essione [pos-ses-si'o:ne] *f* Be-
sitzung *f*; Besitz *m*; **~essivo** [-ses-
'si:vo] **1.** *adj.* possessiv, besitz-
anzeigend; **2.** *m* Possessiv(um) *n*;
~esso [-'ses-so] *m* Besitz *m*; **~es-
sore** [-ses-'so:re] *m*, **~essora**

[-ses-'so:ra] *f* Besitzer(in *f*) *m*; ~ *di assegno* Scheckinhaber *m*.

possiamo [pos-sia:mo] *s. potere.*

poss|ibile [pos-'si:bile] 1. *adj.* möglich; *il più presto* ~ so schnell wie möglich; 2. *m* Mögliche(s) *n*; *fare il* ~ sein möglichstes tun; **~ibilità** [-sibili'ta] *f* Möglichkeit *f*; ~ *di guadagno* Verdienstmöglichkeit *f*; **~ibilmente** [-sibil'mente] möglichst; möglicherweise.

possidente [pos-si'dɛnte] 1. *adj.* besitzend; 2. *m* Besitzer *m*; Grundbesitzer *m*.

posso [pɔs-so] *s. potere.*

posta [pɔsta] *f* Post *f*; Postamt *n*; *Spiel:* Satz (Einsatz) *m*; *Jagdw.* Anstand *m*; ✝ Posten *m*; Verkaufsstand *m*; ~ *aerea* Luftpost *f*; ~ *pneumatica* Rohrpost *f*; *a* ~ (*a. a bella* ~) absichtlich; *andare alla* ~ auf die (zur) Post gehen; *per* ~ mit der (durch die) Post; *a giro di* ~ postwendend; *fermo* (*in*) ~ postlagernd.

postale [pos'ta:le] 1. *adj.* die Post betreffend; *Post...*; *casella f* ~ Postschließfach *n*; *ricevuta f* ~ Posteinlieferungsschein *m*; *sacco m* ~ Postsack *m*; *segreto m* ~ Postgeheimnis *n*; *servizio m* ~ Postverkehr *m*; *tariffa f* ~ Posttarif *m*; *tassa f* ~ Postgebühr *f*; *timbro m* ~ Poststempel *m*; *spese f/pl.* *-i* Portoauslagen *f/pl.*; *cartolina f* ~ Postkarte *f*; *fattorino m* ~ Postbote *m*; 2. *m* Postdampfer *m*; Postzug *m*.

post|azione [postatsi'o:ne] *f* ✕ Stellung *f*; **~bellico** [-'bɛl-liko] Nachkriegs...; **~datare** [-da'ta:re] (1a) nachdatieren; **~eggiare** [-ted-'dʒa:re] (1f) parken; **~eggiatore** [-ted-dʒa'to:re] *m* Parkwächter *m*; **~eggio** [-'ted-dʒo] *m* (*pl.* *-ggi*) Parkplatz *m*; *divieto m di* ~ Parkverbot *n*; *tassa f di* ~ Parkgebühr *f*.

postelegrafonico [postelegra'fo:niko] (*pl.* *-ci*) 1. *adj.*: *servizio m* ~ Post-, Telegrafen- und Telefondienst *m*; 2. *m* Post-, Telegrafen- und Telefonangestellte(r) *m*.

postema [pos'tɛ:ma] *m* (*pl.* *-i*) Abszeß *m*.

posteri [pɔsteri] *m/pl.* Nachkommen *m/pl.*

poster|iore [posteri'o:re] hinter; später; *ruota f* ~ Hinterrad *n*; *sedile m* ~ Rücksitz *m*; **~iorità**

[-riori'ta] *f* Spätersein *n*; Späterkommen *n*; **~iormente** [-rior-'mente] von hinten; später; **~ità** [-ri'ta] *f* Nachwelt *f*.

posticcio [pos'tit-tʃo] (*pl.* *-cci*) künstlich, unecht.

posticino [posti'tʃi:no] *m* Plätzchen *n*.

posticip|are [postitʃi'pa:re] (1m) 1. *v/t.* hinausschieben; später setzen; 2. *v/i.* später kommen; **~ato** [-'pa:to] nachträglich; *pagamento m* ~ Nachzahlung *f*; **~azione** [-patsi'o:ne] *f* Verschiebung *f*; Verlegung *f*.

postiglione [posti'ʎo:ne] *m* Postillion *m*.

post|illa [pos'til-la] *f* Randbemerkung *f*; **~illare** [-til-'la:re] (1a) mit Randglossen versehen.

postino [pos'ti:no] *m* Postbote *m*.

postmilitare [postmili'ta:re] nach dem Wehrdienst.

posto[1] [posto] *s. porre;* ~ *che* gesetzt, daß; da nun.

posto[2] [posto] *m* Platz *m*; Ort *m*; Stellung *f*; Stelle *f*; Anstellung *f*; ✕ Posten *m*; ~ *d'angolo* Eckplatz *m*; ~ *al finestrino* Fensterplatz *m*; ~ *in piedi* Stehplatz *m*; ~ *a sedere* Sitzplatz *m*; ~ *d'osservazione* Beobachtungsposten *m*; ~ *di polizia* Polizeiwache *f*; ~ *di vendita* Verkaufsstand *m*; ~ *gratuito* Freistelle *f*; ~ *di rifornimento* Tankstelle *f*; ~ *riservato* reservierter (*od.* belegter) Platz *m*; ~ *telefonico* Fernsprechstelle *f*; ~ *di medicazione* Verbandsplatz *m*; ~ *di ristoro* Raststätte *f*; *fuori* ~ nicht an s-m Platz; *fig.* unangebracht; *essere al proprio* ~ an der richtigen Stelle sein.

postoché [posto'ke] gesetzt, daß; da nun.

postoperatorio [postopera'tɔ:rio] (*pl.* *-ri*) postoperativ.

postremo [pos'trɛ:mo] letzt, äußerst.

postribolo [pos'tri:bolo] *m* Bordell *n*.

postul|ante [postu'lante] *m* Bittsteller *m*; Bewerber *m*; **~are** [-'la:re] (11 *u.* c) postulieren; voraussetzen; **~ato** [-'la:to] *m* Postulat *n*, Forderung *f*; Voraussetzung *f*.

postumo [postumo] nachträglich; *Werke:* nachgelassen; ⚖ nachgeboren.

potabile [po'ta:bile] trinkbar; *acqua f ~* Trinkwasser *n.*

potare [po'ta:re] (1a) ✂ beschneiden; *fig.* Bericht, Bilanz frisieren.

pot|assa [po'tas-sa] *f* Pottasche *f*; **~assico** [-'tas-siko] (*pl. -ci*) Kalium...; *sali m/pl. -i* Kalisalze *n/pl.*; **~assio** [-'tas-sio] *m* Kali *n.*

pot|atore [pota'to:re] *m* Baumbeschneider *m*; Gartenscherе *f*; **~atura** [-ta'tu:ra] *f* Beschneiden *n.*

pot|entato [poten'ta:to] *m* Potentat *m*, Machthaber *m*; **~ente** [-'tente] **1.** *adj.* mächtig; stark; schlagkräftig; **2.** *m* Mächtige(r) *m*; **~enza** [-'tentsa] *f* Macht *f*; Kraft *f*; ⚡ Potenz *f*; ⊕ Leistung *f*; *~ mondiale* Weltmacht *f*; *~ atomica* Atommacht *f*; *~ del motore* Motorleistung *f*; *in ~* potentiell, möglich; **~enziale** [-tentsi'a:le] **1.** *adj.* potentiell; **2.** *m* Potential *n*, Leistungsfähigkeit *f*; **~enziamento** [-tentsia'mento] *m* Leistungssteigerung *f*; **~enziare** [-tentsi'a:re] (1a) verstärken.

potere [po'te:re] **1.** *v/i.* (2l) können; dürfen; *abs.* vermögen; *egli può molto* er vermag viel; *più che posso* soviel ich kann; *possa egli essere felice!* möge er glücklich sein!; *si può?* ist es erlaubt?; *non ho potuto farlo* ich habe es nicht machen können; **2.** *m* Gewalt *f*; Macht *f*; *~ calorifico* Heizwert *m*; *~ detergente* Waschkraft *f*; *~ esecutivo* vollziehende Gewalt *f*; *~ illuminante* Leuchtkraft *f*; *~ lubrificante* Schmiervermögen *n*; *~ d'acquisto* Kaufkraft *f*; *pieni -i m/pl.* Vollmacht *f*; *essere al ~* an der Macht sein; *arrivare al ~* zur Macht gelangen; *avvento m al ~* Machtübernahme *f*; *conquista f del ~* Machtergreifung *f.*

potestà [potes'ta] *f* Gewalt *f.*

pover|accio [pove'rat-tʃo] *m* (*pl. -cci*) armer Teufel *m*; **~etto** [-'ret-to] *m*, **~ino** [-'ri:no] *m* Ärmste(r) *m.*

povero [pɔ:vero] **1.** *adj.* arm; dürftig; *~ me!* ich Armer!; **2.** *m* Arme(r) *m*; Bettler *m.*

povertà [pover'ta] *f* Armut *f.*

pozione [potsi'o:ne] *f* (Arznei-)Trank *m.*

pozza [pot-tsa] *f* Lache *f.*

pozz|anghera [pot-'tsaŋgera] *f*

Pfütze *f*; **~etta** [-'tset-ta] *f* Grübchen *n.*

pozzo [pot-tso] *m* Brunnen *m*; ⚒ Schacht *m*; *~ d'estrazione* Förderschacht *m*; *~ nero* Senkgrube *f*; *~ petrolifero* Erdölquelle *f*; *fig. ~ di scienza* Ausbund *m* an Gelehrsamkeit.

pozzolana [pot-tso'la:na] *f* Puzzolanerde *f.*

prag|matismo [pragma'tizmo] *m* Pragmatismus *m*; **~matista** [-'tista] *su.* (*m/pl. -i*) Pragmatiker *m.*

pramm|atica [pram-'ma:tika] *f* Ordnung *f*, Regel *f*; *di ~* vorgeschrieben; **~atico** [-'ma:tiko] (*pl. -ci*) pragmatisch.

pranzare [pran'dza:re] (1a) *zu* Mittag essen; *allg.* essen; speisen.

pranzo [prandzo] *m* Mittagessen *n*; Abendessen *n*; Diner *m*; *prima di ~* vor Tisch, vor dem Essen; *dopo ~* nach Tisch; nachmittags; *abbiamo gente a ~* wir haben Gäste zu Tisch.

prassi [pras-si] *f inv.* Praxis *f*; Gepflogenheit *f.*

prat|aiolo [pratai'ɔ:lo] **1.** *adj.* auf den Wiesen wachsend; *fungo m ~* = **2.** *m* gemeiner Champignon *m*; **~ellina** [-tel-'li:na] *f* Maßliebchen *n*; **~ense** [-'tense] Wiesen...; **~eria** [-te'ri:a] *f* große Wiese *f.*

pratica [pra:tika] *f* (*pl. -che*) Praxis *f*; Erfahrung *f*; Übung *f*; Gebrauch *m*; Angelegenheit *f*; Akte *f*; Lehrzeit *f*; *mettere in ~* befolgen; *zur* Ausführung bringen; *sbrigare una ~ e* Angelegenheit erledigen; *esaminerò la sua ~* ich werde s-e Akten prüfen; *fare ~ sich* (für e-n Dienst) ausbilden; *-che pl.* bürokratischer Papierkrieg *m*; *fare le -che necessarie* die nötigen Schritte tun; *in ~* in der Praxis, in Wirklichkeit; *per ~* aus Erfahrung; *avere ~ di qc.* in et. (*dat.*) bewandert sein.

pratic|abile [prati'ka:bile] ausführbar; gangbar, fahrbar; **~abilità** [-kabili'ta] *f* Ausführbarkeit *f*; Gangbarkeit *f*; Fahrbarkeit *f*; **~amente** [-ka'mente] praktisch, so gut wie; **~ante** [-'kante] *su.* Praktikant(in *f*) *m*; **~are** [-'ka:re] (1l *u.* d) **1.** *v/t.* ausüben; *~ qu.* mit j-m verkehren; *Nachlaß* gewähren; *Loch* machen; **2.** *v/i.* verkehren; *Ärzte:* praktizieren.

praticello [prati't∫εl-lo] *m* kleine Wiese *f*.

pratico [pra:tiko] (*pl.* -ci) praktisch; erfahren; *poco* ~ ungewohnt; *non* ~ unkundig; *esser* ~ Vorkenntnisse haben; *essere* ~ *di Bescheid* wissen über (*acc.*).

prativo [pra'ti:vo] Wiesen...

prato [pra:to] *m* Wiese *f*, Rasenplatz *m*. [sendschön *n*.]

pratolina [prato'li:na] *f* ♀ Tau-]

pravità [pravi'ta] *f lit.* Bosheit *f*.

pravo [pra:vo] *lit.* böse.

preallarme [preal-'larme] *m* ⨯ Voralarm *m*.

pre|ambolo [pre'ambolo] *m* Vorrede *f*; *senza* -*i* ohne Umschweife; **~avvertire** [-av-ver'ti:re] (4b), **~avvisare** [-av-vi'za:re] (1a) vorher benachrichtigen; **~avviso** [-av-'vi:zo] *m* Voranzeige *f*; vorherige Benachrichtigung *f*; ~ *di licenziamento* Kündigung *f*; *licenziamento m senza* ~ fristlose Entlassung *f*; **~bellico** [-'bεl-liko] (*pl.* -ci) aus der Vorkriegszeit; Vorkriegs...

preb|enda [pre'benda] *f* Pfründe *f*; **~endario** [-ben'da:rio] (*pl.* -ri) Pfründner *m*.

prec|arietà [prekarie'ta] *f* Bedenklichkeit *f*; **~ario** [-'ka:rio] (*pl.* -ri) bedenklich, heikel.

precauzione [prekautsi'o:ne] *f* Vorsicht *f*; -*i pl.* Vorsichtsmaßregeln *f/pl.*|

prece [prε:t∫e] *f poet.* Gebet *n*.

pre|cedente [pret∫e'dεnte] 1. *adj.* vorhergehend; früher; 2. *m* Präzedenzfall *m*; -*i pl.* vorliegende Akten *f/pl.*; -*i di qu.* j-s Vorleben *n*; *non avere* -*i* einzig dastehen; *senza* -*i* beispiellos, nie dagewesen; **~cedenza** [-t∫e'dεntsa] *f* Vorrang *m*; *ordine m di* ~ Vorrangordnung *f*; *Auto:* diritto m di ~ Vorfahrtsrecht *n*; *avere la* ~ Vorfahrt haben; *dare la* ~ *a qu.* j-m den Vortritt lassen; **~cedere** [-'t∫ε:dere] (3a) (j-m) vorangehen; vorausgehen; *far* ~ voranschicken.

prec|ettare [pret∫et-'ta:re] (1b) vorladen; ⨯ einberufen; **~etto** [-'t∫et-to] *m* Vorschrift *f*; *Rel.* Gebot *n*; Lehre *f*; ⚖ Vorladung *f*; *festa f di* ~ gebotener Feiertag *m*; *cartolina f* ~ Gestellungsbefehl *m*; **~ettore** [-t∫et-'to:re] *m* Lehrer (Hauslehrer) *m*.

precipit|are [pret∫ipi'ta:re] (1m) 1. *v/t.* hinabstürzen; *fig.* überstürzen; 2. *v/i.* hinabstürzen; 🚗 niederschlagen; **~arsi** [-'tarsi] (sich) stürzen; **~ato** [-'ta:to] 1. *adj.* überstürzt; 2. *m* Präzipitat *n*, Niederschlag *m*; **~azione** [-tatsi'o:ne] *f* Überstürzung *f*; -*i atmosferiche* Niederschläge *m/pl.*; **~oso** [-'to:so] überstürzt; abschüssig.

precipizio [pret∫i'pi:tsio] *m* (*pl.* -zi) Abgrund *m*; *a* ~ Hals über Kopf.

precipuo [pre't∫i:puo] hauptsächlich.

precis|amente [pret∫iza'mente] genau; e ~ und zwar; ~ *perché* gerade weil; **~are** [-'za:re] (1a) genau angeben; **~azione** [-zatsi'o:ne] *f* genaue Angabe *f*, nähere Bestimmung *f*; **~ione** [-zi'o:ne] *f* Genauigkeit *f*; Bestimmtheit *f*; *lavoro m di* ~ Präzisionsarbeit *f*; *con* ~ genau, exakt.

preciso [pre't∫i:zo] genau; bestimmt; *fig.* peinlich; *alle tre -e* punkt drei Uhr.

precitato [pret∫i'ta:to] obenerwähnt.

preclaro [pre'kla:ro] *lit.* hervorragend.

precl|udere [pre'klu:dere] (3q) versperren; **~usi** [-'klu:zi], **~uso** [-'klu:zo] *s.* precludere.

pre|coce [pre'kɔ:t∫e] frühreif; *una morte* ~ ein frühzeitiger Tod *m*; **~cocità** [-kot∫i'ta] *f* Frühreife *f*; Vorzeitigkeit *f*.

preconcetto [prekon't∫et-to] 1. *adj.* vorgefaßt; 2. *m* vorgefaßte Meinung *f*; Vorurteil *n*.

preconizzare [prekonid-'dza:re] (1a) präkonisieren.

precordi [pre'kɔrdi] *m/pl. lit.* Herzgegend *f*; *fig.* Innerste(s) *n*.

prec|orrere [pre'kor-rere] (3o) vorauseilen (qu. j-m); *Wünschen* zuvorkommen (*dat.*); **~orsi** [-'korsi], **~orso** [-'korso] *s.* precorrere; **~ursore** [-kur'so:re] 1. *adj.* vorhergehend; *segno m* ~ Vorzeichen *n*; 2. *m* Vorläufer *m*.

preda [prε:da] *f* Beute *f*; Raub *m*; ⚓ Prise *f*; *in* ~ *a* gepackt von (*dat.*); *dare in* ~ preisgeben; *darsi in* ~ sich hingeben; *uccello m da* ~ Raubvogel *m*.

pred|ace [pre'da:t∫e] raubgierig; **~are** [-'da:re] (1b) rauben; ausrauben, plündern; **~atore** [-da-

'to:re] **1.** adj. räuberisch; Raub...;
2. m Räuber m; Zool. Raubtier n.
predecessore [predetʃes-'so:re] m
Vorgänger m.
pred|ella [pre'dɛl-la] f Tritt m,
Schemel m; Altarstufe f; **~ellino**
[-del-'li:no] m Wagentritt m; Trittbrett n.
predestin|are [predesti'na:re] (1a)
prädestinieren, vorherbestimmen;
auserwählen; **~azione** [-natsi'o:ne]
f Vorherbestimmung f.
predetto [pre'det-to] **1.** s. predire;
2. adj. erwähnt.
prediale [predi'a:le] Grund...
predica [prɛ:dika] f (pl. -che) Predigt f.
predic|are [predi'ka:re] (1l, b u. d)
predigen; **~** al deserto tauben
Ohren predigen; **~ato** [-'ka:to] m
Prädikat n, Satzaussage f; **~atore**
[-ka'to:re] m Prediger m; **~azione**
[-katsi'o:ne] f Predigen n; **~ozzo**
[-'kɔt-tso] m Strafpredigt f.
predil|essi [predi'lɛs-si] s. prediligere; **~etto** [-'let-to] **1.** s. prediligere; **2.** adj. Lieblings...; **3.** m u.
-a f Liebling m; **~ezione** [-letsi'o:ne] f Vorliebe f; **~igere** [-'li:dʒere] (3u) am meisten lieben; vorziehen.
predire [pre'di:re] (3t) voraussagen.
predisp|orre [predis'por-re] (3ll)
vorher bestimmen; empfänglich
machen; **~osi** [-'po:si], **~osto**
[-'posto] s predisporre, **~osizione**
[-pozitsi'o:ne] f Vorherbestimmung
f; Vorbereitung f; Prädisposition f.
predizione [preditsi'o:ne] f Weissagung f.
predom|inanza [predomi'nantsa] f
Vorherrschen n; **~inare** [-mi'na:re]
(1m u. c) vorherrschen; **~inio**
[-'mi:nio] m (pl. -ni) Vorherrschaft f.
predone [pre'do:ne] m Räuber m.
prees|istenza [preezis'tentsa] f
Präexistenz f; **~istere** [-'zistere]
(3f) vorher bestehen.
prefazione [prefatsi'o:ne] f Vorrede f, Vorwort n, Geleitwort n.
prefer|enza [prefe'rentsa] f Bevorzugung f; dare la **~** den Vorzug
geben; a **~** mit Vorliebe, am liebsten; **~** per qu. Vorliebe für j-n;
~enziale [-rentsi'a:le] Vorzugs...;
✝ azione f **~** Vorzugsaktie f; **~ibile**

[-'ri:bile] vorzuziehen(d); **~ibilmente** [-ribil'mente] am liebsten;
~ire [-'ri:re] (4d) vorziehen; **~ito**
[-'ri:to] **1.** adj. Lieblings...; colore m
~ Lieblingsfarbe f; piatto m **~** Lieblingsspeise f; **2.** m Liebling m.
pref|ettizio [prefet-'ti:tsio] (pl. -zi)
Präfektur...; **~etto** [-'fet-to] m Präfekt m (an der Spitze e-r Provinz);
Studiendirektor m; **~ettura** [-fet-'tu:ra] f Präfektur f.
prefica [prɛ:fika] f (pl. -che) Klageweib n.
pref|iggere [pre'fid-dʒere] (3mm)
festsetzen; im voraus bestimmen;
~iggersi [-'fid-dʒersi] sich vornehmen; **~issi** [-'fis-si] s. prefiggere; **~isso** [-'fis-so] **1.** s. prefiggere; **2.** m Präfix n, Vorsilbe f;
Telefon: Vorwählnummer f.
pregare [pre'ga:re] (1b u. e) bitten
(di qc. um et.); beten (qu. zu j-m);
farsi **~** sich bitten lassen; prego!
bitte! bitte sehr!
preg|evole [pre'dʒe:vole] wertvoll;
~evolezza [-dʒevo'let-tsa] f Vorzüglichkeit f.
preghiera [pregi'ɛ:ra] f Bitte f;
Gebet n; rivolgere una **~** a qu. e-e
Bitte an j-n richten.
pregi|are [pre'dʒa:re] (1b u. f)
schätzen; **~arsi** [-'dʒa:rsi] sich beehren; **~atissimo** [-dʒa'tis-simo]:
~ signore hochverehrter Herr
(Brief); alla Sua -a del 23 auf Ihr
wertes Schreiben vom 23.
pregio [prɛ:dʒo] m Wert m; tenere
in **~** od. avere in **~** schätzen; di **~**
wertvoll, kostbar; **-gi** pl. Vorzüge
m/pl.
pregiudic|are [predʒudi'ka:re] (1m
u. d) voreilig beurteilen; präjudizieren, schädigen; **~icato** [-di'ka:to]
1. adj. beeinträchtigt; ᵗᵗ vorbestraft; **2.** m ᵗᵗ m Vorbestrafte(r) m;
~iziale [-ditsi'a:le] f (od. adj.
questione f **~**) Vorfrage f; **~izievole**
[-ditsi'e:vole] nachteilig; **~izio**
[-'di:tsio] m (pl. -zi) Vorurteil n;
Nachteil m; senza **~** di unbeschadet.
pregnante [pre'ɲante] vielsagend,
bedeutungsvoll.
pregno [prɛ:ɲo] schwanger; trächtig; fig. voll.
pregustare [pregus'ta:re] (1a) im
voraus kosten.
preist|oria [preis'tɔ:ria] f Vorge-

schichte f; Urgeschichte f; **~orico** [-'tɔ:riko] (pl. -ci) vorgeschichtlich; prähistorisch.

prelatizio [prela'ti:tsio] (pl. -zi) Prälaten...

prelato [pre'la:to] m Prälat m.

pre|lazione [prelatsi'o:ne] f Vorzug m; diritto m di ~ Vorkaufsrecht n; **~levamento** [-leva'mento] m Entnahme f; ✝ Abhebung f; ~ in contanti Barabhebung f; **~levare** [-le'va:re] (1b) Geld abheben; Firma übernehmen; **~lezione** [-letsi'o:ne] f Eröffnungsvorlesung f; **~libare** [-li'ba:re] (1a) kosten; **~libato** [-li'ba:to] köstlich; **~lievo** [-li'e:vo] m Entnahme f; ✝ Abhebung f; ~ del sangue Blutentnahme f; **~liminare** [-limi'na:re] 1. adj. einleitend; Vor...; osservazioni f/pl.; -i Vorbemerkungen f/pl.; 2. -i m/pl. Präliminarien pl.; Vorkenntnisse f/pl.; **~ludere** [-'lu:dere] (3q) vorangehen; ein Anzeichen sein von (dat.); **~ludiare** [-ludi'a:re] (1k) präludieren; **~ludio** [-'lu:dio] m (pl. -di) Einleitung f; Anzeichen n; ♪ Präludium n, Vorspiel n; **~lusi** [-'lu:zi], **~luso** [-'lu:zo] s. preludere; **~matrimoniale** [-matrimoni'a:le] vorehelich; **~maturo** [-ma'tu:ro] frühreif; una notizia -a e-e verfrühte Nachricht; una morte -a ein frühzeitiger Tod; **~meditato** [-medi'ta:to] vorsätzlich; absichtlich; **~meditazione** [-meditatsi'o:ne] f Vorsätzlichkeit f; con ~ mit Vorbedacht.

premere [pre:mere] (3a) 1. v/t. drücken; Feind drängen; 2. v/i. lasten; am Herzen liegen; drängen; non è cosa che preme es hat keine Eile; mi preme che es liegt mir daran, daß.

prem|essa [pre'mes-sa] f Voraussetzung f; **~esso** [-so] s. premettere.

premettere [pre'met-tere] (3ee) voraussetzen; vorausschicken.

premi|abile [premi'a:bile] zu prämieren(d); zu belohnen(d); **~are** [-mi'a:re] (1k u. b) prämieren; belohnen; **~azione** [-miatsi'o:ne] f Prämierung f, Preisverteilung f.

premier [premjer] m inv. Premierminister m.

première [pr(e)m'jɛ:r] f inv. Premiere f, Erstaufführung f.

premilitare [premili'ta:re] vormilitärisch.

premin|ente [premi'nɛnte] hervorragend; **~enza** [-'nɛntsa] f Vorrang m.

premio [prɛ:mio] m (pl. -mi) Preis m; ✝ Prämie f; ~ della pace Friedenspreis m; ~ della vittoria Siegespreis m; ~ di rendimento Leistungsprämie f; ~ Nobel Nobelpreis m; Nobelpreisträger m; distribuzione f dei -i Preisverteilung f; assegnare un ~ e-n Preis verleihen; riportare un ~ e-n Preis bekommen.

premisi [pre'mi:zi] s. premettere.

premolare [premo'la:re] Prämolar...; denti m/pl. -i Prämolarzähne m/pl., vordere Backenzähne m/pl.

premonitore [premoni'to:re] mahnend, Warn...; segno m ~ Warnzeichen n.

premorienza [premori'entsa] f Vorsterben n.

premun|ire [premu'ni:re] (4d) im voraus sichern; schützen; **~irsi** [-'nirsi] sich versehen (di mit dat.).

prem|ura [pre'mu:ra] f Eile f; Eifer m; Aufmerksamkeit f; Bemühung f; darsi ~ sich bemühen; far ~ a qu. a qu. j-n dringen; farsi ~ sich beeilen; non c'è ~ es eilt nicht; con la massima ~ schnellstens; **~uroso** [-mu'ro:so] aufmerksam, zuvorkommend; sorgfältig.

prendere [prendere] (3c) 1. v/t. nehmen; ergreifen; hinnehmen; Phot. aufnehmen; Arznei, Festung einnehmen; Feuer, Fische fangen; Luft schöpfen; Form, Laster annehmen; Furcht bekommen; Krankheit sich holen; Mut fassen; Weg einschlagen; ~ qu. per un italiano j-n für e-n Italiener halten; ~ d'assalto erstürmen; ~ in affitto pachten; ~ a cuore beherzigen; ~ benzina tanken; ~ una doccia sich abbrausen; ~ a noleggio mieten; ~ alloggio absteigen (in einem Gasthof); ~ a schiaffi ohrfeigen; andare (venire) a ~ holen, abholen; ha preso il primo premio er hat den ersten Preis bekommen; ✍ ~ quota Höhe gewinnen; ~ in giro qu. sich über j-n lustig machen; prendersela sich ärgern; sich aufregen; prendersela comoda sich Zeit lassen; 2. v/i. che ti prende? was fällt dir ein?; ~ a destra nach rechts gehen;

~ *a fare qc.* anfangen et. zu tun.

prend|ibile [pren'di:bile] *Festung:* einnehmbar; **~isole** [-di'so:le] *m inv.* Strandanzug *m.*

pre|nome [pre'no:me] *m* Vorname *m;* **~nominato** [-nomi'na:to] vorgenannt; **~notare** [-no'ta:re] (1c) vormerken; **~notarsi** [-no'tarsi] sich vormerken lassen; **~notato** [-no'ta:to] vorbestellt, reserviert; **~notazione** [-notatsi'o:ne] *f* Vormerkung *f;* Voranmeldung *f; biglietto m di ~* Platzkarte *f.*

prensile [prɛnsile] Greif...; *coda f ~* Greifschwanz *m.*

preoccup|ante [preok-ku'pante] besorgniserregend; **~are** [-'pa:re] (1m *u. c*) besorgt machen; beunruhigen; **~arsi** [-'parsi] sich Sorge machen, in Sorge sein *(di, per* um *acc.*); **~ato** [-'pa:to] besorgt; **~azione** [-patsi'o:ne] *f* Besorgnis *f.*

pre|ordinare [preordi'na:re] (1m *u. c*) vorher bestimmen; **~ordinazione** [-ordinatsi'o:ne] *f* vorherige Anordnung *f.*

prepar|are [prepa'ra:re] (1a) vorbereiten; *Kochk.* zubereiten; **𝄪** präparieren; **~arsi** [-'rarsi] sich vorbereiten *(a* auf *acc.*); **~ativo** [-ra'ti:vo] **1.** *adj.* vorbereitend; **2.** *m* Vorbereitung *f;* **~ato** [-'ra:to] **1.** *adj.* vorbereitet; bereit, fertig; **2.** *m* Präparat *n;* **~atore** [-ra'to:re] *m* Vorbereiter *m;* Zubereiter *m;* **𝄪**, *Anat.* Präparator *m;* **~atorio** [-ra-'tɔ:rio] *(pl. -ri)* vorbereitend; Vor...; *assemblea f -a* Vorversammlung *f; lavoro m ~* Vorarbeit *f;* **~azione** [-ratsi'o:ne] *f* Vorbereitung *f;* Zubereitung *f; ~ professionale* Berufsausbildung *f; senza ~* unvorbereitet.

preponder|ante [preponde'rante] überwiegend, vorherrschend; **~anza** [-'rantsa] *f* Übergewicht *n;* **~are** [-'ra:re] (1m *u. c*) überwiegen.

prep|orre [pre'por-re] (3ll) voransetzen; *~ qu. a qc.* j-n an die Spitze e-r Sache setzen; *fig.* vorziehen; **~osi** [-'po:si] *s. preporre;* **~osito** [-'pɔ:zito] *m* Propst *m;* **~ositura** [-pozi'tu:ra] *f* Propstei *f;* **~osizione** [-pozitsi'o:ne] *f* Präposition *f,* Verhältniswort *n;* **~osto** [-'posto] **1.** *s. preporre;* **2.** *m* Propst *m.*

prepot|ente [prepo'tɛnte] gewalt-

tätig; überheblich; **~enza** [-po-'tɛntsa] *f* Anmaßung *f;* Mißbrauch *m* der Gewalt; Gewalttätigkeit *f;* Rechthaberei *f.*

prerogativa [preroga'ti:va] *f* Vorrecht *n; fig.* Vorzug *m.*

presa [pre:sa] *f* Fang *m;* ⚔ Einnahme *f;* ⚓ Prise *f;* 𝄐 Steckdose *f;* ⊕ Eingriff *m;* *Boxsport:* Umklammerung *f; Phot.* Aufnahme *f;* ⚡ *~ di corrente* Steckdose *f; macchina f da ~* Filmkamera *f; Radio: ~ di terra* Erdanschluß *m; ~ d'aria* Luftzufuhr *f; fig. ~ di contatto* Fühlungnahme *f; ~ in giro* Verspottung *f; ~ di possesso* Besitzergreifung *f; essere alle -e con qu.* sich mit j-m herumschlagen; *venire alle -e con qu.* mit j-m handgemein werden; *far ~* Eindruck machen.

pres|agio [pre'za:dʒo] *m (pl. -gi)* Vorbedeutung *f;* Vorahnung *f;* Weissagung *f;* Voraussagung *f;* **~agire** [-za'dʒi:re] (4d) prophezeien; voraussagen; (vor)ahnen; **~ago** [-'za:go] *(pl. -ghi)* vorahnend *(di qc.* etwas*).*

presalario [presa'la:rio] *m* Universitätsstipendium *n.*

presbiopia [prezbio'pi:a] *f* Weitsichtigkeit *f.*

presbite [prɛzbite] weitsichtig.

presbit|erale [prezbite'ra:le] priesterlich; **~erato** [-te'ra:to] *m* Priestertum *n;* **~eriano** [-teri'a:no] *m* Presbyterianer *m;* **~erio** [-'tɛ:rio] *m (pl. -ri)* Presbyterium *n.*

presbitismo [prezbi'tizmo] *m* Weitsichtigkeit *f.*

presc|egliere [preʃ-'ʃe:ʎere] (3ss) auserwählen; **~elgo** [-'ʃelgo], **~elsi** [-'ʃelsi], **~elto** [-'ʃelto] *s. prescegliere.* }

prescienza [preʃ-'ʃɛntsa] *f* Vorher- } sehen *n.* }

prescindere [preʃ-'ʃindere] (3v) absehen; *prescindendo da* abgesehen von *(dat.).*

prescrissi [pres'kris-si] *s. prescrivere.*

prescr|ittibile [preskrit-'ti:bile] verjährbar; **~ittivo** [-krit-'ti:vo] die Verjährung herbeiführend; **~itto** [-'krit-to] **1.** *s. prescrivere;* **2.** *adj.* verjährt; **3.** *m* Vorschrift *f;* Verordnung *f;* **~ivere** [-'kri:vere] (3tt) vorschreiben; **~izione** [-kritsi'o:ne] *f* Vorschrift *f;* ⚖ Verjährung *f; cadere in ~* verjähren.

present|abile [prezen'ta:bile] vorzeigbar; vorstellbar; **∼are** [-'ta:re] (1b) vorzeigen; darreichen; einreichen; ✗ vorstellen; *Vorteile* bieten; *Grüße* ausrichten; ✗ präsentieren; *Film* bringen; **∼arsi** [-'tarsi] sich vorstellen; erscheinen; *Gelegenheit*: sich bieten; **∼** *candidato* kandidieren, als Kandidat auftreten; **∼** *in pubblico* öffentlich auftreten; **∼atore** [-ta'to:re] m Vorsteller m; Antragsteller m; Ansager m; **∼azione** [-tatsi'o:ne] f Vorzeigung f; Vorstellung f; Überreichung f; *fare le -i* vorstellen.
presente¹ [pre'zɛnte] m Geschenk n.
presente² [pre'zɛnte] **1.** *adj.* gegenwärtig; anwesend; **∼** *me* in m-r Gegenwart; *non l'ho più* ∼ es ist mir nicht mehr gegenwärtig; **∼***!* hier!; *essere* ∼ dasein; **2.** m Gegenwart f; Anwesende(r) m; *Gram.* Präsens n; *al* ∼ jetzt; **3.** f dieser Brief m; *con la* ∼ *Vi annuncio* hierdurch teile ich Ihnen mit.
presentemente [prezɛnte'mente] jetzt; gegenwärtig.
present|imento [presenti'mento] m Ahnung (Vorahnung) f; **∼ire** [-'ti:re] (4b) (vor)ahnen.
pres|enza [pre'zɛntsa] f Gegenwart f; Anwesenheit f; Vorhandensein n; Aussehen n; *alla* ∼ (*in* ∼) *di qu.* vor j-m, in Gegenwart von j-m; *di bella* ∼ von schönem Äußeren; *fare atto di* ∼ sich sehen lassen; **∼enziare** [-zentsi'a:re] (1g *u.* b) beiwohnen (*dat.*).
pres|epe [pre'zɛ:pe] m, **∼epio** [-pio] m (*pl.* -pi) Krippe f.
preserv|amento [preserva'mento] m Bewahren n; **∼are** [-'va:re] (1b) bewahren (*da* vor *dat.*); **∼ativo** [-va'ti:vo] **1.** *adj.* schützend; **2.** m Präservativ n, Schutzmittel n; **∼azione** [-vatsi'o:ne] f Bewahrung f.
presi [pre'si] *s.* prendere.
preside [pre'sɪde] m Vorsitzende(r) m; Direktor m, Schulleiter m; Dekan (Fakultätsdekan) m.
presid|ente [presi'dɛnte] m Vorsitzende(r) m; *Pol.* Präsident m; ♀ *federale* Bundespräsident m; ♀ *dello Stato* Staatsoberhaupt n; **∼entessa** [-den'tes-sa] f Vorsitzende f; Präsidentin f; **∼enza** [-'dɛntsa] f Vorstand m; Vorsitz m; Präsidentenstelle f; **∼enziale** [-dentsi'a:le]

Präsidial..., Präsidenten...; *elezione f* ∼ Präsidentenwahl f; *tavolo m* ∼ Vorstandstisch m; **∼iare** [-di'a:re] (1k) mit e-r Besatzung belegen.
presidio [pre'si:dio] m (*pl.* -di) Garnison f; Besatzung f; *fig.* Schutz m.
presiedere [presi'e:dere] (3a) **1.** *v/i.* präsidieren; **2.** *v/t.* leiten.
preso [pre'so] *s.* prendere.
pressa [pres-sa] f Gedränge n; Eile f; ⊕ Presse f.
pressante [pres-'sante] dringend.
pressappoco [pres-sap-'po:ko] ungefähr, annähernd.
press|are [pres-'sa:re] (1b) pressen; drängen; **∼atura** [-sa'tu:ra] f Pressen n; **∼ione** [-si'o:ne] f Druck m; ∼ *atmosferica* Luftdruck m; ∼ *delle gomme* Reifendruck m; *fig. far* ∼ e-n Druck ausüben, zwingen.
presso [pres-so] **1.** *prp.* bei; neben; nahe; ∼ *la ditta* bei der Firma; *press'a poco* ungefähr; ∼ *che* fast; **2.** *-i* m/pl. Nähe f; *nei -i di* in der Nähe (*gen.*).
pressoché [pres-so'ke] fast; beinahe.
pressurizzato [pres-surid-'dza:to]: *cabina f* -a Druckkabine f.
prestabil|ire [prestabi'li:re] (4d) vorherbestimmen; **∼ito** [-'li:to] festgesetzt.
prestanome [presta'no:me] m *inv.* Strohmann m.
prest|ante [pres'tante] *lit.* stattlich; **∼anza** [-'tantsa] f Stattlichkeit f.
prest|are [pres'ta:re] (1b) leihen; borgen; *Glauben, Gehör* schenken; *Eid, Hilfe* leisten; **∼arsi** [-'tarsi] sich eignen; sich verwenden; **∼atore** [-ta'to:re] m Leiher m; ∼ *d'opera* Arbeitnehmer m; **∼azione** [-tatsi'o:ne] f Leistung (Arbeitsleistung) f; ∼ *in denaro* Geldleistung f; ∼ *in natura* Sachleistung f; ∼ *d'opera* Arbeitsleistung f.
prestezza [pres'tet-tsa] f Schnelligkeit f.
prest|idigitatore [prestididʒita'to:-re], **∼igiatore** [-tidʒa'to:re] m Taschenspieler m; **∼igio** [-'ti:dʒo] m Prestige n, Ansehen n; *gioco m di* ∼ Taschenspielerkunststück n; **∼igioso** [-ti'dʒo:so] eindrucks-, wirkungsvoll.
prestino [pres'ti:no] *dim. von presto.*

prestito [prestito] *m* Darlehen *n*;
(~ *di Stato* Staats-)Anleihe *f*; Ausleihe *f*; Entleihe *f*; *Gram.* Lehn-
wort *n*; ~ *a premi* Prämienanleihe *f*;
in ~ leihweise; *dare in* ~ (ver)leihen;
prendere in ~ (aus)borgen; *sala f
dei -i* Ausleihe *f*.

presto [presto] schnell; früh;
~ früh aufstehen; *far* ~ sich beeilen.

presule [prɛːzule] *m lit.* Bischof *m*.

pres|umere [pre'zuːmere] (3h)
1. *v/t.* vermuten; **2.** *v/i.* sich anmaßen; ~ *di se stesso* von sich
selbst eingenommen sein; **~umi-
bile** [-zu'miːbile] voraussichtlich;
vermutlich; *è* ~ *che* es ist anzu-
nehmen, daß; **~unsi** [-'zunsi] *s.
presumere;* **~untivo** [-zun'tiːvo]
mutmaßlich; *erede m* ~ präsumtiver
Erbe *m*; *conto m* ~ Voranschlag *m*;
~unto [-'zunto] **1.** *s. presumere;*
2. *adj.* mutmaßlich; vermutlich.

presun|tuosità [prezuntuosi'ta] *f*
Einbildung *f*; Angabe *f*; **~tuoso**
[-tu'oːso] eingebildet; **~zione** [-tsi-
'oːne] *f* Einbildung *f*; Vermutung *f*.

presupp|orre [presup-'porːre] (3ll)
voraussetzen; **~osizione** [-pozi-
tsi'oːne] *f* Voraussetzung *f*; **~osto**
[-'posto] **1.** *s. presupporre;* **2.** *m*
Voraussetzung *f*.

prete [preːte] *m* Priester *m*; *c.s.*
Pfaffe *m*.

pret|endente [pretenˈdɛnte] *m* Be-
werber· *m*; *Pol.* Prätendent *m*,
Thronanwärter *m*; **~endere** [-'ten-
dere] (3c) verlangen; beanspru-
chen; *fig.* sich einbilden, sich anmaßen; **~ensione** [-tensi'oːne] *f*
Anspruch *m*; Einbildung *f*; **~en-
sioso** [-tensi'oːso] anspruchsvoll;
eingebildet.

preterintenzion|ale [preterinten-
tsio'naːle] 'unvorsätzlich, unge-
wollt; **~alità** [-nali'ta] *f* Unvor-
sätzlichkeit *f*.

preterito [preˈtɛːrito] *m* Präteritum
n, Vergangenheit *f*.

pretesa [preˈteːsa] *f* Anspruch *m*;
Forderung *f*; Einbildung *f*; *avanzare -e* Forderungen stellen; *senza
-e* anspruchslos.

pretesco [preˈtesko] (*pl.* -chi)
pfaffenhaft.

pret|esi [preˈteːsi] *s. pretendere;*
~eso [-'so] **1.** *s. pretendere;* **2.** *adj.*
angeblich.

pretesto [preˈtɛsto] *m* Vorwand *m*.

pretino [preˈtiːno] *m* junger Priester *m*.

pret|ore [preˈtoːre] *m* Amtsrichter
m; *ehm.* Prätor *m*; **~oriano** [-to-
ri'aːno] **1.** *adj.* prätorianisch; **2.** *m*
Prätorianer *m*; **~orio** [-'tɔːrio] (*pl.
-ri*) prätorisch; Prätoren...

prettamente [pret-ta'mente] echt,
typisch.

pretto [pret-to] rein.

pretura [preˈtuːra] *f* Amtsgericht
n; *ehm.* Prätur *f*.

preval|ente [prevaˈlɛnte] überwie-
gend, vorwiegend; **~enza** [-'lɛntsa]
f Überwiegen *n*; *essere in* ~ überlegen sein; **~ere** [-'leːre] (2r) vor-
wiegen; die Oberhand behalten.

prev|algo [pre'valgo], **~alsi** [-si],
~also [-so] *s. prevalere.*

prevaric|are [prevari'kaːre] (1m *u.*
d) **1.** *v/t.* übertreten; **2.** *v/i.* seine
Pflicht verletzen; Veruntreuungen
begehen; **~atore** [-ka'toːre] *m*
Veruntreuer *m*; Übertreter *m* e-s
Gebotes; **~azione** [-katsi'oːne] *f*
Amtsverletzung *f*; Veruntreuung *f*;
Übertretung *f* e-r Vorschrift.

prevarrò [prevar-'rɔ] *s. prevalere.*

prev|edere [preveˈdeːre] (2s) vor-
aussehen; **~edibile** [-ve'diːbile]
vorauszusehen(d); **~eggente** [-ved-
'dʒɛnte] *lit.* voraussehend; voraus-
sichtig; vorsorglich; **~eggo** [-'veg-
go] *s. prevedere.*

prevengo [pre'vɛngo] *s. prevenire.*

prevenire [preveˈniːre] (4p) zuvor-
kommen; darauf aufmerksam machen; *Krankheiten* vorbeugen; *prevenuto contro qu.* gegen j-n voreingenommen.

prevenni [pre'venːni] *s. prevenire.*

prevent|ivare [preventi'vaːre] (1a)
voranschlagen; **~ivo** [-'tiːvo] **1.** *adj.*
präventiv; vorbeugend; *carcere m*
~ Untersuchungshaft *f*; *censura f -a*
Präventivzensur *f*; *vaccinazione f
-a* Schutzimpfung *f*; *bilancio m* ~
= **2.** *m* Voranschlag *m*; Kosten-
anschlag *m*.

preven|uto [preve'nuːto] **1.** *s. pre-
venire;* **2.** *adj.* voreingenommen;
3. *m* Angeklagte(r) *m*; **~zione**
[-ventsi'oːne] *f* Vorbeugung *f*; Vor-
eingenommenheit *f*; ~ *degli infortuni* Unfallverhütung *f*.

previd|ente [previ'dɛnte] vorsorg-

lich; voraussehend; **~enza** [-vi-
'dentsa] *f* Vorsorge *f*; ~ *sociale* soziale Fürsorge *f*; -e *pl.* Maßnahmen
f/pl.; **~enziale** [-videntsi'a:le] für-
sorglich, Fürsorge...

previdi [pre'vi:di] *s. prevedere.*

previo [prɛ:vio] (*pl.* -vi) vorherig;
~ *avviso* nach vorheriger Benachrichtigung.

prev|isione [previzi'o:ne] *f* Vor-
aussicht *f*; -*i pl.* Vermutungen *f/pl.*;
~ *del tempo* Wettervorhersage *f*;
in ~ *di* in Voraussicht (*gen.*); **~isto**
[-'visto] *s. prevedere.*

prevosto [pre'vosto] *m* Propst *m.*

prezi|osità [pretsiosi'ta] *f* Kostbar-
keit *f*; *c.s.* Affektiertheit *f*; **~oso**
[-tsi'o:so] **1.** *adj.* kostbar; edel;
gesucht; *fig.* geziert; *pietra f -a*
Edelstein *m*; *farsi* ~ sich selten
blicken lassen; **2.** *m* (*mst pl.* -i)
Schmuckgegenstände *m/pl.*

prezzemolo [pret'tse:molo] *m*
Petersilie *f.*

prezzo [prɛt-tso] *m* Preis *m*; ~ *base*
Grundpreis *m*; ~ *globale* Gesamt-
preis *m*; ~ *del biglietto* Fahrpreis
m; ~ *di costo* Selbstkosten-, An-
schaffungspreis *m*; ~ *d'entrata* Eintrittsgeld *n*;
aumento m del ~ Preisaufschlag *m*,
Preiserhöhung *f*; *crollo m del* ~
Preissturz *m*; *indicazione f del* ~
Preisangabe *f*; *ribasso m del* ~
Preissenkung *f*; *a basso* ~ billig;
a caro ~ teuer; *a metà* ~ zu halbem
Preis; *a qualunque* ~ um jeden
Preis; ~ *limite* Höchstpreis *m*; ~
netto Nettopreis *m.*

prezzol|are [pret-tso'la:re] (1l *u. b*)
dingen; anwerben; **~ato** [-'la:to]
gedungen; käuflich.

prigione [pri'dʒo:ne] *f* Gefängnis *n*;
mettere in ~ ins Gefängnis bringen;
essere in ~ im Gefängnis sitzen.

prigion|ia [pridʒo'ni:a] *f* Gefangen-
schaft *f*; **~iero** [-ni'ɛ:ro] *m* Gefan-
gene(r) *m*; ~ *di guerra* Kriegsge-
fangene(r) *m*; *fare* ~ gefangen-
nehmen.

prima[1] [pri:ma] *adv.* früher; eher;
~ *di* vor (*dat.*); ~ *di* (*inf.*), ~ *che*
bevor; ~ *di parlare, pensa* bevor du
redest, denke nach; *da* ~ anfangs;
zuerst; *~... poi* ... zuerst ... dann ...;
quanto ~ so bald wie möglich.

prima[2] [pri:ma] *f* Erste *f*; 🚋 *u.*
Schule: erste Klasse *f*; *Fechtk.*

Primlage *f*; *Thea.* Premiere *f*; ✝
(*a.* ~ *di cambio*) Primawechsel *m.*

prim|ariamente [primaria'mente]
zuerst, zunächst; **~ario** [-'ma:rio]
(*pl.* -ri) **1.** *adj.* erster; primär;
Haupt...; *scuola f -a* Volksschule *f*;
2. *m* Chefarzt *m*; **~ate** [-'ma:te] *m*
Primas *m*; **~aticcio** [-ma'tit-tʃo]
(*pl.* -cci) frühzeitig; Früh...; *frutta
f -a* Frühobst *n*; **~atista** [-ma'tista]
su. (*m/pl.* -i) Rekordinhaber(in *f*) *m*;
~ato [-'ma:to] *m* Vorrang *m*; Primat *n*; führende Stellung *f*; *tempo
m di* ~ Rekordzeit *f*; *tentativo m di* ~
Rekordversuch *m*; *battere un* ~ e-n
Rekord brechen; *stabilire un* ~ e-n
Rekord aufstellen.

prima|vera [prima'vɛ:ra] *f* Früh-
ling *m*; *principio m della* ~ Früh-
lingsanfang *m*; **~verile** [-ve'ri:le]
Frühlings...; *sole m* ~ Frühlings-
sonne *f.*

prim|eggiare [primed-'dʒa:re] (1f)
die erste Stelle einnehmen; **~iera-
mente** [-miera'mente] zuerst; **~ie-
ro** [-mi'ɛ:ro] erster; **~itivo** [-mi-
'ti:vo] ursprünglich; primitiv; **~i-
zia** [-mi'ttsia] *f*, **~izie** [-mi'ttsie] *pl.*
inv. Erstling(sfrucht *f*) *m*; Frühobst *n*; Neuigkeit *f.*

primo [pri:mo] **1.** *adj.* erster; hauptsächlich, Haupt...; ~ *piano m* Vordergrund *m*; *Film:* -*a visione d*
Erstaufführung *f*; *Berg:* -*a scalata*
f Erstbesteigung *f*; **2.** *m* Erste(r) *m*;
ai -i del mese in den ersten Tagen
des Monats; *sulle* ~ anfangs.

primo|genito [primo'dʒe:nito] **1.**
adj. erstgeboren; **2.** *m* Erstgebore-
ne(r) *m*; **~genitura** [-dʒeni'tu:ra] *f*
Erstgeburtsrecht *n.*

prim|ordiale [primordi'a:le] ur-
anfänglich; *fig.* primitiv; **~ordio**
[-'mordio] *m* (*pl.* -di) Ursprung *m*;
Anfang *m.*

primula [pri:mula] *f* Primel *f*,
Schlüsselblume *f.*

princip|ale [printʃi'pa:le] **1.** *adj.*
hauptsächlich; Haupt...; *ingresso m*
~ Haupteingang *m*; *via f* ~ Hauptstraße *f*; **2.** *m* Chef *m*, Prinzipal *m*;
~ato [-'pa:to] *m* Fürstentum *n*;
Fürstenstand *m*; *fig.* Herrschaft *f.*

principe [printʃipe] *m* Fürst *m*;
Prinz *m*; ~ *consorte* Prinzgemahl *m.*

princip|esco [printʃi'pesko] (*pl.*
-chi) fürstlich; prinzlich; **~essa**
[-'pes-sa] *f* Fürstin *f*; Prinzessin *f.*

P

principi|ante [printʃipi'ante] *m*
Anfänger *m*; *corso m* per *-i* Anfängerkurs *m*; **~are** [-pi'aːre] (1k)
anfangen.

principio [prin'tʃiːpio] *m* (*pl.* *-pi*)
Anfang *m*; *Phil.* Grundsatz *m*; *al* ~
anfangs, zu Beginn; *da* ~ zuerst;
per ~ aus Prinzip; *in linea di* ~
grundsätzlich; *dar* ~ *a qc.* et. beginnen.

pri|ora [pri'oːra] *f* Oberin *f*; **~ore**
[-'oːre] *m* Prior *m*; **~orità** [-ori'ta] *f*
Priorität *f*, Vorrang *m*.

prisma [prizma] *m* (*pl.* *-i*) Prisma *n*.

prismatico [priz'maːtiko] (*pl.* *-ci*)
prismatisch.

pristino [pristino] *lit.* frühere.

priv|are [pri'vaːre] (1a): ~ *qu. di
qc.* j-n e-r Sache berauben; 𝔱𝔤 j-m
et. aberkennen; **~arsi** [-'varsi]: ~ *di
qc.* sich e-r Sache enthalten; auf
et. verzichten; **~atista** [-va'tista]
su. (*m/pl.* *-i*) Privatschüler(in *f*) *m*;
~ativa [-va'tiːva] *f* ausschließliches
Vorrecht *n*; **~ativo** [-va'tiːvo]
Gram. verneinend; **~ato** [-'vaːto]
1. *adj.* privat; Privat...; *clientela f
-a* Privatkundschaft *f*; *scuola f -a*
Privatschule *f*; *in* ~ vertraulich, privatim; **2.** *m* Privatmann *m*; Privatperson *f*; **~azione** [-vatsi'oːne] *f*
Beraubung *f*; Entbehrung *f*; 𝔱𝔤
Entziehung *f*.

privi|legiare [privile'dʒaːre] (1f)
bevorrechten; *fig.* bevorzugen; **~legiato** [-le'dʒaːto] privilegiert;
azione f -a Vorzugsaktie *f*; **~legio**
[-'leːdʒo] *m* (*pl.* *-gi*) Vorrecht *n*;
Sonderrecht *n*.

privo [priːvo] beraubt (*di gen.*); bar;
ohne; ...los; entblößt; ~ *di sensi*
besinnungslos.

prò [prɔ] **1.** *m* Nutzen *m*; *il* ~ *e il
contro* das Für und Wider; *a che* ~?
wozu?; *fare buon* ~ wohl bekommen; *buon* ~*!* wohl bekomm's!;
2. *adv.* für; zugunsten; ~ *e contro*
für und wider.

proavo [pro'aːvo] *m lit.* Urahn *m*.

prob|abile [pro'baːbile] wahrscheinlich; **~abilità** [-babili'ta] *f*
Wahrscheinlichkeit *f*; **~ativo** [-ba'tiːvo] beweisend, Beweis...

probità [probi'ta] *f* Rechtschaffenheit *f*.

probi|virale [probivi'raːle] Schiedsrichter...; *lodo m* ~ Schiedsrichterspruch *m*; **~viri** [-'viːri] *m/pl.*
Schiedsrichter *m/pl.*; *collegio m dei*
~ Schiedsrichterjury *f*.

probl|ema [pro'blɛːma] *m* (*pl.* *-i*)
Problem *n*; Frage *f*; Aufgabe *f*;
~ematicità [-blematitʃi'ta] *f* Fraglichkeit *f*; **~ematico** [-ble'maːtiko]
(*pl.* *-ci*) problematisch, fraglich.

probo [prɔːbo] rechtschaffen.

proboscide [pro'bɔʃ-ʃide] *f* Rüssel
m.

procaccia [pro'kat-tʃa] *m inv.*
Landbote *m*.

procacci|are [prokat-'tʃaːre] (1f)
verschaffen; aufbringen; **~atore**
[-tʃa'toːre] *m* Vermittler *m*.

procace [pro'kaːtʃe] herausfordernd; unanständig, anstößig.

procedere [pro'tʃɛːdere] (3a) vorwärtsgehen; handeln; *fig. u.* 𝔱𝔤
verfahren; ~ *da qc.* von et. (*dat.*)
herkommen; ~ *a* schreiten zu; ~
contro qu. gegen j-n vorgehen; ~
oltre weitergehen, fortfahren; *il
lavoro procede bene* die Arbeit geht
gut voran.

proced|imento [protʃedi'mento] *m*
Verlauf *m*; 𝔱𝔤, ⊕ Verfahren *n*; ~
legale Rechtsverfahren *n*; ~ *per
direttissima* Schnellgericht *n*,
Schnellverfahren *n*; ~ *straordinario*
Sonderverfahren *n*; ~ *di lavorazione* Arbeitsvorgang *m*; **~ura**
[-'duːra] *f* Verfahren *n*, Prozedur *f*;
𝔱𝔤 Gerichtsverfahren *n*, Prozeß *m*;
~ *di concordato* Vergleichsverfahren
n; ~ *di fallimento* Konkursverfahren *n*; *codice m di* ~ Prozeßordnung *f*; **~urale** [-du'raːle] prozessual, Prozeß...

proc|ella [pro'tʃɛl-la] *f lit.* Sturm
m; **~ellaria** [-tʃel-'laːria] *f* Sturmvogel *m*; **~elloso** [-tʃel-'loːso] stürmisch.

processare [protʃes-'saːre] (1b)
prozessieren; *j-m* den Prozeß
machen.

process|ionaria [protʃes-sio'naːria]
f Prozessionsraupe *f*; **~ione** [-si'oːne] *f* Prozession *f*; Umzug *m*; *fig.*
Reihe *f*, Schlange *f*.

proc|esso [pro'tʃɛs-so] *m* Verfahren
n; Prozeß *m*; (~ *storico* geschichtliche) Entwicklung *f*; ~ *civile* Zivilprozeß *m*; ~ *disciplinare* Disziplinarverfahren *n*; ~ *di stampa* Druckverfahren *n*; ~ *di fabbricazione*
Herstellungsverfahren *n*; *essere
sotto* ~ unter Prozeß stehen; *fare*

un ~ e-n Prozeß führen; **~essuale** [-tʃes-su'a:le] Prozeß...; *atti* m/pl. -i Prozeßakten f/pl.

procinto [pro'tʃinto] m: essere in ~ di im Begriff sein zu.

procione [pro'tʃo:ne] m Waschbär m.

proclama [pro'kla:ma] m (pl. -i) Aufruf m.

proclam|are [prokla'ma:re] (1a) verkündigen; j-n ausrufen, proklamieren; **~azione** [-matsi'o:ne] f Verkündigung f; Proklamation f; Ausrufung f.

procl|ive [pro'kli:ve] geneigt (a zu dat.); **~ività** [-klivi'ta] f Geneigtheit f.

procombere [pro'kombere] (3a) lit. (tot) nach vorn fallen.

proconsole [pro'konsole] m ehm. Prokonsul m.

procrastin|are [prokrasti'na:re] (1m) vertagen, verschieben; **~azione** [-natsi'o:ne] f Vertagung f, Verschiebung f.

procre|abile [prokre'a:bile] erzeugbar; **~are** [-'a:re] (1b) erzeugen; **~atore** [-a'to:re] m Erzeuger m; **~azione** [-atsi'o:ne] f (Er-)Zeugung f.

procura [pro'ku:ra] f Vollmacht f; ♀ di Stato Staatsanwaltschaft f; ~ generale Generalvollmacht f; ♊️ Oberstaatsanwaltschaft f; per ~ in Stellvertretung.

procur|are [proku'ra:re] (1a) 1. v/t. verschaffen, besorgen; anschaffen; verursachen; 2. v/i. ~ di (inf.) trachten zu (inf.); **~arsi** [-'rarsi] sich verschaffen; sich zuziehen; **~atia** [-ra'ti:a] f Prokuratorenpalast m, -amt n (in Venedig); **~atore** [-ra'to:re] m Bevollmächtigte(r) m; ♊️ Anwalt (Staatsanwalt) m; ♱ Prokurist m; ~ generale Generalstaatsanwalt m.

proda [prɔ:da] f lit. Ufer n.

prode [prɔ:de] tapfer.

prodezza [pro'det-tsa] f Tapferkeit f; iro. Heldentat f.

prodiero [prodi'ɛ:ro] 1. adj. Bug...; cabina f -a Bugkabine f; 2. m Bugmatrose m.

prodig|alità [prodigali'ta] f Verschwendungssucht f, Verschwendung f; **~are** [-'ga:re] (1l, c u. e) verschwenden, verschwenderisch umgehen (mit dat.); reichlich spen-

den; **~arsi** [-'garsi] sich aufopfern, sich verwenden (per für acc.).

prod|igio [pro'di:dʒo] m (pl. -gi) Wunder n; **~igioso** [-di'dʒo:so] wunderbar.

prodigo [prɔ:digo] (pl. -ghi) 1. adj. verschwenderisch; il figliuol ~ der verlorene Sohn; 2. m Verschwender m.

proditorio [prodi'tɔ:rio] (pl. -ri) meucherlisch; verräterisch.

prodotto [pro'dot-to] 1. s. produrre; 2. m Ergebnis n, ✍, ♱ Erzeugnis n, Produkt n; -i alimentari Nahrungsmittel n/pl.; ~ farmaceutico Arzneimittel n; ~ finito Fertigware f; ~ nazionale Landeserzeugnis n; ~ secondario Nebenprodukt n; ~ semilavorato Halbfertigware f; -i del suolo Bodenerzeugnisse n/pl.

prodromo [prɔ:dromo] m Vorbote m; ♋️ Symptom n.

prod|ucente [produ'tʃɛnte] su. Produzent(in f) m, Erzeuger(in f) m; **~ucibile** [-du'tʃi:bile] herstellbar; **~uco** [-'du:ko] s. produrre; **~urre** [-'dur-re] (3e) hervorbringen; ⊕ herstellen, erzeugen; produzieren; Beweise, Gründe beibringen; Krankheit herbeiführen; Schaden verursachen; **~ursi** [-'dursi] auftreten; sich bilden, entstehen; **~uttività** [-dut-tivi'ta] f Ertragfähigkeit f; Schaffenskraft f; **~uttivo** [-dut-'ti:vo] produktiv, ergiebig; **~uttore** [-dut-'to:re] m Erzeuger m; ♱ Produzent m; **~uzione** [-dutsi'o:ne] f giornaliera Tagesleistung f; ~ in massa Massenproduktion f; ~ in serie Serienherstellung f.   [Vorrede f.⟩

proemio [pro'ɛ:mio] m (pl. -mi)⟨

profan|are [profa'na:re] (1a) entweihen; **~atore** [-na'to:re] m Entweiher m; **~azione** [-natsi'o:ne] f Entheiligung f.

profano [pro'fa:no] 1. adj. weltlich; fig. unerfahren; essere ~ in qc. ein Laie in et. (dat.) sein; 2. m fig. Laie m.

profer|ibile [profe'ri:bile] aussprechbar; **~ire** [-'ri:re] (4d) aussprechen; Flüche ausstoßen.

profess|are [profes-'sa:re] (1b) (öffentlich) bekennen; sich bekennen zu; *Kunst* ausüben; **~arsi** [-'sarsi] sich bekennen als; *in Briefen:* mi professo Suo ich verbleibe Ihr; **~ionale** [-sio'na:le] Berufs...; *scuola f* ~ Gewerbeschule *f*; **~ione** [-si'o:ne] *f* Beruf *m*; *Rel.*, *Pol.* Bekenntnis *n*; ~ di fede Glaubensbekenntnis *n*; di ~ von Beruf, Berufs...; *attore m* di ~ Berufsschauspieler *m*; **~ionismo** [-sio'nizmo] *m* Berufssport *m*; **~ionista** [-sio'nista] *su.* (*m/pl.* -i) Angehörige(r) *m* freier Berufe; Akademiker(in *f*) *m*; *Sport:* Berufssportler(in *f*) *m*.

profess|orale [profes-so'ra:le] Professoren...; *c.s.* professorenhaft; **~orato** [-so'ra:to] *m* Professur *f*; Lehramt *n*; **~ore** [-'so:re] *m* Lehrer *m*, Professor *m*; ~ d'università Universitätsprofessor *m*; ~ di ginnasio Gymnasiallehrer *m*; ~ di tedesco Deutschlehrer *m*; *-i pl.* Lehrkräfte *f/pl.*; **~oressa** [-so'res-sa] *f* Lehrerin *f*; Professorin *f*.

prof|eta [pro'fɛ:ta] *m* (*pl.* -i) Prophet *m*; **~etare** [-fe'ta:re] (1b) prophezeien; **~etessa** [-fe'tes-sa] *f* Prophetin *f*; **~etico** [-'fɛ:tiko] (*pl.* -ci) prophetisch; **~etizzare** [-fetid'dza:re] (1a) prophezeien; **~ezia** [-fe'tsi:a] *f* Prophezeiung *f*.

proff|erire [prof-fe'ri:re] (4d) *lit.* anbieten; **~erta** [-'fɛrta] *f lit.* Angebot *n*.

proficuo [pro'fi:kuo] nutzbringend.

profil|are [profi'la:re] (1a) im Profil aufzeichnen; profilieren; **~arsi** [-'larsi] sich abzeichnen.

profil|assi [profi'las-si] *f* Prophylaxe *f*; **~ato** [-'la:to] **1.** *adj.* profiliert, deutlich hervortretend; *viso m* ~ scharf gezeichnetes Gesicht *n*; **2.** *m* ⊕ Profil *n*; ~ di ferro Profileisen *n*; **~attico** [-'lat-tiko] (*pl.* -ci) prophylaktisch.

profilo [pro'fi:lo] *m* Profil *n*; Seitenansicht *f*; △ Querschnitt *m*; Charakterisierung *f*, Lebensbild *n*.

profitt|are [profit-'ta:re] (1a) profitieren; Fortschritte machen; *Gelegenheit* wahrnehmen; **~atore** [-a'to:re] *m* Gewinner *m*; Nutznießer *m*; **~evole** [-'te:vole] nutzbringend.

profitto [pro'fit-to] *m* Nutzen *m*; Fortschritt *m*; Gewinn *m*; Lei-

stung *f*; *mettere a* ~ verwenden; *senza* ~ vergeblich.

profluvio [pro'flu:vjo] *m* Erguß *m*; ~ di parole Wortschwall *m*.

profond|ere [pro'fondere] (3bb) ausgießen; *Geld* vergeuden; ~ lodi sich in Lobsprüchen ergehen; **~ersi** [-dersi] sich ergehen (*in in dat.*).

prof|ondità [profondi'ta] *f* Tiefe *f*; ~ dell'acqua Wassertiefe *f*; *Phot.* ~ di campo Tiefenschärfe *f*; **𝕏** comando *m* di ~ Tiefensteuerung *f*; timone *m* di ~ Tiefensteuer *n*; **~ondo** [-'fondo] **1.** *adj.* tief; tiefgründig; gründlich; **2.** *m* Tiefe *f*.

profugo [prɔ:fugo] (*pl.* -ghi) **1.** *adj.* flüchtig; **2.** *m* Flüchtling *m*; Heimatvertriebene(r) *m*.

profum|are [profu'ma:re] (1a) parfümieren; **~atamente** [-mata'mente]: *pagare* ~ teuer (be)zahlen; **~eria** [-me'ri:a] *f* Parfümerie *f*; **~iere** [-mi'ɛ:re] *m* Parfümhändler *m*.

profumo [pro'fu:mo] *m* Parfüm *n*, Duft *m*.

prof|usi [pro'fu:zi] *s.* profondere; **~usione** [-fuzi'o:ne] *f* Erguß *m*; *fig.* Fülle *f*; ~ di parole Wortschwall *m*; **~uso** [-'fu:zo] *s.* profondere.

progenie [pro'dʒɛ:nie] *f inv. lit.* Geschlecht *n*; *c.s.* Gesindel *n*, Pack *n.*

progenit|ore [prodʒeni'to:re] *m* Urvater *m*; **~rice** [-'tri:tʃe] *f* Urmutter *f*.

prog|ettare [prodʒet-'ta:re] (1b) projektieren, planen; beabsichtigen; **~ettazione** [-dʒet-tatsi'o:ne] *f* Planung *f*, Entwerfung *f*; **~ettista** [-dʒet-'tista] *m* (*pl.* -i) Konstrukteur *m*; Entwerfer *m*; **~etto** [-'dʒet-to] *m* Projekt *n*, Plan *m*; Vorschlag *m*; ~ di costruzione Bauentwurf *m*; ~ di legge Gesetzentwurf *m*; *avere in* ~ planen, beabsichtigen; *essere in* ~ geplant sein; ~ di massima Rohentwurf *m*.

prognosi [prɔ:ɲozi] *f* Prognose *f*.

progr|amma [pro'gram-ma] *m* (*pl.* -i) Programm *n*; ~ di governo Regierungsprogramm *n*; ~ televisivo Fernsehprogramm *n*; *fuori* ~ außerplanmäßig; als Zugabe; **~ammare** [-gram-'ma:re] (1a) ins Programm aufnehmen; **†** programmieren,

planen; **ammatico** [-gram-'ma:-
tiko] (*pl. -ci*) programmatisch;
ammatore [-gram-ma'to:re] *m*
Programmierer *m*; **ammazione**
[-gram-matsi'o:ne] *f* Programm-
gestaltung *f*; **ammista** [-gram-
'mista] *su.* (*m*/*pl. -i*) Programmge-
stalter(in *f*) *m*.

progred|ire [progre'di:re] (4d) fort-
schreiten; Fortschritte machen;
ito [-'di:to] fortgeschritten.

progress|ione [progres-si'o:ne] *f*
Steigerung *f*, Zunahme *f*; Å
Progression *f*; **ista** [-'sista] 1.
adj. fortschrittlich; *partito m* ~
Fortschrittspartei *f*; 2. *su.* (*m*/*pl.
-i*) Fortschrittler(in *f*) *m*; **ivo**
[-'si:vo] fortschreitend; *Pol.* pro-
gressiv.

progresso [pro'gres-so] *m* Fortschritt *m*; *fare -i* Fortschritte
machen.

proib|ire [proi'bi:re] (4d) ver-
bieten; **itivo** [-bi'ti:vo] verbie-
tend; Prohibitiv...; *prezzo m* ~ un-
erschwinglicher Preis *m*; **izione**
[-bitsi'o:ne] *f* Verbot *n*; **izionismo**
[-bitsio'nizmo] *m* Prohibitionismus
m; **izionista** [-bitsio'nista] 1. *adj.*
prohibitionistisch; 2. *su.* (*m*/*pl. -i*)
Prohibitionist(in *f*) *m*.

pro|iettare [proiet-'ta:re] (1b) pro-
jizieren; *Schatten* werfen; *Film*
vorführen; **iettile** [-i'et-tile] *m*
Geschoß *n*; **iettore** [-iet-'to:re] *m*
Scheinwerfer *m*; Projektor *m*, Pro-
jektionsapparat *m*; ~ *antinebbia*
Nebelscheinwerfer *m*; ~ *per diapositive* Diaprojektor *m*; **iezione**
[-ietsi'o:ne] *f* Werfen *n*; Filmvor-
führung *f*; *Geom.* Projektion *f*;
apparecchio m per -i Projektions-
apparat *m*; *conferenza f con* -i
Lichtbildervortrag *m*.

prolasso [pro'las-so] *m* Vorfall *m*,
Senkung *f*.

prole [pro:le] *f* Kinder *n*/*pl.*; Nach-
kommenschaft *f*.

prolet|ariato [proletari'a:to] *m*
Proletariat *n*; **ario** [-'ta:rio] (*pl.
-ri*) 1. *adj.* proletarisch; 2. *m* Prole-
tarier *m*.

prolifer|are [prolife'ra:re] (1m)
sprossen; *fig.* sich vermehren;
azione [-atsi'o:ne] *f* Sprossung *f*;
fig. Vermehrung *f*.

prol|ificare [prolifi'ka:re] (1m *u.* d)
Kinder (*od.* Junge) erzeugen; sich

vermehren; **ifico** [-'li:fiko] (*pl. -ci*)
fruchtbar; kinderreich.

prol|issità [prolis-si'ta] *f* Weit-
schweifigkeit *f*; **isso** [-'lis-so]
weitschweifig.

prologo [pro:logo] *m* (*pl. -ghi*)
Prolog *m*.

prolunga [pro'lunga] *f* Verlängerung *f*; ⚡ Verlängerungsschnur *f*.

prolung|abile [prolun'ga:bile] ver-
längerbar; **amento** [-ga'mento] *m*
Verlängerung *f*; **are** [-'ga:re] (1e)
verlängern; *Gespräche* in die Länge
ziehen; **arsi** [-'garsi] dauern;
sich in die Länge ziehen; *Straße*:
sich hinziehen; **ato** [-'ga:to] lang;
anhaltend.

prolusione [proluzi'o:ne] *f* Vorrede *f*; Antrittsvorlesung *f*.

promanare [proma'na:re] (1a) *lit.*
ausströmen.

promemoria [preme'mɔ:ria] *m inv.*
Denkschrift *f*; Memorandum *n*.

pro|messa [pro'mes-sa] *f* Ver-
sprechen *n*; -*e pl.* Versprechungen
f/*pl.*; *ogni* ~ *è debito* jedes Versprechen verpflichtet; *stare (mancare)
alla* ~ sein Wort (nicht) halten;
messo [-'mes-so] 1. *s. promettere*.
2. *adj.* versprochen; *la terra -a*
das Gelobte Land; *-a sposa f*
Braut *f*; ~ *sposo m* Bräutigam *m*;
-i sposi m/*pl.* Verlobte(n) *pl.*;
mettente [-met-'tente] vielver-
sprechend; verheißungsvoll; ~
mettere [-'met-tere] (3ee) versprechen; geloben; ~ *bene* Gutes
versprechen; *il raccolto promette
bene* die Ernte verspricht gut zu
werden; ~ *mari e monti* das Blaue
vom Himmel versprechen; **mettersi** [-'met-tersi] sich verloben;
sich erwarten, sich versprechen.

promin|ente [promi'nente] vor-
springend; *fig.* hervorragend; **en-
za** [-'nentsa] *f* Vorsprung *m*.

promiscuità [promiskui'ta] *f* Ver-
mischung *f*; Durcheinander *n*.

promiscuo [pro'miskuo] vermischt;
scuola f -a Schule *f* für Jungen und
Mädchen.

promisi [pro'mi:zi] *s. promettere*.

promissorio [promis-'sɔ:rio] (*pl.
-ri*): *giuramento m* ~ promisso-
rischer Eid *m*.

promontorio [promon'tɔ:rio] *m*
(*pl. -ri*) Vorgebirge *n*.

prom|ossi [pro'mɔs-si], **osso**

[-'mɔs-so] *s. promuovere;* **~otore**
[-mo'to:re] *m* Förderer *m;* Initiator
m, Gründer *m;* **~ozione** [-motsi-
'o:ne] *f* Beförderung *f; Schule:*
Versetzung *f.*

promulg|are [promul'ga:re] (1e)
verkündigen; *Gesetz* erlassen; **~a-
tore** [-ga'to:re] *m* Verkünder *m;*
Erlasser *m;* **~azione** [-gatsi'o:ne] *f*
Verkündigung *f;* Erlaß *m.*

promuovere [promu'ɔ:vere] (3ff)
fördern, anregen; *Beamten* befördern; *Schüler* versetzen.

pronao [prɔ:nao] *m* Vorhalle *f.*

pronipote [proni'po:te] *su.* Ur-
enkel(in *f) m;* Großneffe *m;* Groß-
nichte *f; -i pl.* Nachkommen *m/pl.*

prono [prɔ:no] *lit.* vornübergeneigt.

pron|ome [pro'no:me] *m* Pronomen
n, Fürwort *n;* ~ *personale* Personal-
pronomen *n;* **~ominale** [-nomi-
'na:le] pronominal.

pron|osticare [pronosti'ka:re] (1m,
c *u.* d) vorhersagen; ankündigen;
~ostico [-'nɔstiko] *m (pl. -ci)* Vor-
aussage *f,* Vorhersage *f;* Vermutung *f;* Vorzeichen *n; fare -i* Vermutungen anstellen.

pront|amente [pronta'mente] so-
fort, unverzüglich; **~ezza** [-'tet-tsa]
f Bereitwilligkeit *f;* Schnelligkeit *f;*
~ *di spirito* Geistesgegenwart *f.*

pronto [pronto] bereit (*a* zu *inf. od.
dat.*); freundlich; fertig; schnell;
Fernspr. ~*! od. -i!* hallo!; *-a cassa f*
Barzahlung *f;* ~ *soccorso m* Erste
Hilfe *f;* ~ *a partire* reisefertig; ~
per l'uso gebrauchsfertig.

prontuario [prontu'a:rio] *m (pl.
-ri)* Handbuch *n;* Nachschlagewerk *n.*

pronuncia [pro'nuntʃa] *f* Aussprache *f.*

pronunci|abile [pronun'tʃa:bile]
aussprechbar; **~amento** [-tʃa-
'mento] *m* Militäraufstand *m;* **~are**
[-'tʃa:re] (1f) aussprechen; *Urteil*
verkünden; **~arsi** [-'tʃarsi] sich
äußern (*su* über *acc.*); **~ato** [-'tʃa:to]
ausgesprochen; *fig.* ausgeprägt.

pronunzia [pro'nuntsia] *f usw. s.
pronuncia usw.*

propag|abile [propa'ga:bile] ver-
breitbar; **~amento** [-ga'mento] *m*
Verbreiten *n;* **~anda** [-'ganda] *f*
Propaganda *f; ufficio m* ~ Werbe-
büro *n;* **~andare** [-gan'da:re] (1a)
Reklame machen für (*acc.*), pro-

pagieren; **~andista** [-gan'dista] *su.
(m/pl. -i)* Propagandist(in *f) m;*
Werbefachmann *m;* **~andistico**
[-gan'distiko] (*pl. -ci*) propagan-
distisch; Werbe...; *film m* ~ Werbefilm *m,* Reklamefilm *m;* **~are**
[-'ga:re] (1e) verbreiten; propagieren; **~arsi** [-'garsi] sich ausbreiten; sich verbreiten; *fig.* um
sich greifen; **~atore** [-ga'to:re] *m,*
~atrice [-ga'tri:tʃe] *f* Verbreiter(in
f) m; **~azione** [-gatsi'o:ne] *f* Verbreitung *f;* Fortpflanzung *f;* ~ *del
calore* Wärmeübertragung *f.*

prop|agginare [propad-dʒi'na:re]
(1m) absenken; *fig.* verbreiten;
fortpflanzen; **~aggine** [-'pad-
dʒine] *f* Absenker *m; fig.* Nach-
kommenschaft *f.*

propal|are [propa'la:re] (1a) ver-
breiten; ausplaudern; **~atore** [-la-
'to:re] *m,* **~atrice** [-la'tri:tʃe] *f* Ver-
breiter(in *f) m,* Ausplauderer *m;*
~azione [-latsi'o:ne] *f* Verbreitung
f, Ausplaudern *n.*

propano [pro'pa:no] *m* Propan *n.*

propedeuti|ca [prope'dɛ:utika] *f*
Propädeutik *f;* **~co** [-ko] (*pl. -ci*)
propädeutisch, vorbereitend.

propellente [propel-'lente] **1.** *adj.*
treibend, Treib...; *carica f* ~ Treib-
ladung *f;* **2.** *m* Treibstoff *m.*

prop|endere [pro'pendere] (3a)
hinneigen; **~ensione** [-pensi'o:ne] *f*
Neigung *f;* **~enso** [-'penso] geneigt (*a* zu *dat.*).

propilene [propi'lɛ:ne] *m* Propylen
n.

propileo [propi'lɛ:o] *m* Vorhalle *f;*
Propyläen *pl.*

propinare [propi'na:re] (1a) verabreichen; spenden.

prop|inquità [propiŋkui'ta] *f lit.*
Nähe *f;* **~inquo** [-'piŋkuo] *lit.* nahe.

propizi|are [propitsi'a:re] (1g) gün-
stig stimmen; versöhnen; **~atore**
[-tsia'to:re] *m,* *adj.* günstig stim-
mend; **2.** *m* Versöhner *m;* Vermittler *m;* **~atorio** [-tsia'tɔ:rio] (*pl. -ri*)
versöhnend; Sühne...; **~azione**
[-tsiatsi'o:ne] *f* Versöhnung *f.*

propizio [pro'pi:tsio] (*pl. -zi*)
günstig (*a* dat.).

prop|onente [propo'nente] *m* An-
tragsteller *m;* **~ongo** [-'poŋgo] s.
proporre; **~onibile** [-po'ni:bile]
vorschlagbar; **~onimento** [-poni-
'mento] *m* Vorsatz *m; fare* ~ sich

vornehmen; **~orre** [-'por-re] (3ll) vorschlagen; *Fragen* vorbringen; *Aufgaben* aufgeben; *l'uomo propone e Dio dispone* der Mensch denkt und Gott lenkt; **~orsi** [-'porsi] sich vornehmen.

proporzion|abile [proportsio'na:bile] in ein Verhältnis zu setzen(d); **~ale** [-'na:le] **1.** *adj.* proportionell, verhältnismäßig; im Verhältnis stehend; *Pol.* proportional; **2.** *f* 丿 Proportionale *f*; *Pol.* Proportionalwahlsystem *n*; **~alità** [-nali'ta] *f* Verhältnismäßigkeit *f*; **~are** [-'na:re] (1a) proportionieren, in das richtige Verhältnis setzen; **~atamente** [-nata'mente] im Verhältnis (*a zu dat.*); **~ato** [-'na:to] im richtigen Verhältnis, entsprechend (*a zu dat.*).

proporzione [proportsi'o:ne] *f* Verhältnis *n* (*a, con zu dat.*); Ebenmaß *n*; 丿 Proportion *f*; *fig.* Umfang *m*; *in* ~ im Verhältnis, verhältnismäßig.

proposi [pro'po:si] *s.* proporre.

proposito [pro'po:zito] *m* Absicht *f*, Vorhaben *n*; Vorsatz *m*; *a che* ~? in bezug worauf?, zu welchem Zweck?; *a* ~ übrigens; *essere a* ~ angebracht sein; *venire a* ~ gelegen kommen; *a* ~ *di* betreffs, bezüglich (*gen.*); *a* ~ *di quel libro* was jenes Buch anbelangt; *di* ~ absichtlich; *fuor di* ~ unangebracht; *su questo* ~ über dieses Thema; *fare il* ~ *di* (*inf.*) den Vorsatz fassen zu (*inf.*).

prop|osizione [propozitsi'o:ne] *f* Satz *m*; **~osta** [-'posta] *f* Vorschlag *m*; *Pol.* Antrag *m*; ~ *di pace* Friedensvorschlag *m*; **~osto** [-'posto] *s.* proporre.

propri|amente [propria'mente] eigentlich; ~ *detto* im eigentlichen Sinne des Wortes; **~età** [-prie'ta] *f* Richtigkeit *f*; Eigenschaft *f*; Eigentümlichkeit *f*; Eigentum *n*; ~ *esclusiva* Alleinbesitz *m*; ~ *fondiaria* Grundbesitz *m*; ~ *letteraria!* Nachdruck verboten!; ~ *privata* Privateigentum *n*; *essere di* ~ *di qu.* j-s Eigentum sein; **~etaria** [-prie'ta:ria] *f* Besitzerin *f*; ~ *di casa* Hauswirtin *f*; **~etario** [-prie'ta:rio] *m* (*pl. -ri*) Eigentümer *m*; 丿 Grundbesitzer *m*; ~ *di animali* Tierhalter *m*; ~ *di casa* Hausbesitzer *m*; ~ *terriero* Grundbesitzer *m*.

proprio [pro:prio] (*pl. -ri*) **1.** *adj.* eigen; eigentümlich; geeignet; *nome m* ~ Eigenname *m*; *amor m* ~ Ehrgeiz *m*; *a -e spese* auf eigene Kosten; **2.** *adv.* gerade; wirklich; *è* ~ *lui* er ist es selbst; *è* ~ *impossibile* das ist ja unmöglich; **3.** *m* Eigene(s) *n*; *campare del* ~ von s-m Vermögen leben.

propugn|are [propu'ɲa:re] (1a) verfechten; **~atore** [-ɲa'to:re] *m* Verfechter *m*.

propuls|ione [propulsi'o:ne] *f* Antrieb *m*; ~ *a reazione* Düsenantrieb *m*; **~ivo** [-'si:vo] treibend; **~ore** [-'so:re] *m* Triebwerk *n*.

prora [pro:ra] *f* Bug *m*.

proroga [pro:roga] *f* (*pl. -ghe*) Aufschub *m*; Stundung *f*.

prorog|abile [proro'ga:bile] aufschiebbar; vertagbar; **~are** [-'ga:re] (1l, *u* e *u. c*) aufschieben; *Sitzung* vertagen; *Wechsel* prolongieren; *Zahlung* stunden.

pror|ompente [prorom'pente] hervorbrechend; ungestüm; **~ompere** [-'rompere] (3rr) hervorbrechen; *fig. in Gelächter, Tränen* ausbrechen; **~uppi** [-'rup-pi] *s.* prorompere.

prosa [pro:za] *f* Prosa *f*; *teatro m di* ~ Schauspielhaus *n*; *le -e* die Prosaschriften *f/pl.*

prosaico [pro'za:iko] (*pl. -ci*) prosaisch.

prosapia [pro'za:pia] *f* *lit.* Geschlecht *n*.

pros|astico [pro'zastiko] (*pl. -ci*) prosaisch; Prosa...; **~atore** [-za'to:re] *m* Prosaiker *m*.

proscenio [proʃ-'ʃe:nio] *m* (*pl. -ni*) Proszenium *n*, Vorbühne *f*.

prosciogliere [proʃ-'ʃɔ:ʎere] (3ss) befreien; 鼡鼡 freisprechen.

prosci|oglimento [proʃ-ʃoʎi'mento] *m* Befreiung *f*; Freisprechung *f*; **~olsi** [-'ʃɔlsi], **~olto** [-'ʃɔlto] *s.* prosciogliere.

prosciug|amento [proʃ-ʃuga'mento] *m* Austrocknung *f*; Trockenlegung *f*; **~are** [-'ga:re] (1e) austrocknen; *Sümpfe* trockenlegen.

prosciutto [proʃ-'ʃut-to] *m* Schinken *m*.

proscr|issi [pros'kris-si] *s.* proscrivere; **~itto** [-'krit-to] **1.** *s.* proscrivere; **2.** *m* Geächtete(r) *m*; **~ivere** [-'kri:vere] (3tt) ächten;

~izione [-kritsi'o:ne] f Ächtung f; lista f di ~ Proskriptionsliste f.

prosecuzione [prosekutsi'o:ne] f Fortsetzung f.

pro|seguimento [prosegui'mento] m Fortsetzung f; **~seguire** [-segu'i:re] (4a) **1.** v/t. fortsetzen; **2.** v/i. fortfahren.

pros|elitismo [prozeli'tizmo] m Proselytenmacherei f; **~elito** [-'ze:-lito] m Proselyt m.

prosieguo [prosi'ε:guo] m Fortsetzung f; in ~ di tempo im Laufe der Zeit.

prosindaco [pro'sindako] m (pl. -ci) stellvertretender Bürgermeister m.

prosodia [prozo'di:a] f Prosodie f.

prosopopea [prozopo'pε:a] f Prosopopöie f; fig. Dünkel m.

prosper|are [prospe'ra:re] (1b) gedeihen; blühen; **~ità** [-ri'ta] f Gedeihen n; Blüte f.

prospero [prɔspero] blühend; günstig.

prosperoso [prospe'ro:so] blühend.

prosp|ettare [prospet-'ta:re] (1b) die Aussicht haben auf; zeigen; darlegen; Fragen aufwerfen; **~ettiva** [-pet-'ti:va] f Aussicht f; Mal. Perspektive f; -e per gli affari Geschäftsaussichten f/pl.; ~ a volo d'uccello Vogelperspektive f; **~ettivo** [-pet-'ti:vo] perspektivisch; **~etto** [-'pet-to] m Prospekt m; Anblick m; Fassade f, Stirnseite f; **~iciente** [-pi'tʃente] mit der Aussicht auf (acc.).

prossim|amente [pros-sima'mente] nächstens; **~ità** [-mi'ta] f (nächste) Nähe f; in ~ di in der Nähe von (dat.); zeitlich: kurz vor (dat.).

prossimo [prɔs-simo] **1.** adj. nächst; sehr nahe; nahe bevorstehend; **2.** m Nächste(r) m.

prostata [prɔstata] f Vorsteherdrüse f.

prostit|uire [prostitu'i:re] (4d) prostituieren; fig. entwürdigen; **~uirsi** [-tu'irsi] sich prostituieren; **~uta** [-'tu:ta] f Prostituierte f; **~uzione** [-tutsi'o:ne] f Prostitution f.

prostr|are [pros'tra:re] (1c) niederwerfen; fig. schwächen, entkräften; **~arsi** [-'trarsi] : ~ dinanzi a qu. sich j-m zu Füßen werfen; **~ato** [-'tra-

to] niedergeschlagen; entkräftet; **~azione** [-tratsi'o:ne] f Erschöpfung f; Verfall m.

protagonista [protago'nista] su. (m/pl. -i) Hauptperson f; Hauptdarsteller(in f) m.

proteggere [pro'tεd-dʒere] (3cc) (be)schützen (da vor dat.); Künste fördern.

proteico [pro'tε:iko] eiweißhaltig.

proteiforme [protei'forme] proteusartig, vielgestaltig.

proteina [prote'i:na] f Eiweiß n.

protendere [pro'tεndere] (3c) ausstrecken.

prot|ervia [pro'tεrvia] f lit. Anmaßung f; **~ervo** [-'tεrvo] lit. anmaßend.

protesi¹ [prɔ:tezi] f Prothese f, künstliches Glied n; ~ dentaria Zahnersatz m.

prot|esi² [pro'te:si], **~eso** [-so] s. protendere.

protessi [pro'tεs-si] s. proteggere.

protesta [pro'tεsta] f Protest m; Einspruch m.

protest|ante [protes'tante] **1.** adj. protestantisch; **2.** su. Protestant (-in f) m; **~antesimo** [-tan'te:-zimo] m, **~antismo** [-tan'tizmo] m Protestantismus m; **~are** [-'ta:re] (1b) **1.** v/t. beteuern; Wechsel protestieren; **2.** v/i. protestieren, Einspruch erheben; **~arsi** [-'tarsi]: ~ amico usw. s-e Freundschaft usw. beteuern; in Briefen: mi protesto Suo ich verbleibe Ihr; **~atario** [-ta'ta:rio] (pl. -ri) protestierend, Protest...; **~atore** [-ta'to:re] m Protestierende(r) m; Protestler m.

protesto [pro'tεsto] m Protest m; ~ cambiario Wechselprotest m; fare il ~ Protest einlegen; Wechsel: andare in ~ zu Protest gehen.

protettivo [protet-'ti:vo] (be)schützend; Schutz...; occhiali m/pl. -i Schutzbrille f; vernice f -a Schutzfarbe f.

protetto [pro'tet-to] **1.** s. proteggere; ~ dal vento im Windschatten; **2.** m Schützling m.

protett|orato [protet-to'ra:to] m Protektorat n, Schutzherrschaft f; **~ore** [-'to:re] **1.** adj. schützend; Schutz...; dazio m ~ Schutzzoll m; **2.** m Beschützer m; Gönner m; Rel. Schutzheilige(r) m.

protezi|one [protetsi'o:ne] f Schutz

m; Förderung *f*, Protektion *f*; ~ *antiaerea* Luftschutz *m*; ~ *doganale* Zollschutz *m*; ~ *contro gli incendi* Feuerschutz *m*; ~ *degli animali* Tierschutz *m*; ~ *dell'ambiente naturale* Umweltschutz *m*; ~ *del paesaggio* Naturschutz *m*; **~onismo** [-tsio'nizmo] *m* Günstlingswirtschaft *f*; Protektionismus *m*; ~ *doganale* Schutzzollsystem *n*; **~onista** [-tsio'nista] **1.** *adj.* Schutz...; **2.** *su.* (*m/pl.* -i) Protektionist(in *f*) *m*.

proto [prɔ:to] *m* Typ. Faktor *m*.

proto|collare [protokol-'la:re] **1.** *adj.* protokollarisch; **2.** *v/t.* (1c) protokollieren; **~collista** [-kol-'lista] *su.* (*m/pl.* -i) Protokollführer (-in *f*) *m*; **~collo** [-'kɔl-lo] *m* Protokoll *n*; *carta f da* ~ Kanzleipapier *n*; *mettere a* ~ zu Protokoll geben.

prot|one [pro'to:ne] *m* Proton *n*; **~onotario** [-tono'ta:rio] *m* (*pl.* -ri) Protonotar *m*; **~oplasma** [-to'plazma] *m* (*pl.* -i) Protoplasma *n*.

prototipo [pro'tɔ:tipo] *m* Urbild *n*.

protozoi [proto'dzɔ:i] *m/pl.* Einzeller *m/pl.*

protr|aggo [pro'trag-go] *s.* **~arre** [-'trar-re] (3xx) hinziehen; verschieben; **~assi** [-'tras-si], **~atto** [-'trat-to] *s.* protrarre.

protuberanza [protube'rantsa] *f* Auswuchs *m*; F Höcker *m*.

prova [prɔ:va] *f* Probe *f*; Versuch *m*; Prüfung *f*; Beweis *m*; Nachweisung *f*; Typ. Korrekturabzug *m*; ~ *di forza* Machtprobe *f*; ~ *di scrittura* Schriftprobe *f*; ~ *a carico* Belastungsprobe *f*; ~ *a discarico* Entlastungsbeweis *m*; *banco m di* ~ Prüfstand *m*; *commissione f a titolo di* ~ Probeauftrag *m*; *a* ~ *di bomba* bombensicher; *a tutta* ~ bewährt; *per* ~ aus Erfahrung; zur Ansicht; *salvo* ~ *contraria* Gegenbeweis vorbehalten; *per insufficienza di* ~ aus Mangel an Beweisen; *mettere alla* ~ auf die Probe stellen; *fare ottima* ~ sich bestens bewähren.

prov|abile [pro'va:bile] nachweisbar; **~abilità** [-vabili'ta] *f* Nachweisbarkeit *f*; **~are** [-'va:re] (1c) probieren; prüfen; versuchen; beweisen; zeigen; *Kleider* anprobieren; *Schmerzen* erfahren; **~arsi** [-'varsi] versuchen; wagen, sich

unterstehen; **~ato** [-'va:to] bewährt, erprobt; *fig.* heimgesucht.

provengo [pro'vɛŋgo] *s.* provenire.

prov|enienza [proveni'entsa] *f* Herkunft *f*; **~enire** [-ve'ni:re] (4p) (her)kommen; **~enni** [-'ven-ni] *s.* provenire; **~ento** [-'vɛnto] *m* Einnahme *f*; Ertrag *m*.

provenzale [proven'tsa:le] **1.** *adj.* provenzalisch; **2.** *m* Provenzalisch(e) *n*; **3.** *su.* Provenzale *m*, Provenzalin *f*.

prov|erbiale [proverbi'a:le] sprichwörtlich; **~erbio** [-'vɛrbio] *m* (*pl.* -bi) Sprichwort *n*.

provetta [pro'vet-ta] *f* Reagenzglas *n*; **~ᵐ** ~ *graduata* Mensur *f*.

provetto [pro'vet-to] erfahren.

prov|incia [pro'vintʃa] *f* (*pl.* -ce) Provinz *f*; **~inciale** [-vin'tʃa:le] **1.** *adj.* provinziell; kleinstädtisch; Provinzial...; *consiglio m* ~ Landrat *m*; *strada f* ~ Landstraße *f*; **2.** *su.* Kleinstädter(in *f*) *m*; *Rel.* Provinzial *m*; **3.** *f* Landstraße *f*.

provino [pro'vi:no] *m* Prüfglas *n*; Probestück *n*; *Thea.* erste Probe *f*; *Film:* Probeaufnahme *f*; Werbevorspann *m*.

provoc|ante [provo'kante] herausfordernd; aufreizend; **~are** [-'ka:re] (1l, c u. d) hervorrufen, herbeiführen; provozieren, herausfordern; *Neid* erregen; **~atore** [-ka'to:re] **1.** *adj.* herausfordernd; **2.** *m* Provokateur *m*, Aufwiegler *m*; **~atorio** [-ka'tɔ:rio] (*pl.* -ri) provokatorisch; aufreizend; **~azione** [-katsi'o:ne] *f* Herausforderung *f*, Aufreizung *f*; Hetze *f*.

provola [prɔ:vola] *f*, **provolone** [provo'lo:ne] *m* Büffelkäse *m*.

provv|edere [prov-ve'de:re] (2s) **1.** *v/t.* beschaffen; kaufen; ~ *qu. di qc.* j-n mit et. versehen; versorgen; **2.** *v/i.* sorgen (*a*, *per* für *dat.*); **~edersi** [-ve'dersi] sich versorgen (*di* mit *dat.*); **~edimento** [-vedi'mento] *m* Vorkehrung *f*, Maßnahme *f*; Anordnung *f*, Verfügung *f*; ~ *i disciplinari* disziplinäre Maßnahmen; ~ *d'urgenza* Notstandsmaßnahme *f*; **~editorato** [-vedito-'ra:to] *m* Verwaltungsinspektorat *n*; ~ *agli studi* Schulamt *n*; **~editore** [-vedi'to:re] *m* Inspektor *m*; ~ *agli studi* Schulamtsleiter *m*; **~eduto** [-ve'du:to] versehen, ausgestattet (*di mit dat.*); **~idenza** [-vi'dɛntsa] *f* Vorsorge *f*; Versorgungsmaßnahme *f*; *Rel.* Vorsehung *f*; **~idenziale** [-videntsi'a:le] segenbringend; von der Vorsehung bestimmt; **~idi** [-'vi:di] *s.* provvedere.

provvido [prɔv-vido] *lit.* umsichtig; vorsorglich.

provvigione [prov-vi'dʒo:ne] *f* Provision *f*; **~** *sulle vendite* Verkaufsprovision *f*.

provv|isorietà [prov-vizorie'ta] *f* Vorläufigkeit *f*; **~isorio** [-vi'zɔ:rio] (*pl.* -*ri*) provisorisch, vorläufig, Übergangs...

provv|ista [prov-'vista] *f* Vorrat *m*; Anschaffung *f*; *fare* -e Einkäufe machen; *far* **~** *di qc.* sich mit et. (*dat.*) eindecken; **~isto** [-'visto]
1. *s.* provvedere; 2. *adj.* versehen (*di mit dat.*).

pro|zia [pro'tsi:a] *f* Großtante *f*; **~zio** [-'tsi:o] *m* Großonkel *m*.

prua [pru:a] *f* Bug *m*.

prud|ente [pru'dɛnte] klug; vorsichtig; ratsam; **~enza** [-'dɛntsa] *f* Klugheit *f*; Vorsicht *f*; **~enziale** [-dentsi'a:le] Vorsichts...; *misure f/pl.* -*i* Vorsichtsmaßregeln *f/pl.*

prudere [pru:dere] (3a) jucken; *fig. mi sento* **~** *le mani* es juckt mich in den Fingern.

prugn|a [pru:ɲa] *f* Pflaume *f*; **~** *secca* Backpflaume *f*; **~o** [-ɲo] *m* Pflaumenbaum *m*.

prugnol|a [pru:ɲola] *f* Schlehe *f*; **~o**[1] [-lo] *m* Schlehdorn *m*.

prugnolo[2] [pru'ɲɔ:lo] *m* Pflaumenpilz *m*.

pruina [pru'i:na] *f poet.* Reif *m*.

prunella [pru'nel-la] *f* Braunelle *f*; Pflaumenlikör *m*.

pruneto [pru'ne:to] *m* Dorngestrüpp *n*. [Dorn *m*.]

pruno [pru:no] *m* Dornbusch *m*.

prur|igine [pru'ri:dʒine] *f* Jucken *n*; **~iginoso** [-ridʒi'no:so] juckend; **~ito** [-'ri:to] *m* Jucken *n*; *fig.* Kitzel *m*, Lust *f*.

prussiano [prus-si'a:no] 1. *adj.* preußisch; 2. *m* Preuße *m*.

prussico [prus-siko]: *acido m* **~** Blausäure *f*.

pseudo... [pseudo] Pseudo...; falsche(r); unecht.

pseudointellettuale [pseudointel-let-tu'a:le] *m* Halbintellektuelle(r) *m*.

pseudonimo [pseu'dɔ:nimo] *m* Pseudonym *n*.

pseudoprofeta [pseudopro'fe:ta] *m* (*pl.* -*i*) falscher Prophet *m*.

psican|alisi [psika'na:lizi] *f* Psychoanalyse *f*; **~alista** [-na'lista] *su.* (*m/pl.* -*i*) Psychoanalytiker(in *f*) *m*; **~alitico** [-na'li:tiko] (*pl.* -*ci*) psychoanalytisch; **~alizzare** [-nalid-'dza:re] (1a) psychoanalysieren.

psiche [psi:ke] *f* großer Drehspiegel *m*; *Phil.* Psyche *f*, Seele *f*.

psich|iatra [psiki'a:tra] *m* (*pl.* -*i*) Psychiater *m*; **~iatria** [-kia'tri:a] *f* Psychiatrie *f*; **~iatrico** [-ki'a:triko] (*pl.* -*ci*) psychiatrisch.

psichico [psi:kiko] (*pl.* -*ci*) psychisch; Seelen...; Geistes...

psic|ologia [psikolo'dʒi:a] *f* Psychologie *f*, Seelenkunde *f*; **~ologico** [-ko'lɔ:dʒiko] (*pl.* -*ci*) psychologisch; **~ologo** [-'kɔ:logo] *m* (*pl.* -*ci*) Psychologe *m*; **~opatia** [-kopa'ti:a] *f* Geisteskrankheit *f*; Psychopathie *f*; **~opatico** [-ko'pa:tiko] (*pl.* -*ci*) 1. *adj.* psychopathisch; 2. *m* Psychopath *m*; **~osi** [-'kɔ:si] *f* Psychose *f*; **~oterapia** [-kotera'pi:a] *f* Psychotherapie *f*.

psittacosi [psit-ta'kɔ:zi] *f* Papageienkrankheit *f*.

pubblic|abile [pub-bli'ka:bile] zu veröffentlichen(d); was veröffentlicht werden kann; **~ano** [-'ka:no] *m bibl.* Zöllner *m*; **~are** [-'ka:re] (11 *u. d*) veröffentlichen; **~azione** [-katsi'o:ne] *f* Veröffentlichung *f*; Erlaß *m*; -*i pl. matrimoniali* Aufgebot *n*.

pubbli|cista [pub-bli'tʃista] *su.* (*m/pl.* -*i*) Schriftsteller(in *f*) *m*; **~cità** [-tʃi'ta] *f* Öffentlichkeit *f*; ✝ Werbung *f*, Reklame *f*; Annoncenwesen *n*; **~** *luminosa* Lichtreklame *f*; **~** *televisiva* Fernsehwerbung *f*; *piccola* **~** Kleinanzeigen *f/pl.*; *fare* **~** Reklame machen; **~citario** [-tʃi'ta:rio] Reklame..., Werbe...

pubblico [pub-bliko] (*pl.* -*ci*) 1. *adj.* öffentlich; allgemein; Staats...; *non* **~** nicht öffentlich; **~** *ufficiale m* Staatsbeamte(r) *m*; **~** *ministero m* Staatsanwalt *m*; 2. *m* Öffentlichkeit *f*; Zuschauer *m/pl.*, Publikum *n*; Leser *m/pl.*, Leserschaft *f*; *in* **~** öffentlich.

pube [pu:be] *m* Schamhügel *m*.

P

pubere [pu:bere] geschlechtsreif.

pubertà [puber'ta] f Geschlechtsreife f, Pubertät f.

pud|ende [pu'dende] f/pl. od. parti f/pl. ~ Schamteile m/pl., Schamgegend f; **~ibondo** [-di'bondo] schamhaft; **~icizia** [-di'tʃi:tsia] f Schamhaftigkeit f.

pudico [pu'di:ko] (pl. -chi) schamhaft.

pudore [pu'do:re] m Scham f; Schamhaftigkeit f; oltraggio m al ~ öffentliches Ärgernis n; senza ~ unverschämt.

puer|icoltura [puerikol'tu:ra] f Kinderpflege f; **~ile** [-'ri:le] kindisch; **~ilità** [-rili'ta] f Kinderei f; **~izia** [-'ri:tsia] f Kindheit f.

puerpera [pu'erpera] f Wöchnerin f.

puerp|erale [puerpe'ra:le] Kindbett...; **~erio** [-'pe:rio] m (pl. -ri) Kindbett n.

pugilato [pudʒi'la:to] m Boxen n, Boxsport m; incontro m di ~ Boxkampf m.

pugilatore [pudʒila'to:re], **pugile** [pu:dʒile] m Boxer m.

pugilistico [pudʒi'listiko] (pl. -ci) Box...; campionato m ~ Boxmeisterschaft f.

pugliese [pu'ʎe:se] **1.** adj. apulisch; **2.** su. Apulier(in f) m.

pugna [pu:ɲa] f lit. Kampf m.

pugnace [pu'ɲa:tʃe] kampflustig.

pugnal|are [puɲa'la:re] (1a) erdolchen; **~ata** [-'la:ta] f Dolchstich m; **~atore** [-la'to:re] m Erdolcher m.

pugnale [pu'ɲa:le] m Dolch m.

pugnare [pu'ɲa:re] (1a) lit. kämpfen.

pugno [pu:ɲo] m Faust f; Faustvoll f; (a. colpo m di ~) Faustschlag m; fig. Häuflein n; di mio ~, di proprio ~ eigenhändig; avere in ~ qc. (qu.) et. (j-n) in der Hand haben; dare un ~ sul tavolo mit der Faust auf den Tisch hauen; prendere qu. a -i j-n mit Faustschlägen traktieren; fare a -i sich raufen, sich gegenseitig Faustschläge geben; fig. wie die Faust aufs Auge passen; rimanere con un ~ di mosche mit leeren Händen dastehen.

puh! [pu:] pfui!

pula [pu:la] f Spreu f.

pulce [pultʃe] f Floh m; ~ d'acqua Wasserfloh m.

pulcin|ella [pultʃi'nɛl-la] m Hans-

wurst m; segreto m di ~ offenes Geheimnis n; **~ellata** [-nel-'la:ta] f Hanswurstiade f.

pulcino [pul'tʃi:no] m Küken n, Küchlein n; come un ~ bagnato wie ein begossener Pudel; bagnato come un ~ pudelnaß; essere come un ~ nella stoppa sich nicht zu helfen wissen.

pul|edra [pu'le:dra] f Stutenfüllen n; **~edro** [-'le:dro] m Hengstfüllen n.

puleggia [pu'led-dʒa] f (pl. -gge) Riemenscheibe f; Transmissionsrad n.

pulire [pu'li:re] (4d) reinigen; Mund reinigen; Schuhe putzen; Steine schleifen; Metall polieren; ~ strofinando abscheuern.

pulisci|orecchi [puliʃ-ʃio'rek-ki] m inv. Ohrlöffel m; **~penne** [-'pen-ne] m inv. Federwischer m; **~piedi** [-pi'e:di] m inv., **~scarpe** [-s'karpe] m inv. Kratzeisen n, Fußabtreter m.

pul|ita [pu'li:ta] f Reinigung f; dare una ~ a qc. et. reinigen; **~itezza** [-li'tet-tsa] f Sauberkeit f; **~itina** [-li'ti:na] f: dare una ~ ein wenig reinigen, abwischen, putzen; **~ito** [-'li:to] **1.** adj. rein; sauber (a. fig.); farla -a glatt herauskommen; **2.** m Reine(s) n; mettere in ~ ins reine schreiben; **~itore** [-li'to:re] m Reiniger m; Schleifer m; Polierer m; **~itrice** [-li'tri:tʃe] f Poliermaschine f; **~itura** [-li'tu:ra] f Reinigung f; Putzen n; Politur f; **~izia** [-li'tsi:a] f Reinlichkeit f; Reinigung f; far ~ reinigen, putzen; oggi si fa gran ~ heute ist großes Reinmachen.

pullman [pulman] m inv. Reiseautobus m.

pullover [pul-'lɔ:ver] m inv. Pullover m, F Pulli m.

pullulare [pul-lu'la:re] (1l) wimmeln; strotzen, voll sein (di von dat.).

pulpito [pulpito] m Kanzel f; fig. salire sul ~ den Sittenprediger spielen.

pulsante [pul'sante] m Druckknopf m, Knopf m.

puls|are [pul'sa:re] (1a) pulsieren; **~azione** [-satsi'o:ne] f Pulsschlag m.

pulviscolo [pul'viskolo] m feiner Staub m.

P

puma [pu:ma] *m inv.* Puma *m*.
pungente [pun'dʒɛnte] stechend; *Kälte*: beißend; *Wort*: bissig; *Wunsch*: brennend; *Gedanke*: quälend.
pungere [pundʒere] (3d) stechen; *Brennessel*: brennen; *fig.* sticheln; beißen; anstacheln; quälen; verletzen; ~ *qu. sul vivo* j-n an s-r empfindlichen Stelle treffen.
pung|iglione [pundʒi'ʎo:ne] *m* Stachel *m*; **~itopo** [-dʒi'to:po] *m* Mäusedorn *m*; **~itura** [-dʒi'tu:ra] *f* Stich *m*.
pungolare [puŋgo'la:re] (1l) mit dem Stachelstock antreiben; *fig.* anstacheln.
pungolo [puŋgolo] *m* Stachelstock *m*; *fig.* Stachel *m*.
pun|ibile [pu'ni:bile] strafbar; **~ire** [-'ni:re] (4d) (be)strafen; **~itivo** [-ni'ti:vo] strafend; Straf...; **~itore** [-ni'to:re] **1.** *adj.* strafend; **2.** *m* Strafer *m*; **~izione** [-nitsi'o:ne] *f* Bestrafung *f*; Strafe *f*; *Sport*: *calcio m di* ~ Strafstoß *m*.
punsi [punsi] *s.* pungere.
punta [punta] *f* Spitze *f*; Zinke *f*; Gipfel *m*; Stich *m*; ✗ Abstecher *m*; *fig.* Höchstmaß *n*, Maximum *n*; Kleinigkeit *f*, Idee *f*; *uomo m di* ~ Spitzenmann *m*; *ora f di* ~ Hauptverkehrszeit *f*; *una* ~ *di sale* e-e Prise Salz; *a* ~, *in* ~ spitz; *in* ~ *di piedi* auf Zehenspitzen; *prendere qu. di* ~ mit j-m heftig verfahren.
puntale [pun'ta:le] *m* Zwinge *f*.
punt|are [pun'ta:re] (1a) **1.** *v/t.* stemmen; *Augen usw.*, ✗ richten; *Linie* punktieren; *Spiel*: setzen; **2.** *v/i.* sich stemmen; e-n Vorstoß unternehmen; rechnen (*su auf acc.*); **~ata** [-'ta:ta] *f* Stich *m*; *Spiel*: Einsatz *m*; 📖 Lieferung *f*; *a* ~e in Fortsetzungen; **~atina** [-ta'ti:na] *f* kurzer Abstecher *m*; **~ato** [-'ta:to] punktiert; **~atore** [-ta'to:re] *m* *Spiel*: Setzer *m*; Schütze *m*; ~ *scelto* Scharfschütze *m*.
punteggi|are [punted-'dʒa:re] (1f) punktieren; *Gram.* interpunktieren; *Zeichenkunst*: tüpfeln; **~atura** [-dʒa'tu:ra] *f* Punktierung *f*; Interpunktion *f*; Tüpfelung *f*.
punteggio [pun'ted-dʒo] *m* *Sport*: Punktwertung *f*.
punt|ellare [puntel-'la:re] (1b)

stützen; absteifen; **~ellatura** [-tella'tu:ra] *f* Absteifung *f*; **~ello** [-'tel-lo] *m* Strebe *f*; *fig.* Stütze *f*; **~eria** [-te'ri:a] *f* ⊕ Stößel *m*; ✗ Richten *n*; **~eruolo** [-teru'ɔ:lo] *m* Pfriem *m*; *Typ.* Ahle *f*; *Zool.* Kornwurm *m*; **~iglio** [-'ti:ʎo] *m* (*pl. -gli*) übertriebener Ehrenstandpunkt *m*; Halsstarrigkeit *f*; **~iglioso** [-ti'ʎo:so] empfindlich; starrsinnig; **~ina** [-'ti:na] *f* Stift *m*; ~ *da disegno* Reißnagel *m*; ~ *per grammofono* Grammophonnadel *f*; **~ino** [-'ti:no] *m* Pünktchen *n*; *a* ~ aufs genaueste; *-i di sospensione* Auslassungspunkte *m/pl.*
punto [punto] **1.** *s.* pungere; **2.** *adj.* gar kein; **3.** *adv.* gar nicht(s); né ~ né *poco* ganz und gar nicht; **4.** *m* Punkt *m*; Tüpfelchen *n*; Stelle *f*; Augenblick *m*; ⚕ Stich (Nahtstich) *m*; Masche *f*; ~ *di vista* Stand-, Gesichtspunkt *m*; ~ *di accensione* Zündpunkt *m*; ~ *di appoggio* Stützpunkt *m*; ~ *cardinale* Himmelsrichtung *f*; ~ *culminante* Höhepunkt *m*; ~ *di partenza* Ausgangspunkt *m*; ~ *di fusione* Schmelzpunkt *m*; ~ *morto* toter Punkt *m*; *fig.* ~ *nero* dunkler Punkt *m*; *in questo* ~ in diesem Augenblick; *fino a che* ~ *sei arrivato?* bis wohin bist du gekommen?; *alle dieci in* ~ um Punkt zehn Uhr; *due -i* Doppelpunkt *m*; ~ *e virgola* Semikolon *n*; ~ *esclamativo* Ausrufungszeichen *n*; ~ *interrogativo* Fragezeichen *n*; *tutti a un* ~ alle zu gleicher Zeit; *di* ~ *in bianco* plötzlich; *in* ~ *di morte* dem Tode nahe; *di tutto* ~ vollständig; *essere sul* ~ *di* (*inf.*) im Begriff sein zu (*inf.*); *arrivare in buon* ~ im richtigen Augenblick ankommen; *far* ~ aufhören; *fare il* ~ *di qc. et.* genau umreißen (*od.* darlegen); *dare dei -i a qu.* j-m überlegen sein; *Boxsport*: *classifica f ai -i* Punktwertung *f*; *vittoria f ai -i* Punktsieg *m*; *battere ai -i* nach Punkten schlagen.
punt|one [pun'to:ne] *m* Dachsparren *m*; **~uale** [-tu'a:le] pünktlich; **~ualità** [-tuali'ta] *f* Pünktlichkeit *f*; **~ualizzare** [-tuali∂-'dza:re] (1a) genau umreißen, Punkt für Punkt darlegen; **~ura** [-'tu:ra] *f* Stich *m*; ⚕ Injektion *f*; ~ *di zanzara* Mückenstich *m*; **~uto** [-'tu:to] spitzig.

punzecchi|amento [puntsek-kia-'mento] m Stichelei f; ~are [-ki'a:re] (1k) sticheln.

punz|onare [puntso'na:re] (1a) stanzen; ~onatrice [-tsona'tri:tʃe] f Stanzmaschine f; ~one [-'tso:ne] m Punze f; Präg(e)stempel m; ~onatura [-tsona'tu:ra] f Stanzen n.

può [pu'ɔ], **puoi** [pu'ɔi] s. potere.

pupa [pu:pa] f F Mädchen n; Zool. Puppe f.

pup|attola [pu'pat-tola] f, ~azza [-'pat-tsa] f (kleine) Puppe f.

pupazzo [pu'pat-tso] m Puppe f; Hampelmann m.

pup|illa [pu'pil-la] f weibliches Mündel n; Anat. Pupille f; ~illare [-pil-'la:re] Mündel...; Pupillen...; ~illo [-'pil-lo] m Mündel n.

pupo [pu:po] m F Kind n; Junge m.

purché [pur'ke] wenn nur.

purchessia [purkes-'si:a] beliebig.

pure [pu:re] doch; auch; (a. pur tuttavia) dennoch; nur; pur di nur um zu; pur di arrivare in tempo wenn wir nur rechtzeitig ankommen; pur di non vederlo nur um ihn nicht zu sehen; venga ~ avanti! kommen Sie nur herein!; sia ~! meinetwegen!

purè [pu're] m Püree n.

purezza [pu'ret-tsa] f Reinheit f.

purga [purga] f (pl. -ghe) Reinigung f; 🔬 Abführmittel n.

purg|ante [pur'gante] m Abführmittel n; ~are [-'ga:re] (1e) reinigen; ein Abführmittel geben (dat.); ~arsi [-'garsi] ein Abführmittel einnehmen; ~ativo [-ga'ti:vo] abführend; ~ato [-'ga:to] gereinigt; 🕮 rein, geläutert; ~atorio [-ga-'tɔ:rjo] m Fegefeuer n.

purific|are [purifi'ka:re] (1m u. d) reinigen; fig. u. 🕮 läutern; ~ativo [-ka'ti:vo] reinigend; ~azione [-ka-tsi'o:ne] f Reinigung f; Läuterung f.

pur|ismo [pu'rizmo] m Purismus m; ~ista [-'rista] su. (m/pl. -i) Purist(in

f) m; ~ità [-ri'ta] f Reinheit f; ~itano [-ri'ta:no] **1.** adj. puritanisch; **2.** m Puritaner m.

puro [pu:ro] rein; ~ sangue m Vollblut n.

purpureo [pur'pu:reo] purpurn.

purtroppo [pur'trɔp-po] leider.

purul|ento [puru'lɛnto] eit(e)rig; ~enza [-'lɛntsa] f Eit(e)rung f.

pus [pus] m inv. Eiter m.

pusill|anime [puzil-'la:nime] kleinmütig; ~animità [-lanimi'ta] f Kleinmut m.

pustola [pustola] f Pustel f; Bläschen n.

pustoloso [pusto'lo:so] voller Pusteln.

puta [pu:ta]: ~ caso gesetzt den Fall.

putativo [puta'ti:vo] vermeintlich; putativ; padre m ~ Putativvater m.

putido [pu:tido] lit. stinkend.

putiferio [puti'fɛ:rio] m Heidenlärm m.

putr|edine [pu'tre:dine] f Fäulnis f; ~efare [-tre'fa:re] (3aa) zum Faulen (Verwesen) bringen; ~efarsi [-tre-'farsi] verwesen, in Fäulnis übergehen; ~efazione [-trefatsi'o:ne] f Verwesung f.

putrella [pu'trɛl-la] f Eisenträger m.

putrido [pu:trido] faulig; verwest.

puttana [put-'ta:na] f Hure f, Straßenmädchen n.

puttan|eggiare [put-taned-'dʒa:re] (1f) huren; ~esco [-'nesko] (pl. -chi) hurenmäßig.

putto [put-to] m Knäblein n; Mal., Skulp. Putte f.

puzza [put-tsa] f Gestank m.

puzzare [put-'tsa:re] (1a) stinken; ~ di riechen nach (dat.); gli puzza la salute (pelle) ihm ist zu wohl in seiner Haut.

puzzo [put-tso] m Gestank m.

puzzola [put-tsola] f ♀ Stinkblume f; Zool. Stinkmarder m, Iltis m.

puzz|olente [put-tso'lɛnte] stinkend; ~one [-'tso:ne] m V Stinker m.

Q

Q, q [ku] *f u. m* Q, q *n*.

qua [kuʼa] hier; hierher; *di ~ auf
diese(r)* Seite; *di ~ ... di là* hüben
... drüben; *di ~ da* diesseits; *da due
mesi in ~* seit zwei Monaten; *~!*
her!

quacchero [kuʼak-kero] *m* Quäker
m.

quaderno [kuaʼderno] *m* Heft *n*,
Schreibheft *n*; Lage *f* (*Papier*).

quadr|agenario [kuadradʒeʼnaːrio]
(*pl. -ri*) **1.** *adj.* vierzigjährig; **2.** *m*
Vierziger *m*; **~agesima** [-draʼdʒeː-
zima] *f* Fastenzeit *f*; **~agesimale**
[-dradʒeziʼmaːle] Fasten...; **~age-
simo** [-draʼdʒeːzimo] vierzigste;
~angolare [-drangoʼlaːre] viereckig; **~angolo** [-ʼdrangolo] *m*
Viereck *n*; **~ante** [-ʼdrante] *m*
Quadrant *m*; Zifferblatt *n*; **~lumi-
noso** Leuchtzifferblatt *n*; **~are**
[-ʼdraːre] (1a) **1.** *v/t.* viereckig machen; **2.** *v/i.* passen; *Rechnungen*:
stimmen; **~ato** [-ʼdraːto] **1.** *adj.*
viereckig; Quadrat...; *fig.* rechtschaffen; *radice f -a* Quadratwurzel
f; **~di spalle** breitschulterig; **2.** *m*
Geom. Viereck *n*; *Arith.* Quadrat *n*;
⚔ Karree *n*; **~atura** [-draʼtuːra] *f*
Quadratur *f*; **~ello** [-ʼdrɛllo] *m*
Fliese *f*; Riemnadel *f*; Quaderstein
m; **~ettato** [-drɛtˈtaːto] kariert;
gewürfelt; **~etto** [-ʼdrɛtto] *m* Bild-
chen *n*; *Spiel:* Feld (Schachfeld)
n; **~iennale** [-drienˈnaːle] vier-
jährlich; **~iennio** [-drīˈɛn-nio] *m*
(*pl. -nni*) Zeitraum *m* von vier
Jahren; **~ifoglio** [-driˈfɔː.ʎo] *m*
(*pl. -gli*) vierblätt(e)rigesKleeblatt *n*;
Kleeblattkreuzung *f*; **~iga** [-ʼdriːga]
f (*pl. -ghe*) Viergespann *n*; **~ige-
mino** [-driˈdʒɛːmino]: *parto m ~*
Vierlingsgeburt *f*; **~iglia** [-ʼdriː.ʎa] *f*
Quadrille *f*; **~ilatero** [-driˈlaːtero]
1. *adj.* vierseitig; **2.** *m* Viereck *n*;
⚔ Karree *n*; **~imestrale** [-drime-
sˈtraːle] viermonatlich; **~imestre**
[-driˈmɛstre] *m* Zeitraum *m* von
vier Monaten; **~imotore** [-drimo-
toːre] **1.** *adj.* viermotorig; **2.** *m*
viermotoriges Flugzeug *n*; **~ipar-**

tire [-driparʼtiːre] (4d) vierteilen;
~isillabo [-driˈsil-labo] **1.** *adj.* vier-
silbig; **2.** *m* Viersilb(l)er *m*.

quadrivio [kuaʼdriːvio] *m* (*pl. -vi*)
Kreuzweg *m*; *ehm.* Quadrivium *n*.

quadro [kuʼaːdro] **1.** *adj.* viereckig;
testa f -a Dickkopf *m*; **2.** *m* Viereck *n*; Quadrat *n*; Bild *n*; ⚔ Kader
m; *Kartensp.* Karo *n*; (*a. ~ sino-
tico*) Übersichtstabelle *f*; *-i diret-
tivi* Führungskräfte *f/pl.*; *~ luminoso* Leuchttafel *f*; *~ di comando*
Schalttafel *f*; *~ degli strumenti* Armaturenbrett *n*; *~ a olio* Ölbild *n*;
collezione f di -i Bildersammlung *f*;
legge ~ Rahmengesetz *n*.

quadr|umane [kuaˈdruːmane] *Zool.*
1. *adj.* vierhändig; **2.** *m* Vierhänder
m; **~upede** [-ʼdruːpede] **1.** *adj.* vier-
füßig; **2.** *m* Vierfüß(l)er *m*; **~upli-
care** [-drupliˈkaːre] (1m *u.* d) vervierfachen; **~uplice** [-ʼdruːpliʧe]
vierfach.

quadruplo [kuʼaːdruplo] **1.** *adj.*
vierfach; **2.** *m* Vierfache(s) *n*.

quaggiù [kuadˈdʒu] hier unten;
hier herunter; hienieden; her-
nieder.

quaglia [kuʼaː.ʎa] *f* Wachtel *f*.

quagli|are [kuaʼʎaːre] (1g) **1.** *v/t.*
zum Gerinnen bringen; **2.** *v/i. u.*
~arsi [-ʼʎarsi] gerinnen.

qualche [kuʼalke] irgendein; einige;
~ giorno einige Tage; *~ cosa* etwas;
~ volta manchmal; *in ~ luogo* irgendwo; *~ mese fa* vor einigen Monaten;
in ~ modo irgendwie.

qual|cheduno [kualkeʼduːno] irgend
jemand; **~cosa** [-ʼkɔːsa] etwas; *~ di
bello* etwas Schönes; *ha pagato ~
come un milione* er hat etwa eine
Million bezahlt; **~cuno** [-ʼkuːno]
irgend jemand; jemand, einer; *c'è
~?* ist jemand da?; *credersi ~* sich
für etwas Besonderes halten.

quale [kuʼaːle] **1.** *adj. u. pron.* wel-
che(r); *~ si sia, ~ si voglia* jede(r)
beliebige; *~?* welche(r, s)?; *~ libro
vuoi?* was für ein Buch willst du?;
~ errore! was für ein Fehler!; *il* (*la*)
~ der (die), welche(r); *la persona*

della ~ stai parlando die Person, von der du sprichst; **2.** *adv.* wie; als; ~ *io non vidi mai* wie ich nie gesehen habe; *è venuto ~ rappresentante* er ist als Vertreter gekommen.

qualifica [kua'li:fika] *f* (*pl.* -che) Bezeichnung *f*; Titel *m*; Qualifikation *f*; ~ *professionale* Berufsbezeichnung *f*; *dare a qu. la ~ di* j-n als ... (*acc.*) bezeichnen.

qualific|abile [kualifi'ka:bile] qualifizierbar; näher zu bezeichnen(d); **~are** [-'ka:re] (1m *u.* d) qualifizieren; bezeichnen; **~ativo** [-ka'ti:vo] bezeichnend; **~ato** [-'ka:to] qualifiziert; *operaio m ~* Facharbeiter *m*; **~azione** [-katsi'o:ne] *f* Bezeichnung *f*; Befähigungszeugnis *n*; *esame m di ~* Eignungsprüfung *f*.

qual|ità [kuali'ta] *f* Eigenschaft *f*; Beschaffenheit *f*; † Qualität *f*; *merce f di prima ~* Qualitätsware *f*; *di ~ minore* zweitklassig; *nella sua ~ di* in s-r Eigenschaft als; **~itativo** [-lita'ti:vo] qualitativ.

qual|ora [kua'lo:ra] falls; **~siasi** [-'si:asi], **~sisia** [-si'si:a], **~sivoglia** [-si'vɔ:ʎa] jeder beliebige; **~unque** [-'lu ŋkue] jeder, welcher auch immer; *uno ~* irgendeiner; *uomo m ~* Jedermann *m*; *Mann m von der Straße*, **~volta** [-'vɔlta]: *ogni ~* jedesmal, wenn.

quando [kua'ndo] wann; wenn; als; *per ~?* für wann?; *da ~?* seit wann?; *~ vengo* wenn ich komme; *~ ero bambino* als ich ein Kind war; *... ~ bald ... bald; di ~ in ~* od. *a ~ a ~* dann und wann; *~ che sia* wann es auch sei; *quand'anche* wenn auch.

quant|ità [kuanti'ta] *f* Menge *f*; Quantität *f*; & Größe *f*; ~ *eccessiva* Zuviel *n*; *in ~* im Überfluß; **~itativo** [-tita'ti:vo] **1.** *adj.* quantitativ, mengenmäßig; **2.** *m* Menge *f*; Anzahl *f*.

quanto [ku'anto] **1.** *adj.* wieviel; (*od. tutto ~*) alles, was; *tutto ~ il libro* das ganze Buch; *tutti -i* alle miteinander; *a ~ scrive* nach dem, was er schreibt; *-i ne abbiamo oggi?* der wievielte ist heute?; ~ *sopra* obiges; **2.** *adv.* wie; wie sehr; wie lange; ~ *dura ancora?* wie lange dauert es noch?; *a me* was mich betrifft; ~ *fa?* wieviel kostet es?;

a ~ si dice nach dem, was man sagt; *da ~ ho capito* soviel ich verstanden habe; ~ *prima* so bald als möglich; *per ~ ricco tu sia* so reich du auch sein magst; *in ~ che* sofern; **3.** *m*: *teoria f dei -i* Quantenlehre *f*.

quantunque [kuan'tuŋkue] obschon, obwohl.

quaranta [kua'ranta] **1.** *adj.* vierzig; **2.** *m* Vierzig *f*.

quarant|ena [kuaran'te:na] *f* Quarantäne *f*; **~enne** [-'ten-ne] vierzigjährig; **~ennio** [-'ten-nio] *m* (*pl.* -nni) Zeitraum *m* von vierzig Jahren; **~esimo** [-'te:zimo] **1.** *adj.* vierzigste; **2.** *m* Vierzigstel *n*; **~ina** [-'ti:na] *f* etwa vierzig; *essere sulla ~* in den Vierzigern sein.

quarantotto [kuaran'tɔt-to] **1.** *adj.* achtundvierzig; **2.** *m* Durcheinander *n*; *mandare qu. a carte ~* j-n zum Teufel schicken.

quaresima [kua're:zima] *f* Fastenzeit *f*.

quaresimale [kuarezi'ma:le] **1.** *adj.* Fasten...; **2.** *m* Fastenpredigten *f/pl.*; Fastengebäck *n*.

quarta [ku'arta] *f* Vierte *f*; Viertel *n*; *Fechtk. u.* ♪ Quart(e) *f*.

quart|ana [kuar'ta:na] *f* (*od. adj.*: *febbre f ~*) Quartanfieber *n*; **~etto** [-'tet-to] *m* Quartett *n*; **~iere** [-'tiɛ:re] *m* Stadtviertel *n*, Stadtteil *m*; ✕ Quartier *n*, Unterkunft *f*; ~ *generale* Hauptquartier *n*; ~ *forzato* Notquartier *n*; *fig. senza ~* ohne Pardon; **~ina** [-'ti:na] *f* vierzeilige Strophe *f*; **~ino** [-'ti:no] *m* Viertelliter *m u. n.*

quarto [ku'arto] **1.** *adj.* vierte; **2.** *m* Viertel *n*; Viertelliter *m u. n.*; ~ *d'ora* Viertelstunde *f*; *in ~ luogo* viertens; *passare un brutto ~ d'ora* e-n kritischen Moment durchleben.

quartultimo [kuar'tultimo] viertletzt.

quarzifero [kuar'tsi:fero] quarzhaltig.

quarzo [ku'artso] *m* Quarz *m*; *lampada f al ~* Quarzlampe *f*.

quasi [ku'a:zi] fast, beinahe, ~ *che* als ob; *senza ~* ganz, völlig.

quassù [kuas-'su] hier oben, hier herauf.

quaterna [kua'terna] *f* Quaterne *f*.

quaternario [kuater'na:rio] **1.** *adj.* vierteilig; *Geol.* quaternär; **2.** *m* viersilbiger Vers *m*.

quatto [ku'at-to] geduckt; sachte.
quatt|ordicenne [kuat-tordi'tʃɛn-ne] vierzehnjährig; **.ordicesimo** [-tordi'tʃe:zimo] vierzehnte; **.or-dici** [-'tɔrditʃi] vierzehn.

quattrino [kuat-'tri:no] *m* Heller *m*; -i *pl.* Geld *n*; F Moneten *pl.*; *non valere un ~* keinen Pfifferling wert sein; *fare -i* sich bereichern; *essere senza un ~* abgebrannt sein.

quattro [ku'at-tro] **1.** *adj.* vier; *fig.* ein paar; *al ~ per cento* vierprozentig; *partita f a ~* Viererspiel *n*; *~ passi* ein paar Schritte; *~ salti (in famiglia)* ein Tänzchen; *in ~ e quat-tr'otto* im Handumdrehen; **2.** *m* Vier *f*; *Sport:* Vierer *m*; *~ con (senza)* Vierer *m* mit (ohne) Steuermann.

quattrocchi [kuat-'trɔk-ki] *m inv.* *Zool.* Schellente *f*; F bebrillter Mensch *m*; *a ~* unter vier Augen.

quattro|centesco [kuat-trotʃen-'tesko] (*pl. -chi*) aus dem 15. Jahrhundert; **.centista** [-tʃen'tista] *m* (*pl. -i*) Schriftsteller *m*, Künstler *m* des 15. Jahrhunderts; **.cento** [-'tʃento] **1.** *adj.* vierhundert; **2.** *m* ♀ 15. Jahrhundert *n*; **.mila** [-'mi:la] viertausend.

quegli [ku'e:ʎi] *pron.* jener.

quei [ku'ei] **1.** *pron.* jener; **2.** *adj. u. pron.* jene *m/pl.*

quello [ku'el-lo] *adj. u. pron.* jener; *~ che* derjenige (dasjenige), welcher (welches); *tutto ~* all das; *tutto ~ che* alles, was; *a quel che disse* nach dem, was er sagte; *è sempre ~* er ist noch immer derselbe; *dirne di -e* alles mögliche sagen; *farne di -e* alle möglichen Streiche machen; *lit. in quel di Torino* in der Umgebung von Turin.

querceto [kuer'tʃe:to] *m* Eichenwald *m*.

quercia [ku'ɛrtʃa] *f* (*pl. -ce*) Eiche *f*.

querela [kue're:la] *f* Klage *f*; *sporgere ~ contro qu.* j-n verklagen; *~ per diffamazione* Verleumdungsklage *f*.

querel|ante [kuere'lante] *su.* Kläger(in *f*) *m*; *c.s.* Querulant(in *f*) *m*; **.are** [-'la:re] (1b) verklagen; **.arsi** [-'la:rsi] sich beklagen; Klage einreichen; **.ato** [-'la:to] *m* Beklagte(r) *m*.

querulo [ku'ɛ:rulo] *lit.* klagend; kläglich.

quesito [kue'zi:to] *m* Frage *f*; Aufgabe *f*.

questi [ku'esti] **1.** *pron.* dieser; **2.** *adj. u. pron.* diese *m/pl.*

question|are [kuestio'na:re] (1a) streiten; **.ario** [-'na:rio] *m* (*pl. -ri*) Fragebogen *m*.

questione [kuesti'o:ne] *f* Frage *f*; Streit *m*; *~ d'onore* Ehrensache *f*; *~ sociale* soziale Frage *f*; *~ di fiducia* Vertrauensfrage *f*; *la cosa in ~* die fragliche Sache; *qui non è ~ di* hier handelt es sich nicht um (*acc.*); *~ di lana caprina* Streit um des Kaisers Bart; *è ~ di fortuna* es ist Glückssache; *è fuori ~* das steht außer Frage.

questo [ku'esto] dieser, der (da); *quest'altr'anno* nächstes Jahr; *con ~* und damit; *per ~* deshalb; *quest'oggi* heute; *-o poi!* das ist ja allerhand!; *ci mancherebbe anche -a!* das fehlte gerade noch!; *questa non me l'a-spettavo* das hätte ich nicht erwartet.

questore [kues'to:re] *m* Polizeipräsident *m*.

questua [ku'estua] *f* (Almosen-) Sammlung *f*; *c.s.* Bettelei *f*.

questu|ante [kuestu'ante] *m* Almosensammler *m*; *c.s.* Bettler *m*; **.are** [-tu'a:re] (11 *u.* b) Almosen einsammeln; betteln.

quest|ura [kues'tu:ra] *f* Polizeipräsidium *n*; **.urino** [-tu'ri:no] *m* Polizist *m*.

qui [ku'i] hier; hierher; *di ~* von hier; *di ~ a un mese* in e-m Monat; *di ~ innanzi* von jetzt an; *di ~ si vede* daraus sieht man.

quia [ku'i:a] *m*: *venire al ~* zum springenden Punkt kommen.

quiesc|ente [kuieʃ-'ʃɛnte] ruhend; **.enza** [-'ʃɛntsa] *f* Ruhestand *m*.

quietanza [kuie'tantsa] *f* Quittung *f*; **.anzare** [-tan'tsa:re] (1a) quittieren.

quietare [kuie'ta:re] (1b) beruhigen.

quiete [kui'ɛ:te] *f* Ruhe *f*; *~ d'animo* Gemütsruhe *f*.

quiet|ismo [kuie'tizmo] *m* Quietismus *m*; **.ista** [-'tista] *su.* (*m/pl. -i*) Quietist(in *f*) *m*.

quieto [kui'ɛ:to] ruhig.

quinario [kui'na:rio] **1.** *adj.* fünfsilbig; **2.** *m* fünfsilbiger Vers *m*, Fünfsilb(l)er *m*.

quin|ci [ku'intʃi] *lit.* von hier; *~ e quindi* von der e-n und von der anderen Seite; *in* ~ *e quindi* affektiert; **~di** [-di] daher; daraus; also, somit, deshalb.

quindic|ennale [kuinditʃen-'naːle] fünfzehnjährig; **~enne** [-'tʃen-ne] fünfzehnjährig; **~esimo** [-'tʃeː-zimo] **1.** *adj.* fünfzehnte; **2.** *m* Fünfzehnte(r) *m*; Fünfzehntel *n*.

quindici [ku'inditʃi] fünfzehn.

quindic|ina [kuindi'tʃiːna] *f* etwa fünfzehn; vierzehntägiger Lohn *m*; *una* ~ *di giorni* etwa vierzehn Tage; *la prima* ~ *del mese* die erste Hälfte des Monats; **~inale** [-tʃi'naːle] Halbmonats...

quinqu|agenario [kuiŋkuadʒe-'naːrio] (*pl.* -ri) **1.** *adj.* fünfzigjährig; **2.** *m* Fünfziger *m*; **~agesima** [-kua'dʒeːzima] *f* Quinquagesima *f*; **~agesimo** [-kua'dʒeːzimo] fünfzigste; **~ennale** [-kuen-'naːle] fünfjährlich; *piano* ~ *m* Fünfjahresplan *m*; **~enne** [-ku'en-ne] fünfjährig; **~ennio** [-ku'en-nio] *m* (*pl.* -nni) Zeitraum *m* von fünf Jahren.

quinta [ku'inta] *f* Fünfte *f*; ♪ Quint(e) *f*; *Thea.* Kulisse *f*; *fig.* *dietro le* -e hinter den Kulissen.

quint|ale [kuin'taːle] *m* Doppelzentner *m*; *mezzo* ~ *m* Zentner *m*; **~erno** [-'tɛrno] *m* Heft *n von 5 Bogen*; **~essenza** [-tes-'sɛntsa] *f* Quintessenz *f*; **~etto** [-'tet-to] *m* Quintett *n*; **~ino** [-'tiːno] *m* Fünftelliter *m u. n*.

quinto [ku'into] **1.** *adj.* fünfte; **2.** *m* Fünfte(r) *m*; Fünftel *n*.

quint|odecimo [kuinto'dɛːtʃimo] fünfzehnte; **~ultimo** [-'tultimo] fünftletzte(r); **~uplicare** [-tupli-'kaːre] (1m *u.* d) verfünffachen; **~uplice** [-'tuːplitʃe] fünffach.

quintuplo [ku'intuplo] **1.** *adj.* fünffach; **2.** *m* Fünffache(s) *n*.

quiproquo [kuiproku'ɔ] *m inv.* Verwechslung *f*, Mißverständnis *n*.

quisquilie [kuisku'iːlie] *f/pl.* Kleinigkeiten *f/pl.*, Kinkerlitzchen *pl.*

quivi [ku'iːvi] da, dort; daselbst.

quiz [ku'its] *m inv.* Quiz *n*.

quorum [ku'ɔːrum] *m inv.* Quorum *n*, beschlußfähige Anzahl *f*.

quota [ku'ɔːta] *f* Quote *f*; Anteil *m*; Beitrag *m*; Anhöhe *f*; ✈ Höhe *f*; ~ *sociale* Mitgliedsbeitrag *m*; ~ *di utile* Gewinnanteil *m*; *a bassa* ~ im Tiefflug; *perdere* ~ an Höhe verlieren; *prendere* ~ steigen; *essere a* ~ *zero Sport*: keinen Punkt haben; *fig.* wieder am Anfang stehen.

quot|are [kuo'taːre] (1c) schätzen; einschätzen; veranlagen; ✝ quotisieren; *an der Börse* notieren; **~ato** [-'taːto] geschätzt, angesehen; ✝ notiert, quotiert; *non* ~ unnotiert; **~azione** [-tatsi'oːne] *f* Quotierung *f*; Notierung *f*; ~ *ufficiale* amtliche Notierung *f*; ~ *di borsa* Börsenkurs *m*; ~ *di chiusura* Schlußnotierung *f*.

quotidianamente [kuotidiana-'mente] täglich, jeden Tag.

quotidiano [kuotidi'aːno] **1.** *adj.* täglich; *giornale m* ~ = **2.** *m* Tageszeitung *f*.

quoziente [kuotsi'ɛnte] *m* Quotient *m*; ~ *d'intelligenza* Intelligenzquotient *m*; ~ *di mortalità* Sterblichkeitsziffer *f*.

Q

R

R, r [ɛr-re] *f u. m* R, r *n.*

rabarbaro [ra'barbaro] *m* Rhabarber *m*; Rhabarbergetränk *n.*

rabberci|amento [rab-bertʃa'mento] *m* Ausbesserung *f*; **~are** [-'tʃa:re] (1f) ausbessern.

rabbia [rab-bia] *f* Wut *f*; ✗ Tollwut *f*; *accesso m di* ~ Zornausbruch *m*; *fare* ~ *a qu.* j-n ärgern.

rabb|inico [rab-'bi:niko] (*pl.* -ci) rabbinisch; **~ino** [-'bi:no] *m* Rabbiner *m.*

rabbioso [rab-bi'o:so] wütend; toll.

rabbonire [rab-bo'ni:re] (4d) **1.** *v/t.* besänftigen; **2.** *v/i.* wieder gut werden; sich beruhigen.

rabbrividire [rab-brivi'di:re] (4d) schaudern.

rabb|uffare [rab-buf-'fa:re] (1a) zerzausen; *j-n* anschnauzen; **~uffarsi** [-buf-'farsi] sich in die Haare geraten; **~uffo** [-'buf-fo] *m* Rüffel *m.*

rabbuiarsi [rab-bui'arsi] (1i) sich verfinstern, sich verdunkeln; *fig.* finster werden.

rabdom|ante [rabdo'mante] *m* Wünschelrutengänger *m*; **~anzia** [-man'tsi:a] *f* Wünschelrutenkunst *f.*

rabesc|are [rabes'ka:re] (1d) mit Arabesken verzieren; **~atura** [-ka-'tu:ra] *f* Arabeskenarbeit *f.*

rabesco [ra'besko] *m* (*pl.* -chi) Arabeske *f.*

raccapezz|are [rak-kapet-'tsa:re] (1a) zusammenkratzen; begreifen; **~arsi** [-'tsarsi] sich zurechtfinden; *non mi ci raccapezzo più* daraus werde ich nicht mehr klug.

raccapr|icciante [rak-kaprit-'tʃante] schauderhaft, grauenvoll; **~icciare** [-prit-'tʃa:re] (1f) schaudern; **~iccio** [-'prit-tʃo] *m* (*pl.* -cci) Schauder *m.*

raccatta|cicche [rak-kat-ta'tʃik-ke] *m inv.* Zigarettenkippensammler *m*; **~palle** [-'pal-le] *m inv.* Balljunge *m.*

raccatt|are [rak-kat-'ta:re] (1a) aufheben; aufnehmen; *Stummel* sam-

meln; **~aticcio** [-ta'tit-tʃo] *m* (*pl.* -cci) Aufgelesene(s) *n.*

racchetta [rak-'ket-ta] *f* Tennisschläger *m*; Schistock *m*; *Auto:* Wischarm *m.*

racchio [rak-kio] F häßlich.

racchi|udere [rak-ki'u:dere] (3b) enthalten; bergen; **~usi** [-ki'u:si], **~uso** [-ki'u:so] *s.* racchiudere.

raccogli|ere [rak-'kɔʎere] (3ss) sammeln; aufheben; enthalten; aufnehmen; auflesen; *Stimmen* vereinigen; *Gedanken* zusammenfassen; *Truppen* zusammenziehen; ✔ *u. fig.* ernten; **~ersi** [-si] sich sammeln; sich vereinigen; sich zusammenkauern.

raccogl|imento [rak-koʎi'mento] *m* Sammlung *f*; **~iticcio** [-ʎi'tit-tʃo] (*pl.* -cci) zusammengerafft; **~itore** [-ʎi'to:re] *m* Sammler *m*; ⊕ Schnellhefter *m* (*in Büros*).

racc|olgo [rak-'kɔlgo], **~olsi** [-'kɔlsi] *s.* raccogliere; **~olta** [-'kɔlta] *f* Sammlung *f*; ✔ Ernte *f*; ~ *di frutta* Obsternte *f*; ~ *di poesie* Gedichtsammlung *f*; *campo m di* ~ Sammellager *n*; ✗ *sonare a* ~ zum Sammeln blasen; **~olto** [-'kɔlto] **1.** *s.* raccogliere; **2.** *adj. fig.* gesammelt; in sich gekehrt; **3.** *m* Ertrag *m*; ✔ Ernte *f.*

raccomand|abile [rak-koman'da:bile] empfehlenswert; **~are** [-'da:re] (1a) empfehlen; ✍ einschreiben; **~arsi** [-'darsi] sich empfehlen; *mi raccomando a Lei* ich bitte Sie darum; *ci raccomandiamo a Lei* wir empfehlen uns Ihnen; **~ata** [-'da:ta] *f* Einschreibebrief *m*; **~ato** [-'da:to] **1.** *adj.* empfohlen; eingeschrieben; **2.** *m* Empfohlene(r) *m*, Günstling *m*; ~ *di ferro* Person *f* mit guten Beziehungen; **~azione** [-datsi'o:ne] *f* Empfehlung *f*; Bitte *f.*

raccomod|are [rak-komo'da:re] (1m *u.* c) ausbessern, reparieren; **~atura** [-da'tu:ra] *f* Ausbesserung *f.*

racconciare [rak-kon'tʃa:re] (1f) ausbessern; reparieren.

raccont|are [rak-kon'ta:re] (1a)

erzählen; ~ per filo e per segno ausführlich erzählen; **~atore** [-ta-'to:re] m Erzähler m; **~ino** [-'ti:no] m kleine Erzählung f.

racconto [rak-'konto] m Erzählung f.

raccorci|amento [rak-kortʃa'men-to] m Verkürzung f; **~are** [-'tʃa:re] (1f) verkürzen.

racc|ordare [rak-kor'da:re] (1c) wieder verbinden; ⊕ anschließen; **~ordo** [-'kɔrdo] m Wiederverbindung f; Anschluß m; ~ anulare Ringstraße f; ~ ferroviario Eisenbahnknotenpunkt m; ~ principale Hauptanschluß m.

raccost|amento [rak-kosta'mento] m Annäherung f; **~are** [-'ta:re] (1c) näher rücken.

raccozzare [rak-kot-'tsa:re] (1c) zusammenwürfeln.

rach|itico [ra'ki:tiko] (pl. -ci) **1.** adj. rachitisch; **2.** m Rachitiker m; **~itide** [-'ki:tide] f Rachitis f; **~itismo** [-ki'tizmo] m rachitische Veranlagung f.

racimol|are [ratʃimo'la:re] (1m) **1.** v/i. ♂ Nachernte halten; **2.** v/t. fig. zusammenstoppeln; **~atura** [-la'tu:ra] f Nachernte f; Zusammenstoppelung f.

racimolo [ra'tʃi:molo] m Träubchen n; fig. Überbleibsel n.

rada [ra'da] f ⚓ Reede f.

radar [ra'dar] m inv. Radar m u. n; impianto m ~ Radaranlage f.

raddens|are [rad-den'sa:re] (1b) dichter machen; **~arsi** [-'sarsi] dichter werden.

raddolc|imento [rad-doltʃi'mento] m Milderung f; Gram. Umlaut m; **~ire** [-'tʃi:re] (4d) versüßen; fig. mildern; Stimme dämpfen; j-n besänftigen; **~irsi** [-'tʃirsi] milder werden; Zorn: nachlassen.

raddoppi|amento [rad-dop-pia-'mento] m Verdoppelung f; **~are** [-pi'a:re] (1k) verdoppeln.

raddoppio [rad-'dop-pio] m (pl. -ppi) Verdoppelung f; Billard: Dublee n; ☷ ~ di una linea Umbau m auf Doppelspur.

raddrizz|amento [rad-drit-tsa-'mento] m Richten (Aufrichten) n; ∳ Gleichrichtung f; fig. Verbesserung f; **~are** [-'tsa:re] (1a) gerademachen; aufrichten; fig. verbessern; Typ. umkehren; ∳ gleichrichten; ✺ abfangen; fig. ~ le

gambe ai cani e-n Mohren weiß waschen; **~atore** [-tsa'to:re] m ∳ Gleichrichter m.

radente [ra'dente] streifend, Streif...

radere [ra'dere] (3b) rasieren; streifen; ~ al suolo dem Boden gleichmachen.

radezza [ra'det-tsa] f Spärlichkeit f.

radi|ale [radi'a:le] strahlenförmig; radial; **~ante** [-di'ante] ausstrahlend; **~are** [-di'a:re] (1k) streichen; ausschließen, ausstoßen; **~ato** [-di'a:to] m Strahlentierchen n; **~atore** [-dia'to:re] m Heizkörper m; Auto: Kühler m; **~azione** [-diatsi'o:ne] f Ausstrahlung f; ~ di calore Wärmeausstrahlung f.

radica [ra'dika] f (pl. -che) Wurzel f.

radic|ale [radi'ka:le] **1.** adj. radikal; gründlich, Radikal...; ♀ u. ♫ Wurzel...; partito m ~ radikale Partei f; sillaba f ~ Wurzelsilbe f; cura f ~ Radikalkur f; **2.** m fig. u. Pol. Radikale(r) m; ♫ Wurzel f; **3.** f Gram. u. ♫ Wurzel f; **~aleggiare** [-kaled-'dʒa:re] (1f) Pol. zum Radikalismus hineigen; **~alismo** [-ka'lizmo] m Radikalismus m; **~are** [-'ka:re] (1l u. d) u. **~arsi** [-'karsi] Wurzel fassen; einwurzeln; verwurzeln; **~ato** [-'ka:to] eingewurzelt; ~ in qc. verwachsen mit etwas.

rad|icchio [ra'dik-kio] m (pl. -cchi) Zichorie f (zum Salat); **~ice** [-'di:tʃe] f Wurzel f (a. ♀ u. fig.); fig. Ursache f; ~ quadrata Quadratwurzel f; mettere ~i Wurzel fassen.

radio [ra'dio] **1.** m Anat. Speiche f; ♫ Radium n; **2.** f inv. Radio n; Funk m; Rundfunk m; Radioapparat m; apparecchio m ~ portatile Kofferradio m; utente m della ~ Radiohörer m; ascoltare la ~ Radio hören; abbassare la ~ das Radio leiser stellen.

radio|abbonato [radioab-bo'na:to] m Rundfunkteilnehmer m; **~amatore** [-ama'to:re] m Radioamateur m; **~ascoltatore** [-askolta'to:re] m Rundfunkhörer m; **~attività** [-at-tivi'ta] f Radioaktivität f; **~attivo** [-at-'ti:vo] radioaktiv; **~audizione** [-auditsi'o:ne] f Rundfunkempfang m; **~bussola** [-'bus-sola] f Radiokompaß m; **~comandare** [-koman-'da:re] (1a) fernsteuern; **~comandato** [-koman'da:to] ferngesteuert;

~comando [-ko'mando] m Funksteuerung f; ~commedia [-kom'mɛ:dia] f Hörspiel n; ~comunicazione [-komunikatsi'o:ne] f Radiomeldung f; Rundfunkmeldung f; ~corriere [-kor-ri'ɛ:re] m Rundfunkzeitung f; ~cronaca [-'krɔːnaka] f Radioreportage f; Hörbericht m; ~cronista [-kro'nista] m (pl. -i) Rundfunkreporter m; ~diffondere [-dif-'fondere] (3bb) durch den Rundfunk übertragen; ~diffusione [-dif-fuzi'o:ne] f Radioübertragung f; ~discorso [-dis'korso] m Rundfunkrede f; ~dramma [-'dram-ma] m (pl. -i) Hörspiel n; ~faro [-'fa:ro] m Peilstation f; Funkfeuer n; ~fonia [-fo'ni:a] f Radiophonie f; ~fonico [-'fɔːniko] Rundfunk..., Funk..., Radio...; apparecchio m ~ Radioapparat m; impianto m ~ Funkanlage f; messaggio m ~ Radiobotschaft f; programma m ~ Radioprogramm n; pubblicità f ~a Rundfunkreklame f; ~fonografo [-fo'nɔːgrafo] m Radioapparat m mit Plattenspieler; ~fonogramma [-fono'gram-ma] m (pl. -i) drahtloser Fernsprechbericht m; ~giornale m Nachrichtensendung f; ~goniometria [-goniome'tri:a] f Richtungsbestimmung f; ~grafare [-gra'fa:re] (1a) durchleuchten, röntgen; ~grafia [-gra'fi:a] f Röntgenaufnahme f; ~grafico [-'gra:fiko] (pl. -ci) radiographisch; esame m ~ Röntgenuntersuchung f; ~grafista [-gra'fista] su. (m/pl. -i) Funker(in f) m; ~gramma [-'gramma] m (pl. -i) Funkspruch m; ~grammofono [-gram-'mɔːfono]m ~ s. radiofonografo.

radi|ologia [radiolo'dʒi:a] f Radiologie f; ~ologico [-o'lɔːdʒiko] (pl. -ci) Röntgen...; gabinetto m ~ Röntgenraum m; ~ologo [-'ɔːlogo] m (pl. -gi) Röntgenologe m.

radio|ricevitore [radiorit∫evi'to:re] m Rundfunkempfänger m; ~scopia [-sko'pi:a] f Röntgendurchleuchtung f; ~scopico [-s'kɔːpiko] (pl. -ci): sottoporre a esame ~ durchleuchten.

radi|osità [radiosi'ta] f Glanz m; ~oso [-di'o:so] glänzend.

radio|spettacolo [radiospet-'ta:kolo] m Hörspiel n; ~sport [-'sport]

f Sportnachrichten f/pl.; ~tecnica [-'tɛknika] f Radiotechnik f; ~tecnico [-'tɛkniko] m (pl. -ci) Radiotechniker m; ~telefonia [-telefo'ni:a] f drahtlose Telephonie f; ~telefono [-te'lɛ:fono] m Funksprechgerät n; ~telegrafare [-telegra'fa:re] (1n u. b) funken; ~telegrafia [-telegra'fi:a] f drahtlose Telegrafie f; ~telegrafico [-tele'gra:fiko] (pl. -ci) Funk..., Radio...; stazione f ~a di bordo Bordfunkstelle f; ~telegrafista [-telegra'fista] su. (m/pl. -i) Funker(in f) m; ~telegramma [-tele'gram-ma] m (pl. -i) Funktelegramm n; ~televisione [-televizi'o:ne] f Rundfunk m und Fernsehen n; ~terapia [-tera'pi:a] f Radiotherapie f; ~trasmesso [-traz'mes-so] übertragen, gesendet; discorso m ~ Funkrede f; ~trasmissione [-trazmis-si'o:ne] f Radioübertragung f; Radiosendung f; ~trasmittente [-trazmit-'tɛnte] f Rundfunksender m; ~valigia [-va'li:dʒa] f Kofferradio n.

rado [ra:do] spärlich; dünn; licht; locker; di ~ selten.

radun|are [radu'na:re] (1a) ansammeln; zusammenbringen; ~arsi [-'narsi] sich versammeln; ~ata [-'na:ta] f Versammlung f.

raduno [ra'du:no] m Ansammlung f; Versammlung f.

radura [ra'du:ra] f Lichtung f.

rafano [ra:fano] m Rettich m; ~ tedesco Meerrettich m.

raffa [raf-fa] s. riffa.

raffaellesco [raf-fael-'lesko] (pl. -chi) raffaelisch.

raffazzon|are [raf-fat-tso'na:re] (1a) zurechtstutzen; ~atura [-na'tu:ra] f Zurechtstutzung f.

rafferm|a [raf-'fɛrma] f Bestätigung f; ✗ Weiterdienen n im Heer; ~are [-fer'ma:re] (1a) bestätigen; ✗ wieder verpflichten; ~o [-'fɛrmo] Brot: altbacken.

raffica [raf-fika] f (pl. -che) Windstoß m; ✗ Feuerstoß m, Garbe f.

raffigurare [raf-figu'ra:re] (1a) darstellen; versinnbildlichen.

raffil|are [raf-fi'la:re] (1a) abkanten; Bücher beschneiden; ~atoio [-la'to:io] m (pl. -oi) Glättkolben m; ~atura [-la'tu:ra] f Schleifen n; Buch: Beschneiden n; Papierschnitzel n/pl.

raffin|amento [raffina'mento] *m* Verfeinerung *f*; Raffinieren *n*; Läuterung *f*; **～are** [-'na:re] (1a) verfeinern; *Zucker u. fig.* raffinieren; *Gold* läutern; **～atezza** [-na'tet-tsa] *f* Raffiniertheit *f*; **～ato** [-'na:to] verfeinert, raffiniert; *fig.* erlesen; *Person:* gepflegt; **～atoio** [-na'to:io] *m (pl. -oi)* Läuterofen *m*; **～atura** [-na'tu:ra] *f* Läuterung *f*; Raffinierung *f*; **～eria** [-ne'ri:a] *f* Raffinerie *f*.

raffio [raf-fio] *m (pl. -ffi)* Haken *m*.

raffitt|ire [raf-fit-'ti:re] (4d) **1.** *v/t.* dichter machen; **2.** *v/i.* dichter werden; **～irsi** [-'tirsi] näher zusammenrücken; *Besuche:* häufiger werden.

rafforzare [raf-for'tsa:re] (1c) verstärken; *fig.* stärken.

raffredd|amento [raf-fred-da-'mento] *m* Erkalten *n*; ⊕ Kühlung *f*; *fig.* Abkühlung *f*; **～ ad acqua** Wasserkühlung *f*; *acqua f di ～* Kühlwasser *n*; **～ ad aria** Luftkühlung *f*; *motore m con ～ ad aria* luftgekühlter Motor *m*; **～are** [-'da:re] (1a) **1.** *v/t.* abkühlen *(a. fig.)*; **2.** *v/i.* erkalten; **～arsi** [-'darsi] kalt werden; *Path.* sich erkälten; *fig.* sich abkühlen; **～ato** [-'da:to] erkältet *(a. Path.)*; *fig.* lau; **～ore** [-'do:re] *m* Erkältung *f*, Schnupfen *m*. {geln.}

raffrenare [raf-fre'na:re] (1a) zü-}

raffr|ontare [raf-fron'ta:re] (1a) vergleichen; **～onto** [-'fronto] *m* Vergleich *m*.

ragade [ra:gade] *f* Schrunde *f*.

raganella [raga'nel-la] *f* Knarre *f*; *Zool.* Laubfrosch *m*; *sonare la ～* knarren.

ragazza [ra'gat-tsa] *f* Mädchen *n*; F Freundin *f*; **～ di servizio** Dienstmädchen *n*; *nome m da ～* Mädchenname *m*.

ragazz|accio [ragat-'tsat-tʃo] *m (pl. -cci)* ungezogener Junge *m*; **～aglia** [-'tsa:ʎa] *f* Straßenjungen *m/pl.*; **～ata** [-'tsa:ta] *f* Bubenstreich *m*.

ragazzo [ra'gat-tso] *m* Knabe *m*, Junge *m*; *(a. ～ di negozio)* Bursche (Laufbursche) *m*; **～ in gamba** Pfundskerl *m*.

raggi|ante [rad-'dʒante] (1f) **1.** *v/i.* strahlen; **～are** [-'dʒa:re] (1a) strahlen; **2.** *v/t.* ausstrahlen; **～era** [-'dʒe:ra] *f* Strahlenkranz *m*.

raggio [rad-dʒo] *m (pl. -ggi)* Strahl *m*; *Geom.* Halbmesser *m*; ⊕ Speiche *f*; *fig.* Kreis *m*; **～ d'azione** Aktionsradius *m*; *fig.* Wirkungskreis *m*; **～ di luce** Lichtstrahl *m*; **～ di sole** Sonnenstrahl *m*; *-i pl.* X Röntgenstrahlen *m/pl.*; X-Strahlen *m/pl.*; *fare i -i* durchleuchten, röntgen; *-i infrarossi, ultravioletti* infrarote, ultraviolette Strahlen *m/pl.*

ragg|irare [rad-dʒi'ra:re] (1a) hintergehen; **～ qu.** j-n aufs Eis führen; **～iro** [-'dʒi:ro] *m* Betrug *m*; *-i pl.* Ränke *pl.*

raggi|ungere [rad-'dʒundʒere] (3d) einholen; *Ziel* erreichen; **～ungimento** [-dʒundʒi'mento] *m* Erreichung *f*, Erreichen *n*; **～unsi** [-'dʒunsi] *s.* raggiungere; **～untare** [-dʒun'ta:re] (1a) zusammennähen; **～unto** [-'dʒunto] *s.* raggiungere.

raggiustare [rad-dʒus'ta:re] (1a) ausbessern, reparieren.

raggomitol|are [rag-gomito'la:re] (1n) aufwickeln; **～arsi** [-'larsi] sich zusammenkauern.

raggranellare [rag-granel-'la:re] (1b) zusammenscharren.

raggrinz|are [rag-grin'tsa:re] (1a), **～ire** [-'tsi:re] (4d) runzeln; *Kleid* zerknittern; **～ito** [-'tsi:to] runzelig.

raggruzzolare [rag-grut-tso'la:re] (1m) zusammenscharren, zusammensparen.

ragguagli|are [rag-gua'ʎa:re] (1g) ausgleichen; vergleichen; *j-n* unterrichten; † ins Hauptbuch eintragen; **～atamente** [-ʎata'mente] im Verhältnis.

ragguaglio [rag-gu'a:ʎo] *m (pl. -gli)* Auskunft *f*; Vergleich *m*, Gegenüberstellung *f*.

ragguardevole [rag-guar'de:vole] angesehen; beträchtlich.

ragia [ra:dʒa] *f* Harz *n*; *acqua f ～* Terpentin *m*.

ragià [ra'dʒa] *m* Radscha *m*, Maharadscha *m*.

ragion|amento [radʒona'mento] *m* Erörterung *f*; *Phil.* Vernunftschluß *m*; *allg.* Rede *f*; Gespräch *n*; **～are** [-'na:re] (1a) vernünftig reden; vernünftig sein; denken; **～ato** [-'na:to] durchdacht; vernünftig.

ragione [ra'dʒo:ne] *f* Vernunft *f*; Grund *m*, Ursache *f*; Recht *n*; Å Verhältnis *n*; † Satz *m*, Zinsfuß *m*;

~ *sociale* Gesellschaftsfirma *f;* ~ *di Stato* Staatsräson *f; per -i di salute aus* Gesundheitsgründen; *aver* ~ recht haben; *chiedere (rendere)* ~ Rechenschaft verlangen (ablegen); *dare* ~ *a qu.* j-m recht geben; *rendere di pubblica* ~ in die Öffentlichkeit bringen; *a* ~, *con* ~ mit Recht; *in* ~ *di età* dem Alter nach; *in* ~ *del 5%* zu dem Satz von 5%; *bastonare di santa* ~ gehörig durchprügeln; *secondo* ~ vernunftgemäß; *senza* ~ grundlos.

ragion|eria [radʒone'ri:a] *f* Rechnungswesen *n;* Verwaltungslehre *f;* ✝ Buchhaltung *f;* ~**evole** [-'ne:vole] vernünftig; ~**evolezza** [-'nevo'lettsa] *f* Vernünftigkeit *f;* ~**iere** [-ni'e:re] *m* Rechnungsführer *m;* Buchhalter *m.*

ragliare [ra'ʎa:re] (1g) *Esel:* schreien.

raglio [ra'ʎo] *m (pl. -gli)* Eselsschrei *m.*

ragna [ra'ɲa] *f* Spinngewebe *n;* Vogelnetz *n; fig.* Fallstrick *m,* Garn *n.*

ragnatela [raɲa'te:la] *f* Spinngewebe *n.*

ragno [ra'ɲo] *m* Spinne *f;* Spinnenfisch *m; tela f di* ~ Spinngewebe *n; non levare un* ~ *dal buco* nichts erreichen.

ragù [ra'gu] *m* Ragout *n.*

rai [rai] *(pl. v. raggio) poet.* Strahlen *m/pl.; fig.* Augen *n/pl.*

raid [ra:id] *m inv.* Raid *m,* Streifzug *m.*

raion [ra:ion] *m* Kunstseide *f.*

ralla [ral'la] *f* Türangel *f.*

rallegr|amento [ral-legra'mento] *m* Vergnügen *n; -i pl.* Glückwünsche *m/pl.;* ~**are** [-'gra:re] (1a) erfreuen; ~**arsi** [-'grarsi] sich freuen; ~ *con qu. di qc.* j-n zu et. beglückwünschen; *mi rallegro!* ich gratuliere!

rallent|amento [ral-lenta'mento] *m* Verlangsamung *f;* Nachlassen *n;* Lockerung *f;* ~**are** [-'ta:re] (1b) verlangsamen; langsam fahren; *fig.* lockern; *Eifer:* nachlassen; ~**arsi** [-'tarsi] nachlassen; ~**atore** [-ta'to:re] *m* Zeitlupe *f.*

ramaglia [ra'maʎa] *f* Reisig *n.*

ram|aio [ra'ma:io] *m (pl. -ai)* Kupferschmied *m;* ~**aiolo** [-mai-'ɔ:lo] *m* Schöpflöffel *m.*

ramanzina [raman'dzi:na] *f* Strafpredigt *f; fare una* ~ *a qu.* j-m e-e Strafpredigt halten.

ramare [ra'ma:re] (1a) verkupfern; ✗ mit Kupfervitriol bespritzen.

ramarro [ra'mar-ro] *m* grüne Eidechse *f,* Smaragdeidechse *f.*

ramato [ra'ma:to] **1.** *adj.* verkupfert; kupferhaltig; **2.** *m* Kupfervitriol *n.*

ramazza [ra'mat-tsa] *f* Besen *m.*

rame [ra:me] *m* Kupfer *n;* Kupfergeld *n; Kochk.* Kupfergeschirr *n; Zeichenk.* Kupferstich *m; color m* ~ Kupferfarbe *f; moneta f di* ~ Kupfermünze *f; di* ~ kupfern.

ramerino [rame'ri:no] *m* Rosmarin *m.*

ramifero [ra'mi:fero] kupferhaltig.

ramific|are [ramifi'ka:re] (1m *u.* d) Zweige treiben; ~**arsi** [-'karsi] sich verzweigen; ~**azione** [-katsi'o:ne] *f* Verzweigung *f.*

ram|ingare [ramiŋ'ga:re] (1e) umherwandern; umherirren; ~**ingo** [-'miŋgo] *(pl. -ghi)* umherwandernd; umherirrend; *andare* ~ = *ramingare.*

ramino [ra'mi:no] *m* kleiner Kessel (Kupferkessel) *m; Kartensp.* Rommé *n.*

rammagliare [ram-ma'ʎa:re] (1g) Maschen aufheben.

rammaric|are [ram-mari'ka:re] (1m *u.* d) betrüben; ~**arsi** [-'karsi] bedauern; klagen *(di über acc.);* ~**ato** [-'ka:to] betrübt, bekümmert; *essere* ~ bedauern.

rammarico [ram-'ma:riko] *m (pl. -chi)* Bedauern *n;* Klage *f.*

rammend|are [ram-men'da:re] (1a) stopfen; ~**atura** [-da'tu:ra] *f* Ausbesserung *f.*

rammendo [ram-'mendo] *m* Flickarbeit *f.*

ramment|are [ram-men'ta:re] (1a) erinnern an *(acc.);* erwähnen; ~**arsi** [-'tarsi] sich erinnern *(di an acc.).*

rammoll|imento [ram-mol-li-'mento] *m* Erweichung *f;* ~ *cerebrale* Gehirnerweichung *f;* ~**ire** [-'li:re] (4d) **1.** *v/t.* erweichen; **2.** *v/i.* weich werden; ~**ito** [-'li:to] **1.** *adj.* blöde; **2.** *m* Schwachsinnige(r) *m;* Dummkopf *m.*

ramo [ra:mo] *m* Zweig *m;* Flußarm *m;* Fach *n,* Gebiet *n;* ✝ Branche *f;*

F *avere un* ~ *(di pazzia)* e-n Sparren haben; *-i secchi* Reisig *n*.

ramolaccio [ramo'lat-tʃo] *m* (*pl. -cci*) Hederich *m*.

ramoscello [ramoʃ-'ʃɛl-lo] *m* Ästchen *n*, Zweig *m*.

ram|osità [ramosi'ta] *f* Vielästigkeit *f*; ~**oso** [-'mo:so] ästig.

rampa [rampa] *f* Rampe *f*; *Zool.* Tatze *f*; ~ *di carico* Laderampe *f*; ~ *di lancio* Abschußbasis *f*.

rampante [ram'pante] mit erhobener Tatze.

rampic|ante [rampi'kante] **1.** *adj.* Kletter...; **2.** *m* (*od. adj.: uccello m* ~) Klettervogel *m*; **3.** *f* (*od. adj. pianta f* ~) Kletterpflanze *f*; ~**are** [-'ka:re] (11 *u. d*) klettern.

rampichino [rampi'ki:no] *m* Baumläufer *m*.

rampino [ram'pi:no] *m* Haken *m*; Vorwand *m*, Ausrede *f*.

ramp|ogna [ram'poːɲa] *f* Schelte *f*; Schmähung *f*; ~**ognare** [-po'ɲaːre] (1a) ausschelten; beleidigen.

ramp|ollare [rampol-'laːre] (1a) hervorsprossen; *Wasser:* hervorsprudeln; ~**ollo** [-'pol-lo] *m* Schößling *m*; Quelle *f*; *fig.* Sprößling *m*.

ramp|one [ram'poːne] *m* Harpune *f*; ~**oniere** [-poni'ɛːre] *m* Harpunierer *m*.

rana [ra:na] *f* Frosch *m*; *nuoto m a* ~ Brustschwimmen *n*; *uova f/pl. di* ~ Froschlaich *m*; *uomo m* ~ Froschmann *m*.

rancid|ezza [rantʃi'det-tsa] *f* Ranzigkeit *f*; ~**ire** [-'diːre] (4d) ranzig werden.

rancido [rantʃido] ranzig; *fig.* abgestanden.

rancio[1] [rantʃo] *m* (*pl. -ci*) Ration *f*, Soldatenkost *f*.

rancio[2] [rantʃo] *poet.* orangenfarbig.

rancore [raŋ'koːre] *m* Groll *m*; feindselige Gefühle *n/pl*.

randa [randa] *f* ⚓ Besan *m*.

randagio [ran'daːdʒo] (*pl. -gi*) umherirrend; *Hund:* herrenlos.

rand|ellare [randel-'laːre] (1b) durchprügeln; ~**ellata** [-del-'laːta] *f* Stockschlag *m*; ~**ello** [-'del-lo] *m* Knüppel *m*.

ranetta [ra'net-ta] *f s.* renetta.

rango [raŋgo] *m* (*pl. -ghi*) Rang *m*; Reihe *f*.

ranista [ra'nista] *su.* (*m/pl. -i*) Brustschwimmer(in *f*) *m*.

rannicchiarsi [ran-nik-ki'arsi] (1k) sich zusammenkauern.

ranno [ran-no] *m* Lauge *f*; *perdere il* ~ *e il sapone* Zeit und Mühe verlieren.

rannod|amento [ran-noda'mento] *m* Wiederanknüpfung *f*; ~**are** [-'daːre] (1a) wieder anknüpfen; verknoten.

rannoso [ran-'noːso] laugig.

rannuvol|amento [ran-nuvola-'mento] *m* Bewölkung *f*; ~**are** [-'laːre] *u.* ~**arsi** [-'larsi] (1m) sich umwölken.

ran|occhia [ran-'nɔk-kia] *f* Frosch *m*; ~**occhiaia** [-nɔk-ki'aːia] *f* Froschteich *m*; ~**occhio** [-'nɔk-kio] *m* (*pl. -cchi*) Frosch *m*.

rantol|are [ranto'laːre] (1l) röcheln; ~**io** [-'liːo] *m* Geröchel *n*.

rantolo [rantolo] *m* Röcheln *n*.

rantoloso [ranto'loːso] röchelnd.

ranuncolo [ra'nuŋkolo] *m* Ranunkel *f*.

rapa [ra:pa] *f* Rübe *f*; *fig.* Dummkopf *m*.

rap|ace [ra'paːtʃe] raubgierig; Raub...; *uccello m* ~ Raubvogel *m*; ~**acità** [-patʃi'ta] *f* Raubgier *f*.

rap|aio [ra'paːio] *m* (*pl. -ai*) Rübenfeld *n*; ~**are** [-'paːre] (1a) ganz glatt scheren; ~**ata** [-'paːta] *f* Scheren *n*; ~**ato** [-'paːto] kurzgeschoren.

raperino [rape'riːno] *m* Zeisig *m*.

raperonzolo [rape'rontsolo] *m* Rapunzel *f*.

rapida [ra:pida] *f* Stromschnelle *f*; plötzliches Hochwasser *n*.

rapidità [rapidi'ta] *f* Schnelligkeit *f*, Schnelle *f*.

rapido [ra:pido] **1.** *adj.* schnell; ~ *come il vento* schnell wie der Wind; **2.** *m* (*treno m* ~) Fernschnellzug *m*; *supplemento m* ~ Schnellzugzuschlag *m*.

rap|imento [rapi'mento] *m* Raub *m*; Entführung *f*; *fig.* Verzückung *f*; ~**ina** [-'piːna] *f* Raub *m*; ~**inare** [-pi'naːre] (1a) berauben; rauben; ~**inatore** [-pina'toːre] *m* Räuber *m*; Entführer *m*; ~**ire** [-'piːre] (4d) rauben; *Personen* entführen; *Tod:* entreißen; *fig.* hinreißen; entzükken; ~**ito** [-'piːto] geraubt; entführt; *fig.* entzückt, hingerissen; ~**itore** [-pi'toːre] **1.** *adj.* räuberisch; **2.** *m* Räuber *m*; Entführer *m*.

rappac|ificamento [rap-patʃifika-

'mento] *m* Aussöhnung *f*; ~ificare [-tʃifi'ka:re] (1n *u.* d) aussöhnen.

rappezz|amento [rap-pet-tsa'men-to] *m* Flicken *n*; *fig.* Flickwerk *n*; **~are** [-'tsa:re] (1b) flicken; *fig.* zusammenstoppeln; **~atura** [-tsa-'tu:ra] *f* Flickerei *f*.

rappezzo [rap-'pet-tso] *m* Flicken *m*.

rappigli|are [rap-pi'ʎa:re] (1g) **1.** *v/t.* zum Gerinnen bringen; **2.** *v/i. u.* **~arsi** [-'ʎarsi] gerinnen.

rapport|are [rap-por'ta:re] (1c) wiedererzählen; hinterbringen; *&* übertragen; **~arsi** [-'tarsi] sich beziehen (*a* auf *acc.*); sich beziehen; **~atore** [-ta'to:re] *m* Hinterbringer *m*; Angeber *m*; *&* Winkelmesser *m*.

rapporto [rap-'pɔrto] *m* Bericht *m*; Beziehung *f* (*con zu*); *⚔* Appell *m*, Befehlsausgabe *f*; *&* Verhältnis *n*; ~ *segreto* Geheimbericht *m*; ~ *epistolare* Briefwechsel *m*; ~ *d'affari* Geschäftsverbindung *f*; ~ *di servizio* Dienstverhältnis *n*; ~*i intimi* intimer Verkehr *m*, Geschlechtsverkehr *m*; *in* ~ *a* in bezug auf (*acc.*); *sotto questo* ~ in dieser Beziehung; *aver* ~*-i con* Umgang haben mit (*dat.*).

rapprendere [rap-'prendere] (3c) gerinnen.

rappresaglia [rap-pre'sa:ʎa] *f* Repressalie *f*.

rappresent|abile [rap-prezen'ta:-bile] darstellbar; *Thea.* aufführbar; **~ante** [-'tante] *m* Vertreter *m*; ~ *esclusivo* Alleinvertreter *m*; ~ *generale* Generalvertreter *m*; **~anza** [-'tantsa] *f* Vertretung *f*; ~ *esclusiva* Alleinvertretung *f*; ~ *nazionale* Volksvertretung *f*; **~are** [-'ta:re] (1b) darstellen; vertreten; *Thea.* aufführen; **~ativa** [-ta'ti:va] *f Sport:* Nationalmannschaft *f*; **~ativo** [-ta'ti:vo] darstellend; vertretend; repräsentativ; **~atore** [-ta-'to:re] *m* Darsteller *m*; **~azione** [-tatsi'o:ne] *f* Darstellung *f*; *Thea.* Vorstellung *f*; Aufführung *f*; ~ *diurna* Tagesvorstellung *f*; *sacra* ~ geistliches Spiel *n*; ~ *serale* Abendvorstellung *f*.

rappr|esi [rap-'pre:si] *s. rapprendere*; **~eso** [-so] **1.** *s. rapprendere*; **2.** *adj. latte* ~ saure Milch *f*.

raps|odia [rapso'di:a] *f* Rhapsodie *f*; **~odo** [-'sɔ:do] *m* Rhapsode *m*.

raref|are [rare'fa:re] (3aa) verdünnen; **~azione** [-fatsi'o:ne] *f* Ver-

dünnung *f*; ~ *d'aria* Luftverdünnung *f*.

rarità [rari'ta] *f* Seltenheit *f*; *fig.* Sehenswürdigkeit *f*.

raro [ra:ro] selten; dünn; spärlich; *-e* ~*volte* selten.

ras|are [ra'sa:re] (1a) kahl scheren; rasieren; *Hohlmaß* abstreichen; **~a-tello** [-sa'tel-lo] *m* Futterseide *f*; **~ato** [-'sa:to] *adj.* glattrasiert; *Text.* satiniert; **~atura** [-sa'tu:ra] *f* Abstreichen *n*; Scheren *n*.

raschi|abile [raski'a:bile] abkratzbar; radierbar; **~are** [-ki'a:re] (1k) **1.** *v/t.* abkratzen; *Schrift* radieren; **2.** *v/i.* sich räuspern; **~ata** [-ki'a:ta] *f* Abkratzen *n*; *dare una* ~ *a qc. et.* kurz abschaben; **~atoio** [-kia'to:io] *m* (*pl. -oi*) Schabeisen *n*; **~atura** [-kia'tu:ra] *f* Abschabsel *n*; Abkratzen *n*; abgekratzte (radierte) Stelle *f*; **~etto** [-ki'et-to] *m* Kratzeisen *n*.

raschino [ras'ki:no] *m* Kratzeisen *n*; Radiermesser *n*.

raschio [raskio] *m* Räuspern *n*; *fare il* ~ sich räuspern.

rasciugare [raʃʃu'ga:re] (1e) trocknen.

ras|entare [razen'ta:re] (1b) streifen; *j-m* nahekommen; ~ *la cinquantina* an die Fünfzig sein; ~ *il codice penale* hart am Strafgesetz vorbeikommen; **~ente** [-'zɛnte] ~ *a* hart an (*dat.*).

rasi [ra:si] *s. radere*.

raso [ra:so] **1.** *s. radere*; **2.** *adj.* rasiert; *Löffel:* gestrichen; *far tavola -a* reinen Tisch machen; *essere una tavola -a* ein ganz unwissender Mensch sein; **3.** *m* Atlas(stoff) *m*.

rasoio [ra'so:io] *m* (*pl. -oi*) Rasiermesser *n*; ~ *elettrico* elektrischer Rasierapparat *m*.

raspa [raspa] *f* Raspel *f*.

rasp|are [ras'pa:re] (1a) raspeln; *Henne:* scharren; *im Hals* kratzen; *F* stibitzen; **~atura** [-pa'tu:ra] *f* Abfälle *m/pl.*; ~ *di gallina* Krähenfüße *m/pl.*; **~ino** [-'pi:no] *m* kleine Raspel *f*; Riffelfeile *f*.

raspo [raspo] *m* Traubenkamm *m*.

rassegn|a [ras-'se:ɲa] *f* Musterung *f*; Ausstellung *f*; *⚔* Parade *f*; Querschnitt *m*, Übersicht *f*; *Zeitung:* Rundschau *f*; Zeitschrift *f*; ~ *militare* Musterung *f*; ~ *della moda* Modenschau *f*; *passare in* ~ mu-

raziocinio

stern; besichtigen; Revue passieren; **~are** [-se'narre] (1a) *Rücktritt* einreichen; *Amt* niederlegen; **~arsi** [-se'narsi] resignieren; sich abfinden (*a* mit); **~ato** [-se'narto] resigniert, ergeben; **~azione** [-senatsi'o:ne] *f* Resignation *f*, Ergebung *f*.

rasseren|amento [ras-serena'mento] *m* Aufheiterung *f*; **~are** [-'narre] (1a) aufheitern; *fig.* ermuntern.

rassett|are [ras-set-'ta:re] (1b) aufräumen; zurechtmachen; ausbessern; **~atura** [-ta'tu:ra] *f* Aufräumung *f*; Ausbesserung *f*; Zurechtmachen *n*.

rassicur|are [ras-siku'ra:re] (1a) beruhigen; **~arsi** [-'rarsi] sich vergewissern; **~azione** [-ratsi'o:ne] *f* Beruhigung *f*.

rassod|are [ras-so'da:re] (1c) **1.** *v/t.* straffen; härten; befestigen; **2.** *v/i.* u. **~arsi** [-'darsi] hart werden.

rassomigli|ante [ras-somi'ʎante] ähnlich; **~anza** [-'ʎantsa] *f* Ähnlichkeit *f*; **~are** [-'ʎa:re] (1g) **1.** *v/t.* vergleichen; **2.** *v/i.* u. **~arsi** [-'ʎarsi] gleichen, ähneln.

rastrell|amento [rastrel-la'mento] *m* Harken *n*; Streife *f*, Razzia *f*; **~are** [-'la:re] (1b) harken; eine Razzia machen; **~ata** [-'la:ta] *f* Harken *n*; Razzia *f*; Massenverhaftung *f*; **~iera** [-li'e:ra] *f* Ständer *m*; Kleiderständer *m*; Raufe *f*; Abtropfbrett *n*; ⚔ Gewehrständer *m*.

rastrello [ras'trel-lo] *m* Harke *f*; *Bill.* Brücke *f*.

rastrem|are [rastre'ma:re] (1b) △ verjüngen; **~ato** [-'ma:to] verjüngt.

rasura [ra'su:ra] *f* Abkratzen *n*; Rasur *f*.

rata [ra:ta] *f* Rate *f*; Ratenzahlung *f*; *a* ~ a weise.

rate|ale [rate'a:le] in Raten; **~are** [-'a:re] (1l) in Raten einteilen; **~azione** [-atsi'o:ne] *f* Ratenzahlung *f*.

rateizz|are [rateid-'dza:re] (1a) *s. rateare*; **~azione** [-dzatsi'o:ne] *f s. rateazione*.

ratifica [ra'ti:fika] *f* (*pl.* -che) Ratifikation(surkunde) *f*, Bestätigung *f*.

ratific|are [ratifi'ka:re] (1m u. d) ratifizieren; **~azione** [-katsi'o:ne] *s. ratifica*.

ratten|ere [rat-te'ne:re] (2q) *Geld* abziehen; **~ersi** [-'nersi] sich beherrschen; **~uto** [-'nu:to] vorsichtig.

ratto¹ [rat-to] *m* Raub *m*.

ratto² [rat-to] *m* Ratte *f*.

ratto³ [rat-to] *adj. lit.* geschwind.

rattopp|are [rat-top-'pa:re] (1c) flicken; **~atore** [-pa'to:re] *m* Flicker *m*; **~atura** [-pa'tu:ra] *f* Flicken *n*; **~o** [-'tɔppo] *m* Flicken *m*.

rattrapp|imento [rat-trap-pi'mento] *m* Verkrümmung *f*; Lähmung *f*; **~ire** [-'pi:re] (4d) u. **~irsi** [-'pirsi] verkrümmen; **~ito** [-'pi:to] verkrümmt; gelähmt.

rattrist|are [rat-tris'ta:re] (1a) betrüben; **~arsi** [-'tarsi] traurig werden; **~ire** [-'ti:re] (4d) trübe stimmen; **~irsi** [-'tirsi] *Pflanzen:* verkümmern.

raucedine [rau'tʃe:dine] *f* Heiserkeit *f*.

rauco [ra:uko] (*pl. -chi*) heiser.

ravanello [rava'nɛl-lo] *m* Radieschen *n*.

raveggiolo [raved-'dʒɔ:lo] *m* Ziegenkäse *m*.

ravioli [ravi'ɔ:li] *m/pl.* Ravioli *pl.*

ravizzone [ravit-'tso:ne] *m* Raps *m*; *olio m di* ~ Rapsöl *n*.

ravvalorare [rav-valo'ra:re] (1a) bekräftigen.

ravved|ersi [rav-ve'dersi] (2s) sein Unrecht einsehen; sich bessern; **~imento** [-di'mento] *m* Erkenntnis *f* s-r Fehler; Reue *f*.

ravvi|amento [rav-via'mento] *m* Ordnen *n*; Zurechtmachen *n*; **~are** [-vi'a:re] (1h) ordnen; *fig.* wieder auf den rechten Weg bringen; **~ata** [-vi'a:ta] *f*: *dare una* ~ *a qc.* et. in Ordnung bringen.

ravvicin|amento [rav-vitʃina'mento] *m* Annäherung *f*, Wiederannäherung *f*; Aussöhnung *f*; **~are** [-'na:re] (1a) wieder nähern.

ravvidi [rav-'vi:di] (*mi ~*) *s. ravvedersi*.

ravvis|abile [rav-vi'za:bile] erkennbar; **~are** [-'za:re] (1a) erkennen.

ravvivare [rav-vi'va:re] (1a) wiederbeleben.

ravvolgere [rav-'vɔldʒere] (3d) umwickeln; einhüllen (*in* in *acc.*).

ravv|olsi [rav-'vɔlsi], **~olto** [-'vɔlto] *s. ravvolgere*.

rayon [ra:ion] *s. raion*.

raziocinio [ratsio'tʃi:nio] *m* Vernunft *f*; Vernunftschluß *m*.

R

razion|ale [ratsio'na:le] rationell;
A rational; sachlich; zweckentsprechend; *arredamento m* zweckmäßige Einrichtung *f*; **~alismo**
[-na'lizmo] *m* Rationalismus *m*;
~alista [-na'lista] *su.* (*m*/*pl.* -*i*)
Rationalist(in *f*) *m*; **~alistico**
[-na'listiko] (*pl.* -*ci*) rationalistisch;
~alità [-nali'ta] *f* Vernünftigkeit *f*;
A Rationalität *f*; **~alizzare** [-nalid-
'dza:re] (1a) rationalisieren; **~aliz-
zazione** [-nalid-dzatsi'o:ne] *f* Rationalisierung *f*; **~amento** [-na-
'mento] *m* Rationierung *f*; **~are**
[-'na:re] (1a) rationieren.

razione [ratsi'o:ne] *f* Ration *f*; ~ *di
riserva* eiserne Ration *f*.

razza¹ [rat-tsa] *f* Rasse *f*; *fig.* Sorte
f; *gallina f di* ~ Zuchthenne *f*;
incrocio m di -*e* Rassenkreuzung *f*;
odio m di ~ Rassenhaß *m*.

razza² [rat-tsa] *f* ⊕ Speiche *f*.

razza³ [rad-dza] *f Zool.* Rochen *m*.

razzia [rat-'tsi:a] *f* Razzia *f*; Beutezug *m*; Streifzug *m*.

razziale [rat-tsi'a:le] rassisch; auf
die Rasse bezüglich; Rassen...;
politica f ~ Rassenpolitik *f*.

razziare [rat-tsi'a:re] (1h) Beutezüge, Streifzüge unternehmen.

razzismo [rat-'tsizmo] *m* Rassenkult *m*.

razzista [rat-'tsista] (*m*/*pl.* -*i*) **1.** *adj.*
rassenstolz; **2.** *su.* Anhänger(in *f*) *m*
der Rassenlehre.

razzo [rad-dzo] *m* Rakete *f*; ~ *illu-
minante* Leuchtrakete *f*; *a* ~ Raketen...; *aeroplano m a* ~ Raketenflugzeug *n*; *come un* ~ blitzschnell;
~ *vettore* Trägerrakete *f*.

razzolare [rat-tso'la:re] (1l) scharren; *fig.* durchstöbern.

re¹ [re] *m inv.* König *m*.

re² [rɛ] *m inv.* D *n*; ~ *bemolle des n*;
~ *diesis* dis *n*.

reag|ente [rea'dʒɛnte] *m* Reagens *n*;
~ire [-'dʒi:re] (4d) zurückwirken;
🜍 *u. fig.* reagieren.

real|e [re'a:le] **1.** *adj.* wirklich;
königlich; *aquila f* ~ Königsadler *m*;
2. *m i* -*i pl.* das königliche Paar;
~ismo [-a'lizmo] *m* Realismus *m*;
~ista [-a'lista] *su.* (*m*/*pl.* -*i*) Realist(in *f*) *m*; *Pol.* Royalist(in *f*) *m*;
Monarchist(in *f*) *m*; **~istico** [-a-
'listiko] (*pl.* -*ci*) realistisch; wirklichkeitstreu; sachlich; **~izzabile**
[-alid-'dza:bile] realisierbar; durch-

führbar; **~izzare** [-alid-'dza:re]
(1a) verwirklichen; wahr machen;
🜍 realisieren; *Rekord* aufstellen;
~izzarsi [-alid-'dzarsi] sich verwirklichen, in Erfüllung gehen;
~izzazione [-alid-dzatsi'o:ne] *f*
Verwirklichung *f*, Realisierung *f*;
Thea. Aufführung *f*; *Film*: Produktion *f*; **~izzo** [-a'lid-dzo] *m* Realisierung *f*; Erlös *m*; **~tà** [-al'ta] *f*
Wirklichkeit *f*; *in* ~ in Wirklichkeit, tatsächlich; *privo di* ~ erfunden.

reame [re'a:me] *m* Königreich *n*.

reato [re'a:to] *m* Verbrechen *n*.

reattino [reat-'ti:no] *m* Zaunkönig
m.

reatt|ività [reat-tivi'ta] *f* Reaktionsvermögen *n*; **~ivo** [-'ti:vo] reagierend, Reaktions...

reattore [reat-'to:re] *m* Reaktor *m*;
~ *nucleare* Kernreaktor *m*.

reazi|onario [reatsio'na:rio] (*pl.* -*ri*)
1. *adj.* reaktionär; **2.** *m* Reaktionär
m, Rückschrittler *m*; **~one** [-tsi'o:-
ne] *f* Rückwirkung *f*; *Pol.*, 🜍 Reaktion *f*; *a* ~ Düsen...; *apparecchio m
a* ~ Düsenflugzeug *n*.

rebbio [reb-bio] *m* (*pl.* -*bi*) Zinke *f*.

reboante [rebo'ante] hochtönend;
Stil: schwülstig.

rebus [rɛ:bus] *m inv.* Rebus *m od. n*,
Bilderrätsel *n*; *fig.* Rätsel *n*.

rec|apitare [rekapi'ta:re] (1m) abgeben, zustellen; **~apito** [-'ka:pito]
m Adresse *f*; Bestellung *f*; Absteigequartier *n*; *per mancato* ~ wegen
Unbestellbarkeit.

rec|are [re'ka:re] (1d) bringen;
überbringen; *Freude* bereiten;
Schaden verursachen; *Staunen* erregen; ~ *danno a qu.* j-m Abbruch
tun; ~ *offesa a qu.* j-n beleidigen;
~arsi [-'karsi] sich begeben; ~ *qc.
ad onore* et. als eine Ehre betrachten.

recedere [re'tʃɛ:dere] (3l) zurückweichen; ~ *da qc.* von et. (*dat.*) zurücktreten; auf et. (*acc.*) verzichten.

recens|ione [retʃensi'o:ne] *f* Rezension *f*, Besprechung *f*; **~ire**
[-'si:re] (4d) besprechen, rezensieren; **~ore** [-'so:re] *m* Rezensent *m*.

rec|ente [re'tʃɛnte] neu; jüngst;
~entemente [-tʃɛnte'mente] neuerdings; kürzlich; **~entissime**
[-tʃɛn'tis-sime] *f*/*pl.* neueste (allerletzte) Nachrichten *f*/*pl.*; **~entissi-**

mo [-tʃen'tis-simo] allerneueste(r).

recere [re:tʃere] (3nn) sich erbrechen; *fig.* ausspeien.

recesso [re'tʃɛs-so] *m* Rückgang *m*; Rücktritt *m*; Zurückziehung *f*; *fig.* Schlupfwinkel *m*.

recett|ibile [retʃet-'ti:bile] empfänglich, aufnahmefähig; **~ibilità** [-tibili'ta] *f* Aufnahmefähigkeit *f*, Reizempfindlichkeit *f*.

recidere [re'tʃi:dere] (3q) abschneiden.

recid|iva [retʃi'di:va], **~ività** [-divi-'ta] *f* Rückfälligkeit *f*; **~ivo** [-'di:vo] rückfällig.

rec|ingere [re'tʃindʒere] (3d) umgeben; **~insi** [-'tʃinsi] *s.* recingere; **~intare** [-tʃin'ta:re] (1a) einfrieden, einzäunen; **~into** [-'tʃinto] **1.** *s.* recingere; **2.** *m* eingeschlossener Raum *m*; Gehege *n*, Wall *m*; Einfriedigung *f*; Bretterverschlag *m*; Bauzaun *m*; **~** di filo di ferro Drahtzaun *m*.

recipiente [ratʃipi'ɛnte] *m* Behälter *m*; Gefäß *n*.

reciprocità [retʃiprotʃi'ta] *f* Gegenseitigkeit *f*.

reciproco [re'tʃi:proko] (*pl.* -ci) gegenseitig; wechselseitig; Ⱥ, *Gram.* reziprok.

rec|isamente [retʃiza'mente] kurz und bündig; entschieden; **~isi** [-'tʃi:zi] *s.* recidere; **~isione** [-tʃizi'o:ne] *f* Abschneiden *n*; **~iso** [-'tʃi:zo] **1.** *s.* recidere; **2.** *adj.* entschieden.

recita [re:tʃita] *f* Aufführung *f*.

recit|abile [retʃi'ta:bile] aufführbar; **~are** [-'ta:re] (11 *u.* b) hersagen; *Thea.* spielen; *Gebete* sprechen; *fig.* **~** la commedia eine Komödie aufführen; **~ativo** [-ta-'ti:vo] *m* Rezitativ *n*; **~azione** [-tatsi'o:ne] *f* Vortrag *m*.

recl|amare [rekla'ma:re] (1a) **1.** *v/i.* reklamieren, sich beschweren; **2.** *v/t.* fordern, verlangen; **~ame** [-'klam] *f* Reklame *f*; **~** luminosa Leuchtreklame *f*; **~amista** [-kla-'mista] *su.* (*m/pl.* -i) Werbefachmann *m*; Marktschreier(in *f*) *m*; **~amistico** [-kla'mistiko] (*pl.* -ci) Werbe..., Reklame...; **~amizzare** [-klamid-'dza:re] (1a) Reklame machen für (*acc.*); **~amo** [-'kla:mo] *m* Beschwerde *f*.

reclinare [rekli'na:re] (1a) (zurück-) beugen; *Kopf* senken.

recl|usione [rekluzi'o:ne] *f* Haft *f*; **~uso** [-'klu:zo] *m* Häftling *m*; **~usorio** [-klu'zɔ:rio] *m* (*pl.* -ri) Strafanstalt *f*.

recluta [rekluta] *f* Rekrut *m*.

reclut|amento [rekluta'mento] *m* Rekrutierung *f*; **~are** [-'ta:re] (11 *u.* b *od.* 1a) rekrutieren.

recondito [re'kɔndito] verborgen; geheim.

record [rekord] *m inv.* Rekord *m*, Höchstleistung *f*; *Sport:* Bestleistung *f*; *stabilire il* **~** den Rekord aufstellen; *a tempo di* **~** im Nu.

recrimin|are [rekrimi'na:re] (1m) Gegenbeschuldigungen vorbringen; beschuldigen; sich beklagen; **~azione** [-natsi'o:ne] *f* Gegenbeschuldigung *f*; Beschwerde *f*, Klage *f*.

recrudescenza [rekrudeʃ-'ʃentsa] *f* Verschlimmerung *f*; **~** della criminalità Zunahme *f* der Kriminalität.

recto [rɛkto] *m* Vorderseite *f*.

recuperare [rekupe'ra:re] *usw. s.* ricuperare *usw.*

redarguire [redargu'i:re] (4d) (qu. j-m) Vorwürfe machen.

red|atto [re'dat-to] *s.* redigere; **~attore** [-dat-'to:re] *m* Verfasser *m*; *Zeitung:* Redakteur *m*, Schriftleiter *m*; **~** capo Chefredakteur *m*; **~azione** [-datsi'o:ne] *f* Abfassung *f*; Redaktion *f*, Schriftleitung *f*.

redditizio [red-di'ti:tsio] (*pl.* -zi) einträglich.

reddito [rɛd-dito] *m* Einkommen *n*; **~** nazionale Volkseinkommen *n*; **~** netto Reinertrag *m*; *a* **~** fisso festverzinslich.

red|ensi [re'dɛnsi], **~ento** [-'dɛnto] *s.* redimere.

reden|tore [reden'to:re] **1.** *adj.* erlösend; **2.** *m* Erlöser *m*; **~zione** [-tsi'o:ne] *f* Erlösung *f*; Befreiung *f*.

redigere [re'di:dʒere] (3oo) redigieren, abfassen.

red|imere [re'di:mere] (3pp) erlösen; befreien; ♊ ablösen; ✝ tilgen; **~imibile** [-di'mi:bile] ablösbar; tilgbar; **~imibilità** [-dimibili'ta] *f* Ablösbarkeit *f*; Tilgbarkeit *f*.

redini [rɛ:dini] *f/pl.* Zügel *m*.

redivivo [redi'vi:vo] wiedererstanden; *un Leonardo* ~ ein zweiter Leonardo.

reduce [re:'dutʃe] **1.** *adj.* heimgekehrt; **2.** *m* Heimkehrende(r) *m*; ✗ Veteran *m*; Frontkämpfer *m*, Frontsoldat *m*.

refe [re:fe] *m* Zwirn *m*.

refer|endario [referen'da:rio] *m* (*pl. -ri*) Referent *m*; Sachbearbeiter *m*; **~endum** [-'rendum] *m inv.* Volksentscheid *m*; ~ *popolare* Volksbefragung *f*; **~enza** [-'rentsa] *f* Referenz *f*; **~enziare** [-rentsi'a:re] (1b *u. g*) empfehlen.

referto [re'ferto] *m* Bericht *m*; ✗ Befund *m*; ~ *radiologico* Röntgenbefund *m*.

ref|ettorio [refet-'tɔ:rio] *m* (*pl. -ri*) Refektorium *n*, Speisesaal *m*; **~ezione** [-fetsi'o:ne] *f* Mahlzeit *f*; ~ *scolastica* unentgeltlicher Mittagstisch *m* für Schüler, Schulspeisung *f*.

reflex [refleks] *m inv.* Phot. Spiegelreflexkamera *f*.

refrattario [refrat-'ta:rio] (*pl. -ri*) **1.** *adj.* feuerfest, hitzebeständig; *fig.* unempfindlich; widerspenstig; *mattone m* ~ = **2.** *m* Schamottestein *m*.

refrig|erante [refridʒe'rante] **1.** *adj.* kühlend; erfrischend; *cella f* ~ Gefrierkammer *f*; **2.** *m* Kühlanlage *f*; **~erare** [-dʒe'ra:re] (1m) kühlen; erfrischen; **~erativo** [-dʒera'ti:vo] kühlend; erfrischend; **~eratore** [-dʒera'to:re] *m* Kühlmittel *n*; Kühler *m*; **~erazione** [-dʒeratsi-'o:ne] *f* Kühlung *f*; Kältetechnik *f*; **~erio** [-'dʒe:rio] *m* (*pl. -ri*) Erfrischung *f*; *fig.* Erleichterung *f*, Trost *m*.

refurtiva [refur'ti:va] *f* Diebesgut *n*.

refuso [re'fu:zo] *m* Typ. falscher Buchstabe *m*; Druckfehler *m*.

regalare [rega'la:re] (1a) verschenken; (*j-m*) schenken.

regale [re'ga:le] königlich.

regalia [rega'li:a] *f* Geschenk *n*.

regalità [regali'ta] *f* majestätisches Auftreten *n*; königliche Würde *f*.

regalo [re'ga:lo] *m* Geschenk *n*; ~ *di Natale* Weihnachtsgeschenk *n*; *articolo m da* ~ Geschenkartikel *m*.

regata [re'ga:ta] *f* Regatta *f*, Ruderwettfahrt *f*; ~ *a vela* Wettsegeln *n*.

regg|ente [red-'dʒɛnte] **1.** *adj.* stellvertretend; *Pol.* regierend; **2.** *m* Stellvertreter *m*; *Pol.* Regent *m*; **~enza** [-'dʒentsa] *f* Vertretung *f*; *Pol.* Regentschaft *f*.

regg|ere [red-dʒere] (3cc) **1.** *v/t.* halten; ertragen; *Alkohol* vertragen; leiten, führen; *Gram.* regieren; **2.** *v/i.* standhalten (*a dat.*), aushalten (*acc.*); ~ *al fuoco* feuerfest sein; ~ *alla prova* die Probe bestehen; *questa prova non regge* dieser Beweis ist nicht stichhaltig; **~ersi** [-dʒersi] sich aufrecht halten.

reggia [red-dʒa] *f* (*pl. -gge*) königlicher Palast *m*.

reggiano [red-'dʒa:no] **1.** *adj.* aus Reggio; **2.** *m* Parmesankäse *m* aus Reggio Emilia.

reggi|calze [red-dʒi'kaltse] *m inv.* Strumpfhaltergürtel *m*; **~forme** [-'forme] *m inv.* Typ. Formregal *n*; **~lume** [-'lu:me] *m inv.* Lampenständer *m*.

reggimento [red-dʒi'mento] *m* Regierung *f*; ✗ Regiment *n*.

reggi|pacchi [red-dʒi'pak-ki] *m inv.* Gepäckknebel *m*; **~penne** [-'penne] *m inv.* Federhaltergestell *n*; **~petto** [-'pɛt-to] *m inv.* Büstenhalter *m*; **~posata** [-po'sa:ta] *m inv.* Messerbänkchen *n*; **~seno** [-'se:no] *m inv. s.* reggipetto; **~testa** [-'tɛsta] *m inv.* Kopfhalter *m*.

reggitore [red-dʒi'to:re] *m lit.* Lenker *m*, Herrscher *m*.

regia [re'dʒi:a] *f* Regie *f*.

regic|ida [redʒi'tʃi:da] *su.* (*m/pl. -i*) Königsmörder(in *f*) *m*; **~idio** [-'tʃi:dio] *m* (*pl. -di*) Königsmord *m*.

regime [re'dʒi:me] *m* Regierung *f*; *Pol.* System *n*; Krankendiät *f*; (*a. ~ di vita*) Lebensweise *f*; ~ *alimentare* Ernährungsweise *f*; ~ *dittatoriale* Diktatur *f*; ~ *valutario* Devisenregelung *f*; *a pieno* ~ mit Volldampf.

regin|a [re'dʒi:na] *f* Königin *f*; **~etta** [-dʒi'net-ta] *f* Schönheitskönigin *f*.

regio [re:dʒo] (*pl. -gi*) königlich.

region|ale [redʒo'na:le] zu e-r Provinz gehörig; Region...; *governo m* ~ Landesregierung *f*; **~alismo** [-na'lizmo] *m* Regionalismus *m*; Partikularismus *m*; **~alista** [-na-'lista] *su.* (*m/pl. -i*) Regionalist(in *f*) *m*; Partikularist(in *f*) *m*.

R

regione [re'dʒo:ne] f Gegend f, Gebiet n; Landschaft f; fig. u. Pol. Region f; ~ agraria Agrargebiet n; ~ autonoma autonome Region f; capoluogo m di ~ Landeshauptstadt f.

regista [re'dʒista] m Regisseur m; assistente m ~ Regieassistent m.

registr|abile [redʒis'tra:bile] registrierbar; **~are** [-'tra:re] (1a) eintragen; registrieren, buchen; Musik aufnehmen; Uhr regulieren; **~atore** [-tra'to:re] m Registrator m; Briefordner m; ~ a nastro Tonbandgerät n; **~azione** [-tratsi'o:ne] f Eintragung f, Buchung f; ~ sonora Tonaufnahme f.

registro [re'dʒistro] m Register n; ⚖ Verzeichnis n; ~ degli arrivi Eingangsbuch n; ~ di classe Klassenbuch n; ~ delle imprese Handelsregister n; ufficio m del ~ Registeramt n; tassa f di ~ Registrierungssteuer f; fig. mutar ~ andere Saiten aufziehen.

regn|ante [re'ɲante] **1.** adj. regierend; casa f ~ Herrscherhaus n; **2.** su. Herrscher(in f) m; **~are** [-'ɲa:re] (1a) regieren; herrschen (a. fig.).

regno [re:ɲo] m Königreich n; ~ celeste Himmelreich n; ~ animale Tierreich n; sotto il ~ di unter der Regierung von (dat.).

regola [re:gola] f Regel f; Vorschrift f; Monatsregel f; in ~ in Ordnung; di ~ normalerweise; con tutte le ~e mit allen Regeln der Kunst; l'eccezione conferma la ~ die Ausnahme bestätigt die Regel; non c'è ~ senza eccezione keine Regel ohne Ausnahme.

regolabile [rego'la:bile] regulierbar; einstellbar.

regolam|ento [regolamen'ta:re] **1.** adj. vorschriftsmäßig; **2.** v/t. (1a) reglementieren; **~entazione** [-mentatsi'o:ne] f Regelung f; **~ento** [-'mento] m Regelung f; Regulierung f; Einstellung f; Vorschrifte f/pl.; ✝ Begleichung f; ~ dei conti Begleichung f der Rechnungen; ~ delle nascite Geburtenregelung f; ~ scolastico Schulordnung f; ~ stradale Verkehrsregelung f.

regol|are¹ [rego'la:re] (11 u. b) regeln; ordnen; ⊕ regulieren; Rechnung begleichen; Ausgaben einschränken; Radio nachregulieren; Uhr stellen; ~ una faccenda e-e Angelegenheit bereinigen; **~arsi** [-'larsi] sich verhalten, sich benehmen; sich mäßigen; ~ secondo qc. sich nach et. richten; so regolarmi da me ich weiß, was ich tun soll; si regoli! Sie wissen, was Sie zu tun haben!

regol|are² [rego'la:re] **1.** adj. regelmäßig; Rel. Ordens...; abito m ~ Ordensgewand n; truppe f/pl. -i reguläre Truppen f/pl.; **2.** m Ordensgeistliche(r) m; **~arità** [-la-ri'ta] f Regelmäßigkeit f; Auto: prova f di ~ Zuverlässigkeitsprüfung f; **~arizzare** [-larid-'dza:re] (1a) regeln; **~arizzazione** [-lariddzatsi'o:ne] f Regelung f; **~atezza** [-la'tet-tsa] f Regelmäßigkeit f; Mäßigkeit f; **~ato** [-'la:to] geregelt; regelmäßig; vita f ~a solides Leben n; **~atore** [-la'to:re] m Regler m; Ordner m; ⊕ Regulator m; ~ di pressione Druckregler m; **~azione** [-latsi'o:ne] f Regulierung f; Einstellung f; ✝ Begleichung f; ~ del traffico Verkehrsregelung f; Radio: ~ del volume Lautstärkeregelung f; vite f di ~ Einstellschraube f.

regolo [re:golo] m Lineal n; ~ calcolatore Rechenschieber m.

regr|edire [regre'di:re] (4d) Rückschritte machen; **~essione** [-gres-si'o:ne] f Rückbewegung f; Rückbildung f; **~essivo** [-gres-'si:vo] rückgängig; **~esso** [-'gres-so] m Rückschritt m; ⚖ Regreß m; Rückgang m; Rücklauf m; in ~ rückläufig.

reietto [rei'et-to] verstoßen.

reiezione [reietsi'o:ne] f Verwerfung f.

reimbarco [reim'barko] m (pl. -chi) Wiedereinschiffung f.

reimportazione [reimportatsi'o:ne] f Rückeinfuhr f.

reincarnazione [reinkarnatsi'o:ne] f Wiedergeburt f.

reingaggio [rein'gad-dʒo] m (pl. -ggi) Wiederverpflichtung f.

reintegr|are [reinte'gra:re] (1m) wiederherstellen; j-n wiedereinsetzen; j-n entschädigen; **~azione** [-gratsi'o:ne] f Wiederherstellung f; Wiedereinsetzung f; Entschädigung f.

reità [rei'ta] f Schuld f, Schuldigkeit f.

reiter|abile [reite'ra:bile] wiederholbar; **~are** [-'ra:re] (1m) wiederholen; **~atamente** [-rata'mente] wiederholt; **~azione** [-ratsi'o:ne] f Wiederholung f.

relais [re'lɛ] m inv. s. **relè**.

relat|ivamente [relativa'mente] bezüglich (a auf acc.); im Vergleich (a zu dat.); **~ività** [-tivi'ta] f Relativität f; teoria f della ~ Relativitätstheorie f; **~ivo** [-'ti:vo] Bezug habend (a auf acc.); bezüglich; betreffend; dazugehörig; entsprechend; Phil., Gram. relativ.

rel|atore [rela'to:re] m Referent m, Berichterstatter m; Sachbearbeiter m; **~azionare** [-latsio'na:re] (1a) Bericht erstatten; **~azione** [-latsi'o:ne] f Bericht m; Bezug m; Verhältnis n; in ~ a mit Bezug auf (acc.); ~ intima intimes Verhältnis n; ~ commerciale Geschäftsbeziehung f; ~ di un viaggio Reisebericht m, Reisebeschreibung f; ~ d'amicizia Freundschaftsverhältnis n; mettersi in ~ con qu. sich mit j-m in Verbindung setzen.

relè [re'lɛ] m inv. Relais n.

releg|are [rele'ga:re] (1e) verbannen; **~azione** [-gatsi'o:ne] f Verbannung f.

relig|ione [reli'dʒo:ne] f Religion f; guerra f di ~ Religionskrieg m; fig. con ~ mit Andacht, andächtig; ~ dello Stato Staatsreligion f; **~iosa** [-'dʒo:sa] f Ordensschwester f; **~iosità** [-dʒosi'ta] f Religiosität f, Frömmigkeit f; **~ioso** [-'dʒo:so] 1. adj. religiös, fromm; disciplina f -a Ordensdisziplin f; insegnamento m ~ Religionsunterricht m; 2. m Ordensbruder m.

rel|iquia [re'li:kuia] f Überbleibsel n; Rel. Reliquie f; **~iquiario** [-likui'a:rio] m (pl. -ri) Reliquienschrein m; **~itto** [-'lit-to] m Wrack n; Strandgut n.

rem|are [re'ma:re] (1b) rudern; **~ata** [-'ma:ta] f Ruderschlag m; Ruderpartie f; **~atore** [-ma'to:re] m Ruderer m; **~eggio** [-'med-dʒo] m (pl. -ggi) Ruderwerk n; Rudern n; **~igante** [-mi'gante]: penne f/pl. -i Schwungfedern f/pl.; **~igare** [-mi'ga:re] (1l, b u. e) rudern.

reminiscenza [reminiʃ-'ʃentsa] f Erinnerung f; ☒ Reminiszenz f, Anklang m.

remiss|ibile [remis-'si:bile] verzeihlich; erläßlich; **~ione** [-si'o:ne] f Verzeihung f; Erlaß m; ☞ Nachlassen n; ~ della pena Straferlaß m; senza ~ unweigerlich; **~ività** [-sivi'ta] f Nachgiebigkeit f; **~ivo** [-'si:vo] nachgiebig, gefügig.

remo [rɛ:mo] m Ruder n.

remora [rɛ:mora] f Einhalt m; Verzögerung f; Zool. Schellfisch m.

remoto [re'mɔ:to] abgelegen; entlegen; weit zurückliegend; Gram. passato m ~ (zweite) Vergangenheit f.

remuner|are [remune'ra:re] (1m) belohnen; **~ativo** [-ra'ti:vo] lohnend; non ~ unrentabel; **~azione** [-ratsi'o:ne] f Belohnung f.

rena [re:na] f Sand m.

renale [re'na:le] Nieren...; dolore m ~ Nierenschmerz m.

renano [re'na:no] 1. adj. rheinländisch; Rhein...; 2. m Rheinländer m.

rendere [rɛndere] (3c) zurückgeben; einbringen; Path. von sich geben; Grüße, Besuche erwidern; Dienst, Ehre erweisen; Dienst leisten; Töne geben; Wärme, Geruch ausströmen; ☒ den Sinn wiedergeben; Rechnung, Zeugnis ablegen; Gerechtigkeit widerfahren lassen; vor Adjektiven: machen; ~ felice glücklich machen; non rende molto es bringt nicht viel ein; una stoffa che rende ein dankbarer Stoff.

rend|iconto [rendi'konto] m Rechenschaftsbericht m; ☒ Bericht m; **~imento** [-di'mento] m Ergiebigkeit f; Leistung f; Leistungsfähigkeit f; Produktivität f, Ertragsfähigkeit f; ~ chilometrico Kilometerleistung f; ~ giornaliero Tagesleistung f; ~ massimo Bestleistung f; ~ maggiore ~ Mehrleistung f; ~ di conti Rechnungs(ab)legung f; ~ di grazie Danksagung f.

rendita [rendita] f Rente f; Einkommen n; ~ vitalizia Leibrente f; cartella f di ~ Rentenschein m; titolo m di ~ Rententitel m; vivere di ~ von der Rente leben.

rene [rɛ:ne] m Niere f.

renella [re'nɛl-la] f feiner Sand m; ☞ Nierengrieß m.

renetta [re'net-ta] f Renette f.

reni [rɛ:ni] m/pl. allg. Rücken m; Anat. Lenden f/pl.

renit|ente [reni'tɛnte] **1.** *adj.* widerspenstig, renitent; **2.** *m* Wehrdienstverweigerer *m*; **~enza** [-'tɛntsa] *f* Widerspenstigkeit *f*; Renitenz *f*.

renna [rɛn-na] *f* Ren(tier) *n*.

renoso [re'no:so] sandig.

reo [re:o] **1.** *adj.* schuldig; *lit.* böse; *anima f -a* Sünder *m*; **2.** *m* Schuldige(r) *m*; *~ confesso* geständiger Täter *m*.

re|oforo [re'ɔ:foro] *m* Stromleiter *m*; **~ostato** [-'ɔstato] *m* Rheostat *m*.

reparto [re'parto] *m* Abteilung *f*; *~ estero* Auslandsabteilung *f*.

repellente [repel-'lɛnte] **1.** *adj.* abstoßend; **2.** *m* Buhne *f*.

repellere [re'pɛl-lere] (3y) ausstoßen.

repentaglio [repen'ta:ʎo] *m* (*pl. -gli*) Gefahr *f*; *mettere a ~* aufs Spiel setzen.

repente [re'pɛnte] plötzlich; *di ~* plötzlich.

repentino [repen'ti:no] plötzlich; unvorhergesehen.

rep|eribile [repe'ri:bile] auffindbar; **~eribilità** [-peribili'ta] *f* Auffindbarkeit *f*; **~erire** [-pe'ri:re] (4d) auffinden; **~erto** [-'pɛrto] *m* Fundstück *n*; Befund *m*; **~ertorio** [-per'tɔ:rio] *m* (*pl. -ri*) Register *n*; *Thea.* Repertoire *n*, Spielplan *m*.

replica [re:plika] *f* (*pl. -che*) Wiederholung *f*; Erwiderung *f*; *Thea.* Wiederaufführung *f*; *non ammettere -e* keine Widerrede dulden.

replic|are [repli'ka:re] (1l, b *u.* d) wiederholen; entgegnen; **~atamente** [-kata'mente] wiederholt.

reportage [repor'ta:ʒ] *m inv.* Reportage *f*, Bericht *m*.

reporter [re'pɔ:rter] *m inv.* Reporter *m*, Berichterstatter *m*.

repren|sibile [repren'si:bile] tadelnswert; **~sione** [-si'o:ne] *f* Tadel *m*.

repressi [re'prɛs-si] *s.* reprimere.

repr|essione [repres-si'o:ne] *f* Unterdrückung *f*; **~essivo** [-prɛs-'si:vo] unterdrückend; *misure f/pl. -e* Unterdrückungsmaßregeln *f/pl.*; **~esso** [-'prɛs-so] *s.* reprimere; **~essore** [-prɛs-'so:re] *m* Unterdrücker *m*; **~imenda** [-pri'mɛnda] *f* scharfer Verweis *m*; **~imere** [-'pri:mere] (3r) unterdrücken; **~imersi** [-'pri:mersi] sich beherrschen.

reprobo [re:probo] schlecht; *Rel.* verdammt.

repubblica [re'pub-blika] *f* (*pl. -che*) Republik *f*; *~ federale* Bundesrepublik *f*.

repubblicano [repub-bli'ka:no] **1.** *adj.* republikanisch; **2.** *m* Republikaner *m*.

repulisti [repu'listi] *m inv.* Säuberung *f*; *fare ~* reinen Tisch machen.

repulsa [re'pulsa] *f* Zurückweisung *f*.

repul|sione [repulsi'o:ne] *f* Abstoßung *f*, Repulsion *f*; **~sivo** [-si:vo] abstoßend; **~sore** [-'so:re] *m* Puffer *m*; Prellbock *m*.

reput|are [repu'ta:re] (1l *u.* b) erachten; halten für (*acc.*); schätzen; **~arsi** [-'tarsi] sich halten für (*acc.*), sich schätzen; **~azione** [-tatsi'o:ne] *f* Ruf *m*.

requie [rɛ:kuie] *f* Ruhe *f*.

requiem [rɛ:kuiem] *m inv.* Requiem *n*; *messa f di ~* Seelenmesse *f*.

requis|ire [rekui'zi:re] (4d) requirieren; **~ito** [-'zi:to] **1.** *adj.* erforderlich; **2.** *m* Erfordernis *n*; erforderliche Eigenschaft *f*; erforderliches Dokument *n*; **~itoria** [-zi'tɔ:ria] *f* Anklagerede *f*; **~izione** [-zitsi'o:ne] *f* Forderung *f*; Requirierung *f*.

resa [re:sa] *f* Übergabe *f*; Ertrag *m*; Leistung *f*; ✝ Remittenden *f/pl.*; *~ dei conti* Rechenschaftsablegung *f*.

re|scindere [reʃ-'ʃindere] (3mm) annullieren, aufheben; **~scindibile** [-ʃin'di:bile] annullierbar; aufhebbar; **~scissi** [-'ʃis-si] *s.* rescindere; **~scissione** [-ʃis-si'o:ne] *f* Aufhebung *f*, Reszission *f*; **~scisso** [-'ʃis-so] *s.* rescindere; **~scissorio** [-ʃis-'sɔ:rio] (*pl. -ri*) aufhebend, annullierend.

rescritto [res'krit-to] *m* Erlaß *m*.

reseda [re'zɛ:da] *f* Reseda *f*.

resezione [resetsi'o:ne] *f* Resektion *f*.

resi [re:si] *s.* rendere.

resid|ente [resi'dɛnte] wohnhaft; ansässig; *essere ~* ortsansässig sein; *società f ~ a* Gesellschaft *f* mit dem Sitz in; **~enza** [-'dɛntsa] *f* Wohnsitz *m*; Wohnstätte *f*; Sitz *m*; *cambiamento m di ~* Wohnsitzänderung *f*; **~enziale** [-dentsi'a:le] Residenz...; *zona f ~* Wohnviertel *n*.

res|iduale [residu'a:le] übrigblei-

bend, Rest...; **~iduato** [-sidu'a:to]
m Überbleibsel *n*; Rückstand *m*;
~iduo [-'si:duo] *m* Rest *m*; Abfall-
produkt *n*.
resina [re:zina] *f* Harz *n*; ~ sintetica
Kunstharz *n*.
resin|ifero [rezi'ni:fero] harzlie-
fernd; **~oso** [-'no:so] harzhaltig.
resipisc|ente [resipiʃ-'ʃente] ein-
sichtig; **~enza** [-'ʃentsa] *f* Einsicht *f*.
resist|ente [resis'tente] widerstands-
fähig; strapazierfähig; fest; ~ al
calore hitzebeständig; ~ al fuoco
feuerfest; ~ alla luce lichtecht;
~enza [-'tentsa] *f* Widerstand *m*;
Festigkeit *f*; Widerstandsbewe-
gung *f*; ~ atmosferica Luftwider-
stand *m*; ~ d'attrito Reibungswider-
stand *m*; prova *f* di ~ Zuverlässig-
keitsfahrt *f*.
resistere [re'sistere] (3f) aushalten;
j-m widerstehen, Widerstand leisten.
reso [re:so] *s.* rendere.
resoconto [reso'konto] *m* Rechen-
schaftsbericht *m*; ⊞ Bericht *m*; ~
giornaliero Tagesbericht *m*.
resp|ingente [respin'dʒente] *m* 🚂
Puffer *m*; **~ingere** [-'pindʒere] (3d)
zurückstoßen; Angriff zurückschlagen; Briefe, Geschenke zurückweisen; Gesetze ablehnen; Prüflinge
durchfallen lassen; **~insi** [-'pinsi] *s.*
respingere; **~inta** [-'pinta] *f* Rück-
stoß *m*; **~into** [-'pinto] *s.* respingere.
respir|abile [respi'ra:bile] atembar;
~are [-'ra:re] (1a) **1.** *v/t.* (ein-)
atmen; **2.** *v/i.* atmen; *fig.* aufatmen;
~atore [-ra'to:re] *m* Atemgerät *n*;
Schnorchel *m*; **~atorio** [-ra'to:rio]
(*pl.* -ri) Atmungs...; ginnastica *f* -a
Atemgymnastik *f*; **~azione** [-ratsi-
'o:ne] *f* Atmung *f*.
respiro [res'pi:ro] *m* Atem *m*; *fig.*
Ruhe *f*; † Frist *f*; esalare l'ultimo
~ den letzten Atemzug tun; opera *f*
di largo ~ großzügig angelegtes
Werk.
respons|abile [respon'sa:bile] **1.**
adj. verantwortlich (di für); **2.** *m*
fig. Drahtzieher *m*; **~abilità** [-sa-
bili'ta] *f* Verantwortlichkeit *f*; ~
parziale Teilhaftung *f*.
responso [res'pɔnso] *m* Orakel-
spruch *m*; ⚖ Spruch *m*.
ressa [res-sa] *f* Gedränge *n*; far ~
sich drängen.
ressi [rɛs-si] *s.* reggere.

resta [resta] *f* Granne *f*; *Zool.*
Gräte *f*.
rest|ante [res'tante] **1.** *adj.* übrig;
2. *m* Rest *m*; **~are** [-'ta:re] (1b)
bleiben; sich aufhalten; übrigbleiben; restar chiuso geschlossen
bleiben; ~ indietro zurückbleiben;
~ di stucco sprachlos sein; restarci
male enttäuscht sein.
restaur|abile [restau'ra:bile] wie-
derherstellbar; reparierbar; **~are**
[-'ra:re] (1a) wiederherstellen; ausbauen; instand setzen; *Pol., Mal.*
restaurieren; **~atore** [-ra'to:re] *m*
Wiederhersteller *m*; Restaurator *m*;
~azione [-ratsi'o:ne] *f* Wiederher-
stellung *f*; Restaurierung *f*.
restauro [res'ta:uro] *m* Wiederher-
stellung *f*; Wiederauffrischung *f*;
Restaurierung *f*.
restio [res'ti:o] widerspenstig.
restitu|ibile [restitu'i:bile] rück-
erstattbar; **~ire** [-'i:re] (4d) zurückgeben; Grüße, Besuch erwidern;
wiederherstellen; ~ qu. nei suoi diritti *j-n* in s-e Rechte wiederein-
setzen; **~zione** [-tsi'o:ne] *f* Rück-
gabe *f*; Erwiderung *f*; Wiederher-
stellung *f*; Wiedereinsetzung *f*.
resto [resto] *m* Rest *m*; dare il ~ den
Rest herausgeben; ha avuto il ~ er
hat seinen Teil weg; del ~ übrigens;
sonst.
restr|ingere [res'trindʒere] (3d)
enger machen; *fig.* beschränken; ⊞
kürzer fassen; **~ingersi** [-'trindʒer-
si] *abs.* sich einschränken; enger
werden; zusammenrücken; *Stoff:*
einlaufen; **~ittivo** [-trit-'ti:vo] einschränkend; **~izione** [-tritsi'o:ne]
f Einschränkung *f*; Verringerung
f; *fig.* Vorbehalt *m*; ~ mentale
stillschweigender Vorbehalt *m*;
senza ~ ohne Einschränkung.
retaggio [re'tad-dʒo] *m* (*pl.* -ggi)
Erbe *n*.
retata [re'ta:ta] *f* Netzwurf *m*; Fang
m (a. *fig.*); *Pol.* Massenverhaftung
f, Razzia *f*.
rete [re:te] *f* Netz *n*; Stromnetz *n*;
Fußball: Torschuß *m*; ~ metallica
Drahtgitter *n*; ~ stradale Straßen-
netz *n*; ~ telefonica Telefonnetz *n*;
cadere nella ~ di qu. *j-m* ins Netz
gehen; *Sport:* tirare in ~ ins Tor
schießen.
reticella [reti'tʃel-la] *f* kleines Netz
n; Haarnetz *n*; ~ per il bagaglio Ge-

päcknetz *n*; *lavoro m di* ~ Filet-
arbeit *f*.

retic|ente [reti'tʃɛnte] zurückhal-
tend; verschwiegen; **~enza** [-'tʃɛn-
tsa] *f* absichtliche Verschweigung *f*;
Ⱶ Retizenz *f*; **senza** ~ ohne et. zu
verschweigen.

retico [rɛːtiko] (*pl.* -*ci*) rätisch.

reticol|are [retiko'laːre] netzförmig;
~ato [-'laːto] *m* Netzwerk *n*; Draht-
werk *n*; Drahtgitter *n*; ~ *spinato*
Stacheldrahtverhau *m*.

retina[1] [rɛːtina] *f Anat.* Netzhaut *f*.

retina[2] [re'tiːna] *f* Haarnetz *n*.

retino [re'tiːno] *m* Schmetterlings-
netz *n*; *Phot.* Raster *m*.

retore [re'toːre] *m* Rhetor *m*.

ret|orica [re'tɔːrika] *f* Rhetorik *f*,
Redekunst *f*; **~orico** [-ko] (*pl.* -*ci*) **1.**
adj. rhetorisch; **2.** *m* Rhetoriker *m*.

retrattile [re'trat-tile] zurück-, einziehbar.

retribu|ire [retribu'iːre] (4d) be-
lohnen; **~zione** [-tsi'oːne] *f* Belohnung *f*; Entlohnung *f*.

retrivo [re'triːvo] rückständig.

retro [rɛːtro] hinten.

retro|attività [retroat-tivi'ta] *f*
Rückwirkung *f*; **~attivo** [-at-'tiːvo]
rückwirkend; *effetto m* ~ Rückwirkung *f*; *con effetto* ~ mit rückwirkender Kraft; **~bottega** [-bot-'teː-
ga] *m inv.* Ladenzimmer *n*; **~carica**
[-'kaːrika]: *arma f a* ~ Hinterlader
m; **~cedere** [-'tʃeːdere] (3l) **1.** *v/i.*
zurückweichen; **2.** *v/t.* zurückstu-
fen; ✕ degradieren; **~cessione**
[-tʃes-si'oːne] *f* Rückgang *m*; *im
Amt:* Zurückstufung *f*; ✕ Degra-
dierung *f*; **~cesso** [-'tʃes-so] *s. retrocedere*; **~datare** [-da'taːre] (1a) zu-
rückdatieren; **~datazione** [-data-
tsi'oːne] *f* Zurückdatierung *f*.

retrogrado [re'trɔːgrado] rückläu-
fig; rückständig.

retro|guardia [retrogu'ardia] *f*
Nachhut *f*; **~marcia** [-'martʃa] *f*
(*pl.* -*ce*) *Auto:* Rückwärtsgang *m*;
~scena [-'ʃeːna] **1.** *f inv.* Hinter-
bühne *f*; **2.** *m inv. fig.* Kulissen-
intrige *f*; **~spettivo** [-spet-'tiːvo]
retrospektiv, zurückblickend, rück-
schauend; **~stante** [-s'tante] rückwärts liegend, Hinter...; **~terra**
[-'ter-ra] *m inv.* Hinterland *n*; **~**
vendita [-'vendita] *f* Rückverkauf
m; **~versione** [-versi'oːne] *f* Rück-
übersetzung *f*; **~via** [-'viːa] *f* Ver-

bindung *f* zwischen Heer und Hei-
matland; Etappe *f*; **~visivo** [-vi'ziː-
vo]: *specchio m* ~ Rückspiegel *m*.

retta[1] [ret-ta] *f* Preis *m*; Pension *f*.

retta[2] [ret-ta] *f* Ⱥ gerade Linie *f*.

retta[3] [ret-ta] *f*: *dare* ~ *a qu.* j-m
Gehör schenken.

rettale [ret-'taːle] Rektal...

rett|angolare [ret-taŋgo'laːre]
rechtwink(e)lig; **~angolo** [-'taŋgo-
lo] *m* Rechteck *n*.

rettifica [ret-'tiːfika] *f* (*pl.* -*che*)
Berichtigung *f*; ⊕ Schleifen *n*.

rettific|are [ret-tifi'kaːre] (1m *u.*
d) verbessern; *Fehler* berichtigen;
Straße regulieren; ⊕ schleifen;
~atore [-ka'toːre] *m* Schleifer *m*;
~atrice [-ka'triːtʃe] *f* Schleifmaschine *f*; **~azione** [-katsi'oːne] *f*
Verbesserung *f*, Berichtigung *f*;
Regulierung *f*; ⊕ Schleifen *n*.

rettifilo [ret-ti'fiːlo] *m* geradlinige
Straße *f*.

rettile [ret-tile] *m* Reptil *n*; Kriech-
tier *n*.

retti|lineo [ret-ti'liːneo] geradlinig;
~tudine [-'tuːdine] *f* Rechtschaffenheit *f*.

retto [ret-to] **1.** *s. reggere*; **2.** *adj.*
gerade; recht; rechtschaffen; rich-
tig; *caso m* ~ Nominativ *m*; *intestino m* ~ = **3.** *m* Rektum *n*, Mast-
darm *m*.

rett|orato [ret-to'raːto] *m* Rektorat
n; **~ore** [-'toːre] *m* Rektor *m*; *Rel.*
Prior *m*.

reuccio [re'ut-tʃo] *m* (*pl.* -*cci*)
kleiner König *m*.

reuma [rɛːuma] *m* (*pl.* -*i*) Rheuma *n*.

reum|atico [reu'maːtiko] (*pl.* -*ci*)
rheumatisch; **~atismo** [-ma'tizmo]
m Rheumatismus *m*; Gliederreißen
n.

reverendo [reve'rɛndo] ehrwürdig;
♀! Euer Hochwürden!

revers|ibile [rever'siːbile] umkehr-
bar, Umkehr...; **~ibilità** [-sibili'ta]
f Umkehrbarkeit *f*.

revi|sionare [revizio'naːre] (1a)
überholen; **~sione** [-zi'oːne] *f* Revision *f*; Überprüfung *f*; Durchsicht *f*; ⚖ *procedimento m di* ~
Wiederaufnahmeverfahren *n*; ~ *di
cassa* Kassenrevision *f*; **~sionismo**
[-zio'nizmo] *m* Revisionismus *m*;
~sionista [-zio'nista] *su.* (*m/pl.* -*i*)
Revisionist(in *f*) *m*; **~sore** [-'zoːre]
m Revisor *m*; *Typ.* Korrektor *m*.

R

reviviscenza [reviviʃ-'ʃentsa] f Wiederaufleben n.

revoca [re:voka] f (pl. -che) Widerrufung f; ~ dall'impiego Amtsenthebung f.

revoc|abile [revo'ka:bile] widerruflich; ~abilità [-kabili'ta] f Widerrufbarkeit f; ~are [-'ka:re] (1l, b u. d) widerrufen; rückgängig machen; ~azione [-katsi'o:ne] f s. revoca.

rev|olver [re'vɔlver] m inv. Revolver m; ~olverata [-volve'ra:ta] f Revolverschuß m. [Schatten m.\

rezzo [red-dzo] m lit. Frische f;\

ri... [ri] in Verbindung mit vielen Wörtern, bsd. Verben, drückt das Präfix ri (vor i einfaches r) e-e Wiederholung, zuweilen a. e-e Verstärkung der Handlung aus; es entspricht im ersten Falle also dem deutschen wieder, von neuem. Da nun ein solches Präfix jedem beliebigen Wort vorgesetzt werden kann, sind im folgenden nur die gebräuchlichsten Zssgn oder solche Zssgn aufgeführt, die v. ihrer Grundbedeutung abweichen. Hier fehlende Zssgn können sehr leicht übersetzt werden, wenn der Bedeutung des Grundwortes wieder od. von neuem vorgesetzt wird; z.B. riabbandonare wieder verlassen; riabbracciare wieder umarmen.

riabilit|are [riabili'ta:re] (1n) rehabilitieren; ~azione [-tatsi'o:ne] f Rehabilitation f; Ehrenrettung f.

riacciuffare [riat-tʃuf-'fa:re] (1a) Flüchtlinge wieder ergreifen.

riallacciare [rial-lat-'tʃa:re] (1f) wieder anknüpfen.

rialto [ri'alto] m Erhöhung f.

rialz|are [rial'tsa:re] (1a) erhöhen; Kopf erheben; ~ista [-'tsista] m (pl. -i) ✝ Haussier m.

rialzo [ri'altso] m Erhöhung f, Erhebung f; ✝ Hausse f.

riamare [ria'ma:re] (1a) j-s Liebe erwidern.

riandare [rian'da:re] (1p) 1. v/i. wieder gehen; 2. v/t. sich wieder vergegenwärtigen.

rianim|are [riani'ma:re] (1m) wieder beleben; wieder ankurbeln; ~arsi [-'marsi] wieder zu sich kommen; wieder Mut fassen; ~azione [-matsi'o:ne] f Wiederbelebung f.

riapertura [riaper'tu:ra] f Wiedereröffnung f.

riaprire [ria'pri:re] (4f) wieder öffnen.

riarm|are [riar'ma:re] v/t. (1a) aufrüsten; ~o [-'armo] m Aufrüstung f; Wiederbewaffnung f.

riarso [ri'arso] sonnenverbrannt.

rias|settare [rias-set-'ta:re] (1b) aufräumen; ~setto [-'sɛt-to] m Aufräumen n.

riassicur|are [rias-siku'ra:re] (1a) rückversichern; ~atore [-ra'to:re] m Rückversicherer m; ~azione [-ratsi'o:ne] f Rückversicherung f.

riassorbimento [rias-sorbi'mento] m Wiederaufnahme f; ✖ Resorption f.

riass|umendo [rias-su'mendo] zusammenfassend; ~umere [-'su:mere] (3h) wiederaufnehmen; ⊞ zusammenfassen; ~unsi [-'sunsi] s. riassumere; ~untivo [-sun'ti:vo] zusammenfassend; ~unto [-'sunto] 1. s. riassumere; 2. m Zusammenfassung f; ~unzione [-suntsi'o:ne] f Wiederaufnahme f.

riattare [riat-'ta:re] (1a) reparieren; instand setzen.

riattiv|are [riat-ti'va:re] (1a) wieder in Tätigkeit bringen; ~azione [-vatsi'o:ne] f Wiederherstellung f.

riav|ere [ria've:re] (2b) wiederbekommen; ~ersi [-'versi] sich erholen.

ribadire [riba'di:re] (4d) vernieten; aufnieten; fig. bekräftigen.

rib|alderia [ribalde'ri:a] f Spitzbüberei f; ~aldo [-'baldo] 1. adj. ruchlos; 2. m Spitzbube m.

ribalta [ri'balta] f Klappe f; Thea. Rampe f, allg. Bühne f; luce f della ~ Rampenlicht n; tavola f a ~ Klapptisch m; letto m a ~ Klappbett n; venire alla ~ in den Vordergrund treten.

ribalt|abile [ribal'ta:bile] Klapp..., Kipp...; sedile m ~ Klappsitz m; autocarro m ~ Kipplastwagen m; ~are [-'ta:re] (1a) 1. v/t. niederklappen, zurückklappen; umwerfen; 2. v/i. umstürzen; umschlagen; ~atura [-ta'tu:ra] f Umstürzen n; Umschlagen n.

ribass|are [ribas-'sa:re] (1a) 1. v/t. herabsetzen; 2. v/i. im Preise sinken; ~ista [-'sista] m (pl. -i) Baissier m.

ribasso [ri'bas-so] m Preissenkung f; Rabatt m, Ermäßigung f; Börse:

Baisse f; *essere in* ~ im Rückgang sein.

ribattere [ri'bat-tere] (3a) **1.** v/t. erwidern; *Ball, Angriff* zurückschlagen; ~ *un'accusa* e-e Anklage zurückweisen; **2.** v/i. wieder klopfen; *fig.* bestehen (*su auf dat.*).

ribattezzare [ribat-ted-'dza:re] (1a) wieder taufen; umtaufen.

ribatt|ino [ribat-'ti:no] m Niete f; **~uta** [-'tu:ta] f Zurückschlagen n; Gegenstoß m; **~uto** [-'tu:to] m Doppelnaht f.

rib|ellare [ribel-'la:re] (1b) aufwiegeln; **~ellarsi** [-bel-'larsi] sich auflehnen; sich empören; **~elle** [-'bel-le] **1.** *adj.* rebellisch, aufrührerisch; *fig.* widerspenstig, störrisch; *un male* ~ ein hartnäckiges Leiden; **2.** *su.* Aufrührer(in f) m; Rebell m; *capo m dei -i* Rebellenführer m; **~ellione** [-bel-li'o:ne] f Auflehnung f, Aufruhr m.

ribes [ri:bes] m *inv.* Johannisbeere f.

ribocc|ante [ribok-'kante] übervoll; strotzend; **~are** [-'ka:re] (1d) voll sein; ~ *di errori* von Fehlern strotzen.

riboll|imento [ribol-li'mento] m Schäumen n, Kochen n; Aufwallung f; ~ *del sangue* Wallung f des Blutes; **~io** [-'li:o] m Wallen n, Schäumen n; **~ire** [-'li:re] (4a) wieder (auf)kochen; *Most:* gären; *fig.* wallen.

ribrezzo [ri'bred-dzo] m Abscheu m; Schauder m; *fare* ~ Abscheu erregen.

ributt|ante [ribut-'tante] widerlich; **~are** [-'ta:re] (1a) **1.** v/t. wieder werfen; *Feind* zurückschlagen; **2.** v/i. j-n anekeln.

ricacciare [rikat-'tʃa:re] (1f) wieder jagen; *Feind* zurückdrängen.

ricaddi [ri'kad-di] *s. ricadere.*

ricad|ere [rika'de:re] (2c) wieder fallen; *Güter:* zufallen; **~uta** [-'du:ta] f Rückfall m.

ricalc|are [rikal'ka:re] (1d) wieder betreten; *Zeichenk.* durchpausen; **~atura** [-ka'tu:ra] f Durchpausung f.

ricalcitr|ante [rikaltʃi'trante] widerspenstig; **~are** [-'tra:re] (1m) hinten ausschlagen; *fig.* sich auflehnen.

ricalco [ri'kalko] m (*pl.* -chi) Pause f; *libro m di* ~ Durchschreibebuch n;

quaderno m di ~ Durchschreibeheft n.

ricam|are [rika'ma:re] (1a) sticken; *fig.* einflechten; **~atore** [-ma'to:re] m, **~atrice** [-ma'tri:tʃe] f Sticker (-in f) m.

ric|ambiare [rikambi'a:re] (1k) austauschen; ~ *qc. a qu.* j-m et. erwidern; **~ambio** [-'kambio] m Austausch m; 🎗 Stoffwechsel m; *in* ~ als Entgelt, dafür; *di* ~ Ersatz...; Reserve...; *pezzo m di* ~ Ersatzstück n; *ruota f di* ~ Reserverad n.

ricamo [ri'ka:mo] m Stickerei f; Stickarbeit f; *fig.* Zusatz m, Schnörkelei f; ~ *artistico* Kunststickerei f; *ago m da* ~ Sticknadel f; *filo m da* ~ Stickgarn n.

ricapitol|are [rikapito'la:re] (1n) rekapitulieren, zusammenfassen; **~azione** [-latsi'o:ne] f Rekapitulation f, zusammenfassende Wiederholung f.

ricarica [ri'ka:rika] f *Waffen:* Wiederladung f; *Uhr:* Aufziehen n; 🎗 Aufladung f.

ricaricare [rikari'ka:re] (1m *u.* d) wieder aufladen; wieder laden; aufziehen; aufladen.

ricatt|are [rikat-'ta:re] (1a) erpressen; **~atore** [-ta'to:re] m Erpresser m; **~atorio** [-ta'tɔ:rio] (*pl.* -ri) erpresserisch.

ricatto [ri'kat-to] m Erpressung f.

ricav|are [rika'va:re] (1a) entnehmen; gewinnen; *Zeichenk.* kopieren; *Nutzen* ziehen; **~ato** [-'va:to] m Ertrag m. [nahme f.⟩

ricavo [ri'ka:vo] m Ertrag m, Ein-⟩

ricchezza [rik-'ket-tsa] f Reichtum m; ~ *mobile* Einkommen n; *-e artistiche* Kunstschätze m/pl.; *-e del sottosuolo* Bodenschätze m/pl.

riccio[1] [rit-tʃo] m (*pl.* -cci) *Zool.* Igel m; 🌰 Kastanienschale f.

riccio[2] [rit-tʃo] m (*pl.* -cci) **1.** *adj.* kraus; **2.** *m* Locke (Haarlocke) f.

ricciolo [rit-tʃolo] m Locke f.

ricci|oluto [rit-tʃo'lu:to], **~uto** [-'tʃu:to] lockig.

ricco [rik-ko] (*pl.* -cchi) **1.** *adj.* reich (*di an dat.*); **2.** *m* Reiche(r) m; *nuovo* ~ Neureiche(r) m m.

riccone [rik-'ko:ne] m Reiche(r) m.

ricerca [ri'tʃerka] f (*pl.* -che) Suche f (*di nach dat.*); Forschung (Nachforschung) f; ♀ Nachfrage f; *alla* ~ *di* auf der Suche nach (*dat.*).

ricerc|are [ritʃer'kaːre] (1d) suchen; (er)forschen; **~atezza** [-ka-'tet-tsa] f Gesuchtheit f; **~ato** [-'kaːto] gesucht; **~atore** [-ka'toːre] m Forscher m.

ricetrasmettitore [ritʃetrazmet-ti-'toːre] m Sende- und Empfangsapparat m.

ricetta [ri'tʃet-ta] f Rezept n.

ricett|acolo [ritʃet-'taːkolo] m Behältnis n; Schlupfwinkel m; **~are** [-'taːre] (1b) bei sich aufnehmen; ⚖ hehlen; ⚘ verschreiben; **~ario** [-'taːrio] m (pl. -ri) Rezeptbuch n; **~atore** [-ta'toːre] m Beherberger m; Hehler m; **~azione** [-tatsi'oːne] f Hehlerei f.

ricett|ività [ritʃet-tivi'ta] f Aufnahmefähigkeit f; **~ivo** [-'tiːvo] aufnahmefähig.

ricetto [ri'tʃet-to] m Schlupfwinkel m, Behältnis n; Zufluchtsort m; dare ~ a qu. j-n beherbergen.

ricevente [ritʃe'vente] empfangend, Empfangs...; stazione f ~ Empfangsstation f.

ricevere [ri'tʃeːvere] (3a) erhalten; empfangen (a. Radio); bekommen; F kriegen; aufnehmen; Schaden erleiden.

ricev|imento [ritʃevi'mento] m Empfang m; giorno m di ~ Empfangstag m; **~itore** [-vi'toːre] m Empfänger m; Fernspr. Hörer m; Radio: Empfangsgerät n; ~ delle tasse Steuereinnehmer m; **~itoria** [-vito'riːa] f Steuereinnahmestelle f; ~ del lotto Lottoannahmestelle f; **~uta** [-'vuːta] f Quittung f.

ricezione [ritʃetsi'oːne] f Empfang m; Eingang m; Übernahme f; accusiamo ~ wir bestätigen den Empfang.

richiam|are [rikia'maːre] (1a) zurückrufen; ⚔ wieder einberufen; Beamte abberufen; Kunden anlocken; Aufmerksamkeit lenken; ~ al dovere ermahnen; ~ l'attenzione di qu. su qc. j-n auf et. (acc.) aufmerksam machen; **~arsi** [-'marsi]: ~ a sich berufen auf (acc.).

richiamo [riki'aːmo] m Ruf m; fig. Tadel m, Verweis m; ⚔ Einberufung f; Pol. Abberufung f; fig. u. Jagdw. Lockmittel n, Lockruf m; ▥, Typ. Verweisung(szeichen n) f; ~ all'ordine Ordnungsruf m.

richiedente [rikie'dente] m Bittsteller m.

richied|ere [riki'ɛːdere] (3k) wieder verlangen; benötigen; erfordern; ersuchen um (acc.); ~ qu. di qc. j-n um et. befragen, bitten; **~ersi** [-si] erforderlich sein; si richiede molto tempo es ist viel Zeit erforderlich.

richi|esi [riki'eːsi] s. richiedere; **~esta** [-ki'ɛsta] f Forderung f; Frage f; Bedarf m; Gesuch n; ✝ Nachfrage f; -e salariali Lohnforderungen f/pl.; concerto m a ~ Wunschkonzert n; a ~ di qu. auf j-s Verlangen; **~esto** [-ki'ɛsto] s. richiedere; una merce molto -a e-e sehr begehrte Ware.

richi|udere [riki'uːdere] (3b) wieder zumachen; verschließen; **~udersi** [-'uːdersi] sich wieder schließen; Wunden: heilen.

ricingere [ri'tʃindʒere] (3d) umgeben; umfrieden.

ricino [ri'tʃino] m Rizinuspflanze f; olio m di ~ Rizinusöl n.

ric|insi [ri'tʃinsi], **~into** [-'tʃinto] s. ricingere.

ricogni|tore [rikoɲi'toːre] m Aufklärungsflugzeug n; **~zione** [-tsi'oːne] f ⚔ Aufklärung f.

ricolmare [rikol'maːre] (1a) auffüllen, nachfüllen.

ricolmo [ri'kolmo] bis zum Rand gefüllt. [lohnung f.⟩

ricompensa [rikom'pensa] f Be-⟩

ricompens|abile [rikompen'saːbile] belohnbar; **~are** [-'saːre] (1b) belohnen (qu. di qc. j-n für et.); **~atore** [-sa'toːre] m Belohner m.

ricomp|orre [rikom'por-re] (3ll) wieder zusammensetzen; neu bilden; reorganisieren; umarbeiten; **~osi** [-'poːsi] s. ricomporre; **~osizione** [-pozitsi'oːne] f Wiederzusammensetzung f; Pol. Neubildung f; Typ. neuer Satz m; **~osto** [-'posto] s. ricomporre.

ricompra [ri'kompra] f Rückkauf m.

ricompr|are [rikom'praːre] (1a) wiederkaufen; **~atore** [-pra'toːre] m Wiederkäufer m.

riconcili|abile [rikontʃili'aːbile] versöhnbar; **~are** [-'aːre] (1g) aussöhnen, wieder versöhnen; **~azione** [-atsi'oːne] f Aussöhnung f, Wiederversöhnung f.

riconduco [rikon'duːko] s. ricondurre.

ricond|urre [rikon'dur-re] (3e) zurückführen; **~ussi** [-'dus-si] *s. ricondurre.*

riconf|erma [rikon'fɛrma] *f* Wiederbestätigung *f*; **~ermabile** [-fer'maːbile] wiederbestätigbar; **~ermare** [-fer'maːre] (1a) wieder bestätigen; beteuern.

riconobbi [riko'nɔb-bi] *s. riconoscere.*

ricon|oscente [rikonoʃ-'ʃɛnte] erkenntlich; dankbar; *mostrarsi ~* sich dankbar zeigen; **~oscenza** [-noʃ'ʃɛntsa] *f* Erkenntlichkeit *f*, Dankbarkeit *f*; *per ~* aus Dankbarkeit; **~oscere** [-'noʃ-ʃere] (3n) erkennen; würdigen, schätzen; *Schuld* bekennen; ✗ rekognoszieren; *~ alla voce* an der Stimme wiedererkennen; *~ come giusto* als richtig anerkennen; *riconosco che io gebe zu, daß; farsi ~* sich zu erkennen geben; *non si riconosce più* er ist nicht wiederzuerkennen; **~oscibile** [-noʃ'ʃiːbile] erkennbar; wiederzuerkennen(d); **~oscimento** [-noʃ-ʃi'mento] *m* Erkennung *f*; Wiedererkennen *n*; Anerkennung *f*; Eingeständnis *n.*

riconqu|ista [rikoŋku'ista] *f* Wiedereroberung *f*; **~istare** [-is'taːre] (1a) wiedererobern; wiedererlangen.

ricon|segna [rikon'seːɲa] *f* Rückgabe *f*; Wiederaushändigung *f*; **~segnare** [-se'ɲaːre] (1a) zurückgeben; wieder aushändigen.

ricoprire [riko'priːre] (4f) wieder zudecken; bedecken; *Wände* verkleiden; *Ämter* bekleiden; *fig.* beschönigen.

ricord|anza [rikor'dantsa] *f* Erinnerung *f*; **~are** [-'daːre] (1c) sich erinnern an (*acc.*); in Erinnerung bringen; denken an (*acc.*); erwähnen; aufmerksam machen auf (*acc.*); **~arsi** [-'darsi] sich erinnern (*di* an *acc.*); *se ben mi ricordo* wenn ich mich recht entsinne; **~ino** [-'diːno] *m* kleines Andenken *n*; F Denkzettel *m.*

ricordo [ri'kɔrdo] *m* Erinnerung *f*; Andenken *n*; F Denkzettel *m*; Gedenken *n*; *per ~* zum Andenken; *degno di ~* denkwürdig.

ricorr|ente [rikor-'rɛnte] *m* Bittsteller *m*; **~enza** [-'rɛntsa] *f* Wiederkehr *f*; *per la ~ del genetliaco* aus

Anlaß des Geburtstages; *oggi è una grande ~* heute ist ein denkwürdiger Tag; *-e pl.* Menstruation *f.*

ric|orrere [ri'kor-rere] (3o) wiederkehren; vorkommen (*Worte*); fallen (*Feste*); *~ a qu.* sich an j-n wenden; *~ alle armi* zu den Waffen greifen; *oggi ricorre l'onomastico* heute ist der Namenstag; **~orsi** [-'korsi] *s. ricorrere*; **~orso** [-'korso] **1.** *s. ricorrere*; **2.** *m* Gesuch *n*; ⚖ Berufung *f*; Eingabe *f*; *fare ~ a qu.* j-n zur Hilfe heranziehen; *presentare ~* Berufung einlegen.

ricostit|uente [rikostitu'ente] **1.** *adj.* stärkend; **2.** *m* Stärkungsmittel *n*; **~uire** [-tu'iːre] (4d) wiederherstellen; **~uzione** [-tutsi'oːne] *f* Wiederherstellung *f*; Neubildung *f.*

ricostruzione [rikostrutsi'oːne] *f* Wiederaufbau *m*; *programma m di ~* Wiederaufbauprogramm *n.*

ricotta [ri'kɔt-ta] *f* Quark *m.*

ricov|erare [rikove'raːre] (1m *u. c*) unterbringen; *Kranke* aufnehmen; **~erarsi** [-'rarsi] Zuflucht nehmen; **~erato** [-'raːto] **1.** *adj.* untergebracht; **2.** *m* Insasse *m*; *im Krankenhaus* Kranke(r) *m*, Patient *m.*

ricovero [ri'kɔːvero] *m* Asyl *n*; Unterkunft *f*; 🏥 Einlieferung *f*; Krankenhausaufenthalt *m*; *~ antiaereo* Luftschutzkeller *m*; *~ per i poveri* Armenhaus *n.*

ricre|are [rikre'aːre] (1b) wieder schaffen; *fig.* erquicken; *Auge* erfreuen; **~arsi** [-'arsi] sich erholen; **~ativo** [-a'tiːvo] erquickend; Unterhaltungs...; **~atorio** [-a'tɔːrio] *m* (*pl. -ri*) Erholungsheim (Kindererholungsheim) *n*; **~azione** [-atsi'oːne] *f* Erquickung *f*; Erholung *f*; Labung *f*; *Schule*: Pause *f.*

ricredersi [ri'kreːdersi] (3a) anderen Sinnes werden; *s-n Irrtum* einsehen.

ricuc|ire [riku'tʃiːre] (4a) (wieder) nähen; zuflicken; *fig. u.* 🏳 zusammenstoppeln; **~itura** [-tʃi'tuːra] *f* Flickerei *f.*

ricuper|abile [rikupe'raːbile] wiedererlangbar; wiederzuerobern(d); **~are** [-'raːre] (1m) wiedererlangen; wiedererobern; aufholen (*Sport*); nachholen.

ricupero [ri'kuːpero] *m* Wiedererlangung *f*; Wiedereroberung *f*; ⚓ Bergung *f*; ✝ Rückkauf *m*,

R

Wiederkauf *m*; 🐄 Aufholen *n e-r Verspätung*.

ricurvo [ri'kurvo] krumm; gebeugt.

ricus|abile [riku'za:bile] verweigerbar; **~are** [-'za:re] (1a) ablehnen, verweigern; **~arsi** [-'zarsi] sich weigern.

rid|acchiare [ridak-ki'a:re] (1k) höhnisch lachen; F feixen; **~aciano** [-dan'tʃa:no] ausgelassen, vergnügt.

ridare [ri'da:re] (1r) wiedergeben; zurückgeben.

ridda [rid-da] *f* Reigen *m*; *fig.* Durcheinander *n*.

ridente [ri'dente] 1. *s.* ridere; 2. *adj.* *fig.* anmutig.

rid|ere [ri:dere] (3b) lachen (*di* über *acc.*); **~** *sotto i baffi* sich ins Fäustchen lachen; *far* **~** Heiterkeit erregen; *far* **~** *di sé* sich lächerlich machen; **~ersi** [-dersi]: **~** *di qu.* über j-n spotten; *ridersela* darüber lachen, sich lustig machen.

ridetto [ri'det-to] *s.* ridire.

rid|icolaggine [ridiko'lad-dʒine] *f* Lächerlichkeit *f*; **~icolo** [ri'di:kolo] 1. *adj.* lächerlich; 2. *m* Lächerliche(s) *n*; *mettere qu. in* **~**, *gettare il* **~** *su qu.* j-n lächerlich machen.

ridiedi [ridi'ɛ:di] *s.* ridare.

rid|ire [ri'di:re] (3t) wiederholen, wieder sagen; nachsagen; weitersagen; *trovar da* **~** auszusetzen haben; **~issi** [-'dis-si] *s.* ridire.

ridomandare [ridoman'da:re] (1a) wieder fragen; zurückfordern.

ridonare [rido'na:re] (1a) wiederschenken; *Gesundheit* wiedergeben.

ridond|ante [ridon'dante] strotzend, voll (*di* von *dat.*); überladen; **~anza** [-'dantsa] *f* Überfluß *m*; **~are** [-'da:re] (1a): **~** *di qc.* von et. strotzen; mit et. überfüllt sein; *ne ridonderà gran vantaggio* es wird großer Vorteil daraus entstehen; **~** *a danno* (*onore usw.*) zum Schaden (zur Ehre *usw.*) gereichen.

ridosso [ri'dɔs-so] *m* Schutzwand *f*; windgeschützte Stelle *f*.

rid|otta [ri'dɔt-ta] *f* ✕ Schanze *f*; **~otto** [-'dɔt-to] 1. *s.* ridurre; *a prezzi* **~***i* zu ermäßigten Preisen; 2. *m* Klub *m*; *Thea.* Foyer *n*; Redoute *f*; **~ucibile** [du'tʃi:bile] herabsetzbar; reduzierbar; abbaubar; **~uco** [-'du:ko] *s.* ridurre.

rid|urre [ri'dur-re] (3e) zurück-

führen (*a* auf *acc.*); verwandeln (*a in acc.*); einrenken; verkleinern; *Preise* herabsetzen; ablassen (*vom Preis*); *Honorar, Personal* abbauen; *Ausgaben* einschränken; *Kleider* umändern; ⚙, ⚕ reduzieren; *Chir.* einrenken; ♪ arrangieren; **~** *alla miseria* ins Elend bringen; **~** *al silenzio* zum Schweigen bringen; **~** *qu. a dover fare qc.* j-n zwingen, et. zu tun; **~ursi** [-'dursi] zusammenschrumpfen; **~** *male* herunterkommen; **~** *in miseria* ins Elend geraten; **~** *a fare qc.* gezwungen sein, et. zu tun; **~** *a tanto che* so weit kommen, daß; *come ti sei ridotto!* wie siehst du aus!; **~ussi** [-'dus-si] *s.* ridurre; **~uttore** [-dut-'to:re] 1. *adj.* Reduktions...; 2. *m* Bearbeiter *m*; ⊕ Untersetzungsgetriebe *n*; **~uzione** [-dutsi'o:ne] *f* Verwandlung *f*; Herabsetzung *f*; Abbau *m*; Reduktion *f*; ♪ Arrangierung *f*; 🐄, ✞ Ermäßigung *f*; ⚡ Einrichtung *f*, Behebung *f*; **~** *dell'orario di lavoro* Arbeitszeitverkürzung *f*; **~** *di prezzo* Preisermäßigung *f*; **~** *dei costi* Kostensenkung *f*; **~** *del personale* Personalabbau *m*.

riebbi [ri'ɛb-bi] *s.* riavere.

riecco [ri'ɛk-ko] wieder...; **~** *il sole* da scheint die Sonne wieder; **~***lo* da ist (kommt) er wieder; **~***ti il tuo libro* da hast du dein Buch wieder.

riecheggiare [rieked-'dʒa:re] (1a) widerhallen, *fig.* Widerhall finden.

riemp|imento [riempi'mento] *m* Füllung *f*; Ausfüllung *f*; Ausstopfen *n*; **~ire** [-'pi:re] (4g) füllen, vollfüllen; vollstopfen; *Formulare* ausfüllen; **~itivo** [-pi'ti:vo] 1. *adj.* Füll...; 2. *m* Füllwort *n*; Lückenbüßer *m*.

rientrare [rien'tra:re] (1a) wieder eintreten; zurückkehren; sich zurückziehen; **~** *in sé* in sich gehen.

rientro [ri'entro] *m* Rückkehr *f*, Wiederkehr *f*; Heimkehr *f*.

riep|ilogare [riepilo'ga:re] (1n u. e) rekapitulieren, zusammenfassen; **~ilogo** [-'pi:logo] *m* (*pl.* -ghi) kurze Zusammenfassung *f*; Wiederholung *f*.

riesam|e [rie'za:me] *m* Überprüfung *f*; Nachprüfung *f*; **~inare** [-zami'na:re] überprüfen.

riesumare [riezu'ma:re] (1a) ausgraben; *fig.* wieder ans Licht bringen; wieder einführen.

rievoc|are [rievo'ka:re] (1m, b *u.* d) ins Gedächtnis zurückrufen; ~ *il passato* die Vergangenheit wachrufen; **~azione** [-katsi'o:ne] *f* Wachrufen *n*; Erinnerung *f* (*di an acc.*).

rif|acimento [rifatʃi'mento] *m* Wiederherstellung *f*; Umarbeitung *f*; **~are** [-'fa:re] (3aa) wieder machen; erneuern; neu bearbeiten; *Zimmer* aufräumen; umarbeiten; wiederherstellen; nachmachen; *Bett* machen; **~arsi** [-'farsi] sich schadlos halten; ~ *da qc.* mit et. (*dat.*) anfangen; ~ *delle spese* auf seine Kosten kommen.

rif|atto [ri'fat-to] 1. *s.* rifare; 2. *adj.* *pane m* ~ durchgetrocknetes Brot *n*; *villan m* ~ Emporkömmling *m*; *Geldprotz m*; **~eci** [-'fe:tʃi] *s.* rifare.

rifer|ibile [rife'ri:bile] erzählbar; bezüglich; **~imento** [-ri'mento] *m* Hinweis *m*; *punto m di* ~ Ausgangspunkt *m*; *con* ~ *a* mit Bezug auf (*acc.*); **~ire** [-'ri:re] (4d) berichten; **~irsi** [-'rirsi] sich beziehen (*a* auf *acc.*); sich berufen (*a* auf *acc.*); *riferendomi a* mit Bezugnahme auf (*acc.*).

riffa [rif-fa] *f*: *di* ~ *o di raffa* wohl oder übel.

rifiatare [rifia'ta:re] (1a) aufatmen; *fig.* sprechen.

rifil|are [rifi'la:re] (1a) beschneiden; *fig.* anschmieren; *Schläge* versetzen; **~atrice** [-la'tri:tʃe] *f* Beschneidemaschine *f*; **~atura** [-la'tu:ra] *f* Beschneiden *n*.

rifin|ire [rifi'ni:re] (4d) 1. *v/t.* vollenden; ⊕ fein bearbeiten; 2. *v/i.* aufhören; **~itezza** [-ni'tet-tsa] *f* Vollendung *f*; **~itura** [-ni'tu:ra] *f* letzte Feile *f*.

rifior|imento [rifiori'mento] *m* Wiederaufblühen *n*; **~ire** [-'ri:re] (4d) wieder aufblühen; **~itura** [-ri'tu:ra] *f* Wiederaufblühen *n*.

rifiut|abile [rifiu'ta:bile] ablehnbar; **~are** [-'ta:re] (1a) ablehnen; abschlagen; **~arsi** [-'tarsi] sich weigern.

rifiuto [rifi'u:to] *m* Ablehnung *f*; Verweigerung *f*; abschlägige Antwort *f*; *-i pl.* Abfälle *m/pl.*; ~ *di accettazione* Annahmeverweigerung *f*; *merce f di* ~ Ausschußware *f*;

dare un ~ e-e abschlägige Antwort geben; *il* ~ *della società* der Abschaum der Gesellschaft.

rifless|ione [rifles-si'o:ne] *f* Überlegung *f*; Betrachtung *f*; *Phys.* Reflexion *f*; *angolo m di* ~ Reflexionswinkel *m*; **~ivo** [-'si:vo] nachdenklich; *Gram.* reflexiv, rückbezüglich.

riflesso [ri'fles-so] 1. *s.* riflettere; 2. *m* Reflex *m*; Abglanz *m*; *di* ~ indirekt.

riflett|ere [ri'flet-tere] (3qq) 1. *v/t.* überdenken; *Phys.* reflektieren, zurückwerfen; *fig.* betreffen; 2. *v/i.* ~ *su qc. et.* überlegen; **~ersi** [-si] sich spiegeln; *fig.* sich abspiegeln.

riflettore [riflet-'to:re] *m* Scheinwerfer *m*; Reflektor *m*.

rifluire [riflu'i:re] (4d) zurückfließen.

riflusso [ri'flus-so] *m* Rückfluß *m*; Ebbe *f*.

rifocill|amento [rifotʃil-la'mento] *m* Stärkung *f*; **~are** [-'la:re] (1a) stärken (*mit Speisen usw.*); **~arsi** [-'larsi] sich stärken (*con* mit *dat.*).

rifondere [ri'fondere] (3bb) wieder schmelzen; *Ausgaben* ersetzen.

riforma [ri'forma] *f* Reform *f*; Neuregelung *f*; *Rel.* Reformation *f*; ✗ Ausmusterung *f*, Untauglichkeitserklärung *f*; ~ *agraria* Agrarreform *f*; ~ *monetaria* Währungsreform *f*.

riform|are [rifor'ma:re] (1a) reformieren, neu gestalten; ✗ ausmustern, für untauglich erklären; **~ativo** [-ma'ti:vo] reformierend; **~ato** [-'ma:to] ✗ untauglich; **~atore** [-ma'to:re] *m* Reformator *m*; Verbesserer *m*; **~atorio** [-ma'tɔ:rio] *m* Besserungsanstalt *f*; **~azione** [-matsi'o:ne] *f* Neugestaltung *f*; Reformation *f*; **~ismo** [-'mizmo] *m* *Pol.* Reformismus *m*; **~ista** [-'mista] *su.* (*m/pl. -i*) *Pol.* Reformist(in *f*) *m*.

riforn|imento [riforni'mento] *m* Versorgung *f*; Zufuhr *f*; Lieferung *f*; ✗ Nachschub *m*; *-i pl.* Vorräte *m/pl.*; *posto m di* ~ Tankstelle *f*; *fare* ~ *di benzina* tanken; **~ire** [-'ni:re] (4d) wieder liefern; ~ *il magazzino* das Lager ergänzen; **~irsi** [-'nirsi] tanken; **~itore** [-ni'to:re] *m* Lieferant *m*.

rifr|angere [ri'frandʒere] (3d) brechen; **~azione** [-fratsi'o:ne] *f* Brechung (Strahlenbrechung) *f*; ~ *della* *luce* Lichtbrechung *f*; *angolo m di* ~ Refraktionswinkel *m*.

rifr|iggere [ri'frid-dʒere] (3cc) wieder backen; *fig.* aufwärmen; immer wieder vorbringen; **~issi** [-'fris-si], **~itto** [-'frit-to] *s.* rifriggere.

rifuggire [rifud-'dʒi:re] (4a) **1.** *v/i.* flüchten; ~ *da qc.* vor et. zurückschrecken; **2.** *v/t.* meiden.

rif|ugiarsi [rifu'dʒarsi] (1f) sich flüchten; **~ugiato** [-fu'dʒa:to] *m* Flüchtling *m*; **~ugio** [-'fu:dʒo] *m* (*pl. -gi*) Zuflucht *f*; Zufluchtsort *m*; ~ *alpino* Berghütte *f*, Schutzhütte *f*; ~ *antiaereo* Luftschutzraum *m*.

rif|ulgere [ri'fuldʒere] (3uu) glänzen; **~ulsi** [-'fulsi], **~ulso** [-'fulso] *s.* rifulgere.

rif|usi|one [rifu'fuzi] *s.* rifondere; **~usione** [-fuzi'o:ne] *f* Umschmelzung *f*; Umguß *m*; ~ *di danni* Schadenersatz *m*; **~uso** [-'fu:zo] *s.* rifondere.

riga [ri:ga] *f* (*pl. -ghe*) Linie *f*; Zeile *f*; Lineal *n*; Streifen *m*; Reihe *f*; *Haare*: Scheitel *m*; ✗ Glied *n*; *falsa* ~ Linienblatt *n*; *Typ.* ~ *nuova* Absatz *m*; *stoffa f a -ghe* gestreifter Stoff *m*.

rigaglie [ri'ga:ʎe] *f/pl.* Hühnerklein *n*.

rigagnolo [ri'ga:ɲolo] *m* Bächlein *n*; Rinnstein *m*.

rig|are [ri'ga:re] (1e) lin(i)ieren; *Tuch* streifen; *Kanonenlauf* ziehen; ~ *diritto* sich gut benehmen, F spuren; **~atino** [-ga'ti:no] *m* gestreiftes Tuch *n*; **~atoni** [-ga'to:ni] *m/pl.* Art Nudeln *f/pl.*

rigattiere [rigat-ti'ɛ:re] *m* Trödler *m*.

rigatura [riga'tu:ra] *f* Lin(i)ierung *f*; *Flintenlauf*: Drall *m*.

rigener|are [ridʒene'ra:re] (1m *u.* b) wieder erzeugen; erneuern; **~atore** [-ra'to:re] **1.** *adj.* neu belebend; **2.** *m* Wiederhersteller *m*; **~azione** [-ratsi'o:ne] *f* Wiedererzeugung *f*; Regeneration *f*.

rigett|abile [ridʒet-'ta:bile] verwerflich; **~are** [-'ta:re] (1b) **1.** *v/t.* zurückwerfen; *fig.* verwerfen; *Gesetze* ablehnen; *Meer*: auswerfen; **2.** *v/i. Path.* ausbrechen; sich übergeben; ♀ *wieder* ausschlagen.

rigetto [ri'dʒet-to] *m* Verwerfung *f*; Ablehnung *f*; Auswurf *m*; Ausgebrochene(s) *n*; ⚕ Abstoßung *f* (*bei Transplantationen*).

rigid|ezza [ridʒi'det-tsa], **~ità** [-di'ta] *f* Strenge *f*; Steifheit *f*; Sittenstrenge *f*; ~ *cadaverica* Leichenstarre *f*.

rigido [ri:dʒido] streng; steif; starr; *Klima*: rauh.

rigirare [ridʒi'ra:re] (1a) **1.** *v/i.* herumgehen; **2.** *v/t.* umdrehen; *Worte* drehen; *Ort* umgehen; ~ *qu.* j-n hinters Licht führen.

rigiro [ri'dʒi:ro] *m* Drehung *f*; ↑ Umlauf *m*; *-i pl.* Umtriebe *m/pl.*

rigo [ri:go] *m* (*pl. -ghi*) Linie *f*; Zeile *f*; ~ *musicale* Liniensystem *n*.

rig|oglio [ri'gɔ:ʎo] *m* Üppigkeit *f*; Blüte *f*; **~oglioso** [-go'ʎo:so] üppig.

rigogolo [ri'gɔ:golo] *m* Goldamsel *f*.

rigonfiare [rigonfi'a:re] (1k) wieder anschwellen; wieder aufpumpen.

rigonfio [ri'gonfio] angeschwollen; *fig.* aufgeblasen.

rig|ore [ri'go:re] *m* Strenge *f*; *Klima*: Rauheit *f*; *Fußball*: Elfmeter *m*; *a* ~ genaugenommen; *a* ~ *di termini* dem genauen Wortlaut nach; *a* ~ *di legge* streng nach dem Gesetz; *di* ~ unerläßlich; *arresti m/pl. di* ~ strenger Arrest *m*; *area f di* ~ Strafraum *m*; *calcio m di* ~ Strafstoß *m*, Elfmeterstoß *m*; **~orismo** [-go'rizmo] *m* Rigorismus *m*; **~orista** [-go'rista] *su.* (*m/pl. -i*) Rigorist(in *f*) *m*; **~orosità** [-gorosi'ta] *f* Strenge *f*; **~oroso** [-go'ro:so] streng.

rigovern|are [rigover'na:re] (1b) in Ordnung bringen; *Pferde* versorgen; *Teller* abwaschen; **~atura** [-na'tu:ra] *f* Abwaschen *n*; Spülicht *n*.

riguadagnare [riguada'ɲa:re] (1a) wiedergewinnen; *Zeit* nachholen, aufholen; *Ort* wieder erreichen.

riguard|ante [riguar'dante] betreffend; **~are** [-'da:re] (1a) wieder betrachten; durchsehen; betreffen; **~arsi** [-'darsi] sich in acht nehmen; **~ata** [-'da:ta] *f* Blick *m*; *dare una* ~ *a* einmal durchsehen.

rigu|ardo [rigu'ardo] *m* Rücksicht *f*; *mancanza f di* ~ Rücksichtslosigkeit *f*; *di* ~ angesehen; (*in*) ~ *a* in bezug auf (*acc.*); *senza* ~ rücksichtslos; *aver* ~ *a* to.re] sich schonen; **~ardoso** [-guar'do:so] rücksichtsvoll.

rigurgitare [rigurdʒi'ta:re] (1m) überströmen; *fig.* überfüllt sein.

rilanciare [rilan'tʃaːre] (1f) wieder werfen; *fig.* wieder lancieren.

rilancio [ri'lantʃo] *m* Wiederwerfen *n*; *fig.* Wiederlancierung *f*.

rilasciare [rilaʃ-'ʃaːre] (1f) *j-n* freilassen; *Dokumente* ausstellen; *Schulden* erlassen; *Vollmacht* erteilen.

rilascio [ri'laʃ-ʃo] *m* Freilassung *f*; Ausstellung *f*; Erlaß *m*.

rilass|amento [rilas-sa'mento] *m* Erschlaffung *f*; Auflockerung *f*; **~are** [-'saːre] (1a) erschlaffen; *fig.* lockern; **~arsi** [-'sarsi] schlaff werden; *Sitten:* locker werden; **~atezza** [-sa'tet-tsa] *f* Erschlaffung *f*; Lockerung *f*; **~ato** [-'saːto] schlaff; locker.

rileg|are [rile'gaːre] (1e) wieder binden; *Bücher* (ein)binden; **~atore** [-ga'toːre] *m* Buchbinder *m*; **~atura** [-ga'tuːra] *f* Einband *m*; Einbinden *n*.

rilento [ri'lento]: *a* ~ ganz sachte; *andare a* ~ vorsichtig gehen.

rilev|amento [rileva'mento] *m* Ablösung *f*; Aufnahme *f*; Geländeaufnahme *f*; Übernahme *f*; ⚓ Peilung *f*; **~ante** [-'vante] erheblich; **~are** [-'vaːre] (1b) **1.** *v/t.* wiederaufrichten; hervorheben; *j-n* u. ✕ ablösen; *Zeichenk.* aufnehmen; *Geschäft* übernehmen; *aus et.* entnehmen, ersehen; **2.** *v/i.* sich abheben; **~ato** [-'vaːto] hoch; **~azione** [-vatsi'oːne] *f* Erhebung *f*; Vermessung *f*.

rilievo [rili'εːvo] *m* Erhöhung *f*, Erhebung *f*; *fig.* Bedeutung *f*, Wichtigkeit *f*; Bemerkung *f*; *Skulp.* Relief *n*; Vermessung *f*; ⚓ Peilung *f*; *alto* ~ Hochrelief *n*; *basso* ~ Basrelief *n*; *dare* ~ *a qc. et.* hervorheben; *di* ~ erheblich, wichtig; *di nessun* ~ unbedeutend.

riluc|ente [rilu'tʃente] glänzend; **~entezza** [-tʃen'tet-tsa] *f* Glanz *m*.

rilucere [ri'luːtʃere] (3cca) glänzen.

rilutt|ante [rilut-'tante] widerstrebend; **~anza** [-'tantsa] *f* Widerstreben *n*.

rima [riːma] *f* Reim *m*; *far* ~ reimen; *rispondere per le -e* gehörig Bescheid sagen.

rimandare [riman'daːre] (1a) wieder schicken; zurückschicken; hinausschicken; verschieben; ⟨⟩ verweisen; *Ball* zurückschlagen; ✕

entlassen; *Sitzung* vertagen; *Schüler* durchfallen lassen.

rimando [ri'mando] *m* ⟨⟩ Verweis *m*; *Spiel:* Rückschlag *m*; *di* ~ als Erwiderung.

rimaneggi|amento [rimaned-dʒa-'mento] *m* Umarbeitung *f*; Umbildung *f*; Neuordnung *f*; **~are** [-'dʒaːre] (1f) umarbeiten; *Kabinett* umbilden; neu ordnen.

riman|ente [rima'nente] *m* Rest *m*; **~enza** [-'nentsa] *f* Rest *m*; Überbleibsel *n*; **~ere** [-'neːre] (2m) bleiben; übrigbleiben; ~ *lì* ganz verdutzt dastehen; **~erci** [-'nertʃi] ums Leben kommen.

rimangi|are [riman'dʒaːre] (1f) wieder essen; **~arsi** [-'dʒarsi] zurücknehmen, zurückziehen.

rimango [ri'mango] *s. rimanere.*

rimar|care [rimar'kaːre] (1d) bemerken; **~chevole** [-'keːvole] bemerkenswert.

rimarco [ri'marko] *m* (*pl.* -*chi*) Verweis *m*.

rimare [ri'maːre] (1a) reimen.

rimargin|are [rimardʒi'naːre] (1m) *u.* **~arsi** [-'narsi] vernarben.

rimario [ri'maːrio] *m* (*pl.* -*ri*) Reimbuch *n*; Reimverzeichnis *n*.

rimasi [ri'maːsi] *s. rimanere.*

rimasticare [rimasti'kaːre] (1m u. d) wieder kauen; *fig.* grübeln über (*dat.*).

rimasto [ri'masto] *s. rimanere.*

rimasuglio [rima'suː ʎo] *m* (*pl.* -*gli*) Überbleibsel *n*.

rimatore [rima'toːre] *m* Reimkünstler *m*.

rimb|alzare [rimbal'tsaːre] (1a) zurückprallen; **~alzo** [-'baltso] *m* Rückprall *m*; *Tennis:* Aufschlag *m*; *Bill.* Brikole *f*; *di* ~ indirekt.

rimb|ambire [rimbam'biːre] (4d) wieder kindisch werden; **~ambito** [-'biːto] kindisch; verblödet.

rimbeccare [rimbek-'kaːre] (1d) zurechtweisen; *j-m* schlagfertig antworten.

rimbecco [rim'bek-ko] *m* (*pl.* -*cchi*) schlagfertige Antwort *f*; *di* ~ mit großer Schlagfertigkeit.

rimbecill|ire [rimbetʃil-'liːre] (4d) **1.** *v/t.* dumm machen; **2.** *v/i.* verdummen, verblöden; **~ito** [-'liːto] verblödet.

rimb|occare [rimbok-'kaːre] (1d) *Bettuch* umschlagen; *Ärmel* aufschlagen; **~occatura** [-bok-ka'tu:-ra] *f* Umschlagen *n*; Aufschlagen *n*; **~occo** [-'bok-ko] *m* (*pl.* -*cchi*) Umschlag *m*; Aufschlag *m*.

rimb|ombante [rimbom'bante] dröhnend; *fig.* hochtönend; **~ombare** [-'ba:re] (1a) dröhnen; widerhallen; **~ombo** [-'bombo] *m* Dröhnen *n*; Widerhall *m*.

rimbors|abile [rimbor'sa:bile] zurückzahlbar; **~are** [-'sa:re] (1a) zurückerstatten; entschädigen; *Geld* wiedererstatten.

rimborso [rim'borso] *m* Rückzahlung *f*; Rückerstattung *f*; Entschädigung *f*; **~** *spese* Auslagenerstattung *f*.

rimbosch|imento [rimboski'mento] *m* Aufforstung *f*; **~ire** [-'ki:re] (4d) aufforsten.

rimbr|ottare [rimbrot'ta:re] (1c) ausschelten; **~otto** [-'brot-to] *m* Vorwurf *m*.

rimedi|abile [rimedi'a:bile] wiedergutzumachen(d); **~are** [-di'a:re] (1k *u.* b) **1.** *v/i.* abhelfen; wiedergutmachen; **2.** *v/t.* besorgen.

rimedio [ri'mε:dio] *m* (*pl.* -*di*) Abhilfe *f*; ✚ Mittel (Heilmittel) *n*; *senza* **~** hoffnungslos.

rimembr|anza [rimem'brantsa] *f lit.* Erinnerung *f*; **~are** [-'bra:re] (1b) erinnern.

rimeritare [rimeri'ta:re] (1m *u.* b) vergelten.

rimescol|amento [rimeskola'mento] *m* Mischen *n*; Umrühren *n*; **~are** [-'la:re] (1m) mischen; *Kaffee usw.* umrühren; **~arsi** [-'larsi] *Blut:* in Aufruhr kommen; **~ata** [-'la:ta] *f: dare una* **~** *a* mischen; umrühren.

rimessa [ri'mes-sa] *f* Rimesse *f*, Sendung (Geldsendung) *f*; Remise *f*; Schuppen *m*, Garage *f*; *Sport:* (*a.* **~** *in gioco*) Einwurf *m*; **~** *per attrezzi* Gerätescheune *f*; **~** *in scena* Inszenierung *f*.

rimesso [ri'mes-so] *s.* rimettere.

rimestare [rimes'ta:re] (1a) umrühren; *fig.* aufrühren.

rimett|ere [ri'met-tere] (3ee) wieder legen, setzen; wieder aufstellen; *Kleider* wieder anziehen; *Schuld* erlassen, vergeben; *Magen* stärken; *Waren* senden, ausliefern, übergeben; *Sitzung* vertagen; *Kranken* wiederherstellen; *Chir.* einrenken;

Ball wieder einwerfen; *Geld* zusetzen; *Path.* brechen; *fig.* überlassen, anvertrauen; **~** *qc. a qu.* j-m et. zustellen; **~** *in marcia* wieder in Gang setzen; **~** *in ordine* wieder in Ordnung bringen; *ci ho rimesso molto* ich habe viel Geld dabei verloren; **~ersi** [-si] sich wieder erholen; *Wetter:* sich aufklären; **~** *a qu.* sich auf j-n verlassen; **~** *in forze* wieder zu Kräften kommen; **~** *in salute* sich wieder erholen.

rimisi [ri'mi:zi] *s.* rimettere.

rimodern|amento [rimoderna'mento] *m* Erneuerung *f*, Modernisierung *f*; **~are** [-'na:re] (1b) modernisieren.

rim|onta [ri'monta] *f* Remonte *f*; Vorschuhen *f*; **~ontare** [-mon'ta:re] (1a) wieder hinaufsteigen; wieder zusammensetzen; ✗ remontieren; *Schuhe* vorschuhen.

rimorchi|are [rimorki'a:re] (1k *u.* c) bugsieren, schleppen; *fig.* ins Schlepptau nehmen; *Auto* abschleppen; **~atore** [-kia'to:re] *m* Schleppdampfer *m*; Schlepper *m.*

rimorchio [ri'mɔrkio] *m* Schleppen *n*, Bugsieren *n*; Anhänger *m*; ⚓ Schlepper *m.*

rimordere [ri'mɔrdere] (3uu) wieder beißen; *fig.* peinigen.

rimorsi [ri'mɔrsi] *s.* rimordere.

rimorso [ri'mɔrso] **1.** *s.* rimordere; **2.** *m* Gewissensbiß *m.*

rim|ossi [ri'mɔs-si], **~osso** [-so] *s.* rimuovere.

rimostranza [rimos'trantsa] *f* Vorstellung *f.*

rim|ovibile [rimo'vi:bile] entfernbar; absetzbar; zu beseitigen(d); **~ozione** [-tsi'o:ne] *f* Entfernung *f*; Absetzung *f*; Beseitigung *f.*

rimpastare [rimpas'ta:re] (1a) wieder kneten; *fig.* umbilden; umarbeiten.

rimpasto [rim'pasto] *m* Umbildung *f*; **~** *ministeriale* Kabinettsumbildung *f.*

rimp|atriare [rimpatri'a:re] (1k *u.* m) **1.** *v/t.* in die Heimat zurückbefördern; **2.** *v/i.* heimkehren; **~atrio** [-'pa:trio] *m* (*pl.* -*ri*) Zurückbeförderung *f* in die Heimat; Heimkehr *f*; Repatriierung *f.*

rimpettaio [rimpet-'ta:io] *m* (*pl.* -*ai*) Visavis *n.*

rimpetto [rim'pet-to] gegenüber.

rinforzatore

rimpi|angere [rimpi'andʒere] (3d) bedauern; *j-n* beweinen; **⁓ansi** [-pi'ansi] *s.* rimpiangere; **⁓anto** [-pi'anto] **1.** *s.* rimpiangere; **2.** *m* Schmerz *m*.

rimpiatt|are [rimpiat-'ta:re] (1a) verstecken; **⁓ino** [-'ti:no] *m* Versteck *n*; *fare a ⁓* Versteck spielen.

rimpiazzare [rimpiat-'tsa:re] (1a) ersetzen; vertreten.

rimpicciolire [rimpit-tʃo'li:re] (4d) **1.** *v/t.* verkleinern; **2.** *v/i.* kleiner werden.

rimpinzare [rimpin'tsa:re] (1a) vollstopfen.

rimpolp|are [rimpol'pa:re] (1a) wieder auffüllen; **⁓arsi** [-'parsi] wieder Fleisch ansetzen.

rimprover|abile [rimprove'ra:bile] tadelnswert; **⁓are** [-'ra:re] (1m *u.* c) *j-m* Vorwürfe machen, *j-n* zurechtweisen; *⁓ qc. a qu.* *j-m* et. vorwerfen.

rimprovero [rim'prɔ:vero] *m* Vorwurf *m*.

rimuginare [rimudʒi'na:re] (1m) brüten über (*dat.*).

rimuner|are [rimune'ra:re] (1m) belohnen; entlohnen; **⁓ativo** [-ra-'ti:vo] lohnend; belohnend; **⁓atore** [-ra'to:re] *m* Belohner *m*; **⁓azione** [-ratsi'o:ne] *f* Belohnung *f*; Entlohnung *f*.

rimuovere [rimu'ɔ:vere] (3ff) entfernen; *Hindernisse* beseitigen; *Erde* umwühlen; *Beamte* absetzen; *j-n von et.* abbringen.

rinacqui [ri'nak-kui] *s.* rinascere.

rin|ascenza [rinaʃ-'ʃentsa] *f* Wiedergeburt *f*; **⁓ascere** [-'naʃ-ʃere] (3gg) **1.** *v/i.* wiedergeboren werden; wieder aufblühen; *sentirsi ⁓* sich wie neugeboren fühlen; **⁓ascimentale** [-naʃ-ʃimen'ta:le] zur Renaissance gehörig, Renaissance...; **⁓ascimento** [-naʃ-ʃi'mento] *m* Wiedergeburt *f*; ♀ ⌂ Renaissance *f*; **⁓ascita** [-'naʃ-ʃita] *f* Wiedergeburt *f*; **⁓ato** [-'na:to] *s.* rinascere.

rincagnato [rinka'ɲa:to] stumpf; *naso m ⁓* Stumpfnase *f*; *viso m ⁓* Mopsgesicht *n*.

rinc|alzare [rinkal'tsa:re] (1a) stützen; *Pflanze* häufeln; *⁓ il letto* Bettuch und Decken einschlagen; **⁓alzo** [-'kaltso] *m* Stütze *f*; Verstärkung *f*.

rincantucci|are [rinkantut-'tʃa:re]

(1f) in e-n Winkel drängen; **⁓arsi** [-'tʃarsi] sich in e-m Winkel verstecken; *allg.* sich verkriechen.

rincarare [rinka'ra:re] (1a) **1.** *v/t.* *Waren* verteuern; *Preis* steigern; **2.** *v/i.* teurer werden; *Preise:* steigen.

rincaro [rin'ka:ro] *m* Verteuerung *f*; Preissteigerung *f*; *ondata f di ⁓* Teuerungswelle *f*.

rincasare [rinka'sa:re] (1a) heimkehren.

rinchi|udere [rinki'u:dere] (3b) einschließen; verschließen; **⁓usi** [-si] *s.* rinchiudere; **⁓uso** [-so] **1.** *s.* rinchiudere; **2.** *m* Einfriedung *f*.

rincitrullire [rintʃitrul-'li:re] (4d) verdummen.

rincominciare [rinkomin'tʃa:re] (1f) von neuem beginnen.

rincor|amento [rinkora'mento] *m* Ermutigung *f*; **⁓are** [-'ra:re] (1c *od.* 1o) ermutigen; *j-m* Mut zusprechen.

rinc|orrere [rin'kor-rere] (3o) *j-m* nachlaufen; *j-n* verfolgen; **⁓orrersi** [-'kor-rersi] sich haschen; **⁓orsa** [-'korsa] *f* Anlauf *m*; **⁓orsi** [-'korsi], **⁓orso** [-so] *s.* rincorrere.

rincrebbe [rin'kreb-be] *s.* rincrescere.

rincr|escere [rin'kreʃ-ʃere] (3n) leid tun; *mi rincresce* es tut mir leid; **⁓escimento** [-kreʃ-ʃi'mento] *m* Bedauern *n*.

rincrud|imento [rinkrudi'mento] *m* Verschärfung *f*; **⁓ire** [-'di:re] (4d) verschärfen; verschlimmern.

rinculare [rinku'la:re] (1a) **1.** *v/t.* zurückdrängen; **2.** *v/i.* zurückweichen; *Artill.* zurückfahren.

rinculo [rin'ku:lo] *m* Rückschlag *m*.

rinfacciare [rinfat-'tʃa:re] (1f) vorwerfen; [pfropfen.]

rinfarcire [rinfar'tʃi:re] (4d) vollⸯ

rinfi|ancare [rinfiaŋ'ka:re] (1d) stützen; **⁓anco** [-fi'aŋko] *m* (*pl. -chi*) Stütze *f*.

rinfocolare [rinfoko'la:re] (1m *u.* c) anfachen.

rinfoderare [rinfode'ra:re] (1m *u.* c) wieder in die Scheide stecken.

rinforz|amento [rinfortsa'mento] *m* Verstärkung *f*; Stärkung *f*; **⁓are** [-'tsa:re] (1c) **1.** *v/t.* verstärken; versteifen; *Magen* stärken; **2.** *v/i.* stärker werden; **⁓atore** [-tsa'to:re] *m* Verstärker *m*.

rinforzo 476

rinforzo [rin'fortso] *m* Verstärkung *f*.

rinfranc|amento [rinfraŋka'mento] *m* Stärkung *f*; **~are** [-'ka:re] (1d) *j-m* neuen Mut geben; **~arsi** [-'karsi] neuen Mut schöpfen; **~ato** [-'ka:to] ermutigt.

rinfresc|ante [rinfres'kante] **1.** *adj.* erfrischend; *bibita f* ~ = **2.** *m* Erfrischungsgetränk *n*; **~are** [-'ka:re] (1d) **1.** *v/t.* abkühlen; *Gedächtnis* auffrischen; *Getränke*: erfrischen; **2.** *v/i.* sich abkühlen; **~arsi** [-'karsi] sich laben; *Wetter*: sich abkühlen; **~ata** [-'ka:ta] *f* Abkühlung *f*.

rinfresco [rin'fresko] *m* (*pl.* -chi) Erfrischung *f*; *dare un* ~ e-n Empfang geben.

rinfusa [rin'fu:za]: *alla* ~ durcheinander.

ringalluzz|ire [riŋgal-lut-'tsi:re] (4d) stolz machen; **~irsi** [-'tsirsi] sich brüsten.

ringhiare [riŋgi'a:re] (1k) knurren.

ringhiera [riŋgi'ɛ:ra] *f* Geländer *n*.

ringhio [riŋgio] *m* Knurren *n*.

ringhioso [riŋgi'o:so] knurrig.

ringiovan|imento [rindʒovani-'mento] *m* Verjüngung *f*; **~ire** [-'ni:re] (4d) **1.** *v/t.* verjüngen; *cura f per* ~ Verjüngungskur *f*; **2.** *v/i.* sich verjüngen.

ringrazi|amento [riŋgratsia'mento] *m* Dank *m*, Danksagung *f*; *lettera f di* ~ Dankschreiben *n*; *tanti* -*i* vielen Dank; *sentiti* -*i* besten Dank; **~are** [-tsi'a:re] (1g) (*qu. di qc.* j-m für et.) danken; *Dank abstatten*; *sia ringraziato Dio* Gott sei gedankt.

rinneg|are [rin-ne'ga:re] (1e) verleugnen; *Söhne* verstoßen; **~ato** [-'ga:to] **1.** *adj.* abtrünnig; **2.** *m* Renegat *m*, Abtrünnige(r) *m*; Verleugner *m*; **~atore** [-ga'to:re] *m* Verleugner *m*; **~azione** [-gatsi'o:ne] *f* Verleugnung *f*; Verstoßung *f*.

rinnov|abile [rin-no'va:bile] erneuerbar; **~amento** [-va'mento] *m* Erneuerung *f*; **~are** [-'va:re] (1c) **1.** *v/t.* erneuern; *Kleider* umändern; *Abonnement* verlängern; *Bilder* restaurieren; *Schmerzen* von neuem hervorrufen; neu aufnehmen; ~ *i ringraziamenti* s-n Dank wiederholen; **2.** *v/i.* sich erneuern; **~atore** [-va'to:re] *m* Erneuerer *m*; **~azione**

[-vatsi'o:ne] *f* Erneuerung *f*; **~ellare** [-vel-'la:re] (1b) *lit.* erneuern.

rinnovo [rin-'nɔ:vo] *m* Erneuerung *f*; Verlängerung *f*.

rinoceronte [rinotʃe'ronte] *m* Rhinozeros *n*, Nashorn *n*.

rinologia [rinolo'dʒi:a] *f* Nasenheilkunde *f*.

rinom|anza [rino'mantsa] *f* Ruf *m*; Berühmtheit *f*; **~ato** [-'ma:to] berühmt.

rinsaldare [rinsal'da:re] (1a) wieder befestigen; *fig.* stärken.

rinsangu|are [rinsaŋgu'a:re] (1a) *j-m* frisches Blut zuführen; *fig.* beleben; **~arsi** [-gu'arsi] *fig.* wieder zu Geld kommen.

rinsanire [rinsa'ni:re] (4d) wieder genesen.

rinsavire [rinsa'vi:re] (4d) **1.** *v/t.* zur Vernunft bringen; **2.** *v/i.* wieder vernünftig werden.

rinserrare [rinser-'ra:re] (1b) einschließen; *Finger* einklemmen.

rintanarsi [rinta'narsi] (1a) sich verkriechen.

rintavolare [rintavo'la:re] (1m) *Probleme* wieder aufwerfen.

rint|occare [rintok-'ka:re] (1d) (in einzelnen Schlägen) läuten; **~occo** [-'tok-ko] *m* (*pl.* -cchi) Schlag *m* der Glocke.

rintracci|abile [rintrat-'tʃa:bile] aufspürbar; auffindbar; **~amento** [-tʃa'mento] *m* Aufspüren *n*; Auffindung *f*; **~are** [-'tʃa:re] (1f) aufspüren; auffinden.

rintron|amento [rintrona'mento] *m* Dröhnen *n*; Getöse *n*; **~are** [-'na:re] (1c) **1.** *v/t.* betäuben; **2.** *v/i.* dröhnen.

rintuzzare [rintut-'tsa:re] (1a) abstumpfen; *Stolz* dämpfen; *Beschuldigung* zurückweisen; *j-n* zurechtweisen.

rinuncia [ri'nuntʃa] *f* (*pl.* -ce) Verzicht *m*.

rinunci|are [rinun'tʃa:re] (1f) verzichten (*a* auf *acc.*); *non* ~ *a qc.* sich etwas nicht nehmen lassen; **~atario** [-tʃa'ta:rio] *m* (*pl.* -ri) Verzichtende(r) *m*.

rinunzia [ri'nuntsia] *usw. s. rinuncia usw.*

rinvas|are [rinva'za:re] (1a) umpflanzen; **~atura** [-za'tu:ra] *f* Umpflanzung *f*.

rinven|imento [rinveni'mento] *m*

Auffindung f; Entdeckung f; **~ire** [-'ni:re] (4p) **1.** v/t. auffinden, entdecken; **2.** v/i. wieder zu sich kommen.

rinverdire [rinver'di:re] **1.** v/t. wieder grün machen; **2.** v/i. wieder grün werden.

rinviare [rinvi'a:re] (1h) zurückschicken; Ⓖ, ⚖ verweisen; Sitzung vertagen.

rinvigor|imento [rinvigori'mento] m Kräftigung f; **~ire** [-'ri:re] (4d) stärken, kräftigen; **~irsi** [-'rirsi] stark werden, erstarken.

rinvio [rin'vi:o] m (pl. -vii) Zurückschickung f; Verweis m; Vertagung f; Verweisung f; Verschleppung f.

rio[1] [ri:o] adj. poet. böse.

rio[2] [ri:o] m poet. Bach m; in Venedig: Kanal m.

rioccup|are [riok-ku'pa:re] (1m u. c) wieder besetzen; **~azione** [-patsi'o:ne] f Wiederbesetzung f.

rionale [rio'na:le] Stadtviertel...

rione [ri'o:ne] m Stadtviertel n; Stadtbezirk m.

riordin|amento [riordina'mento] m Neuregelung f; Reform f; Neuordnung f; **~are** [-'na:re] (1m) neu ordnen; neu regeln; ✝ wieder bestellen; **~atore** [-na'to:re] m Neuordner m.

riorganizz|are [riorganid-'dza:re] (1a) reorganisieren; **~atore** [-dza'to:re] m Reorganisator m; **~azione** [-dzatsi'o:ne] f Reorganisation f, Umorganisation f.

riottoso [riot-'to:so] lit. zänkisch; widerspenstig.

ripa [ri:pa] f poet. Ufer n.

ripagare [ripa'ga:re] (1e) von neuem bezahlen; fig. vergelten.

ripar|abile [ripa'ra:bile] wiedergutzumachen(d); ersetzbar; reparierbar; **~are** [-'ra:re] (1a) **1.** v/t. wiedergutmachen; schützen (da vor dat.); Schaden ersetzen; reparieren, ausbessern; **2.** v/i. abhelfen; flüchten; **~arsi** [-'rarsi] sich flüchten; sich schützen; **~ato** [-'ra:to] geschützt; **~atore** [-ra'to:re] m Wiederhersteller m; **~azione** [-ratsi'o:ne] f Wiedergutmachen n; Reparatur f, Ausbesserung f; Pol. Reparation f; officina f -i Reparaturwerkstatt f; ~ dei danni Schadenersatz m; ~ di fortuna Notreparatur

f; esame m di ~ Wiederholungsprüfung f.

riparlare [ripar'la:re] (1a) von neuem sprechen; ne riparleremo wir sprechen noch einmal darüber.

riparo [ri'pa:ro] m Schutz m; Wasserb. Damm m; ✕ Schanze f; mettere ~ Abhilfe schaffen; mettersi al ~ sich in Sicherheit bringen.

ripartibile [ripar'ti:bile] verteilbar.

ripartire[1] [ripar'ti:re] (4a) wieder abreisen.

ripart|ire[2] [ripar'ti:re] (4d) verteilen; **~izione** [-titsi'o:ne] f Verteilung f.

ripass|are [ripas-'sa:re] (1a) **1.** v/i. wieder vorbeigehen usw. (s. passare); **2.** v/t. von neuem überschreiten; Lektion wiederholen; Arbeit durchsehen; Mal. übermalen; Motor überholen; prügeln; **~ata** [-'sa:ta] f: dare una ~ s. ripassare.

ripasso [ri'pas-so] m Rückkehr f (der Vögel).

ripens|amento [rispensa'mento] m Überlegung f; Meinungsänderung f; **~are** [-'sa:re] (1b) **1.** v/i. wiederholt denken (a an acc.); nachdenken (a über acc.); überlegen (acc.); ci ripenserò ich werde es mir nochmals überlegen; **2.** v/t. durchdenken; sich wieder vergegenwärtigen.

ripercorrere [riper'kor-rere] (3o) wieder zurücklegen; fig. durchgehen.

riperc|ossi [riper'kɔs-si], **~osso** [-'kɔs-so] s. ripercuotere; **~uotere** [-ku'ɔ:tere] (3ff) zurückschlagen; Strahlen zurückwerfen; **~uotersi** [-ku'ɔ:tersi] zurückprallen; ein Echo finden; **~ussione** [-kus-si'o:ne] f Rückstoß m; Rückwirkung f.

ripescare [ripes'ka:re] (1d) wieder auffischen; fig. ausfindig machen.

ripetente [ripe'tente] m Schüler: Repetent m, Sitzengebliebene(r) m.

ripetere [ri'pɛ:tere] (3a) wiederholen.

ripet|itore [ripeti'to:re] m Repetitor m; Hilfslehrer m; **~izione** [-titsi'o:ne] f Wiederholung f; Hilfsstunde f; **~utamente** [-tuta-'mente] wiederholt; **~uto** [-'tu:to] wiederholt; häufig.

ripiano [ripi'a:no] *m* Treppenabsatz *m*.

ripicco [ri'pik-ko] *m* (*pl.* -cchi): per ~ aus Rache.

ripidezza [ripi'det-tsa] *f* Steilheit *f*.

ripido [ri:pido] steil.

ripieg|amento [ripiega'mento] *m* Zusammenfaltung *f*; Zurückweichen *n*; ~are [-'ga:re] 1. *v/t.* wieder biegen; zusammenlegen; *Ärmel* umschlagen; *Flagge* einziehen; 2. *v/i.* biegen; zurückweichen; ~arsi [-'garsi] sich biegen, sich krümmen.

ripiego [ripi'ɛ:go] *m* (*pl.* -ghi) Ausweg *m*; *di* ~ behelfsmäßig.

ripieno [ripi'ɛ:no] 1. *adj.* voll; gefüllt; 2. *m* Füllung *f*; 🔺 Füllwerk *n*; *fig.* Lückenbüßer *m*.

ripopol|amento [ripopola'mento] *m* Wiederbevölkerung *f*; *Jagdw.* Neubesetzung *f*; ~are [-'la:re] (1m *u.* c) wieder bevölkern; wieder mit Wild (*od.* mit Fischen) besetzen.

riporre [ri'por-re] (3ll) wieder legen; aufheben; verbergen; *Hoffnungen* setzen.

riport|are [ripor'ta:re] (1c) wiederbringen; zurückbringen; wiedererzählen; verschieben; *Sieg* davontragen; *Schaden* erleiden; *Eindruck* erhalten; *Mal. u.* ✝ übertragen; ~arsi [-'tarsi] sich berufen (*a* auf *acc.*); ~atore [-ta'to:re] *m* Hinterbringer *m*; Berichter *m*.

riporto [ri'porto] *m* Übertragung *f*; ✝ Übertrag *m*, Transport *m*; Report *m*.

ripos|ante [ripo'sante] erholsam; ruhig; ~are [-'sa:re] (1c) 1. *v/t.* ausruhen lassen; wieder hinlegen, hinsetzen, hinstellen; 2. *v/i.* ausruhen, ruhen; *fig.* beruhen auf (*dat.*); ~arsi [-'sarsi] sich ausruhen; ~ato [-'sa:to] ausgeruht; ruhig.

riposi [ri'po:si] *s. riporre.*

riposo [ri'po:so] *m* Ruhe *f*; Ruhestand *m*; *giorno m di* ~ Ruhetag *m*; *posizione f di* ~ Ruhestellung *f*; *a letto* Bettruhe *f*; *in* ~ außer Dienst; *mettere a* ~ in den Ruhestand versetzen; ✕ ~! rührt euch!; *senza* ~ ruhelos, rastlos.

ripostiglio [ripos'ti:ʎo] *m* (*pl.* -gli) Abstellraum *m*, Rumpelkammer *f*.

riposto [ri'posto] 1. *s. riporre*; 2. *adj.* verborgen.

riprend|ere [ri'prendere] (3c) wieder nehmen; zurücknehmen; tadeln; *Gespräch* wiederaufnehmen; *Phot.* aufnehmen, fotografieren; ~ *coscienza* wieder zu sich kommen; ~ersi [-dersi] sich erholen; sich verbessern.

ripr|esa [ri'pre:sa] *f* Wiederaufnahme *f*; ✝ Wiederaufschwung *m*; Wiederbelebung *f* (*der Wirtschaft*); ✕ Wiedereinnahme *f*; *Sport:* Runde *f*, Halbzeit *f*; *Thea.* Wiederholung *f*; ~ *cinematografica* Filmaufnahme *f*; *Radio: in* ~ *diretta* in Direktübertragung; *Phot.* ~ *interna* Innenaufnahme *f*; *a più* ~ zu wiederholten Malen; ~esi [-'pre:si], ~eso [-'pre:so] *s. riprendere.*

ripristin|amento [ripristina'mento] *m* Wiederherstellung *f*; ~are [-ti'na:re] (1m) wiederherstellen; wieder in Kraft setzen; ~ino [-'pristino] *m* Wiedereinführung *f*, -aufnahme *f*, -herstellung *f*.

riprodotto [ripro'dot-to] *s. riprodurre.*

riprod|ucibile [riprodu'tʃi:bile] reproduzierbar; ~uco [-'du:ko] *s. riprodurre*; ~urre [-'dur-re] (3e) wieder hervorbringen; wieder erzeugen; *Phot., Zeichenk.* reproduzieren; ⊞ nachdrucken; ~ursi [-'dursi] sich fortpflanzen, sich vermehren; sich wieder bilden; *Thea.* wieder auftreten; ~ussi [-'dus-si] *s. riprodurre*; ~uttivo [-dut-'ti:vo] fortpflanzungsfähig; ~uttore [-dut-'to:re] *m* Wiedererzeuger *m*; Zuchttier *n*; ⚡ Lautsprecher *m*; ~uzione [-dutsi'o:ne] *f* Wiedererzeugung *f*; Fortpflanzung *f*, Vermehrung *f*; *Phot., Zeichenk.* Reproduktion *f*; ⊞ Nachdruck *m*; ~ *vietata* Nachdruck verboten; *diritto m di* ~ Abdruckrecht *n*.

ripromettersi [ripro'met-tersi] (3ee) sich vornehmen; hoffen.

riproporre [ripro'por-re] (3ll) wieder vorschlagen.

riprova [ri'prɔ:va] *f* neuer Beweis *m*; Bekräftigung *f*; Gegenprobe *f*; Probe *f*; *a* ~ zum Beweis.

riprovare[1] [ripro'va:re] (1c) noch einmal versuchen.

riprov|are[2] [ripro'va:re] (1c) verwerfen; ~ *uno scolaro* einen Schüler nicht versetzen; ~azione [-vatsi'o:-

ne] f Verwerfung f; ernste Rüge f, Tadel m; degno di ~ tadelnswert; **~evole** [-'ve:vole] verwerflich.

ripudi|abile [ripudi'a:bile] ablehnbar; **~are** [-di'a:re] (1k) ablehnen; Verwandte verstoßen.

ripudio [ri'pu:dio] m (pl. -di) Ablehnung f; Verstoßung f.

ripugn|ante [ripu'ɲante] widerwärtig; **~anza** [-'ɲantsa] f Widerwille m; **~are** [-'ɲa:re] (1a): ~ a qu. j-n anwidern.

ripul|ire [ripu'li:re] (4d) wieder reinigen; reinigen, säubern; scherzh. ausrauben, leeren; **~isti** [-'listi] m inv. Säuberung f; fare (un) ~ aufräumen; reinen Tisch machen; **~ita** [-'li:ta] f Säuberung f; dare una ~ a qc. et. abwischen (bürsten usw.); fig. et. aufräumen; **~itura** [-li'tu:ra] f Reinigung f.

ripulsa [ri'pulsa] f Zurückweisung f; abschlägige Antwort f; Verwerfung f.

ripuls|ione [ripulsi'o:ne] f Zurückstoßung f; **~ivo** [-'si:vo] zurückstoßend.

riputazione [riputatsi'o:ne] f s. reputazione.

riquadr|are [rikua'dra:re] (1a) viereckig machen; **~atura** [-dra'tu:ra] f Abvierung f.

risacca [ri'sak-ka] f Widersee f, Rollbrandung f.

ris|aia [ri'sa:ia] f Reisfeld n; **~aiolo** [-sai'ɔ:lo] m Reisfeldarbeiter m.

risalgo [ri'salgo] s. risalire.

risalire [risa'li:re] (4m) wieder steigen; emporsteigen; zurückliegen; ~ alle origini auf die Quelle zurückgehen.

risaltare [risal'ta:re] (1a) v/t. u. v/i. wieder springen usw. (s. saltare); fig. hervortreten; △ hervorspringen.

risalto [ri'salto] m Vorsprung m; dare ~ a qc. et. hervorheben.

risan|abile [risa'na:bile] heilbar; **~amento** [-na'mento] m Genesung f; fig. Sanierung f; **~are** [-'na:re] (1a) 1. v/i. genesen; 2. v/t. heilen; sanieren.

risapere [risa'pe:re] (2n) erfahren, in Erfahrung bringen; essere risaputo allbekannt sein.

risarc|ibile [risar'tʃi:bile] ersetzbar; **~imento** [-tʃi'mento] m Entschädigung f; Ersatz m; domanda f di ~ dei danni Schadenersatzforderung f; **~ire** [-'tʃi:re] (4d) entschädigen; wiedergutmachen; Schaden ersetzen.

risata [ri'sa:ta] f Gelächter n; dare in una ~ in ein Gelächter ausbrechen.

riscald|abile [riskal'da:bile] heizbar; **~amento** [-da'mento] m Erwärmung f; Heizung f; fig. u. ⚙ Erhitzung f; ~ centrale Zentralheizung f; ~ centrale a distanza Fernheizung f; ~ a gas Gasheizung f; ~ con stufa Ofenheizung f; ~ a vapore Dampfheizung f; impianto m di ~ Heizanlage f; **~are** [-'da:re] (1a) wärmen; erhitzen; Speisen aufwärmen; Zimmer heizen; **~arsi** [-'darsi] heiß werden; fig. sich ereifern; **~atore** [-da'to:re] m Heizgerät n.

riscaldo [ris'kaldo] m Erhitzung f.

risc|attabile [riskat-'ta:bile] loskaufbar; einlösbar; erlösbar; **~attare** [-kat-'ta:re] (1a) loskaufen; Pol. erlösen; Pfand einlösen; **~atto** [-'kat-to] m Loskauf m; Erlösung f; Einlösung f; Lösegeld n; diritto m di ~ Rückkaufsrecht n.

rischiar|amento [riskiara'mento] m Aufhellung f; Aufklärung f; Lichtung f; **~are** [-'ra:re] (1a) erleuchten; fig. aufklären; Gehölz lichten; **~arsi** [-'rarsi] sich aufklären; Himmel: aufhellen; ~ in volto sich aufheitern.

rischiare [riski'a:re] (1k) 1. v/t. riskieren, aufs Spiel setzen; 2. v/i. riskieren; Gefahr laufen (di zu).

rischio [riskio] m (pl. -chi) Gefahr f; Wagnis n; Risiko n; a ~ di (inf.) auf die Gefahr hin, zu (inf.); a Vostro ~ e pericolo auf Ihre Gefahr; senza ~ gefahrlos; mettere a ~ aufs Spiel setzen.

rischioso [riski'o:so] gewagt; gefährlich; fig. zweischneidig.

risciacqu|are [riʃ-ʃak-ku'a:re] (1a) spülen; abwaschen; **~ata** [-ku'a:ta] f: dare una ~ a spülen; fig. dare una ~ a qu. j-m den Kopf gehörig waschen; **~atoio** [-kua'to:io] m (pl. -oi) Spülbecken n; **~atura** [-kua-'tu:ra] f Spülen n; Spülwasser n.

risc|ontrare [riskon'tra:re] (1a) 1. v/t. begegnen (dat.); nachprüfen; Schriften vergleichen; 2. v/i. passen; übereinstimmen; **~ontro** [-'kontro] m Begegnung f; Nachprüfung f; Vergleich m; Gegenstück n; Beantwortung f; Buchprüfung f; Empfangsbestätigung f; di ~ a gegenüberliegend (dat.); in ~ alla Vostra in Erwiderung Ihres Schreibens.

risc|ossa [ris'kɔs-sa] f Erhebung f; **~ossione** [-kos-si'o:ne] f Einziehung f; **~ossi** [-'kɔs-si], **~osso** [-'kɔs-so] s. riscuotere; **~otibile** [-ko'ti:bile] einziehbar.

riscrivere [ris'kri:vere] (3tt) wieder (od. noch einmal) schreiben; schriftlich beantworten.

riscu|otere [risku'ɔ:tere] (3ff) erschüttern; j-n rütteln; Geld einziehen; Pfand einlösen; Beifall ernten; **~otersi** [-'ɔːtersi] aufahren; sich aufraffen.

risent|imento [risenti'mento] m Unwille m; Groll m; **~ire** [-'ti:re] (4b) **1.** v/t. wieder fühlen; wieder hören; verspüren; ~ danno Schaden haben; **2.** v/i. ~ di leiden unter (dat.); la salute ne risente die Gesundheit leidet darunter; la borsa ne risente der Geldbeutel verspürt es; **~irsi** [-'tirsi] aufwachen; die Folgen von (dat.) verspüren; sich getroffen fühlen; **~ito** [-'ti:to] gekränkt; gereizt; beleidigt.

riserbare [riser'ba:re] (1b) aufsparen; fig. vorbehalten; aufheben, beiseite legen.

riserbo [ri'serbo] m Zurückhaltung f; uscire dal ~ das Schweigen brechen, seine Zurückhaltung aufgeben; senza ~ ohne Rücksicht.

riserva [ri'serva] f Vorrat m; Ersatz m; fig. Vorbehalt m; Jagdrevier n; ✝, Sport u. ✕ Reserve f; Auto: Reservetank m; fondo m di ~ Reservefonds m; senza ~ rückhaltlos; con ~ e d'uso mit den üblichen Vorbehalt; sotto ogni ~ unter allem Vorbehalt; fare le sue ~ e sich verwahren; fare ~ di Vorräte anlegen an (dat.).

riserv|are [riser'va:re] (1b) reservieren; vorbehalten; belegen; **~arsi** [-'varsi] sich vorbehalten; **~atamente** [-vata'mente] in vertraulicher Weise; unter Vorbehalt; **~atezza** [-va'tet-tsa] f Zurückhaltung f; **~atissimo** [-va'tis-simo] streng vertraulich; **~ato** [-'va:to]

verschlossen; zugeknöpft; vertraulich; 🔒 reserviert; **~ista** [-'vista] m (pl. -i) Reservesoldat m, Reservist m.

risi [ri:si] s. ridere.

risi|coltura [risikol'tu:ra] f Reisanbau m; **~ficio** [-'fi:tʃo] m (pl. -ci) Reismühle f.

risiedere [risi'ɛːdere] (3a) s-n Wohnsitz haben, wohnen; residieren; s-n Sitz haben.

risipola [ri'zi:pola] f Wundrose f.

risma [rizma] f Ries n; fig. Schlag m.

riso¹ [ri:so] **1.** s. ridere; **2.** m (pl. le risa) Lachen n; morire dalle -a sich totlachen; ~ fa buon sangue Lachen ist gesund.

riso² [ri:so] m Reis m; budino m di ~ Reispudding m; chicco m di ~ Reiskorn n.

risol|are [riso'la:re] (1o) neu besohlen; **~atura** [-la'tu:ra] f Neubesohlung f.

risolino [riso'li:no] m Lächeln n.

ris|olsi [ri'sɔlsi], **~olto** [-'sɔlto] s. risolvere.

risol|ubile [riso'lu:bile] (auf)lösbar; **~utezza** [-lu'tet-tsa] f Entschlossenheit f; con ~ entschlossen; **~utivo** [-lu'ti:vo] auflösend; entscheidend; **~uto** [-'lu:to] **1.** s. risolvere; **2.** adj. entschlossen; **~uzione** [-lutsi'o:ne] f Entschluß m; Beschluß m; Auflösung f; Lösung f; Pol. Resolution f; ✝ ~ d'un contratto Auflösung f e-s Vertrages; prendere una ~ e-n Entschluß fassen.

ris|olvere [ri'sɔlvere] (3g) beschließen; 🎵 auflösen; Probleme lösen; Vertrag aufheben; ✝ annullieren; **~olversi** [-'sɔlversi] sich entschließen; ~ in nulla in nichts zerfließen.

risolv|ibile [risol'vi:bile] 🎵 löslich; (auf)lösbar; **~ibilità** [-vibili'ta] f Lösbarkeit f.

rison|anza [riso'nantsa] f Klang m; 🎵 Resonanz f; Widerhall m; fig. Nachwirkung f, Echo n; **~are** [-'na:re] (1o) **1.** v/t. wieder spielen; wieder läuten; **2.** v/i. ertönen; widerhallen.

ris|orgere [ri'sɔrdʒere] auferstehen; Zweifel: wieder auftauchen; wieder aufblühen; **~orgimento** [-sordʒi'mento] m Wiedergeburt *f*; *fig.* Wiederaufblühen *n*; *Pol.* ♀ Risorgimento *n*; **~orsa** [-'sorsa] *f* Hilfsquelle *f*; Notbehelf *m*; -e *pl.* Geldmittel *n/pl.*, Mittel *n/pl.*; -e naturali natürlicher Reichtum *m*; senza ~ e mittellos; **~orsi** [-'sorsi], **~orto** [-'sorto] *s.* risorgere.

risotto [ri'sɔt-to] *m* Risotto *m*.

risparmi|are [risparmi'a:re] (1k) sparen; einsparen; ersparen; beiseite legen; *fig.* schonen; **~arsi** [-mi'arsi] sich schonen; **~atore** [-mia'to:re] *m* Sparer *m*.

risparmio [ris'parmio] *m* (*pl.* -mi) Ersparnis *f*; Sparsamkeit *f*; ✝ Spareinlage *f*; *cassa f di* ~ Sparkasse *f*; *deposito m a* ~ Spartguthaben *m*; ~ *di tempo* Zeitersparnis *f*.

rispecchiare [rispek-ki'a:re] (1k) widerspiegeln.

rispedire [rispe'di:re] (4d) wieder schicken; zurückschicken.

rispett|abile [rispet-'ta:bile] achttungswert; ansehnlich; ehrenhaft; **~abilità** [-tabili'ta] *f* Achtbarkeit *f*; **~are** [-'ta:re] (1b) achten; *Gesetze* beachten; *Vertrag* einhalten; *farsi* ~ sich Achtung zu verschaffen wissen; **~ato** [-'ta:to] angesehen, geachtet; *Gesetz:* beachtet; **~ivamente** [-tiva'mente] beziehungsweise; ~ a bezüglich (*gen.*), in bezug auf (*acc.*); **~ivo** [-'ti:vo] betreffend, bezüglich; jeweilig.

rispetto [ris'pɛt-to] 1. *m* Achtung *f*, Ehrfurcht *f*; Rücksicht *f*; *sotto ogni* ~ in jeder Hinsicht; -*i pl.* Empfehlungen *f/pl.*; *i miei* -*i a Suo padre* empfehlen Sie mich Ihrem Vater; *mancanza f di* ~ Respektlosigkeit *f*; *con* ~ hochachtungsvoll; 2. *prp.* ~ *a* in bezug auf (*acc.*); ~ *a ciò* in dieser Hinsicht.

rispettoso [rispet-'to:so] respektvoll; ehrerbietig.

risplendere [ris'plɛndere] (3a) glänzen.

rispond|ente [rispon'dɛnte] entsprechend; **~enza** [-'dɛntsa] *f* Übereinstimmung *f*.

risp|ondere [ris'pondere] (3hh) antworten (*a* auf *acc.*); beantworten (*acc.*); *Gruß* erwidern (*acc.*); *Kartenspiel:* bedienen; ~ *alle speranze* den Erwartungen entsprechen; ~ *di qc. für et.* (*acc.*) bürgen; 🏿 sich verantworten; ~ *per iscritto* schriftlich antworten; ~ *male* frech

antworten; ~ *per le rime* gehörig Bescheid sagen; *Tel.* non risponde es meldet sich niemand; **~osi** [-'po:si] *s.* rispondere; **~osta** [-'posta] *f* Antwort *f*; Beantwortung *f*; *Fechtk.* Gegenstoß *m*; *in* ~ *alla Vostra lettera* in Beantwortung Ihres Schreibens; 🖋 ~ *pagata* Rückantwort bezahlt; *senza* ~ unbeantwortet; **~osto** [-'posto] *s.* rispondere.

rissa [ris-sa] *f* Schlägerei *f*.

riss|are [ris-'sa:re] (1a) sich raufen; **~oso** [-'so:so] rauflustig.

ristabil|imento [ristabili'mento] *m* Wiederherstellung *f*; Erholung *f*; **~ire** [-'li:re] (4d) wiederherstellen; *j-n* wieder einsetzen; **~irsi** [-'lirsi] sich erholen; **~ito** [-'li:to] wiederhergestellt.

rist|agnare [rista'ɲa:re] (1a) 1. *v/t.* *Blut* stillen; 2. *v/i.* stocken; ✝ stagnieren; **~agno** [-'ta:ɲo] *m* Stockung *f*; Stillstand *m*; ✝ Stagnation *f*; Flaute *f*.

rist|ampa [ris'tampa] *f* Abdruck *m*; Neudruck *m*; neue Auflage *f*; **~ampare** [-tam'pa:re] (1a) neu abdrucken; neu auflegen.

ristor|ante [risto'rante] *m* Restaurant *m*; ~ *della stazione* Bahnhofsrestaurant *n*; 🖋 *carrozza f* ~ Speisewagen *m*; **~are** [-'ra:re] (1c) wiederherstellen; stärken; **~atore** [-ra'to:re] 1. *adj.* erquickend; 2. *m* Wiederhersteller *m*; Restaurant *n*.

ristoro [ris'tɔ:ro] *m* Stärkung *f*, Labsal *n*; Trost *m*; *posto m di* ~ Verpflegungsstelle *f*.

ristr|ettezza [ristret-'tet-tsa] *f* Enge *f*; Beschränktheit *f*; (*mst pl.* -e) Notlage *f*; **~etto** [-'tret-to] eng; beschränkt; eingeschränkt; *prezzo m* ~ äußerster Preis *m*; *brodo m* ~ Kraftbrühe *f*; *caffè m* ~ starker Kaffee *m*.

ristuccare [ristuk-'ka:re] (1d) übergipsen; *fig.* verdrießen.

risucchio [ri'suk-kio] *m* (*pl.* -cchi) Wirbel *m*, Strudel *m*; Sog *m*.

risult|ante [risul'tante] *f Phys.* Resultante *f*; **~anza** [-'tantsa] *f s.* risultato; **~are** [-'ta:re] (1a) sich ergeben; hervorgehen; *mi risulta che* mir ist bekannt geworden, daß; **~ato** [-'ta:to] *m* Ergebnis *n*; *senza* ~ vergeblich.

risurrezione [risur-retsi'o:ne] *f Rel.* Auferstehung *f*.

risuscit|are [risuʃ-ʃi'taːre] (1m) **1.** v/t. wiedererwecken; fig. neu beleben; **2.** v/i. auferstehen.

risvegli|are [rizve'ʎaːre] (1g) wiedererwecken; fig. Leidenschaft von neuem erregen; **~arsi** [-'ʎarsi] wieder erwachen.

risveglio [ri'zveːʎo] m (pl. -gli) Erwachen n; fig. Wiederaufleben n.

risvol|ta [ri'zvɔlta] f Biegung f; Wendung f; Kleidung: Rockaufschlag m; **~to** [-to] m Hosenaufschlag m.

ritagliare [rita'ʎaːre] (1g) abschneiden; Zeitungsartikel ausschneiden.

ritaglio [ri'taːʎo] m (pl. -gli) Ausschnitt (Zeitungsausschnitt) m; Abschnitt m; -gli pl. Papierschnitzel n/pl.; Stoffreste m/pl.

ritard|are [ritar'daːre] (1a) **1.** v/t. verzögern; **2.** v/i. zögern; sich verspäten; Uhr: nachgehen; ha ritardato di mezz'ora er hat sich e-e halbe Stunde verspätet; **~atario** [-da'taːrjo] m (pl. -ri) Nachzügler m.

ritardo [ri'tardo] m Verspätung f; Verlangsamung f; Verzögerung f; senza ~ unverzüglich, pünktlich; essere in ~ zu spät kommen; 🚍 Verspätung haben.

ritegno [ri'teːɲo] m Einhalt m; senza ~ ohne Maß, maßlos; rückhaltlos; aver ~ sich scheuen, zögern.

ritempr|are [ritem'praːre] (1b) kräftigen, stählen; **~arsi** [-'prarsi] sich stärken.

riten|ere [rite'neːre] (2q) behalten; zurückbehalten; zurückhalten; halten für (acc.); im Gedächtnis behalten; schätzen; Atem anhalten; Tränen unterdrücken; abs. glauben; **~ersi** [-'nersi] sich beherrschen; sich enthalten; sich halten für (acc.); **~uta** [-'nuːta] f Abzug m; ~ sullo stipendio Gehaltsabzug m; **~utezza** [-nu'tet-tsa] f Zurückhaltung f; **~uto** [-'nuːto] zurückhaltend; **~zione** [-tsi'oːne] f Abzug m; ~ d'orina Harnverhaltung f.

ritir|are [riti'raːre] (1a) v/t. wieder ziehen; zurückziehen; wieder werfen; Versprechen zurücknehmen; Geld einziehen; abheben; Briefe (ab)holen; Wechsel einlösen; **~arsi** [-'rarsi] sich zurückziehen; zurücktreten; Stoff: einlaufen; ~ a vita privata sich ins Privatleben zurückziehen; ~ dalla gara aus dem Wettkampf ausscheiden; **~ata** [-'raːta] f Rückzug m; Abort m; ✕ Zapfenstreich m; battere in ~ sich zurückziehen; zum Rückzug blasen; **~ato** [-'raːto] zurückgezogen; einsam.

ritiro [ri'tiːro] m Rücktritt m; Zurücknahme f; Ausscheiden n; ✝ Entnahme f; Abnahme f; ✕ Zurückziehung f; von Münzen: Einziehen n; Asyl n; Einsiedelei f; fig. Zurückgezogenheit f; in ~ außer Dienst.

ritmic|a [ritmika] f Rhythmik f; **~o** [-ko] (pl. -ci) rhythmisch.

ritmo [ritmo] m Rhythmus m.

rito [ri:to] m Rel. Ritus m; allg. Brauch m; essere di ~ üblich sein.

ritocc|are [ritok-'kaːre] (1d) wieder berühren; überarbeiten, durchfeilen; Mal. nachmalen; Phot. retuschieren; fig. Bericht, Bilanz frisieren; **~ata** [-'kaːta] f Durchfeilung f; Retuschierung f; dare una ~ a qc. et. ausbessern; **~atore** [-ka'toːre] m Retuschierer m.

ritocco [ri'tɔk-ko] m (pl. -cchi) Nachbesserung f; Phot. Retusche f; apportare un ~ a qc. et. ausbessern.

ritorcere [ri'tɔrtʃere] (3d) wieder drehen; drehen; auswringen; Argument umkehren; Beleidigung zurückgeben.

ritorn|are [ritor'naːre] (1a) **1.** v/i. zurückkommen; zurückgehen; wiederkehren; ~ in sé wieder zu sich kommen; **2.** v/t. zurückgeben; zurückschicken; **~ello** [-'nɛl-lo] m Ritornell n; Refrain m.

ritorno [ri'torno] m Rückkehr f; (~ a casa) Heimweg m; di ~ zurück; far ~ zurückkehren; viaggio m di ~ Rückreise f; volo m di ~ Rückflug m.

ritorsione [ritorsi'oːne] f Erwiderung f; Vergeltung f, Retorsion f.

ritrarre [ri'trar-re] (3xx) zurückziehen; schildern; Gewinn ziehen; entnehmen; ersehen; Mal. abbilden; abhalten.

ritratt|abile [ritrat-'taːbile] widerruflich; **~are** [-'taːre] (1a) wieder behandeln; zurücknehmen; widerrufen; Mal. porträtieren; **~azione** [-tatsi'oːne] f abermalige Behandlung f; Widerruf m; **~ista** [-'tista] *su.* (*m*/*pl.* -i) Porträtmaler(in *f*) *m.*

ritratto [ri'trat-to] *m* Porträt *n*, Bildnis *n*; Fotografie *f*; *fig.* Ebenbild *n*; ⚏ Schilderung *f*; Charakterbild *n*.

ritr|osaggine [ritro'sad-dʒine] *f*, **osia** [-tro'si:a] *f* Widerspenstigkeit *f*; Sprödigkeit *f*; **oso** [-'tro:so] widerspenstig; spröde; prüde; *a* ~ rückwärts.

ritrov|abile [ritro'va:bile] wiederauffindbar; **amento** [-va'mento] *m* Wiederauffindung *f*; Entdeckung *f*; **are** [-'va:re] (1c) wiederfinden; erfinden, entdecken; **arsi** [-'varsi] sich treffen; dabeisein; (*a. ~ bene*) sich zurechtfinden; **ato** [-'va:to] *m* Erfindung *f*.

ritrovo [ri'tro:vo] *m* Zusammenkunft *f*, Treffen *n*; Gesellschaft *f*; Sammelplatz *m*, Treffpunkt *m*; ~ *notturno* Nachtlokal *n*; ~ *pubblico* öffentliches Lokal *n*.

ritto [rit-to] gerade; aufrecht; *star* ~ aufrecht stehen.

rituale [ritu'a:le] **1.** *adj.* rituell; **2.** *m* Ritual *n*.

riun|ione [riuni'o:ne] *f* Vereinigung *f*; Versammlung *f*; Treffen *n*; *punto m di* ~ Treffpunkt *m*; **ire** [-'ni:re] (4d) vereinigen; versammeln.

riusc|ire [riuʃ-'ʃi:re] (4o) wieder hinausgehen; gelingen; Erfolg haben; können; werden; ~ *bene* gut gelingen; ~ *male* mißlingen; *riesco a fare* ~ *d.* mi riesce di fare es gelingt mir zu tun; ~ *in qc.* sich in et. (*dat.*) bewähren; **ita** [-'ʃi:ta] *f* Gelingen *n*; Erfolg *m*; **ito** [-'ʃi:to] wohlgelungen.

riva [ri:va] *f* Ufer *n*.

rivaccinare [rivat-tʃi'na:re] (1a) wieder impfen.

riv|ale [ri'va:le] **1.** *adj.* nebenbuhlerisch; wetteifernd; **2.** *m* Nebenbuhler(in *f*) *m*; Rivale *m*, Rivalin *f*; **aleggiare** [-valed-'dʒa:re] (1f) wetteifern.

rivalersi [riva'lersi] (2r): ~ *su qu.* sich an j-m schadlos halten.

rivalità [rivali'ta] *f* Rivalität *f*; Nebenbuhlerschaft *f*; Konkurrenzneid *m*.

rivalsa [ri'valsa] *f* Schadloshaltung *f*; ✝ Rückwechsel *m*.

rivalut|are [rivalu'ta:re] (1a) wieder

schätzen; aufwerten; **azione** [-tatsi'o:ne] *f* Neubewertung *f*; Aufwertung *f*.

rivangare [rivaŋ'ga:re] (1e) von neuem umgraben; *fig.* wieder aufrühren.

rived|ere [rive'de:re] (2s) wiedersehen; *Arbeiten* durchsehen; *Prozeß* revidieren; *a rivederci, rivederla* auf Wiedersehen; **ibile** [-'di:bile] ✗ zurückgestellt; *far* ~ zurückstellen.

rivel|are [rive'la:re] (1a) offenbaren; *Geheimnis* enthüllen; verraten; **atore** [-la'to:re] *m* Offenbarer *m*; Enthüller *m*; *Radio:* Detektor *m*; *Phot.* Entwickler *m*; **azione** [-latsi'o:ne] *f* Offenbarung *f* (*a. Rel.*); Enthüllung *f*.

riv|endere [ri'vendere] (3a) wiederverkaufen; weiterverkaufen; **endibile** [-ven'di:bile] wiederverkäuflich.

rivendic|are [rivendi'ka:re] (1m *u.* d) reklamieren, (zurück)fordern; Anspruch erheben auf (*acc.*); *Ehre* verteidigen; **azione** [-katsi'o:ne] *f* (Zurück-)Forderung *f*; -i *salariali* Lohnforderungen *f/pl.*; ~ *territoriale* Gebietsanspruch *m*.

rivendita [ri'vendita] *f* Wiederverkauf *m*; Verkaufsstelle *f*.

rivend|itore [rivendi'to:re] *m* Wiederverkäufer *m*; **ugliolo** [-'du:ʎolo] *m* Krämer *m*.

rivenire [rive'ni:re] (4p) wieder-, zurückkommen; ~ *in sé* wieder zu sich kommen.

riv|erberare [riverbe'ra:re] (1m *u.* b) **1.** *v/t.* zurückwerfen, reflektieren; **2.** *v/i. u.* **erberarsi** [-verbe'rarsi] zurückstrahlen, reflektiert werden; **erbero** [-'verbero] *m* Reflex *m*, Zurückstrahlung *f*; *di* ~, *per* ~ auf indirektem Wege.

riv|erente [rive'rente] ehrerbietig; **enza** [-'rentsa] *f* Ehrerbietung *f*; Verbeugung *f*; Knicks *m*; **enziale** [-rentsi'a:le] ehrfurchtsvoll; **ire** [-'ri:re] (4d) verehren; *La riverisco* ich empfehle mich Ihnen.

rivers|are [river'sa:re] (1b) (wieder) ausgießen; wieder eingießen; vergießen; *Schuld* zuschieben; **arsi** [-'sarsi] fließen; sich ergießen.

riverso [ri'verso] auf dem Rücken ausgestreckt; *cadere* ~ rücklings hinfallen.

rivest|imento [rivesti'mento] *m*
Bekleidung *f*; ⊕ Verkleidung *f*,
Verschalung *f*; ~ *di parete* Wand-
bekleidung *f*, Wandbespannung *f*;
~ *di legno* Holzverschalung *f*; **~ire**
[-'ti:re] (4b) neu einkleiden; *Amt*
bekleiden; ⊕ verkleiden; überziehen; **~itura** [-ti'tu:ra] *f* Verkleidung *f*; Bekleidung *f*; Überzug
m.

riviera [rivi'e:ra] *f* Gestade *n*; ♀ *di
levante, di ponente* Riviera *f* östlich,
westlich von Genua.

rivierasco [rivie'rasko] (*pl.* -chi) zur
Küste gehörig, Küsten...

riv|incere [ri'vintʃere] (3d) aber-
mals siegen; *Geld* zurückgewinnen;
~incita [-'vintʃita] *f* Vergeltung *f*,
Revanche *f*; *prendere la* ~ sich revanchieren.

rivista [ri'vista] *f* ✗ Parade *f*;
Musterung *f*; ⨂ Zeitschrift *f*;
Thea. Revue *f*; Rundschau *f*; ~
sportiva Sportzeitschrift *f*; ~ *cinematografica* Filmzeitschrift *f*; ~
della moda Modenschau *f*; ~ *settimanale* Wochenzeitschrift *f*.

rivivere [ri'vi:vere] (3zz) **1.** *v/i.*
wieder lebendig werden; auf-
erstehen; *far* ~ neu beleben; **2.** *v/t.*
wieder erleben.

rivo [ri:vo] *m lit.* Bach *m*.

rivolg|ere [ri'vɔldʒere] (3d) wen-
den; *Gruß, Blick* richten; *Pläne*
wälzen; ~ *la parola a qu.* j-n ansprechen; **~ersi** [-dʒersi] sich
wenden (*a qu.* an j-n).

rivolgimento [rivoldʒi'mento] *m*
Umwälzung *f*; ~ *di stomaco* Übelkeit *f*.

rivolo [ri:volo] *m* Bächlein *n*.

rivolsi [ri'vɔlsi] *s. rivolgere.*

rivolta [ri'vɔlta] *f* Aufruhr *m*; ♈
Meuterei *f*; *Kleidung*: Aufschlag *m*;
~ *popolare* Volksaufstand *m*.

rivolt|ante [rivol'tante] abstoßend,
widerlich; **~are** [-'ta:re] (1c) umdrehen; *Kleidung* wenden; *Erde*
umwühlen; *fig.* empören; aufrühren; ~ *lo stomaco* anekeln; **~arsi**
[-'tarsi] sich umdrehen, sich wenden; *Wind*: sich drehen; *fig.* sich
auflehnen, sich empören; ✗ meu-
tern; **~ella** [-'tel-la] *f* Revolver *m*;
~ellata [-tel-'la:ta] *f* Revolver-
schuß *m*.

rivolto [ri'vɔlto] *s. rivolgere.*

rivoltol|are [rivolto'la:re] (1m u.

c) umdrehen; hin- und herwälzen;
~arsi [-'larsi] sich wälzen; **~oni**
[-'lo:ni] *adv.* kopfüber.

rivoltoso [rivol'to:so] **1.** *adj.* aufrührerisch; **2.** *m* Aufrührer *m*.

rivoluzion|are [rivolutsio'na:re]
(1a) revolutionieren; **~ario** [-'na:-
rio] (*pl.* -ri) **1.** *adj.* revolutionär;
fig. revolutionierend; **2.** *m* Revolutionär *m*; **~arismo** [-na'rizmo] *m*
revolutionäre Tendenz *f*.

rivoluzione [rivolutsi'o:ne] *f* Revolution *f*; *Astr.* Umlauf *m*; ~ *francese* Französische Revolution *f*; ~
popolare Volksaufstand *m*.

rizoma [ri'dzɔ:ma] *m* (*pl.* -i) ♃
Wurzelstock *m*.

rizz|are [rit-'tsa:re] (1a) aufstellen;
heben, aufrichten; *Fahnen* hissen;
Ohren spitzen; **~arsi** [-'tsarsi]
Haare: sich sträuben.

roba [rɔ:ba] *f* Sachen *f/pl.*; ⨍ Zeug
n; Habe *f*, Habseligkeiten *f/pl.*; ~
altrui fremdes Eigentum *n*; ~ *da
chiodi* unerhörtes Zeug *n*; ~ *da
mangiare* Eßwaren *f/pl.*; ~ *di valore*
Wertsachen *f/pl.*; ~ *da matti* un-
glaubliches, verrücktes Zeug *n*;
bella ~! das sind ja nette Sachen!;
non è ~ *per me* das ist nichts für
mich; *poca* ~ wenig.

robaccia [ro'bat-tʃa] *f* (*pl.* -cce)
Schund *m*.

roboante [robo'ante] dröhnend.

rob|ustezza [robus'tet-tsa] *f* Stärke
f; Rüstigkeit *f*; **~usto** [-'busto]
kräftig; rüstig; stramm.

rocambolesco [rokambo'lesko] (*pl.*
-chi) tollkühn.

rocca[1] [rɔk-ka] *f* (*pl.* -cche) Burg
f; *cristallo m di* ~ Bergkristall *m*,
Quarz *m*.

rocca[2] [rɔk-ka] *f* (*pl.* -cche) Spinn-
rocken *m*.

roccaforte [rok-ka'fɔrte] *f* (*pl.* roc-
cheforti) Hochburg *f*.

rocchetto [rok-'ket-to] *m* Spule *f*;
Rolle *f*.

rocchio [rɔk-kio] *m* (*pl.* -cchi)
Klotz *m*; *Kochk.* Wurst *f*.

rocc|ia [rɔt-tʃa] *f* (*pl.* -cce) Fels *m*;
Gestein *n*; *crepaccio m della* ~
Felsenkluft *f*; **~iatore** [-tʃa'to:re] *m*
Kletterer *m*.

roccioso [rot-'tʃo:so] felsig; *caverna
f -a* Felsengruft *f*; *montagna f -a*
Felsengebirge *n*.

roccolo [rɔk-kolo] *m* Vogelnetz *n*.

roco [ˈrɔːko] (pl. -chi) heiser.
rococò [rokoˈkɔ] **1.** m Rokoko n; **2.** adj. Rokoko...; stile m ~ Rokoko-stil m.
rodaggio [roˈdad-dʒo] m ⊕ Ein-laufen n; Auto: Einfahren n; in ~ es wird eingefahren.
rodare [roˈdaːre] (1c) ⊕ einlaufen lassen; Auto: einfahren; fig. aus-probieren; angewöhnen.
rod|ere [roːdere] (3b) ab-, an-, zer-nagen; Krebs: zerfressen; Krank-heit: auszehren; mi rode es wurmt mich; **~ersi** [-dersi] sich verzehren.
rodimento [rodiˈmento] m Nagen n, Fressen n; fig. Zehren n.
roditore [rodiˈtoːre] **1.** adj. nagend; **2.** m Nagetier n.
rododendro [rodoˈdendro] m Rho-dodendron n, Alpenrose f.
rodom|ontata [rodomonˈtaːta] f Aufschneiderei f; **~onte** [-ˈmonte] m Eisenfresser m; fare il ~ brama-basieren; **~ontesco** [-monˈtesko] (pl. -chi) prahlerisch.
rog|are [roˈgaːre] (1e u. c) ⚖ auf-setzen; **~atoria** [-gaˈtɔːria] f Er-suchungsschreiben n; **~azione** [-gatsiˈoːne] f Rel. Bittgang m.
rogito [rɔːdʒito] m notarieller Akt m; notarielle Befugnis f.
rogna [roːɲa] f Krätze f.
rognone [roˈɲoːne] m Kochk. Niere f.
rognoso [roˈɲoːso] krätzig.
rogo [rɔːgo] m (pl. -ghi) Scheiter-haufen m.
rollare [rolˈlaːre] (1a) schlingern.
rollino [rolˈliːno] m s. rullino.
rollio [rolˈliːo] m Schlingern n.
romanesco [romaˈnesko] (pl. -chi) **1.** adj. römisch; **2.** m römische Mundart f.
rom|anico [roˈmaːniko] (pl. -ci) romanisch; **~anista** [-maˈnista] su. (m/pl. -i) Romanist(in) m; **~anità** [-maniˈta] f römischer Geist m; **~ano** [-ˈmaːno] **1.** adj. römisch; △ romanisch; si fa alla -a jeder be-zahlt für sich; **2.** m Römer m; ~ di Roma gebürtiger Römer m.
rom|anticheria [romantikeˈriːa] f Phantasterei f; **~anticismo** [-man-tiˈtʃizmo] m Romantik f; **~antico** [-ˈmantiko] (pl. -ci) **1.** adj. roman-tisch; **2.** m Romantiker m.
rom|anza [roˈmandza] f Romanze f; **~anzaccio** [-manˈdzat-tʃo] m

(pl. -cci) Schundroman m; **~anzato** [-manˈdzaːto] romanhaft, Roman...; biografia f -a biographischer Ro-man m; **~anzesco** [-manˈdzesko] (pl. -chi) romanhaft; **~anziere** [-mandziˈɛːre] m Romanschriftstel-ler m; **~anzo** [-ˈmandzo] **1.** adj. romanisch; **2.** m Roman m; ~ giallo Kriminalroman m; ~ d'appendice Hintertreppenroman m; ~ di fanta-scienza utopischer Roman m.
rombare [romˈbaːre] (1a) dröhnen; summen; Donner: rollen.
rombico [rombiko] (pl. -ci) rhom-bisch; rautenförmig.
rombo¹ [rombo] m Dröhnen n; Summen n; Rollen n.
rombo² [rombo] m Zool. Stein-butt m.
rombo³ [rombo] m ⚲ Rhombus m.
romboide [romˈbɔːide] m Rhom-boid n.
romeno [roˈmɛːno] **1.** adj. rumä-nisch; **2.** m Rumäne m; Rumä-nisch(e) n.
romeo [roˈmɛːo] m lit. Rompilger m.
rom|itaggio [romiˈtad-dʒo] m (pl. -ggi) Einsiedlerleben n; Einsiedelei f; **~ito** [-ˈmiːto] **1.** adj. einsam; **2.** m Einsiedler m; **~itorio** [-miˈtɔː-rio] m (pl. -ri) Einsiedelei f.
rompere [rompere] (3rr) **1.** v/t. (zer)brechen; Papier zerreißen; Schlaf stören; Ketten sprengen; Menschenmenge durchbrechen; Wort abschneiden; fig. romperla con qu. mit j-m brechen; fig. rom-persi la testa sich den Kopf zer-brechen; ~ le scatole a qu. j-n be-lästigen; **2.** v/i. ausbrechen; ~ in pianto in Weinen ausbrechen.
rompi|capo [rompiˈkaːpo] m inv. Kopfzerbrechen n; Sorge f; ▥ Rätsel n, Denkaufgabe f; **~collo** [-ˈkɔl-lo] m inv. Wagehals m; a ~ Hals über Kopf; **~ghiaccio** [-giˈat-tʃo] m inv. Eisbrecher m; Bergsport: Eispickel m; **~mento** [-ˈmento] m: ~ di capo Kopfzerbrechen n; **~noci** [-ˈnoːtʃi] m inv. Nußknacker m; **~onde** [-ˈonde] m inv. Wellen-brecher m; **~scatole** [-ˈskaːtole] m inv., **~stivali** [-stiˈvaːli] m inv. lästige Person f, Störenfried m.
ronca [roŋka] f (pl. -che), **roncola** [roŋkola] f Hippe f.
ronda [ronda] f Ronde f; Polizei-streife f.

R

rondella [ron'dɛl-la] f Unterlegscheibe f; Federscheibe f.

rondine [rondine] f Schwalbe f; coda f di ~ Schwalbenschwanz m; nido m di ~ Schwalbennest n.

rondinotto [rondi'nɔt-to] m junges Schwälbchen n.

rondò [ron'dɔ] m inv. Rondell n; ♫, ♪ Rondo n.

rondone [ron'do:ne] m Mauersegler m.

ronfare [ron'fa:re] (1a) schnarchen.

ronzare [ron'dza:re] (1a) summen.

ronzino [ron'dzi:no] m Klepper m.

ronzio [ron'dzi:o] m Summen n.

rorido [rɔ'rido] poet. tauig; feucht.

rosa [rɔ:za] 1. f ♀ Rose f; 🗡 Rotlauf m; ~ selvatica Heckenrose f; ~ dei venti Windrose f; Flinten: fare la ~ streuen; 2. m Rosa n; 3. adj. inv. rosafarbig.

ros|aceo [ro'za:tʃeo] 1. adj. rosenartig; rosenfarben; 2. rosacee f/pl. Rosazeen f/pl.; ~aio [-'za:io] m (pl. -ai) Rosengarten m; Rosenstrauch m, Rosenstock m; ~ario [-'za:rio] m (pl. -ri) Rel. Rosenkranz m; ~ato [-'za:to] rosig; Rosen...

rosbif [rɔzbif] m inv. Roastbeef n.

roseo [rɔ:zeo] rosig.

ros|eto [ro'ze:to] m Rosengarten m; ~etta [-'zet-ta] f 🛠 Rosette f; ⊕ Unterlegscheibe f.

rosi [rɔ:si] s. rodere.

rosic|ante [rosi'kante] m Nagetier n; ~are [-'ka:re] (11 u. d) zernagen; abnagen.

rosicchiare [rosik-ki'a:re] (1k) benagen.

rosignolo [rozi'ɲɔ:lo] m lit. Nachtigall f.

rosmarino [rozma'ri:no] m Rosmarin m.

roso [ro:so] s. rodere.

ros|olaccio [rozo'lat-tʃo] m (pl. -cci) Klatschrose f; ~olare [-zo-'la:re] (11 u. c) braun braten; ~olia [-zo'li:a] f Röteln pl.; ~olio [-'zɔ:lio] m (pl. -li) Likör m.

rosone [ro'zo:ne] m 🛠 Rosette f.

rospo [rɔspo] m Kröte f; fig. ingoiare un ~ e-e bittere Pille schlucken.

ross|astro [ros-'sastro] rötlich; ~eggiante [-sed-'dʒante] rötlich; ins Rote fallend; ~eggiare [-sed-'dʒa:re] (1f) rötlich sein; ins Rote fallen; ~etto [-'set-to] m Lippen-

stift m; darsi il ~ Rot auflegen; ~ indelebile kußfester Lippenstift m; ~iccio [-'sit-tʃo] (pl. -cci) rötlich.

rosso [ros-so] 1. adj. rot; ~ fuoco feuerrot; ~ vivo hochrot; macchiato di ~ rotfleckig; matita f -a Rotstift m; 2. m Rot n; ~ d'uovo Eidotter m.

rossore [ros-'so:re] m Röte f.

rosticc|eria [rostit-tʃe'ri:a] f Garküche f; Schnellrestaurant n; ~iere [-'tʃe:re] m Garkoch m.

rostrato [ros'tra:to] geschnäbelt.

rostro [rɔstro] m Schiffsschnabel m; Sporn m; Ramme f.

rot|abile [ro'ta:bile] fahrbar; strada f ~ Fahrstraße f; ~aia [-'ta:ia] f Radspur f; ⊕ Schiene f; ~ di scorrimento Laufschiene f; ~ante [-'tante] rotierend; campo m ~ Drehfeld n; ~are [-'ta:re] (1o) 1. v/t. im Kreise schwingen; 2. v/i. sich drehen; ~ativa [-ta'ti:va] f Rotationsmaschine f; ~ativo [-ta-'ti:vo] Rotations...; ~atoria [-ta-'tɔ:ria] f Kreisverkehr m; ~atorio [-ta'tɔ:rio] (pl. -ri) drehend; Kreis-...; moto m ~ Kreislauf m; ~azione [-tatsi'o:ne] f Umdrehung f; Kreislauf m; Rotation f; centro m di ~ Dreh-, Umdrehungspunkt m; ~eare [-te'a:re] (11 u. c) im Kreise schwingen; ~ gli occhi die Augen rollen; ~ella [-'tel-la] f Rädchen n; Anat. Kniescheibe f; ~ di guida Laufrolle f; pattinaggio m a ~e Rollschuhlaufen n; ~ismo [-'tizmo] m Räderwerk n; Getriebe n.

rotocalco [roto'kalko] m (pl. -chi) Rotationstiefdruck m; illustrierte Zeitschrift f, Illustrierte f.

rotol|are [roto'la:re] (11 u. c) 1. v/t. zusammenrollen; fortrollen; 2. v/i. rollen; ~ le scale die Treppen hinunterfallen; ~arsi [-'larsi] sich wälzen.

rotolo [rɔ:tolo] m Rolle f; andare (mandare) a -i zugrunde gehen (richten).

rotolone [roto'lo:ne] 1. m Sturz m; 2. adv. a -i kollernd; andare -i s. rotolo.

rotonda [ro'tonda] f Rotunde f; ♀ in Rom: Pantheon n.

rotond|eggiante [rotonded-'dʒante] rundlich; ~ità [-di'ta] f Rundung f.

rotondo [ro'tondo] rund; tavola f -a Tafelrunde f.

rotore [ro'to:re] *m* ⚡ Rotor *m*.

rotta [rot-ta] *f* Bruch *m*; Dammbruch *m*; ✗ Niederlage *f*, regellose Flucht *f*; ⚓ *u. fig.* Kurs *m*; ✗ *mettere in* ~ schlagen; *fare* ~ fahren, steuern; ~ *obbligata* vorgeschriebener Kurs *m*; *essere in* ~ *con qu.* mit j-m gebrochen haben; *cambiare* ~ den Kurs ändern (*a. fig.*); *a* ~ *di collo* Hals über Kopf.

rottame [rot-'ta:me] *m* Bruchstück *n*; *-i pl.* Trümmer *pl.*; Schrott *m*.

rotto [rot-to] 1. *s. rompere;* 2. *adj.:* ~ *a un vizio* e-m Laster ergeben; 3. *m:* e *-i* und etliches mehr; *cavarsela per il* ~ *della cuffia* um Haaresbreite davonkommen.

rottura [rot-'tu:ra] *f* Bruch *m*; Abbruch *m*; ✗ Durchbruch *m*.

rotula [ro:tula] *f* Kniescheibe *f*.

roulotte [ru'lɔt] *f* Wohnanhänger *m*, Wohnwagen *m*.

routine [ru'tin] *f inv.* Routine *f*, Gewandtheit *f*; ewiges Einerlei *n*.

rovente [ro'vente] (rot)glühend.

rovere [ro:vere] *m* (*a. f*) Eiche *f*.

rovescia [ro'veʃ-ʃa] *f* (*pl. -sce*) Kehrseite *f*; *Kleidung:* Aufschlag *m*; *alla* ~ verkehrt.

rovesci|amento [roveʃ-ʃa'mento] *m* Umkehrung *f*; Umsturz *m*; ~**are** [-'ʃa:re] (1f *u.* b) umkehren; umwerfen; j-n stürzen; *Boot* umkippen; *Kleidung* wenden; *Flüssigkeit* ausgießen; *Schuld* abwälzen; ~**ata** [-'ʃa:ta] *f* Umsturz *m*; *Sport:* Rückzieher *m*; ~**ato** [-'ʃa:to] umgeworfen; umgekippt.

rovescio [ro'veʃ-ʃo] (*pl. -sci*) 1. *adj.* verkehrt; *Tennis: colpo m* ~ Rückhandschlag *m*; 2. *m* Kehrseite *f*; *Kleidung:* Aufschlag *m*; *fig.* Rückschlag *m*; *fig.* ~ *di sassi* Steinhagel *m*; ~ *d'acqua* Platzregen *m*; ~ *di fortuna* Schicksalsschlag *m*; *il* ~ *della medaglia* die Kehrseite der Medaille; *a* ~ verkehrt; *prendere a* ~ übelnehmen.

rovescione [roveʃ-'ʃo:ne] *m* Schlag *m* mit dem Handrücken.

roveto [ro've:to] *m* Dornbusch *m*.

rovina [ro'vi:na] *f* Einsturz *m*; Zusammenbruch *m*; *fig.* Verderben *n*, Ruin *m*; Ruine *f*; *andare* (*mandare*) *in* ~ zugrunde gehen (richten); *-e pl.* Trümmer *pl.*

rovin|are [rovi'na:re] (1a) 1. *v/t.* zerstören; verderben; *Vermögen* verpulvern; *Gesundheit* zerrütten; *fig.* ruinieren, verderben, zugrunde richten; 2. *v/i.* einstürzen; zugrunde gehen; ~**arsi** [-'narsi] zugrunde gehen; ~ *gli occhi* sich die Augen verderben; ~**io** [-'ni:o] *m* Krachen *n*; ~**oso** [-'no:so] stürmisch; verderblich, unheilvoll.

rovistare [rovis'ta:re] (1a) durchstöbern.

rovo [ro:vo] *m* Brombeerstrauch *m*.

rozza [rod-dza] *f* Schindmähre *f*.

rozzezza [rod-'dzet-tsa] *f* Roheit *f*; Plumpheit *f*.

rozzo [rod-dzo] roh; plump.

ruba [ru:ba] *f*: *andare a* ~ reißenden Absatz finden; *mettere a* ~ plündern.

rub|acchiare [rubak-ki'a:re] (1k) wegstibitzen; ~**acuori** [-baku'ɔ:ri] *su. inv.* Herzensdieb(in *f*) *m*; ~**are** [-'ba:re] (1a) stehlen; *tutti se lo rubano* man reißt sich um ihn; ~ *a man salva* ungestört stehlen; ~**eria** [-be'ri:a] *f* Diebere*i f*.

rubicondo [rubi'kondo] rot.

rubinetto [rubi'net-to] *m* Hahn *m*; ~ *del gas* Gashahn *m*.

rubino [ru'bi:no] *m* Rubin *m*.

rubizzo [ru'bit-tso] rüstig.

rublo [ru:blo] *m* Rubel *m*.

rubrica [ru'bri:ka] *f* (*pl. -che*) Rubrik *f*.

rubricare [rubri'ka:re] (1d *od.* 1l *u.* d) rubrizieren.

rude [ru:de] rauh.

rudere [ru:dere] *m* Ruine *f*; *-i pl.* Trümmer *pl.*

rudezza [ru'det-tsa] *f* Roheit *f*.

rudim|entale [rudimen'ta:le] rudimentär; Anfangs...; ~**ento** [-'mento] *m* Anfang *m*; *-i pl.* Anfangsgründe *m/pl.*

ruffi|ana [ruf-fi'a:na] *f* Kupplerin *f*; ~**ano** [-fi'ano] 1. *adj.* kupplerisch; 2. *m* Kuppler *m*; *fig.* Kriecher *m*, Speichellecker *m*.

ruga [ru:ga] *f* (*pl. -ghe*) Runzel *f*.

ruggine [rud-dʒine] *f* Rost *m*; *fig.* Groll *m*; *macchia f di* ~ Rostfleck(en) *m*.

rugg|ire [rud-'dʒi:re] (4d) brüllen; ~**ito** [-'dʒi:to] *m* Gebrüll *n*.

rugi|ada [ru'dʒa:da] *f* Tau *m*; ~**adoso** [-dʒa'do:so] betaut; *fig.* salbungsvoll.

R

rugliare [ru'ʎa:re] (1g) *Hunde,*
Magen: knurren; *Meer:* brausen.
rug|osità [rugosi'ta] *f* Runz(e)ligkeit
f; **~oso** [-'go:so] runz(e)lig.
rull|aggio [rul-'lad-dʒo] *m* (*pl.*
-ggi) Rollen *n; pista f di* ~ Rollfeld
n; **~are** [-'la:re] (1a) **1.** *v/t.* rollen;
2. *v/i.* wirbeln; ⚓ schlingern; 🎞
rollen; **~ino** [-'li:no] *m* Filmrolle *f;*
~io [-'li:o] *m* Trommeln *n;* 🎞
Rollen *n;* ⚓ Schlingern *n.*
rullo [rul-lo] *m* Rolle *f;* ⊕ Walze *f;*
Spiel: Kegel *m; Trommelwirbel m;*
Rollfilm *m; Typ.* (*a.* ~ *inchiostra-*
tore) Auftragwalze *f;* ~ *compressore*
Straßenwalze *f.*
rum [rum] *m* Rum *m.*
rumeno [ru'mɛ:no] *s. romeno.*
rumin|ante [rumi'nante] *m* Wieder-
käuer *m;* **~are** [-'na:re] (1l) wieder-
käuen; *fig.* nachgrübeln.
rumore [ru'mo:re] *m* Geräusch *n;*
Lärm *m; fig.* Aufsehen *n; lotta f*
contro i -i Lärmbekämpfung *f;*
far ~ Lärm machen; *fig.* Aufsehen
erregen; *mettere a* ~ in Aufruhr
bringen.
rumor|eggiare [rumored-'dʒa:re]
(1f) lärmen; **~oso** [-'ro:so] ge-
räuschvoll; lärmend.
runa [ru:na] *f* Rune *f.*
ruolo [ru'ɔ:lo] *m* Rolle *f;* Liste (Mit-
gliedsliste) *f;* Verzeichnis *n;* ✗
Stammrolle *f;* Steuerrolle *f; di* ~
planmäßig; *professore m di* ~ ordentlicher Professor *m; assumere*
in ~ fest anstellen.
ruota [ru'ɔ:ta] *f* Rad *n;* ~ *anteriore*
Vorderrad *n;* ~ *dentata* Zahnrad *n;*
~ *posteriore* Hinterrad *n;* ~ *folle od.*
libera Freilauf *m;* ~ *motrice* An-
triebsrad *n;* ~ *di ricambio* Ersatzrad
n; fare la ~ ein Rad schlagen;
ungere le -e Räder schmieren; *fig.*
bestechen; *mettere i bastoni tra*
le -e Hindernisse in den Weg legen.

rupe [ru:pe] *f* Fels(en) *m.*
rupestre [ru'pɛstre] felsig; Felsen...;
pittura f ~ Felsenmalerei *f.*
rurale [ru'ra:le] ländlich; Land...;
casa f ~ Bauernhaus *n.*
ruscello [ruʃ-'ʃɛl-lo] *m* Bach *m.*
ruspa [ruspa] *f* Schürfkübelbagger
m.
russare [rus-'sa:re] (1a) schnarchen.
russo [rus-so] **1.** *adj.* russisch;
montagne f/pl. -e Achterbahn *f;* **2.**
m Russe *m;* Russisch(e) *n.*
rusti|cano [rusti'ka:no] ländlich;
bäuerlich; *cavalleria f -a* Bauern-
ehre *f;* **~chezza** [-'ket-tsa] *f* ländliche Art *f; fig.* Ungeschliffenheit *f,*
Derbheit *f.*
rustico [rustiko] (*pl. -ci*) ländlich;
fig. derb; ungeschliffen; *rilegare*
alla -a broschieren; *casa f -a*
Bauernhaus *n.*
ruta [ru:ta] *f* Raute *f.*
rutilante [ruti'lante] *lit.* leuchtend
rot; *fig.* funkelnd.
ruttare [rut-'ta:re] (1a) **1.** *v/i.*
rülpsen; **2.** *v/t. fig.* ausstoßen.
rutto [rut-to] *m* Rülpser *m.*
ruttore [rut-'to:re] *m* ⚡ Unter-
brecher *m.*
ruvidezza [ruvi'det-tsa] *f* Rau-
heit *f.*
ruvido [ru:vido] rauh.
ruzzare [rud-'dza:re] (1a) schäkern;
lärmend spielen.
ruzzo [rud-dzo] *m* Schäkerei *f;* Mut-
wille *m;* Übermut *m; cavare il* ~
dal capo a qu. j-n wieder zur Vernunft bringen.
ruzzola [rut-tsola] *f* Wurfscheibe *f.*
ruzzol|are [rut-tso'la:re] (1l) **1.** *v/t.*
rollen; **2.** *v/i.* purzeln, kollern;
~one [-'lo:ne] *m* Purzelbaum *m;*
fare un ~ hinstürzen; **~oni** [-'lo:ni]
adv. kollernd; kopfüber; *andar giù*
~ kopfüber hinabstürzen.

R

S

S, s [ɛs-se] *f u. m* S, s *n*.

sa [sa] *s.* sapere.

sabato [sa:bato] *m* Sonnabend *m*, Samstag *m*; ~ *inglese* freier Samstagnachmittag *m*; *di* ~ sonnabends.

sabaudo [sa'ba:udo] savoyisch.

sabbia [sab-bia] *f* Sand *m*.

sabbi|atura [sab-bia'tu:ra] *f* ⚒ Sandbad *n*; ⊕ Sandstrahlen *n*; *fare le -e* Sandbäder nehmen; **~one** [-bi'o:ne] *m* sandiger Boden *m*; **~oso** [-bi'o:so] sandig.

sabot|aggio [sabo'tad-dʒo] *m* Sabotage *f*; **~are** [-ta're] (1a) sabotieren; **~atore** [-ta'to:re] *m* Saboteur *m*.

sacca [sak-ka] *f* (*pl.* -*cche*) Sack *m*; ⚔ Kessel *m*; ✈ ~ *d'aria* Luftloch *n*.

saccar|ifero [sak-ka'ri:fero] zuckerhaltig; **~ificazione** [-rifikatsi'o:ne] *f* Zuckerbildung *f*; **~imetro** [-'ri:metro] *m* Zuckergehaltsmesser *m*; **~ina** [-'ri:na] *f* Sa(c)charin *n*.

saccata [sak-'ka:ta] *f* Sackvoll *m*.

saccente [sat-'tʃɛnte] *lit.* **1.** *adj.* überklug, naseweis; **2.** *m* Naseweis *m*.

saccent|eria [sat-tʃente'ri:a] *f* Überklugheit *f*; **~ona** [-'to:na] *f* Blaustrumpf *m*; **~one** [-'to:ne] *m* Naseweis *m*.

saccheggi|are [sak-ked-'dʒa:re] (1f) plündern; **~atore** [-dʒa'to:re] *m* Plünderer *m*.

saccheggio [sak-'ked-dʒo] *m* (*pl.* -*ggi*) Plünderung *f*.

sacchetto [sak-'ket-to] *m* Säckchen *n*; Beutel (Geldbeutel) *m*.

sacco [sak-ko] *m* (*pl.* -*cchi*) Sack *m*; *fig.* F Unmenge *f*; Plünderung *f*; ~ *alpino* Rucksack *m*; ~ *a pelo* Schlafsack *m*; *mettere a* ~ plündern; *mettere qu. in* ~ j-n in die Tasche stecken; *reggere il* ~ *a qu.* j-m Beihilfe leisten; *fig.* vuotare *il* ~ gehörig auspacken.

sacc|occia [sak-'kɔt-tʃa] *f* (*pl.* -*cce*) Tasche *f*; **~one** [-'ko:ne] *m* Bettsack *m*.

sacello [sa'tʃɛl-lo] *m poet.* kleines Heiligtum *n*; kleine Kapelle *f*.

sacerd|otale [satʃerdo'ta:le] priesterlich; *ordinazione f* ~ Priesterweihe *f*; **~ote** [-'dɔ:te] *m* Priester *m*; **~otessa** [-do'tes-sa] *f* Priesterin *f*; **~ozio** [-'dɔ:tsio] *m* Priesteramt *n*; Priestertum *n*.

sacrament|ale [sakramen'ta:le] sakramental; *fig.* feierlich; **~are** [-'ta:re] (1a) schwören; fluchen.

sacramento [sakra'mento] *m* Sakrament *n*; Hostie *f*; Schwur *m*; -*i pl.* Sterbesakramente *n/pl.*; *fig.* *con tutti i* -*i* nach allen Regeln der Kunst, F mit allen Schikanen.

sacr|are [sa'kra:re] (1a) weihen; **~ario** [-'kra:rio] *m* (*pl.* -*ri*) Sakrarium *n*; Heiligtum *n* (*a. fig.*); **~ato** [-'kra:to] *m s.* sagrato; **~estano** [-kres'ta:no] *m* Sakristan *m*, Küster *m*; **~estia** [-kres'ti:a] *f* Sakristei *f*; *latino m di* ~ Küchenlatein *n*; **~ificare** [-krifi'ka:re] (1m *u.* d) opfern; **~ificato** [-krifi'ka:to] opfervoll; *una vita f -a* ein Leben *n* voller Opfer; **~ificatore** [-krifika-'to:re] *m* Opferer *m*; *Rel.* Opferpriester *m*; **~ificio** [-kri'fi:tʃo] *m* (*pl.* -*ci*), **~ifizio** [-kri'fi:tsio] *m* (*pl.* -*zi*) Opfer *n*; **~ilegio** [-kri'lɛ:dʒo] *m* (*pl.* -*gi*) Frevel *m*; Kirchenschändung *f*; **~ilego** [-'kri:lego] (*pl.* -*ghi*) **1.** *adj.* frevelhaft; **2.** *m* Frevler *m*; **~ista** [-'krista] *m* Küster *m*.

sacro [sa:kro] heilig; *musica f -a* Kirchenmusik *f*; *osso m* ~ Kreuzbein *n*.

sacrosanto [sakro'santo] sakrosankt, hochheilig.

sadico [sa:diko] (*pl.* -*ci*) **1.** *adj.* sadistisch; **2.** *m* Sadist *m*.

sadismo [sa'dizmo] *m* Sadismus *m*.

saetta [sa'et-ta] *f* Pfeil *m*; Blitz *m*.

saettare [saet-'ta:re] (1a) *tr.* schleudern; *j-n mit* Pfeilen beschießen; *fig.* durchbohren.

saga [sa:ga] *f* (*pl.* -*ghe*) *Lit.* Sage *f*.

sag|ace [sa'ga:tʃe] scharfsinnig; **~acia** [-'ga:tʃa] *f*, **~acità** [-gatʃi'ta] *f* Scharfsinn *m*.

saggezza [sad-'dʒet-tsa] *f* Weisheit *f*.

saggi|are [sad-'dʒa:re] (1f) prüfen; *fig.* probieren; **~atore** [-dʒa'to:re] *m* Prüfer *m*; ⊕ Goldwaage *f*; **~atura** [-dʒa'tu:ra] *f* Prüfen *n*.

saggina [sad-'dʒi:na] *f* Mohrenhirse *f*.

sagginare [sad-dʒi'na:re] (1a) mästen.

saggio[1] [sad-dʒo] (*pl.* -ggi) **1.** *adj.* weise; **2.** *m* Weise(r) *m*.

sagg|io[2] [sad-dʒo] (*pl.* -ggi) *m* Probe *f*; Muster *n*; Probieren *n*; ⨁ Essay *m*; ✝ ~ *d'interesse* Zinssatz *m*; ~ *di sconto* Diskontsatz *m*; **~ista** [-'dʒista] *m* (*pl.* -i) Essayist *m*; **~istica** [-'dʒistika] *f* Essayistik *f*; **~istico** [-'dʒistiko] (*pl.* -ci) essayistisch.

Sagittario [sadʒit-'ta:rio] *m* *Astr.* Schütze *m*.

sagoma [sa:goma] *f* Form *f*, Linie *f*; ⊕ Lehre *f*, Schablone *f*; ✗ Zielscheibe *f*; *fig.* komischer Kauz *m*; ~ *stradale* Straßenprofil *n*.

sagom|are [sago'ma:re] (1l) formen; ⊕ profilieren, schablonieren; **~ato** [-'ma:to] profiliert; *ferro m* ~ Profileisen *n*; **~atura** [-ma'tu:ra] *f* Formarbeit *f*; Profil *n*.

sagra [sa:gra] *f* Kirmes *f*; Kirchweihfest *n*.

sagrato [sa'gra:to] *m* Platz *m* vor der Kirche, Kirchplatz *m*.

sagrest... *s. sacrest...*

sagù [sa'gu] *m* Sago *m*.

sahariana [saari'a:na] *f* Buschhemd *n*.

saia [sa:ia] *f* Serge *f*.

saio [sa:io] *m* (*pl.* -ai) Kutte *f*; ✗ Wams (Soldatenwams) *n*.

sala[1] [sa:la] *f* Saal *m*; Halle *f*; ~ *d'aspetto* Wartesaal *m*; ~ *da concerto* Konzertsaal *m*; ~ *da pranzo* Speisesaal *m*; ~ *di soggiorno* Aufenthaltsraum *m*.

sala[2] [sa:la] *f* ♀ Schilf *n*; Riedgras *n*.

sala[3] [sa:la] *f* ⊕ Achse (Radachse) *f*.

salacca [sa'lak-ka] *f* (*pl.* -cche) *e-e Art* Hering *m*.

sal|ace [sa'la:tʃe] schlüpfrig; **~acità** [-latʃi'ta] *f* Schlüpfrigkeit *f*.

salamandra [sala'mandra] *f* Salamander *m*.

salame [sa'la:me] *m* Salami *f*, Salamiwurst *f*; *fig.* Tölpel *m*.

salamelecco [salame'lek-ko] *m* (*pl.* -cchi) Bückling *m*; Kompliment *n*; *fare* -cchi katzbuckeln.

salamoia [sala'mo:ia] *f* Salzlake *f*; Pökel *m*; *mettere in* ~ pökeln.

salare [sa'la:re] (1a) salzen; pökeln; F *Schule* schwänzen.

salari|ale [salari'a:le] Lohn...; **~are** [-'a:re] (1k) bezahlen; **~ato** [-'a:to] *m* Lohnarbeiter *m*; Lohnempfänger *m*.

salario [sa'la:rio] *m* (*pl.* -ri) Lohn *m*; ~ *base* Grundlohn *m*; *aumento m del* ~ Lohnerhöhung *f*.

sal|assare [salas-'sa:re] (1a) zur Ader lassen; *fig.* schröpfen; **~asso** [-'las-so] *m* (*a. fig.*) Aderlaß *m*.

salatino [sala'ti:no] *m* Salzstange *f*.

salato [sa'la:to] **1.** *adj.* salzig; gepökelt, Pökel...; gesalzen; *fig.* gepfeffert; *acqua* -*a* Salzwasser *n*; *carne f* -*a* Pökelfleisch *n*; **2.** *m* kalter Aufschnitt *m*.

salcio [saltʃo] *m* (*pl.* -ci) *s. salice.*

salda [salda] *f* Stärke *f*.

sald|are [sal'da:re] (1a) löten; schweißen; *Rechnungen* begleichen; ~ *a dolce* weichlöten; ~ *a forte* hartlöten; **~arsi** [-'darsi] ✗ vernarben, zuheilen; **~atoio** [-da-'to:io] *m* (*pl.* -oi) Lötkolben *m*; ~ *autogeno* Schweißapparat *m*; **~atore** [-da'to:re] *m* Schweißer *m*; **~atrice** [-da'tri:tʃe] *f* Schweißmaschine *f*; **~atura** [-da'tu:ra] *f* Lötstelle *f*; Löten *n*; Lötung *f*; **~ezza** [-'det-tsa] *f* Festigkeit *f*.

saldo [saldo] **1.** *adj.* fest; steif; **2.** *m* Saldo *m*; Restbetrag *m*; Bezahlung *f*; *pagamento a* ~ Restzahlung *f*; ~ *attivo* Aktivsaldo *m*; ~ *passivo* Passivsaldo *m*.

sale [sa:le] *m* Salz *n*; *fig.* Grütze *f*, Witz *m*; -i *pl. fertilizzanti* Düngesalze *n/pl.*; *estrazione f del* ~ Salzgewinnung *f*; ~ *marino* Seesalz *n*; ~ *minerale* Steinsalz *n*; *fig. restare di* ~ zur Salzsäule erstarren; *non avere* ~ *in zucca* keine Grütze im Kopf haben.

salesiano [salezi'a:no] **1.** *adj.* salesianisch; **2.** *m* Salesianer *m*.

salgemma [sal'dʒem-ma] *m* Steinsalz *n*.

salgo [salgo] *s. salire.*

salice [sa:litʃe] *m* Weide *f*; ~ *piangente* Trauerweide *f*.

salic|ilato [salitʃi'la:to] *m* Salizyl *n*; **~ilico** [-'tʃi:liko] (*pl.* -ci) Salizyl...

saliente [sali'ente] hervorspringend; in die Augen springend.

sal|liera [sali'ɛːra] f Salzfaß n; **~ifero** [-'liːfero] salzhaltig; **~ificare** [-lifi'kaːre] (1m u. d) in Salz verwandeln; **~ina** [-'liːna] f Salzwerk n; **~inatura** [-lina'tuːra] f Salzbereitung f; **~inità** [-lini'ta] f Salzgehalt m; **~ino** [-'liːno] salzig; salzhaltig.

salire [sa'liːre] (4m) **1.** v/i. steigen; *Throne* besteigen (*acc.*); 🚂 einsteigen; *Ballon:* aufsteigen; *fig.* emporsteigen; **2.** v/t. besteigen; ersteigen; *Treppen* hinaufsteigen.

sal|iscendi [salif-'ʃendi] m inv. Klinke f; **~ita** [-'liːta] f Steigung f; Aufstieg m; Anstieg m; Anhöhe f; Steigung f; *strada f* in ~ ansteigender Weg m; *corsa f* in ~ Bergrennen n; Bergfahrt f.

saliva [sa'liːva] f Speichel m; *secrezione f della* ~ Speichelabsonderung f.

saliv|ale [sali'vaːle] Speichel...; **~are** [-'vaːre] (1a) Speichel absondern; **~azione** [-vatsi'oːne] f Speichelabsonderung f.

salma [salma] f sterbliche Hülle f.

salmarino [salma'riːno] m Seesalz n.

salmastro [sal'mastro] salzig; salzhaltig.

salmeggiare [salmed-'dʒaːre] (1f) psalmodieren.

salmeria [salme'riːa] f Troß m.

salmì [sal'mi] m Salmi n.

salmista [sal'mista] m (pl. -i) Psalmist m.

salmistrare [salmis'traːre] pökeln.

salmo [salmo] m Psalm m.

salm|odia [salmo'diːa] f Psalmengesang m; **~odiare** [-modi'aːre] (1k) psalmodieren.

salmone [sal'moːne] m Lachs m; ~ *affumicato* Räucherlachs m.

salnitro [sal'niːtro] m Salpeter m.

sal|one [sa'loːne] m *großer* Saal m; ~ *dell'automobile* Automobilsalon m; ~ *di bellezza* Schönheitssalon m; ~ *di moda* Modesalon m; **~ottiero** [-lot-ti'ɛːro] Salon..., salonhaft; **~ottino** [-lot-'tiːno] m *kleines* Wohnzimmer n; **~otto** [-'lɔt-to] m Salon m, Empfangsraum m; Wohnzimmer n; *chiacchiere f/pl. da* ~ Salongeschwätz n; *tenere* ~ empfangen.

salpare [sal'paːre] (1a) **1.** v/t. Anker lichten; *Netze* einziehen; **2.** v/i. die Anker lichten; abfahren.

salsa [salsa] f Soße f, Tunke f.

salsamentario [salsamen'taːrio] m (pl. -ri) Delikatessenhändler m.

salsedine [sal'seːdine] f Salzgehalt m; Salzigkeit f; 🩺 Hautausschlag m.

sals|iccia [sal'sit-tʃa] f (pl. -cce) Wurst f; **~icciaio** [-sit-'tʃaːjo] m (pl. -ai) Wurstfabrikant m, -verkäufer m; **~icciotto** [-sit-'tʃɔt-to] m Würstchen n; **~iera** [-si'ɛːra] f Soßenschüssel f.

salso [salso] **1.** adj. salzig; **2.** m Salzigkeit f.

salt|abecca [salta'bek-ka] f (pl. -cche) *grüne* Heuschrecke f; **~abeccare** [-tabek'kaːre] (1d) hüpfen; **~amartino** [-tamar'tiːno] m *Spiel:* Stehaufmännchen n; *Zool.* Heuschrecke f.

salt|are [sal'taːre] (1a) **1.** v/t. springen (*über et.*); *fig.* überspringen, auslassen; **2.** v/i. springen; (*a.* ~ *in piedi*) aufspringen; ⚔ losgehen, explodieren; ⚡ durchbrennen; ~ *in aria* in die Luft springen; *far* ~ *in aria* in die Luft springen; *fig.* ~ *in capo* einfallen; ~ *di palo in frasca* vom Hundertsten ins Tausendste kommen; **~arello** [-ta'rɛl-lo] m s. *salterello;* **~atore** [-ta'toːre] m Springer m; **~ellante** [-tel-'lante] hüpfend; **~ellare** [-tel-'laːre] (1b) hüpfen; **~elloni** [-tel-'loːni] adv. in großen Sprüngen; **~erellare** [-terel-'laːre] (1b) hüpfen; **~erello** [-te'rɛl-lo] m *kleiner* Sprung m; *Feuerwerkskörper:* Frosch m; ♪ Hämmerchen n; (*a.* ~ *romanesco*) Saltarello m (*römischer Volkstanz*).

salt|imbanco [saltim'baŋko] m (pl. -chi) Seiltänzer m; **~imbocca** [-'bok-ka] f *Kochk.* Art Fleischspeise f (*mit Schinken in Weißwein*).

salto [salto] m Sprung m; *Zool.* Bespringen m; Fallhöhe f; Gefälle n; ~ *mortale* Luftrolle f, Überschlag m; ~ *a capo fitto* Kopfsprung m; ~ *in alto* Hochsprung m; ~ *con l'asta* Stabhochsprung m; ~ *col paracadute* Fallschirmabsprung m; ~ *della corda* Seilspringen n; ~ *triplo* Dreisprung m; ~ *in lungo* Weitsprung m; *a* -*i* sprungweise; *fig.* ~ *nel buio* Sprung m ins Dunkle.

saltu|ariamente [saltuaria'mente] sprungweise; zeitweise; **~ario**

S

[-'tu:a:rio] (pl. -ri) unterbrochen; gelegentlich.

sal|ubre [sa'lu:bre] gesund; **~ubrità** [-lubri'ta] f Heilsamkeit f.

sal|umaio [salu'ma:io] m (pl. -ai) Wurst-, Delikatessenhändler m; **~ume** [-'lu:me] m (mst. -i pl.) geräucherte Fleischware f/pl.; **~umeria** [-lume'ri:a] f Delikatessenhandlung f; **~umiere** [-lumi'e:re] m s. salumaio; **~umificio** [-lumifi:tʃo] m (pl. -ci) Wurstwarenfabrik f.

sal|utare [salu'ta:re] 1. adj. heilsam; gesund; 2. v/t. (1a) grüßen; begrüßen; ⚔ u. ⚓ salutieren; **~ute** [-'lu:te] f Gesundheit f; Rel. Heil n; Rettung f; ~! Gesundheit!; ~ dell'anima Seelenheil n; casa f di ~ Sanatorium n; stato m di ~ Gesundheitszustand m; alla Sua ~! auf Ihr Wohl!, F Prosit!; esercito m della ~ Heilsarmee f; di buona ~ gesund; in buona (cattiva) ~ bei guter (schlechter) Gesundheit.

salut|ifero [salu'ti:fero] heilsam; **~ista** [-'tista] su. (m/pl. -i) Mitglied n der Heilsarmee.

saluto [sa'lu:to] m Gruß m; tanti -i viele Grüße; fare il ~ salutieren.

salva [salva] f Salve f.

salvabile [sal'va:bile] rettbar.

salva|condotto [salvakon'dot-to] m Geleitbrief m; **~danaio** [-da'na:io] m (pl. -ai) Sparbüchse f; **~gente** [-'dʒente] m inv. Rettungsgürtel m, -ring m; Verkehrsinsel f; Tram: Schutzvorrichtung f; **~guardare** [-guar'da:re] (1a) schützen; **~guardia** [-gu'ardia] f Schutz m; Schutzwehr f.

salv|amento [salva'mento] m Rettung f; Rel. Erlösung f; condurre a ~ in Sicherheit bringen; **~apunte** [-va'punte] m inv. Hülse (Bleistifthülse) f; **~are** [-'va:re] (1a) retten; bewahren; **~ataggio** [-va'tad-dʒo] m (pl. -ggi) Rettung f; ⚓ Bergung f; azione f di ~ Rettungsaktion f; barca f di ~ Rettungsboot n; tela f di ~ Sprungtuch n.

salv|atore [salva'to:re] m Retter m; Rel. Heiland m; **~azione** [-va'tsi'o:ne] f Errettung f; **~ezza** [-'vet-tsa] f Rettung f; ancora f di ~ Rettungsanker m.

salvia [salvia] f Salbei m u. f.

salvietta [salvi'et-ta] f Serviette f.

salvo [salvo] 1. adj. gerettet; heil; unversehrt; 2. adv. außer; ✝ vorbehaltlich; ~ che außer wenn; ~ errori Irrtum vorbehalten; 3. m: in ~ in Sicherheit.

sambuco [sam'bu:ko] m (pl. -chi) Holunder m.

san [san] = samo.

san|abile [sa'na:bile] heilbar; **~are** [-'na:re] (1a) heilen; fig. sanieren; **~atoria** [-na'tɔ:ria] f Indemnität f; **~atorio** [-na'tɔ:rio] (pl. -ri) 1. adj. legalisierend; 2. m Sanatorium m; Heilanstalt f.

sancire [san'tʃi:re] (4d) sanktionieren; bestätigen.

sandalo [sandalo] m Sandale f; ⚘ Sandelholz n; ⚓ kleine Barke f.

sandolino [sando'li:no] m Paddelboot n.

sangue [sangue] m Blut n; circolazione f del ~ Blutkreislauf m; esame m del ~ Blutuntersuchung f; pressione f del ~ (a. pressione sanguigna) Blutdruck m; cavallo m puro ~ Vollblutpferd n; macchiato di ~ blutbefleckt; fare ~ bluten; ~ freddo Kaltblütigkeit f; a ~ freddo kaltblütig; animali m/pl. a ~ freddo Kaltblüter pl.; guastarsi il ~ sich ärgern; fig. non avere ~ nelle vene gefühllos sein; donare il ~ Blut spenden; andare a ~ behagen; ~ di Bacco! Donnerwetter!

sangu|ifero [sangu'i:fero] blutführend; **~igna** [-gu'i:ɲa] f Rötelzeichnung f; **~igno** [-gu'i:ɲo] blutig; Blut...; blutrot; sanguinisch; gruppo m ~ Blutgruppe f; vaso m ~ Blutgefäß n; **~inaccio** [-gui'nat-tʃo] m (pl. -cci) Blutwurst f; **~inare** [-gui'na:re] (1l) bluten; **~inaria** [-gui'na:ria] f Blutkraut n; **~inario** [-gui'na:rio] (pl. -ri) blutdürstig; **~inolento** [-guino'lento] blutend; bluttriefend; **~inoso** [-gui'no:so] blutig; **~isuga** [-gui'su:ga] f (pl. -ghe) Blutegel m.

san|ità [sani'ta] f Gesundheit f; Hygiene f; ufficio m di ~ Gesundheitsamt n; **~itario** [-ni'ta:rio] (pl. -ri) 1. adj. sanitär; Sanitäts...; Gesundheits...; corpo m ~ Sanitätskorps n; ufficiale m ~ Amtsarzt m; sorveglianza f -a Gesundheitsüberwachungsdienst m; ufficio m ~ Gesundheitsamt n; 2. m Arzt m.

san Martino [san mar'ti:no] m,

san Michele [san miˈkɛːle] *m*: *fare
~ ausziehen, umziehen.*
sanno [san-no] *s. sapere.*
sano [saːno] gesund; heilsam, zuträglich; *fig.* heil, ganz; ~ e salvo
wohlbehalten.
sanscrito [sanskrito] **1.** *adj.* Sanskrit...; **2.** *m* Sanskrit(sprache *f*) *n.*
sant|abarbara [santaˈbarbara] *f* ⚓
Pulverkammer *f*; **~arello** [-taˈrel-
lo] *m*, **~erello** [-teˈrɛl-lo] *m* Scheinheilige(r) *m*; **~ificare** [-tifiˈkaːre]
(1m *u.* d) heiligen; *j-n* heiligsprechen, kanonisieren; **~ificazione**
[-tifikatsiˈoːne] *f* Heilighaltung *f*;
Heiligsprechung *f*; **~ino** [-ˈtiːno] *m*
Heiligenbildchen *n.*
sant|issimo [sanˈtis-simo] *m* heilige
Hostie *f*; **~ità** [-tiˈta] *f* Heiligkeit *f*;
Vostra ♀ Ew. Heiligkeit *f.*
santo [santo] **1.** *adj.* heilig; *acqua f
-a* Weihwasser *n*; *tutto il ~ giorno*
den lieben langen Tag; *fammi il ~
piacere di (inf.)* tu mir den einzigen
Gefallen, zu (*inf.*); **2.** *m* Heilige(r)
m; Heiligenbild *n*; Namenstag *m*;
culto m dei -i Heiligenverehrung *f*;
Tutti i Santi Allerheiligen *n.*
santocchio [sanˈtɔk-kio] *m* (*pl.*
-cchi) Frömmler *m.*
santolo [santolo] *m* Pate *m.*
santonina [santoˈniːna] *f* Santonin
n.
santoreggia [santoˈred-dʒa] *f* (*pl.*
-gge) Pfefferkraut *n.*
santuario [santuˈaːrio] *m* (*pl. -ri*)
Heiligtum *n*; Wallfahrtskapelle *f*,
-kirche f.
sanzionare [santsioˈnaːre]   (1a)
sanktionieren;
sanzione [santsiˈoːne] *f* Sanktionierung *f*, Bestätigung *f*; *Pol.* Sanktion *f*; ~ disciplinare Disziplinarstrafe *f*; ~ penale Strafmaßnahme
f.
sapere [saˈpeːre] (2n) **1.** *v/t.* wissen;
können; kennen; (*a. venire a ~*) erfahren; **2.** *v/i.* wissen; schmecken
(*di nach dat.*); riechen (*di nach
dat.*); *far ~* mitteilen, melden;
saperla lunga schlau sein; *non sa di
nulla* es schmeckt nach nichts; *non
si sa mai* man kann nie wissen; ~
il tedesco Deutsch können; ~ una
poesia a memoria ein Gedicht auswendig können; **3.** *m* Wissen *n.*
sapido [saːpido] *lit.* schmackhaft.
sap|iente [sapiˈɛnte] **1.** *adj.* weise;

2. *m* Weise(r) *m*; Gelehrte(r) *m*;
~ienza [-piˈɛntsa] *f* Weisheit *f*;
Gelehrsamkeit *f.*
sapon|aceo [sapoˈnaːtʃeo] seifenartig; **~aio** [-ˈnaːio] *m* (*pl. -ai*)
Seifensieder *m*; **~aria** [-ˈnaːria] *f*
Seifenkraut *n*; **~ata** [-ˈnaːta] *f*
Seifenwasser *n*; Abseifen *n*; *dare
una ~ a abseifen.*
sapone [saˈpoːne] *m* Seife *f*; ~ duro
Kernseife *f*; ~ tenero Schmierseife
f; ~ in polvere Seifenpulver *n*; ~ da
barba Rasierseife *f*; ~ da toletta
Toilettenseife *f*; bolla f di ~ Seifenblase *f*; schiuma f di ~ Seifenschaum *m.*
sapon|eria [saponeˈriːa] *f* Seifenfabrik *f*; **~etta** [-ˈnet-ta] *f* (Stück *n*)
Toilettenseife *f*; **~iera** [-niˈɛːra] *f*
Seifennapf *m*; **~iero** [-niˈɛːro]
Seifen...; *industria f -a* Seifenindustrie *f*; **~ificare** [-nifiˈkaːre] (1n *u.*
d) verseifen; zu Seife machen;
~ificazione [-nifikatsiˈoːne] *f* Verseifung *f*; **~oso** [-ˈnoːso] seifenartig.
sapore [saˈpoːre] *m* Geschmack *m*
(*di nach dat.*); *-i pl.* Gewürzkräuter
n/pl.; *avere ~ di qc* nach et. (*dat.*)
schmecken; *dar ~ a* abschmecken;
senza ~ geschmacklos.
sapor|ito [saporˈriːto] schmackhaft;
stark gewürzt; *un sonno ~* ein tiefer
Schlaf; *un conto ~* eine gepfefferte
Rechnung; **~osità** [-rosiˈta] *f*
Schmackhaftigkeit *f*; **~oso** [-ˈroːso]
wohlschmeckend.
sappia [sap-pia] *s. sapere.*
sap|uta [saˈpuːta] *f* Wissen *n*; *a mia
~* mit m-m Wissen; **~utello** [-puˈtel-lo] *m* Naseweis *m*; **~uto**
[-ˈpuːto] altklug.
saracco [saˈrak-ko] *m* (*pl. -cchi*)
Fuchsschwanzsäge *f.*
sarac|eno [saraˈtʃɛːno] **1.** *adj.* sarazenisch; *grano m ~* Buchweizen *m*;
2. *m* Sarazene *m*; **~inesca** [-tʃiˈneska] *f* (*pl. -sche*) Rolladen *m*; Absperrschieber *m*; Falltür *f*; Fallgatter *n.*
sarc|asmo [sarˈkazmo] *m* Sarkasmus *m*; **~astico** [-ˈkastiko] (*pl. -ci*)
sarkastisch.
sarchi|are [sarkiˈaːre] (1k) ausjäten; **~atura** [-kiaˈtuːra] *f* Ausjäten *n.*
sarchio [sarkio] *m* (*pl. -chi*) Jätehacke *f.*

sarcofago [sar'kɔ:fago] *m* (*pl.* -gi *u.* -ghi) Sarkophag *m*.

sarcoma [sar'kɔ:ma] *m* (*pl.* -i) Sarkom *n*, bösartige Geschwulst *f*.

sard|ella [sar'del-la] *f*, **~ina** [-'di:na] *f* Sardelle *f*, Sardine *f*.

sardo [sardo] **1.** *adj.* sard(in)isch; **2.** *m* Sardinier *m*.

sardonico [sar'dɔ:niko] (*pl.* -ci) sardonisch.

sarmento [sar'mento] *m* Reisig *n*.

sarò [sa'rɔ] *s.* essere.

sarta [sarta] *f* Schneiderin *f*.

sartiame [sarti'a:me] *m* Tauwerk *n*.

sartie [sartje] *f/pl.* Wanttaue *n/pl.*

sartina [sar'ti:na] *f* Schneiderlehr- mädchen *n*.

sarto [sarto] *m* Schneider *m*.

sart|oria [sarto'ri:a] *f* Schneiderei *f*; **~ucolo** [-'tu:kolo] *m* Flickschneider *m*.

sass|aia [sas-'sa:ia] *f* Steindamm *m*; steiniger Weg *m*; **~aiola** [-sai'ɔ:la] *f* Steinregen *m*; **~ata** [-'sa:ta] *f* Steinwurf *m*; **~ello** [-'sɛl-lo] *m* Steindrossel *f*; **~ifraga** [-'si:fraga] *f* (*pl.* -ghe) Steinbrech *m*.

sasso [sas-so] *m* Stein *m*; *caduta f* -*i* Steinschlag *m*; *di* ~ steinern; *restare di* ~ starr bleiben; *da far piangere i* -*i* zum Steinerweichen.

sas|sofonista [sas-sofo'nista] *m* (*pl.* -i) Saxophonist *m*, Saxophon- spieler *m*; **~sofono** [-'sɔ:fono] *m* Saxophon *n*.

sassone [sas-sone] **1.** *adj.* säch- sisch; **2.** *m* Sächsisch(e) *n*; **3.** *su.* Sachse *m*, Sächsin *f*.

sassoso [sas-'so:so] steinig.

satana [sa:tana] *m* Satan *m*.

satanasso [sata'nas-so] *m* Satanas *m*.

satanico [sa'ta:niko] (*pl.* -ci) sa- tanisch.

satellite [sa'tɛl-lite] *m* *Astr.*, ⊕ Sa- tellit *m*, Trabant *m*; *fig.* Begleiter *m*; ~ *artificiale* künstlicher Satellit *m*; *stato m* ~ Satellitenstaat *m*.

satinare [sati'na:re] (1a) satinieren, glänzend machen.

satira [sa:tira] *f* Satire *f*.

sat|ireggiare [satired-'dʒa:re] (1f) Satiren machen (auf *acc.*); **~iresco** [-ti'resko] (*pl.* -chi) Satyr...; **~irico** [-'ti:riko] (*pl.* -ci) **1.** *adj.* satirisch; **2.** *m* Satiriker *m*.

satiro [sa:tiro] *m* Satyr *m*.

sat|ollare [satol-'la:re] (1a) *lit.* sät-

tigen (*di* mit *dat.*); **~ollo** [-'tol-lo] *lit.* satt.

satrapo [sa:trapo] *m* Satrap *m*; *fig.* Tyrann *m*.

satur|abile [satu'ra:bile] zu sät- tigen(d); **~are** [-'ra:re] (11) sät- tigen (*di* mit *dat.*); **~azione** [-ratsi- 'o:ne] *f* Sättigung *f*.

saturnismo [satur'nizmo] *m* Blei- vergiftung *f*.

Saturno [sa'turno] *m* Saturn *m*.

saturo [sa:turo] gesättigt.

sauna [sa:una] *f* Sauna *f*.

saurio [sa:urio] *m* Saurier *m*.

sauro [sa:uro] **1.** *adj.* fuchsrot; gelbbraun; **2.** *m* *Pferd:* Fuchs *m*.

saviezza [savi'et-tsa] *f* Weisheit *f*.

savio [sa:vio] (*pl.* -vi) **1.** *adj.* weise; **2.** *m* Weise(r) *m*.

savoiardo [savoi'ardo] **1.** *adj.* sa- voyisch; **2.** *m* *e-e* Art Gebäck *n*; **3.** *m* Savoyarde *m*.

saxofono [sa'ksɔ:fono] *m* *usw. s.* *sassofono usw.*

sazi|abile [satsi'a:bile] zu sätti- gen(d); **~are** [-tsi'a:re] (1g) sät- tigen; **~arsi** [-tsi'arsi] satt werden; *fig.* müde werden; *non* ~ *di* (*inf.*) nicht müde werden zu (*inf.*); **~età** [-tsie'ta] *f* Sättigung *f*; *a* ~ bis zum Überdruß; *mangiare a* ~ sich satt essen.

sazio [sa:tsio] (*pl.* -zi) satt.

sbaccellare [zbat-tʃel-'la:re] (1b) aushülsen.

sbaciucchiare [zbatʃuk-ki'a:re] (1k) abküssen.

sbad|ataggine [zbada'tad-dʒine] *f* Unachtsamkeit *f*; **~ato** [-'da:to] unachtsam.

sbad|igliare [zbadi'ʎa:re] (1g) gäh- nen; **~iglio** [-'di:ʎo] *m* (*pl.* -gli) Gähnen *n*.

sbaf|are [zba'fa:re] (1a) F ver- schlingen; schmarotzen; **~atore** [-fa'to:re] *m* Schmarotzer *m*.

sbafo [zba:fo] *m*: *mangiare a* ~ auf Kosten anderer essen; *vivere a* ~ nassauern, schmarotzen.

sbagli|are [zba'ʎa:re] (1g) **1.** *v/i. u.* **~arsi** [-'ʎarsi] sich irren; **2.** *v/t.* falsch gehen, fehlen; verwechseln; ~ *nel contare* sich verrechnen; ~ *parlando* sich versprechen; ~ *scri- vendo* sich verschreiben; ~ *strada* e-n falschen Weg nehmen; ~ *pagina* e-e falsche Seite aufschlagen; **~ato**

[-'ʎa:to] verfehlt, falsch; *fig. passo m* ~ Fehltritt *m*.

sbaglio [zba:ʎo] *m* (*pl. -gli*) Fehler *m*; *essere in* ~ im Irrtum sein; *per* ~ aus Versehen; *senza -i* fehlerfrei.

sbalestrare [zbales'tra:re] (1b) beunruhigen, aus dem Gleichgewicht bringen.

sballare [sbal-'la:re] (1a) auspacken; *Lügen* auftischen; *abs.* aufschneiden; *sballarle grosse* tüchtig aufschneiden; *notizia f sballata* erfundene Nachricht *f*.

sballottare [zbal-lot-'ta:re] (1c) hin und her werfen.

sbalord|imento [zbalordi'mento] *m* Betäubung *f*; *fig.* Verblüffung *f*; ~**ire** [-'di:re] (4d) betäuben; *fig.* verblüffen; ~**itaggine** [-di'tad-dʒine] *f* Kopflosigkeit *f*; ~**itivo** [-di'ti:vo] verblüffend; ~**ito** [-'di:to] *m* kopfloser Mensch *m*.

sbalz|are [zbal'tsa:re] (1a) schleudern; *Minister* stürzen; ~**elloni** [-tsel-'lo:ni] *adv. od. a* ~ sprungweise.

sbalzo [zbaltso] *m* Sprung *m*; Stoß *m*; Ruck *m*; *lavori m/pl. a* ~ Treibarbeiten *f/pl.*

sbancare [zbaŋ'ka:re] (1d) die Bank sprengen; ~ *qu.* j-m das ganze Geld abgewinnen.

sband|amento [zbanda'mento] *m Auto:* Schleudern *n*; ⚓ Krängung *f*; *fig.* Zersplitterung *f*; Entgleisung *f*; ~**are** [-'da:re] (1a) **1.** *v/t.* zerstreuen; **2.** *v/i. u.* ~**arsi** [-'darsi] *Auto:* schleudern, ins Schleudern geraten; ⚓ krängen; *fig.* entgleisen; ~**ata** [-'da:ta] *f* Schleudern *n*.

sbandire [zban'di:re] (4d) verbannen.

sbaraccare [zbarak-'ka:re] (1d) alles über den Haufen werfen.

sbar|agliare [zbara'ʎa:re] (1g) niederkämpfen, zerschlagen; ~**aglio** [-'ra:ʎo] *m* Zerschlagung *f*; *andare allo* ~ alles aufs Spiel setzen; *mettere allo* ~ gefährden.

sbarazz|are [zbarat-'tsa:re] (1a) freimachen; ~**arsi** [-'tsarsi] sich entledigen; ~**ino** [-'tsi:no] *m* Spitzbube *m*.

sbarb|are [zbar'ba:re] (1a) entwurzeln; rasieren; ~**atello** [-ba-'tel-lo] *m* Grünschnabel *m*; ~**ato** [-'ba:to] bartlos; ~**icare** [-bi'ka:re] (1l *u.* d) entwurzeln.

sbarc|are [zbar'ka:re] (1d) **1.** *v/t.* ausschiffen; *fig.* ~ *la vita*, ~ *il lunario* sich durchschlagen; **2.** *v/i.* landen; ~**atoio** [-ka'to:io] *m* (*pl. -oi*) Landungsplatz *m*.

sbarco [zbarko] *m* (*pl. -chi*) Ausschiffung *f*; Löschung *f*; Landung *f*; Landungsplatz *m*.

sbarra [zbar-ra] *f* Querstange *f*; Schlagbaum *m*; 🚇 Schranke *f*; Barren *m*; ~ *fissa* Reck *n*; ~ *conduttrice* Stromleitungsschiene *f*.

sbarr|amento [zbar-ra'mento] *m* Absperrung *f*; Sperre *f*; ⚔ Kreuzung *f*; *fuoco m di* ~ Sperrfeuer *n*; *zona f di* ~ Sperrzone *f*; ~**are** [-'ra:re] (1a) versperren; *Augen* aufreißen; *Scheck* sperren, kreuzen; ~**ato** [-'ra:to] *Augen:* starr; *assegno m* ~ gesperrter Scheck *m*.

sbassare [zbas-'sa:re] (1a) niedriger machen; *Preis* herabsetzen.

sbatacchiare [zbatak-ki'a:re] (1k) auf- und zuschlagen; *zu Boden* schleudern.

sbattere [zbat-tere] (3a) **1.** *v/t.* schleudern; *Tür* zuwerfen; *Eier* schlagen; ~ *le ali* mit den Flügeln schlagen; ~ *i piedi* mit den Füßen aufstampfen; ~ *la porta in faccia a qu.* j-m die Tür vor der Nase zuschlagen; **2.** *v/i.* schlagen.

sbattezzare [zbat-ted-'dza:re] (1a) umtaufen.

sbatti|mento [zbat-ti'mento] *m* Schlagen *n*; Schütteln *n*; ~**tore** [-'to:re] *m* Rührmaschine *f*, Schlagmaschine *f*; ~**uova** [-u'ɔ:va] *m inv.* Quirl *m*, Schaumschläger *m*.

sbattuto [zbat-'tu:to] gequirlt; *fig.* müde, abgespannt.

sbavare [zba'va:re] (1a) geifern; ⊕ entgraten.

sbellicarsi [zbel-li'karsi] (1d): ~ *dalle risa* sich krank lachen.

sbendare [zben'da:re] (1b) *j-m* die Binde abnehmen.

sberla [zberla] *f* P Ohrfeige *f*.

sberleffo [zber'lef-fo] *m* Schmiß *m*, Schmarre *f*; Grimasse *f*.

sbertucciare [zbertut-'tʃa:re] (1f) zerknittern.

sbevazzare [zbevat-'tsa:re] (1a) zechen.

sbiad|ire [zbia'di:re] (4d) bleichen, verschießen; ~**ito** [-'di:to] verblichen, verschossen; *Schönheit:* verblüht; *Stil:* farblos.

S

sbiancare [zbiaŋ'ka:re] (1d) bleich werden.

sbicchierata [zbik-kie'ra:ta] f: fare una ~ zechen.

sbieco [zbi'ε:ko] (pl. -chi) schief, schräg; di ~ schief.

sbigott|imento [zbigot-ti'mento] m Bestürzung f; **~ire** [-'ti:re] (4d) **1.** v/t. bestürzen, erschrecken; **2.** v/i. u. **~irsi** [-'tirsi] bestürzt werden; erschrecken; **~ito** [-'ti:to] bestürzt, betroffen.

sbilanci|are [zbilan'tʃa:re] (1f) aus dem Gleichgewicht bringen; **~arsi** [-'tʃarsi] aus dem Gleichgewicht kommen.

sbilancio [zbi'lantʃo] m (pl. -ci) Mißverhältnis n; abs. Defizit n.

sbilenco [zbi'leŋko] (pl. -chi) krumm; schief.

sbirci|are [zbir'tʃa:re] (1f) anblinzeln; **~ata** [-'tʃa:ta] f: dare una ~ verstohlen ansehen.

sbirr|aglia [zbir-ra:ʎa] f Häscherschar f; Schergen m/pl.; **~esco** [-'resko] (pl. -chi) schergenhaft.

sbirro [zbir-ro] m Scherge m, Häscher m.

sbizzarr|ire [zbid-dzar-'ri:re] (4d) (j-m) die Launen austreiben; **~irsi** [-'rirsi] sich austoben, seiner Laune freien Lauf lassen.

sbloccare [zblok-'ka:re] (1c u. d) Blockierung, Sperre, Miet-, Lohnstopp aufheben.

sblocco [zblɔk-ko] m (pl. -cchi) Aufhebung f der Sperre, des Miet-, Lohnstopps.

sbocc|are [zbok-'ka:re] (1d) **1.** v/i. münden; hervorkommen; Straßen: enden, ausgehen; **2.** v/t. abgießen; den Hals (e-r Flasche) abschlagen; **~ato** [-'ka:to] fig. frei, unzüchtig; anstößig.

sbocciare [zbot-'tʃa:re] (1f u. c) Knospen: aufbrechen.

sboccio [zbɔt-tʃo] m Aufbrechen n, Aufblühen n.

sbocco [zbok-ko] m (pl. -cchi) Mündung f; † Absatzgebiet n; ~ di sangue Blutsturz m; ~ di strada Straßenmündung f; strada f senza ~ Sackgasse f.

sbocconcell|are [zbok-kontʃel-'la:re] (1b) knabbern; (a. fig.) zerbröckeln; **~atura** [-la'tu:ra] f Bröckelchen n.

sboffo [zbɔf-fo] m Kleidung: Puff m; Bausch m.

sbollire [zbol-'li:re] (4d) verrauchen.

sbornia [zbɔrnia] f Rausch m.

sborni|arsi [zborni'arsi] (1c) sich betrinken; **~ato** [-'a:to] betrunken.

sborsare [zbor'sa:re] (1a) bezahlen; auslegen.

sborso [zborso] m Auslage f.

sbosc|amento [zboska'mento] m Entwaldung f; Abholzung f; **~are** [-'ka:re] (1d) entwalden; abholzen.

sbottare [zbot-'ta:re] (1c) ausbrechen; abs. losplatzen; ~ in pianto in Tränen ausbrechen.

sbotton|are [zbot-to'na:re] (1a) (a. fig.) aufknöpfen; **~arsi** [-'narsi] sich aufknöpfen; ~ con qu. j-m sein Herz ausschütten.

sbozz|are [zbot-'tsa:re] (1c) entwerfen, skizzieren; **~atura** [-tsa-'tu:ra] f Skizzierung f.

sbozzo [zbɔt-tso] m Entwurf m.

sbrac|are [zbra'ka:re] (1d) die Hosen ausziehen; **~arsi** [-'karsi] ~ dalle risa sich krank lachen; **~ato** [-'ka:to] unbehost; fig. unordentlich, schlampig; ausgelassen.

sbracci|are [zbrat-'tʃa:re] (1f) mit den Armen fuchteln; **~arsi** [-'tʃarsi] die Ärmel aufstreifen; mit den Armen fuchteln; **~ato** [-'tʃa:to] mit nackten Armen.

sbraitare [zbrai'ta:re] (1a) schreien, brüllen; schimpfen.

sbranare [zbra'na:re] (1a) zerfleischen.

sbranc|are [zbraŋ'ka:re] (1d) v. der Herde absondern; **~arsi** [-'karsi] sich aus der Herde absondern; fig. sich zerstreuen.

sbrendolo [zbrendolo] m Fetzen m.

sbriciolare [zbritʃo'la:re] (1l) zerkrümeln.

sbrig|amento [zbriga'mento] m Abfertigung f; Erledigung f; **~are** [-'ga:re] (1e) j-n abfertigen; et. erledigen; **~arsi** [-'garsi] abs. sich beeilen; ~ da qu. sich j-n vom Halse schaffen; **~ativo** [-ga'ti:vo] schnell, flink, hurtig; kurz angebunden.

sbrigli|are [zbri'ʎa:re] (1g) abzäumen; **~ata** [-'ʎa:ta] f Ruck m mit den Zügeln; **~atezza** [-ʎa'tet-tsa] f Zügellosigkeit f; **~ato** [-'ʎa:to] fig. zügellos.

sbrin|amento [zbrina'mento] m Entfrostung f; **~are** [-'na:re] (1a) entfrosten, abtauen; **~atore** [-na-'to:re] *m* Entfroster *m*.

sbrind|ellare [zbrindel-'la:re] (1b) in Fetzen zerreißen; **~ellato** [-del-'la:to] zerfetzt; **~ello** [-'del-lo] *m* Fetzen *m*.

sbrod|olare [zbrodo'la:re] (11 *u.* c) bekleckern; **~olone** [-do'lo:ne] *m* Schmierfink *m*.

sbrogliare [zbro'ʎa:re] (1g *u.* c) entwirren; *sbrogliarsela* sich aus der Affäre ziehen.

sbronza [zbrontsa] *f* F Rausch *m*.

sbronzarsi [zbron'tsarsi] F (1a) sich betrinken.

sbronzo [zbrontso] F betrunken.

sbruffare [zbruf-'fa:re] (1a) bespritzen.

sbruffo [zbruf-fo] *m* Bespritzung *f*; Spritzer *m*; *fig.* Schweigegeld *n*; Schmiergeld *n*.

sbruffone [zbruf-'fo:ne] *m* Prahlhans *m*.

sbucare [zbu'ka:re] (1d) **1.** *v/t.* *aus dem Versteck* herauslocken, austreiben; **2.** *v/i.* herauskommen.

sbuccia|re [zbut-'tʃa:re] (1f) schälen; enthülsen; *Haut* abschürfen; **~to** [-'to] geschält.

sbudellare [zbudel-'la:re] (1b) *s.* *sbuzzare*.

sbuffare [zbuf-'fa:re] (1a) schnauben.

sbuffo [zbuf-fo] *m* Schnauben *n*.

sbugiardare [zbudʒar'da:re] (1a) Lügen strafen.

sbuzzare [zbud-'dza:re] (1a) die Eingeweide ausnehmen; **~** *qu.* j-m den Bauch aufschlitzen.

scabbia [skab-bia] *f* Krätze *f*.

scabbioso [skab-bi'o:so] krätzig.

scabino [ska'bi:no] *m* Schöffe *m*.

scabro [ska:bro] rauh.

scabr|osità [skabrosi'ta] *f* Rauheit *f*; Unebenheit *f*; *fig.* Schwierigkeit *f*; Mißlichkeit *f*; **~oso** [-'bro:so] rauh; uneben; *fig.* schwierig; heikel.

scacch|iera [skak-ki'ɛ:ra] *f*, **~iere** [-ki'ɛ:re] *m* Schachbrett *n*; Kriegsschauplatz *m*; *cancelliere m dello* **~** Schatzkanzler *m*; **~ista** [-'kista] *su.* (*m/pl.* -*i*) Schachspieler(in *f*) *m*; **~istico** [-'kistiko] (*pl.* -*ci*) Schach...; *gara f* -*a* Schachturnier *n*.

scacci|acani [skat-tʃa'ka:ni] *m inv.* Schreckpistole *f*; **~amosche** [-tʃa-'moske] *m inv.* Fliegenwedel *m*; **~apensieri** [-tʃapensi'ɛ:ri] *m inv. allg.*

Zeitvertreib *m*; ♪ Maultrommel *f*; **~are** [-'tʃa:re] (1f) verjagen; (fort-) stoßen; **~ata** [-'tʃa:ta] *f* Verjagung *f*.

scaccino [skat-'tʃi:no] *m* Küster *m*.

scacco [skak-ko] *m* (*pl.* -*cchi*) Feld *n auf dem Schachbrett*; *fig.* Niederlage *f*; **~** *matto* schachmatt; -*cchi pl.* Schachspiel *n*; *campionato m di* -*cchi* Schachmeisterschaft *f*; *campione m di* -*cchi* Schachmeister *m*; F *vedere il sole a* -*cchi* im Gefängnis sitzen.

scad|ente [ska'dɛnte] **1.** *s.* *scadere*; **2.** *adj.* gering; von geringer Qualität; **~enza** [-'dɛntsa] *f* Ablauf *m*; Fälligkeit *f*; *Wechsel:* Verfalltag *m*; **~** *di pagamento* Zahlungstermin *m*; **~** *del termine* Fristablauf *m*; *a breve* **~** auf kurze Sicht; *a lunga* **~** langfristig; *cambiale f in* **~** fälliger Wechsel *m*; **~enzario** [-den'tsa:rio] *m* Terminkalender *m*; **~ere** [-'de:re] (2c) herunterkommen; *Verträge:* ablaufen; *Wechsel:* fällig sein; **~uto** [-'du:to] fällig.

scafandro [ska'fandro] *m* Taucheranzug *m*.

scaffal|are [skaf-fa'la:re] (1a) mit Wandgestellen versehen; in die Regale einordnen; **~atura** [-la-'tu:ra] *f* Wandgestelle *n/pl.*, Regale *n/pl.*

scaffale [skaf-'fa:le] *m* Regal *n*.

scafo [ska:fo] *m* Schiffsrumpf *m*.

scagionare [skadʒo'na:re] (1a) rechtfertigen.

scaglia [ska'ʎa] *f* Schuppe *f*; Splitter *m*.

scagli|are [ska'ʎa:re] (1g) schleudern; **~arsi** [-'ʎarsi] sich stürzen (*contro* auf *acc.*).

scagliola [ska'ʎɔ:la] *f* Alabasterglas *n*; Kanariengras *n*.

scagli|onare [skaʎo'na:re] (1a) staffeln; in Staffeln aufsetzen; **~one** [-'ʎo:ne] *m* Stufe *f*; ✕ Staffel *f*.

scaglioso [skaʎo:so] schuppig.

scagnozzo [ska'ɲɔt-tso] *m* Stümper *m*.

scala [ska:la] *f* Treppe *f*; (*a.* **~** *a pioli*) Leiter *f*; Skala *f*; *Geogr. u. fig.* Maßstab *m*; **~** *di corda* Strickleiter *f*; **~** *mobile* Rolltreppe *f*; gleitende Lohnskala *f*; **~** *maggiore* Durtonleiter *f*; **~** *minore* Molltonleiter *f*; **~** *a libro* Treppenleiter *f*; **~** *dei salari* Lohnskala *f*; **~** *incendi* Feuerleiter *f*; *su larga* **~** in großem

Umfang; *su* ~ *nazionale* auf nationaler Ebene; *fare le* -*e die* Treppe hinaufgehen; *a* ~ stufenweise.

scalandrone [skalan'dro:ne] *m* ⚓ Laufsteg *m*.

scal|are [ska'la:re] **1.** *adj.* stufenweise vor sich gehend; Staffel...; *calcolo m* ~ Staffelzinsrechnung *f*; **2.** *v/t.* (1a) *auf Leitern* ersteigen; ⚔ erstürmen; erklettern; **~ata** [-'la:ta] *f* Ersteigen *n*; Erstürmung *f*; *dare la* ~ *a qc. et.* ersteigen; *dare la* ~ *al potere* die Macht an sich reißen; **~atore** [-la'to:re] *m* Bergsteiger *m*.

scalcagn|are [skalka'ɲa:re] (1a) mit dem Absatz treten; *Schuhe* austreten; **~ato** [-'ɲa:to] ausgetreten, ohne Absätze.

scalcare [skal'ka:re] (1d) tranchieren, vorschneiden.

scalci|are [skal'tʃa:re] (1f) ausschlagen; **~ata** [-'tʃa:ta] *f* Tritt *m*, Ausschlagen *n*.

scalcin|arsi [skaltʃi'narsi] (1a) den Mörtel verlieren; **~ato** [-'na:to] *allg.* verfallen; *Person:* abgerissen; heruntergekommen; **~atura** [-na-'tu:ra] *f* Abstoßen *n* des Kalkes, abgebröckelte Stelle *f*.

scaldacqua [skal'dak-kua] *m inv.* Boiler *m*; ~ *a immersione* Tauchsieder *m*.

scalda|bagno [skalda'ba:ɲo] *m* Badeofen *m*; **~banchi** [-'baŋki] *su. inv.* Faulenzer(in *f*) *m*; **~letto** [-'let-to] *m* Bettwärmer *m*; **~panche** [-'paŋke] *su. inv.* Faulenzer(in *f*) *m*; **~piatti** [-'pi'at-ti] *m inv.* Tellerwärmer *m*; **~piedi** [-pi'ɛ:di] *m inv.* Fußwärmer *m*.

scald|are [skal'da:re] (1a) wärmen; erwärmen; *Zimmer:* heizen; *fig.* erhitzen; **~arsi** [-'darsi] sich wärmen, sich erwärmen; *Motor:* heißlaufen; *fig.* sich erhitzen, in Hitze geraten; **~ata** [-'da:ta] *f* Wärmen *n*; *dare una* ~ *a* (er)wärmen; **~avivande** [-davi'vande] *m inv.* Speisewärmer *m*; **~ino** [-'di:no] *m* Wärmtopf *m*.

scalea [ska'lɛ:a] *f* Freitreppe *f*.

scaleno [ska'lɛ:no] ₳ ungleichseitig.

scaleo [ska'lɛ:o] *m* Stehleiter *f*; Tritt *m*.

scaletta [ska'let-ta] *f* Leiterchen *n*; *Film*, *Radio:* Exposé *n*, Entwurf *m*; ⚓, ⚒ ~ *d'imbarco* Einstiegtreppe *f*; ~ *del pollaio* Hühnerleiter *f*.

scalf|ire [skal'fi:re] (4d) ritzen; **~ittura** [-fit-'tu:ra] *f* Ritz *m*, Schramme *f*.

scal|inata [skali'na:ta] *f* breite Treppe *f*; **~ino** [-'li:no] *m* Stufe *f*.

scalm|ana [skal'ma:na] *f* Erkältung *f*; **~anarsi** [-a'narsi] (1a) sich erhitzen; sich ereifern; **~anato** [-ma'na:to] erhitzt; wild, unbeherrscht.

scalmo [skalmo] *m* Rudergabel *f*.

scalo [ska:lo] *m* Ausladeplatz *m*; ~ *aereo* Zwischenlandung *f*; *volo senza* ~ Nonstopflug *m*; ~ *merci* Güterbahnhof *m*.

scalogna [ska'lo:ɲa] *f* Pech *n*; *portare* ~ Unglück bringen.

scalognato [skalo'ɲa:to] vom Pech verfolgt.

scalone [ska'lo:ne] *m* Freitreppe *f*.

scaloppa [ska'lɔp-pa], **scaloppina** [-lop-'pi:na] *f* Schnitzel *n*.

scalp|ellare [skalpel-'la:re] (1b) (aus)meißeln; **~ellino** [-pel-'li:no] *m* Steinmetz *m*; **~ello** [-'pɛl-lo] *m* Meißel *m*; Stemmeisen *n*; *Chir.* Seziermesser *n*.

scalp|icciare [skalpit-'tʃa:re] (1f) scharren; **~iccio** [-pit-'tʃi:o] *m* Scharren *n*; **~itare** [-pi'ta:re] (1l) stampfen; **~itio** [-pi'ti:o] *m* Gestampfe *n*; **~ore** [-'po:re] *m* Lärm *m*.

scaltr|ezza [skal'tret-tsa] *f* Durchtriebenheit *f*; **~ire** [-'tri:re] (4d) verschlagen machen; **~irsi** [-'tirsi] verschlagen werden; **~ito** [-'tri:to] gewitzt; durchtrieben, verschlagen.

scaltro [skaltro] verschlagen, gerieben; pfiffig.

scalzacane [skaltsa'ka:ne] *m* armer Teufel *m*.

scalzare [skal'tsa:re] (1a) *Schuhe und Strümpfe* ausziehen; *Wurzel* bloßlegen; *Mauer u. fig.* untergraben.

scalzo [skaltso] barfuß.

scambi|are [skambi'a:re] (1k) verwechseln; austauschen; **~evole** [-bi'e:vole] gegenseitig; **~evolezza** [-bievo'let-tsa] *f* Gegenseitigkeit *f*.

scambio [skambio] *m* (*pl.* -*bi*) Verwechslung *f*; Austausch *m*; 🚂 Weiche *f*; -*i pl. commerciali* Handelsverkehr *m*; ~ *di lettere* Briefwechsel *m*; ~ *d'opinioni* Meinungsaustausch *m*; *zona f di libero* ~ Freihandelszone *f*; *tassa f di* ~

Umsatzsteuer *f*; *valore m di ~* Tauschwert *m*; *libero ~* Freihandel *m*.

scambista [skam'bista] *m* Weichensteller *m*; *libero ~* Freihändler *m*.

scamici|arsi [skami'tʃarsi] (1f) sich *bis auf das Hemd* ausziehen; **~ato** [-'tʃa:to] **1.** *adj.* in Hemdsärmeln; **2.** *m* Landstreicher *m*.

scamosci|are [skamoʃ-'ʃa:re] (1f *u.* c) wie Wildleder gerben, sämisch gerben; **~ato** [-'ʃa:to] sämisch gegerbt; *pelle f ~a* Sämischleder *m*.

scampagnata [skampa'ɲa:ta] *f* Landpartie *f*.

scampan|are [skampa'na:re] (1a) *anhaltend* die Glocken läuten; **~ata** [-'na:ta] *f* Glockengeläut *n*; F Katzenmusik *f*; **~ellare** [-nel-'la:re] (1b) heftig klingeln; **~ellata** [-nel-'la:ta] *f* heftiges Klingeln *n*; **~ellio** [-nel-'li:o] *m* anhaltendes Geklingel *n*; **~io** [-'ni:o] *m* anhaltendes Glockengeläut(e) *n*.

scampare [skam'pa:re] (1a) **1.** *v/t.* retten; bewahren; **2.** *v/i.* entkommen; *l'ha scampata bella* er ist glücklich davongekommen.

scampo[1] [skampo] *m* Rettung *f*; *non c'è ~* es gibt keinen Ausweg; *senza ~* aussichtslos.

scampo[2] [skampo] *m* Kaiserhummer *m*.

scampolo [skampolo] *m* Rest (Tuchrest) *m*.

scanal|are [skana'la:re] (1a) auskehlen; **~atura** [-la'tu:ra] *f* Auskehlung *f*; Nut(e) *f*.

scancellare [skantʃel-'la:re] (1b) auslöschen.

scand|agliare [skanda'ʎa:re] (1g) loten; mit dem Senkblei messen; *fig.* ergründen; **~aglio** [-'da:ʎo] *m* (*pl. -gli*) Senkblei *n*; Lot *n*.

scandalistico [skanda'listiko] (*pl. -ci*) Skandal...; *giornale m ~* Revolverblatt *n*.

scandalizz|are [skandalid-'dza:re] (1a) Anstoß erregen (*qu.* bei j-m); **~arsi** [-'dzarsi] Anstoß nehmen (*di an dat.*); **~ato** [-'dza:to] skandalisiert, empört.

scandalo [skandalo] *m* Skandal *m*; Ärgernis *n*; F Stunk *m*.

scandaloso [skanda'lo:so] skandalös; anstößig.

scandere [skandere] (3a) *s.* scandire.

scandinavo [skandi'na:vo] **1.** *adj.* skandinavisch; **2.** *m* Skandinave *m*, Skandinavier *m*.

scandire [skan'di:re] (4d) skandieren.

scann|are [skan-'na:re] (1a) (*j-m*) die Kehle durchschneiden; **~ato** [-'na:to]: *povero ~* bettelarm; **~atoio** [-na'to:io] *m* (*pl. -oi*) Schlachthaus *n*; *fig.* Mördergrube *f*; **~atore** [-na'to:re] *m* Halsabschneider *m*; Mörder *m*.

scannellare [skan-nel-'la:re] (1b) kannelieren; auskehlen; *Zwirn* abspulen.

scanno [skan-no] *m* Bank *f*; Sitz *m*.

scans|afatiche [skansafa'ti:ke] *su. inv.* Faulpelz *m*; **~are** [-'sa:re] (1a) meiden; vermeiden; wegrücken; *Schläge* parieren; **~arsi** [-'sarsi] beiseite treten; ausweichen.

scansia [skan'si:a] *f* Regal *n*.

scanso [skanso] *m*: *a ~ di qc.* um et. zu vermeiden.

scant|inare [skanti'na:re] (1a) kneifen, sich drücken; sich irren; **~inato** [-ti'na:to] *m* Kellergeschoß *n*; **~onare** [-to'na:re] (1a) **1.** *v/t.* abkanten; *~ qu.* j-m ausweichen; **2.** *v/i.* um die Ecke biegen; *fig.* sich drücken.

scanzonato [skantso'na:to] unbekümmert.

scap|accione [skapat-'tʃo:ne] *m* F Kopfnuß *f*; **~ataggine** [-pa'tad-dʒine] *f* Unbesonnenheit *f*; **~ato** [-'pa:to] unbesonnen, unbedacht.

scapestr|ataggine [skapestra'tad-dʒine] *f* Zügellosigkeit *f*; Liederlichkeit *f*; **~ato** [-'tra:to] zügellos; liederlich.

scapezzare [skapet-'tsa:re] (1a) *Bäume* stutzen.

scapigli|are [skapi'ʎa:re] (1g) zerzausen; **~ato** [-'ʎa:to] **1.** *adj. fig.* zügellos; **2.** *m Lit.* Bohemien *m*; **~atura** [-ʎa'tu:ra] *f* Zügellosigkeit *f*, Liederlichkeit *f*; *Lit.* Bohème *f*.

scapitare [skapi'ta:re] (1l) zusetzen.

scapito [ska:pito] *m* Verlust *m*; *a ~* zum Schaden.

scapitozzare [skapitot-'tsa:re] (1c) *Bäume* kappen, stutzen.

scapola [ska:pola] *f* Schulterblatt *n*.

scapolare[1] [skapo'la:re] *m* Skapulier *n*.

scapol|are[2] [skapo'la:re] (1l) entrinnen, entkommen; *l'ha scapolata* *per miracolo* er ist mit knapper Not entkommen.

scapolo [ska:polo] **1.** *adj.* ledig; **2.** *m* Junggeselle *m.*

scapp|amento [skap-pa'mento] *m* ⊕ Auspuff *m*; *tubo* m di ~ Auspuffrohr *n*; **~are** [-'pa:re] (1a) entweichen; weglaufen; (a. ~ di bocca) entschlüpfen; *lasciarsi ~ l'occasione* sich die Gelegenheit entgehen lassen; ~ di mente dem Gedächtnis entfallen; *mi scappa la pazienza* mir reißt die Geduld; *mi è scappato un errore* mir ist ein Fehler unterlaufen; **~ata** [-'pa:ta] *f* Ausreißen *n*; Abstecher *m*; *fig.* Streich *m*; Seitensprung *m*; **~atella** [-pa'tel-la] *f* kleiner Streich *m*; Seitensprung *m*; **~atoia** [-pa'to:ia] *f* Ausflucht *f*; Vorwand *m.*

scappell|arsi [skap-pel-'larsi] (1b) den Hut abnehmen; **~ata** [-'la:ta] *f* Hutabnehmen *n*; *fare una grande ~* tief den Hut ziehen; **~otto** [-'lɔt-to] *m* Kopfnuß *f.*

scapricc|iare [skaprit-'tʃa:re] (1f): ~ *qu.* i-m die Launen austreiben; **~iarsi** [-'tʃarsi] sich austoben; s-n Launen freien Lauf lassen.

scarabeo [skara'bɛ:o] *m* Skarabäus *m.*

scarabocchi|are [skarabok-ki'a:re] (1k u. c) beklecksen; **~atura** [-a-'tu:ra] *f* Schmiererei *f.*

scarab|occhio [skara'bɔk-kio] *m* (*pl.* -*cchi*) Klecks (Tintenklecks) *m*; *fig.* Schmiererei *f*; **~occhione** [-bok-ki'o:ne] *m* Kleckser *m.*

scarafaggio [skara'fad-dʒo] *m* (*pl.* -*ggi*) Schabe *f.*

scaramanzia [skaraman'tsi:a] *f* Beschwörung *f*; *per ~* zur Abwendung des Unheils.

scaram|uccia [skara'mut-tʃa] *f* (*pl.* -*cce*) Scharmützel *n*; **~ucciare** [-mut-'tʃa:re] (1f) scharmützeln.

scaravent|are [skaraven'ta:re] (1b) schleudern; **~arsi** [-'tarsi] sich stürzen.

scarcer|are [skartʃe'ra:re] (1l) *aus dem Gefängnis* entlassen; **~azione** [-ratsi'o:ne] *f* Entlassung *f aus dem Gefängnis.*

scardass|are [skardas-'sa:re] (1a) kämmen; *fig. j-n* durchhecheln; **~atore** [-sa'to:re] *m* Wollkämmer *m.*

scardasso [skar'das-so] *m* Wollkamm *m.*

scardinare [skardi'na:re] (1l) aus den Angeln heben.

scarica [ska'rika] *f* (*pl.* -*che*) Entladung *f*; ⚔ Salve *f*; *fig.* Hagel *m.*

scaric|abarili [skarikaba'ri:li] *m inv. Spiel*: Huckepack *n*; *fare a ~* sich gegenseitig die Schuld zuschieben; **~amento** [-ka'mento] *n* Entladung *f*; **~are** [-'ka:re] (1l u. d) entladen; ausladen; *fig.* entlasten; ⚔ abfeuern; *Bomben* abwerfen; *Gewissen* erleichtern; *Uhr* ablaufen lassen; **~arsi** [-'karsi] sich befreien; ⚔ losgehen; *Uhr*: ablaufen; **~atoio** [-ka'to:io] *m* (*pl.* -*oi*) Ausladeplatz *m*; *Wasserb.* Abfluß *m*; **~atore** [-ka'to:re] *m* Auslader *m*; ⚡ Entlader *m*; ~ *del porto* Hafenarbeiter *m*; **~atura** [-ka'tu:ra] *f* Ausladen *n.*

scarico [ska:riko] (*pl.* -*chi*) **1.** *adj.* leer; frei; ⚔ ungeladen; *Uhr*: abgelaufen; *fig.* frei; unbelastet; **2.** *m* Ausladen *n*; *Auto*: Abgase *n/pl.*; ⚡ Entladung *f*; *fig. u.* ✝ Entlastung *f*; ~ *di macerie* Schuttabladeplatz *m*; *a mio ~* zu m-r Entlastung; *gas* m di ~ Abgase *n/pl.*; *tubo* m di ~ Auspuffrohr *n.*

scarific|are [skarifi'ka:re] (1m u. d) schröpfen; **~azione** [-katsi'o:ne] *f* Schröpfung *f.*

scarl|attina [skarlat-'ti:na] *f* Scharlach *m*; **~atto** [-'lat-to] **1.** *adj.* scharlachrot; **2.** *m* Scharlachrot *n*; Scharlach *m.*

scarmigli|are [skarmiʎʎa:re] (1g) zerzausen; **~ato** [-'ʎa:to] zerzaust.

scarn|ificare [skarnifi'ka:re] (1m u. d), **~ire** [-'ni:re] (4d) abfleischen.

scarno [skarno] *allg.* fleischlos; mager; hager.

scarpa [skarpa] *f* Schuh *m*; ⊕ Hemmschuh *m*; △ Böschung *f*; ~ *chiodata od. ferrata* Nagelschuh *m*; -*e da montagna* Bergschuhe *m/pl.*; ~ *da uomo* Herrenschuh *m*; *punta f della ~* Schuhspitze *f.*

scarpata [skar'pa:ta] *f* Böschung *f.*

scarpetta [skar'pet-ta] *f* Halbschuh *m*; ~ *da ballo* Ballschuh *m.*

scarpiera [skarpi'ɛ:ra] *f* Schuhschrank *m.*

scarpin|are [skarpi'na:re] (1a) dahinlatschen; **~ata** [-'na:ta] *f* langer Marsch *m.*

scarpone [skar'po:ne] *m* Bergschuh

scelta

m; Militärschuh *m*; *scherzh.* Alpenjäger *m*.

scarrozz|are [skar-rot-'tsa:re] (1c) spazierenfahren; **~ata** [-'tsa:ta] *f* Spazierfahrt *f*.

scarseggiare [skarsed-'dʒa:re] (1f) knapp sein (werden); spärlich vorhanden sein; verknappen; **~** *di qc.* wenig haben von et. (*dat.*).

scarsella [skar'sɛl-la] *f* Tasche (Geldtasche) *f*.

scars|ezza [skar'set-tsa] *f*, **~ità** [-si'ta] *f* Knappheit *f*; Verknappung *f*; **~** *di viveri* Mangel *m* an Lebensmitteln.

scarso [skarso] spärlich; knapp.

scarta|bellare [skartabel-'la:re] (1b) durchblättern; **~faccio** [-'fat-tʃo] *m* (*pl.* -cci) Notizbuch *n*; ✝ Kladde *f*.

scart|amento [skarta'mento] *m* 🚂 Spurweite *f*; **~** *normale* Normalspur *f*; *a* **~** *ridotto* schmalspurig; **~are** [-'ta:re] (1a) auspacken, auswickeln; verwerfen; *Kartensp.* abwerfen; ✖ für untauglich erklären, ausmustern.

scarto [skarto] *m* Wegwerfen *n*; Ausschuß *m*; *Typ.* Makulatur *f*; *fig.* Abfall *m*, Ramsch *m*; *merce f di* **~** Ausschußware *f*.

scart|occiare [skartot-'tʃa:re] (1f *u.* c) aus der Tüte nehmen; *Mais* entliesschen; **~occio** [-'tɔt-tʃo] *m* (*pl.* -cci) Tüte *f*; **~offia** [-'tɔf-fia] *f* Wisch *m*, Schrieb *m*; **-e** *pl.* Papierkram *m*.

scass|are [skas-'sa:re] (1a) auspacken; aufbrechen, knacken; kaputtmachen; 🌾 umpflügen; **~arsi** [-'sarsi] kaputtgehen; **~ato** [-'sa:to] entzwei; kaputt; **~inare** [-si'na:re] (1a) aufbrechen; **~inatore** [-sina-'to:re] *m* Einbrecher *m*.

scasso [skas-so] *m* Einbruch *m*; 🌾 Umbrechen *n*.

scatarrare [skatar-'ra:re] (1a) Schleim auswerfen.

scaten|amento [skatena'mento] *m* Entfesselung *f*; **~are** [-'na:re] (1a) losketten; *fig.* entfesseln; **~arsi** [-'narsi] *fig.* losbrechen; **~ato** [-'na:to] losgelassen; tobend.

scatola [ska:tola] *f* Schachtel *f*; Büchse *f*; Dose *f*; **~** *armonica* Spieldose *f*; **~** *dei compassi* Reißzeug *n*; *caratteri m|pl. di* **~** Riesenbuchstaben *m|pl.*; *carne f in* **~**

Büchsenfleisch *n*; *rompere le* **-e** *a qu.* j-m auf die Nerven fallen.

scato|lame [skato'la:me] *m* Konserven *f|pl.*; **~lificio** [-li'fi:tʃo] *m* (*pl.* -ci) Dosenfabrik *f*.

scatt|ante [skat-'tante] flink; rasant; **~are** [-'ta:re] (1a) (los-) schnellen; zuschnappen; *Personen*: auffahren; **~** *in piedi* aufspringen; **~** *sull'attenti* strammstehen; **~** *una fotografia* ein Foto aufnehmen; **~** *a dire* mit der Bemerkung herausplatzen; *far* **~** auslösen; ✖ abdrücken, abziehen.

scatto [skat-to] *m* Losschnellen *n*; Zuschnappen *n*; *fig.* Ausbruch *m*; Einfall *m*; *Sport*: Spurt *m*; *im Amt*: Aufsteigen *n*; ⊕, *Phot.* Auslöser *m*; **~** *automatico* Selbstauslöser *m*; *avere uno* **~**, *levarsi di* **~** auffahren, in die Höhe schnellen; *orologio m a* **~** Stoppuhr *f*; *coltello m a* **~** Klappmesser *n*; **~** *di stipendio* Gehaltserhöhung *f*.

scatur|igine [skatu'ri:dʒine] *f* *lit.* Quelle *f*; **~ire** [-'ri:re] (4d) (hervor-) quellen; *fig.* hervorgehen.

scavalca|re [skaval'ka:re] (1d) **1.** *v/i.* vom Pferd steigen; **2.** *v/t.* aus dem Sattel heben; *Mauer* erklettern; *Masche* abheben; *fig. j-n* aus dem Felde schlagen.

scav|are [ska'va:re] (1a) *abs.* graben, *et.* ausgraben; *Graben* ausheben, *fig.* erfinden; **~atore** [-va'to:re] *m* Gräber *m*, Erdarbeiter *m*; **~atrice** [-va'tri:tʃe] *f* Bagger *m*.

scavezz|acollo [skavet-tsa'kɔl-lo] *m* Draufgänger *m*; *a* **~** Hals über Kopf; **~are** [-'tsa:re] (1a) abhalftern; *Hals* brechen.

scavo [ska:vo] *m* Ausgrabung *f*; Baugrube *f*. [(aus)erwählen.]

scegliere [ʃeʎere] (3ss) wählen;⟩

sceicco [ʃe'ik-ko] *m* (*pl.* -cchi) Scheich *m*.

scelgo [ʃelgo] *s.* scegliere.

sceller|aggine [ʃel-le'rad-dʒine] *f*, **~ataggine** [-ra'tad-dʒine], **~atezza** [-ra'tet-tsa] *f* Ruchlosigkeit *f*; **~ato** [-'ra:to] **1.** *adj.* verbrecherisch; ruchlos; **2.** *m* Bösewicht *m*, ruchloser Mensch *m*.

scellino [ʃel-'li:no] *m* Schilling *m*.

scelsi [ʃelsi] *s.* scegliere.

scelta [ʃelta] *f* Wahl (Auswahl) *f*; Auslese *f*; *fare la* **~** die Wahl treffen; *a* **~** nach freier Wahl.

sceltezza [ʃel'tet-tsa] f lit. Auserlesenheit f; Gewähltheit f.

scelto [ʃelto] 1. s. scegliere; 2. adj. auserlesen; gewählt.

scem|are [ʃe'maːre] (1a) 1. v/t. verringern; Preise herabsetzen; fig. schmälern; 2. v/i. abnehmen; **~enza** [-'mentsa] f Dummheit f.

scemo [ʃeːmo] 1. adj. schwachsinnig; 2. m Schwachkopf m.

scempiaggine [ʃempi'ad-dʒine] f Dummheit f, Blödheit f.

scempio[1] [ʃempio] (pl. -pi) einfach.

scempio[2] [ʃempio] m Gemetzel n; fare ~ di qc. et. verstümmeln; fig. et. in den Schmutz ziehen.

scena [ʃεːna] f Szene f; Bühne f; sfondo m della ~ Bühnenhintergrund m; fig. colpo m di ~ Überraschung f; andare in ~ aufgeführt werden; mettere in ~ inszenieren; messa f in ~ Inszenierung f; fare ~ muta keinen Ton herausbringen.

scen|ario [ʃe'naːrio] m (pl. -ri) Dekoration (Bühnendekoration) f; Film: Drehbuch n; **~ata** [-'naːta] f Szene f, Auftritt m, Krach m; fare una ~ a qu. j-m e-e Szene machen.

scendere [ʃendere] (3c) 1. v/i. hinunter-, heruntergehen; niedergehen; herab-, hinabsteigen; 🚊 aussteigen; im Hotel: absteigen; Temperatur, Preise: sinken; fig. sich herablassen; ~ a terra landen; 2. v/t. herablassen; hinuntergehen.

scendiletto [ʃendi'lεt-to] m Bettvorleger m.

sceneggi|are [ʃened-'dʒaːre] (1f) für die Bühne bearbeiten; dramatisieren; **~atore** [-dʒa'toːre] m Bühnenbearbeiter m; Drehbuchautor m; **~atura** [-dʒa'tuːra] f Bühnenbearbeitung f; Drehbuch n.

scenico [ʃεːniko] (pl. -ci) szenisch, Bühnen...; apparato m ~ Bühnenausstattung f; palco m ~ Bühne f.

scen|ografia [ʃenogra'fiːa] f Bühnen-, Dekorationsmalerei f; **~o-grafo** [-'nɔːgrafo] m Bühnenbildner m; **~otecnica** [-no'teknika] f Bühnentechnik f.

sceriffo [ʃe'rif-fo] m Sheriff m.

scernere [ʃεrnere] (3a) lit. unterscheiden.

scervell|are [ʃervel-'laːre] (1b) den Kopf zerbrechen; **~arsi** [-'larsi] sich den Kopf zerbrechen, grübeln;

~ato [-'laːto] unbesonnen, unüberlegt.

scesa [ʃeːsa] f Abhang m; Abstieg m.

scetticismo [ʃet-ti'tʃizmo] m Skeptizismus m.

scettico [ʃet-tiko] (pl. -ci) 1. adj. skeptisch; 2. m Skeptiker m.

scettro [ʃet-tro] m Zepter n.

sceverare [ʃeve'raːre] (1l) lit. (ab-) sondern.

scevro [ʃeːvro] lit. frei (di von dat.); ~ di difetti fehlerfrei.

scheda [skεːda] f Zettel m; Karteikarte f; ~ elettorale Wahlzettel m.

sched|are [ske'daːre] (1b) auf Zettel schreiben; mit Etiketten versehen; **~ario** [-'daːrio] m (pl. -ri) Zettelkasten m, Kartothek f, Zettelkartei f; **~ato** [-'daːto] eingetragen; registriert; **~atura** [-da'tuːra] f Verzettelung f; **~ina** [-'diːna] f Zettelchen n; Karteikarte f; Totozettel m.

scheggia [sked-dʒa] f (pl. -gge) Splitter m; ~ di legno Holzsplitter m.

scheggi|are [sked-'dʒaːre] (1f) zersplittern; **~oso** [-'dʒoːso] splitt(e)rig.

scheletrito [skele'triːto] zum Skelett abgemagert.

scheletro [skεːletro] m Skelett n; fig. Gerippe n.

schema [skεːma] m (pl. -i) Schema n; Muster n; Grundriß m; ⚡ ~ dei collegamenti Verdrahtungsplan m; ~ di legge Gesetzentwurf m.

schem|atico [ske'maːtiko] (pl. -ci) schematisch; **~atismo** [-ma'tizmo] m Schematismus m; **~atizzare** [-matid'dzaːre] (1a) schematisieren.

scherano [ske'raːno] m lit. Mörder m.

scherma [skerma] f Fechtkunst f; maestro m di ~ Fechtmeister m; tirare di ~ fechten.

scherm|aglia [sker'maːʎa] f Gefecht n; fig. Wortstreit m; **~are** [-'maːre] (1a) abwehren; parieren; ⊕ abschirmen; **~ire** [-'miːre] (4d) 1. v/i. fechten; 2. v/t. abwehren; **~irsi** [-'mirsi] sich wehren; **~itore** [-mi'toːre] m Fechter m.

schermo [skermo] m Schirm m; Schutz m; Bildschirm m; Phot. Blende f; Filter m; Film: Leinwand f; ~ panoramico Breitwand f; diva f dello ~ Filmdiva f.

schermo|grafia [skermogra'fiːa] f

Röntgenaufnahme *f*; **~grafico** [-'gra:fiko] (*pl.* -ci) Röntgen...; *esame m* ~ Röntgenuntersuchung *f*.

schern|ire [sker'ni:re] (4d) verhöhnen; **~itore** [-ni'to:re] *m* Verhöhner *m*.

scherno [skerno] *m* Hohn *m*, Verhöhnung *f*.

scherz|are [sker'tsa:re] (1a) scherzen; **~evole** [-'tse:vole] scherzhaft.

scherzo [skertso] *m* Scherz *m*; Witz *m*; ♪ Scherzo *n*; ~ *di fortuna* Spiel *n* des Zufalls; *-i a parte!* Scherz beiseite!

scherzoso [sker'tso:so] spaßig.

schettin|are [sket-ti'na:re] (1b *u.* l) Rollschuh laufen; **~atore** [-na-'to:re] *m* Rollschuhläufer *m*.

schettino [sket-tino] *m* Rollschuh *m*.

schiacci|anoci [skiat-tʃa'no:tʃi] *m inv.* Nußknacker *m*; **~ante** [-'tʃante] erdrückend; **~apatate** [-tʃapa'ta:te] *m inv.* Kartoffelpresse *f*; **~are** [-'tʃa:re] (1f) zerquetschen; *Hut* eindrücken; *Nuß* (auf)knacken; *j-n* erdrücken; ~ *un sonnellino* ein Schläfchen halten; **~ata** [-'tʃa:ta] *f Kochk.* Kuchen *m*; **~ato** [-'tʃa:to] platt.

schiaff|are [skiaf-'fa:re] (1a) stekken; schmeißen; **~eggiare** [-fed-'dʒa:re] (1f) ohrfeigen.

schiaffo [ski'af-fo] *m* Ohrfeige *f*.

schiam|azzare [skiamat-'tsa:re] (1a) lärmen; *Henne:* gackern; *Gans, Ente:* schnattern; **~azzo** [-'mat-tso] *m* Lärm *m*; Gegacker *n*; Geschnatter *n*.

schiant|are [skian'ta:re] (1a) **1.** *v/t.* entwurzeln; zerschmettern; *Herz* brechen; **2.** *v/i. u.* **~arsi** [-'tarsi] zerschellen; *Herz:* brechen.

schianto [ski'anto] *m* Krach *m*, Knall *m*; *fig.* Qual *f*; *di* ~ plötzlich.

schiappa [ski'ap-pa] *f*, **schiappino** [skiap-'pi:no] *m* Pfuscher *m*, unfähiger Mensch *m*.

schiar|imento [skiari'mento] *m* Aufklärung *f*; Lichtung *f*; **~ire** [-'ri:re] (4d) heller machen; *Wald* lichten; *fig.* aufklären; **~irsi** [-'rirsi] hell(er) werden; **~ita** [-'ri:ta] *f* Aufklären *n*; *fig.* Lichtblick *m*.

schiatta [ski'at-ta] *f* Geschlecht *n*.

schiattare [skiat-'ta:re] (1a) platzen.

schiava [ski'a:va] *f* Sklavin *f*.

schiavitù [skiavi'tu] *f* Sklaverei *f*;

Knechtschaft *f*; *fig.* ~ *del lavoro* Tretmühle *f*.

schiav|ismo [skia'vizmo] *m* Sklavensystem *n*; **~ista** [-'vista] *m* (*pl.* -i) Verfechter *m* des Sklaventums.

schiavo [ski'a:vo] **1.** *adj.* sklavisch; **2.** *m* Sklave *m*.

schidione [skidi'o:ne] *m* Bratspieß *m*.

schiena [ski'ɛ:na] *f* Rücken *m*; *dolore m di* ~ Rückenschmerz *m*.

schienale [skie'na:le] *m* Rückenlehne *f*; *Kochk.* Rückenstück *n*; Rückenmark *n*.

schiera [ski'ɛ:ra] *f* Schar *f*.

schier|amento [skiera'mento] *m* Aufstellung *f*; Schlachtordnung *f*, Front *f*; *fig.* Lager *n*, Reihen *f/pl.*; **~are** [-'ra:re] (1b) aufstellen; **~arsi** [-'rarsi] sich scharen (*intorno um acc.*); ~ *in favore di qu.* für j-n eintreten.

schiettezza [skiet-'tet-tsa] *f* Reinheit *f*; Echtheit *f*; *fig.* Offenherzigkeit *f*.

schietto [ski'ɛt-to] rein; echt; *fig.* offenherzig; *a dirla -a* offen gestanden.

schif|are [ski'fa:re] (1a) Ekel haben vor (*dat.*); fliehen; **~ezza** [-'fet-tsa] *f* Widerwärtigkeit *f*; Ekel *m*; Schweinerei *f*; **~iltà** [-fil'ta] *f* Zimperlichkeit *f*; **~iltoso** [-fil'to:so] zimperlich; wählerisch.

schifo[1] [ski'fo] *m* Beiboot *n*.

schifo[2] [ski'fo] **1.** *adj.* widerlich; **2.** *m* Ekel *m*; *venire a* ~ zum Ekel werden; *fare* ~ *a qu.* j-n anwidern; *mi fa* ~ es ekelt mich.

schifoso [ski'fo:so] ekelhaft.

schi|niera [skini'ɛ:ra] *f*, **~niere** [-re] *m* Beinschiene *f*.

schioccare [skiok-'ka:re] (1c *u.* d) **1.** *v/t.* schnalzen mit; ~ *un bacio* e-n Schmatz geben; **2.** *v/i.* knallen, schnalzen.

schiocco [ski'ɔk-ko] *m* (*pl.* -cchi) Knall (*Peitschenknall*) *m*.

schiod|are [skio'da:re] (1c) aufnageln; **~atura** [-da-'tu:ra] *f* Aufnagelung *f*.

schioppettata [skiop-pet-'ta:ta] *f* Flintenschuß *m*.

schioppo [ski'ɔp-po] *m* Flinte *f*.

schisto [skisto] *m* Schiefer *m*.

schistoso [skis'to:so] blätterartig, schieferartig.

schiudere [ski'u:dere] (3b) öffnen.

schiuma [ski'u:ma] f Schaum m; fig. Abschaum m.

schium|are [skiu'ma:re] (1a) abschäumen; **~arola** [-ma'rɔ:la] f Schaumkelle f; **~ogeno** [-'mɔ:dʒeno] m Schaumlöscher m; **~oso** [-'mo:so] schaumig.

schivare [ski'va:re] (1a) (ver-) meiden.

schivo [ski'vo] lit. abgeneigt (di dat.); abs. scheu.

schizofrenia [skidzofre'ni:a] f Schizophrenie f.

schizz|are [skit-'tsa:re] (1a) 1. v/t. bespritzen; Mal. skizzieren; fig. Feuer sprühen; 2. v/i. spritzen; fig. springen; **~atoio** [-tsa'to:io] m (pl. -oi) Spritze f; **~etto** [-'tset-to] m kleine Spritze f.

schizzinoso [skit-tsi'no:so] zimperlich; wählerisch.

schizzo [skit-tso] m Spritzen n; Spritzfleck m; Spritzer (Weinspritzer) m; Mal., □ Skizze f; Studie f; Handzeichnung f.

sci [ʃi] m inv. Schi m; **~** acquatico Wassersport m; campo m da **~** Schigelände n; corsa f con gli **~** Schilaufen n; maestro m di **~** Schilehrer m; **~** pl. Bretter (Schibretter) n/pl.

scia [ʃi:a] f Kielwasser n.

scià [ʃa] m inv. Schah m.

sciabica [ʃa'bika] f Schleppnetz n.

sciabola [ʃa'bola] f Säbel m.

sciabol|are [ʃabo'la:re] (1l) (nieder)säbeln; **~ata** [-'la:ta] f Säbelhieb m.

sciabordare [ʃabor'da:re] (1a) über den Rand spritzen.

sciacallo [ʃa'kal-lo] m Schakal m; fig. Aasgeier; Plünderer m.

sciacqu|are [ʃak-ku'a:re] (1a) spülen; **~atura** [-kua'tu:ra] f Ausspülung f; Spülwasser n.

sciacquo [ʃak-kuo] m Ausspülung (Mundausspülung) f.

sciag|ura [ʃa'gu:ra] f Unglück n; **~uratamente** [-gurata'mente] unglücklicherweise; **~urato** [-gu'ra:to] unglücklich; unglückselig.

scialacqu|amento [ʃalak-kua'mento] m Verschwendung f; **~are** [-ku'a:re] (1a) verschwenden; **~atore** [-kua'to:re] m Verschwender m.

scialacquio [ʃalak-ku'i:o] m (pl. -ii) andauernde Vergeudung f.

scial|acquo [ʃa'lak-kuo] m Verschwendung f; **~acquone** [-lakku'o:ne] m Verschwender m.

scial|are [ʃa'la:re] (1a) 1. v/t. verprassen; 2. v/i. u. **~arsela** [-'larsela] in Saus und Braus leben.

scialbo [ʃalbo] blaß.

scialle [ʃal-le] m Schal m.

scialo [ʃa:lo] m Verschwendung f; Aufwand m.

scialuppa [ʃa'lup-pa] f Schaluppe f.

sciamann|ato [ʃaman-'na:to] schlampig; **~one** [-'no:ne] m schlampiger Mensch m.

sciamare [ʃa'ma:re] (1a) ausschwärmen.

sciame [ʃa:me] m Schwarm m.

sciampagna [ʃam'pa:ɲa] m Champagner m.

sciancato [ʃaŋ'ka:to] 1. adj. hüftlahm; 2. m Lahme(r) m.

sciarada [ʃa'ra:da] f Scharade f.

sciare [ʃi'a:re] (1h) Schi laufen; Schi fahren.

sciarpa [ʃarpa] f Schärpe f.

sciatic|a [ʃa'tika] f Ischias m, Hüftweh n; **~o** [-ko] Hüft...

sciat|ore [ʃia'to:re] m Schifahrer m; rifugio m per -i Schihütte f; **~orio** [-'tɔ:rio] (pl. -ri) Schi...; campo m **~** Schifeld n; corso m **~** Schikursus m, Schilehrgang m; **~rice** [-'tri:tʃe] f Schifahrerin f.

sciatteria [ʃat-te'ri:a] f Schlampigkeit f; Nachlässigkeit f.

sciatto [ʃat-to] schlampig; nachlässig. **~bare(s) n.**

scibile [ʃi:bile] m Wissen n; Wiß-

scicch|e [ʃik-ke] schick, fesch; **~eria** [-ke'ri:a] f Eleganz f; schicke Sache f.

sci|ente [ʃi'ente] kundig; wissend; **~entemente** [ʃiente'mente] wissentlich.

scientifico [ʃen'ti:fiko] (pl. -ci) wissenschaftlich.

scienza [ʃentsa] f Wissenschaft f; Kenntnis f; -e economiche Wirtschaftswissenschaften f/pl.; -e naturali Naturwissenschaften f/pl.; -e politiche Staatswissenschaften f/pl.; un'arca di **~** ein Ausbund von Gelehrsamkeit; uomo m di **~** Wissenschaftler m.

scienziato [ʃentsi'a:to] m Gelehrte(r) m; Wissenschaftler m.

sciistico [ʃi'istiko] (pl. -ci) Schi...; sport m **~** Schisport m.

scilinguagnolo [ʃiliŋgua'aːɲolo] *m* Zungenband *n*; *avere lo ~ sciolto* e-e lose Zunge haben.

scimitarra [ʃimi'tar-ra] *f* krummer Säbel *m*.

scimmia [ʃim-mia] *f* Affe *m*.

scimm|iesco [ʃim-mi'esko] (*pl. -chi*) affenartig; **~iottare** [-miot-'taːre] (1c) nachäffen; **~iotto** [-mi'ɔt-to] *m* Äffchen *n*.

scimpanzè [ʃimpan'tsɛ] *m* Schimpanse *m*.

scimun|itaggine [ʃimuni'tad-dʒine] *f* Albernheit *f*; **~ito** [-'niːto] **1.** *adj.* dämlich; **2.** *m* Dummkopf *m*.

scindere [ʃindere] (3v) *lit.* spalten; *~ da* trennen von (*dat.*).

scin|tilla [ʃin'til-la] *f* Funke *m*; **~tillante** [-til-'lante] funkelnd; glänzend; **~tillare** [-til-'laːre] (1a) funkeln; *Motor:* funken; *Gold:* glitzern; **~tillio** [-til-'liːo] *m* Glitzern *n*.

sciocchezza [ʃok-'ket-tsa] *f* Dummheit *f*.

sciocco [ʃɔk-ko] (*pl. -cchi*) **1.** *adj.* dumm; **2.** *m* Dummkopf *m*.

sciogli|ere [ʃɔ:ʎere] (3ss) auflösen; *Butter* zerlassen; *Muskeln* lockern; *Schnee* schmelzen; *Problem* lösen; *Schuhe* aufschnüren; *Sitzung* aufheben; *Gelübde* einlösen; *~ qu. da qc.* j-n von et. (*dat.*) entbinden; **~ersi** [-si] sich lösen, aufgehen; *Menschenmenge:* auseinandergehen; *Schnee:* schmelzen; *~ da qc.* sich von et. (*dat.*) losmachen; *~ in lagrime* in Tränen zerfließen.

scioglilingua [ʃɔʎi'lingua] *m* Zungenbrecher *m*; schwer auszusprechendes Wort *n*.

scioglimento [ʃɔʎi'mento] *m* Auflösung *f*; Lösung *f*; Aufhebung *f*; Einlösung *f*; Schmelze *f*.

sciolina [ʃio'liːna] *f* Schiwachs *n*.

sciolsi [ʃɔlsi] *s.* sciogliere.

scioltezza [ʃol'tet-tsa] *f* Gewandtheit *f*; Fertigkeit *f*.

sciolto [ʃɔlto] **1.** *s.* sciogliere; **2.** *adj.* lose; *fig.* ungezwungen; *verso m ~* reimloser Vers *m*.

scioper|aggine [ʃope'rad-dʒine] *f* Müßiggang *m*; **~ante** [-'rante] *m* Streikende(r) *m*; **~are** [-'raːre] (1l *u. c*) streiken; **~ataggine** [-ra'tad-dʒine], **~atezza** [-ra'tet-tsa] *f* Müßiggang *m*; Faulenzerei *f*; **~ato**

[-'raːto] **1.** *adj.* müßig; **2.** *m* Faulpelz *m*.

sciopero [ʃɔːpero] *m* Streik *m*; Arbeitseinstellung *f*; *fare ~* streiken; *~ bianco* Sitzstreik *m*; *~ generale* Generalstreik *m*; *~ della fame* Hungerstreik *m*; *~ a singhiozzo* Stotterstreik *m*; *~ di solidarietà* Sympathiestreik *m*.

sciorinare [ʃori'naːre] (1a) *Wäsche* aufhängen; *fig.* zum besten geben, auskramen.

sciovia [ʃio'viːa] *f* Schilift *m*.

sciovin|ismo [ʃovi'nizmo] *m* Chauvinismus *m*; **~ista** [-'nista] *su.* (*m/pl. -i*) Chauvinist(in *f*) *m*.

scip|itaggine [ʃipi'tad-dʒine] *f* Fadheit *f*; *fig.* Albernheit *f*; **~ito** [-'piːto] fade.

scippatore [ʃip-pa'toːre] *m* Handtaschendieb *m*.

scippo [ʃip-po] *m* Handtaschendiebstahl *m*.

scir|occale [ʃirok-'kaːle] Schirokko...; **~occo** [-'rɔk-ko] *m* Schirokko *m*, Südostwind *m*.

scir|oppare [ʃirop-'paːre] (1c) mit Zucker einmachen; *fig. u.* **~opparsi** [-rop-'parsi] F wohl oder übel hinnehmen, über sich ergehen lassen; **~oppo** [-'rɔp-po] *m* Sirup *m*; (*Obst-*)Saft *m*, Fruchtsaft *m*.

scisma [ʃizma] *m* (*pl. -i*) Schisma *n*.

scismatico [ʃiz'maːtiko] (*pl. -ci*) **1.** *adj.* schismatisch; **2.** *m* Schismatiker *m*.

sciss|ione [ʃis-si'oːne] *f* Spaltung *f*; *fig.* Zwiespalt *m*; *~ nucleare* Kernspaltung *f*; **~ionismo** [-sio'nizmo] *m* Spaltungstendenz *f*; **~ionista** [-sio'nista] *su.* (*m/pl. -i*) Spaltungsverfechter(in *f*) *m*; **~ura** [-'suːra] *f* Spaltung *f*; Riß *m*; *fig.* Trennung *f*.

sciup|are [ʃu'paːre] (1a) verderben; beschädigen; *Geld, Zeit* vergeuden, verbringen; *Kleider* abnutzen; *Gesundheit* ruinieren, zugrunde richten; **~ato** [-'paːto] schadhaft; *Person:* verbraucht; abgemagert; **~atore** [-pa'toːre] *m* Verderber *m*; Vergeuder *m*; **~io** [-'piːo] *m* Verschwendung *f*.

sciupo [ʃuːpo] *m* Verschwendung *f*.

sciupone [ʃu'poːne] *m* Verschwender *m*.

scivol|amento [ʃivola'mento] *m* Gleiten *n*; *angolo m di ~* Gleitwinkel *m*; **~are** [-'laːre] (1l) gleiten;

rutschen; *fig.* ~ *sopra qc.* über et. (*acc.*) hinweggehen; ~ata [-'la:ta] *f* Ausgleiten *n*; Rutscher *m*, Ausrutscher *m*.

scivolo [ʃi:volo] *m* Rutschbahn *f*; ⚡ Startbahn *f*.

scivoloso [ʃivo'lo:so] glatt; schlüpfrig.

sclerosi [skle'rɔ:zi] *f* Sklerose *f*, Verkalkung *f*.

scoccare [skok-'ka:re] (1c) **1.** *v/t.* abschießen; *Küsse* geben; **2.** *v/i.* losschnellen; *Stunden*: schlagen; *Funke*: überspringen; *Pfeil*: abfliegen; *sono scoccate le tre* es hat drei Uhr geschlagen.

scocci|are [skot-'tʃa:re] (1f) belästigen; ~atore [-tʃa'to:re] *m* F Quälgeist *m*; ~atura [-tʃa'tu:ra] *f* F Unannehmlichkeit *f*; Schererei *f*.

scocco [skɔk-ko] *m* Schlagen *n*.

scodare [sko'da:re] (1a) den Schwanz stutzen (*dat.*).

scodella [sko'dɛl-la] *f* Suppenteller *m*, tiefer Teller *m*; Napf *m*; Schüssel *f*.

scodell|are [skodel-'la:re] (1b) *die Suppe* in Teller füllen; auftragen; *fig.* auftischen; ~ata [-'la:ta] *f* Tellervoll *m*.

scodinzolare [skodintso'la:re] (1m) schwänzeln; schweifwedeln.

scogliera [sko'ʎe:ra] *f* Riff (Felsenriff) *n*.

scoglio [skɔ:ʎo] *m* (*pl.* -gli) Klippe *f* (*a. fig.*); Fels *m*.

scoglioso [sko'ʎo:so] klippig, klippenreich.

scoiare [skoi'a:re] (1o *u.* i) abledern.

scoiattolo [skoi'at-tolo] *m* Eichhörnchen *n*.

scola|pasta [skola'pasta] *m inv.* Nudelsieb *n*; ~piatti [-pi'at-ti] *m inv.* Abtropfgestell *n* (*für Küchengeschirr*).

scolara [sko'la:ra] *f* Schülerin *f*.

scolare [sko'la:re] (1a) **1.** *v/t.* abtropfen lassen; abfließen lassen; **2.** *v/i.* ablaufen.

scol|aresca [skola'reska] *f* (*pl.* -che) Schülerschaft *f*; ~aresco [-la'resko] (*pl.* -chi) schülerhaft; ~aretto [-la'ret-to] *m* Schuljunge *m*; ~aro [-'la:ro] *m* Schüler *m*; ~astica [-'lastika] *f* Scholastik *f*; ~astico [-'lastiko] (*pl.* -ci) **1.** *adj.* Schul...; *c.s.* schulmäßig; *Phil.* scholastisch; *tassa f -a* Schulgeld *n*;

vacanze f/pl. -e Schulferien *pl.*; *ordinamento m* ~ Schulordnung *f*; *riforma f* -a Schulreform *f*; **2.** *m* Scholastiker *m*.

scol|atoio [skola'to:io] *m* (*pl.* -oi) Sieb *n*; Ausguß *m*; ~atura [-la-'tu:ra] *f* Abfluß *m*; Abflußwasser *n*.

scoliosi [skoli'ɔ:zi] *f* Skoliose *f*.

scoll|acciarsi [skol-lat-'tʃarsi] (1f) den Hals entblößen; ~acciato [-lat-'tʃa:to] ausgeschnitten; *fig.* frei, anstößig.

scoll|are [skol-'la:re] (1c) losleimen; *Kleid* ausschneiden; ~arsi [-'larsi] auseinandergehen; ~ato [-'la:to] dekolletiert, ausgeschnitten; ~atura [-la'tu:ra] *f* Ausschnitt *m*; Auseinandergehen *n*.

scollo [skɔl-lo] *m* Ausschnitt (Halsausschnitt) *m*.

scolo [sko:lo] *m* Abfluß *m*; *Path.* Ausfluß *m*, Tripper *m*; *rubinetto m di* ~ Ablaßhahn *m*; *tubo m di* ~ Abflußrohr *n*.

scolopendra [skolo'pɛndra] *f* Tausendfuß *m*.

scolor|are [skolo'ra:re] (1a), ~ire [-'ri:re] (4d) **1.** *v/t.* entfärben; **2.** *v/i. u.* ~irsi [-'rirsi] die Farbe verlieren; sich entfärben; erblassen; ~ito [-'ri:to] verblichen, verblaßt; bleich, blaß.

scolpare [skol'pa:re] (1a) rechtfertigen.

scolpire [skol'pi:re] (4d) aushauen; einmeißeln; *Inschrift* eingraben; *Holz* schneiden; *Kupfer* stechen; ~ *nella mente* dem Gedächtnis einprägen.

scolta [skolta] *f lit.* Wache *f*.

scombin|are [skombi'na:re] (1a) trennen; durcheinanderbringen; *Plan* vereiteln; *Verlobung* rückgängig machen; ~arsi [-'narsi] sich zerschlagen; ~ato [-'na:to] vereitelt; *fig.* wirr, verworren.

scombro [skombro] *m* Makrele *f*.

scombussol|amento [skombus-sola'mento] *m* Verwirrung *f*; ~are [-'la:re] (1m) verwirren; ~io [-'li:o] *m* (*pl.* -ii) Durcheinander *n*.

scomm|essa [skom-'mes-sa] *f* Wette *f*; ~esso [-'mes-so] s. *scommettere*.

scomm|ettere [skom-'met-tere] (3ee) wetten; ~ettitore [-met-ti'to:re] *m* Wetter *m*; ~isi [-'mi:zi] *s. scommettere.*

scomod|are [skomo'da:re] (1l *u.* c)

sconoscente

stören; **~arsi** [-'darsi] sich bemühen.

scomodità [skomodi'ta] f Unbequemlichkeit f.

scomodo [skɔ:modo] 1. *adj.* unbequem; 2. *m* Störung f.

scompagin|amento [skompadʒina-'mento] *m* Verwirrung f; Typ. Auseinandernehmen *n* des Satzes; **~are** [-'na:re] (1m) in Unordnung bringen; Typ. den Satz auseinandernehmen.

scomp|agnare [skompa'ɲa:re] (1a) trennen; ungleich machen; **~agnato** [-pa'ɲa:to] ungleich; ohne Gegenstück.

scomp|arire [skompa'ri:re] (4e) verschwinden; *fig.* sich schlecht ausnehmen; **~arsa** [-'parsa] f Verschwinden *n*; Hinscheiden *n*; **~arso** [-'parso] s. scomparire.

scompart|imento [skomparti'mento] *m* Abteilung f; Verschlag m; 🚂 Abteil *n*; ~ per fumatori Raucherabteil *n*; ~ stagno wasserdichte Abteilung f; **~ire** [-'ti:re] (4d) einteilen.

scomparto [skom'parto] *m* Fach *n*.

scomparvi [skom'parvi] s. scomparire.

scompenso [skom'pɛnso] *m* Dekompensation f; ~ cardiaco Herzdekompensation f.

scompiac|ente [skompia'tʃɛnte] ungefällig; **~enza** [-'tʃɛntsa] f Ungefälligkeit f.

scomp|igliamento [skompiʎʎa-'mento] *m* Verwirrung f; **~igliare** [-pi'ʎa:re] (1g) verwirren; Feind zerstreuen, zersprengen; **~iglio** [-'pi:ʎo] *m* (*pl.* -gli) Verwirrung f; *fig.* Unruhe f. [porre.]

scompone [skom'po:ne] s. scom-

scompon|ibile [skompo'ni:bile] zerlegbar; **~ibilità** [-nibili'ta] f Zerlegbarkeit f.

scomp|orre [skom'por:re] (3ll) auseinandernehmen; zerlegen; Typ. den Satz auseinandernehmen; *fig.* zerlegen; in Unordnung bringen; **~orsi** [-'porsi] sich rühren; *non* ~ keine Miene verziehen; **~osi** [-'po:si] s. scomporre; **~osizione** [-pozitsi'o:ne] f Zerlegung f; Typ. Ablegesatz m; **~ostezza** [-pos'tet:tsa] f Unordentlichkeit f; Lässigkeit f; **~osto** [-'posto] 1. s. scomporre; 2. *adj.* unordentlich; lässig.

scom|unica [sko'mu:nika] f (*pl.* -che) Kirchenbann m; **~unicare** [-muni'ka:re] (1m *u.* d) exkommunizieren; **~unicato** [-muni'ka:to] 1. *adj.* exkommuniziert; *fig.* frevelhaft; 2. *m* Exkommunizierte(r) m.

sconcert|ante [skontʃer'tante] verwirrend, bestürzend; **~are** [-'ta:re] (1b) verwirren, stören; *fig.* aus der Fassung bringen; **~arsi** [-'tarsi] aus der Fassung kommen; **~ato** [-'ta:to] verwirrt, fassungslos.

sconcerto [skon'tʃɛrto] *m* Durcheinander *n*, Unordnung f; *fig.* Verwirrung f, Unruhe f.

scon|cezza [skon'tʃet:tsa] f Schamlosigkeit f; **~ciare** [-'tʃa:re] (1f) entstellen; übel zurichten.

sconcio [skontʃo] (*pl.* -ci) 1. *adj.* schmutzig; schändlich; 2. *m* Ungehörigkeit f; Mißstand m.

sconclusionato [skoŋkluzio'na:to] zerfahren; unentschlossen.

sconfess|are [skonfes-'sa:re] (1b) verleugnen; **~ione** [-si'o:ne] f Verleugnung f.

sconficcare [skonfik-'ka:re] (1d) herausziehen, -nehmen; entnageln.

sconfiggere [skon'fid-dʒere] (3cc) schlagen, besiegen.

sconfin|amento [skonfina'mento] *m* Grenzübertritt m; Grenzverletzung f; **~are** [-'na:re] (1a) die Grenzen überschreiten; **~ato** [-'na:to] grenzenlos.

sconf|issi [skon'fis-si], **~itto** [-'fit-to] s. sconfiggere; **~itta** [-'fit-ta] f Niederlage f.

sconf|ortante [skonfor'tante] trostlos; **~ortare** [-for'ta:re] (1c) entmutigen; **~ortato** [-for'ta:to] verzagt; **~orto** [-'fɔrto] *m* Trostlosigkeit f; Kummer m.

scon|giurare [skondʒu'ra:re] (1a) beschwören; Gefahr abwenden; Geister bannen; **~giuratore** [-dʒura'to:re] *m* Geisterbanner m; **~giuro** [-'dʒu:ro] *m* Beschwörung f; Geisterbannung f; heiße Bitte f.

sconn|essione [skon-nes-si'o:ne] f Mangel *m* an Zusammenhang; **~esso** [-'nes-so] 1. s. sconnettere; 2. *adj.* zusammenhanglos; **~ettere** [-'net:tere] (3v) auseinandernehmen, zerlegen; *fig.* wirre Reden führen.

scon|oscente [skonoʃ-'ʃɛnte] un-

S

dankbar; **~oscenza** [-noʃ-'ʃentsa] f
Undankbarkeit f; **~oscere** [-'noʃ-
ʃere] (3n) verkennen; **~osciuto**
[-noʃ-'ʃu:to] unbekannt.

sconqu|assare [sɔŋkuas-'sa:re]
(1a) zerschmettern; zertrümmern;
~assato [-kuas-'sa:to] zertrüm-
mert; *fig.* zerschlagen; **~asso**
[-ku'as-so] m Zerschmetterung f;
Zertrümmerung f.

sconsacrare [sɔnsa'kra:re] (1a)
entweihen.

sconsider|atezza [sɔnsidera'tet-
tsa] f Unbesonnenheit f; **~ato**
[-'ra:to] unbesonnen.

sconsigli|are [sɔnsi'ʎa:re] (1g) ab-
raten; **~atezza** [-ʎa'tet-tsa] f Unbesonnenheit f; **~ato** [-'ʎa:to] unbesonnen.

sconsiglio [sɔn'si:ʎo] m (*pl.* -gli)
Abraten n; Warnung f.

sconsol|ante [sɔnso'lante] be-
trüblich, traurig; **~ato** [-'la:to]
trostlos.

scont|abile [sɔn'ta:bile] diskon-
tierbar; **~are** [-'ta:re] (1a) abziehen, abrechnen; diskontieren;
Strafe abbüßen.

scont|entare [sɔntεn'ta:re] (1b)
unzufrieden machen; **~entezza**
[-tεn'tet-tsa] f Unzufriedenheit f;
~ento [-'tεnto] **1.** *adj.* unzufrieden
(*di* mit *dat.*); **2.** m Unzufriedenheit
f.

scontista [sɔn'tista] *su.* (*m/pl.* -i)
Diskontierer(in f) m.

sconto [sɔnto] m Abzug m, Preisnachlaß m; Diskont m; Diskontie-
rung f; *aumentare* (*ridurre*) *il tasso
di* ~ den Diskontsatz heraufsetzen
(herabsetzen); *praticare uno* ~ e-n
Nachlaß gewähren.

scontr|are [sɔn'tra:re] (1a) †
skontrieren; **~arsi** [-'trarsi] auf-
einanderstoßen, zusammenprallen;
Personen: sich begegnen; *fig.* nicht
übereinstimmen.

scontrino [sɔn'tri:no] m Schein m;
Kontrollabschnitt m; ~ (*per la
guardaroba*) Garderobenmarke f;
~ *del lotto* Loszettel m.

scontro [sɔntro] m Zusammenstoß
m; ✗ Treffen n.

scontr|osaggine [sɔntro'sad-dʒi-
ne], **~osità** [-trosi'ta] f Störrigkeit
f, Widerspenstigkeit f; **~oso**
[-'tro:so] störrisch, widerspenstig.

sconven|evole [sɔnve'ne:vole] un-

passend; ungebührlich; **~evolezza**
[-nevo'let-tsa] f Ungebührlichkeit
f; **~iente** [-ni'ente] ungebührlich;
~ienza [-ni'entsa] f Ungebührlichkeit f; **~ire** [-'ni:re] (4p) sich nicht
schicken.

sconvolgente [sɔnvol'dʒεnte] erschütternd.

sconv|olgere [sɔn'vɔldʒere] (3d)
erschüttern; durcheinanderbringen; *Pläne* umstoßen; ~ *lo stomaco*
den Magen umdrehen; **~olgi-
mento** [-vɔldʒi'mento] m Erschütterung f; Umwälzung f; ~ *di stomaco* Übelkeit f; **~olsi** [-'vɔlsi] *s.*
sconvolgere; **~olto** [-'vɔlto] **1.** *s.*
sconvolgere; **2.** *adj.* erschüttert,
verstört.

scopa [sko:pa] f Besen (Kehrbesen)
m; ♀ Besenkraut n; ♠ *Art Kartenspiel.*

scop|are [sko'pa:re] (1a) kehren;
~ata [-'pa:ta] f Schlag m mit dem
Besen; *dare una* ~ *a* kehren.

scop|erchiare [skoperki'a:re] (1k)
abdecken; ~ *la pentola* den Deckel
vom Topf abheben; **~erta** [-'perta]
f Entdeckung f; *di recente* ~ neu-
entdeckt; **~erto** [-'perto] **1.** *s.*
scoprire; **2.** *adj.* ungedeckt; unbedeckt; nicht zugedeckt; entblößt;
3. m Freie(s) n; † Überziehung f.

scopetta [sko'pet-ta] f Bürste f.

scopettoni [skopet-'to:ni] m/pl.
Backenbart m.

scopiazzare [skopiat-'tsa:re] (1a)
schlecht abschreiben, abschreiben.

scopino [sko'pi:no] m Straßenkehrer
m.

scopo [skɔ:po] m Zweck m; Ziel n;
a ~ *di studio* studienhalber; *allo* ~ *di*
(*inf.*) um zu (*inf.*); *senza* ~ zwecklos.

scopone [sko'po:ne] m *Art Kartenspiel.*

scoppiare [skop-pi'a:re] (1k *u.* c)
explodieren; platzen; *Feuer, Revolution:* ausbrechen; *Knospen:* aufbrechen.

scoppi|ettare [skop-piet-'ta:re] (1a)
knattern; **~ettio** [-piet-'ti:o] m Geknatter n.

scoppio [skɔp-pio] m (*pl.* -ppi)
Explosion f; Platzen n; Knall m;
Ausbruch m; *dare in uno* ~ *di risa*
in lautes Lachen ausbrechen; ~
d'applausi Beifallssturm m; *motore
m a* ~ Explosionsmotor m.

scoppola [skɔp-pola] f Kopfnuß f.

scopr|imento [skopri'mento] *m*
Enthüllung *f*; **~ire** [-'pri:re] (4f)
entdecken; *Denkmal* enthüllen;
Dach abdecken; *Körperteile* entblößen; *fig. et.* bloßlegen; *j-n* bloß-
stellen; **~itore** [-pri'to:re] *m* Ent-
decker *m*.

scoragg|iamento [skorad-dʒa'men-
to] *m* Entmutigung *f*; Mutlosigkeit
f; Verzagtheit *f*; **~iante** [-'dʒante]
entmutigend; **~iare** [-'dʒa:re] (1f)
entmutigen; **~iarsi** [-'dʒarsi] den
Mut verlieren; verzagen; **~iato**
[-'dʒa:to] mutlos.

scoramento [skora'mento] *m* Niedergeschlagenheit *f*.

scorb|utico [skor'bu:tiko] (*pl.* -ci)
skorbutisch; *fig.* mürrisch, gries-
grämig; **~uto** [-'bu:to] *m* Skorbut *m*.

scorci|are [skor'tʃa:re] (1f) (ver-)
kürzen; **~arsi** [-'tʃarsi] kürzer werden; **~atoia** [-tʃa'to:ia] *f* Richtweg
m.

scorcio [skortʃo] *m Mal.* Verkürzung *f*; *allg.* kurzes Stück *n*; *di* ~
in Verkürzung; ~ *di tempo* Zeit-
spanne *f*.

scordare[1] [skor'da:re] (1c) ♪ **1.** *v/t.*
verstimmen; **2.** *v/i.* nicht stimmen.

scord|are[2] [skor'da:re] (1c): ~ *qc.*
u. **~arsi** [-'darsi] *di qc. et.* vergessen; **~ato** [-'da:to] verstimmt.

scor|eggia [sko'red-dʒa] *f* (*pl.* -gge)
P Furz *m*; **~eggiare** [-red-'dʒa:re]
(1f) P furzen.

scorgere [skordʒere] (3d) erblicken,
bemerken; sehen; *non farsi* ~ sich
nicht blicken lassen.

scoria [skɔ:ria] *f* Schlacke *f*.

scorn|are [skor'na:re] (1c) die Hör-
ner abbrechen (*dat.*); *fig.* be-
schämen; **~ato** [-'na:to] beschämt.

scorno [skɔrno] *m* Schande *f*.

scorpacciata [skorpat-'tʃa:ta] *f*
übermäßige Esserei *f*, P Fresserei *f*.

scorpione [skorpi'o:ne] *m* Skorpion
m.

scorrazzare [skor-rat-'tsa:re] (1a)
umherschweifen, herumschwär-
men.

scorrere [skor-rere] (3o) **1.** *v/i.*
gleiten; fließen; ablaufen; *Zeit:*
verfließen; ~ *indietro* zurückfließen;
~ *via* fortfließen; entströmen; **2.**
v/t. durchstreifen; *Schrift* flüchtig
durchlesen.

scorreria [skor-re'ri:a] *f* Streifzug
m.

scorr|ettezza [skor-ret-'tet-tsa] *f*
Unkorrektheit *f*; Fehlerhaftigkeit *f*;
~etto [-'rɛt-to] unkorrekt; fehlerhaft.

scorr|evole [skor-'re:vole] gleitend;
fließend; *Stil:* flüssig; **~evolezza**
[-revo'let-tsa] *f* Leichtflüssigkeit *f*.

scorribanda [skor-ri'banda] *f*
Streifzug *m*; *fig.* Exkurs *m*.

scorrimento [skor-ri'mento] *m*
Fließen *n*, Strömen *n*; Gleiten *n*.

scorsa [skorsa] *f* Durchsicht *f*; *dare
una* ~ *a qc. et.* flüchtig durchsehen.

scorsi[1] [skorsi] *s. scorgere.*

scorsi[2] [skorsi] *s. scorrere.*

scorso [skorso] **1.** *s. scorrere*; **2.** *adj.*
vergangen; vorig.

scorsoio [skor'so:io] (*pl.* -oi): *nodo*
m ~ Schlinge *f*.

scorta [skorta] *f* Geleit *n*; Führer *m*;
Begleiter *m*; ✗ Bedeckung *f*; Vorrat *m*; *di* ~ Reserve..., Ersatz...;
ruota f di ~ Ersatzrad *n*.

scortare [skor'ta:re] (1c) geleiten;
eskortieren.

scortecci|are [skortet-'tʃa:re] (1f)
abrinden; *Mauer* abkratzen; **~arsi**
[-'tʃarsi] sich schälen; abbröckeln.

scort|ese [skor'te:ze] unhöflich;
~esia [-te'zi:a] *f* Unhöflichkeit *f*.

scortic|amento [skortika'mento] *m*
Schinderei *f*; Abschürfung *f*; **~are**
[-'ka:re] (1l, c *u.* d) schinden; *Haut*
abschürfen; aufreiben; **~atore**
[-ka'to:re] *m* Schinder *m*; **~atura**
[-ka'tu:ra] *f* Hautschürfung *f*.

scortichino [skorti'ki:no] *m* Schind-
messer *f*; *fig.* Halsabschneider *m*.

scorto [skɔrto] *s. scorgere.*

scorza [skɔrdza] *f* Rinde *f*; Schale
(Obstschale) *f*; *avere la* ~ *dura* ein
dickes Fell haben.

scorzonera [skordzo'ne:ra] *f*
Schwarzwurzel *f*.

scoscendimento [skoʃ-ʃendi'men-
to] *m* Einsturz *m*; Bergrutsch *m*.

scosceso [skoʃ-'ʃe:so] abschüssig.

scossa [skɔs-sa] *f* Stoß *m*; Erschütterung *f*; ~ *di terremoto* Erdstoß *m*;
~ *elettrica* elektrischer Schlag *m*.

scoss|i [skɔs-si], **~o** [-so] *s. scuotere.*

scossone [skos-'so:ne] *m* heftiger
Stoß *m*; heftiger Regenguß *m*.

scost|ante [skos'tante] abstoßend;
ungesellig; **~are** [-'ta:re] (1c) abrücken; entfernen; **~arsi** [-'tarsi]
sich entfernen; *fig.* abweichen.

scostum|atezza [skostuma'tet-tsa]

S

f Sittenlosigkeit *f*; **~ato** [-'ma:to] sittenlos.

scotennare [skoten-'na:re] (1a) abschwarten.

scotta [skɔt-ta] *f* ⚓ Schote *f*.

scott|ante [skɔt-'tante] heiß, brennend; *fig.* heikel, brenzlig; **~are** [-'ta:re] (1c) **1.** *v/t.* verbrennen; ab-, verbrühen; **2.** *v/i.* brennen; *scotta!* zu heiß!; **~ata** [-'ta:ta] *f* Abbrühen *n*; *dare una ~ a* abbrühen; **~ato** [-'ta:to] verbrannt; *fig.* enttäuscht, verbittert; **~atura** [-'ta'tu:ra] *f* Brandwunde *f*; *fig.* Enttäuschung *f*.

scotto [skɔt-to] *m* Zeche *f*.

scoutismo [skau'tizmo] *m* Pfadfinderbewegung *f*.

scovare [sko'va:re] (1a) aufspüren.

scozzare [skot-'tsa:re] (1c) **1.** *v/t.* *Kartensp.* mischen; **2.** *v/i.* streifen, anschlagen.

scozzese [skot-'tse:se] **1.** *adj.* schottisch; **2.** *m* Schottisch(e) *n*; **3.** *su.* Schotte *m*, Schottin *f*.

scozzon|are [skot-tso'na:re] (1a) zureiten; einreiten; **~atore** [-na-'to:re] *m* Zureiter *m*; **~atura** [-na-'tu:ra] *f* Zureitung *f*.

scranna [skran-na] *f* Stuhl *m*.

screanzato [skrean'tsa:to] **1.** *adj.* ungezogen; **2.** *m* Flegel *m*.

scredit|are [skredi'ta:re] (1l) diskreditieren, in Verruf bringen; **~ato** [-'ta:to] verrufen; *Person:* in schlechtem Ruf stehend.

scredito [skre:dito] *m* Mißkredit *m*, Verruf *m*.

screm|are [skre'ma:re] abrahmen; **~atrice** [-ma'tri:tʃe] *f* Milchzentrifuge *f*.

screpol|are [skrepo'la:re] (1l *u.* b) *u.* **~arsi** [-'larsi] aufspringen; **~atura** [-la'tu:ra] *f* Riß *m*; Sprung *m*.

screzi|are [skretsi'a:re] (1g *u.* b) sprenkeln; **~ato** [-'tsi:a:to] bunt, gesprenkelt; **~atura** [-tsia'tu:ra] *f* Scheckigkeit (Buntscheckigkeit) *f*.

screzio [skre:tsio] *m* (*pl.* -zi) Zerwürfnis *n*.

scriba [skri:ba] *m* (*pl.* -i) Schriftgelehrte(r) *m*.

scrib|acchiare [skribak-ki'a:re] (1k) kritzeln; schmieren; **~acchiatura** [-kia'tu:ra] *f* Schmiererei *f*; **~acchino** [-'ki:no] *m* Schreiberling *m*.

scricchi|olare [skrik-kio'la:re] (1l)

knarren; **~olio** [-kio'li:o] *m* (*pl.* -ii) Geknarre *n*.

scricciolo [skrit-tʃolo] *m* Zaunkönig *m*.

scrigno [skri:ɲo] *m* Schrein *m*.

scriminatura [skrimina'tu:ra] *f* Scheitel *m*.

scrissi [skris-si] *s.* scrivere.

scriteriato [skriteri'a:to] **1.** *adj.* unvernünftig; **2.** *m* unvernünftiger Mensch *m*.

scritt|a [skrit-ta] *f* Aufschrift *f*; Vertrag *m*; **~o** [-to] **1.** *s.* scrivere; **2.** *m* Schrift *f*; *in od. per iscritto* schriftlich.

scritt|oio [skrit-'to:io] *m* (*pl.* -oi) Schreibtisch *m*; **~ore** [-'to:re] *m* Schriftsteller *m*; **~ura** [-'tu:ra] *f* Schrift *f*; ♱ Buchführung *f*; ♫ Engagement *n*; **~urabile** [-tu'ra:bile] engagierbar; **~urale** [-tu'ra:le] *m* Schreiber *m*; **~urare** [-tu'ra:re] (1a) engagieren; **~urazione** [-turatsi'o:ne] *f* Engagement *n*.

scriv|ania [skriva'ni:a] *f* Schreibtisch *m*; **~ano** [-'va:no] *m* Schreiber *m*; **~ente** [-'vente] *su.* Schreiber (-in *f*) *m*.

scrivere [skri:vere] (3tt) schreiben; niederschreiben, aufschreiben; verfassen; *~ a penna* mit Tinte schreiben; *~ a macchina* auf der Maschine schreiben; *perché non mi scrivi?* warum schreibst du mir nicht?

scroccare [skrok-'ka:re] (1c *u.* d) *abs.* schmarotzen; *et.* erschleichen.

scrocco [skrɔk-ko] *m* (*pl.* -cchi) Schmarotzerei *f*; *a ~* umsonst; *campare a ~* schmarotzen, F nassauern.

scroccone [skrok-'ko:ne] *m* Schmarotzer *m*, F Nassauer *m*.

scrofa [skrɔ:fa] *f* Sau *f*.

scrofola [skrɔ:fola] *f* (*mst pl.* -e) Skrofeln *pl.*

scrofoloso [skrofo'lo:so] skrofulös.

scroll|are [skrol-'la:re] (1c) schütteln; **~ata** [-'la:ta] *f* Schütteln *n*; *~ di capo* Kopfschütteln *n*; *dare una ~ a* schütteln.

scrollo [skrɔl-lo] *m* Erschütterung *f*; Schütteln *n*.

scrosci|ante [skroʃ-'ʃante] prasselnd, rauschend; *applauso m ~* brausender Beifall *m*; **~are** [-'ʃa:re] (1f *u.* c) prasseln; *kochendes Wasser:* brodeln; *Beifall:* brausen.

scroscio [skrɔʃ-ʃo] m (pl. -sci) Geprassel n; Brodeln n; uno ~ di pioggia ein Platzregen m; ~ di risa schallendes Gelächter n.

scrost|amento [skrosta'mento] m Entfernung f der Kruste; **~are** [-'ta:re] (1a) die Kruste (von dat.) entfernen; **~arsi** [-'tarsi] abbröckeln; **~atura** [-ta'tu:ra] f Abkratzen n.

scroto [skrɔ:to] m Hodensack m.

scrupolo [skru:polo] m Skrupel m; Bedenken n; senza -i skrupellos.

scrupol|osità [skrupolosi'ta] f Gewissenhaftigkeit f; **~oso** [-'lo:so] voll Bedenken, peinlich genau.

scrut|abile [skru'ta:bile] erforschbar; **~are** [-'ta:re] (1a) erforschen; durchschauen; **~atore** [-ta'to:re] **1.** adj. erforschend; **2.** m Erforscher m; Pol. Stimm(en)zähler m; **~inare** [-ti'na:re] (1a) die Stimmen zählen; **~inio** [-'ti:nio] m (pl. -ni) Stimm(en)zählung f; Abstimmung f; ~ uninominale Einzelwahl f; ~ di lista Listenwahl f.

scuc|ire [sku'tʃi:re] (4a) auftrennen; **~ito** [-'tʃi:to] aufgetrennt; fig. unzusammenhängend; **~itura** [-tʃi'tu:ra] f aufgeplatzte Naht f.

scud|eria [skude'ri:a] f Stallung f; Marstall m; Rennstall m; **~etto** [-'det-to] m kleiner Schild m; Sport: Meistertitel m; vincere lo ~ den Meistertitel erringen; **~iero** [-di'ɛ:ro] m Stallmeister m; ehm. Schildknappe m.

scud|isciare [skudiʃ-'ʃa:re] (1f) mit der Reitpeitsche schlagen; **~isciata** [-diʃ-'ʃa:ta] f Peitschenhieb m; **~iscio** [-'diʃ-ʃo] m (pl. -sci) (Reit-)Gerte f.

scudo [sku:do] m ⚔ Schild m; ehm. Fünflirestück n; fig. Schutz m.

scuffia [skuf-fia] f Haube f; avere una ~ per qu. in j-n verknallt sein; prendersi una ~ sich e-n Rausch antrinken; fare ~ umkippen, kentern.

scugnizzo [sku'ɲit-tso] m Straßenjunge m.

sculacci|are [skulat-'tʃa:re] (1f) den Hintern verschlen; **~ata** [-'tʃa:ta] f Schlag m auf den Hintern; **~one** [-'tʃo:ne] m kräftiger Schlag m auf den Hintern.

sculettare [skulet-'ta:re] (1a) sich in den Hüften wiegen, schwänzeln.

scult|ore [skul'to:re] m Bildhauer m; ~ in legno Holzschnitzer m; **~orio** [-'tɔ:rio] (pl. -rii) f Bildhauer-...; plastisch; getre ~ -a Bildhauerkunst f; **~rice** [-'tri:tʃe] f Bildhauerin f; **~ura** [-'tu:ra] f Bildhauerarbeit f; Bildhauerei f; ~ in legno Holzschnitzerei f.

scuola [sku'ɔ:la] f Schule f; Lehranstalt f; Schulgebäude n; ~ commerciale Handelsschule f; ~ elementare Grundschule f; ~ industriale Gewerbeschule f; ~ interpreti Dolmetscherschule f; ~ materna Kindergarten m; ~ media Mittelschule f; ~ parificata staatlich anerkannte Schule f; ~ serale Abendschule f; ~ statale staatliche Schule f; ~ superiore Hochschule f; andare a ~ zur Schule gehen; oggi non c'è ~ heute ist keine Schule; ad uso delle -e für den Schulgebrauch.

scuot|ere [sku'ɔ:tere] (3ff) schütteln; rütteln; Gemüter erschüttern; Geister aufrütteln; Baum abschütteln; fig. ~ la polvere di dosso a qu. j-m das Fell gerben; **~ersi** [-si] sich rühren.

scure [sku:re] f Beil n; fig. darsi la ~ sui piedi sich ins eigene Fleisch schneiden;   [laden m.\

scuretto [sku'ret-to] m Fenster-\

scurire [sku'ri:re] (4d) **1.** v/t. verdunkeln; **2.** v/i. dunkel werden.

scuro [sku:ro] **1.** adj. dunkel; **2.** m Dunkel n; ⚔ Fensterladen m.

scurr|ile [skur-'ri:le] possenhaft; **~ilità** [-rili'ta] f Albernheit f; Unflätigkeit f.

scusa [sku:za] f Entschuldigung f; Ausrede f; Rückzieher m; bella ~! das ist eine faule Ausrede!; chiedo ~! Verzeihung!

scus|abile [sku'za:bile] entschuldbar; **~ante** [-'zante] entschuldigend; **~are** [-'za:re] (1a) entschuldigen; mi scusi oft bitte Sie um Entschuldigung; **~arsi** [-'zarsi] sich entschuldigen; **~ato** [-'za:to] entschuldigt; gerechtfertigt.

scuter [sku:ter] m inv. Motorroller m, Roller m.

scuterista [skute'rista] su. (m/pl. -i) Rollerfahrer(in f) m.

sdazi|amento [zdatsia'mento] m Verzollung f; **~are** [-tsi'a:re] (1g) verzollen.

sdebitarsi [zdebi'tarsi] (1l) seine Schulden bezahlen; seiner Pflicht nachkommen; sich revanchieren.

sdegn|are [zde'ɲa:re] (1a) verschmähen; **~arsi** [-'ɲarsi] sich entrüsten; **~ato** [-'ɲa:to] erzürnt.

sdegno [zde:ɲo] m Zorn m; Verachtung f; muovere a ~ Zorn erregen.

sdegnoso [zde'ɲo:so] unwillig; verächtlich.

sdent|are [zden'ta:re] (1b) (j-m) die Zähne ausbrechen; **~ato** [-'ta:to] zahnlos.

sdilinqu|imento [zdiliŋkui'mento] m Schmachten n; pfr. Ohnmacht f; fig. Weichlichkeit f; **~ire** [-ku'i:re] (4d) schwächen; **~irsi** [-ku'irsi] schmachten; schwach werden; fig. weichlich, süßlich.

sdogan|amento [zdogana'mento] m Verzollung f; **~are** [-'na:re] (1a) verzollen; **~ato** [-'na:to] ordnungsmäßig verzollt; non ~ unverzollt.

sdolcin|atezza [zdoltʃina'tet-tsa] f Süßlichkeit f; fig. **~ato** [-'na:to] süßlich; fig. geziert; **~atura** [-na'tu:ra] f Zärtelei f; Zimperlichkeit f.

sdoppi|amento [zdop-pia'mento] m Spaltung f, Trennung f; ~ della personalità Persönlichkeitsspaltung f; **~are** [-'a:re] (1k) trennen; vereinfachen.

sdottoreggiare [zdot-tored-'dʒa:re] (1f) den Gelehrten spielen.

sdraia [zdra:ia] f Liegestuhl m.

sdrai|are [zdrai'a:re] (1i) ausstrekken; hinstrecken; **~arsi** [-'arsi] sich hinlegen; **~ato** [-'a:to] ausgestreckt, liegend.

sdraio [zdra:io] m Sichausstrecken n; sedia f a ~ Liegestuhl m.

sdrucciol|are [zdrut-tʃo'la:re] (1l) gleiten; ausrutschen; **~evole** [-'le:vole] schlüpfrig.

sdrucciolo [zdrut-tʃolo] **1.** adj. mit dem Ton auf der drittletzten Silbe; **2.** m abschüssiger Weg m; Schlitterbahn f

sdrucciol|one [zdrut-tʃo'lo:ne] m Ausgleich n; fare uno ~ ausrutschen; **~oni** [-'loni] rutschend.

sdruc|ire [zdru'tʃi:re] (4d) auftrennen; **~ito** [-'tʃi:to] adj. zerrissen; **~itura** [-tʃi'tu:ra] f Riß m.

se¹ [se] cj. wenn; ob; ~ no sonst; ~ pure wenn überhaupt; ~ Dio vuole

so Gott will; ~ non altro zum mindesten; ~ non che nur daß; aber. **se²** [se] pron. = si vor lo, la, li, le, ne.

sé [se] sich; di ~ seiner, ihrer; a ~ sich; da ~ (stesso) selbst; allein; von selbst; selbständig; fra ~ zu sich; unter sich; untereinander; parlare fra ~ e ~ mit sich sprechen; per ~ für sich; ~ stesso sich selbst.

sebaceo [se'ba:tʃeo] talgartig.

sebbene [seb-'be:ne] (mit conj.) obwohl, obgleich; ~ abbia detto la verità obwohl er die Wahrheit gesagt hat.

sebo [se:bo] m Talg m, Hauttalg m.

sec|ante [se'kante] f Sekante f; **~are** [-'ka:re] (1d) durchschneiden.

secca [sek-ka] f (pl. -cche) Trockenheit f; ♦ Untiefe f.

secc|abile [sek-'ka:bile] trockenbar; **~amente** [-ka'mente] barsch, schroff; **~ante** [-'kante] trocknend; fig. lästig; unerfreulich; **~are** [-'ka:re] (1d) **1.** v/t. dörren; trocknen; vertrocknen; fig. quälen, belästigen, piesacken; **2.** v/i. verdorren; vertrocknen; ~ all'aria an der Luft trocknen; **~arsi** [-'karsi] vertrocknen; austrocknen; fig. sich langweilen; sich stören lassen; **~atore** [-ka'to:re] m lästiger Patron m; **~atura** [-ka'tu:ra] f Trocknen n; fig. Schererei f; Plagegeist m.

secchezza [sek-'ket-tsa] f Trockenheit f; fig. Hagerkeit f; Schroffheit f.

secchia [sek-kia] f Eimer m; piove a -e es regnet in Strömen.

secchiello [sek-ki'ɛl-lo] m kleiner Eimer m; Sandeimer m (der Kinder).

secchio [sek-kio] m (pl. -cchi) Eimer m, Kübel m.

secco [sek-ko] (pl. -cchi) **1.** adj. dürr; trocken; fig. nüchtern; kalt, schroff; vino m ~ trockener Wein m; frutta f -a gedörrtes Obst n; **2.** m Trockenheit f.

seccume [sek-'ku:me] m dürres Zeug n.

secent|esco [setʃen'tesko] (pl. -chi) des 17. Jahrhunderts; **~ismo** [-'tizmo] m Secentismus m (Schreibweise des. 17. Jahrhunderts); **~ista** [-'tista] m (pl. -i) Schriftsteller m, Künstler m des 17. Jahrhunderts.

secernere [se'tʃernere] (3a) absondern; aussondern.

secessi|one [setʃes-si'o:ne] f Sezession f; **~onista** [-sio'nista] su. (m/pl. -i) Sezessionist(in f) m.

seco [se:ko] lit. mit sich.

secol|are [seko'la:re] **1.** adj. Säkular...; hundertjährig; hundertjährlich; weltlich; Welt...; nemico m ~ Erbfeind m; **2.** m Laie m; (a. prete m ~) Weltgeistliche(r) m; **~arizzare** [-larid-'dza:re] (1a) säkularisieren; verweltlichen; **~arizzazione** [-larid-dzatsi'o:ne] f Säkularisierung f; Verweltlichung f.

secolo [se:kolo] m Jahrhundert n; fig. Ewigkeit f; al ~ im bürgerlichen Leben.

seconda [se'konda] f Zweite f; Auto: zweiter Gang m; 🚂, Schule: zweite Klasse f; ♪ Sekunde f; Fechtk. Sekundhieb m; ✝ ~ di cambio Sekundawechsel m; a ~ stromabwärts; fig. nach Wunsch; a ~ di gemäß, nach (dat.).

second|are [sekon'da:re] (1a) unterstützen, begünstigen; willfahren (dat.); ~ le inclinazioni di qu. j-s Neigungen begünstigen; **~ariamente** [-daria'mente] zweitens; in zweiter Linie; **~ario** [-'da:rio] (pl. -ri) nebensächlich; 🎓 sekundär; scuola f -a Mittelschule f; **~ino** [-'di:no] m Gefängniswärter m.

secondo [se'kondo] **1.** adj. zweite; ~ fine m Hintergedanke m; minuto m ~ Sekunde f; **2.** prp. nach, gemäß (dat.); ~ me meiner Ansicht nach; ~ le istruzioni vorschriftsmäßig; **3.** adv. zweitens; ~! je nachdem!; ~ che je nachdem; **4.** m Sekunde f; Kochk. zweites Gericht n; Fechtk. Sekundant m.

secondo|ché [sekondo'ke] je nachdem; **~genito** [-'dʒe:nito] m Zweitgeborene(r) m.

secrétaire [sekre'tɛ:r] m Schreibschrank m.

secreto¹ [se'kre:to] s. segreto.

secr|eto² [se'kre:to] **1.** adj. abgesondert; **2.** m Sekret n, Ausscheidung f; **~ezione** [-kretsi'o:ne] f Absonderung f.

sedano [se:dano] m Sellerie m u. f.

sed|are [se'da:re] (1b) lindern; Tumulte unterdrücken; **~ativo** [-da'ti:vo] **1.** adj. lindernd; beruhigend; **2.** m Beruhigungsmittel n.

sede [sɛ:de] f Sitz m; Wohnsitz m; ✝ Filiale f; (a. ~ principale) Hauptniederlassung f; la Santa ♀ der Heilige Stuhl.

sed|entario [seden'ta:rio] (pl. -ri) sitzend; vita f -a sitzende Lebensweise f; **~ere** [-'de:re] **1.** v/i. (2o) sitzen; **2.** m Anat. Gesäß n; **~ersi** [-'dersi] sich setzen.

sedia [sɛ:dia] f Stuhl m; ~ a sdraio Liegestuhl m; ~ imbottita Polsterstuhl m.

sediario [sedi'a:rio] m (pl. -ri) Sänftenträger m.

sedicenne [sedi'tʃɛn-ne] sechzehnjährig.   [angeblich.⟩

sedicente [sedi'tʃɛnte] vorgeblich;⟩

sedicesimo [sedi'tʃe:zimo] **1.** adj. sechzehnte; **2.** m Sechzehntel n.

sedici [se:ditʃi] sechzehn.

sedile [se'di:le] m Sitz m; Bank f.

sedim|entario [sedimen'ta:rio] (pl. -ri) sedimentär; **~entazione** [-mentatsi'o:ne] f Sedimentation f; **~ento** [-'mento] m Niederschlag m; Bodensatz m; Geol. Ablagerung f.

sedizi|one [seditsi'o:ne] f Aufruhr m; **~oso** [-'tsi'o:so] **1.** adj. aufrührerisch; **2.** m Aufrührer m.

sed|otto [se'dot-to] s. sedurre; **~ucente** [-du'tʃente] verführerisch; **~uco** [-'du:ko] s. sedurre.

sedurre [se'dur-re] (3e) verführen.

sedussi [se'dus-si] s. sedurre.

seduta [se'du:ta] f Sitzung f; ~ notturna Nachtsitzung f.

seduto [se'du:to] sitzend.

sed|uttore [sedut-'to:re] m Verführer m; **~uzione** [-dutsi'o:ne] f Verführung f.

sega [se:ga] f (pl. -ghe) Säge f; ~ circolare Kreissäge f; ~ a nastro Bandsäge f.

segal|a [se:gala], **~e** [-le] f Roggen m; ~ cornuta Mutterkorn n; pane m di ~ Roggenbrot n.

segaligno [sega'li:ɲo] mager; roggenfarbig.

seg|antino [segan'ti:no] m Säger (Holzsäger) m; **~are** [-'ga:re] (1e) sägen; ✗ mähen; **~atore** [-ga-'to:re] m Säger m; ✗ Schnitter m; **~atrice** [-ga'tri:tʃe] f Sägemaschine f; **~atura** [-ga'tu:ra] f Sägen n; Mähen n; Sägespäne m/pl.

seggetta [sed-'dʒet-ta] f Nachtstuhl m.

seggio [sɛd-dʒo] m (pl. -ggi) Sitz m; Thron m; (a. ~ elettorale) Wahllokal n, Wahlraum m.

seggiola [sɛd-dʒola] f Stuhl m.
seggiol|aio [sed-dʒo'la:io] m (pl. -ai) Stuhlfabrikant m; **~ino** [-'li:no] m Kinderstuhl m; **~** portatile, pieghevole Klappstühlchen n; **~one** [-'lo:ne] m Lehnstuhl m.
seggiovia [sed-dʒo'vi:a] f Sessellift m.
seggo [sɛg-go] s. sedere.
segheria [sege'ri:a] f Sägemühle f, -werk n.
segmento [seg'mento] m Abschnitt (Kreisabschnitt) m, Segment n.
segn|acarte [seɲa'karte] m inv. Lesezeichen n; **~acaso** [-ɲa'ka:zo] m Kasuszeichen n; **~acolo** [-'ɲa:kolo] m Zeichen n; **~alare** [-ɲa-'la:re] (1a) signalisieren; übermitteln; empfehlen; **~alarsi** [-ɲa-'larsi] sich auszeichnen; **~alato** [-ɲa'la:to] hervorragend; **~alatore** [-ɲala'to:re] m Signalgeber m; Meldegerät n; **~alazione** [-ɲalatsi'o:ne] f Zeichengebung f, Signalisierung f; Signal n; **~** luminosa Leuchtsignal n; **~** stradale Verkehrszeichen n/pl.; **~ale** [-'ɲa:le] m Signal n; Zeichen n; Anzeichen n; **~** d'allarme Warnsignal n; **~** di chiamata Rufzeichen n; **~** luminoso Lichtsignal n; **~** orario (alla radio) Zeitansage f; **~** di divieto Verbotszeichen n; **~** di partenza Abfahrtszeichen n; **~** di soccorso SOS-Ruf m; **~** radio Pausenzeichen n; **~** di pericolo Gefahrensignal n; **~aletica** [-ɲa-'le:tika] f Markierung f; Zeichen n/pl.; **~** stradale Verkehrszeichen n/pl.; **~aletico** [-ɲa''le:tiko] (pl. -ci): servizio m **~** Erkennungsdienst m.
segna|libro [seɲa'li:bro] m Lesezeichen n; **~linee** [-'li:nee] m inv. Linienrichter m.
segn|are [se'ɲa:re] (1a) zeichnen; mit e-m Zeichen versehen; aufschreiben; vermerken; zeigen; Sport: ein Tor schießen; **~** a dito qu. mit dem Finger auf j-n zeigen; **~arsi** [-'ɲarsi] sich bekreuzigen; **~atamente** [-ɲata'mente] vornehmlich; **~atario** [-ɲa'ta:rio] m (pl. -ri) Unterzeichner m; **~atasse** [-ɲa'tas-se] m inv. Strafportomarke f; **~atura** [-ɲa'tu:ra] f Signatur f.
segno [se:ɲo] m Zeichen n; Vorzeichen n; Symptom n; fig. Maß n; Merkmal n; Ziel: Schwarze(s) n;

-i caratteristici besondere Kennzeichen n/pl.; **~** di addizione Pluszeichen n; **~** di divisione Teilungszeichen n; **~** d'interpunzione Satzzeichen n; **~** di sottrazione Minuszeichen n; non dar -i di vita kein Lebenszeichen von sich geben; cogliere nel **~** ins Schwarze treffen; a **~** che dermaßen, daß.
sego [se:go] m (pl. -ghi) Talg m.
segoso [se'go:so] talgig.
segreg|amento [segrega'mento] m Absonderung f; **~are** [-'ga:re] (1l, b u. e) absondern; **~azione** [-gatsi'o:ne] f Absonderung f.
segr|eta [se'gre:ta] f Zelle f; **~etamente** [-greta'mente] heimlich; **~etaria** [-gre'ta:ria] f Sekretärin f; **~etariato** [-gretari'a:to] m Sekretariat n; **~etario** [-gre'ta:rio] m (pl. -ri) Sekretär m; **~** di Stato Staatssekretär m; **~eteria** [-grete'ri:a] f Sekretariat n; **~etezza** [-gre'tet-tsa] f Heimlichkeit f; Verschwiegenheit f; **~eto** [-'gre:to] 1. adj. geheim, verschwiegen; associazione f -a Geheimbund m; polizia f -a Geheimpolizei f; 2. m Geheimnis n; Geheimfach n; **~** bancario Bankgeheimnis n; **~** professionale Schweigepflicht f; **~** di pulcinella öffentliches Geheimnis n.
segu|ace [segu'a:tʃe] su. Anhänger (-in f) m; **~ente** [-gu'ente] folgend.
segugio [se'gu:dʒo] m (pl. -gi) Spürhund m; fig. Spitzel (Polizeispitzel) m.
segu|ire [segu'i:re] (4a) 1. v/t. folgen; Vorschriften befolgen; Spur verfolgen; 2. v/i. folgen; vorkommen; sich anschließen; far **~** nachschicken; come segue folgendermaßen; **~itare** [-gui'ta:re] (1l) folgen; fortfahren.
seguito [se:guito] m Folge f; Gefolge n; di **~** hintereinander; in **~** darauf; künftig; in **~** a infolge (gen.); facendo **~** a im Anschluß an (acc.).
sei [sɛi] s. essere.
sei [sɛi] 1. adj. sechs; Sport: una **~** giorni Sechstagerennen n; 2. m Sechs f.
seicentismo [seitʃen'tizmo] m usw. s. secentismo usw.
seicento [sei'tʃɛnto] 1. adj. sechshundert; 2. ♀ m 17. Jahrhundert n.
selce [sɛltʃe] f Kiesel m.

selci|are [sel'tʃaːre] (1f) pflastern; **~ato** [-'tʃaːto] m Pflaster (Straßenpflaster) n; **~atore** [-tʃaˈtoːre] m Pflasterer m.

selett|ività [selet-tiviˈta] f Trennschärfe f; **~ivo** [-'tiːvo] trennscharf.

selezione [seletsiˈoːne] f Auswahl f; Zuchtwahl f; Sport: squadra f di ~ Auswahlmannschaft f.

sella [sel-la] f Sattel m; cavallo m da ~ Reitpferd n.

sell|aio [sel-'laːio] m (pl. -ai) Sattler m; **~are** [-'laːre] (1b) satteln; **~eria** [-leˈriːa] f Sattlerei f.

sellino [sel-'liːno] m Fahrrad-, Motorradsattel m; ~ posteriore od. ~ supplementare Soziussitz m (am Motorrad).

selva [selva] f Wald m.

selv|aggina [selvad-'dʒiːna] f Wild n; Wildbret n; **~aggio** [-'vad-dʒo] (pl. -ggi) A. adj. wild; 2. m Wilde(r) m; **~atichezza** [-vatiˈket-tsa] f Wildheit f; **~atico** [-'vaːtiko] (pl. -ci) wild; fig. widerborstig; **~icoltura** [-vikolˈtuːra] f Waldkultur f; **~oso** [-'voːso] bewaldet; regione f -a Waldgegend f.

selz [selts] m: acqua f di ~ Selterswasser n.

sem|aforo [seˈmaːforo] m Verkehrsampel f; **~antica** [-'mantika] f Bedeutungslehre f.

sem|biante [sembiˈante] m Antlitz n; far ~ di so tun, als ob; **~bianza** [-biˈantsa] f Aussehen n; -e pl. Gesichtszüge m/pl.; **~brare** [-'braːre] (1a) scheinen.

seme [seˈme] m Samen m; Obst: Kern m; Kartensp. Farbe f; fig. Ursprung m, Keim m.

sem|enta [seˈmenta] f Saat f; Aussaat f; **~enza** [-'mentsa] f Samen m; fig. Ursache f; **~enzaio** [-men-'tsaːio] m (pl. -ai) Pflanzenschule f.

sem|estrale [semesˈtraːle] halbjährig; **~estre** [-'mestre] m Semester n, Halbjahr n; ~ estivo Sommersemester n.

semi... in Zssgn halb..., halb...; **~aperto** [semiaˈperto] halboffen; **~biscroma** [-bisˈkrɔːma] f Vierundsechzigstelnote f; **~breve** [-'brɛːve] f ganze Taktnote f; **~cerchio** [-'tʃerkio] m (pl. -chi) Halbkreis m; **~circolare** [-tʃirkoˈlaːre] halbkreisförmig; **~circolo** [-'tʃirkolo] m Halbkreis m; **~circon-**

ferenza [-tʃirkonfeˈrentsa] f halbe Kreislinie f; **~conduttore** [-kondutˈtoːre] m Halbleiter m; **~consonante** [-konsoˈnante] f Halbkonsonant m; **~croma** [-'krɔːma] f Sechzehntelnote f; **~cupio** [-'kuːpio] m (pl. -pi) Sitzbad n; **~dio** [-'diːo] m (pl. -dei) Halbgott m; **~fabbricato** [-fab-briˈkaːto] m Halbfabrikat n; **~finale** [-fiˈnaːle] f Semifinale n, Vorschlußrunde f; **~freddo** [-'fred-do] m Halbgefrorene(s) n; **~gratuito** [-graˈtuːito] halb gratis; posto m ~ halbfreie Stelle f; **~infermità** [-infermiˈta] f s. seminfermità; **~lavorato** [-lavoˈraːto]: articolo m ~ Halbfertigfabrikat n; **~minima** [-'miːnima] f Viertelnote f.

semin|a [seˈmina] f Saat f; Saatzeit f; **~ale** [-'naːle] Samen...; **~are** [-'naːre] (1l) säen; **~ario** [-'naːrio] m (pl. -ri) Seminar n; Priesterschule f; **~arista** [-naˈrista] m (pl. -i) Zögling m e-s Priesterseminars; **~ato** [-'naːto] m Saatfeld n; uscire dal ~ abschweifen; **~atoio** [-naˈtoːio] m (pl. -oi) Sämaschine f; **~atore** [-naˈtoːre] m Sämann m; **~atrice** [-naˈtriːtʃe] f Sämaschine f; **~atura** [-naˈtuːra] f Säen n.

sem|infermità [seminfermiˈta] f halbkranker Zustand m; **~interrato** [-interˈraːto] m Kellergeschoß n.

semi|nudo [semiˈnuːdo] halbnackt; **~nuovo** [-nuˈɔːvo] wenig gebraucht; **~rigido** [-'riːdʒido] halbstarr; **~serio** [-'seːrio] (pl. -ri) halbernst; **~sfera** [-'sfɛːra] f Halbkugel f; **~sferico** [-'sfɛːriko] (pl. -ci) halbkugelig; **~spento** [-'spento] halberloschen.

sem|ita [seˈmiːta] su. (m/pl. -i) Semit(in f) m; **~itico** [-'miːtiko] (pl. -ci) semitisch.

semi|tondo [semiˈtondo] halbrund; **~tono** [-'tɔːno] m halber Ton m; **~ufficiale** [-uf-fiˈtʃaːle] halboffiziell; **~vivo** [-'viːvo] halbtot; **~vocale** [-voˈkaːle] f Halbvokal m.

semola [seˈmoːla] f Kleie f; Kernmehl n; fig. Sommersprossen f/pl.

semolino [semoˈliːno] m Grieß m.

semovente [semoˈvente] selbstbeweglich.

sempiterno [sempiˈtɛrno] ewig.

S

semplice [semplitʃe] **1.** *adj.* einfach; *fig.* einfältig; schlicht; *soldato m* ~ gemeiner Soldat *m*; **2.** -i *m/pl.* Heilkräuter *n/pl.*

semplici|one [sempli'tʃo:ne] **1.** *m* Einfaltspinsel; **2.** *adj.* einfältig; **~otto** [-'tʃot-to] *m* Einfaltspinsel *m*; **~stico** [-'tʃistiko] oberflächlich; **~tà** [-tʃi'ta] *f* Einfachheit *f*; *fig.* Einfalt *f*.

semplific|are [semplifi'ka:re] (1m *u.* d) vereinfachen; **~azione** [-katsi'o:ne] *f* Vereinfachung *f*.

sempre [sempre] immer, stets; durchweg(s); *da* ~ seit jeher; *di* ~ alt, üblich; *per* ~ für immer; ~ *più* immer mehr; ~ *che* vorausgesetzt, daß.

sempre|verde [sempre'verde] *m* Immergrün *n*; **~vivo** [-'vi:vo] *m* Hauswurz *f*.

sena [se:na] *f* Sennesstrauch *m*, Senna *f*.

senape [sɛ:nape] *f* Senf *m*.

senap|ato [sena'pa:to] mit Senf bereitet; Senf...; **~ismo** [-'pizmo] *m* Senfpflaster *n*.

senario [se'na:rio] (*pl.* -ri) **1.** *adj.* sechssilbig; **2.** *m* Sechssilb(l)er *m*.

senato [se'na:to] *m* Senat *m*.

senat|orato [senato'ra:to] *m* Senatorwürde *f*; **~ore** [-'to:re] *m* Senator *m*; **~oriale** [-tori'a:le] Senats...; Senator...

sen|ile [se'ni:le] Greisen...; greisenhaft; **~ilità** [senili'ta] *f* Greisenhaftigkeit *f*; **~iore** [seni'o:re] älter.

senna [sen-na] *f s.* sena.

senno [sen-no] *m* Verstand *m*; *far* ~ vernünftig werden; *fuor di* ~ von Sinnen; *uscire di* ~ von Sinnen kommen; *senza* ~ sinnlos, unvernünftig.

seno [se:no] *m* Busen *m* (*a. Geogr.*); Brust *f*; ⚔ Sinus *m*; *fig.* Schoß *m*; *in* ~ *a* im Schoß (*gen.*).

senonché [senoŋ'ke] nur daß; aber.

sensale [sen'sa:le] *m* Makler *m*; ~ *di borsa* Börsenmakler *m*.

sens|atezza [sensa'tet-tsa] *f* Verständigkeit *f*; **~ato** [-'sa:to] verständig; **~azionale** [-satsio'na:le] sensationell; **~azione** [-satsi'o:ne] *f* Empfindung *f*; Sinneseindruck *m*; *fig.* Sensation *f*, Aufsehen *n*.

senseria [sense'ri:a] *f* Vermittlung *f*; Maklergebühr *f*.

sens|ibile [sen'si:bile] wahrnehm-

bar; empfindlich; fühlbar; *fig.* merklich, erheblich; ~ *al calore* hitzeempfindlich; ~ *al freddo* kälteempfindlich; **~ibilità** [-sibili'ta] *f* Empfindlichkeit *f* (*a. Phys.*); **~ibilizzare** [-sibilid-'dza:re] (1a) empfindlich machen; *Phot.* lichtempfindlich machen; **~itiva** [-si'ti:va] *f* Empfindungsvermögen *n*; Sinnpflanze *f*; **~itività** [-sitivi'ta] *f* Empfindlichkeit *f*; **~itivo** [-si'ti:vo] empfindlich; empfindsam; Empfindungs...; *Phot.* lichtempfindlich.

senso [sɛnso] *m* Sinn *m*; Gefühl *n*; Richtung *f*; -i *pl.* Sinnesorgane *n/pl.*; *doppio* ~ Zweideutigkeit *f*; ~ *comune* Menschenverstand *m*; *della lingua* Sprachgefühl *n*; *organo m dei* -i Sinnesorgan *n*; ~ *unico* Einbahnstraße *f*; ~ *vietato* Einfahrverbot *n*; *a* ~ sinngemäß, dem Sinne nach; *ai* -i *di* gemäß, laut (*dat.*); *in* ~ *orario* in Uhrzeigerrichtung; *privo di* -i bewußtlos; *di alti* -i von edler Gesinnung; *far* ~ *a* widerlich sein (*dat.*); *smarrire i* -i die Besinnung verlieren.

sensu|ale [sensu'a:le] sinnlich; **~alismo** [-sua'lizmo] *m* Sensualismus *m*; **~alità** [-suali'ta] *f* Sinnlichkeit *f*.

sentenza [sen'tentsa] *f* Ausspruch *m*; ⚖ Urteil *n*; *esecuzione f di* ~ Urteilsvollstreckung *f*.

sentenzi|are [sententsi'a:re] (1g) urteilen; aburteilen; **~oso** [-tsi'o:so] sinnreich.

sentiero [senti'ɛ:ro] *m* Pfad *m*, Weg *m*.

sentiment|ale [sentimen'ta:le] sentimental; **~alismo** [-ta'lizmo] *m* Empfindsamkeit *f*, Sentimentalität *f*; **~alità** [-tali'ta] *f* Rührseligkeit *f*.

sentimento [senti'mento] *m* Gefühl *n*; Meinung *f*; ~ *d'onore* Ehrgefühl *n*.

sentina [sen'ti:na] *f* ⚓ Bilge *f*; *fig.* Pfuhl *m*; ~ *di vizi* Lasterhöhle *f*.

sentinella [senti'nel-la] *f* Wache (Schildwache) *f*; *essere di* ~ Wache haben.

sent|ire [sen'ti:re] **1.** *v/t.* (4b) fühlen; hören; riechen; *Lektion* abhören; *Mitleid* empfinden; *farsi* ~ sich bemerkbar machen; *s-e* Meinung sagen; **2.** *m* Gefühl *n*; Empfindung *f*; Gesinnung *f*; **~irsi** [-'tirsi] sich fühlen; *sentirsela di* (*inf.*) imstande sein, zu (*inf.*); den

Mut haben, zu (inf.); **~ito** [-'ti:to] aufrichtig; tiefempfunden; **~ore** [-'to:re] m Ahnung f; **~** di qc. von et. (dat.) Wind bekommen.

senza [sentsa] ohne; ...los; senz'altro ohne weiteres; **~** barba bartlos; **~** cerimonie ohne Umstände; **~** colore farblos; **~** dire una parola ohne ein Wort zu sagen; far **~** di qc. et. entbehren können; **~** precedenti beispiellos.

senza|patria [sentsa'pa:tria] su. inv. Vaterlandslose(r) m; **~tetto** [-'tɛt-to] su. inv. Obdachlose(r) m.

sepalo [se:palo] m Kelchblatt n.

separ|abile [sepa'ra:bile] trennbar; **~abilità** [-rabili'ta] f Trennbarkeit f; **~are** [-'ra:re] (1a od. 11 u. b) trennen; Physiol. absondern; **~ata-mente** [-rata'mente] einzeln; **~a-tismo** [-ra'tizmo] m Separatismus m; **~atista** [-ra'tista] (m/pl. -i) **1.** su. Separatist(in f) m; **2.** adj. separatistisch; **~azione** [-ratsi'o:ne] f Trennung f; Absonderung f.

sep|olcrale [sepol'kra:le] Grab..., Grabes...; **~olcreto** [-pol'kre:to] m Grabstätte f; **~olcro** [-'polkro] m Grab n; **~olto** [-'polto] s. seppel-lire; **~oltura** [-pol'tu:ra] f Begräb-nis n.

seppell|imento [sep-pel-li'mento] m Bestattung f; **~ire** [-li:re] (4d) begraben.

seppi [sɛp-pi] s. sapere.

seppia [sɛp-pia] f Tintenfisch m; Sepia f; color **~** Sepiafarbe f.

seppure [sep-'pu:re] wenn über-haupt.

sequ|ela [seku'ɛ:la] f lange Reihe f, Kette f; **~enza** [-ku'entsa] f Se-quenz f, Serie f, lange Reihe f; Rel. Sequenz f.

sequestr|abile [sekues'tra:bile] se-questrierbar; **~are** [-'tra:re] (1b) beschlagnahmen; **~atario** [-tra'ta:-rio] m (pl. -ri) Zwangsverwalter m.

sequestro [seku'ɛstro] m Beschlag-nahme f; **~** di persona Menschen-raub m.

sera [se:ra] f Abend m; di **~** abends; questa **~** heute abend; la **~** abends, gegen Abend.

serafico [se'ra:fiko] (pl. -ci) sera-phisch, engelhaft.

serafino [sera'fi:no] m Seraph m.

ser|ale [se'ra:le] abendlich; Abend ...; **~ata** [-'ra:ta] f Abend m; **~**

danzante Tanzabend m; **~** d'onore Ehrenvorstellung f; **~** di gala Gala-abend m.

serb|are [ser'ba:re] (1b) (auf)be-wahren; **~arsi** [-'barsi] sich er-halten; **~atoio** [-ba'to:io] m (pl. -oi) Reservoir n, Behälter m; **~** d'acqua Wasserspeicher m; **~** di olio Öltank m; **~** di riserva Reserve-tank m.

serbo[1] [serbo] **1.** adj. serbisch; **2.** m Serbe m; Serbisch(e) n.

serbo[2] [serbo] m Aufbewahrung f; avere (tenere) in **~** aufbewahren.

seren|ata [sere'na:ta] f Serenade f, Abendständchen n; **~ella** [-'nel-la] f Flieder m; **~issima** [-'nis-sima]: la ♀ die Durchlauchtigste (Beiname Venedigs); ehm. Venezianische Re-publik f; **~issimo** [-'nis-simo] durchlauchtigst; **~ità** [-ni'ta] f Klarheit f; Heiterkeit f; fig. Aus-geglichenheit f.

sereno [se're:no] **1.** adj. klar; heiter; hell; fig. abgeklärt, ausgeglichen; **2.** m heiteres Wetter n.

sergente [ser'dʒɛnte] m Sergeant m, Unteroffizier m; ⊕ Zwinge f.

serico [sɛ:riko] (pl. -ci) Seiden...

seri|coltore [serikol'to:re] m Sei-denraupenzüchter m; **~coltura** [-'tu:ra] f Seidenraupenzucht f.

serie [sɛ:rie] f inv. Serie f, Folge f; Satz m, Garnitur f; articolo m di **~** Serienartikel m; collegamento in **~** Serienschaltung f; fabbrica-zione f in **~** Serienfabrikation f; fuori **~** außer der Reihe; auto f fuori **~** Spezialmodell n.

serietà [serie'ta] f Ernst m.

serigrafia [serigra'fi:a] f Siebdruck m.

serio [sɛ:rio] (pl. -ri) **1.** adj. ernst; ernsthaft; **2.** m Ernst m; sul **~** im Ernst; tra il **~** e il faceto halb im Ernst und halb im Scherz.

serm|one [ser'mo:ne] m Rede f; Predigt f; **~oneggiare** [-moned-'dʒa:re] (1f) salbadern.

serotino [se'rɔ:tino] spätreif; abend-lich; fig. verspätet.

serpa [serpa] f Kutscherbock m.

serpaio [ser'pa:io] m (pl. -ai) Schlangengrund m.

serpe [sɛrpe] f Schlange f.

serp|eggiamento [serped-dʒa'men-to] m Schlangenwindung f; **~eg-giante** [-'dʒante] gewunden, win-

S

dungsreich; **~eggiare** [-'dʒaːre] (1f) sich schlängeln; *Krankheit*: um sich greifen; **~entaria** [-pen-'taːria] *f* Schlangenkraut *n*; **~ente** [-'pente] *m* Schlange *f*; *~ a sonagli* Klapperschlange *f*; **~entina** [-pen-'tiːna] *f* Serpentine *f*, Kehre *f*; ⊕ Schlange *f*; *~ di raffreddamento* Kühlschlange *f*; **~entino** [-pen-'tiːno] schlangenartig; Schlangen...

serqua [serkua] *f* große Anzahl *f*.

serra [sɛr-ra] *f* Treibhaus *n*.

serra|fila [ser-ra'fiːla] *m inv.* Hintermann *m*; **~filo** [-'fiːlo] *m* Klemmschraube *f*; ⚡ Polklemme *f*.

serraglio [ser-'raʎːo] *m* (*pl.* -gli) Menagerie *f*; Serail *n*.

serramanico [ser-ra'maːniko]: *coltello m a ~* Klappmesser *n*.

serr|ame [ser-'raːme] *m* Verschluß *m*; **~anda** [-'randa] *f* Rolladen *m*; **~are** [-'raːre] (1b) schließen; verschließen; drücken; *Arbeiter* aussperren; *Tür* verriegeln; *in una serra ein Gedränge*; **~arsi** [-'rarsi] sich drängen; sich zusammenschließen; **~ata** [-'raːta] *f* Arbeiteraussperrung *f*; **~ato** [-'raːto] geschlossen; dicht; *fig.* folgerichtig, logisch; *stile ~* gedrängter Stil *m*; **~atura** [-ra'tuːra] *f* Schloß *n*.

serto [serto] *m lit.* Kranz *m*.

serva [serva] *f* Magd *f*; Dienstmädchen *n*.

serv|aggio [ser'vad-dʒo] *m* Knechtschaft *f*; **~ibile** [-'viːbile] brauchbar; **~igio** [-'viːdʒo] *m* (*pl.* -gi) Dienst *m*; **~ile** [-'viːle] knechtisch; **~ilismo** [-vi'lizmo] *m* Servilismus *m*, knechtische Gesinnung *f*; **~ilità** [-vili'ta] *f* Servilität *f*, Unterwürfigkeit *f*.

serv|ire [ser'viːre] (4b) **1.** *v/i.* dienen; nützen; passen; *a che serve quest'arnese?* wozu dient dieses Gerät?; *~ da bere a qu.* j-m zu trinken geben; **2.** *v/t.* bedienen; reichen; *Speisen* auftragen; *in che posso servirla?* womit kann ich Ihnen dienen?; *~ da qu.* bei j-m kaufen; *si serve del mio dizionario* er benutzt mein Wörterbuch.

serv|ito [ser'viːto] bedient; *Speisen*: aufgetragen; *ben ~ s. benservito*; **~itore** [-vi'toːre] *m* Diener *m*; **~itù** [-vi'tu] *f* Dienerschaft *f*; *Pol.* Knechtschaft *f*; ⚖ Servitut *n*; **~i-**

ziale [-vitsi'aːle] *m* Klistier *n*; **~izievole** [-vitsi'eːvole] dienstfertig; **~izio** [-'viːtsio] *m* (*pl.* -zi) Dienst *m*; Bedienung *f*; Bedienungsgeld *n*; Service *n*; Verkehr *m*, Betrieb *m*; *~ ausiliare* Hilfsdienst *m*; *~ meteorologico* Wetterdienst *m*; *~ d'informazioni* Nachrichtendienst *m*; *~ militare* Wehrdienst *m*; *~ militare obbligatorio* allgemeine Wehrpflicht *f*; *~ automatico* Selbstbedienung *f*; *~ d'emergenza* Bereitschaftsdienst *m*; *~ di linea* Linienverkehr *m*; *Zeitung*: *~ speciale* Sonderbericht *m*; *~ di sorveglianza* Überwachungsdienst *m*; *~ allo sportello* Schalterdienst *m*; *~ locale* Nahverkehr *m*; *~ da tavola* Tafelservice *n*; *di ~* diensthabend; *fuori ~* außer Dienst; außer Betrieb; *in ~* im Dienst; in Betrieb; *per ~* dienstlich; *mezzo ~* Aufwartestelle *f*; *donna a mezzo ~* Aufwartefrau *f*.

servo [servo] **1.** *adj.* knechtisch; **2.** *m* Knecht *m*; Dienstbote *m*.

servo|freno [servo'freːno] *m* Servobremse *f*; **~sterzo** [-'stertso] *m* Servolenkung *f*.

sesamo [sɛzamo] *m* Sesam(kraut *n*) *m*.

sess|agenario [ses-sadʒe'naːrio] (*pl.* -ri) sechzigjährig; **~agesima** [-sa'dʒeːzima] *f* Sonntag *m* Sexagesima; **~agesimo** [-sa'dʒeːzimo] sechzigste; **~anta** [-'santa] sechzig; **~antenne** [-san'ten-ne] sechzigjährig; **~antennio** [-san'ten-nio] *m* Zeitraum *m* von sechzig Jahren; **~antesimo** [-san'teːzimo] **1.** *adj.* sechzigste; **2.** *m* Sechzigstel *n*; **~antina** [-san'tiːna] etwa sechzig; *sulla ~* um sechzig herum; *in den Sechzigern*; **~ennale** [-sen-'naːle] alle sechs Jahre wiederkehrend; **~ennio** [-'sen-nio] *m* (*pl.* -nni) Zeitraum *m* von sechs Jahren.

sessione [ses-si'oːne] *f* Session *f*; Sitzungsperiode *f*, Tagung *f*; *~ di esami* Prüfungsperiode *f*.

sesso [ses-so] *m* Geschlecht *n*; *differenza f di ~* Geschlechtsunterschied *m*.

ses|suale [ses-su'aːle] geschlechtlich; Geschlechts...; **~sualità** [-suali'ta] *f* Sexualität *f*.

sesta [sesta] *f* Sechste *f*; ♪ Sexte *f*.

sest|ante [ses'tante] *m* Sextant *m*;

~etto [-'tet-to] *m* Sextett *n*; **~ina** [-'ti:na] *f Lit.* Sestine *f.*

sesto¹ [sesto] *m* Ordnung *f*; *Typ.* Format *n*; *rimettere qc. in ~ et.* wieder in Ordnung bringen; *arco m a ~ acuto* Spitzbogen *m*; *arco m a tutto ~* Rundbogen *m.*

sesto² [sesto] **1.** *adj.* sechste; **2.** *m* Sechstel *n.*

sestultimo [ses'tultimo] sechst-letzte.

sestuplo [sestuplo] sechsfach.

seta [se:ta] *f* Seide *f*; **~** *artificiale* Kunstseide *f*; **~** *cruda* Rohseide *f*; **~** *da cucire* Nähseide *f*; *industria f della ~* Seidenindustrie *f*; *stoffa f di ~* Seidenstoff *m.*

set|acciare [setat-'tʃa:re] (1f) (durch)sieben; *Gelände* durchkäm-men; *fig.* genau untersuchen; **~accio** [-'tat-tʃo] *m* (*pl.* -cci) Sieb (Seidensieb) *n*; **~aceo** [-'ta:tʃeo] seidenartig.

sete [se:te] *f* Durst *m*; *aver ~* durstig sein; *fig. aver ~ di* dürsten nach (*dat.*).

set|eria [sete'ri:a] *f* (*mst pl.* -e) Seidenwaren *f/pl.*; Seidenwaren-geschäft *n*; **~ificio** [-ti'fi:tʃo] *m* (*pl.* -ci) Seidenweberei *f.*

setola [se:tola] *f* Borste *f.*

setoloso [seto'lo:so] borstig.

setta [set-ta] *f* Sekte *f.*

sett|agono [set-'ta:gono] *m* Sieben-eck *n*; **~angolare** [-taŋgo'la:re] siebeneckig; **~angolo** [-'taŋgolo] *m* Siebeneck *n*; **~anta** [-'tanta] siebzig; **~antenne** [-tan'ten-ne] siebzigjährig; **~antesimo** [-tan'tɛ:-zimo] **1.** *adj.* siebzigste; **2.** *m* Sieb-zigstel *n*; **~antina** [-tan'ti:na] *f* etwa siebzig; *sulla ~* um siebzig herum; *in den Siebzigern.*

settario [set-'ta:rio] (*pl.* -ri) **1.** *adj.* sektiererisch; Sekten...; **2.** *m* Sek-tierer *m.*

sette [set-te] **1.** *adj.* sieben; **2.** *m* Sieben *n.*

settec|entesco [set-tetʃen'tesko] (*pl.* -chi) aus dem 18. Jahrhundert; **~entesimo** [-tʃen'tɛ:zimo] sieben-hundertste; **~entista** [-tʃen'tista] *m* (*pl.* -i) Schriftsteller, Künstler *m* des 18. Jahrhunderts; **~ento** [-'tʃɛnto] **1.** *adj.* siebenhundert; **2.** ♀ *il* achtzehntes Jahrhundert *n.*

sett|embre [set-'tembre] *m* Sep-tember *m*; **~enario** [-te'na:rio] (*pl.* -ri) **1.** *adj.* Sieben...; siebensilbig; **2.** *m* Siebensilb(l)er *m*; **~ennale** [-ten-na'le] siebenjährig; **~ennato** [-ten-'na:to] *m* Septennat *n*; **~enne** [-'ten-ne] siebenjährig; **~ennio** [-'ten-nio] *m* (*pl.* -nni) Zeitraum *m* von sieben Jahren.

settentri|onale [set-tentrio'na:le] **1.** *adj.* nördlich; Nord...; *Italia f ~* Norditalien *n*; *Europa f ~* Nordeu-ropa *n*; **2.** *m* Nordländer *m*; **~one** [-tri'o:ne] *m* Nord(en) *m*; *a ~* nördlich.

setticemia [set-titʃe'mi:a] *f* Blut-vergiftung *f.*

settico [set-tiko] (*pl.* -ci) septisch.

settima [set-tima] *f Klasse:* Sieben-te *f*; ♪ Septime *f.*

settim|ana [set-ti'ma:na] *f* Woche *f*; Wochenlohn *m*; *fine f ~* Wochen-ende *n*; *~ santa* Karwoche *f*; *a -e wochenweise*; *~ di propaganda* Werbewoche *f*; *giorni m/pl. della ~* Wochentage *m/pl.*; **~anale** [-ma-'na:le] **1.** *adj.* wöchentlich; **2.** *m* Wochenblatt *n*; **~ino** [-'mi:no] *m* Sebenmonatskind *n.*

settimo [set-timo] **1.** *adj.* siebente; **2.** *m* Siebentel *n.*

setto [set-to] *m* Scheidewand *f*; *~ nasale* Nasenscheidewand *f.*

settore [set-'to:re] *m* Abschnitt *m*; Sektor *m*; ⚕ Kreisausschnitt *m*; ⚔ Frontabschnitt *m*; Bereich *m*, Fach *n*; *~ economico* Wirtschafts-zweig *m.*

settuag|enario [set-tuadʒe'na:rio] (*pl.* -ri) siebzigjährig; **~esima** [-'dʒɛ:zima] *f* dritter Sonntag *m* vor der Fastenzeit; **~esimo** [-'dʒɛ:-zimo] siebzigste.

settuplo [set-tuplo] siebenfach.

sev|erità [severi'ta] *f* Strenge *f*; **~ero** [-'vɛ:ro] streng.

sevizia [se'vi:tsia] *f* Grausamkeit *f.*

sevizi|are [sevitsi'a:re] (1g) grau-sam mißhandeln; **~atore** [-a'to:re] *m* Peiniger *m*, Folterknecht *m.*

sezi|onare [setsio'na:re] (1a) glie-dern, aufteilen; *Leichen* sezieren, obduzieren; **~one** [-tsi'o:ne] *f* Sek-tion *f*, Abteilung *f*; ⚕ Schnittlinie *f*; *Anat.* Sezierung *f*; △ Durch-schnitt *m*; ⊕ Schnitt *m*; *~ aurea* Goldener Schnitt *m.*

sfaccendato [sfat-tʃen'da:to] **1.** *adj.* beschäftigungslos; **2.** *m* Müßig-gänger *m.*

sfaccett|are [sfat-tʃet-'ta:re] (1a) facettieren; **~atura** [-ta'tu:ra] f Facettierung f.

sfacchinare [sfak-ki'na:re] (1a) sich abschinden.

sfacci|ataggine [sfat-tʃa'tad-dʒine] f Unverschämtheit f; **~ato** [-'tʃa:to] **1.** adj. unverschämt; **2.** m frecher Kerl m.

sfacelo [sfa'tʃɛ:lo] m Zusammenbruch m.

sfald|are [sfal'da:re] (1a) zerblättern; **~arsi** [-'darsi] abblättern; **~atura** [-da'tu:ra] f Abblätterung f.

sfam|are [sfa'ma:re] (1a) j-s Hunger stillen; **~arsi** [-'marsi] s-n Hunger stillen.

sfarfallare [sfarfal-'la:re] (1a) sich entpuppen; umherflattern.

sfarfallone [sfarfal-'lo:ne] m Schnitzer m.

sfarzo [sfartso] m Prunk m.

sfarz|osità [sfartsosi'ta] f Prunkhaftigkeit f; Prunkliebe f; **~oso** [-'tso:so] prunkvoll.

sfas|amento [sfaza'mento] m ⚡ Phasenverschiebung f; fig. Verwirrung f, Zerfahrenheit f; **~are** [-'za:re] (1a) außer Phase bringen; fig. verwirren; **~ato** [-'za:to] außer Phase; fig. verwirrt, zerfahren.

sfasci|amento [sfaʃ-ʃa'mento] m Auswickeln n; Abnahme f des Verbandes; Zusammenbruch m; **~are** [-'ʃa:re] (1f) auswickeln; zertrümmern; kurz und klein schlagen; ⚕ den Verband abnehmen; **~arsi** [-'ʃarsi] zusammenstürzen; in Trümmer gehen; **~atura** [-ʃa'tu:ra] f s. sfasciamento.

sfatare [sfa'ta:re] (1a) aus der Welt schaffen, aufräumen mit (dat.).

sfaticato [sfati'ka:to] arbeitsscheu.

sfatto [sfat-to] Butter: zerschmolzen; fig. schlaff, verwelkt.

sfavill|ante [sfavil-'lante] funkelnd; fig. glänzend, strahlend; **~are** [-'la:re] (1a) funkeln.

sfav|ore [sfa'vo:re] m Ungunst f; **~orevole** [-vo're:vole] ungünstig.

sfebbrare [sfeb-'bra:re] (1b) fieberfrei werden.

sfegat|arsi [sfega'tarsi] (1l) sich die Lunge ausschreien; **~ato** [-'ta:to] leidenschaftlich; Stock...

sfera [sfe:ra] f Kugel f, Astr., fig. Sphäre f; Kreis m; Zeiger (Uhrzeiger) m; Zifferblatt n; penna f a ~

Kugelschreiber m; ~ d'affari Geschäftskreis m; ~ d'azione Wirkungskreis m, Tätigkeitsbereich m.

sfericità [sferitʃi'ta] f Kugelform f.

sferico [sfe:riko] (pl. -ci) kugelförmig.

sferrare [sfer-'ra:re] (1b) das Hufeisen abnehmen (dat.); Schläge versetzen; ~ l'offensiva die Offensive ergreifen.

sferruzzare [sfer-rut-'tsa:re] (1a) stricken.

sferza [sfertsa] f Peitsche f; la ~ del sole die glühendste Sonnenhitze.

sferz|are [sfer'tsa:re] (1b) peitschen; fig. geißeln; **~ata** [-'tsa:ta] f Peitschenhieb m.

sfianc|are [sfiaŋ'ka:re] (1d) **1.** v/t. aufreiben, zermürben; ausmergeln; **2.** v/i. u. **~arsi** [-'karsi] sich abkämpfen, sich abmühen; **~ato** [-'ka:to] müde, erschöpft; ausgemergelt.

sfiat|are [sfia'ta:re] (1a) ausströmen; **~arsi** [-'tarsi] außer Atem kommen; sich die Lunge ausschreien; **~ato** [-'ta:to] außer Atem; Sänger: abgesungen; **~atoio** [-ta'to:io] m (pl. -oi) Luftloch n.

sfibbiare [sfib-bi'a:re] (1k) auf-, losschnallen.

sfibr|ante [sfi'brante] entnervend, aufreibend; **~are** [-'bra:re] (1a) entnerven; **~ato** [-'bra:to] entnervt, erschöpft.

sfida [sfi:da] f Herausforderung f.

sfid|ante [sfi'dante] m Herausforderer m; **~are** [-'da:re] (1a) herausfordern; trotzen (dat.); sfido io! das will ich meinen!; sfido! das möchte ich sehen!

sfid|ucia [sfi'du:tʃa] f Mißtrauen n; voto m di ~ Mißtrauensvotum n; **~uciare** [-du'tʃa:re] (1f) mit Mißtrauen erfüllen; **~uciarsi** [-du'tʃarsi] den Mut verlieren; **~uciato** [-du'tʃa:to] entmutigt.

sfigur|are [sfigu'ra:re] (1a) **1.** v/t. entstellen; **2.** v/i. sich schlecht ausnehmen; sich blamieren; **~ato** [-'ra:to] verunstaltet.

sfil|acciare [sfilat-'tʃa:re] (1f) ausfasern; **~acciatura** [-lat-tʃa'tu:ra] f Ausfaserung f; ausgefasertes Zeug n; **~are** [-'la:re] (1a) **1.** v/t. ausfädeln; Perlen usw. abziehen; Kleidungsstücke ausziehen; **2.** v/i. defilieren, vorbeimarschieren; **~ata** [-'la:ta] f Defilieren n; lange Reihe f; **~atino** [-la'ti:no] m langes Brot n.

sfilza [sfiltsa] f Reihe f.

Sfinge [sfind3e] f Sphinx f.

sfin|imento [sfini'mento] m Erschöpfung f; **~ire** [-'ni:re] (4d) erschöpfen; **~itezza** [-ni'tet-tsa] f Erschöpfung f; **~ito** [-'ni:to] erschöpft.   [muskel m.\

sfintere [sfin'te:re] m Schließ-\

sfior|are [sfio'ra:re] (1a) streifen; Thema berühren, andeuten; Milch abrahmen; **~atore** [-ra'to:re] m Überlauf m; **~ire** [-'ri:re] (4d) verblühen; **~itura** [-ri'tu:ra] f Verblühen n.

sfirena [sfi're:na] f Pfeilhecht m.

sfittato [sfit-'ta:to], **sfitto** [sfit-to] unvermietet, leer.

sfoc|ato [sfo'ka:to] Photo: unscharf; **~atura** [-ka'tu:ra] f Unschärfe f.

sfociare [sfo'tʃa:re] (1f) münden.

sfoder|are [sfode'ra:re] (11 u. c) aus der Scheide ziehen; Kleidung: das Futter austrennen; **~ato** [-'ra:-to] ohne Futter; Degen: gezogen.

sfog|are [sfo'ga:re] (1e) **1.** v/t. Luft machen (dat.); austoben; **2.** v/i. ausströmen, entweichen; **~arsi** [-'garsi] sich Luft machen; sich austoben; **~ con qu.** j-m sein Herz ausschütten; **~atoio** [-ga'to:io] m (pl. -oi) Luftloch n.

sfoggiare [sfod-'dʒa:re] (1f u. c) prunken mit.

sfoggio [sfɔd-dʒo] m (pl. -ggi) Prunk m; far **~** di qc. mit et. (dat.) prunken.

sfoglia [sfɔ:ʎa] f: pasta f **~** Blätterteig m.

sfogli|are [sfo'ʎa:re] (1g u. c) entblättern; Buch durchblättern; **~ata** [-'ʎa:ta] f Durchblättern n; Kochk. Blätterteig m; dare una **~ a** durchblättern; **~ato** [-'ʎa:to] entblättert, kahl; **~atura** [-ʎa'tu:ra] f Entblätterung f.

sfogo [sfo:go] m (pl. -ghi) Abfluß m, Abzug m; fig. Gefühlsausbruch m; Abreaktion f; Erleichterung f; ⊕ Luftloch n; ⚕ Ausschlag m; dare **~ a s. sfogare**.

sfolgor|ante [sfolgo'rante] leuchtend, glänzend; **~are** [-'ra:re] (1l) leuchten, glänzen.

sfollagente [sfol-la'dʒente] m inv. Gummiknüppel m.

sfoll|amento [sfol-la'mento] m Räumung f; Evakuierung f; **~are** [-'la:re] (1c) v/t. räumen; evakuieren; Personal abbauen; **2.** v/i. auseinandergehen; **~arsi** [-'larsi] sich leeren; **~ato** [-'la:to] m Evakuierte(r) m.

sfoltire [sfol'ti:re] (4d) lichten, weniger dicht machen.

sfond|are [sfon'da:re] (1a) den Boden ausschlagen (dat.); Wand einschlagen; ✕ Front durchbrechen; fig. **~ porte aperte** offene Türen einrennen; **~ato** [-'da:to] bodenlos; ricco **~** steinreich.

sfondo [sfondo] m Hintergrund m.

sform|are [sfor'ma:re] (1a) entstellen; ⊕ aus der Form nehmen; **~ato** [-'ma:to] m Kochk. Pastete f.

sfornare [sfor'na:re] (1a) aus dem Backofen nehmen.

sforn|ire [sfor'ni:re] (4d) entblößen; **~ito** [-'ni:to] bar; ohne (acc.); mittellos.

sfort|una [sfor'tu:na] f Unglück n; Pech n; **~unatamente** [-tunata-'mente] unglücklicherweise; **~unato** [-tu'na:to] unglücklich.

sforz|are [sfor'tsa:re] (1c) zwingen; ✕ erzwingen; **~arsi** [-'tsarsi] sich anstrengen; **~ato** [-'tsa:to] gezwungen; gekünstelt.

sforzo [sfɔrtso] m Anstrengung f; fare uno **~** sich Mühe geben; sich anstrengen; senza **~** mühelos.

sfottere [sfot-tere] (3a) P aufziehen, zum besten haben.

sfracellare [sfratʃel-'la:re] (1b) zerschmettern.

sfrangiare [sfran'dʒa:re] (1f) ausfransen.

sfrattare [sfrat-'ta:re] (1a) vertreiben; Mieter kündigen (dat.); Pol. ausweisen.

sfratto [sfrat-to] m Vertreibung f; Kündigung f; Ausweisung f; dare lo **~ a qu.** j-m kündigen.

sfrecciare [sfret-'tʃa:re] (1f) vorbeiflitzen.

sfreg|amento [sfrega'mento] m Reibung f; **~are** [-'ga:re] (1e) reiben.

sfregi|are [sfre'dʒa:re] (1f) verunstalten; **~ il viso a qu.** j-m e-e Schmarre im Gesicht beibringen; **~ato** [-'dʒa:to] durch e-e Schmarre verunstaltet.

sfregio [sfre:dʒo] m (pl. -gi) Verunstaltung *f*; Schmiß *m*; *fig.* Beschimpfung *f*.

sfren|are [sfre'na:re] (1a) die Zügel abnehmen (*dat.*); **~atezza** [-na'tet-tsa] *f* Zügellosigkeit *f*; **~ato** [-'na:to] zügellos; ausgelassen.

sfrond|are [sfron'da:re] (1a) entlauben; *fig.* das Unnütze entfernen (von); **~arsi** [-'darsi] das Laub verlieren; **~ato** [-'da:to] entlaubt; *fig.* gekürzt.

sfront|atezza [sfronta'tet-tsa] *f* Frechheit *f*; **~ato** [-'ta:to] **1.** *adj.* frech; **2.** *m* frecher Kerl *m*.

sfrutt|amento [sfrut-ta'mento] *m* Ausbeutung *f*; Ausnutzung *f*; **~are** [-'ta:re] (1a) ausbeuten; übervorteilen; **~atore** [-ta'to:re] *m* Ausbeuter *m*; Zuhälter *m*.

sfugg|ente [sfud-'dʒente] fliehend; **~evole** [-'dʒe:vole] flüchtig; **~ire** [-'dʒi:re] (4a) **1.** *v/i.* entgehen; entfallen; **2.** *v/t.* fliehen; meiden; **~ita** [-'dʒi:ta] *f*: *alla ~* flüchtig.

sfum|are [sfu'ma:re] (1a) **1.** *v/t.* (ab)schattieren; abtönen; **2.** *v/i.* verrauchen; verfliegen; *fig.* zunichte werden; **~ato** [-'ma:to] abgeschattet, abgetönt; *fig.* verraucht; **~atura** [-ma'tu:ra] *f* Abtönung *f*; *fig.* Nuance *f*, Schattierung *f*, Abstufung *f*; **~ino** [-'mi:no] *m* *Zeichenk.* Wischer *m*.

sfuriata [sfuri'a:ta] *f* Wutausbruch *m*; Anschnauzer *m*.

sfuso [sfu:zo] lose; *Butter:* zerlassen.

sgabello [zga'bel-lo] *m* Schemel *m*.

sgabuzzino [zgabud-'dzi:no] *m* Abstellraum *m*; Bude *f*; elendes Loch *n*.

sgamb|ettare [zgambet-'ta:re] (1a) strampeln; trippeln; **~etto** [-'bet-to] *m*: *fare lo ~ a qu.* j-m ein Bein stellen.

sganasci|are [zganaʃ-'ʃa:re] (1f) die Kinnbacken verrenken (*dat.*); **~arsi** [-'ʃarsi]: *~ dalle risa* sich schieflachen.

sganci|amento [zgantʃa'mento] *m* Abhängen *n*; Abkuppeln *m*; *fig.* Loslösung *f*; **~are** [-'tʃa:re] (1f) abhaken; abhängen; 💣 abkoppeln; *Bombe* auslösen; **~arsi** [-'tʃarsi] sich abhängen, sich abhaken; *fig.* sich loslösen.

sgangher|are [zgaŋge'ra:re] (1l) auseinanderreißen; *Tür* aus den Angeln heben; **~ato** [-'ra:to] klap-

p(e)rig, entzwei; *Person:* gebrechlich; *fig.* unzusammenhängend; auseinander; *risa f/pl.* **~e** ausgelassenes Gelächter *n*.

sgarb|ataggine [zgarba'tad-dʒine] *f*, **~atezza** [-ba'tet-tsa] *f* Unhöflichkeit *f*; Ruppigkeit *f*; **~ato** [-'ba:to] unhöflich, plump.

sgarbo [zgarbo] *m* Unhöflichkeit *f*.

sgargiante [zgar'dʒante] auffallend, grell.

sgarrare [zgar-'ra:re] (1a) **1.** *v/i.* seine Pflicht nicht erfüllen; **2.** *v/t.* verfehlen; *non ~ un minuto* auf die Minute pünktlich sein.

sgattaiol|are [zgat-taio'la:re] (1m) u. **~arsela** [-'larsela] fortschleichen.

sgelare [zdʒe'la:re] (1b) auftauen.

sgelo [zdʒe:lo] *m* Tauen *n*; Tauwetter *n*.

sghembo [zgembo] schief; schräg; *di ~* schief.

sgheronato [zgero'na:to] abgeschrägt.

sgherro [zgɛr-ro] *m* Scherge *m*.

sghignazz|are [zgiɲat-'tsa:re] (1a) grinsen; hohnlachen; **~ata** [-'tsa:ta] *f* Hohngelächter *n*.

sghimbescio [zgim'beʃ-ʃo] *s.* sghembo.

sgobb|are [zgob-'ba:re] (1c) schuften; büffeln; **~ata** [-'ba:ta] *f* Schufterei *f*; Büffelei *f*.

sgobbo [zgɔb-bo] *m* Büffeln *n*.

sgobbone [zgob-'bo:ne] *m* Arbeitstier *n*; Büffler *m*.

sgocciol|are [zgot-tʃo'la:re] (1l) **1.** *v/i.* (ab)tröpfeln; **2.** *v/t.* (ab-)tröpfeln lassen; **~atoio** [-la'to:io] *m* (*pl.* -oi) Traufdach *n*; *Phot.* Trockenständer *m*; **~atura** [-la'tu:ra] *f* Abtröpfeln *n*; Abgetropfte(s) *n*.

sgocciolo [zgot-tʃolo] *m* Rest *m*; *essere agli -i* am Ende sein.

sgol|arsi [zgo'larsi] (1a) sich die Lunge ausschreien; **~ato** [-'la:to] ohne Stimme; abgesungen.

sgomberare [zgombe'ra:re] (1l) *usw.* *s.* sgombrare *usw.*

sgombraneve [zgombra'ne:ve] *m inv.* Schneepflug *m*.

sgombrare [zgom'bra:re] (1a) räumen; ausräumen; *Hindernis* wegräumen, beseitigen; *Zimmer* aufräumen; *Land* räumen; *Wohnung, Haus* freimachen.

sgombro[1] [zgombro] **1.** *adj.* leer,

frei; **2.** *m* Räumung *f*; Auszug *m*; Umzug *m*; *Zimmer*: Aufräumung *f*.

sgombro² [zgombro] *m* Makrele *f*.

sgom|entare [zgomen'ta:re] (1a) erschrecken; **∼ento** [-'mento] **1.** *adj.* bestürzt; **2.** *m* Schrecken *m*.

sgominare [zgomi'na:re] (1l) zerschlagen, versprengen.

sgomitolare [zgomito'la:re] (1m) abwickeln.

sgonfi|are [zgonfi'a:re] (1k) **1.** *v/t.* abschwellen lassen; *Ballon* entleeren; **2.** *v/i. u.* **∼arsi** [-fi'arsi] abschwellen; zusammenfallen.

sgonfio [zgonfio] (*pl.* -fi) **1.** *adj.* abgeschwollen; eingefallen; *pneumatici m/pl.* -i luftleere Reifen *m/pl.*; **2.** *m Kleidung*: Puff *m*.

sgorbia [zgɔrbia] *f* Hohleisen *n*.

sgorbiare [zgorbi'a:re] (1k *u.* c) beklecksen, beschmieren.

sgorbio [zgɔrbio] *m* (*pl.* -bi) Klecks (Tintenklecks) *m*.

sgorgare [zgor'ga:re] (1e) hervorquellen; *Tränen*: fließen.

sgozz|are [zgot'tsa:re] (1a) abschlachten; *fig.* den Hals abschneiden; **∼ino** [-'tsi:no] *m fig.* Halsabschneider *m*.

sgrad|evole [zgra'de:vole], **∼ito** [-'di:to] unangenehm.

sgraff|iare [zgraf-fi'a:re] (1k) zerkratzen; **∼iatura** [-fia'tu:ra] *f* Kratzwunde *f*; **∼ignare** [-fi'ɲa:re] (1a) stibitzen.

sgraffio [zgraf-fio] *m* (*pl.* -ffi) Kratzwunde *f*.

sgrammatic|are [zgram-mati'ka:re] (1m *u.* d) grammatische Fehler machen; **∼ato** [-'ka:to] voller grammatischer Fehler; **∼atura** [-ka-'tu:ra] *f* grammatischer Fehler *m*.

sgran|are [zgra'na:re] (1a) auskörnen; *Schoten* aushülsen; *Augen* aufreißen; **∼atrice** [-na'tri:tʃe] *f* Entkörnungsmaschine *f*; **∼atura** [-na'tu:ra] *f* Auskörnen *n*; Aushülsen *n*.

sgranchire [zgraŋ'ki:re] (4d) rekken; *fig.* aufrütteln; **∼ le gambe** sich die Beine vertreten.

sgranocchiare [zgranok-ki'a:re] (1k) *mit Behagen* knabbern.

sgrassare [zgras-'sa:re] (1a) entfetten.

sgravare [zgra'va:re] (1a) entlasten.

sgravio [zgra'vio] *m* (*pl.* -vi) Ent-

lastung *f*; Erleichterung *f*; **∼ fiscale** Steuererleichterung *f*.

sgraziato [zgratsi'a:to] plump.

sgretol|amento [zgretola'mento] *m* Zersplittern *n*; Zerbröckelung *f*; **∼are** [-'la:re] (1l) zersplittern; **∼arsi** [-'larsi] zerbröckeln.

sgrid|are [zgri'da:re] (1a) (aus-) schelten; **∼ata** [-'da:ta] *f* Schelte *f*.

sgrondare [zgron'da:re] (1a) **1.** *v/i.* abtriefen; **2.** *v/t.* abtropfen lassen.

sgropp|are [zgrop-'pa:re] (1a) kreuzlahm machen; **∼ata** [-'pa:ta] *f* schneller Ritt *m*; *Sport*: Spurt *m*; **∼ato** [-'pa:to] kreuzlahm.

sgrossare [zgros-'sa:re] (1c) aus dem groben bearbeiten, zurichten; *fig.* anlernen.

sguai|ataggine [zguaia'tad-dʒine] *f* Taktlosigkeit *f*, Plumpheit *f*; **∼ato** [-'a:to] plump.

sguainare [zguai'na:re] (1a) *aus der Scheide ziehen*.

sgualcire [zgual'tʃi:re] (4d) zerknittern.

sgualdrina [zgual'dri:na] *f* Dirne *f*.

sguardo [zgu'ardo] *m* Blick *m*; *al primo* **∼** auf den ersten Blick; **∼ d'insieme** Überblick *m*.

sguarnire [zguar'ni:re] (4d) entblößen; die Garnitur abnehmen von.

sguatter|a [zgu'at-tera] *f* Küchenmagd *f*; **∼o** [-ro] *m* Küchenjunge *m*.

sguazzare [zguat-'tsa:re] (1a) planschen, plätschern; *fig.* schwelgen, schwimmen.

sguinzagliare [zguintsa'ʎa:re] (1g) loskoppeln; *fig.* hetzen.

sguisciare [zguiʃ-'ʃa:re] (1f) entschlüpfen.

sgusciare [zguʃ-'ʃa:re] (1f) **1.** *v/t.* abschälen; aushülsen; **2.** *v/i.* (aus-) gleiten; **∼ di mano** aus der Hand gleiten.

shampoo [ʃampo] *m inv.* Schampun *n*, Haarwaschmittel *n*.

shock [ʃɔk] *m inv.* Schock *m*; Erschütterung *f*.

shorts [ʃorts] *m/pl.* Shorts *pl.*

si¹ [si] **1.** *pron.* man; sich; **∼ dice** man sagt.

si² [si] *m ♪* H *n*; **∼ bemolle** B *n*; **∼ diesis** His *n*.

sì [si] **1.** *adv.* ja; so; *dire di* **∼** ja sagen; **2.** *m* Ja *n*; Jawort *n*.

sia [si:a], **siamo** [si'a:mo] *s.* essere.

siamese [sia'me:se] **1.** adj. siamesisch; **2.** su. Siamese m, Siamesin f.

sibar|ita [siba'ri:ta] m (pl. -i) Sybarit m, Genüßling m; **~itico** [-'ri:tiko] (pl. -ci) sybaritisch, genußsüchtig.

siberiano [siberi'a:no] sibirisch.

sibil|ante [sibi'lante] **1.** adj. zischend; **2.** f Zischlaut m; **~are** [-'la:re] (1l) zischen; pfeifen.

sibillino [sibil-'li:no] sibyllinisch; fig. zweideutig; geheimnisvoll.

sibilo [si:bilo] m Zischen n; Pfiff m.

sicario [si'ka:rio] m (pl. -ri) gedungener Meuchelmörder m.

sicché [sik-'ke] also; so daß.

siccità [sit-tʃi'ta] f Dürre f.

siccome [sik-'ko:me] sowie; da.

siciliano [sitʃili'a:no] **1.** adj. sizilianisch; **2.** m Sizilianer m; Sizilianisch(e) n.

sicomoro [siko'mɔ:ro] m Sykomore f, Maulbeerfeigenbaum m.

siculo [si:kulo] **1.** adj. lit. sizilianisch; **2.** m Sikuler m.

sicumera [siku'mɛ:ra] f Dünkel m, Einbildung f.

sic|ura [si'ku:ra] f Sicherung f, Sicherungsvorrichtung f; **~urezza** [-ku'ret-tsa] f Sicherheit f; Sicherung f; pubblica ~ öffentliche Sicherheit f, Polizei f; chiave f di ~ Sicherheitsschlüssel m; cintura f di ~ Sicherheitsgurt m; consiglio m di ~ Sicherheitsrat m; misure f/pl. di ~ Sicherheitsmaßnahmen f/pl.; patto m di ~ Sicherheitsabkommen n; sipario m di ~ eiserner Vorhang m; porta f di ~ Notausgang m; **~uro** [-'ku:ro] **1.** adj. sicher; geschickt, erfahren; di ~ sicherlich; **2.** m Sicherheit f; mettere al ~ in Sicherheit bringen; andare sul ~ ganz sicher gehen; **~urtà** [-kur'ta] f Sicherheit f; ✝ Versicherung f; fare ~ Bürgschaft leisten.

siderale, sidereo [side'ra:le, si'dɛ:reo] siderisch; Stern...; anno m ~ Sternjahr n.

sider|ite [side'ri:te] f Siderit m; Eisenspat m; **~urgia** [-rur'dʒi:a] f Eisenindustrie f; **~urgico** [-'rurdʒiko] (pl. -ci) **1.** adj. Eisen...; industria f -a Eisenindustrie f; **2.** m Eisenindustrielle(r) m; Eisenarbeiter m.

sidro [si:dro] m Obstwein m; Apfelmost m.

siedo [si'ɛ:do] s. sedere.

siepe [si'ɛ:pe] f Zaun m; Hecke f.

siero [si'ɛ:ro] m Molke f; ✍ Serum n; Physiol. Blutwasser n.

sier|oso [sie'ro:so] molkig; serumhaltig; **~oterapia** [-rotera'pi:a] f Serumtherapie f.

siesta [si'esta] f Siesta f, Mittagsruhe f.

siete [si'ɛ:te] s. essere.

siffatto [sif-'fat-to] derartig.

sif|ilide [si'fi:lide] f Syphilis f; **~ilitico** [-fi'li:tiko] (pl. -ci) syphilitisch.

sifone [si'fo:ne] m Saugröhre f; Phys. Heber m; Siphon m.

sigar|aio [siga'ra:io] m (pl. -ai) Zigarrenarbeiter m; Zigarettenverkäufer m; **~etta** [-'ret-ta] f Zigarette f; ~ col filtro Filterzigarette f.

sigaro [si:garo] m Zigarre f; piccolo ~ Zigarillo n u. m.

sigill|are [sidʒil-'la:re] (1a) (ver-)siegeln; **~atura** [-la'tu:ra] f Versiegeln n.

sigillo [si'dʒil-lo] m Siegel n.

sigla [si:gla] f Abkürzung f; Kennwort n; ~ musicale Erkennungsmelodie f.

siglare [sig'la:re] (1a) paraphieren, mit Namenszeichen versehen.

signific|ante [siɲifi'kante] bedeutungsvoll; bedeutend; bezeichnend; **~are** [-'ka:re] (1m u. d) bedeuten; kundtun; **~ativo** [-ka'ti:vo] bezeichnend; **~ato** [-'ka:to] m Bedeutung f.

sign|ora [si'ɲo:ra] f Herrin f; Frau f; Dame f; Gemahlin f; ~! gnädige Frau!; una vera ~ eine Dame; **~ore** [-'ɲo:re] m Herr m; ~! mein Herr!; è un ~ er ist ein reicher Mann; il signor N.N. Herr N.N.; **~oreggiare** [-ɲored-'dʒa:re] (1f) **1.** v/t. beherrschen; **2.** v/i. vorherrschen; **~oria** [-ɲo'ri:a] f Herrschaft f; Sua ♀, Vostra ♀ Ew. Wohlgeboren; **~orile** [-ɲo'ri:le] herrschaftlich; vornehm; **~orilità** [-ɲorili'ta] f Vornehmheit f; **~orina** [-ɲo'ri:na] f Fräulein n; ~! mein Fräulein!, gnädiges Fräulein!; **~orino** [-ɲo'ri:no] m junger Herr m; **~orotto** [-ɲo'rɔt-to] m Junker m; Duodezfürst m; **~orsì!** [-ɲor'si] jawohl, mein Herr!

sil|ente [si'lente] lit. schweigend; **~enziatore** [-lentsia'to:re]

Schalldämpfer m; **~enzio** [-'lɛntsio] m Schweigen (Stillschweigen) n; Stille f; *fare ~ schweigen; ~!* still!; Ruhe!; **~enzioso** [-lentsi-'o:so] still; schweigsam; stumm.

silfide [silfide] f Sylphe f.

silfo [silfo] m Luftgeist m.

silicato [sili'ka:to] m Silikat n.

silice [si:litʃe] f Kieselerde f.

siliceo [si'li:tʃeo] kieselartig.

silicio [si'li:tʃo] m Silizium n.

silicosi [sili'kɔ:zi] f Steinstaublunge f.

sillaba [sil-laba] f Silbe f.

sillab|are [sil-la'ba:re] (1l) buchstabieren; in Silben teilen; **~ario** [-'ba:rio] m (pl. -ri) Fibel f; **~azione** [-batsi'o:ne] f Buchstabierung f; Silbentrennung f.

sillogismo [sil-lo'dʒizmo] m Syllogismus m, logischer Schluß m.

silo [si:lo] m Silo m.

silofono [si'lɔ:fono] m Xylophon n.

silografia [silogra'fi:a] f Holzschneidekunst f; Holzschnitt m.

siluetta [silu'et-ta] f Schattenriß m.

sil|uramento [silura'mento] m Torpedierung f; fig. Absetzung f; **~urante** [-lu'rante] f Torpedoboot n; **~urare** [-lu'ra:re] (1a) torpedieren; fig. absetzen, absägen; **~urificio** [-luri'fi:tʃo] m (pl. -ci) Torpedofabrik f; **~uro** [-'lu:ro] m Zool. Wels m; 🛲 Torpedo(geschoß n) m.

silv|estre [sil'vɛstre] wild; Wald...; **~icoltore** [-vikol'to:re] m Forstwirtschaftler m; **~icoltura** [-vikol-'tu:ra] f Forstwirtschaft f.

simbiosi [simbi'ɔ:zi] f Symbiose f.

simb|oleggiare [simboled-'dʒa:re] (1f) symbolisieren; **~olico** [-'bɔ:liko] (pl. -ci) symbolisch, sinnbildlich; **~olismo** [-bo'lizmo] m Symbolismus m; **~olista** [-bo'lista] su. (m/pl. -i) Symboliker(in f) m; Lit. Symbolist(in f) m.

simbolo [simbolo] m Symbol n, Sinnbild n.

similare [simi'la:re] gleichartig.

simile [si:mile] **1.** adj. ähnlich; e -i und dergleichen, und anderes mehr; **2.** m Gleiche(r) m; Nächste(r) m; ama il tuo ~ liebe deinen Nächsten.

simil|itudine [simili'tu:dine] f Ähnlichkeit f; ꭡ Gleichnis n; **~oro** [-'lɔ:ro] m Simili n.

simm|etria [sim-me'tri:a] f Sym-

metrie f; **~etrico** [-'mɛ:triko] (pl. -ci) symmetrisch.

simon|ia [simo'ni:a] f Simonie f, Pfründenhandel m; **~iaco** [-'ni:ako] m (pl. -ci) Ämterverkäufer m.

simp|atia [simpa'ti:a] f Sympathie f; avere ~ per qu. j-n gut leiden können; **~atico** [-'pa:tiko] (pl. -ci) sympathisch; angenehm; liebenswert; poco ~ unbeliebt; **~atizzante** [-patid-'dzante] su. Gesinnungsfreund(in f) m; **~atizzare** [-patid-'dza:re] (1a) sympathisieren.

simposio [sim'pɔ:zio] m (pl. -si) Gastmahl n; Tagung f (von Fachleuten).

simulacro [simu'la:kro] m Bildnis n; fig Trugbild n.

simul|are [simu'la:re] (1l) heucheln, simulieren; **~ato** [-'la:to] fingiert; **~atore** [-la'to:re] m Heuchler m, Simulant m; **~atorio** [-la'tɔ:rio] (pl. -ri) heuchlerisch; **~azione** [-latsi'o:ne] f Heuchelei f.

simult|aneità [simultanei'ta] f Gleichzeitigkeit f; **~aneo** [-'ta:neo] gleichzeitig, simultan.

sinagoga [sina'gɔ:ga] f (pl. -ghe) Synagoge f.

sinc|erare [sintʃe'ra:re] (1b) j-n überzeugen; et. aufklären; **~erarsi** [-tʃe'rarsi] sich vergewissern; **~erità** [-tʃeri'ta] f Aufrichtigkeit f; **~ero** [-'tʃe:ro] aufrichtig, offen.

sinché [siŋ'ke] bis; solange.

sincopare [siŋko'pa:re] (1l) synkopieren.

sincope [siŋkope] f Gram., ⚕ Synkope f.

sincro|nia [siŋkro'ni:a] f, **~nismo** [-'nizmo] m Gleichzeitigkeit f; **~nizzare** [-nid-'dza:re] (1a) Film: synchronisieren; allg. in Übereinstimmung bringen, aufeinander abstimmen; **~nizzatore** [-nid-dza'to:re] m Synchronisator m; **~nizzazione** [-nid-dzatsi'o:ne] f Synchronisierung f, Synchronisation f.   [gleichzeitig.]

sincrono [siŋkrono] synchron,

sindac|abile [sinda'ka:bile] überprüfbar; kritisierbar; **~ale** [-'ka:le] gewerkschaftlich; **~alismo** [-ka-'lizmo] m Syndikalismus m; Gewerkschaftswesen n; **~alista** [-ka-'lista] su. (m/pl. -i) Syndikalist(in f) m; Gewerkschaft(l)er m; **~are** [-'ka:re] (1l u. d) kontrollieren;

kritisieren; **~ato** [-'ka:to] *m* Syndi-
kat *n*; Gewerkschaft *f*.

sindaco [sindako] *m* (*pl. -ci*) Bürgermeister *m*; ⚖ u. ✝ Syndikus *m*;
(**~** *del fallimento* Konkurs-)Ver-
walter *m*.

sindrome [sindrome] *f* Syndrom *n*.

sinedrio [si'nɛ:drio] *m* (*pl. -ri*)
Synedrium *n*; F Versammlung *f*.

sinf|onia [sinfo'ni:a] *f* Symphonie *f*;
~onico [-'fɔ:niko] (*pl. -ci*) sym-
phonisch; *concerto m* **~** Symphonie-
konzert *n*.

singh|iozzare [singiot-'tsa:re] (1a)
den Schluckauf haben; schluchzen;
~iozzo [-gi'ot-tso] *m* Schluckauf *m*;
Schluchzen *n*.

singol|are [singo'la:re] **1.** *adj.* ein-
zeln; besondere(r); sonderbar; *numero m* **~** Einzahl *f*; **2.** *m* Singular
m, Einzahl *f*; *Sport:* Einzel(spiel) *n*;
~ *femminile* Dameneinzel *n*; **~**
maschile Herreneinzel *n*; **~arità**
[-lari'ta] *f* Eigenartigkeit *f*; Eigentümlichkeit *f*.

singolo [singolo] **1.** *adj.* einzeln;
2. *m Rudersport:* Einer *m*.

singulto [sin'gulto] *m s. singhiozzo.*

sinistra [si'nistra] *f* Linke *f*; linke
Hand *f*; linke Seite *f*; *a* **~** links.

sinistr|amente [sinistra'mente] in
ungünstiger Weise; **~are** [-'tra:re]
(1a) beschädigen; **~ato** [-'tra:to] *m*
Verunglückte(r) *m*; Geschädigte(r)
m; **~** *da bombardamento* Ausge-
bombte(r) *m*; **~** *totale* Totalge-
schädigte(r) *m*.

sinistro [si'nistro] **1.** *adj.* link; *fig.*
unheilvoll; **2.** *m* Unfall *m*; *luogo m
del* **~** Unfallstelle *f*.

sinist|roide [sinis'trɔ:ide] *Pol.*
linksgerichtet, linksstehend; **~ror-
so** [-'trɔrso] linksgängig; *Pol.* linksgerichtet.

sino [si:no] bis.

sinodale [sino'da:le] Synodal...;
età f **~** kanonisches Alter *n*.

sinodo [si:nodo] *m* Synode *f*.

sinologo [si'nɔ:logo] *m* (*pl. -gi u.
-ghi*) Sinologe *m*.

sin|onimia [sinoni'mi:a] *f* Syn-
onymik *f*, Sinnverwandtschaft *f*;
~onimo [-'nɔ:nimo] **1.** *adj.* sinn-
verwandt; **2.** *m* Synonym *n*.

sinora [si'no:ra] bis jetzt, bisher.

sinottico [si'nɔt-tiko] (*pl. -ci*) über-
sichtlich; *quadro m* **~** Übersichtstabelle *f*.

sino|via [si'nɔ:via] *f* Gelenkwasser
n, Gelenkschmiere *f*; **~vite** [-no-
'vi:te] *f* Gelenkentzündung *f*.

sint|assi [sin'tas-si] *f* Syntax *f*;
~attico [-'tat-tiko] (*pl. -ci*) syn-
taktisch.

sintesi [sintezi] *f* Synthese *f*.

sint|etico [sin'te:tiko] (*pl. -ci*)
synthetisch; *cuoio m* **~** Kunstleder
n; **~etizzare** [-tetid-'dza:re] (1a)
zusammenfassen.

sintomatico [sinto'ma:tiko] (*pl.
-ci*) symptomatisch.

sintomo [sintomo] *m* Symptom *n*,
Anzeichen *n*.

sint|onia [sinto'ni:a] *f* Einklang *m*;
Radio: Abstimmung *f*; *manopola
f di* **~** Abstimmknopf *m*; *fuori* **~**
verstimmt; **~onico** [-'tɔ:niko] (*pl.
-ci*) *Radio:* abgestimmt; **~onizzare**
[-tonid-'dza:re] (1a) abstimmen;
fein(ein)stellen; *fig.* in Einklang
bringen; **~onizzatore** [-tonid-
dza'to:re] *m* Abstimmer *m*, Ab-
stimmapparat *m*; **~onizzazione**
[-tonid-dzatsi'o:ne] *f* Abstimmung
f.

sinu|osità [sinuosi'ta] *f* Gewunden-
heit *f*; Krümmung *f*; **~oso** [-nu'o:-
so] gewunden; krumm.

sinusite [sinu'zi:te] *f* Nebenhöhlen-
entzündung *f*.

sion|ismo [sio'nizmo] *m* Zionismus
m; **~ista** [-'nista] *su.* (*m/pl. -i*)
Zionist(in *f*) *m*.

sipario [si'pa:rio] *m* (*pl. -ri*) Vorhang *m*; **~** *di ferro* (*a. fig.*) eiserner
Vorhang *m*.

siracusano [siraku'za:no] **1.** *adj.*
syrakusisch; **2.** *m* Syrakuser *m*.

sirena [si'rɛ:na] *f* Sirene *f*; Heul-
sirene *f*; **~** *d'allarme* Alarmsirene *f*.

siriaco [si'ri:ako] (*pl. -ci*) syrisch.

sir|inga [si'ringa] *f* (*pl. -ghe*) 🚿
Spritze *f*; ♀ Flieder *m*; ♪ Flöte
(Pansflöte) *f*; **~ingare** [-rin'ga:re]
(1e) katheterisieren.

Sirio [si:rio] *m Astr.* Sirius *m*,
Hundsstern *m*.

sismico [sizmiko] (*pl. -ci*) seismisch,
Erdbeben...

sism|ografo [siz'mɔ:grafo] *m* Seis-
mograph *m*, Erdbebenmesser *m*;
~ogramma [-mo'gram-ma] *m* (*pl.
-i*) Seismogramm *n*; **~ologia**
[-molo'dʒi:a] *f* Erdbebenlehre *f*;
~ologo [-'mɔ:logo] *m* (*pl. -gi*)
Erdbebenforscher *m*.

sistema [sis'tɛːma] *m* (*pl.* -*i*) System *n*; *Pol.* Regierungsform *f*; *Phil.* Lehrgebäude *n*; ~ bancario Banksystem *n*; ~ elettorale Wahlsystem *n*; ~ di lavoro Arbeitsmethode *f*; ~ tributario Steuerwesen *n*, -system *n*; con ~ systematisch; cambiare ~ ein anderes System befolgen.

sistem|are [siste'maːre] (1b) regeln, in Ordnung bringen; unterbringen; ~**arsi** [-'marsi] seine Angelegenheiten ordnen; sich einrichten; e-e Stellung bekommen; *Mädchen*: e-n Mann finden; ~**atico** [-'maːtiko] (*pl.* -*ci*) systematisch; ~**azione** [-matsi'oːne] *f* Systematisierung *f*; Regelung *f*; Ein-, Aufteilung *f*; Unterbringung *f*; Einrichtung *f*.

sitibondo [siti'bondo] *lit.* durstig; ~ di qc. nach et. (*dat.*) dürstend.

sito [siːto] 1. *adj.* gelegen; 2. *m* Ort *m*.

situ|are [situ'aːre] (1l) stellen; setzen; legen; ~**ato** [-tu'aːto] gelegen; ~**azione** [-tuatsi'oːne] *f* Lage *f*; ~ economica Wirtschaftslage *f*; ~ del mercato Marktlage *f*.

slabbrare [zlab-'braːre] (1a) den Rand beschädigen.

slacciare [zlat-'tʃaːre] (1f) aufschnüren.

slalom [zlaːlom] *m* Slalom *m*, Torlauf *m*; ~ gigante Riesenslalom *m*.

slanci|are [zlan'tʃaːre] (1f) schleudern; ~**arsi** [-'tʃarsi] sich stürzen; *fig.* sich schwingen; ~**ato** [-'tʃaːto] schlank.

slancio [zlantʃo] *m* (*pl.* -*ci*) Schwung *m*; Anlauf *m*.

slargare [zlar'gaːre] (1e) erweitern.

slattare [zlat-'taːre] (1a) entwöhnen.

slavato [zla'vaːto] verwaschen.

slavina [zla'viːna] *f* Lawine *f*.

slav|ismo [zla'vizmo] *m* Slawismus *m*; ~**ista** [-'vista] *m* (*pl.* -*i*) Slawist *m*.

slavo [zlaːvo] 1. *adj.* slawisch; 2. *m* Slawe *m*; Slawin(e) *n*.

sle|ale [zle'aːle] unehrlich; ~**altà** [-al'ta] *f* Unehrlichkeit *f*.

sleg|are [zle'gaːre] (1e) losbinden; auflösen; ~**arsi** [-'garsi] aufgehen; ~**ato** [-'gaːto] losgebunden, gelöst; ⚠ zusammenhanglos.

slesiano [zlesi'aːno] 1. *adj.* schlesisch; 2. *m* Schlesier *m*.

slitta [zlit-ta] *f* Schlitten *m* (*a.* ⊕); ~ a motore Motorschlitten *m*.

slitt|amento [zlit-ta'mento] *m* Gleiten *n*, Rutschen *n*; *Auto:* Schleudern *n*; ~**are** [-'taːre] (1a) Schlitten fahren; gleiten, rutschen; ~**ino** [-'tiːno] *m* Rodel *m*, (Rodel-) Schlitten *m*; pista *f* per -*i* Rodelbahn *f*.

slog|amento [zloga'mento] *m* Ausrenkung *f*; ~**are** [-'gaːre] (1e) verrenken; ~**arsi** [-'garsi]: ~ un piede sich den Fuß verrenken; ~**atura** [-ga'tuːra] *f* Verrenkung *f*.

sloggiare [zlod-'dʒaːre] (1f) 1. *v/t.* vertreiben; *Mieter* hinaussetzen; 2. *v/i.* ausziehen.

slombare [zlom'baːre] (1a) kreuzlahm machen.

slovacco [zlo'vak-ko] *m* (*pl.* -*cchi*) 1. *adj.* slowakisch; 2. *m* Slowake *m*; Slowakisch(e) *n*.

sloveno [zlo'veːno] 1. *adj.* slowenisch; 2. *m* Slowene *m*; Slowenisch(e) *n*.

smaccato [zmak-'kaːto] übertrieben; widerlich.

smacchi|are [zmak-ki'aːre] (1k) Flecken entfernen von (*dat.*), reinigen; ~**atore** [-kia'toːre] *m* Fleckenreiniger *m*; Reinigungsmittel *n*; ~**atura** [-kia'tuːra] *f* Fleckenreinigung *f*.

smacco [zmak-ko] *m* (*pl.* -*cchi*) Schmach *f*; Niederlage *f*.

smagli|ante [zmaʎ'ʎante] glänzend; ~**are** [-'ʎaːre] (1g) 1. *v/t.* die Maschen auflösen; 2. *v/i.* glänzen; ~**atura** [-ʎa'tuːra] *f* Laufmasche *f*; 𝆑 Dehnungsstreifen *m*.

smagrire [zma'griːre] (4d) 1. *v/t.* mager machen; 2. *v/i.* abmagern.

smaliziato [zmalitsi'aːto] schlau, verschlagen.

smalt|are [zmal'taːre] (1a) emaillieren; *Porzellan* glasieren; ~**ato** [-'taːto] emailliert; glasiert; ~**atore** [-ta'toːre] *m* Emailleur *m*; Glasierer *m*; ~**atura** [-ta'tuːra] *f* Emaillierung *f*; Glasierung *f*.

smalt|imento [zmalti'mento] *m* Verdauen *n*; 🕈 Absatz *m*; ~**ire** [-'tiːre] (4d) verdauen; *Rausch* ausschlafen; *Waren* absetzen; *Geld* durchbringen.

smalto [zmalto] *m* Emaille *f*; Glasur

f; Lack *m*; ~ *per unghie* Nagellack *m*; ~ *dei denti* Zahnschmelz *m*.

smanceria [zmantʃe'riːa] *f* Ziererei *f*, Getue *n*; übertriebene Herzlichkeit *f*.

smangiato [zman'dʒaːto] zernagt; abgenutzt.

smania [zma:nia] *f* Raserei *f*; Gier *f* (*di nach dat.*); -e *pl.* Tobsucht *f*; *dare nelle -e* = **smaniare** [zmani'aːre] (1k) rasen.

smanierato [zmanie'raːto] unmanierlich.

smanioso [zmani'oːso] rasend; *essere* ~ *di qc.* et. heiß begehren.

smantellare [zmantel-'laːre] (1b) *Festung* schleifen; ~ *un bastimento* ein Schiff abwracken.

smargi|assata [zmardʒas-'saːta] *f* Großsprecherei *f*; **~asso** [-'dʒas-so] *m* Prahlhans *m*.

smarr|imento [zmar-ri'mento] *m* Verlust *m*; Verlegen *n*; Verirrung *f*; Verwirrung *f*; **~ire** [-'riːre] (4d) *zeitweilig* verlieren; verlegen; **~irsi** [-'rirsi] sich verirren; sich verwirren; **~ito** [-'riːto] verlegt; verloren; *fig.* verwirrt; verstört.

smascell|are [zmaʃ-ʃel-'laːre] (1b) *j-m* die Kinnladen verrenken; **~arsi** [-'larsi]: ~ *dalle risa* sich schieflachen.

smascher|are [zmaske'raːre] (1l) entlarven (*a. fig.*); *j-m* die Maske abnehmen; **~atore** [-ra'toːre] *m* Entlarver *m*.

smembr|amento [zmembra'mento] *m* Zerstück(e)lung *f*; **~are** [-'braːre] (1b) zerstückeln.

smemor|ataggine [zmemora'tad-dʒine] *f* Vergeßlichkeit *f*; **~ato** [-'raːto] vergeßlich.

sment|ire [zmen'tiːre] (4d) *j-n* Lügen strafen; et. dementieren; *non smentirsi* sich selbst treu bleiben; **~ita** [-'tiːta] *f* Dementi *n*; Rückzieher *m*.

smeraldo [zme'raldo] **1.** *m* Smaragd *m*; **2.** *adj.* smaragdgrün.

smerciare [zmer'tʃaːre] (1f *u.* b) absetzen.

smercio [zmertʃo] *m* (*pl. -ci*) Absatz *m*; Verkauf *m*.

smergo [zmergo] *m* (*pl. -ghi*) *Zool.* Säger *m*.

smer|igliare [zmeri'ʎaːre] (1g) schmirgeln; **~igliato** [-'ʎaːto]: *carta f -a* Glaspapier *n*; **~igliatrice** [-riʎa'triːtʃe] *f* Schmirgelmaschine *f*; **~iglio** [-'riːʎo] *m* (*pl. -gli*) Min. Schmirgel *m*; *Zool.* Merlin *m*.

smesso [zmes-so] *s.* smettere.

smettere [zmet-tere] (3ee) **1.** *v/t.* aufhören (*qc. mit et.*); *Kleider* ablegen; **2.** *v/i.* aufhören.

smezzare [zmed-'dzaːre] (1b) halbieren.

smidoll|are [zmidol-'laːre] (1a) das Mark herausnehmen aus; *fig.* entkräften; **~ato** [-'laːto] ohne Mark; *fig.* schwach; rückgratlos.

smiel|are [zmie'laːre] (1b) den Honig schleudern; **~atore** [-la'toːre] *m* Honigschleuder *f*.

smilitar|izzare [zmilitarid-'dzaːre] (1a) entmilitarisieren; **~izzazione** [-rid-dzatsi'oːne] *f* Entmilitarisierung *f*.

smilzo [zmiltso] schmächtig.

sminu|ire [zminu'iːre] (4d) **1.** *v/t.* vermindern; **2.** *v/i.* abnehmen; **~ito** [-nu'iːto] geschmälert.

sminuzz|amento [zminut-tsa'mento] *m* Zerbröckelung *f*; **~are** [-'tsaːre] (1a) zerbröckeln.

smist|amento [zmista'mento] *m* Sortierung *f*; 🚉 Rangieren *n*; *stazione f di* ~ Rangierbahnhof *m*; **~are** [-'taːre] (1a) sortieren; 🚉 rangieren.

smisur|abile [zmizu'raːbile] unmeßbar; **~atezza** [-ra'tet-tsa] *f* Unermeßlichkeit *f*; **~ato** [-'raːto] unermeßlich.

smobilit|are [zmobili'taːre] (1m) demobilisieren; **~azione** [-tatsi'oː-ne] *f* Demobilisierung *f*.

smoccolare [zmok-ko'laːre] (1l *u.* c) **1.** *v/t.* schneuzen; **2.** *v/i.* P fluchen.

smod|ato [zmo'daːto] maßlos; **~eratezza** [-dera'tet-tsa] *f* Unmäßigkeit *f*; Ausschweifung *f*; **~erato** [-de'raːto] unmäßig.

smog [smɔg] *m* inv. Smog *m*.

smont|abile [zmon'taːbile] abnehmbar; zusammenlegbar; **~aggio** [-'tad-dʒo] *m* Demontage *f*; **~are** [-'taːre] (1a) **1.** *v/i.* aussteigen; absteigen (*vom Pferde*); **2.** *v/t.* absetzen; ⊕ auseinandernehmen, demontieren; ⚒ ablösen; **~arsi** [-'tarsi] den Mut verlieren, verzagen; **~atura** [-ta'tuːra] *f* Auseinandernehmen *n*, Zerlegung *f*; Abbau *m*.

smorfia [zmɔrfia] *f* Grimasse *f*, Fratze *f*.

smorfioso [zmɔrfi'oːso] zimperlich.

smorto [zmɔrto] blaß; verblaßt; ausdruckslos.

smorz|amento [zmɔrtsa'mento] *m* Dämpfung *f*; ~are [-'tsaːre] (1c) dämpfen; *Licht* löschen; *Zigarette* ausdrücken; ~ato [-'tsaːto] gedämpft; ausgelöscht; ~atoio [-tsa-'toːio] *m* (*pl.* -oi) Dämpfer *m*; ~atore [-tsa'toːre] *m* Dämpfer *m*; ~atura [-tsa'tuːra] *f* Dämpfung *f*.

smossi [zmɔs-si], **smosso** [-so] *s.* smuovere.

smott|amento [zmɔt-ta'mento] *m* Erdrutsch *m*; ~are [-'taːre] (1c) abrutschen.

smozzic|are [zmɔt-tsi'kaːre] (1l *u.* d) zerstückeln; ~ato [-'kaːto] zerkleinert; *discorso m* ~ abgerissene Rede *f*.   [magert.]

smunto [zmunto] abgezehrt, abge-⌐

smuovere [zmu'ɔːvere] (3ff) fortbewegen; *Erde* auflockern; *fig. j-n* abbringen (*da von dat.*).

smuss|are [zmus-'saːre] (1a) abkanten, abschrägen; *fig.* abschwächen; ~ato [-'saːto] abgekantet, abgeschrägt; *fig.* abgeschwächt; ~atrice [-sa'triːtʃe] *f* Abschrägmaschine *f*; ~atura [-sa'tuːra] *f* Abstumpfung *f*.

snatur|are [znatu'raːre] (1a) entstellen; ~ato [-'raːto] entartet; unmenschlich.

snazionalizz|are [znatsionalid-'dzaːre] (1a) entnationalisieren; ~azione [-dzatsi'oːne] *f* Entnationalisierung *f*.

snebbi|are [zneb-bi'aːre] (1k) den Nebel zerstreuen von; *fig.* erhellen; aufklären; ~arsi [-bi'arsi] hell werden.

snell|ezza [znel-'let-tsa] *f* Schlankheit *f*; Behendigkeit *f*; ~ire [-'liːre] (4d) schlanker machen; beschleunigen; vereinfachen.

snello [znel-lo] schlank; behende.

snerv|amento [znerva'mento] *m* Entnervung *f*; ~ante [-'vante] zermürbend, aufreibend; ~are [-'vaːre] (1b) entnerven; ~ato [-'vaːto] zermürbt; schwach.

snidare [zni'daːre] (1a) *Vögel* aus dem Nest nehmen; *Feind* vertreiben.

snob [znɔb] *m inv.* Snob *m*.

snobismo [znɔ'bizmo] *m* Snobismus *m*.

snocciolare [znɔt-tʃo'laːre] (1l *u.* c) auskernen; *fig.* frei heraussagen; *Geld* herausrücken mit (*dat.*); *Gebete* herunterleiern.

snod|abile [znɔ'daːbile] gelenkig; ⊕ Gelenk...; ~are [-'daːre] (1c) lösen; aufknüpfen; ~arsi [-'darsi] sich auflösen; sich schlängeln; ~ato [-'daːto] gelenkig, geschmeidig; ~atura [-da'tuːra] *f* Gelenkbiegung *f*.

snodo [znɔ:do] *m* ⊕ Gelenk *n*.

snudare [znu'daːre] (1a) entblößen; *Schwert* ziehen.

so [sɔ] *s.* sapere.

so|ave [so'aːve] lieblich; süß; sanft; ~avità [-avi'ta] *f* Lieblichkeit *f*; Milde *f*.

sobb|alzare [sob-bal'tsaːre] (1a) aufspringen; ~alzo [-'baltso] *m* Sprung *m*; *di* ~ plötzlich; *dare un* ~ auffahren.

sobbarc|are [sob-bar'kaːre] (1d): ~ *qu. a qc.* j-m et. aufhalsen; ~arsi [-'karsi]: ~ *a qc.* sich e-r Sache unterziehen.

sobborgo [sob-'borgo] *m* (*pl.* -ghi) Vorstadt *f*.

sobill|are [sobil-'laːre] (1a) aufhetzen; ~atore [-la'toːre] *m* Aufwiegler *m*; Hetzredner *m*; ~azione [-latsi'oːne] *f* Aufhetzen *n*; Wühlarbeit *f*.

sobrietà [sobrie'ta] *f* Mäßigkeit *f*; *fig.* Maß *n*.

sobrio [sɔ:brio] (*pl.* -ri) mäßig; *fig.* maßvoll.

socchi|udere [sok-ki'uːdere] (3b) halb schließen; *Türen* anlehnen; ~uso [-'uːso] **1.** *s.* socchiudere; **2.** *adj.* angelehnt.

soccombente [sok-kom'bente] unterliegend; *parte f* ~ unterlegene Partei *f*.

soccombere [sok-'kombere] (3a) unterliegen; erliegen.

socc|orrere [sok-'kor-rere] (3o) helfen (*dat.*); ~orritore [-kor-ri-'toːre] *m* Helfer *m*; ~orsi [-'korsi] *s.* soccorrere; ~orso [-'korso] **1.** *s.* soccorrere; **2.** *m* Hilfe *f*; ⚔ Verstärkung *f*; *pronto* ~ Erste Hilfe *f*; Unfallstation *f*; ~ *stradale* Abschleppdienst *m*; ~ *invernale* Winterhilfswerk *n*; *gridare* ~ um Hilfe

S

rufen; segnale m di ~ Notzeichen n.

socialdemoc|ratico [sotʃaldemo-'kra:tiko] (pl. -ci) 1. adj. sozialdemokratisch; 2. m Sozialdemokrat m; **~razia** [-kra'tsi:a] f Sozialdemokratie f.

soci|ale [so'tʃa:le] gesellschaftlich; Pol. sozial; assicurazione f ~ Sozialversicherung f; oneri m/pl. -i Soziallasten f/pl.; politica f ~ Sozialpolitik f; **~alismo** [-tʃa'lizmo] m Sozialismus m; **~alista** [-tʃa-'lista] su. (m/pl. -i) Sozialist(in f) m; Sozialdemokrat(in f) m; **~alistico** [-tʃa'listiko] (pl. -ci) sozialistisch; **~alizzare** [-tʃalid'dza:re] (1a) vergesellschaften; **~alizzazione** [-tʃa-lid-dzatsi'o:ne] f Vergesellschaftung f; Sozialisierung f; **~età** [-tʃe'ta] f Gesellschaft f; Verein m; Klub m; ~ anonima Aktiengesellschaft f; ~ individuale Einzelfirma f; ~ in accomandita Kommanditgesellschaft f; **~evole** [-'tʃe:vole] gesellig; **~evolezza** [-tʃevo'let-tsa] f Geselligkeit f.

socio [sɔ:tʃo] m (pl. -ci) Sozius m, Kompagnon m, Teilhaber m; Mitglied n; Abonnent m.

soci|ologia [sotʃolo'dʒi:a] f Soziologie f, Gesellschaftslehre f; **~ologo** [-'tʃɔ:logo] m (pl. -gi) Soziologe m.

soda [sɔ:da] f Soda n; Sodawasser n.

sodalizio [soda'li:tsio] m (pl. -zi) Verein m; ~ sportivo Sportverein m.

soddisf|acente [sod-disfa'tʃɛnte] zufriedenstellend; befriedigend; **~acimento** [-fatʃi'mento] m Befriedigung f; **~are** [-'fa:re] (3aa) 1. v/t. befriedigen; Schulden begleichen; 2. v/i. nachkommen, Genüge leisten; **~atto** [-'fat-to] 1. s. soddisfare; 2. adj. zufrieden; essere ~ di qu. mit j-m zufrieden sein; **~azione** [-fatsi'o:ne] f Befriedigung f; Genugtuung f; Abfindung f; **~eci** [-'fe:tʃi] s. soddisfare.

sodezza [so'det-tsa] f Festigkeit f; Stärke f; Gediegenheit f.

sodio [sɔ:dio] m Natrium n.

sodo [sɔ:do] 1. adj. hart; fest; brach; F giù -e! feste!; 2. m Harte(s) n; fester Grund m; fig. Ernst m; venire al ~ zur Sache kommen.

sofà [so'fa] m inv. Sofa n.

soffer|ente [soffe'rɛnte] leidend; **~enza** [-'rɛntsa] f Leiden n; cam-

biale f in ~ notleidender Wechsel m.

sofferm|are [sof-fer'ma:re] (1a) ein Weilchen anhalten; **~arsi** [-'marsi] sich (einen Augenblick) aufhalten.

soff|ersi [sof-'fɛrsi], **~erto** [-'fɛrto] s. soffrire.

soffi|are [sof-fi'a:re] (1k) 1. v/t. blasen; Nase schnauben; fig. ~ qc. a qu. j-m et. abspenstig machen; ~ qc. negli orecchi et. zuflüstern; 2. v/i. blasen; pusten; schnauben; fig. spionieren; fig. ~ nel fuoco aufhetzen; **~ata** [-fi'a:ta] f Blasen n; Schnauben n; dare una ~ a qc. auf et. (acc.) blasen; **~atore** [-fia'to:re] m Bläser m; ~ di vetro Glasbläser m.

soffice [sof-fitʃe] weich.

soffi|eria [sof-fie'ri:a] f Gebläse n; **~etto** [-fi'et-to] m Blasebalg m; Verdeck (Wagenverdeck) n; F Reklame f; ~ editoriale Waschzettel m.

soffio [sof-fio] m Blasen n; Hauch m.

soffione [sof-fi'o:ne] m Blasrohr n; Souffleur m; fig. Spion m.

soffitt|a [sof-'fit-ta] f Dachstube f; **~are** [-fit-'ta:re] (1a) △ mit einer Decke versehen; **~o** [-'fit-to] m Decke (Zimmerdecke) f.

soffoc|amento [sof-foka'mento] m Ersticken n, Erstickung f; **~ante** [-'kante] erstickend; fig. bedrückend; **~are** [-'ka:re] (1l, c u. d) 1. v/t. ersticken (a. fig.); Aufruhr unterdrücken; 2. v/i. ersticken; **~azione** [-katsi'o:ne] f Erstickung f; Unterdrückung f.

soffregare [sof-fre'ga:re] (1e) sanft reiben.

soffribile [sof-'fri:bile] erträglich.

soffriggere [sof-'frid-dʒere] (3cc) Kochk. bräunen.

soffrire [sof-'fri:re] (4f) 1. v/t. ertragen; Schmerzen erleiden; j-n leiden, ertragen; 2. v/i. leiden (di an dat.).

soffr|issi [sof-'fris-si], **~itto** [-'frit-to] s. soffriggere.

soffuso [sof-'fu:zo] lit. bedeckt (di mit dat.).

sof|isma [so'fizma] m (pl. -i) Trugschluß m; **~ista** [-'fista] su. (m/pl. -i) Sophist(in f) m; **~istica** [-'fistika] f Sophistik f; **~isticaggine** [-fisti-'kad-dʒine] f Tüftelei f; **~isticare** [-fisti'ka:re] (1m u. d) 1. v/i. tüfteln; (be)kritteln; 2. v/t. verfälschen; **~isticazione** [-fistikatsi'o:ne] f Verfälschung f; **~isti-cheria** [-fistike'ri:a] f Sophisterei f, Tüftelei f; **~istico** [-'fistiko] (pl. -ci) sophistisch.

soggettista [sod-dʒet-'tista] m (pl. -i) Drehbuchautor m; Bühnenautor m.

soggett|ivismo [sod-dʒet-ti'vizmo] m Subjektivismus m; **~ività** [-tivi-'ta] f Subjektivität f; **~ivo** [-'ti:vo] subjektiv.

sogg|etto [sod-'dʒet-to] **1.** adj. unterworfen; ~ a dazio zollpflichtig; andare ~ a qc. an od. unter et. (dat.) leiden; **2.** m Gegenstand m; Thema n; Stoff m; Film: Idee f; Gram. Subjekt n; ✳ Patient m; F Kerl m; **~ezione** [-dʒetsi'o:ne] f Untertänigkeit f; Unterworfenheit f; Scheu f; senza ~ zwanglos; ungezwungen.

soggh|ignare [sog-gi'ɲa:re] (1a) grinsen; **~igno** [-'gi:ɲo] m Grinsen n.

soggiacere [sod-dʒa'tʃe:re] (2k) unterliegen; unterworfen sein.

soggiacqui [sod-'dʒak-kui] s. soggiacere.

soggiog|amento [sod-dʒoga'men-to] m Unterjochung f; **~are** [-'ga:re] (1e) unterjochen.

soggi|ornare [sod-dʒor'na:re] (1a) verweilen; **~orno** [-'dʒorno] m Aufenthalt m; (a. stanza f di ~) Wohnzimmer n; permesso m di ~ Aufenthaltserlaubnis f; tassa f di ~ Kurtaxe f.

soggiun|gere [sod-'dʒundʒere] (3d) hinzufügen; **~si** [-si], **~to** [-to] s. soggiungere.

sogguardare [sog-guar'da:re] (1a) verstohlen ansehen.

soglia [sɔ:ʎa] f Schwelle f.

soglio¹ [sɔ:ʎo] m Thron m.

soglio² [sɔ:ʎo] s. solere.

sogliola [sɔ:ʎola] f Seezunge f.

sogn|are [so'ɲa:re] (1a) u. **~arsi** [-'ɲarsi] träumen (di von dat.); **~atore** [-ɲa'to:re] m Träumer m.

sogno [so:ɲo] m Traum m; neppur per ~! nicht im Traum!; mondo m dei -i Traumwelt f; spiegazione f dei -i Traumdeutung f.

soia [sɔ:ia] f Soja(bohne) f.

sol [sɔl] m G n; ~ bemolle Ges n; ~ diesis Gis n.

solaio [so'la:io] m (pl. -ai) Dachboden m; Dachkammer f.

solamente [sola'mente] nur; ~ ieri erst gestern.

sol|are [so'la:re] Sonnen...; anno m ~ Sonnenjahr n; **~atio** [-la'ti:o] **1.** adj. der Sonne ausgesetzt; **2.** m Sonnenseite f.

solc|are [sol'ka:re] (1d) furchen; pflügen; **~atura** [-ka'tu:ra] f Furchung f.

solco [solko] m (pl. -chi) Furche f.

solcometro [sol'kɔ:metro] m ✲ Log n.

sold|ataccio [solda'tat-tʃo] m (pl. -cci) grober Soldat m; F (von Frauen) Dragoner m; **~ataglia** [-da'taʎa] f, **~atesca** [-da'teska] f (pl. -che) Kriegsvolk n; Soldatengesindel n; **~atesco** [-da'tesko] (pl. -chi) soldatenhaft; **~atino** [-da-'ti:no] m kleiner Soldat m; Spiel: Blei-, Pappsoldat m; **~ato** [-'da:to] m Soldat m; ~ semplice gemeiner Soldat m, Gemeine(r) m; ~ scelto Gefreite(r) m; andare ~ zu den Soldaten gehen; fare il ~ Soldat sein; ~ di marina Marinesoldat m; **~ino** [-'di:no] m Groschen m.

soldo [sɔldo] m Sold m; Soldo m (fünf Centesimi), Groschen m; -i pl. Geld n, F Moneten pl.

sole [so:le] m Sonne f; Sonnenlicht n; Sonnenschein m; c'è ~ die Sonne scheint; ~ artificiale Höhensonne f; stanza f di ~ Sonnenstich m; mettersi al ~ sich in die Sonne legen; prendere il (od. stare al) ~ sich sonnen.

solecchio [so'lek-kio] m: far ~ mit der Hand die Augen vor der Sonne schützen.

solecismo [sole'tʃizmo] m Sprachfehler m.

soleggi|are [soled-'dʒa:re] (1f) sonnen, in die Sonne legen; **~ato** [-'dʒa:to] sonnig.

solenne [so'len-ne] feierlich; F Erz...; un ~ briccone m ein Erzschelm m; uno schiaffo m ~ e-e gehörige Ohrfeige f.

solenn|ità [solen-ni'ta] f Feierlichkeit f; Feiertag m; **~izzare** [-nid-'dʒa:re] (1a) feiern.

solere [so'le:re] (2p) pflegen (zu).

sol|erte [so'lɛrte] emsig; **~erzia** [-'lɛrtsia] f Emsigkeit f.

soletta [so'let-ta] f Strumpfsohle f; Brandsohle f; ~ di gomma Gummisohle f.

S

soletto [so'let-to] mutterseelenallein.

solfa [sɔlfa] f Dudelei f, Leier f; *sempre la stessa ~!* es ist immer das alte Lied!

solf|ara [sol'fa:ra] f Schwefelbergwerk n; **~are** [-'fa:re] (1a) ausschwefeln; **~atara** [-fa'ta:ra] f Solfatare f.

solfato [sol'fa:to] m Sulfat n; *~ di rame* Kupfersulfat n.

solf|eggiare [solfed-'dʒa:re] (1f) solfeggieren; **~eggio** [-'fed-dʒo] m (pl. -ggi) Solfeggio n.

solfo [solfo] m s. zolfo.

solf|orico [sol'fɔ:riko] (pl. -ci) Schwefel...; *acido m ~* Schwefelsäure f; **~oroso** [-fo'ro:so] schwef(e)lig; **~uro** [-'fu:ro] m Sulfid n.

solid|ale [soli'da:le] solidarisch; **~arietà** [-darie'ta] f Solidarität f; **~ario** [-'da:rio] (pl. -ri) solidarisch; **~arizzare** [-darid-'dza:re] (1a) solidarisieren.

solidific|are [solidifi'ka:re] (1n u. d) **1.** v/t. fest (od. hart) werden lassen; **2.** v/i. u. **~arsi** [-'karsi] erhärten; **~azione** [-katsi'o:ne] f Härtung f, Erstarrung f.

solidità [solidi'ta] f Festigkeit f; Haltbarkeit f; *fig.* Zuverlässigkeit f.

solido [sɔ:lido] **1.** adj. fest; gründlich; haltbar; stichhaltig; kapitalkräftig; **2.** m *fester* Körper m; *in ~* solidarisch.

sol|iloquio [sol'lɔ:kuio] m (pl. -qui) Selbstgespräch n; **~ingo** lit. [-'lingo] (pl. -ghi) einsam.

solino [so'li:no] m Kragen m (Hemdkragen) m; *~ inamidato* steifer Kragen m.

sol|ista [so'lista] su. (m/pl. -i) Solist(in f) m; **~itario** [-li'ta:rio] (pl. -ri) **1.** adj. einsam; öde; verlassen; **2.** m Einsiedler m; Außenseiter m; *Spiel:* Patience f.

solito [sɔ:lito] **1.** adj. gewohnt; *siamo alle -e* immer die alte Geschichte f; **2.** m Gewohnheit f; *al ~* gewöhnlich.

solitudine [soli'tu:dine] f Einsamkeit f.

soll|azzare [sol-lat-'tsa:re] (1a) belustigen; **~azzevole** [-lat-'tse:vole] belustigend; **~azzo** [-'lat-tso] m Belustigung f.

sollecit|amento [sol-letʃita'mento] m Beschleunigen n; Ansporn(ung f)

m; **~are** [-'ta:re] (1m) beschleunigen; dringlich machen; nachsuchen um (acc.); anmahnen; erbitten; j-n ansporn; **~arsi** [-'tarsi] sich beeilen; **~atore** [-ta'to:re] m Gesuchsteller m; Fürsprecher m; **~atoria** [-ta'tɔ:ria] f Mahnbrief m; **~azione** [-tatsi'o:ne] f Antreibung f, Mahnung f; ⊕ Beanspruchung f; Belastung f.

soll|ecito [sol-'le:tʃito] **1.** adj. eilig; eilfertig; besorgt (di um acc.); **2.** m Aufforderung f; Mahnung f; **~ecitudine** [-letʃi'tu:dine] f Schnelligkeit f; Eilfertigkeit f; Sorge f.

solleone [sol-le'o:ne] m große Hitze f; Hundstage m/pl.

soll|eticare [sol-leti'ka:re] (1m u. d) kitzeln; *Appetit* reizen; *fig. ~* qu. j-m schmeicheln; **~etico** [-'le:tiko] m Kitzel m; Jucken n; *fare il ~ a* qu. j-n kitzeln.

sollev|amento [sol-leva'mento] m Heben n; Erhebung f; *~ pesi* Gewichtheben n; **~are** [-'va:re] (1b) erheben; aufheben; *Frage* aufwerfen; *Herz* erleichtern; *Pol.* aufwiegeln; **~arsi** [-'varsi] sich erheben; ⚓ sich vom Boden heben; **~ato** [-'va:to] erleichtert; **~atore** [-va'to:re] m Aufwiegler m; ⊕ Hebebühne f; **~azione** [-vatsi'o:ne] f Aufstand m, Erhebung f.

sollievo [sol-li'e:vo] m Erleichterung f; Trost m.

solluchero [sol-'lu:kero] m Wonne f; *andare in ~* vor Wonne zerfließen.

solo [so:lo] **1.** adj. u. adv. allein; nur; einzig; *al ~ pensiero* beim bloßen Gedanken; *due giorni -i* nur zwei Tage; *da ~ a ~* unter vier Augen; **2.** m Einzige(r) m; ♩ Solo n.

solstizio [sol'sti:tsio] m (pl. -zi) Sonnenwende f.

soltanto [sol'tanto] nur; allein; lediglich; (zeitlich) erst; *~ ieri* erst gestern.

sol|ubile [so'lu:bile] lösbar; 🜍 löslich; **~ubilità** [-lubili'ta] f Lösbarkeit f; Löslichkeit f; **~uzione** [-lutsi'o:ne] Lösung f; *~ di continuità* Unterbrechung f, Lücke f; *~ provvisoria* Zwischenlösung f; *possibilità f di ~* Lösungsmöglichkeit f; **~vente** [-'vente] **1.** adj. zahlungsfähig; **2.** m Lösemittel n; **~vibile** [-'vi:bile] zahlungsfähig; **~vibilità** [-vibili'ta] f Zahlungsfähigkeit f.

soma [ˈsɔːma] f Last f, Bürde f; *bestia* f *da ∼* Saumtier n; *fig.* Arbeitstier n.

somalo [ˈsɔːmalo] **1.** *adj.* somalisch; **2.** m Somali m; Somalisch(e) n.

somar|a [soˈmaːra] f Eselin f; **∼o** [-ro] m Esel m.

somatico [soˈmaːtiko] (*pl.* -ci) körperlich.

somigli|ante [somiˈʎante] ähnlich; **∼anza** [-ˈʎantsa] f Ähnlichkeit f; **∼are** [-ˈʎaːre] (1g): *∼ qu. od. a qu.* j-m ähnlich sein, j-m gleichen.

somma [som-ma] f Summe f; *fig.* Gesamtergebnis n; Inbegriff m; *∼ complessiva* Gesamtbetrag m; *tirare le -e* zusammenrechnen; *fig.* abrechnen; *in ∼ od. in ∼ delle -e* kurz und gut.

somm|amente [som-maˈmente] außerordentlich; **∼are** [-ˈmaːre] (1a) addieren, zusammenzählen; **∼ario** [-ˈmaːrio] (*pl.* -ri) **1.** *adj.* summarisch; *processo* m *∼* Schnellverfahren n; **2.** m Auszug m; Inhaltsangabe f; **∼ato** [-ˈmaːto]: *tutto ∼* alles in allem.

somm|ergere [som-ˈmɛrdʒere] (3uu) untertauchen; überschwemmen; *fig.* versenken; **∼ergersi** [-ˈmɛrdʒersi] untersinken; **∼ergibile** [-merˈdʒiːbile] m Unterseeboot n, U-Boot n; **∼ergibilista** [-merdʒibiˈlista] m (*pl.* -i) U-Boot-Matrose m; **∼ersi** [-ˈmersi], **∼erso** [-ˈmerso] s. *sommergere*; **∼ersione** [-mersiˈoːne] f Untertauchen n; Überschwemmung f.

sommesso [som-ˈmes-so] unterwürfig; *voce* f *-a* leise Stimme f.

somministr|are [som-ministraːre] (1a) darreichen; ♣ verabreichen; **∼azione** [-tratsiˈoːne] f Darreichung f.

sommissione [som-mis-siˈoːne] f Unterwürfigkeit f; Unterwerfung f.

sommità [som-miˈta] f Gipfel m; *conferenza* f *alla ∼* Gipfelkonferenz f.

sommo [som-mo] **1.** *adj.* höchst; **2.** m Gipfel m (*a. fig.*).

somm|ossa [som-ˈmɔs-sa] f Aufruhr m; Putsch m; **∼ossi** [-ˈmɔs-si], **∼osso** [-ˈmɔs-so] s. *sommuovere*; **∼ovimento** [-moviˈmento] m Aufruhr m; *fig.* Erschütterung f; **∼uovere** [-muˈɔːvere] (3ff) bewegen, erschüttern; *Volk* aufhetzen.

son|agliera [sonaˈʎɛːra] f Schellenhalsband n; **∼aglio** [-ˈnaːʎo] m (*pl.* -gli) Schelle f; *serpente* m *a ∼i* Klapperschlange f; **∼are** [-ˈnaːre] (1o) **1.** *v/t.* ♪ spielen; *Trommel, Stunden* schlagen; *Blasinstrumente* blasen; *Violine* streichen; *Glocken* läuten; *fig.* j-n durchprügeln; **2.** *v/i.* klingen; tönen; *Glocken:* läuten; *Stunden:* schlagen; *sono cinque anni sonati* es sind fünf volle Jahre; **∼ata** [-ˈnaːta] f Spielen n; Blasen n; Klingeln n; ♪ Sonate f; **∼atore** [-naˈtoːre] m ♪ Spieler m.

sonda [sonda] f Sonde f; *∼ gastrica* Magensonde f; *∼ lunare* Mondsonde f.

sond|aggio [sonˈdad-dʒo] m (*pl.* -ggi) Sondierung f; **∼are** [-ˈdaːre] (1a) sondieren.

son|eria [soneˈriːa] f Schlagwerk n; Läutewerk n; *∼ elettrica* elektrische Klingel f; **∼etto** [-ˈnet-to] m Sonett m.

sonn|acchioso [son-nak-kiˈoːso] schlaftrunken; **∼ambulismo** [-nambuˈlizmo] m Somnambulismus m, Nachtwandeln n; **∼ambulo** [-ˈnambulo] **1.** *adj.* mondsüchtig; **2.** m Nachtwandler m; **∼ecchiare** [-nek-kiˈaːre] (1k) schlummern; **∼ellino** [-nel-ˈliːno] m Schläfchen n; *schiacciare un ∼* ein Schläfchen machen; **∼ifero** [-ˈniːfero] **1.** *adj.* einschläfernd; **2.** m Schlafmittel n.

sonno [son-no] m Schlaf m; *∼ invernale* Winterschlaf m; *aver ∼* schläfrig sein; *prendere ∼* einschlafen.

sonn|olento [son-noˈlento] schläfrig; **∼olenza** [-noˈlentsa] f Schläfrigkeit f.

sono [soːno] s. *essere*.

son|orità [sonoriˈta] f Wohlklang m; **∼oro** [-ˈnɔːro] klangvoll; schallend; *colonna* f *-a* Tonspur f; *film* m *∼* Tonfilm m; *onde* f/*pl.* *-e* Schallwellen f/*pl.*

sontu|osità [sontuosiˈta] f Pracht f; **∼oso** [-tuˈoːso] prächtig.

soperchieria [soperkieˈriːa] f Gewalttätigkeit f.

sop|imento [sopiˈmento] m Einschläferung f; Beschwichtigung f; **∼ire** [-ˈpiːre] (4d) einschläfern; beschwichtigen; **∼ore** [-ˈpoːre] m Schlummer m; **∼orifero** [-poˈriːfero] einschläfernd; *fig.* langweilig.

soppalco [sop-'palko] *m* (*pl. -chi*) Hängeboden *m*; Dachgeschoß *n*.

sopperire [sop-pe'ri:re] (4d) sorgen (*a* für *acc.*); Kosten bestreiten.

soppesare [sop-pe'sa:re] (1a) wägen, abwiegen; *fig.* abwägen.

soppiantare [sop-pian'ta:re] (1a) verdrängen.

soppiatto [sop-pi'at-to]: *di* ~ verstohlen.

sopport|abile [sop-por'ta:bile] erträglich; **~are** [-'ta:re] (1c) ertragen; verkraften; Kosten tragen; **~azione** [-tatsi'o:ne] *f* Ertragen *n*; Erduldung *f*; *fig.* Duldsamkeit *f.*

sopporto [sop-'porto] *m* Stütze *f*; Träger *m.*

soppr|essata [sop-pres-'sa:ta] *f Art* Mettwurst *f*; **~essione** [-pres-si'o:ne] *f* Aufhebung *f*; Unterdrückung *f*; Beseitigung *f*; **~essi** [-'pres-si], **~esso** [-'pres-so] *s. sopprimere.*

sopprimere [sop-'pri:mere] (3r) unterdrücken; aufheben; *j-n* beseitigen.

sopra [so:pra] **1.** *prp.* auf, über; ~ *il tavolo* auf dem Tisch; ~ *la città* über der Stadt; ~ *tutto* vor allem; **2.** *adv.* oben; *la parte di* ~ der obere Teil.

sopra... *in Zssgn mst* über...

sopr|abito [so'pra:bito] *m* Überzieher *m*; Mantel *m*; **~accennato** [-prat-tʃen-'na:to] obenerwähnt; **~acciglio** [-prat-'tʃi:ʎo] *m* (*pl. le -a*) Augenbraue *f*; **~accitato** [-prat-tʃi'ta:to] obenerwähnt; **~affare** [-praf-'fa:re] (3aa) überrumpeln; überrennen; überwältigen; **~affazione** [-praf-fatsi'o:ne] *f* Übergriff *m*; Gewalttätigkeit *f*; **~affino** [-praf-'fi:no] hochfein; **~aggitto** [-prad-'dʒit-to] *m* Übernaht *f*; *cucitura f a* ~ überwendliche Naht *f*; **~aggiungere** [-prad-'dʒundʒere] (3d) (plötzlich) dazukommen, dazwischenkommen; **~aggiunta** [-prad-'dʒunta] *f* erneuter Zusatz *m*; *per* ~ obendrein; **~alluogo** [-pral-lu'ɔ:go] *m* (*pl. -ghi*) Besichtigung *f*; ⚓ Lokaltermin *m*; Tatbestandsaufnahme *f*; **~ammercato** [-pram-mer'ka:to]: *per* ~ obendrein; **~ammobile** [-pram-'mɔ:bile] *m* Tafelaufsatz *m*; Nippsache *f*; **~annaturale** [-pran-natu-'ra:le] übernatürlich; **~annome**

[-pran-'no:me] *m* Beiname *m*; **~annominare** [-pran-nomi'na:re] (1n) (*j-m*) Spitznamen anhängen; **~annominato** [-pran-nomi'na:to] obengenannt; **~annumerario** [-pran-nume'ra:rio] (*pl. -ri*) überzählig; **~annumero** [-pran-'nu:mero] *m* Überzahl *f*; *in* ~ überzählig.

soprano [so'pra:no] *m* Sopran *m*; *mezzo* ~ Mezzosopran *m.*

sopr|appensiero [soprap-pensi'e:ro] in Gedanken versunken; **~appiù** [-prap-pi'u] *m* Überschuß *m*; *per* ~ überdies; **~approfitto** [-prap-pro'fit-to] *m* Übergewinn *m*; ~ *di guerra* Kriegsgewinn *m*; **~ascarpa** [-pra'skarpa] *f* Überschuh *m*; **~ascritta** [-pra'skrit-ta] *f* Aufschrift *f*; Adresse *f*; **~ascritto** [-pra'skrit-to] obengenannt; **~assalto** [-pras-'salto]: *di* ~ plötzlich; **~assedere** [-pras-se'de:re] (2o) abwarten; vertagen; **~assoldo** [-pras-'soldo] *m* Zulage *f*; **~astare** [-pra'sta:re] (1q) überragen (*a acc.*); *fig.* überlegen sein (*dat.*); die Oberaufsicht haben (über *acc.*); **~astruttura** [-prastrut-'tu:ra] *f Phil.* Überbau *m*; ⚓ Aufbauten *m/pl.*; **~attassa** [-praf-'tas-sa] *f* Strafporto *n*; Steueraufschlag *m*; **~attutto** [-prat-'tut-to] vor allem; **~avanzare** [-pravan'tsa:re] (1a) **1.** *v/t.* übertreffen; **2.** *v/i.* übrigbleiben; **~avanzo** [-pra'vantso] *m* Überschuß *m*; *di* ~ im Überfluß; **~avvalutare** [-prav-valu'ta:re] (1a) überschätzen; **~avvalutazione** [-prav-valutatsi'o:ne] *f* Überschätzung *f*; **~avvenienza** [-prav-veni'entsa] *f* Hinzukommen *n*; unerwartetes Ereignis *n*; **~avvenire** [-prav-ve'ni:re] (4p) dazwischenkommen; *Krankheit:* hinzutreten; **~avvento** [-prav-'vento] *m* Übergewicht *n*; *fig.* Oberhand *f*; *prendere il* ~ *su qu.* die Oberhand über *j-n* gewinnen; **~avveste** [-prav-'veste] *f* Überkleid *n*; **~avvissi** [-prav-'vis-si] *s. sopravvivere.* **~avvissuto** [-prav-vis-'su:to] **1.** *adj.* überlebend; *fig.* überholt, veraltet; **2.** *m* Überlebende(r) *m*; **~avvivenza** [-prav-vi'ventsa] *f* Überleben *n*; **~avvivere** [-prav-'vi:vere] (3zz) überleben (*a qu.* j-n); **~edificare** [-predifi'ka:re] (1n *u.* d)

sospendere

überbauen; **~elevare** [-prele'va:re] (1b) aufstocken; **~elevato** [-prele-'va:to] aufgestockt; **~elevazione** [-prelevatsi'o:ne] f Überbau m; **~intendente** [-printen'dɛnte] m Oberaufseher m; Superintendent m; **~intendenza** [-printen'dɛntsa] f Oberaufsicht f; Superintendantur f; **~intendere** [-prin'tɛndere] (3c) die Oberaufsicht führen (a über acc.).

soprosso [so'prɔs-so] m Überbein n.
sopruso [so'pru:zo] m Gewalttat f; Schikane f.
soqquadro [sok-ku'a:dro]: mettere a ~ in Unordnung (Pol. in Aufruhr) bringen.
sor [sor], **sora** [so:ra] = signor, signora.
sorba [sɔrba] f Vogelbeere f; -e pl. Prügel pl.
sorb|ettiera [sorbet-ti'ɛ:ra] f Fruchteismaschine f; **~etto** [-'bet-to] m Sorbett m u. n; allg. Fruchteis n; **~ire** [-'bi:re] (4d) schlürfen; **~irsi** [-'birsi] aushalten, ertragen; sich zu Gemüte ziehen.
sorbo [sɔrbo] m Vogelbeerbaum m.
sorcio [sɔrtʃo] m (pl. -ci) Maus f.
sord|aggine [sor'dad-dʒine], **~ezza** [-'det-tsa] f Taubheit f.
sordidezza [sordi'det-tsa] f Schmutzigkeit f; fig. Filzigkeit f; Gemeinheit f.
sordido [sɔrdido] schmutzig; fig. geizig; filzig; gemein.
sord|ina [sor'di:na] f Dämpfer (Schalldämpfer) m; in ~ leise, heimlich; verstohlen; **~ità** [-di'ta] f Taubheit f.
sordo [sɔrdo] taub; dumpf.
sordomuto [sordo'mu:to] taubstumm.
sor|ella [so'rɛl-la] f Schwester f; **~ellastra** [-rel-'lastra] f Stiefschwester f.
sorgente [sor'dʒɛnte] f Quelle f.
sorgere [sɔrdʒere] (3d) sich erheben; entstehen; Sonne: aufgehen.
sorgivo [sor'dʒi:vo] Quell...; acqua f -a = **sorgiva** f Quellwasser n.
sorgo¹ [sɔrgo] m Hirse f.
sorgo² [sɔrgo] s. sorgere.
soriano [sori'a:no] getigert; gatto m ~ Tigerkatze f.
sormontare [sormon'ta:re] (1a) übersteigen; Schwierigkeiten überwinden.

sornione [sorni'o:ne] m Duckmäuser m.
sorpass|are [sorpas-'sa:re] (1a) übersteigen; j-n überholen; Sport: ~ di un giro überrunden; **~ato** [-pas-'sa:to] überholt; altmodisch, rückständig; **~o** [-'pas-so] m Überholung f; divieto m di ~ Überholverbot n.
sorpr|endente [sorpren'dɛnte] erstaunlich; verwunderlich; **~endere** [-'prɛndere] (3c) überraschen; ertappen, erwischen; befremden; **~esa** [-'pre:sa] f Überraschung f; Befremdung f; **~esi** [-'pre:si], **~eso** [-'pre:so] s. sorprendere.
sorr|eggere [sor-'red-dʒere] (3cc) stützen; **~eggersi** [-'red-dʒersi] sich aufrecht halten; **~essi** [-'res-si], **~etto** [-'ret-to] s. sorreggere.
sorr|idere [sor-'ri:dere] (3b) lächeln; zulächeln; **~isi** [-'ri:si] s. sorridere; **~iso** [-'ri:so] 1. s. sorridere; 2. m Lächeln n.
sors|ata [sor'sa:ta] f tiefer Zug m; **~eggiare** [-sed-'dʒa:re] (1f) schlürfen.
sorsi [sorsi] s. sorgere.
sorso [sorso] m Schluck m.
sorta [sɔrta] f Sorte f, Art f; non c'è pericolo di ~ es besteht absolut keine Gefahr.
sorte [sɔrte] f Los n; Schicksal n; Geschick n; buona ~ Glück n; mala ~ Unglück n; tirare a ~ losen; toccare in ~ zuteil werden.
sort|eggiare [sorted-'dʒa:re] (1f) auslosen; **~eggio** [-'ted-dʒo] m (pl. -ggi) Auslosung f; **~ilegio** [-ti'lɛ:-dʒo] m (pl. -gi) Zauberei f; **~ire** [-'ti:re] (4c) 1. v/t. vom Schicksal erhalten; Zweck erreichen; 2. v/i. ausgehen; **~ita** [-'ti:ta] f ✕ Ausfall m; schlagfertige Antwort f.
sorto [sorto] s. sorgere.
sorvegli|ante [sorve'ʎante] m Aufseher m; **~anza** [-'ʎantsa] f Überwachung f; Aufsicht f; **~are** [-'ʎa:re] (1g) überwachen.
sorvolare [sorvo'la:re] (1a) hinweggehen über (acc.); ✈ überfliegen.
sorvolo [sor'vo:lo] m Überflug m, Überfliegen n.
sosia [sɔ:zia] m inv. Doppelgänger m.
sosp|endere [sos'pendere] (3c) aufhängen; unterbrechen; stillegen; Zahlungen einstellen; Abreise auf-

schieben; *j-n* suspendieren; **~ensione** [-pensi'o:ne] *f* Aufhängung *f*; Abbruch *m*; Einstellung *f*; Pause *f*; *fig.* Ungewißheit *f*; Schweben *n*; *Auto:* Federung *f*; *Turnen:* Hang *m*; **~** anteriore Vorderradaufhängung *f*; **~** dal servizio Dienstenthebung *f*; **~** dei pagamenti Zahlungseinstellung *f*; **~ensiva** [-pen'si:va] *f* Aufschub *m*; **~ensivo** [-pen'si:vo] aufschiebend; **~esi** [-'pe:si] *s.* sospendere; **~eso** [-'pe:so] **1.** *s.* sospendere; **2.** adj. hängend; *fig.* schwebend; tenere in **~** in der Schwebe lassen.

sosp|ettabile [sospet-'ta:bile] verdächtig; zu Verdacht Anlaß gebend; **~ettare** [-pet-'ta:re] (1b) argwöhnen; **~** qu. od. di qu. j-n in Verdacht haben; **~etto** [-'pɛt-to] **1.** adj. verdächtig; **2.** *m* Verdacht *m*; **~ettoso** [-pet-'to:so] argwöhnisch.

sosp|ingere [sos'pindʒere] (3d) (vorwärts) stoßen; *Blick* schweifen lassen; **~insi** [-'pinsi], **~into** [-'pinto] *s.* sospingere; a ogni pie' sospinto auf Schritt und Tritt.

sosp|irare [sospi'ra:re] (1a) **1.** *v/i.* seufzen; **2.** *v/t.* herbeisehnen; **~iro** [-'pi:ro] *m* Seufzer *m*.

sossopra [sos-'so:pra] *s.* sottosopra.

sosta [sosta] *f* Rast *f*; far **~** rasten; *Auto:* Halten *n*; divieto *m* di **~** Halteverbot *n*.

sost|antivo [sostan'ti:vo] *m* Substantiv *n*, Hauptwort *n*; **~anza** [-'tantsa] *f* Stoff *m*; *Phil.* Substanz *f*; Nährgehalt *m*; Wesentliche(s) *n*; -e *pl.* Besitz *m*, Vermögen *n*; in **~** im wesentlichen; schließlich; **~anziale** [-tantsi'a:le] substantiell; wesentlich; **~anzioso** [-tantsi'o:so] nahrhaft; *fig.* gehaltvoll.

sostare [sos'ta:re] (1c) rasten; innehalten; (an)halten.

sost|egno [sos'te:ɲo] *m* Stütze *f*; Pfosten *m*; Gestell *n*, Ständer *m*; muro *m* di **~** Stützmauer *f*; a **~** di zur Stütze (gen.); **~enere** [-te'ne:re] (2q) halten, tragen; stützen; *j-s* Sache verfechten; *Rolle* spielen; *Kosten* bestreiten; *Prüfung* ablegen, bestehen; *Schmerzen* ertragen; *Standpunkt* vertreten; *j-n* unterhalten; *abs.* behaupten; aufrechterhalten; **~engo** [-'tɛŋgo] *s.* sostenere; **~enibile** [-te'ni:bile] haltbar; **~enimento** [-teni'mento] *m* Un

terhalt *m*; **~enitore** [-teni'to:re] *m* Befürworter *m*; Unterstützer *m*; **~enni** [-'ten-ni] *s.* sostenere; **~entamento** [-tenta'mento] *m* Unterhalt *m*; **~entare** [-ten'ta:re] (1b) ernähren; **~enutezza** [-tenu'tettsa] *f* Zurückhaltung *f*; **~enuto** [-te'nu:to] zurückhaltend.

sostit|uibile [sostitu'i:bile] ersetzbar; austauschbar; **~uire** [-tu'i:re] (4d) vertreten; ersetzen; ablösen; **~** qu. a qu. j-n in j-s Stelle setzen; **~uto** [-'tu:to] *m* Stellvertreter *m*; **~uzione** [-tutsi'o:ne] *f* Ablösung *f*; Ersetzung *f*; Einsetzung *f* in j-s Stelle.

sostrato [sos'tra:to] *m* Substrat *n*; Grundlage *f*.

sottacere [sot-ta'tʃe:re] (2k) verschweigen.

sottaceto [sot-ta'tʃe:to] *m* (mst pl. -i) in Essig Eingemachte(s) *n*.

sottana [sot-'ta:na] *f* Unterrock *m*; Soutane *f*.

sott|ecchi [sot-'tɛk-ki]: di **~** verstohlen; **~endere** [-'tɛndere] (3c) ♪ unterspannen; **~entrare** [-ten'tra:re] (1a): **~** a qu. an j-s Stelle treten; **~erfugio** [-ter'fu:dʒo] *m* (pl. -gi) Ausflucht *f*; di **~** heimlich.

sotterra [sot-'tɛr-ra] unter der Erde.

sotterr|anea [sot-ter-'ra:nea] *f* Untergrundbahn *f*; **~aneo** [-'ra:neo] **1.** adj. unterirdisch; **2.** *m* unterirdischer Gang *m*; Kellergeschoß *n*; Keller *m*; **~are** [-'ra:re] (1b) begraben; *Schätze* ein-, vergraben.

sott|igliezza [sot-ti'ʎet-tsa] *f* Dünne *f*, Dünnheit *f*; Feinheit *f*; *fig.* Schärfe *f*; Spitzfindigkeit *f*; **~ile** [-'ti:le] dünn; fein; *fig.* scharf; spitzfindig; **~ilizzare** [-tilid-'dza:re] (1a) tüfteln.

sottin|sù [sot-tin'su]: di **~** von unten herauf; **~tendere** [-'tɛndere] (3c) mit darunter verstehen; mit einbeziehen; si sottintende! selbstverständlich!; **~tesi** [-'te:si] *s.* sottintendere; **~teso** [-'te:so] **1.** *s.* sottintendere; **2.** *m* Hintergedanke *m*.

sotto [sot-to] **1.** prp. unter; **2.** adv. unten; **~!** ran!; **~** aceto in Essig; **~** Pasqua unmittelbar vor Ostern; c'è qc. **~** da steckt et. dahinter; se mi vien **~!** wenn ich ihn kriege!

sotto... in Zssgn Unter..., unter...

sotto|banco [sot-to'baŋko] heim

lich, unter der Hand; *vendere* ~
schwarz verkaufen; **~bosco**
[-'bɔsko] *m* (*pl. -chi*) Unterholz *n*;
~braccio [-'brat-tʃo]: *camminare* ~
Arm in Arm gehen; *prendere qu.* ~
sich bei j-m einhängen.

sottocchio [sot-'tɔk-kio] vor den
Augen; *tenere* ~ *i bambini* auf die
Kinder achten; *ho* ~ *la tua lettera*
ich habe deinen Brief vor mir
liegen.

sottoccupazione [sot-tok-kupatsi-
'o:ne] *f* Unterbeschäftigung *f*.

sotto|chiave [sot-toki'a:ve] unter
Verschluß; *fig.* hinter Schloß und
Riegel; **~cipria** [-'tʃi:pria] *m u. f
inv.* Puderunterlage *f*; **~classe**
[-'klas-se] *f* Untergattung *f*; **~coda**
[-'ko:da] *m inv.* Schwanzriemen *m*;
~commissione [-kom-mis-si'o:ne]
f Unterausschuß *m*; **~coperta**
[-ko'perta] *f* Unterdeck *n*; **~coppa**
[-'kop-pa] *f* Untersatz *m*; **~costo**
[-'kɔsto] unter dem Preis; **~cu-
taneo** [-ku'ta:neo] subkutan; **~es-
porre** [-es'por-re] (3ll) unterbe-
lichten; **~esposizione** [-espozitsi-
'o:ne] *f* Unterbelichtung *f*; **~fascia**
[-'faʃ-ʃa] *m inv.* ⚓ Kreuzband-
dung *f*; *spedire* ~ unter Kreuzband
versenden; **~fondazioni** [-fon-
datsi'o:ni] *f/pl.* Untermauerung *f*;
~fondo [-'fondo] *m* Radio: Ge-
räuschkulisse *f*; Hintergrund *m*;
~gamba [-'gamba]: *di* ~ leicht;
nicht ernst; **~lineare** [-line'a:re]
(1n) unterstreichen; *fig.* nachdrücklich betonen; **~lineatura** [-linea-
'tu:ra] *f* Unterstreichung *f*; *fig.*
Hervorhebung *f*; **~mano** [-'ma:no]
di ~ heimlich; **~marino** [-ma'ri:no]
1. *adj.* unterseeisch; *battello m* ~
= **2.** *m* Unterseeboot *n*; **~messo**
[-'mes-so] **1.** *s.* sottomettere; **2.** *adj.*
unterwürfig; **~mettere** [-'met-
tere] (3ee) unterwerfen; **~minare**
[-mi'na:re] (1a) unterminieren;
~misi [-'mi:zi] *s.* sottomettere;
~missione [-mis-si'o:ne] *f* Unterwerfung *f*; **~pancia** [-'pantʃa] *m
inv.* Bauchriemen *m*; **~passaggio**
[-pas-'sad-dʒo] *m* (*pl. -ggi*) Unter-
führung *f*, Straßenunterführung *f*;
~porre [-'por-re] (3ll) unterwerfen; unterziehen; *j-m et.* unter-
breiten; **~posi** [-'po:si] *s.* sottoporre; **~posto** [-'posto] **1.** *s.* sottoporre; **2.** *adj.* unterwürfig; ausge-

setzt; untergeordnet; ~ *alla leva*
wehrpflichtig; **~pressione** [-pres-
si'o:ne] *f* Unterdruck *m*; **~prodotti**
[-pro'dɔt-ti] *m/pl.* Nebenprodukte
n/pl.; **~produzione** [-produtsi'o:-
ne] *f* Unterproduktion *f*; **~proleta-
riato** [-proletari'a:to] *m* Lumpen-
proletariat *n*.

sottordine [sot-'tordine] *m* Unter-
ordnung *f*; *in* ~ untergeordnet; *fig.*
nebensächlich.

sotto|scala [sot-to'ska:la] *m inv.*
Raum *m* unter der Treppe; **~scrit-
tore** [-skrit-'to:re] *m* Unterzeichner
m; **~scrivere** [-'skri:vere] (3tt)
unterzeichnen; ~ *azioni* Aktien
zeichnen; **~scrizione** [-skritsi-
'o:ne] *f* Unterzeichnung *f*; Subskription *f*; **~segretario** [-se-
gre'ta:rio] *m* (*pl. -ri*): ~ *di Stato*
Unterstaatssekretär *m*; **~sopra**
[-'so:pra] drunter und drüber;
mettere ~ *in große Verwirrung*
bringen; *fig. essere* ~ *in großer Unordnung (Aufregung) sein*; **~specie**
[-'spe:tʃe] *f inv.* Untergattung *f*;
~stante [-'stante] unterer; unten
gelegen; **~stare** [-'sta:re] (1q)
unterhalb liegen; *fig.* unterworfen
sein; **~sterzante** [-ster'tsante]
Auto: untersteuernd; **~suolo** [-su-
'ɔ:lo] *m* Untergrund *m*; Unter-
geschoß *n*; *ricchezze f/pl. del* ~
Bodenschätze *m/pl.*; **~sviluppato**
[-zvilup-'pa:to] unterentwickelt;
paesi m/pl. -i Entwicklungsländer
n/pl.; *aiuti m/pl. ai paesi -i* Ent-
wicklungshilfe *f*; **~tenente** [-te-
'nɛnte] *m* Leutnant *m*; **~valutare**
[-valu'ta:re] (1a) unterschätzen;
unterbewerten; **~valutazione** [-va-
lutatsi'o:ne] *f* Unterschätzung *f*;
~vaso [-'va:zo] *m* Untersatz *m*;
~veste [-'veste] *f* Unterrock *m*;
~voce [-'vo:tʃe] leise.

sottr|aendo [sot-tra'ɛndo] *m* Sub-
trahend *m*; **~arre** [-'trar-re] (3xx)
entziehen, entwenden; *Geld* unterschlagen; ♉ subtrahieren, abzie-
hen; **~assi** [-'tras-si], **~atto** [-'trat-
to] *s.* sottrarre; **~azione** [-tratsi'o:-
ne] *f* Entziehung *f*, Entwendung *f*;
Unterschlagung *f*; ♉ Subtraktion *f*.

sottufficiale [sot-tuf-fi'tʃa:le] *m*
Unteroffizier *m*.

sovente [so'vɛnte] oft.

soverchi|are [soverki'a:re] (1k *u.* b)
1. *v/t.* überwinden; überwältigen;

2. v/i. im Überfluß vorhanden sein; **~atore** [-kia'to:re] m Unterdrücker m; **~eria** [-kie'ri:a] f Überwältigung f; Übergriff m.

soverchio [so'verkio] übermäßig; il ~ rompe il coperchio allzuviel ist ungesund.

soviet [sɔviet] m (pl. -i) Sowjet m.

sovietico [sovi'ɛ:tiko] (pl. -ci) sowjetisch.

sovra [so'vra] s. sopra.

sovr|abbondante [sovrab-bon-'dante] überreichlich; Stil: schwülstig; **~abbondanza** [-ab-bon-'dantsa] f Überfluß m; **~abbondare** [-ab-bon'da:re] (1a) im Überfluß vorhanden sein; **~accarico** [-ak-'ka:riko] **1.** adj. überlastet (di mit dat.); **2.** m Überlastung f; Überbeanspruchung f.

sovra|namente [sovrana'mente] souverän; fig. in vortrefflicher Weise; **~nità** [-ni'ta] f Oberherrschaft f; **~no** [-'vra:no] **1.** adj. souverän; fig. erhaben; **2.** m Herrscher m.

sovrap|passaggio [sovrap-pas-'sad-dʒo] m Überführung f; **~polare** [-popo'la:re] (1n u. c) übervölkern; **~popolato** [-popo'la:to] übervölkert; **~popolazione** [-popolatsi'o:ne] f Übervölkerung f; **~porre** [-'por-re] (3ll) darüberlegen, -setzen; **~posi** [-'po:si] s. sovrapporre; **~posizione** [-pozitsi-'o:ne] f Darüberlegen n, -setzen n; **~prezzo** [-'pret-tso] m Überpreis m; **~produzione** [-produtsi'o:ne] f Überproduktion f.

sovra|stampa [sovra'stampa] f Überdruck m, Aufdruck m; **~stante** [-'stante] **1.** adj. höherliegend; **2.** m Oberaufseher m; **~stare** [-'sta:re] (1a) emporragen (a über acc.); fig. bevorstehen; drohen; **~sterzante** [-ster'tsante] Auto: übersteuernd; **~struttura** [-strut-'tu:ra] f Aufbau m; Pol. Überbau m.

sovr|eccitazione [sovret-tʃitatsi-'o:ne] f Überreizung f; **~esporre** [-vres'por-re] (3ll) überbelichten; **~imposta** [-vrim'posta] f Steuerzuschlag m; **~intendente** [-vrinten'dente] m usw. s. soprintendente usw.; **~umano** [-vru'ma:no] übermenschlich.

sovv|enire [sov-ve'ni:re] (4p) un-

terstützen (di mit dat.); unpers. mi sovviene ich erinnere mich; **~enirsi** [-ve'nirsi] sich erinnern; **~enni** [-'ven-ni] s. sovvenire; **~enzionare** [-ventsio'na:re] (1a) unterstützen; **~enzione** [-ventsi'o:ne] f Unterstützung f; ~ dei disoccupati Arbeitslosenunterstützung f; **~errò** [-ver-'rɔ] s. sovvenire.

sovver|sione [sov-versi'o:ne] f Umsturz m; **~sivismo** [-si'vizmo] m Umstürzlertum n; **~sivo** [-'si:vo] **1.** adj. umstürzlerisch; staatsfeindlich; Umsturz...; **2.** m Staatsfeind m; **~timento** [-ti'mento] n Umwälzung f; **~tire** [-'ti:re] (4b) umwälzen; umstürzen; **~titore** [-ti'to:re] m Umstürzler m.

sozzo [sod-dzo] schmutzig; fig. unanständig.

spacc|alegna [spak-ka'le:ɲa] m inv. Holzhacker m; **~amontagne** [-kamon'ta:ɲe], **~amonti** [-ka'monti] m inv. Großmaul n; **~apietre** [-kapi'ɛ:tre] m inv. Steinklopfer m; **~are** [-'ka:re] (1d) spalten; Holz hacken; **~arsi** [-'karsi] platzen; **~ata** [-'ka:ta] f Spagat m; **~ato** [-'ka:to] **1.** adj. durch und durch; waschecht; italiano ~ Stockitaliener m; **2.** m Schnitt m, Querschnitt m; **~atura** [-ka'tu:ra] f Spalt m.

spacchettare [spak-ket-'ta:re] (1a) auspacken.

spacci|abile [spat-'tʃa:bile] absetzbar; **~are** [-'tʃa:re] (1f) absetzen; Banknoten ausgeben; Nachrichten verbreiten; Kranken aufgeben; ~ per ausgeben als; ~ all'altro mondo ins Jenseits befördern; siamo spacciati! wir sind verloren!; **~ato** [-'tʃa:to] verloren, geliefert, ruiniert; **~atore** [-tʃa'to:re] m Verkäufer m; Ausgeber m; Verbreiter m.

spaccio [spat-tʃo] m (pl. -cci) Verkauf m; Ausschank m; Kantine f; ~ di tabacchi Tabakverkaufsstelle f.

spacco [spak-ko] m (pl. -cchi) Spalt m, Sprung m.

spacc|onata [spak-ko'na:ta] f Aufschneiderei f; **~one** [-'ko:ne] m Prahlhans m.

spada [spa:da] f Schwert n; Degen m; pesce m ~ Schwertfisch m; colpo m di ~ Schwertschlag m; a ~ tratta mit gezücktem Schwert.

spadaccino [spadat-'tʃiːno] *m* Haudegen *m*.

spadroneggiare [spadroned-'dʒaːre] (1f) den Herrn spielen; herrisch auftreten.

spaesato [spae'zaːto] fremd; *fig.* benommen.   [ghetti *pl.*]

spaghetti [spa'getti] *m/pl.* Spa-)

spagliare [spa'ʎaːre] (1g) das Stroh entfernen von.

spagn|ola [spa'ɲoːla] *f* spanische Grippe *f*; **~oletta** [-ɲo'let-ta] *f* ⊕ Drehriegel *m*; **~olino** [-ɲo'liːno] *m* Spaniel(hund) *m*; **~olo** [-'ɲoːlo] **1.** *adj.* spanisch; **2.** *m* Spanier *m*; Spanisch(e) *n*.

spago [spa'go] *m* (*pl.* -ghi) Bindfaden *m*; *scherzh.* Angst *f*.

spai|are [spai'aːre] (1i) *ein Paar* trennen; vereinzeln; **~ato** [-'aːto] unpaarig.

spalancare [spalaŋ'kaːre] (1d) aufreißen; aufsperren.

spalla [spal-la] *f* Schulter *f*; Achsel *f*; *stringersi nelle -e* die Achseln zucken; *vivere alle -e di qu.* auf j-s Kosten leben; *avere qu.* sulle -e j-n auf dem Halse haben; *dietro alle -e di qu.* hinter j-s Rücken.

spall|ata [spal-'laːta] *f* Achselzucken *n*; Stoß *m* mit den Schultern; **~eggiare** [-led-'dʒaːre] (1f) j-m beistehen; **~iera** [-li'eːra] *f* Lehne (Rücklehne) *f*; ♀, ⚔ Spalier *n*; **~ina** [-'liːna] *f* Schulterstück *n*; **~ucce** [-'lut-tʃe]: *fare ~ le Achseln* zucken; **~ucciata** [-lut-'tʃaːta] *f* Achselzucken *n*.

spalmare [spal'maːre] (1a) bestreichen.

spampan|are [spampa'naːre] (1l) *den Weinstock* abblättern; **~arsi** [-'narsi] das Laub verlieren.

spanare [spa'naːre] (1a) *Gewinde* überdrehen.

spand|ere [spandere] (3a) ausstreuen; *Nachrichten* verbreiten; *Flüssigkeiten* vergießen; *spendere e ~* vergeuden; **~ersi** [-rsi] sich verbreiten.

spanna [span-na] *f* Spanne *f*; *essere alto una ~* ein Dreikäsehoch sein.

spannare [span-'naːre] (1a) absahnen.

spannocchiare [span-nok-ki'aːre] (1k *u.* c) entlieschen.

spanto [spanto] *s.* spandere.

spappol|are [spap-po'laːre] (1l) zu Brei zerquetschen; **~arsi** [-'larsi] auseinanderfallen; *~ dalle risa* vor Lachen bersten.

spara|giaia [spara'dʒaːia] *f* Spargelbeet *n*; **~gina** [-'dʒiːna] *f* Spargelstoff *m*.

spar|are [spa'raːre] (1a) schießen; *Flinte* abfeuern; *Lügen* auftischen; *~ calci* ausschlagen; *pronto a ~* schußbereit; *~ a palla* scharf schießen; *~ a salve* blind schießen; **~ata** [-'raːta] *f* Prahlerei *f*; **~ato** [-'raːto] *m Kleidung:* Schlitz *m*; **~atoria** [-ra'toːria] *f* Schießerei *f*.

sparecchiare [sparek-ki'aːre] (1k) abdecken; ausräumen.

spareggio [spa'red-dʒo] *m* Unterschied *m*; Mißverhältnis *n*; † Defizit *n*, Fehlbetrag *m*; *Sport:* Entscheidungsspiel *n*.

spargere [spardʒere] (3uu) ausstreuen; *Nachrichten* verbreiten; *Flüssigkeit* vergießen.

spargimento [spardʒi'mento] *m* Ausstreuen *n*; Verbreiten *n*; Vergießen *n*.

spar|ire [spa'riːre] (4d *od.* 4e) verschwinden; **~izione** [-ritsi'oːne] *f* Verschwinden *n*.

sparlare [spar'laːre] (1a) Schlechtes reden (*di* über *acc.*); unpassende Bemerkungen machen.

sparo [spa'ro] *m* Schuß *m*; Schießen *n*.

sparpagliare [sparpa'ʎaːre] (1g) zerstreuen; *Kräfte* zersplittern.

sparsi [sparsi] *s.* spargere.

sparso [sparso] **1.** *s.* spargere; **2.** *adj.* lose.

spartano [spar'taːno] **1.** *adj.* spartanisch; **2.** *m* Spartaner *m*.

spart|iacque [sparti'ak-kue] *m inv.* Wasserscheide *f*; **~ineve** [-ti'neːve] *m inv.* Schneepflug *m*; **~ire** [-'tiːre] (4d) teilen; verteilen; trennen; **~ito** [-'tiːto] *m* ♪ Partitur *f*; **~itraffico** [-ti'traf-fiko] *m* (*pl.* -ci) Mittelstreifen *m*; **~izione** [-titsi'oːne] *f* Teilung *f*; Verteilung *f*; *~ del tempo* Zeiteinteilung *f*.

sparto [sparto] *m* Espartogras *n*.

sparuto [spa'ruːto] abgezehrt.

sparv|iere [sparvi'eːre] *m*, **~iero** [-vi'eːro] *m* Sperber *m*.

spasim|ante [spazi'mante] **1.** *adj.* schmachtend; **2.** *m* Verehrer *m*; **~are** [-'maːre] (1l) schmachten; *~ d'amore* vor Liebe schmachten.

S

spasimo [spaˈzimo] *m* Krampf *m*; heftiger Schmerz *m*; *fig.* Qual *f*.

spasmo [spazmo] *m* Muskelkrampf *m*.

spasmodico [spazˈmɔːdiko] (*pl.* -ci) krampfhaft; Krampf...

spass|are [spas-ˈsaːre] (1a) unterhalten; **~arsela** [-ˈsarsela] sich amüsieren.

spassion|atezza [spas-sionaˈtet-tsa] *f* Unbefangenheit *f*; **~ato** [-ˈnaːto] unbefangen.

spasso [spas-so] *m* Vergnügen *n*; *andare a ~* spazierengehen; *fig. essere a ~* arbeitslos sein; *mandare qu. a ~* j-m den Laufpaß geben; *fig. menare a ~* hinhalten; *per ~* zum Scherz, zum Spaß.

spassoso [spas-ˈsoːso] unterhaltend, belustigend.

spastico [spastiko] (*pl.* -ci) spastisch, krampfhaft.

spato [spaːto] *m* Spat *m*.

spatola [spaˈtola] *f* Spachtel *m u. f.*

spatriare [spatriˈaːre] (1l u. k) **1.** *v/t.* aus dem Vaterland vertreiben; **2.** *v/i.* auswandern.   [trieben.⟩

spatriato [spatriˈaːto] heimatver-⟩

spaur|acchio [spauˈrak-kio] *m* (*pl.* -cchi) Schreckbild *n*; Vogelscheuche *f*; **~ire** [-ˈriːre] (4d) erschrecken; **~ito** [-ˈriːto] erschreckt, verängstigt.

spav|alderia [spavaldeˈriːa] *f* Dreistigkeit *f*; **~aldo** [-ˈvaldo] dreist; herausfordernd.

spaventapasseri [spaventaˈpasseri] *m inv.* Vogelscheuche *f* (*a. fig.*).

spav|entare [spavenˈtaːre] (1b) u. **~entarsi** [-venˈtarsi] erschrecken; **~entevole** [-venˈteːvole] schrecklich; **~ento** [-ˈvento] *m* Schrecken *m*; Schreckgespenst *n*; *far ~ a qu.* j-n erschrecken, j-m e-n Schrecken einjagen; **~entoso** [-venˈtoːso] entsetzlich.

spazi|ale [spatsiˈaːle] Raum...; *nave f ~* Weltraumschiff *n*; *esplorazione f ~* Weltraumforschung *f*; *razzo m ~* Weltraumrakete *f*; **~are** [-tsiˈaːre] (1g) schweifen; **~eggiare** [-tsiedˈdʒaːre] (1f) *Typ.* (aus-)sperren; **~eggiatura** [-tsied-dʒaˈtuːra] *f* Sperren *n*; Zwischenraum *m*.

spazientirsi [spatsienˈtirsi] (4d) die Geduld verlieren.

spazio [spaːtsio] *m* (*pl.* -zi) Raum *m*; Spielraum *m*; (*a. ~ di tempo*) Zeitraum *m*; *Typ.* Zwischenraum *m*, Spatium *n*; *~ aereo* Luftraum *m*; *~ vitale* Lebensraum *m*.

spazi|osità [spatsiosiˈta] *f* Geräumigkeit *f*; **~oso** [-tsiˈoːso] geräumig.

spazz|acamino [spat-tsakaˈmiːno] *m* Schornsteinfeger *m*; **~amine** [-tsaˈmiːne] *m inv.* Minensuchboot *n*; **~aneve** [-tsaˈneːve] *m inv.* Schneepflug *m*; **~are** [-ˈtsaːre] (1a) fegen, kehren; wegfegen; **~atura** [-tsaˈtuːra] *f* Müll *m*; Abfall *m*; **~ino** [-ˈtsiːno] *m* Straßenkehrer *m*.

spazzola [spat-tsola] *f* Bürste *f*; ⚡ Stromabnehmer *m*; *~ metallica* Drahtbürste *f*.

spazzol|are [spat-tsoˈlaːre] (1l) (ab-) bürsten; **~ata** [-ˈlaːta] *f*: *dare una ~ a* abbürsten; **~ino** [-ˈliːno] *m* kleine Bürste *f*; *~ da denti* Zahnbürste *f*.

specchi|arsi [spek-kiˈarsi] (1k) sich spiegeln; **~ato** [-kiˈaːto] makellos; **~era** [-kiˈɛːra] *f* Toilettentisch *m*; **~etto** [-kiˈet-to] *m* Handspiegel *m*; Übersichtstabelle *f*; *Auto: ~ retrovisivo* Rückspiegel *m*.

specchio [spek-kio] *m* (*pl.* -cchi) Spiegel *m*; *fig.* Muster *n*.

speci|ale [speˈtʃaːle] speziell, besonder(e); Sonder...; *edizione f ~* Sonderauflage *f*; *inviato m ~* Sonderberichterstatter *m*; *treno m ~* Sonderzug *m*; *tribunale m ~* Ausnahmegericht *n*; **~alista** [-tʃaˈlista] *su.* (*m/pl.* -i) Spezialist(in *f*) *m*; **~alità** [-tʃaliˈta] *f* Spezialität *f*; Spezialfach *n*; Spezialgebiet *n*; **~alizzare** [-tʃalidˈdzaːre] (1a) spezialisieren; **~alizzato** [-tʃalidˈdzaːto]: *operaio m ~* Facharbeiter *m*; **~almente** [-tʃalˈmente] besonders.

specie [speːtʃe] **1.** *f inv.* Art *f*; Sorte *f*; *fare ~ a qu.* j-n befremden; **2.** *adv.* insbesondere.

spec|ifica [speˈtʃiːfika] *f* Einzelaufstellung *f*; Verzeichnis *n*; **~ificare** [-tʃifiˈkaːre] (1m *u.* d) spezifizieren; **~ificatamente** [-tʃifikataˈmente] im einzelnen; **~ificazione** [-tʃifikatsiˈoːne] *f* Spezifizierung *f*; Einzelaufstellung *f*; **~ifico** [-ˈtʃiːfiko] (*pl.* -ci) **1.** *adj.* spezifisch; bestimmt; *caso m ~* besonderer Fall *m*; **2.** *m* Spezialmittel *n*.

sperma

specillo [spe'tʃil-lo] *m* Sonde *f*.

specimen [spe:tʃimen] *m inv*. Probe *f*, Muster *n*.

specioso [spe'tʃo:so] scheinbar; trügerisch.

specol|a [spe:kola] *f* Sternwarte *f*; **~o** [-lo] *m* Chir. Spekulum *n*.

specul|are [speku'la:re] (11 *u*. b) **1.** *v/t*. beobachten; **2.** *v/i*. spekulieren (*in* mit *dat*., *su* auf *acc*.); **~ativo** [-la'ti:vo] spekulativ; **~atore** [-la'to:re] *m* Spekulant *m*; **~azione** [-latsi'o:ne] *f* Betrachtung *f*; Spekulation *f*; **~ sbagliata** Fehlspekulation *f*.

sped|ire [spe'di:re] (4d) ab-, versenden; *Kranken* aufgeben; *Geschäft* erledigen; *Post* befördern; **~itezza** [-di'tet-tsa] *f* Schnelligkeit *f*; Geläufigkeit *f*; **~ito** [-'di:to] schnell; **~itore** [-di'to:re] *m* Absender *m*; Übersender *m*; Spediteur *m*; **~izione** [-ditsi'o:ne] *f* Absendung *f*; ⚭ Beförderung *f*; ⚒, 🕆 Expedition *f*; **~ dei bagagli** Gepäckaufgabe *f*; *casa f di* **~** Speditionsfirma *f*; **~izioniere** [-ditsioni'ɛ:re] *m* Spediteur *m*.

spegnare [spe'ɲa:re] (1a) *Pfand* einlösen.

spegn|ere [spe:ɲere] (3vv) auslöschen; löschen; *Licht* abschalten; *Radio* abstellen; *Schuld* tilgen; *fig*. dämpfen; **~ersi** [-si] verlöschen, ausgehen; *fig*. aussterben; einschlafen.

spegn|imento [speɲi'mento] *m* Auslöschen *n*; Abstellung *f*; **~itoio** [-ɲi'to:io] *m* (*pl*. *-oi*) Löschhütchen *n*.

spel|acchiare [spelak-ki'a:re] (1k) die Haare ausrupfen (*dat*.); *fig*. schinden; **~acchiato** [-lak-ki'a:to] halbkahl; **~are** [-'la:re] (1a) **1.** *v/t*. die Haare ausreißen (*dat*.); *fig*. schinden; **2.** *v/i*. *u*. **~arsi** [-'larsi] haaren; das Haar verlieren.

speleo|logia [speleolo'dʒi:a] *f* Höhlenkunde *f*; **~logo** [-'ɔ:logo] *m* (*pl*. *-gi*) Höhlenforscher *m*.

spell|are [spel-'la:re] (1b) abhäuten; *fig*. schinden; **~arsi** [-'larsi] sich die Haut abschürfen; die Haut verlieren.

spelonca [spe'loŋka] *f* (*pl*. *-che*) Spelunke *f*, Höhle *f*.

speme [spe:me] *f poet*. Hoffnung *f*.

spendaccione [spendat-'tʃo:ne] **1.**

adj. verschwenderisch; **2.** *m* Verschwender *m*.

spendere [spendere] (3c) ausgeben; *fig*. anwenden.

spendereccio [spende'ret-tʃo] (*pl*. *-cci*) verschwenderisch.

spenn|acchiare [spen-nak-ki'a:re] (1k) rupfen; **~acchiato** [-nak-ki'a:to] *fig*. übel zugerichtet; **~are** [-'na:re] (1a) rupfen; **~arsi** [-'narsi] die Federn verlieren.

spennell|are [spen-nel-'la:re] (1b) bepinseln, streichen; ⚕ einpinseln; **~ata** [-'la:ta] *f* Bepinselung *f*; Pinselstrich *m*.

spensi [spensi] *s*. *spegnere*.

spensier|ataggine [spensiera'tad-dʒine] *f*, **~atezza** [-ra'tet-tsa] *f* Leichtsinn *m*; **~ato** [-'ra:to] sorglos; leichtsinnig; flott.

spento [spento] *s*. *spegnere*.

spenzol|are [spendzo'la:re] (11 *u*. b) baumeln; heraushängen; **~arsi** [-'larsi] sich hinauslehnen; **~one** [-'lo:ne], **~oni** [-'lo:ni] baumelnd; hängend.

sper|abile [spe'ra:bile] zu hoffen(d); **~anza** [-'rantsa] *f* Hoffnung *f*; *barlume m di* **~** Hoffnungsschimmer *m*; *senza* **~** hoffnungslos; **~anzoso** [-ran'tso:so] hoffnungsreich; **~are** [-'ra:re] (1b) hoffen (*in* auf *acc*.).

sperd|ere [sperdere] (3uu *od*. 3a) verlieren; vernichten; **~ersi** [-si] sich verirren; **~uto** [-'du:to] verirrt, verlaufen; einsam, abgelegen; *sentirsi* **~** sich verloren fühlen.

sperequazione [sperekuatsi'o:ne] *f* Mißverhältnis *n*.

spergi|urare [sperdʒu'ra:re] (1a) falsch schwören; *giurare e* **~** hoch und heilig schwören; **~uro** [-'dʒu:ro] **1.** *adj*. meineidig; **2.** *m* Meineid *m*; Meineidige(r) *m*.

spericolato [speriko'la:to] **1.** *adj*. waghalsig; **2.** *m* Wagehals *m*.

speriment|ale [sperimen'ta:le] experimentell; *Phil*. empirisch; **~are** [-'ta:re] (1a) experimentieren; versuchen; *fig*. Erfahrungen machen mit (*dat*.); **~ tutti i mezzi** alle Mittel probieren; **~ato** [-'ta:to] erfahren; bewährt; **~atore** [-ta'to:re] *m* Ausprobierer *m*; Experimentator *m*; **~azione** [-tatsi'o:ne] *f* Experimentieren *n*.

sperma [sperma] *m Physiol*. Samen *m*.

sperm|atico [sper'maːtiko] (*pl. -ci*) Samen...; **~atorrea** [-mator-'reːa] *f* Samenfluß *m*; **~atozoi** [-mato-'dzoːi] *m/pl.* Spermatozoen *pl.*

sperone [spe'roːne] *m* Sporn *m*; Ausläufer *m*; △ Strebe *f*, Strebemauer *f*; **~** *di cavaliere* Rittersporn *m*.

sperper|amento [sperpera'mento] *m* Vergeudung *f*; **~are** [-'raːre] (11 *u.* b) vergeuden.

sperpero [sperpero] *m* Verschwendung *f*; *fare* **~** *di qc.* et. verschwenden. [dere.\

sper|si [spersi], **~so** [-so] *s.* sper-\

sperticato [sperti'kaːto] übermäßig lang; *fig.* übertrieben.

spesa [spe:sa] *f* Ausgabe *f*; **~** *di magazzinaggio* Lagergeld *n*; -*e pl.* Kosten *pl.*, Unkosten *pl.*; -*e minute* kleine Auslagen *f/pl.*; *fare la* **~** einkaufen; -*e di corrispondenza* Portoauslagen *f/pl.*; -*e d'acquisto* Anschaffungskosten *pl.*; -*e di guerra* Kriegskosten *pl.*; -*e di produzione* Herstellungskosten *pl.*; -*e di pubblicità* Werbungskosten *pl.*; -*e di viaggio* Reisekosten *pl.*; -*e d'ufficio* Geschäftskosten *pl.*; -*e d'esercizio* Betriebsaufwand *m*; *a proprie* -*e* auf eigene Kosten; *non badare a* -*e* keine Kosten scheuen; *senza* **~** kostenlos, kostenfrei.

spes|are [spe'saːre] (1a) freihalten; beköstigen; **~ato** [-'saːto] freigehalten.

spe|si [spe:si], **~so** [-so] *s.* spendere.

spesso [spes-so] **1.** *adj.* dick; dicht; -*e volte* oftmals; **2.** *adv.* oft.

spessore [spes-'soːre] *m* Dicke *f*.

spett|abile [spet-'taːbile] geschätzt; **~acolare** [-tako'laːre] großartig, grandios, aufsehenerregend; **~acolo** [-'taːkolo] *m* Schauspiel *n*; Anblick *m*; **~** *cinematografico* Filmvorstellung *f*; **~** *di varietà* Varietévorstellung *f*; **~acoloso** [-tako'loː-so] auffallend; großartig; **~anza** [-'tantsa] *f* Kompetenz *f*, Zuständigkeit *f*; **~are** [-'taːre] (1b) zukommen; obliegen; **~atore** [-ta'toːre] *m* Zuschauer *m*.

spettinare [spet-ti'naːre] (11 *u.* b) (*qu.* j-m die Haare) zerzausen.

spettrale [spet-'traːle] gespensterhaft; *Phys.* Spektral...

spettro [spet-tro] *m* Gespenst *n*; *Phys.* Spektrum *n*.

spettroscopio [spet-tros'kɔːpio] *m* (*pl. -pi*) Spektroskop *n*.

speziale [spetsi'aːle] *m ehm.* Drogist *m*; Apotheker *m*.

spezie [speːtsie] *f/pl.* Gewürze *n/pl.*

spezieria [spetsie'riːa] *f* Drogenhandlung *f*; Apotheke *f*; -*e pl.* Gewürze *n/pl.*; Gewürzwaren *pl.*

spezz|are [spet-'tsaːre] (1b) brechen, zerbrechen; *Silbe* trennen; **~atino** [-tsa'tiːno] *m* Gulasch *n u.* *m*; **~ato** [-'tsaːto] **1.** *adj.* zerstückelt; kaputt; *opera f -a* auseinandergerissenes Werk *n*; **2.** *m* kombinierter Anzug *m*; -*i pl.* Kleingeld *n*; **~atura** [-tsa'tuːra] *f* Abbrechen *n*, Abtrennen *f*; **~ettare** [-tset-'taːre] (1a) zerstückeln; **~onare** [-tso'naːre] (1a) mit Splitterbomben beschießen; **~one** [-'tsoːne] *m* Bruchstück *n*; ⚔ Splitterbombe *f*.

spia [spiːa] *f* Spion *m*; Spitzel *m*; Guckloch *n*; *far la* **~** spionieren.

spiaccia [spi'at-tʃa] *s. spiacere*.

spiac|ente [spia'tʃɛnte] betrübt, traurig; *essere* **~** bedauern, leid tun; *sono molto* **~** es tut mir sehr leid; **~ere** [-'tʃeːre] (2k) mißfallen; leid tun; **~evole** [-'tʃeːvole] unangenehm.

spiaggia [spi'ad-dʒa] *f* (*pl. -gge*) Strand (Badestrand) *m*.

spian|are [spia'naːre] (1a) ebnen; *Stadt* dem Erdboden gleichmachen; *Teig* (aus)rollen; *Flinte* anlegen; *Kleidung* ausbügeln; **~arsi** [-'narsi] sich glätten; **~ata** [-'naːta] *f* Esplanade *f*; Platz *m*; **~atoio** [-na'toːio] *m* (*pl. -oi*) Mangelholz *n*; *Kochk.* Nudelrolle *f*.

spiano [spi'aːno] *m*: *a tutto* **~** tüchtig, F mit Hochdruck.

spiant|are [spian'taːre] (1a) ausreißen; *fig.* zugrunde richten; **~ato** [-'taːto] *fig.* **1.** *adj.* abgebrannt; **2.** *m* Habenichts *m*.

spiare [spi'aːre] (1h) spionieren, ausspähen; belauern.

spiazzo [spi'at-tso] *m* freier Platz *m*, Esplanade *f*; *im Wald:* Lichtung *f*.

spicc|are [spik-'kaːre] (1d) **1.** *v/t.* lostrennen; ♀ pflücken; *Sprung* machen; *Tratte* ziehen; *Verordnung* erlassen; *Worte* deutlich aussprechen; **~** *il volo* sich zum Flug

erheben; **2.** *v/i.* hervortreten; **~ato**
[-'ka:to] scharf; deutlich.

spicchio [spik-kio] *m* (*pl.* -*cchi*)
Scheibe *f* (*e-r Frucht*); ~ *d'aglio*
Knoblauchzehe *f*; *allg.* Stückchen
n.

spicci|are [spit-'tʃa:re] (1f) **1.** *v/t.*
beschleunigen; erledigen; *Kunden*
abfertigen; *Zimmer* aufräumen;
2. *v/i.* hervorspritzen; **~arsi** [-'tʃar-
si] sich beeilen; **~ativo** [-tʃa'ti:vo]
beschleunigend; hurtig; kurz und
bündig.

spiccio [spit-tʃo] (*pl.* -*cci*) schleunig; *modi m/pl.* -*i* brüske Art *f*;
denaro m ~ kleines Geld *n*; *andare
per le* -*e* keine großen Umstände
machen.

spicciol|are [spit-tʃo'la:re] (1l) *in
Kleingeld* wechseln; **~ata** [-'la:ta]:
alla ~ einzeln.

spicciolo [spit-tʃolo] **1.** *adj.* klein;
moneta f -a = **2.** -*i m/pl.* Kleingeld
n.

spidocchiare [spidok-ki'a:re] (1k)
ablausen.

spiedo [spi'ɛ:do] *m* (Brat-)Spieß *m.*

spieg|abile [spie'ga:bile] erklärbar;
~amento [-ga'mento] *m* Entfaltung
f; ✗ Aufstellung *f*; **~are** [-'ga:re]
(1b *u. e*) auseinanderfalten, ausbreiten; aufklären; klarstellen; ⨌
erklären; **~arsi** [-'garsi] sich erklären; sich ausdrücken; *mi spiego*
ich will sagen; *mi spiego?* habe ich
richtig erklärt?; *non so se mi spiego*
verstehen Sie mich recht; **~ato**
[-'ga:to] ausgebreitet; *a voce -a*
aus vollem Halse; *a vele -e* mit
vollen Segeln; **~azione** [-gatsi'o:ne]
f Erklärung *f*; Auseinandersetzung
f; Klarstellung *f*; **~azzare** [-gat-
'tsa:re] (1a) zerknittern.

spietato [spie'ta:to] erbarmungslos.

spifferare [spif-fe'ra:re] (1l) ausplaudern; *Sprüche* auskramen.

spiga [spi:ga] *f* (*pl.* -*ghe*) Ähre *f.*

spigare [spi'ga:re] (1e) die Ähren
ansetzen.

spighetta [spi'get-ta] *f* Borte *f*,
Litze *f.*

spigionato [spidʒo'na:to] unvermietet.

spigli|atezza [spiʎa'tet-tsa] *f* Un-
gezwungenheit *f*; Natürlichkeit *f*;
Gewandtheit *f*; **~ato** [-'ʎa:to] gewandt.

spigo [spi:go] *m* (*pl.* -*ghi*) Lavendel
m.

spigola [spi:gola] *f* Seebarsch *m.*

spigol|are [spigo'la:re] (1l) Ähren
lesen; *fig.* (zusammen)stoppeln;
~atura [-la'tu:ra] *f* Ährenlese *f*;
Nachlese *f.*

spigolo [spi:golo] *m* Kante *f.*

spigrire [spi'gri:re] (4d) **1.** *v/t.* *j-m*
die Faulheit austreiben; **2.** *v/i.* sich
auffraffen.

spilla [spil-la] *f* Krawatten-, Anstecknadel *f.*

spill|are [spil-'la:re] (1a) anzapfen,
anbohren; *Geld* abzapfen; *Wein*
abstechen, abziehen; **~atico** [-'la:-
tiko] *m* (*pl.* -*ci*) Nadelgeld *n*; **~a-
tura** [-la'tu:ra] *f* Anstich *m.*

spillo [spil-lo] *m* Stecknadel *f*; ~ *di
sicurezza* Sicherheitsnadel *f*; *colpo
m di* ~ Nadelstich *m* (*a. fig.*).

spillone [spil-'lo:ne] *m* große Stecknadel *f*; Anstecknadel *f.*

spilluzzicare [spil-lut-tsi'ka:re] (1m
u. d) knabbern.

spil|orceria [spilortʃe'ri:a] *f* Knik-
kerei *f*; **~orcio** [-'lortʃo] (*pl.* -*ci*)
1. *adj.* knauserig; **2.** *m* Knauser
m.

spilungone [spilun'go:ne] *m* Person: Bohnenstange *f.*

spina [spi:na] *f* ♀ Dorn *m*; *Zool.*
Stachel *m*; Gräte (Fischgräte) *f*;
Anat. Rückgrat *m*; ⚡ Stecker *m*; ⊕
Dorn *m*, Stift *m*; ~ *del carburatore*
Vergaserknopf *m*; ~ *d'innesto*
Stecker *m*; *tessuto m a* ~ Köper *m*;
a ~ *di pesce* Fischgrätenmuster *n*;
passo m a ~ *di pesce* Grätenschritt
m; *birra f alla* ~ Bier *n* vom Faß;
avere una ~ *nel cuore* e-n Stachel
im Herzen haben; *stare sulle* -*e* sein
wie auf Kohlen sitzen.

spinacio [spi'na:tʃo] *m* (*mst pl.* -*ci*)
Spinat *m.*

spinale [spi'na:le] Rückgrat...;
midollo m ~ Rückenmark *n.*

spina|rello [spina'rɛl-lo] *m* Stich-
ling *m*; **~rolo** [-'rɔ:lo] *m* Dornhai
m.

spinato [spi'na:to] Stachel...; *filo m*
~ Stacheldraht *m.*

spin|ello [spi'nɛl-lo] *m* *Min.* Spinell
m; **~eto** [-'ne:to] *m* Dorngebüsch *n*;
~etta [-'net-ta] *f* Spinett *n.*

spingere [spindʒere] (3d) stoßen;
vorwärts schieben; *fig.* antreiben,
treiben; **~ersi** [-si] sich drängen.

spinite [spi'ni:te] f Rückenmarksentzündung f.

spino [spi:no] m Dornenstrauch m;
Dorn m.

spin|osità [spinosi'ta] f Mißlichkeit
f; **~oso** [-'no:so] dornig; fig. dor-
nenvoll; heikel; **~otto** [-'nɔt-to] m
⊕ Kolbenbolzen m; Holzdübel m.

spin|si [spinsi] s. spingere; **~ta** [-ta]
f Stoß m; Schub m; fig. Anstoß m;
~terogeno [-te'rɔ:dʒeno] m Auto:
Verteiler m; **~to** [-to] **1.** s. spingere;
2. adj. (troppo zu) übertrieben.

spiombare [spiom'ba:re] (1a) die
Plombe ablösen von.

spion|aggio [spio'nad-dʒo] m (pl.
-ggi) Spionage f; sospetto di ~
spionageverdächtig; **~are** [-'na:re]
(1a) spionieren; **~cino** [-'tʃi:no] m
Guckloch n.

spione [spi'o:ne] m Spion m.

spiovente [spio'vente] **1.** adj. herab-
fallend; herabwallend; tetto m ~
Giebeldach n; **2.** m Abdachung f;
Sport: hoher Schuß m.

spiovere [spi'ɔ:vere] (3kk) aufhören
zu regnen.

spira [spi:ra] f Windung f; ⊕
Schraubenlinie f.

spir|aglio [spi'ra:ʎo] m (pl. -gli)
Ritze f, Spalt m; Ausweg m;
~ di luce Lichtstrahl m; **~ale** [-'ra:le]
1. adj. schneckenförmig; **2.** f Spi-
ralfeder f; Gewinde n; ~ dei prezzi
Preisspirale f; scala f a ~ Wendeltreppe f; **~are** [-'ra:re] (1a) **1.** v/t.
ausatmen; **2.** v/i. wehen; fig. sterben; Zeit: ablaufen; **3.** m Ablauf m.

spir|itato [spiri'ta:to] besessen;
~itico [-'ri:tiko] (pl. -ci) spiritistisch; **~itismo** [-ri'tizmo] m
Spiritismus m; **~itista** [-ri'tista] su.
(m/pl. -i) Spiritist(in f) m; **~itistico**
[-ri'tistiko] (pl. -ci) spiritistisch.

spirito [spi:rito] m Geist m; Humor
m; ♫, Gram. Spiritus m; bello ~
Schöngeist m; pieno di ~ geistreich,
geistvoll; povero di ~ geistesarm;
~ d'osservazione Beobachtungsgabe
f; fare dello ~ witzeln; senza ~
geistlos.

spirit|osaggine [spirito'sad-dʒine]
f Witzelei f; Witz
m; **~osità** [-tosi'ta] f Witzelei f;
~oso [-'to:so] geistreich; witzig;
Getränk: geistig; **~uale** [-tu'a:le]
spirituell, geistig; geistlich; religiös;
padre m ~ Beichtvater m; **~ualismo**
[-tua'lizmo] m Spiritualismus m;

~ualista [-tua'lista] su. (m/pl. -i)
Spiritualist(in f) m; **~ualità** [-tuali-
'ta] f Geistigkeit f; **~ualizzare**
[-tualid-'dza:re] (1a) vergeistigen;
vergeistlichen; **~ualmente** [-tual-
'mente] im Geiste.

spiro [spi:ro] m poet. Hauch m.

spiumacciare [spiumat-'tʃa:re] (1f)
aufschütteln.

spizzicare [spit-tsi'ka:re] (1l u. d)
abknabbern.

spizzico [spit-tsiko]: a ~ nach und
nach, in kleinen Portionen.

splendere [splendere] (3a) glänzen.

splendente [splen'dente] glänzend;
leuchtend.

splendido [splendido] glänzend;
fabelhaft; prächtig.

splendore [splen'do:re] m Glanz m;
Pracht f.

splen|etico [sple'nɛ:tiko] (pl. -ci)
milzkrank; **~ico** [splɛniko] Milz...;
~ite [-'ni:te] f Milzentzündung f.

spocchia [spɔk-kia] f Dünkel m.

spodestare [spodes'ta:re] (1b) absetzen.

spoglia [spɔ:ʎa] f Balg m; (~ mortale
sterbliche) Hülle f; mst -e pl. ⚔
Kriegsbeute f.

spogli|amento [spoʎa'mento] m
Ausziehen n; Beraubung f; **~are**
[-'ʎa:re] (1g) ausziehen; berauben;
ausplündern; **~arsi** [-'ʎarsi] sich
ausziehen; Bäume: sich entblät-
tern; Tiere: sich häuten; ~ di qc.
sich e-r Sache entledigen; sich von
et. (dat.) befreien; **~arello** [-ʎa'rel-
lo] m Striptease m u. n; **~atoio** [-ʎa-
'to:io] m (pl. -oi) Umkleideraum
m.

spoglio [spɔ:ʎo] (pl. -gli) **1.** adj. entblößt; beraubt; frei (di von dat.);
2. m Sichtung f, Prüfung f; ☤ Auszug m, Exzerpt n; fare lo ~ di qc.
et. aussuchen; et. exzerpieren; et.
abzählen.

spola [spo:la] f Weberschiffchen n;
fare la ~ da un luogo all'altro
zwischen zwei Orten hin- und her-
pendeln.

spoletta [spo'let-ta] f Zünder m.

spolmonarsi [spolmo'narsi] (1a)
sich die Lunge ausschreien.

spolp|are [spol'pa:re] (1a) entflei-
schen; das Fleisch ablösen von
(dat.); fig. aufessen; aussaugen;
~ato [-'pa:to] abgezehrt.

spoltr|ire [spol'tri:re] (4d) die

Faulheit austreiben (*dat.*); **~irsi** [-'trirsi] die Faulheit ablegen.

spolver|are [spolve'ra:re] (1l) abstauben; **~ata** [-'ra:ta] *f* Abstauben *n*; *dare una ~ a* abstauben; **~atura** [-ra'tu:ra] *f* Abstaubung *f*; **~ino** [-'ri:no] *m* Staubmantel *m*; Staubwedel *m*; **~izzare** [-rid-'dza:re] (1a) bestreuen, bestäuben.

spolvero [spolvero] *m* Abstauben *n*; Bestäuben *n*.

sponda [sponda] *f* Rand *m*; *Geogr.* Ufer *n*.

spondeo [spon'dε:o] *m* Spondeus *m*.

spondilite [spondi'li:te] *f* Wirbelentzündung *f*.

sponsali [spon'sa:li] *m/pl.* Hochzeit *f*.

spont|aneità [spontanei'ta] *f* Freiwilligkeit *f*; Natürlichkeit *f*; **~aneo** [-'ta:neo] freiwillig; natürlich; spontan.

spopol|amento [spopola'mento] *m* Entvölkerung *f*; **~are** [-'la:re] (1l *u.* c) entvölkern; **~ato** [-'la:to] menschenleer.

spora [spo:ra] *f* Spore *f*.

spor|adicamente [sporadika'mente] vereinzelt; **~adico** [-'ra:diko] (*pl. -ci*) sporadisch.

sporc|accione [sporkat-'tʃo:ne] *m* Schweinigel *m*; **~are** [-'ka:re] (1c *u.* d) beschmutzen; **~izia** [-'tʃi:tsia] *f* Unreinlichkeit *f*; *pfr.* Schweinerei *f*.

sporco [sporko] (*pl. -chi*) schmutzig.

sporgenza [spor'dʒentsa] *f* Vorsprung *m*; Vorspringen *n*.

sporg|ere [spordʒere] (3d) **1.** *v/t.* vorstrecken; hinhalten; *Klage* einreichen; **2.** *v/i.* hervorragen; hervortreten; **~ersi** [-dʒersi] sich hinauslehnen.

sporsi [sporsi] *s. sporgere.*

sport [sport] *m inv.* Sport *m*; **~** *ippico* Pferdesport *m*; **~** *nautico* Wassersport *m*; *abito m* **~** Sportanzug *m*; *fare dello* **~** Sport treiben; *per* **~** zum Vergnügen, zum Spaß.

sporta [sporta] *f* Markttasche *f*.

sport|ellino [sportel'li:no] *m* Türchen *n*; Wagenfenster *n*; **~ellista** [-tel-'lista] *su.* (*m/pl. -i*) Schalterbeamte(r) *m*; **~ello** [-'tel-lo] *m allg.* kleine Tür *f*; Wagenschlag *m*; *Thea.*, 🚂 *usw.* Schalter *m*; **~** *dei biglietti* Fahrkartenschalter *m*; **~** *dell'ufficio postale* Postschalter *m*.

sportivo [spor'ti:vo] **1.** *adj.* sportmäßig; Sport...; *attrezzatura f -a* Sportausrüstung *f*; *campo m* **~** Sportplatz *m*; *cronaca f -a* Sportbericht *m*; *notiziario m* **~** Sportnachrichten *f/pl.*; **2.** *m* Sportler *m*.

sporto [sporto] **1.** *s. sporgere*; **2.** *m* 🏛 Vorsprung *m*.

sposa [spo:za] *f* Braut *f*; junge Frau *f*.

spos|alizio [spoza'li:tsio] *m* (*pl. -zi*) Hochzeit *f*; **~are** [-'za:re] (1c) heiraten; verheiraten; trauen; *fig.* e-r *Partei* beitreten.

sposo [spo:zo] *m* Bräutigam *m*; junger Ehemann *m*; *-i pl.* junges Ehepaar *n*; Brautleute *pl.*; Vermählte *pl.*; *promessi -i* Verlobte *pl.*; *gli -i novelli* die Neuvermählten *pl.*

sposs|amento [spos-sa'mento] *m* Mattigkeit *f*; Ermüdung *f*; **~are** [-'sa:re] (1c) entkräften; **~atezza** [-sa'tet-tsa] *f* Mattigkeit *f*.

spossessare [spos-ses-'sa:re] (1b) des Besitzes berauben.

spost|abile [spos'ta:bile] verstellbar; **~amento** [-ta'mento] *m* Verrückung *f*; Verschiebung *f*; **~are** [-'ta:re] (1a) verrücken, verschieben; verlagern; versetzen; **~ato** [-'ta:to] **1.** *adj.* nicht auf dem rechten Platz; **2.** *m* verfehlte Existenz *f*.

spranga [spranga] *f* (*pl. -ghe*) Querstange *f*; Riegel *m*.

sprang|are [spraŋ'ga:re] (1e) verrammeln, verriegeln; **~atura** [-ga-'tu:ra] *f* Verrammeln *n*.

sprazzo [sprat-tso] *m* Spritzer *m*; **~** *di luce* Lichtstrahl *m*.

spr|ecare [spre'ka:re] (1b *u.* d) vergeuden; **~eco** [spre:ko] *m* (*pl. -chi*) Vergeudung *f*; **~econe** [spre'ko:ne] **1.** *adj.* verschwenderisch; **2.** *m* Verschwender *m*.

spreg|evole [spre'dʒe:vole] verächtlich; **~iare** [-'dʒa:re] (1f *u.* b) verachten; **~iativo** [-dʒa'ti:vo] **1.** *adj.* verächtlich; **2.** *m Gram.* abschätziger Ausdruck *m*.

spregio [spre:dʒo] *m* (*pl. -gi*) Schimpf *m*, Kränkung *f*.

spregiudic|atezza [spredʒudika-'tet-tsa] *f* Vorurteilslosigkeit *f*; Unvoreingenommenheit *f*; **~ato** [-'ka:to] vorurteilslos.

spremere [sprε:mere] (3a) auspressen.

spremi|frutta [spremi'frut-ta] *m*

inv. Obstpresse *f*; **~limoni** [-li-'mo:ni] *m inv.* Zitronenpresse *f*; **~tura** [-'tu:ra] *f* Pressen *n*, Ausdrücken *n*.

spremuta [spre'mu:ta] *f* Fruchtsaft *m*; ~ *di limone* Zitronensaft *m*; ~ *d'arancia* Orangensaft *m*.

spretarsi [spre'tarsi] (1b) aus dem Priesterstand austreten.

sprezz|abile [spret-'tsa:bile] verachtenswert; **~ante** [-'tsante] verächtlich; **~are** [-'tsa:re] (1b) verachten; **~atore** [-tsa'to:re] *m* Verächter *m*. [tung *f*.)

sprezzo [spret-tso] *m lit.* Verach-)

sprigion|amento [spridʒona'mento] *m* Freilassung *f*; Ausströmen *n*; **~are** [-'na:re] (1a) freilassen; **~arsi** [-'narsi] sich befreien; *Gas*: ausströmen; *⚗* frei werden.

sprimacciare [sprimat-'tʃa:re] (1f) aufschütteln.

sprint [sprint] *m inv.* Spurt *m*; *Auto*: Beschleunigung *f*.

sprinter [sprinter] *m inv.* Sprinter *m*.

sprizzare [sprit-'tsa:re] (1a) spritzen, bespritzen.

sprofond|amento [sprofonda'mento] *m* Einsinken *n*; Einsturz *m*; **~are** [-'da:re] (1a) versinken; in die Tiefe stürzen; *Häuser*: einstürzen; **~arsi** [-'darsi] einsinken; *fig.* sich versenken.

sproloquio [spro'lɔ:kuio] *m (pl. -qui)* Gewäsch *n*.

spron|are [spro'na:re] (1a) spornen; *fig.* anspornen; **~ata** [-'na:ta] *f* Spornstich *m*; *fig.* Ansporn *n*.

sprone [spro:ne] *m* Sporn *m (a. fig.)*; Ansporn *m*; ~ *della nave* Schiffsschnabel *m*; ~ *di cavaliere* Rittersporn *m*; *a spron battuto* spornstreichs; *dare di ~ a* ansporne.

sproporzion|ale [sproportsio'na:le] unverhältnismäßig; **~alità** [-nali'ta] *f* Unverhältnismäßigkeit *f*; **~ato** [-'na:to] unverhältnismäßig groß, hoch, niedrig *usw.*

sproporzione [sproportsi'o:ne] *f* Mißverhältnis *n*.

sprop|ositare [spropozi'ta:re] (1m *u. c*) sich verhauen, fehlgreifen; **~ositato** [-pozi'ta:to] voller Fehler; *fig.* ungeheuer; **~osito** [-'pɔ:zito] *m* Dummheit *f*; Schnitzer *m*; *a* ~ unangebracht; *parlare a* ~ drauflos reden.

spropriare [spropri'a:re] *s. espropriare.*

sprovv|edere [sprov-ve'de:re] (2s) ~ *di qc.* e-r Sache berauben; ohne et. *(acc.)* lassen; **~eduto** [-ve'du:to] *s. sprovvisto*; **~idi** [-'vi:di] *s. sprovvedere*; **~isto** [-'visto] **1.** *s. sprovvedere*; **2.** *adj.*: *sono* ~ *di* mir fehlt es an *(dat.)*; *alla -a* unvermutet.

spruzz|aglia [sprut-'tsa:ʎa] *f* leichtes Spritzen *n*; Sprühregen *m*; **~are** [-'tsa:re] (1a) bespritzen; spritzen; **~ata** [-'tsa:ta] *f* Spritzen *n*; **~atore** [-tsa'to:re] *m* Düse *f*; **~atura** [-tsa'tu:ra] *f* Bespritzung *f*; kurzer, feiner Regen *m*.

spruzzo [sprut-tso] *m* Bespritzung *f*; Sprühregen *m*.

spudor|atezza [spudora'tet-tsa] *f* Schamlosigkeit *f*; **~ato** [-'ra:to] schamlos.

spugna [spu:ɲa] *f* Schwamm *m*.

spugn|ata [spu'ɲa:ta] *f* Abwaschen *n* mit dem Schwamm; **~atura** [-ɲa'tu:ra] *f* Behandlung *f* mit e-m nassen Schwamm; **~ola** [-'ɲɔ:la] *f* Morchel *f*; **~osità** [-ɲosi'ta] *f* Schwammigkeit *f*; **~oso** [-'ɲo:so] schwammig.

spulare [spu'la:re] (1a) worfeln.

spulciare [spul'tʃa:re] (1f) flöhen; *fig.* durchstöbern.

spuma [spu:ma] *f* Schaum *m*.

spum|ante [spu'mante] **1.** *adj.* schäumend; *vino* ~ = **2.** *m* Schaumwein *m*; **~are** [-'ma:re] (1a) *Getränke*: schäumen, sprudeln; **~eggiare** [-med-'dʒa:re] (1f) schäumen; moussieren; **~one** [-'mo:ne] *m* Art Fruchteis *n*; **~oso** [-'mo:so] schaumig.

spunt|are [spun'ta:re] (1a) **1.** *v/t.* die Spitze abbrechen *(od.* schneiden) von *(dat.)*; *Geschriebenes, Gedrucktes* abhaken; *Haar* stutzen; *spuntarla* es durchsetzen; **2.** *v/i.* erscheinen; auftauchen; *♀* sprießen; *Bart*: wachsen; *Sonne*: aufgehen; *Tag*: anbrechen; *Zähne*: durchbrechen, ausbrechen; **~arsi** [-'tarsi] die Spitze verlieren; abbrechen; **3.** *m* Aufgang *m (der Sonne)*; *allo spuntar del sole* bei Sonnenaufgang; *allo spuntar del giorno* bei Tagesanbruch; **~ature** [-ta'tu:re] *f/pl. Kochk.* Rippchen *n/pl.*; **~ino** [-'ti:no] *m* Imbiß *m*.

spunto [spunto] *m* Stich *m des Wei-*

nes; ⛫, *Thea.* Stichwort *n*; *allg.* Anregung *f*, Anstoß *m*; Ausgangspunkt *m*.

spurgare [spur'gaːre] (1e) reinigen.

spurgo [spurgo] *m* (*pl.* -ghi) Reinigung *f*; Auswurf *m*.

spurio [spuːrio] (*pl.* -ri) unecht; unehelich.

sput|acchiare [sputak-ki'aːre] (1k) **1.** *v/i.* fortwährend spucken; **2.** *v/t.* bespucken; **~acchiera** [-tak-ki'εːra] *f* Spucknapf *m*; **~acchio** [-'tak-kio] *m* (*pl.* -cchi) Schleim *m*; **~are** [-'taːre] (1a) spucken; ausspeien; **~asentenze** [-tasen'tentse] *m inv.* Weisheitskrämer *m*.

sputo [spuːto] *m* Speichel *m*; Spucke *f*.

squadernare [skuader'naːre] (1b) durchblättern; *fig.* freiheraus sagen; vor Augen bringen.

squadra [skuaːdra] *f* Winkel *m*, Dreieck *n*; ⊕ Winkelmaß *n*; Gruppe *f*; ⚓ Geschwader *n*; *Sport*: Mannschaft *f*; Riege (Turnriege) *f*; **~ femminile** Damenmannschaft *f*; **~ nazionale** Nationalmannschaft *f*; **~ volante** Überfallkommando *n*.

squadr|are [skua'draːre] (1a) mit dem Winkelmaß abmessen; *fig.* mustern; **~atura** [-dra'tuːra] *f* Abmessen *n*; **~iglia** [-'driːʎa] *f* ⚓ Halbgeschwader *n*; ✈ Staffel *f*; Geschwader *n*; **~ da caccia** Jagdstaffel *f*; **~one** [-'droːne] *m* Schwadron *f*.

squagli|are [skuaʎ'ʎaːre] (1g) schmelzen; **~arsi** [-'ʎarsi] zergehen, sich auflösen; *fig.* sich drücken.

squal|ifica [skua'liːfika] *f* (*pl.* -che) Disqualifizierung *f*; **~ificare** [-lifi'kaːre] (1m *u.* d) disqualifizieren.

squallidezza [skual-li'det-tsa] *f s.* *squallore*.

squallido [sku'al-lido] düster; elend; *nella più -a miseria* im tiefsten Elend.

squallore [skual-'loːre] *m* Düsterkeit *f*; elendes Aussehen *n*; Elend *n*.

squalo [skuːa:lo] *m* Haifisch *m*.

squama [skuːa:ma] *f* Schuppe *f*.

squam|are [skua'maːre] (1a) abschuppen; **~oso** [-'moːso] schuppig.

squarci|agola [skuart∫a'goːla] : *a ~* aus vollem Halse; **~are** [-'t∫aːre] (1f) zerreißen; *Bauch* aufschlitzen.

squarcio [sku'art∫o] *m* (*pl.* -ci) Riß *m*; ⛫ Stück *n*; Stelle *f*.

squart|are [skuar'taːre] (1a) schlachten; aufschlitzen; **~atore** [-ta'toːre] *m* Schlächter *m*.

squassare [skuas-'saːre] (1a) schütteln.

squattrinato [skuat-tri'naːto] ohne Geld.

squil|ibrare [skuili'braːre] (1a) aus dem Gleichgewicht bringen; **~ibrato** [-li'braːto] gestört; **~ibrio** [-'liːbrio] *m* (*pl.* -ri) Störung *f* im Gleichgewicht; **~ mentale** Geistesgestörtheit *f*.

squilla¹ [sku'il-la] *f* Heuschreckenkrebs *m*.

squilla² [sku'il-la] *f* (kleine) Glocke *f*.

squillare [skuil-'laːre] (1a) klingeln; schallen; erschallen.

squillo [sku'il-lo] *m* Schall *m*; Klang *m*; **~ di tromba** Trompetenstoß *m*.

squintern|are [skuinter'naːre] (1b) auseinandernehmen; *fig.* verwirren; **~ato** [-'naːto] **1.** *adj.* auseinandergerissen, lose; **2.** *m* Wirrkopf *m*.

squis|itezza [skuizi'tet-tsa] *f* Auserlesenheit *f*; Feinheit *f*, Vortrefflichkeit *f*; **~ito** [-'ziːto] auserlesen; fein; köstlich.

squittire [skuit-'tiːre] (4d) *Hunde*: winseln; *Vögel* kreischen.

sradicare [zradi'kaːre] (11 *u.* d) entwurzeln; *fig.* ausrotten.

sragion|amento [zradʒona'mento] *m* unvernünftige Rede *f*; **~are** [-'naːre] (1a) unvernünftig reden.

sregol|atezza [zregola'tet-tsa] *f* Regellosigkeit *f*; Liederlichkeit *f*; **~ato** [-'laːto] regellos; liederlich.

stabile [staːbile] **1.** *adj.* fest; ständig; *teatro m ~* ständiges Theater *n*; *in pianta ~* fest angestellt; *bene m ~* = **2.** *m* Grundstück *n*; 🏠 Gebäude *n*.

stabil|imento [stabili'mento] *m* Anstalt *f*; Fabrik *f*; Gebäude *n*; **~ balneare** Badeanstalt *f*; **~ industriale** Industriebetrieb *m*, Werk *n*; **~ire** [-'liːre] (4d) festsetzen; beschließen; bestimmen; errichten; feststellen; *Grundsatz, Rekord* aufstellen; *Termin* anberaumen; *Sport*: **~ un percorso** e-e Strecke festlegen; **~irsi** [-'lirsi] sich niederlassen; **~ità** [-li'ta] *f* Festigkeit *f*; Beständigkeit *f*; **~izzare** [-lid-'dzaːre] (1a) stabilisieren; **~izzatore** [-lid-dza-'to:re] *m* ⚙ Stabilisierungsfläche *f*; **~izzazione** [-lid-dzatsi'o:ne] *f* Stabilisierung *f*.

stacc|abile [stak-'ka:bile] trennbar; abnehmbar; abreißbar; **~are** [-'ka:re] (1d) **1.** *v/t.* trennen, loslösen; abnehmen; abreißen; *Pferde* ausspannen; ⚡ ausschalten; ~ *le sillabe* die Silben einzeln aussprechen; ~ *il ricevitore* den Hörer abnehmen (*Telefon*); **2.** *v/i.* abstechen; Feierabend machen.

stacci|are [stat-'tʃa:re] (1f) durchsieben; **~ata** [-'tʃa:ta] *f* Siebvoll *n*; Durchsieben *n*; **~atura** [-tʃa'tu:ra] *f* Durchsieben *n*.

staccio [stat-'tʃo] *m* (*pl.* -cci) Sieb (Seiden-, Haarsieb) *n*.

staccionata [stat-tʃo'na:ta] *f* Bretterzaun *m*.

stadera [sta'dɛ:ra] *f* Laufgewichtswaage *f*.

stadia [sta'dia] *f* Meßlatte *f*.

stadio [sta'dio] *m* (*pl.* -di) Stadium *n*; *Sport*: Stadion *n*.

staffa [staf-fa] *f* Bügel (Steigbügel) *m*; *Kleidung*: Steg *m*, Strippe *f*; *perdere le* -e die Fassung verlieren; *bicchiere m della* ~ Abschiedstrunk *m*.

staff|etta [staf-'fet-ta] *f* Stafette *f*; *Sport*: Staffel *f*; *corsa f a* -e Staffellauf *m*; **~iere** [-fi'ɛ:re] *m* Reitknecht *m*.

staff|ilare [staf-fi'la:re] (1a) auspeitschen; **~ilata** [-fi'la:ta] *f* Peitschenhieb *m*; **~ile** [-'fi:le] *m* Steigbügelriemen *m*; Peitsche *f*.

staggio [stad-dʒo] *m* (*pl.* -ggi) Leiterpfosten *m*; Netzstange *f*.

stagionale [stadʒo'na:le] jahreszeitlich; Saison...; *lavoro m* ~ Saisonarbeit *f*; *lavoratore m* ~ Saisonarbeiter *m*.

stagion|are [stadʒo'na:re] (1a) ablagern; *Holz* trocknen lassen; **~ato** [-'na:to] abgelagert; *uomo m* ~ Mann *m* in reifen Jahren; **~atura** [-na'tu:ra] *f* Ablagerung *f*, Trocknung *f*.

stagione [sta'dʒo:ne] *f* Jahreszeit *f*; *Thea.* Spielzeit *f*; *mezza* ~ Übergangszeit *f*; *alta* ~ Hochsaison *f*; *bassa* ~ Nach-, Vorsaison *f*; ~ *morta* tote Saison *f*; *scherzh.* Sauregurkenzeit *f*; ~ *balneare* Badesaison *f*; ~ *estiva* Sommersaison *f*;

~ *invernale* Wintersaison *f*; *frutta f di* ~ Obst *n* der Jahreszeit; *operaio m di* ~ Saisonarbeiter *m*; *vendita f di fine* ~ Saisonschlußverkauf *m*; *nella buona* ~ in der schönen Jahreszeit.

stagliarsi [sta'ʎa:rsi] (1g) sich scharf abzeichnen.

stagn|aio [sta'ɲa:io] *m* (*pl.* -ai) Klempner *m*; **~ante** [-'ɲante]: *acqua f* ~ stehendes Wasser *m*; **~are** [-'ɲa:re] (1a) **1.** *v/t.* verzinnen; *Blut* stillen; **2.** *v/i.* stillstehen; ✝ stocken; **~atura** [-ɲa'tu:ra] *f* Verzinnung *f*; **~ino** [-'ɲi:no] *m* Klempner *m*.

stagno [sta'ɲo] **1.** *m* Teich *m*; ⊕ Zinn *n*; **2.** *adj.* wasserdicht; luftdicht; ⚓ *compartimento m* ~ Schotte *f*, Schott *n*.

stagnola [sta'ɲɔ:la] *f* Stanniol *n*.

staio [sta:io] *m* (*pl.* le staia) Scheffel *m*; (*cappello m a*) ~ Zylinder(hut) *m*.

stal|agmite [stalag'mi:te] *f* Stalagmit *m*; **~attite** [-lat-'ti:te] *f* Stalaktit *m*.

stalla [stal-la] *f* Stall *m*.

stall|aggio [stal-'lad-dʒo] *m* (*pl.* -ggi) Stallgeld *n*; Stallung *f*; **~atico** [-'la:tiko] *m* Stalldünger *m*; **~ia** [-'li:a] *f* (*mst -ie pl.*) ⚓ Liegezeit *f*; Liegegeld *n*; **~iere** [-li'ɛ:re] *m* Stallknecht *m*.

stallo [stal-lo] *m* Sitz *m*.

stallone [stal-'lo:ne] *m* Zuchthengst *m*.

sta|mane [sta'ma:ne], **~mani** [-'ma:ni], **~mattina** [-mat-'ti:na] heute morgen.

stambecco [stam'bek-ko] *m* (*pl.* -cchi) Steinbock *m*.

stamb|erga [stam'bɛrga] *f* (*pl.* -ghe) elendes Haus (*od.* Zimmer) *n*; **~ugio** [-'bu:dʒo] *m* (*pl.* -gi) dunkles Zimmer *n*, Loch *n*.

stambur|are [stambu'ra:re] (1a) **1.** *v/i.* die Trommel schlagen; **2.** *v/t. fig.* austrommeln; **~ata** [-'ra:ta] *f* Trommelwirbel *m*; *fig.* Marktschreierei *f*.

stame [sta:me] *m* Kammwolle *f*; ♀ Staubgefäß *n*.

stamigna [sta'mi:ɲa] *f* Seihtuch *n*.

stampa [stampa] *f* Druck *m*; Buchdruck *m*; Presse *f*; Aufdruck *m*; ✇ (*mst -pl.* -e) Drucksache *f*; *Zeichenk.* Stich *m*; *sotto* ~ im Druck; *libertà f di* ~ Pressefreiheit *f*; *ad-*

detto *m* ~ Pressereferent *m*; *conferenza f* ~ Pressekonferenz *f*; *legge f sulla* ~ Pressegesetz *n*; *notizia f di* ~ Pressenotiz *f*; *rappresentante m della* ~ Pressevertreter *m*; *rassegna f della* ~ Presseschau *f*; *ufficio m* ~ Presseamt *n*; *capo m dell'ufficio* ~ Pressechef *m*.

stamp|abile [stam'pa:bile] druckbar; **~aggio** [-'pad-dʒo] *m* Pressen *n*, Formpressen *n*; Stanzen *f*; *Film*: Kopieren *n*; **~are** [-'pa:re] (1a) drucken; *Phot.* abziehen, kopieren; bedrucken; F *Küsse* drükken; *fig.* einprägen; **~atello** [-pa'tel-lo] *m* Druckschrift *f*; Blockschrift *f*; **~ato** [-'pa:to] *m* Drucksache *f*; Vordruck *m*, Formular *n*; *-i pl.* Drucksachen *f/pl.*; **~atore** [-pa'to:re] *m* Drucker *m*, Buchdrucker *m*.

stampella [stam'pεl-la] *f* Krücke *f*.

stamp|eria [stampe'ri:a] *f* Druckerei *f*; **~iglia** [-'piλλa] *f* Stempel *m*; **~igliare** [-piλ'λa:re] (1g) stempeln; **~ino** [-'pi:no] *m* Schablone *f*; Stempel *m*.

stampo [stampo] *m* Stempeleisen *n*; *fig.* Schlag *m*.

stampone [stam'po:ne] *m* Probeabzug *m*.

stanare [sta'na:re] (1a) aus der Höhle treiben.

stanc|abile [staŋ'ka:bile] ermüdbar; **~are** [-'ka:re] (1d) ermüden; **~arsi** [-'karsi] müde werden.

stanchezza [staŋ'ket-tsa] *f* Müdigkeit *f*.

stanco [staŋko] (*pl.* -chi) müde; ~ *morto* tödmüde.

standard [standard] *m* Modell *n*, Muster *n*; Standard *m*.

standard|izzare [standardid-'dza:re] (1a) standardisieren; **~izzazione** [-dzatsi'o:ne] *f* Standardisierung *f*.

stanga [staŋga] *f* (*pl.* -ghe) Stange *f*.

stang|are [staŋ'ga:re] (1e) verrammeln; *j-n* verprügeln; *fig.* übervorteilen; **~ata** [-'ga:ta] *f* Schlag *m mit der Stange; dare una* ~ *a qu.* j-n übervorteilen (*od.* neppen).

stanghetta [staŋ'get-ta] *f Typ.* Strich (Bruch-, Schrägstrich) *m*; *der Brille*: Bügel *m*; ♪ Taktstrich *m*.

stanotte [sta'nɔt-te] heute nacht.

stante [stante]: *seduta f* ~ während der Sitzung; sofort, sogleich.

stantio [stan'ti:o] abgestanden; ranzig; *fig.* veraltet.

stantuffo [stan'tuf-fo] *m* ⊕ Kolben *m*.

stanza [stantsa] *f* Zimmer *n*; *Lit.* Stanze *f*; ~ *per i bambini* Kinderzimmer *n*; ~ *di soggiorno* Wohnzimmer *n*; ~ *da bagno* Badezimmer *n*; ~ *a due letti* Zweibettzimmer *n*; *prendere* ~ *in un luogo* sich in e-m Ort niederlassen.

stanzi|ale [stantsi'a:le] stehend; **~amento** [-tsia'mento] *m* Haushaltsmittel *n/pl.*; Bereitstellung *f* (*von Geldmitteln*); **~are** [-tsi'a:re] (1g) *Geldmittel* bereitstellen, zur Verfügung stellen.

stanzino [stan'tsi:no] *m* Zimmerchen *n*; Abstellraum *m*.

stappare [stap-'pa:re] (1a) entkorken.

star [star] *f inv.* Star *m*; Filmdiva *f*.

stare [sta:re] (1q) sein; bleiben; wohnen; (*a.* ~ *in piedi*) stehen; (*a.* ~ *seduto*) sitzen; aufsitzen; (*a.* ~ *di salute*) sich befinden; *Kleidung*: sitzen, passen; ~ *bene* einen guten Sitz haben; ~ *bene a quattrini* gut bei Kasse sein; *non può* ~ das kann nicht stimmen; *lascialo* ~ laß ihn in Ruhe; *lasciamo* ~ *che* sehen wir davon ab, daß; ~ *per* (*inf.*) im Begriff sein, zu (*inf.*); ~ *facendo usw.* eben dabei sein zu tun *usw.*; ~ *a vedere* zusehen; ~ *a sentire* zuhören; *stammi a sentire* hör(e) mir zu; ~ *senza far niente* bummeln; *come sta?* wie geht es Ihnen?; *stia bene!* leben Sie wohl!; *come sta la faccenda?* wie verhält sich die Sache?; *ben ti sta!* das geschieht dir recht!; *ci sto!* ich bin dabei!; *sta bene* schon gut; *non sta bene* das schickt sich nicht; *sta a te* die Reihe ist an dir; *sta in te* es hängt von dir ab.

starna [starna] *f* Rebhuhn *n*.

starnazzare [starnat-'tsa:re] (1a) mit den Flügeln schlagen; *fig.* lärmen.

starn|utare [starnu'ta:re] (1a), **~utire** [-nu'ti:re] (4d) niesen; (*a.* ~ *uto* [-'nu:to] *m* Niesen *n*; Nieser *m*.

start [start] *m inv.* Start *m*; Abflug *m*; Ablauf *m*.

starter [starter] *m inv. Sport*: Starter *m*; *Mot.* Starter *m*, Anlasser *m*.

stasare [sta'sa:re] (1a) *Wasserleitungen* frei machen.

S

stasera [sta'se:ra] heute abend.

stasi [sta:zi] f Stockung f.

statale [sta'ta:le] **1.** adj. Staats...; **2.** m (mst pl. -i) Staatsangestellte(r) m; **3.** f Straße f erster Ordnung.

staterello [state'rɛl-lo] m Kleinstaat m.

static|a [sta:tika] f Statik f; **~o** [-ko] (pl. -ci) statisch.

stat|ista [sta'tista] m (pl. -i) Staatsmann m; **~istica** [-'tistika] f (pl. -che) Statistik f; **~istico** [-'tistiko] (pl. -ci) **1.** adj. statistisch; **2.** m Statistiker m; **~izzare** [-tid-'dza:re] (1a) verstaatlichen; **~izzazione** [-tid-dzatsi'o:ne] f Verstaatlichung f.

stato [sta:to] **1.** s. essere u. stare; **2.** m Stand m; Zustand m; Pol. Staat m; **~** atmosferico Wetterlage f; **~** d'assedio Belagerungszustand m; **~** civile Familienstand m; **~** legale Rechtszustand m; ⚔ **~** maggiore Stab m; **~** mentale Geisteszustand m; **~** naturale Naturzustand m; **~** di salute Gesundheitszustand m; **~** satellite Satellitenstaat m; ferrovie f/pl. dello ♀ Staatsbahn f; proprietà f dello ♀ Staatseigentum n; capo m dello ♀ Staatsoberhaupt m; segreto m di ♀ Staatsgeheimnis n; essere in **~** di (inf.) imstande sein, zu (inf.).

statua [sta:tua] f Statue f, Standbild n.

stat|uaria [statu'a:ria] f Bildhauerkunst f; **~uario** [-tu'a:rio] (pl. -ri) **1.** adj. Standbild...; **2.** m Bildhauer m.

statuire [statu'i:re] (4d) lit. beschließen; festsetzen.

statunitense [statuni'tɛnse] zu den Vereinigten Staaten gehörig; nordamerikanisch.

statura [sta'tu:ra] f Statur f, Wuchs m; Körperbau m; di media **~** mittelgroß; di piccola **~** kleinwüchsig.

stat|utario [statu'ta:rio] (pl. -ri) statutenmäßig; Statuten...; **~uto** [-'tu:to] m Statut n; Pol. Verfassung f.

stazion|amento [statsiona'mento] m Halten n, Parken n; (**~** tassi) Taxiparkplatz m; **~are** [-'na:re] (1a) sich aufhalten; stationiert sein; **~ario** [-'na:rio] (pl. -ri) stationär.

stazione [statsi'o:ne] f Station f; 🚆

Bahnhof m; Haltestelle f; **~** terminale Endstation f; **~** di testa Kopfbahnhof m; **~** di smistamento Rangierbahnhof m; **~** di transito Durchgangsbahnhof m; **~** di servizio Tankstelle f; **~** balnearia Badeort m, Kurort m; **~** climatica Luftkurort m; **~** marittima Hafenbahnhof m; **~** radiotelegrafica Funkstelle f; **~** sperimentale Versuchsanstalt f; **~** (radio)trasmittente Sender m; **~** trasmittente locale Ortssender m; andare alla **~** zum Bahnhof gehen; accompagnare qu. alla **~** j-n zum Bahnhof begleiten.

stazza [stat-tsa] f ⚓ Tonnage f, Tonnengehalt m.

stazz|are [stat-'tsa:re] (1a) **1.** v/t. ein Schiff vermessen, eichen; **2.** v/i. e-e Tonnage haben von (dat.); **~atura** [-tsa'tu:ra] f Schiffsvermessung f; Tonnengehalt m.

ste|arico [ste'a:riko] (pl. -ci) Stearin...; **~arina** [-a'ri:na] f Stearin n.

stecca [stek-ka] f (pl. -cche) Stäbchen n; Billardstock m; Kleidung: Korsettstange f; ⊕ Glättholz n; Falzbein n; Chir. Bein-, Armschiene f; Bill. Queue f; ♪ Kickser m, falscher Ton m.

stec|care [stek-'ka:re] (1d) einfriedigen; Chir. einschienen; **~cato** [-'ka:to] m Bretterzaun m; **~chetto** [-'ket-to]: a **~** knapp; **~chino** [-'ki:no] m Zahnstocher m; **~chire** [-'ki:re] (4d) **1.** v/t. tot niederstrecken; **2.** v/i. dürr werden; **~chito** [-'ki:to] dürr; steif.

stecco [stek-ko] m (pl. -cchi) dürrer Zweig m.

stecc|onare [stek-ko'na:re] (1a) einpfählen; **~onato** [-ko'na:to] m Zaun (Lattenzaun) m; **~one** [-'ko:ne] m Zaunpfahl m.

stella [stel-la] f Stern m; fig. Star m; ⊕ Rädchen n; Blesse (Pferdeblesse) f; **~** alpina Edelweiß n; **~** polare Polarstern m; **~** filante Sternschnuppe f; Luftschlange f; pioggia f di -e Sternschnuppenfall m; fig. innalzare alle -e in den Himmel heben; fig. vedere le -e die Engel im Himmel singen hören.

stell|are [stel-'la:re] Sternen...; luce f **~** Sternenlicht n; **~ato** [-'la:to] gestirnt; **~etta** [-'let-ta] f Typ., ⚔ Sternchen n; **~ina** [-'li:na] f Filmsternchen n; **~oncino** [-lon-

'tʃi:no] *m* kurzer Artikel *m*, Pressenotiz *f*.

stelo [stɛ:lo] *m* Stengel *m*, Stiel *m*.

stemma [stɛm-ma] *m* (*pl.* -i) Wappen *n*.

stemmato [stem-'ma:to] mit Wappen versehen.

stemmo [stɛm-mo] *s.* stare.

stemperare [stempe'ra:re] (1l *u.* b) auflösen.

stendardo [sten'dardo] *m* Standarte *f*.

stendere [stɛndere] (3c) ausbreiten; *j-n* hinstrecken; *Arme* ausstrecken; *Butter* aufstreichen; *Schrift* aufsetzen; *fig.* ~ la mano betteln.

stenditoio [stendi'to:io] *m* (*pl.* -oi) Trockenboden *m*.

stenodattil|ografa [stenodat-ti-'lɔgrafa] *f* Stenotypistin *f*; **~ografia** [-logra'fi:a] *f* Stenotypie *f*; **~ografo** [-'lɔgrafo] *m* Stenotypist *m*.

sten|ografare [stenogra'fa:re] (1m *u.* c) stenographieren; **~ografia** [-nogra'fi:a] *f* Stenographie *f*; **~ografico** [-no'gra:fiko] (*pl.* -ci) stenographisch; **~ografo** [-'nɔ:grafo] *m* Stenograph *m*; **~ogramma** [-no'gram-ma] *m* (*pl.* -i) Stenogramm *n*; **~otipia** [-noti'pi:a] *f* Stenotypie *f*; **~otipista** [-noti'pista] *su.* (*m/pl.* -i) Stenotypist(in *f*) *m*.

stent|are [sten'ta:re] (1b) 1. *v/t.*: ~ la vita sich kümmerlich durchschlagen; 2. *v/i. abs.* darben; ~ a fare qc. Mühe haben, et. zu tun; **~ato** [-'ta:to] 1. *adj.* kümmerlich; mühselig; 2. *adv.* mit Mühe; **2e-rello** [-te'rɛl-lo] *m* florentinischer Hanswurst.

stento [stɛnto] *m* Entbehrung *f*; Not *f*; una vita di -i ein kümmerliches Dasein; a ~ mühsam.

stentoreo [sten'tɔ:reo]: voce *f* -a Stentorstimme *f*.

steppa [step-pa] *f* Steppe *f*.

sterco [stɛrko] *m* (*pl.* -chi) Kot *m*, Mist *m*.

stereo [stɛ:reo] 1. *adj. s.* stereofonico; 2. *f s.* stereofonia.

stereo|fonia [stereofo'ni:a] *f* Stereophonie *f*; **~fonico** [-'fɔ:niko] (*pl.* -ci) stereophonisch; **~fotografia** [-fotogra'fi:a] *f* Stereofotografie *f*; **~grafia** [-gra'fi:a] *f* Stereographie *f*; **~metria** [-me-'tri:a] *f* Stereometrie *f*; **~scopio**

[-'skɔ:pio] *m* (*pl.* -pi) Stereoskop *n*; **~tipare** [-ti'pa:re] (1n *u.* c) stereotypieren; **~tipato** [-ti'pa:to] stereotyp; **~tipia** [-ti'pi:a] *f* Stereotypie *f*; **~tipista** [-ti'pista] *m* (*pl.* -i) Stereotypist *m*.

stereotipo [stere'ɔ:tipo] Stereotyp-...; *fig.* stereotyp, schablonenhaft.

sterile [stɛ:rile] unfruchtbar.

steril|ità [sterili'ta] *f* Unfruchtbarkeit *f*; **~izzare** [-lid-'dza:re] (1a) sterilisieren; **~izzazione** [-lid-dzatsi'o:ne] *f* Sterilisierung *f*.

sterlina [ster'li:na] *f* od. lira *f* ~ Pfund *n* Sterling.

sterm|inare [stermi'na:re] (1l *u.* b) ausrotten; *Land* verwüsten; **~inato** [-mi'na:to] endlos; **~inatore** [-mina'to:re] 1. *adj.* vernichtend; angelo *m* ~ Würgengel *m*; 2. *m* Vernichter *m*; **~inio** [-'mi:nio] *m* (*pl.* -ni) Ausrottung *f*; Vernichtung *f*; campo *m* di ~ Vernichtungslager *n*.

sterno [stɛrno] *m* Brustbein *n*.

stero [stɛ:ro] *m* Ster *m*, Kubikmeter *m u. n.*

sterpame [ster'pame] *m* Gestrüpp *n*.

sterpazzola [ster'pat-tsola] *f* Dorngrasmücke *f*.

sterpo [stɛrpo] *m* dürrer Zweig *m*; -i pl. Gestrüpp *n*.

sterposo [ster'po:so] voller Gestrüpp.

sterr|are [ster-'ra:re] (1b) die Erde aufgraben; **~atore** [-ra'to:re] *m* Erdarbeiter *m*.

sterro [stɛr-ro] *m* Erdaushub *m*; aufgegrabene Erde *f*.

sterz|are [ster'tsa:re] (1b) umlenken; *Auto:* ausweichen; *fig.* Gesinnung wechseln; ~ a sinistra nach links lenken; **~ata** [-'tsa:ta] *f* Ausweichmanöver *n*; Umlenken *f*; *fig.* Kurswechsel *m*.

sterzo [stɛrtso] *m* Steuerung *f*; Steuerrad *n*; *Fahrrad:* Lenkstange *f*.

stesi [ste:si], **steso** [-so] *s.* stendere.

stessi [stes-si] *s.* stare.

stesso [stes-so] selbst, selber; lo ~ derselbe; è lo ~ es ist gleich; es macht nichts aus; gli -i suoi amici selbst (*od.* sogar) s-e Freunde; oggi ~ noch heute; lo facevo lo ~ ich hätte es ohnehin *od.* trotzdem getan.

stesura [ste'su:ra] *f* Aufsetzen *n*, Abfassung *f*.

stetoscopio [stetos'kɔ:pio] *m* (*pl.* -pi) Hörrohr *n*, Stethoskop *n*.

stetti [stet-ti], **stia**[1] [sti:a] *s.* stare.

stia[2] [sti:a] *f* Hühnerkäfig *m*.

stigmate [stigmate] *f*|*pl. usw.* stimmate usw. [redigieren.]

stilare [sti'la:re] (1a) ⊞ aufsetzen;

stile [sti:le] *m* Stil *m*; Art *f*, Weise *f*; Eleganz *f*, Klasse *f*; ~ commerciale Kanzleistil *m*; Sport: ~ libero Freistil *m*; in grande ~ in großem Maßstab; großangelegt.

stil|ettare [stilet-'ta:re] (1a) erdolchen; **~ettata** [-let-'ta:ta] *f* Dolchstich *m*; **~etto** [-'let-to] *m* Stilett *n*; **~ista** [-'lista] *su.* (*m*|*pl.* -i) Stilist(in *f*) *m*; **~istica** [-'listika] *f* Stilistik *f*; **~istico** [-'listiko] (*pl.* -ci) stilistisch; **~izzare** [-lid-'dza:re] (1a) stilisieren.

stilla [stil-la] *f* Tropfen *m*.

still|are [stil-'la:re] (1a) tropfenweise absondern; träufeln; **~arsi** [-'larsi]: ~ il cervello sich den Kopf zerbrechen; **~icidio** [-li'tʃi:dio] *m* Tröpfeln *n*; Durchsickern *n*.

stilo [sti:lo] *m* Griffel *m*; Stabantenne *f*.

stilo|grafica [stilo'gra:fika] *f* Füllfederhalter *m*; **~grafico** [-'gra:fiko] (*pl.* -ci): inchiostro *m* ~ Füllfedertinte *f*; penna *f* -a Füllfederhalter *m*.

stima [sti:ma] *f* Schätzung (Abschätzung) *f*; Achtung *f*; Werturteil *n*; con profonda ~ mit vorzüglicher Hochachtung *od.* hochachtungsvoll.

stim|abile [sti'ma:bile] achtbar; **~abilità** [-mabili'ta] *f* Achtbarkeit *f*; **~are** [-'ma:re] (1a) (ab)schätzen; achten; ~ troppo *od.* überschätzen; **~ato** [-'ma:to] geschätzt; **~atore** [-ma'to:re] *m* Bewunderer *m*; ✝ Taxator *m*; Abschätzer *m*.

stimmate [stim-mate] *f*|*pl.* Wundmale *n*|*pl.*; *fig.* Mal (Brandmal) *n*.

stimmatizzare [stim-matid-'dza:re] (1a) stigmatisieren, brandmarken.

stimol|ante [stimo'lante] **1.** *adj.* anreizend; **2.** *m* Reizmittel *n*; **~are** [-'la:re] (1l) anstacheln; reizen; antreiben; **~ativo** [-la'ti:vo] anreizend.

stimolo [sti:molo] *m* Stachel *m*; *fig.* Trieb *m*; Ansporn *m*; ⚕ Reizmittel *n*; ~ d'orinare Harndrang *m*; ~ di vomitare Brechreiz *m*.

stinco [stiŋko] *m* (*pl.* -chi) Schienbein *n*; non essere uno ~ di santo nicht gerade ein Heiliger sein.

stingere [stindʒere] (3d) **1.** *v*/*t.* entfärben; **2.** *v*/*i.* abfärben, verschießen.

stin|si [stinsi], **~to** [-to] *s.* stingere.

stipa [sti:pa] *f* Reisig *n*.

stip|are [sti'pa:re] (1a) zusammendrängen, -pferchen; **~ato** [-'pa:to] vollgestopft (di mit dat.); zusammengepfercht.

stip|endiare [stipendi'a:re] (1b *u.* k) besolden; **~endiato** [-pendi'a:to] *m* Gehaltsempfänger *m*; **~endio** [-'pɛndio] *m* (*pl.* -di) Gehalt *n*, Vergütung *f*; aumento *m* di ~ Gehaltsaufbesserung *f*, -erhöhung *f*; riduzione *f* di ~ Gehaltskürzung *f*.

stipettaio [stipet-'ta:io] *m* (*pl.* -ai) Kunsttischler *m*.

stipite [sti:pite] *m* Tür-, Fensterpfosten *m*; ♀ *u. fig.* Stamm *m*.

stipo [sti:po] *m* Schränkchen *n*.

stipul|are [stipu'la:re] (1l) *abs.* ausmachen; Vertrag abschließen; **~zione** [-latsi'o:ne] *f* Abmachung *f*; Abschließung *f*.

stiracchi|amento [stirak-kia'mento] *m* Strecken *n*; Sichrecken *n*; Feilschen *n*, Handeln *n*; **~are** [-'a:re] (1k) an den Haaren herbeiziehen; ✝ (~ il prezzo um den Preis) feilschen; **~ato** [-'a:to] gezwungen, unnatürlich.

stir|are [sti'ra:re] (1a) plätten; bügeln; non si stira bügelfrei; Arme ausrecken; **~arsi** [-'rarsi] sich recken; **~ato** [-'ra:to] gebügelt; **~atoio** [-ra'to:io] *m* (*pl.* -oi) Plätttuch *n*; **~atrice** [-ra'tri:tʃe] *f* Plätterin *f*; **~atura** [-ra'tu:ra] *f* Plätten *n*, Bügeln *n*; **~eria** [-re'ri:a] *f* Bügelanstalt *f*.

stiro [sti:ro] *m*: ferro *m* da ~ Bügeleisen *n*; non ~ bügelfrei.

stirpe [stirpe] *f* Geschlecht *n*; Rasse *f*.

stitichezza [stiti'ket-tsa] *f* Verstopfung *f*.

stitico [sti:tiko] (*pl.* -ci) verstopft; *fig.* knauserig.

stiv|a [sti:va] *f* Sterz (Pflugsterz) *m*; ⚓ Kielraum *m*; Bunker *m*; **~aggio**

[-'vad-dʒo] *m* ⚓ (Ver-)Stauung *f*.

stiv|ale [sti'va:le] *m* Stiefel *m*; **∼alone** [-va'lo:ne] *m* Reitstiefel *m*; Schaftstiefel *m*.

stiv|are [sti'va:re] (1a) zusammenhäufen; vollstopfen; ⚓ (ver)stauen; **∼atore** [-va'to:re] *m* ⚓ Stauer *m*.

stizza [stit-tsa] *f* Zorn *m*; con ∼ ärgerlich.

stizz|irsi [stit-'tsirsi] (4d) sich ärgern, ärgerlich werden; **∼ito** [-'tsi:to] ärgerlich, verärgert; **∼oso** [-'tso:so] reizbar, leicht aufbrausend.

sto[1] [stɔ] *s.* stare.

sto[2] [stɔ] = questo.

stoccafisso [stok-ka'fis-so] *m* Stockfisch *m*.

stoccata [stok-'ka:ta] *f* Degenstich *m*; *fig.* Seitenhieb *m*.

stocco [stɔk-ko] *m* (*pl.* -cchi) Stoßdegen *m*.

stoffa [stɔf-fa] *f* Stoff *m*, Gewebe *n*; *fig.* Zeug *n*; Begabung *f*, Talent *n*; c'è della ∼ in lui er hat gute Anlagen.

stoicismo [stoi'tʃizmo] *m* Stoizismus *m*.

stoico [stɔ:iko] (*pl.* -ci) **1.** *adj.* stoisch; **2.** *m* Stoiker *m*.

stoino [sto'i:no] *m* Fußmatte *f*.

stola [stɔ:la] *f* Stola *f*; Pelzkragen *m*.

stolid|ezza [stoli'det-tsa], **∼ità** [-di-'ta] *f* Albernheit *f*.

stolido [stɔ:lido] albern.

stoltezza [stol'tet-tsa] *f* Torheit *f*.

stolto [stolto] **1.** *adj.* töricht; **2.** *m* Tor *m*.

stomac|are [stoma'ka:re] (1l, *c u.* d) anekeln; **∼arsi** [-'karsi] Ekel empfinden.

stomachevole [stoma'ke:vole] ekelhaft, widerlich.

stomaco [stɔ:mako] *m* (*pl.* -chi) Magen *m*; acidità *f* di ∼ Magensäure *f*; bruciore *m* di ∼ Sodbrennen *n*; dilatazione *f* di ∼ Magenerweiterung *f*; dolori *m/pl.* di ∼ Magenschmerzen *m/pl.*; *fig.* avere qc. sullo ∼ et. schwer auf dem Magen liegen haben.

stom|acoso [stoma'ko:so] ekelerregend; **∼atico** [-'ma:tiko] (*pl.* -ci) **1.** *adj.* magenstärkend; **2.** *m* Magenbitter *m*.

ston|are [sto'na:re] (1c) falsch singen (*od.* spielen); *fig.* stören, nicht

passen; **∼ato** [-'na:to] falsch, mißtönend; verstimmt; *fig.* mißgestimmt; **∼atura** [-na'tu:ra] *f* Dissonanz *f*; *fig.* Mißklang *m*.

stop [stɔp] *m inv.* Haltezeichen *n*; *Sport*: Stoppen *n*.

stoppa [stop-pa] *f* Werg *n*; uomo *m* di ∼ Schlappschwanz *m*.

stopp|accio [stop-'pat-tʃo] *m* (*pl.* -cci) Pfropf *m*; **∼are**[1] [-'pa:re] (1a) mit Werg zustopfen; **∼are**[2] [-'pa:re] (1c) anhalten, stoppen.

stoppia [stop-pia] *f* Stoppel *f*; campo *m* di -e Stoppelfeld *n*.

stopp|ino [stop-'pi:no] *m* Docht *m*; ⚔ Lunte *f*; **∼oso** [-'po:so] wergartig.

storc|ere [stɔrtʃere] (3d) krümmen; biegen; *Augen* verdrehen; *Nase* rümpfen; **∼ersi** [-tʃersi] sich krümmen; ∼ un piede sich den Fuß verstauchen.

stord|imento [stordi'mento] *m* Betäubung *f*; Benommenheit *f*; Bestürzung *f*; **∼ire** [-'di:re] (4d) betäuben; *fig.* verblüffen; **∼itaggine** [-di'tad-dʒine] *f* Unbesonnenheit *f*; **∼ito** [-'di:to] betäubt, benommen; unachtsam; unbesonnen.

storia [stɔ:ria] *f* Geschichte *f*; Märchen *n*; -e *pl.* Geschichten *f/pl.*, Märchen *n/pl.*; ∼ dell'arte Kunstgeschichte *f*; non far -e! mach keine Geschichten!

storicità [storitʃi'ta] *f* geschichtliche Wahrheit *f*.

storico [stɔ:riko] (*pl.* -ci) **1.** *adj.* historisch, geschichtlich; film *m* ∼ Geschichtsfilm *m*; **2.** *m* Historiker *m*.

stori|ella [stori'el-la] *f* Geschichtchen *n*; Kurzgeschichte *f*; *c.s.* Flause *f*; **∼ografia** [-riogra'fi:a] *f* Geschichtsschreibung *f*; **∼ografo** [-ri'ɔ:grafo] *m* Geschichtsschreiber *m*.

storione [stori'o:ne] *m* Stör *m*.

stormire [stor'mi:re] (4d) rauschen.

stormo [stormo] *m* Schwarm *m*; Geschwader *n*; sonare a ∼ Sturm läuten.

stornare [stor'na:re] (1a) ablenken; *Geschäfte* rückgängig machen; *Posten* umbuchen.

stornello [stor'nel-lo] *m* Zool. Star *m*; ♪ Stornello *n*.

storno[1] [storno] **1.** *adj.*: cavallo *m* ∼ Grauschimmel *m*; **2.** *m* Zool. Star *m*.

storno² [storno] *m* Ablenkung *f*; ✝ Um-, Ausbuchung *f*.

storpi|are [storpi'a:re] (1k *u.* c) zum Krüppel machen; *Worte* entstellen; **~ato** [-pi'a:to] *m* Krüppel *m*; **~tura** [-pia'tu:ra] *f* Verkrüppelung *f*; Entstellung *f*.

storpio [stɔrpio] (*pl.* -pi) **1.** *adj.* verkrüppelt; **2.** *m* Krüppel *m*.

storta [storta] *f* Biegung *f*, Krümmung *f*; ⚔ Verrenkung *f*; 🜀 Retorte *f*; *prendere una* ~ *al piede* sich den Fuß verrenken.

stortezza [stor'tet-tsa] *f* Krümmung *f*; *fig.* Verdrehtheit *f*.

storto [stɔrto] krumm; *fig.* verdreht.

stoviglie [sto'vi:ʎe] *f/pl.* Geschirr *n*.

stra... *in Zssgn oft:* sehr ..., überaus ..., unmäßig ...

strabico [stra'biko] (*pl.* -ci) schielend.

strabili|ante [strabili'ante] erstaunlich; **~are** [-li'a:re] (1k) **1.** *v/t.* verwundern; verblüffen; **2.** *v/i.* sich gewaltig wundern; **~ato** [-li'a:to] höchst erstaunt; verblüfft.

strabismo [stra'bizmo] *m* Schielen *n*.

straboc|care [strabok-'ka:re] (1d) überfließen; **~chevole** [-'ke:vole] überfließend; *fig.* übermäßig, ungeheuer.

stra|carico [stra'ka:riko] (*pl.* -chi) überladen; **~caro** [-'ka:ro] außerordentlich teuer.

straccare [strak-'ka:re] (1d) ermüden; erschöpfen.

stracchino [strak-'ki:no] *m* Stracchino(käse) *m*.

stracci|aiolo [strat-tʃai'o:lo] *m* Lumpensammler *m*; **~are** [-'tʃa:re] (1f) zerreißen; **~arsi** [-'tʃarsi] reißen; **~atella** [-tʃa'tel-la] *f* Fleischbrühe *f* mit geschlagenem Ei; **~ato** [-'tʃa:to] zerrissen, zerfetzt; zerlumpt.

straccio [strat-tʃo] (*pl.* -cci) **1.** *m* Lumpen *m*; **2.** *adj.*: *carta f -a* Makulatur *f*; Altpapier *n*.

straccione [strat-'tʃo:ne] *m* zerlumpter Mensch *m*; Bettler *m*.

straccivendolo [strat-tʃi'vendolo] *m* Lumpensammler *m*.

stracco [strak-ko] (*pl.* -cchi) müde, erschöpft.

stra|contento [strakon'tento] sehr zufrieden; **~cotto** [-'kɔt-to] **1.** *adj.* zerkocht; *fig.* verschossen; **2.** *m*

Schmorbraten *m*; **~cuocere** [-ku'ɔ:tʃere] (3p) zu lange kochen.

strada [stra:da] *f* Straße *f*; Weg *m*; Strecke *f*; ~ *maestra* Landstraße *f*; ~ *panoramica* Aussichtsstraße *f*; ~ *sdrucciolevole* Schleudergefahr *f*; ~ *ferrata* Eisenbahn *f*; ~ *di primo grado* Straße *f* erster Ordnung; ~ *nazionale* Staatsstraße *f*, Hauptverkehrsstraße *f*; ~ *principale* Hauptstraße *f*; ~ *provinciale* Landstraße *f*; ~ *secondaria* Seitenstraße *f*, Nebenstraße *f*; ~ *facendo* unterwegs; *farsi* ~ vorwärtskommen; *a mezza* ~ auf halbem Wege; *mettere qu. sulla* ~ j-n auf die Straße setzen; *mettersi la* ~ *fra le gambe* sich auf den Weg machen; *per la* ~ unterwegs.

strad|ale [stra'da:le] **1.** *adj.* Straßen...; *incidente m* ~ Verkehrsunfall *m*; *disciplina f (od. regolamento m)* ~ Fahrvorschrift *f*, Verkehrsregelung *f*; *pianta f* ~ Wegekarte *f*; *rete f* ~ Straßennetz *n*; *servizio m* ~ Straßendienst *m*; *pattuglia f della polizia* ~ Straßenpolizeistreife *f*; **2.** *m* Landstraße *f*; **~ario** [-'da:rio] *m* Straßenverzeichnis *n*; **~ino** [-'di:no] *m* Straßenarbeiter *m*; **~ista** [-'dista] *m* (*pl.* -i) *Sport:* Straßenrenner *m*; **~one** [-'do:ne] *m* Landstraße *f*, Chaussee *f*.

strafalcione [strafal'tʃo:ne] *m* Schnitzer *m*.

stra|fare [stra'fa:re] (3aa) mehr als nötig tun; übertreiben; **~fatto** [-'fat-to] überreif.

strafelato [strafe'la:to] atemlos, keuchend.

stra|felice [strafe'li:tʃe] überglücklich; **~fine** [-'fi:ne] hochfein; **~foro** [-'fo:ro] *m*: *di* ~ heimlich; **~fottente** [-fot-'tente] P **1.** *adj.* unverschämt; **2.** *m* unverschämter Kerl *m*; **~fottenza** [-fot-'tentsa] *f* P Unverschämtheit *f*; **~fottersi** [-'fot-tersi] (3a) P darauf pfeifen.

strage [stra:dʒe] *f* Gemetzel *n*; Verheerung *f*; *fig.* *fare* ~ *di qc.* et. vernichten.

stragrande [stra'grande] überaus groß; *la* ~ *maggioranza* die große Mehrheit.

stralciare [stral'tʃa:re] (1f) herausnehmen; 🏛 entnehmen; ✝ abschreiben; liquidieren.

stralcio [straltʃo] *m* (*pl.* -ci) Auswahl *f*, Auslese *f*; Stück *n*; Liquidation *f*, Ausverkauf *m*.

strale [stra:le] *m poet.* Pfeil *m*.

strallo [stral-lo] *m* ⚓ Stag *n*.

stralunare [stralu'na:re] (1a) *Augen* verdrehen.

stramaledetto [stramale'det-to] *s.* stramaledire.

stramaledire [stramale'di:re] (3t) verfluchen.

stramaturo [strama'tu:ro] überreif.

stram|azzare [stramat-'tsa:re] (1a) umfallen, zu Boden sinken; **~azzata** [-mat-'tsa:ta] *f* Sturz *m*; **~azzo** [-'mat-tso] *m* Sturz *m*; Strohsack *m*; **~azzone** [-mat-'tso:ne] *m* Sturz *m*.

stramberia [strambe'ri:a] *f* Wunderlichkeit *f*.

strambo [strambo] schief; *fig.* wunderlich.

strame [stra:me] *m* Streu *f*.

strampalato [strampa'la:to] wunderlich.

stranezza [stra'net-tsa] *f* Fremdartigkeit *f*; Wunderlichkeit *f*.

strangol|amento [strangola'mento] *m* Erdrosselung *f*; **~are** [-'la:re] (1l) erdrosseln; **~atore** [-la'to:re] *m* Erwürger *m*; **~azione** [-latsi'o:ne] *f* Erdrosselung *f*.

stran|iare [strani'a:re] (1k) entfremden; **~iero** [-'ɛ:ro] **1.** *adj.* ausländisch; fremd; lingue *f/pl.* **-e** fremde Sprachen *f/pl.*; dominio *m* **~** Fremdherrschaft *f*; **2.** *m* Ausländer *m*.

strano [stra:no] sonderbar; komisch; wunderlich.

straordin|arietà [straordinarie'ta] *f* Außergewöhnlichkeit *f*; **~ario** [-'na:rio] (*pl.* -ri) außerordentlich; ausnehmend.

stra|pagare [strapa'ga:re] (1e) überzahlen; **~parlare** [-par'la:re] (1a) zuviel reden; irrereden

strap|azzare [strapat-'tsa:re] (1a) überanstrengen; übel zurichten; mißhandeln; schelten; uova *f/pl.* strapazzate Rühreier *n/pl.*; **~azzarsi** [-pat-'tsarsi] sich abarbeiten; **~azzata** [-pat-'tsa:ta] *f* Schelte *f*; **~azzo** [-'pat-tso] *m* Strapaze *f*; Überanstrengung *f*; da **~** strapazierfähig; schlecht, minderwertig; **~azzoso** [-pat-'tso:so] ermüdend; beschwerlich.

stra|perdere [stra'pɛrdere] (3a *od.* 3uu) viel verlieren; **~pieno** [-pi'ɛ:no] übervoll; **~piombare** [-piom-'ba:re] (1a) überhängen; **~piombo** [-pi'ombo] *m* Überhang *m*, Felsvorsprung *m*; △ Ausladung *f*; Vorsprung *m*; a **~** überhängend; **~potente** [-po'tente] übermächtig; **~potenza** [-po'tentsa] *f* Übermacht *f*.

strapp|are [strap-'pa:re] (1a) zerreißen; reißen; abreißen; ausreißen; *fig. Geheimnis* entreißen; **~** in pezzi in Stücke reißen; **~arsi** [-'parsi] zerreißen; **~ata** [-'pa:ta] *f* Reißen *n*; Ruck *m*; **~ato** [-'pa:to] abgerissen; zerrissen; zerlumpt.

strappo [strap-po] *m* Riß *m*; *fig.* Bruch *m*; Übertretung *f*; uno **~** alla regola e-e Ausnahme von der Regel.

strapunt|ino [strapun'ti:no] *m* Klapp-, Notsitz *m*; **~o** [-'punto] *m* Steppdecke *f*.

straricco [stra'rik-ko] (*pl.* -cchi) steinreich.

strarip|amento [straripa'mento] *m* Austreten *n*; **~are** [-'pa:re] (1a) *Flüsse:* über die Ufer treten.

strascic|are [straʃ-ʃi'ka:re] (1l u. d) schleppen; nachschleppen; *Worte* langziehen; **~arsi** [-'karsi] sich hinschleppen.

strascico [straʃ-ʃiko] *m* (*pl.* -chi) *Kleidung:* Schleppe *f*; *fig.* Folge *f*.

strasci|coni [straʃ-ʃi'ko:ni] schleppend; **~nare** [-'na:re] (1a) schleppen; *Bein* nachschleifen.

stratagemma [strata'dʒem-ma] *m* (*pl.* -i) Kniff *m*, List *f*.

strat|egia [strate'dʒi:a] *f* Strategie *f*; **~egico** [-'tɛ:dʒiko] (*pl.* -ci) strategisch; **~ego** [-'tɛ:go] *m* (*pl.* -ghi) Stratege *m*.

stratific|are [stratifi'ka:re] (1m u. d) aufschichten; **~ato** [-'ka:to] geschichtet; **~azione** [-katsi'o:ne] *f* Schichtung *f*.

strato [stra:to] *m* Schicht *f*; **~** atmosferico Luftschicht *f*; **~** protettivo Schutzschicht *f*; **~** d'olio Ölschicht *f*.

stratosfera [stratos'fɛ:ra] *f* Stratosphäre *f*.

stravag|ante [strava'gante] überspannt, extravagant; verschroben; **~anza** [-'gantsa] *f* Überspanntheit *f*, Extravaganz *f*.

stra|vecchio [stra'vɛk-kio] (*pl.*

-cchi) steinalt; ~vedere [-ve'de:re]
(2s) sich versehen; ~vincere [-'vin-
tfere] (3d) glänzend siegen; ~vi-
ziare [-vitsi'a:re] (1g) ausschwei-
fen; ~vizio [-'vi:tsio] m (pl. -zi)
Ausschweifung f; ~volgere [-'vol-
dʒere] (3d) verdrehen; ~volsi
[-'volsi] s. stravolgere; ~volto
[-'volto] 1. s. stravolgere; 2. adj.
verdreht, verzerrt; fig. verstört.

strazi|ante [stratsi'ante] herzzer-
reißend; qualvoll; ~are [-tsi'a:re]
(1g) zerreißen; zerfleischen; quälen.

strazio [stra:tsio] m (pl. -zi) Qual f;
Zerfleischung f; fare ~ di zerfleischen; verderben, verpfuschen.

strega [stre:ga] f (pl. -ghe) Hexe f.

streg|are [stre'ga:re] (1e) behexen;
~one [-'go:ne] m Hexenmeister m;
~oneria [-gone'ri:a] f Hexerei f.

stregua [stre:gua] f Maß n; alla
stessa ~ nach demselben Maß.

strem|are [stre'ma:re] (1b) er-
schöpfen; ~ato [-'ma:to] od. ~ di
forze ganz erschöpft.

stremo [stre:mo] m Äußerste(s) n;
essere allo ~ am Ende sein.

strenna [stren-na] f Geschenk
(Weihnachts-, Neujahrsgeschenk)
n.

strenuità [strenui'ta] f Tapferkeit f.

strenuo [stre:nuo] tapfer.

strepitare [strepi'ta:re] (11 u. b)
lärmen.

strepito [stre:pito] m Lärm m; fare
~ lärmen; Aufsehen erregen.

strepitoso [strepi'to:so] geräusch-
voll; fig. aufsehenerregend; applausi m/pl. -i stürmischer Beifall
m.

streptomicina [streptomi'tʃi:na] f
Streptomyzin n.

stretta [stret-ta] f Drücken n;
Druck m; ~ di mano Händedruck
m; ~ al cuore Stich m ins Herz; ~
pl. Bedrängnis f; Geogr. Engpaß m;
mettere alle ~e in die Enge treiben.

strettezza [stret-'tet-tsa] f Enge f;
Knappheit f; fig. (mst -e pl.) Bedrängnis f.

stretto [stret-to] 1. s. stringere;
2. adj. (zu) eng, schmal; knapp;
streng; strikt; lo ~ necessario das
Allernotwendigste; 3. m Engpaß m;
(a. ~ di mare) Meerenge f.

strettoia [stret-'to:ia] f Verengung
f; Engpaß m; fig. mißliche Lage f.

stria [stri:a] f Streifen m.

striare [stri'a:re] (1h) streifen; Δ
riefen, auskehlen.

stricnina [strik'ni:na] f Strychnin
n.

stridere [stri:dere] (3a) kreischen;
Holz: knistern; Farben: schreiend
sein.

strido [stri:do] m (pl. le -a) Schrei
m, Geschrei n.

stridore [stri'do:re] m Gekreisch n;
Knistern n.

stridulo [stri:dulo] schrill.

strig|are [stri'ga:re] (1e) entwirren;
~arsela [-'garsela]: ~ fra sé untereinander ausmachen.

striglia [stri:ʎa] f Striegel m.

strigli|are [stri'ʎa:re] (1g) striegeln;
~ata [-'ʎa:ta] f Striegeln n; dare
una ~ a striegeln.

strillare [stril-'la:re] (1a) schreien,
brüllen.

strillo [stril-lo] m Schrei m.

strillone [stril-'lo:ne] m Schreihals
m; ✝ Ausrufer m; Zeitungsverkäufer m.

striminz|ire [strimin'tsi:re] (4d)
1. v/t. einengen; 2. v/i. verkümmern; ~ito [-'tsi:to] kümmerlich,
dürftig; mager.

strimpell|amento [strimpel-la-
'mento] m Geklimper n; ~are
[-'la:re] (1b) klimpern; ~ata [-'la:ta]
f Klimperei f; ~atore [-la'to:re] m
Klimperer m; ~io [-'li:o] m Geklimper n.

strinare [stri'na:re] (1a) ansengen,
versengen; Geflügel absengen.

stringa [strinɡa] f (pl. -ghe)
Schnürsenkel m.

string|atezza [strinɡa'tet-tsa] f
Bündigkeit f, Gedrängtheit f; ~ato
[-'ɡa:to] bündig, gedrängt.

stringente [strin'dʒente] dringlich;
eindringend.

string|ere [strindʒere] (3d) 1. v/t.
drücken; zusammendrücken; Faust
ballen; Freundschaft schließen;
Kleider fest zuschnüren; ~ d'assedio
belagern; 2. v/i. drücken; Zeit:
drängen; ~ersi [-dʒersi] sich zusammenziehen; Personen: zusammenrücken; ~ addosso a qu. sich
dicht an j-n herandrängen.

stringimento [strindʒi'mento] m:
~ di cuore Stich m ins Herz.

strinsi [strinsi] s. stringere.

stripp|are [strip-'pa:re] (1a) sich

den Bauch vollstopfen; **~one**
[-'po:ne] *m* Vielfraß *m*.
striscia [striʃ-ʃa] *f (pl. -sce)* Streifen *m*; ~ *di terra* Landstrich *m*; ~
livida Strieme *f*; ~ *pedonale* Fuß-
gängerstreifen *m*.
strisciare [striʃ-'ʃa:re] (1f) **1.** *v/t.*
schleppen; **2.** *v/i.* kriechen.
striscio [striʃ-ʃo] *m* Streifen *n*;
Kratzer *m*; *colpo m di* ~ Streif-
schuß *m*.
strisci|one [striʃ-'ʃo:ne] **1.** *m* breiter
Streifen *m*; Spruchband *n*; **2.** *adv.*
= **~oni** [-'ʃo:ni] kriechend.
stritolare [strito'la:re] (1l) zerrei-
ben; zermalmen.
strizz|are [strit-'tsa:re] (1a) aus-
pressen; *Tücher* auswringen; ~
l'occhio a qu. j-m zublinzeln; **~ata**
[-'tsa:ta] *f* Auspressen *n*; Auswringen *n*; ~ *d'occhio* Zublinzeln *n*;
~one [-'tso:ne] *m* Drücken *n*.
strofa [strɔ:fa] *f* Strophe *f*.
strofantina [strofan'ti:na] *f* Stro-
phantin *n*.
strofin|accio [strofi'nat-tʃo] *m (pl.*
-cci) Wischlappen *m*; **~are** [-'na:re]
(1a) (ab)reiben; abscheuern; **~ata**
[-'na:ta] *f* Reiben (Abreiben) *n*;
dare una ~ *a qc.* et. scheuern; **~io**
[-'ni:o] *m* (fortwährendes) Reiben *n*
od. Scheuern *n*.
stromb|azzare [strombat-'tsa:re]
(1a) ausposaunen; **~ettare** [-bet-
'ta:re] (1a) trompeten; ausposaunen; **~ettio** [-bet-'ti:o] *m* Trompeten *n*.
stronc|are [stroŋ'ka:re] (1d) ab-
brechen; *fig.* herunterreißen; *Lit.*
verreißen; **~atura** [-ka'tu:ra] *f Lit.*
vernichtende Kritik *f*.
stronzo [strontso] *m* ∨ Kotbrocken
m; *fig.* Scheißkerl *m*.
strop|icciare [stropit-'tʃa:re] (1f)
1. *v/t.* reiben; einstreichen; **2.** *v/i.*
scharren; **~icciarsene** [-pit-'tʃar-
sene] F auf et. *(acc.)* pfeifen; **~ic-
ciata** [-pit-'tʃa:ta] *f* Reiben *n*;
~iccio [-pit-'tʃi:o] *m* Scharren *n*.
strozza [strɔt-tsa] *f* Gurgel *f*.
strozzamento [strot-tsa'mento] *m*
Erdrosseln *n*; ⊕ Drosselung *f*; ~
del commercio Abdrosselung *f* des
Handels.
strozz|are [strot-'tsa:re] (1c) er-
drosseln, erwürgen; *fig.* zugrunde
richten, den Hals zudrücken *(dat.)*;
Worte abschneiden; **~atura** [-tsa-

'tu:ra] *f* Erwürgung *f*; Verengung *f*;
fig. Engpaß *m*; **~ino** [-'tsi:no] *m*
Halsabschneider *m*.
strugg|ere [strud-dʒere] (3cc)
schmelzen; *Fett* zerlassen; **~ersi**
[-dʒersi] schmelzen; *fig.* vergehen
(*di vor*).
struggimento [strud-dʒi'mento] *m*
Schmelzen *n*; *fig.* Sehnsucht *f*;
Kummer *m*.
strument|ale [strumen'ta:le] In-
strumental...; **~are** [-'ta:re] (1a)
instrumentieren; **~azione** [-tatsi-
'o:ne] *f* Instrumentierung *f*.
strumento [stru'mento] *m* Instru-
ment *n*; Gerät *n*, Apparat *m*; Urkunde *f*; ⊕ *u. fig.* Werkzeug *n*; ~ *a*
percussione Schlaginstrument *n*; ~
musicale Musikinstrument *n*; *-i ad*
arco Streichinstrumente *n/pl.*; *-i a*
fiato Blasinstrumente *n/pl.*; *-i pl.*
Handwerkszeug *n*.
strusciare [struʃ-'ʃa:re] (1f) abnutzen; reiben.
strussi [strus-si] *s. struggere.*
strutto [strut-to] **1.** *s. struggere;*
2. *m* Schmalz *n*.
struttur|a [strut-'tu:ra] *f* Struktur
f, Bauart *f*; Gliederung *f*; Bau *m*;
~ *linguistica* Sprachbau *m*; **~ale**
[-tu'ra:le] strukturell, Struktur...;
~are [-tu'ra:re] (1a) strukturieren;
~azione [-turatsi'o:ne] *f* Struktu-
rierung *f*, Gliederung *f*.
struzzo [strut-tso] *m Zool.* Strauß *m*.
stucc|are [stuk-'ka:re] (1d) vergip-
sen; *Wand* mit Stuck bekleiden;
~ *qu.* j-n langweilen, j-m über werden; **~atore** [-ka'to:re] *m* Stuck-
arbeiter *m*; **~atura** [-ka'tu:ra] *f* Ver-
gipsen *n*; Bekleiden *n* mit Stuck;
Stuckarbeit *f*.
stucche|vole [stuk-'ke:vole] lang-
weilig; widerwärtig; **~volezza**
[-kevo'let-tsa] *f* Langweiligkeit *f*;
Widerwärtigkeit *f*.
stucco [stuk-ko] *(pl. -cchi)* **1.** *adj.*
überdrüssig *(di gen.)*; **2.** *m* Stuck *m*;
rimanere di ~ verblüfft sein.
stud|ente [stu'dente] *m allg.* Schü-
ler *m*; (~ *di università* Universitäts-)
Student *m*; ~ *di medicina* Medizin-
student *m*; *casa f dello* ~ Studentenheim *n*; **~entesca** [-den'teska] *f*
(pl. -che) Schülerschaft *f*; Studen-
tenschaft *f*; **~entesco** [-den'tesko]
(pl. -chi) Studenten...; **~iare**
[-di'a:re] (1k) studieren; **~iarsi**

[-di'arsi] sich bemühen; **~iato** [-di'a:to] *fig.* gezwungen; absichtlich.

studio [stu:dio] *m* (*pl.* -di) Studium *n*; Studie *f*; Arbeitszimmer *n*; Atelier *n*; Büro *n*; *fig.* Bestreben *n*; ~ *cinematografico* Filmatelier *n*; *borsa f di* ~ Stipendium *n*; *a bello* ~ mit Absicht, absichtlich.

studi|olo [studi'ɔ:lo] *m* Studierstübchen *n*; **~oso** [-di'o:so] **1.** *adj.* fleißig; **2.** *m* Wissenschaftler *m*, Gelehrte(r) *m*; ~ *di filologia romanza* Romanist *m*.

stufa [stu:fa] *f* Ofen *m*.

stufaio [stu'fa:io] *m* (*pl.* -ai) Ofensetzer *m*.

stuf|are [stu'fa:re] (1a) *Kochk.* schmoren; *fig.* anöden; **~arsi** [-'farsi] überdrüssig werden (*di gen.*); **~ato** [-'fa:to] **1.** *adj.* gedämpft; geschmort; **2.** *m* Schmorbraten *m*; ~ *di manzo* geschmortes Rindfleisch *n*.

stufo [stu:fo] überdrüssig (*di gen.*); *sono* ~ ich habe es satt.

stuoia [stu'ɔ:ia] *f* Strohmatte *f*; Rohrgeflecht *n*.

stuolo [stu'ɔ:lo] *m* Schar *f*.

stupef|acente [stupefa't∫ente] **1.** *adj.* erstaunlich; **2.** *m* Rauschgift *n*; Betäubungsmittel *n*; **~are** [-'fa:re] (3aa) in Erstaunen setzen; **~atto** [-'fat-to] erstaunt; **~azione** [-fatsi'o:ne] *f* Verwunderung *f*.

stup|endo [stu'pεndo] wundervoll; fabelhaft; **~idaggine** [-pi'dad-dʒine] *f* Dummheit *f*; **~idire** [-pi'di:re] (4d) verdummen; **~idità** [-pidi'ta] *f* Dummheit *f*.

stupido [stu:pido] **1.** *adj.* dumm; geistlos; **2.** *m* Dummkopf *m*.

stup|ire [stu'pi:re] (4d) **1.** *v/t.* in Erstaunen setzen; **2.** *v/i.* u. **~irsi** [-'pirsi] sich verwundern; **~ore** [-'po:re] *m* Staunen (Erstaunen) *n*.

stupr|are [stu'pra:re] (1a) schänden; **~atore** [-pra'to:re] *m* Schänder *m*.

stupro [stu:pro] *m* Schändung *f*.

stura [stu:ra] *f* Entkorken *n*; *dare la* ~ *a* öffnen; *Flaschen* entkorken; *Faß* anstechen.

sturare [stu'ra:re] (1a) öffnen; entkorken; anstechen.

stuzzic|adenti [stut-tsika'dεnti] *m inv.* Zahnstocher *m*; **~ante** [-'kante] **1.** *adj.* reizend; **2.** *m* Reizmittel *n*;

~are [-'ka:re] (11 *u.* d): ~ *qc. in et.* herumstochern; *fig.* reizen; necken; ~ *l'appetito* den Appetit anregen.

su [su] **1.** *prp.* auf; über; *sul Meno* am Main; *sul mare* am Meer; *sul pavimento* auf dem Fußboden; um, an, ungefähr; *costerà sulle tremila lire* es wird um die dreitausend Lire kosten; gegen; *sul far del giorno* gegen Tagesanbruch; **2.** *adv.* oben; hinauf; herauf; ~! auf!; ~ *via!* los!; ~ *e giù* auf und ab; ~ *per giù* ungefähr; *venir* ~ gedeihen; wachsen.

suaccennato [suat-t∫en-'na:to] obenerwähnt.

suadente [sua'dεnte], **suasivo** [-'zi:vo] überzeugend, triftig.

sub [sub] *m inv.* Unterwassersportler *m*.

sub|acqueo [su'bak-kueo] unter Wasser befindlich; Untersee...; **~affittare** [-af-fit-'ta:re] (1a) weitervermieten; **~affitto** [-af-'fit-to] *m* Untermiete *f*; **~affittuario** [-af-fit-tu'a:rio] *m* Untermieter *m*; **~alpino** [-al'pi:no] subalpin(isch); **~alterno** [-al'tεrno] **1.** *adj.* subaltern; **2.** *m* Unterbeamte(r) *m*; Untergebene(r) *m*; **~appaltare** [-ap-pal'ta:re] (1a) in Unterpacht geben (nehmen); **~appaltatore** [-ap-palta'to:re] *m* Unterpächter *m*; **~appalto** [-ap-'palto] *m* Unterpacht *f*.

subbia [sub-bia] *f* Spitzmeißel *m*.

subbio [sub-bio] *m* (*pl.* -bbi) Weberbaum *m*.

subbuglio [sub-'bu:ʎo] *m* (*pl.* -gli) Aufruhr *m*, Unordnung *f*.

subcoscienza [subkoʃ-'∫εntsa] *f* Unterbewußtsein *n*.

subdolo [subdolo] hinterlistig, heimtückisch.

subentrare [suben'tra:re] (1a): ~ *a qu.* an j-s Stelle treten.

subinquilino [subiŋkui'li:no] *m* Untermieter *m*.

subire [su'bi:re] (4d) erleiden; *Strafe* abbüßen; ~ *un esame* sich e-r Prüfung unterziehen.

sub|issare [subis-'sa:re] (1a) zerstören; *fig.* überhäufen; **~isso** [-'bis-so] *m* Zerstörung *f*; große Menge *f*; *un* ~ *di applausi* ein Beifallssturm; *mandare in* ~ zugrunde richten.

subit|aneità [subitanei'ta] f Plötzlichkeit f; **~aneo** [-'ta:neo] plötzlich.

subito [su:bito] **1.** adj. plötzlich; **2.** adv. sofort, sogleich.

sublim|are [subli'ma:re] (1a) preisen, rühmen; ♆ u. Psych. sublimieren; **~ato** [-'ma:to] m Sublimat n; **~azione** [-matsi'o:ne] f Erhebung f; Sublimation f; Sublimierung f.

subl|ime [su'bli:me] erhaben; **~imità** [-blimi'ta] f Erhabenheit f.

sublunare [sublu'na:re] unter dem Monde; irdisch.

subodorare [subodo'ra:re] (1a) wittern.

subordin|are [subordi'na:re] (1m) unterordnen; ~ qc. a qc. et. von et. (dat.) abhängig machen; **~azione** [-natsi'o:ne] f Unterordnung f.

suborn|are [subor'na:re] (1a) anstiften; Zeugen bestechen; **~azione** [-natsi'o:ne] f Anstiftung f; Bestechung f.

substrato [sub'stra:to] m Substrat n, Grundlage f.

sub|urbano [subur'ba:no] vorstädtisch; **~urbio** [-'burbio] m (pl. -bi) Vorstadt f.

succ|edaneo [sut-tʃe'da:neo] **1.** adj. nachfolgend; stellvertretend; **2.** m Ersatz m; **~edere** [-'tʃɛ:dere] (3a od. 3l) (nach)folgen; geschehen; vorkommen; che succede? was ist los?; **~essi** [-'tʃes-si] s. succedere; **~essione** [-tʃes-si'o:ne] f Nachfolge f; Erbfolge f; ~ al trono Thronfolge f; **~essivamente** [-tʃes-siva'mente] nacheinander; später; **~essivo** [-tʃes-'si:vo] (darauf)folgend; **~esso** [-'tʃes-so] **1.** s. succedere; **2.** m Erfolg m; **~essore** [-tʃes-'so:re] m Nachfolger m.

succhi|are [suk-ki'a:re] (1k) saugen; Finger lutschen; fig. ~ il sangue a qu. j-n aussaugen; **~atoio** [-kia-'to:io] m (pl. -oi) Saugrüssel m; **~ellare** [-kiel-'la:re] (1b) anbohren; **~ello** [-ki'el-lo] m Stichbohrer m; **~one** [-ki'o:ne] m ♂ Geiz m, Seitenschößling m; fig. Aussauger m.

succiacapre [sut-tʃa'ka:pre] m inv. Ziegenmelker m.

succinto [sut-'tʃinto] leichtbekleidet; hochgeschürzt; fig. gedrängt, knapp; in ~ in aller Kürze.

succo [suk-ko] m (pl. -cchi) Saft m; ~ di frutta Obstsaft m; fig. il ~ di un discorso das Wesentliche einer Rede.

succ|oso [suk-'ko:so] saftig; **~ulento** [-ku'lento] schmackhaft, köstlich; üppig.

succursale [suk-kur'sa:le] **1.** adj. Filial...; banca f ~ Filialbank f; **2.** f Filiale f; Zweigniederlassung f, Zweigstelle f.

sud [sud] m Süd(en) m; ~ ovest Südwest(en) m; ~ est Südost(en) m; al ~ südlich.

sud|are [su'da:re] (1a) **1.** v/i. schwitzen; **2.** v/t. ausschwitzen; **~ario** [-'da:rio] m (pl. -ri) Rel. Schweißtuch n; **~ata** [-'da:ta] f Schwitzen n; fare una buona ~ ordentlich schwitzen; **~ato** [-'da:to] schweißig; fig. sauer erworben.

suddetto [sud-'det-to] besagt; obengenannt, obenerwähnt.

suddistinguere [sud-dis'tiŋguere] (3d) nochmals unterscheiden.

sudditanza [sud-di'tantsa] f Untertänigkeit f.

suddito [sud-dito] m Untertan m; Staatsangehörige(r) m.

suddiv|idere [sud-di'vi:dere] (3q) unterteilen; **~isione** [-vizi'o:ne] f Untereinteilung f.

sudiceria [suditʃe'ri:a] f Schmutzerei f; fig. Unanständigkeit f.

sudicio [su:ditʃo] (pl. -ci) schmutzig; fig. unanständig.

sudici|one [sudi'tʃo:ne] m Schmutzfink m; **~ume** [-'tʃu:me] m Schmutz m.

sud|orazione [sudoratsi'o:ne] f Schweißabsonderung f; **~ore** [-'do:re] m Schweiß m; fig. Anstrengung f, Mühe f; **~orifero** [-do'ri:fero] **1.** adj. schweißtreibend; **2.** m Schweißmittel n.

sufficien|te [suf-fi'tʃɛnte] genügend; **~za** [-'tʃentsa] f Hinlänglichkeit f; Selbstgefälligkeit f; a ~ zur Genüge.

suffisso [suf-'fis-so] m Suffix n.

suffr|agare [suf-fra'ga:re] (1e) **1.** v/i. nützen; **2.** v/t. unterstützen; Rel. beten für (acc.); **~agio** [-'fra:dʒo] m (pl. -gi) Pol. Stimmrecht n, Stimme f; Rel. Fürbitte f; in ~ dell'anima für das Seelenheil; ~ universale allgemeines Wahlrecht n.

S

suffumigio [suf-fu'mi:dʒo] *m* (*pl. -gi*) Räucherung *f*.

sugg|ellare [sud-dʒel-'la:re] (1b) siegeln; *fig.* besiegeln; **~ello** [-'dʒel-lo] *m* Siegel *n*; *fig.* Besiegelung *f*.

suggere [sud-dʒere] (3a) *lit.* saugen.

sugger|imento [sud-dʒeri'mento] *m* Einflüsterung *f*; Rat *m*; Empfehlung *f*; **~ire** [-'ri:re] (4d) einflüstern; anraten; veranlassen; **~itore** [-ri-'to:re] *m* Ratgeber *m*; *Thea.* Souffleur *m*.

suggest|ionabile [sud-dʒestio'na:bile] beeinflußbar; **~ionabilità** [-tionabili'ta] *f* Beeinflußbarkeit *f*; **~ionare** [-tio'na:re] (1a) beeinflussen; **~ione** [-ti'o:ne] *f* Suggestion *f*; **~ivo** [-'ti:vo] suggestiv; wirkungsvoll.

sugher|eto [suge're:to] *m* Korkeichenwald *m*; **~ificio** [-ri'fi:tʃo] *m* Korkfabrik *f*. [baum *m*.]

sughero [su'gero] *m* Kork *m*; Kork-[

sugheroso [suge'ro:so] korkartig.

sugli [su'ʎi] *prp.* su mit dem art. gli.

sugna [su:ɲa] *f* Schweineschmalz *n*; Wagenschmiere *f*.

sugo [su'go] *m* (*pl. -ghi*) Soße *f*, Tunke *f*; *fig.* Kern *m*, Wesentliche(s) *n*; *al ~* mit Soße; *fig. senza ~* ohne Saft und Kraft; *fig. non c'è ~* es hat keinen Zweck; es macht keinen Spaß.

sug|osità [sugosi'ta] *f* Saftigkeit *f*; **~oso** [-'go:so] saftig; *fig.* gehaltreich.

sui [sui] *prp.* su mit dem art. i.

suic|ida [sui'tʃi:da] *su.* (*m/pl. -i*) Selbstmörder(in *f*) *m*; **~idarsi** [-tʃi'darsi] (1a) sich das Leben nehmen; **~idio** [-'tʃi:dio] *m* (*pl. -di*) Selbstmord *m*.

suino [su'i:no] **1.** *adj.* Schweine...; *carne f ~a* Schweinefleisch *n*; **2.** *m*: *-i pl.* Schweine *n/pl.*

sul [sul] *prp.* su mit dem art. il.

sulfamidico [sulfa'mi:diko] *m* (*pl. -ci*) Sulfonamid *n*.

sulfureo [sul'fu:reo] schwef(e)lig.

sull' [sul-l], **sulla** [sul-la], **sulle** [sul-le], **sullo** [sul-lo] *prp.* su mit dem art. l', la, le, lo.

sultano [sul'ta:no] *m* Sultan *m*.

summen|tovato [sum-mento'va:to], **~zionato** [-tsio'na:to], **sunnominato** [sun-nomi'na:to] obenerwähnt.

sunteggiare [sunted-'dʒa:re] (1f) zusammenfassen.

sunto [sunto] *m* Zusammenfassung *f*; Auszug *m*.

suo [su:o] **1.** *adj. u. pron.* sein; ihr; *il ~ maestro* sein (*od.* ihr) Lehrer; *i suoi amici* seine (*od.* ihre) Freunde; *questo libro è ~* dieses Buch gehört ihm (*od.* ihr); ♀ Ihr; **2.** *m* Seinige *n*; Ihrige *n*.

suocer|a [su'ɔ:tʃera] *f* Schwiegermutter *f*; **~i** [-ri] *m/pl.* Schwiegereltern *pl.*; **~o** [-ro] *m* Schwiegervater *m*.

suola [su'ɔ:la] *f* Sohle (Stiefelsohle) *f*; *~ doppia* Doppelsohle *f*; *~ elastica* Gummisohle *f*.

suole [su'ɔ:le] *s.* solere.

suolo [su'ɔ:lo] *m* Boden *m*; Erde *f*; *cadere al ~* zu Boden fallen.

suonare [suo'na:re] *s.* sonare.

suono [suo'no] *m* Klang *m*; Ton *m*; *Phys.* Schall *m*; *Gram.* Laut *m*; (Glocken-)Geläut(e) *n*; *regolatore m del ~* Lautstärkeregler *m*; *volume m del ~* Lautstärke *f*; *accogliere a suon di fischi* mit einem Pfeifkonzert empfangen.

suora [su'ɔ:ra] *f Rel.* Schwester *f*; Nonne *f*.

superabile [supe'ra:bile] überwindlich; übertreffbar.

super|affollato [superaf-fol-'la:to] überfüllt; **~alimentazione** [-alimentatsi'o:ne] *f* Überernährung *f*; **~allenamento** [-al-lena'mento] *m* Übertraining *n*.

super|are [supe'ra:re] (1l) überwinden; bezwingen; übertreffen; *Auto* überholen; *Prüfung* bestehen; *Gefahr* überstehen; **~ato** [-'ra:to] überholt, veraltet.

sup|erbia [su'pɛrbia] *f* Stolz *m*; **~erbo** [-'pɛrbo] stolz; prächtig; *andar ~ di* stolz sein auf (*acc.*).

super|ficiale [superfi'tʃa:le] oberflächlich; **~ficialità** [-fitʃali'ta] *f* Oberflächlichkeit *f*; **~ficie** [-'fi:tʃe] *f* Fläche *f*; Oberfläche *f*; *alla ~* an der Oberfläche; **~fluità** [-flui'ta] *f* Überflüssigkeit *f*.

superfluo [su'pɛrfluo] überflüssig.

superfosfato [superfos'fa:to] *m* Superphosphat *n*.

super|iora [supe'rjo:ra] *f* Oberin *f*; **~iore** [-ri'o:re] **1.** *adj.* höher; obere; *~ alla media* überdurchschnittlich; *l'Italia ~* Oberitalien *n*; *scuola f ~*

Hochschule f; è ~ a tutti er ist allen überlegen; **2.** m Vorgesetzte(r) m; Rel. Prior m, Superior m; **~iorità** [-riori'ta] f Überlegenheit f; **~lativo** [-la'ti:vo] **1.** adj. höchst; **2.** m Superlativ m; **~lavoro** [-la-'vo:ro] m übermäßige Arbeit f; **~market** [-'market] m inv., **~mercato** [-mer'ka:to] m Supermarkt m.

superno [su'pɛrno] höchst.

super|produzione [superprodutsi'o:ne] f Überproduktion f; **~sonico** [-'sɔ:niko] (pl. -ci) Überschall...; velocità f ~a Überschallgeschwindigkeit f.

superstite [su'pɛrstite] **1.** adj. überlebend; **2.** m Überlebende(r) m.

superstizi|one [superstitsi'o:ne] f Aberglaube m; **~oso** [-tsi'o:so] abergläubisch.

super|uomo [superu'ɔ:mo] m (pl. -uomini) Übermensch m; **~visione** [-vizi'o:ne] f Beaufsichtigung f, Oberaufsicht f; Film: künstlerische Leitung f; **~visore** [-vi'zo:re] m Oberleiter m; Film: künstlerischer Leiter m.

supinamente [supina'mente] blindlings.

supino [su'pi:no] **1.** adj. rücklings; nachlässig; ignoranza f ~a krasse Unwissenheit f; **2.** m Gram. Supinum n.

suppellettile [sup-pel-'lɛt-tile] f Geräte n/pl.; Ausstattung f.

suppergiù [sup-per'dʒu] ungefähr.

suppl|ementare [sup-plemen'ta:re] ergänzend; zusätzlich; Ergänzungs-...; **~emento** [-ple'mento] m Ergänzung f; ⚏ Supplement n, Nachtrag m; Beilage (Zeitungsbeilage) f; Zulage f; Zuschlag m; 🚂 ~ rapido Schnellzugzuschlag m; fare il ~ nachlösen; **~ente** [-'plɛnte] **1.** adj. stellvertretend; **2.** m Stellvertreter m; **~enza** [-'plɛntsa] f Stellvertretung f; **~etivo** [-ple'ti:vo] ergänzend; elezione f ~a Ersatzwahl f; **~etorio** [-ple'tɔ:rio] (pl. -ri) ergänzend.

supplì [sup-'pli] m inv. Reiskrokette f (mit Hackfleisch).

supplica [sup-'plika] f (pl. -che) inständige Bitte f; Gesuch n.

supplic|ante [sup-pli'kante] m Bittsteller m; **~are** [-'ka:re] (1l u. d) anflehen.

supplice [sup-'plitʃe] lit., sup-

plichevole [sup-pli'ke:vole] flehend.

supplire [sup-'pli:re] (4d) **1.** v/t. vertreten; **2.** v/i.: ~ a qc. et. ersetzen.

supplizio [sup-'pli:tsio] m (pl. -zi) Strafe f; (a. estremo ~) Todesstrafe f; fig. Marter f.

supp|ongo [sup-'poŋgo] s. supporre; **~onibile** [-po'ni:bile] anzunehmen(d); **~orre** [-'por-re] (3ll) vermuten; annehmen; **~orto** [-'porto] m Einlage (Schuheinlage) f; ⊕ Halter m, Träger m; Ständer m; **~osi** [-'po:si] s. supporre; **~osizione** [-pozitsi'o:ne] f Vermutung f; **~osta** [-'posta] f Stuhlzäpfchen n; **~osto** [-'posto] **1.** s. supporre; **2.** adj. mutmaßlich.

suppur|are [sup-pu'ra:re] (1a) eitern; **~ativo** [-ra'ti:vo] die Eiterung fördernd; **~azione** [-ratsi'o:ne] f Eiterung f.

supr|emazia [suprema'tsi:a] f Oberhoheit f; **~emo** [-'prɛ:mo] höchst.

sur|classare [surklas-'sa:re] (1a) überlegen sein (dat.); Sport: überlegen schlagen; **~gelare** [-dʒe-'la:re] (1b) tiefkühlen; **~gelato** [-dʒe'la:to] **1.** adj. tiefgekühlt; **2.** m (mst -i pl.) tiefgekühlte Lebensmittel n/pl.; **~realismo** [-rea'lizmo] m Surrealismus m; **~realista** [-rea-'lista] su. (m/pl. -i) Surrealist(in f) m; **~renale** [-re'na:le] Nebennieren...; **~rene** [-'rɛ:ne] m Nebenniere f.

surriferito [sur-rife'ri:to] obenerwähnt.

surriscald|amento [sur-riskalda-'mento] m Überhitzung f; **~are** [-'da:re] (1a) überhitzen.

surrog|abile [sur-ro'ga:bile] ersetzbar; **~are** [-'ga:re] (1c u. e) ersetzen; **~ato** [-'ga:to] m Surrogat n, Ersatz m.

suscett|ibile [suʃ-ʃet-'ti:bile] empfindlich; (~ di miglioramento usw. verbesserungs- usw.)fähig; **~ibilità** [-tibili'ta] f Empfindlichkeit f.

suscitare [suʃ-ʃi'ta:re] (1l) hervorrufen.

susin|a [su'si:na] f Pflaume f; **~o** [-no] m Pflaumenbaum m.

susseguente [sus-segu'ente] darauffolgend.

susseguire [sus-segu'i:re] (4b) darauf folgen.

sussidiare 562

suss|idiare [sus-sidi'a:re] (1k) unterstützen; **~idiario** [-sidi'a:rio] (pl. -ri) Hilfs...; **~idiato** [-sidi'a:to] m Unterstützungsempfänger m; **~idio** [-'si:dio] m (pl. -di) Unterstützung f; fig. Hilfe f; ~ ai disoccupati Arbeitslosenunterstützung f.

sussiego [sus-si'e:go] m (pl. -ghi) würdevolle Haltung f.

suss|istente [sus-sis'tente] vorhanden; triftig; **~istenza** [-sis'tentsa] f Vorhandensein n; Triftigkeit f; Lebensunterhalt m; -e pl. ✕ Proviant m; **~istere** [-'sistere] (3f) bestehen.

suss|ultare [sus-sul'ta:re] (1a) zukken; aufspringen; **~ulto** [-'sulto] m Zuckung f.

suss|urrare [sus-sur-'ra:re] (1a) **1.** v/t. zuflüstern; **2.** v/i. flüstern; Wind: säuseln; **~urro** [-'sur-ro] m Flüstern n; Gemurmel n; Säuseln n.

sutura [su'tu:ra] f Chir. Naht f.

svag|are [zva'ga:re] (1e) erholen, aufmuntern; **~arsi** [-'garsi] sich erholen; **~ato** [-'ga:to] zerstreut; abwesend.

svago [zva:go] m (pl. -ghi) Erholung f, Ablenkung f; Vergnügung f; per ~ zum Vergnügen.

svaligi|amento [zvalidʒa'mento] m Ausplünderung f; **~are** [-'dʒa:re] (1f) ausplündern; **~atore** [-dʒa-'to:re] m Plünderer m.

svalut|are [zvalu'ta:re] (1a) entwerten; **~azione** [-tatsi'o:ne] f Entwertung f; ~ della moneta Geldentwertung f.

svanire [zva'ni:re] (4d) verdunsten; verfliegen; hin-, verschwinden; fig. dahinschwinden, verrauchen.

svant|aggio [zvan'tad-dʒo] m (pl. -ggi) Nachteil m; **~aggioso** [-tad-'dʒo:so] nachteilig.

svapor|are [zvapo'ra:re] (1a) verdunsten; **~azione** [-ratsi'o:ne] f Verdunstung f.

svari|ato [zvari'a:to] verschiedenartig; **~one** [-ri'o:ne] m Schnitzer m.

svecchiare [zvek-ki'a:re] (1k u. b) verjüngen, auffrischen.

svedese [zve'de:se] **1.** adj. schwedisch; fiammiferi m/pl. -i Sicherheitszündhölzer n/pl.; **2.** m Schwedisch(e) n; **3.** su. Schwede m, Schwedin f.

sveglia [zve'ʎa] f Wecken n; Weck(er)uhr f.

svegli|are [zve'ʎa:re] (1g) wecken; **~arsi** [-'ʎarsi] aufwachen; sich ermuntern.

sveglio [zve'ʎo] wach; fig. aufgeweckt.

svelare [zve'la:re] (1a) entschleiern; fig. enthüllen; Geheimnis verraten.

svellere [zvel-lere] (3ww) lit. entwurzeln.

svelsi [zvelsi] s. svellere.

svelt|ezza [zvel'tet-tsa] f Schlankheit f; Flinkheit f; Aufgewecktheit f; **~ire** [-'ti:re] (4d) beschleunigen, geläufig machen; **~irsi** [-'tirsi] gewandter werden.

svelto [zvelto] **1.** s. svellere; **2.** adj. rasch, schnell; flink; aufgeweckt; essere ~ di lingua ein loses Mundwerk haben; alla -a rasch, schnell.

svenare [zve'na:re] (1a) die Adern aufschneiden (dat.).

svend|ere [zvendere] (3a) ausverkaufen; **~ita** [-dita] f Ausverkauf m.

sven|evole [zve'ne:vole] zimperlich; **~evolezza** [-nevo'let-tsa] f Zimperlichkeit f.

sven|imento [zveni'mento] m Ohnmacht f; **~ire** [-'ni:re] (4p) ohnmächtig werden.

svenni [zven-ni] s. svenire.

sventagli|are [zventa'ʎa:re] (1g) heftig fächeln; **~ata** [-'ʎa:ta] f ✕ Maschinengewehrsalve f.

svent|are [zven'ta:re] (1b) vereiteln; **~atezza** [-ta'tet-tsa] f Leichtsinn m; **~ato** [-'ta:to] leichtsinnig.

sventola [zventola] f Wedel m; Schlag m mit der flachen Hand.

sventol|are [zvento'la:re] (11 u. b) **1.** v/t. schwenken; **2.** v/i. wehen, flattern; **~io** [-'li:o] m fortwährendes Schwenken n.

sventr|amento [zventra'mento] m Ausweiden n; von Gebäuden: Niederreißen n; **~are** [-'tra:re] (1b) ausweiden; Gebäude niederreißen.

svent|ura [zven'tu:ra] f Unglück n; **~uratamente** [-turata'mente] unglücklicherweise; **~urato** [-tu'ra:to] unglücklich.

svenuto [zve'nu:to] **1.** s. svenire; **2.** adj. ohnmächtig.

svergogn|amento [zvergoɲa'mento] m Beschämung f; **~are** [-'ɲa:re] (1a) beschämen; **~atezza** [-ɲa'tet-tsa] f Schamlosigkeit f; **~ato** [-'ɲa:to] schamlos.

svern|amento [zverna'mento] *m* Überwinterung *f*; ~**are** [-'na:re] (1b) überwintern.

sverza [zverdza] *f* Splitter *m*.

svestire [zves'ti:re] (4b) entkleiden.

svett|are [zvet-'ta:re] (1a) kappen; ~**atoio** [-ta'to:io] *m* (*pl.* -oi) Baumschere *f*.

svezzare [zvet-'tsa:re] (1a) entwöhnen.

svi|amento [zvia'mento] *m* Ablenkung *f*; Ableitung *f*; Fehlleitung *f*; ~**are** [-'a:re] (1h) ablenken; ableiten; *fig.* irreleiten; ~**arsi** [-'arsi] sich verirren; vom richtigen Wege abkommen; ~**ato** [-'a:to] abwegig.

sviene [zvi'ε:ne] *s.* svenire.

svignarsela [zvi'narsela] (1a) sich aus dem Staube machen.

svigorire [zvigo'ri:re] (4d) schwächen.

svilire [zvi'li:re] (4d) herabsetzen.

svillaneggiare [zvil-laned-'dʒa:re] (1f) beschimpfen.

svilupp|are [zvilup-'pa:re] (1a) entwickeln; ~**arsi** [-'parsi] sich entwickeln; wachsen; ~**ato** [-'pa:to] entwickelt; voll entwickelt, ausgewachsen; *f:* kräftig gebaut; ~**atore** [-pa'to:re] *m* Entwickler *m*.

sviluppo [zvi'lup-po] *m* Entwicklung *f*; Hebung *f*; Wachstum *n*; età *f* dello ~ Entwicklungsalter *n*; in via di ~ in der Entwicklung begriffen.

svin|are [zvi'na:re] (1a) den Most abziehen; ~**atura** [-na'tu:ra] *f* Abstich *m* des Mostes.

svincol|amento [zviŋkola'mento] *m* Freimachung *f*; Verzollung *f*; ~**are** [-'la:re] (1l) freimachen; verzollen; ~**arsi** [-'larsi] sich losmachen, sich befreien.

svincolo [zviŋkolo] *m* Freimachung *f*; *Straße:* Abfahrtsrampe *f*.

sviolinata [zvioli'na:ta] *f* Lobhudelei *f*.

svis|amento [zviza'mento] *m* Entstellung *f*; ~**are** [-'za:re] (1a) entstellen.

sviscer|are [zviʃ-ʃe'ra:re] (1l) ausweiden; *fig.* gründlich erforschen; ~**atezza** [-ra'tet-tsa] *f* Innigkeit *f*; ~**ato** [-'ra:to] innig.

svista [zvista] *f* Versehen *n*; per ~ aus Versehen.

svit|are [zvi'ta:re] (1a) abschrauben; ~**ato** [-'ta:to] abgeschraubt, lose; *fig.* verrückt.

svizzero [zvit-tsero] **1.** *adj.* schweizerisch; **2.** *m* Schweizer *m*; Schweizerisch(e) *n*.

svogli|arsi [zvo'ʎarsi] (1g *u.* c) die Lust verlieren; ~**atezza** [-ʎa'tet-tsa] *f* Unlust *f*; ~**ato** [-'ʎa:to] unlustig.

svol|azzare [zvolat-'tsa:re] (1a) flattern; umherflattern; ~**azzo** [-'lat-tso] *m* Flattern *n*; Umherflattern *n*; Schnörkel *m*.

svolg|ere [zvɔldʒere] (3d) aufrollen; *Paket* auswickeln; *Nachforschungen* anstellen; *Thema* behandeln, abhandeln; ~**ersi** [-dʒersi] ablaufen, abrollen; sich abspielen, sich abwickeln; *Thea.* spielen.

svolgimento [zvoldʒi'mento] *m* Entwicklung *f*; Abwicklung *f*; Entfaltung *f*; Ablauf *m*; Verlauf *m*.

svolsi [zvɔlsi] *s.* svolgere.

svolta [zvɔlta] *f* Biegung *f*; Kurve *f*; Wendepunkt *m*; fare una ~ a destra nach rechts abbiegen.

svolt|are [zvɔl'ta:re] (1c) **1.** *v/t.* abwickeln; **2.** *v/i.* um die Ecke biegen; abbiegen; ~ a destra (a sinistra) nach rechts (links) abbiegen; ~**ata** [-'ta:ta] *f* Biegung *f*.

svolto [zvɔlto] *s.* svolgere.

svoltolare [zvolto'la:re] (1l *u.* c) auswickeln.

svuotare [zvuo'ta:re] (1c) entleeren.

T

T, t [ti] *f u. m* T, t *n.*

tabacc|aio [tabak-'ka:io] *m* (*pl. -ai*) Tabakwarenverkäufer *m*; **~are** [-'ka:re] (1d) Tabak schnupfen.

tabac|cheria [tabak-ke'ri:a] *f* Zigarrenladen *m*; **~chiera** [-ki'e:ra] *f* Schnupftabaksdose *f.*

tabacco [ta'bak-ko] *m* (*pl. -cchi*) Tabak *m*; ~ *da fiuto* Schnupftabak *m*; *monopolio m del* ~ Tabakmonopol *n*; *piantagione f di* ~ Tabakpflanzung *f.*

tabagismo [taba'dʒizmo] *m* Nikotinvergiftung *f.*

tabarro [ta'bar-ro] *m* Mantel *m.*

tabe [ta:be] *f* Auszehrung *f*; ~ *polmonare* Lungenschwindsucht *f.*

tabella [ta'bel-la] *f* Tabelle *f*; Liste *f*; ~ *dei prezzi* Preisliste *f*; ~ *salariale* Lohntabelle *f*; ~ *votiva* Votivtafel *f.*

tabernacolo [taber'na:kolo] *m* Tabernakel *n*; Nische *f.*

tabù [ta'bu] **1.** *adj.* tabu; **2.** *m* Tabu *n.*

tabulatore [tabula'to:re] *m* Tabulator *m.*

tacca [tak-ka] *f* (*pl. -cche*) Kerbe *f*; Scharte *f*; Kerbholz *n*; *fig.* Statur *f*; Makel *m*; *Gewehr*: ~ *di mira* Kimme *f.*

tacc|agneria [tak-kaɲe'ri:a] *f* Knauserei *f*; **~agno** [-'ka:ɲo] knickerig.

tacchin|a [tak-'ki:na] *f* Truthenne *f*; **~o** [-no] *m* Truthahn *m.*

taccia [tat-tʃa] *f* (*pl. -cce*) Bezichtigung *f.*

tacciare [tat-'tʃa:re] (1f) bezichtigen, beschuldigen; ~ *qu. di ladro* j-n beschuldigen, ein Dieb zu sein.

tacco [tak-ko] *m* (*pl. -cchi*) Absatz (*Stiefelabsatz*) *m*; ~ *di gomma* Gummiabsatz *m*; *battere i -cchi* Fersengeld geben.

taccola [tak-kola] *f* Dohle *f.*

taccone [tak-'ko:ne] *m* Flicken (*Schuhflicken*) *m.*

taccuino [tak-ku'i:no] *m* Notizbuch *n.*

tacere [ta'tʃe:re] (2k) **1.** *v/t.* verschweigen; **2.** *v/i.* schweigen.

tachicardia [takikar'di:a] *f* Tachykardie *f.*

tachimetro [ta'ki:metro] *m* Tachometer *m u. n.*

tacit|are [tatʃi'ta:re] (1l) zum Schweigen bringen; **†** abfinden; *Gläubiger* befriedigen; **~azione** [-tatsi'o:ne] *f* Abfindung *f.*

tacito [ta'tʃito] stillschweigend; schweigsam.

tacit|urnità [tatʃiturni'ta] *f* Schweigsamkeit *f*; **~urno** [-'turno] schweigsam.

tafanario [tafa'na:rio] *m* (*pl. -ri*) F Gesäß *n.*

tafano [ta'fa:no] *m* Viehbremse *f.*

tafferuglio [taf-fe'ru:ʎo] *m* (*pl. -gli*) Tumult *m*, Krawall *m.*

taffetà [taf-fe'ta] *m* Taft *m*; Pflaster *n*, Heftpflaster *n.*

taffetè! [taf-fe'te] bums!

taglia [ta:ʎa] *f* Kopfgeld *n*; Kerbholz *n*; *di mezza* ~ von mittlerer Größe.

tagli|aborse [taʎa'borse] *su. inv.* Taschendieb(in *f*) *m*; **~aboschi** [-ʎa'bɔski] *m inv.* Holzhauer *m*; **~acarte** [-ʎa'karte] *m inv.* Brieföffner *m*; **~alegna** [-ʎa'le:ɲa] *m inv.* Holzhacker *m*; Holzfäller *m*; **~amare** [-ʎa'ma:re] *m inv.* Schiffsschnabel *m*; **~ando** [-'ʎando] *m* Abschnitt *m*, Coupon *m*; **~apietre** [-ʎapi'ɛ:tre] *m inv.* Steinhauer *m*; **~are** [-'ʎa:re] (1g) schneiden; abschneiden; abschlagen; *Holz* hacken; *Wein* verschneiden; *Kleider* zuschneiden; *Ausgaben* kürzen; ~ *i panni addosso a qu.* über j-n herziehen; ~ *la corda* ausreißen; ~ *la testa al toro* den Stier bei den Hörnern fassen; *tagliar corto* kurzen Prozeß machen; ~ *a pezzi* in Stücke schneiden; **~atelle** [-ʎa'tel-le] *f/pl.* Nudeln *f/pl.*; **~ato** [-'ʎa:to] *fig.* geeignet, veranlagt; *ben* ~ gut gewachsen; **~atore** [-ʎa'to:re] *m Kleidung*: Zuschneider *m*; **~atrice** [-ʎa'tri:tʃe] *f* Schneidemaschine *f*; **~atura** [-ʎa'tu:ra] *f* Ab-, Ver-, Zuschneiden *n*; **~eg-**

tanto

giare [-ʎe-'dʒa:re] (1f) besteuern; ein Kopfgeld setzen auf (*acc.*); **~ente** [-'ʎɛnte] scharf; **~ere** [-'ʎɛːre] *m* Hackbrett *n*; **~erina** [-ʎe'ri:na] *f* Papierschneidemaschine *f*; **~erini** [-ʎe'ri:ni] *m*/*pl.* Nudeln *f*/*pl.*

tagli|o [ta:ʎo] *m* (*pl.* -gli) Schnitt *m*; Verschnitt *m*; Schneide *f*; ~ *cesareo* Kaiserschnitt *m*; ~ *dorato* Goldschnitt *m*; ~ *dei capelli* Haarschnitt *m*; *a due -i* zweischneidig; **~ola** [ta'ʎɔ:la] *f* Fangeisen *n*, Tellereisen *n*; **~olini** [-ʎo'li:ni] *m*/*pl.* Nudeln *f*/*pl.*; **~one** [-'ʎo:ne] *m* Wiedervergeltung *f*; **~uzzare** [-ʎut-'tsa:re] (1a) zerstückeln.

tailleur [ta'jœːr] *m* Jackenkleid *n*.

talaltro [ta'laltro] ein anderer.

talamo [ta:lamo] *m poet.* Bett (Ehebett) *n*; Ehegemach *n*.

talare [ta'la:re] *m* (*od. adj.:* abito *m* ~) Talar *m*.

talasso|grafia [talas-sogra'fi:a] *f* Meereskunde *f*; **~terapia** [-tera-'pi:a] *f* Seetherapie *f*.

talco [talko] *m* (*pl.* -chi) Talk *m*.

tale [ta:le] solch; ~ *e quale* genauso; *a tal che* so weit, daß; *un* ~ ein gewisser; *il signor* ~ *od. il signor tal dei -i* Herr Soundso *m*.

talea [ta'lɛːa] *f* Steckling *m*, Setzling *m*.

tal|entare [talen'ta:re] (1b) zusagen; **~ento** [-'lɛnto] *m* Talent *n*; Geistesgabe *f*; Lust *f*.

talismano [taliz'ma:no] *m* Talisman *m*.

tallero [tal-lero] *m* Taler *m*.

tallire [tal-'li:re] (4d) sprießen; Schößlinge treiben.

tallo [tal-lo] *m* Schößling *m*.

tall|onamento [tal-lona'mento] *m* Verfolgung *f*, Bedrängung *f*; **~onare** [-lo'na:re] (1a) verfolgen, bedrängen; ~ *qu.* j-m auf den Fersen bleiben; **~oncino** [-lon'tʃi:no] *m* Schein (Quittungsschein) *m*; **~one** [-'lo:ne] *m* Abschnitt *m*; *Anat.* Ferse *f*; ~ *d'Achille* Achillesferse *f*.

talmente [tal'mente] dermaßen, derart.

talm|ud [talmud] *m* Talmud *m*; **~udico** [-'mu:diko] talmudisch.

talora [ta'lo:ra] bisweilen, manchmal.

talpa [talpa] *f* Maulwurf *m*.

taluno [ta'lu:no] mancher.

talvolta [tal'vɔlta] manchmal, mitunter.

tamarindo [tama'rindo] *m* Tamarinde *f*; Tamarindenbaum *m*.

tambur|eggiante [tambured-'dʒante]: *fuoco m* ~ Trommelfeuer *n*; **~eggiare** [-red-'dʒa:re] (1f) trommeln; **~ella** [-'rel-la] *f* Tamburin *n*; **~ellare** [-rel-'la:re] (1b): ~ *con le dita* mit den Fingern trommeln; **~ello** [-'rel-lo] *m* Tamburin *n*; *Spiel*: Ballschlegel *m*; **~ino** [-'ri:no] *m* Tamburin *n*; Trommler *m*.

tamburo [tam'bu:ro] *m* Trommel *f*; Trommler *m*; *a* ~ *battente* sofort, in großer Eile.

tamerice [tame'ri:tʃe] *f* Tamariske *f*.

tamp|onamento [tampona'mento] *m* Verstopfung *f*; Abdichtung *f*; *Auto*: Auffahren *n*; Auffahrunfall *m*; **~onare** [-'na:re] (1a) zustopfen; tamponieren; verstopfen; *Auto*: auffahren auf (*acc.*); **~one** [-'po:ne] *m* Spund *m*; ⚕, *Typ.* Tampon *m*; Löscher *m*; 🚂 Puffer *m*.

tana [ta:na] *f* Höhle *f*.

tanaglia [ta'na:ʎa] *f* (*mst* -e *pl.*) Zange *f*.

tanca [taŋka] *f* Tank *m*, Behälter *m*.

tandem [tandem] *m inv.* Tandem *n*.

tanfo [tanfo] *m* Modergeruch *m*.

tang|ente [tan'dʒɛnte] **1.** *adj.* berührend; **2.** *f* Tangente *f*; 💰 zukommender Teil *m*; **~enza** [-'dʒɛntsa] *f*: *piano m di* ~ Berührungsebene *f*; **~enziale** [-dʒentsi'a:le] **1.** *adj.* berührend, Tangential...; **2.** *f* Umgehungsstraße *f*.

tangere [tandʒere] (3a) *lit.* berühren.

tanghero [taŋgero] *m* Tölpel *m*.

tangibile [tan'dʒi:bile] berührbar; fühlbar; handgreiflich.

tango [taŋgo] *m* Tango *m*.

tannico [tan-niko] (*pl.* -ci) tanninhaltig; *acido m* ~ Gerbsäure *f*.

tannino [tan-'ni:no] *m* Tannin *n*.

tantalio [tan'ta:lio] *m* Tantal *n*.

Tantalo [tantalo] *m* Tantalus *m*; *supplizio m di* ~ Tantalusqualen *f*/*pl.*

tantino [tan'ti:no]: *un* ~ ein wenig.

tanto [tanto] **1.** *adj.* so groß; so viel; *-i saluti* viele Grüße; *a* ~ so weit; **2.** *m*: *un* ~ *al mese* soundso viel jeden Monat; *ogni* ~ *od. di* ~ *in* ~ von Zeit zu Zeit; *quel* ~ *che ci vuole* soviel wie nötig; né ~ né *quanto* ganz und gar nicht; **3.** *adv.* so sehr; so viel; so; so lange; ~ *meglio* um so besser; ~ *quanto* soviel wie.

tapino [ta'pi:no] *lit.* **1.** *adj.* elend; **2.** *m* Elende(r) *m*.

tapioca [tapi'ɔ:ka] *f* Tapioka *f*.

tapiro [ta'pi:ro] *m* Tapir *m*.

tappa [tap-pa] *f* Etappe *f*.

tapp|are [tap-'pa:re] (1a) zustopfen; *Flaschen* zukorken; **~arsi** [-'parsi]: ~ *in casa* sich ins Haus einschließen; **~arella** [-pa'rɛl-la] *f* Rolladen *m*, Rouleau *n*.

tappeto [tap-'pe:to] *m* Teppich *m*; ~ *persiano* Perserteppich *m*; ~ *erboso* Rasen *m*; *mettere qu. al* ~ j-n zu Boden werfen; *portare una questione sul* ~ eine Frage aufs Tapet bringen.

tappezz|are [tap-pet-'tsa:re] (1a) tapezieren; **~eria** [-tse'ri:a] *f* Tapeten *f/pl.*; Tapeziergeschäft *n*; *fig.* Mauerblümchen *n*; **~iere** [-tsi'ɛ:re] *m* Tapezierer *m*.

tappo [tap-po] *m* Spund *m*; Kork *m*; Stöpsel *m*; Zapfen *m*.

tara [ta:ra] *f* Tara *f*; Verpackungsgewicht *n*; *Path.* erbliche Gebrechen *n*; *fare la* ~ abziehen; *fig.* das Unwahre abziehen.

tarabuso [tara'bu:zo] *m* Rohrdommel *f*.

tarantella [taran'tɛl-la] *f* Tarantella *f (Volkstanz).*

tarantola [ta'rantola] *f* Tarantel *f*; *aver la* ~ nicht ruhig bleiben können.

tar|are [ta'ra:re] (1a) *die Tara* abziehen; eichen; ⊕ abgleichen; **~ato** [-'ra:to] *Path.* mit e-m Gebrechen behaftet; **~atura** [-ra'tu:ra] *f* ⊕ Eichung *f*.

tarchiato [tarki'a:to] vierschrötig.

tard|are [tar'da:re] (1a) **1.** *v/t.* verzögern; **2.** *v/i.* zögern; sich verspäten; **~ezza** [-'det-tsa] *f* Langsamkeit *f*; Spätsein *n*; Schwerfälligkeit *f*.

tardi [tardi] spät; *più* ~ später; *al più* ~ spätestens; *far* ~ sich verspäten.

tardivo [tar'di:vo] spätreif; geistig zurückgeblieben.

tardo [tardo] spät; langsam; schwerfällig; *-a età* ⑅ vorgerücktes Alter *n*.

tardona [tar'do:na] *f scherzh.* spätes Mädchen *n*.

targ|a [targa] *f (pl. -ghe)* Schild *n*;

Plakette *f*; *Auto:* Nummernschild *n*; **~are** [-'ga:re] (1e) mit Nummernschild versehen; **~atura** [-ga-'tu:ra] *f* Anbringung *f* des Nummernschildes.

targhetta [tar'get-ta] *f* Schildchen *n*; Türschild *n*.

tar|iffa [ta'rif-fa] *f* Tarif *m*; ~ *minima* Minimaltarif *m*; ~ *telefonica* Fernsprechgebühr *f*; **~iffario** [-rif-'fa:rio] *(pl. -ri)* **1.** *adj.* Tarif...; *accordo m* ~ Tarifabkommen *n*; **2.** *m* Tariftabelle *f*.

tarl|are [tar'la:re] (1a), **~arsi** [-'larsi] wurmstichig werden; **~ato** [-'la:to] wurmstichig; **~atura** [-la-'tu:ra] *f* Wurmstich *m*; Wurmmehl *n*.

tarlo [tarlo] *m* Holz-, Bücherwurm *m*.

tarm|a [tarma] *f* Motte *f*; **~are** [-'ma:re], **~arsi** [-'marsi] von Motten zerfressen werden; **~ato** [-'ma:to] mottenzerfressen.

tarmicida [tarmi'tʃi:da] *m* Mottenvertilgungsmittel *n*.

tarocco [ta'rɔk-ko] *m (pl. -cchi)* Tarock *n od.* m.

tarpare [tar'pa:re] (1a) *die Flügel* stutzen.

tarsia [tar'si:a] *f* Holzmosaik *n*.

tarso [tarso] *m* Fußwurzel *f*.

tart|aglia [tar'ta:ʎa] *m inv.* Stotterer *m*; **~agliare** [-ta'ʎa:re] (1g) stottern; **~aglione** [-ta'ʎo:ne] *m* Stotterer *m*.

tartana [tar'ta:na] *f* kleines Schiff (Fischerschiff) *n*.

tartarico [tar'ta:riko] *(pl. -ci)* Weinstein...

tartaro¹ [tartaro] *m* Weinstein *m*; Zahnstein *m*.

tartaro² [tartaro] **1.** *adj.* tatarisch; **2.** *m* Tatar *m*.

tartaruga [tarta'ru:ga] *f (pl. -ghe)* Schildkröte *f*.

tartassare [tartas-'sa:re] (1a) mißhandeln; quälen.

tartina [tar'ti:na] *f* belegte Brotschnitte *f*.

tart|ufaia [tartu'fa:ia] *f* Trüffelbeet *n*; **~ufo** [-'tu:fo] *m* Trüffel *f*; *fig.* Heuchler *m*.

tasca [taska] *f (pl. -che)* Tasche *f*; *rompere le -che a qu.* j-n belästigen; *ne ho piene le -che* davon habe ich die Nase voll.

tasc|abile [tas'ka:bile] Taschen...; *dizionario m* ~ Taschenwörterbuch

n; *lampadina f* ~ Taschenlampe *f*;
~apane [-ka'pa:ne] *m* Brotbeutel
m; **~ata** [-'ka:ta] *f* Taschevoll *f*.

tassa [tas-sa] *f* Steuer *f*; Gebühr *f*;
Abgabe *f*; ~ *di bollo* Stempelge-
bühr *f*; ~ *di circolazione* Kraftfahr-
zeugsteuer *f*; ~ *di scambio* Umsatzsteuer *f*; *-e scolastiche* Schulgeld *n*;
esente da ~ gebührenfrei; *soggetto
a* ~ gebührenpflichtig.

tass|abile [tas-'sa:bile] besteuerbar;
~ametro [-'sa:metro] *m* Taxameter
m; **~are** [-'sa:re] (1a) besteuern;
~ativo [-sa'ti:vo] endgültig, bindend; **~azione** [-satsi'o:ne] *f* Ta-
xierung *f*; Besteuerung *f*.

tassello [tas-'sɛl-lo] *m* Dübel *m*.

tassì [tas-'si] *m inv.* Taxi *n*.

tassista [tas-'sista] *m* (*pl.* -i) Taxi-
fahrer *m*.

tasso[1] [tas-so] *m* ♰ Satz (Zins-
satz) *m*; ~ *minimo* Mindestsatz *m*;
~ *di sconto* Diskontsatz *m*.

tasso[2] [tas-so] *m* ♀ Taxus *m*.

tasso[3] [tas-so] *m* Zool. Dachs *m*.

tast|are [tas'ta:re] (1a) (be)tasten;
befühlen; ~ *il polso a qu.* j-m den
Puls fühlen; *fig.* j-m auf den Zahn
fühlen; *fig.* ~ *il terreno* sondieren;
~iera [-ti'e:ra] *f* Klaviatur *f*; *Typ.*
Tastatur *f*; **~ierista** [-tie'rista] *m*
(*pl.* -i) *Typ.* Taster *m*.

tasto [tasto] *m* Taste *f*; Schalter *m*,
Hebel *m*; *fig.* *toccare un* ~ e-e
Saite anschlagen.

tastoni [tas'to:ni] tastend.

tatt|ica [tas-'ti:ka] *f* (*pl.* -che) Taktik
f; **~o** [-ko] (*pl.* -ci) **1.** *adj.* taktisch;
2. *m* Taktiker *m*.

tatto [tat-to] *m* Gefühl *n*; *fig.* Takt
m; Fingerspitzengefühl *n*.

tatu|aggio [tatu'ad-dʒo] *m* (*pl.* -ggi)
Tätowierung *f*; **~are** [-tu'a:re] (1l)
tätowieren.

taumat|urgia [taumatur'dʒi:a] *f*
Wundertätigkeit *f*; **~urgico** [-'tur-
dʒiko] (*pl.* -ci) wundertätig; **~urgo**
[-'turgo] *m* (*pl.* -ghi) Wundertäter *m*.

taurino [tau'ri:no] Stier...

taverna [ta'verna] *f* Schenke *f*.

taverniere [taverni'ɛ:re] *m* Wirt *m*;
Kneipbruder *m*.

tavola [ta'vola] *f* Tafel *f*; Tisch *m*;
Brett *n*; ⓊTabelle *f*; *Mal.* Tafel-
bild *n*; ~ *apparecchiata* gedeckter
Tisch *m*; ~ *calda* Imbißstube *f*; ~
nera Schiefertafel *f*; ~ *pitagorica*
Einmaleins *n*; ~ *rotonda* Rund-

tischkonferenz *f*; ~ *degli avvisi* An-
schlagbrett *n*; *mettere in* ~ auftragen; *essere in* ~ aufgetragen sein;
a ~ bei Tisch, beim Essen.

tavol|accio [tavo'lat-tʃo] *m* (*pl.* -cci)
Pritsche *f*; ~ata [-'la:ta] *f* Tischge-
sellschaft *f*; **~ato** [-'la:to] *m* Getäfel *n*; **~etta** [-'let-ta] *f* Täfelchen *n*;
~ *di cioccolato* Tafel *f* Schokolade;
~iere [-li'e:re] *m* Dame-, Schach-,
Puffbrett *n*; *Geogr.* Hochebene *f*,
~ino [-'li:no] *m* Tischchen *n*; Ar-
beits-, Schreib-, Spieltisch *m*; *a* ~
theoretisch, vom grünen Tisch aus.

tavolo [ta'volo] *m* Tisch *m*; ~ *da
disegno* Reißbrett *n*; ~ *operatorio*
Operationstisch *m*; *lampada f da* ~
Tischlampe *f*.

tavolone [tavo'lo:ne] *m* Tafel *f*.

tavolozza [tavo'lɔt-tsa] *f* Palette *f*.

taxi [taksi] *m inv.* → *tassì.*

tazza [tat-tsa] *f* Tasse *f*; *una* ~ *di
caffè* e-e Tasse Kaffee.

tazzina [tat-'tsi:na] *f* Täßchen *n*;
Kaffeetasse *f*.

te [te] dich; dir; *come* ~ wie du;
povero ~ du Armer; *di* ~ deiner; *a* ~
dir.

tè [te] *m* Tee *m*; *sala f da* ~ Teeraum
m; ~ *danzante* Tanztee *m*; *tazza f
da* ~ Teetasse *f*.

tea [tɛ:a] *f* ♀ Teerose *f*.

teatr|ale [tea'tra:le] theatralisch;
Theater...; *rappresentazione f* ~
Theatervorstellung *f*; **~alità** [-tra-
li'ta] *f* Bühneneffekt *m*.

teatro [te'a:tro] *m* Theater *n*; *fig.*
Schauplatz *m*; (~ *anatomico* anato-
mischer) Hörsaal *m*; ~ *all'aperto*
Freilichtbühne *f*; ~ *lirico* Opernhaus *n*; ~ *di prosa* Schauspielhaus *n*;
~ *dei burattini* Kasperletheater *n*;
~ *della guerra* Kriegsschauplatz *m*;
~ *di posa* Filmatelier *n*.

tecnica [tekni:ka] *f* (*pl.* -che) Technik *f*; ~ *industriale* Industriebe-
triebslehre *f*; ~ *mineraria* Bergbau-
technik *f*.

tecnicismo [tekni'tʃizmo] *m* Technik *f*; Fachausdruck *m*.

tecnico [tekniko] (*pl.* ci) **1.** *adj.*
technisch; *direttore m* ~ technischer
Leiter *m*; *termine m* ~ Fachausdruck *m*; *scuola f -a* Realschule *f*;
2. *m* Techniker *m*; Fachmann *m*.

tecnol|ogia [teknolo'dʒi:a] *f* Tech-
nologie *f*; **~ogico** [-'lɔ:dʒiko] (*pl.*
-ci) technologisch.

T

teco [te:ko] *lit.* mit dir.

tede|scamente [tedeska'mente] nach deutscher Art; **~scheggiare** [-sked-'dʒa:re] (1f) deutschtümeln; zu den Deutschen halten.

tedesco [te'desko] (*pl.* -chi) **1.** *adj.* deutsch; **2.** *m* Deutsche(r) *m*; Deutsch(e) *n*; *in* ~ auf deutsch; *alla* -*a* auf deutsche Art.

tede|scofilo [tede'skɔ:filo] **1.** *adj.* deutschfreundlich; **2.** *m* Deutschfreundliche(r) *m*; **~scofobo** [-'skɔ:-fobo] **1.** *adj.* deutschfeindlich; **2.** *m* Deutschfeindliche(r) *m*.

tediare [tedi'a:re] (1k *u.* b) langweilen.

tedio [tɛ:dio] *m* (*pl.* -di) Lang(e)-weile *f*; Überdruß *m*.

tedi|osità [tediosi'ta] *f* Verdrießlichkeit *f*; **~oso** [-di'o:so] langweilig.

tegame [te'ga:me] *m* Tiegel *m*; Pfanne *f*; *uova f/pl. al* ~ Setzeier *n/pl.*

teglia [te:ʎa] *f* Pfanne *f*.

tegola [te:gola] *f* Dachziegel *m*.

tegumento [tegu'mento] *m* Oberhaut *f*.

teiera [tei'ɛ:ra] *f* Teekanne *f*.

teismo [te'izmo] *m* Theismus *m*.

teista [te'ista] *su.* (*m/pl.* -i) Theist (-in *f*) *m*.

tela [te:la] *f* Leinwand *f*; *fig.* Gewebe *n*; *Mal.* Gemälde *n*; *Thea.* Vorhang *m*; ~ *cerata* Wachstuch *n*; ~ *grossa* Plane *f*.

telaio [te'la:io] *m* (*pl.* -ai) Webstuhl *m*; Rahmen *m*, Gestell *n*; *Auto:* Fahrgestell *n*.

tele|abbonato [teleab-bo'nato] *m* Fernsehteilnehmer *m*; **~armi** [-'armi] *f/pl.* Fernwaffen *f/pl.*; **~camera** [-'ka:mera] *f* Fernsehkamera *f*; **~comando** [-ko'mando] *m* Fernsteuerung *f*; **~comunicazioni** [-komunikatsi'o:ni] *f/pl.* Fernmeldewesen *n*; **~cronaca** [-'krɔ:naka] *f* (*pl.* -che) Fernsehbericht *m*; **~cronista** [-kro'nista] *m* (*pl.* -i) Fernsehreporter *m*; **~ferica** [-'fɛ:rika] *f* (*pl.* -che) Schwebebahn *f*; **~fonare** [-fo'na:re] (1m *u.* b) telefonieren; **~fonata** [-fo'na:-ta] *f* Anruf *m*; ~ *interurbana* Ferngespräch *n*; ~ *urbana* Ortsgespräch *n*; *fare una* ~ *a qu.* j-n anrufen; **~fonia** [-fo'ni:a] *f* Telefonie *f*; ~ *senza fili* drahtlose Telefonie *f*;

~fonico [-'fɔ:niko] (*pl.* -ci) telefonisch; *cavo m* ~ Telefonleitung *f*; *rete f* -*a* Fernsprechnetz *n*; *chiamata f* -*a* (Telefon-)Anruf *m*; *elenco m* ~ Telefonbuch *n*; **~fonista** [-fo'nista] *su.* (*m/pl.* -i) Telefonist(in *f*) *m*.

telefono [te'lɛ:fono] *m* Telefon *n*, Fernsprecher *m*; ~ *interno* Haustelefon *n*; ~ *pubblico* öffentlicher Fernsprecher *m*; ~ *a gettone* Münzfernsprecher *m*.

telefotografia [telefotogra'fi:a] *f* Telefotografie *f*, Fernaufnahme *f*; **~giornale** [-dʒor'na:le] *m* Fernsehnachrichten *f/pl.*; **~grafare** [-gra'fa:re] (1m *u.* b) telegrafieren; **~grafia** [-gra'fi:a] *f* Telegrafie *f*; ~ *senza fili* drahtlose Telegrafie *f*; **~grafico** [-'gra:fiko] (*pl.* -ci) telegrafisch; **~grafista** [-gra'fista] *su.* (*m/pl.* -i) Telegrafist(in *f*) *m*; ~ *di bordo* Bordfunker *m*.

telegrafo [te'lɛ:grafo] *m* Telegraf *m*.

tele|gramma [tele'gram-ma] *m* (*pl.* -i) Telegramm *n*; ~ *lampo* Blitztelegramm *n*; ~ *lettera* Brieftelegramm *n*; **~guidato** [-gui'da:to] ferngelenkt; **~obiettivo** [-obiet-'ti:vo] *m* Teleobjektiv *n*; **~patia** [-pa'ti:a] *f* Telepathie *f*; **~patico** [-'pa:tiko] (*pl.* -ci) telepathisch.

teleria [tele'ri:a] *f* Leinenzeug *n*.

tele|schermo [tele'skermo] *m* Fernsehschirm *m*; **~scopico** [-'skɔ:piko] (*pl.* -ci) teleskopisch; **~scopio** [-'skɔ:pio] *m* (*pl.* -pi) Teleskop *n*, Fernrohr *n*; **~scrivente** [-skri-'vɛnte] *f* Fernschreiber *m*; **~scuola** [-sku'ɔ:la] *f* Fernschulfunk *m*; **~selezione** [-seletsi'o:ne] *f* Durchwählsystem *n*; ~ *automatica* Selbstwählfernverkehr *m*; **~trasmittente** [-trazmit-'tɛnte] *f* Fernsehsender *m*; **~visione** [-vizi'o:ne] *f* Fernsehen *n*; **~visivo** [-vi'zi:vo] Fernseh...; *antenna f* -*a* Fernsehantenne *f*; *programma m* ~ Fernsehprogramm *n*; **~visore** [-vi'zo:re] *m* Fernsehapparat *m*.

telex [tɛ:leks] *m inv.* Telex *n*, Fernschreiben *n*; *servizio m* ~ Fernschreibdienst *m*.

tellina [tel-'li:na] *f* Seemuschel *f*.

tellurico [tel-'lu:riko] (*pl.* -ci) tellurisch; Erd...

telo [te:lo] *m* Breite *f der Leinwand*; ~ *da tenda* Zeltbahn *f*.

telone [te'lo:ne] *m* Vorhang (Theatervorhang) *m*); Zeltbahn *f*.

tema¹ [te:ma] *f* Furcht *f*.

tema² [te:ma] *m* Thema *n*; Aufgabe *f*; *Gram*. Stamm *m*.

tem|enza [te'mentsa] *f lit*. Angst *f*; **~erarietà** [-merarie'ta] *f* Verwegenheit *f*; **~erario** [-me'ra:rio] (*pl*. *-ri*) verwegen; **~ere** [-'me:re] (2a) fürchten, sich fürchten; befürchten; ~ *qu*. sich vor j-m fürchten; **~erità** [-meri'ta] *f* Verwegenheit *f*; **~ibile** [-'mi:bile] zu fürchten(d)

temolo [te:molo] *m* Äsche *f*.

tempera [tempera] *f* ⊕ Härten *n*; Temperieren *n*; *Mal*. Tempera *f*; Temperagemälde *n*.

tempera|lapis [tempera'la:pis] *m inv*., **~matite** [-ma'ti:te] *m inv*. Bleistiftspitzer *m*.

temper|amento [tempera'mento] *m* Temperament *n*; Veranlagung *f*; Milderung *f*; **~ante** [-'rante] mildernd; *fig*. enthaltsam; **~anza** [-'rantsa] *f* Mäßigkeit *f*; **~are** [-'ra:re] (11 *u*. b) mildern, mäßigen; ⊕ stählen; härten; *Bleistift* (an-)spitzen; *Leidenschaften* zügeln; **~ato** [-'ra:to] mäßig; **~atura** [-ra'tu:ra] *f* Temperatur *f*; ~ *ambientale* Raumtemperatur *f*; *sbalzo m di* ~ Temperaturschwankung *f*.

temperie [tem'pɛ:rie] *f* Witterung *f*.

temperino [tempe'ri:no] *m* Federmesser *n*.   [Unwetter *n*.}

tempesta [tem'pɛsta] *f* Sturm *m*;}

tempest|are [tempes'ta:re] (1b) 1. *v/i*. stürmen; 2. *v/t*. bestürmen; ~ *di pugni* mit Faustschlägen bearbeiten; **~ato** [-'ta:to]: ~ *di gioie* mit Edelsteinen besetzt; **~ività** [-tivi'ta] *f* Rechtzeitigkeit *f*; **~ivo** [-'ti:vo] rechtzeitig; gelegen, passend; **~oso** [-'to:so] stürmisch.

tempia [tempia] *f* Schläfe *f*.

tempio [tempio] *m* (*pl*. -pli) Tempel *m*.

tempissimo [tem'pis-simo]: *per* ~ sehr zeitig.

templare [tem'pla:re] *m* Templer *m*.

tempo [tempo] *m Phys*. Wetter *n*; *Astr*. Zeit *f*; ♪ Tempo *n*; *Gram*. Tempus *n*, Zeit(form) *f*; *Sport*: Spielhälfte *f*; ~ *di record* Bestzeit *f*; ~ *di posa* Belichtungszeit *f*; *a* ~ *perso* in der Freizeit; *è questione*

di ~ es ist eine Zeitfrage; *cambiamento m di* ~ Witterungsumschlag *m*; *a* ~ *od*. *in* ~ zur rechten Zeit; *un* ~ einstmals; *a un* ~ zugleich; *al* ~ *dei -i* in alten Zeiten; *di* ~ *in* ~ von Zeit zu Zeit; *per* ~ frühzeitig; *aver fatto il suo* ~ sich überlebt haben; *darsi bel* ~ sich amüsieren; *non ho* ~ ich habe keine Zeit; *molto* ~ viel Zeit, lange Zeit; *da gran* ~ seit langem; ~ *una settimana* binnen einer Woche; *Sport*: *mezzo* ~ Halbzeit *f*.

tempora [tempora] *f/pl*.: *le quattro* ~ Quatemberfasttage *m/pl*.

tempor|ale [tempo'ra:le] 1. *adj*. zeitlich; *Pol*., *Rel*. weltlich; *Anat*. Schläfen...; *potere m* ~ weltliche Macht *f* (*der Päpste*); 2. *m* Gewitter *n*; **~alesco** [-ra'lesko] (*pl*. *-chi*) Gewitter...; **~alità** [-rali'ta] *f* Zeitlichkeit *f*; Weltlichkeit *f*; **~aneità** [-ranei'ta] *f* Zeitweiligkeit *f*; **~aneo** [-'ra:neo] zeitweilig; **~eggiare** [-red-'dʒa:re] (1f) zögern; Zeit gewinnen.

tempra [tempra] *f* ⊕ Härtung *f*; *fig*. Verfassung *f*, Konstitution *f*; Wesen *n*; *der Stimme*: Klangfarbe *f*.

tempr|are [tem'pra:re] (1b) ⊕ härten; *fig*. abhärten, stählen; **~ato** [-'pra:to] gehärtet; *fig*. abgehärtet.

ten|ace [te'na:tʃe] zäh; **~acia** [-'na:tʃa] *f*, **~acità** [-natʃi'ta] *f* Zähigkeit *f*.

tenaglia [te'na:ʎa] *f* Zange *f*; ~ *piana* Flachzange *f*; ~ *per tubi* Rohrzange *f*.

tenda [tenda] *f* Vorhang *m*; Zelt *n*; Sonnensegel *n*.

tend|enza [ten'dɛntsa] *f* Neigung *f*, Tendenz *f*; Streben *n*, Bestrebung *f*; **~enziosità** [-dentsiosi'ta] *f* tendenziöser Charakter *m*; **~enzioso** [-dentsi'o:so] tendenziös; *giornale m* ~ Tendenzblatt *n*.

tendere [tendere] (3c) 1. *v/t*. spannen; *Netz* ausspannen; *Arm* strecken; *Ohr* spitzen; *Falle* stellen; 2. *v/i*. Neigung haben (*a* zu *dat*.); streben (*a* nach *dat*.); *Farben*: übergehen (*a* in *acc*.).

tendina [ten'di:na] *f* Gardine *f*.

tendine [tɛndine] *m* Sehne *f*.

tendinoso [tendi'no:so] sehnig.

tendone [ten'do:ne] *m* Vorhang *m*.

tendopoli [ten'dɔ:poli] *f inv*. Zeltstadt *f*; Zeltlager *n*.

tenebra [te:nebra] f (mst pl. -e) Finsternis f.

tenebr|osità [tenebrosi'ta] f Finsternis f; **~oso** [-'bro:so] finster.

tenente [te'nɛnte] m Oberleutnant m.

ten|ere [te'ne:re] (2q) 1. v/t. halten; behalten; enthalten; Sitzung abhalten; Stellung behaupten; † Bücher führen; ~ conto di qc. et. berücksichtigen; ~ fermo nicht lockerlassen; ~ d'occhio im Auge behalten; ~ testa die Stirn bieten; ~ a stecchetto qu. j-n knapphalten; 2. v/i. halten; Kartensp. mitgehen; tengo a (inf.) es liegt mir daran, zu (inf.); **~ersi** [-'nersi] sich halten; ~ da conto sich schonen; ~ in piedi sich aufrecht halten.

tenerezza [tene'ret-tsa] f Zartheit f; Zärtlichkeit f.

tenero [tɛ:nero] weich; fig. zart, zärtlich.

tengo [tɛŋgo] s. tenere.

tenia [tɛ:nia] f Bandwurm m.

tenni [ten-ni] s. tenere.

tennis [ten-nis] m Tennis n; ~ da tavolo Tischtennis n.

tenn|ista [ten-'nista] su. (m/pl. -i) Tennisspieler(in f) m; **~istico** [-'nistiko] (pl. -ci) Tennis...

tenore [te'no:re] m Wortlaut m; ♩ Tenor m; ~ di vita Lebensweise f.

tensione [tensi'o:ne] f Spannung f; fig. gespannte Stimmung f; alta ~ Hochspannung f; bassa ~ Niederspannung f; corrente f a bassa ~ Schwachstrom m.

tent|abile [ten'ta:bile] versuchbar; **~acolo** [-'ta:kolo] m Fühler m; Fangarm m; **~are** [-'ta:re] (1b) versuchen; ~ tutto il possibile nichts unversucht lassen; **~ativo** [-ta'ti:vo] m Versuch m; ~ di fuga Fluchtversuch m; **~atore** [-ta'to:re] m Versucher m; **~azione** [-tatsi'o:ne] f Versuchung f.

tent|ennamento [tenten-na'mento] m Schwankung f; **~ennare** [-ten-'na:re] (1a) 1. v/t. schütteln; 2. v/i. schwanken; Möbel: wackeln.

tenton|e [ten'to:ne], **~i** [-ni] tastend.

tenue [tɛ:nue] dünn; fig. gering; intestino m ~ Dünndarm m.

tenuità [tenui'ta] f Dünnheit f; Geringfügigkeit f.

ten|uta [te'nu:ta] f ✍ Landgut n; ✗

Kleidung: Uniform f; ⊕ Dichtigkeit f, Dichtheit f; Auto: Straßenlage f; ~ dei libri Buchführung f; a ~ d'aria luftdicht; ~ di lavoro Arbeitsanzug m; Auto: ~ di strada Straßenlage f; **~utario** [-nu'ta:rio] m (pl. -ri) Halter m; **~uto** [-'nu:to] verpflichtet.

tenzone [ten'tso:ne] f poet. Streit m; ⛫ Streitgedicht n.

teocr|atico [teo'kra:tiko] (pl. -ci) theokratisch; **~azia** [-kra'tsi:a] f Theokratie f.

teo|logale [teolo'ga:le] theologisch; **~logia** [-lo'dʒi:a] f Theologie f; **~logico** [-'lɔ:dʒiko] (pl. -ci) theologisch.

teologo [te'ɔ:logo] m (pl. -gi) Theologe m.

teor|ema [teo'rɛ:ma] m (pl. -i) Lehrsatz m; **~etico** [-'rɛ:tiko] (pl. -ci) 1. adj. theoretisch; 2. m Theoretiker m; **~ia** [-'ri:a] f Theorie f; Lehre f.

teorico [te'ɔ:riko] (pl. -ci) theoretisch.

teosofia [teozo'fi:a] f Theosophie f.

tepore [te'po:re] m milde Wärme f.

teppa [tep-pa] f Unterwelt f.

tep|pismo [tep-'pizmo] m Rowdytum n; **~pista** [-'pista] m (pl. -i) Rowdy m; Halbstarke(r) m.

terap|eutica [tera'pɛ:utika] f Therapeutik f; **~eutico** [te'pɛ:utiko] (pl. -ci) 1. adj. therapeutisch; 2. m Therapeut m; **~ia** [-'pi:a] f Therapie f.

terebinto [tere'binto] m Terpentinbaum m.

tergere [tɛrdʒere] (3uu) abwischen.

tergicristallo [terdʒikris'tal-lo] m Auto: Scheibenwischer m.

tergivers|are [terdʒiver'sa:re] (1b) zaudern; Ausflüchte machen; **~azione** [-satsi'o:ne] f Zaudern n; Ausflucht f.

tergo [tergo] m (pl. a. le -a) Rücken m; Typ. Rückseite f.

termale [ter'ma:le] Thermal...; stabilimento m ~ Thermalbad n; acque f/pl. -i Thermalquelle f.

terme [terme] f/pl. Thermen f/pl.; heiße Quellen f/pl.

termico [tɛrmiko] (pl. -ci) thermisch.

termin|abile [termi'na:bile] beendbar; **~ale** [-'na:le] 1. adj. Grenz...; End...; stazione f ~ Endstation f;

2. *m* Ende *n*, Endstück *n*; ⚡ Klemme *f*; **~are** [-'na:re] (11 *u*. b) **1.** *v/t.* beendigen; abschließen, vollenden; **2.** *v/i.* enden; **~azione** [-natsi'o:ne] *f* Beendigung *f*; *Gram.* Endung *f*.

termine [termine] *m* Ende *n*; Schluß *m*; Grenze *f*; ✝ Frist *f*; Termin *m*; Terminus *m*; ⨆ *Gram.* Ausdruck *m*, Wort *n*; ⚮ Glied *n*; mezzo ~ Ausweg *m*; *fig.* Zustand *m*, Lage *f*; ~ di chiusura Meldeschluß *m*; ~ di consegna Lieferfrist *f*; ~ di disdetta Kündigungsfrist *f*; ~ di pagamento Zahlungsfrist *f*; ~ di prescrizione Verjährungsfrist *f*; nel ~ prescritto fristgerecht; *la cosa sta in questi -i* die Sache verhält sich folgendermaßen; *in altri -i* mit anderen Worten; *mezzi -i* Vorwände *m/pl.*; *a rigor di -i* strenggenommen; *volgere al ~ dem Ende* zugehen.

terminologia [terminolo'dʒi:a] *f* Terminologie *f*.

term|itaio [termi'ta:io] *m* (*pl. -ai*) Termitenhaufen *m*; **~ite** [tɛrmite] *f* Termite *f*.

termo|chimica [termo'ki:mika] *f* Thermochemie *f*; **~dinamica** [-di-'na:mika] *f* Thermodynamik *f*; **~elettricità** [-elet-tritʃi'ta] *f* Thermoelektrizität *f*.

term|oforo [tɛr'mɔ:foro] *m* Heizkissen *n*; **~ometrico** [-mo'mɛ:triko] (*pl. -ci*) thermometrisch; **~ometro** [-'mɔ:metro] *m* Thermometer *n*; **~onucleare** [-monukle-'a:rre] thermonuklear.

termos [termos] *m inv.* Thermosflasche *f*.

term|osifone [termosi'fo:ne] *m* Heizkörper *m*; *riscaldamento ma* ~ Warmwasserheizung *f*; **~ostato** [-'mɔstato] *m* Thermostat *m*; **~oterapia** [-motera'pi:a] *f* Thermotherapie *f*.

terna [terna] *f* Dreizahl *f* von Personen; *Sport:* Dreiermannschaft *f*.

ternario [tɛr'na:rio] (*pl. -ri*) ternär.

terno [tɛrno] *m Lotto:* Zusammenstellung *f* von drei Nummern.

terra [tɛr-ra] *f* Erde *f*; Land *n*; *-e pl.* Ländereien *f/pl.*; *di ~* irden; *di questa ~* irdisch; *a ~*, *per ~* zu, am Boden; *per ~* zu Lande; *Boxsport:* *andare a ~* zu Boden gehen; *~ di nessuno* Niemandsland *n*; *~ bruciata*

verbrannte Erde *f*; *prendere ~ landen*.

terra|cotta [ter-ra'kɔt-ta] *f* (*pl. terrecotte*) Terrakotta *f*; **~ferma** [-'fɛrma] *f* Festland *n*.

terraglia [ter-ra'ʎa] *f* (*mst -e pl.*) irdenes Geschirr *n*; Töpferwaren *f/pl.*

Terranova [ter-ra'nɔ:va] *f*: *cane m di ~* Neufundländer *m*.

terrapieno [ter-rapi'e:no] *m* Erdwall *m*.

terr|acqueo [ter-rak-kueo]: *globo m ~* Erdkugel *f*; **~azza** [-'rat-tsa] *f* Terrasse *f*; **~azziere** [-rat-tsi'e:re] *m* Erdarbeiter *m*; **~azzino** [-rat-'tsi:no] *m* Balkon *m*; **~azzo** [-'rat-tso] *m* Terrasse *f*; **~emotato** [-remo'ta:to] durch Erdbeben beschädigt; **~emoto** [-re'mɔ:to] *m* Erdbeben *n*; **~eno** [-'re:no] **1.** *adj.* irdisch; *piano m ~* Erdgeschoß *n*; **2.** *m* Boden *m*; Länderei *f*; ⚔ Gelände *n*; *fig.* Gebiet *n*; ~ *dissodato* Rodung *f*; ~ *fabbricabile* Baugrund *m*; ~ *d'atterraggio* Rollfeld *n*; *striscia f di ~* Geländestreifen *m*; *guadagnar ~* an Boden gewinnen; *perdere ~* an Boden verlieren; *tastare il ~* das Terrain sondieren.

terreo [tɛr-reo] erdfahl.

terrestre [ter-'restre] irdisch; Erd...; *globo m ~* Erdkugel *f*; *paradiso m ~* irdisches Paradies *n*.

terr|ibile [ter-'ri:bile] fürchterlich; **~ibilità** [-ribili'ta] *f* Schrecklichkeit *f*.   [erde *f*.⟩

terriccio [ter-'rit-tʃo] *m* Garten-⟩

terrific|ante [ter-rifi'kante] fürchterlich; **~are** [-'ka:re] (1m *u.* d) erschrecken.

terrina [ter-'ri:na] *f* Terrine *f*.

territ|oriale [ter-ritori'a:le] territorial; Gebiets...; *acque f/pl. -i* Hoheitsgewässer *n/pl.*; *milizia f ~* Landwehr *f*; **~orio** [-'tɔ:rio] *m* (*pl. -ri*) Gebiet *n*; ~ *doganale* Zollgebiet *n*; ~ *nazionale* Hoheitsgebiet *n*; ~ *periferico* Randgebiet *n*.

terrone [ter-'ro:ne] *m* Norditalien: Spitzname der Süditaliener.

terr|ore [ter-'ro:re] *m* Schrecken *m*; Terror *m*; *regime m di ~* Schreckensherrschaft *f*; **~orismo** [-ro'rizmo] *m* Terrorismus *m*; Terror *m*; **~orista** [-ro'rista] *m* (*pl. -i*) Terrorist *m*; **~orizzare** [-rorid-'dza:re] (1a) terrorisieren.

T

terroso [ter-'ro:so] erdig, erdhaltig.

ters|i [tɛrsi] s. tergere; ⸗o [-so] **1.** s. tergere; **2.** adj. rein.

terza [tertsa] f ♪ Terz f; Tertia f, Schule; ⚓ dritte Klasse f; Auto: dritter Gang m.

terz|ana [ter'tsa:na] f (od. adj. febbre f ⸗) Tertianafieber n; ⸗aruolo [-tsaru'ɔːlo] m ⚔ Terzerol n; ⚓ Reff n; ⸗etto [-'tset-to] m Terzett n; [-'tsia:rio] (pl. -ri) m **1.** Tertiär n; **2.** Rel. Tertiarier m; ⸗ina [-'tsina] f Lit. Terzine f; ⸗ino [-'tsi:no] m Fußball: Verteidiger m; Dreiviertelspieler m.

terzo [tertso] **1.** adj. dritte; -a pagina f Unterhaltungsseite f der Zeitungen, Feuilleton n; **2.** m Dritte(r) m, Drittel n.

terzultimo [ter'tsultimo] drittletzte.

tesa [te:sa] f Spannen n; Jagdw. Vogelherd m; Kleidung: Hutkrempe f.

teschio [teskio] m (pl. -chi) Schädel m.

tesi¹ [tɛːzi] f These f; (a. ⸗ di laurea Doktor-)Dissertation f.

tesi² [te:si] s. tendere.

teso [te:so] **1.** s. tendere; **2.** adj. gespannt; straff; rapporti m/pl. -i gespannte Beziehungen f/pl.; vento m ⸗ steifer Wind m; stare con le orecchie -e die Ohren spitzen.

tesor|eggiare [tezored-'dʒa:re] (1f) **1.** v/i. Schätze sammeln; **2.** v/t. verwerten; Geld auf Zins anlegen; ⸗eria [-re'ri:a] f Schatzkammer f; Staatsschatzamt n; ⸗iere [-ri'ɛ:re] m Schatzmeister m.

tesoro [te'zɔ:ro] m Schatz m.

tessera [tɛs-sera] f Ausweiskarte f; Erkennungskarte f; Mitgliedskarte f; ⸗ annonaria Lebensmittelkarte f; ⸗ di riconoscimento Personalausweis m; ⸗ del partito Parteibuch n.

tesser|amento [tes-sera'mento] m Rationierung f; Ausstellung f von Mitgliedskarten; ⸗are [-'ra:re] (11 u. b) Brot usw. rationieren; j-n einschreiben in e-e Partei; ⸗ato [-'ra:to] m Mitglied n e-r Partei.

tess|ere [tɛs-sere] (3a) weben; fig. anzetteln; Lob singen; ⸗ile [-sile] **1.** adj. textil...; industria f ⸗ Textilindustrie f; **2.** m Textilarbeiter m; Textilien pl.

tess|itore [tes-si'to:re] m Weber m; ⸗itura [-si'tu:ra] f Weben n; Weberei f; ⸗uto [-'su:to] m Gewebe n; Stoff m; ⸗ di lana Wollstoff m; -i pl. Textilien pl.

test [test] m inv. Test m.

testa [testa] f Kopf m; a ⸗ pro Kopf; alla ⸗ di an der Spitze von (dat.); colpo m di ⸗ Einfall m, plötzliche Entscheidung f; Sport: Kopfball m; ⸗ calda Hitzkopf m; ⸗ di legno Strohmann m; ⸗ di rapa Dummkopf m; mezza ⸗ Nasenlänge f (bei Rennen); gruppo m di ⸗ Spitzengruppe f; essere in ⸗ führen; dare alla ⸗ in den Kopf steigen; mettersi qc. in ⸗ sich et. in den Kopf setzen; mettere la ⸗ a posto den Kopf zurechtsetzen.

testaceo [tes'ta:tʃeo] m Schaltier n.

testam|entario [testamen'ta:rio] (pl. -ri) testamentarisch; ⸗ento [-'mento] m Testament n.

test|ardaggine [testar'dad-dʒine] f Starrköpfigkeit f; ⸗ardo [-'tardo] **1.** adj. starrköpfig; **2.** m Starrkopf m.

testare [tes'ta:re] (1b) testieren.

testata [tes'ta:ta] f Kopfende n; Stoß m mit dem Kopf; Mot. Zylinderkopf m; ⸗ d'articolo Artikelüberschrift f; ⸗ del giornale Zeitungskopf m; ⸗ di ponte Brückenkopf m.

testatore [testa'to:re] m Testator m.

teste [teste] su. Zeuge m, Zeugin f.

testé [tes'tɛ] soeben.

test|icolare [testiko'la:re] Hoden...; ⸗icolo [-'ti:kolo] m Hode f.

testiera [testi'ɛ:ra] f Kopfende n.

test|ificare [testifi'ka:re] (1m u. d) bezeugen; ⸗imone [-ti'mo:ne] su. Zeuge m, Zeugin f; ⸗imonianza [-timoni'antsa] f Zeugnis n; Bezeugung f; ⸗ di amicizia Zeichen n von Freundschaft; ⸗imoniare [-timoni'a:re] (1k u. c) zeugen; ⸗imonio [-ti'mo:nio] m (pl. -ni) Zeuge m; Zeugnis n.

testina [tes'ti:na] f Köpfchen n; ⸗ fonografica Tonabnehmer m; ⸗ di vitello Kalbskopf m.

testo¹ [testo] m Topf m.

testo² [testo] m 📖 Text m; far ⸗ e-e Autorität sein.

testone [tes'to:ne] m Dickkopf m.

testuale [testu'a:le] wörtlich.

testuggine [tes'tud-dʒine] f Schildkröte f.

tetano [tɛ:tano] m Starrkrampf m.

tetra|cordo [tetra'kɔrdo] *m* viersaitige Leier *f*; **~edro** [-'ɛ:dro] *m* Tetraeder *n*.

tetraggine [te'trad-dʒine] *f* Düsterkeit *f*.

tetr|agono [te'tra:gono] **1.** *adj.* vierkantig; *fig.* unbeugsam; **2.** *m* Viereck *n*; **~alogia** [-tralo'dʒi:a] *f Lit.* Tetralogie *f*.

tetro [te:tro] düster.

tettarella [tet-ta'rɛl-la] *f* Schnuller *m*.

tetto [tet-to] *m* Dach *n*; **~ piatto** Flachdach *n*; **senza ~** obdachlos.

tettoia [tet-'to:ia] *f* Wetterdach *n*; 🚉 Halle (Bahnhofshalle) *f*.

tettonic|a [tet-'tɔ:nika] *f* Tektonik *f*; **~o** [-ko] (*pl.* -ci) tektonisch.

teutonico [teu'tɔ:niko] (*pl.* -ci) teutonisch; *fig.* deutsch.

thermos [termos] *s. termos.*

Thomas [to:mas]: *scorie f*|*pl.* **~** Thomasschlacke *f*.

ti [ti] dir; dich.

tiara [ti'a:ra] *f* Tiara *f*.

tibia [tibia] *f* Schienbein *n*.

tic [tik] *m* Gesichtszucken *n*.

ticchettio [tik-ket-'ti:o] *m* Ticktack *n*.

ticchio [tik-kio] *m* (*pl.* -cchi) Laune *f*, Grille *f*.

tiene [ti'ɛ:ne] *s. tenere.*

tiepidezza [tiepi'det-tsa] *f* Lauheit *f*.

tiepido [ti'ɛ:pido] lau.

tifo [ti:fo] *m* Typhus *m*; Sportleidenschaft *f*, Begeisterung *f*.

tifoideo [tifoi'dɛ:o] typhusartig.

tifone [ti'fo:ne] *m* Taifun *m*.

tifoso [ti'fo:so] *m* F Sportbegeisterte(r) *m*.

tiglio [tiʎʎo] *m* (*pl.* -gli) Linde *f*; Faser *f*.

tiglioso [tiʎ'ʎo:so] faserig; zäh.

tigna [ti:ɲa] *f* Grind *m*.

tign|oso [ti'ɲo:so] grindig; *fig.* knauserig; **~ola** [-'ɲɔ:la] *f* Motte *f*.

tigrato [ti'gra:to] getigert.

tigre [ti:gre] *f* Tiger *m*.

tilde [tilde] *f* Tilde *f*.

timballo [tim'bal-lo] *m* Pauke *f*; **~ di maccheroni** Makkaronipastete *f*.

timbrare [tim'bra:re] (1a) stempeln.

timbro [timbro] *m* Stempel *m*; ♪ Klangfarbe *f*; **~ commemorativo** Sonderstempel *m*; **~ postale** Poststempel; **~ a secco** Trockenstempel *m*.

timid|ezza [timi'det-tsa], **~ità** [-di'ta] *f* Schüchternheit *f*.

timido [ti:mido] schüchtern.

timo [ti:mo] *m* Thymian *m*; Thymusdrüse *f*.

tim|one [ti'mo:ne] *m* Deichsel *f*; ⚓ Steuer *n*; *fig.* Führung *f*, Leitung *f*; ⚓ **~ di direzione** Seitensteuer *n*; **~ di profondità** Höhensteuer *n*; **~oniere** [-moni'ɛ:re] *m* Steuermann *m*.

tim|orato [timo'ra:to] gottesfürchtig; **~ore** [-'mo:re] *m* Furcht *f*; **~oroso** [-mo'ro:so] ängstlich.

timpanista [timpa'nista] *su.* (*m*|*pl.* -i) Paukenschläger(in *f*) *m*.

timpano [timpano] *m* ♪ Pauke *f*; *Anat.* Trommelfell *n*; **rompere i -i** *a qu.* j-m in den Ohren liegen.

tinca [tiŋka] *f* (*pl.* -che) Schlei *m*.

tinello [ti'nel-lo] *m* Stube *f*, Wohnstube *f*; Speisezimmer *n*.

tingere [tindʒere] (3d) färben.

tino [ti:no] *m* Bottich *m*.

tinozza [ti'nɔt-tsa] *f* Wanne (Badewanne) *f*; Waschfaß *m*.

tin|si [tinsi] *s. tingere;* **~ta** [-ta] *f* Farbe *f*; *fig.* oberflächliche Kenntnis *f*.   [bräune *f*.]

tintarella [tinta'rɛl-la] *f* Sonnen-]

tinteggiare [tinted-'dʒa:re] (1f) anstreichen.

tintinn|are [tintin-'na:re] (1a) klingen; **~io** [-'ni:o] *m* Geklingel *n*.

tinto [tinto] *s. tingere.*

tint|ore [tin'to:re] *m* Färber *m*; **~oria** [-to'ri:a] *f* Färberei *f*; **~orio** [-'to:rio] (*pl.* -ri) Färber...; **~ura** [-'tu:ra] *f* Färbung *f*; Färbemittel *n*; Tinktur *f*.

tipaccio [ti'pat-tʃo] *m* unsympathischer Geselle *m*.

tipico [ti:piko] (*pl.* -ci) typisch.

tipo [ti:po] *m* Typus *m*; Typ *m*; F Kerl *m*; *Typ.* (*mst* -i *pl.*) Typen *f*|*pl.*; **di nuovo ~** neuartig.

tip|ografia [tipogra'fi:a] *f* Buchdruckerei *f*; **~ografico** [-po'gra:fiko] (*pl.* -ci) typographisch; **~ografo** [-'pɔ:grafo] *m* Buchdrucker *m*.

tir|abaci [tira'ba:tʃi] *m inv.* Stirnlocke *f*; **~aggio** [-'rad-dʒo] *m* (*pl.* -ggi) Zug *m*, Luftzug *m*; 🛒 Auflage *f*; **~alinee** [-ra'li:nee] *m inv.* Reißfeder *f*; **~amolla** [-ra'mɔl-la] *m inv. fig.* Tauziehen *n*; unentschlossener Mensch *m*.

T

tirann|eggiare [tiran-ned-'dʒa:re] (1f) tyrannisieren; **~esco** [-'nesko] (*pl. -chi*) tyrannisch; **~ia** [-'ni:a] f Tyrannei f; **~icida** [-ni'tʃi:da] su. (*m*/*pl. -i*) Tyrannenmörder(in f) m; **~icidio** [-ni'tʃi:dio] m (*pl. -di*) Tyrannenmord m.

tir|annico [ti'ran-niko] (*pl. -ci*) tyrannisch; **~annide** [-'ran-nide] f Tyrannei f; **2.** **~anno** [-'ran-no] **1.** *adj.* tyrannisch; **2.** m Tyrann m.

tira|nte [ti'rante] m Zugleine f; ⚔ Zugstahl m; **~** *del freno* Bremsgestänge n; **~piedi** [-rapi'ɛːdi] m inv. Handlanger m, Helfershelfer m.

tir|are [ti'ra:re] (1a) **1.** v/t. ziehen, zerren; *Steine* werfen; ⚔ abfeuern; *Typ.*, *Wein* abziehen; *Hals* umdrehen; *Küsse* zuwerfen; **~** *su* aufziehen; **~** *giù* herunterziehen; **~** *diritto* gerade aufs Ziel losgehen; **2.** v/i. ziehen; *Kleider*: zu eng sein; ⚔ schießen; *Wind*: blasen, wehen; **~** *avanti* sich durchschlagen; **~** *via* fortfahren; **~** *dritto* s-r Wege gehen; **~** *sul prezzo* feilschen, handeln; **~** *a sorte* auslosen; **~** *in lungo* in die Länge ziehen; **~arsi** [-'rarsi]: **~** *da parte* beiseite treten; **~** *indietro* zurücktreten; **~ata** [-'ra:ta] f Ziehen n; Zug m; *fig.* Tirade f; **~** *d'orecchi* Ohrenzwicken n; *fig.* Zurechtweisung f; *in una* **~** in e-m Zug; **~ato** [-'ra:to] geizig; gespannt; *Arbeit*: **~** *via* schlampig; **~atore** [-ra'to:re] m Schütze m; *Fechtk.* Fechter m; *franco* **~** Freischärler m, Heckenschütze m; **~atura** [-ra'tu:ra] f Ziehen n; *Typ.* Abzug m; Auflage(ziffer) f.

tirchieria [tirkie'ri:a] f Knauserei f.

tirchio [tirkio] (*pl. -chi*) knickerig.

tirella [ti'rel-la] f Zugriemen m.

tiremmolla [tirem-'mɔl-la] f s. *tiramolla.*

tiretto [ti'ret-to] m Schubkasten m.

tiritera [tiri'tɛːra] f endloses Gewäsch n.

tiro [ti:ro] m Zug m; Wurf m; ⚔ Schuß m, Feuer n; **~** *in porta* Torschuß m; **~** *a due, a quattro* Zwei-, Viergespann n; *Typ.* Streich m; *un brutto* **~** ein böser Streich; *far un brutto* **~** *a qu.* j-m übel mitspielen; *bestia f da* **~** Zugtier n; *bestiame m da* **~** Zugvieh n; *essere a* **~** in Schußweite sein; *arma f da* **~** Schußwaffe f; **~** *rapido* Schnellfeuer

n; **~** *a segno* Schießstand m; *campo m di* **~** Schießplatz m.

tirocinio [tiro'tʃi:nio] m (*pl. -ni*) Probezeit f; Lehrzeit f.

tiroide [ti'rɔːide] f Schilddrüse f.

tirolese [tiro'le:se] **1.** *adj.* Tiroler; *cappello m alla* **~** Tirolerhut m; **2.** m Tiroler m.

tisana [ti'za:na] f Aufguß m (*v. Heilkräutern*).

tisi [ti:zi] f Schwindsucht f.

tisico [ti:ziko] (*pl. -ci*) schwindsüchtig.

titanico [ti'ta:niko] (*pl. -ci*) titanisch.

titano [ti'ta:no] m Titan m.

titillare [titil-'la:re] (1a) kitzeln.

titol|are [tito'la:re] **1.** v/t. (1l) titulieren; **2.** *adj.* Titular...; **3.** m Amtsinhaber m; *Rel.* Patron m; **~** *di conto corrente postale* Postscheckinhaber m; **~** *di una ditta* Firmeninhaber m; **~ato** [-'la:to] **1.** *adj.* tituliert; adelig; **2.** m Titulierte(r) m; Adelige(r) m; **~azione** [-latsi'o:ne] f Titulierung f.

titolo [ti:tolo] m Titel m; Absatz m, Abschnitt m; *c.s.* Schimpfname m; ⊕ Feingehalt m; ✹ Wertpapier n; **~** *di campione* Meistertitel m; **~** *di studio* Studientitel m; **~** *di moneta* Münzgehalt m; *a* **~** *di* als, in der Eigenschaft als; *a* **~** *gratuito* kostenlos; *a* **~** *personale* im eigenen Namen; *a* **~** *d'informazione* zur Information.

titub|ante [titu'bante] unentschlossen, unschlüssig; **~anza** [-'bantsa] f Zaudern n; **~are** [-'ba:re] (1l) zögern.

tizio [ti:tsio] m: *un* **~** irgendwer; ♀ *Caio e Sempronio* Hinz und Kunz.

tizzone [tit-'tso:ne] m brennendes Holzscheit n; **~** *d'inferno* Satansbraten m.

to' [tɔ] (*Abk. für togli*) nimm!; sieh mal an!

tocc|abile [tok-'ka:bile] berührbar; **~are** [-'ka:re] (1d) **1.** v/t. berühren; treffen; bekommen; anstoßen; angreifen; *fig. Herz* rühren; *Hand* drücken; **~** *la cinquantina* nahe an fünfzig Jahre sein; **~** *terra* landen; *tocca ferro!* unberufen!; **2.** v/i. zustoßen (*a dat.*); zufallen, zuteil werden (*dat.*); *tocca a me* ich bin an der Reihe; *mi tocca* (*inf.*) ich muß (*inf.*); **~asana** [-ka'sa:na] m *inv.* Allheilmittel *n*; **~ata** [-'ka:ta] *f* Berühren *n*; **~ato** [-'ka:to] *Boxsport*: angeschlagen.

tocco[1] [tok-ko] *m* (*pl.* -cchi) Berührung *f*; kleine Menge *f*; Anschlag *m*; *Mal.* Strich *m*; Schlag (Glockenschlag) *m*; è il ~ es ist ein Uhr; al ~ um ein Uhr; dare l'ultimo ~ a qc. an et. (acc.) die letzte Hand anlegen.

tocco[2] [tok-ko] (*pl.* -cchi) töricht, unvernünftig.

tocco[3] [tok-ko] *m* (*pl.* -cchi) Stück *n*; *Kleidung*: Barett *n*; F un bel ~ di ragazza ein prächtiges Mädel.

toeletta [toe'let-ta] *f s.* toletta.

toga [to:ga] *f* (*pl.* -ghe) Toga *f*.

togato [to'ga:to] mit der Toga bekleidet; ⅏ schwülstig.

togliere [tɔ:ʎere] (3ss) (weg)nehmen; abnehmen; ~ la corrente dem Strom abschalten; ~ la parola a qu. j-m das Wort entziehen; ~ la ruggine entrosten; Auto: ~ il gas Gas wegnehmen; ~ di mezzo beseitigen; ciò non toglie che das hindert nicht, daß.

tolda [tɔlda] *f* ⚓ Oberdeck *n*.

toletta [to'let-ta] *f* Toilette *f*.

tolgo [tɔlgo] *s.* togliere.

toller|abile [tol-le'ra:bile] erträglich; **~ante** [-'rante] duldsam; weitherzig; **~anza** [-'rantsa] *f* Duldsamkeit *f*; Weitherzigkeit *f*; casa *f* di ~ Bordell *n*; **~arc** [-'ra:re] (11 u. c) dulden; ertragen.

tolsi [tɔlsi], **tolto** [tɔlto] *s.* togliere.

toma [to:ma] *f*: promettere Roma e ~ goldene Berge versprechen.

tomaio [to'ma:io] *m* (*pl.* -ai) Oberleder *n*.

tomba [tomba] *f* Grab *n*.

tombino [tom'bi:no] *m* Straßenschacht *m*.

tombola [tombola] *f* Lottospiel *n*; Lotterie *f*; Tombola *f*; far ~ beim Lotto gewinnen.

tombolare [tombo'la:re] (1l) purzeln.

tombolo[1] [tombolo] *m* Sturz *m*.

tombolo[2] [tombolo] *m* Klöppelkissen *n*.

tomo [tɔ:mo] *m* Band *m*; F Patron *m*.

tonaca [tɔ:naka] *f* (*pl.* -che) Kutte *f*.

ton|alità [tonali'ta] *f* Tonart *f*; **~are** [-'na:re] (1o) donnern.

tond|eggiante [tonded-'dʒante] rundlich; **~eggiare** [-ded-'dʒa:re]

(1f) rundlich sein; **~ino** [-'di:no] *m* kleiner Teller *m*; *Mal.* Rundbild *n*.

tondo [tondo] **1.** *adj.* rund; chiaro e ~ klipp und klar; **2.** *m* Teller *m*; *Mal.* Rundbild *n*.

tonfare [ton'fa:re] (1a) plumpsen.

tonfete! [tonfete] plumps!

tonfo [tonfo] *m* Sturz *m*; dumpfer Schlag *m*.

tonica [tɔ:nika] *f* (*pl.* -che) ♪ Grundton *m*.

tonico [tɔ:niko] (*pl.* -ci) **1.** *adj.* tonisch; **2.** *m* Kräftigungsmittel *n*.

tonificare [tonifi'ka:re] (1m u. d) kräftigen, stärken.

tonn|ara [ton-'na:ra] *f* Thunfischfangstelle *f*; Thunfischnetz *n*; **~ato** [-'na:to] mit Thunfisch zubereitet.

tonnell|aggio [ton-nel-'lad-dʒo] *m* (*pl.* -ggi) Tonnengehalt *m*, Tonnage *f*; **~ata** [-'la:ta] *f* Tonne *f*; ~ di stazza lorda Bruttoregistertonne *f*.

tonno [ton-no] *m* Thunfisch *m*.

tono [tɔ:no] *m* Ton *m*; rispondere a ~ e-e gehörige Antwort geben.

tons|ille [ton'sil-le] *f*/*pl. Anat.* Mandeln *f*/*pl.*; **~illite** [-sil-'li:te] *f* Mandelentzündung *f*.

tonsura [ton'su:ra] *f* Tonsur *f*.

tonto [tonto] einfältig.

topaia [to'pa:ia] *f* Mäusenest *n*.

topazio [to'pa:tsio] *m* (*pl.* -zi) Topas *m*.

topica [tɔ:pika] *f* Topik *f*; ⊦ Fehltritt *m*, Fauxpas *m*.

topo [tɔ:po] *m* Maus *f*; ~ di biblioteca Bücherwurm *m*.

topogr|afia [topogra'fi:a] *f* Topographie *f*; **~afico** [-'gra:fiko] (*pl.* -ci) topographisch.

topografo [to'pɔgrafo] *m* Landvermesser *m*.

topolino [topo'li:no] **1.** *m* Mäuschen *n*; Mickymaus *f*; **2.** *f* Kleinauto *n*.

toponimo [to'pɔ:nimo] *m* Ortsname *m*.

toponomastica [topono'mastika] *f* Ortsnamenkunde *f*.

toporagno [topo'ra:ɲo] *m* Spitzmaus *f*.

toppa [tɔp-pa] *f* Schloß (Türschloß) *n*; *Kleidung*: Flicken *m*.

toppo [tɔp-po] *m* Klotz *m*.

tor|ace [to'ra:tʃe] *m* Brust(kasten *m*) *f*; **~acico** [-'ra:tʃiko] (*pl.* -ci) Brust...

torba [torba] *f* Torf *m*.

torbidezza [torbi'det-tsa] *f* Trübheit *f*.

torbido [torbido] **1.** *adj.* trüb(e); **2.** -i *m/pl.* Wirren *pl.*; *pescare nel* ~ im trüben fischen.

torbiera [torbi'ɛːra] *f* Torfgrube *f*.

torcere [tortʃere] (3d) winden; abdrehen; *Tücher* aus(w)ringen; *Mund* verziehen; *Worte, Augen* verdrehen; *Nase* rümpfen; *Haar* krümmen; *Hals* umdrehen.

torchiare [torki'aːre] (1k *u.* c) auskeltern.

torchietto [torki'et-to] *m* Phot. Kopierrahmen *m*.

torchio [tɔrkio] *m* (*pl.* -chi) Presse *f*; (Wein-)Kelter *f*; *Typ.* Druckpresse *f*; *essere sotto il* ~ unter Druck stehen.

torcia [tɔrtʃa] *f* (*pl.* -ce) Kerze (große Wachskerze) *f*; Fackel *f*.

torcicollo [tortʃi'kɔl-lo] *m* steifer Hals *m*; *fig.* Scheinheilige(r) *m*.

torciere [tor'tʃɛːre] *m* Fackelträger *m*; **~imento** [-tʃi'mento] *m* Winden *n*; Verdrehen *n*.

tordela [tor'dɛːla] *f* Misteldrossel *f*.

tordo [tordo] *m* Drossel *f*; *fig.* Dummkopf *m*.

torinese [tori'neːse] **1.** *adj.* turinisch; **2.** *m* Turinisch(e) *n*; **3.** *su.* Turiner(in *f*) *m*.

torlo [tɔrlo] *m s.* tuorlo.

torma [tɔrma] *f* Schwarm *m*.

tormalina [torma'liːna] *f* Turmalin *m*.

torm|enta [tor'menta] *f* Schneesturm *m*; **~entare** [-men'taːre] (1a) quälen; piesacken; **~entarsi** [-men'tarsi] sich ablagen; **~entatore** [-menta'toːre] *m* Peiniger *m*; **~ento** [-'mento] *m* Qual *f*; **~entoso** [-men'toːso] quälend.

torn|aconto [torna'konto] *m* Vorteil *m*; **~ante** [-'nante] *m* Kehre *f*, Spitzkehre *f*; **~are** [-'naːre] (1a) zurückkommen; wiederkommen; passen; *Rechnung:* stimmen; ~ *utile* nützlich sein *od.* werden; ~ *a onore* zur Ehre gereichen; ~ *a fare* (*dire usw.*) qc. et. wieder machen (sagen *usw.*); *ben tornato!* willkommen!; ~ *a proposito* wie gerufen kommen; ~ *in sé* wieder zu sich kommen; **~arsene** [-'narsene] zurückkehren; **~asole** [-na'soːle] *m* Lackmus *m u. n.*; **~ata** [-'naːta] *f*

Rückkehr *f*, Heimkehr *f*; Sitzung *f*.

tor|neare [torne'aːre] (1b) turnieren; **~neo** [-'nɛːo] *m* Turnier *n*.

tornio [tornio] *m* (*pl.* -ni) Drehbank *f*.

torn|ire [tor'niːre] (4d) drechseln; ⊕ drehen; **~itore** [-ni'toːre] *m* Drechsler *m*; Dreher *m*; **~itura** [-ni'tuːra] *f* Drechseln *n*; *fig.* Form *f*.

torno [torno] *m*: *in quel* ~ ungefähr.

toro [tɔːro] *m* Stier *m*.

torp|edine [tor'pɛːdine] *f* Zool. Zitterrochen *m*; ⚓ Torpedo *m*; **~ediniera** [-pedini'ɛːra] *f* Torpedoboot *n*; **~edo** [-'pɛːdo] *f inv.* Rennauto *n*; **~edone** [-pe'doːne] *m* Gesellschaftsautobus *m*; Reiseautobus *m*.

torpido [tɔrpido] erstarrt; *fig.* stumpf.

torpore [tor'poːre] *m* Regungslosigkeit *f*; Stumpfheit *f*.

torre¹ [tor-re] *s.* togliere.

torre² [tor-re] *f* Turm *m*; ~ *campanaria* Glockenturm *m*; ~ *corazzata* Panzerturm *m*.

torref|are [tor-re'faːre] (3aa) rösten; **~azione** [-fatsi'oːne] *f* Rösten *n*.

torreggiare [tor-red-'dʒaːre] (1f) wie ein Turm emporragen.

torr|ente [tor-'rente] *m* Gießbach *m*; *a* -*i* in Strömen; **~entizio** [-ren'tiːtsio] (*pl.* -zi) Wildbach...; **~enziale** [-rentsi'aːle]: *pioggia f* ~ Platzregen *m*.

torrido [tɔr-rido] heiß.

torrione [tor-ri'oːne] *m* mit Zinnen versehener Turm *m*.

torrone [tor-'roːne] *m* Art Mandelkonfekt; Nougat *m*.

torsi [tɔrsi] *s.* torcere.

torsione [torsi'oːne] *f* Drehung *f*, Torsion *f*; Winden *n*.

torso [torso] *m* Rumpf *m*; *Skulp.* Torso *m*.

torsolo [tɔrsolo] *m* Strunk *m*; Kerngehäuse *n*.

torta [tɔrta] *f* Torte *f*; Kuchen *m*; ~ *di ciliege* Kirschkuchen *m*; ~ *di frutta* Obsttorte *f*.

tortellino [tortel-'liːno] *m* (*mst pl.* -i) Tortellini *m/pl.*

tortiera [torti'ɛːra] *f* Kuchenform *f*.

torto [tɔrto] **1.** *s.* torcere; **2.** *m* Unrecht *n*; *a* ~ zu Unrecht.

tortora [tɔrtora] *f* Turteltaube *f*.

tort|uosità [tortuosi'ta] *f* Gekrümmtheit *f*; Schleichweg *m*; **~uoso** [-tu'o:so] gewunden; *vie f*/*pl.* -e Schleichwege *m*/*pl.*; **~ura** [-'tu:ra] *f* Folter *f*; **~urare** [-tu'ra:re] (1a) foltern.

torvo [torvo] finster.

tos|are [to'za:re] (1a) scheren; *Bäume* beschneiden; **~atore** [-za'to:re] *m* Scherer *m*; Beschneider *m*; **~atrice** [-za'tri:tʃe] *f* Schermaschine *f*; **~atura** [-za'tu:ra] *f* Scheren *n*; Scherwolle *f*; Beschneiden *n*.

toscan|eggiare [toskaned-'dʒa:re] (1f) wie ein Toskaner zu sprechen versuchen; **~ismo** [-ka'nizmo] *m* toskanischer Ausdruck *m*.

toscano [tos'ka:no] **1.** *adj.* toskanisch; *sigaro* **~** *m* starke Zigarre *f*; **2.** *m* Toskaner *m*; Toskanisch(e) *n*.

tosco¹ [tosko] (*pl.* -chi) *lit.* **1.** *adj.* toskanisch; **2.** *m* Toskaner *m*.

tosco² [tɔsko] *m* (*pl.* -chi) *poet.* Gift *n*.

tosse [tos-se] *f* Husten *m*; **~** *asinina* Keuchhusten *m*; *aver la* **~** husten.

toss|ettina [tos-set-'ti:na] *f* Hüsteln *n*; **~icchiare** [-sik-ki'a:re] (1k) hüsteln.

tossico [tɔs-siko] (*pl.* -ci) **1.** *adj.* giftig; **2.** *m* Gift *n*.

toss|icologia [tos-sikolo'dʒi:a] *f* Giftkunde *f*; **~icologo** [-si'kɔ:logo] *m* (*pl.* -gi) Toxikologe *m*; **~icomane** [-si'kɔ:mane] *m* Rauschgiftsüchtige(r) *m*; **~icomania** [-sikoma-'ni:a] *f* Rauschgiftsucht *f*; **~ina** [-'si:na] *f* Toxin *n*.

tossire [tos-'si:re] (4a *u.* d) husten.

tostapane [tosta'pa:ne] *m* Brotröster *m*.

tost|are [tos'ta:re] (1c) rösten; **~atura** [-ta'tu:ra] *f* Rösten *n*.

tosto¹ [tɔsto]: *faccia* **~** *a* freches Gesicht *n*.

tosto² [tɔsto] *adv.* bald; **~** *o tardi* früh oder spät; **~** *che* sobald als.

tot|ale [to'ta:le] **1.** *adj.* gänzlich; völlig; Gesamt...; **2.** *m* Totalsumme *f*; **~alità** [-tali'ta] *f* Gesamtheit *f*; *principio m* **~** Totalitätsprinzip *n*; **~alizzatore** [-talid-dza'to:re] *m* Totalisator *m*.

toto [tɔ:to], **totocalcio** [toto'kaltʃo] *m* Toto (Fußballtoto) *m*.

tov|aglia [to'va:ʎa] *f* Tischtuch *n*; **~agliolo** [-va'ʎɔ:lo] *m* Serviette *f*.

tozzo¹ [tɔt-tso] untersetzt.

tozzo² [tɔt-tso] *m* Stück *n*.

tra [tra] *s.* fra.

traballare [trabal-'la:re] (1a) schwanken; *Möbel*: wackeln.

trabalz|are [trabal'tsa:re] (1a) hin- und herstoßen; **~one** [-'tso:ne] *m* Stoß *m*; Sturz *m*.

trabeazione [trabeatsi'o:ne] *f* Gebälk *n*.

trabiccolo [tra'bik-kolo] *m* Bettwärmer *m*; *scherzh. Auto:* Rumpelkiste *f*.

traboc|care [trabok-'ka:re] (1d) überlaufen; *Flüsse:* austreten; *Waage:* nach e-r Seite ausschlagen; *fig.* überströmen; **~chetto** [-'ket-to] *m* Falltür *f*; *Thea.* Versenkung *f*; *domanda f* **~** tückische Frage *f*.

tracagnotto [traka'ɲɔt-to] *m* untersetzte Person *f*.

tracannare [trakan-'na:re] (1a) hinuntergießen; *abs.* saufen.

traccia [trat-tʃa] *f* (*pl.* -cce) Spur *f*; 🚋 Trasse *f*; 🖩 Entwurf *m*; *andare in* **~** *di qc. et.* suchen; 🔩 *Leitung:* sotto **~** unter Putz.

tracci|ante [trat-'tʃante] *m* proiettile *m* **~** Leuchtspurgeschoß *n*; **~are** [-'tʃa:re] (1f) entwerfen; *Straße* abstecken; 🚋 trassieren; **~ato** [-'tʃa:to] *m* Vorzeichnung *f*; Linie *f*; **~atore** [-tʃa'to:re] *m* Abstecker *m*, Vorzeichner *m*; **~atrice** [-tʃa'tri:tʃe] *f* Anreißmaschine *f*.

trach|ea [tra'ke:a] *f* Luftröhre *f*; **~eale** [-ke'a:le] Luftröhren...; **~eite** [-ke'i:te] *f* Luftröhrenentzündung *f*; **~eotomia** [-keoto'mi:a] *f* Luftröhrenschnitt *m*.

trac|olla [tra'kɔl-la] *f* Wehrgehenk *n*; *a* **~** umgehängt; *borsa f a* **~** Umhäng(e)tasche *f*; **~ollare** [-kol-'la:re] (1c) (vornüber) fallen; kippen; **~ollo** [-'kɔl-lo] *m* Sturz *m*; *fig.* dare il **~** den Ausschlag geben; *dare il* **~** *alla bilancia* die Waage zum Sinken bringen.

tracoma [tra'kɔ:ma] *m* (*pl.* -i) Trachom *n*.

tracot|ante [trako'tante] anmaßend; **~anza** [-'tantsa] *f* Anmaßung *f*.

trad|imento [tradi'mento] *m* Verrat *m*; *a* **~** hinterrücks; heimlich; **~ire** [-'di:re] (4d) verraten; *Ehefrau*

betrügen; **~irsi** [-'dirsi] sich verraten; **~itore** [-di'to:re] **1.** *adj.* verräterisch; **2.** *m* Verräter *m*; Betrüger *m*; **~izionale** [-ditsio'na:le] traditionell; **~izione** [-ditsi'o:ne] *f* Überlieferung *f*.

trad|otta [tra'dot-ta] *f* Militärzug *m*; **~otto** [-'dot-to] *s. tradurre*; **~ucibile** [-du'tʃi:bile] übersetzbar; **~urre** [-'dur-re] (3e) übersetzen; ~ *in tedesco* ins Deutsche übersetzen; ~ *in atto* ausführen; **~ussi** [-'dus-si] *s. tradurre*; **~uttore** [-dut-'to:re] *m* Übersetzer *m*; **~uzione** [-dutsi'o:ne] *f* Übersetzung *f*; Überführung *f*; *esercizio m di* ~ Übersetzungsübung *f*.

trae [tra:e] *s. trarre*.

traente [tra'ente] *m* ✝ Trassant *m*, Aussteller *m*. [atemlos.)

trafelato [trafe'la:to] keuchend;∫

traffic|ante [traf-fi'kante] *m* Händler *m*; **~are** [-'ka:re] (1l *u.* d) handeln (*in* mit *dat.*).

traffichino [traf-fi'ki:no] *m* Geschäftemacher *m*.

traffico [traf-fiko] *m* (*pl.* -chi *u.* -ci) Handel *m*; Verkehr *m*; Verkehrswesen *n*; ~ *di frontiera* Grenzverkehr *m*; ~ *ferroviario* Eisenbahnverkehr *m*; ~ *marittimo* Schiffsverkehr *m*; ~ *postale* Postverkehr *m*; ~ *di punta* Spitzenverkehr *m*; *intensità f del* ~ Verkehrsdichte *f*; *esperti m/pl. del* ~ Verkehrsexperten *m/pl.*

trafiggere [tra'fid-dʒere] (3cc) durchbohren.

traf|ila [tra'fi:la] *f* Zieheisen *n*; *fig.* Reihe *f*; *una* ~ *di* e-e lange Reihe von (*dat.*); **~ilare** [-fi'la:re] (1a) ziehen; strecken; **~iletto** [-fi'let-to] *m* kurzer Artikel *m*, Zeitungsglosse *f*.

traf|issi [tra'fis-si] *s. trafiggere*; **~itta** [-'fit-ta] *f*, **~ittura** [-fit-'tu:ra] *f* Stich *m*; **~itto** [-'fit-to] *s. trafiggere*.

traf|orare [trafo'ra:re] (1a) durchbohren; durchlöchern; *Papier usw.* lochen; *Holz* mit der Laubsäge ausschneiden; **~oro** [-'fo:ro] *m* Durchbohrung *f*; Durchlöcherung *f*; Tunnel *m*; *sega f da* ~ Laubsäge *f*; *lavoro m di* ~ Laubsägearbeit *f*; *stoffa f a* ~ durchbrochener Stoff *m*.

trafug|amento [trafuga'mento] *m* Entwendung *f*; **~are** [-'ga:re] (1e) entwenden.

trag|edia [tra'dʒe:dia] *f* Tragödie *f*, Trauerspiel *n*; **~edo** [-'dʒe:do] *m* Tragöde *m*.

traggo [trag-go] *s. trarre*.

tragh|ettare [traget-'ta:re] (1a) übersetzen; **~etto** [-'get-to] *m* Überfahrt *f*; Fähre *f*; *battello* ~ Fährboot *n*.

tragico [tradʒiko] (*pl.* -ci) **1.** *adj.* tragisch; **2.** *m* Tragiker *m*.

tragic|omico [tradʒi'kɔ:miko] (*pl.* -ci) tragikomisch; **~ommedia** [-kom-'me:dia] *f* Tragikomödie *f*.

trag|ittare [tradʒit-'ta:re] (1a) übersetzen; *See, Meer* überfahren; **~itto** [-'dʒit-to] *m* Überfahrt *f*; Strecke *f*.

traguardo [tragu'ardo] *m* Sport: Ziel *n*, Ziellinie *f*; Diopterlineal *n*; ~ *di partenza* Start *m*; ~ *di arrivo* Ziel *n*.

traiettoria [traiet-'tɔ:ria] *f* Geschoßbahn *f*.

trainare [trai'na:re] (1l) schleppen.

traino [tra:ino] *m* Schleppen *n*; Fuhre *f*.

tralasciare [tralaʃ-'ʃa:re] (1f) unterlassen; versäumen.

tralcio [traltʃo] *m* (*pl.* -ci) Rebschoß *m*.

traliccio [tra'lit-tʃo] *m* (*pl.* -cci) Drillich *m*; ⚡ Gittermast *m*; ⊕ Eisengerüst *n*; ✂ Fachwerk *n*.

tralignare [trali'na:re] (1a) ausarten.

tralucere [tra'lu:tʃere] (3cca) durchscheinen.

tram [tram] *m* Straßenbahn *f*.

trama [tra:ma] *f* Einschlag *m* (*im Gewebe*); *fig.* Komplott *n*; ⚟ Handlung *f*.

tramaglio [tra'ma:ʎo] *m* (*pl.* -gli) Netz *n*.

tramandare [traman'da:re] (1a) überliefern; fortpflanzen.

tramare [tra'ma:re] (1a) **1.** *v/t.* einschlagen; *fig.* anzetteln; planen; ~ *alla vita* nach dem Leben trachten.

tramen|are [trame'na:re] (1a) **1.** *v/i.* herumwirtschaften; **2.** *v/t.* hin- und herrütteln; **~io** [-'ni:o] *m* Treiben *n*.

tramestio [trames'ti:o] *m* Wirrwarr *m*; Lärm *m*.

tram|ezzare [tramed-'dza:re] (1b) trennen; teilen; *Typ.* durchschießen; **~ezzino** [-med-'dzi:no] *m*

Sandwich *n*; **~ezzo** [-med-dzo]
1. *m* Zwischenwand *f*; **2.** *prp.*
zwischen; unter.

tramite [tra:mite] *m* Vermittlung *f*;
per (il) ~ *di* durch (*acc.*).

tramoggia [tra'mɔd-dʒa] *f* (*pl.
-gge*) Mühltrichter *m*.

tram|ontana [tramon'ta:na] *f*
Nord(en) *m*; Nordwind *m*; *perdere
la* ~ den Kopf verlieren; **~ontare**
[-mon'ta:re] (1a) untergehen; **~on-
to** [-'monto] *m* Untergang (Sonnenuntergang) *m*.

tramort|imento [tramorti'mento]
m Betäubung *f*; Ohnmacht *f*; **~ire**
[-'ti:re] (4d) **1.** *v/t.* betäuben;
2. *v/i.* die Besinnung verlieren; **~ito**
[-'ti:to] betäubt; ohnmächtig.

trampol|iere [trampoli'e:re] *m*
Stelzvogel *m*; **~ino** [-'li:no] *m*
Sprungbrett *n*; Sprungschanze *f*.

trampolo [trampolo] *m* Stelze *f*.

tramut|are [tramu'ta:re] (1a) **1.** *v/t.*
umstellen; *Beamte* versetzen; **2.** *v/i.*
umziehen; **~arsi** [-'tarsi] sich verwandeln.

tramvia [tram'vi:a] *f* s. tranvai.

trancia [trantʃa] *f* (*pl. -ce*) Scheibe
f; ⊕ Schneidemaschine *f*.

tranci|are [tran'tʃa:re] (1f) schnei-
den, zerlegen; ⊕ ausschneiden;
~atore [-tʃa'to:re] *m* Ausschneider
m; **~atrice** [-tʃa'tri:tʃe] *f* Schneidemaschine *f*.

tranello [tra'nɛl-lo] *m* Falle *f*; Attrappe *f*; *cadere in un* ~ in e-e Falle
geraten.

trangugiare [traŋgu'dʒa:re] (1f)
hinunterschlucken.

tranne [tran-ne] ausgenommen.

tranqu|illante [traŋkuil-'lante] **1.**
adj. beruhigend; **2.** *m* Beruhigungs-
mittel *n*; **~illare** [-kuil-'la:re] (1a)
beruhigen; **~illità** [-kuil-li'ta] *f*
Ruhe *f*; **~illizzare** [-kuil-lid-'dza:-
re] (1a) beruhigen; **~illo** [-ku'il-lo]
ruhig.

trans|alpino [transal'pi:no] trans-
alpin(isch); **~atlantico** [-at'lan-
tiko] (*pl. -ci*) **1.** *adj.* transatlantisch;
2. *m* Ozeandampfer *m*; **~azione**
[-atsi'o:ne] *f* Vergleich *m*; **~conti-
nentale** [-kontinen'ta:le] trans-
kontinental.

transeat! [transeat] das mag noch
angehen!

trans|enna [tran'sen-na] *f* Geländer
n, Absperrung *f*; **~etto** [-'sɛt-to] *m*

△ Querschiff *n*; **~eunte** [-se'unte]
vorübergehend; **~iberiana** [-siberi-
'a:na] *f* transsibirische Eisenbahn *f*;
~igere [-'si:dʒere] (3w) nachgeben;
zu e-m Vergleich kommen.

transistore [transis'to:re] *m* Tran-
sistor *m*.

transit|abile [transi'ta:bile] begeh-
bar, passierbar; befahrbar; **~a-
bilità** [-tabili'ta] *f* Begehbarkeit *f*;
Befahrbarkeit *f*; **~are** [-'ta:re] (1l)
passieren; überschreiten; ~ *in entrata od. in arrivo* einreisen; **~itivo**
[-si'ti:vo] *Gram.* **1.** *adj.* transitiv;
2. *m* Transitiv(um) *n*.

transito [transito] *m* Durchgang *m*;
Durchgangsverkehr *m*; Durchreise
f; *divieto m di* ~ Durchfahrtsverbot
n; *keine* Durchfahrt; ~ *internazionale* internationaler Durchgangsverkehr *m*; *porto m di* ~ Um-
schlaghafen *m*.

trans|itorio [transi'tɔ:rio] (*pl. -ri*)
vorübergehend; Übergangs...; *disposizioni f/pl. -e* Übergangsbe-
stimmungen *f/pl.*; **~izione** [-sitsi-
'o:ne] *f* Übergang *m*; *credito m di* ~
*Übergangskredit m; governo m
di* ~ Übergangsregierung *f*; **~o-
ceanico** [-sotʃe'a:niko] (*pl. -ci*)
überseeisch; **~padano** [-pa'da:no]
transpadanisch, jenseits des Po
liegend; **~ustanziazione** [-sustan-
tsiatsi'o:ne] *f Rel.* Wandlung *f*.

trantràn [tran'tran] *m* F Trott *m*;
il solito ~ der tägliche Trott.

tran|vai [tran'vai] *m inv.* Straßen-
bahn *f*; **~viario** [-vi'a:rio] (*pl. -ri*)
Straßenbahn...; *carrozza f -a*
Straßenbahnwagen *m*; **~viere**
[-vi'ɛ:re] *m* Straßenbahner *m*.

trapan|are [trapa'na:re] (1l) durch-
bohren; *Chir.* trepanieren; **~a-
zione** [-natsi'o:ne] *f* Bohrung *f*;
Trepanation *f*.

trapano [tra:pano] *m* Bohrer *m*;
Trepan *m*.

trapass|are [trapas-'sa:re] (1a) **1.**
v/t. überschreiten; durchbohren;
2. *v/i.* übergehen; hinscheiden; **~a-
to** [-'sa:to] *m* Dahingeschiedene(r)
m; *Gram.* Plusquamperfekt(um) *n*.

trapasso [tra'pas-so] *m* Übergang
m; Ableben *n*.

trapelare [trape'la:re] (1a) durch-
sickern.

trap|ezio [tra'pɛ:tsio] *m* (*pl. -zi*)
Trapez *n*; **~ezista** [-pe'tsista] *su.*

T

(*m/pl.* -i) Trapezkünstler(in *f*) *m*;
~ezoide [-pe'tsɔːide] *m* Trapezoid
n.
trapiantare [trapian'taːre] (1a) umpflanzen; *fig.* verpflanzen.
trapianto [trapi'anto] *m* Umpflan-
zung *f*; *Chir.* Verpflanzung *f*.
trappola [trap-pola] *f* Falle *f*.
trappoleria [trap-pole'riːa] *f*
Schwindel *m*.
trap|unta [tra'punta] *f* Steppdecke
f; **~untare** [-pun'taːre] (1a) steppen; **~unto** [-'punto] *m* Steppnaht *f*.
trar|re [trar-re] (3xx) **1.** *v/t.* ziehen;
führen; ⨆ entnehmen; *Wechsel*
trassieren, ziehen; **2.** *v/i.* ziehen;
~si [-si]: ~ *indietro* zurücktreten.
trasalire [trasa'liːre] (4m) zusam-
menfahren.
trasandato [trazan'daːto] verwahr-
lost; schlampig, ungepflegt.
trasb|ordare [trazbor'daːre] (1a)
umladen, umschlagen; **~ordo**
[-'bordo] *m* Umladung *f*, Umschlag
m.
trascend|entale [traʃ-ʃenden'taːle]
transzendental; **~entalismo** [-den-
ta'lizmo] *m* Transzendentalphilo-
sophie *f*; **~ente** [-'dɛnte] transzen-
dent.
trasc|endere [traʃ-'ʃendere] (3c)
abs. über das Maß hinausgehen;
~ *a vie di fatto* sich zu Tätlichkeiten
hinreißen lassen; **~esi** [-'ʃesi],
~eso [-'ʃeːso] *s. trascendere*.
trascinare [traʃ-ʃi'naːre] (1a) schleppen; *fig.* hinreißen.
trascolorarsi [traskolo'rarsi] (1a)
die Farbe verändern.
tras|correre [tras'korrere] (3o) **1.**
v/t. durcheilen; *Schriften* durchsehen; *Ferien, Zeit* verbringen; **2.**
v/i. verstreichen, vergehen; **~corsi**
[-'korsi] *s. trascorrere*; **~corso**
[-'korso] **1.** *s. trascorrere*; **2.** *m*
Fehler *m*.
trascr|issi [tras'kris-si], **~itto**
[-'krit-to] *s. trascrivere*.
trascr|ittore [traskrit-'toːre] *m* Ab-
schreiber *m*; **~ivere** [-'kriːvere]
(3tt) abschreiben; überschreiben;
umschreiben; ⨆ transkribieren;
~izione [-kritsi'oːne] *f* Abschreiben
n; Abschrift *f*; Transkription *f*.
trascur|abile [trasku'raːbile] zu
vernachlässigen(d); unbedeutend;
~aggine [-'rad-dʒine] *f*, **~anza**
[-'rantsa] *f* Nachlässigkeit *f*; **~are**

[-'raːre] (1a) vernachlässigen; nachlassen; **~ataggine** [-ra'tad-dʒine] *f*,
~atezza [-ra'tet-tsa] *f* Nachlässigkeit *f*; **~ato** [-'raːto] nachlässig;
un'influenza -*a* eine verschleppte
Grippe.
trasecolare [traseko'laːre] (1m *u.* b)
im höchsten Grade verwundert
sein.
trasfer|ibile [trasfe'riːbile] verleg-
bar; versetzbar; übertragbar; **~ibi-
lità** [-ribili'ta] *f* Verlegbarkeit *f*;
Versetzbarkeit *f*; Übertragbarkeit *f*;
~imento [-ri'mento] *m* Verlegung *f*;
Versetzung *f*; Übertragung *f*; Über-
sied(e)lung *f*; ♰ Transfer *m*; ~ *per
punizione* Strafversetzung *f*; **~ire**
[-'riːre] (4d) verlegen; *j-n* versetzen;
☵ übertragen; ♰ transferieren;
~irsi [-'rirsi] umziehen; über-
siedeln.
trasferta [tras'fɛrta] *f* Dienstreise *f*;
Dienstreiseentschädigung *f*.
trasfigur|are [trasfigu'raːre] (1a)
verwandeln; **~azione** [-ratsi'oːne] *f*
Verwandlung *f*; *Rel.* Verklärung *f*.
trasfondere [tras'fondere] (3bb)
einflößen.
trasform|abile [trasfor'maːbile]
umgestaltbar; verwandelbar; *Auto:*
mit Schiebedach; **~are** [-'maːre]
(1a) umgestalten; verwandeln; ⊕
verarbeiten; ✐ umspannen; **~atore**
[-ma'toːre] *m* Umwandler *m*; Ver-
wandler *m*; ✐ Transformator *m*;
~azione [-matsi'oːne] *f* Umgestal-
tung *f*; Verwandlung *f*; *Phys., Phil.*
Transformation *f*; **~ista** [-'mista]
su. (*m/pl.* -i) Verwandlungskünst-
ler(in *f*) *m*.
trasf|usi [tras'fuːzi] *s. trasfondere*;
~usione [-fuzi'oːne] *f* Übertragung
f; Transfusion *f*; ~ *del sangue*
Blutübertragung *f*; **~uso** [-'fuːzo]
s. trasfondere.
trasgr|edire [trazgre'diːre] (4d)
übertreten; zuwiderhandeln; **~es-
sione** [-gres-si'oːne] *f* Übertretung
f; **~essore** [-gres-'soːre] *m* Übertreter *m*.
trasl|atare [trazla'taːre] (1a) über-
tragen; **~ato** [-'laːto] **1.** *adj.* übertragen; **2.** *m* bildlicher Ausdruck *m*,
Metapher *f*; **~azione** [-latsi'oːne] *f*
Übertragung *f*; Überführung *f*.
trasl|ocamento [trazloka'mento] *m*
Versetzung *f*; **~ocare** [-lo'kaːre] (1c
u. d) **1.** *v/t.* versetzen; **2.** *v/i.* um-

ziehen; ~oco [-'lɔːko] *m* (*pl. -chi*) Versetzung *f*; Umzug *m*.

trasmesso [traz'mes-so] *s.* trasmettere.

trasm|ettere [traz'met-tere] (3ee) übermitteln; ⚖ *Rechte* übertragen (*a* auf *acc.*); (*a.* ~ *in eredità*) vererben (*a* auf *acc.*); *Fernspr.* durchsagen; *Radio*: übertragen, senden; ⊕ übersetzen; ~**ettitore** [-met-ti'toːre] *m* Übermittler *m*; *Tel.* Telegrafist *m*; Sender *m*; *Radio*: Sendestation *f*; ~ *a onde corte* Kurzwellensender *m*.

trasmigr|are [trazmi'graːre] (1a) auswandern; *Vögel* ziehen; ~**azione** [-gratsi'oːne] *f* Auswanderung *f*; ~ *delle anime* Seelenwanderung *f*.

tras|misi [traz'miːzi] *s.* trasmettere. ~**missibile** [-mis-'siːbile] übertragbar; ~**missibilità** [-mis-sibili-'ta] *f* Übertragbarkeit *f*; ~**missione** [-mis-si'oːne] *f* Übermittlung *f*; Übertragung *f* (*a.* Radio); Sendung *f*; Vererbung *f*; ⊕ Übersetzung *f*; Antrieb *m*; ~ *diretta* ⊕ Direktantrieb *m*; *Radio*: Direktübertragung *f*; ~ *a cinghia* Riemenantrieb *m*; ~ *di energia* Kraftübertragung *f*; *orario m di* ~ Sendezeit *f*; ~ (*radiofonica*) *per le scuole* Schulfunk *f*; ~ *sulle ruote anteriori* Vorderradantrieb *m*; ~ *televisiva* Fernsehsendung *f*.

trasmittente [trazmit-'tente]: *stazione f* ~ Sender *m*.

trasmod|are [trazmo'daːre] (1c) das Maß überschreiten; ~**atamente** [-data'mente] in übermäßiger Weise.

trasmut|abile [trazmu'taːbile] umänderbar; verwandelbar; ~**are** [-'taːre] (1a) umändern; verwandeln; ~**azione** [-tatsi'oːne] *f* Umänderung *f*; Verwandlung *f*.

trasognato [traso'ɲaːto] verträumt.

trasp|arente [traspa'rente] **1.** *adj.* durchsichtig; **2.** *m* Transparent *n*; ~**arenza** [-pa'rentsa] *f* Durchsichtigkeit *f*; ~**arire** [-pa'riːre] (4e) durchscheinen; ~**arve** [-'parve] *s.* trasparire.

traspir|are [traspi'raːre] (1a) schwitzen; *fig.* durchsickern, verlauten; ~**azione** [-ratsi'oːne] *f* Transpiration *f*.

traspongo [tras'pongo] *s.* trasporre

[-'porːre] (3ll) umsetzen, umstellen.

trasp|ortabile [traspor'taːbile] fahrbar; transportierbar; fortschaffbar; ~**ortare** [-por'taːre] (1c) fortschaffen; *Waren* transportieren, befördern; ⚓ verschiffen; † übertragen; *Gebeine* überführen; *Büro* verlegen; ~**ortatore** [-porta'toːre] *m* Beförderer *m*; ~ *a nastro* Bandförderer *m*; ~**orto** [-'porto] *m* Beförderung *f*, Fortschaffung *f*; Abfuhr *f*; Transport *m*; Übertragung *f*; Überführung *f*; (*a.* ~ *funebre*) Begräbnis *n*; -*i pl.* Transportwesen *n*; Verkehr *m*; ~ *militare* Militärtransport *m*; ~ *passeggeri* Personenverkehr *m*; *aeroplano m da* ~ Transportflugzeug *n*; *imbarcazione f da* ~ Frachtschiff *n*.

trasp|osi [tras'poːsi] *s.* trasporre; ~**osizione** [-pozitsi'oːne] *f* Umstellung *f*; ~**osto** [-'posto] *s.* trasporre.

trassato [tras-'saːto] † *m* Bezogene(r) *m*.

trassi [tras-si] *s.* trarre.

trastull|are [trastul-'laːre] (1a) unterhalten; ~**arsi** [-'larsi] sich unterhalten, spielen.

trastullo [tras'tul-lo] *m* Zeitvertreib *m*; Spielzeug *n*.

trasudare [trasu'daːre] (1a) ausschwitzen.

trasversale [trazver'saːle] **1.** *adj.* transversal, quer; *linea f* ~ Seitenlinie *f*; **2.** *f* Transversale *f*; Querstraße *f*.

trasvol|are [trazvo'laːre] (1a) eilig hinweggehen über (*acc.*); überfliegen; ~**ata** [-'laːta] *f* Überflug *m*.

tratta [trat-ta] *f* Zug *m*; Ruck *m*; † Tratte *f*, gezogener Wechsel *m*; ~ *degli schiavi* Sklavenhandel *m*; ~ *delle bianche* Mädchenhandel *m*; *pagare una* ~ *e-e* Tratte einlösen.

tratt|abile [trat-'taːbile] leicht zu bearbeiten(d); leicht zu behandeln(d); auszuhandeln; umgänglich; ~**abilità** [-tabili'ta] *f* Geschmeidigkeit *f*; Umgänglichkeit *f*; ~**amento** [-ta'mento] *n* Behandlung *f*; Bewirtung *f*; ~ *di favore* Vergünstigung *f*; ~**are** [-'taːre] (1a) **1.** *v/t.* behandeln; bewirten; verkehren mit (*dat.*); † verhandeln; **2.** *v/i.* handeln (*di von dat.*); ~ *con* verkehren mit (*dat.*); ~**arsi** [-'tarsi] sich handeln (*di um acc.*); ~**ario**

[-'ta:rio] *m* (*pl.* -ri) ✝ Bezogene(r) *m*; **~ativa** [-ta'ti:va] *f* (*mst pl.* -e) Unterhandlung *f*; **~ato** [-'ta:to] *m* Abhandlung *f*; ⚡, *Pol.* Vertrag *m*; ~ *di pace* Friedensvertrag *m*; **~azione** [-tatsi'o:ne] *f* Behandlung *f*; Erörterung *f*; **~eggiare** [-ted-'dʒa:re] (1f) *Zeichenk.* schraffieren; *fig.* schildern; **~eggio** [-'ted-dʒo] *m* (*pl.* -ggi) Schraffierung *f*.

tratten|ere [trat-te'ne:re] (2q) aufhalten; unterhalten; *Tränen* zurückhalten; *Geld* abziehen; **~ersi** [-'nersi] sich aufhalten; ~ *da* sich enthalten von (*dat.*); *fig.* sich beherrschen; **~imento** [-ni'mento] *m* Unterhaltung *f*; Abendgesellschaft *f*; **~uta** [-'nu:ta] *f* Abzug *m*.

tratt|enni [trat-'ten-ni], **~errò** [-ter'ro], **~iene** [-ti'e:ne] *s.* trattenere.

trattino [trat-'ti:no] *m* Trennungsstrich *m*; Bindestrich *m*.

tratto [trat-to] 1. *s.* trarre; 2. *m* Zug *m*; Strich *m*; Strecke (Fahrstrecke) *f*; Weile *f*; ⚇ Stelle *f*; Benehmen *n*, Manieren *f/pl.*; ~ *di carattere* Charakterzug *m*; *di* ~ *in* ~ von Zeit zu Zeit; ~ *d'unione* Bindestrich *m*; *tutt'a un* ~ plötzlich; *a* -*i* von Zeit zu Zeit.

tratt|ore [trat-'to:re] *m* Wirt (Gastwirt) *m*; ⊕ Zugmaschine *f*; Schlepper *m*; ~ *cingolato* Raupenschlepper *m*; **~oria** [-to'ri:a] *f* Gasthaus *n*; Gaststätte *f*; **~orista** [-to'rista] *su.* (*m/pl.* -i) Traktorfahrer(in *f*) *m*; **~rice** [-'tri:tʃe] *f* Traktor *m*; Trecker *m*; Triebwagen *m*.

trauma [tra'uma] *m* (*pl.* -i) Trauma *n*.

traumatico [trau'ma:tiko] (*pl.* -ci) traumatisch.

trav|agliare [trava'ʎa:re] (1g) quälen; ermüden; **~agliarsi** [-va'ʎarsi] sich abplacken; **~agliato** [-va'ʎa:to] mühselig; geplagt; **~aglio** [-'va:ʎo] *m* (*pl.* -gli) Qual *f*; Plackerei *f*.

trav|asare [trava'za:re] (1a) umfüllen; **~aso** [-'va:zo] *m* Umfüllung *f*; *fig.* Erguß *m*.

trav|ata [tra'va:ta], **~atura** [-va'tu:ra] *f* Balkenwerk *n*.

trave [tra:ve] *f* Balken *m*; ⊕, ⚖ Träger *m*; Querträger *m*; ~ *del tetto* Dachbalken *m*.

trav|edere [trave'de:re] (2s) 1. *v/t.* durchblicken; 2. *v/i.* sich versehen;

~eggole [-'veg-gole]: *avere le* ~ sich versehen; sich täuschen.

traversa [tra'vɛrsa] *f* Querholz *n*; Querbalken *m*; Querstraße *f*; *Sport:* Querlatte *f*; ⛆ Schwelle *f*.

travers|are [traver'sa:re] (1b) durchqueren; durchschneiden; überschreiten; *See, Meer* überqueren; ~ *la via a qu.* j-m den Weg versperren; **~ata** [-'sa:ta] *f* Durchqueren *n*; ⚓ Überfahrt *f*; **~ia** [-'si:a] *f* Widerwärtigkeit *f*; Schicksalsschlag *m*; **~ina** [-'si:na] *f* Schwelle (Eisenbahnschwelle) *f*; **~ino** [-'si:no] *m* Keilkissen *n*.

trav|erso [tra'vɛrso] quer; *a* ~ *od. di* ~ schief; *strada f* -*a* Querstraße *f*; *vie f/pl.* -*e* Schleichwege *m/pl.*; **~ersone** [-ver'so:ne] *m* Querbalken *m*; *Fechtk.* Querhieb *m*.

travertino [traver'ti:no] *m* Travertin(stein) *m*.

travest|imento [travesti'mento] *m* Verkleidung *f*; **~ire** [-'ti:re] (4b) verkleiden.

travi|amento [travia'mento] *m* Irreleitung *f*; Verirrung *f*; **~are** [-vi'a:re] (1h) 1. *v/t.* irreleiten; 2. *v/i.* auf Abwege geraten; **~ato** [-vi'a:to] verirrt.

travis|amento [traviza'mento] *m* Fälschung *f*, Entstellung *f*; **~are** [-'za:re] (1a) fälschen, entstellen.

trav|olgere [tra'voldʒere] (3d) mit sich fortreißen; *mit dem Auto:* überfahren; *fig.* hinreißen, mitreißen; **~olgimento** [-voldʒi'mento] *m* Umwälzung *f*; **~olsi** [-'vɔlsi], **~olto** [-'vɔlto] *s.* travolgere.

trazione [tratsi'o:ne] *f* Ziehen *n*; Zug *m*; Traktion *f*; *forza f di* ~ Zugkraft *f*; ~ *a vapore* Dampfantrieb *m*.

tre [tre] 1. *adj.* drei; 2. *m* Drei *f*.

tre-assi [tre'as-si] *m* Dreiachser *m*.

trebbia [treb-bia] *f* Dreschmaschine *f*.

trebbi|are [treb-bi'a:re] (1k) dreschen; **~atore** [-bia'to:re] *m* Drescher *m*; **~atrice** [-bia'tri:tʃe] *f* Dreschmaschine *f*; Mähdrescher *m*; **~atura** [-bia'tu:ra] *f* Dreschen *n*; Dreschzeit *f*.

treccia [tret-tʃa] *f* (*pl.* -cce) Flechte *f*; ~ *di paglia* Strohgeflecht *f*.

trec|entesimo [tretʃen'te:zimo] dreihundertste; **~entista** [-tʃen'tista] *su* (*m/pl.* -i) Schriftsteller *m od.*

triedro

Künstler *m* des 14. Jahrhunderts; **~ento** [-'tʃɛnto] **1.** *adj.* dreihundert; **2.** ♀ *m* 14. Jahrhundert *n*.

tredic|enne [tredi'tʃɛn-ne] dreizehnjährig; **~esimo** [-'tʃɛːzimo] **1.** *adj.* dreizehnte; **2.** *m* Dreizehntel *n*.

tredici [tre:ditʃi] **1.** *adj.* dreizehn; **2.** *m* Dreizehn *f*.

tredicina [tredi'tʃiːna] *f* etwa dreizehn.

tregenda [tre'dʒɛnda] *f* Hexensabbat *m*; *fig.* Durcheinander *n*; Hexenkessel *m*.

tregua [tre:gua] *f* Waffenstillstand *m*; Gefechtspause *f*; *fig.* Ruhe *f*.

trem|ante [tre'mante] zitternd, bebend; **~are** [-'ma:re] (1b) zittern (*di, per* vor *dat.*); **~arella** [-ma'rel-la] *f* Bammel *m*; **~ebondo** [-me-'bondo] zitternd; **~endo** [-'mendo] schrecklich.

trementina [tremen'ti:na] *f* Terpentin *n*.

tremila [tre'mi:la] dreitausend.

tremito [tre:mito] *m* *krampfhaftes* Zittern *n*; *avere un* ~ zittern.

trem|olare [tremo'la:re] (11 u. b) beben; ♪ tremulieren; **~olio** [-'li:o] *m* Zittern *n*, Gezitter *n*.

tremolo [trɛ:molo] *m* ♪ Tremolo *n*.

tremulo [tre:mulo] *m* zitternd.

treno [trɛ:no] *m* Zug *m*; ✕ Train *m*; ~ *accelerato* Personenzug *m*; ~ *diretto* Schnellzug *m*; ~ *lumaca* Bummelzug *m*; ~ *merci* Güterzug *m*; ~ *popolare* Feriensonderzug *m*; ~ *rapido* Fernschnellzug *m*; *in* ~ mit der Bahn; *cambiare* ~ umsteigen; *perdere il* ~ den Zug versäumen.

trenta [trɛnta] dreißig.

trent|enne [trɛn'tɛn-ne] dreißigjährig; **~ennio** [-'tɛn-nio] *m* (*pl. -nni*) Zeitraum *m* von 30 Jahren; **~esimo** [-'tɛːzimo] **1.** *adj.* dreißigste; **2.** *m* Dreißigstel *n*; **~ina** [-'ti:na] etwa dreißig; *essere sulla* ~ um die Dreißig herum sein.

trentino [tren'ti:no] **1.** *adj.* trientinisch; **2.** *m* Trientiner *m*.

trepid|ante [trepi'dante] ängstlich; **~are** [-'da:re] (11 u. b) in großer Angst sein; zittern; **~azione** [-datsi'o:ne] *f* große Angst *f*.

trepido [trɛ:pido] ängstlich; sorglich.

treppied|e [trep-pi'ɛːde] *od.* **~i** [-di] *m* *inv.* Dreifuß *m*.

trequarti [treku'arti] *m Kleidung:* Dreiviertellänge *f*.

tresca [treska] *f* (*pl. -che*) Intrige *f*; Liebeshandel *m*.

tresc|are [tres'ka:re] (1d) eine Liebelei unterhalten; intrigieren; **~one** [-'ko:ne] *m* Reigen *m*.

trespolo [trɛspolo] *m* Dreifuß *m*, Gestell *n*.

tressette [tres-'sɛt-te] *m Art Kartenspiel.*

triade [tri:ade] *f* Dreiheit *f*; ♪ Dreiklang *m*.

triangol|are [triaŋgo'la:re] dreieckig; **~arità** [-lari'ta] *f* Dreieckigkeit *f*; **~azione** [-latsi'o:ne] *f* Dreiecksmessung *f*.

triangolo [tri'aŋgolo] *m* Dreieck *n*.

tribol|are [tribo'la:re] (11) **1.** *v/t.* bedrängen; quälen; **2.** *v/i.* leiden; **~ato** [-'la:to] kummervoll; **~azione** [-latsi'o:ne] *f* Drangsal *f*; Bedrängnis *f*; Quälerei *f*; Not *f*.

tribolo [tri:bolo] *m* *s. tribolazione.*

tribordo [tri'bordo] *m* Steuerbord *n*.

tribù [tri'bu] *f* Stamm (Volksstamm) *m*.

trib|una [tri'bu:na] *f* Tribüne *f*; **~unale** [-bu'na:le] *m* Gericht *n*; ~ *speciale* Sondergericht *n*; ~ *penale* Strafgericht *n*; ~ *supremo* Oberster Gerichtshof *m*; ~ *per minorenni* Jugendgericht *n*; **~uno** [-'bu:no] *m* Tribun *m*.

tribut|are [tribu'ta:re] (1a) zollen; **~ario** [-'ta:rio] (*pl. -ri*) steuerlich, Steuer...; *sistema* ~ Steuersystem *f*; *polizia f -a* Steuerpolizei *f*.

tributo [tri'bu:to] *m* Tribut *m*; Steuer *f*; Zoll *m*.

tricheco [tri'kɛ:ko] *m* (*pl. -chi*) Walroß *n*.

trichina [tri'ki:na] *f* Trichine *f*.

tri|ciclo [tri'tʃi:klo] *m* Dreirad *n*; **~cipite** [-'tʃi:pite] dreiköpfig; **~colore** [-ko'lo:re] **1.** *adj.* dreifarbig; **2.** *m* Trikolore *f*; **~corno** [-'kɔrno] **1.** *adj.* dreihörnig; **2.** *m* Dreimaster *m*.

tricromia [trikro'mi:a] *f* Dreifarbendruck *m*.

trictrac [trik'trak] *m* Tricktrack *n*.

tridente [tri'dente] *m* Dreizack *m*.

tridentino [triden'ti:no] tridentinisch.

triduo [tri:duo] *m Rel.* Triduum *n*.

tri|edro [tri'ɛːdro] dreiflächig; **~en-**

T

nale [-en-'na:le] dreijährlich; **~enne** [-'ɛn-ne] dreijährig; **~ennio** [-'ɛn-nio] *m* (*pl. -nni*) Zeitraum *m* von drei Jahren.

triestino [tries'ti:no] **1.** *adj.* Triester; triestinisch; **2.** *m* Triest(in)er *m*.

trifase [tri'fa:ze] dreiphasig; *corrente f* ~ Dreiphasenstrom *m*.

trifoglio [tri'fɔ:ʎo] *m* (*pl. -gli*) Klee *m*.

trifol|are [trifo'la:re] (1l) trüffeln; **~ato** [-'la:to] mit Trüffelgeschmack; *funghi m/pl. -i* Pilze *m/pl.* mit Öl, Petersilie und Lauch.

trifora [tri'fora] *f* dreibogiges Fenster *n*.

triforcuto [trifor'ku:to] dreizackig.

trig|emini [tri'dʒɛ:mini] *m/pl.* Drillinge *m/pl.*; **~esimo** [-'dʒɛ:zimo] **1.** *adj.* dreißigste; **2.** *m* dreißigster Todestag *m*.

triglia [tri:ʎa] *f* Seebarbe *f*; *fare l'occhio di* ~ liebäugeln.

trigonom|etria [trigonome'tri:a] *f* Trigonometrie *f*; **~etrico** [-'mɛ:triko] (*pl. -ci*) trigonometrisch.

tri|laterale [trilate'ra:le], **~latero** [-'la:tero] dreiseitig; **~lingue** [-'liŋgue] dreisprachig; **~lione** [-li'o:ne] *m* Trillion *f*.

trillare [tril'la:re] (1a) trillern.

trillo [tril-lo] *m* Triller *m*.

tri|logia [trilo'dʒi:a] *f* Trilogie *f*; **~lustre** [-'lustre] fünfzehnjährig; **~mestrale** [-mes'tra:le] vierteljährlich; **~mestre** [-'mɛstre] *m* Vierteljahr *n*; **~motore** [-mo'to:re] **1.** *adj.* dreimotorig; **2.** *m* dreimotoriges Flugzeug *n*.

trina [tri:na] *f* Spitze *f*.

trinaia [tri'na:ia] *f* Spitzenklöpplerin *f*.

trinc|are [triŋ'ka:re] (1d) saufen; **~ata** [-'ka:ta] *f* Sauferei *f*.

trinc|ea [trin'tʃɛa] *f* Schützengraben *m*; **~eramento** [-tʃera'mento] *m* Verschanzung *f*; **~erare** [-tʃe-'ra:re] (1b) verschanzen.

trincetto [trin'tʃet-to] *m* Schustermesser *n*.

trinchetto [triŋ'ket-to] *m* Focksegel *n*; Fockmast *m*.

trinci|aforaggi [trintʃafo'rad-dʒi] *m inv.* Futterschneidemaschine *f*; **~ante** [-'tʃante] *m* Vorschneidemesser *n*; **~apolli** [-tʃa'pol-li] *m inv.* Geflügelschere *f*; **~are** [-'tʃa:re] (1f) zerschneiden; vorschneiden; ~

giudizi voreilig urteilen; ~ *l'aria con i gesti* mit den Händen herumfuchteln; ~ *i panni addosso a qu.* j-m Übles nachreden; **~ato** [-'tʃa:to] *m* Schnittabak *m*; **~atrice** [-tʃa-'tri:tʃe] *f* Schneidemaschine *f*.

Trinità [trini'ta] *f* Dreieinigkeit *f*.

trino [tri:no] dreifaltig.

trinomio [tri'nɔ:mio] *m* (*pl. -mi*) Trinom *n*.

trio [tri:o] *m* Trio *n*.

triodo [tri:odo] *m* Triode *f*.

trionf|ale [trion'fa:le] Triumph...; **~ante** [-'fante] triumphierend; **~are** [-'fa:re] (1a) triumphieren; **~atore** [-fa'to:re] *m* Triumphator *m*.

trionfo [tri'onfo] *m* Triumph *m*; Aufsatz (Tafelaufsatz) *m*; *Spiel*: Trumpf *m*.

tripart|ire [tripar'ti:re] (4d) dreiteilen; **~izione** [-titsi'o:ne] *f* Dreiteilung *f*.

tripl|ano [tri'pla:no] *m* Dreidecker *m*; **~icare** [-pli'ka:re] (1l *u.* d) verdreifachen.

triplice [tri:plitʃe] **1.** *adj.* dreifach; ~ *alleanza* = **2.** *f* Dreibund *m*.

triplo [tri:plo] dreifach.

tripode [tri:pode] *m* Dreifuß *m*.

tripoli [tri:poli] *m inv.* Kieselgur *f*.

tripolitano [tripoli'ta:no] **1.** *adj.* tripolitanisch; **2.** *m* Tripolitaner *m*.

trippa [trip-pa] *f* Kaldaunen *f/pl.*; F Wanst *m*, Dickbauch *m*.

trippone [trip-'po:ne] *m* Dickwanst *m*.

trip|udiare [tripudi'a:re] (1k) frohlocken; lustig sein; **~udio** [-'pu:dio] *m* (*pl. -di*) Jubel *m*; lärmende Fröhlichkeit *f*.

tri|regno [tri're:ɲo] *m* Tiara *f*; **~reme** [-'rɛ:me] *f* Dreiruderer *m*; **~savolo** [-'za:volo] *m* Urgroßvater *m*; **~sezione** [-setsi'o:ne] *f* Dreiteilung *f*; **~sillabo** [-'sil-labo] **1.** *adj.* dreisilbig; **2.** *m* Dreisilb(l)er *m*.

triste [triste] traurig; betrübt.

tristezza [tris'tet-tsa] *f* Traurigkeit *f*.

tristo [tristo] schlecht, boshaft.

trit|acarne [trita'karne] *m inv.* Hackmaschine *f*, Fleischwolf *m*; **~are** [-'ta:re] (1a) zerreiben; zerkleinern; *Fleisch* hacken; **~ato** [-'ta:to] gehackt; **~ello** [-'tɛl-lo] *m* feines Kleiemehl *n*.

trito [tri:to] zerstoßen; zerkleinert; *fig.* ~ *e ritrito* abgedroschen.

tritone [tri'to:ne] *m* Triton *m*, Meergott *m*.

trittico [trit-tiko] *m* (*pl. -ci*) Triptychon *n*; *Auto*: Triptyk *n*.

trittongo [trit-'tɔŋgo] *m* (*pl. -ghi*) Dreilaut *m*.

tritur|are [tritu'ra:re] (1a) zerreiben; **~azione** [-ratsi'o:ne] *f* Zerreibung *f*.

tri|umvirato [triunvi'ra:to] *m* Triumvirat *n*; **~unviro** [-'unviro] *m* Triumvir *m*.

triv|ella [tri'vel-la] *f* Bohrer *m*; **~ellare** [-vel-'la:re] (1b) bohren; **~ellatore** [-vel-la'to:re] *m* Bohrer *m*; **~ellatura** [-vel-la'tu:ra] *f*, **~ellazione** [-vel-latsi'o:ne] *f* Bohrung *f*; **~ello** [-'vel-lo] *m* Bohrer *m*.

trivi|ale [trivi'a:le] trivial, gemein; **~alità** [-ali'ta] *f* Trivialität *f*; Gemeinheit *f*.

trivio [tri'vio] *m* (*pl. -vi*) Dreiweg *m*; *da* ~ ordinär, gemein.

trocheo [tro'ke:o] *m* Trochäus *m*.

trofeo [tro'fe:o] *m* Trophäe *f*; Siegespreis *m*.

troglodita [troglo'di:ta] *su.* (*m*/*pl. -i*) Höhlenbewohner(in *f*) *m*; *fig.* Grobian *m*.

trogolo [trɔːgolo] *m* Trog *m*.

troia [trɔːia] *f* Sau *f*.

tromba [tromba] **1.** *f* ♪ Trompete *f*; Posaune *f*; *Auto*: Hupe *f*; *Zool.* Rüssel *m*; *Wasserb.* Pumpe *f*; Saugheber (Weinsaugheber *m*) (*a.* ~ *marina*) Wasserhose *f*; (*a.* ~ *acustica*) Hörrohr *n*; ~ *a pera* Ballhupe *f*; ~ *dell'ascensore* Aufzugsschacht *m*; ~ *delle scale* Treppenhaus *n*; (~ *dello stivale* Stiefel-) Schaft *m*; **2.** *m* Trompeter *m*.

tromb|are [trom'ba:re] (1a) *Wein* umfüllen; F *Schüler* durchfallen lassen; **~etta** [-'bet-ta] **1.** *f* kleine Trompete *f*; **2.** *m* = **~ettiere** [-betti'e:re] *m* Trompeter *m*; **~one** [-'bo:ne] *m* große Trompete *f*; Posaune *f*; *Kleidung*: Reitstiefel *m*; **~osi** [-'bɔːzi] *f* Thrombose *f*.

troncamento [troŋka'mento] *m* Abbrechen *n*; Abschlagen *n*; *Gram.* Apokope *f*.

troncare [troŋ'ka:re] (1d) abbrechen (*a. fig.*); abschlagen; *Gram.* apokopieren.

tron|chese [troŋ'ke:se] *m* Schneidezange *f*, Drahtschere *f*; **~chesina** [-ke'si:na] *f* Nagelzange *f*.

tronco [troŋko] (*pl. -chi*) **1.** *adj.* abgebrochen; abgeschnitten; ⚘ abgestumpft; *Gram.* endbetont; **2.** *m* Rumpf *m*; ⚘ Stamm *m*; 🚆 Strecke *f*; ⚘ Stumpf *m*; *licenziare in* ~ auf der Stelle entlassen.

troncone [troŋ'ko:ne] *m* Stumpf *m*.

troneggiare [troned-'dʒa:re] (1f) thronen.

tronfiezza [tronfi'et-tsa] *f* Aufgeblasenheit *f*.

tronfio [tronfio] (*pl. -fi*) aufgeblasen.

trono [trɔːno] *m* Thron *m*.

tropicale [tropi'ka:le] tropisch; *vento* ~ Tropenwind *m*.

tropico [trɔːpiko] (*pl. -ci*) **1.** *adj.* tropisch; **2.** *m* Wendekreis *m*.

tropo [trɔːpo] *m* Tropus *m*, bildlicher Ausdruck *m*.

troppo [trɔp-po] **1.** *adj.* zu viel, zu groß; **2.** *adv.* zu; zuviel; zu sehr; *non* ~ nicht besonders; **3.** *m* Zuviel *n*.

trota [trɔːta] *f* Forelle *f*; ~ *iridea* Regenbogenforelle *f*.

trott|are [trot-'ta:re] (1c) traben; **~atore** [-ta'to:re] *m* Traber *m*.

trotto [trɔt-to] *m* Trab *m*; *corse* *f*/*pl.* *al* ~ Trabrennen *n*.

trottola [trɔt-tola] *f* Kreisel *m*.

trov|abile [tro'va:bile] (auf)findbar; **~are** [-'va:re] (1c) finden; treffen; erfinden; *andare a* ~ *qu.* j-n besuchen; **~arsi** [-'varsi] sich (be)finden; sich treffen; ~ *bene* sich wohl fühlen; **~ata** [-'va:ta] *f* Einfall *m*; **~atello** [-va'tel-lo] *m* Findelkind *n*; *ospizio m dei* -*i* Findelhaus *n*; **~ato** [-'va:to] *m* Erfindung *f*; **~atore** [-va'to:re] *m* Finder *m*; 🎵 Troubadour *m*.

trucc|are [truk-'ka:re] (1d) verkleiden, maskieren; schminken; *Mot.* frisieren; *fig.* verfälschen; **~arsi** [-'karsi] sich schminken; *fig. u. Thea.* sich zurechtmachen; **~atore** [-ka'to:re] *m* Maskenbildner *m*; **~atura** [-ka'tu:ra] *f* Schminken *n*; *Thea.* Maske *f*.

trucco [truk-ko] *m* (*pl. -cchi*) Trick *m*; Schminke *f*.

truce [tru:tʃe] finster; fürchterlich.

trucidare [trutʃi'da:re] (1l) hinschlachten.

truciolo [tru:tʃolo] *m* Hobelspan *m*.

truculento [truku'lento] gräßlich.

truffa [truf-fa] *f* Betrug *m*.

truff|are [truf-'fa:re] (1a) betrügen

(di um *acc.);* prellen; **~atore** [-fa'to:re] *m* Gauner *m;* **~eria** [-fe'ri:a] *f* Gaunerei *f.*

truppa [trup-pa] *f* Truppe *f;* -e *pl.* Truppen *f/pl.;* -e *ausiliarie* Hilfstruppen *pl.*

tu [tu] du; *dare del ~ a qu.* j-n duzen.

tuba [tu:ba] *f* ♩ Posaune *f;* F *Kleidung:* Zylinder *m.*

tubare [tu'ba:re] (1a) girren.

tuba|tura [tuba'tu:ra] *f,* **~zione** [-tsi'o:ne] *f* Rohrleitung *f.*

tub|ercolare [tuberko'la:re] Tuberkulose...; tuberkulös; **~ercolo** [-'berkolo] *m* Tuberkel *m.*

tubercol|osario [tuberkolo'za:rio] *m (pl.* -ri*)* Sanatorium *n* für Tuberkulöse; **~osi** [-'lo:zi] *f* Tuberkulose *f;* **~oso** [-'lo:so] tuberkulös.

tubero [tu:bero] *m* Knolle *f.*

tuber|osa [tube'ro:sa] *f* Tuberose *f;* **~oso** [-'ro:so] knollig.

tubetto [tu'bet-to] *m* Röhrchen *n;* Tube *f.* [Hut *m.*}

tubino [tu'bi:no] *m* steifer runder*}*

tubista [tu'bista] *m (pl.* -i*)* Rohrschlosser *m;* Installateur *m.*

tubo [tu:bo] *m* Rohr *n;* Röhre *f;* Schlauch *m;* ~ *capillare* Haarröhrchen *n;* ~ *fluorescente* Leuchtröhre *f;* ~ *al neon* Neonröhre *f;* ~ *dell'acqua* Wasserrohr *n;* ~ *di scarico* Abflußrohr *n.*

tubolare [tubo'la:re] röhrenförmig.

tufaceo [tu'fa:tʃeo] Tuff...; *roccia f -a* Tuffstein *m.*

tuff|are [tuf-'fa:re] (1a) eintauchen; **~arsi** [-'farsi] untertauchen; *fig.* sich stürzen; ~ *negli studi* sich in das Studium versenken; **~atore** [-fa'to:re] *m* Taucher *m.*

tuffo [tuf-fo] *m* Untertauchen *n;* Kopfsprung *m;* ⚡ Sturzflug *m;* *provai un ~ al cuore* das Herz schlug mir bis zum Hals.

tuffolino [tuf-fo'li:no] *m* *Zool.* Taucher *m.*

tufo *m* Tuff(stein) *m.*

tugurio [tu'gu:rio] *m (pl.* -ri*)* elende Hütte *f.*

tulipano [tuli'pa:no] *m* Tulpe *f.*

tulle [tul-le] *m* Tüll *m,* Schleierstoff *m.*

tumef|are [tume'fa:re] (3aa) anschwellen; **~atto** [-'fat-to] angeschwollen; **~azione** [-fatsi'o:ne] *f* Anschwellung *f.*

tumido [tu:mido] geschwollen; *labbra f/pl.* -e aufgeworfene Lippen *f/pl.*

tumore [tu'mo:re] *m* Geschwulst *f;* ~ *benigno* gutartige Geschwulst *f;* ~ *maligno* bösartige Geschwulst *f.*

tumul|are [tumu'la:re] (1l) bestatten; **~azione** [-latsi'o:ne] *f* Bestattung *f.*

tumulo [tu:mulo] *m* Grabhügel *m.*

tumulto [tu'multo] *m* Tumult *m,* Aufruhr *m;* Wirbel *m.*

tumultu|ante [tumultu'ante] *su.* Aufrührer(in *f*) *m;* **~are** [-tu'a:re] (1m) lärmen; **~oso** [-tu'o:so] aufrührerisch.

tunica [tu:nika] *f (pl.* -che*)* Tunika *f;* ✗ Waffenrock *m.*

tunisino [tuni'zi:no] **1.** *adj.* tunesisch; **2.** *m* Tunesier *m.*

tunnel [tun-nel] *m inv.* Tunnel *m.*

tuo [tu:o] (*pl.* tuoi) **1.** *adj. u. pron.* dein; *il ~ amico* dein Freund; *i tuoi genitori* deine Eltern; *questi sono tuoi* diese Bücher gehören dir; **2.** *m* Deinige *n; i tuoi* die Deinen.

tuonare [tuo'na:re] (1c) donnern.

tuono [tu'o:no] *m* Donner *m.*

tuorlo [tu'orlo] *m* Eidotter *m u. n.*

tuppè [tup-'pɛ] *m inv.* Toupet *n.*

tur|abuchi [tura'bu:ki] *m inv.* Lückenbüßer *m;* **~acciolo** [-'rat-tʃolo] *m* Pfropfen *m;* Korken *m;* **~are** [-'ra:re] (1a) ver-, zustopfen; *Flasche verkorken; Nase zuhalten.*

turba [turba] *f* Schwarm *m;* le -e *pl.* die Massen *f/pl.*

turbamento [turba'mento] *m* Störung *f;* Verwirrung *f.*

turbante [tur'bante] *m* Turban *m.*

turb|are [tur'ba:re] (1a) stören; erregen; **~arsi** [-'barsi] in Erregung geraten; trübe werden; **~ato** [-'ba:to] unruhig; beunruhigt; aufgeregt.

turb|ina [tur'bi:na] *f* Turbine *f;* **~inare** [-bi'na:re] (1l) wirbeln.

turbine [turbine] *m* Wirbelwind *m;* *fig.* Sturm *m.*

turbinoso [turbi'no:so] stürmisch.

turbo... *in Zssgn* Turbinen...

turbo|elica [turbo'ɛ:lika] *f* Propellerturbine *f;* **~getto** [-'dʒet-to] *m* s. turboreattore.

turbol|ento [turbo'lento] aufrührerisch; *fig.* stürmisch, unruhig; **~enza** [-'lentsa] *f* Aufruhr *m;* Unruhe *f.*

turbo|nave [turbo'na:ve] f Turbinenschiff n; **~reattore** [-reat-'to:re] m Strahlturbine f; Turbinenflugzeug n.

turchese [tur'ke:se] m Türkis m.

turch|ina [tur'ki:na] f Min. Türkis m; **~inetto** [-ki'net-to] m Waschblau n; **~ino** [-'ki:no] dunkelblau.

turco [turko] (pl. -chi) 1. adj. türkisch; 2. m Türke m; Türkisch(e) n.

turgidezza [turdʒi'det-tsa] f Aufgeschwollenheit f.

turgido [turdʒido] geschwollen.

turibolo [tu'ri:bolo] m Weihrauchfaß n.

tur|ismo [tu'rizmo] m Tourismus m, Reiseverkehr m; Touristik f; ~ di massa Massentourismus m; **~ista** [-'rista] su. (m/pl. -i) Tourist(in f) m; Reisende(r) m; **~istico** [-'ristiko] (pl. -ci) touristisch, Touristen...; assegno m ~ Reisescheck m; classe f -a Touristenklasse f; guida f -a Reiseführer m; industria f -a Fremdenindustrie f; movimento m ~ Reiseverkehr m.

turlupin|are [turlupi'na:re] (1m) begaunern, übertölpeln; **~atore** [-na'to:re] m Schwindler m; **~atura** [-na'tu:ra] f Schwindel m.

turno [turno] m Turnus m, Reihenfolge f; è il mio ~ die Reihe ist an mir; a ~ abwechselnd; medico m di ~ diensttuender Arzt m; darsi il ~ sich ablösen.

turpe [turpe] schändlich; unflätig; schamlos.

turp|iloquio [turpi'lɔ:kuio] m (pl. -qui) zotige Rede f; **~itudine** [-'tu:dine] f Schändlichkeit f; Schamlosigkeit f.

turrito [tur-'ri:to] türmereich.

tuta [tu:ta] f Arbeitsanzug m, Overall m.

tut|ela [tu'te:la] f Wahrung f; Schutz m; 🏛 Vormundschaft f; **~elare** [-te'la:re] 1. adj. schützend; angelo m ~ Schutzengel m; 2. v/t. (1b) schützen; wahren; Interessen wahrnehmen; **~ore** [-'to:re] m Vormund m; **~orio** [-'tɔ:rio] (pl. -ri) vormundschaftlich.

tuttavia [tut-ta'vi:a] jedoch; dennoch; noch immer.

tutto [tut-to] 1. adj. ganz; all; alles; -i, -e pl. alle; ~ il libro das ganze Buch; -i i libri alle Bücher; -i e tre alle drei; 2. adv. ganz, völlig; era ~ solo er war ganz allein; del ~ ganz, gänzlich; in ~ im ganzen.

tuttofare [tut-to'fa:re]: domestica f ~ Mädchen n für alles.

tuttora [tut-'to:ra] noch, noch immer.

tutù [tu'tu] m Balletttröckchen n.

tzigano [tsi'ga:no] 1. adj. Zigeuner-...; 2. m Zigeuner m.

T

U

U, u [u] *f u. m* U, u *n.*

ubbia [ub-'bi:a] *f* Wahn *m*; Hirngespinst *n*; fixe Idee *f*.

ubbid|iente [ub-bidi'ɛnte] gehorsam; **~ienza** [-di'ɛntsa] *f* Gehorsam *m*; **~ire** [-'di:re] (4d) gehorchen; **~** *ai genitori* den Eltern ge-[horchen.]

ubbriac... *s.* ubriac... [horchen.]

uber|tà [uber'ta] *f* Fülle *f*; **~** Fruchtbarkeit *f*; **~toso** [-'to:so] fruchtbar; üppig.

ubi|cato [ubi'ka:to] gelegen; **~cazione** [-katsi'o:ne] *f* Lage *f*; **~quità** [-kui'ta] *f* Allgegenwart *f*.

ubri|acare [ubria'ka:re] (1d) berauschen; **~acarsi** [-'karsi] sich betrinken; **~acatura** [-ka'tu:ra] *f* Rausch *m*; **~achezza** [-'ket-tsa] *f* Trunkenheit *f*; **~aco** [ubri'a:ko] (*pl.* -chi) betrunken; F **~** *fradicio* sternhagelvoll; **~acone** [-'ko:ne] *m* Trunkenbold *m*.

uccell|agione [ut-tʃel-la'dʒo:ne] *f* Vogelfang *m*; (gefangenes) Federwild *n*; **~ame** [-'la:me] *m* Geflügel *n*; **~are** [-'la:re] (1b) **1.** *v/i. abs.* Vögel fangen; **2.** *v/t. fig.* foppen; **~atore** [-la'to:re] *m* Vogelsteller *m*; **~atura** [-la'tu:ra] *f* Vogelfang *m*; **~iera** [-li'ɛ:ra] *f* Vogelhaus *n*.

uccello [ut-'tʃɛl-lo] *m* Vogel *m*; **~** *canoro* Singvogel *m*; **~** *di malaugurio* Unglücksvogel *m*, Unglücksrabe *m*; **~** *rapace* Raubvogel *m*; *fig.* uccel *di bosco* vogelfrei; flüchtig.

ucc|idere [ut-'tʃi:dere] (3q) töten, umbringen; **~** *con una fucilata* erschießen; **~isi** [-'tʃi:zi], **~iso** [-'tʃi:zo] *s.* uccidere; **~isione** [-tʃizi'o:ne] *f* Tötung *f*; **~isore** [-tʃi'zo:re] *m* Töter *m*; Mörder *m*.

ud|ibile [u'di:bile] hörbar; **~ibilità** [udibili'ta] *f* Hörbarkeit *f*; **~ienza** [udi'ɛntsa] *f* Audienz *f*; **~** *privata* Privataudienz *f*.

udinese [udi'ne:se] **1.** *adj.* udinesisch; **2.** *su.* Udinese *m*, Udinesin *f*.

ud|ire [u'di:re] (4n) hören; **~itivo** [udi'ti:vo] Gehör...; **~ito** [u'di:to] *m* Gehör *n*; **~itore** [udi'to:re] *m* Hörer *m*; Zuhörer *m*; Hospitant *m*; ⚖ Referendar *m*; **~itorio** [udi'to:rio] *m* (*pl.* -ri) Zuhörerschaft *f*; **~izione** [uditsi'o:ne] *f* Anhören *n*.

uffici|ale [uf-fi'tʃa:le] **1.** *adj.* offiziell, amtlich; *non* **~** inoffiziell; **2.** *m* Beamte(r) *m*; ✕ Offizier *m*; **~** *di complemento* Reserveoffizier *m*; **~alità** [-tʃali'ta] *f* Offizierskorps *n*; **~ante** [-'tʃante] **1.** *adj.* zelebrierend; **2.** *m* Zelebrant *m*; **~are** [-'tʃa:re] (1f) *Rel.* zelebrieren.

ufficio [uf-'fi:tʃo] *m* (*pl.* -ci) Amt *n*; Pflicht *f*, Obliegenheit *f*; Büro *n*; **~** *cambi* Wechselstube *f*; **~** *centrale* Zentralamt *n*; **~** *doganale* Zollamt *n*; **~** *esportazioni* Ausfuhrstelle *f*; **~** *forestale* Forstamt *n*; **~** *funebre* Totenamt *n*; **~** *informazioni* Informationsbüro *n*; **~** *oggetti smarriti* Fundbüro *n*; **~** *postale* Postamt *n*; **~** *spedizioni* Versandstelle *f*; **~** *stampa* Presseamt *n*; **~** *viaggi* Reisebüro *n*; **~** *dell'anagrafe* Einwohnermeldeamt *n*; **~** *di collocamento* Stellenvermittlungsbüro *n*; **~** *del lavoro* Arbeitsamt *n*; *mobili m/pl. d'* **~** Büromöbel *m/pl.*; *d'* **~** von Amts wegen; *interporre i propri buoni -i a favore di qu.* sich für j-n verwenden.

uffi|ciosità [uf-fitʃosi'ta] *f* Halbamtlichkeit *f*; **~cioso** [-'tʃo:so] halbamtlich; nichtamtlich.

ufo [u:fo] *a* **~** umsonst; auf Kosten anderer.

ugello [u'dʒɛl-lo] *m* ⊕ Düse *f*.

uggia [ud-dʒa] *f* Langeweile *f*; Verdrießlichkeit *f*; *prendere qu. in* **~** j-s überdrüssig werden.

uggioso [ud-'dʒo:so] langweilig.

ugola [u:gola] *f Anat.* Zäpfchen *n*.

ugonotto [ugo'nɔt-to] *m* Hugenotte *m*.

ugu|aglianza [ugua'ʎantsa] *f* Gleichheit *f*; **~agliare** [-'ʎa:re] (1g) gleichmachen; *j-m* gleichkommen; **~ale** [ugu'a:le] gleich; eben; *di forma* **~** gleichförmig; **~alità** [uguali'ta] *f* Gleichheit *f*; Ebenheit *f*.

uh! [u:] uh!; au!

ulcera [ultʃera] f Geschwür n.

ulcer|are [ultʃeˈraːre] (1l) u. **~arsi** [-ˈrarsi] schwären; **~azione** [-ratsiˈoːne] f Schwärung f; **~oso** [-ˈroːso] geschwürig.

uliva [uˈliːva] s. oliva usw.

ulna [ulna] f Anat. Elle f.

ulteriore [ulteriˈoːre] weiter; jenseitig.

ultima [ultima] f letzte Nachricht f.

ultim|amente [ultimaˈmente] letzthin; **~are** [-ˈmaːre] (1l) zu Ende führen; fertigstellen; **~atum** [-ˈmaːtum] m inv. Ultimatum n; **~azione** [-matsiˈoːne] f Beendigung f; **~issimo** [-ˈmis-simo] allerletzt.

ultimo [ultimo] letzt; äußerste(s); in ~, da ~ zuletzt; l'~ prezzo der äußerste Preis.

ultimogenito [ultimoˈdʒɛːnito] m Letztgeborene(r) m.

ultra|centenario [ultratʃenteˈnaːrio] (pl. -ri) 1. adj. mehr als hundertjährig; 2. m über hundert Jahre alter Mensch m; **~corto** [-ˈkorto]: onde f/pl. -e Ultrakurzwellen f/pl.; **~moderno** [-moˈderno] hypermodern; **~rosso** [-ˈros-so] infrarot; **~sensibile** [-senˈsiːbile] hochempfindlich; **~suonoterapia** [-suonoteraˈpiːa] f Ultraschallbehandlung f; **~suono** [-suˈɔːno] m Ultraschall m; **~terreno** [-ter-ˈreːno] überirdisch; **~violetto** [-vioˈlɛt-to] ultraviolett.

ulul|are [uluˈlaːre] (1l) heulen; **~ato** [-ˈlaːto] m Geheul n.

uman|arsi [umaˈnarsi] (1a) Mensch werden; **~azione** [-natsiˈoːne] f Menschwerdung f; **~esimo** [-ˈneːzimo] m Humanismus m; **~ista** [-ˈnista] su. (m/pl. -i) Humanist(in f) m; **~ità** [-niˈta] f Menschheit f; Menschlichkeit f; **~itario** [-niˈtaːrio] (pl. -ri) humanitär; **~izzare** [-nidˈdzaːre] (1a) vermenschlichen.

umano [uˈmaːno] menschlich, human, menschenfreundlich; forma f -a Menschengestalt f; natura f -a menschliche Natur f.

umbro [umbro] 1. adj. umbrisch; 2. m Umbrier m.

um|ettare [umetˈtaːre] (1a) benetzen; **~idiccio** [umiˈdit-tʃo] etwas feucht; **~idità** [umidiˈta] f Feuchtigkeit f.

umido [uːmido] 1. adj. feucht; 2. m

Feuchtigkeit f; Kochk. in ~ geschmort.

umile [uːmile] niedrig; demütig; dürftig.

umili|ante [umiliˈante] demütigend, erniedrigend; **~iare** [-ˈaːre] (1g) demütigen; **~iazione** [-atsiˈoːne] f Demütigung f; **~issimo** [-ˈlis-simo] ergebenst (Briefstil); **~tà** [umilˈta] f Demut f.

umore [uˈmoːre] m Laune f; Gemütszustand m; ⚕, Physiol. Saft m; di buon ~ gutgelaunt; di cattivo ~ schlechtgelaunt.

umor|ismo [umoˈrizmo] m Humor m; **~ista** [-ˈrista] su. (m/pl. -i) Humorist(in f) m; **~istico** [-ˈristiko] (pl. -ci) humoristisch.

un [un] ein; una [uːna] eine.

un|anime [uˈnaːnime] einmütig; einstimmig; **~animità** [unanimiˈta] f Einmütigkeit f; Einstimmigkeit f.

uncin|ato [untʃiˈnaːto] hakenförmig; croce f -a Hakenkreuz n; **~etto** [-ˈnɛt-to] m Häkelnadel f; lavorare all'~ häkeln.

uncino [unˈtʃiːno] m Haken m.

und|ecimo [unˈdɛːtʃimo] elfte; **~icenne** [-diˈtʃen-ne] elfjährig; **~icesimo** [-diˈtʃeːzimo] elfte; **undici** [unditʃi] elf.

ungere [undʒere] (3d) schmieren; Haare einfetten; Rel. salben; fig. qu. j-m schmeicheln; (a. ~ la ruota) schmieren.

ungherese [ungeˈreːse] 1. adj. ungarisch; 2. m Ungarisch(e) n; 3. su. Ungar(in f) m.

unghia [ungia] f Nagel m; Kralle f; Huf m; smalto m per le -e Nagellack m; avere tra le -e in s-r Gewalt haben; mettere fuori le -e die Krallen zeigen; avere le -e lunghe klebrige Finger haben.

unghiata [ungiˈaːta] f Kratzwunde f; Krallenhieb f.

unguento [unguˈɛnto] m Salbe f.

un|ibile [uˈniːbile] vereinbar; **~icamente** [unikaˈmente] einzig und allein; **~icamerale** [unikameˈraːle] Einkammer...; **~icità** [unitʃiˈta] f Einzigkeit f.

unico [uːniko] (pl. -ci) einzig; allein.

unific|are [unifiˈkaːre] (1m u. d) einigen; einheitlich machen; **~azione** [-katsiˈoːne] f Einigung f; Vereinheitlichung f.

uni|formare [uniforˈmaːre] (1a) an-

U

passen; **~formarsi** [-for'marsi]: ~ *a* sich richten nach (*dat.*); **~forme** [-'forme] **1.** *adj.* gleichförmig; **2.** *f* Uniform *f*; **~formità** [-formi'ta] Einförmigkeit *f*; **~genito** [-'dʒɛːnito] *m Rel.* Eingeborene(r) *m*; **~laterale** [-late'raːle] einseitig; **~nominale** [-nomi'naːle]: *collegio m* ~ Einmannwahlkreis *m*.

unione [uni'oːne] *f* Vereinigung *f*; Verein *m*; Zusammenschluß *m*; Einigkeit *f*; ~ *coniugale* Ehebund *m*; ~ *doganale* Zollunion *f*; ~ *internazionale* internationaler Verein *m*; ~ *sindacale* Gewerkschaftsbund *m*; ♀ *Sovietica* Sowjetunion *f*.

unir|e [u'niːre] (4d) vereinigen; **~si** [u'nirsi] sich einen; sich zusammenschließen; ~ *in matrimonio* die Ehe schließen.

unisono [u'niːsono] **1.** *adj.* gleichklingend; **2.** *m* Einklang *m*.

unit|à [uni'ta] *f* Einheit *f*; ~ *monetaria* Währungseinheit *f*; ~ *d'azione* Aktionseinheit *f*; **~amente** [-ta'mente] zusammen; **~ario** [-'taːrio] (*pl.* -ri) **1.** *adj.* Einheits...; **2.** *m* Unitarier *m*.

unito [u'niːto] vereinigt; einheitlich; einträchtig; *Stoff*: einfarbig.

univers|ale [univer'saːle] allgemein; Welt...; *letteratura f* ~ Weltliteratur *f*; *pace f* ~ Weltfrieden *m*; *storia f* ~ Weltgeschichte *f*; *erede m* ~ Universalerbe *m*; **~alità** [-sali'ta] *f* Allgemeinheit *f*; **~ità** [-si'ta] *f* Universität *f*; ~ *popolare* Volkshochschule *f*; **~itario** [-si'taːrio] (*pl.* -ri) **1.** *adj.* Universitäts...; **2.** *m* Universitätsstudent *m*.

universo [uni'verso] **1.** *adj.* gesamt; **2.** *m* Weltall *n*.

univoco [u'niːvoko] (*pl.* -ci) eindeutig.

uno [u:no] **1.** *art.* ein; **2.** *adj.* ein; einer; einzig; a ~ a ~ einzeln; *gener* nach dem andern; *l'~ dopo l'altro* hintereinander; *l'un l'altro* einander; *tutt'~* ganz einerlei; *farne -a* e-n Streich spielen; ~ *e mezzo* anderthalb; **3.** *m* Eins *f*.

unsi [unsi] *s. ungere*.

untatina [unta'tiːna] *f* F Schmiergeld *n*.

unto [unto] **1.** *s.* ungere; **2.** *adj.* schmierig; **3.** *m* Fett *n*; *Rel.* Gesalbte(r) *m*.

unt|ume [un'tuːme] *m* Schmiere *f*; Fett *n*; **~uosità** [-tuosi'ta] *f* Fettigkeit *f*; fig. salbungsvolle Art *f*; **~uoso** [-tu'oːso] schmierig; *fig.* salbungsvoll.

unzione [untsi'oːne] *f* Salbung *f* (*a. fig.*); *estrema* ~ Letzte Ölung *f*.

uomo [u'ɔːmo] *m* (*pl. uomini*) Mensch *m*; Mann *m*; ~ *d'affari* Geschäftsmann *m*; ~ *d'azione* Tatmensch *m*; ~ *di colore* Farbige(r) *m*; ~ *di fatica* Hausknecht *m*; ~ *di fiducia* Vertrauensmann *m*; ~ *di mondo* Weltmann *m*; ~ *d'onore* Ehrenmann *m*; ~ *qualunque* Mann *m* von der Straße; *un pezzo d'*~ ein stattlicher Mann; *farsi* ~ ein Mann werden; *a tutt'*~ aus allen Kräften.

uopo [u'ɔːpo] *m lit.*: *fare d'*~ *od.* *essere d'*~ nötig sein; *all'*~ nötigenfalls; *a quest'*~ zu diesem Zweck.

uosa [u'ɔːsa] *f* Gamasche *f*.

uovo [u'ɔːvo] *m* (*pl.* le -a) Ei *n*; Laich *m*; -a *affogate* verlorene Eier *n/pl.*; ~ *strapazzato* Rührei *n*; ~ *da bere* Trinkei *n*; ~ *all'occhio di bue* Spiegelei *n*; ~ *sodo* hartgekochtes Ei *n*; *rompere le -a nel paniere* einen Strich durch die Rechnung machen.

upupa [u'pupa] *f* Wiedehopf *m*.

uragano [ura'gaːno] *m* Orkan *m*.

uranio [u'raːnio] *m* Uran *n*.

urano|grafia [uranogra'fiːa] *f* Himmelsbeschreibung *f*; **~metria** [-me'triːa] *f* Himmelsmessung *f*.

urban|esimo [urba'neːzimo] *m* Landflucht *f*; **~istica** [-'nistika] *f* Städtebau *m*; Städteplanung *f*; **~ità** [-ni'ta] *f* Höflichkeit *f*.

urbanizz|are [urbanid-'dzaːre] (1a) verstädtern; **~azione** [-dzatsi-'oːne] *f* Verstädterung *f*.

urbano [ur'baːno] städtisch, Stadt...; *fig.* höflich; *nettezza f -a* Straßenreinigung *f*.

uremia [ure'miːa] *f* Urämie *f*.

uretra [u'retra] *f* Harnröhre *f*.

urg|ente [ur'dʒɛnte] dringend; **~enza** [-'dʒɛntsa] *f* Dringlichkeit *f*.

urgere [urdʒere] (3yy) drängen.

urico [u'riːko] (*pl.* -ci) Harn...; *acido m* ~ Harnsäure *f*.

urina [u'riːna] *f* Harn *m*.

urinare [uri'naːre] (1a) harnen, Harn lassen.

url|are [ur'laːre] (1a) heulen; **~a-**

tore [-la'to:re] *m* Schreier *m*, Schreihals *m*; **~io** [-'li:o] *m* Geheul *n*.

urlo [urlo] *m* (*pl. a.* le -a) Schrei *m*; Geheul *n*.

urlone [ur'lo:ne] *m* Schreihals *m*.

urna [urna] *f* Urne *f*.

uro [u:ro] *m* Auerochse *m*.

urogallo [uro'gal-lo] *m* Auerhahn *m*.

urologo [u'rɔ:logo] *m* (*pl. -gi*) Urologe *m*.   [untersuchung *f.*]

uroscopia [urosko'pi:a] *f* Harn-]

urrà! [ur-'ra] hurra!

urt|ante [ur'tante] irritierend; ärgerlich; **~are** [-'ta:re] (1a) stoßen; anfahren; *fig.* verletzen; **~** *i nervi a qu.* j-n nervös machen.

urto [urto] *m* Stoß *m*; Zusammenstoß *m*; *essere in ~ con qu.* sich mit j-m überworfen haben.

us|abile [u'za:bile] brauchbar; **~anza** [-'zantsa] *f* Sitte *f*, Brauch *m*; **~are** [-'za:re] (1a) **1.** *v/t.* brauchen, gebrauchen; *Liebenswürdigkeit* erweisen; **2.** *v/i.* pflegen; *unpers.* Brauch sein; **~ato** [-'za:to] **1.** *adj.* gebraucht, benutzt; alt; aus zweiter Hand; **2.** *m* Brauch *m*; *secondo l'~* wie gewöhnlich.

usbergo [uz'bergo] *m* (*pl. -ghi*) *ehm.* Panzerhemd *n*.

usciere [uʃ-'ʃɛ:re] *m* Diener (Amtsdiener) *m*; ⊕ Gerichtsvollzieher *m*.

uscio [uʃ-ʃo] *m* (*pl. -sci*) Tür *f*.

usc|ire [uʃ-'ʃi:re] (4o) (hin)ausgehen; herauskommen; auskommen; aus etwas kommen; *Buch:* erscheinen; sich ziehen (*da* aus *dat.*); ausscheiden, austreten; **~** *a cavallo* ausreiten; **~** *in carrozza* ausfahren; **~ita** [-'ʃi:ta] *f* Ausgang *m*; ✝ Ausgabe *f*; Ausweg *m*; Einfall *m*; **~** *di sicurezza* Notausgang *m*; *giorno m d'~* Ausgehtag *m*; *buona ~* Abstandssumme *f*.

usignolo [uzi'ɲɔ:lo] *m* Nachtigall *f*.

usitato [uzi'ta:to] gebräuchlich.

uso [u:zo] **1.** *adj.* gewöhnt; **2.** *m* Gebrauch *m*; Sitte *f*; Herkommen *n*; Handhabe *f*; **~** *commerciale* Handelsbrauch *m*; **-i e costumi** Sitten und Bräuche; *d'~* gebräuchlich; *avere l'~ di* (*inf.*) pflegen zu (*inf.*); *pronto per l'~* gebrauchsfertig; *fuori* ~ außer Gebrauch; **~** *indebito* Mißbrauch *m*; ✝ *per* ~ *interno od. esterno* innerlich *od.* äußerlich (anzuwenden).

ussaro [us-saro] *m* Husar *m*.

ussita [us-'si:ta] *m* (*pl. -i*) Hussit *m*.

ussoricida [us-sori'tʃi:da] *s. uxoricida.*

ust|ionare [ustio'na:re] (1a) verbrennen; **~ionato** [-tio'na:to] durch Brandwunden verletzt; **~ione** [-ti-'o:ne] *f* Verbrennung *f*.

usuale [uzu'a:le] gebräuchlich.

usufr|uire [uzufru'i:re] (4d): **~** *qc. od. di qc. et.* genießen; *et.* benutzen; die Nutznießung e-r Sache haben; **~utto** [-'frut-to] *m* Nutznießung *f*; **~uttuario** [-frut-tu'a:rio] *m* (*pl. -ri*) Nutznießer *m*.   [Verschleiß *m.*]

usura [u'zu:ra] *f* Wucher *m*; ⊕]

usuraio [uzu'ra:io] (*pl. -ai*) **1.** *adj.* wucherisch; **2.** *m* Wucherer *m*.

usurp|are [uzur'pa:re] (1a) usurpieren, sich widerrechtlich aneignen; **~atore** [-pa'to:re] *m* Usurpator *m*; **~atorio** [-pa'tɔ:rio] (*pl. -ri*) usurpatorisch; **~azione** [-patsi'o:ne] *f* widerrechtliche Aneignung *f*.

utensile¹ [u'tensile] Werkzeug...; *macchina f ~* Werkzeugmaschine *f*.

utensile² [uten'si:le] *m* Gerät *n*; ⊕ Werkzeug *n*; *-i pl.* Handwerkszeug *n*.

utente [u'tɛnte] *m* Benutzer *m*; **~** *della strada* Verkehrsteilnehmer *m*.

uterino [ute'ri:no] Uterus..., Gebärmutter...; *fratello m ~* Halbbruder *m*.

utero [u:tero] *m* Gebärmutter *f*.

utile [u:tile] **1.** *adj.* nützlich; nutzbar; *in tempo ~* zur rechten Zeit; **2.** *m* Nutzen *m*; ✝ Gewinn *m*; **~** *netto* Reinertrag *m*.

util|ità [utili'ta] *f* Nützlichkeit *f*; **~** *collettiva od. pubblica* Gemeinnutz *m*; **~itaria** [-li'ta:ria] *f* Gebrauchswagen *m*; Kleinwagen *m*; **~itario** [-li'ta:rio] (*pl. -ri*) **1.** *adj.* Nützlichkeits...; praktisch; billig; *vettura f* (*od. automobile f*) **~a** *s. utilitaria*; **2.** *m* Utilitarier *m*; **~itarismo** [-lita'rizmo] *m* Utilitarismus *m*; **~izzabile** [-lid-'dza:bile] brauchbar; **~izzare** [-lid-'dza:re] (1a) verwerten; **~izzazione** [-lid-dzatsi'o:ne] *f* Verwertung *f*.

utop|ia [uto'pi:a] *f* Utopie *f*; **~ista** [-'pista] *su.* (*m*/*pl. -i*) Utopist(in *f*) *m*.

uva [u:va] *f* Weintraube *f*; **~** *passa* Rosinen *f*/*pl.*; **~** *spina* Stachelbeere *f*.

uxoric|ida [uksori'tʃi:da] *m* (*pl. -i*) Gattenmörder *m*; **~idio** [-'tʃi:dio] *m* (*pl. -di*) Mord *m* an der Gattin.

uzzolo [ud-dzolo] *m* Lust *f*, Laune *f*.

U

V

V, v [vu] *f u. m* V, v *n*; *v doppio* w *n*.

va [va] *s.* andare.

vac|ante [va'kante] frei; unbesetzt; **~anza** [-'kantsa] *f* Vakanz *f*, offene Stelle *f*; (*mst* **-e** *pl.*) Ferien *pl.*; **~are** [-'kaːre] (1d) unbesetzt sein.

vac|ca [vak-ka] *f* (*pl.* **-cche**) Kuh *f*; **~caro** [-'kaːro] *m* Kuhhirt *m*; **~cheria** [-ke'riːa] *f* Molkerei *f*; **~chetta** [-'ket-ta] *f* Rind(s)leder *n*.

vacc|inare [vat-tʃi'naːre] (1a) impfen; **~inazione** [-tʃinatsi'oːne] *f* Impfung *f*; **~ino** [-'tʃiːno] 1. *adj.* Kuh..., Rind...; 2. *m* Impfstoff *m*.

vacill|ante [vatʃil-'lante] schwankend, wankend; **~are** [-'laːre] (1a) schwanken, wanken; *Licht:* flakkern.

vacuità [vakui'ta] *f* Leere *f*.

vacuo [va:kuo] 1. *adj. lit.* leer; 2. *m* Leere (Luftleere) *f*.

vademecum [vade'meːkum] *m inv.* Handbuch *n*; Leitfaden *m*.

vado [va:do] *s.* andare.

vagab|ondaggine [vagabon'dad-dʒine] *f* Vagabundenleben *n*; **~ondaggio** [-bon'dad-dʒo] *m* Landstreichertum *n*; Müßiggang *m*; **~ondare** [-bon'daːre] (1a) herumstrolchen, umherstreichen; **~ondo** [-'bondo] 1. *adj.* umherstreifend; 2. *m* Landstreicher *m*; *allg.* Müßiggänger *m*.

vagare [va'gaːre] (1e) umherstreifen.

vaghegg|iamento [vaged-dʒa'mento] *m* Liebäugeln *n*; *fig.* Verlangen *n*; **~iare** [-'dʒaːre] (1f) mit Wohlgefallen anblicken; ersehnen; **~** *qu.* mit j-m liebäugeln; **~ino** [-'dʒiːno] *m* Stutzer *m*.

vaghezza [va'get-tsa] *f* Unbestimmtheit *f*; Lieblichkeit *f*.

vagina [va'dʒiːna] *f Anat.* Scheide *f*.

vag|ire [va'dʒiːre] (4d) winseln; **~ito** [-'dʒiːto] *m* Gewimmer *n*.

vaglia [va:ʎa] *m inv.* Anweisung *f*; Postanweisung *f*; **~** *bancario* Bankanweisung *f*; **~** *cambiario* Wechsel *m*.

vagli|are [va'ʎaːre] (1g) sieben; *fig.*

sichten; **~atura** [-ʎa'tuːra] *f* Sieben *n*; *fig.* Sichtung *f*.

vaglio [va:ʎo] *m* (*pl.* **-gli**) Sieb *n*; *fig.* Sichtung *f*.

vago [va:go] (*pl.* **-ghi**) unbestimmt; lieblich; **~** *di* (*inf.*) begierig zu (*inf.*).

vagolare [vago'laːre] (1l) umherirren.

vagoncino [vagon'tʃiːno] *m* kleiner Wagen *m*; **~** *ribaltabile* Kippwagen *m*.

vagone [va'goːne] *m* Waggon *m*, Wagen *m*; **~** *letto* Schlafwagen *m*; **~** *merci* Güterwagen *m*; **~** *ristorante* Speisewagen *m*.

vai [vai] *s.* andare.

vainiglia [vai'niːʎa] *f s.* vaniglia.

vaio [va:io] (*pl.* **-ai**) 1. *adj.* schwarzgesprenkelt; 2. *m* Fehpelz *m*.

vai|olo [vai'ɔːlo] *m* Pocken *f/pl.*; **~oloso** [-o'loːso] Pocken...; pokkenkrank.

Val [val] *Kurzform für valle in Eigennamen.*

valanga [va'laŋga] *f* (*pl.* **-ghe**) Lawine *f*.

Valchiria [val'kiːria] *f* Walküre *f*.

valdese [val'deːse] *m* Waldenser *m*.

valdostano [valdos'taːno] 1. *adj.* aus dem Aostatal; 2. *m* Bewohner *m* des Aostatales.

vale [va:le] *m* Gruß *m*; *l'estremo* **~** der letzte Gruß.

val|ente [va'lente] tüchtig; **~entia** [-len'tiːa] *f* Tüchtigkeit *f*; **~ere** [-'leːre] (2r) gelten; *fig.* nützen; **~** *molto* viel wert sein; *non* **~** *nulla* nichts wert sein; **~** *un Perù* viel Geld wert sein; *far* **~** geltend machen; *far* **~** *i propri diritti* seine Rechte geltend machen; **~ersi** [-'lersi] sich bedienen; gebrauchen (*di qc. et. acc.*).

valeriana [valeri'aːna] *f* Baldrian *m*.

val|etudinario [valetudi'naːrio] (*pl.* **-ri**) *lit.* kränklich; **~evole** [-'leːvole] gültig.

valgo [valgo] *s.* valere.

valicare [vali'kaːre] (11 *u.* d) überschreiten.

valico [va:liko] *m* (*pl.* **-chi**) Paß *m*,

Übergang *m*; ~ di confine Grenzübergang *m*.

validità [validi'ta] *f* Gültigkeit *f*; Triftigkeit *f*; Wirksamkeit *f*.

valido [va:lido] gültig; triftig; kräftig; *Person*: tüchtig, fähig; *legalmente* ~ rechtsgültig; *non* ~ ungültig.

vall|igeria [validʒe'ri:a] *f* Lederhandlung *f*; **~igetta** [-li'dʒet-ta] *f* Köfferchen *n*, Handkoffer *m*; **~igia** [-'li:dʒa] *f* (*pl.* -ge) Koffer (Handkoffer) *m*; *scontrino m della* ~ Gepäckschein *m*; *a* ~ Koffer...; *fare le -e* die Koffer packen.

vallata [val-'la:ta] *f* Talebene *f*.

valle [val-le] *f* Tal *n*; *a* ~ talabwärts.

vallet|ta [val-'let-ta] *f* kleines Tal *n*; Assistentin *f* (*bei* Fernsehquizsendungen); **~to** [-to] *m* Page *m*; Gemeindediener *m*; Assistent *m* (*bei* Fernsehquizsendungen).

valligiano [val-li'dʒa:no] *m* Talbewohner *m*.

vallo [val-lo] *m* Wall *m*.

vallone¹ [val-'lo:ne] *m* großes Tal *n*.

vallone² [val-'lo:ne] *m* Wallone *m*.

val|ore [va'lo:re] *m* Wert *m*; Tapferkeit *f*; Tüchtigkeit *f*; ~ *affettivo* Liebhaberwert *m*; ~ *commerciale* Handelswert *m*; ~ *corrente* Kurswert *m*; ~ *intrinseco* reiner Wert *m*; ~ *medio* Mittelwert *m*; ~ *monetario* Geldwert *m*; ~ *nutritivo* Nährwert *m*; *aumento m di* ~ Wertzuwachs *m*; *diminuzione f di* ~ Wertminderung *f*; *stabilità f del* ~ Wertbeständigkeit *f*; *-i pl.* Wertpapiere *n|pl.*, Wertsachen *f|pl.*; Wertzeichen *n*; Devisen *f|pl.*; *di* ~ wertvoll; *senza* ~ wertlos; **~orizzare** [-lorid-'dza:re] (1a) verwerten; aufwerten; **~orizzazione** [-lorid-dzatsi'o:ne] *f* Verwertung *f*; Aufwertung *f*; **~oroso** [-lo'ro:so] tapfer; tüchtig.

valpolicella [valpoli'tʃel-la] *m* norditalienischer Wein.

valsi [valsi], **valso** [valso] *s.* valere.

valuta [va'lu:ta] *f* Währung *f*, Valuta *f*; ~ *aurea* Goldwährung *f*; *stabilità f della* ~ Währungsstabilität *f*.

valut|abile [valu'ta:bile] schätzbar; abschätzbar; **~are** [-'ta:re] (1a) schätzen; abschätzen; **~ario** [-'ta:rio] Devisen...; **~azione** [-tatsi'o:ne] *f* Schätzung *f*, Werturteil *n*.

valva [valva] *f* Muschelschale *f*.

valvola [valvola] *f* Ventil *n*; Klappe *f*; ⚡ Sicherung *f*; *Radio*: Röhre *f*; ~ *elettronica* Elektronenröhre *f*; ~ *a spillo* Nadelventil *n*; ~ *a farfalla* Drosselklappe *f*; ~ *di aspirazione* Saugventil *n*; ~ *di scarico* Auspuffventil *n*; *amplificatore m a* ~ Röhrenverstärker *m*.

valzer [valtser] *m inv.* Walzer *m*.

vampa [vampa] *f* Flamme *f*; *fig.* Glut *f*.

vampata [vam'pa:ta] *f* Glut *f*, Stichflamme *f*.

vampiro [vam'pi:ro] *m* Vampir *m*.

vanagl|oria [vana'glɔ:ria] *f* Eitelkeit *f*; Ruhmsucht *f*; **~oriarsi** [-glori'arsi] (1c *u.* k) sich brüsten; sich rühmen; **~orioso** [-glori'o:so] blasiert, dünkelhaft.

vand|alico [van'da:liko] (*pl.* -ci) wandalisch; **~alismo** [-da'lizmo] *m* Wandalismus *m*.

vandalo [vandalo] *m* Wandale *m*.

vaneggi|amento [vaned-dʒa'mento] *m* Phantasieren *n*; Wahnvorstellung *f*; **~are** [-'dʒa:re] (1f) **1.** *v/i.* phantasieren; **2.** *v/t.* wähnen.

vanesio [va'nɛ:zio] (*pl.* -si) **1.** *adj.* eitel; **2.** *m* eitle Person *f*.

vanga [vaŋga] *f* (*pl.* -ghe) Spaten *m*; *colpo m di* ~ Spatenstich *m*.

vangare [vaŋ'ga:re] (1e) umgraben.

vangelo [van'dʒɛ:lo] *m* Evangelium *n*.

vani|glia [va'ni:ʎa] *f* Vanille *f*; **~gliato** [-ni'ʎa:to] Vanille...; *zucchero m* ~ Vanillezucker *m*.

van|iloquio [vani'lɔ:kuio] *m* (*pl.* -qui) Faselei *f*; **~ità** [-ni'ta] *f* Eitelkeit *f*; **~itoso** [-ni'to:so] eitel.

vanno [van-no] *s.* andare.

vano [va:no] **1.** *adj.* leer; hohl; *fig.* eitel; vergeblich; **2.** *m* Leere *f*; ⚠ Höhlung *f*; Öffnung *f*; Raum *m*; *appartamento m a tre -i* Dreizimmerwohnung *f*.

vant|aggio [van'tad-dʒo] *m* (*pl.* -ggi) Vorteil *m*; *Spiel*: Vorhand *f*; Vorsprung *m*; Vorgabe *f*; *Typ.* Winkelhaken *m*; **~aggioso** [-tad'dʒo:so] vorteilhaft.

vant|are [van'ta:re] (1a) rühmen; **~arsi** [-'tarsi] sich rühmen (*di gen.*), sich brüsten (*di mit dat.*); **~eria** [-te'ri:a] *f* Prahlerei *f*.

vanto [vanto] *m* Ruhm *m*; Rühmen *n*; *darsi* ~ sich rühmen.

vanvera [vanvera]: *parlare a ~* ins Blaue hinein reden.

vap|orare [vapoˈraːre] (1a) verdunsten; **~orazione** [-poratsiˈoːne] *f* Verdunstung *f*; **~ore** [-ˈpoːre] *m* Dampf *m*; Dunst *m*; Dampfer *m*; **~ merci** Frachtdampfer *m*; *a tutto ~* mit Volldampf; **~oretto** [-poˈretto] *m* Dampfer *m*; **~oriera** [-poriˈeːra] *f* Lokomotive *f*; **~orizzare** [-porid-ˈdzaːre] (1a) verdampfen; **~orizzatore** [-porid-dzaˈtoːre] *m* Verdampfer *m*; Zerstäuber *m*; **~orizzazione** [-porid-dzatsiˈoːne] *f* Verdampfung *f*; Zerstäubung *f*; **~orosità** [-porosiˈta] *f* Dunstigkeit *f*; *fig.* Verschwommenheit *f*; **~oroso** [-poˈroːso] dunstig; *fig.* verschwommen; *Kleidung:* sehr dünn, durchsichtig.

varare [vaˈraːre] (1a) vom Stapel lassen.

varc|abile [varˈkaːbile] überschreitbar; **~are** [-ˈkaːre] (1d) überschreiten.

varco [varko] *m* (*pl.* -chi) Über-, Durchgang *m*; *aprirsi il ~* sich den Weg bahnen; *aspettare qu. al ~* j-m auflauern. [bleiche *f.*]

varechina [vareˈkiːna] *f* Chlor-

varia [vaˈria] *f/pl.* Verschiedenes *n*.

vari|abile [variˈaːbile] veränderlich; **~abilità** [-riabiliˈta] *f* Veränderlichkeit *f*; **~ante** [-riˈante] *f* Variante *f*; **~are** [-riˈaːre] (1k) 1. *v/t.* ändern; wechseln; 2. *v/i.* wechseln; **~ato** [-riˈaːto] verschieden; **~azione** [-riatsiˈoːne] *f* Veränderung *f*; Wechsel *m*; ♪ *u.* ♫ Variation *f.*

var|ice [vaˈriːtʃe] *f* Krampfader *f*; **~icella** [-riˈtʃel-la] *f* Windpocken *f/pl.*; **~icocele** [-rikoˈtʃɛːle] *m* Krampfaderbruch *m*; **~icoso** [-riˈkoːso] mit Krampfadern behaftet.

vari|egato [varieˈgaːto] gefleckt, bunt; **~età** [-rieˈta] 1. *f* Verschiedenheit *f*; Mannigfaltigkeit *f*; Abwechs(e)lung *f*; Abart *f*; 2. *m* (*a. teatro m, spettacolo m di ~*) Varieté *n*.

vario [vaˈrio] (*pl.* -ri) verschieden; mannigfach; veränderlich.

variopinto [varioˈpinto] bunt; farbenfreudig.

varo [vaˈro] *m* Stapellauf *m*.

vasaio [vaˈzaːio] *m* (*pl.* -ai) Töpfer *m*.

vasca [vaska] *f* (*pl.* -che) Becken (Wasserbecken) *n*; Bassin *n*; Wanne *f*; **~ da bagno** Badewanne *f*.

vascello [vaʃˈʃel-lo] *m* Schiff *n*; *tenente m di ~* Kapitänleutnant *m*; *Myth. ~ fantasma* Fliegender Holländer *m*.

vaselina [vazeˈliːna] *f* Vaselin *n*.

vasellame [vazelˈlaːme] *m* Geschirr *n*.

vaso [vaːzo] *m* *allg.* Gefäß *n*; Topf *m*; Vase *f*; **~ da fiori** Blumentopf *m*; Blumenvase *f.*

vaso|costrittore [vazokostritˈtoːre] *m* gefäßverengendes Medikament *n*; **~dilatatore** [-dilataˈtoːre] *m* gefäßerweiterndes Medikament *n.*

vass|allaggio [vas-salˈlad-dʒo] *m* (*pl.* -ggi) Vasallenschaft *f*; **~allo** [-ˈsal-lo] *m* Vasall *m*, Lehnsmann *m.*

vassoio [vas-ˈsoːio] *m* (*pl.* -oi) Tablett *n.*

vastità [vastiˈta] *f* Weite *f*; Ausgedehntheit *f.*

vasto [vasto] weit; ausgedehnt.

vate [vaːte] *m* *lit.* Prophet *m*; Dichter *m.*

vatic|inare [vatitʃiˈnaːre] (1a *od.* m) prophezeien; **~inatore** [-tʃinaˈtoːre] *m* Prophet *m*; **~inio** [-ˈtʃiːnio] *m* (*pl.* -ni) Prophezeiung *f.*

ve [ve] = *vi* (*vor lo, la, li, le, ne*).

vecchia [vek-kia] *f* Alte *f*; Greisin *f.*

vecchi|aia [vek-kiˈaːia], **~ezza** [-kiˈet-tsa] *f* Alter (Greisenalter) *n.*

vecchio [vɛk-kio] (*pl.* -cchi) 1. *adj.* alt; gebraucht; abgenutzt; altertümlich; langjährig; 2. *m* Greis *m.*

vecchiume [vek-kiˈuːme] *m* altes Zeug *n.*

veccia [vet-tʃa] *f* Wicke *f.*

vece [veːtʃe] *f* Wechsel *m*; Stellvertretung *f*; *in ~* anstatt; *in ~ sua* an s-r Stelle; *fare le -i di qu.* j-n vertreten.

vedere [veˈdeːre] (2s) sehen; erleben; *andare a ~* j-n besuchen; *dare a ~* weismachen; *far ~* zeigen; *stare a ~* zusehen; *veda Lei se* sehen Sie zu, ob; *non vederci più dalla rabbia* vor Wut außer sich sein; *vedersela brutta* sich in Gefahr sehen; *non avere a che ~ con qc.* nichts mit et. (*dat.*) zu tun haben.

vedetta [veˈdet-ta] *f* Ausguck *m*, Auslug *m*; Posten *m*; Wachboot *n.*

vedette [veˈdɛt] *f* Star *m*, Diva *f.*

vedova [veːdova] *f* Witwe *f.*

vedov|anza [vedoˈvantsa] *f* Witwenschaft *f*; **~ile** [-'vi:le] **1.** *adj.* Witwen...; **2.** *m* Witwengeld *n*.

vedovo [ve:dovo] **1.** *adj.* verwitwet; **2.** *m* Witwer *m*.

veduta [ve'du:ta] *f* Ansicht *f*; Aussicht *f*; Landschaftsbild *n*; ~ *aerea* Luftaufnahme *f*; ~ *panoramica* Rundblick *m*, Aussicht *f*; ~ *a volo d'uccello* Vogelperspektive *f*; *fig.* *larghezza f di* -e Weitblick *m*.

veem|ente [vee'mente] ungestüm; heftig; **~enza** [-'mɛntsa] *f* Ungestüm *f*; Heftigkeit *f*.

veget|ale [vedʒe'ta:le] **1.** *adj.* Pflanzen...; *fibra f* ~ Pflanzenfaser *f*; *grasso m* ~ Pflanzenfett *n*; *olio m* ~ Pflanzenöl *n*; *regno m* ~ Pflanzenreich *n*; **2.** *m* Pflanze *f*, *-i pl.* Pflanzen *f/pl.*; **~are** [-'ta:re] (11 *u.* b) vegetieren; **~arianismo** [-taria'nizmo] *m* Vegetarismus *m*; **~ariano** [-tari'a:no] **1.** *adj.* vegetarisch; **2.** *m* Vegetarier *m*; **~ativo** [-ta'ti:vo] vegetativ; **~azione** [-tatsi'o:ne] *f* Vegetation *f*.

vegeto [ve:dʒeto] rüstig.

veggente [ved-'dʒɛnte] **1.** *adj.* sehend; **2.** *m* Hellseher *m*; *i non -i* die Blinden.

veggo [veg-go] *s.* vedere.

veglia [ve:ʎa] *f* Wachen *n*; Abendgesellschaft *f*; ~ *danzante* Gesellschaft *f* mit Tanz; *far* ~ wachen.

vegliardo [ve'ʎardo] *m* Greis *m*.

vegli|are [ve'ʎa:re] (1g) **1.** *v/i.* wachen; aufsitzen; **2.** *v/t.* ~ *qu.* bei j-m wachen; **~one** [-'ʎo:ne] *m* Maskenball *m*.

veicolo [ve'i:kolo] *m* Fahrzeug *n*; ~ *cingolato* Raupenfahrzeug *n*; ~ *spaziale* Raumschiff *n*.

vela [ve:la] *f* Segel *n*; *volo m a* ~ Segelflug *m*; *far* ~ absegeln; *ammainare le* -e die Segel streichen; *issare le* -e die Segel hissen; *a gonfie* -e mit vollen Segeln.

vel|aio [ve'la:io] *m* (*pl. -ai*) Segelmacher *m*; **~ame** [-'la:me] *m lit.* Schleier *m*; **~are** [-'la:re] (1a) verschleiern; *Mal.* übermalen; **~ario** [-'la:rio] *m* (*pl. -ri*) Zeltdach *n*; Vorhang *m*; **~atamente** [-lata'mente] in verschleierter Weise; **~atura** [-la'tu:ra] *f* Glasur *f*; *Mal.* Übermalen *n*; ♣ Segelwerk *n*; **~eggiare** [-led-'dʒa:re] (1f) segeln; **~eggiatore** [-led-dʒa'to:re] *m* Segelflugzeug *n*.

vel|enifero [vele'ni:fero] Gift...; *ghiandola f -a* Giftdrüse *f*; **~eno** [-'le:no] *m* Gift *n*; **~enosità** [-lenosi'ta] *f* Giftigkeit *f*; **~enoso** [-le'no:so] giftig.

vel|etta [ve'let-ta] *f* Schleier *m*; **~iere** [-li'e:re] *u.* **~iero** [-li'e:ro] *m* Segler *m*; **~ina** [-'li:na]: *carta f* ~ Seidenpapier *n*; **~ismo** [-'lizmo] *m* Segelsport *m*, Segeln *n*; **~ivolo** [-'li:volo] *m* Flugzeug *n*.

velleità [vel-lei'ta] *f* Velleität *f*, Anwandlung *f*; Bestrebung *f*.

vellicare [vel-li'ka:re] (1l, b *u.* d) kitzeln.

vello [vɛl-lo] *m* Vlies *n*.

vell|oso [vel-'lo:so] haarig; **~utato** [-lu'ta:to] samtartig; **~uto** [-'lu:to] *m* Samt *m*.

velo [ve:lo] *m* Schleier *m*; Flor *m*, Tüll *m*.

veloce [ve'lo:tʃe] geschwind; schnell.

velocipede [velo'tʃi:pede] *m scherzh.* Fahrrad *n*.

velocista [velo'tʃista] *m Sport*: Kurzstreckenläufer *m*, Sprinter *m*.

velocità [velotʃi'ta] *f* Geschwindigkeit *f*; Schnelligkeit *f*; 🚂 *merce f a grande* ~ Eilgut *n*; *merce f a piccola* ~ Frachtgut *n*; ~ *della luce* Lichtgeschwindigkeit *f*; ~ *di rotazione* Umdrehungsgeschwindigkeit *f*; ~ *del suono* Schallgeschwindigkeit *f*; ~ *supersonica* Überschallgeschwindigkeit *f*; ~ *del vento* Windstärke *f*; *corsa f di* ~ Schnellauf *m*; *Auto*: *spingere a tutta* ~ Vollgas geben; ~ *oraria* Stundengeschwindigkeit *f*; ~ *massima* Höchstgeschwindigkeit *f*.

velodromo [ve'lo:dromo] *m* Radrennbahn *f*; Radfahrbahn *f*.

veltro [vɛltro] *m* Windhund *m*.

vena [ve:na] *f* Ader *f*; ~ *comica* Humor *m*; *essere in* ~ in Stimmung sein.

ven|ale [ve'na:le] käuflich; bestechlich; **~alità** [-nali'ta] *f* Käuflichkeit *f*; Bestechlichkeit *f*.

venato [ve'na:to] geädert.

venatorio [vena'to:rio] (*pl. -ri*) zur Jagd gehörig; Jagd...; *arte f -a* Weidwerk *n*.

venatura [vena'tu:ra] *f* Geäder *n*.

vend|emmia [ven'dem-mia] *f* Weinlese *f*; **~emmiare** [-dem-mi'a:re] (1k) **1.** *v/t.* lesen; **2.** *v/i.* die Weinlese halten; **~emmiatore** [-demmia'to:re] *m* Weinleser *m*.

V

vendere [vendere] (3a) verkaufen; vertreiben; ~ all'asta versteigern; ~ all'ingrosso en gros verkaufen; ~ al minuto im kleinen (od. einzeln) verkaufen; ~ di nascosto schieben.

vendetta [ven'det-ta] f Rache f; sete f di ~ Rachedurst m; per ~ aus Rache.

vendibile [ven'di:bile] verkäuflich.

vendic|are [vendi'ka:re] (11 u. d) rächen; **~arsi** [-'karsi] f: ~ di qu. sich an j-m rächen; **~ativo** [-ka-'ti:vo] rachsüchtig; **~atore** [-ka-'to:re] m Rächer m.

vendita [vendita] f Verkauf m; Absatz m; ~ di liquidazione Ausverkauf m; condizioni f/pl. di ~ Verkaufsbedingungen f/pl.; diritto m di ~ Verkaufsrecht n.

vendit|ore [vendi'to:re] m Verkäufer m; ~ di fumo Schwindler m; **~rice** [-'tri:tʃe] f Verkäuferin f.

veneficio [vene'fi:tʃo] m (pl. -ci) Giftmord m.

vener|abile [vene'ra:bile] ehrwürdig; **~abilità** [-rabili'ta] f Ehrwürdigkeit f; **~ando** [-'rando] ehrwürdig; **~are** [-'ra:re] (11 u. b) verehren; **~atore** [-ra'to:re] m Verehrer m; **~azione** [-ratsi'o:ne] f Verehrung f.

venerdì [vener'di] m inv. Freitag m; ~ santo Karfreitag m; gli manca un ~ er ist nicht ganz bei Trost.

Venere [vɛ:nere] f Venus f.

venereo [ve'nɛ:reo] venerisch; Geschlechts...; malattie f/pl. -e Geschlechtskrankheiten f/pl.

veneziana [venetsi'a:na] f Sonnenjalousie f.

veneziano [venetsi'a:no] **1.** adj. venezianisch; **2.** m Venezianer m.

venezolano [venetso'la:no] venezolanisch.

vengo [vɛŋgo] s. venire.

venia [vɛ:nia] f lit. Verzeihung f.

veniale [veni'a:le] verzeihlich.

venire [ve'ni:re] (4p) kommen; herkommen; herstammen; werden; Feste: fallen; ~ bene gut ausfallen; ~ alle mani handgreiflich werden; mi vien da ridere ich muß lachen; mi viene fame ich bekomme Hunger; ~ a costare zu stehen kommen, kosten; ~ a sapere erfahren; ~ a proposito wie gerufen kommen.

venni [ven-ni] s. venire.

venoso [ve'no:so] ad(e)rig; venös.

vent|aglio [ven'taʎo] m (pl. -gli) Fächer m; **~ata** [-'ta:ta] f Windstoß m.

vent|enne [ven'tɛn-ne] zwanzigjährig; **~ennio** [-'tɛn-nio] m (pl. -nni) Zeitraum von zwanzig Jahren; **~esimo** [-'tɛ:zimo] **1.** adj. zwanzigste; **2.** m Zwanzigstel n.

venti [venti] zwanzig.

ventil|abro [venti'la:bro] m lit. Worfel f; **~are** [-'la:re] (11 u. b) ventilieren; entlüften; **~ato** [-'la:to] gelüftet, durchgelüftet; **~atore** [-la'to:re] m Ventilator m; **~azione** [-latsi'o:ne] f Ventilation f.

vent|ina [ven'ti:na] f etwa zwanzig; **~ino** [-'ti:no] m Zwanzigcentesimistück n; **~iquattrore** [-tikuat-'tro:re] f inv. Übernachtungsköfferchen n; **~itré** [-ti'tre] dreiundzwanzig; tenere il cappello sulle ~ den Hut schief tragen.

vento [vɛnto] m Wind m; ~ discendente Abwind m; colpo m di ~ Windstoß m; rosa f dei -i Windrose f; farsi ~ sich fächeln.

ventola [ventola] f Wedel m.

vent|osa [ven'to:sa] f Schröpfkopf m; **~osità** [-tosi'ta] f Windigkeit f; Blähung f; **~oso** [-'to:so] windig.

ventrale [ven'tra:le] Bauch...; pinne f/pl. -i Bauchflossen f/pl.

ventre [ventre] m Bauch m; basso ~ Unterleib m.

ventr|esca [ven'treska] f Bauchspeck m (vom Thunfisch); **~icolare** [-triko'la:re] Ventrikel...; **~icolo** [-'tri:kolo] m Magen m; ~ cardiaco Herzkammer f; **~iera** [-tri'ɛ:ra] f Leibbinde f; Gürtel m mit Ledertasche; **~iloquio** [-tri'lɔ:kuio] m Bauchrednerei f; **~iloquo** [-'tri:lo-kuo] m Bauchredner m.

vent|ura [ven'tu:ra] f Glück n; alla ~ auf gut Glück; soldato m di ~ Söldner m; **~uro** [-'tu:ro] künftig; nächst; **~uroso** [-tu'ro:so] lit. glücklich.

ven|ustà [venus'ta] f lit. Anmut f; **~usto** [-'nusto] lit. anmutig.

venut|a [ve'nu:ta] f Kommen n; Ankunft f; dopo la ~ di Cristo nach Christi Geburt; **~o** [-to] (s. venire): ben ~ willkommen; il primo ~ der erste beste.

vera [ve:ra] f Trauring m.

ver|ace [ve'ra:tʃe] wahrhaftig; **~acità** [-ratʃi'ta] f Wahrhaftigkeit f;

~amente [-ra'mente] wirklich; tatsächlich; eigentlich.

veranda [ve'randa] f Veranda f.

verb|ale [ver'ba:le] **1.** adj. mündlich; Gram. Verbal...; processo m ~ = **2.** m Protokoll n; ~ d'una seduta Sitzungsprotokoll n; **~alizzare** [-balid-'dza:re] (1a) zu Protokoll geben; **~almente** [-bal'mente] mündlich, mit Worten.

verbasco [ver'basko] m (pl. -chi) Königskerze f.

verbena [ver'bɛ:na] f Verbene f, Eisenkraut n.

verbo [vɛrbo] m Wort n; Gram. Zeitwort n.

verb|osità [verbosi'ta] f Wortfülle f; **~oso** [-'bo:so] weitschweifig; geschwätzig.

verdastro [ver'dastro] grünlich.

verde [verde] grün; ~ bottiglia flaschengrün; essere al ~ auf dem trocknen sitzen.

verd|echiaro [verdeki'a:ro] hellgrün; **~eggiare** [-ded-'dʒa:re] (1f) grünen; **~emare** [-de'ma:re] meergrün; **~erame** [-de'ra:me] m Grünspan m.

verdesca [ver'deska] f (pl. -che) Blauhai m.

verdetto [ver'det-to] m Verdikt n, Wahrspruch m.

verd|ognolo [ver'do:nolo] grünlich; **~one** [-'do:ne] m Grünfink m; **~ura** [-'du:ra] f grün n; Gemüse n; ~ secca Dörrgemüse n.

verec|ondia [vere'kondia] f Schamhaftigkeit f; **~ondo** [-'kondo] schamhaft.

verga [verga] f (pl. -ghe) Rute f; Min. Stange f; Barren m.

verg|are [ver'ga:re] (1e) streifen; schreiben; j-n prügeln; **~ata** [-'ga:-ta] f Rutenhieb m; **~atina** [-ga-'ti:na] f (geripptes) Durchschlagpapier n; **~atino** [-ga'ti:no] m gestreifter Stoff m; **~ato** [-'ga:to] streifig.

verginale [verdʒi'na:le] jungfräulich.

vergine [verdʒine] **1.** adj. jungfräulich; fig. unberührt; rein; foresta f ~ Urwald m; **2.** f Jungfrau f.

verginità [verdʒini'ta] f Jungfräulichkeit f.

verg|ogna [ver'go:ɲa] f Scham f; Schande f; avere ~ = **~ognarsi**

[-go'ɲarsi] (1a) sich schämen; **~ognoso** [-go'ɲo:so] schamhaft; schändlich.

ver|idicità [veriditʃi'ta] f Wahrheitsliebe f; **~idico** [-'ri:diko] (pl. -ci) wahrheitsliebend.

verifica [ve'ri:fika] f (pl. -che) Nachprüfung f; Eichung f.

verific|are [verifi'ka:re] (1m u. d) nachprüfen; feststellen; Gewichte eichen; **~arsi** [-'karsi] sich bewahrheiten; geschehen; erfolgen; **~atore** [-ka'to:re] m Nachprüfer m; **~azione** [-katsi'o:ne] f s. verifica.

verisim... s. verosim...

ver|ismo [ve'rizmo] m Verismus m; **~ista** [-'rista] su. (m/pl. -i) Verist(in f) m; **~istico** [-'ristiko] (pl. -ci) veristisch; **~ità** [-ri'ta] f Wahrheit f; **~itiero** [-riti'e:ro] wahrheitsliebend; wahrheitsgetreu.

verme [verme] m Wurm m; ~ solitario Bandwurm m.

vermena [ver'mɛ:na] f lit. Schößling m.

verm|icello [vermi'tʃɛl-lo] m Würmchen n; -i pl. Fadennudeln f/pl.; **~icolare** [-miko'la:re] wurmähnlich; **~iforme** [-mi'forme] wurmförmig; **~ifugo** [-'mi:fugo] (pl. -ghi) **1.** adj. wurm(ab)treibend; **2.** m Wurmmittel n.

vermiglio [ver'mi:ʎo] (pl. -gli) rot.

verminoso [vermi'no:so] voller Würmer.

vermut [vermut] m Wermut(wein) m.

vernaccia [ver'nat-tʃa] f Art Weißwein m.

vernacolo [ver'na:kolo] **1.** adj. mundartlich; **2.** m Mundart f.

verni|ce [ver'ni:tʃe] f Firnis m; Lack m; ~ antiruggine Rostschutzlack m; ~ di fondo Vorlack m; ~ protettiva Schutzlack m; **~ciare** [-ni'tʃa:re] (1f) lackieren; streichen; verniciato di fresco frisch gestrichen; **~ciatore** [-nitʃa'to:re] m Lackierer m; **~ciatura** [-nitʃa'tu:ra] f Lackierung f.

verno [vɛrno] m poet. Winter m.

vero [ve:ro] **1.** adj. wahr; echt; ~? nicht wahr?; **2.** m Wahre(s) n; Wahrheit f; Mal. Natur f.

verone [ve'ro:ne] m Balkon m.

veronica [ve'ro:nika] f Ehrenpreis m, Männertreu f.

vero|simiglianza [verosimi'ʎantsa]

V

f Wahrscheinlichkeit *f*; **~simile** [-'si:mile] wahrscheinlich.

verricello [ver-ri'tʃɛl-lo] *m* Hebewinde *f*; Haspel *f*.

verro [vɛr-ro] *m* Wildschwein *n*.

verrò [ver-'rɔ] *s. venire*.

verruca [ver-'ru:ka] *f* (*pl. -che*) Warze *f*.

versaccio [ver'sat-tʃo] *m* (*pl. -cci*) Grimasse *f*; schlechter Vers *m*.

vers|amento [versa'mento] *m* Vergießen *n*; Ausschütten *n*; ✝ Einzahlung *f*; ~ *su un conto* Einzahlung *f* auf ein Konto; **~ante** [-'sante] *m* Abhang *m*; **~are** [-'sa:re] (1b) **1.** *v/t.* gießen; *Blut* vergießen; *Wein* einschenken; *Sand* ausschütten; *Schuld* abwälzen; *Geld* einzahlen; **2.** *v/i.* sich befinden; **~atile** [-'sa:tile] vielseitig; **~atilità** [-satili'ta] *f* Vielseitigkeit *f*; **~ato** [-'sa:to] bewandert.

vers|eggiare [versed-'dʒa:re] (1f) **1.** *v/t.* in Verse bringen; **2.** *v/i.* Verse machen; **~eggiatore** [-sed-dʒa'to:re] *m* Versemacher *m*; **~etto** [-'set-to] *m* Verslein *n*; Bibelvers *m*; **~ificare** [-sifi'ka:re] (1m *u.* d) *s.* *verseggiare*; **~ificatore** [-sifika'to:re] *m* Versemacher *m*; **~ificazione** [-sifikatsi'o:ne] *f* Verslehre *f*, Versemachen *n*; **~ione** [-si'o:ne] *f* Übersetzung *f*; Version *f*; Lesart *f*; *in ~ originale* in Originalfassung.

verso [verso] **1.** *prp.* gegen; nach; *andare ~ casa* nach Hause gehen; *~ il nemico* gegen den Feind; **2.** *m* Vers *m*; Schrei *m*; Grimasse *f*; ~ *orario* Uhrzeigerrichtung *f*; *-i sciolti* reimlose Verse *m/pl.*; *per questo ~* nach dieser Richtung; *auf diese Weise*; *non c'è ~ di* (*inf.*) es gibt keine Möglichkeit zu (*inf.*); *prendere qc. per il suo ~* et. am rechten Ende anfassen.

vertebra [vertebra] *f* Wirbel *m*.

vertebr|ale [verte'bra:le] Wirbel...; *colonna f ~* Wirbelsäule *f*; **~ato** [-'bra:to] *m* Wirbeltier *n*.

vertenza [ver'tɛntsa] *f* Streitfrage *f*; (*a. ~ d'onore*) Ehrenhandel *m*.

vertere [vɛrtere] (3a) schweben; ⚏ handeln (*intorno von dat.*).

vertic|ale [verti'ka:le] **1.** *adj.* vertikal; senkrecht; **2.** *f Gymn.* Handstand *m*; **~alità** [-kali'ta] *f* senkrechte Lage *f*.

vertice [vertitʃe] *m* Scheitel *m*;

Gipfel *m*; ⚭ Scheitelpunkt *m*; *fig.* Gipfeltreffen *n*.

vert|igine [ver'ti:dʒine] *f* Schwindel *m*; *ho le -i* es schwindelt mir; **~iginoso** [-tidʒi'no:so] schwindelnd; schwind(e)lig.

veruno [ve'ru:no] *lit.* kein.

verve [vɛrv] *f inv.* Schwung *m*, Feuer *n*, Verve *f*.

verza [verdza] *f* Wirsingkohl *m*.

verz|iere [verdzi'e:re] *m lit.* Gemüsegarten *m*; **~otto** [-'dzɔt-to] *m* Grünkohl *m*.

vescia [veʃ-ʃa] *f* Staubpilz *m*.

vesc|ica [veʃ-'ʃi:ka] *f* (*pl. -che*) Blase *f*; *Anat.* Harnblase *f*; ⚚ Destillierblase *f*; **~icante** [-ʃi'kante] *m* Zugpflaster *n*; **~icaria** [-ʃi'ka:ria] *f* Blasenschote *f*; **~icatorio** [-ʃika-'to:rio] (*pl. -ri*) **1.** *adj.* blasenziehend; **2.** *m* blasenziehendes Mittel *n*; **~icola** [veʃ-'ʃi:kola] *f* Bläschen *n*; **~icolare** [-ʃiko'la:re] blasenförmig; Bläschen..., Blasen...

vescov|ado [vesko'va:do] *m* Bischofswürde *f*; Bischofspalast *m*; **~ato** [-'va:to] *m* Bischofswürde *f*; **~ile** [-'vi:le] bischöflich; Bischofs...

vescovo [veskovo] *m* Bischof *m*.

vespa [vespa] *f* Wespe *f*; Motorroller *m*.

vespaio [ves'pa:io] *m* (*pl. -ai*) Wespennest *n*; ✽ bösartiges Blutgeschwür *n*.

vespasiano [vespazi'a:no] *m* Pissoir *n*.

vespertino [vesper'ti:no] abendlich.

vespro [vespro] *m* Vesper *f*; *poet.* Abend *m*.

vess|are [ves-'sa:re] (1b) plagen, schikanieren; bedrücken; **~atore** [-sa'to:re] *m* Quäler *m*; Schinder *m*; **~atorio** [-sa'to:rio] (*pl. -ri*) plagend; bedrückend; **~azione** [-satsi-'o:ne] *f* Schikane *f*.

vess|illifero [ves-sil-'li:fero] *m* Bannerträger *m*; **~illo** [-'sil-lo] *m* Banner *n*.

vestaglia [ves'ta:ʎa] *f* Morgenrock *m*.

vestale [ves'ta:le] *f* Vestalin *f*.

veste [veste] *f* Kleid *n*, Gewand *n*; *fig.* Form *f*; Eigenschaft *f*; ~ *da camera* Morgenrock *m*; *in ~ di* in seiner Eigenschaft als.

vestf|aliano [vestfali'a:no] *m* Westfale *m*; **~alico** [-'fa:liko] (*pl.* -ci) westfälisch.

vesti|ario [vesti'a:rio] *m* (*pl.* -ri) Kleidung *f*; Anzug *m*; Garderobe *f*; **~arista** [-tia'rista] *su.* (*m*/*pl.* -i) *Thea.* Garderobier(e *f*) *m*.

vestibolo [ves'ti:bolo] *m* Vestibül *n*, Vorhalle *f*; *Anat.* Vorhof *m*.

vestigia [ves'ti:dʒa] *f*/*pl.* Spuren *f*/*pl.*

vest|imento [vesti'mento] *m* Kleidung *f*; Anzug *m*; **~ire** [-'ti:re] (4b) **1.** *v*/*t.* kleiden; anziehen; *Wand* bekleiden; **2.** *v*/*i.* sich kleiden; ~ *a lutto* in Trauer gehen; **3.** *m* Art *f* sich zu kleiden; **~ito** [-'ti:to] **1.** *adj.*: *nascere* ~ *ein* Glückspilz sein; ~ *a festa* in festlicher Kleidung; **2.** *m* Anzug *m*; Kleid *n*; ~ *da passeggio* Straßenanzug *m*; ~ *da mezza stagione* Übergangskleid *n*, -anzug *m*; ~ *su misura* Maßanfertigung *f*; -*i pl. da uomo* Herrenkleidung *f*; **~izione** [-titsi-'o:ne] *f* Einkleidung *f*.

veterano [vete'ra:no] *m* Veteran *m*.

veterin|aria [veteri'na:ria] *f* Tierheilkunde *f*; **~ario** [-'na:rio] *m* (*pl.* -ri) Tierarzt *m*.

veto [ve:to] *m* Veto *n*; *porre il* ~ ein Veto einlegen.

vetr|aio [ve'tra:io] *m* (*pl.* -ai) Glaser *m*; **~ario** [-'tra:rio] (*pl.* -ri) Glas-...; *industria f -a* Glasindustrie *f*; **~ata** [-'tra:ta] *f* Glastür *f*; **~ato** [-'tra:to] *adj.*: *carta f -a* Glaspapier *n*; **~eria** [-tre'ri:a] *f* Glashütte *f*; -*e pl.* Glaswaren *f*/*pl.*; **~ificare** [-trifi'ka:re] (1m *u.* d) verglasen; **~ificazione** [-trifikatsi'o:ne] *f* Verglasung *f*; **~ina** [-'tri:na] *f* Schaufenster *n*; Auslage *f*; Vitrine *f*; ⊕ Glasursturz *m*; **~inista** [-tri'nista] *m* (*pl.* -i) Schaufensterdekorateur *m*; **~ino** [-'tri:no] **1.** *adj.* gläsern, Glas-...; **2.** *m* Objektträger *m*, Präparatenglas *n*.

vetriolo [vetri'ɔ:lo] *m* Vitriol *n*.

vetro [ve:tro] *m* Glas *n*; Scheibe (Fensterscheibe) *f*; *di* ~ aus Glas, gläsern; ~ *smerigliato* Mattglas *n*; ~ *compreso* einschließlich Flasche; *occhio m di* ~ Glasauge *n*; *tetto m di* ~ Glasdach *n*; *pittura f su* ~ Glasmalerei *f*.

vetrocemento [vetrotʃe'mento] *m* Glasbeton *m*.

vetroso [ve'tro:so] glasig; glashaltig.

vetta [vet-ta] *f* Gipfel *m*.

vettore [vet-'to:re] **1.** *adj.* Träger...; *razzo m* ~ Trägerrakete *f*; **2.** *m* Transportunternehmer *m*; ⚓ Vektor *m*.

vettov|agliamento [vet-tovaʎa-'mento] *m* Verproviantierung *f*; **~agliare** [-va'ʎa:re] (1g) verproviantieren; **~aglie** [-'va:ʎe] *f*/*pl.* Proviant *m*.

vett|ura [vet-'tu:ra] *f* Wagen *m*; Auto *n*; Eisenbahnwagen *m*; ~ *da corsa* Rennwagen *m*; ~ *diretta* Kurswagen *m*; ~ *di lusso* Luxusauto *n*; ~ *di piazza* Droschke *f*; ~ *utilitaria* Kleinwagen *m*; ⊛ *in* ~! einsteigen!; **~urale** [-tu'ra:le] *m* Fuhrmann *m*; **~uretta** [-tu'ret-ta] *f* Kleinwagen *m*; **~urino** [-tu'ri:no] *m* Kutscher (Droschkenkutscher) *m*.

vet|ustà [vetus'ta] *f lit.* Alter *n*; **~usto** [-'tusto] *lit.* alt.

vezzeggi|are [vet-tsed-'dʒa:re] (1f) hätscheln; **~ativo** [-dʒa'ti:vo] **1.** *adj.* Kose...; **2.** *m* Kosename *m*; Kosewort *n*.

vezzo [vet-tso] *m* Anmut *f*; Liebkosung *f*; Gewohnheit *f*; Schmuck *m*.

vezzoso [vet-'tso:so] lieblich.

vi [vi] **1.** *pron.* euch; **2.** *adv.* dort; dorthin.

via [vi:a] **1.** *f* Weg *m*; Straße *f*; ~ *Goethe* Goethestraße *f*; ~ *aerea* Luftweg *m*; ~ *crucis* Leidensweg *m*; ~ *gerarchica* Amtsweg *m*; ~ *legale* Rechtsweg *m*; ~ *dei negozi* Geschäftsstraße *f*; *in* ~ *amichevole* auf gütlichem Wege; *in* ~ *d'eccezione* ausnahmsweise; *per* ~ *di* wegen (*gen.*); -*e di fatto* Tätlichkeiten *f*/*pl.*; **2.** *m* Startzeichen *n*; *dare il* ~ *das* Startzeichen geben; **3.** *adv.* fort, weg; über (*acc.*); *andar* ~ weggehen; ~ ~ nach und nach; *e così* ~ *und so weiter*; *! weg!*; *su* ~! *los!*; ~ *Brennero* über den Brenner; ~ *radio* durch das Radio.

viabilità [viabili'ta] *f* Fahrbarkeit *f*; Straßenzustand *m*.

viadotto [via'dɔt-to] *m* Viadukt *m*.

viaggi|ante [viad-'dʒante] reisend, fahrend; ⊛ *personale m* ~ Zugpersonal *n*; **~are** [-'dʒa:re] (1f) **1.** *v*/*t.* bereisen; **2.** *v*/*i.* reisen; ~ *a piedi* wandern; ~ *per affari* geschäftlich reisen; **~atore** [-dʒa'to:re] *m* Reisende(r) *m*; ~ *di commercio* Handelsreisende(r) *m*.

viaggio [vi'ad-dʒo] *m* (*pl.* -ggi) Reise *f*; ~ *aereo* Flugreise *f*; ~ *di comitiva* Gesellschaftsfahrt *f*; ~ *di nozze* Hochzeitsreise *f*; ~ *in ferrovia* Eisenbahnfahrt *f*; ~ *per mare* Seereise *f*; ~ *di studio* Studienreise *f*; ~ *d'ufficio* Dienstreise *f*; *cestino m da* ~ Reiseproviant *m*; *coperta f da* ~ Reisedecke *f*; *facilitazione f di* ~ Reiseerleichterung *f*; *ufficio m* (*od. agenzia f*) *-i* Reise-, Verkehrsbüro *n*; *mettersi in* ~ sich auf die Reise machen; *essere in* ~ auf der Reise sein.

viale [vi'a:le] *m* Allee *f*.

viandante [vian'dante] *m* *lit.* Wanderer *m*.

viatico [vi'a:tiko] *m* (*pl.* -ci) Reise-, Wegzehrung *f*; *Rel.* Viatikum *n*, Sterbesakrament *n*.

via|tore [via'to:re] *m* *poet.* Wanderer *m*; **~vai** [-'vai] *m* *inv.* Hin- und Hergehen *n*.

vibrafono [vib'ra:fono] *m* Vibraphon *n*.

vibr|ante [vi'brante] schwingend, vibrierend; *Stimme:* kräftig; **~are** [-'bra:re] (1a) **1.** *v/t.* schwingen; *Schlag* versetzen; **2.** *v/i.* vibrieren; schwingen; **~atile** [-'bra:tile] schwingend, vibrierend; **~atilità** [-bratili'ta] *f* Schwingungsfähigkeit *f*; **~ato** [-'bra:to] energisch; **~atore** [-bra'to:re] *m* Vibrator *m*; Summer *m*; **~atorio** [-bra'to:rio] (*pl.* -ri) vibrierend, schwingend; **~azione** [-bratsi'o:ne] *f* Schwingung *f*; ~ *sonora* Schallschwingung *f*.

vic|ariato [vikari'a:to] *m* Vikariat *n*; **~ario** [-'ka:rio] *m* (*pl.* -ri) Vikar *m*.

vice... [vitʃe] *in Zssgn:* Vize...

vice|ammiraglio [vitʃeam-mi'ra:ʎo] *m* (*pl.* -gli) Vizeadmiral *m*; **~console** [-'konsole] *m* Vizekonsul *m*; **~direttore** [-diret-'to:re] *m* Vizedirektor *m*.

vic|enda [vi'tʃenda] *f* Wechsel *m*, Wechselfolge *f*; *-e pl.* Wechselfälle *m/pl.*; *a* ~ gegenseitig; **~endevole** [-tʃen'de:vole] wechselseitig; **~endevolezza** [-tʃendevo'let-tsa] *f* Gegenseitigkeit *f*; **~eversa** [-tʃe'versa] umgekehrt.

vic|inale [vitʃi'na:le] Nachbar...; **~inanza** [-tʃi'nantsa] *f* Nähe *f*; *-e*

pl. Umgegend *f*; = **~inato** [-tʃi-'na:to] *m* Nachbarschaft *f*; **~inità** [-tʃini'ta] *f* Nähe *f*; **~ino** [-'tʃi:no] **1.** *adj.* nahe; *da* ~ aus der Nähe; **2.** *m* Nachbar *m*; Nebenmann *m*.

vicissitudini [vitʃis-si'tu:dini] *f/pl.* Wechselfälle *m/pl.*

vicolo [vi:kolo] *m* (enge) Gasse *f*; ~ *cieco* Sackgasse *f*.

vidi [vi:di] *s.* vedere.

vidim|are [vidi'ma:re] (1l) beglaubigen; **~azione** [-matsi'o:ne] *f* Beglaubigung *f*.

vie [vi:e]: ~ *più s.* viepiù.

viennese [vien-'ne:se] **1.** *adj.* wienerisch, Wiener; **2.** *su.* Wiener(in *f*) *m*.

viepiù [viepi'u] um so mehr, in höchstem Grade.

viet|are [vie'ta:re] (1b) verbieten; **~ato** [-'ta:to]: ~ *ai minori di 16 anni* für Jugendliche unter 16 Jahren verboten.

vieto [vi:ɛto] *lit.* veraltet.

vigente [vi'dʒente] geltend; bestehend.

vigere [vi:dʒere] (3yy) in Kraft sein.

vigesimo [vi'dʒe:zimo] zwanzigste.

vigil|ante [vidʒi'lante] wachsam; **~anza** [-'lantsa] *f* Überwachung *f*; Aufsicht *f*; Wachsamkeit *f*; *sotto* ~ unter Polizeiaufsicht; *provvedimento m di* ~ Überwachungsmaßnahme *f*; **~are** [-'la:re] (1l) **1.** *v/t.* überwachen; **2.** *v/i.* wachen; **~ato** [-'la:to] **1.** *adj.* überwacht, beaufsichtigt; **2.** *m:* ~ *speciale* unter Polizeiaufsicht Stehende(r) *m*; **~atrice** [-la'tri:tʃe] *f:* ~ *d'infanzia* Kindergärtnerin *f*; ~ *scolastica* Schulhelferin *f*.

vigile [vi:dʒile] **1.** *adj.* wachsam; **2.** *m* Polizist *m*, Schutzmann *m*; ~ *del fuoco* Feuerwehrmann *m*.

vigilia [vi'dʒi:lia] *f* Vorabend *m*.

vigli|accheria [viʎ-ʎak-ke'ri:a] *f* Feigheit *f*; Niederträchtigkeit *f*, Gemeinheit *f*; **~acco** [-'ʎak-ko] (*pl.* -cchi) **1.** *adj.* feige; gemein; **2.** *m* Feigling *m*; gemeiner Kerl *m*.

vigna [vi:ɲa] *f* Weinberg *m*.

vign|aiolo [viɲai'ɔ:lo] *m* Weinbauer *m*; **~eto** [-'ɲe:to] *m* Weinberg *m*; **~etta** [-'ɲet-ta] *f* Vignette *f*; **~ettista** [-ɲet-'tista] *m* (*pl.* -i) Vignettenzeichner *m*.

vig|ore [vi'go:re] *m* Kraft *f*; *andare in* ~ in Kraft treten; **~oria** [-go'ri:a] *f* Kraft *f*, Stärke *f*; **~orosità** [-goro-

violone

si'ta] *f* Stärke *f*; **~oroso** [-go'ro:so] kräftig.

vile [vi:le] **1.** *adj.* feige; *fig.* niedrig; **2.** *m* Feigling *m*.

vilip|endere [vili'pɛndere] (3c) verachten; **~endio** [-'pɛndio] *m* (*pl. -di*) Verachtung *f*, Geringschätzung *f*; **~eso** [-'pe:so] verachtet.

villa [vil-la] *f* Villa *f*; Landhaus *n*.

vill|aggio [vil-'lad-dʒo] *m* (*pl. -ggi*) Dorf *n*; **~anata** [-la'na:ta] *f* Flegelei *f*; **~anella** [-la'nɛl-la] *f* Bauernmädchen *n*; *Lit.* Volkslied *n*; **~anello** [-la'nɛl-lo] *m* Bauernbursche *m*; **~ania** [-la'ni:a] *f* Grobheit *f*; **~ano** [-'la:no] **1.** *adj.* grob, flegelhaft; **2.** *m* Flegel *m*; *villan rifatto* Protz *m*; **~anzone** [-lan'tso:ne] *m* Grobian *m*; **~eggiante** [-led-'dʒante] *su.* Sommerfrischler(in *f*) *m*; **~eggiare** [-led-'dʒa:re] (1f) den Sommer auf dem Lande verbringen; *andare a ~* in die Sommerfrische gehen; **~eggiatura** [-led-dʒa'tu:ra] *f* Sommeraufenthalt *m*; Sommerfrische *f*; **~ereccio** [-le-'ret-tʃo] (*pl. -cci*) *lit.* ländlich.

villico [vil-liko] *m* (*pl. -ci*) *lit.* Landmann *m*.

villino [vil-'li:no] *m* kleine Villa *f*, Einfamilienhaus *n*; Gartenhaus *n*; Landhaus *n*.

villoso [vil-'lo:so] behaart, haarig.

villotta [vil-'lɔt-ta] *f* norditalienisches Volkslied *n*, Bauerntanz *m*.

viltà [vil-'ta] *f* Feigheit *f*.

vilucchio [vi'luk-kio] *m* (*pl. -cchi*) Ackerwinde *f*.

viluppo [vi'lup-po] *m* Gewirr *n*; *fig.* Durcheinander *n*.

vimine [vi:mine] *m* Weidenrute *f*.

vin|accia [vi'nat-tʃa] *f* (*pl. -cce*) Weintrester *m*; **~acciolo** [-nat-'tʃɔ:lo] *m* Traubenkern *m*; **~aio** [-'na:io] *m* (*pl. -ai*) Weinhändler *m*.

vincastro [viŋ'kastro] *m* *lit.* Weidenrute *f*.

vincere [vintʃere] (3d) *abs.* siegen; *j-n* besiegen; *et.* gewinnen; *Schwierigkeit* überwinden; *Leidenschaft* bezwingen; *~ di misura* knapp gewinnen.

vincita [vintʃita] *f* Gewinn *m*; Sieg *m*; Spielgewinn *m*.

vincitore [vintʃi'to:re] *m* Sieger *m*, Gewinner *m*.

vinco [viŋko] *m* (*pl. -chi*) Weidenrute *f*.

vincol|ante [viŋko'lante] bindend, verbindlich; **~are** [-'la:re] (11) binden; *~ il capitale* das Kapital festlegen; **~ato** [-'la:to] gebunden; † fest, vinkuliert; **~istico** [-'listiko] (*pl. -ci*) Zwangs...; *regime m ~* Zwangswirtschaft *f*.

vincolo [viŋkolo] *m* Band *n*; *-i di sangue* Blutsbande *n/pl.*

vindice [vinditʃe] *lit.* **1.** *adj.* rächend; **2.** *m* Rächer *m*.

vin|ello [vi'nɛl-lo] *m* Treberwein *m*; **~icolo** [-'ni:kolo] den Weinbau betreffend; Wein...; Weinbau...; *società f -a* Weinbaugesellschaft *f*; **~ifero** [-'ni:fero] weintragend; **~ificazione** [-nifikatsi'o:ne] *f* Weinbereitung *f*.

vino [vi:no] *m* Wein *m*; *~ brulè* (od. *vin caldo, cotto*) Glühwein *m*; *~ di mele* Apfelwein *m*; *~ da pasto* Tischwein *m*.

vinoso [vi'no:so] weinartig.

vinsanto [vin'santo] *m* süßer Weißwein *m*.

vinsi [vinsi], **vinto** [-to] *s.* vincere.

viola [vi'ɔ:la] *f* ♪ Bratsche *f*; ♀ Veilchen *n*; *~ del pensiero* Stiefmütterchen *n*; *~ ciocca* Levkoje *f*.

violabile [vio'la:bile] verletzbar.

violaceo [vio'la:tʃeo] veilchenblau, violett.

viol|are [vio'la:re] (11) schänden; *Gesetze* übertreten; *Übereinkommen* brechen; *~ato* [-'la:to] *m* Schänder *m*; Verletzer *m*; Brecher *m*; **~azione** [-latsi'o:ne] *f* Schändung *f*; Übertretung *f*; Bruch *m*; **~entare** [-len'ta:re] (1b) vergewaltigen; **~entatore** [-lenta'to:re] *m* Vergewaltiger *m*; **~ento** [-'lento] gewaltsam; heftig; **~enza** [-'lɛntsa] *f* Gewalt *f*; Gewalttätigkeit *f*; Heftigkeit *f*; *~ carnale* Notzucht *f*; *usare ~ a se stesso* sich Gewalt antun. [**~o** [-to] violett.]

violett|a [vio'let-ta] *f* Veilchen *n*;]

viol|inaio [vio'li'na:io] *m* (*pl. -ai*) Geigenmacher *m*; **~inista** [-li'nista] *su.* (*m/pl. -i*) Geigenspieler(in *f*) *m*; **~ino** [-'li:no] *m* Geige *f*; Geigenspieler *m*; *scherzh.* Schinken *m*; **~ista** [-'lista] *su.* (*m/pl. -i*) Violaspieler(in *f*) *m*; **~oncellista** [-lontʃel-'lista] *su.* (*m/pl. -i*) Cellospieler(in *f*) *m*; **~oncello** [-lon'tʃel-lo] *m* Cello *m*; **~one** [-'lo:ne] *m* Baßgeige *f*.

viottola [vi'ɔt:tola] f Fußweg m.

vipera [vi:pera] f Viper f.

viraggio [vi'rad-dʒo] m (pl. -ggi) Wenden n; Phot. Tonbad n; Tonung f; boa f di ~ Wendeboje f.

virago [vi'ra:go] f inv. Mannweib n.

virale [vi'ra:le] Virus...; influenza f ~ Virusgrippe f.

virare [vi'ra:re] (1a) wenden; in die Kurve gehen, ⚓ u. fig. lavieren; Phot. tonen.

virata [vi'ra:ta] f Wenden n; Kurve f.

virgineo [vir'dʒi:neo] jungfräulich.

virginia [vir'dʒi:nja] m Virginiazigarre f.

virgola [virgola] f Komma n.

virgol|are [virgo'la:re] (1l) mit Kommas versehen; ~ette [-'let-te] f/pl. Anführungszeichen n/pl.

virgulto [vir'gulto] m Schößling m.

vir|ile [vi'ri:le] männlich; mannhaft; ~ilità [-rili'ta] f Mannesalter n; Mannhaftigkeit f.

virologia [virolo'dʒi:a] f Virologie f.

virosi [vi'rɔ:zi] f Viruskrankheit f.

vir|tù [vir'tu] f Tugend f; Kraft f; Fähigkeit f; in ~ di kraft (gen.); ~tuale [-tu'a:le] virtuell; ~tuosismo [-tuo'sizmo] m Virtuosentum n; ~tuosità [-tuosi'ta] f Tugendhaftigkeit f; ~tuoso [-tu-'o:so] 1. adj. tugendhaft; 2. m Virtuose m.

virul|ento [viru'lɛnto] giftig; virulent; ~enza [-'lɛntsa] f Giftigkeit f; Virulenz f.

virus [vi:rus] m inv. Virus n u. m.

viscerale [viʃ-ʃe'ra:le] Eingeweide...; dolore m ~ Leibschmerz m.

viscere [viʃ-ʃere] m (pl. i -i od. le -e) Eingeweide n; fig. Herz n.

vischio [viskjo] m (pl. -chi) Mistel f; Vogelleim m; Lockmittel n.

vischioso [viski'o:so] leimig.

viscidezza [viʃ-ʃi'det-tsa] f Klebrigkeit f.

viscido [viʃ-ʃido] klebrig; schlüpfrig.

visciola [viʃ-ʃola] f Weichselkirche f.

visconte [vis'konte] m Vicomte m.

visc|osità [viskosi'ta] f Klebrigkeit f; ~osa [-'ko:sa] f Viskose f; ~oso [-'ko:so] klebrig; zähflüssig.

vis|ibile [vi'zi:bile] sichtbar; ~ibilio [-zi'bi:ljo] m Unmenge f; andare in ~ in Entzücken geraten; ~ibilità [-zibili'ta] f Sichtbarkeit f; ~iera

[-zi'ɛ:ra] f Visier n; Kleidung: Mützenschirm m.

visigoto [vizi'gɔ:to] m Westgote m.

vis|ionare [vizio'na:re] (1a) Film vorführen; ~ionario [-zio'na:rjo] m (pl. -ri) Visionär m; ~ione [-zi'o:ne] f Vision f; Film: prima ~ Erstaufführung f; prendere ~ di qc. Einsicht nehmen in et. (acc.).

visir [vi'zir] m inv. Wesir m.

visita [vi:zita] f Besuch m; Untersuchung f; Besichtigung f; Durchsuchung f; ~ medica ärztliche Untersuchung f; ~ di Stato Staatsbesuch m.

visit|are [vizi'ta:re] (1l) besuchen; untersuchen; besichtigen; durchsuchen; ~atore [-ta'to:re] m Besucher m; Besichtiger m; ~atrice [-ta'tri:tʃe] f Besucherin f; Fürsorgerin f; ~azione [-tat'sjo:ne] f Rel. Heimsuchung f Mariä.

visivo [vi'zi:vo] Seh...; campo m ~ Sehfeld n; disturbo m ~ Sehstörung f; organo m ~ Sehorgan n.

viso [vi:zo] m Gesicht n, Angesicht n; fare buon ~ a qu. j-n freundlich aufnehmen.

visone [vi'zo:ne] m Nerz(pelz) m.

visore [vi'zo:re] m Diabetrachter m.

vispo [vispo] lebhaft.

vissi [vis-si] s. vivere; **vissuto** [vis-'su:to] 1. s. vivere; 2. adj. erlebt, am eigenen Leibe erfahren.

vista [vista] f Sehen n; Gesicht n; Sehkraft f; Blick m; Anblick m; Aussicht f; Schau f; ~ d'insieme Gesamtübersicht f; avere buona ~ gut sehen; ✝ a ~ auf Sicht; a prima ~ auf den ersten Blick; ♪ vom Blatt; in ~ di im Hinblick auf (acc.); far ~ di (inf.) so tun, als ob (conj.); perdere di ~ aus den Augen verlieren.

vistare [vis'ta:re] (1a) beglaubigen, mit Visum versehen.

visto [visto] 1. s. vedere; ~ che in Anbetracht dessen, daß; 2. m Visum n, Sichtvermerk m; Typ. Druckvermerk m, Imprimatur n.

vist|osità [vistosi'ta] f Auffälligkeit f; ~oso [-'to:so] auffallend; ansehnlich.

visuale [vizu'a:le] 1. adj. Seh...; 2. f Aussicht f.

vita [vi:ta] f Leben n; Kleidung: Taille f; -e pl. Lebensbeschreibungen f/pl.; ~ dissoluta Lotterleben n; ~ domestica häusliches Leben n;

~ *militare* Soldatenleben *n*; *a* ~ auf Lebenszeit; ⚖ lebenslänglich; *costo m della* ~ Lebenshaltungskosten *pl.*; *senza* ~ leblos.

vitaiolo [vitai'ɔ:lo] *m* Lebemann *m*, Genießer *m*.

vitalba [vi'talba] *f* Waldrebe *f*.

vit|ale [vi'ta:le] Lebens...; lebensfähig; *di importanza* ~ lebenswichtig; *questione f* ~ Lebensfrage *f*; **~alità** [-tali'ta] *f* Lebensfähigkeit *f*, Lebenskraft *f*; **~alizio** [-ta'li:tsio] (*pl.* -zi) **1.** *adj.* lebenslänglich; **2.** *m* Leibrente *f*; **~amina** [-ta'mi:na] *f* Vitamin *n*.

vite[1] [vi:te] *f* ⊕ Schraube *f*; *a* ~ schraubenförmig.

vite[2] [vi:te] *f* ♪ Weinrebe *f*.

vit|ella [vi'tel-la] *f* weibliches Kalb *n*; *Kochk.* Kalbfleisch *n*; **~ello** [-'tel-lo] *m* Kalb *n*; Kalb(s)leder *n*; *Kochk.* Kalbfleisch *n*; ~ *marino* Seekalb *n*; *fegato m di* ~ Kalbsleber *f*; **~ellone** [-tel-'lo:ne] *m* Jungochse *m*; *fig.* Nichtsnutz *m*.

vit|iccio [vi'tit-tʃo] *m* (*pl.* -cci) Rebschoß *m*; **~icoltore** [-tikol'to:re] *m* Weinbauer *m*; **~icoltura** [-tikol-'tu:ra] *f* Weinbau *m*; **~igno** [-'ti:ɲo] *m* Weinstock *m*.

vitreo [vi:treo] gläsern, glasig.

vitriol... *s. vetriol*...

vittima [vit-tima] *f* Opfer *n*; Todesopfer *n*; *Rel.* Opfertier *n*.

vitto [vit-to] *m* Beköstigung *f*; Verpflegung *f*.

vittoria [vit-'tɔ:ria] *f* Sieg *m*.

vittorioso [vit-tori'o:so] siegreich.

vitup|erare [vitupe'ra:re] (1m) schmähen; **~erevole** [-pe're:vole] schändlich; **~erio** [-'pɛ:rio] *m* (*pl.* -ri) Schmach *f*; Schmähung *f*; **~eroso** [-pe'ro:so] schmählich.

viva [vi:va] *c.* ~! hoch!; er (sie) lebe (leben) hoch!

viv|acchiare [vivak-ki'a:re] (1k) sich schlecht und recht durchschlagen; **~ace** [-'va:tʃe] lebhaft; **~acità** [-vatʃi'ta] *f* Lebhaftigkeit *f*; **~agno** [-'va:ɲo] *m* Saum *m*; Rand *m*; **~aio** [-'va:io] *m* (*pl.* -ai) Weiher *m*; ♪ Baumschule *f*; *fig.* Nest *n*, Schule *f*; **~anda** [-'vanda] *f* Speise *f*; **~andiere** [-vandi'e:re] *m* Marketender *m*; **~ente** [-'vɛnte] lebend.

vivere [vi:vere] (3zz) **1.** *v/i.* leben; **2.** *v/t.* verleben; ~ *una vita tranquilla* ein ruhiges Leben führen.

viveri [vi:veri] *m/pl.* Lebensmittel *pl.*

vivezza [vi'vet-tsa] *f* Lebendigkeit *f*.

vivido [vi:vido] lebhaft.

viv|ificare [vivifi'ka:re] (1m *u.* d) beleben; **~ificatore** [-vifika'to:re] **1.** *adj.* belebend; **2.** *m* Beleber *m*; **~isezione** [-visetsi'o:ne] *f* Vivisektion *f*.

vivo [vi:vo] **1.** *adj.* lebend; lebendig; lebhaft; *acqua f* -*a* Quellwasser *n*; *nessun'anima* -*a* keine Sterbensseele; *farsi* ~ ein Lebenszeichen von sich geben; *non si fa* ~ er läßt sich nicht sehen; **2.** *m* Lebende(r) *m*; *Anat.* lebendes Fleisch *n*; *fig. toccare qu. sul* ~ j-n an s-r empfindlichen Stelle treffen, j-n kränken; *nel* ~ *della discussione* mitten in der Debatte.

vizi|are [vitsi'a:re] (1g) verderben; *fig.* verziehen, verhätscheln; **~ato** [-'a:to] verwöhnt; verzogen; verdorben.

vizio [vi:tsio] *m* (*pl.* -zi) Laster *n*; schlechte Angewohnheit *f*; ~ *al cuore* Herzfehler *m*; ~ *organico* organisches Gebrechen *n*; ~ *ereditario* ererbtes Leiden *n*; ~ *dell'ubriachezza* Trunkenheit *f*; ~ *di forma* Formfehler *m*; *pieno di* -*i* lasterhaft.

vizi|osità [vitsiosi'ta] *f* Lasterhaftigkeit *f*; **~oso** [-tsi'o:so] lasterhaft; *circolo m* ~ Zirkelschluß *m*.

vizzo [vit-tso] welk.

vo [vo] *s. andare*.

voc|abolario [vokabo'la:rio] *m* (*pl.* -ri) Wörterbuch *n*; **~abolarista** [-kabola'rista] *su.* (*m/pl.* -i) Verfasser(in *f*) *m* e-s Wörterbuches; **~abolo** [-'ka:bolo] *m* Vokabel *f*, Wort *n*; **~ale** [-'ka:le] **1.** *adj.* Vokal-...; *concerto m* ~ Vokalkonzert *n*; **2.** *f* Vokal *m*, Selbstlaut *m*; **~alizzare** [-kalid-'dza:re] (1a) vokalisieren; **~alizzazione** [-kalid-dzatsi'o:ne] *f* Vokalisierung *f*; **~ativo** [-ka-'ti:vo] *m* Vokativ *m*; **~azione** [-katsi'o:ne] *f* Berufung *f*, Anlage *f*.

voce [vo:tʃe] *f* Stimme *f*; *fig.* Gerücht *n*; *Gram.* Wort *n*; *a viva* ~ mündlich; *ad alta* ~ laut; *a mezza* ~ mit halber Stimme; *a bassa* ~ leise; *a una* ~ einstimmig; ~ *bianca* Knabenstimme *f*; *dare sulla* ~ widersprechen; *spargere* -*i* Gerüchte machen.

V

voc|iare [vo'tʃaːre] (1f) schreien;
⁓iferare [-tʃife'raːre] (1m) munkeln; **⁓iferazione** [-tʃiferatsi'oːne]
f Gerücht n; **⁓ina** [-'tʃiːna] f Stimm-
chen n.

voga [voːga] f Rudern n; fig. Eifer
m, Begeisterung f; essere in ⁓
modern sein.

vog|are [vo'gaːre] (1e) rudern; **⁓ata**
[-'gaːta] f Ruderschlag m; Ruder-
partie f; **⁓atore** [-ga'toːre] m Ru-
derer m.

voglia [vɔʎːa] f Lust f; Muttermal
n; ⁓ di comprare Kauflust f; di
buona ⁓ gern; di mala ⁓ widerwillig; di gran ⁓ sehr gern; aver ⁓
Lust verspüren (di nach dat.).

voglio [vɔʎːo] s. volere.

voglioso [voʎ̍ʎoːso] abs. willig; lüstern (di auf acc.).

voi [voi] ihr; Sie; di ⁓ euer; a ⁓
euch; senza di ⁓ ohne euch.

vol|ano [vo'laːno] m Spiel: Feder-
ball m; ⊕ Schwungrad n; **⁓ante**
[-'lante] 1. adj. fliegend, Flug...;
pallone m ⁓ Luftballon m; foglio m
⁓ Flugblatt n; porta f ⁓ Pendeltür f;
squadra f ⁓ Überfallkommando n;
2. m Lenkrad n; Steuerrad m; Kleidung: Volant m; **⁓antino** [-an-
'tiːno] m Flugblatt n; **⁓are** [-'laːre]
(1a) fliegen; fig. eilen; **⁓ata** [-'laːta]
f Flug m; Radsport: Endspurt m;
⁓atile [-'laːtile] 1. adj. flüchtig;
2. m (mst. -i pl.) Geflügel n; **⁓atilità**
[-latili'ta] f Flüchtigkeit f;
⁓atilizzare [-latilid-'dzaːre] (1a)
verflüchtigen; **⁓atilizzazione** [-la-
tilid-dzatsi'oːne] f Verflüchtigung f.

volent|eroso [volente'roːso] bereit-
willig; **⁓ieri** [-ti'eːri] gern(e).

volere [vo'leːre] 1. v/t. u. v/i. (2t)
wollen; belieben; ⁓ dire bedeuten;
⁓ bene a qu. j-n liebhaben; volerci
nötig sein; ci vogliono dieci mesi
dazu sind m Monate nötig; ci
vuol altro! so einfach (schnell) geht
es nicht!; se vogliamo eigentlich;
senza ⁓ unabsichtlich; 2. m Wille m.

volg|are [vol'gaːre] 1. adj. gewöhn-
lich; c.s. gemein; ordinär; lingua f
⁓ Volkssprache f; 2. m Italienisch n
(Ggs. Lateinisch); **⁓arità** [-gari'ta]
f Gemeinheit f; **⁓arizzamento**
[-garid-dza'mento] m Übersetzung
f; Popularisierung f; **⁓arizzare**
[-garid-'dzaːre] (1a) ins Italienische
übersetzen; popularisieren.

volgente [vol'dʒɛnte] laufend.

volgere [vɔldʒere] (3d) 1. v/t. wenden; ⁓ in ridicolo ins Lächerliche
ziehen; 2. v/i. neigen; il tempo
volge al brutto das Wetter ver-
schlechtert sich; ⁓ al peggio eine
böse Wendung nehmen; 3. m Verlauf m.

volgo [volgo] m (pl. -ghi) Volk n;
c.s. Pöbel m.

voliera [voli'eːra] f Vogelhaus n,
Voliere f.

voli|tivo [voli'tiːvo] wollend; Wil-
lens...; forza f -a Willenskraft f;
⁓zione [-litsi'oːne] f Willensakt m.

volli [vol-li] s. volere.

volo [voːlo] m Flug m; di ⁓ flüchtig;
flugs; im Fluge; prendere il ⁓
davonfliegen; a ⁓ d'uccello aus der
Vogelperspektive; a ⁓ cieco Blind-
flug m; ⁓ circolare Rundflug m; ⁓
a grande distanza Langstreckenflug
m; ⁓ di resistenza Dauerflug m;
⁓ di ritorno Rückflug m; ⁓ senza
scalo intermedio Nonstopflug m;
⁓ a vela Segelflug m.

volon|tà [volon'ta] f Wille m; a ⁓
nach Belieben; mancanza f di
buona ⁓ Mangel m an gutem Willen; essere pieno di buona ⁓ voll
guten Willens sein; contro ⁓ wider
Willen; senza ⁓ willenlos; **⁓tariato**
[-tari'aːto] m Volontariat n, frei-
williger Dienst m; **⁓tario** [-'taːrio]
(pl. -ri) 1. adj. freiwillig; 2. m Frei-
willige(r) m; Kriegsfreiwillige(r) m;
⁓teroso [-te'roːso] bereitwillig;
⁓tieri [-ti'eːri] gern(e).

volpacchiotto [volpak-ki'ɔt-to] m
junger Fuchs m.

volpe [volpe] f Fuchs m; Tierheilk.
Fuchsräude f; ☇ Brand m; ⁓ argentata Silberfuchs m.

volp|ino [vol'piːno] fuchsartig;
Fuchs...; **⁓one** [-'poːne] m fig. alter
Fuchs m.

volsi [volsi] s. volgere.

volt [volt] m inv. ⧸ Volt n.

volta [volta] f Wendung f; △ Gewölbe n; Mal n; qualche ⁓ manchmal; questa ⁓ diesmal; ogni ⁓ jedesmal; a mia ⁓ meinerseits; alla ⁓ di
Roma nach Rom; una ⁓ per allemal;
poco per ⁓ allmäh-
lich; una ⁓ einst; un'altra ⁓ ein
andermal; noch einmal; molte od.
spesse -e oft, oftmals; tutte le -e
jedesmal; rare -e selten; altre -e

V

ehemals; *alle* -e bisweilen; *due* -e
tre zweimal drei; *uno alla* ~ einer
nach dem andern; *è la mia* ~ die
Reihe ist an mir; *gli ha dato di* ~
il cervello er ist verrückt geworden.

volta|faccia [volta'fat-tʃa] *m inv.*
plötzlicher Meinungswechsel *m*;
Wetterfahne *f (fig.)*; **~fieno** [-'fiɛ:-
no] *m inv.* Heuwender *m*; **~fogli**
[-'fɔ:ʎi] *m inv.* Blattwender *m*;
Typ. Bogenausleger *m*; **~gabbana**
[-gab-'ba:na] *m u. f fig.* Wetterfahne *f.*

volt|aggio [vol'tad-dʒo] *m (pl. -ggi)*
Voltzahl *f*; *⚡ Spannung *f*; **~aico**
[-'ta:iko] *(pl. -ci)* voltaisch; *arco m*
~ Lichtbogen *m*; **~ametro** [-'ta:-
metro] *m* Voltameter *f.*

volt|are [vol'ta:re] (1c) **1.** *v/t.* wen-
den; herumdrehen; *Seite* umblät-
tern; ~ *le spalle a qu.* j-m den
Rücken kehren; **2.** *v/i.* biegen, abbiegen; **~arsi** [-'tarsi] sich drehen,
sich wenden.

voltastomaco [volta'stɔ:mako] *m*
(pl. -chi) Übelkeit *f*; *fig.* ekelhafte
Sache *f.*

volt|ata [vol'ta:ta] *f* Wendung *f*;
Straßenecke *f*; Biegung *f* des Weges; **~eggiare** [-ted-'dʒa:re] (1f)
voltigieren; **~eggiatore** [-ted-dʒa-
'to:re] *m* Voltigeur *m*; Kunstsprin-
ger *m*; **~eggio** [-'ted-dʒo] *m (pl.
-ggi)* Voltigieren *n.*

voltimetro [vol'ti:metro] *m s.* voltametro.

volto[1] [volto] *m* Gesicht *n.*

volto[2] [volto] *s.* volgere.

volt|olare [volto'la:re] (11 *u.* c)
wälzen; **~ura** [-'tu:ra] *f ⚡ Übertragung *f*; Überschreibung *f*; **~u-
rare** [-tu'ra:re] (1a) übereignen;
überschreiben.

vol|ubile [vo'lu:bile] unbeständig;
flatterhaft; **~ubilità** [-lubili'ta] *f*
Unbeständigkeit *f*; Flatterhaftig-
keit *f.*

vol|ume [vo'lu:me] *m* Umfang *m*;
📖 Band *m*; ⚗ Inhalt *m*; *Radio:*
Lautstärke *f*; **~uminoso** [-lumi-
'no:so] umfangreich; platzraubend.

voluta [vo'lu:ta] *f* Windung *f*; △
Volute *f.*

volut|tà [volut-'ta] *f* Wollust *f*; Ge-
nuß *m*; **~tuario** [-tu'a:rio] *(pl. -ri)*
Genuß...; *articoli m/pl. -ri* Genuß-
mittel *n/pl.*; **~tuoso** [-tu'o:so]
wollüstig.

vomere [vɔ:mere] *m* Pflugschar *f.*

vomico [vɔ:miko] *(pl. -ci)* Brechen
erregend; Brech...; *noce f -a* Brechnuß *f.*

vomit|are [vomi'ta:re] (11 *u.* c) **1.**
v/i. sich erbrechen; **2.** *v/t.* ausbrechen; *Feuer* speien; *Schmähungen* ausstoßen; *Meer:* auswerfen.

vomito [vɔ:mito] *m* Erbrechen *n.*

vongola [vɔŋgola] *f Kochk.* Muschel *f.*

vor|ace [vo'ra:tʃe] gefräßig; **~acità**
[-ratʃi'ta] *f* Gefräßigkeit *f.*

voragine [vo'ra:dʒine] *f* Schlund *m.*

vorrò [vor-'rɔ] *s.* volere.

vortice [vɔrtitʃe] *m* Wirbel *m*,
Strudel *m.*

vorticoso [vorti'ko:so] wirbelhaft.

vossignoria [vos-siɲo'ri:a] Ew.
Wohlgeboren, Ew. Gnaden; ~ *reverendissima* Ew. Hochwürden.

vostro [vɔstro] **1.** *adj. u. pron.* euer;
il ~ *maestro* euer Lehrer; *i -i amici*
eure Freunde; *questi libri sono -i*
diese Bücher gehören euch; *ho
ricevuto la -a (lettera) del cinque
marzo* ich habe euren Brief vom
fünften März erhalten; **2.** *m*
Eurige(s) *n.*

votaggine [vo'tad-dʒine] *f s.* vuo-
taggine.

votante [vo'tante] *su.* Stimmende(r)
m.

votare[1] [vo'ta:re] (1o) *s.* vuotare.

vot|are[2] [vo'ta:re] (1a) **1.** *v/t.* wid-
men; *Pol.* wählen; *Gesetz* anneh-
men; **2.** *v/i.* (ab)stimmen; *Pol.*
wählen; **~arsi** [-'tarsi] sich weihen;
~azione [-tatsi'o:ne] *f* Abstimmung *f*; **~ivo** [-'ti:vo] Votiv...

voto [vo:to] *m* Gelübde *n*; *fig.*
Wunsch *m*; *Pol.* Stimme *f*; Stimm-
recht *n*; *Schule:* Zensur *f*; *maggioranza f di -i* Stimmenmehrheit *f*;
unanimità f di -i Stimmeneinheit *f*;
far -i wünschen; *a pieni -i* mit
der Höchstpunktzahl; *mettere qc.
ai -i* abstimmen lassen über et.
(acc.).

vulc|anico [vul'ka:niko] *(pl. -ci)*
vulkanisch; **~anismo** [-ka'nizmo]
m Vulkanismus *m*; **~anizzare**
[-kanid-'dza:re] (1a) vulkanisieren;
~anizzatore [-kanid-dza'to:re] *m*
Vulkaniseur *m*; **~anizzazione** [-ka-
nid-dzatsi'o:ne] *f* Vulkanisierung *f*;
~ano [-'ka:no] *m* Vulkan *m.*

vulner|abile [vulne'ra:bile] ver-
wundbar; **~abilità** [-rabili'ta] *f*
Verwundbarkeit *f*; **~are** [-'ra:re]
(1l) verwunden; **~aria** [-'ra:ria] *f*
Wundkraut *n*; **~ario** [-'ra:rio]
(*pl.* -ri) Wund...; *unguento m* ~
Wundsalbe *f*.
vulva [vulva] *f* weibliche Scham
f.
vuole [vu'ɔ:le] *s. volere*.

vuot|aggine [vuo'tad-dʒine] *f* Leere
f; Gedankenleere *f*; **~are** [-'ta:re]
(1c) leeren; ausleeren; **~arsi** [-'tar-
si] leer werden; **~atura** [-ta'tu:ra] *f*
Ausleerung *f*.
vuoto [vu'ɔ:to] **1.** *adj.* leer; **2.** *m*
Leere *f*; ~ *d'aria* Luftloch *n*; ~ *di
cassa* Defizit *n*; Unterschlagung *f*;
andare a ~ fehlgehen; *marcia f a* ~
Leerlauf *m*.

W

W, w [vu dop-pio] *m u. f* W, w
n.
wafer [va:fer] *m* Waffel *f*.
watt|ometro [vat-'tɔ:metro] *m*

Wattmeter *n*; **~ora** [-'tɔ:ra] *f* Watt-
stunde *f*.
welter [velter]: *peso m* ~ Welterge-
wicht *n*.

X

X, x [iks] *f u. m* X, x *n*; *raggi m/pl.* x
X-Strahlen *m/pl.*, Röntgenstrahlen
m/pl.
xen|ofilia [ksenofi'li:a] *f* Fremden-
freundlichkeit *f*; **~ofilo** [-'nɔ:filo]
fremdenfreundlich; **~ofobia** [-no-

fo'bi:a] *f* Fremdenfeindlichkeit *f*;
~ofobo [-'nɔ:fobo] fremdenfeind-
lich.
xilofono [ksi'lɔ:fono] *m* Xylophon *n*.
xilografia [ksilogra'fi:a] *f s. silografia*.

Y

Y, y [i:psilon] *f u. m* Y, y *n*.
yacht [jɔt] *m inv.* Jacht *f*.
yoga [jɔ:ga] *m inv.* Joga *m*.

yogurt [jɔ:gurt] *m inv.* Joghurt *m*
u. n.
yole [jɔ:le] *f inv.* Jolle *f*.

Z

Z, z [dzeːta] *f u. m* Z, z *n*.

zabaione [dzabaiˈoːne] *m Art warmer* Eierpunsch *m*; Eierkognak *m*.

zacchera [tsakˈkera] *f* Spritzfleck *m*.

zaffare [tsafˈfaːre] (1a) zuspunden.

zafferano [dzafˈfeˈraːno] *m* Safran *m*.

zaffiro [dzafˈfiːro] *m* Saphir *m*.

zaffo [tsafˈfo] *m* Zapfen *m*; Spund *m*; ✻ Tampon *m*.

zagara [dzaˈgara] *f* Orangenblüte *f*.

zaino [dzaˈino] *m* Rucksack *m*; Tornister *m*; Schulranzen *m*.

zampa [tsampa] *f* Fuß *m* (*der Tiere*); (*a. fig.*) Pfote *f*; Tatze *f*; -e *pl. di gallina* Krähenfüße *m/pl.* (*um die Augen*).

zamp|ata [tsamˈpaːta] *f* Pfotenhieb *m*; Tatzenhieb *m*; **⹀ettare** [-petˈtaːre] (1a) trippeln.

zamp|illare [tsampilˈlaːre] (1a) hervorsprudeln; *Blut:* herausspritzen; **⹀illo** [-ˈpilˈlo] *m* feiner Strahl *m*.

zampino [tsamˈpiːno] *m* Pfötchen *n*; *mettere lo ⹀* sich einmischen.

zampirone [tsampiˈroːne] *m* Räucherkerze *f* (*zur Mückenbekämpfung*).

zampogna [tsamˈpoːɲa] *f* Schalmei *f*; Dudelsack *m*.

zampone [tsamˈpoːne] *m* gefüllter Schweinsfuß *m*.

zanna [tsan-na] *f* Hauer *m*; -e *pl. allg.* Zähne *m/pl.*

zanz|ara [dzanˈdzaːra] *f* Mücke (Stechmücke) *f*; **⹀ariera** [-dzariˈɛːra] *f* Mückennetz *n*.

zappa [tsap-pa] *f* Hacke *f*; *darsi la ⹀ sui piedi* sich ins eigene Fleisch schneiden.

zapp|are [tsapˈpaːre] (1a) hacken; **⹀ata** [-ˈpaːta] *f* Hieb *m* mit der Hacke; **⹀aterra** [-paˈter-ra] *m inv.* Erdarbeiter *m*; *fig.* Bauer *m*, Tölpel *m*; **⹀atore** [-paˈtoːre] *m* Erdarbeiter *m*; **⹀atura** [-paˈtuːra] *f* Umhacken *n*; **⹀one** [-ˈpoːne] *m* Karst *m*.

zar [tsar] *m* Zar *m*; **⹀ina** [-ˈriːna] *f* Zarin *f*; **⹀ista** [-ˈrista] **1.** *adj.* zaristisch; **2.** *su.* (*m/pl.* -i) Zarist(in *f*)

m; **⹀istico** [-ˈristiko] (*pl.* -ci) zaristisch.

zattera [tsatˈtera] *f* Floß *n*.

zavorra [dzaˈvɔr-ra] *f* Ballast *m*.

zazzera [tsatˈtsera] *f* Mähne *f*.

zebra [dzeˈbra] *f* Zebra *n*.

zebrato [dzeˈbraːto] gestreift; *passaggio m ⹀* Zebrastreifen *m*.

zecca¹ [tsekˈka] *f* (*pl.* -cche) *Zool.* Zecke *f*.

zecca² [tsekˈka] *f* (*pl.* -cche) Münzprägestelle *f*, Münze *f*; *nuovo di ⹀* funkelnagelneu.

zecchino [tsekˈkiːno] *m* Zechine *f*.

zeffiro [dzefˈfiːro] *m* Zephir *m*.

zel|ante [dzeˈlante] eifrig; diensteifrig; **⹀atore** [-laˈtoːre] *m* Eiferer)

zelo [dzeːlo] *m* Eifer *m*.   [*m.*∫

zenit [dzeːnit] *m* Zenit *m*.

zenzero [dzendzero] *m* Ingwer *m*.

zeppa [tsep-pa] *f* Keil *m*; *fig.* Flickwort *n*; *mettere una ⹀ a qc.* et. ausflicken.

zeppo [tsep-po]: *pieno ⹀* vollgepfropft, gesteckt voll.

zerbino¹ [dzerˈbiːno] *m* Fußmatte *f*, Fußabtreter *m*.

zerb|ino² [dzerˈbiːno], **⹀inotto** [-biˈnɔt-to] *m* Stutzer *m*, Geck *m*.

zero [dzeːro] *m* Null *f*; *fig.* nichts.

zeta [dzeːta] *f* Z *n*.

zia [tsiːa] *f* Tante *f*.

zibaldone [dzibalˈdoːne] *m* Sammelsurium *n*.

zibellino [dzibel-ˈliːno] *m* Zobel *m*.

zibetto [dziˈbet-to] *m* Zibet *m*; Zibetkatze *f*.

zibibbo [dziˈbib-bo] *m* Rosine *f*.

zigolo [dziˈgolo] *m* Ammer *f*.

zigomo [dziˈgomo] *m* Jochbein *n*.

zigzag [dzigˈzag] *m* Zickzack *m*.

zimbello [tsimˈbɛl-lo] *m* Lockvogel *m*; *fig.* Spottvogel *m*; Zielscheibe *f* des Spottes.

zincare [dziŋˈkaːre] (1d) verzinken.

zinco [dziŋko] *m* Zink *n*; *lamiera f di ⹀* Zinkblech *n*; *minerale m di ⹀* Zinkerz *n*.

zinco|grafia [dziŋkograˈfiːa] *f* Zinkdruck *m*; **⹀tipia** [-tiˈpiːa] *f* Zinkätzung *f*.

zingaresco [tsiŋga'resko] (*pl.* -*chi*)
zigeunerhaft.

zingaro [tsiŋgaro] *m* Zigeuner *m*.

zinnia [dzin-nia] *f* Zinnie *f*.

zio [tsi:o] *m* Onkel *m*.

zipolo [tsi:polo] *m* Faßzapfen *m*.

zirlare [tsir'la:re] (1a) piepen.

zirlo [tsirlo] *m* Piepen *n*.

zit|ella [tsi'tel-la] *f* Jungfer *f*;
~ellona [-tel-'lo:na] *f* alte Jungfer *f*.

zitt|io [tsit-'ti:o] *m* Gezische *n*; **~ire**
[-'ti:re] (4d) **1.** *v/t.* auszischen; **2.**
v/i. zischen; *non* ~ nicht mucken; **3.** *m* Gezisch(e) *n*.

zitto [tsit-to] still; *sta* ~! sei still!

zoccolaio [tsok-ko'la:io] *m* (*pl.* -*ai*)
Holzschuhmacher *m*.

zoccolo [tsok-kolo] *m* Holzschuh *m*;
Holzpantoffel *f*; *Zool.* Huf *m*; △
Sockel *m*.

zodiacale [dzodia'ka:le] Zodiakal...;
segni ~ *pl.* -*i* Tierkreiszeichen *n/pl.*

zodiaco [dzo'di:ako] *m* Tierkreis *m*.

zolfanello [tsolfa'nel-lo] *m* Zündhölzchen *n*.

zolfo [tsolfo] *m* Schwefel *m*.

zolla [dzol-la] *f* Scholle *f* (*Erd-
scholle*) *f*.

zolletta [dzol-'let-ta] *f* Würfelchen *n*
(*Zucker*).

zona [dzɔ:na] *f* Zone *f*; Gebiets-
abschnitt *m*; ✠ Gürtelrose *f*; ~ *de-
pressa* Notstandsgebiet *n*; ~ *monetaria* Währungsbereich *m*; ~ *occidentale* Westzone *f*; ~ *orientale*
Ostzone *f*; ~ *di libero scambio*
Freihandelszone *f*; ~ *di guerra*
Kriegsgebiet *n*; ~ *di alta pressione*
Hochdruckgebiet *n*; ~ *di sbarramento* Sperrzone *f*; ~ *di attraversa-
mento* Übergangsstelle *f* für Fuß-
gänger.

zonale [dzo'na:le] zonal, Zonen...

zonzo [dzondzo]: *andare a* ~ herum-
bummeln.

zoo [dzo:o] *m inv.* Zoologischer
Garten *m*, Zoo *m*.

zoo|ofilo [dzo'ɔ:filo] tierfreundlich;
società f -*a* Tierschutzverein *m*;
~ofito [-o'fi:to] *m* Pflanzentier *n*.

zoo|iatria [dzooia'tri:a] *f* Tierheil-
kunde *f*; **~logia** [-lo'dʒi:a] *f* Zoolo-
gie *f*, Tierkunde *f*; **~logico**
[-'lɔ:dʒiko] (*pl.* -*ci*) zoologisch.

zoologo [dzo'ɔ:logo] *m* (*pl.* -*gi*)
Zoologe *m*.

zoo|tecnia [dzootek'ni:a] *f* Vieh-
zucht *f*; **~tecnico** [-'tɛkniko] (*pl.*

-*ci*) **1.** *adj.* Viehzucht...; *patrimonio
m* ~ Viehbestand *m*; **2.** *m* Viehzüch-
ter *m*.

zopp|aggine [tsop-'pad-dʒine] *f*
Lahmheit *f*; **~icante** [-pi'kante]
hinkend; **~icare** [-pi'ka:re] (1l, c
u. d) hinken; *Möbel:* wackeln;
~iconi [-pi'ko:ni] hinkend, hum-
pelnd; *andare* ~ hinken.

zoppo [tsɔp-po] lahm, hinkend;
Möbel: wack(e)lig.

zoticaggine [dzoti'kad-dʒine] *f*
Plumpheit *f*; Ungeschliffenheit *f*.

zotico [dzɔ:tiko] (*pl.* -*ci*) grob,
flegelhaft.

zoticone [dzoti'ko:ne] *m* Grobian *m*.

zuava [dzu'a:va] *f*: *calzoni m/pl.
alla* ~ Knickerbocker *m/pl.*

zuavo [dzu'a:vo] *m* Zuave *m*.

zucca [tsuk-ka] *f* (*pl.* -*cche*) Kürbis
m; *fig.* Schädel *m*.

zucchero [tsuk-kero] *m* (1l)
zuckern; *fig.* versüßen; **~iera**
[-ri'ɛ:ra] *f* Zuckerdose *f*; **~iero**
[-ri'ɛ:ro] *m* Zucker...; *industria f* -*a*
Zuckerindustrie *f*; **~ificio** [-ri-
'fi:tʃo] *m* (*pl.* -*ci*) Zuckerfabrik *f*;
~ino [-'ri:no] **1.** *adj.* zuckerhaltig;
sostanza f -*a* Zuckerstoff *m*; *contenuto* ~ Zuckergehalt *m*; **2.** *m*
Zuckerwerk *n*; Bonbon *m u. n*; *fig.*
Kleinigkeit *f*.

zucchero [tsuk-kero] *m* Zucker *m*;
~ *a velo* Puderzucker *m*; ~ *in polvere*
Staubzucker *m*; ~ *in zollette* Wür-
felzucker *m*.

zuccheroso [tsuk-ke'ro:so] zuckerhaltig.

zucchino [tsuk-'ki:no] *m* Art Gurke
f (*als Gemüse gekocht*). [kopf *m*.]

zuccone [tsuk-'ko:ne] *m* Dumm-

zuffa [tsuf-fa] *f* Schlägerei *f*.

zufolare [tsufo'la:re] (1l) pfeifen.

zufolo [tsu:folo] *m* Pfeife *f*.

zuppa [tsup-pa] *f* Suppe *f*; ~ *di
fagioli* Bohnensuppe *f*; ~ *di verdura*
Gemüsesuppe *f*; ~ *alla marinara
od. di pesce* Fischsuppe *f*; ~ *inglese* Art Süßspeise *f*; *fare la* ~
nel vino Brotschnitte (*od. Zwieback*)
in den Wein eintunken; *se non è*
~ *è pan bagnato* es ist gehupft wie
gesprungen.

zuppiera [tsup-pi'ɛ:ra] *f* Suppen-
schüssel *f*.

zuppo [tsup-po] durchgeweicht.

zurighese [dzuri'ge:se] *m* Züricher
m.

Italienische Eigennamen
Nomi propri italiani

A

Abèle *m* Abel.
Abissinia *f* Abessinien *n*.
Abruzzi *m/pl.*, **Abruzzo** *m* Abruzzen *pl.*
Achille *m* Achilles.
Adamo *m* Adam.
Adèle *f* Adele.
Àdige *m* Etsch *f*.
Adóne *m* Adonis.
Adriano *m* Adrian.
Adriàtico *m* Adria *f*, Adriatisches Meer *n*.
Àfrica *f* Afrika *n*.
Àgata *f* Agathe.
Agnése *f* Agnes.
Agostino *m* Augustin.
Aidelbèrga *f* Heidelberg *n*.
Alasca *f* Alaska *n*.
Albanìa *f* Albanien *n*.
Albèrto *m* Albert.
Alessandro *m* Alexander.
Alfònso *m* Alfons.
Alfrédo *m* Alfred.
Algèri *f* Algier *n*.
Algeria *f* Algerien *n*.
Alpi *f/pl.* Alpen *pl.*
Alsazia *f* Elsaß *n*.
Alto Àdige *m* Oberetschland *n*, Südtirol *n*.
Amalia *f* Amalie.
Ambrògio *m* Ambrosius.
Amburgo *m* Hamburg *n*.
Amedèo *m* Amadeus.
Amèlia *f* Amelie.
Amèrica *f* Amerika *n*.
Amìlcare *m* Hamilkar.
Amléto *m* Hamlet.
Àmsterdam *f* Amsterdam *n*.
Andalusìa *f* Andalusien *n*.
Ande *f/pl.* Anden *pl.*
Andrèa *m* Andreas.
Àngela *f* Angela.
Angèlica *f* Angelika.
Àngelo *m* Angelo.
Annibale *m* Hannibal.
Annòver *f* Hannover *n*.
Ansa *f* Hanse *f*.
Ansèlmo *m* Anselm.
Antàrtide *f* Antarktis *f*.
Antille *f/pl.* Antillen *pl.*

Antònia *f* Antonie.
Antònio *m* Anton.
Anvèrsa *f* Antwerpen *n*.
Aòsta *f* Aosta *n*.
Appennini *m/pl.*, **Appennino** *m* Apennin *m*.
Apulia *f* Apulien *n*.
Aquisgrana *f* Aachen *n*.
Arabia *f* Arabien *n*.
Arcadia *f* Arkadien *n*.
Argentina *f* Argentinien *n*.
Argòvia *f* Aargau *m*.
Arianna *f* Ariadne.
Aristòtele *m* Aristoteles.
Àrtide *f* Arktis *f*.
Arturo *m* Art(h)ur.
Asburgo *m* Habsburg *n*.
Asia *f* Asien *n*.
Assia *f* Hessen *n*.
Assiria *f* Assyrien *n*.
Atène *f* Athen *n*.
Attilio *m* Attilius.
Augusta *f* Augsburg *n*.
Augusto *m* August.
Aurèlio *m* Aurelius.
Australia *f* Australien *n*.
Àustria *f* Österreich *n*.
Avignóne *f* Avignon *n*.
Azzòrre *f/pl.* Azoren *pl.*

B

Babilònia *f* Babylon *n*.
Bacco *m* Bacchus.
Balcani *m/pl.* Balkan *m*.
Baldovino *m* Balduin.
Baleari *f/pl.* Balearen *pl.*
Bambèrga *f* Bamberg *n*.
Barcellóna *f* Barcelona *n*.
Bàrnaba *m* Barnabas.
Bartolomèo *m* Bartholomäus.
Basilèa *f* Basel *n*.
Basilio *m* Basilius.
Battista *m* Baptist.
Bavièra *f* Bayern *n*.
Beata *f* Beate.
Beatrice *f* Beatrice, Beatrix.
Bèlgio *m* Belgien *n*.
Belgrado *f* Belgrad *n*.
Benedétta *f* Benedikta.
Benedétto *m* Benedikt.
Bengala *m* Bengalen *n*.

Beniamino *m* Benjamin.
Bèppe *m* Joseph.
Bèrgamo *f* Bergamo *n*.
Berlino *f* Berlin *n*.
Bèrna *f* Bern *n*.
Bernardo *m* Bernhard.
Bernina *f* Bernina *m u. f.*
Bèrta *f* Bert(h)a.
Bertòldo *m* Berthold.
Betlèmme *f* Bethlehem *n*.
Biagio *m* Blasius.
Bianca *f* Blanka.
Bisanzio *f* Byzanz *n*.
Biscaglia *f* Biskaya *f*.
Boèmia *f* Böhmen *n*.
Bolivia *f* Bolivien *n*.
Bológna *f* Bologna *n*.
Bolzano *f* Bozen *n*.
Bonifacio *m* Bonifaz.
Borgógna *f* Burgund *n*.
Bòsforo *m* Bosporus *m*.
Bòsnia *f* Bosnien *n*.
Brandeburgo *m* Brandenburg *n*.
Brasile *m* Brasilien *n*.
Brasilia *f* Brasilia *n*.
Bratislava *f* Preßburg *n*.
Brèma *f* Bremen *n*.
Brènnero *m* Brenner *m*.
Breslavia *f* Breslau *n*.
Bressanóne *f* Brixen *n*.
Bretagna *f* Bretagne *f*.
Brisgòvia *f* Breisgau *m*.
Brunico *f* Bruneck *n*.
Brunswick *f* Braunschweig *n*.
Bùcarest *f* Bukarest *n*.
Bùdapest *f* Budapest *n*.
Bulgaria *f* Bulgarien *n*.

C

Càdice *f* Cádiz *n*.
Càiro *m* Kairo *n*.
Calabria *f* Kalabrien *n*.
Califòrnia *f* Kalifornien *n*.
Camillo *m* Kamillo.
Campania *f* Kampanien *n*.
Campidòglio *m* Kapitol *n*.
Canadà *m* Kanada *n*.
Canarie *f/pl.* Kanarische Inseln *f/pl.*
Capri *f* Capri *n*.
Carinzia *f* Kärnten *n*.
Carla *f* Karla.
Carlo *m* Karl.
Carolina *f* Karoline.
Carso *m* Karst *m*.
Cartàgine *f* Karthago *n*.
Castiglia *f* Kastilien *n*.

Catalógna *f* Katalonien *n*.
Caterina *f* Katharina.
Càucaso *m* Kaukasus *m*.
Cécco *m* Franz.
Cecilia *f* Cäcilie.
Cecoslovacchia *f* Tschechoslowakei *f*.
Cenisio *m* Mont Cenis *m*.
Cervino *m* Matterhorn *n*.
Césare *m* Cäsar.
Chiara *f* Klara.
Ciceróne *m* Cicero.
Cina *f* China *n*.
Cipro *f* Zypern *n*.
Clàudia *f* Claudia.
Clemènte *m* Klemens.
Coblènza *f* Koblenz *n*.
Coburgo *f* Koburg *n*.
Colómbia *f* Kolumbien *n*.
Colómbo *m* Kolumbus.
Colònia *f* Köln *n*.
Colossèo *m* Kolosseum *n*.
Copenaghen *f* Kopenhagen *n*.
Corfù *f* Korfu *n*.
Corrado *m* Konrad.
Còrsica *f* Korsika *n*.
Crèso *m* Krösus.
Crèta *f* Kreta *n*.
Cristina *f* Christine.
Cristòforo *m* Christoph.
Croazia *f* Kroatien *n*.
Cuba *f* Kuba *n*.

D

Dalmazia *f* Dalmatien *n*.
Danièle *m* Daniel.
Danimarca *f* Dänemark *n*.
Danubio *m* Donau *f*.
Dànzica *f* Danzig *n*.
Dàvide *m* David.
Dino *m* Dino.
Dobbiaco *f* Toblach *n*.
Dolomiti *f/pl.* Dolomiten *pl.*
Doménico *m* Dominik.
Donato *m* Donatus.
Dorotèa *f* Dorothea.
Drava *f* Drau *f*.
Drèsda *f* Dresden *n*.

E

Edmóndo *m* Edmund.
Edoardo *m* Eduard.
Edvige *f* Hedwig.
Egèo *m* Ägäis *f*.
Egitto *m* Ägypten *n*.
Èlba *f* Elba *n*.
Èlena *f* Helene.

Elisabètta f Elisabeth.
Elvèzia f Helvetien n.
Elvira f Elvira.
Emanuèle m Emanuel.
Emilio m Emil.
Engadina f Engadin n.
Enrica f Henriette.
Enrico m Heinrich.
Eòlie f/pl. Liparische Inseln f/pl.
Eritrèa f Eritrea n.
Erminia f Hermine.
Ernèsto m Ernst.
Esquilino m Esquilin m.
Estònia f Estland n.
Etiòpia f Äthiopien n.
Ètna m Ätna m.
Etruria f Etrurien n.
Èttore m Hektor.
Eugènio m Eugen.
Euròpa f Europa n.
Èva f Eva.

F

Fabio m Fabius.
Fabrizio m Fabricius.
Fausto m Faustus.
Federica f Friederike.
Federico m Friedrich.
Felice m Felix.
Felìcita f Felizitas.
Ferdinando m Ferdinand.
Fiandra f Flandern n.
Filadèlfia f Philadelphia n.
Filippo m Philipp.
Finlandia f Finnland n.
Firènze f Florenz n.
Flavia f Flavia.
Fortunato m Fortunatus.
Francésco m Franziskus.
Francia f Frankreich n.
Franco m Franz.
Francofòrte f Frankfurt n.
Fribèrga f Freiberg n.
Friburgo f Freiburg n.
Frisia f Friesland n.
Frisinga f Freising n.
Friùli m Friaul n.
Fulvia f Fulvia.

G

Gabrièle m Gabriel.
Gabrièlla f Gabriele.
Gaetano m Kajetan.
Galilèa f Galiläa n.
Gallia f Gallien n.
Gardèna f Gröden n.

Gàspare m Kaspar.
Gennaro m Januarius.
Gènova f Genua n.
Germania f Deutschland n.
Gertrude f Gertrud.
Gerusalèmme f Jerusalem n.
Gesù m Jesus.
Gherardo m Gerhard.
Giacòbbe m Jakob.
Giàcomo m Jakob.
Gianìcolo m Janikulus m.
Gianni m Hans.
Giappóne m Japan n.
Gibiltèrra f Gibraltar n.
Gigi m Luis.
Ginévra f Genf n.
Gino m Luis.
Gioacchino m Joachim.
Giordania f Jordanien n.
Giordano m Jordan m.
Giórgio m Georg.
Giovanna f Johanna.
Giovanni m Johann.
Giòve m Jupiter.
Giuda m Judas.
Giulia f Julia.
Giuliana f Juliane.
Guiliétta f Julchen.
Giulio m Julius.
Giusèppe m Joseph.
Giuseppina f Josephine.
Giustina f Justine.
Giusto m Justus.
Gorizia f Görz n.
Gottinga f Göttingen n.
Gran Bretagna f Großbritannien n.
Grècia f Griechenland n.
Gregòrio m Gregor.
Grigióni m/pl. Graubünden n.
Groenlandia f Grönland n.
Guglielmina f Wilhelmine.
Guglièlmo m Wilhelm.
Guido m Guido.
Gustavo m Gustav.

I

Ibèria f Iberien n.
Igino m Hyginus.
Ignazio m Ignaz.
Ilaria f Hilaria.
Ilario m Hilarius.
India f Indien n.
Indonèsia f Indonesien n.
Inghiltèrra f England n.
Iolanda f Iolanthe.
Ippòlito m Hippolyt.

Irène f Irene.
Irlanda f Irland n.
Isarco m Eisack n.
Isidòro m Isidor.
Islanda f Island n.
Isònzo m Isonzo m.
Istria f Istrien n.
Italia f Italien n.
Iugoslavia f Jugoslawien n.

L

Lago m di Còmo Comer See m.
Lago m di Costanza Bodensee m.
Lago m di Garda Gardasee m.
Lago m di Ginévra Genfer See m.
Lago m di Lugano Luganer See m.
Lago m Maggióre Lago Maggiore m.
Lago m dei Quattro Cantóni Vierwaldstätter See m.
Lago m Trasimèno Trasimenischer See m.
L'Aia f Den Haag m.
Lazio m Latium n.
Leningrado f Leningrad n.
Leonardo m Leonhard.
Leóne m Leo.
Lettònia f Lettland n.
Lìbano m Libanon m.
Libia f Libyen n.
Liègi f Lüttich n.
Liguria f Ligurien n.
Lino m Linus.
Lióne f Lyon n.
Lìpsia f Leipzig n.
Lisbóna f Lissabon n.
Lituania f Litauen n.
Lodovico m Ludwig.
Lombardìa f Lombardei f.
Lóndra f London n.
Lorènzo m Lorenz.
Losanna f Lausanne n.
Lubècca f Lübeck n.
Lubiana f Laibach n.
Luca m Lukas.
Lucania f Lukanien n.
Lucèrna f Luzern n.
Lucìa f Luzie.
Luciana f Luciana.
Lucio m Lucius.
Luigi m Alois, Ludwig.
Luigia f Luise.
Luneburgo f Lüneburg n.
Lusazia f Lausitz f.
Lussemburgo m Luxemburg n.

M

Macedònia f Mazedonien n.
Maddalèna f Magdalena.
Madèra f Madeira n.
Madrid f Madrid n.
Magdeburgo f Magdeburg n.
Magónza f Mainz n.
Màntova f Mantua n.
Marcèllo m Marcellus.
Marche f/pl. Marken f/pl.
Marco m Markus.
Mare m Adriàtico Adriatisches Meer n, Adria f.
Mar m Bàltico Ostsee f.
Mar m Egèo Ägäisches Meer n.
Mar m Iònio Ionisches Meer n.
Mare m Mediterràneo Mittelmeer n.
Mar m Néro Schwarzes Meer n.
Mare m del Nòrd Nordsee f.
Mar m Rósso Rotes Meer n.
Mar m Tirrèno Tyrrhenisches Meer n.
Margherita f Margarete.
Maria f Maria.
Mario m Marius.
Maròcco m Marokko n.
Marsiglia f Marseille n.
Marta f Martha.
Martino m Martin.
Màssimo m Max.
Mattèo m Matthäus.
Mattìa m Matthias.
Maurizio m Moritz.
Meclemburgo m Mecklenburg n.
Mèno m Main m.
Merano f Meran n.
Mèssico m Mexiko n.
Michèle m Michael.
Milano f Mailand n.
Mònaco f München n; Monaco n.
Mónte m Bianco Montblanc m.
Mónte m Cervino Matterhorn n.
Moravia f Mähren n.
Mòsa f Maas f.
Mósca f Moskau n.
Mosè m Moses.
Mosèlla f Mosel f.

N

Napoleóne m Napoleon.
Nàpoli f Neapel n.
Neróne m Nero.
Niccolò m Nikolaus.
Nilo m Nil m.
Nino m Hans.
Norimbèrga f Nürnberg n.

Normandìa f Normandie f.
Norvègia f Norwegen n.

O

Oceània f Ozeanien n.
Olanda f Holland n.
Olimpo m Olymp m.
Omèro m Homer.
Orazio m Horaz.
Orlando m Roland.
Órsola f Ursula.
Otèllo m Othello.
Ottóne m Otto.

P

Pàdova f Padua n.
Paèsi m/pl. **Bassi** Niederlande n/pl.
Palatinato m Pfalz f.
Palatino m Palatin m.
Pàola f Paula.
Pàolo m Paul.
Parigi f Paris n.
Passavia f Passau n.
Patagònia f Patagonien n.
Pechino f Peking n.
Pèrsia f Persien n.
Perù m Peru n.
Piemónte m Piemont n.
Piètro m Peter.
Pietroburgo f Petersburg n.
Pirenèi m/pl. Pyrenäen pl.
Polònia f Polen n.
Pomerania f Pommern n.
Portogallo m Portugal n.
Posnania f Posen n.
Postumia f Adelsberg n.
Praga f Prag n.
Provenza f Provence f.
Prussia f Preußen n.

R

Raffaèle m Raphael.
Raffaèla f Raphaela.
Raimóndo m Raimund.
Ratisbóna f Regensburg n.
Rèmo m Remus.
Renania f Rheinland n.
Renata f Renate.
Renato m Renatus.
Rèno m Rhein m.
Rènzo m Lorenz.
Rèsia f Reschen n.
Rèzia f Rätien n.
Riccardo m Richard.
Robèrto m Robert.

Ròdano m Rhone f.
Ròdi f Rhodos n.
Rodòlfo m Rudolf.
Róma f Rom n.
Romanìa f Rumänien n.
Ròmolo m Romulus.
Ròsa f Rosa.
Ruggèro m Roger.
Russia f Rußland n.

S

Sabina f Sabine.
Salisburgo f Salzburg n.
Salvatóre m Salvator.
Sandra f Alexandra.
Sandro m Alexander.
Sardégna f Sardinien n.
Sassònia f Sachsen n.
Savòia f Savoyen n.
Scandinavia f Skandinavien n.
Scòzia f Schottland n.
Sebastiano m Sebastian.
Sélva f **Néra** Schwarzwald m.
Sélva f **di Turingia** Thüringer
    Wald m.
Sènna f Seine f.
Serafino m Seraphin.
Sèrbia f Serbien n.
Sèrgio m Sergius.
Sibèria f Sibirien n.
Sicilia f Sizilien n.
Silvano m Silvan(us).
Silvèstro m Silvester.
Silvia f Silvia.
Siracusa f Syrakus n.
Siria f Syrien n.
Siviglia f Sevilla n.
Slèsia f Schlesien n.
Slovacchia f Slowakei f.
Slovènia f Slowenien n.
Sofìa f Sophie.
Somalia f Somalia n.
Spagna f Spanien n.
Spàlato f Split n.
Spira f Speyer n.
Sprèa f Spree f.
Stalingrado f Stalingrad n.
Stanislao m Stanislaus.
Stati m/pl. **Uniti d'Amèrica** Ver-
    einigte Staaten m/pl. von Amerika.
Stefània f Stephanie.
Stèfano m Stephan.
Stettino m Stettin n.
Stiria f Steiermark f.
Stoccarda f Stuttgart n.
Stoccólma f Stockholm n.
Strasburgo f Straßburg n.

Suèvia f Schwaben n.
Svèzia f Schweden n.
Svìzzera f Schweiz f.

T

Tàmigi m Themse f.
Tàranto f Tarent n.
Tarvìsio f Tarvis n.
Tàuno m Taunus m.
Tàuri m/pl. Tauern pl.
Teodòra f Theodora.
Teodorìco m Theoderich.
Teodòro m Theodor.
Terèsa f Therese.
Tévere m Tiber m.
Ticino m Tessin n.
Tiròlo m Tirol n.
Tito m Titus.
Tolóne f Toulon n.
Tolósa f Toulouse n.
Tommaso m Thomas.
Tònio m Toni.
Torino f Turin n.
Toscana f Toskana f.
Trentino-Alto Àdige m Trentino-Tiroler Etschland n.
Trénto f Trient n.
Trèviri f Trier n.
Trièste f Triest n.
Tubinga f Tübingen n.
Tùllio m Tullius.
Tùnisi f Tunis n.
Tunisìa f Tunesien n.
Turchìa f Türkei f.
Turìngia f Thüringen n.

U

Ubaldo m Ewald.
Ucraìna f Ukraine f.
Ugo m Hugo.
Ulma f Ulm n.

Umbèrto m Humbert.
Umbrìa f Umbrien n.
Ungherìa f Ungarn n.
Uràli m/pl. Ural m.

V

Valentina f Valentine.
Valentino m Valentin.
Valènza f Valencia n.
Valèria f Valerie.
Valèrio m Valerius.
Valle f **d'Aòsta** Aostatal n.
Vallése m Wallis n.
Valsugana f Suganatal n.
Valtellina f Veltlin n.
Varsavia f Warschau n.
Vaticano m Vatikan m.
Vèneto m Venetien n.
Venèzia f Venedig n.
Venèzia f **Giulia** Julisches Venetien n.
Venèzia f **Tridentina** Trientinisches Venetien n.
Verònica f Veronika.
Vesùvio m Vesuv m.
Viènna f Wien n.
Villaco f Villach n.
Vincènzo m Vinzenz.
Vipitèno f Sterzing n.
Virgìlio m Vergil.
Vìstola f Weichsel f.
Vittòria f Viktoria.
Vittòrio m Viktor.
Vòlga m Wolga f.
Vòsgi m/pl. Vogesen pl.

Z

Zagabria f Zagreb n.
Zara f Zadar n.
Zita f Zita.
Zurigo f Zürich n.

Italienische Abkürzungen
Abbreviazioni italiane

Die Schreibung der italienischen Abkürzungen für Organisationen, Gesellschaften, Parteien u. ä. weist im Gebrauch der Punkte starke Schwankungen auf. Die vorliegende Zusammenstellung richtet sich nach den folgenden, von dem Italienisten Bruno Migliorini stammenden Regeln:

1. Abkürzungen, die keine phonetische Einheit bilden, werden mit Punkten geschrieben, da die Buchstaben einzeln ausgesprochen werden müssen. Beispiele: C.G.I.L. [tʃidʒii'ɛl-le], D.C. [di'tʃi], R.F.T. [er-reef-fe'ti].

2. Abkürzungen, die als eine phonetische Einheit gelesen werden können, werden dagegen ohne Punkte geschrieben. Beispiele: ACLI ['akli], ANAS ['aːnas], INAM ['iːnam].

A

a. *anno* Jahr (*Abk.* J.); *ara* Ar (*Abk.* a).

ab. *abitanti* Einwohner.

a.c. *anno corrente* laufenden Jahres (*Abk.* l.J.).

ACI *Automobile club d'Italia* Italienischer Automobilklub.

ACLI *Associazione cattolica dei lavoratori italiani* Christlicher Verband italienischer Arbeiter.

A.D. *anno domini* im Jahre des Herrn.

aff.mo *affezionatissimo* wohlgeneigt (*Briefstil*).

ag. *agente* Agent; *agenzia* Agentur; *agosto* August (*Abk.* Aug.).

AGIP *Azienda generale italiana petroli* Italienische Mineralölverwaltung.

ago. *agosto* August (*Abk.* Aug.).

ALITALIA *Linee aeree italiane* Italienische Luftverkehrslinien.

a.m. *antimeridiano* vormittags (*Abk.* vorm.).

A.M. *Aeronautica militare* Heeresluftwaffe.

ANAS *Azienda nazionale autonoma della strada* italienische Straßenaufsichtsbehörde.

ANSA *Agenzia nazionale stampa associata* italienische Presseagentur.

ant. *antimeridiano* vormittags (*Abk.* vorm.).

apr. *aprile* April (*Abk.* Apr.).

A.R. *Altezza Reale* Königliche Hoheit.

A.T. *antico testamento* Altes Testament.

AVIS *Associazione volontari italiani del sangue* Verein der freiwilligen italienischen Blutspender.

B

B. *beato* selig.

B.A. *belle arti* schöne Künste.

b.p. *buono per* Gutschein für.

B.U. *Bollettino ufficiale* Amtliches Anzeigeblatt.

C

ca *circa* ungefähr (*Abk.* ca.).

c.a. *corrente anno* laufenden Jahres (*Abk.* l.J.).

CAI *Club alpino italiano* Italienischer Alpenverein.

CAP *codice di avviamento postale* Postleitzahl.

Cav. *cavaliere* Ritter (*italienischer Ehrentitel*).

cc *centimetri cubici* Kubikzentimeter (*Abk.* ccm).

CC *carabinieri* Karabinieri.

c.c. *conto corrente* Kontokorrent.

CD *corpo diplomatico* diplomatisches Korps (*Abk.* CD).

C.E. *Consiglio d'Europa* Europarat.

CECA *Comunità europea del carbone e dell'acciaio* Europäische Gemeinschaft für Kohle und Stahl (*Abk.* EGKS).

C.E.E. *Comunità economica europea* Europäische Wirtschaftsgemeinschaft (*Abk.* EWG).

cf., cfr. *confronta* vergleiche (*Abk.* vgl.).

cg *centigrammo* Zentigramm (*Abk.* cg).

C.G.I.L. *Confederazione generale italiana del lavoro* Allgemeiner italienischer Gewerkschaftsbund.

C.ia *compagnia* Kompanie (*Abk.* Komp., Co.).

CIP *Comitato interministeriale prezzi* interministerielle Preiskommission.

CISL *Confederazione italiana sindacati lavoratori* Italienischer Arbeitergewerkschaftsbund.

CISNAL *Confederazione italiana sindacati nazionali lavoratori* Verband der nationalen italienischen Arbeitergewerkschaften.

CIT *Compagnia italiana del turismo* Italienische Reiseverkehrsgesellschaft.

cm *centimetro* Zentimeter (*Abk.* cm).

c.m. *corrente mese* laufenden Monats (*Abk.* lfd. M.).

cmc *centimetro cubo* Kubikzentimeter (*Abk.* ccm).

cmq *centimetro quadrato* Quadratzentimeter (*Abk.* qcm).

Comm. *commendatore* Komtur (*italienischer Ehrentitel*).

CONI *Comitato olimpico nazionale italiano* Nationales Italienisches Olympisches Komitee.

C.P. *casella postale* Postfach; *codice penale* Strafgesetzbuch (*Abk.* StGB).

C.R.I. *Croce rossa italiana* Italienisches Rotes Kreuz.

c.s. *come sopra* wie oben (*Abk.* w.o.).

c.ssa *contessa* Gräfin.

c.te *conte* Graf.

c.to *conto* Konto.

D

dag *decagrammo* Dekagramm (*Abk.* Dg).

dal *decalitro* Dekaliter (*Abk.* Dl).

dam *decametro* Dekameter (*Abk.* Dm).

d.c. *da capo* da capo.

d.C. *dopo Cristo* nach Christus (*Abk.* n. Chr.).

D.C. *Democrazia cristiana* Christlich-Demokratische Partei.

DD *direttissimo* Schnellzug.

dev. *devoto* ergeben (*Briefstil*).

dg *decigrammo* Dezigramm (*Abk.* dg).

dic. *dicembre* Dezember (*Abk.* [Dez.].)

dl *decilitro* Deziliter (*Abk.* dl).

dm *decimetro* Dezimeter (*Abk.* dm).

dmq *decimetro quadrato* Quadratdezimeter (*Abk.* qdm).

dom. *domenica* Sonntag.

dott. *dottore* Doktor (*Abk.* Dr.).

dott.ssa *dottoressa* Frau Doktor.

E

E *est* Osten (*Abk.* O).

ecc. *eccetera* und so weiter (*Abk.* usw.). [Exz.].)

Ecc. *Eccellenza* Exzellenz (*Abk.*)

EFTA *Associazione europea di libero scambio* Europäische Freihandelszone (*Abk.* EFTA).

egr. *egregio* sehr geehrt (*Briefstil*).

E.I. *Esercito italiano* Italienisches Heer.

ENEL *Ente nazionale per l'energia elettrica* Nationale Elektrizitätsgesellschaft.

ENI *Ente nazionale idrocarburi* Nationale Brennstoffverwaltung.

ENIT *Ente nazionale industrie turistiche* Staatliches Fremdenverkehrsamt.

E.P.T. *Ente provinciale per il turismo* Fremdenverkehrsamt der Stadt und Provinz.

es. *esempio* Beispiel.

F

fo *firmato* gezeichnet (*Abk.* gez.).

fatt. *fattura* Rechnung.

f.co *franco* frei.

feb. *febbraio* Februar (*Abk.* Febr.).

ferr. *ferrovia* Eisenbahn.

f.f. *facente funzione* in Vertretung (*Abk.* i.V., I.V.).

FF.SS. *Ferrovie dello Stato* Staatseisenbahnen.

FIAT *Fabbrica italiana automobili Torino* Italienische Automobilwerke Turin.

F.lli *fratelli* Gebrüder (*Abk.* Gebr.).

f.m. *fine mese* ultimo (*Abk.* ult.).

Fr.b. *franco belga* belgischer Franc (*Abk.* bfr).

Fr.f. *franco francese* französischer Franc (*Abk.* F, FF).

Fr.s. *franco svizzero* Schweizer Franken (*Abk.* sfr).

f.to *firmato* gezeichnet (*Abk.* gez.).

FUCI *Federazione universitaria cattolica italiana* Italienische Katholische Studentenverbindung.

G

g *grammo* Gramm (*Abk.* g).
g. *giorno* Tag. [hörde.}
G.d.F. *guardia di finanza* Zollbe-}
gen. *gennaio* Januar (*Abk.* Jan.).
giov. *giovedì* Donnerstag.
giu. *giugno* Juni.
gr *grammo* Gramm (*Abk.* g).
Gr.Uff. *Grande Ufficiale* Großoffizier (*italienischer Ehrentitel*).

H

h *ora* Stunde (*Abk.* h).
ha *ettaro* Hektar (*Abk.* ha).
hg *ettogrammo* Hektogramm (*Abk.* hg).
hl *ettolitro* Hektoliter (*Abk.* hl).
hm *ettometro* Hektometer (*Abk.* hm).

I

ib., ibid. *ibidem* ebenda (*Abk.* ebd., ib., ibd.).
IGE *imposta generale sull'entrata* Umsatzsteuer.
ill.mo *illustrissimo* hochverehrt (*Briefstil*).
INA *Istituto nazionale delle assicurazioni* Nationales Versicherungsinstitut.
INAM *Istituto nazionale per l'assicurazione contro le malattie* Nationale Krankenversicherungsanstalt.
INPS *Istituto nazionale previdenza sociale* Nationale Sozialversicherungsanstalt.
IRI *Istituto per la ricostruzione industriale* Institut für industriellen Wiederaufbau.
IVA *Imposta sul valore aggiunto* Mehrwertsteuer.

K

kg *chilogrammo* Kilogramm (*Abk.* kg).
kl *chilolitro* Kiloliter (*Abk.* kl).
km *chilometro* Kilometer (*Abk.* km).
km/h *chilometri all'ora* Kilometer je Stunde (*Abk.* km/h).
k.o. *fuori combattimento* knockout (*Abk.* k.o.).
kV *chilovolt* Kilovolt (*Abk.* kV).
kW *chilowatt* Kilowatt (*Abk.* kW).
kWh *chilowattora* Kilowattstunde (*Abk.* kWh).

L

l *litro* Liter (*Abk.* l).
LAI *Linee aeree italiane* Italienische Luftverkehrsgesellschaft.
l.c. *luogo citato* am angeführten Ort (*Abk.* a.a.O.).
L.it. *lire italiane* italienische Lire.
L.st. *lira sterlina* Pfund Sterling (*Abk.* £ Stg).
lu., lug. *luglio* Juli.
lun. *lunedì* Montag.

M

m *metro* Meter (*Abk.* m).
m. *mese* Monat.
m/ *mio* mein (*Briefstil*).
mag. *maggio* Mai.
mar. *martedì* Dienstag; *marzo* März.
march. *marchese* Marquis (*Adelstitel*).
mart. *martedì* Dienstag.
mc *metro cubo* Kubikmeter (*Abk.* cbm).
m.c. *mese corrente* laufenden Monats (*Abk.* lfd.M.).
MEC *Mercato comune europeo* Gemeinsamer Markt.
mg *milligrammo* Milligramm (*Abk.* mg).
mer., merc. *mercoledì* Mittwoch.
min. *minuto* Minute (*Abk.* min).
mitt. *mittente* Absender (*Abk.* Abs.).
ml *millilitro* Milliliter (*Abk.* ml).
mm *millimetro* Millimeter (*Abk.* mm).
M.M. *Marina militare* Kriegsmarine.
M/N *motonave* Motorschiff.
mons. *monsignore* Monsignore.
mq *metro quadrato* Quadratmeter (*Abk.* qm).
m.sa *marchesa* Marquise (*Adelstitel*).
m.se *marchese* Marquis (*Adelstitel*).
M.S.I. *Movimento sociale italiano* Italienische Sozialbewegung.
M.V. *Maria Vergine* Jungfrau Maria.

N

n. *nato* geboren (*Abk.* geb.).
N *nord* Norden (*Abk.* N).
n/ *nostro* unser (*Briefstil*).
No *numero* Nummer (*Abk.* Nr.).
NATO *Organizzazione del Trattato nord-atlantico* Nordatlantikpakt.
N.B. *nota bene* notabene (*Abk.* NB).

N.d.A. *nota dell'autore* Anmerkung des Verfassers (*Abk.* Anm.d.Verf.).

N.d.E. *nota dell'editore* Anmerkung des Verlags (*Abk.* Anm.d.Verl.).

N.d.R. *nota della redazione* Anmerkung der Redaktion (*Abk.* Anm.d. Red.).

NE *nord-est* Nordosten (*Abk.* NO).

N.H. *nobil uomo* (*Adelstitel*).

N.N. *nomen nescio* Name unbekannt (*Abk.* N.N.).

NO *nord-ovest* Nordwesten (*Abk.* NW).

nov. *novembre* November (*Abk.* Nov.).

ns. *nostro* unser (*Briefstil*).

N.T. *nuovo testamento* Neues Testament (*Abk.* N.T.).

N.U. *Nazioni unite* Vereinte Nationen; *nettezza urbana* Städtische Müllabfuhr.

O

O *ovest* Westen (*Abk.* W).

obb.mo *obbligatissimo* sehr ergeben (*Briefstil*). [neter.]

on. *onorevole* Parlamentsabgeord-

ONU *Organizzazione delle Nazioni unite* Organisation der Vereinten Nationen (*Abk.* UNO).

op.cit. *opera citata* ebenda (*Abk.* ebd.).

ott. *ottobre* Oktober (*Abk.* Okt.).

P

p. *pagina* Seite (*Abk.* S.).

par. *paragrafo* Paragraph.

p.c. *per conoscenza* zur Kenntnisnahme; *per condoglianze* herzliches Beileid.

p.c.c. *per copia conforme* für die Richtigkeit der Abschrift.

P.C.I. *Partito comunista italiano* Kommunistische Partei Italiens.

P.D.C. *Partito democratico cristiano* Christlich-Demokratische Partei.

p.e., p.es. *per esempio* zum Beispiel (*Abk.* z.B.).

p.f. *per favore* bitte.

P.L.I. *Partito liberale italiano* Liberale Partei Italiens.

p.m. *pomeridiano* nachmittags (*Abk.* p.m.).

P.M.P. *Partito monarchico popolare* Monarchistische Volkspartei.

PP. *porto pagato* Porto bezahlt.

p.p. *per procura* in Vollmacht (*Abk.* i.V.); *pacco postale* Postpaket.

ppa. *per procura* in Vollmacht.

PP.TT. *poste e telecomunicazioni* Post und Fernmeldewesen.

p.r. *per ringraziamento* zum Ausdruck des Dankes.

preg.mo *pregiatissimo* sehr geehrt (*Briefstil*).

P.R.I. *Partito repubblicano italiano* Republikanische Partei Italiens.

prof. *professore* Professor (*Abk.* Prof.).

P.S. *pubblica sicurezza* Polizei; *post scriptum* Nachschrift (*Abk.* PS).

P.S.D.I. *Partito socialista democratico italiano* Sozialdemokratische Partei Italiens.

P.S.I. *Partito socialista italiano* Sozialistische Partei Italiens.

P.S.I.U.P. *Partito socialista italiano di unità proletaria* Italienische Sozialistische Partei der Proletarischen Einheit.

P.S.U. *Partito socialista unitario* Sozialistische Einheitspartei.

p.v. *prossimo venturo* nächst.

Q

q *quintale* Doppelzentner (*Abk.* dz).

q. *quadrato* Quadrat (*Abk.* q).

R

R., racc. *raccomandata* Einschreiben.

rag. *ragioniere* Buchhalter.

RAI *radio audizioni italiane* Italienischer Rundfunk.

RAI-TV *radiotelevisione italiana* Italienisches Fernsehen.

R.D.T. *Repubblica democratica tedesca* Deutsche Demokratische Republik (*Abk.* DDR).

rev. *reverendo* Hochwürden. [den.]

rev.mo *reverendissimo* Hochwür-

R.F.T. *Repubblica federale tedesca* Bundesrepublik Deutschland (*Abk.* BRD).

R.I. *Repubblica italiana* Italienische Republik.

RP *risposta pagata* Antwort bezahlt (*Abk.* RP).

RSM *Repubblica di San Marino* Republik San Marino.

R.U. *Regno unito* Vereinigtes Königreich.

S

s *secondo* Sekunde (*Abk.* s).

s. *sabato* Sonnabend, Samstag (*Abk.* Sa.).

S *sud* Süden (*Abk.* S).

S. *santo* heilig (*Abk.* hl., St.).

S.A. *società anonima* Aktiengesellschaft (*Abk.* AG).

sab. *sabato* Sonnabend, Samstag.

s.b.f. *salvo buon fine* unter üblichem Vorbehalt (*Abk.* u.ü.V.).

s.c. *sopra citato* obenerwähnt.

S.C.V. *Stato della Città del Vaticano* Vatikanstaat.

s.d. *senza data* ohne Datum (*Abk.* o.D.).

S.E. *sua eccellenza* Seine Exzellenz.

S.E. e O. *salvo errori e omissioni* unter üblichem Vorbehalt (*Abk.* u.ü.V.).

seg. *seguente* folgend (*Abk.* f.).

sen. *senatore* Senator. [Sept.).⎱
sett. *settembre* September (*Abk.*⎰

s.g. *secondo grandezza* nach Größe.

sig. *signore* Herr.

sig.a *signora* Frau.

sigg. *signori* Herren.

sig.na *signorina* Fräulein.

s.l.m. *sul livello del mare* über dem Meeresspiegel (*Abk.* ü.d.M.).

SO *sud-ovest* Südwesten (*Abk.* SW).

Soc. *società* Gesellschaft (*Abk.* Ges.).

S.P. *santo padre* Heiliger Vater.

S.p.A. *società per azioni* Aktiengesellschaft (*Abk.* AG).

spett. *spettabile* geschätzt (*Briefstil*).

S.P.M. *sue proprie mani* zu Händen (*Abk.* z.H.).

S.r.l. *società a responsabilità limitata* Gesellschaft mit beschränkter Haftung (*Abk.* GmbH).

SS. *santi* heilige.

S.S. *sua santità* Seine Heiligkeit; *strada statale* Straße erster Ordnung.

S.U. *Stati Uniti* Vereinigte Staaten (*Abk.* US).

S.V. *signoria vostra* Euer Wohlgeboren.

T

t *tonnellata* Tonne (*Abk.* t).

tbc, TBC *tubercolosi* Tuberkulose (*Abk.* Tbc, Tb).

T.C.I. *Touring club italiano* Italienischer Touring Club.

tel. *telefono* Telefon (*Abk.* Tel.).

tr. *tratta* Tratte (*Abk.* Tr., Te).

trim. *trimestre* Trimester.

T.V. *televisione* Fernsehen (*Abk.* TV).

U

UEO *Unione dell'Europa occidentale* Westeuropäische Union (*Abk.* WEU).

UIL *Unione italiana del lavoro* Italienischer Gewerkschaftsbund.

ult. *ultimo* letzt.

U.R.S.S. *Unione delle repubbliche socialiste sovietiche* Union der Sozialistischen Sowjetrepubliken (*Abk.* UdSSR).

u.s. *ultimo scorso* vergangen.

U.S.A. *Stati uniti d'America* Vereinigte Staaten von Amerika (*Abk.* USA).

V

V *volt* Volt (*Abk.* V).

v. *vedi* siehe (*Abk.* s.); *venerdì* Freitag.

v/ *vostro* Ihr (*Briefstil*).

V. *via* Straße (*Abk.* Str.).

val. *valuta* Valuta.

Vat. *Vaticano* Vatikan.

V.d.F. *vigili del fuoco* Feuerwehr.

V.E. *vostra eccellenza* Eure Exzel-⎱
ven. *venerdì* Freitag. [lenz.⎰

V.le *viale* Allee.

vol. *volume* Band (*Abk.* Bd.).

v.r. *vedi retro* siehe Rückseite.

Vs. *vostro* Ihr (*Briefstil*).

V.S. *vostra signoria* Euer Wohlgeboren.

V.S.Ill.ma *vostra signoria illustrissima* Euer Hochwohlgeboren.

v.s. *vedi sopra* siehe oben (*Abk.* s.o.).

V.T. *vecchio testamento* Altes Testament (*Abk.* A.T.).

V.U. *vigili urbani* Stadtpolizei.

W

W *watt* Watt (*Abk.* W); *viva* es lebe.

W.C. *gabinetto di decenza* Wasserklosett (*Abk.* WC).

W.L. *vagone letto* Schlafwagen.

Konjugation der italienischen Verben

Um die Konjugation eines italienischen Verbs festzustellen, suche man im Wörterbuchteil den betr. Infinitiv auf. Die dem Infinitiv beigefügte Nummer (1, 2, 3, 4) nebst Buchstaben verweist auf die Musterbeispiele auf den Seiten 621—638.

In den Tabellen der vier Konjugationen (1a, 2a, 3a, 4a) sind die Stämme mit gewöhnlicher und die Endungen mit *kursiver* Schrift gedruckt.

Erste Konjugation

1a **mandare.** Der Stamm bleibt in Schrift und Aussprache unverändert.

I. Einfache Zeiten

	Indicativo			Condizionale
pr.	*imperf.*	*p. r.*	*fut.*	
mand*o*	mand*avo* (*-ava*)	mand*ai*	mand*erò*	mand*erèi*
mand*i*	mand*avi*	mand*asti*	mand*erai*	mand*erésti*
mand*a*	mand*ava*	mand*ò*	mand*erà*	mand*erèbbe*
mand*iamo*	mand*avamo*	mand*ammo*	mand*erémo*	mand*erémmo*
mand*ate*	mand*avate*	mand*aste*	mand*eréte*	mand*eréste*
mànd*ano*	mandà*vano*	mand*àrono*	mand*eranno*	mand*erèbbero*

	Congiuntivo		Imperativo
pr.	*imperf.*		
mand*i*	mand*assi*	—	
mand*i*	mand*assi*	mand*a*	
mand*i*	mand*asse*	mand*i*	
mand*iamo*	mand*àssimo*	mand*iamo*	
mand*iate*	mand*aste*	mand*ate*	
mànd*ino*	mand*àssero*	mànd*ino*	

Participio presente: mand*ante*   *Participio passato:* mand*ato*
Gerundio presente: mand*ando*

II. Zusammengesetzte Zeiten

1. Im Aktiv
(Durch Vorsetzen von *avére*)

Infinito´

	trapassato remoto: èbbi mand*ato*
passato: aver mand*ato*	*futuro anteriore:* avrò mand*ato*

<table>
<tr><td colspan="2">Gerundio</td><td colspan="2">Condizionale</td></tr>
</table>

Gerundio

passato: avèndo mandato

Condizionale

passato: avrèi mandato

Indicativo

passato pross.: hò mandato
trapassato pross.: avévo mandato

Congiuntivo

passato: abbia mandato
trapassato: avéssi mandato

2. Im Passiv
(Durch Vorsetzen von *èssere*)

Infinito

presente: èssere mandato, -a, -i, -e
passato: èssere stato (stata, stati, state) mandato, -a, -i, -e

trap. rem.: fui stato (stata) mandato, -a
fut. sempl.: sarò mandato, -a
fut. ant.: sarò stato (stata) mandato, -a

Gerundio

presente: essèndo mandato, -a, -i, -e
passato: essèndo stato (stata, stati, state) mandato, -a, -i, -e

Condizionale

pres.: sarèi mandato, -a
pass.: sarèi stato (stata) mandato, -a

Indicativo

presente: sóno mandato, -a
imperf.: èro mandato, -a
pass. rem.: fui mandato, -a
pass. pross.: sóno stato (stata) mandato, -a
trap. pross.: èro stato (stata) mandato, -a

Congiuntivo

presente: sia mandato, -a
imperf.: fóssi mandato, -a
passato: sia stato (stata) mandato, -a
trapassato: fóssi stato (stata) mandato, -a

Imperativo

sii mandato, -a

Nach diesem Muster werden die zusammengesetzten Zeiten all er Verben gebildet.

pr. ind.	p. r.	fut.	pr. cong.	imper.

1b celare. Betontes geschlossenes Stamm-*e* wird zu offenem *e*.

cèlo	celai	celerò	cèli	—
celiamo	celammo	celerémo	celiamo	celiamo
cèlano	celàrono	celeranno	cèlino	cèlino
		p.p.: celato		

1c lodare. Betontes geschlossenes Stamm-*o* wird zu offenem *o*.

lòdo	lodai	loderò	lòdi	—
lodiamo	lodammo	loderémo	lodiamo	lodiamo
lòdano	lodàrono	loderanno	lòdino	lòdino
		p.p.: lodato		

1d cercare. Der Stammauslaut *c* wird vor *i* und *e* zu *ch*.

cérco	cercai	cercherò	cérchi	—
cerchiamo	cercammo	cercherémo	cerchiamo	cerchiamo
cércano	cercàrono	cercheranno	cérchino	cérchino
		p.p.: cercato		

1e pagare. Der Stammauslaut *g* wird vor *i* und *e* zu *gh*.

pago	pagai	pagherò	paghi	—
paghiamo	pagammo	pagherémo	paghiamo	paghiamo
pàgano	pagàrono	pagheranno	pàghino	pàghino
		p.p.: pagato		

pr. ind.	*p. r.*	*fut.*	*pr. cong.*	*imper.*

1f baciare. Abwerfen des *i*, wenn ein zweites *i* oder *e* unmittelbar darauf folgt.

bacio	baciai	bacerò	baci	—
baciamo	baciammo	bacerémo	baciamo	baciamo
bàciano	baciàrono	baceranno	bàcino	bàcino
		p.p.: baciato		

1g pigliare. Abwerfen des *i*, wenn ein zweites *i* folgt.

piglio	pigliai	piglierò	pigli	—
pigliamo	pigliammo	piglierémo	pigliamo	pigliamo
pìgliano	pigliàrono	piglieranno	piglino	pìglino
		p.p.: pigliato		

1h inviare. Die auf *i* betonten Formen behalten das *i* bei, auch wenn ein weiteres *i* folgt.

invìo	inviai	invierò	invìi	—
inviamo	inviammo	invierémo	inviamo	inviamo
invìano	inviàrono	invieranno	invìino	invìino
		p.p.: inviato		

1i annoiare. Bei Verben auf *-iare* mit unbetontem *i* und vorhergehendem Vokal fällt ein unmittelbar herantretendes *i* weg.

annòio	annoiai	annoierò	annòi	—
annoiamo	annoiammo	annoierémo	annoiamo	annoiamo
annòiano	annoiàrono	annoieranno	annòino	annòino
		p.p.: annoiato		

1k studiare. Bei Verben auf *-iare* mit unbetontem *i* und vorhergehendem Konsonanten fällt meistens das unmittelbar herantretende *i* auch in den stammbetonten Formen weg; also: *tu studi.* Zeitwörter auf *-liare* haben immer *-lii*, z.B.: *esiliare, esilii.*

studio	studiai	studierò	studi	—
studiamo	studiammo	studierémo	studiamo	studiamo
stùdiano	studiàrono	studieranno	stùdino	stùdino
		p.p.: studiato		

1l abitare. In den stammbetonten Formen liegt die Betonung auf der ersten Silbe.

àbito	abitai	abiterò	àbiti	—
abitiamo	abitammo	abiterémo	abitiamo	abitiamo
àbitano	abitàrono	abiteranno	àbitino	àbitino
		p.p.: abitato		

1m collaborare. In den stammbetonten Formen liegt die Betonung auf der zweiten Stammsilbe.

collàboro	collaborai	collaborerò	collàbori	—
collaboriamo	collaborammo	collaborerémo	collaboriamo	collaboriamo
collàborano	collaboràrono	collaboreranno	collàborino	collàborino
		p.p.: collaborato		

624

1n aggomitolare. In den stammbetonten Formen liegt die Betonung auf der dritten oder vierten Stammsilbe.

aggomìtolo	⁓mitolai	⁓mitolerò	⁓mìtoli	—
⁓mitoliamo	⁓mitolammo	⁓mitolerémo	⁓mitoliamo	⁓mitoliamo
⁓mìtolano	⁓mitolàrono	⁓mitoleranno	⁓mìtolino	⁓mìtolino

p.p.: aggomitolato

1o giocare. Betontes Stamm-*o* kann zu -*uo* erweitert werden.

gi(u)òco	giocai	giocherò	gi(u)òchi	—
giochiamo	giocammo	giocherémo	giochiamo	giochiamo
gi(u)òcano	giocàrono	giocheranno	gi(u)òchino	gi(u)òchino

p.p.: giocato

1p andare. Wechsel der Stämme *and-* und *vad-*; im *Fut.* und *Cond.* fällt das anlautende *e* der Endung aus.

vado	andai	andrò	vada	—
vai	andasti	andrai	vada	va, va', vai
va	andò	andrà	vada	vada
andiamo	andammo	andrémo	andiamo	andiamo
andate	andaste	andréte	andiate	andate
vanno	andàrono	andranno	vàdano	vàdano

p.p.: andato

1q stare. Stamm *sta.* Pass. rem. (*stètti* usw.); *Imperf. del. cong.* (*stéssi* usw.) nach der 2. Konj.; im *Fut.* und *Cond.* Wechsel von *e* in *a.*

stò	stètti	starò	stia	—
stai	stésti	starai	stia	sta', stai
sta	stètte	starà	stia	stia
stiamo	stémmo	starémo	stiamo	stiamo
state	stéste	staréte	stiate	state
stanno	stèttero	staranno	stìano	stìano

p.p.: stato

1r dare. Stamm *da.* Imperf. del cong. *déssi* usw.; im *Pass. rem.* die Nebenformen *dètti*, *dètte*, *dèttero.*

dò	dièdi, dètti	darò	dia	—
dai	désti	darai	dia	da', dai
dà	diède, dètte	darà	dia	dia
diamo	démmo	darémo	diamo	diamo
date	déste	daréte	diate	date
danno	dièdero, dèttero	daranno	dìano	dìano

p.p.: dato

Zweite Konjugation

2a **temére.** Der Stamm bleibt in Schrift und Aussprache unverändert.

I. Einfache Zeiten

	Indicativo			Condizionale
pr.	*imperf.*	*p. r.*	*fut.*	
témo	temévo (-éva)	teméi, -ètti	temerò	temerèi
témi	temévi	temésti	temerai	temerésti
téme	teméva	temé, -ètte	temerà	temerèbbe
temiamo	temevamo	temémmo	temerémo	temerémmo
teméte	temevate	teméste	temeréte	temeréste
témono	temévano	temérono, -èttero	temeranno	temerèbbero

	Congiuntivo	Imperativo
pr.	*imperf.*	
téma	teméssi	—
téma	teméssi	témi
téma	temésse	téma
temiamo	temessimo	temiamo
temiate	teméste	teméte
témano	teméssero	témano

Participio presente: temènte   *Participio passato:* temuto
Gerundio presente: temèndo

II. Zusammengesetzte Zeiten

Hilfsverb èssere oder avére, gefolgt vom *Participio passato* (s. 1a).

pr. ind.	*p. r.*	*fut.*	*pr. cong.*	*imper.*

2b **avére.** Im *Fut.* und *Cond.* Ausfall des anlautenden e der Endung.

pr. ind.	*p. r.*	*fut.*	*pr. cong.*	*imper.*
hò	èbbi	avrò	abbia	—
hai	avésti	avrai	abbia	abbi
ha	èbbe	avrà	abbia	abbia
abbiamo	avémmo	avrémo	abbiamo	abbiamo
avéte	avéste	avréte	abbiate	abbiate
hanno	èbbero	avranno	àbbiano	àbbiano
		p.p.: avuto		

2c **cadére.** Im *Fut.* und *Cond.* Ausfall des anlautenden e der Endung.

cado	caddi	cadrò	cada	—
cadiamo	cadémmo	cadrémo	cadiamo	cadiamo
càdono	càddero	cadranno	càdano	càdano
		p.p.: caduto		

2d **calére.** Fast nur in der 3. Pers. *sg.* gebraucht.*

gli cale	gli calse	—	gli caglia	—
		p.p.: caluto		

* capere kommt nur in der 3. Pers. *sg.* vor: cape, capéva, cappia.

pr. ind.	*p. r.*	*fut.*	*pr. cong.*	*imper.*

2e dolére. Im *Pres.* tritt *g* zwischen Stamm und Endung *o* oder *a*. Im *Fut.* und *Cond.* Wechsel von *l* in *r* und Ausfall des *e* der Endung.

dòlgo	dòlsi	dorrò	dòlga	
duòle	dòlse	dorrà	dòlga	dòlga
dogliamo	dolémmo	dorrémo	dogliamo	dogliamo
dòlgono	dòlsero	dorranno	dòlgano	dòlgano
		p.p.: doluto		

2f dovére. Wechsel von *o* zu *e* in den stammbetonten Formen. Im *Fut.* und *Cond.* Ausfall des *e*.

dèvo, dèbbo	dovéi, dovètti	dovrò	dèbba, dèva	—
dèvi	dovésti	dovrai	dèbba, dèva	dèvi
dève	dové, dovètte	dovrà	dèbba, dèva	dèbba, dèva
dobbiamo	dovémmo	dovrémo	dobbiamo	dobbiamo
dovéte	dovéste	dovréte	dobbiate	dovéte
dèvono, dèbbono	dovérono, dovèttero	dovranno	dèbbano, dèvano	dèbbano, dèvano
		p.p.: dovuto		

2g lucére. Gebräuchlich nur in der 3. Person *sg.* und *pl.* des *Pres. dell'ind.* (luce, lùcono), des *Imperf.* (lucéva, lucévano), des *Fut.* (lucerà, luceranno), des *Pres. del cong.* (luca, lùcano), des *Imperf. del cong.* (lucésse, lucéssero). Dann *p.pr.* lucènte, *Ger.* lucèndo.

2h parére. Im *Fut.* und *Cond.* Ausfall des *e* der Endung.

paio	parvi	parrò	paia	—
pa(r)iamo	parémmo	parrémo	pa(r)iamo	—
pàiono	pàrvero	parranno	pàiano	—
		p.p.: parso		

2i persuadére.

persuado	persuasi	persuaderò	persuada	—
persuadiamo	persuadémmo	persuaderémo	persuadiamo	persuadiamo
persuàdono	persuàsero	persuaderanno	persuàdano	persuàdano
		p.p.: persuaso		

2k piacére.

piaccio	piacqui	piacerò	piaccia	—
piacciamo	piacémmo	piacerémo	piacciamo	piacciamo
piàcciono	piàcquero	piaceranno	piàcciano	piàcciano
		p.p.: piaciuto		

2l potére. Im *Fut.* und *Cond.* Ausfall des *e* der Endung.

pòsso	potéi	potrò	pòssa	—
puòi	potésti	potrai	pòssa	—
può	poté	potrà	pòssa	—
possiamo	potémmo	potrémo	possiamo	—
potéte	potéste	potréte	possiate	—
pòssono	potérono	potranno	pòssano	—
		p.p.: potuto		

pr. ind.	p. r.	fut.	pr. cong.	imper.

2m rimanére. Im *Pres.* tritt *g* zwischen Stamm und Endung *o* oder *a*;
Pass. rem. auf *-si* und *Part. pass.* auf *-sto* mit Ausfall des Stamm-*n*;
im *Fut.* und *Cond.* Wandel von *n* zu *r*.

rimango	rimasi	rimarrò	rimanga	—
rimaniamo	rimanémmo	rimarrémo	rimaniamo	rimaniamo
rimàngono	rimàsero	rimarranno	rimàngano	rimàngano
	p.p.: rimasto			

2n sapére. Im *Fut.* und *Cond.* Wegfall des *e*; 2. Pers. *pl.* des *Imper.*
aus dem *Cong.*

sò	sèppi	saprò	sappia	—
sai	sapésti	saprai	sappia	sappi
sa	sèppe	saprà	sappia	sappia
sappiamo	sapémmo	saprémo	sappiamo	sappiamo
sapéte	sapéste	sapréte	sappiate	sappiate
sanno	sèppero	sapranno	sàppiano	sàppiano
	p. pres.: sapiènte		*p.p.:* saputo	

2o sedére. Das *e* des Stammes wird *ie* in den stammbetonten Formen;
im *Pres.* Nebenformen auf *segg...*

sièdo, sèggo	sedéi	sederò	sièda, sègga	—
sediamo	sedémmo	sederémo	sediamo	sediamo
sièdono,	sedérono	sederanno	sièdano,	sièdano,
sèggono			sèggano	sèggano
	p.p.: seduto			

2p solére. Nur im *Pres., Pass. rem., Gerundium* und *Part. pass.* gebräuchlich. Im *Pres. dell'ind.* (mit Ausnahme der 2. Pers. *sing.*: *suòli*) und
cong. wie *volére.*

sòglio	soléi	—	sòglia	—
sogliamo	—	—	sogliamo	—
sògliono	—	—	sògliano	—
	Ger.: solèndo		*p.p.:* sòlito	

2q tenére. Einschiebung von *g* zwischen Stamm und Endung *o* oder *a*.
Im *Fut.* und *Cond.* Wandel von *n* zu *r*.

tèngo	ténni	terrò	tènga	—
tièni	tenésti	terrai	tènga	tièni
teniamo	tenémmo	terrémo	teniamo	teniamo
tèngono	ténnero	terranno	tèngano	tèngano
	p.p.: tenuto			

2r valére. Einschiebung von *g* zwischen Stamm und Endung *o* oder *a*.
Im *Fut.* und *Cond.* Wandel von *l* zu *r*.

valgo	valsi	varrò	valga	—
valiamo	valémmo	varrémo	valiamo	valiamo
vàlgono	vàlsero	varranno	vàlgano	vàlgano
	p.p.: valso			

2s vedére. Im *Pres., Part. pres.* und *Ger.* Nebenformen auf *vegg...*;
im *Fut.* und *Cond.* Ausfall des anlautenden *e* der Endung.

védo, véggo	vidi	vedrò	véda, végga	—

pr. ind.	p. r.	fut.	pr. cong.	imper.
vediamo	vedémmo	vedrémo	vediamo	vediamo
védono,	vìdero	vedranno	védano,	védano,
véggono			véggano	véggano

p.p.: veduto od. visto; *p.pr.*: vedènte, veggènte; *Ger.*: vedèndo

2t **volére.** Im *Fut.* und *Cond.* Wandel von *l* zu *r* und Ausfall des anlautenden *e* der Endung; 2. Pers. *pl.* des *Imper.* aus dem *Cong.*

vòglio	vòlli	vorrò	vòglia	—
vuòi	volésti	vorrai	vòglia	vògli
vuòle	vòlle	vorrà	vòglia	vòglia
vogliamo	volémmo	vorrémo	vogliamo	vogliamo
voléte	voléste	vorréte	vogliate	vogliate
vògliono	vòllero	vorranno	vògliano	vògliano
		p.p.: voluto		

Dritte Konjugation

3a **véndere.** Der Stamm bleibt in Schrift und Aussprache unverändert.

I. Einfache Zeiten

	Indicativo			Condizionale
pr.	*imperf.*	*p. r.*	*fut.*	
véndo	vendévo (-éva)	vendéi, -ètti	venderò	venderèi
véndi	vendévi	vendésti	venderai	venderésti
vénde	vendéva	vendé, -ètte	venderà	venderèbbe
vendiamo	vendevamo	vendémmo	venderémo	venderémmo
vendéte	vendevate	vendéste	venderéte	venderéste
véndono	vendévano	vendérono,	venderanno	venderèbbero
		-èttero		

Congiuntivo		Imperativo
pr.	*imperf.*	
vénda	vendéssi	—
vénda	vendéssi	véndi
vénda	vendésse	vénda
vendiamo	vendéssimo	vendiamo
vendiate	vendéste	vendéte
véndano	vendéssero	véndano

Participio presente: vendènte   *Participio passato:* venduto*
Gerundio presente: vendèndo

* Von *spàndere:* spanto.

II. Zusammengesetzte Zeiten

Hilfsverb *èssere* oder *avére*, gefolgt vom *Participio passato* (s. 1a).

pr. ind.	p. r.	fut.	pr. cong.	imper.

3b chiùdere.

chiudo	chiusi	chiuderò	chiuda	—
chiudiamo	chiudémmo	chiuderémo	chiudiamo	chiudiamo
chiùdono	chiùsero	chiuderanno	chiùdano	chiùdano
		p.p.: chiuso		

3c prèndere.

prèndo	prési	prenderò	prènda	—
prendiamo	prendémmo	prenderémo	prendiamo	prendiamo
prèndono	présero	prenderanno	prèndano	prèndano
		p.p.: préso		

3d fìngere. Das *Part. pass.* von *strìngere* ist *strétto*.

fingo	finsi	fingerò	finga	—
fingiamo	fingémmo	fingerémo	fingiamo	fingiamo
fingono	fìnsero	fingeranno	fingano	fìngano
		p.p.: finto		

3e addurre. Zusammengezogen aus *addùcere*.

adduco	addussi	addurrò	adduca	—
adduci	adducésti	addurrai	adduca	adduci
adduce	addusse	addurrà	adduca	adduca
adduciamo	adducémmo	addurrémo	adduciamo	adduciamo
adducéte	adducéste	addurréte	adduciate	adducéte
addùcono	addùssero	addurranno	addùcano	addùcano
		p.p.: addótto		

3f assìstere. Im *Pass. rem.* Nebenformen auf *-etti*.

assisto	assistéi	assisterò	assista	—
assistiamo	assistémmo	assisterémo	assistiamo	assistiamo
assìstono	assistérono	assisteranno	assìstano	assìstano
		p.p.: assistito		

3g assòlvere.

assòlvo	assòlsi, ~vètti	assolverò	assòlva	—
assolviamo	assolvémmo	assolverémo	assolviamo	assolviamo
assòlvono	assòlsero *od.* assolvèttero	assolveranno	assòlvano	assòlvano
		p.p.: assòlto, seltener assoluto		

3h assùmere.

assumo	assunsi	assumerò	assuma	—
assumiamo	assumémmo	assumerémo	assumiamo	assumiamo
assùmono	assùnsero	assumeranno	assùmano	assùmano
		p.p.: assunto		

3i bére. Wird konjugiert nach der Form *bèvere*. Im *Fut.* und *Cond.* Wandel von *v* zu *r* und Ausfall des *e* der Endung.

bévo	bévvi, bevètti	berrò	béva	—
bévi	bevésti	berrai	béva	bévi

pr. ind.	p. r.	fut.	pr. cong.	imper.
béve	bévve, bevé, bevètte	berrà	béva	béva
beviamo	bevémmo	berrémo	beviamo	beviamo
bevéte	bevéste	berréte	beviate	bevéte
bévono	bévvero, bevérono, bevèttero	berranno	bévano	bévano
	p.p.: bevuto			

3k chièdere.

chièdo	chièsi	chiederò	chièda	—
chiediamo	chiedémmo	chiederémo	chiediamo	chiediamo
chièdono	chièsero	chiederanno	chièdano	chièdano
	p.p.: chièsto			

3l concèdere.

concèdo	concedètti, concèssi	concederò	concèda	—
concediamo	concedémmo	concederémo	concediamo	concediamo
concèdono	concedèttero, concèssero	concederanno	concèdano	concèdano
	p.p.: concèsso, seltener conceduto			

3m connèttere.

connètto	connèssi, connettéi	connetterò	connètta	—
connettiamo	connettémmo	connetterémo	connettiamo	connettiamo
connèttono	connèssero, connettérono	connetteranno	connèttano	connèttano
	p.p.: connèsso			

3n conóscere.

conósco	conóbbi	conoscerò	conósca	—
conosciamo	conoscémmo	conoscerémo	conosciamo	conosciamo
conóscono	conóbbero	conosceranno	conóscano	conóscano
	p.p.: conosciuto			

3o córrere.

córro	córsi	correrò	córra	—
corriamo	corrémmo	correrémo	corriamo	corriamo
córrono	córsero	correranno	córrano	córrano
	p.p.: córso			

3p cuòcere. Wandel von *uo* zu *o* in unbetonten Silben. *Imperf.* cocévo, bzw. *cocéssi.*

cuòcio	còssi	cocerò	cuòcia	—
cociamo	cocémmo	cocerémo	cociamo	cociamo
cuòciono	còssero	coceranno	cuòciano	cuòciano
	p.p.: còtto			

pr. ind.	p. r.	fut.	pr. cong.	imper.

3q decìdere.

decido	decisi	deciderò	decida	—
decidiamo	decidémmo	deciderémo	decidiamo	decidiamo
decìdono	decisero	decideranno	decìdano	decìdano

p.p.: deciso

3r deprìmere.

deprimo	deprèssi	deprimerò	deprima	—
deprimiamo	deprimémmo	deprimerémo	deprimiamo	deprimiamo
deprìmono	deprèssero	deprimeranno	deprìmano	deprìmano

p.p.: deprèsso

3s devòlvere.

devòlvo	devolvéi, devolvètti	devolverò	devòlva	—
devolviamo	devolvémmo	devolverémo	devolviamo	devolviamo
devòlvono	devolvérono, devolvèttero	devolveranno	devòlvano	devòlvano

p.p.: devoluto

3t dire. Zusammengezogen aus dìcere. Impf. regelmäßig nach dìcere: dicévo usw.

dico	dissi	dirò	dica	—
dici	dicésti	dirai	dica	di'
dice	disse	dirà	dica	dica
diciamo	dicémmo	dirémo	diciamo	diciamo
dite	dicéste	diréte	diciate	dite
dìcono	dissero	diranno	dìcano	dìcano

p.p.: détto

3u dirìgere.

dirigo	dirèssi	dirigerò	diriga	—
dirigiamo	dirigémmo	dirigerémo	dirigiamo	dirigiamo
dirìgono	dirèssero	dirigeranno	dirìgano	dirìgano

p.p.: dirètto

3v discùtere.

discuto	discussi	discuterò	discuta	—
discutiamo	discutémmo	discuterémo	discutiamo	discutiamo
discùtono	discùssero	discuteranno	discùtano	discùtano

p.p.: discusso

3w esìgere.

esigo	esigéi, esigètti	esigerò	esiga	—
esigiamo	esigémmo	esigerémo	esigiamo	esigiamo
esigono	esigérono, esigèttero	esigeranno	esigano	esigano

p.p.: esatto

632

3x esìmere. Hat kein *Part. pass.*, und auch das *Pass. rem. esiméi* usw.
wird selten gebraucht. Dafür wendet man die entsprechenden
Formen des Zeitwortes *esentare* an. Sonst regelmäßig, wie *véndere* 3a.

3y espèllere.

espèllo	espulsi	espellerò	espèlla	—
espelliamo	espellémmo	espellerémo	espelliamo	espelliamo
espèllono	espùlsero	espelleranno	espèllano	espèllano
	p.p.: espulso			

3z èssere. Ganz unregelmäßig. *Imperf. dell'ind.:* èro oder èra, èri, èra,
eravamo, eravate, èrano; *Imperf. del cong.:* fóssi, fóssi, fósse, fóssimo,
fóste, fóssero.

sóno	fui	sarò	sia	—
sèi	fósti	sarai	sia	sii
è	fu	sarà	sia	sia
siamo	fummo	sarémo	siamo	siamo
sière	fóste	saréte	siate	siate
sóno	fùrono	saranno	siano	siano
	p.p.: stato			

3aa fare. Zusammengezogen aus *fàcere. Imperf.* regelmäßig nach der
Form *fàcere: facévo* usw.

fò, faccio	féci	farò	faccia	—
fai	facésti	farai	faccia	fa', fai
fa	féce	farà	faccia	faccia
facciamo	facémmo	farémo	facciamo	facciamo
fate	facéste	faréte	facciate	fate
fanno	fécero	faranno	fàcciano	fàcciano
	p.p.: fatto			

3bb fóndere.

fóndo	fusi	fonderò	fónda	—
fondiamo	fondémmo	fonderémo	fondiamo	fondiamo
fóndono	fùsero	fonderanno	fóndano	fóndano
	p.p.: fuso			

3cc lèggere.

lèggo	lèssi	leggerò	lègga	—
leggiamo	leggémmo	leggerémo	leggiamo	leggiamo
lèggono	lèssero	leggeranno	lèggano	lèggano
	p.p.: lètto			

3cc a lùcere s. *lucére* 2g.

pr. ind	*p. r.*	*fut.*	*pr. cong.*	*imper.*

3dd méscere.

mésco	mescéi	mescerò	mésca	—
mesciamo	mescémmo	mescerémo	mesciamo	mesciamo
méscono	mescérono	mesceranno	méscano	méscano
		p.p.: mesciuto		

3ee méttere.

métto	misi	metterò	métta	—
mettiamo	mettémmo	metterémo	mettiamo	mettiamo
méttono	misero	metteranno	méttano	méttano
		p.p.: mésso		

3ff muòvere. Wandel von *uo* zu *o* in unbetonten Silben.

muòvo	mòssi	moverò	muòva	—
moviamo	movémmo	moverémo	moviamo	moviamo
muòvono	mòssero	moveranno	muòvano	muòvano
		p.p.: mòsso		

3gg nàscere.

nasco	nacqui	nascerò	nasca	—
nasciamo	nascémmo	nascerémo	nasciamo	nasciamo
nàscono	nàcquero	nasceranno	nàscano	nàscano
		p.p.: nato		

3hh nascóndere.

nascóndo	nascósi	nasconderò	nascónda	—
nascondiamo	nascondémmo	nasconderémo	nascondiamo	nascondiamo
nascóndono	nascósero	nasconderanno	nascóndano	nascóndano
		p.p.: nascósto		

3ii nuòcere. Wandel von *uo* zu *o* in unbetonten Silben.

nuòccio, nòccio	nòcqui	nocerò	nòccia	—
nociamo	nocémmo	nocerémo	nociamo	nociamo
nuòcciono, nòcciono	nòcquero	noceranno	nòcciano	nòcciano
		p.p.: nociuto		

3kk piòvere. Nur in der 3. Person *sing.* und *pl.*, in den zwei *Partizipien* und im *Gerundium* gebräuchlich: *Pres. dell'ind.* piòve, piòvono; *Pass. rem.* piòvve, piòvvero; *Fut.* pioverà, pioveranno; *Pres. del cong.* piòva, piòvano; *Part. pass.* piovuto.

3ll pórre. Zusammengezogen aus *pónere*. Im *Fut.* und *Cond.* Wandel von *n* zu *r* unter dem Einfluß des folgenden *r*.

póngo	pósi	porrò	pónga	
póni	ponésti	porrai	pónga	póni
póne	póse	porrà	pónga	pónga

pr. ind.	*p. r.*	*fut.*	*pr. cong.*	*imper.*

poniamo	ponémmo	porrémo	poniamo	poniamo
ponéte	ponéste	porréte	poniate	ponéte
póngono	pósero	porranno	póngano	póngano
		p.p.: pósto		

3mm prefiggere.

prefiggo	prefissi	prefiggerò	prefigga	—
prefiggiamo	prefiggémmo	prefiggerémo	prefiggiamo	prefiggiamo
prefiggono	prefissero	prefiggeranno	prefiggano	prefiggano
		p.p.: prefisso		

3nn rècere. Zwischen dem Stamm und den Endungen *o, a, u* wird ein *i* eingeschoben.

rècio	recètti	recerò	rècia	—
reciamo	recémmo	recerémo	reciamo	reciamo
rèciono	recèttero	receranno	rèciano	rèciano
		p.p.: reciuto		

3oo redìgere.

redigo	redassi	redigerò	rediga	—
redigiamo	redigémmo	redigerémo	redigiamo	redigiamo
redìgono	redàssero	redigeranno	redìgano	redìgano
		p.p.: redatto		

3pp redìmere.

redimo	redènsi	redimerò	redima	—
redimiamo	redimémmo	redimerémo	redimiamo	redimiamo
redìmono	redènsero	redimeranno	redìmano	redìmano
		p.p.: redènto		

3qq riflèttere. Im *Pass. rem.* und im *Part. pass.* in der Bedeutung von „überlegen" meist die Form auf *-ei* und *-uto;* in der Bedeutung von „zurückwerfen" meist *-ssi, -sso.*

riflètto	riflettéi, riflèssi	rifletterò	riflètta	—
riflettiamo	riflettémmo	rifletterémo	riflettiamo	riflettiamo
riflèttono	riflettérono, riflèssero	rifletteranno	riflèttano	riflèttano
		p.p.: riflettuto, riflèsso		

3rr rómpere.

rómpo	ruppi	romperò	rómpa	—
rompiamo	rompémmo	romperémo	rompiamo	rompiamo
rómpono	rùppero	romperanno	rómpano	rómpano
		p.p.: rótto		

pr. ind.	p. r.	fut.	pr. cong.	imper.

3ss scégliere. Vor den Endungen *o* und *a* verwandelt sich der Stammauslaut *gli* in *lg*.

scélgo	scélsi	sceglierò	scélga	—
scégli	scegliésti	sceglierai	scélga	scégli
scéglie	scélse	sceglierà	scélga	scélga
scegliamo	scegliémmo	sceglierémo	scegliamo	scegliamo
scegliéte	scegliéste	sceglieréte	scegliate	scegliéte
scélgono	scélsero	sceglieranno	scélgano	scélgano
		p.p.: scélto		

3tt scrìvere.

scrivo	scrissi	scriverò	scriva	—
scriviamo	scrivémmo	scriverémo	scriviamo	scriviamo
scrìvono	scrìssero	scriveranno	scrìvano	scrìvano
		p.p.: scritto		

3uu spàrgere.

spargo	sparsi	spargerò	sparga	—
spargiamo	spargémmo	spargerémo	spargiamo	spargiamo
spàrgono	spàrsero	spargeranno	spàrgano	spàrgano
		p.p.: sparso		

3vv spègnere. Vor den Endungen *o* und *a* verwandelt sich der Stammlaut *gn* in *ng*. In den mit * bezeichneten Formen auch *speng*; neben *spègnere* kommt nämlich auch die Form *spèngere* vor, die nach *fingere* (3d) konjugiert wird.

spèngo	spènsi	spegnerò★	spènga	—
spègni★	spegnésti★	spegnerai★	spènga	spègni★
spègne★	spènse	spegnerà★	spènga	spègne
spegniamo★	spegnémmo★	spegnerémo★	spegniamo★	spegniamo★
spegnéte★	spegnéste★	spegneréte★	spegniate★	spegnéte★
spèngono	spènsero	spegneranno★	spèngano	spèngano
		p.p.: spènto		

3ww svèllere.

svèllo	svèlsi	svellerò	svèlla	—
svelliamo	svellémmo	svellerémo	svelliamo	svelliamo
svèllono	svèlsero	svelleranno	svèllano	svèllano
		p.p.: svèlto		

3xx trarre.

traggo	trassi	trarrò	tragga	—
trai	traésti	trarrai	tragga	trai
trae	trasse	trarrà	tragga	tragga
traiamo, tragghiamo	traémmo	trarrémo	traiamo, tragghiamo	traiamo
traéte	traéste	trarréte	traiate	traéte
tràggono	tràssero	trarranno	tràggano	tràggano
		p.p.: tratto		

pr. ind.	p. r.	fut.	pr. cong.	imper.

3yy vìgere. Nur gebräuchlich 3. Pers. *sing.* und *pl.* des *Ind. pres., imperf.*
und *fut.; Cond.; Cong. imperf.* sowie *Part. pres.*
Ind. pres.: vige, vìgono; *impf.:* vigéva, vigévano; *fut.* vigerà, vige-
ranno. — *Cong. impf.:* vigésse, vigéssero. — *Condiz.:* vigerèbbe,
vigerèbbero. — *Part. pres.:* vigènte.

3zz vìvere.

vivo	vissi	vivrò	viva	—
viviamo	vivémmo	vivrémo	viviamo	viviamo
vìvono	vìssero	vivranno	vìvano	vìvano
		p.p.: vissuto		

Vierte Konjugation

4a partire. Der Stamm bleibt in Schrift und Aussprache unverändert.

I. Einfache Zeiten

Indicativo				Condizionale
pr.	imperf.	p. r.	fut.	
parto★	partivo (-iva)	partii	partirò	partirèi
parti	partivi	partisti	partirai	partirésti
parte	partiva	partì	partirà	partirèbbe
partiamo	partivamo	partimmo	partirémo	partirémmo
partite	partivate	partiste	partiréte	partiréste
pàrtono★	partivano	partirono	partiranno	partirèbbero

Congiuntivo		Imperativo	
pr.	imperf.		
parta★	partissi	—	
parta★	partissi	parti	
parta★	partisse	parta★	
partiamo	partissimo	partiamo	
partiate	partiste	partite	
pàrtano★	partissero	pàrtano★	

Participio presente: partènte   *Participio passato:* partito
Gerundio presente: partèndo

★ Bei *cucire* und *sdrucire* wird vor *a* und *o* ein *i* eingeschoben: *cucio, sdrù-
ciono* usw.

II. Zusammengesetzte Zeiten

Hilfsverb *èssere* oder *avére,* gefolgt vom *Participio passato* (s. 1a).

pr. ind.	p. r.	fut.	pr. cong.	imper.

4b sentire. Betontes geschlossenes Stamm-*e* wird zu offenem *e.*

sènto	sentii	sentirò	sènta	—
sentiamo	sentimmo	sentirémo	sentiamo	sentiamo
sèntono	sentirono	sentiranno	sèntano	sèntano
		p.p.: sentito		

pr. ind.	p. r.	fut.	pr. cong.	imper.

4c dormire. Betontes geschlossenes Stamm-*o* wird zu offenem *o*.

dòrmo	dormii	dormirò	dòrma	—
dormiamo	dormimmo	dormirémo	dormiamo	dormiamo
dòrmono	dormìrono	dormiranno	dòrmano	dòrmano
		p.p.: dormito		

4d finire. In der 1., 2, und 3. Person *sing.* und 3. Person *pl.* des *Pres.* (*Ind.* und *Cong.*) und des *Imperat.* tritt *isc* zwischen Stamm und Endung.

finisco	finii	finirò	finisca	—
finisci	finisti	finirai	finisca	finisci
finisce	finì	finirà	finisca	finisca
finiamo	finimmo	finirémo	finiamo	finiamo
finite	finiste	finiréte	finiate	finite
finìscono	finìrono	finiranno	finìscano	finìscano
		p.p.: finito		

4e apparire. *Pres.* nach 4d.

apparisco[1]	apparvi, -si, apparii	apparirò	apparisca[1]	—
appariamo	apparimmo	apparirémo	appariamo	appariamo
appariscono	appàrvero, appàrsero, apparirono	appariranno	appariscano	appariscano
		p.p.: apparso		

[1] Nebenformen *appaio* usw. nach *parére* (2h).

4f aprire.

apro	apèrsi, aprii	aprirò	apra	—
apriamo	aprimmo	aprirémo	apriamo	apriamo
àprono	apèrsero, aprirono	apriranno	àprano	àprano
		p.p.: apèrto		

4g empire. In den meisten Formen des *Pres. Ind.*, *Pres. Cong.* und *Imper.* wird *empire* nach *émpiere* konjugiert. Es findet also Einschiebung von *i* zwischen Stamm und Endung statt, ausgenommen in Formen, deren Endung mit *i* anlautet.

émpio	empii	empirò	émpia	
empiamo	empimmo	empirémo	empiamo	empiamo
émpiono	empìrono	empiranno	émpiano	émpiano

p.p.: empìto, empiùto; *p.pr.:* empiènte; *Ger.:* empièndo

4h gire. Defektives Verb. Außer den nebenstehenden Formen nur noch im *Imperf.* (*Ind.* und *Cong.*) und im *Cond.*

—	—	girò	—	—
—	gisti	girai	—	—
—	gì	girà	—	—
—	gimmo	girémo	—	—
gite	giste	giréte	—	gite
—	gìrono	giranno	—	—
		p.p.: gito		

pr. ind.	*p. r.*	*fut.*	*pr. cong.*	*imper.*

4i **ire.** Defektives Verb. Nur gebräuchlich im *Imperf. dell'ind.* (*ivo* usw.) und in den folgenden Formen und Personen.

—	2. P. *sg.* isti	—	—	—
—	—	1. P. *pl.* irémo	—	—
2. P. *pl.* ite	—	2. P. *pl.* iréte	—	2. P. *pl.* ite
—	3. P. *pl.* ìrono	3. P. *pl.* iranno	—	—
		p.p.: ito		

4k **morire.**

muòio	morii	mor(i)rò	muòia	—
moriamo	morimmo	mor(i)rémo	moriamo	moriamo
muòiono	morìrono	mor(i)ranno	muòiano	muòiano
		p.p.: mòrto		

4l **olire.** Defektives Verb. Nur gebräuchlich im *Imperf. dell'ind.* 3. Pers. *sing.* (oliva) und 3. Pers. *pl.* (olìvano) sowie im *Part. pres.* (olènte).

4m **salire.** *Pres.* nach 4a mit Einschiebung von *g* vor *o* und *a*.

salgo	salii	salirò	salga	—
saliamo	salimmo	salirémo	saliamo	saliamo
sàlgono	salìrono	saliranno	sàlgano	sàlgano
		p.p.: salito; *p.pr.:* salènte, saliènte		

4n **udire.** *Pres.* nach 4a mit Wandel von *u* in *o* in den stammbetonten Formen.

òdo	udii	ud(i)rò	òda	—
udiamo	udimmo	ud(i)rémo	udiamo	udiamo
òdono	udìrono	ud(i)ranno	òdano	òdano
		p.p.: udito		

4o **uscire.** Bildet die stammbetonten Formen des *Pres.* nach *escire* (4a).

èsco	uscii	uscirò	èsca	—
èsci	uscisti	uscirai	èsca	èsci
èsce	uscì	uscirà	èsca	èsca
usciamo	uscimmo	uscirémo	usciamo	usciamo
uscite	usciste	usciréte	usciate	uscite
èscono	uscìrono	usciranno	èscano	èscano
		p.p.: uscito		

4p **venire.**

vèngo	vénni	verrò	vènga	—
vièni	venisti	verrai	vènga	vièni
viène	vénne	verrà	vènga	vènga
veniamo	venimmo	verrémo	veniamo	veniamo
venite	veniste	verréte	veniate	vènite
vèngono	vénnero	verranno	vènga	vèngano
		p.p.: venuto; *p.pr.:* veniènte		

Einiges über Silbentrennung, Betonung und Akzente und Zeichensetzung im Italienischen

Silbentrennung

Folgende Regeln sind zu beachten:

a) Zwei oder mehr zusammenstehende Vokale werden nicht getrennt: na-zio-na-le *staatlich*.

b) Zwei gleiche Konsonanten werden getrennt: ros-so *rot*, pub-bli-co *öffentlich*.

c) s bildet mit den folgenden Konsonanten eine Einheit und darf daher nicht abgetrennt werden: cia-scu-no *jeder*, re-sto *Rest*.

d) Beginnen Konsonantengruppen mit l, m, n oder r, so wird zwischen diesen und den folgenden Konsonanten getrennt: bar-ca *Boot*, ven-go-no *sie kommen*.

e) Die Konsonantengruppen ch, gh, gl und gn werden nicht getrennt: fi-glio *Sohn*, so-gno *Traum*.

f) Wenn l oder r der zweiten Bestandteil einer Konsonantengruppe bilden, kann sie nicht getrennt werden: a-blu-zio-ne *Waschung*, la-dro *Dieb*.

g) Die Vorsilben dis-, es-, in-, tras- u.a. werden als eigene Silben betrachtet: es-por-re *ausstellen*.

Betonung und Akzente

Im Italienischen kann die Betonung auf der letzten, vorletzten, drittletzten und viertletzten Silbe liegen; am häufigsten wird jedoch die vorletzte Silbe betont.

Das Italienische kennt drei Tonzeichen: Gravis, *accento grave* (ˋ), Akut, *accento acuto* (ˊ) und Zirkumflex, *accento circonflesso* (ˆ). Der am meisten angewandte Akzent ist der Gravis. Einige Schriftsteller und die Wörterbücher bedienen sich des Akuts, um die geschlossene Aussprache des endbetonten e zu kennzeichnen. Den Zirkumflex kann man als überlebt betrachten.

Nach den Regeln der italienischen Rechtschreibung wird der betonte Vokal nur in folgenden Fällen mit Akzent gekennzeichnet:

a) Bei mehrsilbigen endbetonten Wörtern, z. B. virtù, lunedì, perché.

b) Bei einsilbigen, auf zwei Vokale endenden Wörtern, wenn die Betonung auf dem letzten Vokal liegt, z. B. già, ciò, più; aber qui und qua ohne Akzent.

c) Bei folgenden Einsilbern, um sie von gleichlautenden Wörtern mit anderer Bedeutung zu unterscheiden: dì *Tag*, dà *er gibt*, lì *dort*, là *dort*, né *weder*, sì *ja*, è *er ist*, sé *sich*, ché *denn*, tè *Tee*.

Zeichensetzung

Die italienische Schriftsprache wendet folgende Satzzeichen an:

il punto *Punkt*	il punto interrogativo *Fragezeichen*
i due punti *Doppelpunkt*	il punto esclamativo *Ausrufezeichen*

la virgola *Komma*	la parentesi *Klammer*
il punto e virgola *Semikolon*	i puntini *Gedankenpunkte* für:
le virgolette *Anführungsstriche*	*Gedankenstrich*

Abweichungen vom Gebrauch der Satzzeichen im Deutschen bestehen im Italienischen vor allem bei der Setzung des Kommas: Vor Nebensätzen, die mit **se** *wenn*, **ob** und **che** *daß* eingeleitet sind, sowie vor Infinitiven steht im Italienischen kein Komma. Vor Relativsätzen fehlt das Komma ebenfalls, wenn sie zum Verständnis des Hauptsatzes erforderlich sind. Dagegen können — im Gegensatz zum Deutschen — adverbiale Bestimmungen in Kommata eingeschlossen werden.

Das italienische Alphabet

A, a	B, b	C, c	D, d	E, e	F, f	G, g
[a]	[bi]	[tʃi]	[di]	[e]	[ɛf-fe]	[dʒi]

H, h	I, i	J, j	L, l	M, m	N, n	O, o
[ak-ka]	[i]	[i luŋga]	[ɛl-le]	[ɛm-me]	[ɛn-ne]	[o]

P, p	Q, q	R, r	S, s	T, t	U, u	V, v
[pi]	[ku]	[ɛr-re]	[ɛs-se]	[ti]	[u]	[vu, vi]

Z, z						
[dzeːta]						

Die Konsonanten K, k [kap-pa], W, w [vu dop-pia], X, x [iks] und Y, y [ipsilon] kommen nur in Fremdwörtern vor.

Zahlwörter — Numerali

Die italienischen Ordnungszahlen haben für das weibliche Geschlecht
eine besondere Form, die durch Verwandlung des auslautenden *-o* in *-a*
gebildet wird; desgleichen nehmen sie die Mehrheitsform an. Wir geben
im folgenden nur die männliche Form ohne Artikel.

Grundzahlen	Ordnungszahlen
0 **zero** [dze:ro]	
1 **uno, una, un, un'** [u:no, u:na, un]	1° **primo** [pri:mo]
2 **due** [du:e]	2° **secondo** [se'kondo]
3 **tre** [tre]	3° **terzo** [tertso]
4 **quattro** [ku'at-tro]	4° **quarto** [ku'arto]
5 **cinque** [tʃiŋkue]	5° **quinto** [ku'into]
6 **sei** [sɛi]	6° **sesto** [sesto]
7 **sette** [sɛt-te]	7° **settimo** [sɛt-timo]
8 **otto** [ɔt-to]	8° **ottavo** [ot-'ta:vo]
9 **nove** [nɔ:ve]	9° **nono** [nɔ:no]
10 **dieci** [di'ɛ:tʃi]	10° **decimo** [dɛ:tʃimo]
11 **undici** [unditʃi]	11° **decimoprimo, undècimo undicesimo** [undi'tʃɛ:zimo]
12 **dodici** [do:ditʃi]	12° **decimosecóndo dodicèsimo, duodècimo**
13 **tredici** [tre:ditʃi]	13° **tredicèsimo** *od.* **decimotèrzo**
14 **quattordici** [kuat-'torditʃi]	14° **quattordicèsimo** *od.* **decimoquarto**
15 **quindici** [ku'inditʃi]	15° **quindicèsimo** *od.* **decimoquinto**
16 **sedici** [se:ditʃi]	16° **sedicèsimo** *od.* **decimosèsto**
17 **diciassette** [ditʃas-'sɛt-te]	17° **diciassettèsimo** *od.* **decimosèttimo**
18 **diciotto** [di'tʃɔt-to]	18° **diciottèsimo** *od.* **decimottavo**
19 **diciannove** [ditʃan-'nɔ:ve]	19° **diciannovèsimo** *od.* **decimonòno**
20 **venti** [venti]	20° **ventesimo** [ven'tɛ:zimo] *od.* **vigesimo** [vi'dʒe:zimo]
21 **ventuno, -a** [ven'tu:no]	21° **ventunesimo** [ventu'nɛ:zimo] *od.* ventèsimo primo
22 **ventidue** [venti'du:e]	22° ventiduèsimo *od.* ventèsimo secóndo
23 **ventitré** [venti'tre]	23° ventèsimo tèrzo
28 **ventotto** [ven'tɔt-to]	28° ventèsimo ottavo
29 **ventinove** [venti'nɔ:ve]	29° ventèsimo nòno
30 **trenta** [trenta]	30° **trentesimo** [tren'tɛ:zimo]
31 **trentuno** [tren'tu:no]	31° trentèsimo primo
32 **trentadue** [trenta'du:e]	32° trentèsimo secóndo
33 **trentatré** [trenta'tre]	33° trentèsimo tèrzo
38 **trentotto** [tren'tɔt-to]	38° trentèsimo ottavo
40 **quaranta** [kua'ranta]	40° **quarantèsimo**
41 **quarantuno** [kuaran'tu:no]	41° quarantèsimo primo
42 **quarantadue** [kuaranta'du:e]	42° quarantèsimo secóndo
50 **cinquanta** [tʃiŋku'anta]	50° **cinquantèsimo**
60 **sessanta** [ses-'santa]	60° **sessantèsimo**
70 **settanta** [set-'tanta]	70° **settantèsimo**
80 **ottanta** [ot-'tanta]	80° **ottantèsimo**

Grundzahlen	**Ordnungszahlen**

<table>
<tr><td>90</td><td>**novanta** [no'vanta]</td><td>90°</td><td>**novantèsimo**</td></tr>
<tr><td>100</td><td>**cento** [tʃento]</td><td>100°</td><td>**centesimo** [tʃen'tɛ:zimo]</td></tr>
<tr><td>101</td><td>cènto uno</td><td>101°</td><td>centunèsimo *od.* centèsimo primo</td></tr>
<tr><td>102</td><td>centodue</td><td>102°</td><td>centoduèsimo</td></tr>
<tr><td>103</td><td>centotré</td><td>103°</td><td>centotreèsimo</td></tr>
<tr><td>110</td><td>centodièci</td><td>110°</td><td>centodècimo</td></tr>
<tr><td>111</td><td>centoùndici</td><td>111°</td><td>centundicèsimo</td></tr>
<tr><td>112</td><td>centodódici</td><td>112°</td><td>centododicèsimo</td></tr>
<tr><td>120</td><td>centovénti</td><td>120°</td><td>centoventèsimo</td></tr>
<tr><td>130</td><td>centotrénta</td><td>130°</td><td>centotrentèsimo</td></tr>
<tr><td>200</td><td>**duecento** [due'tʃento]</td><td>200°</td><td>**duecentèsimo**</td></tr>
<tr><td>201</td><td>duecènto uno</td><td>201°</td><td>duecentèsimo primo</td></tr>
<tr><td>300</td><td>**trecènto**</td><td>300°</td><td>**trecentèsimo**</td></tr>
<tr><td>400</td><td>**quattrocènto**</td><td>400°</td><td>**quattrocentèsimo**</td></tr>
<tr><td>500</td><td>**cinquecènto**</td><td>500°</td><td>**cinquecentèsimo**</td></tr>
<tr><td>600</td><td>**seicènto**</td><td>600°</td><td>**se(i)centèsimo**</td></tr>
<tr><td>700</td><td>**settecènto**</td><td>700°</td><td>**settecentèsimo**</td></tr>
<tr><td>800</td><td>**ottocènto**</td><td>800°</td><td>**ottocentèsimo**</td></tr>
<tr><td>900</td><td>**novecènto**</td><td>900°</td><td>**novecentèsimo**</td></tr>
<tr><td>1000</td><td>**mille** [mil-le]</td><td>1000°</td><td>**millesimo** [mil-'lɛ:zimo]</td></tr>
<tr><td>1001</td><td>mille uno</td><td>1001°</td><td>millèsimo primo</td></tr>
<tr><td>2000</td><td>**duemila** [due'mi:la]</td><td>2000°</td><td>duemillèsimo</td></tr>
<tr><td>3000</td><td>tremila</td><td>3000°</td><td>tremillèsimo</td></tr>
<tr><td>4000</td><td>quattromila</td><td>4000°</td><td>quattromillèsimo</td></tr>
<tr><td>5000</td><td>cinquemila</td><td>5000°</td><td>cinquemillèsimo</td></tr>
<tr><td>6000</td><td>seimila</td><td>6000°</td><td>seimillèsimo</td></tr>
<tr><td>100 000</td><td>centomila</td><td>100 000°</td><td>centomillèsimo</td></tr>
<tr><td>1000 000</td><td>**un milione** [mili'o:ne]</td><td>1000 000°</td><td>**milionesimo** [milio'nɛ:zimo]</td></tr>
</table>

Bruchzahlen

$1/_2$	un mezzo	[un mɛd-dzo]	ein halb
	la metà	[la me'ta]	die Hälfte
$1/_3$	un terzo	[un tertso]	ein Drittel
$2/_3$	due terzi	[due tertsi]	zwei Drittel
$1/_4$	un quarto	[un ku'arto]	ein Viertel
$3/_4$	tre quarti	[tre ku'arti]	drei Viertel
$1/_5$	un quinto	[un ku'into]	ein Fünftel
$4/_5$	quattro quinti	[kuat-tro ku'inti]	vier Fünftel
$1/_6$	un sesto	[un sesto]	ein Sechstel
$1/_{10}$	un decimo	[un dɛ:tʃimo]	ein Zehntel

Italienische Maße und Gewichte
Misure e pesi correnti in Italia

Misure lineari
Längenmaße

1 mm	*millimetro*	Millimeter
1 cm	*centimetro*	Zentimeter
1 dm	*decimetro*	Dezimeter
1 m	*metro*	Meter
1 km	*chilometro*	Kilometer
1 mn	*miglio navale*	Seemeile
	= 1852 m	

Misure di capacità
Hohlmaße

1 cl	*centilitro*	Zentiliter
1 dl	*decilitro*	Deziliter
1 l	*litro*	Liter
1 hl	*ettolitro*	Hektoliter

Misure di superficie
Flächenmaße

1 mmq	*millimetro quadrato*	
	Quadratmillimeter	
1 cmq	*centimetro quadrato*	
	Quadratzentimeter	
1 dmq	*decimetro quadrato*	
	Quadratdezimeter	

1 mq	*metro quadrato*	
	Quadratmeter	
1 kmq	*chilometro quadrato*	
	Quadratkilometer	
1 a	*ara*	Ar
1 ha	*ettaro*	Hektar

Misure di volume
Raummaße

1 mmc	*millimetro cubo*	
	Kubikmillimeter	
1 cmc	*centimetro cubo*	
	Kubikzentimeter	
1 dmc	*decimetro cubo*	
	Kubikdezimeter	
1 mc	*metro cubo*	Kubikmeter
1 TSL	*tonnellata di stazza lorda*	
	Bruttoregistertonne	

Pesi
Gewichte

1 mg	*milligrammo*	Milligramm
1 g	*grammo*	Gramm
1 dag	*decagrammo*	Dekagramm
1 kg	*chilogrammo*	Kilogramm
1 q	*quintale*	Doppelzentner
1 t	*tonnellata*	Tonne

Teil II

Deutsch-Italienisch

Von

Dr. Walter Frenzel

Hinweise zum Teil Deutsch-Italienisch
Istruzioni per l'uso della parte tedesco-italiano

1. **Die alphabetische Reihenfolge** ist überall streng einzuhalten. Die Umlaute ä, ö, ü wurden hierbei den Buchstaben a, o, u gleichgestellt. An alphabetischer Stelle sind auch angegeben:

   a) die wichtigsten unregelmäßigen Formen der Verben sowie des Komparativs und Superlativs;

   b) die wichtigsten Formen der Fürwörter.

2. **Rechtschreibung.** Für die Schreibung der deutschen Wörter dienten als Norm die Regeln für die deutsche Rechtschreibung nach dem Duden, für die italienischen Wörter die Schreibung der gebräuchlichsten italienischen Wörterbücher.

3. **Die Betonung** der deutschen Wörter wird durch das Tonzeichen (') vor der betonten Silbe angegeben, jedoch nur, wenn von der phonetischen Umschrift nicht Gebrauch gemacht wird. Bei Gruppenartikeln ist der Tonwechsel zu beachten, z. B.

   Über...: ¹'‿blick; ²'blicken.

4. **Der Bindestrich** (-) ersetzt einen leicht zu ergänzenden Teil des vorhergehenden Wortes.

5. **Tilde und Strich.** Abgeleitete und zusammengesetzte Wörter sind zwecks Raumersparnis oft zu Gruppen vereinigt. Der senkrechte Strich (|) im ersten Stichwort einer solchen Gruppe trennt den Teil ab, der allen folgenden Wörtern dieser Gruppe gemeinsam ist. Die fette Tilde (‿) vertritt entweder das ganze erste Stichwort einer Gruppe oder den vor dem senkrechten Strich (|) stehenden Teil dieses Stichwortes. Die einfache Tilde (‿) vertritt das ganze, unmittelbar vor-

1. **L'ordine alfabetico** è stato osservato rigorosamente. Le vocali raddolcite ä, ö, ü equivalgono alle vocali semplici a, o, u. In ordine alfabetico sono pure indicate:

   a) Le forme irregolari più importanti dei verbi, del comparativo e del superlativo;

   b) le forme differenti dei pronomi.

2. **Ortografia.** Per le voci tedesche sono servite come norma le regole per l'ortografia tedesca del Duden; per le voci italiane l'ortografia usata nei più comuni dizionari italiani.

3. **L'accentuazione** delle voci tedesche è indicata mediante il segno (') che precede la sillaba accentuata. Ciò vale per i casi nei quali si è rinunciato alla trascrizione fonetica. Se varie voci sono riunite in un gruppo in seguito ad una voce guida, si ha da tenere presente lo spostamento dell'accento, p.e.

   Über...: ¹'‿blick; ²'blicken.

4. **La lineetta di congiunzione** (-) sostituisce una parte della parola precedente facilmente intuibile.

5. **Tilde e sbarra.** Per risparmio di spazio le parole derivate e composte sono state riunite quasi sempre in gruppi. La sbarra verticale (|) separa dalla voce-guida quella parte che è comune a tutte le seguenti voci del gruppo. La tilde grassa (‿) sostituisce la prima voce-guida intera di un gruppo oppure la parte della voce-guida che precede la sbarra (|). La tilde normale (‿) sostituisce l'intera voce-guida immediatamente precedente la quale stessa può già essere formata mediante la tilde.

hergehende Stichwort, das selbst schon mit Hilfe der Tilde gebildet sein kann. Wenn sich der Anfangsbuchstabe ändert (groß in klein und umgekehrt), steht statt der Tilde die Tilde mit Kreis (⌀, ⌀).

Beispiele: **Schuh, ~geschäft** = Schuhgeschäft; **Schul|examen, ~ferien** = Schulferien; **steig|en,** *zu Kopf ~* = zu Kopf steigen; **sterblich, ⌀keit** = Sterblichkeit.

6. Zusammensetzungen. Oft entsprechen den deutschen zusammengesetzten Substantiven im Italienischen Umschreibungen mit di, z. B. Rehbraten = arrosto di capriolo; solche sind in der Regel nicht aufgenommen. Auch andere Zusammensetzungen werden aus Raummangel oft weggelassen, wenn sie seltener sind und ihr Sinn sich aus der Bedeutung der einzelnen Bestandteile leicht ergibt. Manchmal ist es auch möglich, nur eine Übersetzung des Bestimmungswortes zu geben, die dann für den größten Teil der Gruppe paßt, z. B. **Jahres...:** *in Zssgn oft* annuale; es brauchen dann in der Gruppe nur solche Zusammensetzungen angeführt zu werden, die anders zu übersetzen sind, z. B. **~tag** anniversario.

7. Das Geschlecht der Substantive beider Sprachen ist stets angegeben (*m, f, n*).

8. Flexion (Beugung). Bei jedem einfach flektierbaren Wort steht in runden Klammern eine Ziffer als Hinweis auf den entsprechenden Absatz der Deklinations- und Konjugationstabellen (s. S. 1223). Die Ziffern sind in folgenden Fällen oft weggelassen:

a) bei Adjektiven und davon abgeleiteten Substantiven wie Reisende(r) *su.* (d. h. *m* u. *f*), die nach (18) gehen;

b) bei Substantiven mit den Endungen ...'ei, ...heit, ...'ion, ...i'tät, ...keit, ...schaft, ...ung: alle *f* (16); ...in: *f* (16[1]);

6. Parole composte. I sostantivi composti tedeschi spesso si traducono in italiano unendo le due voci componenti mediante la preposizione "di", p.e. Rehbraten = arrosto di capriolo; in genere tali parole composte non sono state assunte nel dizionario. Per mancanza di spazio sono state omesse anche altre parole composte, nel caso che fossero meno frequenti oppure quando il loro senso è facilmente intuibile in base al significato degli elementi componenti. In vari casi ci si limita a dare una traduzione sola della voce guida, la quale poi è applicabile a tutto il gruppo, p. e. **Jahres...:** *in Zssgn oft* (in parole composte si traduce generalmente con) annuale; in seguito a ciò nel gruppo vengono elencate solo quelle voci che sono da tradurre in maniera diversa, p. e. **~tag** anniversario.

7. Il genere dei sostantivi viene indicato sempre per ogni parola tedesca e italiana (*m, f, n*).

8. Flessione. Ogni parola semplice che si può declinare o coniugare è seguita da un numero tra parentesi, il quale si riferisce alla rispettiva tavola di declinazione o coniugazione (*pag.* 1223).
I numeri sono stati omessi spesso nei seguenti casi:

a) dopo gli aggettivi sostantivati Reisende(r) *su.* (vuol dire *m* e *f*) i quali seguono la tavola (18);

b) dopo i sostantivi terminanti in ...'ei, ...heit, ...'ion, ...i'tät, ...keit, ...schaft, ...ung: tutti *f* (16); ...in: *f* (16[1]); ...'ie: *f* (15);

...'ie: *f* (15); ...el, ...er: *m* od. *n* (7); ...chen: *n* (7); ...'ist: *m* (12); ...'ismus: *m* (16²; oft ohne Plural); ...'loge: *m* (13).

...el, ...er: *m* o *n* (7); ...chen: (7); ...'ist: *m* (12); ...'ismus: *m* (16²; spesso senza plurale); ...'loge: *m* (13).

Bei den Verben auf ...'ieren ist (25) weggelassen.

Dopo i verbi terminanti in ...'ieren è stato omesso il numero (25).

v/i. (*sn*) bedeutet, daß das betr. intransitive Verb das Perfekt usw. mit „sein" bildet. Die übrigen Verben werden mit „haben" konjugiert.

v/i. (*sn*) significa che il rispettivo verbo intransitivo forma il preterito composto mediante il verbo ausiliare "sein". Gli altri verbi si coniugano mediante il verbo ausiliare "haben".

Von den einfachen Verben werden die starken und unregelmäßigen Formen an der alphabetischen Stelle aufgeführt, z. B. **traf** *s.* treffen; **gefunden** *s.* finden, **gegangen** *s.* gehen; von zusammengesetzten Verben nur dann, wenn das entsprechende einfache Verb nicht vorkommt oder die Zusammensetzung abweichend konjugiert wird. Sonst werden **Partizipien** nur dann besonders aufgeführt, wenn sie eine eigene adjektivische Bedeutung haben.

Le forme irregolari dei verbi semplici sono citate per ordine alfabetico, p. e. **traf** *s.* treffen; **gefunden** *s.* finden, **gegangen** *s.* gehen. Le forme irregolari dei verbi composti sono state assunte nel dizionario solo quando il rispettivo verbo semplice non esiste oppure quando la coniugazione del verbo composto differisce da quella del verbo semplice. Negli altri casi i **participi** vengono elencati solamente quando usati come aggettivi assumono un significato diverso.

9. **Steigerungs- und Adverbformen.** Die regelmäßigen Formen der Komparative und Superlative auf ...er und ...(e)st und die Adverbien auf ...mente werden nicht aufgeführt. Auf den Umlaut wird durch (18²) hinter dem Adjektiv hingewiesen.

9. **Gradi di comparazione e formazione degli avverbi.** Sono state omesse le forme regolari del comparativo e del superlativo in ...er e ...(e)st e gli avverbi terminanti in ...mente. La modificazione della vocale radicale viene indicata con il numero (18²).

10. **Die Verkleinerungsformen** auf **-chen** und **-lein** (oft mit Umlaut) werden aus Raummangel nur dann gebracht, wenn sie eine Sonderbedeutung haben.

10. Vengono pure omessi, per mancanza di spazio, **i diminutivi** terminanti in **-chen** o **-lein** (spesso con la vocale modificata). Essi vengono citati solo allorquando assumono un significato speciale.

11. **Die Rektion** der Verben ist angegeben, wenn sie in beiden Sprachen verschieden ist.

11. **Il regime** dei verbi è stato indicato allorquando esso differisce nelle due lingue.

12. **Reflexive Verben.** Das reflexive Pronomen **sich** ohne Bezeichnung ist Akkusativ; ist es Dativ, so wird (*dat.*) hinzugefügt. Wenn der reflexive Gebrauch des Verbs im Deutschen und Italienischen übereinstimmt, wird er nicht besonders erwähnt.

12. **Verbi riflessivi.** Il pronome riflessivo **sich** senza specificazione viene inteso come accusativo. Se si tratta del dativo viene aggiunto (*dat.*). Se l'uso riflessivo del verbo è uguale sia in tedesco che in italiano, si prescinde dal menzionarlo espressamente.

13. Übersetzung und Bedeutung.
Die Bedeutungsunterschiede sind gekennzeichnet:

a) durch Synonyme in runden Klammern;

b) durch vorgesetzte deutsche Ergänzungen oder Erklärungen;

c) durch vorgesetzte bildliche Zeichen oder Abkürzungen.

Das Semikolon trennt eine gegebene Bedeutung von einer neuen, wesentlich verschiedenen.

13. Traduzione e significato. Le differenze di significato sono così indicate:

a) mediante sinonimi tra parentesi rotonde;

b) mediante complementi o spiegazioni anteposti alla traduzione;

c) mediante simboli o abbreviazioni convenzionali.

Il punto e virgola separa una traduzione da un'altra di significato essenzialmente diverso.

Abkürzungen zum Teil Deutsch-Italienisch
Abbreviazioni nella parte tedesco-italiano

1. Zeichen — Simboli

F	familiär, *familiare*.	⌂	Baukunst, *architettura*.
P	populär, *popolare*.		Mathematik, *matematica*.
V	vulgär, unanständig, *volgare*.	⚕	Chemie, *chimica*.
✝	Handel, *commercio*.		Elektrotechnik, *elettrotecnica*.
⚓	Schiffahrt, *navigazione*.		Medizin, *medicina*.
✕	Militär, *militare*.		Rechtswissenschaft, *giurisprudenza*.
⊕	Technik, *tecnica*.		
⚒	Bergbau, *industria mineraria*.	▥	wissenschaftlich, *scientifico*.
⚙	Eisenbahn, *ferrovia*.	⬘	Wappenkunde, *araldica*.
✈	Flugwesen, *aviazione*.	†	veraltet, *antiquato*.
✉	Post, *posta*.	=	gleich, *uguale a*.
♪	Musik, *musica*.	>	verwandelt sich in, *si trasforma in*.
⚘	Acker-, Gartenbau, *agricoltura*, *orticoltura*.		
⚕	Pflanzenkunde, *botanica*.	-, ~, ♀, |, ' s. S. 647 u. 653ff.

2. Abkürzungen — Abbreviazioni

a.	auch, *anche*.	*e-r, e-s*	einer, eines *di (od. a) una, di uno*.
Abk.	Abkürzung, *abbreviazione*.		
abs.	absolut, *assoluto*.	*Erdk.*	Erdkunde, *geografia*.
abstr.	abstrakt, *astratto*.	*et.*	etwas, *qualche cosa*.
ac.	Akkusativ, *accusativo*.	*f*	Femininum, *femminino*.
adj.	Adjektiv, *aggettivo*.	*Fechtk.*	Fechtkunst, *scherma*.
adv.	Adverb, *avverbio*.	*Fernspr.*	Fernsprecher, *telefono*.
allg.	allgemein, *generalmente*.	*fig.*	figürlich, *in senso figurato*.
Anat.	Anatomie, *anatomia*.	*f/pl.*	Femininum im Plural, *femminino plurale*.
Apoth.	Apothekerkunst, *farmaceutica*.	*fut.*	Futurum, *futuro*.
Arith.	Arithmetik, *aritmetica*.	*gen.*	Genitiv, *genitivo*.
art.	Artikel, *articolo*.	*Geogr.*	Geographie, *geografia*.
Astr.	Astronomie, *astronomia*.	*Geol.*	Geologie, *geologia*.
atr.	attributiv, *attributivo*.	*Geom.*	Geometrie, *geometria*.
bibl.	biblisch, *biblico*.	*ger.*	Gerundium, *gerundio*.
Bill.	Billard, *biliardo*.	*Ggs.*	Gegensatz, *contrario*.
bsd.	besonders, *particolarmente*.	*Gram.*	Grammatik, *grammatica*.
bzw.	beziehungsweise, *oppure*.	*h.*	haben, *avere*.
Chir.	Chirurgie, *chirurgia*.	*Heral.*	Heraldik, *araldica*.
cj.	Konjunktion, *congiunzione*.	*hist.*	historisch, *storico*.
comp.	Komparativ, *comparativo*.	*imp.*	Imperativ, *imperativo*.
cong.	Konjunktiv, *congiuntivo*.	*impf.*	Imperfekt, *imperfetto*.
concr.	konkret, *concreto*.	*ind.*	Indikativ, *indicativo*.
dat.	Dativ, *dativo*.	*indekl.*	indeklinabel, *indeclinabile*.
d. h.	das heißt, *vale a dire*.	*inf.*	Infinitiv, *infinito*.
dim.	Diminutiv, *diminutivo*.	*inf. pt.*	Infinitiv des Perfekts, *infinito passato*.
d-s	dies, dieses, *questo, questa*.		
ea.	einander, *l'un l'altro*.	*int.*	Interjektion, *interiezione*.
e-e	eine, *una*.	*interr.*	Interrogativum, *interroga-*
ehm.	ehemals, *anticamente*.	*iro.*	ironisch, *ironico*. [*tivo.*}
e-m, e-n	einem, einen, *a uno, uno*.	*j.*	jemand, *qualcuno*.
engl.	englisch, *inglese*.	*Jgdw.*	Jagdwesen, *caccia*.

j-m	jemandem, *a qualcuno*.	*pron.*	Pronomen, *pronome*.
j-n	jemanden, *qualcuno*.	*prot.*	protestantisch, *protestante*.
j-s	jemandes, *di qualcuno*.	*prov.*	provinziell, *provincialismo*.
kath.	katholisch, *cattolico*. [*carte*.⟩	*prp.*	Präposition, *preposizione*.
Kartensp.	Kartenspiel, *gioco delle*⟩	*prs.*, *pres.*	Präsens, *presente*.
Kfz.	Kraftfahrzeug, *automobile*.	*refl.*	reflexiv, *riflessivo*.
Kinderspr.	Kindersprache, *linguaggio dei bambini*.	*Rel.*	Religion, *religione*.
		rel.	relativ, *relativo*.
Kochk.	Kochkunst, *cucina*.	*s.*	siehe, *vedi*.
Lit.	Literatur, *letteratura*.	*S.*	Seite, *pagina*.
lt.	lateinisch, *latino*.	*sdd.*	süddeutsch, *provincialismo della Germania del sud*.
m	Maskulinum, *maschile*.		
Mal.	Malerei, *pittura*.	*s-e*	seine sg. f u. pl., *sua, suoi*.
m-e	meine, *la mia*.	*sg.*	Singular, *singolare*.
m/f	Maskulinum u. Femininum, *maschile e femminile*.	*Skulp.*	Skulptur, *scultura*.
		s-m	seinem, *al suo (dat.)*.
Min.	Mineralogie, *mineralogia*.	*sn*	sein, *essere*.
m-m	meinem, *al mio (dat.)*.	*s-n*	seinen, *il suo (ac.)*.
m-n	meinen, *il mio (ac.)*.	*s-r*	seiner, *della sua (gen.)*, *alla sua (dat.)*.
m/pl.	Maskulinum im Plural, *maschile plurale*.		
		s-s	seines, *del suo*.
m-r	meiner, *della mia*.	*su.*	Substantiv *(m u. f)*, *sostantivo (m e f)*.
m-s	meines, *del mio*.		
mst	meistens, *per lo più*.	*sup.*	Superlativ, *superlativo*.
Myth.	Mythologie, *mitologia*.	*Tel.*	Telefon, *telefono*; Telegrafie, *telegrafia*.
n	Neutrum, *neutro*.		
nd.	norddeutsch, *provincialismo della Germania del nord*.	*Thea.*	Theater, *teatro*.
		Theol.	Theologie, *teologia*.
neol.	neues Wort, *neologismo*.	*Typ.*	Buchdruck, *tipografia*.
nom.	Nominativ, *nominativo*.	*u.*	und, *e*.
n/pl.	Neutrum im Plural, *neutro plurale*.	*unpers.*	unpersönlich, *impersonale*.
		untr.	untrennbar, *inseparabile*.
o.	ohne, *senza*.	*usw.*	und so weiter, *eccetera*.
od.	oder, *o*.	*uv.*	unveränderlich, *invariabile*.
Opt.	Optik, *ottica*.	*v.*	von, vom, *di*.
örtl.	örtlich, *rispetto al luogo*.	*vb.*	Verb, *verbo*.
öst.	österreichisch, *austriaco*.	*vet.*	Tierheilkunde, *veterinaria*.
Parl.	Parlament, *parlamento*.	*vgl.*	vergleiche, *confronta*.
part.	Partizip, *participio*.	*v/i.*	intransitives Verb, *verbo intransitivo*.
part. pt.	Partizip des Perfekts, *participio passato*.		
		v/refl.	reflexives Verb, *verbo riflessivo*. [*sitivo*.⟩
pas.	Passiv, *passivo*.		
pers.	Person, *persona*.	*v/t.*	transitives Verb, *verbo tran-*⟩
Phil.	Philosophie, *filosofia*.	*Zahnhlk.*	Zahnheilkunde, *odontologia*.
Phot.	Photographie, *fotografia*.	*z.B.*	zum Beispiel, *p. e. = per esempio*.
Phys.	Physik, *fisica*.		
Physiol.	Physiologie, *fisiologia*.	*Zeichenk.*	Zeichenkunst, *disegno*.
pl.	Plural, *plurale*.	*zeitl.*	zeitlich, *relativo al tempo*.
poet.	poetisch, *poetico*.	*Zo.*	Zoologie, *zoologia*.
Pol.	Politik, *politica*.	*zs.*	zusammen, *insieme*.
p.p.	= *part.pt.*	*Zssg(n)*	Zusammensetzung(en), *parola (-e) composta (-e)*.
pred.	prädikativ, *predicativo*.		

Pronuncia delle parole tedesche

Secondo il sistema dell'"Associazione Fonetica Internazionale"

a) Vocali: (Le vocali seguite da due punti sono larghe [ɑ:], le altre brevi [a]).

ɑ: larga come in m**a**le, m**a**re.

a   breve come in p**a**nno.

e: larga come in v**e**ro.

e   chiusa e breve come in d**e**bito, g**e**nerale.

ɛ: aperta e larga come in t**e**dio.

ɛ   aperta e breve come in f**e**sta.

ə   (solo in sillabe atone); suona come la e francese in sab**re**.

i: larga come in f**i**ne.

i   breve ed aperta come in b**i**rra.

o   chiusa e breve come in **o**rario.

o: chiusa e larga come in **o**ra, g**o**la.

ɔ   aperta e breve come in p**o**rta.

ø   più lunga e chiusa della **eu** francese in q**ueu**e.

œ   aperta e breve come la **eu** francese in m**eu**rtre o la **u** inglese in h**u**rt.

u: larga come in n**u**be.

u   breve come in b**u**rro.

y: larga come la **û** francese in s**û**r.

y   breve come la **u** francese in s**u**r.

ã, ɛ̃, ɔ̃, œ̃: vocali dal suono nasale come nelle parole francesi pl**an**, f**in**, b**on**, br**un**; si incontrano solo in parole straniere di origine francese.

ˀ   significa che la vocale che segue viene pronunciata aspirando leggermente, p. e. [bəˀˀamtə(r)].

Quando si prescinde dalla trascrizione fonetica, l'aspirazione viene indicata da un trattino, *p. e.* '*an-eignen* (si pronuncia: 'anˀaɪgnən).

b) Dittonghi:

aɪ come **ai** in l**ai**do.

au come **au** in **au**la.

ɔʏ come **oi** in n**oi**a.

c) Consonanti:

k, p, t: come in **c**al**d**o, **p**osta, **t**avola; al principio di una sillaba tonica si pronunciano con una leggera aspirazione.

b, d, g: come in **b**ene, **d**onna, **g**amba.

f, v: come in **f**are, u**v**a.

s   come la **s** sorda in ca**s**a.

z   come la **s** dolce in chie**s**a.

ts   come la **z** in raga**zz**o.

x   **ch** aspirata gutturale come la **j** spagnola.

ç   suono palatale che non esiste in italiano; molto più stretta della **sc** in **sc**endere.

j   come la **i** in a**i**uto.

ʃ   come la **sc** in la**sc**iare, **sc**iabola.

ʒ   come la **g** francese in **g**êne; non s'incontra che in parole straniere di origine francese.

m, n, l: come in **m**adre, **n**otte, **l**ago.

ŋ   suono nasale come la **n** in ta**n**go.

r   si pronuncia in alcune regioni come la **r** in mi**r**to; però nella maggior parte della Germania si pronuncia come la **r** francese (**r** moscia!).

h   come **c**asa con la **c** aspirata in dialetto toscano.

d) Accento:

L'accento viene collocato al principio della sillaba sulla quale deve cadere, p. e. fordern ['fɔrdərn], Forelle [foˈrɛlə].

Due accenti indicano un'accentuazione ambigua, p. e. undefinierbar ['undefiˈniːrbɑːr].

e) Avvertenze:

Un trattino sostituisce una sillaba già trascritta nella trascrizione precedente, *p. e. Witz...* [vits]; ⁓*bold* [ˈbɔlt]. — *vorweg...* [foːrˈvɛk...]; ⁓*nahme* [-ˈ-naːmə].

Per mancanza di spazio si rinuncia alla trascrizione di *parole composte* come *Briefkasten, Absicht,* dato che la pronuncia degli elemti componenti viene gia indicata al rispettivo luogo alfabetico: *Brief, Kasten, ab, Sicht.*

Lista dei suffissi e delle desinenze

più comuni, alla cui trascrizione è stato rinunciato per mancanza di spazio:

-bar(keit) [-bɑːr(kaɪt)]
-ei [-ˈaɪ]
-el, -eln(d) [-əl, -əln(t)]
-en, -ens... [-ən(s...)]
-end, -ende(r) [-ənt, -əndə(r)]
-er(in), -erisch [-ər(in), -əriʃ]
-ern [-ərn]
-et [-ət]
-haft(s...), -haftigkeit [-haft(s...), -haftiçkaɪt]
-heit(s...) [-haɪt(s...)]
-ieren [-ˈiːrən]
-ig [-iç], -igen [-igən], -ige(r) [-igə(r)], -igkeit [-içkaɪt]

-igt [-içt], -igung [-iguŋ]
-isch [-iʃ]
-keit(s...) [-kaɪt(s...)]
-lich(keit) [-liç(kaɪt)]
-los, -losigkeit [-loːs, loːziçkaɪt]
-nis [-nis]
-sal [-zaːl]
-sam(keit) [-zaːm(kaɪt)]
-schaft(s...) [-ʃaft(s...)]
-ste(l), -stens [-stə(l), -stəns]
-te(l), -tens [-tə(l), -təns]
-tum [-tuːm]
-ung(s...) [-uŋ(s...)]

L'alfabeto tedesco

Antiqua	Fraktur	pronuncia	Antiqua	Fraktur	pronuncia
A, a	𝔄, a	[ɑː]	Ö, ö	Ö, ö	[øː]
Ä, ä	𝔄̈, ä	[ɛː]	P, p	𝔓, p	[peː]
B, b	𝔅, b	[beː]	Q, q	𝔔, q	[kuː]
C, c	ℭ, c	[tseː]	R, r	ℜ, r	[ɛr]
D, d	𝔇, d	[deː]	S, s	𝔖, ß, ſ	[ɛs]
E, e	𝔈, e	[eː]	ß	ß	[ɛs-ˈtsɛt]
F, f	𝔉, f	[ɛf]			
G, g	𝔊, g	[geː]	T, t	𝔗, t	[teː]
H, h	𝔥, h	[hɑː]	U, u	𝔘, u	[uː]
I, i	𝔍, i	[iː]	Ü, ü	𝔘̈, ü	[yː]
J, j	𝔍, i	[jɔt]	V, v	𝔙, v	[faʊ]
K, k	𝔎, 𝔨	[kɑː]	W, w	𝔚, w	[veː]
L, l	𝔏, l	[ɛl]	X, x	𝔛, ɤ	[iks]
M, m	𝔐, m	[ɛm]	Y, y	𝔜, ɥ	[ˈypsilən]
N, n	𝔑, n	[ɛn]			
O, o	𝔒, o	[oː]	Z, z	𝔷, ʒ	[tsɛt]

A

A, a [ɑː] *n uv.* A, a *m u. f; wer A sagt, muß auch B sagen* quando si è in ballo, bisogna ballare; *das A und O* l'alfa e l'omega; *von A bis Z* dall'a alla zeta.

A, a ♪ [ɑː] *n uv.* la *m.*

Aal [ɑːl] *m* (3) anguilla *f;* **♀en** (25): *sich ~* crogiolarsi; **♀glatt** liscio come un'anguilla (*a. fig.*); '**~reuse** *f* nassa *f.*

Aar [ɑːr] *m* (3) *poet.* aquila *f.*

Aas [ɑːs] *n* (4, *pl. a. Äser* ['ɛːzər] 1²) carogna *f.*

aasen ['ɑːzən] (27): *~ mit* F sprecare (*ac.*).

Aas|fliege ['ɑːsfliːgə] *f* moscone *m;* **~geier** *m* avvoltoio *m.*

ab [ap] *1. zeitlich:* a partire da; *~ und zu* di quando in quando; *2. räumlich:* da; *~ Fabrik* dalla fabbrica; *~!* via!

abänder|n ['apˀɛndərn] cambiare; (*teilweise*) modificare; **♀ung** *f* cambiamento *m;* modificazione *f;* **♀ungsantrag** ['---ruŋsˀantraːk] *m* proposta *f* di emendamento.

'**ab-arbeiten** *Schuld:* saldare lavorando; *sich ~* affacchinarsi, strapazzarsi.

'**Ab-art** *f* ♀ *u. Zo.* sottospecie *f; fig.* varietà *f.*

abästen ['-ˀɛstən] (26) diramare.

'**Abbau** *m von Gebäuden:* demolizione *f; Personal:* riduzione *f,* limitazione *f; Lohn:* diminuzione *f;* ⚒ estrazione *f;* esercizio *m;* ⊕ smontaggio *m;* **♀en** ridurre; *fig.* limitare; ⚒ estrarre; sfruttare; ⊕ smontare; *Personal:* ridurre; *Lohn:* diminuire.

abbeeren ['-beːrən] (25) sgranellare.

'**abbeißen** staccare con un morso.

'**abbekommen** (*loskriegen*) riuscire a staccare; *Schaden, Wunde:* riportare; *sein Teil ~* ricevere *od.* avere la sua parte.

'**abberuf|en** *v/t. Pol.* richiamare; rimuovere, destituire; **♀ung** *f* richiamo *m;* destituzione *f; vorläufige:* sospensione *f.*

'**abbestell|en** disdire; annullare;

revocare; **♀ung** *f* revoca *f;* contrordine *m.*

'**abbezahlen** pagare a rate; *endgültig:* liquidare.

'**abbiegen** (*sn*) girare, svoltare; *vom Wege ~* deviare; *in Straße:* scantonare; *nach rechts ~* svoltare a destra.

'**Abbild** *n* immagine *f,* copia *f;* (*Bildnis*) ritratto *m;* **♀en** ['-bildən] copiare; ritrarre; **~ung** *f* rappresentazione *f;* ritratto *m;* disegno *m;* illustrazione *f.*

'**Abbitte** *f* scusa *f; ~ leisten od. tun* chiedere scusa (*od.* perdono); *öffentlich ~ tun* fare pubblica ammenda; **♀n:** *j–n et. ~* domandare (*od.* chiedere) scusa a qu. di qc.

'**abblasen** scaricare; *fig.* revocare, disdire.

'**abblättern** *v/t.* sfogliare; *sich ~* sfogliarsi, sfaldarsi.

'**abblenden** *Phot.* diaframmare; *Kfz.* abbassare i fari (abbaglianti).

'**abblitzen** F *j–n ~ lassen* rimandare qu. a mani vuote.

'**abblühen** (h., sn) sfiorire.

'**abbrassen** ⚓ ammainare le vele.

'**abbrausen** *1. v/t. u. sich ~* fare la doccia; *2. v/i.* partire in tutta fretta.

'**abbrechen** *1. v/t. Zweige:* rompere; *Rede:* interrompere; △ demolire; *Obst:* cogliere; *Zelt:* levare; *fig.* troncare; *2. v/i.* (*sn*) rompersi; *fig.* finire; fermarsi; *abgebrochen sprechen* parlare staccato.

'**abbremsen** (h.) frenare; *fig.* moderare.

'**abbrennen** *1. v/t.* bruciare completamente; *Chir.* cauterizzare; *2. v/i.* (*sn*) bruciare (completamente), ridursi in cenere; F *abgebrannt* al verde.

'**abbringen** rimuovere; *fig.* distogliere, dissuadere; *vom rechten Wege ~* sviare.

abbröckeln ['-brœkəln] (*sn*) *Verputz:* staccarsi; F *venir giù; Mauer:* sgretolarsi; ♦ *Kurse:* cedere.

'**Abbruch** *m* rottura *f;* △ demoli-

zione f; (Schaden) danno m; ~ tun
recar danno, pregiudicare.
'abbrühen scottare; fig. F abgebrüht smalizziato; di tre cotte.
'abbuchen defalcare.
'abbürsten spazzolare.
'abbüßen (Strafe: scontare.
Abc [abe:'tse:] n uv. abbicci m, alfabeto m; ~Buch n abbecedario m;
~-Schüler(in f) m, ~-Schütze f
alunno m della prima classe elementare; fig. novellino m, principiante
m.
abdach|en ['-daxən] (25) scarpare;
Haus: scoperchiare; 2ung f spiovente m; pendenza f.
abdämmen ['-dɛmən] (25) arginare.
'Abdampf ⊕ m vapore m di scarico;
2en evaporare; fig. F andarsene,
partire.
'abdämpfen far evaporare; ♪,
Licht: smorzare.
'abdank|en dimettersi; Fürsten: ab-
dicare; 2ung f dimissioni f/pl.; abdicazione f.
'abdeck|en sguarnire; Bett: disfare;
Tisch: sparecchiare; (verdecken) coprire; 2er m (7) scorticatore m; 2e-
rei [-dekə'rai] f (16) scorticatoio m;
scorticatura f.
'abdicht|en (26) rendere imper-
meabile od. stagno; turare; ⊕ calafatare; 2ung f chiusura f ermetica;
⊕ calafataggio m.
'abdienen (Schuld) scontare; ✕ fare
il servizio militare.
'abdrängen far deviare; spingere
alla deriva.
'abdrehen staccare girando; torcere;
Hahn: chiudere; ⊕ tornire; ≠
spegnere; (Film) finire di girare; ⚓,
✗ virare; dirottare.
'abdrosseln strozzare; bloccare,
arrestare.
'Abdruck m impronta f; copia f;
Typ. bozza f; (Auflage) tiratura f;
(Nachdruck) riproduzione f.
'abdrucken imprimere; Typ. stampare; riprodurre.
'abdrücken staccare premendo;
(abformen) improntare; Gewehr: tirare il grilletto; Herz: spezzare.
Abend ['a:bənt] m (3¹) sera f; (Westen) ponente m; 2s, des ~s, am ~
di sera; gestern 2 ieri sera; heute 2
questa sera, stasera; morgen 2 domani sera; der Heilige ~ vigilia f di

Natale; zu ~ essen cenare; in Zssgn
oft serale, di sera; ~andacht f de-
vozioni f/pl. serali; ~anzug m abito
m da sera; ~ausgabe f, ~blatt n
edizione f (giornale m) della sera;
~börse f dopoborsa m; ~brot n
cena f; ~dämmerung f crepuscolo
m; ~essen n cena f; 2füllend Film:
di lunghezza normale; ~er Film m
lungometraggio m; ~gebet n preghiera f della sera; ~geläut(e) n, ~
glocke f avemmaria f; ~gesell-
schaft f ricevimento m serale; serata f; ~kleid n abito m da sera; ~
kurs m corso m serale; ~land n
Occidente m; 2ländisch occidentale; 2lich serale; serotino; ~mahl
n cena f; Rel. das heilige ~ co-
munione f; Bild: cenacolo m; das
~ nehmen comunicarsi; ~mahls-
gänger(in f) m comunicante su.;
~mahlskelch m ciborio m; ~mahl-
zeit f cena f; ~musik f serenata f;
~röte f tramonto m; ~schule f
scuola f serale; ~ständchen n serenata f; ~stern m stella f di Venere,
Espero m; ~stunde f ora (od.
lezione) f serale; ~toilette f abito
m da sera; ~unterhaltung f trattenimento m serale; ~zeitung f giornale m della sera.
Abenteu|er ['a:bəntɔyər] n (7) av-
ventura f; auf ~ ausgehen andare in
cerca di avventure; 2erlich avven-
turoso; ~erlichkeit f stravaganza f;
~erlust f spirito m d'avventura;
~rer(in f) ['---rər(in)] m avven-
turiere m (-a f).
aber ['a:bər] ma; però; oder ~ ovvero.
'Aber|glaube m superstizione f; 2-
gläubisch ['--glɔybiʃ] supersti-
zioso.
aberkenn|en ['ap⁹ɛrkɛnən] j-m et.
~ negare qc. a qu., non riconoscere
qc. a qu.; condannare qu. alla perdita di qc.; 2ung f disconoscimento
m; ~ der bürgerlichen Ehrenrechte
condanna f alla perdita dei diritti
civili.
aber|malig ['a:bərma:liç] ripetuto,
reiterato; ~mals di nuovo.
abernten ['ap⁹ɛrntən]: die Felder ~
fare la raccolta sui campi.
Aberwitz ['a:bərvits] m stravaganza
f; assurdità f; 2ig folle; assurdo.
abfahren ['apfa:rən] 1. v/t. portar
via; Glied: asportare, troncare;

Strecke: percorrere; *(abnutzen)* consumare; **2.** *v/i.* (*sn*) partire; ⚓ salpare; *Schi*: discendere.

'**Abfahrt** *f* partenza *f*; *Sport*: discesa *f*; ⁓(s)**geleise** *n* binario *m* di partenza; ⁓(s)**zeichen** *n* segnale *m* di partenza; ⁓(s)**zeit** *f* ora *f* di partenza.

'**Abfall** *m* (*Müll*) spazzatura *f*; immondizie *f/pl.*; *(Überbleibsel)* avanzi *m/pl.*; ⊕ rifiuti *m/pl.*, cascami *m/pl.*; *Rel.*: apostasia *f*; *Pol.* defezione *f*; *(Gelände)* pendio *m*; ⁓**eimer** *m* secchio *m* della spazzatura.

'**abfallen** (*sn*) *(übrigbleiben)* avanzare; *Anhöhe*: declinare; *Rel.*, *Pol.* rinnegare (*von et. qc.*); *von e-r Partei* ⁓ abbandonare un partito; ⁓ *gegenüber* risultare inferiore a, perdere di fronte a; ⁓**d** in pendenza; *steil* ⁓ scosceso.

'**abfällig** *fig.* sfavorevole.

'**Abfall|produkt** *n* sottoprodotto *m*; ⁓**stoffe** *m/pl.* succedanei *m/pl.*; materiale *m* di scarto.

'**abfangen** acchiappare; *Briefe*: intercettare; *Funk*: captare; △ puntellare; ✈ riprendere; *Schlag*: parare.

'**abfärben** stingere; ⁓ *auf (ac.)* influenzare.

'**abfass|en** *Werk*: redigere; *Akte*: stendere; *(ertappen)* cogliere, sorprendere; ♀**ung** *f* redazione *f*.

'**abfaulen** (*sn*) marcire.

'**abfeder|n** **1.** *v/t.* levar le piume a; *Vögel*: spennare; ⊕ molleggiare; **2.** *v/i.* perdere le penne; ♀**ung** *f* molleggio *m*.

'**abfegen** spazzare.

'**abfeilen** limare.

'**abfeilschen** = *abhandeln*.

abfertig|en ['-fɛrtigən] (25) ✝, ᵂ spedire; *j-n, ein Geschäft*: sbrigare; *j-n kurz* ⁓ sbrigarsi di qu.; ♀**ung** *f* spedizione *f*; disbrigo *m*; *fig.* ripulsa *f*; ♀**ungsstelle** *f* ufficio *m* spedizioni.

'**abfeuern** sparare.

'**abfind|en** soddisfare; indennizzare; *Gläubiger*: tacitare; *sich* ⁓ *mit* accordarsi con; rassegnarsi a; ♀**ung** *f* liquidazione *f*; ♀**ungssumme** *f* indennità *f*; ✝ tacitazione *f*.

abflachen ['-flaxən] spianare.

abflauen ['-flauən] (25) **1.** *v/t.* *Metalle*: lavare; **2.** *v/i.* *Wind*: calmarsi; *Handel*: languire.

'**abfliegen** (*sn*) *(Vogel)* volar via; ✈ decollare; *(Pfeil)* scoccare; *j.*: partire in aereo.

'**abfließen** (*sn*) scolare.

'**Abflug** *m* ✈ decollo *m*; partenza *f*; *j-s*: partenza *f* in aereo.

'**Abfluß** *m* scolo *m*; *(Gosse)* scolatoio *m*; ✝ *v. Geld*: emigrazione *f*; ⁓**hahn** *m* rubinetto *m* di scarico; ⁓**rinne** *f* scolatoio *m*; ⁓**rohr** *n* tubo *m* di scarico; ⁓**ventil** *n* valvola *f* di scarico; ⁓**wasser** *n* acqua *f* di scolo.

'**Abfolge** *f* successione *f*; serie *f*.

'**abfordern** chiedere; esigere.

'**abformen** modellare.

'**abforsten** diboscare.

'**abfragen** interrogare; *Schüler*: risentire la lezione.

'**abfressen** divorare.

Abfuhr ['-fuːr] *f* (16) trasporto *m*; rimozione *f*; *fig.* rifiuto *m*; smacco *m*; *j-m e-e* ⁓ *erteilen* infliggere una lezione a qu.

'**abführ|en** portare via; *Verhaftete*: condurre via, tradurre; ✝ versare; pagare; *Dämpfe*: eliminare; *Wasser*: deviare, scaricare; ⚕ purgare; ⁓**end** purgativo; ⁓**mittel** *n* purga *f*, purgante *m*; ♀**ung** *f* trasporto *m*; *Person*: arresto *m*; *Geld*: versamento *m*.

'**abfüll|en** travasare; *in Flaschen*: imbottigliare; ♀**ung** *f* travaso *m*; imbottigliamento *m*.

'**abfütter|n** dar da mangiare a; *Kleid*: foderare; ♀**ung** *f* foraggiamento *m*.

'**Abgabe** *f* consegna *f*; contribuzione *f*; *(Steuer)* imposta *f*, tasse *f/pl.*; ♀**frei** esente da tasse; ♀**freiheit** *f* esenzione *f* da tasse; ♀**npflichtig** soggetto a tasse.

'**Abgang** *m* 🚢, ⚓ partenza *f*; ✝ smercio *m*; *(Verlust)* perdita *f*; *(Schul♀)* licenza *f*; ⁓**sprüfung** ['-gaŋspryːfuŋ] *f* esame *m* di licenza (*od.* di maturità); ⁓**ssumme** *f* buonuscita *f*; ⁓**szeugnis** *n* (certificato *m* di) licenza *f*; congedo *m*.

'**Abgas** *n* gas *m* di scarico.

'**abgaunern**: *j-m et.* ⁓ truffare qc. a qu.

'**abgeben** consegnare; *Stimme, Urteil*: dare; *Schuß*: sparare; *Waren*: lasciare; ✝ *Wechsel*: trarre; *fig.* fare; *sich mit et.* (*mit j-m*) ⁓ occuparsi di qc. (di qu.).

abgebrannt ['-gəbrant] bruciato;

ridotto in cenere; *j.*: rovinato a causa d'un incendio; ~ *sein fig.* essere al verde.

abgebrüht ['-gəbry:t] *fig.* svergognato, cinico.

abgedroschen ['-gədrɔʃən] *fig.* trito e ritrito, triviale; ~es *Zeug n* rifrittura *f*; **♀heit** *f* trivialità *f*.

'**Abgefallene(r)** *m* apostata *m*, rinnegato *m*.

abgefeimt ['-gəfaɪmt] matricolato; scaltro; **♀heit** *f* scaltrezza *f*.

abgegriffen ['-gəgrifən] logoro, consumato; *fig.* trito e ritrito.

'**abgehen** (*sn*) partire; *vom Wege*: deviare; *rechts* ~ uscire a destra; *v. d. Schule*: lasciare (*ac.*); ✝ smerciarsi; ♣ andar dedotto; (*fehlen*) mancare; (*sich lösen*) staccarsi; *fig. gut* ~ andar liscia; ~ *von Rge.* desistere da; *sich* (*dat.*) *nichts* ~ *lassen* non farsi mancare nulla.

abgekämpft ['-gəkɛmpft] esaurito, esausto.

abgeklärt ['-gəklɛrt] *fig.* sereno.

abgekocht ['-gəkɔxt] bollito; destillato.

'**abgelagert** stagionato.

'**abgelegen** remoto, distante, appartato, fuori di mano.

'**abgelten** ripagare.

'**abgemacht** convenuto; ~! d'accordo!

'**abgemessen** misurato; compassato.

'**abgeneigt** avverso; ~ *von* ... alieno da ...; **♀heit** *f* avversione *f*.

'**abgenutzt** logoro; consumato.

Abgeordnet|e(r) ['-gəɔrdnətə(r)] *m* (18) delegato *m*; *Pol.* deputato *m*; **~enhaus** ['----tənhaus] *n* Camera *f* dei deputati; Parlamento *m*.

'**abgerissen** lacero; strappato; vestito in cenci; (*Satz*) sconnesso.

'**Abgesandte(r)** *m* inviato *m*.

abgeschieden ['-gəʃi:dən] isolato, appartato; ritirato; (*verstorben*) deceduto; **♀heit** *f* solitudine *f*; isolamento *m*.

abgeschliffen ['-gəʃlifən] *fig.* raffinato; dirozzato.

abgeschlossen ['-gəʃlɔsən] isolato; chiuso a chiave; ~e *Etage f* appartamento *m* con entrata separata; *Bildung*: completo; **♀heit** *f* isolamento *m*; (*Einheit*) carattere *m* unito.

abgeschmackt ['-gəʃmakt] insulso; **♀heit** *f* insulsaggine *f*.

abgesehen ['-gəze:ən]: ~ *von* prescindendo (*od.* eccezione fatta) da; eccetto; *davon* ~ a parte quello.

'**abgespannt** spossato; estenuato; **♀heit** *f* spossatezza *f*.

abgestanden ['-gəʃtandən] stantio; guasto.

abgestumpft ['-gəʃtumpft] ottuso; *fig.* indifferente (*gegen verso*).

'**abgetakelt** *fig.* smontato.

'**abgetragen** logoro.

'**abgewinnen** vincere; *j-m Liebe* (*Achtung usw.*) ~ conquistarsi l'affetto (la stima) di qu.; *e-r Sache keinen Geschmack* ~ *können* non trovar gusto in qc.

'**abgewöhnen** divezzare, disavvezzare (*j-m et.* qu. da qc.); *sich* (*dat.*) *et.* ~ togliersi il vizio di; smettere di.

abgezehrt ['-gətse:rt] consunto; macilento.

abgezirkelt ['-gətsirkəlt]: *mit* ~*en Schritten* a passi misurati.

'**abgießen** versare; (*klären*) decantare; ⊕ gettare.

'**Abglanz** *m* riflesso *m*; *fig.* ombra *f*.

'**abgleich|en** agguagliare; *Konten*: pareggiare; *⚡*, ⊕ equilibrare; sintonizzare; **♀ung** *f* agguagliamento *m*; pareggio *m*.

'**abgleiten** (*sn*) scivolare; *Kurse*: calare.

'**Abgott** *m* idolo *m*.

Abgött|erei [-gœtə'raɪ] *f* idolatria *f*; **♀isch** ['-gœtiʃ] idolatrico; ~ *lieben* amare perdutamente, adorare.

'**abgraben** *Wasser*: deviare; *j-m das Wasser* ~ tirare l'acqua al proprio mulino.

'**abgrämen**: *sich* ~ struggersi.

'**abgrasen** pascolare; *fig.* cercare dappertutto.

'**abgrenzen** delimitare; tracciare i limiti; porre un limite.

'**Abgrund** *m* abisso *m*; precipizio *m*; **♀tief** abissale.

'**abgucken** F *j-m et.* ~ imitare qu. in qc.

'**Abguß** *m* calco *m*.

'**abhaben**: *et.* ~ *wollen* volere la sua parte.

'**abhacken** troncare, mozzare.

'**abhaken** (25) sganciare.

'**abhalftern** *Pferd*: scavezzare; *fig.* dimettere, destituire.

'**abhalt|en** trattenere; (*hindern*) impedire; *Sitzung*: tenere; *Prüfung*: sostenere, dare; *Rel.* celebrare;

Kind: fargli fare i suoi bisogni; *Musterung* ~ passare in rivista; **♀ung** *f* impedimento *m*; celebrazione *f*; organizzazione *f*.

'**abhandeln** ✝ (*j-m et.*) ottenere qc. da qu. contrattando; *vom Preis*: stiracchiare sul prezzo.

abhanden [-'handən]: ~ *kommen* smarrirsi, perdersi.

'**Abhandlung** *f* trattato *m*, dissertazione *f*; discussione *f*.

'**Abhang** *m* pendio *m*, declivio *m*.

'**abhäng|en 1.** *v/t.* staccare; sganciare; **2.** *v/i.* dipendere; *es hängt davon ab* dipende; *es hängt nicht von mir ab* non dipende da me; **~ig** dipendente; **♀igkeit** *f* dipendenza *f*; *gegenseitige* ~ interdipendenza *f*.

'**abhärmen**: *sich* ~ struggersi, tormentarsi, consumarsi; *abgehärmtes Gesicht n* viso *m* macilento.

'**abhärt|en** indurire; temprare; **♀ung** *f* indurimento *m*; il temprarsi *m*.

'**abhaspeln** dipanare.

'**abhauen 1.** *v/t.* tagliare; *Baum*: abbattere; **2.** *v/i.* P (*wegrennen*) svignarsela, battersela.

'**abhäuten** spellare.

'**abheben** levare; *Karten*: alzare; *Geld*: ritirare; riscuotere; **⚓** *vom Boden* ~ decollare; *sich* ~ spiccare, risaltare.

'**abheilen** *v/i.* (*sn*) cicatrizzarsi.

'**abhelfen** (*dat.*) rimediare (a qc.).

'**abhetzen** staccare; spossare; *sich* ~ strapazzarsi.

'**Abhilfe** *f* rimedio *m*; ~ *schaffen* porre rimedio a qc., rimediare a qc.

'**abhobeln** piallare; *fig.* digrossare.

'**abhold** avverso (*dat.* a qc.).

'**abholen** andare (*od.* venire) a prendere; ritirare; **⚓** disincagliare; **✆** *lassen* mandare a prendere.

'**abholz|en** (27) diboscare; **♀ung** *f* diboscamento *m*.

'**abhorchen** intercettare; **♪** auscultare.

'**abhören** ascoltare; sentire; *Nachricht*: intercettare; *Schüler*: interrogare.

'**ab-irr|en** (*sn*) smarrirsi; *Astr.* aberrare; *fig.* deviare; **♀ung** *f* smarrimento *m*; aberrazione *f*; deviazione *f*.

Abitur [abi'tu:r] *n* (3) esame *m* di maturità; **~ient** [---'jɛnt] *m* (12)

candidato *m* alla maturità, maturando *m*.

'**abjagen** ['-jɑ:gən]: *j-m et.* ~ strappare qc. a qu.

'**abkanten** scontornare, smussare; *Stoff*: svivagnare.

abkanzeln ['-kantsəln] riprendere severamente, dare una lavata di capo (a qu.).

abkapseln ['-kapsəln] segregare.

'**abkarten** *fig.* concertare.

'**abkaufen** comprare.

Abkehr ['-ke:r] *f* (14, *o. pl.*) rinuncia *f* (*von* a); abbandono *m* (*von* di); **♀en**: *sich* ~ (*von j-m*) voltare le spalle (a qu.), allontanarsi (da).

'**abketten** sciogliere dalla catena.

'**abklappern** F girare e rigirare; battere a tutte le porte; *abgeklapperte Redensarten f/pl.* frasi fritte e rifritte.

'**abklär|en** chiarire; **♪** decantare; **♀ung** *f* chiarificazione *f*; *s. abgeklärt.*

'**Abklatsch** *m* copia *f*.

'**abklemmen** staccare.

'**abklingen** (*sn*) (*Ton*) andare decrescendo, perdersi; (*Schmerz*) farsi meno acuto; scomparire.

'**abklopfen** battere; **♪** ascoltare; *Typ.* tirare.

'**abknabbern** rosicchiare, rodere.

'**abknallen** F liquidare a fucilate (*od.* revolverate).

'**abkneifen** staccare con tenaglie.

'**abknicken** spezzare; piegare.

abknöpfen ['-knœpfən] (25) sbottonare; F *Geld*: far sbottonare; *j-m et.* ~ togliere qc. a qu.

abknutschen ['-knu:tʃən] F sbaciucchiare.

'**abkochen** (*far*) cuocere; far cucina all'aperto.

'**abkommandieren** distaccare.

Abkomme ['-kɔmə] *m* (13) discendente *m*.

'**abkommen 1.** *v/i.* (*sn*) allontanarsi; *Gebräuche*: cadere in disuso; *vom Wege* ~ perdere la strada; *gut* ~ cavarsela bene; *nicht* ~ *können* non poter venire; **2.** **♀** *n* (6) accordo *m*; convenzione *f*; *ein* ~ *treffen* concludere un accordo; **♀schaft** *f* discendenza *f*.

abkömm|lich ['-kœmlix] libero, disponibile; **♀ling** ['-kœmliŋ] *m* (3) discendente *m*; (*Sprößling*) rampollo *m*.

abkonterfeien ['-kɔntərfɑ:jən] *Mal.* ritrattare.

abkoppeln ['-kɔpəln] *Hunde*: sguinzagliare; *Wagen*: sganciare.

'**Abkratz-eisen** *n* raschietto *m*.

'**abkratzen** raschiare; F (*sterben*) crepare.

'**abkriegen** F buscarsi; *s*. abbekommen.

'**abkühl|en** rinfrescare; ♀**ung** *f* rinfrescamento *m*.

Abkunft ['-kunft] *f* (14, *o. pl*.) origine *f*; discendenza *f*.

'**abkuppeln** sganciare.

'**abkürz|en** accorciare; abbreviare; ♀ ridurre; ♀**ung** *f* abbreviazione *f*; abbreviamento *m*; riduzione *f*.

'**abküssen** sbaciucchiare.

'**abladen** scaricare; ♀ *n* scaricamento *m*.

'**Ablad|eplatz** *m* posto *m* di scarico; scalo *m*; ~**er** *m* scaricatore *m*.

'**Ablage** *f* (15) deposito *m*; (*Kleider*♀) guardaroba *m*; (*Akten*♀) archivio *m*.

'**ablager|n 1.** *v/i.* depositare; **2.** *v/i.* (*sn*) stagionare; riposare; ♀**ung** *f* *Geol.* sedimento *m*; deposizione *f*.

Ablaß ['-las] *m* (4²) *Wasser, Dampf*: scaricamento *m*; *Rel.* indulgenza *f*; † ribasso *m*; ohne ~ senza posa.

'**ablassen 1.** *v/t.* far scolare; *Dampf, Gas usw.*: scaricare; *Blut*: cavare; *Wein*: spillare; *Sport*: far partire; † lasciare; vendere; cedere; vom *Preis*: ridurre; fare lo sconto su; **2.** *v/i.* smettere; allontanarsi; *ohne abzulassen* senza interruzione.

'**Ablaß|-erteilung** *f* (concessione *f* di) indulgenza *f*; ~**graben** *m* chiavica *f*; ~**hahn** ⊕ *m* rubinetto *m* di scarico; ~**handel** *m* traffico *m* di indulgenze; ~**jahr** *n* anno *m* santo; ~**rohr** *n* tubo *m* di scarico; ~**ventil** *n* valvola *f* di scarico.

'**Ablativ** *m Gram.* ablativo *m*.

'**Ablauf** *m* scolo *m*; † scadenza *f*; *Sport*: partenza *f*; via *m*; (*Ergebnis, Ausgang*) decorso *m*, esito *m*; nach ~ von in capo a, alla fine di; vor ~ prima della scadenza di, entro la fine di.

'**ablaufen 1.** *v/t. Sohlen*: logorare; *j-m den Rang* ~ sorpassare, vincere qu.; **2.** *v/i.* (*sn*) scolare; ⊛ partire; *Zeit*: scorrere; spirare; † *Wechsel*: scadere; *Uhrwerk*: scaricarsi; *gut* (*schlecht*) ~ andar a finir bene (male).

'**Ablauf(s)|frist** *f*, ~**termin** *m* termine *m* di scadenza.

'**Ablaut** *m Gram.* inflessione *f*; ♀**en** inflettere.

'**ableben 1.** *v/i.* morire; **2.** ♀ *n* decesso *m*; morte *f*.

'**ablecken** leccare.

'**ablegen** deporre; *Kleider*: togliersi; *Akten, Dokumente*: passare agli atti (al registratore); *Eid*: prestare; *Gelübde*: fare; *Prüfung*: sostenere; dare; *Rechenschaft* ~ rendere conto; *Fehler*: liberarsi da; *Typ.* scomporre; ♀ *n* (6) deposizione *f*; prestazione *f*; rendimento *m*.

Ableger ['-le:gər] *m* (7) ♀ propaggine *f*; *fig.* filiale *f*.

'**ablehn|en** rifiutare; respingere; declinare; ~**end 1.** *adj.* negativo; **2.** *adv. sich* ~ *verhalten* mostrarsi contrario; ♀**ung** *f* rifiuto *m*.

'**ableisten** ✕ compiere (il servizio militare).

'**ableit|en** sviare; *Strom*: deviare; *fig.* derivare; *Phil.* dedurre; ♀**ung** *f* sviamento *m*; deviazione *f*; derivazione *f*; deduzione *f*; ♀**er** ⚡ *m* conduttore *m*.

'**Ableitungs|draht** *m* filo *m* derivatore; ~**graben** *m* emissario *m*; ~**kabel** *n* cavo *m* conduttore; ~**kanal** *m* emissario *m*; ~**röhre** *f* condotto *m*; ~**wort** *n* derivato *m*.

'**ablenk|en 1.** *v/t.* stornare; *Phys.* far diffrangere; **2.** *v/i.* allontanarsi; ♀**ung** *f* sviamento *m*; deviazione *f*; disvio *m*.

Ablenkungsmanöver ['--kunsmanø:vər] *n* manovra *f* diversiva; *fig.* diversivo *m*.

'**ablesen** leggere; *Obst*: cogliere.

'**ableugnen** ricusare, negare; (*verleugnen*) rinnegare; ♀ *n* (6) diniego *m*; rinnegamento *m*.

'**abliefer|n** rimettere, consegnare; *Getreide usw.*: portare all'ammasso; ♀**ung** *f* consegna *f*.

'**Ablieferungs|schein** *m* nota *f* di consegna; ~**termin** *m* termine *m* di consegna.

'**ablisten** carpire.

'**ablocken** strappare (con arte).

'**ablösbar** staccabile; † svincolabile; redimibile; *s*. ablösen.

'**ablöschen** spegnere; *von der Tafel*: cancellare.

'**ablös|en** staccare; ✕ *u. j-n*: rilevare; sostituire; ⚙ svincolare; †

abreden

redimere; *einander* ~ alternarsi; Ꝯung *f* separazione *f*; cambio *m*; ⚡ svincolamento *m*; ✝ riscatto *m*.

'**abmach|en** levare; *Geschäfte*: concludere; (*verabreden*) convenire; *abgemacht!* d'accordo!; Ꝯung *f* accordo *m*; accomodamento *m*.

abmager|n ['ʔabˈmaːgərn] (29, *sn*) dimagrire; Ꝯung *f* smagrimento *m*; Ꝯungskur *f* cura *f* per dimagrire.

'**abmähen** segare, falciare.

'**abmalen** ritrarre; (*kopieren*) copiare.

Abmarsch ['ʔabˈmarʃ] *m* partenza *f* in marcia; Ꝯbereit pronto a marciare; Ꝯieren (*sn*) mettersi in marcia.

'**abmeld|en** (*Besuch*) disdire; *sich* ~ congedarsi; *sich polizeilich* ~ denunziare la propria partenza; Ꝯung *f* avviso *m* della partenza; notifica *f* del cambio di domicilio.

'**abmeßbar** commensurabile; Ꝯkeit *f* commensurabilità *f*.

'**abmess|en** misurare; prendere le misure; *fig. abgemessen* compassato; Ꝯungen *f/pl.* misure *f/pl.*, dimensioni *f/pl.*

'**abmieten** prendere in affitto.

'**abmontieren** smontare.

'**abmühen**: *sich* ~ affaticarsi; arrabattarsi; *sich* ~ *mit* darsi pena con.

abmurksen F ['ʔabˈmurksən] (27) sopprimere; uccidere.

'**abmustern** ⚓ licenziare.

'**abnagen** rosicchiare.

Abnahme ['ʔabˈnaːmə] *f* (15) *e-s Verbandes*: asportazione *f*; *e-s Gliedes*: amputazione *f*; *v. Waren*: accettazione *f*; *v. Gebäuden, Maschinen*: collaudo *m*; *der Kräfte usw.*: diminuzione *f*; *des Fiebers*: abbassamento *m*; *vom Kreuz*: deposizione *f*; ⊕ smontaggio *m*; ✝ ~ *finden* trovare smercio.

abnehm|bar ['ʔabˈneːmbaːr] ⊕ smontabile; ~**en 1.** *v/t.* levare, togliere; *Glied*: amputare; *Waren*: acquistare; *Bauten, Maschinen*: collaudare; *Eid*: far prestare; ⊕ smontare, smantellare; *Telefon*: staccare il ricevitore; *fig. inferire*; **2.** *v/i.* calare, diminuire; *Tag usw.*: accorciarsi; ~**end** (*Mond*) calante; Ꝯer ['ʔabˈneːmər] *m* compratore *m*, acquirente *m*.

'**Abneigung** *f* avversione *f*; antipatia *f* (*gegen* verso); ~ *fassen gegen j-n* (et.) prendere in avversione qu. (qc.).

abnorm [-'nɔrm] anormale; [-i'tɛːt] *f* (16) anormalità *f*.

'**abnötigen** estorcere; *Bewunderung*: imporre.

'**abnutz|en**, '**abnütz|en** logorare; Ꝯung *f* logoramento *m*.

Abonn|ement [abɔnə'mã] *n* (11) abbonamento *m*; ~**ent(in** *f*) *m* [--'nɛnt(in)] abbonato *m* (-a *f*); Ꝯieren [--'niːrən] (h., *sn*) abbonarsi (*auf ac.* a).

'**abordn|en** ['ʔapˈʔɔrdnən] delegare; Ꝯung *f* delegazione *f*.

Abort [a'bɔrt] *m* (3) gabinetto *m*, cesso *m*.

'**abpassen** ['ʔappasən] *j-n*, *Gelegenheit*: attendere, aspettare.

'**abpellen** [-'pɛlən] (25) sbucciare.

'**abpfeifen** *Sport*: fischiare la fine *od.* l'interruzione del gioco.

'**Abpfiff** *m Sport*: fischio *m* finale.

'**abpflücken** cogliere.

'**abplacken**, '**abplagen**: *sich* ~ affaticarsi.

abplatten [-'platən] (26) spianare.

'**abprägen** *v/t.* improntare; coniare; *sich* ~ improntarsi.

'**abprallen 1.** *v/i.* (*sn*) rimbalzare; *fig.* spuntarsi; **2.** Ꝯ *n* (6), **Abprall** ['-pral] *m* (3, *o. pl.*) rimbalzo *m*.

'**abpressen** *fig.* storcere.

'**abprotzen** ⚔ (27) staccare l'avantreno.

'**abputzen** pulire; *Wand*: intonacare.   [affatticarsi.]

'**abquälen**: *sich* ~ tormentarsi;

abrackern ['ʔabˈrakərn] F (29): *sich* ~ acciapinarsi.

abrahmen ['ʔabˈraːmən] spannare.

'**abrasieren**: *sich den Bart* ~ levarsi la barba.

'**abraten** sconsigliare; dissuadere (*j-m von et.* qu. da qc.).

Abraum ['-raum] *m* (3, *o. pl.*) detriti *m/pl.*

'**abräumen** sgombrare; *Tisch*: sparecchiare.

'**abreagieren** sfogare.

'**abrechnen 1.** *v/t.* detrarre; **2.** *v/i.* fare i conti; *fig. mit j-m* ~ regolare i conti con qu.

'**Abrechnung** *f* detrazione *f*; conto *m*; liquidazione *f*; *fig.* resa *f* dei conti; ~**sstelle** *f* camera *f* di compensazione.

'**Abrede** *f* accordo *m*; *in* ~ *stellen* contestare; negare; Ꝯn (*abraten*) sconsigliare, dissuadere.

'abreib|en togliere (strofinando); fregare; *Tische usw.*: strofinare; (*abnutzen*) logorare; ✂ frizionare; ♀ung f ✂ frizione f; *fig.* lavata f di testa.

'**Abreise** f partenza f; ♀n (sn) partire (*nach per*).

'abreiß|en 1. v/t. strappare; *Gebäude*: demolire; 2. v/i. (sn) strapparsi; *fig.* interrompersi; 3. ♀en n strappamento m; demolizione f; ♀kalender m calendario m a fogli staccabili.

'abreiten 1. v/t. percorrere (a cavallo); 2. v/i. (sn) partire (a cavallo).

'abricht|en ⊕ aggiustare; *Tiere*: ammaestrare; ♀ung f aggiustamento m; ammaestramento m; ♀er m ammaestratore m.

abriegeln ['-ri:gəln] (29) v/t. serrare col catenaccio; *Straße*: bloccare; ✕ sbarrare.

'abrinden scortecciare.

'abringen: *j-m et.*: strappare con la forza.

'**Abriß** m pianta f; *Lit.* abbozzo m; (*Auszug*) compendio m.

'abrollen 1. v/t. svolgere; ✝ *Fracht*: trasportare; 2. v/i. (sn) rotolar giù; *fig.* svolgersi.

'abrücken 1. v/t. scostare; 2. v/i. (sn) allontanarsi; scostarsi; *fig. von j-m* ~ staccarsi da qu.

'**Abruf** m ✝: *auf* ~ a richiesta; ♀en ✝ richiamare.

'abrund|en arrotondare; ♀ung f arrotondamento m.

'abrupfen spennacchiare; strappare.

'abrüst|en disarmare; ♀ung f disarmo m; ♀ungsverhandlungen f/pl. negoziati m/pl. sul disarmo.

'**Abrutsch** m s. *Absturz;* ♀en (sn) scivolare.

absacken ['-zakən] (25, sn) andare a picco; precipitare.

Absage ['-za:gə] f contrordine m; rifiuto m; risposta f negativa; ♀n *Einladung*: rifiutare, scusarsi per non poter accettare; *Veranstaltung*: disdire.

'absägen segare; F *fig. j-n*: silurare.

'absahnen spannare.

'absatteln togliere la sella.

'**Absatz** m pausa f; (*Treppe♀*) pianerottolo m; (*Schuh♀*) tacco m; *Typ.* alinea f, capoverso m; paragrafo m; ✝ smercio m; ♀fähig esitabile; ~

gebiet n mercato m; sbocco m commerciale.

'absaufen F affogare.

'absaugen: *den Teppich* ~ pulire il tappeto con l'aspirapolvere.

'abschab|en raschiare; *abgeschabt* frusto; ♀sel ['-ʃɑ:psəl] n (7) raschiatura f.

'abschaff|en abolire; ♀ung f abolizione f.

'abschälen sbucciare.

'abschalten ⚡ spegnere; *Maschine*: fermare.

'abschätz|bar valutabile; apprezzabile; ~en stimare; (*berechnen*) valutare; ~ig sprezzante; ♀ung f stima f; valutazione f.

'**Abschaum** m schiuma f; *fig.* feccia f.

'abschäumen schiumare.

'abscheid|en 1. v/t. separare; segregare; 2. v/i. (sn) morire; ♀en n decesso m; ♀ung f separazione f; ✎ secrezione f.

'abscheren radere; *Schafe*: tosare.

'**Abscheu** m (3, o. pl.) avversione f, ribrezzo m, orrore m.

'abscheuern *Tisch usw.*: pulire strofinando; strofinare; *Haut*: escoriare; (*abnützen*) logorare.

abscheulich [-'ʃɔylıç] abominevole, orribile; ♀keit f orribilità f; atrocità f.

'abschicken spedire.

'abschieben 1. v/t. rimuovere; *in die Heimat* ~ rimpatriare; *et. von sich* ~ respingere qc. da sé; 2. v/i. (sn) *fig.* F andarsene.

Abschied ['-ʃi:t] m (3) partenza f; (*Lebewohl*) addio m, commiato m, congedo m; ~ *nehmen* prendere commiato; *seinen* ~ *nehmen* dare le dimissioni; ✕ andare in congedo; *den* ~ *erhalten* essere congedato; **Abschieds|audienz** f udienza f di congedo; ~besuch m visita f di congedo; ~essen n pranzo m d'addio; ~feier f festa f d'addio; ~gesuch n domanda f di (essere messo in) riposo; ~rede f discorso m di commiato.

'abschießen ✕ abbattere; *Kugel*: tirare; *Gewehr*: sparare; *Rakete*: lanciare; *fig.* F eliminare, liquidare.

'abschinden: *sich* ~ affacchinarsi.

'**Abschirm|dienst** m servizio m di controspionaggio; ♀en schermare; coprire; proteggere (*alle*: *vor da*).

'abschlachten macellare; massacrare.

'Abschlag m riduzione f; ribasso m; sconto m; ✝ auf ~ in acconto; ⦵en staccare; *Obst:* abbacchiare; *Bitte, Angriff:* respingere; (*verweigern*) rifiutare, ricusare.

abschlägig ['-ʃlɛːɡiç] negativo; ~e Antwort risposta f negativa; rifiuto m, ripulsa f.

'Abschlagszahlung f acconto m; pagamento m a rate.

'abschleifen arrotare, lisciare; *fig.* dirozzare.

'Abschlepp|dienst m servizio m rimorchio; ⦵en rimorchiare; ~seil n cavo m da rimorchio; ~wagen m carro m rimorchio.

'abschleudern scagliare.

'abschließen chiudere a chiave; *Vertrag:* concludere; *Unternehmen:* portare a termine; sich ~ isolarsi; ~d definitivo.

'Abschluß m chiusura f; fine f; *Vertrag:* conclusione f; *Rechnung:* bilancio m; *pl.* ✝ (*Käufe*) transazioni f/pl.; ~prüfung f esame m finale; ~rechnung f conto m finale; ~zeugnis n diploma m; licenza f.

'abschmecken degustare.

'abschmeicheln ottenere con lusinghe.

'abschmelzen fondersi.

'abschmieren *Auto:* ingrassare, lubrificare; ⦵ n *Auto:* ingrassaggio m.

'abschnallen sfibbiare.

'abschneiden 1. v/t. tagliare; *Ehre:* denigrare; *Wort:* troncare; 2. v/i. gut (schlecht) ~ riuscire bene (male).

'abschnellen 1. v/i. (sn) scattare; 2. v/t. far scattare, lanciare.

'abschnip|peln, ~seln tagliuzzare.

'Abschnitt m pezzo m; ritaglio m; sezione f; ⚔ settore m; ⚕ segmento m; ✝ cedola f, tagliando m; *Lit.* capoverso m; ⚖ titolo m; (*Zeit*⦵) periodo m.

'abschnüren *Kehle:* strozzare; ⚕ legare; *fig.* separare, tagliare fuori.

'abschöpfen levare (col cucchiaio); *Bouillon:* digrassare; *Schaum:* schiumare; *Milch:* spannare, scremare; das Fett (od. die Sahne) ~ *fig.* portarsi via il meglio.

abschrägen ['-ʃrɛːɡən] (25) tagliare a sbieco.

'abschrauben svitare.

'abschreck|en intimidire; *sich ~ lassen durch* lasciarsi scoraggiare da; ~end scoraggiante; *Strafe:* esemplare; ~es Beispiel esempio m salutare; ⦵ung f intimidazione f.

'abschreib|en copiare; ✝ detrarre; *Schulden:* cancellare; (*absagen*) scusarsi per iscritto; ⦵en n trascrizione f; ⦵er m copista m; *Lit.* plagiario m; ⦵ung ✝ f deduzione f; annullamento m; detrazione f.

'abschreiten misurare a passi; *Front:* passare in rivista.

'Abschrift f copia f; ⦵lich in copia.

'abschuppen squamare; sich ~ squamarsi.

'abschürf|en scalfire; ⦵ung f ⚕ escoriazione f.

'Abschuß m scarica f; ⚔ abbattimento m; *Rakete:* lancio m; ~rampe f base f di lancio.

abschüssig ['-ʃysiç] ripido; scosceso; ⦵keit f pendenza f.

'abschütteln scuotere; (*zurückweisen*) respingere; j-n ~ levarsi qu. dai piedi.

'abschwäch|en affievolire; *fig.* attenuare; *Töne:* smorzare; *Stoß:* attutire, attenuare; ⦵ung f attenuamento m.

'abschweif|en (sn) divagare; ~end digressivo; ⦵ung f digressione f.

'abschwellen sgonfiarsi; diminuire.

'abschwenk|en v/i. (sn): ~ nach voltare a; ⚔ fare una conversione; *fig.* fare un voltafaccia; ⦵ung f deviamento m; ⚔ conversione f; voltafaccia m. [qc. a qu.]

'abschwindeln: j-n et. ~ truffare

'abschwör|en abiurare; (*ableugnen*) negare solennemente; ⦵ung f abiura f; negazione f solenne.

'absegeln ⚓ salpare; *fig.* F partire.

absehbar ['-zeːbɑːr] visibile; prevedibile; in ~er Zeit entro un tempo determinato.

'absehen 1. v/t. *fig.* prevedere; vedere, scorgere; es auf j-n ~ prendere di mira qu.; j-n et. ~ imitare qc. in qu.; 2. v/i. ~ von prescindere da; *abgesehen von ...* prescindendo da ..., a parte ...

abseifen ['-zaɪfən] (25) insaponare.

abseilen ['-zaɪlən] (25) *Bergsport:* sich ~ calarsi con la corda.

abseits ['-zaɪts] in disparte; da parte; ⦵stellung f *Fußball:* posizione f di fuori giuoco.

'**absend|en** spedire; *j-n*: inviare; *Abgeordnete*: delegare; 2**er(in** *f*) *m* mittente *m* u. *f*; 2**ung** *f* spedizione *f*; invio *m*.

'**absengen** abbruciacchiare.

'**absenk|en** ✗ propagginare; *Blume*: margottare; 2**er** *m* propaggine *f*; margotto *m*.

'**absetzbar** ['-zɛtsbɑːr] amovibile; *Ware*: vendibile, esitabile; *von der Steuer*: deducibile; 2**keit** *f* amovibilità *f*; deducibilità *f*.

'**absetz|en 1.** *v/t.* deporre; *Hut*: levarsi; *Beamte*: destituire; *Waren*: smerciare, spacciare; *Typ.* comporre; *Passagier*: far scendere; *von der Steuer*: dedurre; **2.** *v/i.* fare una pausa; 2**ung** *f* deposizione *f*; destituzione *f*.

'**Absicht** *f* intenzione *f*; 2**lich 1.** *adj.* premeditato; deliberato; **2.** *adv.* apposta; 2**slos** senza intenzione.

'**absingen** cantare.

Absinth [-'zint] *m* (3) assenzio *m*.

'**absitzen 1.** *v/t.* *Strafe*: espiare; *Zeit*: scontare; **2.** *v/i.* (sn) *vom Pferd*: smontare.

absolut [-zo'luːt] **1.** *adj.* assoluto; **2.** *adv.* assolutamente; 2**i'on** *f* assoluzione *f*; 2**ismus** *m* assolutismo *m*; 2**ist(in** *f*) *m* assolutista *m* u. *f*.

absolvieren [-zɔl'viːrən] assolvere; *Studien*: portare a termine.

absonderlich [-'zɔndərliç] strano; 2**keit** *f* stranezza *f*.

absonder|n ['-zɔndərn] separare; (*vereinzeln*) isolare; ✗ secernere; *Phil.* astrarre; 2**ung** separazione *f*; isolamento *m*; secrezione *f*; astrazione *f*; 2**ungsdrüse** *f* glandola *f* secretoria.

absor|bieren [-zɔr'biːrən] assorbire; 2**bierung** *f*, 2**ption** [--p-'tsjoːn] *f* assorbimento *m*.

'**abspalten** separare; dissociare; segregare.

'**abspannen** *Feder*: allentare; *Pferde*: staccare; *den Körper*: stancare; *s.* abgespannt.

'**absparen**: *sich et. vom Munde* ∼ risparmiare qc. a forza di sacrifici; togliersi qc. dalla bocca.

'**abspeisen**: *j-n* ∼ dar da mangiare a qu.; *fig.* pascere (*mit* di).

abspenstig ['-ʃpɛnstiç] alieno; ∼ *machen* alienare (qu. da qu.); *j-m* ∼ *werden* abbandonare qu.

'**absperr|en** sbarrare; *j-n*: isolare;

Gas: chiudere la valvola; *Hafen*: bloccare; *Straße*: chiudere; 2**ung** *f* sbarramento *m*; isolamento *m*; blocco *m*; chiusura *f*; (*Polizei*) cordone *m* di polizia.

'**abspiegeln**: *sich* ∼ riflettersi, rispecchiarsi.

'**abspielen 1.** *v/t.* suonare (a prima vista); rovinare a forza di suonare; **2.** *sich* ∼ avvenire, svolgersi.

'**Absprache** *f* accordo *m*.

'**absprechen** *Recht*, *Verdienst usw.*: negare; ♈ togliere (con sentenza); (*besprechen*) discutere; (*verabreden*) mettersi d'accordo per; concertare; ∼**d** sfavorevole.

'**abspreizen** puntellare; *abgespreizte Hand* mano tesa.

'**abspringen** (sn) saltare giù; smontare, scendere (*von dat.* da); ✈ lanciarsi col paracadute; *Farbe usw.*: staccarsi; *fig.* abbandonare; ritirarsi (da qc.).

'**Absprung** *m* salto *m*; ✈ lancio *m* col paracadute.

'**abspülen** sciacquare; lavare.

'**abstamm|en** discendere; *Gram.* derivare; 2**ung** *f* disendenza *f*, origine *f*; derivazione *f*.

'**Abstand** *m* distanza *f*; distacco *m*; *fig.* differenza *f*; ∼ *nehmen* desistere; ∼**geld** *n* indennità *f*; ∼**szahlung** *f* buonuscita *f*.

'**abstatt|en** ['-ʃtatn] (26) rendere; *Besuch*: fare; *Dank* ∼ ringraziare; 2**ung** *f*: ∼ *e-s Besuches* visita *f*; ∼ *des Dankes* ringraziamenti *m/pl*.

'**abstauben** ['-ʃtaubən] *v/t.* (25) spolverare.

'**abstechen 1.** *v/t.* *Schwein*: macellare; *Rasen*: tagliare; *Karte*: mangiare; *Muster*: punteggiare; *Hochofen*: spillare; **2.** *v/i.* *von et.* ∼ contrastare con qc.

'**Abstecher** *m* (7) scappatina *f*; salto *m*.

'**abstecken** staccare; *e-n Weg*: tracciare; *Kleid*: puntare.

Absteck|pfahl *m*, ∼**stab** *m* biffa *f*.

'**abstehen** (*schal werden*) pigliare di stantio, guastarsi; *von* desistere da, rinunciare a; ∼**d** *Ohren*: sporgente.

'**absteifen** puntellare.

'**absteigen** (sn) (di)scendere; *vom Pferd*: smontare; *in e-m Gasthof*: prendere alloggio; ∼**d** discendente.

Absteigequartier ['-ʃtaɪɡəkvartiːr] *n* alloggio *m* di passaggio.

'**abstell|en** scostare; _Mißbräuche_: far cessare; ⊕ fermare; _Radio, Motor_: spegnere; _fig._ abolire; ⚲**gleis** n binario m di servizio (_od._ morto; _a. fig._); ⚲**raum** m ripostiglio m.

'**abstempeln** bollare, timbrare.

'**absteppen** trapuntare.

'**absterben** (_sn_) **1.** _v/i._ morire; _Glieder_: intorpidirsi; ⚕ atrofizzarsi; **2.** ⚲ morte _f_; intorpidimento _m_; atrofia _f_.

'**Abstieg** ['-ʃtiːk] _m_ (3) discesa _f_; _fig._ declino _m_, tramonto _m_.

'**abstimm|en 1.** _v/t._ accordare; _Radio_: sintonizzare; (_aufeinander_) armonizzare; **2.** _v/i._ votare; ~ _lassen_ mettere ai voti; ⚲**er** _m_ sintonizzatore _m_; ⚲**schärfe** _f_ selettività _f_; ⚲**spule** _f_ bobina _f_ di sintonizzazione; ⚲**ung** _f_ votazione _f_; _Pol._ plebiscito _m_; _Radio_: sintonizzazione _f_; _zur_ ~_!_ ai voti!

'**Abstinenz** [-sti'nɛnts] _f_ (16, _o. pl._) astinenza _f_; ~**ler(in** _f_) [--'-lər(in)] _m_ (7) astemio (-a) _m_ (_f_).

'**abstoppen** fermare, arrestare; _Sport_: cronometrare.

'**abstoß|en 1.** _v/t._ staccare, rompere con un urto; _j-n, Phys._ respingere; _fig._ disgustare; _Schulden_: pagare; _Herz_: straziare; _Waren_: smerciare, liquidare; _Vokal_: elidere; **2.** _v/i._ (_sn_) scostarsi; ~**end** ripugnante; _Phys._ repellente; ⚲**ung** _f_ ripulsione _f_; elisione _f_.

'**abstottern** F pagare a rate.

'**abstrahieren** [-stra'hiːrən] astrarre.

ab'strakt astratto; ⚲**i'on** _f_ astrazione _f_.

'**abstreichen** _Maß_: scolmare; _Messer_: affilare; _Summe_: defalcare.

'**abstreifen** togliersi; _Gelände_: perlustrare.

'**abstreiten** contestare.

'**Abstrich** _m_ (_Abzug_) deduzione _f_; diffalco _m_; (_Abziehen_) ⚕ striscio _m_.

abstuf|en ['-ʃtuːfən] (25) graduare; digradare; ⚲**ung** _f_ gradazione _f_; digradazione _f_.

abstumpf|en ['-ʃtʊmpfən] (25) spuntare, smussare; (_auch fig._) ottundere; _abgestumpfter Kegel m_ cono _m_ tronco; _s. abgestumpft_; ⚲**ung** _f_ smussamento _m_; _fig._ ottusione _f_; insensibilità _f_.

'**Absturz** _m_ caduta _f_; (_Abhang_) dirupo _m_.

'**abstürzen** (_sn_) precipitare.

'**abstützen** puntellare.

'**absuchen** cercare; _Gegend_: perlustrare; _Jagdw._ braccheggiare.

Absud [-'zuːt] _m_ (3) decotto _m_.

ab'surd assurdo.

Abszeß [aps'tsɛs] _m_ (4) ⚕ ascesso _m_.

Abt [apt] _m_ (3²) abate _m_.

'**abtakel|n** ⚓ (29) disarmare; _s. abgetakelt_; ⚲**ung** _f_ disarmo _m_.

'**abtasten** tastare; _fig._ sondare.

Abtei [-'taɪ] _f_ badia _f_.

Abteil [-'taɪl] _n_ (s)compartimento _m_.

abteilen ['-taɪlən] (_trennen_) separare; (_einteilen_) dividere; ⚲ _n_ separazione _f_; divisione _f_.

Abteilung [-'taɪlʊŋ] _f_ sezione _f_; reparto _m_; _Behörde_: dipartimento _m_; ✗ distaccamento _m_; ~**sleiter** _m_ capo _m_ sezione; capo _m_ reparto.

'**abteufen** ⚒ ['-tɔʏfən] (25) scavare.

'**abtippen** copiare a macchina.

Äbtissin [ɛp'tisin] _f_ (16¹) badessa _f_.

'**abtön|en** sfumare, digradare; ⚲**ung** _f_ sfumatura _f_.

'**abtöt|en** mortificare; ⚲**ung** _f_ mortificazione _f_.

'**abtrag|en** _v/t._ portar via; _Hügel_: spianare; △ demolire; _Schulden_: pagare; _Kleider_: logorare; ⚲**ung** _f_ spianamento _m_; demolizione _f_; pagamento _m_.

abträglich ['-trɛːkliç] pregiudizievole, svantaggioso.

'**Abtransport** _m_ trasporto _m_; rimozione _f_; ✗ evacuazione _f_.

'**abtreib|en 1.** _v/t._ cacciare; (_abhetzen_) strapazzare; _Leibesfrucht_: (fare) abortire; ⊕ raffinare; **2.** _v/i._ (_sn_) ⚓ andare alla deriva; ⚲**ung** _f_ ✗ aborto _m_.

'**abtrenn|en** separare, staccare; _Genähtes_: scucire; ⚲**ung** _f_ separazione _f_; staccamento _m_; scucitura _f_.

'**abtret|en 1.** _v/t._ _Schuhe, Boden_: consumare; _j-m et._ ~ cedere qc. a qu.; **2.** _v/i._ (_sn_) ritirarsi; _Pol._ dimettersi; ⚲**ung** _f_ cessione _f_; ⚲**ungsurkunde** _f_ dichiarazione _f_ di cessione.

'**Abtrift** ⚓ _u._ ✈ _f_ (14, _o. pl._) deriva _f_.

Abtritt _m_ (3) _Thea._ uscita _f_; (_Abort_) latrina _f_.

'**abtrocknen** asciugare.

'**Abtropf|bank** _f_ sgrondatoio _m_; ~**brett** _n_ rastrelliera _f_.

'**abtropfen** sgocciolare.

'**Abtropfgestell** _n_ scolatoio _m_.

'**abtrudeln** (_sn_) ✈ precipitare a vite.

abtrünnig ['-tryniç] infedele; rinnegato; ~ werden rinnegare (qc.);
2e(r) m apostata m; rinnegato m; 2-
keit f apostasia f.
'abtun (erledigen) sbrigare, finire;
(von sich weisen) respingere; et. kurz
~ sbrigare qc. in tutta fretta; et. mit
e-m Lachen ~ passarci sopra ridendo; laß es damit abgetan sein non se
ne parli più.
'abtupfen asciugare (con molta
cautela).
'ab-urteilen giudicare; condannare.
'abverlangen esigere, (ri)chiedere.
'abvermieten subaffittare.
'abwägen pesare; fig. ponderare;
considerare.
'abwalzen cilindrare; spianare col
rullo.
'abwälzen fig. auf andere: rovesciare,
scaricare (addosso a qu.); von sich ~
liberarsi da.
'abwandeln mutare; Gram. declinare; coniugare.
'abwander|n emigrare; 2ung f emi-
grazione f.
'abwarten aspettare; et. nicht ~
können non vedere l'ora di ...
abwärts ['-verts] in giù; fig. ~ gehen
peggiorare, andar male.
'abwasch|bar lavabile; ~en lavare;
Teller: rigovernare; 2ung f lavatura
f; 🛠 scolatura f.
Abwässer ['-vesər] n/pl. (7¹) acque
f/pl. di scarico.
'abwech|seln cambiare; mit j-m:
alternare; avvicendare; ~selnd
1. adj. mutabile; alternante; 2. adv.
alternativamente; a turno; 2slung f
varietà f; variazione f; alternativa f;
der ~ halber tanto per cambiare.
'Abweg m falsa strada f, strada f sba-
gliata; auf ~e führen (geraten) menare (andare) sulla cattiva strada;
2ig ['--giç] errato.
'Abwehr f difesa f; controspiona-
gio m; 2en difendersi da; Stoß:
parare; ~stoff ⚕ m anticorpo m.
'abweich|en (sn) scostarsi; Phys.
declinare; (verschieden sein) differire; ~end differente; 2ung f deviazione f; declinazione f; differenza f;
Phys. deflessione f; deriva f; 2ungs-
messer m derivometro m.
'abweis|en respingere; ~end nega-
tivo; brusco; 2ung f ripulsa f;
rifiuto m; respingimento m.
'abwend|bar evitabile; ~en v/t.

Blick: volgere altrove; fig. evitare,
prevenire; sich ~ voltarsi (dall'altra
parte); sich von j-m ~ abbandonare
qu.; voltare le spalle a qu.; 2ung f
evitamento m, prevenzione f.
'abwerfen Karten: scartare f; Reiter:
sbalzare di sella; Gewinn: fruttare,
rendere; Bomben: lanciare.
'abwert|en svalutare; 2ung f svalu-
tazione f.
abwesen|d ['-ve:zənt] assente; fig.
distratto; 2heit f assenza f.
'abwick|eln dipanare; Geschäft:
sbrigare; fig. sich ~ svolgersi; 2-
lung f disbrigo m; svolgimento m.
'Abwicklungsstelle f ufficio m incaricato di liquidare ...
'abwiegen pesare.
'abwimmeln F (29) disfarsi di.
'Abwind m 🛩 vento m discendente.
'abwinken dare il segnale di partenza; far cenno di no; far capire
di non ...
'abwirtschaften andare in rovina.
'abwischen pulire; Feuchtes: asciugare.
abwracken ⚓ ['-vrakən] (25) demolire.
'Abwurf m lancio m.
'abwürgen strozzare.
'abzahlen dare un acconto; pagare
a rate.
'abzählen contare.
'Abzahlung f pagamento m (a rate);
rateazione f; ~sgeschäft n vendita f
a rate.
'abzapfen spillare; Blut: cavare.
abzäumen ['-tsɔymən] sbrigliare.
abzäunen ['-tsɔynən] recintare.
'abzehr|en consumare; 2ung 🛠 f
consunzione f.
'Abzeichen n contrassegno m;
distintivo m; a. Heral. insegna f.
'abzeichnen ritrarre; (abbilden) copiare; sich ~ risaltare (von et. da
qc.); fig. delinearsi, profilarsi.
Abziehbild ['-tsi:bilt] n decalcomania f.
'abziehen 1. v/t. levare; Bohnen:
sfilare; Wein: travasare; Messer:
affilare; Summe: defalcare; Fell:
scoiare; Phot. stampare, copiare;
🝪 distillare; Arith. sottrarre; Typ.
tirare; 2. v/i. (sn) Rauch: uscire; F
andarsene.
'abzielen: ~ auf (ac.) mirare a.
abzirkeln ['-tsirkəln] (29) com-
passare.

Abzug ['-tsu:k] *m* partenza *f; der Truppen:* ritirata *f; am Gewehr:* grilletto *m; Typ.* (Korrektur♀) bozza *f* di stampa; *Phot.* copia *f;* ✝ sconto *m;* diffalco *m; vom Gehalt:* ritenuta *f; vom Preis:* ribasso *m; in ~ bringen* dedurre; *nach ~ von* previa deduzione di; dedotto.

abzüglich ['-tsy:kliç] dedotto, previa deduzione di.

'Abzugs|bügel *m* ponticello *m; ~graben* *m* canale *m* di scarico; **~loch** *n* sfogatoio *m;* **~rinne** *f* grondaia *f;* **~rohr** *n* condotto *m* di scarico.   [gliare.)

'abzupfen strappare; *Blume:* sfo-)

'abzwacken (25) F *fig.* j-m et. ~ sottrarre qc. a qu.

abzweig|en ['-tsvaɪgən] 1. *v/t.* diramare; *fig.* separare; 2. *v/i. (sn) u. sich ~* diramarsi; staccarsi; ♀**ung** *f* diramazione *f;* deviazione *f;* separazione *f.*

'abzwicken tagliare con le pinze.

'abzwingen = *abnötigen.*

ach! [ax] ahimè!; *~ so!* ah, capisco; *~ was!* ma che, macché!; *mit Weh und* ♀ con tanti lamenti; *mit* ♀ *und Krach* con mille stenti.

Achat [a'xa:t] *m* (3) agata *f.*

Achillesferse [a'xiləsfɛrsə] *f* tallone *m* d'Achille.

Achse ['aksə] *f* (a. *Pol.*) asse *m; am Wagen:* sala *f;* ⊕ albero *m;* ✝ per *~* a ferrovia.

Achsel ['aksəl] *f* (15) spalla *f; mit den ~n zucken* alzare le spalle; *j-n über die ~ ansehen* guardare qu. dall'alto in basso; *et. auf die leichte ~ nehmen* prendere qc. alla leggiera; **~band** *n* spallina *f;* bretella *f;* **~grube** *f,* **~höhle** *f* ascella *f;* **~klappe** *f,* **~schnur** *f* spallina *f;* **~träger** *m* spallina *f;* **~zucken** *n* spallata *f.*

'Achsen|bruch *m Auto:* rottura *f* dell'asse; **~schenkel** *m* fuso *m;* **~sturz** *m* inclinazione *f* dei fusi.

acht¹ [axt] 1. *adj.* otto; *morgen in ~ Tagen* domani a otto; 2. ♀ *f* otto *m.*

Acht² [axt] *f* 1. (*Bann*) bando *m; in die ~ erklären = ächten;* 2. (*Obacht*) attenzione *f; in* ♀ *nehmen* aver cura di; *sich in* ♀ *nehmen* guardarsi; *außer* ♀ *lassen* trascurare; *s. achtgeben.*

'acht-armig a otto bracci.

'achtbar rispettabile; ♀**keit** *f* rispettabilità *f.*

'achte(r) ottavo; *heute ist der ~* oggi abbiamo l'otto; *am ~n* all'otto.

Achteck ['axt⁹ɛk] *n* (3) ottagono *m;* ♀**ig** ottangolare.

Achtel ['axtəl] *n* (7) ottavo *m;* **~note** ♪ *f* croma *f.*

achten ['axtən] (26) 1. *v/t.* stimare; rispettare; considerare; 2. *v/i.* badare (*auf ac.* a).

ächten ['ɛxtən] (26) proscrivere; bandire; esiliare.

achtens ['axtəns] in ottavo luogo.

achtenswert ['axtənsve:rt] stimabile.

Achter ['axtər] 1. *m* (7) *Boot:* otto *m* di punta; 2. ♀ ♧ di poppa.

'Achter|bahn *f* ottovolante *m;* **~deck** *n* poppa *f.*

'achterlei di otto specie.

'acht|fach ottuplo; **~flächig** ottaedrico; ♀**flächner** *m* ottaedro *m.*

'achtgeben: *~ auf* far attenzione a; badare a; aver cura di; stare attento a; dar retta a.

acht|hundert ['axt'hundərt] ottocento; **~jährig** ottenne; di otto anni.

acht|los ['axtlo:s] sbadato; (*gleichgültig*) indifferente; ♀**losigkeit** ['-lo:zɪçkaɪt] *f* sbadataggine *f;* indifferenza *f;* **~mal** tante volte; **~malig** ripetuto otto volte.

'achtsam attento; ♀**keit** *f* attenzione *f.*

'achtseitig di otto pagine; ♀ ottagonale.

'acht|silbig di otto sillabe; ♀**silbler** *m* ottonario *m;* ♀**stundentag** [-'ʃtundənta:k] *m* giornata *f* di otto ore; **~stündig** di otto ore; **~tägig** di otto giorni; **~tausend** ottomila.

Achtung ['axtuŋ] *f* (*Aufmerksamkeit*) attenzione *f;* (*Hochachtung*) stima *f;* ~ *haben vor* (*dat.*) avere stima di; *~ erweisen* (*dat.*) mostrare rispetto a; *sich* (*dat.*) ~ *verschaffen* acquistarsi rispetto; imporsi; *~!* attenti!

Ächtung ['ɛxtuŋ] *f* proscrizione *f.*

achtung|gebietend ['axtuŋgebi:-tənt] imponente; *che incute* rispetto; ♀**serfolg** ['-s⁹ɛrfɔlk] *m* successo *m* di stima; **~svoll** rispettoso; *che dà stima;* **~s-wert,** **~swürdig** rispettabile.

acht|wink(e)lig ['axtvɪŋk(ə)lɪç] ottangolare; **~zehn** ['axtse:n] diciotto; **~zehnjährig** ['-'tse:nje:rɪç]

diciottenne; **~zehnte** diciottesimo;
~zeilig ['-tsaɪlɪç] di otto righe.

achtzig ['axtsɪç] ottanta; **2er** ['--gər]
m ottuagenario *m*; *in den* **~n** *sein*
essere sull'ottantina; **~jährig** ot-
tantenne; **2stel** ['-tsɪçstəl] *n* (7) ottantesimo *m*; **~ste(r)** ottantesimo.

ächzen ['ɛçtsən] 1. (27) gemere;
2. 2 *n* (6) gemito *m*.

Acker ['akər] *m* (7¹) campo *m*; **~bau**
m (3, *o. pl.*) agricoltura *f*; **~bauer** *m*
agricoltore *m*; **~baukunde** *f* agronomia *f*; **2bautreibend** ['--bau-
traɪbənt] agricolo; **~boden** *m* terreno *m* coltivabile; **~gaul** *m* cavallo
m da tiro; brenna *f*; **~gerät** *n* arnesi
m/pl. agricoli; **~land** *n* terreno *m*
arativo.

'**ackern** 1. (29) arare; 2. 2 *n* (6)
aratura *f*.

a conto [a'kɔnto:] a conto.

ad acta: **~** *legen* mandare agli atti;
iro. mettere a dormire.

Adamsapfel ['a:dams⁹apfəl] *m*
Anat. pomo *m* d'Adamo.

adäquat [ade'kva:t] adeguato.

addieren [a'di:rən] addizionare.

Ad'diermaschine *f* addiziona-
trice *f*.   [zione *f*.]

Addition [adits'jo:n] *f* (16) addi-

ade! [a'de:] addio!

Adel ['a:dəl] *m* (7, *o. pl.*) nobiltà *f*;
aristocrazia *f*; **2ig** nobile; **~ige(r)** *m*
nobile *m*, gentiluomo *m*; **2n** ['a:dəln]
(29) nobilitare, annobilire.

'**Adels|herrschaft** *f* aristocrazia *f*;
~kalender *m* registro *m* nobiliare;
~stand *m* nobiltà *f*; *Erhebung f in
den* **~** nobilitazione *f*; **~stolz** *m* albagia *f* nobilesca.

Ader ['a:dər] *f* (15) vena *f*; (*Schlag2*)
arteria *f*; **⚒** filone *m*; *zur* **~** *lassen*
salassare; **~laß** ['--las] *m* (4²) sa-
lasso *m*.

ädern ['ɛ:dərn] (29) marezzare.

'**Aderschlag** *m* pulsazione *f*.

Adhäsion [athez'jo:n] *f* adesione *f*.

Adjektiv ['atjekti:f] *n* (3¹) aggettivo
m; **2isch** [--'vi:ʃ] 1. *adj.* aggettivo;
2. *adv.* aggettivamente.

Adjunkt [at'juŋkt] *m* (12) aggiunto *m*.

Adjutant [atju:'tant] *m* (12) aiutante
m.

Adler ['a:dlər] *m* (7) aquila *f*; **~horst**
m nido *m* di aquile; **~nase** *f* naso *m*
aquilino.

adlig ['a:dlɪç] nobile, aristocratico;
2e(r) ['--gə(r)] *m* (18) nobile *m*.

Administra|tion [atministrats'jo:n]
f amministrazione *f*; **2'tiv** amministrativo.

Admiral [atmi'ra:l] *m* (3¹) ammi-
raglio *m*; **~ität** [---li'tɛ:t] *f* ammira-
gliato *m*; **~sschiff** [--'-sʃif] *n* nave *f*
ammiraglia.

adopt|ieren [adɔp'ti:rən] adottare;
2ion [--ts'jo:n] *f* adozione *f*; **2iv-**
[--'ti:f] *in Zssgn* adottivo.

Adress|ant(in *f*) [adre'sant(in)] *m*
(12) mittente *m u. f*; **~at(in** *f*)
[adre'sa:t(in)] *m* (12) destinatario *m*
(-a *f*).

Adreßbuch [a'drɛsbu:x] *n* elenco *m*
degli indirizzi.

Adresse [a'drɛsə] *f* (15) indirizzo *m*.

adres'sieren: **~** *an* indirizzare a; *e-n
Brief* **~** mettere l'indirizzo sulla
lettera.

Adres'siermaschine *f* macchina *f*
stampaindirizzi.

Advent [at'vɛnt] *m* (3) avvento *m*.

Adverb [at'vɛrp] *n* (8²) avverbio *m*;
2ial avverbiale.

Advokat [atvo'ka:t] *m* (12) avvocato
m; **~in** *f* avvocatessa *f*; **~'ur** *f* avvocatura *f*.

aerodynamisch [aerody'na:miʃ]
aerodinamico.

Affäre [a'fɛ:rə] *f* (15) affare *m*, faccenda *f*; *sich aus der* **~** *ziehen* tirarsi
d'impiccio.

Äffchen ['ɛfçən] *n* scimmiotto *m*.

Affe ['afə] *m* (13) scimmia *f*; F
(*Rausch*) sbornia *f*.

Affekt [a'fɛkt] *m* (3) passione *f*; **~a-
'tion** *f* affettazione *f*; **2iert** [--'ti:rt]
affettato, manierato; **~iertheit** *f* affettazione *f*.

affen|artig ['afən⁹¹a:rtɪç] scim-
miesco; **2liebe** *f* amore *m* cieco;
2pinscher *m* cane *m* grifone; **2-
schande** *f* F *fig.* scandalo *m* vergognoso.

Äfferei [ɛfə'raɪ] *f* scimmiaggine *f*.

affig ['afɪç] scimmiesco; *fig.* affettato.

'**Afrika|forscher** *m* africanista *m*,
studioso *m* dell'Africa; **~ner(in** *f*)
m, **2nisch** [afri'ka:ner(in), --'-niʃ]
africano (-a *f*) *n*.

After ['aftər] *m* ano *m*; **~miete** *f*
subaffitto *m*; **~mieter** *m* subaffittuario *m*.

Agave 🌿 [a'ga:və] *f* (15) agave *f*.

Agens ['a:gəns] *n* agente *m*.

Agent|(in *f* [16¹]) [a'gent(in)] *m* (12)

agente *m u. f*; rappresentante *m u. f*; **~ur** [--'tu:r] *f* (16) agenzia *f*.

Aggregat [agre'ga:t] *n* (3) aggregato *m*; **~zustand** *u* stato *m* di aggregazione.

Aggress|ion [agrɛs'jo:n] *f* aggressione *f*; **2iv** [--'si:f] aggressivo; **~ivität** [--ivi'tɛ:t] *f* aggressività *f*.

Ägide [ɛ'gi:də] *f* egida *f*.

Agio ✝ ['a:ʒjoː] *n* (11) aggio *m*; **~tage** [-'ta:ʒə] ✝ *f* aggiotaggio *m*.

Agit|ation [agitats'jo:n] *f* agitazione *f*; **~ator** [--'ta:tor] *m* (8¹) agitatore *m*; **2a'torisch** sedizioso.

Agraffe [a'grafə] *f* fermaglio *m*.

Agrar... [a'gra:r]: *in Zssgn mst.* agricolo; *Pol.* agrario; **~ier** [-'-jər] *m* (7), **2isch** agrario *m*; **~reform** *f* riforma *f* agraria; **~staat** *n* paese *m* agricolo.

Ägypt|er(in *f*) *m* [ɛ'gyptər(in)] (7), **2isch** egiziano (-a *f*).

Ahle ['a:lə] *f* (15) lesina *f*; *Typ.* punteruolo *m*.

Ahn ['a:n] *m* (5 *u.* 12) avo *m*; **~e** *f* (15) ava *f*, avola *f*; **~en** *pl.* antenati *m/pl.*

ahnden ['a:ndən] (26) punire; (*rächen*) vendicare.

ähneln ['ɛ:nəln] (29) somigliare *a*.

ahnen ['a:nən] (25) presentire; prevedere; sospettare.

'Ahn|frau *f* ava *f*; **~herr** *m* avo *m*.

ähnlich ['ɛ:nliç] somigliante; simile; **~ sehen** somigliare *a*; *das sieht ihm ~* questa è proprio una delle sue; **2keit** *f* somiglianza *f*; similitudine *f*.

Ahnung ['a:nuŋ] *f* presentimento *m*; idea *f*; *ich habe keine ~* non ho la minima idea; *Sie haben keine ~ Lei* non può immaginarsi; **2slos** senza sospetto; **2svoll** pieno di presentimenti.

Ahorn ['a:hɔrn] *m* (3) acero *m*.

Ähre ['ɛ:rə] *f* (15) spiga *f*; **~n lesen** spigolare; **~nlese** *f* spigolatura *f*; **~nleser** *m* spigolatore *m*.

Akad|emie [akade'mi:] *f* (15) accademia *f*; **~emiemitglied** *n* membro *m* dell'accademia; **~emiker** [--'de:mikər] *m* (7), **2emisch** [--'de:miʃ] accademico.

Akanthus ♀ [a'kantus] *m* acanto *m*.

Akazie ♀ [a'ka:tsjə] *f* (15) acacia *f*.

Akklamation [aklamats'jo:n] *f* acclamazione *f*.

Akklimati|sation [aklimatizats'jo:n] *f* acclimatazione *f*; **2sieren** [---ti'zi:rən] acclimatare.

Akkord [a'kɔrt] *m* (3) accordo *m*; *im ~ arbeiten* lavorare a cottimo; **~arbeit** *f* lavoro a cottimo; **~arbeiter(in** *f*) *m* cottimista *m u. f*; **2ieren** [-'di:rən] **1.** *v/t.* accordare; **2.** *v/i.* accordarsi; **~lohn** *m* salario *m* a cottimo.

akkredit|ieren [akredi'ti:rən] accreditare; **2iv** [---'ti:f] *n* (3¹) apertura *f* di credito; (*Kreditbrief*) lettera *f* di credito.

Akku F ['aku:] *m* (11) *Abk. für* **Akkumulator** [akumu'la:tor] *m* (8¹) accumulatore *m*.

akkurat [aku'ra:t] accurato.

Akkusativ ['akuzati:f] *m* (3¹) *Gram.* accusativo *m*.

Akontozahlung [a'kɔnto:tsa:luŋ] *f* (pagamento *m* in) acconto *m*.

Akrobat|(in *f*) *m* [akro'ba:t(in)] (12 [16¹]) acrobata *m u. f*; **~ik** [--'-tik] *f* acrobazia *f*; **2isch** [--'-tiʃ] acrobatico.

Akt [akt] *m* (3) *Thea.* atto *m*; *Mal.* nudo *m*; *~ stehen* fare da modello al nudo.

Akte ['aktə] *f* (15) atto *m*; **~n** *pl.* atti *m/pl.*; documenti *m/pl.*; *zu den ~n legen* mettere agli atti, archiviare; **~nauszug** ⚖ ['--ʔaustsu:k] *m* estratto *m*; **~nbündel** *n* incarto *m*; **~ndeckel** *n* cartella *f*; **~nmappe** *f* cartella *f*; **2nmäßig** autentico; **~nschrank** *m* armadio *m* per gli atti; **~nstück** *n* documento *m*; **~ntasche** *f* cartella *f*; **~nzeichen** *n* numero *m* protocollare.

Aktie ['aktsjə] ✝ *f* (15) azione *f*.

Aktien... ['aktsjən...]: *in Zssgn oft* azionario, di azioni; **~gesellschaft** *f* Società *f* Anonima *od.* Società *f* per azioni; **~inhaber** *m* azionista *m*; **~kapital** *n* capitale *m* azionario; **~markt** *m* mercato *m* azionario; **~schein** *m*, **~zertifikat** *n* certificato *m* azionario.

Aktion [akts'jo:n] *f* (16) azione *f*; ✕ operazione *f*; **~s-ausschuß** *m* comitato *m* d'azione; **~sradius** *m* raggio *m* d'azione; autonomia *f*.

Aktionär [aktsjo'nɛ:r] *m* (3¹) azionista *m*.

aktiv [ak'ti:f] attivo.

Aktiv ['akti:f] *n* (3¹) attivo *m*; **~a** [-'-va] *pl.* (*uv.*) attivo *m*; **~ität** [--vi'tɛ:t] *f* (16) attività *f*.

Aktu|alität [aktuali'tɛːt] *f* attualità *f*; **~ar** [-tu'aːr] *m* (3¹) attuario *m*; **Qell** [-tu'ɛl] attuale; contingente; *höchst* ~ assai attuale.

Akust|ik [a'kustik] *f* (16, *o. pl.*) acustica *f*; **Qisch** [-'-stiʃ] acustico.

akut [a'kuːt] **1.** *adj.* acuto; **2.** Q *m* accento *m* acuto.

Akzent [ak'tsɛnt] *m* (3) accento *m*; **Quieren** [--tu'iːrən] accentare.

Akzept ✝ [ak'tsɛpt] *n* (3) accettazione *f*; **~ant** [--'tant] *m* (12) accettante *m*; **Q'ieren** accettare.

Alabaster [ala'bastər] *m* (7) alabastro *m*; **Qn** di alabastro.

Alarm [a'larm] *m* (3¹) allarme *m*; ~ *schlagen* dare l'allarme; *blinder* ~ falso allarme; **~anlage** *f* impianto *m* (*od.* sistema *m*) d'allarme; **Qbereit** in stato d'allarme; **~bereitschaft** *f* stato *m* d'allarme; **~glocke** *f* campana *f* d'allarme; **Q'ieren** allarmare; **Q'ierend** allarmante; **~sirene** *f* sirena *f* d'allarme; **~vorrichtung** *f* dispositivo *m* d'allarme.

Alaun [a'laʊn] *m* (3¹) allume *m*; *mit* ~ *gerben* allumare; **~hütte** *f*, **~werk** *n* allumiera *f*.

albern ['albərn] sciocco; **Qheit** *f* sciocchezza *f*.

Album ['album] *n* (9) album *m*.

Alchim|ie [alçi'miː] *f* (15) alchimia *f*; **~ist(in** *f*) *m* [--'mist(in)] (12) alchimista *m u. f.*

Ale'm|anne *m* alemanno *m*; **Qan-nisch** alemanno.

Alge ['algə] *f* (15) alga *f*.

Algebra ['algebra:] *f* algebra *f*.

algebraisch [alge'braːiʃ] algebrico.

Alger|ier [al'geːrjər] *m* (7) algerino *m*; **Qisch** [-'-riʃ] algerino.

Alibi ['aːlibiː] *n* (11) alibi *m*.

Alimente [ali'mɛntə] *pl.* (3) alimenti *m/pl.*

Alka|li [al'kaːli] *n* (8²) alcali *m*; **Qlisch** alcalino; **~loid** [-kalo'iːt] *n* (3) alcaloide *m*.

Alko|hol [alkoho:l] *m* (3¹) alcol *m*; *in Zssgn oft* alcolico; **Qholfrei** analcolico; **~holiker(in** *f*) *m* alcolista *m u. f*; **~holgehalt** *m Wein*: gradazione *f*; **~hol-inhalt** *m* alcolicità *f*; **Q'holisch** alcolico; **Qholi'sieren** alcolizzare; **~holverbot** *n* proibizione *f*; **~holvergiftung** *f* intossicazione *f* d'alcol.

Alkoven [al'koːvən] *m* (6) alcova *f*.

all [al] **1.** *adj.* tutto; **~e** *Tage* tutti i giorni; **~e** *zehn tutt'e dieci*; (*jeder*) ogni; **~e** *14 Tage* ogni quindici giorni; *s. alles*; **2.** F *adv.* **~e** *sein* esser finito; **~e** *werden* finire; **3.** Q *n* (11, *o. pl.*) universo *m*.

all|abendlich [al⁹-'aːbəntliç] *adv.* tutte le sere; **Q'bekannt** notorio; **'~beliebt** popolare.

alledem ['alə'deːm]: *trotz* ~ malgrado (tutto) ciò; *bei* ~ con tutto ciò.

Allee [a'leː] *f* (15) viale *m*; corso *m*.

Alleg|orie [alego'riː] *f* allegoria *f*; **Qorisch** [-'goːriʃ] allegorico.

allein [a'laɪn] **1.** *adj.* solo, unico; ~ *der Gedanke* solo l'idea; **2.** *adv.* soltanto; **3.** *cj.* ma, però; **Qberechtigung** *f* diritto *m* esclusivo; **Qbe-sitz** *m* possesso *m* esclusivo; **Qbe-trieb** *m*, **Qhandel** *m*, **Qverkauf** *m*, **Qvertrieb** *m* monopolio *m*; **Qge-spräch** *n* soliloquio *m*; **Qherr-schaft** *f* autocrazia *f*; **Qherrscher** *m* autocrate *m*; **~ig** unico; esclusivo; **~stehend** solo; isolato; (*ledig*) celibe; **Qvertreter** *m* rappresentante *m* esclusivo; **Qvertretung** *f* rappresentanza *f* esclusiva.

all|emal ['alə'maːl] sempre; *ein für* ~ una volta per sempre; **~enfalls** ['alən'fals] se mai; forse; **~enthal-ben** ['alənt'halbən] per ogni dove; dappertutto.

aller... ['alər...] *in Zssgn*: più di tutti *od.* il più (*od. durch den Superlativ*); **~'bester** il migliore di tutti; **~dings** ['--'diŋs] infatti; a dire il vero; veramente; **~'erst** primissimo; **~'größt** sommo; più grande di tutti; **~'hand** ogni sorta di ...; *das ist* ~l questo è il colmo; **Q'heiligen** ['--'haɪlgən] *n* Ognissanti *m*; **~'heiligst** santissimo; **~'herzlichst** cordialissimo; **~'höchst** sommo; *die* **~en** *Herrschaften* gli augusti sovrani; **~lei** ['--'laɪ] d'ogni genere; **~'letzt** ultimissimo; **~'liebst** ['--'liːpst] graziosissimo; adorabile; incantevole; **~'meist** la maggior parte; **~'nächst** prossimo; **~'neueste** recentissimo, novissimo; ultimissimo; *das* Q *ul-time novità f/pl.*; **~orten**, **~orts** ['--'⁹ortən, '--⁹'ɔrts] dappertutto; **Qseelen** [--'zeːlən] *n* giorno *m* dei morti; **~seits** ['--'zaɪts] (a, da) tutti quanti; da tutte le parti; **Q-weltskerl** F [--'vɛltskɛrl] *m* persona *f* in gamba; **~wenigst** ['--'veːniçst]:

am ~en il meno (di tutti); in ultimo luogo.

alles ['aləs] tutto; ~ was ... tutto ciò che...; das ist ~ ecco tutto; wenn das ~ ist se non c'è che questo; ~ in allem tutto sommato.

allesamt [al'zamt] tutti quanti.

'Alleskleber m colla f attaccatutto.

'alle'zeit sempre.

Allgegen|wart [al'ge:gənvart] f onnipresenza f; ubiquità f; ℒwärtig [-'--vɛrtiç] onnipresente.

allgemein [algə'maɪn] generale; im ~en in generale; ℒbefinden n stato m generale; ℒbildung f cultura f generale; ℒheit f generalità f; für die ~ per tutti; per il grosso pubblico; ~verständlich comprensibile a tutti.

'All|gewalt f onnipotenza f; ℒgewaltig onnipotente; ~'heilmittel n toccasana m; ~heit f totalità f.

Allianz [al'jants] f (16) alleanza f.

Alligator [ali'ga:tər[m (8¹) alligatore m.

Alli'ierte(r) m alleato m.

all|'jährlich 1. adj. annuale; 2. adv. ogni anno; 'ℒmacht f onnipotenza f; ~'mächtig onnipotente; ~'mählich a poco a poco; ~'monatlich ogni mese; ~'nächtlich ogni notte.

Allotria [a'lo:tria] F uv.: ~ treiben fare baldoria; fare un gran chiasso.

all|sehend [al'ze:ənt] onniveggente; ~seitig ['alzaɪtiç] 1. adj. universale; 2. adv. da tutte le parti; sotto ogni aspetto; 'ℒseitigkeit f universalità f; ~so'gleich immediatamente; ~'stündlich 1. adj. d'ogni ora; 2. adv. ogni ora; 'ℒtag m giorno m feriale; fig. vita f di tutti i giorni; ~'täglich 1. adj. giornaliero; fig. banale; 2. adv. ogni giorno; ℒ'täglichkeit f trivialità f; 'ℒtags... in Zssgn: d'ogni giorno; fig. dozzinale; ~umfassend [-⁹um'fasənt] universale; ~wissend [-'visənt] onnisciente; ℒwissenheit [-'-sənhaɪt] f onniscienza f; ~wöchentlich [-'vœçəntliç] 1. adj. settimanale; 2. adv. ogni settimana; '~zu troppo; '~zusehr eccessivamente; '~zuviel troppo.

Alluvium [a'lu:vjum] n (9, o. pl.) terreno m (Zeit: periodo m) alluvionale.

Alm [alm] f (16) pascolo m alpestre.

Almanach ['almanax] m (3¹) almanacco m.

Almosen ['almo:zən] n (6) elemosina f; um ein ~ bitten chiedere l'elemosina; ~sammler(in f) m questuante m u. f.

Aloe ['a:loe:] ♀ f (15) aloe m.

Alp¹ [alp] m (3), ~drücken n ☾ incubo m.

Alp², ~e [alp(ə)] f (16) pascolo m alpestre.

Al'paka¹ Zool. n (11) alpaca m.

Al'paka² n (Metall) alpacca f.

Alpen... ['alpən...]: in Zssgn delle Alpi; alpino; alpestre; ~bewohner m alpigiano m; ~flora f flora f alpina; ~glühen n rosseggiar m delle Alpi (al levare ed al tramontar del sole); ~jäger ✕ m alpino m; ~klub m club m alpino; ~rose ♀ f rododendro m; ~veilchen n ciclamino m.

Alphabet [alfa'be:t] n (3) alfabeto m; ℒisch alfabetico.

al'pin alpino; ℒist [-i'nɪst] m alpinista m; ℒistik f alpinismo m.

Al'raune f (15) mandragola f.

als [als] come; ~ ob, ~ wenn come se; ~ Kind da bambino; ~ Freund da amico; keiner ~ nessuno fuori di; nichts ~ nient'altro che; ~ daß per; zeitlich: quando; zur Zeit ~ allorché; solange ~ fino a che; (nach comp.) di, che; ~'bald subito; ~'dann poi.

also ['alzo:] dunque; quindi; (= so) così.

alt [alt] vecchio; Ggs. zu modern: antico; wie ~ ist er? quanti anni ha?; er ist 2 Jahre ~ ha 2 anni; er starb 2 Jahre ~ morì nell'età di 2 anni; er wird 2 Jahre ~ compie 2 anni; für wie ~ halten Sie ihn? quanti anni gli dà?; gleich ~ sn avere la stessa età; alles beim ~en lassen lasciare tutto come stava.

Alt ♪ m (3¹) contralto m.

Al'tan m (3) altana f.

Altar [al'ta:r] m (3¹ u. ³) altare m; ~bild n pala f (d'altare); ancona f; ~himmel m baldacchino m.

alt|backen ['altbakən] vecchio; ~bewährt ['-be'vɛ:rt] provato, sperimentato; ~deutsch ['-dɔʏtʃ] tedesco antico.

'Alte f vecchia f; ~(r) m vecchio m.

alt-'eingesessen domiciliato da molto tempo.

'Alt-eisen n ferri m/pl. vecchi.

Alter ['altər] n (7) età f; (Greisen℞) vecchiaia f; (Amts℞) anzianità f; von

⌐s her da tempi antichi, da antico.

älter [ˈɛltər] (*comp. v.* alt) più vecchio; più anziano; maggiore.

altern [ˈaltərn] (29, *h. u. sn*) invecchiare.

Alterna̍tive *f* (15) alternativa *f*.

ˈalters *s.* Alter.

ˈAlters|genosse *m* coetaneo *m*; **⌐grenze** *f* limite *m* d'età; **⌐heim** *n* asilo *m* per i vecchi; **⌐rente** *f* rendita *f* di vecchiaia; **⌐schicht** *f* generazione *f*; **2schwach** decrepito; **⌐schwäche** *f* decrepitezza *f*; **⌐versicherung** *f* assicurazione *f* (per la) vecchiaia; **⌐stufe** *f* anzianità *f*; **⌐versorgung** *f* pensione *f* di vecchiaia.

Alter|tum [ˈ--tuːm] *n* (1²) antichità *f*; **2tümelnd** arcaizzante; **⌐tümer** [ˈ--tyːmər] *n*/*pl.* (1²) ruderi *m*/*pl.*; antichità *f*/*pl.*; **2tümlich** antico, arcaico; **⌐tumsforscher** *m* archeologo *m*; **⌐tumskunde** *f* archeologia *f*.

ältest [ˈɛltəst] (*sup. v.* alt) il più vecchio; il maggiore; **2e(r)** *m* il più anziano.

alt|hergebracht [alt'heːrgəbraxt] tradizionale; **ˈ⌐hochdeutsch** antico alto tedesco.

Al'tist(in *f*) *m* ♪ contralto *m*.

altjüngferlich [alt'jyŋfərliç] da zitellona.

ˈaltklug saputello; precoce; **2heit** *f* precocità *f*.

ältlich [ˈɛltliç] attempato.

ˈAlt|meister *m* (vecchio, antico) maestro *m*; **⌐metall** *n* metallo *m* vecchio; **2modisch** antiquato, passato di moda; **⌐papier** *n* carta *f* straccia; **⌐philologie** *f* filologia *f* classica; **⌐stadt** *f* città *f* vecchia; centro *m* storico; **⌐stimme** *f* voce *f* di contralto; **2testamentlich** del vecchio testamento; **⌐vater** *m* patriarca *m*; **2väterlich** patriarcale; **⌐weibersommer** [ˈ-ˈvaibərzɔmər] *m* estate *f* di San Martino.

Aluminium [alu'miːnjum] *n* (9, *o. pl.*) alluminio *m*.

Alum'nat *n* convitto *m*.

am = *an dem.*

Amalgam [amal'gaːm] *n* (3¹) amalgama *f*; **2ieren** amalgamare.

ama'rantfarbig amaranto.

Amateur(in *f*) [ama'tøːr(in)] *m* (3¹) dilettante *m u. f*.

Amazone [ama'tsoːnə] *f* (15) amazzone *f*.

Amboß [ˈambɔs] *m* (4) incudine *f*.

Am'brosia *f* ambrosia *f*.

ambul|ant [ambu'lant] ambulante; **2anz** [--'lants] *f* (16) ambulanza *f*; **2atorium** [--la'toːrjum] *n* (9) ambulatorio *m*.

Ameise [ˈaːmaizə] *f* (15) formica *f*; **⌐nbär** *m*, **⌐nfresser** *m* formichiere *m*; **⌐nhaufen** *m*, **⌐nhügel** *m* formicaio *m*; **⌐nlöwe** *m* formicaleone *m*; **⌐nsäure** *f* acido *m* formico; **⌐nspiritus** *m* spirito *m* formicino.

amen [ˈaːmən] *adv. u.* 2*n* (6) amen *m*.

Amerika|ner(in *f*) *m*, **2nisch** [ameri'kaːnər(in), ---'kaːniʃ] americano (-a) *m* (*f*).

Amethyst [ame'tyst] *m* (3) ametista *f*.

Amme [ˈamə] *f* (15) balia *f*; **⌐nmärchen** *n* fiaba *f* (della nonna).

Ammoniak [amon'jak] *n* (3¹, *o. pl.*) ammoniaca *f*; **2haltig** [--'-haltiç] ammoniacale.

Am'monium *n* (9, *o. pl.*) ammonio *m*.

Amnestie [amnɛs'tiː] *f* (15) amnistia *f*; **2ren** amnistiare.

Amöbe [a'møːbə] *f* (15) ameba *f*.

Amortis|ation [amɔrtizats'joːn], **⌐ierung** *f* ammortizzazione *f*; **2ieren** ammortizzare.

Ampel [ˈampəl] *f* (15) lampada *f* sospesa; (*Verkehrs*2) semaforo *m*.

Ampere [am'pɛːr] *n* (11[¹]) ampère *m*; **⌐messer** *m* amperometro *m*; **⌐stunde** *f* ampere-ora *f*.

Amphib|ie [am'fiːbjə] *f* (15) anfibio *m*; **2isch** anfibio.

Amphitheater [am'fiːteˈaːtər] *n* (7) anfiteatro *m*.

Ampulle [am'pulə] *f* (15) ampolla *f*.

Amput|ation [-putats'joːn] *f* amputazione *f*; **2ieren** amputare.

Amsel [ˈamzəl] *f* (15) merlo *m*.

Amt [amt] *n* (1²) carica *f*; impiego *m*; posto *m*; ufficio *m*; (*Tätigkeit*) funzione *f*; *das Auswärtige ⌐* ministero *m* degli esteri; *von ⌐s wegen* ufficialmente; **2ieren** essere in carica; **⌐** *als* fungere da; **2ierend** in carica; **2lich** ufficiale.

Amts|alter [ˈamts⁹altər] *n* anzianità *f*; **⌐antritt** *m* insediamento *m*; entrata *f* in carica; **⌐befugnis** *f* competenza *f*; **⌐bezirk** *m* distretto *m*; giurisdizione *f*; **⌐blatt** *n* gazzetta *f* ufficiale; **⌐bruder** *m* collega *m*; **⌐diener** *m* usciere *m*; **⌐eid** *m* giuramento m d'ufficio; **~enthebung** f esonero m dal servizio; **~geheimnis** n segreto m d'ufficio; **~gericht** n pretura f; **~geschäfte** n/pl. affari m/pl. d'ufficio; **~gewalt** f autorità f; **~handlung** f atto m d'ufficio; **~inhaber** m titolare m; **~miene** f aspetto m grave; **~mißbrauch** m abuso m di potere; **~person** f ufficiale m pubblico; **~pflichten** f/pl. doveri m/pl. d'ufficio; **~richter** m pretore m; **~schimmel** F m andazzo m burocratico; **~sprache** f linguaggio m ufficiale; **~weg** m via f ufficiale; **~zeit** f ore f/pl. d'ufficio; während s-r ~ durante la sua carica; **~zimmer** n ufficio m.

Amulett [amu'lɛt] n (3) amuleto m.

amüs|ant [amy'zant] divertente; **~ieren** divertire; sich ~ divertirsi.

an [an] **1.** prp. (dat., ac.) a; (~ e-r Krankheit) di; ~ der Oder sull'Oder; ~ die See al mare; was ~ mir ist per quanto è in me; ich habe ~ ihm ho in lui; ~ und für sich di per sé; ~ e-m Sonntag una domenica; am Abend la sera od. di sera; am Arm fassen prendere per il braccio; es fehlt mir ~ Zeit mi manca il tempo; ~ 11 Personen circa 11 persone; **2.** adv. von heute ~ da oggi in poi; von drei Mark ~ da tre marchi in su; auf Fahrplänen: arrivo (Abk. a.).

Anachronismus [anakro'nismus] m (16²) anacronismo m.

anal|og [ana'lo:k] analogo; **2o'gie** f (15) analogia f.

Analphabet [an?alfa'be:t] m (12) analfabeta m; **~ismus** m analfabetismo m.

Anal|yse [ana'ly:zə] f (15) analisi f; **~ytik** f analitica f; **2ytisch** [--'ly:tiʃ] analitico.

Anämie [anɛ'mi:] f (15) anemia f.

Ananas ['a:nanas] f (uv. od. 14²) ananas od. ananasso m; ~eis n gelato m all'ananas.

Anarch|ie [anar'çi:] f (15) anarchia f; **~ismus** m anarchismo m; **~ist** [--'çist] m (12), **2isch** anarchico (m).

Anästhesie [anʔɛste'zi:] f (15) anestesia f.

Anatom [ana'to:m] m (12) anatomista m; **~ie** [--to'mi:] f (15) anatomia f; **2isch** anatomico.

anbahnen ['anba:nən] avviare; sich ~ prepararsi; starsi avviando.

anbändeln ['-bɛndəln] F (29) mit j-m: attaccare discorso (con qu.).

Anbau ['-bau] m 🔾 coltivazione f; 🏛 edificio m annesso; **2en** 🔾 coltivare; 🏛 aggiungere; ampliare (la casa); **~er** m coltivatore m; **~fläche** f terreno m coltivabile; **~möbel** n/pl. mobili m/pl. componibili.

'**Anbeginn** m principio m.

'**anbehalten** tenere (indosso).

anbei [-'bai] accluso od. qui accluso.

anbeißen ['-baisən] **1.** v/t. mordere; **2.** v/i. abboccare (a. fig.).

'**anbelangen** riguardare; was mich anbelangt per quanto mi riguarda.

'**anbellen** abbaiare a (contro).

anberaum|en ['-bəraumən] (25) indire, fissare; **2ung** f indizione f.

'**anbet|en** adorare; **2er** m adoratore m.

'**Anbetracht** m: in ~ quanto a; concernente (qc.); visto od. considerato.

'**anbetteln** j n ~ chiedere l'elemosina a qu.

Anbetung ['-be:tuŋ] f adorazione f.

anbiedern ['-bi:dərn] (29): sich ~ voler fare amicizia.

'**anbieten** offrire.

'**anbinden** attaccare, legare; kurz angebunden brusco.

'**anblasen** soffiare (in, su qc.).

'**Anblick** m aspetto m, vista f; beim ~ alla vista; **2en** guardare.

'**anblinzeln** v/t. ammiccare.

'**anbohren** v/t. succhiellare.

'**anbraten** arrostire (friggere) leggermente.

'**anbrechen 1.** v/t. aprire; mettere mano a; intaccare; **2.** v/i. (sn) spuntare; nascere; neue Zeit: cominciare; die Nacht bricht an si fa notte.

'**anbrennen 1.** v/t. bruciacchiare; (anzünden) accendere; **2.** v/i. (sn) accendersi; Kochk. bruciare.

'**anbringen** mettere; portare; fissare; Beispiele: addurre; (machen) praticare; j-n: collocare; ⚡ intentare.

'**Anbruch** m fare m; spuntare m; principio m; bei ~ der Nacht al cadere (od. sul far) della notte.

'**anbrüllen** v/t. urlare, ruggire (contro qu.).

Anchovis [an'ʃo:vis] f uv. acciuga f.

Andacht ['andaxt] f (16) devozione f; raccoglimento m; funzione f (divina).

andächtig ['andɛçtiç] devoto.

andauern ['-dauǝrn] continuare, persistere; ~**d** continuo, permanente.

Andenken ['-dɛŋkǝn] *n* (6) memoria *f*; ricordo *m*; *zum ~ an* in ricordo di.

ander ['andǝr] (18) altro; *am ~n Tage* il giorno dopo; *e-n Tag über den ~n* un giorno sì e uno no, a giorni alterni; *einmal über das ~e* più volte di seguito; *e-r nach dem ~n* uno per volta; *das ist et. ~es* è un altro paio di maniche; *alles ~e als das* tutto fuorché questo; ~**erseits** d'altra parte; ~**mal** ['--ma:l]: *ein ~* un'altra volta.

ändern ['ɛndǝrn] (29) cambiare; modificare; *s-e Meinung ~* cambiare parere; *ich kann's nicht ~* non posso farci niente; *es ist nicht zu ~* non c'è nulla da fare; *sich ~* cambiare.

andern|falls ['andǝrnfals] in caso contrario; ~**teils** dall'altra parte.

anders ['andǝrs] altrimenti; ~ *sein als* esser diverso da; ~ *werden* cambiare; *j. ~* qu. altro; *von j. ~* altrui; *niemand ~ als er* nessun altro che lui; *nirgends ~* in nessun altro luogo; *wer ~ als er?* chi se non lui?; *ich konnte nicht ~* non potevo far a meno (altrimenti); ~**denkend** dissidente.

'**anderseits** d'altra parte.

anders|gläubig *Rel.* ['andǝrsglɔʏbiç] di altra religione; ~**wie** in qualche altro modo; ~**wo, ~wohin** altrove; ~**woher** da qualche altra parte.

anderthalb ['-dǝrt'halp] uno e mezzo; ~ *Meter* un metro e mezzo.

Änderung ['ɛndǝruŋ] *f* cambiamento *m*; modificazione *f*.

ander|wärts ['andǝrvɛrts] altrove; ~**weitig** ['--vaɪtiç] in altro modo.

andeut|en ['andɔʏtǝn] accennare; **2ung** *f* insinuazione *f*, allusione *f*; accenno *m*; ~**ungsweise** con un accenno, per via d'allusioni.

'**andichten**: *j-m et. ~* attribuire a torto qc. a qu.

'**andonnern** apostrofare (urlando); *wie angedonnert dastehen* star lì come colpito dal fulmine.

'**Andrang** *m* affluenza *f*; *v. Leuten*: folla *f*; ⚕ congestione *f*.

andrehen ['andreːǝn] *v/t. Heizung*: aprire; ⚡ accendere; *fig. j-m et. ~* affibbiare, appioppare qc. a qu.

'**androh|en**: *j-m et. ~* minacciare qu. di qc.; **2ung** *f* minaccia *f*.

aneign|en ['-ʔaɪgnǝn]: *sich (dat.) ~* appropriarsi; **2ung** *f* appropriazione *f*.

aneinander [-ʔaɪn'ʔandǝr] l'uno presso l'altro; l'uno all'altro; reciprocamente; ~**fügen** congiungere; ~**geraten** venire alle mani; ~**grenzen** confinare; ~**grenzend** vicino, adiacente; *Land*: limitrofo; ~**passen** combaciare; ~**rücken** ristringersi; ~**stoßen** toccarsi; urtare l'uno contro l'altro.

Anekdot|e [anɛk'doːtǝ] *f* (15) aneddoto *m*; **2enhaft**, **2isch** aneddotico.

anekeln ['-ʔeːkǝln] *v/t.* nauseare.

Anemone ⚘ [anǝ'moːnǝ] *f* (15) anemone *m*.

'**an-empfehl|en** raccomandare; **2ung** *f* raccomandazione *f*.

Anerbieten ['-ʔɛrbiːtǝn] *n* (6) offerta *f*.

anerkannt ['--kant] riconosciuto; *fig. a.* rinomato; ~**ermaßen** ['--tǝr'maːsǝn] notoriamente; secondo il giudizio di tutti.

'**an-erkenn|en** riconoscere; approvare; *Rekord*: omologare; (*würdigen*) apprezzare; ~**end** favorevolmente; ~**e** *Worte n/pl.* parole *f/pl.* di lode; ~**enswert** lodevole; apprezzabile; **2ung** *f* riconoscimento *m*, apprezzamento *m*.

anfachen ['-faxǝn] (25) attizzare.

'**anfahren 1.** *v/t.* carreggiare; *Auto*: avviare; *fig. j-n*: apostrofare; **2.** *v/i.* (*sn*) urtare; *angefahren kommen* arrivare in vettura.

'**Anfahrt** *f* arrivo *m*; (*Weg*) strada *f* d'accesso.

'**Anfall** *m* aggressione *f*; ✗ attacco *m*; ⚕ *fig.* accesso *m*; ⚖ devoluzione *f*; **2en 1.** *v/t.* aggredire; attaccare; **2.** *v/i.* (*sn*) risultare; prodursi.

'**anfällig** incline (*für* a); ⚕ predisposto.

'**Anfang** *m* principio *m*; inizio *m*; *am ~, im ~* in principio; *zu ~* daprima; *gleich zu ~* subito da principio; ~ *Januar* ai primi di gennaio; ~ *1970* sui principi del 1970.

'**anfangen** (in)cominciare, iniziare; *Händel ~* attaccar brighe; *es ist mit ihm nichts anzufangen* non c'è nulla da fare con lui; *ich weiß nicht, was ich ~ soll* non so che fare.

Anfäng|er ['-fɛŋǝr] *m* principiante *m*; **2lich** *adj.* iniziale; *adv.* = '**an-**

fangs ['-faŋs] in principio, sulle prime.

Anfangs|buchstabe ['-faŋsbu:xfta:bə] *m* iniziale *f*; **~gehalt** *n* stipendio *m* iniziale; **~geschwindigkeit** *f* velocità *f* iniziale; **~gründe** ['--gryndə] *m/pl.* rudimenti *m/pl.*; elementi *m/pl.*; **~stadium** *n* fase *f* iniziale; principi *m/pl.*

'**anfassen** toccare; prendere; *mit* ~ dare una mano.

'**anfaulen** cominciare a marcire.

anfecht|bar ['-fɛçtba:r] contestabile, impugnabile; **♀barkeit** *f* impugnabilità *f*; **~en** impugnare; *bibl.* tentare; **♀ung** *f* impugnazione *f*; (*Versuchung*) tentazione *f*.

anfeind|en ['-faɪndən] (26) avversare; (*verfolgen*) perseguitare; *stark angefeindet werden* aver molti nemici; **♀ung** *f* ostilità *f*; persecuzione *f*.

anfertig|en ['-fɛrtɪgən] fare, fabbricare, confezionare; **♀ung** *f* confezione *f*, fabbricazione *f*.

anfeuchten ['-fɔʏçtən] (26) inumidire, bagnare.

'**anfeuer|n** accendere; *fig.* incitare; infervorare; **♀ung** *f* incitamento *m*.

'**anflehen** implorare (*j-n um et. qc. da qu.*).

'**anfliegen** ⚴ puntare su, far scalo a; *angeflogen kommen* venire (volando).

'**Anflug** *m* ⚴ volo *m* d'approssimazione; *fig.* traccia *f*.

'**anforder|n** esigere; **♀ung** *f* esigenza *f*; *hohe ~en stellen* pretendere molto; essere molto esigente.

'**Anfrage** *f* domanda *f*; *Pol.* interpellanza *f*; **♀n** domandare; interrogare; informarsi.

anfreunden ['-frɔʏndən] (26): *sich ~* fare amicizia.

'**anfrieren** attaccarsi gelando.

'**anfügen** aggiungere.

'**anfühlen** toccare; *man fühlte es ihm an ...* si sentiva che egli ...; *sich weich ~* essere morbido al tatto.

Anfuhr ['-fu:r] *f* (16) trasporto *m*.

'**anführ|en** guidare; dirigere; ⚔ comandare; *Bande*: capeggiare; *Worte*: citare; *Gründe*: addurre; *Zeugen*: produrre; (*täuschen*) ingannare; **♀er** *m* capo *m*; ⚔ comandante *m*; *e-r Bande*: capobanda *m*; **♀ungszeichen** ['---tsaɪçən] *n/pl.* virgolette *f/pl.*

'**anfüllen** riempire.

'**Angabe** *f* indicazione *f*; (*Aussage*) dichiarazione *f*; (*Anweisung*) istruzione *f*; (*Anzeige*) denunzia *f*; (*Prahlerei*) presuntuosità *f*; vanagloria *f*; **~n** *f/pl.* dati *m/pl.*

'**angaffen** guardare a bocca aperta.

angängig ['-gɛnɪç] permesso; possibile.

'**angeb|en** dare; (*erklären*) indicare, dichiarare; (*anzeigen*) denunziare; *fig.* F darsi delle arie; pretendere; **♀er** *m* delatore *m*; *fig.* F spaccone *m*; **♀e'rei** *f* F millanteria *f*.

'**Angebinde** *n* regalo *m*.

angeblich ['-ge:plɪç] **1.** *adj.* preteso; sedicente; **2.** *adv.* dice che.

'**angeboren** innato; ingenito; (*natürlich*) connaturale.

'**Angebot** *n* offerta *f*.

angebracht ['-gəbraxt] opportuno; consigliabile.

'**angebrannt** bruciato.

'**angebunden:** *kurz* ~ brusco, bruscamente.

'**angedeihen:** ~ *lassen* concedere.

'**angefahren:** ~ *kommen* arrivare.

angegossen ['-gəgɔsən] *wie* ~ *sitzen* stare a pennello.

'**angegriffen** patito.

'**Angehänge** *n* ciondolo *m*.

angeheiratet ['-gəhaɪra:tət] *Verwandte*: acquistato.

angeheitert ['-gəhaɪtərt] un po' brillo, alticcio.

'**angehen 1.** *v/t.* (*betreffen*) riguardare; *j-n um et.* ~ chiedere qc. a qu.; *was geht Sie das an?* che c'entra Lei?, che cosa La riguarda?; **2.** *v/i.* (*sn*) andare; (*anfangen*) cominciare; (*möglich sein*) esser possibile; **~d** principiante; (*künftig*) futuro; *ein* ~*er Dreißiger* un uomo sulla trentina; ~*er Arzt* medico *m* in erba.

'**angehör|en** appartenere; *Verein:* essere socio di; *Partei:* essere membro di; **~ig** appartenente; **♀ige(r)** ['---rɪgə(r)] *m* (18) congiunto *m*; (*Staats♀*) cittadino *m*; *e-s Vereins:* membro *m*, socio *m*; *m-e* **♀igen** *pl.* i miei (parenti).

angeifern ['-gaɪfərn]: *j-n* ~ sputare la bava (*od.* schizzare veleno) contro qu.

Angeklagte(r) ['-gəkla:ktə(r)] *m* accusato *m*.

Angel ['aŋəl] *f* (15) (*Tür♀*) cardine *f*,

ganghero m; (Fisch2) amo m; (~
schnur) lenza f; (~rute) canna f.
angelangen ['-gəlaŋən] arrivare.
'**angelegen**: sich (dat.) et. ~ sein
lassen prendersi qc. a cuore; ich
werde es mir ~ sein lassen, zu ... mi
farò un dovere (una premura) di ...;
2**heit** f faccenda f; affare m; ~**tlich**
['---gəntliç] **1.** adj. premuroso;
2. adv. istantemente; con premura.
Angel|fischerei ['aŋəlfiʃərai] f
pesca f all'amo; ~**haken** m amo m;
~**köder** m esca f.
angeln ['aŋəln] (29) pescare all'amo;
fig. j-n ~ adescare qu.
'**angeloben** far giurare solennemente.
Angel|platz ['aŋəlplats] m posto m
per pescare; ~**punkt** m fig. perno m;
~**rute** f canna f (da pesca).
'**angelsächsisch** anglosassone.
'**Angel|schnur** f lenza f; ~**sport** m
pesca f con la canna.
angemessen ['angəmesən] conveniente; adeguato; (Preis) ragionevole; 2**heit** f convenienza f.
'**angenehm** gradevole, piacevole;
sehr ~! tanto piacere!
angenommen ['angənɔmən] ipotetico, fittizio; ~, daß supposto che.
Anger ['aŋər] m (7) pastura f; (Wiese) prato m.
'**angeregt** animato.
angesäuselt ['angəzɔyzəlt] F brillo,
alticcio.
angeschlossen ['-gəʃlɔsən] (Verein)
affiliato.
angeschrieben ['-gəʃriːbən]: gut ~
sein esser ben veduto.
angesehen ['-gəzeːən] rispettato.
'**Angesicht** n faccia f, viso m; von ~
kennen conoscere di vista; im
Schweiße seines ~es col sudor della
fronte; 2s (gen.) in vista di, in considerazione di.
'**angespannt** intenso; ~ arbeiten
lavorare intensamente.
angestammt ['-gəʃtamt] tradizionale, avito; ereditario.
Angestellt|e(r) ['-gəʃtɛltə(r)] m (18)
impiegato m; dipendente m; ~**en-
versicherung** f assicurazione f
degli impiegati.
angetan ['angətaːn] adatto; es ist
nicht danach ~ non è probabile; fig.
~ von impressionato da.
angetrunken ['-gətruŋkən] brillo;
2**heit** f leggera ubbriachezza f.

angewiesen ['-gəviːzən]: ~ sn auf
dover ricorrere a; dipendere da.
'**angewöhnen** v/t. avvezzare; sich ~
abituarsi (etwas a).
'**Angewohnheit** f abitudine f.
angewurzelt ['-gəvurtsəlt]: wie ~
come inchiodato, come di pietra.
angezeigt ['-gətsaikt]: für ~ halten
credere opportuno od. necessario.
Angina [aŋˈgiːna] 2 f(16²) angina f.
'**angleich|en** assimilare; 2**ung** f as-
similazione f.
Angler ['aŋlər] m (7) pescatore m
(all'amo).
'**anglieder|n** aggregare; associare;
annettere; 2**ung** f aggregazione f;
annessione f.
Anglikan|er [aŋliˈkaːnər] m, 2**isch**
anglicano (m).
Anglist [aŋˈglist] m anglista m.
'**anglotzen** guardare ad occhi spalancati.
Angorawolle [aŋˈgoːravɔlə] f lana f
d'Angora.
'**angreif|bar** attaccabile; ~**en** toc-
care; feindlich: assalire, attaccare,
investire; die Ehre: intaccare; den
Körper: spossare, indebolire; 2**er** m
aggressore m.
'**angrenzen**: ~ an (ac.) confinare con;
~**d** adiacente; contiguo; Land: limitrofo.
'**Angriff** m attacco m; Pol. aggressione f; ✗ carica f; zum ~ übergehen passare all'offensiva; in ~
nehmen cominciare; ~**s...** in Zssgn
✗ offensivo; ~**slust** f aggressività f;
2**slustig** aggressivo; ~**sziel** n obiettivo m.
'**angrinsen** guardare ghignando.
Angst [aŋst] f(14¹) ansietà f; (Furcht)
paura f; adj. mir ist 2 ho paura;
'~**geschrei** n grida f/pl. di paura;
'~**hase** F m fifone m.
ängst|igen ['ɛŋstigən] (25) ango-
sciare; impaurire; sich ~ essere in
ansietà; aver paura; ~**lich** ['-liç] inquieto; ansioso; pauroso; 2**lichkeit** f ansietà f.
Angst|meier ['aŋstmaiər] F m coni-
glio m; ~**schweiß** ['-ʃvais] m sudor
m freddo; ~**traum** m incubo m; 2-
voll angoscioso; pieno di paura.
'**angucken** guardare.
'**anhaben** Kleidung: avere indosso;
j-m nichts ~ können non poterla azzeccare a qu.
'**anhaften** aderire; attaccarsi;

Krankheit: essere innato; *Leim*: tenere; **.d** aderente; *fig.* innato.
'anhaken agganciare.

'Anhalt *m* appoggio *m*; (*Anzeichen*) indizio *m*; **2en 1.** *v/t.* tenere; fermare, arrestare; sospendere; *j-n zu et.* ~ esortare qu. a qc.; **2.** *v/i.* fermarsi; (*fortdauern*) continuare; ~ *um* chiedere (in moglie); **2end** continuo; persistente; **2er** F: *per* ~ *fahren* viaggiare per autostop; **~spunkt** *m* punto *m* d'appoggio; indizio *m*.

'Anhang *m* appendice *f*; *v. Personen*: seguito *m*; **2en** (*dat.*) aderire; *fig.* essere attaccato.

'anhängen 1. *v/t.* attaccare; (*hinzufügen*) aggiungere; *fig.* appiccicare; **2.** *v/i.* *s. anhangen*; **2er** *m* (7) **1.** *Pol.* seguace *m*; aderente *m*; accolito *m*; **2.** (*Wagen*) rimorchio *m*; **3.** (*Schmuck*) ciondolo *m*; pendaglio *m*; **2erschaft** *f* seguito *m*, aderenti *m/pl.*; **~ig** ᵗ: ~ *sn* essere in pendenza *od.* pendente; *e-e Sache* ~ *machen* portare in tribunale; **~lich** affezionato, attaccato (*an ac.* a); **2lichkeit** *f* attaccamento *m*; **2sel** ['-hɛŋsəl] *n* (7) appendice *f*; (*Schmuck*) ciondolo *m*.

'anhauchen soffiare sopra; *poetisch angehaucht sn* avere una vena poetica.

'anhäufen accumulare; ammucchiare; ammassare; **2ung** *f* accumulamento *m*; accumulazione *f*.

'anheben 1. *v/t.* dare una mano (per alzare); alzare; **2.** *v/i.* cominciare.
'anheften attaccare.
'anheilen 1. *v/t.* rimarginare; **2.** *v/i.* (*sn*) rimarginarsi.

anheimeln ['-haɪməln]: *es heimelt mich an* mi ricorda casa mia; **~d** che fa sentirsi come a casa, accogliente.

anheim|fallen [-'haɪmfalən] *v/i.* (*sn*) toccare in sorte; ricadere; *der Vergessenheit* ~ cadere in oblio; **~geben**, **~stellen:** *j-m et.* ~ rimettersi a qu., lasciar qc. a scelta di qu.

anheischig ['-haɪʃiç]: *sich* ~ *machen* impegnarsi.

'anheizen cominciare a riscaldare.
'anherrschen apostrofare in tono brusco.
'anheuern ⚓ (29) *v/t.* (*v/i.*) arruolare (-rsi).
'Anhieb *m*: *auf* ~ di colpo.
anhimmeln ['-himəln] F (29) idoleggiare, adorare.

'Anhöhe *f* altura *f*.
'anhören ascoltare; *man hört ihm den Fremden an* si riconosce al parlare che è un forestiero; *sich* ~ suonare; *sich gut* ~ suonare bene.

Anilin [ani'li:n] *n* (3¹, *o. pl.*) anilina *f*.
animier|en ['ani] animare; **2lokal** *n* ritrovo *m* notturno.
Anis [a'ni:s] *m* (4) anice *m*; **~likör** *m*, **~wasser** *n* anisetta *f*.
'ankämpfen: ~ *gegen* lottare, combattere contro.

'Ankauf *m* compra *f*; acquisto *m*; **2en** comprare; *sich* ~ comprarsi una casa (un pezzo di terreno).

Anker ['aŋkər] *m* (7) ⚓, ⊕ ancora *f*; ⚡ indotto *m*; *den* ~ *auswerfen* (*einziehen*) gettare (levare) l'ancora; *vor* ~ *gehen* ancorarsi; **~boje** ['--bo:jə] *f* gavitello *m*; **~geld** *n* ancoraggio *m*.

ankern ['aŋkərn] (29) ancorare.
Anker|platz ['aŋkərplats] *m* ancoraggio *m*, fonda *f*; **~tau** *n* gomena *f* dell'ancora; **~winde** *f* argano *m* dell'ancora.

anketten ['ankɛtən] incatenare.
'Anklage *f* accusa *f*; **~bank** *f* banco *m* degli accusati.
'anklagen accusare; incolpare (*wegen* di).
'Ankläger *m* accusatore *m*; *öffentlicher* ~ pubblico Ministero *m*.
Anklage|rede ['-kla:gəre:də] *f* requisitoria *f*; **~schrift** *f* atto *m* d'accusa; **~zustand** *m* stato *m* d'accusa.

'anklammern: *sich* ~ *an* (*ac.*) aggrapparsi a, afferrarsi a.
'Anklang *m* risonanza *f*; ~ *finden* incontrar favore; *Handel*: trovar smercio; **'Anklänge** *pl.* reminiscenze *f/pl.*
'ankleben 1. *v/t.* appiccicare; *mit Leim*: incollare; **2.** *v/i.* appiccicarsi.
'ankleiden vestire; *sich* ~ vestirsi.
'anklingen: *an et.* (*ac.*) ~ rammentare qc.; (*far*) ricordare qc.
'anklopfen bussare, picchiare; *fig.* tastare *od.* sondare il terreno.
'anknipsen ⚡ premere il bottone; *Licht*: accendere.
anknüpfen ['-knœpfən] (25) abbottonare.
'anknüpfen 1. *v/t.* annodare; *Gespräch*: attaccare; *Bekanntschaft*: fare; *Verbindungen*: stringere; stabilire; **2.** *v/i.* *mit j-m* ~ entrare in

relazione con qu.; **~d**: ~ an riguardo a.

'**Anknüpfungspunkt** m fig. punto m di contatto (od. di partenza).

'**ankommen 1.** v/i. (sn) arrivare; gut (übel) ~ mit et. capitar bene (male) con qc.; bei e-r Firma ~ ottenere un impiego; **2.** v/t. mich (od. mir) kommt die Lust an mi vien la voglia; **3.** unpers. auf et. (j-n) ~ dipendere da qc. (qu.); es kommt darauf an, daß ... l'importante è che ...; es kommt nicht darauf an non importa; darauf soll es mir nicht ~ non guarderò a questo.

Ankömmling ['-kœmliŋ] m (3[1]) nuovo arrivato m.

'**ankoppeln** agganciare; accoppiare.

ankreiden ['-kraidən] (26): j-m et. ~ mettere qc. in conto a qu.

'**ankündig|en** annunziare; dichiarare; avvisare; **ɔ**t notificare; **ɔung** f avviso m; dichiarazione f; notificazione f.

Ankunft ['-kunft] f (14, o. pl.) arrivo m; **~shalle** f sala f degli arrivi; **~szeit** f ora f d'arrivo.

'**ankurbeln** mettere in moto; avviare; fig. ravvivare, dare nuovi impulsi.

'**anlächeln** sorridere a.

'**anlachen** guardare ridendo.

'**Anlage** f disposizione f (zu a); talento m (zu per); **△** costruzione f; **♪, ⊕** impianto m; (Kapital♀) collocamento m; investimento m; (Park) giardini m/pl. pubblici; (Beischluß) allegato m, acchiusa f; in der ~ nell'allegato; **~n** pl. giardini m/pl. pubblici; **~kapital** n capitale m d'investimento.

'**anlangen 1.** v/t. concernere; **2.** v/i. (sn) giungere, arrivare.

Anlaß ['-las] m (4[2]) motivo m; (Vorwand) pretesto m; (Gelegenheit) occasione f; ~ geben zu dar luogo a.

'**anlassen** Kleider: tenere addosso; Maschine: mettere in moto, azionare; fig. sich gut (schlecht) ~ promettere bene (male).

'**Anlasser** m Motor: messa f in moto, avviatore m.

'**Anlaßkurbel** f manovella f di avviamento.

anläßlich ['-lesliç] (gen.) in occasione di.

'**Anlauf** m rincorsa f, slancio m; **✕** assalto m; **ɔen 1.** v/t. e-n Hafen:

toccare; **2.** v/i. (sn) prender la rincorsa; gegen et.: urtare; fig. capitare (male); (anschwellen) gonfiare; (sich trüben) appannarsi; **~zeit** f periodo m iniziale.

'**Anlaut** Gram. m consonante (od. vocale) f iniziale; im ~ al principio d'una parola (sillaba); **ɔen:** ~ mit cominciare con.

'**anleg|en 1.** v/t. mettere; **△** costruire; Kapitalien: collocare; investire; Kleider: mettersi, indossare; Feuer: appiccare; Werk: ideare; **✕** spianare; es auf et. ~ far di tutto per; Hand ~ an mettere mano a; **2.** v/i. **⚓** approdare; **ɔen** n (6) apposizione f; costruzione f; collocamento m; **ɔeplatz** m, **ɔestelle** f approdo m.

'**anlehnen** appoggiare, accostare; Tür: socchiudere; sich ~ appoggiarsi, fig. imitare.

Anleihe ['-laiə] f (15) prestito m.

'**anleimen** incollare.

'**anleit|en** avviare; istruire; **ɔung** f avviamento m; istruzione f; direttive f/pl.

'**anliegen** v/i. essere vicino; Kleidung: (gut) stare bene; (eng) essere attillato; j-m ~ sollecitare qu.; s. angelegen; **2. ♀** n (6) domanda f, preghiera f; desiderio m; **~d** vicino; attiguo, adiacente; (Beischluß) acchiuso; Kleidung: attillato.

'**Anlieger** m confinante m.

'**anlocken** adescare; **~d** allettevole.

'**anlöten** saldare.

'**anlügen:** j-n ~ mentire in faccia a qu.

'**anmachen** attaccare; Feuer: accendere; Kochk. condire.

'**anmalen** colorire; iro. sich ~ dipingersi.

'**Anmarsch** m arrivo m; marcia f; im ~ sein stare avvicinandosi; **ɔieren** marciare; avvicinarsi.

anmaß|en ['-maːsən] (27): sich (dat.) et. ~ arrogarsi qc.; sich ~ zu pretendere di; permettersi di; mit Gewalt: usurpare; **~end** presuntuoso; arrogante; insolente; **ɔung** f presunzione f, arroganza f; insolenza f.

'**Anmelde|buch** n libretto m d'iscrizione; **~frist** f termine m d'iscrizione.

'**anmelde|n** annunziare; Pol. notificare; Schüler: far iscrivere; Bankrott: dichiarare; sich polizeilich ~

denunziare il proprio arrivo; 2-**pflicht** f obbligo m di denuncia; 2-**schein** m scheda f d'iscrizione.

'**Anmeldung** f annunzio m, notifica f; iscrizione f; dichiarazione f.

'**anmerk|en** notare; prender nota di; j-m et. ~ vedere qc. in qu., accorgersi di qc. in qu.; sich nichts ~ lassen far finta di nulla; 2ung f nota f, annotazione f.

'**anmessen**: j-m et. ~ prendere le misure a qu. per qc.

'**anmustern** ⚓ arruolare.

'**Anmut** f (16, o. pl.) grazia f; 2en (26) parere, sembrare; das mutet mich sonderbar an mi fa un effetto strano; 2ig grazioso; Natur: ridente.

'**annageln** inchiodare.

'**annähen** attaccare (cucendo).

'**annäher|n** avvicinare; ~nd approssimativo; adv. approssimativamente; 2ung f avvicinamento; 2ungs**versuch** m Pol. tentativo m di avvicinamento; fig. approcci m/pl.; ~ungsweise per approssimazione.

Annahme ['ana:mə] f (15) accettazione f; fig. supposizione f, ipotesi f; e-s Kindes: adozione f; ~stelle f ufficio m per l'accettazione; ~ver**weigerung** f rifiuto m di accettazione.

Annalen [a'na:lən] pl. uv. annali m/pl.

annehm|bar ['ane:mba:r] accettabile; (zulässig) ammissibile; Preis: ragionevole; Grund: plausibile; 2en v/t. accettare; Besuch: ricevere; Namen: prendere; fig. supporre; sich e-r Sache ~ interessarsi di qc.; angenommen, daß supposto che; ~lich accettabile; (angenehm) gradevole; 2lichkeit f piacere m; vantaggio m; confort m; cosa f gradevole.

annek'tier|en [anɛk'ti:rən] annettere; 2ung f annessione f.

'**Anno** nell'anno; ~ dazumal in tempi remoti.

Annonce [a'nõsə] f (15) annuncio m; avviso m pubblicitario; ~nbüro n agenzia f di pubblicità; ~nwesen n pubblicità f.

annoncieren [--'si:rən] annunziare.

annullieren [anu'li:rən] annullare.

Anode [a'no:də] f (15) anodo m.

anöden ['an ʔø:dən] v/t. (26) seccare, dar noia.

'**anomal** anormale; anomalo; 2'ie f (15) anomalia f.

anonym [ano'ny:m] anonimo; 2ität [---mi'tɛːt] f (16, o. pl.) anonimia f.

anordn|en [-ʔ ordnən] disporre; (verfügen) ordinare; 2ung f disposizione f. [nico.]

anorganisch ['-ʔorga:niʃ] anorga-⟩

'**anpacken** afferrare; F et. richtig ~ prendere qc. per il verso.

'**anpaßbar** adattabile; 2keit f adattabilità f.

'**anpass|en** adattare, adeguare; Kleidung: provare; 2ung f adattamento m; ~ungsfähig ['--suŋsfɛːiç] adattabile; 2ungsfähigkeit f adattabilità f.

'**anpeilen** rilevare la posizione, localizzare; fig. et. ~ mirare a.

'**anpfeifen**: das Spiel ~ fischiare l'inizio del giuoco.

'**Anpfiff** m Sport: fischio m iniziale; fig. sgridata f.

'**anpflanz|en** piantare; 2ung f piantagione f; coltura f.

'**anpicken** beccare.

'**anpinseln** dare una verniciata.

anpochen ['-pɔxən] bussare.

'**anpöbeln** insultare (od. apostrofare) in modo volgare.

'**Anprall** m (3) urto m; 2en urtare.

anprangern ['-praŋərn] (29) denunciare pubblicamente; mettere alla gogna.

'**anpreisen** decantare; magnificare.

'**Anprobe** f prova f.

'**anprobieren** provare.

'**anpumpen** F chieder un prestito.

'**anraten 1.** v/t. consigliare; **2.** 2 n (6) consiglio m; auf ~ per consiglio.

'**anrauchen**: e-e Zigarre ~ cominciare a fumare un sigaro.

'**anrechn|en** mettere in conto; fig. attribuire, ascrivere (zu a); hoch ~ apprezzar molto; 2ung f messa f in conto; attribuzione f.

'**Anrecht** n diritto m (auf a).

'**Anrede** f discorso m; im Brief: intestazione f; 2n v/t. rivolgere la parola a; j-n mit Sie ~ dare del Lei a qu.

'**anreg|en** stimolare; Zweifel: suscitare; e-e Frage: intavolare; j-n: interessare; j-n zu et. ~ suggerire qc. a qu.; zuerst ~ prendere l'iniziativa; ~end interessante; 🏥 stimolante; 2ung f stimolo m; suggerimento m; iniziativa f.

'**anreichern** ⊕ arricchire; saturare.
'**Anreiz** *m* stimolo *m*, incentivo *m*; ₂**en** stimolare.
anrempeln ['-rempəln] *v/t.* (29) urtare; provocare.
'**anrennen** *v/i.* (sn) cozzare; *gegen j-n* ~ investire qu.; *fig.* lottare.
Anrichte ['-riçtə] *f* (15) credenza *f*.
'**anrichten** preparare; *fig.* fare; *da hast du et. Schönes angerichtet!* hai fatto un bel pasticcio!
anrüchig ['-ryçiç] infamato; ₂**keit** *f* cattiva fama *f*.
'**anrücken** *v/i.* (sn) avvicinarsi.
'**Anruf** *m* chiamata *f* (telefonica); telefonata *f*; ₂**en** chiamare (al telefono); telefonare; *Gott, Hilfe:* invocare; ~**ung** *Rel. f* invocazione *f*.
'**anrühren** toccare; *Kochk.* rimestare; *Farbe:* mescolare.
Ansage ['-za:gə] *f* (15) annunzio *m*; *von Darbietungen:* presentazione *f*; ₂**n** (*ankündigen*) annunziare; ⚜ intimare; *Kartensp.* accusare; *Sitzung:* indire; *Darbietungen:* presentare.
'**Ansager** *m Radio:* annunciatore *m*; *Varieté:* presentatore *m*; ~**in** *f* annunciatrice *f*.
'**ansamm|eln** ammassare; *Menschen:* radunare; *Kapitalien:* accumulare; ₂**lung** *f* assembramento *m*, accumulamento *m*.
ansässig ['-zesiç] domiciliato; *sich* ~ *machen* stabilirsi; ₂**keit** *f* (diritto *m* di) domicilio *m*.
'**Ansatz** *m* disposizione *f*; ⊕ aggiunta *f*; (*Kleid*) allungatura *f*; (*Anfang*) principio *m*; ♱ partite *f/pl.* (d'un conto).
'**ansaug|en** aspirare; ₂**ung** *f* aspirazione *f*; ₂**ventil** ['--ven'ti:l] *n* valvola *f* di aspirazione.
'**anschaff|en** procurare; comprare; acquistare; ₂**ung** *f* provvista *f*; acquisto *m*.
'**Anschaffungs|kosten** *pl.* spese *f/pl.* d'acquisto; ~**preis** *m* prezzo *m* d'acquisto.
'**anschalten** ⚡ inserire; *Radio, Motor:* accendere.
'**anschau|en** guardare; contemplare; ~**lich** chiaro, evidente; dimostrativo; palpabile, plastico; ₂**lichkeit** *f* chiarezza *f*, evidenza *f*; plasticità *f*; ₂**ung** *f* veduta *f*, opinione *f*; *Phil.* concezione *f*; *sich e-e* ~ *machen* farsene un'idea; ₂**ungs-unterricht** ['-ʃauuŋs ʔuntəriçt] *m* insegnamento

m pratico; ₂**ungsvermögen** *n* facoltà *f* intuitiva.
'**Anschein** *m* apparenza *f*; *sich den* ~ *geben* darsi d'aria; *den* ~ *erwecken* dare l'impressione; *es hat den* ~, *daß* pare che; ₂**end** apparente; *adv.* apparentemente.
'**anschicken:** *sich* ~ accingersi.
anschirren ['-ʃirən] (25) bardare.
'**Anschlag** *m* (*Stoß*) colpo *m*, urto *m*; (*Plakat*) manifesto *m*; *Spiel:* primo colpo *m*; ♪ tocco *m*; (*Berechnung*) calcolo *m*; (*Vor*₂) preventivo *m*; *heimlicher:* complotto *m*; (*Attentat*) attentato *m*; ~**brett** *n* tavola *f* degli avvisi; ₂**en 1.** *v/t. Plakat:* affiggere; *Saite:* toccare; *Glocke:* sonare; *fig. e-n anderen Ton* ~ cambiare tono; **2.** *v/i.* (h. u. sn) urtare; *Töne:* risonare; *Hund:* abbaiare; guattire; *fig.* giovare.
Anschlag|säule ['-ʃla:kzɔylə] *f* colonna *f* degli affissi; ~**zettel** *m* avviso *m*; cartello *m*.
'**anschleichen:** *sich* ~ avvicinarsi di nascosto; *angeschlichen kommen* venire quatto quatto.
'**anschließen 1.** *v/t.* attaccare; *an Ketten:* incatenare; (*beifügen*) acchiudere; ⚡ ~ (*an*) innestare (su); *Fernspr.* collegare alla rete telefonica; *sich* ~ unirsi; seguire; *e-m Verein:* entrare in; *e-m Vorschlag:* aderire a; **2.** *v/i.* combaciare; *Kleidung:* essere attillato; (*Geschehen*) seguire immediatamente; ~**d** seguente; *Zimmer:* attiguo; *adv.* subito dopo.
'**Anschluß** *m Fernspr.* collegamento *m* alla rete; comunicazione *f*; ⚡ contatto *m*; 🚋 coincidenza *f*; *Pol.* unione *f*, incorporazione *f*; annessione *f*; *den* ~ *verpassen* perdere la coincidenza (*od. fig.* il treno); *im* ~ ~ *an* facendo seguito a; in seguito a.
'**anschmieden** (26) saldare a fuoco; *j-n* ~ ribadire le catene a qu.; *fig.* inchiodare.
'**anschmiegen** (25): *sich* ~ accostarsi, piegarsi attorno; *sich an j-n* ~ stringersi a qu.
'**anschmieren** imbrattare; *fig.*, *j-n:* imbrogliare; ingannare.
'**anschnall|en** (25) affibbiare; *sich* ~ ✈ mettersi la cintura di sicurezza; ₂**gurt** ✈ *m* cintura *f* di sicurezza.
'**anschnauzen** F (27) sgridare.
'**anschneiden** intaccare; cominciare a tagliare; *Frage:* intavolare.

'Anschnitt *m* primo taglio *m*; primo pezzo *m*.

Anschovis [an'ʃo:vis] *f uv.* acciuga *f*.

'anschrauben avvitare.

'anschreiben notare; ✝ mettere in conto; *bei j-m gut angeschrieben sein* essere in buon concetto presso qu.

'anschreien *j-n* ~ sgridare qu.

'Anschrift *f* indirizzo *m*.

'anschuldig|en accusare; ♀ung *f* accusa *f*.

'anschüren attizzare.

'Anschüttung *f* ripieno *m*.

'anschwärmen 1. *v/i.* (*sn*) cominciare a sciamare; *angeschwärmt kommen* venire a sciami; **2.** *v/t.* F spasimare per.

'anschwärzen *fig.* denigrare.

'anschwell|en *v/i.* (*sn*) 🌊 gonfiarsi; *Fluß*: ingrossarsi; crescere; ♀ung *f* gonfiamento *m*; intumescenza *f*; *fig.* aumento *m*.

'anschwemmen spingere a riva; *angeschwemmtes Land* terreno *m* alluvionale.

'ansegeln 1. *v/t. Hafen*: toccare; **2.** *v/i.* (*sn*) arrivare a gonfie vele.

'ansehen 1. *v/t.* guardare; *j-m et.* ~ riconoscere, vedere; *das sieht man ihm nicht an* a vederlo, non si direbbe; *j-n, et. für*: prendere per; **2.** *n* (6) apparenza *f*; autorità *f*; considerazione *f*; credito *m*; *sich das* ~ *geben* darsi l'aria; *ohne* ~ *der Person* senza riguardo alla persona.

ansehnlich ['-ze:nliç] cospicuo; di bella presenza; considerevole; ♀keit *f* cospicuità *f*; bella presenza *f*.

'Ansehung *f*: *in* ~ *dessen* tenuto conto di ciò.

anseilen ['-zaılən]: (*sich*) ~ legare (-rsi) con la corda.

'ansetzen 1. *v/t.* mettere; applicare; *Knöpfe*: attaccare; *Frist*: fissare; *Becher an den Mund*: accostare alla bocca; *Blasinstrument*: imboccare; *Rost*: fare; *Fleisch*: metter su ciccia; *die Feder* ~ accingersi a scrivere; **2.** *v/i.* cominciare; 🌱 germogliare; allegare; *et.* ~ mettersi a qc.; *Sport*: prendere la rincorsa; *sich* ~ depositare, formarsi.

'Ansicht *f* veduta *f*; (*Meinung*) opinione *f*; parere *m*; ✝ *zur* ~ in esame, per prova; *meiner* ~ *nach* secondo me, secondo la mia opione; ♀ig: ~ *werden* (*gen.*) scorgere (*ac.*); ~s-

karte *f* cartolina *f* illustrata; ~s-**sache** *f* questione *f* di opinioni *od.* di gusti.

'ansied|eln (29) stabilire; *fig.* collocare, ambientare; *sich* ~ stabilirsi; ♀**ler** *m* (7) colono *m*; ♀**lung** *f* *Ort*: colonia *f*.

'Ansinnen *n* pretesa *f*.

'anspann|en tendere; *Pferde*: attaccare; *Kräfte*: impiegare; applicare; *den Geist* ~ applicare la mente; ♀ung *f* tensione *f*.

'anspiel|en *auf et.* ~ alludere a qc.; ♀ung *f* allusione *f*.

'anspinnen *fig.* ordire.

anspitzen ['-ʃpitsən] *v/t.* appuntare.

'Ansporn *m* sprone *m*, stimolo *m*.

'anspornen spronare; *fig.* stimolare, incitare.

'Ansprache *f* discorso *m*; *an das Volk, vor Gericht*: arringa *f*.

'ansprechen dirigere la parola a; (*gefallen*) piacere; incontrare il favore del pubblico; *Mädchen*: F abbordare; *um et.* ~ chiedere qc.; ~**d** piacevole.

'anspringen 1. *v/t.* saltare addosso a; **2.** *v/i.* (*sn*) *Motor*: accendersi, mettersi in moto.

'anspritzen spruzzare.

'Anspruch *m* pretesa *f*; ⚖ diritto *m*; *a. bsd. Pol.* rivendicazione *f*; ~ *machen auf* pretender di (*inf.*); ~ *geltend machen* far valere un proprio diritto; *et. in* ~ *nehmen* approfittare di qc.; *j-n in* ~ *nehmen* prendere, occupare qu.; *ich bin sehr in* ~ *genommen* sono molto occupato; *Ansprüche machen* avere pretese; ♀s-**los** senza pretese; ~**slosigkeit** ['-ʃpruxslo:ziçkaıt] *f* modestia *f*; ♀**svoll** esigente.

'anspucken sputare addosso a.

anstacheln ['-ʃtaxəln] stimolare, incitare.

Anstalt ['-ʃtalt] *f* (16) stabilimento *m*; istituzione *f*; istituto *m*; (*s. a. Heil♀, Irren♀ usw.*); *fig.* ~*en pl.* preparativi *m/pl.*; ~ *machen zu* ... accingersi a.

'Anstand *m* (3³, *o. pl.*) decoro *m*, decenza *f*, convenienze *f/pl.*; *Jagdw.* posta *f*; ~ *nehmen* esitare.

'anständig ammodo (*uv.*), decoroso, decente; (*ehrlich*) onesto; (*achtbar*) rispettabile; F discreto; ♀**keit** *f* convenienza *f*; decenza *f*, decoro *m*; onestà *f*.

Anstands|besuch [ˈʃtantsbəzuːx]
m visita *f* di cerimonia; **~dame** *f*
dama *f* di compagnia; **~gefühl** *n*
discrezione *f*; **2halber** [ˈ--halbər]
per creanza; **2los** senza esitazione,
senza difficoltà; **2widrig** sconveniente.

'anstarren fissare.

anstatt [-ˈʃtat] (*gen., zu inf.*) invece
(di).

'anstaunen guardare stupefatto.

'anstechen pungere; *Faß:* spillare.

'ansteck|en 1. *v/t.* ☞ contaminare;
j-n: contagiare; *Licht:* accendere;
Ring: infilare; **2.** *v/i.* essere contagioso; **~end** contagioso, infettivo;
2ung [ˈʃtɛkuŋ] *f* ☞ contagio *m*, infezione *f*; **2ungsherd** *m* focolaio *m*
infettivo.

'Anstecknadel *f* spillo *m*; (*Abzeichen*) distintivo *m*.

'anstehen (*h. u. sn*) (*Schlange stehen*)
fare la coda; *j-m* **~** star bene; *fig.*
convenire; **~** *lassen* differire.

'ansteigen salire; **~d** in salita; *steil* **~**
ripido.

'anstell|en ⊕ avviare, mettere in
moto; *Radio:* accendere (*od.* aprire)
la radio; in Dienst: impiegare; *Ver-
suche:* fare; *Zündung:* dare *l'accensione; sich* **~** mostrarsi; *sich* **~** *als ob*
fingere da (*inf.*); **~ig** svelto; destro;
2igkeit *f* sveltezza *f*; destrezza *f*;
2ung *f* impiego *m*; posto *m*.

'ansteuern puntare su.

'Anstieg [ˈʃtiːk] *m* (3) salita *f*.

'anstieren (25) guardare a occhi
spalancati.

'anstift|en causare, provocare; *j-n:*
istigare, subornare; **2er** *m* autore *m*;
istigatore *m*; **2ung** *f* istigazione *f*.

'anstimmen intonare.

'Anstoß *m* urto *m*; *zu et.:* impulso
m; *Sport:* primo colpo *m*; *fig.* scandalo *m*; **~** *erregen* dare scandalo; **~**
nehmen scandalizzarsi.

'anstoßen 1. *v/t.* urtare; **2.** *v/i.* inciampare; *fig.* scandalizzare; *mit
Gläsern:* toccare; *mit der Zunge:*
intaccare; *Geogr.* confinare; **~d**
contiguo; adiacente.

anstößig [ˈʃtøːsiç] indecente; scandaloso; **2keit** *f* indecenza *f*.

'anstrahlen illuminare; *fig. j-n:*
guardare con occhi raggianti.

'anstreben 1. *v/t.* aspirare a; **2.** *v/i.*
gegen et. **~** lottare contro qc.

'anstreich|en imbiancare; *tinteg-*

giare; dar colore a; inverniciare;
mit e-m Strich: segnare; **2er** *m* (7)
imbianchino *m*.

anstreng|en [ˈʃtrɛŋən] (25) (*ermü-
den*) affaticare; *Kräfte:* adoprare;
⚄ intentare; *sich* **~** sforzarsi; **~end**
faticoso; **2ung** *f* sforzo *m*; fatica *f*.

'Anstrich *m* tinta *f*; *sich den* **~** *geben*
darsi d'aria.

'anstricken rimpedulare.

'anstücken rappezzare.

'Ansturm *m* assalto *m*.

'anstürmen (*sn*): **~** *gegen* (*ac.*) lanciarsi, avventarsi contro; prendere
d'assalto (*ac.*).

ansuchen [ˈʔuːxən] **1.** *v/i.:* um et. **~**
sollecitare qc.; fare domanda per
qc.; **2.** **2** *n* (6) domanda *f*; petizione *f*.

ant'arktisch antartico.

'antasten toccare (*a. fig.*).

'Anteil *m* parte *f*; porzione *f*; quota
f; **~** *haben an* partecipare a, aver
parte in; **~haber(in** *f*) *m* azionista
m u. f; **2mäßig** [ˈ--maːsiç]
proporzionale; **~nahme** *f* [ˈ--naːmə]
f (15, *o. pl.*) partecipazione *f*; compassione *f*; simpatia *f*.

Antenne [-ˈtɛnə] *f* (15) antenna *f*;
freihängende **~** antenna *f* pendente;
~nmast *m* albero *m* di antenna.

Anthologie [antoloˈgiː] *f* (15) antologia *f*.

Anthrazit [-traˈtsiːt] *m* (3) antracite *f*.

Anthropo'l|oge *m* antropologo *m*;
~o'gie *f* antropologia *f*; **2ogisch**
antropologico.

Anti... [ˈanti...]: *in Zssgn* anti...; **~
alko'holiker** *m* antialcolista *m u. f*;
~'babypille *f* pillola *f* contraccet-
tiva; **~bi'otikum** *n* antibiotico *m*.

antik [anˈtiːk] antico; **2e** [-ˈ-kə] *f*
(15) antico *m*; arte *f* (civiltà *f*) antica; (*Altertum*) antichità *f*.

antikleri'k|al anticlericale; **2a'lis-
mus** *m* anticlericalismo *m*.

Anti'lope [antiˈloːpə] *f* (15) antilope *f*.

Antimon [antiˈmoːn] *n* (3¹) antimonio *m*.

Antip|athie [antipaˈtiː] *f* antipatia *f*;
2athisch [--ˈpaːtiʃ] antipatico.

Antipode [antiˈpoːdə] *m* (13) antipode *m*.

'antippen toccare leggermente.

Antiqua [anˈtiːkva] *f uv. Typ.* lettere
f/pl. latine.

Antiqu|ar [anti'kva:r] m (3¹) antiquario m; **~ariat** [---r'ja:t] n (3) antiquariato m; **2arisch** d'occasione.

Antiquität [antikvi'tɛ:t] f (16) antichità f; **~enhändler** m antiquario m; **~enkabinett** n gabinetto m d'antichità.

Antisem|it [antize'mi:t] m (12) antisemita m u. f.; **2itisch** antisemitico; **~i'tismus** m antisemitismo m.

antiseptisch [anti'zɛptiʃ] antisettico.

Antlitz ['antlits] n (3²) poet. volto m; faccia f.

Antrag ['-tra:k] m (3³) petizione f; istanza f, richiesta f; proposta f; **2en** ['--gən]: auf et. ~ proporre qc.; **~steller** ['-tra:kʃtɛlər] m richiedente m; proponente m.

'antreffen trovare; incontrare.

'antreiben 1. v/t. incitare; stimolare; ⊕ muovere, spingere; **2.** v/i. essere spinto (alla riva).

'antreten 1. v/t. Reise: cominciare; Beweis: produrre; Erbschaft: adire; Amt: entrare in; Strafe: cominciare a scontare; **2.** v/i. (sn) presentarsi; ✗ allinearsi.

'Antrieb m impulso m; motivo m; ⊕ comando m; propulsione f; forza f motrice; **~srad** n ruota f motrice; **~scheibe** f puleggia f; **~swelle** f albero m di comando.

'antrinken: sich e-n Rausch ~ prendere una sbornia; sich Mut ~ bere per farsi coraggio.

'Antritt m principio m; e-r Erbschaft: adizione f; ~ e-s Amtes entrata f in carica; vor ~ der Reise prima di mettersi in viaggio (od. di partire); **~sbesuch** m visita f di presentazione; **~srede** f discorso m inaugurale.

'antun fare; Kleidung: mettersi; j-m et. ~ far male a qu.; sich et. ~ suicidarsi; sobbarcarsi a qc. di sgradevole; angetan sein mit essere vestito di; ich bin angetan von mi garba.

Antwort ['antvɔrt] f (16) risposta f; (Gegen2) replica f; **2en** (26) rispondere; (erwidern) replicare; **~schreiben** n risposta f.

'anvertrauen affidare; Geheimnis: confidare.

'anverwandt parente.

'anwachsen 1. (sn) crescere; (Wurzel schlagen) attecchire; fig. aumen-

tare; **2.** 2 n (6) crescita f; aumento m.

Anwalt ['-valt] m (3³) avvocato m; **~sbüro** n ufficio m di consulenza legale; **~schaft** f avvocatura f; **~skammer** f ordine m degli avvocati.

'anwand|eln pigliare; mich wandelt die Lust an mi viene la voglia; **2lung** f velleità f, voglia f; accesso m.

'anwärmen riscaldare.

Anwärter ['-vɛrtər] m aspirante m (al grado di).

Anwartschaft ['-vartʃaft] f aspettativa f; candidatura f; (Recht) diritto m (auf et. ac. a qc.).

'anweis|en j-m et.: assegnare; (unterweisen) istruire; (befehlen) ordinare; (beauftragen) incaricare; Platz: indicare; Geld: dare ordine di pagare; auf j-n od. et. angewiesen sein non avere altre risorse od. altro aiuto che; **2ung** f assegnazione f; direttiva f; istruzione f; ordine m; ♰ assegno m; (Postanweisung) vaglia m.

anwend|bar ['-vɛntba:r] applicabile; impiegabile; **2barkeit** f applicabilità f; **~en** ['--dən] applicare; Vorsicht: usare; Zeit: impiegare; **2ung** f uso m; applicazione f; **2ungsbereich** m raggio m d'applicazione; **2ungsweise** f modo m d'impiego.

'anwerben arruolare; reclutare; Arbeiter: assumere.

'anwerfen Motor: mettere in marcia.

Anwesen ['-ve:zən] n podere m.

anwesend ['-ve:zənt] presente; ~ sein bei assistere a; die 2en pl. i presenti.

'Anwesenheit f presenza f.

anwidern ['-vi:dərn] (29) ripugnare.

Anwohner(in f) m ['-vo:nər(in)] (7) vicino (-a f) m.

'Anwurf m insulto m; Sport: prima mano f.

'anwurzeln metter radice.

'Anzahl f numero m; (Menge) quantità f; **2en** pagare in acconto; **~ung** f acconto m.

'anzapfen spillare; F fig. attaccare un bottone a.

'Anzeichen n indizio m; segnale m; (Vorzeichen) presagio m; bsd. ♂ sintomo m.

'anzeichnen segnare.

Anzeig|e ['-tsaigə] f (15) annunzio

m; avviso *m*; ░░ denunzia *f*; �H**en** annunziare; (*benachrichtigen*) avvisare; *den Empfang*: accusare; *Höhe, Entfernung usw.*: segnare, indicare; *amtlich*: notificare; ░░ denunziare; *et. für angezeigt halten* credere opportuno *od.* conveniente; ⨝**enblatt** *n* giornale *m* di annunzi; ⨝**enbüro** *n* ufficio *m* annunzi pubblicitari; ⨝**er** *m* indicatore *m*.

anzett|eln ['-tsetəln] (29) tramare, ordire (*a. fig.*); ⨝**elung** *f* orditura *f*; *fig.* macchinazione *f*; ⨝**ler** *m* orditore *m*.

'**anzieh|en 1.** *v/t.* tirare; *Knie*: tirar su; *fig.* attirare; *Zügel, Bremse*: stringere; *Beweise*: addurre; *Kleider*: mettersi; *sich* ⨝ vestirsi; **2.** *v/i.* (*heranziehen*) avanzarsi; *Preise*: essere in rialzo, aumentare; *Spiel*: avere la prima mossa; ⨝**en** *n* (6) *der Preise*: aumento *m*; ⨝**end** attraente; ⨝**ung** *f* attrazione *f* (*a. fig.*); ⨝**ungskraft** *f* attrattiva *f*; *Phys.* forza *f* d'attrazione; ⨝**ungsmuskel** *m* adduttore *m*.

'**Anzug** *m* vestito *m*, abito *m*; *fig. im* ⨝**e sein** essere imminente.

anzüglich ['-tsy:kliç] allusivo; personale; offensivo; ⨝**keit** *f* allusione *f* offensiva.

'**anzünd|en** accendere; *Haus*: incendiare; ⨝**er** *m* (7) accenditore *m*.

'**anzweifeln** mettere in dubbio.

Aorta [a'ɔrta] *f* (16²) aorta *f*.

apart [a'part] fuor del comune, originale.

Apathie [apa'ti:] *f* apatia *f*.

a'pathisch apatico.

Aperi'tif *m* (11) aperitivo *m*.

Apfel ['apfəl] *m* (7¹) mela *f*; *in den sauren* ⨝ *beißen* ingoiare il rospo; ⨝**baum** *m* melo *m*; ⨝**kuchen** *m* torta *f* di mele; ⨝**most** *m* sidro *m*; ⨝**mus** *n* passata *f* di mele; ⨝**schimmel** *m* pomellato *m*.

Apfelsine [--'zi:nə] *f* (15) arancia *f*; ⨝**nbaum** *m* arancio *m*; ⨝**nlimonade** *f* aranciata *f*.

'**Apfelwein** *m* sidro *m*.

Apostel [a'pɔstəl] *m* (7) apostolo *m*; ⨝**amt** *n* apostolato *m*; ⨝**geschichte** *f* Atti *m/pl.* degli Apostoli.

apos'tolisch apostolico.

Apostroph [apɔ'stro:f] *m* (3¹) apostrofo *m*; ⨝**ieren** apostrofare.

Apotheke [apo:'te:kə] *f* (15) farmacia *f*; ⨝**r(in** *f*) *m* (7) farmacista *m u. f.*

Apothe'ose *f* apoteosi *f*.

Apparat [apa'ra:t] *m* (3) apparecchio *m*; apparato *m*; congegno *m*; (*Foto*⨝) macchina *f*; *Fernspr.* telefono *m*; *wer ist am* ⨝? con chi parlo?

Appell [a'pɛl] *m* (3¹) appello *m*; ⨝**a'tion** [--lats'jo:n] *f* appellazione *f*; ⨝**a'tionsgericht** *n* corte *f* d'appello; ⨝**ieren** appellarsi (*an* a); ricorrere (*an* a).

Appetit [apə'ti:t] *m* (3) appetito *m*; ⨝ *machen* far appetito; *guten* ⨝! buon appetito!; ⨝**lich** appetitoso; ⨝**los** senza appetito; ⨝**losigkeit** [--'lo:ziçkaɪt] *f* disappetenza *f*.

applaudieren [aplau'di:rən] applaudire.

Applaus [a'plaus] *m* (4) applauso *m*.

Apposi'tion *f* apposizione *f*.

appret|ieren [apre'ti:rən] apprettare; ⨝**ur** [--'tu:r] *f* (16) appretto *m*.

appro'bieren approvare.

Aprikose [apri'ko:zə] *f* (15) albicocca *f*; ⨝**nbaum** *m* albicocco *m*.

April [a'pril] *m* (3¹) aprile *m*; *j-n in den* ⨝ *schicken* fare un pesce d'aprile a qu.; ⨝**scherz** *m* pesce *m* d'aprile; ⨝**wetter** *n* tempo *m* incerto.

Apsis ['apsis] *f* (16, *pl. -siden* [-'zi:dən]) abside *f*.

Aquädukt [akvɛ'dukt] *m* (3) acquedotto *m*.

Aquamarin [akvama'ri:n] *m* (3¹) acquamarina *f*.

Aquarell [akva'rɛl] *n* (3¹) acquerello *m*; ⨝**maler(in** *f*) *m* acquerellista *m u. f.*

Aquarium [a'kvɑ:rjum] *n* (9) acquario *m*.

Äquator [ɛ'kvɑ:tɔr] *m* (8, *o. pl.*) equatore *m*.

äquatorial [ɛkvator'jɑ:l] equatoriale.

Äquivalent [ɛkviva'lɛnt] *n* (3) equivalente *m*.

Ar [ɑːr] *n* (*a. m*) (3¹, *nach Zahlen uv.*) aro *m*, ara *f*.

Ära ['ɛːra] *f* (16²) era *f*.

Arab|er ['a:rabər] *m*, ⨝**isch** [a'ra:biʃ] arabo (*m*).

Arabeske [ara'bɛskə] *f* (15) arabesco *m*.

Arbeit ['arbaɪt] *f* (16) lavoro *m*; ⨝**en** (26) lavorare; ⨝**er** *m* lavoratore *m*, operaio *m*.

'**Arbeiter|bewegung** *f* movimento *m* operaio; ⨝**in** *f* operaia *f*; ⨝**klasse** *f* classe f operaia; ~**partei** f partito m operaio; (*in England*) partito m laburista.

'**Arbeiterschaft** f ceto m operaio; (*e-s Werkes*) maestranze f/pl.

Arbeit|geber ['--'ge:bər] m (7) datore m di lavoro; imprenditore m; ~**geber-organisation** f organizzazione f dei datori di lavoro; ~**nehmer** ['--'ne:mər] m prestatore m d'opera; operaio m.

arbeitsam ['--za:m] laborioso; ♀-**keit** f laboriosità f.

Arbeits|amt ['arbaɪts⁹amt] n ufficio m del lavoro (*od.* di collocamento); ~**anzug** m tuta f; ~**ausschuß** m comitato m esecutivo); ~**beschaffung** ['--bəʃafuŋ] f creazione f di possibilità di lavoro; ~**biene** f ape f operaia; ~**dienst** m servizio m del lavoro; ~**einstellung** f cessazione f del lavoro; (*Streik*) sciopero m; ♀-**fähig** in grado di lavorare; ~**feld** n, ~**gebiet** n campo m d'attività; ~**gemeinschaft** f circolo m (per studi comuni ecc.); ~**gericht** n magistratura f del lavoro; ~**haus** n penitenziario m; ~**kammer** f Camera f del lavoro; ~**kittel** m camice m; ~**kräfte** ['--krɛftə] f/pl. manodopera f; ~**leistung** f prestazione f d'opera; ⊕ rendimento m; ~**lohn** m paga f, salario m; ♀**los** disoccupato; ~**losenunterstützung** ['--lo:zən⁹untərʃtytsuŋ] f sovvenzione f ai disoccupati; ~**losenversicherung** f assicurazione f contro la disoccupazione; ~**lose(r)** m disoccupato m; ~**losigkeit** f disoccupazione f; ~**markt** m mercato m del lavoro; ~**pferd** n cavallo m da tiro (*od.* da soma); *fig.* sgobbone m; ~**platz** m posto m di lavoro; ~**raum** m officina f; laboratorio m; ~**recht** n diritto m del lavoro; ♀**scheu** infingardo; pigro; ~**stätte** f posto m di lavoro; ~**tag** m giornata f lavorativa; ~**tagung** f congresso m; ~**teilung** f divisione f del lavoro; ♀**unfähig** inabile al lavoro, invalido; ~**unfähigkeit** f inabilità f al lavoro; ~**unfall** m infortunio m sul lavoro; ~**verhältnis** n rapporto m di lavoro; ~**vermittlung** f ufficio m di collocamento; ♀-**willig** voglioso di lavorare; ~**zeit** f orario m di lavoro; ~**zimmer** n studio m.

archaisch [-'ça:iʃ] arcaico.

Archäolog|e [arçɛ:o'lo:gə] m (13) archeologo m; ~'**ie** f archeologia f; ♀**isch** archeologico.

Arche ['arçə] f (15) arca f.

Archipel [arçi'pe:l] m (3¹) arcipelago m.

Architekt [--'tɛkt] m (12) architetto m; ~**ur** [---'tu:r] f architettura f.

Archiv [ar'çi:f] n (3¹) archivio m; ~**ar** [-çi'va:r] m (3¹) archivista m.

Areal [are'a:l] n (3¹) area f.

Arena [a're:na] f (16²) arena f.

arg [ark] (18²) **1.** *adj.* cattivo, brutto; *immer ärger* sempre peggio; *das ist zu* ~ questa è troppo grossa; *ich sehe nichts Arges dabei* non ci vedo nulla di male; *fig.* grave; *es* ~ *treiben* farne di tutti i colori; **2.** ♀ n malizia f; *kein* ~ *haben* non pensar male; *ohne* ~ *sein* essere senza sospetto.

Argen|'tinier m, ♀'**tinisch** argentino (m).

Ärger ['ɛrgər] m (7, *o. pl.*) indignazione f, sdegno m; stizza f (*Wut*) rabbia f; collera f; ♀**lich** spiacevole; *Personen:* indispettito; arrabbiato; ♀**n** (29) indispettire; far arrabbiare; *sich* ~ adirarsi; ~**nis** n (4¹) scandalo m; *öffentliches* ~ oltraggio m al pudore.

Arg|list ['arklist] f malizia f; malignità f; perfidia f; ♔ inganno m; ♀**listig** maligno; perfido; ♔ doloso; ♀**los** ingenuo; ~**losigkeit** f ingenuità f.

Arg|wohn ['arkvo:n] m (3, *o. pl.*) sospetto m; ♀**wöhnen** ['-vø:nən] (25, *untr.*) sospettare; ♀**wöhnisch** sospettoso.

Arie ['a:rjə] f (15) aria f.

Aristokr|at [aristo'kra:t] m (12) aristocratico m; ~**a'tie** f aristocrazia f; ♀**atisch** [---'kra:tiʃ] aristocratico.

Arithmet|ik [arit'me:tik] f (16) aritmetica f; ♀**isch** aritmetico.

Ar'kade f (15) arcata f.

arktisch ['arktiʃ] artico.

Arktis ['arktis] f uv. Artide f.

arm [arm] (18²) povero (*an dat.* di); ~ *werden* impoverire.

Arm [arm] m (3) braccio m; ~ *in* ~ a braccetto; *fig. j-m unter die* ~*e greifen* dare una mano a qu., aiutare qu.; *in die* ~*e schließen* abbracciare; *mit offenen* ~*en* a braccia aperte.

Armaturenbrett [arma'tu:rənbret] n *Auto:* cruscotto m.

Arm|band ['armbant] *n* braccialetto *m*; **~banduhr** *f* orologio *m* da polso; **~binde** *f* bracciale *m*; ✗ fascia *f* al collo; **~brust** *f* balestra *f*; ♀**dick** della grossezza di un braccio.

Armee [ar'me:] *f* (15) armata *f*; esercito *m*; **~korps** *n* corpo *m* d'armata.

Ärmel ['ɛrməl] *m* (7) manica *f*; *fig. aus dem* **~** *schütteln* improvvisare; **~aufschlag** *m* manopola *f*; **~kanal** *m* Manica *f*.

Armenhaus ['armənhaus] *n* asilo *m* dei poveri.

Ar'men|ier *m*, ♀**isch** armeno (*m*).

'**Armenpflege** *f* assistenza *f* pubblica (*od.* sociale).

Armesündermiene [armə'zyndərmi:nə] *f* faccia *f* da colpevole.

armier|en [ar'mi:rən] armare; ♀**ung** *f* armamento *m*.

Arm|lehne ['armle:nə] *f* bracciolo *m*; **~leuchter** *m* candelabro *m*.

ärmlich ['ɛrmliç] povero, misero.

'**Armschiene** *f* bracciale *m*.

'**armselig** misero, meschino; ♀**keit** *f* meschinità *f*.

'**Armsessel** *m* poltrona *f*.

Armut ['armu:t] *f* (16, *o. pl.*) povertà *f*; *stärker:* indigenza *f*, miseria *f*; **~szeugnis** *n*: *sich ein* **~** *ausstellen* dar prova della propria incapacità.

'**Armvoll** *m* bracciata *f*.

Aroma [a'ro:ma] *n* (9¹) aroma *m*.

aro'matisch aromatico.

Arrak ['arak] *m* arac *m*.

Arrang|ement [arãʒə'mã] *n* (11) accordo *m*; ♀**ieren** disporre; organizzare; *sich* **~** *mit* mettersi d'accordo con.

Arrest [a'rɛst] *m* (3²) arresto *m*; *von Sachen:* sequestro *m*; **~ant** [--'tant] *m* (12) detenuto *m*.

arretieren [are'ti:rən] arrestare; mettere sotto arresto.

arrogan|t [aro'gant] arrogante; presuntuoso; ♀**z** [--'gants] *f* arroganza *f*; presuntuosità *f*.

Arsch [arʃ] V *m* (3² *u.* ³) culo *m*; '**~backe** *f* natica *f*.

Arsenal [arze'na:l] *n* (3¹) arsenale *m*.

Arsen(ik [ar'ze:n(ik)] *n* (3¹, *o. pl.*) arsenico *m*; **~kur** *f* cura *f* arsenicale.

Art [a:rt] *f* (16) genere *m*; (*Natur*) natura *f*; (*Weise*) modo *m*; *Zo.*, ♀ specie *f*; *aus der* **~** *schlagen* degenerare.

'**arten** (26, *sn*): *nach j-m* **~** *ereditare*

da qu.; *nach dem Vater (der Mutter)* **~** somigliare al padre (alla madre).

Arterie [ar'te:rjə] *f* (15) arteria *f*; **~nverkalkung** *f* arteriosclerosi *f*.

artesisch [ar'te:zıʃ]: **~***er Brunnen* pozzo *m* artesiano.

artig ['a:rtiç] gentile; *Kinder:* buono, ubbidiente.

Artikel [ar'ti:kəl] *m* (7) articolo *m*.

Artikul|ation [artikulats'jo:n] *f* articolazione *f*; ♀**ieren** [---'li:rən] articolare.

Artille|rie [artılə'ri:] *f* (15) artiglieria *f* (*schwere* pesante); **~rist** [---'rist] *m* (12) artigliere *m*.

Artischocke [arti'ʃɔkə] *f* (15) carciofo *m*.

Artist|(in *f*) *m* [ar'tist(in)] (12) artista *m u. f* (*di circo, di varietà*), ♀**isch** da artista; acrobatico.

Arznei [arts'nai] *f* (16) medicina *f*; **~kunde** *f* farmacologia *f*; **~mittel** *n* rimedio *m* (medicinale); medicinale *m*; **~mittellehre** *f* farmaceutica *f*; **~pflanze** *f* pianta *f* officinale; **~ware** *f* prodotto *m* farmaceutico.

Arzt [artst] *m* (3² *u.* ³) medico *m*; *praktischer* **~** medico *m* generico.

Ärztekammer ['ɛrtstəkamər] *f* collegio *m* dei medici.

Ärztin ['ɛrtstin] *f* (16¹) medichessa *f*.

'**ärztlich** medico.

As [as] *n* (4¹) asso *m*; ♪ la *m* bemolle.

Asbest [as'bɛst] *m* (3²) asbesto *m*, amianto *m*.

aschblond ['aʃblɔnt] biondo cenerino.

Asche ['aʃə] *f* (15) cenere *f*; *in Schutt und* **~** *verwandeln* ridurre in cenere.

Aschen|bahn ['aʃənba:n] *f* pista *f* di carbonella; **~becher** *m* posacenere *m*, portacenere *m*; **~brödel** [--'brø:dəl] *n* Cenerentola *f*; **~krug** *m*, **~urne** *f* urna *f* cineraria.

Aschermittwoch [aʃər'mitvɔx] *m* (3) (mercoledì *m* delle) Ceneri *f/pl.*

'**asch|farben**, **~farbig**, **~grau** cenerognolo.

äsen ['ɛ:zən] (27) *Wild:* pascersi.

Asiat(in *f*) *m* [az'ja:t(in)] (12), ♀**isch** asiatico (-a) *m* (*f*).

Askese [as'ke:zə] *f* (15, *o. pl.*) ascetismo *m*.

Asket [as'ke:t] *m* (12) asceta *m*; ♀**isch** ascetico.

asozial ['a:zo:tsja:l] asociale.

Asphalt ['asfalt] *m* (3) asfalto *m*;

ℓ'ieren asfaltare; **⁓straße** f strada f asfaltata.

Aspirant [aspi'rant] m (12) aspirante m u. f.

Aspi'rin n aspirina f; **⁓tablette** f compressa f d'aspirina.

Assel Zo. ['asəl] f (15) scolopendra f.

Assessor [a'sɛsɔr] m (8¹) assessore m; aggiunto m giudiziario.

Assimil|a'tion f assimilazione f; **ℓ'ieren** assimilare.

Assiste|nt(in f) m [asi'stɛnt(in)] (12) assistente m u. f; **⁓nzarzt** [--'-s-artst] m medico m assistente.

Ast [ast] m (3³) ramo m; im Holz: nodo m.

Aster ♀ ['astər] f (15) astero m.

Ästhet [ɛs'te:t] m esteta m; **⁓ik** f estetica f; **ℓisch** estetico.

Asthma ['astma:] n (11, o. pl.) asma m (a. f.).

Asth'mat|iker m, **ℓisch** adj. asmatico.

ästig ['ɛstiç] ramoso.

astig'mat|isch astigmatico; **ℓ'ismus** m astigmatismo m.

Astrol|oge [astro'lo:gə] m (13) astrologo m; **⁓o'gie** f astrologia f; **ℓogisch** astrologico.

Astronaut [--'naut] m (12) astronauta m.

Astron|om [--'no:m] m (12) astronomo m; **⁓o'mie** f astronomia f; **ℓomisch** astronomico.

Astrophysik [--fy'zi:k] f astrofisica f.

Astwerk ['astvɛrk] n ramatura f.

Asyl [a'zy:l] n (3¹) asilo m; (Zufluchtsort) rifugio m.

Asymmetrie [azyme'tri:] f asimmetria f.

Atelier [atəl'je:] n (11) laboratorio m; Mal. studio m.

Atem ['a:təm] m (6, o. pl.) fiato m; in e-m ⁓ tutto d'un fiato; außer ⁓ senza respiro, sfiatato; in ⁓ halten non dar tregua; wieder zu ⁓ kommen riprender fiato; **ℓberaubend** fig. vertiginoso; da mozzare il fiato; **⁓beschwerde** f difficoltà f di respirazione; **⁓gymnastik** f ginnastica f respiratoria; **⁓holen** n respirazione f; **ℓlos** ansante; trafelato; **⁓losigkeit** f mancanza f di respiro; **⁓not** f dispnea f; **ℓraubend** fig. vertiginoso; **⁓technik** f tecnica f respiratoria; **⁓zug** m fiato m; in e-m ⁓ d'un fiato; letzter ⁓ ultimo respiro m.

Athe|ismus [ate'ismus] m ateismo m; **⁓ist(in** f) m [ate'ist(in)] (12) ateo (-a) m (f); **ℓistisch** ateistico.

Äther ['ɛ:tər] m (7, o. pl.) etere m; **ℓisch** [ɛ'te:riʃ] etereo; **⁓wellen** f/pl. onde f/pl. eteriche.

Athlet [at'le:t] m (12) atleta m; **⁓ik** [-'-tik] f (16, o. pl.) atletismo m, atletica f; **ℓisch** [-'-tiʃ] atletico.

At'lantikpakt m patto m atlantico.

at'lantisch: ℓer Ozean m (Oceano) Atlantico m.

Atlas ['atlas] m (4¹, sg. a. uv.) **a)** (Landkarten) [pl. a. At'lanten] atlante m; **b)** Stoff: raso m; **ℓartig** rasato.

atmen ['a:tmən] (26) respirare.

Atmosphäre [atmɔs'fɛ:rə] f (15) atmosfera f; **⁓ndruck** m pressione f atmosferica.

Atmung ['a:tmuŋ] f respirazione f; **⁓s...** in Zssgn respiratorio; **⁓sgerät** n inalatore m; **⁓s-organ** n apparato m respiratorio.

Atom [a:'to:m] m (3¹) atomo m; **⁓antrieb** m propulsione f atomica; **ℓ'ar** atomico; **⁓bombe** f (bomba f) atomica f; **⁓bunker** m rifugio m antiatomico; **⁓energie** f energia f nucleare; **⁓forscher** m scienziato m nucleare; **⁓gewicht** n peso m atomico; **ℓisch** atomico; **ℓi'sieren** atomizzare; **⁓kern** m nucleo m atomico; **⁓kraftwerk** n centrale f nucleare; **⁓krieg** m guerra f atomica; **⁓meiler** m reattore m nucleare; **⁓müll** m residui m/pl. radioattivi; **⁓physik** f fisica f nucleare; **⁓spaltung** f fissione f dell'atomo; **⁓sperrvertrag** m trattato m di non-proliferazione delle armi atomiche; **⁓waffen** f/pl. armi f/pl. atomiche; **⁓zeitalter** n era f atomica; **⁓zerfall** m disintegrazione f dell'atomo.

Attaché [ata'ʃe:] m (11) addetto m.

Atten|tat [atɛn'ta:t] n (3) attentato m; **⁓täter** [--'te:tər] m attentatore m.

Attest [a'tɛst] n (3²) attestato m, certificato m; **ℓ'ieren** certificare.

attisch ['atiʃ] attico.

Attraktion [atrakts'jo:n] f attrazione f.

Attrappe [a'trapə] f (15) tranello m.

Attribut [atri'bu:t] n (3) attributo m.

ätz|en ['ɛtsən] (27) corrodere; ⊕ cauterizzare; ⊕ incidere; **⁓end** corrosivo; ☞ u. fig. caustico.

'**Ätz|mittel** n corrosivo m; **~ung** f ⊕ incisione f; 🔥 cauterizzazione f; **~wasser** n acquaforte f.

auch [aux] anche; ~ nicht neppure, neanche, nemmeno; so schön sie ~ ist per quanto sia bella; ist es ~ wahr? è proprio vero?; sowohl ... als ~ e ... e ...

Audienz [aud'jɛnts] f (16) udienza f.

Auditorium [audi'to:rjum] n (9) auditorio m, sala f; von Personen: uditorio m.

Au(e) ['au(ə)] f (15) prato m.

Auer|hahn ['auərhaːn] m urogallo m; **~henne** f urogallina f; **~ochse** m uro m.

auf [auf] **1.** prp. (ac. od. dat.) su, sopra; ~ den Tisch sulla (sopra la) tavola; ~ die Jagd, Post, Ball: a; ~ dem Lande, Reise, Art, Fall: in; ~ Befehl, Rat: per; **2.** adv. ~ sein F (Tür, Kleider) essere aperto; Personen: essere alzato; ~ und ab su e giù; **3.** cj. ~ daß acciocchè; **4.** int. ~! su!

aufarbeiten ['-ʔarbaitən] finire; Kleidung: rinnovare.

'**auf-atmen** respirare liberamente; tirare un sospiro.

aufbahren ['-baːrən] (25) Leiche: deporre nella bara; Sarg: mettere sul catafalco.

'**Aufbau** m costruzione f; (Gliederung) struttura f; fig. organizzazione f; Kfz. carrozzeria f; **~en** costruire; organizzare; **~end** costruttivo; **~schule** f scuola f di perfezionamento; **~ten** m/pl. sovrastrutture f/pl.; **~werk** n opera f di ricostruzione.

'**aufbäumen:** sich ~ impennarsi; fig. gegen et.: ribellarsi.

'**aufbauschen** gonfiare.

'**aufbegehren** protestare.

'**aufbehalten** Hut: tenere in capo.

'**aufbekommen** riuscire ad aprire; ich habe viel ~ (zu arbeiten) mi hanno dato molto da fare.

'**aufbereiten** ⚒ Erze: preparare.

'**aufbessern** migliorare; Gehalt: aumentare.

'**aufbewahr|en** conservare; für später: riservare; zum ♀ geben dare in deposito; **♀ung** f custodia f; deposito m.

'**aufbiet|en** pubblicare l'elenco di ...; Verlobte: dire in chiesa; Kräfte: impiegare; ✗ chiamare sotto le armi; alles ~ fare di tutto; **♀ung** f:

mit ~ aller Kräfte impiegando tutte le forze.

'**aufbinden** (losbinden) sciogliere; j-m e-n Bären ~ darla a bere a qu.

'**aufblähen** gonfiare; enfiare.

'**aufblasen** gonfiare.

'**aufblättern** sfogliare.

'**aufbleiben** (sn) wach: restare alzato; vegliare; offen: restare aperto.

'**aufblenden** Kfz. accendere i fari abbaglianti.

'**aufblicken** alzare lo sguardo; fig. zu j-m: guardare con rispetto.

'**aufblitzen 1.** (sn) balenare; **2.** ♀ n (6) balenio m.

'**aufblühen** (sn) sbocciare; fig. fiorire.

'**aufbrauchen** consumare.

'**aufbrausen** (sn) 🔥 andare in effervescenza; fig. andare in collera; Meer: muggire; **~d** effervescente; fig. collerico.

'**aufbrechen 1.** v/t. aprire, forzare; **2.** v/i. (sn) aprirsi; fig. andarsene; zur Reise: partire.

'**aufbringen** riuscire ad aprire; (einführen) introdurre; Geld: procacciare, procurare, trovare; ⚓ catturare; fig. j-n: irritare; j-n gegen j-n: mettere su.

'**Aufbruch** m partenza f; mossa f; Pol. l'insorgere m.

'**aufbrühen** bollire leggermente; Tee ~ fare del tè.

'**aufbrüllen** cacciare un urlo.

'**aufbügeln** stirare.

aufbürden ['-byrdən] (26): j-m et. ~ accollare, addossare qc. a qu.

'**aufdeck|en** scoprire; fig. svelare; Tisch: apparecchiare; **♀ung** f scoperta f; svelamento m.

'**aufdrängen** imporre; sich j-m ~ appiccicarsi a qu.

'**aufdrehen** (s)torcere; Hahn: aprire; Schraube: svitare.

'**aufdring|lich** importuno, invadente; **♀lichkeit** f importunità f.

'**Aufdruck** m stampa f; **♀en** imprimere.

'**aufdrücken** imprimere; Siegel: apporre; (öffnen) aprire premendo.

aufeinander [-ʔain'ʔandər] l'uno sopra (dopo) l'altro; **~beißen** Zähne: serrare; **♀folge** f successione f; **~folgen** succedersi; **~folgend** successivo; consecutivo; **~platzen**, **~prallen**, **~stoßen** urtarsi violentemente.

Aufenthalt ['aufənthalt] *m* (3) dimora *f*; soggiorno *m*; 🚋 fermata *f*; **~s-erlaubnis** *f* permesso *m* di soggiorno; **~s-ort** *m* dimora *f*.

'**auf-erleg|en** imporre; **Qung** *f* imposizione *f*.

'**auf-ersteh|en** (*sn*) risorgere; **Qung** *f* risurrezione *f*.

'**auf-erweck|en** risuscitare; **Qung** *f* risuscitamento *m*.

'**auf-essen**: *alles* ~ mangiar tutto; finire.

auffädeln ['-fɛːdəln] (29) infilare.

'**auffahren 1.** *v/t.* trasportare; *in Reihe*: disporre; **2.** *v/i.* (*sn*) scattare; *aus dem Schlaf*: scuotersi; *zornig* ~ dare in escandescenze; andare in collera; *Artill.* disporsi; ⚓ arrenare; *gen Himmel*: ascendere; *Wagen*: sfilare; (*zusammenstoßen*) cozzare, urtare; **~d** irascibile.

'**Auffahr|t** *f* (16) salita *f*; *Wagen*: accesso *m*; ingresso *m*; ⚔ uscita *f*; ⚔ ascensione *f*; **~unfall** *m* tamponamento *m*.

'**auffallen** cadere (sopra); *fig.* dare nell'occhio; *es ist mir nicht aufgefallen* non me ne sono accorto; **~d** *s.* auffällig.

auffällig ['auffɛliç] che dà nell'occhio; *Kleidung*: vistoso; *Persönlichkeit*: cospicuo; (*anstößig*) scandaloso; (*seltsam*) stravagante; **Qkeit** *f* stranezza *f*; cospicuità *f*; vistosità *f*.

'**auffangen** acchiappare; *Briefe, Phys.*: intercettare, captare; *Flüssigkeit*: raccogliere; *Stoß*: smorzare.

'**auffärben** ritingere.

'**auffass|en** intendere, prenderla; ~ *als* considerare come; **Qung** *f* concezione *f*; modo *m* di vedere; (*Meinung*) opinione *f*; **Qungsgabe** *f* ingegno *m*; *leichte* ~ facilità *f* di comprensione.

'**auffind|bar** trovabile; **Qbarkeit** *f* reperibilità *f*; **~en** trovare, rintracciare, F scovare; **Qung** *f* rinvenimento *m*.

'**auffischen** pescare (*a. fig.*).

'**aufflackern** (*sn*) avvampare.

'**aufflammen** (*sn*) divampare.

'**auffliegen** (*sn*) volare in alto; *Minen*: saltare in aria; (*sich öffnen*) spalancarsi; *fig.* venire a galla.

'**aufforder|n** invitare; intimare a;

(*ermahnen*) esortare; **Qung** *f* invito *m*; intimazione *f*.

'**aufforst|en** rimboscare; **Qung** *f* rimboschimento *m*.

'**auffressen** divorare.

auffrischen ['-friʃən] (25) rinfrescare; *Wind*: ravvivare.

'**aufführ|en** △ costruire; ♪ eseguire; *Thea.* rappresentare; *Zeugen*: produrre; *sich* ~ comportarsi; **Qung** *f* costruzione *f*; esecuzione *f*; rappresentazione *f*; produzione *f*; condotta *f*.

'**auffüllen** riempire.

'**Aufgabe** *f* compito *m*; impegno *m*; scopo *m*; missione *f*; problema *m*; ✍ consegna *f*; (*Verzicht*) rinuncia *f*; *Sport*: abbandono *m*; *wegen* ~ *des Geschäftes* per cessazione di commercio.

'**aufgabeln** F pescare.

'**Aufgabe|schein** *m* ricevuta *f*; **~stempel** *m* timbro *m* (bollo *m*) dell'ufficio di spedizione.

'**Aufgang** *m* ingresso *m*; *nach oben*: salita *f*; *Treppe*: scala *f*; *der Sonne*: levare *m*, spuntare *m*.

'**aufgeben** consegnare; *Brief*: impostare; *e-e Arbeit*: dare; *den Geist*: rendere; *Kranke*: spedire; *ein Geschäft*: smettere; (*verzichten*) rinunciare a; *Sport*: abbandonare, ritirarsi; *die Hoffnung* ~ disperare, lasciar la speranza.

aufgeblasen ['-gəblaːzən] tronfio; **Qheit** *f* tronfiezza *f*.

'**Aufgebot** *n* (*Ehe♀*) pubblicazioni *f/pl.* (matrimoniali); ⚔ chiamata *f* alle armi; ~ *von impiego di.

aufgebracht ['-gəbraxt] furioso, arrabbiato (*über ac.* di).

'**aufgedonnert** azzimato, vestito in modo vistoso.

'**aufgedunsen** gonfio.

'**aufgehen** alzarsi; (*sich öffnen*) aprirsi; *Knoten, Eis*: sciogliersi; *Naht*: scucirsi; *Sonne, Saat*: spuntare; *in Rauch* ~ andarsene in fumo; *in Arith.* essere divisibile per; *Rechnung*: tornare; *in Flammen* ~ andare in preda alle fiamme.

aufgeklärt ['-gəklɛːrt] illuminato; *Wetter*: schiarito; **Qheit** *f* illuminatezza *f*.

'**Aufgeld** *n* aggio *m*.

aufgekratzt F di buon umore.

aufgelegt ['-gəleːkt] *fig.*: ~ *sn zu* essere disposto a.

'**aufgepaßt!** attenzione!
'**aufgeräumt** ['-gərɔʏmt] *fig.* di buon umore.
'**aufgeregt** ['-gəre:kt] eccitato; ℒ-**heit** *f* eccitazione *f*.
'**aufgeschaut!** badate!
'**aufgeschlossen** aperto (a nuove idee *ecc.*).
'**aufgeschmissen** F finito.
'**aufgetakelt** *s.* aufgedonnert.
'**aufgetrieben** gonfio.
'**aufgeweckt** ['-gəvɛkt] *adj.* sveglio.
'**aufgeworfen** *Lippe*: tumido.
'**aufgießen** versare (auf ac. sopra); den Tee ~ fare il tè.
'**aufglieder|n** (sud)dividere; ℒ**ung** *f* (sud)divisione *f*.
'**aufgraben** scavare.
'**aufgreifen** acchiappare; *Gedanken*: riprendere, far suo.
'**Aufguß** *m* infusione *f*; ~**tierchen** Zo. ['--ti:rçən] *n* (6) infusorio *m*.
'**aufhaben** *Hut*: avere in capo; F (offenhaben) tenere aperto; zu tun: aver da fare.
'**aufhacken** rompere con la zappa.
aufhalsen ['-halzən] (27) accollare, addossare.
'**aufhalten** tenere aperto; (festhalten) fermare; (zurückhalten) trattenere; sich ~ trattenersi, fermarsi; sich über j-n (et.) ~ scandalizzarsi di qu. (qc.); fare i suoi commenti su.
'**aufhäng|en** appendere; *j-n*: impiccare; ℒ**er** *m* (7) am Rock: laccetto *m*; ℒ**ung** *f* sospensioni *f/pl.*
'**aufhäufen** ammucchiare; ℒ *n* accumulazione *f*.
'**aufheb|en** 1. *v/t.* sollevare, alzare; (aufbewahren) custodire; (ausgleichen) compensare; vom Boden: raccogliere; *Tafel, Lager*: levare; *Gesetze*: abolire; *Vertrag*: annullare; *Sitzung*: sciogliere; stroncare; ℥ revocare; sich ~ compensarsi; gut aufgehoben in buona custodia, in buone mani; 2. ℒ**en** *n* (6): viel ~s von et. machen far molto caso di qc.; ℒ**ung** *f* abolizione *f*; annullamento *m*; scioglimento *m*.
aufheiter|n ['-haɪtərn] (29) rasserenare; (fröhlich stimmen) rianimare; ℒ**ung** *f* ricreazione *f*; divertimento *m*; rasserenamento *m*.
'**aufhelfen** rimettere in piedi; aiutare ad alzarsi.
aufhellen ['-hɛlən] (25) schiarire.

'**aufhetzen** aizzare; *Menge*: sobillare; istigare.
'**aufholen** *Zeit*: riguadagnare; *Sport*: ricuperare terreno.
'**aufhorchen** tendere gli orecchi.
'**aufhören** *abs.* finire; ~ zu ... cessare di ...; F da hört alles auf! questo poi è il colmo!; ohne ℒ senza interruzione.
'**aufjagen** scovare.
'**aufjauchzen** ['-jauxtsən] esultare.
'**Aufkauf** *m* incetta *f*; ℒ**en** incettare.
'**Aufkäufer** *m* incettatore *m*.
aufklapp|bar ['-klapbɑ:r] pieghevole; *Dach*: ribaltabile; ~**en** aprire; ribaltare.
'**aufklaren** *Wetter*: schiarirsi.
'**aufklär|en** schiarire; spiegare; rischiarare; *Gelände*: esplorare; *j-n*: illuminare; sich ~ *Wetter*: rischiararsi; ℒ**ung** *f* schiarimento *m*; spiegazione *f*; ⚱ illuminismo *m*; ⚔ ricognizione *f*, osservazione *f*; sexuelle ~ educazione *f* sessuale; ℒ**ungsflugzeug** *n* ricognitore *m*.
'**aufkleben** appiccicare; *Marken*: mettere.
'**aufknabbern** sgranocchiare.
'**aufknacken** schiacciare; *Geldschrank*: forzare.
aufknöpfen ['-knœpfən] (25) sbottonare.
'**aufknüpfen** sciogliere; *j-n*: impiccare.
'**aufkochen** 1. *v/t.* far bollire; 2. *v/i.* (sn) bollire.
'**aufkommen** 1. *v/i.* (sn) rialzarsi; *fig.* prosperare, venire in voga; *Zweifel*: sorgere; für et.: garantire qc., rispondere di qc.; gegen j-n ~ competere con qu.; 2. ℒ *n* (6) *Kranker*: guarigione *f*; *Sitte*: il venir in uso; *Steuer*: entrate *f/pl.* effettive.
'**aufkratzen** grattare fino al sangue; raschiare.
aufkrempeln ['-krɛmpəln]: sich die Ärmel ~ rimboccarsi le maniche.
'**aufkündigen** denunciare; disdire.
'**auflachen** scoppiare in risa.
'**auflad|en** caricare; *fig.* addossare; ℒ**er** *m* caricatore *m*.
'**Auflage** *f* (Steuer) imposta *f*; Typ.: tiratura *f*; (Ausgabe) edizione *f*.
'**auflass|en** *Tür*: lasciare aperto; *Hut*: tenere; ℥ cedere; ℒ**ung** *f* cessione *f*.
'**auflauern** *j-m* ~ appostare qu.
'**Auflauf** *m* assembramento *m*; mit

Lärm: tumulto *m*; (*Aufruhr*) sommossa *f*; *Kochk*. sgonfiotto *m*; ²en (*sn*) ⚓ ar(r)enare; ✝ *Beträge*: accumularsi.

'**aufleben** (*sn*) rivivere; rianimarsi.
'**auflecken** leccare.
'**aufleg|en** mettere; *Tel*. riattaccare il ricevitore; *Waren*: esporre; *Karten*: mettere in tavola; *Steuer*: imporre; *Anleihe*: aprire; *neu* ~ *Typ*. ristampare; *sich* ~ appoggiarsi; *s. aufgelegt*; ²ung *f* imposizione *f*.
'**auflehn|en** appoggiare; *sich gegen et*. ~ ribellarsi contro qc.; ²ung *f* ribellione *f*.
'**auflesen** raccogliere.
'**aufleuchten** risplendere.
'**auflief|ern** consegnare; ²ung *f* consegna *f*.
'**aufliegen** giacere sopra; ✝ essere esposto.
'**auflocker|n** smuovere; *Knoten*: allentare; *Wolle*: scamatare; *Sitten*: rilassare; ²ung *f* rilassamento *m*.
'**auflodern** divampare.
'**auflösbar** solubile.
'**auflös|en** sciogliere; *Bestandteile*: scomporre; *Math*. risolvere; 🎵 decomporre; *Brüche*: ridurre; ~end dissolvente; ²ung *f* scioglimento *m*; decomposizione *f*; soluzione *f*; riduzione *f*; ²ungszeichen ['--zuŋstsaɪçən] *n* 🎵 bequadro *m*.
'**aufmach|en** aprire; *Karten*: disfare; *Verkaufsgegenstände*: presentare; *gut* (*schlecht*) *aufgemacht* presentato bene (male); *sich* ~ incamminarsi; ²ung *f von Waren*: presentazione *f*; *in großer* ~ in grande.
'**Aufmarsch** *m* sfilata *f*; schieramento *m*; ~**gelände** *n* terreno *m* di schieramento; ²**ieren** sfilare; schierarsi.
'**aufmerk|en** ~ *auf* (*ac*.) fare attenzione a; ~**sam** attento; *j-n* ~ *machen* richiamare l'attenzione di qu. (*auf et*. a qc.); ²**samkeit** *f* attenzione *f*.
'**Aufnahme** ['-nɑːmə] *f* (15) accoglienza *f*; (*Eintritt*) ingresso *m*; (*Zulassung*) ammissione *f*; *feierliche*: ricevimento *m*; *e-r Anleihe*: emissione *f*; *Phot*. foto *f*; *Schallplatte*: incisione *f*; *Film*: ripresa *f*; ²**fähig**

ricettivo; ~**fähigkeit** *f* ricettività *f*; capacità *f* ricettiva; ~**leiter** *m Film*: direttore *m* di presa; ~**prüfung** *f* esame *m* d'ammissione; ~**zimmer** *n im Krankenhaus*: astanteria *f*.
'**aufnehmen** alzare; prendere; (*aufheben*) raccogliere; raccattare; (*empfangen*) accogliere; *in e-n Verein*: ammettere; *Kampf*, *Artikel*: accettare; *Funkspruch*: ricevere; *Phot*. fare la fotografia, fotografare; *Geld*: prendere in prestito; *Anleihe*: contrarre; *Inventar*, *Protokoll*: fare; registrare; *Flüssigkeit*: assorbire; *Zeichenk*., *Geogr*. rilevare; *es mit j-m* ~ misurarsi con qu.; *wieder* ~ riprendere; *in sich* ~ assorbire; *übel* ~ prendere a male.
'**aufnötigen** imporre.
'**auf-opfer|n** sacrificare; ~**nd 1.** *adj*. pieno d'abnegazione; **2.** *adv*. con abnegazione; ²**ung** *f* sacrificio *m*, abnegazione *f*.
'**aufpacken** caricare; *fig*. indossare.
aufpäppeln ['-pɛpəln] (29) allevare col poppatoio.
'**aufpass|en** stare attento; ²**er** *m* (12) sorvegliante *m*, guardia *f*; controllore *m*.
'**aufpeitschen** eccitare.
'**aufpflanzen** piantare; *Bajonett*: inastare; *sich* ~ piantarsi.
'**aufpfropfen** innestare, inoculare (*a. fig*.).
'**aufpicken** beccare; aprire a colpi di becco.
'**aufplatzen** spaccarsi; scoppiare.
'**aufpolieren** lucidare.
'**aufprägen:** ~ *auf* (*ac*.) imprimere su (*od*. a).
Aufprall ['-pral] *m* (3, *o. pl*.) rimbalzo *m*; urto *m*; ²**en** rimbalzare; urtare.
'**Aufpreis** *m* supplemento *m*.
'**aufprobieren** provarsi.
'**aufpumpen** *Reifen*: gonfiare.
'**aufputschen** drogare; (*aufwiegeln*) sobillare.
'**Aufputz** *m* addobbo *m*; *Haare*: acconciatura *f*; ²**en** addobbare; acconciare; *sich* ~ attilarsi.
'**aufquellen** *v/i.* (*sn*) gonfiarsi.
'**aufraffen** raccogliere; *Kleid*: alzare; *sich* ~ alzarsi di scatto; scuotersi; *fig*. rimettersi; farsi coraggio.
'**aufragen** sorgere, elevarsi.
'**aufrauhen** irruvidire.
'**aufräum|en** mettere in ordine;

fare ordine; *(wegschaffen)* sgombrare; *mit* et. ~ farla finita con; **2ungsarbeiten** ['--muŋs⁹arbaɪtən] *f/pl.* lavori *m/pl.* di sgombero.

'**aufrechn|en** contare; ~ *gegen* compensare con; **2ung** *f* compensazione *f*.

'**aufrecht** diritto; *sich* ~ *halten* tenersi in piedi; **~erhalten** ['--⁹erhaltən] mantenere; **2-erhaltung** *f* mantenimento *m*.

'**aufreg|en** agitare; *Leidenschaft*: eccitare; *sich* ~ arrabbiarsi; **~end** eccitante; emozionante; **2ung** *f* agitazione *f*; eccitazione *f*.

'**aufreiben** scalfire; escoriare; scorticare; ⤬ decimare; *fig.* estenuare; **~d** estenuante.

'**aufreihen** schierare; *Perlen*: infilare.

'**aufreißen 1.** *v/t.* aprire; *Fußboden*: disfare; *weit* ~ spalancare; **2.** *v/i.* *(sn)* spaccarsi.

'**aufreiz|en** provocare; irritare; **~end** provocante; **2ung** *f* provocazione *f*.

'**aufrichten** rizzare; *j-n*: rialzare; *fig.* consolare.

'**aufrichtig** sincero; **2keit** *f* sincerità *f*.

aufriegeln ['-ri:gəln] *v/t.* (29) aprire (il chiavistello).

'**Aufriß** △ *m* pianta *f*.

'**aufrollen** arrotolare; *(entfalten)* svolgere; *fig.*, *Frage*: intavolare.

'**aufrücken** *(sn)* avanzare; *fig.* essere promosso (zu a).

'**Aufruf** *m* proclama *m*; appello *m*; **2en** chiamare; *namentlich*: far l'appello, *Zeugen*: citare; *j-n zu* et. ~ invitare qu. a qc.

'**Aufruhr** *m* (3) tumulto *m*; *(Aufstand)* rivolta *f*; *in* ~ *versetzen* agitare; allarmare.

'**aufrühr|en** rimestare; rivoltare; *Leidenschaften*: eccitare; **2er** *m* (7), **~erisch** *adj.* sedizioso (*m*); rivoltoso (*m*); ribelle (*m*).

'**aufrunden** arrotondare.

'**aufrüst|en** riarmare; **2ung** *f* riarmo *m*.

'**aufrütteln** scuotere.

'**aufsagen** recitare; *(absagen)* disdire.

aufsässig ['-zɛsɪç] ostile, ribelle; **2-keit** *f* spirito *m* di ribellione.

'**Aufsatz** *m* articolo *m*; *(Schul2)* componimento *m*; *(Tafel2)* servizio

m; *(Obst2, Blumen2)* trionfo *m*, alzata *f*; *(Säulen2)* capitello *m*.

'**aufsaugen** succhiare; 🜂 assorbire.

'**aufschäumen** spumare.

'**aufschauen** alzare lo sguardo *(od.* gli occhi).

'**aufscheuchen** scovare; *Vögel*: snidare.

'**aufscheuern** *Haut*: escoriare.

'**aufschichten** accatastare; *Geol.* stratificare.

'**aufschieben** *fig.* rimandare.

'**aufschießen** *(sn)* crescere (salire) rapidamente.

'**Aufschlag** *m* rimbalzo *m*; *der Augen*: l'alzare *m*; 🕇 rialzo *m*; ♪, *Sport*: battuta *f*; *Sport*: servizio *m*; *Kleid*: mostra *f*; risvolto *m*; **2en 1.** *v/t.* alzare; *Bücher*, *Tür*: aprire; *ein Wort*: cercare; *Kleid*: rivoltare; *Zelt*: piantare; *Wohnung*: prendere; *s-n Wohnsitz*: stabilire; 🕇 *Preise*: rincarare; *Sport*: servire; *sich* ~ ferirsi cadendo; **2.** *v/i.* *(sn)* alzarsi; 🕇 rincarare; *auf* et.: battere.

'**aufschließen** aprire; ⤬ *die Glieder*: serrare (le file).

'**aufschlitzen** squarciare; *Naht*: sdrucire.

'**aufschluchzen** singhiozzare.

'**Aufschluß** *m* schiarimento *m*; informazione *f*; **2reich** istruttivo.

'**aufschnallen** affibbiare; *(öffnen)* sfibbiare.

'**aufschnappen** abboccare; *fig.* afferrare al volo; F pescare.

'**aufschneid|en 1.** *v/t.* tagliare; *Chir.* aprire; *Kochk.* affettare; **2.** *v/i. iro.* sballarle grosse; **2er** *m* sballone *m*; **2e'rei** *f* sballonata *f*; **~erisch** esagerato.

'**Aufschnitt** *m Kochk.* affettato *m*.

'**aufschnüren** slacciare.

'**aufschrauben** svitare; *(anschrauben)* avvitare.

'**aufschrecken 1.** *v/t.* spaventare; **2.** *v/i. (sn)* sobbalzare.

'**Aufschrei** *m* urlo *m*, grido *m*.

'**aufschreiben** scrivere; *sich* et. ~ notarsi qc.

'**aufschreien** cacciare un urlo.

'**Aufschrift** *f* iscrizione *f*; *auf Münzen*: leggenda *f*; *(Brief2)* indirizzo *m*; *auf e-m Schild*: scritta *f*.

'**Aufschub** *m* proroga *f*.

'**aufschürzen** succingere, tirar su.

'**aufschütteln** scuotere; *Bett*: sprimacciare.

'aufschütt|en versare sopra; *Korn*: immagazzinare; *Erde*: scaricare; depositare; *Straße*: selciare; *Damm*: erigere; **2ung** *f* terrapieno *m*; diga *f*.

'aufschwatzen: j-m et. ~ appioppare qc. a qu.

'aufschwellen rigonfiare.

'aufschwingen: *fig. sich ~ zu* risolversi a, decidersi a.

'Aufschwung *m* sviluppo *m*, progresso *m*; *neuen ~ verleihen* dare nuovi impulsi.

'aufsehen alzare gli occhi.

'Aufsehen *n* sensazione *f*; *~ erregen* fare scalpore; **2erregend** ['~ze:ən-ɛre:gənt] sensazionale.

'Aufseher *m* (7) sorvegliante *m*, custode *m*; *höhergestellter*: ispettore *m*.

'aufsein (*sn*) essere alzato; *Tür, Fenster*: essere aperto.

'aufsetzen 1. *v/t.* mettere; *Schriftstück*: redigere, stendere; *Flicken*: applicare; *e-e Miene ~* prendere un'aria ...; *s-n Kopf ~* incaponirsi; *sich ~* montare; *im Bett*: rizzarsi; **2.** 2 *n* (*e-s Schriftstückes*) stesura *f*.

'aufseufzen mandare un respiro.

'Aufsicht *f* sorveglianza *f*.

'Aufsichts|-amt *n* ispettorato *m*; **~beamte(r)** *m* ispettore *m*; **~rat** *m* consiglio *m* (*Person*: consigliere *m*) d'amministrazione.

'aufsitzen (h.) star seduto; vegliare; (*sn*) montare a cavallo.

'aufspalten 1. *v/t.* fendere; **2.** *v/i.* (*sn*) spaccarsi.

'aufspannen *Seil*: tendere; *Schirm*: aprire; *Segel*: spiegare.

'aufsparen metter da parte; tenere in riserva.

aufspeichern ['~ʃpaiçərn] (29) immagazzinare; *fig.* accumulare.

'aufsperren spalancare; aprire.

'aufspielen suonare (alla danza); *sich ~* darsi delle (*od.* tante) arie; *sich ~ als* darsi l'aria di.

'aufspießen infilzare.

'aufsprengen far saltare; *Tür*: forzare.

'aufspringen (*sn*) balzare su; 2 schiudersi; *Tür*: aprirsi; *Haut*: screpolarsi.

'aufspulen (25) annaspare, accannellare.

'aufspüren rintracciare.

aufstacheln ['~ʃtaxəln] (29) stimolare; istigare, incitare.

'Aufstand *m* insurrezione *f*; rivolta *f*; sedizione *f*.

'aufständisch ribelle; sedizioso; insurrezionale; **2e(r)** *m* insorto *m*.

'aufstapeln (29) accatastare; (*aufspeichern*) immagazzinare.

'aufstauen arginare; *sich ~ fig.* ammucchiarsi.

'aufstechen aprire (pungendo).

'aufstecken attaccare, fermare (con spilli); mettere su; *Flagge*: inalberare; ꝑ et. *~* rinunciare a qc.; *j-m ein Licht ~* aprir gli occhi a qu.

'aufstehen (*sn*) alzarsi; (*offenstehen*) star aperto; *fig.* sorgere; *Pol.* insorgere.

'aufsteigen (*sn*) salire; ascendere; ✈ prendere quota; *fig.* venire; **~d** ascendente.

'aufstell|en collocare; *Denkmal*: innalzare; erigere; *Heer*: mettere su; *Truppen*: schierare; *Schach*: intavolare; *Kandidaten*: presentare; *Zeugen usw.*: produrre; *Grundsatz*: sostenere; stabilire; *Rechnung*: fare, stendere; *sich ~* mettersi in fila; **2ung** *f* collocamento *m*; innalzamento *m*; schieramento *m*; formazione *f*, disposizione *f*; presentazione *f*; (*Darlegung*) esposizione *f*; (*Liste*) tabella *f* riassuntiva.

'aufstemmen forzare con la leva.

'Aufstieg ['~ʃti:k] *m* (3) ascensione *f*; salita *f*; *Berg*: scalata *f*; *fig.* ascesa *f*; *sozialer ~* ascesa *f* sociale.

'aufstöbern scovare (*a. fig.*); scoprire per caso.

'aufstocken innalzare (un edificio) di un piano.

'aufstören disturbare; *Jagdw.* stanare.

'aufstoßen 1. *v/t.* aprire (urtando); *Tür usw.*: sfondare; **2.** *v/i.* (*a. sn*) urtare; *fig.* imbattersi in; (*Magen*) (h.) ruttare; **2** *n* rutto *m*.

'aufstreben aspirare, mirare (*zu dat.* a); **~d** fiorente, in pieno sviluppo.

'aufstreichen spalmare; stendere.

'aufstreuen cospargere di ...

aufstülpen ['~ʃtylpən] (25) rivoltare; rimboccare; *sich den Hut ~* mettersi il cappello.

'aufsuchen ricercare; *j-n ~* far visita a qu.; *regelmäßig*: frequentare; *Arzt*: consultare.

auftakeln ⚓ attrezzare; *fig.* ꝑ *sich ~* mettersi in ghingheri; *s. aufgetakelt*.

'Auftakt *m* ♪ arsi *f*; *fig.* preludio *m*;

fase *f* iniziale; *den* ~ *geben zu* dare il via a.

'**auftauchen** (*sn*) emergere; *fig.* nascere, sorgere.

'**auftauen** (*sn*) sgelare; *fig.* perdere la timidezza.

'**aufteil|en** spartire, ripartire, dividere; ꝼ**ung** *f* spartizione *f*; divisione *f*.

auftischen ['-tiʃən] (27) mettere in tavola; *fig.* sballare; intavolare, mettere sul tappeto.

Auftrag ['-tra:k] *m* (3³) incarico *m*; ✝ ordinazione *f*, commissione *f*; ordine *m*; *im* ~ (*Abk. i. A.*) per ordine (p. o.); ꝼ**en** ['--gən] servire; *Mal.* dare una mano di ...; *j-m et.* ~ incaricare qu. di qc.; *Kleid*: usare; *dick od. stark* ~ *fig.* esagerare; ~**geber** *m* committente *m*; cliente *m*; ꝼ⅞ mandante *m*; ~**sbestätigung** *f* conferma *f* d'incarico; ꝼ**sgemäß** ['--gəmɛːs] secondo gli ordini.

'**auftreiben** scovare (*a. fig.*); *Geld*: procurarsi; (*schwellen*) gonfiare.

'**auftrennen** disfare; scucire.

'**auftreten 1.** *v/t. Tür usw.*: sfondare; **2.** *v/i.* (*sn*) camminare; (*erscheinen*) presentarsi; *fig.* procedere; *Thea.* prodursi, esibirsi; ✿ comparire; ꝼ *n* apparizione *f*; *Thea.* erstes ~ esordio *m*, debutto *m*; (*Benehmen*) condotta *f*.

'**Auftrieb** *m* ✿ forza *f* ascensionale; *fig.* impulso *m*.

'**Auftritt** *m Thea.* scena *f*; (*des Schauspielers*) entrata *f* in scena; *fig.* scenata *f*.

'**auftrocknen** asciugare.

auftrumpfen ['-trumpfən] (25) millantare (*mit et. qc.*).

'**auftun:** *sich* ~ aprirsi.

'**auftürmen** ammassare; *Holz*: attorrare.

'**aufwachen** (*sn*) svegliarsi.

'**aufwachsen** (*sn*) crescere.

'**aufwall|en** ribollire; *Dampf usw.*: sollevarsi; *im Zorn* ~ lasciarsi trasportare dall'ira; ꝼ**ung** *f* ribollimento *m*; *fig.* accesso *m*.

'**Aufwand** *m* (3) lusso *m*; sciupio *m*; (*Kosten*) spese *f/pl.*; ~**s-entschädigung** *f* indennità *f* di spese.

'**aufwärmen** riscaldare; *fig.* rifriggere.

Aufwartefrau ['-vartəfrau] *f* donna *f* a mezzo servizio; *Toiletten*: custode *f*.

'**aufwart|en** *v/i.* servire; *mit et.* ~ offrire qc.; ꝼ**ung** *f*: *s-e* ~ *machen* presentare i suoi rispetti.

'**aufwärts** insù (in su); ✿ (*strom*~) contro corrente.

'**aufwaschen** rigovernare; lavare.

'**Aufwäscherin** *f* sguattera *f*.

'**aufwecken** svegliare.

'**aufweichen 1.** *v/t.* ammollire; *Regen*: inzuppare; **2.** *v/i.* (*sn*) ammollirsi.

'**aufweisen** presentare; (di)mostrare.

'**aufwend|en** impiegare; *nutzlos*: sprecare; ꝼ**ig** lussuoso; ꝼ**ung** *f* impiego *m*; spreco *m*; ~**en** *pl.* (*Ausgaben*) spese *f/pl.*

'**aufwerfen** *Frage*: sollevare; *Ball usw.*: gettare; *Damm*: alzare; *Karten*: scoprire; *Graben*: scavare; *sich* ~ *zu* erigersi a.

'**aufwert|en** rivalorizzare; ꝼ**ung** *f* rivalorizzazione *f*.

'**aufwickeln** avvolgere; *Haare*: arricciare; (*aufmachen*) svolgere; *Kind*: sfasciare.

aufwiegeln ['-vi:gəln] (29) sollevare; sobillare, istigare alla rivolta.

'**aufwiegen** contrappesare; *fig.* compensare; contrabbilanciare; *mit Gold* ~ pagare a peso d'oro.

Aufwiegler ['-vi:glər] *m* (7) mestatore *m*; ꝼ**isch** sedizioso.

'**Aufwind** ✿ *m* corrente *f* ascendente.   [vare.ꝼ

'**aufwinden** avvolgere; *Anker*: le-ꝼ

'**aufwirbeln** *v/t. Staub*: sollevare; alzare.

'**aufwischen** asciugare.

'**aufwühlen** rimuovere; *fig.* rivangare.

'**aufzähl|en** enumerare; *Geld*: contare; *im einzelnen* ~ dettagliare; ꝼ**ung** *f* enumerazione *f*.

'**aufzäumen** imbrigliare.

'**aufzehren** consumare.

'**aufzeichn|en** notare; (*notieren*) appuntare; *Zeichenk.* disegnare; ꝼ**ungen** *f/pl.* appunti *m/pl.*, annotazioni *f/pl.*

'**aufzeigen** mostrare.

'**aufziehen 1.** *v/t.* tirare su; *Perlen*: infilare; *Saiten*: tendere; *Segel*: spiegare; *Anker*: levare; issare; *Uhr*: caricare; ⊕ *Plan*: intelaiare; *Veranstaltung*: organizzare; *fig. j-n*: burlare; **2.** *v/i.* (*sn*) *Gewitter*: levarsi; *die Wache zieht auf* monta la guardia.

'Aufzucht f allevamento m.
'Aufzug m ascensore m; für Lasten: montacarichi m; Thea. atto m; ⊕ Garn: ordito m; (feierlicher ~) corteo m, processione f; in lächerlichem ~ in cattivo arnese.
'aufzwingen imporre (a sforza).
Augapfel ['auk'ʔɔpfəl] m (7[1]) globo m dell'occhio; fig. et. wie s-n ~ hüten vigilare su qc. come sui propri occhi.
Auge ['augə] n (10) occhio m (a. ⚜); Spiel: punto m; aus den ~n lassen perdere di vista; ins ~ sehen guardare in faccia; ~ um ~ occhio per occhio; et. im ~ haben mirare a qc.; mit e-m blauen ~ davonkommen passarla liscia; unter vier ~n a quattr'occhi; in die ~n fallen dare nell'occhio; vor aller ~n al cospetto di tutti; geh mir aus den ~n! vattene!; große ~n machen sgranare tanto d'occhi; aus den ~n, aus dem Sinn lontan dagli occhi, lontan dal cuore.
äugeln ['ɔygəln] (29) occhieggiare.
Augen|arzt ['augən'ʔartst] m oculista m; **~blick** m momento m; istante m; im schönsten ~ sul più bello; jeden ~ da un momento all'altro; lichte ~e lucidi intervalli m/pl.; **2blicklich 1.** adj. momentaneo; **2.** adv. subito; **~braue** f sopracciglio m; **~entzündung** f oftalmia f, infiammazione f agli occhi; **2fällig** evidente; **~gläser** n/pl. occhiali m/pl.; **~heilkunde** f oculistica f; **~höhle** f orbita f; **~klinik** f clinica f oftalmica; **~licht** n vista f; **~lid** ['--liːt] n palpebra f; **~maß** n: nach ~ così a occhio nudo; **~merk** ['--mɛrk] n mira f; **~nerv** m nervo m ottico; **~ränder** m/pl. cəlamai m/pl.; **~salbe** f unguento m oftalmico; **~schein** m apparenza f; in ~ nehmen esaminare; **2scheinlich** ['--'ʃainlɪç] evidente; **~scheinlichkeit** f evidenza f; **~spiegel** m oftalmoscopio m; **~stern** m pupilla f; **~täuschung** f illusione f ottica; **~triefen** n cisposità f; **~weide** f delizia f; **~wimper** f ciglio m; **~winkel** m coda f dell'occhio; **~zahn** m dente m occhiale; **~zeuge** m testimone m oculare; **~zwinkern** n strizzo m d'occhio.
August [auˈgust] m (3) (Monat) agosto m.
Auktion [auktsˈjoːn] f (16) asta f;

~ator [--ˈnaːtɔr] m (8[1]) banditore m (dell'asta).
Aula ['aula] f (16[2] u. 11) aula f.
aus [aus] **1.** prp. allg. da; ~ B. kommen venire da B.; er ist ~ B. è di B.; (Stoff) ~ Leder di cuoio; (Grund) ~ Furcht per timore; (Art und Weise) ~ con; ~ allen Kräften con tutte le forze; e-e Stelle ~ Goethe un passo di Goethe; ~ Erfahrung per esperienza; ~ dem Kopf a memoria; was ist ~ ihm geworden? che ne è stato (od. successo) di lui?; **2.** adv. ~ sein esser terminato (finito); es ist ~ mit è finita con; Licht: essere spento.
ausarbeit|en ['-'ʔarbaitn] elaborare; Schriften: redigere; **2ung** f elaborazione f; redazione f; composizione f.
aus-arten (sn) degenerare.
'aus-atmen 1. v/i. espirare, fig. spirare; **2.** v/t. Luft: espirare; Düfte: esalare.
'ausbaden F fig.: et. ~ müssen doverne pagare le spese di qc.
'ausbaggern dragare.
'ausbalancieren equilibrare, bilanciare.
'Ausbau m compimento m (d'un edificio); (Erweiterung) ampliamento m; potenziamento m; fig. intensificazione f.
'ausbauen completare; (erweitern) ampliare; ingrandire; potenziare; (entwickeln) sviluppare; Motor: smontare; fig. intensificare, allargare. [condizione.]
'ausbedingen pattuire, mettere per]
'ausbesser|n raccomodare; Kleidung: rammendare; Mal. restaurare; **2ung** f riparazione f; rammendatura f; restauro m.
'Ausbeute f prodotto m; ✝, ⚒ frutto m, guadagno m, profitto m; fig. risultato m.
ausbeut|en ['-bɔytən] (26) sfruttare; **2er** m sfruttatore m; **2ung** f sfruttamento m.
'ausbezahlen pagare; saldare, liquidare.
'ausbiegen (sn) piegare; vor j-m: far largo; fig. evitare (mit ac.).
'ausbieten ✝ offrire.
'ausbild|en formare; ⚒ istruire; fig. educare; sich ~ (zu) perfezionarsi (per diventare); **2er** m istruttore m; **2ung** f educazione f; perfezionamento m; ⚒ istruzione f.

'**ausbitten:** *sich* (*dat.*) ～ raccomandarsi.

'**ausblasen** soffiare; spegnere con un soffio.

'**ausbleiben 1.** *v/i.* (*sn*) non venire; *lange* ～ tardare a venire; *es kann nicht* ～, *daß* non può mancare che; **2.** ⑨ *n* (6) assenza *f*; ⚔ contumacia *f*.

'**ausbleichen 1.** *v/t. Fleck*: fare scomparire; **2.** *v/i.* (*sn*) scolorirsi.

'**Ausblick** *m* vista *f*; *fig.* prospettiva *f*.

'**ausblühen** cessar di fiorire.

'**ausbluten** cessar di sanguinare; perdere tutto il sangue.

'**ausbohren** forare; *Zylinder*: alesare; *Augen*: cavare.

ausbooten ['-bo:tən] (26) *fig.* silurare; defenestrare.

'**ausbrechen 1.** *v/t.* levare (rompendo); *(öffnen)* aprire (rompendo); *(grabend)* (s)cavare; ⚕ vomitare; **2.** *v/i.* evadere; *Krieg*: scoppiare; *in Gelächter* ～ scoppiare in una risata; *in Tränen* ～ prorompere in lacrime.

ausbreit|en ['-braɪtən] (26) (e)stendere; *Wäsche*: stendere; *Lehren, Gerüchte*: diffondere; *Arme usw.*: allargare; ⨿**ung** *f* spargimento *m*; distendimento *m*; diffusione *f*; allargamento *m*.

'**ausbrennen 1.** *v/t.* bruciare; ⚕ cauterizzare; **2.** *v/i.* (*sn*) spegnersi; essere distrutto dal fuoco; **3.** ⑨ *n* (6) ⚕ cauterizzazione *f*.

'**Ausbruch** *m* scoppio *m*; *e-s Vulkans*: eruzione *f*; ⚔ comparsa *f*; *aus dem Gefängnis*: evasione *f*; *(Anfang)* principio *m*; *zum* ～ *kommen s. ausbrechen.*

'**ausbrüten** covare; *fig.* tramare; ordire.

Ausbuchtung ['-buxtuŋ] *f* sinuosità *f*.

'**ausbuddeln** scavare.

'**ausbügeln** stirare; *fig.* spianare.

'**Ausbund** *m* modello *m*, esempio *m*; *ein* ～ *von Schlechtigkeit* la cattiveria in persona.

ausbürgern ['-byrgərn] (29) togliere la cittadinanza.

'**ausbürsten** spazzolare.

'**Ausdauer** *f* perseveranza *f*; costanza *f*; ⨿**n** perseverare; ⨿**nd** perseverante; tenace.

'**ausdehnbar** stendibile; dilatabile;

espansibile; ⨿**keit** *f* stendibilità *f*; dilatabilità *f*; espansibilità *f*.

'**ausdehn|en** estendere; *Phys.* dilatare; *zeitlich*: prolungare; ⨿**ung** *f* estensione *f*; *Phys.* dilatazione *f*; prolungamento *m*; ⚔ dimensione *f*; ⨿**ungsfähigkeit** *f* espansibilità *f*; ⨿**ungskraft** *f* forza *f* espansiva; ⨿**ungspolitik** *f* espansionismo *m*.

'**ausdenk|bar** immaginabile; ⨿**en** escogitare, ideare; *sich* (*dat.*) ～ immaginarsi, figurarsi.

'**ausdeuten** interpretare.

'**ausdörren** (dis)seccare.

'**ausdrehen** *Licht*: spegnere.

'**ausdreschen** trebbiare.

'**Ausdruck** *m* espressione *f*; (*Wort*) termine *m*; *feststehender* ～ modo *m* di dire; *technischer* ～ termine *m* tecnico; *zum* ～ *bringen* (*ac.*), ～ *geben* (*dat.*) esprimere (*ac.*), dare espressione a.

'**ausdrück|bar** esprimibile; ⨿**en** spremere; *fig.* (*durch Worte*) esprimere, formulare; ⨿**lich** ['-dryklɪç] **1.** *adj.* espresso, esplicito; **2.** *adv.* espressamente.

ausdrucks|los ['-druksloːs] senza espressione; inespressivo; ⨿**voll** espressivo; *Blick*: eloquente; ⨿**weise** *f* modo *m* d'esprimersi.

ausdünst|en ['-dynstən] (26) **1.** *v/t.* esalare; **2.** *v/i.* evaporare; *Physiol.* traspirare; ⨿**ung** *f* esalazione *f*; evaporazione *f*; traspirazione *f*.

auseinander [-ˀaɪnˀandər] *adv.* l'un dall'altro; a parte; separatamente; ⨿**brechen** rompere; spezzare; ⨿**breiten** [--ˈ--braɪtən] (26) spiegare; ⨿**bringen** separare; ⨿**fallen** (*sn*) cadere in pezzi; ⨿**gehen** (*sn*) lasciarsi, separarsi; *Menge*: disperdersi; *Versammlung*: sciogliersi; *Meinung*: divergere; (*entzweigehen*) rompersi; ⨿**halten** *fig.* distinguere; ⨿**jagen** disperdere; ⨿**kommen** (*sn*) perdersi di vista; ⨿**laufen** (*sn*) sbandarsi; *Kochk.* disfarsi; ⚔ divergere; ⨿**legen** scomporre; ⊕ smontare; *fig.* esporre; ⨿**nehmen** disfare; scomporre; ⊕ smontare; ⨿**rücken** (*sn*) scostarsi (l'uno dall'altro); ⨿**setzen** esporre, esplicare, spiegare; *sich* ～ *mit* riflettere su, considerare a fondo; ⨿**setzung** *f* spiegazione *f*; *heftige* ～ alterco *m*; *fig.* disputa *f*; ⨿**spreizen** [--ˈ--ʃpraɪtsən] allargare; ⨿**spren-**

gen far saltare; *Feind*: disperdere; **stieben** sbandarsi; **strömen** disperdersi; **treiben** disperdere; **ziehen 1.** v/t. distendere; **2.** v/i. (sn) separarsi.

auserkoren ['-ˀɛrkoːrən] eletto.

auserlesen ['-ˀɛrleːzən] **1.** v/t. prescegliere; **2.** adj. scelto; **2heit** f squisitezza f.

ausersehen ['-ˀɛrzeːən] (30) scegliere; designare; *zu e-m Amt*: destinare.

auser|wählen ['-ˀɛrvɛːlən] prescegliere; predestinare; **wählt** scelto; *bibl.* eletto.

'aus-essen finire di mangiare; vuotare (il piatto).

'ausfahren 1. v/t. condurre fuori in carrozza ecc.; *Straßen*: guastare; **2.** v/i. (sn) uscire (in vettura, in barca ecc.).

'Ausfahrt f gita f (in macchina, in carrozza, in barca ecc.); (*Torweg*) uscita f.

'Ausfall m *Haare*: caduta f; (*Verlust*) perdita f; ✝ ammanco m; deficit m; ✗ sortita f; *Fechtk.* assalto m; (*Ergebnis*) risultato m, esito m; (*Wort♀*) invettiva f; ~ *an* mancanza di; **2en** (sn) cadere; (*gelingen*) riuscire; ✗ fare una sortita; *Stunden*: non aver luogo; *Fechtk.* fare un assalto; *fig. gegen j-n*: inveire; *s. ausgefallen*; **2end** aggressivo; offensivo.

'Ausfallstraße f strada f di sbocco.

'ausfasern 1. v/t. sfilacciare; **2.** v/i. (sn) sfilacciarsi.

'ausfechten decidere con le armi; *Streit*: condurre; *et. vor Gericht* ~ ricorrere al tribunale per qc.

'ausfegen spazzare.

'ausfeilen limare; *fig. a.* perfezionare.

ausfertig|en ['-fɛrtigən] (25) spedire; *Schrift*: redigere; *Urkunde*: stendere; **2ung** f spedizione f; redazione f; stesura f; *zweite* ~ copia f; duplicato m.

'ausfindig: ~ *machen* riuscir a trovare.

'ausflicken rappezzare.

'ausfliegen (sn) volar via; F *fig.* uscire.

'ausfließen (sn) colare; *fig.* emanare.

'Ausflucht f (14¹) scappatoia f; sotterfugio m; scusa f, pretesto m; *Ausflüchte machen* tergiversare.

'Ausflug m gita f; escursione f.

Ausflügler ['-flyːglər] m (7) escursionista m.

'Ausfluß m scolo m; (*Mündung*) sbocco m; *fig.* conseguenza f; ✤ efflusso m; *Phys.* emanazione f.

'ausforschen investigare; esplorare; sondare; *j-n* ~ scrutare l'animo di qu.

'ausfragen interrogare minutamente; inquisire.

ausfransen ['-franzən] (27) sfrangiare.

'ausfressen divorare tutto; F *et. ausgefressen haben* avere combinato.

Ausfuhr ['-fuːr] f (16) esportazione f; **...** *in Zssgn meist* d'esportazione.

ausführbar ['-fyːrbaːr] attuabile; ✤ esportabile; **2keit** f attuabilità f.

'Ausfuhrbewilligung f licenza f d'esportazione.

'ausführen ✤ esportare; (*beendigen*) compiere; (*ins Werk setzen*) eseguire; △ costruire; *Verbrechen*: perpetrare; *Plan*: realizzare; *Redner*: dichiarare; esporre.

'Ausfuhr|handel m commercio m d'esportazione; **land** n paese m esportatore.

ausführlich ['-fyːrliç] **1.** adj. dettagliato, particolareggiato; **2.** adv. per esteso, ampiamente; **2keit** f ampiezza f.

'Ausführung f esecuzione f, realizzazione f; **en** pl. argomenti m/pl.; dichiarazioni f/pl.; **sbestimmungen** ['---sbɛ∫timuŋən] f/pl. decreto m d'applicazione.

'Ausfuhr|verbot n divieto m d'esportazione; **zoll** m dazio m d'esportazione.

'ausfüllen riempire, compilare; *Platz, Zeit*: occupare; *e-e Stelle*: disimpegnare.

'ausfüttern *Kleidung*: foderare.

'Ausgabe f spesa f; ♉ distribuzione f; ✤ emissione f; *Typ.* edizione f; **stelle** f ufficio m distribuzioni.

'Ausgang m uscita f; (*Ausgehen*) passeggiata f; (*Ende*) fine f; (*Ergebnis*) esito m; risultato m; *s-n* ~ *nehmen* prendere le mosse; **s-punkt** m punto m di partenza.

'ausgeben distribuire; *Geld*: spendere; *Aktien*: emettere; *Ertrag*: rendere; *sich* ~ *für* spacciarsi per.

'Ausgeburt f *fig.* prodotto m, creazione *f*; ~ der Phantasie chimera *f*; ~ der Hölle mostro *m* infernale.

'ausgedient *Offizier*: in ritiro, a riposo.

'ausgefallen stravagante.

ausgeglichen ['--glıçən] equilibrato, sereno; 2heit *f* equilibrio *m*; serenità *f*.

'ausgehen (sn) uscire; *Farben, Fleck*: andar via; *Licht*: spegnersi; *Geduld*: scappare; *Haar*: cadere; (*zu Ende*) finire; ~ *auf* (*ac.*) terminare in; *fig. auf et.* (*ac.*) ~ andare in cerca di qc.; ~ *von* partire da; *frei* ~ rimanere esente; ⚖ essere prosciolto; *leer* ~ restare a mani vuote.

'Ausgehtag *m* giorno *m* libero.

ausgehungert ['-gəhuŋərt] affamato; famelico.

ausgekocht ['-gəkɔxt] *fig.* F raffinato.

ausgelassen ['--lasən] molto allegro, brioso; sfrenato; 2heit *f* pazza gioia *f*; allegria *f* eccessiva.

ausgelaugt ['--laukt] sfinito, vuotato.

ausgelitten ['--litən]: er hat ~ ha finito di soffrire.

ausgemacht ['--maxt] sicuro, evidente; (*vollendet*) perfetto; ~e Sache cosa *f* fatta (*od.* convenuta).

ausgemergelt ['--mɛrgəlt] emaciato.

ausgenommen ['--nɔmən] eccetto, eccettuato, eccezion fatta per.

ausgerechnet ['--'rɛçnət] *adv.* proprio.

'ausgeschlossen escluso; ~! impossibile!

'ausgeschnitten *Kleidung*: scollato.

'ausgesprochen spiccato; *adv.* proprio.

ausgestalt|en formare; perfezionare; 2ung *f* perfezionamento *m*, sviluppo *m* progressivo; acconciamento *m*.

'ausgesucht scelto; ricercato.

ausgewachsen ['--vaksən] (*erwachsen*) adulto; *Zo. u.* ⚘ grande.

ausgezeichnet ['--'tsaıçnət] eccellente; distinto; *adv.* benissimo; *mit* ~er Hochachtung con distinta stima.

ausgiebig ['-gi:bıç] abbondante; (*ergiebig*) ricco; 2keit *f* abbondanza *f*; ricchezza *f*.

'ausgießen versare; *Gefäß*: vuotare.

'Ausgleich *m* (3) compensazione *f*;

accomodamento *m*; *Sport*: corsa *f* pareggiata; ♟ compromesso *m*; 2bar accomodabile; compensabile; 2en appianare; *gegenseitig*: compensare; ♏ regolare, saldare; *Streit*: accomodare; *sich* ~ pareggiarsi; ~getriebe *n* differenziale *m*; ~sgymnastik *f* ginnastica *f* di compenso.

'ausgleiten (30, sn) scivolare.

'ausgrab|en dissotterrare; scavare; *Leiche*: esumare; 2ung *f* scavo *m*; esumazione *f*.

Ausguck ['-guk] *m* (3) vedetta *f*; ~ halten stare in vedetta; 2en stare in vedetta; *nach j-m* ~ stare in attesa di qu.

'Ausguß *m* acquaio *m*; *e-s Gefäßes*: beccuccio *m*.

'aushaken sganciare; sfibbiare.

'aushalten 1. *v/t.* sostenere; *s-e Zeit*: finire; *Frau*: mantenere; *Vergleich*: reggere; (*ertragen*) sopportare, resistere a; 2. *v/i.* durare, resistere; *nicht zum* 2 insopportabile.

aushändig|en ['-hɛndıgən] (25) consegnare; 2ung *f* consegna *f*.

'Aushang *m* (3³) avviso *m* pubblico.

'aushängen 1. *v/t.* esporre in pubblico; ◑ staccare; 2. *v/i.* essere esposto.

'Aushängeschild *n* insegna *f*; *fig.* vanto *m*.

'ausharren perseverare.

'aushauchen esalare.

'aushauen scavare; *Skulp.* scolpire; *Wald*: chiarire, diradare.

'ausheb|en levare; *Tür*: cavare dai gangheri; *Graben, Erde*: scavare; ⚔ chiamare alla leva; 2ung *f* ⚔ leva *f*, coscrizione *f*.

'aushecken tramare, macchinare.

'ausheilen guarire completamente.

'aushelfen (*dat.*) aiutare.

'Aushilfe *f* aiuto *m*; sostituto *m*.

'Aushilfs|beamte(r) *m* impiegato *m* provvisorio; 2weise provvisoriamente.

aushöhl|en ['-hø:lən] (25) incavare; 2ung *f* (*Höhle*) cavità *f*.

'ausholen *v/i.* alzare il braccio (per colpire); *zum Sprung*: prendere lo slancio; *fig. weit* ~ pigliarla larga.

'aushorchen spiare, tastare, cercare di sapere.

'aushülsen (27) sbaccellare; sgranare; *Reis*: brillare; *Nüsse*: sgusciare.

ˈaushunger|n affamare; **ꝑung** f affamare m.

ˈaushusten espettorare, spurgare.

ˈausjäten sarchiare.

ˈauskämmen pettinare; *fig.* epurare.

auskehl|en ⊕ [ˈ-keːlən] (25) scanalare; **ꝑung** f scanalatura f.

ˈauskehren (25) spazzare.

ˈauskennen: *sich* ~ *in* et. intendersi di qc.; conoscere bene (*od.* a fondo); *sich nicht mehr* ~ non raccapezzarsi più.

ˈauskerben addentellare.

ˈausklang m fine f; ultima risonanza f.

ˈauskleide|n svestire; *mit* et. ~ rivestire di qc.; **ꝑraum** m spogliatoio m.

ˈausklingen (sn) finir di risonare; andar perdendosi nella lontananza; ~ *in* ... finire in ...

ˈausklinken sganciare.

ˈausklopf|en battere; spolverare; sbacchettare; *Pfeife:* vuotare; **ꝑer** m (7) (s)camato m.

ˈausklügeln escogitare.

ˈausknebeln F (sn) svignarsela.

ˈausknobeln F v/t. giocare ai dadi per; *fig.* escogitare.

ˈauskochen *Saft:* estrarre (cocendo); ✱ sterilizzare.

ˈauskommen (sn): *mit j-m* ~ andare d'accordo con qu.; *mit* et. ~ avere abbastanza con qc., arrivarci con qc., farcela con qc.; ~ *ohne* farne a meno di; ꝑ *n* (6) necessario m; *ein* ~ *haben* avere di che vivere.

auskömmlich [ˈ-kœmliç] sufficiente, bastante.

ˈauskoppeln distaccare.

ˈauskörn|en sgranare; **ꝑmaschine** f sgranatoio m.

ˈauskosten gustare; *fig.* provare.

ˈauskramen tirar fuori; *fig.* far mostra di, ostentare.

ˈauskratzen 1. v/t. raschiare; *Augen:* cavare; **2.** F v/i. (sn) darsela a gambe, svignarsela.

ˈauskriechen (sn) uscire dall'uovo.

ˈauskugeln: *sich den Arm* ~ slogarsi il braccio.

auskundschaft|en [ˈ-kuntʃaftən] (26) indagare; *Land:* esplorare; ✗ perlustrare; **ꝑung** f investigazione f; esplorazione f; ricognizione f.

Auskunft [ˈ-kunft] f (14¹) informazione f, ~ *erteilen* (*einziehen*) dare (assumere) informazioni; **ꝑei** [--ˈtaɪ]

f (16), **ꝑsbüro** n agenzia f (*od.* ufficio m) d'informazioni.

ˈauskuppeln *Auto:* staccare la frizione.

ˈauskurieren curare completamente.

ˈauslachen deridere.

ˈauslad|en 1. v/t. scaricare; ✱ sbarcare; *Eingeladene:* disinvitare; **2.** v/i. sporgere; **ꝑeplatz** m scaricatoio m; **ꝑer** m scaricatore m; **ꝑung** f scaricamento m.

ˈAuslage f *für Waren:* vetrina f; *Geld:* ~ *n* pl. spese f/pl.

ˈAus|land n estero m; **~länder** m straniero m; **ꝑländisch** straniero; *Pol.* estero; **ꝑ**, *Zo. u.* F esotico.

ˈauslass|en lasciar uscire; *fig. Zorn:* sfogare; *Wörter:* omettere; *Kochk.* fondere; *Kleidung:* allargare; *sich* ~ dire la sua opinione; **ꝑung** f omissione f; sfogo m; dichiarazione f; **ꝑungspunkte** m/pl. punti m/pl. sospensivi.

ˈAuslauf m uscita f; sbocco m; ✱ partenza f; *Sport:* corsa f d'abbrivo; **ꝑen** (sn) uscire; ✱ partire; *Gefäß:* colare; *Flüssigkeit:* scolare; *fig.* ~ *in* finire in; **ꝑend:** ~*e Briefe* m/pl. lettere f/pl. in partenza.

ˈAusläufer m *e-s Berges:* contrafforte m; ♀ u. *fig.* germoglio m.

ˈAuslaut m suono m (consonante f, vocale f) finale; **ꝑen:** ~ *auf* (*ac.*) finire in.   [la vita.]

ˈausleben: *sich* ~ godersela, godere)

ˈausleeren vuotare.

ˈausleg|en esporre; *Geld:* sborsare; *Buch:* spiegare; *Worte:* interpretare; ⊕ intarsiare; *mit* et.: rivestire di; *Fechtk. sich* ~ porsi in guardia; **ꝑung** f esposizione f; interpretazione f; **ꝑer** m commentatore m; ✱ fuoriscalmo m.

ˈausleiden finir di soffrire.

ˈAusleihe f prestito m; **ꝑn** prestare, dare in prestito; *sich* (*dat.*) ~ prendere in prestito.

ˈauslernen terminare il tirocinio, finir d'imparare; *nie* ~ non sapere mai abbastanza.

Auslese [ˈ-leːzə] f (15) scelta f; selezione f; cernita f; **ꝑn** scegliere; *Samen usw.:* cernere; *Buch:* leggere tutto.

ˈausliefer|n rimettere; consegnare; *Pol.* estradare; **ꝑung** f consegna f; estradizione f.

'**ausliegen** essere esposto.

'**auslöffeln** vuotare a cucchiaiate; *fig.* subire le conseguenze.

auslogieren ['-loʒi:rən] sloggiare.

'**auslösch|bar** estinguibile; cancellabile; ~en spegnere; *Schrift:* cancellare; *fig.* estinguere.

'**auslosen** sorteggiare, estrarre a sorte.

'**auslös|en** svincolare; *Chir.* disarticolare; *Gefangene:* riscattare; *Verschluß:* far scattare; *fig.* causare; provocare; **2er** *m* (7) *Phot.* scatto *m*.

'**Auslosung** *f* sorteggio *m*; estrazione *f*.

'**Auslösung** *f Gefangene:* riscatto *m*; *fig.* provocazione *f*, cagionamento *m*.

'**auslüften** ventilare, dare aria a.

'**ausmachen** fare; *(beseitigen)* levare; *(verabreden)* fissare, combinare; *Licht:* spegnere; *Betrag:* ammontare a; *(erkennen)* distinguere; *das macht nicht viel aus* non importa molto.

'**ausmalen** dipingere; descrivere con tutti i particolari; *sich et.* ~ figurarsi qc.

'**Ausmarsch** *m* partenza *f*; **2ieren** (*sn*) mettersi in marcia.

'**Ausmaß** *n* misura *f*, proporzione *f*; dimensione *f*; *in großem* ~ su larga *(od.* vasta) scala.

ausmergeln ['-mɛrgəln] estenuare; *Boden:* sfruttare.

ausmerz|en ['-mɛrtsən] (27) scartare, eliminare, escludere; *(streichen)* cancellare; **2ung** *f* scartamento *m*; cancellatura *f*; soppressione *f*.

'**aus|meßbar** misurabile; ~messen misurare; ⚓ stazzare; **2messung** *f* misurazione *f*; stazzatura *f*.

ausmisten ['-mistən] *v/t.* (26) pulire; *fig.* purgare.

'**ausmöblieren** ammobiliare.

'**ausmünd|en** sboccare; **2ung** *f* sbocco *m*.

'**ausmuster|n** scartare; eliminare; ✗ riformare; **2ung** *f* ✗ riforma *f*.

'**Ausnahme** ['-nɑ:mə] *f* (15) eccezione *f*; *mit* ~ ad eccezione; ~... *in Zssgn meist* eccezionale; ~fall *m* caso *m* eccezionale; ~gericht *n* tribunale *m* speciale; ~gesetz *n* legge *f* eccezionale; ~zustand *m* stato *m* eccezionale; ✗ stato *m* d'assedio.

ausnahms|los ['-nɑ:mslo:s] senza eccezione; ~weise ['--vaɪzə] in via eccezionale, eccezionalmente.

'**ausnehmen** eccettuare; *Kochk.* sbuzzare; *sich gut (schlecht)* ~ fare bella (brutta) figura; ~d straordinario; molto.

ausnutz|en ['-nutsən], **ausnütz|en** ['-nytsən] approfittarsi di; sfruttare; *Zeit:* impiegare; **2ung** *f* sfruttamento *m*.

'**auspacken** 1. *v/t.* sballare; *Koffer:* disfare; 2. F *v/i. (alles sagen)* vuotare il sacco.

'**auspeitsch|en** frustare; **2ung** *f* fustigazione *f*.

'**auspfeifen** fischiare.

Auspizien [-'spi:tsiən] *n/pl.* auspici *m/pl.*

'**ausplaudern** propalare; divulgare; rivelare.

'**ausplünder|n** saccheggiare; *j-n:* svaligiare; **2ung** *f* saccheggiamento *m*, svaligiamento *m*.

'**auspolstern** imbottire.

ausposaunen ['-pozaunən] (25) strombazzare.

'**ausprägen** coniare; *fig.* imprimere; *ausgeprägt* pronunciato, marcato; *sich* ~ *fig.* pronunciarsi.

'**auspressen** spremere; *fig.* estorcere.

'**ausprobieren** provare; *Speise:* assaggiare.

'**Auspuff** *m* (3) scarico *m*; scappamento *m*; ~gas *n* gas *m* di scarico; ~klappe *f* valvola *f* di scarico; ~rohr *n* tubo *m* di scappamento; ~topf *m* marmitta *f* di scarico; ~ventil *n* valvola *f* di scarico.

'**auspumpen** vuotare con la pompa.

'**auspunkten** (*Sport*) sconfiggere ai punti.

'**auspusten** spegnere (soffiando).

'**ausputzen** ripulire; *Bäume:* dibruscare; *Reben:* potare; *(schmücken)* ornare.

ausquartieren ['-kvarti:rən] sloggiare.

ausquetschen ['-kvɛtʃən] spremere *(a. fig.)*.

'**ausradieren** raschiare, radere; *mit Gummi:* cancellare con la gomma.

'**ausrangieren** scartare; 🚂 staccare.

'**ausrauben** saccheggiare, rapinare; *Person:* derubare.

'**ausräuchern** affumicare.

'**ausraufen** strappare.

'**ausräumen** sgomberare; (*leeren*) vuotare.

'**ausrechnen** calcolare, computare; *s.* ausgerechnet.

'**ausrecken** stirare.

'**Aus|rede** f scusa f; (*Vorwand*) pretesto m; **reden** finire di parlare; *j-m* et. ~ dissuadere qu. da qc.; *sich* ~ scusarsi, scolparsi; *j-n nicht* ~ *lassen* troncare la parola a qu.

'**ausreiben** levar via (strofinando); *sich die Augen* ~ fregarsi gli occhi.

'**ausreichen** bastare; **~d** abbastanza, sufficiente.

'**ausreifen** (*sn*) maturare.

'**Ausreise** f viaggio m (all'estero); partenza f; **~erlaubnis** f permesso m di uscita; **n** partire, uscire; emigrare; **~visum** n visto m di uscita.

'**ausreiß|en 1.** *v/t.* strappare; **2.** *v/i.* F (*sn*) scappare; ✗ disertare; **er** m (7) fuggitivo; disertore m.

'**ausreiten** (*sn*) uscire a cavallo.

ausrenken ['-rɛŋkən] (25) slogare.

'**ausricht|en** concludere, effettuare; *Pol.* orientare; ⊕, ✗ allineare; *Auftrag*: eseguire; (*Grüße usw.*: portare, fare; **ung** f orientamento m.

'**Ausritt** m passeggiata f a cavallo.

'**ausroden** sradicare.

'**ausrollen** *Teig*: spianare; ⚙ rullare (sul suolo).

ausrott|en ['-rɔtən] (26) estirpare; *Völker*: sterminare; **ung** f estirpazione f; sterminio m.

'**ausrücken 1.** *v/t.* ⊕ disingranare; **2.** *v/i.* (*sn*) partire; F scappare.

'**Ausruf** m esclamazione f; grido m; *öffentlich*: proclamazione f; **en** esclamare; *j-n zu* et.: proclamare; *Waren*: gridare; 📢 annunziare; **~er** m (7) banditore m; gridatore m; *von Zeitungen*: strillone m; **~ung** f esclamazione f; proclamazione f; **~ungszeichen** ['--fuŋtsaɪçən] n punto m esclamativo.

'**ausruhen** riposare; *sich* ~ riposarsi.

'**ausrupfen** strappare; *Federn* ~ spennacchiare (*a. fig.*).

'**ausrüst|en** fornire, provvedere (*mit dat.* di); ✗, ⚓ armare; equipaggiare; **ung** f ✗, ⚓ armamento m; equipaggiamento m.

'**ausrutschen** (*sn*) scivolare.

'**Aussaat** f sementa f.

'**aussäen** seminare.

Aussage ['-zaːgə] f (15) dichiara-

zione f; ⚖ deposizione f; *nach* ~ detta; **n** riferire; ⚖ deporre.

'**Aussatz** ⚕ m (3², *o. pl.*) lebbra f.

aussätzig ['-zɛtsiç] *adj.*, **e(r)** m lebbroso (m).

'**aussaug|en** succhiare; smungere; sfruttare, dissanguare; **ung** f dissanguamento m; succhiamento m; sfruttamento m.

ausschachten ['-ʃaxtən] (26) scavare.

'**ausschalt|en** *j-n*: eliminare; ⚡ interrompere; aprire il circuito; *Kupplung*: disinnestare; *Radio*: spegnere; **ung** f eliminazione f; ⚡ interruzione f; disinnesto m; **er** m ⚡ interruttore m.

Ausschank ['-ʃaŋk] m (3³) mescita f.

'**ausscharren** dissotterrare.

'**Ausschau** f: ~ *halten nach* guardare se si vede.

'**ausschauen** s. aussehen.

'**ausscheid|en 1.** *v/t.* separare; ⚕ secernere; *Sport*, ⚛ eliminare; **2.** *v/i.* (*sn*) uscire; ritirarsi; *das scheidet für uns aus* di ciò non teniamo conto; **en** n separazione f; eliminazione f; ritiro m; **~end:** *der* ~*e Minister* il ministro dimissionario; **ung** f ritiro m; eliminazione f; ⚕ secrezione f; **ungskampf** ['--duŋskampf] m (gara f) eliminatoria f; **ungs-organ** n organo m secretorio.

'**ausschelten** sgridare.

'**ausschenken** mescere, bicchierare.

'**ausschicken:** *nach j-m* ~ mandare a prendere qu.

'**ausschiff|en** sbarcare; *Waren*: scaricare; *sich* ~ sbarcare; **ung** f sbarco m; scarico m.

'**ausschimpfen** coprire d'ingiurie; sgridare.

'**ausschirren** levare i finimenti a.

'**ausschlachten** *fig.* ricavare tutto il vantaggio possibile da.

'**ausschlafen 1.** *v/t. Rausch*: smaltire; **2.** *v/i.* far una bella dormita, cavarsi il sonno.

'**Ausschlag** m tracollo m; tratto m; *Phys.* oscillazione f; deviazione f; ⚕ eruzione f; *den* ~ *geben* decidere; *dare* il tracollo alla bilancia; **en 1.** *v/t. Zahn*: far saltare; *Angebot*: respingere; *mit Stoff*: addobbare; **2.** *v/i. Spiel*: fare il primo colpo; *Ei*: scocciare; *Haut*: buttare, rifiorire; *Waage*: tracollare; *Wände*: sudare;

Pferd: tirar calci; *fig. Personen*: ricalcitrare; ♀ spuntare; *gut (schlecht)* ~ riuscir bene (male); ♀**gebend** ['--ge:bənt] decisivo; *Person*: molto influente.

'**ausschließ|en** chiuder fuori; *fig.* escludere; *Sport*: squalificare; ~**lich** esclusivo; ♀**lichkeit** *f* esclusività *f*; ♀**ung** *f*, **Ausschluß** *m* esclusione *f*; squalifica *f*; *unter Ausschluß der Öffentlichkeit* a porte chiuse.

'**ausschlüpfen** sgusciare.

'**ausschlürfen** bere a sorsi, sorseggiare.

'**ausschmieren** ungere; *Fugen*: turare.

'**ausschmück|en** ornare; *Raum*: addobbare; ♀**ung** *f* ornamento *m*; addobbo *m*.

'**ausschneiden** ritagliare; *Kleidung*: scollare; *Chir.* estirpare; *Bäume*: potare; *ausgeschnitten* scollato.

'**Ausschnitt** *m Kleidung*: scollatura *f*; (*Zeitungs*♀ *usw.*) ritaglio *m*; ⚮, *fig.* settore *m*.

'**ausschöpfen** vuotare; *fig.* esaurire.

'**ausschreib|en** scrivere per intero; (*abschreiben*) trascrivere; *Sitzung*: indire; *Wettbewerb*: bandire; *Preis, Stelle*: mettere a concorso; *Steuern*: imporre; ♀**ung** *f* messa *f* a concorso; bando *m*; indizione *f*; invito *m* alla partecipazione.

'**ausschreien** gridare; *sich die Lunge* ~ spolmonarsi.

'**ausschreit|en** (*sn*) camminare (a grandi passi); ♀**ungen** *f/pl.* eccessi *m/pl.*

'**Ausschuß** *m* scarto *m*; (*Komitee*) comitato *m*, commissione *f*; ~**ware** *f* merce *f* di scarto.

'**ausschütten** versare; *fig.* sfogare; *sich* ~ (*vor*) smascellarsi (da); *j-m* s-n *Herz* ~ aprire il cuore a qu.

'**ausschwärmen** (*sn*) sciamare; ⚔ spigarsi.

'**ausschwatzen** propalare.

'**ausschweifeln** insolfare.

'**ausschweif|en** ['-ʃvaɪfən] (*sn*) gozzovigliare; (*abschweifen*) divagare; ~**end** licenzioso, dissoluto, libertino; *Phantasie*: esuberante; ♀**ungen** *f/pl.* eccessi *m/pl.*; libertinaggio *m*; dissolutezza *f*; stravizio *m*.

'**ausschweigen**: *sich* ~ non aprire bocca.

'**ausschwitzen** trasudare.

'**aussegeln** (*sn*) far vela.

'**aussehen: 1.** aver l'aria; parere; ~ *als ob* parere; *gut* ~ (*von Personen*) aver buona cera; *schön* ~ aver bella presenza; *gut* ~ (*von Sachen*) far bella figura; *Gott, wie siehst du aus!* Dio mio, che faccia hai!; *er sieht mir ganz danach aus* me ne ha tutta l'aria; *es sieht mit ihm schlecht aus* pare che gli vada male; *schön* ~*d* di bella apparenza; **2.** ♀ *n* (6) aria *f*; aspetto *m*; apparenza *f*.

'**aussein** (*sn*) (*nicht zu Hause sn*) essere uscito, non essere in casa; (*zu Ende sn*) essere finito (*od.* terminato); *auf et.* ~ avere di mira qc., voler ottenere qc.

außen ['aʊsən] fuori; *von* ~ dal di fuori; *nach* ~ all'infuori; *fig.* esteriormente.

'**Außen|aufnahmen** *f/pl.* esterni *m/pl.*; ~**bezirke** *m/pl.* quartieri *m/pl.* periferici; ~**bordmotor** ['--bɔrt-mo:tɔr] *m* (motore) fuoribordo *m*; ~**dienst** *m* servizio *m* esterno; ~**hafen** *m* antiporto *m*; ~**handel** *m* commercio *m* estero; ~**minister** *m* ministro *m* degli esteri; ~**ministerium** *n* ministero *m* degli esteri; ~**politik** *f* politica *f* estera; ~**seite** *f* esteriore *m*; ⚠ facciata *f*; ~**seiter** *m* (7) emarginato *m*; *Sport*: outsider *m*; ~**spieler** *m* ala *f*; ~**stände** ['--ʃtɛndə] *m/pl.* crediti *m/pl.*; ~**stelle** *f* agenzia *f*; ~**welt** *f* mondo *m* esterno; ~**winkel** *m* angolo *m* esterno.

außer ['aʊsər] **1.** *prp.* (*dat.*) fuori (di); (*ausgenommen*) eccettuato, tranne, eccetto, salvo; (*mit einbegriffen*) oltre; **2.** *cj.* ~ *daß* fuorché; ~ *wenn* a meno che.

'**außer|-amtlich** privato; ~**dem** ['--de:m] oltracciò; ~**dienstlich** fuori servizio.

äußere|(r) ['ɔʏsərə] **1.** *adj.* esterno, esteriore; **2.** ♀(**s**) *n* (18) esteriore *m*; *fig.* apparenza *f*; *Minister m des* ♀*n* ministro *m* degli (affari) esteri.

außer|ehelich ['aʊsər˦e:əliç] illegittimo; estraconiugale; ~**gerichtlich** estragiudiziale; ~**gewöhnlich** straordinario; ~**halb** ['--halp] (al di) fuori di.

äußerlich ['ɔʏsərliç] esteriore; *fig.* superficiale; ⚕ per uso esterno; ♀**keit** *f* esteriorità *f*; superficialità *f*; formalità *f*.

äußern ['ɔʏsərn] (29) esternare;

manifestare; *Wunsch*: esprimere; *sich* ~ esprimersi; ⚡ *u. allg.* manifestarsi.

außerordentlich ['ausər'ʔɔrdəntlɪç] straordinario.

äußerst ['ɔysərst] **1.** *adj.* estremo; *Preis*: ultimo; *adv.* estremamente; assai; **2.** ℒe(s) *n* (18) estremo *m*; *bis zum* ~n treiben spingere all'estremo; *das* ~ *tun* fare il possibile; *wenn es zum* ~n *kommt* nel caso estremo, a peggio andare.

außerstande [ausər'ʃtandə] incapace; ~ *sein zu ... non essere in grado di ...*

Äußerung ['ɔysərʊŋ] *f* (16) manifestazione *f*; espressione *f*; (*Erklärung*) dichiarazione *f*.

'aussetz|en 1. *v/t.* esporre; ⚓ mettere in mare; *Preis*: mettere in palio; *Summe*: stanziare; *Stunden, Zahlung*: interrompere, sospendere; *fig. et. an et.* (*an j-m*) *auszusetzen haben* trovar da ridire su qc. (qu.); **2.** *v/i.* interrompersi, sospendere; *Motor*: fermarsi; *Puls*: essere intermittente.

'Aussicht *f* vista *f*; panorama *m*; *fig.* speranza *f*, prospettiva *f*; *in* ~ *nehmen* pensare a, proporsi; *in* ~ *stellen* promettere.

aussichts|los ['auszɪçtslo:s] disperato; ℒlosigkeit *f* [----zɪçkaɪt] *f* inutilità *f*; ~**reich** *fig.* promettente; ℒ**turm** *m* belvedere *m*; torre *f* panoramica.

'aussieben separare.

aussöhn|en ['-zø:nən] (25) riconciliare; ℒ**ung** *f* riconciliazione *f*.

'aussonder|n separare; eliminare; secernere; ℒ**ung** *f* separazione *f*; ℒ**ungsrecht** *n* diritto *m* di rivendicazione.

'ausspähen spiare.

'ausspann|en 1. *v/t.* stendere; *Pferde*: staccare; F (*wegnehmen*) soffiare; **2.** *v/i.* riposarsi; ℒ**ung** *f* riposo *m*, ricreazione *f*.

'aussparen lasciar libero.

'ausspeien sputare; vomitare.

'aussperr|en chiuder fuori; *Arbeiter*: serrare; sospendere dal lavoro; ℒ**ung** *f* serrata *f*.

'ausspielen *fig.* portare in gioco; *er hat ausgespielt* il suo gioco è finito.

'ausspinnen *fig.* tirare in lungo; *List*: tramare; *Gedanken*: escogitare.

'ausspionieren spiare.

'Aussprache *f* pronuncia *f*; (*Gespräch*) scambio *m* di vedute, discussione *f*.

'ausprech|bar pronunziabile; ~**en 1.** *v/t.* pronunciare, esprimere; *sich mit j-m* ~ avere un lungo discorso con qu., conferire a lungo con qu.; *sich* ~ *für* dichiararsi per, pronunciarsi a favore di; **2.** *v/i.* finire di parlare.

'aussprengen *Gerüchte*: divulgare.

'ausspritzen spruzzare; *Fontäne*: gettare; ⚡ siringare; *Feuer*: spegnere.   [sima *f*; sentenza *f*.

'Ausspruch *m* detto *m*; *Phil.* massima *f*; sentenza *f*.

'ausspucken sputare.

'ausspül|en sciacquare; dilavare; ℒ**ung** *f* risciacquatura *f*; ⊕ lavaggio *m*.

ausstaffieren ['-ʃtafi:rən] (25) arredare; *Kleidung*: guarnire; equipaggiare.

'Ausstand *m* (*Streik*) sciopero *m*; *in den* ~ *treten* entrare in sciopero; *pl. Ausstände* crediti *m/pl.*

ausständig ['-ʃtɛndɪç] in sciopero.

ausstatt|en ['-ʃtatən] (26) corredare; *Haus*: arredare; ⊕ attrezzare; *fig.* dotare; ℒ**ung** ['-ʃtatʊŋ] *f* (16) equipaggiamento *m*; corredo *m*; arredamento *m*; dotazione *f*; *Thea.* decorazioni *f/pl.*; ℒ**ungsstück** *n* rappresentazione *f* decorativa; rivista *f*.

'ausstäuben spolverare.

'ausstechen cavare; ⊕ incidere; *fig. j-n*: scavalcare.

'ausstehen 1. *v/t.* sopportare, soffrire; *j-n nicht* ~ *können* non poter soffrire qu.; **2.** *v/i.* essere esposto; *Geld* ~ *haben* aver da riscuotere danaro; ~*de Gelder n/pl.* crediti *m/pl.*

'aussteigen (*sn*) scendere.

'ausstell|en esporre; *Schein*: rilasciare; *Wechsel*: trarre; ℒ**er** *m* (7) espositore *m*; ↑ estensore *m*; traente *m*; ℒ**ung** *f* esposizione *f*, mostra *f*; rilascio *m*; *Wechsel*: emissione *f*; ℒ**ungshalle** *f* sala *f* d'esposizione, padiglione *m*.

'aussterben (*sn*) estinguersi; (*Pflanzen, Tiere*) scomparire; *wie ausgestorben* come deserto. [dote *f*.

'Aussteuer *f* corredo *m*; (*Geld*)

'ausstopf|en imbottire; *Tiere*: impagliare; ℒ**er** *m* impagliatore *m*.

'Ausstoß ['-ʃto:s] *m* (volume *m* di) produzione *f*; ⊕ espulsione *f*; ℒ**en** cacciare; *j-n*: espellere; *Auge*: levare; *Gram.* elidere; ⚡ repellere; *Schmähungen*: vomitare; ⊕ scaricare.

'ausstrahl|en raggiare; irradiare; *Licht*, *Wärme*: diffondere; **♀ung** *f* irradiazione *f*; diffusione *f*; *fig.* emanazione *f*.

'ausstrecken stendere; *Hand*: tendere; *Zunge*: mostrare.

'ausstreichen spianare; *Fugen*: turare; *Schrift*: cancellare.

'ausstreuen spargere; disseminare; propagare, divulgare.

'ausström|en 1. *v/t.* diffondere; *Geruch usw.*: esalare; **2.** *v/i.* (sn) diffondersi; *Flüsse*: versarsi; **♀ung** *f* emanazione *f*; effusione *f*; sbocco *m*.

'ausstudieren 1. *v/t.* studiare a fondo; **2.** *v/i.* finir di studiare.

'aussuchen scegliere.

'Austausch *m* cambio *m* (*im ... für* in ... di); *Waren*, *Gedanken*, *Gefangene*: scambio *m*; **♀bar** (s)cambiabile; sostituibile; **♀en** (s)cambiare; **~student** *m* studente *m* di scambio.

'austeil|en distribuire; *Befehl*: dare; *Rel.* amministrare; **♀ung** *f* distribuzione *f*; amministrazione *f*.

Auster ['austɐ] *f* (15) ostrica *f*; **~nbank** *f* ostricaio *m*; **~nhändler** *m* ostricaio *m*; **~nzucht** *f* ostricoltura *f*.

'austilgen (25) estirpare, sterminare.

'austoben: *sich* ~ sfogarsi; *Wetter*, *Person*: calmarsi.

Austrag ['au·tra:k] *m* (3, *o. pl.*) decisione *f*; *zum* ~ *bringen* portare ad una decisione, risolvere; **♀en** ['au·tra:-gən] portare ai clienti; *Post*: consegnare, distribuire; *Gerüchte*: divulgare; *Streit*: decidere; *Sport*: disputare; **~ung** *f* consegna *f*; *Sport*: disputa *f*.

'Austräger *m* distributore *m*; portatore *m*; *v. Zeitungen*: giornalaio *m*; *v. Milch*: lattaio *m*.

Aus'tr|alier(in *f*) *m*, **♀alisch** australiano (-a) *m* (*f*).

'austreib|en espellere; *Vieh*: condurre al pascolo; *Teufel*: esorcizzare; *j-m et.* ~ far perdere la voglia a qu. di *inf.*; **♀ung** *f* espulsione *f*; esorcismo *m*.

'austreten 1. *v/t.* *Feuer*: spegnere; *Schuhe*: allargare (per troppo uso); **2.** *v/i.* (sn) uscire; *aus e-m Amt*: ritirarsi; *Flüsse*: straripare; (*Toilette*) andare al gabinetto.

'austrinken bere tutto; vuotare (il bicchiere, la bottiglia).

'Austritt *m* uscita *f*; ritiro *m*.

'austrockn|en 1. *v/t.* prosciugare;

2. *v/i.* (sn) disseccarsi; **♀ung** *f* prosciugamento *m*; essiccazione *f*.

'austrompeten *fig.* strombazzare.

'austüfteln escogitare, ideare.

'aus-üb|en esercitare; praticare; **~de** *Gewalt* potere *m* esecutivo; **♀ung** *f* esercizio *m*.

'Ausverkauf *m* saldi *m/pl.* di fine stagione; liquidazione *f*; vendita *f* totale; vendita *f* eccezionale; **♀en** vendere per intero, liquidare; *ausverkauft sein* essere esaurito.

'auswachsen (sn) finir di crescere, arrivare all'età adulta; **♀** tallire; *sich* ~ *zu fig.* F degenerare in; *das ist zum* **♀** è da perdere la pazienza; *ausgewachsen* adulto.

'Auswahl *f* scelta *f*; **♀** assortimento *m*; **~mannschaft** ['-vɑ:lmanʃaft] *f* *Sport*: squadra *f* di selezione; **~spiel** *n* gara *f* di selezione.

'auswählen scegliere; selezionare.

'auswalzen laminare.

'Auswand|erer *m* (7) emigrante *m*; **♀ern** (sn) emigrare; **~erung** *f* emigrazione *f*.

auswärtig ['-vɛrtiç] straniero; forestiero; *Schüler*: esterno; **♀es Amt** Ministero *m* degli (Affari) Esteri.

auswärts ['-vɛrts] (wo?) fuori; (wohin?) in fuori; *im Ausland*: all'estero.

'auswaschen lavare; *Farbe*, *Fleck*: togliere lavando; *Erde*, *Felsen*: scalzare.

auswechs|elbar ['-vɛksəlba:r] intercambiabile; di ricambio; sostituibile; **~eln** cambiare; sostituire; **⊕** ricambiare; **♀lung** *f* cambio *m*; sostituzione *f*; **⊕** ricambio *m*.

'Ausweg *m* uscita *f*; *fig.* scappatoia *f*; **♀los** *fig.* senza speranza.

'ausweichen (sn): *j-m* ~ scansare qu.; *Auto*: sterzare; **~d** evasivo.

'Ausweich|lager *n* magazzino *m* di riserva; **~schiene** *f* rotaia *f* mobile.

'ausweiden sbudellare. [gendo.}

'ausweinen: *sich* ~ sfogarsi pian-}

'Ausweis ['-vais] *m* (4) carta *f* d'identità, tessera *f* di riconoscimento; legitimazione *f*.

'ausweis|en *aus e-m Ort*: espellere; *aus e-m Lokal*: metter fuori; *sich* ~ legittimarsi; **♀papiere** *n/pl.* documenti *m/pl.*; **♀ung** *f* espulsione *f*.

'ausweit|en allargare; **♀ung** *f* allargamento *m*.

'auswendig a memoria.

'auswerfen buttar fuori; *Angel*:

lanciare; *Anker*: gettare; *Graben*: scavare; ✝ stanziare; ⊕ espellere.

'**auswert|en** valorizzare; *Daten*: analizzare; ℒung f valorizzazione f; analisi f.

'**auswetzen** *fig.* riparare.

'**auswickeln** *Paket*: disfare; spacchettare; *Kind*: sfasciare.

'**auswirk|en**: *sich* ~ ripercuotersi, produrre i suoi effetti; ℒung f effetti m/pl.; ripercussioni f/pl.

'**auswischen** pulire; *Schrift*: cancellare; *Augen*: stropicciare; F *eins* ~ dare una stoccata a qu.

'**auswringen** torcere, strizzare.

'**Auswuchs** m (4²) escrescenza f; *fig.* abuso m.

'**Auswurf** m 𝔰 espettorazione f; ✝ scarto m; *fig.* feccia f.

'**auswürfeln** giocarsi (qc.) ai dadi.

'**auszack|en** dentellare; *Spitzen*: merlettare; ℒung f dentellatura f; merlettatura f.

'**auszahl|bar** pagabile; ~**en** pagare; ℒung f pagamento m.

'**auszähl|en** contare; ℒung f conteggio m; computo m.

'**auszehr|en** consumare; ℒung f consunzione f, tisi f.

'**auszeichn|en** contrassegnare; *j-n*: distinguere; trattare con speciale attenzione; *sich* ~ distinguersi; ℒung f contrassegno m; distinzione f; (*Orden*) decorazione f.

'**auszieh|en 1.** *v/t.* estrarre; *Tisch*: allungare; *Kleidung*: togliere; *sich* ~ spogliarsi; **2.** *v/i.* (*sn*) andar via; (*umziehen*) sgomberare.

'**Ausziehtisch** ['-tsi:tiʃ] m tavola f da}

'**auszischen** fischiare. [allungare.}

'**Auszug** m (*Ausmarsch*) partenza f, uscita f; (*Umzug*) sgombero m; ♒, 🜍 estratto m; ♊ compendio m.

'**auszugsweise** per estratto; in modo sommario.

'**auszupfen** strappare.

au'tark autarchico; ℒie [autar'ki:] f (15) autarchia f.

authent|isch [au'tɛntiʃ] autentico; ℒizi'tät f autenticità f.

Auto ['auto:] n (11) auto(mobile) f, macchina f; ~ *fahren* andare in macchina; *j-n mit dem* ~ *fahren* accompagnare qu. in macchina.

'**Auto|bahn** f austrostrada f; ~**biographie** [--biogra'fi:] f autobiografia f; ~**bus** ['--bus] m (4¹) autobus m; (*Reisebus*) torpedone m;

~**buslinie** f linea f dell'autobus; ℒ-**di'daktisch** autodidattico; ~**droschke** f tassì m, automobile f di piazza; ~**fahrer(in** f) m automobilista m u. f; autista m; ~**fahrt** f caja f in macchina; ~**garage** f autorimessa f; ℒ'**gen**: ~e *Schweißung* f saldatura f autogena; ~**gramm** [--'gram] n (3¹) autografo m; ~**hilfsdienst** m pronto soccorso m per automobilisti; ~**hupe** f clacson m; ~**industrie** f industria f automobilistica; ~**karte** f carta f per aut(omobil)isti.

Autokrat [auto'krɑːt] m (12) autocrate m; ~**ie** [--kra'ti:] f (15) autocrazia f; ℒisch autocratico.

Automat [--'mɑːt] m (12) (distributore m) automatico m; ~**enrestaurant** [--'-tənrestorɑ̃] n ristorante m automatico; ~**ion** [--mats'joːn] f automazione f; ℒisch automatico; *adv.* automaticamente; ~**i'sierung** f automatizzazione f.

Automobil [--mo'biːl] n (3¹) automobile f; ~**bau** m fabbricazione f di automobili.

autonom [--'noːm] autonomo; ℒ**ie** [--no'mi:] f autonomia f.

Autor [au'toːr] m (8¹) autore m.

Auto|radio ['auto:rɑːdjo:] n autoradio f; ~**reifen** m pneumatico m; ~**rennen** n corsa f automobilistica; ~**reparaturwerkstatt** f officina f di riparazioni.

Autor|in [au'to:rin] f autrice f; ~**isation** [--rizats'joːn] f autorizzazione f; ℒ**i'sieren** autorizzare; ℒ**i'tär** autoritario; ~**i'tät** f (16) autorità f; ℒ**ita'tiv** autoritativo.

'**Autorschaft** f paternità f letteraria.

'**Auto|schlosser** m meccanico m; ~**sport** m automobilismo m; ~**straße** f autostrada f; ~**straßennetz** n rete f autostradale; ~**suggestion** [--zugest'joːn] f autosuggestione f; ~**tür** f sportello m; ~**verkehr** m traffico m automobilistico; ~**vermietung** f noleggio m automobili; ~**waschanlage** f impianto m lavamacchine.

Avis [a'viː(s)] n avviso m; ℒ**ieren** [--'ziːrən] avvisare.

Axiom [aks'joːm] n (3¹) assioma m.

Axt [akst] f (14¹) ascia f.

Azalee [atsa'le:ə] f (15) azalea f.

Azetylen [atsety'le:n] n (3¹, *o. pl.*) acetilene m. [leste.}

azurblau [a'tsu:rblau] azzurro ce-}

B

B, b [be:] *n uv.* B, b *m u. f;* B, b ♪ *n* si *m* bemolle; *(Zeichen)* bemolle.
Baby ['be:bi] *n* (11) bebè *m;* neonato *m.*
Bach [bax] *m* (3³) rivo *m;* ruscello *m.*
Bache *Zo.* ['baxə] *f* (15) cinghiala *f.*
Bachstelze *Zo.* ['-ʃteltsə] *f* (15) batticoda *f,* ballerina *f.*
Backbord ⚓ ['bakbɔrt] *n* babordo *m.*
Backe ['bakə] *f* (15) guancia *f.*
backen ['bakən] (30) cuocere; *in Öl:* friggere.
Backen|bart ['bakənbaːrt] *m* fedine *f/pl.,* scopettoni *m/pl.;* ~**knochen** *m* zigoma *m,* ~**streich** *m* schiaffo *m,* ceffone *m;* ~**tasche** *f* borsa *f* mascellare; ~**zahn** *m* dente *m* molare.
Bäcker ['bɛkər] *m* (7) fornaio *m;* panettiere *m;* ~**ei** [--'raɪ] *f* (16), ~**laden** *m* panetteria *f,* forno *m.*
Back|fisch ['bakfɪʃ] *m fig.* giovinetta *f;* ragazzina *f;* ~**form** *f* forma *f* per torte; ~**obst** *n* frutta *f* seccata (cotta) al forno; ~**ofen** *m* forno *m.*
Backpfeife ['bakpfaɪfə] *f* ceffone *m.*
Backpflaume ['bakpflaumə] *f* prugna *f* secca.
Back|pulver ['bakpulfər] *n* lievito *m* in polvere; ~**stein** *m* mattone *m;* ~**trog** *m* madia *f;* ~**ware** *f* pane *m;* *(Kuchen)* paste *f/pl.;* ~**werk** *n* pasticceria *f.*
Bad [baːt] *n* (1²) bagno *m (a. Phot.);* *Ort:* stazione *f* balneare *(od. termale).*
Bade... ['baːdə...] *in Zssgn oft* da bagno; ~**anstalt** *f* stabilimento *m* balneario; bagni *m/pl.* pubblici; piscina *f;* ~**anzug** *m* costume *m* da bagno; ~**arzt** *m* medico *m* balneare; ~**frau** *f* bagnaiuola *f;* ~**gast** *m* bagnante *m;* ~**hose** *f* mutandine *f/pl.* da bagno; ~**kappe** *f* cuffia *f* da bagno; ~**kur** *f* cura *f* balnearia *(od. termale);* ~**mantel** *m* accappatoio *m;* ~**meister** *m* bagnino *m.*
baden ['baːdən] (26) **1.** *v/t.* bagnare; *j-n* ~ fare un bagno a qu.; **2.** *v/i. u. v/refl.* fare il bagno, prendere un bagno.

Bade|ofen ['baːdəʔoːfən] *m* scaldabagno *m;* ~**ort** *m* luogo *m* di bagni; stazione *f* termale; ~**reise** *f* viaggio *m* ai bagni.
Bäder|kunde ['bɛːdərkundə] *f* balneografia *f;* ~**therapie** *f* idroterapia *f.*
Bade|saison ['baːdəzɛzõ] *f* stagione *f* balneare; ~**salz** *n* sali *m/pl.* da bagno; ~**strand** *m* spiaggia *f;* ~**tuch** *n* accappatoio *m;* ~**wanne** *f* vasca *f* da bagno; ~**zelle** *f* cabina *f;* ~**zimmer** *n* camera *f* da bagno.
baff [baf] F: *(ganz)* ~ *sein* rimanere di stucco.
Bagage [ba'gaːʒə] *f* (15) bagaglio *m;* F *fig.* gentaglia *f.*
Bagatell|e [baga'tɛlə] *f* (15) bagatella *f,* inezia *f;* ⒉**i'sieren** minimizzare.
Bagger ['bagər] *m* (7) draga *f;* *(Trockenbagger)* escavatrice *f;* ⒉**n** (29) dragare; scavare.
Bahn [baːn] *f* (16) strada *f,* sentiero *m; Astr.* orbita *f; Artill.* traiettoria *f;* 🚋 ferrovia *f; (elektrische)* tram *m; Sport:* pista *f, einzelne:* corsia *f; (Stoff⒉)* telo *m; sich* ~ *brechen* farsi strada; *freie* ~ *via f* libera; ✝ *franco* stazione; *mit der* ~ in treno.
'Bahn|arbeiter *m* operaio *m* delle ferrovie; ~**beamte(r)** *m* impiegato *m* delle ferrovie; ferroviere *m;* ⒉**brechend** ['-brɛçənt] precursore; decisivo; d'avanguardia; ~**brecher** *m* pioniere *m,* precursore *m,* iniziatore *m;* ~**brücke** *f* viadotto *m;* ~**damm** *m* terrapieno *m* della ferrovia.
'bahnen (25) *(Wege)* spianare; aprire; *sich e-n Weg* ~ farsi strada, aprirsi un varco.
'bahn|frei franco stazione; ⒉**hof** *m* stazione *f;* ⒉**hofshalle** *f* atrio *m* della stazione; ⒉**hofsvorsteher** *m* capostazione *m;* ⒉**körper** *m* argine *m* della ferrovia; ~**lagernd** fermo in stazione; ⒉**linie** *f* linea *f* ferroviaria; ⒉**netz** *n* rete *f* ferroviaria; ~**rennen** *n Sport:* corsa *f* su pista; ⒉**steig** *m* banchina *f,* marciapiede *m;*

2**steigkarte** f biglietto m d'ingresso; 2**strecke** f linea f ferroviaria; 2-**überführung** f cavalcavia m; 2-**übergang** m passaggio m a livello (*beschrankter* custodito); *unbeschrankter* incustodito); 2**wärter** m cantoniere m; 2**wärterhäuschen** ['-vertərhɔɔʃçən] n casello m ferroviario.

Bahre ['bɑːrə] f (15) barella f; bara f.

Bai [baɪ] f (16) baia f.

Baiser [bɛːˈzeː] n (11) meringa f.

Baisse ['bɛːsə] f (15) ribasso m; ~**spekulant** m, **Baissier** [bɛːsˈjeː] m (11) speculatore m al ribasso, ribassista m; ~**spekulation** f speculazione f al ribasso.

Bajonett [bajoˈnɛt] n (3) baionetta f.

Bake ⚓ ['bɑːkə] f (15) gavitello m.

Bakter|**ie** [bakˈteːrjə] f (15) batterio m; ~**io'loge** m batteriologo m; ~**lo'gie** f batteriologia f; 2**io'logisch** batteriologico.

Balanc|**e** [baˈlãsə] f (15) equilibrio m; 2**ieren** bilanciare; v/i. tenersi in equilibrio; ~**ierstange** f bilancia f.

bald [balt] presto; fra poco (*od.* breve); ~ *darauf* subito dopo; ~ ... ~ ... ora ... ora ...; ~ *wäre ich* ... quasi sarei ...; so ~ *wie möglich* il (al) più presto possibile.

Baldachin ['baldaxiːn] m (3[1]) baldacchino m.

'**Bälde:** in ~ fra breve.

bald|**ig** ['baldiç] pronto, sollecito; *auf ~es Wiedersehen* arrivederci presto; ~**igst** ['-diçst], ~**möglichst** il più presto possibile.

Baldrian ['baldriɑːn] m (3[1]) valeriana f.

Balg[1] [balk] m (3[3]) pelle f; ⚓ buccia f; (*Orgel*2) mantice m; ~[2] m, n (1[2]) F(*Kind*) marmocchio m; 2**en** ['-gən] (25): *sich* ~ accapigliarsi; ~**erei** [-gəˈraɪ] f baruffa f.

Balken ['balkən] m (6) trave f; (*Wagen*2) fusto m; ~**werk** ['--verk] n travatura f.　　　　　　　　[balcone m.]

Balkon [balˈkõ; -ˈkoːn] m (11; 3[1])

Ball[1] [bal] m (3[3]) palla f; (*Fuß*2) pallone m; (*Tanz*) ballo m.

Ballade [-'lɑːdə] f (15) ballata f.

Ballast ['-last] m (3[2]) zavorra f.

Ballen[1] ['-lən] m (6) balla f; Anat. polpaccio m.

ballen[2] ['-lən] (25) appallottolare; *Hand:* serrare, chiudere; *sich* ~ addensarsi; ammassarsi.

Ballett [baˈlɛt] n (3) balletto m; ~**tänzer(in** f) m ballerino (-ina) m (f); ~**truppe** f corpo m di ballo.

'**ballförmig** a palla; sferico.

Ballistik [baˈlistik] f balistica f.

'**Balljunge** m Sport: raccattapalle m.

Ballon [baˈlõ; -ˈloːn] m (11; 3[1]) pallone m; (*Glas*2) damigiana f; ~**hülle** f involucro m; ~**reifen** m copertone m ballone; ~**sperre** ⚔ f sbarramento m di palloni.

Ball|**saal** [baˈlzɑːl] m sala f da ballo; ~**schuh** m scarpetta f da ballo; ~**spiel** n giuoco m della palla (del pallone).

Ballungsräume ['baluŋsrɔʏmə] m/pl. agglomerati m/pl. urbani.

Balsam ['balzɑːm] m (3[1]) balsamo m; 2**isch** [-ˈzaːmiʃ] balsamico.

Balt|**e** m (13), ~**in** f, 2**isch** ['baltə, '-tin, '-tiʃ] baltico (-a) m (f).

Balustrade [balusˈtrɑːdə] f (15) balaustrata f.

Balz [balts] f (16) fregola f; 2**en** (27) essere in fregola.

Bambus ['bambus] m (uv. od. 4[1]) bambù m.

banal [baˈnɑːl] banale; 2**i'tät** f banalità f.

Banane [baˈnɑːnə] f (15) banana f; ~**nbaum** m banano m; ~**nstecker** ⚡ ['-nənʃtɛkər] m spina f a banana.

Banause [baˈnaʊzə] m (13) persona f senza cultura.

Band[1] [bant] n (1[2]) nastro m; (*Schnür*2) legacciolo m; *aus Eisen:* cerchio m; Anat. ligamento m; *laufendes* ~ trasportatore m a nastro; *Arbeit f am laufenden* ~ lavoro m standardizzato; *am laufenden* ~ fig. ininterrottamente.

Band[2] [bant] n (3) fig. vincolo m.

Band[3] [bant] m (3[3]) volume m; (*Einband*) legatura f.

Bandag|**e** [banˈdɑːʒə] f (15) fasciatura f; 2**ieren** bendare.

Bande ['bandə] f (15) banda f; Bill. mattonella f.

Banden|**führer** ['bandənfyːrər] m capobanda m; ~**krieg** m guerriglia f.

Banderole [bandəˈroːlə] f (15) banderuola f.

bändig|**en** ['bɛndigən] (25) domare; 2**er** m (7) domatore m; 2**ung** f domatura f.

Bandit [banˈdiːt] m (12) bandito m.

Band|**maß** ['bantmɑːs] n nastro m metrico; ~**säge** f sega f a nastro; ~

B

wurm m tenia f, verme m solitario.
bange ['baŋə] **1.** adj. angoscioso; (furchtsam) timido; **2.** adv. mir ist ~ ho paura; ~ machen far paura; **~n** (25): ~ vor (dat.) temere (ac.); nach et. ~ agognare qc.; (sich) ~ um inquietarsi per.
Bangigkeit ['baŋiçkaɪt] f (16, o. pl.) ansietà f.
Bank [baŋk] f: **a)** (14¹) panca f; mit Pult: banco m; (Garten♀) panchina f; durch die ~ indistintamente; auf die lange ~ schieben tirar in lungo; **b)** (16) ♣ banca f; (Spiel♀) banco m; **'~anweisung** f assegno m bancario; **'~beamte(r)** m bancario m; impiegato m di banca.
Bänkelsänger ['beŋkəlzɛŋər] m cantambanco f.
Bankett [baŋˈkɛt] n (3) banchetto m.
bank|fähig ['baŋkfɛːiç] negoziabile, bancabile; **♀filiale** f succursale f di banca; **♀geschäft** n operazione f bancaria; **♀ier** ['-je:] m (11) banchiere m; **♀konto** n conto m in banca; **♀krach** m fallimento m (od. crac m) bancario; **♀note** f biglietto m di banca, banconota f; **♀notenumlauf** ['-no:tənˈumlauf] m circolazione f monetaria; **~'rott** fallito; ~ machen fare bancarotta; **♀'rott** m (3) bancarotta f; fallimento m; **♀schalter** m sportello m; **♀welt** f, **♀wesen** n mondo m (od. sistema m) bancario.
Bann [ban] m (3) bando m; Rel. scomunica f; fig. in, unter j-s ~ in balia di qu.; in den ~ tun proscrivere; Rel. scomunicare; **'~brief** m bolla f di scomunica; **'♀en** ['banən] (25) (j-n verbannen) bandire; Teufel: esorcizzare; Geister: scongiurare.
Banner ['banər] n (7) vessillo m; **~träger** m vessillifero m.
'Bann|fluch, ~strahl m anatema m; **~meile** f distretto m di coazione; **~ware** f merce f di contrabbando.
bar [baːr] puro; (mit gen.) privo; ♣ in contanti, a contanti; a pronta cassa; ~es Geld n (danari) contanti m/pl.; fig. für ~e Münze nehmen prendere sul serio.
Bar [baːr] f (11¹) bar m.
Bär [beːr] m (12) orso m; Astr. der Große (Kleine) ~ l'orsa maggiore (minore); e-n ~en aufbinden darla a bere.

Baracke [baˈrakə] f (15) baracca f; catapecchia f; **~nlager** n baraccamento m.
Barbar [barˈbaːr] m (12) barbaro m; **~ei** [--ˈraɪ] f (16) barbarie f; **♀isch** [-ˈriʃ] barbaro.
bärbeißig ['beːrbaɪsiç] brontolone.
Barbestand ['baːrbəʃtant] m numerario m; rimanenza f cassa.
Barbier [barˈbiːr] m (3¹) barbiere m.
Barchent ['barçent] m (3¹) fustagno m.
Barde ['bardə] m (13) bardo m.
Barett [baˈret] n (3) berretta f.
bar|fuß ['baːrfuːs], **~füßig** ['baːrfyːsiç] scalzo; **♀füßer** m francescano m scalzo.
Bar|geld ['baːrgɛlt] n contanti m/pl.; **♀geldlos** per assegno; scritturale; **~geschäft** n operazione f (affare m) in contanti; **♀häuptig** ['-hɔyptiç] a capo scoperto.
Bärin ['beːrin] f (16¹) orsa f.
Bariton ♪ ['baːriton] m (3¹) baritono m.
Bark ♣ [bark] f (16) barca f.
Barkasse ♣ [-ˈkasə] f (15) barcaccia f.
Barkauf ['baːrkauf] m acquisto m in contanti.
Barke ['barkə] f (15) barca f; barchetta f.
Bärlapp ♀ ['beːrlap] m (3) licopodio m.
barmherzig [barmˈhɛrtsiç] misericordioso; **♀keit** f misericordia f.
Barmittel ['baːrmɪtəl] pl. mezzi m/pl. in contanti, fondi m/pl. liquidi.
barock (♀ n [3¹]), **♀...** [baˈrɔk] barocco (m).
Baro|meter [baroˈmeːtər] n (7) barometro m; **~'meterstand** m livello m (od. stato m) barometrico; **♀'metrisch** barometrico.
Baron [baˈroːn] m (3¹) barone m; **~in** f (16¹) baronessa f.
Barren ['barən] m (6) sbarra f; (Metall♀) lingotto m; Gold, Silber: verga f.
Barriere [-rˈjeːrə] f (15) barriera f.
Barrik|ade [-riˈkaːdə] f (15) barricata f; **♀a'dieren** barricare.
barsch¹ [barʃ] brusco.
Barsch² [barʃ] m (3²) Zo. pesce m persico.
Bar|schaft ['baːrʃaft] f (16) (denari m/pl.) contanti m/pl.; **~scheck** m assegno m circolare.

Barschheit ['barʃhaɪt] f bruschezza f.

Bart [baːrt] m (3³) barba f; j-m um den ~ gehen lisciare il pelo a qu.; in den ~ murmeln borbottare fra i denti; '~binde f piegabaffi m; '~flechte f mentagra f.

bärtig ['bɛːrtɪç] barbuto.

bartlos ['baːrtloːs] imberbe.

Barzahlung [ba:rtsɑːluŋ] f pagamento m in contanti.

Basalt [ba'zalt] m (3) basalto m.

Basar [ba'zɑːr] m (3¹) bazar m.

Base [ba:zə] f (15) cugina f; 🜹 base f.

basieren [ba'ziːrən] v/t. (v/i.) (25) basare (basarsi) (auf su).

Basis ['ba:zɪs] f (16²) base f.

Bask|e ['baskə] m (13) basco m; ~enmütze f berretto m basco; ℒisch basco.

Basrelief ['barəljɛf] n (11) bassorilievo m.

Baß ♪ [bas] m (4²) basso m; '~geige f contrabbasso m.

Bassin [ba'sɛ̃] n (11) bacino m; (Schwimmℒ) piscina f; (Hafenℒ) darsena f.

Bassist ♪ [-'sist] m (12) basso m.

Bast 🜏 [bast] m (3²) libro m.

Bastard ['bastart] m (3) bastardo m.

basteln ['bastəln] (29) distrarsi con lavori manuali; farsi.

Bastei [bas'taɪ] f (16) bastione m.

bat, bäte [baːt, 'bɛːtə] s. bitten.

Bataillon [batal'joːn] n (3¹) battaglione m.

Batist [ba'tist] m (3²) batista f.

Batterie [batə'riː] f (15) batteria f, 🜊 a. pila f.

Bau [bau] m (3; pl. a. -ten) costruzione f; das Gebäude: edificio m; v. Tieren tana f; 🜏 esercizio m; 🜊 coltivazione f.

'**Bau|-akademie** f Scuola f superiore d'architettura; ~amt n ufficio m dell'edilizia; ~anschlag m preventivo m; ~arbeiter m operaio m edile; ~art f stile m (architettonico); ⊕ tipo m.

Bauch [baux] m (3³) ventre m; F pancia f; Anat. addome m; e-n ~ bekommen mettere su pancia; '~binde f ventriera f; '~fell n peritoneo m; '~fell-entzündung f peritonite f; '~grimmen n (6, o. pl.) mal m di pancia; '~gurt m sottopancia m; '~höhle f cavità f addominale.

bauchig ['bauxɪç] panciuto.

Bäuchlein ['bɔʏçlaɪn] n pancetta f.

'**Bauch|redner** m ventriloquo m; '~schmerzen pl. dolori m/pl. di ventre, mal m di pancia; '~schnitt m laparotomia f; '~speicheldrüse [-'ʃpaɪçəldryːzə] f pancreas m.

Baude ['baudə] f (15) ricovero m.

Baudenkmal ['baudəŋkmɑːl] n monumento m.

bauen ['bauən] (25) **1.** v/t. costruire; 🜊 coltivare; **2.** v/i.: auf j-n ~ contare su qu. [costruzione.]

'**Bau-entwurf** m progetto m di

Bauer ['bauər] m (13, a. 10) contadino m; Schach: pedina f; **b)** n (7) (Vogelℒ) gabbia f (per uccelli).

Bäuer|in ['bɔʏərɪn] f (16¹) contadina f; ℒlich contadinesco; rustico.

'**Bau-erlaubnis** f permesso m di costruzione.

Bauern|bursche ['bauərnburʃə] m contadinotto m; ~dirne f contadinella f; ~fang m, ~fängerei [--fɛŋə'raɪ] f truffería f; ~fänger [--fɛŋər] m (7) gabbaminchioni m; ~gut n podere m; ~haus n casa f colonica (od. di campagna); ~hof m fattoria f, masseria f; ~lümmel m villanaccio m; ~mädchen n contadinella f; ~schaft f contadini m/pl.; ℒschlau furbo, scaltro; ~stück n Thea. dramma m rusticano.

'**Bauers|frau** f contadina f; ~leute pl. contadini m/pl.; ~mann m contadino m.

Bau|fach ['baufax] n architettura f; ramo m edilizio; ℒfällig cadente; ~ sein minacciar rovina; ~fälligkeit f cattivo stato m; ~führer m capomastro m; ℒfähig fabbricabile; ~gelände n terreno m fabbricabile; ~genossenschaft f cooperativa f di costruzioni; ~gerüst n impalcatura f; ~gewerbe n edilizia f; ~herr m committente m della costruzione; ~hilfs-arbeiter m manovale m edile; ~hof m cantiere m edile; ~holz n legname m da costruzione; ~industrie f industria f edile; ~kasten m cassetta f architettonica; ~kosten pl. spese f/pl. di costruzione; ~kostenzuschuß m contribuzione f alle spese di costruzione; ~kunst f architettura f.

baulich ['-lɪç] edilizio; ℒkeiten f/pl. (16) edifici m/pl.

Baum [baum] m (3³) albero m; (Weberℒ) subbio m.

Bau|material ['-matərjɑ:l] *n* materiale *m* da costruzione; **~meister** ['-maɪstər] *m* architetto *m*.

baumeln ['baumǝln] (29) ciondolare, penzolare.

bäumen ['bɔymǝn] (25): *sich ~* inalberarsi.

'**Baum**|**-eule** *f* barbagianni *m*; **~garten** *m* frutteto *m*; **~gruppe** *f* gruppo *m* di alberi; **~krone** *f* corona *f* dell'albero; **~kuchen** *m* dolce *m* a forma di piramide; **~lang**: *er Kerl* lanternone *m*; **Qlos** senza alberi; **~marder** *m* martora *f*; **~pfahl** *m* palo *m*; **~rinde** *f* corteccia *f*; **~schlag** *m* frappa *f*; **~schule** *f* vivaio *m*; **Qstark** molto forte; **~stumpf** *m* ceppo *m*.

Baumwoll... ['-vɔl]: *in Zssgn meist* = **Qen**; **~e** *f* cotone *m*; **Qen** di cotone; **~spinnerei** *f* cotonificio *m*; **~staude** *f* pianta *f* di cotone.

Baum|**wuchs** ['baumvu:ks] *m* vegetazione *f*; **~zucht** *f* arboricoltura *f*.

'**Bau**|**-ordnung** *f* ordinamento *m* da costruzione; **~platz** *m* terreno *m* per costruzioni; **~polizei** *f* polizia *f* edilizia.

Bausch [bauʃ] *m* (3² [*u.* ³]) cuscinetto *m*; *Kleidung*: sgonfio *m*; (*Wund*Q) piumacciolo *m*; *in ~ und Bogen* in blocco; '**Qen** (27) **1.** *v/t.* gonfiare; **2.** *v/i.* gonfiarsi.

Bau|**schule** ['bauʃu:lǝ] *f* scuola *f* d'architettura; **~schutt** *m* calcinacci *m/pl.*; **~sparkasse** *f* cassa *f* di risparmio edile; **~stein** *m* mattone *m*; *fig.* contributo *m*; **~stelle** *f* area *f* fabbricabile; **~stil** *m* stile *m* architettonico; **~tätigkeit** *f* attività *f* edilizia.

Bauten ['bautǝn] *m/pl.* edifici *m/pl.* (pubblici).

'**Bau**|**-unternehmer** *m* imprenditore *m* di costruzioni *od.* edile; **~werk** *n* edificio *m*; **~wesen** *n* edilizia *f*; **~wut** *f* smania *f* di costruire.

Bauxit ['-ksi:t] *m* (3¹) bauxite *f*.

Bay|**er(in** *f*) *m* ['baɪǝr(in)] (13 [16¹]), **Qrisch** bavarese *m* (*f*).

Bazar [ba'zɑ:r] *m* (3¹) bazar *m*.

Bazillus [ba'tsilus] *m* (16²) bacillo *m*.

beabsich|**tigen** [bǝ'ʔapʦiçtigǝn] (25) intendere; avere l'intenzione; **~tigt** *adj.* progettato; *Zweck*: prefisso.

be-'acht|**en** (26) osservare; tener conto di; *nicht ~* ignorare; **~ens-wert** degno di nota; **Qung** *f* atten-

zione *f*; considerazione *f*; *~ schenken* dar retta; *für ~!* da osservare!

Beamten|**anwärter** [bǝ'ʔamtǝnanvεrtǝr] *m* aspirante *m* funzionario; **~herrschaft** *f* burocrazia *f*; **~stand** *m* impiegati *m/pl.* statali.

Beamte(r) [-'ʔamtǝ(r)] *m* (18) impiegato *m* (*od.* funzionario *m*) statale; pubblico ufficiale *m*.

beanspruch|**en** [-'ʔanʃpruxǝn] (25) pretendere; reclamare, esigere; *Zeit*: richiedere; ⊕ sollecitare; usare; **~t** *j.*: impegnato; **Qung** *f* sollecitazione *f*; (*Abnutzung*) logorio *m*.

beanstand|**en** [-'ʔanʃtandǝn] (26) fare delle critiche a; opporsi a; *Wahlen*: contestare; ♯♭ incriminare; **Qung** *f* obiezione *f*; protesta *f*; reclamo *m*.

beantrag|**en** [-'ʔantrɑːgǝn] (25) proporre, chiedere.

be-'antwort|**en** rispondere (a); **Qung** *f* risposta *f*; *in ~* (*gen.*) in risposta a.

be-'arbeit|**en** lavorare; *Lit.* elaborare; *Thea.* ridurre; adattare; *neu ~* rifare; *neubearbeitete Auflage* edizione riveduta; *j-n ~* cercare di persuadere qu.; **Qung** *f* lavorazione *f*; ♪ coltivazione *f*; *Buch*: adattamento *m*.

beaufsichtig|**en** [-'ʔaufziçtigǝn] (25) sorvegliare; **Qung** *f* sorveglianza *f*.

beauftrag|**en** [-'ʔauftrɑːgǝn] (25): *j-n mit et. ~* incaricare qu. di qc.; **Qte(r)** [-'-trɑːktǝ(r)] *m* (18) incaricato *m*; ♯♭ mandatario *m*.

be-'bau|**en** *v/t.* △ costruire; (*erschließen*) urbanizzare; ♪ coltivare; **Qungsplan** *m* piano *m* urbanistico.

beben ['be:bǝn] **1.** *v/i.* (25) tremare; *vor Zorn*: fremere; **2.** **Q** *n* (6) tremito *m*; (*Erd*Q) terremoto *m*.

bebilder|**n** [bǝ'bildǝrn] (29) illustrare; **Qung** *f* illustrazione *f*.

Becher ['bεçǝr] *m* (7) bicchiere *m*; *poet.* coppa *f*; *fig.* calice *m*; (*Würfel*Q) bossolo *m*; **Qn** (29) bere in compagnia.

Becken ['bεkǝn] *n* (6) bacino *m*; (*Wasch*Q) catinella *f*; ♪ *pl.* piatti *m/pl.*; **~knochen** *m* osso *m* iliaco.

bedacht [bǝ'daxt] **1.** *p.p. von bedenken*; **2.** *adj.* intento; *~ sein* pensare; **3.** **Q** *m* (3, *o. pl.*) riflessione *f*; (*Vorsicht*) circospezione *f*.

bedächtig [bəˈdɛçtiç] circospetto, prudente; (*langsam*) lento.
Bedachung [-ˈdaxuŋ] *f* copertura *f*; tetto *m*.
be'danken: *sich bei j-m für et.* ~ ringraziare qu. di qc.
Bedarf [-ˈdarf] *m* (3) bisogno *m*; ✝ richiesta *f*; *je nach* ~ a seconda del bisogno; ~ *haben an* avere bisogno di, necessitare (*ac.*); **~s-artikel** *m* articolo *m* di prima necessità (*od.* di consumo); **~sfall** *m* occorrenza *f*; *im* ~ all'occorrenza, in caso di bisogno; **~sgüter** *n/pl.* oggetti *m/pl.* di prima necessità; **~shaltestelle** *f* fermata *f* a richiesta, fermata *f* facoltativa.
bedauerlich [-ˈdauərliç] spiacevole.
be'dauern 1. *v/t.* (29) deplorare; *j-n*: compiangere; *ich bedaure, daß ...* mi rincresce che ...; **2.** ♀ *n* (6) rammarico *m*; rincrescimento *m*; (*Mitleid*) compassione *f*; **~swert** deplorevole; degno di compassione.
be'deck|en coprire; *sich* ~ coprirsi (*a. Himmel*); **~t** coperto (*mit* di); **♀ung** ⚔ *f* scorta *f*.
be'denk|en 1. *v/t.* pensare (a); considerare; *j-n mit et.* ~ donare (*od.* regalare) qc. a qu.; fornire qu. di qc.; ⚖ legare qc. a qu.; *sich* ~ riflettere; **2. ♀en** *n* (6) riflessione *f*; (*Zweifel*) dubbio *m*; scrupolo *m*; ~ *tragen* farsi scrupolo; **~enlos** senza scrupoli; **~lich** serio; critico, grave; (*gewagt*) arrischiato; (*heikel*) delicato; **♀zeit** *f* tempo *m* per riflettere.
bedeppert [-ˈdɛpərt] F intontito.
be'deut|en significare; (*j-m* ~ *zu ...*) accennare; dare ad intendere; *das hat nicht viel zu* ~ non è cosa di grande importanza; **~end** importante; significante; (*umfangreich*) considerevole; **~sam** significativo; **♀ung** *f* significato *m*; importanza *f*; **~ungslos** insignificante; **~ungsvoll** significativo; **♀ungswandel** *m* mutamento *m* semantico; spostamento *m* di significato.
be'dien|en servire; *Kartensp.* rispondere; *Maschine*: manovrare (a); *sich* ~ servirsi (di); *fig.* valersi (di); **~stet** al servizio di; **♀te(r)** *m* (18) domestico *m*; **♀ung** *f* servizio *m*; personale *m* di servizio; ⊕ maneggio *m*; **♀ungsmannschaft** ⚔ *f* serventi *m/pl.*
be'ding|en [-ˈdiŋən] portare con sé, avere per conseguenza; (*erfordern*) richiedere; **~t** condizionato; ~ *sn durch* dipendere da; **♀theit** *f* relatività *f*.
Bedingung [-ˈdiŋuŋ] *f* condizione *f* (*stellen* porre); *unter der* ~, *daß* alla condizione che; **♀slos** incondizionato; **♀sweise** condizionatamente.
be'dräng|en incalzare; (*quälen*) tribolare; *bedrängte Lage f* situazione *f* penosa; **♀nis** *f* (14[2]) imbarazzo *m*; angustia *f*; tribolazione *f*; situazione *f* disperata.
be'droh|en minacciare; **~lich** minaccioso; **♀ung** *f* minaccia *f*.
be'drucken imprimere; stampare.
be'drück|en opprimere; **~end** opprimente, oppressivo; **♀er** *m* (7) oppressore *m*; **♀ung** *f* oppressione *f*.
Beduine [-duˈʔiːnə] *m* (13) beduino *m*.
be'dünken sembrare; ♀ *n* parere *m*.
be'dürfen (*gen. od. ac.*) aver bisogno di.
Be'dürfnis [-ˈdyrfnis] *n* (4[1]) bisogno *m*; **~anstalt** *f* latrina *f* pubblica; gabinetto *m* pubblico; **♀los** senza bisogni; sobrio; **~losigkeit** *f* mancanza *f* di bisogni; sobrietà *f*.
be'dürftig bisognoso; **♀keit** *f* indigenza *f*.
Beefsteak [ˈbiːfsteːk] *n* (11) bistecca *f*.
be-'ehren onorare; *sich* ~ *zu inf.* pregiarsi di *inf.*
beeid|en [-ˈʔaɪdən] (26), **~igen** [-ˈʔaɪdigən] (25): *et.* ~ giurare qc.; *j-n* ~ far giurare qu.; **~igt** [-ˈ-diçt] *j.*: giurato.
be-'eilen: *sich* ~ affrettarsi.
beeindrucken [-ˈʔaɪndrukən] (25) impressionare.
beeinfluss|en [-ˈ-flusən] *v/t.* (28) influire su, influenzare; **♀ung** *f* influenza *f*.
beeinträchtig|en [-ˈ-trɛçtigən] (25) pregiudicare; **♀ung** *f* pregiudizio *m* (a), danno *m*.
be-'enden finire, terminare, ultimare, compiere, concludere.
beeng|en [-ˈʔɛŋən] (25) restringere; *Brust*: opprimere; *fig.* angustiare; **♀theit** *f* (16) angustia *f*.
be-'erben: *j-n* ~ ereditare da qu.
beerdig|en [-ˈʔeːrdigən] (25) seppellire; **♀ung** *f* sepoltura *f*; funerali

B

m/pl.; 2ungs-institut n pompe f/pl.
funebri.
Beere ['beːrə] f (15) bacca f; v.
Trauben usw.: chicco m.
Beet [beːt] n (3) aiuola f.
befähig|en [bə'fɛːiɡən] (25) abili-
tare; ~t [-'-içt] adj. capace; 2ung f
abilitazione f; qualifica f; (*Fähigkeit*) capacità f; 2ungsnachweis m
certificato m d'idoneità.
befahr|bar [-'faːrbaːr] praticabile;
mit Wagen: carrozzabile; transita-
bile; ⚓ navigabile; ~en passare (in
un veicolo) per; ⚓ navigare; ~e
Straße strada f battuta.
be'fallen v/t. (30) cogliere; assalire;
von et. ~ *werden* venir colto da.
be'fangen prevenuto, parziale; (*verlegen*) imbarazzato; 2heit f prevenzione f, parzialità f; imbarazzo m.
be'fassen toccare; *sich* ~ *mit* occuparsi di.   [guerra a.]
befehden [-'feːdən] (26) fare la]
Befehl [-'feːl] m (3) ordine m; *über
j-n*: comando m; 2en (30) comandare; (*verordnen*) ordinare; 2igen
[-'-liɡən] (25) comandare.
Be'fehls|-ausgabe ✗ f rapporto m;
~form [-'-sfɔrm] f Gram. imperativo m; ~gewalt f comando m;
~haber [-'-haːbər] m (7) comandante m; 2haberisch imperioso,
dittatorio.
be'festig|en fermare; *an et.*: assicu-
rare; *fig.* consolidare; ✗ fortificare;
2ung f allaccio m, attacco m; con-
solidamento m; ✗ fortificazione f;
2ungs-arbeiten ✗ f/pl. lavori
m/pl. di fortificazione.
befeuchten [-'fɔyçtən] (26) umet-
tare.
Befeuerung ⚓ u. ✈ [-'fɔyərʊŋ] f
illuminazione f.
befiehl(st) [-'fiːl(st)] s. befehlen.
be'finden 1. v/t.: *für gut* ~ approvare; 2. refl. *sich* ~ essere; (*sich fühlen*) stare, sentirsi; 3. v/i.: ~ *über*
(ac.) giudicare (ac.); 4. 2 n (6)
(*Meinung*) giudizio m, parere m;
(*Gesundheit*) salute f, stato m.
be'flaggen imbandierare.
be'flecken macchiare; *fig.* conta-
minare.
befleißigen [-'flaisiɡən] (25): *sich* ~
studiarsi di; darsi a.
beflissen [-'flisən] applicato, studioso; 2heit f applicazione f, studio
m.

beflügel|n [-'flyːɡəln] (29) v/t. *fig.*
fornire ali a; *Schritte*: accelerare;
Phantasie: ispirare; ~t alato (a. *fig.*).
be'folg|en seguire; *Befehl*: ese-
guire; *Gesetz*: osservare; 2ung f
esecuzione f; osservanza f.
be'förder|n (29) promuovere; *im
Rang a.*: avanzare; ✆, *Tel.* trasmettere; 🚂 trasportare; *fig.* favorire;
2ung f promozione f; trasmissione
f; trasporto m.
Be'förderungsmittel n mezzo m
di trasporto.
be'frag|en interrogare; *um Rat*:
consultare; 2ung f interrogatorio
m; consultazione f; (*Meinungs-
forschung*) inchiesta f.
befrei|en [-'fraiən] (25) liberare; *von
Abgaben*: esentare; *von Pflichten*:
esonerare; 2er m (7) liberatore m;
2ung f liberazione f; esenzione f;
2ungskrieg m guerra f d'indipendenza.
befremd|en [-'frɛmdən] (26) sor-
prendere; *es befremdet mich* mi sor-
prende; 2en n sorpresa f; indignazione f; ~end, ~lich sorprendente, strano.
befreund|en [-'frɔyndən] (26): *sich
mit j-m* ~ fare amicizia con qu.; *mit
et.*: familiarizzarsi; ~et: ~ *mit* amico
di.
befried|en [-'friːdən] (26) pacifi-
care; 2ung f pacificazione f.
befriedig|en [-'diːɡən] (25) soddi-
sfare; ~end soddisfacente; ~t
[-'-dict] soddisfatto; contento;
2ung f soddisfacimento m; sod-
disfazione f.
be'fristen v/t. (26) fissare la scadenza di; *Wechsel*: prolungare; *lang
(kurz) befristet* a lunga (breve) scadenza.
be'frucht|en (26) fecondare; 2ung f
fecondazione f.
Befug|nis [-'fuːknis] f (14²) autoriz-
zazione f; diritto m; *e-r Behörde*:
competenza f; 2t autorizzato; competente.
be'fühlen toccare, palpare, tastare.
Befund [-'funt] m (3) (*Zustand*) stato
m; ⚕ reperto m.
be'fürcht|en temere; 2ung f timore
m.
befürwort|en [-'fyːrvɔrtən] v/t. (26)
appoggiare, parlare in favore di;
(*empfehlen*) raccomandare; 2ung f
appoggio m; raccomandazione f.

begab|t [-'gɑ:pt] ingegnoso, intelligente; ~ *mit* dotato di; ♀**ung** *f* dono *m* della natura, ingegno *m*.

begatt|en [-'gatən] (26): *sich* ~ accoppiarsi; ♀**ung** *f* accoppiamento *m*.

begaunern [-'gaunərn] (29) F imbrogliare.

begebbar ✝ [-'ge:pbɑ:r] *Wechsel:* negoziabile.

be'geben (30) ✝ emettere; *Wechsel:* negoziare; *sich* ~ recarsi; *fig.* mettersi; *sich e-r Sache* ~ rinunziare a qc. **Be'geb|enheit** *f* (16) avvenimento *m;* ~**ung** ✝ *f* emissione *f;* (*Wechsel*) negoziazione *f*.

begegn|en [-'ge:gnən] (26, *sn*) *dat.:* *j-m* ~ incontrare qu.; *mir ist et.* begegnet mi è accaduto qc.; *j-m* (*höflich usw.*) ~ accogliere qu. (cortesemente ecc.); *e-m Übel:* ~ ovviare, rimediare a; ♀**ung** *f* incontro *m*.

be'geh|en (30) percorrere; *Feste:* celebrare; *Verbrechen, Fehler:* commettere; *Unrecht:* fare; ♀**ung** *f* celebrazione *f;* perpetrazione *f*.

Begehr [-'ge:r] *m, n* (3¹) desiderio *m;* ✝ richiesta *f;* ♀**en** (25) desiderare; agognare; (*verlangen*) chiedere; ✝ *sehr begehrt sein* esserci gran richiesta (di); ♀**enswert** desiderabile; *Frau:* appetente; ♀**lich** bramoso; (*lüstern*) cupido; ~**lichkeit** *f* bramosia *f;* concupiscenza *f*.

be'geifern (29) imbavare; *fig.* denigrare.

begeister|n [-'gaistərn] (29) entusiasmare; *zu et.:* animare; *sich* ~ appassionarsi; *sich* ~ *an* (*dat.*) ispirarsi a; ~**t** entusiasta; appassionato, fanatico; ♀**ung** *f* entusiasmo *m*.

Begier *f* (16, *o. pl.*), ~**de** [-'gi:r(də)] *f* (15) brama *f;* cupidigia *f;* *vor* ~ *brennen* ardere dalla brama; *Begierden f|pl.* voglie *f|pl.*

be'gierig avido, ansioso di.

be'gießen annaffiare; *mit et.* ~ versare qc. sopra. [cipio *m.*⟩

Beginn *m* [-'gin] *m* (3, *o. pl.*) prin-**beginnen** [-'ginən] **1.** (30) (in)cominciare; **2.** ♀ *n* (6) *Lit.* impresa *f*.

beglaubig|en [-'glaubigən] (25) *v/t.* autenticare; *j-n:* accreditare; *Pässe:* vidimare; ♀**ung** *f* autenticazione *f;* accreditamento *m;* vidimazione *f;* *zur Beglaubigung dessen* in fede di che; ♀**ungsschein** *m* certificato *m;* ♀**ungsschreiben** *n Pol.* credenziali *f|pl.*

be'gleich|en saldare, regolare; ♀**ung** *f* regolazione *f*.

begleit|en [-'glaitən] (26) accompagnare; ♀**er** *m* accompagnatore *m;* (*Gefährte*) compagno *m;* ♀-**erscheinung** *f* sintomo *m;* ♀**schein** ✝ *m* bolletta *f* di transito; ♀**ung** *f* compagnia *f;* accompagnamento *m;* *in* ~ *von* in compagnia di.

be'glück|en render felice; *mit Gütern:* colmare; ♀**er** *m* benefattore *m;* ~**t** felice.

beglückwünsch|en [-'glykvynʃən] *v/t.* (27) congratularsi con, felicitare; ♀**ung** *f* congratulazione *f,* felicitazione *f*.

be'gnaden (26) dotare (*mit* di). **begnadig|en** [-'di:gən] (25) graziare; ♀**ung** *f* grazia *f;* perdono *m;* indulto *m*.

begnügen [-'gny:gən] (25): *sich* ~ contentarsi (*mit* di).

Begonie [-'go:njə] ♀ *f* (15) begonia *f*.

be'graben 1. *v/t.* seppellire; **2.** *p.p.* sepolto; F *fig. da möchte ich nicht* ~ *sein* non ci starei neanche dipinto.

Begräbnis [-'grɛ:pnis] *n* (4¹) sepoltura *f;* (*Leichenfeier*) funerali *m|pl.;* (*Grab*) sepolcro *m;* ~**feier** *f* esequie *f|pl.;* ~**platz** *m,* ~**stätte** *f* sepolcreto *m*.

be'gradigen (25) rettificare.

be'greif|en comprendere; capire; *s. begriffen; nicht zu* ~ inconcepibile, incomprensibile; ~**lich** [-'graiflic] comprensibile; ~**licher'weise** naturalmente.

be'grenz|en limitare; ~**t** limitato; *fig.* ristretto; ♀**theit** *f* limitatezza *f;* *fig.* ristrettezza *f;* ♀**ung** *f* limitazione *f*.

Be'griff *m* (3) idea *f;* *Phil.* concetto *m;* *im* ~ *sein zu* ... essere in procinto di ...; F *schwer von* ~ duro di comprendonio; ♀**en:** ~ *sein* stare (*mit Gerundium:* z.B. *crescendo, diventando*); *in e-r Arbeit* ~ *sein* essere occupato in un lavoro; *auf dem Marsch* ~ *sein* essere in marcia; ♀**lich** astratto; concettuale. **Be'griffs|bestimmung** *f* definizione *f;* ♀**stutzig** duro, lento; ~**vermögen** *n* facoltà *f* comprensiva; ~**verwirrung** *f* confusione *f* di idee.

be'gründ|en fondare; *Behauptung:* motivare; *Rechtsanspruch:* docu-

B

mentare; ℒer *m* fondatore *m*; ℒung *f* fondazione *f*; motivazione *f*.

be'grüß|en [-'gryːsən] salutare; ℒung *f* saluto *m*; ℒungs-abend *m* serata *f* di benvenuto; ℒungs-ansprache [-'gryːsuŋsˀanʃpraːxə] *f* discorso *m* inaugurale.

be'gucken F guardare.

begünstig|en [-'gynstigən] (25) favorire; favoreggiare; ℒung *f* favore *m*; ʒ̑ʒ̑ favoreggiamento *m*.

begutacht|en [-'guːtˀaxtən] (26) dare il suo parere (sopra qc.); (*prüfen*) esaminare; ℒung *f* parere *m*; perizia *f*.

begütert [-'gyːtərt] benestante, danaroso; *die ⁓en Klassen* le classi possidenti.

be'gütigen calmare.

behaar|t [-'haːrt] peloso; *Kopf*: capelluto; ℒung *f* pelo *m*; vello *m*.

behäbig [-'hɛːbiç] comodo; grassoccio; ℒkeit *f* comodità *f*; corpulenza *f*.

behaftet [-'haftət]: ⁓ *mit* carico di; *Path.* affetto da.

behag|en *v/i.* [-'haːgən] 1. *v/i.* (25) piacere; 2. ℒen *n* (6) gusto *m*; ⁓lich [-'haːkliç] piacevole; *sich ⁓ fühlen* sentirsi a suo agio; ℒlichkeit *f* comodità *f*.

be'halten *v/t.* (ri)tenere; (*bewahren*) serbare; *recht ⁓* aver ragione; *im Auge ⁓* tenere d'occhio.

Behälter [-'hɛltər] *m* (7) recipiente *m*; serbatoio *m*.

be'handeln trattare; ʒ̑ curare.

Be'handlung *f* trattamento *m*; 𝕄 trattazione *f*; ʒ̑ cura *f*.

Be'hang *m* (3³) addobbo *m*; *Behänge m/pl. e-s Tieres*: orecchioni *m/pl.*

be'hängen addobbare; *sich ⁓* ornarsi; F impacciarsi.

be'harr|en perseverare; insistere (*auf dat.* su); ⁓lich perseverare; insistente; (*zäh*) tenace; ℒlichkeit *f* perseveranza *f*; insistenza *f*; ℒungs-vermögen [-'haruŋsfɛrmøːgən] *n* forza *f* d'inerzia.

be'hauen digrossare.

behaupt|en [-'haʊptən] (26) asserire, sostenere; *Stellung*: mantenere, tenere; *Meinung*: pretendere; *sich ⁓* affermarsi; ℒung *f* asserzione *f*; mantenimento *m*.

Behausung [-'haʊzuŋ] *f* alloggio *m*.

be'heben togliere, levare; *Schwierigkeiten*: rimediare a, eliminare.

beheimatet [-'haɪmaːtət]: ⁓ *in* oriundo di.

Behelf [-'hɛlf] *m* (3) espediente *m*; ℒen: *sich ⁓* accontentarsi (*mit* di); cavarsela; ⁓s... *in Zssgn* provvisorio, di fortuna.

behelligen [-'hɛligən] (25) importunare; molestare.

behend|e [-'hɛndə] lesto; agile; *Antwort*: pronto; ℒigkeit *f* sveltezza *f*; prontezza *f*.

beherberg|en [-'hɛrbɛrgən] (25) alloggiare; accogliere; ℒung *f* alloggiamento *m*; ospitalità *f*.

be'herrsch|en dominare; *fig.* essere padrone di; ℒer *m* dominatore *m*; padrone *m*; ⁓t padrone di sé; ℒt-heit *f* padronanza *f* di sé stesso; ℒung *f* dominio *m*; padronanza *f*.

beherzig|en [-'hɛrtsigən] (25) far tesoro di; prendere in considerazione (*od.* a cuore); ℒung *f* il far tesoro; presa *f* in considerazione.

beherzt [-'hɛrtst] coraggioso; ℒheit *f* coraggio *m*.

behexen [-'hɛksən] stregare; ammaliare.

behilflich [-'hilfliç] ⁓ *sein* aiutare (*j-m* qu.).

be'hinder|n impedire; *von Sachen*: ingombrare; ostacolare; ℒung *f* impedimento *m*; ostacolo *m*; *Verkehr*: intralcio *m*.

Behörd|e [-'høːrdə] *f* (15) autorità *f/pl.*; ℒlich [-'høːrtliç] ufficiale; da parte delle autorità; concernente le autorità.

be'hufs a scopo di.

be'hüten custodire; *vor et.*: preservare; *Gott behüte* Dio (me, te, ...) ne guardi.

behutsam [-'huːtzaːm] cauto; *adv.* con cautela; ℒkeit *f* cautela *f*.

bei [baɪ] (*dat.*) presso; ⁓ *mir* (*in der Tasche*) con me; ⁓ *j-m* (*zu Hause*) da qu.; (*die Schlacht ⁓*) di; (⁓ *Tisch*) a; (⁓ *Tag*) di; (⁓ *dem Wetter*) con; (⁓ *Strafe*) sotto; (⁓ *Laune*) di; (⁓ *Gelegenheit*, ⁓ *Mondschein*, ⁓ *Licht*) a; (*nennen ⁓*) per; (*schwören ⁓*) su.

beibehalt|en [-'bəhaltən] conservare; ℒung *f*: *unter ⁓ von* conservando (*ac.*).

'Beiblatt *n* supplemento *m*.

'beibringen produrre; (*verabreichen*) somministrare; *Niederlage*: infliggere; (*lehren*) insegnare; F *j-m* et. (*Regel usw.*) ⁓ farla capire a qu.

Beichte ['baɪçtə] f (15) confessione f; *zur ~ gehen* andare a confessarsi; 2n (26) **1.** v/t. confessare; **2.** v/i. confessarsi.

Beicht|gänger(in f) m penitente m u. f; **~geheimnis** n segreto m confessionale.

Beichtiger ['baɪçtigər] m (7) confessore m.

Beicht|kind n penitente m u. f; **~stuhl** m confessionale m; **~vater** m confessore m.

beide ['baɪdə] (18) ambedue; *~ Brüder* ambedue i fratelli; *alle ~* tutt'e due; *e-r von den ~n* l'uno dei due; *keiner von ~n* nessuno dei due; *~s* l'uno e l'altro.

beider|lei ['baɪdərlaɪ] l'uno e l'altro; *~ Geschlechts* di ambo i sessi; **~seitig** ['--zaɪtiç] di (da) ambedue le parti; (*gegenseitig*) reciproco; mutuo; **~seits** ['--zaɪts] da ambedue le parti; reciprocamente.

beidrehen ⚓ piegare verso il vento, accostarsi.

beieinander [baɪ'aɪn'ʔandər] l'uno accanto all'altro; l'uno con l'altro.

Beifahrer ['baɪfaːrər] m secondo autista m.

Beifall ['-fal] m (3, o. pl.) applauso m; *mit Worten:* approvazione f; (*Händeklatschen*) applausi m/pl.; *~ klatschen* applaudire; *j-s ~ finden* incontrare (avere) il plauso di qu.

beifällig ['-feliç] favorevole, consenziente; d'approvazione.

Beifall|klatschen n applauso m; battimano m; **~sbezeigung** f applauso m; dimostrazione f di plauso; **~spender** m applaudente m; **~sruf** m acclamazione f; **~ssturm** m uragano m d'applausi.

beifolgen ['-folgən] essere accluso; **~d** qui unito (*od.* accluso); annesso.

beifüg|en aggiungere; *e-e Sendung:* accludere; 2ung f aggiunta f; *unter ~ von* includendo (*ac.*).

Beifuß ⚘ ['-fuːs] m (3², o. pl.) artemisia f.

Beigabe f giunta f.

beigeben aggiungere; *j-n:* aggregare; *Karten:* servire; *klein ~* abbassare le ali.

Beigeordnete(r) ['-gəʔɔrdnətə(r)] m (18) städtischer: assessore m.

Beigeschmack m sapore m strano; *e-n ~ haben von* sapere di.

beigesellen associare, aggregare.

Beihilfe f assistenza f; *finanziell:* sovvenzione f; aiuto m; ⚖ complicità f.

beikommen (*sn*) accostarsi a; (*vergleichen*) potersi paragonare (con); *ihm ist nicht beizukommen* è inattaccabile.

Beil [baɪl] n (3) scure f.

Beilage f aggiunta f; (*Schriftstück*) allegato m; *Zeitung:* supplemento m; *Kochk.* contorno m; *beim Schlächter:* giunta f.

Beilager n nozze f/pl.

beiläufig ['-lɔʏfiç] **1.** adj. incidentale; **2.** adv. di passaggio, incidentalmente.

beileg|en acchiudere; *j-m et.:* attribuire; *Namen:* dare; *Streit:* comporre; *sich ~ (Titel)* usurpare; 2ung f inclusione f, attribuzione f; composizione f; usurpazione f.

beileibe [-'laɪbə]: *~ nicht* a nessun prezzo.

Beileid n (3, o. pl.) condoglianza f; *sein ~ bezeigen* fare le sue condoglianze.

beiliegen essere accluso; ⚓ cappeggiare; **~d** (qui) accluso.

beim [baɪm] = *bei dem.*

beimengen mescolare (*dat.* con).

beimessen attribuire; ascrivere; *Glauben:* prestare; *Wert ~* dare importanza.

beimisch|en mescolare; (*fram*)mischiare; aggiungere; 2ung f mescolamento m; (*fram*)mischiamento m; aggiunta f.

Bein [baɪn] n (3) gamba f; (*Knochen*) osso m; *ein ~ stellen* dare il gambetto; *auf die ~e bringen* mettere in piedi; *fig.* organizzare; *wieder auf die ~e kommen* rimettersi, ristabilirsi; *j-m ~e machen* farla capire a qu., far rigare dritto qu.; *sich auf die ~e machen* mettersi in cammino; *die ~e in die Hand nehmen* cominciare a correre.

beinah(e) [baɪ'naː(ə)] quasi.

Beiname m soprannome m; *Spitzname:* nomignolo m.

Beinbruch ['baɪnbrux] m frattura f d'una gamba.

beinern ['baɪnərn] osseo; d'osso.

Bein|haus n ossario m; **~kleider** n/pl. calzoni m/pl.; **~schiene** f schiniere m.

bei-ordnen associare, aggregare.

B

beipflichten ['-pflıçtən] (26) aderire; dar ragione.

'Beirat m consiglio m; consigliere m.

beirren [bə'ʔırən] sconcertare.

beisammen [baı'zamən] insieme; F s-e Gedanken ~ halten concentrarsi; **ℓsein** n (6, o. pl.) ritrovo m; riunione f.

'Beisatz Gram. m apposizione f.

'Beischlaf m coito m.

'Beisein n presenza f.

beiseite [-'zaıtə] da parte; Scherz ~ bando agli scherzi, scherzi a parte; ~ gehen, treten appartarsi; ~ lassen lasciare da parte; ~ schaffen far sparire; ~ schieben scartare.

'beisetz|en v/t. aggiungere; Leiche: seppellire; Segel: spiegare; **ℓung** f funerali m/pl.

'Beisitz m assistenza f; **ℓen** assistere; **~er** ['-zıtsər] m (7) assessore m.

Beispiel ['-ʃpiːl] n (3) esempio m; zum ~ per esempio; mit gutem ~ vorangehen dare il buon esempio; **ℓlos** inaudito, senza esempio, senza precedenti; **ℓsweise** a mo' d'esempio.

'beispringen (sn) accorrere in aiuto.

beiß|en ['baısən] (30) mordere; Pfeffer usw.: pizzicare; **~end** mordente; fig. mordace; **ℓer** m Kinderspr. dente m; **ℓzahn** m dente m incisivo; **ℓzange** f pinzette f/pl.

'Beistand m (3³) aiuto m; von Personen: assistente m; ⚖ avvocato m, consulente m legale; ~ leisten prestare aiuto.

'beistehen (dat.) assistere; j-m mit et. ~ sovvenire qu. di qc.

'beisteuern contribuire.

'beistimm|en approvare; aderire a; essere d'accordo con; **ℓung** f adesione f; consenso m.

'Beistrich m virgola f.

Beitrag ['-traːk] m (3³) contributo m; (Mitglieds ℓ) quota f; Zeitung: articolo m; **ℓen** contribuire.

'beitreib|en v/t. riscuotere; ✕ requisire; **ℓung** f riscossione f; requisizione f.

'beitreten (sn) aderire; e-m Verein: entrare in; diventare membro di; Pol. affiliarsi a; e-r Religion: abbracciare (ac.).

'Beitritt m entrata f; adesione f.

'Beiwagen m carrozzino m; Straßenbahn: rimorchio m.

'Beiwerk n accessori m/pl.

'beiwohnen (dat.) assistere; hohe Persönlichkeit: intervenire.

'Beiwort n epiteto m; Gram. aggettivo m.

Beize ['baıtsə] f (15) corrosione f; 🜊 cauterizzazione f; Beizmittel: corrosivo m; Mal. acquaforte f; für Holz: vernice f; Jagdw. caccia f col falcone.

beizeiten [baı'tsaıtən] a tempo.

beizen ['baıtsən] (27) allg. corrodere; mordere; 🜊 cauterizzare; ⊕ macerare; Leder: conciare; Metall: lavare con corrosivi; Holz: verniciare; Jagdw. fare la caccia col falcone; **~d** mordente; caustico; corrosivo.

bejahen [bə'jaːən] (25) rispondere di sì a; confermare; **~d** affermativo; **~denfalls** [-'--dənfals] in caso affermativo.

bejahrt [bə'jaːrt] attempato.

Bejahung [bə'jaːʊŋ] f risposta f affermativa; ~ des Lebens ottimismo m.

be'jammern compiangere; **~swert** deplorevole; von Personen: compassionevole.

be'jubeln salutare con giubilo, applaudire.

be'kämpf|en combattere; lottare contro; **ℓung** f lotta f (contro).

bekannt [-'kant] conosciuto; noto; das ist mir nicht ~ non ne so nulla; es könnte ~ werden la cosa potrebbe risapersi; mit j-m ~ sein conoscere qu.; ~ werden farsi un nome; mit j-m ~ werden fare la conoscenza di qu.; j-n mit j-m ~ machen presentare qu. a qu.; an e-m Ort ~ sein essere pratico di un luogo; **ℓenkreis** m cerchia f dei conoscenti; **ℓe(r)** m conoscente m; **ℓgabe** f pubblicazione f; **~lich** notoriamente, come tutti sanno; **~machen** rendere noto, pubblicare; **ℓmachung** [-'-maxʊŋ] f notificazione f, pubblicazione f; proclamazione f; (Mitteilung) avvertenza f, avviso m; (Anschlag) manifesto m; **ℓschaft** f conoscenza f; (Personen) conoscenti m/pl.; **ℓwerden** n (Neuigkeit) divulgazione f.

be'kehr|en convertire; **ℓer** m convertitore m; **ℓte(r)** m convertito m; **ℓung** f conversione f.

be'kenn|en confessare; Farbe ~ Kartensp. rispondere, fig. mettere le carte in tavola; *sich* ~ professarsi; *zu e-r Partei:* aderire a; *zu e-r Religion:* professare; *zu e-r Tat:* confessarsi autore di; 2**tnis** *n* (4¹) confessione *f*; *(Glaubens*2*)* professione *f* di fede.

be'**klagen** deplorare; *j-n:* compiangere; *sich* ~ lagnarsi; ~**swert** deplorevole.

Beklagte(r) [-'kla:ktə(r)] *m* (18) ⁊⁊⁊ querelato *m*.

be'**klatschen** applaudire.

be'**kleben** incollare qc. su.

be'**klecksen** imbrattare.

be'**kleid**|**en** vestire; ⊕ rivestire; *fig. u. ein Amt:* coprire; *j-n mit e-m Amt:* investire (qu. di); 2**ung** *f Kleidung:* vestiti *m/pl.*; 2**ungsindustrie** *f* industria *f* confezionaria.

be'**kleistern** impiastrare, imbrattare.

be'**klemm**|**en** opprimere, angosciare; 2**ung** *f* oppressione *f*, affanno *m*.

beklommen [-'klɔmən] angosciato; angoscioso; 2**heit** *f* angoscia *f*.

be'**kommen 1.** *v/t.* avere, ricevere; *(erlangen)* ottenere; *e-n Mann:* trovare; *Bauch, Zähne:* mettere; *Kinder:* avere; *Krankheit, Hunger, Bart:* venire a *(z.B. ich bekomme Hunger mi viene fame); ich bekomme drei Lire von ihm* avanzo tre lire da lui; *wieviel* ~ *Sie?* quanto deve avere?; *e-e schlechte Meinung* ~ farsi una cattiva opinione; *e-n Rückfall* ~ fare una ricaduta; *ist zu* ~ *sich può avere; **2.** *v/i.* (*sn*) *gut* ~ *giovare; Speisen, Wein:* far bene; *schlecht* ~ far male; *wohl bekomm's!* buon pro!; *diese Luft bekommt mir nicht* quest'aria non mi conviene *(od. non mi fa bene).*

be**kömmlich** [-'kœmliç] sano; buono per la salute; *Speise (leicht):* leggero; ~ *sein* far bene (alla salute).

be**köstig**|**en** [-'kœstigən] *v/t.* (25) dare il vitto; spesare; 2**ung** *f* vitto *m*.

be'**kräftig**|**en** confermare; 2**ung** *f* conferma *f*.

be**kränzen** [-'krɛntsən] (27) inghirlandare.

be'**kreuzigen** [-'krɔʏtsigən]: *sich* ~ farsi il segno della croce.

be'**kriegen** combattere; *sich* ~ F rimettersi.

be**kritteln** [-'kritəln] criticare.

be**kritzeln** [-'kritsəln] scarabocchiare.

be'**kümmer**|**n** affliggere; *sich* ~ *um* curarsi di; ~**t** avvilito; 2**nis** *f* (14²) afflizione *f*.

be**kunden** [-'kundən] (26) manifestare, dimostrare, rivelare; ⁊⁊⁊ deporre.

be'**lächeln** *v/t.* sorridere di.

be'**lachen** *v/t.* deridere; *Person:* *Witz:* ridere su.

be'**laden**¹ *adj.* carico.

be'**laden**² *v/t.* caricare di.

Belag [-'la:k] *m* (3³) affettato *m*; *Zunge:* patina *f*; *Brötchen n mit* ~ tartina *f*.

Belag|**erer** [-'la:gərər] *m* (7) assediante *m*; 2**ern** assediare; ~**erung** *f* assedio *m*; ~**erungszustand** *m* stato *m* d'assedio.

Belang [-'laŋ] *m* (3) importanza *f*; ~**e** *pl.* interessi *m/pl.*; 2**en** citare; *j-n* ~ far causa a qu.; 2**los** senza importanza; ~**losigkeit** [-'--tsiçkait] *f* insignificanza *f*; inezia *f*.

be'**lass**|**en** lasciare com'è.

be'**last**|**en** caricare; *fig.* aggravare; *j-s Konto* ~ addebitare qu. di; ~**end** aggravante; ~**et** carico; *erblich* ~ affetto di male ereditario.

be**lästig**|**en** [-'lɛstigən] (25) importunare, molestare; 2**ung** *f* seccatura *f*; molestia *f*.

Belastung [-'lastuŋ] *f* carico *m*; ⊕ sollecitazione *f*; *Person:* sforzo *m*; *erbliche* ~ vizio *m* ereditario; ~**s-probe** *f* prova *f* di carico; *es war e-e harte* ~ è stata una prova assai dura; ~**szeuge** *m* testimone *m* a carico.

be**laub**|**en** [-'laubən] (25) coprir di foglie; ~**t** fronzuto.

be'**lauern** spiare.

be'**laufen**: *sich* ~ ammontare *(auf a).*

be'**lauschen** spiare (origliando); origliare; *Geheimnis:* scoprire.

be'**leb**|**en** (ri)animare; *Hoffnung:* ridestare; ~**end** vivificante; ~**t** animato; *fig.* frequentato; 2**theit** *f* animazione *f*; 2**ungsversuch** *m* tentativo *m* di richiamare in vita.

be'**lecken** leccare.

Beleg [-'le:k] *m* (3) documento *m* (giustificativo); *(Beweis)* prova *f*; *(Rechnungs*2*)* quietanza *f*; 2**en** [-'le:gən] coprire *(a. Tiere); mit Steuern:* aggravare di; *e-n Platz:* occupare, riservare; *Kolleg:* iscriversi a; *mit Fluch:* colpire di; ⑾ documentare; *belegte Zunge* lingua *f* patinosa (sporca); *belegte Stimme* voce *f* velata; *belegtes Brötchen* tartina *f*.

Belegschaft [-'leːkʃaft] *f* personale *m*; maestranze *f/pl.*

belehn|en [-'leːnən] investire; **♀ung** *f* investitura *f*.

be'lehr|en istruire; informare; *j-n e-s Besseren ~* convincere qu. del contrario; *sich ~ lassen* intender ragione; **~end** istruttivo; **♀ung** *f* ammaestramento *m*.

be'leibt corpulento; **♀heit** *f* corpulenza *f*.

beleidig|en [-'laidigən] (25) offendere; **~end** offensivo; **♀er** *m* (7) offensore *m*; **♀ung** *f* offesa *f*; **♀ungsklage** *f* querela *f* per diffamazione.

be'leihen: *et. mit e-r Summe ~* prestare una somma su.

be'lesen istruito; ben informato; erudito; **♀heit** *f* cultura *f* letteraria.

be'leucht|en illuminare; *Mal.* lumeggiare; *fig.* esaminare; **♀ung** *f* illuminazione *f*; *fig. Mal.* luce *f*; **♀ungs-anlage** *f* impianto *m* d'illuminazione; **♀ungskörper** *m* corpo *m* illuminante; **♀ungs-technik** *f* illuminotecnica *f*.

Belg|ier(in *f*) *m* belga (-a) *m* (*f*); **♀isch** belgico.

belicht|en [-'liçtən] *v/t. Phot.* esporre alla luce; **♀ung** *f* esposizione *f*; posa *f*; **♀ungsmesser** *m* esposimetro *m*; **♀ungszeit** *f* tempo *m* d'esposizione.

be'lieb|en 1. *v/t.* gradire; volere; **2.** *v/i.* piacere, compiacersi; *wie Ihnen beliebt* come Le piace, come Le pare; *wie beliebt?* come dice?; **3. ♀en** *n* (6) piacere *m*; piacimento *m*; *nach ~* a piacere; **~ig** *jeder ~e* qualsivoglia; il primo venuto.

beliebt [-'liːpt] ben visto; popolare; *Sachen*: in voga; *sich ~ machen* farsi voler bene; **♀heit** *f* favore *m*; popolarità *f*; *sich e-r großen ~ erfreuen* essere molto popolare.

be'liefer|n fornire a; provvedere; *Markt*: approvvigionare; **♀ung** *f* approvvigionamento *m*.

bellen ['belən] (25) abbaiare.

Belletristik [belɛ'tristik] *f* (16, *o. pl.*) letteratura *f* amena.

be'lob|igen (25) elogiare; **♀igung** *f* elogio *m*.

be'lohn|en ricompensare; **♀ung** *f* ricompensa *f*.

be'lügen *v/t.* dire delle bugie a.

belustig|en [-'lustigən] (25) divertire; **♀ung** *f* divertimento *m*.

bemächtigen [-'mɛçtigən] (25): *sich ~* impadronirsi.

be'mäkeln criticare.

be'malen dipingere.

bemängeln [-'mɛŋəln] *v/t.* (29) trovare da ridire su; criticare.

be'mann|en (25) equipaggiare; **♀ung** *f* equipaggiamento *m*.

bemänteln [-'mɛntəln] (29) mascherare.

be'merk|bar percettibile; *sich ~ machen* farsi sentire; **~en** *v/t.* osservare; notare; *mit dem ♀, daß ...* osservando che ...; **~enswert** notevole, **♀ung** *f* osservazione *f*; **Ⓤ** nota *f*.

bemitleiden [-'mitlaidən] *v/t.* (26) compiangere; avere compassione per; **~swert** compassionevole.

bemittelt [-'mitəlt] agiato; danaroso.

be'mogeln imbrogliare.

bemoost [-'moːst] coperto di musco; *fig.* vecchio.

be'müh|en *v/t.* incomodare; *sich (eifrig) ~* adoprarsi; darsi premura; *sich zu j-m ~* avere la compiacenza di andare da qu.; *sich um et. ~* cercare di ottenere qc.; *~ Sie sich nicht* non si disturbi; **♀ung** *f* premura *f*; (*Mühe*) fatica *f*; **♀ungen** *f/pl.* sforzi *m/pl.*

bemüßigt [-'myːsiçt]: *sich ~ fühlen zu* credere opportuno *inf.*

be'mustern campionare.

bemuttern [-'mutərn] F (29) coccolare.

benachbart [-'naxbaːrt] vicino.

benachrichtig|en [-'naːxriçtigən] (25) avvertire; avvisare; **♀ung** *f* avviso *m*.

benachteiligen [-'tailigən] (25) pregiudicare, danneggiare.

be'nagen rosicchiare.

be'nebelt F brillo.

be'nehmen 1. *v/t.* privare di, togliere; *sich ~* comportarsi; **2. ♀** *n* (6) contegno *m*, condotta *f*; (*Manieren*) maniere *f/pl.*, modi *m/pl.*; *sich ins ~ setzen* mettersi in contatto.

beneiden [-'naidən] invidiare; *j-n um et. ~* invidiare qc. a qu.; **~swert** invidiabile.

be'nenn|en denominare; *benannt so-*
prannominato; $\mathcal{A}$ concreto; $\mathfrak{Q}$**ung** *f*
denominazione *f*.
be'netzen bagnare; irrigare.
Bengel ['bɛŋəl] *m* (7) monello *m*;
fauler $\sim$ fannullone *m*.
benommen [-'nɔmən] accapacciato;
stordito; $\mathfrak{Q}$**heit** *f* stordimento *m*.
be'nötigen *v/t.* aver bisogno di; *es*
werden Nägel benötigt ci vogliono
dei chiodi.
benutz|bar [-'nutsbɑːr] utilizzabile,
adoperabile; $\sim$**en** approfittare di;
(*anwenden*) adoperare, servirsi di;
$\mathfrak{Q}$**er** *m* utente *m*; $\mathfrak{Q}$**ung** *f* uso *m*; impiego *m*; *unter* $\sim$ approfittando di;
servendosi di.
Benzin [bɛn'tsiːn] *n* (3^1) benzina *f*;
$\sim$**kanister** *m* (7) latta *f* di benzina;
$\sim$**motor** *m* motore a benzina; $\sim$-
tank *m* serbatoio *m* (cisterna *f*) di
benzina.
Benzol [bɛn'tsoːl] *n* (3^1) benzolo *m*.
beobacht|en [bə'ʔoːbaxtən] (26) os-
servare; $\mathfrak{Q}$**er** *m* osservatore *m*; $\mathfrak{Q}$**ung**
f osservazione *f*.
Be-'obachtungs|flugzeug *n* aero-
plano *m* da ricognizione, ricognitore
m; $\sim$**gabe** *f* spirito *m* d'osservazione;
$\sim$**posten** *m* posto *m* d'osservazione;
$\sim$**station** *f* osservatorio *m*.
beordern [-'ʔɔrdərn] (29): $\sim$ *nach*
mandare a; *zu sich* $\sim$ chiamare, far
venire.
be'**packen** caricare (di pacchi).
be'**pflanzen**: *e-n Ort mit et.* $\sim$ piantare qc. in un luogo; *mit Bäumen*
bepflanzt alberato.
be'**pinseln** pennellare.
be'**pudern** incipriare.
bequem [-'kveːm] comodo; *es sich*
$\sim$ *machen* accomodarsi; (*wenig ar-*
beiten) fare il proprio comodaccio;
$\sim$**en** (25): *sich* $\sim$ adattarsi (*zu* a); $\mathfrak{Q}$-
lichkeit *f* comodità *f*, comodo *m*;
(*Trägheit*) pigrizia *f*.
be'**rappen** F pagare.
be'**rat|en** *j-n*: consigliare; *et.*: discu-
tere; *über et.* $\sim$ consigliarsi su qc.,
discutere qc.; $\sim$**end** consultivo; *e-*
Stimme voto *m* consultivo; $\mathfrak{Q}$**er** *m*
consigliere *m*; (*Fach*$\mathfrak{Q}$) perito *m*; $\sim$-
schlagen (25, *untr.*) discutere; *sich*
$\sim$ consultarsi; $\mathfrak{Q}$**ung** *f* consiglio *m*;
avviamento *m*; discussione *f*; *Ärzte*:
consulto *m*; $\mathfrak{Q}$**ungsstelle** *f* consultorio *m*; ufficio *m* di consulenza;

$\mathfrak{Q}$**ungszimmer** *n* sala *f* delle conferenze; camera *f* di consiglio.
be'**rauben** derubare; *fig.* privare.
be'**rausch|en** inebriare; $\sim$**end** ine-
briante; $\sim$**t** inebriato, ebbro.
be'**rechenbar** calcolabile.
be'**rechn|en** calcolare; conteggiare;
$\sim$**end** calcolatore; interessato; $\mathfrak{Q}$**ung**
f calcolo *m*, conteggio *m*.
berechtig|en [-'rɛçtigən] (25) auto-
rizzare; $\sim$**t** autorizzato; *fig.* giustificato; $\mathfrak{Q}$**ung** *f* autorizzazione *f*; diritto *m*.
be'**red|en** *et.*: parlare *od.* discutere
di; *j-n*: persuadere; *sich mit j-m* $\sim$
conferire con qu.; $\sim$**sam** eloquente;
$\mathfrak{Q}$**samkeit** [-'reːtzɑːmkaɪt] *f* eloquenza *f*.
be'**redt** [-'reːt] eloquente.
Be'reich *m u. n* (3) ambito *m*, sfera *f*.
bereicher|n [-'raɪçərn] (29) arric-
chire; $\mathfrak{Q}$**ung** *f* arricchimento *m*.
be'**reif|en** [-'raɪfən] mettere i pneu-
matici (*od.* le gomme) a; $\mathfrak{Q}$**ung**
f pneumatici *m/pl.*, gomme *f/pl.*
be'**reinig|en** *fig.* chiarire, regolare;
$\mathfrak{Q}$**ung** *f* accomodamento *m*.
be'**reisen** percorrere, viaggiare;
Märkte: frequentare.
bereit [-'raɪt] pronto, disposto (*zu* a).
bereiten [-'raɪtən] (26) preparare;
Empfang: fare; *Freude*: procurare.
be'**reitmachen**: *sich* $\sim$ prepararsi (*zu*
et. a qc.).
bereits [-'raɪts] già.
Bereit|schaft [-'raɪtʃaft] *f* (16) esse-
re *m* pronto; disposizione *f*; *in* $\sim$
halten tener pronto; *in* $\sim$ *setzen*
preparare; $\sim$**schaftsdienst** *m* servizio *m* di guardia; $\mathfrak{Q}$**stellen** mettere a disposizione, preparare; $\sim$**stel-**
lung *f* messa *f* a disposizione; $\mathfrak{Q}$**wil-**
lig pronto, volenteroso; $\sim$**willig-**
keit *f* volonterosità *f*, premura *f*.
be'**rennen** dare l'assalto a.
be'**reuen** *v/t.*: *et.* $\sim$ pentirsi di qc.
Berg [bɛrk] *m* (3) monte *m*; *über den*
$\sim$ *sein* aver superato tutti gli ostacoli; *die Haare stehen mir zu* $\sim$**e** mi
si rizzano i capelli; *mit et. hinter*
dem $\sim$**e** *halten* nascondere qc.
berg|ab [bɛrk'ʔap] in discesa; '$\mathfrak{Q}$-
akademie *f* accademia *f* mineraria.
Berga'motte *f* (15) pera *f* da berga-
motta.
'**Berg|amt** *n* amministrazione *f* delle
miniere; $\mathfrak{Q}$**an** [-'ʔan] in salita; $\sim$**ar-**
beit *f* lavoro *m* di miniere; $\sim$**ar-**

B

beiter m minatore m; **~auf** [-'⁹auf] in salita; **~bahn** f funicolare m; **~bau** m industria f mineraria; **~baukunde** f scienza f mineraria; **~bewohner** m montanaro m.

'**Berge|geld** n, **~lohn** m premio m di ricupero.

berg|en ['bergən] (30) ricuperare; *Segel*: ammainare; (*retten*) salvare; trarre in salvo; (*verbergen*) nascondere; *in sich* ~ racchiudere in sé; ~ *vor* mettere al sicuro da; *geborgen sein* essere al sicuro; **Sung** f estrazione f; salvataggio m; ricupero m.

'**Berg|fahrt** f gita f sui monti; *Sport*: percorso m (*od.* corsa f) in salita; **~führer** m guida f alpina; **~hütte** f rifugio m.

bergig ['bergiç] montuoso.

'**Berg|inspektor** m ispettore m minerario; **~kessel** m vallata f; **~kette** f catena f di monti; **~knappe** m minatore m; **~knappschaft** f corporazione f di minatori; **~krankheit** f mal m di montagna; **~kristall** m cristallo m di rocca; **~land** n paese m di montagna; **~mann** m (*pl.* -leute) minatore m; **~predigt** f Sermone m della Montagna; **~rennen** n corsa f di montagna; **~rutsch** m frana f; **~schule** f scuola f mineraria; **~spitze** f cima f; **~sport** m alpinismo m; **~steiger(in** f) m alpinista m u. f; **~steigerei** f alpinismo m; **~stiefel** m scarpone m; **~stock** m bastone m da montagna; **~sturz** m frana f; **~²-unter** in discesa; **~volk** n popolo m montanaro; **~werk** n miniera f.

Bericht [bə'riçt] m (3) relazione f; rapporto m; *Radio*: notiziario m; *in Zeitungen*: resoconto m; **†** *laut* ~ secondo avviso; ~ *erstatten* (*j-m über et.*) informare qu. di qc.; **Sen** (26) riferire.

Be'richt|erstatter [-'-⁹erʃtatər] m (7) relatore m; *Zeitung*: cronista m; *v. auswärts*: corrispondente m; **~erstattung** f relazione f; resoconto m; informazione f.

berichtig|en [bə'riçtigən] (25) rettificare; *Rechnung*: saldare; **Sung** f rettifica f; saldo m.

be'riechen odorare, sentire.

be'riesel|n irrigare; **Sung** f irrigazione f.

beritten [bə'ritən] a cavallo.

Berlin|er [ber'li:nər] m (7) berlinese m; **Sisch** berlinese.

Bernstein ['bernʃtain] m ambra f.

bersten ['berstən] (30, sn) crepare; scoppiare.

berüchtigt [bə'ryçtiçt] famigerato.

berücken [bə'rykən] affascinare.

berücksichtig|en [-'-ziçtigən] (25): *et.* ~ tener conto di qc.; considerare qc.; **Sung** f considerazione f; *unter* ~ avendo riguardo (a).

Beruf [-'ru:f] m (3) professione f; (*Trieb*) vocazione f; (*Amt*) ufficio m; *ein Opfer des ~es* una vittima del dovere.

be'rufen 1. *v/t.* chiamare; (*ernennen*) nominare, designare, aggregare; *Sitzungen*: convocare; *sich* ~ appellarsi (*auf ac.* a); appoggiarsi (*auf ac.* a); 2. *adj.* destinato; *Rel.* eletto.

beruflich [-'ru:fliç] professionale.

Be'rufs|arbeit f lavoro m professionale; **~aussichten** f/pl. prospettive f/pl. professionali (*od.* di fare carriera); **~beratung** f avviamento m (*od.* orientamento m) professionale; **Smäßig 1.** *adj.* professionale; 2. *adv.* per professione; **~schule** f scuola f d'avviamento professionale; **~soldat** m soldato m di carriera; **~sportler** m sportivo m professionista; **Stätig** che esercita una professione; **~wahl** f scelta f della professione; **~zweig** m categoria f professionale.

Be'rufung f (16) nomina f; convocazione f; t́t̀ appello m; *für et.*: vocazione f; ~ *einlegen* interporre appello; **~sgericht** n Corte f d'appello.

be'ruhen *auf et.*: fondarsi su, essere fondato su; *auf j-m*: dipendere da; *et. auf sich* ~ *lassen* lasciare una cosa come è, F lasciar correre.

beruhig|en [-'ru:igən] (25) calmare, quietare; *e-n Besorgten*: rassicurare; *ich kann mich nicht* ~ non so darmi pace; **~end** calmante; **Sung** f tranquillamento m, rassicurazione f; *zu Ihrer* ~ per tranquillizzarLa; **Sungsmittel** n calmante m, sedativo m.

berühmt [-'ry:mt] celebre; famoso; **Sheit** f celebrità f.

be'rühr|en toccare; *im Gespräch*: accennare a; (*un*)*angenehm* ~ (dis-) piacere; **Sung** f tatto m; contatto m; *fig.* rapporto m.

besäen [-'zɛ:ən] seminare.

besag|en [-'zɑːgən] dire; (*bedeuten*) significare; **~t** menzionato, suddetto.

be'saiten: *zart besaitet* sensibile.

Besan [be'zaːn] *m* (3¹) ⚓ randa *f* di mezzana.

besänftigen [-'zɛnftigən] (25) calmare, placare.

Besatz [-'zats] *m* guarnizione *f*.

Besatzung [bə'zatsuŋ] *f* guarnigione *f*; *Sport*, ⚓ equipaggio *m*; **~smacht** [-'-unsmaxt] *f* potenza *f* occupatrice; **~s-truppen** *f/pl.* truppe *f/pl.* d'occupazione.

be'saufen F: *sich ~* ubbriacarsi.

be'schädig|en danneggiare; guastare; (*verletzen*) ferire; **2te(r)** *m* danneggiato *m*; (*Kriegs2*) sinistrato *od.* minorato *m* (di guerra); **2ung** *f* danneggiamento *m*; (*Schaden*) danno *m*; *körperlich*: lesione *f*.

be'schaffen 1. *v/t.* procurare; **2.** *p.p.* fatto; *gut ~* in buono stato; *wie ist es damit ~?* come stanno queste cose?; **2heit** [-'--hait] *f* natura *f*; (*Zustand*) stato *m*.

beschäftig|en [-'ʃɛftigən] (25) occupare; **2ung** *f* occupazione *f*; impiego *m*; **~ungslos** disoccupato.

be'schäm|en confondere; **~end** umiliante; **2ung** *f* vergogna *f*; confusione *f*.

beschatten [-'ʃatən] *v/t.* (26) ombreggiare; *fig.* spiare.

be'schau|en guardare; *prüfend*: esaminare; *Phil.* contemplare; **2er** [-'-ər] *m* spettatore *m*; **~lich** [-'-liç] contemplativo; **2lichkeit** *f* contemplazione *f*.

Bescheid [-'ʃait] *m* (3) ordinanza *f*; (*Antwort*) risposta *f*; (*Auskunft*) informazioni *f/pl.*; *~ wissen* essere pratico (di), essere al corrente (con, di); *gehörig ~ sagen* rispondere per le rime.

bescheiden [-'ʃaidən] **1.** *v/t. j-m et.*: destinare; *j-n*: informare, rispondere a; *j-n vor Gericht ~* citare qu. in tribunale; *es war ihm nicht beschieden, zu ...* non gli fu dato di ...; *sich ~* contentarsi di ..., *abs.* limitarsi, rassegnarsi; **2.** *adj.* modesto; **2heit** *f* modestia *f*; **~tlich** modestamente.

be'scheinen illuminare.

bescheinig|en [-'ʃainigən] (25) certificare; *Empfang*: accusare; **2ung** *f* attestazione *f*; (*Schriftstück*) certificato *m*.

be'schenken fare regali a; *j-n mit et. ~* regalare qc. a qu.

be'scher|en regalare; *fig.* combinare; **2ung** *f* (*distribuzione f di*) regali *m/pl.*; *e-e schöne ~!* un bel pasticcio!

be'schicken *v/t.* mandare dei delegati a; *den Markt*: mandar bestiame (merci *usw.*); *Ofen*: caricare.

be'schieß|en bombardare; cannoneggiare; **2ung** *f* bombardamento *m*.

be'schildern munire di indicazioni.

be'schimpf|en ingiuriare; insultare; **2ung** *f* insulto *m*, ingiuria *f*.

beschirm|en [-'ʃirmən] (25) proteggere; **2er** *m* protettore *m*.

be'schlafen F: *et. ~* dormirci sopra.

Beschlag [-'ʃlaːk] *m* ferratura *f*; *an Büchern, Stühlen usw.*: borchia *f*; *am Stock*: puntale *m*; *an Türen*: bandelle *f/pl.*; *an Fenstern*: appannamento *m*; *Jagdw.*: accoppiamento *m*; 🛠 sequestro *m*; *in ~ nehmen, mit ~ belegen* sequestrare; **2en** [-'-gən] **1.** *v/t.* ferrare; *mit et. ~* mettere qc. (a); *ein Rad*: cerchiare; *Koffer, Türen usw.*: mastiettare; *Jagdw.* coprire; **2.** *v/i.* (*sn*) coprirsi (di); appannarsi; **3.** *adj.* 🅤 ben istruito, ben informato; **~nahme** [-'ʃlaːknaːmə] *f* (15) sequestro *m*; **2nahmen** (25) sequestrare; confiscare.

be'schleichen sorprendere.

beschleunig|en [-'ʃlɔynigən] (25) affrettare; accelerare; *Geschäft*: sollecitare; **2ung** *f* acceleramento *m*; sollecitamento *m*; *Phys.* accelerazione *f*.

be'schließen chiudere; *Leben, Jahr*: finire; (*entscheiden*) decidere; *Pol.* votare.

Be'schluß *m* (4²) fine *f*; decisione *f*; risoluzione *f*; *Pol.* voto *m*; **2fähig** in numero legale; **~fähigkeit** *f* numero *m* legale; **~fassung** *f* deliberazione *f*.

be'schmieren imbrattare; *mit Fett*: ungere.

be'schmutz|en insudiciare; sporcare; **2ung** *f* insudiciamento *m*.

be'schneid|en tagliare; *Bäume*: potare; *Rasen*: tosare; *Kinder*: circoncidere; *Tiere*: castrare; *Ausgaben*: ridurre; **2ung** *f* taglio *m*; potatura *f*; tosatura *f*; circoncisione *f*; castrazione *f*; riduzione *f*.

B

beschneit [-'ʃnaɪt] coperto di neve.
be'schnüffeln, **be'schnuppern** fiutare; *sich* ~ ammusarsi.
beschönig|en [-'ʃøːnɪgən] (25) trovare delle scuse per; coonestare; ricoprire; **Sung** *f* palliamento *m*.
beschottern [-'ʃɔtərn] (29) inghiaiare, acciottolare.
beschränk|en [-'ʃrɛŋkən] (25) limitare; *sich* ~ *auf* limitarsi a; **~end** restrittivo; **~t** limitato; *geistig*: corto di mente; **Stheit** *f* limitatezza *f*; ristrettezza *f*; cortezza *f* di mente; **Sung** *f* limitazione *f*.
be'schreib|en descrivere; **~end** descrittivo; **Sung** *f* descrizione *f*.
be'schreiten mettere il piede su; *ein Land*: percorrere; *Weg*: andare per; *(Klage)* abbracciare; *den Rechtsweg* ~ ricorrere al tribunale.
beschrift|en [-'ʃrɪftən] *v/t.* (26) mettere un'iscrizione su; segnare; **Sung** *f* scritta *f*; iscrizione *f*; *erläuternde*: leggenda *f*.
beschuldig|en [-'ʃʊldɪgən] (25) incolpare, accusare; **Ser** *m* accusatore *m*; **Ste(r)** *m* accusato *m*; **Sung** *f* incolpazione *f*, incriminazione *f*; accusa *f*.
beschummeln [-'ʃʊməln] (29) F imbrogliare.
be'schütz|en proteggere; **Ser** *m* protettore *m*.
be'schwatzen infinocchiare.
Beschwerde [-'ʃveːrdə] *f* (15) pena *f*; ❦ incomodo *m*; *des Atems*: gravezza *f*; *(Klage)* lagnanza *f*, reclamo *m*; **~führer** *m* reclamante *m*; **~schrift** *f* reclamo *m*.
beschwer|en [-'ʃveːrən] (25) aggravare; tener fermo con un peso; *sich* ~ lagnarsi; **~lich** gravoso, faticoso; *Person*: molesto; *j-m* ~ *sein* seccare qu.; **Slichkeit** *f* incomodo *m*; gravezza *f*; **~en pl.** disagi *m/pl*.
beschwichtig|en [-'ʃvɪçtɪgən] (25) acquietare; calmare; **Sung** *f* acquietamento *m*.
be'schwindeln imbrogliare.
beschwingt [-'ʃvɪŋt] alato; *fig.* animato; **Sheit** *f* animazione *f*.
beschwipst [-'ʃvɪpst] F brillo.
be'schwör|en *et.*: giurare; *j-n*: scongiurare; *Seelen*: evocare; *böse Geister*: esorcizzare; **Ser** *m* scongiuratore *m*; esorcista *m*; **Sung** *f* scongiuro *m*; evocazione *f*; esorcismo *m*.

beseelen [-'zeːlən] (25) animare.
be'sehen guardare.
beseitig|en [-'zaɪtɪgən] *v/t.* (25) rimuovere, togliere; *j-n*: eliminare, sopprimere; **Sung** *f* eliminazione *f*; soppressione *f*.
Besen ['beːzən] *m* (6) scopa *f*; *neue* ~ *kehren gut* scopa nuova scopa bene; **~binder** ['--bɪndər] *m* granataio *m*.
besessen [-'zɛsən] invasato; **Se(r)** *m* ossesso *m*; **Sheit** *f* ossessione *f*.
be'setz|en occupare; fornire; *Spiel*: e-e Karte ~ mettere su una carta; *Kleidung*: guarnire; *mit Perlen*: tempestare; *Thea. ein Stück* ~ distribuire le parti; *besetzt* occupato; *alles besetzt!* completo!; *ein Amt mit j-m* ~ affidare una carica a qu.; **Sung** *f* occupazione *f*; guarnizione *f*; distribuzione *f* (delle parti); conferimento *m*.
besichtig|en [-'zɪçtɪgən] *v/t.* (25) visitare; *als Aufseher*: ispezionare; **Sung** *f* ispezione *f*; visita *f*; **Sungsreise** *f* viaggio *m* d'istruzione.
be'sied|eln colonizzare; *dicht besiedelt* molto popolato; **Slung** *f* colonizzazione *f*.
be'siegel|n suggellare; **Sung** *f* suggellamento *m*.
be'siegen vincere.
be'singen cantare.
be'sinn|en [-'zɪnən] *sich* ~ riflettere; *(sich erinnern)* rammentarsi (di); *sich e-s Besseren* ~ cambiare d'avviso; **~lich** contemplativo, sereno.
Be'sinnung *f* sensi *m/pl.*; *(Nachdenken)* riflessione *f*; *zur* ~ *kommen* ricuperare i sensi, ritornare in sé; **Sslos** privo di sensi; **~slosigkeit** *f* perdita *f* dei sensi, svenimento *m*.
Besitz [-'zɪts] *m* (3²) possesso *m*; **S-anzeigend** possessivo; **Sen** possedere; **Ser** *m* possessore *m*; possidente *m*; **~ergreifung** *f*, **~nahme** *f* [-'--⁹ɛrgraɪfuŋ, -'-naːmə] presa *f* di possesso; **Stum** *n* (1²), **~ung** *f* possesso *m*; possedimento *m*; possessione *f*; proprietà *f*.
besoffen [-'zɔfən] P ub(b)riaco; **Sheit** *f* ub(b)riachezza *f*.
besohlen [-'zoːlən] (25) risolare.
besold|en [-'zɔldən] (26) stipendiare; pagare il salario a; ✗ pagare il soldo a; **Sung** *f* stipendio *m*; ✗ soldo *m*.
besonder|e(r) [-'zɔndərə(r)] parti-

colare, speciale; (*seltsam*) singolare; es *ist nichts Besonderes* non è gran cosa; *im ~* anzitutto; *im ~n Maße* particolarmente; *keine ~ Lust haben* non avere gran voglia; 2heit *f* particolarità *f*; singolarità *f*.

besonders [bə'zɔndərs] particolarmente, specialmente; (*jeder ~, jedem ~ usw.*) separatamente; *nicht ~ gut* non molto bene.

besonnen [-'zɔnən] giudizioso; 2heit *f* giudizio *m*.

besonnt [-'zɔnt] soleggiato.

besorg|en [-'zɔrgən] provvedere a; (*fürchten*) temere; *j-m et.*: procurare; *Geschäfte*: attendere a; *Einkäufe*: fare acquisti; *Kranken*: assistere; *Kinder*: aver cura di; *et. zu ~ haben* avere da fare una commissione; 2nis [-'zɔrknis] *f* (14²) preoccupazione *f*; apprensione *f*; ~niserregend preoccupante; inquietante, allarmante; ~t preoccupato; allarmato; agitato; ~ *sein* stare in pensieri; 2ung *f* commissione *f*.

be'spann|en *Wand*: rivestire; *Geige*: incordare; *Wagen*: attaccare i cavalli a; 2ung *f* rivestimento *m*; incordatura *f*; attaccatura *f*.

be'spielen *Schallplatte*: incidere.

bespitzeln [-'ʃpitsəln] *v/t.* (29) spiare, sorvegliare i passi di qu.

be'sprech|en *et. ~* parlare di qc.; discutere; commentare; *Buch*: recensire; *Krankheit*: scongiurare; *sich ~* conferire; 2ung *f* discussione *f*; recensione *f*; conferenza *f*; scongiuro *m*; colloquio *m*.

be'sprengen *Straßen*: innaffiare; *Rel.* aspergere.

be'springen *Zo.* coprire, montare.

be'spritzen spruzzare; macchiare.

be'spucken sputare sopra (contro).

be'spülen bagnare.

besser ['bɛsər] **1.** *adj.* migliore, più buono; **2.** *adv.* meglio; *~ werden* migliorare; *es wäre ~* sarebbe meglio.

besser|n ['bɛsərn] (29) migliorare; *sich ~* (*moralisch*) correggersi; 2ung *f* miglioramento *m*; 2ungsanstalt ['--ruŋsˀanʃtalt] *f* riformatorio *m*, casa *f* di correzione.

Besserwisser ['--visər] *m* (7) saccentone *m*.

best [bɛst] **1.** *adj.* der (die) ~e il (la) migliore; *mein ~er Freund* il mio

migliore amico; *der erste ~e* il primo venuto; **2.** 2e(r) *m* il migliore; *mein ~* mio carissimo; **3.** *adv.* *am ~en* nel miglior modo possibile; *am ~en gehen Sie ...* il meglio è che vada ...; *am ~en gefällt mir ...* a me piace di più ...; *zum ~en geben* offrire; *zum ~en haben* canzonare; *~ens* il meglio possibile; *danke ~ens* mille grazie; *s. a. Beste*.

bestall|en [bə'ʃtalən] (25) installare; 2ung *f* nomina *f*; installazione *f*.

Be'stand *m* (3³) effettivo *m*; (*Fortbestehen*) stabilità *f*; (*Dauer*) durata *f*; *~ haben* durare; *der Kasse fondo m* di cassa.

be'ständig costante; (*dauerhaft*) stabile; (*andauernd*) continuo; 2keit *f* costanza *f*; stabilità *f*; continuità *f*.

Be'stands-aufnahme *f* inventario *m*.

Bestandteil [-'ʃtantaɪl] *m* elemento *m*; parte *f* integrante; componente *f*; *e-n ~ bilden von* fare parte di.

be'stärken confermare; *j-n*: incoraggiare; *Meinung*: corroborare.

bestätig|en [-'ʃtɛːtigən] (25) confermare; *Schriftstück*: autenticare; *Wahl*: convalidare; *Gesetze*: sanzionare; *Empfang*: accusare; 2ung *f* conferma *f*; legalizzazione *f*; convalidazione *f*; sanzione *f*.

bestatt|en [-'ʃtatən] *v/t.* (26) seppellire; 2ung *f* sepoltura *f*; 2ungsinstitut *n* impresa *f* di pompe funebri.

be'stäuben impolverare.

Beste ['bɛstə] *n* meglio *m*; *sein ~s tun* fare del suo meglio; *das 2 wäre ... il* meglio sarebbe ...; *er will nur dein ~s* lo fa per il tuo bene; *aufs 2* nel miglior modo possibile; *wir wollen das ~ hoffen* speriamo bene; *s.a. best*.

be'stech|en corrompere; subornare; *fig.* sedurre; *~end/fig.* affascinante; *~lich* corruttibile, venale; 2lichkeit *f* corruttibilità *f*, venalità *f*; 2ung *f* corruzione *f*; subornazione *f*.

Besteck [bə'ʃtɛk] *n* (3) astuccio *m*; *Löffel usw.*: posata *f*; 2en: *mit et. ~* mettere qc. in ...; guarnire di.

be'stehen 1. *v/t.* *Prüfung*: superare; *Abenteuer*: vivere; **2.** *v/i.* (*a. sn*) esistere; (*in Kraft sein*) vigere; *aus et. ~, in et. ~* consistere di qc., in qc.; *auf et.*: insistere; **3.** 2 *n* (6): *seit ~* da quando esiste; **3.** *~d* composto di.

be'stehlen derubare.

be'steig|en salire su; ascendere; *Pferd*: montare; 2ung f salita f; d. Thrones: avvento m; e-s Berges: ascensione f.

be'stell|bar ↙ coltivabile; 🐾 che si può recapitare; ∼en ⚕ ordinare; j-n: dire di venire; j-m et.: far sapere; ↙ coltivare; (ernennen) nominare; Auftrag: eseguire; Grüße: fare; Briefe: distribuire; ich werde es ∼ lo dirò senz'altro; bestellt sein essere aspettato; es ist mit ihm schlecht bestellt le sue cose vanno male; 2er m committente m; cliente m; 2schein m, 2zettel m scheda f di ordinazione; 2ung f ordinazione f; coltivazione f; consegna f.

bestenfalls ['bɛstən'fals] nel migliore dei casi.

'bestens s. best 3.

be'steuer|n tassare; 2ung f tassazione f.

bestiali|sch [bɛst'jɑ:liʃ] bestiale; 2'tät f bestialità f.

be'sticken coprire di ricami.

Bestie ['bɛstjə] f (15) bestia f.

bestimm|bar [bə'ʃtimbɑ:r] determinabile; definibile; ∼en stabilire; wissenschaftlich: determinare; (festsetzen) fissare; et. für j-n, j-n zu et.: destinare; über et.: disporre di; (entscheiden) decidere.

be'stimmt determinato; stabilito; deciso; certo; Gram. determinativo; ↑ definito; adv. per sicuro; 2heit f determinatezza f; certezza f; risolutezza f.

Be'stimmung f determinazione f; destinazione f; fissazione f; ↑ disposizione f; (Schicksal) destino m; ∼en f/pl. prescrizioni f/pl.; regolamento m; ∼s-ort m luogo m di destinazione; ∼swort n attributo m.

bestirnt [bə'ʃtirnt] stellato.

'Bestleistung f Sport: record m.

bestmöglich ['bɛst'mø:kliç] meglio possibile.

bestraf|en [bə'ʃtraːfən] punire; castigare; 2ung f punizione f; castigo m; Sport: penalizzazione f.

be'strahl|en irradiare; 🞉 trattare con i raggi X; 2ung f irradiazione f; 🞉 raggi m/pl.

bestreb|t [bə'ʃtreːpt]: ∼ sein zu studiarsi di, sforzarsi per, cercare di; 2ungen f/pl. sforzi m/pl.

be'streichen spalmare; et. mit der Hand ∼ passare con la mano sopra

qc.; die Küste: rasentare; ⚔ Gelände: spazzare.

be'streit|bar contestabile; 2barkeit f disputabilità f; ∼en contestare; Kosten: fronteggiare; sostenere.

be'streuen cospargere (mit di); mit Mehl: infarinare; mit Zucker: inzuccherare.

be'stricken fig. affascinare; ammaliare.

bestück|en [-'ʃtykən] (25) armare (di cannoni); 2ung ⚓ f armamento m; artiglieria f.

be'stürmen assalire; fig. assediare.

bestürzt [-'ʃtyrtst] costernato; ∼ machen costernare.

Bestürzung [-'ʃtyrtsuŋ] f costernazione f.

Bestzeit ['bɛst-tsait] f Sport: tempo m di record.

Besuch [bə'zuːx] m (3) visita f; häufiger: frequenza f; 2en visitare; j-n: andare (venire) a trovare (vedere); Lokal, Schule: frequentare; ∼er m visitatore m; frequentatore m; ∼s-karte f biglietto m di visita; ∼szimmer n parlatorio m; stanza f di ricevimento.

besudeln [-'zuːdəln] (29) insudiciare.

betagt [-'tɑːkt] attempato.

be'tasten palpare, tastare.

be'tätig|en dimostrare; sich bei et. ∼ prender parte a qc.; ⊕ azionare, mettere in funzione; 2ung f azionamento m; 2ungsfeld n campo m di attività.

betäub|en [-'tɔʏbən] (25) Lärm: assordare; durch Schläge u.fig.: stordire; 🞉 j-n: narcotizzare; Schmerz: attutire; Nerv: ammortire; mortificare; ∼end Lärm: assordante; 2ung f assordamento m; stordimento m; narcosi f; 2ungsmittel n narcotico m, anestetico m; stupefacente m.

Betbruder ['beːtbruːdər] m santone m.

beteilig|en [bə'tailigən] (25): sich ∼ partecipare (a); j-n an et. (dat.): interessare qu. in qc.; 2te(r) m interessato m; 2ung f partecipazione f; collaborazione f.

beten ['beːtən] (26) pregare; et.: recitare.

beteuer|n [bə'tɔʏərn] (29) v/t. asseverare; protestare; 2ung f affermazione f; protestazione f.

betiteln [-'ti:təln] (29) intitolare; *wie betitelt man ihn?* che titoli gli si dà?

Beton [be'tõ; -'to:n] *m* (11; 3¹) cemento *m* armato, calcestruzzo *m*.

beton|en [bə'to:nən] *v/t.* (25) accentuare; *fig.* rilevare, affermare, sottolineare, insistere su; **2ung** *f* accentuazione *f*; *fig. a.* messa *f* in rilievo.

betonieren [beto'ni:rən] costruire (coprire) con cemento armato.

Be'tonmischmaschine *f* impastatrice *f*.

betören [bə'tø:rən] (25) raggirare; (*verführen*) sedurre; (*verblenden*) infatuare.

Betracht [-'traxt] *m* (3, *o.pl.*): in ~ in considerazione; *in ~ kommen* essere da considerare; *nicht in ~ kommen* non entrare in questione; *et. in ~ ziehen* tener conto di qc.; *außer ~ lassen* lasciar fuori; **2en** guardare; *geistig*: considerare; **2ung** *f* contemplazione *f*, considerazione *f*.

beträchtlich [-'trɛçtliç] considerevole.

Betrag [-'tra:k] *m* (3³) importo *m*; ~ *erhalten* ricevuto *m*; *im ~ von* per l'importo di.

be'tragen 1. *v/i.* ammontare (a); *sich ~ comportarsi*; **2.** 2 *n* (6) condotta *f*.

be'trauen: *j-n mit et. ~* affidare qc. a qu.; *mit dem Amt betraut* rivestito di una carica.

be'trauern piangere; portare il lutto per.

Betreff [-'trɛf] *m*: *in* 2, 2s (*gen.*) rispetto a, in riguardo a, in riferimento a; *im Brief:* oggetto; **2en** *v/t.* (*angehen*) riguardare, concernere; *was mich betrifft* quanto a me; *es betrifft ... si tratta di ...;* **2end** concernente; rispettivo; *die ~e Person* la persona in questione.

be'treffs riguardo a, concernente.

be'treiben *abs.* fare; ⊕, † *et.:* esercitare; *Künste:* coltivare; *Fabrik:* gestire; (*beschleunigen*) sollecitare; *elektrisch betrieben* a funzionamento elettrico; (*Fahrzeug*) a trazione elettrica.

be'treten 1. *v/t.* calcare; *Haus, Laufbahn:* entrare in; *Schwelle:* mettere il piede su; *Kanzel:* salire in; **2.** *adj. fig.* sorpreso, confuso; **3.** 2 *n:* *das ~ dieses Weges ist verboten* strada vietata.

betreu|en [-'trɔyən] *v/t.* (25) provvedere a (*bzw.* alla cura di ...), aver cura di; assistere; **2ung** *f* cura *f*; assistenza *f*, soccorso *m*.

Betrieb [-'tri:p] *m* (3) azienda *f*; impresa *f*; (*Fabrik*) fabbrica *f*; stabilimento *m*; ⊕ funzionamento *m*; maneggio *m*; *e-s Geschäftes:* esercizio *m*; *fig.* movimento *m*; (*Antrieb*) istigazione *f*; *in ~ sein* funzionare, essere in attività; *in ~ setzen* mettere in movimento; **2sam** attivo; **~samkeit** *f* attività *f*.

Be'triebs|anlage *f* impianti *m/pl.*; **2fähig** pronto a funzionare; **~führer** *m* capo azienda *m* di fabbrica; **~geheimnis** *n* segreto *m* industriale; **~jahr** *n* esercizio *m*; **~kapital** *n* capitale *m* dell'esercizio; **~leiter** *m* capo *m* tecnico; **~leitung** *f* direzione *f*; **~material** 🚆 *n* materiale *m* rotabile; **~ordnung** *f* regolamento *m* di servizio; **~rat** *m* consiglio *m* di azienda (di fabbrica); consiglio *m* tecnico; **~stoff** *m* combustibile *m*; carburante *m*; **~störung** *f* interruzione *f* dei lavori (🚆 di linea); disturbo *m* nell'esercizio; **~unfall** *m* infortunio *m* sul lavoro; **~wirtschaft** *f* amministrazione *f* aziendale; organizzazione *f* scientifica delle imprese; scienze *f/pl.* economiche.

be'trinken: *sich ~* ub(b)riacarsi.

betroffen [-'trɔfən] colpito, sorpreso.

betrüb|en [-'try:bən] *v/t.* affliggere; **~end**, **~lich** triste; **2nis** [-'-pnis] *f* (14²) afflizione *f*, tristezza *f*; **~t** triste; afflitto.

Betrug [-'tru:k] *m* (3, *o. pl.*) *allg.* inganno *m*; † frode *f*.

be'trüg|en ingannare; (*unterschlagen*) defraudare; **2er** *m* ingannatore *m*; *um Geld:* truffatore *m*; **2e'rei** *f* truffería *f*; **~erisch** ingannatore, truffatore; (*arglistig*) malizioso; *Bankrott:* frodolento.

betrunken [-'truŋkən] ub(b)riaco; **2heit** *f* ub(b)riachezza *f*.

Bet|saal [¹be:tza:l] *m* oratorio *m*; **~stuhl** *m* inginocchiatoio *m*.

Bett [bɛt] *n* (5) letto *m*; *zu ~ gehen* andare a letto; *das ~ hüten* guardare il letto; *zu ~ bringen* portare a letto.

'Bett|bezug *m* biancheria *f* da letto, lenzuola *f/pl.*; **~decke** *f* coperta *f* da letto; coltre *f*

bettel|arm [¹bɛtəl'arm] povero in

B

canna; ℒ**brief** *m* supplica *f*; ℒ**bruder** *m* accattone *m*.

Bettelei [betə'laɪ] *f* (16) mendicità *f*; accattonaggio *m*.

'**Bettelmönch** *m* frate *m* questuante (cercatore).

betteln ['betəln] (29) mendicare.

'**Bettel|orden** *m* ordine *m* dei frati questuanti; ~**stab** *m*: *an den* ~ *bringen* ridurre in miseria.

betten ['betən] (26) **1.** *v/t.* mettere a letto, coricare; *Leichen*: comporre; *wie man sich bettet, so liegt man* chi la fa l'aspetti; **2.** *v/i.* fare il letto.

Bett|gestell ['betgəʃtɛl] *n* lettiera *f*; ~**himmel** *m* baldacchino *m*; ℒ**lägerig** ['-lɛgəriç] allettato; ~ *sein* essere inchiodato a letto; ~**laken** *n* lenzuolo *m*.

Bettler(in *f*) ['betlər(in)] *m* (7) mendicante *m u. f*, accattone (-a) *m* (*f*).

Bett|stelle ['betʃtelə] *f* lettiera *f*; ~**(t)uch** *n* lenzuolo *m*; ~**überzug** ['-ʔy:bɛrtsuːk] *m* copriletto *m*; ~**vorleger** ['-foːrleːgər] *m* (7) pedana *f*; scendiletto *m*; ~**wäsche** *f*, ~**zeug** *n* biancheria *f* da letto.

betupfen [bə'tupfən] toccare delicatamente.

beug|en ['bɔygən] (25) piegare; *fig.* umiliare; abbattere; *Recht*: violare; *Phys., Gram.* inflettere; *sich* ~ piegarsi; arrendersi; ℒ**ung** *f* piegamento *m*; violazione *f*; inflessione *f*.

Beule ['bɔylə] *f* (15) ammaccatura *f*; ✖ bubbone *m*; *nach e-m Schlag*: bernoccolo *m*; ~**npest** *f* peste *f* bubbonica.

beunruhig|en [bə'ʔunruːigən] (25) inquietare; preoccupare; allarmare; ✖ molestare; ~**end** inquietante, allarmante; ℒ**ung** *f* inquietamento *m*; molestamento *m*; (*Unruhe*) inquietudine *f*.

beurkund|en [-'ʔuːrkundən] (26) documentare; legalizzare; ℒ**ung** *f* documentazione *f*.

beurlaub|en [-'ʔuːrlaubən] *v/t.* (25) dare il permesso a; *dauernd*: congedare; *sich* ~ congedarsi; ~**t** in congedo; ℒ**ung** *f* permesso *m*; congedo *m*.

beurteil|en [-'ʔuːrtaɪlən] giudicare; 𝕈 criticare; ℒ**er** *m* giudice *m*; critico *m*; ℒ**ung** *f* giudizio *m*; critica *f*.

Beute ['bɔytə] *f* (15) preda *f*; ✖ bottino *m*.

Beutel ['bɔytəl] *m* (7) borsa *f*; Bill. bilia *f*; (*Mehl*ℒ) buratto *m*; ℒ**n** (29) abburattare; ℒ**schneider** *m* tagliaborse *m*; ~**schneide'rei** *f* truffa *f*; ~**tier** *n* marsupiale *m*.

bevölker|n [bə'fœlkərn] (29) popolare; ℒ**ung** *f* popolazione *f*; ℒ**ungsdichte** *f* densità *f* della popolazione; ℒ**ungs-politik** *f* politica *f* demografica; ℒ**ungs-überschuß** *m* eccedenza *f* di popolazione.

bevollmächtig|en [-'fɔlmɛçtigən] (25) dare pieni poteri a; autorizzare; delegare; ℒ**te(r)** [-'--tiçtə(r)] *m* (18) delegato *m*, ♂♀ mandatario *m*; *diplomatischer* ~ ministro *m* plenipotenziario; ℒ**ung** *f* autorizzazione *f*.

bevor [-'foːr] prima che (*mit conj.*), prima di (*mit inf.*).

bevormund|en [-'-mundən] (26) esercitare la tutela su ...; ℒ**ung** *f* tutela *f*.

bevorrecht|en [-'-reçtən] (26) privilegiare; ~**igt** privilegiato; ~**e** *Forderung* credito *m* privilegiato.

bevorstehen [-'-ʃteːən] essere imminente (*od.* prossimo).

bevorzug|en [-'-tsuːgən] (25) preferire; (*begünstigen*) favorire; ℒ**ung** *f* preferenza *f*, trattamento *m* preferenziale.

be'wach|en sorvegliare; ℒ**er** *m* guardiano *m*; ℒ**ung** *f* guardia *f*, sorveglianza *f*, custodia *f*.

be'waffn|en armare; ℒ**ung** *f* armamento *m*.

be'wahren serbare; *j-n*: custodire; *vor et.*: preservare; (*aufheben*) conservare; *bewahre!* ma che!; neanche per idea!; *Gott bewahre!* Dio ci guardi!

be'währen: *sich* ~ dare buoni risultati; affermarsi.

Be'wahrer *m* custode *m*.

bewahrheiten [-'vaːrhaɪtən] (26): *sich* ~ avverarsi.

bewährt [-'vɛːrt] provato, a tutta prova; autentico.

Bewahrung [-'vaːruŋ] *f* preservazione *f*.

Bewährung [-'vɛːruŋ] *f*: *mit* ~ con la condizionale; ~**sfrist** *f* tempo *m* di prova; *Verurteilung mit* ~ condanna *f* condizionale.

bewaldet [-'valdət] boscoso.

bewältig|en [-'vɛltigən] (25) vincere; *Schwierigkeiten*: superare; *e-e*

bezähmen

Arbeit: venire a capo di; ⏀ dominare; **⁀ung** *f* superamento *m*.

bewandert [-'vandərt] versato.

Bewandtnis [-'vantnis] *f* (14²): *damit hat es e-e besondere ⁀* questo è un caso particolare; *damit hat es folgende ⁀* ecco come sta la cosa; *was hat es damit für e-e ⁀?* che faccenda è questa?

bewässer|n [-'vɛsərn] (29) irrigare; **⁀ung** *f* irrigazione *f*.

Bewässerungs|anlage [-'--ruŋs-ⁱanlaːgə] *f* impianto *m* d'irrigazione; **⁀kanal** *m* canale *m* d'irrigazione.

be'weg|bar [-'veːkbaːr] mobile; **⁀barkeit** *f* mobilità *f*; **⁀en** [-'veːgən] (30) muovere; *fig.* agitare; (*rühren*) commuovere; *j-n zu*: indurre; *sich ⁀ muoversi*; *sich viel ⁀* fare molto moto; **⁀end** *Phys.* motore; **⁀grund** [-'veːkgrunt] *m* motivo *m*, movente *m*; **⁀lich** [-'veːkliç] mobile; *Personen*: agile, vivace; *Charakter*: volubile; **⁀e** *Güter n/pl.* beni *m/pl.* mobiliari; **⁀lichkeit** *f* mobilità *f*; agilità *f*; volubilità *f*.

bewegt [-'veːkt] agitato; commosso; **⁀heit** [-'veːkthaɪt] *f fig.* commozione *f*.

Be'wegung *f* movimento *m*; *Phys.* moto *m*; *fig.* commozione *f*; *sich ⁀ machen* fare del moto; *sich in ⁀ setzen* mettersi in moto, ✕ in marcia; **⁀sfreiheit** *f* libertà *f* di azione; **⁀skrieg** *m* guerra *f* di movimento; **⁀slehre** *f* cinetica *f*; **⁀slos** immobile; **⁀slosigkeit** *f* immobilità *f*; **⁀stherapie** [-'---sterapi-] *f* cinesiterapia *f*.

beweibt [-'vaɪpt] ammogliato.

beweihräucher|n [-'vaɪrɔyçərn] incensare; *fig.* adulare; **⁀ung** *f* incensamento *m*.   [deplorevole.]

be'weinen *v/t.* piangere; **⁀swert**

Beweis [-'vaɪs] *m* (4) prova *f*; dimostrazione *f*; *unter ⁀ stellen* provare; **⁀antritt** *m* produzione *f* di prove; **⁀aufnahme** *f* audizione *f* delle prove; **⁀bar** provabile; dimostrabile.

be'weisen *v/t.* provare; dimostrare; **⁀d** probativo; probante.

Be'weis|führung *f* dimostrazione *f*; **⁀grund** *m* argomento *m*; **⁀kraft** *f* forza *f* probatoria; **⁀stück** *n* documento *m* di prova, pezzo *m* giustificativo; ⚖ corpo *m* del delitto.

be'wenden: 1. *es bei et. ⁀ lassen* appagarsi, non andar più avanti; **2.** ⁀ *n*: *dabei hat es sein ⁀* bisogna contentarsi di ciò; basta così.

be'werb|en: *sich um et. ⁀* chiedere qc.; *um ein Amt*: concorrere a; aspirare a; *Pol.* sich um ein Mandat ⁀ presentarsi candidato; **⁀er** *m* aspirante *m*; candidato *m*; **⁀ung** *f* domanda *f*; *Pol.* candidatura *f*; (*Mit⁀*) concorso *m*; **⁀ungsschreiben** *n* domanda *f* d'impiego.

be'werfen: *j-n mit et. ⁀* gettare qc. contro qu.; *Mauer usw.*: arricciare.

bewerkstellig|en [-'vɛrkʃtɛligən] (25) eseguire; effettuare; *es ⁀, daß* ottenere che; **⁀ung** *f* realizzazione *f*, esecuzione *f*.

be'wert|en valutare; **⁀ung** *f* valutazione *f*; classifica *f*.

bewillig|en [-'viligən] (25) concedere; *et.*: accordare; *Pol.* approvare; **⁀ung** *f* consenso *m*; concessione *f*; approvazione *f*.

bewillkommnen [-'vilkɔmnən] (26) dare il benvenuto a.

be'wirken *abs.* aver per effetto; *et.*: effettuare; (*verursachen*) provocare; causare; *⁀, daß ...* far sì che ...

bewirt|en [-'virtən] (25) trattare; (*aufnehmen*) ospitare; **⁀ung** *f* trattamento *m*; accoglienza *f* ospitale.

be'wirtschaft|en amministrare; (*rationieren*) razionare; **⁀ung** *f* amministrazione *f*; razionamento *m*.

bewohn|bar [-'voːnbaːr] abitabile; **⁀barkeit** *f* abitabilità *f*; **⁀en** abitare; **⁀er** *m* (7) abitante *m*; *e-s Hauses*: inquilino *m*; **⁀erschaft** *f* popolazione *f*.

bewölk|en [-'vœlkən] (25): *sich ⁀* rannuvolarsi; **⁀t** nuvoloso; **⁀ung** *f* nuvolosità *f*.

Bewund|erer [-'vundərər] *m* (7) ammiratore *m*; **⁀ern** ammirare; **⁀ernswert**, **⁀ernswürdig** ammirabile; **⁀erung** *f* ammirazione *f*.

Be'wurf 🜂 *m* (3³) intonaco *m*.

bewußt [-'vust] cosciente; *e-r Sache*: consapevole; conscio; (*bekannt*) noto; *sich ⁀ sein* (*od. werden*) rendersi conto; **⁀los** inconscio; *Path.* privo di sensi; **⁀losigkeit** *f* incoscienza *f*; **⁀sein** *n* coscienza *f*.

be'zahl|en pagare; **⁀er** *m* pagatore *m*; **⁀ung** *f* pagamento *m*.

be'zähm|bar domabile; **⁀en** domare.

B

be'zaub|ern incantare; ~ernd incantevole; ♀erung f incanto m.

be'zeichn|en marcare, segnare; (zeigen) indicare; (bedeuten) significare; nicht näher zu ~ inqualificabile; ~end caratteristico; significativo; ♀ung f segno m; indicazione f; designazione f; Aufschrift: scritta f, dicitura f.

be'zeig|en (di)mostrare; ♀ung f dimostrazione f.

be'zeug|en attestare; ♀ung f attestazione f; testimonianza f.

bezich'tigen [-'tsiçtigən] (25) incolpare; ♀ung f imputazione f.

be'zieh|en 1. v/t. ein Haus: andare ad abitare in ...; e~e Schule: entrare in; mit et.: coprire di; † ricevere; Geld: riscuotere; Ware: acquistare; Zeitschrift: essere abbonato a; auf et. ~ riferire; 2. sich ~ riferirsi; Himmel: annuvolarsi; ♀er m (7) e~s Wechsels: trante m; ⊞ abbonato m; ♀ung f rapporto m; relazione f; in dieser ~ sotto questo rapporto; in jeder ~ sotto tutti gli aspetti; unter ~ auf riferendomi a; in ~ zu i~ro stehen stare in rapporto con; ~ungsweise oppure; rispettivamente.

beziffern [-'tsifərn] (29) numerare; sich ~ auf ammontare a.

Bezirk [-'tsirk] m (3) distretto m; (Amts♀) mandamento m; (Stadt♀) quartiere m. [(18) trattario m.⟩

Be'zogene(r) † [-'tso:gənə(r)] m⟩

be'zuckern inzuccherare.

Bezug [-'tsu:k] m (3³) copertura f; (Kissen♀) federa f; Geld: riscossione f; Waren: acquisto m; Zeitungen: abbonamento m; Bezüge pl. (Gehalt) introiti m/pl.; † bei ~ (Von acquistando; mit ~ oder in ♀ auf riguardo a; ~ haben auf aver relazione con; ~ nehmen riferirsi (auf a).

bezüglich [-'tsy:kliç] relativo (gen. a).

Bezugnahme [-'tsu:kna:mə] f (15) relazione f; mit ~ auf mein ... riferendomi al mio ...

Be'zugs|bedingung f condizioni f/pl. d'acquisto (d'abbonamento); ~preis m prezzo m d'acquisto; ~quelle f fonte f; ~recht n diritto m d'acquisto; ~schein m (bei Rationierung) tessera f; (Quittung) ricevuta f d'abbonamento.

bezwecken [-'tsvɛkən] (25) mirare a, aver per scopo.

be'zweifeln v/t. mettere in dubbio; dubitare (et. di qc.).

be'zwing|en vincere; superare; Festung: espugnare; Tiere: domare; sich ~ dominarsi; ♀er m vincitore m; domatore m.

Bibel ['bi:bəl] f (15) Bibbia f; ~ausleger m esegeta m; ~auslegung f esegesi f (biblica); ♀fest molto versato nella Bibbia; ~spruch m versicolo m; ~stelle f passo m della Bibbia.

Biber ['bi:bər] m (7) Zo. castoro m.

Bibliograph [bi:blio'gra:f] m (12) bibliografo m; ~ie [---'fi:] f (15) bibliografia f; ♀isch [--'gra:fiʃ] bibliografico.

Bibliothek [bi:blio'te:k] f (16) biblioteca f; ~ar(in f) m (3¹) bibliotecario (-a) m.

biblisch ['bi:bliʃ] biblico; ♀e Geschichte f Storia f Sacra.

bieder ['bi:dər] leale; probo; ♀keit f lealtà f; probità f; ♀mann m galantuomo m; uomo m dabbene.

bieg|en ['bi:gən] (30) 1. v/t. piegare; (in)curvare; auf ♀ oder Brechen F o la va o la spacca; 2. v/i.: um die Ecke ~ voltare (od. girare) l'angolo; ~sam ['bi:kza:m] pieghevole; flessibile; ♀samkeit f pieghevolezza f; ♀ung f curvatura f; svolta f.

Biene ['bi:nə] f (15) ape f.

'Bienen|haus n apiario m; ~korb m alveare m; ~schwarm m sciame m; ~stand m apiario m; ~stock m alveare m; ~zucht f apicultura f; ~züchter m apicultore m.

Bier [bi:r] n (3) birra f; helles ~ birra f chiara; dunkles ~ birra f scura (nera); ~brauer m birraio m; ~brauerei f birreria f; ~deckel m sottocoppa f; ~glas n bicchiere m da birra.

Biese ['bi:zə] f (15) orlo m.

Biest [bi:st] P n (1¹) bestiaccia f.

bieten ['bi:tən] (30) offrire; Hand: tendere; sich ~ presentarsi; Trotz ~ affrontare qc. od. qu.; das lasse ich mir nicht ~! questa non me la faccio fare!

Bigamie [bi:ga'mi:] f (15) bigamia f.

bigott [bi'gɔt] bigotto.

Bilanz [-'lants] f (16) bilancio m; die ~ ziehen fare il bilancio.

Bild [bilt] n (1) immagine f; Mal. quadro m; (Bildnis) ritratto m; Buch: illustrazione f; Typ. stampa *f; Kartensp.* figura *f; Stil:* metafora *f; im ～e sein* essere al corrente; *sich ein ～ machen* farsi un'idea; '**～bericht** *m* documentario *m* fotografico; '**～bericht-erstatter** *m* fotocronista *m;* '**～einstellung** *f* messa *f* a fuoco.

bilden ['bildən] (26) formare; *(erziehen)* educare; *geistig:* istruire; *(schaffen)* creare; *(ausmachen)* costituire; *Skulp.* plasmare; *～de Künste* arti *f/pl.* figurative; *gebildet* istruito, colto; *～d* istruttivo; *Mal.* figurativo.

Bilder|anbetung ['bildər?anbe:tuŋ] *f* iconolatria *f;* **～bogen** *m* foglio *m* con figurine; **～buch** *n* libro *m* illustrato; **～galerie** *f* galleria *f* (di quadri); **～rätsel** *n* rebus *m;* **2reich** 🎨 ricco d'immagini, immaginoso; **～sammlung** *f* galleria *f* (di quadri); **～schrift** *f* geroglifici *m/pl.;* **～sprache** *f* linguaggio *m* figurato; **～stürmer** *m* iconoclasta *m.*

Bild|fläche ['biltfleçə] *f* piano *m,* fondo *m; auf der ～ erscheinen* farsi vedere; *von der ～ verschwinden* scomparire; **～funk** ['-fuŋk] *m* telefoto(grafia) *f;* **2haft** in toni molto plastici; **～hauer(in** *f) m* ['-hauər(in)] scultore *m,* scultrice *f;* **～haue'rei** *f,* **～hauerkunst** *f* scultura *f;* **2hübsch** bellissimo.

'**bild|lich** figurativo, metaforico; **2ner** *m* artista *m; (Bildhauer)* scultore *m;* **～nerisch** figurativo; **2nis** *n* (4¹) *Mal.* ritratto *m;* effigie *f; Skulp.* busto *m;* **2reportage** ['-repɔr'taːʒə] *f* fotocronaca *f;* **2säule** *f* statua *f;* **2schärfe** *f* nitidezza *f* dell'immagine; **2schirm** *m* schermo *m;* **2schnitzer** *m* scultore *m* in legno; **2schnitze'rei** *f* scultura *f* in legno; **～'schön** bellissimo; **2seite** *f* diritto *m;* **2streifen** *m* banda *f* di pellicola; **2telegraphie** *f* fototelegrafia *f.*

Bildung ['bilduŋ] *f* (16) formazione *f; e-r Gesellschaft:* costituzione *f; (Aus2)* educazione *f; wissenschaftliche:* cultura *f; (Schul2)* istruzione *f;* **～s-anstalt** *f* collegio *m,* istituzione *f* educativa; **～sgang** *m* corso *m* di studi; **～swerk** *n* opera *f* educativa; **～swesen** *n* pubblica istruzione *f.*

Bild|werfer ['biltvɛrfər] *m* (7) proiettore *m;* **～wörterbuch** *n* dizionario *m* illustrato.

Billard ['biljart] *n* (3¹ *u.* 11) biliardo *m;* **～ball** *m* palla *f* da biliardo; **～stock** *m* stecca *f.*

Billett [bil'jet] *n* (3) biglietto *m;* **～ausgabe** *f* distribuzione *f* (dispensa *f)* dei biglietti.

billig ['biliç] **1.** *adj.* giusto, equo; *Preis:* economico; basso; **2.** *adv.* a buon prezzo, a buon mercato; **～en** ['--gən] (25) approvare; **～er'weise** equamente, ragionevolmente; **2keit** *f* economicità *f; fig.* equità *f;* **2ung** *f* approvazione *f.*

Billion [bil'joːn] *f* (16) bilione *m.*

Bilsenkraut 🌿 ['bilzənkraut] *n* giusquiamo *m.* [nellare.]

bimmeln ['biməln] (29) scampa-}

bimsen ['bimzən] (27) pomiciare.

Bimsstein ['bimsʃtain] *m* (pietra *f)* pomice *f.*

Binde ['bində] *f* (15) fascia *f;* fasciatura *f; (Leib2)* reggipancia *m; um den Kopf, die Augen usw.:* benda *f;* 🪖 sciarpa *f;* **～gewebe** *n* tessuto *m* connettivo; **～glied** *n* anello *m* di congiunzione; vincolo *m;* **～haut** *f* congiuntiva *f;* **～haut-entzündung** *f* congiuntivite *f;* **～mittel** *n* agglutinante *m.*

bind|en ['bindən] (30) **1.** *v/t.* legare *(a. fig.); Buch:* rilegare; *Strauß:* fare; **2.** *v/i. Mörtel:* rapprendersi; *(kleben)* attaccare; **～end** impegnativo, obbligatorio.

Binde|strich ['bindəʃtriç] *m* tratto *m* d'unione, lineetta *f;* **～wort** *n* congiunzione *f.*

Bindfaden ['bintfaːdən] *m* spago *m.*

Bindung ['-duŋ] *f* legatura *f,* unione *f; (Verpflichtung)* obbligo *m,* impegno *m; Schisport:* attacco *m.*

binnen ['binən] entro; *～ kurzem* fra poco; *～ e-m Monat* entro (fra) un mese; *～ 24 Stunden* entro 24 ore; **2handel** *m* commercio *m* interno; **2schiffahrt** *f* navigazione *f* interna (fluviale); **2verkehr** *m* servizio *m* interno.

Binse ['binzə] *f* (15) giunco *m;* **～nwahrheit** *f* verità *f* banale.

Biochemie [bioːçeˈmiː] *f* biochimica *f.*

Biograph [bioˈgraːf] *m* (12) biografo *m;* **～ie** [-graˈfiː] *f* (15) biografia *f;* **2isch** [-ˈgraːfiʃ] biografico.

Biolog|e [bioˈloːgə] *m* (13) biologo *m;* **～ie** [--loˈgiː] *f* biologia *f;* **2isch** [--ˈloːgiʃ] biologico.

B

Birke ['birkə] f (15) betulla f.
Birkhahn ['-ha:n] m fagiano m di montagna.
Birnbaum ['birnbaum] m (3³) pero m.
Birne ['birnə] f (15) pera f; (Glüh♀) lampadina f.
bis [bis] 1. prp. sino (a), fino (a); von 3 bis 4 Uhr dalle 3 alle 4 ore; neun ~ zehn Jahre da nove a dieci anni; ~ auf (ausgenommen) eccetto; ~ auf weiteres fino a nuovo ordine; 2. cj. finché, sinché.
Bisam ['bi:zam] m (3¹) muschio m; **~apfel** m mela f muschiata; **~katze** f zibetto m; **~ochse** m bue m muschiato; **~ratte** f topo m muschiato.
Bischof ['biʃɔf] m (3¹ u. ³) vescovo m.
bischöflich ['-ʃøfliç] vescovile, episcopale.
Bischofs... ['-ʃɔfs...] episcopale; **~amt** n episcopato m; **~hut** m, **~mütze** f mitra f; **~mantel** m pallio m; **~stab** m pastorale m; **~würde** f episcopato m.
bisher [bis'he:r] finora, sinora, **~ig** che è stato (ha durato) finora; die **~en** Minister i ministri stati finora al Governo.
Biskuit [-'kvi:t] m biscotto m.
bislang [bis'laŋ] finora, sinora.
Bison ['bi:zɔn] m (11) bisonte m.
Biß [bis] m (4) morso m; **♀chen** ['-çən] poco, pochino.
Bissen ['bisən] m (6) boccone m.
bissig ['bisiç] mordace; **♀keit** f mordacità f.
Bistum ['bistu:m] n (1²) episcopato m.
bisweilen [-'vaIlən] di quando in quando; talvolta.
'Bittbrief m supplica f.
Bitte ['bitə] f (15) preghiera f; ich habe e-e ~ an Sie vorrei chiederLe un favore.
bitten ['bitən] (30) pregare; j-n um et. ~ domandare qc a qu.; ich bitte Sie La prego; legen Sie bitte ab!, nehmen Sie bitte Platz! si accomodi; können Sie mir bitte sagen ... per favore, mi può dire ...; bitte! prego!; aber bitte! (keine Ursache) di niente!; bitte? come?; bitte, ein bißchen ... per favore, (per piacere, per cortesia), un po' di ...; bitte, nehmen Sie! si serva, per favore!
bitter ['bitər] amaro; Schmerz: acerbo; duro; Kälte: pungente; **~er**

Ernst la pura verità; **~böse** furioso; **♀holz** n quassia f; **~kalt** freddissimo; **♀keit** f amarezza f; **~lich** adv. amaramente; **♀nis** f amarezza f; **~'süß** dolciamaro; **♀wasser** n acqua f (minerale) amara.
Bitt|gang ['bitgaŋ] m processione f; **~gesuch** n, **~schrift** f supplica f; **~steller(in** f) m ['-ʃtɛlər(in)] petente m u. f.
Biwak ['bi:vak] n (11 u. 3¹) bivacco m, accampamento m; **♀ieren** bivaccare.
bizarr [bi'tsar] bizzarro.
bläh|en ['blɛ:ən] (25) gonfiare; **~end** flatulento; **♀ung** f flatulenza f.
Blam|age [bla'ma:ʒə] f (15) figuraccia f; **♀ieren**: sich ~ far brutta figura; j-n ~ compromettere qu.; mettere in ridicolo.
blank [blaŋk] lucido; (bloß) nudo; fig. Wahrheit: puro; **~e** Waffe arma f bianca.
blanko ✝ ['blaŋko:] in bianco; **♀akzept** n accettazione f in bianco; **♀geschäft** n affare m allo scoperto; **♀kredit** m credito m allo scoperto; **♀unterschrift** f firma f in bianco; **♀wechsel** m tratta f in bianco.
'blankziehen sguainare la sciabola.
Bläschen ['blɛ:sçən] n (6) bollicina f; ⚕ pustola f.
Blase ['bla:zə] f (15) bolla f; Anat. vescica f; 🜉 lambicco m; **~balg** m mantice m.
blasen ['bla:zən] (30) soffiare; ♪ sonare.
Blasen|entzündung ['bla:zən ⁹ɛnt-tsynduŋ] f cistite f; **~katarrh** m catarro m vescicale; **~stein** m calcolo m vescicale.
Bläser ['blɛ:zər] m (7) ♪ sonatore m (di tromba ecc.).
blasiert [bla'zi:rt] borioso, altezzoso; disgustato; **♀heit** f boria f, alterigia f; digusto m.
Blas|instrument ['bla:s ⁹instrument] n strumento m a fiato; **~rohr** n cerbottana f.
blaß [blas] pallido; ~ werden impallidire.
Blässe ['blɛsə] f (15, o. pl.) pallidezza f; pallore m.
bläßlich ['blɛsliç] palliduccio.
bläst [blɛ:st] s. blasen.
Blatt [blat] n (1², als Maß im pl. uv.) foglia f; Papier: foglio m; (Zeitung) giornale m; Metall: lamina f; Säge:

lama f; *Ruder*: pala f; ♪ *vom ~ lesen* leggere a prima vista.

Blatter|n ⚜ ['blatərn] f/pl. (15) vaiuolo m; **~narbe** f buttero m; ♀**-narbig** butterato.

Blätterteig ['blɛtərtaɪk] m pasta f sfoglia.

Blatt|gold ['blatgɔlt] n oro m in foglie; **~grün** n clorofilla f; **~laus** f pidocchio m delle foglie; ♀**los** sfogliato.

blau [blau] **1.** *adj.* blu; azzurro; ~ livido; F (*betrunken*) brillo; F ~ *machen* non presentarsi al lavoro; **2.** ♀ n (3¹, *o. pl.*) azzurro m; *ins ~e hinein reden* parlare a vanvera; *Fahrt ins ~e* gita f con destinazione sconosciuta; ♀**bart** m Barbablu m; ♀**beere** f mirtillo m; bagola f.

Bläue ['blɔyə] f (15, *o. pl.*) azzurro m; *für Wäsche*: turchinetto m.

Blau|fuchs ['blaufuks] m volpe f blu; ♀**gefroren** livido; gelato fino alle ossa; **~jacke** f marinaio m.

bläulich ['blɔylɪç] azzurrognolo; ⚜ livido.

Blau|papier ['blaupapiːr] n carta f carbone (*od.* da ricalco); **~säure** f acido m prussico; **~schimmel** m leardo m pomellato; **~stift** m matita f copiativa; **~strumpf** m saccentona f; **~sucht** f cianosi f.

Blech [blɛç] n (3) lamiera f; (*Weiß⊗*) latta f; F sciocchezze f/pl.; **~büchse** f, **~dose** f scatola f di latta, lattina f.

blechen ['blɛçən] (25) F pagare.

blechern ['blɛçərn] di latta; *fig.* vuoto; *Stimme*: fesso.

'**Blech|instrumente** ♪ n/pl. ottoni m/pl.; '**~musik** ♪ f musica f per ottoni; '**~schere** f cesoie f/pl.; **~walzwerk** n lattoneria f.

blecken ['blɛkən] (25): *die Zähne ~* mostrare i denti.

Blei¹ [blaɪ] m (3) *Fisch*: scardova f.

Blei² [blaɪ] n (3) piombo m; *s.* Blei-stift.

Bleibe ['blaɪbə] F f (15) alloggio m; ricovero m.

bleiben ['blaɪbən] (30) restare, rimanere; *es ~lassen* lasciar stare; *laß das ~!* finiscila!; *dabei ~* sostenere; *bei et. ~* non allontanarsi da qc., perseverare in qc.; *es bleibt dabei* resta inteso; *bleibt! Typ.* vive!; **~d** permanente, durevole.

bleich [blaɪç] pallido.

Bleich|e ['blaɪçə] f (15) prato m (per

stenderci la biancheria lavata); ♀**en** (25) **1.** v/t. imbiancare; *Haare*: ossigenare; **2.** v/i. (sn) impallidire; *Farben*: sbiadire; **~sucht** f anemia f, clorosi f; ♀**süchtig** ['-zyçtɪç] anemico, clorotico.

bleiern ['blaɪərn] di piombo.

Blei|essig ['blaɪɛsɪç] m aceto m di piombo; ♀**frei** (*Benzin*) senza piombo; **~glanz** m galena f; ♀**haltig** ['-haltɪç] piomboso; **~kammern** f/pl. Piombi m/pl. (di Venezia); **~siegel** n piombino m; **~stift** m lapis m, matita f; **~stifthülse** ['-ʃtifthylzə] f guardapunte m; **~stiftspitzer** m temperalapis m; **~vergiftung** f saturnismo m; **~weiß** n biacca f.

Blende ['blɛndə] f (15) (*Licht⊗*) paralume m; ⚔ finestra f (porta f) finta; ✖ blinde f/pl.; *Min.* blenda f; *Phys., Phot.* diaframma m.

blend|en ['blɛndən] (26) abbagliare; (*blind machen*) accecare; **~end** *fig.* fantastico; ♀**ung** f abbagliamento m, accecamento m; ♀**werk** n illusione f; miraggio m.

Blick [blɪk] m (3) sguardo m; *flüchtiger*: occhiata f; (*Aussicht*) vista f; panorama m; *e-n ~ werfen auf* dare un'occhiata a.

blick|en ['blɪkən] (25) guardare; *~ lassen* mostrare; *sich ~ lassen* farsi vivo; *das läßt tief ~* questo è molto significativo; ♀**fang** ['-faŋ] m attrazione f; ♀**feld** n campo m visivo.

blind [blɪnt] cieco; *~ machen* accecare; *~e Kuh* mosca f (gatta f) cieca; *~er Passagier* viaggiatore m di contrabbando; ♀**darm** m intestino m cieco; ♀**darm-entzündung** f appendicite f; ♀**ekuh** ['-dəkuː] f *Spiel*: mosca f cieca.

Blinden|anstalt ['blɪndən⁹anʃtalt] f, **~heim** n istituto m per ciechi; **~hund** m cane m per ciechi; **~schrift** f alfabeto m per ciechi.

Blinde(r) ['blɪndə(r)] m (18) cieco m.

Blind|flug ['blɪntfluːk] m volo m strumentale; **~gänger** ['-gɛŋər] m (7) proiettile m inesploso.

blind|geboren ['blɪntgəboːrən] cieco di nascita; ♀**heit** f cecità f; **~lings** ['-lɪŋs] alla cieca; ♀**schleiche** ['-ʃlaɪçə] f (15) orbettino m; biscia f.

blinken ['blɪŋkən] (25) brillare; *Zeichen geben*: segnalare; *Waffen*: luccicare.

B

'**Blink|er** m *Auto*: lampeggiatore m; ~**feuer** n faro m ad eclisse; ~**gerät** n eliografo m; ~**licht** n luce f ad intermittenza; *Auto*: lampeggiatore m.

blinzeln ['blintsəln] (29) ammiccare.

Blitz [blits] m (3²) lampo m; baleno m; *Wetterstrahl*: fulmine m; '~**ab-leiter** m parafulmine m; '♀'**blank** scintillante.

blitzen ['blitsən] (27) lampeggiare; *fig.* fulminare.

'**Blitz|gespräch** n telefonata f urgentissima; '~**krieg** m guerra f lampo; '~**licht** n luce f di magnesio; flash m [fleʃ]; '~**schlag** m colpo m di fulmine; ♀'**schnell** **1.** *adj.* rapido come un lampo; **2.** *adv.* in un lampo; '~**strahl** m folgore f; '~**tele-gramm** n telegramma m lampo.

Block [blɔk] m (3³) blocco m; *Stück Holz*: ceppo m; (*Häuser*♀) quadrato m; (*Notiz*♀) taccuino m, agenda f.

Blockade [blɔ'ka:də] f (15) blocco m.

'**Blockhaus** n casetta f di tronchi d'albero.

blockieren [blɔ'ki:rən] bloccare.

'**Block|motor** m motore m monoblocco; ~**schrift** f stampatello m.

blöde ['blø:də] scemo; stupido; tonto.

Blöd|sinn ['blø:tzin] m cretinismo m; (*dummes Zeug*) stupidaggini f/pl.; ♀**sinnig** cretino.

blöken ['blø:kən] **1.** *v/i.* (25) belare; *Rind*: muggire; **2.** ♀ n (6) belato m; muggito m.

blond [blɔnt] biondo; ♀**ine** [-'di:nə] f biondina f.

bloß [blo:s] **1.** *adj.* nudo; *Kopf*: scoperto; *Fuß*: scalzo; (*allein*) solo; mit ~**em** Auge ad occhio nudo; **2.** *adv.* solamente.

Blöße ['blø:sə] f (15) nudità f; *fig.* punto m debole; *sich e-e* ~ *geben* scoprirsi (*fig.*).

bloß|legen ['blo:sle:gən] scoprire; *Baum*: scalzare; ~**stellen** compromettere; ♀**stellung** f compromissione f.

Bluff [bluf] m (11) bluff m; '♀**en** (25) bleffare.

blühen ['bly:ən] (25) fiorire (*a. fig.*); *vom Wein*: aroma m; *durch die* ~ *reden* parlare figuratamente.

Blumen|beet ['blu:mənbe:t] n aiuo-

la f; ~**blatt** n petalo m; ~**erde** f terriccio m; ~**freund** m amante m dei fiori; ~**gestell** n portafiori m; ~**händler** m fioraio m; ~**kohl** m cavolfiore m; ~**krone** f corolla f; ~**mädchen** f n fioraia f; ~**sprache** f linguaggio m dei fiori; ~**ständer** m portafiori m; ~**stengel** m, ~**stiel** m peduncolo m; ~**strauß** m mazzo m di fiori; ~**tisch** m giardiniera f; ~**topf** m vaso m di fiori; ~**zucht** f fioricoltura f; ~**züchter** m fioricultore m; ~**zwiebel** f bulbo m.

blumig ['blu:miç] fiorito, a fiorami.

Bluse ['blu:zə] f (15) camicetta f; blusa f.

Blut [blu:t] n (3, *o. pl.*) sangue m; ~ *lassen* cavar sangue.

'**Blut|-ader** f vena f; ~**andrang** m congestione f; ♀**-arm** anemico; ~**armut** f anemia f; ~**bad** n strage f; ~**bild** n quadro m ematologico; ♀**bildend** sanguificatore; ~**bildung** f sanguificazione f; ~**blase** f vescica f di sangue stravasato; ~**druck** m pressione f del sangue; ♀**dürstig** sanguinario.

Blüte ['bly:tə] f (15) fiore m; *das Blühen*: fioritura f.

Blutegel ['blu:t⁹e:gəl] m (7) sanguisuga f.

bluten ['blu:tən] (26) sanguinare; *fig.* versare il sangue; *iro.* dover pagare.

Blüten... ['bly:tən...]: ~**blatt** n petalo m; ~**kelch** m calice m; ~**knospe** f bocciolo m; ~**stand** m infiorazione f; ~**staub** m polline m; ~**stengel** m peduncolo m.

Blutentnahme ['blu:t⁹entnɑːmə] f prelevamento m del sangue.

Bluterguß ['blu:t⁹ergus] m (4²) travaso m (*od.* effusione f) di sangue.

Bluterkrankheit ['blu:tərkraŋkhaɪt] f emofilia f.

Blütezeit ['bly:tətsaɪt] f (16) (stagione f della) fioritura f; *fig.* (periodo m di) prosperità f; *Lit.*, *Kunst*: secolo m d'oro.

Blut|gefäß ['blu:tɡəfeːs] n vaso m sanguigno; ~**gerüst** n patibolo m; ~**geschwür** n foruncolo m; ~**grup-pe** f gruppo m sanguigno; ~**hund** m bracco m; *fig.* tiranno m sanguinario; ~**husten** m emottisi f.

blutig ['blu:tiç] insanguinato; pieno di sangue; *Schlacht*: sanguinoso.

blut|jung ['blu:t'juŋ] giovanissimo; **2körperchen** ['-kœrpərçən] n (6) globulo m del sangue; weiße ~ n/pl. leucociti m/pl.; **2kreislauf** m circolazione f del sangue; ~**leer** esangue; **2leere** f anemia f; **2mangel** m anemia f; **2probe** f emoscopia f; ~**rache** f vendetta f; **2rausch** m ebbrezza f sanguinaria; ~**reinigend** depurativo; ~**rot** rosso come il sangue; ~**rünstig** ['-rynstiç] fig. sanguinario, orripilante; **2sauger** m vampiro m; **2schande** f incesto m; **2schänder** m, ~**schänderisch** adj. incestuoso; **2schuld** f omicidio m; ~**sfremd** di sangue straniero; **2sfreund** m consanguineo m; ~**stillend** ['blu:t'ʃtilənt] emostatico; **2stockung** f emostasi f; **2s-tropfen** m goccia f di sangue; **2sturz** m sbocco m di sangue; ~**sverwandt**, **2sverwandte(r)** ['-svervantə(r)] m consanguineo m; **2sverwandtschaft** f consanguineità f; **2tat** f fatto m di sangue; **2-übertragung** f trasfusione f del sangue; **2ung** f perdita di sangue; ~**unterlaufen** ['-?untərlaufən] insanguinato; **2-untersuchung** f emoscopia f; **2-vergießen** n spargimento m di sangue; **2vergiftung** f setticemia f; infezione f purulenta; ~**voll** vitale, vigoroso; **2wasser** n siero m di sangue; **2wurst** f sanguinaccio m; **2zeuge** m martire m.

Bö [bø:] f (16) raffica f.

Boa ['bo:ɑ:] f (11¹) boa m.

Bob [bɔp] m (11) bob m.

Bock [bɔk] m (3³) maschio m; (Ziegen2) becco m; (Kutscher2) cassetta f; ⊕ cavalletto m; Bill. ponte m; F e-n ~ schießen pigliare un granchio; '2beinig testardo; '2en (25) essere in calore; (springen) saltare; Kinder: fare i capricci; '2ig caparbio; capriccioso; '2leiter f scaleo m; '~**shorn** n corno m di becco; ins ~ jagen intimidire; '~**sprung** m capriola f.

Boden ['bo:dən] m (6¹) suolo m; zum Bauen: terreno m; e-s Gefäßes: fondo m; (Dach2) solaio m; (Fuß2) pavimento m; fig. base f; ~ gewinnen guadagnar terreno; zu ~ a terra; ~**abwehr** ✠ f difesa f antiaerea; ~**erhebung** f rialzo m del terreno; ~**fenster** n abbaino m; ~**kammer** f soffitta f; **2kundlich** geologico; **2-**

los sfondato; fig. immenso; incredibile; ~**nebel** m foschia f; ~**personal** ✠ n personale m a terra; ~**reform** f riforma f agraria; ~**satz** m fondo m; ~**schätze** m/pl. ricchezze f/pl. del sottosuolo; ~**senke** f depressione f; ~**spekulation** f speculazione f terriera; **2ständig** nativo, autoctono; ~**station** ['--ʃtatsjo:n] f stazione f a terra.

Bodmerei [bo:dmə'raɪ] f (16) prestito m a cambio marittimo.

Bogen ['bo:gən] m (6 u. 6¹) arco m; Papier: foglio m; ~**fenster** n finestra f ad arco; **2förmig** ['--fœrmiç] ad arco, arcuato; ~**gang** m portico m; ~**gewölbe** n volta f a centina; ~**halle** f loggia f; ~**lampe** f lampada f ad arco; ~**linie** f curva f; ~**schießen** n tiro m all'arco; ~**schütze** m arciere m; ~**strich** ♪ m arcata f.

bogig ['bo:giç] arcuato.

Bohle ['bo:lə] f (15) pancone m, tavola f.

Bohne ['bo:nə] f (15) fagiolo m; (Sau2) fava f; (Kaffee2) chicco m; grüne ~n fagiolini m/pl.

'**Bohnen|kaffee** m caffè m in chicchi, vero caffè m; ~**stange** f pertica f; fig. spilungone m; ~**suppe** f minestra f di fagioli.

'**Bohner|maschine** f lucidatrice f; ~**wachs** n cera f per lucidare pavimenti.

bohnern ['bo:nərn] (29) lucidare.

bohr|en ['bo:rən] (25) forare; ein Loch: fare; Degen: immergere; ⚓ in den Grund ~ colare a fondo; ⊕ trivellare, alesare; Chir. trapanare; **2er** m trivello m, succhiello m; Chir. trapano m; **2loch** n foro m; **2maschine** f perforatrice f; alesatrice f; **2muschel** f folade f; **2turm** m torre f di trivellazione; **2ung** f trivellazione f; perforazione f; Chir. trapanazione f; Auto: alesaggio m; sondaggio m.

Boiler ['bɔɪlər] m (7) scaldabagno m.

Boje ['bo:jə] f (15) boa f, gavitello m.

Böller ['bœlər] m (7) mortaretto m.

Bollwerk ['bɔlverk] n (3) baluardo m.

Bolschewismus [bɔlʃe'vismus] m bolscevismo m.

Bolschewist|(in f) m [--'vist(in)] (12), **2isch** bolscevico (-a) m (f).

Bolzen ['bɔltsən] m (6) quadrello m; (Pflock) caviglia f; (Platt2) anima f.

B

Bombard|ement [bɔmbardə'mɑ̃] n (11) bombardamento m; **2ieren** [--'diːrən] bombardare.

Bombast [bɔm'bast] m ampollosità f; **2isch** ampolloso.

Bombe ['bɔmbə] f (15) bomba f; **~n werfen** lanciare bombe; **~n-erfolg** m successo m strepitoso; **2nfest** a prova di bombe; **~nflugzeug** n aeroplano m da bombardamento, bombardiere m; **2ngeschädigt** sinistrato; **~r** m (7) bombardiere m.

Bon [bɔ̃] m (11) buono m.

Bonbon [bɔ̃'bɔ̃] m u. n (11) caramella f; confetto m; **~dose** f bomboniera f.

Bonze ['bɔntsə] m (13) bonzo m; Pol. pezzo m grosso.

Boot [boːt] n (3) battello m; kleines: barca f; imbarcazione f.

'Boots|mann m battelliere m; barcaiolo m; Sport: canottiere m; **'~haken** m gancio m d'accosto.

Bor 🜄 [boːr] n (3¹, o. pl.) boro m.

Bord¹ [bɔrt] m (3) bordo m; **an ~ gehen** andare a bordo; **über ~ werfen** buttare a mare; **~²** n (3) (Wand2, Bücher2) scaffale m.

Bordell [bɔr'dɛl] n (3¹) bordello m.

Bord|funker ['bɔrtfuŋkər] m telegrafista m di bordo; **~kanone** f cannoncino m di bordo; **~mechaniker** m meccanico m di bordo; **~schwelle** f, **~stein** m bordo m (orlo m) del marciapiede.

Borg [bɔrk] m: **auf ~** a credito; **2en** [-'-gən] (25) far credito; et.: prendere in prestito; j-m et.: prestare.

Borke ['bɔrkə] f (15) corteccia f.

Born [bɔrn] m (3) poet. fonte f.

borniert [bɔr'niːrt] ottuso; **2heit** f ottusità f di mente.

Borretsch 🜪 ['bɔretʃ] m (3, o. pl.) borrana f.

Bor|salbe ['boːrzalbə] f unguento m borico; **'~säure** f acido m borico.

Börse ['bœrzə] f (15) borsa f, Borsa f.

Börsen... ['bœrzən...]: in Zssgn oft di borsa; **~bericht** m listino m (bollettino m) di borsa; **~geschäft** n operazione f di borsa; **~jobber** m aggiotatore m; **~kurs** m corso m (od. cambio m) della borsa; **~makler** m sensale m di borsa; **~notierung** f quotazione f di borsa; **~spekulant** m borsista m; **~spekulation** f ag-

giotaggio m; **~zettel** m listino m di borsa.

Borst|e ['bɔrstə] f (15) setola f; **~en-vieh** n animali m/pl. suini; **2ig** setoloso; Haar: irsuto; F stizzoso.

Borte ['bɔrtə] f (15) passamano m; (Tresse) gallone m; **~nmacher** m passamanaio m.

bösartig ['bøːsʔaːrtiç] maligno (a. 🩺); **2keit** f malignità f; cattiveria f.

Böschung ['bœʃuŋ] f scarpa f, pendio m.

böse ['bøːzə] **1.** adj. cattivo; (krank) malato; (zornig) adirato; Geister: maligno; **e-e ~ Sache** una faccenda seria; **j-m ~ sein** essere in collera con qu.; **~ werden** andare in collera; **ich bin ~ dran** sono alle strette; **2.** 2 n (18) male m; **2wicht** m malvagio m; cattivone m.

bos|haft ['boːshaft] maligno; **2heit** f malignità f.

böswillig ['bøːsviliç] malevolo; malintenzionato; 🜪 doloso; adv. intenzionalmente.

Botan|ik [bo'taːnik] f (16, o. pl.) botanica f; **~iker** m (7), **2isch** adj. botanico; **2isieren** erborizzare.

Bote ['boːtə] m (13) messagg(i)ero m; 🜨 postino m; (Laufbursche) fattorino m.

Boten|gang ['boːtəngaŋ] m corsa f; commissione f; **~lohn** m mancia f (per una commissione).

botmäßig ['boːtmɛːsiç] sottomesso, soggetto; **2keit** f potere m.

Botschaft ['boːtʃaft] f ambasciata f; **~er** m (7) ambasciatore m; **~srat** m consigliere m d'ambasciata.

Böttcher ['bœtçər] m (7) bottaio m.

Bottich ['bɔtiç] m (3) tino m.

Bouillon [bul'jɔ̃] f (11¹) brodo m; **~würfel** m dado m da brodo.

Bourgeois [bur'ʒwa] m uv. borghese m; **~sie** [--'ziː] f (15) borghesia f.

Bowle ['boːlə] f (15) Gefäß: terrina f da ponce; Getränk: vino m con frutta ecc.

Box [bɔks] f (16) recinto m (per cavalli); Auto: posteggio m, box m.

box|en ['bɔksən] **1.** v/i. (27) fare il pugilato; **2.** 2en n (6) pugilismo m; **2er** m (7) pugilatore m, pugile m; **2handschuh** m guanto m da pugilato; **2kalf** n pelle f di vitello; **2kampf** m incontro m di pugilato; **2sport** m pugilato m.

Boykott ['bɔy'kɔt] m (3) boicottaggio m; 2**ieren** boicottare.

brach [braːx] incolto; '2**acker** m, '2**e** f (15), '2**feld** n maggese m.

Brachialgewalt [braxˈjaːlgəvalt] f forza f brutale.

Bracke ['brakə] m (13) bracco m.

brack|ig ['-kiç] salmastro; 2**wasser** n acqua f salmastra.

Bramsegel ⚓ ['braːmzeːgəl] n vela f di perrocchetto.

Branche ['brãʃə] f (15) ramo m; **~nkenntnis** f esperienza f speciale.

Brand [brant] m (3³) incendio m; fig. ardore m; ⊕ cotta f; ✗ golpe f; 🌿 cancrena f.

Brand|blase ['brantblaːzə] f vescica f da scottatura; **~bombe** f bomba f incendiaria; **~brief** m lettera f minatoria; fig. richiesta f urgente.

branden ['brandən] (26) frangersi.

Brand|fackel ['brantfakəl] f torcia f incendiaria; tizzone m; **~fleck** m bruciatura f; **~herd** m focolaio m d'incendio.

brandig ['brandiç] bruciaticcio; ✗ ingolpato; 🌿 cancrenoso.

Brand|mal ['brantmaːl] n marchio m; 2**marken** ['-markən] (25, untr.) fig. bollare, stigmatizzare; **~mauer** f muro m divisorio; **~opfer** n olocausto m; **~rede** f discorso m incendiario; **~salbe** f unguento m per scottature; **~schaden** m danno m causato da incendio; 2**schatzen** ['-ʃatsən] (27, untr.) saccheggiare; **~schatzung** f saccheggio m; **~sohle** f tramezza f; **~stätte** f luogo m dell'incendio; **~stifter** m incendiario m; **~stiftung** f incendio m doloso.

Brandung ['brandʊŋ] f marosi m/pl., frangenti m/pl., risacca f.

'**Brandwunde** f scottatura f.

Branntwein ['brantvaɪn] m acquavite f; **~brennerei** ['--brɛnəraɪ] f distilleria f.

Brasilholz [braˈziːlhɔlts] n verzino m.

Brasilian|er(in f) m [--ˈjaːnər(in)], 2**isch** brasiliano (-a) m (f).

brät, brätst [brɛːt(st)] s. braten.

braten ['braːtən] (30) v/t. arrostire; (backen) friggere; Beefsteak: fare; braun ~ rosolare.

Braten ['braːtən] m (6) arrosto m; **~soße** f sugo m dell'arrosto; **~wender** m girarrosto m.

Brat|fisch ['braːtfiʃ] m pesce m arrosto, pesce m fritto; **~hering** m aringa f arrosta; **~huhn** n pollo m arrosto; **~kartoffeln** f/pl. patate f/pl. fritte; **~ofen** m fornello m; **~pfanne** f padella f; teglia f; **~rost** m gratella f.

Bratsche 🎵 ['braːtʃə] f (15) viola f.

Brat|spieß ['-ʃpiːs] m spiedo m; **~wurst** f salsiccia f arrosta.

Brauch [braux] m (3³) costume m, uso m; 2**bar** utilizzabile; abile; servibile; (tauglich) idoneo; (nützlich) utile; '**~barkeit** f servibilità f; idoneità f; utilità f; '2**en** (25) aver bisogno di; (anwenden) adoperare; usare; Sie brauchen nur ... non ha che da ...; '**~tum** n (1²) usanze f/pl. e costumi m/pl., ⌂ folclore m.

Braue ['brauə] f (15) sopracciglio m.

brau|en ['brauən] (25) fare (la birra, il ponce, il caffè ecc.); 2**er** m birraio m; 2**e'rei** f, 2**haus** n birreria f; 2**meister** m maestro m birraio.

braun [braun] (dunkel~) bruno; (kastanien~) marrone; (Haar) castagno; (Auge) scuro; (Haut) abbronzato; (hell~) color avana; (haselnuß~) color nocciola; ~ braten rosolare; ~ brennen abbronzare; ~ werden abbrunire.

Bräune ['brɔynə] f (15) brunezza f; 🌿 angina f; (Sonnen2) abbronzatura f; 2**n** (25) abbrunire; brunire; Kochk. rosolare; Zucker: caramellare; Metalle: brunire; sich ~ abbronzarsi.

'**braungebrannt** abbronzato.

'**Braunkohle** f lignite f.

bräunlich ['brɔynliç] bruniccio.

Brause ['brauzə] f (15) fermentazione f; (Limonade) gazzosa f; (~bad) doccia f; **~kopf** m testa f calda; **~limonade** f gaz(z)osa f.

'**brausen** (27) **1.** v/i. fremere; mugghiare; Wasser: bollire; (schäumen) spumeggiare; es braust mir in den Ohren mi rintronano gli orecchi; **2.** 2 n (6) fremito m; mugghio m; bollimento m; effervescenza f; fig. bollore m.

'**Brausepulver** n polvere f effervescente.

Braut [braut] f (14¹) fidanzata f, sposa f; '**~bett** n letto m nuziale; poet. talamo m; '**~führer** m padrino m della sposa; '**~gemach** n camera f nuziale.

Bräutigam ['brɔʏtigam] *m* (3¹) fidanzato *m*, sposo *m*.

Braut|jungfer ['braʊtjuŋfər] *f* ancella *f* della sposa, paraninfa *f*; ~**kleid** *n* abito *m* da sposa; ~**kranz** *m* ghirlanda *f* nuziale; ~**leute** *pl.* sposi *m/pl.*

bräutlich ['brɔʏtliç] da sposa; verginale.

Braut|nacht ['braʊtnaxt] *f* notte *f* nuziale; ~**paar** *n* (coppia *f* di) sposi *m/pl.*; ~**schatz** *m* dote *f*; ~**schau** *f*: auf die ~ gehen cercare una sposa; ~**schleier** *m* velo *m* nuziale; ~**staat** *m* abito *m* da sposa; ~**werbung** *f* domanda *f* in matrimonio.

brav [bra:f] bravo; (*Kind*) buono; (*ehrenhaft*) perbene, onorato; *das ist* ~ *von dir* bravo, così hai fatto bene.

bravo! ['vo:] bravo, brava, bravi, brave; 2**rufen** *n* grida *f/pl.* di bravo, applausi *m/pl.*

Bravour [bra'vu:r] *f* coraggio *m*.

brech|bar ['brɛçba:r] *Phys.* rifrangibile; 2**bohnen** *f/pl.* fagiolini *m/pl.*; 2**durchfall** 🐾 *m* colerina *f*; 2**eisen** *n* leva *f*, piede *m* di porco.

brechen ['brɛçən] (30) **1.** *v/t.* rompere; *Flachs*: maciullare; *Obst*: cogliere; *Steine*: cavare; *Phys.* rifrangere; 🐾 fratturare; *Wort*: mancare a; *Widerstand*: vincere; *Gesetz*: violare; *fig.*, *Herz*, *Akkord*: spezzare; **2.** *v/i.* a) (*sn*) *u. sich* ~ rompersi; *mit j-m* ~ (*h.*) romperla con qu.; (*Wellen*) frangersi; (*Licht*) rifrangersi; b) (*h.*) *Path.* vomitare.

Brecher ['brɛçər] *m* (7) ondata *f*, cavallone *m*.

Brech|mittel ['brɛçmitəl] *n* vomitivo *m*; ~**reiz** *m* nausea *f*; ~**stange** *f* leva *f* di ferro; ~**ung** *f* *Phys.* rifrazione *f*.

Brei [braɪ] *m* (3) poltiglia *f*; *Kochk. u. fig.* pappa *f*; *v. Kartoffeln*, *Erbsen*: purè *m*; *v. Mais*: polenta *f*; 2**ig** ['-iç] poltiglioso; come una pappa.

breit [braɪt] largo, 💬 diffuso; (*Nase*) piatto, schiacciato; *weit und* ~ *da ogni parte*; ~**beinig** ['-baɪniç] a gambe larghe; 2**e** *f* (15) larghezza *f*; *Geogr.* latitudine *f*; 💬 prolissità *f*; 2**engrad** *m* (grado *m* di) latitudine *f*; '~**hüftig** fiancuto; '~**krempig** a tesa larga; '~**machen**: *sich* ~ occupare tutto il posto disponibile; *fig.*

fare il prepotente; '~**schlagen** F persuadere (a forza di chiacchiere); ~**schultrig** ['-ʃultriç] dalle spalle larghe; 2**seite** *f* ⚓ fianco *m*; ~**spurig** ['-ʃpu:riç] presuntuoso; 🚂 a scartamento largo; '~**treten** diffondersi su, propalare; '2**wand** *f* schermo *m* panoramico.

Bremsbacke ['brɛmsbakə] *f* *Auto*: ceppo *m* frenante; ganascia *f* del freno.

Brems|e ['-zə] *f* (15) freno *m*; *Zo.* tafano *m*, assillo *m*; *die* ~ *anziehen* tirare il freno; *die* ~ *einstellen* regolare il freno; *die* ~ *lockern* allentare il freno; *die* ~ *nachstellen* stringere il freno; 2**en** (27) frenare; ~**er** *m* (7) frenatore *m*; 🚂 guardafreni *m*.

Brems|gestänge ['brɛmsgəʃtɛŋə] *n* tirante *m* del freno; ~**hebel** *m* leva *f* del freno; ~**pedal** *n* pedale *m* del freno; ~**räder** 🚂 *n/pl.* ruote *f/pl.* frenanti; ~**stange** *f* asta *f* del freno; ~**vorrichtung** *f* dispositivo *m* del freno.

brennbar ['brɛnba:r] combustibile.

brennen ['brɛnən] (30) **1.** *v/t.* bruciare; *Haare*: arricciare, ondulare; *Wunde*: cauterizzare; *Kaffee*: tostare; *Branntwein*: distillare; ⊕ *Kalk*, *Töpfe*: cuocere; **2.** *v/i.* bruciare; ardere; (*Sonne*) scottare; (*Lampe*) essere acceso; *es brennt* c'è un incendio; *darauf* ~ *zu inf.* non vedere il momento di; **3.** 2 *n* (6) bruciore *m*; ~**d** ardente; *fig.* di scottante attualità; ~**es Haus** *n* casa *f* in fiamme; ~**es Licht** *n* luce *f* accesa; ~**er Schmerz** *m* dolore *m* cocente; ~**e Frage** *f* questione *f* palpitante.

Brenner ['brɛnər] *m* (7) distillatore *m*; (*Kaffee*2) tostino *m*; (*Gas*2) becco *m* del gas; ~**ei** [-'raɪ] *f* distilleria *f*.

Brenn|glas ['-gla:s] *n* lente *f* ustoria; ~**holz** *n* legna *f*; ~**material** *n* (materiale *m*) combustibile *m*; ~**nessel** *f* ortica *f*; ~**punkt** *m* fuoco *m*; *fig.* centro *m*; punto *m* neuralgico; ~**spiegel** *m* specchio *m* ustorio; ~**spiritus** *m* spirito *m* da ardere; ~**stoff** *m* combustibile *m*; *Auto*: carburante *m*; ~**weite** *f* distanza *f* focale; ~**wert** *m* valore *m* in calorie.

brenzlig ['brɛntsliç] bruciaticcio; ~ *schmecken* sapere di bruciaticcio; *fig.* critico; precario.

Bresche ['brɛʃə] f (15) breccia f (*schlagen* aprire).

Brett [brɛt] n (1) asse f, tavola f; (*Servier♀*) vassoio m; (*Spiel♀*) scacchiera f; *Schwarzes* ∼ tavola f degli avvisi; ∼ *pl.* Thea. scena f; *Schisport*: sci m/pl.; '∼**erbude** f baracca f; '∼**erwand** f intavolato m; palizzata f.

Brettspiel ['∼ʃpiːl] n gioco m con la scacchiera; scacchiera f (dama, scacchi ecc.).

Brevier [bre'viːr] n (3¹) breviario m.

Bretzel ['brɛtsəl] f (15) ciambella f.

brich, ∼st, ∼t [briç(st)] s. brechen.

Brief [briːf] m (3) lettera f; *gewöhnlicher* ∼ lettera f semplice; *eingeschriebener* ∼ lettera f raccomandata; (*Epistel*) epistola f.

Brief|abgabe f accettazione f (*Schalter*: sportello m) delle lettere; '∼**abholung** f levata f (delle lettere); '∼**annahme** s. Briefabgabe; '∼**aufgabe** f distribuzione f delle lettere; ∼**aufschrift** ['∼ʔaufʃrift] f indirizzo m; '∼**beschwerer** m (7) calcalettere m; '∼**bogen** m foglio m di carta da lettera; '∼**bote** m portalettere m; '∼**einwurf** m buca f delle lettere; '∼**fach** n casella f (postale); '∼**kasten** m cassetta f postale, buca f delle lettere; *in der Zeitung*: piccola posta f; '∼**kopf** m intestazione f; '∼**kuvert** n busta f.

brieflich ['briːflic] per lettera.

Brief|marke f francobollo m; '∼**marken-automat** m distributore m automatico di francobolli; '∼**markenkunde** f filatelia f; '∼**markensammler** m filatelico m; '∼**öffner** ['∼ʔœfnər] m (7) aprilettere m; '∼**ordner** m registratore m della corrispondenza; '∼**papier** n carta f da lettere; '∼**porto** n affrancatura f; '∼**post** f corriere m; '∼**schaften** f/pl. corrispondenza f; '∼**schreiber(in** f) m scrittore m (scrittrice f) della lettera; '∼**steller** ['∼ʃtɛlər] m (7) epistolario m; '∼**stil** m stile m epistolare; '∼**tasche** f portafoglio m; '∼**taube** f piccione m viaggiatore; '∼**telegramm** n telegramma m lettera; '∼**träger** m portalettere m; postino m; '∼**umschlag** m busta f; '∼**waage** f pesalettere m; '∼**wechsel** m carteggio m, corrispondenza f.

briet [briːt] s. braten.

Brigade [bri'gɑːdə] f (15) brigata f.

Brigg ⚓ [brik] f (11¹) brigantino m.

Brikett [bri'kɛt] n (11 *od.* 3¹) mattonella f di carbone.

Brillant [bril'jant] m (12), ♀ *adj.* brillante (m); '∼**ine** f (15) brillantina f.

Brille ['brilə] f (15) occhiali m/pl.; (*Schutz♀*) occhiali m/pl. da protezione.

Brillen|einfassung f suste f/pl.; '∼**futteral** n astuccio m da occhiali; '∼**gläser** n/pl. lenti f/pl.; '∼**macher** m occhialaio m; '∼**schlange** f serpente m dagli occhiali.

bringen ['briŋən] (30) **1.** portare; (*begleiten*) accompagnare; (*ein∼*) rendere; (*hervor∼*) produrre; *Opfer*: fare; **2.** *mit prp.*: **a)** *an sich* ∼ appropriarsi di; **b)** *j-n auf et.* ∼ suggerire qc. a qu.; *es auf 70 Jahre* ∼ arrivare all'età di settant'anni; **c)** ∼ *in* (*ac.*) *oft*: mettere, *z.B. in Gang* ∼ mettere in marcia; **d)** *mit sich* ∼ *fig.* portare con sé, comportare, implicare; **e)** *über j-n* ∼ *Unglück usw.*: recare; *es über sich* ∼ riuscire a, risolversi a; **f)** *j-n um et.* ∼ far perdere qc. a qu.; **g)** *von der Stelle* ∼ (s)muovere; **h)** *j-n zu et.* ∼ determinare qu. a fare qc.; *j-n zum Lachen, Weinen, Sprechen, ∼* far ridere, piangere, parlare qu.; *es zu et.* ∼ far carriera; *in Gefahr* ∼ mettere in pericolo; *unter die Leute* ∼ mettere in giro.

Brisanz [bri'zants] f (16) forza f esplosiva.

Brise ['briːzə] f (15) brezza f.

Brit|e m (13), ∼**in** f ['briːtə, -'tin], ♀**isch** britannico (-a) m (f).

bröck(e)lig ['brœk(ə)liç] friabile.

Brocken ['brɔkən] m (6) pezzo m, frammento m; ♀**weise** ['∼∼vaizə] a pezzi.

brodeln ['broːdəln] (29) gorgogliare.

Brodem ['broːdəm] m (3¹, *o. pl.*) vapore m.

Brokat [bro'kɑːt] m (3) broccato m.

Brom ♘ [broːm] n (3¹, *o. pl.*) bromo m, bromuro m.

Brom|beere ['brɔmbeːrə] f mora f (di rovo); ∼**beerstrauch** m rovo m.

bronchial [brɔnç'jɑːl] bronchiale; ♀**katarrh** m catarro m bronchiale.

Bronchien ['brɔnçjən] f/pl. bronchi m/pl.

Bronchitis [-'çiːtis] f bronchite f.

Bronze ['brɔ̃sə, '-zə] f (15) bronzo m.

B

bronzier|en [-'si:rən] bronzare; Ꞩung f bronzatura f.

Brosame ['bro:zɑːmə] f (15) briciola f.

Brosche ['brɔʃə] f (15) spillone m.

brosch|ieren [-'ʃiːrən] legare alla rustica (od. alla bodoniana); **iert** [-'ʃiːrt] broscé, in brossura; Ꞩüre [-'ʃyːrə] f (15) opuscolo m non rilegato, fascicolo m.

Brot [bro:t] n (3) pane m; **bäcker** m fornaio m; **bäcke|rei** f forno m; panificio m; **beutel** m ✂ tascapane m.

Brötchen ['brøːtçən] n (6) panino m; belegtes ~ panino m imbottito.

Brot|erwerb ['bro:t⁹ɛrvɛrp] m: um des ~s willen per guadagnarsi da vivere; **fabrik** f fabbrica f del pane; panificio m; **getreide** n cereali m/pl. per la panificazione; **herr** m padrone m; **herstellung** f panificazione f; **korb** m panettiera f; paniere m; **krume** f midolla f, mollica f; Ꞩlos senza pane; poco lucrativo; disoccupato; j-n ~ machen gettare qu. sul lastrico; **maschine** f macchina f tagliapane; **neid** m gelosia f di mestiere; **rinde** f crosta f di pane; **röster** m tostapane m; **schnitte** f fetta f di pane.

Bruch [brux] **a)** m (3³) rottura f; der Treue, des Eides: violazione f; am Unterleib: ernia f; ♬ frattura f; am Unterleib: ernia f; 𝐀 frazione f; (SteinꞨ) cava f; im Papier: piega f; zu ~ gehen rompersi; in die Brüche gehen fallire, andare in fumo; **b)** [bru:x] m u. n (3³) (SumpfꞨ) acquitrino m.

Bruch|band ['bruxbant] n cinto m erniario; Ꞩfest infrangibile.

brüchig ['bryçiç] fragile; friabile.

Bruch|landung ['bruxlanduŋ] f ✈ atterraggio m con avaria; **stein** m macigno m; **stück** n frammento m; **teil** m fig. minima parte f; **zahl** f frazione f.

Brücke ['brykə] f (15) ponte m.

Brücken|bau ['--bau] m costruzione f di ponti; **geld** n pedaggio m; **kopf** m testa f di ponte; **waage** f bilancia f a bilico.

Bruder ['bru:dər] m (7¹) fratello m; Rel. frate m; lustiger ~ buontempone m.

brüderlich ['bry:dərliç] fraterno; Ꞩkeit f fraternità f.

Bruder|liebe ['bru:dərliːbə] f amo-

re m fraterno; **mord** m fratricidio m; **mörder(in** f) m fratricida m u. f.

Brüderschaft ['bry:dərʃaft] f (16) fratellanza f; Rel. (meist Bruderschaft) confraternita f; ~ trinken brindare in segno di fratellanza (dandosi del tu).

Bruder|volk ['bru:dərfɔlk] n popolo m fratello; **zwist** m lite f fra fratelli.

Brühe ['bry:ə] f (15) brodo m; (Tunke) salsa f; fig. broda f.

brühen ['bry:ən] (25) scottare; Wäsche: tuffare nel ranno bollente.

'brüh|'heiß caldo bollente; Ꞩkartoffeln f/pl. patate f/pl. lessate nel brodo, patate f/pl. bollite; **'warm** fig. come ultima novità.

brüllen ['brylən] **1.** v/t. (25) muggire; Löwe: ruggire; Menschen: urlare; **2.** Ꞩ n (6) muggito m; ruggito m; urlio m.

Brumm|bär ['brumbɛːr] m brontolone m; **baß** m bordone m.

brummeln ['bruməln] (29) F borbottare.

brumm|en ['brumən] **1.** v/i. (25) brontolare; Kopf, Insekten: ronzare; Bär: mugghiare; F (sitzen) essere in gattabuia; **2.** Ꞩen n (6) brontolio m; ronzio m; Ꞩer m (7) (Fliege) moscone m; ♪ bordone m; **ig** brontolone.

brünett [bry'nɛt] castano; scuro.

Brunft [brunft] f (14¹) fregola f.

brünieren [bry'ni:rən] (25) brunire.

Brunnen ['brunən] m (6) fonte f; (ZiehꞨ) pozzo m; (ZierꞨ) fontana f; (GesundꞨ) acque f/pl. minerali; **kresse** ♧ f crescione m di fontana; **kur** f cura f delle acque minerali.

brüsk [brysk] brusco; **'ieren** offendere; Ꞩ**'ierung** f offesa f.

Brust [brust] f (14¹) petto m; (Busen) seno m; (MutterꞨ) mammella f; sich in die ~ werfen pavoneggiarsi; **beere** f giuggiola f; **bein** n sterno m; **bild** n busto m; **drüse** f glandola f mammaria.

brüsten ['brystən] (26): sich ~ vantarsi.

Brust|fell ['brustfɛl] n pleura f; **fell-entzündung** f pleurite f; **höhle** f cavità f toracica; **kasten** m, **korb** m torace m; **krebs** m cancro m del petto; **schwimmen** n nuoto m a rana; **stück** n (punta f di) petto m; **~tasche** f tasca f interna; **~ton** m fig.: im ~ der Überzeugung col tono della più grande convinzione; **~umfang** m circonferenza f toracica.

Brüstung ['brystuŋ] f parapetto m.

Brust|warze ['brustvartsə] f capezzolo m; **~wehr** f parapetto m; **~weite** f perimetro m toracico.

Brut [bru:t] f (16) (Brüten) cova f; die Jungen: covata f; Vögel: nidiata f; Fische: avannotti m/pl.; fig. genia f.

brutal [bru'ta:l] brutale; 2i'**tät** f brutalità f.

'Brut|anstalt f stabilimento m di incubazione; **~apparat** m incubatore m.

brüten ['bry:tən] v/i. (26) covare; fig. meditare (über su).

Brut|henne ['bru:thenə] f chioccia f, gallina f covaticcia; **~hitze** f calore m infernale; **~kasten** m incubatrice f; **~ofen** m stufa f d'incubazione; **~stätte** f cova f; fig. covo m.

brutto ['bruto] lordo; 2**einnahme** f incasso m lordo; 2**gewicht** n peso m lordo; 2**registertonne** ⚓ ['~registərtɔnə] f tonnellata f di registro, stazza f lorda.

'Brutzeit f covatura f.

Bube ['bu:bə] m (13) ragazzo m; Spiel: fante m; **~nstreich** m monellata f; **~nstück** n brutto tiro m, tiro m da canaglia.

Büb|erei [by:bə'raɪ] f monellata f; 2**isch** da monello.

Buch [bu:x] n (1²) libro m; ~ führen tenere la contabilità; '**~binder** m legatore m (di libri); '**~binde'rei** f legatoria f; '**~druck** m stampa f; '**~drucker** m tipografo m; '**~drukke'rei** f tipografia f; '**~druckerkunst** f arte f tipografica.

Buch|e ['bu:xə] f (15) faggio m; **~ecker** ['~²ekər] f (15) faggiola f.

buchen ['bu:xən] v/t. ♦ (25) registrare; (Platz) riservare.

Bücher|brett ['by:çərbret] n scaffale m; **~ei** [~'raɪ] f libreria f; **~freund, ~liebhaber** m bibliofilo m; **~gestell** n scaffale m; **~kunde** f bibliografia f; **~markt** m mercato m librario; **~narr** m bibliomane m; **~revisor** m revisore m; **~sammlung** f biblioteca f; **~schrank** m biblioteca f; **~sucht** f bibliomania f; **~wurm** m fig. topo m di biblioteca.

Buchfink ['bu:xfiŋk] m Zo. fringuello m.

Buch|führer ['~fy:rər] m contabile m; **~führung** f contabilità f; einfache (doppelte) ~ contabilità f a partita semplice (doppia); **~halter** m contabile m; **~haltung** f contabilità f; **~handel** m commercio m librario; **~händler** m libraio m; **~handlung** f libreria f; **~macher** m allibratore m; **~messe** f fiera f del libro; **~prüfer** m revisore m dei conti; **~rücken** m costola f del libro.

Buchsbaum ['buksbaum] m (3³) bossolo m.

Buchse ⊕ ['buksə] f (15) boccola f.

Büchse ['byksə] f (15) bossolo m; aus Glas, Stein: barattolo m; für Fleisch, Gemüse: scatola f; 🞲 schioppo m; ⊕ boccola f.

Büchsen|fleisch ['byksənflaɪʃ] n carne f in scatola; **~milch** f latte m condensato; **~öffner** m (7) apriscatole m.

Buch|stabe ['bu:xʃta:bə] m (13¹) lettera f; carattere m; großer ~ maiuscola f; kleiner ~ minuscola f; 2**stabenrätsel** n logogrifo m; 2**stabieren** sillabare, compitare; 2**stäblich** ['~ʃtɛ:pliç] 1. adj. letterale; 2. adv. alla lettera.

Bucht [buxt] f (16) baia f, insenatura f.

Buchung ['bu:xuŋ] f registrazione f; riservamento m.

Buch|weizen ♄ ['bu:xvaɪtsən] m fagopiro m, grano m saraceno; **~wissen** n erudizione f teorica; **~zeichen** n segnalibro m.

Buck|el ['bukəl] m (7) gobba f; 2(e)**lig, ~(e)lige(r** m) ['~k(ə)liç, '~ligə(r)] m u. f gobbo (-a m a f).

bück|en ['bykən] (25): sich ~ abbassarsi, inchinarsi; unter e-r Last: incurvarsi; 2**ling** ['~liŋ] m (3¹): a) inchino m; b) Kochk. aringa f affumicata.

buddeln ['budəln] (29) F scavare; giocare nella rena.

Bude ['bu:də] f (15) (Markt2) chiosco m, bancarella f; F baracca f.

Budget [by'dʒe:] n (11) bilancio m.

Büfett [by'fet] n (3) credenza f; bar m; kaltes ~ tavola f fredda.

Büff|el ['byfəl] m (7) bufalo m; **~e'lei** f sgobbo m; 2**eln** (29) sgobbare; **~ler** F m sgobbone m.

Bug [bu:k] m (3³) giuntura f (al

ginocchio); *(Vorder⩗)* spalla *f*; ⚓ prua *f*, prora *f*.

Bügel ['by:gəl] *m* (7) *(Kleider⩗)* attaccapanni *m*; *(Steig⩗)* staffa *f* *(a. fig.)*; *am Korb*: manico *m*; *an Degen*: guardamano *m*; *an Flinten*: sicura *f*; **~brett** *n* asse *f* da stiro; **~eisen** *n* ferro *m* da stiro; **~falte** *f* piega *f*.

bügeln ['by:gəln] (29) stirare.

'Büglerin *f* stiratrice *f*.

bugsieren ⚓ [buk'si:rən] rimorchiare.

Bugspriet ['bu:kʃpri:t] ⚓ *m* bompresso *m*; **~segel** *n* polaccona *f*.

Buhl|e ['bu:lə] *m u. f* elev. drudo *m* (-a *f*); **⩗en** amoreggiare; *um et. u.* ambire qc., brigare per ...; **~er** *m* ganzo *m*; **~e'rei** *f* civetteria *f*; fornicazione *f*; **~erin** *f* cortigiana *f*; ⩗erisch provocante, lascivo.

Buhne ['bu:nə] *f* (15) muraglia *f* lungo la riva.

Bühne ['by:nə] *f* (15) palcoscenico *m*; scena *f*, *fig.* teatro *m*; ⊕ piattaforma *f*; *fig. über die ~ gehen* svolgersi.

Bühnen... ['by:nən...]: *in Zssgn oft* teatrale, drammatico, scenico; **~anweisung** *f* nota *f* scenica; **~arbeiter** *m* operaio *m* di scena; **~bearbeitung** *f* adattamento *m* teatrale; **~bild** *n* scenario *m*; **~bildner** *m* scenografo *m*; **~dichter** *m* autore *m* drammatico; **~stück** *n* dramma *m*, commedia *f*, lavoro *m* drammatico, produzione *f*.

Bukett [bu'kɛt] *n* (3) mazzo *m* di fiori; *(Wein)* profumo *m*, aroma *m*.

Bulette [bu'lɛtə] *f* (15) polpetta *f* di carne.

Bulgar|e *m* (13), **~in** *f* [bul'ga:rə, -'-rin], ⩗isch bulgaro (-a) *m* (*f*).

Bull|auge *n* [bul'ʔaugə] *m* oblò *m*; **~dogge** *f* (15) bulldogg *m*; **~e** ['l-lə]: **a)** *m* (13) *Zo.* toro *m*; **b)** *f* (15) *Rel.* bolla *f*.

Bummel ['buməl] *m* (7) passeggiata *f*; giro *m* a zonzo; **~ei** [-'laɪ] *f* lentezza *f*; *das Bummeln*: il gironzolare *m*; ⩗ig infingardo, lento, inesatto; **~leben** *n* vita *f* oziosa; ⩗n (29) gironzolare; essere molto lento; stare senza far nulla; **~streik** *m* sciopero *m* a singhiozzo; **~zug** *m* F treno *m* omnibus; F treno *m* lumaca, tradotta *f*.

Bummler ['bumlər] *m* (7) bighel-

lone *m*; fannullone *m*; *(Lebemann)* buontempone *m*.

Bund [bunt]: **a)** *m* (3³) legame *m*; *Kleidung*: cinturino *m*; *Pol.* lega *f*; *(Deutscher, Schweizer* ~) confederazione *f*; *(Bündnis)* alleanza *f*; *bibl.* Testamento *m*; **b)** *n* (3, *nach Zahlen im pl. uv.)* fascio *m*; *Schlüssel, Blumen, Spargel*: mazzo *m*; *Garn*: matassa *f*.

Bündel ['byndəl] *n* (7) fascio *m*; *Kleider*: fagotto *m*; *(Garben⩗)* covone *m*; *sein* ~ *schnüren* far fagotto; ⩗n *v/t.* (29) affastellare, fare un fagotto di.

Bundes... ['bundəs...]: *in Zssgn oft* federale, **~bahnen** *f/pl.* ferrovie *f/pl.* federali; **~behörde** *f* autorità *f/pl.* federali; **~genosse** *m* alleato *m*, **~kanzler** *m* cancelliere *m* federale; **~lade** *Rel.* *f* arca *f* santa; **~land** *n* regione *f* federale; **~rat** *m* consiglio *m* federale; **~regierung** *f* governo *m* federale, **~republik** *f* repubblica *f* federale; **~staat** *m* confederazione *f*, Stato *m* confederato; **~tag** *m*: *Deutscher* ~ parlamento *m* della repubblica federale tedesca; **~verfassung** *f* costituzione *f* federale; **~wehr** *f* forze *f/pl.* armate (della repubblica federale tedesca).

bündig ['byndiç] decisivo; *(bindend)* obbligatorio; valido; *(kurz)* conciso, preciso, ⩗keit *f* tono *m* reciso; concisione *f*.

Bündnis ['byntnis] *n* (4¹) alleanza *f*; ⩗fähig in grado di stringere alleanze.

Bunker ['buŋkər] *m* (7) fortino *m*; *(Luftschutz⩗)* rifugio *m*; ⚓ carbonile *m*; ✕ ridotta *f*.

bunt [bunt] variopinto; *(farbig)* colorato; *(Stoff)* a colori; **~er** *Abend* serata *f* di varietà; **~es** *Leben* vita *f* agitata; *es geht* ~ *zu* c'è un gran disordine; *das ist mir zu* ~ questo è troppo; *es treiben* ~ farne di tutti i colori; *bekannt wie ein* **~er** *Hund* conosciuto come l'erba bettonica.

Bunt|druck ['buntdruk] *m* cromolitografia *f*, ⩗gefleckt variegato; ⩗gemustert *(Stoff)* a fantasia, ⩗heit *f* varietà *f* di colori; **~metall** *n* metallo *m* non ferroso; ⩗scheckig screziato; *fig.* promiscuo; **~stift** *m* matita *f* a più colori, matita *f* colorata; ⩗streifig rigato a più colori.

Bürde ['byrdə] *f* (15) carico *m*.
Burg [burk] *f* (16) castello *m*; (*Bergfeste u. bibl.*) rocca *f*.
Bürge ['byrgə] *m* (13) garante *m*, mallevadore *m*; **2n** (25) garantire; avallare.
Bürger|(in *f*) *m* ['byrgər(in)] (7) cittadino *m*; (*Einwohner*) abitante *m*; *Pol.* borghese *m*; **~krieg** *m* guerra *f* civile; **~kunde** *f* educazione *f* civile; **2lich** civile; *Ggs. zu* ⚔: borghese; **~meister** *m* sindaco *m*; borgomastro *m*; **~recht** *n* diritto *m* di cittadinanza; *das ~ verleihen* (*dat.*) naturalizzare (*ac.*); **~schaft** *f* cittadinanza *f*; **~sinn** *m* civismo *m*; **~stand** *m*, **~tum** *n* classe *f* media, borghesia *f*; **~steig** *m* marciapiede *m*; **~wehr** *f* guardia *f* civica.
Burg|friede(n) ['burkfri:də(n)] *m* tregua *f*; *Pol.* unione *f* sacra; **~graben** *m* fossato *m* del castello.
Bürgschaft ['byrkʃaft] *f* (16) garanzia *f*; *Geld*: cauzione *f*.
Burgunder [bur'gundər] *m* (7) vino *m* di Borgogna.
burlesk [bur'lɛsk] burlesco; **2e** *f* (15) *Thea.* farsa *f*.
Büro [by'ro:] *n* (11) ufficio *m*; agenzia *f*; **~-angestellte(r)** *m* impiegato *m* d'ufficio; **~-artikel** *m/pl.* articoli *m/pl.* per ufficio; **~klammer** *f* fermaglio *m*; **~'krat** *m* burocrate *m*, F pignolo *m*; **~kra'tie** *f* burocrazia *f*; **2'kratisch** burocratico; **~maschinen** *f/pl.* macchine *f/pl.* d'ufficio; **~möbel** *n/pl.* mobili *m/pl.* d'ufficio; **~vorsteher** *m* capo *m* ufficio; **~zeit** *f* ore *f/pl.* d'ufficio.
Bursche ['burʃə] *m* (13) giovanotto *m*; ✝ garzone *m*; ⚔ ordinanza *f*; *sauberer ~ iron.* bell'arnese *m*; **~nschaft** ['--nʃaft] *f* corporazione *f* studentesca.
burschikos [-ʃi'ko:s] disinvolto, libero.
Bürst|e ['byrstə] *f* (15) spazzola *f*; **2en** (26) spazzolare.
'**Bürsten|-abzug** *m Typ.* prova *f* alla spazzola; **~binder** ['--nbindər], **~nmacher** *m* (7) spazzolaio *m*.
Bürzel ['byrtsəl] *m* (7) codrione *m*; (*Geflügel*) boccon *m* del prete.
Bus [bus] *m* (4[1]) autobus *m*.
Busch [buʃ] *m* (3[2] *u.* [3]) cespuglio *m*; (*Gebüsch*) boschetto *m*; *von Blättern, Haaren*: ciocca *f*; (*Feder2*) pennacchio *m*; *auf den ~ klopfen* tastare il terreno.
Büschel ['byʃəl] *n* (7) cespo *m*; *Haare, Federn*: ciuffetto *m*; ⚘ ciocca *f*.
buschig ['buʃiç] cespuglioso; *Haare*: folto.
Busch|klepper ['buʃklɛpər] *m* brigante *m*; **~mann** *m* boscimano *m*; **~messer** *n* macheta *f*; **~wald** *m* macchia *f*; **~werk** *n* cespugli *m/pl.*
Busen ['bu:zən] *m* (6) seno *m*; *fig.* cuore *m*; **~freund** *m* amico *m* intimo; **~nadel** *f* spilla *f*.
Bussard ['busart] *m* (3) abuzzago *m*.
Buße ['bu:sə] *f* (15) ammenda *f*; *Rel.* penitenza *f*.
büßen ['by:sən] (27) espiare; *et. mit dem Leben ~* pagarla con la vita; *das sollst du mir ~* me la pagherai.
'**Büßer|(in** *f*) *m* (7) penitente *m u. f*; **~hemd** *n* cilicio *m*.
buß|fertig ['bu:sfɛrtiç] penitente; '**2fertigkeit** *f* penitenza *f*; '**2geld** *n* ammenda *f*; **2tag** *m* giorno *m* (festa *f*) di penitenza.
Büste ['bystə] *f* (15) busto *m*; **~nhalter** *m* reggipetto *m*, reggiseno *m*.
Bütte ['bytə] *f* (15) tino *m*, mastello *m*.
Büttel ['bytəl] *m* (7) sbirro *m*.
Büttenpapier ['-tənpapi:r] *n* carta *f* da mano.
Butter ['butər] *f* (15, *o.pl.*) burro *m*; **~birne** *f* pera *f* burrona; **~blume** *f* ranunculo *m*; **~brot** *n* panino *m* imburrato; *fig. für ein ~* per un tozzo di pane; **~dose** *f* burriera *f*; **~faß** *n* zangola *f*; **2ig** burroso, butirroso; **~milch** *f* latticello *m*.
'**buttern** (29) **1.** *v/t.* fare il burro; **2.** *v/i.* diventar burro.
'**Butter|stulle** *f* fetta *f* di pane imburrata; **2'weich** tenero come il burro.
Butzenscheiben ['butsənʃaibən] *f/pl.* (15) tondi *m/pl.* di vetro.
Byzantin|er [bytsan'ti:nər] *m* bizantino *m*; **2isch** bizantino; **~'ismus** *m* bizantinismo *m*.

C

C, c [tse:] n uv. C, c m.

C, c ♪ [tse:] n uv. do m.

Café [ka'fe:] n (11) caffè m; bar m.

Camping ['kempiŋ] n uv. campeggio m; **~platz** m campeggio m.

Cape [ke:p] n (11) mantella f; cappa f.

Cellist [tʃɛ'list] m (12) violoncellista m.

Cello ['tʃɛlo:] n (11) violoncello m.

Cellophan [tʃɛlo'fa:n] n (8, o. pl) cellofane f.

Celsius ['tsɛlsjus] m (17): Grad m **~** gradi centigradi.

Chagrin [ʃa'grɛ̃] n (11), **~leder** n cuoio m zigrino.

Champagner [ʃam'panjər] m (7) sciampagna m; **~kühler** m cantimplora f.

Champignon ['ʃampinjõ] 𝔐 m (11) (fungo) prataiuolo m.

Chance [ʃã:sə] f (15) occasione f fortunata; possibilità f; geringe **~**n poche probabilità f/pl.

changierend [ʃã'ʒi:rənt] cangiante.

Chansonette [ʃãso'nɛtə] f (15) canzonetta f.

Chaos ['ka:ɔs] n uv. caos m.

chaotisch [ka'o:tiʃ] caotico.

Charakter [ka'raktər] m (3[1]; pl. -tere [--'te:rə]) carattere m; allg. natura f; er hat **~** è un uomo di carattere; **~bild** n ritratto m; **~darsteller(in** f) m caratterista m u. f; **~eigenschaft** f qualità f; 2**fest** inflessibile.

charakter|i'sieren caratterizzare; 2**i'sierung** f caratterizzazione f; **~'istisch** caratteristico.

Charakter|kopf [ka'raktərkɔpf] m testa f caratteristica; 2**los** senza carattere; **~losigkeit** f mancanza f di carattere; **~schauspieler(in** f) m caratterista m u. f; **~zug** m tratto m di carattere.

Charta ['karta] f (11[1]) Carta f.

Charter|flug ['(t)ʃartərfluːk] m volo m charter; 2**n** (29) noleggiare.

Chassis [ʃa'si:] n uv. telaio m.

Chauffeur [ʃɔ'føːr] m (3[1]) autista m, conducente m, conduttore m.

Chaussee [ʃo'se:] f (15) strada f maestra, stradone m.

Chauvin|ismus [ʃovi'nismus] m uv. sciovinismo m; **~ist(in** f) m [--'nist(in)] (12), 2**istisch** sciovinista m u. f.

Chef [ʃɛf] m (11) capo m, padrone m; ✝ principale m; **~arzt** m medico m primario; **'~in** f moglie f del padrone od. del principale; **~inge-nieur** m ingegnere m capo; **~re-dakteur** m redattore m capo.

Chem|ie [çe'mi:] f (15) chimica f; **~iefasern** f/pl. fibre f/pl. sintetiche; **~ikalien** [--'ka:ljən] f/pl. (15) prodotti m/pl. chimici; **~iker** ['--kər] (7), 2**isch** chimico (m).

Chevreau [ʃe:vro:] n (11), **~leder** n capretto m.

Chiffr|e ['ʃifər] f (15) cifra f; **~e-schrift** f scrittura f cifrata; **~etele-gramm** n telegramma m cifrato; 2**ieren** [-'fri:rən] cifrare.

Chil|ene [tʃi'le:nə] m (13), **~enin** [-'-nin] f, 2**enisch** cileno (-a) m (f).

Chinarinde ['çi:narində] f (15) corteccia f di china.

Chinchilla [tʃin'tʃila] f (11[1]) u. n (11) (Tier, Pelz) cincilla f.

Chines|e m (13), **~in** f [çi'ne:zə, -'-zin], 2**isch** cinese.

Chi'nin 🜍 [çi'ni:n] n (11, o. pl.) chinino m.

Chirurg [çi'rurk] m (12) chirurgo m; **~ie** [--'gi:] f (15) chirurgia f; 2**isch** [-'-giʃ] chirurgico.

Chlor 🜍 [klo:r] n (3[1]) cloro m; **~'at** n clorato m; **~calcium** f cloruro m di calcio; **~id** n cloruro m; **'~kali** m cloruro m di potassio; **'~kalk** m cloruro m di calce.

Chloroform [kloro'fɔrm] n (11, o. pl.) cloroformio m; 2**'ieren** cloroformizzare.

Chlorophyll [kloro'fyl] n clorofilla f.

Cholera ['ko:ləra] f uv. colera m.

Choler|a ['ko:ləra] f uv. colera m; **~kranke(r)** m coleroso m; **~trop-fen** m/pl. gocce f/pl. anticoleriche.

Choler|iker [ko'le:rikər] m, 2**isch** collerico (m).

Chor [ko:r] m (3[8]) coro m.

Choral [koˈrɑ:l] m (3[1] u. [3]) corale m; ⁓**buch** n antifonario m.

Choreograph [koreoˈgrɑ:f] m coreografo m; ⁓**ie** f coreografia f; ⁓**isch** coreografico.

'**Chor|führer** m primo corista m; ⁓**gang** m navata f laterale; ⁓**gestühl** n stallo m del coro; ⁓**hemd** n cotta f; *der Bischöfe*: rocchetto m; ⁓**herr** m canonico m; ⁓**ist(in** f) [-ˈrist(in)] m (12) corista m u. f; ⁓**knabe** m chierichetto m; ⁓**mantel** m cappa f.

Christ [krist] m (12) cristiano m; '⁓**abend** m vigilia f di Natale; '⁓**baum** m albero m di Natale.

Christen... ['kristən...] *in Zssgn*: cristiano; ⁓**heit** f cristianità f; ⁓**liebe** f carità f cristiana; ⁓**mensch** m cristiano m; ⁓**pflicht** f dovere m di cristiano; ⁓**tum** n cristianesimo m.

Christ|fest ['kristfest] n (festa f di) Natale m; ⁓**iani'sieren** cristianizzare; ⁓**in** f cristiana f; ⁓**kind** ['-kint] n Gesù m bambino.

'**christlich** cristiano.

'**Christus** m Cristo m; *vor (nach) Christi Geburt* avanti (dopo) Cristo.

Christwoche ['kristvɔxə] f settimana f di Natale.

Chrom [kro:m] m (3[1]) cromo m; ⁓'**atik** f cromatica f; ⁓'**atisch** cromatico; ⁓o'**som** n cromosoma m; '⁓**stahl** m acciaio m al cromo.

Chron|ik ['kro:nik] f (16) cronaca f; ⁓**isch** cronico.

Chro'nist(in f) m cronista m u. f.

Chrono|graphie [kronograˈfi:] f cronografia f; ⁓'**loge** m cronologo m; ⁓**lo'gie** f cronologia f; ⁓'**logisch** cronologico; ⁓'**meter** n cronometro m.

Chrysanthemum [kryˈzantemum] ⚘ n crisantemo m.

cis [tsis] ♪ n do m diesis.

Claque [klak] f (15, *o. pl.*) clacche f.

Clearing ['kli:riŋ] n (11) clearing m compensazione f.

Clique ['klikə] f (15) cricca f.

Clou F [klu:] m (11) colmo m.

Clown [klaun] m (11) pagliaccio m.

Cocktail ['kɔkte:l] m (11) cocktail m.

Code [ko:d] m (11) codice m; (*Geheim*⚫) cifrario m.

Computer [kɔmˈpju:tər] m (7) calcolatore m elettronico, computer m.

Conférencier [kõfe:rɑ̃sˈje:] m (11) presentatore m.

Container [kɔnˈte:nər] m (7) contenitore m.

Couch [kautʃ] f poltrona-letto f.

Coupé [kuˈpe:] n (11) coupé m; 🚃 scompartimento m.

Coup [ku:] m (11) colpo m.

Couplet [kuˈple:] n (11) canzonetta f.

Coupon [kuˈpõ] m (11) cedola f, tagliando m; (*Stoff*) taglio m.

Courtage [kurˈtɑ:ʒe] f (15) senseria f.

Cousin [kuˈzɛ̃] m (11) cugino m; ⁓**e** [-ˈzi:nə] f (15) cugina f.

Creme [krɛ:m] f (11[1]) crema f.

Cutter ['katər] m (7) *Film*: montatore m.

D

D, d [de:] n uv. D, d m.
D, d ♪ [de:] n uv. re m.
da [dɑ:] **1.** cj. (Zeit) allorché, quando; (Grund) siccome, poiché, giacché; **2.** adv. (zeitlich) allora; von ~ an d'allora in poi; (örtlich) là; qui, qua; (bei den angeredeten Person) costì, costà; ~! tieni!; weg ~! via di qua!; wer ist ~? chi c'è?; wer (geht) ~? chi va là?; ist er ~? è lì?; nein, er ist nicht ~ no, non c'è; ~ bin ich eccomi; ~ ist (kommt) er eccolo; ~ ist Ihr ... ecco il Suo ...; ~ haben wir's ci siamo; der ~ quello lì; (verächtlich) costui, colui.
dabei [da'baɪ] accanto; (außerdem) oltracciò; (einschränkend) con tutto ciò; ~ sein essere presente; ich bin ~ io ci sto; ~ sein et. zu tun stare facendo qc.; was ist denn ~? che male c'è?; ~ bleiben persistere; es bleibt ~, daß ... rimane inteso che ...; es blieb ~ la cosa non ebbe seguito; ich bleibe ~, daß ... torno ad insistere qui.
dableiben ['dɑ:blaɪbən] rimanere od. restare qui.
Dach [dax] n (1²) tetto m; fig. ricovero m; unter ~ und Fach al sicuro; j-m auf's ~ steigen fig. F dirne quattro a qu.; '~antenne f antenna f sul tetto; '~boden m solaio m; '~decker ['-dɛkər] m (7) conciatetti m; '~fenster n abbaino m; '~first m comignolo m; '~garten m giardino m pensile; '~kammer f soffitta f; '~luke f abbaino m; '~pappe f cartone m incatramato; '~rinne f grondaia f, gronda f.
Dachs Zo. [daks] m (4) tasso m; frecher ~ sfacciato m; '~bau m tana f del tasso; '~hund m bassotto m.
Dach|stube ['daxʃtu:bə] f soffitta f; '~stuhl m cavalletto m (del tetto); soffitta f.
dachte, dächte ['daxtə, 'dɛçtə] s. denken.
Dach|traufe ['daxtraufə] f grondaia f; '~werk n travatura f, tetto m; '~wohnung f appartamentino m in soffitta; '~ziegel m tegola f.

Dackel ['dakəl] m (7) bassotto m.
dadurch ['da:'durç] (örtlich) per di là; (Grund) per questo; (Umstand) con questo; ~ daß ... (mit Gerundium zu übersetzen, z.B.) ~, daß er die Ware nicht lieferte ... non avendo consegnato le merci.
dafür ['da:'fy:r] per questo; er ist klein, ~ aber ... è piccolo, ma in compenso ...; (~ stimmen, sprechen) in favore; ~ sein esser favorevole; ~ stehen risponderne; ich danke dir ~ te ne ringrazio; ich kann nichts ~ [-'-'-] non ci ho colpa, non posso farci niente.
Dafürhalten [da'fy:rhaltən] n (6) parere m.
dagegen ['da:'ge:gən] contro; (im Vergleich) invece; in paragone; (als Ersatz) invece; in cambio; (Gegensatz) al contrario; ~ sein esser contrario; et. ~ haben avere qc. in contrario; ~halten [-'--haltən] opporre.
daheim [da'haɪm] **1.** adv. a casa; **2.** ♀ n (3¹, o. pl.) casa f propria; focolare m domestico.
daher ['da:'he:r] **1.** adv. di là; di qua; **2.** cj. perciò, quindi; ~ kommt es, daß da ciò deriva che.
dahin ['da:'hin] là; bell'e ito; passato; bis ~ da qui a lì; (zeitlich) fino a quel momento; bis ~! a presto!; ist es noch weit bis ~? c'è ancora molta strada?; ich bin auf dem Wege ~ ci sto andando; bis ~ sind wir gekommen sino a quel punto siamo arrivati; es ist ~ gekommen, daß ... siamo arrivati al punto che ...; meine Meinung geht ~, daß ... il mio parere è che ...
dahi'nab (scendendo) di là.
dahi'nauf (salendo) là.
dahi'naus (uscendo) di là.
da'hinbringen (verleiten) indurre.
dahi'nein là dentro.
da'hin|fahren andarsene; passare; ~fliegen volar via, passare (in volo); ~geben sacrificare; ~'gegen all'opposto; ~gehen passare (a. fig.); (sterben) decedere; ~gehören en-

trarci; **~gestellt** [-'-gəʃtelt]: ~ *sein lassen* lasciare indeciso; **~jagen** (*sn*) scorazzare, sfrecciare; **~leben** *fig.* vegetare; **~raffen** far strage, uccidere; **~scheiden** passare a miglior vita; **~schwinden** svanire; **~sein** essere bell'e andato; **~siechen** [-'-zi:çən] deperire; **~sterben** morire.

dahinten [-'hintən] là dietro.

dahinter [-'hintər] là dietro; *es steckt et.* ~ gatta ci cova; **~kommen** (*sn*) scoprire (il segreto); **~machen**: *sich* ~ darsi da fare, mettersi all'opera.

dahinunter [-hi'nuntər] laggiù.

Dahlie ['da:ljə] *f* (15) dalia *f*.

daliegen ['da:li:gən] stare; essere (steso) per terra.

damalig ['da:ma:liç] d'allora.

damals ['da:ma:ls] allora.

Damast ['da:mast] *m* (3²) damasco *m*; *auf* ~ *weben* damascare; **2-artig**, **2en** damascato.

Dame ['da:mə] *f* (15) signora *f*; *Spiel:* dama *f*; *die große* ~ *spielen* fare la gran dama; *Kartenspiel:* donna *f*.

Damen... ['da:mən]: *in Zssgn mst* per signore *od.* per signora; **~binde** *f Hygiene:* tampone *m*; **~doppel** *n Tennis:* doppio *m* femminile; **~einzel** *n* singolare *m* femminile; **~friseur** *m* parrucchiere *m* per signora; **~handtasche** *f* borsetta *f* (da signora); **~kostüm** ['--kɔstym] *n* costume *m* per signora, due pezzi *m pl.*; **~mannschaft** *f Sport:* squadra *f* femminile.

Dame|spiel ['da:məʃpi:l] *n* gioco *m* della dama; **~stein** *m* pedina *f*.

Damhirsch ['damhirʃ] *m* (3²) daino *m*.

damit ['da:'mit] **1.** *adv.* con ciò; con questo; *her* ~*!* dia qua!; *heraus* ~*!* dica pure!; *was macht er* ~*?* che ne fa?; *wie steht es* ~*?* a che punto siamo?; *es ist nichts* ~ *anzufangen* non se ne fa nulla; *es ist aus* ~ è finita; **2.** *cj.* affinché, acciocché (*mit cong.*).

dämlich ['dɛ:mliç] F imbecille; **2keit** *f* stupidità *f*.

Damm [dam] *m* (3³) terrapieno *m*; *Wasserbau u. fig.:* argine *m*; diga *f*; (*Hafen2*) molo *m*; *Straße:* lastricato *m*; mezzo *m* della strada; *Anat.* perineo *m*; *fig. auf dem* ~ *sn fig.* sen-

tirsi bene; **~bruch** *m* rottura *f* d'un argine.

dämmen ['dɛmən] (25) arginare; *fig.* porre un argine a.

dämmer|ig ['dɛməriç] crepuscolare; *fig.* vago; **2licht** *n* luce *f* crepuscolare; crepuscolo *m*.

dämmer|n ['dɛmərn] (29) *morgens:* albeggiare; *abends:* imbrunire; *fig. es dämmert mir* ho una vaga idea; comincio a ricordarmi; **2stunde** *f* ora *f* del tramonto (*od.* crepuscolare); **2ung** *f* crepuscolo *m*; (*Morgendämmerung*) alba *f*.

Dämmerzustand ['dɛmərtsu:ʃtant] *m* stato *m* di coma.

Dämon ['dɛ:mɔn] *m* (8¹) demone *m*; **2isch** [-'mo:niʃ] demoniaco, diabolico.

Dampf [dampf] *m* (3³) vapore *m*; *Tierheilk.* bolsaggine *f*; **~...** *in Zssgn mst:* a vapore; **~bad** *n* bagno *m* a vapore; **~boot** *n* vaporetto *m*; **~(druck)messer** *n* manometro *m*.

dampfen ['dampfən] (25) fumare, esalare vapori.

dämpfen ['dɛmpfən] (25) smorzare; (*unterdrücken*) sedare; *Stimme:* abbassare; *Kochk.* stufare; *gedämpftes Fleisch* stufato *m*.

Dampfer ['dampfər] *m* (7) (battello *m* a) vapore *m*; vaporetto *m*; piroscafo *m*.

Dämpfer ['dɛmpfər] *m* (7) ⊕ ammortizzatore *m*; ♪ sordina *f*; *fig. j-m e-n* ~ *aufsetzen* far abbassare la cresta a qu.

Dampf... ['dampf...]: *in Zssgn* a vapore; **~hammer** *m* maglio *m* a vapore; **~heizung** *f* riscaldamento *m* a vapore; **~kessel** *m* caldaia *f* a vapore; **~kochtopf** *m* pentola *f* a pressione; **~kraft** *f* forza *f* del vapore; **~maschine** *f* macchina *f* a vapore; **~schiff** *n* piroscafo *m*, vapore *m*; **~schiffahrt** *f* navigazione *f* a vapore.

Dämpfung ['dɛmpfuŋ] *f* smorzamento *m*; attenuazione *f*.

'Dampf|walze *f* rullo *m* compressore, rullo *m* a vapore; **~wasch-anstalt** *f* lavanderia *f* a vapore.

danach ['da:'na:x] *zeitl.* dopo, poi; (*gemäß*) conforme a ciò (ad essi, ecc.); *sich* ~ *erkundigen* informarsene; *er (es) sieht nicht* ~ *aus* non mi ha l'aria; *sich* ~ *richten* conformarvisi; *ich frage nicht* ~ non me ne curo; me ne infischio; *er ist nicht der Mann* ~ non è l'uomo fatto per questo.

Däne ['dɛːnə] *m* (13) danese *m*.

daneben [da'neːbən] accanto; (*außerdem*) oltracciò; **~gehen** andare di traverso; fallire; **~hauen** F fallire il colpo, sbagliare.

danieder [da'niːdər] giù; a (in) terra; **~liegen** † essere paralizzato, languire; *krank* ~ essere malato; essere molto giù.

Dän|in ['dɛːnin] *f* (16[1]), **2isch** danese (*f*).

Dank [daŋk] **1.** *m* (3) ringraziamento *m*; *besten* ~, *vielen* ~! tante (molte) grazie *f/pl.*; *Gott sei* ~! grazie a Dio!; *mit bestem* ~ con tanti ringraziamenti; ~ *wissen* esser grato; *zu großem* ~ *verpflichtet* obbligatissimo; **2.** 2 *prp.* (*dat.*) grazie a.

dank...: *in Zssgn mst:* ... di ringraziamento; **'~bar** grato, riconoscente; *Gegenstand:* buono, resistente; *Geschäft:* lucrativo; **'2barkeit** *f* gratitudine *f*, riconoscenza *f*.

'danken (25) **1.** *v/t.* (*ver~*) dovere; **2.** *v/i.* ringraziare (*j-m qu.*); *danke* (*bestens*)! grazie (mille)!; *ich danke!* iro. grazie tante!; *Kartenspr.* *ich danke* resto; **'~swert** degno di gratitudine.

'dank|-erfüllt pieno di gratitudine; **'2esschuld** *f* debito *m* di gratitudine; **'2sagung** *f* ringraziamenti *m/pl.*; **'2schreiben** *n* lettera *f* di ringraziamento.

dann [dan] allora; (*nachher*) poi; ~ *und wann* di quando in quando.

dannen ['danən]: *von* ~ *gehen* andarsene.

daran, dran ['daː'ran, dran] *denken, glauben:* a ciò, a questo; ci, vi; *zweifeln, genug haben:* di ciò, ne; *finden:* in ciò, ci; *mit et.* ~ con qc.; *ich war nahe* ~ poco mancò che io; *ich bin* ~, *ich komme* ~ tocca a me; *gut* (*übel*) ~ *sein* trovar(ci)si bene (male); *es ist etwas* ~ c'è qualcosa di vero; *es ist nichts* ~ non val nulla; **~gehen** mettersi a, cominciare a; **~kommen** toccare a; *wer kommt dran?* a chi tocca?; **~machen** *s. darangehen*; **~setzen** metterci; *Leben:* arrischiare; *alles* ~ *um zu* ... fare tutti gli sforzi per ..., mettercela tutta per ...

darauf, F **drauf** ['daː'rauf, drauf] a ciò, vi; *örtlich:* sopra; *zeitlich:* dopo; *kurz* ~ poco dopo; *viel* ~ *geben* farci gran caso; *ich komme* ~ mi viene in mente.

daraufhin ['--'hin] in conseguenza, in seguito a ciò.

daraus, F **draus** ['daː'raus, draus] da ciò; di là; ne; *es wird nichts* ~ *werden* non se ne farà nulla; *was wird* ~ *werden?* come andrà a finire?; *sich et.* ~ *machen* farne caso.

darben ['darbən] (25) stentare la vita.

darbiet|en ['daːrbiːtən] offrire; (*zeigen*) presentare; *Thea.* produrre; **2en** *n* offerta *f*; **2ungen** *f/pl. Thea.* esibizioni *f/pl.*

darbring|en [-'brɪŋən] presentare; (*anbieten*) offrire; *Grüße:* porgere; **2ung** *f* presentazione *f*; *Rel.* oblazione *f*.

darein, F **drein** ['daː'raɪn, draɪn] dentro, ci, vi; (*zusätzlich*) per soprammercato; **~finden** [-'-fɪndən] (30): *sich* ~, **~fügen** [-'-fyːgən] (25): *sich* ~ rassegnarsi; **~reden** metterci bocca; criticare; **~schlagen** menare le mani.

darf(st) [darf(st)] *s. dürfen*.

darin ['daː'rin] dentro; in ciò; ci, vi.

darleg|en ['daːrleːgən] esporre; (*erklären*) spiegare; *fig.* mostrare; **2ung** *f* esposizione *f*; spiegazione *f*.

Darlehen ['-leː(ə)n] *n* (6) prestito *m*; **~sgeber(in** *f*) *m* mutuante *m u. f*; **~skasse** *f* cassa *f* di credito; **~snehmer(in** *f*) *m* mutuatario (-ia *f*) *m*.

Darm [darm] *m* (3[3]) intestino *m*; budello *m*; *in Zssgn oft:* ... intestinale; **'~drüse** *f* glandola *f* intestinale; **'~entzündung** *f* enterite *f*; **'~ruhr** *f* dissenteria *f*; **'~saite** *f* minugia *f*; **'~verschlingung** *f* volvolo *m*; **'~verstopfung** *f* ostruzione *f* dell'intestino.

Darre ['darə] *f* (15) essiccatoio *m*.

darreichen ['daːr9raɪçən] offrire, porgere; *Rel.* amministrare.

darren ['darən] (25) seccare al forno.

darstell|bar ['daːrʃtɛlbaːr] rappresentabile; **~en** esporre, presentare; ⚐, *Künste:* rappresentare; *Thea.* recitare, fare la parte di; **~end** rappresentativo; Å descrittivo; **2er(in** *f*) *m* attore *m* (attrice *f*), interprete *m u. f*; **2ung** *f* rappresentazione *f*; (*Auslegung*) interpretazione *f*; (*Be-*

schreibung) descrizione *f*; ɪ̵ esposizione *f*.

dartun ['daːrtuːn] esporre; mettere in evidenza, provare.

darüber, F **drüber** ['daːˈryːbər, 'dryːbər] di ciò, ne; a ciò, ci; (= *mehr*) più; *ich spreche ~ ne parlo; ich denke ~ nach* ci penso; *örtlich:* sopra, di sopra; *~ hinaus sein* aver sorpassato.

darum, F **drum** ['daːrum, drum] perciò; per questo; di questo, ne; *örtlich:* intorno, attorno; *es ist mir sehr ~ zu tun ... m'importerebbe molto di fare ...; j-n ~ bringen* derubare qu. di ...; *~ kommen* perdere.

darunter, F **drunter** ['daːˈruntər, 'druntər] sotto; ✝ a (per) meno; (*dazwischen*) frammezzo, fra gli altri, fra tutti; fra questi; ne; *was verstehen Sie ~?* che vuole dire con questo?; *~ leiden* soffrirne.

das [das] **1.** *art.* n il *m*, la *f*; **2.** *pron.* questo; ciò; che; *~*, was ciò che; *~ heißt* vale a dire; *~ alles* tutto ciò.

dasein ['daːzain] **1.** *v/i.* esser presente; esistere; *nie dagewesener Fall* caso *m* mai visto; **2.** ♀ *n* (29) esistenza *f*; *ins ~ rufen* creare; *ins ~ treten* nascere; **♀sberechtigung** *f* ragione *f* d'essere; **♀sfreude** *f* gioia *f* di vivere; **♀skampf** *m* lotta *f* per l'esistenza.

dasitzen ['daːzitsən] star seduto.

dasjenige ['dasjeːnigə] *s.* **derjenige**.

daß [das] che.

dasselbe [das'zelbə] *s.* **derselbe**.

dastehen ['daːʃteːən] star lì; *gut ~ fig.* fare bella figura.

Datenverarbeitung ['daːtənferˀarbaituŋ] *f* elaborazione *f* dei dati; *~smaschine* *f* cervello *m* elettronico.

datieren [da'tiːrən] datare.

Dativ ['daːtiːf] *m* (3¹) dativo *m*.

dato ['daːto] in data di; *bis ~* fino a questo giorno; **♀wechsel** *m* cambiale *f* a scadenza fissa.

Dattel ['datəl] *f* (15) dattero *m*; *~baum* *m*, *~palme* *f* dattero *m*; *~muschel* *f* dattero *m* di mare.

Datum ['daːtum] *n* (9²) data *f*.

Daube ⊕ ['daubə] *f* (15) doga *f*.

Dauer ['dauər] *f* (15) durata *f*; *auf die ~* alla lunga, a lungo andare; *auf die ~ von 2 Jahren* per due anni; *es ist nicht von ~* non dura molto; *von kurzer ~* di poca durata; *~...: in Zssgn* stabile; continuato; (*ständig*)

permanente; *~auftrag* *m* ordine *m* permanente; *~betrieb* *m* servizio *m* continuato; *~geschwindigkeit* *f* velocità *f* permanente.

dauerhaft ['dauərhaft] durevole; *Stoffe usw.*: resistente; **♀igkeit** *f* durevolezza *f*.

'Dauer|karte *f* tessera *f* d'abbonamento; *~lauf* *m*, *~marsch* *m* corsa *f* (marcia) *f* di resistenza (*od.* di fondo).

'dauern (29) **1.** *v/i.* durare; *dauert es noch lange?* ci vuole ancora molto?; *wie lange wird es ~?* quanto durerà? *od.* quanto ci vorrà?; **2.** *v/t.* *unpers.* *es dauert mich ...* mi dispiace ...; *er dauert mich* mi fa pietà; *~d* continuo, costante; permanente.

'Dauer|regen *m* pioggia *f* incessante; *~ton* *m* suono *m* (*od.* segnale *m*) continuato; *~wellen* *f/pl.* permanente *f* (*kalte* a freddo); *~zustand* *m* stato *m* permanente.

Daumen ['daumən] *m* (6) pollice *m*; *j-m den ~ halten* augurare il successo a qu.; *~abdruck* *m* impronta *f* del pollice; **♀dick** grosso come il pollice; *~schrauben* *f/pl.* pollici *m/pl.*

Däumling ['dɔʏmliŋ] *m* (3¹) ditale *m* del pollice; *Märchen:* Puccettino *m*.

Daune ['daunə] *f* (15) piuma *f* (fine); *~nbett* *n* piumino *m*.

davon ['daːˈfɔn] da ciò; da questo; di ciò; di qua; di là; ne; *er hat nichts ~* non ci ricava niente; *auf und ~ sparito; *~eilen* [-'-ˀailən] (*sn*) andarsene in fretta; *~fahren* partire; *~gehen* andarsene; *~jagen* cacciar via; *~kommen* cavarsela; *~laufen* darsela a gambe; *es ist zum ♀!* è una disperazione!; *~machen: sich ~* svignarsela; *~schleichen: sich ~* F eclissarsi; *~tragen* portar via; *Sieg:* riportare.

davor ['daːˈfoːr] davanti; *fig.* da ciò, di ciò, ne.

dazu ['daːˈtsuː] a ciò; a questo; vi, ci; ne; (*außerdem*) oltraccio; *~ Lust haben* averne voglia; *~ gehört Zeit* per questo ci vuol tempo; *wie kommst du ~, zu ...?* cosa ti viene in mente di ...?; *ich komme nie ~* non ho mai la possibilità di ... *od.* non arrivo mai a ...; *~ kommt, daß ...* s'aggiunge che ...; *was essen Sie ~?* cosa mangia insieme a questo?; *~gehören* [-'-gəhøːrən] farne parte;

appartenervi; **~gehörig** rispettivo; corrispondente; **~kommen** (sn) sopravvenire; aggiungersi.

dazumal ['dɑːtsumɑːl] allora, a quell'epoca.

da'zu|nehmen prendere; aggiungere; **~zählen, ~tun** aggiungervi.

dazwischen [dɑːˈtsviʃən] in mezzo a, nel frammezzo di; tra gli altri; fra le altre cose; **~kommen** (sn) sopravvenire; *hoffentlich kommt nichts dazwischen* speriamo che non ci capiti nulla di mezzo; **~legen** interporre; **~liegen** intercorrere; **~liegend** intermedio; **~reden** interrompere; **~treten 1.** (sn) frapporsi; **2.** ♀**treten** n (6) intervenzione f.

Debatt|e [deˈbatə] f (15) discussione f; *zur ~ stellen* intavolare; ♀**ieren** [--ˈtiːrən] discutere.

Debet ✝ [ˈdeːbɛt] n (11) debito m; **~note** f nota f di addebito; **~saldo** m saldo m a debito.

Debüt [deˈbyː] n (11) debutto m, esordio m; ♀**ieren** debuttare, esordire.

Dechant [-ˈçant] m (12) decano m.

dechiffrieren [-ʃiˈfriːrən] decifrare.

Deck ⚓ [dɛk] n (11) coperta f; **~adresse** f indirizzo m convenzionale; **~bett** n piumino m; (*Decke*) coperta f; **~blatt** n *Zigarre:* foglia f esteriore; *Buch:* (foglio m di) guardia f.

Decke [ˈdɛkə] f (15) coperta f; △ soffitto m; *fig.* manto m; *mit j-m unter e-r ~ stecken* intendersela con qu.; *sich nach der ~ strecken* fare il passo secondo la gamba.

Deckel [ˈdɛkəl] m (7) coperchio m; *Buch:* copertina f; *Uhr:* calotta f.

decken [ˈdɛkən] (25) coprire (*a.* ✝ *Bedarf, Kosten*); *Tisch:* apparecchiare; *sich ~* (*übereinstimmen*) corrispondere; coincidere; Ⱥ corrispondere; coincidere; Ⱥ congruente.

¹Deck|farbe f colore m opaco; **~hengst** m stallone m; **~mantel** m *fig.* manto m; **~name** m pseudonimo m.

Deckung [ˈdɛkuŋ] f (16) coprimento m; ✗ ricovero m; ✝ fondi m/pl.; ✝, ✗ copertura f; (*Sicherheit*) sicurezza f; sicurtà f; *Fechtk.* guardia f; *in ~ gehen* mettersi al riparo; *in ~ stehen* essere al coperto; **~smittel** n/pl. fondi m/pl. di rimborso.

defekt [deˈfɛkt] **1.** *adj.* difettoso; ⊕ guasto; **2.** ♀ m (3) difetto m; ✝ manco m.

defensiv [defɛnˈziːf] difensivo; ♀**e** [--ˈziːvə] f (15) difensiva f.

defilieren [defiˈliːrən] sfilare.

defin|ierbar [--ˈniːrbɑːr] definibile; **~ieren** definire; ♀**ition** f definizione f; **~itiv** definitivo.

Defizit [ˈdeːfitsit] n (3¹) deficit m, ammanco m.

Deflation [-flatsˈjoːn] f (16) deflazione f.

Degen [ˈdeːgən] m (6) spada f.

Degener|ation [-generatsˈjoːn] f degenerazione f; ♀**ieren** degenerare.

degradieren [degradiˈrən] degradare.

dehnbar [ˈdeːnbɑːr] distendibile; *Gase:* espansibile; *Metalle:* duttile; *durch Wärme:* dilatabile; *allg. u. fig.* elastico; ♀**keit** f distendibilità f; espansibilità f; duttilità f; dilatabilità f; elasticità f.

dehn|en [ˈdeːnən] (25) stendere; *Phys.* dilatare; *Gram.* allungare; ♀**ung** f stendimento m, estensione f; dilatazione f; allungamento m.

Deich [daiç] m (3) diga f; ♀**en** arginare.

Deichsel [ˈdaiksəl] f (15) timone m; **~gabel** f stanghe f/pl.

dein [dain] (20) (il) tuo; (la) tua; (= *deiner*) di te; **~erseits** [ˈnərzaits] da parte tua; **~esgleichen** [-nəsˈglaiçən] tuo pari; **~ethalben, ~etwegen, ~etwillen** [ˈnəthalbən, -nətveːgən, -nətvilən] per te; per conto tuo; per causa tua.

deinige [ˈdainigə] (18b): *der, die, das ~* il tuo, la tua.

Dekade [deˈkɑːdə] f (15) decade f.

dekad|ent [-kaˈdɛnt] decadente; ♀**enz** f decadenza f.

Dekan [-ˈkɑːn] m (3¹) decano m; (*Fakultäts♀*) preside m.

Deklam|ation [-klamatsˈjoːn] f declamazione f; ♀**a'torisch** declamatorio; ♀**ieren** declamare.

Deklar|ation [-klaratsˈjoːn] f dichiarazione f; ♀**ieren** dichiarare.

Deklin|ation [deklinatsˈjoːn] f (16) declinazione f; ♀**ierbar** declinabile; ♀**ieren** declinare.

dekolletiert [-kɔləˈtiːrt] scollato.

Dekorateur [-koraˈtøːr] m (3¹) decoratore m.

Dekoration [-korats'jo:n] f (16) decorazione f; **~smaler** m scenografo m; **~smalerei** f scenografia f.

dekorieren [--'ri:rən] decorare.

Dekret [de'kre:t] n (3) decreto m; **♀ieren** decretare.

Deleg|ation [-legats'jo:n] f (16) delegazione f; **♀ieren** delegare; **~ierte(r)** m (18) delegato m.

delikat [-li'ka:t] delicato; *Kochk.* squisito.

Delikatesse [---'tesə] f (15) delizia f; (*Leckerbissen*) leccornia f; **~n** f/pl. generi m/pl. alimentari fini, commestibili m/pl. fini; specialità f; (*Frühgemüse usw.*) primizie f/pl.; **~ngeschäft** n pizzicheria f; **~nhändler** m pizzicagnolo m.

Delikt [-'likt] n (3) delitto m.

Delinquent [-liŋ'kvent] m (12) delinquente m u. f.

Delirium [-'li:rjum] n (9) delirio m.

Delphin [del'fi:n] m (3¹) delfino m.

Delta ['dɛlta:] n (11) delta m.

dem [de:m] dat. v. der, das; *wie ~ auch sei* comunque; *wenn ~ so ist se* è così.

Demagog|e [dema'go:gə] m (13) demagogo m; **~ie** f (15) demagogia f; **♀isch** [--'go:giʃ] demagogico.

Demarkationslinie [-markats'jo:nsli:njə] f linea f di demarcazione.

demaskieren [-mas'ki:rən] smascherare; *sich ~* tolgiersi la maschera.

Dement|i [-'menti:] n (11) smentita f; **♀ieren** smentire.

dem|entsprechend ['de:m⁹ent'ʃprɛçənt], **~gemäß** conforme.

Demission [demis'jo:n] f (16) dimissioni f/pl.; **♀ieren** dimettersi, dare le dimissioni.

demnach ['de:m'na:x] dunque; in conseguenza.

demnächst ['de:m'nɛ:çst] poi; fra breve.

demobilisier|en [demobili'zi:rən] smobilitare; **♀ung** f smobilitazione f.

Demokrat [--'kra:t] m (12) democratico m; **~ie** [---'ti:] f (15) democrazia f; **♀isch** [--'kra:tiʃ] democratico; **♀i'sieren** democratizzare.

demolier|en [--'li:rən] demolire; **♀ung** f demolizione f.

Demonstr|ant [-mon'strant] m (12) dimostrante m, manifestante m; **~ation** [--strats'jo:n] f (16) dimostrazione f; manifestazione f di protesta; **♀ieren 1.** v/t. dimostrare; **2.** v/i. fare dimostrazioni.

Demont|age [-mon'ta:ʒə] f (15) smontaggio m; **♀ieren** smontare; **~ierung** f smontaggio m.

demoralisieren [-morali'zi:rən] demoralizzare.

Demut ['de:mut] f (16, o. pl.) umiltà f.

demütig ['-my:tiç] umile; **~en** ['---gən] (25) umiliare; *Stolz:* rintuzzare; **♀ung** f umiliazione f.

demzufolge ['de:mtsu'fɔlgə] perciò, in seguito a ciò.

den [de:n] ac. v. der; dat. pl. v. der, die, das.

denen ['de:nən] dat. pl. vom pron. der, die, das.

denaturieren [denatu'ri:rən] denaturare.

Denk|arbeit ['dɛŋk⁹arbaɪt] f lavoro m mentale; **~art** f mentalità f; modo m di pensare.

denk|bar ['dɛŋkba:r] immaginabile; (*begreifbar*) concepibile; **~en** ['dɛŋkən] (30) pensare; *sich ~* immaginarsi; *logisch ~* ragionare; *man sollte ~* si direbbe; *ich denke nicht daran!* non ci penso nemmeno!; **♀en** n (6) pensiero m; **♀er** m (7) pensatore m.

'Denk|faulheit f pigrizia f mentale; **'~freiheit** f libertà f di pensiero; **'~mal** n monumento m; **'~münze** f medaglia f (commemorativa); **'~schrift** f memoriale m; memoria f; **'~schriften** pl. e-r Akademie atti m/pl.; **'~spruch** m massima f; motto m.

Denkungsart ['dɛŋkuŋs⁹a:rt] f mentalità f; modo m di pensare; *von edler ~* di nobili pensieri.

'Denk|vermögen n facoltà f intellettiva; facoltà f di pensare; **'~weise** f s. Denkart; **'♀würdig** memorabile; **'~würdigkeit** f fatto m memorabile; **'~würdigkeiten** Ⅲ f/pl. ricordi m/pl., memorie f/pl.; **~zettel** m fig. lezione f.

denn [dɛn] poiché; giacché; (*also*) dunque; *nach comp.*: di bzw. che; *wo ist er ~?* ma dov'è?; *wer ~?* chi mai?; *es sei ~, daß ...* salvo che ...; *mehr ~ je* più che mai.

dennoch ['dɛnɔx] tuttavia.

Dentist [-'tist] m (12) dentista m.

Denunz|iant [denunts'jant] *m* (12) spia *f*, delatore *m*; 2'**ieren** denunziare.

Depesch|e [de'pɛʃə] *f* (15) telegramma *m*; *diplomatische*: dispaccio *m*; 2'**ieren** telegrafare.

deplaziert [-pla'tsi:rt] fuori di luogo, sconveniente.

deponieren ✝ [-po'ni:rən] depositare.

Deport|ation [deportats'jo:n] *f* deportazione *f*, confino *m*; 2'**ieren** deportare, confinare; ~'**ierte(r)** *m* deportato *m*, confinato *m*.

Depositen|bank [-po'zi:tənbaŋk] *f*, ~**kasse** *f* banca *f* di deposito; ~**konto** *n* conto *m* deposito; ~**schein** *m* certificato *m* di deposito.

Depot [-'po:] *n* (11) deposito *m*.

Depr|ession [-prɛs'jo:n] *f* (16) depressione *f*; 2i'**mieren** deprimere.

Deput|at [-pu'ta:t] *n* (3) assegnazione *f*; ~**ation** [---ts'jo:n] *f* (16) deputazione *f*; 2'**ieren** deputare; ~**ierte(r)** [--'ti:rtə(r)] *m* (18) deputato *m*.

der (die, das) [de:r, di:, das] **1.** (22) *art. m* il, lo; (la); **2.** (23[1]) *pron.* che; il quale; quello; ~ ..., ~ ... l'uno ... l'altro ...; ~ *da* colui; ~ *hier* costui.   [siffatto, tale.\]

derart ['de:rʔa:rt] talmente; 2i'**ge**

derb [dɛrp] rozzo; *(kräftig)* robusto; *(grob)* grossolano; *Fehler*: madornale; '2**heit** *f* grossolanità *f*.

dereinst [de:r'ʔaɪnst] un giorno; ~**ig** futuro.

deren ['de:rən] *gen. pl. vom pron. die* ne; il (la, i, le) cui.

derent|halben ['de:rənthalbən], ~**wegen** ['--ve:gən], ~**willen** ['--vilən] per la quale, per i (le) quali.

derer ['de:rər] di quelli, di quelle.

dergestalt ['de:rgəʃtalt] in guisa tale.

dergleichen [-'glaɪçən] simile; e simili.

der-, die-, dasjenige ['de:r, 'di:, 'dasje:nigə] (22[1]) colui *m*, colei *f*; quello *m*, quella *f*.

dermaßen ['--ma:sən] talmente.

Dermatolog|e [dɛrmato'lo:gə] *m* dermatologo *m*; ~'**ie** *f* dermatologia *f*; 2isch [---'lo:giʃ] dermatologico.

der-, die-, dasselbe [de:r, di:, das'zɛlbə] (22[1]) lo stesso, la stessa; il medesimo, la medesima.

derzeit ['de:rtsaɪt] attualmente; ~**ig** attuale.

des [dɛs] *gen. v. der u. das.*

Desert|eur [dezɛr'tø:r] *m* (3[1]) disertore *m*; 2'**ieren** disertare; ~**ion** [--ts'jo:n] *f* diserzione *f*.

desgleichen [dɛs'glaɪçən] ugualmente; similmente; ~! altrettanto!

Desinf|ektion [-'?infɛkts'jo:n] *f* disinfezione *f*; ~**ek'tionsmittel** *n* disinfettante *m*; 2i'**zieren** disinfettare.

Desorganis|ation [-'?organizats'jo:n] *f* disorganizzazione *f*; 2'**ieren** disorganizzare.

despektierlich [dɛspɛk'ti:rliç] irriverente; sprezzante.

Despot [-'spo:t] *m* (12) despota *m*; 2isch dispotico; ~'**ismus** *m* dispotismo *m*.

dessen ['dɛsən] *gen. pl. vom pron. der, das*; di cui; il (la, i, le) cui; il suo (la sua); di chi; ne; ~**ungeachtet** nonostante ciò.

Dessert [dɛ'se:r] *n* (11) dessert *m*; frutta *f*; ~**teller** *m* piattino *m*; ~**wein** *m* vino *m* dolce, vino *m* da dessert.

Destill|ation ✗ [dɛstilats'jo:n] *f* (16) distillazione *f*; ~**ierapparat** [--'li:r-?apara:t] *m* distillatoio *m*; 2'**ierbar** distillabile; 2'**ieren** distillare; ~'**ierkolben** *m* lambicco *m*.

desto ['dɛsto] tanto ...; ~ *mehr* tanto più; ~ *besser* tanto meglio.

deswegen ['dɛs've:gən] perciò.

detachieren [deta'ʃi:rən] (25) distaccare.

Detail [de'ta:j] *n* (11) dettaglio *m*, particolare *m*; ✝ *im* ~ al minuto; ~**handel** *m* commercio *m* al minuto; ~**händler** *m* commerciante *m* al minuto.

detaillieren [de:ta'ji:rən] dettagliare, particolareggiare.

Detektei [detɛk'taɪ] *f* agenzia *f* investigativa.

Detektiv [detɛk'ti:f] *m* (3[1]) investigatore *m* privato; ~**film** *m* film *m* poliziesco.

Detektor [-'-tɔr] *m* (8[1]) *Radio*: detettore *m*.

Deton|ation [detonats'jo:n] *f* (16) detonazione *f*; 2'**ieren** esplodere; ♪ stonare.

Deut [dɔyt] *m*: *keinen* ~ *nachgeben* non cedere neanche di un passo; *keinen* ~ *wert sein* non valere neanche un soldo; ℒeln (29): ~ an (*dat.*) sottilizzare su (*ac.*); ℒen (26) **1.** *v/t.* interpretare; **2.** *v/i.* ~ auf (*ac.*) accennare a; *(voraussehen lassen)* far presagire; *alles deutet darauf, daß* ... tutto fa credere che ...; ℒlich chiaro; '~lichkeit *f* chiarezza *f*.

deutsch [dɔʏtʃ] tedesco; ~ *sprechen* parlare tedesco; *fig. ich will mit ihm* ~ *reden* gliela voglio cantare; *auf gut* ~ in lingua povera.

'**Deutsch-amerikaner** *m* americano *m* d'origine tedesca.

'**Deutsch**|**e 1.** ~*e*(*r*) *m* tedesco *m*; **2.** ~(**e**) *n* tedesco *m*, germanico *m*; '**ℒfeindlich** antitedesco; germanofobo; '**ℒfreundlich** germanofilo; '**ℒ-itali'enisch** italo-tedesco.

'**Deutschtum** *n* germanesimo *m*; germanità *f*; nazionalità *f* germanica.

Deutung ['dɔʏtuŋ] *f* interpretazione *f*.

Devise [de'vi:zə] *f* divisa *f*; ~**n** †
f/pl. divisa *f* estera (*od.* valuta *f*) estera; ~**nbescheinigung** *f* certificato *m* di esportazione di valuta estera; ~**n-bewirtschaftung** [-'-bə'vɪrtʃaftuŋ], ~**nkontrolle** *f* controllo *m* degli scambi con l'estero; ~**nschmuggel** *m* contrabbando *m* di valuta estera; ~**n-stelle** *f* ufficio *m* valute, ufficio *m* scambi con l'estero.

devot [de'vo:t] devoto, umile.

Dezember [de'tsɛmbər] *m* (7) dicembre *m*.

dezent [-'tsɛnt] decente.

Dezentralis|**ation** [-tsentralizats'jo:n] *f* (16) decentralizzazione *f*, decentramento *m*; ℒ'**ieren** decentrare.

Dezern|**at** [-tsɛr'na:t] *n* (3) riparto *m*, divisione *f*; giurisdizione *f*; ~**ent** *m* (12) capo-divisione *m*; capo-ufficio *m*.

dezimal [-tsi'ma:l] decimale; ℒ-**system** *n* sistema *m* decimale.

Dezimeter [-'me:tər] *n* (*m*) (7) decimetro *m*.

dezimier|**en** [-'mi:rən] decimare; ℒ**ung** *f* decimazione *f*.

Diadem [dia'de:m] *n* (3¹) diadema *m*.

Diagn|**ose** [dia'gno:zə] *f* (15) diagnosi *f*; ℒ**ostisch** [-'gnɔstiʃ] diagnostico; ℒ**osti'zieren** diagnosticare.

diagonal, ℒ**e** *f* [-go'na:l(ə)] (15) diagonale (*f*).

Diagramm [-'gram] *n* (3¹) diagramma *m*.

Diakon [--'ko:n] *m* (3¹ *u.* 12) diacono *m*; ~**issin** *f* diaconessa *f* (suora protestante).

Dialekt [-'lɛkt] *m* (3) dialetto *m*; ~**ik** *f* dialettica *f*; ℒ**isch** dialettale; *Phil.* dialettico.

Dialog [-'lo:g] *m* (3) dialogo *m*; ℒ**isch** dialogico; ℒ**i'sieren** dialogizzare.

Diamant [-'mant] *m* (12) diamante *m*; ℒ**en** *adj.* di diamante; *fig.* adamantino; ~**enschleifer** *m* diamantaio *m*.

diametral [-me'tra:l] diametrale.

Diapositiv [-pozi'ti:f] *n* (3¹) diapositiva *f*.

Diarrhöe [dia'rø:] *f* (15) *ꬸ* diarrea *f*.

Diät [di'ɛ:t] *f* (16) *ꬸ* regime *m*, dieta *f*; ~ *halten* attenersi a una dieta; ~**behandlung** *f* regime *m* dietetico; ~**en** *pl.* (*Tagegelder*) diaria *f*.

dich [dɪç] ti; te; *für* ~ per te.

dicht [dɪçt] fitto; denso; *Haare, Wald:* folto; *Rauch:* denso, (*kompakt*) compatto; (*luftdicht*) ermetico; (*wasserdicht*) impermeabile; ~ *am Rand* proprio sull'orlo; ~ *daran* proprio vicino; ~ *hinter mir* subito dietro di me; ~ *halten* non lasciar passare (l'acqua ecc.); F *fig.* custodire un segreto; '~**be'haart** peloso; '~**be'laubt** fronzuto; 'ℒ**e** *f* (15) densità *f*.

dichten[1] ['dɪçtən] (26) poetare; *et.*: comporre; *sein* ℒ *und Trachten* tutti i suoi pensieri; tutti i suoi sforzi.

'**dichten**[2] ⊕ (26) turare; render denso.

Dichter ['dɪçtər] *m* (7) poeta *m*; ~**in** *f* poetessa *f*; ℒ**isch** poetico; ~**ling** ['--lɪŋ] *m* (3¹) poetastro *m*.

Dichtigkeit ['dɪçtıçkaıt] *f* fittezza *f*; compattezza *f*; foltezza *f*; densità *f*; ~**smesser** *m* densimetro *m*.

Dichtkunst ['-kunst] *f* poesia *f*, arte *f* poetica.

Dichtung[1] ['dɪçtuŋ] *f allg.* poesia *f*; (*Gedicht*) poema *m*.

'**Dichtung**[2] ⊕ *f* guarnizione *f*.

dick [dik] spesso; (*groß*) grosso; *Flüssigkeit:* denso; *Person:* grasso; (*dicht*) fitto; *ꬸ* gonfio; ~**e** *Milch* latte *m* rappreso; ~**e** *Freunde* amici *m/pl.* sviscerati; *durch* ~ *und dünn* attraverso ogni ostacolo; ~ *werden* ingrossarsi, *Person:* ingrassare; '~**bäckig** paffuto; '~**bändig** voluminoso; '2**bauch** *m* pancione *m*; ~**bäuchig** ['dɪkbɔyçɪç] panciuto; '2-**darm** *m* intestino *m* crasso.

Dicke ['dɪkə] *f* (15, *o. pl.*) spessore *m*; grossezza *f*; densità *f*; fittezza *f*; *Person:* obesità *f*, grassezza *f*.

dick|fellig ['dɪk-fɛlɪç] dalla pelle dura; ~**flüssig** denso, consistente; 2**häuter** ['-hɔytər] *m* (7) pachiderma *m*.

Dickicht ['dɪkɪçt] *n* (3) boscaglie *f|pl.*; (*Buschwald*) macchia *f*; folto *m*; frascato *m*.

Dick|kopf ['dɪkkɔpf] *m* testardo *m*, zuccone *m*; 2**köpfig** ['-kœpfɪç] testardo, ostinato; ~**köpfigkeit** *f* testardaggine *f*, ostinazione *f*; 2**leibig** ['-laɪbɪç] pingue; *fig.* voluminoso; ~**leibigkeit** *f* pinguedine *f*; *fig.* mole *f*; ~**wanst** *m* pancione *m*.

Didakt|ik [di'daktɪk] *f uv.* didattica *f*; ~**iker**, 2**isch** didattico.

die [di:] 1. *art.* la; i, le; 2. *pron.* che; quella, la quale; *s.* der.

Dieb [di:p] *m* (3) ladro *m*; ~**e'rei** *f* ladreria *f*.

Diebes|bande ['di:bəsbandə] *f* banda *f* di ladri; ~**gut** *n* refurtiva *f*; ~**höhle** *f* covo *m* di ladri; ~**sprache** *f* gergo *m* furbesco.

diebisch ['di:bɪʃ] ladro, ladr(on)esco; *fig.* furtivo.

Diebstahl ['di:pʃtɑ:l] *m* (3³) furto *m*; ~**versicherung** *f* assicurazione *f* contro i furti.

diejenige ['di:je:nɪgə] *s.* derjenige.

Diel|e ['di:lə] *f* (15) asse *f*; (*Fußboden*) pavimento *m*; (*Hausflur*) vestibolo *m*, ingresso *m*; (*Eis*2) gelateria *f*; 2**en** (25) intavolare; pavimentare.

dien|en ['di:nən] (25) servire; *zu et.* ~ servire da; *abs.* 🅧 fare il servizio militare; *womit kann ich Ihnen* ~? in che posso servirLa?; 2**er** *m* (7) servitore *m*, servo *m*, domestico *m*; *e-n* ~ *machen* fare un inchino; 2**erin** *f* serva *f*; 2**erschaft** *f* servitù *f*; domestici *m|pl.*; ~**lich** ['-lɪç] giovevole, utile.

Dienst [di:nst] *m* (3²) servizio *m*; impiego *m*; (*Gefälligkeit*) favore *m*; *außer* ~ (*Abk. a. D.*) in riposo, in ritiro; *zu* ~*en stehen* essere a disposizione di qu.; ~ *haben* essere in servizio; *was steht zu Ihren* ~*en*? che desidera?

Dienstag ['di:nstɑ:k] *m* (3) martedì *m*.

Dienst|alter ['di:nst⁹altər] *n* anzia-

nità *f*; ~**antritt** *m* entrata *f* in carica (*od.* in servizio); ~**anweisung** *f* regolamento *m* di servizio; 2**bar** soggetto; servizievole; ~ *machen* assoggettare; ~**barkeit** *f* soggezione *f*, servitù *f*; 2**beflissen**, 2**bereit** servizievole; ~**bote** *m* servo *m*; ~**boten** *m|pl.* personale *m* di servizio; ~**eifer** *m* zelo *m*; ✝ 2**eifrig** zelante; attivo; servizievole; 2**fertig** servizievole; ~**fertigkeit** *f* premura *f*; 2**frei** libero; ~**grad** 🅧 *m* grado *m* di servizio; 2**habend** di turno; ~**herr** *m* padrone *m*; ✝ principale *m*; ~**leistung** *f* (prestamento *m* di) servizio *m*; ~**leute** *pl.* servitù *f*, domestici *m|pl.*

dienstlich ['di:nstlɪç] 1. *adj.* di servizio; 2. *adv.* per ragioni di servizio.

Dienst|mädchen ['di:nstmɛ:tçən] *n* donna *f* di servizio; serva *f*; ~**mann** *m* facchino *m*; fattorino *m*; 2**mäßig** regolamentare; ~**ordnung** *f* regolamento *m*; ~**pflicht** *f* servizio *m* obbligatorio; ~**rangabzeichen** *n* distintivo *m* di grado; ~**reise** *f* viaggio *m* d'ufficio; ~**rock** *m* uniforme *f*; ~**sache** *f* pratica *f* d'ufficio; ~**stelle** *f* posto *m* di servizio; (*Büro*) ufficio *m*; (*Polizei*2) commissariato *m*; ~**stunden** *f|pl.* ore *f|pl.* di servizio; orario *m* d'ufficio; 2**tauglich** 🅧 abile; 2**tuend** ['-tu:ənt] di servizio; 🅧 di guardia; 2**unfähig** ['-⁹unfɛ:ɪç], 2**untauglich** ['--tauklɪç] inabile; ~**vorschrift** *f* regolamento *m*; ~**wagen** *m* vettura *f* di servizio; ~**weg** *m* via *f* gerarchica; 2**widrig** contrario al regolamento; 2**willig** servizievole; ~**wohnung** *f* appartamento *m* di servizio; ~**zeit** *f* ore *f|pl.* d'ufficio (*od.* di servizio); 🅧 (periodo *m* del) servizio *m* militare.

dies [di:s] questo; ciò; '~**bezüglich** relativo.

die'selbe *s.* derselbe.

Diesel|motor ['di:zəlmo:tɔr] *m* (8¹) motore *m* Diesel; ~**öl** ['--⁹ø:l] *n* olio *m* (per) Diesel.

dieser, **diese**, **die(se)s** ['di:zər, 'di:zə], 'di:(zə)s] questo, questa; *dieser da* questo qua; *am 5. dieses Monats* (*Abk. d. M.*) il cinque del mese corrente.

diesig Ⴔ ['di:zɪç] caliginoso.

dies|jährig ['di:sje:rɪç] di quest'anno; ~**mal** questa volta; ~**malig**

['maːliç] di questa volta; **~seitig** ['zaɪtiç] da questa parte; **~seits** ['zaɪts] **1.** *adv.* di qua; **2.** ♀**seits** *n uv.* questo mondo *m*.

Dietrich ['diːtriç] *m* (3¹) grimaldello *m*.

Differential... [difərɛnts'jaːl]: *in Zssgn* differenziale.

Differenz [--'rɛnts] *f* (16) differenza *f*; (*Meinungsverschiedenheit*) dissenso *m*; divergenza *f*; ♀**ieren** differenziare; **~ierung** *f* differenziazione *f*.

differieren [--'riːrən] differire.

Dikta|phon [dikta'foːn] *n* (3¹) dettafono *m*; **~t** [-'taːt] *n* (3) dettato *m*.

Diktat|or [-'taːtɔr] *m* (8¹) dittatore *m*; ♀**orisch** dittatorio; **~ur** [--'tuːr] *f* (16) dittatura *f*.

diktier|en [-'tiːrən] dettare; ♀**gerät** *n* dettafono *m*.

Dilemma [di'lɛma] *n* (11²) dilemma *m*.

Dilettant|(in *f*) *m* [--'tant(in)] (12) dilettante *m u. f*; **~entum** *n* dilettantismo *m*; ♀**isch** dilettantesco.

Dill ♀ [dil] *m* (3) aneto *m*.

diluvi|al [diluv'jaːl] diluviale; ♀**um** *n* (9, *o. pl.*) diluvio *m*.

Dimension [dimɛnz'joːn] *f* dimensione *f*.

Din|er [di'neː] *n* (11) pranzo *m*; ♀**ieren** pranzare.

Ding [diŋ] **a)** *n* (3) cosa *f*; oggetto *m*; (*Angelegenheit*) affare *m*; *vor allen* **~en** innanzitutto; *das ist ein* **~** *der Unmöglichkeit* è assolutamente impossibile; *guter* **~e** *sein* essere di buon umore; *unverrichteter* **~e** senza avere concluso nulla; **b)** *n* (1) coso *m*; F (*Mädchen*) ragazza *f*.

dingen ['diŋən] assoldare.

dingfest ['diŋfɛst]: *j-n* **~** *machen* arrestare qu.; assicurarsi di qu.

dinglich ['diŋliç] reale, materiale, concreto.

Ding|sda ['diŋsda:] *m*: *Herr* **~** il signor tal dei tali; **~wort** *n* sostantivo *m*.

Diözese [diø'tseːzə] *f* (15) diocesi *f*.

Diphther|ie [diftə'riː] *f* (15), **~itis** *f* difterite *f*; **~ieserum** [--'-zeːrum] *n* siero *m* antidifterico.

Diphthong [dif'tɔŋ] *m* (3¹) dittongo *m*.

Diplom [di'ploːm] *n* (3¹) diploma *m*; **~...:** *in Zssgn* diplomato.

Diplomat [--'maːt] *m* (12), ♀**isch**

diplomatico (*m*); **~ie** [---'tiː] *f* diplomazia *f*.

Diplomlandwirt [-'-lantvirt] *m* agronomo *m*.

dir [diːr] ti, a te.

direkt [di'rɛkt] diretto; **~er** *Wagen* *m* vettura *f* diretta.

Direkt|ion [dirɛkts'joːn] *f* (16) direzione *f*; ♀**ive** [--'tiːvə] *f* (15) norma *f*; **~or** [-'rɛktɔr] *m* (8¹) direttore *m*; **~orin** *f* direttrice *f*; **~orium** [--'toːrjum] *n* (9) direttorio *m*; **~rice** [--'triːsə] *f* (15) direttrice *f*.

Direktübertragung [di'rɛkt⁹yːbərtraːgun] *f* (*Rundfunk, Fernsehen*) trasmissione *f* diretta.

Dirig|ent [-ri'gɛnt] *m* (12) direttore *m* d'orchestra; ♀**ieren** dirigere.

Dirndlkleid ['dirndəlklaɪt] *n* costume *m* alla tirolese.

Dirne ['dirnə] *f* (15) prostituta *f*.

Disharmon|ie [-harmo'niː] *f* (15) disarmonia *f*, dissonanza *f*; ♀**isch** [--'moːniʃ] disarmonico, discordante.

Diskont [-'kɔnt] *m* (3) sconto *m*; ♀**ierbar** scontabile; ♀**ieren** scontare. [liç] discontinuo.⟩

diskontinuierlich [diskɔntinu'iːr-⟩

Dis'kontsatz *n* tasso *m* di sconto.

diskreditieren [diskredi'tiːrən] screditare.

diskret [-'kreːt] discreto; ♀**ion** [--ts'joːn] *f* (16, *o. pl.*) discrezione *f*.

Diskus ['diskus] *m* (16²) disco *m*; **~wurf** *m* lancio *m* del disco.

diskut|abel [disku'taːbəl] discutibile; **~ieren** discutere.

Diskussion [diskus'joːn] *f* discussione *f*.

Dispen|s [-'pɛns] *m* (4) dispensa *f*; ♀**sieren** dispensare.

dispon|ibel [dispo'niːbəl] disponibile; **~ieren** disporre.

Disposition [--zits'joːn] *f* (16) disposizione *f*.

Disput [-'puːt] *m* (3) disputa *f*; ♀**ieren** disputare.

Disqualifi|kation [-kvalifikats'joːn] *f* squalifica *f*; ♀**zieren** [----'tsiːrən] squalificare.

Dissertation [-sɛrtats'joːn] *f* (16) dissertazione *f*; (*Doktor*♀) tesi *f* di laurea.

Dissident(in *f*) *m* [disi'dɛnt(in)] dissidente *m u. f*.

Dissonanz [diso'nants] *f* (16) stonatura *f*.

Distanz [dis'tants] f (16) distanza f.
Distel ♀ ['distəl] f (15) cardo m; ~**fink** m cardellino m.
distinguiert [distiŋ'giːrt] distinto.
Distrikt [dis'trikt] m (3) distretto m.
Disziplin [-tsi'pliːn] f (16) disciplina f.
disziplinar... [distsipli'naːr]: disciplinare; 2**gericht** n consiglio m di disciplina.
disziplin|arisch [distsipli'naːriʃ] disciplinare; 2**arverfahren** n processo m disciplinare; ~'**ieren** disciplinare; ~'**iert** disciplinato; 2**losigkeit** f indisciplina f.
Diva [di'vaː] f (11¹) diva f.
divergieren [diver'giːrən] divergere.
Dividend ♣ [divi'dɛnt] m (12), ~**e** ♀ [--'dɛndə] f (15) dividendo m.
dividieren [--'diːrən] dividere.
Division [diviz'joːn] f (16) divisione f.
Divisor [-'viːzɔr] m (8¹) divisore m.
Diwan ['diːvan] m (3¹) divano m.
doch [dɔx] pure; ~! sì, certo!; *nicht* ~! ma no!; *so komm* ~! ma vieni, dunque!; *du kommst* ~ *mit*? tu vieni, nevvero?; *du hast ihm* ~ *nichts gesagt?* non gli hai mica detto nulla, eh?
Docht [dɔxt] m (3) stoppino m, lucignolo m.
Dock ♣ [dɔk] n (3¹ u. 11) bacino m di carenaggio; (*Werft*) cantiere m.
Docke ['dɔkə] f (15) △ balaustro m; (*Garn*) matassa f.
Doge ['doːʒə] m (13) doge m.
Dogge ['dɔgə] f (15) dogo m; (*Bull2*) alano m; molosso m.
Dogma ['dɔgma] n (9¹) dogma m.
Dogm|atik [dɔg'maːtik] f dogmatica f; 2'**atisch**, ~'**atiker** dogmatico m; ~**a'tismus** dogmatismo m.
Dohle Zo. ['doːlə] f (15) gracchio m, F civetta f.
Doktor ['dɔktɔr] m (8¹) dottore m; *den* ~ *machen* laurearsi; ~'**and** m laureando m; ~**arbeit** f tesi f di laurea; ~**examen** n esame m di laurea; ~**in** [-'toːrin] f dottoressa f; '~**titel** m, '~**würde** f laurea f.
doktrinär [dɔktri'nɛːr] dottrinario.
Dokument [doku'mɛnt] n (3) documento m; ~**arfilm** m documentario m; 2'**arisch** documentario; ~**ation** [---tats'joːn] f (16) documentazione f; 2'**ieren** documentare.

Dolch [dɔlç] m (3) pugnale m; '~**stich**, '~**stoß** m pugnalata f.
Dolde ♀ ['dɔldə] f (15) corimbo m.
Dollar ['dɔlar] m (11, *nach Zahlen uv.*) dollaro m; ~**block** m zona f del dollaro.
dolmetsch|en ['dɔlmɛtʃən] (27) tradurre, interpretare; 2**er** m (7) interprete m.
Dom [doːm] m (3) duomo m; cattedrale f.
Domäne [do'mɛːnə] f (15) bene m demaniale; dominio m (*a. fig.*).
Domherr ['doːmhɛr] m canonico m.
Dominikaner [domini'kaːnər] m (7) domenicano m.
Domino ['doːmino] n (11) domino m; ~**stein** m pedina f da domino.
Domizil [domi'tsiːl] n (3¹) domicilio m.
Dom|kapitel ['doːmkapitəl] n capitolo m; ~**pfaff** m Zo. monachino m.
Donner ['dɔnər] m (7) tuono m.
donnern ['dɔnərn] (29) tuonare.
'**Donner|schlag** m colpo m di tuono; ~**s-tag** ['--staːk] m giovedì m; ~**stimme** f voce f tonante; ~**wetter** n temporale m; ~! perbacco!
Doppel ['dɔpəl] n (6) doppio m; duplicato m; *in Zssgn mst*: doppio: ~**adler** m aquila f bicipite; ~**besteuerung** f doppia imposizione f; ~**decker** m biplano m; 2**deutig** a senso doppio; ~**ehe** f bigamia f; ~**fenster** n controfinestra f; ~**flinte** f doppietta f; ~**gänger** ['--gɛŋər] m sosia m; 2**gleisig** ['--glaɪziç] a doppio binario; ~**kinn** n doppio mento m; 2**köpfig** bicipite; ~**laut** m dittongo m; ~**punkt** m doppio punto m, due punti m/pl.; 2**reihig** ['--raɪç] a doppia fila; *Anzug*: a doppio petto; 2**sinnig** ambiguo; ~**sinnigkeit** f ambiguità f; ~**sohle** f suola f doppia; ~**spiel** n doppio m; *gemischtes* ~ doppio m misto; ~**stecker** ∮ m spina f doppia.
doppelt ['dɔpəlt] doppio; ~**e** *Buchführung* f contabilità f a partita doppia; *das* 2**e** il doppio; ~**kohlensauer**: *-saures Natron* bicarbonato m di soda.
Doppel|tür ['dɔpəltyːr] f porta f doppia; ~**zentner** ['--tsɛntnər] m quintale m; ~**zimmer** ['--tsimər] n camera f a due letti; 2**züngig**

['--tsyniç] doppio; **~züngigkeit**
['--tsyŋɪçkaɪt] *f* doppiezza *f*.
Dorf [dɔrf] *n* (1²) paese *m*, villaggio
m; '**~bewohner(in** *f*) *m* paesano
(-a *f*) *m*; '**~gemeinde** *f* comune *m*
rurale.
Dörfl|er ['dœrflər] *m* villico *m*,
paesano *m*; **2ich** rurale; rustico.
Dorn [dɔrn] *m* (5, ⊕ *a.* 3) spina *f*;
⊕ perno *m*; punta *f*; j-m ein ~ im
Auge sn essere un pruno nell'occhio
a qu.; '**~busch** *m* pruno *m*.
Dornen|krone ['dɔrnənkro:nə] *f*
corona *f* di spine; **2voll** ['--fɔl]
spinoso.
Dorn|gestrüpp ['-gəʃtryp] *n* pru-
naio *m*; **2ig** spinoso; **~röschen**
[-'rø:sçən] *n* (6) principessa *f* Rosa-
spina; **~strauch** *m* pruno *m*.
dörr|en ['dœrən] (25) seccare; **2-**
fleisch *n* carne *f* secca; **2gemüse**
n verdura *f* secca; **2obst** *n* frutta *f*
secca.
Dorsch [dɔrʃ] *m* (3) merluzzo *m*.
dort [dɔrt] lì, là; costà; ci, vi; ~ *ist*
ecco; ~ *oben* lassù; ~ *unten* laggiù;
'**~her** di là; '**~hin** costà, là; ci, vi.
dortig ['dɔrtiç] di quel luogo; di là;
di costà.
Dose ['do:zə] *f* (15) *allg.* scatola *f*;
vasetto *m*; (*Büchse*) barattolo *m*;
lattina *f*; **~n-öffner** *m* apriscatole *m*.
dösen F ['dø:zen] (27) sonnecchiare.
dos|ieren [do'zi:rən] dosare; **2is**
['do:zis] *f* (16²) dose *f*.
Dotter ['dɔtər] *m u. n* (7) torlo *m*
(d'uovo); **~blume** *f* calta *f*.
Double [du:bl] *n* (11) *Film*: contro-
figura *f*.
Doz|ent ['do'tsɛnt] *m* (12) insegnante
m; *Privat2* libero docente *m*; **2ie-**
ren insegnare.
Drache(n) ['draxə(n)] *m* (13 [6])
drago *m*; (*Papier2*) aquilone *m*, cervo *m* volante; F (*böses Weib*) megera
f, cerbero *m*.
Dragée [dra'ʒe:] *n* (11) compressa *f*.
Draht [dra:t] *m* (3³) filo *m* (metallico); (*Eisen2*) filo *m* di ferro; (*Kup-
fer2*) filo *m* di rame; *auf ~ sn fig.*
essere molto in gamba; '**~anschrift**
f indirizzo *m* telegrafico; '**~antwort**
f risposta *f* telegrafica; '**~bericht**
m servizio *m* telegrafico.
drahten ['dra:tən] **&** (26) telegrafare.
'**Draht|gitter** *n* rete *f* metallica; reti-
colato *m*; '**~glas** *n* vetro *m* reti-

nato; '**~leitung** *f* fili *m/pl.* condut-
tori; '**2los** senza fili; **~es** *Telegramm*
radiogramma *m*; **~e** *Telegrafie* ra-
dio(tele)grafia *f*; **~e** *Telefonie* radiotelefonia *f*; '**~matratze** *f* rete *f*
metallica; '**~nachricht** *f* notizia *f*
telegrafica; '**~seil** *n* cavo *m* metallico; '**~seilbahn** *f* funicolare *f*; teleferica *f*; '**~verhau** *m* reticolato *m*;
'**~zaun** *m* recinto *m* di filo di ferro;
~zieher ['-tsi:ər] *m* (7) trafilatore
m; *fig.* orditore *m*, istigatore *m*.
drakonisch [dra'ko:niʃ] draconiano.
Drall [dral] *m* torsione *f*; (*Feuer-
waffen*) inclinazione *f* della rigatura.
drall [dral] *adj.* robusto, esuberante
di salute.
Drama ['dra:ma] *n* (9¹) dramma *m*.
Dram|atik [dra'ma:tik] *f* dramma-
tica *f*; **~atiker** [-'ma:tikər] *m* (7)
drammaturgo *m*, autore *m* drammatico; **2atisch** drammatico; **~ati-**
'**sieren** drammatizzare; **~aturg**
[--'turk] *m* (12) direttore *m* artistico;
drammaturgo *m*; **~atur'gie** *f* dram-
maturgia *f*.
dran [dran] *s.* daran.
Drang¹ [draŋ] *m* (3³) stretta *f*; (*Gedränge*) ressa *f*; (*Antrieb*) impulso
m; istinto *m*; (*Wunsch*) brama *f*;
(*Drangsal*) tribolazione *f*; **&** stimolo *m*.
drang², **dränge** [draŋ, 'drɛŋə] *s.*
dringen.
drängeln F ['drɛŋəln] (29) spingere;
insistere.
drängen ['drɛŋən] (25) **1.** *v/t.* spingere; *fig.* far pressione; urgere, sollecitare; *den Feind:* incalzare; *es
drängt mich ... mi preme ...; sich ~
affollarsi; sich ~ durch ... farsi largo
in mezzo a ...; **2.** *v/i.* urgere; *die
Zeit drängt* il tempo stringe; *auf et.
~* insistere su qc.; **3.** **2** *n* (6) pressione *f*; insistenza *f*; (*Gedränge*)
calca *f*.
Drangsal ['draŋza:l] *f* (14) *u. n* (3)
tormento *m*, pena *f*; tribolazione *f*.
drangsalieren [-za'li:rən] vessare,
tormentare.
dränieren [drɛ'ni:rən] prosciugare,
drenare.
Drap|erie [drapə'ri:] *f* drapperia *f*;
2ieren drappeggiare; **~ierung** *f*
drappeggio *m*.
drastisch ['drastiʃ] drastico; **~e**
Maßnahme misura *f* draconiana.
drauf F [drauf] *s.* darauf.

Drauf|gänger ['-gɛŋər] *m* (7) spavaldo *m*, F fegataccio *m*; *bei Frauen*: dongiovanni *m*; **ℒgehen** F andar perduto; '**geld** *n* caparra *f*; **ℒlosgehen** tirar dritto.

draußen ['drausən] fuori.

Drechsel|bank ['drɛksəlbaŋk] *f* tornio *m*; **ℒn** (29) tornire.

Drechsler ['drɛkslər] *m* (7) tornitore *m*; **ℒei** [--'raɪ] *f* (16) torneria *f*.

Dreck P [drɛk] *m* (3) sporcizia *f*, sudiciume *m*; (*Schlamm*) fango *m*; *fig.* porcheria *f*, robaccia *f*; '**fink** F *m* sudicione *m*; '**ℒig** sudicio; sporco; *fig.* es geht ihm ~ gli va proprio male.

Dreh|achse ['dre:ʔaksə] *f* asse *m* di rotazione; **arbeiten** *f/pl.* Film: lavori *m/pl.* di ripresa; **bank** *f* tornio *m*; **ℒbar** girevole; **bleistift** *m* matita *f* automatica; lapis *m* girevole (*od.* automatico); **brücke** *f* ponte *m* girevole; **buch** *n* Film: copione *m*; sceneggiatura *f*; **bühne** *f* palcoscenico *m* girevole.

dreh|en ['dre:ən] (25) *v/t.* girare (*a.* Film); (*wenden*) voltare; (*zusammen~*) attorcigliare; (*winden*) torcere; *Tüte, Zigarette*: fare; *Schnurrbart*: arricciare; *sich* ~ girare *u.* girarsi; rotare; *Reden*: aggirarsi; **ℒer** *m* (7) tornitore *m*.

'**Dreh|kondensator** *m* condensatore *m* rotativo; **krankheit** *f* capogiro *m*; **kreuz** *n* tornello *m*; **orgel** *f* organetto *m*; **punkt** *m* perno *m*; centro *m* di rotazione; **scheibe** *f* 🎙 piattaforma *f* girevole; **strom** *m* corrente *f* trifase; **stuhl** *m* sedia *f* girevole; **tür** *f* porta *f* girevole; **ung** *f* giro *m*; rotazione *f*; **zahl** *f* numero *m* dei giri; **zahlmesser** *m* contagiri *m*.

drei [draɪ] **1.** *adj.* tre; **2.** ♀ *f* tre *m*.

Drei|akter ['-ʔaktər] *m* (7) dramma *m* in tre atti; **ℒarmig** a tre bracci; **ℒbogig:** ~es Fenster trifora *f*; **bund** *m* triplice alleanza *f*; **eck** ['-ʔɛk] *n* (3) triangolo *m*; **ℒeckig** triangolare; **ℒ'einig** trino; **ℒ'einigkeit** *f* Trinità *f*.

drei|erlei ['-ər'laɪ] di tre specie; **fach** [-'fax], **fältig** triplo, triplice; **ℒ'faltigkeit** *f* Trinità *f*; **ℒ'farbendruck** *m* tricromia *f*; **farbig** tricolore; **ℒfuß** *m* treppiede *m*; tripode *m*; **gliedrig** ternario; **ℒheit** *f*

triade *f*; **hundert** trecento; **hundertste(r)** trecentesimo; **jährig** trienne, di tre anni; **jährlich** triennale; **ℒ'königstag** *m* Epifania *f*; **mal** tre volte; **malig** triplice; tre volte ripetuto; **ℒmaster** *m* vascello *m* a tre alberi; (*Hut*) tricorno *m*; **monatlich** trimestrale; **motorig** 🛩 ['-moto:riç] trimotore *m*.

drein F [draɪn] s. *darein*.

drei|phasig ⚡ ['draɪfa:zıç] trifase; **ℒrad** *n* triciclo *m*; **seitig** ['-zaıtıç] trilatero; **silbig** ['-zılbıç] trisillabo; **sitzig** ['-zıtsıç] a tre posti; **sprachig** ['-ʃpra:xıç] trilingue; **ℒsprung** *m* salto *m* triplo.

dreißig ['-sıç] trenta (31); **ℒer** ['--gər] *m* (7) persona *f* sulla trentina; **jährig** ['--jɛ:rıç] trentenne; **ste(r)**, **ℒstel** *n* trentesimo *adj. u. m.*

dreist [draɪst] ardito; sfacciato; **ℒigkeit** *f* sfrontatezza *f*.

drei|stellig ['draɪʃtɛlıç] a tre cifre; **stimmig** ['-ʃtımıç] a tre voci; **stöckig** a tre piani; **stündig** di tre ore; **tägig** di tre giorni; **tausend** tremila; **teilig** tripartito; **ℒteilung** *f* tripartizione *f*; **viertel** tre quarti; **ℒ'vierteltakt** ♪ *m* misura *f* di tre quarti; **ℒzack** [-'tsak] *m* (3) tridente *m*; **zehn** tredici; **zehnte(r)** tredicesimo; **zeilig** di tre linee; **zöllig** di tre pollici.

Dresch|e F ['drɛʃə] *f* bastonate *f/pl.*; **ℒen** ⚒ **1.** (30) trebbiare; **2.** **en** *n* (6) trebbiatura *f*; **er** *m* (7) trebbiatore *m*.

Dresch|flegel ['drɛʃfle:gəl] *m* correggiato *m*; **maschine** *f* trebbiatrice *f*; **tenne** *f* aia *f*.

dress|ieren [drɛ'si:rən] ammaestrare; addestrare; **ℒur** [-'su:r] *f* (16) addestramento *m*.

Drill [drıl] *m* (3) addestramento *m*; *allg.* disciplina *f* militare; '**bohrer** *m* trapano *m*; '**ℒen** (25) addestrare; abituare alla disciplina militare; *gut gedrillt* abituato all'obbedienza.

Drillich ['-lıç] *m* (3¹) traliccio *m*.

Drilling ['-lıŋ] *m* (3¹) trigemino *m*; **e** *pl.* fratelli *m/pl.* trigemini; **ℒs...:** *in Zssgn* ⊕, ✂ triplo, triplice; **sgeburt** *f* parto *m* trigemino.

drin F [drın] s. *darin, drinnen*.

dring|en ['drıŋən] (30) **a)** (*sn*): ~ *aus* uscire da; ~ *durch* penetrare attraverso (od. in); ~ bis arrivare fino a; **b**) (h.) ~ auf (ac.) insistere su; ~ in j-n sollecitare qu.; *gedrungen Wuchs*: tarchiato; **~end, ~lich** urgente; *Gefahr*: imminente; *Verdacht*: grave; **2lichkeit** f urgenza f; **2lichkeits-antrag** m mozione f d'urgenza; **2lichkeitsstufe** f grado m di urgenza; *äußerste* ~ priorità f assoluta.

drinnen ['drinən] là dentro.

dritt [drit]: zu ~ in tre.

'**dritt**|**e(r)** terzo; **2el** n (7) terzo m; terza parte f; **~ens** in terzo luogo; **2geborene(r)** m terzogenito m; **~letzt** terzultimo.

droben ['dro:bən] lassù.

Drog|e ['dro:gə] f (15) droga f; **~erie** [-gə'ri:] f (15) drogheria f; **~ist** [-'gist] m (12) droghiere m.

Drohbrief ['dro:bri:f] m lettera f minatoria.

drohen ['dro:ən] (25) minacciare; *Gefahr*: sovrastare; **~d** minaccioso; *Gefahr*: imminente, sovrastante.

Drohn m (12) u. **Drohne** f (15) ['dro:n(ə)] **a**) *Zo.* fuco m; **b**) **~e** F *fig.* scroccone m; fannullone m.

dröhnen ['drø:nən] (25) rintronare; rombare.

Drohung ['dro:uŋ] f minaccia f.

drollig ['drɔlic] buffo.

Dromedar ['dro:mеda:r] n (3¹) dromedario m.

Droschke ['drɔʃkə] f (15) vettura f (di piazza); (*Auto*2) tassì m.

Drossel *Zo.* ['drɔsəl] f (15) tordo m; **drosseln** ['drɔsəln] (29) ⊕ strozzare; ridurre.

'**Drossel**|**klappe** f, **~ventil** n valvola f a farfalla; **~spule** ⚡ f bobina f di reazione.

Drosselung ['drɔsəluŋ] f strozzamento m.

drüben ['dry:bən] dall'altra parte.

drüber F ['dry:bər] s. *darüber*.

Druck [druk] m (3³) pressione f; (*Last*) peso m; (*Bedrückung*) oppressione f; *Typ.* (3) stampa f; *in* ~ *geben* dare alle stampe.

Druck... *in Zssgn* ⊕ ... a pressione; *Typ.* di stampa, da stampa; '**~bogen** m foglio m stampato; '**~buchstabe** m carattere m di stampa (od. tipografico); *in* ~*n schreiben* scrivere in stampatello.

Drückeberger ['drykəbergər] m (7) scansafatiche m; ⚔ imboscato m.

drucken ['drukən] (25) stampare.

drücken ['drykən] (25) premere; stringere; *Schuhe*: esser stretto; *Siegel*: apporre; ✝ deprimere; *Preise*: far abbassare; *Rekord*: battere; *Kuß*: stampare; (*bedrücken*) opprimere; *j-m et. in die Hand* ~ far passare qc. a qu.; *sich* ~ sottrarsi a; (*fortgehen*) svignarsela; (*fliehen*) scantinare; **~d** opprimente; *fig. a.* oneroso, gravoso.

Drucker ['drukər] m (7) stampatore m; tipografo m.

Drücker ['drykər] m (7) scatto m; (*Tür*2) saliscendi m; *am Gewehr*: grilletto m.

Druckerei [drukə'rai] f (16) stamperia f, tipografia f.

Drucker|presse ['drukərpresə] f torchio m, pressa f; **~schwärze** ['--ʃvertsə] f inchiostro m da stampa.

Druck|fehler ['drukfe:lər] m errore m di stampa; **~fehlerverzeichnis** n errata-corrige f; **2fertig** pronto per la stampa; **~festigkeit** f resistenza f alla pressione; **~knopf** m bottone m automatico; bottone m a molla; ⚡ pulsante m; **~legung** ['-le:guŋ] f stampa f; **~luft** f aria f compressa; **~messer** m manometro m; **~mittel** *fig.* n mezzo m per fare pressione; **~posten** F m posto m a tutto riposo, sinecura f; **~presse** f torchio m, pressa f; **~probe** f prova f di stampa; **~pumpe** f pompa f a pressione; tromba f premente; **2reif** pronto per la stampa; **~sache** ⊗ f stampe f/pl.; **~schrift** f opera f stampata; *Typ.* stampatello m; **~schriften** f/pl. stampati m/pl.

drucksen ['druksən] (27) *fig.* tentennare.

'**Druck**|**stempel** m pistone m; **~vermerk** m visto m; **~walze** f rullo m di stampa; **~welle** f ondata f di pressione; **~werk** n ⊡ opera f stampata.

drum [drum] s. *darum*; *das ganze* 2 *und Dran* tutti gli annessi e connessi; tutti gli accessori.

drunten ['druntən] laggiù.

drunter ['druntər] s. *darunter*; ~ *und drüber gehen* andare sottosopra.

Drüse ['dry:zə] f (15) glandola f.

Drüsen... *in Zssgn*: ... glandulare.

Dschungel ['dʒuŋəl] m (7) giungla f.

Dschunke ['dʒuŋkə] f (15) giunca f.

du [du:] (19) tu; *j-n mit ~ anreden* dare del tu a qu.; *mit j-m auf ~ und ~ stehen* essere in buonissimi rapporti con qu.

Dual ['du:'a:l] *m* duale *m*; **~'ismus** *m* dualismo *m*; **2'istisch** dualistico.

Dübel ['dy:bəl] *m* (7) tassello *m*.

Dublee [du'ble:] *n* (11) oro *m* dublé.

Dublette [-'blɛtə] *f* (15) doppione *m*.

ducken ['dukən] (25) abbassare; *fig.* umiliare; *sich ~* abbassare la testa; *(niederkauern)* rannicchiarsi.

Duckmäuser ['-mɔyzər] *m* (7) sornione *m*.

Dudelsack ['du:dəlzak] *m* cornamusa *f*, piva *f*; **~pfeifer** *m* zampognaro *m*.

Duell [du'ɛl] *n* (3¹) duello *m*; **~ant** [--'lant] *m* (12) duellante *m*; **2'ieren**: *sich ~* battersi (in duello).

Duett ♩ [du'ɛt] *n* (3) duetto *m*.

Duft [duft] *m* (3³) odore *m*; *(Wohlgeruch)* profumo *m*; fragranza *f*; **2en** (26): *~ nach* avere l'odore di, mandare un odore di; **2end** fragrante; odorante; profumato; **2ig** odoroso; nebuloso.

duld|en ['duldən] (26) sopportare, soffrire; *(gestatten)* tollerare; **2er** *m* (7) martire *m*; **~sam** ['dultza:m] paziente, tollerante; **2samkeit** *f* tolleranza *f*; **2ung** *f* sofferenza *f*, rassegnazione *f*; tolleranza *f*.

dumm [dum] stupido; sciocco; *sich ~ stellen* far l'indiano; *~es Zeug!* sciocchezze!; e-e *~e Geschichte* una faccenda spiacevole; **'~dreist** impertinente; **2heit** *f* sciocchezza *f*, stupidezza *f*; stupidaggine *f*; *(Dummsein)* stupidità *f*; **2kopf** *m* imbecille *m*.

dumpf [dumpf] cupo; *(muffig)* infantito; **'2heit** *f* cupezza *f*; tanfo *m*; **'~ig** umido; soffocante; afoso.

Düne ['dy:nə] *f* (15) duna *f*.

Dung [duŋ] *m* (3, o. *pl.*) concime *m*.

Düngemittel ['dyŋəmitəl] *n* fertilizzanti *m/pl.*

düngen ['dyŋən] 1. *v/t.* (25) concimare; 2. *n* (6) concimatura *f*.

'Dünger *m* (7) concime *m*; **~grube** *f* concimaia *f*.

dunkel ['duŋkəl] 1. *adj.* oscuro; *(lichtlos)* buio; *fig. (düster)* tetro; *~ werden* farsi buio, *fig.* buiarsi; 2. **2** *n* (7) oscurità *f*, buio *m*; *im* **2** *über et. sein* essere all'oscuro di qc.;

'~blau ('**~braun**, '**~gelb**) azzurro (bruno, giallo) cupo.

Dünkel ['dyŋkəl] *m* (7) presunzione *f*; **2haft** presuntuoso.

Dunkel|heit ['duŋkəlhaıt] *f* oscurità *f*; *bei einbrechender ~* sull'imbrunire; **~kammer** *f* camera *f* oscura; **~mann** *m* oscurantista *m*.

'dunkeln (29) farsi buio; *es dunkelt* annotta, si fa buio.

dünken ['dyŋkən] (30): *mich dünkt* mi pare (*od.* sembra); *sich ~* credersi.

dünn [dyn] sottile; *(Ggs. dicht)* rado; *Kaffee, Bouillon*: lungo; *~ werden* dimagrire; '**2bier** *n* birra *f* leggiera; '**2darm** *m* (intestino) tenue *m*; '**~druckpapier** *n* carta *f* bibbia; '**~flüssig** fluido.

Dunst [dunst] *m* (3² *u.* ³) vapore *m*; *fig.* fumo *m*; *fig. keinen blassen ~ haben* non avere la minima idea; '**~glocke** *f* campana *f* di foschia; '**~kreis** *m* atmosfera *f*; *fig.* ambiente *m*; '**~wolke** *f* nebbione *m*.

dünsten ['dynstən] (26) stufare.

dunstig ['dunstiç] nebbioso; vaporoso; umido.

Dünung ['dy:nuŋ] *f* risacca *f*.

Duplikat [dupli'ka:t] *n* (3) duplicato *m*; copia *f*.

Dur ♩ [du:r] *n uv.* maggiore *m*.

durch [durç] 1. *prp.* per; con; *(quer, mitten)* attraverso; *(~ Personen)* per mezzo di; *(nach der Passivform)* da; 2. *adv. Käse*: maturo; *er ist ~* è riuscito; *der Zug ist schon ~* il treno è già passato; *~ und ~* da parte a parte; da capo a piedi; da cima a fondo; *(ganz)* completamente; *die ganze Nacht ~* per tutta la notte.

'durch-arbeiten (26) lavorare (studiare) con cura; *sich ~* farsi strada; *v/i.* lavorare senza sosta.

durchaus [-'9aus] interamente; del tutto; assolutamente; *~ nicht* niente affatto.

durch|backen ['durçbakən] cuocere bene; '**~beißen** forare (tagliare) a morsi; *sich ~* farsi strada, imporsi; '**~bilden** *(Körper)* allenare; '**~blättern** sfogliare; '**~bleuen** bastonare di santa ragione; '**2blick** *m* vista *f*; colpo *m* di vista; '**~blicken** *v/i.* guardare (attraverso qc.); *~ lassen fig.* dare a intendere; '**~bohren** traforare; trapassare; *Chir.* trapanare; perforare; *fig.* penetrare;

mit Kugeln: crivellare; '**˷braten** arrostire bene; *durchgebraten* ben cotto; **˷brechen** ['-brɛçən] **1.** v/t. spezzare; *sich ˷* spuntare; v/i. (*sn*) rompersi; ⚔ aprirsi il varco; *fig.* spuntare; *Krankheit:* venir fuori; **3.** [-'---] v/t. rompere; forzare; ⚔ sfondare; '**˷brennen** v/i. (*sn*) (*a. ⚡*) bruciare; ⚡ fondersi, saltare; *fig.* prendere il volo; '**˷bringen** far passare; *Geld:* scialacquare; *e-n Kranken:* salvare, guarire; *sich ˷* campare; **˷'brochen** traforato; '2-**bruch** m apertura f; ⚔ rottura f; sfondamento m; *des Wassers:* irruzione f; *zum ˷ kommen* venir fuori; aprirsi il passo; '**˷dacht** ponderato; '**˷denken** esaminare a fondo, considerare con attenzione; ponderare bene; '**˷drängen:** *sich ˷* farsi largo; '**˷drehen** *fig.* perdere la testa; *er hat völlig durchgedreht* gli è saltato il cervello; **˷dringen 1.** v/i. ['-drɪŋən] (*sn*) penetrare (*durch* in); aprirsi un varco (attraverso); *fig.* imporsi; *mit s-r Meinung ˷* far valere la propria opinione; **2.** v/t. [-'---] penetrare attraverso; trapassare; *˷d Geruch:* penetrante; *Blick:* pungente; *Verstand:* acuto; 2-'**dringung** f penetrazione f; '**˷drücken** passare premendo; *fig.* riuscire a far passare; *sich ˷* farsi strada; **˷'drungen** *fig.* imbevuto; **˷'eilen** percorrere (rapidamente).

durcheinander [-ⁿaɪnⁱandər] **1.** *adv.* sottosopra, confusamente; indistintamente; **2.** 2 n (7, *o. pl.*) confusione f; **˷bringen** mescolare, imbrogliare; **˷gehen** confondersi; **˷mengen** s. durcheinanderbringen; **˷werfen** gettare tutto all'aria.

durch|fahren 1. v/t. [-'fa:rən] attraversare, percorrere. **2.** v/i. ['---] (*sn*) passare per; (*nicht halten*) non fermarsi; '2**fahrt** f passaggio m; ⚓ tragitto m; *auf der ˷ sein* essere di passaggio; '2**fall** m caduta f; esito m infelice; F fiasco m; *im Examen:* bocciatura f; ⚕ diarrea f; '**˷fallen** cadere; fare fiasco; *Schule:* essere bocciato; '**˷fechten** combattere sino alla fine; *Meinung:* far trionfare; *Kämpfe:* sostenere sino alla fine; '**˷feilen** segare con la lima; '**˷finden:** *sich ˷* orientarsi; **˷'flechten** intrecciare; **˷'fliegen** passare (attraversare) volando;

(*Buch*) sfogliare rapidamente; **˷'fließen** scorrere attraverso; '2**fluß** m scorrimento m, passaggio m; **˷'forschen** esplorare; *fig.* scrutare; investigare; 2'**forschung** f esplorazione f; indagine f; '**˷fragen** v/t. interrogare a fondo; *sich ˷* trovare la strada (il luogo) a forza di domandare; '**˷frieren** gelare; *durchfroren* ghiacciato; 2**fuhr** ✝ ['-fu:r] f (16) transito m; '**˷führbar** realizzabile, eseguibile; '**˷führen** v/t. *fig.* eseguire, realizzare, mandare ad effetto, dar seguito a; '2**führung** f esecuzione f; 2**führungsbestimmungen** ['-fy:rʊŋsbəʃtɪmʊŋən] f/pl. (*od.* provvedimenti m/pl.) esecutive (-i), regolamenti m/pl. di applicazione; '**˷fuhrzoll** m dazio m di transito; **˷'furchen** solcare; '**˷füttern** mantenere; '2**gang** m passaggio m; ✝ transito m; *˷ verboten!* passaggio vietato!; **˷gängig** ['-gɛnɪç] generale; *adv.* senza eccezione.

Durchgangs... ['-gaŋs...] *in Zssgn mst:* ... di transito; **˷bahnhof** m stazione f di transito; **˷handel** m commercio m di transito; **˷land** n paese m di transito; **˷verkehr** m movimento m di transito; **˷wagen** 🚃 m vagone m a corridoio, vagone m intercomunicante; **˷zug** m treno m intercomunicante; (*D-Zug*) treno m diretto.

'**durch|gehen 1.** v/t. percorrere; **2.** v/i. (*sn*) passare; (*fliehen*) scappare; *Pferd:* togliere la mano; '**˷gehend** continuo; 🚃 diretto; **˷'geistigt** spiritualizzato; **˷'gekocht** cotto bene; '**˷glühen** infiammare; '**˷greifen** *fig.* agire energicamente; usare mezzi efficaci; '**˷greifend** radicale; energico; '**˷hauen** tagliare, spezzare; (*verprügeln*) bastonare; '**˷halten** resistere sino alla fine; andare sino in fondo; **˷hecheln** ['-hɛçəln] (29) scardassare; *fig.* pettinare, tartassare; '**˷helfen** aiutare (qu.); *sich ˷* cavarsela; **˷'irren** (*sn*) errare per ...; **˷jagen 1.** v/i. ['-ja:gən] (*sn*) passare rapidamente; **2.** [-'---] v/t. percorrere; **˷'kämmen** rastrellare; '**˷kämpfen:** *sich ˷* aprirsi un varco lottando; '**˷kauen** masticare bene; *fig.* ripetere mille volte; '**˷kneten** rimenare; massaggiare bene; '**˷kommen** (*sn*) passare; *fig.* scamparla; '~**können** poter passare; ~'**kreuzen** incrociare; *Pläne:* buttare all'aria; intralciare; contrariare; ~'**kriechen** passare (strisciando); ⌓**laß** ['-las] *m* (4²) apertura *f*; passaggio *m*; '~**lassen** lasciar passare; '~**lässig** permeabile; poroso.

durch|laufen 1. ['-laufən] **a)** *v/i.* (*sn*) passare; **b)** *v/t.* (*h.*) logorare camminando; *sich die Füße* ~ impiagarsi i piedi camminando; **2.** [-'--] *v/t.* (*h.*) percorrere; ⌓**lauf-erhitzer** *m* scaldacqua *m* istantaneo; '~**leben** passare; '~**lesen** leggere per intero; (*flüchtig*) scorrere; ~'**leuchten** illuminare; ✶ radiografare; ⌓'**leuchtung** ✶ *f* radioscopia *f*; '~**liegen:** *sich* ~ ✶ impiagarsi (per lungo decubito); ~ '**löchern** perforare; traforare; *wie ein Sieb:* crivellare; ~'**lüften** arieggiare; *Kleidung:* sciorinare; ⌓'**lüftung** *f* aerazione *f*; '~**machen** su bire, passare; (*dulden*) soffrire; ⌓'**marsch** *m* passaggio *m*; ~'**marschieren** passare (in marcia per); ~'**messen** percorrere, attraversare; ⌓'**messer** *m* (7) diametro *m*; '~**müssen** dover passare; ~'**mustern** rivedere; esaminare; *durchgemusterter Stoff* stoffa *f* a disegni; ~'**nässen** bagnare; *ganz durchnäßt* bagnato fradicio, bagnato come un pulcino; '~**nehmen** ripassare; '~**pausen** calcare; '~**peitschen** fru stare; *fig. (Vorlage)* far votare precipitatamente; '~**probieren** assaggiare (provare) uno dopo l'altro; '~**prügeln** bastonare; ~'**queren** attraversare; ⌓'**querung** *f* traversata *f*; ~'**rasseln** F *im Examen:* essere bocciato; ~'**rechnen** calcolare; *Rechnung:* ripassare; '~**regnen:** *hier regnet es durch* la pioggia passa qui; '⌓**reise** *f* passaggio *m*, transito *m*; *auf der* ~ *sein* essere di passaggio; ~**reisen 1.** ['-raizən] *v/i.* (*sn*) passare; **2.** [-'--] *v/t.* percorrere; '⌓**reisende(r)** *m* viaggiatore *m* (*od.* visitatore *m*, ospite *m*) di passaggio; ⌓'**reisevisum** ['---vi:zum] *n* visto *m* di transito; ~'**reißen 1.** *v/t.* stra ppare; **2.** *v/i.* (*sn*) rompersi; ~'**rieseln:** *ein Schauer durchrieselt mich* mi corre un brivido per le ossa; '~**rühren** rimescolare bene.

'**durch|sagen** *Radio:* annunciare;

'~**sägen** segare; ~**schauen 1.** ['-ʃauən] *v/i.* guardare attraverso (*ac.*); **2.** [-'--] *v/t. fig.* indovinare; capire; ~'**schauern** far rabbrividire; '~**scheinen** trasparire; '~**scheinend** trasparente; diafano; '~**scheuern** logorare strofinando; *wund:* scorticare; ~'**schießen** *v/t.* perforare; *Typ. Wörter:* spazieggiare; *Zeilen:* interlineare; ⊕ *mit Papier:* interfogliare; ~'**schiffen** attraversare; '~**schimmern** trasparire; '~**schlafen** passare ... dormendo; dormire; ⌓'**schlag** *m Kochk.* colatoio *m*; *Schrift:* copia *f*; '~**schlagen 1.** *v/t.* perforare; *Kochk.* passare; *Flüssigkeiten:* filtrare; **2.** *v/i.* passare; ✶, *fig.* essere efficace; *sich* ~ aprirsi un varco; *fig.* tirare avanti; F sbarcare il lunario; '~**schlagend** *Grund:* convincente; ~*er Erfolg* successo *m* strepitoso; ⌓'**schlagpapier** ['-ʃla:kpapi:r] *n* carta *f* copiativa; ⌓**schlagskraft** ['--skraft] *f* forza *f* di percussione; ~'**schlängeln:** *sich* ~ passare serpeggiando; '~**schleichen** sgattaiolare; ~'**schleusen** ['-ʃlɔyzən] far passare (*bsd. fig.*); ~'**schlüpfen** sgattaiolare; *fig.* scamparla; '~**schmelzen** fondersi; '~**schmuggeln** far passare di contrabbando; '~**schneiden** tagliare; fendere; ⅋ intersecare.

Durchschnitt ['-ʃnit] *m* (3) media *f*; valore *m* medio; *im* ~ in media; ⌓**lich** *adj.* medio; (*mittelmäßig*) mediocre; *adv.* in media.

Durchschnitts|ertrag ['durçʃnits-ᵗ ertra:k] *m* rendita *f* media; ~**geschwindigkeit** *f* velocità *f* media; media *f* oraria; ~**mensch** *m* uomo *m* qualunque; ~**zahl** *f* media *f*.

durch|schnüffeln rovistare, curiosare; ⌓**schreibeblock** ['-ʃraibəblɔk] *m* blocco *m* copiativo; ~'**schreiten** attraversare (a piedi); ⌓'**schrift** *f* copia *f*; ⌓'**schuß** ⊕ *m* spazio *m*; (*linie*) interlinea *f*; (*blatt*) interfoglio *m*; ~'**schwimmen** passare a nuoto; '~**schwindeln:** *sich* ~ vivere d'espedienti; '~**segeln** traversare (a vela); '~**sehen 1.** *v/t.* rivedere, ripassare; esaminare; *flüchtig:* dare une scorsa a; **2.** *v/i.* guardare; '~**seihen** colare; ~'**setzen a**) ['-zetsən] conseguire, ottenere; raggiungere; *Meinung:* far prevalere; *Willen:* imporre; *sich* ~ affermarsi; imporsi;

b) [-'--] frammischiare; *durchsetzt sein (mit)* esser impregnato (di); '⌑sicht *f* revisione *f*; scorsa *f*; esame *m*; *bei* ⌑ (*gen.*) ripassando, rivedendo (*ac.*); '⌑sichtig trasparente; '⌑sichtigkeit *f* trasparenza *f*; '⌑sickern trapelare (*a. fig.*); '⌑sieben stacciare; '⌑sprechen discutere punto per punto; '⌑spülen lavare; sciacquare; ⌑'stechen infilzare, passare da parte a parte; *Papier*: punteggiare; *Damm*: perforare; *j-n*: trafiggere (con arma bianca); ⌑stechereien [-ʃteçɔ'raɪɔn] *f/pl.* (16) maneggi *m/pl.*; '⌑stecken conficcare; '⌑stehen passare, sopportare; riuscire a resistere; ⌑stich *m* apertura *f*; 🔬 traforo *m*; ✕ trincea *f*; '⌑stöbern frugare; rovistare; '⌑'stoßen perforare; sfondare; trafiggere; ⌑'streichen cancellare; ⌑'streifen percorrere; ✕ perlustrare; ⌑'strömen scorrere attraverso; percorrere, attraversare; *fig. durchströmt* pervaso; '⌑studieren studiare a fondo; passare ... studiando; ⌑'suchen frugare (in); (*ein Haus*) perquisire; ⌑'suchung *f* perquisizione *f*; ⌑'tränken: ⌑ *mit* impregnare con, imbevere di; ⌑'tränkt imbevuto, impregnato; '⌑treten sfondare con una pedata; ⌑'trieben [-'triːbɔn] scaltrito; ⌑'triebenheit *f* scaltrezza *f*; ⌑'wachen passare ... vegliando; vegliare; ⌑'wachsen [-'vaksɔn] (*adj.*) *Speck*: grasso; ⌑'wandern *v/t.* percorrere (a piedi); girare (per); '⌑wärmen riscaldare bene; ⌑'waten guadare; '⌑weg *m* passaggio *m*.

durchweg(s) ['durçvek(s)] in genere, generalmente, quasi tutto (tutti); interamente; sempre.

'durch|'weichen inzuppare; ⌑'weinen passare piangendo; ⌑'wintern svernare; ⌑'wirken contessere, intessere; '⌑wollen voler passare; '⌑'wühlen rovistare; '⌑zählen contare; '⌑zechen bere fino all'alba; *die Nacht* ⌑ passare la notte bevendo; '⌑zeichnen calcare; ⌑ziehen 1. ['-tsiːɔn]: a) *v/t.* passare; *Linie*: tirare; *j-n*: scardassare; b) *v/i.* (*sn*) passare (*durch* per); 2. [-'--] percorrere, attraversare; ⌑'zucken passare di colpo; *der Gedanke durchzuckt mich* ... mi balena il pensiero; '⌑zug *m* passaggio *m*;

Luft: corrente *f* d'aria; 🏛 architrave *f*; '⌑zwängen (25): *sich* ⌑ passare a forza.

dürfen ['dyrfɔn] (30) potere; avere il permesso di; avere il diritto di; *nicht* ⌑ non dovere; *darf ich?* posso?; *ich darf wohl sagen* oso dire; *wenn ich so sagen darf* se mi è permesso esprimermi così; *darüber* ⌑ *Sie sich nicht wundern* ciò non deve sorprenderLa.

dürftig ['dyrftiç] meschino; *Personen*: bisognoso; povero; misero; *fig.* scarso; ⌑keit *f* meschinità *f*; indigenza *f*.

dürr [dyr] secco; *Land*: arido; ⌑e *f* (15) secchezza *f*; aridità *f*.

Durst [durst] *m* (3², *o. pl.*) sete *f* (*a. fig.*).

dürsten ['dyrstɔn] (26): *mich dürstet* ho sete; ⌑ *nach fig.* aver sete di.

durstig ['durstiç] assetato; ⌑ *sein* aver sete; ⌑ *machen* metter sete a.

Dusche ['duːʃɔ] *f* (15) doccia *f*; ⌑n (27) fare la doccia.

Düse ⊕ ['dyːzɔ] *f* (15) getto *m*, ugello *m*; (*Einspritz*⌑) iniettore *m*; ⌑n... *in Zssgn*: ... a reazione; *z.B.* ⌑n-antrieb *m* propulsione *f* a reazione; ⌑nflugzeug *n* apparecchio *m* a reazione; ⌑njäger *m* caccia *m* a reazione.

Dusel ['duːzɔl] F *m* (7) sopore *m*; (*Schwindel*) capogiro *m*; F (*Glück*) fortuna *f*; ⌑ig assopito; ⌑n sonnecchiare.

düster ['dyːstɔr] fosco; tetro; ⌑keit *f* tetraggine *f*.

Dutzend ['dutsɔnt] *n* (3¹) dozzina *f*; ⌑ware *f* roba *f* dozzinale; ⌑weise ['-vaɪzɔ] a dozzine.

Duz|bruder, ⌑freund ['duːtsbruːdɔr, '-frɔynt] *m* amico *m* intimo (al quale si dà del tu).

duzen ['duːtsɔn] *v/t.* (27) dare del tu.

Dynam|ik [dy'naːmik] *f* (16, *o. pl.*) dinamica *f*; ⌑isch [-'naːmiʃ] dinamico; ⌑it [dyna'miːt] *n* (3¹, *o. pl.*) dinamite *f*.

Dynamo ['dyˈnaːmo] *m* (11) dinamo *f*.

Dynast [dy'nast] *m* dinasta *m*; ⌑ie *f* (15) dinastia *f*; ⌑isch [-'nastiʃ] dinastico.

D-Zug ['deːtsuːk] *m* (3³) treno *m* diretto; direttissimo *m*.

E

E, e [e:] *n uv.* E, e *f.*

E, e ♪ [e:] *n uv.* mi *m.*

Ebbe ['ɛbə] *f* (15) riflusso *m; es ist ~* c'è bassa marea.

eben ['e:bən] **1.** *adj.* piano; (*gleichmäßig*) uguale; *zu ~er Erde* a pianterreno; **2.** *adv.* (*genau*) precisamente, proprio; (*gerade*) appunto; (*zeitlich*) or ora, in questo momento.

Eben|bild ['e:bənbilt] *n* effigie *f*, ritratto *m;* **2bürtig** ['-byrtiç] pari; **~bürtigkeit** *f* parità *f* di nascita (di condizione); **~'da** proprio lì; **~da-'her** proprio di là; **~'dahin** proprio lì (*od.* in quel luogo); **~der-(die-, das-)'selbe** proprio lo stesso (la stessa); **'~deshalb**, **~des'wegen** proprio per questo.

Ebene ['e:bənə] *f* (15) pianura *f; ♪ nur:* piano *m.*

ebenfalls ['e:bənfals] parimenti, altrettanto.

Ebenheit ['e:bənhaɪt] *f* (15) pianezza *f;* ugualità *f.*

'Eben|holz *n* ebano *m;* **'~maß** *n* proporzione *f*, simmetria *f;* **2mäßig** regolare; ben proporzionato; simmetrico; **'2so** tale quale; *~ ... wie* così ... come; **'2so-oft** tante volte; **'2sosehr**, **'2soviel** altrettanto; *~ wie* tanto quanto; **2sowenig** ['---ve:niç] altrettanto poco.

Eber ['e:bər] *m* (7) cinghiale *m; ~-esche ♀ f* sorbo *m* selvatico.

ebnen ['e:bnən] (26) appianare.

Echo *n* ['ɛço:] *n* (11) eco *f* (*im Plural aber m*); **~lot** ['--lo:t] *n* (3) *Phys.* ecometro *m.*

Echse ['ɛksə] *f* (15) lucertola *f.*

echt [ɛçt] **1.** *adj.* genuino; *Farben:* indelebile, durevole; *Urkunden:* autentico; *Gold:* puro; ⚖ legittimo; **2.** *adv.* schiettamente; **'2heit** *f* genuinità *f;* autenticità *f;* purezza *f;* legittimità *f.*

Eck|ball ['ɛkbal] *m* calcio *m* d'angolo; **~brett** *n* cantoniera *f;* **~chen** *n* cantuccio *m.*

Ecke ['ɛkə] *f* (15) angolo *m;* (*Kante*) canto *m*, cantone *m; um die ~ biegen* voltare l'angolo; *an allen ~n und Enden* da tutte le parti; *j-n um die ~ bringen* (*töten*) F assassinare qu.

Eck|fenster ['ɛkfɛnstər] *n* finestra *f* d'angolo; **~haus** *n* casa *f* d'angolo; **2ig** angolare; (*mit vielen Ecken*) angoloso; *fig.* sgarbato; **~platz** *m* posto *m* d'angolo; **~stein** *m* pietra *f* angolare; **~zahn** *m* dente *m* canino.

edel ['e:dəl] nobile; *Metall:* prezioso; **~bürtig** di nobile lignaggio; **2-dame**, **2frau** *f* gentildonna *f;* **2gas** *n* gas *m* raro; **~gesinnt**, **~herzig** generoso; **2hirsch** *m* cervo *m;* **2hölzer** *n/pl.* legna *f/pl.* preziose; **2mann** *m* gentiluomo *m;* **2metall** *n* metallo *m* prezioso; **2mut** *m* nobiltà *f* d'animo; **~mütig** generoso; **2rost** *m* patina *f;* **2stahl** *m* acciaio *m* raffinato; **2stein** *m* pietra *f* preziosa; **2weiß** *n* (3²) edelweiss *m*, stella *f* alpina, stella *f* delle Alpi.

Edikt [e'dikt] *n* (3) editto *m.*

Efeu ♀ ['e:fɔy] *m* (11, *o. pl.*) edera *f.*

Effekt [ɛ'fɛkt] *m* (3) effetto *m;* **~en** ✝ *pl.* effetti *m/pl.;* **~enbörse** [-'-tɛnbœrzə] *f* borsa *f* valori; **~enhandel** *m* commercio *m* di valori.

Effekthascherei [--haʃə'raɪ] *f* (16) caccia *f* all'effetto.

effektiv [--'ti:f] *adj.*, **2bestand** *m* effettivo (*m*).

effektvoll [-'-fɔl] di grande effetto.

egal [e'ga:l] F tutt'uno; *das ist mir ganz ~* me ne importa un cavolo.

Egel *Zo.* ['e:gəl] *m* (7) sanguisuga *f.*

Egge ['ɛgə] *f* (15) erpice *m;* **2n** (25) erpicare.

Ego|ismus [ego'ʔismus] *m* (16²) egoismo *m;* **~ist(in** *f* m) (12) egoista *m u. f;* **2istisch** egoistico.

egozentrisch [--'tsɛntriʃ] egocentrico.

ehe ['e:ə] prima che.

Ehe ['e:ə] *f* (15) matrimonio *m; die ~ schließen* contrarre il matrimonio; *wilde ~* libero connubio; concubinato *m; in wilder ~ leben* vivere maritalmente; *Kind n erster ~* figlio *m* di primo letto; *e-e zweite ~ eingehen* passare a seconde nozze.

¹**Ehe...** in Zssgn: matrimoniale; **~bett** n letto m matrimoniale; ²**brechen** v/i. (h.) commettere adulterio; **~brecher** m (7), ²**brecherisch** adultero (m); **~bruch** m adulterio m; **~bund** m unione f coniugale, matrimonio m.

ehedem ['e:əde:m] allora, in altri tempi.

Ehe|feind ['e:əfaɪnt] m misogamo m; **~frau** f moglie f; **~gatte** m marito m; **~gatten** pl. coniugi m/pl.; **~gattin** f moglie f; **~hälfte** f scherzh. marito m, moglie f; **~leute** pl. coniugi m/pl.; **junge ~** sposi m/pl.; ²**lich** coniugale; Kinder: legittimo; **für ~ erklären** legittimare; ²**lichen** ['--liçən] (25) v/t. sposare; ²**los** celibe; **~losigkeit** f celibato m.

ehemal|ig ['e:əmɑ:liç] antico; ex...; **~er** Minister ex-ministro m; **~s** altre volte, già.

Ehe|mann ['e:əman] m marito m; **~paar** n coppia f, coniugi m/pl.; **junges ~** sposini m/pl.

eher ['e:ər] prima; (vielmehr) piuttosto.

Ehe|recht ['e:əreçt] n diritto m matrimoniale; **~ring** m anello m matrimoniale.

ehern ['e:ərn] di bronzo; fig. ferreo.

Ehe|scheidung ['e:əʃaɪduŋ] f divorzio m; **~schließung** f matrimonio m; **~stand** m stato m matrimoniale.

ehestens ['e:əstəns] al più presto.

Ehe|trennung ['e:ətrɛnuŋ] f separazione f legale; **~versprechen** n promessa f di matrimonio; **~weib** n moglie f.

Ehr|abschneider ['e:r²apʃnaɪdər] m diffamatore m, calunniatore m; ²**bar** onesto; (ehrenwert) rispettabile; **~barkeit** f onestà f; rispettabilità f; **~begriff** m puntiglio m.

Ehre ['e:rə] f (15) onore m; (Ruf) riputazione f; **zu ~n von** in onore di; **der Wahrheit die ~ geben** rendere omaggio alla verità; **die letzte ~ erweisen** rendere gli estremi onori; **in allen ~n** con la massima onestà; **s. geehrt.**

ehren ['e:rən] (25) onorare; rispettare; **sehr geehrter Herr!** (Brief) egregio signore, ...

Ehren|amt ['e:rən²amt] n carica f onorifica; ²**amtlich** a titolo onorario; **~bezeigung** ['--bətsaɪgun] f onoranza f; **~bürger** m cittadino m

onorario; **~dame** f dama f d'onore; **~doktor** m dottore m honoris causa; **~erklärung** f riparazione f d'onore; **~gericht** n corte f d'onore; ²**haft** onorabile; rispettabile; **~haftigkeit** f onorabilità f; **~handel** m vertenza f d'onore; **~jungfrau** f damigella f d'onore; **~legion** f legione f d'onore; **~mal** n sacrario m per caduti di guerra; **~mann** m galantuomo m, uomo m d'onore; **~mitglied** n membro m onorario; **~pforte** f arco m di trionfo; **~preis** m premio m d'onore; ♀ veronica f; **~rechte** ᵗⁱ n/pl. diritti m/pl. civili; **~rettung** f riabilitazione f; ²**rührig** infamante; diffamatorio; **~runde** f Sport: giro m d'onore; **~sache** f questione f d'onore; **~strafe** f pena f infamante; **~tag** m giornata f d'onore; anniversario m; **~titel** m titolo m onorifico; ²**voll** onorato; onorevole; ²**wert** onorevole; **~wort** n parola f d'onore; **~zeichen** n (Orden) decorazione f.

ehr|erbietig ['e:r²ɛrbi:tiç] rispettoso, ossequioso; ²**erbietigkeit,** ²**erbietung** f rispetto m; riverenza f; ²**furcht** f profondo rispetto m, venerazione f; **~furchtgebietend** ['--furçtgəbi:tənt] imponente; **~fürchtig** ['--furçtiç], **~furchtsvoll** ['--furçtsfɔl] rispettoso; ²**gefühl** n sentimento m d'onore; ²**geiz** m ambizione f; **~geizig** ambizioso; **~lich** onesto; (aufrichtig) sincero; ²**lichkeit** f onestà f; sincerità f; **~los** disonesto; ²**losigkeit** f disonestà f; **~sam** onesto; onorato; ²**samkeit** f onoratezza f; **~süchtig** ambizioso; **~vergessen** dimentico del proprio onore; ²**würden:** Euer **~** Reverendo; **~würdig** venerando; ²**würdigkeit** f venerabilità f.

Ei [aɪ] n (1) uovo m; **die ~er** pl. le uova f/pl.; **~er legen** fare le uova; **sich gleichen wie ein ~ dem anderen** somigliarsi come due gocce d'acqua; **er ist eben aus dem ~ gekrochen** ha ancora il guscio in capo; **wie aus dem ~ gepellt** uscito da uno scatolino.

Eibe ♀ ['aɪbə] f (15) tasso m.

Eibisch ♀ ['aɪbiʃ] m (3) ibisco m.

Eichamt ['aɪç²amt] n ufficio m verificazione di pesi e misure.

Eich|apfel ['aɪç²apfəl] m noce f di galla; **~baum** m quercia f.

Eiche ['aıçə] f (15) quercia f.
Eichel ['aıçəl] f (15) ghianda f; *Anat.* glande m; **~häher** m ghiandaia f.
eichen[1] ['aıçən] *adj.* di quercia.
eichen[2] ['aıçən] (25) *v/t.* verificare (pesi e misure); ⚓ stazzare; *Radio:* tarare.
Eichenwald ['aıçənvalt] m querceto m.
Eich|holz ['aıçhɔlts] n stazza f; **~hörnchen** ['-hœrnçən] n, **~kätzchen** ['-kɛtsçən] n (6) scoiattolo m; **~maß** ['-mɑːs] n misura f normale; ⚓ stazza f; **~meister** ['-maıstər] n verificatore m di pesi e misure; ⚓ stazzatore m.
Eid [aıt] m (3) giuramento m; e-n ~ leisten prestare giuramento.
'eidbrüchig spergiuro.
Eidechse ['aıdɛksə] f (15) lucertola f.
Eider|daune ['aıdərdaunə] f (piuma f di) edredone m; **~ente** f, **~gans** f edredone m.
Eides|formel ['aıdəsfɔrməl] f formula f di giuramento; **~leistung** ['--laıstuŋ] f prestazione f di giuramento; **2stattlich:** ~e Versicherung f giuramento m promissorio; ~e Erklärung f dichiarazione f giurata.
Eid|genosse ['aıtgənɔsə] m confederato m; **~genossenschaft** f confederazione f.
eidlich ['aıtliç] 1. *adj.* giurato; 2. *adv.* sotto giuramento.
Eidotter ['aıdɔtər] m (7) torlo m (rosso m) d'uovo.
Eier|apfel ['aıər⁹apfəl] m melanzana f; **~becher** m ovarolo m; **~kognak** m zabaione m; **~kuchen** m frittata f; **~pflaume** f susina f; **~schale** f guscio m d'uovo; **~stock** m *Anat.* ovaia f.
Eifer ['aıfər] m (7, *o. pl.*) fervore m; *beim Arbeiten:* zelo m; **~er** m (7) fanatico m; zelatore m; **2n** (29) infervorirsi; **~sucht** f gelosia f; **~süchtelei** [--zyçtə'laı] f invidiuzza f, gelosia f meschina; **~en** *pl.* rivalità f/*pl.*; **2süchtig** ['--zyçtiç] geloso (*auf* dia).
eiförmig ['aıfœrmiç] ovale.
eifrig ['aıfriç] fervente; zelante; *beim Arbeiten:* assiduo.
Eigelb ['aıgɛlp] n (3¹) rosso m (torlo m) d'uovo.
eigen ['aıgən] proprio; (*besonderer*) speciale, particolare; (*seltsam*) sin-

golare; *sein ~er Herr sein* essere indipendente; *für (od. auf) ~e Rechnung* per conto proprio; **~er Wechsel †** m cambiale f a proprio carico; *sich (dat.) zu ~ machen* appropriarsi, acquisire, farsi suo.
Eigen|art ['aıgən⁹ɑːrt] f particolarità f; **2artig** singolare; **~bedarf** m proprio fabbisogno m; **~besitz** m proprietà f personale; **~bewegung** f movimento m automatico; **~brötler** ['--brøːtlər] m (7) misantropo m, orso m; **~dünkel** m albagia f; **~handel** m commercio m in conto proprio; **2händig** ['--hɛndiç] 1. *adj.* autografo; 2. *adv.* di proprio pugno; **~heim** n casa f propria; **~heit** f particolarità f; **~liebe** f amor m proprio, egoismo m; **~lob** n lode f propria; *~ stinkt* chi si loda s'imbroda; **2mächtig** arbitrario; **~name** m nome m proprio; **~nutz** ['-nuts] m (3², *o. pl.*) interesse m personale; egoismo m; **2nützig** ['--nytsiç] interessato; egoistico.
Eigenschaft ['aıgənʃaft] f (16) qualità f; **~swort** n aggettivo m.
Eigen|sinn ['aıgənsin] m ostinatezza f; **2sinnig** ostinato.
eigentlich ['aıgəntliç] 1. *adj.* proprio; vero; 2. *adv.* veramente, se vogliamo; *was wollen Sie ~?* insomma, che cosa vuole?
Eigen|tum ['aıgəntuːm] n (1²) proprietà f; **~tümer** m (7) proprietario m; **2tümlich** ['--tyːmliç] particolare; (*sonderbar*) strano; **~tümlichkeit** f particolarità f; stranezza f; **~tumsrecht** n diritto m di proprietà; **~tumsverbrechen** n delitto m contro la proprietà; **~tumswohnung** f appartamento m in condominio; **~wille** m ostinazione f; **2willig** ostinato; stravagante, bizzarro.
eign|en ['aıgnən] (26): *sich ~* adattarsi; essere adatto (*od.* atto, adeguato) a; **2ung** f qualificazione f, idoneità f; **2ungsprüfung** f esame m d'idoneità.
Eiland ['aılant] n (3) *poet.* isola f.
Eil|bote ['aılboːtə] m: *durch ~n* ⅋ per espresso; **~brief** m (lettera f per) espresso m.
Eile ['aılə] f (15, *o. pl.*) fretta f; *die*

Sache hat ~ la cosa è urgente; *es hat keine* ~ non c'è fretta.

eil|en ['aɪlən] (25) (*sich* ~) affrettarsi; (*laufen*) correre; *eilt!* preme!; **~ends** *adv.* in fretta; **~fertig** frettoloso; *adv.* in fretta; **2fertigkeit** *f* fretta *f*; **2fracht** *f* grande velocità *f*; **2gut** *n* (*merci f/pl.* a) grande velocità *f*; **~ig** frettoloso; (*dringlich*) urgente; *adv.* in fretta; ~ *sein*, *es* ~ *haben* avere fretta; **~igst** in gran fretta; **2marsch** *m* marcia *f* forzata; **2schritt** *m* passo *m* accelerato; **2-zug** *m* treno *m* diretto.

Eimer ['aɪmər] *m* (7) secchio *m*; secchia *f*; **2weise** ['--vaɪzə] a secchie.

ein¹ [aɪn] (20) **1.** *adj. Zahlwort:* ~er, ~es, ~e uno, una; ~ *für allemal* una volta per sempre; **2.** *art.* ~, ~e, ~ un, uno, una; **3.** *pron.* ~e(r) uno; ~e(s) una cosa; *mein* ~ *und alles* il mio unico bene.

ein² *adv.* = *hinein*; *er weiß weder* ~ *noch aus* non sa dove dar di capo.

Einakt|er ['-ʔaktər] *m* (7) atto *m* unico; **2ig** in un atto.

einander [aɪ'nandər] l'un l'altro; reciprocamente.

'ein-arbeiten (26): *sich* ~ impratichirsi.

einarmig ['-ʔarmiç] monco di un braccio.

einäscher|n ['-ʔɛʃərn] (29) incenerire; *Leiche*: cremare; **2ung** *f* incenerimento *m*; incenerazione *f*; cremazione *f*.

'ein-atm|en aspirare, respirare; inalare; **2ung** *f* aspirazione *f*, respirazione *f*.

einäugig ['-ʔɔygɪç] orbo da un occhio.

Einbahnstraße ['-baːnʃtraːsə] *f* (strada *f* a) senso *m* unico.

einbalsamier|n ['-balzami:rən] imbalsamare; **2ung** *f* imbalsamazione *f*.

'Einband *m* (3³) (ri)legatura *f*.

einbändig ['-bɛndiç] di (in) un volume solo.

'Einbau *m* montaggio *m*; installazione *f*; **2en** installare, montare; **~küche** *f* cucina *f* componibile; **~möbel** *n/pl.* mobili *m/pl.* componibili.

'Einbaum *m* piroga *f*.

'einbegreifen: *mit* ~ comprendere.

'einbegriffen compreso.

'einbehalten ritenere.

'einberuf|en convocare; ✗ richiamare; **2ung** *f* convocazione *f*; chiamata *f* sotto le armi.

'einbetten collocare (in); incassare.

einbeulen ['-bɔylən] (25) ammaccare.

'einbeziehen includere.

'einbiegen piegare; voltare; *in e-e Straße* ~ svoltare, girare.

'einbild|en: *sich* (*dat.*) ~ figurarsi, immaginarsi; *was bilden Sie sich ein?* che cosa crede di essere?; *sich et.* ~ darsi delle arie; *s.* eingebildet; **2ung** *f* immaginazione *f*; (*Dünkel*) presunzione *f*; **2ungskraft** *f* immaginativa *f*, forza *f* d'immaginazione, fantasia *f*.

'einbinden involgere; *Buch:* (ri)legare.

'einblasen soffiare; *fig.* suggerire.

einbleuen ['-blɔyən] (25) *fig.* inculcare.

'Einblick *m* occhiata *f*; *e-n* ~ *gewinnen* farsi un'idea; ~ *gewähren* permettere un'occhiata; *fig.* far guardare, far conoscere.

'einbrech|en 1. *v/t.* sfondare; *Loch:* fare; **2.** *v/i.* (*sn*) rompersi; *Dach:* crollare; *Diebe:* penetrare; *Heer:* invadere (*ac.*), fare irruzione in; *die Nacht bricht ein* fa la notte; *bei* ~*der Nacht* sul cader della notte; *es ist eingebrochen worden* ci sono stati i ladri; **2er** *m* (7) ladro *m*, scassinatore *m*.

'einbrenn|en imprimere (con un ferro rovente); **2suppe** *f* minestra *f* di farina rosolata al burro.

'einbringen introdurre; *Klage:* sporgere; *Gesetz:* presentare; *Getreide:* riporre nel granaio; *Gewinn:* fruttare; *Verlust:* compensare, riparare a; **~d** redditizio.

einbrocken ['-brɔkən] (25) inzuppare; *j-m et.* ~ creare un bell'impiccio a qu.; *sich et. Schönes* ~ mettersi nei pasticci.

'Einbruch *m* rottura *f*; effrazione *f*; irruzione *f*; *des Feindes:* invasione *f*; *v. Dieben:* (furto *m* con) scasso *m*; *bei* ~ *der Nacht* sul calar (*od.* far) della notte; **~sdiebstahl** *m* furto *m* con scasso; **~sversicherung** *f* assicurazione *f* contro il furto.

Einbuchtung ['-buçtuŋ] *f* insenatura *f*.

einbürger|n ['-byrgərn] (29) naturalizzare; *fig.* sich ~ venire in voga, prender piede; **2ung** *f* naturalizzazione *f*.

'**Einbuße** *f* perdita *f*.

'**einbüßen** perderci.

eindämmen ['-dɛmən] (25) arginare, porre un argine a, imbrigliare.

'**eindecken**: sich ~ provvedersi; approvvigionarsi.

Eindecker ✈ ['--kər] *m* (7) monoplano *m*.

eindeichen ['-daiçən] *v/t.* (25) *s. eindämmen.*

eindeutig ['-dɔytiç] univoco.

eindeutschen ['-dɔytʃən] (27) germanizzare.

eindring|en (30, *sn*) penetrare; *als Feind:* invadere (*ac.*); *auf j-n* ~ gettarsi addosso a qu.; **~lich** insistente; energico; **2ling** ['-drinliŋ] *m* (3¹) intruso *m*; *Feind:* invasore *m*.

'**Eindruck** *m* (3⁹) impressione *f*; (*Spur*) impronta *f*; ~ *machen* fare effetto (*auf* su), impressionare (*ac.*); *guten* (*schlechten*) ~ *machen* far bella (brutta) figura; **2en** imprimere.

'**eindrücken** schiacciare; (*zerbrechen*) sfondare; rompere, forzare.

eindrucksvoll ['-druksfɔl] suggestivo; efficace.

einebnen ['-ˀeːbnən] (26) spianare, livellare.

Einehe ['-ˀeːə] *f* (15) monogamia *f*.

einen ['ainən] (25) unire; accordare.

einengen ['-ˀɛŋən] (25) stringere.

einer ['ainər] **1.** *s. ein;* **2.** ♀ ⅍ *m* unità *f*; '**~'lei** (*gleichgültig*) indifferente, lo stesso; (*gleich*) medesimo; (*gleichartig*) della stessa specie; *es ist* ~ è tutt'uno; '**~seits** da una parte.

einfach ['-fax] semplice; *fig. a.* modesto; ~*e Fahrt* 🚊 sola andata *f*; **2heit** *f* semplicità *f*.

einfädeln ['-fɛːdəln] (29) infilare; *Plan:* avviare.

'**einfahren** (30) **1.** *v/t.* trasportare (dentro); (*gegen et. fahren*) sfondare; *Auto:* rodare; *v/i.* (*sn*) entrare; ⚒ scendere; **3.** ♀ *n* (*Auto*) rodaggio *m*.

'**Einfahrt** *f* (16) entrata *f*; ⚒ discesa *f*; **~s-signal** 🚊 *n* segnale *m* d'entrata.

'**Einfall** *m* (3⁹) caduta *f*; ✕ irruzione *f*; invasione *f*; *fig.* idea *f*; *schöner* ~ bella trovata *f*.

'**einfall|en** (*sn*) cadere; (*Gebäude*) rovinare; ✕ irrompere, invadere;

(*unterbrechen*) interrompere; *fig.* venir in mente; ♪ entrare a tempo; *was fällt dir ein?* che ti piglia?; *das fällt mir gar nicht ein* non ci penso nemmeno; **~sreich** ingegnoso; **2s-winkel** *m* angolo *m* di incidenza.

Einfalt ['-falt] *f* (16, *o. pl.*) semplicità *f*; ingenuità *f*.

einfältig ['-fɛltiç] semplice; candido, ingenuo; **2keit** *f* scempiaggine*f*.

Einfaltspinsel ['-faltspinzəl] *m* sempliciotto *m*.

Einfamilienhaus [-fa'miːljənhaus] *n* casa *f* unifamiliare; villino *m*.

'**einfangen** acchiappare.

'**einfarbig** d'un solo colore; *Stoff:* unito.

'**einfass|en** *Kleidung:* guarnire; *Edelsteine:* incastonare; **2ung** *f* guarnitura *f*; incastonatura *f*; (*Tür* 2) intelaiatura *f*; *der Brille:* suste *f/pl.*

einfetten ['-fɛtən] (26) ungere.

'**einfinden**: sich ~ trovarsi.

'**einflechten** intrecciare (*a. fig.*).

'**einfließen** (*sn*) scorrere; *ins Meer usw.:* riversarsi; *fig.* ~ *lassen* toccare di passaggio, accennare a.

'**einflöß|en** (27) istillare, ispirare, suggerire; insinuare; *Arznei:* far prendere; *Mut:* infondere; *Furcht:* incutere; **2ung** *f* ispirazione *f*; suggerimento *m*; insinuazione *f*.

'**Einfluß** *m* imboccatura *f*; *fig.* influenza *f*, influsso *m*; **~bereich** *m* zona *f* d'influenza; **2reich** influente.

'**einflüster|n** *fig.* suggerire, insinuare; **2ung** *f* suggerimento *m*, insinuazione *f*.

'**einfordern** esigere; reclamare.

einförmig ['-fœrmiç] uniforme; monotono; **2keit** *f* uniformità *f*.

einfried(ig)|en ['-friːd(ig)ən] (26 [25]) circondare; **2ung** *f* recinto *m*.

'**einfrieren 1.** *v/t.* 🌡 bloccare; congelare (*a. Fleisch*); **2.** *v/i.* gelarsi; (*Schiff*) essere bloccato dal ghiaccio.

'**einfüg|en** incastrare; inserire; *Worte:* interpolare; *sich* ~ adattarsi; **2ung** *f* interpolazione *f*; adattamento *m*.

'**einfühl|en**: sich ~ *in* (*ac.*) cercare di comprendere (*ac.*); adattarsi (a); mettersi nei panni di; **2ungsvermögen** ['-fyːluŋsfərmøːgən] *n* intuito *m*, capacità *f* d'adattamento.

Einfuhr ['-fuːr] *f* (16) importazione

f; **~beschränkungen** *f/pl.* restrizioni *f/pl.* all'importazione; **~bestimmungen** *f/pl.* norme *f/pl.* per l'importazione.

'**einführ|en** introdurre; ✝ importare; *j-n in e-e Wissenschaft*: iniziare; *in ein Amt*: insediare; **2ung** *f* introduzione *f*; iniziazione *f*; insediamento *m*; installazione *f*; ✝ lanciamento *m*.

Einfuhr|erlaubnis ['-fu:r⁹ɛrlaupnis] *f* permesso *m* d'importazione; **~verbot** *n* divieto *m* d'importazione; **~zoll** *m* dazio *m* d'importazione.

'**einfüllen** invasare; *(in Flaschen)* imbottigliare.

'**Eingabe** *f* domanda *f*; ricorso *m*; *e-e ~ machen* presentare una domanda.

'**Eingang** *m* ingresso *m*; entrata *f*; *zu ~s*: accesso *m*; *der Waren*: arrivo *m*; *~ vorausgesetzt* salvo arrivo; *~ der Außenstände* ricupero *m* dei crediti; **2s** in principio; **~sbestätigung** ['-gansbəʃtɛ:tiguŋ] *f* accusa *f* di ricevuta; **~sbuch** ✝ *n* registro *m* degli arrivi.

eingearbeitet ['-gə⁹arbaɪtət] pratico del lavoro, impratichito.

'**eingeben** somministrare; *Medizin*: dare; *fig.* ispirare, suggerire.

eingebildet ['-gəbildət] immaginario; *(dünkelhaft)* presuntuoso.

'**eingeboren** indigeno; *bibl.* unigenito; **2e(r)** *m* indigeno *m*.

Eingebung ['-ge:buŋ] *f* ispirazione *f*.

'**eingedenk** ['-gədɛŋk] memore; *~ sein* ricordarsi.

eingefallen ['-gəfalən] scarno; *Wangen, Augen*: infossato.

eingefleischt ['-gəflaɪʃt] *fig.* accanito.

eingefroren ['-gəfro:rən]: *~e Kredite m/pl.* crediti *m/pl.* congelati.

'**eingehen 1.** *v/t.* concludere; *Wette*: fare; *Ehe, Verpflichtung*: contrarre; **2.** *v/i.* (*sn*) entrare; *Briefe, Waren*: arrivare; *Stoffe*: restringersi; *(aufhören)* morire, cessare di esistere; *auf et. ~* acconsentire a qc.; *auf e-e Frage ~* entrare in; *näher ~ auf* addentrarsi in; *(ein Geschäft) ~ lassen* liquidare; *Zeitungen*: sospendere le pubblicazioni; **~d** minuzioso, esauriente, a fondo.

eingelegt ['-gəle:kt]: *~e Arbeit* intarsio *m*.

Eingemachte(s) ['--maxtə(s)] *n* (18) conserva *f*.

eingemeind|en ['--maɪndən] (26) incorporare, aggregare; **2ung** *f* incorporazione *f*, aggregamento *m*, assorbimento *m*.

eingenommen ['--nɔmən] infatuato; *(vor~)* prevenuto; *von sich ~* presuntuoso, borioso; *~ für* et. entusiasta per; **2heit** *f* presunzione *f*; prevenzione *f*.

'**eingesandt** comunicato.

'**eingeschränkt** ristretto, limitato.

'**eingeschrieben** *Brief*: raccomandato.

eingesessen ['--zɛsən] domiciliato.

'**Eingeständnis** *n* confessione *f*.

'**eingestehen** *v/t.* confessare.

'**eingetragen**: *~e Schutzmarke* marca *f* depositata.

Eingeweide ['--vaɪdə] *n* (7) visceri *f/pl.*, intestini *m/pl.*

eingeweiht ['--vaɪt] iniziato *(in in).*

'**eingewöhnen** avvezzare.

eingewurzelt ['--vurtsəlt] radicato.

eingezogen ['--tso:gən] ritirato.

'**eingießen** versare.

'**eingipsen** ingessare.

'**Einglas** *n* monocolo *m*.

eingleisig 🚊 ['-glaɪʒiç] a un binario.

'**einglieder|n** incorporare; **2ung** *f* incorporazione *f*, annessione *f*, inserimento *m*.

'**eingraben** sotterrare; ⊕ incidere; *ins Herz*: scolpire; *sich ~* nascondersi sotto terra; ⚔ trincerarsi.

'**eingravieren** incidere.

'**eingreifen 1.** *v/i.* intervenire; ⊕ ingranare; *fig.* immischiarsi; invadere; **2.** ⚇ *n* (6) intervento *m*; **~d** energico.

'**Eingriff** *m* intervento *m*; ingerenza *f*; invasione *f*; ⊕ presa *f*.

'**einhaken** (25) agganciare.

'**Einhalt** *m*: *~ gebieten (dat.)* porre termine a; arrestare (qc.); porre freno a; **2en 1.** *v/t.* ritenere; arrestare il corso di ...; *fig.* osservare; attenersi a ...; **2.** *v/i.* fermarsi.

'**einhämmern** *fig.* inculcare.

'**einhandeln** comprare; *gegen et.*: barattare con.

einhändig ['-hɛndiç] monco; *♪* per una mano sola; **~en** ['--digən] (25) consegnare; **2ung** *f* consegna *f*.

'**einhängen** attaccare; *sich ~* darsi il braccio.

'**einhauchen** soffiare; ispirare.

'**einhauen 1.** v/t. ficcare; Löcher usw.: fare; Figuren: incidere; e-e Tür usw.: abbattere; **2.** v/i. auf j-n ~ dare addosso a qu.; F beim Essen: tüchtig ~ mangiare a due palmenti.

'**einheften** cucire; Kleidung: (das Futter) imbastire.

'**einheimisch** nostrano, nostrale; Personen: del paese; 2e(r) m indigeno m.

'**einheimsen** ['-haɪmzən] (27) intascare.

'**einheiraten**: in ein Geschäft ~ sposare la figlia di un commerciante.

Einheit ['-haɪt] f unità f; 2lich unito, unitario; ~lichkeit f uniformità f; ~sbestrebung f tendenza f unitaria; aspirazione f all'unità; ~spreis ['--praɪs] m prezzo m unico; ~sschule f scuola f unita; ~sstaat m Stato m unitario.

'**einheizen** accendere il fuoco; far fuoco; riscaldare; fig. j-m ~ far fuoco addosso a qu.

einhellig ['-hɛliç] unanime; 2keit f unanimità f.

'**einher|fahren** [-'heːrfɑːrən] passare (in vettura); ~gehen [-'geːən] fig. camminare pari passo; ~schreiten incedere; ~stolzieren pavoneggiarsi.

'**einholen** andare a prendere; j-n: raggiungere; Versäumtes: riguadagnare; Genehmigung, Rat: chiedere; ☒ attirare; (einkaufen) andare a fare spesa.

'**Einhorn** n unicorno m.

'**einhüllen** avvolgere.

einig ['aɪniç] d'accordo.

einige ['aɪnigə] alcuni, alcune; qualche.

einig|en ['aɪnigən] (25) unificare; unire; sich ~ mettersi d'accordo; ~ermaßen [--gər'maːsən] in certo qual modo; (nicht schlecht) così così; ~es qualche cosa; 2keit f unione f; concordia f; 2ung f unificazione f; accomodamento m.

'**ein-impfen** inoculare; fig. inculcare.

'**einjagen** incutere.

'**einjährig** ['-jɛːriç] di un anno; per un anno.

'**einkalkulieren** ['-kalkuliːrən] includere nei calcoli; fig. a. considerare, fare i conti con.

'**einkapseln** ['-kapsəln] (29): sich ~ incapsularsi.

'**einkassier|en** incassare; 2ung f incasso m.

'**Einkauf** m compra f, acquisto m; 2en comprare; fare spesa.

'**Einkäufer** m compratore m.

'**Einkaufs-preis** m prezzo m d'acquisto.

Einkehr ['-keːr] f (16) alloggio m; fig. esame m di coscienza; raccoglimento m; 2en (sn) prendere alloggio; fare sosta in un ristorante; F andare a bere (in una osteria); in sich ~ raccogliersi, rientrare in sé stesso.

'**einkerben** (25) v/t. intaccare.

einkerker|n ['-kɛrkərn] (29) incarcerare; 2ung f incarceramento m.

'**einklagen** reclamare per via giudiziaria.

einklammern ['-klamərn] (29) mettere tra parentesi.

'**Einklang** m accordo m; ♪ unisono m; Radio: sintonia f; in ~ bringen mettere d'accordo, armonizzare.

'**einkleid|en** vestire; 2ung f kath. vestizione f.

'**einklemmen** rinserrare.

'**einklinken** ['-klɪŋkən] chiudere col saliscendi.

'**einknicken 1.** v/t. piegare, rompere; **2.** v/i. (sn) piegarsi.

'**einkochen 1.** v/t. cuocere; Obst: confettare, cuocere nello zucchero; **2.** v/i. (sn) condensarsi.

'**einkommen 1.** (sn) arrivare; (einfallen) venire in mente; bei j-m: presentare una domanda; **2.** 2 n (6) introito m; (festes ~) reddito m; entrata f; 2steuer f imposta f (tassa f) sulla ricchezza mobile.

'**einkreis|en** accerchiare; 2ung f accerchiamento m; 2ungspolitik ['-kraɪzuŋspolitik] f politica f d'accerchiamento.

Einkünfte ['-kynftə] pl. (14¹) entrate f/pl.

'**einlad|en** Waren: caricare; j-n: invitare; ~end accogliente; 2ung f invito m.

'**Einlage** f im Brief: acchiusa f; inclusa f; Spiel: posta f; Thea. intermezzo m; Kleidung: fortezza f; (Schuh2) supporto m; ♣ deposito m; quota f di capitale; ⊕ anima f; in der ~ qui accluse.

'**einlager|n** Waren: immagazzinare; Truppen: alloggiare; 2ung f magazzinaggio m; alloggiamento m.

Einlaß ['-las] m (4²) ingresso m; zu j-m: adito m.

'**einlassen** lasciar passare; ⊕ introdurre; fig. sich mit j-m ~ impicciarsi con qu.; sich ~ auf avventurarsi in, mettersi in; accettare.

'**einlaufen** (sn) arrivare; Stoffe: ristringersi; ~de Briefe m/pl. lettere f/pl. in arrivo.

'**einläuten** v/t. annunciare con le campane.

'**einleben**: sich ~ acclimatarsi (con); fig. fami(g)liarizzarsi (con).

'**einlegen** mettere; (einfügen) inserire; Kochk. mettere in conserva; Geld: investire; depositare; Typ. immettere; Heringe: marinare; mit Gold: incrostare; in Holz: intarsiare; Berufung: interporre; Ehre ~ mit farsi onore con; ein gutes Wort ~ für j-n intercedere (od. adoperarsi) per qu.

'**Einleger** m depositante m; Typ. mettifoglio m; ♀ margotto m.

'**Einlegesohle** f soletta f.

'**einleit|en** introdurre; (vorbereiten) avviare; (einführen) iniziare; ♀ istruire; ~end introduttivo; ♀ung f introduzione f; prefazione f; prologo m; ♪ preludio m; ♄♄ istruzione f.

'**einlenken** cambiar rotta, cambiar tono; wieder ~ ravvedersi.

'**einlernen** imparare (a fondo).

'**einlesen**: sich ~ in (ac.) familiarizzarsi con.

'**einleuchten** parer chiaro; es will mir nicht ~ non posso crederci; ~d evidente, plausibile.

'**einliefer|n** consegnare; Kranke: ricoverare; ♀ung f consegna f; ♀ungsschein ['-li:fəruŋsʃain] m ricevuta f.

'**einliegen** essere incluso; ~d accluso.

'**einlochen** ['-lɔxən] F mettere in gattabuia.

'**einlös|en** v/t. riscattare; Pfand: ritirare, spegnere; Wort: mantenere; Versprechen: ⸰adempiere; Scheck: pagare; ♀ung f riscatto m; mantenimento m; adempimento m; pagamento m.

'**einlullen** ['-lulən] (25) cullare, ninnare.

'**einmach|en** mettere in conserva; ♀glas ['-maxglɑːs] n barattolo m da conserva.

'**einmal** ['-mɑːl] una volta; nicht ~ nemmeno, neanche; auf ~ ad un tratto; es war ~ c'era una volta; noch ~ ancora una volta; ♀eins [--¹⁹ains] n uv. abbaco m, tavola f pitagorica; ~ig unico; di una sola volta.

'**Einmarsch** m entrata f; ♀ieren (sn) entrare.

'**einmauern** murare.

'**einmengen** mescolare; sich ~ immischiarsi.

'**einmessen** misurare.

'**einmieten**: sich ~ prendere alloggio.

'**einmisch|en**: sich ~ immischiarsi; ♀ung f ingerenza f.

einmotorig ['-moto:riç] monomotore.

'**einmotten** proteggere contro le tarme.

einmumme(l)n ['-mumə(l)n] (25 [29]) imbacuccare.

'**einmünd|en** sboccare; ♀ung f sbocco m.

einmütig ['-my:tiç] unanime; ♀keit f unanimità f.

'**Einnahme** ['-nɑːmə] f (15) presa f; occupazione f; (Geld) introiti m/pl.; entrate f/pl.; Buch ✝ n libro m delle entrate; ~quelle f cespite m.

'**einnebeln** ['-ne:bəln] (29) ✗ innebbiare.

'**einnehm|en** prendere; ✝ riscuotere; e-e Stellung u. ✗: occupare; ~end piacente, simpatico; ♀er m esattore m, ricevitore m.

'**einnicken** appisolarsi.

'**einnisten**: sich ~ annidarsi.

'**Ein-öde** f deserto m.

'**ein-ölen** inoliare; ungere.

'**ein-ordnen** classificare; Kfz. sich ~ mettersi in corsia.

'**einpacken** impaccare; in Ballen: imballare; in Kisten: incassare.

'**einpassen** far combaciare.

'**einpauk|en**: j-m et. ~ inculcare qc. a qu.; sich et. ~ studiare qc. in fretta e furia; ♀er m ripetitore m.

einpferchen ['-pferçən] (25) stabbiare; F eingepfercht pigiati come le acciughe.

'**einpflanzen** piantare; fig. inculcare.

'**einpfropfen** innestare.

einphasig ⚡ ['-fɑːziç] monofase.

'**einpökeln** (in)salare.

'**einprägen** imprimere; fig. incul-

care; *sich* (*dat.*) et. ~ imprimersi qc. nella memoria.
'**einpressen** premere; (*drücken*) stringere.
einquartier|en ['kvarti:rən] alloggiare; ⚔ acquartierare; ⚲**ung** *f* acquartieramento *m*.
'**einrahmen** (25) incorniciare.
'**einrammen** piantare, ficcare.
einrangieren ['rãʒi:rən] sistemare, mettere in fila.
'**einräumen** mettere in ordine; *Wohnung*: ammobiliare; *Recht*: riconoscere; (*abtreten*) cedere; *fig.* concedere; ~d concessivo.
'**einrechnen** comprendere, includere; *nicht eingerechnet* escluso.
'**Einrede** *f* obiezione *f*; replica *f*; ⚲n **1.** *v/t.* dare ad intendere; (*überreden*) persuadere; **2.** *v/i.* contraddire; *auf j-n* ~ fare di tutto per persuadere qu.
'**einreib|en** fare frizioni a, spalmare (su); fregare; ⚲**ung** *f* frizione *f*.
'**einreichen** presentare.
'**einreih|en** mettere in fila; inserire; inquadrare; ~**ig** ['raiç] ad una sola fila; *Anzug*: ad un petto.
'**Einreise|erlaubnis** *f* permesso *m* d'entrata; ⚲n (*sn*) entrare.
'**einreißen 1.** *v/t.* stracciare; (*niederreißen*) demolire; **2.** *v/i.* (*sn*) strapparsi; *fig.* radicarsi.
'**einreiten** *Pferd*: scozzonare.
einrenken ['reŋkən] (25) *Chir.* ridurre, rimettere un membro slogato; *fig.* regolare, mettere a posto.
'**einrennen** *Tür*: sfondare; *sich den Schädel* ~ rompersi la testa.
'**einricht|en** rimettere; (*anordnen*) disporre; *nach et.*: regolare; *Zimmer*: arredare, ammobiliare; *Musik*: ridurre; ⊕ attrezzare; *abs. sich* ~ metter su casa; ⚲**ung** *f* disposizione *f*; arredamento *m*; mobili *m/pl.*; ⊕ dispositivo *m*.
'**einritzen** incidere.
'**einrollen** arrotolare.
'**einrosten** arrugginire.
'**einrücken 1.** *v/t.* inserire; **2.** *v/i.* (*sn*) entrare.
'**einrühren** rimescolare; *Teig*: intridere; *Eier*: sbattere.
eins [ains] **1.** uno; *um* ~ all'una; **2.** ⚲ *f* (16) uno *m*.
einsacken ['zakən] (25) insaccare; *F Geld*: intascare.

'**einsalben** mettere una crema (un unguento).
'**einsalzen** salare.
einsam ['za:m] solo, solitario; ⚲**keit** *f* solitudine *f*.
'**einsammeln** raccogliere; *Beiträge usw.*: riscuotere.
Einsatz ['zats] *m* (3² *u.* ³) *Spiel*: posta *f*; *des Lebens*: rischio *m*; *der Kräfte*: impiego *m*; *Kleidung*: davanti *m*; ♪ intonazione *f*; ⚲**bereit** pronto a funzionare; ~**bereitschaft** *f* impegno *m*.
'**einsäuern** lievitare, mettere nell'aceto.
'**einsaugen** succhiare; aspirare; (*schlürfen*) sorbire.
'**einsäumen** orlare.
'**einschalt|en** ⚡ innestare, inserire; *Lampe, Radio*: accendere; ⚡ *Maschinen*: mettere in circuito; mettere in contatto; chiudere il circuito; e-n *Gang beim Auto* ~ innestare una velocità; *Motor*: mettere in moto; ⊕ azionare, avviare; (*einfügen*) intercalare; *Lit., Math.* interpolare; *sich* ~ intervenire; ⚲**er** *m* ⚡ inseritore *m*; interruttore *m*; commutatore *m*; ⚲**ung** *f* innestamento *m*, inserimento *m*; chiusura *f*; messa *f* in circuito; *fig.* intervenzione *f*.
'**einschärfen** raccomandare; *Wahrheit*: inculcare.
'**einscharren** sotterrare.
'**einschätz|en** valutare; *Steuer*: tassare; ⚲**ung** *f* valutazione *f*.
'**einschenken** mescere; versare.
'**einschicken** inviare.
'**einschieb|en** introdurre; *Brot*: infornare; *Lit.* interpolare; ⚲**sel** *n* interpolazione *f*.
Ein'schienenbahn *f* treno *m* monorotaia.
'**einschießen** *Geld*: versare; *Gewehr*: provare; *sich* ~ ⚔ correggere il tiro.
'**einschiff|en** imbarcare; ⚲**ung** *f* imbarco *m*.
'**einschirren** bardare.
'**einschlafen** (*sn*) addormentarsi.
'**einschläfern** (29) addormentare; ~d soporifero; *fig.* assonnante, noioso.
'**Einschlag** *m* caduta *f*; impatto *m*; ⊕ trama *f*; *fig. mit e-m liberalen* ~ con una tinta di liberalismo.
'**einschlagen 1.** *v/t.* (con)ficcare; *Tür*: sfondare; *Bettuch*: rincalzare;

e-n Weg: battere; (*biegen*) piegare; (*einwickeln*) incartare; involtare; **2.** *v/i.* dare la mano; *Blitz*: cadere; *es hat eingeschlagen* è caduto un fulmine; *Geschoß*: finire; *fig.* riuscir bene; (*Beifall finden*) far furore.

einschlägig [ˈ-ʃlɛːgiç] relativo, corrispondente.

ˈeinschleichen: *sich* ∼ introdursi furtivamente.

ˈeinschleppen trascinare; *Krankheit*: importare.

ˈeinschließ|en (r.)n)chiudere; ✕ accerchiare; (*umschließen*) circondare; *fig.* comprendere; ∼**lich** inclusivamente; compreso; *bis* ∼ *Montag* a tutto lunedì; **2ung** *f* accerchiamento *m*.

ˈeinschlummern assopirsi.

ˈEinschluß *m* inclusione *f*; *mit* ∼ ... compreso ...

ˈeinschmeicheln: *sich* ∼ insinuarsi, ingraziarsi (*bei j-m* qu.); ∼**d** insinuante; accattevole.

ˈeinschmelzen fondere.

ˈeinschmieren ungere.

ˈeinschmuggeln introdurre di contrabbando; *sich* ∼ introdursi di nascosto.

ˈeinschnappen chiudersi a scatto; *fig.* sentirsi offeso, aversela a male.

ˈeinschneid|en 1. *v/t.* tagliare; *Figuren*: incidere; **2.** *v/i.* tagliare (toccare) nel vivo; ∼**end** *fig.* incisivo, radicale; ∼**ig** a un solo taglio.

ˈeinschneien seppellire sotto la (*od.* essere bloccato dalla) neve.

ˈEinschnitt *m* incisione *f*; taglio *m*; *fig.* cesura *f*; *Geschichte*: epoca *f*.

ˈeinschnüren allacciare; stringere.

einschränk|en [ˈ-ʃrɛŋkən] (25) limitare, restringere, ridurre; ∼**end** restrittivo; **2ung** *f* limitazione *f*, riduzione *f*; *ohne* ∼ senza restrizione.

einschrauben [ˈ-ʃraubən] (25) avvitare.

Einschreibe|brief [ˈ-ʃraibəbriːf] *m* (lettera *f*) raccomandata *f*; ∼**gebühr** *f* tassa *f* d'iscrizione (✆ di raccomandazione).

ˈeinschreib|en iscrivere; tesserare; ✆ raccomandare; **2ung** *f* iscrizione *f*; ✆ raccomandazione *f*.

ˈeinschreiten 1. *v/i.* (*sn*) intervenire; **2.** **2** *n* (6) intervenzione *f*, intervento *m*.

ˈeinschrumpfen (*sn*) raggrinzarsi.

einschüchter|n [ˈ-ʃyçtərn] (29) intimidire; **2ung** *f* intimidazione *f*.

ˈeinschul|en iscrivere in una scuola; iniziare, avviare; **2ung** *f* avviamento *m*; **2ungskurs** *m* corso *m* d'avviamento.

ˈEinschuß *m Wunde*: entrata *f* del proiettile; ⊕ trama *f*.

ˈeinsegn|en benedire; *Kinder*: confermare; cresimare; **2ung** *f* benedizione *f*; confermazione *f*; cresima *f*.

ˈeinsehen 1. *v/t.* esaminare; (*begreifen*) comprendere; (*erkennen*) riconoscere; **2.** **2** *n* (6) comprensione *f*; giudizio *m*; *ein* ∼ *haben* rendersi conto di.

einseifen [ˈ-zaifən] (25) insaponare; *fig.*, F imbrogliare.

einseitig [ˈ-zaitiç] **1.** *adj.* unilaterale; *fig.* parziale; *j.*: esclusivista, dottrinario; **2.** *adv.* da una parte; **2keit** *f* unilateralità *f*; parzialità *f*.

ˈeinsend|en inviare; ✝ rimettere; *Ball*: cacciare in rete; **2er** *m* mittente *m*; **2ung** *f* spedizione *f*; invio *m*.

ˈeinsenken affondare; *Sarg*: calare.

ˈeinsetz|en mettere (*fig.* in gioco); ✿ piantare; A sostituire; *Anzeige*: inserire; (*errichten*) stabilire, istituire; *j-n in ein Amt*: insediare; installare; *j-n zu* ... nominare; *sein Leben*: rischiare, mettere a repentaglio; ✕ mobilitare, impegnare; ♪ intonare; **2ung** *f* istituzione *f*; insediamento *m*; inserzione *f*; nomina *f*; impiego *m*.

ˈEinsicht *f* (16) esame *m*; (*Verständnis*) accorgimento *m*; (*Urteil*) giudizio *m*; (*Erkenntnis*) conoscenza *f*; ∼ *nehmen in* (*ac.*) esaminare, prendere visione di; *zur* ∼ *kommen*, *daß* capire che; **2ig** intelligente; (*überlegt*) giudizioso; ragionevole; ∼**nahme** *f*: *zur gefälligen* ∼ per prendere visione; **2slos** senza giudizio; **2svoll** *s.* einsichtig.

ˈeinsickern infiltrarsi.

Einsied|elei [-ziːdəˈlai] *f* (16) eremitaggio *m*; ∼**ler(in** *f*) *m* eremita *m u. f.*

einsilbig [ˈ-zilbiç] *adj.* monosillabo; *fig.* taciturno.

ˈeinsinken (*sn*) affondare.

ˈein|spannen intelaiare; fissare; *Pferde*: attaccare; **2spänner** *m* vettura *f* a un cavallo; ∼**spännig** a un cavallo.

einsparen risparmiare.

einsperren rinchiudere; *Gefangene*: imprigionare, incarcerare.

einspielen: *sich* ~ esercitarsi in un gioco; far pratica; *fig.* affiatarsi.

einspinnen: *sich* ~ abbozzolarsi.

einsprengen aspergere; ✕ far saltare.

einspringen (*sn*) *für j-n*: supplire qu.; *(hilfreich)* prestarsi.

einspritz|en iniettare; ♀**ung** *f* iniezione *f*.

Einspruch *m* protesta *f*; ~ **erheben** protestare.

einspurig 🚋 ['-ʃpu:riç] a un solo binario.

einst [aɪnst] una volta.

einstampfen pestare; *Papier, Lumpen*: macerare.

Einstandspreis *m* prezzo *m* d'acquisto.

einstauben (25, *sn*) impolverare.

einstechen piantare; *Löcher*: fare; *Figuren*: punteggiare.

einstecken metter dentro; *Briefe*: impostare, imbucare; *fig.* mandar giù; *Prügel*: incassare; *in die Tasche*: intascare.

einstehen (*sn*) rispondere (für di).

einsteigen (*sn*) salire; *durch das Fenster* ~ entrare per la finestra; 🚋 ~**!** in vettura!

einstell|bar regolabile, aggiustabile; ~**en** mettere; *Radio, Bremse usw.*: regolare; ⊕ azionare, mettere in opera; *das Feuer*, ✕ cessare; *Arbeiter*: occupare; assumere; *(aufhören)* sospendere; *Arbeit*: deporre; *Phot.* mettere a punto, aggiustare; *das Verfahren* ~ non luogo a procedere; *sich* ~ presentarsi; *sich wieder* ~ ritornare; *sich* ~ *auf (ac.)* adattarsi, aspettarsi a; ~**ig** ['-ʃteliç] di una cifra sola; ♀**ung** *f* collocamento *m*; deposizione *f*; messa *f* a punto; *(Ende)* sospensione *f*; *fig.* opinione *f*; *(Haltung)* atteggiamento *f*.

Einstieg ['aɪnʃti:k] *m* entrata *f*.

einstig ['aɪnstiç] passato; *(künftig)* futuro.

einstimm|en ♪ accordarsi; intonare; *in et.* ~ acconsentire a qc.; ~**ig** **1.** *adj.* unanime; ♪ per una sola voce; **2.** *adv.* all'unanimità; ♀**igkeit** *f* unanimità *f*.

einstmals = *einst*.

einstöckig ['-ʃtœkiç] a un solo piano.

einstoßen rompere; *Mauer*: abbattere.

einstreichen *Geld*: intascare.

einstreuen spargere; *fig.* frammischiare.

einströmen affluire, entrare.

einstudieren studiare.

einstuf|en inquadrare, classificare; ♀**ung** *f* inquadramento *m*, classificazione *f*.

einstündig ['-ʃtyndiç] di un'ora.

einstürmen (*sn*) precipitarsi.

Einsturz *m* crollo *m*; *Erdreich*: frana *f*; *(Verfall)* rovina *f*.

einstürzen *Häuser*: crollare, andare in rovina; *Erdreich*: franare.

einstweil|en ['aɪnst'vaɪlən] frattanto; ~**ig** provvisorio.

ein|tägig ['aɪnte:giç] d'un solo giorno; effimero; ♀**tagsfliege** *f* mosca *f* effimera; *fig.* persona *f* di importanza effimera.

Eintänzer *m* gigolo *m*.

eintauchen immergere; tuffare; *Feder, Brot*: intingere.

Eintausch *m* baratto *m*; cambio *m*; ♀**en** ottenere in cambio; cambiare *(gegen* con).

einteil|en dividere; *(verteilen)* distribuire; ♀**ung** *f* divisione *f*; distribuzione *f*.

eintönig ['-tø:niç] monotono; ♀**keit** *f* monotonia *f*.

Eintopfgericht ['-tɔpfgəriçt] *n* (3) piatto *m* unico.

Eintracht ['-traxt] *f* (16, *o. pl.*) concordia *f*.

einträchtig ['-treçtiç] concorde.

Eintrag ['-tra:k] *m* (3³) registrazione *f*; *(Schaden)* danno *m*; ♀**en** ['--gən] registrare; *sich* ~ iscriversi *(eintragen)* fruttare; ~**ung** *f* registrazione *f*; iscrizione *f*.

einträglich ['-trɛ:kliç] lucrativo, vantaggioso.

einträufeln istillare.

eintreffen 1. *v/i.* (*sn*) arrivare; *Ereignis*: avverarsi; **2.** ♀ *n* (6) arrivo *m*; avveramento *m*.

eintreiben *Geld*: riscuotere.

eintreten 1. *v/t.* pestare; *(zerbrechen)* sfondare; **2.** *v/i.* (*sn*) entrare; avvenire; sopravvenire; *Besserung*: manifestarsi; *(anfangen)* cominciare; *für j-n* ~ intercedere in favore di qu., sussistere *(od.* difendere) la causa di qu.; *(bürgen)* garantire; *(vertreten)* supplire qu.

eintrichtern F ['-trɪçtərn] (29) inculcare.

Eintritt ['-trɪt] m entrata f, ingresso m; des Frühlings usw.: principio m; fig. vor ~ in … prima d'entrare in …; **~sgeld** ['-sgɛlt] n prezzo m d'ingresso (od. d'entrata); **~skarte** f biglietto m d'ingresso.

'**eintrocknen** (dis)seccarsi.

'**eintröpfeln** istillare.

'**eintrüben**: sich ~ rannuvolarsi.

'**eintunken** (25) intingere.

'**ein-üben** esercitare; et. ~ esercitarsi in qc., studiare qc.

einverleib|en ['-ferlaɪbən] (25) (dat.) incorporare; Land: annettere; ℒung f incorporazione f; annessione f.

Einvernehmen ['-ferneːmən] n (6) accordo m; im ~ mit d'accordo con.

einverstanden ['--ʃtandən] d'accordo.

'**Einverständnis** n accordo m, consenso m.   [carnisi.⟨

'**einwachsen** (sn) penetrare; ☂ in-

Einwand ['-vant] m (3³) obiezione f; ⚖ eccezione f.

Einwander|er ['--dərər] m immigrante m u.f.; ℒn immigrare; **~ung** f immigrazione f.

einwandfrei ['-vantfraɪ] (Beweisführung) irrefutabile; (Person) irreprensibile, ineccepibile; (Ware) senza difetti.

einwärts ['-vɛrts] in dentro.

einwässern ['-vɛsərn] mettere nell'acqua.

'**einweben** intessere.

'**einwechseln** cambiare.

'**Einwegflasche** f bottiglia f ad uso unico.

'**einweichen** inzuppare; Wäsche: mettere a mollo.

'**einweih|en** consacrare; Fahnen usw.: benedire; (eröffnen) inaugurare; in et. ~ iniziare; ℒung f consacrazione f; benedizione f; inaugurazione f; iniziazione f.

'**einweisen** insediare, installare; (Krankenhaus) far ricoverare; in e-e Wohnung ~ assegnare un appartamento.

'**einwend|en** obiettare; ℒung f obiezione f.

'**einwerfen** gettare; Fenster usw.: fracassare; fig. obiettare.

'**einwickeln** v/t. involtare; fig. imbrogliare.

'**einwillig|en** ['-vɪlɪgən] (25) consentire; ℒung f consenso m.

'**einwirk|en** influire; agire su; ℒung f influsso m, influenza f.

einwöchig ['-vœçɪç] di una settimana.

Einwohner(in f) ['-voːnər(ɪn)] m (7) abitante m u.f.; **~melde-amt** n anagrafe f; **~schaft** f abitanti m/pl.

'**Einwurf** m obiezione f; ☂ buca f (delle lettere); Fußball: rimessa f in gioco.

'**einwurzeln**: sich ~ radicarsi.

'**Einzahl** f Gram. singolare m.

'**einzahl|bar** pagabile, versabile; **~en** pagare, versare; eingezahltes Kapital n capitale m versato; ℒer m depositante m; ℒung f pagamento m, versamento m; ℒungsschalter m sportello m dei versamenti.

einzäun|en ['-tsɔynən] (25) recintare; ℒung f recinto m.

'**einzeichnen** notare; Zeichenk. disegnare; ⚖ iscrivere; sich (in e-e Liste) ~ iscriversi.

einzeilig ['-tsaɪlɪç] di (a) una linea.

'**Einzel** ['aɪntsəl] n (7) Sport: singolare m.

'**Einzel|anfertigung** f modello m unico (od. esclusivo); **~fall** m caso m isolato; **~gänger** ['--gɛŋər] m solitario m; **~handel** m commercio m al minuto; **~haft** f segregazione f cellulare; **~heit** f dettaglio m; besondere: particolare m; bis in die letzte ~ fin nei minimi particolari.

einzeln ['-tsəln] singolo; (allein) solo; (gesondert) ⊕ isolato; ✝ al minuto; bis ins ~e con tutti i particolari; im ~en in particolare, ✝ al minuto; ins ~e gehen entrare nei particolari; dettagliare, particolareggiare.

'**Einzel|person** f persona f singola; individuo m; **~stück** n pezzo m unico; **~teil** n elemento m singolo; **~verkauf** m vendita f al minuto; **~wesen** n individuo m; **~zelle** f s. Einzelhaft; **~zimmer** n camera f ad un letto (od. singola).

einziehbar ['-tsiːbaːr] retrattile; ✝ esigibile; ⚖ confiscabile.

'**einzieh|en** 1. v/t. ritirare; Geld: riscuotere; ✕ chiamare sotto le armi; Segel: ammainare; Auskunft: prendere; Gefangene: imprigionare; Luft: aspirare; ⚖ confiscare; 2. v/i. (sn) entrare; Flüssigkeit: penetrare;

2ung f ritiro m; riscossione f; ⚔ chiamata f; ⚎ confisca f.

einzig ['-tsiç] unico, solo; _kein ~er_ nessuno, neanche uno; _~artig_ ['-?a:rtiç] unico; incomparabile; _2artigkeit_ f incomparabilità f.

Einzug ['-tsu:k] m ingresso m; ✝ incasso m.   [incastrare.)

'**einzwängen** introdurre con forza;)

eirund ['airunt] ovale.

Eis [ais] n (4, _o. pl._) ghiaccio m; (_Speise2_) gelato m.

'**Eis|bahn** f pista f di ghiaccio; _~bär_ m orso m bianco; _~becher_ m coppa f di gelato; _~bein_ n zampa f di maiale; _~berg_ m iceberg ['aisberk] m; _~beutel_ m borsa f da ghiaccio; _~brecher_ ['-breçər] m (7) rompighiaccio m; _~decke_ f strato m di ghiaccio; _~diele_ f gelateria f.

Eisen ['aizən] n (6) ferro m.

Eisenbahn ['aizənba:n] f ferrovia f; (_Zug_) treno m; _~..._: _in Zssgn_ ferroviario; _~beamte(r)_ m, _~er_ m (7) ferroviere m.

'**Eisenbahn|fähre** f traghetto m ferroviario; _~fahrplan_ m orario m ferroviario; _~fahrt_ f corsa f (gita f, viaggio m) in ferrovia; _~knotenpunkt_ m centro m ferroviario; _~linie_ f linea f ferroviaria; _~netz_ n rete f ferroviaria; _~schiene_ f rotaia f; _~übergang_ m passaggio m a livello; _~unglück_ n incidente m ferroviario; _~verkehr_ m traffico m ferroviario; _~wagen_ m vagone m; carrozza f; vettura f; _~zug_ m treno m.

Eisen|band ['aizənbant] n fascia f di ferro; _~beschlag_ ['--bəʃla:k] m ferratura f; _~beton_ m cemento m armato; _~blech_ n latta f; _~draht_ m filo m di ferro; _~erz_ n minerale m di ferro; _~gießerei_ f fonderia f; stabilimento m siderurgico; _2haltig_ ['--haltiç] ferruginoso; _~hammer_ m maglio m; _2hart_ duro come il ferro; _~hütte_ f stabilimento m siderurgico; _~industrie_ f industria f del ferro (_od._ siderurgica); _~kraut_ n verbena f; _~rost_ m ruggine f; _2schaffend_ siderurgico; _~schmied_ m fabbro m ferraio; _~späne_ m/pl. limatura f di ferro; _~spat_ m siderite f; _~waren_ ['--va:rən] f/pl. ferramenta f/pl.; _~werk_ n ferriera f.

eisern ['aizərn] di ferro; _fig._ ferreo; duro; _~er Bestand_ m razione f di ri-

serva; _~e Lunge_ ⚙ polmone m di ferro; _~er Vorhang_ cortina f di ferro (_Thea. u. Pol._).

'**Eis|eskälte** f freddo m intenso; F freddo m cane; _~feld_ n banchiglia f; _~fläche_ f campo m di ghiaccio; _2frei_ liber(at)o dai ghiacci; _~gang_ m sgelo m; _2gekühlt_ ['-gəky:lt] ghiacciato; _~getränk_ n ghiacciata f; _2grau_ canuto; _~hockey_ ['-hɔki] n hockey m su ghiaccio.

eisig, eiskalt ['aiziç, 'ais'kalt] glaciale, gelido.

Eis|kaffee ['aiskafe:] m granita f di caffè; _~keller_ m ghiacciaia f; _~kübel_ m cantimplora f; _~kunstlauf_ m pattinaggio m artistico; _~lauf_ m pattinaggio m; _~läufer_ ['-lɔyfər] m pattinatore m; _~meer_ n mare m glaciale; _~pickel_ m piccozza f; _~revue_ f rivista f su ghiaccio; _~scholle_ f lastra f di ghiaccio; _~schrank_ m frigorifero m; ghiacciaia f; _~stadion_ n stadio m del ghiaccio; _~vogel_ m martinpescatore m; alcione m; _~waffel_ f cialdone m; _~zapfen_ m ghiacciuolo m; _~zeit_ f epoca f glaciale.

eitel ['aitəl] (_vergeblich_) vano; (_stolz_) vanitoso; borioso; _2keit_ f vanità f; boria f.

Eiter ['aitər] m (7, _o. pl._) marcia f, pus m; _~beule_ f, _~geschwulst_ f ascesso m.

eit(e)rig ['-t(ə)riç] purulento.

eiter|n ['-tərn] (29) suppurare; _2ung_ f suppurazione f.

Eiweiß ['aivais] n (3²) chiaro m (bianco m) d'uovo; ⚗ albumina f; _2haltig_ ['--haltiç] albuminoso; _~stoff_ m albumina f.

Ekel ['e:kəl] 1. m (7) nausea f; ribrezzo m; (_Widerwille_) schifo m; astio m; 2. n: F _altes_ ~ vecchio schifoso; _2haft_ ripugnante, nauseabondo; schifoso, stomachevole.

ekeln ['e:kəln] (29) nauseare; _es ekelt mich_ mi fa schifo.

eklatant [e:kla'tant] evidente, palese.

Ekstase [ɛk'sta:zə] f (15) estasi f.

Elan [e'lã:] m (6, o, _pl._) slancio m.

elast|isch [e'lasti∫] elastico; _2izi'tät_ f elasticità f.

Elch _Zo._ [ɛlç] m (3) alce m.

Elefant [ele'fant] m (12) elefante m; _~enrüssel_ m proboscide f; _~iasis_ [---'ti:azis] f elefantiasi f.

ele'g|ant elegante; **♀anz** *f* eleganza *f*.

Eleg|ie [ele'gi:] *f* (15) elegia *f*; **♀isch** [-'le:giʃ] elegiaco.

elektrifizier|en [elektrifi'tsi:rən] elettrificare; **♀ung** *f* elettrificazione *f*.

Elektr|iker [e'lektrikər] *m* (7) elettricista *m*; **♀isch** [-'lektriʃ] elettrico; **～ische** F *f* (18) tranvai *m*; **♀i'sieren** elettrizzare; **～izität** [---tsi'tɛ:t] *f* (16) elettricità *f*; **♀izi'täts-erzeugend** elettrogeno; **～izi'tätsmesser** *m* elettrometro *m*; **♀izi'tätsträger** *m* elettroforo *m*; **～izi'tätswerke** *n/pl.* centrale *f* elettrica.

E'lektro|akustik *f* elettroacustica *f*; **～chemie** *f* elettrochimica *f*.

Elektrode [--'tro:də] *f* (15) elettrodo *m*.

E'lektro|dynamik *f* elettrodinamica *f*; **～herd** *m* cucina *f* elettrica; **～industrie** *f* industria *f* elettrotecnica; **～'lyse** *f* elettrolisi *f*; **～ma'gnet** *m* elettrocalamita *f*; **～motor** [---'mo:tɔr] *m* elettromotore *m*; **～nen** [--'tro:nən] *n/pl.* (8¹) elettroni *m/pl.*; **～nenhirn** *n* cervello *m* elettronico; **～nenrechner** *m* calcolatore *m* elettronico; **～nenröhre** *f* tubo *m* elettronico; **♀nisch** elettronico; **～technik** [--tro'tɛçnik] *f* elettrotecnica *f*; **～'techniker** *m*, **♀'technisch** *adj.* elettrotecnico (*m*); **～thera'pie** *f* elettroterapia *f*.

Element [ele'mɛnt] *n* (3) elemento *m*; **⚡** pila *f*; **♀ar** [-'tɑ:r] elementare.

Elend¹ [e:lɛnt] *n* (3, *o. pl.*) miseria *f*; disgrazia *f*.

elend² [e:lɛnt] *adj.* misero; miserabile; *fig.* meschino; *Path.* malato; **～iglich** [e:lɛndiklɪç] miseramente.

elf [ɛlf] **1.** *adj.* undici; **2.** ♀ *f* (16) undici *m*.

'Elfe [ɛlfə] *f* (15) silfide *f*.

Elfenbein [ɛlfənbaɪn] *n* avorio *m*.

'elf|fach undici volte tanto; **～jährig** undicenne; **♀'meter** *m Fußball:* calcio *m* di rigore; **～silbig** *adj.*, **♀silbler** *m* endecasillabo *m*.

'elft *e* undecimo; **♀el** *n* (7) undicesimo *m*; **～ens** in undicesimo luogo.

eli'dieren elidere.

elimi'nieren eliminare.

Elite [e'li:tə] *f* (15) fior fiore *m*, scelta *f*.

Elixier [eli'ksi:r] *n* (3¹) elisir *m*.

'Ellbogen [ɛlbo:gən] *m* gomito *m*.

Elle [ɛlə] *f* (15) braccio *m*; **～nbogen** *m* gomito *m*; **♀nlang** *fig.* lunghissimo.

Ellip|se [ɛ'lɪpsə] *f* (15) ellissi *f*; **♀tisch** [-'tiʃ] ellittico.

Elsässer(in *f*) *m* ['-zɛsər(in)] (7) alsaziano -a *m f*.

Elster [ɛlstər] *f* (15) gazza *f*.

elterlich [ɛltərlɪç] dei genitori; paterno (materno); **～e** *Gewalt* patria potestà *f*.

Eltern [ɛltərn] *pl. uv.* genitori *m/pl.*; **～haus** *n* casa *f* paterna; **～liebe** *f* amore *m* paterno; **♀los** orfano.

Email [e'mɑ:j] *n* (11), **～le** [-'-jə] *f* (15) smalto *m*; **♀lieren** [--'ji:rən] smaltare.

emanzipier|en [emantsi'pi:rən] emancipare; **♀ung** *f*, **Emanzipation** [---pats'jo:n] *f* emancipazione *f*.

Embolie [ɛmbo'li:] *f* (15) embolia *f*.

Embryo [ɛmbry:o:] *m* (11) embrione *m*.

Emigrant(in *f*) *m* [emi'grant(in)] (12) emigrante *m u. f.*

Emission [--s'jo:n] *f* (16) emissione *f*; **～sgeschäft** *n* istituto *m* (banca *f*) d'emissione; **～skurs** *m* corso *m* d'emissione.

emittieren [--'ti:rən] emettere.

empfahl [ɛm'pfɑ:l] *s. empfehlen.*

empfand [ɛm'pfant] *s. empfinden.*

Empfang [ɛm'pfaŋ] *m* (3³) ricevimento *m*; accoglienza *f*; *e-r Sache:* ricevuta *f*; *Radio:* ricezione *f*; *bei* ～ ricevendo (*ac.*); *nach* ～ ricevuto (*ac.*); **♀en** (30) accogliere; (*erhalten*) ricevere; **⚕** concepire.

Empfäng|er [-'pfɛŋər] *m* (7) ricevitore *m*; *von Sendungen:* destinatario *m*; **♀lich** suscettibile; *Gemüt:* impressionabile; **～lichkeit** *f* suscettibilità *f*; impressionabilità *f*; **⚕** predisposizione *f*.

Empfängnis [-'pfɛŋnis] *f* (14²) concezione *f*; *Mariä* ～ festa *f* dell'Immacolata; **～verhütung** *f* anticoncezione *f*; **～verhütungsmittel** *n* (mezzo *m*) anticoncezionale *m*, preservativo *m*.

Empfangs|antenne [-'pfaŋsⁱantenə] *f* antenna *f* di ricezione; **～anzeige** *f* accusa *f* di ricevimento; **♀berechtigt** autorizzato a ricevere ...; **～bescheinigung** *f* ricevuta *f*; quietanza *f*; **～saal** *m* sala *f* di ricevimento; **～schein** *m* ricevuta *f*;

~station f stazione f ricevente; **~zimmer** n parlatoio m.

empfehl|en [-'pfe:lən] (30) raccomandare; ~ *Sie mich Ihren ...* i miei rispetti ai Suoi ...; *ich empfehle mich Ihnen* La riverisco; F *sich ~ (verschwinden)* battersela; **~enswert** [-'--sve:rt] raccomandabile; **Qung** f raccomandazione f; *m-e ~en* i miei rispetti m/pl.

empfind|en [-'pfindən] v/t. (30) sentire; **~lich** sensibile; suscettibile; **Qlichkeit** f sensibilità f; suscettibilità f; **~sam** sensibile; **Q-samkeit** f sensibilità f; **Qung** f sensazione f; (*Gefühl*) sentimento m.

empfindungs|fähig [-'-duŋsfe:iç] sensitivo; **Qfähigkeit** f sensitività f; **~los** [-'-duŋslo:s] insensibile; **Q-losigkeit** f insensibilità f; **Qver-mögen** [-'-duŋsfermø:gən] n sensibilità f.

empfing [-'pfiŋ] s. empfangen.

empfohlen [-'pfo:lən] s. empfehlen.

empfunden [-'pfundən] s. empfinden.

Emph|ase [-'fɑ:zə] f (15) enfasi f; **Qatisch** [-'fɑ:tiʃ] enfatico.

Emphysem [-fy'ze:m] n (3[1]) enfisema m.

Empirestil [ã'pi:rʃti:l] m (3, o. pl.) stile m impero.

empor [em'po:r] su, in su, in alto; **~-arbeiten**: *sich ~* farsi una posizione col proprio lavoro; **~blicken** guardare in alto, alzare gli occhi; **~brin-gen** sollevare; *Unternehmen*: far fiorire.

Empore [-'po:rə] f (15) galleria f; (*Singchor*) cantoria f.

empör|en [-'pø:rən] (25) ribellare; *fig.* indignare; *sich ~* ribellarsi; **~end** scandaloso; **Qer** m (7) ribelle m; **~erisch** sedizioso.

empor|fahren [-'po:rfɑ:rən] (*sn*) alzarsi di scatto; **~fliegen** alzarsi in volo; **~kommen** avere successo; venire su bene; fiorire; *Person*: far carriera (*od.* molta strada); **Q-kömmling** [-'-kœmliŋ] m (3[1]) arrivista m; usurpatore m; **~ragen** sovrastare; **~schwingen**: *sich ~* lanciarsi in alto; *fig.* salire a qc.

Empörung [-'pø:ruŋ] f ribellione f; indignazione f.

emsig ['emziç] assiduo; alacre; **Q-keit** f assiduità f; alacrità f.

End... [ɛnt...]: *in Zssgn oft* finale.

Ende ['ɛndə] n (10) fine f, termine m; *äußerstes:* estremità f; capo m; *am ~* alla fine; *am ~ des Monats* alla fine del mese; *letzten ~* in ultima analisi; alla fin fine; *am ~ der Straße* in fondo alla strada; *am ~ ein ganzes ~ bis dahin* fin là c'è un bel pezzo; *von einem ~ zum anderen* da un capo all'altro; *am ~ der Tafel* all'estremità della tavola; *ein ~ nehmen* aver fine, finire; *zu ~ sein* essere finito; *ein ~ machen* porre fine a; et. *zu ~ brin-gen* portare a termine qc.; *~ Juli* agli ultimi di luglio; *zu ~ schreiben, spielen usw.* finire di scrivere, giocare *ecc.*; *~ gut alles gut* è bene ciò che finisce bene.

endemisch [ɛn'de:miʃ] endemico.

enden ['ɛndən] v/i. (26) finire; terminare; *Frist:* spirare.

End|-ergebnis n risultato m finale; **~es-unterzeichnete(r)** m sottoscritto m; **Qgültig** ['ɛntgyltiç] definitivo. [(*ac.* in).]

endigen ['ɛndigən] (25) finire (*auf*)]

Endivie ♀ [ɛn'di:vjə] f (15), **~nsalat** m indivia f.

End|kampf [ɛnt'kampf] m *Sport:* finale f; **Qlich 1.** *adj.* (*schließlich*) finale; limitato; **2.** *adv.* finalmente; **Qlos** sterminato; senza fine; **~-punkt** m termine m; **~runde** f ultima ripresa f; **~spiel** n finale f; **~-spurt** ['-ʃpurt] m (11) (*Radsport*) volata f; **~station** f stazione f capolinea, stazione f termine; **~summe** f somma f totale.

Endung ['ɛnduŋ] f desinenza f.

End|-urteil n giudizio m finale; **~-zweck** m scopo (*od.* obiettivo) m finale.

Energie [enɛr'gi:] f (15) energia f; **~-erzeugung** f produzione f di energia; **Qlos** privo d'energia; fiacco; **~träger** ⚡ m portatore m d'energia; **~versorgung** f rifornimenti m/pl. d'energia; **~wirtschaft** f economia f energetica.

energisch [-'-giʃ] energico.

eng [ɛŋ] stretto; (*dicht*) fitto.

Engag|ement [ãgaʒə'mã] n (11) *Thea.* scrittura f; *fig.* impegno m; **Q'ieren** impegnare; ingaggiare; *Thea.* scritturare.

'eng|-anliegend attillato; **~be-freundet** intimo; **~brüstig** asmatico; **Qbrüstigkeit** f asma m.

Enge ['ɛŋə] f (15) strettezza f; (Meer-2) stretto m; (Engpaß) gola f; fig. in die ~ treiben mettere alle strette.

Engel ['ɛŋəl] m (7) angelo m; 2haft angelico.

Engerling ['-ərliŋ] m (3¹) larva f del maggiolino.

engherzig ['-hɛrtsiç] gretto; 2keit f grettezza f.

Engländer(in f) m ['-lɛndər(in)] (7) inglese m u. f.

englisch ['-liʃ] inglese.

eng|maschig ['-maʃiç] a maglia stretta; fig. fitto; 2paß m gola f; fig. stretta f; crisi f.

en gros, Engros... [ã'gro:...]: in Zssgn all'ingrosso.

En'gros|handel m commercio m all'ingrosso; ~händler(in f) m grossista m u. f.

engstirnig ['ɛŋʃtirniç] gretto, di orizzonti limitati.

Enkel(in f) m (7) ['ɛŋkəl(in)] nipote m u. f.; ~kind n s. Enkel; selten: pronipote m u. f.

enorm [e'nɔrm] enorme.

Ensemble [ã'sãblə] n (11) complesso m; compagnia f, gruppo m.

entart|en [ɛnt'?a:rtən] (26, sn) degenerare; 2ung f degenerazione f.

entäußer|n [-'?ɔysərn] alienare; sich ~ rinunciare (a); disfarsi di, privarsi di; 2ung f alienazione f, rinuncia f.

entbehr|en [-'be:rən] (25) mancare di; fare a meno di; ~lich superfluo; dispensabile; 2lichkeit f superfluità f; 2ung f privazione f.

ent'bieten Gruß: porgere; j-n zu sich ~ mandare a chiamare qu.

ent'bind|en v/t. sciogliere (da); dispensare; e-e Frau: assistere nel parto; sie ist von e-m Knaben entbunden ha partorito un bambino; 2ung f scioglimento m; parto m; 2ungs-anstalt f ospizio di maternità; 2ungsklinik f clinica f ostetrica.

ent'blättern sfogliare.

entblöß|en [-'blø:sən] (27) spogliare, scoprire; Degen: denudare; fig. privare; ~t nudo; scoperto; fig. privo.

ent'brennen (sn) accendersi; Krieg: scoppiare.

ent'deck|en scoprire; (enthüllen) rivelare; 2er m (7) scopritore m; 2ung f scoperta f; fig. rivelazione f;

2ungsreise f viaggio m d'esplorazione.

Ente ['ɛntə] f (15) anitra f; fig. fandonia f; (Zeitungs2) panzana f.

entehr|en [ɛnt'?e:rən] disonorare; ~end diffamante; 2ung f disonore m; violazione f; diffamazione f.

ent-'eign|en (25) espropriare; 2ung f espropriazione f.

ent-'eilen (sn) (s)fuggire, scappare; Zeit: correre.

ent-'erb|en diseredare; 2ung f disredazione f.

Enterhaken ['ɛntərha:kən] m arpagone m; rostro m d'arrembaggio (od. d'abbordaggio).

Enterich ['--riç] m (3) maschio m dell'anitra.

entern ♣ ['ɛntərn] (29) arrembare.

entfachen [ɛnt'faxən] (25) accendere; Streit: provocare, scatenare.

ent'fahren (sn) scappare.

ent'fallen (sn) sfuggire; scappare; auf j-n: toccare (a); spettare (a).

ent'falt|en spiegare; fig. sviluppare; (zeigen) mostrare; Tätigkeit: svolgere; 2ung f spiegamento m; fig. sviluppo m; dimostrazione f; svolgimento m.   [pallidire.}

ent'färben scolorare; sich ~ im-}

entfern|en [-'fɛrnən] (25) allontanare; fig. eliminare; ~t lontano; distante; weit ~ davon, zu ... lungi da ...; 2ung f distanza f; allontanamento m; lontananza f; 2ungsmesser m telemetro m.

ent'fesseln scatenare.

entfett|en [-'fɛtən] (26) digrassare; 2ung f digrassamento m; 2ungskur f cura f per dimagrire; 2ungsmittel n dimagrante m.

ent'flamm|bar infiammabile; 2-barkeit f infiammabilità f; ~en infiammare; accendere; fig. entusiasmare.

ent'flecht|en ♣ deconcentrare, decartellizzare, 2ung f deconcentrazione f, decartellizzazione f.

ent'fliehen (sn) fuggire; e-r Gefahr: sfuggire a, scampare (ac.).

entfremd|en [-'frɛmdən] (26) alienare, straniare; 2ung f alienamento m; raffreddamento m.

ent'führ|en rapire; 2er m (7) rapitore m; 2ung f rapimento m, ratto m; ♣ sequestro m di persona.

ent'gangen s. entgehen.

entgegen [-'ge:gən] prp. contro;

E

adv. contrariamente; contrario; *in Zssgn mit Verben mst*: ... incontro; ~**arbeiten** (*dat.*) contrariare (*ac.*); ~**bringen** *fig.* dimostrare; ~**eilen** correre incontro a; ~**fahren** (*sn*), ~**gehen** (*sn*) andare incontro a; *dem Feind*: affrontare (qu.); *dem Ende*: essere vicino a; ~**gesetzt** opposto; *fig.* contrario; ~**halten** opporre; ~**handeln** (*dat.*) contravvenire (*ac.*); ~**kommen**[1] (*sn*) venire incontro; *fig.* mostrarsi conciliante; far un piacere; 2**kommen**[2] *n* (6) compiacenza *f*; gentilezza *f*; ~**kommend** compiacente, cortese; ~**nehmen** accettare; gradire; ~**sehen** (*dat.*) attendere (qc.); ~**stellen** opporre; ~**stehen** (*h. u. sn*) opporsi; *dem steht nichts entgegen* non c'è nulla che lo possa impedire; ~**treten** (*sn*) (*dat.*) opporsi a; fronteggiare (*ac.*); ~**wirken** contrastare.

entgegn|en [-'ge:gnən] (26) replicare; 2**ung** *f* replica *f*.

ent'gehen (*sn*) sfuggire.

entgeistert [-'gaɪstərt] costernato.

Entgelt [-'gɛlt] *n u. m* (3) ricompensa *f*; (*Entlohnung*) rimunerazione *f*; 2**en**: *j-m et.* ~ compensare qu. di qc.; pagarla; *er soll es mir* ~ *me* la pagherà.

entgiften [-'gɪftən] (26) disintossicare, decontaminare.

entgleis|en [-'glaɪzən] (27, *sn*) deviare; 🚂 deragliare; 2**ung** *f* deviamento *m*; deragliamento *m*; *fig.* gaffa *f*, errore *m*.

ent'gleiten (*sn*) scivolare.

enthaar|en [-'ha:rən] (25) depilare; 2**ungsmittel** [-'ha:ruŋsmitəl] *n* depilatorio *m*.

ent'halt|en contenere; comprendere; *sich* ~ astenersi (*gen.* da); ~**sam** *abs.* continente; (~ *von*) astinente; *Alkohol*: astemio; 2**samkeit** *f* continenza *f*; astinenza *f*; 2**ung** *f Pol.* astensione *f*.

enthaupt|en [-'haʊptən] (26) decapitare; 2**ung** *f* decapitazione *f*.

ent'heb|en esonerare (da); 2**ung** *f* esonero *m*.

ent'heiligen profanare.

ent'hüll|en scoprire; *Geheimnisse*: rivelare; 2**ung** *f* scoprimento *m*; rivelazione *f*.

Enthusia|smus [entuz'jasmʊs] *m* (16, *o. pl.*) entusiasmo *m*; ~**st** *m* (16) entusiasta *m*; 2**stisch** entusiastico.

ent'jungfern [ɛnt'juŋfərn] (29) sverginare.

ent'keimen sterilizzare.

entkernen [-'kɛrnən] (25) levare il nocciolo.

ent'kleiden spogliare.

ent'kommen (*sn*) scappare; *e-r Gefahr*: scampare.

entkorken [-'kɔrkən] (25) sturare.

entkräft|en [-'krɛftən] (26) estenuare; *fig.* infirmare; invalidare; 2**ung** *f* estenuazione *f*; infirmamento *m*; invalidamento *m*.

ent'lad|en scaricare; 2**er** *m* scaricatore *m*; 2**ung** *f* scarica *f*.

entlang [-'laŋ] lungo.

entlarven [-'larfən] (25) smascherare.

ent'lass|en licenziare; *Gefangene*: scarcerare; 2**ung** *f* licenziamento *m*; dimissione *f*; liberazione *f*.

ent'last|en scaricare; 2**ung** *f* scarico *m*; 🚂 discarico *m*; 2**ungszeuge** *m* testimone *m* a difesa.

entlauben [-'laʊbən] (25) sfrondare.

ent'laufen (*sn*) fuggire.

entlausen [-'laʊzən] (27) spidocchiare.

entledigen [-'le:digən] (25): *sich* ~ disfarsi, sbarazzarsi, liberarsi (da); *e-s Auftrages*: disimpegnarsi.

ent'leeren vuotare; *Physiol.* evacuare; *Ballon*: sgonfiare.

entlegen [-'le:gən] lontano; remoto; fuor di mano; appartato.

ent'lehn|en prendere in prestito; 2**ung** *f* presa *f* in prestito.

entleiben [-'laɪbən] (25): *sich* ~ suicidarsi.

ent'leihen prendere a (*od.* in) prestito.

entloben [-'lo:bən]: *sich* ~ rompere il fidanzamento.

ent'locken strappare.

ent'lohn|en retribuire; pagare (*e congedare*); 2**ung** *f* retribuzione *f*.

ent'lüft|en aerare; 2**ung** *f* aerazione *f*, ventilazione *f*.

ent'mannen evirare, castrare.

entmenscht [-'mɛnʃt] abbrutito.

entmilitarisier|en [-'militari'zi:rən] demilitarizzare; 2**ung** *f* demilitarizzazione *f*.

entmündig|en [-'myndigən] (25) porre sotto curatela; 2**ung** *f* interdizione *f*.

entmutig|en [-'mu:tigən] (25) scoraggiare; 2**ung** *f* scoraggiamento *m*.

Entnahme [-'nɑːmə] f (15) Geld: prelevamento m; ≠ uso m; bei ~ prendendo.

ent'nehmen prendere; levare; Betrag: prelevare; fig. desumere.

entnerven [-'nɛrfən] (25) snervare.

ent'nommen s. entnehmen.

ent-'ölen disoleare.

entpuppen [-'pupən] (25): sich ~ rivelarsi.

entrahmen [-'rɑːmən] (25) scremare.

ent'raten (gen.) fare a meno di, rinunciare a.

enträtseln [-'rɛːtsəln] (29) spiegare, decifrare.

ent'rechten privare dei propri diritti.

ent'reißen strappare; fig. sottrarre; Tod: rapire.

ent'richten pagare.

ent'rinnen (sn) (dat.) scappare; e-r Gefahr: scampare.

ent'rollen svolgere.

ent'rücken rapire, estasiare.

entrümpel|n [-'rympəln] v/t. (29) sgomberare; 2ung f sgombero m.

ent'rüst|en: sich ~ indignarsi; 2f indignazione f.

ent'sag|en rinunciare (dat. a); 2ung f rinuncia f.

Entsatz ⚔ [-'zats] m (3², o. pl.) soccorsi m/pl.

ent'schädig|en indennizzare; 2ung f indennità f, compenso m.

entschärfen [-'ʃɛrfən] ⚔ disinnescare.

Entscheid [-'ʃaɪt] m (3) decisione f; ⚖ sentenza f; 2en [-'-dən] decidere (über su); sich ~ für decidersi per; 2end decisivo; ~ung f decisione f; ⚖ sentenza f; Sport: finale f.

entschieden [-'ʃiːdən] fermo; risoluto; Feind usw.: dichiarato; 2heit f decisione f, fermezza f; risolutezza f.

ent'schlafen (sn) (sterben) spirare.

entschleiern [-'ʃlaɪərn] v/t. (29) svelare.

ent'schließ|en: sich ~ risolversi, decidersi; 2ung f risoluzione f, decisione f.

entschlossen [-'ʃlɔsən] risoluto; 2-heit f risolutezza f.

ent'schlüpfen (sn) scappare.

Entschluß [-'ʃlus] m risoluzione f, decisione f; ⚡kraft f energia f volitiva; ~losigkeit f indecisione f.

entschuld|bar [-'ʃultbɑːr] perdona-

bile, scusabile; ~igen [-'ʃuldigən] (25) scusare; perdonare; giustificare; ~ Sie! scusi!; 2igung f scusa f.

ent'schwinden (sn) dileguarsi; sparire; fig. svanire.

entseelt [-'zeːlt] esanime.

ent'senden inviare; mandare; spedire.

ent'setz|en 1. v/t. atterrire; des Amtes: destituire da; ⚔ accorrere in soccorso di; sich ~ inorridire, spaventarsi; scandalizzarsi (über ac. per); **2.** 2en n (6) orrore m, terrore m; ⚡lich terribile, orribile; 2lichkeit f atrocità f; 2ung f destituzione f; liberazione f.

entseuchen [-'zɔʏçən] (25) disinfestare, decontaminare.

ent'sichern Waffe: togliere la sicura.

ent'siegeln dissigillare.

ent'sinnen: sich ~ (gen.) ricordarsi di.

ent'spann|en distendere; fig. a. rilassare; Pol. normalizzare; 2ung f distendimento m; körperlich: rilassamento m; Pol. distensione f.

ent'spinnen: sich ~ svilupparsi; Streit: nascere.

ent'sprech|en corrispondere a; e-r Erwartung: rispondere a; e-m Wunsch: soddisfare (ac.); ~end corrispondente; (angemessen) adeguato; Ihrem Wunsch ~ conforme al Suo desiderio; 2ung f corrispondenza f; konkret: equivalente m.

ent'sprießen (sn) germogliare.

ent'springen (sn) evadere; (Ursprung haben) nascere, provenire.

ent'stammen (sn) (gen.) discendere; provenire; derivare; nascere (alle: da).

ent'steh|en (sn) nascere; risultare (aus da); 2ung f formazione f, genesi f, origine f.

ent'steigen (sn) (dat.) sorgere; dem Wagen: scendere da.

ent'stell|en sfigurare; Wahrheit: svisare; 2ung f difformazione f; svisamento m.

ent'stör|en ≠ eliminare i disturbi; 2ung f eliminazione f dei disturbi.

ent'strömen (sn) sgorgare.

ent'täusch|en disingannare; Hoffnungen: deludere; 2ung f disinganno m; delusione f.

ent'thronen detronizzare.

entvölker|n [-'fœlkərn] (29) spopolare; 2ung f spopolamento m.

ent'wachsen (sn) fig. emanciparsi da; der Schule ~ non frequentare più la scuola.

ent'waffn|en disarmare; ℒung f disarmamento m, disarmo m.

ent'warn|en dare il segnale di cessato allarme; ℒung f segnale m di cessato allarme.

ent'wässer|n prosciugare; ℒung f prosciugamento m, bonifica f; ℒungs-anlage f impianto m di drenaggio. [... o.)

entweder [-'ve:dər]: ~ ... oder .. o)

ent'weichen 1. v/i. (sn) evadere; scappare; 2. ℒ n (6) evasione f; fuga f (a. Gas usw.).

ent'weih|en profanare; ℒung f profanazione f.

ent'wend|en (26) sottrarre; ℒung f sottrazione f.

ent'werfen abbozzare; Plan: elaborare; △ tracciare.

ent'wert|en deprezzare; svalorizzare; Marken: annullare; ℒung f deprezzamento m, svalorizzazione f; annullamento m.

ent'wick|eln sviluppare; (darlegen) esplicare, spiegare; ℒung f sviluppo m; evoluzione f; spiegamento m; ℒungshelfer m volontario m per l'aiuto ai paesi sottosviluppati; ℒlungshilfe f aiuto m ai paesi sottosviluppati; ℒlungsländer n/pl. paesi m/pl. sottosviluppati; ℒlungslehre f evoluzionismo m; ℒlungsplan m piano m di sviluppo.

ent'winden strappare (di mano).

ent'wirren (25) strigare, sbrogliare.

ent'wischen (sn) scappare.

ent'wöhnen [-'vø:nən] (25) divezzare; Kind: slattare.

ent'worfen s. entwerfen.

ent'wunden s. entwinden.

ent'würdig|en degradare; ℒung f degradazione f.

Ent'wurf m abbozzo m, schizzo m; fig. piano m; progetto m (a. Gesetz); (Brief ℒ) minuta f; (Gestaltung) progettazione f.

ent'wurzeln sradicare.

ent'zauber|n disincantare; ℒung f disincanto m.

ent'zieh|en togliere; Führerschein: ritirare; vom Gehalt: ritenere; sich e-r Sache ~ sottrarsi a qc.; ℒung f privazione f; ritiro m; ℒungskur f cura f di disintossicazione.

entziffer|n [-'tsifərn] (29) decifrare; ℒung f deciframento m.

ent'zück|en 1. v/t. incantare, affascinare; 2. ℒen n (6) incanto m; ~end incantevole; ℒung f rapimento m.

entzünd|bar [-'tsyntba:r] infiammabile, incendiabile; ~en [-'-dən] accendere; infiammare; ℒung f ⚕ infiammazione f.

entzwei [-'tsvaɪ] rotto; ~en (25) disunire; sich mit j-m ~ romperla con qu.

ent'zwei|gehen (sn) rompersi; ~schlagen spezzare; ℒung f disunione f; rottura f (dei rapporti).

Enzian ['entsia:n] m (3¹) genziana f.

Enzyklo|pädie [entsyklope:'di:] f (15) enciclopedia f; ℒ'pädisch enciclopedico; ~pä'dist m enciclopedista m.

Epi|demie [epide'mi:] f (15) epidemia f; ℒ'demisch epidemico.

Epigone [epi'go:nə] m (13) epigono m.

Epigramm [epi'gram] n (3¹) epigramma m.

Epik ['e:pik] f (16, o. pl.) epica f; ~er m (7) (poeta m) epico m.

Epil|epsie [epilɛp'si:] f (15) epilessia f; ~'eptiker m (7), ℒ'eptisch adj. epilettico (m).

Epilog [-'lo:k] m (3¹) epilogo m.

episch ['e:piʃ] epico.

Episode [--'zo:də] f (15) episodio m.

Epistel [e'pistəl] f (15) epistola f.

Epoche [e'pɔxə] f (15) epoca f; ℒ-machend sensazionale; memorabile.

Epos ['e:pɔs] n (16²) poema m epico.

er [e:r] (19) pron. egli, lui; esso; ~ selbst lui stesso.

erachten [ɛr'ʾaxtən] 1. v/t. giudicare, considerare; 2. ℒ n (6): m-s ~s a mio parere.

er-'ahnen presagire.

er-'arbeiten acquistarsi, guadagnarsi con il lavoro.

Erb... ['ɛrp...]: in Zssgn oft ereditario; ~anlagen f/pl. disposizioni f/pl. ereditarie; ~ansprüche m/pl. diritti m/pl. sull'eredità; ~anteil m parte f dell'eredità.

erbarm|en [ɛr'barmən] 1. (25): sich ~ avere pietà di, avere compassione con; daß sich Gott erbarme da far pietà; 2. ℒen n (6) pietà f; compassione f; ~enswert degno di pietà.

erbärmlich [-'bɛrmliç] compassionevole; miserabile; meschino; 2**keit** f stato m compassionevole; miseria f; meschinità f.

erbarmungs|los [-'barmuŋslo:s] spietato; 2**losigkeit** f spietatezza f; **~voll** misericordioso.

er'bau|en edificare; costruire, erigere; fig. (sich) **~** edificare (-rsi) (an dat. con); 2**er** m (7) costruttore m; e-r Stadt: fondatore m; **~lich** edificante; 2**ung** f costruzione f; edificazione f; fondazione f.

'**Erb|begräbnis** n sepolcreto m di famiglia; 2**berechtigt** avente diritto alla successione.

Erbe ['ɛrbə] 1. m (13) erede m; 2. n (10, o. pl.) eredità f.

erbeben [-'be:bən] tremare.

erben ['ɛrbən] v/t. (25) ereditare.

erbetteln ['-bɛtəln] accattare, ottenere mendicando.

erbeuten [-'bɔytən] (26) predare; ⚓ catturare; fig. acquistare.

Erb|fehler ['ɛrpfe:lər] m difetto m ereditario; **~feind** m nemico m secolare; **~folge** f successione f; **~folgekrieg** ['-fɔlgəkri:k] m guerra f di successione; **~gut** n bene m (od. patrimonio m) ereditario.

erbieten [-'bi:tən] sich **~** offrirsi.

Erbin ['ɛrbin] f (16¹) erede f.

erbitten [-'bitən] sollecitare; (erlangen) impetrare; sich **~** lassen cedere alle preghiere.

erbitter|n [-'bitərn] (29) esasperare; 2**ung** f esasperazione f.

Erbkrankheit ['ɛrpkraŋkhaɪt] f malattia f ereditaria.

erblassen [-'blasən] (28, sn) impallidire. [tore m.〉

Erblasser ['ɛrplasər] m (7) testa-〈

erbleichen [-'blaiçən] (30, sn) impallidire.

erblich ['ɛrpliç] ereditario; 2**keit** f ereditarietà f.

er'blicken scorgere; das Licht der Welt **~** venire al mondo.

erblind|en [-'blindən] (26, sn) divenir cieco; accecare; 2**ung** f accecamento m; perdita f della vista.

er'blühen (sn) ⚘ sbocciare.

erbosen [-'bo:zən] (27) irritare, provocare; sich **~** arrabbiarsi.

erbötig [-'bø:tiç] disposto.

er'brechen 1. v/t. forzare; Briefe: aprire; sich **~** vomitare; 2. 2 n vomito m.

Erbrecht ['ɛrprɛçt] n diritto m di successione.

erbringen [ɛr'briŋən] produrre; fruttare.

Erbschaft ['ɛrpʃaft] f eredità f; **~smasse** f asse m ereditario; **~ssteuer** f tassa f di successione.

Erbschleicher ['ɛrpʃlaiçər] m cacciatore m di eredità; **~ei** [---'rai] f (16) caccia f all'eredità.

Erbse ['ɛrpsə] f (15) grüne: pisello m; **~nsuppe** f zuppa f di piselli.

Erb|stück ['ɛrpʃtyk] n oggetto m di famiglia; **~sünde** f peccato m originale; **~teil** n (parte f di) eredità f; patrimonio m ereditario; **~teilung** f ripartizione f dell'eredità; **~vertrag** m contratto m ereditario.

Erd|abwehr ['e:rt⁹apve:r] ⚔ f difesa f terrestre; **~achse** f asse m terrestre; **~anschluß** m Radio: presa f di terra; **~apfel** m patata f; **~arbeiten** f/pl. lavori m/pl. di sterro; **~bahn** f orbita f terrestre; **~ball** m globo m terrestre; **~beben** n terremoto m; **~bebenforscher** m sismologo m; **~bebenforschung** f sismologia f; **~bebenmesser** m sismografo m; **~bebenwarte** f osservatorio m sismografico; **~beere** f fragola f; **~beschreibung** f geografia f; **~boden** m suolo m; terra f; dem **~** gleichmachen radere al suolo.

Erde ['e:rdə] f (15) terra f; auf **~**n quaggiù, in questo mondo; zu ebener **~** al pianterreno.

erden ['e:rdən] (26) Radio: mettere a (od. la) terra, collegare a terra.

Erden|bürger ['e:rdənbyrgər] m (mst scherzh. für Neugeborenes) creatura f umana; neonato m; **~güter** n/pl. beni m/pl. terreni; **~leben** n vita f terrena.

erdenk|en [ɛr'dɛŋkən] immaginare, ideare; **~lich** immaginabile.

erd|fahl ['e:rtfa:l], **~farben** ['-farbən] terreo; 2**ferne** f apogeo m; 2**gas** n gas m naturale; **~gebunden** legato alla terra; 2**geist** m gnomo m; 2**geschichte** f geologia f; 2**geschoß** n pianterreno m; 2**gürtel** m zona f; 2**hälfte** f emisfero m; **~hügel** m cumulo m di terra.

erdicht|en [ɛr'diçtən] inventare; **~et** finto; 2**ung** f invenzione f, finzione f.

erdig ['e:rdiç] terroso.

Erd|kabel ['e:rtka:bəl] n cavo m sotterraneo; **karte** f mappamondo m; **kreis** m orbe m terrestre; **kugel** f sfera f (od. globo m) terrestre; **kunde** f geografia f; **leitung** f conduttura f sotterranea; Radio: presa f di terra; **nähe** f perigeo m; **nuß** f nocciolina f americana; **oberfläche** f superficie f della terra; **öl** n petrolio m; **ölleitung** f oleodotto m; **ölvorkommen** ['-ʔøːlfoːrkɔmən] n (6) giacimento m petrolifero.

erdolchen [ɛrˈdɔlçən] (25) pugnalare.

Erd|pech ['eːrtpɛç] n bitume m; **reich** n terra f; humus m.

erdreisten [ɛrˈdraɪstən] (26): sich osare, ardire.

er'dröhnen rimbombare, rombare.

er'drosseln strangolare.

er'drücken schiacciare; (ersticken) soffocare; **d** schiacciante.

Erd|rutsch ['eːrtrutʃ] m frana f; smotta f; **schicht** f strato m di terra; **scholle** f zolla f, gleba f; **stoß** m scossa f (di terremoto); **strom** ɟ m corrente f tellurica; **teil** m parte f del mondo; continente m.

erdulden [ɛrˈduldən] soffrire; passare.

Erd|umschiffung ['eːrtʔumʃɪfuŋ] f circumnavigazione f; **ung** ['-duŋ] f, **verbindung** f Radio: messa f a terra; **wall** m terrapieno m.

ereifern [ɛrˈʔaɪfərn]: sich accalorarsi, riscaldarsi.

ereig|nen [ɛrˈʔaɪɡnən]: sich avvenire, accadere; **nis** n (4¹) avvenimento m, evento m; **nisreich** ricco di eventi.

er-'eilen cogliere.

Eremit [ere'miːt] m (12) eremita m.

ererbt [ɛrˈʔɛrpt] ereditario.

erfahr|en [-'faːrən] 1. v/t. (venire a) sapere; (empfinden) provare; 2. adj. esperto; **enheit** f pratica f; **ung** f esperienza f; in bringen venir a sapere; **ungsgemäß** ['-ruŋsɡəmɛːs] adv. secondo (od. come insegna) l'esperienza.

er'fassen afferrare; geistig: comprendere; statistisch: registrare; ✕ arruolare.

er'find|en inventare; **2er** m inventore m; **erisch** inventivo; **2ung** f invenzione f; **2ungsgabe** f inventiva f; **ungsreich** ingegnoso.

er'flehen implorare; (erlangen) impetrare.

Erfolg [ɛrˈfɔlk] m (3) successo m; esito m, risultato m; **2en** (sn) seguire; (stattfinden) succedere, verificarsi, aver luogo; **2los** senza successo, infruttuoso; **losigkeit** f insuccesso m; **2reich** fruttuoso, coronato da successo; Maßnahme: efficace.

erford|erlich [-'fɔrdərliç] necessario; occorrente; (verlangt) richiesto; sn occorrere, necessitare; **erlichenfalls** [-'---çənfals] in caso di bisogno; **ern** esigere; occorrere; fig. richiedere; es erfordert viel Mut ci vuole molto coraggio; **2ernis** n (4¹) esigenza f; (Notwendigkeit) necessità f.

er'forsch|en indagare; scrutare; sondare; ✕, ein Land: esplorare; **2er** m (7) indagatore m; esploratore m; **2ung** f investigazione f; indagine f; esplorazione f.

er'fragen: et. bei j-m apprendere qc. da qu. a forza di domande; zu bei ... per informazioni rivolgersi a ...

erfrechen [-'frɛçən] (25): sich avere la sfacciataggine.

er'freu|en rallegrare; sich e-r Sache godere di qc.; erfreut sein aver piacere; **lich** rallegrante, consolante; **licher'weise** fortunatamente; **t** lieto.

er'frier|en gelare; morire di freddo; **2ung** f congelazione f.

erfrisch|en [-'frɪʃən] (27) rinfrescare; **end** rinfrescante; **2ung** f rinfresco m; **2ungsraum** m buffè m.

er'füll|bar adempibile; realizzabile; **en** riempire (mit dat. di); Pflicht: adempiere; Bitte: accondiscendere a; Wunsch: appagare; Zweck: raggiungere; sich avverarsi; **2ung** f adempimento m; avveramento m; in gehen realizzarsi.

ergänz|en [-'ɡɛntsən] (27) completare; **end** supplementare; **2ung** f completamento m; complemento m; supplemento m.

Er'gänzungs...: in Zssgn mst: supplementare, **band** m supplemento m; **prüfung** f esame m di integrazione; **stück** n supplemento m; **wahl** f elezione f suppletiva; **winkel** m angolo m complementare.

ergattern [-'gatərn] F (29) riuscire a pescare.

er'gaunern [-'gaunərn] (29) scroccare.

er'geb|en 1. v/t. fruttare; *die Untersuchung ergab dall'inchiesta risulta*; *sich ~* darsi; ✗ arrendersi; *aus et.*: risultare; **2.** adj. devoto; *in Briefen*: devotissimo; **2enheit** f devozione f; **2nis** [-'ge:pnis] n (4¹) risultato m; **~nislos** infruttuoso, senza risultato; **2ung** f resa f; rassegnazione f.

er'gehen v/i. (sn) *Gesetz*: uscire; ~ *lassen Gesetz*: emanare; *Einladung*: diramare; *Urteil*: pronunciare; *über sich ~ lassen* subire; *es ergeht ihm schlecht* gli va male; *wie wird es ihm ~?* che sarà di lui?; *wie ist es dir ergangen?* come te la sei passata?; *sich ~* passeggiare; *fig. sich in et. ~* diffondersi in qc.

ergiebig [-'gi:biç] produttivo, *(reichlich vorhanden)* abbondante; *Geschäft*: redditizio; lucrativo; **2keit** f rendimento m; fertilità f; rentabilità f.

er'gießen: *sich ~* riversarsi.

er'glänzen (sn) brillare.

er'glühen (sn) infiammarsi; *fig.* ardere.

ergötz|en [-'gœtsən] (27) **1.** v/t. dilettare; divertire; deliziare; **2.** 2en n diletto m; delizia f; **~lich** dilettevole; delizioso.

ergrauen [-'grauən] (sn) incanutire; invecchiare.

er'greif|en afferrare, prendere; *(rühren)* commuovere; *Gelegenheit*: cogliere; *Beruf*: abbracciare; *die Flucht ~* darsi alla fuga, fuggire; **~end** commovente; **2ung** f *Maßnahmen*: adottamento m; *des Täters*: cattura f, arresto m.

ergriffen [-'grifən] adj. commosso; **2heit** f commozione f.

ergrimmen [-'grimən] (25, sn) corrucciarsi.

er'gründ|en scandagliare; *e-e Frage*: approfondire; *(ermitteln)* riuscire a scoprire; **2ung** f approfondimento m.

Er'guß m sfogo m; ⚕ stravaso m.

erhaben [-'ha:bən] elevato; *in rilievo*; *fig.* sublime; *Skulp.*: augusto; *Herkunft*: nobile; *über et. ~* superiore a qc.; *über jeden Zweifel ~*

fuori di ogni dubbio; **2heit** f elevatezza f; sublimità f; superiorità f.

Erhalt [-'halt] m (3) ricevuta f; **2en** mantenere; *gesund*, *gut*, *schlecht*: conservare; *(bekommen)* ricevere; *e-e Stelle*: ottenere; *sich ~ von* vivere di; nutrirsi di; **2ung** f mantenimento m; conservazione f; conseguimento m.

erhältlich [-'heltliç] in vendita.

er'hängen: *sich ~* impiccarsi.

er'härten indurire; *fig.* corroborare.

er'haschen acchiappare; *im Fluge ~* cogliere al volo.

er'heb|en alzare; *fig.* sollevare; *j-n u.* ⚔ innalzare; *Ansprüche*: avanzare; *Geld*: riscuotere; *Nachforschungen*: fare; *sich ~* levarsi, *gegen j-n*: sollevarsi; **~end** emozionante; edificante; **~lich** [-'he:pliç] adj. rilevante; adv. molto; considerevolmente; **2lichkeit** f importanza f; **2ung** f elevazione f; sollevamento m; innalzamento m; *Geld*: riscossione f; *Pol.* insurrezione f; *(Umfrage)* inchiesta f.

er'heischen esigere, richiedere.

erheitern [-'haitərn] (29) rasserenare; *(unterhalten)* divertire.

erhellen [-'helən] (25) **1.** v/t. rischiarare; *fig.* chiarire; **2.** v/i. (sn) risultare.

er'heucheln simulare; fingere.

erhitzen [-'hitsən] (27) riscaldare; *fig.* ~ *accalorarsi*; appassionarsi.

er'hoffen sperare.

erhöh|en [-'hø:ən] (25) rialzare; *Honorar usw.*: aumentare; *Produktion*: incrementare; *zu e-r Würde*: innalzare; **2ung** f innalzamento m; aumento m; *(Höhe)* altura f.

er'hol|en: *sich ~* rimettersi, riaversi; *sich ein wenig ~* riposarsi un pochino; **~sam** riposante; **2ung** f riposo m; ricreazione f; ristabilimento m; **2ungsheim** n casa f di riposo; **2ungspause** f pausa f di ricreazione; **2ungsreise** f viaggio m di diporto; **2ungs-urlaub** m ferie f/pl.

er'hör|en esaudire; **2ung** f esaudimento m.

Erika ⚘ ['e:rika] f (16²) erica f.

erinnerlich [ɛr'ʔinərliç]: *es ist mir ~* me ne ricordo.

erinner|n [-'ʔinərn] (29): *j-n an et. ~* ricordare qc. a qu.; *sich ~* ricordarsi; **2ung** f ricordo m; *(Gedächt-*

nis) memoria *f*; *in* ~ *kommen* venire in mente; **Qungsvermögen** *n* memoria *f*.

erkalten [-ˈkaltən] (26, *sn*) raffreddarsi, diventare freddo.

erkält|en [-ˈkɛltən] (26): *sich* ~ raffreddarsi, costiparsi; **Qung** *f* raffreddore *m*; costipazione *f*.

er'kämpfen ottenere (combattendo); *Sieg*: riportare.

er'kaufen comprare; *fig.* pagare; *erkauft fig.* prezzolato.

erkenn|bar [-ˈkɛnbaːr] riconoscibile; **~en 1.** *v/t.* riconoscere; *j-n für eine Summe* ~ accreditare qu. di una somma; **2.** *v/i.* giudicare; ~ *auf* ... condannare a ...; **~tlich** [-ˈkɛntlıç] riconoscente; **Qtlichkeit** *f* riconoscenza *f*; **Qtnis 1.** *f* (14²) conoscenza *f*; (*Einsicht*) cognizione *f*; **2.** *n* (4¹) ꜜꜜꜜ sentenza *f*; **Qung** *f* riconoscimento *m*; **Qungsdienst** *m* servizio *m* d'identificazione; **Qungskarte** *f* tessera *f*; carta *f* d'identità; **Qungsmarke** *f* contrassegno *m*.

Erker [ˈɛrkər] *m* (7) balcone *m* chiuso; sporto *m*.

erklär|bar [-ˈklɛːrbaːr] spiegabile; **~en** dichiarare; (*erläutern*) spiegare; **~end** esplicativo; illustrativo; **~lich** spiegabile; **Qung** *f* dichiarazione *f*; spiegazione *f*.

erklecklich [-ˈklɛklıç] considerevole.

er'klettern, er'klimmen *v/t.* arrampicarsi su; *Berg*: scalare (*ac.*).

er'klingen (*sn*) risonare.

erkoren [-ˈkoːrən] eletto.

er'krank|en (*sn*) ammalarsi; **Qung** *f* malattia *f*.

erkühnen [-ˈkyːnən] (25): *sich* ~ osare, ardire.

erkunden [-ˈkundən] (26) ꭗ perlustrare; esplorare.

erkundig|en [-ˈkundıgən] (25): *sich* ~ informarsi (*nach* di); **Qung** *f* informazione *f*.

Er'kundung *f* ꭗ ricognizione *f*, perlustrazione *f*.

erkünsteln [-ˈkynstəln] (29) affettare; simulare.

er'lahmen (*sn*) perdere le forze.

erlang|en [-ˈlaŋən] (25) ottenere; **Qung** *f* conseguimento *m*.

Erlaß [-ˈlas] *m* (4) (*Strafe*) condono *m*; dispensa *f*; (*Steuer*) esenzione *f*; (*Befehl*) decreto *m*.

er'lassen *Schuld*, *Strafe*: condonare

(*j-m et.* qc. a qu.); *Steuer*: esentare; *Arbeit*: dispensare (*j-m et.* qu. da qc.); *Befehl*: emanare; *Dekret*: promulgare.

erlauben [-ˈlaubən] (25) permettere.

Erlaubnis [-ˈlaupnis] *f* (14²) permesso *m*.

erlaucht [-ˈlauxt] illustre.

er'läuter|n spiegare; *Text*: commentare; **Qung** *f* spiegazione *f*; commento *m*.

Erle ꭗ [ˈɛrlə] *f* (15) ontano *m*.

erleb|en [-ˈleːbən] vivere; vedere; sperimentare; arrivare a; *Freude*: avere; (*durchmachen*) soffrire; passare; (*erfahren*) sperimentare; (*kennenlernen*) conoscere; **Qnis** [-ˈleːpnis] *n* (4¹) avvenimento *m*; evento *m*; vicenda *f*; **Qnisbericht** *m* rapporto *m* di fatti vissuti, cronaca *f*.

erledig|en [-ˈleːdıgən] (25) sbrigare; **~t** [-ˈdıçt] *adj.* bell'e fatto, in regola; *Stelle*: vacante; F (*erschöpft*) finito; **Qung** *f* disbrigo *m*; esecuzione *f*.

er'legen uccidere; *Wild*: ammazzare; *Geld*: sborsare.

erleichter|n [-ˈlaiçtərn] (29) alleggerire; *fig.* facilitare; *Kranken*: alleviare; **Qung** *f* alleggerimento *m*; facilitazione *f*; alleviamento *m*.

er'leiden soffrire.

er'lernen imparare.

er'lesen *adj.* scelto.

er'leucht|en illuminare; **Qung** *f* illuminazione *f*; *fig.* ispirazione *f*.

er'liegen (*sn*) soccombere.

erlogen [ɛrˈloːgən] falso, inventato.

Erlös [-ˈløːs] *m* (4) ricavo *m*.

er'löschen (*sn*) spegnersi; *fig.* estinguersi; *Firma*: cessare di esistere.

er'lös|en salvare; (*befreien*) liberare; *Rel.* redimere; **Qer** *m* (7) liberatore *m*; *Rel.* Redentore *m*; **Qung** *f* liberazione *f*; *Rel.* redenzione *f*.

ermächtig|en [-ˈmɛçtıgən] (25) autorizzare; **Qung** *f* autorizzazione *f*.

er'mahn|en *abs.* ammonire; *j-n zu*: esortare; **Qung** *f* ammonizione *f*; esortazione *f*.

er'mangel|n (*gen.*) mancare di ...; **Qung** *f*: *in* ~ (*gen.*) per mancanza (di).

ermannen [-ˈmanən] (25): *sich* ~ farsi animo.

er'mäßig|en ridurre, ribassare; **Qung** *f* riduzione *f*, ribasso *m*.

ermatt|en [-'matən] (26) **1.** v/t. spossare; **2.** v/i. (sn) stancarsi; 2**ung** f spossamento m.

er'messen 1. v/t. misurare; fig. giudicare; **2.** 2 n (6) giudizio m; nach m-m ~ a mio avviso; ganz nach Ihrem ~ come crede Lei.

ermitt|eln [-'mitəln] (29) accertare; (ausfindig machen) scoprire; nicht zu ~ sein essere irreperibile; 2**lung** f accertamento m; indagine f; ~en anstellen fare delle ricerche.

ermöglichen [-'mø:gliçən] (25) rendere possibile, possibilitare.

er'mord|en assassinare; 2**ung** f assassinio m.

ermüd|en [-'my:dən] (26) affaticare, stancare; ~**end** faticoso; 2**ung** f affaticamento m; fatica f; spossamento m.

ermuntern [-'muntərn] (29) incoraggiare, eccitare; Gemüt: rallegrare.

ermutig|en [-'mu:tigən] (25) incoraggiare; ~**end** incoraggiante; 2**ung** f incoraggiamento m.

er'nähr|en nutrire; (erhalten) mantenere; ein Kind: allattare; sich ~ lassen farsi mantenere; ~**end** nutritivo; 2**er** m (7) sostenitore m; 2**ung** f nutrizione f; alimentazione f; mantenimento m; 2**ungsweise** f regime m alimentare.

er'nenn|en nominare; 2**ung** f nomina f.

erneuer|n [-'nɔyərn] (29) rinnovare; 2**ung** f rinnovamento m; rinnovo m.

erneut [-'nɔyt] di nuovo, un'altra volta.

erniedrig|en [-'ni:drigən] (25) abbassare; ribassare; fig. umiliare; 2**ung** f abbassamento m; umiliazione f.

Ernst [ernst] **1.** m (3², o. pl.) serietà f; (Strenge) severità f; im ~ sul serio; ~ machen far sul serio; der ~ des Lebens il lato serio della vita; ist es Ihnen ~ damit? dice sul serio?; es ist bitterer ~ la cosa è molto seria; **2.** 2, '2**haft**, '2**lich** adj. (Krankheit) grave; adv. sul serio; ernst nehmen prendere sul serio.

Ernt|e ['erntə] f (15) raccolta f; a. fig. messe f; 2**en** (26) raccogliere; fig. mietere; Beifall: riscuotere.

ernüchter|n [er'nyçtərn] (29) fig. disingannare, disincantare; ~**t**

disilluso; 2**ung** f disinganno m; delusione f.

Erober|er [-'ʔo:bərər] m (7) conquistatore m; 2**n** (29) conquistare; ~**ung** f conquista f.

er-'öffn|en aprire; (mitteilen) comunicare; (Ausstellung) inaugurare; 2**ung** f apertura f; comunicazione f; inaugurazione f.

erörter|n [-'ʔœrtərn] (29) discutere; dibattere su; trattare; 2**ung** f discussione f; dibattito m.

Erot|ik [e'ro:tik] f (16, o. pl.) erotismo m; 2**isch** erotico.

erpicht [er'piçt] auf Spiel: appassionato; auf Geld: avido di; 2**heit** f smania f; passione f (per); avidità f (di).

er'press|en (28) ricattare; Geheimnis: strappare; Geld: estorcere; 2**er** m (7), ~**erisch** adj. ricattatore m; 2**ung** f estorsione f, ricatto m.

er'prob|en provare; mettere alla prova; 2**ung** f prova f; collaudo m.

erquick|en [-'kvikən] (25) ristorare; ~**end** ricreante; ~**lich** confortante; 2**ung** f ristoro m.

erraten [ɛ'ra:tən] indovinare.

errechnen [ɛ'reçnən] calcolare.

erreg|bar [ɛ're:kba:r] eccitabile; 2**barkeit** f eccitabilità f; ~**en** [-'-gən] eccitare; fig. destare; causare; provocare; 2**er** m (7) ✗ agente m patogeno; 2**heit** f, 2**ung** f [-'-kthait, -'-guŋ] eccitazione f, agitazione f.

erreich|bar [ɛ'raiçba:r] raggiungibile; ~**en** raggiungere; fig. ottenere; conseguire.

errett|en [ɛ'retən] salvare; 2**er** m salvatore m; 2**ung** f salvamento m; der Seele: salvazione f.

errricht|en [ɛ'riçtən] erigere; (gründen) fondare; 2**ung** f erezione f; fondazione f.

erringen [ɛ'riŋən] riportare; sich et. ~ acquistarsi qc.

erröten [ɛ'rø:tən] **1.** v/i. (sn) arrossire; **2.** 2 n (6) rossore m.

Errungenschaft [ɛ'ruŋənʃaft] f (16) conquista f; progresso m.

Ersatz [er'zats] m (3², o. pl.) surrogato m; (Vergütung) compenso m; (Schaden2) indennizzo m; (Gegenwert) equivalente m; v. Personen: sostituzione f; ~...: in Zssgn di ricambio; di riserva; ~**anspruch** m diritto m di risarcimento; ~**glied** n protesi f; ~**mann** m sostituto m;

~mannschaft f; **~truppen** f/pl. truppe f/pl. di riserva; **~mittel** n surrogato m; **~pferd** n cavallo m di rimonta; ⚄**pflicht⚄** obbligato al risarcimento; **~produkt** n succedaneo m; **~reifen** m gomma f di scorta; **~stoffe** m/pl. prodotti m/pl. succedanei; **~teil** n pezzo m di ricambio; **~wahl** f elezione f suppletiva.

er'**saufen** P (sn), er**säufen** [-'zɔy-fən] (25) affogare.

er'**schaff|en** creare; ⚄**ung** f creazione f.

er'**schallen** (sn) risonare.

er**schauern** [ɛr'ʃauərn] (25) rabbrividire.

er'**scheinen** 1. v/i. (sn) apparire; bei e-m Fest usw.: intervenire; vor Gericht: comparire; Bücher usw.: uscire; 2. ⚄ n (6) comparsa f; intervento m; vor Gericht: comparizione f; Typ. pubblicazione f.

Er'**scheinung** f apparizione f; (Traum⚄) visione f; (Aussehen) aspetto m; Phys., fig. fenomeno m.

er'**schieß|en** fucilare; ⚄**ung** f fucilazione f.

er**schlaff|en** [-'ʃlafən] (25, sn) afflosciarsi; rilassarsi; fig. affievolirsi; ⚄**ung** f rilassamento m; affievolimento m.

er'**schlagen** uccidere; Blitz: colpire.

er'**schleichen** carpire.

er'**schließ|en** aprire, dischiudere; (Gelände) urbanizzare; ✝ mettere a profitto; ⚄**ung** f apertura f; urbanizzazione f.

er'**schöpf|en** esaurire; körperlich: stremare; ⚄**ung** f esaurimento m.

er'**schr|ecken** 1. v/t. (25) spaventare; 2. v/i. (30, sn) spaventarsi; ⚄**ockenheit** f spavento m.

er**schütter|n** [-'ʃytərn] (29) scuotere; fig. commuovere; ⚄**ung** f scossa f; Pol. sommossa f; (Gefühl) forte commozione f.

er**schwer|en** [-'ʃveːrən] (25) aggravare; rendere (più) difficile; **~end** ⚖ aggravante; ⚄**ung** f aggravamento m.

er'**schwindeln** carpire.

er'**schwinglich** alla portata (für j-n di qu.); zu **~en** Preisen a prezzi modici (od. ragionevoli).

er'**sehen** vedere; aus et.: desumere; (wählen) scegliere.

er'**sehnen** bramare; den Augenblick ~ non vedere l'ora ...

er**setz|bar** [-'zɛtsbaːr] sostituibile; risarcibile; **~en** sostituire; rimpiazzare; Schaden: risarcire; ⚄**ung** f sostituzione f; risarcimento m.

er'**sichtlich** visibile; (augenscheinlich) evidente, palese.

er'**sinnen** ideare; inventare.

er'**spähen** scorgere; intravedere.

er'**spar|en** risparmiare; fig. evitare; ⚄**nis** f (14²) risparmio m.

er**sprießlich** [-'ʃpriːslɪç] vantaggioso; (heilsam) salutare; ⚄**keit** f vantaggio m.

erst [eːrst] 1. adj. (18) primo; am **~en** Mai il primo maggio; für's **~e** per il momento; 2. adv. prima, dapprima; non prima che; **~** gestern soltanto ieri; er ist **~** 10 Jahre alt ha soltanto dieci anni; nun **~** recht ora più che mai.

er**stark|en** [ɛr'ʃtarkən] (25, sn) rinvigorirsi; ⚄**ung** f rinvigorimento m.

er'**starr|en** (sn) allg. irrigidirsi; vor Kälte: intirizzire; Blut: agghiacciare; Glieder: intormentirsi; Flüssigkeit: coagularsi; fig. sbalordire; ⚄**ung** f irrigidimento m; intirizzimento m; intormentimento m; coagulamento m.

er**statt|en** [-'ʃtatən] (26) rendere; restituire; Kosten: rimborsare; Schaden: risarcire; Anzeige, Bericht: fare; ⚄**ung** f restituzione f; rimborso m; risarcimento m.

Erst**aufführung** ['eːrst⚄aufyːruŋ] f prima (rappresentazione) f; Film: prima visione f.

er**staun|en** [-'ʃtaunən] 1. v/i. (sn) stupire; 2. ⚄**en** n (6) stupore m; zu unserem **~** a nostra (grande) sorpresa; **~lich** sorprendente.

Erst**ausgabe** ['eːrst⚄ausgaːbə] f prima edizione f.

er**stechen** [ɛr'ʃtɛçən] trafiggere (con la spada); mit dem Messer: accoltellare; mit dem Dolch: pugnalare.

er'**stehen** 1. v/t. comprare; acquistare; 2. v/i. (sn) sorgere.

er'**steig|en** salire; Festung, Berg: scalare; ⚄**ung** f ascensione f; scalata f.

er'**stellen** produrre, fabbricare; provvedere, mettere a disposizione.

erstens ['eːrstəns] in primo luogo; prima.

er'**sterben** fig. spegnersi.

erst|geboren ['e:rstgəbo:rən] primogenito; **₂geburt** f primogenitura f; **~genannt** ['--nant] suddetto, ricordato prima.

erstick|en [er'ʃtikən] **1.** v/t. soffocare; durch Gase: asfissiare; **2.** v/i. (sn) soffocare (a. fig. an dat. da); **~end** asfissiante; **₂ung** f soffocamento m; soffocazione f; asfissia f.

erst|klassig ['e:rstklasiç] di prima categoria, di prim'ordine; **~malig** ['--ma:liç] adj. primo; adv. per la prima volta.

erstreben [er'ʃtre:bən] v/t. aspirare a; **~swert** [-'--sve:rt] desiderabile.

er'strecken: sich ~ estendersi (auf ac. a).

er'stunken F: ~ und erlogen inventato di sana pianta.

er'stürm|en espugnare, prendere d'assalto; **₂ung** f espugnazione f.

er'suchen 1. v/t. pregare (um di); j-n um et. ~ chiedere qc. a qu.; **2.** ₂ n (6) domanda f, richiesta f; preghiera f.

er'tappen cogliere, sorprendere.

er'teilen dare; impartire; Ehren: conferire; Sakramente: amministrare.

er'tönen (sn) risonare.

er'töten mortificare.

Ertrag [er'tra:k] m (3²) provento m; ♪, ⊕ rendimento m; (Geld) rendita f; (Nutzen) profitto m; **₂-arm** improduttivo; **₂en** sopportare; **₂fähig** produttivo; **~fähigkeit** f produttività f; rendimento m.

erträglich [-'trɛ:kliç] sopportabile; F ganz ~ discreto.

er'tränken v/t. annegare; affogare.

er'träumen v/t. (25) sognare; immaginarsi.

er'trinken (sn) v/i. annegare.

Ertüchtigung [-'tyçtiguŋ] f körperliche: educazione f fisica, irrobustimento m (potenziamento m) fisico.

erübrigen [-'ºy:brigən] (25) **1.** v/t. risparmiare; **2.** v/i. (sn) restare; es erübrigt sich ... è superfluo.

Eruption [erupts'jo:n] f eruzione f.

er'wachen (sn) svegliarsi, destarsi.

er'wachsen 1. (sn) v/i. crescere; fig. risultare; ~e Kosten spese f/pl. incontrate; **2.** adj. adulto; **₂e(r)** m adulto m.

er'wäg|en ponderare; considerare; **₂ung** f considerazione f; in ~ ziehen prendere in considerazione.

er'wählen eleggere.

er'wähn|en menzionare; **₂ung** f menzione f.

er'wärm|en riscaldare; sich ~ für et. entusiasmarsi per qc.; **₂ung** f riscaldamento m.

er'wart|en aspettare; (hoffen) aspettarsi; wider alles ₂ contro ogni aspettativa; das war zu ~ c'era da aspettarsela; et. kaum ~ können non vedere l'ora di; **₂ung** f attesa f; fig. aspettativa f; **~ungsvoll** pieno di speranza.

er'wecken destare; vom Tode: risuscitare; fig. suscitare, provocare.

er'wehren: sich e-r Sache ~ difendersi da qc.

erweich|en [-'vaiçən] v/t. (25) (r)ammollire; com-muovere; sich nicht ~ lassen tener fermo; **~end** emolliente; **₂ung** f (r)ammollimento m; intenerimento m.

Erweis [er'vais] m prova f; **₂bar** provabile; **₂en** [-'-zən] dimostrare; Dienst, Ehre: rendere; Gefälligkeit: usare; sich ~ mostrarsi; **₂lich** dimostrabile; das ist ~ wahr si può provare che questo è vero.

erweiter|n [-'vaitərn] (29) allargare; Geschäft: ingrandire; ♪ dilatare; fig. ampliare; **₂ung** f allargamento m; ingrandimento m; ampliamento m.

Erwerb [-'vɛrp] m (3) acquisto m; (Gewinn) guadagno m; (Gewerbe) industria f; **₂en** [-'-bən] acquistare; sich ~ guadagnarsi; **₂sfähig** capace di guadagnarsi la vita; **₂slos** senza lavoro, disoccupato; **~slosen-unterstützung** f sussidio m ai disoccupati; **~slosigkeit** f disoccupazione f; **~squelle** f risorsa f; **₂stätig** impiegato; **₂s-unfähig** incapace al lavoro; **~szweig** m ramo m d'industria, professione f; **~ung** f acquisto m.

erwider|n [-'vi:dərn] v/t. (29) rendere; Liebe: corrispondere; Gefühle: contraccambiare; (antworten) replicare; **₂ung** f ricambio m; corrispondenza f; risposta f; ~ finden essere corrisposto.

erwiesen [-'vi:zən] provato.

er'wirken ottenere.

er'wischen acchiappare.

erwogen [-'vo:gən] pesato, ponderato.

erwünscht [-'vynʃt] desiderato; propizio; *es wäre mir sehr ~, wenn ... sarei molto contento se ...*

er'würgen v/t. strangolare, strozzare.

Erz [ɛrts] n (3²) minerale m; *(Bronze)* bronzo m.

Erz... ['ɛrts...]: *in Zssgn oft* arci-..., ... matricolato; **~ader** f filone m.

erzähl|bar [ɛr'tsɛːlbaːr] raccontabile; **~en** raccontare; narrare; **2er** m narratore m; **2ung** f racconto m; narrazione f.

Erz|bischof ['ɛrtsbiʃɔf] m arcivescovo m; **2bischöflich** arcivescovile; **~bistum** n arcivescovado m.

er'zeigen rendere; *sich ~* mostrarsi.

'Erz-engel m arcangelo m.

er'zeug|en generare; *(hervorbringen)* produrre; fabbricare; *(hervorrufen)* provocare; **2er** m (7) generatore m; produttore m; **2nis** [-'tsɔyknis] n prodotto m; **2ung** f produzione f; fabbricazione f.

Erz|feind ['ɛrtsfaint] m nemico m mortale; **~gang** m filone m; **~gauner** m imbroglione m matricolato; truffatore m; **~gewinnung** f estrazione f dei minerali; **~gießerei** f fonderia f; **2haltig** metallifero; **~herzog** m arciduca m; **~herzogin** f arciduchessa f; **2herzoglich** arciducale; **~herzogtum** n arciducato m.

erzieh|en [ɛr'tsiːən] educare; **2er** m (7) istitutore m; precettore m; **2erin** f istitutrice m; governante f; **~erisch** educativo; pedagogico; **2ung** f educazione f; istruzione f; **2ungs-anstalt** f collegio m; **2ungsmethode** f metodo m pedagogico; **2ungswesen** n educazione f pubblica.

er'zielen ottenere; conseguire; *Gewinn:* realizzare.

er'zittern tremare.

'Erz|lager n giacimento m di minerali; **~priester** m arciprete m; **~spitzbube** m briccone m matricolato.

erzürnen [ɛr'tsyrnən] sdegnare; *sich ~* andare in collera.

Erzvater ['ɛrtsfaːtər] m patriarca m.

erzwingen [ɛr'tsviŋən] ottenere con la forza, strappare.

es [ɛs] n (19) *pron.* il; lo.

Es [ɛs] ♪ n mi m bemolle.

Esche ♀ ['ɛʃə] f (15) frassino m.

Esel ['eːzəl] m (7) asino m; *alter ~!* pezzo m d'asino!; **~ei** [-'lai] f asinaggine f, asinità f; **~in** f asina f; **~sbrücke** f bigino m; **~s-ohr** n *im Buch:* orecchia f; **~treiber** m asinaio m.

Eskimo ['ɛskimoː] m (11) esquimese m.

Eskort|e [-'kɔrtə] f (15) scorta f; **2ieren** scortare.

Espe ♀ [ɛ] f (15) tremula f; *wie ~nlaub zittern* tremare come una foglia.

Essay [ɛ'seː] m (11) saggio m; **~ist** [--'ist] m (12) saggista m.

eß|bar [ɛ'sbaːr] mangiabile; **2besteck** n posate f/pl.

Esse ['ɛsə] f (15) fumaiuolo m; *(Schmiede)* fucina f.

essen ['ɛsən] 1. v/t., v/i. (30) mangiare; *zu Abend ~* cenare; *zu Mittag ~* desinare, pranzare; 2. ♀ n (6) mangiare m; vitto m; *(Mahlzeit)* pranzo m; pasto m; *(Speise)* cibo m; **2szeit** f ora f di mangiare.

Essenz [ɛ'sɛnts] f (16) essenza f.

Esser ['ɛsər] m (7): *ein starker ~ sn* essere una buona forchetta.

'Eßgabel f forchetta f.

Essig ['ɛsiç] m (3¹) aceto m; **~flasche** f ampolla f dell'aceto; **~gurke** f cetriolino m sotto aceto; **2haltig** acetoso; **~säure** f acido m acetico.

'Eß|geschirr n stoviglie f/pl.; **~löffel** m cucchiaio m; **~löffelvoll** m cucchiaiata f; **~lust** f voglia f di mangiare; appetito m; **~napf** m scodella f; ✗ gavetta f; **~waren** f/pl. commestibili m/pl.; **~zimmer** n sala f da pranzo.

Estrich ['ɛstriç] m (3¹) ammattonato m, terrazzo m.

etabl|ieren [eta'bliːrən] stabilire; **2issement** [etablis'mã] n (11) stabilimento m.

Etage [e'taːʒə] f (15) piano m.

Etappe [e'tapə] f (15) tappa f; ✗ retrovie f/pl.; **~ndienst** m servizio m delle retrovie; **2nweise** a tappe; *fig.* per gradi.

Etat [e'taː] m (11) bilancio m (preventivo); **~jahr** n anno m finanziario; **2mäßig** ordinario, secondo il bilancio.

Eth|ik ['eːtik] f (16) etica f; **~iker** m, **2isch** *adj.* etico.

Etikett [eti'kɛt] n (3 *od.* 11) etichetta f; **~e** f (15) etichetta f.

etliche ['ɛtliçə] diversi; certi; parecchi.

Etüde ♪ [e'ty:də] f (15) studio m.

Etui [et'vi:] n (11) astuccio m.

etwa ['ɛtva:] circa, pressappoco, su per giù; forse; **~ig** eventuale.

etwas ['ɛtvas] qual(che) cosa; (ein wenig) un po' (di); **~** anderes un'altra cosa.

euch [ɔʏç] (19) voi; a voi; vi.

euer ['ɔʏɐr] (20) di voi, vostro.

Eule ['ɔʏlə] f (15) civetta f; **~nspiegelei** [--ʃpi:gə'laı] f (16) buffonata f.

Eunuch [ɔʏ'nu:x] m (12) eunuco m.

'eurer'seits da parte vostra.

'eures'gleichen vostro pari, uguale a voi.

'euret'halben, **~'wegen** per voi; per causa vostra; per amor vostro.

eurige ['ɔʏrigə] vostro.

Europ|**äer(in** f) m [ɔʏro'pɛ:ər(in)], **2äisch** europeo (-ea) m (f).

Europa|**gedanke** [ɔʏ'ro:pagədaŋkə] m pensiero m dell'Europa unita; **~meisterschaft** [-'-pamaıstərʃaft] f campionato m europeo.

Euter ['ɔʏtər] n (7) mammella f.

evakuieren [evaku'i:rən] sfollare; ✕ sgombrare.

evang|**elisch** [evaŋ'ge:liʃ] evangelico; **~eli'sieren** evangelizzare; **2e-'list** m evangelista m; **2elium** [--'-ljum] n (9) Vangelo m.

Event|**ualität** [eventuali'tɛ:t] f eventualità f; **2uell** [--tu'ɛl] eventuale; adv. eventualmente.

evident [evi'dɛnt] evidente.

Evolution [evoluts'jo:n] f (16) evoluzione f.

ewig ['e:viç] eterno; auf **~** in eterno; **2keit** f eternità f; **~lich** eternamente. [tezza f.]

exakt [ɛ'ksakt] esatto; **2heit** f esat-}

exaltiert [ɛksal'ti:rt] esaltato; **2heit** f esaltazione f.

Examen [ɛk'sa:mən] n (6; pl. a. Examina) esame m; **~** bestehen superare l'esame; **~** machen dare od. sostenere un esame.

Exekut|**ion** [ɛksekuts'jo:n] f esecuzione f; **~ive** [---'ti:və] f (15), **~ivgewalt** f potere m esecutivo.

Exempel [ɛk'sɛmpəl] n (7) esempio m.

Exemplar [--'pla:r] n (3¹) esemplare m; (Buch usw.) copia f; **2isch** esemplare.

exerzier|**en** [ɛksɛr'tsi:rən] **1.** v/t. esercitare; addestrare; istruire; **2.** v/i. fare gli esercizi; **2platz** m piazza f d'armi.

Exerzitium [--'tsi:tsium] n (9) esercizio m.

Exil [ɛk'si:l] n (3¹) esilio m.

Existenz [-sis'tɛnts] f (16) esistenza f; e-e **~** begründen farsi una posizione, sistemarsi; **2berechtigt** giustificato; **~berechtigung** f diritto m a vivere; **~ia'lismus** m esistenzialismo m; **~kampf** m lotta f per l'esistenza; **~minimum** n minimo m di sussistenza.

existieren [--s'ti:rən] esistere.

exklusiv [ɛksklu'zi:f] esclusivo.

Exkommuni|**kation** [-kɔmunikats'jo:n] f (16) scomunica f; **2'zieren** scomunicare.

Exkurs [-'kurs] m digressione f.

exmatrikulieren [-matriku'li:rən] cancellare dalla matricola universitaria.

exmittieren [-mi'ti:rən] sfrattare.

exotisch [-'kso:tiʃ] esotico.

Expansion [-panz'jo:n] f espansione f.

Exped|**ient** [-ped'jɛnt] m (12) spedizioniere m; **2'ieren** spedire; **~i'tion** f (16) spedizione f; (Zeitungs2) amministrazione f.

Experiment [-peri'mɛnt] n (3) esperimento m; **2'ieren** sperimentare.

Experte [-'pɛrtə] m (13) esperto m.

expl|**odieren** [-plo'di:rən] (sn) esplodere; **2osion** [--z'jo:n] f (16) esplosione f; **2o'sionsmotor** m motore m a scoppio; **2o'sionsstoff** m materia f esplosiva.

Exponent [-po'nɛnt] m esponente m.

Export [-'pɔrt] m (3) esportazione f; **~eur** [--'tø:r] m (3¹) esportatore m; **2'ieren** esportare.

expreß [-'prɛs] espresso.

Exterritorialität [-tɛritorjali'tɛ:t] f extraterritorialità f.

extra ['ɛkstra:] extra; a parte; **2blatt** n edizione f straordinaria.

Extrakt [-'trakt] m (3) estratto m.

extravagant stravagante.

extrem [-'tre:m], **2** n (3¹) estremo (m).

exzentr|**isch** [-'tsɛntriʃ] eccentrico; **2izi'tät** f eccentricità f.

Exzerpt [-'tsɛrpt] n (3) sunto m.

Exzeß [ɛks'tsɛs] m (4) eccesso m.

F

F, f [ɛf] *n uv.* F, **f** *m u. f.*
F, f ♪ [ɛf] *n fa m.*
Fabel ['fɑːbəl] *f* (15) favola *f;* ~**dichter** *m* scrittore *m* di favole; **2-haft** favoloso; *F* (*wunderbar*) fantastico; splendido; stupendo; meraviglioso, magnifico.
Fabrik [fa'briːk] *f* (16) fabbrica *f;* ~**ant**(in *f*) *m* [--'kant(in)] (12) fabbricante *m u. f;* ~**arbeiter** *m* operaio *m;* ~**arbeiterin** *f* operaia *f;* ~**at** [--'kɑːt] *n* (3) fabbricato *m,* manufatto *m,* prodotto *m;* ~**ation** [---ts'joːn] *f* fabbricazione *f;* ~**besitzer** *m* fabbricante *m,* industriale *m;* ~**marke** *f* marchio *m* di fabbrica; ~**stadt** *f* città *f* industriale; ~**waren** *f/pl.* articoli *m/pl.* (*od.* prodotti *m/pl.*) di fabbrica.
fabrizieren [--'tsiːrən] fabbricare.
Fach [fax] *n* (1²) compartimento *m;* (*Schublade*) cassetto *m; e-s Schrankes:* casella *f; Stahlkammer:* cassetta *f* di sicurezza; *Lit.* materia *f;* (*Spezial2*) specialità *f; fig.* ramo *m;* campo *m;* disciplina *f;* ~**arbeiter** *m* operaio *m* specializzato (*od.* qualificato); ~**arzt** *m* medico *m* specialista; ~**ausdruck** *m* termine *m* tecnico; ~**ausschuß** *m* comitato *m* di periti; ~**bildung** *f* istruzione *f* professionale. [vento.]
fächeln ['fɛçəln] (29) sventolare; far
Fächer ['-çər] *m* (7) ventaglio *m;* **2-förmig** a ventaglio.
Fach|gebiet ['faxɡəbiːt] *n* specialità *f;* ~**gelehrte(r)** *m* specialista *m;* ~**kenntnis** *f* conoscenza *f* speciale; **2kundig** esperto, perito, competente; ~**literatur** *f* pubblicazione *f/pl.* intorno a una data materia; ~**mann** *m* (*pl. a. Fachleute*) persona *f* del mestiere; esperto *m,* perito *m;* specialista *m;* ~**schaft** *f* organizzazione *f* professionale; sindacato *m;* ~**schule** *f* scuola *f* professionale; **2-simpeln** ['-zimpəln] (29) parlare di cose professionali; ~**sprache** *f* linguaggio *m* tecnico; ~**werk** *n* costruzione *f* a caselle; ~**wissenschaft** *f* disciplina *f* speciale.

Fackel ['fakəl] *f* (15) torcia *f,* fiaccola *f;* ~**träger** *m* torciere *m;* ~**zug** *m* fiaccolata *f.*
fade ['fɑːdə] insipido, insulso.
Faden ['fɑːdən] *m* (6¹) filo *m; Anat.* filamento *m;* **2förmig** filiforme; ~**gitter** *n Mal.* graticola *f;* ~**kreuz** *n Optik:* reticolo *m;* ~**nudeln** *f/pl.* vermicelli *m/pl.,* capellini *m/pl.;* **2-scheinig** ['--ʃaːniç] logoro.
Fagott ♪ [fa'ɡɔt] *n* (3) fagotto *m.*
fähig ['fɛːiç] capace; **2keit** *f* capacità *f;* idoneità *f.*
fahl [fɑːl] scialbo; pallido.
fahnd|en ['fɑːndən] (26) ricercare (*nach j-m* qu.); **2ung** *f* ricerca *f.*
Fahne ['fɑːnə] *f* (15) bandiera *f; Typ.* bozza *f* di stampa.
Fahnen|eid ['fɑːnənˀaɪt] *m* giuramento *m* (di fedeltà alla bandiera); ~**flucht** *f* diserzione *f;* ~**flüchtige(r)** *m* disertore *m;* ~**träger** *m* portabandiera *m;* ~**weihe** *f* benedizione *f* della bandiera.
Fähnrich ['fɛːnriç] *m* (3¹) portabandiera *m;* allievo *m* ufficiale.
Fahr|bahn ['fɑːrbaːn] *f* sede *f* stradale, carraia *f;* carreggiata *f;* **2bar** *allg.* mobile; *Straße:* praticabile; *für Wagen:* carrozzabile; ♣ navigabile; ~**bereitschaft** *f* servizio *m* autovetture.
Fährboot ['fɛːrboːt] *n* traghetto *m.*
Fahr|damm ['fɑːrdam] *m* carreggiata *f;* selciato *m;* ~**dienstleiter** ['-diːnstlaɪtər] 🚆 *m* capo *m* servizio.
Fähre ['fɛːrə] *f* (15) traghetto *m;* chiatta *f.*
fahr|en ['fɑːrən] (30) **1.** *v/t.* condurre, guidare; *Last:* trasportare; **2.** *v/i.* (*sn*) andare; *Auto usw.* a.: circolare, girare; *aus dem Bett:* balzare; *in die Grube:* scendere; *Blitz:* cadere su; *durch et.:* passare; *mit der Hand in et.* ~ cacciare la mano in qc.; *mit der Hand über et.* ~ passare la mano su qc.; ~ *lassen* lasciar andare; *gut bei* et. ~ trovare il tornaconto in qc.; *in den Überzieher* ~ infilare il cappotto; *spazieren* ~ fare una passeggiata in carrozza (in auto

usw.); _weiter~_ proseguire; _wann
fährt der Zug?_ quando parte il
treno?; _wie lange fährt der Zug
bis …?_ quanto tempo ci mette il
treno da qui a …?; **~end** ambulante;
Ritter: errante; **~e** _Habe_ f beni m/pl.
mobili; **~er** _Schüler_ m goliardo m.

Fahrer ['fɑ:rər] m (7) conducente m,
guidatore m; conduttore m; **~
flucht** f latitanza f del conducente
(in caso di incidente).

Fahr|gast ['fɑ:rgast] m viaggiatore
m; passeggiero m; **~geld** n prezzo m
della corsa (_od._ del biglietto); **~ge-
legenheit** f possibilità f (_od._ mezzo
m) di trasporto; **~geschwindigkeit**
f velocità f di marcia; **~gestell** n 🚜
carrello m; _Auto:_ telaio m.

fahrig ['fɑ:riç] distratto, disattento;
incostante.

Fahr|karte ['fɑ:rkartə] f biglietto m;
~kartenschalter m sportello m dei
biglietti; biglietteria f; **🚜lässig**
['-lɛsiç] trascurato; _🚜_ colposo; **~
lässigkeit** f trascuratezza f; _🚜_ col-
posità f; **~lehrer** m maestro m di
guida.

Fährmann ['fɛ:rman] m (1², _pl. a.
-leute_) battelliere m.

Fahr|plan ['fɑ:rplɑ:n] m orario m;
🚜planmäßig ['-plɑ:nmɛ:siç] ordinario; secondo l'orario, in orario;
puntuale; **~preis** m prezzo m del
biglietto; tariffa f; **~preisanzeiger**
['-prais⁹antsaigər] m _Kfz._ tassi-
metro m; **~preis-ermäßigung** f riduzione f del biglietto; **~prüfung**
f esame m di guida; **~rad** n bicicletta f; **~radrennen** n corsa f ci-
clistica; **~schein** m biglietto m; **~
schule** f _Auto:_ scuola f guida; **~
straße** f strada f carrozzabile; **~
strecke** f tratto m; percorso m; **~
stuhl** m ascensore m; **~stuhlführer**
['-ʃtu:lfy:rər] m ascensorista m.

Fahrt [fɑ:rt] f (16) viaggio m; corsa
f; (_Ausflug_) gita f; _in voller ~_ in
piena corsa; _gute Fahrt!_ buon viaggio!

Fährte ['fɛ:rtə] f (15) traccia f.

Fahrtrichtung ['fɑ:rtriçtuŋ] f direzione f; **~s-anzeiger** m indicatore m
di direzione; lampeggiatore m.

Fahr|vorschrift ['fɑ:rfo:rʃrift] f re-
golamento m della circolazione; codice m stradale; **~wasser** n acqua f
navigabile; _fig._ elemento m; **~weg** m
strada f carrozzabile; **~werk** n car-

rello m; **~zeit** f ora f della partenza;
(_Dauer_) durata f della corsa; **~zeug**
n veicolo m; **~zeugpark** m auto-
parco m.

fair [fɛ:r] leale, corretto.

Fakir ['fɑ:kir, -'ki:r] m (3¹) fachiro m.

faktisch ['faktiʃ] effettivo; _adv._ effettivamente.

Faktor ['faktɔr] m (8¹) fattore m;
Typ. proto m; **~ei** [--'rai] f (16) fattoria f.

Faktum ['faktum] n (9²) fatto m.

Fakultät [fakul'tɛ:t] f (16) facoltà f.

fakultativ [fakulta'ti:f] facoltativo.

Falk|e ['falkə] m (13) falco m, fal-
cone m; **~enbeize** ['--baitsə] f (15)
caccia f col falcone; **~ner** m falco-
niere m; **~nerei** [--'rai] f falcone-
ria f.

Fall [fal] m (3³) caduta f; (_Vor-
fall_) caso m; (_Wasser♀_) cascata f;
von ~ zu ~ secondo il caso; _im
schlimmsten ~_ alla peggio, nel peggiore dei casi; _in jedem ~_ ad ogni
caso; _zu ~ bringen_ far cadere; mandare in rovina.

fällbar ['fɛlba:r] ceduo.

Fall|baum ['falbaum] m barriera f;
~beil n mannaia f; **~brücke** f ponte
m levatoio.

Falle ['falə] f (15) trappola f; _fig._
tranello m; _e-e_ _stellen_ tendere una
trappola; _in die ~ gehen_ cadere in
trappola.

fallen ['falən] (30) cadere; (_sinken_)
scendere; _j-m um den Hals ~_ gettarsi al collo di qu.; _j-m in den Arm~_
afferrare il braccio di qu.; _j-m ins
Wort ~_ troncare la parola in bocca
a qu.; _es fällt mir schwer …_ mi
riesce difficile (penoso) …; _es fiel
ein Schuß_ si sentì un colpo; _auf die
Nerven~_ urtare i nervi; _in die Augen
~_ saltare agli occhi; _e-n Plan ~lassen_
abbandonare un progetto.

¹**Fallen** n (6) caduta f; ribasso m.

fällen ['fɛlən] (25) abbattere; 🚜,
Waffen: abbassare; _Urteil:_ pronunciare.

¹**fallenlassen** (_j-n_) abbandonare;
(_Anspruch_) rinunciare a.

Fall|gatter ['falgatər] n saracinesca
f; **~grube** f trabocchetto m.

fällig ['fɛliç] in scadenza; _~ sein_ scadere.

Fall|obst ['fal⁹o:pst] n frutta f casca-
ticcia; **~reep** ⚓ ['-re:p] n (3) barca-
rizzo m.

falls [fals] qualora, nel caso che, caso mai; ~ *nicht* a meno che non.

Fall|schirm ['falʃirm] *m* paracadute *m*; **~schirm-absprung** *m* lancio *m* col paracadute; **~schirmspringer** (-**in** *f*) *m* paracadutista *m u. f*; **~strick** *m* laccio *m*; *fig.* insidia *f*; **~sucht** *f* epilessia *f*; **2süchtig** ['-zYçtiç] epilettico; **~tür** *f* trabocchetto *m*.

falsch [falʃ] **1.** *adj.* falso; *Haar, Zahn*: finto; (*fehlerhaft*) sbagliato; **2.** *adv.* male; falsamente; ~ *schwö-ren* giurare il falso; **2** *m* falsità *f*.

fälsch|en ['felʃən] (27) falsare; *Wechsel usw.*: falsificare; **2er** *m* (7) falsario *m*; falsificatore *m*.

Falsch|geld ['falʃgɛlt] *n* moneta *f* falsa; **~heit** *f* ['-hait] *f* falsità *f*.

fälschlich, **~erweise** ['felʃliç(ər-'vaizə)] per errore, erroneamente.

Falsch|münzer ['falʃmyntsər] *m* (7) falsario *m*; **~spieler** *m* baro *m*.

Fälschung ['felʃuŋ] *f* falsificazione *f*; contraffazione *f*.

Faltboot ['faltbo:t] *n* canotto *m* smontabile.

Falte ['faltə] *f* (15) piega *f*; *auf der Haut*: ruga *f*.

fälteln ['feltəln] (29) pieghettare.

falten ['faltən] (26) piegare; *Stirn*: corrugare; *Hände*: giungere.

Falten|rock ['faltənrɔk] *m* gonna *f* a pieghe; **~wurf** *m* piegatura *f*.

Falter ['faltər] *m* (7) *Zo.* lepidottero *m*; (*Tag*2) farfalla *f*.

faltig ['faltiç] a pieghe; aggrinzato.

Falz [falts] *m* (3²) ⊕ incastro *m*; scanalatura *f*; *Typ.* piega *f*; '**~bein** *n* stecca *f*; '**2en** (27) piegare (i fogli); '**~er** *m* (7) piegatore *m*.

familiär [famil'jɛ:r] familiare.

Familie [fa'mi:ljə] *f* (15) famiglia *f*.

Familien... [-'-jən...]: *in Zssgn oft* di famiglia; **~beihilfe** *f* sussidio *m* familiare; **~kreis** *m*: *im* ~ *in* famiglia; **~kunde** *f* genealogia *f*; **~mit-glied** *n* membro *m* di famiglia; **~name** *m* nome *m* di famiglia; **~stand** *m* stato *m* civile.

famos [fa'mo:s] magnifico, stupendo.

Fanat|iker [-'na:tikər] *m* (7), **2isch** *adj.* fanatico (*m*); **~'ismus** *m* fanatismo *m*.

Fanfare ['-fa:rə] *f* (15) fanfara *f*.

Fang [faŋ] *m* (3³) cattura *f*; *das Ge-fangene*: preda *f*; (*Fisch*2) pesca *f*;

(*Vogel*2) uccellagione *f*; '**~arm** *m* tentacolo *m*; '**~ball** *m* palla *f*; '**~eisen** *n* tagliuola *f*.

fangen ['faŋən] (30) prendere; (*er-greifen*) acchiappare; ✖ far prigio-niero; catturare; *Feuer* ~ prendere fuoco.

'**Fang|leine** ⚓ *f* corda *f* da presa, amarra *f*; **~netz** *n* rete *f*; **~zahn** *m* zanna *f*.

Farb|band ['farpbant] *n* nastro *m* per macchina da scrivere; '**~druck** *m* cromolitografia *f*.

Farbe ['farbə] *f* (15) colore *m*; *Kar-tenspiel*: seme *m*; ~ *bedienen* rispon-dere; ~ *bekennen fig.* metter le carte in tavola.

farb-echt ['farp⁹ɛçt] di colore inde-lebile.

Färbemittel ['ferbəmitəl] *n* colo-rante *m*.

färben ['ferbən] (25) colorire, tin-gere (*blau* di blu).

farben|blind ['farbənblint] dalto-nista; **2blindheit** *f* daltonismo *m*; **2druck** *m* cromolitografia *f*; **~freu-dig** variopinto, vistoso; **2kleckser** *m* imbrattamuri *m*; **2lehre** *f* cro-matica *f*; **2pracht** *f* sfoggio *m* di colori; **2skala** *f* scala *f* cromatica; **2spiel** *n* effetto *m* dei colori.

Färber ['ferbər] *m* (7) tintore *m*; **~ei** [--'rai] *f* tintoria *f*.

Farb|fernsehen ['farpfernze:ən] *n* televisione *f* a colori; **~film** *m* film *m* a colori; **~gebung** *f* colorito *m*; colorazione *f*; **2ig** ['-biç] colorato; **~ige(r)** *m* uomo *m* di colore; **~kasten** *m* cassettina *f* dei colori; **2los** senza colore, incolore; (*entfärbt*) scolorito; *Phys.* acromatico; *fig.* insipido; **~stift** *m* matita *f* colorata; (*entfärbt*) **~stoff** *m* materia *f* colorante; **~ton** *m* tinta *f*.

Färbung ['ferbuŋ] *f* colorazione *f*; (*Farbe*) tinta *f*.

Farce ['farsə] *f* (15) farsa *f*.

Farm [farm] *f* (16) fattoria *f*; '**~er** *m* (7) proprietario *m* di una fattoria, colono *m*.

Farn [farn] *m* (3), '**~kraut** *n* felce *f*.

Färse *Zo.* ['ferzə] *f* (15) giovenca *f*.

Fasan [fa'za:n] *m* (3 *u.* 8) fagiano *m*; **~e'rie** *f* fagianaia *f*.

Fasching ['faʃiŋ] *m* (3¹) carnevale *m*.

Fasch|ismus [fa'ʃismus] *m* fascismo *m*; **~ist(in** *f*) *m* fascista *m*; **2istisch** fascista (*m u. f*).

Fasel|ei [fazə'lai] *f* vaneggiamento

m; fagiolata *f;* '∼hans *m* chiacchierone *m;* 2n ['∼zəln] (29) fantasticare.

Faser ['faːzər] *f* (15) fibra *f.*

faserig ['faːzəriç] fibroso; *Fleisch:* tiglioso.

fasern ['faːzərn] (29) sfilacciarsi.

Faß [fas] *n* (2¹) botte *f, kleineres:* barile *m.*

Fassade [fa'saːdə] *f* (15) facciata *f;* ∼**nkletterer** [-'--kletərər] *m* saltabalconi *m.*

faßbar ['fasbaːr] concepibile, comprensibile.

Faß|bier ['fasbiːr] *n* birra *f* in fusto; ∼**binder** *m* bottaio *m.*

fassen ['fasən] (28) prendere; *pfr.* afferrare; *(begreifen)* comprendere; *(enthalten)* contenere; *Gelegenheit:* cogliere; *Steine:* incastonare; *Gedanken:* esprimere; *sich ∼* calmarsi; *contenersi; fasse dich!* calmati!; *sich kurz ∼* esser breve; *p.p. gefaßt fig.* rassegnato.

faßlich ['fasliç] intelligibile; comprensibile; 2**keit** *f* intelligibilità *f.*

Fassung ['fasuŋ] *f* disposizione *f* d'animo; *(Ruhe)* calma *f,* fermezza *f* d'animo; *(Ergebung)* rassegnazione *f;* *von Steinen:* incastonatura *f;* *schriftliche:* redazione, forma *f;* ∉ portalampada *m; aus der ∼ bringen* sconcertare; *far perdere la calma; die ∼ verlieren* perdere le staffe; ∼**sgabe** *f,* ∼**skraft** *f* comprensione *f,* F comprendonio *m;* 2**slos** sconcertato; disperato; ∼**slosigkeit** *f* turbamento *m,* sconsolatezza *f;* ∼**svermögen** *n* capacità *f,* capienza *f; fig.* capacità *f* di comprendere.

fast [fast] quasi; pressochè.

fasten ['fastən] (26) digiunare.

Fasten ['fastən] *n* (6) digiuno *m;* ∼ *pl.* quaresima *f;* ∼**abend** *m* martedì *m* grasso; ∼**predigt** *f* predica *f* quaresimale; ∼**speise** *f* piatto *m* magro; ∼**zeit** *f* quaresima *f.*

Fast|nacht ['fastnaxt] *f* martedì *m* grasso; carnevale *m;* ∼**tag** *m* giorno *m* di digiuno.

fatal [fa'taːl] fatale; spiacevole; 2'**ismus** *m* fatalismo *m;* 2'**ist(in** *f)* *m* fatalista *m u. f.*

Fata Morgana ['faːtamɔr'gaːna] *f* fata *f* morgana.

Fatzke F ['fatskə] *m* (13) scimiotto *m.*

fauchen ['fauxən] (25) sbuffare.

faul [faul] putrido; *Personen:* pigro;

Ei, Obst: marcio; *fig.* corrotto, guasto; cattivo; ∼**er Witz** *m* freddura *f;* ∼**er Kunde** *m* debitore *m* moroso.

Fäule ['fɔylə] *f* (15, *o. pl.*) putredine *f;* ⚕ carie *f; s. Fäulnis.*

faulen ['faulən] (25, *sn u. h.*) marcire; putrefarsi.

faulenz|en ['faulɛntsən] (27) star a far niente; 2**er** *m* fannullone *m;* 2**e'rei** *f* poltroneria *f.*

Faulheit ['-haɪt] *f* pigrizia *f.*

faulig ['-liç] putrido.

Fäulnis ['fɔylnis] *f* (14, *o. pl.*) putrefazione *f; der Knochen:* carie *f.*

Faul|pelz ['-pɛlts] *m* poltronaccio *m;* ∼**tier** *n Zo.* bradipo *m; s. Faulpelz.*

Faun [faun] *m* (3) fauno *m.*

Fauna ['fauna] *f* (16²) fauna *f.*

Faust [faust] *f* (14¹) pugno *m; auf eigene ∼* per conto proprio; di sua testa, di propria iniziativa.

Fäustchen ['fɔystçən] *n* (6): *sich ins ∼ lachen* ridersela sotto i baffi.

faust|dick ['faustdik]: *es ∼ hinter den Ohren haben* essere un furbo matricolato; 2**handschuh** *m* guanto *m* a sacco; monchino *m;* 2**kampf** *m* pugilato *m;* 2**kämpfer** *m* pugile *m;* 2**pfand** *n* pegno *m;* 2**recht** *n* legge *f* del più forte; 2**schlag** *m* pugno *m.*

Favorit(in *f)* *m* [favo'riːt(in)] (12) favorito (-a) *m (f).*

Faxen ⊦ ['faksən] *f/pl. uv.* capricci *m/pl.*

Fayence [fa'jãːs] *f* (15) maiolica *f,* terraglia *f* (di Faenza).

Fazit ['faːtsit] *n* (3¹ *u.* 11) risultato *m.*

FD-Zug [ef'deːtsuːk] *m* rapido *m.*

Februar ['feːbruaːr] *m* (3¹) febbraio *m.*

Fecht... ['fɛçt...]: *in Zssgn oft di* scherma; ∼**boden** *m* sala *f* di scherma; ∼**bruder** F *m* accattone *m;* ∼**degen** *m* fioretto *m.*

fecht|en ['fɛçtən] **1.** *v/i.* (30) tirare di scherma; ✗ combattere; F ∼ *gehen* andar mendicando; **2.** 2**en** *n* (6) scherma *f;* 2**er** *m* (7) schermitore *m;* 2**kunst** *f* scherma *f;* 2**meister** *m* maestro *m* di scherma; 2**schule** *f* scuola *f* di scherma.

Feder ['feːdər] *f* (15) penna *f;* *(Flaum* 2) piuma *f;* ⊕ molla *f; in der Uhr:* spirale *f;* ∼**ball** *m* volano *m;* ∼**besen** *m* piumino *m;* ∼**bett** *n* piumino *m;* ∼**busch** *m* pennacchio *m; der Vögel:* ciuffetto *m;* ~**fuchser** ['--fuksər] *m* (7) imbrattafogli *m;* ~**gewicht** *n* peso *m* piuma; ~**halter** *m* portapenne *m;* ~**hut** *m* cappello *m* piumato; ~**kissen** *n* piumino *m;* ~**klemme** *f Radio:* morsetto *m* a molla; ~**kraft** *f* elasticità *f;* ~**krieg** *m* polemica *f;* ♀**leicht** leggero come una piuma; ~**lesen** ['--le:zən] *n* (6): *F ohne viel* ~s senza tante cerimonie; ~**messer** *n* temperino *m.*

federn ['fe:dərn] (29) essere elastico; ⊕ molleggiare; *Vögel:* perdere le piume.

Federstrich ['--ʃtriç] *m* tratto *m* di penna.

Federung ['fe:dəruŋ] ⊕ *f* sospensione *f;* molleggio *m;* molleggiamento *m.*

Feder|vieh ['fe:dərfi:] *n* pollame *m;* ~**wild** *n* uccellame *m* selvatico; ~**wischer** *m* nettapenne *m;* ~**zeichnung** *f* disegno *m* a penna; ~**zug** *m* tratto *m* di penna.

Fee [fe:] *f* (15) fata *f;* ♀**nhaft** ['-ənhaft] magico; '~**nmärchen** *n* racconto *m* di fate.

Fegefeuer ['fe:gəfɔʏər] *n* (7) purgatorio *m.*

feg|en ['fe:gən] (25) spazzare; ♀**er** *m* spazzatore *m;* (*Straßen*♀) spazzino *m.*

Fehde ['fe:də] *f* (15) guerra *f;* ~**brief** *m* cartello *m* di sfida; ~**handschuh** *m* guanto *m* di sfida; *den* ~ *hinwerfen* gettare il guanto.

fehl [fe:l] **1.** ~ *am Platz* spostato; inadatto; non al giusto posto; **2.** ♀ *m: ohne* ~ senza falla (*od.* macchia).

Fehl|anzeige ['fe:l¹ʔantsaɪgə] *f* resoconto *m* negativo; ♀**bar** fallibile; ~**betrag** *m* ammanco *m,* deficit *m;* ~**bitte** *f* preghiera *f* inutile.

fehlen ['fe:lən] **1.** *v/t.* (25) fallire (il colpo); **2.** *v/i.* mancare; essere assente; (*irren*) fallare; *unpers.* ~ *an* mancare di; *was fehlt Ihnen?* che cosa ha?; *das fehlte noch!* non ci mancava (mancherebbe) altro!; **3.** ♀ *n* (6) mancanza *f;* (*Abwesenheit*) assenza *f.*

Fehler ['fe:lər] *m* (7) difetto *m;* (*Versehen*) sbaglio *m;* (*Irrtum, a. beim Sport*) errore *m;* ♀**frei** (*Person*) impeccabile, senza difetti; (*Sache*) corretto, senza errori, senza sbagli; ♀**haft** difettoso; *Lit.* scorretto; ~**haftigkeit** *f* difettosità *f;* scorret-

tezza *f;* ♀**los** *s. fehlerfrei;* ~**losigkeit** *f* perfezione *f;* correttezza *f;* ~**quelle** *f* fonte *f* di errori.

Fehl|farbe ['fe:lfarbə] *f Zigarre:* sigaro *m* di scarto; *Spiel:* scarto *m;* ~**geburt** *f* aborto *m;* ♀**gehen** (*sn*) fallire; sbagliare strada; smarrirsi; ~**gewicht** *n* manco *m* di peso; ~**griff** *m* sbaglio *m;* ♀**leiten** sviare; ~**meldung** *f* comunicazione *f* errata; ~**schlag** *m* colpo *m* mancato (*od.* a vuoto); ♀**schlagen** (*sn*) fallire, andare a vuoto; ~**schuß** *m* colpo *m* fallito; ~**spekulation** *f* speculazione *f* sbagliata; ~**tritt** *m* passo *m* falso; *fig.* avventura *f* extraconiugale; ~**urteil** *n* giudizio *m* sbagliato; ~**zündung** *f* accensione *f* difettosa.

Feier ['faɪər] *f* (15) (*das Feiern*) celebrazione *f;* (*das Fest*) festa *f;* festività *f;* ~**abend** *m: nach* ~ dopo aver finito il lavoro; ~ *machen* finire (*od.* cessare) di lavorare.

feierlich ['faɪərliç] solenne; ~ *begehen* festeggiare, celebrare; ♀**keit** *f Auftreten:* solennità *f;* (*Veranstaltung*) celebrazione *f,* festeggiamento *m.*

feiern ['faɪərn] (29) **1.** *v/t.* festeggiare; celebrare; **2.** *v/i.* non lavorare; riposare.

¹**Feier|schicht** *f* turno *m* di riposo (*od.* extralavorativo); ~**stunde** *f* atto *m* solenne; cerimonia *f;* ~**tag** *m* giorno *m* festivo, festa *f.*

feig(e) [faɪk, '-gə] vile.

Feige ♀ ['faɪgə] *f* (15) fico *m;* ~**nbaum** *m* fico *m;* ~**nblatt** *n* foglia *f* di fico; ~**nfresser** *m* beccafico *m.*

Feig|heit ['faɪkhaɪt] *f* codardia *f,* viltà *f;* ~**ling** *m* vigliacco *m.*

feil [faɪl] da vendere; *Person:* venale; '~**bieten** (25) mettere in vendita.

Feile ['faɪlə] *f* (15) lima *f;* *die letzte* ~ *an et.* (*ac.*) *legen* dare un'ultima mano a qc.; ♀**n** (25) limare.

feilschen ['faɪlʃən] (27) mercanteggiare; tirare sul prezzo.

Feilspäne ['-ʃpe:nə] *m/pl.* (3⁸) limatura *f.*

fein [faɪn] fine, fino; *Person:* distinto; *Kleid:* elegante; (*dünn*) sottile; *die* ~*e Welt* la buona società; *den* ~*en Herrn spielen* fare il signore; *das ist nicht* ~ questo non è bello.

Feinbäcker ['faɪnbɛkər] *m* pasticciere *m;* ~**ei** *f* pasticceria *f.*

Feind [faɪnt] *m* (3) nemico *m;* '♀**lich**

ostile; '~schaft f inimicizia f; '2~selig ostile; '~seligkeit f ostilità f.

fein|fühlend ['-fy:lənt], ~fühlig ['-fy:lɪç] sensibile, delicato; 2fühligkeit f, 2gefühl n sensibilità f; delicatezza f; tatto m; 2gebäck n pasticcini m/pl.; 2gehalt m titolo m; 2gold n oro m fino; 2heit f finezza f; ~hörig di udito fine; 2kost f cibi m/pl. prelibati; 2kostgeschäft n pizzicheria f; 2mechanik f meccanica f di precisione; 2mechaniker m meccanico m di precisione; 2~schmecker ['-ʃmɛkər] m (7) buongustaio m; ~sinnig di spirito fine; adv. con finezza.

feist [faɪst] grasso.

feixen ['faɪksən] (27) F sghignazzare.

Feld [fɛlt] n (1) campo m (a. fig.); Spiel: quadretto m; scacco m; auf freiem ~ in aperta campagna; ins ~ ziehen partire in guerra.

Feld|apotheke ['fɛlt⁹apote:kə] f farmacia f da campo; ~arbeiter m lavoratore m della terra; ~artillerie f artiglieria f da campagna; ~arzt m medico m militare; ~bau m agricoltura f; ~bett n branda f; ~blume f fiore m campestre; ~dienst m servizio m attivo di guerra; ~dienstübung ⚔ ['-di:nst⁹y:buŋ] f manovre f/pl. militari; ~flasche f borraccia f; ~früchte f/pl. frutti m/pl. di campo; ~geschrei n ehm. grido m di guerra; ~gottesdienst m messa f al campo; 2grau grigioverde; ~herr m stratega m, comandante m; ~herrnkunst ['-hɛrnkunst] f strategia f; ~huhn n pernice f; ~hüter m guardia f campestre; ~kessel m marmitta f; ~küche f cucina f da campo; ~lager n accampamento m; ~lazarett n ospedale m da campo; ~marschall m feldmaresciallo m; 2marschmäßig ['-marʃmɛːsɪç] in pieno assetto di guerra; ~maus f arvicola f; ~messer m (7) agrimensore m; ~meßkunst f agrimensura f; ~post f posta f da campo; ~prediger m cappellano m castrense; ~schlacht f battaglia f campale; ~spat ['-ʃpaːt] m felspato m; ~stecher ['-ʃtɛçər] m binoccolo m; ~stuhl m sedia f pieghevole; ~webel ['-veːbəl] m maresciallo m; ~weg m via f campestre; ~zeichen n insegne f/pl.; ~zug m campagna f.

Felge ['fɛlgə] f (15) cerchione m.

Fell [fɛl] n (3) pelle f; fig. j-m das ~ gerben scuotere la pelliccione a qu.

Fels [fɛls] m (12) roccia f; (Meeres2) scoglio m; '~abhang m dirupo m; '~block m macigno m.

Felsen ['fɛlzən] m (6) s. Fels; 2-artig roccioso; 2'fest fermo come uno scoglio; granitico; irremovibile; ~klippe f scoglio m; ~küste f costa f rocciosa; ~riff n barriera f di scogli, scogliera f; ~zeichnung f disegno m rupestre.

felsig ['-zɪç] roccioso; scoglioso.

'Fels|schlucht f burrone m; '~stein m macigno m; '~sturz m frana f.

Femininum [femi'ni:num] n (9²) femminile m.

Fenchel ♀ ['fɛnçəl] m (7, o. pl.) finocchio m.

Fenster ['fɛnstər] n (7) finestra f; ~brett n davanzale m; ~brüstung ['--brystuŋ] f parapetto m; ~flügel m battente m della finestra; ~gitter n inferriata f; ~laden m scuro m; ~nische f nicchia f della finestra; ~platz m posto m al finestrino; ~putzer m puliscivetro m; ~rahmen m telaio m della finestra; ~riegel m nottolino m; ~scheibe f vetro m; ~tür f porta-finestra f; ~vorhang m tenda f.

Ferien ['fe:rjən] pl. uv. vacanze f/pl., ferie f/pl.; ~haus n casa f per le vacanze.

Ferkel ['fɛrkəl] n (7) porcellino m.

Ferment [fɛr'mɛnt] n (3¹) fermento m; 2'ieren fermentare.

fern [fɛrn] lontano; fig. lungi; es liegt mir ~ non ci penso neppure; e-r Sache ~stehen non aver nulla a che fare con qc.

'Fern|amt n centralino m interurbano; ~aufnahme f telefotografia f; ~bildübertragung f telefotografia f; 2bleiben (dat.) non prendere parte a, rimanere assente a; ~blick m panorama m.

Ferne ['fɛrnə] f (15) lontananza f; aus der ~ da (di) lontano; in der ~ (di) lontano.

ferner ['fɛrnər] 1. adj. ulteriore; 2. adv. inoltre; poi; ~hin in avvenire.

Fern|fahrer ['fɛrnfaːrər] m camionista m; ~flug m volo m di distanza; 2gelenkt teleguidato, telecomandato; ~gespräch n telefonata f interurbana; ~glas n cannocchiale m; binoccolo m; 2halten tenere lontano; ~heizung f riscaldamento m a distanza; ~lenkung f telecomando m; ~licht n Auto: fari m/pl. abbaglianti; 2liegen essere lungi da; ~melde-amt n ufficio m di telecomunicazioni; ~meldetechnik f tecnica f delle telecomunicazioni; 2mündlich telefonico; adv. per telefono; ~rohr n telescopio m; ~ruf m chiamata f telefonica, telefonata f; ~schreiben n telex m; ~schreiber m telescrivente m; ~seh...: in Zssgn televisivo; ~sehapparat m televisore m; ~sehbild n immagine f televisiva, ~sehen n televisione f; ~sehprogramm n programma m televisivo; ~sehsendung f trasmissione f televisiva; ~sehspiel n telecaconto m; ~sehteilnehmer m telespettatore m; ~sicht f vista f, panorama m.

Fernsprech... 🕭 ['-ʃpreç]: in Zssgn oft telefonico; ~amt n ufficio m telefonico; ~anschluß m abbonamento m al telefono; comunicazione f telefonica; ~auftragsdienst m servizio m incarichi telefonici; ~auskunft f servizio m informazioni; ~automat m telefono m pubblico (automatico); ~buch n elenco m telefonico; ~er m telefono m; ~leitung f linea f telefonica; ~stelle f posto m telefonico; ~teilnehmer m abbonato m al telefono; ~zelle f cabina f telefonica.

'**fernstehen** essere alieno da.

'**Fern|steuerung** f telecomando m; ~unterricht m scuola f per corrispondenza; ~verkehr m trasporti m/pl. a grande distanza; ~zug m treno m delle grandi linee.

Ferse ['fɛrzə] f (15) calcagno m; ~ngeld n: ~ geben darla a gambe.

fertig ['fɛrtiç] pronto; finito; ~! ecco fatto!; ~machen terminare; sich ~machen prepararsi; mit et. ~ sein aver finito qc.; et. ~bekommen venire a capo di qc.; ~ werden finire; cavarsi d'impaccio; mit ihm bin ich ~ tra noi due è finita; mit j-m ~ werden sbrigarsela con qu.; ich bekomme es nicht ~ non ci riesco.

'**Fertig|bau** m costruzione f prefabbricata; 2bekommen, 2bringen riuscire (a fare); 2en fabbricare; produrre; ~fabrikat n prodotto m

lavorato od. finito; ~keit f prontezza f; (Leichtigkeit) facilità f; (Tüchtigkeit) abilità f; 2machen preparare; 2stellen ultimare, completare; ~ung f fabbricazione f; ~waren f/pl. prodotti m/pl. finiti.

fesch [fɛʃ] elegante.

Fessel ['fɛsəl] f (15) vincolo m; der Pferde: pastoia f; ~n f/pl. ceppi m/pl.; (Hand2) manette f/pl.; der Liebe: catene f/pl.; ~ballon m pallone m frenato, aerostato m.

fesseln ['-səln] (29) incatenare; Gefangene: legare; mit Handfesseln: ammanettare; fig. affascinare, incantare; Aufmerksamkeit: attirare; ans Bett: inchiodare; ~d avvincente, affascinante.

Fest[1] [fɛst] n (3²) festa f.

fest[2] [fɛst] adj. allg. fermo; Ggs. zu flüssig: solido; (~stehend) fisso; Gewebe: compatto; Tuch: resistente; Börse: sostenuto; Burg, Stütze, Knoten: forte; Schlaf: profondo; adv. fermamente; sitzen: fermo; bleiben: saldo; binden: stretto.

Fest|abend ['fɛst²ɑːbənt] m serata f (mit Tanz danzante); soirée f; vigilia f d'una festa; ~akt m atto m solenne; cerimonia f; 2-'angestellt impiegato fisso; ~aufführung f rappresentazione f di gala; ~beleuchtung f illuminazione f a festa; 2besoldet con stipendio fisso; 2binden legare; 2bleiben rimanere fermo, non cedere.

Feste ['fɛstə] f (15) fortezza f.

Fest|essen ['fɛst²ɛsən] n banchetto m; 2fahren: sich ~ arrenarsi; 2gegründet solido; ~gelage n banchetto m; 2halten 1. v/t. tenere fermo; sich ~ an (dat.) tenersi saldo, aggrapparsi a; 2. v/i. perseverare (an in).

festig|en ['-stigən] (25) consolidare; den Frieden ~ cementare la pace; 2keit ['-içkart] f fermezza f; solidità f; fissità f; compattezza f; resistenza f; 2ung f consolidamento m, stabilizzazione f.

fest|kleben ['fɛstkleːbən] esser appiccicato; 2land n terra f ferma; continente m; ~ländisch continentale; ~legen stabilire, fissare; Geld: vincolare; sich ~ auf (ac.) compromettersi (ger.).

festlich ['-liç] festivo; fig. solenne; ~

begehen festeggiare; ♀**keit** f festività f; festa f.

fest|machen ['-maxən] fissare; assicurare; ♀**mahl** n banchetto m; ♀**meter** m metro m cubo; ♀**nahme** ['-na:mə] f arresto m; **~nageln** inchiodare; **~nehmen** arrestare; ♀**rede** f discorso m (ufficiale); ♀**redner** m oratore m (ufficiale); ♀**saal** m salone m delle feste; **~schnallen** agganciare; **~schnüren** legare (strettamente); ♀**schrift** f miscellanea f (für a); **~setzen** stabilire; fissare; j-n: arrestare; ♀**setzung** f fissazione f; arresto m; **~sitzen** non potere andare avanti; ⚓ essere arrenato (od. incagliato); ♀**spiele** n/pl. festival m; **~stehen** essere fissato; fig. constare, essere certo; **~stellen** constatare; stabilire; *Person*: identificare; ♀**stellung** f constatazione f; *Polizei*: accertamento m; ♀**tag** m (giorno m di) festa f; **~treten** calcare.

Festung ['festuŋ] f (16) fortezza f; *fliegende* ~ fortezza volante; **~swall** m bastione m; **~swerk** n fortificazione f.

festverzinslich ['festfertsinsliç] a rendita fissa.

Fest|vorstellung ['festfo:rʃtɛluŋ] f spettacolo m di gala; **~vortrag** m conferenza f inaugurale; **~zug** m corteo m.

Fetisch ['fe:tiʃ] m (3) feticcio m; **~ismus** m feticismo m.

fett [fɛt] adj., ♀ n (3) grasso adj; er hat sein ♀ weg ha avuto le sue; '♀-**auge** n scandella f; '♀**bauch** m pancione m; '♀**fleck** m macchia f di unto; '♀**haltig** adiposo.

fettig ['fɛtiç] grasso, unto; ♀**keit** f grassezza f; untuosità f.

fett|leibig ['fɛtlaibiç] obeso; pingue; ♀**leibigkeit** f obesità f; pinguedine f; ♀**schrift** f grassetto m; ♀**sucht** f adiposi f; ♀**wanst** F m grassone m, pancione m.

Fetzen ['fɛtsən] m (6) brandello m; (*Lumpen*) straccio m.

feucht [fɔyçt] umido; '♀**igkeit** f umidità f; '♀**igkeits-anzeiger** m igroscopio m; '♀**igkeitsgehalt** m percentuale f di umidità; '♀**igkeitsmesser** m igrometro m.

feudal [fɔy'da:l] feudale; F grandioso; ♀'**ismus** m feudalismo m.

Feuer ['fɔyər] n (7) fuoco m; (*~s-brunst*) incendio m; fig. ardore m; ~ fangen infiammarsi, fig. entusiasmarsi; **~alarm** m allarme m d'incendio; **~anzünder** m accenditore m; ♀-**artig** igneo; **~bestattung** f cremazione f; ♀**beständig** a prova di fuoco; **~eifer** m fervore m; **~einstellung** f cessazione f del fuoco; ♀**fest** refrattario, a prova di fuoco, incombustibile; ♀**gefährlich** infiammabile; **~(s)glut** f brace f; **~haken** m attizzatoio m; **~herd** m focolare m; **~leiter** f scala f incendi; **~löscher** m estintore m; **~melder** m avvisatore m d'incendio.

feuern ['fɔyərn] (29) far fuoco.

'**Feuer|probe** f prova f del fuoco; ♀**rot** rosso vivo (od. acceso); **~s-brunst** f incendio m; ♀**schiff** n nave f faro; **~sgefahr** f pericolo m d'incendio; ♀**sicher** a prova di fuoco; ♀**speiend** ['--ʃpaɪənt]: **~er Berg** m vulcano m; **~spritze** f pompa f per incendio; **~stein** m pietra f focaia; *Feuerzeug*: acciarino m; **~stelle** f focolare m; **~taufe** ⚔ f battesimo m di fuoco; **~überfall** m attacco m di sorpresa; **~ung** f (*Heizung*) riscaldamento m; (*Material*) combustibile m; **~versicherung** f assicurazione f contro gli incendi; **~wache** f vigile m del fuoco; posto m di pompieri; **~waffe** f arma f da fuoco; **~wehr** f (corpo m di) pompieri m/pl.; **~wehrmann** ['--ve:rman] m pompiere m; **~werk** n fuochi m/pl. d'artifizio (od. artificiali); **~werker** ['--vɛrkər] m (7) pirotecnico m; **~zange** f molle f/pl.; **~zeug** n accendisigaro m, accendino m.

Feuilleton ['fœjə'tõ] n (11) terza pagina f; **~ist(in** f) m redattore m di terza pagina; *allg.* saggista m.

feurig ['fɔyriç] focoso; fig. fervido, appassionato.

Fiasko ['fjasko] n (11) fiasco m.

Fibel ['fi:bəl] f (15) sillabario m; abbecedario m; (*Spange*) fibbia f.

Fiber ['fi:bər] f (15) fibra f.

Fichte ['fiçtə] f (15) abete m rosso; pino m; '**~nhain** m, '**~nwald** m abetaia f.

fidel [fi'de:l] allegro.

Fieber ['fi:bər] n (7) febbre f; ♀-**artig** ['--9a:rtiç] febbrile; ♀**frei** senza febbre, sfebbrato; **~frost** m brividi m/pl. (della febbre); ♀**haft**

Ωig febbrile; Ωkrank febbricitante; ~kurve f grafico m della temperatura; ~mittel n febbrifugo m.

fiebern ['fi:bərn] (29) avere la febbre.

'**Fieber|rinde** f china f; ~thermometer n termometro m della febbre; ~wahn m delirio m.

Fiedel ['fi:dəl] f (15) violino m; Ωn (29) F raschiare il violino.

fiel [fi:l] s. fallen.

Fig|ur [fi'gu:r] f (16) figura f; (Gestalt) personale m; F tipo m, figuro m; Ωürlich [-'gy:rliç] figurato.

Filet [fi'le:] n (11) filetto m.

Filiale [fil'ja:lə] f (15) filiale f, succursale f.

Film [film] m (3) film m; Phot. pellicola f; ~archiv n filmoteca f; ~atelier n studio m; teatro m di posa; '~aufnahme f ripresa f cinematografica; '~bearbeitung f adattamento m cinematografico; 'Ωen (25) cinematografare, filmare, girare; '~festspiele n/pl. festival m cinematografico; '~industrie f industria f cinematografica; '~kamera f macchina f da presa; '~regisseur m regista m cinematografico; '~schauspieler(in f) m attore m (attrice f) del cinema; ~spule f bobina f (del film); '~stadt f cinecittà f; '~star m stella f del cinema; '~streifen m pellicola f; ~vorführung f proiezione f.

Filt|er ['filtər] m u. n (7) filtro m; Ωern (29) filtrare; Ωerzigarette f sigaretta f col filtro; Ωrieren [-'tri:rən] filtrare; ~rierpapier n carta f da filtro; ~rierung f filtrazione f.

Filz [filts] m (3²) feltro m; '~hut m cappello m di feltro; 'Ωig feltrato; fig. sordido; '~igkeit f spilorceria f; '~laus f piattola f.

Fimmel ['fiməl] m (7) F fissazione f; bernoccolo m. [Sport: finale f.]
Finale [fi'nɑ:lə] n (11) finale m;]

Finanz|amt [fi'nants°amt] n ufficio m imposte; ~en f/pl. finanze f/pl.; Ωiell [--ts'jel] finanziario; Ω'ieren finanziare; ~ierung f finanziamento m.

Finanz|jahr [fi'nantsja:r] n anno m finanziario; ~mann m finanziere m; ~minister m ministro m delle finanze; ~wesen n, ~wirtschaft f sistema m finanziario; gestione f finanziaria; finanze f/pl.

Findel|haus ['findəlhaus] n brefotrofio m; ~kind n trovatello m.

find|en ['findən] (30) trovare; sich ~ (in) adattarsi (a), rassegnarsi (a); ~ Sie nicht? non trova?, non Le pare?; Ωer m trovatore m; Ωerlohn m ricompensa f al trovatore; ~ig ingegnoso; Ωigkeit f ingegnosità f; Ω-ling ['fintlɪŋ] m (3¹) trovatello m; Geol. roccia f erratica.

Finger ['fiŋər] m (7) dito m; kleiner ~ mignolo m; sich et. aus den ~n saugen inventare qc. per forza; j-m auf die ~ sehen sorvegliare qu. strettamente; ~abdruck m impronta f digitale; ~abdruckverfahren n dattiloscopia f; ~fertigkeit f destrezza f; ~glied n falange f; ~hut m ditale m; Ϙ digitale m; ~ling ['--lɪŋ] m (3¹) ditale m; ~nagel m unghia f; ~satz ♩ m digitazione f; ~spitzen f/pl. punta f delle dita; ~spitzengefühl ['--ʃpitsəngəfy:l] n tatto m, delicatezza f; ~übung f scioglidita m; ~zeig ['--tsaik] m (3) avvertimento m.

fingier|en [fin'gi:rən] fingere; simulare; ~t fittizio, finto, simulato.

Fink [fiŋk] m (12) fringuello m.

Finne[1] ['finə] f (15) pinna f; ♣ pustoletta f; Tierheilk. granellino m di lebbra.

'**Finn|e**[2] m (13) (~in f), Ωisch finlandese m u. f.

finster ['finstər] oscuro; fig. tetro; Ωnis f (14²) oscurità f; tenebre f/pl.; Astr. eclissi f.

Finte ['fintə] f (15) finta f.

Firlefanz ['firləfants] m (3²) sciocchezze f/pl.

Firma ['firma] f (16²) ditta f; (Unterschrift) firma f.

Firmament [firma'ment] n (3) firmamento m.

firmen ['firmən] (25) cresimare.

Firmen|bezeichnung ['-mənbətsaɪçnuŋ] f nome m della ditta; ~inhaber m titolare m della ditta; ~schild n insegna f (marchio m) della ditta.

'**Firmung** f cresima f.

Firni|s ['-nis] m (4¹) vernice f; Ωssen (28) verniciare.

First [first] m (3²) cima f; (Dach Ω) comignolo m.

Fis ♩ [fis] n uv. fa m diesis.

Fisch [fiʃ] m (3²) pesce m; '~adler m aquila f marina; '~angel f amo m;

'**bein** n (stecca f, osso m di) balena f; '**brut** f avannotto m; '**dampfer** m pescereccio m.

fisch|en ['fiʃən] (27) pescare; 2er m (7) pescatore m; 2erboot n barca f da pesca; 2e'rei f pesca f.

Fisch|fang ['fiʃfaŋ] m pesca f; **gabel** f forchetta f da pesce; **gräte** f lisca f; **grätenmuster** n disegno m a spina di pesce; **händler** m pescivendolo m; **laich** m uova f/pl. di pesce; **leim** m colla f di pesce; **markt** m mercato m del pesce, pescheria f; **netz** n rete f da pesca; **otter** m lontra f; **reiher** m airone m cinereo; **suppe** f zuppa f di pesce; **teich** m piscina f; **tran** m olio m di balena; (Lebertran) olio m di fegato di merluzzo; **vergiftung** f ittismo m; **weib** n pescivendola f; **zucht** f piscicultura f; **züchter** m piscicultore m; **zug** m pescata f.

fiskalisch [fis'kɑːliʃ] fiscale.

Fiskus ['fiskus] m (16, o. pl.) fisco m.

Fistel ['fistəl] f (15) ⚕ fistola f; **stimme** f ♪ falsetto m.

Fittich ['fitiç] m (3) ala f; poet. vanni m/pl.

fix [fiks] fisso; (flink) lesto; presto; ~ und fertig bell'e pronto; ~e Idee f idea f fissa.

Fixier|bad [fi'ksiːrbat] Phot. n bagno m di fissaggio; 2en fissare; stabilire; **mittel** n fissativo m.

Fixstern ['fiksʃtɛrn] m stella f fissa.

Fixum ['fiksum] n (9²) somma f fissa; (Gehalt) stipendio m fisso.

flach [flax] piatto; (eben) piano; fig. superficiale; die ~e Hand la palma della mano; '2dach n tetto m piatto.

Fläche ['flɛçə] f (15) piano m; (ebenes Land) pianura f; (Ober2) superficie f; ⚔ ala f; **n-inhalt** m superficie f, area f; **nmessung** f planimetria f.

Flachheit ['flaxhaɪt] f pianezza f; fig. scipitezza f, banalità f.

Flach|land ['flaxlant] n pianura f; **relief** n bassorilievo m; **rennen** n corsa f piana; **spiel** n Fußball: gioco m raso terra; **strecke** f Sport: percorso m piano.

Flachs ⚘ [flaks] m (4, o. pl.) lino m; '2blond biondo chiaro; '**haar** n capelli m/pl. biondo-chiari; '**kopf** F m biondino m.

flackern ['flakərn] (29) vacillare; **d** fiammeggiante.

Fladen ['flɑːdən] m (6) focaccia f.

Flagg|e ['flagə] f (15) bandiera f; 2en (25) imbandierare; ⚓ pavesare; **enhissen** n alzabandiera m; **enparade** f saluto m alla bandiera; **schiff** n nave f ammiraglia.

fla'granti: in ~ ertappen cogliere in flagrante (od. con le mani nel sacco).

Flak [flak] f uv. contraerea f; '**artillerie** f artiglieria f contraerea; '**geschütz** n cannone m antiaereo.

Flame ['flɑːmə] m (13) fiammingo m.

Flamingo [-'miŋgo] m (11) Zo. fiammingo m.

flämisch ['flɛːmiʃ] fiammingo.

Flamme ['flamə] f (15) fiamma f; 2n (25) 1. v/t. ⊕ marezzare; 2. v/i. fiammeggiare; **nwerfer** m lanciafiamme m.

Flanell [flanɛl] m (3¹) flanella f.

flanieren [fla'niːrən] gironzolare.

Flank|e ['flaŋkə] f (15) fianco m; **enschuß** n Fußball: traversone m; 2'ieren fiancheggiare.

Flansch [flanʃ] m (3²) flangia f.

Flaps [flaps] m (4), 2ig adj. tanghero m. [ta f.]

Fläschchen ['flɛʃçən] n (6) boccet-}

Flasche ['flaʃə] f (15) bottiglia f; (mit Stroh umkleidet) fiasco m; (Gas2) bombola f; (Saug2) poppatoio m; **nbier** n [--biːr] n birra f in bottiglia; **nhals** m collo m della bottiglia; (Engpaß) stretta f; **nkürbis** m calabassa f; **n-öffner** m apribottiglie m; **nzug** m carrucola f.

flatter|haft ['flatərhaft] volubile; 2haftigkeit f volubilità f; 2mine ⚔ f fogata f; **n** (29, h. u. sn) svolazzare; (Fahne, Tuch) sventolare; Räder: sbatacchiare.

flau [flaʊ] fiacco; 2heit f fiacchezza f.

Flaum [flaʊm] m (3, o. pl.) peluria f; '**feder** f piuma f.

Flausch [flaʊʃ] m (3²) rattina f.

Flause ['flaʊzə] f (15) fandonia f; **nmacher** m piantacarote m.

Flaute ['flaʊtə] f (15) ⚓ calma f; ♥ periodo m di ristagno.

Flecht|e ['flɛçtə] f (15) treccia f; ⚕ erpete m; ⚘ lichene m; 2en (30) intrecciare; Stuhl: impagliare; **weide** f vinco m, vimine m; **werk** n graticcio m.

Fleck [flɛk] m (3) macchia f; (*Ort*) posto m; (*Stück*) pezzo m; *Kleidung*: toppa f; ⚕ *blauer* ~ livido m; *vom* ~ *gehen* andare avanti; **⚖en** (25) fare macchie, macchiare.

Flecken ['flɛkən] m (6) borgo m; (*Fleck*) macchia f; **⚖los** senza macchia; *fig.* senza macchia; **~reiniger** m, **~wasser** n smacchiatore m.

Fleck|fieber ['flɛkfiːbər] n febbre f petecchiale; **⚖ig** macchiato; **~seife** f saponetta f; **~typhus** m s. Fleck-fieber.

Fleder|maus ['fleːdərmaus] f pipistrello m; **~wisch** ['--viʃ] m pennacchio m.

Flegel ['fleːgəl] m (7) trebbia f; *fig.* villano m; **~ei** [--'laɪ] f villanata f; **⚖haft** villano; **~jahre** n/pl. anni m/pl. della mattana.

flehen ['fleːən] (25) supplicare, **~t-lich** ['--tlɪç] supplichevole.

Fleisch [flaɪʃ] n (3²) carne f; *des Obstes*: polpa f; **~beschau** f ispezione f di carne macellata; **'~brühe** f brodo m; **'~er** m (7) macellaio m; **~e'rei** f, **'~erladen** m macelleria f; **'~extrakt** m estratto m di carne; **'~farbe** f carnagione f; **⚖farben** ['-farbən] carnicino; **⚖fressend** ['-frɛsənt] carnivoro; **⚖ig** carnoso; *Obst*: polposo; **'~kammer** f carnaio m; **~klößchen** ['-kløːsçən] n (6) polpetta f; **'~konserve** f carne f in scatola; **⚖lich** carnale; **'~lichkeit** f carnalità f; **'~speise** f piatto m di carne; **'~topf** m marmitta f; **'~vergiftung** f intossicazione f da carne; **'~waren** f/pl. salumi m/pl.; **'~werdung** ['-veːrduŋ] f incarnazione f.

Fleiß [flaɪs] m (3², o. pl.) diligenza f; assiduità f; *fig. mit* ~ apposta; **⚖ig** diligente, assiduo.

flenn|en ['flɛnən] (25) piagnucolare; **'⚖er** m (7) piagnucolone f.

fletschen ['flɛtʃən] (27) *die Zähne*: digrignare.

flick|en ['flɪkən] v/t. (25) rattoppare; rappezzare; **⚖en** m (6) toppa f; rattoppo m; rappezzo m; **⚖e'rei** f rappezzamento m; **⚖schneider** m sartucolo m; **⚖schuster** m ciabattino m; **⚖werk** n rappezzamento m; *fig.* centone m; **⚖wort** n riempitivo m; **⚖zeug** n arnesi m/pl. da rammendo.

Flieder ['fliːdər] m (7) (fiori m/pl. di) lillà f; **~tee** m tè m di sambuco.

Fliege ['fliːgə] f (15) mosca f; *Krawatte*: farfalla f; *zwei* ~*n mit e-r Klappe schlagen* prendere due piccioni con una fava.

fliegen ['fliːgən] **1.** v/i. (30; sn) volare; *in die Luft* ~ saltare in aria; *Pol.* ~*de Kolonne* f squadra f mobile; **~der Start** m partenza f lanciata; **2.** ⚖ n (6) aviazione f.

Fliegen|fänger ['fliːgənfɛŋər] m (7) acchiappamosche m; **~gewicht** n peso m mosca; **~klappe** f acchiappamosche m; **~papier** n carta f moschicida; **~pilz** m fungo m moscario; **~schrank** m moscaiuola f; **~wedel** m cacciamosche m.

Flieger ['fliːgər] m (7) aviatore m; *Radsport*: velocista m; **~abteilung** f corpo m aviatori; **~abwehr** ['--ʔapveːr] f difesa f antiaerea; **~alarm** m allarme m aereo; **~angriff** m attacco m aereo; **~aufnahme** f fotografia f aerea; **~ei** [--'raɪ] f aviazione f; **~horst** m base f aerea; **~schule** f scuola f d'aviazione; **~schuppen** m capannone m, hangar m.

fliehen ['fliːən] (30, sn) v/t. u. v/i. fuggire.

Fliehkraft ['fliːkraft] f forza f centrifuga.

Fliese ['fliːzə] f (15) mattonella f; quadrello m; **~nleger** m piastrellista m.

Fließ|band ['fliːsbant] n trasportatore m a nastro; **~band-arbeit** f lavoro m col nastro trasportatore; **⚖en** (30, sn) scorrere; *ins Meer*: sboccare; **⚖end** corrente; *fig. Stil*: fluido; ~ *sprechen* parlare perfettamente.

flimmer|n ['flɪmərn] **1.** (29) scintillare; *es flimmert mir vor den Augen* ho un bagliore negli occhi; **2.** ⚖n (6) scintillio m, bagliore m.

flink [flɪŋk] svelto, lesto; **⚖heit** f sveltezza f.

Flinte ['flɪntə] f (15) fucile m.

Flirt [flœrt, flɪrt] m (11) flirt m; **'⚖en** (26) flirtare.

Flitter ['flɪtər] m (7) lustrino m; **~glanz** m falso splendore m; **~gold** n orpello m; **~wochen** f/pl. luna f di miele.

flitzen ['flɪtsən] F (27, sn) correre presto; *Fahrzeug*: sfrecciare.

Flock|e ['flɔkə] f (15) fiocco m; **⚖ig**

Fluß

in forma di fiocchi; **~seide** f filaticcio m; **~wolle** f borra f di lana.

Floh [floː] m (3³) pulce f.

Flor [floːr] m (3¹) ꝗ fiore m; Kleidung: crespo m; (Trauer♀) bruno m.

Flora ꝗ ['floːra] f (16²) flora f.

Florett [floˈrɛt] n (3) fioretto m; **~fechter** m fiorettista m; **~seide** f filaticcio m.

florieren [floˈriːrən] prosperare, fiorire.

Floskel ['flɔskəl] f (15) fioretto m.

Floß [floːs] n (3² u. ³) zattera f.

Flosse ['flɔsə] f (15) pinna f; ꝗ stabilizzatore m.

flöß|en ['fløːsən] (27) guidare foderi; **2er** m (7) foderatore m; **2holz** n fodero m.

Flöte ['fløːtə] f (15) flauto m; **2n-gehen** F sparire; **~nkonzert** n concerto m per flauto; **~nspieler(in** f) m flautista m u. f.

flott [flɔt] a galla; fig. svelto; (lustig) allegro, spensierato; ~ gehen procedere (andare) bene.

Flott|e ['flɔtə] f (15) flotta f; **~enabkommen** n accordo m navale; **~enstützpunkt** m base f navale; **~ille** [-'til(j)ə] f (15) flottiglia f.

flottmachen ['-maxən] ꜊ disincagliare.

Flöz ꝗ [fløːts] n (3¹) vena f, filone m.

Fluch [fluːx] m (3³) maledizione f ts; (Lästerung) bestemmia f; **2beladen** esecrato; **2en** (25) bestemmiare; auf j-n: maledire (qu.).

Flucht [fluxt] f (16) fuga f; (Reihe) fila f; **2artig** ['-⁹aːrtiç] in tutta fretta, in fretta e furia.

flücht|en ['flyçtən] (26, sn) fuggire; sich ~ rifugiarsi; **~ig 1.** adj. fugace; Personen: fuggitivo; Verbrecher: latitante; ~ werden rendersi latitante; (schnell) rapido; ꜚ volatile; **2.** adv. in fretta; alla sfuggita; **2igkeit** f fugacità f; velocità f; volatilità f; disattenzione f; **2ling** ['-liŋ] m (3¹) fuggitivo m; Pol. profugo m; ✗ disertore m; **2lingslager** n campo m (di) profughi.

Flucht|linie ꜊ ['fluxtliːnjə] f rettifilo m; **~versuch** m tentativo m di fuga.

fluchwürdig ['fluːxvyrdiç] esecrando.

Flug [fluːk] m (3³) volo m; **'~abwehr** f difesa f antiaerea; **'~bahn** f traiettoria f; **'~blatt** n volantino m, mani-

festino m, foglio m volante; **'~boot** n idrovolante m; **'~dauer** f durata f di volo.

Flügel ['flyːgəl] m (7) ala f; ♩ piano m a coda; (Nasen♀) pinna f; (Tür♀) battente m; (Fenster♀) imposta f; **2förmig** ['--fœrmiç] aliforme; **~mann** m capofila m; **~schlag** m alata f; **~tür** f porta f a battenti; **~weite** f apertura f d'ali.

Flug|feld ['fluːkfɛlt] n aerodromo m, campo m di volo (di aviazione); **~gast** m passeggiero m.

flügge ['flyːgə] pennuto; capace di volare.

Flug|geschwindigkeit ['fluːkgə-ʃvindiçkart] f velocità f di volo; **~hafen** m aeroporto m; **~lehrer** m pilota m istruttore; **~linie** f aviolinea f; **~plan** m orario m di volo; **~platz** m aerodromo m, campo m d'aviazione; **~post** f posta f aerea; durch ~ per via aerea; **~sand** m sabbia f mobile; **~schein** m biglietto m di volo; **~schrift** f opuscolo m; **~strecke** f percorso m aereo; **~stützpunkt** m base f aerea; **~technik** f aviazione f, aeronautica f; **~verkehr** m traffico m aereo; **~wesen** n aviazione f; **~zeit** f durata f di volo; **~zeug** n aeroplano m, aereo m, velivolo m; **~zeugführer** m pilota m; **~zeughalle** f aviorimessa f; **~zeugkanzel** f carlinga f; cabina f di pilotaggio; **~zeuglinie** f aviolinea f; **~zeugträger** m nave f portaerei; **~zeugrumpf** m fusoliera f; **~zeugunglück** n incidente m aereo.

Fluidum ['fluːidʊm] n (9²) atmosfera f, fluido m.

fluktuieren [fluktuˈiːrən] fluttuare.

Flunder ['flundər] f (15) Zo. pesce m passera.

flunkern F ['fluŋkərn] (29) raccontare frottole, millantare, sballarne.

Fluor ['fluːɔr] m (7, o. pl.) fluoro m; **~es'zenz** f fluorescenza f; **2es'zierend** fluorescente.

Flur [fluːr] m: **a)** f (16) campagna f; **b)** m (3) corridoio m; andito m; (Treppen♀) pianerottolo m; **'~bereinigung** f epurazione f (od. sistemazione f) catastale; **'~hüter** m guardia f campestre; **'~schaden** m danni m/pl. alle coltivazioni.

Fluß [flus] m (3³) fiume m; ꝸ u. Phys. flusso m; in ~ kommen animarsi; in ~ bringen animare; **2'ab-**

wärts a valle; ⚥**aufwärts** a monte;
'_**bett** n alveo m.

Flüßchen ['flysçən] n fiumicello m.

flüssig ['flysiç] liquido; *Gase:* fluido; ✝ disponibile; ~ **machen** liquefare; ⚥**keit** f liquido m; fluido m; *(das Flüssigsein)* liquidità f, fluidità f; **~machen** ✝ realizzare; mobilitare.

Fluß|pferd ['fluspfe:rt] n ippopotamo m; **~schiffahrt** f navigazione f fluviale; **~spat** m (3) spato m di fluoro; **~windung** f meandro m.

flüster|n ['flystərn] **1.** v/i. (29) sus(s)urrare; **2.** ⚥n n (6, o. pl.) sus(s)urro m; ⚥**propaganda** f propaganda f clandestina.

Flut [flu:t] f (16) *(Fließen)* flusso m; *(Welle)* flutto m; alta marea f; *(Überschwemmung)* inondazione f; *fig.* diluvio m; '⚥**en** (26, h. u. sein) fluttuare; *es flutet* la marea sale.

Fock [fɔk] ⚓ f *(a. ~mast* m albero m di) trinchetto m; *(a. ~segel* n vela f di) trinchetto m.

Fohlen ['fo:lən] n (6) puledro m.

Föhn [fø:n] m (3) favonio m, vento m (alpestre) del sud.

Föhre ♀ ['fø:rə] f (15) pino m comune.

Folge ['fɔlgə] f (15) seguito m; *(Reihe)* serie f; *(Erb⚥)* successione f; *(Karten⚥)* sequenza f; *(Wirkung)* consequenza f; *zur ~ haben* avere per consequenza; *~ leisten dem Gesetz:* obbedire, *der Einladung:* accettare (qc.), *e-m Wunsch:* soddisfare (qc.); **~erscheinung** ['--ʔɛrʃaɪnuŋ] f consequenza f; **~leistung** f accettazione f; ubbidienza f.

folgen ['fɔlgən] (25, sn) *(dat.)* seguire; *an j-s Stelle:* succedere; *(gehorchen)* ubbidire; **~d** seguente; *(aufeinander~)* successivo; **~dermaßen** ['--dər'ma:sen] nel modo seguente.

'**folge|nlos** senza consequenza; '**~nreich** grave di consequenze; '**~recht,** '**~richtig** conseguente, logico; '⚥**richtigkeit** f coerenza f, logicità f.

folger|n ['fɔlgərn] (29) arguire; concludere *(aus* di); ⚥**ung** f conclusione f.

folgewidrig ['--vi:driç] inconseguente; ⚥**keit** f inconseguenza f.

Folgezeit ['--tsaɪt] f seguito m.

folg|lich ['fɔlkliç] per consequenza;

~sam docile; ⚥**samkeit** f docilità f.

Foliant [fol'jant] m (12) volume m in folio.

Folie ['fo:ljə] f (15) foglia f (di metallo).

Folio ['fo:ljo:] n (9¹ u. 11) folio m.

Folter ['fɔltər] f (15) tortura f; tormento m; *auf die ~ spannen fig.* tenere in sospeso; ⚥**n** v/t. (29) torturare.

Fön [fø:n] m (3) asciugatore m elettrico.

Fonds [fɔ̃] m uv. fondi m/pl.; **~börse** f borsa f dei valori.

Fontäne [fɔn'tɛ:nə] f (15) fontana f.

fopp|en ['fɔpən] v/t. (25) burlare, prendere in giro; ⚥e'**rei** f corbellatura f, burla f.

forcieren [fɔr'si:rən] accelerare; precipitare.

Förder|band ['fœrdərbant] n nastro m trasportatore; **~er** m promotore m, sostenitore m; protettore m; **~korb** ⚒ m gabbia f d'estrazione; ⚥**lich** utile; **~schacht** ⚒ m pozzo m d'estrazione.

fordern ['fɔrdərn] (29) pretendere (*et. von j-m* qc. da qu.); esigere; reclamare; *Recht:* rivendicare; *(her-aus~)* sfidare.

fördern ['fœrdərn] (29) promuovere, favorire, incoraggiare, incrementare, alimentare, agevolare; ⚒ estrarre.

'**Förderseil** n fune f per l'estrazione.

Forderung ['fɔrdəruŋ] f domanda f; pretesa f; rivendicazione f; ✝ credito m.

Förderung ['fœrdəruŋ] f promozione f; incoraggiamento m, appoggio m, incremento m; ⚒ estrazione f.

Forelle [fo'rɛlə] f (15) trota f.

Form [fɔrm] f (16) forma f; *(Machart)* fattura f; F *in ~ sein* essere in forma; *aus der ~ kommen* sformarsi; *in aller ~* nelle regole, solennemente; ⚥**al** [-'ma:l] formale.

Formal|ismus [forma'lismus] m (16²) formalismo m; **~ist(in** f) m formalista m u. f; **~i'tät** f formalità f.

Form|at [-'ma:t] n (3) formato m; **~ation** [--ts'jo:n] f formazione f; '**~blatt** n formulario m.

Form|el ['fɔrməl] f (15) formula f; ⚥**elhaft** convenzionale; ⚥**ell** [-'mɛl] formale; 2en ['-mən] (25) formare, foggiare; ~enlehre f morfologia f; ~er m (7) formatore m; ~fehler m vizio m di forma; ~gebung ['-ge:-buŋ] f modellazione f; 2'ieren formare; ~'ierung f formazione f.

förmlich ['fœrmlɪç] formale; 2keit f formalità f; 2keiten pl. cerimonie f/pl.

form|los ['fɔrmlo:s] informe; fig. senza maniere; 2losigkeit f mancanza f di forme; rozzezza f; 2sache f formalità f; ~schön formoso.

Formul|ar [-mu'la:r] n (3¹) modulo m; 2ieren formulare.

forsch [fɔrʃ] energico, forte.

forsch|en ['fɔrʃən] (27) investigare; ricercare; indagare; Lit. fare ricerche; ~end scrutatore; 2er m (7) indagatore m; ⍰ scienziato m; 2ung ['-ʃuŋ] f ricerca f (scientifica); studi m/pl.; 2ungsreise ['-ʃuŋs-raɪzə] f viaggio m d'esplorazione; 2ungsreisende(r) ['---zəndər] m (18) esploratore m; 2ungssatellit ['---zateli:t] m satellite m scientifico; 2ungsschiff n nave f oceanografica; 2ungsstelle f istituto m scientifico.

Forst [fɔrst] m (3²) foresta f; '~-akademie f accademia f forestale; '~amt n ufficio m forestale; '~aufseher m guardia f forestale; '~beamte(r) m impiegato m forestale.

Förster ['fœrstər] m (7) guardia f delle foreste; guardaboschi m; ~ei [--'raɪ] f casa f del guardaboschi.

Forst|fach ['-fax] n scienza f forestale; ~frevel m contravvenzione f alle leggi forestali; ~haus n s. Försterei; ~meister m ispettore m forestale; ~revier n distretto m forestale; ~schule f scuola f forestale; ~wirtschaft f silvicultura f.

Fort¹ ⚔ [fo:r] n (11) forte m; kleines: fortino m.

fort² [fɔrt] avanti; (weg) via; ~ und ~ od. in e-m ~ continuamente; und so ~ e così via; ~ sein non esserci più; ~ mit dir! vattene!; ~'ab, ~'an d'ora innanzi, d'ora in poi; d'allora in poi.

fort... [fɔrt...]: in Zssgn mit Zeitwörtern mst continuare a ...; bzw. ... via; z.B. ~arbeiten continuare a lavorare; ~bringen portar via.

'fort|begeben: sich ~ andarsene; 2-bestand m continuazione f; sopravvivenza f; ~bestehen continuare ad esistere, perdurare; ~bewegen rimuovere; sich ~ muoversi; 2bewegung f movimento m progressivo; locomozione f; ~bilden: sich ~ perfezionarsi; 2bildung f perfezionamento m; 2bildungsschule f scuola f complementare (od. di perfezionamento); ~bleiben (sn) non venire; ~bringen portar via; 2-dauer f continuazione f; ~dauern continuare; ~dauernd permanente; continuo; ~fahren 1. v/t. portar via; 2. v/i. (sn) partire; continuare; 2fall m cessazione f; ~fallen (sn) cessare; essere soppresso; ~führen continuare; 2führung f continuazione f; 2gang m continuazione f, progresso m; ~gehen (sn) andarsene; ~geschritten progredito; Kurs: superiore; ~gesetzt ['-gə-zetst] continuato, continuo; ~'hin d'or innanzi; ~jagen cacciare via; ~kommen 1. (sn) andarsene; fig. andar avanti; smarrire; mein Koffer ist mir fortgekommen ho smarrito il mio baule; 2. 2kommen n (6) buona riuscita f; progresso m; ~können poter partire, poter andar avanti; ~lassen lasciar andare; (auslassen) ommettere; ~laufen (sn) continuare; (fliehen) correre via; ~laufend continuo; progressivo; ~leben continuare a vivere; ~müssen doversene andare; ~nehmen togliere; ~pflanzen propagare; fig. trasmettere; 2pflanzung f propagazione f; riproduzione f; Physiol. procreazione f; ~schaffen portar via; ~scheren: sich ~ andarsene; scher dich fort! va alla malora!; ~schicken mandar via; ~schleichen (sn) svignarsela; ~schreiten (sn) avanzare; progredire; ~schreitend progressivo; 2schritt m progresso m; 2schrittler m, ~schrittlich adj. progressista m; ~sehnen: sich ~ bramare d'andarsene; ~setzen continuare; 2setzung f continuazione f; ~folgt continua; ~stürzen (sn) precipitarsi fuori; ~tragen portar via; ~während ['-vɛ:rənt] continuo; adv. di continuo, continuamente; ~wirken continuare ad agire; ~wollen volersene andare; ~ziehen v/t. tirare via; v/i. cambiare domicilio;

Foto *usw. s. Photo usw.*

Foyer [foa'je:] *n* (11) *Thea.* ridotto *m*, atrio *m*.

Fracht [fraxt] *f* (16) carico *m*; (*Fuhrlohn*) porto *m*; *zu Lande:* vettura *f*; ⚓ nolo *m*; '**brief** *m* lettera *f* di vettura, ⚓ polizza *f* di carico; '**dampfer** *m* nave *f* da trasporto; '**flugzeug** *n* aereo *m* da trasporto; ⚓**frei** ['-fraɪ] franco di porto; '**gut** *n* (merci *f/pl. a.*) piccola velocità *f*; '**satz** *m* nolo *m*; '**spesen** *pl.* spese *f/pl.* di trasporto; '**stück** *n* collo *m*; '**wagen** *m* carro *m* merci.

Frack [frak] *m* (11 *u.* 3³) frac *m inv.*, marsina *f*.

Frag|e ['fra:gə] *f* (15) domanda *f*; (*Streit⚓*) questione *f*; problema *m*; *in ~ stellen* mettere in dubbio; ⚓**bogen** *m* questionario *m*; ⚓**en** ['-gən] (25) domandare (*j-n a qu.*; *nach j-m* di qu.; *j-n et. qc. a qu.*); *es fragt sich ...* la questione è ...; ⚓**end** interrogativo; ⚓**ende(r)** *m*, ⚓**er** *m* interrogatore *m*; interlocutore *m*.

Frage|steller ['fra:gəʃtɛlər] *m* interrogatore *m*; '**zeichen** *n* punto *m* interrogativo.

frag|lich ['fra:klɪç] in questione; (*zweifelhaft*) incerto, dubbioso; discutibile; ⚓**los** indubitabile.

Fragment [frag'mɛnt] *n* (3) frammento *m*; ⚓**arisch** frammentario.

fragwürdig ['fra:kvyrdɪç] problematico, equivoco.

Fraktion [frakts'jo:n] *f* (16) frazione *f*; *Pol.* gruppo *m* parlamentare.

Fraktur [frak'tu:r] *f* (16) caratteri *m/pl.* tedeschi; ⚕ frattura *f*; *~ reden mit j-m fig.* cantarne quattro a qu.

frank [fraŋk]: *~ und frei* francamente.

frankier|en [fraŋ'ki:rən] (af)francare; ⚓**ung** *f* (af)francatura *f*.

franko ['fraŋko] franco.

Franse ['franzə] *f* (15) frangia *f*.

Franzose *m* (13), **Französin** *f* [fran'tso:zə, -'tsø:zin] francese *m u. f*; ⊕ chiave *f* inglese.

französisch [-'tsø:zif] francese.

Fräs|e ⊕ ['frɛ:zə] *f* (15) fresa *f*; ⚓**en** (27) fresare; ⚓**er** *m* fresatore *m*; ⚓**maschine** ['frɛ:smaʃi:nə] *f* fresatrice *f*.

Fraß [fra:s] **1.** *m* (3²) porcheria *f*; **2.** ♀, **fräße** ['frɛ:sə] *s. fressen*.

Fratze ['fratsə] *f* (15) smorfia *f*; ⚓n**haft** buffonesco, scimmiesco.

F

Frau [frau] *f* (16) donna *f*; (*Gattin*) moglie *f*; (*Haus⚓*) padrona *f*; *mit Namen od. Titel:* la signora ...; *gnädige ~* Signora.

'**Frauen|arzt** *m* ginecologo *m*; ⚓**bewegung** *f* femminismo *m*; ⚓**frage** *f* questione *f* femminile; ⚓**haar** ♀ *n* capelvenere *m*; ⚓**haft** donnesco; ⚓**kloster** *n* convento *m* di monache; ⚓**rechtlerin** ['--rɛçtlərin] *f* femminista *f*; ⚓**zimmer** *n* donnaccia *f*.

Fräulein ['frɔʏlaɪn] *n* (6) signorina *f*.

frech [frɛç] sfacciato, insolente; '⚓**heit** *f* sfacciataggine *f*, insolenza *f*.

Fregatte [fre'gatə] *f* (15) fregata *f*.

frei [fraɪ] **1.** *adj.* libero, a scelta; *von Abgaben:* esente; gratuito; (*unbesetzt*) vacante; ⚓, *Hafen:* franco; *Kunst:* liberale; *Schule:* giornata *f* libera; *auf ~em Feld* in piena campagna; *unter ~em Himmel* allo scoperto; *et. ~ lassen (nicht beschreiben)* lasciare in bianco; *~ ins Haus* franco domicilio; *~e Wohnung* alloggio *m* gratuito; *auf e-m Brief:* ⚓**machen** affrancare; *ich bin so ~ zu ...* mi prendo la libertà di ...; *es steht Ihnen ~ zu ...* Lei è padrone di ...; *~ werden Platz:* tornar libero; *Stellung:* farsi vacante; **2.** *adv.* (⚓**heraus**) liberamente; *~ sprechen* parlare francamente; *ohne Manuskript:* senza manoscritto.

Frei|antwort ['fraɪʔantvɔrt] *f* risposta *f* pagata; ⚓**bad** *n* piscina *f* all'aperto; ⚓**bekommen** liberare; *Schule:* aver vacanza; ⚓**beuter** ['-bɔʏtər] *m* (7) filibustiere *m*; ⚓**billett** *n* biglietto *m* gratuito; ⚓**bleibend** senza impegno; ⚓**brief** *m* fig. privilegio *m*, carta *f* bianca; ⚓**denker** *m* libero pensatore *m*.

Freie ['fraɪə] *n*: *im ~n, ins ~* all'aperto.

frei|en ['fraɪən] (25) **1.** *v/t.* sposare; **2.** *v/i.* (*um ac.*) chiedere la mano di; ⚓**er** *m* (7) pretendente *m*; ⚓**ersfüße** *pl.*: *auf ~n gehen* andar in cerca di una sposa.

'**Frei|exemplar** *n* esemplare *m* gratuito, (copia *f* in) omaggio *m*; ⚓**fläche** *f* spazio *m* libero; ⚓**frau** *f* baronessa *f*; ⚓**gabe** *f* restituzione *f*; svincolamento *m*, sblocco *m*; ⚓**geben** liberare; (*erlauben*) permettere; *e-n Tag:* dare vacanza; ⚓**gebig** ['-ge:bɪç] generoso; munifico; ⚓**gebigkeit** *f* generosità *f*, munificenza *f;* ~**gelassene(r)** ['-gəlasənə(r)] *m* liberto *m;* ~**gepäck** *n* franchigia *f* di bagaglio; ~**hafen** *m* porto *m* franco; 2**halten** *Platz:* riservare; *Person:* pagar da bere (da mangiare): spesare; ~**handel** *m* libero scambio *m;* 2**händig** ['-hɛndiç] a mani libere.

Freiheit ['-hart] *f* libertà *f; von Lasten:* esenzione *f; Zoll:* franchigia *f;* 2**lich** liberale; ~**sberaubung** ['--bəraubuŋ] *f* sequestro *m* di persona; ~**skrieg** *m* guerra *f* d'indipendenza; ~**sliebe** *f* amore *m* per la libertà; ~**sstrafe** *f* pena *f* detentiva.

frei|heraus [frathe'raʊs]: ~ *sagen* spiattellare; 2**herr** *m* barone *m;* 2**karte** *f* biglietto *m* gratuito; '2**kommen** (*sn*) liberarsi; ꝗ essere assolto; 2**korps** ['-ko:r] *n* corpo *m* di volontari; '2**lassen** rilasciare; rimettere in libertà; '2**lassung** *f* liberazione *f;* ꝗ scarcerazione *f; ehm.* emancipazione *f;* '2**lauf** *m Fahrrad:* ruota *f* libera.

'**frei|legen** sgombrare, riportare alla luce; '2**lich** ['fraɪliç] sicuro; già; veramente; '2**licht-aufnahme** *f* fotografia *f* all'aria aperta; '2**licht-bühne** *f* teatro *m* (*od.* cinema *f*) all'aperto; ~**machen** svincolare; *j-n:* liberare; 🕮 affrancare; *sich* ~ liberarsi; *Kleid:* spogliarsi; 2**marke** *f* francobollo *m;* 2**maurer** *m* framassone *m;* 2**maurerei** ['-maʊrə'raɪ] *f* framassoneria *f;* 2**mut** *m* franchezza *f;* ~**mütig** ['-my:tiç] franco; 2**schar** *f* corpo *m* di volontari; 2**schärler** ['-ʃɛ:rlər] *m* (3¹) francotiratore *m;* 2**sinn** *m* spirito *m* liberale; *Pol.* liberalismo *m;* ~**sinnig** liberale; ~**sprechen** assolvere; 2**sprechung** *f,* 2**spruch** *m* assoluzione *f;* 2**statt** *f,* 2**stätte** *f* rifugio *m,* asilo *m;* ~**stehen**: es steht Ihnen frei zu ... è libero di ...; 2**stelle** *f* posto *m* gratuito; borsa *f* (di studio); ~**stellen**: *j-m et.* ~ rimettere qc. a qu.; lasciare la scelta di qc. a qu.); *v. Verpflichtungen:* dispensare da; 2**stil** *m Sport:* stile *m* libero; 2**stilringen** *n* lotta *f* libera; 2**stoß** *m Fußball:* calcio *m* di punizione; 2**tag** *m* venerdì *m;* 2**tisch** *m* borsa *f* (di studio); 2**tod** *m* suicidio *m;* 2**treppe** *f* gradinata *f,* scalinata *f;* scalone *m;* 2**-übungen** *f/pl.* esercizi *m/pl.* di ginnastica; 2**-umschlag** *m*

busta *f* affrancata; 2**wild** *fig. n* vittima *f* senza difesa; ~**willig,** 2**willige(r)** *m* ['-viliç, '--ligə(r)] (18) volontario (*m*); 2**zeit** *f* ore *f/pl.* libere; 2**zügigkeit** ['-tsy:giçkaɪt] *f* libertà *f* di domicilio.

fremd [frɛmt] forestiero; (*ausländisch*) straniero; (*nicht zugehörig*) estraneo; (*anderen gehörig*) altrui; (*unbekannt*) sconosciuto; (*seltsam*) strano; et. (*Fehler usw.*) *ist mir* ~ sono alieno da qc.; 2**artig** ['-?a:rtiç] eterogeneo; *fig.* strano; 2**-artigkeit** *f* eterogeneità *f,* stranezza *f.*

Fremde ['frɛmdə] *f* (15, *o. pl.*) estero *m.*

'**Fremden|buch** *n* registro *m* dei forestieri; ~**führer** *m* guida *f* turistica; ~**heim** *n* pensione *f;* ~**industrie** *f* industria *f* del turismo; ~**legion** ['--legjo:n] *f* legione *f* straniera; 2**legionär** ['----nɛ:r] *m* (3¹) legionario *m;* ~**verkehr** *m* movimento *m* turistico, turismo *m;* ~**verkehrs-amt** *n* ente *m* per il turismo; ufficio *m* turistico; ~**zimmer** *n* camera *f* per turisti.

'**Fremde(r)** *m* (18) forestiero *m;* straniero *m.*

Fremd|heit ['frɛmthaɪt] *f* estraneità *f;* (*Sonderbarkeit*) stranezza *f;* ~**herrschaft** *f* dominio *m* straniero; ~**körper** *m* corpo *m* estraneo; 2**ländisch** ['-lɛndiʃ] straniero; ~**ling** *m* (*Ausländer*) straniero *m;* ~**sprache** *f* lingua *f* straniera; 2**sprachlich** ['-ʃpra:xliç] di (in) lingua straniera; ~**wort** *n* parola *f* straniera.

frenetisch [fre'ne:tiʃ] frenetico.

Frequenz [fre'kvɛnts] *f* (16) frequenza *f.*

Fresko ['frɛsko:] *n* (9¹) affresco *m.*

'**Fresko|bild** *n,* ~**gemälde** *n* affresco *m;* ~**maler(in** *f*) *m* affreschista *m u. f;* ~**malerei** *f* pittura *f* a fresco.

Fresse P ['frɛsə] *f* (15) grugno *m.*

fress|en ['-sən] 1. (30) *v/t.* mangiare; (*Raubtier*) divorare; *fig.* consumare; 2. 2**en** *n* (6) mangiare *m;* pasto *m;* 2**er** *m* (7) mangione *m;* 2**e'rei** *f* pappata *f,* mangiatona *f.*

Freß|gier ['frɛsgi:r] *f* voracità *f,* 2**gierig** ['-gi:riç] vorace; ~**gelage** *n* banchetto *m,* crapula *f;* ~**näpfchen** *n* beccatoio *m.*

Frettchen *Zo.* ['frɛtçən] *n* (6) furetto *m.*

Freude ['frɔʏdə] f (15) gioia f; (*Vergnügen*) piacere m; compiacimento m; s-r ~ *Ausdruck geben* compiacersi; **~nbezeigung** ['-ɔnbetsaɪɡʊn] f dimostrazione f di giubilo; **~nbotschaft** f lieta notizia f; **~nfeuer** n falò m; **~nhaus** n postribolo m; casa f di tolleranza; **~nmädchen** n prostituta f; **~ntag** m giorno m di festa; **Ꝗstrahlend** raggiante di gioia.

freud|ig ['-diç] lieto; *Empfang*: festoso; **Ꝗigkeit** f letizia f; **~los** ['frɔʏtloːs] privo di gioia, triste; **~voll** ['frɔʏtfɔl] gioioso.

freuen ['frɔʏən] (25): sich ~ rallegrarsi, compiacersi; *es freut mich* ... mi rallegro..., sono lieto (*od.* contento) ...; (*es*) *freut mich!* tanto piacere!

Freund [frɔʏnt] m (3) amico m; *ein großer ~ der Musik* molto amante della musica; *ich bin kein ~ von* ... non mi piace il ...; **'~in** f amica f; **Ꝗlich** ['-liç] amichevole; (*liebevoll*) amorevole; (*höflich*) gentile; cortese; (*heiter*) ridente; **'~lichkeit** f amichevolezza f; amorevolezza f; gentilezza f; cortesia f; aria f ridente; **~schaft** ['-ʃaft] f amicizia f; **Ꝗschaftlich** amichevole, da amico; **~schaftsvertrag** ['--sfɛrtraːk] m patto m d'amicizia.

Frevel ['freːfəl] m (7) delitto m; *Rel.* sacrilegio m; **Ꝗhaft** delittuoso; sacrilego; temerario; **Ꝗn** (29) commettere un delitto (un sacrilegio); **~tat** f delitto m.

Frevler ['freːflər] m (7) scellerato m, delinquente m.

Friede (13¹), **~n** (6) ['friːdə(n)] m pace f; *fig. a.* tranquillità f; *im ~n* in tempo di pace; *~n schließen* concludere la pace.

'Friedens|bedingungen f/pl. condizioni f/pl. di pace; **~bewegung** f movimento m pacifista; **~botschaft** f messaggio m di pace; **~bruch** m violazione f della pace; **~richter** m giudice m conciliatore; **~schluß** m conclusione f di pace; **~stifter** m negoziatore m della pace; **~störer** m aggressore m; **~verhandlungen** f/pl. trattative f/pl. di pace; **~vertrag** m trattato m di pace; **~vorschlag** m proposta f di pace.

fried|fertig ['friːtfɛrtiç] pacifico; **Ꝗfertigkeit** f carattere m pacifico;

Ꝗhof m cimitero m; **~lich** pacifico; *Landschaft usw.*: placido; **~liebend** ['-liːbənt] pacifico.

frieren ['friːrən] (30) aver freddo; gelare; *Flüssigkeit*: gelarsi; *mir ~ die Hände* ho freddo alle mani; ho le mani gelate.

Fries [friːs] m (4) △ fregio m; *Gewebe*: fascia f.

Frikassee [frika'seː] n (11) fricassea f.

frisch [friʃ] fresco; (*gesund*) sano; (*neu*) nuovo; (*kürzlich*) recente; *auf ~er Tat* sul fatto; in flagrante, F con le mani nel sacco; *~ gestrichen!* vernice fresca!; '**Ꝗe** f freschezza f; '**Ꝗfleisch** n carne f fresca; **Ꝗling** ['-lɪŋ] m (3¹) *Zo.* cinghiale m di latte; **~weg** risolutamente.

Fris|eur [fri'zøːr] m (3¹) parrucchiere m; **~euse** [-'zøːzə] f (15) parrucchiera f; **Ꝗieren** pettinare; **~iermantel** m accappatoio m; **~iersalon** m salone m da parrucchiere.

Frist [frist] f (16) termine m; (*Aufschub*) proroga f; *allg.* (spazio m di) tempo m; '**~ablauf** m scadenza f del termine; **Ꝗen** (26): *sein Leben ~* stentare la vita; campare, F vivacchiare; '**Ꝗlos** senza preavviso; su due piedi; '**~verlängerung** f proroga f.

Frisur [fri'zuːr] f (16) pettinatura f.

frivol [fri'voːl] frivolo.

froh [froː] lieto; (*vergnügt*) allegro; *ich wäre ~* ... sarei contento (*od.* felice) ...

fröhlich ['frøːliç] allegro; **Ꝗkeit** f allegria f.

frohlocken [fro'lɔkən] **1.** v/i. esultare, trionfare; **2.** Ꝗ n (6) esultanza f.

Frohsinn ['froːzin] m gaiezza f.

fromm [frɔm] (18²) devoto; religioso; pio (*a. fig.*).

Frömm|elei [frœmə'laɪ] f bigotteria f; **Ꝗeln** fare il santo.

frommen ['frɔmən] (25) giovare; portare vantaggio (*od.* profitto).

Frömm|igkeit [frœmiçkaɪt] f devozione f, religiosità f; **~ler(in** f) m baciapile m u. f.

Fron [froːn] f (16), '**~arbeit** f, '**~dienst** m *hist.* corvata f, comandata f.

frönen ['frøːnən] (25) (*dat.*) essere schiavo di; abbandonarsi a.

Fronleichnam [froːn'laɪçnaːm] m Corpus Domini m.

Front [frɔnt] f (16) △ facciata f; ✗

fronte m; '**~abschnitt** m settore m;
♀'**al** frontale; '**~antrieb** m trazione
f anteriore; '**~dienst** m servizio m
al fronte; '**~kämpfer** m combattente m al fronte.

Frosch [frɔʃ] m (3² u. ³) rana f; ♪ vite
f; (Feuerwerk) salterello m; '**~mann**
m uomo m rana; '**~perspektive** f
fig. punto m (od. angolo m) di vista
assai ristretto.

Frost [frɔst] m (3² u. ³) gelo m;
freddo m; '**~beule** f gelone m.

frösteln ['frœstəln] (29) avere dei
brividi; es fröstelt mich ho dei brividi.

frostig ['frɔstiç] freddo, gelido; glaciale; (fröstelnd) freddoloso; ♀**keit** f
freddezza f.

'**Frost**|**schäden** m/pl. danni m/pl.
causati dal gelo; **~schutzmittel**
['-ʃutsmitəl] n anticongelante m.

frottier|**en** [frɔ'tiːrən] fare frizioni
a, asciugare; ♀**tuch** n accappatoio m
a spugna.

Frucht [fruxt] f (14¹) frutto m;
(Leibes♀) feto m; '♀**bar** fertile; fecondo; '**~barkeit** f fertilità f (a. fig.);
fecondità f; '**~baum** m albero m da
frutta; ♀**bringend** fruttifero; '**~eis**
n gelato m di frutta; '**~en** (26) fruttare '**~fleisch** n polpa f; '**~folge** ♪ ⚙ f
rotazione f delle semine; '**~hülle** f
pericarpio m; '♀**los** infruttuoso;
inutile; '**~losigkeit** f infruttuosità f;
inutilità f, inanità f; '♀**reich** fruttuoso; '**~saft** m succo m di frutta;
'**~teller** m fruttiera f; ♀**tragend**
['-traːgənt] fruttifero; '**~wechsel** m
rotazione f delle semine.

früh [fryː] **1.** adj. primo; (morgendlich) mattutino; Verstand: precoce;
Obst: primaticcio; Tod: prematuro;
2. adv. presto; **~morgens** di buon'o-
ra; heute ~ stamane; morgen ~ domattina; schon ~ già per tempo; ~
aufstehen alzarsi la mattina presto
(od. di buon'ora); '♀**-apfel** m mela f
primaticcia; '♀**-arbeit** f lavoro m
mattutino; '♀**-aufsteher** m matti-
niero m.

Frühe ['fryːə] f (15, o. pl.) mattino
m; in aller ~ di mattina presto.

früh|**er** ['fryːər] **1.** adj. precedente;
(ehemalig) vecchio, antico; ex...;
2. adv. prima; per l'innanzi; (damals) allora; ~ oder später prima o
poi; in ~en Zeiten in tempi più remoti; **~est** ['-əst]: der ~e Zug il pri-

mo treno; '**~estens** al più presto
possibile.

Früh|**geburt** ['fryːgəbuːrt] f parto
m prematuro; **~gottesdienst** m
messa f mattutina; **~jahr** n, **~ling** m
(3¹) primavera f; **~lings...** ['-liŋs...]:
in Zssgn ... primaverile; **~messe** f
prima messa f; ♀'**morgens** di buon
mattino; ♀**reif** precoce; Obst: primaticcio; **~reife** f precocità f; **~**
stück n colazione f; ♀**stücken** (25)
far colazione; ♀**zeitig 1.** adj. precoce; Obst: primaticcio; **2.** adv. di
buon'ora; presto; **~zeitigkeit** f precocità f; prematurità f; **~zug** m treno m del mattino; **~zündung** f Auto: accensione f anticipata.

Fuchs [fuks] m (4²) volpe f; fig. vol-
pone m; (Pferd) sauro m; (Student)
matricola f; ♀**artig** ['-ªaːrtiç] vol-
pino; '**~balg** m pelle f di volpe; '**~**
bau m volpaia f; '**~eisen** n [-liŋs...]
f; ♀**en** ['fuksən] (27) far arrabbiare,
far diventare matto.

Fuchsie ⚙ ['fuksjə] f (15) fucsia f.

'**Fuchs**|**schwanz** ⚙ m gattuccio m;
♀**teufelswild** ['-'-ᵒyfəls'vilt] furibondo.

Fuchtel ['fuxtəl] f (15) frusta f; unter j-s ~ stehen stare ai comandi di
qu.; ♀**n** (29): mit et. ~ agitare qc.

fuchtig ['fuxtiç] furioso, rabbioso.

Fuder ['fuːdər] n (7) carrettata f;
grossa botte f (di vino).

Fug [fuːk] m: mit ~ und Recht a
buon diritto.

Fuge ['fuːgə] f (15) ♪ fuga f; ⚙
commessura f; Anat. giuntura f;
♀**n** ⚙ (25) commettere, congiungere.

füg|**en** ['fyːgən] (25) disporre; ⚙ in-
castrare; aneinander: congiungere,
commettere; Steine: incastonare;
sich ~ adattarsi, rassegnarsi; unpers.
accadere; '**~lich** ['-liç] convenien-
temente; (im Grunde) in fondo; (mit
Recht) con ragione; **~sam** docile;
♀**samkeit** f docilità f; ♀**ung** ['-guŋ]
f provvidenza f; destino m.

fühl|**bar** ['fyːlbaːr] sensibile; (greif-
bar) tangibile; sich ~ machen farsi
sentire; ♀**barkeit** f sensibilità f; tan-
gibilità f; **~en** (25) sentire; (befühlen)
tastare; Freude: provare; ♀**er** Zo. m
(7) antenna f; die ~ ausstrecken fig.
tastare (od. sondare) il terreno; ♀**-**
horn n tentacolo m; **~los** insensibile; ♀**ung** f contatto m; ♀**ung-**

nahme ['luŋnɑ:mə] f (15) fig. presa f di contatto.

Fuhre ['fu:rə] f (15) carrata f; (Wagen) vettura f.

führen ['fy:rən] (25) condurre, dirigere; Auto: guidare; ☞ pilotare; Pol. governare; (bringen) portare; Bücher, Sprache, Waren, Zügel: tenere; Prozeß, Krieg: fare; Hiebe: tirare; Geschäft: gestire; Beweise: produrre; Namen, Titel: avere; Klage: sporgere; in Versuchung: indurre; sich ~ comportarsi; ~d in testa; ~ sein primeggiare; ~e Persönlichkeit personalità f molto importante (od. altolocata, molto in vista).

Führer ['fy:rər] m (7) guida f (a. Fremden2, Reise2); allg. capo m, dirigente m, condottiere m; ☞ pilota m; Straßenbahn: conduttore m; Fahrzeuge: conducente m; ☓ comandante m, capo m; ~schein m patente f (di guida); ~schicht f classe f dirigente; ~stand m posto m del macchinista.

Fuhr|knecht ['fu:rknɛçt] m carrettiere m; ~lohn m (spese f/pl. di) trasporto m; ~mann m barocciaio m; carrettiere m; ~park m autoparco m.

Führung ['fy:ruŋ] f guida f; direzione f; ☓ u. ⚓ comando m; ⊕ conduzione f; (Besichtigung) visita f con guida; (Benehmen) condotta f; (der Bücher) tenuta f; (der Geschäfte) gestione f (degli affari); ~szeugnis n certificato m di buona condotta; ✝ benservito m.

Fuhrwerk ['fu:rverk] n carro m, vettura f; ☓ carriaggio m.

Fülle ['fylə] f (15, o. pl.) pienezza f; (Über2) abbondanza f.

Füllen[1] ['fylən] n (6) Zo. puledro m.

füll|en[2] ['fylən] (25) riempire; Ballon: gonfiare; Zahn: otturare; in Flaschen: infiascare, imbottigliare; 2feder f, 2federhalter ['fe:dərhaltər] m (penna f) stilografica f; 2gewicht n peso m del contenuto; 2horn n cornucopia f; 2sel n (7) ripieno m; 2ung f empimento m, gonfiamento m; piombo m; (Zahn2) otturazione f; Kochk. ripieno m; 2wort n riempitivo m.

fummeln ['fuməln] (29) maneggiare; cincischiare.

Fund [funt] m (3) scoperta f; (Einfall) trovata f; s. ~gegenstand.

Fundament [funda'mɛnt] n (3) fondamento m; 2'al fondamentale; 2'ieren fondamentare.

Fund|büro ['funtbyro:] n ufficio m oggetti smarriti; ~gegenstand m oggetto m trovato; ~grube fig. f miniera f.

fundieren [fun'di:rən] fondare, consolidare; fundierte Schuld debito m consolidato.

Fund|ort ['funt⁹ɔrt] m, ~stelle f luogo m del ritrovamento; ~sache f oggetto m smarrito.

Fundus ['fundus] m uv. inventario m. (cinque m.)

fünf ['fynf] 1. adj. cinque; 2. 2 f)

fünf|armig ['fynf⁹armiç] a cinque bracci; 2-eck n pentagono m; ~eckig pentagonale; 2er m cinque m; pezzo m da cinque; ~er'lei di cinque specie; ~fach quintuplo; 2flächner m pentaedro m; 2füßer ['fy:sər] m pentametro m; ~'hundert cinquecento; 2'jahresplan m piano m quinquennale; ~jährig cinquenne; ~jährlich quinquennale; 2kampf m Sport: pentatlon m; ~malig ['-mɑ:liç] ripetuto cinque volte; quintuplo; ~sitzig ['-zitsiç] a cinque posti; ~stimmig ['-ʃtimiç] a cinque voci; ~stöckig ['-ʃtœkiç] di cinque piani; ~stündig ['-ʃtyndiç] di cinque ore; ~tägig ['-tɛ:giç] di cinque giorni; ~'tausend cinquemila; 2tel ['-təl] n quinto m; ~tens ['-təns] in quinto luogo; ~te(r) quinto; ~zehn quindici; ~zehnjährig ['-tse:nje:riç] quindicenne; ~zehnte(r) quindicesimo; ~zig ['-tsiç] cinquanta; 2ziger ['-tsigər] m (7) quinquagenario m; Geld: biglietto m da cinquanta (marchi usw.); ~zigjährig cinquantenne; ~zigste(r), 2zigstel n cinquantesimo adj. u. m.

fungieren [fuŋ'gi:rən] fungere.

Funk [fuŋk] m (3[1], o. pl.) radio f; ~anlage f impianto m radio; ~bearbeitung f adattamento m radiofonico; ~bild n telefoto f.

Funk|e ['fuŋkə] m (13) scintilla f; 2eln ['-kəln] (29) scintillare, brillare; 2elnagelneu ['-'nɑ:gəl'nɔy] nuovo fiammante.

funken ['fuŋkən] (25) trasmettere via radio; radiotelegrafare.

Funker ['fuŋkər] *m* (7) radiotelegrafista *m*; marconista *m*.

Funk|haus ['fuŋkhaus] *n* stazione *f* radio(trasmittente); ~**peilstation** *f* radiofaro *m*; ~**peilung** *f* radiogoniometria *f*; ~**sprechgerät** *n* apparecchio *m* radiotrasmittente; ~**spruch** *m* radiogramma *m*; marconigramma *m*; ~**station** *f* posto *m* radiotelegrafico; ~**stille** *f* sospensione *f* del servizio radiofonico.

Funktion [fuŋkts'jo:n] *f* (16) funzione *f*; ~**är** [--'nɛ:r] *m* (3¹) funzionario *m*; 2'**ieren** funzionare.

Funk|turm ['fuŋkturm] *m* torre *f* radio; ~**wagen** *m* vettura *f* radio.

für [fy:r] 1. *prp.* per; ~ *sich* tra sé; ~ *sich leben* vivere ritirato; ~*s erste* (*vorläufig*) per ora; in primo luogo; *Mann* ~ *Mann* l'uno dopo l'altro; tutti, ognuno; *Wort* ~ *Wort* parola per parola; *das ist e-e Sache* ~ *sich* ciò è un'altra cosa; ciò sta a parte; 2. *adv.* ~ *und* ~ sempre; 3. 2 *n uv.*: *das* ~ *und Wider* il pro ed il contro.

Fürbitte ['fy:rbitə] *f* intercessione *f*; ~**r** *m* intercessore *m*.

Furche ['furçə] *f* (15) solco *m*; (*Runzel*) ruga *f*, grinza *f*; 2**n** (25) solcare; (*Stirn*) corrugare.

Furcht [furçt] *f* (16, *o. pl.*) paura *f*; *vor Gott, kindlich:* timore *m*; 2**bar** terribile.

fürcht|en ['fyrçtən] (26) *v/t.* temere (*j-n* qu.); *sich* ~ aver paura (*vor dat.* di); ~**erlich** ['-tərliç] terribile; (*abscheulich*) orribile.

furcht|los ['furçtlo:s] intrepido; 2**losigkeit** *f* intrepidezza *f*; ~**sam** timido, pauroso; 2**samkeit** *f* timidezza *f*; paura *f*.

Furie ['fu:rjə] *f* (15) furia *f*.

Furnier [fur'ni:r] *n* (3¹) piallaccio *m*; 2**en** impiallacciare; ~**holz** *n* legno *m* d'impiallaccio.

Furore [fu'ro:rə] *f u. n:* ~ *machen* far furore.

Für|sorge ['fy:rzɔrgə] *f* previdenza *f*; cura *f*; *soziale* ~ previdenza *f* sociale; ~**sorge-amt** *n* ufficio *m* di assistenza (pubblica *od.* sociale); ~**sorge-anstalt** *f* casa *f* di correzione; ~**sorge-erziehung** *f* rieducazione *f* assistenziale; ~**sorger(in** *f*) *m* assistente *m u. f* previdenziale; impiegato (-a *f*) *m* della previdenza sociale; 2**sorglich** ['-zɔrkliç] premuroso; ~**sprache** *f* intercessione *f*;

~**sprecher** *m* intercessore *m*; ~**sprecherin** *Rel. f* avvocata *f*.

Fürst [fyrst] *m* (12) principe *m*; ~**engeschlecht** ['-əngəʃlɛçt], ~**enhaus** *n* dinastia *f*; ~**entum** *n* (1²) principato *m*; '~**in** *f* principessa *f*; 2**lich** principesco; '~**lichkeiten** *pl.* principi *m/pl.*

Furt [furt] *f* (16) guado *m*.

Furunkel ⚕ [fu'ruŋkəl] *m* (7) furuncolo *m*.

für|wahr [fy'va:r] per vero, in verità; '2**witz** *m s.* Vorwitz; 2**wort** ['fy:rvɔrt] *n* pronome *m*.

Furz V [furts] *m* (3² *u.* ³) peto *m*; '2**en** V (25) petare.

Fusel ['fu:zəl] *m* (7) zozza *f*.

Fusion [fu'zjo:n] *f* (16) fusione *f*; 2'**ieren** fusionare.

Fuß [fu:s] *m* (3³ *u.* ³) piede *m*; (*Tier*2) zampa *f*; *zu* ~ a piedi; *auf großem* ~ *leben* menare gran treno; *auf gutem* ~ *stehen* stare in ottimi termini; *auf gespanntem* ~ *stehen* essere in urto; *auf schwachen Füßen stehen* mancare di fondamento; *keinen* ~*breit weichen von* non cedere di un passo; *am* ~*e des Berges* ai piedi del monte.

Fuß|angel ['fu:sʔaŋəl] *f* trappola *f*; ~**bad** *n* pediluvio *m*; ~**ball** *m* pallone *m*; *Spiel:* calcio *m*; ~**ballmannschaft** ['--manʃaft] *f* squadra *f* di calcio; ~**ballplatz** *m* campo *m* di calcio; ~**ballspiel** *n* gioco *m* del calcio; ~**ballspieler** *m* calciatore *m*; ~**balltoto** *n* tocalcio *m*; ~**bank** *f* sgabello *m*; ~**bekleidung** *f* alzatura *f*; ~**boden** *m* pavimento *m*; ~**bremse** *f* freno *m* a pedale; ~**decke** *f* copripiedo *m*; ~**eisen** *n* ceppi *m/pl.*; (*Falle*) tagliola *f*.

fußen ['fu:sən] (27) *fig.* basare; fondarsi.

Fuß|ende ['fu:sʔɛndə] *n* piedi *m/pl.* del letto; ~**fall** *m* prosternazione *f*; *e-n* ~ *vor j-m tun* prosternarsi ai piedi di qu.; 2**fällig** prostrato; ~**fehler** *m Tennis:* fallo *m* di piede; ~**gänger** ['-gɛŋər] *m* (7) pedone *m*; ~**gängerstreifen** *m* striscia *f* pedonale; ~**gänger-übergang** *m* passaggio *m* pedonale; ~**gestell** *n* piedistallo *m*; ~**hebel** *m* pedale *m*; 2**hoch** alto un piede; ~**knöchel** *m* malleolo *m*.

Fuß|marsch ['fu:smarʃ] *m* marcia *f* a piedi; ~**matte** *f* stuoia *f*; ~**note** *f* nota *f* a piè di pagina; **~pfad** *m* sentiero *m*; **~pflege** *f* pedicure *f*; **~schemel** *m* sgabello *m*; **~sohle** *f* pianta *f* del piede; **~soldat** *m* fantaccino *m*, fante *m*; **~spur** *f*, **~stapfe** *f* orma *f*; **~tritt** *m* pedata *f*, calcio *m*; **~volk** ✕ *n* fanteria *f*; **~wanderung** *f* gita *f* a piedi; camminata *f*; **~weg** *m* sentiero *m*; **~wurzel** *f* tarso *m*.

futsch [futʃ] F bell'e perduto.

Futter ['futər] *n* (7) mangime *m*; foraggio *m*; *für Vögel*: becchime *m*; *Kleidung*: fodera *f*; ⊕ rivestimento *m*; **~al** [futə'rɑːl] *n* (3¹) custodia *f*; astuccio *m*.

futtern F ['futərn] (29) mangiare.

fütter|n ['fytərn] *v/t.* (29) dar da mangiare a; *Vögel*: imbeccare; *Kleidung*: foderare; ⊕ rivestire; **♀ung** *f* alimentazione *f*.

Futter|napf, **~trog** ['futərnapf, '--troːk] *m* pastoia *f*; mangiatoia *f*; **~pflanze** *f* pianta *f* foraggera; **~rübe** *f* bietola *f*; **~schneide** *f* falcione *m*; **~schneidemaschine** *f* trinciaforaggi *m*; **~stoff** *m*, **~zeug** *n* stoffa *f* per fodera.

Futur|ismus [futu'rismus] *m* futurismo *m*; **~ist(in** *f*) *m* futurista *m u.f.*

Futur(um) [fu'tuːr(um)] *n* (9²) futuro *m*.

F

G

G, g [geː] *n uv.* G, g *m*; ♪ *n* sol *m*.
gab [gɑːp] *s. geben*.
Gabardine [gabar'diːn] *m* (11, *o.pl.*) gabardina *f*.
Gabe ['gɑːbə] *f* (15) dono *m*; *fig.* dote *f*; (*Almosen*) elemosina *f*; (*Opfer*≈) offerta *f*; ⚕ dose *f*.
Gabel ['gɑːbəl] *f* (15) forca *f*; (*Tisch*≈) forchetta *f*; (*Fahrrad*) forcella *f*; *Jagdw.* inforcatura *f*; *am Wagen*: stanga *f*; **~bissen** *m* bocconcino *m*; **≈förmig** ['--fœrmiç] forcuto; *sich ~ teilen* biforcarsi; **~frühstück** *n* colazione *f* alla forchetta.
gabel|n ['gɑːbəln] (29): *sich ~* biforcarsi; **≈ung** *f* biforcazione *f*.
gackern ['gakərn] **1.** (29) *Hühner*: cantare; *fig.* schiamazzare; **2.** ≈ *n* (6) schiamazzo *m*.
gaff|en ['gafən] (25) guardare a bocca aperta; *neugierig*: curiosare; **≈er** *m* curiosaccio *m*.
Gage ['gɑːʒə] *f* (15) paga *f*.
gähnen ['gɛːnən] **1.** (25) sbadigliare; *fig.* aprirsi; **2.** ≈ *n* (6) sbadiglio *m*.
Gala ['gɑːlɑː] *f uv.* gala *f*.
Galan [ga'lɑːn] *m* (3^{1}) amante *m*; *ehm.* cicisbeo *m*; **≈t** [-'lant] galante.
Galanterie [-lantə'riː] *f* (15) galanteria *f*; **~waren** *f/pl.* chincaglierie *f/pl.*; articoli *m/pl.* di fantasia.
Galeere [ga'leːrə] *f* (15) galera *f*; **~n-aufseher** *m* aguzzino *m*; **~n-skave** *m* galeotto *m*.
Galerie [-le'riː] *f* (15) galleria *f*; (*am Haus*) loggione *m*.
Galgen ['galgən] *m* (6) patibolo *m*; *für Tonaufnahmen*: giraffa *f*; **~frist** *f* quarto *m* d'ora di grazia; **~gesicht** *n* faccia *f* patibolare; **~humor** *m* umore *m* del condannato a morte; umorismo *m* finto (*od.* disperato, strozzato); **~strick** *m*, **~vogel** *m* pendaglio *m* da forca, avanzo *m* di galera.
Galic|ier(in *f*) *m* [ga'liːtsjər(in)] (7), **≈isch** galiziano (-a) *m* (*f*).
Gallapfel ♀ ['galˀapfəl] *m* (7^{1}) (noce *f* di) galla *f*.
Galle ['galə] *f* (15) fiele *m*; bile *f* (*a. fig.*); **≈nbitter** ['--n'bitər] amaro come il fiele; **~nblase** ['--blɑːzə] *f* vescica *f* biliare; **~nkrankheit** *f*, **~nleiden** *n* malattia *f* biliare; **~nstein** ⚕ *m* calcolo *m* biliare.
Gallert [-'lɛrt] *n* (3), **~e** *f* (15) gelatina *f*.
gallig ['-liç] biliare; *fig.* bilioso.
Gallizismus [-li'tsismus] *m* (16^{2}) gallicismo *m*, francesismo *m*.
Galopp [-'lɔp] *m* (3) galoppo *m*; *im gestreckten ~* a galoppo teso; **≈'ieren** galoppare.
Galosche [-'lɔʃə] *f* (15) caloscia *f*.
galt [galt] *s. gelten*.
galvan|isch [-'vɑːniʃ] galvanico; **~i'sieren** galvanizzare; **≈i'sierer** *m* galvanizzatore *m*; **≈i'sierung** *f* galvanizzazione *f*; **≈o'meter** *n* galvanometro *m*; **≈o'plastik** *f* galvanoplastica *f*.
Gamasche [-'maʃə] *f* (15) ghetta *f*; *hohe*: gambale *m*.
Gammler ['gamlər] *m* (7) capellone *m*, zazzeruto *m*.
Gang^{1} [gaŋ] *m* (3^{3}) corsa *f*; gita *f*; (*~art*) andatura *f*; *bei Tisch*: portata *f*; (*Besorgung*) commissione *f*; (*Korridor*) corridoio *m*; (*Durch*≈) passaggio *m*; *Auto*: marcia *f*; *erster, zweiter ~* prima, seconda (marcia) *f*; *Fechtkunst*: assalto *m*; *Sport*: *zweiter ~* seconda velocità *f*; ⚒ filone *m*; *fig.* andamento *m*; *auf dem ~e zu ...* andando a ...; *in ~ bringen* avviare; *in ~ setzen* mettere in moto; *im ~ sein* essere in moto, funzionare; *in vollem ~ sein* essere in piena azione; *es ist et. im ~e* si sta preparando qc.
gang^{2}: *~ und gäbe* comunissimo.
Gang|art ['-ˀɑːrt] *f* andatura *f*; **'≈bar** praticabile; ✝ in corso; *Waren*: esitabile, spacciabile, di facile smercio; *fig.* in voga.
Gängelband ['gɛŋəlbant] *n* danda *f*.
gängeln ['gɛŋəln] (29) menare colle dande.
gängig ['gɛŋiç] corrente; ✝ di facile smercio; ordinario.
Ganglie ['gaŋljə] *f* (15) ganglio *m*.
Gangschaltung ['gaŋʃaltuŋ] *f* cambio *m* delle marce.
Gans [gans] *f* (14^{1}) oca *f*.

Gänse|blümchen ['gɛnzəbly:mçən] n margherita f, margheritina f; **~braten** m arrosto m d'oca; **~distel** f cicerbita f; **~füßchen** ['--fy:sçən] n/pl. virgolette f/pl.; **~haut** f: mich überläuft die ~ mi viene la pelle d'oca; **~klein** n (3¹, o. pl.) frattaglie f/pl. d'oca; **~marsch** m: F im ~ gehen andar in fila indiana; **~rich** ['-zəriç] m (3) maschio m dell'oca; **~schmalz** n grasso m d'oca; **~wein** m scherzhaft: vino m di fonte.

ganz [gants] **1.** adj. tutto; (= vollständig, und von Zahlen) intero; fig. vero; das ~e Buch tutto il libro; ~e zwei Wochen due settimane intere; ein ~er Mann un vero uomo; **2.** adv. tutto; del tutto; interamente; ~ naß tutto bagnato; es ist ~ falsch è veramente sbagliato; ~ schön abbastanza bello; ~ und gar affatto, assolutamente; **3.** 2e(s) n (18) tutto m; Ȧ totale m.

Ganzlederband ['gantsle:dərbant] m (ri)legatura f in tutta pelle.

gänzlich ['gɛntsliç] totalmente, interamente, completamente.

Ganzmetall ['gantsmetal] n: aus ~ interamente di metallo.

gar [ga:r] **1.** pronto; von Speisen: cotto; ~ machen preparare, Leder: conciare, Eisen usw.: affinare; **2.** adv. del tutto; magari; ~ nicht (nichts) non (niente) ... affatto; ~ keiner proprio nessuno; ~ zu (sehr) troppo. [messa f, garage m.}

Garage [ga'ra:ʒə] f (15) (auto)ri-}

Garant [ga'rant] m (12) garante m, mallevadore m.

Garantie [garan'ti:] f (15) garanzia f; 2ren garantire; **~schein** m certificato m di garanzia.

Garaus ['ga:raus] m: j-m den ~ machen dare il colpo di grazia a qu.; mandare qu. in rovina.

Garbe ['garbə] f (15) covone m.

Garde ['gardə] f (15) guardia f.

Garderob|e [-d(ə)'ro:bə] f (15) guardaroba m; vestiario m; **~enfrau** f guardarobiera f; **~enhalter** m attaccapanni m; **~enmarke** f contromarca f; scontrino m (per il guardaroba).

Gardine [-'di:nə] f (15) cortina f, tenda f; hinter schwedischen ~n F in gattabuia; **~npredigt** f predicozzo m (coniugale); **~nstange** f asta f per le tendine.

gären ['gɛ:rən] (30) fermentare; Teig: lievitare.

Garn [garn] n (3) filo m; (Netz) rete f; ins ~ gehen cadere in trappola.

Garnele [gar'ne:lə] Zo. f (15) granchiolino m.

garnier|en [gar'ni:rən] guarnire; **2ung** f guarnizione f.

Garnison [-ni'zo:n] f (16) guarnigione f.

Garnitur [--'tu:r] f (16) Kleidung: guarnitura f; (zusammenpassende Stücke) combinazione f; (Besatz) guarnizione f; (Serie) serie f.

garstig ['garstiç] brutto.

Garten ['gartən] m (6¹) giardino m; (Obst- u. Gemüse2) orto m; **~anlage** f giardini m/pl. pubblici; **~bau** m giardinaggio m; orticultura f; **~erde** f terriccio m; **~fest** n festa f nel giardino; **~geräte** n/pl. arnesi m/pl. da giardinaggio; **~hacke** f sarchio m; **~haus** n casa f sul cortile; villino m; **~laube** f pergolato m; **~lokal** n ristorante m con giardino; **~schlauch** m tubo m da annaffiare; **~stadt** f città-giardino f; **~tor** n, **~tür** f cancello m; **~zaun** m steccato m, recinto m del giardino.

Gärtner ['gɛrtnər] m (7) giardiniere m; orticultore m; **~ei** [--'rai] f giardinaggio m; orticultura f.

Gärung ['gɛ:ruŋ] f fermentazione f; fig. fermento m; **~smittel** n, **~sstoff** m fermento m; für Brot: lievito m.

Gas [gas] n (4) gas m; ~ geben (wegnehmen) Kfz. accelerare (togliere il gas); **~alarm** m allarme m antigas; **~anstalt** f gasometro m; **~anzünder** m accendigas m; **2-artig** gassoso, gassiforme; **~behälter** m gasometro m; **~beleuchtung** f illuminazione f a gas; **~brenner** m becco m del gas; **2dicht** ['-diçt] a prova di gas; **~flasche** f bombola f; **2förmig** ['-fœrmiç] gassiforme; **~füllung** f gonfiamento m; **~glühlicht** n lampada f a gas incandescente; **~hahn** m rubinetto m del gas; **2haltig** ['-haltiç] gassoso; **~hebel** m Kfz. acceleratore m; **~heizung** f riscaldamento m a gas; **~herd** m cucina f economica a gas; **~kocher** m fornello m a gas; **~leitung** f conduttura f del gas; **~maske** f maschera f antigas; **~messer** m contatore m; gasometro m; **~o-**

meter [gazo'me:tər] *m* gasometro *m*.

Gäßchen ['gɛsçən] *n* (6) vicoletto *m*.

Gasse ['gasə] *f* (15) via *f*; *kleinere:* viuzza *f*; vicolo *m*; *Typ.* spazieggiatura *f*.

Gassen|bube ['gasənbu:bə] *m* monello *m*, ~**hauer** *m* canzonaccia *f*; ~**junge** *m* monello *m*.

Gast [gast] *m* (3² u. ³) ospite *m*; cliente *m*; (*Eingeladener*) invitato *m*; (*Fremder*) forestiero *m*; (*Bade*♀) bagnante *m*; (*Pensions*♀) pensionante *m*; zu ~ sein bei j-m essere ospite da qu.; zu ~ bitten invitare; '♀**frei** ospitale; '~**freiheit** *f* ospitalità *f*; '~**freund** *m* ospite *m*; '♀**freundlich** ospitale; '~**freundschaft** *f* ospitalità *f*; '~**geber** *m* ospite *m*; '~**haus** *n* ristorante *m*, trattoria *f*, osteria *f*; '~**hof** *m* albergo *m*; '~**hörer** *m* Universität: uditore *m* ospite.

gastieren [gas'ti:rən] recitare *od.* cantare (in un teatro, in una compagnia, di cui non si fa parte).

gastlich ['gastliç] ospitale; ♀**keit** *f* ospitalità *f*.

Gast|mahl ['gastma:l] *n* banchetto *m*; ~**professor** *m* professore *m* ospite; ~**recht** *n* diritto *m* d'ospitalità; ~**rolle** *f*, ~**spiel** *n* recita *f* straordinaria; ~**spielreise** *f* tournée *f*; ~**stätte** *f* ristorante *m*, trattoria *f*; *allg.* esercizio *m* pubblico; ~**stättengewerbe** [-ˈʃtɛtəngeverbə] *n* industria *f* alberghiera; ~**stube** *f* camera *f* dei forestieri; ~**wirt** *m* oste *m*; ~**wirtin** *f* ostessa *f*; ~**wirtschaft** *f* ristorante *m*, trattoria *f*, osteria *f*, locanda *f*; ~**zimmer** *n* stanza *f* dei forestieri.

Gas|uhr ['gasʔu:r] *f* contatore *m* (del gas); ~**vergiftung** *f* intossicazione *f* da gas; ~**versorgung** *f* rifornimento *m* del gas; ~**werk** *n* fabbrica *f* di gas.

Gatt|e ['gatə] *m* (13) marito *m*; ~**en** *m/pl.* coniugi *m/pl.*; ~**enmord** *m* uxoricidio *m*; ~**enmörder** *m* uxoricida *m*.

Gatter ['gatər] *n* (7) cancello *m*; ⊕ telaio *m*.

Gattin ['gatin] *f* consorte *f*; *allg.* moglie *f*.

Gattung ['gatuŋ] *f* specie *f*; genere *m*; ~**sname** *m* nome *m* generico.

Gau [gau] *m* (3) distretto *m*; provincia *f*.

Gaukel|bild ['gaukəlbilt] *n* fantasmagoria *f*; ~**ei** [--'lai] *f* gioco *m* di prestigio; *fig.* gherminella *f*; ♀**n** ['-kəln] (29) fare giochi di prestigio; (*flattern*) svolazzare; '~**spiel** *n* gioco *m* di prestigio; *fig.* gherminella *f*.

Gaukler ['gauklər] *m* (7) giocoliere *m*; ciarlatano *m*; ♀**isch** ciarlatanesco, ingannatore.

Gaul [gaul] *m* (3³) ronzino *m*; *einem geschenkten* ~ *sieht man nicht ins Maul* a caval donato non si guarda in bocca.

Gaumen ['gaumən] *m* (6) palato *m*; ~**laut** *m* palatale *f*; ~**segel** *n* vela *f* palatale.

Gauner ['gaunər] *m* (7) (*Schwindler*) imbroglione *m*, (*Schlaukopf*) furbastro *m*; ~**ei** [--'lai] *f* truffa *f*, imbroglio *m*; ~**sprache** *f* gergo *m* furbesco; ~**streich** *m* marioleria *f*.

Gaze ['ga:zə] *f* (15) garza *f*; ~**draht** *m* retina *f* metallica.

Gazelle [ga'tsɛlə] *f* (15) *Zo.* gazzella *f*.

Geächtete(r) [gə'ʔɛçtətə(r)] *m* (18) proscritto *m*.

Geächze [gə'ʔɛçtsə] *n* gemito *m*.

Geäder [gə'ʔɛ:dər] *n* (7) venatura *f*; ♀**t** venato.

Gebäck [-'bɛk] *n* (3) paste *f/pl.* (dolci); pasticcini *m/pl.*; *trockenes:* biscotti *m/pl.*

Gebälk [-'bɛlk] *n* (3) travatura *f*.

gebar [gə'ba:r] s. *gebären*.

Gebärd|e [-'bɛ:rdə] *f* (15) gesto *m*; (*Äußeres*) atteggiamento *m*; ~**n** *machen* gesticolare; ♀**en** (26): *sich* ~ comportarsi; atteggiarsi; ~**enspiel** *n*, ~**ensprache** *f* mimica *f*.

Gebaren [-'ba:rən] *n* (6) condotta *f*, contegno *m*; ✝ gestione *f*.

gebär|en [-'bɛ:rən] (30) partorire; dare alla luce; ♀**mutter** [-'-mutər] *f* Anat. utero *m*; ♀**mutter-entzündung** *f* perimetrite *f*.

Gebarung [-'ba:ruŋ] ✝ *f* amministrazione *f*.

Gebäude [-'bɔydə] *n* (7) edificio *m*; costruzione *f*, stabilimento *m*, fabbricato *m*; ~**steuer** *f* imposta *f* sui fabbricati.

Gebeine [-'bainə] *n/pl.* (3) ossa *f/pl.*

Gebell [-'bɛl] *n* (3) abbaiamento *m*.

geben ['ge:bən] (30) dare; (*übergeben*) consegnare, rendere; (*gewähren*) concedere; *viel auf et.* ~ far molto conto di qc.; ✕ *Feuer* ~ far fuoco;

was gibt es? che c'è?; *es gibt c'è*, ci sono; *Gott gebe ...* Dio voglia; *es wird ein Gewitter ~* avremo un temporale; *es wird „Othello" gegeben* si rappresenta (*od.* si dà) l'Otello; *sich die Ehre ~* avere l'onore; *sich ~ darsi*; (*aufhören*) cessare; *sich in et. ~* rassegnarsi a qc.; *das Gegebene* proprio la cosa data.

Geber ['ge:bər] *m* (7) datore *m*; *von Geschenken*: donatore *m*.

Gebet [gə'be:t] *n* (3) orazione *f*, preghiera *f*.

Gebiet [-'bi:t] *n* (3) regione *f*, zona *f*, territorio *m*; *fig.* campo *m*, settore *m*; **2en** (30) comandare; *über j-n*: disporre di; **~er** *m* (7) padrone *m*; **2erisch** [-'tərɪʃ] imperioso.

Gebiets... [-'bi:ts...]: *in Zssgn* territoriale; **~anspruch** *m* rivendicazione *f* territoriale.

Gebilde [-'bildə] *n* (7) creazione *f*; *Geol.* formazione *f*; (*Erzeugnis*) prodotto *m*.

gebildet [-'bildət] colto; (*wohlerzogen*) educato; **2e(r)** *m* persona *f* colta; persona *f* educata; *die Gebildeten* la classe intellettuale.

Gebimmel [-'biməl] *n* (7) scampanellio *m*.

Gebinde [-'bində] *n* (7) fascio *m*; *Blumen*: mazzo *m*; *Garn*: matassa *f*; (*Faß*) caratello *m*.

Gebirg|e [-'birgə] *n* (7) montagna *f*; **2ig** montuoso, montagnoso.

Gebirgs|artillerie [-'birgs⁹artilə-ri:] *f* artiglieria *f* da montagna; **~be-wohner** *m* montanaro *m*; **~kette** *f* catena *f* di montagne; **~land** *n* paese *m* montagnoso; **~stock** *m* massiccio *m* delle montagne; **~tour** *f* escursione *f* alpina; **~zug** *m* catena *f* di montagne, cordigliera *f*.

Gebiß [-'bis] *n* (4) dentatura *f*; *künstliches*: dentiera *f*; (*Zaum*) morso *m*.

Gebläse ⊕ [-'blɛ:zə] *n* (7) mantice *m*, soffieria *f*.

geblümt [-'bly:mt] a fiori; (*Stoff*) a fantasia. [lignaggio *m*.]

Geblüt [-'bly:t] *n* (3) sangue *m*;)

gebogen [-'bo:gən] curvo, arcuato; *Nase*: aquilino; *s. biegen*.

geboren [-'bo:rən] nato; *~ werden* nascere; *~er Deutscher* tedesco di nascita.

geborgen [-'bɔrgən] al sicuro, sano e salvo; **2heit** *f* sicurezza *f*.

Gebot [-'bo:t] *n* (3) ordine *m*; *Rel.* comandamento *m*; *j-m zu ~e stehen* essere a disposizione di qu.; **2en** indicato; urgente.

gebraten [-'bra:tən] arrosto; *ai ferri*.

Gebräu [-'brɔy] *n* (3) mistura *f*; cotta *f*.

Gebrauch [-'braux] *m* (3³) uso *m*; (*Anwendung*) impiego *m*; *außer ~* fuori servizio; *außer ~ kommen* cadere in disuso; *~ machen von* servirsi di; **2en** *v/t.* adoperare, servirsi di; usare; *Zeit, Tag*: impiegare; *zu nichts zu ~* non serve a nulla.

gebräuchlich [-'brɔyçlɪç] usato; in uso; d'uso.

Gebrauchs|anweisung [-'brauxs-anvaizuŋ] *f* istruzioni *f/pl.* per l'uso; **~artikel** *m* articolo *m* di prima necessità; **2fertig** pronto per l'uso; **~gegenstand** *m* oggetto *m* d'uso; **~graphiker** *m* progettatore *m* di annunci pubblicitari; **~güter** *pl.* generi *m/pl.* di consumo; **~muster-schutz** *m* brevetto *m*.

gebraucht [-'brauxt] usato; **2wa-gen** *m* auto *f* usata.

gebrech|en [-'brɛçən] **1.** (30): *es gebricht mir an* (*dat.*) manco (ci, mi manca (*ac.*); **2. 2en** *n* (6) difetto *m*; *ş* acciacco *m*; **~lich** malaticcio, caduco; acciaccoso; *fig.* fragile; **2lich-keit** *f* infermità *f*; fragilità *f*.

gebrochen [-'brɔxən] *s. brechen.*

Gebrüder [-'bry:dər] *pl.* (7) fratelli *m/pl.*

Gebrüll [-'bryl] *n* (3) *Löwe*: ruggito *m*; *der Wellen*: mugghio *m*.

Gebühr [-'by:r] *f* (16) dovere *m*; (*mst ~en pl.*) diritti *m/pl.*; (*Schul2*) tassa *f*; (*Vereins2*) quota *f*; (*Lohn*) salario *m*, onorario *m*; *nach ~* secondo il merito; *über ~* più che dovere; più del giusto.

gebühr|en [-'by:rən] (25) spettare; *unpers.* convenire; **~end, ~lich** dovuto; conveniente; **~enderweise** [-'---vaizə] debitamente; **~enfrei** libero da diritti; **2en-ordnung** *f* tariffa *f*; **~enpflichtig** [-'---pfliçtiç] soggetto a diritti.

gebunden [-'bundən] *Buch*: rilegato; *Preis*: fisso; *fig.* legato.

Geburt [-'bu:rt] *f* (16) nascita *f*; *das Gebären*: parto *m*; *Mariä ~* la Natività della Vergine; *nach Christi ~* dopo Cristo nato; *von hoher ~ di* alti natali; **~enbeschränkung** [-'-ɔnbəʃrɛŋkuŋ] f, **~enregelung** [-'-ənre:gəluŋ] f controllo m delle nascite; **~en-überschuß** m eccedenza f delle nascite; **~enziffer** f natalità f.

gebürtig [-'byrtiç] nativo (aus di).

Geburts|adel [-'bu:rts'ɑ:dəl] m nobiltà f ereditaria; **~anzeige** f annuncio m di nascita; **~datum** n data f di nascita; **~haus** n casa f natale; **~helfer** m ostetrico m; **~helferin** f levatrice f; **~hilfe** f ostetricia f; **~jahr** n anno m di nascita; **~ort** m luogo m di nascita; luogo m nativo; **~schein** m certificato m di nascita; **~stadt** f città f natale; **~tag** m compleanno m, giorno m natalizio; von Persönlichkeiten: genetliaco m; (Gedenktag) anniversario m; **~urkunde** [-'-'ʔu:rkundə] f certificato m di nascita; **~wehen** f/pl. doglie f/pl. del parto; **~zange** f forcipe m.

Gebüsch [-'byʃ] n (3²) boschetto m.

Geck [gɛk] m (12) damerino m, gagà m; **¹⸢enhaft** fatuo m; **'~enhaftigkeit** f fatuità f.

Gedächtnis [gə'dɛçtnis] n (4¹) memoria f; (Andenken) ricordo m; (Ehrung) commemorazione f; sich et. ins ~ zurückrufen richiamarsi qc. alla memoria; **~feier** f commemorazione f; festa f commemorativa; **~kraft** f ritenitiva f; **~kunst** f mnemonica f; **~rede** f discorso m commemorativo; **~schulung** f mnemotecnica f; **~schwäche** f, **~schwund** m amnesia f; **~übung** f esercizio m mnemonico.

Gedanke [-'daŋkə] m (13¹) pensiero m; idea f; der bloße ~ daran solo a pensarci; in **~n** beiwohnen assistere col pensiero; in **~n** sein essere soprappensiero; sich **~n** machen über et. (ac.) preoccuparsi di qc.; j-n auf den **~n** bringen far venire l'idea a qu.; mit dem **~n** spielen accarezzare il pensiero; je geht mit dem **~n** um, zu ... ha mezza idea di ...

Gedanken|armut [-'--'ʔarmu:t] f mancanza f di idee; **~austausch** m scambio m d'idee; **~blitz** m lampo m d'ingegno; **~folge** f ordine m delle idee; **~freiheit** f libertà f di pensiero; **~gang** m corso m delle idee; **~los** m privo f di pensieri; fig. distratto, inconsiderato; **~losigkeit** f mancanza f di pensieri; distrazione

f; **~splitter** m/pl. aforismi m/pl.; **~strich** m lineetta f di sospensione; **~übertragung** f trasmissione f del pensiero; **~verbindung** f associazione f d'idee; **2voll** concettoso; Personen: pensoso; **~welt** f mondo m delle idee.

gedanklich [-'daŋkliç] concettuale; astratto; teorico.

Gedärm [-'dɛrm] n (3) budella f/pl.; Anat. intestini m/pl.; Kochk. trippa f.

Gedeck [-'dɛk] n (3) coperto m.

gedeih|en [-'daɪən] 1. (30, sn) v/i. prosperare, ♣, Kinder: crescere; fig. riuscire; dahin ~, daß giungere a tal punto che ...; 2. **2en** n (6) prosperità f; crescita f; riuscita f; **~lich** giovevole. [memorativo.]

Gedenk... [-'dɛŋk...]: in Zssgn com-

gedenken [-'dɛŋkən] 1. (30) (gen.) pensare a, ricordarsi di; (erwähnen) menzionare (ac.); feierlich: commemorare (ac.); (beabsichtigen) pensare di, avere l'intenzione di; far conto di; 2. ♀ n (6) memoria f; ricordo m.

Gedenk|feier [-'dɛŋkfaɪər] f commemorazione f, cerimonia f celebrativa; **~stein** m lapide f commemorativa; **~tag** m anniversario m.

Gedicht [-'dɪçt] n (3) poesia f; (längeres episches ~) poema m; **~sammlung** f antologia f.

gediegen [-'di:gən] solido; (rein) puro; Personen: serio; **2heit** f solidità f; purezza f.

Gedränge [-'drɛŋə] n (7) ressa f; (Not) impiccio m; ♘, Sport: mischia f.

gedrängt [-'drɛŋt] gremio; Stil: conciso; **2heit** f concisione f.

gedrückt [-'drykt] accasciato, avvilito; **2heit** f avvilimento m; depressioni f/pl.

gedrungen [-'druŋən] Figur: tarchiato; Stil: conciso; **2heit** f statura f tarchiata; concisione f.

Geduld [-'dult] f(16, o. pl.) pazienza f; mir reißt die ~ mi scappa la pazienza; er hat keine ~ non ha pazienza; **~en** [-'-dən] (26): sich ~ avere pazienza, pazientare; **2ig** paziente; **~s...**: in Zssgn di pazienza; **~spiel** n gioco m di pazienza.

gedungen [-'dunzən] bestellt.

geehrt [-'ʔe:rt]: Sehr ~er Herr ...! Egregio signor ...

geeignet [-'aɪgnət] adatto; appropriato.

Geest [geːst] f (16), ~land n terreno m elevato ed arido.

Gefahr [-'faːr] f (16) pericolo m; rischio m; ~ laufen correre rischio, rischiare; auf die ~ hin zu a rischio di; ~enherd [-'-rənheːrt] m fig. zona f del conflitto.

gefähr|den [-'fɛːrdən] (26) mettere in pericolo, compromettere; ~lich pericoloso; 2lichkeit f pericolosità f.

gefahr|los [-'faːrloːs] senza pericolo; ~voll pericoloso.

Gefährt [-'fɛːrt] n (3) vettura f.

Gefährt|e [-'fɛːrtə] m (13) compagno m; ~in f compagna f.

Gefälle [-'fɛlə] 1. n (7) pendio m, pendenza f; discesa f; △, ⅄ inclinazione f; 2. ~ pl. ehm. diritti m/pl.; (Einkünfte) entrate f/pl.

gefallen [-'falən] 1. (30) piacere; sich ~ compiacersi; sich ~ lassen sopportare; das lasse ich mir nicht ~! questa non me la faccio fare!; 2. 2 m (6) piacere m; (Gefälligkeit a.) favore m; [duto m.]

Gefallene(r) [-'falənə(r)] m (18) ca-

gefällig [-'fɛlɪç] piacevole; compiacente; (Brief) cortese, gradito; Ihr ~es Schreiben la Vostra gradita; wenn es Ihnen ~ ist se Le accomoda; was ist ~? che cosa desidera?; 2keit f piacere m; die ~ haben avere la compiacenza; 2keitswechsel [-'-kaɪtsvɛksəl] ✝ m cambiale f di favore; ~st [-'lɪçst] per favore; per piacere.

Gefall|sucht [-'falzuxt] f civetteria f; 2süchtig [-'-zyçtɪç] civettuolo.

gefangen [-'faŋən] adj., 2e(r) m prigioniero (m).

Gefangen|enaufseher [-'faŋənənaufzeːər] m carceriere m; ~enlager n campo m di prigionia; ~enwärter m carceriere m; 2halten tenere in prigione; ~nahme [-'--naːmə] f cattura f; arresto m; 2nehmen catturare, far prigioniero; ~schaft f prigionia f.

Gefängnis [-'fɛŋnɪs] n (4¹) carcere m; prigione f; drei Jahre ~ tre anni di detenzione; ~strafe f (pena f di) carcere m; ~wärter m carceriere m; ~zelle f cella f.

Gefasel [-'faːzəl] n (7) vaneggiamento m.

Gefäß [-'fɛːs] n (3²) vaso m; (Behälter) recipiente m; am Degen: elsa f.

gefaßt [-'fast] rassegnato; preparato; auf alles ~ pronto a tutto; 2heit f rassegnazione f.

Gefecht [-'fɛçt] n (3) combattimento m; 2sbereit in armamento; 2sklar pronto al combattimento; ~s-lage f situazione f in campo; ~s-stand m posto m di comando; ~s-übung f manovra f.

gefeit [-'faɪt]: ~ gegen a prova di, protetto da, immune contro.

Gefieder [-'fiːdər] n (7) piumaggio m; 2t pennuto.

Gefilde [-'fɪldə] n (7) campi m/pl.

Geflecht [-'flɛçt] n (3) intreccio m; (Draht2) reticolato m.

gefleckt [-'flɛkt] macchiettato.

Geflimmer [-'flɪmər] n (7, o. pl.) scintillio m.

geflissentlich [-'flɪsəntlɪç] 1. adj. voluto, fatto apposta; 2. adv. appositamente.

Geflügel [-'flyːgəl] n (7) volatili m/pl.; Kochk. pollame m; ~händler m pollaiuolo m; ~handlung f polleria f; ~schere f trinciapolli m.

geflügelt [-'flyːgəlt] alato; ~e Worte n/pl. modi m/pl. proverbiali.

Geflügel|zucht [-'flyːgəltsuxt] f pollicoltura f; ~züchter m pollicultore m.

Geflüster [-'flystər] n (7) sussurro m; bisbiglio m.

Gefolg|e [-'fɔlgə] n (7) seguito m; corteo m; fig. ein ~ haben tirarsi dietro; ~schaft f [-'fɔlkʃaft] f seguito m; allg. aderenza f; ~smann [-'fɔlksman] m gregario m.

gefragt [-'fraːkt] richiesto.

gefräßig [-'frɛːsɪç] vorace; 2keit f voracità f.

Gefreite(r) ✗ [-'fraɪtə(r)] m (18) caporale m; Karabinieri: appuntato m.

Gefrier|anlage [-'friːrʔanlaːgə] f impianto m frigorifero; 2bar congelabile; 2en (sn) congelarsi; ~fleisch n carne f congelata; ~punkt m punto m di congelazione.

gefroren [-'froːrən], 2e(s) n (18) gelato m/n.

Gefüg|e [-'fyːgə] n (7) compagine f; 2ig [-'fyːgɪç] docile; ~igkeit f docilità f.

Gefühl [-'fyːl] n (3) sentimento m; (~ssinn) tatto m; (Empfindungsfähig-

keit) sensibilità *f*; (*Ahnung*) presentimento *m*; *von außen kommend*: senso *m*, sensazione *f*; 2los insensibile; **~losigkeit** *f* insensibilità *f*.

Gefühls|duselei [-'fy:lsdu:zə'laɪ] *f* sentimentalismo *m* esagerato; **~leben** *n* vita *f* emotiva; **~mensch** *m* sentimentale *m*; **~sache** *f* questione *f* di sentimento; **~sinn** *m* tatto *m*.

gefühlvoll [-'fy:lfɔl] sensibile.

gefüllt [-'fylt] ripieno.

gefunden [-'fundən] *s. finden.*

gegangen [-'gaŋən] *s. gehen.*

gegeben [-'ge:bən] *s. geben;* **~enfalls** se si dà il caso; casomai; **2heit** *f* dato *m*, fatto *m*, fattore *m*; (*Voraussetzung*) presupposto *m*.

gegen ['ge:gən] **1.** verso; *Liebe usw.* ~ *j-n* amore *usw.* verso qu.; **2.** *in feindlichem Sinne*: contro; *Haß* ~ *odio contro;* ~ *et. stoßen* urtare contro qc.; *Mittel* ~ et. rimedio contro qc.; ~ *den Willen* contro la volontà; **3.** (*ungefähr*) circa; verso; *ich komme* ~ *drei Uhr* vengo verso le tre; *es ist* ~ *drei* sono circa le tre; ~ *Abend* verso sera; ~ *Ende des Monats* verso la fine del mese; *mit einem Fenster* ~ ... con una finestra su ...; *er ist* ~ *20 Jahre alt* ha circa 20 anni; **4.** (= *im Vergleich*) ~ *ihn ist er zu jung* in confronto con lui è troppo giovane; **5.** (*im Umtausch*) *allg.* in cambio di, per; contro, dietro; ~ *eine Provision von 10%* contro (*od.* dietro) una provvigione del 10%; ~ *Vorzeigung der Karte* dietro presentazione della tessera.

Gegen|angriff ['ge:gən⁹angrif] *m* contrattacco *m*; **~antwort** *f* controrisposta *f*; **~befehl** *m* contrordine *m*; **~besuch** *m* controvisita *f*; *einen* ~ *machen* restituire la visita; **~beweis** *m* controprova *f*; prova *f* del contrario; **~buchung** *f* contropartita *f*.

Gegend ['ge:gənt] *f* (16) paraggi *m/pl.*, parti *f/pl.*; zona *f*; regione *f*; (*Landschaft*) paesaggio *m*.

Gegen|dienst ['ge:gəndi:nst] *m* favore *m* di ricambio; **~druck** *m* contropressione *f*; reazione *f*; **2einander** [--⁹aɪn'andər] l'uno verso (contro) l'altro; reciprocamente; **~frage** *f* controdomanda *f*; **~füßler** *m* antipode *m*; **~geschenk** *n* dono *m* reciproco (*od.* di ricambio); **~gewicht** *n* contrappeso *m*; **~gift** *n*

contravveleno *m*; antidoto *m*; **~kandidat** *m* candidato *m* avversario; **~klage** *f* controquerela *f*; **~kläger** *m* controquerelante *m*; **~leistung** *f* prestazione *f* equivalente (*od.* in ricambio); **~licht** *n* controluce *f*; **~liebe** *f* amore *m* corrisposto; **~maßnahme** *f* contromisura *f*; **~mittel** *n* rimedio *m*; **~offensive** *f* controffensiva *f*; **~papst** *m* antipapa *m*; **~partei** *f* partito *m* avversario; **~probe** *f* controprova *f*; **~rechnung** *f* verifica *f*; **~rede** *f* replica *f*; **~reformation** *f* controriforma *f*; **~revolution** *f* controrivoluzione *f*; **~richtung** *f* direzione *f* contraria; **~satz** *m* contrasto *m*; contrario *m*; antagonismo *m*; 2sätzlich [--'zetsliç] contrario, opposto, contrastante; **~schlag** ✗ *m* contrattacco *m*; rappresaglia *f*; **~schrift** *f* confutazione *f*; **~seite** *f* lato *m* opposto; ⚖ parte *f* avversaria; 2seitig [--'zaɪtiç] reciproco; **~seitigkeit** *f* reciprocità *f*; **~spieler** *m* avversario *m*, antagonista *m*; **~stand** *m* oggetto *m*; ⊡ argomento *m*, soggetto *m*; 2ständlich [--'ʃtentliç] concreto; 2standslos [--'ʃtantslo:s] senza motivazione; **~stoß** *m* contraccolpo *m*; ✗ controffensiva *f*, contrattacco *m*; **~strömung** *f* controcorrente *f*; *fig.* tendenza *f* opposta, reazione *f*; **~stück** *n* riscontro *m*, compagno *m*; **~teil** *n* contrario *m*; opposto *m*; *im* ~ al contrario; 2teilig [--'taɪliç] contrario, opposto.

gegenüber [--'⁹y:bər] **1.** *adv.* di fronte; **2.** *prp.* (*dat.*) di fronte a, dirimpetto a; *fig.* davanti a; (*verglichen mit*) in confronto a; *persönlich*: verso; **3.** 2 *n* (7) vicino *m* di fronte; **~liegend** [--'--li:gənt] di fronte; **~stehen** (*dat.*) stare di fronte a; *sich* ~ trovarsi l'uno di fronte all'altro; **~stellen** mettere a confronto, confrontare; **2stellung** *f* confrontazione *f*; **~treten** (*sn*) (*dat.*) affrontare.

Gegen|verkehr ['ge:gənferke:r] *m* traffico *m* in senso opposto; doppia circolazione *f*; **~vorschlag** *m* controproposta *f*; **~wart** [--'vart] *f* presenza *f*; (*tempo*) presente *m*; 2wärtig [--'vertiç] presente, attuale; **~wehr** *f* difesa *f*; resistenza *f*; **~wert** *m* equivalente *m*; controvalore m; ~wind m vento m contrario; ~winkel m angolo m opposto; ~wirkung f reazione f; ♀zeichnen controfirmare; ~zeuge m teste m contrario; ~zug m Spiel: contromossa f.

gegliedert [gə'gli:dərt] articolato; organico.

Gegner ['ge:gnər] m (7) avversario m; ♀isch avverso; ~schaft f antagonismo m; opposizione f; gli avversari m/pl.

gegolten [gə'gɔltən] s. gelten.

Gehackte(s) [-'haktə(s)] n (18) carne f tritata.

Ge'halt [-'halt] **1.** m (3) contenuto m; (Wert) valore m; ~procentuale f (an dat. di); fig. sostanza f; **2.** n (1²) stipendio m; paga f; ♀leer, ♀los senza valore, insignificante; ~losigkeit f mancanza f di valore, futilità f; ♀reich, ♀voll sostanzioso.

Gehalts|ansprüche [-'halts⁹anʃprʏçə] m/pl. pretese f/pl.; ~aufbesserung f, ~erhöhung f aumento m di stipendio; ~empfänger m stipendiato m; ~zulage f gratifica f, aggiunta f di stipendio.

geharnischt [-'harniʃt] corazzato; fig. energico.

gehässig [-'hɛsiç] ostile; odioso; (Haß hegend) astioso; ♀keit f ostilità f; odiosità f; astio m.

Gehäuse [-'hɔyzə] n (7) cassa f; (Schachtel) scatola f; (Mollusken♀) guscio m; (Raupen♀) bozzolo m; (Schnecken♀) conchiglia f; für Juwelen: astuccio m; Auto: cassetta f, base f (del motore).

Gehege [-'he:gə] n (7) steccato m; Jagdw. bandita f; j-m ins ~ kommen immischiarsi negli affari di qu.

geheim [-'haim] segreto; (heimlich) clandestino; (unsichtbar) occulto.

Geheim... [gə'haim...]: in Zssgn segreto; ~bericht m rapporto m confidenziale; ~bund m associazione f clandestina; setta f; ~dienst m servizio m segreto; ~fach n cassetto m segreto; ♀halten tenere segreto; celare; ~lehre f dottrina f esoterica; ~mittel n arcano m.

Geheimnis [-'nis] n (4¹) segreto m; ein ~ daraus machen farne un mistero; ~krämer m mistificatore m; ~krämerei [---krɛːmə'rai] f mistificazione f; ♀voll misterioso.

Geheim|polizei [-'haimpolitsai] f

polizia f segreta; ~polizist m agente m segreto; ~rat m consigliere m intimo; ~schrift f crittografia f, scrittura f in cifre; ~sender m stazione f trasmittente clandestina; ~sprache f gergo m; linguaggio m convenzionale; ~tinte f inchiostro m simpatico; ~tuerei [--tuə'rai] f (16) misteriosità f.

Geheiß [-'hais] n (3²) ordine m.

gehen ['ge:ən] 1. v/i. (30, sn) andare (a. fig.); das einfache Sichfortbewegen: camminare; Sport: marciare; Weg: prendere; der Zug geht um drei Uhr il treno parte alle tre; so gut es geht alla meglio; vor sich ~ aver luogo; an die Arbeit ~ mettersi al lavoro; der Rock geht mir bis ... l'abito mi arriva sino a ...; die Fenster ~ auf ... le finestre danno sul ...; es wird schon ~ ... andrà bene; danke, es geht grazie, non c'è male; **2.** ♀ n (6) Sport: marcia f; das ~ fällt ihm schwer gli costa camminare.

Geher ['ge:ər] m (7) Sport: podista m, marciatore m.

geheuer [gə'hɔyər] sicuro; nicht ~ sospetto; hier ist et. nicht ~ F qui gatta ci cova.

Geheul [-'hɔyl] n (3) ululato m; urlio m; fig. strida f/pl.

Gehilf|e m (13) (~in f) [-'hilfə, -fin] aiutante m u. f.; assistente m u. f.

Gehirn [-'hirn] n (3) cervello m; ~erschütterung f commozione f cerebrale; ~erweichung [-'-⁹ervai̯çuŋ] f rammollimento m cerebrale; ~haut f meninge f; ~hautentzündung [-'-haut⁹entsynduŋ] f meningite f; ~schlag m colpo m d'apoplessia cerebrale; ~tätigkeit f funzione f cerebrale; ~wäsche f lavaggio m cerebrale.

gehoben [-'ho:bən] ~er Stil m stile m elevato.

Gehöft [-'høːft] n (3) cascinale m, casale m.

Gehölz [-'hœlts] n (3²) boschetto m.

Gehör [-'høːr] n (3) udito m; ♪ orecchio m; ~ geben prestare ascolto.

gehorchen [-'hɔrçən] (25) (dat.) ubbidire.

gehör|en [-'høːrən] (25) appartenere; (passen) convenire; (erforderlich sein) volerci; zu et. ~ far parte di qc.; das gehört nicht hierher questo non c'entra; dies Gemälde gehört hierher questo quadro dev'essere posto qui; *er gehört ins Irrenhaus* dovrebb'esser messo in manicomio; *sich ~* convenirsi; **౭gang** ♂ [-'hø:rgaŋ] *m* condotto *m* auditivo; **~ig 1.** *adj.* appartenente; conveniente; necessario; *come si deve*; **~e** *Ohrfeige* schiaffo *m*; **2.** *adv.* debitamente; bene; *a dovere*.

Gehörn [-'hœrn] *n* (3) corna *f/pl.*; **౭t** cornuto.

gehorsam [-'ho:rza:m] **1.** ubbidiente; **2.** ౭ *m* ubbidienza *f*.

Gehörsinn [-'hø:rzin] *m* (3) udito *m*.

Geh|rock ['ge:rɔk] *m* soprabito *m*; stifelius *m*; **~steig** *m* marciapiede *m*; **~versuch** *m* tentativo *m* di camminare; **~werk** *n* meccanismo *m*.

Geier ['gaɪər] *m* (7) avvoltoio *m*.

Geifer ['gaɪfər] *m* (7, *o. pl.*) bava *f*; **౭n** (29) sbavare.

Geige ['gaɪgə] *f* (15) violino *m*; **౭n** (25) **1.** *v/t.* sonare sul violino; **2.** *v/i.* sonare il violino.

Geigen|bauer ['gaɪgənbauər] *m* costruttore *m* di violini; **~bogen** *m* arco *m*; **~harz** *n* colofonia *f*; **~macher** *m* violinaio *m*; **~spieler(in** *f*) *m* violinista *m u. f*; **~strich** *m* archeggio *m*.

Geiger(in *f*) ['gaɪgər(in)] *m* (7) violinista *m u. f*.

Geigerzähler ['gaɪgərtse:lər] *m* contatore *m* Geiger.

geil [gaɪl] lussureggiante; *(wollüstig)* lascivo; **'౭heit** esuberanza *f*; lascivia *f*.

Geisel [gaɪzəl] *f* (15) *od. m* (7) ostaggio *m*.

Geiß [gaɪs] *f* (16) capra *f*; **'~blatt** ⧸ *n* caprifoglio *m*; **'~bock** *m* caprone *m*.

Geißel ['gaɪsəl] *f* (15) flagello *m* (*a. fig.*); *(Peitsche)* frusta *f*.

geißel|n ['gaɪsəln] (29) flagellare; frustare; *fig.* criticare aspramente; **౭ung** *f* flagellazione *f*.

Geist [ga ɪst] *m* (1¹) spirito *m*; mente *f*; intelletto *m*; *(~eshaltung)* mentalità *f*; *(kluger ~)* ingegno *m*; *(großer ~)* genio *m*; *(Gespenst)* spettro *m*, fantasma *m*; *der Heilige ~* lo Spirito Santo; *im ~e* mentalmente; *seinen ~ aufgeben* rendere l'anima a Dio.

Geister|banner ['-ərbanər, '-ərbə'vø:rər] *m* (7) esorcista *m*, negromante *m*; **~beschwörung** *f* esorcismo *m*; negromanzia *f*; **౭haft** spettrale; **~schiff** *n* vascello

m fantasma; **~seher** *m* visionario *m*.

geistes|abwesend ['gaɪstəs ⁇apve:-zənt] distratto, trasognato; **౭abwesenheit** *f* distrazione *f*; **౭arbeiter** *m* (lavoratore *m*) intellettuale *m*; **౭armut** *f* angustia *f* di mente; **౭art** *f* mentalità *f*; **౭blitz** *m* lampo *m* d'ingegno; **౭gabe** *f* talento *m*; **౭gegenwart** *f* prontezza *f* di spirito; **~gegenwärtig** pronto; *adv.* con presenza di spirito; **~gestört** ['--gəʃtø:rt] insano di mente; **౭größe** *f* genio *m*; **~krank** alienato; **౭krankheit** *f* alienazione *f* mentale; **~schwach** imbecille; scemo; **౭schwäche** *f* imbecillità *f*; **౭störung** *f* turbamento *m* mentale; **౭verfassung** *f* stato *m* d'animo; **౭vermögen** *n* facoltà *f* mentale; **౭verwandtschaft** *f* affinità *f* (*od.* aderenza *f*) di spirito; **౭wissenschaften** *f/pl.* scienze *f/pl.* storiche e filologiche; **~wissenschaftlich:** **~e** *Fakultät f* Facoltà *f* di Lettere; **౭zustand** *m* stato *m* mentale.

geistig ['gaɪstɪç] spirituale; intellettuale; *Getränke:* alcolico; **౭keit** *f* spiritualità *f*.

geistlich ['-lɪç] spirituale; *(kirchlich)* clericale, ecclesiastico; **౭e(r)** *m* (18) *allg.* ecclesiastico *m*; *katholisch:* prete *m*; *protestantisch:* pastore *m*; **౭keit** *f* clero *m*.

geist|los ['-lo:s] senza spirito; stupido; **~reich** spiritoso, ingegnoso; **~tötend** ['-tø:tənt] che abbrutisce; mortificante; **~voll** spiritoso.

Geiz [gaɪts] *m* (3², *o. pl.*) avarizia *f*; **౭en** (27) avareggiare (*mit in*); *nach et. ~* essere avido di qc.; **'~hals** *m*, **'~kragen** *m* spilorcione *m*; avaro *m*; **'౭ig** avaro;   [zioni *f/pl.*⌐

Gejammer [-'jamər] *n* (7) lamenta-⌐

Gejohle [-'jo:lə] *n* (7) urlio *m*.

gekachelt [-'kaxəlt] rivestito di piastrelle, piastrellato.

Gekicher [-'kiçər] *n* (7) risa *f/pl.* soffocate.

Gekläffe [-'klɛfə] *n* (7) latrato *m*.

Geklapper [-'klapər] *n* (7) strepito *m*.

Geklatsche [-'klatʃə] *n* (7) chiacchierio *m*; *(Hände౭)* battimano *m*.

Geklimper [-'klimpər] *n* (7) strimpellamento *m*.

Geklingel [-'kliŋəl] *n* (7) scampanellio *m*.

Geklirr [-'klɪr] n (3) strepito m; von Tellern: acciottolio m.

geklungen [-'kluŋən] s. klingen.

Geknatter [-'knatər] n (7) crepitio m.

Geknister [-'knɪstər] n (7) crepitio m; e-s Kleides: fruscio m.

gekocht [-'kɔxt] cotto.

gekonnt [-'kɔnt] s. können; fig. ben fatto; perfetto.

gekreuzt [-'krɔʏtst]: ~er Scheck m assegno m sbarrato.

Gekreisch [-'kraɪʃ] n (3) stridio m.

Gekritzel [-'krɪtsəl] n (7) scarabocchi m/pl.

Gekröse [-'krø:zə] n (7) trippa f.

gekrümmt [-'krymt] ricurvo.

gekünstelt [-'kynstəlt] artificioso; affettato, manierato.

Gelächter [-'lɛçtər] n (7) risata f; ein ~ erheben scoppiare in una risata.

Gelage [-'lɑ:gə] n (7) banchetto m; wüstes: orgia f.

gelähmt [-'lɛ:mt] paralitico; paralizzato.

Gelände [-'lɛndə] n (7) terreno m; (Land) paese m; ~abschnitt m settore m di terreno; ~aufnahme f rilevamento m del terreno; ²gängig [-'--gɛnɪç] adatto ad ogni terreno; ~lauf m Sport: corsa f campestre; ~ritt m cavalcata f in aperta campagna; ~wagen m veicolo m per ogni terreno; campagnola f.

Geländer [-'lɛndər] n (7) ringhiera f, parapetto m, balustrata f.

gelang [-'laŋ] s. gelingen.

gelangen [-'-ən] (25, sn) arrivare, giungere.

Gelaß [-'las] n (4) posto m; (Stube) stanzino m.

gelassen [-'lasən] 1. adj. calmo, sereno, placido; 2. adv. con calma; ²heit f calma f, serenità f, placidezza f.

Gelatine [ʒela'ti:nə] f (15, o. pl.) gelatina f.

geläufig [-'lɔʏfɪç] corrente; (vertraut) familiare; ~ sprechen parlare con scioltezza; ²keit f speditezza f; familiarità f.

gelaunt [-'laʊnt] disposto; gut ~ di buon umore.

Geläut(e) [-'lɔʏt(ə)] n (3 [7]) scampanio m; (Läutewerk) soneria f.

gelb [gɛlp] giallo; '~braun lionato; sauro; '²e(s) n (Ei) torlo m; '²filter

m Phot. schermo m giallo; '~lich giallastro; '²schnabel m sbarbatello m; '²sucht f itterizia f; ~süchtig ['-zyçtiç] itterico.

Geld [gɛlt] n (1) danaro m; F soldi m/pl., quattrini m/pl.; kleines ~ spiccioli m/pl.; ~angelegenheiten f/pl. affari m/pl., transazioni f/pl.; ~anlage f investimento m di capitale.

'Geld|anweisung f assegno m; ~ausgabe f spesa f; ~betrag m somma f; ~beutel m borsellino m; ~brief m lettera f valori; lettera f assicurata; ~buße f multa f; ~einlage f versamento m di danaro; ~einwurf m fessura f per introdurre la moneta; ~entschädigung f indennizzo m in contanti; ~entwertung f svalutazione f, devalutazione f; ~forderung f credito m; ~geber m fornitore m di fondi; finanziatore m; ~geschäft n operazione f finanziaria; ~gier f avidità f di danaro; ²gierig avido di danaro; ~heirat f matrimonio m d'interesse; ~knappheit f penuria f di danaro; ~institut n istituto m bancario (od. di credito); ~kurs m corso m monetario; ~mangel m mancanza f di danaro; ~markt m mercato m monetario; ~mittel n/pl. mezzi m/pl. finanziari (od. pecuniari); ~opfer n sacrificio m pecuniario; ~rolle f rotolo m di banconote; ~schein m biglietto m di banca; ~schrank m cassaforte f; ~sendung f rimessa f di danaro; ~sorte f divisa f; ~strafe f multa f; ~stück n moneta f; ~tasche f portamonete m; ~umlauf m circolazione f monetaria; ~verlegenheit f difficoltà f finanziaria; ~währung f valuta f; ~wechsel m cambio m; ~wechsler m agente m di cambio, cambiavalute m; ~wert m valore m monetario; ~wesen n sistema m monetario (od. finanziario).

Gelee [ʒe'le:] n (11) gelatina f.

gelegen [gə'le:gən] s. liegen; örtl. situato; fig. conveniente, a proposito, opportuno; es kommt mir ~ mi viene proprio a proposito; mir ist daran ~, daß mi importa che.

Gelegenheit [-'--haɪt] f occasione f; günstige: opportunità f; zu dieser ~ in questa occasione; ~sarbeiter [-'---s⁹arbaɪtər] m lavoratore m oc-

casionale; **~skauf** m acquisto m
d'occasione.

gelegentlich [-'--tliç] **1.** adj. occasionale, d'occasione; **2.** adv. all'occasione, di passaggio.

gelehrig [gə'le:riç] docile; **2keit** f
docilità f.

Gelehrsamkeit [-'le:rzamkaɪt] f
erudizione f.

gelehrt [-'le:rt] dotto, erudito;
2e(r) m scienziato m.

Geleise [-'laɪzə] n (7) carreggiata f;
⛃ binario m; aus dem ~ kommen
uscire di carreggiata; ins rechte ~
bringen rimettere in carreggiata.

Geleit [-'laɪt] n (3) accompagnamento m; ⚔ scorta f; freies ~ salvacondotto m; j-m das letzte ~ geben accompagnare qu. all'ultima dimora;
~brief m salvacondotto m; **2en** accompagnare; scortare; **~schiff** n
nave f di scorta; **~wort** n introdu-
zione f, prefazione f, relazione f;
~zug m ⚓ convoglio m.

Gelenk [-'leŋk] n (3) 🦴 articolazione
f; ⊕ giuntura f, snodo m, giunto m;
~entzündung f artrite f; **2ig** articolato; (flink) agile, svelto; **~igkeit**
f flessibilità f; agilità f; **2lahm** an-
chilosato; **~lähmung** f anchilosi f;
~puppe f manichino m; **~rheuma-**
tismus m reumatismo m articolare;
~welle ⊕ f albero m cardanico.

gelernt [-'lernt] Arbeiter: qualificato, specializzato.

Gelichter [-'liçtər] n (7) razza f;
plebaglia f.

Geliebte(r m) m u. f [-'li:ptə(r)] (18)
amante m u. f; im Brief: carissimo
m; mein ~r mio amore m.

gelinde [-'lində] mite; ~ gesagt a dir
poco; ~s Feuer fuoco m lento.

gelingen [-'liŋən] (30, sn) riuscire;
es gelingt mir riesco (a), mi riesce
(di); **2.** **2** n (6) riuscita f.

Gelispel [-'lispəl] n (7) bisbiglio m.

gellen ['gɛlən] (25) rintronare; **~d**
stridulo; acuto; assordante.

ge|loben [-'lo:bən] v/t. (25) promet-
tere (solennemente); Rel. far voto;
das Gelobte Land la terra promessa;
2löbnis [-'lø:pnis] n (4¹) promessa
f; voto m.

gelt|en ['gɛltən] (30) valere; Gesetz:
essere in vigore; (gerichtet sein auf)
essere indirizzato a, valere per; ~
lassen lasciar passare; für et. ~ passare per qc.; das gleiche gilt für ...

così pure per ..., lo stesso dicasi per
...; das gilt dir questo tocca a te;
was gilt es? scommettiamo?; es gilt
das Leben ne va la vita; hier gilt es ...
(mit inf.) qui bisogna ...; es gilt zu
... si tratta di ...; **~end** vigente; ~
machen far valere; **2ung** f (16) valore m; (Gültigkeit) validità f; fig.
importanza f, peso m; autorità f;
zur ~ kommen farsi strada, risaltare;
zur ~ bringen far risaltare; ~ verschaffen far rispettare; sich ~ verschaffen farsi valere; **2ungsbe-**
dürfnis ['--bədyrfnis] n brama f di
farsi valere; **2ungsbereich** m ambito m di validità; **2ungssucht** f
brama f di prestigio.

Gelübde [gə'lypdə] n (7) voto m.

gelungen [-'luŋən] ben riuscito; F
(komisch) buffo, ridicolo.

Gelüst [-'lyst] n (3²) voglia f; **2en**
(26) bramare; es gelüstet mich nach
et. io bramo qc.

Gemach [-'ma:x] n (1²) camera f;
Gemächer pl. appartamenti m/pl.

gemächlich [-'mɛ:çliç] comodo;
adv. adagio; poco a poco; **2keit** f
comodità f.

Gemahl [-'ma:l] m (3) marito m; **~in**
f consorte f, moglie f; Ihre Frau ~
la Sua Signora.

gemahnen [-'ma:nən] (25): ~ an
ricordare (qu. od. qc.).

Gemälde [-'mɛ:ldə] n (7) quadro m,
pittura f; **2galerie** f galleria f di
pitture; **~sammlung** f pinacoteca f,
galleria f.

Gemarkung [-'markuŋ] f limite m;
distretto m.

gemasert [-'ma:zərt] marezzato.

gemäß [-'mɛ:s] secondo, conforme
a; **2heit** f conformità f; in ~ secondo.

gemäßigt [-'mɛ:siçt] moderato.

Gemäuer [-'mɔyər] n (7) (antiche)
muraglie f/pl.; ruderi m/pl., rovine
f/pl.

gemein [-'maɪn] comune; (öffentlich) pubblico; (gewöhnlich) volgare,
vile; (bösartig) maligno; (unanständig) osceno; ~er Soldat m soldato m
semplice; der ~e Mann l'uomo qualunque, la gente comune.

Gemeinde [-'-də] f (15) comune m;
municipio m; Rel. comunità f;
(Pfarr2) parrocchia f; in Zssgn
mst: ... comunale; **~abgabe** f imposta f comunale; **~bezirk** m di-

stretto *m* comunale; **⊾haus** *n* palazzo *m* comunale; **⊾rat** *m* consiglio *m* comunale; **⊾schule** *f* scuola *f* comunale; **⊾verwaltung** *f* amministrazione *f* comunale; **⊾vertreter** *m* rappresentante *m* del comune (della comunità); **⊾vorsteher** *m* sindaco *m*; presidente *m* della comunità; **⊾wahlen** *f/pl.* elezioni *f/pl.* comunali.

gemein|faßlich [-'maɪnfaslɪç] alla portata di tutti; **⊾gefährlich** di pericolo pubblico; **2gut** *n* bene *m* comune; **2heit** *f* bassezza *f*; infamia *f*; **⊾hin** comunemente; **⊾nützig** [-'maɪntsɪç] di utilità pubblica; **2platz** *m* luogo *m* comune; **⊾sam** collettivo, comune; **2samkeit** *f* comunanza *f*; **2schaft** [-'maɪnʃaft] *f* (16) comunione *f*; (*Gesamtheit*) collettività *f*; (*Gemeinde*) comunità *f*; **⊾schaftlich** 1. *adj.* comune; 2. *adv.* in comune; **2schafts-antenne** *f* antenna *f* collettiva; **2schafts-erziehung** *f* coeducazione *f*; **2schaftsgeist** *m* spirito *m* di solidarietà, sentimento *m* della collettività; **2schaftsleben** *n* vita *f* in comune; **2schaftsproduktion** *f* coproduzione *f*; **2sinn** *m* spirito *m* (*od.* senso *m*) civico; **⊾verständlich** alla portata di tutti; **2wesen** *n* comunità *f*; **2wohl** *f* = bene *m* pubblico.

Gemenge [-'meŋə] *n* (7) mescolanza *f*; ⚒ amalgama *m*; (*Handⓔ*) mischia *f*.

Gemengsel [-'meŋzəl] *n* (7) miscuglio *m*; *Personen:* accozzaglia *f*.

gemessen [-'mesən] misurato; (*feierlich*) compassato; **2heit** *f* misura *f*; sostenutezza *f*.

Gemetzel [-'metsəl] *n* (7) macello *m*, carneficina *f*.

Gemisch [-'miʃ] *n* (3²) miscela *f*; **2t** misto; **⊾es Doppel** *n* doppio *m* misto.

Gemse ['gemzə] *f* (15) camoscio *m*.

Gemunkel [-'muŋkəl] *n* (7) diceria *f*, voce *f* che corre.

Gemurmel [-'murməl] *n* (7) mormorio *m*.

Gemüse [-'my:zə] *n* (7) verdura *f*, ortaggi *m/pl.*; (*Hülsenfrüchte*) legumi *m/pl.*; **⊾garten** *m* orto *m*; **⊾gärtner** *m* ortolano *m*; **⊾händler** *m* erbivendolo *m*; **⊾suppe** *f* minestra *f* di verdura; giardiniera *f*; **⊾zucht** *f* orticultura *f*.

Gemüt [-'my:t] *n* (1) animo *m*; sentimento *m*; *sich et. zu ⊾e führen* F sorbirsi; (*verzehren*) papparsi; **2lich** comodo, gioviale; es *ist ganz ⊾ hier* si sta proprio bene qui; *machen Sie es sich ⊾!* senza complimenti!; *immer ⊾!* calma, calma!; **2lichkeit** *f* comodità *f*; giovialità *f*; **2los** senza sentimento; insensibile, freddo.

Gemüts|art [-'my:ts˚ɑ:rt] *f* indole *f*; carattere *m*, temperamento *m*; **⊾bewegung** *f* emozione *f*; **2krank** nevrotico; isterico; **⊾krankheit** *f* nevrosi *f*; isterismo *m*; melanconia *f*; **⊾mensch** *m* uomo *m* di buona pasta; **⊾ruhe** *f* tranquillità *f* (*od.* quiete *f*) d'animo; **⊾zustand** *m* stato *m* (*od.* disposizione *f*) d'animo; umore *m*.

ge'mütvoll [-'my:tfɔl] sensibile; pieno di sentimento.

gen [gen] = gegen.

Gen [ge:n] *n* (3¹) gene *m*.

genau [-'naʊ] 1. *adj.* esatto; preciso; *⊾ um drei Uhr* alle tre precise; *mit ⊾er Not* a gran fatica; **⊾genommen** a considerarlo bene *F*; 2. *adv.* ⊾ *nehmen* prendere rigorosamente; guardare per il sottile; *⊾ angeben* puntualizzare; **2igkeit** *f* esattezza *f*; precisione *f*.

Gendarm [ʒan'darm] *m* (12) gendarme *m*; *in Italien:* carabiniere *m*; **⊾erie** [--mə'ri:] *f* (15) gendarmeria *f*; Carabinieri *m/pl.*

Genealog|e [genea'lo:gə] *m* (13) genealogista *m*; **⊾ie** *f* genealogia *f*; **2isch** [--'lo:giʃ] genealogico.

genehm [gə'ne:m] gradito; **⊾igen** [-'ne:migən] *v/t.* (25) gradire; *Gesuch:* accogliere; *Gesetz:* approvare; **2igung** *f* autorizzazione *f*; approvazione *f*; (*Erlaubnis*) permesso *m*; concessione *f*.

geneigt [-'naɪkt] disposto, inclinato (*zu a.*); (*wohlwollend*) benevolo; **2heit** *f* inclinazione *f*; benevolenza *f*.

General [gene'ra:l] *m* (3¹ *u.* ³) generale *m*; **⊾direktor** *m* direttore *m* capo, direttore *m* generale, primo direttore *m*; **⊾in** *f* generalessa *f*; **⊾i-'tät** *f* (16) generalità *f*; ⚔ generali *m/pl.*; **⊾konsul** *m* console *m* generale; **⊾konsulat** *n* consolato *m* generale; **⊾nenner** *m* denominatore *m* comune; **⊾probe** *f* prova *f* generale;

~stab [--'-'ʃtaːp] m stato m maggiore; ~stabs-chef m capo m di stato maggiore; ~streik m sciopero m generale; ~versammlung f assemblea f generale; ~vertreter m rappresentante m generale; ~vollmacht f procura f generale.

Generation [generatsʼjoːn] f (16) generazione f.

Generator ⚡ [geneˈraːtor] m (8¹) generatore m.

generell [geneˈrɛl] generico.

genes|en [gəˈneːzən] (30, sn) guarire; ⩘ung f guarigione f; ⩘ungsheim n sanatorio m.

Genesis [ˈgeːnezis] f uv. genesi f.

genial [genˈjaːl] geniale; ⩘iˈtät f genialità f.

Genick [gəˈnik] n (3) nuca f; ~schuß m colpo m alla nuca; ~starre ⚕ [-ˈ-ʃtarə] f meningite f cerebrospinale.

Genie [ʒeˈniː] n (11) genio m.

genieren [ʒeˈniːrən] (25): sich ~ (et. zu tun) aver soggezione (a fare qc.); ~ Sie sich nicht! non faccia complimenti!

genieß|bar [gəˈniːsbaːr] mangiabile; bevibile; fig. tollerabile; ~en v/t. (30) godere; (kosten) assaggiare; fig. Unterricht: ricevere.

Genitalien [genitaːljən] pl. parti f/pl. genitali.

Genitiv [ˈgeːnitiːf] m (3¹) genitivo m.

Genius [ˈgeːnius] m (16²) genio m.

genommen [gəˈnɔmən] s. nehmen.

genoß [ˈ-nɔs] s. genießen.

Genosse [ˈ-nɔsə] m (13) compagno m; ~nschaft f società f cooperativa; ⩘nschaftlich cooperativo; ~nschaftswesen n cooperativismo m.

Genossin [-ˈ-sin] f compagna f.

genug [gəˈnuːk] abbastanza; ~! basta!; ~ haben von fig. averne abbastanza di; nicht ~, daß non solo che.

Genüg|e [-ˈnyːgə] f (15) sufficienza f; zur ~ abbastanza; ~ tun soddisfare a; ⩘en (25) bastare; ⩘end sufficiente.

genügsam [-ˈnyːkzaːm] di facile contentatura; im Essen: sobrio; ~keit f moderazione f, sobrietà f.

genug|tun [gəˈnuːktuːn] soddisfare; ~tuend [-ˈ-tuːənt] soddisfacente; ⩘tuung [-ˈ-tuːuŋ] f soddisfazione f; ~ fordern chiedere soddisfazione.

Genus [ˈgeːnus] n (16, pl. Genera) genere m.

Genuß [gəˈnus] m (4²) godimento m; il mangiare m; il bere m; (Nutznießung) usufrutto m; nach ~ von ... dopo aver mangiato (bevuto) ...; ~mittel n/pl. merci f/pl. voluttuarie; ~sucht f avidità f di piaceri; ⩘süchtig [-ˈ-zʏçtiç] avido di piaceri.

Geo|graph [geoˈgraːf] m (12) geografo m; ~graˈphie f geografia f; ⩘ˈgraphisch geografico; ~ˈloge m geologo m; ~loˈgie f geologia f; ⩘ˈlogisch geologico; ~ˈmeter m geometra m; ~meˈtrie f geometria f; ⩘ˈmetrisch geometrico; ~phyˈsik f geofisica f; ⩘physiˈkalisch geofisico; ⩘zenˈtrisch [geoˈtsɛntriʃ] geocentrico.

Gepäck [gəˈpɛk] n (3) bagaglio m; ~abfertigung f spedizione f bagagli; ~anhänger m rimorchietto m bagagli; ~annahme f accettazione f bagagli; ufficio m dei bagagli; ~aufbewahrung f deposito m bagagli; ~kontrolle f controllo m dei bagagli; ~netz n rete f portabagagli; ~raum m (Auto) portabagagli m; ~schein m scontrino m dei bagagli; ~ständer m portabagagli m; ~stück n collo m; ~träger m facchino m, portabagagli m; ~versicherung f assicurazione f dei bagagli; ~wagen m bagagliaio m.

gepanzert [-ˈpantsərt] blindato; corazzato.

gepflegt [-ˈpfleːkt] distinto; elegante; ⩘heit f distinzione f; eleganza f.

Gepflogenheit [-ˈpfloːgənhart] f usanza f.

Geplänkel [-ˈplɛŋkəl] n (7) scaramuccia f.

Geplapper [-ˈplapər] n (7) cicaleccio m.

Geplärr(e) [-ˈplɛr(ə)] n (3 [7]) piagnisteo m.

Geplauder [-ˈplaudər] n (7) chiacchierata f, chiacchiere f/pl.

gepökelt [-ˈpøːkəlt] salato.

Gepolter [-ˈpɔltər] n (7) baccano m.

Gepräge [-ˈprɛːgə] n (7) impronta f.

Gepränge [-ˈprɛŋə] n (7) pompa f.

Geprassel [-ˈprasəl] n (7) strepito m; Regen: scroscio m; Feuer: crepitio m.

Gequake [-ˈkvaːkə] n (7) gracidio m.

gerade [gəˈraːdə] **1.** adj. diritto; Charakter: retto; Linie: retta; Zahl: pari; **2.** adv. diritto; (genau) proprio, giusto; zeitlich: proprio ora, proprio allora; nun ~! ora sì!; ich *wollte* ~ *kommen* stavo per venire; **3.** $\mathcal{Q}f$ (18) $\mathcal{A}$ retta *f*; *Sport*: rettilineo *m*; ~**aus** [---'⁹aus] sempre diritto; ~**biegen,** ~**richten** raddrizzare; ~**heraus** [---hə'raus] francamente; ~'**hin** diritto; senza riguardo; ~**sitzen** tenersi dritto; ~**stehen:** ~ *für* (*ac.*) rispondere di; ~**wegs** [-'--'ve:ks] direttamente; addirittura; (*sogleich*) sull'istante; ~'**zu** *fig.* francamente.

Gerad|heit [-'ra:thaɪt] *f* dirittura *f*; *fig.* rettitudine *f*; $\mathcal{Q}$**linig** [-'-li:niç] rettilineo.

Gerassel [-'rasəl] *n* (7) fragore *m*.

Gerät [-'rɛ:t] *n* (3) attrezzo *m*; *Radio*: apparecchio *m*; (*Haus*$\mathcal{Q}$) suppellettili *f/pl.*; (*Werkzeug*) utensile *m*.

geraten¹ [-'ra:tən] *adj.* indicato; *gut, schlecht:* riuscito; *Kinder:* venuto su.

ge'raten² (30, *sn*) cadere; (*gelingen*) riuscire; *nach j-m*: somigliare a; *in Zorn*: andare; *auf et.*: incappare (in); *in Brand*: infiammarsi, incendiarsi; *in Streit* ~ venire alle mani; *ich bin auf den Gedanken* ~ mi è venuta l'idea.

Geräte|turnen [-'rɛ:tətuːrnən] *n* ginnastica *f* agli attrezzi; ~**wagen** *m* carro *m* attrezzi.

Geratewohl [-ra:tə'voːl] *n* uv.: aufs ~ a casaccio.

geräuchert [-'rɔʏçərt] affumicato.

geraum [-'raum] *adj.*: ~*e Zeit f* molto tempo *m*.

geräumig [-'rɔʏmiç] spazioso; ampio; $\mathcal{Q}$**keit** *f* spaziosità *f*; ampiezza *f*.

Geräusch [-'rɔʏʃ] *n* (3²) rumore *m*; ~**kulisse** *f* accompagnamento *m* di rumori; $\mathcal{Q}$**los** *adj.* silenzioso; *adv.* senza rumore; $\mathcal{Q}$**voll** rumoroso.

gerb|en ['gɛrbən] (25) conciare; *j-m das Fell* ~ conciare qu. per le feste; $\mathcal{Q}$**er** *m* conciatore *m*; $\mathcal{Q}$**e'rei** *f* conceria *f*; $\mathcal{Q}$**säure** *f* acido *m* tannico; $\mathcal{Q}$**stoff** *m* concino *m*.

gerecht [gə'rɛçt] giusto; ~ *werden j-m*: riconoscere le qualità di qu.; *e-r Sache*: soddisfare qc.; ~**fertigt** giustificato; $\mathcal{Q}$**igkeit** *f* giustizia *f*.

Gerede [-'re:də] *n* (7) diceria *f*; *das ist nur leeres* ~ non sono altro che parole; *j-n ins* ~ *bringen* compromettere qu.

gereichen [-'raɪçən] (25): *zur Ehre* ~ fare onore a; *zum Schaden* (*Vorteil*) ~ tornare a danno (a favore) di qu.

---

gereizt [-'raɪtst] *s. reizen*; irritato; $\mathcal{Q}$**heit** *f* irritazione *f*.

gereuen [-'rɔʏən] (25): *es gereut mich* mi pento (di); sono dolente.

Gericht [-'riçt] *n* (3): **a)** $\frac{1}{4\frac{1}{2}}$ giudizio *m*; *die Behörde*: tribunale *m*; *das Jüngste* ~ il giudizio universale; *über j-n* ~ *halten* giudicare qu.; **b)** (*Speise*) pietanza *f*, piatto *m*; $\mathcal{Q}$**lich 1.** *adj.* giudiziario; legale; (*rechtsförmig*) giuridico; **2.** *adv.* in giudizio.

Gerichts|akten [-'riçts⁹aktən] *f/pl.* atti *m/pl.* processuali; ~**assessor** *m* aggiunto *m* giudiziario; ~**arzt** *m* medico *m* legale; ~**barkeit** [-'-ba:rkaɪt] *f* giurisdizione *f*; ~**beamte(r)** *m* magistrato *m*; ~**behörde** *f* autorità *f* giurisdizionale; ~**beschluß** *m* decisione *f* del tribunale; ~**bezirk** *m* distretto *m* giudiziario; ~**diener** *m* usciere *m*; ~**gebäude** *n* tribunale *m*, palazzo *m* di giustizia; ~**gebühren** *f/pl.* spese *f/pl.* processuali; ~**hof** *m* corte *f* di giustizia; tribunale *m*; ~**kosten** *pl.* spese *f/pl.* processuali; ~**medizin** *f* medicina *f* legale; ~**ordnung** *f* procedura *f*; ~**person** *f* magistrato *m*; ~**pflege** *f* amministrazione *f* della giustizia; ~**saal** *m* sala *f* di udienza; ~**schreiber** *m* cancelliere *m*; ~**tag** *m*, ~**termin** *m* giorno *m* (termine *m*) d'udienza; ~**verfahren** *n* procedura *f*; processo *m*; ~**verhandlung** *f* dibattimento *m*; ~**vollzieher** [-'-fɔltsiːər] *m* (7) agente *m* esecutivo; esattore *m*; ~**wesen** *n* giustizia *f*.

gerieben [-'ri:bən] *fig.* scaltro; $\mathcal{Q}$**heit** *f* scaltrezza *f*.

gering [-'riŋ] **1.** *adj.* piccolo; poco; (*niedrig*) basso; *Waren*: scadente; **2.** *adv.* poco; *ein* $\mathcal{Q}$*es* una piccolezza; ~**er** *comp.* inferiore; *kein* ~*er als* ... nientemeno che ...; ~**st** *sup.* minimo, infimo; *nicht im* ~*en* non ... punto; (*ohne Verb*) nemmeno per ombra, neppure (*od.* nemmeno) per idea; *ich bin nicht im* ~*en* ... non sono punto (*od.* affatto) ...; ~**fügig** [-'-fy:giç] insignificante, di poca importanza, meschino; $\mathcal{Q}$**fügigkeit** *f* poca importanza *f*; insignificanza *f*; ~**schätzen** disprezzare; ~**schätzig** [-'-ʃɛtsiç] sprezzante; $\mathcal{Q}$**schätzung** *f* disprezzo *m*; ~**wertig** [-'-ve:rtiç] di poco valore.

gerinn|en [-'rinən] (30, *sn*) rapprendersi; coagularsi; ~ *machen* coagulare; 2**sel** [-'-zəl] *n* (7) coagulo *m*.

Gerippe [-'ripə] *n* (7) scheletro *m*; ossatura *f*; ⚓ carcassa *f*; *fig.* struttura *f*.

gerippt [-'ript] scanalato; ⚘ costoluto.

gerissen [-'risən] *s.* reißen; *fig.* furbacchione; 2**heit** *f* scaltrezza *f*.

German|e [gɛr'ma:nə] *m* (13) germano *m*; 2**isch** germanico; 2**i'sieren** germanizzare; ~**ismus** *m* (16²) germanismo *m*; ~**ist(in** *f*) *m* germanista *m u. f.*

gern [gɛrn] volentieri; con piacere; *nicht* ~ malvolentieri; *j-n* ~ *haben* voler bene a qu.; *ich habe et.* ~ mi piace qc.; *ich sehe es* ~, *wenn* ... (ci) ho piacere se ...; ~ *gesehen* ben essere ben visto.

Gernegroß ['-nəgro:s] *m* (4) megalomane *m*.

Geröchel [gə'rœçəl] *n* (7) rantolio *m*.

gerochen [-'rɔxən] *s.* riechen.

Geröll [-'rœl] *n* (3) ciottoli *m/pl.* rotolati.

geronnen [-'rɔnən] *s.* gerinnen.

geröstet [-'rø:stət] arrostito.

Gerste ['gɛrstə] *f* (15) orzo *m*.

Gersten|graupe ['gɛrstəngraupə] *f* orzo *m* perlato; ~**korn** *n am Auge:* orzaiuolo *m*; ~**saft** *m* orzata *f*; F birra *f*.

Gerte ['gɛrtə] *f* (15) frusta *f*; (*Reit⸮*) frustino *m*.

Geruch [gə'rux] *m* (3³) odore *m*; (*Sinn*) odorato *m*; 2**los** inodoro; ~**losigkeit** *f* mancanza *f* d'odore; ~**ssinn** [-'-sin] *m* odorato *m*.

Gerücht [-'ryçt] *n* (3) voce *f*, diceria *f*; *das* ~ *geht* corre (la) voce; 2**weise:** ~ *verlautet* ... corre (la) voce ...

geruhen [-'ru:ən]: ~ *zu inf.* degnarsi di *inf.*

Gerümpel [-'rympəl] *n* (7) anticaglie *f/pl.*, ciarpame *m*.

gerungen [-'ruŋən] *s.* ringen.

Gerüst [-'ryst] *n* (3²) palco *m*; armatura *f*; impalcatura *f*.

gesamt [-'zamt] totale, intero, tutto.

Gesamt|ansicht [-'zamt⁹anziçt] *f* vista *f* generale; ~**ausgabe** *f* edizione *f* completa; ~**begriff** *m* nozione *f* generale; ~**betrag** *m* importo *m* (somma *f*, quota *f*) totale; ~**bild** *n* prospetto *m* generale, qua-

dro *m* complessivo; ~**eindruck** *m* impressione *f* generale; ~**ergebnis** *n* risultato *m* totale; ~**ertrag** *m* introito *m* totale; ~**heit** *f* totalità *f*; collettività *f*; ~**summe** *f* somma *f* totale; ~**übersicht** *f* vista *f* d'insieme; ~**wertung** *f* classifica *f* complessiva; ~**wille** *m* volontà *f* collettiva; ~**wohl** *n* bene *m* pubblico.

Gesandt|e(r) [-'zantə(r)] *m* (18) ambasciatore *m*; ministro *m* plenipotenziario; ~**schaft** *f* legazione *f*; *päpstliche* ~ nunziatura *f*.

Gesang [-'zaŋ] *m* (3³) canto *m*; ~**buch** *n* libro *m* di canti; ~**verein** *m* società *f* corale.

Gesäß [-'zɛ:s] *n* (3²) sedere *m*; V culo *m*; ~**backen** [-'-bakən] *f/pl.* natiche *f/pl.*

Geschäft [-'ʃɛft] *n* (3) affare *m*; (*Laden*) negozio *m*; (*Büro*) ufficio *m*; (*Beruf*) professione *f*; (*Unternehmen*) azienda *f*; (*Firma*) ditta *f*; *gutes* ~ affarone *m*; 2**ig** affaccendato; ~**igkeit** [-'tiçkaıt] *f* operosità *f*; *iro.* faccendaria *f*; 2**lich 1.** *adj.* commerciale; d'affari; **2.** *adv.* per affari.

Geschäfts... [-'ʃɛfts]: *in Zssgn* d'affari, commerciale; ~**abschluß** *m* conclusione *f* di un affare; ~**anteil** *m* (quota *f* di) partecipazione *f*; ~**aufgabe** *f* cessazione *f* di commercio; ~**bereich** *m* giro *m* d'affari; *Minister ohne* ~ ministro *m* senza portafoglio; ~**bericht** *m* resoconto *m*; ~**beziehung** *f* relazione *f* commerciale; ~**brief** *m* lettera *f* commerciale; ~**buch** *n* libro *m* dei conti; ~**freund** *m* corrispondente *m*; 2**führend** amministrativo; ~**es Mitglied** (*e-r AG*) consigliere *m* delegato; ~**führer** *m* gerente *m*; ~**führung** *f* gerenza *f*; ~**gang** *m* andamento *m* degli affari; ~**gegend** *f* quartiere *m* mercantile; ~**haus** *n* casa *f* di commercio; ~**inhaber** *m* proprietario *m* della ditta; ~**jahr** *n* anno *m* d'esercizio; ~**kosten** *pl.* spese *f/pl.* d'ufficio; ~**kreis** *m* sfera *f* di affari; competenza *f*; ~**leute** *pl.* gente *f* d'affari; ~**lokal** *n* ufficio *m*; ~**mann** *m* uomo *m* d'affari; 2**mäßig** [-'-mɛ:sıç] commerciale; *fig.* sbrigativo; ~**ordnung** *f* regolamento *m*; ~**reise** *f* viaggio *m* d'affari; ~**reisende(r)** *m* commesso *m* viaggiatore; ~**schluß** *m* chiusura *f* dei negozi (*od.* dell'ufficio); ~stelle f ufficio m; ~stunde f ora f d'ufficio; ~teilhaber m socio m; ~träger m incaricato m d'affari; ~verbindung f relazione f commerciale; ~verkehr m relazioni f/pl. d'affari; ~zweig m ramo m d'affari.

geschah [-'ʃaː] s. geschehen.

geschält [-'ʃɛːlt] sbucciato; pelato.

gescheckt [-'ʃɛkt] pezzato.

geschehen [-'ʃeːən] (30, sn) accadere, succedere; esser fatto; es geschieht viel für die Schulen si fa molto per le scuole; dein Wille geschehe sia fatta la volontà tua; es soll ~ sarà fatto; es geschieht dir recht ben ti sta; es ist um mich ~ è finita per me.

Geschehnis [-'ʃeːnis] n (4¹) avvenimento m.

gescheit [-'ʃait] giudizioso; (tüchtig) abile; du bist wohl nicht recht ~? ma sei pazzo?

Geschenk [-'ʃɛŋk] n (3) regalo m; ~gutschein m buono m regalo; ~packung f pacchetto m in omaggio.

Geschicht|e [-'ʃiçtə] f (15) storia f; 2lich storico; ~schreiber m storiografo m; ~swerk n opera f storica.

Geschick [-'ʃik] n (3): a) (Schicksal) sorte f, destino m; b) (Eignung) = ~lichkeit [-'liçkait] f abilità f, destrezza f.

geschickt [-'ʃikt] abile; körperlich: agile, destro.

geschieden [-'ʃiːdən] s. scheiden; divorziato.

Geschirr [-'ʃir] n (3) (Tisch2) vasellame m; (Eß2) servizio m; (irdenes) stoviglie f/pl.; (Nacht2) vaso m (da notte); (Pferde2) finimenti m/pl.; ~schrank m credenza f; ~spülmaschine f lavastoviglie f, lavapiatti f; ~tuch n pezzuola f asciugapiatti.

Geschlecht [-'ʃlɛçt] n (1) genere m (a. Gram.); männliches, weibliches: sesso m; (Stamm) stirpe f; (Generation) generazione f; 2lich sessuale; ~lichkeit f sessualità f.

Geschlechts... [-'ʃlɛçts...]: in Zssgn oft sessuale; ~akt m atto m carnale, coito m; ~krankheit f malattia f venerea; ~leben n vita f sessuale; ~reife f pubertà f; ~organe n/pl., ~teile m/pl. organi m/pl. genitali; ~trieb m istinto m sessuale; ~verkehr m rapporti m/pl. intimi (od. sessuali); ~wort n articolo m.

geschliffen [-'ʃlifən] s. schleifen; fig. forbito.

Geschlinge [-'ʃliŋə] n (7) coratella f.

geschlossen [-'ʃlɔsən] unito, compatto; s. schließen; 2heit f compattezza f, solidarietà f.

Geschluchze [-'ʃluxtsə] n singhiozzi m/pl.

Geschmack [-'ʃmak] m (3²) gusto m; Speise: sapore m; nach meinem ~ a mio gusto; 2los senza gusto; (fade) insipido; ~losigkeit f insipidezza f, fig. mancanza f di gusto (od. di tatto); ~(s)sache f questione f di gusto; ~(s)sinn [-'-(s)zin] m gusto m; 2voll di buon gusto.

Geschmeid|e [-'ʃmaidə] n (7) gioie f/pl., gioielli m/pl.; 2ig [-'ʃmaidiç] malleabile, duttile; (biegsam) pieghevole, flessibile, elastico; fig. versatile; ~igkeit f malleabilità f, duttilità f; flessibilità f, elasticità f; versatilità f.

Geschmeiß [-'ʃmais] n (3²) vermi m/pl.; mosche f/pl., zanzare f/pl. ecc.; fig. canaglia f.

Geschmiere [-'ʃmiːrə] n (7) scarabocchi m/pl.

Geschmuse [-'ʃmuːzə] n (7) amoreggio m.

geschmort [-'ʃmoːrt] stufato.

Geschnatter [-'ʃnatər] n (7) schiamazzo m.

geschniegelt [-'ʃniːgəlt] azzimato.

Geschöpf [-'ʃœpf] n (3) creatura f.

Geschoß [-'ʃos] n (4) proiettile m; (Kugel) pallottola f; (Haus) piano m; ~bahn f traiettoria f.

Geschrei [-'ʃrai] n (3) grida f/pl.; des Esels: raglio m; des Hahnes: canto m; fig. rumore m; ein ~ erheben cominciare a gridare.

Geschütz [-'ʃyts] n (3²) cannone m; pezzo m d'artiglieria; ~feuer n fuoco m d'artiglieria; ~rohr n bocca f da fuoco; ~stand m appostamento m.

Ge'schwader [-'ʃvaːdər] n (7) ✈ squadra f; squadriglia f.

Geschwätz [-'ʃvɛts] n (3²) chiacchiera f; 2ig chiacchierone; ~igkeit f loquacità f.

geschweige [-'ʃvaigə]: ~ denn senza parlare di, tanto meno; e ancora meno.

geschwind [-'ʃvint] 1. adj. veloce; 2. adv. presto; 2igkeit [-'-diçkait] f velocità f; 2igkeitsmesser [-'---s-

meꜱər] m tachimetro m; **⚙igkeits-
verlust** m perdita f di velocità.

Geschwister [-'ʃvistər] pl. (7) fratello e sorella; fratelli m/pl.; **⚙lich** fraterno.

geschwollen [-'ʃvɔlən] gonfio; **⚙-
heit** f gonfiezza f.

Geschworen|engericht [-'ʃvoːrə-
nəngəriçt] n Corte f d'Assise; **⚬e(r)**
m (18) giurato m.

Geschwulst ⚕ [-'ʃvulst] f (14¹) tumore m.

geschwunden [-'ʃvundən] s. schwinden.

geschwungen [-'ʃvuŋən] s. schwingen.

Geschwür ⚕ [-'ʃvyːr] n (3) ulcera f.

Gesell|e [-'zɛlə] m (13) compagno m; ⊕ garzone m; **⚙en** (25) associare; **⚬enjahre** n/pl., **⚬enzeit** f tirocinio m; **⚙ig** socievole; **⚬igkeit** f socievolezza f.

Gesellschaft [-'zɛlʃaft] f (16) società f; compagnia f; ⚬ **leisten** tenere compagnia; ⚬ **mit beschränkter Haftung** società f (anonima) con responsabilità limitata.

Gesellschaft|er [-'zɛlʃaftər] m (7) socio m; stiller ⚬ accomandatario m; (Gefährte) compagno m; **⚬erin** f dama f di compagnia; **⚙lich** sociale; della società.

Gesellschafts... [-'zɛlʃafts...]: in Zssgn sociale; **⚬abend** m riunione f, trattenimento m; (Empfang) ricevimento m; **⚬anzug** m abito m da società; **⚬dame** f dama f di compagnia; **⚬haus** n casino m, circolo m, luogo m di ritrovo; **⚬kapital** n capitale m sociale; **⚬lehre** f sociologia f; **⚬reise** f viaggio m in comitiva; **⚬spiel** n gioco m di società; **⚬wissenschaften** pl. scienze f/pl. sociali.

Gesetz]-'zɛts] n (3²) legge f; **⚬buch** n codice m; **⚬entwurf** m progetto m di legge; **⚬eskraft** f vigore m di legge; ⚬ erlangen entrare in vigore; **⚬es-übertretung** f contravvenzione f; **⚬esvorlage** f disegno m di legge; **⚙gebend** [-'-geːbənt] legislativo; **⚬geber** m legislatore m; **⚬gebung** f legislazione f; **⚙lich** legale; **⚬lichkeit** f legalità f; **⚙los** senza legge; **⚙mäßig** [-'-mɛːsiç] legale; regolare; **⚬mäßigkeit** f legalità f; regolarità f.

gesetzt [-'zɛtst] s. setzen; fig. posato; maturo; serio; **⚬es Alter** età f matu-

ra; ⚬, **daß** ... posto che ...; **⚙heit** f posatezza f; serietà f.

gesetz|widrig [-'zɛtsviːdriç] illegale; **⚙widrigkeit** f illegalità f.

Gesicht [-'ziçt] **1.** n (1) faccia f; viso m; (Sehkraft) vista f; ⚬er schneiden fare le boccacce; **zu** ⚬ **bekommen** vedere; aus dem ⚬ verlieren perdere di vista; **ein langes** ⚬ **machen** allungare il viso; **2.** n (3) (Erscheinung) apparizione f, visione f.

Gesichts... [-'ziçts...]: in Zssgn oft Anat. facciale; optisch: visivo; **⚬ausdruck** m espressione f; **⚬farbe** f carnagione f; **⚬feld** n campo m visivo; **⚬kreis** m orizzonte m; **⚬punkt** m punto m di vista; **⚬sinn** m facoltà f visiva; **⚬wasser** n lozione f per il viso; **⚬winkel** m angolo m di vista; **⚬züge** m/pl. lineamenti m/pl.

Gesims [-'zims] n (4) cornicione m.

Gesinde [-'zində] n (7) servitù f.

Gesindel [-'zindəl] n (7) plebaglia f.

gesinnt [-'zint] intenzionato; disposto (verso).

Gesinnung [-'zinuŋ] f sentimenti m/pl.; politische: principi m/pl.; **⚙los** senza principi, senza carattere; **⚬slosigkeit** f mancanza f di principi (od. di carattere).

gesitt|et [-'zitət] (ac)costumato; (zivilisiert) civile; **⚙ung** f costumatezza f; civiltà f.

Gesöff [-'zœf] P n (3) intruglio m.

gesondert [-'zɔndərt] separato.

gesonnen [-'zɔnən] s. sinnen; ⚬ **sein zu** inf. avere l'intenzione di inf., essere disposto a inf.

Gespann [-'ʃpan] n (3) tiro m; pariglia f; fig. coppia f.

gespannt [-'ʃpant] teso; fig. inteso; curioso; ansioso; **⚙heit** f tensione f; fig. ansietà f, impazienza f.

Gespenst [-'ʃpɛnst] n (1¹) fantasma m, spettro m; **⚙erhaft** spettrale.

Gespiel|e m (13) (**⚬in** f) [-'ʃpiːlə (-lin)] compagno (-a) m (f) di giochi.

Gespinst [-'ʃpinst] n (3²) filato m; fig. tessuto m; von Spinnen: ragnatela f.

Gespött [-'ʃpœt] n (3) dileggio m; **zum** ⚬ **dienen od. werden** diventare oggetto delle beffe (j-s di qu.); **zum** ⚬ **machen** mettere in ridicolo.

Gespräch [-'ʃprɛːç] n (3) conversazione f; colloquio m; dialogo m; Fernspr. comunicazione f, chiamata f; 2ig loquace; ~igkeit f parlantina f; ~spartner [-'-spartnər] m interlocutore m; ~sstoff m argomento m; 2sweise in via di discorso.

gespreizt [-'ʃpraɪtst] affettato.

gesprochen [-'ʃprɔxən] s. sprechen.

gesprungen [-'ʃpruŋən] s. springen.

Gestade [-'ʃtaːdə] n (7) spiaggia f.

gestaffelt [-'ʃtafəlt] scaglionato.

Gestalt [-'ʃtalt] f (16) forma f; (Menschen2) figura f; Thea. personaggio m; 2en (26) formare, dare la forma a; rappresentare; sich ~ prender forma; fig. prendere piega; 2los senza forma, amorfo; ~ung f (con)formazione f; configurazione f; rappresentazione f; assetto m; ~ungskraft [-'-tuŋskraft] f forza f creatrice.

Gestammel [-'ʃtaməl] n (7) balbettio m.

Gestampfe [-'ʃtampfə] n (7) calpestio m.

geständ|ig [-'ʃtɛndɪç] confesso; 2nis [-'ʃtɛntnɪs] n (4¹) confessione f; ein ~ ablegen fare una confessione.

Gestank [-'ʃtaŋk] m (3, o. pl.) puzza f, puzzo m.

gestatten [-'ʃtatən] (26) permettere; ~ Sie! con permesso!

Geste ['gɛstə] f (15) gesto m.

gestehen [-'ʃteːən] confessare; offen gestanden a dire il vero, francamente.

Gestehungs|kosten [-'ʃteːuŋskɔstən] pl. costo m di produzione; ~preis m prezzo m di produzione.

Gestein [-'ʃtaɪn] n (3) pietrame m; Min. roccia f; ~skunde [-'-skundə] f petrografia f, mineralogia f.

Gestell [-'ʃtɛl] n (3) piede m, piedistallo m; (Bock) cavalletto m; (Gerüst) ossatura f; (Bücher2) scaffale m; (Brillen2) suste f/pl.; (Bett2) fusto m; (Fahr2) telaio m.

gestern ['gɛstərn] ieri; ~ morgen ieri mattina; ~ abend ieri sera.

gestiefelt [-'ʃtiːfəlt] con gli stivali; ~ und gespornt fig. in pieno assetto.

Gestikul|ation [gɛstikulatsˈjoːn] f gesticolazione f; 2ieren gesticolare.

Gestirn [gə'ʃtɪrn] n (3) astro m; (Sternbild) costellazione f; 2t stellato.

Gestöber [-'ʃtøːbər] n (7) turbine m; (Schnee2) nevischio m.

gestochen [-'ʃtɔxən] s. stechen.

gestohlen [-'ʃtoːlən] s. stehlen.

Gestöhne [-'ʃtøːnə] n (7) gemiti m/pl.

gestorben [-'ʃtɔrbən] s. sterben.

Gesträuch [-'ʃtrɔʏç] n (3) cespugli m/pl., sterpi m/pl.

gestreift [-'ʃtraɪft] rigato, a righe.

gestreng [-'ʃtrɛŋ] rigoroso; s. streng.

gestrig ['gɛstrɪç] di ieri; am ~en Tage ieri.

Gestrüpp [-'ʃtrʏp] n (3) prunaio m, sterpaglia f, sterpame m.

Gestühl [-'ʃtyːl] n (3) scranni m/pl.; allg. sedie f/pl.

gestunken [-'ʃtuŋkən] s. stinken.

Gestüt [-'ʃtyːt] n (3) scuderia f, monta f.

Gesuch [-'zuːx] n (3) domanda f, petizione f, istanza f; 2t ricercato.

Gesumme [-'zumə] n (7) ronzio m.

gesund [-'zunt] sano; di buona salute; ~ sein star bene; Baden ist ~ i bagni fanno bene; ~ werden guarire; ~er Menschenverstand m buon senso m comune; 2beter(in f) m [-'-beːtər(in)] F stregone (-a) m (f); 2brunnen m sorgente f minerale; fig. fontana f della gioventù; ~en [-'-dən] (26, sn) guarire.

Gesundheit [-'zunthaɪt] f salute f; 2lich 1. adj. sanitario; 2. adv. di salute; ~s-amt n ufficio m d'igiene (od. di sanità pubblica); 2shalber [-'--halbər] per ragioni di salute; ~slehre f, ~spflege f igiene f; öffentliche: servizio m sanitario; ~spolizei f polizia f sanitaria; ~srücksichten [-'--rykzɪçtən] f/pl.: aus ~ per ragioni di salute; 2sschädlich nocivo alla salute; ~swesen n sistema m sanitario, sanità f; ~szeugnis n certificato m di sanità; ~szustand m stato m di salute.

Gesundung [-'zunduŋ] f guarigione f.

Getäfel [-'tɛːfəl] n (7) tavolato m.

Getändel [-'tɛndəl] n (7) trastullo m, scherzi m/pl.

getarnt [-'tarnt] ✗ camuffato.

Getier [-'tiːr] n (3, o. pl.) animali m/pl. (di diverse specie).

getigert [-'tiːgərt] tigrato.

Getöse [-'tøːzə] n (7) fragore m; detonazione f.

getragen [-'traːgən]: ~ sein von fig. essere retto da.

Getrampel [-'trampəl] n (7) calpestio m.

Getränk [-'trɛŋk] n (3) allg. bevanda f; (alkoholfrei) bibita f.

getrauen [-'trauən] (25): sich ~ osare.

Getreide [-'traidə] n (7) cereali m/pl.; grano m; **~bau** m cerealicoltura f; **~feld** n campo m di grano; **~händler** m commerciante m di cereali; **~speicher** m granaio m.

getrennt [-'trɛnt] separato, staccato, diviso; mit ~er Post a parte.

getreu(lich) [-'trɔy(lɪç)] fedele; leale; adv. fedelmente.

Getriebe [-'triːbə] n (7) ⊕ ingranaggio m; trasmissione f; Kfz. cambio m delle merce; fig. movimento m.

getroffen [-'trɔfən] s. treffen.

getrost [-'troːst] fiducioso; rassicurato.

Getue [-'tuːə] n (7) cerimonie f/pl.

Getümmel [-'tyməl] n (7) trambusto m.

geübt [-'ʔyːpt] s. üben; abile, esperto; **2heit** f abilità f.

Gevatter [-'fatər] m (10 u. 13) compare m; **~in** f comare f; **~schaft** f comparatico m; compari e comari.

Geviert [-'fiːrt] n (3) quadrato m; Typ. quadratello m.

Gewächs [-'vɛks] n (4) pianta f; (Küchen2) erbaggi m/pl.; Wein: vigna f; ✿ escrescenza f; **~haus** n serra f.

gewachsen [-'vaksən]: gut ~ di bella figura, ben fatto; einer Sache ~ sein essere all'altezza di, potersi misurare con.

gewählt [-'vɛːlt] distinto; scelto.

gewahr [-'vaːr]: ~ werden accorgersi di, notare.   [zia f.)

Gewähr [-'vɛːr] f (16, o. pl.) garan-)

gewahren [-'vaːrən] v/t. (25) scorgere qc.; accorgersi di qc.

gewähr|en [-'vɛːrən] v/t. (25) concedere; accordare; Vergnügen: procurare; **~leisten** v/t. (untr.) garantire; **2leistung** f garanzia f.

Gewahrsam [-'vaːrzaːm] m (3) custodia f; (Gefängnis) prigione f.

Gewährsmann [-'vɛːrsman] m garante m; fig. informatore m; fonte f.

Gewährung [-'vɛːruŋ] f concessione f.

Gewalt [gə'valt] f (16) (Macht) potere m; (~samkeit) violenza f; (Kraft) forza f; über j-n: autorità f; väterliche: potestà f; höhere ~ forza f

maggiore; mit ~ con la forza; mit aller ~ con tutta la forza possibile; ~ anwenden usare la forza; in der ~ haben dominare; der ~ weichen cedere alla forza; **~akt** m atto m di violenza; **~haber** [-'haːbər] m potentato m, despota m; **2haberisch** dispotico; **~herrschaft** f despotismo m; **~herrscher** m despota m; tiranno m, dittatore m; **2ig 1.** adj. potente; violento; fig. enorme; **2. adv.** Sie irren sich ~ Lei sbaglia di grosso; **~maßnahme** f misura f coercitiva; **2sam** violento; adv. con la violenza; **~streich** m atto m di violenza; colpo m di mano; **~tat** f atto m di violenza; **2tätig** [-'tɛːtɪç] adj. violento (m); **~tätigkeit** f violenza f; **~verzicht** m rinuncia f alla forza.

Gewand [-'vant] n (1², poet. 3) abito m; fig. veste f; Mal. panneggiamento m.

gewandt [-'vant] (flink) lesto, agile; (geschickt) abile; destro; **2heit** f agilità f; abilità f.

gewann [-'van] s. gewinnen.

gewärtig [-'vɛrtɪç] in attesa di; ~ sein aspettarsi (qc.); **~en** aspettarsi (qc.).

Gewäsch [-'vɛʃ] n (3²) baie f/pl.

Gewässer [-'vɛsər] n (7) acque f/pl.

Gewebe [-'veːbə] n (7) tessuto m.

geweckt [-'vɛkt] s. wecken.

Gewehr [-'veːr] n (3) fucile m; (Jagd2) fucile m da caccia; schioppo m; ~ ab! pied'arm!; das ~ über! spall'arm!; **~feuer** n fuoco m di moschetteria; **~kolben** m calcio m del fucile; **~lauf** m canna f; **~riemen** m spallaccio m; **~ständer** m rastrelliera f.

Geweih [-'vai] n (3) corna f/pl.

Gewerbe [-'vɛrbə] n (7) (piccola) industria f; artigianato m; (Beruf) mestiere m; **~...:** in Zssgn oft industriale; **~aufsicht** f ispettorato m delle industrie; **~gericht** n magistratura f del lavoro; **~ordnung** f regolamento m industriale; **~schein** m licenza f industriale; **~schule** f scuola f professionale; **~steuer** f imposta f industriale; **2treibend** [-'--traibənt] industriale; esercente.

gewerb|lich [-'vɛrplɪç] industriale; **~smäßig** [-'smɛːsɪç] **1. adj.** professionale; di professione; **2. adv.** per professione.

Gewerk|schaft [-'vɛrkʃaft] f sindacato m (operaio); **∼schaft(l)er** m sindacalista m; **2schaftlich** sindacale; **∼schaftsbund** m confederazione f sindacale; **∼schaftswesen** n sindacalismo m.

gewesen [-'veːzən] s. sein.

Gewicht [-'viçt] n (3) peso m; fig. importanza f; nach ∼ a peso; ins ∼ fallen contare; ∼ legen auf dare importanza a; **∼heben** n (6) sollevamento m pesi; **2ig** pesante; importante; **∼s-abgang** m perdita f di peso.

gewiegt [-'viːkt] fig. esperto.

Gewieher [-'viːər] n (7) nitrito m.

gewillt [-'vilt]: ∼ sein avere l'intenzione; (geneigt) essere disposto a.

Gewimmel [-'viməl] n (7) brulichio m.

Gewimmer [-'vimər] n (7) lamenti m/pl.; der Kinder: vagito m.

Gewinde [-'vində] n (7) ghirlanda f; (Schrauben2) filetto m, pane m della vite; **∼bohrer** m maschio m.

Gewinn [-'vin] m (3) guadagno m; profitto m; (Vorteil) vantaggio m; (Spiel2) vincita f; **∼anteil** m partecipazione f agli utili; dividendo m; **∼beteiligung** f interessenza f; **2-bringend** [-'-briŋənt] lucrativo.

gewinn|en [-'vinən] (30) guadagnare; (erlangen) ottenere; Spiel, ⚔ vincere; ⚒ estrarre; fig. an et. (dat.) ∼ acquistare in; die Überzeugung ∼ convincersi, persuadersi; es über sich ∼ indursi a; **∼end** fig. attraente; simpatico; **2er** m (7) vincitore m.

Ge'winn|liste f lista f delle estrazioni; **∼los** n biglietto m vincente; **∼spanne** f margine m di guadagno; **∼sucht** f cupidigia f; **2süchtig** [-'-zyçtiç] avido.

Gewinnung [-'vinuŋ] f † ⚒, ⊕ estrazione f; produzione f.

Gewinsel [-'vinzəl] n (7) mugolio m.

Gewirr [-'vir] n (3) garbuglio m; (Stimmen2) confusione f.

gewiß [-'vis] **1.** adj. certo; (sicher) sicuro; **2.** adv. (di, per) certo.

Gewissen [-'visən] n (6) coscienza f; sich kein ∼ machen aus non farsi scrupoli di; j-m ins ∼ reden appellare alla coscienza di qu.; **2haft** coscienzioso; **∼haftigkeit** f coscienziosità f; scrupolosità f; **2los** senza coscienza; **∼losigkeit** f mancanza f di coscienza; **∼sbiß** m rimorso m; **∼s-** **frage** f caso m di coscienza; **∼sfreiheit** f libertà f di coscienza; **∼sruhe** f tranquillità f di coscienza; **∼s-zwang** m coercizione f morale.

gewissermaßen [-visər'maːsən] in certo qual modo.

Gewißheit [-'vishait] f certezza f; sich ∼ verschaffen über accertarsi di.

Gewitter [-'vitər] n (7) temporale m; **∼himmel** m cielo m burrascoso; **∼schwüle** f afa f; **∼sturm** m bufera f; **∼wolke** f nuvola f temporalesca, nuvolone m.

gewitz(ig)t [-'vits(iç)t] ammalizzito.

Gewoge [-'voːgə] n (7) ondeggiamento m.

gewogen [-'voːgən] **1.** s. wägen u. wiegen; **2.** (dat.) bendisposto (verso qu.); affezionato; Liebe: benevolenza f; **2heit** f affezione f, benevolenza f.

gewöhnen [-'vøːnən] (25) abituare, avvezzare.

Gewohnheit [-'voːnhait] f abitudine f; **2smäßig** [-'--smɛːsiç] abituale; **∼smensch** m consuetudinario m; **∼srecht** n diritto m consuetudinario; **∼strinker** m bevitore m abituale.

gewöhnlich [-'vøːnliç] **1.** adj. solito; (allgemein) comune; (gemein) ordinario; c.s. volgare; **2.** adv. d'ordinario; di (al) solito, comunemente; **2keit** f Dinge: frequenza f; Person: volgarità f.

gewohnt [-'voːnt] abituato, avvezzo.

Gewöhnung [-'vøːnuŋ] f l'abituarsi m; avvezzamento m.

Gewölb|e [-'vœlbə] n (7) volta f; (Grab2) cripta f; **2t** a volta.

Gewölk [-'vœlk] n (3) nuvolaglia f.

gewonnen [-'vonən] s. gewinnen.

geworben [-'vɔrbən] s. werben.

geworden [-'vɔrdən] s. werden.

geworfen [-'vɔrfən] s. werfen.

Gewühl [-'vyːl] n (3) mischia f; calca f; brulichio m.

gewunden [-'vundən] tortuoso; fig. contorto.

gewürfelt [-'vyrfəlt] a quadretti.

Gewimmer [-'vyrm] n (3) vermi m/pl.

Gewürz [-'vyrts] n (3²) droga f; (Würze, a. fig.) condimento m; **∼gurke** f cetriolo m sott'aceto; **∼nelke** f garofano m; **2t** condito; **∼waren** f/pl. spezierie f/pl.

gezackt [-'tsakt] merlettato; dentellato.

gezahnt, gezähnt [-'tsɑːnt, -'tsɛːnt] dentato; ⊕ dentellato.

Gezänk [-'tsɛŋk] n (3) bisticci m/pl. continui.

Gezeiten [-'tsaɪtən] f/pl. uv. alta e bassa marea f; **∼kraftwerk** n centrale f mareomotrice.

Gezeter [-'tseːtər] n (7, o. pl.) grida f/pl.

geziemen [-'tsiːmən] convenirsi; **∼d** conveniente; debito.

geziert [-'tsiːrt] affettato; **2heit** f leziosaggine f.

gezogen [-'tsoːgən] s. ziehen; Gewehrlauf: filettato.

Gezücht [-'tsʏçt] n (3) razza f.

Gezwitscher [-'tsvitʃər] n (7) cinguettio m.

gezwungen [-'tsvuŋən] s. zwingen; forzato; (verlegen) impacciato; **2heit** f affettazione f; imbarazzo m.

gib, gib(s)t [giːp(s)t] s. geben.

Gicht [giçt] f (16, o. pl.) artrite f, gotta f, podagra f; **2isch** artritico; gottoso.

Giebel ['giːbəl] m (7) frontone m; des Daches: comignolo m; **∼dach** n tetto m spiovente; **∼feld** n timpano m; **∼fenster** n abbaino m; **∼seite** f frontespizio m; **∼stube** f soffitta f.

Gier [giːr] f (16, o. pl.) avidità f; (Eß-) golosaggine f; **2en** essere avido (nach dis); **2ig** avido; **∼igkeit** f avidità f.

Gieß|bach ['giːsbax] m torrente m; **2en 1.** (30) versare; ⊕ fondere; in Formen: gettare; ✍ irrigare, annaffiare; es gießt piove a dirotto. **2.∼en** n (6) ⊕ getto m; ✍ irrigazione f; **∼er** m (7) fonditore m; **∼e'rei** f fonderia f; **∼form** f stampo m; **∼kanne** f innaffiatoio m.

Gift [gift] n (3) veleno m; ∼ und Galle spucken F sputare veleno; **∼2en: sich** ∼ F inviperirsi; **∼gas** n gas m tossico; **2ig** velenoso; tossico; fig. inviperito, virulento, maligno; **∼igkeit** f velenosità f; **∼mischer** [-'miʃər] m avvelenatore m; **∼mischerei** [--'raɪ] f, **∼mord** m avvelenamento m; veneficio m; **∼schlange** f serpente m velenoso; **∼stoff** m materia f tossica; **∼zahn** m dente m velenoso.

Gigant [gi'gant] m (12) gigante m; **2isch** gigantesco.

Gilde ['gildə] f (15) gilda f.

Gimpel ['gimpəl] m (7) fringuello m marino; fig. merlotto m.

Ginster ⚘ ['ginstər] m (7) ginestra f.

Gipfel ['gipfəl] m (7) cima f; vetta f; fig. apice m; culmine m; **2n** culminare; toccare l'apice; **∼konferenz** f conferenza f al massimo livello (od. al vertice); **∼punkt** m punto m culminante; apice m.

Gips [gips] m (4) gesso m; **∼ʼ∼abguß** m gesso m; **∼ʼ∼arbeiter** m gessaiuolo m.

'gipsen (27) ingessare.

'Gips|figur f gessino m; figura f di gesso; **'∼verband** m ingessatura f.

Giraffe [gi'rafə] f (15) giraffa f.

Gir|ant ✝ [ʒiʼrant] m (12) girante m, indossante m; **∼at** [-'rɑːt] m (12) giratario m, indossato m; **2ʼieren** girare, indossare.

Girlande [girʼlandə] f (15) ghirlanda f.

Giro ['ʒiːroː] n (11) girata f; **∼bank** f banca f di giro; **∼buchung** f giro m; **∼konto** n partita f di giro; **∼verkehr** ✝ m bancogiro m, clearing m.

girren ['girən] (25) tubare.

Gischt [giʃt] m (3²) u. f (16) schiuma f.

Gitarre [giʼtarə] f (15) chitarra f; **∼nspieler(in** f) m chitarrista m u. f.

Gitter ['gitər] n (7) grata f; am Radio: griglia f; (Fenster2) inferriata f; (Zaun) cancello m; **∼fenster** n finestra f con un'inferriata; **∼tor** n cancello m; **∼werk** n graticolato m.

Glacéhandschuh [gla'seː'hantʃuː] m guanto m di pelle; **∼e** pl. guanti m/pl. gialli.

Gladiator [gladʼjaːtoːr] m (8¹) gladiatore m.

Glanz [glants] m (3², o. pl.) splendore m; der Stoffe: lucido m.

glänzen ['glɛntsən] (27) splendere; rilucere; fig. brillare; **∼d** splendido; brillante.

Glanz|leder ['glantsleːdər] n pelle f lustra; **∼leistung** f capolavoro m; **2los** senza lustro, smorto; fig. oscuro; **∼papier** n carta f lucida, carta f satinata; **∼punkt** m colmo m; apogeo m; **2voll** splendido; **∼zeit** f periodo m più brillante.

Glas [glɑːs] n (2¹; als Maß im pl. uv.) vetro m; (Trink2) bicchiere m; ein ∼ Bier un bicchiere di birra; (Brille) occhiali m/pl.

Glas|arbeiter ['glɑːs⁹arbaɪtər] m vetraio m; **2-artig** vitreo, vetroso; **∼auge** n occhio m di vetro; **∼ballon** m damigiana f; ⊕ boccione m;

~bläser *m* soffiatore *m* di vetro; **~dach** *n* lucernario *m*.

Glaser ['glɑːzər] *m* (7) vetraio *m*; **~ei** [--'raɪ] *f* vetreria *f*.

gläsern ['glɛːzərn] di vetro; vitreo.

'**Glas|fabrik** *f* vetreria *f*; '**~fenster** *n* invetriata *f*; '**~haus** *n* serra *f*; '**~hütte** *f* vetreria *f*.

glas|ieren [glɑ'ziːrən] smaltare; **2ierung** *f* smaltatura *f*.

glasig ['glɑːzɪç] vitreo; vetroso.

Glas|kasten ['glɑːskastən] *m* vetrina *f*; **~kirsche** *f* visciola *f*; **~malerei** *f* pittura *f* su vetro; **~papier** *n* carta *f* vetrata; **~röhre** *f* tubo *m* di vetro; **~scheibe** *f* (lastra *f* di) vetro *m*; **~schrank** *m* vetrina *f*; **~tür** *f* vetrata *f*.

Glasur [glɑ'zuːr] *f* (16) *Mal.* velatura *f*; *s.* Glasierung.

Glas|waren ['glɑːsvɑːrən] *f/pl.* cristalleria *f*; **~wolle** *f* lana *f* di vetro.

glatt [glat] 1. *adj.* (18²) liscio (*a. fig.*); *Weg:* sdrucciolevole; *Worte:* mellifluo; (*einwandfrei*) perfetto; (*Stil*) terso; (*Zahl*) tondo; hier ist es ~ qui si scivola; 2. *adv. fig.* prontamente, senza difficoltà; (*völlig*) assolutamente.

Glätte ['glɛtə] *f* (15) liscezza *f*; *Lit.* forbitezza *f*.

Glatteis ['glat°aɪs] *n* gelicidio *m*, gelata *f*; *strade f/pl.* ghiacciate; *j-n aufs* ~ führen tendere un tranello a qu.

glätten ['glɛtən] (26) lisciare; (*ebnen*) appianare; *die Stirn:* rasserenare. [monie.)

glattweg ['glatvɛk] *fig.* senza ceri-)

Glatz|e ['glatsə] *f* (15) testa *f* calva, F platea *f*; **2köpfig** ['-kœpfɪç] calvo.

Glaube *m* (13¹), **~n¹** *m* (6) ['glaʊbə(n)] fede *f*; **~n** schenken prestar fede; *in gutem* ~n in buona fede.

glauben² (25) credere (*an acc.* in); *an j-n* ~ credere in qu.; *es ist kaum zu* ~ stento a crederci; *daran* ~ *müssen* doverne soffrire le conseguenze; F (*sterben*) lasciarci la pelle.

Glaubens|änderung ['-bəns°ɛndəruŋ] *f* cambio *m* della fede; **~artikel** *m* articolo *m* di fede; **~bekenntnis** *n* professione *f* di fede; **~freiheit** *f* libertà *f* religiosa; **~genosse** *m* correligionario *m*; **~lehre** *f*, **~satz** *m* dogma *m*, **~zeuge** *m* martire *m*.

glaubhaft ['glaʊphaft] credibile; **2igkeit** *f* credibilità *f*.

gläubig ['glɔʏbɪç] credente; **2e(r)** *m* (18) credente *m*; **~e(n)** *pl.* fedeli *m/pl.*; **2er** *m* (7) creditore *m*.

glaublich ['glaʊplɪç] credibile.

glaubwürdig ['glaʊpvʏrdɪç] degno di fede; **2keit** *f* credibilità *f*.

gleich [glaɪç] 1. *adj.* uguale; identico; *Zahl:* pari; (*einerlei*) lo stesso; ~ groß della stessa grandezza; *das ist mir* ~ per me fa lo stesso; (*schon*) ~ heute ancora oggi; ~ anfangs subito in principio; ~ darauf subito dopo; 2. **2e(r)** *m* pari *m*; *seinesgleichen* un suo pari; 3. **2e(s)** *n* lo stesso *m*; *Gleiches mit Gleichem vergelten* rendere la pariglia; 4. *cj.* ~ als ob come se.

gleich|altrig ['glaɪç°altrɪç] coetaneo, della stessa età; **~artig** ['-°aːrtɪç] omogeneo; **2artigkeit** *f* omogeneità *f*; **~bedeutend** equivalente, sinonimo; **2berechtigung** *f* uguaglianza *f* (*od.* parità *f*) di diritti; **~bleiben** (*sn*): *das bleibt sich gleich* ciò fa lo stesso (*od.* non cambia nulla); **~bleibend** invariabile; **~en** (30) (*dat.*) rassomigliare; **2e(r)**, **2e(s)** *s. unter* gleich; **~ermaßen**, **~erweise**, **~falls** parimenti, altrettanto; **~förmig** ['-fœrmɪç] uniforme; monotono; **2förmigkeit** *f* uniformità *f*; monotonia *f*; **~geschlechtlich** omosessuale; **~gesinnt** di sentimenti uguali; **~gestellt** ['--ʃtɛlt] dello stesso rango; equiparato; **~gestimmt** d'accordo, ♪ accordato; **2gewicht** *n* equilibrio *m*; *des Budgets:* pareggio *m*; (*Gegengewicht*) contrappeso *m*; *ins* ~ *bringen* equilibrare; *sich im* ~ *halten* bilanciarsi, mantenersi in equilibrio; **~gültig** indifferente; **2gültigkeit** *f* indifferenza *f*; **2heit** *f* uguaglianza *f*; **2klang** *m* consonanza *f*; ♪ unisono *m*; *fig.* armonia *f*, accordo *m*; **~kommen** (*sn*) (*dat.*) eguagliare (*acc.*); **~laufend** parallelo; **~lautend** ['-laʊtənt] consono; dello stesso tenore; **~machen** uguagliare; *Boden:* livellare; *dem Boden* ~ *radere al suolo*; **2macher** *m* uguagliatore *m*; livellatore *m*; **2maß** *n* simmetria *f*; giusta proporzione *f*; *fig.* serenità *f*; **~mäßig** ['-mɛːsɪç] proporzionato, regolare; simmetrico; (*ausgeglichen*) equilibrato; (*unverändert*) uniforme, continuo; **2mäßigkeit** *f* simmetria *f*; regolarità *f*; **2mut** *m* impassibilità f; **~mütig** ['-my:tiç] omonimo; **~namigkeit** f omonimia f; 2**nis** n (4¹) immagine f; *Lit.* similitudine f; *Bibel:* parabola f; 2**richter** ⚖ m raddrizzatore m di corrente; **~sam** per così dire; quasi; **~schalten** coordinare; **~schenk(e)lig** ['-ʃɛŋk(ə)liç] isoscele; 2**schritt** m passo m compassato; **~sehen** (h.) (*dat.*) rassomigliare; **~seitig** ['-zaɪtiç] equilatero; **~stellen** parificare; (*vergleichen*) confrontare; 2**stellung** f pareggiamento m; parificazione f; (*Vergleich*) paragone m; 2**strom** ⚡ m corrente f continua; **~tun:** es j-m **~** eguagliare qu.; 2**ung** ⚖ f equazione f; **~'viel** lo stesso; **~'!** non importa!; **~'wertig** ['-ve:rtiç] equivalente; **~wie** come, in qualsiasi modo; **~winklig** ⚖ ['-viŋkliç] equiangolo; **~'wohl** nondimeno; **~zeitig** ['-tsaɪtiç] simultaneo; contemporaneo; ad. nel contempo, di pari passo, al tempo stesso, nello stesso tempo; 2**zeitigkeit** f simultaneità f; contemporaneità f.

Gleis 🚂 [glaɪs] n (4) rotaie f/pl., binario m; **~kette** f cingoli m/pl.; **~'übergang** m passaggio m a livello.

gleißend ['glaɪsənt] abbagliante, accecante.

Gleit|bahn ['glaɪtbaːn] f scivolo m; 2**en** (30, sn) sdrucciolare, scivolare; *Auto:* sbandare; slittare; **~planare; **~flug** m volo m planato; **~schutz** m antiscivolante m.

Gletscher ['glɛtʃər] m (7) ghiacciaio m; **~spalte** f crepaccio m d'un ghiacciaio.

Glied [gli:t] n (1) membro m; *an e-r Kette:* anello m; ✕ fila f; ⚖, *Phil.* termine m; (*Finger*2) falange f; *bibl.* (*Geschlecht*) generazione f.

gliedern ['-dərn] (29) articolare; *fig.* dividere; disporre; *gegliedert* articolato.

Glieder|puppe ['gli:dərpupə] f burattino m; *Mal.* manichino m; **~reißen** n dolori m/pl. artritici; reumatismo m; **~tier** *Zo.* n articolato m; **~ung** f articolazione f; disposizione f; struttura f; *Partei:* organizzazione f; ✕ reparto m, formazione f.

Gliedmaßen ['gli:tmaːsən] pl. uv. membra f/pl., estremità f/pl.

glimm|en ['glimən] (30) ardere

senza fiamma; covar sotto la cenere (a. *fig.*); 2**er** m (7) *Min.* mica f; 2**stengel** F m cicca f.

glimpflich ['glimpfliç]: **~** *davonkommen* passarsela liscia.

glitsch|en ['glitʃən] F (27, sn) sdrucciolare; **~ig** sdrucciolevole.

glitt(en) ['glit(ən)] s. *gleiten.*

glitzern ['glitsərn] (29) scintillare; **~d** scintillante.

Globus ['glo:bus] m (16² u. 4¹) globo m (terrestre).

Glocke ['glɔkə] f (15) campana f; ⚡ campanello m; *die* **~** *schlägt* la campana suona; et. *an die große* **~** *hängen* strombazzare qc. ai quattro venti.

Glocken|blume ♀ ['glɔkənbluːmə] f campanula f; 2**förmig** ['--fœrmiç] a campana; **~geläut(e)** n scampanio m; 2**gießer** m fonditore m di campane; **~gießerei** f fonderia f di campane; 2**hell** argentino; **~schlag** m (rin)tocco m di campana; **~schwengel** m battaglio m; **~spiel** n cariglione m; **~turm** m campanile m; **~zeichen** n segnale m della campana.

Glöckner ['glœknər] m (7) campanaro m.

Glorie ['glo:rjə] f (15) gloria f; **~schein** m aureola f.

glorreich ['glo:raɪç] glorioso.

Glossar [glɔ'saːr] n (3¹) glossario m.

Gloss|e ['glɔsə] f (15) glossa f, chiosa f; 2**ieren** v/t. commentare.

glotzen ['glɔtsən] (27) spalancare gli occhi.

Glück [glyk] n (3) fortuna f; (**~**selig*keit*) felicità f; *zum* **~** per fortuna; *auf gut* **~** a caso; **~** *wünschen* congratularsi (con qu.); *zu Neujahr usw.:* fare gli auguri a qu. per; **~** *auf!* buona fortuna!; 2**bringend** ['-brinənt] che porta fortuna.

Glucke ['glukə] f (15) chioccia f; 2**n** (25) chiocciare.

glück|en ['glykən] (25, sn u. h.) riuscire; **~lich** ['glykliç] 1. *adj.* felice; *vom Glück begünstigt:* fortunato; (*günstig*) propizio; 2. *adv.* felicemente; **~licherweise** ['-liçər'vaɪzə] fortunatamente; **~selig** beato; 2**'seligkeit** f beatitudine f.

glucksen ['gluksən] (27) *Wasser:* gorgogliare.

Glücks|fall ['glyksfal] m caso m fortunato; **~göttin** f Fortuna f; **~**

güter ['gy:tər] n/pl. beni m/pl. di fortuna; ∼**kind** n, ∼**pilz** m nato m con la camicia; ∼**rad** n ruota f della fortuna; ∼**ritter** m cavaliere m d'industria; ∼**sache** f questione f di fortuna; ∼**spiel** n gioco m d'azzardo; ∼**stern** m buona stella f; ∼**tag** m giorno m fortunato.

glück|strahlend ['glykʃtra:lənt] raggiante di felicità; ∼**verheißend** ['-fɛrhaɪsənt] di buon augurio; 2∼**wunsch** m augurio m, felicitazione f; s-n ∼ aussprechen fare gli auguri.

Glühbirne ['gly:bɪrnə] f lampadina f (elettrica).

glühen ['gly:ən] (25) essere infocato, essere rovente; im Gesicht: essere acceso; fig. ardere (vor di); ∼d infocato; ardente; ∼ machen arroventare; ∼ werden arroventarsi.

Glüh|faden ['gly:fa:dən] m filamento m; ∼**hitze** f calor m tropicale; ∼**lampe** f lampada f ad incandescenza; ∼**licht** n luce f (lume m) ad incandescenza; ∼**strumpf** m reticella f ad incandescenza; ∼**wein** m vino m caldo; ∼**wurm** m lucciola f.

Glut [glu:t] f (16) calore m; fig. fervore m; ardore m; (Kohle) brace f; ∼**hitze** f calore m soffocante.

Glyzerin [glytsə'ri:n] n (3¹, o. pl.) glicerina f.

Gnade ['gna:də] f (15) grazia f; (Gunst) favore m; (Barmherzigkeit) misericordia f; um ∼ bitten chiedere grazia; ∼ für Recht ergehen lassen usare clemenza; ohne ∼ senza perdono; auf ∼ und Ungnade incondizionatamente.

Gnaden... ['-dən...]: in Zssgn oft di grazia; ∼**akt** m atto m di grazia; ∼**bild** n immagine f miracolosa; ∼**brot** n pane m di carità; ∼**frist** f respiro m concesso per grazia; ∼**gesuch** n ricorso m di grazia; ∼**stoß** m colpo m di grazia.

gnädig ['gnɛ:dɪç] clemente; (nachsichtig) indulgente; benigno.

Gneis [gnaɪs] m (4) Min. gneis m.

Gnom [gno:m] m (12) gnomo m.

Gobelin [gobə'lɛ̃:] m (11) arazzo m.

Gold [gɔlt] n (3) oro m; '∼**ammer** f zigolo m giallo; '∼**amsel** f rigogolo m; '∼**anleihe** f prestito m con garanzia in oro; '∼**barren** m lingotto m d'oro; '∼**bestand** m, ∼**deckung** f riserve f/pl. in oro; '∼**bronze** f bronzo m dorato; ∼**en** ['-dən] d'oro;

poet., fig. aureo; '2∼**farbig** dorato; '∼**fisch** m pesce m rosso; '∼**fuchs** m baio m dorato; 2∼**gelb** giallo dorato; '∼**gier** f sete f dell'oro; '∼**gräber** ['-grɛ:bər] m (7) cercatore m d'oro; '∼**grube** f (a. fig.) miniera f d'oro; '2∼**haltig** ['-haltɪç] aurifero; '2**ig** d'oro; '∼**lack** ❦ m viola f ciocca; '∼**macher** m alchimista m; '∼**mark** f marco m oro; '∼**medaille** f medaglia f d'oro; '∼**plombe** f dente m d'oro; '∼**regen** m pioggia f d'oro; ❦ citiso m; '∼**sachen** f/pl. ori m/pl.; '∼**schmied** m orefice m; ∼**schmiedearbeit** ['-ʃmi:də⁹arbaɪt] f (lavoro m d')oreficeria f; '∼**schmiedekunst** f oreficeria f; '∼**schnitt** m taglio m dorato; '∼**stück** n moneta f d'oro; '∼**waage** f saggiolo m; '∼**währung** f monometallismo m; '∼**wert** m valore m dell'oro.

Golf [gɔlf] m (3) Erdk. golfo m; (Spiel) golf m; '∼**platz** m campo m di golf; '∼**strom** m corrente f del Golfo.

Gondel ['gɔndəl] f (15) gondola f; am Luftschiff: navicella f; am Flugzeug: carlinga f; ∼**führer** m gondoliere m.

gönn|en ['gœnən] (25) concedere; non essere geloso; non invidiare; nicht ∼ invidiare; 2**er** m (7) protettore m; mecenate m; ∼**erhaft** generoso; da gran mecenate; 2**ermiene** f aria f da gran protettore; 2**erschaft** f protezione f.

Gonorrhöe [gɔnɔ'rø:] f (15) gonorrea f.

Göpel ['gø:pəl] m (7) argano m.

Gorilla [go'rɪla] m (11) gorilla m.

Gosse ['gɔsə] f (15) grondaia f; auf der Straße: rigagnolo m; der Küche: acquaio m.

Got|e ['go:tə] m (13) goto m; ∼**ik** ⚛ ['-tɪk] f (16) arte f gotica, stile m gotico; 2**isch** gotico.

Gott [gɔt] m (1¹ u. ⁹) Dio m; heidnisch: dio m (pl. dei); ∼ sei Dank! meno male!, fortunatamente!; so wahr ∼ lebt! com'è vero Dio!; um ∼**es willen**! per amor di Dio!; ∼ befohlen! addio!; mein ∼! Dio mio!; du lieber ∼! santo Dio!

Götter|bild ['gœtərbɪlt] n idolo m; ∼**dämmerung** f Crepuscolo m degli Dei; ∼**lehre** f mitologia f; ∼**speise** f ambrosia f; ∼**trank** m nettare m.

Gottes|acker ['gɔtəs⁹akər] m camposanto m; **~dienst** m ufficio m divino; messa f; allg. culto m; **~furcht** f timore m di Dio; **♀fürchtig** ['--fʏrçtiç] timorato; **~haus** n cappella f; chiesa f; tempio m; **~lästerer** ['--lɛstərər] m bestemmiatore m; **~lästerung** f bestemmia f; **~urteil** n giudizio m di Dio.

gottgefällig ['gɔtgəfɛliç] accetto a Dio.

Gottheit ['gɔthait] f divinità f.

Göttin ['gœtin] f dea f.

göttlich ['gœtliç] divino; **♀keit** f divinità f.

gott|lob [gɔt'lo:p] Dio sia lodato; **~los** empio; **♀losigkeit** f empietà f; **♀seibeiuns** [-zaɪ'baruns] F m uv. diavolo m; **~selig** pio; **♀seligkeit** f pietà f; **~vergessen**, **~verlassen** abbandonato; maledetto; **♀vertrauen** n fiducia f in Dio; **~voll** F splendido; delizioso.

Götze ['gœtsə] m (13) idolo m.

Götzen|bild ['gœtsənbilt] n idolo m; **~diener(in** f) m idolatra m u. f; **~dienst** m idolatria f.

Gouvern|ante [guver'nantə] f (15) governante f; **~eur** [--'nøːr] m (3¹) governatore m.

Grab [grɑːp] n (1²) tomba f; sepolcro m; **~denkmal** n monumento m sepolcrale.

Graben¹ ['grɑːbən] m (6¹) fosso m; fossa f.

'graben² (30) scavare; Skulp. u. fig. scolpire; in Metall: incidere.

Grabes|stille ['grɑːbəsⁱʃtilə] f silenzio m sepolcrale; **~stimme** f voce f sepolcrale.

Grab|geläute ['grɑːpgəlɔʏtə] n rintocchi m/pl. funebri; **~gewölbe** n cripta f; **~hügel** m tumulo m; **~inschrift** f epitaffio m; **~legung** ['-leːgun] f tumulazione f; **~mal** n monumento m sepolcrale; **~rede** f orazione f (elogio m) funebre; **~stätte** f sepolcreto m; **~stein** m lapide f; **~stichel** m bulino m.

Grad [grɑːt] m (3; als Maß im pl. uv.) grado m.

grade ['grɑːdə] s. gerade.

Grad|einteilung ['grɑːtⁱ⁹aɪntailun] f graduazione f, divisione f per gradi; **♀linig** rettilineo; **~messer** m scala f graduata; fig. indice m; **♀weise** ['-vaɪzə] graduale; adv. gradatamente.

Graf [grɑːf] m (12) conte m.

Gräf|in ['grɛːfin] f contessa f; **♀lich** di (da) conte, comitale.

Grafschaft ['grɑːfʃaft] f (16) contea f.

Gram¹ ['grɑːm] m (3, o. pl.) accoramento m, afflizione f.

gram²: j-m ~ sein averla con qu.; j-m ~ werden prendersela con qu.

gräm|en ['grɛːmən] (25) accorare; sich ~ affliggersi; **♀lich** burbero.

Gramm [gram] n (3; im pl. nach Zahlen uv.) grammo m.

Gramm|atik [gra'matik] f (16) grammatica f; **♀ati'kalisch** grammaticale; **~atiker** m grammatico m; **♀'atisch** grammaticale.

Grammophon [-mo'foːn] n (3¹) grammofono m; **~nadel** f puntina f per grammofono.

Granat [gra'nɑːt] m (3) granato m; **~apfel** m melagrana f; **~apfelsaft** m granatina f.

Granate ✕ [gra'nɑːtə] f (15) granata f; (Hand♀) bomba f a mano.

Granat|feuer [gra'nɑːtfɔʏər] n fuoco m d'artiglieria; **~splitter** m scheggia f; **~trichter** m imbuto m di granate; **~werfer** m mortaio m.

Granit [gra'niːt] m (3) granito m; **♀-artig** granitico.

Granne ♀ ['granə] f (15) resta f.

grantig ['grantiç] di mal umore; caparbio. [pompelmo m.]

Grapefruit ['greːpfruːt] f (11¹)]

Graph|ik ['grɑːfik] f (16) grafica f; **♀isch** grafico; ~e Darstellung f grafico m; **~it** [-a'fiːt] m (3) grafite f; **~ologe** [-fo'loːgə] m (13) grafologo m.

Gras [grɑːs] n (2¹) erba f; das ~ wachsen hören sentir crescere l'erba; ins ~ beißen mordere la polvere; **~artig** ['-s⁹ɑːrtiç] erbaceo.

grasen ['grɑːzən] (27) Vieh: pascolare.

Gräser ['grɛːzər] pl. (2¹) graminacei m/pl.

gras|fressend ['grɑːsfrɛsənt] erbivoro; **♀halm** m spigo m d'erba; **♀hüpfer** ['-hʏpfər] m (7) saltabecca f; **~ig** erboso; **♀mähmaschine** f falciatrice f; **~mücke** f capinera f.

grassieren [gra'siːrən] infierire.

gräßlich ['grɛsliç] orribile; **♀keit** f orrore m, atrocità f.

Grat [grɑːt] m (3) cresta f; ⌂ nervatura f.

Gräte ['grɛːtə] f (15) lisca f, spina f.

Gratifikation [gratifikats'joːn] f gratificazione f.

gratis ['graːtis] gratuitamente, gratis; **♀beilage** f supplemento m gratuito.

Grätsch|e f (15), **~sprung** m ['grɛtʃ-ʃə, 'grɛːtʃprʊŋ] salto m a gambe divaricate; **♀en** (27) divaricare.

Gratul|ant(in f**)** m [gratu'lant(in)] (12) congratulante m u. f.; **~ation** [---ts'joːn] f congratulazione f; **♀'ieren**: j-m zu et. ~ congratularsi di qc. con qu.; ich gratuliere zum neuen Jahr i miei auguri per l'anno nuovo.

grau [grau] grigio, bigio; fig. die ~e Vorzeit i tempi più remoti; **'♀brot** n pane m misto.

grauen ['grauən] 1. (25): a) Tag: spuntare; es graut albeggia; b) sich ~ inorridire; j-m graut vor et. (dat.) qc. fa orrore a qu.; 2. ♀ n (6) orrore m.

grauen|erregend ['--ʔɛrəɡənt], **'-haft**, **'~voll** raccapricciante, orrido.

grauhaarig ['grauhaːriç] canuto.

gräulich ['grɔylıç] bigiognolo.

Graupe ['graupə] f (15) orzo m perlato.

graupeln ['graupəln] 1. (29) unpers. grandinare minutamente; nevicare a granelli; 2. ♀ f/pl. granelli m/pl. di grandine.

Graus [graus] m (4, o. pl.) orrore m.

grausam ['grauzaːm] crudele; **♀keit** f crudeltà f.

graus|en ['-zən] 1. (27) inorridire; mir graust inorridisco; 2. **♀en** n (6) orrore m; **~ig** raccapricciante, orribile.

Grav|eur [gra'vøːr] m (3[1]) incisore m; **♀'ieren** incidere; **♀'ierend** ₜ̃ aggravante; **~'iernadel** f bulino m; **~'ierung** f incisione f.

Gravi|tät [gravi'tɛːt] f gravità f; **~ta'tion** f gravitazione f; **♀'tätisch** grave, solenne; **♀'tieren** gravitare.

Grazie ['graːtsjə] f (15) grazia f.

graziös [grats'jøːs] grazioso.

Greif [graif] m (3 u. 12) Myth. grifone m.

greif|bar ['graifbaːr] palpabile; ✝ disponibile; fig. evidente; **~en** (30) 1. v/t. acchiappare; afferrare; ♩ Saite: toccare; 2. v/i.: nach et. ~ stendere la mano verso qc.; um sich ~ propagarsi; zu et. ~ ricorrere a qc.;

fig. darsi a qc.; fig. j-m unter die Arme ~ porgere aiuto a qu.; zu hoch gegriffen esagerato; aus der Luft gegriffen inventato di sana pianta; **♀er** m (am Kran) gancio m.

greinen ['grainən] piagnucolare.

Greis [grais] m (4) vecchio m; vecchione m; poet. vegliardo m.

Greis|enalter ['-zən'altər] n vecchiaia f; **♀enhaft** senile; **~in** f vecchia f.

grell [grɛl] Töne: acuto; Licht: sfacciato; Farben: stridente; sgargiante; Stimme: stridulo; **'♀heit** f acutezza f; stridore m.

Gremium ['greːmjum] n (9) gremio m.

Grenz|bewohner ['grɛntsbəvoːnər] m abitante m di confine; **~dorf** n villaggio m limitrofo.

Grenz|e ['grɛntsə] f (15) limite f; Geogr., Pol., ⚔ frontiera f, confine m; **♀en** (27) confinare; **♀enlos** ['--loːs] sconfinato; smisurato; **~enlosigkeit** f sconfinatezza f, immensità f; **~er** ['grɛntsər] m (7) doganiere m.

Grenz|fall ['grɛntsfal] m caso m limite; **~gebiet** n zona f di confine; **~land** n regione f (od. paese m) di confine; **~linie** f linea f di demarcazione; **~nachbar** m confinante m; **~ort** m località f di confine; **~pfahl** m palo m terminale; **~polizei** f polizia f confinaria; **~schutz** m guardia f di frontiera; **~stein** m pietra f terminale; **~übergang** m valico m di confine; passaggio m di frontiera; **~verkehr** m traffico m di frontiera; **~wächter** m doganiere m; **~wert** m valore m limite; **~zwischenfall** m incidente m di frontiera.

Greuel ['grɔyəl] m (7) orrore m; j-m ein ~ sein far orrore a qu.; **~tat** f atrocità f.

greulich ['grɔylıç] orribile.

Griebe ['griːbə] f (15) cicciolo m.

Griech|e m (13) (**~in** f) ['griːçə, '-çin], **♀isch** greco (-a) m (f).

Gries|gram ['griːsɡraːm] m (3) musone m; **♀grämig** ['-grɛːmiç] cipiglioso.

Grieß [griːs] m (3[2]) semolino m; (Kies) ghiaia f; ✘ renella f.

Griff [grif] m (3) zum Anfassen: manico m; (Degen♀) impugnatura f; (Tür♀) maniglia f; ⊕ manovella f, manetta f; (Handvoll) manata f; ♩

tasto *m*; er hat e-n glücklichen ~ ge-
tan *fig.* ha avuto la mano felice; '2-
bereit a portata di mano; '~**brett** ♩
n cordiera *f*; *am Klavier*: tastiera *f*.
Griffel ['grifǝl] *m* (7) stile *m*;
(*Schreib*2) gessetto *m*.
Grill [gril] *m* (11) griglia *f*.
Grille ['grilǝ] *f* (15) grillo *m*; 2**nhaft**
capriccioso.   [fia *f*.}
Grimasse [gri'masǝ] *f* (15) smor-}
Grimm [grim] *m* (3, *o. pl.*) rabbia *f*;
'2**ig** rabbioso, arrabbiato, furioso;
Blick: truce; ~ *ansehen* guardare in
cagnesco; '~**igkeit** *f* rabbia *f*; ferocia *f*.
Grind ⚕ [grint] *m* (3) tigna *f*;
(*Schorf*) crosta *f*; '2**ig** tignoso; coperto di croste.
grinsen ['grinzǝn] **1.** (27) ghignare;
2. 2 *n* (6) ghigno *m*.
Grippe ⚕ ['gripǝ] *f* (15) influenza *f*.
Grips [grips] F *m* (4) comprendonio
m.
grob ['gro:p] (18²) grosso; ruvido;
grezzo; (*plump*) grossolano; *Ton*:
brusco; *Fehler*: madornale; ~*e See*
mare *m* grosso; ~ *werden* ricorrere a
maniere grosse; '2**heit** *f* grossezza *f*;
ruvidezza *f*; grossolanità *f*; villania
f; 2**ian** ['gro:bja:n] *m* (3) maleducato *m*, villanzone *m*; '~**körnig**
['gro:pkœrnic] di grano grosso.
gröblich ['grø:plic] grave; *adv.*
gravemente.
Grobschmied ['gro:pʃmi:t] *m* fabbro *m* ferraio.
Grog [grɔk] *m* (11) ponce *m*.
grölen ['grø:lǝn]   (25) gridare,
chiassare.
Groll [grɔl] *m* (3, *o. pl.*) astio *m*; '2**en**
(25) portar rancore a; *Donner*:
brontolare.
Gros ¹ [gro:] *n uv.* grosso *m*.
Gros ² [grɔs] *n* (4¹, *pl. nach Zahlen*
uv.) grossa *f*.
Groschen ['grɔʃǝn] *m* (6) grosso *m*;
(*10 Pfennig*) diecino *m*; F *allg.* soldo
m; der ~ *ist gefallen fig.* ho capito.
groß [gro:s] (18²) grande; (*hochge-*
wachsen) alto; *im* ~*en und ganzen*
in complesso; ~*er Buchstabe m*
(*lettera f*) maiuscola *f*; ~*es Los n*
gran premio *m*; ~*e Augen machen*
far tanto d'occhi; ~**artig** ['-'ʔa:rtic]
grandioso; '2-**artigkeit** *f* grandio-
sità *f*; '2**betrieb** *m* grande azienda *f*
(*od.* impresa) *f*; '2**buchstabe** *m*
maiuscola *f*.

Größe ['grø:sǝ] *f* (15) grandezza *f*;
e-r Person: statura *f*; ⚕ quantità *f*;
fig., Thea. celebrità *f*; *fig.* erster ~ di
prima qualità.
Groß|**eltern** ['gro:sʔeltǝrn] *pl.* non-
ni *m*/*pl.*; ~**enkel(in** *f*) *m* pronipote
m u. f.
Größen|**ordnung**   ['grø:sǝnʔord-
nuŋ] *f* ordine *m* d'importanza; ~
verhältnis *n* proporzione *f*; dimensione *f*; ~**wahn** *m* megaloma-
nia *f*.
größer ['grø:sǝr] più grande; maggiore.
Groß|**feuer** ['gro:sfɔyǝr] *n* grande
incendio *m*; ~**film** *m* lungometraggio *m*; ~**flugzeug** *n* aereo *m* gigante;
~**fürst** *m* granduca *m*; ~**fürstin** *f*
granduchessa *f*; ~**grundbesitz** *m*
latifondo *m*; ~**grundbesitzer(in** *f*)
m latifondista *m u. f.*; ~**handel** *m*
commercio *m* all'ingrosso; ~**händ-
ler(in** *f*) *m* grossista *m u. f.*; ~**handlung** *f* vendita *f* all'ingrosso; 2**herzig** ['-hertsic] magnanimo; ~**herzigkeit** *f* magnanimità *f*; ~**herzog**
m granduca *m*; ~**herzogin** *f* granduchessa *f*; 2**herzoglich** grandu-
cale; ~**herzogtum** *n* granducato *m*;
~**industrie** *f* grande industria *f*;
~**industrielle(r)** *m* grande industriale *m*.
Grossist [grɔ'sist] *m* (12) commerciante *m* all'ingrosso, grossista
m.
groß|**jährig** ['gro:sje:ric] maggio-
renne; 2**jährigkeit** *f* maggiorità *f*;
2**kampftag** ['-kampfta:k] *m fig.*
giornata *f* di gran battaglia; 2**kapital** *n* grosso capitale *m*; 2**kapitalist**
m grosso capitalista *m*; 2**macht** *f*
grande potenza *f*; 2**mama** *f* nonna
f; 2**mannssucht** ['-manszuxt] *f*
brama *f* di prestigio; 2**maul** F *n*, ~
mäulig [-'mɔylic] spaccone; 2**mut**
f magnanimità *f*; ~**mütig** ['-my:tic]
generoso; 2**mutter** *f* nonna *f*; 2-
neffe *m*, 2**nichte** *f* pronipote *m u. f.*;
2-**onkel** *m* prozio *m*; 2**papa** *m*
nonno *m*; 2**reinemachen** [-'raɪnǝ-
maxǝn] *n* pulizia *f* generale; 2-
sprecher *m* fanfarone *m*; 2**spre-
cherei** [---'raɪ] *f* fanfaronata *f*;
~**spurig** ['-ʃpu:ric] spaccone; 2-
stadt *f* grande città *f*; grande metropoli *f*; 2**städter** *m* abitante *m* di
una grande città; ~**städtisch** da
metropoli; 2**tankstelle** *f* stazione *f*

di servizio; ♀**tante** f prozia f; ♀**tat** f fatto m insigne; F prodezza f.

größtenteils ['grø:stəntaɪls] per la maggior parte.

Groß|tuer ['gro:stuər] m fanfarone m; ~**tuerei** [--'raɪ] f smargiassata f; ♀**tun** darsi delle arie; ~**vater** m nonno m; ♀**zügig** ['-tsy:giç] (*freigebig*) generoso; liberale; (*tolerant*) dalle viste larghe; *adv.* in grande stile; ~**zügigkeit** f generosità f; ampiezza f di vedute.

grotesk [gro'tɛsk] grottesco; ♀**e** f (15) farsa f.

Grotte ['grɔtə] f (15) grotta f.

Grübchen ['gry:pçən] n (6) fossetta f.

Grube ['gru:bə] f (15) fossa f; ✗ miniera f.

Grüb|elei [gry:bə'laɪ] f (16) pensiero m; *in* ~ *versunken* soprappensiero; ♀**eln** ['-bəln] (29) stillarsi il cervello; almanaccare.

Gruben|arbeiter ['gru:bən?arbaɪtər] m minatore m; ~**bau** m esercizio m di una miniera; ~**gas** n grisù m; ~**lampe** f, ~**licht** n lanternetta f da minatore; ~**unglück** n incidente m di miniera.

Grübler ['gry:blər] m (7) sognatore m; almanaccone m; ♀**isch** meditabondo.

Gruft [gruft] f (14¹) tomba f; (*Kirchen*♀) cripta f; catacomba f.

Grummet ['grumət] n (3¹, *o. pl.*) grumereccio m.

grün [gry:n] **1.** *adj.* verde; (*unerfahren*) inesperto, F in erba; ~*er Junge* sbarbatello m; ♀**er** *Donnerstag* giovedì m santo; **2.** ♀ n (6) verde m; *Kochk.* verdura f; *Kartensp.* picche f/pl.; F *bei Mutter* ~ sotto le stelle; ♀**anlagen** f/pl. giardini m/pl. pubblici.

Grund [grunt] m (3³) fondo m (*Boden*) terreno m; (*Tal*) valle f; (~*lage*) base f; (*Beweg*♀) motivo m; (*Ursache*) causa f; (*Denk*♀) ragione f; (*Beweis*♀) argomento m; *e-r Wissenschaft*: rudimento m; ⚕ *u. fig.* fondamenta f/pl.; ~ *und Boden* proprietà f immobile; terre f/pl.; *den* ~ *legen* gettare la fondamenta; *von* ~ *aus kennen* conoscere a fondo; *den* ~ *unter den Füßen verlieren* perdere il suolo sotto i piedi; *auf* ~ *geraten* ⚓ arrenare, incagliarsi; *auf* ~ *von* in base a, (*kraft*) in virtù di; *von* ~ *auf*

radicalmente; *e-r Sache auf den* ~ *gehen* esaminare qc. a fondo; *im* ~*e genommen* in fondo; *zugrunde gehen* andare in rovina.

Grund... *in Zssgn oft*: fondamentale; *Boden*: ... fondiario; *Ursprung*: primitivo, primo, originario; *mit adj.*: assolutamente ..., ...issimo; '~**bedeutung** f significato m originale; '~**bedingung** f condizione f principale; '~**begriff** m concetto m basilare; '~**begriffe** m/pl. elementi m/pl.; '~**besitz** m proprietà f fondiaria; '~**besitzer** m possidente m, proprietario m d'un terreno o d'una casa; '~**bestandteil** m elemento m, parte f integrante; '~**buch** n catasto m; '~**charakter** m carattere m fondamentale; '♀·'**ehrlich** onestissimo; '~**eis** n ghiaccio m di fondo.

gründ|en ['gryndən] (26) fondare; *sich* ~ *auf* basare, fondarsi su; ♀**er** m (7) fondatore m; ♀**er-aktie** f azione f di fondazione.

Grundertrag ['grunt?ɛrtra:k] m reddito m fondiario.

grund|falsch ['grunt'falʃ] assolutamente falso; '♀**farbe** f colore m fondamentale; '♀**fehler** m errore m fondamentale; '♀**fläche** f base f; '♀**gebühr** f tariffa f base; '♀**gedanke** m concetto m fondamentale; idea f fondamentale; '♀**gehalt** n stipendio m base; '♀**gesetz** n statuto m (*legge f*) fondamentale; '♀**haltung** f posizione f fondamentale; '♀**herr** m proprietario m; '♀**ieren** mesticare; '♀**kapital** n capitale m sociale; '♀**lage** f base f; ~**legend** ['-le:gənt] fondamentale; '♀**legung** f fondazione f.

gründlich ['gryntliç] **1.** *adj. Person*: ordinato e preciso; *Handlung*: radicale, esatto; profondo; **2.** *adv.* a fondo; ♀**keit** f precisione f, esattezza f.

Gründling ['-liŋ] m (3¹) *Zo.* ghiozzo m.

Grund|linie ['gruntli:njə] f linea f fondamentale; '~**lohn** m salario-base m; ♀**los** senza fondo; *fig.* infondato; ~**losigkeit** f immensa profondità f; *fig.* insussistenza f; ~**mauern** f/pl. fondamenta f/pl.

Gründonnerstag [gry:n'dɔnərsta:k] m (3) giovedì m santo.

Grund|pfeiler ['gruntpfaɪlər] m pilastro m d'imbasamento; *fig.* colon-

na f; ~**preis** m prezzo m base; ~
recht n diritto m costituzionale;
~**regel** f regola f fondamentale;
~**rente** f rendita f fondiaria; ~**riß**
m △ pianta f; Lit. compendio m; ~
satz m principio m; ♀**sätzlich**
['-zetsliç] 1. adj. basilare; 2. adv.
per principio; ~**schuld** f ipoteca f;
~**schule** f scuola f elementare; ~
stein m pietra f fondamentale; ~
steinlegung f posa f della prima
pietra; ~**steuer** f imposta f fondiaria; ~**stoff** m ⚗ elemento m; ~
stoffindustrie f industria f basica;
~**strich** m asta f; ~**stück** n terreno
m; ~**text** m originale m; ~**ton** m
tonica f; ~**übel** n vizio m capitale.

Gründung ['grynduŋ] f fondazione
f.

grund|verschieden ['gruntfɛr'ʃiː-
dən] essenzialmente diverso; ♀-
wasser n acqua f sotterranea (od. di
sottosuolo); ♀**zahl** f numero m cardinale; ♀**zins** m terratico m; ♀**zug** m
tratto m principale; ♀**züge** m/pl.
caratteristica f; ⟨⟩ elementi m/pl.

Grüne ['gryːnə] n verde m; s. grün.

grünen ['gryːnən] (25) verdeggiare;
fig. fiorire.

Grün|fink ['gryːnfiŋk] m verdone
m; ~**fläche** f terreno m erboso; ~n
pl. zone f/pl. verdi; ♀**futter** n erbaggi m/pl.; ~**kohl** m verza f; ♀**lich**
verdognolo; ~**schnabel** m sbarbatello m; ~**span** ['-ʃpaːn] m verde-
rame m; ~**specht** m picchio m verde.

grunzen ['gruntsən] 1. (27) grugni-
re; 2. ♀ n (6) grugnito m.

Grupp|e ['grupə] f (15) gruppo m;
~**en-aufnahme** ['-pən⁹aufnɑːmə]
f, ~**enbild** n (ritratto m di un) gruppo m; ♀**enweise** ['--vaɪzə] a gruppi; ♀**ieren** aggruppare; ~**ierung** f
raggruppamento m.

Grus ⚒ [gruːs] m (4) carbone m
minuto.

grus|elig ['gruːzəliç] orripilante;
orrido; ~**eln** (29): mir gruselt mi
sento venire la pelle d'oca.

Gruß [gruːs] m (3² u. ³) saluto m;
viele (herzliche) Grüße! tanti (cor-
diali) saluti!; mit hochachtungs-
vollem ~ con distinti saluti.

grüßen ['gryːsən] v/t. (27) salutare.

Grütze ['grytsə] f (15) tritello m;
avena f perlata; F im Kopf sale m
in zucca.

gucken ['gukən] F (25) guardare.

Guck|fenster ['gukfɛnstər] n spor-
tellino m; ~**loch** n spia f.

Guerilla [ge'rilja] f (11¹) guerriglia f.

Guillotine [gijo'tiːnə] f (15) ghigliot-
tina f.

Gulasch ['guːlaʃ] n (3²) gulasch m,
carne f drogata all'ungherese; spez-
zatino m di carne.

Gulden ['guldən] m (6) fiorino
m.

Gully ['guli] m (11) scolo m.

gültig ['gyltiç] valido; valevole; Gesetz: vigente; ♀**keit** f validità f; vigore m.

Gummi ['gumi] n u. m (11) gomma f;
caucciù m; ~**absatz** m tacco m
di gomma; ♀-**artig** gommoso; ~
ball m palla f di gomma; ~**band** n
elastico m; ~**baum** m albero m gom-
mifero; ~**dichtung** f Auto: guarnizione f di gomma.

gummieren [-'miːrən] ingommare.

gummi|haltig ['gumihaltiç] gom-
moso; ♀**harz** n gommaresina f; ♀-
knüppel m sfollagente m; ♀**mantel**
m impermeabile m; ♀**reifen** m
pneumatico m; ♀**schuh** m caloscia
f; ♀**sohle** f soletta f di gomma; ♀-
strumpf m calza f di gomma; ♀**zug**
m elastico m.

Gunst [gunst] f (16) favore m; zu
m-n ~en in mio favore; in j-s ~
stehen incontrare il favore di qu.

günstig ['gynstiç] favorevole, propizio; opportuno.

Günstling ['gynstliŋ] m (3¹) favorito m; ~**wirtschaft** f favoritismo
m.

Gurgel ['gurgəl] f (15) gola f; ~
abschneider m fig. strozzino m.

gurgeln ['gurgəln] 1. (29) gargariz-
zare; 2. ♀ n (6) gargarismo m.

Gurke ['gurkə] f (15) cetriolo m;
(iro. = Nase) peperone m; die Zeit
der sauren ~n i mesi dei cipolloni;
~**nsalat** m insalata f di cetrioli.

gurren ['gurən] (25) tubare.

Gurt ['gurt] m (3) cinghia f; cintu-
rone m.

Gürtel ['gyrtəl] m (7) cintura f; fig.
cinta f; den ~ enger schnüren fig.
stringere la cintola; ~**rose** 🜏 f zona
f, erpete m; ~**spange** f (hinten am
Rock oder Mantel) martingala f; ~
tier n armadillo m.

gürten ['gyrtən] (26) cingere.

Guß [gus] m (4²) fusione f; (Regen♀) acquazzone m; ⊕ getto m; *aus einem ~* d'un solo getto; '**~abdruck** m cliscè m; '**~blei** n piombo m fuso; '**~eisen** n ferro m fuso; ghisa f; '**~form** f forma f; '**~stahl** m acciaio m fuso.

Gut[1] [gu:t] n (1²) bene m; pl. beni m/pl.; 💰, ✝ merci f/pl.; (Land♀) podere m; fattoria f.

gut[2] [gu:t] (comp. besser, sup. best) **1.** adj. buono; Gewissen: tranquillo; *wollen Sie so ~ sein* abbia la bontà; *j-m ~ sein* voler bene a qu.; **2.** adv. bene; *lassen wir es ~ sein* lasciamo correre; *du hast ~ reden* hai un bel dire; es ~ haben trovarsi a suo agio; et. zu ~ haben avanzare qc.; für et. ~ sein garantire; zugute kommen tornare a vantaggio; **3.** ♀e(s) n (18) bene m; ~s tun fare del bene; des ~n zuviel tun esagerare; alles ~e! auguri!

Gut|achten ['gu:t⁹axtən] n (6) parere m; **~achter** m (7) perito m; **♀artig** ['-⁹a:rtiç] d'indole buona; ⚕ benigno; **~artigkeit** f indole f buona; ⚕ benignità f; **~dünken** ['-dyŋkən] n (6) arbitrio m, avviso m; nach ~ come pare e piace.

Güte ['gy:tə] f (15, o. pl.) bontà f; ✝ qualità f; F du meine ~! Dio mio!; *haben Sie die ~* abbia la bontà; *in aller ~* con le buone.

Güter ['-tər] n/pl. beni m/pl.; ✝ merci f/pl.; **~abfertigung** f spedizione f merci; **~bahnhof** m scalo m merci; **~gemeinschaft** f comunanza f dei beni; **~transport** m, **~verkehr** m trasporto m (movimento m) di beni; **~trennung** f separazione f dei beni; **~wagen** m vagone m

merci; **~zug** m (treno m) merci m.

Gütezeichen ['gy:tətsaıçən] n marchio m di qualità.

gut|gebaut ['gu:tgəbaut] Figur: ben proporzionato; **~gelaunt** ['-launt] di buon umore; **~gemeint** ['-gəmaınt] gentilmente; **~gesinnt** ['--zint] ben intenzionato; **~gläubig** in buona fede; ♀**haben** n (6) credito m; **~heißen** approvare; **~herzig** ['-hertsıç] bonario; ♀**herzigkeit** f bonarietà f.

güt|ig ['gy:tıç] buono; (höflich) cortese; adv. cortesemente; wollen Sie so ~ sein abbia la bontà; **~lich** amichevole; sich ~ tun darsi del tempo.

gut|machen ['gu:tmaxən] riparare a; **~mütig** ['-my:tıç] s. gutherzig; **~sagen** garantire; ♀**sbesitzer** m proprietario m, possidente m; ♀**schein** m buono m; tagliando m; **~schreiben** mettere a credito; abbuonare; ♀**schrift** f credito m; abbuono m; ♀**sherr** m proprietario m; **~situiert** ['-zitui:rt] benestante; **~stehen** garantire.

guttun ['gu:ttu:n] far bene.

'**gut|willig** compiacente; docile, ubbidiente; adv. di buon grado, di buona voglia; ♀**willigkeit** f buona volontà f; compiacenza f.

Gymn|asiast [gymnaz'jast] m (12) studente m ginnasiale; **~asium** [-'na:zjum] n (9) Unterstufe: ginnasio m; Oberstufe: liceo m (classico); **~astik** [-'nastik] f (16) ginnastica f; ♀**astisch** ginnastico.

Gynäkolog|e [gyneko'lo:gə] m (13) ginecologo m; **~ie** f ginecologia f; ♀**isch** [---'lo:gi∫] ginecologico.

H

H, h [haː] *n uv.* H, h *f*; ♩ si *m.*

Haar [haːr] *n* (3) pelo *m*; (*Kopf♀*) capello *m*; *koll.* capelli *m/pl.*; *poet.* chioma *f*; (*Roß♀*) crine *m*, crino *m*; *um ein* ~ per un pelo; *c'è mancato poco che*; *aufs* ~ a pennello; *mir steht das* ~ *zu Berge* mi si rizzano i capelli; *sich in die* ~*e geraten* accapigliarsi; *an den* ~*en herbeigezogen* tirato per i capelli; *kein gutes* ~ *lassen an* (*dat.*) non dire altro che male di; *auf den Zähnen haben* avere i peli sulla lingua; '~**ansatz** *m* attaccatura *f* dei capelli; '~**aus-fall** *m* alopecia *f*; ~ dei capelli.

'**Haar|bürste** *f* spazzola *f* per i capelli; ~**busch** *m* pennacchio *m*; ♀**en** ['haːrən] *v/i.* (25) perdere il pelo; *Vögel:* mudare; ~**entferner** *m* depilatorio *m*; ~**ersatz** *m* posticcio *m*; ~**esbreite** ['~rəsbraitə] *f*: *um* ~ per un pelo, per poco; ~**färbemittel** *n* tintura *f* per i capelli; ♀**fein** finissimo; ~**flechte** *f* treccia *f*; ♀**förmig** capillare; ~**gefäß** *n* vaso *m* capillare; ♀**genau** esattamente; proprio; ♀**ig** peloso; *fig.* F scabroso; ♀**klein** minuziosissimo; ~**nadel** *f* forcina *f*; ~**nadelkurve** ['~naːdəlkurvə] *f* tornante *m*; ~**netz** *n* reticella *f* per i capelli; ~**pflege** *f* cura *f* dei capelli; ♀**scharf** taglientissimo; *adv.* con la più grande precisione; ~ *vorbei an* (*dat.*) scampato per un pelo; ~**schleife** *f* fiocco *m*; ~**schneiden** *n* (6) taglio *m* dei capelli; ~**schneider** *m* parrucchiere *m*; ~**schnitt** *m* taglio *m* dei capelli; ~**schopf** *m* ciuffo *m*; ~**sieb** *n* staccio *m*; ~**spalter** *m* sofisticone *m*, pedante *m*; ~**spalterei** [-ʃpaltə'rai] *f* (16) sofisticheria *f*, pedanteria *f*; ~**spange** *f* fermaglio *m* per capelli; ♀**sträubend** ['~ʃtrɔybənt] ciò che fa rizzare i capelli; orripilante; ~**strich** *m* filetto *m*; ~**teil** *n* posticcio *m*; ~**tracht** *f* pettinatura *f*; ~**trockner** ['~trɔknər] *m* (7) asciugacapelli *m*; ~**wasser** *n* lozione *f* per i capelli; ~**wickel** *m* bigodino *m*, diavolino *m*;

~**wuchs** *m* crescita *f* dei capelli; capigliatura *f*; ~**wurzel** *f* bulbo *m* capillare.

Hab [haːp]: ~ *und Gut n* avere *m.*

Habe ['haːbə] *f* (15, *o. pl*) avere *m*, beni *m/pl.*

haben[1] ['haːbən] (30) avere; (*besitzen*) possedere; tenere; ~ *wollen* chiedere, voler avere; ~ *zu inf.* (*müssen*) dovere, avere da; *da* ~ *wir's!* ci siamo!; *da hast du ... eccoti* ...; *es gut* ~ passarsela bene; *weit* ~ *nach* ... avere un bel pezzo di strada fino a ...; *es hat nichts auf sich* non fa nulla, non importa; *zu* ~ *in allen Buchhandlungen* in vendita in tutte le librerie; *nicht mehr zu* ~ esaurito; *sich* ~ F fare lo schizzinoso.

Haben[2] ['haːbən] *n* (6) avere *m*, credito *m*; *Soll und* ~ dare ed avere.

Habenichts ['haːbəniçts] *m* (4) spiantato *m*, povero diavolo *m.*

Hab|gier ['haːpgiːr] *f* avidità *f*; ♀-**gierig** avido; ♀**haft**: ~ *werden* impadronirsi.

Habicht ['haːbiçt] *m* (3) astore *m*, falco *m.*

Habilit|ation [habilitats'joːn] *f* (16) abilitazione *f*; ♀'**ieren** abilitare; *sich* ~ ottenere la libera docenza.

Hab|seligkeiten ['haːpzeːliçkaitən] *f/pl.* averi *m/pl.*; *iro.* F quattro stracci *m/pl.*; ~**sucht** [-'zuxt] *f* avarizia *f*; ♀**süchtig** ['-zyçtiç] avaro.

Hack|bank ['hakbaŋk] *f* desco *m* del macellaio; ~**beil** *n* accetta *f*; ~**block** *m* ceppo *m*; ~**brett** *n* tagliere *m*; ♩ timpano *m.*

Hacke ['hakə] *f* (15) zappa *f*; (*Pick♀*) piccozza *f*; *des Fußes:* tallone *m*; *des Schuhes:* tacco *m*; (*Beil*) scure *f.*

Hacken[1] ['hakən] *m* (6) tacco *m*; tallone *m.*

hacken[2] ['hakən] (25) *Vogel:* beccare; *auf j-n* ~ dare addosso a qu.; *Fleisch:* tritare, battere; *Erde:* zappare; *Holz:* spaccare.

Hack|fleisch ['hakflaiʃ] *n* carne *f* tritata; ~**früchte** *f/pl.* patate *f/pl.* e bietole *f/pl.*; ~**maschine** *f* tritacarne *m*; ~**messer** *n* mezzaluna *f.*

Häcksel [ˈhɛksəl] *m u. n* (7) tritume *m* di paglia.

Hader [ˈhaːdər] *m* (7) lite *f*; (*Streit*) contesa *f*; ⚚n (29) litigare.

Hafen [ˈhaːfən] *m* (7¹) porto *m*; ~anlagen *f/pl.* installazioni *f/pl.* portuarie, impianti *m/pl.* del porto; ~arbeiter *m* portuale *m*; ~becken *n* bacino *m* del porto, darsena *f*; ~damm *m* molo *m*; ~einfahrt *f* entrata *f* del porto; ~gebühr *f* diritti *m/pl.* portuari; ~polizei *f* polizia *f* portuaria; ~sperre *f* embargo *m*; ~stadt *f* città *f* portuale.

Hafer [ˈhaːfər] *m* (7) avena *f*; ~brei *m* pappa *f* d'avena; ~flocken *f/pl.* fiocchi *m/pl.* d'avena; ~grütze *f* tritello *m* d'avena; ~schleim *m* avena *f* cotta.

Haff [haf] *n* (3) baia *f*.

Haft [haft] *f* (16, *o. pl.*) arresto *m*; *in* ~ *nehmen* arrestare; *aus der* ~ *entlassen* rimettere in libertà; ~antritt *m* entrata *f* in carcere; ⚚bar responsabile (*für di*); ~barkeit *f* responsabilità *f*; *s.* Haftpflicht; ~befehl *m* mandato *m* (*od.* ordine *m*) di cattura; ⚚en (26) essere attaccato; *Blick:* essere fisso; *fig.* für et. ~ garantire per, rispondere di, essere responsabile di.

Häftling [ˈhɛftliŋ] *m* (3¹) arrestato *m*; prigioniero *m*.

Haft|pflicht [ˈhaftpfliçt] *f* responsabilità *f* civile; ⚚pflichtig responsabile; ~pflichtversicherung *f* assicurazione *f* di responsabilità civile; ~schalen *f/pl.* lenti *f/pl.* di contatto; ~ung *s.* Haftpflicht.

Hag [haːk] *m* (3) (*Hecke*) siepe *f*; (*Hain*) boschetto *m*.

Hage|buche ⚚ [ˈhaːgəbuːxə] *f* carpine *m*; ~butte [--buːə] *f* (15) frutto *m* di rosa canina; P grattaculo *m*; ~dorn *m* biancospino *m*.

Hagel [ˈhaːgəl] *m* (7) grandine *f*; ⚚dicht fitto come grandine; ~korn *n* chicco *m* di grandine; ⚚n (29) grandinare; ~schauer *m*, ~schlag *m* grandinata *f*; ~versicherung *f* assicurazione *f* contro la grandine; ~wetter *n* grandinata *f*.

hager [ˈhaːgər] magro, secco, scarno; ⚚keit *f* magrezza *f*.

Hagestolz [ˈ-gəʃtɔlts] *m* (3²) (vecchio) scapolo *m*.

Häher Zo. [ˈhɛːər] *m* (7) ghiandaia *f*.

Hahn [haːn] *m* (3⁸) gallo *m*; *Vögel:*

maschio *m*; ⊕ rubinetto *m*; *am Gewehr:* cane *m*; ~ *im Korb* sn *fig.* essere al centro delle attenzioni femminili; *es kräht kein* ~ *danach fig.* nessuno ne fa caso.

Hähnchen [ˈhɛːnçən] *n* (6) pollastrello *m*.

Hahnen|fuß ⚚ [ˈhaːnənfuːs] *m* ranuncolo *m*; ~schrei *m* canto *m* del gallo; ~tritt *m* passo *m* di gallo.

Hahnrei [ˈhaːnraɪ] *m* (3) *fig.* becco *m*.

Hai *m* (3), ~fisch [ˈhaɪ(fiʃ)] *m* pescecane *m*.

Hain [haɪn] *m* (3) boschetto *m*.

Häkchen [ˈhɛkçən] *n* (6) uncinetto *m*.

Häkel|arbeit [ˈhɛːkəlʔarbaɪt] *f* lavoro *m* all'uncinetto; ⚚n (29) lavorare all'uncinetto; ~nadel *f* uncinetto *m*.

Haken [ˈhaːkən] *m* (6) gancio *m*; uncino *m*; *Kleidung:* fibbia *f*; *die Sache hat e-n* ~ c'è una difficoltà; ~kreuz *n* svastica *f*, croce *f* uncinata; ~nase *f* naso *m* uncinato.

halb [halp] **1.** *adj.* mezzo; ~ *vier* tre e mezzo; *eine und eine* ~e *Stunde* un'ora e mezzo; **2.** *adv.* a metà; *vor Adjektiven:* mezzo; ~ *leer* mezzo vuoto; ~ *so groß* ... la metà ...; *zu* ~em *Preis* a metà prezzo; *nicht* ~ *soviel* neanche la metà; ~ *und* ~ metà e metà; *... in Zssgn oft mezzo* ...; ~amtlich ufficioso; ~automatisch semiautomatico; ⚚bildung *f* cultura *f* superficiale; ⚚blut *n* mezzosangue *m*; ⚚bruder *m* fratellastro *m*; ⚚dunkel *n* penombra *f*.

...halber [...halbər] a cagione di; in grazia di; per ragione di.

Halb|fabrikat [ˈhalpfabrikaːt] *n* prodotto *m* semilavorato; ⚚fertig finito a metà; ⚚gar cotto a metà; ⚚gebildet semicolto; ~geschwister *pl.* fratelli *m/pl.* di due letti; ~gott *m* semidio *m*; ~göttin *f* semidea *f*; ~heit *f* (16) mezzo termine *m*; (*Unentschlossenheit*) irresolutezza *f*; *im Wissen:* mediocrità *f*; ⚚ieren [-ˈbiːrən] dimezzare; ⅃ dividere in due parti, bisecare; ~insel *f* penisola *f*; ~jahr *n* sei mesi; semestre *m*; ⚚jährig [ˈ-jɛːriç] semestrale, di sei mesi; ⚚jährlich semestrale; ~kreis *m* semicerchio *m*; ~kugel *f* ⅃ semisfera *f*; *Geogr.* emisfero *m*; ⚚laut a mezza voce; ~lederband *m* legatura f in mezza pelle; **~leinen:** in ~ in mezza tela; **~linke(r)** m (18) *Fußball:* mezz'ala f sinistra; ♀-**mast** a mezz'asta; **~messer** m semidiàmetro m, raggio m; ♀**monatlich** quindicinale; **~mond** m mezzaluna f; ♀**nackt** seminudo; ♀-**offen** semiaperto, aperto a metà; **~pacht** f mezzadria f; ♀**part:** ~ *machen* fare a metà; **~rechte(r)** m (18) mezz'ala f destra; **~schatten** m penombra f; **~schlaf** m dormiveglia f; **~schuh** m scarpa f bassa; scarpetta f; **~schwergewicht** ['-ʃveːrgəviçt] n peso m mediomassimo; **~schwester** f sorellastra f; **~seide** f mezza seta f; **~starke(r)** m giovinastro m, vitellone m; teppista m; **~stiefel** m stivaletto m; ♀**stündig** ['-ʃtyndiç] di (una) mezz'ora; ♀-**stündlich** ['-ʃtyntliç] ogni mezz'ora; ♀**tägig** di mezza giornata; ♀**tot** mezzo morto; **~vokal** m semivocale f; ♀**voll** pieno a metà; ♀-**wach** mezzo sveglio; **~waise** f orfano m di padre *bzw.* di madre; ♀-**wegs** a mezza strada; **~welt** f società f equivoca; **~weltdame** f mondana f; **~wolle** f mezza lana f; ♀**wüchsig** ['-vyːksiç] adolescente f; **~wüchsige(r)** m giovanotto m; **~zeit** f mezzo tempo m; *Sport:* ripresa f; *erste (zweite)* ~ primo (secondo) tempo m.

Halde ['haldə] f (15) versante m d'una collina; ⚒ (mucchio m di) scorie f/pl.

half [half] s. helfen.

Hälfte ['hɛlftə] f (15) metà f; *zur* ~ a metà; F *bessere* ~ dolce metà f.

Halfter ['halftər] m od. n (7), a. f (15) cavezza f; (*Pistolen*♀) fondina f.

Hall [hal] m (3) suono m.

Halle ['halə] f (15) atrio m; (*Ausstellungs*♀) padiglione m; 🚉 tettoia f; ✈ aviorimessa f, hangar m (*Vor*♀) vestibolo m; (*Säulen*♀) loggia f; (*Saal*♀, *Maschinen*♀) sala f; (*Kauf*♀) mercato m (coperto).

Halleluja [hale'luːjaː] n (11) alleluia m.

hallen ['halən] (25) risonare; rimbombare.

Hallen|bad ['--baːt] n piscina f coperta; **~sport** m sport m al coperto (*od.* in palestra); **~tennis** n tennis m al coperto.

hallo [ha'loː] **1.** **~!** ehi! aho!;

Fernspr. **~!** pronto!; **2.** ♀ n (11) chiasso m, grida f/pl.

Halluzination [halutsinats'joːn] f (16) allucinazione f.

Halm [halm] m (3) gambo m; (*Stroh*♀) fuscello m.

Hals [hals] m (4²) collo m; (*Kehle*) gola f; ~ *über Kopf* a rompicollo; *fig. auf den* ~ sulle spalle; *sich j-n vom* ~*e schaffen* levarsi qu. di dosso; *aus vollem* ~*e schreien* gridare a squarciagola; *Sport:* um e-n ~ di una testa.

Hals|abschneider ['-ʔapʃnaɪdər] m fig. strozzino m; **~ansatz** m *des Pferdes:* incollatura f; **~ausschnitt** m scollatura f; **~band** n collana f; *für Tiere:* collare m; **~binde** f cravatta f; ♀**brecherisch** ['-brɛçəriʃ] adj. pericoloso; adv. a rotta di collo; **~drüsen** f/pl. amigdale f/pl.; **~eisen** n collare m di ferro; **~entzündung** f infiammazione f della gola; angina f; **~kette** f collana f; **~kragen** m colletto m; **~krause** f gorgiera f; **~schlagader** ['-ʃlaːk'aːdər] f carotide f; **~schmerzen** m/pl. mal m di gola; **~starre** f torcicollo m; ♀**starrig** ostinato; **~starrigkeit** f caparbietà f; ostinazione f; **~tuch** n fazzoletto m da collo; **~weh** n mal m di gola; **~weite** f misura f del collo; **~wirbel** *Anat.* m vertebra f cervicale.

Halt [halt] m (3) fermata f; ⚔ m; fig. appoggio m; (*innerer* ~) forza f morale; e-n *Halt an j-m haben* avere un appoggio in qu.; *jeden* ~ *verlieren* perdere ogni contegno.

halt[1]: **~!** ferma!; ⚔ alto!; ~ *dort!* alto là!

halt[2] adv.: *es ist* ~ so già, è così; *er will* ~ *nicht* egli è che non vuole.

haltbar ['-baːr] sostenibile; *Stoff usw.:* durevole, resistente, di durata; ♀**keit** f sostenibilità f; durevolezza f.

halten ['haltən] (30) **1.** v/t. tenere; *Wort:* mantenere; *nicht Wort* ~ mancare di parola; *beim Wort* ~ prendere (in); *Rekord:* detenere; *für et.:* ritenere; *von j-m, von et.:* pensare (di); *Gesetze, Feste:* osservare; *viel (wenig) von j-m* ~ avere molta (poca) stima di qu.; *was hältst du davon?* che ne pensi?; *sich* ~ conservarsi; *sich ruhig* ~ star tranquillo; *sich* ~ *an* (dat.) tenersi a qc. (a qu.); *fig.* (*acc.*) attenersi a; *auf et.* ~ tenerci; *das Wetter hält sich* (*nicht*) il tempo (non) dura; **2.** *v/i.* tenere; (*nicht entzweigehen*) reggere; (*an~*) fermarsi, sostare; (*haltbar sein*) durare; *dafür* ~ esser d'avviso; *es hält schwer* è difficile ...

Halteplatz ['haltəplats] *m* stazione *f*; fermata *f*.

Halter ['haltər] *m* (7) sostegno *m*; appoggio *m*; (*Feder♀*) portapenne *m*; (*Füllfeder♀*) penna *f* stilografica; (*Griff*) manico *m*.

'Halte|signal *n* segnale *m* di fermata; **~stelle** *f* fermata *f*; 🚉 stazione *f*; *ständige* ~ fermata *f* obbligatoria; **~tau** ⚓ *n* cavo *m* d'ancoraggio; **~verbot** *Kfz.* *n* divieto *m* di sosta.

halt|los ['haltlo:s] inconsistente; *fig.* infondato; **♀losigkeit** *f* inconsistenza *f*; insussistenza *f*; **~machen** fermarsi.

Haltung ['haltuŋ] *f* portamento *m*; *moralische*: contegno *m*, condotta *f* morale; ⚹ morale *m*.

Halunke [ha'luŋkə] *m* (13) mascalzone *m*, birbone *m*.

hämisch ['hɛ:miʃ] maligno.

Hammel ['haməl] *m* (7[1]) montone *m*; **~braten** *m* arrosto *m* di montone; **~keule** *f* cosciotto *m* di montone; **~kotelett** *n* costoletta *f* di montone.

Hammer ['hamər] *m* (7[1]) martello *m*; (*Dampf♀*) maglio *m*; *unter den* ~ *kommen* essere venduto all'asta.

hämmerbar ['hɛmərba:r] malleabile.

Hämmerchen ['hɛmərçən] *n* (6) martelletto *m*; ♪ salterello *m*.

hämmern ['hɛmərn] (29) martellare.

Hammer|schlag ['hamərʃla:k] *m* martellata *f*; **~werfen** *n* lancio *m* del martello.

Hämorrhoiden [hɛ:mɔro'i:dən] *f/pl.* (15) emorroidi *f/pl.*

Hampelmann ['hampəlman] *m* (1²) burattino *m*.

Hamster ['hamstər] *m* (7) *Zo.* criceto *m*; **~er** *m* (7) accaparratore *m*; **♀n** (29) raccogliere, ammassare; far incetta, accaparrare.

Hand [hant] *f* (14¹) mano *f*; *an* ~ *von* in base a, per mezzo di; *zu Händen von* alla cortese attenzione di; *flache* ~ palmo *m* della mano; *alle Hände voll zu tun haben* avere molto

da fare, essere tremendamente occupato; *weder* ~ *noch Fuß haben* non avere né capo né piedi; *an der* ~ *führen* tenere per mano; *j-m an die* ~ *gehen* prestare una mano a qu.; *an der* ~ *haben fig.* avere alla mano; *letzte* ~ *anlegen* dare l'ultima mano; ~ *an sich legen* suicidarsi; *auf der* ~ *liegen* essere evidente; *j-n auf Händen tragen fig.* trattare con molto riguardo; *aus der* ~ *in den Mund leben* vivere alla giornata; ~ *in* ~ *tenendosi* per mano; ~ *in* ~ *gehen fig.* andare di pari passo; *die Hände in den Schoß legen* posare le mani nel grembo; *unter der* ~ *fig.* sottomano, sottobanco; *di nascosto; von langer* ~ *vorbereitet* progettato da molto tempo; *es geht ihm leicht von der* ~ non gli costa nessuna fatica; *von der* ~ *weisen* negare.

Hand|arbeit ['hant⁹arbart] *f* lavoro *m* manuale; (*Gegensatz: Maschinenarbeit*) lavoro *m* a mano; *weibliche*: lavoro *m* d'ago; **~ausgabe** *f* edizione *f* tascabile; **~ballspiel** *n* pallamano *f*; **~betrieb** *m* azionamento *m* a mano; **~bewegung** *f* gesto *m*; **~bohrer** *m* succhiello *m*; **♀breit** largo quanto una mano; **♀breit** *f* palmo *m*; a mano; **~bremse** *f* freno *m* a mano; **~buch** *n* manuale *m*; **~bürste** *f* spazzolino *m* per le mani.

Händchen ['hɛntçən] *n* (6) manina *f*.

Hände|druck ['hɛndədruk] *m* stretta *f* di mano; **~klatschen** *n* (6) battimani *m*.

Handel ['handəl] *m* (7, *o. pl.*) commercio *m*; (*Geschäft*) affare *m*; (*Rechts♀*) processo *m*; ~ *und Wandel m* commercio *m* e industria *f*; ~ *treiben mit et.* commerciare in.

Händel ['hɛndəl] *m/pl.* rissa *f*; querele *f/pl.*; ~ *suchen* andare in cerca di brighe.

'handeln 1. (29) agire; *um, von et.*: trattare (di); (*feilschen*) contrattare, stiracchiare sul prezzo, mercanteggiare; 🕇 commerciare, negoziare; *unpers.* es handelt sich um ... si tratta di ...; **2.** ♀ *n* (6) modo *m* d'agire; azione *f*; iniziativa *f*.

Handels... ['handəls...]: *in Zssgn oft* commerciale *od.* di commercio; **~abkommen** ['--⁹apkɔmən] *n* accordo *m* commerciale; **~beziehungen** *f/pl.* rapporti *m/pl.* commerciali; **~bilanz** *f* bilancio *m* commerciale; ~**brauch** m usanza f; ~**buch** n registro m; 2-**einig** d'accordo; 2**fähig** negoziabile; ~**firma** f ditta f commerciale; ~**flotte** f flotta f mercantile; ~**gericht** n tribunale m di commercio; 2**gerichtlich**: ~ *eingetragen* iscritto nel registro commerciale; ~**gesellschaft** f società f commerciale; ~**gesetzbuch** n codice m commerciale; ~**kammer** f camera f di commercio; ~**korrespondenz** f corrispondenza f commerciale; ~**mann** m commerciante m; ~**marine** f marina f mercantile; ~**marke** f marchio m di fabbrica; ~**minister** m ministro m del commercio; ~**platz** m emporio m, piazza f commerciale; ~**politik** f politica f commerciale; ~**recht** n diritto m commerciale; ~**register** n registro m delle imprese; ~**reisende(r)** m commesso m viaggiatore; ~**schiff** n nave f mercantile; ~**schule** f scuola f commerciale; ~**spanne** f margine m di profitto; ~**sperre** f blocco m commerciale; ~**stadt** f città f commerciale; ~**stand** m ceto m commerciale.

'**Händel|stifter**, ~**sucher** m accattabrighe m; ~**sucht** f voglia f di litigare; 2**süchtig** ['--zyçtiç] rissoso.

'**Handels|unternehmen** n impresa f commerciale; ~**verkehr** m scambio m commerciale; ~**vertrag** m trattato m di commercio; ~**vcrtreter** m rappresentante m commerciale; ~**vertretung** f rappresentanza f commerciale; ~**zweig** m ramo m commerciale (*od.* di commercio).

handeltreibend ['handəltraɪbənt] commerciale.

händeringend ['hendərɪŋənt] torcendo le mani (per la disperazione).

Hand|exemplar ['hant?ɛksɛmplaːr] n copia f d'autore; ~**feger** ['-feːgər] m granatino m; 2**fertig** svelto; ~**fertigkeit** f destrezza f, abilità f; ~**fesseln** f/pl. manette f/pl.; 2**fest** robusto, solido; ~**fläche** f palma f; ~**geld** n caparra f; ~**gelenk** n (articolatura f del) polso m; 2**gemein**: ~ *werden* venire alle mani; ~**gemenge** n zuffa f; ~**gepäck** n bagaglio m a mano; 2**gewebt** tessuto a mano; ~**granate** f bomba f a mano; 2**greiflich** ['-graɪflɪç] manesco; (*offenbar*) evi-

dente; ~ *werden* venire alle mani, azzuffarsi, mettere le mani addosso; ~**griff** m maneggio m; maniglia f; manopola f; 🔧 manipolazione f; ⊕, ⚙ manubrio m; ~**habe** f fig. appiglio m; motivo m; (*Vorwand*) pretesto m; 2**haben** (25, *untr.*) maneggiare; fig. adoperare; *Gesetz*: applicare; ~**habung** f maneggio m; uso m; applicazione f; ~**hebel** m manovella f; ~**karren** m carriola f; ~**koffer** m valigia f; ~**kurbel** f manovella f; ~**kuß** m baciamano m; ~**langer** ['-laŋər] m (7) manovale m; fig. complice m.

Händler ['hɛndlər] m (7) commerciante m, negoziante m; *ehm.* mercante m.

Hand|leuchter ['hantlɔyçtər] m candeliere m; 2**lich** maneggevole; ~**lung** ['handluŋ] f azione f; (*Handel*) commercio m; (*Laden*) negozio m; *Lit.* trama f, intreccio m; *Thea.* azione f.

Handlungs|freiheit ['handluŋsfraıhaıt] f libertà f di azione; ~**gehilfe** m commesso m; ~**reisende(r)** m commesso m viaggiatore; ~**weise** f modo m d'agire; comportamento m.

Hand|pflege ['hantpfleːgə] f cura f delle mani; ~**reichung** ['-raıçuŋ] f assistenza f; ~**rücken** m dorso m della mano; ~**schellen** f/pl. manette f/pl.; ~**schlag** f stretta f di mano; ~**schreiben** n autografo m; ~**schrift** f scrittura f, calligrafia f; *Lit.* manoscritto m; ~**schriftendeutung** f grafologia f; ~**schriftenkunde** f paleografia f; 2**schriftlich** manoscritto; *adv.* per iscritto a mano; ~**schuh** m guanto m; ~**schuhfach** n cassetto m dei guanti; ~**schuhmacher** m guantaio m; ~**spiegel** m specchietto m; ~**spritze** f estintore m a mano; ~**stand** m *Gymnastik*: verticale m; ~**streich** m colpo m di mano; ~**täschchen** n borsetta f; ~**tasche** f borsa f; valigetta f; ~**teller** m s. *Handfläche*. ~**tuch** n asciugamano m; ~**tuchhalter** ['-tuːxhaltər] m portasciugamani m; ~**umdrehen** ['-?umdreːən] n: *im* ~ in un batter d'occhio; 2**voll** f *uv.* manata f; ~**wagen** m carrettino m a mano; ~**weberei** f tessitura f a mano; ~**werk** ['-vɛrk] n mestiere m; artigianato m; ~**werker**

m artigiano *m*; **~werkerstand** *m* artigianato *m*; **~werksbursche** *m* garzone *m*; **~werkskammer** *f* Camera *f* dell'artigianato; ♀**werksmäßig** da artigiano; macchinalmente; **~werksmeister** *m* maestro *m* artigiano; **~werkszeug** *n* ferri *m/pl.*, utensili *m/pl.*; strumenti *m/pl.*, arnesi *m/pl.*; **~wörterbuch** *n* dizionario *m* manuale; **~wurzel** *f* carpo *m*; **~zeichnung** *f* disegno *m* a mano; schizzo *m*; **~zettel** *m* volantino *m*.

hanebüchen ['hɑːnəbyːçən] F forte, grossolano; *das ist ~!* ma questa è grossa!

Hanf [hanf] *m* (3) canapa *f*; **'~händler** *m* canapaio *m*.

Hänfling *Zo.* ['hɛnfliŋ] *m* (3¹) fanello *m*.

Hang [haŋ] *m* (3³) pendio *m*; *fig.* inclinazione *f*, tendenza *f*; disposizione *f*.

Hänge|backe ['hɛŋəbakə] *f* guancia *f* cascante; **~bett** *n* letto *m* pensile; **~boden** *m* soppalco *m*; **~brücke** *f* ponte *m* sospeso; **~lampe** *f* lampada *f* sospesa; **~matte** *f* amaca *f*.

hängen ['hɛŋən] **1.** *v/i.* (30) pendere; essere sospeso (*od.* attaccato); *fig.* an et. (*dat.*), an j-m ~ essere affezionato a, essere attaccato a; ~ *lassen* abbassare; **2.** *v/t.* (25) appendere; an den Galgen: impiccare; **3.** ♀ *n*: *mit ~ und Würgen* a mala pena; **~bleiben** (30, *sn*) restare attaccato; **~d** pendente; sospeso; **~e Gärten** giardini *m/pl.* pensili.

Hänge|ohren ['hɛŋəʔoːrən] *n/pl.* orecchie *f/pl.* pendenti; **~schloß** *n* lucchetto *m*.

hanseatisch [hanze'ʔɑːtiʃ] anseatico.

Häns|elei [hɛnzə'lai] *f* (16) canzonatura *f*; ♀**eln** ['--ln] *v/t.* (29) canzonare, burlarsi di, beffarsi di.

Hans|narr [hans'nar] *m* (12) buffone *m*; **~wurst** *m* (3²) pagliaccio *m*; **~wurstiade** [hansvurst'iaːdə] *f* pagliacciata *f*.

Hantel ['hantəl] *f* (15) manubrio *m*.

hantieren [han'tiːrən] maneggiare (*acc.*); manipolare; *geschäftig sein*: darsi da fare.

hapern ['hɑːpərn] (29) mancare; non funzionare; *hier hapert es* qui stanno le difficoltà.

Happ|en ['hapən] *m* (6) boccone *m*; ♀**ig** F forte.

Härchen ['hɛːrçən] *n* (6) peluzzo *m*.

Harem ['hɑːrɛm] *m* (11) arem *m*.

Harf|e ['harfə] *f* (15) arpa *f*; **~e'nist** (-in *f*) *m*, **~enspieler(in** *f*) *m* arpista *m u. f*.

Harke ['harkə] *f* (15) rastrello *m*; ♀**n** (25) rastrellare.

Harlekin ['harləkiːn] *m* (3¹) Arlecchino *m*; **~'ade** *f* arlecchinata *f*.

Harm [harm] *m* (3, *o. pl.*) afflizione *f*; angoscia *f*.

härmen ['hɛrmən] (25): *sich ~* accorarsi.

harm|los ['harmloːs] ingenuo; innocente; *Sache*: innocuo; ♀**losigkeit** ['--ziçkait] *f* ingenuità *f*; innocuità *f*.

Harm|onie [harmo'niː] *f* (15) armonia *f*; ♀**onieren** andar d'accordo; armonizzare; **~onika** [-'moːnika:] *f* (16² *u.* 11¹) (*Mund*♀) armonica *f* (a bocca); fisarmonica *f*; ♀**onisch** [-'moːniʃ] armonico; **~onium** [-'moːnjum] *n* (9) armonio *m*.

Harn [harn] *m* (3) urina *f*; **~blase** *f* vescica *f* (urinaria); **~blasen-entzündung** *f* cistite *f*; **~drang** *m* stimolo *m* d'orinare; ♀**en** (25) orinare.

Harnisch ['harniʃ] *m* (3) corazza *f*; *in ~ geraten* andare in bestia; *j-n in ~ bringen* far uscire qu. dai gangheri.

Harn|leiter ['harnlaitər] *m*, **~röhre** *f* uretra *f*; **~säure** *f* acido *m* urico; **~stein** *m* calcolo *m* urinario; **~stoff** *m* urea *f*; ♀**treibend** ⚕ diuretico; **~untersuchung** *f* analisi *f* dell'urina; **~vergiftung** *f* uremia *f*; **~verhaltung** *f* ritenzione *f* dell'urina; ⚕ anuria *f*; **~zwang** *m* stranguria *f*.

Harpun|e [har'puːnə] *f* (15) rampone *m*; fiocina *f*; ♀**'ieren** ramponare.

harren ['harən] (25) aspettare (*acc.*).

hart [hart] duro; *Ei*: sodo; *Verlust*: grave; *Zeit*: difficile; *Winter*: rigido; *Kampf*: accanito; ~ *werden* indurirsi; ~ *machen* indurire; e-n **~en Stand haben** trovarsi in una posizione delicata; ~ *ankommen* costare molto, non essere facile; *mit ~er Not* a gran fatica; *adv.* ~ *an ...* proprio vicino.

Härte ['hɛrtə] *f* (15) durezza *f*; *des Winters*: rigore *m*; ⊕ tempera *f*; ♀**n** (26) indurire; ⊕ temperare; **~n** *n* indurimento *m*; tempera *f*.

Hart|faserplatte ['hartfɑːzərplatə] f lastra f di fibra dura; compensato m; **~geld** n moneta f metallica; spiccioli m/pl.; **2gesotten** duro; *Sünder*: impenitente; **~gummi** m gomma f dura, gomma f vulcanizzata; **2herzig** duro di cuore; **2hörig** ['-høːriç] duro d'orecchio; **2köpfig** ['-køpfiç] cocciuto; **2leibig** ['-laɪbiç] stitico; **~leibigkeit** f stitichezza f; **2näckig** ['-nɛkiç] ostinato; **~näckigkeit** f ostinazione f; cocciutaggine f.

Harz [hɑːrts] n (3²) resina f; **'2ig** resinoso.

Hasardspiel [ha'zartʃpiːl] n gioco m d'azzardo.

Haschee [ha'ʃeː] n (11) carne f tritata.

haschen ['haʃən] (27) **1.** v/t. acchiappare; **2.** v/i. *nach et.* ~ cercare di acchiappare qc.

Häscher ['hɛʃər] m (7) sbirro m.

Hase ['hɑːzə] m (13) lepre f; *falscher* ~ polpettone m; *da liegt der ~ im Pfeffer* qui casca l'asino.

Hasel|huhn ['hɑːzəlhuːn] n Zo. francolino m; **~maus** f ghiro m, *kleine*: moscardino m; **~nuß** f nocciola f; **~strauch** m nocciolo m; **~wurz** ['--vurts] f baccaro m, bacchera f.

Hasen|braten ['hɑːzənbrɑːtən] m arrosto m di lepre; **~fuß** m fig. coniglio m, codardo m; **~klein** n frattaglie f/pl. di lepre; **~panier** n: *das ~ ergreifen* tagliare la corda; **~pfeffer** m s. Hasenklein; **~scharte** f labbro m leporino.

Haspe ['haspə] f (15) cardine m.

Haspel ['haspəl] f (15) aspo m; **2n** (29) annaspare.

Haß [has] m (4, o. pl.) odio m.

hass|en ['hasən] (28) odiare; **~enswert** odioso.

häßlich ['hɛsliç] brutto; **2keit** f bruttezza f.

Hast [hast] f (16, o. pl.) fretta f; furia f; **'2en** (26) affrettarsi; **'2ig** precipitoso; **'-igkeit** f precipitazione f.

hätscheln ['hɛtʃəln] (29) accarezzare; (*verziehen*) vezzeggiare.

Hatz [hats] f (16) caccia f forzata.

Haube ['haubə] f (15) cuffia f; *der Vögel*: ciuffetto m; *Motor*: cofano m; *unter die ~ bringen* maritare; *unter die ~ kommen* maritarsi; **~n-**

lerche Zo. ['--lɛrçə] f allodola f cappelluta.

Haubitze ✕ [hau'bitsə] f (15) obice m.

Hauch [haux] m (3) alito m; *der letzte*: respiro m; **'2'dünn** sottilissimo; **'2en** (25) **1.** v/t. soffiare; *Geruch*: esalare; *fig.* spirare; **2.** v/i. fiatare; *Wind*: soffiare; **'2'zart** sottile, gracile; vaporoso.

Haudegen ['haudeːgən] m (6) spadone m; *fig.* spadaccino m.

Haue [¹ 'hauə] f (15) zappa f.

Haue [² 'hauə] f *uv.* busse f/pl.

'hauen (30) **1.** v/i. picchiare; *um sich ~* menar colpi; **2.** v/t. picchiare; *Holz, Stein*: spaccare; *Gras*: segare; *Skulp.* scolpire; *in Stücke ~* fare a pezzi; *übers Ohr ~* imbrogliare, abbindolare.

Hauer ['hauər] m (7) (*Zahn*) zanna f.

Häuer ['hɔyər] m (7) minatore m (che stacca il minerale).

Häufchen ['hɔyfçən] n (6) mucchietto m; *fig. ein ~ Unglück* un povero disgraziato.

Haufen ['haufən] m (6) mucchio m; (*Schar*) folla f; *über den ~ werfen* mandare a gambe per aria, mandare a monte.

häufen ['hɔyfən] (25) ammucchiare; *Maß*: colmare.

haufenweise ['haufənvaɪzə] a mucchi; in massa.

häufig ['hɔyfiç] frequente; *adv.* spesso; **2keit** f frequenza f.

Häuf|lein ['hɔyflaɪn] n (6) mucchietto m; *Leute*: pugno m; **~ung** f ammucchiamento m; accumulazione f [*Führer*).)

Haupt ['haupt] n (1²) capo m (a. fig.)

Haupt... ['haupt...]: *in Zssgn* principale, maggiore, primo; **~abschnitt** m parte f principale; **~ader** f vena f cefalica; **~altar** m altare m maggiore; **2-amtlich** in servizio attivo; **~augenmerk** n maggior attenzione f; **2bahnhof** m stazione f centrale; stazione f termine; **~bestandteil** m parte f principale; **~buch** n libro m mastro; **~darsteller** m protagonista m; **~eingang** m entrata f (*od.* ingresso m) principale; **~erbe** m erede m principale; **~fach** n materia f principale; **~feind** m nemico m numero uno; **~gegenstand** m argomento m principale; **~geschäft** n centrale f; **~gewinn** m primo premio *m*; ~haar *n* capelli *m/pl.*; ~hahn *m* rubinetto *m* principale; ~kerl F *m* cannonata *f*, asso *m*.

Häuptling ['hɔyptliŋ] *m* (3¹) capo *m*; caporione *m*; ♀s a capo rovescio.

Haupt|linie ['haʊptli:njə] *f* 🚂 linea *f* principale (*od.* diretta); ~macht ✗ *f* grosso *m* dell'esercito; forze *f/pl.* principali; ~mahlzeit *f* pasto *m* principale; ~mann *m* capitano *m*; ~nenner *m* denominatore *m* comune; ~ort *m* capoluogo *m*; ~person *f* personaggio *m* principale; protagonista *m u. f*; ~post *f*, ~postamt *n* posta *f* centrale; ufficio *m* centrale delle poste; ~probe *f* prova *f* generale; ~sache *f* essenziale *m*; ♀sächlich ['-zɛçliç] principale (*od.* diretta); ~satz *m* proposizione *f* principale; ~schriftleiter *m* redattore *m* capo; ~sicherung *f* ⚡ valvola *f* principale; ~sitz *m* sede *f* principale; ~stadt *f* capitale *f*; ♀städtisch della capitale; metropolitano; ~straße *f* strada *f* principale; ~verkehrsstraße *f* arteria *f* principale; ~verkehrsstunden *f/pl.* ore *f/pl.* di punta; ~versammlung *f* assemblea *f* generale; ~wort *n* sostantivo *m*.

Haus [haʊs] *n* (2¹) casa *f*; Pol. Camera *f*; † casa *f*, ditta *f*; Thea. teatro *m*; (*Herrscher* ♀) dinastia *f*; nach ~e a casa; wo ist er zu ~e? di dov'è?; bei uns zu ~e da noi; von ~ aus in origine; F fideles ~, altes ~ giovialone *m*; '~apotheke *f* armadio *m* farmaceutico; '~arbeit *f* lavoro *m* casalingo (*od.* domestico); Schule: compito *m* di casa; '~arrest *m* arresto *m* (*od.* consegna *f*) in casa; '~arzt *m* medico *m* di casa; ♀backen ['-bakən] casalingo; fig. prosaico; '~bar *f* bar *m* di casa; '~bedarf *m* occorrente *m* di casa; '~besitzer *m* proprietario *m* (*od.* padrone *m*) di casa; '~besuch 🩺 *m* visita *f* a domicilio; '~bewohner *m* inquilino *m*; '~boot *n* barca *f* abitabile; arca *f*; '~brand *m* combustibile *m* per uso domestico.

Häuschen ['hɔysçən] *n* (6) casetta *f*; aus dem ~ bringen far uscire dai gangheri.

Haus|dame ['haʊsdɑːmə] *f* dama *f* di compagnia; ~diener *m* servitore *m*; domestico *m*.

hausen ['haʊzən] (27) dimorare; Epidemie: infierire.

Häuser|bau ['hɔyzərbaʊ] *m* lavori *m/pl.* edili; ~block *m* blocco *m* di case; ~gruppe *f* gruppo *m* di case.

Haus|flur ['haʊsflu:r] *m* vestibolo *m*; corridoio *m*; ~frau *f* casalinga *f*; padrona *f* di casa; madre *f* di famiglia; ~freund *m* amico *m* di casa; ~friede *m* pace *f* domestica; ~friedensbruch ['-fri:dənsbrux] *m* violazione *f* di domicilio; ~gebrauch *m* uso *m* domestico; ~gehilfin *f* domestica *f*; ~genosse *m* coinquilino *m*; ~gerät *n* masserizie *f/pl.*; ~halt *m* governo *m* della casa; casa *f*; Pol. bilancio *m*; ♀halten (sparen) economizzare; ~hälterin ['-hɛltərin] *f* massaia *f*; governante *f*; ♀hälterisch ['-hɛltəriʃ] economico; ~haltsjahr *n* anno *m* finanziario; ~haltsplan *m* bilancio *m* preventivo; ~haltung *f* s. Haushalt; ~haltungskosten *pl.* spese *f/pl.* giornaliere; ~haltungsschule *f* scuola *f* di economia domestica; ~haltungsvorstand *m* capofamiglia *m*; ~herr *m* padrone *m* di casa; ♀hoch enorme; clamoroso; ~hofmeister *m* maggiordomo *m*; ~hund *m* cane *m* da guardia.

hau|sieren [haʊ'zi:rən]: mit et. ~ andare attorno a vendere qc.; ♀-'sierer *m* (7) venditore *m* ambulante.

Haus|industrie ['haʊsⁱⁿdʊstriː] *f* industria *f* casalinga; ~kleid *n* abito *m* da casa; ~knecht *m* facchino *m*; ~lehrer *m* precettore *m*; ~lehrerin *f* istitutrice *f*.

häuslich ['hɔysliç] casalingo; sich ~ niederlassen stabilirsi; ♀keit *f* spirito *m* casalingo; vita *f* domestica; casa *f*.

Haus|mädchen ['haʊsmɛːtçən] *n* cameriera *f*, domestica *f*; ~mannskost ['-manskɔst] *f* cucina *f* casalinga; ~meister *m* amministratore *m* di una casa; (*Portier*) portinaio *m*; Schule: bidello *m*; ~mittel *n* rimedio *m* casalingo; ~nummer *f* numero *m* di casa; ~ordnung *f* regolamento *m* della casa; ~rat *m* oggetti *m/pl.* per la casa; ~schlüssel *m* chiave *f* di casa; ~schuh *m* ciabatta *f;* pantofola *f;* **~schwelle** *f* soglia *f* della casa.

Hausse ['ho:sə] ✝ *f* (15) rialzo *m.*

Haus|stand ['hausʃtant] *m* casa *f;* **e-n ~ begründen** metter su casa; **~suchung** ⚖ ['-zu:xuŋ] *f* perquisizione *f* (domiciliare); **~telephon** *n* telefono *m* interno; **~tier** *n* animale *m* domestico; **~tor** *n* portone *m;* **~tür** *f* porta *f* di casa; **~vater** *m* padre *m* di famiglia; **~verwaltung** *f* amministrazione *f* della casa; **~wart** *m* portinaio *m;* **~wesen** *n* cose *f/pl.* domestiche; economia *f* domestica; **~wirt** *m* padrone *m* (*od.* proprietario *m*) di casa; **~wirtin** *f* padrona *f* (*od.* proprietaria *f*) di casa; **~wirtschaft** *f* economia *f* domestica; **~zins** *m* pigione *f.*

Haut [haut] *f* (14¹) pelle *f;* epidermide *f;* **dünne:** membrana *f; e-r Frucht:* buccia *f; bis auf die ~* fino alle ossa; F *eine gute ~* una buona pasta; *aus der ~ fahren* uscire dai gangheri; *sich s-r ~ wehren* vendere cara la propria pelle; **'~abschürfung** *f* escoriazione *f;* **'~arzt** *m* dermatologo *m;* '**~ausschlag** *m* eruzione *f* cutanea.

Häut|chen ['hɔytçən] *n* (6) pellicola *f;* **2en** (26) spellare; *sich ~ cambiare pelle.*

Haut|creme ['hautkr:em] *f* crema *f* per la pelle; **~farbe** *f* colorito *m,* carnagione *f;* **~jucken** *n* prurito *m;* **~krankheit** *f* malattia *f* cutanea; **~pflege** *f* igiene *f* della pelle, cosmetica *f;* **~pflegemittel** *n/pl.* cosmetici *m/pl.;* **~schere** *f* forbici *f/pl.* per manicure.

Häutung ['hɔytuŋ] *f* muta *f.*

Havarie [hava'ri:] *f* (15) avaria *f.*

Hebamme ['he:p⁹amə] *f* (15) levatrice *f.*

Hebe|balken *m,* **~baum** *m* ['he:bə-balkən, '--baum] leva *f;* **~fenster** *n* finestra *f* a sollevamento; **~kran** *m* gru *f.*

Hebel ['he:bəl] *m* (7) leva *f; fig. alle ~ ansetzen* tentare tutti i mezzi.

heben ['he:bən] (30) alzare; (*weg~*) levare; *Sport:* sollevare; *Schatz:* scavare; *Wrack:* ricuperare; *fig.* (*fördern*) favorire; (*vergrößern*) aumentare; (*hervor~*) far risaltare; *Brüche:* ridurre; *aus der Taufe ~* tenere a battesimo; *e-n ~* F alzare il

gomito; *sich wieder ~ fig.* rianimarsi; *s. gehoben.*

Heber ['he:bər] *m* (7) sifone *m; Auto:* sollevatore *m.*

'**Hebe|vorrichtung** *f,* **~werk** *n* elevatore *m;* **~winde** *f* argano *m.*

Hebrä|er [he'brɛ:ər] *m* (7) ebreo *m;* **2isch** ebraico.

Hebung [he:buŋ] *f* sollevamento *m;* elevazione *f; fig.* incremento *m;* aumento *m.*

Hechel ['hɛçəl] *f* (15) scapecchiatoio *m;* **2n** (29) scapecchiare; *fig.* scardassare.

Hecht [hɛçt] *m* (3) luccio *m;* '**~sprung** *m Fußball:* tuffo *m.*

Heck ⚓ [hɛk] *n* (3) poppa *f.*

Hecke ['hɛkə] *f* (15) siepe *f; der Vögel:* covo *m;* (*Zeit des Heckens*) covatura *f;* **2n** (25) figliare; *Vögel:* covare; **~nrose** *f* rosa *f* canina, rosa *f* selvatica; **~nschütze** *m* franco tiratore *m.*

Hederich ['he:dəriç] *m* (3) rafano *m.*

Heer [he:r] *n* (3) esercito *m.*

Heeres... ['he:rəs...]: *in Zssgn oft* dell'esercito, militare; **~abteilung** *f* corpo *m* d'armata; **~bericht** *m* bollettino *m* dell'esercito; **~dienst** *m* servizio *m* militare; **~macht** *f* forza *f* militare.

Heer|fahrt ['he:rfa:rt] *f* spedizione *f;* **~führer** *m* comandante *m* dell'esercito; **~lager** *n* accampamento *m;* **~schau** *f* rivista *f* militare.

Hefe ['he:fə] *f* (15) feccia *f* (*a. fig.*); (*Sauerteig*) lievito *m.*

Heft [hɛft] *n* (3) manico *m; Papier:* quaderno *m; Zeitschrift:* fascicolo *m; am Degen:* impugnatura *f.*

Heft|el ['hɛftəl] *n* (7) gancio *m;* (*Haken*) uncino *m;* **2en** (26) attaccare; *mit Naht:* imbastire; *Augen:* fissare; *Buch:* legare alla rustica; **2ig** violento; impetuoso; **~igkeit** *f* violenza *f;* **~klammer** *f* morsetto *m;* **~maschine** *f* cucitrice *f;* imbastitrice *f;* **~naht** *f* imbastitura *f;* **~pflaster** *n* cerotto *m;* **2weise** ['-vaɪzə] a fascicoli; **~zwecke** *f* puntina *f* da disegno.

Hege ['he:gə]: *~ und Pflege f* cure *f/pl.*

Hegemonie [hegəmo'ni:] *f* (15) egemonia *f.*

hegen ['he:gən] (25) custodire; *fig. Zweifel:* nutrire.

Hehl [he:l] *n* (3, *o. pl.*) mistero *m;*

kein ~ machen aus dire (od. dimostrare) con tutta franchezza; '2en (25) ricettare; '~er m (7) ricettatore m; ~e'rei f ricettazione f.

hehr [he:r] augusto; sublime.

Heide [¹ ['haɪdə] m (13) pagano m.

Heide ² ['haɪdə] f (15) landa f; ~kraut n erica f.

Heidelbeere ['haɪdəlbe:rə] f (Pflanze) mirtillo m, (Beere) bagola f.

Heiden|angst ['haɪdən⁹aŋst] f paura f tremenda; ~geld n sacco m di soldi, occhio m della testa; ~lärm m baccano m infernale; 2mäßig ['--me:siç] enormemente; ~spaß m gran divertimento m; ~tum n paganesimo m.

Heideröschen ['-dərø:sçən] n (6) rosa f selvatica.

heidnisch ['haɪdnɪʃ] pagano.

Heidschnucke ['haɪtʃnukə] f (15) pecora f di landa.

heikel ['haɪkəl] scabroso, delicato.

heil ¹ [haɪl] sano; (geheilt) guarito; (ganz) intero.

Heil ² [haɪl] n (3, o. pl.) salute f; (Rettung) salvezza f; (Glück) fortuna f; ~and ['-lant] m (3) Redentore m; '~anstalt f casa f di salute (od. di cura).

'**Heil|bad** n bagno m termale; 2bar guaribile; ~barkeit f guaribilità f; 2bringend salutifero; ~en (25) guarire; curare, sanare; ~gehilfe m assistente m medico; ~gymnastik f ginnastica f terapeutica.

heilig ['haɪlɪç] santo; Bräuche, Feuer, Pflicht, fig. sacro; 2e Schrift f Sacra Scrittura f; 2er Abend m vigilia f di Natale; 2er Vater m Santo Padre m; 2es Land n Terra f Santa; ~en ['--gən] (25) santificare; fig. sanzionare; 2enbild n immagine f sacra; F santino m; 2enschein m aureola f; ~halten f santificare; osservare come cosa sacra; 2keit ['-lıçkaıt] f santità f; ~sprechen canonizzare; 2sprechung f canonizzazione f.

Heiligtum ['haɪlıçtum] n (1²) santuario m.

Heil|kraft ['haɪlkraft] f virtù f salutare (od. medicinale); 2kräftig salutare; ~kraut n erba f medicinale; ~kunde f terapeutica f, arte f medica; 2los disperato, terribile; ~methode f metodo m terapeutico; ~mittel n rimedio m, farmaco m;

~praktiker m (medico m) empirico m; ~quelle f sorgente f minerale; fonte f d'acqua minerale; 2sam salutare; ~samkeit f salubrità f; fig. utilità f; ~sarmee ['-s⁹arme:] f Esercito m della Salvezza; ~stätte f casa f di cura; ~ung f cura f; guarigione f; ~verfahren n trattamento m, metodo m terapeutico; ~wirkung f effetto m curativo.

Heim ¹ [haɪm] n (3) casa f; domicilio m.

heim ² [haɪm] adv. a casa; '2-arbeit f lavoro m a domicilio; '2-arbeiter m lavoratore m a domicilio.

Heimat ['haɪmɑ:t] f (16) patria f; paese m; casa f paterna; ~dichtung f (~kunst f) poesia f (arte f) regionale; ~hafen ⚓ m porto m d'immatricolazione; ~land n paese m nativo; 2lich patrio; natale; nativo; 2los senza patria; ~recht n (diritto m di) cittadinanza f; 2vertrieben spatriato.

heim... ['haɪm...]: in Zssgn oft a casa; ~begeben: sich ~ andare a casa, rincasare; ~bringen portare (od. accompagnare) a casa; 2chen Zo. ['-çən] n (6) grillo m; 2fahrt f viaggio m di ritorno; ~führen condurre a casa; Braut: sposare; 2gang m fig. (Tod) morte f; ~gehen (sn) ritornare a casa; fig. morire; ~isch patrio, del proprio paese; nostrano; di casa; sich ~ fühlen sentirsi come a casa; ~ werden acclimatarsi; 2kehr ['-ke:r] f ritorno m a casa; rimpatrio m; ~kehren (sn) ritornare a casa; 2kehrer ['-ke:rər] m (7) rimpatriato m; ~leuchten (dat.) fig. rispondere per le rime.

heimlich ['-lıç] (geheim) segreto; Ehe: clandestino; adv. di nascosto, in segreto; a tradimento; 2keit f segretezza f.

Heim|reise ['haɪmraɪzə] f (viaggio m di) ritorno m; ~stätte f casa f; fig. rifugio m, asilo m; 2suchen visitare (a. fig.); ~suchung f visita f; fig. prova f; Rel. visitazione f; ~tücke f perfidia f; 2tückisch perfido; 2wärts ['-verts] verso casa; ~weg ['-ve:k] m ritorno m (a casa); ~weh n nostalgia f; 2zahlen fig.: das werde ich dir ~ me la pagherai!

Heinzelmännchen ['haɪntsəlmençən] n gnomo m.

Heirat ['haɪrɑ:t] f (16) matrimonio

m; ♀en (26) **1.** *v/t.* sposare; **2.** *v/i.* sposarsi.

Heirats|antrag ['haɪrɑ:ts⁹antrɑ:k] *m* richiesta *f* di matrimonio; **~anzeige** *f* partecipazione *f* di matrimonio; **~büro** *n* agenzia *f* di matrimoni; **♀fähig** *Mädchen*: da marito, nubile; *Jüngling*: in età da ammogliarsi; **~gut** *n* dote *f*; **♀lustig** in cerca di marito (moglie); **~schwindler** *m* sfruttatore *m* di donne nubili; **~urkunde** *f* fede *f* di matrimonio; **~vermittler** *m* agente *m* matrimoniale; **~vermittlung** *f* agenzia *f* matrimoniale; **~versprechen** *n* promessa *f* di matrimonio; **~vertrag** *m* contratto *m* di matrimonio.

heischen ['haɪʃən] (27) esigere.

heiser ['haɪzər] rauco; fioco; ~ *werden*, ~ *machen* arrochire; **♀keit** *f* raucedine *f*.

heiß [haɪs] caldo; *Flüssigkeit*: bollente; *Strahlen*: cocente; *Boden*: infocato; *fig.* ardente; *Kampf*: accanito; ~ *werden* riscaldarsi; **~blütig** ['-bly:tiç] di sangue caldo; **'♀blütigkeit** *f* sangue *m* caldo.

heißen ['haɪsən] (30) **1.** *v/t.* ordinare; (*benennen*) chiamare; **2.** *v/i.* chiamarsi; (*bedeuten*) voler dire, significare; *das heißt* cioè; vuol dire; *es heißt, daß* si dice; *hier heißt es* ... qui bisogna ...; *wie heißt das auf italienisch?* come si dice in italiano?

heiß|geliebt ['haɪsgəli:pt] diletto; **'♀hunger** *m* fame *f* da lupo; **~hungrig** affamato; **'~laufen** ⊕ scaldarsi; **'♀sporn** *m* testa *f* calda.

heiter ['haɪtər] sereno; (*froh*) allegro; *Stimmung*: festoso; *Landschaft*: ameno; *iro. das ist ja ~!* questa è buona!; **♀keit** *f* serenità *f*; ilarità *f*; allegria *f*.

heiz|bar ['haɪtsbɑ:r] riscaldabile; **~en** (27) *Zimmer*: riscaldare; *Ofen*: accendere; **♀er** *m* (7) fochista *m*; **♀kessel** *m* caldaia *f* per riscaldamento; **♀kissen** *n* ⊕ cuscino *m* (termo-) elettrico; termoforo *m*; **♀körper** *m* radiatore *m*; *e-r Zentralheizung*: elemento *m*; calorifero *m*; **♀kraft** *f* forza *f* calorifica; **♀material** *n* combustibile *m*; **♀öl** *n* olio *m* combustibile; **♀sonne** *f* radiatore *m* (parabolico); **♀ung** *f* riscaldamento *m*;

(*Zentral*♀) termosifone *m*, calorifero *m*; **♀wert** *m* potere *m* calorifico.

Hektar ['hɛk'tɑ:r] *n* (3¹, *nach Zahlen uv.*) ettaro *m*.

Hektoliter [-to'li:tər] *m* ettolitro *m*.

Held [hɛlt] *m* (12) eroe *m*; **~engedicht** *n* poema *m* eroico; **♀enhaft** eroico; **~enmut** *m* eroismo *m*; **♀enmütig** ['--my:tiç] eroico; **~entod** *m* morte *f* sul campo di battaglia, morte *f* da eroe; **~entum** *n* (1, *o. pl.*) eroismo *m*; **~in** *f* eroina *f*.

helf|en ['hɛlfən] (30) aiutare; soccorrere, assistere; (*nützen*) servire; giovare a; *sich zu ~ wissen* saper arrangiarsi; **♀er** *m* (7) aiuto *m*; soccorritore *m*; assistente *m*; **♀ershelfer** ['-fershɛlfər] *m* complice *m*.

Helium ⚗ ['he:ljum] *n* (11, *o. pl.*) elio *m*.

hell [hɛl] chiaro; *am ~en Tage* di pieno giorno; **~es Gelächter** *n* gran risata *f*; **~e Augenblicke** *m/pl.* lucidi intervalli *m/pl.*; **~er Kopf** *m* testa *f* lucida; *~er Junge* m ragazzo *m* sveglio; *in ~er Verzweiflung* in piena disperazione; *es wird spät* ~ si fa giorno tardi; **~blau** blu chiaro; **'♀dunkel** *n* chiaroscuro *m*.

Helle ['hɛlə] *f* (15, *o. pl.*) chiarezza *f*.

Hellebarde [hɛlə'bardə] *f* (15) alabarda *f*.

Heller ['hɛlər] *m* soldo *m*; *keinen ~ wert* non vale un fico secco; *bis auf den letzten* ~ fino all'ultimo centesimo.

hell|grün ['hɛlgry:n] verde chiaro; **~hörig** ['-hø:riç] di buon orecchio; *fig.* sveglio, attento; **♀igkeit** *f* chiarezza *f*.

Hell|sehen ['hɛlse:ən] *n*, **~seherei** [-ze:ə'raɪ] *f* chiaroveggenza *f*; **~seher** *m*, **♀seherisch** [-ze:ərɪʃ] chiaroveggente (*m*); **♀sichtig** ['-ziçtiç] accorto; lungimirante.

Helm [hɛlm] *m* (3) elmo *m*; (*Schutz*♀) casco *m*; 🜂 cupola *f*; *spitzer, gotischer*: guglia *f*; **'~busch** *m* pennacchio *m*.

Hemd [hɛmt] *n* (5) camicia *f*; **'~bluse** *f* camicetta *f*; **'~engeschäft** *n* camiceria *f*; **'~hös-chen** *n* pagliaccetto *m*; **'~hose** *f* combinazione *f*; **'~särmel** ['hɛmts⁹ɛrməl] *m* manica *f* di camicia.

Hemisphäre [hemi'sfɛ:rə] *f* (15) emisfero *m*.

hemm|en ['hɛmən] (25) fermare;

contrastare, ostacolare; *(verhindern)* impedire; ⌐**nis** *n* (4¹) ostacolo *m*; ⌐**schuh** *m* ⊕ scarpa *f* d'arresto; *fig.* ostacolo *m*; ⌐**ung** *f* impedimento *m*; ⊕ arresto *m*; *Uhr:* scatto *m*; *Psych.* inibizione *f*; *(Bedenken)* scrupolo *m*; ⌐**ungslos** ['-muŋslo:s] sfrenato; ⌐**ungslosigkeit** *f* sfrenatezza *f*.

Hengst [hɛŋst] *m* (3²) stallone *m*.

Henkel ['hɛŋkəl] *m* (7) manico *m*; *an Töpfen:* ansa *f*; ⌐**krug** *m* brocca *f*.

henken ['hɛŋkən] (25) impiccare.

Henker ['hɛŋkər] *m* (7) carnefice *m*, boia *m*; *geh zum* ⌐*!* va al diavolo!; ⌐**sknecht** *m* sicario *m*; ⌐**smahlzeit** *f* ultimo pasto *m* d'un condannato a morte; F pasto *m* d'addio.

Henne ['hɛnə] *f* (15) gallina *f*.

her [he:r] qui, qua; *(in Verbindung mit „von" wird* ⌐ *mst nicht übersetzt):* von dort ⌐ di là; von oben ⌐ dall'alto; von Rom ⌐ da Roma; wo ist er ⌐? di dove viene?; ⌐ damit! dammelo!; *fig.* nicht weit ⌐ sein non essere gran cosa; es ist drei Jahre ⌐ sono ormai tre anni; es ist lange ⌐ è molto tempo ormai, è da molto (che ...); F è un pezzo (che).

herab [hɛ'rap] giù, in basso; von oben ⌐ da sopra in giù, *fig.* dall'alto in basso; komm ⌐ vieni giù; ⌐**begeben:** sich ⌐ scendere; ⌐**drücken** abbassare; ⌐**fallen** *(sn)* cadere giù; ⌐**hängen** pendere; ⌐**helfen:** j-m ⌐ aiutare qu. a scendere; ⌐**kommen** *(sn)* venir giù, scendere; ⌐**können** poter scendere; ⌐**lassen** abbassare; sich ⌐ degnarsi; ⌐**lassend** condiscendente; ⌐**lassung** [-'-lasuŋ] *f* degnazione *f*; condiscendenza *f*; ⌐**mindern** diminuire; negare il valore; ⌐**nehmen** levare, calar giù; ⌐**sehen** guardare dall'alto in basso; ⌐**setzen** abbassare; *Preis:* ridurre, diminuire; *fig.* diffamare; discreditare, denigrare; ⌐**setzung** *f* abbassamento *m*; riduzione *f*, diminuzione *f*; diffamazione *f*, denigrazione *f*; ⌐**sinken** *fig.* declinare; ⌐**springen** saltar giù; ⌐**steigen** *(sn)* scendere; *vom Pferd:* smontare; ⌐**stürzen** *v/i.* precipitare; *v/t.* gettare giù; ⌐**würdigen** svilire; avvilire; ⌐**würdigung** *f* avvilimento *m*; s. a. *herunter*.

Herald|ik [he'raldik] *f* uv. araldica *f*; ⌐**isch** araldico.

heran [hɛ'ran] accanto, vicino; näher ⌐ più vicino; nur ⌐! venga avanti *(od.* qua, pure!)

heran|bilden [hɛ'ranbildən] formare; allevare; j-n zu et. ⌐ far qc. di qu.; ⌐**drängen:** sich ⌐ an (ac.) farsi largo per avvicinarsi a; ⌐**gehen** *(sn):* ⌐ an (ac.) avvicinarsi a; *fig.* mettersi a; ⌐**kommen** *(sn)* avvicinarsi; *fig.* an et. ⌐ riuscire a procurarsi qc.; ⌐**machen:** sich ⌐ an et. *(ac.)* ⌐ cominciare qc.; an j-n: accostare (qu.); ⌐**nahen** avvicinarsi; ⌐**reichen** uguagliare (an ... acc.); ⌐**rücken** *(sn)* avvicinarsi; ⌐**treten** *(sn)* avvicinarsi; ⌐**wachsen** *(sn)* crescere; ⌐**wagen:** sich ⌐ an (ac.) *fig.* tentare, azzardarsi a; ⌐**ziehen** attirare; *fig.* ricorrere a; ⌐ zu invitare a prendere parte a; s. a. *herbei...*

herauf [hɛ'rauf] su; quassù; in alto; *in Zssgn mit Verben mst:* ... su; ⌐**beschwören** evocare; *fig.* causare, provocare; ⌐**bitten** pregare di salire; ⌐**helfen** aiutare a salire; ⌐**kommen** *(sn)*, ⌐**steigen** *(sn)* salire; ⌐**schrauben** [-'-ʃraubən], ⌐**setzen** *Preis:* aumentare; ⌐**ziehen** **1.** *v/t.* tirare su; **2.** *v/i.* *(sn) Gewitter:* avvicinarsi.

heraus [hɛ'raus] fuori; von innen ⌐ dall'interno; rund⌐ gesagt a dirla francamente; ich hab's ⌐ l'ho scoperto *(od.* capito); ⌐ mit der Sprache! dica!; ⌐ mit dem Geld! fuori col denaro!; ⌐**arbeiten** *fig.* mettere in chiaro, porre in rilievo; ⌐**bekommen** riuscire a cavare; *stärker:* strappare *(Geheimnis usw.); Sinn:* capire; *ein Problem:* risolvere; *Geld:* aver di ritorno; ich bekomme drei Mark heraus mi vengono di ritorno tre marchi; ⌐**bringen** portar fuori; *fig.* riuscir a cavare; *Rätsel usw.:* indovinare; *Buch:* pubblicare; *Ware:* lanciare; ⌐**dürfen** potere *(od.* aver il permesso di) uscire; ⌐**finden** scoprire; ⌐**fordern** sfidare; provocare; ⌐**fordernd** provocante; ⌐**forderung** *f* sfida *f*, provocazione *f*; ⌐**fühlen** presentire; ⌐**gabe** *f* restituzione *f*; ✝ emissione *f*; *Lit.* pubblicazione *f*; ⌐**geben** metter fuori; restituire; *Geld:* dar il resto; *Lit.* pubblicare; ⌐**geber** *m* editore *m*; ⌐**gehen** *fig. aus sich* ⌐ aprirsi; *nicht aus sich* ⌐ rimaner chiuso; ⌐**greifen** prendere; scegliere; ⌐**helfen** aiutare ad uscire; *fig.* cavare d'impiccio; **~holen** cavar fuori; *fig.* ricavare; **~kehren** *fig.* den ... ~ fare il ...; **~klingeln**, **~klopfen**: *j-n* ~ chiamare qu. alla porta; **~kommen** (*sn*) uscire (*a. Typ.*); *fig.* cavarsela; *die Wahrheit wird* ~ la verità verrà a galla; *aus et. nicht* ~ non finire di... (*mit inf.*); *es kommt nichts dabei heraus* non se ne ricava nulla; *auf eins* ~ essere sempre la stessa cosa; **~können** poter uscire; **~kriegen** F *s.* herausbekommen; **~lassen** lasciar uscire; **~lesen** leggere fra le righe; **~locken** strappare con astuzia; **~machen** *fig. sich* ~ farsi strada; $\mathcal{J}^\mathcal{E}$ rimettersi; **~müssen** dover uscire; **~nehmen** *fig. sich* ~ permettersi; **~platzen** (*sn*): *mit et.* ~ lasciarsi scappar di bocca qc.; **~pressen** spremere; **~putzen**: *sich* ~ azzimarsi; **~ragen** sporgere; **~reden**: *sich* ~ scolparsi; **~reißen** svellere; *sich* ~ cavarsi d'impiccio; **~rücken**: *mit et.* ~ venir fuori con qc.; *mit Geld*: tirar fuori; **~rufen** chiamar fuori; **~schlagen** *fig.* cavare, tirare fuori; **~schneiden** estirpare; estrarre; **~sehen** guardar fuori; **~stellen** mettere in risalto; *sich* ~ risultare; **~strecken** stendere; sporgere; **~streichen** *fig.* vantare; porre in rilievo; **~strömen** uscire in massa; **~stürmen**, **~stürzen** (*sn*) uscire precipitosamente; **~suchen** scegliere; **~treten** (*sn*) uscir fuori; *fig.* spiccare; **~wagen**: *sich* ~ osare (di) uscire; **~winden**: *sich* ~ *fig.* cavarsi d'impiccio; **~wollen**: *nicht mit der Sprache* ~ non voler parlare; **~ziehen** estrarre; *sich* ~ sbrogliarsi.

herb [hɛrp] acerbo; *Manieren*: aspro.
herbei [hɛr'baɪ] qua, qui; da questa parte; *in Zssgn mit Verben oft*: ... qua vicino; **~bringen** portare; recare; condurre; **~eilen** (*sn*) accorrere; **~führen** recare; *fig.* causare; procurare; provvedere a; **~holen** andare a prendere; **~kommen** (*sn*) avvicinarsi; **~lassen**: *sich* ~ acconsentire, degnarsi; **~laufen** (*sn*) accorrere; **~schaffen** far venire; procurare; **~sehnen** attendere con impazienza; **~strömen** affluire; *s. a.* heran...
her|bekommen [ˈheːrbəkɔmən] procurarsi; riuscire a far venire; **~bemühen** invitare a venire; *sich* ~ incomodarsi a venire.

Herberg|e [ˈhɛrbɛrgə] *f* (15) locanda *f*; (*Hospiz*) ospizio *m*; (*Jugend*♾) ostello *m*.
her|bestellen [ˈheːrbəʃtɛlən] mandar a chiamare; dare a qu. appuntamento qui; **~beten** recitare meccanicamente.
Herbheit [ˈhɛrphaɪt] *f* acerbità *f*; asprezza *f*.
her|bitten [ˈheːrbɪtən] pregare di venir (qua); **~bringen** portare qui.
Herbst [hɛrpst] *m* (3^2) autunno *m*; (*Weinlese*) vendemmia *f*; '♀lich autunnale; **~zeitlose** ♀ [ˈ-tsaɪtloːzə] *f* (15) colchico *m*.
Herd [heːrt] *m* (3) focolare *m* (*a. fig. Heim*); (*Küchen*♾) cucina *f* (elettrica, a gas, a carbone); *e-r Seuche usw.*: focolaio *m*.
Herde [ˈheːrdə] *f* (15) gregge *m*; **~ntrieb** *m* istinto *m* gregario; ♀n**weise** a branchi.
herein [hɛˈraɪn] qui, qua dentro; **~!** avanti!; **~bekommen** ✝ ricevere; **~bemühen**: *sich* ~ accomodarsi d'entrare; **~bitten** pregare d'entrare; **~brechen** (*sn*) irrompere; sopravvenire; *Nacht*: cadere; **~dürfen** poter entrare; **~fallen** *fig.* cascarci, cadere in trappola; **~holen** far entrare; **~kommen** (*sn*) entrare; **~können** poter entrare; **~lassen** lasciare (*od.* fare) entrare; **~legen** *fig.* imbrogliare; **~platzen** entrare di sorpresa; **~regnen**: *es regnet herein* entra la pioggia; **~rufen** chiamare dentro (*od.* in casa); **~scheinen** entrare in; **~schneien** nevicar dentro; *fig.* piovere, cascare; **~stürzen** entrare precipitosamente; **~treten** (*sn*) entrare; **~wollen** voler entrare; **~ziehen** tirar dentro; *fig.* coinvolgere.
her|fahren [ˈheːrfaːrən] **1.** *v/t.* condurre in macchina; **2.** *v/i.* (*sn*) venire in macchina; **~fallen** (*sn*) precipitarsi (*über ac.* sopra); *fig.* dare addosso a qu.; **~finden** trovare la strada; ♀gang *m* svolgersi *m*; procedimento *m*; andamento *m*; **~geben** dare; *sich* ~ prestarsi; **~gebracht** [ˈ-gəbraxt] tradizionale; **~gehen** (*sn*): *hinter j-m* ~ seguire qu.; *neben j-m* ~ camminare accanto a qu.; *vor j-m* ~ precedere qu.; *es geht hoch her* si fa gran festa; **~gehören** essere al suo posto; *das gehört nicht hierher* non c'entra; **~ge-**

laufen venuto da chissà dove; **~halten 1.** *v/t.* porgere; **2.** *v/i.*: ~ *müssen* dover pagare il fio, dover portare la spesa; **~holen** far venire; *weit hergeholt* tirato per i capelli.

Hering ['he:riŋ] *m* (3¹) aringa *f*; *wie die* **~e** *fig.* come le acciughe.

herkommen ['he:rkɔmən] **1.** (sn) venire; avvicinarsi; *fig.* provenire; **2.** ♀ *n* (6) origine *f*; usanza *f*; uso *m*.

herkömmlich ['he:rkœmlɪç] usuale, tradizionale.

Herkunft ['he:rkunft] *f* (14¹) (*Abstammung*) origine *f*; *Waren*: provenienza *f*; **~sbezeichnung** *f* marcatura *f* d'origine.

'her|laufen (sn) correre (*hinter dat.* dietro); *hergelaufen* venuto da chissà dove; **~leiern** salmodiare; **~leiten** derivare; **♀leitung** *f* derivazione *f*; **~machen:** *sich über et.* ~ precipitarsi su.

Hermelin [hɛrmə'li:n] (3¹) *Zo.* n, *Pelz m* ermellino *m*.

hermetisch [hɛr'me:tiʃ] ermetico.

her|nach [hɛr'na:x] dopo; **'~nehmen** prendere; **~nieder** s. *herab*, *herunter*; **'~nötigen** obbligare a venire.

Heroin [hero'i:n] *n* eroina *f*.

hero|isch [he'ro:iʃ] eroico; **♀'ismus** *m* eroismo *m*.

Herold ['he:rɔlt] *m* (3) araldo *m*.

herplappern ['he:rplapərn] recitare macchinalmente.

Herr [hɛr] *m* (12²) signore *m*; *Rel.* Signore *m*; (*Haus♀*, *Besitzer*, *Arbeitgeber*) padrone *m*; (*Tanz♀*) cavaliere *m*; ~ *einer Sprache* padrone di una lingua; *des Feuers* ~ *werden* domare il fuoco; *sein eigener* ~ *sn* essere padrone di sé stesso; *aus aller* ~*en Ländern* da tutti i paesi.

her|reichen ['he:raɪçən] dare; stendere; porgere; **♀reise** *f* viaggio *m* di ritorno; **~reisen** venire qui, ritornare.

'Herren|anzug *m* vestito *m* da uomo; **~ausstattung** *f* abbigliamento *m* per uomo; **~doppel** *n* doppio *m* maschile; **~einzel** *n* singolare *m* maschile; **~haus** *n* casa *f* padronale; **~leben** *n* vita *f* da gran signore; **♀los** senza padrone, abbandonato; **~mode** *f* moda *f* maschile; **~schneider** *m* sarto *m* da uomo; **~sitz** *m* residenza *f*, casa *f* padronale; **~zimmer** *n* studio *m*.

Herrgott ['hɛrgɔt] *m* (1, *o. pl.*) Signor Iddio *m*, Domineddio *m*.

herrichten ['he:rɪçtən] preparare.

Herr|in ['hɛrin] *f* (16¹) signora *f*; padrona *f*; **♀isch** imperioso; **♀'je** (-*mine*)! Dio mio!; **♀lich** magnifico; **~lichkeit** *f* magnificenza *f*.

Herrschaft ['hɛrʃaft] *f* dominio *m*; potere *m*; governo *m*; *fig.* controllo *m*, padronanza *f*; *die* ~*en f/pl.* i padroni *m/pl.*; *meine* ~*en!* signori e signore!; **♀lich** ['-ʃaftliç] signorile; padronale; del signore; del padrone.

herrsch|en ['hɛrʃən] (27) regnare; governare; *über sich selbst* ~ dominare sé stesso; **♀er** *m* (7) sovrano *m*; **♀erhaus** *n* casa *f* regnante, dinastia *f*; **♀sucht** *f* sete *f* del potere; carattere *m* dispotico; **~süchtig** ['-zyçtiç] dispotico; prepotente.

her|rücken ['he:rykən] **1.** *v/t.* accostare; **2.** *v/i.* (sn) avvicinarsi; **~rühren** (sn) provenire (*von* da); **~sagen** recitare; **~schaffen** portare; procurare; **~stammen** (sn) discendere; *Wörter*: derivare; **~stellen** fare; fabbricare; produrre; (*wieder* ~) riparare; **♀steller** *m* (7) produttore *m*; **♀stellung** *f* fabbricazione *f*; produzione *f*; riparazione *f*; ristabilimento *m*; **♀stellungskosten** *pl.* spese *f/pl.* di produzione; **♀stellungspreis** *m* prezzo *m* di produzione.

herüber [hɛ'ry:bər] di qua; da questa parte (verso chi parla); **~geben** passare; **~lassen** lasciare passare di qua; **~müssen** (**~wollen**) dovere (volere) passare di qua.

herum [hɛ'rum] intorno, all'intorno; F in giro; *in der ganzen Stadt* ~ per tutta la città; *s. a. umher*; **~balgen:** *sich* ~ accapigliarsi; *fig.* dibattersi; **~blättern** sfogliare (*ac.*); **~bummeln** girare, andare in giro (per *ac.*); **~drehen** girare; voltare; **~fragen** domandare di qua e di là; **~fuchteln:** ~ *mit* dimenare; *mit den Armen* ~ gesticolare; **~geben** condurre in giro; **~geben** far circolare; **~gehen** (sn) andare attorno (in giro); ~ *um* girare attorno a; **~horchen** origliare a tutte le porte; **~irren** andare errando (*in* per); **~kommen** (sn) girare il mondo; *nicht* ~ *um* non poter fare a meno di (*od.* evitare); **~kramen:** ~ *in* rovistare in; ~**kriegen** F persuadere, convincere; ~**laufen** (sn): ~ um correre attorno a; correre di qua e di là; *frei* ~ girare liberamente; ~**gen** essere sparso dappertutto; ~**lungern** bighellonarsi, far vita scioperata; ~**reichen** far circolare; *bei Tisch*: servire; ~**reisen** (sn) viaggiare, girare (*in dat.* per); ~**reiten** *fig.*: *auf et.* ~ insistere su; ~**schnüffeln** curiosare; ~**schwenken** 1. *v/t.* agitare. 2. *v/i.* (sn) invertire la marcia; ~**sprechen**: *sich* ~ spargersi la voce; ~**stehen** (h. u. sn) stare attorno a, circondare; *müßig*: stare in ozio; ~**stöbern** [-'-ʃtøːbərn] (29) curiosare, frugare; ~**streiten** litigare; ~**tanzen**: *j-m auf der Nase* ~ menare qu. per il naso; ~**tappen** (sn) brancolare; ~**treiben**: *sich* ~ vagabondare; 2**treiber** *m* vagabondo *m*; ~**wälzen**: *sich* ~ voltolarsi; ~**wirtschaften** affaccendarsi; ~**zanken**: *sich* ~ stare a bisticciarsi; ~**ziehen** girare per, vagare per; ~**ziehend** girovago; *Ritter*: errante.

herunter [hε'runtər] giù, in giù; abbasso, in basso; ~**bringen** *fig.* rovinare; ~**fallen** cadere giù; ~**gehen** andare giù; ~**handeln** trattare sul prezzo; ~**holen** prendere giù; ✂ abbattere; ~**kommen** (sn) scendere; *fig.* andar giù; ~**lassen** abbassare; ~**machen**, ~**putzen** F *fig.* sgridare; ~**nehmen** togliere; ~**reißen** tirar giù (*a. fig.*); ~**schlucken** inghiottire.

hervor [hεr'foːr] fuori; ~**brechen** (sn); prorompere; *aus et.*: sbucare; *Sonne*: far capolino; ~**bringen** produrre; *Worte*: proferire; ~**drängen**: *sich* ~ farsi avanti; *fig.* imporsi; ~**dringen** (sn) sbucare; ~**gehen** (sn) uscire; *fig.* risultare; ~**heben** mettere in rilievo; ~**holen** tirare fuori; ~**kommen** (sn) uscire; ~**locken** far uscire; ~**quellen** (sn) sgorgare, scaturire; ~**ragen** [-'-raːgən] (25) sporgere (in fuori) *fig.* spiccare; ~**ragend** sporgente; *fig.* eminente; ~**rufen** chiamar fuori; *fig.* provocare; ~**stechen** = hervorragen; ~**stehen** sporgere in fuori; ~**treten** (sn) farsi avanti; *fig.* spiccare; ~**tun**: *sich* ~ venir fuori; *fig.* distinguersi; ~**wagen**: *sich* ~ osare di venir fuori; ~**zaubern** produrre

come per incanto; far saltare fuori; ~**ziehen** tirare fuori.

her|wagen ['heːrvaːgən]: *sich* ~ prendersi il rischio di venire; ~**wärts** ['-vεrts] da questa parte; 2**weg** ['-veːk] *m*: *auf dem* ~e venendo qui.

Herz [hεrts] *n* (12²) cuore *m*; *Kartensp.*: cuori *m/pl.*; *ans* ~ legen raccomandarsi a qu.; F *das* ~ *fällt ihm in die Hosen* gli cascan le brache; *sich ein* ~ *fassen* farsi animo; *sich et. zu* ~*en nehmen* pigliarsi qc. a cuore; *ein* ~ *und eine Seele* due anime in un nocciolo; *sein* ~ *ausschütten* aprire il proprio cuore; *von ganzem* ~*en* di tutto cuore.

Herz... ['hεrts...]: *in Zssgn* del cuore, ~ cardiaco; ~**anfall** *m* attacco *m* al cuore; ~**beschwerden** *f/pl.* disturbi *m/pl.* al cuore, affezione *f* cardiaca; ~**beutel** *m* pericardio *m*; ~**beutel-entzündung** *f* pericardite *f*; ~**blättchen** ['-blεtçən] F *n* gioia *f*; 2**brechend** ['-brεçənt] straziante.

herzeigen ['hεrtsaɪgən] mostrare.

Herzeleid ['hεrtsəlaɪt] *n* crepacuore *m*.

herzen ['hεrtsən] (27) stringere al cuore.

Herzens|angelegenheit ['hεrtsəns-ʔangəleːgənhaɪt] *f* affare *m* di cuore; ~**angst** *f* angoscia *f*; ~**freude** *f* gioia *f* sincera; ~**güte** *f* bontà *f* di cuore; ~**lust** *f*: *nach* ~ a piacimento; ~**wunsch** *m* grande desiderio *m*.

'**Herz|-entzündung** *f* entocardite *f*; 2**-ergreifend** commovente; 2**-erschütternd** straziante; ~**fehler** *m* vizio *m* cardiaco; ~**gegend** *f* regione *f* cardiaca; 2**haft** animoso; *adv.* coraggiosamente, vigorosamente; ~**haftigkeit** *f* coraggio *m*.

herziehen ['hεrtsiːən] 1. *v/t.* attirare; 2. *v/i.* (sn) venire a star qui; *über j-n* ~ sparlare di qu., criticare qu.

herz|ig ['hεrtsɪç] carino; 2**-infarkt** *m* infarto *m* cardiaco; ~**innig** con tutto il cuore; 2**kammer** *f* ventricolo *m* del cuore; 2**kirsche** *f* ciliegia *f* duracina; 2**klappe** *f* valvola *f* del cuore; 2**klappenfehler** *m* vizio *m* valvolare; 2**klopfen** *n* palpitazione *f* (del cuore); *fig.* batticuore *m*; ~**krank** malato di cuore; 2**leiden** *n* affezione *f* (od. insufficienza f) cardiaca; **~lich** adj. cordiale; adv. di cuore; **♀lichkeit** f cordialità f; **~los** spietato, crudele, freddo, senza cuore; **♀losigkeit** f spietatezza f; mancanza f di cuore; **♀muskel** m miocardio m.

Herzog ['hɛrtsɔːk] m (3[³]) duca m; **~in** f (16¹) duchessa f; **♀lich** ducale; **~tum** n (1²) ducato m.

Herz|schlag ['hɛrtsʃlaːk] m battito m del cuore; (Schlaganfall) colpo m d'apoplessia; **~spezialist** m cardiologo m; **♀stärkend** ['-ʃtɛrkənt] che rinforza il cuore; **~es** Mittel n cordiale m; **~tätigkeit** f funzioni f/pl. del cuore; **~verfettung** ['-fɛrfɛtuŋ] f lipoma m cardiaco; **~verpflanzung** f trapianto m (od. trasplantazione f) del cuore; **♀zerreißend** ['-tɛraɪsənt] straziante.

heterogen [hetero'geːn] eterogeneo.

Hetz|e ['hɛtsə] f (15) caccia f; (Eile) fretta f, furia f; fig. campagna f diffamatoria; provocazione f; Pol. sobillazione f; **♀en** (27) dar la caccia a; fig. aizzare, provocare; sobillare; **~er** m (7) aizzatore m; agitatore m; istigatore m; **~jagd** f caccia f forzata; fig. caccia f; **~rede** f discorso m aizzatore.

Heu [hɔy] n (3, o. pl.) fieno m; Geld wie **~** danari a staia; **~boden** m fienile m.

Heuch|elei [hɔyçə'laɪ] f (15) ipocrisia f; **♀eln** ['-çəln] (29) fingere; **~ler(in** f) m (7) ['-çlər(in)], **♀lerisch** adj. ipocrita m u. f.

heuen ['hɔyən] (25) fare il fieno.

heuer ['hɔyər] quest'anno.

Heuer ⚓ ['hɔyər] f (15) paga f del marinaio.

heuern ['hɔyərn] (29) noleggiare; Matrosen: arruolare.

Heu|ernte ['hɔy⁹ɛrntə] f fienagione f; **~fieber** n febbre f del fieno; **~gabel** f forcone m; **~haufen** m mucchio m di fieno.

heulen ['hɔylən] **1.** (25) urlare; (weinen) F frignare; **2.** ♀ n (6) urlio m.

heurig ['hɔyriç] di quest'anno.

Heu|schnupfen ['hɔyʃnupfən] m febbre f del fieno; **~schrecke** ['-ʃrɛkə] f (15) cavalletta f; **~schuppen** m fienile m; **~sichel** f falce f fienaia.

heut|e ['hɔytə] oggi; **~** abend stasera; **~** nacht stanotte; **~** morgen stamane;

~ noch oggi stesso; **~** über acht Tage oggi a otto; **~** vor acht Tagen otto giorni fa; **♀ig** ['-tiç] d'oggi; unter dem **~en** Tage in data d'oggi; **~zutage** ['-tsutaːgə] al giorno d'oggi; oggidì.

Hexameter [hɛk'saːmetər] m (7) esametro m.

Hexe ['hɛksə] f (15) strega f.

hexen ['hɛksən] (27) fare stregonerie; fig. fare miracoli.

Hexen|meister ['hɛksənmaɪstər] m stregone m; **~sabbat** m sabba m; **~schuß** ⚕ m lombaggine f.

Hexerei [--'raɪ] f (16) stregoneria f.

Hieb [hiːp] m (3) colpo m; (~wunde) taglio m; fig. stoccata f; **~e** m/pl. botte f/pl.; **♀- und stichfest** ['-unt'ʃtiçfɛst] incontestabile, F a prova di bomba; **~waffe** f arma f da taglio.

hier [hiːr] qui, qua; **~** ist, **~** sind ecco; **~** bin ich eccomi; **~** ist er eccolo; beim Appell: **~!** presente!; **~** und da örtl. qua e là; zeitl. di quando in quando; **~** unten quaggiù.

hieran ['hiːran] a ciò.

Hierarch|ie [hiːɛrar'çiː] f (15) gerarchia f; **♀isch** [--'-çiʃ] gerarchico.

hieratisch [hiːɛ'raːtiʃ] ieratico.

'hier|auf örtl. qua sopra; zeitl. dopo ciò; poi; **~aus** di qui; fig. da ciò; **~bei** qui accanto; (beiliegend) qui unito; fig. in questo caso; **~bleiben** rimanere qua; **~durch** per di qui; Brief: colla presente; **'~ein** qua dentro; **'~für** per questo; **~'gegen** contro di ciò; contro questo; al contrario; **'~her** qua, qui; **'~herum** qui attorno; **'~hin** di qua, qui, qua; **~** und dorthin qua e là; **'~in** qui; in ciò; **'~mit** con ciò; Brief: con questa mia; **'~nach** da questo; dopo questo; secondo questo; **~'neben** qui vicino.

Hieroglyphe [hiːero'glyːfə] f (15) geroglifo m.

'hier|orts in questo luogo; **~sein 1.** (sn) essere presente; **2.** ♀sein n (6) presenza f; **~über** [-'ryːbər] qua sopra; su questo; di questo; **'~um** qui attorno; per questo; di questo; **'~unter** qua sotto; fra questi; **'~von** di questo; ne; **'~zu** ['-tsuː] a ciò; inoltre; **'~zulande** ['-tsulandə] qui, in questo paese.

hiesig ['hiːziç] di qui; questo; Produkte: nostrano.

hieß [hi:s] *s.* heißen.
Hifthorn ['hifthɔrn] *n* (1²) corno *m* da caccia.
Hilfe ['hilfə] *f* (15) aiuto *m*; assistenza *f*; soccorso *m*; **erste** ~ pronto soccorso *m*; **mit** ~ **von** con l'aiuto di; ~ **leisten** prestare aiuto; **~leistung** *f* prestazione *f* di soccorso; **~ruf** *m* grido *m* d'aiuto.
hilf|los ['hilflo:s] privo d'aiuto; abbandonato; **2losigkeit** *f* impotenza *f*; **~reich** soccorrevole.
Hilfs- ['hilfs...]: *in Zssgn mst* ... ausiliario; **~arbeiter** *m* manovale *m*; **2bedürftig** bisognoso; **2bereit** servizievole; soccorrevole; **~bereitschaft** *f* premura *f*; **~dienst** *m* servizio *m* ausiliario; **~gelder** *n*/*pl*. sussidi *m*/*pl*.; **~kraft** *f* aiuto *m*; **~lehrer** *m* maestro *m* (*od.* professore *m*) supplente; **~leistung** *f* soccorso *m*; **~mittel** *n* rimedio *m*; espediente *m*; **~motor** *m* motore *m* ausiliare; **~quelle** *f* risorsa *f*; **~schule** *f* scuola *f* differenziale (per alunni ritardati); **~truppen** *f*/*pl*. truppe *f*/*pl*. ausiliarie; **~ver-ein** *m* società *f* di mutuo soccorso; **~werk** *n* opera *f* assistenziale; **~zeitwort** *n* verbo *m* ausiliare.
Himbeer|e ['himbe:rə] *f* (15) lampone *m*; **~eis** *n* gelato *m* di lampone; **~saft** *m* sciroppo *m* di lampone.
Himmel ['himəl] *m* (7) cielo *m*; **unter freiem** ~ all'aria aperta; **dem** ~ **sei Dank!** grazie al cielo!; *fig. in* den ~ **heben** esaltare; ~ **und Hölle in Bewegung** *setzen* muovere cielo e terra; '2-**angst**: *mir ist* ~ ho una paura matta; '2-**bett** *n* letto *m* a baldacchino; '2**blau** celeste; '2**fahrt** *f* *Christi*: Ascensione *f*; *Mariä*: Assunzione *f*; '2**hoch** che tocca il cielo; '2**reich** *n* paradiso *m*; regno *m* dei cieli; '2**schreiend** inaudito, che grida vendetta.
Himmels- ['himəls...]: *in Zssgn oft* celeste; **~erscheinung** *f* meteora *f*; **~gegend** *f* regione *f* del cielo; **~gewölbe** *n* volta *f* celeste; **~körper** *m* corpo *m* celeste; **~richtung** *f* punto *m* cardinale; **~strich** *m* zona *f*; regione *f*.
himmel|stürmend ['himəlʃtyrmənt] titanico; **~wärts** ['-verts] verso il cielo; **'~weit** lontanissimo.

himmlisch ['-liʃ] celeste; F *fig.* fantastico.
hin [hin] là; ci; vi; *fig.* F perduto, P in malora, bell'e ito; **gehst du** ~? ci vai?; **ganz** ~ **sein** essere rovinato; ~ **und wieder** di quando in quando; ~ **und her** qua e là; ~ **und zurück** 🚂 andata e ritorno; 2 **und Her** *n* viavai *m*.
hinab [hi'nap] giù, in giù, abbasso; **den Strom** ~ secondo corrente; **~fahren** (*sn*), **~gehen** (*sn*), **~steigen** (*sn*) scendere; *s. herab...*
hinan [hi'nan] in su, in alto; verso; **den Berg** ~ su per il monte.
hinarbeiten ['hin⁹arbaɪtən]: *auf et.* (*ac.*) ~ mirare a qc.
hinauf [hi'nauf] in su, in alto; **dort** ~ lassù; *den Strom* ~ contro corrente; **~bringen** portar su; **~gehen** (*sn*), **~steigen** (*sn*) salire; **~treiben** spingere su; *Preise*: aumentare, far salire; **~tragen** portare su.
hinaus [hi'naus] fuori, in fuori; ~ **mit euch!** fuori di qua!; **über** ... ~ oltre; **darüber** ~ in più; *in Zssgn mit Verben*: uscire *od.* ... fuori; **~begleiten** accompagnare fuori; **~fliegen** *fig.* essere cacciato (*od.* licenziato), venir messo alla porta; **~gehen** (*sn*) uscire, (*Fenster*) dare (*auf* su); **~laufen** (*sn*) uscire di corsa; *fig.* andare a finire, andare a parare; **auf dasselbe** (*od. auf eins*) ~ essere lo stesso, non fare differenza; **~lehnen**: *sich zum Fenster* ~ sporgersi dalla finestra; **~schieben** *fig.* differire; rimandare; **~werfen** buttare fuori, gettare fuori; *fig.* cacciare via; *zur Tür* ~ mettere alla porta; **~wollen** voler uscire; **hoch** ~ avere alte mire; **~ziehen** (*in die Länge*) tirare in lungo; *s. a. heraus...*
hin|begeben ['hinbəge:bən]: *sich* ~ andarci; **~bestellen** far venire.
Hin|blick ['hinblik] *m*: **im** ~ **auf** (*ac.*) (in) riguardo a; considerato ...; tenuto conto di; **2bringen** portare; *Zeit*: passare; (*vergeuden*) sciupare.
hinder|lich ['hindərliç] imbarazzante, ingombrante; ostacolante; **~n** (29) impedire; **2nis** *n* (4¹) impedimento *m*, ostacolo *m*; **2nisrennen** ['--nisrənən] *n* corsa *f* con ostacoli; **2ungsgrund** *m* impedimento *m*.
hindeuten ['hindɔytən]: ~ **auf** (*ac.*) indicare (*ac.*); *fig.* alludere a.

Hindin ['hindin] f cerva f.
Hindu ['hindu:] m (11[¹]) indù m.
hindurch [hin'durç] per; attraverso;
zeitlich: durante; **~gehen** (sn) passare (per *od.* attraverso).
hin|dürfen ['hindyrfən] poterci andare; **~eilen** (sn) accorrervi.
hinein [hi'naɪn] dentro; *bis tief in die Nacht* ~ fino a notte inoltrata; **~arbeiten:** sich ~ addentrarsi nella materia; impraticchirsi; **~denken:** sich in et. (ac.) ~ penetrare (col pensiero) in qc.; **~finden:** sich in et. (ac.) ~ trovarcisi; sich in j-s Lage ~ mettersi nei panni di qu.; **~fressen** trangugiare; **~gehen** (sn) entrare; **~geraten** (sn) cascarci; **~greifen** mettere le mani in; **~kommen** (sn) entrare; **~lassen** lasciare entrare; **~leben:** in den Tag ~ vivere alla giornata; *fig.* sich ~ acclimatarsi; **~mischen:** sich ~ immischiarsi; **~passen** starci; **~springen** saltare dentro; **~reden** metterci bocca; **~stecken** ficcare dentro; *Kapital:* metterci, investire; **~tun** metterci dentro; *e-n Blick* ~ darci un'occhiata; **~wagen:** sich ~ osare di entrare; **~ziehen** *fig.* compromettere; **~zwängen** cacciare dentro.
hin|fahren ['hinfɑːrən] 1. *v/t.* condurvi; 2. *v/i.* (sn) andarci; *Straßf* f andata f; *auf der* ~ *nach* ... andando a ...; **~fallen** (sn) cadere; **~fällig** ['-fɛlɪç] cascante; (*schwach*) debole; (*vergänglich*) caduco; *fig.* illusorio; **2fälligkeit** f debolezza f; caducità f; **~finden** trovare la strada; **~fort** [-'fɔrt] d'ora in poi; **~führen** condurre (a *od.* da).
Hin|gabe ['hingaːbə] f uv. dedizione f; abbandono m; **2geben** dare; *fig.* sich ~ darsi, dedicarsi (a qc.); abbandonarsi; **2gebend** pieno di abnegazione; **2gebung** f abbandono m; dedizione f; (*Selbstverleugnung*) abnegazione f; **2'gegen** al contrario; **2gehen** (sn) andarci; **2gehören** dovere stare; *fig.* nicht ~ non entrarci; **2gelangen** arrivarci; **2geraten** (sn) capitarvi; **2gerissen** entusiasmato; preso da; **2halten** v/t. porgere; *fig.* j-n: trattenere, tenere a bada; **2hauen** F *fig. das haut hin* questo funziona; **2hören** prestarci orecchio (*od.* attenzione).
hinken ['hiŋkən] zoppicare; **~d** zoppicante, zoppo.

'hin|kommen (sn) arrivarci; *wo wird es hingekommen sein?* dove sarà andato a finire?; **~länglich** ['-lɛŋlɪç] sufficiente; *adv.* a sufficienza; **~lassen** lasciare andare a ...; **~legen** posare; sich ~ coricarsi; sdraiarsi; *ins Bett:* mettersi a letto; **~lenken** dirigere verso; *Aufmerksamkeit:* richiamare; **~müssen** doverci andare; **~nehmen** accettare; *fig.* tollerare, sopportare; **~neigen** inclinare; **2neigung** f inclinazione f.
hin|passen ['hinpasən] starci; **~raffen** portar via; rapire; *Leben:* mietere; **~reichen** 1. v/t. porgere; *Hand:* tendere; 2. v/i. bastare; **~reichend** sufficiente; **2reise** f (viaggio m d')andata f; abccordarsi **~reisen** andarvi; **~reißen** *fig.* rapire; *Zorn:* trasportare; **~reißend** affascinante; **~richten** *fig.* j-n: giustiziare; **2richtung** f esecuzione f (capitale); **~scheiden** (sn) morire; **~schlachten** trucidare; **~schlagen** stramazzare; **~schwinden** (sn) deperire; **~setzen** porre; sich ~ sedersi, mettersi a sedere; **2sicht** f riguardo m; **~sichtlich** (gen.) riguardo m; **~siechen** (sn) deperire; **~stellen** porre; *fig.* (rap)presentare; **~sterben** (sn) morirsene; **~strekken** stendere; **~stürzen** (sn) cadere; (*eilen*) precipitarsi.
hint·'an|setzen posporre; *Pflicht:* trascurare; **2setzung** f: mit ~ von et. posponendo, trascurando qc.
hinten ['hintən] dietro; all'indietro; di dietro; in fondo; *weiter* ~ più in fondo; *ganz* ~ tutt'in fondo; *nach heraus* sul di dietro; **~'an, ~'drein, ~'nach** in coda, dopo; **~'über** [-'¹ʸyːbər] all'indietro.
hinter ['hintər] 1. *prp.* dietro; ~ et. (ac.) kommen scoprire qc.; 2. *adj.* posteriore, di dietro, der ~e, ~ste l'ultimo.
Hinter... ['hintər...]: in Zssgn mst posteriore; **~achse** f asse f posteriore; **~backe** f natica f; **~bein** n: sich auf die ~e setzen od. stellen *fig.* rigare (*od.* filare) dritto; **~bliebene(n)** pl.: die ~n i superstiti m/pl., i sopravvissuti m/pl.; *am Grab:* i parenti m/pl.; **2'bringen** riportare; **2'drein** dopo.
hintereinander [--¹aɪn'¹andər] di seguito; uno dopo l'altro; in fila

indiana; *drei Tage* ~ tre giorni di seguito.

Hinter|gebäude ['hintərɡəbɔydə] *n* fabbricato *m* posteriore; **~gedanke** *m* secondo fine *m*; ℒ'**gehen** ingannare; **~grund** *m* fondo *m*; *Mal.* sfondo *m*; *fig.* in den ~ treten perdere di importanza; **~halt** *m* imboscata *f*; ℒ**hältig** ['--hɛltiç] insidioso; **~hand** *f Kartenspiel:* ultima mano *f*; **~haupt** *n* occipite *m*; **~haus** *n* edificio *m* posteriore; ℒ'**her** (*zeitlich*) dopo; (*örtlich*) dietro; **~hof** *m* cortile *m* (interno); **~kopf** *m* occipite *m*; **~lader** *m* arma *f* a retrocarica; **~land** *n* retroterra *m*; ℒ'**lassen** lasciare; *Botschaft:* lasciar detto; **~lassenschaft** [--'lasənʃaft] *f* eredità *f*; **~lauf** *m* zampa *f* posteriore; ℒ'**legen** depositare; **~'legung** *f* deposito *m*; **~list** *f* astuzia *f*; insidia *f*; ℒ**listig** astuto; perfido; insidioso; **~mann** *m* ✝ giratario *m* susseguente; *fig.* ispiratore *m*, tirafili *m*; **~n** *m* ℱ sedere *m*; **~pfote** *f* zampa *f* posteriore; **~rad** *n* ruota *f* posteriore; ℒ**rücks** ['--ryks] per di dietro; *fig.* a tradimento; **~schiff** *n* poppa *f*; **~teil** *m* u. *n* parte *f* posteriore; ⚓ poppa *f*; ℒ**sinnig** astuto; **~treffen** *n* retroguardia *f*; *ins* ~ geraten *fig.* perdere terreno, venire sormontato; ℒ'**treiben** sventare; **~treppe** *f* scala *f* di servizio; **~treppenroman** ['--trɛpənroma:n] *m* romanzaccio *m*; **~tür** *f* porta *f* di dietro; *fig.* scappatoia *f*; ℒ**'wäldler** ['--vɛltlər] *m* (7) provincialone *m*; ℒ'**ziehen** sottrarre; defraudare; **~'ziehung** *f* defraudazione *f*; **~zimmer** *n* retrocamera *f*.

hin|tragen ['hintra:ɡən] portare a od. da; **~treten** (*sn*): vor *j-n* ~ presentarsi davanti a qu.; **~tun** porre, mettere.

hinüber [hi'ny:bər] di là; dall'altra parte; ℱ ~ *sein* essere all'altro mondo; **~gehen** (*sn*) passare dall'altra parte; **~müssen** dover passare di là; **~reichen** passare; **~schaffen** trasportare dall'altro lato; **~setzen** ⚓ trasbordare.

hin und her ['hin ʔunt'he:r] di qua e di là.

hin- und 'her|bewegen agitare; **~gehen** (*sn*) andare e venire; **~schwanken** (*sn*) vacillare; *fig.* esitare.

Hin- und Rückfahr|t [--'rykfɑ:rt] *f* (**~karte** *f*) (biglietto *m* di) andata e ritorno.

hinunter [hi'nuntər] giù; *die Treppe* ~ giù per le scale; **~bringen** portare giù; **~gehen** (*sn*) scendere, andare giù; **~schlucken** inghiottire; *s. a. herunter...*, *hinab...*

hinwagen ['hinva:ɡən]: sich ~ osare di andarci.

Hinweg [¹] ['hinve:k] *m* andata *f*.

hinweg! [²] [hin'vɛk] via (di qua)!; **~gehen** (*sn*): über et. (*ac.*) ~ passarci sopra; **~gleiten** (*sn*) trascolare; **~kommen** (*sn*): über et. (*ac.*) ~ superare qc.; **~schreiten** (*sn*) passar sopra a; **~sehen** *fig.* passarci sopra; **~sein** avere superato; über Vorteile: essere superiore a; **~setzen**: sich ~ über non curarsi di, sorvolare su, sovrapporsi a; *s. a. weg...*

Hin|weis ['hinvais] *m* (4) indicazione *f*; cenno *m*; *Lit.* rimando *m*; ℒ**weisen** ['-vaizən] indicare (*auf a*); accennare; rimandare; ℒ**weisend** *Gram.* dimostrativo; ℒ**werfen** buttar via; *fig.* buttar giù; ℒ**wieder** (-*um*) dal canto mio (tuo *usw.*); in ricambio; ℒ**wirken**: ~ auf fare sì che ..., far valere il suo influsso per ...

Hinz und Kunz [hints ʔunt'kunts] Tizio, Caio e Sempronio.

'hin|zeigen: ~ auf (*ac.*) indicare, mostrare, additare; **~ziehen** 1. *v/t.* attirare; *fig.* tirare in lungo; 2. *v/i.* (*sn*) andare a stabilirsi a ...; **~zielen** mirare (*auf ac. a*); **~zögern** *v/t.* ritardare, dilungare; *sich* ~ tirarsi in lungo; durare più del previsto.

hinzu [hin'tsu:] ivi, vi; oltre a ciò; per giunta; *in Zssgn mit Verben oft:* aggiungere; ... di più; ... in più; **~denken** aggiungere nella sua mente; sottintendere; **~fügen** aggiungere; *sprechend:* soggiungere; **~gehören** far parte di; **~kommen** (*sn*) sopravvenire; es kommt noch hinzu si aggiunge; **~legen**, **~rechnen**, **~setzen**, **~tun** aggiungere; **~treten** (*sn*) accedere; aggiungersi; (*Krankheit*) sopravvenire; **~zahlen** aggiungere; **~ziehen** consultare.

Hiobs|botschaft ['hi:ɔpsbo:tʃaft] *f* notizia *f* funesta.

Hippe ['hipə] *f* (15) falcetto *m*.

Hirn [hirn] *n* (3) cervello *m*; '**~anhang** *m* ipofisi *f*; '**~gespinst** *n* chimera f; '~haut f meninge f; harte ~ duramadre f; weiche ~ pia madre f; ~hautentzündung ['-hautʔent-synduŋ] f meningite f; '~kasten m scatola f cranica; ♀los scervellato; '~schale f cranio m; '~schlag m apoplessia f; ♀verbrannt ['-fɛrbrant] pazzo.

Hirsch [hirʃ] m (3²) cervo m; ~fänger ['-fɛŋər] m (7) coltello m da caccia; '~käfer m cervo m volante; '~kalb n cerbiatto m; '~kuh f cerva f.

Hirse ♀ ['hirzə] f (15) miglio m.

Hirt [hirt] m (12) pastore m.

'**Hirten|brief** m pastorale f; ~gedicht n poesia f pastorale; ~flöte f zampogna f; ~junge m, ~knabe m pastorello m; ~stab m Rel. pastorale m; ~volk n popolo m nomade (od. di pastori).

Hirtin ['-tin] f (16¹) pastorella f.

hissen ['hisən] (28) issare.

Histor|ie [his'toːrjə] f (15) storia f; iro. storiella f; ~iker m (7), ♀isch adj. storico (m).

Hitz|e ['hitsə] f (15, o. pl.) Wetter: (gran) caldo m; calore m; afa f; Sommer: calura f; fig. ardore m, fervore m; ♀beständig resistente al calore; ~ewelle f ondata f di caldo; ♀ig ardente; fig. focoso; Gefecht: accanito; ~ werden riscaldarsi.

Hitz|kopf ['hitskɔpf] m testa f calda; ♀köpfig focoso; ~pickel m bollicina f; ~schlag m insolazione f.

hob, hoben [hoːp, '-bən] s. heben.

Hobel ['hoːbəl] m (7) pialla f; ~bank f banco m da falegname; ~maschine f piallatrice f.

hobeln ['hoːbəln] (29) piallare; ♀ n piallatura f.

Hobelspäne ['--ʃpeːnə] m/pl. trucioli m/pl.

Hobo|e [ho'boːə] f oboe m; ~ist [--'ist] m (12) oboista m.

Hoch[1] [hoːx] n (1) Ruf: evviva m; Wetterkunde: zona f di alta pressione.

hoch[2] [hoːx] **1.** (ch vor e = h: hohe(r, -s) ['hoːər, '-əs], comp. höher ['høːər], sup. höchst [høːçst]) alto; hohes Alter n età f avanzata; **2.** adv. in su; in alto; wie ~ wohnen Sie? a che piano abita? drei Treppen ~ al terzo piano; wie ~ beläuft sich ...? a quanto ammonta ...?; ~ spielen giocar forte; die See ging ~ il mare era

grosso; wenn es ~ kommt tutt'al più; ~heben tirar su; ~!, er lebe ~! evviva!; j-n leben lassen fare un brindisi (od. portare un evviva) a qu.

hoch... ['hoːx...] in Zssgn mit Adjektiven oft: molto ... oder ...issimo; ~achtbar ['-²axtbaːr] rispettabilissimo; ~achten stimare (altamente); ♀achtung f stima f; ~achtungsvoll rispettosissimo; im Brief: con la più profonda (od. perfetta) stima; ♀altar m altare m maggiore; ♀amt n messa f solenne; ♀antenne f antenna f aerea; ♀bahn f ferrovia f sopraelevata; ferrovia f aerea; ♀bau m costruzione f soprassuolo; ~begabt di molto ingegno; ♀betrieb m attività f intensa; mitten im ~ nel pieno dell'attività; ♀blüte f apogeo m; ♀burg f roccaforte f; ♀deutsch n tedesco m puro; Lit. alto tedesco m; ♀druck m alta pressione f; mit ~ arbeiten fig. lavorare a tutto spiano; ♀druckgebiet n zona f di alta depressione; ♀ebene f altipiano m; ♀ehrwürden: Ew. ~ Vossignoria Reverendissima; ~erfreut felicissimo; ~fahrend altero; ~fein sopraffino; finissimo; ~fliegend Plan: audace; ambizioso; ♀flut f piena f; fig. ondata f; ♀frequenz f Radio: alta frequenza f; ♀gebirge n alta montagna f; ~geboren illustre; ~gehen (explodieren) saltare in aria; fig. scoppiare dall'ira; ♀genuß m godimento m grandissimo; ~geschlossen accollato; ~gestellt ['-gəʃtɛlt] altolocato; ~gewachsen slanciato; ♀glanz m: auf ~ poliert lucidissimo; ~gradig ['-graːdiç] altissimo; adv. forte; ~halten tenere in alto; fig. tener vivo; ♀haus n casa f alta, grattacielo m; ~heben sollevare, alzare; ~herzig magnanimo; ♀herzigkeit f magnanimità f; ♀kirche f Chiesa f episcopale; ♀konjunktur f (periodo m di) grande prosperità f; ♀land n paese m elevato; ♀länder [-lɛndər] m (7) montanaro m; ~leben: j-n ~ lassen fare un brindisi a qu.; ~löblich ['-løːpliç] rispettabile; ♀meister m gran maestro m; ~modern modernissimo; ♀moor n palude f sovracquatica; ♀mut m alterigia f; ~mütig ['-myːtiç] altezzoso; ~näsig ['-nɛːziç] borioso; ~nehmen f prendere in giro; ℒ-**ofen** m alto-forno m; ~**prozentig** ['-protsɛntiç] a percentuale elevata; ℒ**relief** n altorilievo m; ~'**rot** rosso acceso, rosso vivo; ℒ**ruf** m evviva m; ℒ-**saison** f alta stagione f; ℒ**schätzung** f stima f; ℒ**schul...** ['-ʃu:l...]: in Zssgn universitario; ℒ**schule** f accademia f; scuola f (istituto m) superiore; università f; politecnico m; ~**schwanger** in istato di avanzata gravidanza; ℒ**seeflotte** f flotta f d'alto mare; ℒ**sitz** m posta f; ℒ-**sommer** m cuore m dell'estate; ℒ-**spannung** f alta tensione f; ℒ-**sprung** m salto m in alto.

höchst [hø:çst] (s. hoch) il più alto; fig. massimo; supremo; sommo; adv. estremamente; es ist ~e Zeit il tempo stringe.

hoch|stämmig ['ho:xʃtɛmiç] d'alto fusto; ℒ**stapelei** [-ʃta:pəˈlaɪ] f (16) truffa f; ℒ**stapler** ['-ʃta:plər] m (7) cavaliere m d'industria.

Höchst... ['hø:çst...]: in Zssgn mst massimo; ~**belastung** f carico m massimo; ~**betrag** m importo m massimo.

hochstehend ['ho:xʃte:ənt] altolocato.

höchstens ['hø:çstəns] al massimo, tutt'al più.

Höchst|gehalt ['hø:çstgəhalt] n stipendio m massimo; ~**geschwindigkeit** f velocità f massima; ~**gewicht** n peso m massimo; ~**leistung** f Sport: record m, primato m; ⊕ potenza f massima; massimo rendimento m.

hoch|tönend ['ho:xtø:nənt] altisonante; ~**trabend** ['-tra:bənt] fig. pomposo, burbanzoso; ℒ**verrat** m alto tradimento m; ℒ**verräter** m reo m d'alto tradimento; ℒ**wald** m foresta f d'alti alberi; ℒ**wasser** n piena f; inondazione f; ~**wertig** ['-ve:rtiç] di gran valore; di ottima qualità; ℒ-**wild** n selvaggina f grossa; ~**wohlgeboren** illustrissimo; ℒ**würden** ['-vyrdən]: Ew. ~ Vossignoria reverendissima; ~**würdig** reverendo.

Hochzeit ['hoxtsaɪt] f (16) nozze f/pl., sposalizio m; ℒ**lich** nuziale.

Hochzeits... ['hoxtsaɪts...]: in Zssgn oft nuziale; ~**bräuche** m/pl. costumi m/pl. nuziali; ~**fest** n festa f nuziale; ~**gedicht** n epitalamio m;

~**geschenk** n regalo m di nozze; ~**kleid** n abito m nuziale; ~**mahl** n banchetto m nuziale; ~**marsch** m marcia f nuziale; ~**reise** f viaggio m di nozze; ~**schmaus** m banchetto m nuziale; ~**tag** m giorno m delle nozze.

hochziehen ['ho:xtsi:ən] tirare su; elevare.

Hock|e ['hɔkə] f (15) cavalletto m; ♂ bica f; ℒ**en** (25) accoccolarsi; über et.: sgobbare; ~**er** (7) Möbel: sgabello m; Person: sgobbone m.

Höcker ['hœkər] m (7) prominenza f; (Buckel) gobba f; ♣ tubercolo m; ℒ**ig** gobbo; Weg: scabroso.

Hockey ['hɔki] n (11, o. pl.) pallamaglio m, hockey m; ~**schläger** m mazza f.

Hode ['ho:də] f (15) testicolo m; ~**nbruch** m orchiocele m; ~**nsack** m scroto m.

Hof [ho:f] m (3³) (Fürsten ℒ) corte f (a. fig.); (Haus ℒ) cortile m; (Hotel) albergo m; ♂ masseria f; um den Mond: alone m; den ~ machen corteggiare, fare la corte; '**ball** m ballo m di corte; '~**burg** f castello m imperiale (reale); ℒ**fähig** ammesso alla corte.

Hoff|art ['hɔfaːrt] f (16, o. pl.) boria f; ℒ**ärtig** ['-fɛrtiç] borioso.

hoff|en ['hɔfən] (25) v/t. u. v/i. sperare (auf acc. in); ~**entlich** ['-tliç] speriamo che ...

Hoffnung ['hɔfnuŋ] f speranza f; (Erwartung) attesa f; guter ~ sein essere in istato interessante; ℒ**slos** ['--slo:s] senza speranza; disperato; ~**slosigkeit** f disperazione f; ℒ**sreich**, ℒ**svoll** speranzoso; pieno di belle speranze.

Hofhaltung ['ho:fhaltuŋ] f corte f, residenza f principesca.

höf|isch ['hø:fiʃ] cortigiano; cortigianesco; ~**lich** cortese; ℒ**lichkeit** f cortesia f.

Höfling ['hø:fliŋ] m (3¹) cortigiano m.

Hof|meister ['ho:fmaɪstər] m maggiordomo m; (Lehrer) precettore m; ~**narr** m buffone m di corte; ~**rat** m consigliere m aulico; ~**schranze** m cortigiano m; ~**staat** m casa f del re; ~**wohnung** f abitazione f sul cortile.

hohe ['ho:ə] s. hoch.

Höhe ['hø:ə] f (15) altezza f; Astr.

altitudine *f*; (*An⚥*) altura *f*; *fig.* apice *m*; *in die* (*der*) ~ *in alto*; *in gleicher* ~ *allo stesso livello*; *in die* ~ *steigen* ⚥ prender quota; *auf der* ~ *des Ruhmes* all'apice della gloria; ✝ *in* ~ *von …* per l'ammontare di; *auf der* ~ *sein* essere all'altezza (dei tempi *usw.*); F *das ist die* ~! ma questo è il colmo!

Hoheit ['ho:haɪt] *f* (16) elevatezza *f*; (*Ober⚥*) sovranità *f*; *Titel*: Altezza *f*; **~s-abzeichen** *n* distintivo *m* di nazionalità; **~sgebiet** *n* territorio *m* di sovranità; **~sgewässer** ['--gəvɛsər] *n/pl.* acque *f/pl.* territoriali; **~s-recht** *n* diritto *m* di sovranità; **~s-zeichen** *n* emblema *m* di nazionalità.

Hohelied [ho:ə'li:t] *n* (18 [*hohe*] *u.* 1 [*Lied*]) Cantico *m* dei Cantici.

Höhen|flug ['hø:ənflu:k] *m* volo *m* d'altezza; **~krankheit** *f* mal *m* di montagna (*od.* di altitudine); **~kurort** *m* luogo *m* climatico (*od.* stazione *f* climatica) in (alta) montagna; **~luft** *f* aria *f* di montagna; **~messer** *m* barografo *m*, altimetro *m*; **~messung** *f* altimetria *f*; **~rekord** ⚥ *n* record *m* di altezza; **~ruder** ⚥ *n* timone *m* di profondità; **~sonne** *f* sole *m* alpino; ☀ sole *m* artificiale; lampada *f* a raggi ultravioletti; **~steuer** *n* timone *m* di profondità; **~unterschied** *m* dislivello *m*; **~zug** *m* catena *f* di montagne.

Hohepriester [ho:ə'pri:stər] *m* (18 [*hohe*] *u.* 7 [*Priester*]) sommo pontefice *m*.

Höhepunkt ['hø:əpuŋkt] *m* punto *m* culminante, colmo *m*; *fig. a.* apice *m*, sommo *m*, sommità *f*.

höher ['hø:ər] *s. hoch*; (più alto, superiore; **~e** *Schule f* scuola *f* media.

hohl [ho:l] incavato; *Glas*: concavo; *Kopf*, *Worte*: vuoto; *Ton*: cupo; *Nuß*: vano; *Zahn*: guasto; **~e** *Hand* cavo *m* della mano; **~-äugig** ['-ʔɔʏgiç] con gli occhi infossati.

Höhle ['hø:lə] *f* (15) caverna *f*, grotta *f*; (*Höhlung*) cavità *f*; *für Tiere*: tana *f*; **⚥n** scavare; **~nbewohner** ['--bəvo:nər] *m*, **~nmensch** *m* troglodita *m*; **~nforscher** *m* speleologo *m*.

hohl|geschliffen ['ho:lgəʃlifən] concavo; **⚥heit** *f* vuoto *m*; cavità *f*; *fig.* nullaggine *f*; **⚥kehle** *f* scanalatura *f*; **⚥kopf** *m* zucca *f* vuota; **⚥maß** *n* misura *f* di capacità; **⚥-**

meißel ⊕ *m* sgorbia *f*; **⚥raum** *m* vuoto *m*; **⚥saum** *m* orlo *m* a giorno; **⚥spiegel** *m* specchio *m* concavo.

Höhlung ['hø:luŋ] *f* cavità *f*; incavatura *f*.

hohl|wangig ['ho:lvaŋiç] con le guance incavate; **⚥weg** *m* sentiero *m* affossato; (*Schlucht*) gola *f*.

Hohn [ho:n] *m* (3) scherno *m*; *j-m zum* ~ *und Trotz* a dispetto marcio di qu.

höhnen ['hø:nən] *v/t.* (25) schernire.

Hohngelächter ['ho:ngəlɛçtər] *n* risata *f* beffarda.

höhnisch ['hø:niʃ] schernevole.

hohn|lächeln ['ho:nlɛçəln] ghignare; **~lachen** sghignazzare; **~sprechen** *fig.* essere un oltraggio a; mettere in ridicolo.

Hokuspokus ['ho:kus'po:kus] *m uv.* abracadabra *m*; *fig.* ciarlataneria *f*; gioco *m* di mano.

hold [hɔlt] propizio; (*zugetan*) affezionato; (*lieblich*) grazioso; **~selig** leggiadro; *Rel.* beato; **⚥seligkeit** *f* leggiadria *f*; grazia *f*.

holen ['ho:lən] *v/t.* (25) andare (*od.* venire) a prendere; *aus der Tasche*: prendere; *Atem*: pigliare (fiato); ~ *lassen* mandare a prendere; *sich et.* ~ pigliarsi, F buscarsi qc.; *hol dich der Teufel!* che il diavolo ti porti!

Holländ|er(in *f*) *m* ['hɔlɛndər(in)] (7), **⚥isch** olandese *m u. f.*

Hölle ['hœlə] *f* (15) inferno *m*; *j-m die* ~ *heiß machen* fare un predicozzo a qu.; *zur* ~ *fahren* andare all'inferno.

Höllen... ['hœlən] *in Zssgn mst* infernale; **~angst** *f* paura *f* del diavolo; **~fahrt** *f* discesa *f* all'inferno; **~lärm** *m* pandemonio *m*; **~maschine** *f* macchina *f* infernale; **~qual** *f* tormento *m* (*od.* pena *f*) infernale; **~spektakel** *m* pandemonio *m*; **~stein** *m* pietra *f* infernale.

höllisch ['hœliʃ] infernale; *fig.* maledetto.

holp|(e)rig ['hɔlp(ə)riç] ineguale; *Weg*: scabroso; *fig.* duro; **~ern** (29, *sn*) dare delle scosse.

Holunder ⚘ [ho'lundər] *m* (7) sambuco *m*.

Holz [hɔlts] *n* (1¹ *u.* ²) legno *m*; (*Brenn⚥*) legna *f*; (*Bau⚥*, *Nutz⚥*) legname *m*; **'-apfel** *m* mela *f* selvatica; **'⚥-artig** legnaceo, ligniforme; **'-bock** *m* cavalletto *m*; *Zo.* zecca *f*;

'**∼boden** m legnaia f; pavimento m di legno; '²**en** (27) far legna; F j-n: legnare; **∼e'rei** f legnatura f.

hölzern ['hœltsərn] di legno; fig. goffo.

Holz|essig ['hɔlts⁹esiç] m acido m pirosilico; **∼fäller** ['-fɛlər] m (7) boscaiuolo m; taglialegna m; ²**frei** senza cellulosa; **∼frevel** m delitto m forestale; **∼gasmotor** m motore m a gassogeno; **∼hacker** ['-hakər] m (7) taglialegna m; **∼hammer** m mazzuola f; **∼handel** m commercio m di legname; **∼händler** m commerciante m in legnami; **∼hauer** ['-hauər] m (7) taglialegna m; ²**ig** legnoso; **∼industrie** f industria f del legname; **∼keil** m bietta f; **∼klotz** m ceppo m; **∼kohle** f carbone m di legno; lignite f; **∼kopf** m testa f di legno; **∼nagel** m cavicchia f; **∼pflock** m caviglia f; **∼platz** m cantiere m; **∼scheit** n pezzo m di legno; **∼schlag** m taglio m degli alberi; **∼schneidekunst** f silografia f; **∼schnitt** m incisione f in legno; **∼schnitzer** m intagliatore m; **∼schnitzerei** [---'rai] f scultura f in legno; **∼schuh** m zoccolo m; **∼schuhmacher** m zoccolaio m; **∼schuppen** m legnaia f; **∼splitter** m scheggia f di legno; **∼stoß** m catasta f di legna; (Scheiterhaufen) rogo m; **∼täfelung** f intavolato m; **∼taube** f Zo. palomba f; **∼verkleidung** f rivestimento m in legno; **∼wand** f parete f di legno; **∼waren** f/pl. oggetti m/pl. di legno; **∼weg** F m fig. falsa strada f; **∼werk** ⚠ n armatura f di legno; **∼wolle** f trucioli m/pl. di legno; **∼wurm** m tarlo m.

homogen [homo'ge:n] omogeneo.

Homöop|ath [homøo'pa:t] m (12) omeopatico m; **∼a'thie** f omeopatia f; ²**athisch** omeopatico.

homosexuell [homozɛksu'ɛl] omosessuale.

honett [ho'nɛt] onesto.

Honig ['ho:niç] m miele m; **∼bereitung** f mellificazione f; **∼kuchen** m pan m melato; **∼scheibe** f favo m; **∼seim** m miele m vergine; ²**süß** melato; **∼tau** m melata f; **∼wabe** f favo m.

Hono'r|ar n (3¹) onorario m; **∼atioren** [--rat'jo:rən] m/pl. notabilità f/pl.; ²**ieren** pagare; Wech-

sel: onorare, far onore (a); j-n: retribuire.

Honneurs [hɔ'nø:rs] pl.: die ∼ machen fare gli onori di casa.

Hopfen ⚕ ['hɔpfən] m (6) luppolo m; an ihm ist ∼ und Malz verloren a lavar la testa all'asino si perde tempo, acqua e sapone; **∼feld** n luppoliera f; **∼stange** f (a. fig.) perticone m.

hop|sen ['hɔpsən] (27, sn) ballonzolare; ²**en** m (7) salto m.

Hör|apparat ['hø:r⁹apara:t] m apparecchio m acustico; ²**bar** udibile; **∼barkeit** f udibilità f.

horch|en ['hɔrçən] (25) stare a sentire; (zuhören) ascoltare; an der Tür: origliare; ²**er** m (7) chi sta ad origliare; der ∼ an Wand hört seine eigene Schand chi sta in ascoltella sente cose che non vorria; ²**gerät** n ✗ apparecchio m di ascolto; ²**posten** m ✗ posto m di ascolto.

Horde ['hɔrdə] f (15) orda f; ⊕ s. Hürde.

hör|en ['hø:rən] (25) udire; (zu∼) sentire; (an∼) ascoltare; Vorlesung: frequentare; von sich ∼ lassen dare nuove di sé; nichts mehr von sich ∼ lassen non farsi più vivo; schwer ∼ sentirci poco; ²**en** n Radio: audizione f; ²**ensagen** n: vom ∼ per sentito dire; ²**er** m (7) uditore m; (a. Radio) ascoltatore m; Telefon: ricevitore m; (Kopf²) cuffia f; ²**erschaft** f uditorio m; ²**fehler** m ♂ difetto m d'udito; ²**folge** f Radio: documentario m radiofonico; ²**gerät** n apparecchio m acustico.

Hör|ige(r) ['hø:rigə(r)] m servo m (della gleba), ²**ig** servo; soggetto a; **∼igkeit** f servitù f.

Horizont [hori'tsɔnt] m (3) orizzonte m; ²**al** orrizzontale; **∼ale** f orizzontale f.

Hormon [hɔr'mo:n] n (3¹) ormone m.

Hörmuschel ['hø:rmuʃəl] f padiglione m del telefono.

Horn [hɔrn] n (1²) corno m (a. ♪); (Berg) punta f; '²**artig** corneo; '²**bläser(in)** f m cornista m u. f; '²**brille** f occhiali m/pl. di tartaruga.

Hörn|chen ['hœrnçən] n cornetto m; ²**ern** corneo.

Hörnerv ['hø:rnɛrf] m nervo m acustico.

Hornhaut ['hɔrnhaut] f callosità f; des Auges: cornea f.

hornig ['hɔrniç] di corno, corneo.

Hornisse [hɔr'nisə] *f* (15) calabrone *m*.

Hornist [hɔr'nist] *m* (12) cornista *m*.

Horn|signal ['hɔrnzigna:l] *n* segnale *m* di cornetto; ~**vieh** *n* bestiame *m* cornuto; F *fig.* gran bestia *f*.

Hörorgan ['hø:r˃ɔrga:n] *n* organo *m* acustico.

Horoskop [horos'ko:p] *n* (3¹) oroscopo *m*.

horrend [hɔ'rɛnt] orrendo.

Hör|rohr ['hø:ro:r] *n* cornetto *m* acustico; ⚕ stetoscopio *m*; ~**saal** *m* aula *f*; uditorio *m*, auditorio *m*; ~**schärfe** *f* capacità *f* uditiva; ~**spiel** *n* radiocommedia *f*; rappresentazione *f* radiofonica.

Horst [hɔrst] *m* (3²) nido *m* (d'uccelli rapaci); ⚚ base *f* aerea; '2**en** (26) nidificare.

Hort [hɔrt] *m* (3) tesoro *m*; *fig.* rifugio *m*; (*Kinder*2) asilo *m* infantile; *bibl.* rocca *f*; '2**en** (26) tesaurizzare.

Hortensie [hɔr'tɛnzjə] ⚘ *f* (15) ortensia *f*.

Hörweite ['hø:rvaitə] *f* portata *f* della voce, portata *f* dell'udito.

Hose ['ho:zə] *f* (15) calzoni *m/pl.*, pantaloni *m/pl.*; *kurze*: calzoni *m/pl.* corti, calzoncini *m/pl.*; ~**bandorden** ['-bant˃ɔrdən] *m* Ordine *m* della giarrettiera; ~**boden** *m* fondo *m* dei calzoni; ~**nklappe** *f* brachetta *f*; ~**nrock** *m* gonna *f* pantalone; ~**ntasche** *f* tasca *f* dei calzoni; ~**nträger** *m/pl.* bretelle *f/pl.*

Hospital [hɔspi'ta:l] *n* (1² u. 3¹) ospedale *m*.

Hospiz [-'pi:ts] *n* (3²) ospizio *m*.

Hostess ['hɔstɛs] *f* (16²) hostess *f*.

Hostie ['hɔstjə] *f* (15) ostia *f*; ~**nkelch** *m* pisside *f*.

Hotel [ho'tɛl] *n* (11) albergo *m*; ~**besitzer** *m*, ~**ier** [-tɛ'lje:] *m* albergatore *m*; ~**gewerbe** *n*, ~**industrie** *f* industria *f* alberghiera.

Hub [hu:p] *m* (3³) ⊕ corsa *f*, alzata *f*.

hüben ['hy:bən] di qua.

Hubraum ['hu:praum] *m* cilindrata *f*.

hübsch [hypʃ] bello; *Personen*: carino; *adv. fig.* bene, per benino.

Hubschrauber ⚚ ['hu:pʃraubər] *m* (7) elicottero *m*; ~**landeplatz** *m* eliporto *m*.

huckepack ['hukəpak] a cavalluccio.

Huf [hu:f] *m* (3) zoccolo *m*; (*Fuß*)

piede *m*; '~**beschlag** *m* ferratura *f*; '~**eisen** *n* ferro *m* di cavallo; '2**-eisenförmig** a forma di ferro di cavallo; '~**lattich** ⚘ *m* farfaro *m*; '~**schlag** *m* calpestio *m* del cavallo; '~**schmied** *m* maniscalco *m*; '~**tier** *n* animale *m* unghiato.

Hüft|bein ['hyftbain] *n* osso *m* iliaco; ~**e** *f* (15) anca *f*; ~**knochen** *m* femore *m*; 2**lahm** sciancato; ~**verrenkung** *f* lussazione *f* dell'anca; ~**weh** *n* sciatica *f*.

Hügel ['hy:gəl] *m* (7) colle *m*, collina *f*; (*Grab*2) tumulo *m*; 2**ig** collinoso.

Hugenotte [hu:gə'nɔtə] *m* (13) ugonotto *m*.

Huhn [hu:n] *n* (1²) gallina *f*; *Kochk.* pollo *m*.

Hühnchen ['hy:nçən] *n* (6) pollastro *m*; *ein ~ mit j-m zu rupfen haben* aver da far i conti con qu.

hühner|artig ['hy:nər˃a:rtiç] gallinaceo; 2**-auge** *n* callo *m*; 2**-augenmittel** *n* callifugo *m*; 2**-augenpflaster** *n*, 2**-augenring** *m* paracalli *m*; 2**braten** *m* pollo *m* arrosto; 2**brühe** *f* brodo *m* di pollo; 2**brust** *f* petto *m* di pollo; 2**ei** ['--˃ai] *n* uovo *m* di gallina; 2**gegacker** *n* schiamazzo *m* di polli; 2**habicht** *m* nibbio *m* nero; 2**händler** *m* pollaiolo *m*; 2**handlung** *f* polleria *f*; 2**haus** *n* gallinaio *m*; 2**hof** *m* bassacorte *f*; 2**hund** *m* cane *m* da ferma; bracco *m*; 2**käfig** *m* stia *f*; 2**klein** *n* rigaglie *f/pl.*; 2**leiter** *f* scaletta *f* del pollaio; 2**stall** *m* pollaio *m*; 2**stange** *f* posatoio *m*; 2**vögel** *m/pl.* gallinacei *m/pl.*; 2**zucht** *f* pollicoltura *f*.

Huld [hult] *f* (16) grazia *f*; 2**igen** ['-digən] (25) rendere omaggio (a); fare la corte; *e-r Sache*: seguire; professare; coltivare, darsi a; ~**igung** *f* omaggio *m*; '2**reich**, '2**voll** clemente; grazioso.

Hülle ['hylə] *f* (15) involucro *m*; (*Umschlag*) copertina *f*; *sterbliche ~* salma *f*; (*Schleier*) velo *m*; *fig.* veste *f*; *in ~ und Fülle* a bizzeffe; 2**n** (25) avvolgere; *sich in Schweigen ~* rinchiudersi nel silenzio.

Hülse ['hylzə] *f* (15) guscio *m*; *Artill.* cartoccio *m*; (*Bleistift*2) salvapunte *m*; (*Patronen*2) bossolo *m*; *Radio*: manicotto *m*; ~**nfrucht** *f* (14¹) legume *m*.

human [hu'ma:n] umano; 2**ismus** *m* umanismo *m*; *Lit.* umanesimo *m*;

H

₂'ist(in *f*) *m* umanista *m u. f*; **⬍i'tär** umanitario; **₂i'tät** *f* umanità *f*, umanitarismo *m*.

Humbug ['humbu:k] *m* (3¹, *o. pl.*) imbrogli *m/pl.*, inganni *m/pl.*

Hummel ['huməl] *f* (15) calabrone *m*; bombo *m*.

Hummer ['humər] *m* (7) aragosta *f*.

Humor [hu'mo:r] *m* (3¹) buon umore *m*; umorismo *m*; vena *f* comica; **⬍eske** [--'rɛskə] *f* (15) racconto *m* umoristico; **⬍ist(in** *f*) [--'rist(in)] *m* (12) umorista *m u. f*; **₂'istisch** umoristico.

humpeln ['humpəln] (29, *h. u. sn*) zoppicare.

Humpen ['humpən] *m* (6) boccale *m*.

Humus ['hu:mus] *m* (16, *o. pl.*), **⬍boden** *m* humus *m*.

Hund [hunt] *m* (3) cane *m*; *wie ein bunter ⬍* come l'erba bettonica; *auf den ⬍ kommen* essere sul lastrico; *mit allen ⬍en gehetzt* furbo *m* matricolato.

Hündchen ['hyntçən] *n* (6) cagnolino *m*.

Hunde|abteil ['hundə⁹aptaɪl] *n* scompartimento *m* per viaggiatori con cani; **⬍arbeit** F *f* lavoro *m* da cani; **⬍ausstellung** *f* esposizione *f* canina; **⬍hütte** *f* canile *m*; **⬍kälte** *f* freddo *m* da cane; **⬍kuchen** *m* biscotto *m* per cani; **⬍lager** *n* canile *m*; **⬍leben** *n* vita *f* da cani; **⬍leine** *f* guinzaglio *m*; **⬍marke** *f* placca *f* del cane; **₂'müde** stanco morto; **⬍rasse** *f* razza *f* canina.

hundert ['hundərt] **1.** *adj.* cento; *etwa ⬍* un centinaio *m*; *wenige ⬍ Mark* poche centinaia di marchi; *⬍ Gramm* un etto *m*; **2.** **₂** *n* (3¹) cento *m*; centinaio *m*; *⬍e von Jahren* centinaia di anni; *10 vom Hundert* (*abgek. v.H.*) dieci per cento; **₂er** *m* biglietto da cento *m*, F centone *m*; **⬍erlei** ['--tər'laɪ] di cento specie; **⬍fach**, **⬍fältig** ['--fax, '--fɛltiç] centuplo; **⬍füßig** ['--fy:siç] centipede; **⬍gradig** ['--grɑ:diç] centigrado; **₂jahrfeier** [--'jɑ:rfaɪər] *f* centenario *m*; **⬍jährig** ['--jɛ:riç] centenario; *⬍e Gedenkfeier* *n* centenario *m*; **⬍jährlich** ['--jɛ:rliç] secolare; **⬍prozentig** ['--protsɛntiç] al cento per cento; **₂satz** *m* percentuale *f*; **₂schaft** *f* centuria *f*; **⬍st** centesimo; *vom ₂en ins Tausendste kommen* saltare di palo in frasca; **₂stel**

['--stəl] *n* (7) centesimo *m*, centesima parte *f*; **⬍stens** in centesimo luogo.

Hunde|sperre ['hundəʃpɛrə] *f* divieto *m* di libera circolazione dei cani; **⬍stall** *m* canile *m*; **⬍steuer** *f* imposta *f* sui cani; **⬍trab** *m* trotto *m* serrato; **⬍wetter** *n* tempo *m* da cani; **⬍zwinger** *m* canile *m*.

Hünd|in ['hyndin] *f* cagna *f*; **₂isch** da (di) cane.

Hunds|fott ['huntsfɔt] *m* P (1²) canaglia *f*; **₂gemein** infame, abietto; **₂müde** stanco morto; **⬍stern** *m* Sirio *m*; **⬍tage** *m/pl.* canicola *f*, solleone *m*; **⬍wut** *f* idrofobia *f*.

Hüne ['hy:nə] *m* (13) gigante *m*; **⬍ngrab** *n* tumulo *m* preistorico.

Hunger ['huŋər] *m* (7) fame *f* (*nach* di); **⬍jahr** *n* anno *m* di carestia; **⬍künstler** *m* digiunatore *m*; **⬍kur** *f* dieta *f* assoluta; **₂leider** ['--laɪdər] *m* morto di fame *m*; **⬍lohn** *m* salario *m* da fame; **₂n** (29) aver fame; patire la fame; *⬍ lassen* lasciar patir la fame; **⬍snot** *f* fame *f*, carestia *f*; **⬍streik** *m* sciopero *m* della fame; **⬍tod** *m* morte *f* per fame; **⬍tuch** *n*: *am ⬍e nagen* tirar la vita coi denti.

hungrig ['huŋriç] affamato; *⬍ sein* aver fame.

Hünin ['hy:nin] *f* gigantessa *f*.

Hunne ['hunə] *m* (13) unno *m*.

Hupe ['hu:pə] *f* (15) clacson *m*, tromba *f*; **₂n** (25) sonare il clacson.

hüpfen ['hypfən] (25) saltellare, salterellare; F *gehüpft wie gesprungen* è la stessa cosa.

Hupverbot ['hu:pfɛrbo:t] *n* divieto *m* di sonare il clacson; zona *f* del silenzio.

Hürde ['hyrdə] *f* (15) graticcio *m*, canniccio *m*; (*Schaf₂*) pecorile *m*; *Sport*: ostacolo *m*; **⬍nrennen** *n* corsa *f* ad ostacoli; **⬍nwerk** *n* siepe*f*.

Hure P ['hu:rə] *f* (15) prostituta *f*; sgualdrina *f*; **₂n** puttaneggiare; **⬍nhaus** *n* postribolo *m*, casa *f* di tolleranza; **⬍'rei** *f* prostituzione *f*; *bibl.* fornicazione *f*.

hurtig ['hurtiç] svelto; **₂keit** *f* sveltezza *f*.

Husar [hu'zɑ:r] *m* (12) ussaro *m*.

huschen ['huʃən] (27) guizzar via.

hüsteln ['hy:stəln] (29) tossicchiare.

husten ['hu:stən] **1.** (26) tossire; aver la tosse; **2.** **₂** *m* (6) tosse *f*; **₂-**

mittel n rimedio m contro la tosse; pettorale m.

Hut[1] [hu:t] f (16, o. pl.) custodia f; auf der ~ sein stare in guardia.

Hut[2] [hu:t] m (3[3]) cappello m; (Damen♀) cappellino m; (steifer ~) tubino m; (hoher ~) cilindro m, tuba f; unter einen ~ bringen conciliare opinioni contrastanti.

hüten ['hy:tən] (26) guardare; sich ~ guardarsi (vor dat. da); das Zimmer ~ essere confinato nella camera; das Bett ~ essere obbligato (od. inchiodato) a letto.

Hüter ['hy:tər] m (7) guardiano m, custode m (a. fig.).

Hut|**fabrik** ['hu:tfabrik] f fabbrica f di cappelli; ~**händler** m cappellaio m; ~**krempe** f tesa f; ~**laden** m cappelleria f; ~**macher** ['~maxər] m cappellaio m; ~**schachtel** f cappelliera f; ~**schnur** f F: das geht über die ~! ma questo è il colmo!

Hütte ['hytə] f (15) **1.** capanna f; **2.** ⊕ stabilimento m (od. impianto m) siderurgico; fonderia f; ⚓ cassero m; ⚒ miniera f.

Hütten|**arbeiter** ['hytən⁹arbaɪtər] m operaio m siderurgico; ~**industrie** f industria f siderurgica; ~**ingenieur** m ingegnere m siderurgico; ~**kunde** f metallurgia f; ~**werk** n s. Hütte; ~**wesen** n metallurgia f.

Hyäne [hy'ɛ:nə] f (15) iena f.

Hyazinthe ♀ [hya'tsɪntə] f (15) giacinto m.

Hydr|**ant** [hy'drant] m (12) idrante m; ~**at** [-'dra:t] n (3[1]) idrato m; ~**aulik** [-'draʊlik] f idraulica f; ♀**aulisch** idraulico; ♀'**ieren** idrogenare; ~'**ierverfahren** n idrogenazione f; ~**odynamik** [-drody'na:mik] f idrodinamica f; ♀o-e'**lektrisch** idroelettrico; ~**ogra'phie** f idrografia f; ~o'**statik** f idrostatica f; ~**othera'pie** ⚕ f idroterapia f.

Hygien|**e** [hyg'je:nə] f (15, o. pl.) igiene f; ~**iker** m igienista m; ♀**isch** igienico.

Hymne ['hymnə] f (15) inno m.

Hyper|**bel** [hy'pɛrbəl] f (15) iperbole f; ♀**bolisch** [--'bo:liʃ] iperbolico.

Hypn|**ose** [hyp'no:zə] f (15) ipnosi f; ♀**otisch** ipnotico; ~**otiseur** [--ti'zø:r] m (3[1]) ipnotizzatore m; ♀**oti'sieren** ipnotizzare.

Hypochond|**er** [hypo'xɔndər] m (7) ipocondrico m; ~'**rie** f ipocondria f; ♀**risch** [--'xɔndriʃ] ipocondriaco.

Hypophyse [hypo'fy:zə] f (15) ipofisi f.

Hypotenuse [--te'nu:zə] f (15) ipotenusa f.

Hypothek [--'te:k] f (16) ipoteca f; eine ~ aufnehmen mettere (accendere) un'ipoteca; ♀**arisch** [--te'ka:riʃ] ipotecario; ~**enbank** [--'te:kənbaŋk] f banca f di credito ipotecario; ~**enbrief** m ipoteca f.

Hypo|**these** [--'te:zə] f (15) ipotesi f; ♀**thetisch** ipotetico.

Hyst|**erie** [hyste'ri:] f (15) isterismo m; ♀**erisch** [-'te:riʃ] isterico.

I

I, i [i:] *n uv.* I, i *m u. f.*

Iambus ['jambus] *m* (16²) giambo *m*.

Iber|er [i'be:rər] *m* ibero *m*; 2**isch** iberico.

ich [iç] *pron.*, 2 *n* io *m*; mein Ich il mio io; ~ *auch* anch'io; ~ *Armer!* povero me!

ideal [ide'a:l] (2 *n* [3¹]) ideale (*m*); ~**i'sieren** idealizzare; 2**ismus** *m* idealismo *m*; 2**ist(in** *f*) *m* idealista *m u. f*; ~**istisch** idealistico; 2**i'tät** *f* idealità *f*.

Idee [i'de:] *f* (15) idea *f*; fixe ~ idea *f* fissa; ~**nverbindung** *f* associazione *f* d'idee.

ideell [ide'ɛl] ideale.

Iden ['i:dən] *pl.* idi *m/pl.*

ident|ifizieren [idɛntifi'tsi:rən] identificare; ~**isch** [-'-tiʃ] identico; 2**i'tät** *f* identità *f*.

Ideol|oge [ideo'lo:gə] *m* (13) ideologo *m*; ~**o'gie** *f* ideologia *f*; 2**ogisch** ideologico.

Idiom [id'jo:m] *n* (3¹) idioma *m*; 2**atisch** [--'ma:tiʃ] idiomatico.

Idiot [id'jo:t] *m* (12), 2**isch** idiota (*m*); ~**le** [--'ti:] *f* (15) idiozia *f*.

Idyll [i'dyl] *n* (3¹) idillio *m*; 2**isch** idillico.

Igel ['i:gəl] *m* (7) *Zo.* riccio *m*.

Ignor|anz [igno'rants] *f* ignoranza *f*; 2**ieren** ignorare, fingere di non conoscere.

ihm [i:m] gli; *betont:* a lui.

ihn [i:n] lo; *betont:* lui.

ihnen [i:nən] **1.** loro, a loro; **2.** 2 Le, a Lei; *pl.:* Loro, a Loro.

ihr [i:r] **1.** le, *betont:* a lei; **2.** voi; **3.** (il) suo; il loro; 2 il Suo, il Loro.

ihrer ['i:rər] **1.** di lei, di loro; **2.** 2 di Lei, di Loro; ~**seits** ['--zarts] da sua (dalla loro) parte; 2 da parte Sua, da parte Loro.

ihresgleichen ['i:rəs'glaiçən] un suo (loro) pari.

ihret|halben, ~**wegen**, ~**willen** ['i:rət'halbən, '--'ve:gən, '--'vilən] per conto di lei (di loro).

illegal ['ilega:l] illegale; 2**i'tät** *f* illegalità *f*.

illegitim [ile:gi'ti:m] illegittimo.

illoyal [iloa'ja:l] sleale.

Illumin|ation [iluminats'jo:n] *f* (16) illuminazione *f*; 2**ieren** illuminare.

Illus|ion [iluz'jo:n] *f* (16) illusione *f*; 2**orisch** [--'zo:riʃ] illusorio.

Illustr|ation [ilustrats'jo:n] *f* (16) illustrazione *f*; 2**ieren** illustrare.

Iltis *Zo.* ['iltis] *m* (4¹) puzzola *f*.

im [im] = in dem.

imaginär [imagi'nɛ:r] immaginario.

Imbiß ['imbis] *m* (4) spuntino *m*; ~**stube** *f* tavola *f* calda; caffetteria *f*.

Imker ['imkər] *m* (7) apicultore *m*; ~**ei** [--'rai] *f* (16) apicultura *f*.

Immatrikul|ation [imatrikula-ts'jo:n] *f* (16) immatricolazione *f*; 2**ieren** immatricolare.

Imme ['imə] *f* (15) ape *f*.

immer ['imər] sempre; *auf* ~ per sempre; ~ *wenn* ogni volta che; ~ *besser* di bene in meglio; ~ *schlechter* di male in peggio; ~ *noch* sempre; ~ *noch nicht* non ancora; ~**dar** ['--'da:r] sempre; ~**fort** continuamente; 2**grün** *n* sempreverde *m*; ~**hin** pure, tuttavia; ~**während** **1.** *adj.* perpetuo; **2.** *adv.* (per) sempre; ~**zu** sempre; continuamente.

Immobilien [imo'bi:ljən] *pl. uv.* (beni *m/pl.*) immobili *m/pl.*

immun [i'mu:n] immune; ~**i'sieren** immunizzare; 2**i'sierung** *f* immunizzazione *f*; 2**i'tät** *f* immunità *f*.

Imperativ ['impərati:f] *m* (3¹) imperativo *m*.

Imperfekt ['-pərfɛkt] *n* (3) imperfetto *m*.

Imperial|ismus [imperja'lismus] *m* *uv.* imperialismo *m*; ~**ist(in** *f*) *m* imperialista *m u. f*; 2**istisch** imperialistico.

Imperium [im'pe:rjum] *n* (9) impero *m*.

impertinent [imperti'nɛnt] sfacciato.

impf|en ['impfən] (25) vaccinare; ♀ innestare; 2**ling** ['-liŋ] *m* (3¹) vaccinando *m*; innesto *m*; 2**schein** *m* certificato *m* di vaccinazione; 2**stoff** *m* vaccino *m*; 2**ung** *f* vaccinazione *f*; ⚕ innesto *m*; ⚥**zwang** *m* vaccinazione *f* obbligatoria.

imponieren [impo'ni:rən] infondere rispetto; imporsi; **⚥d** imponente.

Import [-'pɔrt] *m* (3) importazione *f*; **⚥eur** [--'tø:r], **⚥händler** *m* importatore *m*; ⚥**ieren** importare.

imposant [-po'zant] imponente.

impot|ent ⚥ ['-potɛnt] impotente; ⚥**enz** *f* impotenza *f*.

imprägnieren [-prɛg'ni:rən] impregnare.

Impression|ismus [impresjo'nismus] *m* uv. impressionismo *m*; **⚥ist(in** *f*) *m* impressionista *m* u. *f*.

Improvis|ation [improvizats'jo:n] *f* (16) improvvisazione *f*; ⚥**'ator** *m* (8[1]) improvvisatore *m*; ⚥**ieren** improvvisare.

Impul|s [-'puls] *m* (4) impulso *m*; ⚥**siv** [--'zi:f] impulsivo.

imstande [im'ʃtandə]: ⚥ sein essere in grado.

in [in] (*dat. u. ac.*) in; ⚥ dem (*den*) nel, nello; ⚥ der (*die*) nella; ⚥ den (*die*) nei, negli, nelle; *Theater, Café*: al; *Auftrag*: per; *Ernst*: sul; *Zeitung*: sul; *zeitlich*: fra; ⚥ (*über*) drei Wochen fra tre settimane; ⚥ der *Nacht* durante la notte; ⚥ Eile di fretta.

inaktiv ['in⁹akti:f] inattivo.

Inan|griffnahme [-'⁹angrifna:mə] *f* (15, *o. pl.*) messa *f* in opera; *bei* ⚥ (*gen.*) agli inizi di, iniziando; ⚥**spruchnahme** [-'⁹anʃpruxna:mə] *f* (15, *o. pl.*) ⊕ sollecitazione *f*; (*Benutzung*) impiego *m*, uso *m*, utilizzazione *f*; *durch* ⚥ von ricorrendo a, facendo uso di.

Inbegriff ['-bəgrif] *m* insieme *m*; (*Auszug*) compendio *m*; (*Kern*) essenza *f*; ⚥**en** compreso, incluso.

Inbetrieb|nahme [--'tri:pna:mə] *f*, **⚥setzung** [--'-zetsuŋ] *f* messa *f* in servizio.

Inbr|unst ['-brunst] *f* fervore *m*; ⚥**ünstig** ['-brynstiç] fervido.

indem [in'de:m] mentre; (*da*) poiché; *mst durch das Gerundium*: ⚥ ich *sagte* dicendo.

Inder(in *f*) *m* ['indər(in)] (7) indiano (-a) *m* (*f*).

indes, indessen [in'dɛs(ən)] **1.** *adv.* intanto; **2.** *cj.* ciononondimento; *s. a.* indem.

Index ['indɛks] *m* (3², *sg. a. uv.*, *pl.*

a. Indizes ['inditse:s]) indice *m*; (*Wertzahl*) numero *m* indice.

Indian|er(in *f*) *m* [ind'ja:nər(in)] (7), ⚥**isch** indiano (-a) *m* (*f*).

Indienststellung [in'di:nstʃtɛluŋ] *f* messa *f* in servizio.

Indigo ['-digo:] *m od. n* (11) indaco *m*.

Indikativ ['-dikati:f] *m* (3[1]) indicativo *m*.

indirekt ['--rɛkt] indiretto.

indisch ['-diʃ] indiano.

indiskret ['-diskre:t] indiscreto; ⚥**ion** [---ts'jo:n] *f* indiscrezione *f*.

indisponiert [---po'ni:rt] indisposto.

Individu|alismus [individua'lismus] *m* uv. individualismo *m*; ⚥**a-'list(in** *f*) *m* individualista *m* u. *f*; ⚥**ali'tät** *f* individualità *f*; ⚥**ell** [---du'ɛl] individuale.

Individuum [--'vi:duum] *n* (9) individuo *m*.

Indizien [-'di:tsjən] *n/pl.* indizi *m/pl.*; ⚥**beweis** *m* prova *f* indiziaria.

indo|germanisch [indo⁹ger'ma:niʃ], **⚥europäisch** [--⁹ɔyro'pɛ:iʃ] indoeuropeo.

Indoss|ament ⚥ [-dɔsa'mɛnt] *n* (3) girata *f*; ⚥**ant(in** *f*) [--'sant(in)] ⚥ *m* girante *m* u. *f*; ⚥**'at** ⚥ *m* giratario *m*; ⚥**ieren** ⚥ girare.

Ind|uktion [indukts'jo:n] *f* (16) induzione *f*; ⚥**uktionsapparat** *m* induttore *m*; ⚥**uktionsstrom** *m* corrente *f* indotta; ⚥**uk'tiv** induttivo; ⚥**'uktor** *m* (8[1]) induttore *m*.

industr|ialisieren [industriali'zi:rən] industrializzare; ⚥**iali'sierung** *f* industrializzazione *f*; ⚥**ie** [--'stri:] *f* (15) industria *f*; ⚥**ie-ausstellung** *f* esposizione *f* di prodotti industriali; ⚥**iell**, ⚥**ielle(r)** [--stri'ɛl(ər)] *m* (18) industriale *m*; ⚥**iekapitän** *m* grande industriale *m*; ⚥**iestaat** *m* stato *m* industriale; ⚥**iezweig** *m* ramo *m* d'industria.

induzieren [-du'tsi:rən] indurre.

ineinander [in⁹ain'⁹andər] l'uno nell'altro; ⚥**flechten** intrecciare; ⚥**fließen** confluire; mescolarsi; ⚥**greifen** ⊕ ingranarsi; *fig.* incastrarsi.

infam [in'fa:m] infame; ⚥**ie** [--'mi:] *f* (15) infamia *f*.

Infanter|ie [infantə'ri:] *f* (15) fanteria *f*; ⚥**ist** [--tə'rist] *m* (12) soldato *m* di fanteria, fante *m*.

Infarkt [in'farkt] *m* (3) infarto *m*.

Infektion [infɛktsˈjoːn] f infezione f; **~sherd** m 🏥 focolaio m d'infezione; **~skrankheit** f malattia f infettiva.

Infiltr|ation [infiltratsˈjoːn] f infiltrazione f; ♀**ieren** infiltrare.

Infinitiv [ˈinfinitiːf] m (3¹) infinito m.

infizieren 🏥 [infiˈtsiːrən] contagiare, infettare.

Inflation ✝ [inflatsˈjoːn] f inflazione f.

infolge [inˈfɔlgə] in seguito (a); **~dessen** [---ˈdesən] in conseguenza.

Inform|ation [-formatsˈjoːn] f informazione f; ♀**ieren** informare.

infrarot [ˈinfraroːt] infrarosso m.

Infusion [infuzˈjoːn] f infusione f; **~stierchen** n infusorio m.

Ingangsetzung [inˈgaŋzɛtsuŋ] f avviamento m; ⊕ messa f in moto.

Ingenieur [inʒenˈjøːr] m (3¹) ingegnere m; **~büro** n ufficio m tecnico; **~schule** f scuola f d'ingegneria.

Ingredienz [ingredˈjents] f (16) ingrediente m.

Ingrimm [ˈingrim] m (3, o. pl.) rabbia f; ♀**ig** arrabbiato.

Ingwer 🌿 [ˈiŋvər] m (7) zenzero m.

Inhaber [ˈinhaːbər] m (7) proprietario m; e-s Amtes: titolare m; von Wertpapieren: portatore m.

inhaftier|en [-hafˈtiːrən] arrestare; ♀**ung** f arresto m.

Inhal|ation [-halatsˈjoːn] f inalazione f; ♀**ieren** inalare.

Inhalt [ˈinhalt] m (3) contenuto m; 𝔸 volume m; (Wortlaut) tenore m; folgenden ~s del seguente tenore; ♀**lich** in riguardo al contenuto; **~sangabe** f 📖 dichiarazione f del contenuto; Lit. sommario m, cenno m riassuntivo; **~sverzeichnis** n indice m.

Initiale [initsˈjaːlə] f (15) iniziale f.

Initiative [initsjaˈtiːvə] f iniziativa f; aus eigener ~ di propria iniziativa.

injizieren [-jiˈtsiːrən] iniettare.

Injektion [injɛktsˈjoːn] f iniezione f.

Inkasso ✝ [-ˈkaso] n (11) incasso m.

inklusive [-kluˈziːvə] inclusivamente, compreso.

inkognito [inˈkɔgnito]: incognito.

inkonsequ|ent [ˈ-kɔnzekvent] inconseguente; ♀**enz** f inconseguenza f.

inkorrekt [ˈ-kɔrɛkt] scorretto; ♀**heit** f scorrettezza f.

Inkraft|setzung [-ˈkraftzɛtsuŋ] f

messa f in vigore; **~treten** n entrata f in vigore.

Inkunabel [inkuˈnaːbəl] f (15) incunabolo m.

In|land [ˈ-lant] n (1, o. pl.) paese m (interno); interno m; **~länder** [ˈ-lɛndər] m (7) indigeno m; Wein: nostrale m; ♀**ländisch** [ˈ-lɛndiʃ] indigeno; nazionale, nostrale; **~landshandel** m commercio m nazionale; **~landsmarkt** m mercato m nazionale di ...

Inlett [ˈ-lɛt] n (3) federa f del guanciale.

inliegend [ˈ-liːgɛnt] accluso.

inmitten [-ˈmitən] (gen.) nel mezzo di ...

inne|haben [ˈinəhaːbən] possedere; Amt usw.: occupare; **~halten 1.** v/t. osservare; ritenere; **2.** v/i. (sn) interrompersi.

innen [ˈinən] dentro; in Zssgn: ... interiore; ♀**-architekt** m arredatore m; ♀**-aufnahme** f Film: interno m; ♀**leben** n vita f interiore; **~minister** m ministro m degli Interni; ♀**ministerium** n ministero m degli Interni; ♀**politik** f politica f interna; ♀**raum** m, ♀**seite** f interno m; ♀**welt** f mondo m interiore.

inner [ˈinər] interiore, interno; fig. intrinseco; Krieg: intestino; s. innerst.

Innere(s) [ˈinərə(s)] n (18) interno m; Seele: intimo m; Minister m des **~n** ministro m degli Interni.

inner|halb [ˈinərhalp] entro; **~lich** interno; ♀**lichkeit** f intimità f.

innerst [ˈinərst] **1.** sup. intimo; **2.** ♀**e(s)** n (18) fondo m, la parte più profonda.

inne|werden [ˈinəveːrdən] (sn) (gen.) scoprire, accorgersi di; **~wohnen** (dat.) essere innato (in); essere inerente (a); **~wohnend** immanente.

innig [ˈiniç] interno; fig. intimo; cordiale; Liebe: sviscerato; ♀**keit** f affettuosità f, tenerezza f; cordialità f.

Innung [ˈinuŋ] f (16) corporazione f; maestranza f.

inoffiziell [ˈ-ʔɔfitsjɛl] non ufficiale, ufficioso.

Inquis|ition [inkvizitsˈjoːn] f inquisizione f; **~itor** m (8¹) inquisitore m; ♀**itorisch** inquisitorio.

ins [ins] = in das.

Insasse ['inzasə] *m* (13) abitante *m*; *e-s Wagens*: viaggiatore *m*, passeggiero *m*.

insbesondere [insbə'zɔndərə] particolarmente.

Inschrift ['inʃrift] *f* iscrizione *f*.

Insekt [-'zɛkt] *n* (5) insetto *m*; **⁓enbekämpfung** *f* disinfestazione *f*; **⁓enforscher** *m* entomologo *m*; **2enfressend** [-'-tənfrɛsənt], **⁓enfresser** *m* insettivoro (*m*); **⁓enkunde** *f* entomologia *f*; **⁓enpulver** *n* polvere *f* insetticida; **⁓enstich** *m* morso *m* d'insetto; **2entötend** insetticida.

Insel ['inzəl] *f* (15) isola *f*; (*Verkehrs2*) salvagente *m*; **⁓bewohner** *m* isolano *m*; **⁓meer** *n* arcipelago *m*; **⁓staat** *m* Stato *m* insulare.

Inser|at [-zə'raːt] *n* (3) inserzione *f*; **⁓atenteil** *m* (parte *f* riservata agli) annunzi *m/pl.*; **⁓ent** [-'rɛnt] *m* (12) inserzionista *m*; **2'ieren** inserire, mettere un'inserzione.

ins|geheim [insgə'haim] segretamente; **⁓ge'mein** in generale; **⁓ge'samt** tutti quanti; complessivamente.

Insignien [in'ziɡniən] *f/pl.* insegne *f/pl.*

insofern [-'zoː'fɛrn] **1.** *adv.* per questo; **2.** *cj.* in quanto che ...

insol|vent [-zɔl'vɛnt] insolvente; **2'venz** *f* insolvenza *f*.

insoweit [-'zoː'vait] *s. insofern*.

Insp|ektion [-spɛkts'joːn] *f* ispezione *f*; **⁓ektor** [-'spɛktɔr] *m* (8[1]) ispettore *m*; **2i'zieren** ispezionare.

Inspiration [inspirats'joːn] *f* ispirazione *f*.

Installat|eur [-stala'tøːr] *m* (3[1]) installatore *m*; **⁓ion** *f* montaggio *m*; (*vorhandene Einrichtungen*) impianto *m* (elettrico, sanitario).

installieren [-sta'liːrən] installare; montare.

instandhalt|en [-'ʃtanthaltən] mantenere (in buono stato); **2ung** *f* manutenzione *f*.

instständig ['-ʃtɛndiç] *adj.* insistente; *adv.* instantemente.

instandsetz|en [-'ʃtantzɛtsən] assestare; restaurare; riattivare; riparare; **2ung** *f* riattamento *m*; riparazione *f*.

Instanz [-s'tants] *f* (16) istanza *f*; **⁓enweg** [-'-tsənveːk] *m* via *f* gerarchica.

Instinkt [-s'tiŋkt] *m* (3) istinto *m*; **2iv** [--'tiːf], **2mäßig** istintivo.

Institut [-sti'tuːt] *n* (3) istituto *m*; **⁓ion** [--tuts'joːn] *f* istituzione *f*.

instru|ieren [-stru'iːrən] istruire; **2uktion** [-strukts'joːn] *f* istruzione *f*.

Instru'ment [-stru'mɛnt] *n* (3) strumento *m*; **2al** [---'taːl] strumentale; **⁓a'tion** *f* strumentazione *f*; **⁓enmacher** *m* strumentaio *m*; **2'ieren** strumentare; **⁓'ierung** *f* strumentazione *f*.

Insulaner [-zu'laːnər] *m* (7) isolano *m*. [lina *f*.\]

Insulin [-zu'liːn] *n* (6, *o. pl.*) insu-\]

inszenier|en [-stse'niːrən] mettere in scena, inscenare; **2ung** *f* messa *f* in scena, messinscena *f*, sceneggiatura *f*.

intakt [-'takt] intatto.

integr|al [-te'ɡraːl] integrale; **2al** *n* (3[1]) integrale *f*; **2alrechnung** *f* calcolo *m* integrale; **⁓'ieren** integrare; **2ität** [---'tɛːt] *f* integrità *f*.

Intell|ekt [-tɛ'lɛkt] *m* intelletto *m*; **2ektu'ell** intellettuale; **2igent** [---'ɡɛnt] intelligente; **⁓i'genz** *f* intelligenza *f*; (*geistig Schaffende*) intellettuali *m/pl.*

Intendant [-tɛn'dant] *m* (12) intendente *m*; **⁓ur** [---'tuːr] *f* (16) intendenza *f*.

Intens|ität [-tɛnzi'tɛːt] *f* intensità *f*; **2iv** [--'ziːf] intensivo; **2ivieren** [---'viːrən] intensificare.

inter|essant [-t(ə)rɛ'sant] interessante; **2esse** [-t(ə)'rɛsə] *n* (10) interesse *m*; **2esselosigkeit** [-'rɛsəloːziçkait] *f* disinteresse *m* (*für per*); **2'essengemeinschaft** *f* comunione *f* d'interessi; **2essent** [---'sɛnt] *m* (12) interessato *m*; **⁓es'sieren** interessare; **⁓es'siert** interessato.

Interferenz [-tɛrfe'rɛnts] *f* (16) interferenza *f*.

interimistisch [--ri'mistiʃ] interinale, provvisorio.

Interjektion [--jɛkts'joːn] *f* interiezione *f*.

interkontinental [-tɛrkɔntinen'taːl] intercontinentale.

Intermezzo [--'mɛtso:] *n* (11) intermezzo *m*.

intern [-'tɛrn] interno; **2at** [--'naːt] *n* (3) convitto *m*; collegio *m*.

international [-tɛrnatsjo'naːl] internazionale.

internier|en [-tɛr'niːrən] internare; **2ung** f internamento m; **2ungs-lager** n campo m di concentramento.

interparlamentarisch [--parlamen'tɑːriʃ] interparlamentare.

Interpell|ant(in f) m [--pɛ'lant (-in)] (12) interpellante m u. f; **~a-tion** f interpellanza f; **2'ieren** interpellare.

Interpret [-tɛr'preːt] m (12) interprete m; **2'ieren** interpretare.

Interpunktion [--puŋkts'joːn] f interpunzione f.

Intervall [--'val] n (3) intervallo m.

interv|enieren [--ve'niːrən] intervenire; **2en'tion** f intervento m.

Interview ['--'vjuː] n (11) intervista f; **2en** [--'vjuːən] (25) intervistare; **~er** m (7) intervistatore m.

intim [-'tiːm] intimo; *Raum:* raccolto; **2ität** [-timi'tɛːt] f (16) intimità f.

intoler|ant ['intɔlərant] intollerante; **2anz** ['intɔlərants] f intolleranza f.

Intonation [-tonats'joːn] f intonazione f.

intransitiv ['-tranzitiːf] adj., **2** n intransitivo adj. u. m.

Intrigant(in f) m (12) [-tri'gant (-in)] intrigante m u. f.

Intrig|e [-'triːgə] f (15) intrigo m; **2'ieren** intrigare.

Invalid|e [-va'liːdə] m (13) invalido m; **~i'tät** f (16, o. pl.) invalidità f; **~i'tätsversicherung** f assicurazione f (contro i danni dell')invalidità.

Invasion [-vaz'joːn] f (16) invasione f.

Inventar [-vɛn'tɑːr] n (3¹) inventario m (aufnehmen fare); **2isieren** [---zi'iːrən] v/t. inventariare, fare l'inventario.

Inventur [--'tuːr] f (16) inventario m; **~ausverkauf** m liquidazione f (od. saldo m) di fine stagione.

invertiert [-vɛr'tiːrt] adj., **2e(r)** m invertito (m).

invest|ieren [-vɛs'tiːrən] investire, collocare; **2ierung** f, **2i'tion** f investizione f.

inwendig ['-vɛndiç] interiore.

inwiefern [-vi'fɛrn], **inwie'weit** come, fino a qual punto.

Inzest [-'tsɛst] m (3) incesto m.

Inzucht [-'tsuxt] f (16, o. pl.) degenerazione f per consanguineità.

inzwischen [-'tsviʃən] frattanto; intanto.

Ion [i'oːn] n (8) *Phys.* iono m; **2i-sieren** [--ni'ziːrən] ionizzare.

I-Punkt ['iːpuŋkt] m (3) punto m sull'i.

ird|en ['irdən] di terra; **~isch** ['irdiʃ] mondano, terreno; *Phys.* terrestre.

Ire ['iːrə] m (13) irlandese m.

irgend ['irgənt] in qualche modo; **~ein** (pl. *irgendwelche*) qualche (mit sg.); uno ... qualsiasi; ohne **~** senza alcun; **~'einer, ~ 'jemand, ~'wer** qualcuno; **~'einmal** qualche volta; **~'etwas, ~'was** qualche cosa; **~'wann** quando che sia; **~'wie** in qualche modo; **~'wo** in qualche luogo; da qualche parte; **~wo'her** chi sa donde; **~wo'hin** chi sa dove.

Ir|in ['iːrin] f, **2isch** ['iːriʃ] irlandese.

Irisieren [iri'ziːrən] n iridescenza f; **2d** iridescente.

Iron|ie [iro'niː] f (15) ironia f; **2isch** [i'roːniʃ] ironico; **2i'sieren** ironeggiare.

irr [ir] s. *irre*.

irrational ['iratsjonɑːl] irrazionale.

irre ['irə] 1. adj. pazzo; alienato; **~ werden** turbarsi, non saper più che fare; an j-m **~ werden** dubitare di qu.; 2. **2(r** m) m u. f alienato (-a) m (f); pazzo (-a) m (f).

Irre ['irə] f uv. smarrimento m; in die **~ führen** sviare; ingannare; in die **~ gehen** smarrirsi.

irre|führen ['--fyːrən] fig. ingannare, trarre in inganno; **2führung** f inganno m; **~machen** fig. sconcertare.

irren ['irən] v/i. (25) errare; sich **~** sbagliare, sbagliarsi.

'Irren|anstalt f, **~haus** n manicomio m; **~arzt** m alienista m.

irrereden ['irərædən] delirare.

Irr|fahrt ['irfɑːrt] f odissea f; **~gar-ten** m labirinto m; **~glaube** m eterodossia f; (Ketzerei) eresia f; **2-gläubig** eterodosso; eretico.

irrig ['iriç] erroneo.

Irrigator [iri'gɑːtor] m (8¹) irrigatore m.

Irr|lehre ['irlerə] f eresia f; **~licht** n fuoco m fatuo; **~sinn** m pazzia f; **2-sinnig** pazzo; **~tum** m (1²) errore m; equivoco m; im **~** in errore; **2tümlich** ['-tyːmliç] erroneo; **2-tümlicherweise** adv. per sbaglio;

~weg *m* strada *f* falsa; ~**wisch** *m* folletto *m*.

Ischias 🜂 ['isçias, 'iʃjas] *m* (*a. n, f*) *uv.* sciatica *f*.

Islam ['islɑ:m] *m* (11, *o. pl.*) islam (-ismo) *m*.

Is|länder(in *f*) *m* ['i:slɛndər(in)] (7), **2ländisch** islandese *m u. f.*

Isolation [izolats'jo:n] *f* isolamento *m*.

Isolier... [izo'li:r...]: *in Zssgn oft* isolante, isolatore; ~**band** *n* nastro *m* isolante; **2en** isolare; ~**haft** *f* segre-

gazione *f* cellulare; ~**theit** *f* isolamento *m*; ~**ung** *f* isolamento *m*.

Iso|therme [--'tɛrmə] *f* (15) linea *f* isotermica; ~**top** [--'to:p] *n* (3¹) isotopo *m*.

iß, ißt [is, ist] *s.* essen.

ist [ist] *s.* sein.

Ist|bestand ['istbəʃtant] *m* effettivo *m*; ~**einnahmen** *f/pl.* entrate *f/pl.* effettive.

Isthmus ['istmus] *m* (16²) istmo *m*.

Italien|er(in *f*) *m* [ital'je:nər(in)] (7), **2isch** italiano (-a) *m* (*f*).

J

J, j [jɔt] *n uv.* J, j *m u. f.*

ja [jɑ:] **1.** *adv.* sì; già; (*sogar*) anzi; ~**wohl** sissignore; ~ *doch* ma sì; ~ *sagen* dire di sì; (*doch*) pure; er muß ihn ~ *kennen* deve pur conoscerlo; **2.** ℒ *n uv.* sì *m.*

Jacht [jaxt] *f* (16) panfilo *m*; '~**klub** *m* club *m* nautico.

Jacke ['jakə] *f* (15) giacca *f*; ~**nkleid** *n* tailleur *m.*

Jackett [ʒa'kɛt] *n* (3¹ *u.* 11) giacchetta *f.*

Jade ['jɑ:də] *f* Min. giada *f.*

Jagd [jɑ:kt] *f* (16) caccia *f*; *wilde* ~ tregenda *f*; *auf die* ~ *gehen* andare a caccia; ~ *machen auf* dare la caccia a; ℒ**bar** cacciabile; '~**beute** *f* cacciagione *f*; '~**flinte** *f* schioppetto *m*; '~**flugzeug** *n* (apparecchio *m* da) caccia *m*; '~**gehege** *n* bandita *f*; ℒ**gerecht** conforme alle regole della caccia; '~**horn** *n* corno *m* da caccia; '~**hund** *m* cane *m* da caccia; '~**karte** *f* s. *Jagdschein*; '~**kunst** *f* cinegetica *f*; caccia *f*; '~**revier** *n* riserva *f* di caccia; '~**schein** *m* licenza *f* di caccia; '~**schloß** *n* castelletto *m* di caccia; '~**staffel** *f* squadriglia *f* da caccia; '~**tasche** *f* carniera *f.*

jagen ['jɑ:gən] **1.** (25): **a)** *v/t.* cacciare; *in die Flucht*: mettere; *e-n Degen usw.*: piantare; *j-n aus …* ~ scacciare; **b)** *v/i.* andare a caccia; *fig. nach et.* ~ andare alla caccia di qc.; (*sn*) (*eilen*) andare di gran corsa; **2.** ℒ *n* (6) caccia *f* (*nach* a).

Jäger ['jɛ:gər] *m* (7) cacciatore *m*; ✠ caccia *m*; ~**latein** *n* fanfaronate *f/pl.* da cacciatori.

Jaguar ['jɑ:guɑːr] *m* (3¹) giaguaro *m.*

jäh [jɛ:] repentino; (*schnell*) precipitoso; (*steil*) scosceso; '~**lings** ['-liŋs] di colpo, di scatto.

Jahr [jɑːr] *n* (3) anno *m*; *Dauer*, *Ertrag*: annata *f*; *nach* ~*en* dopo tanti anni; *vor zwei* ~*en* due anni fa; *von* ~ *zu* ~ di anno in anno; *seit* ~ *und Tag* da molti anni; ℒ-**aus**, ℒ-**ein** tutti gli anni; '~**buch** *n* annuario *m*; '~**bücher** *n/pl.* annali *m/pl.*; ℒ**elang** ['-rəlaŋ] *adv.* per anni ed anni.

jähren ['jɛ:rən] (25): es jährt sich heute è oggi un anno.

Jahres… ['jɑ:rəs…]: *in Zssgn oft* annuale; ~**abschluß** ✝ *m* bilancio *m* di fine d'anno; ~**bericht** *m* rapporto *m* annuo; *Lit.* annuario *m*; ~**einkommen** *n* entrata *f* annuale; ~**feier** *f*, ~**fest** *n* anniversario *m*; festa *f* annuale; ~**frist** *f*: *binnen* ~ entro un anno, alla scadenza di un anno; ~**rate** *f*, ~**rente** *f* annualità *f*; ~**ring** ⚘ *m* anello *m* annuale; ~**tag** *m* anniversario *m*; ~**tagung** *f* sessione *f* annuale; ~**wechsel** *m* *Fest*: Capodanno *m*; ~**wende** *f* fine *f* dell'anno; ~**zahl** *f* anno *m*; ~**zeit** *f* stagione *f.*

Jahr|fünft [jɑːr'fynft] *n* lustro *m*; ~**gang** *m* annata *f*; ✗ classe *f*; ~**hundert** *n* secolo *m*; ~**hundert-feier** *f* centenario *m*; ~**hundert-wende** *f*: um die ~ a cavallo fra due secoli.

…jährig [...jeriç]: *in Zssgn*: ein~ d'un anno; zwei~ di due anni; zwanzig~ ventenne.

jährlich ['jɛ:rliç] annuo, annuale.

Jahr|markt ['jɑːrmarkt] *m* fiera *f*; ~**tausend** *n* millennio *m*; ~**zehnt** [-'tse:nt] *n* (3) decennio *m.*

Jähzorn ['jɛ:tsɔrn] *m* iracondia *f*; irascibilità *f*; ℒ**ig** iracondo; collerico.

Jalousie [ʒalu'zi:] *f* (15) persiana *f.*

Jammer ['jamər] *m* (7) desolazione *f*, strazio *m*; dolore *m*; (*Mitleid*) pietà *f*; (*Klagen*) lamenti *m/pl.*; (*Elend*) miseria *f*; ~**geschrei** *n* grida *f/pl.* di lamento; ~**gestalt** *f* F miserabile *m*; ~**leben** *n* vita *f* di dolori.

jämmerlich ['jɛmərliç] miserabile; straziante; che fa pietà; ℒ**keit** *f* miseria *f*; stato *m* compassionevole.

jammern ['jamərn] (29) **1.** *v/i.* lamentarsi; **2.** *v/t.* far pietà a.

jammer|schade ['--'ʃɑːdə]: es ist ~ è un gran peccato; ~**tal** *n* valle *f* di lacrime; ~**voll** straziante; miserando.

Januar ['januɑːr] *m* (3¹) gennaio *m.*

Japan|er(in *f*) *m* [-'pɑːnər(in)], ℒ**isch** giapponese *m u. f.*

japsen ['japsən] F (27) ansare.
Jargon [ʒar'gõ] m (11) gergo m.
Jasmin ♀ [jas'miːn] m (3¹) gelsomino m.
Jaspis ['jaspis] m (4¹) Min. diaspro m.
jät|en ['jeːtən] (26) sarchiare; ℒ-**hacke** f sarchio m.
Jauche ['jauxə] f (15) concime m liquido.
jauchzen ['jauxtsən] (27) giubilare.
Jause ['jauzə] f (15) prov. merenda f.
jawohl [ja'voːl] sì, certo; ⚔ signorsì; s. ja.
Jawort ['jaːvɔrt] n (3) sì m; consenso m.
Jazz [dʒɛs] m (16, o. pl.) jazz m; ℒ**kapelle** f orchestra f da jazz.
je [jeː] (jemals) mai; (pro) ogni, ognuno; er gab ihnen ℒ zwei Mark diede due marchi a ciascuno; ℒ zwei und zwei a due a due; ℒ nach ... secondo ...; ℒ nachdem secondo (che); ℒ mehr ... desto mehr quanto più ... tanto più.
jedenfalls ['jeːdənˈfals] in ogni caso.
jeder m, **jede** f, **jedes** n ['jeːdə(r, -s)] (21) ogni; jeden Augenblick da un momento all'altro; ℒ der chiunque; (ein) ℒ**mann** ['--man] (gen. ℒs, sonst uv.) ognuno; ℒ**zeit** a tutte le ore, in ogni tempo.
jedesmal ['jeːdəsmaːl] tutte le volte; ogni volta; ℒ wenn ogni qualvolta.
jedoch [jeˈdɔx] però, tuttavia.
jeher [jeːˈheːr]: von ℒ da sempre.
Jelängerjelieber ⚘ [jeˈlɛŋərjeˈliːbər] n (7) caprifoglio m.
jemals ['jeːmaːls] mai.
jemand ['jeːmant] (24) qualcuno; verneint: nessuno.
jene|r ['jeːnər], ℒ, ℒ**s** (21) quello, quella; pl. quei.
jen|seitig ['jenzaitiç] dell'altro lato; opposto, ulteriore; ℒ**seits** ['-zaits] 1. prp. (al) di là, oltre; 2. ℒ n altro mondo m, al di là m.
Jesuit [jeːzuˈiːt] m (12) gesuita m; ℒ**isch** gesuitico.
Jesus ['jeːzus] m Gesù m; ℒ**kind** n Gesù m bambino.
jetzig ['jetsiç] presente, attuale; ✝ corrente.
jetzt ['jetst] ora, adesso; für ℒ per il momento; bis ℒ finora; von ℒ an d'ora in poi; 'ℒ**zeit** f epoca f presente, tempo m d'oggi.

jeweil|ig ['jeːvailiç] relativo, rispettivo; ℒ**s** rispettivamente.
Job [dʒɔb] m (11) lavoro m, impiego m, occupazione f.
Joch [jɔx] n (3) giogo m; Feldmaß: iugero m; ℒ**bein** n zigoma m; 'ℒ**brücke** f ponte m a pilastri.
Jockei ['dʒɔkai, '-kiː] m (11) fantino m.
Jod [joːt] n (3, o. pl.) iodio m.
jodeln ['joːdəln] (29) gorgheggiare.
Johannis|beere ⚘ [-'hanisbeːrə] f ribes m; ℒ**brot** n carruba f; ℒ**brotbaum** m carrubo m; ℒ**käfer** m, ℒ**würmchen** n lucciola f.
johlen ['joːlən] (25) urlare.
Jolle ⚓ ['jɔlə] f (15) iole f, lancia f.
Jongl|eur [ʒõˈgløːr] m (3¹) giocoliere m; ℒ**ieren** fare giochi di destrezza.
Joppe ['jɔpə] f (15) giubba f; giubbone m.
Journal [ʒurˈnaːl] n (3¹) ✝ diario m; giornale m; ℒ**ismus** m giornalismo m; ℒ**ist(in** f) ['-naˈlist(in)] m (12) giornalista m u. f; ℒ**istisch** giornalistico.
jovial [jovˈjaːl] gioviale.
Jubel ['juːbəl] m (7, o. pl.) giubilo m; ℒ**fest** n giubileo m; ℒ**jahr** n giubileo m, anno m giubilare; ℒ**n** (29) giubilare.
Jubil|ar(in f) m [-biˈlaːr(in)] (3¹) festeggiato (-a) m (f); ℒ**äum** [--ˈlɛːum] n (9) giubileo m; ℒ**äumsfestspiel** n rappresentazione f giubilare.
Juchten ['juxtən] m od. n (6, o. pl.), ℒ**leder** n bulgaro m.
juck|en ['jukən] 1. (25) prudere; pizzicare; sich ℒ grattarsi; 2. ℒ**en** (6), ℒ**reiz** m prurito m.
Jude ['juːdə] m (13) ebreo m; giudeo m.
Jüd|in ['jyːdin] f ebrea f; ℒ**isch** ebreo, ebraico; israelitico.
Jugend ['juːgənt] f (16) gioventù f; (Kindesalter) infanzia f; ℒ**alter** n età f giovanile; ℒ**bewegung** f movimento m giovanile; ℒ**erinnerungen** f/pl. memorie f/pl. d'infanzia (di gioventù); ℒ**fehler** m errore m giovanile; ℒ**freund** m amico m della gioventù; ℒ**fürsorge** f provvidenza f sociale per la gioventù; ℒ**gericht** n tribunale m minorile; ℒ**herberge** f albergo m per la gioventù; ℒ**jahre** n/pl. anni m/pl. di gioventù; ℒ**kraft**

f vigore *m* giovanile; 2**lich** giovanile; **~** *aussehen* aver l'aria giovane; **~liche(r)** *m* (18) minore *m*, minorenne *m*; giovane *m*; **~lichkeit** *f* aspetto *m* giovanile; modi *m*/*pl.* giovanili; **~liebe** *f* amore *m* di gioventù; **~organisation** *f* organizzazione *f* giovanile; **~pflege** *f* assistenza *f* ai giovani; **~richter** *m* giudice *m* per minori; **~schriften** *f*/*pl.* libri *m*/*pl.* per la gioventù; **~schutz** *m* protezione *f* dei minori; **~stil** *m* stile *m* floreale; **~strafkammer** *f* tribunale *m* per minorenni; **~traum** *m* fonte *f* di gioventù; **~zeit** *f* giovinezza *f*.

Jugoslaw|e [jugos'lɑːvə] *m* (13), **~in** [--'-vin] *f*, 2**isch** iugoslavo (-a) *m* (*f*).

Juli ['juːli] *m* (11) luglio *m*.

jung [juŋ] (18²) giovane; *Wein*: nuovo; **~** *aussehen* aver l'aria giovane; *wieder* **~** *werden* ringiovanire; *um zwei Jahre jünger sein* avere due anni di meno; *der* **~** *e Herr* il signorino; *ein* **~** *er Mann* un giovanotto; **~** *e Leute pl.* giovani *m*/*pl.*; 2**brunnen** *m* fonte *f* di giovinezza.

Junge ['juŋə] a) *m* (13) ragazzo *m*; *Ggs. Mädchen*: maschio *m*; *schwerer* **~** *fig.* criminale *m*, delinquente *m*; b) **~(s)** *n* (18) piccolo *m*; *Hunde*: cucciolo *m*; *Katzen*: gattino *m* *usw.*; **~** *werfen* = 2**n** (25) figliare; 2**nhaft** fanciullesco.

jünger[1] ['jyŋər] *comp. v. jung*; più giovane; *Geschwister*: minore.

Jünger[2] ['jyŋər] *m* (7) discepolo *m*; **~schaft** ['--ʃaft] *f* discepoli *m*/*pl.*

Jungfer ['juŋfər] *f* (15) zitella *f*; (*Kammer*2) cameriera *f*; *alte* **~** zitellona *f*; **~nfahrt** *f* viaggio *m* inaugurale; **~nhäutchen** ['--nhɔytçən]

n Anat. imene *m*; **~nkranz** *m* corona *f* verginale; **~nschaft** *f* verginità *f*.

Jung|frau ['juŋfrau] *f* vergine *f*; *von Orleans*: pulcella *f*; *Rel.* Vergine *f*, Madonna *f*; 2**fräulich** ['-frɔylıç] verginale, virgineo; **~fräulichkeit** *f* verginità *f*; **~geselle** *m* scapolo *m*; celibe *m*.

Jüngling ['jyŋlıŋ] *m* (3¹) giovanotto *m*; **~s-alter** *n* adolescenza *f*.

jüngst [jyŋst] **1.** *sup. von jung*; *das* 2**e Gericht**, *der* 2**e Tag** il giudizio universale; **2.** *adv.* recentemente, da poco.

Juni ['juːni] *m* (11) giugno *m*.

junior ['juːnjɔr] junior, il giovane.

Junker ['juŋkər] *m* (7) giovine *m* nobile; *ehm.* donzello *m*; ✕ allievo *m* ufficiale; *Pol.* nobile campagnolo *m*; latifondista *m*.

Jura ♃ ['juːra] *pl. uv.* giurisprudenza *f*; legge *f*; diritto *m*.

Juris|diktion [jurisdikts'joːn] *f* giurisdizione *f*; **~prudenz** [--pru-'dents] *f* giurisprudenza *f*.

Jurist [ju'rist] *m* (12) giurista *m*; 2**isch** giuridico.

Jury ['ʒyːri] *f* (11¹) giurì *m*.

just [just] F *adv.* giusto, precisamente; **~** *mettere* a punto; 2**ierung** ⊕ *f* messa *f* a punto.

Justiz [ju'stiːts] *f* (16, *o. pl.*) giustizia *f*; **~beamte(r)** *m* magistrato *m*; **~irrtum** *m* errore *m* giudiziario; **~minister** *m* ministro *m* di grazia e giustizia; **~mord** *m* assassinio *m* giudiziario.

Jute ['juːtə] *f* (15, *o. pl.*) iuta *f*; **~fabrik** *f* iutificio *m*.

Juwel [ju'veːl] *n* (5²) gioiello *m*; **~ier** [-ve'liːr] *m* (3¹) gioielliere *m*; **~ierladen** *m* gioielleria *f*.

Jux F [juks] *m* (3²) burla *f*; scherzo *m*.

K

K, k [kɑ:] n uv. K, k m.

Kabale [ka'bɑ:lə] f (15) intrigo m.

Kabarett [kaba'rɛt] n (3¹) cabaret m.

Kabel ['kɑ:bəl] n (7) cavo m; **~bericht** m, **~depesche** f cablogramma m.

Kabeljau ['--jau] m (3¹ u. 11) merluzzo m.

'Kabel|legung f posa f d'un cavo; **~n** (29) telegrafare (per cablogramma); **~telegramm** n cablogramma m.

Kabine [ka'bi:nə] f (15) cabina f.

Kabinett [kabi'nɛt] n (3¹) gabinetto m (a. Pol.); **~stück** n rarità f preziosa.

Kabriolett [kabrio'lɛt] n (11) cabriolet m, cabriolè m; convertibile f.

Kachel ['kaxəl] f (15) quadrello m di maiolica; **~ofen** m stufa f di maiolica.

Kadaver [ka'dɑ:ver] m (7) carogna f; cadavere m; (Aas) carogna f; **~gehorsam** m ubbidienza f cieca.

Kadenz [ka'dɛnts] f (16) cadenza f.

Kader ⚔ [kɑ'dər] m (7) quadro m.

Kadett [ka'dɛt] m (12) cadetto m, allievo m ufficiale; **~en-anstalt** f collegio m militare; **~enschulschiff** n nave-scuola f.

Käfer ['kɛ:fər] m (7) coleottero m; (Mist~) scarabeo m; fig. ragazzina f.

Kaff [kaf] F n (11) paesaccio m.

Kaffee ['kafe:] m (11) caffè m; **~bohne** f chicco m di caffè; **~brenner** m torrefattore m; **~ersatz** m surrogato m di caffè; **~kanne** f caffettiera f; **~klatsch** F m, **~kränzchen** n invito m al caffè (fra signore); **~löffel** m cucchiaino m; **~maschine** f macchina f da caffè; (Heißdampf~) macchina f espresso; **~mühle** f macinino m; **~pflanzung** f piantagione f di caffè; **~satz** m fondi m/pl. di caffè; **~tasse** f tazza f da caffè; **~wärmer** m scaldacaffè m.

Kaffer ['kafər] m **1.** (13) cafro m; **2.** (7) fig. imbecille m.

Käfig ['kɛ:fiç] m (3¹) gabbia f.

kahl [kɑ:l] allg. nudo; Kopf: calvo; Gegend: raso; von Tieren: spelato; von Bäumen: sfogliato; **~** fressen far piazza pulita; **~2heit** f calvizie f; **~köpfig** ['-kœpfiç] calvo; **~2köpfigkeit** f calvizie f; **~2schlag** m radura f; diboscamento m.

Kahn [kɑ:n] m (3³) barca f; battello m; (Last~) chiatta f; **'~fahrt** f gita f in barca.

Kai [kai, kɛ:] m (11) banchina f; molo m; **~gebühr** f, **~geld** n diritti m/pl. di banchina.

Kaiser ['kaizər] m (7) imperatore m; **~in** f imperatrice f; **2lich** imperiale; **~reich** n impero m; **~schnitt** m taglio m cesareo; **~tum** n (1, o. pl.) impero m.

Kajak ['kɑ:jak] m (11) ⚓ caiacco m.

Kajüte [ka'jy:tə] f (15) cabina f.

Kakadu Zo. ['kakadu:] m (11) cacatua f.

Kakao [ka'kɑ:o] m (11) cacao m; Getränk: cioccolata f; **~baum** m albero m del cacao; **~bohne** f chicco m di cacao; **~pulver** n polvere f di cacao.

Kakerlak ['kɑ:kərlak] m Zo. piattola f; blatta f.

Kaki ['kɑ:ki] n (color) cachi m.

Kaktus ♣ ['kaktus] m (14², pl. a. Kakteen [-'te:ən]) cacto m.

Kalamität [kalami'tɛ:t] f (16) calamità f.

Kalauer ['kɑ:lauər] m (7) freddura f.

Kalb [kalp] n (1²) vitello m; **2en** figliare; **'~fleisch** n (carne f di) vitello m; **'~leder** n (pelle f di) vitello m.

Kalbs|braten ['kalpsbrɑ:tən] m vitello m arrosto od. arrosto m di vitello; **~brust** f petto m di vitello; **~hachse** ['-haksə] f ossobuco m; **~keule** f coscia f di vitello; **~kopf** m testina f di vitello; **~milch** f animelle f/pl.; **~nierenbraten** m lombata f di vitello; **~nuß** f noce f di vitello; **~schnitzel** n scaloppina f di vitello.

Kaldaunen [kal'daunən] f/pl. (15) budella f; Kochk. trippa f.

Kaleidoskop [kalaidɔs'ko:p] n (3¹) caleidoscopio m.

Kalender [ka'lɛndər] m (7) calendario m; als Buch: almanacco m; **~jahr** n anno m civile.

Kalesche [ka'lɛʃə] f (15) calesse f.

kalfatern ⚓ [kal'fa:tərn] (29) calafatare.

Kali [ka:li] n (11) potassio m; **~dünger** m sali m/pl. di potassio.

Kaliber [ka'li:bər] n (7) calibro m.

Kalif [ka'li:f] m (12) califfo m; **~at** [--'fa:t] n califfato m.

Kalium ['ka:ljum] n (9, o. pl.) potassio m.

Kalk [kalk] m (3) calce f; **2-artig** ['-'?a:rtiç] calcareo; '**2en** calcinare; '**~grube** f calcinaio m; '**2haltig**, '**2ig** calcinoso; '**~malerei** f pittura f a fresco; '**~stein** m calcare m; '**~steinbruch** m cava f di pietra calcarea.

Kalkul|ation [kalkulats'jo:n] f (16) calcolazione f; **2ieren** calcolare.

Kalorie [kalo'ri:] f (15) caloria f.

kalt [kalt] (18²) freddo; es ist ~ fa freddo; mir ist ~ ho freddo; ~ werden raffreddarsi; ~e Küche cucina f fredda; piatto m freddo; ~ stellen mettere in fresco; '**2blüter** m animale m di sangue freddo; '**~blütig** ['-bly:tiç] a sangue freddo; '**2blütigkeit** f sangue m freddo.

Kälte ['kɛltə] f (15, o. pl.) freddo m; fig. freddezza f; **~...:** in Zsggn = **2erzeugend** ⊕ ['--'ɛrtsɔγgənt] frigorifero; **~grad** m grado m sotto zero; **~welle** f ondata f di freddo.

kalt|herzig ['kalthɛrtsiç] insensibile, impassibile; **~machen** F freddare; spacciare; **2schnäuzigkeit** ['-ʃnɔy-tsiçkait] f strafottenza f; **~stellen** fig. j-n: silurare.

Kalzium ['kaltsjum] n (9, o. pl.) calcio m.

kam, käme [ka:m, 'kɛ:mə] s. kommen.

Kamee [ka'me:] f cammeo m.

Kamel [ka'me:l] n (3) cammello m; Schimpfwort: imbecille m; **~haar** n pelo m di cammello; **~treiber** m cammelliere m.

Kamelie ⚘ [ka'me:ljə] f (15) camelia f.

Kamellen [ka'mɛlən] F f/pl.: olle ~ vecchie storie f/pl.

Kamera [ka'me:ra] f (11¹) macchina f fotografica; (Film2) macchina f da presa.

Kamerad [kamə'ra:t] m (12) camerata m; mst compagno m; **~schaft** f

(16) fratellanza f; cameratismo m; **2schaftlich** cameratesco, da buon camerata; **~schaftsgeist** [--'-ʃafts-gaist] m spirito m cameratesco.

'**Kameramann** m operatore m cinematografico.

Kamille ⚘ [-'milə] f (15) camomilla f; **~ntee** m tè m di camomilla; camomilla f calda.

Kamin [-'mi:n] m (3¹) camino m; **~feger** m spazzacamino m.

Kamm [kam] m (3⁸) pettine m; ⊕ cardo m; Zo., Wellen2: cresta f; (Gebirgs2) catena f di montagne; alles über e-n ~ scheren mettere tutto in un mazzo; ihm schwillt der ~ gli si rizza la cresta.

kämmen ['kɛmən] (25) pettinare; ⊕ cardare.

Kammer ['kamər] f (15) camera f; Gewehr: otturatore m; **~diener** m cameriere m.

Kämm|erei [kɛmə'rai] f (16) tesoreria f; **~erer** ['kɛmərər] m (7) tesoriere m; (Kammerherr) ciambellano m.

Kammer|frau f, **~fräulein** n ['ka-mərfrau, '--frɔylain] cameriera f; **~gericht** n corte f d'appello; **~herr** m ciambellano m; **~jäger** m disinfestatore m; **~junker** m gentiluomo m di camera; **~mädchen** n servetta f; **~musik** f musica f da camera; **~sänger(in** f) m cantante m u. f da camera; **~ton** ♩ m diapason m; **~zofe** f cameriera f.

Kammgarn ['kamgarn] n (filo m di) lana f pettinata; **~wolle** f lana f pettinata; stame m.

Kämpe ['kɛmpə] m (13) campione m.

Kampf [kampf] m (3⁸) lotta f; battaglia f; conflitto m; ✗ combattimento m; (Treffen) scontro m; (Wett2) gara f, competizione f; '**~bahn** f stadio m; lizza f; arena f; '**~begier(de)** f spirito m battagliero; '**2begierig** battagliero; '**2bereit** pronto a combattere; '**~einheit** f unità f tattica.

kämpfen ['kɛmpfən] (25) lottare; combattere (um per, gegen contro).

Kampfer ['kampfər] m (7, o. pl.) canfora f.

Kämpfer ['kɛmpfər] m (7) lottatore m; combattente m; **2isch** bellicoso, guerriero.

Kampf... ['kampf...]: in Zsggn oft da combattimento; **2fähig** capace

di combattere; **~flugzeug** n aereo
m da combattimento; **~genosse** m
fratello m d'armi; **~handlung** f
operazione f militare; **Qlos** senza
opporre resistenza; **~lust** f belli-
cosità f; **Qlustig** bellicoso; **~platz**
m campo m di battaglia; arena f; **~**
preis m premio m; **~richter** m arbitro m; **Q~unfähig** incapace di battersi; **~ machen** mettere fuori combattimento.

kampieren [kam'pi:rən] accamparsi; essere accampato.

Kanad|ier(in f) m (7) [ka'na:djər
(-in)], **Qisch** canadese m u. f.

Kanal [ka'na:l] m (3³) canale m;
(Graben) fosso m, fossato m; (Ab-
fluß2) fogna f; **~isation** [--liza-
ts'jo:n] f canalizzazione f; städtische: fognatura f; **Qi'sieren** cana-
lizzare; **~i'sierung** f canalizzazione f.

Kanapee ['kanape:] n (11) sofà m.

Kanarienvogel [ka'na:rjənfo:gəl] m
canarino m.

Kandare [kan'da:rə] f (15) cavezzo-
ne m.

Kandelaber [kandə'la:bər] m (7)
candelabro m.

Kandid|at [kandi'da:t] m (12) can-
didato m; **~a'tur** f candidatura f;
Qi'ieren presentarsi (come) candidato.

kandieren [kan'di:rən] candire.

Kandiszucker ['kandistsukər] m
zucchero m candito.

Känguruh ['kɛŋguru:] n (11) canguro m.

Kaninchen [ka'ni:nçən] n (6) coniglio m; **~bau** m, **~gehege** n coni-
gliera f.

Kanister [ka'nistər] m (7) recipiente
m; Benzin: bidone m.

Kanne ['kanə] f (15) brocca f; Kaffee: bricco m; Wein, Bier: boccale
m; Benzin: latta f; **~gießer** m fig.
politicante m; **Qgießern** politicare.

kannelieren [kanə'li:rən] scannellare.

Kannib|ale [kani'ba:lə] m (13) can-
nibale m; **Q'alisch** cannibalesco.

Kanon ['ka:nɔn] m (11) canone m.

Kanonade [kano'na:də] f (15) cannonata f.

Kanone [ka'no:nə] f (15) cannone m;
fig. a. asso m; unter aller ~ sein fig.
essere più che miserabile, che
pessimo.

Kanonen|boot [ka'no:nənbo:t] n
cannoniera f; **~donner** m rombo m
dei cannoni; **~futter** n carne f da
cannoni; **~kugel** f palla f di cannone; **~schuß** m cannonata f.

Kanonier [kano'ni:r] m (3¹) canno-
niere m.

Kanon|iker [ka'no:nikər] m (7),
Qisch canonico m.

Kantate ♪ [kan'ta:tə] f (15) cantata f.

Kant|e ['kantə] f (15) spigolo m;
(Rand) orlo m; (Saum) bordo m;
canto m; auf die hohe ~ legen mettere da parte, risparmiare; **~en¹** m
(6) (Brot) cantuccio m; **Qen²** (26)
ribaltare; Stein: squadrare.

kantig ['kantiç] angoloso.

Kantine [kan'ti:nə] f (15) cantina f;
spaccio m; (Werks2) mensa f.

Kanton [kan'to:n] m (3¹) cantone m;
Q'al cantonale; **Q'ieren** acquartie-
rare; **~ist** [-to'nist] m (12): er ist
ein unsicherer ~ è una persona di
poca fiducia.

Kantor ['kantor] m (8¹) cantore m.

Kanu ['ka:nu] n (11) canoa f; canotto m.

Kanüle ♂ [ka'ny:lə] f (15) canula f.

Kanzel ['kantsəl] f (15) pulpito m;
~rede f predica f; **~redner** m predicatore m.

Kanzlei [kants'laI] f (16) cancelleria
f; **~papier** n carta f da protocollo;
~stil m stile m burocratico.

Kanzler ['kantslər] m (7) cancelliere
m.

Kanzlist [kants'list] m (12) scrivano
m.

Kap [kap] n (11) capo m, promontorio m.

Kapaun [ka'paun] m (3¹) cappone m.

Kapazität [kapatsi'tɛ:t] f capacità f.

Kapell|e [ka'pelə] f (15) cappella f;
(Musik2) orchestra f; banda f; **~**
meister m direttore m d'orchestra;
e-r Kirche: maestro m di cappella;
✗ capobanda m, maestro m di
musica.

Kaper ♀ ['ka:pər] f (15) cappero m.

kapern ['ka:pərn] (29) catturare.

kapieren [ka'pi:rən] capire.

kapillar [kapi'la:r] capillare.

Kapital [kapi'ta:l] n (3¹ u. 8²) capitale m; ~ schlagen aus et. trarre profitto da qc.; **~abwanderung** f esodo m di capitali; **~anlage** f collocamento m (od. investimento m) di
capitali; **~bildung** f formazione f di

capitali; **~einlage** f versamento m
di capitale; **~flucht** f esodo m di
capitali; **♀'isieren** capitalizzare;
~ismus [---'lismus] m uv. capita-
lismo m; **~ist** [---'list] m (12),
♀'istisch capitalista (m); **♀kräftig**
provvisto di grossi capitali; **~markt**
m mercato m monetario; **~schwund**
m consunzione f (od. sparizione f)
del capitale; **~verbrechen** n delitto
m capitale.

Kapitän [kapi'tɛ:n] m (3¹) capitano
m; **~leutnant** m tenente m di
vascello.

Kapitel [-'pitəl] n (7) capitolo m.

Kapitell [kapi'tɛl] n (3¹) capitello m.

Kapitol [kapi'to:l] n Campidoglio
m; **♀'inisch** capitolino.

Kapitul|ation [kapitulats'jo:n] f
(16) capitolazione f; **♀'ieren** capito-
lare.

Kaplan [ka'pla:n] m (3¹ u. ³) cap-
pellano m.

Kappe ['kapə] f (15) berretto m; 🗲
cuffia f; (Gewölbe) calotta f; Kamin:
cappa f; Schuhe: spunterbo m; fig.
et. auf seine ~ nehmen assumere la
responsabilità di qc.

kappen ['kapən] (25) Bäume: svettare; Mast: troncare; Tau: tagliare;
Hähne: capponare.

Käppi ['kɛpi] n (11) cheppì m.

Kapriole [kapri'o:lə] f (15) capriola f.

kapri|zieren [kapri'tsi:rən]: sich ~
ostinarsi; **~ziös** [--ts'jø:s] capriccioso.

Kapsel ['kapsəl] f (15) capsula f;
(Uhr♀) calotta f; (Etui) astuccio m.

kaputt F [ka'put] rotto, guasto, spez-
zato; (müde) stanco morto, sfinito;
~ machen rompere; ~ gehen rompersi.

Kapuz|e [-'pu:tsə] f (15) cappuccio
m; **~iner** [-pu'tsi:nər] m (7) cap-
puccino m.

Karabiner [-ra'bi:nər] m (7) carabina f.

Karaffe [-'rafə] f (15) caraffa f.

Karamb|olage [-rambo'la:ʒə] f (15)
fig. collisione f; (Streit) alterco m;
♀o'lieren carambolare.

Karamel [-ra'mɛl] m (11, o. pl.) cara-
mello m; **~le** f (15) caramella f; **~tor-
te** f crema f caramella.

Karat [-'ra:t] n (3, als Maß im pl.
uv.) carato m.

Karawane [-ra'va:nə] f (15) caro-
vana f.

Karbid [kar'bi:t] n (3) carburo m;
~lampe f lampada f ad acetilene.

Karbol [kar'bo:l] n (3¹, o. pl.), **~-
säure** f acido m fenico.

Karbonade [karbo'na:də] f (15)
carbonata f.

Karbunkel [-'buŋkəl] m (7) carbonchio m.

Kardan|gelenk [kar'da:ngələŋk] n
giunto m cardanico; **~welle** f albero
m cardanico.

Kardinal [kardi'na:l] m (3¹ u. ³)
cardinale m; **~shut** m cappello m
cardinalizio; **~swürde** f cardinalato
m; **~tugend** f virtù f cardinale; **~-
zahl** f numero m cardinale.

Karfreitag [kar'fraita:k] m (3)
venerdì m santo.

karg [kark] (18[²]) scarso, parco;
(Mahl) frugale; **~en** ['-gən] (25)
lesinare; **♀heit** f scarsezza f.

kärglich ['kɛrkliç] magro, misero;
meschino.

kariert [ka'ri:rt] a quadri; klein: a
quadretti.

Karies ['ka:ries] f carie f.

Karik|atur [-rika'tu:r] f (16) carica-
tura f; **~atu'rist** m caricaturista m;
♀'ieren caricaturare, fare la caricatura di.

karmesin [karmə'zi:n] adj., ♀ n
(3¹, o. pl.) chermisì adj. u. m.

Karmin [-'mi:n] n (3¹, o. pl.), **♀rot**
carminio (m).

Karneval ['karnəval] m (3¹) carnevale m; **~s...** in Zssgn mst carneva-
lesco.

Karnickel F [kar'nikəl] n (7) coniglio m.

Karo ['ka:ro:] n (11) quadro m;
kleines: quadretto m; Kartensp.
quadri m/pl.

Karosserie [karosə'ri:] f (15) carrozzeria f.

Karotte [-'rɔtə] f (15) carota f.

Karpfen ['karpfən] m (6) carpione
m; **~teich** m vivaio m di carpioni.

Karre ['karə] f (15) carretto m;
(Schub♀) carriola f.

Karree [ka're:] n (11) quadrato m.

karren ['karən] 1. (25) trasportare
con la carriola (od. con il carretto);
2. ♀ m (6) carro m; carretto m; carriola f; **♀ladung** f carrettata f.

Karriere [kar'jɛ:rə] f (15) carriera f.

Karst [karst] m 1. (3²) zappone m;
zweizinkig: bidente m; 2. Geogr.
Carso m.

Kart|ause [kar'tauzə] _f_ certosa _f_;
~äuser [-'tɔyzɐr] _m_ (7) certosino _m_.

Karte ['kartə] _f_ (15) carta _f_; (Post♀, Ansichts♀) cartolina _f_; (Speise♀) lista _f_; (Besuchs♀) biglietto _m_ da visita; (Land♀) carta _f_ geografica; **~n spielen** giocare a carte; **nach der ~ essen** mangiare alla carta; **alles auf e-e ~ setzen** puntare tutto su una carta.

Kartei [kar'taɪ] _f_ (16) cartoteca _f_; **~karte** _f_ scheda _f_.

Kar'tell † [kar'tɛl] _n_ (3¹) cartello _m_; lega _f_.

Karten|blatt ['kartənblat] _n_ carta _f_ (da gioco); **~haus** _n fig._ castello _m_ fatto di carte; **~leger(in** _f_) _m_ cartomante _m u. f_; **~spiel** _n_ gioco _m_ delle carte; (Spielkarten) mazzo _m_ di carte; **~spieler** _m_ giocatore _m_ di carte; **~zeichner** _m_ cartografo _m_.

Kartoffel [-'tɔfəl] _f_ (15) patata _f_; **~brei** _m_ purè _m_ di patate; **~kloß** _m_ gnocco _m_ di patate; **~salat** _m_ patate _f/pl._ in insalata; insalata _f_ di patate; **~suppe** _f_ minestra _f_ di patate.

Kartograph [karto'grɑ:f] _m_ (12) cartografo _m_.

Karton [-'tõ] _m_ (11) cartone _m_; (Schachtel) scatola _f_; ♀**ieren** [-to-'ni:rən] legare alla rustica.

Kartothek [karto'te:k] _f_ (16) cartoteca _f_; schedario _m_.

Karussell [karu'sɛl] _n_ (11 _od._ 3¹) giostra _f_; carosello _m_.

Karwoche ['ka:rvɔxə] _f_ settimana _f_ santa.

Karzer ['kartsɐr] _m_ (7) _ehm._ carcere _m_ (dell'università).

Karzinom [kartsi'no:m] _n_ (3¹) ♣ carcinoma _m_.

Kaschemme [ka'ʃɛmə] _f_ (15) bettola _f_.

Käse ['kɛ:zə] _m_ (7) formaggio _m_; cacio _m_; **~blatt** F _n_ giornalucolo _m_; **~dose** _f_ formaggiera _f_; **~glocke** _f_ formaggiera _f_; **~fabrik** _f_ caseificio _m_.

Kasematte ✕ [kazə'matə] _f_ (15) casamatta _f_.

Käserei [kɛzə'raɪ] _f_ cascina _f_, caseificio _m_.

Kasern|e [ka'zɛrnə] _f_ (15) caserma _f_; ♀**ieren** accasermare.

Käse|stange ['kɛ:zəʃtaŋə] _f_ grissino _m_ al formaggio; **~stoff** _m_ caseina _f_.

Kasino [ka'zi:no] _n_ (11) casinò _m_, circolo _m_.

Kaskade [kas'ka:də] _f_ (15) cascata _f_.

Kasperle ['kaspərlə] _n u. m_ (7) burattino _m_; **~theater** _n_ teatro _m_ dei burattini.

Kassa ['kasa] _f_ (16²): **gegen (per) ~** pronta cassa _f_; **~buch** _n_ libro _m_ cassa; **~geschäft** _n_ affare _m_ in contanti.

Kassation [kasats'jo:n] _f_ (16) cassazione _f_.

Kasse ['kasə] _f_ (15) cassa _f_; **bei ~ sein** avere quattrini; **nicht bei ~ sein** essere a corto di quattrini; **per ~ bezahlen** pagare in contanti; _s._ Kassa.

Kassen|abschluß ['kasən⁹apʃlus] _m_ chiusura _f_ di cassa; **~anweisung** _f_ buono _m_ di cassa; **~arzt** _m_ medico _m_ della cassa malati; **~bestand** _m_ effettivo _m_ di cassa; **~bote** _m_ fattorino _m_ di banca; **~erfolg** _m_ Thea. successo _m_ di cassetta; **~führer** _m_, **~verwalter** _m_ cassiere _m_; **~revision** _f_ revisione _f_ di cassa; **~schein** _m_ buono _m_ di cassa; **~schlager** _m_ (Film) successo _m_ di cassetta; **~schrank** _m_ cassaforte _f_; **~stunden** _f/pl._ ore _f/pl._ di cassa; **~sturz** _m_ verifica _f_ di cassa; **~zettel** _m_ scontrino _m_. [ruola _f_.↲

Kasserolle [kas(ə)'rɔlə] _f_ (15) casse-↲

Kassette [ka'sɛtə] _f_ (15) cassetta _f_.

kassier|en [-'si:rən] incassare; ♀**er** _m_ cassiere _m_; **~erin** _f_ cassiera _f_.

Kastagnette [-stan'jɛtə] _f_ (15) nacchera _f_.

Kastanie [ka'stɑ:njə] _f_ (15) Frucht: marrone _m_, castagna _f_; Baum: castagno _m_; _s. a._ Roß♀.

Kas'tanien|baum _m_ castagno _m_; ♀**braun** marrone; Haar: castagno; **~händler** _m_ castagnaio _m_; **~wald** _m_ castagneto _m_.

Kästchen ['kɛstçən] _n_ (6) cassetta _f_.

Kaste ['kastə] _f_ (15) casta _f_.

kastei|en [ka'staɪən] (25) macerare; ♀**ung** _f_ macerazione _f_.

Kastell [ka'stɛl] _n_ (3¹) castello _m_, roccaforte _f_; **~'an** _m_ (3¹) castellano _m_.

Kasten ['kastən] _m_ (6¹) cassa _f_; _mit_ Schubläden: cassettone _m_; **~geist** _m_ spirito _m_ di casta; **~wagen** _m_ furgone _m_.

Kastr|at [kas'trɑ:t] _m_ castrato _m_; **~ation** [-ats'jo:n] _f_ castrazione _f_; ♀**ieren** castrare.

Kasus ['ka:zus] _m uv._ caso _m_.

Katafalk [kata'falk] _m_ (3¹) catafalco _m_.

Katakombe [--'kɔmbə] f (15) catacomba f.

Katal|ane [--'lɑːnə] m (13), ♀**anisch** catalano (m).

Katalog [--'loːk] m (3) catalogo m; ♀**isieren** catalogare.

Katapult [--'pult] m u. n (3) catapulta f.

Katarrh [-'tar] m (3¹) catarro m; ♀**alisch** catarrale.

Kataster [-'tastər] m (7) catasto m.

katastr|ophal [-tastro'fɑːl] catastrofico; ♀**ophe** [--s'troːfə] f (15) catastrofe f.

Katechismus [katɛ'çismus] m (16²) catechismo m.

Kateg|orie [-tego'riː] f (15) categoria f; ♀**orisch** categorico.

Kater [-tego'riː] m (7) gatto m; (*Katzenjammer*) mal m di testa, malessere m (dopo una sbornia).

Katheder [ka'teːdər] n u. m (7) cattedra f.

Kathedrale [-te'drɑːlə] f (15) cattedrale f.

Kathete ⚥ [-'teːtə] f (15) cateto m.

Katheter ⚕ [-'teːtər] m (7) sonda f.

Kathode [-'toːdə] f (15) catodo m; ~**nstrahlen** m/pl. raggi m/pl. catodici.

Kath|olik [-to'liːk] m (12), ♀**olisch** [-'toːlif] adj. cattolico (m); ~**oli-'zismus** m cattolicesimo m, cattolicismo m.   [cotone m.}

Kattun [ka'tuːn] m (3¹) (tela f di)}

katz|balgen ['katsbalgən] (25): sich ~ azzuffarsi; ♀**balgerei** [---'raɪ] f (16) zuffa f, baruffa f; ~**buckeln** ['-bukəln] (29): vor j-m ~ fig. leccare le zampe a qu.

Kätzchen ['ketsçən] n (6) gattuccio m; ♀ amento m.

Katze ['katsə] f (15) gatto m; gatta f; es war keine ~ da non c'era un cane; F für die Katz' fatica sprecata; die ~ im Sack kaufen comprare la gatta nel sacco.

katzen|artig ['katsən⁹ɑːrtiç] gattesco; ♀**auge** n (Rückstrahler) catarifrangente m; ♀**buckel** m baciabasso m; ♀**geschrei** n miagolio m; ♀**gesicht** n muso m di gatto; ~**haft** gattesco; ♀**jammer** m nausea f, mal m di testa (dopo una sbornia); ♀**kopfpflaster** n lastrico m; ♀**musik** f scampanata f; ♀**sprung** m: es ist nur ein ~ bis sono solo quattro passi fino a.

Kauderwelsch ['kaudərvɛlʃ] n (uv. od. 3¹, o. pl.) gergo m inintelligibile.

kauen ['kauən] (25) 1. v/t. masticare; 2. v/i.: an et. ~ rosicchiare qc.; an den Nägeln ~ mangiarsi le unghie.

kauern ['kauərn] (29): sich ~ rannicchiarsi.

Kauf [kauf] m (3³) comp(e)ra f, acquisto m; fig. mit in ~ nehmen chiudere un occhio (su); ♀**en** ['kaufən] (25) comp(e)rare.

Käufer ['kɔyfər] m (7) compratore m.

Kauf|haus ['kaufhaus] n grande magazzino m, magazzini m/pl.; ~**kraft** f potere m d'acquisto; ♀**kräftig** danaroso; ~**laden** m negozio m; ~**leute** pl. von Kaufmann.

käuflich ['kɔyflic] vendibile; Personen: venale; ~ erwerben comp(e)rare; ♀**keit** f venalità f.

Kauf|lust ['kauflust] f voglia f di comprare; ~**mann** m (pl. -leute) (Ladenbesitzer) negoziante m; (Händler) commerciante m; bottegaio m; (Fabrikant) industriale m; ♀**männisch** ['-menif] commerciale; ~**preis** m, ~**summe** f prezzo m d'acquisto; ~**vertrag** m contratto m di compra; ~**zwang** m obbligo m di comprare.

Kaugummi ['kaugumi:] m gomma f da masticare.

Kaulquappe ['kaulkvapə] f (15) girino m.

kaum [kaum] appena; (schwerlich) difficilmente.

Kaumuskel ['kaumuskəl] m muscolo m masticatore.

kausal [kau'zɑːl] causale; ♀**i'tät** f causalità f.

Kautabak ['kautabak] m (3¹) tabacco m da masticare.

Kaution [-ts'joːn] f (16) cauzione f.

Kautschuk ['kautʃuk] m (3¹) caucciù m.

Kauz [kauts] m (3² u. ³) civetta f; fig. originale m.

Kavalier [kava'liːr] m (3¹) cavaliere m.

Kavalkade [--'kɑːdə] f (15) cavalcata f.

Kavall|erie [--lə'riː] f (15) cavalleria f; ~**erist** m (12) cavalleggiere m.

Kaviar ['kaːvjaːr] m (3¹) caviale m.

keck [kɛk] ardito; sfacciato; '♀**heit** f arditezza f; sfrontatezza f.

Kegel ['keːgəl] m (7) *Spiel*: birillo m; ♣ cono m; F *mit Kind und* ~ con tutta la sacra famiglia; ~**bahn** f pallottolaio m; **♀förmig** ['~fœrmiç] conico; **♀n** (29) giocare ai birilli; ~**spiel** n gioco m dei birilli; ~**schnitt** m sezione f conica; ~**stumpf** m tronco m di cono.

Kehle ['keːlə] f (15) gola f; *in die falsche* ~ *kommen* fig. andare di traverso; *aus voller* ~ a squarciagola; **♀n** ♣ scannellare.

Kehl|kopf ['keːlkɔpf] m laringe f; ~**kopfkatarrh** m laringite f; ~**kopfmikrophon** n laringofono m; ~**kopfspiegel** m laringoscopio m; ~**laut** m gutturale m; ~**ung** f scanalatura f.

Kehr|aus ['keːrʔaʊs] m uv.: ~ *machen* fig. fare piazza pulita; ~**besen** m scopa f; ~**bürste** f spazzola f; ~**e** f (15) giro m/v/t. **♀en** (25) **1.** v/t. spazzare; scopare; (*wenden*) voltare; **2.** v/i. (sn) ritornare; *sich an* et. ~ curarsi di; tenere conto di; *in sich gekehrt* raccolto; ✕ *kehrt!* dietro front!; ~**icht** ['keːriçt] m u. n (3¹, o. pl.) spazzatura f; ~**ichtkasten** m mondezzaio m; ~**maschine** f spazzatrice f; ~**reim** m ritornello m; ~**seite** f rovescio m.

kehrtmachen ['keːrtmaxən] ritornare sui propri passi.

keifen ['kaɪfən] (25) strillare, sgridare.

Keil [kaɪl] m (3) cuneo m; *Kleidung*: gherone m; ~**e** F f uv. bastonate f/pl.; **♀en** (25) inzeppare; ~**er** m (7) cinghiale m; ~**e'rei** f baruffa f; **♀förmig** ['~fœrmiç] cuneiforme; ~**kissen** n traversino m; ~**schrift** f scrittura f cuneiforme.

Keim [kaɪm] m (3) germe m; ~**bildung** f germinazione f; ~**drüse** f ghiandola f germinale; **♀en** (25, h.) germinare; **♀frei** sterilizzato; ~**kraft** f forza f germinativa; **♀tötend** ⚕ germicida; ~**zelle** f cellula f germinativa.

kein [kaɪn] (20) nessuno; *ich habe keinen ...* non ho ...; *es gibt keine ...* non ci sono ...; '~**er'lei** di nessuna specie; '~**er'seits** da nessuna parte; '~**es'falls** in nessun caso; '~**eswegs** ['~'veːks] niente affatto; '~**mal** neppure una volta.

Keks [keːks] m (4) biscotto m.

Kelch [kɛlç] m (3) calice m; '~**blatt** ♀ n sepalo m; '~**glas** n (bicchiere m a) calice m.

Kelle ['kɛlə] f (15) cazzuola f; *Kochk.* ramaiolo m.

Keller ['kɛlər] m (7) cantina f; sotterraneo m; **~ei** [~'raɪ] f (16) bottiglieria f; ~**geschoß** m scantinato m; sotterraneo m; ~**meister** m cantiniere m; ~**wechsel** ♥ m cambiale f fittizia; ~**wohnung** f abitazione f in cantina.

Kellner(in f) m ['kɛlnər(in)] (7) cameriere (-a) m (f).

Kelt|er ['kɛltər] f (15) torchio m; **♀ern** (29) pigiare; ~**erung** f pigiatura f.

keltisch ['kɛltiʃ] celtico.

kenn|en ['kɛnən] (30) conoscere; (*wissen*) sapere; ~**enlernen** conoscere; **♀er** m (7) conoscitore m; intenditore m; esperto m; **♀karte** f carta f d'identità; **♀nummer** f numero m di riconoscimento; *Auto*: numero m di targa; ~**tlich** riconoscibile.

Kenntnis ['kɛntnis] f (14²) conoscenza f; -se pl.(*Wissen*) nozioni f/pl.; *zur* ~ *nehmen* prender nota di; *zur* ~ *bringen* mettere al corrente di; ~ *erhalten von* essere informato di; *zufällig*: venire a sapere; ~**nahme** f (15, o. pl.) il prender nota; *zur gefälligen* ~ per Sua informazione.

Kenn|wort ['kɛnvɔrt] n (1²) sigla f; ✕ parola f d'ordine; ~**zeichen** n distintivo m; contrassegno m; **♀zeichnen** contrassegnare; fig. caratterizzare; **♀zeichnend** caratteristico; ~**ziffer** f indice m.

kentern ⚓ ['kɛntərn] (29, sn) capovolgersi.

Keram|ik [ke'raːmik] f (16) ceramica f; **♀isch** ceramico.

Kerbe ['kɛrbə] f (15) tacca f.

Kerbel ♀ ['kɛrbəl] m (7, o. pl.) cerfoglio m.

kerb|en ['kɛrbən] (25) fare tacche in; **♀holz** n tacca f; et. *auf dem* ~ *haben* aver qc. sulla coscienza.

Kerker ['kɛrkər] m (7) carcere m; prigione f; ~**haft** f prigione f; reclusione f; ~**meister** m carceriere m.

Kerl [kɛrl] m (3; P a. 11) tipo m; soggetto m; *guter* (*armer*) ~ buon (*povero*) diavolo m; *komischer* ~ bel tipo m; *liederlicher* ~ fannullone m; *dummer* ~ stupido m; *ganzer* ~ uomo m tutto d'un pezzo.

Kern [kɛrn] m (3) nocciolo m (a. fig.); (Apfel♀, Kürbis♀ usw.) seme m; (Nuß♀) gheriglio m; (Trauben♀) acino m; e-r Schrift: succo m; des Heeres: nerbo m; ⊕ anima f; (Atom♀) nucleo m; '♀beißer m Zo. frusone m; '♀energie f energia f nucleare; '♀frucht f frutto m a nocciolo (a semi, ad acini usw.); '♀gehäuse n torsolo m; '♀gesund sano come un pesce nell'acqua; d'una salute di ferro; '♀holz n nocchio m del legno; legno m sodo; '♀ig vigoroso; '♀leder n cuoio m scelto; '♀los senza semi; '♀obst n = Kernfrucht; '♀physik f fisica f nucleare; '♀punkt n punto m essenziale; '♀reaktor m reattore m nucleare; '♀reich granelloso; '♀spaltung f scissione f nucleare; '♀spruch m massima f d'oro; '♀truppen f/pl. truppe f/pl. scelte; '♀waffen f/pl. armi f/pl. nucleari (od. atomiche).

Kerze ['kɛrtsə] f (15) candela f; (Kirchen♀) cero m; ♀ngerade diritto come un fuso; ♀ngießer m, ♀nmacher m candelaio m; ♀nlicht n, ♀nschein m lume m di candela; ♀nstummel m moccolo m.

keß F [kɛs] spigliato.

Kessel ['kɛsəl] m (7) caldaia f; Kochk. paiolo m; Geogr. vallata f; ✕ sacca f; ♀flicker m calderaio m; ♀haken m catena f del camino; ♀pauke f timpano m; ♀schlacht f battaglia f di accerchiamento; ♀schmied m calderaio m; ♀stein m incrostazione f della caldaia; ♀treiben n battuta f; fig. lotta f senza quartiere; ♀wagen m vagone m cisterna.

Kette ['kɛtə] f (15) catena f; (Hals♀) collana f; fig. serie f; ♀n (26) incatenare.

Ketten|antrieb ['kɛtən⁹antriːp] m comando m a catena; ♀bruch ♣ m frazione f continua; ♀brücke f ponte m sospeso; ♀förmig ['--fɛrmiç] a catena; ♀gelenk n, ♀glied n anello m di catena; ♀hund m cane m da guardia; ♀rad n ruota f a catena; ♀raucher F m fumatore m a ripetizione; ♀reaktion f reazione f a catena.

Ketzer ['kɛtsər] m (7) eretico m; ♀ei [--'raɪ] f (16) eresia f; ♀isch eretico; ♀verbrennung f autodafé m.

keuch|en ['kɔʏçən] (25) ansare;

 end ansante, anelante; ♀husten m tosse f canina.

Keule ['kɔʏlə] f (15) clava f; Kochk. coscia f; (Mörser♀) pestello m; ♀nschlag m mazzata f.

keusch [kɔʏʃ] casto; '♀heit f castità f.

Kichererbse ['kiçər⁹ɛrpsə] f cece m.

kichern ['kiçərn] (29) ridere sommesso, ridere sotto i baffi.

Kiebitz ['kiːbits] m (3²) pavoncella f; F ficcanaso m.

Kiefer ['kiːfər] **a)** m (7) Anat. mascella f; mandibola f; in Zssgn mascellare; **b)** ♀ f (15) pino m selvatico; ♀höhle Anat. f cavità f mascellare; ♀nwald m pineta f.

Kiel [kiːl] m (3) cannello m (della penna); ♀ chiglia f; ♀holen carenare; '♀raum m sentina f; '♀wasser n scia f.

Kieme ['kiːmə] f (15) branchia f.

Kien [kiːn] m (3) legno m resinoso; '♀apfel m pigna f; ♀ig resinoso; '♀öl n olio m di pinastro; '♀ruß m nerofumo m.

Kiepe ['kiːpə] f (15) gerla f.

Kies [kiːs] m (4) ghiaia f; ♀artig ghiaioso; '♀boden m greto m; s.

Kiesel ['kiːzəl] m (7) selce f; s. Kieselstein; ♀artig siliceo; ♀erde f silice f; ♀gur f farina f fossile; ♀haltig silicifero; ♀säure f acido m silicico; ♀stein m ciottolo m.

Kies|grund ['kiːsgrunt] m greto m; ♀haltig ghiaioso; ♀ig gretoso, ghiaioso; ♀weg m strada f coperta di ghiaia.

Kilo ['kiːloː] n (11, nach Zahlen uv.) chilo m; '♀gramm n chilogrammo m; '♀meter m chilometro m; ♀'meterzahl f chilometraggio m; ♀'meterzähler m contachilometri m; '♀watt ⚡ n chilowatt m; '♀wattstunde f chilowatt-ora f.

Kimme ['kimə] f (15) tacca f (di mira).

Kind [kint] n (1) bambino m; Sohn: figlio m, figliuolo m; Tochter: figlia f, figliuola f; männliches: maschio m; weibliches: femmina f; allg. fanciullo m, fanciulla f; neugeborenes: neonato m; von ♀ auf fin da bambino; ♀er pl. figli m/pl.; '♀bett n puerperio m; '♀bettfieber n febbre f puerperale.

Kinder... ['kindər...]: in Zssgn oft da bambino; ♀arzt m pediatra m; ♀

bewahr-anstalt f asilo m infantile; ~ei [--'rat] f (16) bambinata f; ~frau f balia f; ~fräulein n bambinaia f, governante f; ~garten m giardino m d'infanzia; ~gärtnerin f maestra f giardiniera; ~hort m asilo m infantile; ~jahre n/pl. infanzia f; ~krankheiten f/pl. malattie f/pl. infantili; ~lähmung f poliomielite f, paralisi f infantile; ~ es ist ~ k u n gioco da ragazzi; 2lieb buono con i bambini; 2los senza prole; ~losigkeit f mancanza f di prole; ~mädchen n bambinaia f; ~mord m infanticidio m; Bethlehemischer ~ strage f degli Innocenti; ~mörder (-in f) m infanticida m u. f; ~pflege f puericoltura f; 2reich ricco con molti figli; prolifico; ~reichtum m prolificità f; ~schar f prole f; F tribù f; ~spiel n: F das ist kein ~ non è mica una cosa facile; ~sprache f linguaggio m infantile; ~streich m ragazzata f; ~stube f stanza f per i bambini; fig. buona educazione f; ~stuhl m seggiolino m; ~vorstellung f rappresentazione f (od. spettacolo m) per i bambini; ~wagen m carrozzella f, carrozzina f (da bambini); ~wärterin f bambinaia f.

Kindes|alter ['kindəs?altər] n infanzia f; ~beine n/pl.: von ~n an dalla più tenera infanzia; ~entführung f ratto m di minorenne; ~kind n nipote m u. f; ~liebe f amore m filiale; ~mord m infanticidio m; ~mörder(in f) m infanticida m u. f.

Kind|heit ['kinthaɪt] f infanzia f; puerizia f; 2isch ['-diʃ] bambinesco, puerile; ~lein n pargolo m; 2lich infantile; Liebe: filiale; ~skopf F m gran bambino m, fanciullone m; ~taufe f battesimo m.

kinetisch [ki'ne:tiʃ] cinetico.

Kinkerlitzchen ['kiŋkərlitsçən] F pl. uv. fronzoli m/pl.; piccolezze f/pl.

Kinn [kin] n (3) mento m; '~backe f mascella f; '~bart m pizzo m; '~kette f barbazzale f; '~lade f mascella f.

Kino ['ki:no:] n (11) cinema m; F cine m; ~besucher m/pl. (7) spettatori m/pl. del cinema; ~vorstellung f rappresentazione f cinematografica.

Kiosk [kjɔsk] m (3²) chiosco m; (Zeitungs2) edicola f.

Kippe ['kipə] f (15) (Zigarette) cicca f; fig. auf der ~ stehen star per cadere.

kippen ['kipən] (25) **1.** v/t. far traboccare; **2.** v/i. perdere l'equilibrio; Waage: (sn) traboccare.

'**Kipp|fenster** n finestra f ribaltabile; ~hebel m bilanciere m; ~schalter m interruttore a ribaltabile; ~wagen m (auto)carro m a ribalta.

Kirche ['kirçə] f (15) chiesa f; (Gottesdienst) messa f.

Kirchen|älteste(r) ['kirçən?eltəstə(r)] m (18) presbitero m; ~bann m scomunica f; in den ~ tun scomunicare; ~buch n registro m della parrocchia; ~diener m sagrestano m; ~gemeinde f parrocchia f; ~geschichte f storia f ecclesiastica; ~gut n patrimonio m ecclesiastico; ~jahr n anno m ecclesiastico; ~konzert n concerto m di musica sacra; ~lehrer m dottore m della chiesa; ~licht n F: er ist kein großes ~ non è un gran lume; ~lied n cantico m; ~maus f: arm wie e-e ~ povero in canna; ~musik f musica f sacra; ~rat m (membro m del) concistoro m; ~recht n diritto m canonico; ~schändung f sacrilegio m; ~schiff n navata f; ~spaltung f scisma m; ~staat m Stato m pontificio; ~steuer f imposta f ecclesiastica; ~streit m scisma m; ~tag m sinodo m; ~vater m padre m della chiesa; ~vorstand m consiglio m di fabbriceria, presbiterio m.

Kirch|gang ['kirçgaŋ] m l'andare m in chiesa; ~hof m camposanto m, cimitero m; 2lich ecclesiastico; gesinnt clericale; ~spiel n parrocchia f; ~sprengel m diocesi f; ~turm m campanile m; ~turmpolitik f campanilismo m; ~weihfest n sagra f.

Kirmes ['kirməs] f (16³) sagra f.

kirre ['kirə] mansueto f; ~ machen addomesticare, sottomettere.

Kirsch [kirʃ] m kirsch m; acquavite f di ciliege; ~baum m ciliegio m; '~e f (15) ciliegia f; mit ihm ist nicht gut ~n essen con lui non giocherei ai noccioli; '~kern m nocciolo m di ciliegia; '~kuchen m torta f di ciliege; '~likör m mara-

schino *m*; '**~saft** *m* amarena *f*;
'**~wasser** *n s. Kirsch*.
Kissen ['kɪsən] *n* (6) cuscino *m*;
(*Kopf*♀) guanciale *m*; **~bezug** *m*
federa *f*.
Kiste ['kɪstə] *f* (15) cassa *f*.
Kitsch [kɪtʃ] *m* (3², *o. pl.*) kitsch *m*;
robaccia *f*; oggetti *m/pl.* di pessimo
gusto; '**~ig** di cattivo gusto; svene-
vole.
Kitt [kɪt] *m* (3) mastice *m*; (*Bau*♀)
cemento *m*.
Kittchen F ['kɪtçən] *n* (6) gattabuia *f*.
Kittel ['kɪtəl] *m* (7) camice *m*.
kitten ['kɪtən] (26) immasticare; *fig.*
rappezzare.
Kitzel ['kɪtsəl] *m* (7) solletico *m*; *fig.*
prurito *m*; **♀ig** sensibile al solletico;
fig. permaloso; (*heikel*) delicato; **♀n**
(29) fare il solletico a; *es kitzelt
mich* sento un prurito.
Kladde ['kladə] *f* (15) minuta *f*;
Buch: scartafaccio *m*.
Kladderadatsch [kladə'ratʃ] *m*
(3²) patatrac *m*, sconquasso *m*.
klaffen ['klafən] (25, *h.*) essere
spalancato; **~de** *Wunde f* ampia ferita *f*.
kläff|en ['klɛfən] (25) abbaiare,
guaire; **♀er** *m* (7) botolo *m*.
Klafter ['klaftər] *m u. n* (7) tesa *f*;
Holz: catasta *f*.
klagbar ['klɑːkbɑːr] processabile; **~
werden** querelare (*ac.*); intentare un
processo.
Klage ['klɑːgə] *f* (15) lagnanza *f*;
(*Weh*♀) lamento *m*; **t½** querela *f*;
causa *f*; processo *m*; **~ anstrengen
gegen** *j-n* querelare qu.; **~frau** *f* prefica *f*; **~lied** *n* canto *m* elegiaco;
lagna *f*; **~lieder** *pl. bibl.* Lamenta-
zioni *f/pl.*
klagen ['klɑːgən] (25) 1. *v/t. j-m et.* **~**
lagnarsi di qc. con qu.; *j-m sein
Leid* **~** confidare i suoi affanni a qu.;
2. *v/i.* lagnarsi (*über ac.* di); (*weh~*)
lamentarsi; **t½** dar querela a.
Klagepunkt ['klɑːgəpuŋkt] *m* capo
m d'accusa.
Kläger(in *f*) ['klɛːgər(ɪn)] *m* (7)
querelante *m u. f*.
Klage|ruf ['klɑːgəruːf] *m* lamento
m; **~schrift** *f* querela *f*; **~stimme** *f*
voce *f* lamentevole; **~weg** *m* ['--veːk]
m: den **~** beschreiten procedere per
via giudiziaria; **~weib** *n* prefica *f*.
kläglich ['klɛːklɪç] lamentevole; (*beklagenswert*) deplorevole; misera-

bile; **♀keit** *f* stato *m* lamentevole
(*od.* miserabile).
klaglos ['klɑːkloːs] senza lamentarsi;
F liscio.
Klamauk [kla'mauk] F *m* chiasso *m*,
scalpore *m*.
klamm[1] [klam] stretto; scarso; *vor
Kälte*: intirizzito.
Klamm[2] ['klam] *f* (16) gola *f*.
Klammer ['klamər] *f* (15) grappa *f*;
morsetto *m*; (*Wäsche*♀) fermaglio *m*;
⚒ arpese *m*; *Gram., Typ.* parentesi
f; **♀n** (29): *sich ~ an* aggrapparsi a.
Klamotten F [kla'mɔtən] *f/pl.* (15)
anticaglie *f/pl.*, robaccia *f*.
Klang [klaŋ] *m* (3³) suono *m*; risonanza *f*; *allg.* melodia *f*, armonia *f*.
Klang|farbe ['klaŋfarbə] *f* timbro
m; **~lehre** *f* acustica *f*; **♀los** senza
suono; *fig.* zitto zitto; **♀reich**, **♀voll**
sonoro; armonioso.
Klapp|bett ['klapbɛt] *n* letto *m* pie-
ghevole; (*Feldbett*) branda *f*; **~
deckel** *m* coperchio *m* a cerniera.
Klappe ['klapə] *f* (15) ⊕ *u. Anat.*
valvola *f*; *an Ledersachen*: linguetta
f; (*Tisch*♀) ribalta *f*; (*Falle*) trappola
f; (*Fliegen*♀) acchiappamosche *m*;
♪ chiave *f*; *Kleidung*: ri(s)volta *f*;
(*Bett*) F letto *m*; (*Mund*) P bocca *f*;
die ~ halten chiudere il becco.
klappen ['klapən] (25) 1. *v/t. in die
Höhe* **~** tirare su; *auseinander* **~**
aprire; 2. *v/i. fig.* andare bene (*od.*
liscio); funzionare.
Klappen|fehler ['klapənfeːlər] *m* ⚕
vizio *m* valvolare; **~schrank** *m*
Fernspr. centralino *m*, commutatore
m automatico; **~ventil** *n* valvola *f*
a cerniera; *Anat.* valvola *f*.
Klapper ['klapər] *f* (15) raganella *f*
(*Tanz*♀) nacchera *f*; *der Schlange*:
sonaglio *m*; **♀'dürr** secco come un
chiodo; **♀ig** scricchiolante; *fig.* in
cattivo stato; **~kasten** *m* cassone *m*;
altes Auto: vecchia caffettiera *f*; **♀n**
(29) sonare; *mit et.* **~** far sonare qc.;
mit den Zähnen **~** battere i denti;
Storch: battere (il becco); **~schlan-
ge** *f* serpente *m* a sonagli; **~storch**
m cicogna *f*.
Klapp|fenster ['klapfɛnstər] *n* fi-
nestra *f* ribaltabile; **~messer** *n* coltello *m* a serramanico; **~sitz** *m* *Auto*:
strapuntino *m*; *allg.* sedile *m*
pieghevole; **~stuhl** *m* sedia *f*
pieghevole; **~tisch** *m* tavola *f* a
ribalta; **~verdeck** *n* tetto *m* ribaltabile.

Klaps [klaps] m (4) scappellotto m; sculacciata f.

klar [kla:r] chiaro; *Wasser*: limpido; ⚓ pronto; *über et. im ~en sein* veder chiaro in qc.; *sich über et. ~ werden* cominciare a capire qc.; *~! ma certo!*

Klär... ['klε:r...]: *in Zssgn* ⊕ di depurazione; **~anlage** f impianto m di depurazione.

klarblickend ['kla:rblikənt] perspicace.

klären ['klε:rən] (25) chiarire; filtrare, depurare; *sich ~* chiarirsi.

Klarheit ['kla:rhaɪt] f chiarezza f, limpidezza f.

Klarinette ♪ [klari'netə] f (15) clarinetto m.

klar|legen ['kla:rle:gən] chiarire, dichiarare; **~machen** spiegare, chiarire; **~stellen** dichiarare, spiegare, chiarire; **2stellung** f chiarimento m, spiegazione f.

Klärung ['klε:ruŋ] f chiarificazione f; depurazione f; *fig.* chiarimento m.

Klasse ['klasə] f (15) classe f.

Klassen|arbeit ['klasən'arbaɪt] f tema m in classe; **~buch** n registro m di classe; **~einteilung** f classificazione f; **~geist** m spirito m di classe; **~haß** m odio m di classe; **~kampf** m lotta f di classe; **~lotterie** f lotteria f a più estrazioni; **~zimmer** n aula f; sala f d'una classe.

klassifizieren [klasifi'tsi:rən] classificare.

Klass|ik ['klasik] f (16, *o. pl.*) periodo m classico; **~iker** m (7), **2isch** adj. (autore m) classico; **~i'zismus** m classicismo m.

Klatsch [klatʃ] m (3²) (*Geschwätz*) pettegolezzo m; '**~base** f pettegola f; '**~e** f (15) (*Fliegen2*) acchiappamosche m.

klatsch|en ['klatʃən] (27): *Beifall ~* applaudire; *Regen*: scrosciare; *Peitsche*: schioccare; *mit den Händen ~* battere le mani; *fig.* chiacchierare, far pettegolezzi; **~geschichte** f pettegolezzi m/pl.; **~haft** linguacciuto; **2maul** n pettegola f; **~'naß** inzuppato fino alle ossa; bagnato come un pulcino; **2-rose** ♀ f rosolaccio m.

Klaue ['klauə] f (15) granfia f, unghia f; *Raubvögel*: artiglio m; **2n** F (25) rubare.

Klause ['klauzə] f (15) eremitaggio m; cella f; *Geogr.* gola f.

Klausel ['klauzəl] f (15) clausola f.

Klausner ['klausnər] m (7) eremita m.

Klausur [klau'zu:r] f (16) clausura f; **~arbeit** f tema m scritto in classe.

Klaviatur [klavja'tu:r] f (16) tastiera f.

Klavier [kla'vi:r] n (3¹) pianoforte m; **~auszug** m adattamento m per piano solo; **~spieler(in** f) m pianista m u. f; **~stimmer** [-'-ʃtimər] m (7) accordatore m di pianoforti; **~stück** n pezzo m per pianoforti; **~stunde** f lezione f di pianoforte.

Kleb|eadresse ['kle:bə'adrεsə] f etichetta f; **~emarke** f marchetta f; **~emittel** n adesivo m; (*Leim*) colla f; **2en** (25) **1.** v/t. attaccare; appiccicare; *mit Leim*: incollare; **2.** v/i. attaccar(si); appiccicarsi; **~er** ⚓ m (7) glutine m; **2rig** viscoso; attaccaticcio; **~rigkeit** f viscosità f, collosità f; **~stoff** ['kle:pʃtɔf] m adesivo m; colla f; **~streifen** m nastro m adesivo.

kleckern ['klεkərn] (29) pasticciare.

Kleck|s [klεks] m (4) sgorbio m; '**2-sen** (27) scarabocchiare; '**~ser** m scarabocchione m; **~serei** [-sə'raɪ] f (16) scarabocchio m.

Klee [kle:] m (3¹) trifoglio m; '**~blatt** n trifoglio m; *fig.* tre amici m/pl. inseparabili; triade f; '**~säure** f acido m ossalico.

Kleid [klaɪt] n (1) vestito m, abito m; **~chen** ['-çən] n vestitino m; **2en** ['-dən] (26) v/t. u. v/i. vestire; *j-n gut ~* star bene a qu.; *in Worte ~* esprimere con parole.

Kleider|ablage ['klaɪdər'apla:gə] f guardaroba f; **~bügel** m gruccia f; **~bürste** f spazzola f per vestiti; **~haken** m attaccapanni m; **~schrank** m armadio m dei (*od.* per i) vestiti, guardaroba f; **~ständer** m attaccapanni m.

kleidsam ['klaɪtza:m] che va (*od.* sta) bene; elegante.

Kleidung ['klaɪduŋ] f abito m; vestiario m, abbigliamento m; **~sstück** n capo m di vestiario; **~e** pl. indumenti m/pl.; vestiario m.

Kleie ['klaɪə] f (15) crusca f.

klein [klaɪn] piccolo; (*unbedeutend*) insignificante; *Buchstabe*: minuscolo; *Geld*: spicciolo; *Finger*: mignolo; ~ beigeben cedere; ~ anfangen cominciare con poco; *ein* ~ *wenig* un pochino; *von* ~ *an* fin dall'infanzia; *bis ins* ~*ste* con tutti i particolari; *oft durch Verkleinerungsform:* ~**er Bruder** *m* fratellino *m*; *2-***anzeige** *f* piccola pubblicità *f*; *2-***arbeit** *f* lavoro *m* minuzioso; *2***bahn** *f* ferrovia *f* secondaria (*od.* a scartamento ridotto) *f*; *2***betrieb** *m* piccola azienda *f*; *2***bildkamera** *f* microcamera *f*; *2***bürger** *m* piccolo borghese *m*; ~**bürgerlich** da borghesuccio.

Kleine ['klaɪnə] *f* piccina *f*; ~(**r**) *m* bambino *m*, piccino *m*.

Klein|geld ['klaɪngɛlt] *n* spiccioli *m/pl.*, moneta *f*; *2***gläubig** di poca fede; ~**handel** *m* commercio *m* al minuto; ~**händler(in** *f*) *m* commerciante *m* u. *f* al minuto, dettagliante *m* u. *f*; ~**heit** *f* piccolezza *f*; ~**hirn** *n* cervelletto *m*; ~**holz** *n* legna *f* minuta; ~ *machen aus* fig. fare a pezzi (*ac.*); ~**igkeit** *f* piccolezza *f*, inezia *f*; ~**igkeitskrämer** *m* pignolo *m*; ~**igkeitskrämerei** *f* pignoleria *f*; ~**kind** *n* bambino *m* piccolo; ~**kram** *m* cianfrusaglie *f/pl.*; *fig.* dettagli *m/pl.*; ~**krieg** *m* guerriglia *f*; *2***laut** mogio; *2***lich** gretto; ~**lichkeit** *f* grettezza *f*; ~**mut** *m* pusillanimità *f*; *2***mütig** ['-my:tɪç] pusillanime.   [gioiello *m*.]

Kleinod ['klaɪno:t] *n* 3 (*pl. a.* -ien)]

Klein|staat ['klaɪnʃtɑːt] *m* staterello *m*; ~**staaterei** [-ʃtɑːtə'raɪ] *f* particolarismo *m*; *2***staatlich** particolaristico; ~**stadt** *f* cittadina *f*; ~**städter** *m*, *2***städtisch** *adj.* provinciale (*m*); ~**vieh** *n* bestiame *m* minuto; ~**wagen** *m* (vettura *f*) utilitaria *f*; vetturetta *f*.

Kleister ['klaɪstər] *m* (7) pasta *f*, colla *f*; *2n* (29) impastare, incollare.

Klemm|e ['klɛmə] *f* (15) morsa *f*; *fig.* impiccio *m*; strette *f/pl.*; dilemma *m*; *2en* (25) serrare; rimanere dentro; ~**er** *m* (7) lenti *f/pl.*; ~**schraube** *f* serrafilo *m*.

Klempner ['klɛmpnər] *m* (7) stagnino *m*, lattoniere *m*; ~**ei** [--'raɪ] *f* mestiere *m* (*od.* bottega *f*) dello stagnino.

Klepper ['klɛpər] *m* (7) ronzino *m*.

Kleptomanie [klɛptoma'ni:] *f* cleptomania *f*.

klerikal [kleri'kɑːl] clericale; *2***ismus** *m* clericalismo *m*.

Kleriker ['kle:rikər] *m* (7) chierico *m*.

Klerus ['kle:rus] *m* uv. clero *m*.

Klette ♀ ['klɛtə] *f* (15) lappola *f*, bardana *f*; *fig.* mignatta *f*.

Kletter|eisen ['klɛtərʔaɪzən] *n* staffa *f*; ~**er** *m* (7) rampicatore *m*, scalatore *m*; ~**mast** *m* albero *m*; *mit Gewinnen:* albero *m* della cuccagna; *2n* (29) arrampicarsi su; scalare (*ac.*); *2nd* rampicante; ~**pflanze** *f* rampicante *f*; ~**stange** *f* s. *Klettermast*; ~**vogel** *m* uccello *m* rampicante.

Klient(in *f*) *m* [kli'ɛnt(in)] (12) cliente *m u. f*.

Klim|a ['kli:ma] *n* (11²) clima *m*; ~**anlage** *f* condizionamento *m* dell'aria; *mit* ~ climatizzato; *2'a-***tisch** climatico.

klimm|en ['klimən] (30, *h. u. sn*) tirarsi su; arrampicarsi; *2***zug** *m* flessione *f*.

Klimp|erer ['klimpərər] *m* (7) strimpellatore *m*; ~**erkasten** *m* pianoforte *m* sfiatato; *2***ern** (29) strimpellare.

Klinge ['kliŋə] *f* (15) lama *f*; *j-n vor die* ~ *fordern* sfidare qu. a duello.

Klingel ['kliŋəl] *f* (15) campanello *m*; ~**beutel** *m* borsa *f* per la questua; ~**knopf** *m* bottone *m* del campanello.

klingeln ['kliŋəln] (29) sonare.

Klingel|zeichen ['kliŋəltsaɪçən] *n* segnale *m* di campanello; ~**zug** *m* cordone *m* del campanello.

klingen ['kliŋən] (30) suonare; *mit den Gläsern* ~ toccare i bicchieri; *die Ohren* ~ *mir* mi fischiano gli orecchi; *mit* ~*dem Spiel* a tamburo battente.

Klin|ik ['kli:nik] *f* (16) clinica *f*; ~**iker** *m* (7), *2***isch** clinico (*m*).

Klinke ['kliŋkə] *f* (15) saliscendi *m*; (*Griff*) maniglia *f*; nottolino *m*.

Klinker ['kliŋkər] *m* (7) mattone *m*.

klipp [klip]: ~ *und klar* chiaro e netto.

Klipp|e ['klipə] *f* (15) scoglio *m*; *fig.* difficoltà *f*, ostacolo *m*; ~**fisch** *m* baccalà *m*.

klirren ['klirən] (25) tintinnare; *mit den Waffen* ~ far tintinnare le armi.

Klischee [kli'ʃe:] *n* (11) cliché *m*.

Klistier [klis'ti:r] *n* (3¹) clistere *m*; ~**spritze** *f* siringa *f*.

klitsch|ig ['klitʃiç] malcotto; ~**naß** bagnato fradicio.

Kloake [klo'a:kə] f (15) cloaca f, fognatura f.

Kloben ['klo:bən] m (6) ceppo m; Jagdw. pertica f; ⊕ morsa f; (Flaschenzug) puleggia f.

klobig ['klo:biç] massiccio.

klopf|en ['klɔpfən] (25) battere, picchiare; an die Tür: bussare; Herz: palpitare; Puls: pulsare; 2er m (7) (Teppich2) battipanni m; ⊕ martello m; Typ. battitoia f; (Tür2) picchiotto m.

Klöppel ['klœpəl] m (7) battaglio m; (Spitzen2) piombino m; ~kissen n tombolo m; 2n (29) lavorare al tombolo.

Klops [klɔps] m (4) polpetta f.

Klosett [klo'zɛt] n (3¹ u. 11) gabinetto m; ~papier n carta f igienica.

Kloß [klo:s] m (3² u. ³) gnocco m; (Klops) polpetta f; Erde: zolla f.

Kloster ['klo:stər] n (7¹) convento m; monastero m; ~bruder m frate m laico; (Mönch) monaco m; ~frau f monaca f; ~garten m giardino m di convento; ~kirche f chiesa f conventuale; ~leben n vita f monastica.

klösterlich ['klø:stərliç] conventuale; monastico.

'**Kloster|schule** f scuola f conventuale; ~zelle f cella f.

Klotz [klɔts] m (3² u. ³) ceppo m; fig. balordo m; '2ig grossolano; F enorme.

Klub [klup] m (11) circolo m, club m; '~sessel m poltrona f.

Kluft [kluft] f a) (14¹) crepaccio m; (Abgrund) burrone m; fig. abisso m; b) (16) F (Kleidung) divisa f.

klug [klu:k] intelligente; (vorsichtig) prudente; (schlau) astuto; (weise) assennato; daraus ~ werden raccapezzarsi; nicht ~ werden aus non riuscire a capire qc.

Klüg|elei [kly:gə'laɪ] f (16) sottigliezza f; 2eln (29) sottilizzare.

Klugheit ['klu:khaɪt] f intelligenza f; prudenza f; saviezza f.

Klumpen ['klʊmpən] m (6) massa f (compatta); ammasso m; Erde: zolla f; Schnee: palla f; Mehl: gnocco m; Blut: grumo m.

Klumpfuß ['klʊmpfu:s] m piede m storto.

Klüngel ['klʏŋəl] m (7) cricca f, combriccola f.

Klüver ['kly:vər] m (7) ⚓ fiocco m.

knabbern ['knabərn] (29) spilluzzi-

care, sgranocchiare, morsicchiare, sbocconcellare; (Maus) rosicchiare.

Knabe ['kna:bə] m (13) ragazzo m; ~n-alter n fanciullezza f; 2haft fanciullesco, puerile; ~nschule f scuola f maschile.

knack|en ['knakən] 1. v/i. scricchiolare; 2. v/t. schiacciare; '2er m (7): alter ~ F vecchio m decrepito; '2-mandel f mandorla f tostata; 2s m (4) crac m; (Sprung) crepa f; F fig. danno m; '2wurst f salsicciotto m.

Knall [knal] m (3) detonazione f; (Peitschen2) schiocco m; '~bonbon m confetto m fulminante; '~effekt m colpo m di scena.

knallen ['knalən] (25) detonare, esplodere, scoppiare; Peitsche: schioccare.

Knall|erbse ['knal²ɛrpsə] f vescica-ria f; 2frosch m mortaretto m; ~gas n gas m esplosivo; 2rot rosso m acceso.

knapp [knap] (eng) stretto; fig. scarso; Stil: conciso; mit ~er Not a mala pena.

Knappe ['knapə] m (13) scudiere m; 🛠 minatore m.

Knappheit ['knaphaɪt] f strettezza f; scarsità f; concisione f.

Knappschaft 🛠 ['-ʃaft] f (16) corporazione f dei minatori.

Knarre ['knarə] f (15) raganella f; F (Gewehr) schioppo m; 2n (25) scricchiolare.

Knast [knast] m F (Gefängnis) gattabuia f; im ~ al fresco.

Knaster ['knastər] m (7) tabacco m di poco costo.

knattern ['knatərn] (29) scoppiettare, crepitare; 2 n crepitio m.

Knäuel ['knɔʏəl] m u. n (7) gomitolo m.

Knauf [knauf] m (3³) pomo m; 🏛 capitello m.

Knauser ['knauzər] m (7) taccagno m, spilorcio m; ~ei [--'raɪ] f taccagneria f; 2ig tirchio; 2n (29) lesinare.

knautschen ['knautʃən] (27) sgualcire.

Knebel ['kne:bəl] m (7) randello m; (Mund2) bavaglio m; ⊕ traversa f; ~bart m baffi m/pl.; 2n (29) legare; den Mund: imbavagliare.

Knecht [knɛçt] m (3) 🌱 bracciante m agricolo; (Diener) servo m; '2en

(26) asservire; '~**isch** servile; '~**schaft** f servitù f.

kneif|en ['knaɪfən] (30) **1.** v/t. pizzicare, pizzicottare, dare un pizzicotto; **2.** v/i. fig. svignarsela; **2er** m (7) lenti f/pl.; **2zange** f tenaglie f/pl.; pinzette f/pl.

Kneipe ['knaɪpə] f (15) birreria f; osteria f; bettola f.

Kneippkur ['-kuːr] f cura f idroterapeutica.

knet|en ['kneːtən] (26) maneggiare; Teig: rimenare, impastare; ♂ fare il massaggio a; '2**maschine** f impastatrice f; '2**trog** m madia f.

Knick [knik] m (3) piega f; (Sprung) fessura f; '2**en** (25) piegare; fig. affliggere; '~**er** F m (7) spilorcio m; ~**e'rei,** 2**erig,** 2**ern** s. Knauserei, knauserig, knausern.

Knicks [kniks] m (4) riverenza f.

Knie [kniː] n (7) ginocchio m; des Weges usw.: curva f, volta f; ⊕ gomito m; et. übers ~ brechen precipitare qc.; ~**beuge** f [-'bɔʏgə] f (15) flessione f delle gambe; '~**fall** m genuflessione f; '2**fällig** ginocchioni; '2**frei** Rock: di mezza lunghezza; '~**gelenk** n articolazione f del ginocchio; '2**hoch** all'altezza del ginocchio; '~**hosen** f/pl. calzoni m/pl. corti; '~**kehle** f garetto m; '2**n** (25) inginocchiarsi; stare in ginocchio; '~**riemen** m tirante m, pedale m; '2**scheibe** f rotella f; '~**schützer** m ginocchiera f; '~**stoß** m ginocchiata f; '~**strumpf** m calza f lunga; '2**tief** (che arriva) fino al ginocchio; '~**wärmer** m copriginocchi m.

Kniff [knif] m (3) pizzicotto m; (Falte) piega f; (List) trucco m, strat(t)agemma m; '2**ig** scabroso; '2**en** pieghettare.

knipsen ['knipsən] (27) (per)forare; bucare; F fotografare, fare una fotografia.

Knirps [knirps] m (4) omiciattolo m; (kleiner Junge) mocciosetto m.

knirschen ['knirʃən] (27) scricchiolare, crepitare; mit den Zähnen ~ digrignare i denti.

knistern ['knistərn] (29) **1.** crepitare: Papier, Seide: frusciare, cantare; **2.** ♀ n (6) crepitio m; fruscio m.

knitter|frei ['knitərfraɪ] ingualcibile; ~**n** ['knitərn] (29) sgualcire.

knobeln ['knoːbəln] (29) giocare ai dadi.

Knoblauch ♀ ['knoːblaʊx, 'knɔblaʊx] m (3, o. pl.) aglio m; ~**zehe** f spicchio m d'aglio.

Knöchel ['knœçəl] m (7) (Finger2) nocca f; (Fuß2) malleolo m, noce f; (Hand2) nocella f; Spiel: dado m.

Knochen ['knɔxən] m (6) osso m; ~**bau** m ossatura f; ~**bildung** f ossificazione f; ~**bruch** m frattura f ossea; ~**fraß** m carie f ossea; ~**gerippe** n scheletro m; ~**gerüst** n ossatura f; ~**haut-entzündung** f periostite f; ~**krebs** m osteosarcoma m; ~**mark** n midollo m; ~**splitter** m scheggia f di osso.

knöchern ['knœçərn] osseo, di osso.

knochig ['knɔxiç] ossuto.

Knödel ['knøːdəl] m (7) gnocco m; (Fleisch2) polpetta f.

Knoll|e ['knɔlə] f (15) tubero m; bitorzolo m; ♀ bulbo m; des Lauches: porrina f; ~**engewächs** n pianta f tuberosa; 2**ig** tuberoso; bitorzoluto; bulboso.

Knopf [knɔpf] m (3³) bottone m; (Stock2) pomo m; (Nadel2) capocchia f.

knöpfen ['knœpfən] (25) abbottonare.

Knopfloch ['knɔpflɔx] n occhiello m.

Knorpel ['knɔrpəl] m (7) cartilagine f; 2**ig** cartilaginoso.

Knorr|en ['knɔrən] m (6) nocchio m; 2**ig** nocchiuto.

Knöspchen ♀ ['knœspçən] n (6) bocciuolo m.

Knospe ♀ ['knɔspə] f (15) (Blüten2) boccio(lo) m; bottone m; (Blatt2) gemma f; 2**n** (25) gemmare; (aufbrechen) sbocciare.

knoten¹ ['knoːtən] (26) annodare.

Knoten² ['knoːtən] m (6) nodo m; ♂ tubercolo m; ~**punkt** m crocicchio m; ⛟ nodo m ferroviario; ~**stock** m bastone m nodoso.

knotig ['-tiç] nodoso.

Knuff [knuf] m (3³) spintone m; '2**en** (25) cazzottare.

knüllen ['knylən] (25) spiegazzare.

knüpfen ['knypfən] (25) legare; Knoten: fare; Freundschaft: stringere.

Knüppel ['knypəl] m (7) manganello m, randello m; (Gummi2) sfollagente m.

knurr|en ['knurən] (25) ringhiare;

ruggire; *fig. Magen*: brontolare; **~ig** ringhioso, brontolone.

knusprig ['knuspriç] croccante.

Knute ['knuːtə] *f* (15) staffile *m*.

knutschen P ['knuːtʃən] (27) pomiciare.

k.o.: *j-n ~ schlagen* mandare qu. sul tappeto.

Koalition [koalits'joːn] *f* coalizione *f*; **~sregierung** *f* governo *m* di coalizione.

Kobalt ['koːbalt] *n* (3, *o. pl.*) *Min.* cobalto *m*.

Koben ['-bən] *m* (6) porcile *m*.

Kobold ['koːbɔlt] *m* (3) folletto *m*.

Kobolz F [ko'bɔlts]: *~ schießen* fare un capitombolo.

Kobra ['koːbra] *Zo. f* (11[1]) cobra *f*.

Koch [kɔx] *m* (3[9]) cuoco *m*; '**~apfel** *m* mela *f* da cuocere; '**~buch** *n* libro *m* di cucina; '2**en 1.** (25) a) *v/i.* bollire; b) *v/t. allg.* cuocere; (*zubereiten*) cucinare; *Fleisch*: allessare; *Kaffee*: fare; *Milch*: far bollire; **2.** **~en** *n* (6) cottura *f*; '**~er** *m* (7) fornello *m*.

Köcher ['kœçər] *m* (7) faretra *f*, turcasso *m*.

Koch|frau ['kɔxfrau] *f* cuoca *f*; **~geschirr** *n* vasellame *m* da cucina; ✗ gamella *f*; **~herd** *m* cucina *f* economica, fornello *m*.

Köchin ['kœçin] *f* (16[1]) cuoca *f*.

Koch|kessel ['kɔxkesəl] *m* paiolo *m*; **~kiste** *f* cassa *f* di cottura; **~kunst** *f* arte *f* culinaria; **~löffel** *m* ramaiolo *m*; **~rezept** *n* ricetta *f* (*da cucina*); **~salz** *n* sale *m* da cucina; **~topf** *m* pentola *f*.

Kode [koːd] *m* (11) cifrario *m*.

Köder ['køːdər] *m* (7) esca *f*; 2*n* (29) adescare.

Kodex ['koːdeks] *m* (3[2], *sg.a. uv.*, *pl. a. Kodizes* ['-ditseːs]) codice *m*.

Koeffizient [koːefits'jent] *m* (12) coefficiente *m*.

Koffein [kɔfe'iːn] *n* (3[1], *o. pl.*) coffeina *f*.

Koffer ['kɔfər] *m* (7) baule *m*; (*Hand~*) valigia *f*; **~grammophon** *n* fonovaligia *f*; **~radio** *n* radio *f* portatile; **~raum** *m* (*im Kfz.*) baule *m*, portabagagli *m*.

Kognak ['kɔnjak] *m* (11) cognàc *m*.

Kohl ♣ [koːl] *m* (3) cavolo *m*; *fig.* F corbellerie *f/pl.*; *aufgewärmter ~* cavolo *m* riscaldato; '**~amsel** *f* merlo *m* nero; '**~dampf** F *m* fame *f*.

Kohle ['koːlə] *f* (15) carbone *m*; ⚡ spazzola *f*; *wie auf ~n sitzen* star sulle spine; **~hydrat** ['--hydraːt] *n* (3) idrato *m* di carbonio.

kohlen ['koːlən] (25) carbonizzarsi; F dire corbellerie.

Kohlen|becken ['koːlənbekən] *n* braciere *m*; ✗ bacino *m* carbonifero; **~bergwerk** *n* miniera *f* carbonifera; **~blende** *f* antracite *f*; **~brenner** *m* carbonaio *m*; **~bunker** *m* carbonile *m*; **~flöz** *n* strato *m* di carbone; **~förderung** *f* estrazione *f* del carbone; **~grube** *f* miniera *f* di carbone; **~gebiet** *n*, **~gegend** *f* distretto *m* carbonifero; **~glut** *f* brace *f*; 2**haltig** carbonifero; **~händler** *m* carbonaio *m*; **~kammer** *f* carboniera *f*; **~lager** *n* deposito *m* di carbone; giacimento *m* carbonifero; **~meiler** *m* carbonaia *f*; **~oxyd** ['--ᵖɔk'syːt] *n* ossido *m* di carbonio; **~revier** *n* distretto *m* carbonifero; 2**sauer** carbonico; **~säure** *f* acido *m* carbonico; **~schaufel** *f* pala *f* del carbone; **~station** *f* stazione *f* carbonifera; **~staub** *m* polvere *f* di carbone; **~stoff** *m* carbonio *m*; **~stoffverbindung** *f* carburo *m*; **~wasserstoff** *m* idrogeno *m* carbonato, idrocarburo *m*.

Kohlepapier ['-ləpapiːr] *n* carta *f* carbone.

Köhler ['køːlər] *m* (7) carbonaio *m*.

Kohle|stift ['koːləʃtift] *m* carboncino *m*; **~vorkommen** *n* giacimento *m* di carbone; **~zeichnung** *f* disegno *m* al carboncino.

Kohl|kopf ['koːlkɔpf] *m* testa *f* di cavolo; **~meise** *f* cinciallegra *f*; '**~rabi** *n* rapa *f* cavolo; **~rübe** *f* navone *f*; 2'**schwarz** nero come il carbone; **~weißling** ['-vaisliŋ] *m* (3[1]) cavolaia *f*.

Koje ⚓ ['koːjə] *f* (15) cabina *f*.

Kokain [koka'iːn] *n* (3[1], *o. pl.*) cocaina *f*; 2**süchtig** [--'-zyçtiç], **~süchtige(r)** *m* cocainomane (*m*).

Kokarde [ko'kardə] *f* (15) coccarda *f*.

kokett [ko'ket] civettuolo; 2**e'rie** *f* civetteria *f*; **~ieren** civettare; far la civetta.

Kokon [kɔ'kõ] *m* (11) bozzolo *m*.

Kokos|nuß ['koːkɔsnus] *f* (noce *f* di) cocco *m*; **~palme** *f* cocco *m*.

Koks [koːks] *m* (4) coke *m*.

Kolben ['kɔlbən] *m* (6) mazza *f*;

(Gewehr♀) calcio m; ⊕ pistone m, stantuffo m; (Mais♀) pannocchia f; ⚲ lambicco m; **~lager** n cuscinetto m del pistone; **~ring** m anello m dello stantuffo; **~e** pl. Kfz. fasce f/pl. elastiche.

Kolibri Zo. ['koːlibri] m (11) colibrì m.

Kolik [koˈliːk] f (16) colica f.

Kollaps [kɔˈlaps] m (3²) collasso m.

Kolleg [kɔˈleːk] n (8² u. 11) corso m, lezione f; ein ~ hören seguire un corso; ein ~ belegen farsi iscrivere a un corso.

Kolleg|e [-ˈleːgə] m (13) collega m; **2ial** [--ˈjaːl] collegiale; da buon collega; **~iali'tät** f collegialità f.

Kolleg|geld [kɔˈleːkgɛlt] n tassa f d'iscrizione (ai singoli corsi); **~heft** n quaderno m di appunti.

Kollegin [kɔˈleːgin] f collega f.

Kollegium [kɔˈleːgjum] n (9) collegio m; (Lehrer♀) corpo m degli insegnanti.

Koll|ekte [kɔˈlɛktə] f (15) colletta f; **2ektiv** [--ˈtiːf] collettivo; **~ekti'vismus** m collettivismo m/pl.; **~ekti'vist** (-in f) m collettivista m u. f.

Koller ['kɔlər] (7): **a)** n (Wams) farsetto m; **b)** m Tierheilk. vertigine f, capogatto m; fig. collera f.

kollern ['kɔlərn] (29) borbogliare; Truthahn: chiocciare; fig. essere in collera.

koll|idieren [kɔliˈdiːrən] collidere; **2ision** [--zˈjoːn] f collisione f.

Kollusion [--luzˈjoːn] f collusione f.

Kölnischwasser ['kœlniʃvasər] n acqua f di Colonia.

kolonial [koloˈnjaːl] coloniale; **2ismus** m colonialismo m; **2minister** m ministro m delle colonie; **2reich** n impero m coloniale; **2waren** f/pl. generi m/pl. (od. merci f/pl.) coloniali.

Kolon|ie [--ˈniː] f (15) colonia f; **2i-'sieren** colonizzare; **~i'sierung** f colonizzazione f; **~'ist** m (12) colono m.

Kolonnade [--ˈnaːdə] f (15) colonnato m.

Kolonne [-ˈlɔnə] f (15) colonna f; **~nführer** ⊕ m caposquadra m.

Kolophonium [-loˈfoːnjum] n (9, o. pl.) colofonia f.

Kolor|atur ♪ [--raˈtuːr] f (16) fioretatura f; **2ieren** [--ˈriːrən] colorare; **~it** [--ˈrit] n (3) colorito m.

Kol|oß [koˈlɔs] m (4) colosso m; **2ossal** [--ˈsaːl] colossale.

Kolport|age [kɔlpɔrˈtaːʒə] f (15) commercio m ambulante di (stampati); **~ageroman** m romanzaccio m; **~eur** [--ˈtøːr] m (3¹) venditore m ambulante (di stampati); fig. divulgatore m; **2ieren** andare in giro a vendere; Nachrichten: mettere in giro.

Kolumne [koˈlumnə] f (15) colonna f; **~ntitel** m Typ. capolinea m.

Kombi|nation [kɔmbinatsˈjoːn] f combinazione f; **'~wagen** m giardinetta f; familiare f.

Kombüse ⚓ [kɔmˈbyːzə] f (15) cambusa f.

Komet [koˈmeːt] m (12) cometa f.

Komfort [kɔmˈfoːr] m (11, o. pl.) comodità f/pl.; conforts m/pl.; **2abel** [--ˈtaːbəl] comodo, con tutti i comodi.

Kom|ik ['koːmik] f (16, o. pl.) comicità f; effetto m comico; (arte) comica f; **~iker** m (7) comico m; **2isch** comico; allg. buffo; strano.

Komitee [komiˈteː] n (11) comitato m.

Komma ['kɔma] n (11²) virgola f.

Kommand|ant [kɔmanˈdant], **~eur** m (3¹) [kɔmanˈdøːr] comandante m; **~an'tur** f (16) comando m; **2ieren** comandare; **~itgesellschaft** f (16) società f in accomandita; **~i-'tist(in** f) m accomandante m u. f.

Kommando [koˈmando] n (11) comando m; (Truppenabteilung) distaccamento m; **~brücke** ⚓ f ponte m di comando.

kommen ['kɔmən] **1.** (30, sn) venire; aus et. ~ uscire; hinter et. (ac.) ~ scoprire qc.; um et. ~ perdere qc.; zu et. ~ arrivare a qc.; wie kommt das? come mai?; **2.** ♀ n venuta f; **~d** veniente; Woche, Monat: entrante; der ~e Mann l'uomo dell'avvenire.

Komment|ar [kɔmənˈtaːr] m (3¹) commento m; **~ator** [--ˈtaːtɔr] m (8¹) commentatore m; **2'ieren** commentare.

kommerziell [kɔmɛrtsˈjɛl] commerciale.

Kommilitone [-miliˈtoːnə] m (13) compagno m di studi (all'università).

Kommiß [kɔ'mis] *m* (4, *o. pl.*) servizio *m* (*od.* disciplina *f*) militare; **~brot** *n* pane *m* di munizione.

Kommissar [-mi'saːr] *m* (3¹) commissario *m*; **~iat** [---r'jaːt] *n* (3) commissariato *m*; **₂isch** commissariale; provvisorio.

Kommission [-mis'joːn] *f* (16) commissione *f*; **~är** [---'nɛːr] *m* (3¹) commissionario *m*.

Kommode [-'moːdə] *f* (15) cassettone *m*.

komm|unal [-mu'naːl] comunale; **₂une** [-'muːnə] *f* (15) comune *m*; *Pariser:* Comune *m*; **₂unikant** [---'kant] *m* comunicando *m*; **₂uniqué** [-myni'keː] *n* (11) comunicato *m*; **⚕** bollettino *m*; **₂unismus** [-mu'nismus] *m* (16, *o. pl.*) comunismo *m*; **₂unist(in** *f*) *m* [--'nist (-in)] (12), **~u'nistisch** comunista (*m u. f*); **₂union** [--n'joːn] *f* comunione *f*; **~uni'zieren** comunicare.

Komödiant|(in *f*) *m* [komøʼdjant (-in)] (12) commediante *m u. f*; **₂enhaft** istrionesco.

Komödie [-'møːdjə] *f* (15) commedia *f*; **~nschreiber** *m* commediografo *m*.

Kompagnon ['kɔmpanjõ] *m* (11) compagno *m*; **✝** socio *m*.

kompakt [kɔm'pakt] compatto; **₂heit** *f* compattezza *f*.

Kompanie [kɔmpa'niː] *f* (15) compagnia *f*.

Kompara|tion [kɔmparats'joːn] *f* comparazione *f*; **~tiv** ['---tiːf] *m* (3¹) comparativo *m*.

Kompars|e [-'parsə] *m* (13) comparsa *f*; **~erie** [--zə'riː] *f* (15) comparseria *f*.

Kompaß ['kɔmpas] *m* (4) bussola *f*; **⚓** compasso *m*.

Kompendium [kɔm'pɛndjum] *n* (9) compendio *m*.

Kompens|ation [kɔmpɛnzats'joːn] *f* compensazione *f*; **~'ator** *m Radio:* convertitore *m*; **₂ieren** compensare.

kompet|ent [-pe'tɛnt] competente; **₂enz** [--'tɛnts] *f* (16) competenza *f*.

Komplement [kɔmple'mɛnt] *n* (3) complemento *m*; **₂är** [---'tɛːr] complementare.

komplett [-'plɛt] completo.

Komplex [-'plɛks] *m* (3²), **₂** *adj.* complesso (*m*).

Komplikation [kɔmplikats'joːn] *f* complicazione *f*.

Kompliment [-pli'mɛnt] *n* (3) complimento *m*; **₂ieren** complimentare.

Komplize [-'pliːtsə] *m* (13) complice *m*.

komplizieren [-pli'tsiːrən] complicare.

Komplott [-'plɔt] *n* (3) cospirazione *f*, complotto *m*.

kompo|'nieren comporre; **₂'nist** *m* (12) compositore *m*; **₂si'tion** *f* composizione *f*.

Kompost 🌱 [-'pɔst] *m* (3²) composto *m*.

Kompott [-'pɔt] *n* (3) frutta *f* cotta; composta *f*; **~schale** *f*, **~schüssel** *f* compostiera *f*.

Kompr|esse 🞲 [-'prɛsə] *f* (15) compressa *f*; **~ession** [-pres'joːn] *f* compressione *f*; **~essor** ⊕ [-'prɛsɔr] *m* (8¹) compressore *m*.

komprimieren [-priˈmiːrən] comprimere.

Komprom|iß [-pro'mis] *m* (n) (4) compromesso *m*; **₂ißlos** intransigente; **₂itt'ieren** compromettere.

Konden|sation ⊕ [kɔndɛnzats'joːn] *f* condensazione *f*; **~'sator** [--'zaːtɔr] *m* condensatore *m*; **₂sieren** [--'ziːrən] condensare; **~smilch** [-'dɛnsmilç] *f* latte *m* condensato; **~sstreifen** 🛬 [-'dɛnsʃtraɪfən] *m* scia *f* di condensazione.

Konditional [kɔnditsjo'naːl] *m* (3¹) condizionale *m*.

Konditor [-'diːtɔr] *m* (8¹) pasticciere *m*; **~ei** [--to'raɪ] *f* (16) pasticceria *f*.

Kondol|enz [-do'lɛnts] *f* (16) condoglianza *f*; **₂ieren** fare le condoglianze.

Kondor ['kɔndɔr] *m* (3¹) condor *m*.

Kondukteur [-duk'tøːr] *m* (3¹) conduttore *m*.

Konfekt [-'fɛkt] *n* (3) confetto *m*.

Konfektion [-fɛkts'joːn] *f* confezione *f*; **~sgeschäft** *n* negozio *m* di confezione.

Konfer|enz [-fe'rɛnts] *f* (16) conferenza *f*; **₂ieren** conferire (con).

Konfession [-fɛs'joːn] *f* confessione *f*; **₂ell** confessionale; **₂slos** senza confessione.

Konfetti [-'fɛtiː] *pl.* coriandoli *m/pl.*

Konfirm|and [-fir'mant] *m* (12) catecumeno *m*; **~ation** [-firmats'joːn] *f* (16) prima comunione *f* (dei protestanti); confermazione *f*; Ǫ**ieren** ammettere alla prima comunione; confermare.

konfiszier|en [-fis'tsi:rən] confiscare; Ǭ**ung** *f* confisca *f*.

Konfitüre [-fi'ty:rə] *f* (15) marmellata *f* fine; confettura *f*.

Kon'flikt [-'flikt] *m* (3) conflitto *m*.

Konfront|ation [-frɔntats'jo:n] *f* confrontazione *f*; Ǫ**ieren** confrontare, mettere a confronto.

konf|us [-'fu:s] confuso *m*; Ǭ**u'sion** *f* confusione *f*.

Konglomerat [-glomə'ra:t] *n* (3) conglomerato *m*.

Kongregation [-gregats'jo:n] *f* congregazione *f*.

Kongreß [-'grɛs] *m* (4) congresso *m*; ～**teilnehmer(in** *f*) *m* congressista *m* u. *f*.

kongru|ent [-gru'ɛnt] congruente; Ǫ**enz** *f* congruenza *f*.

König ['kø:niç] *m* (3) re *m*; ～**in** ['-ni-gin] *f* regina *f*; Ǭ**lich** ['-nikliç] reale; *Beamte:* regio; ～**reich** *n* regno *m*; reame *m*.

Königs... ['kø:niçs...]: *in Zssgn* oft reale; ～**kerze** Ǫ *f* verbasco *m*; ～**mord** *m* regicidio *m*; ～**mörder** *m* regicida *m*; ～**paar** *n* coppia *f* reale; Ǭ**treu** realista.

Königtum ['kø:niçtum] *n* (1²) dignità *f* reale; monarchia *f*.

konisch ['ko:niʃ] conico.

Konjug|ation [kɔnjugats'jo:n] *f* coniugazione *f*; Ǫ**ieren** coniugare.

Konjunk|tion [kɔnjuŋkts'jo:n] *f* congiunzione *f*; ～**tiv** ['--ti:f] *m* (3¹) congiuntivo *m*.

Konjunktur [--'tu:r] *f* (16) congiuntura *f*; ～**forschung** *f* analisi *f* della congiuntura; ～**schwankungen** *f/pl.* fluttuazioni *f/pl.* congiunturali; ～**überhitzung** *f* surriscaldamento *m* della congiuntura.

konkav [-'ka:f] concavo.

Konkordat [-kɔr'da:t] *n* (3) concordato *m*.

konkret [-'kre:t] concreto.

Konkurr|ent(in *f*) [-ku'rɛnt(in)] *m* (12) concorrente *m* u. *f*; ～**enz** *f* concorrenza *f*; (*Wettbewerb*) concorso *m*, gara *f*; *außer* ～ fuori concorso; Ǭ**enzfähig** capace di competere (*od.* di sostenere la concorrenza); Ǭ**enzlos** senza concorrenza; Ǫ**ieren** concorrere.

Konkurs [-'kurs] *m* (4) fallimento *m*; ～**er-öffnung** *f* apertura *f* del fallimento; ～**gläubiger** *m* creditore *m* del fallito; ～**masse** *f* massa *f* in concorso; ～**verwalter** *m* curatore *m* della massa.

können ['kœnən] **1.** (30) potere; (*wissen*) sapere; *wie kannst du ...?* come fai a ...?; *ich kann es Ihnen nicht sagen* non saprei dirglielo; *nicht anders* ～ *als* non poter far a meno di; *dafür* ～ averne la colpa; *es kann sein* può darsi; **2.** Ǫ *n* capacità *f*; sapere *m*.

Konnossement ✝ [kɔnɔse'mɛnt] *n* (3) polizza *f* di carico.

konsekutiv [-zeku'ti:f] consecutivo.

konsequ|ent [-ze'kvɛnt] conseguente, coerente; Ǫ**enz** *f* conseguenza *f*, coerenza *f*.

konserv|ativ [-zɛrva'ti:f] *adj.*, Ǫ**a-tive(r)** *m* conservatore *adj. u. m*; Ǭ**atorium** [---'to:rjum] *n* (9) conservatorio *m*.

Konserv|e [-'zɛrvə] *f* (15) conserva *f*; ～**enbüchse** *f* scatola *f* di conserva; Ǫ**ieren** conservare; ～**ie-rung** *f* conservazione *f*.

konsist|orial [-zistor'ja:l] concistoriale; Ǭ**orium** [--'sto:rjum] *n* (9) concistoro *m*.

Konsole [-'zo:lə] *f* (15) mensola *f*.

konsolidier|en [--li'di:rən] consolidare; Ǭ**ung** *f* consolidamento *m*.

Konsonant [-zo'nant] *m* (12) consonante *f*.

Konsortium [-'zɔrtsjum] *n* (9) consorzio *m*.

Konstante ℞ [-'stantə] *f* costante *f*.

konstatieren [-sta'ti:rən] constatare.

konsti|tuieren [-stitu'i:rən] costituire; Ǭ**tution** [---ts'jo:n] *f* costituzione *f*; Ǭ**tutiona'lismus** *m* costituzionalismo *m*; ～**tutio'nell** costituzionale.

konstruieren [-stru'i:rən] costruire.

Konstruktion [-strukts'jo:n] *f* costruzione *f*; ～**sbüro** *n* ufficio *m* progetti; ～**sfehler** *m* difetto *m* costruttivo.

Konsul ['kɔnzul] *m* (10) console *m*; Ǭ**arisch** [--'la:riʃ] consolare; ～**at** [--'la:t] *n* (3) consolato *m*.

Konsult|ation [-zultats'jo:n] *f* consulto *m*; Ǫ**ieren** consultare.

Konsum [-'zu:m] *m* (11) consumo *m*; ～**ent** [-zu'mɛnt] *m* (12) consumato-

re m; **~güter** [-'-gy:tər] n/pl. generi m/pl. di consumo; ♀**ieren** consumare; **~ver-ein** m (società f) cooperativa f di consumo.
Kontakt [-'takt] m (3) contatto m; **~linse** f lente f di contatto.
Konter|admiral ['kɔntər°atmirɑ:l] m contrammiraglio m; **~bande** f (merce f di) contrabbando m; **~fei** ['--faɪ] n (11) effigie f; **~tanz** m contraddanza f.
Kontinent ['kɔntinent] m (3) continente m; ♀**al** continentale.
Kontingent [-tiŋ'gent] n (3) contingente m; quota f, ♀**ieren** contingentare; **~ierung** f contingentamento m.
Konto ✝ ['kɔnto] n (9[1] u. 11) conto m; **~auszug** m estratto m conti, estratto m di conto; **~buch** n libro m dei conti; **~inhaber** m titolare m d'un conto; **~korrent** [--kɔ'rent] n (3) conto m corrente.
Kontor [-'to:r] n (3[1]) ufficio m; **~istin** [--'ristin] f impiegata f di commercio, scritturale f.
Kontrabaß ['-trabas] m contrabbasso m.
Kontrakt [kɔn'trakt] m (3) contratto m; **~bruch** m violazione f di contratto; ♀**brüchig:** ~ werden violare il contratto.
Kontrapunkt ♪ ['-trapuŋkt] m (3, o. pl.) contrappunto m; ♀**ieren** contrappuntare.
konträr [-'trε:r] contrario.
Kontrast [-'trast] m (3[2]) contrasto m; ♀**ieren** contrastare.
Kontroll|e [-'trɔlə] f (15) controllo m; **~eur** [--'lø:r] m (3[1]) controllore m; ♀**ieren** controllare.
Kontroverse [kɔntro'vεrzə] f (15) controversia f.
Kontur [kɔn'tu:r] f (16) contorno m.
Konvent|ion [-vεnts'jo:n] f convenzione f; **~io'nalstrafe** f penale f; ♀**io'nell** convenzionale.
Konverg|enz [-vεr'gents] f convergenza f; ♀**ieren** [-vεr'gi:rən] convergere.
Konversation [-vεrzats'jo:n] f conversazione f; **~slexikon** n (9[2]) enciclopedia f.
konvert|ierbar [--'ti:rbɑ:r] convertibile; **~ieren** convertire; ♀**ierung** f conversione f.
konvex [-'vεks] convesso.
Konvikt [-'vikt] n (3) convitto m.

Konvoi ['kɔnvɔy] m (11) convoglio m.
Konzentr|ation [-tsentrats'jo:n] f concentrazione f; **~ationslager** n campo m di concentramento; ♀**ieren** concentrare; ♀**isch** [-'tsentriʃ] concentrico.
Konzept [-'tsεpt] n (3) minuta f; piano m; aus dem ~ bringen sconcertare; far perdere il filo.
Konzern [-'tsεrn] m (3[1]) consorzio m.
Konzert [-'tsεrt] n (3) concerto m; **~abend** m serata f musicale; ♀**ieren** dare concerti; **~meister** m professore m d'orchestra; **~saal** m sala f da concerto; **~sänger** m concertista m.
Konzession [-tsεs'jo:n] f concessione f; ♀**ieren** dare una concessione; **~s-inhaber** m concessionario m.
Konzil [-'tsi:l] n (3[1] u. 8[2]) concilio m.
konzipieren [-tsi'pi:rən] concepire.
Koordinate [ko:ɔrdi'nɑ:tə] f (15) coordinata f.
koordi'nier|en coordinare; ♀**ung** f coordinamento m.
Kopf [kɔpf] m (3[3]) testa f, capo m; (Nadel♀) capocchia f; (Salat♀) cesto m; (Pfeifen♀) fornello m; (Brief♀) intestatura f; aus dem ~ a memoria; Hals über ~ a precipizio; den ~ hängen lassen scoraggiarsi; j-m den ~ waschen fig. dare una lavata di testa a qu.; s-n ~ durchsetzen spuntarla; nicht auf den ~ gefallen sein non essere affatto stupido; auf den ~ stellen mettere sottosopra; sich in den ~ setzen ficcarsi in testa; j-m über den ~ wachsen fig. oltrepassare le capacità di qu.; j-n vor den ~ stoßen fig. offendere qu.; '**~arbeit** f lavoro m di testa; '**~arbeiter** m intellettuale m; '**~bahnhof** m stazione f di testa; '**~ball** m Sport: colpo m di testa; '**~bedeckung** f copricapo m.
Köpfchen ['kœpfçən] n testolina f.
köpfen ['kœpfən] (25) decapitare; Blume: svettare.
Kopf|ende ['kɔpf°εndə] n capo m; Bett: capezzale m; **~geld** n taglia f; **~haut** f cotenna f; **~hörer** m Radio: cuffia f; **~kissen** n guanciale m; **~kohl** m cavolo m cappuccio; ♀**los** sventato; perplesso; **~losigkeit** f sbadataggine f; stordimento m; **~naht** f sutura f cefalica; **~nicken**

cenno *m* del capo; ~**putz** *m* acconciatura *f*; ~**rechnen** *n* calcolo *m* mentale; ~**salat** *m* lattuga *f* (cappuccia); insalata *f* di lattuga; 2-**scheu** ombroso; timido; ~**schmerz** *m* mal *m* di testa, mal *m* di capo; ~**schütteln** *n* scrollata *f* di testa; ~**sprung** *m* tuffo *m* (di testa); ~**stand** *m* posizione *f* in verticale sulla testa; ~**station** *f* stazione *f* terminale; ~**stein** *m* ciottolo *m*; ~**steuer** *f* testatico *m*; ~**stimme** *f* falsetto *m*; ~**titel** *m* testata *f*; ~**tuch** *n* panno *m* da testa; 2-**über** a capo fitto; 2-**unter** con il capo all'ingiù; ~**wäsche** *f* lavaggio *m* della testa; ~**zerbrechen** *n* rompicapo *m*.

Kopie [ko'pi:] *f* (15) copia *f*.

Kopier|apparat [-'pi:r⁹apa'ra:t] *m* copiatrice *f*; ~**buch** *n* copialettere *m*; 2**en** copiare; ~**stift** *m* lapis *m* copiativo, matita *f* copiativa; ~**tinte** *f* inchiostro *m* copiativo.

Kopilot ['ko:pilo:t] *m* copilota *m*.

Koppel ['kɔpəl]: **a)** *n* (7) guinzaglio *m*; ⚔ cinturino *m*; **b)** *f* (15) *Hunde*: muta *f*; (*Gehege*) steccato *m*; (*Weide*) pascolo *m* comune; 2**n** (29) accoppiare; ~**ung** *f* accoppiamento *m*.

Koralle [ko'ralə] *f* (15) corallo *m*; 2**n-artig** corallino; ~**nhändler** *m* corallaio *f*.

Koran [ko'ra:n] *m* (3¹) Corano *m*.

Korb [kɔrp] *m* (3³) cesto *m*; *kleiner*: canestro *m*; (*Markt*2) sporta *f*; (*Papier*2) cestino *m*; ⚔ guardamano *m*; F *fig.* rifiuto *m*; ~**flasche** *f* fiasco *m*; ~**flechter**, ~**macher** *m* panieraio *m*; ~**wagen** *m* benna *f*; 2**weise** a ceste, a panieri.

Kordel ['kɔrdəl] *f* (15) spago *m*.

Kordon [-'dõ] *m* (11) cordone *m*.

Korinthe [ko'rintə] *f* (15) uva *f* passa.

Kork [kɔrk] *m* (3) sughero *m*; '2-**artig** sugheroso; '~**baum** *m*, '~**eiche** *f* sughero *m*; '~**en** *m* tappo *m*, turacciolo *m*; '~**enzieher** *m* cavatappi *m*; '~**mundstück** *n* bocchino *m* di sughero; '~**sohle** *f* suola *f* di sughero.

Korn [kɔrn] *n* (1² *u.* [= ~**arten**] 3) grano *m*; (*Visier*) mirino *m*; *Münzen*: lega *f*; *Min.* grana *f*; *aufs* ~ *nehmen* prendere di mira; '~**ähre** *f* spiga *f* di grano; '~**blume** *f* fiordaliso *m*, ciano *m*; '~**boden** *m* granaio *m*.

Körnchen ['kœrnçən] *n* (6) granellino *m*.

körnen ['kœrnən] (25) granire.

Korn|feld ['kɔrnfɛlt] *n* campo *m* di grano; ~**früchte** *f*/*pl*. cereali *m*/*pl*.

körnig ['kœrniç] granuloso.

Korn|kammer ['kɔrnkamər] *f*, ~**speicher** *m* granaio *m*; ~**wurm** *m* punteruolo *m*.

Körper ['kœrpər] *m* (7) corpo *m*; (*Heiz*2) elemento *m*; ~**anlage** *f* complessione *f*; ~**bau** *m* corporatura *f*, statura *f*; 2**behindert** impedito; ~**beschaffenheit** *f* complessione *f*; ~**chen** *n* (6) corpuscolo *m*; ~**fülle** *f* corpulenza *f*; ~**größe** *f* statura *f*; ~**haltung** *f* portamento *m*; ~**kraft** *f* forza *f* fisica; ~**kultur** *f* educazione *f* fisica; 2**lich** corporale, fisico; ⚛ solido; ~**lichkeit** *f* corporalità *f*; ~**los** incorporeo; ~**messung** *f* antropometria *f*; ⚛ stereometria *f*; ~**pflege** *f* cura *f* personale, igiene *f* del corpo; ~**schaft** *f* corporazione *f*; *öffentlich-rechtliche* ~ ente *m* autonomo; 2-**schaftlich** corporativo; ~**schwäche** *f* debolezza *f* fisica; ~**strafe** *f* pena *f* corporale; ~**verletzung** *f* lesione *f*; ~**wuchs** ['--vu:ks] *m* statura *f*.

Korporal [kɔrpo'ra:l] *m* (3¹) caporale *m*.

Korpor|ation [--rats'jo:n] *f* corporazione *f*; 2**a'tiv** corporativo; ~**ati'vismus** *m* corporativismo *m*.

Korps ⚔ [ko:r, *pl.* ko:rs] *n* *uv.* corpo *m*.

korpul|ent [kɔrpu'lɛnt] corpulento; 2**enz** [--'lɛnts] *f* (16, *o. pl.*) corpulenza *f*.

korrekt [kɔ'rɛkt] corretto; 2**heit** *f* correttezza *f*; 2**or** *m* correttore *m*; 2**ur** [--'tu:r] *f* (16) correzione *f*; *Typ.* = ~**ur-abzug** *m*, ~**urbogen** *m*, ~**urfahne** *f* bozza *f* (di stampa).

Korrespond|ent(in *f*) *m* [kɔrɛspɔn-'dɛnt(in)] (12) corrispondente *m* u. *f*; ~**enz** [---'dɛnts] *f* (16) corrispondenza *f*; 2**ieren** essere in corrispondenza; 2**ierend** corrispondente.

Korridor ['--rido:r] *m* (3¹) corridoio *m*.

korrigieren [--'gi:rən] correggere.

korrupt [--'rupt] corrotto; 2**ion** [--ts'jo:n] *f* corruzione *f*.

Korse ['kɔrzə] *m* (13) corso *m*.

K

Korsett [-'zɛt] *n* (3 *u.* 11) busto *m*; **~stange** *f* stecca *f*.

korsisch ['-ziʃ] corso.

Korso ['-zo] *m* (11) corso *m*.

Korvette ⚓ [-'vɛtə] *f* (15) corvetta *f*.

Kosak [ko'zak] *m* (12) cosacco *m*.

kose|n ['kozən] (27) accarezzare; **♀name** *m*, **♀wort** *n* vezzeggiativo *m*.

Kosinus ⅄ ['ko:zinus] *m uv.* coseno *m*.

Kosmet|ik [kɔs'me:tik] *f* (16, *o. pl.*) cosmetica *f*; **~ik-artikel** *m/pl.* prodotti *m/pl.* cosmetici (*od.* di bellezza); **~iksalon** *m* istituto *m* di bellezza); **♀isch** cosmetico.

kosm|isch ['kɔsmiʃ] cosmico; **♀onaut** [-mo'naut] *m* (12) cosmonauta *m*.

Kosmopolit|(in *f*) *m* [-mopo'li:t (-in)] (12), **♀isch** cosmopolita (*m u. f*).

Kosmos ['kɔsmɔs] *m* cosmo *m*.

Kost [kɔst] *f* (16, *o. pl.*) vitto *m*; ⚕ dieta *f*, regime *m* alimentare.

kostbar ['-ba:r] prezioso; (*teuer*) costoso; **♀keit** *f* preziosità *f*.

kosten[1] ['kɔstən] (26) 1. *v/i.* costare; valere; *koste es was es wolle* costi quel che costi; 2. *v/t.* provare, assaggiare.

Kosten[2] ['kɔstən] *pl. uv.* spese *f/pl.*; *auf meine ~* a mie spese; **~aufwand** *m* costo *m* (*od.* spesa *f*) totale; **~frage** *f* questione *f* di costo; **♀los** gratuito; *adv.* gratis; **~punkt** *m* costo *m*; prezzo *m*; **~voranschlag** *m* preventivo *m*.

kost|frei ['kɔstfraı] spesato; **♀gänger** ['-gɛnər] *m* pensionante *m*; **♀geld** *n* retta *f*.

köstlich ['kœstliç] delizioso; *wir haben uns ~ amüsiert* ci siamo divertiti un mondo.

Kost|probe ['kɔstpro:bə] *f* degustazione *f*; assaggio *m*; **♀spielig** ['-ʃpi:liç] costoso; **~spieligkeit** *f* caro prezzo *m*.

Kostüm [kɔs'ty:m] *n* (3[1]) costume *m*; **~fest** *n* festa *f* in costume, ballo *m* in maschera; **♀ieren**: *sich ~ als* mettersi un costume da.

Kostverächter ['kɔstfɛr⁹ɛçtər] *m* schifiltoso *m*.

Kot [ko:t] *m* (3, *o. pl.*) fango *m*; escrementi *m/pl.*; *in den ~ zerren* (*a. fig.*) insozzare.

Kotelett [kɔt(ə)'lɛt] *n* (3 *u.* 11)

co(s)toletta *f*; **~en** *pl.* (*Bart*♀) fedine *f/pl.*

Köter F ['kø:tər] *m* (7) botolo *m*.

Kotflügel ['ko:tfly:gəl] *m* parafango *m*.

kotzen P ['kɔtsən] (27) vomitare.

Krabbe ['krabə] *f* (15) granchiolino *m*; F *fig.* marmocchio *m*.

krabbeln ['krabəln] (29) 1. *v/i.* brulicare; *unpers.*: prudere; 2. *v/t.* solleticare.

Krach [krax] *m* (3 *u.* 11) fragore *m*; (*Streit*) scenata *f*; (*Bruch*) rottura *f*; ✝ crac *m*; crisi *f*; **♀en 1.** (25) fare un gran fracasso; F *daß es nur so kracht* a tutto andare; 2. **~en** *n* (6) fragore *m*; **~mandel** *f* mandorla *f* spaccarella.

krächzen ['krɛçtsən] (27) gracchiare; *fig.* gemere.

kraft[1] [kraft] *prp.* in forza; in virtù.

Kraft[2] [kraft] *f* (14[1]) forza; potenza *f*; energia *f*; (*Rechts*♀) vigore *m*; (*Mitarbeiter*) collaboratore *m*, assistente *m*; *mit rückwirkender ~* con effetto retroattivo; *in ~ setzen* mettere in esecuzione; *außer ~ setzen* abolire; **~anstrengung** *f* sforzo *m*; **~aufwand** *m* impiego *m* di forze; **~ausdruck** *m* parolaccia *f*; bestemmia *f*; **~brühe** *f* brodo *m* ristretto; **~einheit** *f* unità *f* dinamica.

Kräftemesser ['krɛftəmɛsər] *m* dinamometro *m*.

'Kraft|fahrer(in *f*) *m* autista *m*, automobilista *m u. f*; **~fahrzeug** *n* automezzo *m*, autoveicolo *m*; **~fahrzeugsteuer** *f* imposta *f* sui veicoli a motore; F bollo *m*; **~feld** *n* campo *m* di forza.

kräftig ['krɛftiç] forte, vigoroso, robusto; *adv.* forte, vigorosamente; (*Speise*) sostanzioso; **~en** ['--gən] *v/t.* (25) rafforzare; rinvigorire; irrobustire; **♀ung** *f* rafforzamento *m*; rinvigorimento *m*; **♀ungsmittel** *n* ricostituente *m*.

Kraft|lehre ['kraftle:rə] *f* dinamica *f*; **~leistung** *f* esercizio *m* di forza; rendimento *m* dinamico; **♀los** spossato; ✍ nullo; **~losigkeit** *f* rifinitezza *f*; ✍ nullità *f*; **~messer** *m* dinamometro *m*; **~probe** *f* dimostrazione *f* di forza; **~stoff** *m* combustibile *m*, carburante *m*; **~stoffgemisch** *n* miscela *f*; **~verbrauch** *m* consumo *m* d'energia; **♀voll** vigoroso; **~wagen** m automobile f; autoveicolo m; **~wagenführer** m conducente m, autista m; **~wagenkolonne** f autocolonna f; **~werk** n centrale f elettrica; **~wort** n parolaccia f.

Kragen ['krɑːgən] m (6) collare m; colletto m; steifer ~ colletto m duro od. inamidato; weicher ~ colletto m floscio; (Rock♀, Mantel♀) bavero m; es geht ihm an den ~ ora gli si fa la pelle; **~nummer**, **~weite** f misura f del collo.

Kragstein ['krɑːkʃtaɪn] m modiglione m.

Krähe ['krɛːə] f (15) cornacchia f; **♀n** (25) cantare; **~nfüße** ['--fyːsə] m/pl. (Runzeln) zampe f/pl. di gallina.

Krake ['krɑːkə] m (13) piovra f.

Krakeel F [kra'keːl] m (3¹) baccano m; (Streit) lite f; **♀en** (25) far baccano; **~er** m (7) chiassone m.

Kralle ['kralə] f (15) artiglio m; **~nhieb** m granfiata f.

Kram [krɑːm] m (3, o. pl.) robaccia f; cianfrusaglie f/pl.; in den ~ passen F venire a proposito; **~bude** f botteguccia f.

kramen ['krɑːmən] (25) frugare (in dat. in), rovistare (in).

Krämer ['krɛːmər] m (7) mercantucolo m; **~geist** m spirito m mercantile.

Kramladen ['krɑːmlɑːdən] m botteguccia f.

Krammetsvogel ['kramətsfoːgəl] Zo. m tordel(l)a f gazzina.

Krampe ['krampə] f (15) arpione m.

Krampf [krampf] m (3³) crampo m; convulsioni f/pl.; **~ader** f varice f, vena f varicosa; **♀haft** convulsivo f; **♀stillend** antispasmodico.

Kran ⊕ [krɑːn] m (3³) gru f.

Kranich Zo. ['--niç] m (3) gru f.

krank [krank] (18²) (am)malato; infermo; ~ werden ammalarsi; '♀e(r) m malato m.

kränkeln ['krɛŋkəln] (29) essere malaticcio.

kranken ['kraŋkən] (25) soffrire (an dat. di).

kränken ['krɛŋkən] (25) mortificare; (beleidigen) offendere.

Kranken|anstalt ['kraŋkən ʔanʃtalt] f ospedale m; **~auto** n autoambulanza f; **~bahre** f barella f; **~bericht** m bollettino m medico; **~geld**

n sussidio m di infermità; **~gymnastik** f ginnastica f medica; **~haus** n ospedale m; **~kasse** f cassa f malati; F mutua f; **~kost** f dieta f; **~pflege** f cura f dei malati; **~pfleger** m infermiere m; **~pflegerin** f infermiera f; **~saal** m infermeria f; **~schwester** f infermiera f; **~träger** m infermiere m; portaferiti m; **~transport** m trasporto m malati; **~versicherung** f assicurazione f malattie; **~wagen** m vettura f dell'ambulanza; ambulanza f; **~wärter** m infermiere m; **~zimmer** n infermeria f.

krankhaft ['kraŋkhaft] morboso; patologico.

Krankheit ['-haɪt] f malattia f; **♀erregend** patogeno; **~s-erreger** m agente m patogeno; **♀shalber** a causa d'infermità; **~slehre** f patologia f; **~s-übertragung** f infezione f.

kränklich ['krɛŋkliç] malaticcio; **♀keit** f salute f malferma.

Kränkung ['-kuŋ] f offesa f; umiliazione f.

Kranz [krants] m (3² u. ³) corona f, ghirlanda f.

Krapfen ['krapfən] m (6) sgonfiotto m. [spinto.]

kraß [kras] (18¹) forte, esagerato.}

Krater ['krɑːtər] m (7) cratere m.

kratzbürstig ['kratsbyrstiç] fig. scontroso; recalcitrante.

Krätze ✶ ['krɛtsə] f (15, o. pl.) scabbia f.}

kratz|en ['kratsən] (27) grattare; (ab~) raschiare; (die Haut ritzen) graffiare; Wolle: cardare; (schaben) raspare; (jucken) prudere; **♀er** m raschiatore m; cardatore m; graffio m; **♀fuß** m riverenza f; **♀wunde** f graffiatura f.

kraulen ['kraulən] (25) grattare dolcemente; zärtlich: accarezzare; Schwimmsport: nuotare a crawl.

kraus [kraus] (18) crespo; Stirn: rugoso; Stil: capriccioso, stravagante; ~ ziehen increspare.

Krause ['krauzə] f (15) allg. gala f; (Hals♀) collare f.

kräuseln ['krɔyzəln] (29) increspare; Haare: arricciare.

Kraus|haar ['kraushɑːr] n capelli m/pl. ricciuti (increspati); **~kohl** m cavolo m riccio; **~kopf** m testa f ricciuta.

Kraut [kraut] n (1²) erba f; (Weiß♀ usw.) cavolo m; F tabacco m; ins ~ schießen crescer troppo presto; wie ~ und Rüben tutto sottosopra.

Kräuter|buch ['krɔytərbu:x] n erbario m; ~käse m formaggio m verde; ~likör m liquore m di erbe aromatiche; ~sammler(in f) m erborista m u. f; ~suppe f zuppa f di erbe; ~tee m infusione f di erbe; tè m surrogato; ~wein m vino m aromatico.

Krawall [kra'val] m (3¹) putiferio m; (Aufruhr) sommossa f, tumulto m.

Krawatte [kra'vatə] f (15) cravatta f; ~nnadel f spillo m da cravatta.

kraxeln F ['kraksəln] (29) arrampicarsi.

Kreatur [krea'tu:r] f (16) creatura f.

Krebs [kre:ps] m (4) gambero m, granchio m; Astr., ♋ cancro m; ♀-**artig** Zo. crostaceo; ♋ canceroso; '~**geschwür** n carcinoma m; ♀-**krank** malato di cancro; ♋**rot** rosso come un gambero; '~**schaden** m affezione f cancerosa; fig. male m inveterato.

Kredenz [kre'dɛnts] f credenza f.

Kredit [kre'di:t] m (3) credito m; fig. prestigio m, rispetto m; ~**anstalt** f istituto m di credito; ~**bank** f banca f di credito; ~**brief** m lettera f di credito; ♀**fähig**, ♀**würdig** solvente; solido; ~**geber** m datore m del credito; ♀**ieren** dare a credito; ~**sicherung** f garanzia f del credito.

Kreid|e ['kraɪdə] f (15) Geol. creta f; (Schreib♀) gesso m; ♀e-**artig**, ♀e-**haltig** cretaceo; ♀e'**bleich**, ♀e-'**weiß** pallido pallido; pallido come la morte; ~**grube** f gessaia f; ♀**ig** cretoso.

kreieren [kre'i:rən] creare; Thea. rappresentare; Mode: lanciare.

Kreis [kraɪs] m (4) cerchio m; ⚡ circuito m; fig. circolo m; (Land♀, Stadt♀) distretto m, circondario m; weite ~e ziehen fig. aver larghe ripercussioni; ~**abschnitt** m segmento m di cerchio; '~**arzt** m medico m distrettuale; '~**ausschnitt** m settore m; '~**bahn** f orbita f; '~**bewegung** f movimento m circolare, rotazione f; Astr. rivoluzione f; '~**bogen** m arco m di cerchio.

kreischen ['kraɪʃən] (27) stridere; Vögel: squittire; ~d stridulo.

Kreisel ['kraɪzəl] m (7) trottola f; ~**kompaß** m bussola f giroscopica.

kreisen ['kraɪzən] (27) girare, roteare; (Blut) circolare.

kreis|förmig ['kraɪsfœrmiç] circolare; ♀**hauptmann** m sottoprefetto m; ♀**lauf** m giro m; circuito m; Blut: circolazione f; ♀**lauf-erkrankung** f malattia f della circolazione del sangue; ♀**linie** f circonferenza f; linea f circolare; ~**rund** rotondo; ♀**säge** f sega f circolare.

kreißen ['kraɪsən] (27) avere le doglie (del parto); ♀**de** f partoriente f.

Kreis|stadt ['kraɪsʃtat] f capoluogo m distrettuale; ~**umfang** m circonferenza f; ~**verkehr** m circolazione f circolare.

Krematorium [krema'to:rjum] n (9) crematorio m.

Krempe ['krɛmpə] f (15) tesa f.

Krempel F ['-pəl] m (7, o. pl.) fig. robaccia f.

Kreol|e [kre'o:lə] m (13) creolo m; ~**in** f creol(in)a f.

krepieren [kre'pi:rən] (sn) Tiere: crepare; Granate: esplodere.

Krepp [krɛp] m (11) crespo m.

Kreppapier ['-papi:r] n carta f crespata.

Kresse ♣ ['krɛsə] f (15) crescione m.

Kreuz [krɔyts] n (3²) croce f; Anat. reni m/pl.; Pferd: groppa f; ♪ diesis m; Kartensp. fiori m/pl.; fig. pena f; afflizione f; zu ~ kriechen umiliarsi; ♀ und quer in tutti i sensi, in tutte le direzioni; '~**abnahme** f deposizione f dalla croce; '~**band** n: unter ~ sotto fascia; '~**bein** n osso m sacro; '~**berg** m calvario m; '~**blütler** ♣ ['-bly:tlər] m (7) crocifera f; ♀'**brav** bravissimo; buono come il pane.

kreuz|en ['krɔytsən] (27) incrociare; Scheck: sbarrare; '♀**er** m (7) ⚓ incrociatore m; fig. quattrino m.

Kreuz|fahrer ['krɔytsfa:rər] m crociato m; '~**fahrt** f crociera f; '~**feuer** n fuoco m incrociato; ♀**fi'del** allegro come una pasqua; '~**gang** m chiostro m; ~**gewölbe** n volta f a crociera; ♀**igen** ['-tsigən] (25) crocifiggere; '~**igung** f crocifissione f; ♀**lahm** slombato; Pferd: sgroppato; ~ machen slombare; sgroppare; '~**orden** m ordine m della croce; '~**otter** f vipera f comune; '~**ritter**

m crociato *m*; '**~schmerzen** *m/pl.* mal *m* di reni; '**~schnabel** *m* beccostorto *m*; '**~spinne** *f* ragno *m* crociato; '**~stich** *n* punto *m* in croce; '**~ung** *n* incrociamento *m*; *Rassen*2: incrocio *m*; (*Straßen*2 *usw.*) incrocio *m*; '**~ungspunkt** *m* crocicchio *m*; punto *m* d'intersezione; '**~verhör** *n* interrogatorio *m* in contraddittorio; '**~weg** *m* crocevia *m*; crocicchio *m*; '2**weise** in croce; **~worträtsel** '['~vɔrtrɛːtsəl] *n* parole *f/pl.* incrociate; '**~zeichen** *n* segno *m* della croce; *das ~ machen* segnarsi; '**~zug** *m* crociata *f*.

kribbel|ig F ['kribəliç] irritabile, nervoso; **~n** F (29) formicolare; (*jucken*) prudere, pizzicare.

kriech|en ['kriːçən] (30, *sn*) strisciare; serpeggiare; *aus dem Ei*: sgusciare; *fig.* prostrarsi; **~end**, **~erisch** servile; 2**er** *m* (7) strisciante *m*, leccapiedi *m*; 2**erei** [-çə'raɪ] *f* servilismo *m*; 2**spur** *f* corsia *f* (per veicoli) a bassa velocità; 2**tier** *n* rettile *m*.

Krieg [kriːk] *m* (3) guerra *f*; *~ führen* fare la guerra; 2**en** ['-gən] F (25) ottenere, ricevere, F buscare, pescarsi; '**~er** *m* (7) guerriero *m*, combattente *m*; '2**erisch** bellicoso; (*Aussehen*) marziale; **~e Handlung** azione *f* bellica; '**~erverein** *n* associazione *f* combattenti; 2**führend** ['kriːkfyːrənt] belligerante; '**~führung** *f* conduttura *f* della guerra; strategia *f*.

Kriegs... ['kriːks...]: *in Zssgn oft* di guerra; **~ausbruch** *m* principio *m* della guerra; **~berichterstatter** *m* corrispondente *m* di guerra; **~beschädigte(r)** ['-bəʃeːdɪçtə(r)] *m* (18) mutilato *m*, danneggiato *m* di guerra; **~beute** *f* bottino *m* di guerra; **~dienst** *m* servizio *m* militare; **~dienstverweigerer** *m* obiettore *m* di coscienza; **~entschädigung** *f* indennità *f* di guerra; **~erklärung** *f* dichiarazione *f* di guerra; **~fall** *m* caso *m* di guerra; **~flotte** *f* marina *f* militare; **~fuß** *m* piede *m* di guerra; *fig. auf dem ~ mit j-m stehen* essere in cattivi termini con qu.; **~gebiet** *n* zona *f* di guerra; **~gefangene(r)** *m* (18) prigioniero *m* di guerra; **~gefangenschaft** *f* prigionia *f* di guerra; **~gerät** *n* materiale *m* di guerra; **~gericht** *n* tribunale *m* militare; corte *f* marziale; **~gewinn** *m* profitto *m* di guerra; **~gewinnler** *m* pescecane *m*, profittatore *m* di guerra; **~glück** *n* fortuna *f* delle armi; **~hafen** *m* porto *m* militare; **~hetzer** *m* guerrafondaio *m*; **~kamerad** *m* compagno *m* d'armi; **~kosten** *pl.* spese *f/pl.* di guerra; **~kunst** *f* arte *f* della guerra; **~lied** *n* canzone *f* di guerra; **~list** *f* stratagemma *f*; 2**lustig** bellicoso; **~macht** *f* forze *f/pl.* militari; **~marine** *f* marina *f* militare; **~material** *n* materiale *m* di guerra (*od.* bellico); **~minister** *m* ministro *m* della guerra; 2**müde** stanco della guerra; **~opfer** *n* vittima *f* della guerra; **~recht** *n* legge *f* marziale; diritto *m* di guerra; **~schauplatz** *m* teatro *m* della guerra; **~schiff** *n* nave *f* da guerra; **~schuld** *f* responsabilità *f* della guerra; **~schulden** *f/pl.* debiti *m/pl.* di guerra; **~stand** *m* stato *m* di guerra; **~stärke** *f* effettivi *m/pl.* di guerra; **~teilnehmer** *m* combattente *m*; **~treiber** *m* guerrafondaio *m*; **~verbrecher** *m* criminale *m* di guerra; **~versehrte(r)** *m* mutilato *m* di guerra; **~volk** *n* soldatesca *f*; **~wesen** *n* affari *m/pl.* militari; **~wirtschaft** *f* economia *f* bellica; **~zustand** *m* stato *m* di guerra.

Kriekente *Zo.* ['kriːkʔɛntə] *f* (15) crecca *f*.

Krimin|albeamte(r) [krimi'naːlbəamtə(r)] *m* (18) agente *m* della polizia criminale; **~alfilm** *m* film *m* giallo (*od.* poliziesco); **~a'list** *n* criminalista *m*; **~alkommissar** *m* commissario *m* di pubblica sicurezza; **~alpolizei** *f* polizia *f* criminale; **~alroman** *m* romanzo *m* giallo; 2**ell** criminale.

Krimskrams ['krimskrams] *m uv.* carabattole *f/pl.*

Kringel ['kriŋəl] *m* (7) ciambella *f*.

Krippe ['kripə] *f* (15) mangiatoia *f*; greppia *f*; *bibl.* presepio *m*; (*Kinder*2) asilo *m* infantile.

Kris|e ['kriːzə] *f* (15) crisi *f*; 2**eln** esserci crisi in vista; **~enzeit** *f* periodo *m* di crisi; **~is** ['-zis] *f* (16[2]) crisi *f*.

Kristall [kri'stal] *m* (3[1]) cristallo *m*; **~bildung** *f* cristallizzazione *f*; 2**en** cristallino; **~fabrik** *f* cristalleria *f*; **~geschirr** *n* cristallame *m*; 2**hell**

cristallino; **2inisch** [--'li:niʃ] cristallino; **2isieren** [--li'zi:rən] cristallizzare; **~sachen** f/pl., **~waren** f/pl. cristalleria f, cristalli m/pl.

Krit|ik [kri'ti:k] f (16) critica f; (Rezension) recensione f; (Kritik) stroncatura f; unter aller ~ pessimo; '~iker m (7) critico m; **2iklos** sprovvisto di senso critico; **~iklosigkeit** f mancanza f di senso critico; **'2isch** critico; (entscheidend) cruciale; **2isieren** [kriti'zi:rən] criticare.

Kritt|elei [kritə'laɪ] f (16) sofisticaggine f, critica f cavillosa; **~(e)ler** m (7) criticone m; **2(e)lig** sofistico; **2eln** ['-təln] (29) cavillare, criticare pedantescamente.

Kritz|elei [kritsə'laɪ] f scarabocchi m/pl.; **2eln** ['-tsəln] (29) schiccherare.

Kroat|e [kro'ɑ:tə] m (13), **~in** f, **2isch** croato (-a) m (f).

kroch [krɔx] s. kriechen.

Krokodil [kroko'di:l] n (3¹) coccodrillo m.

Krokus 💡 ['kro:kus] m croco m.

Kron|bewerber ['kro:nbəverbər] m pretendente m alla corona; **~e** f (15) corona f; 💡 corolla f; (Baum2) chioma f.

krönen [krø:nən] (25) (in)coronare.

Kron|erbe ['kro:n²ɛrbə] m erede m della corona; **~leuchter** m lumiera f; candelabro m; **~prinz** m principe m ereditario.

Krönung [krø:nuŋ] f incoronazione f; fig. coronamento m.

Kronzeuge ᵗᵗ ['kro:ntsɔʏgə] m testimone m principale.

Kropf [krɔpf] m (3³) gozzo m.

kröpf|en ['krœpfən] (25) Geflügel: ingrassare; Bäume: svettare; △ piegare a gomito; **~ig** gozzuto; **2ung** ⊕ f gomito m.

Kröte ['krø:tə] f (15) rospo m; **~n** P pl. quattrini m/pl.

Krück|e ['krykə] f (15) gruccia f; am Stock: manico m; **~stock** m bastone m a gruccia.

Krug [kru:k] m (3³) brocca f; (Trink2) boccale m; (Öl2) orcio m; (Schenke) osteria f.

Krume ['kru:mə] f (15) mollica f; (Brosame) briciola f.

Krümel ['kry:məl] m (7) briciolo m; **2n** (29) sbriciolarsi.

krumm [krum] curvo; Bein: storto;

Nase: adunco; fig. losco; **~beinig** ['-baɪniç] dalle gambe storte.

krümmen ['krymən] (25) curvare; sich vor Schmerz ~ torcersi; kein Haar ~ non torcere un capello.

krumm|linig ['krumli:niç] curvilineo; **~nehmen** fig. offendersi (per qc.), prendersela (per qc.); **2stab** m pastorale m.

Krümmung ['krymuŋ] f curva f; curvatura f.

Kruppe ['krupə] f (15) groppa f.

Krüppel ['krypəl] m (7), **2haft** adj. storpio (m), mutilato (m).

Krust|e ['krustə] f (15) crosta f; **~entier** n crostaceo m; **2ig** ['-stiç] crostoso. {fisso m.}

Kruzifix ['kru:tsifiks] n (3²) croci-}

Kübel ['ky:bəl] m (7) bigoncia f; (Eimer) secchio m.

Kubik|inhalt [ku'bi:k²ɪnhalt] m cubatura f; **~meter** m metro m cubico; **~wurzel** f radice f cubica.

kubisch ['ku:biʃ] cubico.

Kubus ['ku:bus] m (16²) cubo m.

Küche ['kyçə] f (15) cucina f.

Kuchen ['ku:xən] m (6) dolce m; (Torte) torta f; kleiner: pasta f; **~bäcker** m pasticciere m; **~bäckerei** f pasticceria f; **~blech** n pasticcera f; **~form** f forma f per il dolce.

Küchen|abfälle ['kyçən²apfɛlə] m/pl. rifiuti m/pl. di cucina; **~brett** n tagliere m; **~garten** m orto m; **~geschirr** n stoviglie f/pl.; **~herd** m fornello m (a gas, elettrico usw.); **~junge** m sguattero m; **~kräuter** n/pl. odori m/pl.; **~latein** n latino m maccheronico; **~meister** m capocuoco m; **~messer** n coltello m da cucina; **~schrank** m dispensa f; **~zettel** m lista f dei cibi.

Küchlein ['ky:çlaɪn], **Kü(c)ken** ['ky:kən] n (6) pulcino m.

Kuckuck Zo. ['kukuk] m (3) cuculo m; F zum ~! al diavolo!; hol dich der ~ che il diavolo ti porti; **~s-uhr** f orologio m da cuccù.

Kuddelmuddel ['kudəlmudəl] m guazzabuglio m.

Kufe¹ ['ku:fə] f (15) pattino m (della slitta).

Kufe² ['ku:fə] f (15) tino m.

Küfer ['ky:fər] m (7) bottaio m.

Kugel ['ku:gəl] f (15) palla f; (Gewehr2) pallottola f; Geogr. globo m; ♣ sfera f; Spiel: boccia f; **~aufriß** m planisferio m; **~ausschnitt** m settore *m* sferico; **~fang** *m* parapallottole *m*; **⁀fest** a prova di bomba; **⁀förmig** ['--fœrmiç] globulare, sferico; **~gelenk** ⊕ *n* giunto *m* sferico; **~gestalt** *f* sfericità *f*; **⁀ig** sferico; **~lager** *n* cuscinetto *m* a sfere.

kugeln ['ku:gəln] (29) rotolare; (*hinunter~*) ruzzolare; sich vor Lachen ~ sbellicarsi dalle risa.

kugel|rund ['ku:gəl'runt] tondo come una mela; **⁀schnitt** ⅍ *m* segmento *m* di sfera; **⁀schreiber** *m* penna *f* a sfera; **⁀stoßen** *n* lancio *m* del peso.

Kuh [ku:] *f* (14^1) vacca *f*; (*Milch⁀*) mucca *f*; '**~dreck** *m*, '**~fladen** *m* sterco *m* di vacca; '**~glocke** *f* campanaccio *m*; '**~hirt** *m* vaccaro *m*.

kühl [ky:l] fresco; *fig.* freddo; '**⁀-anlage** *f* impianto *m* di refrigerazione; '**⁀-apparat** *m* refrigeratore *m*; '**⁀e** *f* (15) fresco *m*; *fig.* freddezza *f*; '**~en** (25) rinfrescare; refrigerare; ⊕ raffreddare; '**⁀er** *m* (7) *Kfz.* radiatore *m*; '**⁀erhaube** *f* cofano *m* del radiatore; '**⁀raum** *m* cella *f* frigorifera; '**⁀schrank** *m* frigorifero *m*; '**⁀schiff** *n* nave *f* frigorifera; '**⁀truhe** *f* banco *m* frigorifero; '**⁀ung** *f* rinfrescamento *m*; raffreddamento *m*; '**⁀wagen** *m* vagone *m* frigorifero; '**⁀wasser** *n* acqua *f* di raffreddamento; acqua *f* del radiatore.

Kuh|magd ['ku:ma:kt] *f* vaccara *f*; **~mist** *m* sterco *m* di vacca; bovina *f*.

kühn [ky:n] ardito; '**⁀heit** *f* arditezza *f*, ardire *m*.

Kuh|pocke ['ku:pɔkə] *f* vaccino *m*; **~pockenimpfung** *f* vaccinazione *f*; **~stall** *m* stalla *f* delle vacche.

Küken ['ky:kən[*n* (6) pulcino *m*.

kul|ant [ku'lant] compiacente; *Preis*: modico; *Bedingung*: conveniente; **⁀anz** [-'lants] *f* (16, *o. pl.*) compiacenza *f*.

kulinarisch [kuli'na:riʃ] culinario.

Kulisse [-'lisə] *f* (15) quinta *f*; *fig.* hinter den ~n dietro le quinte; **~nmaler** *m* scenografo *m*; **~nmalerei** *f* scenografia *f*; **~nschieber** *m* macchinista *m* teatrale.

Kult [kult] *m* (3) culto *m*; **⁀ivieren** [-ti'vi:rən] coltivare; **⁀i'viert** distinto.

Kultur [-'tu:r] *f* (16) cultura *f*; civiltà *f*; (*e-s Volkes*) civilizzazione *f*; **~aufgabe** *f* missione *f* civilizzatrice; **~austausch** *m* scambio *m* culturale; **⁀ell** [--'rɛl] culturale; **~film** *m* documentario *m*; **~geschichte** *f* storia *f* della civiltà (*od.* del costume); **~kunde** *f* culturologia *f*; **~land** *n* paese *m* civilizzato; **~pflanze** *f* pianta *f* coltivata; **~stufe** *f* grado *m* di civilizzazione; **~träger** *m* rappresentante *m* della civilizzazione; **~verwandtschaft** *f* affinità *f* culturale; **~verwilderung** *f* depravazione *f* culturale; **~volk** *n* popolo *m* civilizzato.

Kultus ['kultus] *m* (14^3) culto *m*; **~minister** *m* ministro *m* dell'educazione.

Kümmel ['kyməl] *m* (7) comino *m*; liquore *m* al comino; **~blättchen** *n* *Spiel*: toppa *f*.

Kummer ['kumər] *m* (7; *o. pl.*) dolore *m*; dispiaceri *m/pl*.

kümm|erlich ['kymərliç] misero; **~ern** (29) affliggere; (*angehen*) importare (a qu.); sich um et. ~ occuparsi di qc.; sich um j-n ~ curarsi di qu.; **⁀ernis** *f* (14^2) pena *f*, affanno *m*, afflizione *f*.

kummervoll ['kumərfɔl] afflitto; pieno d'affanni.

Kumpan [kum'pa:n] *m* (3^1) compagno *m*.

Kumpel F ['kumpəl] *m* (7) compagno *m* di lavoro; ⚒ minatore *m*.

kündbar ['kyntba:r] che si può disdire; licenziabile; revocabile.

Kunde ['kundə]: **a)** *f* (15) notizia *f*; (*Wissenschaft*) scienza *f*; **b)** *m* (13) cliente *m*.

Kundendienst ['kundəndi:nst] *m* servizio *m* clientela.

kund|geben ['kuntge:bən] render noto; **⁀gebung** *f* manifestazione *f*, dimostrazione *f*; **~ig** ['-diç] esperto, pratico.

kündig|en ['kyndigən] (25) **1.** *v/t.* *j-m*: licenziare; *Kapital*, *Wohnung*: disdire; *Vertrag*: denunziare; **2.** *v/i.* licenziarsi; **⁀ung** *f* licenziamento *m*; disdetta *f*; denuncia *f*; **⁀ungsfrist** *f* termine *m* di disdetta.

Kund|in ['kundin] *f* cliente *f*; **~machung** *f* notifica *f*; **~schaft** ['kuntʃaft] *f* informazione *f*; ⚔ ricognizione *f*; (*Kunden*) clientela *f*; **~schafter** *m* (7) esploratore *m*; spia *f*; **⁀tun** ['kuntu:n] notificare.

künftig ['kynftiç] *adj.* futuro; *adv.* in (*od.* nell')avvenire; **~hin** nell'avvenire.

K

Kunst [kunst] f (14¹) arte f; *Schwarze* ~ negromanzia f; *die schönen Künste* le belle arti; *die bildende* ~ le arti figurative; *das ist keine* ~ non ci vuole un gran che; '**~akademie** f Accademia f di Belle Arti; '**~ausdruck** m termine m tecnico; '**~ausstellung** f esposizione f artistica (di belle arti); '**~beilage** f supplemento m artistico; '**~dünger** m fertilizzanti m/pl.

Künstelei [kynstə'laɪ] f (16) artificiosità f.

Kunst|faser ['kunstfɑ:zər] f fibra f sintetica; ₂**fertig** ingegnoso; **~fertigkeit** f abilità f; destrezza f; **~flug** m ✈ acrobazia f aerea; **~freund** m amico m delle arti, mecenate m; **~gegenstand** m oggetto m d'arte; ₂**gemäß**, ₂**gerecht** conforme alle regole dell'arte; **~geschichte** f storia f dell'arte; ₂**gewerbe** n arte f industriale, arte f applicata; **~griff** m artifizio m; **~handlung** f negozio m d'oggetti d'arte; **~handwerk** n artigianato m artistico; **~harz** n resina f sintetica; **~honig** m miele m artificiale; **~kenner** m perito m d'arte; **~kritiker** m critico m d'arte; **~lauf** m (*Eissport*) pattinaggio m artistico; **~leder** n cuoio m artificiale.

Künst|ler(in) f m ['kynstlər(in)] artista m u. f; ₂**lerisch** artistico; ₂**lich** artificiale; *Haar*, *Gebiß*: finto; posticcio; ⊕ sintetico.

kunst|los ['kunstlo:s] senza arte; semplice; ₂**maler** m pittore m artista; ₂**mittel** n mezzo m artistico; **~reich** ingegnoso; ₂**reiter** m cavallerizzo m; **~richtung** f stile m (artistico); ₂**sammlung** f collezione f di opere d'arte; ₂**schätze** m/pl. ricchezze f/pl. artistiche; ₂**schreiner** m ebanista m; ₂**schule** f scuola f di belle arti; ₂**seide** f seta f artificiale; ₂**sprache** f linguaggio m poetico; ₂**stoff** m materia f plastica; **~stopfen** rammendare finemente; **~stück** n gioco m di destrezza; *fig.* abilità f; ₂**tischler** m ebanista m; ₂**verein** m società f artistica; **~verständig** intenditore d'arte; ~ *sein* intendere l'arte; **~voll** artistico; *allg.* ingegnoso; ₂**werk** n opera f d'arte; ₂**wert** m valore m artistico.

kunterbunt ['kuntərbunt] alla rinfusa.

Kupfer ['kupfər] n (7) rame m; **~arbeiter** m ramiere m; ₂**artig** cuprico; **~blech** n lamiera f di rame; **~draht** m filo m di rame; **~druck** m incisione f in rame; ₂**farben** ['–farbən], ₂**farbig** color rame; **~geld** n moneta f di rame; **~geschirr** n rami m/pl.; ₂**haltig** ['–haltiç] ramifero; **~kessel** m pentola f di rame; ₂n di rame; **~platte** f piastra f di rame; **~schmied** m ramaio m; calderaio m; **~stecher** m incisore m (in rame); **~stich** m incisione f (in rame); **~vitriol** n vetriolo m di rame; **~waren** f/pl. rami m/pl.

Kupon [ku'põ] m (11) tagliando m; cedola f.

Kuppe ['kupə] f (15) cima f; (*Nadel*~) capocchia f.

Kuppel ['kupəl] f (15) cupola f.

Kupp|elei [kupə'laɪ] f (16) lenocinio m; ₂**eln** (29) **1.** v/t. accoppiare; ⊕ abbinare; *Auto*: innestare; 🚗 agganciare; **2.** v/i. (*zusammen*~) combinare un matrimonio; ruffianeggiare; **~ler** m (7) lenone m, P ruffiano m; **~lung** f agganciamento m; *Auto*: frizione f; **~lungshebel** m leva f d'innesto; **~lungswelle** f albero m d'innesto.

Kur [ku:r] f (16) cura f; trattamento m; '**~anstalt** f casa f di cura.

Kuratel [kura'te:l] f (16) curatela f.

Kurator [-'rɑ:tɔr] m (8¹) curatore m; **~ium** [–'to:rjum] n (9) curatorio m, consiglio m d'amministrazione.

Kuraufenthalt ['ku:r⁹aufənthalt] m soggiorno m di cura.

Kurbel ['kurbəl] f (15) manovella f; ₂n girare la manovella; *Film*: girare; **~welle** f albero m a gomiti, albero m a manovella; *Kfz.* biella f.

Kürbis ['kyrbis] m (4¹) zucca f.

küren ['ky:rən] (25) scegliere, eleggere.

Kur|fürst ['ku:rfyrst] m Elettore m; **~fürstentum** n Elettorato m; ₂**fürstlich** elettorale; **~gast** m forestiero m; *im Badeort*: bagnante m; **~haus** n casa f di cura.

Kurie ['ku:rjə] f (15) curia f.

Kurier [ku'ri:r] m (3¹) corriere m.

kurieren [ku'ri:rən] curare.

kuri|os [kur'jo:s] (18) curioso; ₂**osität** f curiosità f; rarità f.

Kur|kosten ['ku:rkɔstən] pl. spese f/pl. della cura; **~liste** f lista f dei bagnanti; **~ort** m luogo m di cura; stazione f balnearia; (Luft2) luogo m climatico; **~pfuscher** m ciarlatano m; **~pfusche'rei** f (16) ciarlataneria f.

Kurs [kurs] m (4) corso m; **⚓** rotta f; **♥** cambio m; zum ~ von al cambio di.

Kursaal ['ku:rza:l] m salone m del casinò.

'Kurs|bericht m bollettino m di borsa (od. delle quotazioni); **~blatt** n listino m di borsa; **~buch** n orario m ferroviario.

Kürschner ['kyrʃnər] m (7) pellicciaio m; **~ei** [--'raɪ] f pelletteria f.

kurs|ieren [kur'zi:rən] circolare; **~iv** [-'zi:f] corsivo; **2ivschrift** f corsivo m.

Kurs|makler ['kursma:klər] m agente m di cambio; **~notierung** f quotazione f (del cambio); **~schwankungen** f/pl. fluttuazioni f/pl. del cambio.

Kursus ['kurzus] m (14³) corso m.

Kurs|wagen ['kursva:gən] m vagone m diretto; **~wechsel** m inversione f di rotta; **~wert** m valore m corrente; **~zettel** m listino m della borsa. [giorno.)

Kurtaxe ['ku:rtaksə] f tassa f di soggiorno.

Kurve ['kurvə] f (15) curva f, virata f, svolta f.

'Kurverwaltung f azienda f di cura e soggiorno.

kurz [kurts] (18²) räumlich: corto; zeitlich: breve; ~ und gut insomma, per dirla breve, alle corte; ~ und bündig recisamente; ~ darauf poco dopo; in ~em fra breve; vor ~em poco fa, (neulich) recentemente; seit ~em da poco; über ~ oder lang presto o tardi; zu ~ kommen rimetterci; ~en Prozeß machen andar per le corte; sich ~ fassen farla breve; j-n ~ abfertigen trattare qu. alla spiccia; den kürzeren ziehen avere la peggio; **2-arbeit** f lavoro m a orario ridotto; **~atmig** [-'ºa:tmiç] asmatico; Pferde: bolso; **2-atmigkeit** f asma f; bolsaggine f; **2bericht** m cenno m informativo.

Kürze ['kyrtsə] f (15, o. pl.) örtlich: cortezza f; zeitlich: brevità f; im Ausdruck: concisione f; in ~ fra poco; in aller ~ in succinto.

Kürz|el ['kyrtsəl] n (7) Kurzschrift: abbreviatura f; **2en** (27) accorciare; (mindern) ridurre; (Text) abbreviare.

kurzerhand ['kurtsər'hant] subito; senz'altro.

Kurz|film ['kurtsfilm] m cortometraggio m, film m breve; **2fristig** ['-fristiç] a breve scadenza; **2gefaßt** conciso; **~geschichte** f storiella f; novella f lampo; **2geschnitten** corto; **2lebig** effimero.

kürzlich ['kyrtsliç] recentemente.

Kurz|parkzone ['kurtsparktso:nə] f zona f disco; **~referat** n breve relazione f; **~schädel** m brachicefalo m; **~schluß ⚡** m corto circuito m; **~schrift** f stenografia f; **2sichtig** ['-ziçtiç] miope; **~sichtigkeit** f miopia f; **~streckenläufer** m sprinter m; **2'um** a farla breve.

Kürzung ['kyrtsuŋ] f (16) accorciamento m; riduzione f; abbreviamento m.

Kurz|waren ['kurtsva:rən] f/pl. merceria f; minuterie f/pl.; **~warenhändler** m merciaio m; **2weg** adv. senz'altro; **~weil** ['-vaɪl] f (16, o. pl.) passatempo m; **2weilig** divertente; **~wellen** f/pl. onde f/pl. corte; **~wellensender** m stazione f trasmittente ad onde corte.

kuschen ['kuʃən] fig. obbedire ciecamente; stare zitto.

Kusine [-'zi:nə] f (15) cugina f.

Kuß [kus] m (4) bacio m.

küssen ['kysən] (28) baciare.

Kußhand ['kushant] f baciamano m.

Küste ['kystə] f (15) costa f, lit(t)orale m.

Küsten|bewohner ['kystənbəvo:nər] m littoraneo m; **~fahrer** m cabot(t)iere m; **~fahrt** f cabot(t)aggio m; **~land** n lit(t)orale m; **~lotse** m costiere m; **~strich** m lit(t)orale m; **~wärter** m guardacoste m.

Küster ['kystər] m (7) sagrestano m; **~ei** [--'raɪ] f sacrestia f.

Kustos ['kustɔs] m (16, pl. Kustoden [-'to:dən]) conservatore m; direttore m di museo.

Kutsch|bock ['kutʃbɔk] m cassetta f, serpa f; **~e** f (15) carrozza f; **~er** m (7) cocchiere m.

Kutte ['kutə] f (15) tonaca f.

Kutteln ['kutəln] f/pl. trippa f.

Kutter ⚓ m (7) cutter m.

Kuvert [ku've:r, -'vert] n (3 u. 11) coperto m, posata f; (Brief2) busta f; **2'ieren** mettere in una busta.

Kux ⚒ [kuks] m (3²) azione f d'una miniera.

L

L, l [ɛl] *n uv.* L, l *m u. f.*
Lab [lɑːp] *n* (3) caglio *m.*
lab|en [ˈlɑːbən] (25) rinfrescare; ristorare; *Auge, Herz:* ricreare; ꝺ**e-trunk** *m* rinfresco *m.*
labial [labˈjɑːl] labiale.
labil [laˈbiːl] instabile, labile; ꝺi'**tät** *f* labilità *f.*
Labmagen [ˈlɑːpmɑːɡən] *m* abomaso *m.*
Labor|ant(in *f*) *m* [laboˈrant(in)] (12) assistente *m u. f* di laboratorio; ꝺ**atorium** [---ˈtoːrjum] *n* (9) laboratorio *m;* ꝺi'**ieren:** *an et. (dat.)* ꝺ soffrire di qc.
Labsal [ˈlɑːpzɑːl] *n* (3), **Labung** [ˈ-buŋ] *f* rinfresco *m,* ristoro *m.*
Labyrinth [labyˈrint] *n* (3) labirinto *m.*
Lache¹ [ˈlɑːxə] *f* (15) *(Pfütze)* pozza *f,* pantano *m.*
Lache² [ˈlaxə] *f* (15) risata *f.*
lächeln [ˈlɛçəln] **1.** (29) sorridere; **2.** ꝺ *n* (6) sorriso *m.*
lach|en [ˈlaxən] **1.** (25) ridere *(über ac.* di); **2.** ꝺ**en** *n* (6) riso *m; vor* ꝺ dalle risa; *zum* ꝺ ridicolo; ꝺ**end** ridente; ꝺ**er** *m* (7) chi ride.
lächerlich [ˈlɛçərliç] ridicolo; *(unbedeutend)* derisorio; ꝺ *machen* mettere in ridicolo; ꝺ**keit** *f* ridicolaggine *f.*
Lach|gas [ˈlaxɡɑːs] *n* gas *m* esilarante; ꝺ**haft** ridicolo; ꝺ**krampf** *m* riso *m* convulsivo.
Lachs [laks] *m* (4) salmone *m.*
Lachsalve [ˈlaxzalvə] *f* scoppio *m* di risate.
Lachs|forelle [ˈlaksforelə] *f* trota *f* salmonata; ꝺ**schinken** *m* filetto *m* di maiale affumicato.
Lachtaube [ˈlaxtaubə] *f* tortorella *f* d'India.
Lack [lak] *m* (3) vernice *f;* lacca *f;* ¹ꝺ**en** (in)verniciare; ¹ꝺ'**firnis** *m* colore *m* a vernice; ꝺi'**ieren** (in)verniciare; ꝺi'**ierer** *m* verniciatore *m;* ꝺi'**ierung** *f* verniciatura *f;* ꝺi'**mus** *n* tornasole *m;* ¹ꝺ**schuh** *m* scarpa *f* di pelle verniciata; ¹ꝺ'**überzug** *m* copertura *f* di lacca.

Lade [ˈlɑːdə] *f* (15) cassa *f;* *(Schubꝺ)* cassetta *f;* *bibl.* arca *f* santa.
Lade|bühne [ˈlɑːdəbyːnə] *f* piano *m* caricatore; ꝺ**dauer** ꝿ *f* durata *f* della carica; ꝺ**gebühr** *f,* ꝺ**geld** *n* spese *f/pl.* di carico; ꝺ**gleis** *n* binario *m* di caricamento; ꝺ**fähigkeit** *f* capacità *f* di carico; ꝺ**hemmung** *f* inceppamento *m.*
laden¹ [ˈlɑːdən] **1.** (30) caricare; ꝿꝿ citare; *(ein-)* invitare; *eine Verantwortlichkeit auf sich* ꝺ addossarsi una responsabilità; *auf j-n geladen* F in collera con qu.; **2.** ꝺ *n* (6) caricamento *m.*
Laden² [ˈlɑːdən] *m* (6¹) *(Fensterꝺ)* imposta *f;* *(Kaufꝺ)* negozio *m,* bottega *f;* ꝺ**hüter** *m* fondo *m* di magazzino; ꝺ**preis** *m* prezzo *m* di vendita; ꝺ**schild** *n* insegna *f;* ꝺ**schluß** *m* ora *f (od.* orario *m)* di chiusura; ꝺ**tisch** *m* banco *m;* ꝺ**zimmer** *n* retrobottega *f.*
Lade|platz [ˈlɑːdəplats] *m* scalo *m;* ꝺ**rampe** *f* rampa *f* di carico; ꝺ**raum** ♣ *m* stiva *f;* ꝺ**schein** *m* ♣ polizza *f* di carico; ꝺ**stärke** *f* ꝿ intensità *f* di carica; ꝺ**stock** *m* bacchetta *f.*
lädier|en [lɛˈdiːrən] danneggiare; ꝺ**ung** *f* danneggiamento *m.*
Ladung [ˈlɑːduŋ] *f* (16) carico *m;* caricamento *m;* ꝿꝿ citazione *f;* ꝿ, ✗ carica *f.*
Lafette [laˈfɛtə] *f* (15) affusto *m.*
Laffe [ˈlafə] *m* (13) bellimbusto *m;* gagà *m.*
Lage [ˈlɑːɡə] *f* (15) posizione *f,* situazione *f; fig. a.* condizioni *f/pl.;* *(Zustand)* stato *m; Erdk.* sito *m,* ubicazione *f; Papier:* quinterno *m; (Schicht)* strato *m; in der* ꝺ *sein zu ...* essere in grado di ...; *sich in j-s* ꝺ *versetzen* mettersi nei panni di qu.
Lager [ˈlɑːɡər] *n* (7) *(Bett)* letto *m,* giaciglio *m; Tier:* covo *m;* ✗ campo *m; Pol.* blocco *m,* partito *m;* ⊕ cuscinetto *m;* ✗ giacimento *m;* ✝ deposito *m;* *(ꝺhaus)* magazzino *m;* ꝺ**aufnahme** *m* inventario *m;* ꝺ**aufseher** *m* magazziniere *m;* ꝺ**bestand**

m giacenze *f/pl.*, depositi *m/pl.*; **∼bier** *n* birra *f* stagionata; **∼geld** *n* spesa *f* di magazzinaggio; **∼halter** *m*, **∼haus** *n* magazzino *m*, deposito *m*; **∼miete** *f* magazzinaggio *m*.

lagern ['laːɡərn] (29) **1.** *v/i.* essere sdraiato; † essere in magazzino; (*ab.∼*) stagionare; ⚔ essere accampati; **2.** *v/t.* stendere; † immagazzinare; **∼** far accampare; *sich ∼* sdraiarsi, ⚔ accamparsi.

Lager|platz ['laːɡərplats] *m* † emporio *m*; deposito *m*; ⚔ accampamento *m*; **∼schein** *m* bolletta *f* di deposito; **∼schuppen** *m* tettoia *f* di deposito; **∼stätte** *f* letto *m*; luogo *m* d'accampamento; **∼ung** *f* immagazzinamento *m*; **∼verwalter** *m* magazziniere *m*.

Lagune [la'guːnə] *f* (15) laguna *f*.

lahm [laːm] storpio; (*gelähmt*) paralitico; (*hinkend*) zoppo; *fig.* fiacco; *Entschuldigung:* magro; **'∼en** (25) zoppicare.

lähmen ['lɛːmən] (25) paralizzare; ⚔ neutralizzare; **∼d** paralizzante.

Lahmheit ['laːmhaɪt] *f fig.* fiacchezza *f*.

lahmlegen ['laːmleːɡən] *fig.* paralizzare.

Lähmung ['lɛːmuːŋ] *f* (16) paralisi *f*.

Laib [laɪp] *m* (3) (*Brot*) pane *m*; (*Käse*) forma *f*.

Laich [laɪç] *m* (3) uova *f/pl.* (di pesci, anfibi); **'∼en 1.** *v/i.* (25) andare in fregola; **2.** '**∼en** *n* (6) fregola *f*.

Laie ['laɪə] *m* (13) laico *m*; *fig.* profano *m*; **∼nbruder** *m* frate *m* laico, converso *m*; **∼nbruderschaft** *f* confraternita *f*; ♀nhaft profano, dilettantesco; **∼npriester** *m* prete *m* secolare; **∼nschwester** *f* conversa *f*; **∼nspiel** *n* filodrammatica *f*.

Lakai [la'kaɪ] *m* (12) lacchè *m*.

Lake ['laːkə] *f* (15) salamoia *f*.

Laken ['laːkən] *n* (6) lenzuolo *m*.

lakonisch [la'koːnɪʃ] laconico.

Lakritze [la'krɪtsə] *f* (15) liquorizia *f*.

lallen ['lalən] (25) balbettare.

Lama ['laːma] (11) *n Zo. u. m Rel.* lama *m*.

Lamelle [la'mɛlə] *f* (15) lamella *f*; **∼nkupplung** ⊕ *f* frizione *f* (*od.* in-nesto *m*) a dischi.

lamen|tieren [lamen'tiːrən] lamentarsi; ♀**to** [-'mɛnto] *n* (11) lamenti *m/pl.*

Lamm [lam] *m* (1²) agnello *m*; '**∼-**

braten *m* arrosto *m* d'agnello; ♀en **1.** *v/i.* (25) agnellare; **2.** '**∼en** *n* (6) agnellatura *f*.

Lämmer|geier ['lɛmərɡaɪər] *m* avvoltoio *m* grande; **∼wolke** *f* pecorella *f*.

lamm|fromm ['lamfrɔm] mansueto come un agnello; ♀**zeit** *f* agnellatura *f*.

Lampe ['lampə] *f* (15) lampada *f*; (*Auto♀*) fanale *m*.

Lampen|docht ['lampəndɔxt] *m* lucignolo *m*; **∼fassung** *f ⚡* portalampada *m*; **∼fieber** *n* febbre *f* della ribalta; **∼schirm** *m* paralume *m*.

Lampion [lam'pjõ] *m* (*n*) (11) lampioncino *m*.

lancieren [lɑ̃'siːrən] lanciare.

Land [lant] *n* (1², *poet.* 3) *Ggs. Wasser:* terra *f*; *Ggs. Stadt:* campagna *f*; (*Acker*) terreno *m*; *Geogr.* paese *m*; *das Heilige ∼* Terra *f* Santa; *aufs ∼*, *auf dem ∼* in campagna; *zu ∼* per terra; '**∼adel** *m* nobiltà *f* di campagna; '**∼arbeiter** *m* lavoratore *m* agricolo; '**∼arzt** *m* medico *m* di campagna (*od.* condotto).

Land|aufenthalt ['lant⁹aufənthalt] *m* soggiorno *m* in campagna; villeggiatura *f*; ♀-**aus:** *∼ landein* per tutto il paese; **∼besitz** *m* proprietà *f* fondiaria; **∼bewohner** *m* campagnolo *m*; ♀-**einwärts** verso l'interno del paese; ♀en (26) ⚓ sbarcare, approdare; ✈ atterrare; **∼enge** *f* istmo *m*.

Länder|eien [lendə'raɪən] *f/pl. uv.* terre *f/pl.*; '**∼kampf** *m Sport:* incontro *m* internazionale; '**∼kunde** *f* geografia *f*.

Landes|beschreibung ['landəsbe-ʃraɪbuŋ] *f* topografia *f*; **∼erzeugnis** *n* prodotto *m* nazionale; **∼farben** *f/pl.* colori *m/pl.* nazionali; **∼fürst** *m* principe *m* regnante; **∼herr** *m* sovrano *m*; **∼hoheit** *f* sovranità *f*; **∼kirche** *f* chiesa *f* nazionale; **∼kunde** *f* geografia *f* del proprio paese; **∼produkt** *n* prodotto *m* nazionale; **∼schuld** *f* debito *m* pubblico; **∼trauer** *f* lutto *m* nazionale; ♀-**üblich** usuale; **∼vater** *m* padre *m* della patria; **∼verrat** *m* alto tradimento *m*; **∼verräter** *m* traditore *m* della patria; **∼verteidigung** *f* difesa *f* nazionale; **∼verweisung** *f* proscrizione *f*; esilio *m*; **∼verwiesene(r)** *m* proscritto *m*.

Land|flucht ['lantfluxt] *f* esodo *m*

dalla campagna; ⯄flüchtig profugo; esule; ⯄friede m quiete f pubblica; ⯄gemeinde f comune m rurale; ⯄gericht n tribunale m provinciale; ⯄gut n podere m; ⯄haus n villa f; villino m; ⯄heer n forze f/pl. terrestri; ⯄karte f carta f geografica; ⯄kreis m circondario m; ⯄läufig ['-lɔʏfiç] usuale; ⯄leute pl. contadini m/pl.

ländlich ['lɛntliç] campestre; rurale, rustico; ~ sittlich paese che vai, usanza che trovi.

Land|luft ['lantluft] f aria f di campagna; ⯄macht f potenza f continentale; ⯄mann m contadino m; ⯄messer m geometra m; agrimensore m; ⯄partie f scampagnata f; ⯄plage f calamità f pubblica; ⯄rat m sottoprefetto m; ⯄ratte f fig. terraiolo m; ⯄regen m pioggia f continua; ⯄schaft f paesaggio m; Pol. regione f; ⯄schaftlich provinciale; del paese; ⯄schaftsmaler (-in f) m paesista m u. f; ⯄schule f scuola f rurale.

Landser ['lantsər] m (7) soldato m semplice.

Landsitz ['lantzits] m villa f di campagna.

Lands|knecht hist. ['lantsknɛçt] m lanzichenecco m; ⯄mann m, ⯄männin f compatriota m u. f; was ist er für ein ~? di che paese è?, che nazionalità è?

Land|spitze ['lant-fpitsə] f lingua f di terra; ⯄stände m/pl. stati m/pl. provinciali; ⯄straße f strada f maestra; strada f provinciale; ⯄streicher ['-ftraiçər] m vagabondo m; ⯄streicherei [---'rai] f vagabondaggio m; ⯄strich m regione f; ⯄sturm m milizia f territoriale; ⯄tag m dieta f; ⯄tier n animale m terrestre.

Landung ['landuŋ] f (16) sbarco m; ✈ atterraggio m; (Mond☽) allunaggio m; ⯄brücke f ponte m d'approdo; ⯄deck n ponte m d'atterraggio; ⯄splatz m approdo m, sbarco m; ✈ pista f d'atterraggio; ⯄steg m passerella f.

Land|vermessung ['lantfermesuŋ] f agrimensura f; ⯄volk n contadini m/pl.; ⯄weg m: auf dem ~ per terra; ⯄wehr f milizia f; ⯄wein m vino m nostrano; ⯄wirt m agricoltore m; ⯄wirtschaft f agricoltura f; ⯄wirt-

schaftlich agricolo, agrario; ⯄wirtschaftskammer f camera f agraria; ⯄wirtschaftslehre f agronomia f; ⯄wirtschaftsminister m ministro m dell'agricoltura; ⯄wirtschaftsministerium n ministero m dell'agricoltura; ⯄zunge f lingua f di terra.

lang [laŋ] (18²) **1.** adj. lungo; ⯄e Zeit molto tempo m; **2.** adv. drei Jahre ~ per tre anni; drei Stunden ~ tre ore intere; s. lange; ⯄armig ['-ʔarmiç] con le braccia lunghe; ⯄atmig ['-ʔa:tmiç] lungo da far perdere il fiato; ⯄beinig ['-bainiç] dalle gambe lunghe.

lange ['laŋə] adv. a lungo, lungamente; molto tempo; schon ~ da un pezzo; wie ~? quanto tempo?; so ~ als finché; es dauert noch ~ ci vuole ancora molto.

Länge ['lɛŋə] f (15) lunghezza f; zeitlich: durata f; (Weitschweifigkeit) lungaggine f; Geogr. longitudine f; in die ~ ziehen tirare in lungo.

langen ['laŋən] (25) **1.** v/i. giungere (fino a); (ausreichen) bastare; nach et. ~ allungare la mano verso ...; in et. ~ cacciare la mano in ...; **2.** v/t. tirar giù; aus: tirar fuori; Ohrfeige: allungare.

Längen|grad ['lɛŋəngra:t] m grado m di longitudine; ⯄maß n misura f lineare.

länger ['lɛŋər] più lungo; zeitlich: più tempo, più a lungo.

Langeweile ['laŋəvailə] f (15, o. pl.) noia f; ~ haben annoiarsi; sich die ~ vertreiben distrarsi.

Lang|finger ['laŋfiŋər] m ladro m; ⯄fristig ['-fristiç] a lungo termine; ⯄gestreckt esteso; ⯄haarig dai capelli lunghi; ⯄jährig vecchio; ⯄lebig ['-le:biç] longevo; ⯄lebigkeit f longevità f.

länglich ['lɛŋliç] bislungo; piuttosto lungo.

Lang|mut ['laŋmu:t] f longanimità f; ⯄mütig ['-my:tiç] paziente, longanime; ⯄nase f nasone m; ⯄nasig nasuto.

längs [lɛŋs] (gen. od. dat.) lungo (ac.); ⯄...: in Zssgn longitudinale.

langsam ['laŋza:m] **1.** adj. lento, tardo; **2.** adv. lentamente, adagio; ~ fahren rallentare; ⯄keit f lentezza f.

Lang|schiff ['laŋfif] n navata f maggiore; ~**schläfer** m dormiglione m; ~**spielplatte** f (disco m) microsolco m.

Längsrichtung ['lɛŋsrɪçtuŋ] f senso m longitudinale.

längst [lɛŋst] **1.** adj. il più lungo; **2.** adv. da gran tempo; '~**ens** al più tardi.

lang|**stielig** ['laŋʃtiːlɪç] dal gambo lungo; F noioso; **2streckenflug-zeug** n aereo m a grande autonomia; **2streckenlauf** ['-ʃtrɛkənlaʊf] m corsa f di fondo; **2streckenläufer** m fondista m.   [gosta f.\

Languste [laŋˈgʊstə] f (15) ara-\

Lang|**weile** ['laŋvaɪlə] f noia f; **2-weilen** annoiare; sich ~ annoiarsi; **2weilig** ['-vaɪlɪç] noioso; ~ werden venire a noia; ~**weiligkeit** f noiosità f; ~**wellen** onde f/pl. lunghe; **2wierig** ['-viːrɪç] lungo, faticoso; ~**wierigkeit** f lunga durata f.

Lanze ['lantsə] f (15) lancia f; ~**reiter** m lanciere m; ~**nstechen** n giostra f.

Lanzette ⚛ [lanˈtsɛtə] f (15) lancetta f.

lapidar [lapiˈdaːr] lapidario.

Lappalie [laˈpaːljə] f (15) bagatella f.

Lappen ['lapən] m (6) cencio m; (Fetzen) straccio m; F durch die ~ gehen svignarsela.

läpp|**ern** F ['lɛpərn] (29) raggranellare; '**2erschulden** f/pl. debitucci m/pl.; '~**erweise** a granelli.

lappig ['lapɪç] floscio.

läppisch ['lɛpɪʃ] sciocco, balordo; puerile.

Lappländer ['laplɛndər] m (7) lappone m.

Lärche ⚘ ['lɛrçə] f (15) larice m.

Lärm [lɛrm] m (3, o. pl.) rumore m, chiasso m; ~ wüster ~ baccano m; ~ schlagen dare l'allarme; '**2en** (25) strepitare, far chiasso; '**2end** rumoroso; '~**macher** m chiassone m.

Larve ['larfə] f (15) maschera f; Zo. larva f.

lasch [laʃ] fiacco; moscio; '**2e** ⊕ f (15) coprigiunto m; (Schuh2) linguetta f; '**2heit** f fiacchezza f.

lassen ['lasən] (30) **1.** v/t. lasciare; (veranlassen) fare; holen ~ mandare a prendere; freien Lauf ~ dar libero corso; vom Stapel ~ varare; den Vortritt ~ cedere il passo; ~ Sie sich nicht stören! non si disturbi!; laß

von dir hören! fatti vivo!; laß dir das gesagt sein! tientelo per detto!; er läßt sich nichts sagen non intende ragione; laß das! smettila!; laß nur! lascia stare!; laßt uns hören sentiamo; das muß man ihm ~ bisogna concedergliela; **2.** v/i.: von et. ~ rinunciare a qc., astenersi da qc.

lässig ['lɛsɪç] indolente; noncurante; **2keit** f indolenza f; noncuranza f.

läßlich ['lɛslɪç] veniale.

Lasso ['laso:] n (11) laccio m.

Last [last] f (16) carico m; (Gewicht) peso m; Abgaben: gravame m, onere m; j-m zur ~ fallen incomodare qu., importunare qu.; j-m et. zur ~ legen imputare qc. a qu.; ⚕ j-m et. zu ~en schreiben addebitare qc. di qc. (od. qc. a qu.); zu Ihren ~en a Vostro debito; '~**auto** n s. Lastwagen; '**2en** (26) gravare, pesare; '~**en-aufzug** m montacarichi m; '~**en-ausgleich** m compensazione f generale dei danni di guerra; risarcimento m per danni di guerra; '**2enfrei** libero da spese.

Laster ['lastər] n (7) vizio m.

Lästerer ['lɛstərər] m (7) maldicente m; (Gottes2) bestemmiatore m.

laster|**haft** ['lastərhaft] vizioso; **2-haftigkeit** f depravazione f.

Lästermaul ['lɛstərmaʊl] n linguaccia f.

läster|**n** ['lɛstərn] (29) dir male di; calunniare, diffamare; Gott: bestemmiare; **2ung** f maldicenza f; calunnia f; bestemmia f.

lästig ['lɛstɪç] noioso, fastidioso; (beschwerlich) molesto; ~e Sache, Geschichte seccatura f; **2keit** f molestia f.

Last|**kahn** ['lastkaːn] m barcone m, chiatta f; '~**kraftwagen** m autocarro m, camion m; ~ mit Anhänger autotreno m; ~**pferd** n cavallo m da soma; ~**schiff** n nave f da carico; ~**tier** n bestia f da soma; '~**träger** m facchino m; '~**wagen** m autocarro m, camion m; ~**zug** m treno m rimorchio; autotreno m.

Latein [laˈtaɪn] n (11, o. pl.) latino m; mit s-m ~ am Ende sein non sapere più come andare avanti; ~**er** m latino m; '**2isch** latino.

latent [laˈtɛnt] latente.

Laterne [laˈtɛrnə] f (15) lanterna f; (Straßen2) lampione m; ~**npfahl** m palo m della luce.

Latrine [la'tri:nə] f (15) latrina f.
Latsche ♀ ['laːtʃə] f (15) pino m nano, mugo m; **~n** m (6) ciabatta f; scarpaccia f; **♀n** (27, sn) strascicare i piedi.
Latte ['latə] f (15) corrente m, assicella f; **~nkiste** f gabbia f; **~nverschlag** m assito m; **~nzaun** m palizzata f.
Lattich ♀ ['latiç] m (3¹) lattuga f.
Latz [lats] m (3² u. ³) pettino m; (Hosen♀) brachetta f.
Lätzchen ['letsçən] n (6) bavaglino m.
lau [lau] tiepido; fig. ~ werden intiepidire.
Laub [laup] n (3) fogliame m, foglie f/pl.; **~e** f pergola f; △ arcata f; **~engang** m pergolato m; **~frosch** m rana f verde; **~gewinde** f festone m; **~holz** n ♀ latifoglie f/pl.; **~säge** f sega f da traforo; **~wald** m bosco m di latifoglie; **~werk** n fogliame m.
Lauch ♀ [laux] m (3) porro m.
Lauer ['lauər] f (15, o. pl.) agguato m; auf der ~ liegen = ♀n (29) stare in agguato.
Lauf [lauf] m (3³) corsa f; v. leblosen Dingen u. Verlauf: corso m; marcia f; funzionamento m; ♪ passaggio m; (Gewehr♀) canna f; in vollem ~ in piena corsa; den Dingen ihren ~ lassen lasciar correre; freien ~ lassen dar libero corso; der ~ der Dinge l'andamento m delle cose; **~bahn** f carriera f; **~band** n banda f; **~brücke** f passerella f; **~bursche** m fattorino m, galoppino m; **~decke** f e-s Reifens: battistrada m.
laufen ['laufən] (30, sn) correre; F (gehen) camminare; ⊕ marciare, funzionare; Flüssigkeit: colare; (vergehen) decorrere; Räder: girare; in ~ lassen lasciare andare qu.; ins Geld ~ risultare caro; das läuft auf eins hinaus è la stessa cosa; **~d** corrente, in corso; e-s Jahr n anno m corrente; **~e** Nummer f numero m progressivo; auf dem ~en sein essere al corrente; auf dem ~en halten tenere al corrente.
Läufer ['lɔyfər] m (7) corridóre m; corriere m; Spiel: alfiere m; (Teppich) guida f, passatoia f; pedana f; (Tisch♀) striscia f; Fußball: mediano m, sostegno m.
Lauf|erei [laufə'raɪ] f (16) gran cor-

rere m; **~feuer** ['-fɔyər] n fuoco m di fila; sich wie ein ~ verbreiten diffondersi in un baleno; **~graben** ✕ m trincea f; **~katze** f carrello m scorrevole; **~kran** m gru f a ponte; **~masche** f smagliatura f; **~paß** m congedo m; j-m den ~ geben mandare qu. a spasso; **~planke** ⚓ f planca f; **~riemen** m correggia f continua; **~rolle** f rotella f di guida; **~schiene** f rotaia f di scorrimento; **~schritt** m passo m di corsa; **~steg** m passerella f; **~zeit** f durata f di circolazione; **~zettel** m circolare f.
Lauge ['laugə] f (15) lisciva f, ranno m; ♀n (25) lisciviare; **~nsalz** n sale m alcalino.
Lauheit ['lauhaɪt] f tepore m; fig. indifferenza f.
Laun|e ['launə] f (15) umore m; (Grille) capriccio m; ♀enhaft capriccioso; **~enhaftigkeit** f capricci m/pl.; ♀ig gioviale; ♀isch lunatico; capriccioso.
Laus [laus] f (14¹) pidocchio m; **~bub** ['-buːp] m (12) scherzh. birichino m.
lausch|en ['lauʃən] (27) ascoltare; heimlich: origliare; ♀er m spia f.
lauschig ['lauʃiç] piacevole, quieto.
laus|en ['lauzən] (27) spidocchiare; **~ig** ['-ziç] pidocchioso; F miserabile.
laut [laut] 1. adj. alto; Stimme: a. forte; sonoro; (lärmend) chiassoso, rumoroso; 2. adv. forte; ~ sprechen parlare a voce alta; Gerüchte werden ~, daß corre voce che; 3. prp. (gen.) secondo; conforme a; (kraft) in virtù di; 4. ♀ m (3) suono m; keinen ~ von sich geben non fiatare.
lautbar ['-baːr]: ~ werden divulgarsi.
Laute ['lautə] f (15) liuto m.
lauten ['lautən] (26) Text: dire, essere; günstig ~ essere favorevole; wie lautet der Brief? che dice la lettera?; auf den Namen ~d intestato al nome di. [nare.]
läuten ['lɔytən] (26) v/t. u. v/i. so-]
'Lauten|macher m liutaio m; **~spieler(in** f) m liutista m u. f.
lauter ['lautər] puro; fig. tutto; ♀keit f schiettezza f.
läuter|n ['lɔytərn] (29) purificare; 🜍 depurare; Zucker: raffinare; ♀ung f purificazione f; depurazione f; raffinamento m.

Läutewerk ['lɔytəverk] n soneria f.

Laut|lehre ['lautleːrə] f fonologia f; ⚲**lich** fonetico; ⚲**los** silenzioso; ~**schrift** f scrittura f fonetica; ~**sprecher** m altoparlante m; megafono m; ~**stärke** f intensità f del suono; (Radio) volume m; ~**verschiebung** f mutamento m fonetico.

lauwarm ['lauvarm] tiepido.

Lava ['laːva] f (16²) lava f.

Lavendel ⚘ [la'vɛndəl] m (7) lavanda f.

lavieren ⚓ [la'viːrən] (h. u. sn) bordeggiare; fig. barcamenarsi.

Lawine [la'viːnə] f (15) valanga f.

lax [laks] rilassato; ⚲**heit** f rilassamento m.

Lazarett [latsa'rɛt] n (3) ⚔ ospedale m militare; fliegendes ~ ambulanza f; ~**gehilfe** m infermiere m (militare); ~**schiff** n nave f ospedale; ~**zug** m treno m ospedale.

Lebe|dame ['leːbədaːmə] f mondana f; ~**hoch** n evviva m; ~**mann** m gaudente m, buontempone m.

leben ['leːbən] **1.** (25) vivere; esistere; zu ~ haben avere di che vivere; j-n hoch~ lassen mandare degli evviva a qu.; bene alla salute di qu.; lebe wohl! addio!; es lebe der ... viva il ...; **2.** ⚲ n (6) vita f; esistenza f; (Geschäftigkeit) movimento m; animazione f; am ~ sein essere in vita; ins ~ rufen creare; ums ~ kommen perdere la vita; ums ~ bringen uccidere; et. für sein ~ gern tun trovarci un gran piacere a fare qc.; sein ~ lang per tutta la vita; ~d vivo; ⚲**dgewicht** n peso m da vivo.

lebendig [le'bɛndiç] vivo; Temperament: vivace; ⚲**keit** f vivezza f; vivacità f.

Lebens... ['leːbəns...]: in Zssgn oft della vita; ~**abend** m vecchiaia f; ~**abriß** m cenno m biografico; ~**alter** n età f; ~**art** f tenore m di vita; educazione f; ~**aufgabe** f compito m di tutta la vita; ~**baum** m ⚘ tuia f; albero m della vita; ~**bedingung** f condizione f della vita; ~**beschreibung** f biografia f; ~**bild** n profilo m; ~**dauer** f durata f della vita; ~**ende** n fine f della vita; morte f; ~**erfahrung** f esperienza f della vita; ~**erwartung** f probabilità f di vita; ⚲**fähig** vitale; ~**fähigkeit** f vitalità f; ~**form** f civiltà f;

~**frage** f questione f vitale; ⚲**fremd** lontano dalla realtà; ~**freude** f gioia f di vivere; ~**führung** f tenore m di vita; ~**fülle** f pienezza f di vita; ~**gefahr** f pericolo m di vita; ⚲**gefährlich** pericolosissimo; (tödlich) letale; Wunde: grave; ~**geist** m spirito m vitale; ⚲**groß** al naturale; ~**haltungskosten** pl. costo m della vita; ~**größe** f grandezza f naturale; ~**haltungs-index** m indice m del costo della vita; ~**klugheit** f pratica f del mondo; ~**kraft** f forza f vitale; ~**lage** f situazione f; für alle ~n per tutte le occorrenze; ~**lang** a vita; ⚲**länglich** Rente: vitalizio; ⚲⚲ a vita; ~**lauf** m curriculum m (vitae), corso m della vita; ~**licht** n vita f; ~**lust** f voglia f di vivere; ⚲**lustig** allegro, amante della vita; ~**mittel** n/pl. viveri m/pl.; ⚔ generi m/pl. alimentari; ~**mut** m energia f vitale; ~**nähe** f realismo m; ⚲**notwendig** vitale; di prima necessità; ~**raum** m spazio m vitale; ~**recht** n diritto m di vivere; ~**rente** f pensione f vitalizia; ~**standard** m tenore m (od. livello m od. standard m) di vita; ~**stellung** f posto m impiego; posizione f sociale; ~**überdruß** m tedio m della vita; ⚲**überdrüssig** disgustato della vita; ~**unterhalt** m sostentamento m; sussistenza f; ~**versicherung** f assicurazione f sulla vita; ~**wandel** m vita f; condotta f; ~**weg** ['--veːk] m cammino m della vita; ~**weise** f modo m di vivere; ⚲**wichtig** di importanza vitale; ~**werk** n opera f di tutta una vita; ~**zeichen** n: ein ~ von sich geben farsi vivo; ~**zeit** f: auf ~ per tutta la vita; s. lebenslänglich; ~**zweck** m scopo m della vita.

Leber ['leːbər] f (15) fegato m; frei von der ~ weg reden parlare fuor dei denti; ~**entzündung** f epatite f; ~**fleck** m macchia f epatica; ⚲**krank** malato di fegato; ~**tran** m olio m di fegato di merluzzo; ~**wurst** f salsiccia f di fegato.

Lebe|welt ['leːbəvɛlt] f mondo m elegante; ~**wesen** n essere m vivente; ~**wohl** n (3 u. 11) addio m.

lebhaft ['leːphaft] vivace; Verkehr: animato; ⚲**igkeit** f vivacità f; animazione f.

Leb|kuchen ['leːpkuːxən] m panforte *m*; 2los esanime; **~losigkeit** *f* mancanza *f* di vita; **~tag:** *mein ~ in vita mia*; **~zeiten:** *bei seinen ~ mentr'era in vita*.

lechzen ['lɛçtsən] (27) ardere di sete; avere sete ardente; *nach et. ~* essere avido di qc.

Leck [lɛk] **1.** *n* (3) fessura *f*; ⚓ falla *f*; **2.** 2 *adj.* fesso; ⚓ avariato; *~ sein* perdere (*od.* fare) acqua.

lecken ['lɛkən] (25) **1.** *v/t. u. v/i.* leccare; *Flamme:* lambire; **2.** *v/i.* fare (*od.* perdere) acqua; (*Gefäß*) colare.

lecker ['lɛkər] ghiotto; (*wohlschmeckend*) squisito, delizioso; 2**bissen** *m*, 2**ei** [--'raɪ] *f* (16) leccornia *f*; **~haft** ghiotto; 2**haftigkeit** *f* golosità *f*; 2**maul** *n* ghiottone *m*.

Leder ['le:dər] *n* (7) cuoio *m*; pelle *f*; 2-**artig** coriaceo; **~geschäft** *n*, **~handlung** *f* pelletteria *f*; 2n di cuoio, di pelle; *fig.* noioso; **~riemen** *m* coreggia *f*; cinghia *f* di pelle; **~waren** *f/pl.* corami *m/pl.*; **~warengeschäft** *n*, **~warenhandlung** *f* pelletteria *f*; valigeria *f*.

ledig ['le:diç] libero; (*unverheiratet*) *Mann:* celibe; *Frau:* nubile; 2**enstand** ['--gənʃtant] *m* stato *m* celibe; 2**ensteuer** ['--gənʃtɔʏər] *f* imposta *f* sui celibi; 2**e(r)** *m* (18) celibe *m*; **~lich** ['-dikliç] unicamente; soltanto.

Lee ⚓ [le:] *f* (15, *o. pl.*) sottovento *m*.

leer [le:r] vuoto; *Stelle:* vacante; *auf Papier:* in bianco; (*Platz*) libero; *fig.* vacuo, fatuo; *~ laufen* marciare a vuoto *bzw. Kfz.* in folle; *~ werden* vuotarsi; 2**e** *f* vuoto *m*; *fig.* vuotezza *f*; **~en** vuotare; 2**lauf** *m* ⊕ marcia *f* a vuoto; corsa *f* a vuoto; *Auto:* marcia *f* folle; *fig.* funzionamento *m* a vuoto; attività *f* inutile; **~stehend** non affittato; 2**ung** *f* evacuazione *f*; ⚓ levata *f*.

Lefze ['lɛftsə] *f* (15) labbro *m*.

legal [le'gɑ:l] legale; **~i'sieren** legalizzare; 2**i'sierung** *f* legalizzazione *f*; 2**i'tät** *f* legalità *f*.

Legat [le'gɑ:t] **1.** *m* (12) legato *m*; **2.** *n* (3) lascito *m*; **~ion** [--ts'jo:n] *f* legazione *f*.

legen ['le:gən] (25) mettere, posare, porre, collocare; *Leitung:* installare; *Eier:* fare; *fig. Wert ~ auf* tenerci; *sich ~* (*nachlassen*) calmarsi.

Legende [le'gɛndə] *f* (15) leggenda *f*; 2**nhaft** leggendario.

legieren [le'gi:rən] legare; *Metalle:* allegare; 2**ung** *f* lega *f*.

Legion [leg'jo:n] *f* legione *f*; **~är** *m* (3¹) legionario *m*.

Legislatur [legisla'tu:r] *f* (16) legislatura *f*; **~periode** *f* periodo *m* di legislatura.

legitim [legi'ti:m] legittimo; 2**a'tion** *f* legittimazione *f*; 2**a'tionskarte** *f*, 2**a'tionspapier** *n* carta *f* d'identità; documento *m* (*od.* carta *f*) di legittimazione; **~ieren** legittimare; *sich ~* provare (*od.* dimostrare) la propria identità; 2**ierung** *f* legittimazione *f*; 2**i'tät** *f* legittimità *f*.

Lehen ['le:ən] *n* (6) feudo *m*.

Lehens|adel ['le:əns⁹ɑ:dəl] *m* nobiltà *f* feudale; **~brief** *m* lettera *f* d'investitura; **~dienst** *m* vassallaggio *m*; **~eid** *m* giuramento *m* di fedeltà; 2**frei** allodiale; **~gut** *n* feudo *m*; **~herr** *m* signore *m* feudale, feudatario *m*; **~mann** *m* vassallo *m*; **~pflicht** *f* vassallaggio *m*; **~wesen** *n* feudalismo *m*.

Lehm [le:m] *m* (3) argilla *f*; loto *m*; **~boden** *m* terreno *m* argilloso; '**~grube** *f* cava *f* d'argilla; '2**ig** argilloso.

Lehne ['le:nə] *f* (15) spalliera *f*; (*Arm* 2) bracciolo *m*; (*Geländer*) ringhiera *f*; (*Abhang*) pendio *m*; 2n (25) appoggiare.

Lehns... ['le:ns...] *s. Lehens...*

Lehn|stuhl ['le:nʃtu:l] *m* poltrona *f*; **~wort** *n* parola *f* straniera adottata.

Lehr|amt ['le:r⁹amt] *n* carica *f* d'insegnante, professorato *m*; cattedra *f*; **~anstalt** *f* istituto *m* d'istruzione; scuola *f*; **~auftrag** *m* incarico *m* d'insegnamento; **~befähigung** *f* abilitazione *f* all'insegnamento; **~brief** *m* certificato *m* di assolto apprendistato; **~buch** *n* libro *m* d'insegnamento (*od.* di testo); **~bursche** *m* apprendista *m*; **~dichtung** *f* poesia *f* didascalica.

Lehr|e ['le:rə] *f* (15) (*Unterricht*) insegnamento *m*; lezione *f*; (*Wissenschaft, Glaube*) dottrina *f*; (*Lehrzeit*) tirocinio *m*; (*Rat*) consiglio *m*; ⊕ calibro *m*; *j-n in die ~ geben* far imparare un mestiere a qu.; *in der ~ sein* imparare un mestiere; *das wird dir e-e ~ sein* ciò ti servirà da lezione; 2**en** (25) insegnare (qc. a qu.); **~er** *m* (7) *allg.* insegnante *m*;

(*Schul&*) maestro *m*; (*Gymnasial&*) professore *m*; **~erbildungs-anstalt** *f* istituto *m* magistrale; **~erin** *f* maestra *f*; professoressa *f*; **~erschaft** *f* corpo *m* insegnante; **~fach** *n* materia *f* d'insegnamento; **~film** *m* film *m* didattico; cortometraggio *m* istruttivo; **~gang** *m* corso *m*; **~gedicht** *n* poema *m* didascalico; **~geld** *n*: *fig.* ~ *zahlen* imparare a proprie spese; **&haft** didattico; *fig.* pedantesco; **~herr** *m* principale *m*; **~jahre** *n/pl.* noviziato *m*; **~junge** *m* apprendista *m*; **~körper** *m* corpo *m* insegnante; **~ling** ['-liŋ] *m* (3¹) apprendista *m*; **~mädchen** *n* apprendista *f*; **~meister** *m* principale *m*; **~mittel** *n* materiale *m* d'insegnamento; **~personal** *n* corpo *m* insegnante; **~plan** *m* piano *m* di studi; **&reich** istruttivo; **~satz** *m* tesi *f*; *A* teorema *m*; **~stelle** *f* posto *m* d'apprendistato; **~stoff** *m* materia *f* d'insegnamento; **~stuhl** *m* cattedra *f*; **~stunde** *f* lezione *f*; **~zeit** *f* noviziato *m*; tirocinio *m*; **~zweig** *m* materia *f*.

Leib [laip] *m* (1) corpo *m*; (*Bauch*) ventre *m*; pancia *f*; *mit ~ und Seele* corpo e anima; *j-m zu ~e gehen*, *j-m auf den ~ rücken* andare addosso a qu.; *j-n vom ~e halten* tenere qu. a distanza; *bleib mir damit vom ~e!* non seccarmi con questa cosa!; **'~arzt** *m* medico *m* personale (*od.* speciale); archiatro *m*; **'~binde** *f* panciera *f*; ventriera *f*; **'~chen** *n* (6) corpetto *m*; **'~eigene(r)** *m* (18) servo *m* della gleba; **'~eigenschaft** *f* servitù *f* della gleba.

Leibes|beschaffenheit ['laɪbəsbə-ʃafənhaɪt] *f* complessione *f*; **~erbe** *m* erede *m* naturale; **~frucht** *f* frutto *m* del ventre; feto *m*; **~kräfte**: *aus ~n* a più non posso; **~strafe** *f* pena *f* corporale; **~übung** *f* esercizio *m* ginnastico; **~untersuchung** *f*, **~visitation** ['--vizitatsjoːn] *f* perquisizione *f* personale.

Leib|garde ['laɪpgardə] *f* guardia *f* del corpo; **~gericht** *n* piatto *m* favorito; **&haftig** ['-haftiç] in carne ed ossa; **&lich** corporale; *Verwandte*: carnale; **~rente** *f* vitalizio *m*; **~schmerzen** *m/pl.* dolore *m* di ventre; **~wäsche** *f s. Leibgarde*; **~wäsche** *f* biancheria *f* intima.

Leiche ['laɪçə] *f* (15) morto *m*;

(*Leichnam*) cadavere *m*; *aufgebahrt:* salma *f*.

Leichen|ausgrabung ['laɪçən⁹aus-graːbuŋ] *f* esumazione *f*; **~begängnis** ['--begɛŋnis] *n* (4¹) funerali *m/pl.*; **&blaß** pallido come un morto; **~bittermiene** *f* faccia *f* da funerale; **~feier** *f* funerali *m/pl.*, esequie *f/pl.*; **~gerüst** *n* catafalco *m*; **&haft** cadaverico; **~halle** *f* cappella *f* mortuaria; **~schändung** *f* profanazione *f* di cadaveri; **~schau** *f* necroscopia *f*; **~schauhaus** *n* obitorio *m*; **~schmaus** *m* banchetto *m* funebre; **~starre** *f* rigidità *f* cadaverica; **~stein** *m* lapide *f*; **~träger** *m* necroforo *m*; **~tuch** *n* coltre *f*; **~untersuchung** *f* autopsia *f*; **~verbrennung** *f* cremazione *f*; **~wagen** *m* carro *m* funebre; **~zug** *m* convoglio *m* funebre.

Leichnam ['laɪçnaːm] *m* (3) cadavere *m*; *aufgebahrt:* salma *f*.

leicht [laɪçt] legg(i)ero (*a. fig.*); *Ggs. schwierig:* facile; (*unbedeutend*) lieve; **~er machen** alleggerire; **~er werden** perdere di peso, diventar più leggero; *das ist ~ möglich* è facile; *fig. ~es Spiel* buon gioco *m*; ~ *gesagt* presto detto; **&athletik** *f* atletica *f* leggera; **~blütig** ['-bly:tiç] del sangue leggero; **~entzündlich** ['-⁹ɛntsyntliç] infiammabile; **'&er** ⚓ *m* (7) alleggio *m*; **'~fertig** sconsiderato, frivolo; **'&fertigkeit** *f* sconsideratezza *f*; incoscienza *f*; **'&fuß** *m* capo *m* scarico; **'~füßig** svelto; **'~geschürzt** succinto; **'&gewicht** *n* peso *m* leggero; **'~gläubig** credulo; **'&gläubigkeit** *f* credulità *f*; **'~hin** alla leggera; **&igkeit** *f* facilità *f*; leggerezza *f*; **'~lebig** spensierato; **'&lebigkeit** *f* spensieratezza *f*; **'&metall** *n* metallo *m* leggero; **'~nehmen:** *et. ~* prendere qc. alla leggera; **'&sinn** *m* leggerezza *f*; noncuranza *f*; sconsideratezza *f*; **'~sinnig** sconsiderato; imprudente; frivolo; **'~verwundet** ferito leggermente.

leid [laɪt] **1.** *adv. uv.:* ~ *tun* dispiacere, rincrescere; *Personen:* far compassione; **2.** **&** *n* (3, *o. pl.*) dolore *m*, pena *f*; (*Unrecht*) torto *m*; (*Trauer*) lutto *m*; *j-m sein ~ klagen* confidare le proprie pene a qu.; *s. a. zuleide*; **'&form** *f* passivo *m*.

leiden ['laɪdən] **1.** (30) *v/i. u. v/t.* soffrire (*a. fig.*); (*dulden*) tollerare;

L

ich kann ihn nicht ~ non posso vederlo (soffrirlo, digerirlo); 2. ♀ *n* (6) sofferenza *f*; ✠ *male m*; *Christi*: Passione *f*; ~**d** sofferente; (*untätig*) passivo.

Leidenschaft ['laɪdənʃaft] *f* passione *f*; ♀**lich** appassionato; ~**lichkeit** *f* impeto *m*, ardore *m*, veemenza *f*; ♀**los** spassionato; apatico.

Leidens|gefährte ['laɪdənsgəfɛ:rtə] *m* compagno *m* di sventura; ~**geschichte** *f Christi*: Passione *f* di Cristo; ~**weg** *m Rel.* via *f* crucis; *fig.* calvario *m*.

leider ['laɪdər] purtroppo, disgraziatamente.

leid|ig ['laɪdɪç] noioso; ~**lich** ['laɪtlɪç] sopportabile; (*mittelmäßig*) passabile; *adv. wie geht's? — so* ~*!* come va? — così, così!

Leid|tragende(r) ['laɪttra:gəndə(r)] *m*: *der* ~ *sein* essere quello che ci rimette; *die* ~*n* i dolenti; i parenti del defunto; ~**wesen** ['-ve:zən] *n* desolazione *f*; *zu meinem* ~ con mio rammarico.

Leier ['laɪər] *f* (15) lira *f*; *immer die alte* ~ sempre la solita canzone; ~**kasten** *m* organetto *m*; ~**kastenmann** *m* sonatore *m* d'organetto; ♀**n** (29) recitare senza espressione (*od.* meccanicamente); salmodiare.

Leih|amt ['laɪ⁹amt] *n*, ~**anstalt** *f* monte *m* di pietà; ~**bibliothek** *f* biblioteca *f* pubblica; ♀**en** ['laɪən] (30) prestare; (*entlehnen*) farsi prestare, prendere in prestito, prendere a noleggio; *Ohr*: porgere; ~**gabe** *f* prestito *m*; ~**gebühr** *f* tassa *f* di noleggio; ~**haus** *n* monte *m* di pietà; ~**wagen** *m Kfz.* macchina *f* a noleggio; ♀**weise** a prestito.

Leim [laɪm] *m* (3) colla *f*; F *auf den* ~ *gehen* cadere nella pania; '♀**-artig** vischioso; '♀**en** (25) incollare; '~**farbe** *f* tempera *f*; '♀**ig** colloso; vischioso; '~**stoff** *m* glutine *m*.

Lein [laɪn] *m* (3) lino *m*.

Leine ['laɪnə] *f* (15) corda *f*; (*Hunde*♀) guinzaglio *m*; *an der* ~ *führen* condurre al guinzaglio; F ~ *ziehen* tagliare la corda.

Leinen ['laɪnən] 1. *n* (6) tela *f*; 2. ♀ *adj.* di lino, di tela; ~**damast** *m* tela *f* damascata; ~**garn** *n* filato *m* di lino; ~**waren** *f/pl.*, ~**zeug** *n* linerie *f/pl.*; teleria *f*.

'**Lein|(e)weber** *m* tessitore *m* di

filati; ~**öl** *n* olio *m* di lino; ~**pfad** *m* ciglione *m*; ~**samen** *m* linosa *f*; ~**wand** *f* tela *f*; *Film*: schermo *m*.

leise ['laɪzə] 1. *adj.* basso; *fig.* lieve; 2. *adv.* piano; a bassa voce; *nicht die* ~*ste Spur* non la minima traccia; ♀**treter** ['--tre:tər] *m* (7) soppiantone *m*.

Leiste ['laɪstə] *f* (15) regoletto *m*; (*Saum*♀) lista *f*; (*Tuch*♀) cimosa *f*; *Anat.* inguine *m*.

leisten ['laɪstən] 1. (26) fare; *Hilfe*, *Eid*: prestare; *Gesellschaft*: tenere; *Widerstand*: opporre; *Dienst*: rendere; ⊕ *abs.* produrre; *Folge* ~ seguire; *e-r Einladung*: accettare (*ac.*); *er leistet etwas* lavora bene; F *sich et.* ~ concedersi il lusso di qc.; permettersi di; 2. ♀ *m* (6) forma *f*; *auf den* ~ *schlagen* mettere sulla forma.

Leisten|bruch ['laɪstənbrux] *m* ernia *f* inguinale; ~**bruchband** *n* cinto *m* erniario; ~**gegend** *f* regione *f* inguinale.

Leistung ['laɪstuŋ] *f* prestazione *f*; rendimento *m*; (*Arbeit*) lavoro *m*; (*Dienst*) servizio *m*; (*Erfolg*) risultato *m*, effetto *m*; (*Verdienst*) merito *m*; ⊕ potenza *f*; capacità *f*; ♀**fähig** capace; ⊕ potente, produttivo; ✝ solvente; ~**fähigkeit** *f* capacità *f*; ⊕ potenza *f*; efficienza *f*; produttività *f*; ✝ solvibilità *f*; ~**prämie** *f* premio *m* di operosità; ~**prüfung** *f* concorso *m* qualitativo; *Sport*: prova *f* di resistenza; ~**schau** *f* rivista *f* del progresso; ~**steigerung** *f* aumento *m* della produttività.

Leitartikel ['laɪt⁹artɪkəl] *m* articolo *m* di fondo.

leiten ['laɪtən] (26) dirigere; guidare; *Sitzung*: presiedere; ~**d** dirigente, direttivo.

Leiter ['laɪtər] 1. *m* (7) a) direttore *m*; *Pol.* dirigente *m* politico; b) ⚡ conduttore *m*; 2. *f* (15) scala *f* a pioli.

Leit|faden ['laɪtfa:dən] *m* filo *m* conduttore; *fig.* guida *f*; manuale *m*; compendio *m*; ~**fähigkeit** *f Phys.* conduttività *f*; ~**gedanke** *m* idea *f* dominante; ~**hammel** *m* pecora *f* guidaiuola; ~**hund** *m* segugio *m*; ~**motiv** *n* motivo *m* predominante; ♩ leitmotiv *m*; ~**satz** *m* pensiero *m* fondamentale, criterio *m* di massi-

ma; **schiene** f controrotaia f; Kfz.
guardavia m; **spruch** m motto m;
stern m stella f polare; fig. stella f
tutelare.

Leitung ['laituŋ] f direzione f; ⊕
conduttura f; ⊄ filo m, linea f;
(Rohr) condotto m, tubazione f;
s...: in Zssgn mst conduttore; **s-
draht** m filo m conduttore; **²sfähig**
conducente; **²sfähigkeit** f condut-
tività f; **smast** m ⊄ palo m di conduttura; **snetz** n rete f della linea
(telefonica); rete f elettrica; **srohr**
n tubo m conduttore; **sschnur** f
cordone m di conduttura; **swasser**
n acqua f potabile.

Leit|vermögen ['laitfɛrmøːgən] n
potere m conduttore; **werk** ⚙ n
impennaggio m.

Lektion [lɛkts'joːn] f (16) lezione f.

Lektor ['-tɔr] m (8¹) lettore m.

Lektüre [-'tyːrə] f (15) lettura f.

Lende ['lɛndə] f (15) lombo m; **n** pl.
reni m/pl.; **nbraten** m lombata f;
²nlahm slombato; **nschurz** m
grembiale m; **nstück** n lombata f.

lenk|bar ['lɛŋkbaːr] dirigibile;
Mensch: docile; **²barkeit** f dirigi-
bilità f; fig. docilità f.

lenken ['lɛŋkən] (25) dirigere; ⚙, ⚓
pilotare; Auto: guidare, condurre;
(regieren) reggere; Aufmerksamkeit:
richiamare.

Lenk|er ['lɛŋkər] m (7) guidatore m;
reggitore m; ⚙ pilota m; ⊕ guida f;
hebel m leva f di comando; **rad**
n volante m; **²sam** docile; **stange**
f manubrio m; **ung** f direzione f;
Kfz. guida f; sterzo m; fig. diri-
gismo m.

Lenz [lɛnts] m (3²) primavera f.

Leopard [leo'part] m (12) leopardo
m.

Lepra ['leːpra] f lebbra f; **²krank**
lebbroso.

Lerche ['lɛrçə] f (15) allodola f.

lern|begierig ['lɛrnbəgiːriç] deside-
roso d'imparare; **en** (25) imparare;
abs. studiare; **kennen** (venire a)
conoscere; gelernter Arbeiter m
operaio m qualificato; gelernter
Tischler usw. di professione.

Les|art ['leːsʔaːrt] f versione f;
variante f; **²bar** leggibile; **barkeit** f leggibilità f.

Lese ['leːzə] f (15) raccolta f; (Wein-
²) vendemmia f.

Lese... ['leːzə...]: in Zssgn ... di let-

tura; **buch** n libro m di lettura;
halle f sala f di lettura.

lesen ['leːzən] **1.** (30) 𝔘 leggere;
Messe: dire; Kolleg: fare un corso,
tenere una lezione; ⚙ raccogliere;
Ähren: spigolare; **2.** ² n (6) lettura f;
lezione f.

lesenswert ['--sveːrt] degno d'essere letto.

Lese|probe ['leːzəproːbə] f Thea.
lettura f; **pult** n leggio m.

Leser ['leːzər] m (7) lettore m; ⚙
raccoglitore m; **in** f (16¹) lettrice f;
kreis m pubblico m dei lettori; ²-
lich leggibile; **lichkeit** f leggibilità f.

Lese|saal ['leːzəzaːl] m sala f di let-
tura; **stück** n brano m di lettura;
zeichen n segnalibro m; **zirkel** m
circolo m di lettura.

Lesung ['leːzuŋ] f lettura f.

Leth|argie [letar'giː] f letargia f;
²argisch [-'targiʃ] letargico.

Lett|e ['lɛtə] m (13) (**in** f), **²isch**
lettone (-ona) m (f).

Letter ['lɛtər] f (15) lettera f; carattere m, tipo m.

letzt [lɛtst] ultimo; Ehre, Ölung: estremo; Jahr, Woche: scorso, passato;
(endgültig) definitivo; zu guter ²
alla fin fine; **ens** in ultimo (luogo); **ere(r)** (18) quest'ultimo; **²-
geborene(r)** m ultimogenito m;
hin, **lich** ultimamente; **willig** testamentario; **e** Verfügung
testamento m, ultima volontà f.

Leu [lɔy] m (12) poet. leone m.

Leucht... ['lɔyçt...]: in Zssgn oft luminoso.

Leucht|e ['lɔyçtə] f (15) lume m;
lampada f; fig. luminare m; **²en
1.** (26) risplendere; j-m: far luce
(a qu.); sein Licht **lassen** fig. brillare per spirito; **2. en** n splendore
m; chiarore m; **²end** luminoso.

Leuchter ['lɔyçtər] m (7) candeliere
m.

Leucht|feuer ['lɔyçtfɔyər] n fanale
m; ⚓ faro m; **gas** n gas m illuminante; **käfer** m lucciola f; **kraft** f
potere m illuminante; intensità f
luminosa; **kugel** f petardo m luminoso; **rakete** f razzo m illuminante; **reklame** f pubblicità f luminosa; **röhre** f tubo m fluorescente; **schiff** n nave f faro m;
spurgeschoß ✗ ['-ʃpuːrgəʃɔs] n
proiettile m tracciante; **turm** m

faro m; **~zifferblatt** n der Uhr: quadrante m luminoso.

leugnen ['lɔygnən] **1.** (26) negare; es ist nicht zu ~ è innegabile; **2.** ♀ n (6) negazione f; diniego m.

Leumund ['lɔymunt] m (3, o. pl.) riputazione f; **~szeugnis** n certificato m di buona condotta.

Leuchten ['lɔytçən] F pl. buona gente f.

Leute ['lɔytə] pl. (3) gente f; die alten ~ i vecchi; junge ~ i giovani; kleine ~ la gente umile; unter die ~ bringen divulgare; **~schinder** m scorticatore m.

Leutnant ['lɔytnant] m (3¹ u. 11) sottotenente m.

leutselig ['-ze:liç] affabile; ♀keit f affabilità f.

Leviten [le'vi:tən] pl. uv.: j-m die ~ lesen fare un rabbuffo a qu.

Levkoje ♀ [lef'ko:jə] f (15) viola f ciocca.

lexik|alisch [leksi'ka:liʃ] lessicale; ♀ograph [--ko'gra:f] m lessicografo m; ♀ographie [---gra'fi:] f lessicografia f.

Lexikon ['leksikɔn] n (9², a. 9¹) enciclopedia f; (Wörterbuch) dizionario m.

Lezithin [letsi'ti:n] n lecitina f.

Liane [li'a:nə] f (15) liana f.

Libelle [li'bɛlə] f (15) ⊕ livella f; Zo. libellula f.

liberal [libə'ra:l] liberale; **~isieren** liberalizzare; ♀ismus [---'lismus] m liberalismo m.

Librett|ist [libre'tist] m (12) librettista m; **~o** [-'brɛto] n (11) libretto m.

Licht [liçt] **1.** n (1 u. 3) luce f; lume m; (Beleuchtung) illuminazione f; **~er** pl. Jagdw. occhi m/pl.; fig. luminare m; das ~ der Welt erblicken venire alla luce del mondo; ans ~ bringen (kommen) portare (venire) alla luce; bei ~ besehen fig. esaminando a fondo; ins rechte ~ setzen fig. porre in risalto; hinter ~ führen imbrogliare, abbindolare; jetzt geht mir ein ~ auf ora capisco; gegen das ~ in controluce; **2.** ~ chiaro, luminoso; Haar: rado; **~er** Augenblick intervallo m lucido; **~e** Weite luce f; **'~anlage** f impianto m della luce; **'~behandlung** f fototerapia f; **'~bild** n fotografia f; **~bildervortrag** ['-bildərfo:rtra:k] m conferenza f con proiezioni (od. con diapositive);

'**~blick** m filo m (od. raggio m) di speranza; '**~bogen** m arco m voltaico; '**~brechung** f rifrazione f della luce; '**~druck** m fototipia f; ♀**durchlässig** trasparente, diafano; ♀**-echt** insensibile alla luce; ♀**-empfindlich** sensibile alla luce; Phot. sensitivo.

lichten ['liçtən] (26) schiarire; ♣ levare; Wald: diradare; sich ~ schiarirsi.

lichterloh ['liçtər'lo:]: ~ brennen bruciare in un mare di fiamme.

Licht|erscheinung ['liçt⁹ɛrʃaɪnuŋ] f fenomeno m luminoso; **~farbendruck** m eliotipia f; **~geschwindigkeit** f velocità f della luce; **~hof** m (cortile a) lucernario m; Phot. alone m; **~kegel** m cono m luminoso; **~körper** m corpo m luminoso; **~kreis** m cerchio m luminoso; **~maschine** f dinamo f; **~meß** ['-mɛs] f Candelora f; **~messer** m fotometro m; **~netz** n rete f d'illuminazione; **~pause** f copia f cianografica; **~punkt** m punto m luminoso; **~quelle** f sorgente f luminosa; **~reklame** f pubblicità f luminosa; **~schacht** m lucernario m; **~schalter** m interruttore m; **~schein** m chiarore m; splendore m; bagliore m; ♀**scheu 1.** adj. che teme la luce; **2.** **~scheu** f eliofobia f; **~schimmer** m barlume m; **~schirm** m paralume m; **~seite** f fig. lato m buono; **~signal** n segnale m luminoso; **~spieltheater** n cinema(tografo) m, cineteatro m; **~stärke** f luminosità f; **~strahl** m raggio m di luce; ♀**-undurchlässig** impermeabile alla luce; opaco.

Lichtung ['liçtuŋ] f Wald: radura f; des Ankers: il salpare; il levare l'ancora.

licht|voll ['liçtfɔl] luminoso; fig. chiaro; ♀**welle** f onda f luminosa.

Lid [li:t] n (1) palpebra f; '**~schatten** m/pl. ombretto m.

lieb [li:p] caro; (angenehm) gradevole, piacevole; (liebenswürdig) amabile, simpatico; Gott: buono; den ~en langen Tag tutto il santo giorno; j-n ~haben voler bene a qu.; um des ~en Friedens willen per amore della pace; seien Sie so ~ und ... abbia la cortesia di ...; **~äugeln** ['li:p-⁹ɔygəln] (29) fare l'occhiolino a.

Liebe ['li:bə] f (15) amore m; (Zunei-

gung) affetto m; *christliche:* carità f; *mir zuliebe* per amor mio; **~diene-rei** [--ˈdiːnəˈraɪ] f (16) servilità f; **~lei** [--ˈlaɪ] f (16) amoretto m; **2ln** [ˈ-bəln] (29) amoreggiare.

lieb|en [ˈliːbən] (25) amare; *ich liebe es, daß* ... mi piace che ...; **~ens-wert** degno d'essere amato; simpatico; **~enswürdig** amabile, gentile; **2enswürdigkeit** f amabilità f; gentilezza f.

lieber [ˈliːbər] *adv.* piuttosto; ~ *mögen, wollen* preferire; *ich gehe* ~ *aus* preferisco uscire.

Liebes... [ˈliːbəs...]: *in Zssgn oft* d'amore, amoroso; **~abenteuer** n avventura f amorosa; **~brief** m lettera f d'amore; **~dienst** m favore m; opera f di carità; **~drama** n dramma m amoroso; **~erklärung** f dichiarazione f d'amore; **~gabe** f dono m; opera f di carità; **~heirat** f matrimonio m per amore; **~kummer** m pene f/pl. amorose; **~lied** n canzone f d'amore; **~paar** n coppia f amorosa, coppia f d'amanti; **2toll** pazzo d'amore; *Path.* ninfomane; **~trank** m filtro m amoroso; **~verhältnis** n relazione f amorosa; **~werk** n opera f di carità; **~zeichen** n prova f d'amore.

liebevoll [ˈliːbəfɔl] affettuoso, amoroso.

lieb|gewinnen [ˈliːˌpɡəvɪnən] affezionarsi a; **~haben** voler bene a; **2haber** m (7) amante; *Thea.* amoroso m; *von Dingen:* amatore m, dilettante m; **2haberei** [---ˈraɪ] f (16) passione f, mania f; dilettantismo m; **2haberpreis** m prezzo m d'affezione; **2haberwert** [ˈ---veːrt] m valore m sentimentale; **~kosen** (ac)carezzare; **~kosend** carezzevole; **2kosung** [ˈ-koːzuŋ] f carezza f; ~-**lich** amabile, grazioso; **2lichkeit** f amabilità f, graziosità f; **2ling** [ˈ-lɪŋ] m (3¹) favorito m; beniamino m; *Anrede:* amore; **~lings...:** *in Zssgn* prediletto, favorito; **2lings-dichter** m poeta m prediletto; **2losigkeit** [ˈ-loːzɪçkaɪt] f insensibilità f, durezza f; ~-**reich** amoroso; **2reiz** m grazia f, leggiadria f; **~reizend** grazioso; **2-schaft** f (16) amoretto m.

liebst [liːpst] (18) preferito, favorito; il più caro; *am ~en würde ich (inf.)*

più di tutto *(od.* di ogni altra cosa) vorrei; innanzitutto preferirei; **¹2e(r** m) m u. f (18) amore m, tesoro m.

Lied [liːt] n (1) canzone f; *ernst:* canto m; *Rel.* cantico m; *feierlich:* inno m; **~chen** [ˈ-çən] n (6) canzonetta f.

Lieder|abend [ˈliːdərˈaːbənt] m serata f cantante; **~buch** n canzoniere m; **~dichter** m poeta m lirico; scrittore m di canzoni.

Lieder|jan [ˈliːdərjaːn] F m (3) scapestrato m; *Kleid* trascurato; malfatto; *(sittenlos)* licenzioso; **~lich-keit** f trascuratezza f.

Lieferant [liːfəˈrant] m (12) fornitore m.

Liefer|auto [ˈliːfərˈaʊto] n furgoncino m; **2bar** consegnabile; disponibile; **~buch** n bollettario m di consegna; **2frist** f termine m di consegna; **2n** (29) fornire; *(ab~)* consegnare; *Schlacht:* dare; **~schein** m bolletta f di consegna.

Liefer|ung [ˈliːfəruŋ] f fornitura f; consegna f; ⊞ dispensa f; **~ungs-bedingungen** f/pl. condizioni f/pl. di consegna; **~ungsgeschäft** n affare m a consegna; **~ungszeit** f termine m di consegna.

Lieferwagen [ˈliːfərvaːɡən] m furgone m; *kleiner:* furgoncino m, camioncino m.

Liege|geld ⚓ [ˈliːɡəɡɛlt] n diritto m di magazzinaggio; **~kur** f cura f di riposo.

liegen [ˈliːɡən] (30) giacere; *(sein, sich befinden)* essere, stare; *Städte:* essere situato *(od.* posto); *schön* ~ essere in una bella posizione; *es liegt mir an (dat.)* m'importa di, m'interessa che; *es liegt an mir* dipende da me; **~bleiben** restare a letto *(od.* sdraiato, coricato); *Arbeit:* rimanere lì; *Kfz.* rimanere in panna; **~d** sdraiato; *örtlich:* situato; **~e** *Güter* n/pl. beni m/pl. immobili; **~lassen** *(vergessen)* dimenticare.

Liegenschaften [ˈ--ʃaftən] f/pl. uv. (beni) immobili m/pl.

Liege|platz ⚓ [ˈliːɡəplats] m posto m d'ormeggio; **~stuhl** m sedia f a sdraio; **~wagen** 🚃 m carrozza f a cuccette; **~zeit** ⚓ f stallia f.

lieh [liː] s. *leihen.*

lies, liest [liːs(t)] s. *lesen.*

ließ [liːs] s. *lassen.*

Lift [lift] *m* (3 *od.* 11) ascensore *m*; **~boy** ['-boy] *m* addetto *m* all'ascensore, ascensorista *m*.

Liga ['li:ga] *f* (16²) lega *f*.

Liguster ♦ [li'gustər] *m* (7) ligustro *m*.

liieren [li'i:rən] legare.

Likör [li'kø:r] *m* (3¹) liquore *m*; **~glas** *n* bicchiere *m* da liquore.

lila *uv.*, **~farben** ['li:la:(farbən)] (color) lilla.

Lilie ['li:ljə] ♦ *f* (15) giglio *m*.

Liliputaner [lilipu'ta:nər] *m* (7) lilipuziano *m*.

Limit ['limit] *n* prezzo *m* limite.

Limonade [limo'na:də] *f* (15) *allg.* bibita *f*; (*Apfelsinen♀*) aranciata *f*; (*Zitronen♀*) limonata *f*.

lind [lint] mite, dolce.

Linde ['lində] *f* (15) tiglio *m*; **~blütentee** ['-dənbly:tənte:] *m* decotto *m* (*od.* infusione *f*) di tiglio.

lind|ern ['lindərn] (29) lenire; mitigare, alleviare; **~ernd** lenitivo; **♀e~rung** *f* lenimento *m*; **♀erungsmittel** *n* calmante *m*.

Line|al [line'a:l] *n* (3¹) riga *f*; **♀~ar** lineare.

Linguist|(in) *f* [lingu'ist(in)] *m* (12) linguista *m u. f*; **~ik** *f* linguistica *f*.

Linie ['li:njə] *f* (15) linea *f*; *Typ.*, ⊕ filetto *m*; *in erster* ~ in primo luogo; **~nblatt** *n* falsariga *f*; **~nrichter** *m* *Sport:* guardalinee *m*; **~nschiff** *n* nave *f* di linea.

lini(i)er|en [lin'(j)i:rən] rigare; **♀ung** *f* rigatura *f*.

link [link] sinistro; **~e** *Seite f Stoffe:* rovescio *m*; **♀e** *f* (18) sinistra *f*; *äußerste* ~ estrema *f* sinistra; **~erhand** ['-kərhant] sulla sinistra; **~isch** goffo; **♀s** sinistra; ~ *liegenlassen* ignorare; **♀s'-außen(stürmer)** *m* ala *f* sinistra; **♀shänder** ['-hendər] *m* (7) mancino *m*; **♀s'steuerung** *f* *Auto:* guida *f* a sinistra; **~s'-um!** a sinistra!

Linnen ['linən] *n* tela *f*.

Linoleum [li'no:le'um] *n* (9, *o. pl.*) linoleum *m*.

Linse ['linzə] *f* (15) ♦ lenticchia *f*; *Phys.* lente *f*; **~nsuppe** *f* minestra *f* di lenticchie.

Lippe ['lipə] *f* (15) labbro *m*; **~nlaut** *m* labiale *f*; **~nstift** *m* rossetto *m*.

liquid ♣ [li'kvi:t] liquido, solvente; **♀ation** [-kvidats'jo:n] *f* (16) liquidazione *f*; **~ieren** liquidare.

Lira ['li:ra] *f* (*pl. Lire*) lira *f*.

lispeln ['lispəln] (29) essere bleso; *allg.* bisbigliare.

List [list] *f* (16) astuzia *f*; trucco *m*.

Liste ['listə] *f* (15) elenco *m*; lista *f*; **~nwahlsystem** *n* scrutinio *m* di lista.

listig ['listiç] astuto.

Litanei [lita'nai] *f* (16) litania *f*.

Liter ['li:tər] *m* (*n*) (7) litro *m*.

liter|arisch [lita'ra:riʃ] letterario; **♀at** [--'ra:t] *m* (12) letterato *m*; **♀atur** [---'tu:r] *f* (16) letteratura *f*.

Litfaßsäule ['litfaszɔylə] *f* colonna *f* per avvisi pubblicitari.

Lithograph [lito'gra:f] *m* (12) litografo *m*; **~ie** [--gra'fi:] *f* litografia *f*; **♀isch** [--'gra:fiʃ] litografico.

litt [lit] *s. leiden.*

Lit|urgie [litur'gi:] *f* (15) liturgia *f*; **♀'urgisch** liturgico.

Litze ['litsə] *f* (15) cordoncino *m*; (*Borte*) passamano *m*.

Livesendung ['laifzɛndun] *f* trasmissione *f* diretta.

Livree [li'vre:] *f* (15) livrea *f*.

Lizenz [li'tsents] *f* (16) licenza *f*; **~inhaber** *m* concessionario *m*; **~spieler** *m* *Fußball:* giocatore *m* professionale.

Lob [lo:p] *n* (3) lode *f*; elogio *m*; **♀en** ['-bən] (25) lodare; **♀end** ['-bənt] laudativo; **♀enswert** ['-bənsve:rt] lodevole; **'~gesang** *m* laude *f*, cantico *m*; **~hudelei** [-hu:də'lai] *f* incensatura *f*; **♀hudeln** ['-hu:dəln] (29) incensare.

löblich ['lø:pliç] lodevole.

Lob|lied ['lo:pli:t] *n* inno *m*, cantico *m*; **♀preisen** (30) glorificare, esaltare; **~preisung** *f* lodi *f/pl.*; **~rede** *f* elogio *m*; panegirico *m*; **~redner(in** *f*) *m* panegirista *m u. f*; **~spruch** *m* encomio *m*.

Loch [lɔx] *n* (1²) buco *m*; (*Öffnung*) apertura *f*, orifizio *m*; ⊕ foro *m*; *Bill.* bilia *f*; *fig. Kerker:* gattabuia *f*; **♀en** (25) forare; bucare; **'~er** *m* (7) perforatore *m*.

löcherig ['lœçəriç] bucato, bucherellato.

Loch|karte ['lɔxkartə] *f* (15) scheda *f* perforata; **~maschine** *f* punzonatrice *f*, stozzatrice *f*; **~säge** *f* gattuccio *m*, seghetto *m* a punta; **~stempel** *m* punzone *m*; **~zange** *f* tanaglia *f* perforatrice.

Locke ['lɔkə] *f* (15) riccio(lo) *m*.

locken[1] ['lɔkən] (25) allettare; *(reizen)* tentare.

locken[2] ['lɔkən] (25) *Haare:* arricciare; **kopf** m testa *f* ricciuta; *Person:* ricciutello m; **wickler** m bigodino m.

locker ['lɔkər] *Ggs. fest:* non fermo, mal saldo, malfermo; lento; *Ggs. dicht:* rado; *Brot, Erde:* molle; *Seil u. fig.* rilassato; **** *werden* rilassarsi; *nicht* **** *lassen* non cedere, tener fermo; **heit** *f* mollezza *f*; rilassatezza *f*; **n** (29) *v/t. u. v/i.* allentare; *fig.* rilassare; *Boden:* dissodare; **ung** *f* allentamento m; rilassamento m.

lockig ['lɔkiç] ricciuto.

Lock|mittel ['lɔkmitəl] n esca *f*; **pfeife** *f* chiocciolo m; **ruf** m richiamo m; **speise** *f* esca *f*; **spitzel** m agente m provocatore; **ung** *f* richiamo m; *fig.* adescamento m; **vogel** m cantaiuolo m; uccello m da richiamo; *fig.* adescatore m. [greggio.]

Loden ['lo:dən] m (6) panno m⌋

lodern ['lo:dərn] (29) divampare.

Löffel ['lœfəl] m (7) cucchiaio m; *(kleiner)* cucchiaino m; *Jagdw.* orecchio m; *j-n über den* **** *barbieren* F imbrogliare qu.; **kraut** ♀ n cocleraia *f*; **n** (29) prendere col cucchiaio; **voll** m (3[1], *o. pl.*) cucchiaiata *f*; **weise** a cucchiaiate.

log [lo:k] *s.* lügen.

Logarithm|entafel [loga'ritmənta:fəl] *f* tavola *f* logaritmica; **us** [--'-mus] m (16[2]) logaritmo m.

Loge ['lo:ʒə] *f* (15) loggia *f*; *Thea.* palco m; **nbruder** m massone m; **nschließer** m custode m dei palchi.

Loggia ['lɔdʒa:] *f* (16[2]) loggia *f*.

Logier|besuch [lo'ʒi:rbəzu:x] m ospiti m/pl. in casa; **en** alloggiare; essere alloggiato; **gast** m ospite m (in casa); **haus** n casa *f* per gli ospiti.

Logik ['lo:gik] *f* (16, *o. pl.*) logica *f*; **er** m (7) logico m.

Logis [lo'ʒi:] n *uv.* alloggio m.

logisch ['lo:gif] logico.

Loh|e ['lo:ə] *f* (15) fiamme *f/pl.*; *Glut:* vampa *f*; *Gerberei:* concia *f*; **eiche** *f* rovere m; **en** (25) 1. *v/i.* divampare; 2. *v/t.* conciare; **farbe** *f*, **farbig** *adj.* tanè *adj. u. m*; **gerber** m conciatore m; **gerbe'rei** *f* concia *f*; **grube** *f* conciaia *f*.

Lohn [lo:n] m (3[3]) ricompensa *f*; *(Arbeits)* paga *f*; salario m; **'arbeit** *f* lavoro m salariato; **'arbeiter** m lavoratore m salariato; **'ausfall** m perdita *f* di salario; **'empfänger** m salariato m.

lohnen ['lo:nən] (25) ricompensare; ripagare; *es lohnt sich nicht* non vale la pena; **d** rimunerativo; *allg.* vantaggioso.

löhnen ['lø:nən] (25) dare la paga a, salariare.

Lohn|erhöhung ['lo:n[9]erhø:uŋ] *f* aumento m salariale; **ersparnisse** *pl.* risparmi m/pl. sul salario; **forderung** *f* richiesta *f* salariale; **kampf** m lotta *f* per l'aumento dei salari; **skala** *f* scala *f* dei salari; **steuer** *f* imposta *f* sui salari; **stop** m blocco m dei salari; **streik** m sciopero m per l'aumento dei salari; **tag** m giorno m di paga; **tüte** *f* busta *f* paga.

Löhnung ['lø:nuŋ] *f* paga *f*.

Lokal [lo'ka:l] 1. n (3) locale m; ristorante m; 2. *adj.* locale; del luogo; **bericht-erstatter(in** *f*) m corrispondente m *u.* *f* locale; **blatt** n giornale m locale; **i'sieren** localizzare; **i'sierung** *f* localizzazione *f*; **i'tät** *f* località *f*; **patriotismus** m campanilismo m; **termin** m sopraluogo m.

loko ✝ ['lo:ko] in piazza; sul luogo; **** *Bremen* a Brema.

Lokomo|tive [lokomo'ti:və] *f* (15) locomotiva *f*; locomotore m; **tivführer** [---'ti:ffy:rər] m macchinista m.

Lokus P ['lo:kus] m (4[1]) cesso m.

Lombard|e [lɔm'bardə] m (13) lombardo m; **geschäft** ['lɔmbartgəʃeft] n prestito m su pegno; **ieren** prestare su pegno.

Lorbeer ['lɔrbe:r] m (5[2]) alloro m; *fig.* **en** *ernten* raccogliere gli allori; *sich auf s-n* **en** *ausruhen* riposare sugli allori; **blätter** n/pl. foglie *f/pl.* d'alloro; **hain** m laureto m.

Lore ⛏ ['lo:rə] *f* (15) vagone m (scoperto).

Lorgnette [lɔrn'jetə] *f* (15) occhialetto m.

Los[1] [lo:s] n (4) sorte *f*; *(Anteil)* lotto m; *(Lotterie)* biglietto m della lotteria; *das Große* **** il primo premio.

los[2] [lo:s] (18) 1. *adj.* sciolto; *(frei)* libero; *Knopf:* staccato; 2. *adv.* *was*

ist ~? che c'è?, che è accaduto?; damit ist nicht viel ~ non è gran cosa;
mit ihm ist nicht viel ~ non è un
gran che; hier ist nicht viel ~ qui c'è
poco da divertirsi; er hat etwas ~ è
in gamba; 3. ~! su, via!, avanti!

...los [...lo:s] in Zssgn, am Ende eines
Wortes: privo di ..., senza ...; z.B.
arbeitslos senza lavoro; elternlos
privo dei genitori; s. ...losigkeit.

lösbar ['løsba:r] solubile; 2keit f
solubilità f.

los|bekommen ['lo:sbəkɔmən] riu-
scire a staccare; **~binden** slegare;
~brechen 1. v/t. staccare (rompendo); **2.** v/i. scatenarsi; **~bringen**
riuscire a staccare.

Lösch|apparat ['lœʃ'apara:t] m
estintore m; **~arbeit** f lavoro m di
estinzione; **~blatt** n (foglio m di)
carta f assorbente (od. sugante); **~eimer** m secchia f da incendio.

lösch|en ['lœʃən] (27) spegnere (a.
fig.); Schuld, Hypothek: estinguere;
Schrift: cancellare; Schiff: scaricare; Waren: sbarcare; Durst: togliersi; 2er m (7) (Feuer2) estintore
m; ♣ scaricatore m; (Tinten2) tampone m.

Lösch|erlaubnis ['lœʃ'ɛrlaupnis] f
♣ permesso m di scaricamento; **~gerät** n estintore m; **~mannschaft**
f (corpo m dei) pompieri m/pl.; **~papier** n carta f sugante (od. assorbente); **~ung** f (Brand) spegnimen-
to m; estinzione f; (Hypothek) am-
mortizzazione f; ♣ scaricamento m;
sbarco m.

los|donnern ['lo:sdɔnərn] infuriare
(contro qu.); **~drehen** staccare
(girando); **~drücken** staccare a
forza; Gewehr: sparare; Pfeil: scoccare.

lose ['lo:zə] Zahn, Knopf usw.: malfermo; (gelöst, unverpackt) sciolto;
(abgelöst) staccato; (beweglich) mobile; Sitten: licenzioso; Worte: frivolo; ~s Maul n linguaccia f.

Löse|geld ['lø:zəgelt] n riscatto m;
~mittel n dissolvente m.

loseisen ['lo:s'aɪzən] F disimpegnare.

losen ['lo:zən] **1.** (27) v/t. u. v/i.
tirare a sorte; **2.** 2 n (6) sorteggio
m.

lösen ['lø:zən] (27) sciogliere; libe-
rare; Aufgabe, Zweifel: risolvere;
Geld: riscuotere; Fahrkarte: pren-

dere; Vertrag: annullare; Verbindung: rompere.

los|fahren ['lo:sfa:rən] (sn) partire;
auf j-n: avventarsi; **~gehen** (sn)
staccarsi; (beginnen) cominciare;
Schuß: partire; auf j-n ~ lanciarsi
contro qu.; **~gürten** (di)scingere;
~haken sganciare.

...losigkeit [...lo:zɪçkaɪt] in Zssgn,
am Ende eines Wortes: mancanza f
di ...; z.B. Arbeits~ f mancanza f di
lavoro; s. ...los.

Los|kauf ['lo:skauf] m riscatto m; 2-
kaufen riscattare; 2ketten sciogliere (dalla catena); 2knüpfen
slacciare; 2kommen (sn) sbarazzarsi, disfarsi (di); riuscire a staccarsi; 2koppeln staccare; 2lassen
lasciar andare; **~legen** F cominciare
a sfogarsi, a raccontare ecc.

löslich ['lø:slɪç] solubile; 2keit f
solubilità f.

los|lösen ['lo:slø:zən] staccare; **~machen** staccare; sich ~ liberarsi;
~platzen scoppiare, esplodere; **~reißen** strappare; **~sagen**: sich ~
von romperla con; von et.: desistere,
liberarsi da; von e-m Wort: ritrattare (ac.); 2sagung f rottura f;
desistenza f; liberazione f; ritrattazione f; **~schießen** fig. (anfangen)
cominciare; auf j-n ~ lanciarsi (od.
precipitarsi) su qu.; **~schlagen**
1. v/t. staccare (a colpi di martello);
Waren: barattare; **2.** v/i. cominciare
l'attacco; auf j-n ~ dare addosso a
qu.; **~schnallen** sfibbiare; **~schnappen** scattare; **~schnüren**
slacciare; **~schrauben** svitare; **~sprechen** dispensare; r²⁄₂, Rel. assolvere; 2sprechung f assoluzione
f; **~sprengen** far saltare; **~springen** (sn) saltare; **~steuern**: auf j-n ~
andar diritto verso qu.; **~stürmen**
(sn) avventarsi; **~stürzen** (sn) precipitarsi; auf j-n: scagliarsi contro;
~trennen staccare.

Losung ['lo:zuŋ] f sorteggio m; parola f d'ordine; Jagdw. fatta f.

Lösung ['lø:zuŋ] f (s. lösen) solu-
zione f; (Abbruch) distacco m; **~smittel** n dissolvente m.

los|werden ['lo:sve:rdən] (sn) disfar-
si, liberarsi di; et. ~ riuscire a ven-
dere qc.; **~winden** svitacchiare; **~ziehen** partire; über j-n ~ inveire
contro qu.

Lot [lo:t] n (3) piombino m; Gewicht:

mezz'oncia *f*; *Lötmetall*: saldatura *f*; ⚓ scandaglio *m*.

Löteisen ['løːtˀaɪzən] *n* saldatoio *m*.

loten ['loːtən] **1.** (26) ⚓ scandagliare; **2.** ⚓ *n* (6) scandaglio *m*.

löt|en ['løːtən] **1.** (26) saldare; **2.** ⚓ *n* (6) saldatura *f*; ⚓er *m* saldatore *m*.

Löt|kolben ['løːtkɔlbən] *m* saldatoio *m*; **~lampe** *f* lampada *f* saldatrice.

Lotosblume ['loːtɔsbluːmə] *f* fiore *m* di loto.

lotrecht ['loːtrɛçt] verticale; *adv.* a piombo.

Lotse ['loːtsə] *m* (13) ⚓ pilota *m* di porto; ⚓n (27) pilotare; **~ndienst** *m*, **~ngebühr** *f*, **~ngeld** *n* pilotaggio *m*.

Lötstelle ['løːtʃtɛlə] *f* saldatura *f*.

Lotterie [lɔtə'riː] *f* (15) lotteria *f*; **~einnehmer** *m* collettore *m* di lotterie; **~gewinn** *m* vincita *f* al lotto; **~los** *n* biglietto *m* di lotteria; **~spiel** *n* gioco *m* del lotto.

Lotter|leben ['lɔtərleːbən] *n* vita *f* dissoluta; **~wirtschaft** *f* sregolatezza *f*, sgoverno *m*.

Lotto ['lɔtoː] *n* (11) lotto *m*; **~büro** *n* bottighino *m* del lotto; **~zettel** *m* scontrino *m* del lotto.

Lotung ⚓ [loːtuŋ] *f* sondaggio *m*.

Lotus ['-tus] *m uv.*, **~blume** *f* (fior di) loto *m*.

Löw|e ['løːvə] *m* (13) leone *m*; **~enanteil** *m* parte *f* del leone; **~enmaul** ♣ *n* bocca *f* di leone; **~enzahn** ♣ *m* dente *m* di leone; **~enzwinger** *m* gabbia *f* dei leoni; **~in** ['-vin] *f* (16¹) leonessa *f*.

loyal [loaˈjaːl] leale; ⚓ität *f* [-jaliˈtɛːt] *f* (16, *o. pl.*) lealtà *f*; *Pol.* lealismo *m*.

Luchs [luks] *m* (4) lince *f*; '**~augen** *n/pl.* occhi *m/pl.* di lince.

Lücke ['lykə] *f* (15) lacuna *f*; **~nbüßer** *m* riempitivo *m*; F turabuchi *m*; ⚓nhaft incompleto, difettoso; pieno di lacune; ⚓nlos completo.

Luder ['luːdər] *n* (7) carogna *f*; P *armes* ~ povero diavolo *m*; **~leben** *n* vita *f* dissoluta.

Luft [luft] *f* (14¹) aria *f*; *in die frische* ~ all'aria fresca; *keine* ~ *bekommen* soffocare; ~ *schöpfen* prendere fiato; *an die* ~ *setzen* mettere alla porta; *fig. et. liegt in der* ~ qc. bolle in pentola; *seinem Herzen* ~ *machen* sfogarsi; *in die* ~ *sprengen*

far saltare in aria; 🗲 *in Zssgn meist:* ... aereo; '**~abwehr** *f* difesa *f* contraerea; '**~angriff** *m* attacco *m* aereo; '**~anzug** *m* prendisole *m*; '**~aufnahme** *f*, **~bild** *n* fotografia *f* aerea; '**~ballon** *m* palloncino *m*; '**~blase** *f* bolla *f* d'aria; '**~brücke** *f* ponte *m* aereo.

Lüftchen ['lyftçən] *n* (6) venticello *m*.

luft|dicht ['luftdiçt] ermetico; ⚓dichte *f* densità *f* dell'aria; ⚓dichtigkeit *f* ermeticità *f*; ⚓druck *m* pressione *f* atmosferica; *in Zssgn:* ... ad aria compressa; ⚓druckbremse *f* freno *m* ad aria compressa; ⚓druckmesser *m* manometro *m*; ⚓-elektrizität *f* elettricità *f* atmosferica.

lüften ['lyftən] (26) arieggiare; *Schleier:* sollevare; *Hut:* alzare; *Geheimnis:* rivelare.

Luft|erscheinung ['luftˀɛrʃaɪnuŋ] *f* fenomeno *m* atmosferico; **~fahrt** *f* aeronautica *f*, aviazione *f*; **~fahrtgesellschaft** *f* compagnia *f* d'aviazione; **~fahrtministerium** *n* ministero *m* dell'aviazione; **~feuchtigkeit** *f* umidità *f* atmosferica; **~feuchtigkeitsmesser** *m* idrometro *m*; **~flotte** *f* flotta *f* aerea; ⚓förmig aeriforme; **~geist** *m* silfo *m*; ⚓gekühlt raffreddato ad aria; **~geschwader** *n* squadra *f* aerea; **~gewehr** *n* fucile *m* ad aria compressa; **~hauch** *m* soffio *m* d'aria; **~heizung** *f* riscaldamento *m* ad aria; ⚓ig aereo; *Ort, Zimmer:* arioso; *fig.* vaporoso; leggero; **~kampf** *m* combattimento *m* aereo; **~kissen** *n* cuscino *m* pneumatico; **~kissenfahrzeug** *n* veicolo *m* aeroslittante, terraplano *m*; **~klappe** *f* valvola *f*; **~krankheit** *f* mal *m* d'aria; **~krieg** *m* guerra *f* aerea; **~kühlung** *f* raffreddamento *m* ad aria; **~kur** *f* cura *f* climatica; **~kur-ort** *m* stazione *f* climatica; **~leere** *f* vacuo *m*; **~leitung** *f* conduzione *f* aerea; **~linie** *f* linea *f* d'aria (*od.* diretta); 🗲 linea *f* aerea; **~loch** *n* spiraglio *m*; sacca *f* d'aria; **~matratze** *f* materasso *m* pneumatico; **~messer** *m* aerometro *m*; **~pistole** *f* pistola *f* ad aria compressa; **~post** *f* posta *f* aerea; **~pumpe** *f* pompa *f* d'aria; **~raum** *m* atmosfera *f*; spazio *m* aereo; **~reifen** *m* pneumatico *m*; gomma *f*; **~**

reinigung f ventilazione f; **~röhre** f tubo m di ventilazione; Anat. trachea f; **~röhrenschnitt** ♂ m tracheotomia f; **~schacht** m pozzo m di ventilazione; **~schicht** f strato m atmosferico; **~schiff** n aeronave f, dirigibile m; **~schiffahrt** f navigazione f aerea; aeronautica f; **~schlange** f stella f filante; **~schlauch** m camera f d'aria; **~schloß** n castello m in aria; **~schraube** f elica f; **~schutz** m protezione f (od. difesa f) antiaerea; **~schutzkeller** m, **~schutzraum** m ricovero m antiaereo; **~sperre** f cortina f aerea; **~spiegelung** f miraggio m; **~sprung** m salto m in aria; capriola f; **~störung** f perturbazione f atmosferica; **~streitkräfte** f/pl. forze f/pl. aeree; **~strömung** f corrente f aerea; **~stützpunkt** m base f aerea; **~taxi** n tassì m aereo.

Lüftung ['lyftuŋ] f aereazione f; ventilazione f.

Luft|veränderung ['luftfɛr⁹ɛndəruŋ] f cambiamento m d'aria; **~verdünnung** f rarefazione f dell'aria; **~verkehr** m servizio m aereo; **~verkehrslinie** ['-fɛrkeːrsliːnjə] f linea f aerea; **~verseuchung** f contaminazione f atmosferica; **~waffe** f arma f aeronautica; aviazione f militare; **~weg** ['-veːk] m via f aerea; **~zug** m corrente f (od. riscontro m) d'aria.

Lug [luːk] m (3, o. pl.): ~ und Trug menzogne f/pl. ed inganni m/pl.

Lüge ['lyːgə] f (15) bugia f; ~n strafen dare una smentita.

lugen ['luːgən] (25) guardare.

lügen ['lyːgən] (30) mentire.

Lügen|detektor ['lyːgəndetɛktɔr] m apparecchio m della verità; **~gewebe** n tessuto m di menzogne; **♀haft** menzognero, bugiardo; **~haftigkeit** f mendacia f; **~maul** n bugiardo m; **~prophet** m falso profeta m.

Lügner ['lyːgnər] m (7), **♀isch** adj. bugiardo (m).

Luke ['luːkə] f (15) abbaino m; ⚓ boccaporto m.

lukrativ [lukraˈtiːf] lucrativo.

lullen ['lulən] (25) ninnare.

Lümmel ['lyməl] m (7), **~haft** adj. maleducato (m); **~ei** [--'laɪ] f (16) villanata f.

lümmeln ['lyməln] (29): sich ~ sdraiarsi in modo villano.

Lump [lump] m (12) mascalzone m.

lumpen¹ ['lumpən] (25): sich nicht ~ lassen non fare lo spilorcio.

Lumpen² ['lumpən] m (6) cencio m, straccio m; **~gesindel** n gentaglia f, marmaglia f; **~händler** m cenciaiolo m; **~kerl** m canaglia f; **~kram** m ciarpame m; **~pack** n canaglia f; **~sammler** m cenciaiolo m.

Lump|erei [lumpə'raɪ] f (16) villania f; **♀ig** ['-pic̜] cencioso; fig. meschino.

Lunge ['luŋə] f (15) polmone m; eiserne ~ polmone m d'acciaio; sich die ~ ausschreien spolmonarsi.

Lungen... ['luŋən...]: in Zssgn oft polmonare; **~bläschen** n vescicola f (od. alveolo m) polmonare; **~blutung** f emottisi f; **~entzündung** f polmonite f; **~flügel** m lobo m polmonare; **♀krank**, **♀leidend** malato di polmoni, tisico; **~krankheit** f affezione f polmonare; **~schwindsucht** f tisi f; **♀schwindsüchtig** tisico; **~tuberkulose** f tubercolosi f polmonare.

lungern ['luŋərn] (29, h. u. sn) bighellonare.

Lunte ['luntə] f (15) miccia f; Jagdw. coda f; fig. ~ riechen aver sentore del pericolo.

Lupe ['luːpə] f (15) lente f (d'ingrandimento).

Lupine ♀ [lu'piːnə] f (15) lupino m.

Lurch [lurç] m (3) lurco m.

Lust [lust] f (14¹) voglia f; (Vergnügen) piacere m; fleischliche: concupiscenza f; libidine f; keine ~ haben non aver voglia; **~barkeit** ['-baːr-kaɪt] f divertimento m.

lüstern ['lystərn] voluttuoso; concupiscente; lascivo; **♀heit** f lascivia f.

Lust|garten ['lustgartən] m parco m; **♀ig** allegro; Sache: divertente; sich über j-n ~ machen prendere in giro qu.; beffarsi di qu.; **~igkeit** f allegria f.

Lüstling ['lystliŋ] m (3¹) libertino m.

lust|los ['lustloːs] svogliato; fiacco; **♀losigkeit** f svogliatezza f; **♀mord** m assassino m con stupro; **♀mörder** m assassino m sessuale; **♀schloß** n castello m di diporto; **♀spiel** n commedia f; **♀spieldichter** m commediografo m; **~wandeln** untr. passeggiare.

Lyzeum

Luther|aner(in f) m [lutə'rɑːnər (-in)] (7), '**Ωisch** adj. luterano(-a) m (f); '**_tum** n luteranesimo m.
lutschen ['lutʃən] (27) v/t. u. v/i. succhiare.
Luv ⚓ [luːf] f (16, o. pl.), '**_seite** f orza f; Ωen ['-vən] (25) orzare; Ω-**wärts** ['-verts] ad orza.
luxuriös [luksur'jøːs] (18) lussuoso.
Luxus ['luksus] m uv. lusso m; ~**artikel** m articolo m di lusso; ~**steuer** f imposta f sul lusso; ~**zug** m treno m (di) lusso.

Luzerne ⚘ [lu'tsɛrnə] f (15) erba f medica.
lymph|atisch [lym'fɑːtiʃ] linfatico; '**Ωdrüse** f glandola f linfatica; Ωe ['lymfə] f (15) linfa f.
lynch|en ['lynçən] (27) linciare; Ω-**justiz** f linciaggio m.
Lyr|ik ['lyːrik] f (16, o. pl.) lirica f; **_iker** m (7), Ωisch adj. lirico (m).
Lysoform [lyzo'fɔrm] n lisoformio m.
Lysol [ly'zoːl] n lisolo m.
Lyzeum [li'tseːum] n (9¹) liceo m.

M

M, m [ɛm] *n uv.* M, m *m u. f.*

Maat ♄ [maːt] *m* (3) nostromo *m.*

Mach|art ['maxʔaːrt] *f* (16) fattura *f*; **~e** *f*: et. in der ~ haben star lavorando attorno a qc.

machen ['maxən] (25) fare; *Durst, Appetit, Ende*: mettere; *Mühe*: recare; *mit e-m Adjektiv*: rendere, *z.B.* glücklich ~ rendere felice; *sich an die Arbeit* ~ mettersi al lavoro; *sich auf den Weg* ~ mettersi in cammino; *sich aus et.* ~ far caso di qc.; *ich mache mir nichts daraus* non mi fa né caldo né freddo; *es macht sich non c'è male; es wird sich schon alles* ~ si accomoderà tutto.

Machenschaft ['maxənʃaft] *f* macchinazione *f*; **~en** *pl.* mene *f/pl.*

Macher ['maxər] *m* (7) facitore *m*; **~lohn** *m* (spesa *f* per la) fattura *f.*

machiavellistisch [makiavɛ'listiʃ] machiavellico.

Macht [maxt] *f* (14¹) potenza *f*; (*Gewalt*) potere *m*; (*Kraft*) forza *f*; (*Einfluß*) influenza *f*, ascendente *m*; *aus eigener* ~ di propria autorità; *bewaffnete* ~ forza *f* armata; '**~befugnis** *f* pieni poteri *m/pl.*, autorità *f*; '**~bereich** *m* raggio *m* d'azione (*od.* d'influenza); zona *f* di competenza; '**~ergreifung** *f* conquista *f* del potere, ascesa *f* (*od.* avvento *m*) al potere; '**~frage** *f* questione *f* di supremazia; '**~gebot** *n* ordine *m* supremo; **~haber** ['-haːbər] *m* (7) potentato *m*; dirigente *m*; '**2haberisch** dispotico.

mächtig ['mɛçtiç] potente; (*stark*) poderoso; (*groß*) immenso; e-r Sache ~ sein conoscere (*bzw.* sapere) a fondo qc.; **2keit** ♃ *f* spessore *m.*

macht|los ['maxtloːs] impotente; **2losigkeit** *f* impotenza *f*; **2politik** *f* politica *f* della forza (*od.* del più forte); **2probe** *f* prova *f* di forza; **2spruch** *m* decisione *f* sovrana; **2stellung** *f* posizione *f* di forza; e-s Staates: predominio *m*; **~voll** potente; **2vollkommenheit** *f* pienipotenza *f*; *aus eigener* ~ di propria autorità; **2wort** *n* parola *f* energica.

Machwerk ['maxvɛrk] *n* (3) lavoraccio *m*, lavoro *m* malfatto.

Mädchen ['mɛːtçən] *n* (6) ragazza *f*, fanciulla *f*; F figliola *f*; (*kleines* ~) bambina *f*, bimba *f*; Ggs. Junge: femmina *f*; (*Dienst*2) domestica *f*, cameriera *f*; ~ für alles ragazza *f* tuttofare; leichtes ~ donnina *f*; 2**haft** da ragazza; femminile; **~haftigkeit** *f* femminilità *f*; **~handel** *m* tratta *f* delle bianche; **~jäger** *m* donnaiolo *m*; **~name** *m* nome *m* di ragazza; **~schule** *f* scuola *f* femminile.

Made ['maːdə] *f* (15) tarma *f*; verme *m.*

Mädel F ['mɛːdəl] *n* (7) ragazza *f.*

madig ['maːdiç] verminoso; F et. ~ machen parlar male di qc.

Madonn|a [ma'dɔna] *f* (16²) Madonna *f*; **~enbild** *n* immagine *f* della Madonna; 2**enhaft** da madonna.

Madrider(in *f*) *m* [ma'driːdər(in)] (7) madrileno (-a) *m* (*f*).

mag [maːk] *s.* mögen.

Magazin [maga'tsiːn] *n* (3¹) magazzino *m*; deposito *m*; (*Waffe*) caricatore *m*; (*Zeitschrift*) rivista *f* illustrata.

Magd [maːkt] *f* (14¹) serva *f*; ~ Gottes ancella *f* di Dio.

Magen ['maːgən] *m* (6⁴, *a.* 6) stomaco *m*; *Vögel*: ventriglio *m*; **~beschwerden** *f/pl.* disturbi *m/pl.* (imbarazzo *m*) di stomaco; indigestione *f*; **~bitter** *m* amaro *m* stomatico; bitter *m*; **~brennen** *n* bruciore *m* di stomaco, pirosi *f*; **~-Darm-Kanal** [--'darmka'naːl] *m* tubo *m* gastroenterico; **~drücken** *n* oppressione *f* di stomaco; **~erweiterung** *f* dilatazione *f* di stomaco; **~gegend** *f* epigastro *m*; **~geschwür** *n* ulcera *f* gastrica; **~katarrh** *m* catarro *m* gastrico; **~leiden** *n* malattia *f* gastrica, gastropatia *f*; **~saft** *m* succo *m* gastrico; **~säure** *f* acidità *f* di stomaco; **~schmerzen** *m/pl.* dolori *m/pl.* di stomaco; **~spülung** *f* lavanda *f* gastrica; 2**stärkend** tonico; **~tropfen** *m/pl.* gocce *f/pl.* per lo stomaco.

mager ['mɑːgər] magro; *fig.* scarso, misero; ⚓ arido, sterile; ~ werden dimagrire; ⚥e(s) *n* magro *m*; ⚥keit *f* magrezza *f*; ⚥milch *f* latte *m* scremato (*od.* magro).

Mag|ie [ma'giː] *f* (15, *o. pl.*) magia *f*; ~ier ['maːgjər] *m* (7) mago *m*; '⚥isch magico. [*m.*⚥

Magister [ma'gistər] *m* (7) maestro

Magistrat [--s'trɑːt] *m* (3) giunta *f* municipale; consiglio *m* comunale.

Magnat [mag'nɑːt] *m* (12) magnate *m*.

Magn|esia [-'neːzja:] *f* (16, *o. pl.*) magnesia *f*; ~esium [-'neːzjum] *n* (9, *o. pl.*) magnesio *m*.

Magnet [mag'neːt] *m* (3 *od.* 12) magnete *m*; calamita *f*; ~feld *n* campo *m* magnetico; ⚥isch magnetico; ⚥i'sieren magnetizzare; ~i'sierung *f* magnetizzazione *f*; ~'ismus *m* magnetismo *m*; ~nadel *f* ago *m* calamitato (*od.* magnetico); ~ophon [-neto'foːn] *n* magnetofono *m*; ~pol *m* polo *m* magnetico; ~spule *f* rocchetto *m* del magnete; ~zünder *m* accensione *f* a magnete.

Magnifizenz [magnifi'tsɛnts] *f* (16) magnificenza *f*.

Magnolie ♀ [mag'noːljə] *f* (15) magnolia *f*.

Mahagoni [maha'goːniː] *n* (11, *o. pl.*) mogano *m*.

Maharadscha [maha'rɑːdʒa] *m* (11) maragià *m*.

Mahd [mɑːt] *f* (16) segatura *f*, falciatura *f*.

Mäh|binder ['meːbindər] *m* mietitrice-falciatrice *f*; ~drescher *m* trebbiatrice *f*.

mähen[1] ['meːən] 1. (25) ⚓ *v/t. Getreide:* mietere; *Gras:* falciare; 2. ⚥ *n* (6) falciatura *f*.

mähen[2] ['meːən] (25) *v/i. Schafe:* belare.

Mäher ['meːər] *m* (7) falciatore *m*, mietitore *m*.

Mahl [mɑːl] *n* (3 *u.* 1[2]) pasto *m*; pranzo *m*; (*Fest*⚥) banchetto *m*.

mahlen ['mɑːlən] 1. (25) *v/t.* macinare; 2. ⚥ *n* (6) macinazione *f*; molitura *f*.

Mahl|geld ['maːlgɛlt] *n* molenda *f*; ~zahn *m* molare *m*; ~zeit *f* pasto *m*; F ~! buon appetito!

Mähmaschine ['meːmaʃiːnə] *f* (15) mietitrice *f*; *für Gras nur:* falciatrice *f*.

Mahnbrief ['mɑːnbriːf] *m* (3) (lettera *f*) monitoria *f*.

Mähne ['meːnə] *f* (15) criniera *f*; (*Löwen*⚥) giubba *f*.

mahn|en ['mɑːnən] (25) avvisare; esortare, avvertire, ammonire; *j-n* an et. (*ac.*) ~ ricordare qc. a qu.; *wegen Zahlung:* sollecitare (qc. a qu.); ⚥er *m* (7) sollecitatore *m*; *lästiger* ~ creditore *m* importuno.

Mahn|mal ['mɑːnmɑːl] *n* monumento *m* commemorativo; ~ruf *m* grido *m* ammonitore; ~ung *f* avviso *m*; ammonimento *m*; ammonizione *f*; ~wort *n* avvertenza *f*; ~zettel *m* monitoria *f*.

Mähre ['meːrə] *f* (15) ronzino *m*.

Mai [maɪ] *m* (3, *poet.* 16) maggio *m*; '~blume *f* mughetto *m*.

Maid [maɪt] *f* (16) fanciulla *f*.

Mai|feier ['maɪfaɪər] *f* festa *f* di maggio; ~glöckchen *n* mughetto *m*; ~käfer *m* maggiolino *m*.

Mailänd|er(in *f*) *m* ['maɪlɛndər(in)] (7), ⚥isch milanese *m u. f.*

Mais [maɪs] *m* (4) mais *m*, gran(o)turco *m*; ~brei *m* polenta *f*; ~kolben *m* pannocchia *f*; ~krankheit *f* maidismo *m*, pellagra *f*.

Maische ['maɪʃə] *f* (15) mosto *m*.

Majestät [majɛs'tɛːt] *f* (16) maestà *f*; ⚥isch maestoso; ~sbeleidigung *f* lesa *f* maestà.

Majolika [ma'joːlikɑː] *f* (16[2]) maiolica *f*.

Major [-'joːr] *m* (3[1]) maggiore *m*.

Majoran ♀ ['mɑːjoraːn] *m* (3[1]) maggiorana *f*.

Major|at [majo'rɑːt] *n* (3) maggiorascato *m*; ~atsgut *n* maggiorasco *m*; ⚥enn [--'rɛn] maggiorenne; ~i'tät [--ri'tɛːt] *f* (16) maggioranza *f*.

Makel ['mɑːkəl] *m* (7) macchia *f*; fallo *m*; tacca *f*.

Mäkelei [meːkə'laɪ] *f* (16) critica *f* meschina.

makellos ['mɑːkəloːs] senza macchia; impeccabile; ⚥igkeit *f* purezza *f*, impeccabilità *f*.

mäkeln ['meːkəln] (29) *v/t. u. v/i.* cercare il pelo nell'uovo; *an* et. (*dat.*) ~ criticare qc.

Make-up ['meik'ʔap] *n* (11, *o. pl.*) trucco *m* (del viso).

Makkaroni [maka'roːniː] *m/pl.* maccheroni *m/pl.*

Makler ['mɑːklər] *m* (7) sensale *m*; (*Börsen*⚥) agente *m* di cambio; ~ge-

M

bühr f senseria f; **~geschäft** n mediazione f; affare m di senseria.

Makrele [maˈkreːlə] f (15) sgombro m.

Makrone [-ˈkroːnə] f (15) amaretto m.

Makulatur [-kulaˈtuːr] f (16) carta f straccia.

Mal [maːl] n (3) **1.** (a. 1²) segno m; macchia f; (*Mutter♀*) voglia f; **2.** volta f; *mit e-m* ~ ad un tratto; *manches* ~ talvolta; *nächstes* ~ la prossima volta; *drei* ♀ *drei* tre volte tre; *adv. komm* ♀ *her* vieni un po' qua; *sagen Sie* ♀ dica un po'.

Malachit [malaˈxiːt] m (3) malachite f.

Malai|e [maˈlaɪə] m (13), **~in** f, **♀isch** malese m u. f.

Malaria [-ˈlaːrjaː] f (16, o. pl.) malaria f.

mal|en [ˈmaːlən] (25) dipingere; ♀**er** m (7) pittore m; ♀**er-akademie** f accademia f di pittura; ♀**eˈrei** f pittura f; ♀**erin** f (16¹) pittrice f; **~erisch** pittoresco.

maliziös [maliˈtsjøːs] malizioso.

Mal|kasten [ˈmaːlkastən] m scatola f dei colori; **~kunst** f arte f pittorica.

Malteser [malˈteːzər] m (7) maltese m; **~ritter** m cavaliere m di Malta.

Malve ♀ [ˈmalvə] f (15) malva f; ♀**n-artig** malvaceo.

Malz [malts] n (3², o. pl.) malto m; ˈ**~bier** n birra f di malto; ˈ**~bonbon** m od. n caramella f di malto; ˈ**~kaffee** m caffè m d'orzo.

Mama [maˈma:, F ˈmama] f (11¹) mamma f.

Mammon [ˈmamɔn] m (6, o. pl.) mammone m.

Mammut [ˈmamuːt] n (3¹ od. 11) mammut m; **~baum** m sequoia f.

man [man] si; ~ *muß* si deve; ~ *sagt* si dice = si dicono; ~ *hat dich gesehen* ti hanno visto; ~ *freut sich* ci si rallegra.

Manager [ˈmɛnɛdʒər] m (7) impresario m; dirigente m d'azienda; manager m; **~krankheit** f esaurimento m nervoso.

manch [manç] (21) *pron.* più d'uno, qualcuno; *adj.* qualche; ˈ**~e** *pl.* alcuni; parecchi; ~ *Menschen* m/pl. certi uomini m/pl.; ˈ**~er** taluno; ˈ**~erlei** [ˈ-çərˈlaɪ] vari(e) pl.; ˈ**~mal** talvolta, qualche volta.

Mandant(in f) m [manˈdant(in)] (12) mandante m u. f.

Mandarin [-daˈriːn] m (3¹) mandarino m.

Mandarine ♀ [-daˈriːnə] f (15) mandarino m.

Mandat [-ˈdaːt] n (3) mandato m; **~sgebiet** n territorio m sotto mandato.

Mandel [ˈmandəl] f (15) mandorla f; *Anat.* tonsilla f; (*15 Stück*) quindici; **~baum** m mandorlo m; **~blüte** f fiori m/pl. di mandorlo; **~entzündung** f tonsillite f; angina f tonsillare; **~kuchen** m mandorlato m; torta f di mandorle; **~milch** f orzata f.

Mandoline ♪ [mandoˈliːnə] f (15) mandolino m.

Manege [maˈneːʒə] f (15) pista f del circo.

Mangan [manˈgaːn] n (3¹, o. pl.) manganese m; **~säure** f acido m manganico; ♀**saures ˈSalz** n manganato m. [m.]

Mangel¹ ⊕ [ˈmanəl] f (15) mangano⌡

Mangel² [ˈmanəl] m (7¹) mancanza f (an dat. di); deficienza f; assenza f; aus ~ an (dat.) per mancanza di; ~ haben an (dat.) mancare (od. difettare) di; (*Fehler*) difetto m; ♀**haft** manchevole; difettoso; insufficiente; **~haftigkeit** f manchevolezza f; difettosità f; deficienza f.

Mangel|holz [ˈmanəlhɔlts] n matterello m; **~krankheit** f malattia f di carestia; avitaminosi f.

mangeln [ˈmanəln] (29): **a)** manganare; cilindrare; **b)** (*fehlen*) mancare; *es mangelt mir an et.* (dat.) mi manca qc.; *an mir soll es nicht* ~ quanto a me, non mancherò.

mangels [ˈmanəls] per mancanza di.

Mangold ♀ [ˈmanɔlt] m (3) bietola f.

Manie [maˈniː] f (15) mania f.

Manier [maˈniːr] f (16) maniera f; modo m; ♀**iert** [--ˈriːrt] manierato; ♀**lich** garbato.

Manifest [maniˈfɛst] n (3²) manifesto m; ♀**ieren** manifestare.

Maniküre [--ˈkyːrə] f (15) manicure m u. f.

Manip|ulation [--pulatsˈjoːn] f (16) manipolazione f; ♀**uˈlieren** manipolare.

Manko [ˈmankoː] n (11) deficit m, ammanco m.

M

Mann [man] *m* (1², *poet.* 5, ⚓ *u.* ⚓ *nach Zahlen pl. uv.*, *in Zssgn pl. oft* -*leute*) uomo *m*; (*Ehe*⚥) marito *m*; *ein alter* (*junger, armer*) ~ un vecchio (giovane, povero); *mit 20* ~ con venti uomini; ~ *für* ~ uno a uno; ~ *gegen* ~ corpo a corpo; *auf den* ~ a testa; *mit* ~ *und Maus* con armi e bagagli; *an den* ~ *bringen* ⚓ collocare, *Tochter*: maritare; *ich bin* ~*s dazu* sono abbastanza forte per; *seinen* ~ *stehen* saper pagare di persona, essere coraggioso.

mannbar ['manbɑːr] pubere; *Mädchen*: da marito; ⚥**keit** *f* pubertà *f*; età *f* nubile.

Männchen ['mɛnçən] *n* (6) omino *m*; maritino *m*; *Zo.* maschio *m*; ~ *machen* rizzarsi sulle zampe posteriori.

Mannequin [manə'kɛ̃] *n* (11) manichino *m*; indossatrice *f*.

Männer|chor ['mɛnərkoːr] *m* coro *m* di uomini; ~**kleider** *n/pl.* abiti *m/pl.* da uomo.

Mannes|alter ['manəsˀaltər] *n* età *f* virile; *im besten* ~ nel vigore degli anni; ~**kraft** *f* forza *f* virile; ~**wort** *n* parola *f* di galantuomo.

mannhaft ['manhaft] virile; da uomo, valente, coraggioso; energico; ⚥**igkeit** *f* virilità *f*; energia *f*.

mannig|fach, ~**faltig** ['maniçfax, '~faltiç] svariato, vario; ⚥**faltigkeit** *f* varietà *f*.

männlich ['mɛnliç] maschio; virile; *Gram.* maschile; ⚥**keit** *f* maschiezza *f*; virilità *f*.

Mann|sbild ['mansbilt] *n* (pezzo *m* d')uomo *m*; ~**schaft** ['-ʃaft] *f* (16) uomini *m/pl.*; ⚓ truppa *f*; ⚓ equipaggio *m*; *Sport*: squadra *f*; ⚥**shoch** dell'altezza d'un uomo; ~**sleute** *pl.* uomini *m/pl.*; ~**sperson** *f* uomo *m*; ⚥**stoll** ninfomane; ~**stollheit** *f* ninfomania *f*; ~**svolk** *n* uomini *m/pl.*; ~**weib** *n* virago *f*.

Manometer [mano'meːtər] *n* (7) manometro *m*.

Manöv|er [ma'nøːvər] *n* (7) manovra *f*; ⚔ manovre *f/pl.*; *fig.* maneggio *m*; ⚥'**rieren** manovrare; ⚥'**rierfähig** in condizioni di manovrare.

Mansarde [man'zardə] *f* (15) soffitta *f*.

manschen F ['manʃən] (27) frammischiare, mescolare.

Manschette [man'ʃɛtə] *f* (15) polsino *m*; ~**nknopf** *m* bottone *m* da polsino, gemelli *m/pl.*

Mantel ['mantəl] *m* (7¹) cappotto *m*; mantello *m*; *fig. nur*: manto *m*; *Fahrrad, Auto*: copertone *m*; ⊕ camicia *f*; rivestimento *m*; ~ *nach dem Wind hängen fig.* voltar casacca; ~**tarif** *m* tariffa *f* tipo.

Manufaktur [manufak'tuːr] *f* (16) manifattura *f*; ~**arbeit** *f* manufatto *m*.

Manuskript [--s'kript] *n* (3) manoscritto *m*.

Mappe ['mapə] *f* (15) cartella *f*.

Mär [mɛːr] *f* (16) fiaba *f*, novella *f*.

Marathon|lauf ['maratonlauf] *m* maratona *f*; ~**läufer** *m* maratonista *m*.

Märchen ['mɛːrçən] *n* (6) fiaba *f*; storiella *f*, racconto *m*; *fig.* fandonie *f/pl.*; ⚥**haft** favoloso; ~**land** *n* paese *m* delle meraviglie; ~**welt** *f* mondo *m* fiabesco.

Marder ['mardər] *m* (7) martora *f*.

Margarine [marga'riːnə] *f* (15) margarina *f*.

Marginalien [margi'nɑːljən] *pl. uv.* note *f/pl.* marginali.

Marien|bild [ma'riːənbilt] *n* immagine *f* della Madonna; ~**fest** *n* festa *f* della Madonna; ~**käfer** *m* coccinella *f*; ~**kult** *m* culto *m* della Madonna.

Marine [ma'riːnə] *f* (15) marina *f*; *bei der* ~ *sein* essere nella marina; ~**attaché** *m* addetto *m* navale; ⚥**blau** blu marino; ~**ingenieur** *m* ingegnere *m* navale; ~**maler** *m* pittore *m* di marine; ~**offizier** *m* ufficiale *m* della marina; ~**station** ⚔ base *f* navale.

marinieren [-ri'niːrən] marinare.

Marionette [marjo'nɛtə] *f* (15) marionetta *f*; ~**ntheater** *n* teatro *m* delle marionette.

Mark [mark] **a)** *n* (3, *o. pl.*) midollo *m*; (*Frucht*⚥) polpa *f*; (*Tomaten*⚥) estratto *m*; *fig.* forza *f*, vigore *m*; *durch* ~ *und Bein fig.* fin nel midollo; **b)** *f* (16) regione *f* confinaria; *hist.* marca *f*; **c)** ✝ *f uv.* marco *m*.

markant [mar'kant] espressivo, spiccato.

Marke ['markə] *f* (15) marca *f*; (*Brief*⚥) francobollo *m*; (*Stempel*⚥) marca *f* da bollo; (*Spiel*⚥) gettone *m*.

Marken|artikel ['markənˀartikəl]

M

m articolo *m* di marca; **~schutz** *m* protezione *f* del marchio di fabbrica.

markerschütternd ['mark⁹ɛrʃytərnt] straziante.

Marketender [markə'tɛndər] *m* hist. (7) vivandiere *m*.

Mark|graf ['markgrɑːf] *m* (12) margravio *m*; **~grafschaft** *f* margraviato *m*.

markier|en [mar'kiːrən] segnare; marcare, contrassegnare; *fig.* simulare; **2ung** *f* marcazione *f*; (*Straßen2*) segnaletica *f*.

markig ['-kiç] midolloso; *fig.* vigoroso.

Markise [-'kiːzə] *f* (15) tenda *f*.

Mark|knochen ['markknɔxən] *m* osso *m* midollo; **~stein** *m* pietra *f* miliare; *fig.* tappa *f*; **~stück** *n* pezzo *m* (*od.* moneta *f*) da un marco.

Markt [markt] *m* (3³) mercato *m*; *Gemeinsamer ~* Mercato *m* Comune; (*Jahr2*) fiera *f*; *auf den ~ bringen* lanciare sul mercato; **~analyse** *f* analisi *f* di mercato; **~bericht** *m* bollettino *m* del mercato; **~bude** *f* baracca *f*; **2fähig** negoziabile; **~flecken** *m* borgata *f*; **~frau** *f* mercatina *f*; **~halle** *f* mercato *m* coperto; **~korb** *m* sporta *f*; **~leute** *pl.* mercatini *m/pl.*; **~ordnung** *f* disciplina *f* del mercato; **~platz** *m* (piazza *f* del) mercato *m*; **~preis** *m* prezzo *m* corrente (*od.* di mercato); **~schreier** *m* ciarlatano *m*; **~tag** *m* giorno *m* di mercato; **~wirtschaft** *f*: *freie ~* economia *f* di libero mercato.

Marmelade [marmə'laːdə] *f* (15) marmellata *f*; **~ndose** *f* barattolo *m* di marmellata.

Marmor ['marmɔr] *m* (3¹) marmo *m*; **~arbeiter** *m* marmista *m*; **2artig** simile al marmo; marmoreo; **2ieren** marmorizzare; marezzare; **~ierung** *f* marezzo *m*; **2n** di marmo, marmoreo; **~platte** *f* lastra *f* di marmo.

marode [ma'roːdə] F malato; spossato.

Marod|eur [maro'døːr] *m* (3¹) predatore *m*; **2ieren** predare.

Mar|okkaner [maro'kaːnər] *m* (7), **2okkanisch** marocchino (*m*); **~'okkoleder** *n* marocchino *m*.

Marone [-'roːnə] *f* (15) castagna *f*; *größere:* marrone *m*.

Marotte [-'rɔtə] *f* (15) capriccio *m*.

Marqui|s [mar'kiː] *m* uv. marchese *m*; **~se** [-'kiːzə] *f* (15) marchesa *f*.

Mars [mars]: **a)** *m* uv. Marte *m*; **b)** ♁ *m* (14) coffa *f*; **~bewohner** *m* marziano *m*.

Marsch¹ [marʃ] *m* (3² u. ³) marcia *f* (*a.* ♪); *auf dem ~ sein* essere in marcia.

Marsch² [marʃ] *f* (16) terreno *m* bonificato.

Marschall ['marʃal] *m* (3¹ u. ³) maresciallo *m*; **~(s)-amt** *n*, **~(s)würde** *f* maresciallato *m*.

Marsch|befehl ['marʃbəfeːl] *m* ordine *m* di marcia; **2ieren** (*sn*) marciare; **~kolonne** *f* colonna *f* di marcia; **~land** *n* s. *Marsch²*; **2mäßig** in tenuta di marcia; **~ordnung** *f* ordine *m* di marcia; **~route** *f* itinerario *m* di marcia; **~verpflegung** *f* razione *f* di marcia.

Marstall ['marʃtal] *m* (3³) scuderie *f/pl.*

Marter ['martər] *f* (15) martirio *m*; (*Folter*) tortura *f*; **2n** (29) martirizzare; torturare; **~tod** *m* martirio *m*; **~tum** *n* martirio *m*.

martialisch [marts'jaːliʃ] marziale.

Märtyrer|(in *f*) ['mertyrər(in)] (7) martire *m u. f*; **~tod** *m*, **~tum** *n* martirio *m*.

Marx|ismus [mark'sismus] *m* (16, *o. pl.*) marxismo *m*; **~'ist(in** *f*) *m* (12) marxista *m u. f*.

März [merts] *m* (3², *sg. a. uv.*) marzo *m*.

Marzipan [martsi'paːn] *n* (*m*) (3¹) marzapane *m*.

Masch|e ['maʃə] *f* (15) maglia *f*; *fig.* trucco *m*; **2enfest** indemagliabile.

Maschin|e [ma'ʃiːn] *f* (15) macchina *f*; apparecchio *m*; *mit der ~ schreiben* scrivere a macchina; **~ell** [-ʃi'nɛl] a macchina.

Maschinen... [-'ʃiːnən]: *in Zssgn oft* a macchina, meccanico; **~bau** *m* costruzione *f* di macchine; **~bauer** *m* ingegnere *m* meccanico; **~fabrik** *f* fabbrica *f* di macchinari; **~gewehr** *n* mitragliatrice *f*; *leichtes:* fucile *m* mitragliatore; *mit ~ beschießen* mitragliare; **~gewehrschütze** *m* mitragliere *m*; **~halle** *f*, **~haus** *n* sala *f* delle macchine; **~ingenieur** *m* ingegnere *m* meccanico; **~lehre** *f* meccanica *f*; **2mäßig** come una macchina; *fig.* macchinale; **~meister** *m* macchinista *m*; **~papier** *n* carta *f* da macchina; **~park** *m* parco *m* macchine, macchinari *m/pl.*; ~**pistole** *f* mitra *m*; pistola *f* automatica; ~**raum** *m s. Maschinenhalle*; ~**satz** *Typ. m* linotipia *f*; ~**schaden** *m* guasto *m* di macchina; ~**schlosser** *m* meccanico *m*.

Maschine(n)|schreiber [-'ʃiːnəʃraɪbər] *m* (7) dattilografo *m*; ~**schreiberin** *f* (16¹) dattilografa *f*.

Maschinen|setzer [-'ʃiːnənzetsər] *Typ. m* (7) linotipista *m*; ~**wärter** *m* addetto *m* alle macchine, macchinista *m*.

Maschinerie [maʃinəˈriː] *f* (15) meccanismo *m*; macchinario *m*.

maschineschreiben [maˈʃiːnəʃraɪbən] scrivere a macchina.

Maschinist [maʃiˈnist] *m* (12) macchinista *m*.

Maser [ˈmaːzər] *f* (15) marezzatura *f*; ~**holz** *n* legno *m* venato; 2**ig** marezzato.

Masern ✚ [ˈmaːzərn] *pl.* morbillo*m*.

Maske [ˈmaskə] *f* (15) maschera *f*; (*Verkleidung*) costume *m*; *die ~ fallen lassen* lasciar cadere la maschera, smascherarsi; ~**nball** *m* ballo *m* in maschera, *öffentlich*: veglione *m*; ~**nbildner** *m* truccatore *m*; ~**nzug** *m* mascherata *f*.

Mask|erade [maskəˈraːdə] *f* (15) mascherata *f*; 2**ieren** mascherare.

Maß [maːs] *n* (3²) misura *f*; (*Ausξ*) proporzione *f*; dimensione *f*; (*Grad*) grado *m*; (*Mäßigung*) moderazione *f*; *über alle ~en* oltre maniera; *in vollem ~e* pienamente in vollem ~e pienamente; *in hohem ~e* in sommo grado; *nach ~* su misura.

Massage [maˈsaːʒə] *f*(15) massaggio *m*; ~**behandlung** *f* massoterapia *f*.

Maß|anfertigung [ˈmaːsˀanfertiguŋ] *f* lavorazione *f* su misura; ~**anzug** *m* abito *m* su misura; ~**arbeit** *f* lavoro *m* su misura.

Masse [ˈmasə] *f*(15) massa *f*; ✚ attività *f/pl.*; (*Menge*) quantità *f*.

Maßeinheit [ˈmaːsˀaɪnhaɪt] *f* unità *f* di misura.

Massen|absatz [ˈmasənˀapzats] *m* vendita *f* in massa (*od.* su vasta scala); ~**artikel** *m* articolo *m* di gran consumo; ~**aufgebot** *n* leva *f* in massa; ~**einsatz** *m* impiego *m* in massa; ~**grab** *n* fossa *f* comune; ~**güter** *n/pl.* articoli *m/pl.* di massa; 2**haft** in gran quantità, in gran massa; ~**medien** *n/pl.* mezzi *m/pl.*

di comunicazione; ~**mord** *m* carneficina *f*; ~**produktion** *f* produzione *f* su larga scala; ~**psychose** *f* psicosi *f* collettiva; ~**suggestion** ['--zugestjoːn] *f* suggestione *f* collettiva; ~**verhaftungen** *f/pl.* arresti *m/pl.* in massa; ~**versammlung** *f* comizio *m* popolare; 2**weise** in gran quantità.

Mass|eur [maˈsøːr] *m* (3¹) massaggiatore *m*; ~**euse** [-ˈsøːzə] *f* (15) massaggiatrice *f*.

Maß|gabe [ˈmaːsgaːbə] *f*: *nach ~* (*gen.*) in ragione di, conforme a; 2**gebend** [ˈ-geːbənt] *Person*: competente; *Sachen*: normativo, decisivo; 2**halten** moderarsi.

massieren [maˈsiːrən] ✚ fare massaggi, massaggiare; ✕ concentrare.

massig [ˈmasiç] massiccio.

mäßig [ˈmɛːsiç] moderato; (*mittel~*) mediocre; *im Essen usw.*: sobrio; *Preis*: modico; ~**en** [-ˈgən] (25) moderare; *gemäßigte Zone f* zona *f* temperata; ~**end** moderativo; 2**keit** *f* moderatezza *f*; temperanza *f*; sobrietà *f*; 2**ung** *f* moderazione *f*.

massiv [maˈsiːf] 1. *adj.* massiccio, solido; 2. 2 *n* (3¹) massiccio *m*.

Maß|krug [ˈmaːskruːk] *m* boccale *m* da un litro; 2**liebchen** ♀ *n* pratellina *f*; 2**los** smisurato, eccessivo; *fig.* smodato; ~**losigkeit** *f* smisuratezza *f*; smodatezza *f*; *im Essen usw.*: intemperanza *f*; ~**nahme** [ˈ-naːmə] *f*, ~**regel** *f* misura *f*; provvedimento *m*; *vorbeugende ~* misura *f* di precauzione (*od.* preventiva); 2**regeln** (29) punire disciplinarmente; ~**regelung** *f* punizione *f*; ~**schneider** *m* sarto *m* che lavora su misura; ~**stab** *m* misura *f*; *Typ.* regolo *m*; *Geogr.* scala *f* (topografica); *fig.* proporzione *f*; criterio *m*; *in großem ~* su vasta scala; 2**voll** moderato.

Mast [mast]: a) *f* (16) ingrasso *m*; b) *m* (3² *u.* 5¹) ♣ *ca.* (*a.* ~**baum** *m*) albero *m*; (*Leitungs2*) palo *m*; ~**darm** *m* (intestino *m*) retto *m*.

mästen [ˈmɛstən] (26) ingrassare.

Masthuhn [ˈmasthuːn] *n* pollo *m* ingrassato.

Mastix [ˈmastiks] *m* (3² *od.* 11¹, *o. pl.*) mastice *m*.

Mast|korb [ˈmastkɔrp] ♣ *m* gabbia *f*, coffa *f*; ~**kur** *f* cura *f* d'ingrasso; ~**vieh** *n* bestiame *m* da ingrasso;

M

~**wächter** ⚓ *m* gabbiere *m*; ~**werk** ⚓ *n* alberatura *f*.

Match [metʃ] *n* partita *f*, incontro *m*.

Material [mater'jaːl] *n* (8²) materiale *m*; ~**ismus** *m* (16, *o. pl.*) materialismo *m*; ~**ist** *m* (12) *Phil.* materialista *m*; ♀**istisch** materialistico; ~**prüfung** *f* esame *m* (*od.* collaudo *m*) del materiale; ~**schaden** *m* danno *m* al materiale.

Mat|erie [-'teːrjə] *f* (15) materia *f*; ♀**eriell** [-ter'jɛl] materiale.

Mathem|atik [-tema'tiːk] *f* (16, *o. pl.*) matematica *f*; ~**atiker** [-te-'maːtikər] *m* (7), ♀**atisch** *adj.* matematico (*m*).

Matinee [mati'neː] *f* (15) mattinata *f*.

Matratze [ma'tratsə] *f* (15) materasso *m*.

Mätresse [mɛ'trɛsə] *f* (15) amante *f*.

Matrikel [ma'triːkəl] *f* (15) matricola *f*.

Matrize [ma'triːtsə] *f* (15) matrice *f*.

Matrone [-'troːnə] *f* (15) matrona *f*; ♀**nhaft** matronale.

Matrose [-'troːzə] *m* (13) marinaio *m*; ~**njacke** *f* marinara *f*.

Matsch F [matʃ] *m* (3, *o. pl.*) fango *m*; ♀**ig** fangoso.

matt [mat] fiacco; *Licht:* debole; *Farbe:* pallido; languido; *Auge:* smorto; *Glas:* opaco; *Mal.*, ⊕ appannato; *Schach (und)* ~ scacco matto; ~ *setzen* mattare, dare scacco matto.

Matte ['matə] *f* (15) stoia *f*; *vor der Tür:* stoino *m*.

Matt|glas ['matglaːs] *n* vetro *m* opaco; ~**gold** *n* oro *m* appannato; ~**igkeit** *f* fiacchezza *f*; spossatezza *f*; ~**scheibe** *f* vetro *m* opaco; e-e ~ *haben* fig. essere intontito; ~**silber** *n* argento *m* appannato; ♀**weiß** bianchiccio.

Mätzchen ['mɛtsçən] *n/pl. uv.* sciocchezze *f/pl.*

Mauer ['mauər] *f* (15) muro *m*; (*Wand*) parete *f*; (*Stadt*♀) le mura *f/pl.*; *Chinesische* ~ muraglia *f* cinese; ~**anschlag** *m* affisso *m* murale; ~**blümchen** ['--blyˌmçən] *n* F: ~ *sn* fare da tappezzeria; ♀**n** (29) murare; ~**schwalbe** *f* rondone *m*, rondine *m*; ~**stein** *m* mattone *m*; ~**ung** *f* muratura *f*; ~**vorsprung** *m* muricciolo *m*; ~**werk** *n* muri *m/pl.*

Maul [maul] *n* (1²) bocca *f*; (*Schnauze*) muso *m*; F *das* ~ *halten* tapparsi la bocca; *tener la lingua a posto*; *ein böses* ~ *haben* avere una cattiva lingua; *ein großes* ~ *haben* sballarle grosse; *fare il prepotente*; ♀**beerbaum** ['-beːrbaum] *m* gelso *m*; '♀**beere** *f* mora *f*.

Mäulchen ['mɔʏlçən] *n* (6) musino *m*, boccuccia *f*.

maulen ['maulən] (25) brontolare.

Maul|esel ['maulˀeːzəl] *m* mulo *m*; ~**eseltreiber** *m* mulattiere *m*; ~**held** *m* smargiasso *m*; ~**heldentum** *n* smargiasseria *f*; ~**korb** *m* museruola *f*; ~**schelle** *f* ceffone *m*; ~**und 'Klauenseuche** *f* afta *f* epizootica; ~**sperre** *f* trisma *m*; ~**tier** *n* mulo *m*; ~**tierpfad** *m* mulattiera *f*; ~**voll** *n* boccata *f*; ~**werk** *n* parlantina *f*; ~**wurf** *m* talpa *f*; ~**wurfsgrille** ['-vurfsgrilə] *f* grillotalpa *f*.

Maure ['maurə] *m* (13) mauro *m*, moro *m*.

Maurer ['maurər] *m* (7) muratore *m*; ~**geselle** *m* manovale *m*; ~**kelle** *f* cazzuola *f*; ~**polier** *m* capomastro *m*.

maurisch ['mauriʃ] moresco.

Maus [maus] *f* (14¹) topo *m*.

Mäuschen ['mɔʏsçən] *n* (6) topolino *m*; '♀**still** zitto zitto; es *ist* ~ *si sente volare una mosca*.

Mäuse|bussard ['mɔʏzəbusart] *m*, ~**falke** *m* bozzagro *m*.

Mause|falle ['mauzəfalə] *f* trappola *f* per i topi; ~**loch** *n* topaia *f*.

mausen ['mauzən] (27) **1.** *v/i.* acchiappar topi; **2.** *v/t.* sgraffignare.

Mauser ['mauzər] *f* (15) muda *f*.

mausern ['mauzərn] (29): *sich* ~ mudare; *fig.* farsi.

mausetot ['mauzəˌtoːt] bell'e morto.

mausig ['mauziç]: *sich* ~ *machen* fare l'insolente.

maximal [maksi'maːl] massimo.

Maximal|geschwindigkeit [--'-gəˌʃvindiçkaɪt] *f* velocità *f* massima; ~**lohn** *m* salario *m* massimale; ~**tarif** *m* tariffa *f* massima.

Maxime [mak'siːmə] *f* (15) massima *f*.

Maximum ['maksimum] *n* (9²) massimo *m*.

Mayonnaise [majo'nɛːzə] *f* (15) maionese *f*.

Mäzen [mɛ'tseːn] *m* (3¹) mecenate *m*; ~**atentum** [--'naːtəntuːm] *n* mecenatismo *m*.

Mechan|ik [me'çaːnik] *f* (16) meccanica *f*; ~**iker** *m* (7), ♀**isch** *adj.*

meccanico *m u. adj.*; **⁀i'sieren** meccanizzare; **~i'sierung** *f* meccanizzazione *f*; **~ismus** [--'nismus] *m* (16²) meccanismo *m*.
meckern ['mɛkərn] (29) *Ziege*: belare; *fig.* criticare continuamente.
Medaill|e [me'daljə] *f* (15) medaglia *f*; **~on** [--'jõ] *n* (11) medaglione *m*.
Medikament [medika'mɛnt] *n* (3) farmaco *m*.
Medizin [medi'tsi:n] *f* (16) medicina *f*; **~ball** *m* pallone *m*; **~er** *m* (7) studente *m* di medicina; medico *m*; **⁀isch** medico; (*arzneilich*) medicinale.
Meer [me:r] *n* (3) mare *m*; **'~-adler** *m* aquila *f* marina; **'~-äsche** *f* cefalo *m*; **'~barbe** *f* triglia *f*; **'~busen** *m* golfo *m*; **'~drache** *m* drago *m* marino; **'~-eichel** *f Zo.* balano *m*; **'~-enge** *f* stretto *m*.
Meeres... ['me:rəs...]: *in Zssgn* di mare, marino, marittimo; **~-arm** *m* braccio *m* di mare; **~boden** *m* fondo *m* marino; **~fläche** *f* superficie *f* marina; **~kunde** *f* oceanografia *f*, talassografia *f*; **~spiegel** *m* livello *m* del mare; **~stille** *f* bonaccia *f*; **~strand** *m* spiaggia *f*; **~strömung** *f* corrente *f* marina.
Meer|fahrt ['me:rfa:rt] *f* gita *f* sul mare; **~frau** *f*, **~fräulein** *n* sirena *f*, nereide *f*; **⁀grün** verdemare; **~rettich** *m* ramolaccio *m*; rafano *m*; barbaforte *m*; **~schaum** *m* spuma *f* di mare; **~schaumpfeife** *f* pipa *f* di spuma; **~schweinchen** ['-ʃvaɪnçən] *n* porcellino *m* d'India; **~spinne** *f* grancevola *f*, ragno *m* di mare; **~-ungeheuer** *n* mostro *m* marino; **~wasser** *n* acqua *f* di mare.
Megaphon [mega'fo:n] *n* (3¹) megafono *m*.
Megäre [me'gɛ:rə] *f* (15) megera *f*.
Mehl [me:l] *n* (3) farina *f*; *mit ~ bestreuen* infarinare; **'~beutel** *m* buratto *m*; **'~brei** *m* pappa *f*; **'⁀ig** farinoso; **'~sieb** *n* staccio *m*; **'~speise** *f süße*: dolce *m*; **'~tau** *m* (*Pflanzenkrankheit*) golpe *f*; **'~wurm** *m* baco *m* della farina.
mehr [me:r] più; *~ und ~* sempre più; *wollen Sie noch ~?* ne vuole dell'altro?; *haben Sie noch ~ davon?* ne ha ancora?; **'⁀-arbeit** *f* lavoro *m* straordinario; **'⁀-aufwand** *m*, **'⁀-ausgabe** *f* eccedenza *f* di spese; **'⁀-betrag** *m* eccedenza *f*; **~deutig** ['-dɔʏtiç] ambiguo; **'⁀-einnahme** *f* maggiore entrata *f*; **'~en** (25) *u. sich ~* aumentare; **~ere** ['-rərə] parecchi(e); più; **~erlei** ['-rərlaɪ] *uv.* di varie speci; **~fach** ['-fax] **1.** *adj.* molteplice; ⊕ multiplo; **2.** *adv.* ripetutamente; più volte; **'⁀farbendruck** *m* policromia *f*; **'~farbig** a più colori; **'⁀gebot** *n* offerta *f* maggiore; **'⁀gewicht** *n* soprappeso *m*; **'⁀gewinn** *m* maggiore profitto *m*; **'⁀heit** *f* maggioranza *f*; **'⁀heitsbeschluß** *m* decisione *f* della maggioranza; **'~jährig** di più anni; **'⁀-kosten** *pl.* spese *f/pl.* addizionali; costo *m* maggiore; **~malig** ['-ma:liç] ripetuto; **~mals** ['-ma:ls] più volte; **⁀phasenstrom** ['-fa:zənʃtro:m] *m* ⚡ corrente *f* polifase; **'~-polig** ⚡ multipolare; **'~seitig** multilaterale; **~silbig** ['-zilbiç] polisillabo; **~sprachig** ['-ʃpra:xiç] poliglotta; **~stimmig** ['-ʃtimiç] a più voci; **'~tägig** di più giorni; **'⁀verbrauch** *m* eccesso *m* di consumo; **'⁀wert** *m* plusvalore *m*; **'⁀wertsteuer** *f* imposta *f* sul plusvalore; **'⁀zahl** *f* maggior parte *f*; *Gram.* plurale *m*; **'⁀zweck...:** *in Zssgn* misto; a più usi; per scopi diversi.
meiden ['maɪdən] (30) evitare; fuggire.
Meile ['maɪlə] *f* (15) miglio *m*; **~nstein** *m* pietra *f* miliare; **⁀nweit** lontanissimo; lontano più miglia; *~ überlegen fig.* di gran lunga superiore.
Meiler ['maɪlər] *m* (7) carbonaia *f*.
mein [maɪn] (20) (il) mio; *das Mein(ig)e* il mio patrimonio; *die Mein(ig)en* la mia famiglia.
Meineid ['-ʔaɪt] *m* (3) giuramento *m* falso; spergiuro *m*; *e-n ~ leisten* giurare il falso; **⁀ig** ['--diç] spergiuro.
meinen ['-nən] (25) *v/t. u. v/i.* intendere; (*denken*) pensare; (*glauben*) credere; *was ~ Sie dazu?* che ne pensa?; *wie Sie ~* come crede; *~ Sie mich?* dice a me?, intende forse parlare di me?; *er hat es gut gemeint* l'ha detto (fatto) con buone intenzioni; *so war es nicht gemeint* non intendevo dir questo.
meiner ['-nər] di me; **~seits** ['-nərzaɪts] da parte mia.

M

meinesgleichen['-nəs'glaıçən]della stessa condizione di me.

meinet|halben, **~wegen** ['-nət'halbən, '--'ve:gən] per causa mia; per conto mio; per amor mio; *abs.* ~! sia!; sia pure!; **~willen**['-nət'vilən] *um* ~ per amor mio.

Meinung['-nuŋ]*f* opinione *f*; parere *m*; avviso *m*; *meiner* ~ *nach* secondo me; *der* ~ *sein* essere del parere; *gleicher* ~ *mit j-m sein* esser d'accordo con qu.;*öffentliche* ~ opinione pubblica; *j-m seine* ~ *sagen* dire a qu. il fatto suo; *ganz meine* ~! d'accordo!; *in der* ~ ... credendo ...(che); **~saustausch** *m* scambio *m* d'idee; **~sbefragung** *f* inchiesta *f* demoscopica; **~sforschung** *f* demoscopia *f*; **~sverschiedenheit** *f* divergenza *f* d'opinioni.

Meise ['maızə] *f* (15) cinciallegra *f*.

Meißel ['maısəl] *m* (7) scalpello *m*; 2**n** (29) *v/t. u. v/i.* scalpellare.

meist [maıst] (18, *sup. v. viel*) la maggior parte (di, del *usw.*); *die* ~*en* i più; *adv. s.* meistens; *am* ~*en* di più, il più, più di tutti, più di ogni altra cosa; **~begünstigt** ['-bəgynstıçt] più favorito; 2**begünstigungsklausel** ['----guŋsklauzəl] *f* clausola *f* di maggiore facilitazione; '2**bietende(r)** *m* maggior offerente *m*; '~**ens**, '~**enteils** per lo più, per la maggior parte.

Meister ['maıstər] *m* (7) maestro *m*; ⊕ capooperaio *m*; (*Herr*) padrone *m*; *Sport*: campione *m*; 2**haft** magistrale, da maestro; **~hand** *f* mano *f* maestra; 2**lich** *s.* meisterhaft; 2**n** (29) *v/t.* padroneggiare, criticare; (*übertreffen*) superare; rendersi padrone di; **~sänger** *m* maestro *m* cantore; **~schaft** *f* (16) maestria *f*; *Sport*: campionato *m*; **~schaftsspiel** *n* partita *f* di campionato; **~stück** *n*, **~werk** *n* capolavoro *m*; **~titel** *m Sport*: titolo *m* di campione.

Meist|gebot ['maıstgəbo:t] *n* maggiore offerta *f*; **~gewicht** *n* peso *m* massimo.

Melanch|olie [melaŋko'li:] *f* (15) malinconia *f*; 2**olisch** [--'ko:lıʃ] malinconico.

Melasse [me'lasə] *f* (15) melassa *f*.

Melde ♀ ['mɛldə] *f* (15) bietolone *m*.

Melde|amt ['mɛldə⁹amt] *n* (ufficio *m* d')anagrafe *f*; **~bogen** *m* foglio *m* d'iscrizione; **~frist** *f* termine *m* d'iscrizione; **~liste** *f Sport*: lista *f* d'iscrizione.

melden ['mɛldən] (26) annunziare; *den Behörden*: notificare; (*berichten*) riferire; *sich* ~ presentarsi; *sich krank* ~ darsi malato; *sich zu et.* ~ presentarsi per qc.; *man meldet uns aus* ... ci scrivono da ..., ci si comunica da ...

Meldepflicht ['mɛldəpflıçt] *f* obbligo *m* di notificare la propria presenza.

Melder ⚔ ['mɛldər] *m* (7) portaordini *m*.

Melde|reiter ['mɛldəraıtər] *m* staffetta *f*; **~schluß** *m Sport*: chiusura *f* delle iscrizioni; **~zettel** *m* modulo *m* per l'anagrafe.

Meldung ['mɛlduŋ] *f* annunzio *m*; *Pol.* notifica *f*; denunzia *f*; avviso *m*; *Zeitung*: notizia *f*; *Examen, Sport*: iscrizione *f*; ⚔, *Verwaltung*: rapporto *m*.

meliert [me'li:rt] *Haar*: brizzolato.

Melisse ♀ [me'lisə] *f* (15) melissa *f*; **~nkraut** *n* cedronella *f*.

Melkeimer ['mɛlk⁹aımər] *m* secchio *m* per mungere.

melk|en ['mɛlkən] **1.** (30) mungere; **2.** 2**en** *n* (6) mungitura *f*; 2**kuh** *f* mucca *f*; 2**maschine** *f* mungitrice *f* automatica.

Melodie [melo'di:] *f* (15) melodia *f*; 2**nreich** melodioso.

melodisch [me'lo:dıʃ] melodico, melodioso.

Melodram|a [melo'dra:ma:] *n* (9¹) melodramma *m*; 2**atisch** melodrammatico.

Melone [me'lo:nə] *f* (15) mellone *m*; popone *m*; (*Wasser*2) cocomero *m*.

Membran [mɛm'bra:n(ə)] *f* (16 [15]) membrana *f*; ♫ diaframma *m*.

Memme ['mɛmə] *f* (15) vigliacco *m*.

Memoiren [memo'a:rən] *pl. uv.* memorie *f*/*pl*.

Memorandum [--'randum] *n* (9[²]) promemoria *f*.

memorieren [--'ri:rən] imparare a memoria.

Menagerie [menaʒə'ri:] *f* (15) serraglio *m*.

Meng|e ['mɛŋə] *f* (15) quantità *f*; *Personen*: moltitudine *f*; (*Menschen*2) folla *f*; 2**en** (25) mescolare; mischiare; *sich* ~ *in* immischiarsi, **~enbestimmung** *f* analisi *f* quantitativa; **Ωenmäßig** ['--meːsiç] quantitativo; **~enrabatt** m sconto m per quantità.

Mennige ['menigə] f (15, o. pl.) minio m.

Mensa ['menza] f (11¹ od. 16²) mensa f (universitaria).

Mensch [menʃ] m (12) uomo m; essere m umano; persona f, individuo m; kein ~ nessuno; jeder ~ ognuno, tutti.

Menschen... ['-ʃən...]: in Zssgn oft umano, **~affe** m antropoide f; **Ω-ähnlich** antropomorfo; **~alter** n generazione f; **~antlitz** n sembianza f umana; **~blut** n sangue m umano; **~feind** m misantropo m; **Ω-feindlich** misantropico, **~fresser** m (7) antropofago m, cannibale m; **~fresserei** [--səˈraɪ] f antropofagia f; **~freund** m filantropo m; **Ωfreundlich** filantropico; (höflich) cortese; **~freundlichkeit** f filantropia f; cortesia f; **~gedenken** f: seit ~ a memoria d'uomo; **~geschlecht** n genere m umano; **~gewühl** n calca f; **~haß** m misantropia f; **~hasser** m = Menschenfeind; **~kenner** m conoscitore m del genere umano; **~kenntnis** f conoscenza f del genere umano; esperienza f del mondo; **~kunde** f antropologia f; **~leben** n vita f umana; für ein ganzes ~ per tutta una vita; **Ωleer** spopolato; deserto; **~liebe** f filantropia f; **~menge** f folla f; **Ωmöglich** umanamente possibile; **~raub** m sequestro m di persona; **~recht** n diritto m dell'uomo; **Ωscheu** adj. timido; insociabile; **~scheu** f insociabilità f; **~schlag** m razza f, specie f; **~seele** f: es gab keine ~ non c'era anima viva; **~tum** n umanità m; **~verstand** m: gesunder ~ buon senso m; **~würde** f dignità f umana; **Ωwürdig** umano, civile.

Mensch|heit ['menʃhaɪt] f umanità f; **Ωlich** umano; **~lichkeit** f umanità f; **~werdung** ['-veːrduŋ] Rel. f incarnazione f.

Menstru|ation [menstruatsˈjoːn] f mestruazione f; **Ω²ieren** mestruare.

Mensur [menˈzuːr] f (16) duello m studentesco.

Mentor ['mentɔr] m (8¹) mentore m.

Menü [meˈnyː] n (11) pranzo m a prezzo fisso; piatto m del giorno; menù m; (Speisekarte) lista f.

Menuett [menuˈet] n(3) minuetto m.

Mergel ['mergəl] m (7) marna f.

Meridian [meridˈjaːn] m (3¹) meridiano m.

merk|bar ['merkbaːr] percettibile; **Ωblatt** n foglio m esplicativo; **Ωbuch** n taccuino m; **~en** (25) v/t. accorgersi di; notare; sich et. ~ tener a mente qc., prender nota di qc.; sich nichts ~ lassen non farsi scorgere; dissimulare; fare il disinteressato; j-n et. ~ lassen far intendere qc. a qu.; ich werde es mir ~! me ne ricorderò!; merk dir das! tientelo per detto!; **~lich** percettibile; sensibile; **Ωmal** ['-maːl] n segno m, caratteristica f; distintivo m; sintomo m.

merk|würdig ['merkvyrdiç] notevole; (seltsam) strano; **~würdigerweise** ['---gərˈvaɪzə]: ~ hat er noch nicht ... è strano ch'egli non abbia ancora ...; **Ωwürdigkeit** f curiosità f; cosa f strana; **Ωzeichen** n segno m.

Mesner ['mesnər] m (7) sagrestano m.

Meß|band ['mesbant] n nastro m metrico; **Ωbar** misurabile; **~barkeit** f misurabilità f; **~buch** n messale m; **~diener** m chierico m.

Messe ['mesə] f (15) ✝ fiera f; ⚓, ⚔ mensa f ufficiali; Rel. messa f; stille ~ messa f bassa; **~aussteller** m espositore m alla fiera; **~besucher** m visitatore m della fiera; **~gelände** n area f della fiera.

messen ['mesən] (30) misurare; sich ~ mit competere con.

Messer ['mesər] m (7) coltello m; **~griff** m manico m del coltello; **~held** m accoltellatore m; **~klinge** f lama f del coltello; **~rücken** m costola f del coltello; **~schmied** m coltellinaio m; **~spitze** f punta f del coltello; **~stecherei** [--ʃteçəˈraɪ] f (16) rissa f con coltellate; **~stich** m coltellata f.

Meß|gehilfe ['mesgəhilfə] Rel. m chierico m; **~gerät** n strumento m per misura; **~gewand** n pianeta f; **~hemd** n camice m.

Messing ['mesiŋ] n (3¹, o. pl.) ottone m; **~blech** n lamina f di ottone; **~draht** m filo m di ottone.

Meß|instrument ['mes?instrument] n strumento m per misura; **~kelch** m calice m; **~kunde** f, **~kunst** f agrimensura f; **~rute** f,

~**stange** f biffa f; ~**tuch** n corporale m; ~**uhr** f contatore m; ~**zylinder** m provetta f graduata.

Messung ['mɛsuŋ] f misurazione f.

Mestize [mɛs'ti:tsə] m (13) meticcio m.

Met [me:t] m (3) idromele m.

Metall [me'tal] n (3¹) metallo m; ~**arbeiter** m (operaio m) metallurgico m; ♀**artig** metallico; ♀**en** metallico, di metallo; ~**geld** n moneta f metallica; ~**glanz** m lucentezza f metallica; ♀**haltig** [-'-haltiç] metallifero; ~**industrie** f industria f metallurgica; ♀**isch** metallico; ~**kunde** f metallurgia f; ~**ring** m sfera f metallica; ~**schiene** f guida f metallica; ~**ur'gie** f (15, o. pl.) metallurgia f; ♀**urgisch** metallurgico.

Metamorphose [metamɔr'fo:zə] f (15) metamorfosi f.

Metaph|er [me'tafər] f (15) metafora f; ♀**orisch** [--'fo:rif] metaforico.

Metaph|ysik [--fy'zi:k] f metafisica f; ~**ysiker** [--'fy:zikər] m (7), ♀**ysisch** [--'fy:zif] adj. metafisico m u. adj.

Meteor [-te'o:r] m (3¹) meteora f; ~**eisen** n bolide m; ♀**ologe** [--oro'lo:gə] m (13) meteorologo m; ~**ologie** [--orolo'gi:] f (15, o. pl.) meteorologia f; ♀**o'logisch** meteorologico; ~**stein** m aerolito m.

Meter ['me:tər] m u. n (7) metro m; ~**maß** n nastro m metrico; (Stab) metro m; ~**system** n sistema m metrico; ♀**weise** a metri.

Methan [me'ta:n] n (3¹, o. pl.) metano m.

Method|e [me'to:də] f (15) metodo m; ~**iker** m (7), ♀**isch** adj. metodico m u. adj.; ~**'ist(in** f) m (12) metodista m u. f.

Methyl [-'ty:l] n (3¹, o. pl.) metile m; ~**alkohol** m alcool m metilico.

Metr|ik ['me:trik] f (16) metrica f; ♀**isch** metrico.

Metro|pole [metro'po:lə] f (15) metropoli f; ~**polit** [--po'li:t] m (12) metropolita m.

Mette ['mɛtə] f (15) mattutino m.

Mettwurst ['mɛtvurst] f salsiccia f da spalmare.

Metz|elei [mɛtsə'laɪ] f (16) carneficina f; ♀**eln** (29) trucidare; ~**ger** ['-gər] m (7) macellaio m; ~**ge'rei** f macelleria f.

Meuchel|mord ['mɔyçəlmɔrt] m assassinio m (proditorio); ~**mörder** m assassino m; gedungener: sicario m; ♀**n** (29) assassinare.

meuch|lerisch ['-ləriʃ] **1.** adj. assassino; **2.** adv. = ~**lings** ['-liŋs] proditoriamente.

Meut|e ['mɔytə] f (15) muta f di cani; ~**erei** [--'raɪ] f (16) ammutinamento m; ~**erer** m (7) ammutinato m; ♀**ern** (29) ammutinarsi.

Mexikan|er(in f) m [mɛksi'ka:nər (-in)] (7), ♀**isch** messicano (-a) m (f).

miauen [mi'auən] (25) miagolare.

mich [miç] mi; betont: me; für ~ per me; ~ selbst me stesso.

mied [mi:t] s. meiden.

Mieder ['mi:dər] n (7) busto m.

Miene ['mi:nə] f (15) aria f; ~ machen zu far atto di; gute ~ zum bösen Spiel machen far buon viso a cattivo gioco; ~**nspiel** n mimica f.

mies [mi:s] F brutto, cattivo; Gesicht: scuro; ♀**macher(in** f) m (7) allarmista m u. f; pessimista m u. f; ♀**muschel** f mitilo m.

Miet|ausfall ['mi:t⁹ausfal] m perdita f del fitto; ~**auto** n autovettura f da noleggio; ~**bedingung** f condizione f di affitto.

Miet|e ['mi:tə] f (15): **a)** (af)fitto m; (Haus♀) pigione f; (Boots♀) nolo m; zur ~ wohnen abitare in affitto; **b)** ♪ bica f; ♀**en** (26) prendere in affitto; noleggiare; ~**er(in** f) m (7) inquilino (-a) m (f); ~**erschutz** m protezione f degli inquilini; ♀**frei** senza affitto; ~**shaus** n casa f d'affitto; ~**skaserne** f casermone m (d'affitto); ~**vertrag** m contratto m d'affitto; ~**wagen** m macchina f a noleggio; ~**wohnung** f appartamento m in affitto; ~**zins** m pigione f, fitto m.

Migräne [mi'grɛ:nə] f (15) emicrania f.

Mikr|obe [mi'kro:bə] f (15) microbo m; ~**o-orga'nismus** m microorganismo m; ~**ophon** [--'fo:n] n (3¹) microfono m; ~**ophy'sik** f microfisica f; ~**oskop** [--s'ko:p] n (3¹) microscopio m; ♀**o'skopisch** microscopico.

Milbe ['milbə] f (15) acaro m.

Milch [milç] f (16, o. pl.) latte m; '~**bar** f bar-latteria f; '~**bart** m peluria f; fig. lattonzolo m; '~**brei** m papp(in)a f; '~**brötchen** n panino m al latte; '~**drüse** f glandola f mammaria; '~**erzeugnisse** n/pl. prodotti m/pl. del latte; '~**geschäft** n latteria f; '~**glas** n vetro m appannato (od. opaco); Trinkglas: bicchiere m da latte; '2**haltig** lattifero; '~**händler(in** f) m lattaio (-ia) m (f); '~**handlung** f latteria f; '2**ig** lattiginoso; '~**kalb** n vitello m di latte; '~**kaffee** m caffelatte m; '~**kanne** f lattiera f; '~**kuh** f mucca f; '~**laden** m latteria f; '~**mädchen** n lattaia f; ~**mädchenrechnung** ['~mɛːtçənrεçnuŋ] f fig. F conto m della lattaia; '~**mann** m lattaio m; '~**mischgetränk** n frappé m, frullato m; '~**produkt** n latticinio m; '~**pulver** n latte m in polvere; '~**saft** m chilo m; '~**säure** f acido m lattico; '~**schokolade** f cioccolata f al latte; '~**schorf** m lattime m; '~**schwein** n porcellino m di latte; '~**schwester** f sorella f di latte; '~**speise** f latticinio m; '~**straße** f via f lattea; '2**weiß** bianco come il latte; '~**wirtschaft** f produzione f del latte; '~**zahn** m (dente m) lattaiolo m; '~**zucker** m lattosio m.

mild [milt] mite; (gnädig) clemente; Wein: amabile; ~e Stiftung f opera f pia; ~e Gabe f elemosina f; 2**e** ['miltə] f (15) mitezza f; clemenza f; amabilità f; ~**ern** ['~dərn] (29) mitigare; '~**ernd** ϟϟ attenuante; '2**erung** f mitigazione f; '2**erungsgrund** m (circostanza f) attenuante f; '~**herzig** ['~hεrtsiç] caritatevole; '2**herzigkeit** f carità f; '~**tätig** caritatevole; '2**tätigkeit** f carità f.

Milieu [mil'jøː] n (11) ambiente m.

Militär [mili'tεːr] (11): **a)** m militare m; **b)** n (o. pl.) esercito m; truppe f/pl.; soldati m/pl.; forze f/pl. armate; beim ~ sein essere sotto le armi; ~...: in Zssgn militare; ~**arzt** m medico m militare; ~**attaché** m addetto m militare; ~**behörde** f autorità f militare; ~**bündnis** n alleanza f militare; '~**dienst** m servizio m militare; '~**dienstverweigerer** m obiettore m di coscienza; ~**gericht** n tribunale m militare; 2**isch** militare.

Militär|**ismus** [milita'rismus] m (16, o. pl.) militarismo m; ~'**ist** m (12), 2'**istisch** militarista (m).

Militär|**person** [mili'tεːrpεrzoːn] f

militare m; ~**pflicht** f obbligo m del servizio militare (od. attivo); 2~**pflichtig** soggetto al servizio attivo; sottoposto alla leva; '~**strafverfahren** n procedura f penale militare; ~**zeit** f ferma f.

Miliz [mi'liːts] f (16) milizia f; ~**soldat** m milite m; miliziano m.

Mill|**iardär** [miljar'dεːr] m (3¹) miliardario m; ~**iarde** ['~jardə] f (15) miliardo m; ~**igramm** [mili-'gram] n milligrammo m; ~**imeter** [--'meːtər] m u. n millimetro m; ~**ion** [mil'joːn] f (16) milione m; ~**ionär** [-jo'nεːr] m (3¹) milionario m; 2**i'onste(r)**, ~**i'on(s)tel** n milionesimo (m).

Milz [milts] f (16) milza f; '~**brand** m splenite f; 2**krank** splenetico; '~**sucht** f splene f; 2**süchtig** splenico.

Mime ['miːmə] m (13) mimo m.

Mimik ['~mik] f (16) mimica f.

Mimikry ['mimikriː] n (16, o. pl.) mimetismo m.

mimisch ['miːmiʃ] mimico.

Mimose [mi'moːzə] f (15) mimosa f.

Minarett [mina'rεːt] n (3) minareto m.

minder ['mindər] (18) minore; (geringer) inferiore; adv. meno; ~**bemittelt** poco agiato; 2~**einnahme** f minore entrata f; 2**heit** f minoranza f; ~**jährig** minorenne; 2**jährigkeit** f minorità f; ~**n** (29) diminuire; ~**wertig** ['~veːrtiç] inferiore; scadente; Personen: deficiente; 2**wertigkeit** f inferiorità f; deficienza f; 2**wertigkeitskomplex** m complesso m d'inferiorità; 2**zahl** f minoranza f.

mindest ['~dəst] (18) minimo; zum ~**en** almeno; nicht im ~**en** in nessun modo; 2~...: in Zssgn minimo; 2**betrag** m importo m minimo; 2**bietende(r)** m minor offerente m; ~**ens** almeno; 2**preis** m prezzo m minimo; 2**zeit** f Sport: tempo m minimo.

Mine ['miːnə] f (15) mina f; ϗ miniera f; ~**nfeld** n campo m di mine; ~**n-industrie** f industria f mineraria; ~**nleger** ['--leːgər] m (7) posamine m; ~**sucher** ['--zuːxər] m (7) dragamine m; ~**nwerfer** ['--vεrfər] m (7) lanciamine m.

Mineral [mine'raːl] n (3¹ u. 8²) minerale m; 2**isch** minerale; ~'**oge**

m (13) mineralogo *m*; ⁓o'gie *f* (15, *o. pl.*) mineralogia *f*; ℒogisch [---'lo:giʃ] mineralogico; ⁓öl *n* olio *m* minerale; ⁓quelle *f* sorgente *f* d'acqua minerale; ⁓reich *n* regno *m* minerale; ⁓wasser *n* acqua *f* minerale.

Miniatur [minja'tu:r] *f* (16) miniatura *f*; ⁓ausgabe *f* edizione *f* di diamante; ⁓bild *n*, ⁓malerei *f* miniatura *f*; ⁓maler *m* miniatore *m*.

minimal [mini'ma:l] minimo.

Minimum ['mi:nimum] *n* (9²) minimo *m*.

Minirock ['minirɔk] *m* minigonna *f*.

Minister [mi'nistər] *m* (7) ministro *m*.

Ministerial|beamte(r) [minister'ja:lbə⁹amtə(r)] *m* impiegato *m* al ministero; ⁓direktor *m* direttore *m* al ministero; ⁓erlaß *m* decreto *m* ministeriale.

minist|eriell [minister'jɛl] ministeriale; ℒerium [--'te:rjum] *n* (9) ministero *m*.

Minister|posten [mi'nistərpɔstən] *m* portafoglio *m*; ⁓präsident *m* primo ministro *m*; ⁓rat *m* consiglio dei ministri.

Ministr|ant *Rel.* [--'trant] *m* (12) chierichetto *m*; ℒieren fare il chierichetto.

Minne *poet.* ['minə] *f* (15, *o. pl.*) amore *m* cortigiano; ⁓sänger *m* trovatore *m*.

Minorität [minori'tɛ:t] *f* (16) minorità *f*.

minus ['mi:nus] meno; ℒ *n uv.* deficit *m*; ℒpol ⚡ *m* polo *m* negativo; ℒzeichen *n* segno *m* di meno.

Minute [mi'nu:tə] *f* (15) minuto *m*; *auf die* ⁓ puntuale sul minuto; ℒn-lang per (interi) minuti.

minuziös [-nuts'jø:s] minuzioso.

Minze ⚕ ['mintsə] *f* (15) menta *f*.

mir [mi:r] (*s. ich*, 19) mi; *betont:* a me; *e-e Arbeit von* ⁓ un mio lavoro; ⁓ *nichts dir nichts* come se niente fosse.

Mirabelle ⚕ [mira'bɛlə] *f* (15) mirabella *f*.

Mirakel [-'ra:kəl] *n* (7) miracolo *m*; *Thea.* rappresentazione *f* sacra.

misch|bar ['miʃba:r] mescolabile; ℒ-ehe *f* matrimonio *m* misto; ⁓en (27) mischiare; mescolare; *sich in et.* ⁓ immischiarsi in qc.; *gemischt* misto; ℒfutter *n* farragine *f* sacra; ℒling

m (3¹) meticcio *m*; *Tier:* bastardo *m*; ℒmasch ['-maʃ] *m* (3²) guazzabuglio *m*; ℒmaschine *f* mescolatrice *f*; ℒpult ⚡ *n* pannello *m* di mischiaggio; ℒung *f* miscuglio *m*; miscela *f*; mistura *f*; ℒwald *n* bosco *m* misto.

miserabel [mizə'ra:bəl] miserabile.

Misere [mi'ze:rə] *f* (15) miseria *f*.

Mispel ['mispəl] *f* (15) nespola *f*; ⁓baum *m* nespolo *m*.

miß|achten [mis'⁹axtən] (di)sprezzare; ℒ-'achtung *f* disprezzo *m*; 'ℒbehagen *n* malessere *m*; disagio *m*; scontento *m*; 'ℒbildung *f* deformità *f*; ⁓'billigen disapprovare; 'ℒbilligung *f* disapprovazione *f*; ⁓'brauch *m* abuso *m*; ⁓'brauchen abusare di; ⁓'bräuchlich ['-brɔyçliç] abusivo; ⁓'deuten interpretar male; fraintendere; 'ℒdeutung *f* interpretazione *f* falsa.

missen ['misən] *v/t.* (28) mancare di; (*entbehren*) fare a meno di.

Miß|erfolg ['mis'⁹erfɔlk] *m* insuccesso *m*; ⁓ernte *f* cattivo raccolto *m*.

Misse|tat ['misəta:t] *f* misfatto *m*; ⁓täter *m* malfattore *m*.

miß|fallen [mis'falən] dispiacere; 'ℒfallen *n* (6) dispiacere *m*; '⁓fällig spiacevole; 'ℒgeburt *f* aborto *m*; (*Ungestalt*) mostro *m*; 'ℒgeschick *n* sfortuna *f*; 'ℒgestalt *f* deformità *f*; *Wesen:* essere *m* deforme; ⁓'gestaltet deforme; ⁓gestimmt ['-gə-ʃtimt] di cattivo umore; ⁓'glücken (*sn*) fallire; ⁓'gönnen invidiare; ⁓'griff *m* sbaglio *m*; equivoco *m*; 'ℒgunst *f* invidia *f*; ⁓'günstig invidioso, geloso; ⁓'handeln maltrattare; 'ℒhandlung *f* maltrattamento *m*; 'ℒheirat *f* cattivo matrimonio *m*; '⁓hellig discordante; 'ℒhelligkeit *f* discordanza *f*; *fig.* dissapore *m*.

Mission [mis'jo:n] *f* (16) missione *f*; ⁓ar [-jo'na:r] *m* (3¹) missionario *m*.

Miß|klang ['misklaŋ] *m* dissonanza *f*; cacofonia *f*; ⁓kredit *m* discredito *m*; *in* ⁓ *bringen* screditare; ℒlich incerto; (*heikel*) scabroso; delicato; precario; (*schwierig*) difficile; *Lage:* critico; ⁓lichkeit *f* incertezza *f*; scabrosità *f*; difficoltà *f*; ℒliebig ['-li:biç] antipatico, malvisto; ⁓-'lingen (30, *sn*) fallire, non avere successo; far fiasco; ⁓'lingen *n* (6) insuccesso *m*; ~mut *m*, ℒmutig *adj.* scontento *m u. adj.*; malumore *m*; ℒ'raten (*sn*) far cattiva riuscita; ~es Kind bambino *m* maleducato; ~stand *m* inconveniente *m*; situazione *f* precaria; ~stimmung *f* malumore *m*; ~ton *m* stonatura *f*; dissonanza *f*; ℒ'trauen diffidare di; ~trauen *n* (6) sfiducia *f*; ~trauens-antrag *m* mozione *f* di sfiducia; ~trauensvotum ['-travənsvo:tum] *n* voto *m* di sfiducia; ℒtrauisch diffidente; ~vergnügen *n*, ℒvergnügt *adj.* malcontento *m u. adj.*; ~ver-hältnis *n* sproporzione *f*; ~ver-ständnis *n* malinteso *m*; ℒVerstehen fraintendere; ~wirtschaft *f* sgoverno *m*.

Mist [mist] *m* (3²) sterco *m*; *Dünger*: concime *m*; *fig.* porcheria *f*; ~beet *n* letto *m* caldo per le sementi; concimaia *f*; ~el ♀ ['-əl] *f* (15) vischio *m*; ℒen (26) concimare; ~fink *m fig.* sporcaccione *m*; ~gabel *f* forcone *m*; ~grube *f* concimaia *f*; ~haufen *m* letamaio *m*; ~käfer *m* scarafaggio *m*.

mit [mit] **1.** *prp.* con; (*bedecken, füllen, schmücken, zufrieden* ~) di; ~ Namen di nome; ~ 10 Jahren a dieci anni; ~ leiser Stimme a bassa voce; ~ Recht a ragione; was ist ~ ihm? che cosa ha?; **2.** *adv.* anche; ich bin ~ dabei ci sto anch'io; ~ einbegriffen compreso.

Mit|arbeit ['mit⁹arbait] *f* collaborazione *f*, cooperazione *f*; ℒ-arbeiten collaborare; ~arbeiter *m* collaboratore *m*; ℒbekommen ricevere (*als Mitgift*: in dote); ~benutzung *f* uso *m* in comune; ~besitz *m* comproprietà *f*; ~besitzer *m* comproprietario *m*; ~bestimmung *f* cogestione *f*; ℒbeteiligt compartecipe; ~beteiligte(r) *m* cointeressato *m*; ℒbewerben concorrere; ~bewerber *m* concorrente *m*; ~bewohner *m* coinquilino *m*; ℒbringen portare con sé; (*von der Reise*) portare un regalo; ~bürge *m* commalevadore *m*; ~bürger *m* concittadino *m*; ~bürgerschaft *f* concittadinanza *f*; ℒdürfen poter venire (andare) con (me, te *usw.*); ~eigentum *n* comproprietà *f*; ~eigentümer *m* comproprietario *m*; ℒ-ei'nander l'uno con l'altro; alle ~ tutti quanti; ℒ-empfinden *v/t. u.*

v/i. simpatizzare con; ~erbe *m* coerede *m*; ~esser *m* commensale *m*; ✻ comedone *m*; ℒfahren (*sn*) venire (andare) con me (te, lui *usw.*); ℒfühlen condividere i dolori (le gioie) d'un altro; ℒfühlend compassionevole; ~gabe *f* dote *f*; ℒgeben dare (*e-r Braut*: in dote); ~gefangene(r) *m* compagno *m* di prigione; ~gefühl *n* simpatia *f*, compassione *f*; ℒgehen (*sn*) andare con uno; accompagnare; ℒgenießen condividere il piacere di un altro; ~gift *f* dote *f*; ~glied *n* membro *m*; förderndes ~ socio *m* sostenitore; ~gliederversammlung *f* assemblea *f* (*od.* riunione *f*) dei soci; ~gliedschaft *f* qualità *f* di membro; ~gliedskarte *f* tessera *f*; ~gliedstaat *m* Stato *m* membro; ~haftung *f* corresponsabilità *f*; ℒhalten prendere parte a; essere della partita; ℒhelfen dare una mano, cooperare; ~helfer *m* coadiutore *m*; ~herausgeber *m* coeditore *m*; ~herrschaft *f* condominio *m*; ~hilfe *f* aiuto *m*; cooperazione *f*; ℒ'hin per conseguenza; ℒhören ascoltare; ~inhaber *m* comproprietario *m*; ℒ-interessiert cointeressato; ℒ-kämpfen combattere con uno; ~kämpfer *m* commilitone *m*; ℒkommen (*sn*) venire con me (te, lui *usw.*); (*folgen*) tener dietro; *fig.* riuscire a seguire (*od.* capire); ℒkönnen poter venire (andare) con uno; potere tener dietro; ℒkriegen *fig.* comprendere; intendere; ~läufer *m* simpatizzante *m*; ~laut *m* consonante *f*; ~leid *n* compassione *f* (*mit* di); ~leidenschaft *f*: in ~ ziehen coinvolgere qu.; far patire a qu. gli stessi dolori; ✻ attaccare; ℒleiderregend da far pietà; ℒleidig compassionevole; ~leidsbezeigung *f* condoglianza *f*; ℒleidslos ['-laitslo:s] spietato; senza pietà; ℒleidsvoll pietoso; ℒmachen fare come gli altri; (*Krieg*) partecipare; machst du mit? ci stai?; er hat viel mitgemacht: ha passate molte; ~mensch *m* simile *m*, prossimo *m*; ℒmüssen dovere andare (venire) con (me, te lui *usw.*); ~nahme *f* il portar via; unter ~ von prendendo con sé; ℒnehmen portare (con sé); (*fortnehmen*) portar via; (*Gelegenheit*) approfittare di; (*angreifen*)

M

abbattere; **2nichten** [-'niçtən] nient'affatto.

mit|rechnen ['mitreçnən] **1.** v/t. comprendere (nel calcolo); **2.** v/i. das rechnet nicht mit questo non conta; **~reden** prender parte alla conversazione; fig. metterci bocca, F metterci il becco; ein Wort mitzureden haben aver da dire anche la sua (in questa faccenda); **~reisen** (sn) accompagnare qu. (od. andare con qu.) in viaggio; **2reisende(r)** m compagno m di viaggio; **~reißend** travolgente, affascinante; appassionante; **~'sammen**, **~'samt** insieme con; **~schicken** spedire assieme; accludere; **~schleppen** trascinare con; **2schuld** f complicità f; **~schuldig** adj., **2schuldige(r)** m complice m u. adj.; **2schuldner** m condebitore m; **2schüler** m condiscepolo m, compagno m di scuola; **~sein** esserci; **~sollen** dover andare (od. venire) con; **~spielen** giocare (♪ sonare, Thea. recitare) con altri; j-m übel ~ far un brutto tiro a qu., conciar male qu.; **2spieler** m compagno m di gioco; attore m; **2sprache-recht** n diritto m di condecisione; **~sprechen** (Gründe) contare; **2streiter** m commilitone m.

Mittag ['mita:k] m (3) mezzogiorno m; mezzodì m; zu ~ essen pranzare, desinare; **~essen** n colazione f; pranzo m.

mit|tägig ['mite:giç], **~täglich** ['-te:kliç] di mezzogiorno; meridiano.

mittags ['mita:ks] a mezzogiorno.

Mittags|kreis ['mita:kskraıs] m meridiano m; **~linie** f meridiana f; **~mahl** n pranzo m; **~pause** f pausa f di mezzogiorno; **~ruhe** f, **~schläfchen** n siesta f; ~ halten far la siesta; **~sonne** f sole m di mezzogiorno; **~zeit** f meriggio m.

Mittäter ᵗᵗ ['mite:tər] m complice m; **~schaft** ᵗᵗ f complicità f, correità f.

Mitte ['mitə] f (15) mezzo m; centro m; des Monats: metà f; (Durchschnitt) media f; in unserer ~ fra noi; ~ Januar a metà gennaio; e-r aus unserer ~ uno dei nostri; in die ~ nehmen prendere in mezzo.

mit|teilen ['mitaılən] comunicare, avvisare, informare, far sapere;

partecipare; **~teilsam** ['-taılza:m] espansivo, comunicativo; **2teilsamkeit** f espansività f; **2teilung** f comunicazione f; notizia f, avviso m; partecipazione f.

Mittel ['mitəl] n (7) mezzo m; modo m; (Geld2) pl. risorse f/pl., fondi m/pl.; mezzi m/pl.; ♣ u. fig. rimedio m; (Ausweg) espediente m; ♣ media f; ins ~ treten interporsi; **~alter** n medioevo m; **2-alterlich** ['--᾽altərliç] medioevale; **2bar** indiretto; **~ding** n cosa f di mezzo; **2-europäisch** centroeuropeo; **~finger** m (dito) medio m; **~fuß** m metatarso m; **~gang** m corridoio m (od. corsia f) di mezzo; **~gewicht** n peso m medio; **2groß** di grandezza (od. statura) media; **~größe** f grandezza f (od. statura f) media; **~hand** f metacarpo m; **~hochdeutsch** n medio altotedesco m; **2ländisch** ['--lɛndiʃ] mediterraneo; **~läufer** m Sport: centromediano m; **~linie** f linea f mediana (od. centrale); **2los** senza mezzi, privo di mezzi; **~losigkeit** f mancanza f di mezzi; **~mächte** f/pl. potenze f/pl. centrali; **2mäßig** mediocre; **~mäßigkeit** f mediocrità f; **~ohr** n orecchio m medio; **~ohr-entzündung** f otite f media; **~preis** m prezzo m medio; **~punkt** m centro m; **2s** ['-təls] (gen.) mediante, per mezzo di; **~schule** f scuola f media; **~smann** m, **~sperson** f intermediario m; mediatore m; intermediario m; **~sorte** f qualità f media; **~stand** m ceto m medio; **2stark** non troppo forte; **2ste** centrale; di mezzo; **~stimme** f voce f media; **~straße** f via f di mezzo; **~streckenläufer** m mezzofondista m; **~streckenrakete** f missile m a media gittata; **~stück** n Kochk. lombata f; ⊕ pezzo m di raccordo; **~stürmer** m Sport: centro-attacco m, centravanti m; **~weg** m via f di mezzo; **~welle** f Radio: onda f media; **~wert** m valore m medio; **~wort** n participio m.

mitten ['mitən]: ~ in (auf, an) in mezzo a; nel mezzo di; ~ in der Stadt nel centro della città; ~ in der Nacht nel cuore della notte; ~ auf nel bel mezzo di; **~'drin**, **~'drunter** nel bel mezzo di; **~'durch** attraverso il mezzo.

Mitter|nacht ['-tərnaxt] f mezzanotte f; ℒ**nächtig**, ℒ**nächtlich** di mezzanotte.

mittler ['-tlər] **1.** adj. (18) medio; mezzo; die ~e Tür la porta di mezzo; der ~e Teil von Italien la parte centrale dell'Italia; von ~em Alter di mezza età; **2.** ℒ(**in** f) m (7) intermediario (-ia) m (f); ~'**weile** frattanto.

mittschiffs ⚓ ['-ʃifs] nella mezzania.

Mittsommer ['-zɔmər] m mezza estate f.

mit|**trinken** ['-triŋkən] bere con altri; ~**tun** starci.

Mittwoch ['-vɔx] m (3) mercoledì m.

mitunter [mit'⁹untər] talvolta.

mit|**verantwortlich** ['mitfɛr⁹antvortliç] corresponsabile; ℒ**ver**-**schworene(r)** m congiurato m; ℒ**welt** f contemporanei m/pl.; ~**wirken** collaborare, cooperare; ℒ**wir**-**kende(r)** m collaboratore m, cooperatore m; ℒ**wirkung** f collaborazione f, cooperazione f; ℒ**wissen** n conoscenza f; ♄♄ complicità f; unter ~ von a saputa di; ~**wissend** consapevole; ℒ**wisser** m confidente m; complice m; ~**wollen** voler andare (od. venire) con.

mix|**en** ['miksən] (27) mescere; ℒ**er** m (7) barista m; ℒ'**tur** f (16) mistura f.

Mob [mɔp] m (11, o. pl.) plebaglia f, popolaccio m; teppa f.

Möbel ['mø:bəl] n (7) mobile m; ~-**spedition** f spedizione f per traslochi; ~**tischler** m ebanista m; ~**wagen** m furgone m per traslochi.

mobil [mo'bi:l] mobile; F Person: vispo; ~ machen mobilitare.

Mobiliar [mobil'jaːr] n (3¹) mobilia f; ~**besitz** m, ~**vermögen** n beni m/pl. mobiliari.

Mobilien [mo'bi:ljən] pl. uv. mobili m/pl., beni m/pl. mobili.

mob|**ilisieren** [-bili'zi:rən] mobilizzare, mobilitare; ℒ**ilmachung** [-'bi:lmaxuŋ] f mobilitazione f; ℒ**il**-**machungsbefehl** [-'bi:lmaxuŋs-bə'fe:l] m ordine m di mobilitazione.

möblier|**en** [mø'bli:rən] (am)mobiliare; ℒ**ung** f (am)mobiliamento m.

Modalität [modali'tɛ:t] f (16) modalità f.

Mode ['mo:də] f (15) moda f; nach der ~ alla moda; ~ sein essere di moda; wieder ~ werden tornare di

moda; aus der ~ kommen passare di moda; die neueste ~ l'ultima moda; fig. in ~ in voga; ~**artikel** m articolo m di moda.

Modell [mo'dɛl] n (3¹) modello m; (weibl. Person) modella f; in Modezeitschriften: figurino m; ~ stehen far da modello; posare; ~**flugzeug**-**bau** m aeromodellismo m; ℒ'**ieren** modellare; ~'**ierer** m modellatore m; ~'**ierung** f modellamento m; ~-**puppe** f manichino m; ~**schnei**-**der**(**in** f) m modista m u. f.

modeln ['mo:dəln] (29) modellare; trasformare.

Mode|**narr** ['mo:dənar] m gagà m; ~**ngeschäft** n modisteria f; ~**n**-**schau** f esposizione f (od. sfilata f) di moda.

Moder ['mo:dər] m (7) tanfo m; (Fäulnis) marciume m; ℒ**ig** intanfito; putrido.

modern[1] ['mo:dərn] (29) v/i. marcire.

modern[2] [mo'dɛrn] moderno; Kleidung: alla moda, di moda, ~**isieren** [--ni'zi:rən] modernizzare; ℒ**i'sie**-**rung** f modernizzazione f; ℒ**ismus** [--'nismus] m (16, o. pl.) modernismo m; ℒ'**ist** m (12) modernista m.

Mode|**salon** ['mo:dəzalɔ̃] m casa f di mode; ~**stoff** m novità f; ~**waren** f/pl. mode f/pl., novità f/pl.; ~**wa**-**rengeschäft** n negozio m di mode; ~**zeichnung** f figurino m; ~**zeit**-**schrift** f giornale m di mode.

modifizieren [modifi'tsi:rən] modificare.

modisch ['mo:diʃ] alla moda.

Modistin [mo'distin] f (16¹) modista f.

Modul|**ation** [modulats'jo:n] f modulazione f; ℒ'**ieren** modulare.

Modus ['mo:dus] m (16, pl. -di) modo m.

Mogelei [mogə'lai] f (16) trufferia f, imbroglio m.

mogeln ['mo:gəln] (29) barare.

mögen ['mø:gən] (30) **1.** v/i. potere; es mag sein può darsi; er mochte etwa dreißig Jahre alt sein poteva essere sulla trentina; **2.** volere, aver voglia; ich möchte vorrei; ich mag nicht mit ihm gehen non ho voglia d'andare con lui; **3.** (oft gar nicht übersetzt) man möchte wütend werden c'è da impazzire; man möchte meinen si direbbe; ich schrieb ihm, er möchte kommen gli scrissi di venire; **4.** v/t. ich mag es nicht non mi piace; *Personen:* non lo posso sopportare; *ich mag ihn sehr gern* mi piace molto, gli voglio bene; **5.** *lieber* ~ preferire.

Mogler ['mo:glər] m (7) imbroglione m; baro m.

möglich ['mø:kliç] possibile; *alles* ~*e* tutto quello che è possibile; ~**enfalls** ['--çən'fals] nel caso che sia possibile; eventualmente; ~**erweise** ['--çər'vaizə] è possibile che ...; **2keit** f possibilità f; ~**st**: ~ *bald* il più presto possibile, quanto prima; *sein* ~*es tun* fare il possibile, fare del proprio meglio.

Mohammedan|er(in f) m [mohame'da:nər(in)] (7), **2isch** maomettano (-a) m (f).

Mohn ⚘ [mo:n] m (3) papavero m.

Mohr [mo:r] m (12) moro m; e-n ~*en weiß waschen wollen* voler raddrizzare le gambe ai cani.

Möhre ['mø:rə] f (15) carota f.

Mohren|kopf ['mo:rənkɔpf] m testa f di moro; ~**wäsche** f fatica f sprecata.

Mohrin ['mo:rin] f (16[1]) mora f.

Mohrrübe ['mo:ry:bə] f (15) carota f.

Moir|é [moa're:] m u. n (11) marezzo m; **2ieren** marezzare.

mok|ant [mo'kant] beffardo; ~**ieren**: *sich über j-n* ~ beffarsi di qu.

Mokka ['mɔka] m (11) moca m.

Molch [mɔlç] m (3) salamandra f.

Mole ⚓ [mo:lə] f (15) molo m.

Mole|kül [mole'ky:l] n (3[1]) molecola f; **2ku'lar** molecolare.

Molk|e ['mɔlkə] f (15) siero m di latte; ~**erei** [--'rai] f latteria f; ~**e-rei·erzeugnis** n latticinio m; **2ig** sieroso.

Moll ♪ [mɔl] n uv., ~**ton-art** f minore m.

mollig ['mɔliç] *(weich)* mollo; morbido; *(warm)* bello caldo; *(rundlich)* grassotto.

Molluske *Zo.* [mɔ'luskə] f (15) mollusco m.

Moloch ['mo:lɔx] m (3[1]) molocco m.

Molton ['mɔltɔn] m (11) mollettone m.

Molybdän [molyp'dɛ:n] n molibdene m.

Moment [mo'mɛnt] m (3) momento m; istante m; **2'an** momentaneo; ~

aufnahme f istantanea f; ~**verschluß** m otturazione f istantanea.

Monade [mo'na:də] f (15) monade f.

Monarch [mo'narç] m (12) monarca m; ~**ie** [--'çi:] f (15) monarchia f; **2isch** adj., ~**ist(in** f) m (12), **2'i-stisch** monarchico (-a) m (f).

Monat ['mo:nat] m (3) mese m; **2e-lang** ['--təlaŋ] per mesi e mesi; **2-lich** mensile; *100 Mark* ~ cento marchi al mese.

Monats... ['mo:nats...]: *in Zssgn meist* mensile; ~**abschluß** m bilancio m mensile; ~**bericht** m rapporto m mensile; ~**gehalt** n, ~**geld** n *(stipendio m)* mensile m; mensilità f; ~**karte** f abbonamento m mensile; ~**rate** f rata f mensile; ~**schrift** f rivista f mensile.

Mönch [mœnç] m (3) monaco m; **2isch** monastico; fratesco.

Mönchs|gewand ['mœnçsgəvant] n abito m monacale; ~**kappe** f cappuccio m; ~**kutte** f tonaca f; ~**latein** n latino m di sacristia; ~**leben** n vita f monastica; ~**orden** m ordine m monastico; ~**wesen** n monachismo m.

Mönchtum ['mœnçtu:m] n (1, *o. pl.*) monacato m.

Mond [mo:nt] m (3) luna f; '~**aufgang** m spuntar m della luna; '~**beschreibung** f selenografia f; '~**fähre** f modulo m lunare; '~**fahrer** m selenauta m; '~**finsternis** f eclisse f lunare *(od. di luna)*; '**2förmig** lunato; '~**hell** illuminato dalla luna; '~**hof** m alone m della luna; '~**jahr** n anno m lunare; '~**kalb** n *fig.* idiota m; '~**landung** f allunaggio m; '~**phase** f fase f lunare; '~**rakete** f razzo m lunare; '~**scheibe** f disco m lunare; '~**schein** m chiaro m di luna; '~**sichel** f luna f falcata; '~**sonde** f sonda f lunare; '~**sucht** f sonnambulismo m; '**2süchtig** sonnambulo; '~**viertel** n quarto m di luna; '~**wechsel** m lunazione f.

Moneten [mo'ne:tən] F *pl. uv.* quattrini m/pl.

Mong|ole [mɔŋ'go:lə] m (13) mongolo m; **2olisch** [-'go:liʃ] mongolico, mongolo.

monieren [mo'ni:rən] reclamare.

Mono|gamie [monoga'mi:] f (15, *o. pl.*) monogamia f; **2'gam(isch)** monogamo; ~**gramm** [--'gram] n

(3¹) monogramma *m*; **~graphie** [--gra'fi:] *f* (15) monografia *f*.

Monokel [-'no:kəl] *n* (7) monocolo *m*, F caramella *f*.

Mono|lith [mono'li:t] *m* (3¹) monolito *m*; **~log** [--'lo:k] *m* (3¹) monologo *m*; **~pol** [--'po:l] *n* (3¹) monopolio *m*; **2poli'sieren** monopolizzare; **~theismus** [--te'⁹ismus] *m* (16, *o. pl.*) monoteismo *m*; **~the'ist** (-in *f*) *m* monoteista *m u. f*; **2the-'istisch** monoteistico; **2ton** [--'to:n] monotono; **~tonie** [--to'ni:] *f* (15) monotonia *f*.

Monstranz [mɔns'trants] *f* (16) ostensorio *m*.

Monstrum ['mɔnstrum] *n* (9[²]) mostro *m*.

Monsun [-'zu:n] *m* (3¹) monsone *m*.

Montag ['mo:nta:k] *m* (3) lunedì *m*; *blauer ~* lunediana *f*; *blauen ~ feiern* lunediare, fare il lunedì.

Montage [mɔn'ta:ʒə] *f* (15) montaggio *m*; **~halle** *f* sala *f* di montaggio.

Montan|industrie [mɔn'ta:n⁹industri:] *f* industria *f* mineraria; **~union** *f* Comunità *f* Europea del Carbone e dell'Acciaio.

Mon|teur [-'tø:r] *m* (3¹) meccanico *m*; operaio *m* di montaggio; **~'teuranzug** *m* tuta *f*; **2'tieren** ⊕ montare; **~'tur** *f* (16) uniforme *f*.

Monument [mɔnu'ment] *n* (3) monumento *m*; **2'al** monumentale.

Moor [mo:r] *n* (3) palude *f*; (*Torf*) torba *f*; **'~bad** *n* bagno *m* di fango; **2ig** paludoso; **'~land** *n* terreno *m* paludoso.

Moos ♀ [mo:s] *n* (4) musco *m*; *fig.* (*Geld*) quattrini *m/pl.*; **2ig** ['-ziç] muscoso.

Moped ['mo:pe:t] *n* (11) ciclomotore *m*, motociclo *m*.

mopsen ['mɔpsən] F (27) sgraffignare; *sich ~* annoiarsi.

Moral [mo'ra:l] *f* (16) morale *f*; *der Truppe*: morale *m*; **2isch** morale; **~predigt** *f* predica *f*.

Moräne [-'rɛ:nə] *f* (15) morena *f*.

Morast [-'rast] *m* (3² [*u.* ³]) pantano *m*; terreno *m* paludoso; **2ig** pantanoso.

Moratorium [-ra'to:rjum] *n* (9) moratoria *f*.

Morchel ['mɔrçəl] *f* (15) spugnolo *m*.

Mord ['mɔrt] *m* (3) omicidio *m*; (*Meuchel2*) assassinio *m*; '**~anschlag** *m* tentato *m* omicidio; '**~**

brenner *m* incendiario *m*; **2en** ['-dən] (26) assassinare.

Mörder|(in *f*) *m* ['mœrdər(in)] (7) omicida *m u. f*; (*Meuchel2*) assassino (-a) *m* (*f*); **~grube** *f* spelonca *f* d'assassini; *fig.* scannatoio *m*; *aus s-m Herzen keine ~ machen* aver il cuore sulle labbra; **2isch** micidiale.

Mord|geschichte ['mɔrtgəʃiçtə] F *f* romanzo *m* giallo; **~geschrei** *n* grida *f/pl.* spaventose; **~gier** *f* sete *f* di sangue; **2gierig** sanguinario; **~kommission** *f* squadra *f* omicidi.

Mords|hunger ['mɔrtshuŋər] *m* fame *f* da lupi; **~kerl** *m fig.* persona *f* in gamba; **~lärm** *m* chiasso *m* del diavolo (*od.* infernale).

Mord|tat ['mɔrtta:t] *f* assassinio *m*; **~versuch** *m* tentato omicidio *m*; **~waffe** *f* arma *f* omicida.

Morgen ['mɔrgən] **1.** *m* (6) mattina *f*; mattino *m*; (*Osten*) oriente *f*; *Maß*: iugero *m*; *ein schöner ~* una bella mattinata; *gegen ~* sul far del giorno; *guten ~!* buon giorno!; *heute* **2** stamattina; **2.** **2** *adv.* domani; *~ in 14 Tagen* domani a quindici; **~andacht** *f* preghiera *f* mattutina; **~anzug** *m* veste *f* da camera; **~ausgabe** *f* edizione *f* del mattino; **~blatt** *n* giornale *m* del mattino.

Morgen|dämmerung ['mɔrgəndɛmərun] *f* alba *f*; **2dlich** ['-gəntliç] mattutino; **~gabe** *f* contraddote *f*; **~gebet** *n* preghiera *f* mattutina; **~grauen** *n* alba *f*; **~land** *n* oriente *m*; **~länder** *m*, **2ländisch** *adj.* orientale *m u. adj.*; **~rock** *m* vestaglia *f*; **~röte** *f* aurora *f*; **2s** di mattina; *früh~* di buon mattino; **~sonne** *f* sole *m* del mattino; **~ständchen** *n* mattinata *f*; **~stern** *m* stella *f* mattutina, diana *f*; **~stunde** *f* ora *f* mattutina; *zu früher ~* di gran mattino; **~zeit** *f* mattinata *f*; **~zeitung** *f* giornale *m* del mattino.

morgig ['mɔrgiç] di domani.

Morph|inist(in *f*) *m* [mɔrfi'nist(in)] (12) morfinomane *m u. f*; **~ium** ['-jum] *n* (9, *o. pl.*) morfina *f*.

morsch [mɔrʃ] marcio *m*; *Zahn*: cariato.

Morsealphabet ['mɔrzə⁹alfabe:t] *n* alfabeto *m* Morse.

Mörser ['mœrzər] *m* (7) (*a.* ⚔) mortaio *m*; **~keule** *f* pestello *m*.

Morsezeichen ['mɔrzətsaiçən] *n* segnale *m* Morse.

M

Mörtel ['mœrtəl] *m* (7) calcina *f*; *abgefallener*: calcinaccio *m*; ~**überzug** *m* intonaco *m*.

Mosaik [moza'i:k] *n* (3¹) mosaico *m*.

Moschee [mɔ'ʃe:] *f* (15) moschea *f*.

Moschus ['mɔʃus] *m uv.* muschio *m*; ~**tier** *n* gazzella *f* muschiata.

Moskito [mɔs'ki:to] *m* (11) zanzara *f*; ~**netz** *n* zanzariera *f*.

Moslem ['-lem] *m* (11) mus(s)ulmano *m*.

Most [mɔst] *m* (3²) mosto *m*; (*Obst2*) sidro *m*; *zu* ~ *keltern* ammostare; 2en (26) fare il mosto.

Mostrich ['mɔstriç] *m* (3, *o. pl.*) mostarda *f*; ~**büchse** *f*, ~**töpfchen** *n* mostardiera *f*.

Motel [mo'tɛl] *n* (11) motel *m*.

Motiv [mo'ti:f] *n* (3¹) motivo *m*; 2**ieren** motivare; ~**ierung** *f* motivazione *f*.

Motor ['mo:tɔr] *m* (8¹) motore *m*; ~**anker** *m* indotto *m* del motore; ~**anlasser** *m* avviatore *m*; ~**antrieb** *m* azionamento *m* a motore; ~**boot** *n* motoscafo *m*; ~**enbau** *m* fabbricazione *f* di motori; ~**fahrgestell** *n* carrello *m*; ~**fahrzeug** *n* motoveicolo *m*; ~**gehäuse** *n* carcassa *f* del motore; ~**geräusch** *n* rumore *m* del motore; ~**haube** *f* cofano *m*; 2**isieren** [-tori'zi:rən] motorizzare; ~**isierung** *f* motorizzazione *f*; ~**kutter** *m* motopeschereccio *m*; ~**leistung** *f* rendimento *m* del motore; ~**panne** *f* panna *f* al motore; ~**pflug** *m* motoaratrice *f*; ~**pumpe** *f* motopompa *f*; ~**rad** *n* motocicletta *f*; ~**radfahrer** *m* motociclista *m*; ~**radrennbahn** *f* motovelodromo *m*; ~**roller** *m* motoleggiera *f*; motoretta *f*; motoscooter *m*; ~**säge** *f* sega *f* a motore; ~**schaden** *m* guasto *m* al motore; ~**schiff** *n* motonave *f*; ~**sport** *m* motorismo *m*.

Motte ['mɔtə] *f* (15) tarma *f*, tignuola *f*; ~**nfraß** *m* tarmolatura *f*; ~**nkugeln** *f/pl.* palle *f/pl.* di naftalina.

Motto ['mɔto] *n* (11) motto *m*.

moussieren [mu'si:rən] spumare.

Möwe ['mø:və] *f* (15) gabbiano *m*.

Mücke ['mykə] *f* (15) moscerino *m*; (*Stech2*) zanzara *f*.

Mucken ['mukən] **1.** F *pl. uv.* capricci *m/pl.*; **2.** 2 (25) rifiutare; (*murren*) brontolare; (*sich rühren*) muoversi.

Mücken|netz ['mykənnets] *n* zanzariera *f*; ~**stich** *m* puntura *f* di zanzara.

Mucker ['mukər] *m* (7) bigotto *m*; 2**haft** bigotto, ipocrita; ~**tum** *n* bigotteria *f*.

mucks|en ['-sən] (27) muoversi; *ohne zu* ~ F senza fiatare; 2**er** F *m* (7): *keinen* ~ *tun* star zitto zitto.

müd|e ['my:də] stanco; ~ *machen* stancare: ~ *werden* stancarsi; 2**igkeit** *f* stanchezza *f*.

Muff [muf] *m* (3) manicotto *m*; (*Moder*) muffa *f*; '~**e** ⊕ *f* (15) manicotto *m*; '2**ig** (*Geruch*) muffoso; F *fig.* ingrunito.

Mühe ['my:ə] *f* (15) fatica *f*; sforzo *m*; *fig.* pena *f*; *sich die* ~ *machen* incomodarsi; *sich* ~ *geben* darsi premura; *der* ~ *wert sein* valer la pena; *mit* ~ *und Not* a gran fatica, a mala pena; 2**los** *adj.* facile; *adv.* facilmente, senza fatica; ~**losigkeit** *f* facilità *f*; 2**n** (25): *sich* ~ affaticarsi; 2**voll** faticoso; ~**waltung** ['--valtuŋ] *f* incomodo *m*.

Mühl|bach ['my:lbax] *m* gora *f*; ~**e** *f* (15) mulino *m*; *Spiel*: tavola *f* a mulino; *Wasser auf seine* ~ è quello che ci vuole per lui; ~**rad** *n* ruota *f* del mulino; ~**stein** *m* macina *f*.

Müh|sal ['my:za:l] *f* (14) pena *f*; 2**sam** faticoso; *adv.* a stento; 2**selig** faticoso; ~**seligkeit** *f* fatica *f*.

Mulatt|e [mu'latə] *m* (13), ~**in** *f* (16¹) mulatto (-a) *m* (*f*).

Mulde ['muldə] *f* (15) conca *f*; (*Tal2*) valle *f*.

Mull [mul] *m* (3) mussolina *f*.

Müll [myl] *m* (3, *o. pl.*) immondizie *f/pl.*; '~**abfuhr** *f* trasporto *m* delle immondizie; *städtische*: nettezza *f* urbana; '~**eimer** *m* secchio *m* delle immondizie.

Müller ['mylər] *m* (7) mugnaio *m*; ~**ei** [--'raɪ] *f* (16) mestiere *m* del mugnaio.

Müll|grube ['mylgru:bə] *f*, ~**haufen** *m* mondezzaio *m*; ~**kasten** *m* pattumiera *f*; ~**schlucker** *m* tromba *f* delle immondizie; ~**tonne** *f* bidone *m* della spazzatura; ~**wagen** *m* carro *m* delle immondizie.

mulmig ['mulmiç] F *fig.* pericoloso, scabroso.

Multipl|ikand [multipli'kant] *m* (12) moltiplicando *m*; ~**ikation** [---kats'jo:n] *f* moltiplicazione *f*;

~ikator [---'kɑːtor] *m* (8[1]) moltiplicatore *m*; **2i'zieren** multiplicare.

Mumie ['muːmjə] *f* (15) mummia *f*.

mumifizier|en [mumifi'tsiːrən] mummificare; **2ung** *f* mummificazione *f*.

Mumm [mum] F *m* uv. forza *f*, voglia *f*; **~elgreis** ['-məlgraıs] *m* (4) vecchio *m* decrepito; **~enschanz** ['-mənʃants] *m* (3², o. pl.) mascherata *f*.

Mumpitz ['mumpits] F *m* (3², o. pl.) stupidaggine *f*.

Mumps ⚕ [mumps] *m* uv. parotite *f*, F orecchioni *m/pl.*

Mund [munt] *m* (1²) bocca *f*; den ~ halten tenere la lingua a posto; reinen ~ halten mantenere il segreto; den ~ voll nehmen millantarsi; nicht auf den ~ gefallen sein non aver peli sulla lingua; immer im ~e führen parlare continuamente di; j-m nach dem ~e reden parlare secondo i gusti di qu.; '~art *f* dialetto *m*; '2-artlich dialettale.

Mündchen ['myntçən] *n* (6) boccuccia *f*.

Mündel ['myndəl] *n* (*m*, *f*) (7) pupillo *m*; pupilla *f*; **~geld** *n* danari *m/pl.* pupillari; **2sicher** assolutamente sicuro.

munden ['mundən] (26) piacere.

münden ['myndən] (26) sboccare.

mund|faul ['muntfaul] pigro da non aprir bocca; **2fäule** *f* afta *f*; bei Kindern: mughetto *m*; **~gerecht:** j-m et. ~ machen preparare qc. a qu. in modo che gli piaccia; *fig.* persuadere; **2geruch** *m* alito *m* cattivo; **2harmonika** *f* armonica *f* da bocca; **2höhle** Anat. *f* cavità *f* orale.

mündig ['myndiç] maggiorenne; **2keit** *f* età *f* maggiore; maggioranza *f*; **2sprechung** *f* emancipazione *f*.

mündlich ['myntliç] orale; adv. a (viva) voce.

Mund|pflege ['muntpfleːgə] *f* igiene *f* della bocca; **~raub** *m* furto *m* famelico; **~schenk** *m* coppiere *m*; **~stück** *n* imboccatura *f* da Zigaretten: bocchino *m*; **2tot** interdetto *m*; ~ machen non lasciar parlare; **~tuch** *n* tovagliolo *m*, salvietta *f*.

Mündung ['myndun] *f* (Gewehr) bocca *f*; e-s Flusses: foce *f*; sbocco *m*; **~sfeuer** ⚔ *n* vampata *f*; **~sgebiet** *n* estuario *m*.

Mund|voll ['muntfɔl] *m* uv. boccata

f; **~vorrat** *m* viveri *m/pl.*; **~wasser** *n* acqua *f* dentifricia; **~werk** *n:* ein gutes ~ haben avere la lingua sciolta; **~winkel** *m* angolo *m* della bocca.

Munition [munits'joːn] *f* (16) munizione *f*; **~s... in Zssgn:** di munizione; **~slager** *n* deposito *m* di (delle) munizioni.

munkeln ['muŋkəln] (29) bucinare, bisbigliare.

Münster ['mynstər] *n* (*m*) (7) cattedrale *f*.

munter ['muntər] vispo; (wach) sveglio; (fröhlich) allegro; arzillo; **2keit** *f* vivacità *f*; brio *m*; allegria *f*.

Münz|amt ['mynts?amt] *n* moneta *f*; zecca *f*; **~automat** *m* distributore *m* automatico; **~e** *f* (15) moneta *f*; (Münzstätte) zecca *f*; (Gedenk2) medaglia *f*; für bare ~ nehmen prendere sul serio; **~einheit** *f* unità *f* monetaria; **2en** (27) coniare; monetare; *fig.* auf j-n gemünzt sein valere per qu., essere indirizzato a qu.; **~ensammler(in** *f*) *m* collezionista *m* u. *f* di monete, numismatico *m*; **~ensammlung** *f* collezione *f* numismatica; **~fälscher** *m* falsificatore *m* di moneta, falsario *m*; **~fernsprecher** *m* telefono *m* pubblico; **~fuß** *m* titolo *m* delle monete; **~gehalt** *m* titolo *m* di moneta; **~kabinett** *n* gabinetto *m* numismatico; **~kenner** *m* numismatico *m*; **~kunde** *f* numismatica *f*; **~recht** *n* diritto *m* di coniare monete; **~stätte** *f* zecca *f*; **~stempel** *m* conio *m*; **~system** *n* sistema *m* monetario; **~umlauf** *m* circolazione *f* monetaria; **~wert** *m* valore *m* della moneta; **~wesen** *n* sistema *m* monetario.

Muräne [mu'rɛːnə] Zo. *f* (15) murena *f*.

mürb|e ['myrbə] frollo; (Fleisch) tenero; (gekocht) bencotto; (reif) maturo; ~ machen (werden) infrollire; *fig.* piegare; **2heit** *f* frollezza *f*.

Murmel ['murməl] *f* (15) pallottolina *f*; **2n 1.** (29) mormorare; **2. ~n** *n* (6) mormorio *m*; **~tier** *n* marmotta *f*.

murren ['murən] **1.** (25) brontolare; **2.** 2 *n* (6) brontolio *m*.

mürrisch ['myriʃ] burbero; brontolone; Gesicht: arcigno.

Mus [muːs] *n* (4) passata *f*, marmellata *f*; (Brei) pappa *f*.

Muschel ['muʃəl] *f* (15) conchiglia *f*;

M

eßbare: tellina f; (Ohr♀) padiglione m; **~bank** f banco m di conchiglie; **~kalk** m calce f di conchiglie; **~schale** f guscio m della conchiglia; **~tier** n mollusco m.

Muse ['muːzə] f (15) musa f.

Museum [mu'zeːum] n (9) museo m.

Musik [-'ziːk] f (16) musica f; **~abend** m serata f musicale; **~alien** [-ziˈkaːljən] pl. musiche f/pl.; ♀**alisch** musicale; **~ant** [--'kant] m (12) musicante m; **~box** [mu'ziːkbɔks] f musicbox m; **~direktor** m direttore m d'orchestra; **~drama** n (9¹) dramma m musicale.

Musiker ['muːzikər] m (7) musico m; musicista m (pl. -i).

Musik|fest [mu'ziːkfɛst] n festival m musicale; **~hochschule** f conservatorio m; **~instrument** n strumento m musicale; **~korps** n banda f musicale; **~lehrer** m maestro m di musica; **~pavillon** m padiglione m per concerti; **~saal** m sala f da concerti; **~schule** scuola f di musica; **~stück** n pezzo m (od. brano m) di musica; **~truhe** f mobile m con giradischi incorporato; **~unterricht** m lezioni f/pl. di musica; **~wissenschaft** f musicologia f.

musizieren [muziˈtsiːrən] far della musica.

Muskat|blüte [musˈkaːtblyːtə] f macis f; **~eller** [--'tɛlər] m (7) moscatello m; **~ellerwein** m vino m moscatello; **~nuß** f noce f moscata.

Muskel ['muskəl] m (10) muscolo m; **~...** in Zssgn oft: muscolare; **~anspannung** f tensione f muscolare; **~bewegung** f muscolazione f; **~kater** m dolori m/pl. muscolari; **~kraft** f forza f muscolare; **~krampf** m spasmo m, crampo m muscolare; **~schwund** m atrofia f muscolare; **~system** n sistema m muscolare; muscolatura f; **~zerrung** f strappo m muscolare.

Musk|ete [musˈkeːtə] f (15) moschetto m; **~etier** [-kəˈtiːr] m (3¹) moschettiere m.

Musk|ulatur [muskulaˈtuːr] f (16) muscolatura f; ♀**ulös** [--'løːs] (18) muscoloso m.

muß [mus] s. müssen; ♀ n uv. necessità f; dovere m.

Muße ['muːsə] f (15, o. pl.) agio m; mit ~ con comodo.

Musselin [musə'liːn] m (3¹) mussolina f.

müssen ['mysən] (30) dovere; man muß bisogna, si deve.

Mußestunden ['muːsəʃtundən] f/pl. ore f/pl. libere, ozi m/pl.

müßig ['myːsiç] ozioso; ♀**gang** m ozio m; ♀**gänger** ['-ziçgeŋər] m (7) ozioso m.

Muster ['mustər] n (7) modello m; (Mode♀) figurino m; (Probe♀) campione m; auf Stoffen: disegno m; ☜ ~ ohne Wert campione m senza valore; **~anstalt** f stabilimento m modello; **~beispiel** n esempio m modello; **~betrieb** m azienda f modello; **~bild** n modello m; **~blatt** n campione m; **~buch** n campionario m; ♀**gültig** exact: ♀**haft** esemplare; **~gültigkeit** f esemplarità f; **~knabe** m (ragazzo) modello m; **~koffer** m campionario m; **~messe** f fiera f campionaria; ♀**n** v/t. (29) esaminare; scharf: squadrare; ⊕ Stoffe: operare; ✕ passare in rivista (od. in rassegna); ✝ prelevare un campione; **~rolle** ✕ f quadri m/pl. della leva (⚓ dell'equipaggio); **~sammlung** f campionario m; **~schutz** m protezione f brevetti e marchi; **~stück** n brano m scelto, lavoro m modello; **~ung** f esame m; ✕ rassegna f; rivista f; **~werk** n opera f classica; **~wirkerei** f opera f; **~zeichner** m disegnatore m di modelli.

Mut [muːt] m (3, o. pl.) coraggio m; animo m; wie ist Ihnen zumute? come si sente?; ~ fassen farsi animo; den ~ verlieren perdersi d'animo; guten ~es sn essere di buon animo.

Mütchen ['myːtçən] n: sein ~ an j-m kühlen sfogarsi con qu.

mut|ig ['muːtiç] coraggioso; **~los** scoraggiato; ♀**losigkeit** ['-loːziçkaɪt] f scoraggiamento m; **~maßen** ['-maːsən] (27, untr.) presumere; (argwöhnen) sospettare; **~maßlich** ['-maːsliç] congetturale; Erbe: presuntivo; ♀**maßung** ['-maːsuŋ] f ipotesi f, congettura f, presunzione f.

Mutter ['mutər] f: **a)** (14¹) madre f; familiär: mamma f; in Zssgn oft materno; **b)** ⊕ (15) madrevite f; **~boden** m suolo m nativo; ♣ matrice f; **~brust** f petto m materno; seno m.

Mütter|chen ['mytərçən] n (6)

mammina *f*; *altes* ~ vecchietta *f*;
~**fürsorge** *f* assistenza *f* maternità.
Mutter|gesellschaft ['mutərgəzel-
ʃaft] *f* società *f* madre; ~**gottesbild**
[--'gɔtəsbilt] *n* (immagine *f* della)
Madonna *f*; ~**kirche** *f* chiesa *f*
madre; ~**kuh** *f* cornuta; ~**kuchen** *m* placenta *f*;
~**land** *n* madrepatria *f*; ~**leib** *m* seno
m materno.
mütterlich ['mytərliç] materno;
~**erseits** ['---çərzaɪts] dal lato materno; ♀**keit** *f* maternità *f*; sentimento *m* materno.
Mutter|liebe ['mutərli:bə] *f* amore
m materno; ♀**los** senza madre; ~**mal**
n voglia *f*; ~**milch** *f* latte *m* materno; ~**mord** *m* matricidio *m*; ~**mör-
der(in** *f*) *m* matricida *m* u. *f*; ~**-
recht** *n* matriarcato *m*; ~**schaf** *n*
pecora *f* matricina; ~**schaft** *f* maternità *f*; ~**schoß** *m* seno *m* materno;
~**schutz** *m* protezione *f* della maternità; ~**schwein** *n* scrofa *f*; ♀**seelen-
allein**['--'ze:lən⁹a'laɪn] solo soletto;
~**söhnchen** ['--sø:nçən] *n* (6) cucco
m; ~**sprache** *f* lingua *f* materna;
lingua *f* madre; ~**stelle** *f*: ~ vertreten far le veci di madre; ~**tag** *m*

giornata *f* della madre; ~**teil** ♂♀ *n*
legittima *f* materna; ~**witz** *m* spirito
m naturale.
Mutti ['muti:] *f* (11¹) mamma *f*.
Mut|wille ['mu:tvɪlə] *m* petulanza *f*;
♀**willig** malizioso; petulante; *adv.*
apposta.
Mütze ['mytsə] *f* (15) berretto *m*;
ohne Schirm: berretta *f*; ~**nschirm**
m visiera *f*.
Myriade [myr'jɑ:də] *f* (15) miriade
f.
Myrrhe ['myrə] *f* (15) mirra *f*.
Myrte ['myrtə] *f* (15) mirto *m*; ~**n-
wald** *m* mirteto *m*.
Myst|erienspiel [mys'te:rjənʃpi:l] *n*
sacra rappresentazione *f*; ♀**eriös**
[--r'jø:s] misterioso; ~**erium**
[-'-rjum] *n* (9) mistero *m*; ~**ifika-
tion** [-tifikats'jo:n] *f* mistificazione
f; ♀**ifi'zieren** mistificare.
Myst|ik ['mystik] *f* (16, *o. pl.*) misti-
ca *f*; ~**iker** *m* (7), ♀**isch** *adj.* mistico
m u. adj.; ~**izismus** [mysti'tsɪsmus]
m (16, *o. pl.*) misticismo *m*.
Myth|e ['my:tə] *f* (15) mito *m*;
♀**isch** mitico; ~**ologie** [-tolo'gi:] *f*
(15) mitologia *f*; ♀**o'logisch** mito-
logico; ~**os** ['my:tɔs] *m* (16²) mito *m*.

M

N

N, n [ɛn] *n uv.* N, n *m u. f.*

na! [na] be'!; ~ *so was!* che roba!; ma guarda un po'!

Nabe ⊕ ['na:bə] *f* (15) mozzo *m.*

Nabel ['na:bəl] *m* (7) ombelico *m*; **~bruch** *m* ernia *f* ombelicale; **~schnur** *f* cordone *m* ombelicale.

nach [na:x] **1.** *prp. zeitlich:* dopo; *örtlich:* a; in; (~ ...*hin*) verso; (*gemäß*) secondo; (*hinter*) dietro; ~ *mir* dopo di me; ~ *Hause* a casa; ~ *Berlin fahren* andare a Berlino; ~ *Süden liegen* essere esposto a mezzogiorno; *der Länge* ~ per la lunghezza; *reisen* ~ partire per; *die Reise* ~ *Frankreich* il viaggio in Francia; ~ *Aussagen des* secondo le dichiarazioni di; ~ *dem Gedächtnis* a memoria; *dem Anschein* ~ stando all'apparenza; *meiner Meinung* ~ secondo il mio parere, a parer mio; ~ *Gewicht* a peso; ~ *dem, was ich gehört habe* a quanto ho sentito; ~ *dieser Seite* da questa parte; ~ *der Natur Mal.* dal vero; *dem Namen* ~ di nome; ~ *et. schmecken* sapere di qc.; ~ *alphabetischer Ordnung* in (per) ordine alfabetico; ~ *allen Richtungen* in tutte le direzioni; ~ *der Straße liegen* dare sulla strada; ~ *dem Arzt schicken* mandare a chiamare il medico; ~ *dem Gesetz* secondo la legge; ~ *e-m Muster* secondo un modello; **2.** *adv.* dopo; dietro; ~ *und* ~ a poco a poco; ~ *wie vor* precisamente come prima.

nach|äffen ['na:xʔɛfən] scimmiottare; **~ahmen** ['-ʔa:mən] (25) imitare; **~ahmenswert** degno d'imitazione; esemplare; ♀-**ahmer** *m* (7) imitatore *m*; ♀-**ahmung** *f* imitazione *f.*

Nacharbeit ['na:xʔarbaɪt] *f* lavoro *m* straordinario; ritocco *m*; ♀en **1.** *v/i.* lavorare secondo un modello; **2.** *v/t.* copiare; ritoccare; *das Versäumte* ~ ricuperare il tempo perduto.

Nachbar|(in *f*) *m* ['naxba:r(in)] (10 *u.* 13) vicino (-a) *m* (*f*); **~haus** *n* casa *f* vicina; **~land** *n* paese *m* limi-

trofo; ♀**lich** (di, da) vicino; **~e Beziehungen** *f/pl.* rapporti *m/pl.* di vicinanza; **~ort** *m* luogo *m* vicino; **~schaft** *f* vicinato *m*; (*Nähe*) vicinanza *f*; **~sleute** *pl.* vicini *m/pl.*

nach|bekommen ['na:xbəkɔmən] ricevere dopo (*od.* ancora); **~bessern** ritoccare; **~bestellen** fare un'ordinazione supplementare; ordinare dopo; **~beten** *v/t.* ripetere macchinalmente; **2.** *v/i.* imitare servilmente; ♀**beter** *m* F pappagallo *m*; **~bilden** copiare; ♀**bildung** *f* copia *f*; imitazione *f*; riproduzione *f*; **~blicken** seguire con gli occhi (*od.* con lo sguardo); **~datieren** posdatare.

nachdem [na:x'de:m] **1.** *adv.* dopo; **2.** *cj.* dopo che; secondo che; *meist mit inf.:* ~ *er die Arbeit beendet hatte* dopo aver finito il lavoro; *je* ~ secondo, a seconda di.

nachdenken ['na:xdɛŋkən] **1.** *v/i.* riflettere; meditare (*über ac.* su); **2.** ♀*n* (6) riflessione *f*; meditazione *f.*

'nach|denklich pensoso; ~ *werden* impensierirsi; **~dichten** imitare; ♀**dichtung** *f* imitazione *f*; **~drängen** ✕ incalzare; spingere di dietro; ♀**druck** *m* energia *f*, vigore *m*; *Phys.* intensità *f*; *Typ.* ristampa *f*, riproduzione *f*; ~ *auf et.* (*ac.*) *legen* insistere su qc.; **~verboten** proprietà *f* letteraria; **~drucken** ristampare; **~drücklich** ['-dryklɪç] insistente, insistente; **~dunkeln** (*h. u. sn*) diventare più scuro (col tempo); **~eifern** (*dat.*) emulare (*ac.*); **~eilen** (*sn*) correre dietro a; **~einander** l'uno dopo l'altro; **~empfinden** condividere i sentimenti di un altro; *s. nachfühlen.*

Nachen ['naxən] *m* (6) barchetta *f.*

nach|erzählen ['na:xʔertse:lən] ripetere un racconto; riferire; ♀**erzählung** *f* riassunto *m*; ♀**fahre** *m* discendente *m*; **~n** *pl.* posteri *m/pl.*; **~fahren** (*sn*) seguire (qu. in vettura *usw.*).

Nachfeier ['na:xfaɪər] *f* festa *f* po-

stuma; secondo giorno *m* d'una
festa.

Nachfolg|e ['na:xfɔlgə] *f* successione *f*; 2**en** (*sn*) seguire; *im Amt*: succedere; 2**end** seguente, successivo; ~**er** *m* (7) successore *m*.

nach|fordern ['na:xfɔrdərn] esigere un supplemento; esigere in più; 2~**forderung** *f* richiesta *f* supplementare (*od.* suppletiva); ~**forschen** indagare; investigare; 2**forschung** *f* indagine *f*; ʒʒ inquisizione *f*; 2~**frage** *f* domanda *f*; richiesta *f*; ~**fragen** domandare; informarsi (*nach di*); 2**frist** *f* proroga *f*, moratoria *f*; ~**fühlen** mettersi nei panni di qu.; *ich fühle es Ihnen nach* posso benissimo comprenderla; ~**füllen** riempire ancora; ~**geben** cedere; *Preise*: calare; ~**geboren** postumo; *mein* ~*er Bruder* il mio fratello minore; 2**gebühr** *f* tassa *f* supplementare; ~**geburt** *f* seconda *f*; ~**gehen** (*sn*) seguire; *Geschäften usw.*: attendere a; *Uhr*: ritardare (*um* di); ~**gelassen** ~*e Werke n/pl.* opere *f/pl.* postume; ~**gemacht** finto, artificiale; ~**geordnet** ['-gə'ɔrdnət] subordinato; 2**geschmack** *m* sapore *m* (che rimane in bocca); gusto *m* amaro (*od.* cattivo); *e-n unangenehmen* ~ *haben* lasciare la bocca cattiva; ~**gewiesenermaßen** ['-gəvi:zənər'ma:sən] notoriamente; ~**giebig** ['-gi:biç] cedevole; *fig.* arrendevole; 2**giebigkeit** *fig. f* cedevolezza *f*; arrendevolezza *f*; ~**gießen** versare ancora; ~**graben** scavare; ~**grübeln** ruminare; 2**hall** ['-hal] *m* (3¹, *o. pl.*) eco *f*; risonanza *f*; ~**hallen** risonare, echeggiare; ~**haltig** ['-haltiç] durevole; 2**haltigkeit** *f* durevolezza *f*; ~**hängen** abbandonarsi a; 2**hauseweg** ['-hauzəve:k] *m*: *auf dem* ~ *ritornando a casa*; rincasando; ~**helfen** (*dat.*) aiutare (*ac.*); ~'**her** dopo, poi; 2**hilfe** *f* aiuto *m*; 2**hilfestunde** *f* lezione *f* privata; ~**hinken** *fig.* seguire con molto ritardo; ~**holen** riguadagnare; 2**hut** *f* retroguardia *f*; ~**jagen** (*sn*) dare la caccia a; *dem Ruhm* ~ correre dietro alla gloria; 2**klang** *m* eco *f*; *Lit.* reminiscenza *f*; ~**klingen** risonare.

Nachkomm|e ['na:xkɔmə] *m* (13) discendente *m*; 2**en** (*sn*) (*dat.*) venir dopo; (*einholen*) raggiungere (*ac.*); *Bitte*: esaudire (*ac.*); *Wunsch*: soddisfare; *Befehl*: eseguire (*ac.*); *Versprechen*: mantenere (*ac.*); *Verpflichtung*: adempiere (*ac.*), far fronte a; ~**enschaft** *f* discendenza *f*; prole *f*.

Nachkömmling ['na:xkœmliŋ] *m* (3¹) discendente *m*.

Nachkriegszeit ['na:xkri:kstsait] *f* dopoguerra *m*.

Nachkur ['na:xku:r] *f* cura *f* suppletiva.

Nach|laß ['na:xlas] *m* (4[²]) (*Erbschaft*) eredità *f*; (*Preisnachlaß*) riduzione *f*; sconto *m*; (*Straf*2) condono *m*; *Lit.* opere *f/pl.* postume; 2**lassen** 1. *v/t.* rallentare; *Schuld, Strafe*: condonare; *Preise*: ridurre; 2. *v/i.* scemare; *Schmerz, Wind*: calmarsi; *Regen*: cessare; *Geschäfte*: diminuire; *Leistung*: trascurare; 3. ~**lassen** *n* (6) rallentamento *m*; diminuzione *f*; riduzione *f*; *Fieber*: remittenza *f*.

nach|lässig ['na:xlɛsiç] trascurato, negligente; 2**keit** *f* trascuratezza *f*, negligenza *f*.

Nachlaßpfleger ʒʒ ['-laspfle:gər] *m* curatore *m* del testamento.

nach|laufen ['na:xlaufən] (*sn*) correre dietro a; *Spiel*: rincorrere; 2**läufer** *m* seguace *m*; ~**leben** vivere conforme a; ~**legen** aggiungere; 2**lese** *f* spigolatura *f*; *Trauben*: racimolatura *f*; ~**lesen** spigolare; racimolare; *Buch*: rileggere; ~**liefern** fornire più tardi; completare la fornitura; 2**lieferung** *f* fornitura *f* supplementare (*od.* in un secondo tempo); ~**lösen**: *e-e Fahrkarte* ~ fare il supplemento; ~**machen** rifare; (*fälschen*) contraffare; *j-m et.* ~ imitare qu. in qc.; ~**malen** copiare; (*ausbessern*) ritoccare; ~**messen** (ri)misurare.

Nachmit|tag ['-mita:k] *m* pomeriggio *m*; 2**tägig** ['-mitɛ:giç] pomeridiano; 2**tags** ['-mita:ks] nel (*od.* di) pomeriggio; ~**tagsruhe** *f* siesta *f*; ~**tagstee** *m* tè *m* del pomeriggio.

Nach|nahme 🕭 ['-na:mə] *f* (15) porto *m* assegnato; *gegen* ~ contro rimborso (*od.* assegno); ~**nahmesendung** *f* spedizione *f* per assegno; ~**name** *m* cognome *m*; 2**plappern** ripetere pappagallescamente (*od.* macchinalmente); ~**porto** *n* soprattassa *f*; 2**prüfen** riesaminare, ri-

N

scontrare, controllare, verificare; ~**prüfung** f revisione f, verifica f, controllo m; *Schule:* esame m di riparazione; ♀**rechnen** verificare un conto; ~**rede** f chiacchiere f/pl. (sul conto di qu.); *Lit.* epilogo m; *üble* ~ diffamazione f; ♀**reden** v/t. u. v/i. ripetere; imitare qu. nel parlare; (*Übles* ~) sparlare (di qu.); ♀**reisen** (sn) seguire (qu.) in viaggio; ♀**rennen** rincorrere (ac.); correre dietro a.

Nachricht ['nɑːxrɪçt] f (16) notizia f; ~**en-agentur** f agenzia f informazioni; ~**endienst** m servizio m d'informazioni; *Radio:* giornale m radio; ~**ensatellit** m satellite m di comunicazione; ~**ensendung** f *Radio:* radiogiornale m; notiziario m.

nach|rücken ['nɑːxrʏkən] (sn) muover dietro a qu.; *Beamte:* avanzare; ♀**ruf** m necrologia f; ♀**ruhm** m fama f; ~**rühmen:** j-m et. ~ dire qc. in lode di qu; ~**sagen** ripetere (sulla fede di qu.); *j-m Böses* ~ ridire qc. sul conto di qu.; ♀**saison** f bassa stagione f; ♀**satz** m proposizione f conseguente; ~**schauen** guardar dietro; ~**schicken** mandare dopo; *Briefe:* inoltrare; far seguire; ~**schießen** tirare dietro; *Gelder* ~ fare un nuovo versamento; ~**schlagen 1.** v/t. consultare; cercare; **2.** v/i. (sn) somigliare a; ♀**schlagewerk** n opera f di consultazione; ~**schleichen** (sn) seguire di nascosto; pedinare (ac.); ~**schleppen** strascicare; ♀**schlüssel** m chiave f falsa; ~**schmecken** v/i. lasciare un sapore in bocca; ~**schreiben** scrivere; (*abschreiben*) copiare; (*hinzufügen*) aggiungere; ♀**schrift** f poscritto m; ♀**schub** m rifornimento m; ~**sehen 1.** j-m: seguire qu. con lo sguardo; (*suchen*) guardare; (*prüfen*) controllare, esaminare; (*j-m et.* ~) chiudere un occhio, perdonare; ~, *ob* andare a vedere se; **2.** *in* (6): *das* ~ *haben* restar a bocca asciutta; ~**senden:** *bitte* ~! prego inoltrare! ~**setzen 1.** v/t. posporre; *nachträglich:* aggiungere; **2.** v/i. (sn) inseguire (qu.); ♀**sicht** f indulgenza f; tolleranza f; *Überprüfung:* verifica f; ~ *üben mit* essere indulgente con; ~**sichtig** ['-zɪçtɪç] indulgente; ♀**silbe** f suffisso m; ~**sinnen** meditare; ~**sitzen** stare in castigo; ♀**sommer**

m estate f di San Martino; ~**spähen** seguire con gli occhi; (*nachforschen*) investigare; ♀**spiel** n epilogo m; *fig.* conseguenze f/pl.; ~**sprechen** ripetere le parole; ~**sprengen** seguire (qu.) al galoppo; ~**spüren** braccare; *fig.* indagare.

nächst [nɛːçst] **1.** adj. (18, s. nah) (il) più vicino; *Weg:* più breve; (*folgend*) prossimo; dopo; *am* ~*en Tag* il giorno dopo; *am* ~*en Morgen* l'indomani mattina; *bei* ~*er Gelegenheit* alla prossima occasione; *in* ~*er Zeit* prossimamente; *aus* ~*er Nähe* da vicino; **2.** prp. (dat.) vicino a; '♀'**beste** m il primo che viene.

nach|stehen [-ʃteːən] *fig.* essere inferiore; ~**stehend 1.** adj. seguente; **2.** adv. (qui) appresso, qui di seguito; ~**stellen 1.** v/t. posporre; *Uhr:* metter indietro; ⊕ regolare, registrare; **2.** v/i. j-m: perseguitare, dare la caccia; ♀**stellung** f ⊕ aggiustamento m; persecuzione f.

Nächstenliebe ['nɛːçstənliːbə] f amore m del prossimo.

nächstens ['nɛːçstəns] prossimamente.

Nächste(r) ['nɛːçstər] m (18) prossimo m.

nächst|folgend ['nɛːçstfɔlgənt] susseguente; ~**liegend** più vicino; *fig.* più ovvio.

nach|streben ['nɑːxʃtreːbən] emulare (qu.); ~**stürzen** crollare dietro a; *verfolgend:* slanciarsi dietro a; ~**suchen** ricercare; *um et.* ~ sollecitare qc.

Nacht [naxt] f (14¹) notte f; ~ *werden* farsi notte; *bei* ~ di notte; *über* ~ durante la notte; *fig.* da un momento all'altro; *heute* ♀ stanotte; *gute* ~! buona notte!

Nacht... [naxt...]: *in Zssgn oft* notturno; ~**arbeit** f lavoro m notturno; ~**asyl** n asilo m notturno; ~**aufnahme** f (foto) presa f di notte; ~**blindheit** f emeralopia f; ~**dienst** m servizio m notturno.

Nachteil ['nɑːxtaɪl] m (3) svantaggio m; (*Schaden*) danno; j-m ~ *bringen* pregiudicare qu.; j-m *gegenüber im* ~ *sein* essere in posizione svantaggiosa di fronte a qu.; ♀**ig** svantaggioso; dannoso.

nächtelang ['nɛçtəlaŋ] per notti intere.

Nacht|essen ['naxtʔɛsən] n cena f;

~eule f nottola f, gufo m; ~falter m falena f; ~flug m volo m notturno; ~frost m gelo m notturno; ~geschirr n vaso m da notte; ~gleiche f equinozio m; ~hemd n camicia f da notte.

Nachtigall ['-tigal] f (16) usignolo m.

nächtigen ['nɛçtigən] (25) passare la notte; pernottare.

Nachtisch ['naːtiʃ] m frutta f; dolce m; dessert m.

Nachtlager ['naxtlaːgər] n alloggio m (per la notte).

nächtlich ['nɛçtliç] adj. notturno.

Nacht|lokal ['naxtlokaːl] n ritrovo m notturno; ~mahl n cena f; ~portier m portinaio m notturno; ~quartier ['-kvartiːr] n alloggio m per la notte.

nachtraben ['naːxtraːbən] (sn) seguire al trotto.

Nachtrag ['naːxtraːk] m (3³) supplemento m; (Brief ♀) poscritto m; (Testaments ♀) codicillo m; ♀en portar dietro; (hinzufügen) aggiungere; fig. serbar rancore; ♀end permaloso.

nachträglich ['naːxtrɛːkliç] 1. adj. supplementare; ritardato; 2. adv. in seguito; in ritardo.

Nachtruhe ['naːxtruːə] f riposo m notturno; quiete f della notte.

Nachtrupp ['naːxtrup] m retroguardia f.

nachts [naxts] di notte, durante la notte.

Nacht|schatten ['naxtʃatən] m ♀ solano m; ~schicht f turno m di notte; ~schwärmer m nottambulo m; ~seiten f/pl. des Lebens: aspetti m/pl. tragici; ~stück n Mal. notturno m; ~tisch m comodino m; ~topf m vaso m da notte; orinale m.

nachtun ['naːxtuːn]: j-m et. ~ imitare qu. in qc.

Nacht|vogel ['naxtfoːgəl] m uccello m notturno; ~wache f veglia f; guardia f notturna; (Wachbleiben) vigilia f; ~wächter m guardiano m notturno; guardia f notturna; ~wandeln essere sonnambulo; ~wandeln n sonnambulismo m; ~wandler ['-vandlər] m (7) sonnambulo m; ~zeit f: zur ~ di notte; ~zeug n vesti f/pl. per la notte; ~zug m treno m della notte.

Nach|urlaub ['naːxʔuːrlaup] m prolungamento m delle vacanze; ♀verlangen chiedere ancora; ~versicherung f assicurazione f supplementare; ♀wachsen (sn) ricrescere; ~wahl f elezione f suppletiva; ~wehen pl. ♀ doglie f/pl. dopo il parto; fig. conseguenze f/pl.; ♀weinen rimpiangere (ac.).

Nachweis ['naːxvaɪs] m (4) prova f, dimostrazione f; den ~ erbringen provare; ♀bar provabile; ~büro n ufficio m d'informazioni; ♀en ['--zən] indicare; Arbeit: procurare; (beweisen) provare; dimostrare; ♀lich provabile; adv. provatamente.

Nach|welt ['naːxvelt] f posteri m/pl.; ♀wiegen ripesare; ♀wirken produrre un effetto posteriore; ~wirkung f effetto m ulteriore, conseguenze f/pl., reazione f, ripercussione f; ~wort n epilogo m; ~wuchs m fig. generazione f nuova; giovani m/pl.; ♀zahlen pagare la differenza; ~zahlung f pagamento m suppletivo; ♀zählen (ri)contare; ♀zeichnen copiare; disegnare secondo un modello; ♀ziehen 1. v/t. ritracciare, ripassare una linea; fig. tirarsi dietro; 2. v/t. (sn) seguire; ~zucht f allevamento m; ~zügler ['-tsyːglər] m (7) ritardatario m.

Nacken ['nakən] m (6) nuca f; fig. collo m; ~schlag m colpo m sulla nuca.

nack|end, ~t ['nakənt, nakt] nudo; ♀theit f nudità f; ♀tkultur f nudismo m.

Nadel ['naːdəl] f (15) ago m; (Steck-♀) spillo m; (Grammophon♀) puntina f; ♀ foglia f aghiforme; ~arbeit f lavoro m ad ago; ~baum m conifera f; ~hölzer n/pl. conifere f/pl.; ~kissen n portaspilli m; ~kopf m capocchia f; ~öhr n cruna f; ~stich m punto m d'ago; fig. puntura f, punzecchiatura f; ~ventil n valvola f a spillo; ~wald m foresta f di conifere.

Nagel ['naːgəl] m (7¹) chiodo m; (Finger♀) unghia f; fig. an den ~ hängen gettare alle ortiche; den ~ auf den Kopf treffen cogliere nel segno; auf den Nägeln brennen essere molto urgente, premere; ~bürste f spazzolino m per le unghie; ~feile f lima f per le unghie; ~geschwür n panereccio m; ~kopf m capocchia f; ~lack m smalto m per le unghie;

N

₂n (29) inchiodare; **₂ʼneu** nuovo fiammante, nuovo di zecca; **~pflege** f manicure f; **~politur** f lustro m per le unghie; **~schere** f forbici f/pl. per le unghie; **~schuh** m scarponi m/pl. chiodati.

nag|en [ˈnɑːgən] (25) rodere; fig. struggere; **₂er** m, **₂etier** n rosicante m.

nah, **~e** [ˈnɑː(ə)] (18², sup. nächst) vicino; Verwandte: stretto; Freund: intimo; **~ daran sein** essere sul punto di; **~ bevorstehen** essere imminente; **~ bevorstehend** imminente; **~kommen** avvicinarsi; **~ liegend** vicino; **~ stehend** prossimo; **~ treten** avvicinarsi; j-m zu **~ treten** offendere qu.; von **~ und fern** da vicino e lontano, da tutte le parti.

Nahaufnahme [ˈnɑːʔaʊfnɑːmə] f (fotografia f di) primo piano m.

Näharbeit [ˈnɛːʔarbaɪt] f lavoro m di cucito.

Nähe [ˈnɛːə] f (15, o. pl.) vicinanza f; nächste ~ prossimità f; ganz in der ~ qui vicino; aus der ~ da vicino.

nahe vicino; s. nah.

nahe|bei [ˈnɑːˈbaɪ] lì vicino; **~gehen** (sn) toccare da vicino, addolorare; fare impressione; **~kommen** (sn) (dat.) avvicinarsi a; **~legen** far capire; raccomandare; **~liegen** essere facile a capire; es liegt sehr ~ zu glauben si è portati a credere; **~liegend** fig. ovvio.

nahen [ˈnɑːən] (25, sn) avvicinarsi.

nähen [ˈnɛːən] (25) cucire; ✄ suturare.

näher [ˈnɛːər] (18², s. nah) più vicino; treten Sie ~ venga avanti; e-r Frage **~treten** esaminare più da vicino una questione; **~e Auskünfte** f/pl. informazioni f/pl. più particolareggiate; **~e Umstände** m/pl. ~ **₂e(s)** n i particolari m/pl.

Näherei [--ˈraɪ] f (16) lavori m/pl. di cucito.

Näherin [--ˈrɪn] f (16¹) cucitrice f; allg. sarta f.

näherkommen [ˈnɛːərkɔmən]: sich ~ conoscersi meglio; familiarizzarsi.

nähern [ˈnɛːərn] (25): sich ~ avvicinarsi; approssimarsi.

Näherungswert [ˈnɛːərʊŋsveːrt] m valore m approssimativo.

nahe|stehen [ˈnɑːˈʃteːən]: j-m ~ essere in stretti rapporti con qu.; **~stehend** Freund: intimo; **~treten**

(sn) avvicinarsi; **~zu** quasi, press'a poco.

Näh... [ˈnɛː...]: in Zssgn oft da cucito; **~garn** n filo m da cucire; cucirini m/pl.

Nahkampf [ˈnɑːkampf] m lotta f corpo a corpo.

Näh|kissen [ˈnɛːkɪsən] n cuscino m da lavoro; **~korb** m cestino m da lavoro; **~maschine** f macchina f da cucire; **~nadel** f ago m (da cucire).

Nähr... [ˈnɛːr...]: in Zssgn oft nutritivo; **~boden** m suolo m produttivo; fig. fomite m; **₂en** (25) nutrire (a. fig.); Kind: allattare; **₂end** nutriente; Boden: produttivo; **~gehalt** m contenuto m nutritivo; potere m nutriente.

nahrhaft [ˈnɑːrhaft] nutritivo; **₂igkeit** f qualità f/pl. nutritive.

Nähr|kraft [ˈnɛːrkraft] f virtù f nutritiva; **~mittel** n prodotto m alimentare; **~mutter** f madre f adottiva; **~saft** m Physiol. chilo m; **~salz** n sale m nutritivo; **~stand** m classe f agraria; **~stoff** m sostanza f nutritiva; materia f nutriente.

Nahrung [ˈnɑːrʊŋ] f nutrimento m; **(~smittel)** alimento m.

Nahrungs|mangel [ˈnɑːrʊŋsmaŋəl] m mancanza f di cibo (od. di viveri); **~mittel** n viveri m/pl.; alimento m; **~mittelindustrie** f industria f alimentare; **~sorgen** f/pl. preoccupazioni f/pl. per sostentar la vita; **~stoff** m sostanza f nutritiva.

Nährwert [ˈnɛːrveːrt] m valore m nutritivo.

Näh|schule [ˈnɛːʃuːlə] f scuola f di cucito; **~seide** f seta f cucirina.

Naht [nɑːt] f (14¹) cucitura f; Chir. sutura f; ⊕ saldatura f; **₂los** senza cucitura; ⊕ senza saldatura.

Nah|verkehr [ˈnɑːferkeːr] m traffico m a breve distanza; servizio m locale; **~ziel** n obiettivo m immediato.

Näh|tisch [ˈnɛːtɪʃ] m tavolino m da cucito; **~zeug** n occorrente m per cucire.

naiv [naˈiːf] ingenuo; **₂ität** [--viˈtɛːt] f (16) ingenuità f.

Name [ˈnɑːmə] m (13¹) nome m; dem ~n nach di nome; auf den ~n lautend nominativo; im ~n von a nome di; **~ngebung** f battesimo m; **~nliste** f lista f (od. elenco m) dei nomi; **₂nlos** anonimo; (unsagbar) indicibile; adv. da non dirsi; **~n-**

losigkeit f anonimità f; **~nregister** n indice m dei nomi.

namens ['-məns] di nome; (*im Namen*) in nome.

Namens|aktie ['na:məns'aktsjə] f azione f nominativa; **~aufruf** m appello m (nominale); **~fest** n, **~tag** m onomastico m; **~unterschrift** f firma f; **~vetter** m omonimo m; **~zug** m monogramma m.

namentlich ['-məntliç] nominale; **~e** *Abstimmung* f votazione f per appello nominale; adv. per nome; (*besonders*) specialmente.

namhaft ['na:mhaft] considerevole, notevole, ragguardevole; **~ machen** nominare.

nämlich ['ne:mliç] **1.** adj. stesso; **2.** adv. cioè, vale a dire.

nannte ['nantə] s. nennen.

nanu? [na'nu:] come?, veramente?

Napf [napf] m (3^3) scodella f; **~kuchen** m focaccia f (cotta al forno).

Naphtha ['nafta] n u.f (11 u. 16, o. pl.) nafta f; **~lin** [-ta'li:n] n (3^1, o. pl.) naftalina f.

Narb|e ['narbə] f (15) cicatrice f; (*auf Leder*) grana f; **~** strato m vegetale; **2en** ⊕ (*Leder*) granire; **~enbildung** f cicatrizzazione f; **2ig** pieno di cicatrici; (*pocken~*) butterato.

Narko|se ≉ [nar'ko:zə] f (15) narcosi f; anestesia f; **2tisch** narcotico; **2ti'sieren** narcotizzare.

Narr [nar] m (12) pazzo m, matto m; (*Possenreißer*) buffone m; j-n zum **~en** halten burlarsi di qu.; e-n **~en** gefressen haben an (dat.) andare matto (od. pazzo) per; **²en** (25) burlarsi di.

Narren|haus ['-rənhaus] n manicomio m; F gabbia f di matti; **~kappe** f berretto m da buffone; **~(s)possen** f/pl. buffonate f/pl., pagliacciate f/pl.

Narrheit ['narhait] f pazzia f.

Närr|in ['nerin] f pazza f, matta f; **2isch** pazzo, matto, folle.

Narzisse ⚘ [nar'tsisə] f (15) narciso m. [nasale f.]

nasal [na'za:l] nasale; **2laut** m/

naschen ['nafən] (27) spilluzzicare, sbocconcellare; gern **~** essere ghiotto (od. goloso).

Nascher ['nafər] m (7) goloso m; **~ei** [--'rai] f (16) ghiottoneria f; **~en** f/pl. dolciumi m/pl.

nasch|haft ['nafhaft] ghiotto; **2-haftigkeit** f golosità f; **2katze** f ghiottone m; **2sucht** f golosità f; **2werk** n dolciumi m/pl.

Nase ['na:zə] f (15) naso m; die **~** rümpfen arricciare il naso; eine lange **~** machen fare un palmo di naso; mit langer **~** abziehen andarsene con tanto di naso; an der **~** herumführen menare per il naso; vor der **~** wegschnappen portar via sotto il naso; et. unter die **~** reiben dirne quattro sul muso; die **~** in alles stecken ficcare il naso dappertutto; **2lang** F: alle **~** ad ogni istante.

näseln ['ne:zəln] (29) parlare con il (od. nel) naso; **~d** nasale.

Nasen... ['na:zən...]: in Zssgn oft nasale, del naso; **~bein** n osso m nasale; **~bluten** n: **~** haben sanguinare dal naso; **~flügel** m pinna f; **~laut** m nasale f; **~loch** n narice f; **~polyp** m ozena f; **~ring** m nasiera f; **~rücken** m dorso m del naso; **~spitze** f punta f del naso; **~stüber** ['--ʃty:bər] m (7) buffetto m.

Naseweis ['-zəvais] m (4), **2** adj. (18) saputello m u. adj.

nas|führen ['na:sfy:rən] (untr.) menare per il naso; **2horn** n (1^2) rinoceronte m.

naß [nas] (18[1 [u. ²]]) bagnato; Augen, Wetter: umido; **~ machen** bagnare; **~ werden** bagnarsi; **2** n liquido m.

Nassau|er ['-sauər] m (7) fig. F scroccone m, sbafone m; **2ern** (29) F scroccare, sbafare.

Näss|e ['nesə] f (15, o. pl.) umidità f; **2en** v/t. (28) bagnare.

naßkalt ['naskalt] freddo umido.

Nation [nats'jo:n] f (16) nazione f; Vereinte **~en** Nazioni f/pl. Unite; **2al** [-tsjo'na:l] nazionale; **2ali'sieren** nazionalizzare; **~ali'sierung** f nazionalizzazione f; **~a'lismus** m nazionalismo m; **~a'list(in** f) m nazionalista m u. f; **2a'listisch** nazionalistico; **~ali'tät** f nazionalità f.

Nationalökonom [natsjo'na:l?økono:m] m economista m; **~ie** f economia f politica; **2isch** d'economia politica; economico.

Natr|ium ['na:trjum] n (9, o. pl.) sodio m; **~on** n soda f; (doppelt)kohlensaures **~** (bi)carbonato m di soda.

Natter ['natər] f (15) biscia f; giftige: vipera f.

Natur [na'tu:r] f (16) natura f; *Anlage*: indole f; *Körperbeschaffenheit*: costituzione f; *Mal. nach der ~* dal vero; *in der freien ~* all'aria aperta; *~...*: *in Zssgn oft* naturale; **~alien** [-tu'ra:ljən] *pl. uv.* prodotti m/pl. naturali; *in ~ bezahlen* pagare in merce; **2ali**|**sieren** naturalizzare; **~ali'sierung** f naturalizzazione f; **~a'lismus** m naturalismo m; verismo m; **2a'listisch** naturalista; verista; **~alleistung** [--'ra:laɪstuŋ] f prestazione f in natura; **~anlage** f disposizione f naturale; **~arzt** m naturista m; **~ell** [-tu'rɛl] n (3¹) naturale m; **~ereignis** n, **~erscheinung** f fenomeno m naturale; **~erzeugnis** n prodotto m naturale; **~forscher** m naturalista m; **~forschung** f scienze f/pl. naturali; **~freund** m amante m della natura; **~gabe** f dono m naturale; **~gefühl** n sentimento m della natura; **~gemäß** conforme alla natura; *adv.* naturalmente; **~geschichte** f storia f naturale; **~gesetz** n legge f naturale; **2getreu** vero; naturale; **~heillehre** f, **~heilverfahren** n terapia f naturalista; **~kind** n essere m primitivo; **~kunde** f scienze f/pl. naturali; **~lehre** f fisica f.

natürlich [na'ty:rliç] **1.** *adj.* naturale; *(einfach)* semplice; *(selbstverständlich)* ovvio; **2.** *adv.* naturalmente; s'intende; *~!* ma certo!; **2keit** f naturalezza f.

Natur|**mensch** [na'tu:rmɛn∫] m uomo m primitivo; naturista m; **~philosophie** f filosofia f naturale; **~produkt** n prodotto m naturale; **~recht** n diritto m naturale; **~reich** n regno m della natura; **2rein** naturale; **~schätze** [-'-∫ɛtsə] pl. ricchezze f/pl. naturali od. ⚒ del sottosuolo; **~schutz** m protezione f delle bellezze naturali; **~schutzpark** m parco m nazionale; **~trieb** m istinto m; **~volk** n popolo m primitivo; **~wahrheit** f naturalezza f; **2widrig** contro natura; **~wissenschaft** f scienza f naturale; **2wüchsig** naturale; primordiale; **~zustand** m stato m naturale.

Naut|**ik** ['nautik] f nautica f; **2isch** nautico.

Navigation ⚓ [navigats'jo:n] f (16, *o. pl.*) navigazione f; **~s-offizier** m ufficiale m di rotta.

Nebel ['ne:bəl] m (7) nebbia f; *(Dunst)* foschia f; *leichter ~* nebbiolina f; *fig.* tenebre f/pl.; **~bombe** f bomba f fumogena; **~fleck** m nebulosa f; **2haft** nebuloso; **~horn** n sirena f; **~hülle** f velo m di nebbia; **2ig** nebbioso; **~krähe** f cornacchia f grigia; **~scheinwerfer** *Kfz.* m faro m antinebbia; **~wand** f cortina f di nebbia.

neben ['ne:bən] *(wo? dat.; wohin? ac.)* accanto a; *(außer)* oltre a; *in Zssgn: Ggs. zu Haupt...:* secondario; *in der Nähe gelegen:* vicino, adiacente; *von et., was zu dem Hauptsächlichsten hinzutritt:* accessorio; **2-absicht** f secondo fine m; **~'an** li *(od. qui)* accanto; **2-anschluß** m *Fernspr.* apparecchio m secondario; **2-arbeit** f lavoro m secondario; **~ausgaben** f/pl. spese f/pl. suppletive; **2-ausgang** m uscita f laterale *(od. accessoria)*; **2bedeutung** f significato m secondario; **~'bei** lì *(od. qui)* accanto; *(außerdem)* inoltre; *(beiläufig)* di passaggio; **2beschäftigung** f occupazione f accessoria; **2buhler(in** f) m (7) rivale m u. f; **2buhlerschaft** f rivalità f; **2ding** n accessorio m; **~ei'nander** uno accanto all'altro; **2-eingang** m entrata f laterale; **2-einkünfte** f/pl., **2-einnahme** f entrate f/pl. occasionali *(od. addizionali)*; **2fach** n *Lit.* materia f secondaria; **2fluß** m affluente m; **2gebäude** n fabbricato m annesso; **2gedanke** m secondo fine m; **2geleise**, **2gleis** n binario m secondario; **2geräusch** n *Radio:* rumore m parassita; **2gewinn** m guadagno m extra; **2haus** n casa f accanto; **~'her**, **~'hin** s. nebenbei; **2klage** f domanda f incidentale; **2kläger** m attore m incidentale; **2kosten** pl. spese f/pl. accessorie; **2linie** f linea f collaterale; 🚆 linea f secondaria; **2mann** m vicino m; **2mensch** m prossimo m; **2nierendrüse** f glandola f surrenale; **2person** f personaggio m secondario; **2post-amt** n ufficio m postale succursale; **2produkt** n sottoprodotto m; prodotto m secondario; **2raum** m stanza f attigua; vano m accessorio; **2regierung** f governo m occulto; **2rolle** f parte f secondaria; **2sache** f cosa f di poca importanza; bagatella f; *das ist ~* questo non importa; **~säch-**

lich secondario; 2**satz** *m Gram.* proposizione *f* subordinata; 2-**schluß** ⚡ *m* derivazione *f*; 2-**schlüssel** *m* seconda chiave *f*; 2-**schößling** ⚘ *m* messa *f*; 2**sonne** *f* parelio *m*; 2**spesen** *pl.* spese *f/pl.* accessorie; **stehend** accluso, annesso; emarginato; *wie* ~ *come in margine*; 2**stelle** *f* succursale *f*; 2-**straße** *f* strada *f* laterale (*od.* secondaria); 2**strecke** *f* linea *f* secondaria; 2**strom** *m* ⚡ corrente *f* indotta; 2**tisch** *m* tavolino *m* a parte; 2**titel** *m* sottotitolo *m*; 2**tür** *f* porta *f* laterale; 2-**umstand** *m* circostanza *f* accessoria; 2-**ursache** *f* concausa *f*; 2-**verdienst** *m* guadagno *m* accessorio (*od.* straordinario); entrata *f* occasionale; 2**weg** *m* strada *f* laterale; *fig.* rigiro *m*; 2**winkel** *m* angolo *m* adiacente; 2**wirkung** *f* effetto *m* secondario; 2**wort** *n* avverbio *m*; 2-**zimmer** *n* stanza *f* attigua; 2**zweck** *m* scopo *m* secondario; secondo fine *m*.

nebst [neːpst] (*dat.*) con; insieme a; (*außer*) oltre a.

neck|en ['nɛkən] (25) stuzzicare; punzecchiare; (*reizen*) far arrabbiare; irritare; 2**erei** *f* [--'raɪ] *f* (16) stuzzicamento *m*, punzecchio *m*; **isch** canzonatorio; (*lustig*) burlevole.

Neffe ['nɛfə] *m* (13) nipote *m*.

Negat|ion [negats'joːn] *f* negazione *f*; 2**iv**¹ negativo; '**iv²** *n* (3¹), '**iv-bild** *n* negativa *f*.

Neger ['neːɡər] *m* (7) negro *m*; ~**handel** *m* tratta *f* dei negri; **in** *f* negra *f*.

Negligé [negli'ʒeː] *n* veste *f* da camera.

nehm|en ['neːmən] (30) prendere; (*weg*~) togliere; (*an*~) accettare; *wichtig* ~ dar (troppa) importanza a; *es genau* ~ andare per il sottile; *et. sich nicht* ~ *lassen* non rinunciare a qc.; *gefangen* ~ far prigioniero; *ein Ende* ~ trovar fine; *Rücksicht* ~ aver riguardo; *sich die Mühe* ~ darsi la pena; *ein Hindernis* ~ superare un ostacolo; *strenggenommen* a tutto rigore; *im ganzen genommen* nel complesso; *wie man es nimmt* secondo, a seconda.

Nehrung *Erdk.* ['neːruŋ] *f* striscia *f* di terra (che separa una laguna dal mare).

Neid [naɪt] *m* (3, *o. pl.*) invidia *f*; 2**en** ['-dən] (26): *j-m et.* ~ invidiare qc. a qu.; '**er** *m* (7) invidioso *m*; '~**hammel** *m* persona *f* invidiosa; '2**isch** invidioso (*auf ac.* di); '2**los** senza invidia.

Neig|e ['naɪɡə] *f* (15) pendio *m*; (*Rest*) resto *m*; (*Bodensatz*) sedimento *m*; (*Ende*) fine *f*; *zur* ~ *gehen* declinare; *Geld, Zeit*: essere agli sgoccioli; *bis auf die* ~ *leeren* bere fino all'ultima goccia; 2**en** (25): (*sich*) ~ inclinar(si); *fig. a.* tendere verso; *sich* ~ (*Tag*) declinare; *sich zum Ende* ~ avvicinarsi alla fine; **ung** *f* inclinazione *f*; *zu j-m:* affezione *f*; (*Abhang*) pendio *m*; ~ *fassen* affezionarsi; **ungswinkel** *m* angolo *m* d'inclinazione.

nein [naɪn] no; ~ *doch!* ma no!; ~ *sagen* dire di no.

Nekrolog [nekro'loːk] *m* (3) necrologia *f*.

Nektar ['nɛktaːr] *m* (3¹, *o. pl.*) nettare *m*.

Nelke ['nɛlkə] *f* (15) garofano *m*; (*Gewürz*2) chiodi *m/pl.* di garofano.

Nemesis ['neːmezis] *f* nemesi *f*.

nenn|bar ['nɛnbaːr] nominabile; **en** (30) nominare; (*heißen*) chiamare; (*mitteilen*) far sapere; **ens-wert** ['-sveːrt] degno che se ne parli; ragguardevole; 2**er** ⅋ *m* (7) denominatore *m*; 2**fall** *m* nominativo *m*; 2**form** *Gram.* *f* infinito *m*; 2**ung** *f Sport:* iscrizione *f*; *ohne* ~ *der Namen* senza fare i nomi; 2-**wert** ✝ *m* valore *m* nominale; 2-**wort** *n* sostantivo *m*.

Neon ['neːɔn] *n* (11, *o. pl.*) neon *m*; **beleuchtung** *f* illuminazione *f* al neon; **licht** *n* luce *f* al neon; **röhre** *f* tubo *m* di neon.

Nerv [nɛrf] *m* (8) nervo *m*; F *auf die* ~*en gehen* dare sui nervi; F *er hat* ~*en!* ha i nervi a posto!

Nerven... ['-fən...]: *in Zssgn oft* nervoso; dei nervi; **anfall** *m* attacco *m* nervoso; **arzt** *m* neurologo *m*, specialista *m* per malattie nervose; 2**aufreibend** snervante; 2**beruhigend** sedativo; **bündel** *n* ⚞ fascio *m* di nervi; *fig.* uomo *m* tutto nervi; **geflecht** *n Anat.* plesso *m* nervoso; **entzündung** *f* neurite *f*; **heilanstalt** *f* casa *f* di cura per malattie nervose; **kitzel** *m fig.* sensazione *f*; brivido *m*; 2-

krank malato di nervi, nevrotico; **~krankheit** f malattia f di nervi, nevrosi f; **~krieg** m guerra f dei nervi; **~kunde** f, **~lehre** f nevrologia f; **~leiden** n nevropatia f; **2-leidend** nevropatico; **~säge** F fig. f strazio m; F peste f; **~schmerz** m nevralgia f; **~schock** m collasso m nervoso; **2schwach** nevrastenico; **~schwäche** f nevrastenia f; **2stärkend** nervino; **~system** n sistema m nervoso; **~zusammenbruch** m esaurimento m nervoso.

nerv|ig ['-viç] nerboruto; **~ös** [-'vø:s] nervoso; *j-n ~ machen* dare sui nervi a qu.; irritare qu.; **2osität** [-vozi'tɛ:t] f (16, *o. pl.*) nervosità f.

Nerz [nɛrts] m (3²) visone m.

Nessel ♀ ['nɛsəl] f (15) ortica f; **~ausschlag** m, **~fieber** n orticaria f; **~tuch** n mussolina f.

Nest [nɛst] n (1¹) nido m; *fig.* covo m; F (*Dorf*) paese m sperduto, buco m; **'~ei** n endice m.

Nestel ['nɛstəl] f (15) stringa f; **2n** ['-əln] (29) cincischiare (*ac.*).

Nesthäkchen ['-hɛ:kçən] n (6) cocco m, beniamino m.

nett [nɛt] **1.** *adj.* simpatico, carino; (*liebenswürdig*) gentile; *das ist ~ von Ihnen!* molto gentile da parte Sua; *e-e ~e Bescherung* F un bel pasticcio; **2.** *adv.* bene; **2igkeit** f gentilezza f.

netto ['nɛto:] *adv.* al netto; *in Zssgn:* ... netto; **2-einnahme** f introito m netto; **2gewicht** n peso m netto; **2preis** m prezzo m netto.

Netz [nɛts] n (3²) rete f; (*Haar2*) reticella f; **~anschluß** m alimentazione f dalla rete; **2-artig** reticolare; **~ball** m Tennis: palla f a rete.

netzen ['nɛtsən] (27) bagnare.

netz|förmig ['nɛtsfœrmiç] reticolare; **2geflecht** n reticolato m; **2haut** f retina f; **2karte** f (*Verkehrsmittel*) biglietto m circolare; **2werk** n reticolato m; **2werk** n retata f.

neu [nɔy] nuovo; *Sprachen, Geschichte:* moderno; *vor kurzer Zeit geschehen, erschienen:* recente; **~este** *Mode* f ultima moda f; *von ~em* di nuovo; *was gibt's 2es?* che c'è di nuovo?; *nichts 2es* niente di nuovo; **~ machen** rimettere a nuovo; *das ist mir ~* questa mi giunge nuova; **~eren** *Datums* di data più recente; **2-ankömmling** m nuovo arrivato m;

'2-anschaffung f: **~ von** acquisto m di nuovi ...; **'~-artig** nuovo, moderno; **'2-auflage** f ristampa f; **'2-ausgabe** f nuova edizione f; **'2bau** m nuova costruzione f; *im Bau:* casa f in costruzione; **'2be-arbeitung** f nuova edizione f, rifacimento m; **'2belebung** f rianimazione f; **'2bekehrte(r)** m neofito m; **'2bildung** f *Wort:* neologismo m; **'2-druck** m ristampa f; **~erdings** ['-ər'diŋs] recentemente; (*wieder*) di nuovo; **2erer** ['-ərər] m (7) innovatore m; **~erlich** di nuovo; **2-erscheinung** f pubblicazione f recente, novità f editoriale; **'2erung** f innovazione f; **~erungssüchtig** ['-əruŋszyçtiç] innovatore; reformista; **'~gebacken** fresco; *fig.* novello; **'~geboren** neonato; *sich wie ~ fühlen* sentirsi un altro (*od.* ringiovanito); **'2gestaltung** f riorganizzazione f; **'~gier(de)** ['-gi:r(də)] f curiosità f; **'~gierig** curioso; **'2-gründung** f nuova fondazione f; **'2heit** f novità f; **'2igkeit** f novità f; (*Nachricht*) nuova f; notizia f; **'2-jahr** n capo m d'anno, capodanno m; **'2jahrsgeschenk** n strenna f; **'2jahrswunsch** m augurio m per l'anno nuovo; **'2land** n terra f vergine; *fig.* nuovi orizzonti *m/pl.*; terreno m inesplorato; **2landgewinnung** f bonifica f di terreni; **~lich** ['-liç] recente; *adv.* recentemente, poco fa; **2ling** ['-liŋ] m (3¹) novizio m; **~modisch** all'ultima moda; **'2mond** m novilunio m.

neun [nɔyn] **1.** *adj.* nove; **2.** **2** f (16) nove m; **2-auge** Zo. n lampreda f; **'2-eck** n nonagono m; **'~er'lei** di nove specie; **'~fach**, **'~fältig** nonuplo, nove volte tanto; **'~hundert** novecento; **'~jährig** novenne; **'~jährlich** novennale; **'~mal** nove volte; **'2silbner** m novenario m; **'~stündig** di nove ore; **'~'tausend** novemila; **2tel** ['-təl] n (7) nona parte f; **'~tens** in nono luogo; **~te(r)** ['-tə(r)] nono; **'~zehn** diciannove; **'~zehnte(r)** dicianovesimo; **'~zig** ['-tsiç] novanta; **'2ziger** m nonagenario m; **'~zigste(r)** *adj.*; **'2zigstel** n novantesimo *adj. u. m.*

Neu|ordnung ['nɔy'ɔrdnuŋ] f riordinamento m; **~orientierung** f nuovo orientamento m; **~philologe** m studioso m di filologia moderna.

Neur|algie ☇ [nɔyral'giː] *f* (15) nevralgia *f*; 2**algisch** nevralgico; **~asthe'nie** *f* nevrastenia *f*; 2**as'thenisch** nevrastenico.

Neu|regelung ['nɔyreːgəluŋ] *f* nuovo regolamento *m*; riorganizzazione *f*; **~reiche(r)** *m* nuovo ricco *m*; arricchito *m*; F pescecane *m*.

Neurose [nɔy'roːzə] *f* (15) nevrosi *f*.

Neu|satz ['nɔyzats] *m Typ.* ricomposizione *f*; **~schnee** *m* neve *f* fresca; **~silber** *n* argentone *m*; **~sprachler** *m* studioso *m* di lingue moderne; 2**testamentlich** del nuovo testamento.

neutral [nɔy'traːl] neutrale; **~i'sieren** neutralizzare; 2**i'sierung** *f* neutralizzazione *f*; 2**ität** [---'tɛːt] *f* (16, *o. pl.*) neutralità *f*.

Neutron ['-trɔn, *pl.* -'troːnən] *n* (8[1]) neutrone *m*.

Neutrum ['-trum] *n* (9[2]) neutro *m*.

neuvermählt ['nɔyfɛrmɛːlt] sposato di fresco; 2**e** *pl.* sposi *m/pl.* (novelli).

Neu|wahl ['nɔyvaːl] *f* nuove elezioni *f/pl.*; 2**wertig** come nuovo; **~zeit** *f* epoca *f* moderna; tempo *m* d'oggi; tempi *m/pl.* moderni.

nicht [niçt] non; *ich* **~** io no; *ich auch* **~** nemmeno (*od.* neppure) io; *heute* **~** oggi no; *noch* **~** non ancora; **~** *einmal, auch* **~** nemmeno; **~** *doch!* ma no!; *wo* **~** se no; '2**-abgabe** *f* mancata consegna *f*; '2**-achtung** *f* noncuranza *f*; mancanza *f* di rispetto; disprezzo *m*; '**~amtlich** 2**-angriffspakt** *Pol.* [-'⁹angrifspakt] *m* patto *m* di non aggressione; '2**-annahme** *f* mancata accettazione *f*; '2**be-achtung** *f*; '2**befolgung** *f* inosservanza *f*; '2**bestehen** *f* inesistenza *f*; '2**bezahlung** *f* mancato pagamento *m*.

Nichte ['niçtə] *f* (15) nipote *f*.

Nicht|einhaltung ['niçt⁹amhaltuŋ] *f* inosservanza *f*; mancato adempimento *m*; **~einmischung** *f* non intervento *m*; **~erfüllung** *f* inadempimento *m*; **~erscheinen** *n* assenza *f*; ⬚ mancata pubblicazione *f*; ⚖ contumacia *f*.

nichtig ['niçtiç] nullo; (*unbedeutend*) futile; 2**keit** *f* nullità *f*; futilità *f*; 2**keitsbeschwerde**, 2**keitsklage** *f* domanda *f* di annullamento; 2**keits-erklärung** *f* annullamento *m*.

nicht|katholisch ['niçtkato:liʃ] acattolico; 2**lieferung** *f* mancata consegna *f*; **~öffentlich** privato; ⚖ *a porte chiuse*; 2**raucher** *m* non fumatore *m*; *für* **~** *!* vietato fumare!; 2**raucher-abteil** *n* (s)compartimento *m* per non fumatori; 2**schwimmerbecken** *n* piscina *f* per non nuotatori.

nichts [niçts] niente, nulla; *sonst* **~** nient'altro; **~** *als* nient'altro che; *das ist* **~** *für dich* questo non fa per te; *du tust* **~** *als* non fai altro che; *mir* **~** *dir* **~** cose *f* se niente fosse.

nichts|destoweniger [niçtsdɛsto-'veːnigər] (ciò) nondimeno; 2**nutz** ['-nuts] *m* (3[2]), '**~nutzig** cattivo (*m*); buono (*m*) a nulla; '**~sagend** insignificante; 2**tuer** ['-tuːər] *m* (7) fannullone *m*; '2**tun** *n* (6) dolce far niente *m*; '**~würdig** indegno; infame; '2**würdigkeit** *f* indegnità *f*.

Nichtzutreffendes ['niçttsu:trɛfəndəs] *n*: **~** *streichen!* cancellare ciò che non interessa!

Nickel ['nikəl] *n* (7, *o. pl.*) nichel *m*, nichelio *m*; **~münze** *f* nichelino *m*.

nick|en ['nikən] (25) far cenno (con la testa); (*ein~*) appisolarsi; 2**erchen** ['-kɛrçən] *n* (6) pisolino *m*.

nie [niː] mai; *non ... mai*; **~** *mehr* mai più.

nieder ['niːdər] basso; *fig.* inferiore, subordinato; *adv.* abbasso; **~** *mit dem Verräter!* abbasso il traditore!; **~beugen** piegare in giù; *sich* **~** abbassarsi, inchinarsi, piegarsi; *fig. s.* niedergebeugt; **~blicken** guardare in basso; **~brennen** incenerire; **~bücken**: *sich* **~** abbassarsi; 2**deutsch** *n* basso tedesco *m*; 2**druck** *m* bassa pressione *f*; **~drücken** deprimere; **~drückend** opprimente; **~ducken**: *sich* **~** accovacciarsi; 2**fall** *m* caduta *f*; **~fallen** (*sn*) cadere; *vor j-m:* gettarsi ai piedi di qu.; 2**frequenz** *f* bassa frequenza *f*; 2**gang** *m* tramonto *m*; *fig.* caduta *f*; decadenza *f*; **~gebeugt**, **~gedrückt** abbattuto, avvilito; depresso; 2**gedrücktheit** *f* abbattimento *m*; 2**gehen** *Gewitter:* abbattersi; ☇ atterrare; abbassarsi; scendere; *aufs Wasser:* ammarare; **~geschlagen** ['--gəʃlaːgən] accasciato; *s.* niedergedrückt; 2**geschlagenheit** *f* avvilimento *m*, abbattimento *m*; **~halten** tener giù; *Aufstand:* reprimere; **~hauen** trucidare, ammazzare; **~holen** *Fahne:* ammainare; **~kämp-**

fen debellare; **kauern** (*sn*) accoccolarsi; **knien** (*sn*) inginocchiarsi; **kommen** (*sn*) partorire (*ac.*); 2-**kunft** ['--kunft] *f* (14¹) parto *m*; 2**lage** *f* deposito *m*; succursale *f*; ✕ *u. fig.* sconfitta *f*; 2**länder(in)** *m* ['--lɛndər(in)], **ländisch** olandese *m u. f*; **lassen** abbassare; *sich* ~ mettersi a sedere; (*häuslich*) stabilirsi; *Vögel*: calarsi; 2**lassung** *f* colonia *f*; *Filiale*: succursale *f*; **legen** deporre; (*verzichten*) rinunziare; *Arbeit*: abbandonare; *Geld usw.*: depositare; *Amt*: dimettersi da; *sich* ~ coricarsi, *aufs Sofa*: buttarsi; 2**legung** *f* deposizione *f*; **machen**, **metzeln** massacrare, trucidare; 2**metzelung** *f* strage *f*; **reißen** abbattere; demolire; **schießen** uccidere a colpi di fucile (pistola, ecc.); 2**schlag** *m* ⚗ sedimento *m*, precipitato *m*; *atmosphärisch*: precipitazioni *f/pl.*; *Boxen*: knock-out *m*; *fig.* ripercussioni *f/pl.*; **schlagen** 1. *v/i.* (*sn*) precipitare; 2. *v/t.* abbattere; (*töten*) accoppare; *Augen*: abbassare; *Verfahren, Aufruhr*: sopprimere; ⚗ calmare; *fig. sich* ~ *in* riflettersi su, ripercuotersi su; **schmettern** abbattere, fulminare; **d** accasciante; **schreiben** mettere in iscritto; 2**schrift** *f* stesura *f*, redazione *f*; 2**setzen** *v/t.* deporre; *sich* ~ sedersi; **sinken** (*sn*) lasciarsi cadere, (*sich senken*) abbassarsi; **sitzen** (*sn*) sedere; 2**spannung** ⚡ *f* bassa tensione *f*; **stechen** accoltellare; **steigen** (*sn*) scendere; **stimmen** mettere in minoranza; **stoßen** spingere a terra; far cadere per terra; **strecken** stendere a terra; 2**tracht** *f*, 2**trächtigkeit** *f* infamia *f*; **trächtig** abietto; infame; **treten** calpestare; 2**ung** *f* bassura *f*, depressione *f*; (*Ebene*) pianura *f*; 2**wald** *m* bosco *m* d'alberi bassi; **werfen** rovesciare; *fig.* sopprimere; *sich* ~ prostrarsi; 2**werfung** *f* soppressione *f*; **zwingen** soggiogare.

niedlich ['niːtliç] grazioso; 2**keit** *f* grazia *f*.

Niednagel ⚗ ['--naːgəl] *m* pipita *f*.

niedrig ['niːdriç] basso; *Preis*: *a.* modico; *Rang*: inferiore; di bassa condizione; *Gesinnung*: vile; 2**keit** *f* bassezza *f*; viltà *f*; 2**wasser** *n Fluß*: secca *f*; ⚓ bassa marea *f*.

nie|mals ['niːmɑːls] mai; non ... mai; **mand** ['--mant] nessuno, non ... nessuno; 2**mandsland** *n* terra *f* di nessuno.

Niere ['niːrə] *f* (15) rene *m*; *Kochk.* rognone *m*.

Nieren... ['niːrən...]: *in Zssgn* ♣ *oft* renale, dei reni; **becken** *n* bacino *m* renale; **entzündung** *f* nefrite *f*; **grieß** ♣ *m* renella *f*; 2**krank**, 2-**leidend** nefritico; **leiden** *n* malattia *f* di reni, nefralgia *f*; **stein** ♣ *m* calcolo *m* renale; **stück** *n* rognone *m*.

nieseln ['niːzəln] (29) piovigginare.

niesen ['niːzən] 1. (27) starnutire; 2. 2 *n* (6) starnuto *m*.

Nießbrauch ['niːsbraux] *m* (3, *o. pl.*) usufrutto *m*; usufruttuario *m*.

Nieswurz ♣ ['--vurts] *f* (16) elleboro *m*.

Niet [niːt] *m* (3), **Niet|e¹** ⊕ *f* (15) ribattino *m*, rivetta *f*; **bolzen** *m* bullone *m* da ribadire, chiavica *f*.

Niete² ['niːtə] *f* (15) biglietto *m* bianco della lotteria; *fig.* buono *m* a nulla.

niet|en ['niːtən] (26) ribadire; 2-**hammer** *m* martello *m* ribaditore; 2**maschine** *f* chiodatrice *f*; **~ und nagelfest** ['-⁹unt'naːgəlfɛst]: *alles, was nicht* ~ *ist* tutto, salvo i fissi e gli infissi; 2**ung** *f* chiodatura *f*.

Nihil|ismus [nihi'lismus] *m* nichilismo *m*; **ist**(**in**) *f* *m*, 2**istisch** nichilista *m u. f*.

Nikotin [niko'tiːn] *n* (3¹, *o. pl.*) nicotina *f*; 2**frei** senza nicotina; **vergiftung** *f* nicotinismo *m*.

Nilpferd ['niːlpfeːrt] *n* ippopotamo *m*.

Nimbus ['nimbus] *m* (14²) aureola *f*; *fig. a.* prestigio *m*.

nimmer ['nimər] (non) mai; **mehr** mai più; 2**mehrs-tag** *m* calende *f/pl.* greche; **satt** insaziabile; 2-**wiedersehen** *n*: *auf* ~ per sempre.

Nippel ⊕ ['nipəl] *m* (7) raccordo *m* a cono.

nipp|en ['nipən] (25) F sorseggiare; centellinare; 2**sachen** *f/pl.* ninnoli *m/pl.*

nirgends ['nirgənts] *adv.* in nessuna parte, in nessun luogo.

Nische ['niːʃə] *f* (15) nicchia *f*.

nisten ['nistən] (26) nidificare; (*sein Nest haben*) annidare.

Nitr|at [ni'trɑːt] n (3) nitrato m; **~o-glyze'rin** n nitroglicerina f.

Niveau [ni'voː] n (11) livello m.

nivellier|en [nive'liːrən] livellare; **2ung** f livellamento m.

Nixe ['niksə] f (15) ondina f.

nobel ['noːbəl] nobile; (freigebig) generoso.

Nobelpreis [no'belpraɪs] m, **~träger** m premio m Nobel.

noch [nɔx] ancora; ~ nicht non ancora; ~ einmal ancora una volta; ~ immer ancora; wer ~? chi altro?; was ~? che altro?; wo ~? dove ancora?; ~ heute oggi stesso; ~ dazu per giunta, per di più; das fehlte ~ non ci mancherebbe altro; ~ so ... per quanto; **~malig** ['~mɑːliç] reiterato; ripetuto; **~mals** ancora; Thea. bis.

Nocke ⊕ ['nɔkə] f eccentrico m, camma f; **~nwelle** f ⊕ albero m delle camme.

Nomad|e [no'mɑːdə] m (13), **2isch** adj. nomade m u. adj.; **~entum** n vita f nomade.

nomin|al [nomi'nɑːl] nominale; **2alwert** m valore m nominale; **2ativ** ['~natiːf] m (3¹) nominativo m; **~ell** [~'nɛl] nominale.

Nonne ['nɔnə] f (15) monaca f, suora f; **~nkloster** n convento m di monache.

Nonstopflug [nɔn'ʃtɔpfluːk] m volo m senza scalo intermedio.

Nord... [nɔrt...]: in Zssgn mit Länder- und Völkernamen del Nord; settentrionale; **~'afrika** n Africa f settentrionale; **~a'merika** n America f del Nord; **'~deutsche(r)** m tedesco m della Germania settentrionale; **'~deutschland** n Germania f settentrionale; **~en** 'm (6) nord m; im ~ von al nord di; **2isch** nordico, del Nord; **'~italien** n Italia f settentrionale; **~italiener** m (7) italiano m del Nord; **'2-italienisch** dell'Italia settentrionale; **'~land** n paese m boreale; **~länder** m (7) abitante m del Nord; **'~landfahrt** f viaggio m ai paesi nordici.

nördlich ['nœrtliç] 1. adj. del Nord, settentrionale; boreale; artico; 2. adv. al nord; al settentrione.

Nord|licht ['nɔrtliçt] n aurora f boreale; **~'ost(en)** m nord-est m; **2-'östlich** 1. adj. del nord-est; 2. adv.

a nord-est; **~'ostwind** m in Italien: grecale m; vento m di nord-est; **'~pol** m polo m artico, polo m nord; **'~polfahrer** m esploratore m delle regioni polari; **'~seite** f lato m nord; **'~stern** m stella f polare; **2wärts** verso nord; **~'west(en)** m nord-ovest m; **2'westlich** 1. adj. del nord-ovest; 2. adv. a nord-ovest; **~'westwind** m in Italien: maestrale m; **'~wind** m vento m dal nord; in Italien: tramontana f.

Nörg|elei [nœrgə'laɪ] f (16) critica f malevola; **2eln** ['~gəln] (29) cavillare, criticare; **'~ler** m (7) cavillatore m, criticastro m.

Norm [nɔrm] f (16) norma f; Typ. riga f.

normal [nɔr'mɑːl] normale; **~ili'sieren** normalizzare; **2spur** 🚂 f scartamento m normale; **2-uhr** f orologio m regolatore; **2zeit** f ora f legale.

norm|en ['nɔrmən] standardizzare, unificare; **2ung** f standardizzazione f, unificazione f.

Normann|e [-'manə] m (13), **2isch** normanno (m.).

'Norweg|er(in f) m (7), **2isch** norvegese m u. f.

Not [noːt] f (14¹) bisogno m (an dat. di); (Notwendigkeit) necessità f; (Elend) miseria f; calamità f; (Sorge, Mühe) pena f; (Gefahr) pericolo m; zur ~ in mancanza di meglio; im Falle der ~ al bisogno; in miseria; ~ leiden an avere bisogno di, necessitare di; mir tut et. 2 ho bisogno di qc.; mit genauer ~ a mala pena; mit knapper ~ davonkommen uscirne per il rotto della cuffia.

Notabeln [no'tɑːbəln] pl. notabilità f/pl.

Not|adresse ['noːt°adrɛsə] ✝ f bisognatario m; **'~anker** m ancora f di salvezza.

Notar [no'tɑːr] m (3¹) notaio m; **~iat** [-tar'jɑːt] n (3¹) notariato m; **2iell** [~'jɛl] notarile.

Not... ['noːt...]: in Zssgn meist di fortuna, di riserva, di sicurezza; **~ausgang** m uscita f di sicurezza; **~bau** m costruzione f provvisoria; **~behelf** m espediente m, ripiego m, ultima risorsa f; **~beleuchtung** f illuminazione f d'emergenza; **~bremse** f freno m d'allarme; **~brücke** f ponte m provvisorio; **~**

durft ['-durft] f uv. necessità f; s-e ~ verrichten fare i suoi bisogni; **2dürftig** bisognoso; (knapp) appena sufficiente; das 2e lo strettamente necessario; adv. alla meglio; **~dürftigkeit** f indigenza f; insufficienza f.

Note ['no:tǝ] f (15) nota f; (Bank2) banconota f, biglietto m di banca; J doppelte ~ breve f; ganze ~ semibreve f; halbe ~ minima f; ~n pl. musica f; verschiedene: ~ musiche f|pl.

Noten... ['-tǝn...]: in Zssgn di note; † di banconote; **~ausgabe** f emissione f di biglietti; **~austausch** m scambio m di note (diplomatiche); **~bank** f banca f d'emissione; **~blatt** n foglio m di musica; **~gestell** n leggio m; **~heft** n quaderno m di musica; **~leiter** f scala f musicale; **~linien** f|pl. pentagramma m; **~papier** n carta f da musica; **~pult** n leggio m; **~schlüssel** m ♪ chiave f; **~ständer** m leggio m; **~umlauf** m circolazione f cartacea; **~wechsel** m Pol. scambio m di note.

Not|fall ['no:tfal] m (caso m di) bisogno m; im ~ in caso di (od. al) bisogno; **2gedrungen** costretto dalla necessità; forzato; adv. per forza; **~geld** n moneta f provvisoria; **~groschen** m risparmi m|pl., denari m|pl. di riserva; **~hafen** m porto m di salvezza; **~helfer** m (santo) salvatore m.

notier|en [no'ti:rǝn] notare; pendersi degli appunti; † quotare; **2ung** f annotazione f; quotazione f.

notifizieren [notifi'tsi:rǝn] notificare.

nötig ['nø:tiç] necessario; das 2e l'occorrente m; ~ sein occorrere; ~ haben aver bisogno di; **~en** ['--gǝn] (25) costringere; **~enfalls** ['--'fals] all'occorrenza; **2ung** ♈ f coattazione f.

Notiz [no'ti:ts] f (16) nota f; (Kenntnis) cognizione f; schriftliche: appunto m; ~ nehmen prendere nota, (beachten) farci caso; sich ~en machen prendere degli appunti; **~block** m, **~buch** n taccuino m.

Not|jahr ['no:tja:r] n anno m di carestia; **~lage** f caso m d'emergenza; condizione f disperata; tristi condizioni f|pl.; miseria f; **~landung** f ✈ sbarco m, ✈ atterraggio m di for-

tuna (od. forzato); **2leidend, ~leidende(r)** m bisognoso (m); **~leine** f corda f d'allarme; **~lüge** f bugia f detta per necessità, bugia f ufficiosa; **~maßnahme** f misura f d'emergenza; **~nagel** m ultima risorsa f.

notorisch [no'to:riʃ] notorio.

Not|pfennig ['no:tpfeniç] m s. Notgroschen; **~quartier** n alloggio m di fortuna; **~ruf** m grido m di soccorso; Fernspr. chiamata f di soccorso; **~signal** n segnale m d'allarme; **~stand** m stato m d'emergenza; **~stands-arbeiten** f|pl. lavori m|pl. d'urgenza; **~standsgebiet** n zona f sinistrata; **~taufe** f battesimo m d'urgenza; **~tür** f porta f di sicurezza; **~verband** ⚕ m fasciatura f provvisoria (d. d'urgenza); **~verordnung** f ordinanza f provvisoria; decreto m legge; **~wehr** f legittima difesa f; **2wendig** necessario; **2wendigen|falls** al bisogno; **2wendiger|weise** necessariamente; **~wendigkeit** f necessità f; **~wohnung** f abitazione f provvisoria; **~zucht** f stupro m; **2züchtigen** ['-tsyçtigǝn] violentare.

Novell|e [no'vɛlǝ] f (15) novella f; Pol. legge f; **~enschreiber**, **~ist** m novelliere m.

November [-'vɛmbǝr] m (7) novembre m.

Novität [novi'tɛ:t] f (16) novità f.

Noviz|e [-'vi:tsǝ] m (13) (f [15]) novizio m, novizia f; **~iat** [--ts'ja:t] n noviziato m.

Nu [nu:] m attimo m; im ~ in un attimo.

Nuanc|e [ny'ãsǝ] f (15) sfumatura f; **2ieren** dare delle sfumature a.

nüchtern ['nyçtǝrn] digiuno; Magen: vuoto; (mäßig) sobrio; (kalt) freddo; (leidenschaftslos) spassionato; (prosaisch) prosaico; **2heit** f sobrietà f; freddezza f; spassionatezza f.

Nudel|n ['nu:dǝln] f|pl. (15) allg. pasta f; farinacei m|pl.; spaghetti m|pl., maccheroni m|pl. ecc.; **2n** (29) ingrassare; **~suppe** f pastina f in brodo.

null [nul] 1. zero; für ~ und nichtig erklären dichiarare nullo; 2. 2 f (16) zero m; **2punkt** m (punto m) zero m.

numerieren [numǝ'ri:rǝn] numerare.

numerisch [-'me:rɪʃ] numerico.
Numismatik [-mɪs'ma:tik] *f* numismatica *f*; **~er** *m* numismatico *m*.
Nummer ['-mər] *f* (15) numero *m*; **~nscheibe** *f Fernspr.* disco *m* combinatore; **~nschild** *n Kfz.* targa *f*.
nun [nu:n] ora, adesso; **~?** ebbene?; *was* ~? e ora?; '**~mehr** oramai; **~mehrig** ['-me:rɪç] attuale, presente.
Nunt|iatur [nuntsja'tu:r] *f* nunziatura *f*; **~ius** ['-tsjus] *m* (16²) nunzio *m*.
nur [nu:r] solo, soltanto, solamente; pure; *wenn* ~ purché; *gehen Sie* ~ vada pure; *sehen Sie* ~ guardi un po'; ~ *nicht lügen!* soprattutto, non mentire!
Nuß [nus] *f* (14¹) noce *f*; (*Hasel*2) nocciola *f*; *fig. harte* ~ osso *m* duro; '**~baum** *m*, '**~baumholz** *n* noce *m*; '**~kern** *m* gheriglio *m*; '**~knacker** *m* (7) schiaccianoci *m*; '**~schale** *f* guscio *m* di noce; *grüne*: mallo *m*; '**~schokolade** *f* nocciolato *m*; '**~torte** *f* torta *f* di noci.
Nüstern ['nystərn] *f/pl.* (15) *allg.* narici *f/pl.*; *Pferd*: froge *f/pl.*
Nute ⊕ ['nu:tə] *f* (15) scanalatura *f*; **2n** (26) scanalare.
Nutte P ['nutə] *f* puttana *f*.
nutz [nuts] **1.** *adj.* utile; **2.** 2 *m*: *zu* ~ *und Frommen* per il bene; *s. a. zunutze*; '**2-anwendung** *f* applicazione *f*; *moralische*: morale *f*.
nutzbar ['nutsba:r] utilizzabile;

utile; (*gewinntragend*) produttivo; lucrativo; ~ *machen* utilizzare, *Land*: coltivare; **2keit** *f* utilizzabilità *f*; produttività *f*; **2machung** *f* utilizzazione *f*.
nutzbringend ['nutsbrɪŋənt] profittevole; fruttuoso; ~ *anlegen* mettere a frutto.
nutze, nütze ['nutsə, 'nytsə] utile.
Nutzeffekt ['-ʔɛfɛkt] *m* effetto *m* utile.
Nutzen¹ ['nutsən] *m* (6) utile *m*, utilità *f*, profitto *m*; *zu welchem* ~? a che prò?; *von* ~ *sein* giovare.
nutzen², **nützen** ['nutsən, 'nytsən] (27) **1.** *v/i.* giovare; *zu et.* ~ servire a qc.; **2.** *v/t.* utilizzare; profittare di.
Nutz|fläche ['nutsflɛçə] *f* superficie *f* coltivata; '**~fahrzeug** *n* veicolo *m* industriale; '**~garten** *m* orto *m*; '**~holz** *n* legname *m*; '**~last** *f* carico *m* utile.
nützlich ['nytslɪç] utile; **2keit** *f* utilità *f*; **2keitssystem** ['--kaɪtszyste:m] *n* utilitarismo *m*.
nutz|los ['nutslo:s] inutile; **2losigkeit** *f* inutilità *f*; **2nießer** ['-ni:sər] *m* (7) beneficiario *m*, usufruttuario *m*; profittatore *m*; **2nießung** *f* usufrutto *m*; **2ung** *f* uso *m*; utilizzazione *f*; *messa f* a frutto; **2ungsrecht** *n* diritto *m* d'usufrutto; **2ungswert** *m* reddito *m*.
Nylon ['naɪlɔn] *n* nailon *m*.
Nymphe ['nymfə] *f* (15) ninfa *f*.

N

O

O, o [oː] *n uv.* O, o *m u. f.*
Oase [oˈʔɑːzə] *f* (15) oasi *f.*
ob [ɔp] **1.** *cj.* se; *na ~!, und ~!* e come!; *als ~* come se; **2.** *prp.* sopra; (= *wegen*) per, a causa di.
Obacht [ˈoːpʔaxt] *f* attenzione *f*; *~ geben auf* (*ac.*) badare a; *in ~ nehmen* prendere in custodia.
Obdach [ˈɔpdax] *n* (1, *o. pl.*) rifugio *m*, ricovero *m*; asilo *m*; **2los** senza tetto, senza casa; **~lose(r)** *m* senzatetto *m*; **~losigkeit** *f* mancanza *f* di abitazione.
Obdu|ktion ⚕ [ɔpduktsˈjoːn] *f* (16) obduzione *f*, autopsia *f*; **2ˈzieren** fare l'autopsia.
O-Beine [ˈoːbaɪnə] *n/pl.* gambe *f/pl.* storte.
O-beinig [ˈoːbaɪnɪç] ercolino; a gambe storte.
Obelisk [obəˈlisk] *m* (12) obelisco *m.*
oben [ˈoːbən] sopra, su, in cima; (*an der Spitze*) in capo a; *dort ~* lassù; *hier ~* quassù; *nach ~* in alto, all'insù; *von ~* dall'alto; *von ~ herab, von ~ nach unten* dall'alto in basso; *von ~ bis unten* da cima a fondo.
oben... [ˈoːbən...]: *in Zssgn mit Partizipien* su ..., sopra ...; **~-ˈan** in testa, in capo, in cima; *~ sitzen* sedere a capotavola; **~-ˈauf** a galla; *fig. ~ sein* essere a cavallo; **~-ˈdrein** per soprammercato; **~-erwähnt, ~genannt** [ˈ--gənant] suddetto, summenzionato; **~ˈhin** all'insù; *fig.* superficialmente; a fior di labbra; **~hiˈnaus:** *~ wollen* mirar troppo alto.
ober [ˈoːbər] **1.** (18, *nur atr.*) superiore; **2.** **2** *m Kartensp.* regina *f*; **3.** **2** *m* cameriere *m.*
Ober... [ˈoːbər...]: *in Zssgn mst* superiore; **~-arm** *m* parte *f* superiore del braccio; **~-arzt** *m* medico *m* primario; **~-aufseher** *m* soprintendente *m*; **~-aufsicht** *f* soprintendenza *f*; **~bau** *m* sovrastrutture *f/pl.*; parte *f* superiore d'un edificio; *fig.* soprastruttura *f*; **~befehl** *m* comando *m* supremo; **~befehlshaber** *m* mandante *m* in capo; **~bett** *n* piumino *m*; **~bürgermeister** *m* borgomastro *m*, primo sindaco *m*; **~deck** *n* tolda *f*; **~fläche** *f* superficie *f*; **2flächlich** [ˈ--flɛçlɪç] superficiale; **~flächlichkeit** *f* superficialità *f*; **~förster** *m* ispettore *m* forestale; **~gärung** *f* alta fermentazione *f*; **~gericht** *n* tribunale *m* supremo; **~geschoß** *n* piano *m* superiore; **~gewalt** *f* supremo potere *m*; **2halb** (*gen.*) al di sopra di; in capo a; **~hand** *f* metacarpo *m*; *fig.* sopravvento *m*; *die ~ haben* prevalere, predominare; **~haupt** *n* capo *m*; **~haus** *n Pol.* Alta Camera *f*; **~haut** *f* epidermide *f*; **~hemd** *n* camicia *f*; **~herr** *m* sovrano *m*; **~herrschaft** *f* sovranità *f*; **~hofmeister** *m* maggiordomo *m*; **~hoheit** *f* sovranità *f*; **~in** *f Rel.* (madre *f*) superiora *f*; ⚕ prima infermiera *f*; **~-ingenieur** *m* ingegnere *m* capo; **2-irdisch** sopra terra; *durch die Luft*: aereo; **~kellner** *m* primo cameriere *m*, capocameriere *m*; **~kiefer** *m* mascella *f* superiore; **~klasse** *f* classe *f* superiore; **~koch** *m* capocuoco *m*; **~kommandierende(r)** *m* comandante *m* in capo; **~kommando** *n* comando *m* supremo; **~körper** *m* busto *m*; **~land** *n* altipiano *m*; **~landesgericht** [--ˈlandəsgərɪçt] *n* Corte *f* d'Appello; **~leder** *n* tomaio *m*; **~lehrer** *m* professore *m* di scuola secondaria; **~leitung** *f* comando *m* (direzione *f*) supremo (-a); ⚡ linea *f* aerea; **~leitungsomnibus** *m* filobus *m inv.*; filovia *f*; vettura *f* filoviaria; **~leutnant** *m* tenente *m*; **~licht** *n* luce *f* (che viene) dall'alto; ⚠ lucerna *f*; **~lippe** *f* labbro *m* superiore; **~ˈpostdirektion** *f* direzione *f* generale delle poste; **~prima** *f* terza *f* liceale; **~primaner** *m* studente *m* di terza liceale; **~rechnungshof** *m* Corte *f* dei conti; **~schenkel** *m* femore *m*; coscia *f*; **~schicht** *f* classi *f/pl.* superiori; **~schule** *f* scuola *f* superiore; **~schwester** ⚕ *f* capoinfermiera *f*; **~seite** *f* parte *f*

superiore; ♀st¹ ['--st] supremo; sommo; s. ♀e(r); ♀st² ⚹ m (12) colonnello m; ~'staats-anwalt m procuratore m generale; ~'staats-anwaltschaft f procura f generale; ~'stabs-arzt m maggiore medico m; ~ste(r) m capo m; primo m; ~ste(s) n la parte superiore; fig. massimo m; ~steiger ⚹ m mastro m minatore; ~stimme m soprano m; ~st-leutnant m tenente m colonnello; ~stübchen: bei ihm ist's nicht richtig im ~ gli manca un venerdì; ~stufe f grado m superiore; ~teil m u. n disopra m; parte f superiore; ~tertia f terza f di ginnasio; ♀-wärts verso il disopra; ~wasser n: fig. ~ haben (od. bekommen) avere il sopravvento; ~welt f mondo m superiore.

obgleich [ɔp'glaiç] sebbene, benché.

Obhut ['ɔphuːt] f uv. custodia f; guardia f, tutela f.

obig ['oːbiç] suddetto.

Objekt [ɔp'jekt] n (3) oggetto m; ♀iv¹ [--'tiːf] oggettivo; ~iv² [--'tiːf] n (3¹) ob(b)iettivo m; ~ivität [--tivi'tɛːt] f (16, o. pl.) ob(b)iettività f.

Oblate [o'blaːtə] f (15) Rel. ostia f; (Gebäck) cialda f.

obliegen ['ɔpliːgən] attendere a; unpers. incombere, spettare; ♀heit f incombenza f; (Pflicht) dovere m.

obligat [obli'gaːt] obbligatorio; ♀ion [--gatsi'oːn] f obbligazione f; ~'orisch obbligatorio.

Obmann ['ɔpman] m capo m, presidente m.

Obo|e [o'boːə] f (15) oboe m; ~'ist m oboista m.

Obrigkeit ['oːbriçkait] f autorità f/pl.; ♀lich dell'autorità.

obschon [ɔp'ʃoːn] benché.

Observatorium [ɔpzerva'toːrjum] n (9) osservatorio m.

obsiegen ['ɔpziːgən] trionfare su.

Obst [oːpst] n (3²) frutta f u. f/pl.; '~bau m frutticoltura f; '~baum m albero m da frutta, albero m fruttifero; '~ernte f raccolta f della frutta; '~frau f fruttivendola f; '~garten m frutteto m; '~händler m fruttivendolo m; '~handlung f negozio m di frutta; '~kern m nocciolo m; '~kuchen m torta f di frutta; '~kunde f pomologia f; '~messer n coltellino m da frutta; '~pflanzung f frutteto m.

Obstruktion [ɔpstrukʦi'oːn] f ostruzione f; Pol. ostruzionismo m.

Obst|saft ['oːpstzaft] m succo m di frutta; ~salat m macedonia f di frutta; ~schale f 1. buccia f di frutta; 2. = ~teller m fruttiera f; ~torte f torta f di frutta; ~wein m sidro m; ~zucht f frutticoltura f; pomicultura f; ~züchter m frutticultore m.

obszön [ɔps'tsøːn] osceno.

Obus ['oːbus] m (4¹) filobus m.

obwalten ['ɔpvaltən] esistere, esserci; ~d presente.

obwohl, obzwar [ɔp'voːl, ɔpts'vaːr] sebbene.

Ochse ['ɔksə] m (13) bue m; junger ~ manzo m.

ochsen ['ɔksən] (27) F sgobbare.

Ochsen/fleisch ['ɔksənflaiʃ] n carne f di manzo; ~hirt m bovaro m; ~ziemer m nerbo m; ~zunge f lingua f di bue.

Ocker ['ɔkər] m od. n (7) ocra f.

Ode ['oːdə] f (15) ode f.

öde [øːdə] 1. adj. deserto; fig. desolato; (langweilig) noioso; 2. ♀ f (15) deserto m; solitudine f; desolazione f; uggia f; squallore m.

Odem ['oːdəm] m (6, o. pl.) poet. respiro m.

oder ['oːdər] o, vor Vokal od; ~ auch, ~ aber ovvero, oppure, ossia.

Ofen ['oːfən] m (6¹) stufa f; (Back♀) forno m; (Koch♀) fornello m; ⊕ fornace f; ~heizung f riscaldamento m con stufa; ~hocker(in f) m covacenere m u. f; ~klappe f chiave f (della stufa); ~loch n bocca f della stufa; ~röhre f tubo m della stufa; ~schirm m parafuoco m; ~setzer m fumista m, stufaio m; ~tür f sportellino m.

offen ['ɔfən] aperto; (unbedeckt) scoperto; ~er Wagen m vettura f scoperta; See: aperto; Visier: alzato; Wechsel: illimitato; Giro: in bianco; Stelle: vacante; (freimütig) franco, sincero; auf ~er Straße in mezzo alla strada; auf ~em Feld in piena campagna; ~ gesagt a dirla schietta (od. franca).

offenbar ['ɔfənbaːr] palese; (augenscheinlich) manifesto, evidente.

offen'bar|en (25) manifestare; Rel. rivelare; sich j-m ~ confidarsi con qu.; ♀ung f rivelazione f; manifestazione f; ♀ungs-eid m giura-

mento *m* di nullatenenza (*od.* dichia-
ratorio).

offen|halten ['ɔfənhaltən] tenere
aperto; *fig.* riservare; **2heit** *f* franchezza *f*; **~herzig** aperto, franco,
sincero; **2herzigkeit** *f* franchezza *f*,
sincerità *f*; **~kundig** notorio; **2-
kundigkeit** *f* notorietà *f*; **~lassen**
lasciare aperto; (*Frage*) lasciare in
sospeso; *beim Schreiben:* lasciare
in bianco; **~sichtlich** evidente.

offensiv [ɔfɛnˈziːf] offensivo; **2e** *f*
offensiva *f*.

offenstehen ['ɔfənʃteːən] stare aperto; **~d** aperto; *Stelle:* vacante.

öffentlich ['œfəntliç] pubblico; *adv.*
in pubblico; **2keit** *f* pubblico *m*;
pubblicità *f*; *unter Ausschluß der* **~** a
porte chiuse.

offerieren [ɔfəˈriːrən] offrire.

Offerte [ɔˈfɛrtə] *f* (15) offerta *f*.

Offizialverteidiger [ɔfitsˈjaːl-
fɛrtaɪdigər] *m* (7) difensore *m* d'ufficio.

offiziell [--tsˈjɛl] ufficiale.

Offizier [--ˈtsiːr] *m* (3¹) ufficiale *m*;
~s-anwärter *m* allievo *m* ufficiale;
~sbursche *m* attendente *m*; **~s-
kasino** *n* circolo *m* degli ufficiali;
~skorps *n* corpo *m* degli ufficiali.

offiziös [--tsˈjøːs] (18) ufficioso.

öffn|en ['œfnən] (26) aprire; *Lei-
chen:* sezionare; *Flaschen:* sturare;
weit **~** spalancare; **2ung** *f* apertura
f; (*Loch*) foro *m*; orifizio *m*; *Leiche:*
autopsia *f*.

oft [ɔft] spesso; sovente; molte
volte; *wie* **~**? quante volte?

öfter ['œftər] *adj.* frequente; *adv.* =
öfters spesso, ripetutamente;
schon **~** non di rado.

oft|malig ['ɔftmɑːliç] reiterato,
frequente; **~mals** spesse volte,
molte volte.

Oheim ['oːhaɪm] *m* (3¹) zio *m*.

Ohm ∉ [oːm] *n* (7 *od. uv.*) ohm *m*.

ohne ['oːnə] **1.** *prp.* senza; *vor Perso-
nalpronomen:* senza di; **~** *das* stesso
che; **~** *weiteres* senz'altro; F *nicht so*
~ non disprezzabile; **2.** *cj.* **~** *zu
sehen* senza vedere.

ohne|'dies, **~'hin** anche senza
questo; lo stesso; **~'gleichen** senza
pari.

Ohn|macht ['oːnmaxt] *f* impotenza
f; **⚡** svenimento *m*; *in* **~** *fallen* svenire; **2mächtig** impotente; **⚡** svenuto; **~** *werden* svenire.

Ohr [oːr] *n* (5) orecchio *m*; (*Gehör*)
udito *m*; *ganz* **~** *sein* esser tutt'orecchi; *bis über die* **~en** fino ai capelli;
bis über die **~en** *verliebt* innamorato
cotto; *bis über die* **~en** *verschuldet
sein* affogare nei debiti; *sich et. hinter die* **~en** *schreiben* legarsela al
dito; *es hinter den* **~en** *haben* essere
un furbo; *noch nicht trocken hinter
den* **~en** *sein* aver ancora il latte alla
bocca; *übers* **~** *hauen* F bidonare;
sich aufs **~** *legen* mettersi a dormire.

Öhr [oːr] *n* (3) cruna *f*.

Ohren|arzt ['oːrənʔaːrtst] *m* otoia-
tra *m*; **~beichte** *f* confessione *f* auricolare; **2betäubend** assordante;
~entzündung *f* otite *f*; **~heilkun-
de** *f* otoiatria *f*; **~klappe** *f* copri-
recchi *m*; **~klingen** *n* fischiamento
m agli orecchi; **~leiden** *n* mal *m*
d'orecchi, otalgia *f*; **~reißen** *n* mal
m d'orecchi; **~sausen** *n* ronzio *m*
negli orecchi; **~schmalz** *n* cerume
m; **~schützer** *m* copriorecchi *m*;
~spiegel *m* otoscopio *m*; **~zeuge** *m*
testimonio *m* auricolare.

Ohr|eule ['oːrʔɔʏlə] *f* striga *f*; **~-
feige** *f* schiaffo *m*; ceffone *m*; **2-
feigen** schiaffeggiare; **~gehänge**
['--gɛhɛŋə] *n* (7) pendente *m*; **~läpp-
chen** ['-lɛpçən] *n* lobulo *m*; **~löffel**
m stuzzicorecchi *m*; **~muschel** *f*
padiglione *m* dell'orecchio (*od.* auricolare); **~ring** *m* orecchino *m*; **~-
wurm** *m* verme *m* (auricolare).

Okkultismus [ɔkulˈtismus] *m* occul-
tismo *m*.

Okkupationstruppen [ɔkupa-
tsˈjoːnstrupən] *f/pl.* truppe *f/pl.*
d'occupazione.

Ökon|om [økoˈnoːm] *m* (12)
economo *m*; (*National*2) economista
m; **⚡** agricoltore *m*; **~omie** [--koˈ-
miː] *f* (15) economia *f*; **⚡** agricoltura *f*; **2omisch** economico.

Oktaeder ⚛ [ɔktaˈeːdər] *n* (7) ot-
taedro *m*.

Oktav [ɔkˈtaːf] *n* (3¹) ottavo *m*; **~-
band** *m* volume *m* in ottavo.

Oktave [-ˈtaːvə] *f* (15) ottava *f*.

Oktober [-ˈtoːbər] *m* (7) ottobre *m*;
~fest *n* festa *f* d'ottobre.

Okular [okuˈlaːr] *n* (3¹) oculare *m*;
~inspektion *f* ispezione *f* oculare.

okulier|en [--ˈliːrən] innestare;
2ung *f* innesto *m*.

ökumenisch [økuˈmeːniʃ] ecume-
nico.

Okzident ['ɔktsidɛnt] m (3¹, o. pl.) occidente m.

Öl [ø:l] n (3) olio m; (Erdℚ) petrolio m; '~artig oleaceo; '~baum m olivo m; '~behälter m serbatoio m dell'olio; '~berg m bibl. Monte Oliveto m; '~bild n quadro m ad olio; '~blatt n foglia f d'ulivo; '~druck m oleografia f; ⊕ pressione f dell'olio.

Oleander ℚ [ole'andər] m (7) oleandro m.

öl|en ['ø:lən] (25) oliare; ⊕ ingrassare, inoliare, lubrificare; ℚer m oliatore m.

Öl|fabrik ['ø:lfabri:k] f oleificio m; ~farbe f colore m ad olio; ~farbendruck m oleografia f; ~fläschchen n oliera f; ~flaschenständer m portampolle m; ~fleck m macchia f d'olio; ~gemälde n quadro m ad olio; ℚhaltig oleifero; ~hefe f morchia f; ℚig oleoso.

Oligarch [oli'garç] m (12) oligarca m; ~ie [--gar'çi:] f (15) oligarchia f; ℚisch oligarchico.

Öligkeit ['ø:liçkait] f oleosità f.

Olive [o'li:və] f (15) oliva f.

Oliven|anbau [o'li:vən⁹anbau] m olivicultura f; ~baum m olivo m; ℚfarbig, ℚgrün olivastro; ℚförmig ['---fœrmiç] olivare; ~garten m, ~hain m oliveto m; ~öl n olio m d'oliva; ~presse f frantoio m.

Öl|kanister ['ø:lkanistər] m bidone m dell'olio; ~kanne f oliatore m a mano; ~krug m orcio m dell'olio; ~kuchen m/pl. panelli m/pl. di semi oleosi; ~leitung f oleodotto m; ~malerei f pittura f ad olio; ~mühle f frantoio m; oleificio m; ~papier n carta f oliata; ~pflanzen f/pl. piante f/pl. oleacee; ~presse f frantoio m; ~quelle f pozzo m di petrolio, sorgente f petrolifera; ~sardine f sardina f all'olio; ~schicht f strato m d'olio; ~spritze f oliatore m; ~stand-anzeiger m indicatore m del livello d'olio; ~stoff m oleina f; ~tanker m petroliera f; ~ung f unzione f; ⊕ lubrificazione f; Letzte ~ estrema unzione f; ~vorkommen n giacimento m petrolifero.

Olymp [o'lymp] m (3¹) Olimpo m; Thea. loggione m, piccionaia f; ~iade [--'ja:də] f (15) olimpiade f; ℚisch olimpico.

Öl|zeug ['ø:ltsɔyk] n indumenti m/pl. di tela cerata; ~zweig m ramo m d'olivo.

Oma ['o:ma:] F f (11¹) nonna f.

Omelett [ɔm(ə)'lɛt] n (3) frittata f (avvolta).

Om|en ['o:mən] n (6) presagio m; ℚinös [omi'nø:s] di cattivo augurio.

Omnibus ['ɔmnibus] m (4¹) autobus m.

Onan|ie [ona'ni:] f onanismo m; ℚieren masturbare.

ondulieren [ɔndu'li:rən] ondulare.

Onkel ['ɔŋkəl] m (7) zio m.

Ontolog|e [ɔnto'lo:gə] m ontologo m; ~ie [---'gi:] f ontologia f.

Onyx ['o:nyks] m (3², sg. a. uv.) onice m.

Opa ['o:pa:] m (11) nonno m.

Opal [o'pa:l] m (3¹) opale m.

Oper ['o:pər] f (15) opera f.

Oper|ateur [opəra'tø:r] m (3¹) operatore m; ~a'tion f operazione f; ~a-'tionssaal m sala f operatoria; ~ette [--'rɛtə] f (15) operetta f; ~ettenmusik f musica f operettistica; ℚieren v/t. u. v/i. operare; sich ~ lassen farsi operare.

Opern|buch ['o:pərnbu:x] n libretto m; ~dichter(in f) m librettista m u. f; ~führer m guida f operistica; ~glas n, ~gucker m binoc(o)olo m; ~haus n (teatro m dell')opera f; ~sänger(in f) m cantante m u. f d'opera; ~text m libretto m; ~textdichter(in f) m librettista m u. f; ~übertragung f Radio: radiotrasmissione f d'opera; ~vorstellung f rappresentazione f di un'opera lirica.

Opfer ['ɔpfər] n (7) sacrificio m; das Geopferte: vittima f; viele ~ für j-n bringen sacrificarsi per qu.; ~bereitschaft f abnegazione f; ℚfreudig pronto al sacrificio; ~gabe f offerta f; ~geld n oblazione f; ~kasten m cassetta f delle elemosine; ~lamm n fig., bibl. vittima f (espiatoria); ~mut m prontezza f al sacrificio; ℚn (29) sacrificare; ~priester m sacrificatore m; ~stock m ceppo m delle elemosine; ~tier n vittima f; ~ung f immolazione f; sacrificio m; Rel. oblazione f; ~wille m volontà f di sacrificio; ℚwillig pronto al sacrificio; ~willigkeit f spirito m di sacrificio.

Opium ['o:pjum] n (9, o. pl.) oppio

m; **∼tinktur** *f*, **∼tropfen** *m/pl.* tintura *f* d'oppio.

Oppo|nent [ɔpoˈnɛnt] *m* (12) opponente *m*, oppositore *m*; 2**'nieren** opporsi (*gegen ac.* a).

Opportun|ismus [ɔpɔrtuˈnismus] *m* opportunismo *m*; **∼ist** *m*, 2**istisch** opportunista (*m*).

Oppo|sition [ɔpozitsˈjoːn] *f* opposizione *f*; 2**sitio'nell** dell'opposizione; **∼si'tionspartei** *f* partito *m* d'opposizione.

optier|en [ɔpˈtiːrən] optare; 2**ung** *f* opzione *f*.

Optik [ˈɔptik] *f* (16) ottica *f*; **∼er** *m* (7) ottico *m*.

Optim|ismus [ɔptiˈmismus] *m* ottimismo *m*; **∼ist**(*in f*) *m*, 2**istisch** ottimista *m*, *f*.

optisch [ˈɔptiʃ] ottico.

Orakel [oˈraːkəl] *n* (7), **∼spruch** *m* oracolo *m*; 2**n** oracoleggiare.

Orange [oˈrãːʒə] *f* (15) arancia *f*, arancio *m*; **∼ade** [--ˈʒaːdə] *f* (15) aranciata *f*; spremuta *f* d'arancio; **∼nbaum** *m* arancio *m*; 2**nfarben**, 2(**n**)**gelb** arancione; **∼ngarten** *m* aranceto *m*; **∼nlimonade** *f* aranciata *f*; **∼nsaft** *m* succo *m* d'arancia; **∼rie** [orãːʒəˈriː] *f* aranciera *f*.

Orang-Utan [ˈoːraŋˈʔuːtan] *m* (11) orangotango *m* [torio *m*.]

Oratorium [oraˈtoːrjum] *n* (9) ora-)

Orchest|er [ɔrˈkɛstər] *n* (7), **∼er-raum** *m* orchestra *f*; 2**erkonzert** *n* concerto *m* orchestrale; **∼erloge** *f* palco *m* di proscenio; 2**'rieren** orchestrare; **∼'rierung** *f* orchestrazione *f*.

Orchidee [ɔrçiˈdeː] *f* (15) orchidea *f*.

Orden [ˈɔrdən] *m* (6) ordine *m*; (*Auszeichnung*) decorazione *f*.

Ordens|band [ˈɔrdənsbant] *n* cordone *m*, *kleines*: nastro *m*; **∼bruder** *m* frate *m*, religioso *m*; **∼geist-liche(r)** *m* regolare *m*; **∼geistlich-keit** *f* clero *m* regolare; **∼gesell-schaft** *f* congregazione *f*; **∼kette** *f* collare *m* d'un ordine; **∼kleid** *n* abito *m* (religioso); **∼schwester** *f* religiosa *f*, suora *f*; **∼zeichen** *n* decorazione *f*.

ordentlich [ˈɔrdəntliç] **1.** *adj.* ordinato; (*regelmäßig*) regolare; (*gut, tüchtig*) buono; *in Ämtern*: ordinario; **∼er** Professor professore *m* ordinario (*od.* di ruolo); **2.** *adv.* debitamente; *fig.* per bene.

Order [ˈɔrdər] *f* (15) ordine *m*.

Ordinalzahl [-diˈnaːltsaːl] *f* numero *m* ordinale.

ordin|är [-diˈnɛːr] ordinario; volgare; triviale; 2**ariat** [--narˈjaːt] *n* ordinariato *m*; 2**arius** [--ˈnaːrjus] *m* (16²) professore *m* titolare; (*Universitäts*2) ordinario *m*; 2**ate** [--ˈnaːtə] *f* (15) ordinata *f*; 2**ation** [--natsˈjoːn] *f* ordinazione *f*; **∼'ieren** ordinare.

ord|nen [ˈɔrdnən] (26) ordinare, mettere in ordine; sistemare; classificare; 2**ner** *m* (7) ordinatore *m*; (*Heft*2) registratore *m*; 2**nung** [ˈɔrdnuŋ] *f* ordine *m*; *Pol.* regolamento *m*; *in* ∼ in regola; *ist in* ∼! va bene!; *in* ∼ *bringen* regolare, sistemare; *zur* ∼ *rufen* richiamare all'ordine; *der* ∼ *wegen* per regolarità; *Straße f erster* ∼ strada *f* di primo grado.

Ordnungs|dienst [ˈɔrdnuŋsdiːnst] *m* servizio *m* d'ordine; 2**gemäß** debitamente, conforme all'ordine; come d'ordine; 2**liebend** amante dell'ordine; 2**mäßig** regolare; **∼ruf** *m* richiamo *m* all'ordine; **∼sinn** *m* senso *m* dell'ordine; **∼strafe** *f* punizione *f* disciplinare; 2**widrig** contrario all'ordine, irregolare; **∼zahl** *f* numero *m* ordinale.

Ordonnanz ✕ [ɔrdoˈnants] *f* (16) ordinanza *f*.

Organ [ɔrˈgaːn] *n* (3¹) organo *m*; **∼i-sation** [--izatsˈjoːn] *f* organizzazione *f*; **∼i'sator** *m* organizzatore *m*; 2**isa'torisch** organizzatore *m*; 2**isch** organico; 2**isieren** [-ganiˈziːrən] organizzare, sistemare; **∼i'sierung** *f* organizzazione *f*; **∼ismus** [--ˈnismus] *m* (16²) organismo *m*.

Organist(**in** *f*) *m* [ɔrgaˈnist(in)] (12) organista *m* u. *f*.

Orgel [ˈɔrgəl] *f* (15) organo *m* (13), 2**'alisch** *m*; **∼bauer** *m* costruttore *m* di organi; **∼pfeife** *f* canna *f* dell'organo; **∼spieler**(**in** *f*) *m* organista *m* u. *f*; **∼stimme** *f* registro *m* d'organo; **∼zug** *m* registro *m* d'organo.

Orgie [ˈɔrgjə] *f* (15) orgia *f*.

Orient [ˈoːrjɛnt] *m* (3¹, *o. pl.*) oriente *m*; **∼ale** [--ˈtaːlə] *m* (13), 2**'alisch** *adj.* orientale *m u. adj.*; **∼a'list**(**in** *f*) *m* orientalista *m u. f*; 2**'ieren** orientare; *fig. sich* ∼ informarsi; **∼'ie-rung** *f* orientazione *f*; *fig.* informazione *f*.

Original [origi'nɑːl] n (3^1), ♀ adj. originale m u. adj.; ♀i'tät f originalità f.

originell [--gi'nɛl] originale.

Orkan [ɔr'kɑːn] m (3) uragano m.

Ornament [ɔrna'mɛnt] n (3) ornamento m; ∼ik [--'mɛntik] f ornamentazione f.

Ornat [ɔr'nɑːt] m (3) paramento m; im ∼ in pompa magna.

Ornitholog|e [ɔrnito'loːgə] m (13) ornitologo m; ∼ie [---lo'giː] f ornitologia f; ♀isch ornitologico.

Ort [ɔrt] m (3 u. 1²) luogo m; posto m; località f; sito m; punto m; an ∼ und Stelle sul luogo, sul posto; am rechten ∼ al suo posto; am unrechten ∼ fuor di luogo; fig. fuor di proposito.

orten ['ɔrtən] (26) ⚓ navigare, orientarsi.

ortho|dox [ɔrto'dɔks] ortodosso; ♀-do'xie f ortodossia f; ♀graphie [--gra'fiː] f (15) ortografia f; ∼'graphisch ortografico; ♀päde [--'pɛːdə] m (13) ortopedico m; ♀pä'die f ortopedia f; ∼'pädisch ortopedico.

örtlich ['œrtliç] locale; ♀keit f località f.

Orts... ['ɔrts...]: in Zssgn oft locale; ∼angabe f indicazione f del luogo; ♀-ansässig residente sul luogo; ∼behörde f autorità f locale; ∼beschreibung f topografia f.

Ortschaft ['ɔrtʃaft] f (16) villaggio m, abitato m, borgata f; località f.

Orts|gedächtnis ['ɔrtsgədɛçtnis] n senso m d'orientamento; ∼gespräch n telefonata f urbana; ∼gruppe f sezione f locale; ∼kenntnis f conoscenza f della località; ♀üblich d'uso locale; ∼veränderung f cambiamento m del luogo; ⊕ locomozione f; ∼verkehr m servizio m locale; ∼vorsteher m capo m del comune; sindaco m; ∼zeit f ora f locale.

Ortung ['ɔrtuŋ] f localizzazione f, determinazione f della posizione.

Öse ['øːzə] f (15) maglietta f, occhiello m.

Ost [ɔst] m est m; in Zssgn orientale; ∼en m (6, o. pl.) est m, Oriente m; levante m; der Nahe ∼ il Medio Oriente; der Ferne ∼ l'Estremo Oriente.

ostentativ [ɔstɛnta'tiːf] ostentato.

Oster|abend ['oːstər⁹aːbənt] m vigilia f di Pasqua; ∼ei n uovo m pasquale (od. di Pasqua); ∼fest n feste f/pl. pasquali; ∼hase m lepre f pasquale; ∼lamm n agnello m pasquale.

österlich ['øːstərliç] pasquale.

Ostern ['oːstərn] pl. Pasqua f.

Österreich|er(in f) m ['øːstəraiçər(in)] (7), ♀isch austriaco (-a) m (f).

östlich ['œstliç] orientale; adv. ∼ von all'est di.

'Ost|preuße ['ɔstprɔysə] m prussiano m dell'Est; ∼preußen n Prussia f orientale; ∼römisches Reich n Impero m Romano d'Oriente; ∼see f Mare m Baltico; ♀wärts verso oriente; ∼wind m vento m di levante.

oszillieren [ɔstsi'liːrən] oscillare.

Otter ['ɔtər] **a:)** m (7) lontra f; nutria f; **b)** f (15) biscia f; (Kreuz♀) vipera f.

Ouvertüre [uver'tyːrə] f (15) ouverture f, preludio m.

oval [o'vɑːl] ovale.

Ovation [ovats'joːn] f ovazione f.

Overall ['oːvərɔːl] m tuta f.

Oxyd [ɔ'ksyːt] n (3) ossido m; ∼ation f ossidazione f; ♀'ierbar ossidabile; ♀'ieren ossidare.

Ozean ['oːtseaːn] m (3^1) oceano m; Atlantischer ∼ Atlantico m, Oceano m atlantico; ∼dampfer m transatlantico m; ∼flug m volo m transatlantico.

Ozon [o'tsoːn] n (3^1, o. pl.) ozono m; ♀haltig ozonico.

P

P, p [pe:] *n uv.* P, p *m u. f.*

paar[1] [pɑ:r] *adj.*: für zusammen ~ (*einige*) qualche (*mit sg.*); alcuni *m/pl.* (-e *f/pl.*), due, pochi *m/pl.* (poche *f/pl.*); ein ~ Schritte due passi; ein ~mal ein paio di volte.

Paar[2] [pɑ:r] *n* (3) **1.** *für zusammen-gehörende Personen*: coppia *f*; ein glückliches ~ una coppia felice; *das junge* ~ gli sposi novelli; *für Sachen*: paio *m*; *z.B.* ein ~ Schuhe un paio di scarpe; '♀en (25) appaiare; *zur Begattung*: accoppiare; sich ~ appaiarsi; accoppiarsi; '♂lau-fen *n Sport*: pattinaggio *m* a coppie; '♂ig a coppie; '♀mal: ein ~ un paio di volte; '♂ung *f* appaiamento *m*; accoppiamento *m*; '♀weise a due a due; a paia; a coppie.

Pacht [paxt] *f* (16) affitto *m*; *öffent-liche Einkünfte*: appalto *m*; '♂brief *m* contratto *m* d'affitto; '♀en (26) prendere in affitto (in appalto).

Pächter(in *f*) *m* (7) ['pɛçtər(in)] af-fittuario (-ia) *m* (*f*); appaltatore (-trice) *m* (*f*).

Pacht|geld ['paxtgɛlt] *n* fitto *m*; ~gut *n*, ~hof *m* mezzadria *f*; ~ung *f* affittamento *m*; appaltamento *m*; ~vertrag *m* contratto *m* d'affitto (d'appalto); ♀weise in affitto (in appalto); ~zins *m* fitto *m*.

Pack [pak]: **a.** *m* (3 *u.* 3³) pacco *m*; mit Sack und ~ con sacco e bagagli; **b)** P *n* (3, *o. pl.*) canaglia *f*, gentaglia *f*.

Päckchen ['pɛkçən] *n* (6) pacchetto *m*, pacchettino *m*.

Pack|eis ['pak⁹aɪs] *n* banchisa *f*; ~en *m* pacco *m*; ♀en (25) (*zusam-men*) imballare; (*einwickeln*) invol-tare; *in Papier*: incartare; *Koffer*: fare; *j-n*: afferrare; *Furcht*: assalire; *fig. seelisch*: commuovere profonda-mente; impressionare; F sich ~ an-darsene; ♀end emozionante; ~er *m* (7) imballatore *m*; ~esel *m* somaro *m*; ~papier *n* carta *f* da imballaggio; ~pferd *n* cavallo *m* da soma; ~sat-tel *m* basto *m*; ~ung *f* (*Paket*) pac-chetto *m*; ♯ impacco *m*; ~wagen *m* vagone *m* bagagli; furgone *m*.

Pädagog|e [pɛda'go:gə] *m* (13) pedagogo *m*; ~ik *f* (16, *o. pl.*) peda-gogia *f*; ♀isch pedagogico.

Paddel ['padəl] *n* (7) pagaia *f*; ~boot *n* canoa *f*; canotto *m*; sandolino *m*; ♀n (29) andare in canotto (*od.* sandolino); remare a pagaia; ~sport *m* canottaggio *m*.

'Paddler(in *f*) *m* (7) canoista *m u. f.*

paffen ['pafən] (25) F fumare come un turco.

Page ['pɑ:ʒə] *m* (13) paggio *m*.

paginier|en [pagi'ni:rən] paginare; ♀maschine *f* paginatrice *f*.

Pagode [pa'go:də] *f* (15) pagoda *f*.

Paket [pa'ke:t] *n* (3) pacco *m*; *klei-nes*: pacchettino *m*; ~-adresse *f* modulo *m* (*od.* bolletta *f*) di spedi-zione (per pacchi postali); ~-an-nahme *f* (~ausgabe *f*) accetta-zione *f* (distribuzione *f*) pacchi postali; ~aufbewahrung *f* depo-sito *m* pacchi; ~chen *n* pacchettino *m*; ~karte *f* bollettino *m* di spedi-zione (dei pacchi postali); ~post *f* servizio *m* pacchi postali.

Pakt [pakt] *m* (3) patto *m*; ♀ieren patteggiare.

Paladin ['paladi:n] *m* (3¹) paladino *m*.

Palais [pa'le:] *n uv.* palazzo *m*.

Paläograph [palɛo'grɑ:f] *m* (12) paleografo *m*; ~ie *f* paleografia *f*; ♀isch paleografico.

Palast [pa'last] *m* (3² *u.* ³) palazzo *m*.

Palaver F [-'lɑ:vər] *n* (7) discussione *f*; ♀n parlottare.

Palette [pa'lɛtə] *f* (15) tavolozza *f*.

Palisade [pali'zɑ:də] *f* (15) palizza-ta *f*.

Palisander [pali'zandər] *m* palissan-dro *m*.

Palme ['palmə] *f* (15), ~nbaum *m* palma *f*; ~ngarten *m*, ~nhain *m* palmeto *m*; ~nhaus *n* serra *f* delle palme.

Palmin [pal'mi:n] *n* palmina *f*.

Palmsonntag [palm'zɔntɑ:k] *m* domenica *f* delle palme.

Pampelmuse ['pampəlmu:zə] *f* (15) pompelmo *m*.

Pamphlet [pam'fle:t] *n* libello *m*; ~**schreiber(in** *f*) *m* libellista *m u. f.*
Paneel △ [pa'ne:l] *n* (3¹) pannello *m*.
Panier [-'ni:r] *n* (3¹) bandiera *f.*
panieren [-'ni:rən] (25) panare.
Panik ['pɑ:nik] *f* (16), **panisch** *adj.* panico *m u. adj.*
Panne ['panə] *f* (15) panna *f*, guasto *m.*
Panorama [pano'rɑ:ma] *n* (9¹) panorama *m.*
panschen, pantschen ['pan(t)ʃən] (27) **1.** *v/i.* (s)guazzare; **2.** *v/t. Wein*: intrugliare.
Panthe|**ismus** [pante'⁹ismus] *m* (16, *o. pl.*) panteismo *m*; ~**ist(in** *f*) *m* panteista *m u. f*; ²**istisch** panteistico.
Panther ['pantər] *m* (7) pantera *f.*
Pantine [-'ti:nə] *f* (15) zoccolo *m.*
Pantoffel [-'tɔfəl] *m* (10, F *a.* 7) pantofola *f*; *unter dem* ~ *stehen* lasciar portare i calzoni alla moglie; ~**held** *m* marito *m* in gonnella.
Pantomim|**e** [-to'mi:mə] *f* (15) pantomima *f*; ²**isch** pantomimico.
Panzer ['pantsər] *m* (7) (*Rüstung*) corazza *f*; armatura *f*; ⚔ carro *m* armato; ~**abwehr** *f* difesa *f* anticarro; ~**auto** *n* autoblinda(ta) *f*; ~**faust** *f* bazooka *m*; ~**hemd** *n* maglia *f*; ~**kreuzer** *m* incrociatore *m* corazzato; ²**n** (29) corazzare; ⚔ blindare; ~**platte** *f* piastra *f* metallica (*od.* da blindaggio); ~**schiff** *n* corazzata *f*; ~**turm** *m* torre *f* blindata; ~**ung** *f* armatura *f*, blindaggio *m*; ~**wagen** *m* carro *m* blindato; ~**zug** *m* treno *m* blindato.
Papa [pa'pɑ:, '-pa] *m* (11) papà *m*, babbo *m.*
Papagei [--'gaɪ] *m* (3 *u.* 12) pappagallo *m*; ~**enkrankheit** *f* psittacosi *f.*
Papier [-'pi:r] *n* (3¹) carta *f*; (*Urkunde*) documento *m*; *Stück* ~ *pezzo m* di carta; ~*e pl.* carte *f/pl.*; ✝ valori *m/pl.*, titoli *m/pl.*; ~**beschwerer** *m* calcafogli *m*; ~**drachen** *m* aquilone *m*; ²**en** di carta; ~**fabrik** *f* cartiera *f*; ~**geld** *n* carta *f* moneta; ~**geschäft** *n* cartoleria *f*; ~**gewicht** *n* peso *m* carta; ~**händler** *m* cartolaio *m*; ~**handlung** *f, ~laden *m* cartoleria *f*; ~**herstellung** *f* fabbricazione *f* della carta; ~**korb** *m* cestino *m*; ~**krieg** *m* pratiche *f/pl.* burocratiche; ~**maché** [--ma'ʃe:] *n* cartapesta *f*;

~**messer** *n* tagliacarte *m*; ~**mühle** *f* cartiera *f*; ~**schlange** *f* stella *f* filante; ~**schnitzel** *n/pl.* ritagli *m/pl.* di carta.
Papille [-'pilə] *f* (15) papilla *f.*
Papp... ['pap...]: *in Zssgn oft* di cartone; ~**band** *m* legatura *f* in cartone; ~**e** (15) cartone *m*; P *das ist nicht von* ~ non c'è male.
Pappel ⚘ ['-pəl] *f* (15) pioppo *m*; ~**allee** *f* viale *m* di pioppi.
Pappenheimer ['--haɪmər] *m/pl.*: *ich kenne meine* ~ conosco i miei polli.
Pappenstiel ['--ʃti:l] *m* bagatella *f.*
pappig ['papiç] pastoso.
Papp|**karton** *m*, ~**schachtel** *f* ['-kartõ, '-ʃaxtəl] scatola *f* di cartone.
Paprika ['paprika] *m* (11) paprica *f*, pepe *m* rosso; ~**frucht** *f, ~schote *f* peperone *m.*
Papst [pɑ:pst] *m* (3² u. ³) papa *m*; ~**krone** *f* tiara *f*; ²**tum** *n* (1, *o. pl.*), ²**würde** *f* papato *m.*
päpstlich ['pɛ:pstliç] papale.
Papyrus [pa'py:rus] *m* papiro *m.*
Parabel [pa'rɑ:bəl] *f* (15) parabola *f.*
Parade [-'rɑ:də] *f* (15) ⚔ sfilata *f*, rivista *f*; *Fechtk.*: parata *f*; guardia *f*; ~ *abhalten* passare in rivista (*ac.*); ~**marsch** *m* sfilata *f*; ~**schritt** *m* passo *m* di parata; ~**uniform** *f* uniforme *f* da parata.
Paradies [-ra'di:s] *n* (4) paradiso *m*; ~**apfel** *m* pomodoro *m*; ²**isch** [--'di:zif] paradisiaco.
Para|**digma** [--'digma] *n* (9¹) paradigma *m*; ²**dox** [--'dɔks] paradossale; ~**doxon** [-'-dɔksɔn] *n* paradosso *m.*
Paraffin [--'fi:n] *n* (3¹) paraffina *f.*
Paragraph [--'grɑ:f] *m* (12) paragrafo *m*; ꜱꜱ articolo *m.*
parallel [--'le:l] parallelo; ²**e** *f* (15) parallela *f*; *fig.* parallelo *m*; ²**o**-**gramm** [---lo'gram] *n* (3¹) parallelogramma *m*; ²**schaltung** ∮ *f* accoppiamento *m* (in parallelo).
Paralyse [--'ly:zə] *f* (15) paralisi *f.*
paraphier|**en** [--'fi:rən] paraf(f)are; ²**ung** *f* paraf(f)atura *f.*
Parasit [--'zi:t] *m* (12) parassita *m.*
Pärchen ['pɛ:rçən] *n* (6) coppietta *f* (d'amanti).
Pardon [par'dõ] *m* (11, *o. pl.*) perdono *m*; ~ *geben* dar quartiere; F ~! scusi!

Parenthese [parɛn'teːzə] f (15) parentesi f (in fra).

par excellence [parɛksɛ'lɑ̃s] per eccellenza.

Parforcejagd [par'fɔrsjaːkt] f caccia f forzata.

Parfüm [-'fyːm] n (3¹ u. 11) profumo m; **~erie** [-fymə'riː] f profumeria f; **~fläschchen** n boccetta f di profumo; **℔ieren** profumare; **~zerstäuber** m vaporizzatore m.

pari ✝ ['paːri] alla pari.

parieren [pa'riːrən] **1.** v/t. parare; **2.** v/i. ubbidire.

Parität [-ri'tɛːt] f (16, o. pl.) parità f; **℔isch** pariteteco.

Park [park] m (11) parco m; **'~anlagen** f/pl. giardini m/pl. pubblici.

parken ['parkən] **1.** (25) Kfz. parcheggiare, posteggiare la macchina; **2.** ℔ n (6) posteggio m, parcheggio m.

Parkett [par'kɛt] n (3) (Fußboden) pavimento m intarsiato; Thea. platea f; primi posti m/pl. (in platea); **℔ieren** pavimentare ad intarsio; **~loge** f palco m di primo ordine; **~sessel** m poltrona f; **~sitz** m posto m in platea; poltroncina f.

Park|haus [park'haus] n edificio m da parcheggio; **~lücke** f posto m da parcheggiare; **~platz** m parcheggio m, posteggio m; **~uhr** f parcometro m; **~verbot** n divieto m di parcheggio.

Parlament [parla'mɛnt] n (3) parlamento m; **~'arier** m, **℔'arisch** parlamentare (m); **~a'rismus** m parlamentarismo m; **℔ieren** parlamentare; **~sbeschluß** m voto m del parlamento; **~s-sitzung** f sessione f del parlamento (od. parlamentare).

Parmesankäse [parme'zaːnkɛːzə] m parmigiano m.

Parodie [paro'diː] f (15) parodia f; **℔ren** parodiare.

Parole [-'roːlə] f (15) parola f d'ordine.

Paroxysmus [-rɔ'ksysmus] m (16²) parossismo m.

Partei [par'taɪ] f (16) parte f; Pol. partito m; **~** ergreifen prendere partito, parteggiare (per).

Partei|abzeichen [par'taɪʔaptsaɪçən] n distintivo m di un partito; **~bonze** m gerarca m; **~buch** n tessera f del partito; **~führer** m capo m, leader m; **~gänger** m partigiano

m, seguace m; **~genosse** m compagno m (di partito); **℔isch**, **℔lich** parziale; **~lichkeit** f parzialità f; **℔os** indipendente; neutro; **~nahme** f presa f di partito; **~tag** m congresso m del partito; **~ung** f fazione f; **~zugehörigkeit** f appartenenza f ad un partito.

Parterre [-'tɛr] n (11) pianterreno m; Thea. platea f.

Partie [-'tiː] f (15) partita f; (Heirats℔) partito m; (Ausflug) gita f.

partiell [-ts'jɛl] parziale.

Partikel [-'tiːkəl] f (15) particella f.

Partikular|ismus [-tikula'rismus] m particolarismo m; **~ist(in** f) m, **℔istisch** particolarista m u. f.

Partisan [--'zaːn] m (8 u. 12) partigiano m; **~enkrieg** m guerra f partigiana, guerriglia f.

Partitur ♪ [--'tuːr] f (16) spartito m.

Partizip(ium) [--'tsiːp(jum)] n (8² u. 9) participio m.

Partner ['partnər] m (7) compagno m; socio m; Gespräch: interlocutore m; **~schaft** f collaborazione f, cooperazione f; von Städten: gemellaggio m.

Parvenü [-ve'nyː] m (11) arrivista m.

Parzell|e [-'tsɛlə] f (15) parcella f; **℔ieren** parcellare; Grund: lottizzare; **~ierung** f parcellizura f.

Pascha ['paʃa] m (11) pascià m.

pasch|en ['paʃən] (27) frodare; **'℔er** m contrabbandiere m.

Paß [pas] m (4²) Erdk. passo m, valico m, varco m; (Gang) ambio m; (Eng℔) gola f; (Reise℔) passaporto m.

passabel [-'saːbəl] passabile.

Passage [-'saːʒə] f (15) galleria f; ⚓, ⚞, ♪ passaggio m.

Passagier [-sa'ʒiːr] m (3¹) viaggiatore m; ⚓, ⚞ passeggiero m; **~flugzeug** n aereo m passeggeri (od. da turismo); **~gut** 🚂 m bagaglio m; als **~** senden spedire come bagaglio presso; **~schiff** n nave f passeggeri.

Paßamt ['pasʔamt] n ufficio m passaporti.

Passant [pa'sant] m (12) passante m.

Passat(wind) [pa'saːt] m (3) (vento) aliseo m.

passen ['pasən] (28) allg. andar (m. star) bene; (gut auskommen) convenire; Kartensp. passare; zueinander **~** star bene insieme; Kleidung, Farben: intonarsi, accordarsi; das paßt nicht hierher questo è fuor di luogo; *das paßt nicht auf sie* ciò non si può dire di lei; *das paßt mir nicht* non mi va; *wann paßt es dir?* quando ti fa comodo?; **~d** (*geeignet*) adatto; (*schicklich*) conveniente; *Gelegenheit*: opportuno; *Farben*: intonato.

Paßgang ['pasgaŋ] *m* ambio *m*.

passier|bar [pa'si:rba:r] transitabile; praticabile; **~en 1.** *v/t.* passare; **2.** *v/i.* (*sn*) accadere; succedere; **2~schein** *n* lasciapassare *m*; permesso *m* di libero passaggio.

Passion [-'sjo:n] *f* (16) passione *f*; **2~iert** [-'ni:rt] appassionato; **~s-spiel** *n* Sacra Rappresentazione *f*; **~szeit** *f* quaresima *f*.

passiv ['-si:f] *adj.,* **2** *n* (3¹) passivo *adj. u. m*; **2a** [-'-va] ✝ *pl.* passività *f/pl.*; **2i'tät** *f* passività *f*; indifferenza *f*.

Paß|revision ['pasrevizjo:n] *f* visita *f* dei passaporti; **~stelle** *f* ufficio *m* passaporti.

Passus ['pasus] *m uv.* passo *m*.

Paßzwang ['pastsvaŋ] *m* obbligo *m* di passaporto.

Paste ['pastə] *f* (15) pasta *f*.

Pastell [pas'tɛl] *n* (3) pastello *m*; **~malerei** *f* pittura *f* a pastello; **~stift** *m* matita *f* a pastello.

Pastete [-'ste:tə] *f* (15) pasticcio *m*.

pasteurisieren [pastø:ri'zi:rən] pastorizzare.

Pastille [pa'stilə] *f* (15) pastiglia *f*.

Pastor ['pastɔr] *m* (8¹) pastore *m*, ministro *m* protestante.

Pate ['pa:tə] *m* (13) padrino *m*; *ehm.* compare *m*.

'Paten|geschenk *n* dono *m* di battesimo; **~kind** *n* figlioccio *m*, figlioccia *f*; **~schaft** *f* comparatico *m*; *von Städten*: fratellanza *f*.

Patent [pa'tɛnt] **1.** *n* (3) brevetto *m*; *zum ~ anmelden* far brevettare; **2. 2** *F adj.* eccellente; *Person*: in gamba; *in Zssgn mit Gegenständen*: ... brevettato; **~amt** *n* ufficio *m* brevetti; **~anwalt** *m* agente *m* di brevetti; **2'ieren** brevettare; **~inhaber** *m* brevettato *m*; **~papier** *n* carta *f* brevettata; **~schutz** *m* protezione *f* dei brevetti.

Pater ['pa:tər] *m* (7; *pl. Patres*) padre *m*.

Paternoster [--'nɔstər] *n* paternostro *m*; **~aufzug** *m* paternostro *m*.

pathetisch [pa'te:tiʃ] patetico.

Patholog|ie [patolo'gi:] *f* patologia *f*; **2isch** [--'lo:giʃ] patologico.

Pathos ['pa:tɔs] *n uv.* enfasi *f*.

Patience [pas'jãs] *f* (15) *Spiel*: solitario *m*; *~ legen* fare un solitario.

Patient(in *f*) *m* (12) [pats'jɛnt(in)] paziente *m u. f*, infermo (-a) *m* (*f*).

Patin ['pa:tin] *f* (16¹) madrina *f*; comare *f*.

Patina ['pa:tina] *f* patina *f*.

Patriarch [patri'arç] *m* (12) patriarca *m*; **2alisch** [---'ça:liʃ] patriarcale; **~at** [---'ça:t] *n* (3) patriarcato *m*.

Patriot|(in *f*) *m* (12) [-'o:t(in)] patriot(t)a *m u. f*; **2isch** patriot(t)ico; **~ismus** *m* patriot(t)ismo *m*.

Patriz|ier(in *f*) *m* (7) [-'tri:tsjər(in)], **2isch** patrizio (-a) *m* (*f*).

Patron [pa'tro:n] *m* (3¹) patrono *m*; *fig.* F soggetto *m*; *lustiger ~* buontempone *m*; **~at** [---'na:t] *n* (3) patronato *m*; *e-s Festes usw.*: patrocinio *m*.

Patrone [-'tro:nə] *f* (15) cartuccia *f*; **~nhülse** *f* bossolo *m*; **~ntasche** *f* giberna *f*, cartucciera *f*.

Patronin [-'tro:nin] *f* patronessa *f*.

Patrouill|e [-'truljə] *f* (15) pattuglia *f*; (*Streife*) ronda *f*; **2'ieren** pattugliare.

Patsch|e ['patʃə] *f* (15) *fig.* impiccio *m*; *in der ~ sein* essere nei pasticci; **2en** *in Wasser*: guazzare; **~händchen** ['-hɛntçən] *n* (6) manina *f*; **2'naß** fradicio.

Patte ['patə] *f* (15) mostra *f*.

patz|en ['patsən] (27) pasticciare; F fare uno sbaglio; **~ig** ['-tsiç] arrogante, impertinente; **2igkeit** *f* arroganza *f*, impertinenza *f*.

Pauk|e ♩ ['paukə] *f* (15) timpano *m*; F sermone *m*; **2en** (25) timpaneggiare; (*büffeln*) sgobbare; **~enschläger** *m* timpanista *m*; **~er** F *m* (7) maestro *m*.

Paus|backe ['pausbakə] *f* guancia *f* paffuta; **2bäckig** ['-bɛkiç] paffuto.

Pauschal... [pau'ʃa:l...]: *in Zssgn* globale; **~e** *f* (15) somma *f* globale; **~kauf** *m* compra *f* in blocco; **~preis** *m* prezzo *m* globale, prezzo *m* a forfait; **~summe** *f* somma *f* globale.

Paus|e ['pauzə] *f* (15) pausa *f*; intervallo *m*; *Schule*: ricreazione *f*; (*Ruhezeit*) riposo *m*; *Zeichenk.* calco *m*; **2en** (27) (*durchzeichnen*) (ri)calcare; **~enzeichen** n *Radio*: segnale m di pausa; sintonia f; 2'**ieren** fare una pausa, pausare; interrompere il lavoro; **~papier** n carta f da ricalcare.

Pavian ['pɑːvjɑːn] m (3¹) babbuino m.

Pavillon ['pavɪljõ] m (11) padiglione m.

Pazif|ismus [patsi'fɪsmus] m pacifismo m; **~ist(in** f) m pacifista m u. f.

Pech [pɛç] n (3) pece f; resina f; *fig.* disgrazia f, disdetta f, sfortuna f; ~ haben essere sfortunato; **'~erde** f terra f bituminosa; '**~fackel** f torcia f di pece; 2**ig** ['pɛçiç] pecioso; '**~kohle** f giavazzo m; '2'**schwarz** nero come la pece; '**~strähne** f sequela f di guai; '**~vogel** m sfortunato m.

Pedal [pe'dɑːl] n (3¹) pedale m.

Pedant [-'dant] m (12) pedante m; **~erie** [--tə'riː] f (15) pedanteria f; 2**isch** pedantesco.

Pedell [-'dɛl] m (3¹) bidello m.

Pediküre [-di'kyːrə] f (15) pedicure f.

Pegel ['peːgəl] m (7) idrometro m (fluviale); **~stand** m livello m dell'acqua.

peil|en ['paɪlən] (25) ⚓ scandagliare; *Radio*: prendere il rilevamento, orientarsi col radiogoniometro; ⚡ captare le onde; 2**rahmen** m quadro m di rilevamento; 2**station** f stazione f di rilievo; 2**ung** f rilevamento m.

Pein [paɪn] f (16, *o. pl.*) pena f; strazio m; 2**igen** ['--gən] (25) tormentare; '**~iger** m (7) aguzzino m; '**~igung** f tormento m; 2**lich** ['-liç] penoso; *Frage*: delicato; *Lage*: precario; *Überraschung*: spiacevole; ~ genau meticoloso; preciso; *j-m* ~ sein dispiacere a qu.; '**~lichkeit** f spiacevolezza f; meticolosità f.

Peitsche ['paɪtʃə] f (15) frusta f; 2n (27) frustare; **~ngeknall** n schiocco m di frusta; **~nhieb** m frustata f; **~nstiel** m, **~nstock** m manico m della frusta.

pekuniär [pekuni'ɛːr] pecuniario.

Pelerine [pelə'riːnə] f (15) mantello m.

Pelikan ['peːlikɑːn] m (3¹) pellicano m.

Pell|e ['pɛlə] f (15) pelle f; buccia f;

2**en** (25) sbucciare; **~kartoffeln** f/pl. patate f/pl. cotte con la buccia, patate f/pl. in camicia.

Pelz [pɛlts] m (3²) pelo m; *Kleidung*: pelliccia f; **~geschäft** m pelliccceria f; **~händler** m pellicciaio m; **~handlung** f pelliccceria f; 2**ig** peloso; ⚘ lanuginoso; **~jacke** f giacca f di pelliccia; **~kragen** m bavero m di pelliccia; **~mantel** m (cappotto m di) pelliccia f; **~mütze** f berretto m di pelo; **~stiefel** m stivale m foderato di pelliccia; **~waren** f/pl. pellicce f/pl.

Pendant [pã'dã] n (11): ein ~ bilden zu fare da gemello a.

Pendel ['pɛndəl] n (7) pendolo m; 2n (29, *h. u. sn*) oscillare; **~uhr** f pendola f; **~verkehr** m traffico m navetta.

Pendler ['pɛndlər] m (7) pendolare m.

penibel [pe'niːbəl] meticoloso.

Penicillin [penitsi'liːn] n (3¹) penicillina f.

Penn|al [pɛ'nɑːl] F n scuola f; **~äler** [-'nɛːlər] m (7) scolaretto m; '**~bruder** m vagabondo m; '**~e** P f covo m (di vagabondi); letto m; F scuola f; 2**en** (25) dormire.

Pension [pãz'joːn] f (16) pensione f; **~är** [--'nɛːr] m (3¹) pensionato m; pensionante m; *Schule*: collegiale m; **~at** [--'nɑːt] n (3) collegio m; 2'**ieren** pensionare; *sich ~ lassen* andare in pensione; 2'**iert** pensionato; **~ierung** f collocamento m a riposo; 2**sberechtigt** avente diritto alla pensione; **~skasse** f cassa f pensioni; **~s-preis** m prezzo m per la pensione.

Pensum ['pɛnzum] n (9[²]) compito m.

Pepsin [pɛp'siːn] n (3¹) pepsina f.

per [pɛr] per; ~ Post con la posta.

perfekt [-'fɛkt] **1.** *adj.* perfetto; compiuto; ~ *machen* (*Vertrag*) concludere; **2.** 2 ['--] n *Gram.* (3) perfetto m.

Pergament [pɛrga'mɛnt] n (3) pergamena f; 2**artig** pergamenaceo; **~papier** n carta f pergamena.

Period|e [pe'rjoːdə] f (15) periodo m; ⚕ mestruazione f; 2**isch** periodico; **~izität** [---tsi'tɛːt] f periodicità f.

Periph|erie [perifə'riː] f periferia f; 2'**erisch** periferico.

Periskop ⚓ [peris'ko:p] *n* (3¹) periscopio *m*.

peristaltisch [--'stalti∫] peristaltico.

Perl|e ['perlə] *f* (15) perla *f*; † grano *m*; *scherzh.* donna *f* di servizio perfetta; **2en** (25) mandare bollicine; frizzare; **~enfischerei** *f* pesca *f* delle perle; **2farbig** color perla; **~graupen** *f/pl.* orzo *m* perlato; **~huhn** *n* (gallina *f*) faraona *f*; **~muschel** *f* conchiglia *f* perlifera; **~mutter** *f* madreperla *f*; **~schnur** *f* collana *f* di perle; **~schrift** *f* lettere *f/pl.* nane, corpo *m* cinque.

perman|ent [perma'nɛnt] permanente; **2enz** [--'nɛnts] *f* permanenza *f*.

Perpend|ikel [perpen'di:kəl] *m u. n* (7) *Phys.* perpendicolo *m*; *(Uhr2)* pendolo *m*; **2ku'lar** perpendicolare.

perplex [per'plɛks] perplesso.

Pers|er(in *f)* *m* (7) ['pɛrzər(in)] persiano (-a) *m* (*f*); **~erteppich** *m* tappeto *m* persiano; **2isch** persiano.

Persiflage [persi'fla:ʒə] *f* parodia *f*.

Person [pɛr'zo:n] *f* (16) persona *f*; *Thea.* personaggio *m*; *pro* ~ a testa; *ich für meine* ~ io per me, quanto a me.

Personal [-zo'na:l] *n* (3¹) personale *m*; **~abbau** *m* riduzione *f* del personale; **~akten** *f/pl.* atti *m/pl.* personali; **~ausweis** *m* documento *m* personale; carta *f* d'identità; **~beschreibung** *f* connotati *m/pl.*; **~büro** *n* ufficio *m* personale; **2ien** *f/pl.* generalità *f/pl.*; **~pronomen** *n* pronome *m* personale; **~union** *f* unione *f* personale.

Personen... [-'zo:nən...]: *in Zssgn* ⚓, ... viaggiatori; **~aufzug** *m* ascensore *m*; **~beförderung** *f* trasporto *m* di viaggiatori; **~stand** *m* stato *m* civile; **~verkehr** *m* traffico *m* dei viaggiatori; servizio *m* passeggieri; **~waage** *f* bilancia *f* pesapersone; **~zug** *m* (*Ggs. Schnellzug*) accelerato *m*; (*Ggs. Güterzug*) treno *m* viaggiatori.

Personifi|kation [-zo:nifikats'jo:n] *f* personificazione *f*; **2zieren** personificare.

persönlich [-'zø:nlıç] personale; individuale; ~ *kennen* conoscere di persona; ~! *auf Briefen:* riservata!; **2keit** *f* personalità *f*.

Perspektiv|e [-spɛk'ti:və] *f* (15) prospettiva *f*; **2isch** prospettico.

Perücke [pe'rykə] *f* (15) parrucca *f*; **~nmacher** *m* parrucchiere *m*.

pervers [pɛr'vɛrs] perverso, pervertito; **2ion** *f* perversione *f*; **2ität** [--zi'tɛ:t] *f* (16) perversità *f*.

Pessim|ismus [pɛsi'mismus] *m* (16, *o. pl.*) pessimismo *m*; **~ist(in** *f)* *m* (12) [--'mist(in)] pessimista *m u. f*; **2'istisch** pessimistico, pessimista.

Pest ☞ [pɛst] *f* (3) peste *f*; '**2-ähnlich**, '**2-artig** pestilenziale; '**~beule** *f* bubbone *m*.

Petersilie [petər'zi:ljə] *f* (15) prezzemolo *m*.

Petition [petits'jo:n] *f* petizione *f*; supplica *f*.

Petroleum [-'tro:leum] *n* (9, *o. pl.*) petrolio *m*; **~industrie** *f* industria *f* petroliera; **~kocher** *m* fornellino *m* a petrolio; **~lampe** *f* lampada *f* a petrolio; **~quelle** *f* pozzo *m* petrolifero.

Petschaft [pɛt∫aft] *n* (3) sigillo *m*.

Petz [pɛts] *m*: *Meister* ~ orso *m*.

petz|en F ['pɛtsən] (27) riportare; **2er** *m* (7) spia *f*.

Pfad [pfɑ:t] *m* (3) sentiero *m*; '**~finder** *m* ⚒ esploratore *m*; *Jugend:* giovane *m* esploratore; *fig.* pioniere *m*.

Pfaff|e F ['pfafə] *m* (3) prete *m*; '**~entum** F *n* (1, *o. pl.*) clericalismo *m*; P pretume *m*.

Pfahl [pfɑ:l] *m* (3³) palo *m*; '**~bau** *m* palafitta *f*; '**~bauten** *pl.* abitazioni *f/pl.* lacustri; '**~bürger** *m fig.* F borghesuccio *m*.

pfählen ['pfɛ:lən] palafittare; *j-n:* impalare.

Pfahl|ramme ['pfɑ:lramə] *f* battipalo *m*; **~rost** *m* palafitta *f*; **~wand** *f* palizzata *f*; **~werk** *n* palafitta *f*; **~wurzel** *f* fittone *m*; **~zaun** *m* steccanato *m*.

Pfand [pfant] *n* (1²) pegno *m*.

pfändbar ['pfɛntba:r] pignorabile.

Pfandbrief ['pfantbri:f] *m* titolo *m* ipotecario.

pfänd|en ['pfɛndən] (26) sequestrare; pignorare; **2erspiel** *n* gioco *m* dei pegni.

Pfand|haus ['pfanthaus] *n*, **~leihe** ['-laɪə] *f* (15) banco *m* di pegni; *staatliches:* monte *m* di pietà; **~leiher** *m* (7) mutuante *m* su pegno; **~**

recht *n* diritto *m* d'ipoteca; **~schein** *m* polizza *f* del monte (*od.* di pegno); **~schuld** *f* debito *m* ipotecario.

Pfändung ['pfɛndʊŋ] *f* sequestro *m*; pignoramento *m*.

Pfann|e ['pfanə] *f* (15) padella *f*; *Anat.* glene *f*, cavità *f* articolare; **~kuchen** *m* frittella *f*.

Pfarr|amt ['pfarˀamt] *n* cura *f*; **~bezirk** *m*, '~**e**, '~**ei** *f* (15) parrocchia *f*; **~er** *m* (7) parroco *m*; *evangelischer:* pastore *m*; **~gemeinde** *f* parrocchia *f*; **~haus** *n* casa *f* del parroco; **~herr** *m* parroco *m*; **~kind** *n* parrocchiano *m*; **~kirche** *f* chiesa *f* parrocchiale; **~sprengel** *m* territorio *m* parrocchiale.

Pfau [pfaʊ] *m* (5) pavone *m*; *sich wie ein* ~ *brüsten* pavoneggiarsi.

Pfeffer ['pfɛfər] *m* (7) pepe *m*; **~büchse**, **~dose** *f* pepaiola *f*; **~gurke** *f* cetriolino *m* pepato; **~kraut** *n* santoreggia *f*; **~kuchen** *m* pan *m* pepato; panforte *m*; **~minze** ♀ *f* menta *f* (piperina); **~minzlikör** *m* (liquore *m* di) menta *f*; **~mühle** *f* macinino *m* da pepe; pepaiola *f*.

pfeffern ['pfɛfərn] (29) pepare; *gepfeffert* pepato, *Rechnung:* salato.

Pfeffer|nuß ['--nus] *m* (3[1]) nocciola *f* di pan pepato; **~schote** *f* peperone *m*.

Pfeif|e ['pfaɪfə] *f* (15) fischio *m*; fischietto *m*; (*Quer*♀) piffero *m*; (*Orgel*♀) canna *f*; (*Tabaks*♀) pipa *f*; ♀**en** (30) fischiare; *auf et.* (*ac.*) ~ infischiarsi di qc.; **~enkopf** *m* fornello *m* della pipa; **~enstiel** *m* cannuccia *f* della pipa; **~enwerk** ♪ *n* canne *f/pl.* dell'organo; **~er** ♪ *m* (7) piffero *m*.

Pfeil [pfaɪl] *m* (3) freccia *f*.

Pfeiler ['pfaɪlər] *m* (7) pilastro *m*.

Pfeil|gift ['pfaɪlgɪft] *n* curare *m*; '♀**schnell** rapido come una saetta; '~**schuß** *m* frecciata *f*; '~**schütze** *m* arciere *m*.

Pfennig ['pfɛnɪç] *m* (3, *als Maß im pl. uv.*) pfennig *m*; centesimo *m* d'un marco; *fig.* obolo *m*; **~fuchser** F ['--fuksər] *m* (7) spilorcio *m*.

Pferch [pfɛrç] *m* (3) addiaccio *m*; ♀**en** (25) stabbiare; *fig.* stipare.

Pferd [pfeːrt] *n* (3) cavallo *m*; *wie ein* ~ *arbeiten* lavorare come un mulo; *auf dem hohen* ~ *sitzen fig.* darsi delle arie.

Pferde... ['-də...]: *in Zssgn oft di cavallo;* **~apfel** *m* sterco *m* di cavallo; **~fleisch** *n* carne *f* equina; **~futter** *n* foraggio *m*; **~haar** *n* pelo *m*, *an der Mähne:* crine *m*; **~knecht** *m* staffiere *m*; **~kraft** *f Phys.* cavallo vapore *m*; *100 Pferdekräfte* cento cavalli; **~kur** *f* cura *f* da cavalli; **~länge** *f:* *um eine* ~ *siegen* vincere per una lunghezza; **~makler** *m* cozzone *m*; **~rasse** *f* razza *f* equina; **~rennbahn** *f* ippodromo *m*; **~rennen** *n* corsa *f* di cavalli; **~sport** *m* ippica *f*; **~stall** *m* scuderia *f*; **~stärke** *f* ⊕ cavallo *m* vapore; **~zucht** *f* allevamento *m* dei cavalli.

Pfiff [pfɪf] *m* (3) fischio *m*.

Pfifferling ['pfɪfərlɪŋ] *m* (3[1]) cantarello *m*; ovolo *m*; *keinen* ~ *wert sein* non valere un fico secco.

pfiff|ig ['pfɪfɪç] scaltro; furbo; ♀**igkeit** *f* furberia *f*; ♀**ikus** *m* furbacchione *m*.

Pfingst|en ['pfɪŋstən] *n u. pl.* Pentecoste *f*; **~rose** *f* peonia *f*.

Pfirsich ['pfɪrzɪç] *m* (3) pesca *f*; **~baum** *m* pesco *m*.

Pflanz|e ['pflantsə] *f* (15) pianta *f*; F *e-e nette* ~ *un bel tipo*; ♀**en** (27) piantare.

Pflanzen|buch ['pflantsənbuːx] *n* erbario *m*; **~butter** *f* burro *m* vegetale; **~erde** *f* terra *f* vegetale; **~fett** *n* grasso *m* vegetale; ♀**fressend** ['--frɛsənt], **~fresser** *m* erbivoro (*m*); **~kost** *f* vitto *m* vegetale; **~kunde** *f* botanica *f*; **~reich** *n* regno *m* vegetale; **~sammler**(**in** *f*) *m* erborista *m u. f.*; **~schädling** *m* insetto *m* nocivo; **~schutzmittel** *n* insetticida *m*; **~tier** *n* zoofita *m*; **~welt** *f* flora *f*; **~wuchs** *m* vegetazione *f*.

Pflanz|er ['pflantsər] *m* (7) piantatore *m*; ♀**lich** vegetale; ♀**schule** *f* semenzaio *m*; **~stätte** *f* vivaio *m*; **~ung** *f* piantagione *f*.

Pflaster ['pflastər] *n* (7) cerotto *m*; (*Heft*♀) sparadrappo *m*; *englisches* ~ taffetà *m*; (*Straßen*♀) selciato *m*, *mit Platten:* lastricato *m*; *fig. Paris ist ein teures* ~ a Parigi la vita è molto cara; **~er** *m* (7) selciatore *m*; lastricatore *m*; ♀**n** (29) selciare, *mit Platten:* lastricare; **~stein** *m* lastra *f*; **~treter** *m* perdigiorno *m*; **~ung** *f* selciatura *f*; lastricatura *f*.

Pflaume ['pflaʊmə] *f* (15) susina *f*; prugna *f*; **~nbaum** *m* susino *m*; **~nkuchen** *m* torta *f* di susine; **~nmus**

n marmellata *f* di prugne; ⊇**nweich** bazzotto.

Pflege ['pfle:gǝ] *f* (15) cura *f*; (*Fürsorge*) assistenza *f*; *fig*. coltivazione *f*; (*Förderung*) patrocinio *m*; ⊿**eltern** *pl*. genitori *m/pl*. adottivi, ⊿**kind** *n* figlio *m* adottivo; (*Mündel*) pupillo *m*; ⊿**mutter** *f* madre *f* adottiva.

pfleg|en ['-gǝn] *v/t*. (25) curare; *Kranke*: assistere; *Umgang*: avere; *Künste*: coltivare; ⊿ *zu inf*. solere, essere solito (*inf*.); ⊇**epersonal** *n* personale *m* di assistenza; ⊇**er** *m* (7) ⊿ infermiere *m*; ⊿⊿ curatore *m*; ⊇**esohn** *m* figlio *m* adottivo; ⊇**etochter** *f* figlia *f* adottiva; ⊇**evater** *m* padre *m* adottivo; ⊿**lich** ['pfle:kliç] *adv*. con cura; ⊇**ling** *m* (3¹) pupillo (-a) *m* (*f*); ⊇**schaft** *f* custodia *f*, tutela *f*.

Pflicht [pfliçt] *f* (16) dovere *m*; '⊇**bewußt** cosciente (del proprio dovere); '⊿**bewußtsein** *n* coscienza *f* del dovere; '⊿**eifer** *m* zelo *m*; '⊿**eifrig** assiduo; '⊿**erfüllung** *f* adempimento *m* del proprio dovere; '⊿**fach** *n* materia *f* obbligatoria; '⊿**gebot** *n* dovere *m* assoluto; '⊿**gefühl** *n* senso *m* del dovere; '⊇**gemäß** conforme al dovere; *adv*. debitamente; '⊇**getreu** fedele al proprio dovere; '⊇**mäßig** conforme al dovere; '⊇**schuldig** dovuto; '⊿**teil** *m u. n* legittima *f*; '⊇**vergessen** dimentico dei propri doveri; '⊇**vergessenheit** *f* dimenticanza *f* dei propri doveri; '⊿**verletzumg** *f*; '⊿**widrigkeit** *f* mancanza *f* al proprio dovere; '⊿**versicherung** *f* assicurazione *f* obbligatoria; '⊇**widrig** contrario al proprio dovere.

Pflock [pflɔk] *m* (3⁸) piolò *m*; (*Zapfen*) caviglia *f*.

pflücken ['pflykǝn] (25) cogliere.

Pflug [pflu:k] *m* (3³) aratro *m*.

pflüg|en ['pfly:gǝn] **1.** (25) arare; **2.** ⊇**en** *n* (6) aratura *f*; ⊇**er** *m* (7) aratore *m*.

Pflug|schar [pflu:kʃa:r] *f* vomere *m*; ⊿**sterz** *m* stiva *f*.

Pforte ['pfɔrtǝ] *f* (15) porta *f*.

Pförtner ['pfœrtnǝr] *m* (7) portinaio *m*; *Anat*. (*Magen*⊇) piloro *m*; ⊿**loge** *f* portineria *f*.

Pfosten ['pfɔstǝn] *m* (6) palo *m*; (*Tür*⊇) stipite *m*.

Pfote ['pfo:tǝ] *f* (15) zampa *f*.

Pfriem [pfri:m] *m* (3) punteruolo *m*; (*Schuster*⊇) lesina *f*.

Pfropf 🌿 [pfrɔpf] *m* (3) coagulo *m*; '⊿**en** *m* turacciolo *m*; '⊇**en** (25) stipare; *Flaschen*: turare; *mit Speisen*: rimpinzare; *Pflanzen*: innestare; '⊿**enzieher** *m* cavatappi *m*; '⊿**messer** *n* innestatoio *m*; '⊿**reis** *n* innesto *m*.

Pfründ|e ['pfryndǝ] *f* (15) prebenda *f*; ⊿**ner** ['-nǝr] *m* (7) prebendario *m*.

Pfuhl [pfu:l] *m* (3) pozza *f*; *fig*. palude *f*.

pfui! ['pfu:i] puh!; vergogna!

Pfund [pfunt] *n* (3, *als Maß im pl. uv.*) mezzo chilo *m*; *ehm*. libbra *f*; ⊿ *Sterling* lira *f* sterlina; ⊇**ig** [-'diç] *fig*. F bello; magnifico; '⊿**skerl** F *m* tipo *m* in gamba.

Pfusch|arbeit ['pfuʃ⁹arbaɪt] *f* lavoro *m* malfatto; ⊇**en** (27) acciabattare; *ins Handwerk* ⊿ guastare il mestiere; ⊿**er** *m* (7) acciarpone *m*; *ärztlicher*: ciarlatano *m*; ⊿**erei** [--'raɪ] *f* (16) acciarpamento *m*; ciarlataneria *f*.

Pfütze ['pfytsǝ] *f* (15) pozzanghera *f*.

Phalanx ['fa:laŋks] *f* (16, *pl. Phalangen*) falange *f*.

Phänomen [fɛno'me:n] *n* (3¹) fenomeno *m*; ⊇'**al** fenomenale.

Phan|tasie [fanta'zi:] *f* (15) fantasia *f*; ⊇**ta'sieren** fantasticare; *Kranke*: delirare; farneticare; ♪ improvvisare; ⊿**tast** *m* (12) fantasticone *m*; ⊿**taste'rei** *f* fantasticheria *f*; ⊇'**tastisch** fantastico; ⊿**tom** [-'to:m] *n* (3¹) fantasma *m*.

Pharis|äer [fari'zɛːǝr] *m* (7) fariseo *m*; ⊇'**äisch** [--'zɛːiʃ] farisaico.

Pharmakologie [farmakolo'gi:] *f* farmacologia *f*.

Pharma|zeut [farma'tsɔʏt] *m* (12) (*studente m*) farmacista *m*; ⊿'**zeutik** *f* farmaceutica *f*; ⊇'**zeutisch** farmaceutico.

Phase ['fa:zǝ] *f* (15) fase *f*.

Philanthrop [filan'tro:p] *m* (12) filantropo *m*.

Philate|lie [filate'li:] *f* filatelismo *m*; ⊿'**list** *m* filatelico *m*.

Philharm|onie [filharmo'ni:] *f* filarmonia *f*; ⊇'**onisch** filarmonico.

Philist|er [fi'listǝr] *m* (7), ⊇**erhaft**, ⊇**rös** [--s'trøːs] *adj*. filisteo *m u. adj*.; ⊿**ertum** *n* filisteismo *m*.

Philolog|e [filo'lo:gǝ] *m* (13) filologo *m*; ⊿'**ie** filologia *f*; ⊇**isch** filologico.

P

Philosoph [filo'zo:f] m (12) filosofo m; ~ie f filosofia f; ²ieren filosofare; ²isch [--'zo:fiʃ] filosofico.

Phiole [fi'¹⁹o:lə] f (15) fiala f.

Phlegm|a ['flɛgma] n (11, o. pl.) flemma f; ~atiker [-'ma:tikər] m (7), ²atisch adj. flemmatico m u. adj.

Phonet|ik [fo'ne:tik] f (16, o. pl.) fonetica f; ²isch fonetico.

Phosphat [fɔs'fa:t] n (3) fosfato m.

Phosphor ['fɔsfɔr] m (3¹) fosforo m; ~eszenz [-ɔrɛs'tsɛnts] f fosforescenza f; ²eszieren [--rɛs'tsi:rən] fosforeggiare; ~es'zierend fosforescente; ²haltig fosforoso; ²isch fosforico; ~säure f acido m fosforico.

Photo ['fo:to] n (11) foto f; ~apparat m macchina f fotografica f; ²'gen fotogenico; ~'graph m (12) fotografo m; ~gra'phie f fotografia f; ²gra'phieren fotografare; ²'graphisch fotografico; ~ko'pie f copia f di fotografia f; ~montage f fotomontaggio m; ~zelle f fotocellula f.

Phrase ['fra:zə] f (15) frase f; ~ndrescher ['--drɛʃər] m fanfarone m; ²nhaft rettorico; enfatico; (leer) vacuo, fatuo; ~olo'gie f fraseologia f.

phrygisch ['fry:giʃ] frigio.

Physik [fy'zi:k] f (16, o. pl.) fisica f; ²alisch [--'ka:liʃ], ~er ['fy:zikər] m (7) fisico m u. adj.

Physiogn|omie [fyzjogno'mi:] f (15) fisionomia f; ²'omisch fisionomico.

Physiolog|e [fyzjo'lo:gə] m fisiologo m; ~ie f fisiologia f; ²isch fisiologico.

physisch ['fy:ziʃ] fisico.

Pian|ist(in f) m [pja'nist(in)] pianista m u. f; ~o n, ~'forte n pianoforte m.

pichen ['piçən] (25) impeciare; ⚓ calafatare.

Picke ['pikə] f (15) piccone m.

Pickel ['pikəl] m (7) pustoletta f; ⊕ s. Picke; ~flöte f flauto m piccolo; ~haube f elmo m con punta.

picken ['pikən] (25) beccare.

Picknick ['piknik] n (11 u. 3¹) picnic m, colazione f all'aperto.

piek|en F nd. ['pi:kən] (25) pungere; ~'fein F superfino.

piep|(s)en ['pi:p(s)ən] (25, 27) pigolare, piare; ²matz F ['-mats] m (3² u. ³) uccellino m.

Pier ⚓ [pi:r] m (3¹) molo m.

piesacken ['pi:zakən] (25) F seccare; tormentare.

Pietät [pie'tɛ:t] f (16, o. pl.) pietà f (filiale); rispetto m; ²los irriverente; ~losigkeit f irriverenza f; ²voll rispettoso.

Pigment [pig'mɛnt] n (3) pigmento m.

Pik [pi:k] n (11) Kartensp. picche f/pl.

pikant [pi'kant] piccante; (frei) salace; ²erie [--tə'ri:] f salacità f.

Pike [pi:kə] f picca f; von der ~ auf gedient haben esser venuto su dalla gamella (od. gavetta).

pikiert [pi'ki:rt] offeso, risentito.

Pilaster [pi'lastər] m (7) pilastro m.

Pilger ['pilgər] m (7) pellegrino m; ~fahrt f pellegrinaggio m; ~kleid n, ~rock m sarrocchino m; ²n (29, sn) pellegrinare, andare in pellegrinaggio; ~schaft f pellegrinaggio m; ~stab m bordone m.

Pilgrim ['pilgrim] m pellegrino m.

Pille ['pilə] f (15) pillola f.

Pilot [pi'lo:t] m (12) pilota m.

Pilz [pilts] m (3²) fungo m; ~kunde f micologia f.

Piment [pi'mɛnt] m od. n pimento m.

pimp(e)lig F ['pimp(ə)liç] gracile, effeminato.

Pinakothek [pinako'te:k] f pinacoteca f.

Pinguin ['piŋgvi:n] m (3¹) pinguino m.

Pinie ['pi:njə] f (15) ♀ pino m; ~nbaum m pino m; ~nhain m pineta f; ~nkern m pi(g)nolo m; ~nzapfen m pi(g)na f.

Pinne ['pinə] f (15) punta f; (Zwecke) bulletta f; (Zapfen) perno m.

Pinscher ['pinʃər] m cane m grifone.

Pinsel ['pinzəl] m (7) pennello m; fig. F balordo m; ~ei [--'laɪ] f (16) scarabocchio m; ~führung f pennellatura f; ²n (29) pennellare (a. 🎨); ~strich m pennellata f.

Pinzette [pin'tsetə] f (15) pinza f, pinzette f/pl.; Typ. molletta f.

Pionier [pio'ni:r] m (3¹) pioniere m; ~truppe f genio m.

Pipeline ['paɪplaɪn] f (11¹) oleodotto m; (Gas) gasdotto m.

Pips [pips] m (4, o. pl.) pipita f.

Pirat [pi'ra:t] m (12) pirata m.

Piroge ⚓ [pi'ro:gə] f piroga f.

Pirol [-'ro:l] *Zo. m* (3¹) rigogolo *m*.
Pirsch [pirʃ] *f* (16, *o. pl.*) caccia *f*; ²en (27) cacciare.
Piss|e ['pisə] P *f* piscia *f*; ²en (28) pisciare; **⁓oir** [pisoʹɑːr] *n* orinatoio *m*.
Pistazie ❧ [pisʹtaːtsjə] *f* (15), **⁓nbaum** *m* pistacchio *m*.
Piste ['pistə] *f* (15) pista *f*.
Pistole [-s'to:lə] *f* (15) pistola *f*; **⁓nhalfter** *f* fonda *f*; fondina *f*; **⁓nschuß** *m* colpo *m* di pistola.
pitschnaß ['pitʃ'nas] bagnato fradicio.
pittoresk [pitoʹrɛsk] pittoresco.
placieren [plaʹsiːrən] collocare; *Sport*: piazzare.
plack|en ['plakən] (25) F tormentare; ²erei [--'raɪ] *f* tribolazione *f*, angheria *f*.
pläd|ieren [plɛʹdiːrən] difendere una causa; ⁓ *für* parlare in favore di; ²oyer [-doaʹjeː] *n* (11) arringa *f*; *des Verteidigers*: difesa *f*; *des Anklägers*: requisitoria *f*.
Plage ['plaːgə] *f* (15) tormento *m*; *bibl.* piaga *f*; **⁓geist** *m* seccatore *m*; ²n (25) tormentare; tribolare.
Plagiat [plagʹjaːt] *n* (3) plagio *m*; **⁓or** [-'-toːr] *m* (8¹) plagiario *m*.
Plaid [pleːt] *n u. m* (11) plaid *m*, coperta *f* da viaggio.
Plakat [plaʹkaːt] *n* (3) cartello *m*, manifesto *m*; cartellone *m*; **⁓ankleber** *m* attacchino *m*; **⁓maler** *m* cartellonista *m*; **⁓träger** *m* uomo *m* sandwich.
Plakette [-'kɛtə] *f* (15) targa *f* commemorativa.
Plan [plaːn] *m* (3³) piano *m*; (*Entwurf*) progetto *m*; *e-r Stadt*: pianta *f*.
Plane ['plaːnə] *f* (15) copertone *m*, tendone *m*, telone *m*.
planen ['plaːnən] (25) progettare; *Böses*: tramare.
Planet [plaʹneːt] *m* (12) pianeta *m*; ²**arisch** *adj.*, **⁓arium** *n* (9) planetario *adj. u. m*; **⁓enbahn** *f* orbita *f* planetaria; **⁓ensystem** *n* sistema *m* planetario.
planier|en [plaʹniːrən] livellare, appianare; ²**ung** *f* appianamento *m*.
Planimetrie [planimeʹtriː] *f* planimetria *f*.
Planke ['plaŋkə] *f* (15) asse *f*, tavolone *m*.
Plänk|elei ⚔ [plɛŋkəʹlaɪ] *f* (16)

scaramuccia *f*; ²**eln** ['-kəln] (29) scaramucciare, combattere fuori ordinanza.
plan|los ['plaːnloːs] senza metodo, senza sistema, senza piano; a casaccio; ²**losigkeit** *f* mancanza *f* di metodo; sconsideratezza *f*; **⁓mäßig** metodico; sistematico; conforme al progetto; *Beamter*: ordinario, di ruolo.
plansch|en ['planʃən] (27) diguazzare; ²**erei** [-ʃəʹraɪ] *f* diguazzamento *m*.
Plantage [planʹtaːʒə] *f* (15) piantagione *f*.
Plan|ung ['plaːnuŋ] *f* progettazione *f*; ²**voll** metodico, sistematico; **⁓wagen** *m* carro *m* coperto; **⁓wirtschaft** *f* economia *f* pianificata.
Plapp|erei [plapəʹraɪ] *f* cicaleccio *m*; '**⁓erer** (7), '**⁓ermaul** *n* ciarlone *m*; ²**ern** (29) ciarlare.
plärren ['plɛrən] (25) belare (*a. fig.*).
Plast|ik ['plastik] **a)** *f* (16) (*Kunstwerk*) scultura *f*; (*Kunst*) arti *f/pl.* plastiche; **b)** *n* (11) (*Kunststoff*) plastica *f*; ²**isch** plastico; **⁓izi'tät** *f* plasticità *f*.
Platane ❧ [plaʹtaːnə] *f* (15) platano *m*.
Platin ['plaːtiːn, plaʹtiːn] *n* (11, *o. pl.*) platino *m*; ²**blond** ossigenato; ²**ieren** platinare.
platonisch [plaʹtoːniʃ] platonico.
plätschern ['plɛtʃərn] (29) mormorare; *Regen*: scrosciare; *in et.*: sguazzare.
platt [plat] piatto; *Land*: piano; *Nase*: camuso; *fig.* insulso; (*gemein*) triviale; (*erstaunt*) perplesso.
Plättbrett ['plɛtbrɛt] *n* (1) asse *f* da stirare.
Plättchen ['plɛtçən] *n* (6) lamina *f*.
Plattdeutsch ['platdɔytʃ] *n* basso tedesco *m*.
Platte ['platə] *f* (15) lastra *f*; *Gericht*: piatto *m*; (*Kopf*) F platea *f*; (*Schall*²) disco *m*; 🎵 placca *f*; *kalte* ⁓ affettato *m* misto.
Plätt|eisen ['plɛt⁹aɪzən] *n* ferro *m* da stirare; ²**en** (26) laminare; *Wäsche*: stirare.
Platten|abzug ['platən⁹aptsuːk] *m Typ.* prova *f* stereotipa; **⁓druck** *m* stereotipia *f*; **⁓sammlung** *f* discoteca *f*; **⁓spieler** *m* giradischi *m*; radiofonografo *m*; **⁓wechsler** *m* cambio *m* automatico dei dischi.

P

Plätter|ei [plɛtə'raɪ] *f* stireria *f*; '**⁓in** *f* (16¹) stiratrice *f*.

Platt|form ['platfɔrm] *f* piattaforma *f*; '**⁓fuß** *m* piede *m* piatto; '**⁓heit** *f* *fig.* insulsaggine *f*, trivialità *f*; **2ieren** placcare; '**⁓nase** *f* naso *m* schiacciato.

Plättwäsche ['plɛtvɛʃə] *f* biancheria *f* da stirare.

Platz [plats] *m* (3² *u.* ³) piazza *f* (*a.* ✝); (*Raum, Sitz, Stelle*) posto *m*; *Sport:* campo *m*; (*Raum*) capienza *f*, capacità *f*; ⁓ *nehmen* prendere posto, sedersi; ⁓ *finden* starci; ⁓ *machen* fare posto (*od.* largo); *am* ⁓ *e sn* essere a posto; *nicht am* ⁓*e sn* essere fuori posto; '**⁓anweiser(in** *f*) *m* ['-'ʔanvarzər(in)] *im Kino:* maschera *f*, lucciola *f*.

Plätzchen ['plɛtsçən] *n* (6) piazzetta *f*; *posticino m*; (*Gebäck*) biscotto *m*.

platz|en ['platsən] (27, *sn*) scoppiare; spaccarsi; *Naht:* scucirsi; *vor Lachen:* crepare; **2karte** *f* biglietto *m* di prenotazione; *posto m* prenotato; **2mangel** *m* mancanza *f* di posto; **2patrone** *f* cartuccia *f* a salva; **⁓raubend** ingombrante, voluminoso; **2regen** *m* acquazzone *m*; **2verteilung** *f* distribuzione *f* dei posti; **2wechsel** *m* cambiale *f* sulla piazza.

Plaud|erei [plaudə'raɪ] *f* chiacchierata *f*; '**⁓erer** *m* (7) chiacchierone *m*; '**2ern** (29) chiacchierare; **⁓erstündchen** ['--ʃtyntçən] *n* chiacchieratina *f*.

plausibel [plau'ziːbəl] plausibile.

Pleb|ejer [ple'beːjər] *m* (7), **2ejisch** *adj.* plebeo *m u. adj.*; **⁓iszit** [-bis'tsiːt] *n* (3) plebiscito *m*.

Plebs [pleps] *m* (4, *o. pl.*) plebe *f*; (*Pöbel*) plebaglia *f*.

Pleite F ['plaɪtə] *f* (15) bancarotta *f*; F fiasco *m*; **2** *gehen* far bancarotta; **2** *sn* essere al verde (*od.* in bolletta).

Plenar... [ple'naːr...]: *in Zssgn* plenario; **⁓sitzung** *f* seduta *f* plenaria.

Plenum ['pleːnum] *n* adunanza *f* plenaria.

Pleon|asmus [pleo'nasmus] *m* (16²) pleonasmo *m*; **2astisch** pleonastico.

Pleuelstange ⊕ ['plɔʏəlʃtaŋə] *f* (15) biella *f*.

plissieren [pli'siːrən] pieghettare, increspare.

Plomb|e ['plɔmbə] *f* (15) piombo *m*; ℱ impiombatura *f*; **2ieren** piombare; ℱ impiombare.

Plötze *Zo.* ['plœtsə] *f* (15) lasca *f*.

plötzlich ['plœtsliç] improvviso; *adv.* improvvisamente, ad un tratto; **2keit** *f* subitaneità *f*.

plump [plump] goffo; '**2heit** *f* goffaggine *f*; **⁓sen** ['-sən] (27, *sn*) fare un tonfo.

Plunder ['plundər] *m* (7, *o. pl.*) robaccia *f*, anticaglie *f*/*pl*.

Plünd|erei [plyndə'raɪ] *f* saccheggio *m*; '**⁓erer** *m* (7) saccheggiatore *m*; depredatore *m*; '**2ern** (29) saccheggiare; *j-n:* svaligiare; '**⁓erung** *f* saccheggio *m*; svaligiamento *m*.

Plural ['pluːraːl] *m* (3¹) plurale *m*; **2istisch:** ⁓*e Gesellschaft* società *f* pluralistica.

plus [plus] **1.** *adv.* più; **2.** **2** *n uv.* più *m*; sopravvanzo *m*.

Plüsch [plyːʃ] *m* (3²) felpa *f*.

Plusquamperfekt ['pluskvamperfekt] *Gram. n* (3) trapassato *m*.

Plutokr|at [pluto'kraːt] *m* (12) plutocrate *m*; **⁓a'tie** *f* plutocrazia *f*; **2atisch** plutocratico.

Plutonium [plu'toːnjum] *n* plutonio *m*. [matico.]

pneumatisch [pnɔʏ'maːtiʃ] pneu-

Pöbel ['pøːbəl] *m* (7, *o. pl.*) plebaglia *f*; **2haft** plebeo.

poch|en ['pɔxən] (25) **1.** *v/i. u. v/t.* battere; *an die Tür:* bussare; *fig.* auf et. (*ac.*) ⁓ insistere su qc.; **2.** **2en** *n* battito *m*; **2spiel** *n* sbaraglino *m*.

Pocke ℱ ['pɔkə] *f* (15) bolla *f*, pustola *f*; **⁓n** *pl.* vaiuolo *m*; **⁓n-impfung** *f* vaccinazione *f*; **2nkrank** vaioloso; **⁓nnarbe** *f* buttero *m*; **2nnarbig** butterato.

Podest [po'dɛst] *n* (3²) piedestallo *m*; pianerottolo *m*.

Podium ['poːdjum] *n* (9) podio *m*; **⁓sgespräch** *n* discussione *f* pubblica.

Poesie [poe'ziː] *f* (15) poesia *f*; **2los** prosaico.

Poet [po'eːt] *m* (12) poeta *m*; **⁓ik** [-'eːtik] *f* (16) poetica *f*; **2isch** poetico.

Point|e [po'ɛ̃tə] *f* (15) punta *f*; *fig.* sale *m*; **2iert** accentuato.

Pokal [po'kaːl] *m* (3¹) coppa *f*.

Pökel ['pøːkəl] *m* (7) salamoia *f*; **⁓fleisch** *n* carne *f* salata; carne *f* in salamoia; **2n** (29) salare.

pokern ['po:kərn] (29) giocare al poker.

Pol [po:l] *m* (3¹) polo *m*.

Polar... [po'la:r...]: *in Zssgn* polare; **~expedition** *f* spedizione *f* polare; **~forscher** *m* esploratore *m* delle regioni polari; **~isa'tion** *f* polarizzazione *f*; **2i'sieren** polarizzare; **~kreis** *m* circolo *m* polare; **~meer** *n* oceano *m* polare; **~stern** *m* stella *f* polare.

Pole ['po:lə] *m* (13) polacco *m*.

Polem|ik [po'le:mik] *f* (16) polemica *f*; **~iker** [-'-mikər(in)] *m* (7) polemista *m u. f*; **2isch** polemico; **2i'sieren** polemizzare.

Police [po'li:sə] *f* (15) polizza *f*.

Polier △ [po'li:r] *m* (3¹) capomastro *m*; **~eisen** *n* brunitoio *m*; **2en** (25) brunire; *Möbel*: lustrare, lucidare, brunire; **~ung** *f* brunitura *f*; **~ung** *f* brunitura *f*; *lustratura f*.

Poliklin|ik ['polikli:nik] *f* (16), **2isch** policlinico *m u. adj*.

Polin ['po:lin] *f* polacca *f*.

Pol|itik [poli'ti:k] *f* (16) politica *f*; **~itiker** [-'li:tikər] *m* (7) uomo *m* politico; **2itisch** politico; **2itisieren** [--ti'zi:rən] fare della politica; *v/t.* politicizzare.

Politur [--'tu:r] *f* (16) brunitura *f*; *(Glanz)* lustro *m*.

Polizei [--'tsaɪ] *f* (16) polizia *f*; pubblica sicurezza *f*; **~aufsicht** *f* vigilanza *f*; *unter ~* sotto vigilanza; vigilato; **~beamte(r)** *m* agente *m* di polizia *(od.* di pubblica sicurezza*)*; F questurino *m*; **~behörde** *f* polizia *f*; **~gericht** *n* tribunale *m* correzionale; **~gewahrsam** *m u. n* guardina *f*; **~inspektor** *m*, **~kommissar** *m* commissario *m* di pubblica sicurezza; **2lich** poliziesco, della (dalla) polizia; *~ verboten* proibito dalla polizia; **~ordnung** *f* regolamento *m* di polizia; **~präsident** *m* capo *m* della polizia; questore *m*; **~präsidium** *n* (9) questura *f*; **~revier** *n* sezione *f (od.* commissariato *m)* di pubblica sicurezza; **~streife** *f* pattuglia *f* di polizia; **~stunde** *f* ora *f* di chiusura degli esercizi pubblici; **~wache** *f* posto *m* di polizia; **~wesen** *n* sistema *m* di pubblica sicurezza; polizia *f*; **2widrig** contrario ai regolamenti di polizia; F inaudito.

Polizist [--'tsist] *m* (12) *(Schutz-* *mann)* guardia *f*; *(Verkehrsschutz-* *mann)* vigile *m*; *(Polizeibeamter)* agente *m* di polizia; *allg.* F poliziotto *m*.

Polka ['pɔlka] *f* (11¹) polca *f*.

Polklemme ⚡ ['po:lklemə] *f* (15) serrafilo *m*.

Pollen ['pɔlən] *m* polline *m*.

Pollution [pɔluts'jo:n] *f* polluzione *f*.

polnisch ['pɔlnɪʃ] polacco.

Polo ['po:lo] *n* (11) polo *m*.

Polonaise [polo'nɛ:zə] *f* (15) polacca *f*.

Polster ['pɔlstər] *n* (7) cuscino *m*; *(Kopf2)* guanciale *m*; **~möbel** *n* mobile *m* imbottito; **2n** (29) imbottire; **~stuhl** *m* sedia *f* imbottita; **~ung** *f* imbottitura *f*.

Polter|abend ['pɔltər ʔa:bənt] *m* vigilia *f* delle nozze; **~geist** *m* folletto *m*; **2n** (29) far fracasso, strepitare; *(brummen)* brontolare.

Poly|gamie [polyga'mi:] *f* (15, *o. pl.*) poligamia *f*; **2glott** [--'glɔt] poliglotto; **~gon** [--'go:n] *n* (3¹) poligono *m*; **~nom** [--'no:m] *n* (3¹) polinomio *m*.

Polyp [-'ly:p] *m* (12) 𝄐 *u. Zo.* polipo *m*; *(Krake)* polpo *m*; **2en-artig** poliposo.

polyphon [-ly'fo:n] polifono; **2'ie** *f* polifonia *f*.

Polytechn|ikum [-ly'tɛçnikum] *n* (9[²]), **2isch** adj. politecnico *m u. adj*.

Pomad|e [po'ma:də] *f* (15) pomata *f*; **2ig** F flemmatico; **2i'sieren** impomatare.

Pomeranze [pome'rantsə] *f* (15) melarancia *f*; **~nbaum** *m* melarancio *m*.

Pomp [pɔmp] *m* (3, *o. pl.*) pompa *f*; sfarzo *m*; **'2haft**, **2ös** [-'pø:s] sfarzoso.

Pontifikat [pɔntifi'ka:t] *n* (3) pontificato *m*.

Ponton [pɔ̃'tõ] *m* (11) pontone *m*; **~brücke** *f* ponte *m* di barconi.

Pony ['pɔni] *n* (11) pony *m*.

Popanz ['po:pants] *m* (3²) orco *m*; *(Scheuche)* spauracchio *m*.

Popo F [po'po:] *m* (11) sedere *m*; P culo *m*; **~backen** *f/pl.* natiche *f/pl*.

popul|är [-pu'lɛ:r] popolare; **~ari'sieren** popolarizzare; **2ari'sierung** *f* volgarizzazione *f*; **2ari'tät** *f* popolarità *f*; **~'ärwissenschaftlich** divulgativo.

Por|e ['poːrə] *f* (15) poro *m*; **2ös** [poˈrøːs] poroso; **~osi'tät** *f* porosità *f*.

Porphyr ['pɔrfyr] *m* (3¹) porfido *m*; **2n** porfireo.

Porree ♀ [ˈpɔreː] *m* (11) porro *m*.

Portal [pɔrˈtaːl] *n* (3¹) portone *m*, porta *f* maggiore.

Porte|feuille [pɔrtˈfœj(ə)] *n* (11) portafoglio *m*; **~monnaie** [-mɔˈneː] *n* (11) portamonete *m*, borsellino *f*.

Portier [pɔrˈtjeː] *m* (11) portinaio *m*, portiere *m*; **~e** [-tˈjeːrə] *f* (15) portiera *f*; **~sfrau** *f* portinaia *f*; **~sloge** *f* portineria *f*.

Portion [pɔrtsˈjoːn] *f* (16) porzione *f*; razione *f*.

Porto [ˈpɔrto] *n* (11, *pl. a.* Porti) porto *m*; **~auslagen** *f/pl.* spese *f/pl.* postali; **2frei** franco (di porto); **~freiheit** *f* franchigia *f* postale (di porto); **2gebühr** *f* porto *m*; **2pflichtig** ['--pfliçtiç] soggetto a porto.

Porträt [pɔrˈtrɛː] *n* (11) ritratto *m*; **2ieren** [--ˈtiːrən] ritrattare; **~maler(in** *f*) *m* ritrattista *m u. f.*

Portugies|e [pɔrtuˈgiːzə] *m* (13), **~in** *f*, **2isch** portoghese (*m u. f.*).

Portwein [ˈpɔrtvaɪn] *m* (3) vino *m* d'Oporto.

Porzellan [pɔrtsəˈlaːn] *n* (3¹) porcellana *f*; **~erde** *f* caolino *m*; **~waren** *f/pl.* porcellane *f/pl.*

Posament [pozaˈment] *n* (5) passamano *m*; **~enfabrik** *f* passamaneria *f*; **~ier** *m* passamanaio *m*; **~ierwaren** *f/pl.* passamanerie *f/pl.*

Posaune ♩ [-ˈzaʊnə] *f* (15) trombone *m*; **2n** strombazzare; *fig. et. in alle Welt hinaus~* strombazzare qc. ai quattro venti.

Pose [ˈpoːzə] *f* (15) posa *f*; (*Feder*) cannello *m*.

Position [pozitsˈjoːn] *f* posizione *f*; **~slicht** *n* ♣, ✈ luce *f* di posizione; fanale *m* di via.

positiv ['--tiːf] **1.** positivo; **2.** 2 *Phot.* *n* (3¹) positiva *f*.

Positiv|ismus [--tiˈvismus] *m* positivismo *m*; **~ist(in** *f*) *m* positivista *m u. f.*

Positur [--ˈtuːr] *f* (16) positura *f*.

Posse [ˈpɔsə] *f* (15) buffoneria *f*; *Thea.* farsa *f*; **~n** *m* (brutto) tiro *m*; **~ndichter** *m* autore *m* di farse; **2n-**

haft buffonesco; **~nmacher, ~nreißer** *m* buffone *m*; **~nspiel** *n* farsa *f*.

possessiv [ˈpɔsesiːf] *adj.*, **2** *n* (3¹) possessivo *m u. adj.*

possierlich [pɔˈsiːrliç] buffo.

Post [pɔst] *f* (16) posta *f*; *zur ~ bringen* impostare; *mit der ~* per posta; *mit getrennter ~* con busta separata; **2'alisch** postale.

Postament [pɔstaˈment] *n* (3) piedestallo *m*.

Post... ['pɔst...]: *in Zssgn oft* postale; **~amt** *n* ufficio *m* postale; **~anweisung** *f* vaglia *m* (postale); **~auftrag** *m* tratta *f* postale; **~ausweis** *m* tessera *f* postale; **~auto** *n* (auto)corriera *f*; **~beamte(r)** *m* impiegato *m* postale; **~bestellung** *f* distribuzione *f* postale; **~bote** *m* postino *m*; portalettere *m*; **~dampfer** *m* vapore *m* postale; **~direktor** *m* direttore *m* delle poste; **~direktion** *f* direzione *f* delle poste; **~eingang** *m* posta *f* in arrivo; **~einlieferungsschein** *m* ricevuta *f* postale.

Posten [ˈpɔstən] *m* (6) posto *m*; ✗ *a.* sentinella *f*; ✝ partita *f*; *seinen ~ antreten* entrare in servizio; *auf ~ stehen* montare la guardia, *fig.* stare all'erta.

Post|fach ['pɔstfax] *n* casella *f* (postale); **~flugzeug** *n* aereo *m* postale; **~gebäude** *n* (edificio *m* della) posta *f*; **~gebühr** *f* tassa *f* postale; porto *m*; **~en** *pl.* tariffe *f/pl.* postali.

postieren [pɔˈstiːrən] collocare.

Postillion [ˈpɔstiljoːn] *m* (3¹) postiglione *m*.

Post|karte ['pɔstkartə] *f* cartolina *f* postale; **2lagernd** ['-laːgərnt] fermo in posta; **~mandat** *n* tratta *f* postale; **~nachnahme** *f* rimborso (*od.* assegno) *m* postale; *gegen ~* contro assegno; **~paket** *n* pacco *m* postale; **~schalter** *m* sportello *m* dell'ufficio postale; **~scheck** *m* assegno *m* postale; **~scheck-amt** *n* ufficio *m* conti correnti postali; **~scheck-inhaber** *m* titolare *m* di conto corrente postale; **~scheckkonto** *n* conto *m* corrente postale; **~schließfach** *n* casella *f* postale; **~sendung** *f* spedizione *f* postale; **~skriptum** ['-skriptum] *n* (9²) (*Abk.* PS) poscritto *m*; **~sparbuch** *n* libretto *m* di risparmio postale; **~sparkasse** *f* cassa *f* di risparmio postale; **stempel** m timbro m postale; **tarif** m tariffa f postale; **verband** m unione f postale; **verkehr** m servizio m postale; **verwaltung** f amministrazione f postale; **wagen** m vagone m postale; **2wendend** ['-vɛndənt] a volta di corriere, a giro di posta; **wertzeichen** ['-veːrttsaiçən] n/pl. valori m/pl. postali; **wesen** n poste f/pl., sistema m postale; **zug** m treno m postale; **zustellung** f recapito m della posta.

Potent|at [poten'taːt] m (12) potentato m; **ial** [--ts'jaːl] n potenziale m; **2iell** [--ts'jɛl] potenziale.

Potenz [po'tɛnts] f (16) potenza f; **2ieren** elevare a una potenza; fig. potenziare.

Pott|asche ['pɔt'ʔaʃə] f potassa f; **fisch** m, **wal** m ceto m, capidoglio m.

Präambel [prɛ'ambəl] f (15) preambolo m.

Pracht [praxt] f (16, o. pl.) pompa f; lusso m; (Glanz) splendore m magnificenza f; **aufwand** m fasto m; **ausgabe** f edizione f di lusso; **band** m rilegatura f di lusso; **exemplar** n esemplare m modello.

prächtig ['prɛçtiç] magnifico; splendido.

Pracht|kerl ['praxtkɛrl] m simpaticone m; **liebe** f fastosità f; **2liebend** amante del lusso; **stück** n pezzo m magnifico; **2voll** magnifico; **werk** n pubblicazione f di lusso.

prädestinieren [prɛdɛsti'niːrən] predestinare.

Prädikat [prɛdi'kaːt] n (3) titolo m; Gram. predicato m; (Schule) nota f, voto m.

Präfekt [prɛ'fɛkt] m (12) prefetto m; **ur** [--'tuːr] f prefettura f.

Präfix Gram. [prɛ'fiks] n (3²) prefisso m.   [trice f.⟩

Prägeeisen ['prɛːgə'ʔaizən] n ma-⟩

prägen ['prɛːgən] (25) stampare; Münzen: coniare; fig. improntare, formare.

Präge|presse ['prɛːgəprɛsə] f Typ. trancia f; **stätte** f zecca f; **stempel**, **stock** m punzone m.

pragmatisch [prag'maːtiʃ] prammatico; **i'sieren** prammatizzare; **2ismus** m prammatismo m.

präg|nant [prɛg'nant] espressivo;

(genau) esatto; **2nanz** f espressività f.

Präg|stock ['prɛːgʃtɔk] m punzone m; **ung** f conio m; fig. impronta f; carattere m.

Prähistor|ie [prɛhis'toːrjə] f preistoria f; **2isch** preistorico.

prahl|en ['praːlən] (25) vantarsi; mit et. ~ far pompa di qc.; **2er** m (7) spaccone m; **2erei** [--'rai] f millanteria f; **2erisch** millantatore; **2hans** m s. Prahler; **2sucht** f vanagloria f, mania f di vantarsi.

Prahm ⚓ [praːm] m (3) chiatta f.

Praktik ['praktik] f (16) pratica f.

Prakt|ikant [prakti'kant] m (12) praticante m; **iker** m (7) uomo m pratico; **2isch** pratico; **er Arzt** m medico m condotto; **2izieren** [--'tsiːrən] praticare, esercitare.

Prälat [prɛ'laːt] m (12) prelato m.

Präliminarien [-limi'naːrjən] pl. uv. preliminari m/pl.

Praline [pra'liːnə] f (15) cioccolatino m (ripieno), pralina f.

prall [pral] teso; fig. sodo, turgido; Kleidung: attillato; in der ~en Sonne in pieno sole; '~en (sn) rimbalzare; an, gegen: urtare (contro); aufeinander: cozzare.

Präludium [prɛ'luːdjum] n (9) preludio m.

Prämie ['prɛːmjə] f (15) premio m; ricompensa f; **n-anleihe** f prestito m a premi; **ngeschäft** n contratto m a premio; **nschein** m tagliando m dei premi.

prämiier|en [-i'iːrən] premiare; **2ung** f premiazione f.

Prämisse [prɛ'misə] f (15) premessa f.

prang|en ['praŋən] (25) brillare; mit et. ~ far pompa di qc.; **2er** m (7) berlina f, gogna f; fig. an den ~ stellen mettere alla gogna.

Pranke ['praŋkə] f (15) branca f, zampa f.

Präpar|at [prɛpa'raːt] n (3) preparato m; **2ieren** preparare.

Präposition [-pozits'joːn] f preposizione f.

Präsens Gram. ['prɛːzɛns] n (16, pl. -sentia) presente m.

Präsent [prɛ'zɛnt] n (3) regalo m, dono m; **2ieren** presentare; ⚔ presentare le armi.

Präsenz|liste [-'tsɛntslistə] f lista f dei presenti; **stärke** f effettivo m.

P

Präsid|ent [-'zi'dɛnt] *m* (12) presidente *m*; **~enten-amt** *n*, **~entschaft** *f* presidenza *f*; **~entenstuhl** *m* seggio *m* presidenziale; **♀'ieren** presiedere.

Präsidium [-'zi:djum] *n* (9) presidenza *f*.

prasseln ['prasəln] (29) crepitare; *Regen*: scrosciare.

prass|en ['prasən] (28) gozzovigliare; **♀er** *m* (7) crapulone *m*; **♀e'rei** *f* crapula *f*.

Prätendent [pretɛn'dɛnt] *m* (12) pretendente *m*.

Präventiv... [-vɛn'ti:f...]: *in Zssgn* preventivo; **~haft** *f* carcere *m* preventivo.

Praxis ['praksis] *f* (16²) pratica *f*; (*Anwalts♀*) studio *m*; (*Arzt♀*) consultorio *m*.

Präzedenzfall [prɛtse'dɛntsfal] *m* (3³) precedente *m*.

präz|is [-'tsi:s] preciso; **~i'sieren** precisare; *präzisierter Wechsel m* cambiale *f* pagabile a data fissa; **♀ision** [-tsiz'jo:n] *f* precisione *f*.

predig|en ['pre:digən] (25) predicare; **♀er** *m* (7) predicatore *m*.

Predigt [-diçt] *f* (16) predica *f*.

Preis [prais] *m* (4) prezzo *m*; (*Wert*) valore *m*; (*Prämie*) premio *m*; (*Lob♀*) lode *f*; *um jeden ~* ad ogni costo; *um keinen ~* a nessun costo; *unter ~ verkaufen* vendere sotto costo; *im ~ steigen (fallen)* aumentare (cadere) nel prezzo; '**~abbau** *m* riduzione *f* dei prezzi; '**~angabe** *f* indicazione *f* del prezzo; '**~aufgabe** *f* lavoro *m* posto a concorso; tema *m* di concorso; '**~aufschlag** *m* aumento *m* di prezzo; '**~ausschreiben** *n* concorso *m* a premi; '**~drücker** *m* guastamestieri *m*.

Preiselbeere ['praizəlbe:rə] *f* (15) mirtillo *m* rosso.

preisen ['praizən] (30) lodare, esaltare, celebrare; *iro.* decantare; *sich glücklich ~* chiamarsi fortunato.

Preis|erhöhung ['prais ʔerhø:uŋ] *f* aumento *m* dei prezzi; **~ermäßigung** *f* riduzione *f* di prezzo; **~frage** *f* questione *f* di prezzo; **~gabe** *f* abbandono *m*; sacrificio *m*; **♀geben** abbandonare; (*opfern*) sacrificare; **♀gekrönt** ['-gəkrø:nt] premiato; **~gericht** *n* giuria *f*; **~gestaltung** *f* calcolo *m* dei prezzi; **♀günstig** a buon prezzo; vantaggio-

so; **~index** *m* indice *m* dei prezzi; **~kommissar** *m* commissario *m* per il controllo dei prezzi; **~lage** *f*: *in dieser ~* su per giù di questo prezzo; **~liste** *f* listino *m* dei prezzi; **~nachlaß** *m* sconto *m*; **~notierung** *f* quotazione *f* in borsa; **~regulierung** *f* azione *f* calmieratrice; **~richter** *m* membro *m* della giuria; **~schießen** *n* gara *f* di tiro; **~schwankung** *f* fluttuazione *f* dei prezzi; **~senkung** *f* ribasso *m* dei prezzi; **~sicherung** *f* stabilizzazione *f* dei prezzi; **~steigerung** *f* aumento *m* dei prezzi; **~stopp** *m* blocco *m* dei prezzi; **~sturz** *m* crollo *m* dei prezzi; **~träger** *m* vincitore *m* (del premio); **~treiber** *m* rialzista *m*; **~verderber** *m* guastamestieri *m*; **~verteilung** *f* premiazione *f*; **~verzeichnis** *n* elenco *m* dei prezzi; **♀wert** poco caro; *adv.* a buon prezzo.

prekär [pre'kɛ:r] precario.

Prell|bock 🚇 ['prɛlbɔk] *m* (3³) respintore *m*; **♀en** (25) *fig.* (*betrügen*) imbrogliare; truffare (*um di*); **~e'rei** *f* truffería *f*, imbroglio *m*; **~stein** *m* paracarri *m*; **~ung** *f* contusione *f*.

Premier [prəm'je:] *m* primo ministro *m*; **~e** [-'je:rə] *f* (15) prima *f* (rappresentazione *f*); **~minister** *m* primo ministro *m*.

Presse ['prɛsə] *f* (15) torchio *m*, pressa *f*; *Zeitungen*: stampa *f*; **~amt** *n*, **~büro** *n* ufficio *m* stampa; **~chef** *m* capo *m* dell'ufficio stampa; **~freiheit** *f* libertà *f* di stampa; **~gesetz** *n* legge *f* sulla stampa; **~konferenz** *f* conferenza *f* stampa.

pressen ['prɛsən] (28) premere; *gegen et.*: stringere; (*zusammendrücken*) comprimere; (*aufdrucken*) stampare; *Tuch*: cilindrare; *Wein*: pigiare; *Zitronen*: spremere.

Presse|notiz ['prɛsənoti:ts] *f* notizia *f* di stampa; **~referent** *m* addetto *m* stampa; **~schau** *f* rassegna *f* della stampa; **~stimmen** *f/pl.* commenti *m/pl.* della stampa; **~verein** *m* associazione *f* della stampa; **~vergehen** *n* reato *m* di stampa; **~vertreter** *m* rappresentante *m* della stampa.

pressieren [prɛ'si:rən] *v/i.* esserci fretta, urgere.

Preß|kohlen ['prɛsko:lən] *f/pl.* mattonelle *f/pl.* (di carbone); **~luft** *f* aria *f* compressa; **~lufthammer** *m* martello *m* pneumatico; **~stoff** *m* materia *f* pressata; **~wurst** *f* soppressa(ta) *f*; **~zylinder** *m* cilindro *m* compressore.

Prestige [pres'ti:ʒə] *n* (7, *o. pl.*) prestigio *m*.

Pretiosen [prets'jo:zən] *pl.* gioie *f/pl.*

Preuß|e ['prɔʏsə] *m* (13), **~isch** prussiano (*m*).

prickeln ['prikəln] **1.** *v/i.* (29) pizzicare; *Wein:* frizzare; **2.** ~ *n* (6) pizzicore *m*; **~d** frizzante.

Priem [pri:m] *m* (3) cicca *f*; '**~en** (25) ciccare; '**~tabak** *m* tabacco *m* da ciccare.

Priester ['pri:stər] *m* (7) prete *m*; **~amt** *n* sacerdozio *m*; **~binde** *f* infula *f*; **~herrschaft** *f* teocrazia *f*; **~in** *f* sacerdotessa *f*; **~lich** sacerdotale; *abwertend:* pretesco; **~mantel** *m* piviale *m*; **~rock** *m* abito *m* sacerdotale; **~schaft** *f*, **~stand** *m* clero *m*; **~tum** *n* sacerdozio *m*; **~weihe** *f* ordinazione *f*.

Prima ['pri:ma] **1.** *f* (16²) *Schule:* terza *f* liceale. **2.** ⚛ *f* di prima qualità; F stupendo; grande; **~ner** [-'ma:nər] *m* (7) studente *m* di terza liceale.

primär [pri'mɛːr] primario.

Primas ['pri:mas] *m* primate *m*.

Primat [pri'ma:t] *m od. n* primato *m*.

Primawechsel ['pri:mavɛksəl] *m* prima *f* di cambio.

Primel ⚘ ['pri:məl] *f* (15) primula *f*.

primitiv [primi'ti:f] primitivo.

Prim|lage ['pri:mla:gə] *f Fechtk.* prima *f*; **~zahl** *f* numero *m* primo.

Prinz [prints] *m* (12) principe *m*; **~essin** [-'tsesin] *f* principessa *f*; '**~gemahl** *m* principe *m* consorte.

Prinzip [prin'tsi:p] *n* (3¹ *u.* 8²) principio *m*; **~al** [--'pa:l] *m* (3¹) principale *m*; **~iell** [--p'jel] (fatto) per principio; **~ienreiter** [-'tsi:pjənraitər] *m* pedante *m*.

Prinzregent ['printsregent] *m* principe *m* reggente.

Prior ['pri:or] *m* (8¹) priore *m*; **~at** [-o'ra:t] *n* priorato *m*; **~in** *f* (madre *f*) priora *f*; **~ität** *f* priorità *f*; **~itäts-aktie** *f* azione *f* di priorità (*od.* privilegiata).

Prise ['pri:zə] *f* (15) presa *f*; ⚓ *a.* preda *f*.

Prisma ['prisma] *n* (9¹) prisma *m*;

~atisch prismatico; **~englas** *n* binocolo *m* prismatico.

Pritsche ['pritʃə] *f* (15) spatola *f*; (*Lager*) pancaccio *m*.

privat [pri'va:t], **2...** privato; **2-angelegenheit** *f* affare *m* privato; **2-angestellte(r)** *m* impiegato *m* privato; **2besitz** *m* proprietà *f* privata; **2dozent** *m* libero docente *m*; **2gelehrte(r)** *m* letterato *m*; **2-eigentum** *n* proprietà *f* privata; **2ier** [--t'je:] *n* privato *m*, redditiero *m*; **~im** [-'va:tim] in privato; *auf Briefen:* riservato; *Universität:* a pagamento; **2-interesse** *n* interesse *m* privato; **2kläger** *m* parte *f* civile; **2klinik** *f* clinica *f* privata; **2leben** *n* vita *f* privata; **2mann** *m* privato *m*; **2person** *f* persona *f* privata; **2-schule** *f* scuola *f* privata; **2stunde** *f* lezione *f* privata; **2vergnügen** *n* divertimento *m* personale; **2zimmer** *n* camera *f* privata.

Privileg [privi'le:k] *n* (8²) privilegio *m*; **2ieren** [--le'gi:rən] privilegiare.

pro [pro:] per; ~ *Kopf* a testa; ~ *Meter* al metro; ~ *Stück* al pezzo; ~ *Tag* al giorno.

probat [pro'ba:t] provato, eccellente.

Probe ['pro:bə] *f* (15) prova *f*; (*~stück u. Lit.*) saggio *m*; (*Muster*) modello *m*; (*Waren2*) campione *m*; *nach ~* su campione; *auf die ~ stellen* mettere alla prova; **~abzug** *m*, **~bogen** *m* bozze *f/pl.* die stampa; **~aufnahme** *f Phot., Film:* provino *m*; **~auftrag** *m* commissione *f* di prova; **~fahrt** *f* corsa *f* di prova; **~fläschchen** *n* saggio *m*; **~flug** *m* volo *m* di prova; **~jahr** *n* anno *m* di prova; **2n** (25) assaggiare; *Thea.* provare; **~nummer** *f* numero *m* di saggio; **~sendung** *f* campione *m* di prova; **~stück** *n* saggio *m*; **2weise** in via d'esperimento; a titolo di prova; **~zeit** *f* periodo *m* di prova; tirocinio *m*.

probier|en [pro'bi:rən] provare; (*kosten*) assaggiare; 2 *geht über Studieren* val più la pratica che la grammatica; **2glas** ⚗ *n* provino *m*; **2stein** *m* pietra *f* di paragone; **2-stube** *f* sala *f* d'assaggio.

Problem [pro'ble:m] *n* (3¹) problema *m*; **~atik** *f* carattere *m* problematico; **2atisch** problematico.

Produkt [-'dukt] *n* (3) prodotto *m*;
~enbörse *f* borsa *f* dei prodotti;
~enhandel *m* commercio *m* dei
prodotti.

Prod|uktion [-dukts'jo:n] *f* produ-
zione *f*; fabbricazione *f*; **~uk'tions-
ausfall** *m* perdita *f* di produzione;
~uk'tionsgenossenschaft *f* cooperativa *f* agricola di produzione; **~uk-
'tionsgüter** *n/pl.* beni *m/pl.* di produzione; **~uk'tionskosten** *pl.* costi
m/pl. di produzione; **♀uk'tiv** produttivo; **~ukti'vität** *f* produttività
f; **~uzent** [--'tsɛnt] *m* (12) produt-
tore *m*; **♀u'zieren** produrre; *sich ~*
esibirsi.

profan [-'fɑ:n] profano; (*weltlich*)
secolare; **~'ieren** profanare.

Profess|or [-'fɛsɔr] *m* (8[1]) professo-
re *m*; **~'orin** *f* professoressa *f*; **~ur**
[-fe'su:r] *f* (16) cattedra *f*.

Profil [-'fi:l] *n* (3[1]) profilo *m*, sagoma
f; **~eisen** *n* ferro *m* profilato; **♀'ieren** profilare; **♀'iert** in vista; marcato.

Profit [-'fi:t] *m* (3) profitto *m*; **~gier**
f avidità *f* di lucro; **♀'ieren** approfittare, trarre guadagno.

Progn|ose [-'gno:zə] *f* (15) prognosi
f; **♀osti'zieren** prognosticare.

Programm [-'gram] *n* (3[1]) programma *m*; **♀'atisch** programma-
tico; **♀äßig** (*bei Trennung pro-
gramm-mäßig*) secondo il (*od. pre-
visto del*) programma; **~gestaltung**
f programmazione *f*; **♀'ieren** pro-
grammare; **~'ierer** *m* programma-
tore *m*; **~'ierung** *f* programmazione
f; **~vorschau** *f* annuncio *m* del programma.

Progr|ession [-grɛs'jo:n] *f* pro-
gressione *f*; **♀essiv** [-grɛ'si:f] progressivo.

Projekt [-'jɛkt] *n* (3) progetto *m*;
~enmacher(in *f*) *m* progettista *m*
u. f; **♀'ieren** progettare; **~ion**
[--ts'jo:n] *f* proiezione *f*; **~ions-ap-
parat** *m* proiettore *m*, apparecchio
m per proiezioni.

projizier|en [-ji'zi:rən] proiettare;
♀ung *f* proiezione *f*.

Proklam|ation [-klamats'jo:n] *f*
proclamazione *f*; proclama *m*; **♀'ieren** proclamare.

Prok|ura [-'ku:ra] *f* (16[2]) procura *f*;
~urist *m* [--'rist] *m* (12) procurista
m; procuratore *m*.

Prolet|ariat [-letar'jɑ:t] *n* (3) prole-

tariato *m*; **~'arier** *m*, **♀'arisch** *adj.*
proletario *m u. adj.*

Prolog [-'lo:k] *m* (3) prologo *m*.

Prolong|ation [-lɔŋgats'jo:n] *f* pro-
lungamento *m*; **♀'ieren** prolungare;
Wechsel: prorogare.

Promen|ade [-mə'nɑ:də] *f* (15)
passeggio *m*; (*Weg*) passeggiata *f*;
~adendeck *n* ponte *m* di passeggiata; **♀'ieren** passeggiare.

Promille [pro'milə] *n* quantità *f* per
mille.

prominent [-mi'nɛnt] prominente;
♀e(r) *m* (18) personaggio *m* di rilievo (*od. molto in vista*).

Prominenz [-mi'nɛnts] *f* notabili
m/pl.

Prom|otion [-mo:ts'jo:n] *f* laurea *f*;
♀o'vieren 1. *v/t.* addottorare; 2. *v/i.*
laurearsi.

prompt [prɔmpt] pronto; **♀heit** *f*
prontezza *f*.

Pronomen [pro'no:mən] *n* (6, *pl. a.
-mina*) pronome *m*.

Propagand|a [-pa'ganda] *f uv.* pro-
paganda *f*; (*Reklame*) pubblicità *f*;
~'ist(in *f*) *m* propagandista *m u. f*;
♀'istisch propagandistico; pubblicitario.

propagieren [-pa'gi:rən] propagare.

Propeller ⚓ [-'pɛlər] *m* (7) elica *f*,
propulsore *m*; **~flügel** *m* pala *f*
dell'elica.

Prophet [-'fe:t] *m* (12) profeta *m*;
~in *f* profetessa *f*; **♀isch** profetico.

prophezei|en [-fe'tsaɪən] (25) profe-
tare(izz)are; predire, prognosticare;
♀ung *f* profezia *f*.

prophyl|aktisch [-fy'laktiʃ] profi-
lattico; **♀axe** [--'laksə] *f* profilassi *f*.

Proportion [-pɔrts'jo:n] *f* proporzione *f*; **♀'al** proporzionale; **~ali-
'tät** *f* proporzionalità *f*; **♀'ieren**
proporzionare.

Propst [pro:pst] *m* (3[2] *u.* [3]) preposto
m; **~ei** [-'taɪ] *f* prepositura *f*.

Propyläen [propy'lɛ:ən] *pl.* propilei
m/pl.

Prorektor ['prorɛktɔr] *m* vicerettore
m.

Prosa ['pro:za] *f uv.* prosa *f*.

Pros|aiker [-'za:ikər] *m* (7) prosa-
tore *m*; **♀'aisch** prosastico; *fig.* prosaico.

Proselyt [proze'ly:t] *m* (12) prose-
lito *m*; **~enmacherei** *f* proselitismo
m.

prosit! ['pro:zit] salute!; *beim Trin-*

ken: alla salute!, cin cin!; ~ *Neujahr!* buon anno!

Prospekt [pros'pɛkt] *m* (3) prospetto *m*.

prost [pro:st] *s.* prosit.

prosti|tuieren [-stitu'i:rən] prostituire; **2tuierte** *f* (18) prostituta *f*; **~tution** [--tuts'jo:n] *f* prostituzione *f*.

Proszenium [-s'tse:njum] *n* (9) *Thea.* proscenio *m.*

Protein [-te'i:n] *n* (3¹) proteina *f.*

protegieren [-te'ʒi:rən] proteggere, favorire; patrocinare.

Prot|ektion [-tɛkts'jo:n] *f* protezione *f*; **~ektor** [-'tɛktɔr] *m* (8¹) protettore *m*; **~ektorat** [--to'ra:t] *n* (3) protettorato *f.*

Protest [-'tɛst] *m* (3²) protesta *f*; † protesto *m*; **~ant** [-'tant] *m* (12), **2antisch** protestante *m u. adj.*; **~an'tismus** *m* protestantismo *m*; **2ieren** protestare; **~ler** [-'tɛstlər] *m* (7) protestatario *m.*

Prothese [-'te:zə] *f* (15) protesi *f*, membro *m* artificiale.

Protokoll [-to'kɔl] 𝔯𝔷 *n* (3¹) processo *m* verbale; *diplomatisch:* protocollo *m*; *zu* ~ *nehmen* prendere atto di; protocollare; **2'arisch** protocollare; ~ *vernehmen* sottoporre ad interrogatorio; **~führer(in** *f*) *m* protocollista *m u. f.*; 𝔯𝔷 attuario *m*; **~chef** *m* capo *m* del protocollo; **2ieren** protocollare.

Proton ['pro:tɔn, *pl.* -'to:nən] *n* (8¹) protone *m.*

Proto|plasma [proto'plasma] *n* (9¹) protoplasma *m*; **~typ** ['pro:toty:p] *m* prototipo *m.*

Protz ['prɔts] *m* (12) riccone *m*, F pacchiano *m.*

Protze ['prɔtsə] *f* *Artill.* avantreno *m.*

protz|en ['prɔtsən] F (27) fare sfoggio di; darsi delle arie; '**~ig** sfarzoso.

Proviant [prov'jant] *m* (3) provvisioni *f/pl*, vettovaglie *f/pl.*; **~amt** *n* ufficio *m* di vettovagliamento; **2'ieren** approvvigionare; **~ierung** *f* approvvigionamento *m.*

Provinz [-'vints] *f* (16) provincia *f*; **2ial** [--'ja:l]: *in Zssgn* provinciale; **2iell**, **~ler(in** *f*) *m* (7) [--'jel, -'lər(in)] provinciale *m u. f.*

Prov|ision [-viz'jo:n] *f* provvigione *f*, provvisione *f*; **~isor** [-'vi:zɔr] *m*

(8¹) gerente *m* d'una farmacia; **2i'sorisch** provvisorio; **~i'sorium** *n* (9) soluzione *f* provvisoria.

Provo|kation [-vokats'jo:n] *f* provocazione *f*; **2katorisch** [---'to:riʃ] provocatorio; **2zieren** [--'tsi:rən] provocare.

Prozedur [-tse'du:r] *f* (16) procedura *f.*

Prozent [-'tsɛnt] *n* (3) percento *m*; **~satz** *m* percentuale *f*; tasso *m* d'interesse.

Prozeß [-'tsɛs] *m* (4) processo *m*; *e-n* ~ *führen* fare un processo; *kurzen* ~ *machen* far pochi discorsi; **~akten** *f/pl.* atti *m/pl.* processuali; **~fähigkeit** *f* capacità *f* di stare in giudizio; **~führung** *f* procedura *f.*

prozessieren [--'si:rən] processare, fare un processo.

Prozession [--'jo:n] *f* processione *f.*

Prozeß|kosten [-'kɔstən] *pl.* spese *f/pl.* processuali; **~ordnung** *f* codice *m* di procedura; **~recht** *n* diritto *m* processuale; **~verfahren** *n* procedimento *m.*

prüde ['pry:də] pudibondo all'eccesso; affettatamente contegnoso, smorfioso; ritroso; **2rie** [--'ri:] *f* (15) pudicizia *f* esagerata; schifiltà *f.*

prüf|en ['pry:fən] (25) provare; *(untersuchen)* esaminare; *(inspizieren)* ispezionare; controllare; 🔾 analizzare; ⊕ collaudare; **~end** scrutatore; **2er** *m* (7) esaminatore *m*; ⊕ saggiatore *m*; **2ling** ['-liŋ] *m* (3) esaminando *m*; **2stand** *m* banco *m* di prova; **2stein** *m* pietra *f* di paragone; **2ung** *f* prova *f*; esame *m*; *(Nach2)* verifica *f*; controllo *m*; **2ungs-arbeit** *f* compito *m* d'esame; **2ungskommission** *f* commissione *f* esaminatrice; *Sport, Mal. usw.* giuria *f*; **2ungszeugnis** *n* diploma *m.*

Prügel ['pry:gəl] *m* (7) randello *m*; *pl.* busse *f/pl.*; *Tracht f* ~ sacco *m* di botte; **~ei** [--'lai] zuffa *f*; **~knabe** *m* capro *m* espiatorio; **2n** (29) bastonare; **~strafe** *f* pena *f* corporale.

Prunk [pruŋk] *m* (3) fasto *m*, suntuosità *f*; sfarzo *m*; '**~bett** *n* letto *m* di parata; '**2en** (25) far pompa (*mit* di); '**2end**, '**2haft** sfarzoso; '**~haftigkeit** *f*, '**~liebe** *f* sfarzosità *f*; '**2liebend** amante del fasto; '**2los** semplice, senza fasto; '**~saal** *m* salone *m* di gala; '**~sucht** *f* mania *f* del fasto; ℒ**süchtig** ['-zɣçtiç] fastoso; 'ℒ**voll** sfarzoso; '**⁓wagen** *m* carrozza *f* di galla.

prusten ['pruːstən] (26) sbuffare, soffiare; (*niesen*) starnutare fragorosamente.

Psalm [psalm] *m* (5²) salmo *m*; '**⁓enbuch** *n* salterio *m*; '**⁓endichter** *m* salmista *m*; '**⁓engesang** *m* salmodia *f*; **⁓ist** [-'mist] *m* (12) salmista *m*; ℒ**o'dieren** salmeggiare.

Psalter ['psaltər] *m* (7) salterio *m*.

Pseudonym [psɔʏdoʻnyːm] *n* (3¹) pseudonimo *m*.

Psych|e ['psʏːçə] *f* (15) psiche *f*; anima *f*; **⁓iater** [psɣçiʻaːtər] *m* (7) psichiatra *m*; **⁓ia'trie** *f* psichiatria *f*; **ℒisch** ['psyːçiʃ] psichico; **⁓oanalyse** [psɣçoʻanaʻlyːzə] *f* psicoanalisi *f*; **⁓o'loge** *m* psicologo *m*; **⁓olo'gie** *f* psicologia *f*; ℒ**o'logisch** psicologico; **⁓opa'thie** *f* psicopatia *f*; **⁓ose** [psyʻçoːzə] *f* psicosi *f*; **⁓othera'pie** *f* psicoterapia *f*.

Pubertät [pubɛrʻtɛːt] *f* (16, *o. pl.*) pubertà *f*.

Publikation [publikatsʻjoːn] *f* pubblicazione *f*.

Publikum ['puːblikum] *n* (9²) pubblico *m*.

publiz|ieren [publiʻtsiːrən] pubblicare; ℒ**ist(in** *f*) *m* (12) [--ʻtsist(in)] pubblicista *m u. f*; ℒ**i'tät** *f* pubblicità *f*.

Pudding ['pudiŋ] *m* (3¹ *u.* 11) budino *m*.

Pudel ['puːdəl] *m* (7) (can) barbone *m*; **⁓kopf** *m* testa *f* ricciuta; **⁓mütze** *f* berretto *m*, cuffia *f*; ℒ**'naß** bagnato come un pulcino.

Puder ['puːdər] *m* (7) cipria *f*; **⁓dose** *f* portacipria *m*; ℒ**n** (29) incipriare; **⁓quaste** *f* piumino *m* per la cipria; piumaccio *m*; **⁓zucker** *m* zucchero *m* a velo (*od.* in polvere).

Puff [puf] *m* (3[³]) spinta *f*, spintone *m*; colpo *m*; pugno *m*; *Püffe austeilen* dare dei cazzotti; P (*Bordell*) casa *f* di tolleranza, P casino *m*; '**⁓ärmel** *m* manica *f* a sboffo; '**⁓bohne** *f* fava *f*; 'ℒ**en** (25) urtare, dare uno spintone; '**⁓er** *m* (7) *Kochk.* sgonfiotto *m*; 🐟 respintore *m*; '**⁓erstaat** *m* Stato *m* cuscinetto.

Pulle ['pulə] F *f* bottiglia *f*.

Pullover [pulʻoːvər] *m* (7) maglia *f*; (*Damen*ℒ) golfetto *m*.

Puls [puls] *m* (4) polso *m* (*fühlen*

sentire); '**⁓ader** *f* arteria *f*; ℒ**en** ['pulzən] (27), ℒ**'ieren** palpitare; battere, pulsare.

Puls|schlag ['pulsʃlaːk] *m* (3²) pulsazione *f*; **⁓wärmer** ['-vɛrmər] *m* (7) scaldapolso *m*.

Pult [pult] *n* (3) leggio *m*; *Schule*: cattedra *f*.

Pulver ['pulfər] *n* (7) polvere *f*; *Apoth.* polverina *f*; *ist keinen Schuß ⁓ wert* non vale niente; **⁓fabrik** *f* polverificio *m*; **⁓faß** *n* barile *m* di polvere; ℒ**ig** pulverulento; ℒ**i'sieren** polverizzare; **⁓schnee** *m* neve *f* farinosa.

Pump F [pump] *m* (3) (*auf ⁓ a*) credito *m*.

Pumpe ['pumpə] *f* (15) pompa *f*; ℒ**n** (25) pompare; F (*leihen*) prestare; F (*entleihen*) prendere a prestito; **⁓nschwengel** *m* bilanciere *m* (della pompa).

Pumpernickel ['-pərnikəl] *m* (7) pane *m* nero della Vestfalia.

Pump|hosen ['-hoːzən] *f/pl.* calzoni *m/pl.* alla zuava; **⁓werk** *n* stazione *f* di pompaggio; impianto *m* idraulico.

Punkt [puŋkt] *m* (3) punto *m*; *nach ⁓en siegen* vincere ai punti; ℒ *10 Uhr* alle dieci in punto; *der springende ⁓* il punto cruciale (*od.* critico); *der tote ⁓* il punto morto; *der wunde ⁓* il punto debole; ℒ**'ieren** punteggiare; **⁓ion** 🐟 [-sʻjoːn] *f* punzione *f*.

pünktlich ['pyŋktliç] puntuale; ℒ**keit** *f* puntualità *f*.

Punkt|sieg ['puŋktziːk] *m* vittoria *f* ai punti; **⁓wertung** *f* classifica *f* ai punti; **⁓zahl** *f* punteggio *m*.

Punsch [punʃ] *m* (3²) ponce *m*.

Punze ['puntsə] *f* (15) punzone *m*.

Pupille [puʻpilə] *f* (15) pupilla *f*.

Puppe ['pupə] *f* (15) bambola *f*; (*Draht*ℒ *u. fig.*) marionetta *f*; *Zo.* crisalide *f*.

Puppen|gesicht ['pupəngəziçt] *n* faccia *f* di bambola; **⁓spiel** *n* *Thea.* marionette *f/pl.*; **⁓spieler** *m* burattinaio *m*; **⁓theater** *n* teatro *m* delle marionette; **⁓wagen** *m* carrozzino *m* per bambole.

pur [puːr] puro; *Getränk*: liscio.

Püree [pyʻreː] *n* (11) purè *m*, passata *f* di patate.

Puritan|er [puriʻtaːnər] *m* (7) puritano *m*; ℒ**isch** puritano.

Purpur ['purpur] *m* (7, *o. pl.*) porpora *f*; **~farbe** *f* porporina *f*; ♀**farben**, ♀**rot** purpureo; **~gewand** *n*, **~mantel** *m* porpora *f*; ♀**n** porporino; **~röte** *f* rosso *m* porpora; **~schnecke** *f* Zo. porpora *f*.

Purzel|baum ['purtsəlbaum] *m* (3³) capitombolo *m*; ♀**n** (29, *sn*) capitombolare.

Puste ['pu:stə] *f* (15, *o. pl.*) F fiato *m*.

Pustel ['pustəl] *f* (15) pustola *f*.

pust|en ['pu:stən] (26) soffiare; (*keuchen*) sbuffare; ♀**erohr** *n* cerbottana *f*.

Put|e ['pu:tə] *f* (15) tacchina *f*; F (*dumme* **~**) oca *f*; **~er** *m* (7), **~hahn** *m* tacchino *m*.

Putsch [putʃ] *m* (3²) tentativo *m* di rivolta; putsch *m*; ♀**en** (27) fare un tentativo di rivolta; **~ist** [-'ist] *m* (12) rivoltoso *m*.

Putz [puts] *m* (3²) abbigliamento *m*; articoli *m/pl.* di moda; (*Kopf*♀) ac-

conciatura *f*; △ intonaco *m*; '♀**en** (27) **1.** *v/t.* pulire; *blank*: lustrare; *Haus*: far pulizia; *Bäume*: potare; *Nase*: soffiare; △ intonacare; **2.** *sich* **~** abbigliarsi; '**~frau** *f* donna *f* delle pulizie; '♀**ig** carino; '**~lappen** *m* strofinaccio *m*; '**~macherin** ['-maxərin] *f* modista *f*; '**~mittel** *n* lucido *m*; **~sucht** *f* vanità *f*; '**~zeug** *n* necessario *m* per la pulizia.

Pygmäe [pyg'mɛ:ə] *m* (13) pigmeo *m*.

Pyjama [py'jɑ:ma] *m* (11) pigiama *m*.

Pyramide [-ra'mi:də] *f* (15) piramide *f*; ♀**nförmig** piramidale.

Pyr|it [py'ri:t] *m* (3¹) pirite *f*; **~otechnik** [-ro'tɛçnik] *f* (16, *o. pl.*) pirotecnica *f*; **~o'techniker** *m*, ♀**o-'technisch** *adj.* pirotecnico *m* u. *adj.*

Pythonschlange ['py:tonʃlaŋə] *f* (15) pitone *m*.

Q, q [ku] *n uv.* Q, q *m u. f.*

quabbel|ig ['kvabəliç] gelatinoso, molle, floscio; **~n** essere floscio; tremolare.

Quacksalber ['kvakzalbər] *m* (7) ciarlatano *m*; **~ei** *f* ciarlatanismo *m*; **♀n** (29) fare il ciarlatano.

Quaderstein ['kva:dərʃtain] *m* (3) quadrone *m*.

Quadr|ant [kva'drant] *m* (12) quadrante *m*; **~at** [-'dra:t] *n* (3) quadrato *m*; **♀atisch** quadrato; **~e Gleichung** *f* equazione *f* di secondo grado; **~atmeter** *m u. n* metro *m* quadrato; **~a'tur** *f* quadratura *f*; **~atwurzel** *f* radice *f* quadrata; **♀ieren** quadrare, **A** elevare al quadrato; **~ille** [ka'driljə] *f* quadriglia *f*.

Quai [ke:] *m s.* Kai.

quaken ['kva:kən] **1.** *v/i.* (25) gracidare; *Enten:* schiamazzare; **2.** **♀n** (6) gracidio *m*, schiamazzo *m*.

quäken ['kvɛːkən] **1.** *v/i.* (25) guaire; *Kinder:* vagire; **2.** **♀n** (6) guaito *m*, vagito *m*.

Quäker *Rel.* ['kvɛːkər] *m* (7) quacquero *m*; **~tum** *n* quacquerismo *m*.

Qual [kva:l] *f* (16) tormento *m*, pena *f*; martirio *m*.

quäl|en ['kvɛːlən] (25) tormentare; vessare; **~end** tormentoso; **♀er** *m* tormentatore *m*; **♀erei** [--'rai] *f* tormento *m*, supplizio *m*; vessazione *f*; **~erisch** tormentatore; **♀geist** *m* seccatore *m*.

Quali|fikation [kvalifikats'jo:n] *f* qualificazione *f*, qualifica *f*; *(Fähigkeit)* attitudine *f*; **♀fi'zierbar** qualificabile; **♀fi'zieren** qualificare; **♀fi'ziert** qualificato, adatto, atto (zu per).

Quali|tät [--'tɛːt] *f* (16) qualità *f*; **♀ta'tiv** qualitativo; **~'tätsware** *f* merce *f* di prima qualità.

Qualle ['kvalə] *f* (15) medusa *f*.

Qualm [kvalm] *m* (3, *o. pl.*) fumo *m* denso, caligine *f*; **♀en** (25) mandar un fumo denso; **♀ig** pieno di fumo.

qualvoll ['kva:lfɔl] straziante.

Quant *Phys.* [kvant] *n* (8) quanto *m*; **~entheorie** *f* teoria *f* dei quanti.

Quantit|ät [kvanti'tɛːt] *f* (16) quantità *f*; **♀a'tiv** quantitativo.

Quantum ['kvantum] *n* (9 *u.* 9²) quantità *f*; porzione *f*.

Quappe ['kvapə] *f* (15) girino *m*; *(Aal♀)* gavonchio *m*.

Quarantäne [karan'tɛːnə] *f* (15) quarantena *f*.

Quark [kvark] *m* (3¹, *o. pl.*) ricotta *f*; *fig.* robaccia *f*; sciocchezze *f/pl.*, stupidaggini *f/pl.*

Quart [kvart] **1.** *n* (3¹) *(Maß)* quarto *m*; *Typ.* in quarto *m*; **2.** *f* (16) **♪** *u.* *Fechtk.* quarta *f*.

Quarta ['kvarta] *f* (16²) terza *f* ginnasiale; **~ner** [-'ta:nər] *m* scolaro *m* di terza ginnasiale.

Quartal [kvar'ta:l] *n* (3¹) trimestre *m*; **♀weise** a trimestre.

Quart|band ['kvartbant] *m* volume *m* in quarto; **~blatt** *n* foglio *m* in quarto.

Quartett [kvar'tɛt] *n* (3) quartetto *m*.

Quartier [-'ti:r] *n* (3¹) ✕ quartiere *m*; accantonamento *m*; *vorübergehendes:* alloggio *m*; **~bestellung** *f* prenotazione *f*; **~geld** *n* indennità *f* d'alloggio; **~macher**, **~meister** ✕ *m* (7) quartiermastro *m*.

Quarz [kvarts] *m* (3²) quarzo *m*; **♀-haltig** quarzifero; **♀ig** quarzoso; **'~lampe** *f* lampada *f* di quarzo; **'~sand** *m* arena *f* quarzosa.

quasseln F ['kvasəln] (29) sragionare.

Quaste ['kvastə] *f* (15) nappa *f*.

Quäst|or ['kvɛstɔr] *m* (8¹) questore *m*; **~ur** [-'stu:r] *f* questura *f*.

Quatember [kva'tɛmbər] *m* (7) quattro tempora *f/pl.*

Quatsch F [kvatʃ] *m* (3², *o. pl.*) sciocchezze *f/pl.*; **♀en** (27) ciarlare; dire sciocchezze; **'~kopf** *m* ciarlone *m*; sciocco *m*.

Quecke ♀ ['kvɛkə] *f* (15) gramigna *f*.

Quecksilber ['kvɛkzilbər] *n* (7, *o. pl.*) mercurio *m*; *a. fig.* argento *m* vivo; **♀-artig** mercuriale; **♀n** di mercurio; *fig.* vivace.

Quell *poet.* [kvɛl] *m* (3), **'~e** (15) sorgente *f*; *fig.* fonte *f*; *aus*

guter ~ haben sapere da buona
fonte; '2en v/i. (30, sn) sgorgare;
scaturire (a. fig.); (schwellen) gonfiarsi; '2enmäßig conforme alle
fonti, autentico; '~ennachweis m
bibliografia f; '~wasser n acqua f di
fonte; '~wolke f cumulo m.

Quendel ♀ ['kvɛndəl] m (7) timo
m.

Queng|elei F [kvɛŋə'laɪ] f (16) la-
mentele f/pl., critiche f/pl.; pia-
gnistei m/pl.; '2eln (29) criticare
tutto; '~ler m (7) seccatore m; pia-
gnone m.

Quentchen ['kvɛntçən] n (6) oncia f.

quer [kve:r] 1. adj. trasversale; 2. adv.
di traverso; attraverso; ~ durchgehen attraversare; fig. ~gehen andar male; ~ansehen guardare di
sbieco; '2achse f asse f trasversale;
'2balken m traversa f; '2baum m
sbarra f; '2durch attraverso; '2-
durchschnitt m sezione f trasversale.

Quere ['kve:rə] f (15) traverso m; in
die ~ a (di) traverso; j-m in die ~
kommen contrariare qu.; es ist ihm
et. in die ~ gekommen ha avuto un
contrattempo; in die ~ und in die
Länge per lungo e per largo.

quer|feldein [-fɛlt'ʔaɪn] attraverso i
campi; 2feldeinlauf [-'-lauf] m
Sport: corsa f campestre; '2frage f
domanda f in contraddittorio; '2-
gasse f strada f trasversale; '2hieb
m traversone m; '2holz n traversa f;
'2kopf m fig. cervello m balzano;
~köpfig ['-kœpfiç] bislacco; '2-
pfeife f, '2pfeifer m piffero m; '2-
riegel m catenaccio m; '2rinne f
cunetta f; '2sack m bisaccia f; '2-
schiff n navata f trasversale; '2-
schnitt m sezione f trasversale; △
profilo m; '2stange f spranga f; '2-
steuer ⚓ n alettone m; '2straße f
strada f trasversale; '2strich m traversa f; fig. contrattempo m; '2-
summe f somma f delle cifre com-

ponenti un numero; '2träger m
traversa f; '2treiber m intrigante
m; 2treibereien [-traɪbə'raɪən]
f/pl. intrighi m/pl.; '2verbindung f
comunicazione f trasversale; filo
m diretto.

Querulant(in f) m [kveru'lant(in)]
querulante m u. f.

Quetsch|e ['kvɛtʃə] f (15) schiaccia
f; 2en (27) ammaccare; (aus~)
spremere; ~kartoffeln f/pl. purè m
di patate; ~nase f naso m schiacciato; ~ung f ammaccatura f; ⚕ con-
tusione f; ~wunde f ferita f contu-
sa.

quieken ['kvi:kən] (25) strillare;
Tiere: fischiare.

quietschen ['kvi:tʃən] (27) Tür:
stridere, cigolare; Tiere: squittire.

quill, quill(s)t [kvil(st)] s. quellen.

Quinta ['kvinta] f (16²) seconda f
ginnasiale; ~ner [-'tɑ:nər] m scolaro
m di seconda ginnasiale.

Quinte ♪ ['kvintə] f (15) quinta f.

Quintessenz ['-t'ʔɛsɛnts] f (16)
quintessenza f.

Quintett ♪ [-'tɛt] n (3) quintetto m.

Quirl [kvirl] m (3) frullino m (a. fig.);
'2en (25) frullare.

quitt [kvit] libero; wir sind ~ siamo
pari.

Quitte ♀ ['kvitə] f (15) cotogna f;
~nbaum m cotogno m; 2ngelb
giallo cotogno; ~nmus n cotognato
m.

quitt|ieren [kvi'ti:rən] quietanzare;
dare una quietanza; accusare la
ricevuta; den Dienst ~ abbandonare
il servizio; 2ung ['-tuŋ] f ricevuta f,
quietanza f.

Quiz [kvis] n concorso m (od. quiz m)
radiofonico od. televisivo; ~master
['-mɑ:stər] m radiopresentatore m,
telepresentatore m.

Quot|e ['kvo:tə] f (15) quota f; ~ient
[kvots'jɛnt] m (12) quoziente m;
2'ieren quotare; ~'ierung f quotazione f.

R

R, r [ɛr] *n uv.* R, r *m u. f.*

Rabatt ✝ [ra'bat] *m* (3) ribasso *m*; sconto *m*.

Rabatte ✍ [-'-'də] *f* (15) aiuola *f*.

Rabe ['rɑːbə] *m* (13) corvo *m*; *ein weißer* ~ una mosca bianca; *stehlen wie ein* ~ rubare come una gazza.

Raben|eltern ['rɑːbən⁹ɛltərn] *pl.* genitori *m/pl.* snaturati; ~**mutter** *f* madre *f* snaturata; ℒ'**schwarz** corvino, nero come un corvo; ~**vater** *m* padre *m* snaturato.

rabiat [rab'jɑːt] arrabbiato, furioso; ~ *werden* arrabbiarsi.

Rache ['raxə] *f* (15, *o. pl.*) vendetta *f*; ~ *nehmen* vendicarsi (*an dat.* di).

Rachen ['raxən] *m* (6) gola *f*; *der Tiere u. fig.* fauci *f/pl.*

rächen ['rɛçən] (25) vendicare; *sich* ~ vendicarsi (*an dat.* di); *es wird sich an ihm* ~ si vendicherà contro (di) lui.

Rachen|bräune ✍ ['raxənbrɔynə] *f* angina *f*; ~**höhle** *f* faringe *f*; ~**katarrh** *m* faringite *f*.

Rächer ['rɛçər] *m* (7) vendicatore *m*.

Rach|gier, ~**sucht** ['raxgiːr, '-zuçt] *f* sete *f* di vendetta; ℒ**gierig**, ℒ**süchtig** ['-zyçtiç] assetato di vendetta, vendicativo.

Rachit|is ✍ [ra'xiːtis] *f* rachitide *f*; ℒ**isch** rachitico.

Racker F ['rakər] *m* (7) birbone *m*.

Rad [rɑːt] *n* (1²) ruota *f*; (*Fahr*ℒ) bicicletta *f*; *ein* ~ *schlagen Pfau*: fare la ruota; '~**achse** *f* sala *f*.

Radar [ra'dɑːr] *m od. n* radar *m*; ~**station** *f* stazione *f* radar; ~**strahl** *m* raggio *m* radar.

Radau F [-'dau] *m* (3¹, *o. pl.*) baccano *m*; ~**bruder** *m* chiassone *m*.

Raddampfer ['rɑːtdampfər] *m* (7) vapore *m* a ruote.

Rade ✍ ['rɑːdə] *f* (15) gettaione *m*, agrostemma *f*.

radebrechen ['rɑːdəbrɛçən] (25) storpiare (una lingua), balbettare.

radeln ['rɑːdəln] (29) andare in bicicletta, F pedalare.

Rädelsführer ['rɛːdəlsfyːrər] *m* caporione *m*.

...**räd(e)rig** [...rɛːd(ə)riç]: *in Zssgn* a ... ruote, *z.B.* zwei~ a due ruote.

räder|n ['rɛːdərn] (29) rotare; *wie gerädert* stanco morto, stracco, sfinito; ℒ**werk** *n* ruote *f/pl.*, rotismo *m*, ingranaggi *m/pl.*

Rad|fahrbahn ['rɑːtfɑːrbɑːn] *f* velodromo *m*; ℒ**fahren** (*sn*) andare in bicicletta; ~**fahrer(in** *f*) *m* ciclista *m u. f*; ~**fahrsport** ['-fɑːrʃpɔrt] *m* ciclismo *m*; ~**fahrt** *f* gita *f* in bicicletta; ~**fahrweg** *m* corsia *f* per ciclisti; ~**felge** *f* quarto *m* (della ruota); ℒ**förmig** a forma di ruota; ~**geleise** *n* rotaia *f*.

radial [rad'jɑːl] radiale.

Radiation [radjats'joːn] *f* radiazione *f*.

radier|en [ra'diːrən] raschiare; cancellare; *Zeichenk.* incidere ad acquaforte; ℒ**er(in** *f*) *m* acquafortista *m u. f*; ℒ**gummi** *m* gomma *f* per cancellare; ℒ**messer** *n* raschino *m*; temperino *m*; ℒ**nadel** *f* bulino *m*; ℒ**ung** *f* (incisione *f* all')acquaforte *f*.

Radieschen ✍ [-'diːsçən] *n* (6) ravanello *m*.

radikal [-di'kɑːl] radicale; *Pol.* estremista; ℒ**ismus** *m* radicalismo *m*.

Radio ['rɑːdjo] *n* (11) radio *f*; *s. a. Rundfunk...*; ℒ-**ak'tiv** radioattivo; ~**aktivi'tät** *f* radioattività *f*; ~**anlage** *f* impianto *m* radiofonico; ~**apparat** *m* radio *f*; apparecchio *m* radio(fonico); ~**bastler** *m* radioamatore *m*; ~'**gramm** *n* radiotelegramma *m*; ℒ**kompaß** *m* radiobussola *f*; ~**lo'gie** *f* radiologia *f*; ~**röhre** *f* valvola *f* della radio; ~**sender** *m* stazione *f* radiotrasmittente; ~**sendung** *f* radiotrasmissione *f*; ~**telegramm** *n* radiotelegramma *m*; ~**telegra'phie** *f* radiotelegrafia *f*; ℒ**tele'graphisch:** ~*e Bildübertragung f* fototelegrafia *f*; ~**telepho'nie** *f* radiotelefonia *f*; ℒ**tele'phonisch:** ~*e Übertragung f* diffusione *f* per radiotelefono; ~**thera'pie** *f* radioterapia *f*; ~**welle** *f* onda *f* hertziana, radioonda *f*.

Radium ['-djum] *n* (9, *o. pl.*) radio *m*.

Radius ['-djus] *m* (16²) raggio *m*.

Radler(in *f*) *m* (7) ['rɑ:dlər(in)] ciclista *m u. f*.

Rad|nabe ['rɑ:tnɑ:bə] *f* mozzo *m*; **~reifen** *m* cerchio *m*; *Fahrrad*: gomma *f*; **~rennbahn** *f* velodromo *m*; **~rennen** *n* gara *f* ciclistica; (*Rundfahrt*) Giro *m*, Tour *m*; **~schaufel** *f* alerone *m*; **~speiche** *f* raggio *m* di ruota; **~sport** *m* ciclismo *m*; **~spur** *f* rotaia *f*; *bei Wagen*: carreggiata *f*; **~stand** *m* Auto: carreggiata *f*; **~steuerung** *f* (comando *m* a) volante *m*.

raff|en ['rafən] (25) arraffare; (*hamstern*) accaparrare; *Kleidung*: tirar su; **gier** *f* rapacità *f*; **~gierig** rapace.

Raffin|erie [rafinə'ri:] *f* (15) raffineria *f*; **~esse** [-'nɛsə] *f* raffinatezza *f*; **ieren** raffinare; **iert** raffinato (*a. fig.*); **~iertheit** *f* raffinatezza *f*; **~ierung** *f* raffinatura *f*.

ragen ['rɑ:gən] (25) (*empor~*) ergersi; (*heraus~*) sporgere.

Ragout [ra'gu:] *n* (11) ragù *m*.

Rahe ⚓ ['rɑ:ə] *f* (15) antenna *f*.

Rahm [rɑ:m] *m* (3, *o. pl.*) fiore *m* (del latte), panna *f*, crema *f*; ~ *abschöpfen* scremare; *fig.* prendersi la parte migliore.

rahmen ['-mən] **1.** (25) *Bilder*: incorniciare; **2.** ⚖ *m* (6) cornice *f*; ⊕ telaio *m*; *fig.* quadro *m*; ambito *m*; *im ~ von fig.* nell'ambito di; *aus dem ~ fallen* uscire dal solito; **-antenne** *f* quadro *m*, antenna *f* ad intelaiatura; **gesetz** *n* legge *f* quadro; **-werk** *n* intelaiatura *f*.

Rain [rain] *m* (3) ciglio *m* (di un campo); (*Grenze*) confine *m*.

Rakete [ra'ke:tə] *f* (15) razzo *m*; ✕ missile *m*; **~n-antrieb** *m* propulsione *f* a reazione; **~nflugzeug** *n* aereo *m* a reazione.

Rakett [ra'kɛt] *n* (3 u. 11) racchetta *f*.

Ramm|bär ⊕ ['rambɛ:r], **~block** *m* berta *f*, battipalo *m*; **~bock** *m* Zo. montone *m*; *s.* Rammblock.

Ramme ['ramə] *f* (15) berta *f*.

rammeln ['-məln] (29) *v/i. Hasen*: essere in caldo.

rammen ['-mən] (25) conficcare (nel suolo); ⚓ speronare.

Ramm|klotz ['ramklɔts] *m* battipalo *m*; **~ler** [-lər] *m* (7) montone

m; coniglio *m* maschio; **~sporn** ⚓ *m* sperone *m*.

Rampe ['rampə] *f* (15) rampa *f*; *Thea.* ribalta *f*; **~nlicht** *n* luce *f* della ribalta.

ramponieren [-po'ni:rən] sciupare.

Ramsch [ramʃ] *m* (3²) robaccia *f*; *im ~ in blocco*; **en** vendere (comprare) in blocco; **~geschäft** *n* negozio *m* di roba di scarto; **~ware** *f* pacco~ *m*.

ran [ran] F = heran. 　　　[tiglia *f*.]

Rand [rant] *m* (1²) orlo *m*; bordi *m/pl.*; (*Wasser*⚖) sponda *f*; (*Papier*⚖, *Wund*⚖) margine *m*; (*Stadt*⚖) periferia *f*, P bocca *f*, becco *m*; *außer ~ und Band fig.* fuori di sé; *außer ~ und Band geraten* perdere ogni misura; *mit et. zu ~e kommen* venire a capo di qc.; *dunkle Ränder unter den Augen* calamai *m/pl.*; '**...**: *in Zssgn oft* marginale.

randalieren [randa'li:rən] far baccano, strepitare.

Randbemerkung ['rantbəmɛrkuŋ] *f* nota *f* marginale.

rändern ['rɛndərn] (29) orlare.

Rand|erscheinung ['rantʔɛrʃainuŋ] *f* fenomeno *m* secondario; **~gebiet** *n* zona *f* marginale; territorio *m* periferico; periferia *f*; **~glosse** *f* postilla *f* (marginale); **~staat** *m* Stato *m* limitrofo; **~verzierung** *f* filetto *m*; **voll** colmo.

rang¹ [raŋ] *s.* ringen.

Rang² [raŋ] *m* (3³) grado *m*; categoria *f*, classe *f*; (*Würde*) dignità *f*; *Thea.* ordine *m*; ✕ rango *m*; *ersten ~es* di primo ordine; *j-m den ~ ablaufen* superare qu.; '**~abzeichen** ✕ *n* distintivo *m*; '**-ältest** più anziano.

Range ['raŋə] *m* (13) *u. f* (15) monello *m* (-a *f*); **nhaft** monellesco.

Rang|erhöhung ['raŋʔɛrhø:uŋ] *f* avanzamento *m* di grado; **~folge** *f* ordine *m* gerarchico.

Rangier... [rã'ʒi:r...]: *in Zssgn* 🚂 di manovra; **~bahnhof** *m* stazione *f* di smistamento; **en** mettere in ordine, disporre; 🚂 manovrare; *vor j-m ~* avere un grado superiore di qu.; **~geleise** *n* (**~maschine** *f*) binario *m* (macchina *f*) per manovre.

Rang|liste ['raŋliste] *f* classifica *f*; **~ordnung** *f* gerarchia *f*; **~streitigkeit** *f* gelosia *f* di grado; **~stufe** *f* grado *m*.

rank [raŋk] svelto, slanciato.
Ranke ['raŋkə] f (15) viticcio m.
Ränke ['reŋkə] m/pl. (3³) intrighi m/pl., macchinazioni f/pl.; ~ schmieden intrigare.
ranken ['raŋkən] (25): sich ~ avvitticchiarsi; ♀**gewächs** n pianta f sarmentosa; ♀**werk** n ornamenti m/pl.; fig. fronzoli m/pl.
Ränke|schmied ['reŋkəʃmiːt] m intrigante m, sobillatore m; ~**spiel** n intrighi m/pl.; ♀**süchtig**, ♀**voll** intrigante. [rennen.⟩
rann [ran] s. rinnen; ~**te** ['~tə] s.∫
Ranzen ['rantsən] m (6) zaino m; (Schul♀) cartella f.
ranzig ['rantsiç] rancido.
Rapier [ra'piːr] n (3¹) rapiera f; (sorta di) fioretto m.
Rappe ['rapə] m (13) morello m; auf Schusters ~n reiten andare sul cavallo di San Francesco.
Rappel F ['~pəl] m (7) ticchio m; den ~ haben non avere la testa a posto; ♀**ig**, ♀**köpfisch** ghiribizzoso, matto; ~**kopf** m testa f matta; ♀n (29): es rappelt bei ihm è un po' matto.
Rapport [ra'pɔrt] m (3) rapporto m.
Raps ♀ [raps] m (4) colza f.
Rapunzel ♀ [ra'puntsəl] f (15) raperonzolo m.
rar [raːr] raro; sich ~ machen farsi vedere di rado; ~ werden scarseggiare; ♀**ität** [~'tɛːt] f (16) rarità f.
rasant [ra'zant] a gran effetto.
rasch [raʃ] 1. adj. pronto; veloce, rapido; 2. adv. presto.
rascheln ['raʃəln] 1. v/i. (29) frusciare; 2. ♀ n (6) fruscio m.
Rasch|heit ['raʃhaɪt] f rapidità f, prontezza f; ♀**lebig** ['~leːbiç] effimero.
rasen[1] ['raːzən] (27) smaniare, essere furioso; Sturm usw.: infuriare; Auto: andare di gran carriera; sfrecciare; rase nicht so! non andare così in fretta!; ~**d** 1. adj. furioso; Schmerz: acutissimo; Hunger: da lupo; ~ werden impazzire; ~es Tempo n velocità f vertiginosa; ~ machen far arrabbiare; zum ♀werden da impazzire; 2. adv. verliebt: perdutamente.
Rasen[2] ['raːzən] m (6) tappeto m verde; prato m, erba f; ~**mäher** m tosatrice f; ~**platz** m prato m; ~**sprenger** ['~~ʃprɛŋər] m (7) irrigatore m automatico.

Raserei [raːzə'raɪ] f (16) frenesia f; Kfz. correre m all'impazzata.
Rasier|apparat [ra'ziːr?aparaːt] m rasoio m; elektrisch: rasoio m elettrico; ~**creme** f crema f da barba; ♀**en** (25) fare la barba a; rasoio; sich ~ farsi la barba; sich ~ lassen farsi fare la barba; ~**klinge** f lametta f da rasoio; ~**messer** n rasoio m; ~**pinsel** n pennello m da barba; ~**seife** f sapone m da barba; ~**zeug** n utensili m/pl. da barba.
räsonieren [rɛzo'niːrən] ragionare; F sofisticare; (brummen) brontolare.
Raspel ['raspəl] f (15) raspa f; ♀n (29) raspare.
Rasse ['rasə] f (15) razza f; ~**hund** m cane m di razza.
Rassel ['rasəl] f (15) raganella f; ♀n (29) far rumore, strepitare.
Rassen... ['~sən] in Zssgn oft razziale, di razza; ~**konflikt** m conflitto m razziale; ~**lehre** f razzismo m; ~**theorie** f teoria f razziale; ~**trennung** f segregazione f razziale; ~**unruhen** f/pl. disordini m/pl. razziali; ~**wahn** m razzismo m.
rass|ig ['rasiç] di razza; ~**isch** razziale.
Rast [rast] f (16) sosta f; (Ruhe) riposo m; ohne ~ senza posa.
rast|en ['rastən] (26) sostare; ausruhen: riposare; ♀**er** m (7) Phot. reticolo m; ♀**haus** n posto m di ricreazione; ~**los** instancabile; (unruhig) irrequieto; ♀**losigkeit** f instancabilità f; irrequietezza f; ♀**stätte** f ristorante m stradale; ♀**tag** m giorno m di riposo.
Rasur [ra'zuːr] f (16) taglio m della barba.
Rat [raːt] m (3³) consiglio m; Person: consigliere m; (Mittel) rimedio m; auf j-s ~ per consiglio di qu.; um ~ fragen chiedere consiglio (j-n da qu.); j-n zu ~e ziehen consultare qu.; sich keinen ~ mehr wissen non saper più che partito (od. pesci) prendere; ~ schaffen für et. provvedere per qc.
Rate ['raːtə] f (15) rata f.
raten ['raːtən] (30) consigliare; (er~) indovinare; für geraten halten ritenere opportuno.
raten|weise ['raːtənvaɪzə] a rate; ♀**zahlung** f pagamento m a rate.
Räte|regierung ['rɛːtəregiːruŋ] f

Governo *m* dei Soviet; **republik** *f* Repubblica *f* sovietica.

Rat|geber ['ra:tge:bər] *m* consigliere *m*; **haus** *n* palazzo *m* municipale, municipio *m*.

Ratif|ikation [ratifikats'jo:n] *f* ratifica *f*; **ikations-urkunde** *f* documento *m* di ratifica; **2i'zieren** ratificare.

Ration [rats'jo:n] *f* razione *f*; **2al** [--'na:l] razionale; **2ali'sieren** razionalizzare; **ali'sierung** *f* razionalizzazione *f*; **a'lismus** *m* razionalismo *m*; **a'list(in** *f*) *m* razionalista *m u. f*; **ali'tät** *f* razionalità *f*; **2ell** [--'nɛl] razionale; **2i'ieren** razionare; **i'ierung** *f* razionamento *m*.

'**rat|los** perplesso; **2losigkeit** *f* perplessità *f*; **sam** consigliabile; indicato; raccomandabile; prudente; **samkeit** *f* opportunità *f*; **2schlag** *m* consiglio *m*; **2schlagen** deliberare; **2schluß** *m* risoluzione *f*; decisione *f*; *Gottes*: volontà *f*.

Rätsel ['rɛ:tsəl] *n* (7) enigma *m*; *Spiel*: indovinello *m*; *fig.* mistero *m*; **2haft** enigmatico, misterioso.

Rats|herr ['ra:tshɛr] *m* consigliere *m* municipale; **keller** *m* cantina *f* del palazzo municipale; **sitzung** *f* (seduta *f* del) consiglio *m*; **versammlung** *f* adunanza *f* del consiglio.

rät(st) [rɛ:t(st)] *s. raten*.

Ratte ['ratə] *f* (15) ratto *m*; topo *m*; **nfalle** *f* trappola *f* per i ratti; **nfänger** ['--nfɛŋər] *m* (7) acchiapparatti *m*; **ngift** *n* ratticida *m*; **nnest** *n* topaia *f*.

rattern ['ratərn] (29) crepitare.

Raub [raup] *m* (3, *o. pl.*) rapina *f*; (*Beute*) preda *f*; (*Entführung*) ratto *m*; (*Überfall*) assalto *m*; **bau** *m* cultura *f* esauriente; **2en** ['-bən] (25) rubare; *j-n*: rapire.

Räuber ['rɔybər] *m* (7) ladro *m*; (*Straßen2*) brigante *m*; (*Entführer*) rapitore *m*; (*Schillers* ∼) die ∼ My.pl. Masnadieri *m/pl.* **bande** *f* banda *f* di rapinatori; **hauptmann** *m* capo *m* dei briganti; **höhle** *f* covo *m* di ladri; **2isch** brigantesco; (*raubgierig*) rapace.

Raub|fisch ['raupfiʃ] *m* pesce *m* rapace; **gier** *f*, **lust** *f* rapacità *f*; **2gierig** rapace; **mord** *m* assassinio *m* per rapina; **mörder** *m* assassino *m* (per rapina); **ritter** *m* cavaliere

m predatore; **sucht** *f* rapacità *f*; **tier** *n* animale *m* rapace, bestia *f* feroce; **überfall** *m* aggressione *f* a scopo di rapina; assalto *m* a mano armata; **vogel** *m* uccello *m* rapace; **zeug** *n* animali *m/pl.* nocivi; **zug** *m* scorreria *f*.

Rauch [raux] *m* (3, *o. pl.*) fumo *m*; *in* ∼ *aufgehen* andarsene in fumo; '∼**bombe** *f* bomba *f* fumogena, candelotto *m* fumogeno; '**2en** (25) fumare; '**er** (7) fumatore *m*; '**er-abteil** *n* (s)compartimento *m* per fumatori.

Räucher|aal ['rɔyçər⁹a:l] *m* anguilla *f* affumicata; **faß** *n* turibolo *m*; **kammer** *f* affumicatoio *m*; **lachs** *m* salmone *m* affumicato; **2n** (29) *Kochk.* affumicare; *Rel. u. fig.* incensare; **ung** *f* affumicazione *f*; incensamento *m*; **waren** *f/pl.* carni *f/pl.* affumicate; pesci *m/pl.* affumicati.

Rauch|fahne ['rauxfa:nə] *f* pennacchio *m* di fumo; **fang** *m* gola *f* del camino; **fleisch** *n* carne *f* affumicata; **2ig** fumoso; **loch** *n* fumaiuolo *m*; **2los** senza fumo; **salon** *m* salone *m* fumatori; **service** *n* servizio *m* da fumo; **tabak** *m* tabacco *m* da fumare; **verbot** *n* divieto *m* di fumare; **verzehrer** ['-fɛrtse:rər] *m* (7) bruciafumo *m*; **waren** *f/pl.*, **werk** *n* pellicceria *f/pl.*, pelletterie *f/pl.*; **wolke** *f* nuvola *f* di fumo; **zimmer** *n* fumatoio *m*.

Räud|e ['rɔydə] *f* (15) rogna *f*; (*Kopf2*) tigna *f*; **2ig** rognoso; tignoso.

rauf [rauf] F = *herauf*.

Raufbold ['raufbɔlt] *m* (3) liticone *m*, attaccabrighe *m*.

Raufe ['raufə] *f* (15) rastrelliera *f*. **rauf|en** ['raufən] (25): *sich* ∼ azzuffarsi; **2er** *m* rissaiolo *m*; **2erei** [-fə'raɪ] *f* baruffa *f*; **2lust** *f*, **2sucht** *f* voglia *f* di attaccar brighe; carattere *m* litigioso; **lustig**, **süchtig** rissoso.

rauh [rau] ruvido; (*heiser*) rauco; *Wetter*: rigido; *Gegend*: selvaggio; '**2bein** F *n* maleducato *m*; '**beinig** burbero, rude; **2eit** ['-hart] *f* ruvidezza *f*; raucedine *f*; rigidità *f*; '**2reif** *m* brina(ta) *f*.

Raum [raum] *m* (3⁸) spazio *m*; (∼*inhalt*) capacità *f*; (*Ausdehnung*)

R

estensione *f*; (*Gebiet*) zona *f*; (*Räumlichkeit*) locale *m*; (*Zimmer*) vano *m*, ambiente *m*; *Phys.* vuoto *m*; ~ geben far posto, *e-r Bitte*: esaudire (*ac.*); '~bedarf *m* spazio *m* richiesto; '~einheit *f* unità *f* di volume.

räumen ['rɔymən] (25) sgomb(e)rare; *Hindernisse*: togliere di mezzo; *Gebiet*: evacuare; *das Feld* ~ battere in ritirata; *aus dem Weg* ~ sbarazzarsi di.

Raum|ersparnis ['raum⁹ɛrʃpaːrnis] *f* economia *f* di spazio; ~**fahrer** *m* astronauta *m*; ~**fahrt** *f* astronautica *f*; ~**flug** *m* volo *m* spaziale; *bemannter* ~ volo *m* spaziale con equipaggio umano; ~**forschung** *f* esplorazione *f* spaziale; ~**gestaltung** *f* decorazione *f*; ~**größe** *f* quantità *f* geometrica; ~**inhalt** *m* volume *m*, cubatura *f*; ~**klang** *m* *Radio*: suono *m* stereofonico; ~**kunst** *f* arte *f* dell'arredamento; ~**lehre** *f* geometria *f*.

räumlich ['rɔymliç] dello (nello) spazio; locale; ♀**keit** *f* vano *m*; luogo *m*; locale *m*.

Raum|mangel ['raumaŋəl] *m* mancanza *f* di spazio; ~**meter** *m u. n* metro *m* cubo; ~**schiff** *n* astronave *f*; ~**station** *f* stazione *f* spaziale; ~**strahlung** *f* irradiazione *f* cosmica; ~**ton** *m* suono *m* stereofonico.

Räumung ['rɔymuŋ] *f* (16) sgombero *m*; *e-s Ortes*: evacuazione *f*; sfollamento *m*; ~**s-ausverkauf** *m* liquidazione *f* generale; ~**sklage** *f* intimazione *f* di sfratto.

Raum|verteilung ['raumfɛrtailuŋ] *f* disposizione *f*; *Typ.* spazieggiatura *f*; ~**zeitalter** *n* era *f* (*od.* epoca *f*) spaziale.

raunen ['raunən] (25) sussurrare.

Raupe ['raupə] *f* (15) bruco *m*; ~**nantrieb** *m* catena *f* a cingoli; ~**nschlepper** *m* trattrice *f* a cingoli.

raus! [raus] fuori!; *s. heraus.*

Rausch [rauʃ] *m* (3² *u.* ³) sbornia *f*; *von Verliebten*: cotta *f*; *fig.* ebbrezza *f*; ♀**en** ['-ʃən] (27) mormorare; *Laub*: stormire; *Kleidung*: frusciare; *Regen*: scrosciare; ~**gift** *n* stupefacente *m*; ♀**giftsüchtig** ['-giftzyçtiç] tossicomane; '~**gold** *n* orpello *m*.

räuspern ['rɔyspərn] **1.** (29): *sich* ~ schiarirsi la gola; F tossire; **2.** ♀ *n* (6) raschio *m*.

Raute ['rautə] *f* (15) ruta *f*; ♪ rombo *m*; ⊕ faccetta *f*; ♀**nförmig** romboidale; ~**nglas** *n* vetro *m* sfaccettato.

Razzia ['ratsja] *f* (11¹ *u.* 16²) razzia *f*.

Reag|ens ♪ [re'aːgɛns] *n* reagente *m*; ~**enzglas** *n* provetta *f*; ♀**ieren** reagire (*auf ac.* a).

Reaktion [reakts'joːn] *f* reazione *f*; ~**är** *m u.* ♀**är** *adj.* reazionario *m u. adj.*

Reaktor [re'aktɔr] *m* (8¹) reattore *m*.

real [re'aːl] reale; ♀**-enzyklopädie** *f* enciclopedia *f*; ♀**gymnasium** *n* liceo *m* scientifico; ♀**ien** [-'-ljən] *pl. uv.* cose *f/pl.* reali; *Lit.* cognizioni *f/pl.* speciali; ♀**-injurien** *pl.* vie *f/pl.* di fatto; ~**i'sieren** realizzabile; ~**i'sieren** realizzare; ♀**i'sierung** *f* realizzazione *f*; ♀**ismus** *m* realismo *m*; ♀**ist(in)** *f/m* (12) [rea'list(in)] realista *m u. f*; ~**i'stisch** realistico; ♀**i'tät** *f* realtà *f*; ♀**lohn** *m* salario *m* effettivo; ♀**politik** *f* politica *f* realista (*od.* dei fatti); ~**politisch** politico-reale; ♀**schule** *f* scuola *f* tecnica; ♀**wert** *m* valore *m* reale.

Rebe ['reːbə] *f* (15) vite *f*.

Rebell [re'bɛl] *(in f)* *m* (12) [re'bɛl(in)] ribelle *m u. f*; ♀**ieren** ribellarsi; ~**ion** [--'joːn] *f* ribellione *f*; ♀**isch** ribelle.

Reben|blatt ['reːbənblat] *n* pampano *m*; ~**laub** *n* pampani *m/pl.*; ~**saft** *m* sugo *m* della vite; F vino *m*.

Reb|huhn ['rɛphuːn] *n* pernice *f*; ~**laus** ['reːplaus] *f* filossera *f*; ~**schoß** *m*, ~**schößling** *m* ['reːpʃɔs, '-ʃœslin] tralcio *m*; ~**stock** ['reːpʃtɔk] *m* vite *f*.

Rebus ['reːbus] *m u. n* (14²) rebus *m inv.*

rechen ['rɛçən] **1.** (25) rastrellare; **2.** ♀ *m* (6) rastrello *m*.

Rechen|aufgabe ['rɛçən⁹aufgaːbə] *f*, ~**exempel** ['--⁹ɛksɛmpəl] *n* problema *m* d'aritmetica; ~**fehler** *m* errore *m* di calcolo; ~**kunst** *f* aritmetica *f*; ~**maschine** *f* (macchina) calcolatrice *f*; ~**pfennig** *m* gettone *m*; ~**schaft** *f* conto *m*; ~ *ablegen* rendere conto *f*; *j-n zur* ~ *ziehen* domandar conto a qu.; ~**schaftsbericht** *m* rendiconto *m*, bilancio *m* consuntivo; ~**schaftslegung** ['--ʃaftsleːgun] *f* resa *f* dei conti; ~**schieber** *m* regolo *m* calcolatore; ~**tafel** *f* abbaco *m*; (*Schiefertafel*) lavagna *f*; ~-

unterricht *m* insegnamento *m* dell'aritmetica; **~zentrum** *n* centro *m* di calcolo elettronico.
Recherch|en [rə'ʃɛrʃən] *f/pl. uv.* indagini *f/pl.*; 2**ieren** indagare; fare un'inchiesta.
rechn|en ['rɛçnən] **1.** (26) contare; fare i conti; ~ *zu* annoverare fra; *mit j-m* ~ contare su qu.; *alles in allem gerechnet* tutto calcolato (*od.* sommato); *sich (dat.) zur Ehre* ~ considerare un onore; **2.** 2**en** *n* (6) aritmetica *f*; 2**er** *m* (7) calcolatore *m*; ✝ computista *m*; **~erisch** aritmetico; calcolatore; 2**ung** ['-nuŋ] *f* calcolo *m*; ✝ conto *m*, fattura *f*; *et. in* ~ *stellen* tener conto di qc.; *j-m e-n Strich durch die* ~ *machen* guastare i progetti di qu.
Rechnungs|abschluß ['-nuŋsʔapʃlus] *m* chiusura *f* dei conti, bilancio *m*; **~auszug** *m* estratto *m* di conto (*od.* conti); **~betrag** ✝ *m* importo *m* della fattura; **~führer** *m* contabile *m*; **~führung** *f* contabilità *f*; **~hof** *m* Corte *f* dei conti; **~jahr** *n* esercizio *m*; **~legung** *f* resa *f* dei conti; **~wesen** *n* contabilità *f*.
recht¹ [rɛçt] **1.** *adj.* giusto; (*wirklich*) vero; ♣ retto; (*Ggs. link*) destro; *zur* ~*en Zeit* al tempo (*od.* momento) giusto; **2.** *adv.* assai; (*genau*) precisamente; ~ *haben* aver ragione; *zur* ~*en Zeit* in tempo; *ich weiß nicht* ~ non so proprio; *so ist es* ~ così va bene; ~ *geschehen* star bene; *es j-m* ~ *machen* accontentare qu.; *ist es Ihnen* ~? Le va bene?, Le torna comodo?; *es ist* ~ *von Ihnen* ... Lei ha fatto bene a (*inf.*); *ganz* ~ benissimo, appunto; *nun erst* ~ ora più che mai; **3.** *m:* *er ist der* 2*e* ci vuole proprio lui; *du bist der* 2*e!* proprio te!
Recht² [rɛçt] *n* (3) diritto *m*; (*Ggs.* (*Unrecht*) ragione *f*; legge *f*; *mit* ~ *a* ragione; (*von* ~*s wegen* di diritto; legge; ⛫ *alle* ~*e vorbehalten* proprietà *f* letteraria; *im* ~ *sein* aver ragione; *von* ~*s wegen* di diritto; *zu* ~ *bestehen* essere sanzionato dalle leggi; *was* ~*ens ist* ciò che è di diritto.
Rechte¹ ['rɛçtə] *f* (18) Hand, Politik: destra *f*.
Rechte² ['rɛçtə] *m* (18) Boxen: destro *m*.
Recht|eck ['rɛçtʔɛk] *n* (3) rettangolo *m*; 2**-eckig** rettangolare; 2**en** (26)

litigare; 2**fertigen** ['-fɛrtigən] (25, *untr.*) giustificare; 2**fertigung** *f* giustificazione *f*; 2**gläubig** ortodosso; 2**gläubigkeit** *f* ortodossia *f*; **~haberei** [-ha:bə'raɪ] *f* prepotenza *f*; 2**haberisch** ['---rɪʃ] prepotente; 2**lich** retto; ⚖ legale; **~lichkeit** *f* rettitudine *f*; ⚖ legalità *f*; 2**linig** rettilineo; 2**los** senza diritto; (*rechtswidrig*) illegale; (*unrechtmäßig*) illegittimo; **~losigkeit** *f* mancanza *f* di diritti; illegalità *f*; illegittimità *f*; 2**mäßig** legittimo; **~mäßigkeit** *f* legittimità *f*.
rechts [rɛçts] a destra; ~ *gehen* tenere la destra.
Rechts... ['rɛçts...]: *in Zssgn* ⚖ *oft* giuridico, legale; **~abteilung** *f* reparto *m* legale; **~anspruch** *m* diritto *m* (giuridico) (*auf ac. a*); **~anwalt** *m* avvocato *m*; **~anwältin** *f* avvocatessa *f*; **~'-außen** *m* Sport: ala *f* destra; **~beistand** *m* avvocato *m*; **~berater** *m* consulente *m* legale; **~bruch** *m* violazione *f* della legge.
recht|schaffen ['rɛçtʃafən] probo; onesto; 2**schaffenheit** *f* probità *f*; 2**schreibung** *f* ortografia *f*.
Rechts|fähigkeit ['rɛçtsfɛːiçkaɪt] *f* capacità *f* giuridica; **~fall** *m* caso *m* giuridico; **~frage** *f* questione *f* giuridica; **~gang** *m* procedura *f*; **~gelehrsamkeit** *f* giurisprudenza *f*; **~gelehrte(r)** *m* giureconsulto *m*; **~grundsatz** *m* norma *f* legale; 2**gültig** (legalmente) valido; **~gültigkeit** *f* validità *f* (legale); **~gutachten** *m* parere *m* legale; **~handel** *m* lite *f*; **~hilfe** *f* assistenza *f* giudiziaria; **~kraft** *f* vigore *m* (di legge); 2**kräftig** valido; ~ *werden* passare in giudicato; **~kunde** *f* giurisprudenza *f*; **~mittel** *n* mezzo *m* legale; ricorso *m* (*einlegen* interporre); **~pflege** *f* (amministrazione *f* della) giustizia *f*; **~philosophie** *f* filosofia *f* del diritto.
Rechtsprechung ['rɛçtʃprɛçuŋ] *f* giurisprudenza *f*; giurisdizione *f*.
Rechts|sache ['rɛçtszaxə] *f* causa *f*; **~schutz** *m* protezione *f* della legge; **~spruch** *m* sentenza *f*; **~staat** *m* Stato *m* di diritto; **~streit** *m* processo *m*; 2**-'um!** a destra!; 2**verbindlich** obbligatorio; **~verdreher** *m* storcileggi *m*, azzeccagarbugli *m*; **~weg** *m* via *f* legale; 2**widrig** ille-

R

gale; ~**widrigkeit** f illegalità f;
~**wissenschaft** f giurisprudenza f.

recht|wink(e)lig ['rɛçtviŋk(ə)liç]
rettangolare; ~**zeitig** ['-tsaitiç] opportuno; adv. a proposito; in tempo;
🚢 in orario.

Reck [rɛk] n (3) sbarra f fissa.

recken ['rɛkən] (25) allungare;
Glieder: stirare.

Redak|teur [redak'tøːr] m (3¹) re-
dattore m; (Chef♀) direttore m, redattore m capo; verantwortlicher ~
redattore m responsabile; ~**tion**
[--ts'joːn] f redazione f; ♀**tionell**
[--tsjo'nɛl] redazionale.

Rede ['reːdə] f (15) discorso m;
(Sprache) parola f; (Vortrag) conferenza f; (Gerücht) voce f; (Rechenschaft) ragione f; eine ~ halten tenere un discorso; unpers. von et. die
~ sein trattarsi di qc.; es ist nicht der
~ wert non vale la pena di parlarne;
~ stehen rispondere; j-n zur ~ stellen
chieder ragione a qu.

Rede|fertigkeit ['reːdəfɛrtiçkait] f,
~**gewandtheit** ['--gəvanthait] f facondia f; ♀**gewandt** facondo; ~**fluß**
m facondia f; c.s. verbosità f; ~**freiheit** f libertà f di parola; ~**gabe** f
dono m della parola f; ~**kunst** f
ret(t)orica f; ♀**lustig** loquace.

reden ['reːdən] (26) parlare; von
sich ~ machen far parlare di sé; mit
sich ~ lassen intender ragione; gut ~
haben aver un bel dire.

Redensart ['reːdəns'aːrt] f locuzione f, modo m di dire; frase f.

Rederei F [--'rai] f (16) diceria f.

Rede|strom ['reːdəʃtroːm] m fiume
m d'eloquenza; ~**teil** m Gram. parte
f del discorso; ~**weise** f dicitura f,
modo m di dire; linguaggio m; ~
wendung f locuzione f.

redigieren [redi'giːrən] redigere.

redlich ['reːtliç] onesto, sincero; ♀-
keit f onestà f, sincerità f.

Redner ['reːtnər] m (7) oratore m;
~**bühne** f tribuna f; ~**gabe** f talento
m oratorio; ♀**isch** oratorio.

redselig ['reːtzeːliç] loquace; ♀**keit** f
loquacità f.

Redu|ktion [redukts'joːn] f ridu-
zione f; ♀**zieren** ridurre.

Reede 🚢 ['reːdə] f (15) rada f; ~**r** m
(7) armatore m; ~**rei** [--'rai] f società f di navigazione; società f
d'armatori.

reell [re'ɛl] reale; (ehrlich) onesto;
Waren: solido; Preis: modesto.

Reep 🚢 [reːp] n (3) fune f.

Refek'torium [refɛk'toːrjum] n (9)
refettorio m.

Refer|at [refe'raːt] n (3) relazione f;
Verwaltungsabteilung: reparto m,
ufficio m; ~**endar** [--rɛn'daːr] m
(3¹) referendario m; uditore m (al
tribunale); ~**endum** [--'rɛndum] n
(9) referendum m; ~**ent** [--'rɛnt] m
(12) relatore m; ~**enz** [--'rɛnts] f
(16) referenza f; ♀**ieren** riferire,
fare una relazione (über ac. su).

Reff [rɛf] n (3) gerla f; 🚢 terzeruolo
m; ♀**en** (25) serrare (le vele).

Refl|ektant [reflɛk'tant] m (12) in-
teressato m, aspirante m; ♀**ek'tieren**
riflettere; auf et. (ac.) ~ avere qc. in
vista; aspirare a qc.; nicht mehr auf
et. ~ rinunciare a qc.; ~**ektor**
[-'flɛktɔr] m riflettore m; ~**ex**
[-'flɛks] m (3²) riflesso m; ~**exion**
[-flɛks'joːn] f riflessione f; ♀**exiv**
[--'ksiːf] riflessivo.

Reform [-'fɔrm] f (16) riforma f;
~**ation** [--mats'joːn] f Riforma f;
~**ator** [--'maːtɔr] m (8¹) riformatore m; ♀**a'torisch** riformatore;
~**bestrebung** f tendenza f riforma-
trice; ~**er** m (7) riformista m; ♀**ieren** riformare.

Refrain [rə'frɛ̃] m (11) ritornello m.

Regal [re'gaːl] n (3¹) scaffale m; ♪
regale m.

Regatta 🚢 [-'gata] f (16²) regata f.

rege ['reːgə] vivo; (tätig) attivo; ~
machen eccitare; ~ werden destarsi.

Regel ['reːgəl] f (15) regola f; in der
~ di regola, normalmente, ordina-
riamente; sich zur ~ machen aver
per principio; ♀**los** senza regola,
irregolare; (unordentlich) sregolato;
~**losigkeit** f irregolarità f, sregola-
tezza f; ♀**mäßig** regolare; ~**mäßigkeit** f regolarità f; ♀**n** (29) regolare,
sistemare, assestare; Verkehr: dirigere; ♀**recht** normale; ~**ung** f rego-
lazione f, sistemazione f, assesta-
mento m, coordinamento m, disciplina f; ♀**widrig** irregolare; ~**widrigkeit** f irregolarità f.

regen¹ ['reːgən] (25): sich ~ muoversi; (Gefühl) nascere.

Regen² ['reːgən] m (6) pioggia f;
aus dem ~ in die Traufe dalla padella
nelle brace; ~**bogen** m arcobaleno
m; ~**bogenhaut** ['--boːgənhaut] f

iride f; **dach** n tettoia f; **dicht** impermeabile.

Regener|ation [regenərats'jo:n] f rigenerazione f; **ator** [---'ra:tər] m rigeneratore m; **Qieren** rigenerare.

Regen|fall ['re:gənfal] m pioggia f; **guß** m acquazzone m; **haut** f impermeabile m di plastica; **hut** m cappello m impermeabile; **mantel** m impermeabile m; **messer** n pluviometro m; **pfeifer** m Zo. piviere m; **rinne** f grondaia f; **schauer** m acquazzone m; **schirm** m ombrello m; **schirmständer** m posaombrelli m.

Regent|(in f) m [re'gent(in)] (12) reggente m u. f; **schaft** f reggenza f.

Regen|tag ['re:gənta:k] m giornata f di pioggia; **tropfen** m goccia f di pioggia; **wasser** n acqua f piovana; **wetter** n tempo m piovoso; **wurm** m lombrico m; **zeit** f stagione f delle piogge.

Regie [-'ʒi:] f (15) regia f; Thea. direzione f artistica; **anweisung** f didascalia f.

regier|en [re'gi:rən] 1. v/i. regnare; 2. v/t. governare; Gram. reggere; **Qung** f governo m; e-s Königs: regno m; zur ~ gelangen accedere al potere; salire al trono.

Regierungs|antritt [-'gi:ruŋs⁹antritt] m salita f al trono; avvento m al potere; **bezirk** m distretto m; **blatt** n foglio m governativo; **Qfeindlich** antigovernativo; **Qform** f forma f di governo; **Qfreundlich** governativo; **gebäude** n palazzo m del governo; **krise** f crisi f governativa; **partei** f partito m del governo; **präsident** m presidente m del governo; **programm** n programma m governativo; **rat** m consigliere m di governo; (Bezirks-) consigliere m di prefettura; **truppen** f/pl. forze f/pl. governative; **wechsel** m cambiamento m di governo; **zeit** f governo m; e-s Königs: regno m.

Regime [re'ʒi:mə] n regime m.

Regiment [-gi'ment] n (3, ⚔ 1) Pol. regime m; ⚔ reggimento m; das ~ haben od. führen comandare; tenere le redini del governo.

Region [reg'jo:n] f regione f.

Regisseur [reʒi'sø:r] m (3¹) regista m.

Regist|er [-'gistər] n (7) registro m; ⌨ indice m; fig. alle ~ ziehen tentare tutti i mezzi; **ertonne** ⚓ f tonnellata f di stazza; **rator** [-'stra:tor] m registratore m; **ratur** [--stra'tu:r] f registrazione f; (ufficio m del) registro m; **rierapparat** m apparecchio m registratore; **Qrieren** registrare; **rierung** f registrazione f.

Reglement [-glə'mã] n (11) regolamento m.

Regler ['re:glər] m (7) regolatore m.

regn|en ['-gnən] (26) piovere; es regnet in Strömen piove a dirotto; **erisch** [-'-] piovoso.

Regreß ⚖ [re'gres] m (4) regresso m; **pflicht** f responsabilità f; **Qpflichtig** [-'-pfliçtiç] responsabile.

regsam ['re:kza:m] vivo; (tätig) attivo; **Qkeit** f vivacità f; operosità f.

regul|är [regu'lɛ:r] regolare; **Qator** m regolatore m; **ierbar** regolabile; **ieren** regolare; **Qierung** f regolazione f.

Regung ['re:guŋ] f moto m; fig. emozione f; **Qslos** immobile; **slosigkeit** f immobilità f.

Reh [re:] n (3) capriolo m.

rehabilitier|en [-habili'ti:rən] riabilitare; **Qung** f riabilitazione f.

Reh|bock ['re:bok] m capriolo m (maschio); **braten** m arrosto m di capriolo; **kalb** n, **kitz** n caprioletto m.

Reib|e ['raibə] f (15), **eisen** ['raip⁹aizən] n raschiatoio m; Kochk. grattugia f; **Qen** (30) (s)fregare; (scheuern) strofinare; Käse, Brot: grattugiare; Farben: macinare; **erei** f stropiccio m; fig. attrito m; collisione f; **fläche** ['raipflɛçə] f superficie f di attrito; **ung** f fregamento m; ⊕ frizione f; fig., Phys. attrito m; **ungs-elektrizität** f elettricità f per frizione; **ungsgetriebe** n rinvio m a frizione; **Qungslos** fig. senza difficoltà; **ungswiderstand** m resistenza f d'attrito.

reich¹ [raiç] ricco; (~lich) abbondante; ~ und arm ricchi e poveri; ~ werden arricchire.

Reich² [raiç] n (3) regno m; (Kaiser-~) impero m.

reichen ['raiçən] (25) 1. v/i. giungere, arrivare a; stender la mano (nach verso); (*genügen*) bastare; **2.** *v/t.* porgere; (*herüber~*) passare.

Reiche(r) ['raɪçə(r)] *m* (18) ricco *m*.

reichhaltig ['raɪçhaltiç] abbondante; *Lager usw.*: ben provvisto; 2**keit** *f* abbondanza *f*.

reichlich ['raɪçliç] abbondante; ~ vorhanden *sn* abbondare di.

Reichtum ['raɪçtu:m] *m* (1²) ricchezza *f*; abbondanza *f*.

Reichweite ['-vaɪtə] *f* (15) portata *f*; raggio *m* d'azione.

reif¹ [raɪf] maturo; ~ werden maturare.

Reif² [raɪf] *m* (3): **a)** (*Ring*) anello *m*; **b)** (*Frost*) brina *f*.

Reife [raɪfə] *f* (15, *o. pl.*) maturità *f*.

reifen¹ ['-fən] (25) *zu reif*: maturare; *zu Reif*: brinare.

Reifen² ['-fən] *m* (6) (*Ring*) cerchio *m*; *Auto, Fahrrad*: pneumatico *m*, gomma *f*; ~**druck** *m* pressione *f* delle gomme; ~**schaden** *m* foratura *f*.

Reife|prüfung ['-fəpry:fuŋ] *f* esame *m* di maturità; ~**zeugnis** *n* certificato *m* di maturità.

reiflich ['-liç] maturo; ~ überlegen ponderare bene, riflettere profondamente.

Reifrock ['-rɔk] *m* crinolina *f*.

Reigen ['raɪɡən] *m* (6) girotondo *m*, ridda *f*.

Reihe ['raɪə] *f* (15) fila *f*; (*Serie*) 足 serie *f*; die ~ ist an mir tocca a me; der ~ nach per ordine; in Reih und Glied in fila; außer der ~ fuori turno; eine ~ von una gran numero di.

reihen ['raɪən] (25) mettere in fila; *Perlen*: infilare.

Reihen|fabrikation ['raɪənfabrikatsjo:n] *f* fabbricazione *f* in serie; ~**folge** *f* ordine *m*; turno *m*; ~**schaltung** ⚡ *f* collegamento *m* in serie; ~**untersuchung** *f* visita *f* medica collettiva; 2**weise** in serie; in fila; ✕ per colonne.

Reiher ['raɪər] *m* (7) airone *m*.

reihum [raɪ'ʔum] a turno.

Reim [raɪm] *m* (3) rima *f*; sich auf et. keinen ~ machen können non arrivare a spiegarsi qc.; '2**en** (25): (sich) ~ rimare; F combinare; '~**er** *m* (7) rimatore *m*; '~**gedicht** *n* poesia *f* rimata; '~**lexikon** *n* rimario *f*; '2**los** senza rima; *Vers*: sciolto; '~**schmied** *m* rimatore *m*; '~**wörterbuch** *n* rimario *m*.

rein¹ [raɪn] F = herein.

rein² [raɪn] **1.** *adj.* puro; limpido; nitido; chiaro; (*sauber*) pulito; *Gewinn*: netto; ~ *en Tisch machen* far tabula rasa; **2.** *adv.* proprio; ~ *gar nichts* un bel niente; **3.** ins ~e schreiben mettere in pulito (*od.* in bella copia); ins ~e kommen (*bringen*) venire (mettere) in chiaro.

Rein|ertrag ['raɪnʔɛrtra:k] *m* introito *m* (*od.* profitto *m*) netto; ~**fall** *m* fiasco *m*; 2**fallen** cascarci; ~**gewicht** *n* peso *m* netto; ~**gewinn** *m* guadagno *m* netto; ~**heit** *f* purezza *f*.

reinig|en ['raɪnigən] (25) pulire; *Blut*: purgare; *fig.* epurare; *Luft*: purificare; (*ausflecken*) smacchiare; (*chemisch*) lavare a secco; 2**ung** *f* pulizia *f*; purgazione *f*; purificazione *f*; smacchiatura *f*; *chem.* lavaggio *m* a secco; *bsd. Pol.* epurazione *f*; 2**ungsmittel** *n* detersivo *m*.

Rein|kultur ['raɪnkultu:r] *f* cultura *f* (di bacilli); *fig.* in ~ nel modo più estremo; 2**legen** F farci cascare; 2**lich** pulito; ~**lichkeit** *f* pulitezza *f*; ~**machefrau** *f* donna *f* delle pulizie; ~**machen** *n* pulizia *f*; 2**rassig** di razza pura; ~**schrift** *f* bella copia *f*; 2**seiden** di pura seta.

Reis [raɪs] **a)** *m* (4, *o. pl.*) riso *m*; **b)** *n* (2) ramoscello *m*; *dürres ~* ramo *m* secco; '~**anbau** *m* risicoltura *f*; '~**besen** *m* granata *f*; '~**brei** *m* risotto *m*.

Reise ['raɪzə] *f* (15) viaggio *m*; auf ~n *sn* (*gehen*) essere (partire) in viaggio; ~**apotheke** *f* farmacia *f* da viaggio; ~**auskünfte** *f/pl.* informazioni *f/pl.* turistiche; ~**autobus** *m* autopullman *m*, torpedone *m*; ~**bedarf** *m* articoli *m/pl.* da viaggio; ~**bericht** *m*, ~**beschreibung** *f* relazione *f* (*od.* descrizione *f*) di un viaggio; ~**bilder** *n/pl.* impressioni *f/pl.* di viaggio; ~**büro** *n* agenzia *f* (di) viaggi; ~**decke** *f* coperta *f* da viaggio; 2**fertig** pronto a (*od.* per) partire; ~**fieber** *n* febbre *f* della partenza; ~**führer** *m* guida *f* turistica (*Buch u. Person*); ~**geld** *n* denari *m/pl.* per il viaggio; ~**gepäck** *n* bagaglio *m*; ~**gepäckversicherung** *f* assicurazione *f* (di) bagaglio; ~**gesellschaft** *f* comitiva *f*; compagnia *f* (*od.* società *f*) di viaggi; ~**koffer** *m* baule *m*; (*Handkoffer*) valigia f; **kosten** pl. spese f/pl. di viaggio; **leiter** m capocomitiva m; **lust** f voglia f di viaggiare (od. di girare il mondo).

reisen ['raɪzən] (27, sn) viaggiare; (ab) partire; **~** nach andare a (Städte) od. in (Länder) (18) viaggiatore m, turista m.

Reise|paß ['raɪzəpas] m passaporto m; **route** f, **weg** m ['raɪzəru:tə, '--ve:k] itinerario m; **scheck** m assegno m turistico; **schreibmaschine** f macchina f da scrivere portatile; **spesen** pl. spese f/pl. di viaggio; **tasche** f borsa f da viaggio; **unfallversicherung** f assicurazione f contro infortuni di viaggio; **verkehr** m movimento m turistico; **versicherung** f assicurazione f di viaggio; **zeit** f stagione f turistica; **ziel** n meta f del viaggio.

Reis|feld ['raɪsfelt] n (1) risaia f; **feldarbeiter** m risaiolo m, mondariso m; mondino m; **holz** n = Reisig.

Reisig ['raɪzɪç] n (3¹, o. pl.) rami m/pl. secchi.

Reispudding ['raɪspudɪŋ] m budino m di riso.

Reiß... ['raɪs...]: **aus**: **~** nehmen darsela a gambe; **blei** n piombino m; **brett** n tavoletta f da disegno; **brettstift** m punta f da disegno.

reißen ['raɪsən] (30) 1. v/t. strappare; (mit sich fort) trascinare; (ziehen) tirare; (zerfleischen) sbranare; Loch, Possen: fare; Witze: dire; et. an sich **~** fig. impossessarsi di qc.; in Stücke **~** fare a pezzi; sich um j-n **~** rubarsi qu.; 2. v/i. strapparsi; Geduld: scappare; **~** an dare uno strappo a; tirare qc.; 3. ♀ n (6) strappata f; ♂ dolori m/pl. (reumatici); **d** impetuoso; Tier: feroce; Schmerz: lacerante.

'Reißer F m (7) eccitante m.

Reiß|feder ['raɪsfe:dər] f tiralinee m; portalapis m; **leine** f cordone m di strappamento; **nagel** m puntina f da disegno; cimice f; **schiene** f squadra f; **verschluß** m chiusura f lampo, chiusura f automatica; **zahn** m dente m canino; **zeug** n astuccio m da disegno; **zwecke** f punta f da disegno.

Reit|anzug ['raɪtʔantsu:k] m costume m da equitazione; **bahn** f cavallerizza f; ippodromo m; ♀en (30)

1. v/t. cavalcare; 2. v/i. (sn) andare a cavallo; gut (schlecht) **~** star bene (male) a cavallo; fig. auf et. (herum)**~** parlar sempre della stessa cosa; insistere su qc.; 3. **~en** n (6) equitazione f.

Reiter ['-tər] m (7) cavalcatore m; (Ritter) cavaliere m; ✗ soldato m di cavalleria; **ei** [--'raɪ] f cavalleria f; **gefecht** n combattimento m di cavalleria; **in** f amazzone f; **regiment** n reggimento m di cavalleria; **smann** m cavaliere m; **standbild** n statua f equestre; **zug** m cavalcata f.

Reit|gerte ['raɪtgertə] f scudiscio m; **hose** f calzoni m/pl. da equitazione; **knecht** m palafreniere m; **kunst** f equitazione f; **lehrer** m maestro m d'equitazione; **peitsche** f frustino m; **pferd** n cavallo m da sella; **platz** m maneggio m; **schule** f scuola f d'equitazione; **sport** m equitazione f; ippica f; **stiefel** m stivale m da equitazione; **stunde** f, **unterricht** m lezione f d'equitazione; **tier** n cavalcatura f; **turnier** n concorso m ippico; **weg** m strada f cavalcabile; **zeug** n finimenti m/pl.

Reiz [raɪts] m (3²) stimolo m; (Reizung) irritazione f; (Kitzel) solletico m; fig. attrattiva f; (Zauber) fascino m; incanto m; '♀bar eccitabile; (zornig) irascibile; '**barkeit** f eccitabilità f; irascibilità f; '♀en (27) stimolare; Appetit, Neugierde: stuzzicare; ♂, Gemüt: irritare; (kitzeln) solleticare; (anziehen) attirare; Kartensp. chiamare; '♀end attraente; stimolante; incantevole; es ist **~** von Ihnen è molto gentile da parte Sua; '**gas** n gas m irritante; '♀los senza attrattiva; '**mittel** n stimolante m; fig. attrattiva f; '**ung** f eccitazione f; irritazione f (a. ♂); '♀voll pieno d'attrattive, affascinante.

Rekapitul|ation [rekapitulats'jo:n] f ricapitolazione f; ♀'ieren ricapitolare.

rekeln F ['re:kəln] (29): sich **~** stiracchiarsi; sich in der Sonne **~** crogiolarsi al sole. [clamo m.)

Reklamation [reklamats'jo:n] f re-)

Reklame [re'kla:mə] f (15) reclame f, pubblicità f; propaganda f; **mann** m esperto m della pubblicità (od. nel ramo pubblicitario); **film**

R

m film *m* pubblicitario; **~schild** *n*: *elektrisches* ~ insegna *f* luminosa; **~text** *m* testo *m* (dell'avviso) pubblicitario; **~wesen** *n* pubblicità *f*.

reklamieren [rekla'mi:rən] reclamare.

rekognoszier|en ⚔ [-kɔgnɔs'tsi:rən] andare in ricognizione; **ℒung** *f* ricognizione *f*.

rekommandieren [-kɔman'di:rən] raccomandare.

rekonstru|ieren [-kɔnstru'i:rən] ricostruire; **ℒktion** [---kts'jo:n] *f* ricostruzione *f*.

Rekonval|eszent [-kɔnvales'tsɛnt] *m* (12) convalescente *m*; **~eszenz** [----'tsɛnts] *f* convalescenza *f*.

Rekord [-'kɔrt] *m* (3) record *m*, primato *m*; *den* ~ *aufstellen* (*drücken*, *halten*) stabilire (battere, detenere) il record (primato).

Rekrut [-'kru:t] *m* (12) recluta *f*; **ℒ'ieren** reclutare; **~'ierung** *f* reclutamento *m*.

Rektor ['rɛktɔr] *m* (8[1]) (*Universität*) rettore *m*; (*Schul*ℒ) direttore *m*; **~'at** *n* rettorato *m*; (*Schule*) direzione *f*.

Relais ⚡ [rə'lɛ:] *n* uv. relè *m*.

relativ [rela'ti:f] relativo; **ℒität** [--tivi'tɛ:t] *f* (16) relatività *f*; **ℒi-'tätstheorie** *f* teoria *f* della relatività.

Releg|ation [relegats'jo:n] *f* espulsione *f*; **ℒ'ieren** espellere.

Relief [rel'jef] *n* (11) rilievo *m*.

Religion [relig'jo:n] *f* (16) religione *f*; fede *f*.

Religions|bekenntnis [--'-sbəkɛntnis] *n* confessione *f* (di fede); **~freiheit** *f* libertà *f* religiosa; **~frieden** *m* pace *f* religiosa; **~gemeinschaft** *f* comunità *f* religiosa; **~geschichte** *f* storia *f* delle religioni; **ℒlos** senza religione, irreligioso; **~losigkeit** *f* irreligiosità *f*; **~stifter** *m* fondatore *m* di una religione; **~unterricht** *m* insegnamento *m* religioso.

religiös [--'jø:s] religioso; (*fromm*) pio.

Religiosität [religjozi'tɛ:t] *f* religiosità *f*.

Relikt [re'likt] *n* (3) residuo *m*.

Reling ⚓ [re'liŋ] *f* (14) parapetto *m*, guardacorpo *m*.

Reliquie [re'li:kvjə] *f* (15) reliquia *f*; **~nschrein** *m* reliquiario *m*.

Reminiszenz [reminis'tsɛnts] *f* (16) reminiscenza *f*.

remis [rə'mi:] : ~ *sein* (*machen*) essere (fare) patta.

Rem|ise [re'mi:zə] *f* (15) rimessa *f*; **~ittent** [-i'tɛnt] *m* beneficiario *m*; **ℒit'tieren** rimettere; fare la rimessa.

Remouladensauce [remu'la:dənso:sə] *f* salsa *f* bianca.

Rempel|elei [rɛmpə'laı] *f* (16) spintone *m*; **'ℒeln** (29) urtare.

Ren [rɛn] *n* (11) renna *f*.

Renaissance [rənɛ'sɑ̃s] *f* (15) Rinascimento *m*.

Rendezvous [rɑ̃de'vu:] *n* appuntamento *m*; **~manöver** *n* manovra *f* d'appuntamento (nello spazio).

Renegat [rene'ga:t] *m* (12) rinnegato *m*.

renit|ent [reni'tɛnt] renitente; **ℒenz** *f* renitenza *f*.

Renn... ['rɛn...]: *in Zssgn, Sport*: da corsa; **~auto** *n* automobile *f* da corsa; **~bahn** *f allg.* pista *f*, (*Pferde*ℒ) ippodromo *m*, (*Rad*ℒ) velodromo *m*; **~boot** *n* barca *f* da corsa; **ℒen** (30) *v/i.* (sn) correre; *v/t. j-n über den Haufen* ~ buttare qu. a terra; *j-m den Degen durch den Leib* ~ trafiggere qu. con la spada; **~en** *n* (6) corsa *f*; (*Wett*ℒ) corsa *f*|pl.; gara *f* di corse; *flaches* ~ corsa *f* piana; *totes* ~ prova *f* morta; **~fahrer** *m* corridore *m*; pilota *m* da corsa; **~maschine** *f* macchina *f* da corsa; **~motorrad** *n* motocicletta *f* da corsa; **~pferd** *n* cavallo *m* da corsa; **~sport** *m* sport *m* delle corse (*od.* velocistico); **~stall** *m* scuderia *f* per cavalli da corsa; **~strecke** *f* percorso *m*; pista *f*.

Rennwagen ['rɛnva:gən] *m* macchina *f* da corsa.

Renomm|ee [renɔ'me:] *n* (11) reputazione *f*, rinomanza *f*; **ℒ'ieren** vantarsi, millantarsi; **ℒ'ist** [--'mist] *m* (12) fanfarone *m*.

renovier|en [-no'vi:rən] rinnovare; **ℒung** *f* restauro *m*.

rentab|el [rɛn'ta:bəl] redditizio; lucrativo; **ℒili'tät** *f* rendimento *m*.

Rent|e ['rɛntə] *f* (15) rendita *f*; **~anspruch** *m* diritto *m* ad una rendita; **~en-empfänger** *m* beneficiario *m* di una pensione; **ℒ'ieren**: *sich* ~ fruttare, essere profittevole; **~ner** *m* (7) pensionato *m*.

Reorganis|ation [reɔrganizats'jo:n]

f riorganizzazione *f*; ♀**ieren** riorganizzare.

Reparationen [reparats'jo:nən] *pl.* riparazioni *f/pl.*

Repar|atur [---'tu:r] *f* (16) riparazione *f*; **~a'turwerkstatt** *f* officina *f* di riparazioni; ♀**ieren** accommodare, riparare, aggiustare; ⚠ restaurare.

repatri|ieren [repatri'i:rən] rimpatriare; ♀**ierung** *f* rimpatrio *m*.

Repet|ent [repe'tɛnt] *m* (12) *Schüler*: ripetente *m*; *Lehrer*: ripetitore *m*; ♀**ieren** ripetere.

Repertoire [-pɛrto'a:r] *n* (11) repertorio *m*.

Repl|ik [-'pli:k] *f* (16) replica *f*; ♀**'zieren** replicare.

Report|age [-pɔr'ta:ʒə] *f* (15) cronaca *f*; inchiesta *f*; **~er** [-'pɔrtər] *m* (7) reporter *m*; cronista *m*; giornalista *m*, corrispondente *m*.

Repräsent|ant [reprɛzɛn'tant] *m* rappresentante *m*; **~ation** [---tats'jo:n] *f* rappresentanza *f*; ♀**a'tiv** rappresentativo; ♀**ieren** rappresentare.

Repressalien [-prɛ'sa:ljən] *f/pl.* (15) rappresaglie *f/pl.*

Reprod|uktion [reprodukts'jo:n] *f* riproduzione *f*; ♀**u'zieren** riprodurre.

Reptil [rɛp'ti:l] *n* (3¹ *u.* 8²) rettile *m*.

Republik [repu'bli:k] *f* (16) repubblica *f*; **~aner** [--bli'ka:nər] *m* (7), ♀**'anisch** *adj.* repubblicano *m u.* *adj.*

Requiem ['re:kviɛm] *n* (11) requiem *m*.

requi|rieren [rekvi'ri:rən] requisire; ♀**sit** [--'zi:t] *n* (5) requisito *m*; ♀**sition** ⚔ [-kvizits'jo:n] *f* requisizione *f*.

Reserve [-'zɛrvə] *f* (15) riserva *f*; *in Zssgn* di riserva; ⊕ *a.* di ricambio; **~offizier** *m* ufficiale *m* di complemento; **~rad** *n* ruota *f* di ricambio; **~tank** *m* deposito *m* di riserva; **~teil** *n* pezzo *m* di ricambio.

reserv|ieren [-zɛr'vi:rən] riservare, mettere da parte; ♀**ierung** *f* riservamento *m*; ♀**ist** ⚔ [--'vist] *m* (12) reservista *m*; ♀**oir** [--vo'a:r] *n* (3¹) serbatoio *m*.

Resid|enz [-zi'dɛnts] *f* (16) residenza *f*; **~'enzstadt** *f* capitale *f*; ♀**ieren** risiedere.

Resign|ation [-zignats'jo:n] *f* rassegnazione *f*; ♀**ieren** rassegnarsi.

resolut [-zo'lu:t] risoluto, energico; ♀**ion** [--luts'jo:n] *f* risoluzione *f*.

Resonanz [-zo'nants] *f* risonanza *f*; **~boden** *m* cassa *f* armonica.

Respekt [rɛs'pɛkt] *m* (3) rispetto *m*; ♀**ieren** rispettare; ♀**ive** [--'ti:və] rispettivamente; ♀**los** irriguardoso, irriverente, senza rispetto; **~losigkeit** *f* mancanza *f* di rispetto; **~sperson** *f* persona *f* di riguardo; ♀**voll** rispettoso; ♀**widrig** irriverente.

Ressort [rɛ'so:r] *n* (11) spettanza *f*; incombenza *f*; *(Abteilung)* dicastero *m*; sezione *f*; reparto *m*; *das gehört nicht zu meinem ~* non è di mia competenza.

Restaur|ant [rɛsto'rɑ̃] *n* (11) ristorante *m*; *(Bier♀)* birreria *f*; **~ateur** [--ra'tø:r] *m* (3¹) ristoratore *m*; **~ation** [-staurats'jo:n] *f* restaurazione *f*, restauro *m*; *f* an *m* restauratore *m*; ♀**ieren** restaurare.

Rest [rɛst] *m* (3²) resto *m*; *von Stoffen*: scampolo *m*; *(Speise♀)* avanzo *m*; ⊕, ⚒ residuo *m*; *j-m den ~ geben fig.* finire qu. del tutto; **'~auflage** *f* residuo *m* d'un'edizione.

Rest|bestand ['rɛstbəʃtant] *m* residuo *m*, resti *m/pl.*; **~betrag** *m* resto *m*, saldo *m*; somma *f* rimanente; ♀**los** totalmente, completamente, definitivamente; **~posten** *m* residuo *m*; **~schuld** *f* debito *m* restante; **~summe** *f* somma *f* restante.

Resultat [rezul'ta:t] *n* (3) risultato *m*. [*m.*]

Resümee [-zy'me:] *n* (11) riassunto

Retorte [-'tɔrtə] *f* (15) lambicco *m*.

rett|bar ['rɛtba:r] salvabile; **~en** (26) salvare; **~end** salvatore (*f* salvatrice); ♀**er** *m* (7) salvatore *m*.

Rettich ♀ ['rɛtiç] *m* (3¹) rafano *m*.

Rettung ['rɛtuŋ] *f* salvamento *m*, salvataggio *m*; *der Seele*: salvazione *f*.

Rettungs|anker ['rɛtuŋsʔaŋkər] *m* ancora *f* di salvezza; **~boot** *n* battello *m* (*od.* barca *f*) di salvataggio; **~gürtel** *m* salvagente *m*; ♀**los** *adj.* senza scampo; *adv.* irrimediabilmente; **~medaille** *f* medaglia *f* al valore civile; **~mittel** *n* mezzo *m* di salvamento; **~ring** *m* salvagente *m*; **~station** *f* guardia *f* medica; **~stelle** *f* pronto soccorso *m*; **~wesen** *n* sistema *m* di soccorso e salvataggio.

R

Retusch|e [re'tuʃə] f (15) ritocco m; **♀ieren** ritoccare.

Reu|e ['rɔʏə] f (15, o. pl.) pentimento m; **♀en** (25): es *reut mich* mi pento, mi dispiace infinitamente; **~geld** n riscatto m; **♀ig** ['rɔʏiç], **♀mütig** ['rɔʏmyːtiç] pentito, contrito.

Reuse ['rɔʏzə] f (15) nassa f.

Revanch|e [re'vãːʃə] f (15) rivincita f; **♀ieren:** *sich* ~ prendersi la rivincita; (*sich für er. erkenntlich zeigen*) sdebitarsi di qc.

Revers [re'vers] m (4) rovescio m; garanzia f; **♀** [-] controscritta f.

revidieren [-vi'diːrən] rivedere.

Revier [-'viːr] n (3¹) reparto m; (*Bezirk*) distretto m; (*Stadt♀*) rione m; (*Polizei♀*) commissariato m; ✕ infermeria f.

Revision [-viz'joːn] f revisione f; ⚖ ricorso m in appello (*einlegen interporre*); **~ismus** m revisionismo m; **~ist(in** f) m revisionista m u. f.

Revisor [-'viːzɔr] m (8¹) revisore m.

Revolt|e [-'vɔltə] f (15) rivolta f; **♀ieren** rivoltarsi.

Revolution [-voluts'joːn] f rivoluzione f; **~är** m (3¹), **♀är** adj. [---joˈneːr] rivoluzionario m u. adj.; **♀ieren** rivoluzionare.

Revolver [-'vɔlvər] m (7) rivoltella f; **~blatt** n giornale m scandalistico; **~held** m pistolero m; **~schuß** m rivoltellata f.

Revue [-'vyː] f (15) rivista f.

Rezen|sent [-tsen'zent] m (12) recensore m; **♀sieren** recensire; **~sion** [--z'joːn] f recensione f.

Rezept [-'tsept] n (3) ricetta f.

rezipr|ok [-tsi'proːk] reciproco; **♀zität** [-tsiprotsi'tɛːt] f (16, o. pl.) reciprocità f.

Rezit|ation [-tsitats'joːn] f recitazione f; **~a'tiv** ♪ n (3¹) recitativo m; **♀ieren** recitare.

Rhabarber ♀ [ra'barbər] m (7, o. pl.) rabarbaro m.

Rhaps|ode [rap'soːdə] m (13) rapsodo m; **~o'die** f rapsodia f.

rheinisch ['raɪniʃ] renano.

Rhet|orik [re'toːrik] f ret(t)orica f; **♀orisch** ret(t)orico.

Rheum|a ['rɔʏma] n (9, o. pl.) reuma m; **♀atisch** reumatico; **~a'tismus** m (16²) reumatismo m.

Rhinozeros [ri'noːtsəərɔs] n (4¹) rinoceronte m.

Rhododendron ♀ [rodo'dendrɔn] n (9¹) rododendro m.

rhom|bisch ['rɔmbiʃ] romboidale; **♀boid** [rɔmbo'iːt] n (3) romboide m; **♀bus** ['rɔmbus] m (16²) rombo m.

Rhythm|ik ['rytmik] f ritmica f; **♀isch** ritmico; **~us** ['-mus] m (16²) ritmo m.

Richt|antenne ♀ ['riçt⁹antenə] f antenna f orientabile; **~beil** n mannaia f; **~blei** n archipendolo m; **~block** m ceppo m; **~empfänger** m Radio: ricevitore m orientabile.

richten ['riçtən] (26) dirigere (*auf* su), orientare (*verso, su*); (*richtig machen*) aggiustare; (*gerade*) drizzare; (*her~*) preparare; ✕ puntare; *richt'* euch! in linea!; (*urteilen*) giudicare; (*hin~*) giustiziare; *Bitten:* rivolgere; *Schritte:* dirigere; *Briefe:* indirizzare; *Blicke:* volgere; *sich nach et.* ~ regolarsi secondo qc.; *Gram.* accordarsi (con).

Richter ['riçtər] m (7) giudice m; **~amt** n giudicatura f; **♀lich** del giudice, giudiziario; **~spruch** m sentenza f; **~stand** m magistratura f; **~stuhl** m fig. tribunale m.

Richt|fernrohr ['riçtfernroːr] n can(n)occhiale m di puntamento; **~fest** n festa f che si dà ai muratori quando è finito il tetto di una casa.

richtig ['riçtiç] **1.** adj. giusto; corretto, esatto; (*echt*) autentico, vero; *das* ~*ste wäre* … il meglio sarebbe …; **2.** adv. allg. bene; *ganz* ~! benissimo!; ~! ah già!; ~, *ich muß* … a proposito, io devo …; *mit der Sache steht es nicht ganz* ~ l'affare è un po' sospetto; *er ist nicht ganz* ~ *im Kopf* non ha tutti i venerdì; *hier geht es nicht ganz* ~ *zu* ci dev'essere qualche cosa sotto; *meine Uhr geht* ~ il mio orologio segna l'ora giusta; *für* ~ *halten* ritenere giusto; **~gehend** adv. proprio; **♀keit** f giustezza f; correttezza f; autenticità f; *s-e haben* essere a posto; **~stellen** rettificare; *Uhr:* regolare; **♀stellung** f rettifica f.

Richt|kanonier ['riçtkanoniːr] m puntatore m; **~linie** f direttiva f; **~maß** n misura f; **~platz** m luogo m dell'esecuzione; **~preis** m prezzo m d'orientamento; **~scheit** n squadra f; **~schnur** f fig. norma f; **~stätte** f

s. *Richtplatz*; ~**strahler** *m* radiatore *m* direttivo.

Richtung ['riçtuŋ] *f* direzione *f*; *fig.* tendenza *f*; *Kunst:* scuola *f*; *Pol.* gruppo *m*; *aus* (*nach*) *allen* ~*en* da (in) tutte le direzioni; ~**s-antenne** *f* antenna *f* di direzione; ~**s-anzeiger** *m* indicatore *m* di direzione; ~**sbe-stimmung** *f* radiogonio-metria *f*; ~**slosigkeit** *f* disorienta-mento *m*; 2**weisend** normativo.

Richt|waage ['riçtvaːgə] *f* livello *m*; ~**zahl** *f* indice *m*.

Ricke ['rikə] *f* (15) capriola *f*.

rieb [riːp] *s. reiben.*

riech|en ['riːçən] (30) **1.** *v/t.* sentire; (*wittern*) fiutare; *j-n nicht* ~ *können* non poter soffrire qu.; **2.** *v/i.* aver odore, odorare; *gut* ~ aver buon odore; *nach et.* ~ sapere di qc.; *übel* ~ puzzare; *unpers.* es riecht nach c'è odore di; 2*er* F *m* naso *m*; *e-n guten* ~ *haben* avere un buon fiuto; 2~**organ** *n* organo *m* dell'odorato; 2**nerv** *m* nervo *m* olfattivo; 2**salz** *n* sale *m* volatile; 2**wasser** *n* acqua *f* odorosa.

Ried [riːt] *n* (3) canneto *m*; '~**gras** *n* sala *f*.

rief [riːf] *s. rufen.*

Riege ['riːgə] *f* Sport: sezione *f*; squadra *f*.

Riegel ['-gəl] *m* (7) chiavistello *m*; (*Kleider*2) attaccapanni *m*; *e-r Sache e-n* ~ *vorschieben* porre rimedio a qc.; F finirla con qc.

Riemen ['riːmən] *m* (6) cinghia *f*; ⚓ remo *m*; *sich in die* ~ *legen* vogare; ~**antrieb** *m* trasmissione *f* a cin-ghia; ~**scheibe** *f* puleggia *f*.

Ries [riːs] *n* (4, *als Maß uv.*) risma *f*.

Riese ['riːzə] *m* (13) gigante *m*.

Riesel|feld ['-zəlfɛlt] *n* campo *m* (prato *m*) irrigato, marcita *f*; 2**n** (29, *h. u. sn*) scorrere; *unpers.* pio-vigginare.

Riesen... ['riːzən...]: *in Zssgn mst* gi-gantesco, enorme, immenso; 2~**groß**, 2**haft** gigantesco; ~**kraft** *f* forza *f* erculea; ~**masse** *f* mole *f*; ~**schlange** *f* boa *m*; ~**schritt** *m* passo *m* di (*od. da*) gigante.

riesig ['riːziç] gigantesco; *sich* ~ *amüsieren* divertirsi in un mondo.

Riesin ['riːzin] *f* gigantessa *f*.

Riester ['riːstər] *m* (7) toppa *f*; *am Pflug:* orecchio *m*.

riet [riːt] *s. raten.*

Riff [rif] *n* (3) scogliera *f*.

riffeln ['rifəln] (29) scanalare; *Flachs:* sgranare.

rigoros [rigoˈroːs] rigoroso.

Rille ['rilə] *f* (15) scanalatura *f*; (*Schallplatten*2) solco *m*.

Rind [rint] *n* (1) manzo *m*; *allg.* vacca *f*.

Rinde ['rində] *f* (15) corteccia *f*; scorza *f*; (*Brot*2) crosta *f*.

Rinder|braten ['rindərbraːtən] *m* arrosto *m* di manzo; ~**hirt** *m* boaro *m*; ~**pest** *f* epizoozia *f*; ~**zucht** *f* allevamento *m* dei bovini; ~**zunge** *f* lingua *f* di manzo.

Rindfleisch ['rintflaɪʃ] *n* (carne *f* di) manzo *m*.

rindig ['rindiç] corteccioso.

'**Rind**|(s)**leder** *n* vacchetta *f*; ~**vieh** *n m/pl.*; *fig.* cretino *m*.

Ring [riŋ] *m* (3) anello *m*; (*Ehe*2) fede *f*; (*Reif u. fig.*) cerchio *m*; *Pol. u.* 🕂 cartello *m*, lega *f*; *Boxsport:* ring *m*; ~**e** *pl. um die Augen* calamai *m/pl.*; ~**bahn** *f* ferrovia *f* (*od. tram m,* tranvai *m*) di circonvallazione.

Ringel|blume ['riŋəlbluːmə] *f* ca-lendula *f*; ~**locke** *f* riccio *m*; 2**n** (29): *sich* ~ contorcersi; ~**natter** *f* biscia *f* d'acqua; ~**taube** *f* pa-lomba *f*.

ring|en ['riŋən] (30) lottare (*a. fig. um per*); *die Hände* ~ torcere le mani; *nach Atem* ~ respirare affan-nosamente; *mit dem Tode* ~ agoniz-zare; 2*er* *m* (7) lottatore *m*.

Ring|finger ['riŋfiŋər] *m* anulare *m*; 2**förmig** ['-fœrmiç] ad anello; anu-lare; circolare; ~**kampf** *m* lotta *f*; ~**kämpfer** *m* lottatore *m*; ~**mauer** *f* muro *m* di cinta; ~**platz** *m* palestra *f*; ~**richter** *m* Sport: arbitro *m*.

rings [riŋs], '~**he'rum**, '~'**um** (tutt')intorno.

Rinn|e ['rinə] *f* (15) canaletto *m*; (*Dach*2) doccia *f*, 🔺 scanalatura *f*; 2**en** (30, *sn*) scorrere; ~**sal** *n* (3) rigagnolo *m*; ~**stein** *m* smaltitoio *m*.

Rippe ['ripə] *f* (15) costola *f*; ⚕ ner-vatura *f* (*a.* 🔺); 2**n** rigolare, scana-lare; *s. gerippt.*

Rippen|fell *Anat.* ['ripənfɛl] *n* pleu-ra *f*; ~**fell-entzündung** *f* pleurite *f*; ~**speer** *m* costoletta *f*; *Kaßler:* co-stereccio *m*; ~**stoß** F *m* spintone *m*; *mit dem Ellbogen:* gomitata *f*; ~**stück** *n* co(s)toletta *f*.

Risiko ['riːziko] *n* (11 *u.* 9[1]) rischio *m*.

risk|ant [ris'kant] arrischiato; **~ie-ren** arrischiare.

Rispe ♥ ['rispə] f (15) pannocchia f.

Riß [ris] m (4) strappo m; (Haut♀) scalfittura f; (Spalt) screpolatura f; Zeichenk. tracciato m; △ pianta f; Risse abnehmen screpolarsi.

rissig ['risiç] screpolato, pieno di crepe.

Rist [rist] m (3²) dorso m (della mano); collo m (del piede).

Ritt [rit] m (3) cavalcata f.

Ritter ['ritər] m (7) cavaliere m; **~burg** f castello m feudale; **~gut** n tenuta f; ehm. feudo m; **♀lich** cavalleresco; **~lichkeit** f cavalleria f; **~orden** m ordine m cavalleresco; **~roman** m romanzo m cavalleresco; **~schaft** f cavalleria f; **~schlag** m collata f; **~smann** m cavaliere m; **~sporn** ♥ m fiorcappuccio m; **~tum** n (1, o. pl.) cavalleria f; **~würde** f cavalierato m.

ritt|lings ['ritliŋs] (a) cavalcioni; **♀meister** m capitano m di cavalleria.

Ritu|al [ritu'aːl] n (3¹), **♀ell** [--'ɛl] adj. rituale m u. adj.

Ritus ['riːtus] m (16²) rito m.

Ritz|e ['ritsə] f (15) fessura f; (Schramme) scalfittura f; **♀en** (27) scalfire.

Rival|e [ri'vaːlə] m (13), **~in** f rivale m u. f; **♀isieren** [-vali'ziːrən] rivaleggiare; **~ität** [---'tɛːt] f (16) rivalità f.

Rizinusöl ['riːtsinus⁷øːl] n olio m di ricino.

Robbe ['rɔbə] f (15) foca f.

Robe ['roːbə] f (15) abito m; (Amts♀) toga f.

Roboter ['rɔbɔtər] m (7) robot m.

robust [ro'bust] robusto.

roch [rɔx] s. riechen.

röcheln ['rœçəln] **1.** v/i. (29) rantolare; **2.** ♀ n (6) rantolo m.

Rochen Zo. ['rɔxən] m (6) razza f.

rochieren [rɔ'ʃiːrən] Schach: arroccare.

Rock [rɔk] m (3³) (Jacke) giacca f; (Frauen♀) gonna f.

Rocken ['rɔkən] m (6) rocca f, conocchia f.

Rock|hosen ['rɔkhoːzən] f/pl. combinazione f; **~schoß** m falda f.

Rodel ['roːdəl] m (7) slittino m; **~bahn** f pista f per slittini; **♀n** (29) andare in slitta; **~schlitten** m slittino m.

roden ['roːdən] (26) Wald: diboscare; Unkraut: sarchiare.

Rogen ['roːgən] m (6) uova f/pl. di pesce.

Roggen ['rɔgən] m (6) segale f; **~brot** n pan(e) m nero (od. di segale).

roh [roː] crudo; Metalle, Stoffe: greggio; Ertrag: lordo; fig. rozzo; brutale; **♀bau** m costruzione f greggia, ossatura f; **♀-einnahme** f introito m lordo.

Roheit ['-haɪt] f (16) rudezza f; rozzezza f; brutalità f.

Roh|ertrag ['roː⁷ɛrtraːk] m entrata f lorda; **~gewicht** n peso m lordo; **~kost** f dieta f cruda; **~köstler** m vegetariano m; **~ling** ['-liŋ] m (3¹) bruto m; **~material** n materiale m greggio; **~öl** n petrolio m greggio.

Rohr [roːr] n (3) aus Glas, Metall: tubo m; (Pfeifen♀) cannuccia f; (Kanonen♀) canna f (a. ♥); **♀dommel** f (15) tarabuso m.

Röhre ['røːrə] f (15) tubo m; Chir. cannello m; Radio: valvola f; **♀n** (25) Hirsch: gridare; **~n-apparat** m Radio: apparecchio m a valvole; **~n-empfänger** m ricevitore m a valvole; **~nfassung** f portavalvola m; **♀nförmig** ['--fœrmiç] tubolare; **~nleitung** f conduttura f; **~nverstärker** m amplificatore m a valvole.

Rohrgeflecht ['roːrgəfleçt] n canniccio m.

Röhricht ['røːriçt] n (3) canneto m.

Rohr|leger ['roːrleːgər] m tubista m; **~leitung** f tubazione f; **~post** f posta f pneumatica; **~sperling** m ortolano m (dei canneti); **~stock** m canna f; **~stuhl** m sedia f impagliata; **~zucker** m zucchero m di canna.

Roh|seide ['roːzaɪdə] f seta f greggia (od. cruda); **~stoff** m materia f prima; **~zucker** m zucchero m greggio; **~zustand** m stato m greggio.

Rokoko ['rɔkoko] n rococò m; **~stil** m stile m rococò.

Rolladen ['rɔlaːdən] m (bei Trennung Roll-laden) avvolgibile m u. f.

Roll|bahn ['rɔlbaːn] f pista f (d'atterraggio); **~bandmaß** n metro m a nastro; **~bank** f banco m a girelle; **~bett** n letto m a rotelle.

Rolle ['rɔlə] f (15) rotolo m; (Rädchen) rotella f; ⊕ puleggia f, carrucola f; zum Fortrollen: rullo m;

(*Wäsche*♀) mangano *m*; *Thea*. parte *f*, ruolo *m*; *aus der* ~ *fallen* comportarsi male; e-e große ~ *spielen* avere (*od.* rivestire) una parte importante, contare molto.

rollen ['rɔlən] (25) **1.** *v/t.* (*zusammen*~) arrotolare; (*weg*~, *hinunter*~) far rotolare; *Wäsche*: manganare; *Teig*: spianare; **2.** *v/i.* (*a. sn*) rotolare; *Donner*: brontolare; ⚓ rullare; ~*des Material n* materiale *m* rotabile; **3.** ♀ *n* (6) ⚓ rullio *m*.

Rollen|besetzung ['rɔlənbəzɛtsuŋ] *f Thea*. distribuzione *f* delle parti; ~**lager** *n* cuscinetto *m* a rulli; ~**papier** *n* carta *f* in rotoli.

Roller ['rɔlər] *m* (7) *Zo*. canarino *m* che trilla; *Spiel*: monopattino *m*.

Roll|feld ['rɔlfɛlt] *n* ✈ terreno *m* d'atterraggio; ~**film** *m* pellicola *f* a rotolo (*od.* a bobina); ~**geld** *n* facchinaggio *m*; (*spese f/pl.* di) trasporto *m*; ~**handtuch** *n* bandinella *f*; ~**holz** *n* matterello *m*; ~**mops** *m* aringa *f* arrotolata; (*spese f/pl.* di) tino *m* a rotelle; ~**sitz** *m Ruderboot*: seggiolino *m* a carrello; ~**schuh** *m* pattino *m* a rotelle; ~**stuhl** *m* sedia *f* a rotelle; ~**treppe** *f* scala *f* mobile.

Roman [ro'ma:n] *m* (3¹) romanzo *m*; ~**dichter** *m* romanziere *m*; ~**en** *m/pl.* popoli *m/pl.* neolatini; ♀**haft** romanzesco; ♀**isch** romanzo; ~'**ist** (-*in f*) *m u. f*; studioso *m* di filologia romanza; ~'**istik** *f* filologia *f* romanza; ~**schriftsteller** *m* romanziere *m*.

Roman|tik [-'mantik] *f* (16, *o. pl.*) romanticismo *m*; ~**tiker** *m* (7), ♀**tisch** *adj*. romantico *m u. adj*.

Romanze [-'-tsə] *f* (15) romanza *f*.

Römer ['rø:mər] *m* (7) **a**) (*Glas*) bicchiere *m* a calice (verde); **b**) ~(**in** *f*), **römisch** romano (-a) *m* (*f*).

Rondell [rɔ'ndɛl] *n* (3¹) *Lit*. rondò *m*; *Platz*: piazza *f* rotonda.

röntgen ['rœntgən] (25) fare una radiografia.

Röntgen|apparat ['rœntgən⁹apa-ra:t] *m* apparecchio *m* radiologico; ~**aufnahme** *f* radiografia *f*; ~**behandlung** *f* radioterapia *f*; ~**bild** *n* radiografia *f*; ~**strahlen** *m/pl.* raggi *m/pl.* X; ~**untersuchung** *f* esame *m* radioscopico; radioscopia *f*.

rosa ['ro:za] *uv.*, ~**farben** (color) rosa.

Rose ['ro:zə] *f* (15) ♀ rosa *f*; ♉ resipola *f*; *wilde* ~ rosa *f* canina.

rosen|artig ['ro:zən⁹a:rtiç] rosaceo; ~**bekränzt** ['--bəkrɛntst] coronato di rose; ♀**busch** *m* rosaio *m*; ~**farbig** roseo; ♀**garten** *m*, ♀**hain** *m* roseto *m*; ♀**kohl** *m* cavolo *m* di Brusselle; ♀**kranz** *m* corona *f* di rose; *Rel*. rosario *m*; ♀**montag** *m* lunedì *m* grasso; ♀-**öl** *n* essenza *f* di rose; ~**rot** rosa; ♀**stock** *m*, ♀**strauch** *m* rosaio *m*. [rosone *m*.)

Rosette [ro'zɛtə] *f* (15) rosetta *f*; △)

rosig ['ro:ziç] roseo; *in* ~*er Laune* di ottimo umore.

Rosine [ro'zi:nə] *f* (15) uva *f* passa; zibibbo *m*; *große* ~ *in Kopf haben* aver dei gran progetti in testa.

Rosmarin [rɔsma'ri:n] *m* (3¹, *o. pl.*) rosmarino *m*; ramerino *m*.

Roß [rɔs] *n* (4) cavallo *m*; *poet*. destriere *m*; '~-**apfel** *m* sterco *m* di cavallo.

Roß|haar ['rɔsha:r] *n* crine *m*; ~**händler** *m*, ~**kamm** *m*, ~**täuscher** *m* cozzone *m*; ~**kastanie** *f* ippocastano *m*.

Rost¹ [rɔst] *m* (3², *o. pl.*) ruggine *f*.

Rost² [rɔst] *m* (3²) gratella *f*; *Kochk*. graticola *f*; (*Pfahl*) palafitta *f*.

Rostbraten ['rɔstbra:tən] *m* bistecca *f* ai ferri.

Röstbrot ['rø:stbro:t] *n* toast *m*, pane *m* tostato.

rosten ['rɔstən] (26, *h. u. sn*) arrugginire.

rösten ['rø:stən] **1.** *v/t.* (26) abbrustolire; *in der Pfanne*: friggere; *Kaffee*: tostare; *Fleisch*: arrostire sulla graticola; *Flachs*: macerare; **2.** ♀ *n* (6) abbrustolimento *m*; *Kaffee*: torrefazione *f*; *Flachs*: macerazione *f*.

Rost|fleck ['rɔstflɛk] *m* macchia *f* di ruggine; ♀**fleckig** rugginoso; '♀-**frei** inossidabile.

rostig ['rɔstiç] rugginoso; ~ *werden* arrugginire.

Röstmaschine ['rø:stmaʃi:nə] *f* torrefattore *m*.

'**Rostschutz|anstrich** *m* pittura *f* antiruggine; ~**mittel** *n* anticorrosivo *m*.

rot [ro:t] rosso; (*brand*~) fulvo; ~ *werden* arrossire.

Rotation [rotats'jo:n] *f* rotazione *f*; ~**sdruck** *m* stampa *f* rotativa; ~**smaschine** *f* rotativa *f*.

Rot|auge ['ro:t⁹auɡə] n scardova f; Q**bäckig** dalle gote (od. guance) rosse; Q**bärtig** dalla barba rossa; Q**blond** biondo rossiccio; ~**buche** f faggio m selvatico; ~**dorn** ♀ m acerolo m rosso.

Röte ['rø:tə] f (15, o. pl.) rosso m; (Scham♀, Zorn♀) rossore m.

Rötel ['rø:təl] m (7) matita f rossa; ~**n** ♣ pl. rosolia f; ~**zeichnung** f sanguigna f.

röten ['rø:tən] (26) arrossare.

Rot|fink ['ro:tfiŋk] m monachino m; Q**fleckig** con macchie rosse; ~**fuchs** m (cavallo) baio m; Q**gelb** arancione; Q**glühend** rovente; Q**haarig** dai capelli rossi; ~**haut** f pellirossa m.

rotieren [ro'ti:rən] rotare; ~**d** rotatorio.

Rot|käppchen ['ro:tkɛpçən] n Cappuccetto m rosso; ~**kehlchen** ['-ke:lçən] n pettirosso m; ~**kohl** m cavolo m rosso; ~**lauf** m risipola f.

rötlich ['rø:tliç] rossiccio.

Rotor ['ro:tɔr] m (8¹) rotore m; ♂ indotto m.

Rot|schimmel ['ro:tʃiməl] m rabicano m; ~**schwanz** m codirosso m; ~**spon** m vino m rosso; ~**stift** m matita f rossa.

Rotte ['rɔtə] f (15) masnada f; ✕ fila f; ✈ squadriglia f.

Rotten|führer ['rɔtənfy:rər] m capobanda m; ✕ capofila m; Q**weise** in frotte; ✕ a plotoni.

Rotunde [ro'tundə] f (15) rotonda f.

rot|wangig ['ro:tvaŋiç] dalle guance rosse; Q**wein** m vino m rosso (od. nero); Q**welsch** n gergo m; Q**wild** n selvaggina f cervina.

Rotz P [rɔts] m (3²) moccio m; ¹Q**ig** P moccioso; ~**nase** P f moccione m.

Roulade [ru'la:də] f (15) avvoltino m.

Rouleau [ru'lo:] n (11) persiana f.

Roulett [ru'lɛt] n (3 u. 11) roulette f.

Route ['ru:tə] f (15) rotta f; strada f, itinerario m.

Routin|e [ru'ti:nə] f (15, o. pl.) pratica f; Q**emäßig** abituale; Q**iert** pratico.

Rowdy ['raudi] m (11) teppista m; ~**tum** n teppismo m.

Rübe ['ry:bə] f (15) rapa f; gelbe ~ carota f; rote ~ barbabietola f; weiße ~ navone m.

Rubel ['ru:bəl] m (7) rublo m.

Rübenzucker ['ry:bəntsukər] m zucchero m di barbabietola.

Rubin [ru'bi:n] m (3¹) rubino m.

Rüböl ['ry:p⁹ø:l] n olio m di ravizzone.

Rubr|ik [ru'bri:k] f (16) rubrica f; (Spalte) colonna f; Q**izieren** rubricare.

Rübsamen ['ry:pza:mən] m (6, o. pl.) colza f.

ruch|bar ['ru:xba:r] notorio; ~ werden divulgarsi; ~**los** scellerato; Q**losigkeit** f nefandità f, nefandezza f.

Ruck [ruk] m (3) scossa f; mit e-m ~ d'un colpo; ¹Q**artig** di colpo (od. scatto).

Rück|ansicht ['ryk⁹anziçt] f vista f di dietro; ~**anspruch** m regresso m; ~**antwort** f risposta f; mit ~ con risposta pagata; ~**äußerung** f replica f; ~**bewegung** f movimento m retrogrado; recessione f, regressione f; Q**bezüglich** riflessivo; ~**berufung** f richiamo m; ~**bleibsel** n residuo m; ~**blick** m sguardo m retrospettivo; Q**datieren** postdatare; ~**einfuhr** f reimportazione f.

rücken¹ ['rykən] (25) 1. v/t. allg. muovere; (schieben) spingere; an et.: accostare; von et.: scostare; 2. v/i. (sn) muoversi (Platz machen) scostarsi; (ein~) entrare; (aus~) uscire; (näher ~) avvicinarsi; (höher ~) avanzare (di grado); (vorwärts ~) avanzare; an j-s Stelle ~ prendere il posto di qu.; j-m auf den Leib ~ incalzare qu.

Rücken² ['rykən] m (6) allg. dorso m; dosso m; des Körpers auch: schiena f; fig. u. ✕ spalle f/pl.; j-m den ~ stärken rinforzare le spalle a qu.; j-m in den ~ fallen assalire qu. alle spalle; j-m den ~ kehren volgere le spalle a qu.; hinter j-s ~ alle spalle di qu.; ~**deckung** f copertura f delle spalle; fig. spalleggio m; ~**lage** f posizione f supina; ~**lehne** f spalliera f; ~**mark** n midollo m spinale; ~**marks-entzündung** f mielite f; ~**marksschwindsucht** f tabe f dorsale; ~**schmerz** m mal m di schiena; ~**schwimmen** n nuoto m sul dorso; ~**wind** m vento m in poppa; ~**wirbel** m vertebra f dorsale.

Rück|erinnerung ['ryk⁹erinəruŋ] f reminiscenza f; ricordo m; ~**er-**

stattung ['-ᵊɛrʃtatuŋ] f restituzione f; **~fahrkarte** f, **~fahrschein** m biglietto m d'andata e ritorno; **~fahrt** f ritorno m; **~fall** m ricaduta f; ⚖ recidiva f; ♀**fällig** recidivo; **~fälligkeit** f recidività f; **~flug** m volo m di ritorno; **~fluß** m riflusso m; **~forderung** f richiamo m; **~fracht** f carico m di ritorno; **~frage** f: ~ halten bei chiedere ulteriori informazioni da; **~führung** Pol. f rimpatrio m; **~gabe** f restituzione f; **~gang** m ritorno m; ♀ diminuzione f; fig. decadenza f; ♀**gängig** retrogrado; ~ machen F mandare per aria, Kontrakt: annullare; **~gängigmachung** f annullamento m; **~gewinnung** f ricupero m; **~gliederung** f reincorporazione f; **~grat** n spina f dorsale; fig. forza f, carattere m; **~gratsverkrümmung** f deviazione f della colonna vertebrale; **~halt** m ritegno m; (Stütze) appoggio m; ♀**haltlos** senza riserva di sorta; **~handschlag** m Tennis: rovescio m; **~kauf** m ricompra f; **~kehr** ['-keːr] f (16, o. pl.) ritorno m; **~kopplung** f accoppiamento m reattivo; **~kunft** f ritorno m; **~lagen** ['-laːɡən] f/pl. riserve f/pl.; **~lauf** m Gewässer: riflusso m; (Kanonen♀) rinculo m; ♀**läufig** ['-lɔʏfiç] retrogrado; **~lehne** f spalliera f; **~licht** n riflettore m posteriore; ♀**lings** ['-liŋs] a ritroso; ~ liegen giacere supino; **~marsch** m ✕ ritirata f; **~porto** n francobollo m per la risposta; **~prall** m rimbalzo m; **~reise** f viaggio m di ritorno.

Rucksack ['rʊkzak] m sacco m da montagna, sacco m alpino.

Rück|schalttaste ['rʏkʃalttastə] f tasto m di rimando; **~schau** f sguardo m retrospettivo; allg. ricordo m; ♀**schauend** retrospettivo; **~schein** m ricevuta f di ritorno; **~schlag** m contraccolpo m; rovescio m; contrattempo m; **~schluß** m conclusione f; deduzione f; **~schritt** m regresso m; ♀**schrittlich** retrogrado; reazionario; **~seite** f rovescio m; der Hand: dorso m; Schriften: tergo m; auf der ~ a tergo, a retro; **~sendung** f rinvio m; **~sicht** f riguardo m; ~ nehmen auf aver riguardo a; mit ~ auf riguardo a; **~sichtnahme** f riguardo m; ♀**sichtslos** ['-ziçtsloːs] senza nessun riguardo; indelicato;

~sichtslosigkeit f mancanza f di riguardi, indelicatezza f; ♀**sichtsvoll** riguardoso; **~sitz** m posto m in fondo; **~spiegel** m specchietto m retrovisivo; **~spiel** n incontro m di ritorno; **~sprache** f colloquio m; ~ nehmen conferire; **~stand** m resto m; (Ausstand) arretrato m; ♀⃝ residuo m; im ~ sein essere in arretrato; ♀**ständig** ['-ʃtɛndiç] arretrato; retrivo; **~stoß** m ripercussione f; contraccolpo m; Waffe: rinculo m; **~strahler** ['-ʃtraːlər] m (7) riflettore m posteriore; catarifrangente m; **~tritt** m ritiro m; Pol. dimissioni f/pl.; **~trittbremse** f freno m contropedale; **~vergütung** f rimborso m; **~verkauf** m retrovendita f; **~versicherer** m riassicuratore m; ♀**versichern** riassicurare; **~versicherung** f riassicurazione f; **~wand** f parete f posteriore; **~wanderer** m emigrante m che torna in patria; **~wanderung** f rimpatrio m; ♀**wärtig** ['-vɛrtiç] di dietro; ~e Verbindungen f/pl. retrovie f/pl.; ♀**wärts** ['-vɛrts] (all')indietro; ~ gehen indietreggiare; **~wärtsgang** m marcia f indietro; retromarcia f; **~wechsel** m rivalsa f; **~weg** ['-veːk] m ritorno m.

ruckweise ['rʊkvaɪzə] a scatti.

rück|wirken ['rʏkvɪrkən] reagire; **~wirkend** retroattivo; ~e Kraft retroattività f; mit ~er Kraft con effetto retroattivo; ♀**wirkung** f ripercussione f; reazione f; effetto m retroattivo; **~zahlbar** rimborsabile; ♀**zahlung** f rimborso m; ♀**zieher** m fig. smentita f; scusa f; ♀**zug** m ritirata f; zum ~ blasen battere la ritirata.

Rüde[1] ['ryːdə] m (13) cane m maschio.   [sgarbato.]
rüde[2] ['ryːdə] rozzo, grossolano;}

Rudel ['ruːdəl] n (7) branco m, stuolo m.

Ruder ['ruːdər] n (7) remo m; fig. u. = Steuer: timone m; fig. ans ~ kommen salire al potere; **~bank** f banco m dei rematori; **~boot** n barca f a remi; **~er** m (7) rematore m; **~gabel** f scalmo m; forcola f per il remo; **~kasten** m pontone m d'allenamento; **~klub** m società f di canottieri; ♀**n** (29, h. u. sn) remare; **~pflock** m scalmo m; **~schlag** m remata f; **~sport** m canottaggio m; **~ver-ein**

m società *f* di canottaggio; ~**wett-fahrt** *f* regata *f*.

rudimentär [rudimen'tɛ:r] rudimentale.

Ruf [ru:f] *m* (3) grido *m*; (*Anruf*) chiamata *f*; (*Berühmtheit*) fama *f*; *Professor*: er hat einen ~ erhalten nach gli è stata offerta una cattedra a; er steht im ~ zu ha la fama di; in üblen ~ bringen discreditare; '2**en** (30) **1.** *v/i.* gridare; zu Gott ~ invocare Dio; **2.** *v/t.* chiamare; um Hilfe ~ gridare aiuto; et. ins Gedächtnis ~ richiamare alla memoria, ricordare; ins Leben ~ dar vita, fondare, creare; Sie kommen wie gerufen viene a proposito, a proposito; '~**er** *m* (7) gridatore *m*; chiamatore *m*.

Rüffel ['ryfəl] *m* (7) sgridata *f*, rabbuffo *m*.

Ruf|**name** ['ru:fnɑ:mə] *m* prenome *m*; ~**nummer** *f* numero *m* di telefono; ~**weite** *f*: in ~ a portata di voce; ~**zeichen** *n* segnale *m* di chiamata.

Rüge ['ry:gə] *f* (15) biasimo *m*, ammonizione *f*; 2**n** (25) ammonire, biasimare (*j-n wegen et. qu.* per qc.).

Ruhe ['ru:ə] *f* (15) riposo *m*; (*Stille*) quiete *f*; (*Friede*) pace *f*; (*Gemüts*2) tranquillità *f*; calma *f*; ~! silenzio!; zur ~ setzen mettere a riposo; sich zur ~ setzen ritirarsi; in ~ lassen lasciar tranquillo (*od.* in pace); angenehme ~! buon riposo!; 2**bedürftig** bisognoso di riposo; ~**bett** *n* ottomana *f*; ~**gehalt** *n* pensione *f*; ~**gehalts-empfänger** *m* pensionato *m*; ~**lage** *f* posizione *f* di riposo (*od.* supina); 2**los** senza pace; irrequieto; ~**losigkeit** *f* inquietudine *f*; irrequietezza *f*.

ruhen ['ru:ən] (25) riposare; *fig.* poggiare; ich werde nicht ~ bis ... non avrò pace finché ...; ~ lassen lasciar stare; lasciare in pace; eine Arbeit ~ lassen sospendere per qualche tempo un lavoro; die Arbeit ruht non si lavora; hier ruht ... qui giace ...

Ruhe|**pause** ['ru:əpauzə] *f* pausa *f*; ~**platz** *m* luogo *m* di riposo; ~**posten** *m* sinecura *f*; ~**punkt** *m* punto *m* d'appoggio; ♪ fermata *f*; ~**sitz** *m* ritiro *m*; ~**stand** *m* riposo *m*; in den ~ versetzen collocare a riposo; ~**stätte** *f* luogo *m* di riposo; (*Grab*) sepolcro *m*;

~**stifter** *m* paciere *m*; ~**störer** ['--ʃtø:rər] *m* (7) perturbatore *m* della quiete pubblica; *fig.* F guastafeste *m*; ~**störung** *f* perturbamento *m* della quiete pubblica; ~**tag** *m* giornata *f* di riposo.

ruhig ['ru:iç] tranquillo; (*still*) quieto; *Fluß*: placido.

Ruhm [ru:m] *m* (3, *o. pl.*) gloria *f*; fama *f*; (*Lob*) lode *f*; '2**bedeckt** coperto di gloria; '~**begier(de)** *f* avidità *f* di gloria; '2**begierig** avido di gloria.

rühm|**en** ['ry:mən] (25) (*loben*) elogiare; *Gott*: esaltare; sich ~ vantarsi, gloriarsi; ~**enswert** ['--ve:rt] lodevole.

Ruhmeshalle ['ru:məshalə] *f* Panteon *m*, tempio *m* della gloria.

rühmlich ['ry:mliç] glorioso.

ruhm|**los** ['ru:mlo:s] senza gloria, inglorioso; ~**redig** ['-re:diç] vanaglorioso; 2**sucht** *f* ambiziosità *f*; ~**voll** glorioso.

Ruhr ♣ ['ru:r] *f* (16) dissenteria *f*.

Rührei ['ry:r²ai] *n* (1) *Kochk.* uova *f/pl.* strapazzate.

rühren ['ry:rən] (25) **1.** *v/t.* muovere; (*um~*) rimestare; ♣ *Schlag*: prendere; *Trommel*: battere; *fig.* commuovere; **2.** *v/i.* an et.: toccare; von et.: provenire da; es rührt sich nichts non si muove una foglia; ✗ rührt euch! riposo!; ~**d** commovente.

rühr|**ig** ['ry:riç] attivo; (*gewandt*) svelto; 2**igkeit** *f* attività *f*; sveltezza *f*; 2**kelle** *f*, 2**löffel** *m* mestola *f*; ~**selig** commovente; lacrimevole; 2**stück** *n* dramma *m* commovente; 2**ung** *f* commozione *f*.

Ruin [ru'i:n] *m* (3[1], *o. pl.*) rovina *f*; ~**e** *f* (15) rovine (*od.*/*pl.*); 2**ieren** rovinare.

rülpsen F ['rylpsən] (27) ruttare.

rum [rum] F = *herum*.

Rum [rum] *m* (11) rum *m*.

Rumän|**e** [ru'mɛ:nə] *m* (13) (~**in** *f*), 2**isch** romeno (-a) (*m* (*f*).

Rummel ['rumǝl] *m* (7) baccano *m*; (*Jahrmarkt*) parco *m* dei divertimenti; ich kenne den ~ so com'è la faccenda; ~**platz** *m* parco *m* di divertimenti.

rumoren [ru'mo:rən] (25) rumoreggiare.

Rumpel|**kammer** ['rumpǝlkamǝr] *f* ripostiglio *m*; ~**kasten** *m* carrozza *f* vecchia; **⁀n** (29, *h. u. sn*) fare fracasso; *durch, über*: passare con gran fragore.

Rumpf [rumpf] *m* (3³) tronco *m*; *Skulp.* torso *m*; ⚓ scafo *m*; ✈ fusoliera *f*.

rümpfen ['rympfən] (25) *Nase*: torcere, arricciare.

rund [runt] **1.** *adj.* rotondo, tondo; (*kugel~*) sferico; **2.** *adv.* (*~heraus*) chiaro e tondo; (*ungefähr*) all'incirca; *~* abschlagen rifiutare recisamente; **3.** ⁀2 *n* (3) cerchio *m*; tondo *m*; **⁀2bau** *m* rotonda *f*; **⁀2bild** *n* tondo *m*; *s. Rundgemälde*; **⁀2blick** *m* (*Aussicht*) panorama *m*; **⁀2bogen** *m* arco *m* tondo; **2⁀e** ['-də] *f* (15) giro *m*; *Boxsport*: ripresa *f*, tempo *m*; ✗ ronda *f*; (*Rundheit*) rotondità *f*; **⁀en** (26) **1.** *v/t.* arrotondare; **2.** *sich ~* rotondeggiare; **⁀2fahrt** *f* giro *m*; 🚌 viaggio *m* circolare; *Sport*: circuito *m*; **⁀2flug** *m* volo *m* circolare; escursione *f* in aereo; **⁀2frage** *f* inchiesta *f*.

Rundfunk ['runtfuŋk] *m* (3, *o. pl.*) radio *f*; radiodiffusione *f*, radiotrasmissione *f*; **⁀apparat** *m* radio *f*; apparecchio *m* radiofonico; **⁀bastler** *m* radioamatore *m*; radiosperimentatore *m*; **⁀darbietung** *f* radioaudizione *f*; **⁀empfang** *m* ricezione *f* radiofonica; **⁀empfänger** *m* (*Gerät*) apparecchio *m* ricevente; **⁀gebühr** *f* canone *m* per la radio; **⁀gerät** *n* radio *f*; **⁀hörer** *m* radioascoltatore *m*, radioauditore *m*; **⁀industrie** *f* industria *f* radioelettrica; **⁀meldung** *f* comunicato *m* radiofonico; **⁀programm** *n* radioprogramma *m*; **⁀rede** *f* radiodiscorso *m*, discorso *m* alla radio; **⁀sender** *m* stazione *f* radio; **⁀sendung** *f* trasmissione *f* radiofonica; **⁀technik** *f* radiotecnica *f*; **⁀übertragung** *f* radiodiffusione *f*, radiodiffusione *f*; **⁀werbung** *f* pubblicità *f* radiofonica; **⁀zeitung** *f* radiocorriere *m*.

Rund|gang ['runtgaŋ] *m* giro *m*; passeggiata *f*; **⁀gemälde** *n* panorama *m*; **⁀heit** *f* rotondità *f*; **2⁀heʳraus** chiaro e tondo; **2⁀heʳrum** intorno; **2⁀lich** tondeggiante; *Person*: grassotto; **⁀reise** *f* viaggio *m* attraverso ...; **⁀reisebillett** *n* biglietto *m* circolare; **⁀schau** *f* panorama *m*; 📖 rivista *f*; **⁀schreiben** *n*

circolare *f*; **⁀schrift** *f* carattere *m* rotondo; **⁀strecke** *f* circuito *m*; **⁀ung** *f* rotondità *f*; **2⁀weg** ['-'vɛk] *adv.* recisamente.

Rune ['ru:nə] *f* (15) runo *m*; **⁀nschrift** *f* caratteri *m/pl.* runici.

Runkelrübe ['ruŋkəlry:bə] *f* (15) barbabietola *f*.

runter ['runtər] F = *herunter*.

Runz|el ['runtsəl] *f* (15) ruga *f*; grinza *f*; **2⁀(e)lig** rugoso; **⁀(e)ligkeit** *f* rugosità *f*; **2⁀eln** (29) corrugare; *Augenbrauen*: aggrottare.

Rüpel ['ry:pəl] *m* (7) mascalzone *m*; **2⁀haft** villano.

rupfen ['rupfən] (25) spennacchiare; *fig.* pelare; *Pflanzen*: svellere.

ruppig ['rupiç] brusco, ruvido; **2⁀keit** *f* sgarbatezza *f*; ruvidezza *f*.

Rüsche ['ry:ʃə] *f* (15) *Kleidung*: gala *f*.

Ruß [ru:s] *m* (3², *o. pl.*) fuliggine *f*.

Russ|e ['rusə] *m* (13) (**⁀in** *f*) russo (-a) *m* (*f*).

Rüssel ['rysəl] *m* (7) proboscide *f*; *des Schweines*: grifo *m*.

ruß|en ['ru:sən] (27) produrre fuliggine; *Lampe*: filare; **⁀ig** fuligginoso, pieno di fuliggine.

russisch ['rusiʃ] russo; **⁀e** *Eier n/pl.* uova *f/pl.* sode alla maionese.

Rüstbaum 🔺 ['rystbaum] *m* falcone *m*.   [⚓ armare.]

rüsten ['rystən] (26) preparare; ✗, ⚓

Rüster 🌳 ['ry:stər] *f* (15) olmo *m*.

rüstig ['rystiç] arzillo, robusto; **2⁀keit** *f* freschezza *f*; gagliardia *f*; robustezza *f*.

Rüst|kammer ['rystkamər] *f*, **⁀saal** *m* armeria *f*; **⁀ung** *f* allestimento *m*; ✗, ⚓ armamento *m*; (*Harnisch*) armatura *f*; **⁀ungs-industrie** *f* industria *f* degli armamenti; **⁀ungsprogramm** *n* programma *m* degli armamenti; **⁀zeug** *n* arnesi *m/pl.*, strumenti *m/pl.*; ✗ armi *f/pl.*

Rute ['ru:tə] *f* (15) verga *f*; (*Maß*) pertica *f*; (*Schwanz*) coda *f*; **⁀nbündel** *n* fascio *m* littorio; **⁀ngänger** *m* rabdomante *m*; **⁀nhieb** *m* vergata *f*.

Rutsch ['rutʃ] *m* (3²) scivolata *f*; '**⁀bahn** *f* scivolo *m*; '**2⁀e** ⚙ ('s) (15) piano *m* inclinato; '**2⁀en** (27, *sn*) scivolare; sdrucciolare; slittare; *Erde*: franare.

rütteln ['rytəln] (29) scuotere; *ein gerütteltt Maß fig.* un bel ..., un gran ...

S

S, s [ɛs] *n uv.* S, s *f u. m.*

Saal [zɑːl] *m* (3³) sala *f.*

Saat [zɑːt] *f* (16) seminagione *f;* sementa *f; (das Gesäte)* semenza *f;* '**~feld** *n* campo *m* seminato; '**~gut** *n* semenze *f/pl.;* '**~kartoffeln** *f/pl.* patate *f/pl.* da semina; '**~korn** *n* seme *m;* '**~zeit** *f* seminatura *f.*

sabbern ['zabərn] (29) far la bava; *fig.* F dire delle sciocchezze.

Säbel ['zɛːbəl] *m* (7) sciabola *f;* **~beine** *n/pl.* gambe *f/pl.* storte; **~duell** *n* duello *m* alla sciabola; **~griff** *m* elsa *f;* **~hieb** *m* sciabolata *f;* **~troddel** *f* dragona *f.*

Sabot|age [sabo'tɑːʒə] *f* (15) sabotaggio *m;* **~eur** [--'tøːr] *m* (3¹) sabotatore *m;* 2**ieren** sabotare.

Saccharin [zaxa'riːn] *n* (3¹, *o. pl.*) saccarina *f;* 2**haltig** saccarinato.

Sach|bearbeiter ['zaxbəʔarbaitər] *m* relatore *m*, referendario *m;* **~bemerkung** *f* osservazione *f* di fatto; **~beschädigung** *f* danneggiamento *m* di oggetti, danno *m* (materiale); **~buch** *n* libro *m* di divulgazione scientifica; 2**dienlich** opportuno.

Sache ['zaxə] *f* (15) cosa *f; (Angelegenheit)* faccenda *f; (Geschäft)* affare *m; (Habe, Kleidung)* roba *f;* 𝔷𝔯 *u. j-s* **~**: causa *f; Lit. u. Gegenstand:* argomento *m; zur* **~** *kommen* entrare in materia, F venire al sodo; *bei der* **~** *bleiben* non divagare; *das gehört nicht zur* **~** questo non c'entra; *das ist deine* **~** è affar tuo; *in* **~***n der Religion* in materia di religione; *s-r* **~** *sicher sein* esser sicuro del fatto suo; *er ist nicht bei der* **~** è distratto.

sach|gemäß ['zaxɡəmɛːs] conforme ai fatti; appropriato; 2**katalog** *m* catalogo *m* ragionato; 2**kenner** *m* conoscitore *m*, esperto *m;* 2**kenntnis** *f* cognizioni *f/pl.* in materia; 2**kunde** *f* pratica *f;* 2**kundige(r)** *m* conoscitore *m*, esperto *m;* 2**lage** *f* stato *m* delle cose; 2**leistung** *f* pagamento *m* in merci; **~lich** ob(b)iettivo; positivo; *(zweckmäßig)* pratico; *Stil:* razionale.

sächlich *Gram.* ['zɛçliç] neutro.

Sach|lichkeit ['zaxliçkaɪt] *f* ob(b)iettività *f;* imparzialità *f;* **~lieferung** *f* prestazione *f* in natura; pagamento *m* in materiali; **~register** *n* indice *m* delle materie; **~schaden** *m* danno *m* materiale.

Sachse ['zaksə] *m* (13) sassone *m.*

sächsisch ['zɛksiʃ] sassone.

sacht(e) ['zaxt(ə)] **1.** *adj.* piano; **2.** *adv.* piano piano; poco a poco.

Sach|verhalt ['zaxfɛrhalt] *m* stato *m* di cose; 2**verständig** esperto; **~verständige(r)** *m* perito *m;* **~walter** *m* procuratore *m;* **~verzeichnis** *n* elenco *m* delle cose, inventario *m;* **~wert** *m* valore *m* reale *(bzw.* immobiliare).

Sack [zak] *m* (3³) sacco *m; (Tasche)* tasca *f; mit* **~** *und Pack* F con tutta la baracca; '**~bahnhof** *m* stazione *f* terminale.

Säckel ['zɛkəl] *m* (7) borsa *f.*

sacken ['zakən] (25) *s. ein-, zusammen-sacken.*

Sack|gasse ['zakɡasə] *f* vicolo *m* cieco; **~laufen** *n* corsa *f* nel sacco; **~pfeife** *f* piva *f;* **~träger** *m* facchino *m;* **~tuch** *n* fazzoletto *m;* 2**weise** a sacca.

Sackung ['zakuŋ] *f (des Bodens)* abbassamento *m* (del terreno).

Sadi|smus [sa'dismus] *m* sadismo *m;* **~st** *m* sadista *m;* 2**stisch** sadistico.

sä|en ['zɛːən] **1.** (25) seminare; **2.** 2**en** *n* (6) seminagione *f;* 2**er** *m* seminatore *m.*

Saffian ['zafjan] *m* (3¹) marocchino *m.*

Safran ['zafran] *m* (3¹) zafferano *m.*

Saft [zaft] *m* (3³) sugo *m; (Obst2)* succo *m; pl.* 𝔰 umori *m/pl.; ohne* **~** *und Kraft* senza sugo; '2**ig** sugoso; '2**los** senza sugo; *fig.* insulso; '**~losigkeit** *f fig.* insipidezza *f;* '2**reich**, '2**strotzend** sugoso, succulento.

Sage ['zɑːɡə] *f* (15) favola *f; (Götter2)* mito *m;* germanische **~** saga *f; (Gerücht)* voce *f.*

Säge ['zɛːɡə] *f* (15) sega *f;* **~blatt** *n*

lama f della sega; **~bock** m pietica f; **~fisch** m pescesega m; **~mehl** n segatura f; **~mühle** f segheria f.

sagen ['za:gən] (25) dire; *Dank ~* ringraziare; *guten Tag ~* dare il buon giorno; *du ~* dare del tu; *et. zu ~ haben* aver da comandare; *nichts zu ~ haben* F non aver voce in capitolo; *das hat nichts zu ~* ciò non vuol dir niente; *lassen Sie sich das gesagt sn* se lo tenga bene in mente; *sich (dat.) nichts ~ lassen* non intendere ragione; *wenn man so ~ darf* se così si può dire.

sägen ['zɛ:gən] (25) segare.

sagen|haft ['za:gənhaft] mitico; **2-kreis** m ciclo m di leggende; **2-kunde** f mitologia f.

Säge|späne ['zɛ:gəʃpɛ:nə] m/pl. segatura f; **~werk** n segheria f.

Sago ['za:go] m (11, o.pl.) sagù m.

Sahn|e ['za:nə] f (15, o. pl.) panna f; (*Schlag2*) panna f montata; **~e...:** *in Zssgn mst* alla panna; **~e-eis** n gelato m alla panna; **2ig** grasso.

Saison [zɛ'zɔ̃] f (11¹) stagione f; **~arbeit** f lavoro m stagionale; **~arbeiter** m operaio m di stagione; **~ausverkauf** m vendita f di fine stagione.

Saite ♪ ['zaitə] f (15) corda f; *andere ~n aufziehen* cambiar registro; **~n-instrument** n strumento m a corda.

Sakko ['zako] m (11) giacca f.

Sakrament [zakra'ment] n (3) sacramento m.

Sakrist|an [zakris'ta:n] m (3) sagrestano m; **~ei** [--s'tai] f sagrestia f.

säkularisieren [zɛkulari'zi:rən] secolarizzare.

Salamander [zala'mandər] m (7) salamandra f.

Salami [za'la:mi] f, **~wurst** f salame m.

Salat [za'la:t] m (3) insalata f; *da haben wir den ~* F ecco il pasticcio; *ora stiamo freschi;* **~kopf** m testa f di lattuga; **~schüssel** f insalatiera f.

salbadern [zal'ba:dərn] ciarlare.

Salbe ['zalbə] f (15) unguento m.

Salbei ♀ ['zalbai] m (3¹, o.pl.) salvia f.

salb|en ['zalbən] (25) ungere; **2ung** f (u. a. fig.) unzione f (a. fig.); **~ungsvoll** untuoso.

saldieren [sal'di:rən] † saldare.

Saldo † ['saldo] m (9¹ u. 11; pl. a. -di) saldo m.

Saline [za'li:nə] f (15) salina f.

Salizyl [-li'tsy:l] n (3¹) salicilato m di soda; *in Zssgn:* ... salicilico.

Salm Zo. [zalm] m (3) salmone m.

Salmiak ['-jak] m (11) sale m ammoniaco; **~geist** m ammoniaca f; **2haltig** ammoniacale.

Salon [za'lõ] m (11) salotto m; *großer:* salone m; **2fähig** presentabile in società; **~wagen** 🚃 m carrozza f salotto.

salopp [za'lɔp] trascurato, trasandato; alla buona (*od.* leggiera).

Salpeter [zal'pe:tər] m (7) salnitro m; **~bildung** f nitrificazione f; **~grube** f nitraia f; **2haltig** salnitroso; **~hütte** f nitraia f; **2ig** salnitroso; **2sauer** nitrico; *salpetersaures Salz* n nitrato m; **~säure** f acido m nitrico; **~siederei** f nitraia f.

Salut ⚔ [za'lu:t] m (3) saluto m; **2ieren** salutare.

Salve ['zalvə] f (15) scarica f; (*Ehren2*) salva f.

Salz [zalts] n (3²) sale m; **'2-artig** salino; **'~bad** n bagno m d'acqua salata.

'Salz|behälter m saliera f; **~bereitung** f salinatura f; **~bergwerk** n salina f; **~büchse** f saliera f; **2en** salare; **~faß** n saliera f; **~gehalt** m salsedine f; **~gewinnung** f salinaggio m; **~grube** f salina f; **~gurke** f cetriolo m in salamoia; **2haltig** salifero; **2ig** salato; *Gehalt:* salso; **~igkeit** f salsedine f; **~lake** f salamoia f; **~napf** m saliera f; **~säule** f bibl. statua f di sale; **~säure** f acido m muriatico; **~siederei** f salina f; **~stange** f grissino m salato; **~streuer** ['-ʃtrɔyər] m (7) spargisale m; **~wasser** n acqua f salata; **~werk** n salina f.

Samariter [zama'ri:tər] m (7) samaritano m.

Sä|mann ['zɛ:man] m seminatore m; **~maschine** f seminatrice f.

Same ['za:mə] m (13¹), **~n** ♂ m (6) seme m; grano m; *männlicher ~* sperma m; *fig.* germe m.

Samen|adern ['za:mən'a:dərn] f/pl. vasi m/pl. spermatici; **~erguß** m eiaculazione f; **~fäden** m/pl. spermatozoi m/pl.; **~fluß** m spermatorrea f; **~händler** m negoziante m di semi; **~kapsel** ♀ f follicolo m; **~korn** n seme m, grano m; **~lappen** m cotiledone m; **~staub** m polline *m*; **~strang** *m* cordone *m* spermatico; **~zelle** *f* cellula *f* spermatica.

Sämereien [zɛːməˈraɪən] *f*/*pl.* *uv.* sementi *f*/*pl.*, semenze *f*/*pl.*

sämig [ˈzɛːmɪç] legato.

sämisch [ˈzɛːmɪʃ] scamoscio; ~ *gerben* scamosciare; **⎪leder** *n* pelle *f* scamosciata.

Sämling [ˈ-lɪŋ] *m* (3[1]) piantina *f*.

Sammel|aktion [ˈzaməlˀaktsjoːn] *f* colletta *f*; **~band** *m* volume *m* compilato; miscellanea *f*; **~becken** *n* bacino *m* collettore; serbatoio *m*; **~bezeichnung** *f* nome *m* collettivo; **~gut** *n* collettame *f* di carico *m* misto; **~linse** *f* lente *f* convergente; **~liste** *f* lista *f* delle sottoscrizioni; **~mappe** *f* cartella *f*; **⎪n** (29) raccogliere; *Briefmarken*: collezionare; (*anhäufen*) accumulare; (*vereinigen*) radunare, concentrare; *mühsam*: racimolare; *Geld*: fare una colletta; *sich* ~ *fig.* concentrarsi; raccogliersi; **~name** *m* nome *m* collettivo; **~nummer** *f* numero *m* collettivo; **~paß** *m* passaporto *m* collettivo; **~punkt** *m* luogo *m* (*od.* punto *m*) di raccolta (*od.* di raduno); **~rohr** *n* tubo *m* collettore; **~ruf** *m* appello *m*; **~stelle** *f* deposito *m* centrale; posto *m* di raccolta; **~surium** [-ˈzuːrjum] *n* (9) miscuglio *m*, guazzabuglio *m*, zibaldone *m*; **~transport** *m* trasporto *m* collettivo; **~werk** *n* compilazione *f*; miscellanea *f*; **~wort** *n* nome *m* collettivo; **~zahl** *f* numero *m* collettivo.

Samml|er(in *f*) *m* (7) [ˈ-lər(ɪn)] *von Marken usw.*: collezionista *m u. f*; *⚡* collettore *m*; accumulatore *m*; **~ung** *f* raccolta *f*; collezione *f*; (*Geld⎪*) colletta *f*; *fig.* raccoglimento *m*.

Samstag [ˈ-staːk] *m* (3) sabato *m*.

samt[1] [zamt] (*dat.*) con; insieme; ~ *und sonders* tutto quanto (tutti quanti); senza eccezione.

Samt[2] [zamt] *m* (3) velluto *m*; **'⎪-artig** vellutato; **'⎪besetzt** guarnito di velluto; **'⎪en** di velluto; **'⎪glänzend** vellutato; **'~haut** *f* pelle *f* vellutata; **'⎪weich** vellutato.

sämtlich [ˈzɛmtlɪç] intero; tutto; ~*e Werke n*/*pl.* opere *f*/*pl.* complete.

Sanatorium [zanaˈtoːrjum] *n* (9) sanatorio *m*.

Sand [zant] *m* (3) sabbia *f*; *mit* ~ *bestreuen* insabbiare; ~ *in die Augen*

polvere *f* negli occhi; *im* ~ *verlaufen* finire senza risultato, non aver esito.

Sandale [-ˈdaːlə] *f* (15) sandalo *m*.

Sand|bahn [ˈzantbaːn] *f* pista *f* di sabbia; **~bank** *f* banco *m* di sabbia; **~boden** *m* terreno *m* sabbioso.

Sandelholz [ˈzandəlhɔlts] *n* (legno *m* di) sandalo *m*.

Sand|form [ˈzantfɔrm] *f* stampo *m* in sabbia; **~grube** *f* arenaio *m*; **⎪ig** [ˈ-dɪç] sabbioso; **~igkeit** *f* arenosità *f*; **~korn** *n* granellino *m* di sabbia; **~papier** *n* carta *f* vetrata; **~sack** *m* sacco *m* di sabbia; **~stein** *m* (pietra *f*) arenaria *f*; **~strahlgebläse** ⊕ *n* sabbiatrice *f*; **~strand** *m* spiaggia *f* di sabbia; **~uhr** *f* clessidra *f*.

Sandwich [ˈsɛntvitʃ] *n* tramezzino *m*.

sanft [zanft] morbido; *fig.* dolce; gentile; *Regen*: fine; *adv.* piano, adagio.

Sänfte [ˈzɛnftə] *f* (15) lettiga *f*; **~nträger** *m* lettighiere *m*.

Sanft|heit [ˈzanfthaɪt] *f* morbidezza *f*; *fig.* dolcezza *f*, mansuetudine *f*; **~mut** *f* dolcezza *f*; **⎪mütig** dolce, di carattere dolce; *bibl.* mansueto.

Sang [zaŋ] *m* (3[3]) canto *m*; *mit* ~ *und Klang* fra canti e suoni; **'⎪bar** cantabile.

Sänger [ˈzɛŋər] *m* (7) cantante *m*; (*Dichter*) cantore *m*; **~bund** *m* società *f* corale; **~fest** *n* festa *f* corale; **~in** *f* cantatrice *f*; *von Beruf*: cantante *f*; **~krieg** *m* gara *f* dei cantori.

Sangesbruder [ˈzaŋəsbruːdər] F *m* cantore *m*, membro *m* d'una società corale.

Sanguin|iker [zaŋguˈiːnikər] *m* (7) uomo *m* (di temperamento) sanguineo (*od.* vivace); *fig.* ottimista *m*; **⎪isch** (di temperamento) sanguineo; ottimistico.

sanier|en [zaˈniːrən] risanare; **⎪ung** *f* risanamento *m*.

sanitär [zaniˈtɛːr] sanitario.

Sanitäter [zaniˈtɛːtər] *m* (7) infermiere *m*.

Sanitäts|dienst [zaniˈtɛːtsdiːnst] *m* servizio *m* di sanità pubblica; **~kolonne** *f* colonna *f* sanitaria; **~korps** *n* corpo *m* sanitario; **~posten** *m* posto *m* di pronto soccorso; **~wache** *f* guardia *f* medica; **~wagen** *m* autoambulanza *f*; **~wesen** *n* sistema *m* sanitario; igiene *f* pubblica; **~zug** *m* treno *m* ospedale.

S

sank [zaŋk] s. sinken.

Sankt [zaŋkt] San, Santo; Santa.

Sanktion [zaŋkˈtsˈjoːn] f sanzione f; **Ꝗieren** sanzionare.

sann [zan] s. sinnen.

Sanskrit [ˈzanskrit, -ˈkriːt] n (3¹, o. pl.) sanscrito m.

Saphir [ˈzaːfir, zaˈfiːr] m (3¹) zaffiro m.

Sarabande ♪ [zaraˈbandə] f (15) sarabanda f.

Sarazene [zaraˈtseːnə] m (13) saraceno m.

Sardelle [zarˈdɛlə] f (15) sardella f; **Ꝗsoße** f acciugata f.

Sardine [-ˈdiːnə] f (15) sardina f.

Sardin|ier(in f) m (7) [zarˈdiːnjər (-in)], **Ꝗisch** sardo (-a) m (f).

sardonisch [zarˈdoːniʃ] sardonico.

Sarg [zark] m (3³) cassa f (da morto); arca f; feretro m.

Sark|asmus [-ˈkasmus] m (16²) sarcasmo m; **Ꝗastisch** sarcastico.

Sarkophag [-koˈfaːk] m (3¹) sarcofago m.

saß, säße [zaːs, ˈzɛːsə] s. sitzen.

Sat|an [ˈzaːtan] m (3¹) Satana m; **Ꝗanisch** satanico.

Satellit [zateˈliːt] m (12) satellite m; **Ꝗenstaat** m stato m satellite; **Ꝗstadt** f città f (od. quartiere m) satellite.

Satin [saˈtɛ̃] m (11) raso m; **Ꝗieren** satinare.

Satir|e [zaˈtiːrə] f (15) satira f; **Ꝗiker** m, **Ꝗisch** adj. satirico m u. adj.

satt [zat] sazio; 🍂 saturo; Farbe: intenso, carico; sich ~ essen usw. mangiare usw. a sazietà; et. ~ haben essere stufo di qc.

Satte [ˈzatə] f (15) scodella f (di vetro).

Sattel [ˈzatəl] m (7¹) sella f; (Berg♀) cresta f; (Fahrrad♀) sellino m; aus dem ~ heben disarcionare, sbalzare dalla sella; in allen Sätteln gerecht capace a tutto; **Ꝗbaum** m, **Ꝗbogen** m arcione m; **Ꝗdach** n tetto m a due spioventi; **Ꝗdecke** f gualdrappa f; **Ꝗfest** fermo in sella; fig. esperto; ~ in versato in; **Ꝗgurt** m cignone m; **Ꝗn** (29) sellare; Saumtiere: imbastare; **Ꝗpferd** n cavallo m da sella; **Ꝗplatz** m pesaggio m; **Ꝗschlepper** m motrice f con semirimorchio; autosnodata f; **Ꝗstütze** f portaselle m; **Ꝗtasche** f bisaccia f; **Ꝗzeug** n bardatura f.

Sattheit [ˈzathaɪt] f sazietà f.

sättig|en [ˈzɛtigən] (25) saziare; 🍂 saturare; **Ꝗung** f satollamento m; saturazione f.

Sattler [ˈzatlər] m (7) sellaio m; **Ꝗei** [--ˈraɪ] f (16) selleria f.

sattsam [ˈzatzaːm] adv. a sufficienza.

Satyr [ˈzaːtyr] m (10) satiro m.

Satz [zats] m (3² u. ³) (Sprung) salto m; (Boden♀) fondo m; Gram. frase f; proposizione f; (Lehr♀) assioma m; teorema m; Typ. composizione f; ♪ tasso m; (Tarif) tariffa f; ♪ movimento m; Sport: posta f; Tennis: gioco m; **Ꝗaussage** Gram. f predicato m; **Ꝗbau** m, **Ꝗbildung** f costruzione f della frase; **Ꝗgefüge** Gram. n periodo m; **Ꝗgegenstand** Gram. m soggetto m; **Ꝗlehre** f sintassi f.

Satzung [ˈzatsuŋ] f statuto m; Rel. canone m; **Ꝗsgemäß** conforme agli statuti.

Satzzeichen [ˈzatstsaɪçən] n segno m d'interpunzione.

Sau [zau] f (14¹) scrofa f; porca f; fig. nur: troia f.

sauber [ˈzaubər] pulito; (schmuck) lindo; Stil: terso; iro. bello; **Ꝗkeit** f pulizia f; lindezza f.

säuberlich [ˈzɔybərliç] adv. delicatamente; accuratamente.

säuber|n [ˈzɔybərn] (29) pulire; fig. epurare; Straße: sgombrare; **Ꝗung** f pulitura f; fig. epurazione f; **Ꝗungsaktion** [--ruŋsˈaktsjoːn] f azione f epuratrice; ⚔ azione f di rastrellamento.

Saubohne ♀ [ˈzauboːnə] f (15) fava f.

Sauc|e [ˈzoːsə] s. Soße; **Ꝗiere** [zos-ˈjɛːr] f (15) salsiera f.

sauer [ˈzauər] (18, comp. saurer; sup. ~st) agro; 🍂, Wein: acido; Milch: inacidito; (dick) rappreso; fig. duro; ~ werden inacidire; saure Gurken f/pl. cetrioli m/pl. sott'aceto; saure Milch f latte m inacidito; Hering: marinato; Gesicht: lungo; **Ꝗampfer** ♀ m acetosa f; **Ꝗbraten** m arrosto m in agro; **Ꝗbrunnen** m (sorgente f d')acqua f minerale acidula.

Sauerei P [--ˈraɪ] f (16) porcheria f.

Sauer|kirsche [ˈzauərkirʃə] f amarasca f; **Ꝗklee** m acetosella f; **Ꝗkleesalz** n sale m ossalico; **Ꝗkohl** m, **Ꝗkraut** n crauti m/pl.

säuer|lich ['zɔʏərlɪç] acidulo; **2ling** ['--lɪŋ] m acque f/pl. acidule; F vino m agretto.

Sauermilch ['zauərmɪlç] f latte m inacidito (*dicke*: rappreso).

säuern ['zɔʏərn] (29) condire con aceto; ⚗ acidificare; *Teig*: lievitare.

Sauer|stoff ['zauərʃtɔf] m ossigeno m; **~stoff-apparat** m apparecchio m da ossigeno; **~stoff-atemgerät** n inalatore m d'ossigeno; **~stoffgas** n gas m ossigeno; **~stoffgebläse** n fiamma f ossidrica; **2stoffhaltig** ossigenato; **~stoffzelt** n tenda f ad ossigeno; **2süß** agrodolce; **~teig** m lievito m; **2töpfisch** ['--tœpfɪʃ] imbronciato; inacidito; **~wasser** n acqua f minerale acidula.

saufen ['zaufən] (30) bere; *von Menschen auch*: sbevazzare.

Säufer ['zɔʏfər] m (7) beone m, ubriacone m.

Sauferei [--'raɪ] f (16) sbevazzamento m.

Säuferwahnsinn ['--vɑːnzɪn] m delirio m alcoolico.

Sauf|gelage ['zaufgəlɑːgə] n orgia f; **~trog** m abbeveratoio m; *für Schweine*: trogolo m.

saugen ['zaugən] (30) succhiare; *Kinder*: poppare; ⊕ aspirare, assorbire; *sich et. aus den Fingern ~* inventare qc. di sana pianta.

säugen ['zɔʏgən] (25) allattare.

Sauger ['zaugər] m (7) poppatoio m.

Säugetier ['zɔʏgətiːr] n (3) mammifero m.

Saug|ferkel ['zaukfɛrkəl] n porcellino m di latte; **~flasche** f poppaiolo m; **~heber** m sifone m; **~klappe** f valvola f d'aspirazione.

Säugling ['zɔʏklɪŋ] m (3¹) lattante m; **~sheim** n brefotrofio m; **~spflege** f cura f dei neonati; **~ssterblichkeit** f mortalità f infantile.

Saug|maschine ['zaukmaʃiːnə] f aspiratore m; **~pumpe** f pompa f aspirante.

saugrob ['zau'groːp] villanaccio.

Saug|rohr ['zaukroːr] n tubo m d'aspirazione; **~rüssel** m succhiatoio m; **~ventilator** m ventilatore m aspirante; **~vorrichtung** f aspiratore m.

Sau|hatz ['zauhats] f caccia f al cinghiale; **~hirt** m porcaro m.

säuisch ['zɔʏɪʃ] sporco; osceno.

Säule ['zɔʏlə] f (15) colonna f; (*Pfeiler*) pilone m, pilastro m; **~nfuß** m zoccolo m (*od.* base f) della colonna; **~ngang** m colonnato m, portic(at)o m; **~nhalle** f loggia f; **~nknauf** m capitello m; **~nreihe** f colonnato m; **~nstumpf** m cippo m.

Saum [zaum] m (3³) orlo m; *fig.* margine m, estremità f.

saumäßig P ['zaumɛːsɪç] pessimo.

säumen ['zɔʏmən] (25) **1.** v/t. orlare; **2.** v/i. tardare; ritardarsi.

Saumesel ['zaum⁹eːzəl] m somaro m.

säum|ig ['zɔʏmɪç] tardo; *Zahler*: moroso; **2igkeit** f tardezza f; morosità f; **2nis** f (14²) ritardo m.

Saum|pfad ['zaumpfɑːt] m mulattiera f; **~pferd** n cavallo m da soma; **~sattel** m basto m; **2selig** tardo; *Zahler*: moroso; **~seligkeit** f tardezza f; morosità f; **~tier** n bestia f da soma.

Säure ['zɔʏrə] f (15) acidità f; ⚗ acido m; **~bildung** f acidificazione f; **2fest** resistente agli acidi; **2frei** senza acido; **~gehalt** m acidezza f, acidità f, contenuto m acido; **2haltig** (contenente) acido, acidifero.

Sauregurkenzeit F [zaurə'gurkəntsaɪt] f (16) mesi m/pl. dei cipolloni, stagione f morta.

Saus [zaus] m *uv.*: *in ~ und Braus leben* gozzovigliare, vivere nei bagordi (*od.* da gran signore).

säuseln ['zɔʏzəln] (29) sussurrare, mormorare.

sausen ['zauzən] (27) rombare; *Wind, Kugeln*: fischiare; sibilare; F correre; *es saust mir in den Ohren* mi fischiano gli orecchi.

Sau|stall ['zauʃtal] m porcile m; **~wetter** P n tempo m infame, tempaccio m; **~wirtschaft** P f malgoverno m; caos m completo.

Saxophon [zakso'foːn] n (3¹) sassofono m; **~ist** m sassofonista m.

Schab|e ['ʃaːbə] f (15) *Zo.* blatta f, piattola f; ⊕ = **~eisen** n raschiatoio m.

schaben ['ʃaːbən] (25) raschiare; *Käse*: grattugiare.

Schabernack ['ʃaːbərnak] m (3) dispetto m, brutto tiro m; *j-m e-n ~ spielen* giocare uno scherzo a qu.

schäbig ['ʃɛːbɪç] logoro; *fig.* sordido; **2keit** f meschinità f; sordidezza f.

Schablone [ʃa'bloːnə] f (15) modello

m; sagoma *f*; stampo *m*; *fig.* schema *m*; ♀**nhaft** stereotipo; macchinale, dozzinale.

Schach [ʃax] *n* (11) scacchi *m/pl.*; ~ **dem König** scacco al re; ~ **spielen** giocare agli scacchi; *fig.* **in** ~ **halten** tenere a bada; ~**brett** *n* scacchiera *f*; ♀**brett-artig** a scacchiera.

Schächer [ʃɛçər] *m* (7) ladrone *m*.

Schacher|**er** [ʃaxərər] *m* (7) trafficante *m*; ♀**n** (29) trafficare.

Schach|**feld** [ʃaxfɛlt] *n* quadretto *m*, scacco *m*; ~**figur** *f* pezzo *m*; ♀-**matt** scaccomatto; ~**partie** *f* partita *f* a scacchi; ~**spiel** *n* (gioco *m* degli) scacchi *m/pl.*; ~**spieler**(**in** *f*) *m* scacchista *m u. f.*

Schacht [ʃaxt] *m* (3³) pozzo *m* (⚒ di miniera).

Schachtel [ʃaxtəl] *f* (15) scatola *f*, F *alte* ~ vecchiona *f*; ~**halm** ⚘ *m* equiseto *m*.

schächt|**en** [ʃɛçtən] macellare (secondo il rito ebraico); ♀**er** *m* (7) macellaio *m* (ebreo).

Schachtmeister ⚒ [ʃaxtmaɪstər] *m* caposquadra *m* di miniera.

Schach|**turnier** [ʃaxturniːr] *n* torneo *m* di scacchi (*od.* scacchistico); ~**zug** *m* mossa *f*; *fig. a.* strategemma *m*.

schade [ʃaːdə] peccato (um per); **es ist** ~ **è** peccato; **wie** ~**!** che peccato!; **sehr** ~ gran peccato; **er ist zu** ~ **dafür** è troppo buono per questo.

Schädel [ʃɛːdəl] *m* (7) cranio *m*; F zucca *f*; (*Toten*♀) teschio *m*; ~**bohrung** *f* trapanazione *f*; ~**decke** *f* *Anat.* calotta *f* cranica; ~**haut** *f* pericranio *m*; ~**lehre** *f* craniologia *f*; ~**messer** *n* craniometro *m*; ~**stätte** *f* Calvario *m*.

schaden[1] [ʃaːdən] (26) nuocere; pregiudicare; causare danno; (*beschädigen*) danneggiare (*ac.*); *das schadet nicht* non importa; *das schadet ihm gar nichts* se lo è meritato.

Schaden[2] [ʃaːdən] *m* (6¹) danno *m*; pregiudizio *m*, detrimento *m*; (*Einbuße*) perdita *f*; (*Beschädigung*) guasto *m*; *körperlicher*: difetto *m*; *sich* ~ *tun* farsi male; *wer den* ~ *hat, braucht für den Spott nicht zu sorgen* chi ha danno ha beffe; *zu* ~ *kommen* essere ferito; ~**ersatz** *m* indennizzo *m*; risarcimento *m* dei danni; ~**ersatz-anspruch** *m* diritto *m* al

risarcimento del danno; ~**feuer** *n* grande incendio *m*; ~**freude** *f* gioia *f* maligna; ♀**froh** contento del danno altrui; maligno; ~**versicherung** *f* assicurazione *f* contro i danni.

schadhaft [ʃaːthaft] difettoso; sciupato; *Kleidung*: logoro; ♀**igkeit** *f* stato *m* difettoso, cattivo stato *m*.

schäd|**igen** [ʃɛːdɪgən] (25) *v/t.* pregiudicare, danneggiare; ledere; ♀**igung** *f* danneggiamento *m*; ⚖ lesione *f*; ~**lich** [-tlɪç] dannoso; ♀**lichkeit** *f* nocevolezza *f*, dannosità *f*; ♀**ling** [-lɪŋ] *m* (3¹) insetto *m* nocivo; pianta *f* nociva; ♀**lingsbekämpfung** *f* disinfestazione *f*.

schadlos [ʃaːtloːs] indenne; ~ **halten** indennizzare; *sich* ~ **halten** rivalersi (*an dat.* su); ♀**haltung** *f* indennizzazione *f*.

Schaf [ʃaːf] *n* (3) pecora *f*; *fig.* pecorone *m*; ~**bock** *m* pecoro *m*.

Schäf|**chen** [ʃɛːfçən] *n* (6) pecorella *f*; *fig.* **sein** ~ **ins trockene bringen** levare le pecore dal sole, fare un buon guadagno; ♀**er** *m* (7) pecoraio *m*; *allg.* pastore *m*; ~**erei** [--ˈraɪ] *f* pastorizia *f*.

Schäfer|**gedicht** [ʃɛːfərgədɪçt] *n* poesia *f* pastorale; ~**hund** *m* mastino *m*; ~**in** *f* pastorella *f*; ~**stunde** *f* ora *f* d'amore.

schaffen [ʃafən] **1.** (25) (*arbeiten*) lavorare; (*tun*) farc; (*ver~*) procurare; (*bringen*) portare; *aus*: togliere; *Ordnung*: mettere; *wie geschaffen* fatto apposta; *es* ~ riuscire (a fare); *nichts zu* ~ *haben mit* non avere a che fare con; *j-m zu* ~ *machen* procurare dei grattacapi a qu.; *aus der Welt* ~ finirla con; **2.** (30) creare; ~**d** creatore; produttivo; ♀**de**(**r**) *m* (18) elemento *m* produttivo.

Schaffens|**drang** [ʃafənsdraŋ] *m*, ~**kraft** *f* potenza *f* (forza *f*) creatrice.

Schaffner [ʃafnər] *m* (7) 🚋 conduttore *m*; *Straßenbahn*: bigliettaio *m*.

Schaf|**garbe** ⚘ [ʃaːfgarbə] *f* achillea *f*; ~**hirt** *m* pecoraio *m*; ~**hürde** *f* stabbio *m*; ~**käse** *m* pecorino *m*; ~**leder** *n* pelle *f* in pecora.

Schafott [ʃaˈfɔt] *n* (3) patibolo *m*.

Schaf|**pelz** [ʃaːfpɛlts] *m* pelliccia *f* di montone; ~**schur** *f* tosatura *f*; ~**skopf** *m fig.* pecorone *m*, imbecille *m*; ~**stall** *m* ovile *m*.

Schaft [ʃaft] m (3³) fusto m; (Gewehr♀) cassa f; (Lanzen♀) asta f; (Stiefel♀) gambale m; '~stiefel m/pl. stivaloni m/pl.

Schaf|wolle ['ʃaːfvɔlə] f lana f di pecora; ~zucht f allevamento m delle pecore.

Schah [ʃaː] m (11) scià m.

Schakal Zo. [ʃaˈkaːl] m (3¹) sciacallo m.

Schäker ['ʃɛːkər] m (7) birichino m; ♀n (29) flirtare, scherzare (fra innamorati).

schal¹ [ʃaːl] insipido; fig. a. insulso; (abgestanden) stantio.

Schal² [ʃaːl] m (3¹ u. 11) scialle m.

Schale ['ʃaːlə] f (15) Obst: buccia f; grüne Nüsse: mallo m; dürre Nüsse, Kastanien, Eier, Tiere: guscio m; (Gefäß) scodella f; Kaffee: chicchera f; Waage: coppa f; Phot. bacinella f.

schälen ['ʃɛːlən] (25) sbucciare; smallare; sgusciare.

Schalheit ['ʃaːlhaɪt] f scipitaggine f.

Schälhengst ['ʃɛːlhɛŋst] m stallone m.

Schalk [ʃalk] m (3[³]) furbacchione m; (Spaßmacher) birichino m; '♀haft furbetto, birichino; '~haftigkeit f furbizia f.

Schall [ʃal] m (3[³]) suono m; (Widerhall) risonanza f; '~dämpfer m ♩ sordina f; ⊕ silenziatore m; '♀dicht con isolamento acustico; '~dose f diaframma m.

Schallehre ['ʃalɛːrə] f (bei Trennung: Schalllehre) acustica f.

schallen ['ʃalən] (25) risonare, rimbombare; ~d sonoro.

Schall|geschwindigkeit ['ʃalgəʃvindiçkaɪt] f velocità f del suono; ~grenze f barriera f del suono; ~mauer f muro m del suono; ~messer m fonometro m; ~platte f disco m; ~platten-aufnahme f incisione f di un disco; ~trichter m cornetto m; portavoce m; ~welle f onda f sonora; ~wort n onomatopea f.

Schalmei [-'maɪ] f (16) zampogna f; ~bläser m zampognaro m.

schalt [ʃalt] s. schelten.

Schalt|anlage ['ʃalt⁹anlaːgə] f impianto m di distribuzione; ~brett n ⚡ quadro m di distribuzione (od. di disposizione); ♀en (25) Esp: disporre (mit di); (befehlen) comandare; ⚡ commutare, mettere nel circuito; Auto: cambiare velocità; ~ und walten fare alto e basso; ~er m (7) sportello m; ⚡ interruttore m; (Ein♀) inseritore m, (Um♀) commutatore m; ~erbe-amte(r) m impiegato m allo sportello; ~erdienst m servizio m allo sportello per il pubblico; ~erstunden f/pl. orario m di apertura (od. di servizio per il pubblico); ~hebel m leva f del cambio.   [crostaceo m.\]

Schaltier ['ʃaltiːr] n (3) testaceo m,\

Schalt|jahr ['ʃaltjaːr] n anno m bisestile; ~tafel f ⚡ quadro m di distribuzione (od. di comando); ~tag m giorno m intercalare; ~ung f cambio m; ⚡ accoppiamento m; connessione f; Auto: cambio m velocità; ~ungsschema n schema m di connessione; ~vorrichtung f commutatore m; ~werk n ⚡ impianto m di distribuzione.

Schaluppe ⚓ [ʃaˈlupə] f (15) scialuppa f.

Scham [ʃaːm] f (16, o. pl.) vergogna f; (Gefühl) pudore m; Anat. parti f/pl. pudende; ~männliche: pube m; weibliche: vulva f; aller ~ bar sein non aver pudore; vor ~ erröten arrossire dalla vergogna; '~bein n osso m del pube.

schämen ['ʃɛːmən] (25): sich ~ vergognarsi; ich schäme mich, zu mi vergogno di.

Scham|gefühl ['ʃaːmgəfyːl] n pudore m; ~gegend f regione f del pube; ♀haft pudibondo, pudico; ~haftigkeit f pudicizia f; ~hügel m pube m; ♀los spudorato; impudico, indecente; (frech) svergognato; ~losigkeit f spudoratezza f.

Schamotte [ʃaˈmɔtə] f (15) calcestruzzo m.

Scham|ritze ['ʃaːmritsə] f vulva f; ♀rot rosso dalla vergogna; ~röte f rossore m; ~teile m/pl. parti f/pl. pudende.

schand|bar ['ʃantbaːr] vergognoso; infame; ♀barkeit f vergogna f; infamia f; ♀e ['ʃandə] f (15, o. pl.) vergogna f; disonore m; s. zuschanden.

schänd|en ['ʃendən] (26) disonorare; Mädchen: stuprare; (vergewaltigen) violentare; (entheiligen) profanare; ♀er m (7) disonoratore m; violatore m; profanatore m.

Schandfleck ['ʃantflɛk] m macchia f (d'infamia).

schändlich ['ʃɛntliç] vergognoso; **2-keit** f indegnità f; infamia f.

Schand|mal ['ʃantmɑːl] n stimmata f dell'infamia; **~maul** n lingua f sacrilega; **~tat** f infamia f.

Schändung ['ʃɛnduŋ] f (Vergewaltigung) violentazione f; stupro m; Rel. profanazione f.

Schank [ʃaŋk] m (3³) mescita f; '**~bier** n birra f dalla spina; '**~er** ♂ m ulcera f venerea; '**~tisch** m banco m; '**~wirt** m oste m, padrone m di un'osteria, bettoliere m; '**~wirtschaft** f osteria f; birreria f; abfällig: bettola f.

Schanz|arbeit ['ʃantsˀarbaɪt] f costruzione f di trincee; lavori m/pl. di trincea; **~arbeiter** m zappatore m.

Schanze ✕ ['ʃantsə] f (15) trincea f; in die ~ schlagen mettere a repentaglio.

schanzen ['ʃantsən] ✕ (27) scavare trincee.

Schar [ʃɑːr] f (16) schiera f; (Menge) folla f; ✕ squadra f; in ~en a frotte; (Pflug♀) vomere m.

Scharade [ʃaˈrɑːdə] f (15) sciarada f.

scharen ['ʃɑːrən] (25) schierare; sich ~ schierarsi.

Schären ['ʃɛːrən] f/pl. isolotti m/pl.

scharenweise ['ʃɑːrənvaɪzə] a frotte; a schiere.

scharf [ʃarf] **1.** adj. acuto; Worte: aspro, brusco, pungente; Klinge: affilato; Brille, Geschmack: forte; Luft: crudo; Wind: tagliente; Gehör: fine; Trab: serrato; Zünder: armato; Phot. nitido; (sauer) acre; (bissig) mordace; (streng) severo; (genau hervortretend) spiccato; F ~ auf et. sn avere voglia di qc.; **2.** adv. (abgegrenzt usw.) nettamente; bewachen guardare a vista; ~ geladen (schießen) caricato (tirare) a palla; ~ ansehen fissare; ~ machen affilare; allzu ~ macht schartig il troppo stroppia, il troppo è troppo; '**2-blick** m perspicacia f.

Schärfe ['ʃɛrfə] f (15) acutezza f; affilatezza f; asprezza f; acredine f; mordacità f; finezza f; s. scharf.

scharf|eckig ['ʃarfˀɛkiç] con gli angoli acuti; **2-einstellung** f messa f a fuoco precisa.

schärfen ['ʃɛrfən] (25) aguzzare (a. fig.); Klinge: affilare; (verfeinern) acuire.

scharf|gezeichnet ['ʃarfgətsaɪçnət] profilato; **~kantig** dagli spigoli acuti; **~machen** ✕ togliere la sicurezza; **2macher** m (7) forcaiolo m; Pol. agitatore m; **2richter** m boia m; **2schießen** n tiro m a palla; **2-schuß** m colpo m a palla; **2schütze** m puntatore m scelto; ehm. archibugiere m; **~sichtig** ['-ziçtiç] di vista acuta; fig. perspicace; **2sichtigkeit** f vista f acuta; fig. perspicacia f; **2-sinn** m acume m; **~sinnig** sagace.

Scharlach ['ʃarlax] m (3¹) (Farbe) scarlatto m; ♂ scarlattina f; **~fieber** n (febbre f) scarlattina f; **2rot** (rosso) scarlatto.

Scharlatan ['-latan] m (3¹) ciarlatano m.

Scharm [ʃarm] m (3¹, o. pl.) grazia f, fascino m; **2ant** grazioso m.

Scharmützel ✕ [ʃarˈmytsəl] n (7) scaramuccia f.

Scharnier [-ˈniːr] n (3¹) cerniera f.

Schärpe ['ʃɛrpə] f (15) sciarpa f.

scharren ['ʃarən] (25) **1.** v/i. raspare; Hühner: razzolare; Pferde: scalpitare; mit den Füßen ~ scalpicciare; **2.** v/t. Loch: fare; et. in die Erde ~ sotterrare qc.

Scharte [ʃartə] f (15) tacca f, dente m; die ~ auswetzen fig. rimediare al danno.

Scharteke [ʃarˈteːkə] f (15) vecchio libro m senza valore; scartafaccio m.

schartig ['ʃartiç] pieno di tacche.

Schatten ['ʃatən] m (6) ombra f; im ~ all'ombra; in den ~ stellen fig. eclissare; **~bild** n siluetta f; **2haft** pallido, indistinto; **~land** n, **~reich** n regno m delle tenebre; **~riß** m siluetta f; **~seite** f fig. rovescio m; **2spendend** ombrifero; **~spiel** n ombre f/pl. cinesi, fantasmagoria f.

schattier|en [ʃaˈtiːrən] ombreggiare; **2ung** f ombreggiatura f; fig. sfumatura f.

schattig ['ʃatiç] ombroso.

Schatulle [-ˈtulə] f (15) cassetta f (privata).

Schatz [ʃats] m (3² u. ³) tesoro m (a. fig.); (Geliebte[r]) amante m u. f; mein ~! tesoro (mio)!; '**~amt** n tesoro m; '**~anweisung** f buono m del tesoro.

schätz|en ['ʃɛtsən] (27) stimare; valutare; (für wert halten) apprezzare; ich schätze Sie auf 20 Jahre Le do venti anni; wie hoch ~ Sie

S

das? quanto lo valuta?; *sich glücklich ~* chiamarsi felice; congratularsi; *Ihr geschätztes Schreiben* la Sua pregiatissima; **~enswert** pregevole; **2er** m (7) stimatore m.

Schatz|gräber ['ʃatsgrɛːbər] m scavateseri m; **~kammer** f tesoreria f; **~meister** m tesoriere m; **~meister-amt** n tesorierato m; **~schein** m buono m del tesoro.

Schätzung ['ʃɛtsuŋ] f stima f, valutazione f; **2sweise** all'incirca, approssimativamente.

Schätzwert ['ʃɛtsveːrt] m valore m di stima.

Schatzwechsel † ['ʃatsvɛksəl] m obbligazione f del tesoro.

Schau [ʃau] f (16) vista f; (*Ausstellung*) mostra f, esposizione f; (*Vorführung*) esibizione f; *Thea.* spettacolo m; rivista f; *fig.* punto m di vista; mostra f; *fig. zur ~ tragen* far mostra di, ostentare; *sich zur ~ stellen* mettersi in mostra, esibirsi; '~**bild** n diagramma m; '~**bude** f baracca f; '~**bühne** f teatro m, scena f.

Schauder ['ʃaudər] m (7) brivido m; (*Abscheu*) raccapriccio m; **2-erregend** raccapricciante; **2haft** orribile; **2n** (29) rabbrividire; *es schaudert mich* inorridisco; **2voll** orrendo.

schauen ['ʃauən] (25) guardare.

Schauer ['ʃauər] m (7) orrore m; ⚡ brivido m; (*Gewitter*) acquazzone m, rovescio m; (*Hagel2*) grandinata f; **~geschichte** f storia f raccapricciante; **2lich** orrendo.

Schauermann ⚓ ['~man] m (1, *pl. -leute*) stivatore m.

schauern ['ʃauərn] (29) rabbrividire.

Schaufel ['~fəl] f (15) pala f; *für Erdarbeiten:* badile m; (*Geweih2*) palco m; **2n** (29) v/t. u. v/i. spalare, lavorare con la pala (col badile); *Graben:* scavare; *Schnee:* sgomberare; **~rad** n ruota f a palette; **2weise** a palate.

Schaufenster ['ʃaufɛnstər] n vetrina f; **~dekorateur** ['---dekoratøːr] m vetrinista m.

Schaufler ['ʃauflər] m (7) palatore m; *Jagdw.* daino m.

Schau|flug ['ʃaufluːk] m volo m dimostrativo; **~gerüst** n palco m, tribuna f; **~haus** n camera f mortua-

ria; **~kampf** m *Sport:* incontro m d'esibizione; **~kasten** m vetrina f.

Schaukel ['~kəl] f (15) altalena f; **2n** (29) v/i. u. v/t. dondolare; *Schiffe:* traballare; *sich ~* dondolarsi, fare l'altalena; **~n** n dondolo m; **~pferd** n cavallo m a dondolo; **~reck** n trapezio m; **~stuhl** m sedia f a dondolo.

Schau|lust ['-lust] f curiosità f; **2lustig** curioso.

Schaum [ʃaum] m (3³) schiuma f; *Wein, Meer:* spuma f; *zu ~ werden* andare in fumo; '**2bedeckt** spumoso.

schäumen ['ʃɔymən] (25) spumeggiare; *fig.* avere la spuma alla bocca; **~d** spumeggiante; *Getränk:* spumante.

Schaum|feuerlöscher ['ʃaum-fɔyərlœʃər] m estintore m a schiuma; **~gebäck** n meringa f; **~gold** n orpello m; **~gummi** n gommapiuma f; **2ig** spumoso; **~kelle** f, **~löffel** m schiumaiola f; **~schläger** m frusta f; sbattiuova m; *fig.* ciarlatano m; **~teppich** m tappeto m di schiuma; **~wein** m (vino m) spumante m.

Schau|packung ['ʃaupakuŋ] f campione m fittizio; **~platz** m teatro m; *fig. a.* scenario m.

schaurig ['ʃauriç] orribile.

Schau|spiel ['ʃauʃpiːl] n spettacolo m; *Thea.* dramma m, lavoro m drammatico, commedia f; **~spieler** m attore m; **~spielerin** f attrice f; **2spielern** *fig.* recitare la commedia; **~spielhaus** n teatro m drammatico; **~spielkunst** f arte f drammatica; **~spielschule** f scuola f d'arte drammatica; **~steller** m espositore m; **~stellung** f esposizione f.

Scheck † [ʃɛk] m (3¹ u. 11) assegno m; '~**buch** n libretto m degli assegni.

scheckig ['ʃɛkiç] pezzato.

Scheck|karte ['ʃɛkkartə] f tessera f assegno; **~konto** n conto m corrente bancario; **~verkehr** m giro m assegni.

scheel [ʃeːl] guercio; *fig.* bieco, torvo; (*neidisch*) invidioso; **~** *blicken* guardare di traverso; '**2sucht** f astio m; **~süchtig** ['~zyçtiç] astioso.

Scheffel ['ʃefəl] m (7) moggio m; **2n** (29) *Geld:* guadagnare a palate; **2-weise** a moggia; *fig. a.* a palate.

Scheibe ['ʃaibə] f (15) disco m; (*Brot2*) fetta f; (*Apfelsinen2*) spicchio *m*; (*Fenster⁵*) (lastra *f* di) vetro *m*, cristallo *m*; (*Honig⁵*) favo *m*; (*Schieß⁵*) bersaglio *m*.

Scheiben... ['ʃaɪbən]: ⊕ *in Zssgn* a disco; **~bremse** *f* freno *m* a disco; **⁵förmig** ['--fœrmɪç] a forma di disco; **~honig** *m* miele *m* in favo; **~rad** *n* ruota *f* piena; **~schießen** *n*, **~stand** *m* tiro *m* a segno; **~wischer** *m Kfz.* tergicristallo *m*.

Scheich [ʃaɪç] *m* (3¹) sceicco *m*.

scheidbar ['ʃaɪtbaːr] separabile; **⁵m** decomponibile.

Scheide ['ʃaɪdə] *f* (15) guaina *f*; (*Grenze*) confine *m*; *Anat.* vagina *f*; **~brief** *m* lettera *f* d'addio; 𝔯𝔱 lettera *f* di divorzio; **~erz** *n* minerale *m* scelto; **~gold** *n* oro *m* fino; **~gruß** *m* ultimo addio *m*; **~linie** *f* linea *f* divisoria; **~mauer** *f* tramezza *f*; muro *m* di divisione (*od.* divisorio); **~münze** *f* moneta *f* divisionale; spiccioli *m/pl*.

scheiden ['ʃaɪdən] (30) **1.** *v/t.* separare; dividere; *Ehe:* divorziare; **⁵m** decomporre; *sich ~ lassen* farsi divorziare; *chiedere il divorzio; wir sind verschiedene Leute* fra noi è finita; **2.** *v/i.* (*sn*) separarsi; (*weggehen*) andarsene; *aus dem Leben ~* morire; **3.** ⁵*n* (6) addio *m*; separazione *f*.

Scheide|punkt ['ʃaɪdəpuŋkt] *m* punto *m* di separazione; **~wand** *f* muro *m* divisorio, tramezza *f*; **~wasser** *n* acquaforte *f*; **~weg** ['--veːk] *m* bivio *m*.

Scheidung ['ʃaɪduŋ] *f* separazione *f*; (*Ehe⁵*) divorzio *m*; **~sklage** *f* domanda *f* di divorzio.

Schein [ʃaɪn] *m* (3) luce *f*; (*Mond⁵*) chiaro *m*; (*An⁵*) apparenza *f*; (*Fahr⁵*, *Geld⁵*) biglietto *m*; (*Heiligen⁵*) aureola *f*; (*Gepäck⁵*) scontrino *m*; (*Quittung*) ricevuta *f*; (*Schuld⁵*) obbligazione *f*; (*Zeugnis*) certificato *m*; (*Formular*) modulo *m*; *dem ~e nach* all'apparenza; *sich den ~ geben* darsi l'aria; *den ~ wahren fig.* salvare le apparenze.

Schein... [ʃaɪn...]: *in Zssgn mst* apparente, fittizio; **~angriff** *m* attacco *m* finto; *Fechtk.* finta *f*; **⁵bar** apparente; **~bild** *n* simulacro *m*; **~blüte** *f* floridezza *f* (*od.* prosperità *f*) apparente; **~dasein** *n* esistenza *f* fittizia; **~ehe** *f* matrimonio *m* fittizio; **⁵en** (30) parere; (*glänzen*) ri-

splendere; *die Sonne scheint* c'è il sole, splende il sole; **~freundschaft** *f* amicizia *f* simulata; **~gefecht** *n* battaglia *f* finta; **~grund** *m* pretesto *m*; **⁵heilig** ipocrita; **~heiligkeit** *f* ipocrisia *f*; **~kauf** *m* compra *f* simulata; **~könig** *m* simulacro *m* di re; **~tod** *m* morte *f* apparente; **⁵tot** morto in apparenza; **~vertrag** *m* contratto *m* fittizio; **~werfer** ['-verfər] *m* (7) riflettore *m*, faro *m*, fanale *m*.

Scheiß|e ∨ ['ʃaɪsə] *f* (15) merda *f*; **⁵en** ∨ cacare; **~kerl** ∨ *m* carogna *f*, fetente *m*.

Scheit [ʃaɪt] *n* (3) ceppo *m*.

Scheitel ['ʃaɪtəl] *m* (7) vertice *m*; (*Haar⁵*) riga *f*, scriminatura *f*; **⁵n** (29) *Haar:* dividere, fare la riga a; **~punkt** *m* vertice *m*; *Astr.* zenit *m*; **⁵recht** verticale.

Scheiterhaufen ['ʃaɪtərhaʊfən] *m* rogo *m*.

scheitern ['ʃaɪtərn] (29, *sn*) naufragare; (*fig. a.*) andare a monte, fare fiasco.

Schellack ['ʃɛlak] *m* (3) gommalacca *f*.

Schelle ['ʃɛlə] *f* (15) sonaglio *m*; (*Klingel*) campanello *m*; ⊕ morsetto *m*; **⁵n** (25) sonare il campanello.

Schellen|baum ['ʃɛlənbaʊm] *m* stendardo *m* a sonagliera; **~geläute** *n* scampanellìo *m*, tintinnìo *m* di campanelli; **~halsband** *n* sonagliera *f*; **~kappe** *f* berretto *m* a sonagli.

Schellfisch ['ʃɛlfɪʃ] *m* (3²) nasello *m*.

Schelm [ʃɛlm] *m* (3) birichino *m*; birbone *m*; *armer ~* povero diavolo *m*; **~enstreich** *m*, **~erei** [-məˈraɪ] *f* (16) birichinata *f*.

schelmisch ['ʃɛlmɪʃ] birichino.

Schelte ['ʃɛltə] *f* (15) sgridata *f*; **⁵n** (30) sgridare; *j-n e-n Narren usw. ~* dare del pazzo *usw.* a qu.

Schema ['ʃeːma] *n* (11, *pl. a. -ata*) schema *m*; **⁵tisch** [-'maːtɪʃ] schematico.

Schemel ['ʃeːməl] *m* (7) sgabello *m*.

Schemen ['ʃeːmən] *m* (6) fantasma *m*; **⁵haft** indistinto.

Schenke ['ʃɛŋkə] *f* (15) osteria *f*; taverna *f*; bettola *f*.

Schenkel ['ʃɛŋkəl] *m* (7) coscia *f*; ⅄ lato *m*; *Zirkel:* asta *f*; **~bein** *n* femore *m*; **~bruch** *m* frattura *f* del femore.

schenk|en ['-kən] (25) regalare; (*stiften*) donare; (*erlassen*) condonare; *Glauben*: prestare; *Gehör*: dare; *ich habe es geschenkt bekommen* l'ho ricevuto in regalo; **2er** *m* donatore *m*; **2ung** *f* donazione *f*; **2ungs-urkunde** *f* atto *m* di donazione.

Scherbe ['ʃɛrbə] *f* (15) pezzo *m* di vetro; (*Topf2*) coccio *m*; *in ~n schlagen* mandare a pezzi; frantumare; **~ngericht** *n* ostracismo *m*.

Schere ['ʃeːrə] *f* (15) forbici *f/pl.*; *Zo.* branche *f/pl.*; **2n** (30, *a.* 25) *v/t.* tosare; *Tuch*: cimare; *sich ~* andarsene; *was schert dich das?* che te ne importa?

Scheren|fernrohr ['ʃeːrənfernroːr] *n* cannocchiale *m* panoramico; **~schleifer** *m* arrotino *m*; **~schnitt** *m* siluetta *f*.

Schererei [ʃeːrə'raɪ] *f* (16) seccatura *f*.

Scherflein ['ʃerflaɪn] *n* (6) obolo *m*.

Scherge ['ʃergə] *m* (13) (s)birro *m*.

Scher|messer ['ʃermɛsər] *n* rasoio *m*; **~wolle** *f* tosatura *f*.

Scherz [ʃerts] *m* (3²) scherzo *m*; *schlechter*: burla *f*; tiro *m*; *mit j-m ~ treiben* burlarsi di qu.; *~ beiseite!* scherzi a parte!; *im ~* per scherzo; **'~artikel** *m/pl.* articoli *m/pl.* da carnevale; **2en** (27) scherzare; **'~gedicht** *n* poesia *f* giocosa; **2haft** scherzoso; **~haftigkeit** *f* scherzevolezza *f*; **2weise** per scherzo; **'~wort** *n* parola *f* scherzosa.

scheu [ʃɔʏ] **1.** timido; pauroso; (*menschen~*) selvatico; *fig. Pferde*: ombroso; *~ werden* pigliare ombra; **2.** **2** *f* (16, *o. pl.*) timidezza *f*, soggezione *f*; (*Furcht*) timore *m*.

Scheuche ['ʃɔʏçə] *f* (15) spauracchio *m*; **2n** (25) spaurire.

scheuen ['ʃɔʏən] (25) **1.** *v/i.* adombrarsi; **2.** *v/t.* temere; (*meiden*) scansare; *keine Kosten, Mühe*: non badare a; *sich ~* peritarsi; *sich ~ vor* (*dat.*) aver paura di.

Scheuer ['ʃɔʏər] *f* (15) granaio *m*.

Scheuer|besen *m*, **~bürste** ['ʃɔʏərbeːzən, ~byrstə] *f* spazzola *f* (per lavare i mobili, i pavimenti *usw.*); **~frau** *f*, **~mädchen** *n* donna *f* della pulizia; **~lappen** *m* strofinaccio *m*; **2n** (29) fregare; lavare con lo

strofinaccio; **~tuch** *n* strofinaccio *m*.

Scheuklappe ['-klapə] *f* paraocchi *m/pl.*

Scheune ['ʃɔʏnə] *f* granaio *m*; *für Heu*: fienile *m*.

Scheusal ['-zaːl] *n* (3) mostro *m*.

scheußlich ['ʃɔʏslɪç] mostruoso, orribile; **2keit** *f* mostruosità *f*.

Schi [ʃiː] *m* (11, *pl.* -er) sci *m*; *~ laufen* sciare; **'~anzug** *m* tenuta *f* da sci; costume *m* da sciatore; **'~ausrüstung** *f* equipaggiamento *m* da sci; **'~bahn** *f* pista *f* per sciatori.

Schicht [ʃɪçt] *f* (16) strato *m*; *fig.* (*Arbeits2*) turno *m*; *muta f*; *in e-r ~* senza interruzione; **~arbeit** *f* lavoro *m* a turno (a giornata); **2en** (26) disporre a strati; *Holz*: accatastare; *Geol.* stratificare; **'~enbildung** *f* stratificazione *f*; **'2enweise** a strati; **'2förmig** stratiforme; **'~meister** **⚒** *m* maestro *m* minatore; **'~ung** *f* separazione *f*; stratificazione *f*; **'~wechsel** *m* cambio *m* di turno, muta *f*; **2weise** a strati; **'~wolke** *f* stratocumulo *m*.

schick [ʃɪk] **1.** *adj.* scicche, elegante; **2.** **2** *m* (3, *o. pl.*) eleganza *f*.

schick|en ['ʃɪkən] (25) mandare; inviare; **⚓**, **✝** spedire; *sich ~* adattarsi, (*sich fügen*) rassegnarsi; *unpers. es schickt sich* si conviene; **~lich** conveniente; **2lichkeit** *f* convenienza *f*.

Schicksal ['ʃɪkzaːl] *n* (3) destino *m*; (*Los*) sorte *f*; **~e** *pl.* vicende *f/pl.*; **2haft** fatale, fatidico.

Schicksals|frage ['ʃɪkzaːlsfraːgə] *f* questione *f* vitale; **~gemeinschaft** *f* comunanza *f* di destino; **~genosse** *m* compagno *m* di sventura; **~glaube** *m* fatalismo *m*; **~schläge** *m/pl.* rovesci *m/pl.* di fortuna; **~wechsel** *m* vicissitudini *f/pl.*

Schickung ['ʃɪkuŋ] *f* decreto *m* (provvidenziale); *~ in den Willen Gottes* rassegnazione *f* alla volontà di Dio.

Schiebe... ['ʃiːbə...]: *in Zssgn oft* scorrevole; **~dach** *Kfz. n* tettuccio *m* apribile; **~fenster** *n* finestra *f* scorrevole.

schieb|en ['ʃiːbən] (30) **1.** *v/t.* spingere; **⚙** far scorrere; *Schuld*: dare, gettare; *Spiel*: (*Stein*) muovere; *Kegel ~* giocare ai birilli; *in den Ofen ~* infornare; **2.** F fare loschi af-

fari; vendere di nascosto; **2er** m (7) ⊕ cursore m; (*Riegel*) paletto m; *fig.* pescecane m, affarista m; **2ertum** n raggiri m/pl., truffe f/pl.
Schiebe|riegel ['ʃiːbəriːgəl] m paletto m; **~ring** m anello m scorrevole; **~tür** f portiera f (*od.* porta f) scorrevole; **~wand** f quinta f.
Schiebung ['ʃiːbuŋ] f frode f; *fig.* camorra f.
Schieds|gericht ['ʃiːtsgərɪçt] n tribunale m (*od.* collegio m) arbitrale; **2gerichtlich** arbitrale; **~gerichts-verfahren** n arbitrato m; **~richter** m arbitro m; **2richterlich** arbitrale; **~spruch** m arbitrato m.
schief [ʃiːf] **1.** *adj.* obliquo; (*geneigt*) inclinato; *fig.* **~e** *Lage* f posizione f falsa; **~er** *Turm* m torre f pendente; **2.** *adv.* **~ gehen** camminare storto; **2e** ['ʃiːfə] f (15, *o. pl.*) obliquità f; stortezza f; pendenza f.
Schiefer ['ʃiːfər] m (7) ardesia f, lavagna f; **2artig** schistoso; **~bruch** m cava f d'ardesia; **~dach** n tetto m di lavagna; **~decker** m copritetti m; **2haltig** schistoso; **~stift** m matita f; **~tafel** f lavagna f.
schief|gehen ['ʃiːfgeːən] andar male (*od.* di traverso); **~mäulig** dalla bocca storta; **~wink(e)lig** Å ['ʃiːvɪŋk(ə)liç] dagli angoli obliqui.
Schiel|auge ['ʃiːlʔaʊgə] n occhio m guercio; **2äugig** ['~ɔʏgɪç] guercio.
schiel|en ['ʃiːlən] **1.** (25) *v/i.* essere guercio, avere gli occhi storti; *nach et.* **~** guardare qc. con la coda dell'occhio; **2.** **2en** n (6) strabismo m; **~end** guercio, dagli occhi storti.
Schienbein ['ʃiːnbaɪn] n stinco m.
Schiene ['ʃiːnə] f (15) 🚃 rotaia f; **~n** *pl.* binari m/pl.; **~** stecca f; (*Führungs*2) guida f; **2n** 🚃 (25) steccare; riassestare; **~nfahrzeug** n veicolo m su binari; **~nnetz** n rete f ferroviaria; **~nstrang, ~nweg** ['--veːk] m tratto m di rotaie; strada f ferrata.
schier [ʃiːr] **1.** *adj.* puro; **2.** *adv.* quasi.
Schierling 🌿 ['~lɪŋ] m (3¹) cicuta f.
Schieß... ['ʃiːs...]: *in Zssgn oft da* tiro; **~baumwolle** f fulmicotone m; **~bedarf** m munizioni f/pl.; **~bude** f baracca f di tiro a segno; **2en** (30) **1.** sparare; tirare; *Jagdw.* cacciare; *e-n Bock* **~** *fig.* pigliare un granchio, fare una papera; *gut* **~** essere un buon

tiratore; *sich e-e Kugel durch den Kopf* **~** piantarsi una palla nel cervello; *zum Krüppel* **~** storpiare con una fucilata (*od.* rivoltellata); **2.** *v/i.* (*sich stürzen*) slanciarsi, precipitarsi; (*wachsen*) crescere; *Blut:* salire; **~** *lassen* (*Zügel*) allentare, *fig.* abbandonare, rinunciare a; *daneben* **~** sbagliare il colpo; *ins Kraut* **~** mettere troppe foglie; *fig.* insuperbirsi; **~en** n (6) tiro m, sparo m; **~e-rei** [--'raɪ] f (16) sparatoria f; **~ge-wehr** n arma f da fuoco; **~hütte** f capanna f da tiro; **~platz** m poligono m, campo m di tiro; **~pulver** n polvere f da sparo; **~scharte** f feritoia f; **~scheibe** f bersaglio m; **~stand** m tiro a segno; **~übung** f esercitazione f di tiro.
Schifahr|en ['ʃiːfaːrən] n (6) lo sciare; **~er** m sciatore m.
Schiff [ʃif] n (3) nave f; 🏛 navata f; ⊕ navetta f.
Schiffahrt ['ʃifaːrt] f (*bei Trennung:* Schiff-fahrt) navigazione f; **~sge-sellschaft** f società f di navigazione; **~slinie** f linea f di navigazione; **~sstraße** f strada f navigabile.
schiff|bar ['ʃifbaːr] navigabile; **2-barkeit** f navigabilità f; **2bau** m costruzione f di navi; ingegneria navale; **2bauer** m ingegnere m navale; **2baukunst** f ingegneria f navale; **2bruch** m naufragio m; **~** *erleiden* naufragare; **2brüchige(r)** m naufrago m; **2brücke** f ponte m di barche; **2chen** n (6) navicella f; (*Weber*2) navetta f; (*Mütze*) bustina f.
schiff|en ['ʃifən] (25, *sn*) navigare; *V* pisciare; **2er** m (7) navigante m; armatore m; marinaio m; (*Fähr-mann*) barcaiolo m; **2erklavier** F n fisarmonica f; **2erlied** n barcarola f.
Schiffs|arzt ['ʃifsʔaːrtst] m medico m navale; **~bekleidung** f fasciame m; **~besatzung** f equipaggio m; **~brücke** f ponte m di chiatte; **~eigner** m armatore m; **~flagge** f bandiera f della nave; pavese m; **~hebe-werk** n montabarche m; **~hinter-teil** n poppa f; **~junge** m mozzo m; **~kapitän** m capitano m di mare; **~koch** m cuoco m di bordo; **~kunde** f navigazione f; **~ladung** f carico m; *e-e* **~** *von* una nave carica di; **~lazarett** n nave f ospedaliera; **~liste** f lista f dei passeggeri; **~luke** f boc-

caporto *m*; ~**maat** *m* secondo *m*; ~**makler** *m* agente *m* marittimo; ~**papiere** *n/pl.* documenti *m/pl.* di bordo; ~**raum** *m* stazza *f*; (*Tonnengehalt*) tonnellaggio *m*; ~**register** *n* registro *m* di bordo; ~**reise** *f* viaggio *m* sul mare; crociera *f*; ~**rumpf** *m* scafo *m*; ~**schnabel** *m* rostro *m*; ~**schraube** *f* elica *f*; ~**tagebuch** *n* giornale *m* di bordo; ~**verkehr** *m* traffico *m* marittimo; ~**vorderteil** *n* prua *f*; ~**werft** *f* cantiere *m* navale; ~**wesen** *n* marineria *f*; ~**zwieback** *m* galletta *f*.

Schigelände ['ʃiːɡəlɛndə] *n* campo *m* da sci; pista *f* per sciatori.

Schikan|e [ʃiˈkɑːnə] *f* (15) angheria *f*; vessazione *f*; 2**ieren** angariare, vessare; 2**ös** vessatorio.

Schi|lauf ['ʃiːlauf] *m* sci *m*; l'andare *m* a sciare; 2**laufen** (*sn*) sciare; ~**läufer** *m* sciatore *m*; ~**läuferin** *f* sciatrice *f*.

Schild [ʃilt]: **a)** *m* (3) scudo *m*; et. *im* ~*e führen* tramare (*od.* macchinare, ordire) qc.; **b)** *n* (1) (*Laden*2) insegna *f*; (*Tür*2) targa *f*; cartellino *m*; *s. a. Reklame*2; '~**bürger** *m* abderita *m*, *iro.* cittadino *m* di Cuneo; '~**chen** *n* (6) cartellino *m*; '~**drüse** *Anat. f* glandola *f* tiroidea; ~**erhaus** ✗ ['~dərhaus] *n* casotto *m*, garitta *f*; 2**ern** (29) dipingere, descrivere; ~**erung** ['~dəruŋ] *f* descrizione *f*; '~**knappe** *m* scudiere *m*; '~**knorpel** *m* tiroide *f*; '~**kröte** *f* tartaruga *f*; '~**laus** *f* cocciniglia *f*; ~**patt** ['~pat] *n* (3, *o. pl.*) tartaruga *f*; '~**wache** *f* sentinella *f*; ~ *stehen* essere di sentinella.

Schilehr|er ['ʃiːleːrər] *m* maestro *m* di sci; ~**gang** *m* corso *m* (*od.* lezioni *f/pl.*) di sci.

Schilf [ʃilf] *n* (3) canna *f*; '~**gras** *n* sala *f*; 2**ig** cannoso; '~**rohr** *n* canna *f*.

Schilift ['ʃiːlift] *m* sciovia *f*.

schillern ['ʃilərn] **1.** (29) essere iridescente; cambiar colore; **2.** 2 *n* (6) iridescenza *f*; ~**d** cangiante, iridescente.

Schilling ['ʃiliŋ] *m* (3¹, *im pl. nach Zahlen* o.) scellino *m*.

Schimäre [ʃiˈmɛːrə] *f* (15) chimera *f*.

Schimmel ['ʃiməl] *m* (7) *Zo.* cavallo *m* bianco; ⊗ muffa *f*; 2**ig** ammuffito; 2**n** (29) ammuffire.

Schimmer ['ʃimər] *m* (7) bagliore

m; *fig.* barlume *m*; 2**n** (29) scintillare.

Schimpanse [ʃimˈpanzə] *m* (13) scimpanzè *m*.

Schimpf [ʃimpf] *m* (3) insulto *m*, ingiuria *f*; (*Schmach*) oltraggio *m*; (*Schande*) vergogna *f*; *mit* ~ *und Schande bedeckt* coperto d'ignominia; '2**en** (25) **1.** *v/t.* insultare; *j-n Dieb usw.* ~ dare del ladro *usw.* a qu.; **2.** *v/i.* gridare; *auf j-n* ~ inveire contro qu.; *über et.* ~ lagnarsi di qc.; ~**erei** [-ˈrai] *f* (16) continuo gridare *m* (*od.* insultare *usw.*); '2**lich** vergognoso, ignominioso; ingiurioso; '~**name** *m* titolo *m* ingiurioso; '~**wort** *n* ingiuria *f*.

Schind|aas ['ʃintʔaːs] *n* carogna *f*; ~**anger** *m* scorticatoio *m*.

Schindel ['ʃindəl] *f* (15) assicella *f*.

schind|en ['~dən] scorticare (*a. fig.*); 2**er** *m* (7) scorticatore *m*; (*Henker*) boia *m*; 2**erei** [-ˈrai] *f* scorticamento *m*; (*Plackerei*) facchinaggio *m*; 2**luder** ['ʃintluːdər] *n* carogna *f*; *mit j-m* ~ *treiben* vessare qu.; 2**mähre** *f* rozza *f*, ronzino *m*.

Schinken ['ʃiŋkən] *m* (6) prosciutto *m*; *Mal.* F crosta *f*; ~**brot** *n* panino *m* al prosciutto.

Schippe ['ʃipə] *f* (15) pala *f*.

Schirm [ʃirm] *m* (3) riparo *m*; (*Regen*2) ombrello *m*; (*Sonnen*2) ombrellino *m*; (*Mützen*2) visiera *f*; *s. Lampen*2, *Licht*2, *Ofen*2, *Wand*2, *Wind*2; '~**dach** *n* tettoia *f*; '2**en** proteggere; riparare (*vor* da); '2**end** *adj.*, '~**er** *m* protettore *adj. u. m*; '~**fabrik** *f* fabbrica *f* d'ombrelli; '~**händler** *m* ombrellaio *m*; '~**herr** *m* protettore *m*; '~**herrschaft** *f* patrocinio *m*, patronato *m*; '~**hülle** *f* fodera *f* dell'ombrello; '~**mütze** *f* berretto *m* con visiera; '~**ständer** *m* portaombrelli *m*, posaombrelli *m*; '~**vogt** *m* patrono *m*; '~**wand** *f* paravento *m*.

schirren ['ʃirən] (25) bardare.

Schischanze ['ʃiːʃantsə] *f* trampolino *m* (da sci).

Schism|a ['ʃisma] *n* (9¹ *u.* 11²) scisma *m*; 2**atisch** scismatico.

Schi|sport ['ʃiːʃport] *m* sport *m* dello sci; ~**sprung** *m* salto *m* con gli sci; ~**stock** *m* bastone *m* da sci.

Schizophrenie [ʃitsofreˈniː] *f* (15) schizofrenia *f*.

Schlacht [ʃlaxt] *f* (16) battaglia *f*;

'**~bank** f banco m del macello; macello m; '2**bar** macellabile; '2**en 1.** v/t. (26) allg. ammazzare; Tiere: macellare; opfernd: immolare; **2.** '**~en** n (6) macellazione f; '**~en-bummler** m Sport: tifoso m; '**~en-maler** m pittore m di battaglie.

Schlächter ['flɛçtər] m (7) macellaio m; fig. macellatore m, carnefice m; **~ei** [-'raɪ] f macelleria f; fig. macello m, carneficina f; **~laden** m macelleria f.

Schlacht|feld ['flaxtfɛlt] n campo m di battaglia; **~getümmel, ~gewühl** n mischia f; **~gewicht** n peso m vivo; **~haus** n, **~hof** m macello m; **~kreuzer** m ⊕ incrociatore m da battaglia; **~messer** n squartatoio m; **~opfer** n vittima f; **~ordnung** f ordine m di battaglia; **~plan** m piano m di battaglia; **~ruf** m grido m di guerra; **~schiff** n nave f da battaglia; **~stellung** f ordine m di battaglia; **~steuer** f tassa f di macellazione; **~ung** f macellazione f; **~vieh** n bestiame m da macello.

Schlack|e ⊕ ['flakə] f (15) scoria f, bava f; **2ig** pieno m di scoria.

Schlackwurst ['flakvurst] f salame m.

Schlaf [fla:f] m (3, o. pl.) sonno m; '**~abteil** n scompartimento m letti; '**~anzug** m pigiama m; '2**bringend** sonnifero.

Schläfchen ['flɛːfçən] n (6) sonnellino m, pisolino m.

Schläfe ['flɛːfə] f (15) tempia f.

schlafen ['flaːfən] (30) dormire; ~ gehen andare a letto; beim Schlafengehen andare a letto.

Schläfenbein ['flɛːfənbaɪn] n osso m temporale.

Schläfer(in) f) m(7) ['flɛːfər(in)] dormiente m u. f; (Lang2) dormiglione (-a) m (f).

schlaff [flaf] rallentato; (schlapp) floscio; flaccido; Personen: fiacco; 2**heit** f floscezza f, flaccidezza f; fiacchezza f.

Schlaf|gemach ['flaːfgəmaːx] n camera f da letto; **~genosse** m compagno m di letto.

Schlafittchen [fla'fitçən] n: F ~ beim ~ nehmen pigliare qu. per il collo.

Schlaf|krankheit ['flaːfkraŋkhaɪt] f malattia f del sonno; **~lied** n ninna nanna f; 2**los** insonne; **~losigkeit** f insonnia f; **~mittel** n sonnifero m; **~mütze** f berrettino m da notte; fig. dormiglione m; **~pulver** n sonnifero m; **~raum** m dormitorio m.

schläfrig ['flɛːfriç] sonnolento; fig. addormentato; ~ sein aver sonno; 2**keit** f sonnolenza f.

Schlaf|rock ['flaːfrɔk] m veste f da camera; **~saal** m dormitorio m; **~sack** m sacco m a pelo; **~stelle** f posto m per dormire; **~stube** f s. Schlafzimmer; **~sucht** f sonnolenza f, nona f; 2**süchtig** ['-zyçtiç] sonnolento, letargico; **~trunk** m bevanda f sonnifera; 2**trunken** sonnacchioso; Augen: imbambolato; **~trunkenheit** f sonnolenza f; **~wagen** m vagone m letti; 2**wandeln** (sn) essere sonnambulo, camminare nel sonno; **~wandler** m sonnambulo m; **~zimmer** n camera f da letto.

Schlag [flaːk] m (3³) colpo m (a. ⚡); des Herzens: battito m; der Uhr: tocco m; ~ zehn Uhr alle dieci in punto; der Vögel: canto m; (Wagen-2) sportello m; (Blitz2) fulmine m; Forstw.: tratto m (di bosco); 𝄞 scarica f, scossa f; (Tauben2) piccionaia f; fig. (Art) stampo m, stampa f; (Rasse) razza f; von gutem ~ di buona pasta; ein schwerer ~ fig. un colpo duro; Schläge pl. busse f/pl.; '**~ader** f carotide f; '**~anfall** m colpo m (d'apoplessia); '2**-artig** adv. di colpo, in modo sorprendente; '**~ball** m palla f a base; '**~baum** m barriera f; '**~bolzen** m percussore m.

schlagen ['flaːgən] (30) **1.** v/t. battere; (prügeln) bastonare; (besiegen) sconfiggere, vincere; Spiel, Stein: mangiare; 𝄞 sonare; Alarm: dare; Brücke: gettare; Eier: sbattere; Holz: tagliare; Wurzel, in Ketten, in die Flucht: mettere; die Augen gen Himmel ~ alzare gli occhi al cielo; die Augen zu Boden ~ abbassare gli occhi a terra; e-e Schlacht ~ dare battaglia; ein Kreuz ~ fare il segno della croce; ein Rad ~ fare la ruota; sich durchs Leben ~ tirare avanti, scampare la vita; sich mit j-m ~ battersi con qu.; sich auf j-s Seite ~ schierarsi dalla parte di qu.; **2.** v/i. (a. sn) battere; Uhr: sonare; Vögel: cantare; Pferde: calciare; aus der Art ~ degenerare; nach dem Vater (nach der Mutter) ~ somigliare al padre (alla madre); e-e *geschla-gene Stunde* un'ora esatta (*od.* intera); **⁓d** *fig.* convincente; ⚔ **⁓e** *Wetter n/pl.* grisù *m.*

Schlager ['ʃlɑːgər] *m* (7) pezzo di gran successo; ♩ canzonetta *f* (popolare); (*Tanz*♩) ballabile *m.*

Schläger ['ʃlɛːgər] *m* (7) (*Raufbold*) accattabrighe *m*; *Vögel*: uccello *m* cantatore; ✗ (specie *f* di) fioretto *m*; *Tennis*: racchetta *f*; *Golf*: mazza *f*; *Hockey*: bastone *m*; **⁓ei** *f* zuffa *f*, rissa *f*

schlag|fertig ['ʃlɑːkfɛrtiç] pronto a rispondere; **⁓fertigkeit** *f* prontezza *f* (nel ribattere); **⁓holz** *n* battola *f*; bastone *m*; **⁓instrument** ♩ *n* strumento *m* a percussione; **⁓kraft** *f* efficienza *f*, potenza *f* d'azione; **⁓kräftig** efficiente, potente; **⁓licht** *n* sprazzo *m* di luce; **⁓loch** *n* buca *f*; *Straße f voller Schloglöcher* strada *f* dissestata; **⁓ring** *m* tirapugni *m*; pugno *m* americano; **⁓sahne** *f* panna *f* montata; **⁓seite** ⚓ *f* inclinazione *f.*

schläg(s)t [ʃlɛːk(s)t] *s.* schlagen.

Schlag|werk ['ʃlɑːkvɛrk] *n* soneria *f*; **⁓wetter** *n* grisù *m*; **⁓wort** *n* parola *f* ad effetto; slogan *m*; **⁓zeile** *f* titolo *m*; **⁓zeug** ♩ *n* batteria *f.*

Schlamassel F [ʃlaˈmasəl] *m u. n* (7) pasticcio *m.*

Schlamm [ʃlam] *m* (3) fango *m*, melma *f*; *⁓pl.* fanghi *m/pl.*

schlämmen ['ʃlɛmən] (25) lavare.

Schlamm|erde ['ʃlamˀeːrdə] *f* melma *f*, terreno *m* melmoso; **⁓grund** *m* limaccio *m*; **⁓haltig**, **⁓ig** fangoso.

Schlämmkreide ['ʃlɛmkraɪdə] *f* creta *f* asciutta (*od.* in polvere).

Schlamp|e ['ʃlampə] *f* (15) donna *f* trascurata; **⁓erei** [--ˈraɪ] *f* negligenza *f*, trascuratezza *f*; disordine *m*; **⁓ig** negligente, negletto, trascurato, disordinato.

schlang [ʃlaŋ] *s.* schlingen.

Schlange ['ʃlaŋə] *f* (15) serpente *m*; *fig.* **⁓ stehen** fare la coda.

schlängeln ['ʃlɛŋəln] (29): *sich ⁓* serpeggiare; (*kriechen*) strisciare.

schlangen|artig ['ʃlaŋənˀaːrtiç] serpentino; **⁓beschwörer** *m* incantatore *m* di serpenti; **⁓biß** *m* morso *m* di serpente; **⁓brut** *f* covata *f* di serpenti; razza *f* di vipere; **⁓farm** *f* allevamento *m* di serpenti; **⁓förmig** serpentiforme, serpentino; **⁓haarig**

anguicrinito; **⁓kraut** *n* serpentaria *f*; **⁓linie** *f* linea *f* serpeggiante; **⁓mensch** *m* contorsionista *m*; **⁓rohr** ⚛ *n* serpe *f*; **⁓träger** *m Astr.* serpentario *m.*

schlank [ʃlaŋk] svelto; snello; *Figur*: slanciato; *Finger*: affusolato; *Trab*: serrato; *⁓ werden* dimagrire; **⁓heit** *f* snellezza *f*; **⁓heitskur** *f* cura *f* dimagrante; **⁓weg** ['⁓vɛk] *adv.* recisamente.

schlapp [ʃlap] fiacco, debole.

Schlapp|e ['ʃlapə] *f* (15) batosta *f*, sconfitta *f*; **⁓heit** *f* fiacchezza *f*; **⁓hut** *m* cappello *m* a cencio; **⁓schwanz** *m fig.* F pasta *f* frolla, codardo *m.*

Schlaraffen|land [ʃlaˈrafənlant] *n* paese *m* della cuccagna (*od.* di Bengodi); **⁓leben** *n* vita *f* di Michelaccio.

schlau [ʃlau] furbo; **Schlauberger** ['⁓bɛrgər] F *m* (7) furbacchione *m.*

Schlauch [ʃlaux] *m* (3³) otre *m*; ⊕ (*Röhre*) tubo *m*; (*Rad*♩) pneumatico *m*, gomma *f*; (*Luft*♩) camera *f* d'aria; **⁓boot** *n* canotto *m* pneumatico; **⁓los** senza camera d'aria.

schlauerweise ['⁓ər'vaɪzə] prudentemente.

Schlaufe ['⁓fə] *f* (15) laccio *m.*

Schlau|heit ['⁓haɪt] *f* furberia *f*; **⁓kopf** *m* furbacchione *m.*

schlecht [ʃlɛçt] **1.** *adj.* cattivo; *Zahn*: guasto; **2.** *adv.* male; *mir ist ⁓* mi sento male; *nicht ⁓!* non c'è male!; *es steht sehr ⁓ mit ihm* le sue cose vanno molto male; *das wird ihm ⁓ bekommen* se ne troverà male; *⁓ und recht* discretamente; *⁓ gelaunt* di cattivo umore; **3.** **⁓e(s)** *n* male *m*; **⁓er** (*comp. v.* schlecht) **1.** *adj.* peggiore; **2.** *adv.* peggio; **⁓erdings** ['⁓tər'dɪŋs] assolutamente; **⁓hin** semplicemente; **⁓igkeit** *f* cattiveria *f*; **⁓machen** parlar male di; **⁓weg** ['⁓vɛk] semplicemente.

schleck|en ['ʃlɛkən] (25) spilluzzicare; **⁓er** *m* (7) ghiotto *m*; **⁓erei** [--ˈraɪ] *f* ghiottoneria *f.*

Schlegel ['ʃleːgəl] *m* (7) mazzapicchio *m*, (*Trommel*♩) bacchetta *f*; (*Keule*) cosciotto *m*; (*Ball*♩) racchetta *f.*

Schleh|dorn ♀ ['ʃleːdɔrn] *m* prugnolo *m*; **⁓e** ['ʃleːə] ♀ *f* prugnola *f.*

Schlei [ʃlaɪ] *m* (3) *Fisch:* tinca *f.*

schleich|en [ˈʃlaɪçən] (30, *sn*) andare (scorrere) lentamente, andare di soppiatto, strisciare; *heimlich:* entrare furtivamente; *fig.* insinuarsi; *sich* ~ introdursi (andarsene) di soppiatto; **2weg** *m* lento; furtivo; **2**latente; **2er** *m* (7) soppiattone *m*; **2handel** *m* commercio *m* clandestino, traffico *m* illecito; (*Schmuggel*) contrabbando *m*; **2händler** *m* contrabbandiere *m*; **2ware** *f* roba *f* di contrabbando; **2weg** [ˈveːk] *m* via *f* traversa, tortuosità *f*; *auf* ~en per vie tortuose.

Schleier [ˈʃlaɪər] *m* (7) velo *m*; *Kleidung a.* veletta *f*; ~**eule** *f* barbagianni *m*; **2haft** oscuro, misterioso; incomprensibile; ~**taube** *f* Zo. monaca *f*; ~**wolke** *f* cirrostrato *m*.

Schleife [ˈʃlaɪfə] *f* (15) cappio *m*; laccio *m*; (*Band2*) fiocco *m*; (*Kurve*) curva *f*, svolta *f*; *✇* virata *f*; (*Fluß2*) meandro *m*.

schleif|en [ˈʃlaɪfən] **1.** (30) trascinare; *Mauer:* demolire; *Festung:* smantellare; *♪* legare; *Messer:* arrotare, affilare; *Diamant:* sfaccettare; *Steine:* pulire; *fig. Soldaten:* scorticare; **2.** (25) strisciare; slittare; **2er** *m* (7) arrotino *m*; **2erei** [--ˈraɪ] *f* bottega *f* (mestiere *m*) dell'arrotino; **2maschine** *f* arrotatrice *f*; **2platte** *f* lastra *f* per arrotare; **2rad** *n* ruota *f* per arrotare; **2ring** *✠ m* anello *m* di congiunzione; **2stein** *m* mola *f*, cote *f*; **2ung** *f* smantellamento *m*; arrotatura *f*; sfaccettatura *f*; pulitura *f.*

Schleim [ʃlaɪm] *m* (3) mucco *m*; *♀* mucillagine *f*; '**2-absondernd** mucillaginoso; '**~-absonderung** *f* secrezione *f* muccosa; '**~-auswurf** *m* espettorazione *f*; '**~drüse** *f* glandula *f* pituitaria; '**2en** produrre mucco (*od.* mucillagine); '**~fieber** *n* febbre *f* pituitosa; '**~fluß** *☞ m* catarro *m*; '**2haltig** muccoso; mucillaginoso; '**~haut** *f* muccosa *f*; '**2ig** viscoso; *♀* muccoso; *♀* mucillaginoso; '**~tier** *n* mollusco *m.*

schlemm|en [ˈʃlɛmən] (25) gozzovigliare; **2er** *m* (7) crapulone *m*; **2erei** [--ˈraɪ] *f* crapula *f.*

schlend|ern [ˈʃlɛndərn] (29) andare a zonzo, girellare; **2rian** [ˈdriːaːn] *m* (3) andazzo *m.*

schlenkern [ˈʃlɛŋkərn] (29) agitare,

dimenare; *mit den Beinen* ~ sgambettare.

Schlepp|dampfer [ˈʃlɛpdampfər] *m* rimorchiatore *m*; ~**dienst** *m* servizio *m* di rimorchio; ~**e** *f* (15) strascico *m*; **2en** *v/t.* (25) trascinare; *Kleidung nur:* strascicare; *⚓, Auto:* rimorchiare; *sich mit e-r Krankheit* ~ covare una malattia; ~**end** strascicante; *Tempo:* strascicato; *Stil:* pesante; ~**enträger** *m* paggio *m*; *des Papstes:* caudatario *m*; ~**er** *m* (7) trattore *m*; rimorchiatore *m*; ~**kahn** *m* barca *f* da rimorchio; battello *m* rimorchiatore; ~**kleid** *n* vestito *m* a strascico; ~**netz** *n* strascino *m*; ~**säbel** *m* sciabolone *m*; ~**start** *m* decollo *m* a rimorchio; ~**tau** *n* cavo *m* da rimorchio; *ins* ~ *nehmen* rimorchiare; *fig. im* ~ *von* nella scia di; ~**zug** *m* convoglio *m* rimorchiato.

Schleuder [ˈʃlɔʏdər] *f* (15) fionda *f*; (*Katapult*) catapulta *f*; ~**artikel** *m* articolo *m* di svendita; ~**bewegung** *f Auto:* slittamento *m*; ~**er** *m* (7) fromboliere *m*; *♱* guastamestieri *m*; ~**kraft** *f* forza *f* centrifuga; ~**maschine** *f* centrifuga *f*; *für Milch:* scrematrice *f*; **2n 1.** (29) *v/t.* scagliare; *✇* catapultare; **2.** *v/i. Auto:* slittare, sbandare; **3.** **2n** *n* (6) slittamento *m*, sbandamento *m*; *ins* ~ *geraten* cominciare a sbandare, *fig.* perdere il terreno sotto i piedi; ~**preis** *m* prezzo *m* irrisorio (*od.* di svendita); ~**sitz** *✇ m* sedile *m* catapultabile.

schleunig [ˈʃlɔʏnɪç] **1.** *adj.* pronto; **2.** *adv.* subito; ~**st** al più presto.

Schleuse [ˈʃlɔʏzə] *f* (15) cateratta *f*; ~**nkanal** *m* canale *m* a chiuse; ~**nmeister** *m* caterattaio *m.*

schlich [ʃlɪç] *s. schleichen*; '**2e** *pl. fig.* intrighi *m/pl.*; trucchi *m/pl.*

schlicht [ʃlɪçt] schietto; semplice; *Kleidung:* dimesso; (*glatt*) liscio; '**2e** *f ⊕* bozzima *f*; '**~en** (26) lisciare; *fig.* accomodare; appianare; '**2heit** *f* semplicità *f*; '**2ung** *f* accomodamento *m*; '**2ungsausschuß** [ˈtuŋsʔausʃus] *m* collegio *m* probivirale.

Schlick [ʃlik] *m* (3) melma *f.*

schlief [ʃliːf] *s. schlafen.*

schließ|en [ˈʃliːsən] (30) chiudere; serrare; *in s-e Arme:* abbracciare; stringere; *Vertrag:* concludere;

Ehe: contrarre; *Frieden, Freundschaft*: fare; *Sitzung*: levare, togliere; (*beenden*) terminare; sospendere; (*folgern*) dedurre, concludere, inferire; *in sich ~ fig.* comprendere, implicare; 2er *m* (7) custode *m*; 2**fach** *n* ⌧ casella *f* postale; (*Bank*2) cassetta *f* di sicurezza; 2**feder** *f* molla *f* di chiusura; 2**haken** *m* fermaglio *m*; 2**lich** 1. *adj.* definitivo; 2. *adv.* finalmente; 2**muskel** *m* muscolo *m* costrintore; sfintere *m*; 2**nagel** *m* caviglia *f*; 2**platte** *f* Typ. pancone *m*; 2**ung** *f* chiusura *f*; 2**zeug** *n* serratura *f*; Typ. serraforme *m*.

schliff [ʃlif] 1. *s.* schleifen; 2. 2 *m* (3) taglio *m*; *von Klingen*: affilatura *f*; *fig.* educazione *f*.

schlimm [ʃlim] 1. *adj.* cattivo; (*krank*) malato; *es ist nicht so ~ wie ... non c'è poi tanto male come ...*; 2. *adv.* male; 3. '2e(s) *n* male *m*; '**~er** 1. *adj.* peggiore; 2. *adv.* peggio; *~ werden* peggiorare; *immer ~ werden* andare di male in peggio; '**~ste** peggiore; *das ~ ist, daß ... il peggio è che ...*; *im ~n Falle =* **~stenfalls** ['-stən'fals] nel peggiore dei casi, a peggio andare.

Schlinge ['ʃliŋə] *f* (15) cappio *m*; (*Lauf*2) nodo *m* scorsoio; (*Fang*2) laccio *m*.

Schlingel ['ʃliŋəl] *m* (7) monello *m*.

schlingen ['ʃliŋən] (30) avvinghiare; (*flechten*) intrecciare; (*schlucken*) ingoiare.

schlingern ⚓ ['ʃliŋərn] 1. (29) rullare; 2. 2 *n* (6) rullio *m*.

Schling|gewächs ['ʃliŋəvɛks] *n*, **~pflanze** *f* pianta *f* rampicante.

Schlips [ʃlips] *m* (4) cravatta *f*.

Schlitt|en ['ʃlitən] *m* (6) (*Rodel*2) slitta *f*; slittino *m*; ⊕ carrello *m*; *~ fahren* slittare, andare in slitta; **~enfahrt** *f*, **~enpartie** *f* gita *f* in slitta, slittata *f*; **~erbahn** *f* sdrucciolo *m*; 2**ern** (29) sdrucciolare (sul ghiaccio).

Schlittschuh ['-ʃu:] *m* pattino *m*; *~ laufen* pattinare; **~bahn** *f* pattinaggio *m*; **~läufer** *m* pattinatore *m*.

Schlitz [ʃlits] *m* (3²) fessura *f*; *Kleidung*: sparato *m*; (*Einwurf*) buca *f*; '**~auge** *n* occhio *m* a mandorla; '2**en** (27) spaccare; (*ausweiden*) sparare; '**~messer** *n* Chir. lancetta *f*;

'**~verschluß** *m* Phot. otturatore *m* a tendina.

schlohweiß ['ʃlo:'vaɪs] bianco come la neve.

Schloß [ʃlɔs] 1. *n* (2¹) a) ⌂ palazzo *m*; (*Burg*) castello *m*; b) ⊕ serratura *f*; (*Vorlege*2) lucchetto *m*; *hinter ~ und Riegel* in gattabuia; 2. 2 *s.* schließen; '**~aufseher** *m* castellano *m*.

Schlosser ['ʃlɔsər] *m* (7) magnano *m*, fabbro *m*; **~ei** [-'raɪ] *f* mestiere *m* del magnano; *Werkstatt*: fucina *f*.

Schloß|feder ['ʃlɔsfe:dər] *f* molla *f* della serratura; **~herr** *m* proprietario *m* del castello; **~riegel** *m* stanghetta *f*; **~vogt** *m* castaldo *m*.

Schlot [ʃlo:t] *m* (3) ciminiera *f*; *fig.* F spilungone *m*.

schlott|(e)rig ['ʃlɔt(ə)riç] vacillante, ciondolante; **~e** *Person f* ciondolone *m*; **~ern** (29, *h. u. sn*) tremare; vacillare, ciondolare.

Schlucht [ʃluxt] *f* (16) gola *f*; *tiefe ~* burrone *m*.

schluchz|en ['ʃluxtsən] 1. (27) singhiozzare; 2. 2**en** *n* (6) singhiozzi *m/pl.*; 2**er** *m* (7) singhiozzo *m*.

Schluck [ʃluk] *m* (3[³]) sorso *m*; *tüchtiger ~* sorsata *f*; '**~auf** *m* singhiozzo *m*; '2**en** (25) inghiottire; F mandare giù; ⊕ assorbire; '**~er** *m* (7): *armer ~* povero diavolo *m*; '**~impfung** *f* vaccinazione *f* per via orale; '2**weise** a sorsi.

schlug [ʃlu:k] *s.* schlagen.

Schlummer ['ʃlumər] *m* (7, *o. pl.*) sonno *m* leggero; **~lied** *n* ninna nanna *f*; 2**n** (29) sonnecchiare; 2**nd** assopito.

Schlund [ʃlunt] *m* (3³) fauci *f/pl.*; (*Abgrund*) abisso *m*; (*Kanonen*2, *Vulkan*2) bocca *f*.

schlüpf|en ['ʃlypfən] (25, *sn*) guizzare; *aus dem Ei ~* uscire (*od.* sgusciare) dall'uovo; 2**er** *m* (7) mutandine *f/pl.*

Schlupfloch ['ʃlupflɔx] *n* nascondiglio *m*.

schlüpfrig ['ʃlypfriç] lubrico; 2**keit** *f* lubricità *f*.

Schlupf|wespe ['ʃlupfvɛspə] *f* vespa *f* icneumone *f*; **~winkel** *m* nascondiglio *m*.

schlurfen ['ʃlurfən] (25) camminare strascicando i piedi.

schlürfen ['ʃlyrfən] (25) centellinare.

Schluß [ʃlus] *m* (4²) chiusura *f*; (*Ende*) fine *f*; *e-r Rede, e-s Briefes*:

chiusa f; (*Folgerung*) conclusione f; ~ **machen** farla finita; ~ **für heute** basta per oggi; **zum ~ kommen** volgere alla fine; **zum ~ kommen** volgere alla fine; '**~abrechnung** f conto m finale; '**~abstimmung** f votazione f finale; '**~antrag** m proposta f di chiusura; '**~bemerkung** f osservazione f finale.

Schlüssel ['ʃlysəl] m (7) chiave f (a. *fig.*); *Chiffre*: codice m; **~bart** m ingegno m della chiave; **~bein** n clavicola f; **~blume** f primola f; **~bund** n mazzo m di chiavi; 2**fertig** *Haus*: pronto per l'entrata degli inquilini; **~gewalt** f potere m delle chiavi; **~industrie** f industrie f/pl. di importanza vitale; **~loch** n buco m della chiave, am *Schloß*: toppa f; **~roman** m romanzo m a chiave; **~stellung** f posizione f chiave; **~wort** n cifra f.

Schluß|ergebnis ['ʃlus⁹ɛrgeːpnis] n risultato m finale; **~folge** f, **~folgerung** f conclusione f; argomentazione f; conseguenza f; **~formel** f formula f finale.

schlüssig ['ʃlysiç] concludente; risoluto; ~ **werden** decidersi.

Schluß|licht ['ʃlusliçt] *Kfz.* n fanale m posteriore; 2 u. *fig.* fanalino m di coda; **~notierung** f quotazione f di chiusura; **~protokoll** n protocollo m finale; **~prüfung** f esame m finale; **~rede** f discorso m conclusivo; **~runde** f *Sport*: giro m finale; *Boxsport*: ultima ripresa f; **~satz** m proposizione f finale; **~sitzung** f seduta f di chiusura; **~stein** m chiave f; **~strich** m tratto m conclusivo; **~verkauf** m liquidazione f di fine stagione; **~wort** n ultima parola f; *Lit.* epilogo m.

Schmach ['ʃmaːx] f (16, *o. pl.*) ignominia f; (*Beleidigung*) affronto m.

schmachten ['ʃmaxtən] (26) languire; *nach et.* ~ spasimare per; **~d** languido.

schmächtig ['ʃmɛçtiç] mingherlino; gracile; 2**keit** f gracilità f.

Schmacht|lappen ['ʃmaxtlapən] m cascamorto m; **~riemen** m cinghia f; *den* ~ *fester umschnallen* stringere la cinghia.

schmachvoll ['ʃmaːxfɔl] obbrobrioso.

schmackhaft ['ʃmakhaft] saporito; gustoso; 2**igkeit** f buon sapore m, gustosità f.

Schmäh|brief ['ʃmɛːbriːf] m lettera f ingiuriosa; 2**en** ['ʃmɛːən] (25) ingiuriare, insultare, oltraggiare; 2**end** oltraggioso; 2**lich** ignominioso; **~lied** n canzone f diffamatoria; **~rede** f discorso m ingiurioso; **~schrift** f libello m; **~sucht** f maldicenza f; 2**süchtig** ['-zyçtiç] maldicente; **~ung** f oltraggio m, insulto m, ingiuria f; **~wort** n improperio m.

schmal [ʃmaːl] (18[²]) stretto; *fig.* magro, esiguo.

schmälen ['ʃmɛːlən] (25) **1.** v/i. brontolare; **2.** v/t. sgridare.

schmäler|n ['ʃmɛːlərn] (29) ristringere; (*verringern*) diminuire; *fig.* detrarre; 2**ung** f diminuzione f; detrazione f.

Schmal|film ['ʃmaːlfilm] m film m a passo ridotto; **~filmkamera** f macchina f da presa a passo ridotto; **~hans**: *bei ihnen ist* ~ *Küchenmeister* hanno appena da mangiare; **~heit** f strettezza f; *fig.* magrezza f; **~spurbahn** f ferrovia f a scartamento ridotto; **~spurig** ['-ʃpuːriç] a scartamento ridotto.

Schmalz [ʃmalts] n (3²) strutto m; grasso m; **~birne** f pera f burè; '**~butter** f burro m fuso; '2**ig** grasso; *fig.* untato, sentimentale.

schmarotz|en [ʃmaˈrɔtsən] (27) 9 u. *Zo.* essere parassita (*auf dat.* di); *fig.* vivere a scrocco; **~end** parassita; 2**er** m (7) parassita m; *fig.* scroccone m; 2**e'rei** f scroccheria f; parassitismo m; 2**erpflanze** f pianta f parassita.

Schmarre ['ʃmarə] f (15) sfregio m; (*Narbe*) cicatrice f; **~n** m (6) bagatella f; *Kochk.* frittata f dolce.

Schmatz F [ʃmats] m (3²) baciozzo m; '2**en** (27) schioccare la lingua; *essend*: mangiare rumorosamente; F baciucchiare.

schmauchen ['ʃmauxən] (25) fumare.

Schmau|s [ʃmaus] m (4²) convito m, banchetto m; (*Prasserei*) bisboccia f; 2**sen** ['-zən] (27) banchettare; mangiare con piacere; '**~ser** m (7) gran mangiatore m; banchetto m; **~serei** f [-'raɪ] f gozzoviglia f.

schmecken ['ʃmɛkən] (25) **1.** v/t. assaggiare; **2.** v/i. *abs.* piacere; *gut* ~ essere buono; *nach et.* ~ sapere di qc.; *schmeckt's*? Le piace?; *wie* *schmeckt Ihnen dieses ...?* come trova questo ...?; *das schmeckt mir sehr gut* mi piace molto; es *sich gut ~ lassen* fare onore a.

Schmeich|elei [ˈʃmaɪçəˈlaɪ] *f* (16) lusinga *f*; adulazione *f*; *mit süßen Worten*: moine *f*/*pl.*; '2elhaft lusinghiero; 'elkatze *f* moinardo *m*; 'elkünste *f*/*pl.* moine *f*/*pl.*; '2eln (29) (*dat.*) lusingare (*ac.*); adulare (*ac.*); *fare moine*; 'elname *m* vezzeggiativo *m*; 'elwort *n* vezzeggiativo *m*; *bella parolina f*; 'ler *m* (7) adulatore *m*; '2lerisch lusinghiero; adulatorio.

schmeißen [ˈʃmaɪsən] (30) gettare, buttare; lanciare, scaraventare.

Schmeißfliege [ˈʃmaɪsfliːgə] *f* moscone *m*.

Schmelz [ʃmɛlts] *m* (3²) smalto *m*; *fig.* dolcezza *f*; '~arbeit *f* lavoro *m* in smalto; '~arbeiter *m* smaltista *m*; '2bar fondibile; 'barkeit *f* fusibilità *f*; 'butter *f* burro *m* fuso; 'e *f* fusione *f*; *des Schnees*: scioglimento *m*; (*~hütte*) fonderia *f*; '2en (30) **1.** *v*/*i*. (*sn*) fondersi; sciogliersi; (*vergehen*) struggersi; **2.** *v*/*t*. fondere; '2end *fig.* languido; *♪* melodioso; 'er *m* (7) fonditore *m*; 'erei [--ˈraɪ] *f* (16) fonderia *f*; '~glas *n* smalto *m*; '~hitze *f* punto *m* di fusione; '~hütte *f* fonderia *f*; '~malerei *f* pittura *f* a smalto; '~ofen *m* forno *m* fusorio; '~punkt *m* punto *m* di fusione; '~tiegel *m* crogiolo *m*; '~ung *f* fusione *f*; '~werk *n* fonderia *f*.

Schmerbauch [ˈʃmeːrbaʊx] *m* pancione *m*.

Schmerz [ʃmɛrts] *m* (5¹) dolore *m*; (*Kummer*) pena *f*; '2en (27) **1.** *v*/*i*. dolere; **2.** *v*/*t*. addolorare, far pena a; '2end dolorante; '~ensgeld *n* indennità *f*; '~enskelch *m* calice *m* amaro; '~enskind *n* cruccio *m*, figliolo *m* che ha dato molti dolori alla famiglia; *fig.* lavoro *m* prediletto; '~enslager *n* letto *m* di dolore; '~ensmutter *f* Madre *f* Dolorosa; '2-erfüllt colmo di dolore; '2haft doloroso; '2lich doloroso; '2lindernd calmante; '2los senza dolore; *♣* indolore; '~losigkeit *f* assenza *f* di dolore; '2stillend calmante; '2voll doloroso; *Personen*: addolorato.

Schmetterling [ˈʃmɛtɐlɪŋ] *m* (3¹) farfalla *f*.

schmettern [ˈʃmetɐrn] (29) **1.** *v*/*t*. scaraventare; **2.** *v*/*i*. *Vögel*: cantare; *Trompeten*: squillare.

Schmied [ʃmiːt] *m* (3) fabbro *m*; (*Huf2*) maniscalco *m*; '~e [ˈʃmiːdə] *f* (15) fucina *f*; '~e-eisen *n* ferro *m* battuto; '2en (26) battere (il ferro); *fig.* ordire; *Verse*: fabbricare.

schmieg|en [ˈʃmiːɡən] (25): *sich ~* (*an ac.*) stringersi (a), appoggiarsi (a); '~sam [ˈ-kzaːm] flessibile; *fig.* pieghevole; (*geistig*) versatile; '2-samkeit *f* flessibilità *f*; pieghevolezza *f*; versatilità *f*.

Schmier|apparat [ˈʃmiːrˀaparaːt] *m* lubrificatore *m*; '~buch *n* quadernaccio *m*, scartafaccio *m*; '~büchse *f* ingrassatore *m*.

Schmiere [ˈʃmiːrə] *f* (15) unto *m*; F *sudiciume m*; *Thea.* compagnia *f* di guitti; P ~ *stehen* fare da palo.

schmier|en [ˈʃmiːrən] (25) spalmare (*mit di*); *mit Butter*: imburrare; *mit Öl*: ungere; ⊕ lubrificare; ingrassare; (*schreiben*) scarabocchiare; *fig. j-n ~* ungere le mani (*od.* le ruote) a qu.; es *geht wie geschmiert* va liscio come l'olio; '2er *m* (7) imbrattacarte *m*; '2erei [--ˈraɪ] *f* (16) scarabocchiatura *f*; porcheria *f*; '2fink *m* frittellone *m*; '2geld *n* sbruffo *m*; F bustarella *f*; '~ig untoso; sporco; *fig.* sordido; '2igkeit *f* untuosità *f*; sordidezza *f*; '2käse *m* cacio *m* molle (da stendere sul pane); '2lappen *m* cencio *m*; '2mittel *n* lubrificante *m*; '2-öl *n* (olio *m*) lubrificante *m*; '2salbe *f* unguento *m*; '2seife *f* sapone *m* molle; '2ung *f* lubrificazione *f*; ingrassaggio *m*.

schmilz(est) [ˈʃmɪlts(əst)] *s. schmelzen*.

Schmink|e [ˈʃmɪŋkə] *f* (15) *allg.* belletto *m*; *weiße*: biacca *f*; *rote*: rossetto *m*; '2en (25) truccare; imbellettare; (*Rot auflegen*) dare il rossetto; '~mittel *n* cosmetico *m*.

Schmirgel [ˈʃmɪrɡəl] *m* (7) smeriglio *m*; '2n (29) smerigliare; '~papier *n* carta *f* smeriglio; '~scheibe *f* disco *m* smerigliato.

Schmiß [ʃmɪs] **1.** *m* (4) sfregio *m*; *fig.* vivacità *f*, slancio *m* di passione, entusiasmo *m*, estro *m*; **2.** '2, **schmissen** [ˈ-sən] *s. schmeißen*.

schmissig [ˈʃmɪsɪç] brioso, estroso.

schmollen [ˈʃmɔlən] (25): *mit j-m* ~ tenere il broncio a qu.; **~d** imbronciato.

schmolz [ʃmɔlts] s. *schmelzen*.

Schmor|braten [ˈʃmoːrbraːtən] *m* stufato *m*; **2en** (25) **1.** *v/t.* stufare; **2.** *v/i.* cuocere; *fig.* bruciare; **~fleisch** *n* carne *f* stufata; **~hitze** *f* caldo *m* tropicale; **~topf** *m* cazzaruola *f*.

Schmu [ʃmuː] *m*: ~ *machen* gabbare, imbrogliare, ingannare.

schmuck¹ [ʃmuk] lindo, elegante.

Schmuck² [ʃmuk] *m* (3) ornamento *m*; (*Juwelen*) gioie *f/pl.*, gioielli *m/pl.*; **~arbeit** *f* (lavoro *m* di) gioielleria *f*.

schmücken [ˈʃmykən] (25) ornare, adornare; *mit Orden*: fregiare; *Kirchen usw.*: addobbare.

Schmuck|kästchen [ˈʃmukkɛstçən] *n* (6) cofanetto *m*; **2los** disadorno, **~losigkeit** *f* mancanza *f* d'ornamenti, semplicità *f*; **~nadel** *f* spillo *m*; **~sachen** *f/pl.* gioielli *m/pl.*; **~stück** *n* gioiello *m*, gioia *f*.

Schmückung [ˈʃmykuŋ] *f* (ad)ornamento *m*; addobbo *m*.

schmudd(e)lig [ˈʃmud(ə)liç] sudiciotto.

Schmugg|el [ˈʃmugəl] *m* (7) contrabbando *m*; **2eln** (29) introdurre di contrabbando; **~elware** *f* merce *f* di contrabbando; **~ler** *m* (7) contrabbandiere *m*.

schmunzeln [ˈʃmuntsəln] (29) sorridere soddisfatto.

Schmus F [ʃmuːs] *m* (4, *o. pl.*) moine *f/pl.*; **2en** [ˈ-zən] (27) F pomiciare.

Schmutz [ʃmuts] *m* (3²) sporcizia *f*; (*Schlamm*) fango *m*; sudiciume *m*; *Lit.* letteratura *f* oscena; **~blech** *n* parafango *m*; **2en** (27) sporcarsi, far macchie; insudiciare; **~fink** *m* sudicione *m*; **~fleck** *m* macchia *f*, *von Straßenkot*: zacchera *f*; **2ig** sporco; sudicio; **~igkeit** *f* sporcizia *f*; *fig.* sordidezza *f*; **~lappen** *m* cencio *m* sporco; **~liese** F *f* sporcacciona *f*; **~literatur** *f* pornografia *f*; **~loch** *n* tana *f*; **~titel** *m* *Typ.* guardia *f*, occhietto *m*; **~wasser** *n* acqua *f* sporca.

Schnabel [ˈʃnaːbəl] *m* (7¹) becco *m*; ⚓ rostro *m*; **~hieb** *m* beccata *f*.

schnäbeln [ˈʃnɛːbəln] beccarsi; F baciucchiarsi.

Schnabelschuh [ˈʃnaːbəlʃuː] *m* scarpa *f* con la punta rivoltata.

schnabulieren [ʃnabuˈliːrən] F mangiare di buon gusto.

Schnack [ʃnak] *nd. m* (3, *o. pl.*) chiacchiera *f*; (*Witz*) motto *m*, arguzia *f*; **2en** (25) chiacchierare.

Schnake [ˈʃnaːkə] *f* (15) zanzara *f*.

Schnall|e [ˈʃnalə] *f* (15) fibbia *f*; **2en** (25) affibbiare; *den Gürtel enger* ~ stringersi la cinghia; **~enschuh** *m* scarpa *f* da affibbiare (*od.* a fibbia).   [care (la lingua).]

schnalzen [ˈʃnaltsən] (27) schioc-

schnappen [ˈʃnapən] (25) scattare; *nach et.* ~ cercare d'acchiappare qc.; *nach Luft* ~ boccheggiare; F *frische Luft* ~ prendere una boccata d'aria; *nun hat's geschnappt* è finita.

Schnäpper [ˈʃnɛpər] *m* (7) lancetta *f*, bisturi *m*.

Schnapp|feder [ˈʃnapfeːdər] *f* molla *f*; **~hahn** *m* malandrino *m*; **~messer** *n* coltello *m* a serramanico; **~schloß** *n* serratura *f* a scatto; **~schuß** *m* *Phot.* istantanea *f*.

Schnaps [ʃnaps] *m* (4²) acquavite *f*; grappa *f*; **~brennerei** *f* distilleria *f* di liquori; **~flasche** *f* fiaschetta *f* d'acquavite; **~glas** *n* bicchierino *m* da liquore; **~idee** *f* idea *f* assurda; **~laden** *m* liquoreria *f*; **~nase** *f* naso *m* da beone; **~säufer** *m*, **~trinker** *m* bevitore *m* d'acquavite.

schnarch|en [ˈʃnarçən] **1.** (25) russare; **2.** **2en** *n* (6) russio *m*; **2er** *m* (7) russatore *m*.

Schnarr|e [ˈʃnarə] *f* (15) raganella *f*; **2en** (25) stridere; *Spinnräder*: ronzare; *Vogel*: gracidare.

schnattern [ˈʃnatərn] (29) strepitare; *Ente*: schiamazzare.

schnauben [ˈʃnaubən] (25) sbuffare; soffiare.

schnaufen [ˈʃnaufən] (25) respirare; (*keuchen*) stronfiare.

Schnauz|bart F [ˈʃnautsbaːrt] *m* mustacchi *m/pl.*; **2bärtig** baffuto; **~e** *f* (15) muso *m*; P *halt die* ~! chiudi il becco!; **2en** (27) brontolare; **~er** F *m* mustacchi *m/pl.*

Schnecke [ˈʃnɛkə] *f* (15) *Zo.* chiocciola *f*; *a. fig.* lumaca *f*; ⊕ vite *f* perpetua; *Zeichenk.* voluta *f*.

schnecken|förmig [ˈʃnɛkənfœrmiç] a chiocciola, ⊕ spirale; **2gang** *m* passo *m* di lumaca; viale *m* a spirale; **2gehäuse** *n*, **2haus** *n* conchiglia *f*;

2̲horn n tentacolo m; 2̲linie f spirale f; 2̲post F f: mit der ~ a passo di lumaca; 2̲tempo n: im ~ a passo di lumaca.

Schnee [ʃne:] m (3¹, o. pl.) neve f; zu ~ schlagen (Eier) sbattere la chiara dell'uovo; '̲ball m palla f di neve; '2̲bedeckt coperto di neve, nevoso; '̲beseitigung f sgombero m della neve; '2̲blind abbagliato dalla neve; '̲brille f occhiali m/pl. da sci (od. da alpinista); '̲fall m nevicata f, precipitazione f nevosa; '̲feld n nevaio m; '̲flocke f fiocco m di neve; '̲gebirge n montagna f coperta di neve; '̲gestöber n nevischio m; '̲glöckchen ♀ n bucaneve m; '̲grenze f limite m delle nevi perpetue; '̲grube f nevaia f; '̲haufen m mucchio m di neve; '̲höhe f spessore m della neve; '̲huhn n pernice f bianca; '2̲ig nevoso; '̲kette f catena f da neve; '̲mann m pupazzo m di neve; '̲pflug m spazzaneve m; '̲schläger m Kochk. montachiara m; '̲schmelze ['-ʃmɛltsə] f scioglimento m della neve, disgelo m; '̲schuh m sci m; '̲schuhläufer m sciatore m; '̲sturm m bufera f di neve; '̲treiben n nevischio m; '̲wehe f neve f ammucchiata; '2̲weiß bianco come la neve, niveo; '2̲wetter n tempo m nevoso.

Schneid [ʃnaɪt] m (3, o. pl.) coraggio m, F fegato m; brio m; '̲brenner m bruciatore m tagliante.

Schneide ['ʃnaɪdə] f (15) filo m, taglio m; ̲bank f cavalletto m; ̲brett n tagliere m; ̲maschine f tagliatrice f; ̲messer n coltello m; ̲mühle f segheria f.

schneiden ['ʃnaɪdən] (30) tagliare; (Bäume) potare; Grimassen: fare; ins Herz ~ trafiggere il cuore; fig. j-n ~ fingere di non conoscere qu., ignorare qu.; ̲d tagliente; Kälte: pungente.

Schneider ['ʃnaɪdər] m (7) sarto m; ̲ei [--'raɪ] f (16) sartoria f; ̲in f sarta f; ̲meister m sarto m; 2̲n (29) fare il sarto (la sarta); sich et. ~ lassen farsi fare qc. dal sarto.

Schneidezahn ['--tsaːn] m (3⁸) dente m incisivo.

schneidig ['ʃnaɪdɪç] tagliente; fig. brioso; energico; 2̲keit f brio m; energia f.

schneien ['ʃnaɪən] (25) nevicare.

Schneise ['ʃnaɪzə] f (15) sentiero m (in un bosco).

schnell [ʃnɛl] rapido; veloce; pronto; adv. presto; ~ wie der Wind rapido come il vento.

Schnell|boot ⚓ ['ʃnɛlboːt] n motosilurante f; ̲dampfer m vapore m di grande velocità; ̲dienst m der Warenhäuser: consegna f per espresso; ̲e ['-lə] f (15) (Fluß2̲) rapida f; 2̲en (25) 1. v/i. (sn) scattare; Preise: salire rapidamente; 2. v/t. scoccare; (werfen) lanciare; ̲feuer m tiro m rapido; 2̲füßig ['-fyːsɪç] veloce, piè veloce; ̲gericht n Kochk. piatto m espresso; ⚷ procedimento m per direttissima; ̲hefter ['-hɛftər] m (7) raccoglitore m; ̲igkeit f rapidità f; velocità f; ̲kraft f elasticità f; ̲presse f Typ. rotativa f; ̲richter m giudice m in direttissima; ̲schritt m passo m accelerato; ̲straße f strada f di grande comunicazione; ̲verfahren n ⚷ n direttissima f; procedura f d'urgenza; ̲waage f stadera f; ̲zug m (treno m) direttissimo m.

Schnepfe ['ʃnɛpfə] f (15) beccaccia f.

schneuzen ['ʃnɔytsən] (27): sich ~ soffiarsi il naso.

Schnickschnack ['ʃnɪkʃnak] m (3, o. pl.) fandonie f/pl.

schniegeln ['ʃniːgəln] (29) azzimare.

Schnippchen ['ʃnɪpçən] n (6): j-m ein ~ schlagen fare un brutto tiro a qu.

Schnippel ['ʃnɪpəl] m (7) ritaglio m; 2̲n ['-əln] (29) tagliuzzare.

schnippisch ['ʃnɪpɪʃ] sdegnosetto.

Schnipsel ['-səl] m u. n (7) ritaglio m, pezzettino m.

Schnitt [ʃnɪt] 1. m (3) taglio m; (Scheibe) fetta f; Chir., Kunst: incisione f; Schnitzerei: intaglio m; (Gesichts2̲) sagoma f; ♀ sezione f; Kleidung: foggia f; nach dem neuesten ~ all'ultima moda; 2. 2̲ s. schneiden; '̲arbeit f Film: lavoro m di taglio; '̲ball m Tennis: palla f tagliata; '̲blumen f/pl. fiori m/pl. da taglio; '̲bohnen f/pl. fagiolini m/pl.; '̲e f fetta f; '̲er m mietitore m; '̲fläche f sezione f; '2̲ig sagomato, profilato; fig. elegante; '̲lauch ♀ m cipollina f; '̲linie f linea f d'intersecazione; e-s Kreises:

secante *f*; '**~muster** *n* modello *m* di taglio; '**~punkt** *m* punto *m* d'intersezione; '**~tabak** *m* trinciato *m*; **~waren** *f/pl. u.* '**~warengeschäft** *n* merceria *f*; '**~warenhändler** *m* merciaio *m*; '**~wunde** *f* ferita *f* di taglio.

Schnitz|arbeit ['ʃnits ˀarbaɪt] *f* lavoro *m* d'intaglio; **~el** *n* (7) ritaglio *m*; *Kochk.* braciola *f*; *Wiener ~ Kochk.* costoletta *f* alla milanese; **₂eln** (29) tagliuzzare; **₂en** (27) intagliare, scolpire (nel legno); **~er** *m* (7) intagliatore *m*; *fig.* stralongiare *m*; *e-n ~ machen* prendere una cantonata (*od.* un granchio); **~erei** [--'raɪ] *f* scultura *f* in legno; **~kunst** *f* arte *f* dell'intaglio; **~werk** *n* lavoro *m* d'intaglio.

schnodderig F ['ʃnɔdəriç] insolente, impertinente; **₂keit** *f* impertinenza *f*.

schnöd|e ['ʃnøːdə] vile; (*verachtend*) sprezzante; *~ behandeln* trattare con disprezzo; **₂igkeit** *f* viltà *f*; disprezzo *m*.

Schnorchel ['ʃnɔrçəl] *m* (7) tubo *m* respiratorio.

Schnörkel ['ʃnœrkəl] *m* (7) *Schrift:* svolazzo *m*; ghirigoro *m*; △ voluta *f*; *fig.* fronzoli *m/pl.*; **₂haft** rabescato; pieno di fronzoli.

schnorr|en ['ʃnɔrən] (25) pitoccare; scroccare; **₂er** *m* (7) accattone *m*.

schnüff|eln ['ʃnyfəln] (29) fiutare; *fig.* grufolare; **₂ler** *m* (7) ficcanaso *m*, spia *f*, frugatore *m*.

Schnuller ['ʃnulər] *m* (7) F poppatoio *m*.

Schnulze F ['ʃnultsə] *f* (15) canzonetta *f* sentimentale (*od.* da quattro soldi).

schnupf|en ['ʃnupfən] **1.** (25) fiutare tabacco; **2.** **₂en** *m* (6) costipazione *f*, raffreddore *m*; *e-n ~ haben* essere raffreddato (*od.* costipato); **₂tabak** *m* tabacco *m* da fiuto; **₂tabaksdose** *f* tabacchiera *f*; **₂tuch** *n* fazzoletto *m*.

schnuppe ['ʃnupə] F: *das ist mir ~* me ne impipo, me ne infischio, F me ne frego.

schnuppern ['ʃnupərn] (29) fiutare.

Schnur [ʃnuːr] *f* (14¹) spago *m*, cordicella *f*; *von Perlen:* filo *m*; *ɇ* cavo *m*, cordone *m*; *über die ~ hauen* passare i limiti; *pl.* Schnüre (*Brustverzierungen*) alamari *m/pl.*

Schnürband ['ʃnyːrbant] *n* stringa *f*.

Schnurbesatz ['ʃnuːrbəzats] *m* passamano *m*, guarnizione *f* di passamanerie.

Schnür|boden ['ʃnyːrboːdən] *m* *Thea.* soffitto *m* del palcoscenico; **~brust** *f* busto *m*; **~chen** ['-çən] *n* (6): *wie am ~ laufen* correre liscio come una meraviglia; **₂en** (25) allacciare; *fig. sein Bündel ~* far fagotto.

schnurgerade ['ʃnuːrgəraːdə] diritto diritto.

Schnurr|bart ['ʃnurbaːrt] *m* baffi *m/pl.*; **₂bärtig** ['-bɛːrtiç] baffuto.

Schnurre ['ʃnurə] *f* (15) storiella *f*, aneddoto *m*; **₂n** (25) ronzare; *Katze:* fare le fusa.

Schnürriemen ['ʃnyːriːmən] *m* legacciolo *m*, stringa *f*.

schnurrig ['ʃnuriç] buffo; strano.

Schnür|schuh ['ʃnyːrʃuː] *m* scarpa *f* da allacciare; **~senkel** *m* stringa *f*, legacciolo *m*; **~stiefel** *m* stivaletto *m*.

schnurstracks ['ʃnuːrʃtraks] direttamente, difilato.

schnurz F [ʃnurts] = *schnuppe*.

Schnute ['ʃnuːtə] *f* (15) *prov.* muso *m*.

schob [ʃoːp] *s. schieben.*

Schober ['ʃoːbər] *m* (7) bica *f*.

Schock [ʃɔk]: **a)** *ˀɣ* ɣ (11) choc *m*; collasso *m*; (*Elektro₂*) scossa *f*; **b)** *n* (3, *nach Zahlen uv.*) sessantina *f*; **₂'ieren** scandalizzare; '**~therapie** *f* trattamento *m* mediante choc; '**₂weise** *fig.* a bizzeffe.

schofel ['ʃoːfəl] meschino.

Schöffe ['ʃœfə] *m* (13) scabino *m*; **~ngericht** *n* tribunale *m* degli scabini.

Schokolade [ʃoko'laːdə] *f* (15) cioccolata *f*; **~n-eis** *n* (gelato *m* alla) cioccolata *f*; **~nkanne** *f* cioccolatiera *f*; **~nplätzchen** *n* cioccolatino *m*; **~npulver** *n* cioccolata *f* in polvere.

Scholast|ik [ʃo'lastik] *f* (16, *o. pl.*) scolastica *f*; **~iker** *m* (7), **₂isch** *adj.* scolastico *m u. adj.*

Scholl|e ['ʃɔlə] *f* (15) **1.** zolla *f*; (*Eis-₂*) lastra *f* di ghiaccio; **2.** *Zo.* sogliola *f.*

schon [ʃoːn] già; *~ gut* sta bene; *~ jetzt* già ora; *~ lange* già da tempo; *~ wieder* di nuovo; *~ wegen ...* non foss'altro per ...; *~ der Gedanke* il solo pensiero; *er wird ~ kommen*

S

vedrai che verrà; *das* ~, *aber va bene, ma.*

schön [ʃøːn] **1.** *adj.* bello; *das ist* ~ *von dir!* bravo, hai fatto proprio bene!; *das wäre noch* ~er non ci mancherebbe altro; *das ist* ~er questo è più bello; *e-s* ~en *Tages* un bel giorno; *die* ~en *Künste* le belle arti; ~en *Dank!* grazie tante!; **2.** *adv.* bene; ~! va bene!; *bitte* ~! per favore!; faccia pure! **2.** *adv.* bene; ~! va bene!; *bitte* ~! per favore!; faccia pure!

schonen [ˈʃoːnən] (25) aver cura di; *j-n:* risparmiare; *sich* ~ aversi riguardo; ~**d** delicato; indulgente; *in* ~*er Weise* con tutti i riguardi.

schönen [ˈʃøːnən] (25) *Wein:* chiarificare.

Schoner [ˈʃoːnər] *m* (7) fodera *f*; coperta *f*; ⚓ goletta *f*.

schön|färben [ˈʃøːnfɛrbən] *fig.* dipingere tutto di rosa; ☉**färberei** [---ˈraɪ] *f* (16) *fig.* ottimismo *m*; ~**geist** *m* bell'ingegno *m*; ~**geistig** estetico; ~*e Literatur f* letteratura *f* amena.

Schönheit [ˈʃøːnhaɪt] *f* bellezza *f*; ~**sfehler** *m* piccolo difetto *m*; ~**sgefühl** *n* senso *m* del bello, buon gusto *m*; ~**skönigin** *f* reginetta *f*; ~**slehre** *f* estetica *f*; ~**smittel** *n* cosmetico *m*; ~**spfläs

terchen** *n* neo *m* finto; ~**spflege** *f* cura *f* della bellezza; ~**ssalon** *m* istituto *m* di bellezza; ~**ssinn** *m* senso *m* estetico, gusto *m*.

schönmachen [ˈʃøːnmaxən] (25): *sich* ~ farsi bello.

Schön|redner [ˈʃøːnreːdnər] *m* declamatore *m*; ~**rednerei** [---ˈraɪ] *f* declamazione *f*; ret(t)orica *f*; ☉**rednerisch** ret(t)orico; ~**schreiben** *n* (6) calligrafia *f*; ~**schreiber** *m* calligrafo *m*; ~**tuer** [ˈ-tuːər] *m* (7) vagheggino *m*; ~**tuerei** [--ə'raɪ] *f* il farsi grazioso, galanteria *f*; ☉**tun:** *j-m* ~ adulare qu.

Schonung [ˈʃoːnuŋ] *f* riguardi *m/pl.*; moderazione *f*; *Forstw.* bosco *m* di riserva; ☉**slos** spietato; ~**slosigkeit** *f* spietatezza *f*. [della caccia.]

Schonzeit [ˈʃoːntsaɪt] *f* chiusura *f*⸤

Schopf [ʃɔpf] *m* (3³) ciuffo *m*; *die Gelegenheit beim* ~*e fassen* afferrare l'occasione.

Schöpf|brunnen [ˈʃœpfbrunən] *m* pozzo *m*; ~**eimer** *m* secchia *f*; ☉**en** (25) attingere (*a. fig.*); *Atem, Mut, Verdacht:* prendere; *Hoffnung:*

concepire; ~**er** *m* (7) creatore *m*; ☉**erisch** creativo; ~**gefäß** *n* attingitoio *m*; ~**kelle** *f*, ~**löffel** *m* cucchiaione *m*; ramaiolo *m*; ~**pumpe** *f* pompa *f* aspirante; ~**rad** *n* ruota *f* a tazze; ~**ung** *f* creazione *f*; creato *m*; ~**ungsgeschichte** *f* storia *f* della creazione; ~**ungskraft** *f* forza *f* creatrice; ~**werk** noria *f*.

Schoppen [ˈʃɔpən] *m* (6) mezzetta *f*; *Wein:* quartino *m*; *Bier:* pinta *f*.

Schöps [ʃœps] *m* (4) castrato *m*; *fig.* castrone *m*.

schor [ʃoːr] *s.* scheren.

Schorf [ʃɔrf] *m* (3) crosta *f*; ☉**ig** crostoso.

Schornstein [ˈʃɔrnʃtaɪn] *m* camino *m*; ⊕ ciminiera *f*; ~**feger** *m* spazzacamino *m*.

schoß¹ [ʃɔs] *s.* schießen.]

Schoß² [ʃoːs] *m* (3² u. ³) grembo *m* (*a. fig.*); *Kleidung:* falda *f*; *in den* ~ *fallen* piovere dal cielo; *die Hände in den* ~ *legen* starsene con le mani in mano.

Schoß|hund [ˈʃoːshunt] *m* cucciolo *m*; ~**kind** *n* cucco *m*.

Schößling [ˈʃœslɪŋ] *m* (3¹) ꝗ rimessiticcio *m*.

Schote ꝗ [ˈʃoːtə] *f* (15) baccello *m*; guscio *m*; ~*n pl.* piselli *m/pl.* verdi (*od.* freschi).

Schott ⚓ [ʃɔt] *n* (3) paratia *f*, compartimento *m* stagno.

Schott|e [ˈʃɔtə] *m* (13), ~**in** *f*, ☉**isch** scozzese *m u. f.*

Schotter [ˈʃɔtər] *m* (7) ghiaia *f*, pietrisco *m*; ~**massicciata** *f*; ☉**n** (29) inghiaiare; acciottolare; ~**weg** *m* acciottolato *m*; ~**ung** *f* massicciatura *f*.

schraffier|en [ʃraˈfiːrən] tratteggiare; ☉**ung** *f* tratteggiatura *f*.

schräg [ʃrɛːk] obliquo; ⚕ diagonale; ☉**e** [ˈ-gə] *f* (15) direzione *f* obliqua; obliquità *f*; ☉**lage**, ¹☉**stellung** *f* posizione *f* inclinata.

Schramm|e [ˈʃramə] *f* (15) scalfittura *f*; sfregio *m*; cicatrice *f*; ☉**en** (25) scalfire; ☉**ig** pieno di scalfitture.

Schrank [ʃraŋk] *m* (3³) armadio *m*; (*Bücher*☉) biblioteca *f*; (*Küchen*☉) credenza *f*.

Schranke [ˈʃraŋkə] *f* (15) barriera *f*; (*Kampfplatz*) lizza *f*; *im Gericht:* (s)barra *f*; *fig.* limite *m*; *in* ~*n halten* frenare; tenere a bada.

schranken|los [ˈʃraŋkənloːs] illimitato; (zügellos) sfrenato; **2losig-keit** f illimitatezza f; sfrenatezza f; **2wärter** m casellante m, cantoniere m.

Schrankkoffer [ˈʃraŋkkɔfər] m baule m armadio.

Schranze [ˈʃrantsə] f (15) cortigiano m; **2nhaft** cortigianesco.

Schrapnell ✕ [ʃrapˈnɛl] n (3¹ u. 11) shrapnel m.

Schraube [ˈʃraubə] f (15) vite f; ⚓ elica f; F e-e ∼ ist bei ihm los gli manca un venerdì; **2n** (25) avvitare; hoch∼ alzare; herunter∼ abbassare; fig. ge-schraubt contorto.

Schrauben|bohrer [ˈʃraubənboː-rər] m succhiello m; **∼bremse** f freno a vite; **∼dampfer** m vapore m ad elica; **2förmig** [ˈ--fœrmiç] a vite, elicoidale; **∼gang** m, **∼linie** f spira f; **∼gewinde** n filetto m della vite; **∼mutter** f madrevite f; **∼nagel** m chiodo m a vite; **∼schiff** n s. Schraubendampfer; **∼schlüssel** m chiave f per viti, chiave f inglese; **∼welle** f albero m dell'elica; **∼win-dung** f spira f; **∼zieher** [ˈ--tsiːər] m (7) giravite m, cacciavite m.

Schraubstock [ˈʃraupʃtɔk] m morsa f.

Schrebergarten [ˈʃreːbərgartən] m (6¹) orticello m con pergola.

Schreck [ʃrɛk] m (3), **∼en**[1] m (6) terrore m (einjagen incutere); spa-vento m; **2en**[2] v/t. (25) spaventare, atterrire; (auf∼) allarmare.

Schreckens|bote [ˈʃrɛkənsboːtə] m messaggero m di terrore; **∼bot-schaft** f novella f funesta; **∼herr-schaft** f regime m di terrore; **∼nacht** f notte f di terrore.

Schreck|gespenst [ˈʃrɛkgəʃpɛnst] n spauracchio m; **2haft** pauroso; '∼-haftigkeit** f paurosità f; '2lich ter-ribile, tremendo, spaventoso; orri-bile; '∼lichkeit** f terribilità f; '∼nis n orrore m; '∼schuß** m sparo m (od. tiro m) in aria.

Schrei [ʃrai] m (3) grido m (aus-stoßen lanciare); stärker: urlo m.

Schreib|apparat [ˈʃraipˀaparaːt] m apparecchio m scrivente; **∼armel** m soprammanica f; **∼art** f maniera f di scrivere; stile m; **∼bedarf** m occorrente m per scrivere; **∼(e)buch** n quaderno m.

schreib|en [ˈʃraibən] **1.** (30) scri-

vere; (ab∼) copiare; (Maschine ∼) dattilografare; **2. 2en** n (6) lettera f; **2er(in** f) m scrivente m u. f; Beruf: scrivano m; ⊕ registratore m; Ro-man2 usw.) scrittore m; **2erei** [--ˈrai] f (16) scrittura f; continuo scrivere m; viel ∼ haben avere molto da scrivere; **2erseele** f pedante m; **∼faul** (ˈʃraipfaul) pigro a scrivere.

Schreib|feder [ˈʃraipfeːdər] f pen-nino m; **∼fehler** m errore m di scrit-tura; **2fertig** pronto a scrivere, abi-le nello scrivere; **∼gebrauch** m or-tografia f in uso; **∼gebühr** f spese f/pl. di scrittura (od. copiatura); **∼heft** n quaderno m; **∼kraft** f datti-lografa f; **∼kunst** f calligrafia f; **∼künstler** m calligrafo m; **∼lehrer** m maestro m di calligrafia; **∼mappe** f cartella f; scannello m; **∼maschine** f macchina f da scrivere; mit der ∼ schreiben scrivere a macchina; **∼maschinentext** m dattiloscritto m; **∼materialien** n/pl. occorrente m per scrivere; **∼papier** n carta f da scrivere; **∼pult** n scrivania f; **∼stu-be** f scrittoio m; (∼büro) copisteria f; **∼stunde** f lezione f di calligrafia; **∼sucht** f grafomania f; **2süchtig** grafomane; **∼tafel** f lavagna f; **∼tisch** m scrivania f; **∼übung** f eser-cizio m di calligrafia; **∼ung** [-ˈbuŋ] f grafia f; **2-unkundig** che non sa scri-vere; analfabeta; **∼unterlage** f scannello m; **∼waren** f/pl. occorren-te m per scrivere; **∼waren-handlung** f cartoleria f; **∼weise** f grafia f; **∼zeug** n occorrente m per scrivere; **∼zimmer** n scrittoio m.

schrei|en [ˈʃraiən] **1.** (30) gridare; Esel: ragliare; um Hilfe ∼ gridare aiuto; **2. 2en** n (6) grida f/pl.; **∼end** strillante; Farbe: vistoso; die Unge-rechtigkeit f ingiustizia f che grida vendetta; **2er** m (7) urlone m; **2erei** [--ˈrai] f (16) urlio m; **2hals** m strillone m.

Schrein [ʃrain] m (3) scrigno m; '∼er** m (7) falegname m.

schreiten [ˈʃraitən] (30, sn) cammi-nare; über et. ∼ passare sopra qc.; zu et. ∼ passare a qc. od. procedere a qc.

schrie [ʃriː] s. schreien; **∼b(e)** [ʃriːp, ˈ-bə] s. schreiben.

Schrift [ʃrift] f (16) scrittura f; Typ. caratteri m/pl.; (Werk) scritto m; (Abhandlung) trattato m; die Heilige

~ la Sacra Scrittura; '~art f caratteri m/pl.; '~ausleger m bibl. esegeta m; '~auslegung f esegesi f; '~bild n quadro m grafico; '~deuter m grafologo m; '~deutsch n tedesco m letterario; '~deutung f grafologia f; '~führer m segretario m; '~gattung f caratteri m/pl.; '~gelehrte(r) m bibl. scriba m; '~gießer m fonditore m di caratteri; '~gießerei [---'rai] f (16) fonderia f di caratteri; '~leiter m redattore m; '~leitung f redazione f; direzione f; 2lich 1. adj. scritto; 2. adv. in (od. per) iscritto; '~probe f prova f di scrittura; '~sachverständige(r) m grafologo m; '~satz m composizione f; '~setzer m compositore m; '~setzmaschine f linotype f; '~sprache f lingua f scritta; '~steller m scrittore m; letterato m; '~stellerin f scrittrice f; 2stellerisch letterario; 2stellern (29, untr.) fare il pubblicista (il letterato); '~stück m documento m; '~tum n letteratura f; '~wechsel m corrispondenza f; '~werk n opera f; '~zeichen n segno m grafico; carattere m; '~zug m tratto m di penna; (Schnörkel) svolazzo m.

schrill [ʃril] stridente; '~en (25) stridere.

Schritt [ʃrit] **1. m** (3; als Maß im pl. uv.) passo m; Kleidung: scoscio m; ~ für ~ a passo a passo; auf ~ und Tritt a ogni passo; j-m auf ~ und Tritt folgen pedinare qu.; ~ halten mit fig. tenere dietro a; im ~ al passo; **2.** 2 s. schreiten; '~macher m allenatore m; fig. battistrada m; ♫ (Herz) marcapasso m; '~messer, '~zähler m pedometro m; '~wechsel m cambiamento m del passo; 2weise a passo a passo, progressivamente.

schroff [ʃrɔf] scabroso; Berg: scosceso; fig. brusco; 2heit f scabrosità f; ripidezza f; bruschezza f.

schröpfen ['ʃrœpfən] (25) salassare (a. fig.).

Schrot [ʃroːt] m u. n (3) pallini m/pl.; ♪ farricello m; Münze: lega f; von gutem ~ und Korn di buona lega; von altem ~ und Korn di vecchio stampo; '2en (26) triturare; macinare grosso; '~flinte f fucile m da caccia; '~kasten m cassa f della crusca; '~korn n pallino m da schioppo; '~leiter f scala f (del cantiniere); '~mehl n farina f grossa; '~säge f segone m.

Schrott [ʃrɔt] m (3) ⊕ rottami m/pl. di metallo; fig. robaccia f.

schrubb|en ['ʃrubən] (25) strofinare; ⚓ frettare; 2er m frettazza f; spazzola f per strofinare.

Schrull|e ['ʃrulə] f (15) stravaganza f; capriccio m; 2enhaft fig. strano, bisbetico, stravagante, bizzarro.

schrump|elig ['ʃrumpəliç] raggrinzito; '~eln (29, sn) raggrinzirsi.

schrumpfen ['ʃrumpfən] (25, sn) restringersi; contrarsi; ⬚ atrofizzarsi; fig. diminuire.

Schrund|e ['ʃrundə] f (15) screpolatura f; Erde, Eis: crepaccio m; ⬚ ragade f; Tierheilk. rappa f; 2ig screpolato.

Schub [ʃuːp] m (3³) spinta f; Sport: tiro m; Bäckerei: infornata f; ⊕ taglio m; auf e-n ~ d'un colpo solo; ein ganzer ~ un bel mucchio; '~fach n cassetto m; '~karren m carriola f; '~kasten m, '~lade f cassetto m; '~lehre ⊕ f calibro m a corsoio.

Schubs [ʃups] m (3²) spinta f; 2en (27) dare una spinta.

Schub|stange ['ʃuːpʃtaŋə] f biella f; 2weise a spinte; a gruppi.

schüchtern ['ʃʏçtərn] timido; 2heit f timidezza f.

schuf [ʃuːf] s. schaffen.

Schuft [ʃuft] m (3) canaglia f, furfante m; 2en F (26) sgobbare; ~erei [--'rai] f facchinaggio m; 2ig basso, vile, infame; '~igkeit f viltà f; infamia f.

Schuh [ʃuː] m (3) scarpa f; j-m et. in die ~ schieben dare la colpa di qc. a qu.; wo drückt dich der ~? cos'è che ti preoccupa?; '~anzieher ['-antsiːər] m (7) calzatoio m; '~band n legacciolo m; '~bürste f spazzola f per scarpe; '~creme f crema f (od. lucido m, lustro m) da scarpe; '~fabrik f calzaturificio m; '~flicker m ciabattino m; '~geschäft n negozio m di scarpe; calzoleria f; '~leisten m forma f; '~macher m calzolaio m; '~nummer f numero m (od. misura f) di scarpa; '~putzer m lustrascarpe m; '~putzzeug n occorrente m per lustrare le scarpe; '~sohle f suola f; '~waren f/pl. calzature f/pl.; '~

wichse f lucido m; **'~zeug** n calzature f/pl.; **'~zwecke** f bulletta f (da scarpe).

Schul... ['ʃu:l...]: in Zssgn oft scolastico, delle scuole; **~amt** n ufficio m scolastico; (Behörde) reparto m scuole; **~arbeit** f, **~aufgabe** f compito m; **~aufsichtsbehörde** f ispettorato m delle scuole; **~ausgabe** f edizione f scolastica; **~bank** f banco m (di scuola); **~beginn** m: vor ~ prima che incomincino le scuole; **~behörde** f autorità f scolastica; **~beispiel** n esempio m classico; **~besuch** m frequenza f delle scuole; **~bildung** f istruzione f scolastica; **~buch** n libro m scolastico (od. di testo); **~bücherei** f biblioteca f scolastica.

Schuld [ʃult] f (16) colpa f; Geld: debito m; ich bin schuld daran è colpa mia; an wem liegt die ~? di chi è la colpa?; es ist meine ~ è colpa mia; in j-s ~ stehen esser debitore di qu.; j-m die ~ an et. geben dare la colpa a qu. per qc.; **~bekenntnis** n confessione f di una colpa; **'~beweis** m prova f del delitto; **²bewußt** conscio della propria colpa; **'~bewußtsein** n consapevolezza f della propria colpa; **~brief** m obbligazione f; **'~buch** n libro m dei debiti.

schulden ['ʃuldən] (26) dovere.

schulden|belastet ['ʃuldənbəlastət] carico di debiti; **²dienst** m servizio m debiti; **~frei** libero da debiti; **²last** f carico m dei debiti; **²macher** m chi vive di debiti; F chiodaiolo m; **²masse** f massa f dei debiti; **²tilgung** f ammortamento m dei debiti.

Schuld|forderung ['ʃultfɔrdəruŋ] f credito m; **~frage** f questione f della responsabilità.

Schuldiener ['ʃu:ldi:nər] m bidello m.

schuldig ['ʃuldiç] 1. adj. colpevole; (verschuldet) debitore; (gebührend) debito; dovuto; j-m et. ~ sein dovere qc. a qu.; wieviel bin ich Ihnen ~? quanto Le devo?; die Antwort ~ bleiben rimanere debitore della risposta; ~ sprechen dichiarare colpevole; 2. adv. dovutamente; **²e(r)** m colpevole m; **²-erklärung** f verdetto m di colpabilità; **²keit** f dovere m.

Schuldirektor ['ʃu:ldirɛktɔr] m direttore m di scuola.

schuld|los ['ʃultlo:s] innocente; **²losigkeit** f innocenza f; **²ner(in** f) m (7) ['ʃultnər(in)] debitore m; debitrice f; **²schein** m pagherò m; **²verschreibung** ['-fɛrʃraibuŋ] f obbligazione f.

Schule ['ʃu:lə] f (15) scuola f; höhere ~ scuola superiore; zur ~ gehen andare a scuola; fig. aus der ~ plaudern scoprire gli altarini.

schulen ['ʃu:lən] (25) ammaestrare; (ausbilden) istruire; (abrichten) addestrare; geschult esperto.

Schüler|(in f) m (7) ['ʃy:lər(in)] scolaro (-a) m (f), alunno (-a) m (f); allievo (-a) m (f); (Jünger) discepolo (-a) m (f); **~austausch** m scambio m di allievi; **²haft** scolaresco; **~heim** n casa f dello studente; **~schaft** f scolaresca f; **~selbstverwaltung** f autogoverno m degli alunni; **~zeitung** f giornalino m scolastico.

Schul|examen ['ʃu:lɛksa:mən] n esame m scolastico; **~ferien** pl. vacanze f/pl. (scolastiche); **~fernsehen** n televisione f scolastica; telescuola f; **²frei** di vacanza; wir haben ~ abbiamo vacanza; **~freund** m compagno m di scuola; **~fuchs** m pedante m; **~funksendung** f trasmissione f scolastica; **~gebäude** n edificio m scolastico; scuola f; **~gebrauch** m: zum ~ ad uso delle scuole; **~geld** n tassa f scolastica; **²isch** scolastico; **~jahr** n anno m scolastico; **~jugend** f gioventù f scolastica; scolaresca f; **~junge** m scolaro m; **~kamerad** m compagno m di scuola; **~kind** n scolaretto m; alunno m; **~leiter** m preside m; **~mädchen** n scolara f; **~mann** m pedagogo m; **~mappe** f zaino m; cartella f; **²mäßig** scolastico; **~meister** m maestro m di scuola; fig. pedante m; **²meistern** (29, untr.) fare il pedante; **~methode** f metodo m scolastico; **~ordnung** f regolamento m scolastico; **~pferd** n cavallo m di maneggio; **~pflicht** f istruzione f obbligatoria; **²pflichtig** soggetto all'istruzione obbligatoria; **~plan** m programma m scolastico; **~ranzen** m zaino m; **~rat** m ispettore m scolastico; **~reform** f riforma f scolastica; **~reiter** m ca-

S

vallerizzo *m*; ~schiff *n* nave-scuola *f*; ~schluß *m* chiusura *f* delle scuole; ~speisung *f* refezione *f* scolastica; ~stunde *f* lezione *f*; ora *f* di lezione; ~tafel *f* lavagna *f*.

Schulter ['ʃultər] *f* (15) spalla *f*; *über die* ~ *gehängt tragen* portare ad armacollo; *j-n über die* ~ *ansehen* guardare qu. dall'alto in basso; *et. auf die leichte* ~ *nehmen* prendere qc. alla leggiera; ~blatt *n* scapola *f*; ~klappe ⚔ *f* spallina *f*; ~mäntelchen *n der Prälaten*: mozzetta *f*; ♀n (29) prendere in spalla (il fucile); ~riemen *m* bandoliera *f*; ~stück ⚔ *n* spallina *f*; ~tuch *n* scialle *m*.

Schulung ['ʃuːluŋ] *f* istruzione *f*, addestramento *m*, educazione *f*; ~slehrgang *m* corso *m* di addestramento.

Schul|unterricht ['ʃuːlʔʊntəriçt] *m* insegnamento *m* scolastico; ~versäumnis *n* assenza *f* (dalla scuola); ~vorsteher(in *f*) *m* direttore *m* (direttrice *f*) di scuola; ~weg ['-veːk] *m* via *f* della scuola; *auf dem* ~ *andando a scuola*; ~wesen *n* sistema *m* scolastico; istruzione *f* pubblica.

Schul|zeit ['ʃuːltsaɪt] *f* ore *f/pl.* di lezione, periodo *m* scolastico; anni *m/pl.* di scuola; ~zeitung *f* giornale *m* della scuola; ~zeugnis *n* pagella *f*; ~zimmer *n* classe *f*; ~zwang *m* istruzione *f* obbligatoria.

schummeln ['ʃʊməln] (29) F imbrogliare.

schumm|(e)rig ['ʃʊm(ə)riç] crepuscolare; ~ern imbrunire; ♀erstunde F *f*: *in der* ~ *fra il lusco e il brusco*.

Schund [ʃʊnt] *m* (3, *o. pl.*) (robaccia *f* di) scarto *m*; ~literatur *f* letteratura *f* di scarto (*od.* dozzinale, di gusto equivoco); ~waren *f/pl.* merci *f/pl.* di scarto.

Schupo F ['ʃuːpo] *m* (11) vigile *m* urbano.

Schuppe ['ʃʊpə] *f* (15) scaglia *f*; ~n *pl.* forfora *f*; *fig. vor den Augen*: benda *f*.

schuppen[1] ['ʃʊpən] (25) squamare.

Schuppen[2] ['ʃʊpən] *m* (6) rimessa *f*; ⚒ capannone *m*.

schuppig ['ʃʊpiç] squamoso.

Schur [ʃuːr] *f* (16) tosatura *f*.

Schür|eisen ['ʃyːrʔaɪzən] *n* attizza-

toio *m*; ♀en (25) attizzare; *fig.* aizzare.

schürf|en ['ʃyrfən] (25) scalfire; ⚒ scavare; ♀ung *f* estrazione *f*.

Schürhaken ['ʃyːrhaːkən] *m* attizzatoio *m*.

schurigeln F ['ʃuːriːgəln] (29) vessare, tormentare.

Schurk|e ['ʃʊrkə] *m* (13) briccone *m*; ~enstreich *m*, ~erei [--'raɪ] *f* bricconata *f*; ♀isch briccone.

Schurwolle ['ʃuːrvɔlə] *f* lana *f* vergine.

Schurz [ʃʊrts] *m* (3²) grembiale *m*.

Schürze ['ʃyrtsə] *f* (15) grembiule *m*; ♀n (27) *Kleid*: alzare; *Ärmel*: rimboccare; *Knoten*: fare; *p.p.* (*leicht*) *geschürzt* succinto.

Schürzen|bändel ['ʃyrtsənbɛndəl] *n*: F *am* ~ *hängen* essere attaccato alla gonnella; ~jäger *m* donnaiolo *m*.

Schurzleder ['ʃʊrtsleːdər] *n* (3¹) grembiule *m* di cuoio.

Schuß [ʃʊs] *m* (4²) colpo *m*; tiro *m*, sparo *m*; ♀ rampollo *m*; *Weberei*: trama *f*; *Fußball*: tiro *m*; cannonata *f*; *Flüssigkeit*: goccio *m*; *weit vom* ~ *lontano dal pericolo*; *in* ~ *sn* essere a posto; *in* ~ *bringen* mettere a posto; '~bereich *m* portata *f* di tiro; ♀bereit pronto a sparare.

Schüssel ['ʃʏsəl] *f* (15) piatto *m*; scodella *f*; ~wärmer *m* scaldapiatti *m*.

schuß|fertig ['ʃʊsfɛrtiç] pronto a sparare; ~fest a prova di palla; ~gerecht a portata di tiro; ♀kanal *m* tragitto *m* del proiettile; ♀linie *f* (linea *f* di) tiro *m*; ♀waffe *f* arma *f* da fuoco; ♀weite *f* portata *f*; ♀wunde *f* ferita *f* d'arma da fuoco.

Schuster ['ʃuːstər] *m* (7) calzolaio *m*; ~junge *m* garzone *m* calzolaio.

schustern ['ʃuːstərn] (29) fare il calzolaio.

Schusterwerkstatt ['--vɛrkʃtat] *f* calzoleria *f*.

Schutt [ʃʊt] *m* (3, *o. pl.*) macerie *f/pl.*; detriti *m/pl.*; '~abladeplatz *m* scarico *m* di macerie.

Schüttboden ['ʃʏtboːdən] *m* granaio *m*.

Schüttel|frost ['ʃʏtəlfrɔst] *m* brividi *m/pl.*; ♀n (29) scuotere; *Flüssigkeiten*: agitare; *Hand*: stringere; *Kopf*: crollare; ~reim *m* rima *f* a scambio delle iniziali.

schütt|en ['ʃytən] (26) versare; (*werfen*) gettare; ~er Haar: rado; 2gut n pietrame m.

'**Schutt|halde** f macereto m; ~haufen m mucchio m di macerie.

Schutz [ʃuts] m (3², o. pl.) protezione f; riparo m; (*Verteidigung*) difesa f; (*Zuflucht*) rifugio m, asilo m; (*Obhut*) guardia f; *unter dem* ~ (*der Dunkelheit usw.*) col favore (delle tenebre usw.).

Schutz... ['ʃuts...]: *in Zssgn oft* protettivo, di protezione; ~anstrich m verniciatura f protettiva; ✕ tinta f mimetica; 2bedürftig bisognoso di protezione; ~befohlene(r) m (18) protetto m; ~blatt n Typ. guardia f; ~blech n parafango m; Fahrrad: copricatena m; ~brief m salvacondotto m; ~brille f occhiali m/pl. di protezione; ~bündnis n alleanza f difensiva; ~dach n tettoia f; pensilina f.

Schütze ['ʃytsə] m (13) tiratore m; Astr. sagittario m.

schützen ['ʃytsən] (27) proteggere (*vor dat. da*); *vor Wind:* riparare; *vor Gefahren:* difendere, salvaguardare (da); *geschützt vor* (*dat.*) al riparo da.

Schützenfest ['ʃytsənfest] n festa f del tiro a segno.

Schutzengel ['ʃuts⁹ɛŋəl] m (7) angelo m custode.

Schützen|graben ['ʃytsəŋɡraːbən] m trincea f; ~hilfe f: *j-m* ~ *geben* fig. dar man forte a qu.; ~kette, ~linie f linea f difensiva.

Schutz|farbe ['ʃutsfarbə] f colore m protettivo; ~färbung Zo. f mimetismo m; ~frist f für literarische Werke: periodo m di proprietà riservata; ~gebiet n protettorato m; ~geist m genio m tutelare; ~geleit n salvacondotto m; scorta f; ~gesetz n legge f protettiva; ~haft m arresto m per misura di sicurezza; ~heilige(r) m patrono m; ~herr m protettore m; Rel. patrono m; ~herrschaft f protettorato m; ~hülle f custodia f; ~hütte f rifugio m alpino; ~impfung f vaccinazione f preventiva.

Schützling ['ʃytsliŋ] m (3¹) protetto m.

schutz|los ['ʃutsloːs] senza protezione; 2losigkeit f mancanza f di protezione; 2mann m guardia f

(municipale od. di pubblica sicurezza); vigile m; 2mannschaft f (corpo m delle) guardie f/pl.; 2marke f marchio m di fabbrica; 2maßregel f misura f preventiva; 2mittel n preservativo m; 2patron n patrono m; 2raum m rifugio m; 2stoff m sostanza f immunizzante; 2-umschlag m Buch: copertina f; 2verband m lega f difensiva; 2vorrichtung f dispositivo m di sicurezza; 2wacht f scorta f; 2waffe f arma f difensiva; 2wall m baluardo m; 2wehr f salvaguardia f; 2zoll m dazio m protettore; 2zollsystem n protezionismo m.

schwabbeln ['ʃvabəln] (29) tremolare.

schwach [ʃvax] (18²) debole; fioco; (*dünn*) sottile; (*zart*) delicato; Idee: pallido; ~ werden indebolirsi, fig. cadere in tentazione; mir wird ~ mi sento mancare; ~er Augenblick m momento m di debolezza.

Schwäche ['ʃvɛçə] f (15) debolezza f; (*Müdigkeit*) spossatezza f; fig. debole m.

schwäch|en ['ʃvɛçən] (25) indebolire; fig. infirmare; 2ezustand m (stato m di) esaurimento m.

schwach|gläubig ['ʃvaxɡlɔybiç] di poca fede; 2heit f debolezza f; ~herzig [['-hɛrtsiç] di animo debole; 2kopf m, ~köpfig [-kœpfiç] adj. scemo m u. adj.; 2köpfigkeit f imbecillità f.

schwächlich ['ʃvɛçliç] deboluccio; gracile; 2keit f debolezza f, delicatezza f.   {bole m.}

Schwächling ['ʃvɛçliŋ] m (3¹) debole m.

schwach|sichtig ['ʃvaxziçtiç] di vista debole; miope; 2sichtigkeit f debolezza f di vista; ~sinn m idiozia f; ~sinnig idiota; imbecille; 2strom m ⚡ corrente f a bassa tensione.

Schwächung ['ʃvɛçuŋ] f indebolimento m; estenuazione f.

Schwaden ['ʃvaːdən] m (6) vapori m/pl.; (Nebel2) brani m/pl. di nebbia; ✗ manipolo m.

Schwadron ✕ [ʃva'droːn] f (16) squadrone m; ~eur [-'nøːr] m (3¹) millantatore m; 2ieren millantarsi.

schwafeln F ['ʃvaːfəln] (29) cianciare, parlare a vanvera.

Schwager ['ʃvaːɡər] m (7¹) cognato m; ehm. postiglione m.

Schwäger|in [ˈʃvɛːgərin] f cognata f; **~schaft** f parentado m.

Schwalbe [ˈʃvalbə] f (15) rondine f; **~nschwanz** m Zo. macao m.

Schwall [ʃval] m (3) Wasser: impeto m; Worte: fiumana f.

Schwamm [ʃvam] **1.** m (3³) spugna f; ♀ fungo m; (Mund♀) afta f; (Feuer♀) esca f; ~ drüber! non ne parliamo più!; **2.** ♀ s. schwimmen; ♀ig spugnoso; fungoso; (aufgedunsen) gonfio, tumido.

Schwan [ʃvaːn] m (3³) cigno m.

schwand [ʃvant] s. schwinden.

schwanen [ˈʃvaːnən]: mir schwant ho la vaga sensazione che, mi pare di presentire che; **♀gesang** m canto m del cigno.

Schwang [ʃvaŋ] m: im ~e sein essere in voga.

schwanger [ˈʃvaŋər] gravido (a. fig.); von Tieren: pregno.

schwängern [ˈʃvɛŋərn] (29) ingravidare; impregnare; ♂ saturare.

Schwangerschaft [ˈʃvaŋərʃaft] f (16) gravidanza f.

Schwank [ʃvaŋk] m (3³) burla f; Thea. farsa f.

schwank|en [ˈʃvaŋkən] (25) barcollare, traballare, (auch fig.) vacillare; (unschlüssig) tentennare; Phys. oscillare; Preise: fluttuare; fig. (unentschieden) titubante; irresoluto; vom Befinden: ~ sein avere alti e bassi; **♀ung** f barcollamento m; tentennamento m, incertezza f; oscillazione f; fluttuazione f.

Schwanz [ʃvants] m (3² u. ³) coda f; fig. codazzo m.

schwänzeln [ˈʃventsəln] (29) scodinzolare; fig. adulare; hin und her ~ sgonnellare.

schwänzen [ˈʃventsən] (27): die Schule ~ marinare la scuola.

Schwanz|feder [ˈʃvantsfeːdər] f penna f rettrice; **~flosse** f pinna f caudale; **♀los** senza coda; **~meise** f codibugnolo m; **~riemen** m sottocoda f; **~säge** f gattuccio m.

schwappen [ˈʃvapən] (25) muoversi; Flüssigkeit: traboccare; **~d** colmo (da traboccare).

Schwär|e [ˈʃvɛːrə] f (15) ulcera f; **♀en** (25) suppurare, ulcerare.

Schwarm [ʃvarm] m (3³) sciame m; ♐, Vögel: stormo m; Menschen: frotta f; fig. ideale m, idolo m, passione f.

schwärm|en [ˈʃvɛrmən] (25) sciamare; (herum~) gironzolare, vagabondare; Vögel: svolazzare; (träumen) fantasticare; für et. ~ essere fanatico di (od. per) qc.; (verliebt sein) spasimare (per); **♀er** m (7) girandolone m; sognatore m; visionario m; entusiasta m, fanatico m; **♀erei** [--ˈraɪ] f esaltazione f; fanatismo m, entusiasmo m; **~erisch** esaltato; entusiasta.

Schwart|e [ˈʃvartə] f (15) cotenna f; Holz: corteccia f; fig. vecchio libro m; **♀ig** cotennoso.

schwarz [ʃvarts] (18²) nero m; Gedanke: tetro; ~ auf weiß per iscritto; **~e** Kunst f negromanzia f; ~ machen annerire; ins ♀e treffen cogliere nel segno; **♀♀-arbeit** f lavoro m clandestino; **♀-amsel** f merlo m; **~äugig** [ˈ-ˀɔygiç] dagli occhi neri; **~blau** turchino scuro; **♀brot** m pane m nero; **♀dorn** ♀ m prugnolo m; **♀e** n nero m; (Ziel) segno m.

Schwärz|e [ˈʃvɛrtsə] f (15) nero m; Typ. inchiostro m; fig. perversità f; **♀en** (27) annerire; Typ. dare l'inchiostro a.

Schwarze(r) [ˈʃvartsə(r)] m (18) moro m; (Neger) nero m.

Schwarz|fahrer [ˈʃvartsfaːrər] m viaggiatore m clandestino; **~fahrt** f Auto: corsa f senza il permesso del proprietario; **♀gerändert** listato di nero; **♀haarig** dai capelli neri; **~hörer** m Radio: ascoltatore m clandestino; **~künstler** m negromante m.

schwärzlich [ˈʃvɛrtsliç] nerastro.

Schwarz|markt [ˈʃvartsmarkt] m mercato m nero, borsa f nera; **~pappel** f pioppo m nero; **~schlachtung** f macellazione f clandestina; **♀sehen** vedere nero, essere pessimista; **~seher(in)** f m pessimista m u. f; **~sender** m trasmittente f clandestina; **~weißzeichnung** f disegno m in bianco e nero; **~wild** n selvaggina f nera; **~wurzel** ♀ f scorzonera f.

schwatzen [ˈʃvatsən], **schwätzen** [ˈʃvɛtsən] (27) v/i. chiacchierare; ciarlare; ins Blaue ~ parlare a vanvera.

Schwätzer [ˈʃvɛtsər] m (7) chiacchierone m.

schwatzhaft [ˈʃvatshaft] ciarliero; **♀igkeit** f loquacità f.

Schwebe ['ʃve:bə] f (15, o. pl.): in der ~ in sospeso; ~**bahn** f funivia f; (Seil♀) teleferica f.

schweben ['ʃve:bən] (25) essere sospeso; Verhandlungen: pendere; zwischen Leben und Tod ~ essere tra la vita e la morte; in Gefahr ~ versare in pericolo; ~**d** pendente; Garten: pensile; Brücke: sospeso; Schuld: fluttuante.

Schwed|e ['ʃve:də] m (13) (~in f), ♀**isch** svedese m u. f.

Schwefel ['ʃve:fəl] m (7) zolfo m; ♀-**artig** sulfureo; ~**äther** m etere m solforico; ~**bad** n bagno m solforico; ~**brunnen** m acqua f sulfurea; ~**eisen** n solfuro di ferro; ~**erz** n pirite f; ~**faden** m zolfino m; ♀**gelb** zolfino; ~**grube** f zolfatara f; ♀**haltig** ['--haltiç] solforoso; ~**holz** n, ~**hölzchen** n zolfanello m; ~**hütte** f zolfatara f; ♀**ig** solforoso; ~**kammer** f solforatoio m; ~**kies** m pirite f; ~**kohlenstoff** m solfuro m di carbone; ~**kupfer** n solfuro m di rame; ♀**n** (29) inzolfare; ~**quellen** f/pl. acque f/pl. solforose; ♀**sauer** solforico; ~**säure** f acido m solforico; ~**ung** f inzolfatura f; ~**verbindung** f solfito m; ~'**wasserstoff** m idrogeno m solforato; ~'**wasserstoffverbindung** f idrosolfuro m; ~**werk** n zolfatara f.

Schweif [ʃvaɪf] m (3) coda f; Astr. chioma f; ♀**en** (25) vagare; geschweift caudato; (gerundet) centinato; ~ lassen Blick: lasciar scorrere (lo sguardo), passare in rivista.

Schweigegeld ['ʃvaɪgəgɛlt] n somma f per comprare il silenzio di qu.

schweig|en ['ʃvaɪgən] 1. (30) tacere; 2. ♀**en** n (6) silenzio m; zum ~ bringen far tacere; ~**end** tacente; muto; silenzioso; ♀**epflicht** f segreto m professionale; ♀**er** m (7) uomo m taciturno; ~**sam** adj. taciturno; ♀-**samkeit** f taciturnità f.

Schwein [ʃvaɪn] n (3) porco m, maiale m; P ~ haben avere fortuna.

Schweine|braten ['ʃvaɪnəbra:tən] m arrosto m di maiale; ~**fett** n grasso m di maiale; ~**fleisch** n carne f suina (od. di maiale); ~**hirt** m porcaro m; ~**hund** m ∨ porco m, porcone m; ~**koben** m porcile m; ~**rei** [--'raɪ] f (16) porcheria f; ~**schmalz** n strutto m; sugna f; ~

stall m porcile m; ~**treiber** m porcaro m; ~**zucht** f allevamento m di suini.

Schwein|igel ['ʃvaɪnʔi:gəl] m (7) porcospino m; fig. sporcaccione m; ~**igelei** [---'laɪ] f porcheria f; ♀**igeln** ['-ʔi:gəln] dire (fare) porcherie; ♀**isch** maialesco; da porco.

Schweins|auge ['ʃvaɪnsʔaʊgə] n occhio m porcino; ~**borste** f setola f; ~**leder** n cuoio m di maiale; ~**rücken** m arista f.

Schweiß [ʃvaɪs] m (3²) sudore m; Jagdw. sangue m; in ~ gebadet bagnato di sudore.

Schweiß|absonderung ['-apzɔndəruŋ] f traspirazione f; ~**apparat** m saldatoio m autogeno; ~**ausbruch** m forte traspirazione f; ~**blatt** n sudante m; sottobraccio m; ~**brenner** m becco m per saldare; ~**drüse** f glandola f sudorifera; ♀**en** (27) 1. v/i. Jagdw. sanguinare; 2. v/t. ⊕ saldare; ~**en** n (6) saldatura f; ~**fieber** n febbre f sudatoria; ~**fuchs** m sauro m affocato; ♀**gebadet** in un lago di sudore; ~**hund** m bracco m da sangue; ♀**ig** saldato; ~**mittel** n sudorifero m; ~**stelle** f punto m di saldatura; ♀**treibend** sudorifico; ♀**triefend** grondante di sudore; ~**tuch** n fazzoletto m; Rel. sudario m; ~**ung** ⊕ f saldatura f.

Schweiz|er ['ʃvaɪtsər] m (7) svizzero m; Melker: cascinaio m; ~ Käse m groviera f; ~**erei** [--'raɪ] f (16) latteria f; ♀**erisch** svizzero.

schwelen ['ʃve:lən] (25) bruciare senza fiamma.

schwelg|en ['ʃvɛlgən] (25) gozzovigliare; fig. in et.: nuotare; ♀**er** m (7) crapulone m; ♀**erei** [--'raɪ] f (16) gozzoviglia f; ~**erisch** gozzovigliante; lussurioso; voluttuoso.

Schwelle ['ʃvɛlə] f (15) soglia f; 🚊 traversa f; fig. liminte m.

schwell|en ['ʃvɛlən] 1. v/i. (30, sn) gonfiarsi; ingrossare; 2. v/t. (25) aumentare; gonfiare; ♀**ung** f gonfiamento m; 🚊 enfiagione f.

Schwemm|e ['ʃvɛmə] f (15) guazzatoio m; ♀**en** (25) bagnare; Pferde: guazzare; Sand: gettare; Metalle: lavare; ~**land** n terreno m alluvionale.

Schwengel ['ʃvɛŋəl] m (7) manubrio m; (Glocken♀) battaglio m.

schwenk|bar [ˈʃvɛŋkbaːr] ⊕ orientabile; **~en** (25) **1.** v/t. *Waffe*: brandire; *Hut*: agitare; *Tuch, Fahne*: sventolare; *Glas*: sciacquare; **2.** v/i. voltarsi; ⚔ fare una conversione; **2ung** f svolta f; ⚔ conversione f.

schwer [ʃveːr] (*drückend*) ~ *zu tragen*) pesante; (*ernst*; ~ *zu ertragen*) grave; (*schwierig*) difficile; (*hart*) duro; *Zunge*: grosso; *Herz*: gonfio; *Zigarre*: forte; *Gewitter*: violento; *wie ~ sind Sie?* quanto pesa?; *ein ~es Geld* un occhio sulla testa; *das Leben ~machen* rendere dura la vita; *es wird mir ~ zu* duro fatica a; *es fällt mir ~* mi costa molto; *~ lernen* stentare a imparare; *~ von Begriff(en)* duro (di testa), F duro di comprendonio; **2-arbeit** f lavoro m pesante; **2-arbeiter** m operaio m per lavori pesanti; *fig.* sgobbone m; **2-athletik** f atletica f pesante; **~beladen** sopraccarico; **~belastet** ☡☡ gravemente indiziato; **~benzin** n benzina f pesante; **~beschädigt** gravemente danneggiato; **~blütig** malinconico.

Schwere [ˈʃveːrə] f (15) pesantezza f; (*Gewicht*) peso m; *Luft, Kopf*: gravezza f; (*Schwierigkeit*) difficoltà f; *fig. u. Phys.* gravità f; **2los** senza gravità; *fig.* etereo; **2losigkeit** f assenza f di gravità; **~nöter** [ˈ-rənøːtər] m (7) don Giovanni m; capo m scarico.

schwer|fallen [ˈʃveːrfalən] (sn) riuscire difficile; **~fällig** pesante; *geistig*: tardo; **2fälligkeit** f pesantezza f; tardezza f; **~flüssig** 🔥 refrattario; **2gewicht** n peso m massimo; **~hörig** duro d'orecchio; **2hörigkeit** f sordaggine f; **2-industrie** f industria f pesante; **2kraft** f gravitazione f; **~krank** gravemente malato; **2kriegsbeschädigte(r)** m (18) mutilato m di guerra; **~lich** difficilmente; **2mut** f malinconia f; **~mütig** malinconico; **2-öl** n olio m pesante; **2punkt** m centro m di gravità; baricentro m; *fig.* punto m essenziale; **~reich** ricchissimo; **2spat** m spato m pesante.

Schwert [ʃveːrt] n (1) spada f; **~fisch** m pesce m spada; **~lilie** f giaggiolo m, iris m; **~streich** m colpo m di spada; *ohne ~* senza colpo ferire.

schwer|verdaulich [ˈʃveːrfɛrdau-

lic] indigesto; **~verständlich** difficile a capire; poco intelligibile; **~verwundet** gravemente ferito; **~wiegend** molto grave.

Schwester [ˈʃvɛstər] f (15) sorella f; *Rel.* suora f; ⚕ infermiera f; **~liebe** f amore m di sorella; **2lich** di (da) sorella, sororale. (centina f.)

Schwibbogen [ˈʃvibˌboːgən] △ m

schwieg [ʃviːk] s. **schweigen**.

Schwieger|eltern [ˈʃviːgərˀɛltərn] pl. suoceri m/pl.; **~mutter** f suocera f; **~sohn** m genero m; **~tochter** f nuora f; **~vater** m suocero m.

Schwiel|e [ˈʃviːlə] f (15) callosità f; **2ig** calloso.

schwierig [ˈ-riç] difficile; *Weg*: arduo; **2keit** f difficoltà f.

schwill(s)t [ʃvil(s)t] s. **schwellen**.

Schwimm|bad [ˈʃvimbaːt] n, **~becken** n piscina f; **~blase** f vescica f natatoria f; **~dock** n cantiere m natante; **2en 1.** (30) nuotare; *auf der Oberfläche treiben*: galleggiare; *obenauf ~* stare a galla; *in Tränen ~* disfarsi in lacrime; *es schwimmt mir vor den Augen* mi gira la testa, mi sento venir meno; **2.** **~en** n (6) nuoto m; **2end** natante; **~er** m (7) nuotatore m; ⊕, ⚓ galleggiante m; **~flosse** f pinna f; **~fuß** m piede m palmato; **~füßer** m palmipede m; **~gürtel** m salvagente m; **~halle** f piscina f coperta; **~haut** f palma f dei piedi; **~hosen** f/pl. mutandine f/pl. (da bagno); **~körper** m galleggiante m; **~lehrer** m maestro m di nuoto; **~schule** f scuola f di nuoto; **~sport** m sport m del nuoto; **~vogel** m palmipede m; **~weste** f giubbotto m di salvataggio.

Schwindel [ˈʃvindəl] m (7) 🩺 capogiro m; *fig.* vertigine f; F (*Betrug*) inganno m; imbroglio m; (*Aufschneiderei*) fandonia f; **~anfall** m accesso m di vertigini; **~ei** [--ˈlai] f imbroglio m; truffa f; **~erregend** vertiginoso; **2haft** da imbroglione, fraudolento, truffaldino; **2ig** che dà le vertigini; *~ sein* avere le vertigini; *mir wird ~* mi vengono le vertigini; **2n** (29) ingannare; raccontare fandonie; *unpers.* **es schwindelt mir** mi gira il capo; **2nd** vertiginoso.

schwinden [ˈʃvindən] (30, sn) svanire; *Sonne*: sparire; (*abnehmen*) scemare; *die Sinne schwanden ihm* smarrì i sensi.

Schwindler(in f) m (7) ['-dlər(in)] imbroglione (-a) m (f).

Schwind|sucht ♂ ['ʃvintzuxt] f tisi f; **2süchtig** ['-zyçtiç] tisico.

Schwing|achse ['viŋ ꞌaksə] f asse m flessibile (od. oscillante); ~e f (15) vanno m; (Getreide2) ventilabro m; (Flachs2) scotola f; (Salat2) scotitoio m; ⊕ leva f oscillante; **2en** (30) **1.** v/t. agitare; Schwert: brandire; Getreide: vagliare; Flachs: scotolare; **2.** v/i. vibrare; Pendel: oscillare; sich ~ slanciarsi; **2end** vibratorio; ~er m (7) Boxen: sventola f; ~ung f oscillazione f; vibrazione f; ~ungsdämpfer m ammortizzatore m; ~ungskreis m circuito m oscillante; ~ungsweite f Radio: ampiezza f; ~ungszahl f frequenza f.

Schwips F [ʃvips] m (4) sbornia f; F e-n ~ haben essere un po' alticcio.

schwirren ['ʃvirən] (25, h. u. sn) ronzare; (Kreisel) frullare.

Schwitz|bad ['ʃvitsbɑːt] n bagno m a vapore; **2en** (27) sudare; ~en n (6) sudata f; **2ig** sudato; ~kasten m sudatorio m; ~kur f cura f essudativa; ~mittel n sudorifero m.

schwoll [ʃvɔl] s. schwellen.

schwören ['ʃvøːrən] (30) giurare; Eid: prestare; fig. ~ auf (ac.) avere fede assoluta in, confidare ciecamente in.

schwül [ʃvyːl] afoso; **2e** f (15, o. pl.) afa f.

Schwulst [ʃvulst] m (3² u. ³) ampollosità f.

schwülstig ['ʃvylstiç] (Stil) ampolloso; **2keit** f ampollosità f.

Schwund [ʃvunt] m (3, o. pl.) deperimento m; (Verminderung) diminuzione f; ♂ atrofia f.

Schwung [ʃvuŋ] m (3³) balzo m, slancio m; (Antrieb) impulso m; fig. brio m, estro m; in ~ bringen avviare; '~brett n trampolino m; '~federn f/pl. penne f/pl. remiganti; '2haft pieno di slancio; Handel: fiorente; '~kraft f forza f centrifuga; fig. elasticità f; '2los svogliato, apatico, flemmatico; '~rad n volano m; '2voll animato, vivace, brioso.

Schwur [ʃvuːr] m (3³) giuramento m; **2.** ♀ s. schwören; '~gericht n corte f d'assise.

sechs [zɛks] **1.** adj. sei; **2.** ♀ f (16) sei m; '~armig con sei bracci; **2eck** ['-ꞌɛk] n (3) esagono m; '~eckig

esagonale; '2er m soldino m; '~erlei di sei specie; '~fach **1.** adj. sestuplo; **2.** adv. sei volte; '~flächig esaedrico; 2**flächner** m esaedro m; '~hundert seicento; '~jährig seienne, di sei anni; '~malig ripetuto sei volte; '~monatlich semestrale; '~ruderig a sei remi; '~saitig a sei corde; '~silbig di sei sillabe; '2silbner m senario m; '~sitzig a sei posti; 2**spänner** m tiro m a sei; '~ständig di sei ore; '~stündlich ogni sei ore; 2**tagerennen** ['-tɑːgərenən] n Sport: la sei giorni; '~tägig di sei giorni; '~'tausend seimila; 2tel ['-təl] n (7), 2te(r) m sesto m; '~tens in sesto luogo; '~wink(e)lig esagonale; '~wöchentlich di sei settimane; '~zeilig di sei linee; ~e Strophe f sestina f.

sechzehn ['zɛçtseːn] sedici; ~jährig sedicenne; ~te(r) sedicesimo; am 16. Januar il sedici gennaio; 2tel ['-təl] n (7) sedicesimo m; 2**telnote** ♪ f semicroma f; ~tens in sedicesimo luogo.

sechzig ['zɛçtsiç] **1.** adj. sessanta; **2.** ♀ f sessanta m; 2er m sessagenario m; in den ~n tra i 60 e i 70; in den ~n sein essere sulla sessantina; ~ste(r) sessantesimo; 2stel ['--stəl] n (7) sessantesimo m; ~stens in sessantesimo luogo.

sedimentär [zedimɛnˈtɛːr] sedimentario.

See [zeː]: **a)** f (15) mare m; in Zssgn: di (del) mare; ⚓, ✈, Geogr. marittimo; (Kriegsmarine) di (della) marina, navale; Zo. marino; auf offener ~ in alto mare; in ~ gehen od. stechen salpare, prendere il largo; **b)** m (10) lago m; in Zssgn: del lago; lacustre, lacuale; '~adler m aquila f marina; '~bad n (Ort) lido m, spiaggia f; (Bad in der See) bagno m di mare; '~bär m orso m marino; fig. lupo m di mare; '~barbe f triglia f; '~barsch m pesce m ragno; '~beben n maremoto m; '~brasse f pagello m; '~brief m polizza f di carico; '2fähig in grado di prendere il mare; '2fahrend, '~fahrer m navigante m; '~fahrt f navigazione f; '2fest Schiffe: che tiene il mare; Personen: immune dal mal di mare; '~fisch m pesce m di mare; ~fischerei ['-fiʃəraɪ] f pesca f marittima; '~flotte f flotta f navale;

'∼**forelle** f trota f di lago; '∼**fracht-brief** m polizza f di carico; '∼**gang** m mareggiata f; hoher ∼ mare m mosso; '∼**gefecht** n combattimento m navale; '∼**gegend** f paesaggio m marittimo (lacustre); '∼**geltung** f prestigio m navale; '∼**gemälde** n marina f; '∼**gesetzbuch** n codice m marittimo; '∼**gras** n zostera f marina; ⊕ crino m vegetale; 'Ქ**grün** verde mare; '∼**grund** m fondo m del mare; '∼**hafen** m porto m di mare (od. marittimo); '∼**handel** m commercio m marittimo; '∼**herrschaft** f dominio m del mare; '∼**hund** m foca f; '∼**igel** m riccio m di mare; '∼**jungfrau** f sirena f; '∼**kabel** n cavo m sottomarino; '∼**kadett** m guardia f marina; '∼**kadetten-schule** f accademia f navale; '∼**kalb** n vitello m marino; '∼**karte** f carta f nautica; '∼**klima** n clima m marittimo; 'Ქ**krank** che ha il mal di mare; ∼ sein avere il mal di mare; '∼**krankheit** f mal m di mare; '∼**krieg** m guerra f navale; '∼**küste** f (costa f) marina f.

Seele ['ze:lə] f (15) anima f; e-e treue ∼ un cuor d'oro; auf die ∼ binden raccomandare caldamente; es war keine menschliche ∼ da non c'era anima viva; zwei ∼n und ein Gedanke due anime e un corpo; Sie haben mir aus der ∼ gesprochen mi ha letto nell'anima; F und damit die gute ∼ Ruh' e così buona notte.

Seelen|adel ['ze:lən·ᵊɑ:dəl] m nobiltà f d'animo; ∼**amt** n ufficio m funebre; ∼**angst** f angoscia f mortale; ∼**durchmesser** m Artill. calibro m; ∼**forscher** m psicologo m; ∼**forschung** f psicologia f; Ქ**froh** contento come una pasqua; ∼**heil** n salute f dell'anima; ∼**hirt** m pastore m d'anime; ∼**kampf** m lotta f interna; ∼**kunde** f psicologia f; ∼**leben** n vita f interiore; Ქ**los** insensibile; ∼**messe** f ufficio m funebre; ∼**not** f, ∼**pein** f s. Seelenangst; ∼**ruhe** f tranquillità f d'animo; Ქ**ruhig** sereno; adv. pacificamente; Ქ**sgut** buono come il pane; Ქ**vergnügt** s. seelenfroh; Ქ**verwandtschaft** f simpatia f d'anime; Ქ**voll** espressivo, pieno d'anima; ∼**wanderung** f metempsicosi f; ∼**zustand** m stato m d'animo.

Seeleute ['ze:lɔytə] pl. (3) marinai m/pl.; gente f/sg. di mare.

seelisch ['ze:liʃ] dell'anima; ഥ psichico.

Seelöwe ['∼·løːvə] m leone m marino.

Seesorg|e ['ze:lzɔrgə] f cura f delle anime; ∼**er** m (7) curatore m d'anime.

See|macht ['ze:maxt] f potenza f navale (od. marittima); ∼**mann** m marinaio m; Ქ**männisch** ['-mɛniʃ] marinaresco; ∼**meile** f miglio m marittimo; ∼**mine** f mina f subacquea; ∼**möwe** f gabbiano m; ∼**muschel** f tellina f; ∼**not** f pericolo m di mare; ∼**offizier** m ufficiale m di marina; ∼**paß** m patente f di navigazione; ∼**pferd** n cavallo m marino, tricheco m; ∼**pferdchen** n cavalluccio m marino, ippocampo m; ∼**raub** m pirateria f; ∼**räuber** m pirata m; ∼**räube'rei** f pirateria f; ∼**recht** n diritto m marittimo; ∼**reise** f viaggio m per mare, crociera f; ∼**rose** Ⴥ f ninfea f; ∼**salz** n sal m marino; ∼**schaden** m avaria f; ∼**schiffahrt** f navigazione f marittima; navigazione f lacuale; ∼**schlacht** f battaglia f navale; ∼**schlange** f serpente m di mare; F frottola f (giornalistica); ∼**schule** f scuola f navale; ∼**stadt** f città f marittima (lacuale); ∼**stern** m stella f marina; ∼**streitkräfte** f/pl. forze f/pl. navali; ∼**stück** n Mal. marina f; ∼**sturm** m burrasca f, tormenta f; ∼**tang** Ⴥ m alga f marina; ∼**tier** n animale m marino; ∼**transport** m trasporto m per mare; Ქ**tüchtig** atto al mare; ∼**tüchtigkeit** f navigabilità f; ∼**verkehr** m traffico m marittimo; ∼**versicherung** f assicurazione f marittima; ∼**volk** n marinai m/pl.; ∼**warte** f osservatorio m marittimo; Ქ**wärts** ['-vɛrts] verso il mare; ∼**wasser** n acqua f di mare; ∼**weg** ['-ve:k] m strada f marittima; auf dem ∼e per mare; ∼**wesen** n marina f, marineria f; ∼**wind** m vento m dal mare; ∼**zeichen** n segnale m marittimo; ∼**zunge** f sogliola f.

Segel ['ze:gəl] n (7) vela f; mit vollen ∼n a gonfie vele; ∼**boot** n barca f a vela; ∼**fahrt** f veleggiata f; Ქ**fertig**, Ქ**klar** pronto a far vela; ∼**flieger** m pilota m di aliante; ∼**flug** m volo m a vela; ∼**flugzeug** n aliante m, velivolo m (a vela); ∼**macher** m velaio m; Ქ**n** (29, h. u. sn) andare a vela;

veleggiare; guidare un veliero; *Vögel*: fendere l'aria; **~regatta** f regata f a vela; **~schiff** n nave f a vela, veliero m; **~schiffahrt** f navigazione f a vela; **~schlitten** m slitta f a vela; **~schulschiff** n nave f scuola a vela; **~sport** m sport m velico; **~stange** f antenna f; **~tau** n sartia f; **~tuch** n tela f da vela; **~werk** n velatura f, velame m.

Segen ['ze:gən] m (7) benedizione f; *fig.* bene m, beneficio m; (*Glück*) fortuna f; **2spendend** benedicente; *fig.* benefico; **2reich** benedetto; benefico; **~sspruch** m benedizione f; **~swunsch** m augurio m di felicità.

Segler ['ze:glər] m (7) veleggiatore m; (*Schiff*) veliero m.

Segment [zɛ'gmɛnt] n (3) segmento m.

segn|en ['ze:gnən] (26) benedire; *mit et. gesegnet sein* avere gran copia di qc.; *das Zeitliche ~ decedere*; **2ung** f benedizione f; (*Wohltat*) beneficio m.

sehen (f) m (7) ['ze:ɔr(in)] veggente m u. f; *in Zssgn*: ... profetico; **~blick** m sguardo m profetico.

Seh|fehler ['-fe:lər] m difetto m di vista; **~feld** n campo m visivo; **~kraft** f vista f, facoltà f visiva.

Sehne *Anat.* ['ze:nə] f (15) tendine m; (*Bogen*2) corda f.

sehnen ['ze:nən] (25): *sich nach et. ~ anelare, desiderare qc.; avere voglia di qc.; bramare di vedere (di avere usw.) qc.*

Sehnen|scheidenentzündung ✕ ['--ʃaidən⁹entsyndun] f tenosino-

vite f; **~zerrung** f stiramento m del tendine.

Sehnerv ['-nɛrf] m nervo m ottico.

sehnig ['-niç] tendinoso; ⊕ fibroso; *fig.* nerboruto.

sehn|lich ['ze:nliç] ardente; et. ~ erwarten non veder l'ora di; **2sucht** f nostalgia f; bramosia f; anelito m; ardente desiderio m di vedere, di avere usw.; **~süchtig** ['-zyçtiç] nostalgico, bramoso, ansioso; ~ erwarten attendere con ansia.

sehr [ze:r] molto; ~ *groß* grandissimo; ~ *schön* bellissimo usw.; so ~ tanto; so ~ auch per quanto; wie ~ quanto.

Seh|rohr ['ze:ro:r] n e-s *Unterseeboots*: periscopio m; **~schärfe** f acutezza f di vista; **~störung** f disturbo m visivo; **~vermögen** n facoltà f visiva; **~weite** f portata f di vista; **~winkel** m angolo m visuale.

seicht [zaiçt] basso; *fig.* poco serio; **2heit**, **2igkeit** f bassezza f; *fig.* superficialità f.

Seide ['zaidə] f (15) seta f; *aus reiner ~ di pura seta.*

Seidel ['-dəl] n (7) bicchierone m (da birra di mezzo litro).

seiden, **2...** ['-dən] di seta; **2-arbeiter** m setaiolo m; **~artig** setaceo; fine come la seta; **2bau** m sericultura f; **2bauer** m sericultore m; **2fabrik** f setificio m; **2fabrikant** m industriale m della seta; **2garn** n filo m di seta; **2geschäft** n, **2handlung** f seteria f; **2händler** m negoziante m in seterie; **2-industrie** f industria f serica; **2manufaktur** f setificio m; **2papier** n carta f velina; **2raupe** f baco m da seta; **2spinnerei** f filanda f; **2strumpf** m calza f di seta; **2ware** f setificio m; **2weberei** f setificio m; **2wurm** m baco m da seta; **2zeug** n drapperia f; *ein Stück*: drappo m; **2zucht** f sericultura f.

seidig ['-diç] setaceo; fine come la seta.

Seife ['zaifə] f (15) sapone m; *Stück ~ saponetta f; **2n** (25) insaponare.*

Seifen... ['-fən...]: *in Zssgn* di sapone; **2-artig** saponaceo; **~bereitung**, **~bildung** f saponificazione f; **~blase** f bolla f di sapone; **~fabrik** f saponeria f; **~flocken** f/pl. sapone m a squame; **~haltig** saponoso; **~kraut** ♀ n saponaria f; **~kugel** f saponetta f; **~lauge** f lisciva f di

S

sapone, **~pulver** n sapone m in polvere; **~schaum** m schiuma f di sapone, saponata f; **~schüssel** f scodellino m del sapone; **~sieder** m saponaio m; **~stein** m saponaria f; **~stück** n saponetta f; **~wasser** n saponata f.

seifig ['zaɪfɪç] saponoso.

seigern ['zaɪɡərn] (29) s. seihen; Metall: liquefare; Schacht: scavare perpendicolarmente.

seih|en ['zaɪən] (25) colare; filtrare, passare; **2er** m colatoio m; setaccio m.

Seil [zaɪl] n (3) corda f; (Tau) fune f; (Kabel) cavo m; '**~bahn** f funicolare f, funivia f, teleferica f; '**~er** m (7) funaio m; cordaio m; '**~erbahn** f corderia f; '**~erladen** m corderia f; '**~erware** f cordame m; '**~händler** m cordaio m; '**~macher** m funaiolo m; '**~schaft** f cordata f; '**~schwebebahn** f teleferica f; funivia f; '**~springen** n salto m alla corda; '**2tanzen** ballare sulla corda; '**2tänzer** m funambolo m; acrobata m; '**~zug** m cavo m.

Seim [zaɪm] m (3) mucillag(g)ine f; (Honig2) miele m vergine; '**2ig** viscoso.

sein[1] [zaɪn] **1.** (30, sn) essere; (vorhanden ~) esistere; vorübergehend: stare; Rechtsanwalt usw. ~ fare l'avvocato usw.; was ist dir? che hai?; laß das ~! smettila!; wie dem auch sei comunque sia; **2.** 2 n (6) essere m; esistenza f.

sein[2] [zaɪn] pron. suo; die 2en i suoi; **~erseits** ['-nər'zaɪts] da parte sua, dal canto suo; **~erzeit** tempo fa, allora; **~es'gleichen** un par suo, suo pari; nicht ~ haben essere unico (al mondo); **~ethalben** ['-nət'halbən], '**~et'wegen** per causa sua, per lui.

seinig ['zaɪnɪç] suo; 2e ['-nɪɡə] n suo m; das ~ tun fare il (suo) possibile.

seism|isch ['zaɪsmiʃ] sismico; 2o**graph** [--'ɡrɑːf] m (12) sismografo m.

seit [zaɪt] **1.** prp. da, fin da, a datare da; ~ drei Jahren da tre anni in qua; **2.** cj. dopo che, da quando; dacché; **~dem 1.** cj. dacché; **2.** adv. d'allora in poi.

Seite ['zaɪtə] f (15) parte f; Anat., ✗ fianco m; Algebra: membro m;

Geom., fig. lato m; (Buch2) pagina f; die rechte ~ e-s Stoffes, e-r Münze: il diritto; die verkehrte ~ il rovescio; von der ~ ansehen guardare di traverso; auf die (od. zur) ~ treten scostarsi; zur ~ stehen aiutare, soccorrere; schwache ~ lato m debole; starke ~ forte m; von 2n (gen.) da parte di; von allen ~n da tutte le parti; auf beiden ~n su ambo i lati; ~ an ~ fianco a fianco.

Seiten... ['zaɪtən...]: in Zssgn laterale; **~abriß** ∆ m profilo m; **~angriff** m attacco m di fianco; **~ansicht** f vista f laterale; profilo m; **~blick** m occhiata f di traverso; **~flügel** m, **~gebäude** n ala f, edificio m laterale; **~gewehr** n baionetta f; **~hieb** m colpo m di fianco; fig. sbottata f; **2lang** per delle pagine intere; **~lehne** f bracciolo m; Auto: appoggiatoio m; **~linie** f linea f laterale; **~nummer** f numero m della pagina; **~riß** m profilo m.

seitens ['zaɪtəns] da parte di.

Seiten|schiff ['zaɪtənʃif] ∆ n navata f laterale; **~sprung** m fig. scappatella f, avventura f extraconiugale; **~steuer** n timone m di direzione; **~stiche** m/pl. male m di punta; **~stoß** m colpo m di fianco; **~straße** f strada f laterale; **~stück** n pezzo m laterale; fig. od zu et.: riscontro m, pari m; **~tasche** f tasca f ai lati; **~tür** f porta f laterale; **~zahl** f numero m delle pagine; **~zweig** m ramo m laterale.

seither [zaɪt'heːr] da allora, dopo d'allora.

seit|lich ['-lɪç] laterale; **~wärts** ['-vɛrts] da parte. [f.]

Sekante Ⱥ [ze'kantə] f (15) secante

Sekret [-'kreːt] n (3) Physiol. secrezione f.

Sekret|är [-kre'tɛːr] m (3[1]) segretario m; (Schreibtisch) scrivania f; **~ariat** [--tar'jaːt] n (3) segretariato m; **~ärin** f segretaria f.

Sekt [zɛkt] m (3) sciampagna m, vino m spumante.

Sekt|e ['-tə] f (15) setta f; **~ierer** [-'tiːrər] m (7), 2'**iererisch** settario m u. adj.

Sekt|ion [-ts'joːn] f sezione f; dissezione f; autopsia f; **~or** ['-tɔr] m (8[1]) settore m.

Sekunda [ze'kunda] f (16[2]) prima f liceale; **~ner** [--'daːnər] m (7) studente m di prima liceale.

Sekundant [zekunˈdant] m (12) padrino m.

sekundär [--ˈdɛːr] secondario; 2-**bahn** f ferrovia f secondaria.

Sekundawechsel [-ˈkundaveksəl] m seconda f di cambio.

Sekunde [zeˈkundə] f (15) (minuto) secondo m; **~nzeiger** m contasecondi m.

sekundieren [zekunˈdiːrən] far da padrino; ♪ accompagnare.

selber [ˈzɛlbər] stesso, medesimo; *die Güte* ~ la bontà in persona.

selbst [zɛlpst] **1.** *pron.* stesso; *ich* ~ io stesso; *von* ~ da sé; di propria iniziativa, spontaneamente; **2.** *adv.* persino; ~ *wenn* anche se; **2-acht**ung f stima f di sé stesso; amor m proprio.

selbständig [ˈzɛlpʃtɛndiç] indipendente; da sé; *sich* ~ *machen* farsi indipendente; lavorare per proprio conto; metter su bottega; **2keit** f indipendenza f.

Selbst... [ˈzɛlpst...]: *in Zsggn* di sé stesso; spontaneo; auto...; ⊕ *u.* ✠ automatico; **~anklage** f autoaccusa f; **~anlasser** m *Auto:* messa f in marcia automatica; **~anschluß**apparat m telefono m automatico; **~aufopferung** f abnegazione f; sacrificio m di sé stesso; **~auslöser** m *Phot.* autoscatto m; scatto m automatico; **~bedarf** m proprio fabbisogno m; **~bedienung** f autoscervizio m; **~bedienungsladen** m negozio m con autoservizio; **~beflek**kung f, **~befriedigung** f onanismo m; **~behauptungswille** m volontà f d'affermazione; **~beherrschung** f padronanza f di sé stesso; **~be**kenntnis n confessione f spontanea; **~beköstigung** f mantenimento m a proprie spese; **~besinnung** f introspezione f; **~bestimmung** f autodeterminazione f; **~bestimmungs**recht n diritto m di autodecisione; **~betrug** m inganno m di sé stesso; illusione f; **2bewußt** conscio del proprio valore; (*anmaßend*) presuntuoso; **~bewußtsein** n coscienza f del proprio valore; presunzione f; **~bildnis** n autoritratto m; **~bin**der [ˈ-bindər] m (7) cravatta f; **~biographie** f autobiografia f; **~einkehr** f raccoglimento m; **~ein**schätzung f autotassazione f; dichiarazione f dei propri redditi per l'imposta; *fig.* valutazione f delle proprie qualità; **~entsagung** f rinuncia f volontaria; **~entzündung** f autocombustione f; **~erhaltung** f conservazione f; **~erhaltungs**trieb m istinto m di conservazione; **~erkenntnis** f conoscenza f di sé stesso; **~erniedrigung** f umiliazione f volontaria; **2gebacken** cotto in casa; *fig.* fatto da sé; **~ge**brauch m uso m personale; **2ge**fällig contento di sé stesso; fatuo; **~gefälligkeit** f presunzione f, fatuità f; **~gefühl** n orgoglio m; amore m proprio; **2gemacht** [ˈ-gəmaxt] fatto in casa; **2genüg**sam che basta a sé stesso, modesto; **~genügsamkeit** f modestia f; **~ge**spräch n soliloquio m; *Lit.* monologo m; **2herrlich** autoritario; **~**herrschaft f autocrazia f; **~herr**scher m autocrate m; **~hilfe** f autodifesa f; *zur* ~ *greifen* farsi giustizia da sé; **~kosten** f/pl. costi m/pl. effettivi; **~kostenpreis** m prezzo m di costo (*od.* di fabbrica); **~kritik** f autocritica f; **~ladepistole** [ˈ-laːdə-pistoːlə] f pistola f automatica; **~**laut m vocale f; **2los** disinteressato; altruistico; **~losigkeit** f disinteresse m, altruismo m; **~mord** m suicidio m; **~mörder(in** f) m, **2mörde**risch suicida m u.f.; **2redend** naturale, ovvio; ~! s'intende!; **~schutz** m autodifesa f; **2sicher** sicuro di sé stesso; **~sucht** f egoismo m; **2**süchtig [ˈ-zyçtiç] egoistico, egoista; **~süchtige(r)** m egoista m; **2tätig** automatico; **~täuschung** f illusione f; **~überhebung** f presunzione f; **~überwindung** f dominio m di sé stesso; *es kostete ihn viel* ~ dovette farsi forza; **~unterricht** m autodidattica f; **2vergessen** dimentico di sé stesso; **~vergessenheit** f oblio m di sé stesso; **~verlag** m pubblicazione f a spese dell'autore; *auf dem Buch selbst:* presso l'autore; **~verleugnung** f abnegazione f; **~**versorgung f autoapprovvigionamento m; autarchia f; **2verständ**lich ovvio; naturale; *das ist* ~ s'intende da sé; va da sé; **~verständ**lichkeit f cosa f naturale (*od.* ovvia); **~verstümmelung** f autolesione f; **~verstümmler(in** f) m autolesionista m u.f.; **~vertrauen** n fiducia f in sé stesso; **~verwaltung** f

S

autonomia *f*; **~wähl-anschluß** *m* telefono *m* automatico; **~wählverkehr** *m* teleselezione *f*; **~zündung** *f* accensione *f* automatica; **~zweck** *m* ultimo fine *m*, fine *m* a sé stesso.

Selchfleisch ['zɛlçflaɪʃ] *n* carne *f* affumicata.

Selen [ze'le:n] *n* selenio *m*; **~zelle** *f* cellula *f* di selenio.

selig ['ze:lɪç] beato; *fig. a.* felice; *f* arcicontento; **~en** *Andenkens* di felice memoria; *mein* **~er** *Vater* mio padre buon'anima; **~** *entschlafen* morire da buon cristiano; *Gott habe ihn* **~** Dio l'abbia in gloria; **2keit** *f* beatitudine *f*; **~machend** ['--maxənt] beatificante; **2machung** *f*; **2sprechung** *f* beatificazione *f*.

Sellerie ['zɛl(ə)ri:] *m* (11), *f* (15) sedano *m*.

selten ['zɛltən] **1.** *adj.* raro; (*sonderbar*) singolare; **2.** *adv.* di rado; **2heit** *f* rarezza *f*; rarità *f*.

Selterswasser ['-tərsvasər] *n* (7[1]) acqua *f* di seltz; sifone *m*.

seltsam ['zɛltza:m] strano; **2keit** *f* stranezza *f*.

Semester [ze'mɛstər] *n* (7) semestre *m*.

Semikolon [-mi'ko:lɔn] *n* (11, *pl. a.* *-la*) punto *m* e virgola.

Seminar [--'na:r] *n* (3[1]) *Rel. u. Univ.* seminario *m*; (*Lehrer2*) scuola *f* (*od.* istituto *m*) magistrale; **~'ist** *m* seminarista *m*; allievo *m* di una scuola magistrale.

Semit|(in *f*) *m* (12) [ze'mi:t(in)] semita *m u. f*; **2isch** semitico.

Semmel ['zɛməl] *f* (15) rosetta *f*, panino *m*.

Senat [ze'na:t] *m* (3) senato *m*; **~or** [-'-tɔr] *m* (8[1]) senatore *m*; **2orisch** [--'to:rɪʃ] senatoriale.

Send|bote ['zɛntbo:tə] *m* messo *m*, emissario *m*, inviato *m*; (*Apostel*) apostolo *m*; **~brief** *m* missiva *f*; **~e-anlage** *f* impianto *m* trasmittente; **~e-antenne** *f* antenna *f* di emissione; **~ebereich** *m* gamma *f* d'onde; **~efolge** *f* programma *m* radiofonico; **~eleiter** *m* direttore *m* della trasmissione; **2en** (30) inviare; mandare; spedire; (*Fußball*) calciare; *Radio*: trasmettere, radiodiffondere; **~er** *m* (7) (*Radio*): stazione *f* trasmittente; trasmettitore *m*; **~eraum** *m* locale *m* di trasmis-

sione; studio *m* radiofonico; **~e-schluß** *m* fine *f* della trasmissione; **~ezeit** *f* orario *m* delle trasmissioni; **~ling** ['-lɪŋ] *m* (3[1]) messo *m*; **~schreiben** *n* missiva *f*; **~ung** *f* spedizione *f*; (*Mission*) missione *f*, apostolato *m*; *Radio*: trasmissione *f*, emissione *f*.

Senf [zɛnf] *m* (3) senapa *f*; mostarda *f*; *s-n ~ dazugeben* F metterci bocca; **~büchse** *f* senapiera *f*; **~gas** *n* iprite *f*; **~gurke** *f* cetriolo *m* in conserva; **~pflaster** *n* senapismo *m*; **~topf** *m* senapiera *f*; *s. a. Mostrich.*

seng|en ['zɛŋən] (25) abbruciacchiare; **~end:** **~e** *Hitze* arsura *f*.

Senior ['ze:njɔr] *m* (8[1]) anziano *m*, seniore *m*.

Senk|blei ['zɛŋkblaɪ] *n* piombino *m*, scandaglio *m*; **~e** *f* (15) avvallamento *m*; **~el** *m* aghetto *m*, stringa *f*; **2en** (25) abbassare; *Preise*: ridurre; propagginare; *sich ~ Boden*: avvallarsi; **~fuß** *m* piede *m* piatto; **~grube** *f* pozzo *m* nero; **~kasten** *m* cassone *m* sommergibile; **~nadel** *f* *Chir.* sonda *f*; **~rebe** *f* propaggine *f*; **2recht** verticale; *A* perpendicolare; *adv.* a piombo; **~rechte** *f* perpendicolare *f*; **~rechtstarter** *m* aereo *m* a decollo verticale; **~reis** *n* propaggine *f*; **~ung** *f* abbassamento *m*; (*Neige*) pendenza *f*, china *f*; *Preise*: ribasso *m*, calo *m*; (*Tal*) vallata *f*.

Senner ['zɛnər] *m* (7) cascinaio *m*; **~in** *f* cascinaia *f*.

Sennesblätter ['zɛnəsblɛtər] *n*/*pl.* foglie *f*/*pl.* di senna.

Sennhütte ['zɛnhytə] *f* cascina *f* alpestre.

Sensation [-zats'jo:n] *f* sensazione *f*; **2ell** [---'nɛl] sensazionale.

Sense ['zɛnzə] *f* (15) falce *f*; **~nhieb** *m* falciata *f*; **~nmann** *m* falciatore *m*; *fig.* morte *f*.

sensib|el [zɛn'zi:bəl] sensibile; **2ili-'tät** *f* sensibilità *f*.

Sentenz [-'tɛnts] *f* (16) sentenza *f*.

sentimental [-timen'ta:l] sentimentale; **2'ismus** *m* sentimentalismo *m*; **2i'tät** *f* sentimentalità *f*.

separat [zepa'ra:t] separato; **2-abdruck** *m* estratto *m*; **2friede** *m* pace *f* separata; **2'ismus** *m* separatismo *m*; **2ist** [---'tɪst] *m* (12), **~'istisch** separatista *m*; **2konto** *n* conto *m* speciale.

September [zɛp'tɛmbər] m (7) settembre m.

Septett ♩ [zɛp'tɛt] n (3) settetto m.

Sequenz [ze'kvɛnts] f (16) sequenza f.

Serail [ze'raːj] n (11) serraglio m.

Serb|e [ˈzɛrbə] m (13) (~in f), **~isch** serbo (-a) m (f).

Serenade [zere'naːdə] f (15) serenata f.

Sergeant [ser'ʒant] m (12) sergente m.

Serie [ˈzeːrjə] f (15) serie f; **~n-arbeit** f lavoro m in serie; **~n-artikel** m articolo m di serie; **~nfabrikation** f, **~nherstellung** f produzione (od. fabbricazione) f in serie; **~nschaltung** f collegamento m in serie; **~nverkauf** m vendita f in serie; **2nweise** in serie.

seriös [zer'jøːs] serio.

Serum [ˈzeːrum] n (9 u. 9²) siero m; **~heilmethode** f sieroterapia f.

Serv|ice [zɛr'viːs] n (7) servizio m; **2¹ieren** servire; **~iertisch** m credenzino m; **~iette** [-v'jɛtə] f (15) tovagliolo m; **~iettentasche** f portatovagliolo m.

servil [zɛr'viːl] servile; **2i'tät** f servilità f.

Sessel [ˈzɛsəl] m (7) poltrona f; seggiola f; **~lift** m seggiovia f.

seßhaft [ˈzɛshaft] sedentario; (wohnhaft) domiciliato, residente; **2igkeit** f stabilità f.

Session [zɛ'sjoːn] f sessione f; (Sitzung) seduta f.

Setzei [ˈzɛtsˀaɪ] n (1) uovo m al tegame.

setzen [ˈzɛtsən] (27) collocare, porre, mettere; Hoffnung: riporre; Denkmal: erigere; ♩, Typ.: comporre; Spiel: puntare; Frist: fissare, stabilire; ♀ piantare; fig. alles daran fare di tutto; an Land ~ sbarcare; in Erstaunen ~ stupire; in Kenntnis ~ informare; j-n in Furcht ~ far paura a qu.; in Schrecken ~ spaventare; über e-n Fluß ~ passare un fiume; sich ~ sedersi; mettersi a sedere; 🐦 posarsi (a. Vogel); sich zur Wehr ~ opporre resistenza; sich zur Ruhe ~ ritirarsi.

Setzer [ˈ-tsər] m (7) Typ. compositore m; **~ei** [--'raɪ] f (16) officina f di composizione.

Setz|kasten [ˈzɛtskastən] m Typ. cassa f; **~ling** [ˈ-lɪŋ] m (3¹) ♀ piantone m; Fisch: avannotto m; **~linie** f

regoletto m; **~maschine** f compositrice f; **~reis** ♀ n margotto m; **~teich** m vivaio m; **~waage** f livella f.

Seuche [ˈzɔʏçə] f (15) epidemia f; **2n-artig** epidemico; **~nherd** m focolare m dell'epidemia.

seufz|en [ˈzɔʏftsən] (27) sospirare; **2er** m (7) sospiro m.

Sex [sɛks] m sesso m; fig. erotismo m.

Sext|ant [zɛks'tant] m (12) sestante m; **~ett** ♩ [-'tɛt] n (3) settetto m.

Sexu|alität [zɛksuali'tɛːt] f uv. sessualità f; **2ell** [-ksu'ɛl] sessuale.

Sezession [zetses'joːn] f secessione f; **~ist(in** f) m secessionista m u. f.

sezier|en [-'tsiːrən] sezionare; **2-messer** n scalpello m; **2ung** f sezione f.

Shampoo [ʃam'puː] n shampoo m.

sibirisch [zi'biːrɪʃ] siberiano.

sibyllinisch [zibyˈliːnɪʃ] sibillino.

sich [zɪç] si; sé (ac.), a sé (dat.); für ~ per sé; ~ selbst sé stesso; an u. für ~ di per sé; mit ~ reden parlare fra sé; nichts auf ~ haben non avere importanza.

Sichel [ˈzɪçəl] f (15) falce f; **2förmig** [ˈ--førmɪç] falcato; **2n** (29) falciare.

sicher [ˈzɪçər] sicuro; (gewiß) certo; ~ vor (dat.) al sicuro da; (fraglos) indubbio; (fest) fermo; (als Antwort) certamente; seiner Sache ~ sn essere sicuro del fatto suo; **~gehen** essere (od. stare) certo; **2heit** f sicurezza f; ♰, ♃ sicurtà f; in ~ bringen mettere al sicuro (in salvo); **2heits...** in Zssgn di sicurezza; **2heitsbeamte(r)** m impiegato m (od. agente m) di pubblica sicurezza; **2heitsbehörde** f polizia f; **2heitsdienst** m servizio m di pubblica sicurezza; **~heitsgurt** m cintura f di sicurezza; **~heitshalber** per maggiore sicurezza; **2heitskette** f catena f di sicurezza; **2heitsleistung** f garanzia f; **2heitsmaßnahme** f misura f precauzionale; **2heitsnadel** f ago m (spillo m) di sicurezza; **2heitspolizei** f pubblica sicurezza f; **2heitsschloß** n serratura f di sicurezza; lucchetto m; **2heitsschlüssel** m chiave f di sicurezza; **2heitsventil** n valvola f di sicurezza; **2heitsvorrichtung** f dispositivo m di sicurezza; **~lich** sicuramente m; **~n** (29) 1. v/t. assicurare; (schützen) proteggere contro;

~ **vor** (dat.) salvaguardare da; **2.** v/i. Wild: fiutare il vento; ~**stellen** assicurare; mettere al sicuro; 2~**stellung** f confisca f; 2**ung** f sicurezza f; ∲ fusibile m; valvola f di sicurezza; assicurazione f; am Gewehr: sicura f; 2**ungs... in** Zssgn di sicurezza.

Sicht [ziçt] f vista f; Wetter: visibilità f; ✝ auf ~ a vista; auf kurze (lange) ~ a breve (lunga) scadenza; ~**anweisung** f assegno m a vista; 2**bar** visibile; (offenbar) evidente; '~**barkeit** f visibilità f; evidenza f; 2**en** (26) avvistare, scorgere; (ordnen) ordinare; (prüfen) esaminare, vagliare; '2**lich** adj., adv. visibilmente; '~**ung** f avvistamento m; fig. esame m, cernita f; scelta f; ~**vermerk** m visto m; '~**wechsel** m cambiale f a vista; '~**weite** f portata f di vista (od. d'occhio).

sickern ['zikərn] (29, sn) trapelare.

sie [zi:] nom. ella, lei; essa; pl. essi, esse; ac. la; pl. li; le; **Sie** nom. sg. Lei; ac. La; pl. Loro.

Sieb [zi:p] n (3) Kochk. staccio m; (Getreide2) vaglio m; (Brühe2) colabrodo m; colino m; (Tee2) passino m.

sieben¹ ['zi:bən] (25) stacciare; vagliare; colare, passare.

sieben² ['zi:bən] **1.** adj. sette; **2.** 2 f sette m; böse ~ megera f; 2**-eck** ['--⁹ɛk] n (3) ettagono m; ~**er'lei** di sette specie; ~**fach** settuplo; 2**gestirn** n Pleiadi f/pl.; ~**'hundert** settecento; ~**jährig** settennale; Alter: settenne; ~**mal** sette volte; ~**malig** ripetuto sette volte; 2**'meilenstiefel** m/pl. stivali m/pl. delle sette leghe; 2**monatskind** n settimino m; 2**sachen** f/pl. carabattole f/pl.; seine ~ packen far fagotto; 2**schläfer** m Zo. ghiro m; Lit. die ~ pl. i sette dormienti m/pl.; 2**silbner** settenario m; ~**stündig** sette ore; ~**tägig** di sette giorni; ~**'tausend** settemila.

siebente ['zi:bəntə] settimo; den (am) ~n Juni il sette giugno; **21** ['--təl] n (7) settimo m, settima parte f; ~**ns** in settimo luogo.

Sieb|macher ['zi:pmaxər] m (7) stacciaio m; ~**tuch** n stamigna f.

sieb|zehn ['zi:ptseːn] diciassette; ~**zehnte(r)** decimosettimo; ~**zig** ['-tsiç] **1.** adj. settanta; **2.** 2 f settan-

ta m; ~**ziger** ['-tsigər] **1.** in den ~ Jahren negli anni tra il settanta e l'ottanta; **2.** 2 m (7) settuagenario m; ~**zigjährig** settantenne; ~**zigste(r)** adj., 2**zigstel** ['--stəl] n (7) settantesimo adj. u. m.

siech [zi:ç] malato, infermo; (unheilbar) incurabile; '2**bett** n letto m di dolori; ~**en** languire; '2**enhaus** n ospedale m degli incurabili; '2**tum** n malattia f lenta, inesorabile.

Siede|grad ['zi:dəgraːt] m grado m d'ebollizione; ~**hitze** f temperatura f d'ebollizione; fig. caldo m tropicale; ~**kessel** m caldaia f.

siedeln ['zi:dəln] (29) stabilirsi.

sieden ['zi:dən] (30) **1.** v/i. bollire; **2.** v/t. (far) bollire; Zucker: raffinare; ~**d** bollente.

Siede|pfanne ['zi:dəpfanə] f caldaia f; ~**punkt** m punto m d'ebollizione; ~**'rei** f für Zucker: raffineria f; für Salz: salina f; für Seife: saponeria f.

Sied|ler ['zi:dlər] m (7) colono m; ~**lung** f colonia f; ländliche ~ colonia f rurale; (Arbeiter2) quartiere m operaio; ~**lungsgesellschaft** f società f colonizzatrice.

Sieg [zi:k] m (3) vittoria f; fig. trionfo m.

Siegel ['zi:gəl] n (7) sigillo m; ~**bewahrer** m guardasigilli m; ~**lack** m ceralacca f; ~**lackstange** f cannello m di ceralacca; 2**n** (29) sigillare; ~**ring** m anello m col sigillo; ~**ung** f sigillatura f, apposizione f dei sigilli; ~**wachs** n ceralacca f.

sieg|en ['zi:gən] (25) vincere (über j-n qu.); fig. trionfare su; ~**end** vittorioso; 2**er** m (7) vincitore m.

Sieges|bogen ['zi:gəsboːgən] m arco m di trionfo; ~**einzug** m ingresso m trionfale; ~**feier** f celebrazione f della vittoria; 2**gewiß** sicuro del proprio trionfo; 2**göttin** f (dea f della) Vittoria f; ~**hymne** f inno m trionfale, ⨀ epinicio m; ~**lied** ⨀ n peana m; ~**preis** m premio m della vittoria, trofeo m; 2**trunken** ebbro per la vittoria; ~**zeichen** n trofeo m; ~**zug** m trionfo m, corteo m (od. marcia f [a. fig.]) trionfale.

sieg|gewohnt ['zi:kgəvoːnt] abituato a vincere; ~**reich** vittorioso.

siehe ['zi:ə]: ~ Seite vedi (od. vedere od. vedasi) pagina.

Siel ⊕ [zi:l] m u. n (3) fogna f.

Siele ['zi:lə] f (15) pettorale m; in den ~n sterben morire in piena attività; ~ngeschirr n finimenti m/pl.

Siesta [s'jesta] f(16²) siesta f.

siezen F ['zi:tsən] (27) dare del Lei (j-n a qu.).

Sigel ['zi:gəl] n (7) sigla f.

Signal [zig'na:l] n (3¹) segnale m; ~ement [-nalə'mã] n (11) connotati m/pl.; ~flagge f bandierina f da segnalazione; ~feuer n fuoco m di segnalazione; ~gast ♣ m (5) semaforista m; ♀i'sieren segnalare; ~i'sierung f segnalazione f; ~laterne f lampada f segnale; ~rakete f razzo m di segnalazione; ~scheibe ☜ f disco m.

Sign|atarmacht [signa'ta:rmaxt] f potenza f signataria; ~a'tur f segnatura f; ~et [sin'je:] n sigla f; ♀i'eren segnare; (unterzeichnen) firmare.

Silbe ['zilbə] f (15) sillaba f.

Silben|akzent ['zilbən'aktsɛnt] m accento m tonico; ~maß n metro m; ~messung f prosodia f; ~rätsel n sciarada f; ~stecher m sofisticone m; ~steche'rei f sofisticheria f; ~trennung f divisione f delle parole (in sillabe).

Silber ['zilbər] n (7, o. pl.) argento m; (~zeug) argenteria f; ~arbeiter m argentaio m; ♀-artig argentino; ~braut f, ~bräutigam m sposa f (sposo m) che celebra le nozze d'argento; ♀farben, ♀farbig argenteo; ~fuchs m volpe f argentata; ~gehalt m titolo m d'argento; ~geld n argento m; ~gerät n, ~geschirr n argenteria f; ~glanz m fulgore m argentino; ~haar n capelli m/pl. inargentati; ♀haarig dai capelli argentei; ♀haltig ['--haltiç] argentifero; ~hochzeit f nozze f/pl. d'argento; ♀ig argentifero; ~klang m suono m argentino; ~ling ['--liŋ] m (3¹) moneta f d'argento; bibl. danaro m; ~münze f moneta f d'argento; ♀n d'argento; ~papier n carta f argentata; ~pappel f gattice m; ~sachen f/pl. argenteria f; ~schmied m argentaio m; ~stickerei f ricamo m in argento; ~stimme f voce f argentina; ~streif m: fig. ~ am Horizont filo m di speranza; ♀tanne ♀ f abete m bianco; ~währung f valuta f d'argento; regime m argentino; ~waren f/pl. ar-

genteria f; ♀weiß argenteo; ~zeug n argenteria f.

Silhouette [zilu'etə] f (15) siluetta f.

Silikat [zili'ka:t] n (3) silicato m.

Silo ['zi:lo] m (11) silo m.

Silvester [zil'vɛstər] n (7), ~abend m vigilia f di capo d'anno.

simpel ['zimpəl] semplice.

Sims [zims] m u. n (4) cimasa f; ⚠ corniccione m.

Simul|ant [zimu'lant] m (12) simulatore m; ♀'ieren simulare; ♀dolmetschen n traduzione f simultanea.

simultan [zimul'ta:n] simultaneo; ♀dolmetschen n traduzione f simultanea.

sind [zint] s. sein.

Sing|akademie ['ziŋ'akademi:] f accademia f di canto; ♀bar cantabile; ♀en (30) cantare; ~sang ['ziŋzaŋ] m cantilena f; ~spiel n commedia f musicale.

Singular ['ziŋgula:r] m (3¹) singolare m.

Sing|vogel ['ziŋfo:gəl] m uccello m canterino (od. canoro, di canto); ~weise f aria f, melodia f.

sinken ['ziŋkən] h. (30, sn) (fallen) cadere; Preise: calare; Sonne: posarsi; Schiff: affondare; zu Boden: lasciarsi andare; Boden: sprofondarsi; abbassarsi; moralisch: cadere (in) basso; ~ lassen abbassare; den Mut ~ lassen perdersi di coraggio; in Ohnmacht ~ cadere svenuto; in Schlaf ~ addormentarsi; 2. ♀ n (6) caduta f; affondamento m; sprofondamento m; der Preise: calo m, ribasso m.

Sinn [zin] m (3) senso m; (Besinnung) sensi m/pl.; (Bedeutung) significato m; allg. mente f, animo m; ~ für interesse m per; (Anlage) disposizione f per; im ~e haben avere in mente; tramare; in j-s ~e handeln agire secondo le intenzioni di qu.; anderen ~es werden mutare idea; von ~en sein essere ammattito; das hat keinen ~ è inutile; ~bild n simbolo m; ♀bildlich simbolico, allegorico; Gram. figurato; ~ darstellen simboleggiare.

sinnen ['zinən] 1. (30) meditare; riflettere; ~ auf (ac.) pensare a, tramare; 2. ♀ n (6) pensieri m/pl.; intenzioni f/pl.; ~ und Trachten sforzi ed affanni m/pl.; ~d meditabondo.

Sinn|enlust ['zinənlust] f piacere m dei sensi; voluttà f; ~enrausch m ebbrezza *f* dei sensi; **~enreiz** *m* fascino *m*; **2-entstellend** che svisa il senso; **~enwelt** *f* mondo *m* fisico.

Sinnes|-änderung ['~nəs...] *f* cambiamento *m* d'idea; **~art** *f* sentimenti *m/pl.*, mentalità *f*; **~ein-druck** *m* sensazione *f*; **~täuschung** *f* allucinazione *f*; **~werkzeuge** *n/pl.* organi *m/pl.* dei sensi.

sinn|fällig ['zinfeliç] evidente; **2-gedicht** *n* epigramma *m*; **~gemäß** conforme al senso; **~getreu** fedele; **~'ieren** meditare, ruminare; **~ig** sensato; ingegnoso; indovinato; **2igkeit** *f* sensatezza *f*; **~lich** sensuale; voluttuoso; (*wahrnehmbar*) sensibile; **2lichkeit** *f* sensualità *f*; materialità *f*; **~los** senza senso; (*zwecklos*) inutile; **2losigkeit** *f* assurdità *f*; **2pflanze** *f* sensitiva *f*; **~reich** ingegnoso; **2spruch** *m* sentenza *f*; **~verwandt**: **~es** Wort *n* sinonimo *m*; **~widrig** assurdo.

Sinter ⊕ ['zintər] *m* (7) incrostatura *f*; **2n** trasudare.

Sintflut ['zintfluːt] *f* diluvio *m* universale.

Sinus ⚕ ['ziːnus] *m* (*uv. u.* 14²) seno *m*.

Siphon ['~fɔn] *m* (11) sifone *m*.

Sipp|e ['zipə] *f* (15) schiatta *f*, stirpe *f*; parentado *m*; (*Wort2*) famiglia *f*, gruppo *m*; **~enforschung** *f* genealogia *f*; **~schaft** *f* (16) consorteria *f*, combriccola *f*, camarilla *f*.

Sirene [zi're:nə] *f* (15) sirena *f*.

Sirup ['zi:rup] *m* (3¹) sciroppo *m*.

sistieren [zis'tiːrən] fermare; ⚖ sospendere.

Sitte ['zitə] *f* (15) costume *m*; (*Brauch*) uso *m*; *es ist bei uns* ~ si usa da noi.

Sitten|bild *n*, **~gemälde** *n* ['~tən...] quadro *m* di costumi; **~lehre** *f* etica *f*; **~lehrer(in** *f*) *m* moralista *m u. f.*; **2los** scostumato; **2losigkeit** *f* scostumatezza *f*; **~polizei** *f* polizia *f* del buon costume; **~prediger(in** *f*) *m* moralista *m u. f.*; **~predigt** *f* sermone *m*; **~richter** *m* censore *m*; **2-streng** austero; **~strenge** *f* austerità *f*; **2verderbend** depravante; **~verderber** *m* depravatore *m*; **~verderbnis** *f* corruzione *f*; **~verfall** *m* depravazione *f*.

Sittich ['zitiç] *Zo. m* (3) pappagallo *m*.

sittlich ['zitliç] morale; **2keit** *f* mo-

ralità *f*; **2keitsverbrechen** *n* delitto *m* sessuale.

sittsam ['zitzaːm] morigerato; *Mädchen*: pudica; **2keit** *f* morigeratezza *f*; pudicizia *f*.

Situation [zituats'joːn] *f* situazione *f*, condizioni *f/pl.*; **~splan** 🜨 *m* tracciato *m* generale.

situiert [-tu'iːrt]: *wohl~* agiato.

Sitz [zits] *m* (3²) sede *f*; *im Parlament usw.*: seggio *m*; (*~platz*) posto *m*; (*~bank*) sedile *m*; (*Wohn2*) domicilio *m*; *des Kleides*: taglio *m*; *einen guten* ~ *haben* star bene, andar bene.

Sitz|arbeit ['zits⁹arbart] *f* lavoro *m* sedentario; **~bad** *n* semicupio *m*; **~bank** *f* sedile *m*; **~bein** *n* ischio *m*.

sitzen ['zitsən] (30, *h. u. sn*) sedere, essere seduto; (*sein, sich befinden*) stare, trovarsi; *Kleidung*: stare; *e-m Maler*: posare; (*gefangen*) F essere al fresco; *es sitzt noch nicht* (*Lektion usw.*) non mi (gli *usw.*) è ancora entrato; **~bleiben** *in der Schule*: essere bocciato, *beim Tanz*: far tappezzeria, *keinen Mann finden*: restare zitella; *eine Beleidigung auf sich* ~ *lassen* mandar giù un'offesa; **~d** seduto; **~e** Lebensweise *f* vita *f* sedentaria.

Sitz|fleisch ['zitsflarʃ] *n*: ~ *haben* saper resistere a tavolino; **~platz** *m* posto *m* (a sedere); **~reihe** *f* fila *f*; **~streik** *m* sciopero *m* bianco.

Sitzung ['~tsuŋ] *f* seduta *f*; **~s-periode** *f* sessione *f*; **~ssaal** *m* sala *f* delle sedute; aula *f* delle adunanze.

Sizilian|er(in *f*) *m* (7) [zitsil'jaːnər (-in)], **2isch** siciliano (-a) *m* (*f*).

Skala ['ska:la] *f* (16² *u.* 11¹) scala *f*; *gleitende* ~ scala *f* mobile; (♩ *a.*) gamma *f*.

Skalp [skalp] *m* (3¹) scalpo *m*, cotenna *f*; **~ell** ⚚ [-'pɛl] *n* scalpello *m*; **2'ieren** scotennare.

Skandal [skan'daːl] *m* (3¹) scandalo *m*; (*Lärm*) chiasso *m*, baccano *m*; **~chronik** *f* cronaca *f* scandalosa; **~geschichte** *f* storia *f* scandalosa; **2i'sieren** scandalizzare; **~macher** *m* schiamazzatore *m*; **2ös** [-da'løːs] scandaloso.

skandieren [-'diːrən] scandire.

Skandinav|ier(in *f*) *m* (7) [skandi-'naːvjər(in)], **2isch** scandinavo (-a) *m* (*f*).

Skapulier [-pu'liːr] *n* (3¹) scapolare *m*.

Skelett [ske'lɛt] n (3) scheletro m.

Skep|sis ['skɛpsis] f uv. scetticismo m; **~tiker** ['-tikər] m (7), **2tisch** adj. scettico m u. adj.; **~ti'zismus** m scetticismo m.

Ski [ʃi:] m usw. s. **Schi** usw.

Skizz|e ['skitsə] f (15) schizzo m; abbozzo m; **2enhaft** sbozzato; **2'ieren** schizzare, abbozzare; **~'ierung** f abbozzatura f.

Sklave ['skla:və] m (13) schiavo m.

Sklaven|aufseher ['skla:vən⁹auf-ze:ər] m aguzzino m; **~halter** m negriero m; **~handel** m tratta f degli schiavi; **~händler** m negriero m; **~kette** f catena f della schiavitù; **~seele** f anima f servile; **~tum** n schiavitù f.

Sklaverei [--'raɪ] f (16) schiavitù f.

Sklav|in ['skla:vin] f schiava f; **2isch** da schiavo.

Sklerose ⚕ [skle'ro:zə] f (15) sclerosi f.

Skonto ✝ ['skɔnto] m u. n (11) sconto m.

Skontro ['skɔntro] m (9¹) scontro m, riscontro m, compensazione f.

Skorbut [skɔr'bu:t] m (3, o. pl.) ⚕ scorbuto m.

Skorpion [-p'jo:n] m (3¹) scorpione m.

Skrof|el ⚕ ['skro:fəl] f scrofola f; **2u'lös** scrofoloso.

Skrupel ['skru:pəl] m (7) scrupolo m; **2los** senza scrupoli; **~losigkeit** f mancanza f di scrupoli.

skrupulös [skrupu'lø:s] scrupoloso.

Skulptur [skulp'tu:r] f (16) scultura f.

Slalom ['sla:lɔm] m (11) slalom m.

Slaw|e ['sla:və] m (13) (**~in** f), **2isch** slavo (-a) m (f).

Slowak|e [slo'va:kə] m (13) (**~in** f), **2isch** slovacco (-a) m (f).

Slowen|e [slo've:nə] m (13) (**~in** f), **2isch** sloveno (-a) m (f).

Smaragd [sma'rakt] m (3) smeraldo m; **2grün** smeraldo.

Smoking ['smo:kiŋ] m (11) smoking m.

Snob [snɔp] m (11) snob m; gagà m; **~ismus** m snobismo m.

so [zo:] così; betont: tanto; **~** sehr, **~** viel tanto; **~** lange tanto tempo; **~?** ah sì?; proprio?; ach **~**! ho capito!; **~ ~** così così; **~ ~**! senti senti!; **~**! jetzt ist es genug! ecco! ora basta!; **~** gut wie poco meno che; **~** gut ich kann come meglio posso; Herr So-undso il signor tal dei tali; **~** ein ... un ... così; **~** etwas qualcosa così; **~** reich er auch ist per quanto ricco sia; **~** daß così che od. cosicché, dimodoché. (Im Nachsatz nicht zu übersetzen, z.B.: wenn du es nicht glaubst, so gebe ich dir mein Wort se non ci credi, ti do la mia parola.)

sobald [-'balt] appena; so bald als möglich al più presto (possibile).

Socke ['zɔkə] f (15) calzerotto m; (Herren2) calzino m.

Sockel ['-kəl] m (7) piedestallo m, zoccolo m.

Sockenhalter ['--haltər] m giarrettiera f.

Soda ['zo:da] f uv. od. n (11, o. pl.) soda f.

sodann [-'dan] poi.

Sodawasser ['zo:davasər] n acqua f di seltz (od. di soda).

Sodbrennen ⚕ ['zo:tbrɛnən] n (6) pirosi f, bruciore m di stomaco.

Sodom|ie [zodo'mi:] f sodomia f; **~'it** m sodomita m; **2'itisch** sodomitico.

soeben [zo'⁹e:bən] in questo momento, or ora.

Sofa ['zo:fa] n (11) sofà m.

sofern [zo'fɛrn] per quanto; in quanto che; s. insofern.

soff [zɔf] s. saufen.

Soffitte Thea. [zɔ'fitə] f (15) soffitto m.

sofort [zo'fɔrt] subito; **~ig** immediato; **2programm** n programma m di realizzazione immediata.

Sog [zo:k] m (3) risucchio m.

so|gar [zo'ga:r] persino; **~genannt** cosiddetto; **~gleich** subito.

Sohle ['zo:lə] f (15) (Fuß2) pianta f; Schuh, Bergwerk: suola f; Tal: fondo m; **2n** (25) risolare; s. besohlen; **~ngänger** m Zo. plantigrado m.

Sohn [zo:n] m (3³) figlio m, figliuolo m.

Söhnchen ['zø:nçən] n (6) figlioletto m.

Soja(bohne) ['so:ja(bo:nə)] f soia f.

solange [zo'laŋə] finché.

Solawechsel ✝ ['zo:lavɛksəl] m (7) sola f di cambio.

Solbad ['zo:lbat] n (1²) bagno m d'acqua salina.

solch [zɔlç] (21) tale; **~erge'stalt** talmente; **~er'lei** tali; **~er'maßen**

talmente, in modo tale; **'~er'weise** talmente.

Sold [zɔlt] *m* (3) soldo *m*, paga *f* (dei soldati).

Soldat [-'daːt] *m* (12) soldato *m*.

Soldaten|kost [zɔl'daːtənkɔst] *f* rancio *m*; **~leben** *n* vita *f* militare; **~rock** *m* uniforme *f*; **~stand** *m* mestiere *m* del soldato; **~volk** *n* soldatesca *f*.

Solda|teska [zɔlda'teska] *f* soldatesca *f*; ♀**tisch** [-'daːtiʃ] soldatesco; militare.

Soldbuch ['zɔltbuːx] *n* libretto *m* di paga.

Söldling ['zœltliŋ] *m* (3¹), **Söldner** *m* (7) mercenario *m*.

Sol|e ['zoːlə] *f* (15) acqua *f* salsa; **~ei** ['-⁹aɪ] *n* uovo *m* cotto nell'acqua salata.

solid [-'liːt] solido; *fig.* regolato; ✝ solvente.

solid|arisch [-li'daːriʃ] solidale; ♀**ari'tät** *f* solidarietà *f*; ♀**i'tät** *f* solidità *f*; regolatezza *f*; ✝ solvibilità *f*.

Solist(in *f*) *m* (12) [-'list(in)] solista *m u. f*.

Solitär [-li'tɛːr] *m* (3¹) solitario *m*.

Soll ✝ [zɔl] *n* (11 *u. uv.*) debito *m*; **~ und Haben** *m* dare ed avere *m*; '**~bestand** *m* effettivo *m* teorico; '**~einnahme** *f* incasso *m* lordo.

sollen ['zɔlən] (30) dovere; *sollte jemand kommen* se venisse qu.; *sollte das möglich sein?* che sia possibile?; *es soll geschehen* sarà fatto; *du sollst mal sehen* vedrai; *was soll das?* che significa?; *er soll schon abgereist sein* si dice che sia già partito; *man sollte glauben* si crederebbe.

Söller ['zœlər] *m* (7) balcone *m*; *(Boden)* solaio *m*.

Solo ['zoːlo] *n* (11, *pl. a.* -li), ♀ *adj.* solo *m u. adj.*; **~sänger(in** *f*) *m*, **~spieler(in** *f*) *m* solista *m u. f*; **~stück** *n* a solo *m*.

Solquelle ['zoːlkvelə] *f* (15) sorgente *f* di acque saline.

solv|ent ✝ [zɔl'vent] solvente; ♀**enz** *f* solvenza *f*.

somit [zo'mit] quindi, perciò.

Sommer ['zɔmər] *m* (7) estate *f*; *im ~* d'estate; **~anzug** *m* vestito *m* da estate; **~aufenthalt** *m* villeggiatura *f* estiva; **~fäden** *m/pl.* estate *f* di San Martino; **~frische** *f* villeggiatura *f*; **~frischler** ['--friʃlər] *m*

(7), **~gast** *m* villeggiante *m*; *im Badeort:* bagnante *m*; **~hut** *m* cappello *m* da estate; **~kur-ort** *m* stazione *f* estiva; **~landschaft** *f* paesaggio *m* estivo; ♀**lich** estivo; di (*od.* da) estate; **~mantel** *m* soprabito *m* leggero; **~nachtstraum** *m* sogno *m* d'una notte d'estate; **~saison** *f* stagione *f* estiva; **~schlußverkauf** *m* saldi *m/pl.* d'estate, svendita *f* d'estate; **~seite** *f* (lato *m* di) mezzogiorno *m*; **~semester** *n* semestre *m* estivo; **~sitz** *m* dimora *f* estiva; **~sonnenwende** *f* solstizio *m* d'estate; **~sprosse** *f* lentiggine *f*; ♀**-sprossig** lentigginoso; **~theater** *n* teatro *m* all'aperto; **~wohnung** *f* residenza *f* estiva; **~zeit** *f* ora *f* estiva, ora *f* legale.

sonach [zo'naːx] quindi, con ciò.

Sonate ♪ [zo'naːtə] *f* (15) sonata *f*.

Sonde ['zɔndə] *f* (15) sonda *f*.

Sonder... ['zɔndər...]: *in Zssgn* speciale; particolare; **~abdruck** *m* tiratura *f* a parte, estratto *m*; **~abkommen** *n* accordo *m* speciale; **~agent** *m* agente *m* speciale; **~angebot** *n* offerta *f* speciale; *e-r Zeitung:* edizione *f* straordinaria; ♀**bar** strano; ♀**barerweise** ['--baːrərvaɪzə]. **~** *hat* er lo strano è ch'egli abbia; **~barkeit** *f* stranezza *f*; **~beilage** *f* supplemento *m*; **~berichterstatter** *m* corrispondente *m* speciale; **~bestrebung** *f Pol.* tendenza *f* particolaristica; **~bund** *m* federazione *f* separatista; **~bündler** *m* separatista *m*; **~ermäßigung** *f* riduzione *f* di favore; **~fall** *m* caso *m* speciale; **~friede** *m* pace *f* separata; **~gericht** *n* tribunale *m* speciale; ♀**gleichen** senza l'eguale, senza pari; **~heit** *f* particolarità *f*; *in ~* specialmente; **~interesse** *n* interesse *m* particolare; ♀**lich** straordinario; speciale, singolare, particolare; *adv. nicht ~* non molto; *es ist nicht ~ gut* non è poi tanto buono; **~ling** ['--liŋ] *m* (3¹) originale *m*; tipo *m* strano; **~marke** *f* francobollo *m* commemorativo; **~meldung** *f* comunicato *m* straordinario.

sondern¹ ['zɔndərn] *cj.* ma.

sondern² ['zɔndərn] *v/t.* (29) separare; isolare.

Sonderrecht ['zɔndərreçt] *n* privilegio *m*.

sonders ['zɔndərs]: *samt und* ~ tutti quanti.

Sonder|stellung ['zɔndərʃtelʊŋ] *f* posizione *f* privilegiata; **~verfahren** *n* procedimento *m* straordinario; **~zug** *m* treno *m* speciale.

sondier|en [zɔn'diːrən] sondare; *Gewässer*: scandagliare; **ℒung** *f* sondaggio *m*.

Sonett [zo'nɛt] *n* (3) sonetto *m*.

Sonnabend ['zɔn'ʔaːbənt] *m* (3¹) sabato *m*.

Sonn|e ['zɔnə] *f* (15) sole *m*; **ℒen** (25) soleggiare; *sich* ~ prendere il sole, soleggiarsi, mettersi al sole.

Sonnen... ['-nən...]: *in Zssgn oft* del sole, solare; **~anbeter** *m* adoratore *m* del sole; **~aufgang** *m* il levar *m* del sole; *Geogr.* oriente *m*; **~bad** *n* bagno *m* di sole; 𝆓 elioterapia *f*; **~bahn** *f* orbita *f* solare; **~ball** *m* globo *m* solare; **~blick** *m* raggio *m* di sole; **~blume** *f* girasole *m*; **~brand** *m* scottatura *f*; **~bräune** *f* abbronzatura *f*; **~brille** *f* occhiali *m/pl.* da sole; **~creme** *f* crema *f* solare (*od.* abbronzante); **~dach** *n* tenda *f*; **~finsternis** *f* eclisse *f* solare; **~fleck** *m* macchia *f* solare; **ℒhell** chiaro come il sole; **~hitze** *f* calore *m* solare; caldo *m* tropicale; **~höhenmesser** *m* gnomone *m*; **~jahr** *n* anno *m* solare; **ℒklar** chiaro come il sole; evidente; **~kugel** *f* globo *m* solare; **~messer** *m* eliometro *m*; **~monat** *m* mese *m* solare; **~nähe** *f* perielio *m*; **~öl** *n* olio *m* abbronzante; **~schein** *m* luce *f* del sole; **~schirm** *m* ombrellino *m*; **~schutzcreme** *f* crema *f* solare; **~schutz-öl** *n* olio *m* solare; **~segel** *n* tenda *f*; **~seite** *f* lato *m* esposto al sole (*od.* soleggiato); **~stäubchen** *n* pulviscolo *m*; **~stein** *m* *Min.* girasole *m*; **~stich** *m* insolazione *f*; **~strahl** *m* raggio *m* di sole; **~system** *n* sistema *m* solare; **~uhr** *f* meridiana *f*; **~untergang** *m* tramonto *m*; *Geogr.* occidente *m*; **ℒverbrannt** abbronzato dal sole; *Erde*: arso dal sole; **~wende** *f* solstizio *m*; **~zelt** *n* tenda *f* da sole.

sonnig ['-niç] soleggiato; *fig.* raggiante.

Sonn|tag ['zɔntaːk] *m* domenica *f*; **ℒtägig** ['-tɛːgiç] domenicale; **ℒtäglich** ['-tɛːkliç] (tutte) le domeniche; **ℒtags** di domenica.

Sonntags|anzug ['zɔntaksʔantsuːk] *m* abito *m* domenicale; **~heiligung** *f* osservanza *f* della domenica; **~jäger** (**~reiter**) *m* cacciatore *m* (cavaliere *m*) della domenica (inesperto); **~kind** *n* *fig.* uomo *m* nato con la camicia; **~ruhe** *f* riposo *m* domenicale; **~staat** *m* vestito *m* da festa.

sonst [zɔnst] altrimenti; (*zeitlich*) altre volte; *mit pron., cj. od. adv.*: altro; ~ *nichts* nient'altro; *wer* ~? chi altro?; *mehr als* ~ più dell'ordinario; '~ig altro; '~wie in altra maniera; '~wo altrove.

sooft [zo:'ʔɔft] ogniqualvolta.

Soph|isma [zo'fisma] *n* (16²) sofisma *m*; '~ist *m* sofista *m*; '~iste'rei *f* sofisticheria *f*; '~istik *f* sofistica *f*; ℒ'istisch sofistico.

Sopran [zo'praːn] *m* (3¹), '~ist(in *f*) *m*, '~sänger(in *f*) *m* soprano *m u. f.*

Sorge ['zɔrgə] *f* (15) (*Fürsorge*) cura *f*; *wegen et.*: pensiero *m*; preoccupazione *f*; *laßt das seine* ~ *sein* ci pensi lui; *sich* ~n *machen* darsi pensiero; *dafür* ~ *tragen* dal procurare (*od.* provvedere) che; *ich werde dafür* ~ *tragen* ci penserò io; *j-m* ~n *machen* dare delle preoccupazioni a qu.; *keine* ~! stai (stia) tranquillo!

sorgen ['-gən] (25) preoccuparsi (*um per*); *für et.*: provvedere; pensarci; *ich werde schon dafür* ~ ci penserò io; *sich* ~ preoccuparsi; darsi pensiero; **~frei**, **~los** libero da pensieri; spensierato; **~schwer** = **~voll** pieno di preoccupazioni.

Sorg|falt ['zɔrkfalt] *f* (16, *o. pl.*) accuratezza *f*; **ℒfältig** accurato; **ℒlich** accurato; (*besorgt*) preoccupato; **ℒlos** noncurante; (*ruhig*) senza pensieri; **~losigkeit** *f* noncuranza *f*; tranquillità *f*; **ℒsam** accurato; **~samkeit** *f* accuratezza *f*.

Sort|e ['zɔrtə] *f* (15) classe *f*, specie *f*; sorta *f*; (*Qualität*) qualità *f*; ℒ'ieren assortire; classificare; selezionare; **~i'ment** *n* (3) assortimento *m*; **~i'mentbuchhandlung** *f* libreria *f* d'assortimento.

so|sehr [zo'zeːr] tanto; '~so così così; *s. so.*

Soße ['zoːsə] *f* (15) salsa *f*; (*Fleisch*ℒ) sugo *m*.

Souffleur [suf'løːr] *m* (3¹) suggeritore *m*; **~kasten** *m* cuffia *f* del suggeritore.

soufflieren [suf'li:rən] suggerire.

Soundso ['zo:°untzo:]: _Herr (Frau)_ ~ il signor (la signora) tal dei tali; ⚲**vielte** ['---'fi:ltə]: _am_ ~_n Juli_ il giorno tale di luglio.

soupieren [su'pi:rən] cenare.

Soutane [su'tɑ:nə] _f_ (15) sottana _f._

Souterrain [sute'rɛ̃] _n_ sotterraneo _m._

Souverän [suvə're:n] _m_ (3[1]), ⚲ sovrano (_m_); ~**ität** [---ni'tɛ:t] _f_ sovranità _f._

so|viel [zo'fi:l]: ~ _ich weiß_ per quanto io sappia; ~'**weit** _s. sofern_; ~'**wenig** tanto poco; ~'**wie** nonché; ~**wie'so** lo stesso.

Sowjet ['zɔvjet] _m_ (11) soviet _m_; ~**regierung** _f_ governo _m_ sovietico; ~**system** _n_ sistema _m_ sovietico.

sowohl [zo'vo:l]: ~ ... _als auch_ tanto ... quanto.

sozial [zots'ja:l] sociale; ⚲**-abgaben** _f/pl._ tasse _f/pl._ sociali; ⚲**demokrat** _m_ socialdemocratico _m_; socialista _m_; ⚲**demokratie** _f_ democrazia _f_ sociale, socialdemocrazia _f_; ~**demokratisch** socialdemocratico; ⚲**fürsorge** _f_ previdenza _f_ sociale; ~**i-'sieren** socializzare; ⚲**i'sierung** _f_ socializzazione _f_; ⚲**ismus** [--'lis-mus] _m_ socialismo _m_; ~**ist(in** _f_) _m_ (12) [--'list(in)], ~'**istisch** socialista _m u. f._; ⚲**politik** _f_ politica _f_ sociale; ⚲**reform** _f_ riforma _f_ sociale; ⚲**rentner** _m_ pensionato _m_ di istituto d'assicurazione sociale; ⚲**versicherung** _f_ assicurazione _f_ sociale; ⚲**versicherungsträger** _m_ istituto _m_ di assicurazione sociale, ente _m_ assicuratore; ⚲**wissenschaft** _f_ sociologia _f_; ~**wissenschaftlich** sociologico.

Soziolog|e [zotsjo'lo:gə] _m_ (12) sociologo _m_; ~**ie** _f_ sociologia _f_; ⚲**isch** [--'lo:giʃ] sociologico.

Sozius ['zo:tsjus] _m_ (14[2]) socio _m_; ~**sitz** _m Motorrad_: sellino _m_ posteriore.

sozusagen [zotsu'zɑ:gən] per così dire.

Spachtel ['ʃpaxtəl] _m_ (7) _od. f_ (15) spatola _f_; _Mal._ mestichino _m._

Spagat [ʃpa'gɑ:t] _m_ (3) spago _m._

späh|en ['ʃpe:ən] (25) spiare (_ac._); _nach et._ ~ cercare qc. con gli occhi; ⚲**er** _m_ (7) spia _f_; (_Ausforscher_) esploratore _m_; ⚲**trupp** _m_ pattuglia _f_ di perlustrazione (_od._ di ricognizione);

⚲**wagen** _m_ veicolo _m_ da ricognizione.

Spalier [ʃpa'li:r] _n_ (3[1]) spalliera _f_; ~ _bilden_ fare ala, formare cordone; ~**obst** _n_ frutta _f_ da spalliera.

Spalt [ʃpalt] _m_ (3) fessura _f_; fendibile; _Atom_: fissile; ~**e** _f_ (15) fessura _f_; (_Gletscher_⚲) crepaccio _m_; _Typ._ colonna _f_; ⚲**en** (26; _p. pt. ge_~) spaccare; dividere; ⚙ dissociare; _Phys._ disintegrare; _fig._ scindere; ⚲**füßig** fissipede; ~**ung** _f Phys._ fissione _f_, disintegrazione _f_; ⚙ dissociazione _f_; _fig._ divisione _f_, scissione _f_; _Psych._ sdoppiamento _m._

Span [ʃpɑ:n] _m_ (3[3]) scheggia _f_; (_Hobel_⚲) truciolo _m_; ~**ferkel** _n_ porcellino _m_ da latte.

Spange ['ʃpaŋə] _f_ (15) fermaglio _m_; fibbia _f_; _an Büchern_: borchia _f_; ~**schuh** _m_ scarpa _f_ a laccetto.

Span|iel ['ʃpɑ:njel] _m_ spagnolino _m_; ~**ier(in** _f_) _m_ (7) ['ʃpɑ:njər(in)], ⚲**isch** spagnolo (-a) _m_ (_f_); _spa-nische Wand f_ paravento _m._

Spann [ʃpan] **1.** _m_ (3) collo _m_ del piede; **2.** ⚲ _s. spinnen_; ~**beton** _m_ calcestruzzo _m_ precompresso.

Spanne ['ʃpanə] _f_ (15) spanna _f_; ✝ margine _m_; (_Zeit_) spazio _m._

spannen ['ʃpanən] (25) tendere; (_strecken_) stirare; _Hahn_: alzare; _auf die Folter_: mettere; _an et._: attaccare; _unters Joch_ ~ aggiogare; _fig. auf die Folter_ ~ lasciare in sospeso; _seine Ansprüche zu hoch_ ~ pretendere troppo; _gespannt (auch fig.)_ teso, _Aufmerksamkeit_: intenso; _gespannt sein zu_ essere curioso di (vedere, sapere _usw._); ~**d** interessante; avvincente.

Spann|er ['ʃpanər] _m_ (7) tenditore _m_; stiratore _m_; estensore _m_; ~**feder** _f_ molla _f_; '~**kraft** _f_ elasticità _f_; ~**rahmen** _m_ telaio _m_; '~**ung** _f_ tensione _f_; ⚡ voltaggio _m_; _Dampf_: espansione _f_; (_Ungeduld_) impazienza _f_; attenzione _f_; _in_ ~ _halten_ tenere in sospeso; '~**ungsmesser** _m_ voltmetro _m_; ⚲**ungsreich** assillante; '~**weite** _f_ apertura _f_ d'ali; _Brücke_: gittata _f._

Spant ⚓ _u._ 🗲 [ʃpant] _n_ (5) longherone _m_, costolone _m._

Spar|buch ['ʃpa:rbu:x] _n_ libretto _m_ di risparmio; ~**büchse** _f_ salvadanaio _m_; ~**einlage** _f_ deposito _m_ alla cassa di risparmio; ⚲**en** (25) risparmiare;

far economia; **~er** *m* (7) risparmiatore *m*.

Spargel ['ʃpargəl] *m* (7) asparago *m*.

Spar|gelder ['ʃpaːrgɛldər] *n/pl.* risparmi *m/pl.*; **~groschen** *m/pl.* F gruzzolo *m*; **~guthaben** *n* deposito *m* a risparmio; **~herd** *m* fornello *m* economico; **~kasse** *f* cassa *f* di risparmio; **~kassenbuch** *n* libretto *n* della cassa di risparmio.

spärlich ['ʃpɛːrliç] scarso; *Mahlzeiten*: frugale; (*dünn*) rado; **2keit** *f* scarsezza *f*; frugalità *f*; radezza *f*.

Spar|maßnahme ['ʃpaːrmaːsnaːmə] *f* misura *f* di economia; **~pfennig** *m* gruzzoletto *m*.

Sparren ['ʃparən] *m* (6) travicello *m*; *fig.* e-n **~** *haben* averne un ramo; **~werk** *n* travatura *f*.

sparsam ['ʃpaːrzaːm] economo; *von Sachen*: economico; *mit et.* **~** *umgehen* economizzare qc.; **2keit** *f* economia *f*.

Spartan|er [ʃparˈtaːnər] *m* (7), **2isch** spartano (*m*).

Sparte ['ʃpartə] *f* (15) ramo *m*, campo *m*; settore *m*.

Spaß [ʃpaːs] *m* (3² u. ³) scherzo *m*, burla *f*, celia *f*; (*Freude*) piacere *m*; (*Vergnügen*) divertimento *m*; s-n **~** *mit j-m haben* burlarsi di qu.; *das macht mir* **~** mi diverte; *zum* **~** *per ridere*, per scherzo; *keinen* **~** *verstehen* non saper stare allo scherzo; **~** *beiseite!* a parte gli scherzi!; '**2en** (27) scherzare; '**2eshalber** per celia; '**2haft** buffo; *Personen*: faceto; '**2haftigkeit** *f* scherzosità *f*; lepidezza *f*; '**~macher** *m*, '**~vogel** *m* burlone *m*; '**~verderber** *m* (7) guastafeste *m*.

Spat *Min.* [ʃpaːt] *m* (3) spato *m*.

spät [ʃpɛːt] **1.** *adj.* tardo; **2.** *adv.* tardi; *wie* **~** *ist es?* che ora è?; *bis* **~** *in die Nacht* fino a notte inoltrata; '**~blühend** tardivo.

Spatel ['ʃpaːtəl] *m* (7) *od. f* (15) spatola *f*.

Spaten ['ʃpaːtən] *m* (6) vanga *f*; **~stich** *m* colpo *m* di vanga.

spät|er ['ʃpɛːtər] **1.** *adj.* posteriore; **2.** *adv.* più tardi; **~hin** in seguito; **~estens** [-ˈtɛstəns] al più tardi; *bis* **~** non più tardi del; **2frost** *m* gelo *m* tardivo; **2frucht** *f* frutto *m* tardivo; **2geburt** *f* parto *m* tardivo; **2herbst** *m* autunno *m* inoltrato; **2ling** [-ˈliŋ] *m* (3¹) frutto *m* tardivo; **2-obst** *n*

frutta *f* tardiva; **~reif** serotino; **2-sommer** *m* estate *f* di San Martino.

Spatz *Zo.* [ʃpats] *m* (12) passero *m*, passerotto *m*.

Spätzündung ['ʃpɛːttsʏnduŋ] *f* accensione *f* ritardata.

spazieren [ʃpaˈtsiːrən] passeggiare; **~fahren** fare una passeggiata (*od.* gita) (in automobile, carrozza, barca *usw.*); **~gehen** fare una passeggiata (*od.* gita), andare a spasso (*od.* a passeggio).

Spazier|fahrt [ʃpaˈtsiːrfaːrt] *f* passeggiata *f* (*od.* gita *f od.* escursione *f*) (in automobile, carrozza, barca *usw.*); **~gang** *m* passeggiata *f*, passeggio *m*, gita *f*; scappata *f*; **~gänger** *m* passeggiatore *m*; **~ritt** *m* cavalcata *f*; **~stock** *m* bastone *m*; **~weg** *m* passeggiata *f*.

Specht [ʃpɛçt] *m* (3) picchio *m*.

Speck [ʃpɛk] *m* (3) lardo *m*; '**~hals** *m* collottola *f*; '**2ig** lardoso; '**~schnittchen** *n* lardello *m*; '**~schwarte** *f* cotenna *f*; '**~seite** *f* lardone *m*; '**~stein** *m* lardite *f*.

sped|ieren [ʃpeˈdiːrən] spedire; mandare, inviare; **2iteur** [-diˈtøːr] *m* (3¹) spedizioniere *m*; **2ition** [--tsˈjoːn] *f* spedizione *f*; **2itionsgeschäft** *n* ufficio *m* di spedizione; **2itionshaus** *n* casa *f* di spedizioni.

Speer [ʃpeːr] *m* (3) lancia *f*; (*Wurf* **2**) giavellotto *m*; '**~werfen** *n* Sport: lancio *m* del giavellotto.

Speiche ['ʃpaɪçə] *f* (15) ⊕ raggio *m*; razzo *m*; *Anat.* radio *m*.

Speichel ['ʃpaɪçəl] *m* (7) saliva *f*; (*Auswurf*) sputo *m*; **~absonderung** *f*, **~fluß** *m* salivazione *f*; **~drüse** *f* glandola *f* salivale; **~lecker** *m* (7) leccazampe *m*.

Speicher ['ʃpaɪçər] *m* (7) magazzino *m*; (*Korn* **2**) granaio *m*; (*Boden*) soffitta *f*; **2n** (29) immagazzinare; accumulare; depositare.

speien ['ʃpaɪən] (30) sputare; *Feuer*: vomitare.

Speise ['ʃpaɪzə] *f* (15) cibo *m*; (*Gericht*) pietanza *f*; piatto *m*; *süße*: dolce *m*; **~n** *pl.* vivande *f/pl.*; **~brei** *m* chimo *m*; **~eis** *n* gelato *m*; **~eisverkäufer** *m* gelatiere *m*; **~haus** *n* trattoria *f*, ristorante *m*; **~kammer** *f* dispensa *f*; **~karte** *f* carta *f* dei cibi, lista *f* delle vivande, minuta *f*, listino *m*.

speisen ['ʃpaɪzən] (27) **1.** *v/i.* mangiare; *zu Mittag*: desinare; pranzare; *zu Abend*: cenare; **2.** *v/t.* cibare; ⊕ alimentare.

Speisen|aufzug [ˈʃpaɪzənˀaʊftsuːk] *m* calapranzi *m*; **~folge** *f* lista *f* dei cibi, menù *m*.

Speise|öl [ˈʃpaɪzəˀøːl] *n* olio *m* da tavola; **~röhre** *f* esofago *m*; **~saal** *m* sala *f* da pranzo; *in Klöstern usw.*: refettorio *m*; **~saft** *m* chilo *m*; **~schrank** *m* credenza *f*; **~wagen** 🚃 *m* carrozza *f* (*od.* vagone *m*) ristorante; **~wärmer** *m* scaldavivande *m*; **~wirtschaft** *f* trattoria *f*; **~zettel** *m* s. Speisekarte; **~zimmer** *n* sala *f* da pranzo.

Speisung [ˈʃpaɪzuŋ] *f* alimentazione *f* (*bsd. a.* ⊕); nutrimento *m*.

Spektakel [ʃpɛkˈtaːkəl] *m* (7) chiasso *m*; **~macher** *m* schiamazzatore *m*.

Spektr|analyse [-ˀtraˑlˀanalyːzə] *f* (15) analisi *f* spettrale; **~oskop** [-trɔˈskoːp] *n* (3¹) spettroscopio *m*; **~um** [ˈ-trʊm] *n* (9 u. 9²) spettro *m*.

Spekul|ant [ʃpekuˈlant] *m* (12) speculatore *m*; giocatore *m* di borsa; **~ation** [--latsˈjoːn] *f* speculazione *f*; **~ationspapier** *n Börse*: titolo *m* di speculazione; **~ativ** [--laˈtiːf] speculativo; **~ieren** speculare; giocare alla borsa; *fig. auf et.* ~ avere un occhio su.

Spelt ♀ [ʃpɛlt] *m* (3) spelta *f*.

Spelunke [ʃpeˈluŋkə] *f* (15) spelonca *f*.

Spelz [ʃpɛlts] *m* (3²) *s*. Spelt; **'~e** ♀ *f* (15) gluma *f*; (*Getreide*♀) lolla *f*.

Spend|e [ˈʃpɛndə] *f* (15) elargizione *f*; (*Austeilung*) distribuzione *f*; (*Gabe*) dono *m*; (*Almosen*) elemosina *f*; **♀en** (26) elargire; distribuire; donare; **~er** *m* (7) donatore *m*; distributore *m*; **♀ieren** offrire; *sich et.* ~ concedersi il lusso di qc.

Spengler [ˈʃpɛŋlər] *m* (7) stagnaio *m*, lattoniere *m*.

Sperber [ˈʃpɛrbər] *Zo. m* (7) sparviero *m*.

Sperenzchen F [ʃpeˈrɛntsçən] *pl. uv.*: ~ *machen* fare tanti complimenti (*od.* capricci).

Sperling [ˈʃpɛrlɪŋ] *m* (3¹) passero *m*.

sperr|angelweit [ˈʃpɛrˀaŋəlˀvaɪt] spalancato; **♀baum** *m* barriera *f*.

Sperre [ˈʃpɛrə] *f* (15) sbarramento *m*; chiusura *f*; ⚓, ✗ blocco *m*; (*Verbot*) proibizione *f*; (*Arbeiter*♀) serrata *f*; (*Mund*♀) trisma *m*; **♀n**

(25) chiudere; (*ver*~) sbarrare; *Stadt, Hafen*: bloccare; *Handel*: interdire; *Verkehr*: impedire; *Typ.* spazieggiare; *sich* ~ opporsi a, protestare (*gegen ac.* contro); F farsi pregare.

Sperr... [ˈʃpɛr...]: ⊕ *in Zssgn mst* d'arresto; **~feuer** *n* fuoco *m* di sbarramento; **~gebiet** *n* zona *f* proibita; **~gesetz** *n* legge *f* proibitiva; **~gut** *n* merci *f/pl.* ingombranti; **~guthaben** *n* credito *m* bloccato; **~haken** *m* grimaldello *m*; **~holz** *n* legno *m* compensato; **♀ig** ingombrante; voluminoso; **~kette** *f* (*Tür*) catena *f* di sicurezza; (*Kordon*) cordone *m*; **~konto** *n* conto *m* bloccato; **~kreis** *m Radio*: filtratore *m*; **~sitz** *m Thea.* posto *m* distinto; sedia *f* numerata; **~ung** *f* chiusura *f*; ✗ u. 🚃 blocco *m*; (*Verbot*) proibizione *f*; **~ventil** *n* valvola *f* d'arresto; **~zone** *f* zona *f* di sbarramento (*od.* proibita).

Spesen [ˈʃpeːzən] *pl.* spese *f/pl.*; **♀frei** franco di spese; **~rechnung** *f* conto *m* delle spese.

Spezial|arzt [ʃpetsˈjaːˀartst] *m* specialista *m*; **♀fach** *n* specialità *f*; **~gebiet** *n* campo *m* di specializzazione; specialità *f*; **♀isieren** [--liˈziːrən] specializzare; **~ist** (*in*) *m* specialista *m u. f*; **~ität** *f* (16) specialità *f*.

speziell [-tsˈjɛl] speciale.

Spezies [ˈʃpeːtsjɛs] *f uv.* specie *f*; *Arith.* operazione *f*.

spezifi|sch [ʃpeˈtsiːfiʃ] specifico; **~zieren** specificare.

Sphär|e [ˈsfɛːrə] *f* (15) sfera *f*; **~enmusik** *f* armonia *f* delle sfere; **♀isch** sferico.

Sphinx [sfɪŋks] *f* (14) sfinge *f*.

Spick|aal [ˈʃpɪkˀaːl] *m* anguilla *f* affumicata; **♀en** (25) lardellare; F *fig.* (*bestechen*) ungere; (*vom Nachbarn abschreiben*) copiare; **~gans** *f* petto *m* d'oca affumicato; **~nadel** *f* lardatoio *m*.

Spiegel [ˈʃpiːgəl] *m* (7) specchio *m*; *am Uniformkragen*: mostrina *f*; (*Flüssigkeits*♀) livello *m*; 🦌 specolo *m*; **~bild** *n* immagine *f* riflessa dallo specchio; *fig.* miraggio *m*; **♀blank** lucido come uno specchio; **~eier** *n/pl.* uova *f/pl.* al tegame (*od.* a occhio di bue); **~fechterei** [--fɛçtəˈraɪ] *f* (16) finta *f*; *fig.* ciarlataneria *f*; **~glas** *n* cristallo *m* da specchio; ♀-

'**glatt** liscio come uno specchio; 2n (29) **1.** *v/i.* brillare; **2.** *v/t.* riflettere; **3.** *sich* ~ specchiarsi; **~rahmen** *m* cornice *f* di specchio; **~scheibe** *f* luce *f*, cristallo *m* (dello specchio); **~schrank** *m* armadio *m* a specchio; **~schrift** *f* scritta *f* a specchio; **~ung** *f* riflesso *m*; miraggio *m*.

Spiel [ʃpi:l] *n* (3) gioco *m*; (~ *Karten*) mazzo *m*; *Thea.* interpretazione *f*, modo *m* di recitare, (*Vorstellung*) rappresentazione *f*; *Sport:* partita *f*; ♪ esecuzione *f*; *gewonnenes* ~ *haben* averla vinta; *aufs* ~ *setzen* porre a repentaglio; *sein* ~ *mit j-m treiben* farsi gioco di qu.; *die Hand im* ~ *haben* aver le mani nella pasta; '**~art** *f* modo *m* di giocare (♪ sonare, *Thea.* recitare); (*Abart*) variante *f*; '**~automat** *m* macchina *f* da gioco; '**~ball** *m* palla *f*; *fig.* trastullo *m*; '**~bank** *f* casa *f* da gioco; bisca *f*; '**~brett** *n* taviolere *m*; '**~dauer** *f* durata *f* del gioco (della rappresentazione, del concerto *usw.*); '**~dose** *f* scatola *f* con soneria, carillon *m*.

spiel|en ['ʃpi:lən] (25) **1.** *v/i.* giocare (um di); *Thea.* recitare; ♪ sonare; *Handlung:* svolgersi; **2.** *v/t. Karten*, *Schach usw.:* giocare a; ♪ sonare; *Theaterstück:* dare; *Rolle*, *Partie:* fare; rappresentare, interpretare; (*vorgeben*) simulare, fingere; '**~end** *adv. fig.* con la massima facilità; '2er *m* (7) giocatore *m*; *Thea.* attore *m*; ♪ sonatore *m*; 2erei [--'raɪ] *f* (16) scherzo *m*, cosa *f* poco seria; cosa *f* facilissima, gioco *m* da ragazzi.

Spiel|feld ['ʃpi:lfɛlt] *n* campo *m* (di gioco); '**~film** *m* lungometraggio *m*; '**~führer** *m Sport:* capitano *m*; '**~geld** *n* posta *f*; '**~gefährte** *m* compagno *m* di gioco; '**~gewinn** *m* vincita *f*; '**~hölle** *f* bisca *f*; '**~karte** *f* carta *f* da gioco; '**~kasino** *n* casa *f* da gioco; '**~klub** *m* circolo *m* di giocatori; '**~leiter** *m Thea.* direttore *m* di scena; *Film:* regista *m*; *Sport:* arbitro *m*; '**~mann** *m* (1, *pl.* '-leute) ✕ tamburino *m*; *ehm.* giullare *m*; '**~marke** *f* gettone *m*; '**~plan** *m Thea.* programma *m*, repertorio *m*; '**~platz** *m* campo *m* da (*od.* da gioco; luogo *m* di ricreazione per bambini; '**~raum** *m* agio *m*, spazio *m*; margine *m*; ⊕ gioco *m*; *fig.* li-

bertà *f* di movimento; **~regel** *f* regola *f* di gioco; '**~sachen** *pl.* giocattoli *m/pl.*; '**~schuld** *f* debito *m* di gioco; '**~tisch** *m* tavolino *m* da gioco; '**~uhr** *f* orologio *m* a soneria; '**~verderber** *m* guastafeste *m*; '**~waren** *f/pl.* giocattoli *m/pl.*; '**~werk** *n* ♪ soneria *f*; **~zeit** *f Thea.* stagione *f*; *Sport:* durata *f* della partita; '**~zeug** *n* giocattolo *m*; *fig.* trastullo *m*.

Spier [ʃpi:r] *m u. n* (3) punta *f* dell'erba.

Spiere ⚓ ['ʃpi:rə] *f* (15) asta *f*, centina *f*.

Spierling ♀ ['ʃpi:rliŋ] *m* (3¹) sorbo *m*.

Spieß [ʃpi:s] *m* (3²) spiedo *m*; *ehm.* ✕ picca *f*; F ✕ maresciallo *m* di compagnia; *den* ~ *umdrehen* ritorcere l'argomento; *voltare le carte in mano*; '**~bürger** *m* borghesuccio *m*; '2bürgerlich gretto, da gretto borghesuccio; '**~bürgertum** *n* gretta borghesia *f*, grettezza *f*; '**~en** (27) infilzare; '**~er** *m* (7) *Jagdw.* fusone *m*; *s.* Spießbürger; '**~geselle** *m* complice *m*; '**~glanz** *m* antimonio *m*; '2ig da piccolo borghese, da borghesuccio; '**~ruten** *f/pl.:* ~ *laufen* passare per le picche.

Spill ⚓ [ʃpil] *n* (3) argano *m*.

Spinat [ʃpi'na:t] *m* (3) spinaci *m/pl.*

Spind [ʃpint] *n u. m* (3) armadio *m*.

Spindel ['ʃpindəl] *f* (15) fuso *m*; 2**dürr** secco come un chiodo; 2**förmig** ['--fœrmiç] fusellato; **~gestell** *n* fusiera *f*.

Spinett ♪ [ʃpi'nɛt] *n* (3) spinetta *f*.

Spinn|e ['ʃpinə] *f* (15) ragno *m*; 2e-**feind** nemico *m* dichiarato; 2**en 1.** (30) filare; *fig.* tramare; F fantasticare; *Katze:* fare la fusa; **2.** **~en** *n* (6) filatura *f*; **~engewebe** *n* ragnatela *f*; '**~er** *m* (7) filatore *m*; *fig.* matto *m*; **~erei** [--'raɪ] *f* (16) filanda *f*; **~erin** *f* filatrice *f*; **~faser** *f* fibra *f* tessile; **~maschine** *f* filatrice *f*; **~rad** *n* filatoio *m*; **~rocken** *m* conocchia *f*, rocca *f*; **~stoff-industrie** *f* industria *f* tessile (*od.* dei filati).

spintisieren [ʃpinti'zi:rən] fantasticare.

Spion [ʃpi'o:n] *m* (3¹) spia *f*; **~age** [-o'na:ʒə] *f* (15, *o. pl.*) spionaggio *m*; **~age-abwehr** *f* controspionaggio *m*; **~agering** *m* rete *f* di spionaggio; 2**ieren** fare la spia, spiare.

Spiral|e [ʃpiˈraːlə] f (15) spirale f;
~feder f molla f spirale; **2förmig**
spirale.

Spirit|ismus [ʃpiriˈtismus] m uv.
spiritismo m; **~ist(in** f) m spiritista
m u. f; **2istisch** spiritistico; **~ua-
'lismus** m spiritualismo m; **~ua-
'list(in** f) m spiritualista m u. f;
2u'ell spirituale; **~u'osen** pl. be-
vande f/pl. alcooliche.

Spiritus [ʃpiˈritus] m (14²) spirito m;
~kocher m fornello m a spirito.

Spital [ʃpiˈtaːl] n (1²) ospedale m.

Spitz¹ [ʃpits] m (3²) cane m leonino;
F einen ~ (Rausch) haben avere una
sbornia.

spitz² [ʃpits] appuntato, a punta;
Gesicht, Zunge: lungo; ∡ acuto;
(stechend u. fig.) pungente; **2bart** m
barbetta f a punta; **2bogen** m arco
m a sesto acuto; **2bogig** ['-boːgiç]
ogivale; **2bube** m furfante m; ladro
m; F briccone m; scherzh. birichino
m; **2bubenstreich** m ladroneria f,
bricconata f; **'~bübisch** birbonesco;
scherzh. birichino.

Spitze [ʃpitsə] f (15) punta f; (Ende)
estremità f; e-s Berges: cima f;
Stoff: pizzo m, merletto m; (Rang)
primo posto m; (Person) autorità f;
fig. (Bosheit) allusione f, frecciata f;
an der ~ in testa; die ~ bieten tener
fronte; auf die ~ treiben spingere
agli estremi.

Spitzel [ʃpitsəl] m (7) spia f; delatore m; (Polizei2) confidente m.

spitzen [ʃpitsən] (27) appuntare;
Ohren: aguzzare; auf et. gespitzt
sein essere ansioso di sapere (vedere
usw.) qc., attendersi qc.

Spitzen... [ʃpitsən...]: in Zssgn
(Höchst...) massimo; (Haupt...)
principale; Handarbeit: di pizzo; **~-
besatz** m guarnizione f di trine; **~
arbeit** f punto m (od. lavoro m) di
merletto; **~gruppe** f Sport: gruppo
m di testa; **~klasse** f prima qualità
f; der ~ fuoriclasse; **~klöppel** m
piombino m; **~klöpplerin** ['--kløp-
lərin] f trinaia f; **~leistung** f Sport:
primato m; Fabrikat: prodotto m di
prim'ordine; allg. rendimento m
massimo; **~lohn** m salario m massimo (od. di punta); **~mannschaft** f
Sport: squadra f di testa; **~organi-
sation** f federazione f centrale; **~
paar** n Sport: coppia f di testa; **~
reiter** m uomo m di punta; **~tanz** m

danza f sulle punte; **~verkehr** m
traffico m di punta.

spitz'findig ['ʃpitsfindiç] cavilloso;
2findigkeit f sofisticheria f; **2-
hacke** f piccone m; **2hammer** m
martellina f; **2ig** appuntato; fig.
mordace; **2maus** f toporagno m; **2-
name** m nomignolo m; **2nase** f
naso m a punta; **~nasig** col naso a
punta; **2säule** f obelisco m; **~
wink(e)lig** ['-viŋk(ə)liç] acutango-
lo.

Spleiß [ʃplaɪs] f (15) scheggia f;
2en (30) fendere.

splendid [splenˈdiːt] generoso.

Splint ⊕ [ʃplint] m (3) chiavetta f.

Splitt [ʃplit] m (3) graniglia f, pietrisco m.

Splitter ['ʃplitər] m (7) scheggia f;
(Bruchstück) frammento m; **~bom-
be** f spezzone m; **2frei:** ~es Glas m
vetro m infrangibile; **2ig** scheggio-
so; **2n** (29, h. u. sn) scheggiarsi; **2-
'nackt** nudo come un verme; **~par-
tei** f partito m di scarsa entità.

spontan [ʃponˈtaːn] spontaneo.

sporadisch [ʃpoˈraːdiʃ] sporadico.

Spore ⚹ ['ʃpoːrə] f (15) spora f.

Sporn [ʃpɔrn] m (5³) spe(e)rone m (a.
fig.); ⚔ pattino m; ♣ rostro m; sich
die Sporen verdienen fare le prime
armi, guadagnarsi i galloni; **2en**
spronare; **'~rädchen** n spronella f;
2streichs ['-ʃtraɪçs] a spron battuto.

Sport [ʃpɔrt] m (3) sport m inv.;
(Berg2) alpinismo m; (Pferde2)
sport m ippico; (Radfahr2) ciclismo
m; (Wasser2) sport m nautico; '~
abzeichen n distintivo m sportivo;
'~anzug m abito m sportivo; '~ar-
tikel m articolo m sportivo; '~aus-
rüstung f attrezzatura f sportiva;
'~chronik f cronaca f sportiva; '~
fanatiker m tifoso F m; '~flugzeug
n aereo m da turismo; '~geist m
spirito m sportivo; '~hemd n camicia
f sportiva; '~lehrer m maestro
m di sport; '~leidenschaft f tifo F
m; '~ler(in f) m (7) ['-lər(in)] sportivo (-a) m (f); '2lich sportivo; '~
medizin f medicina f sportiva; '~
nachrichten f/pl. Radio: notiziario
m sportivo; '~platz m campo m
sportivo; '~smann m sportivo m;
'~vorführungen f/pl. rassegna f
sportiva; '~wagen m vettura f sportiva; '~wettkämpfe m/pl. gare f/pl.

s

sportive; **Ꝗwidrig** poco sportivo; '**ᴗzeitung** f rivista f sportiva; gazzetta f dello sport.

Spott [ʃpɔt] m (3, o. pl.) beffa f; seinen ᴗ mit j-m treiben farsi beffe di qu.; '**ᴗbild** n caricatura f; '**Ꝗ'billig** a prezzo derisorio.

Spött|elei [ʃpœtə'laɪ] f (16) motteggi m/pl., canzonatura f; **Ꝗeln** ['-təln] (29) farsi beffe (über ac. di).

spotten ['ʃpɔtən] (26) ridersi, beffarsi, farsi beffe (über j-n di qu.).

Spötter ['ʃpœtər] m (7) burlone m; beffeggiatore m, canzonatore m; **ᴗei** [--'raɪ] f (16) beffeggiamento m.

Spott|gedicht ['ʃpɔtgədiçt] n satira f; **ᴗgeld** n s. Spottpreis.

spöttisch ['ʃpœtiʃ] beffardo.

'**Spott|lied** n canzone f satirica; **ᴗlust** f voglia f di canzonare; **Ꝗ-lustig** pronto a motteggiare; **ᴗname** m nomignolo m; **ᴗpreis** m prezzo m derisorio; **ᴗschrift** f satira f; **ᴗsucht** f smania f di canzonare; carattere m burlone; **Ꝗsüchtig** beffardo; **ᴗvogel** m fig. canzonatore m, burlone m.

sprach, spräche [ʃpraːx, 'ʃprɛːçə] s. sprechen.

Sprach... ['ʃpraːx...]: in Zssgn linguistico; **ᴗatlas** m atlante m linguistico; **ᴗbau** m struttura f linguistica; **ᴗbegabung** f talento m per le lingue.

Sprache ['ʃpraːxə] f (15) lingua f; Sondersprache, Sprechart: idioma m; linguaggio m; das Sprechen: favella f; zur ᴗ bringen mettere sul tappeto, intavolare; zur ᴗ kommen venir discusso; nicht mit der ᴗ herauswollen non volersi dichiarare.

Sprach|fehler ['ʃpraːxfeːlər] m körperlich: difetto m di pronuncia; grammatisch: errore m di grammatica; **ᴗforscher** m glottologo m; **ᴗforschung** f linguistica f, glottologia f; **ᴗführer** m manuale m di conversazione; **ᴗgebiet** n: deutsches ᴗ paesi m/pl. di lingua tedesca; **ᴗgebrauch** m uso m (della lingua); **ᴗgefühl** n senso m della lingua; **ᴗgelehrte(r)** m linguista m; **ᴗgenie** n genio m linguistico; ein ᴗ sein avere il genio delle lingue; **Ꝗge-wandt** eloquente, facondo; **ᴗkenner** m conoscitore m delle lingue; **Ꝗkundig** esperto nelle lingue estere; poliglotta; **ᴗlabor** n laboratorio m

linguistico; **ᴗlähmung** f afasia f; **ᴗlehre** f grammatica f; **ᴗlehrer** m maestro m di lingue; **Ꝗlich** linguistico; concernente la lingua; **Ꝗ-los** senza parola; ᴗ sein rimanere a bocca aperta; **ᴗneuerung** f neologismo m; **ᴗreiniger** m (7) purista m; **Ꝗrichtig** corretto; **ᴗrohr** n portavoce m; **ᴗschatz** m vocabolario m, patrimonio m lessicale; **ᴗstamm** m ceppo m linguistico; famiglia f linguistica; **ᴗstudium** n studio m delle lingue; **ᴗvergleichung** f filologia f comparata; **Ꝗwidrig** contrario al genio d'una lingua; **ᴗwidrigkeit** f barbarismo m; **ᴗwissenschaft** f glottologia f; **ᴗwissenschaftler** m glottologo m, linguista m; **Ꝗwissenschaftlich** glottologico.

sprang [ʃpraŋ] s. springen.

Sprech|anlage ['ʃprɛçʔanlaːgə] f interfono m; **ᴗart** f modo m di parlare; linguaggio m; **ᴗchor** m coro m parlato.

sprechen ['ʃprɛçən] (30) v/t. u. v/i. parlare (j-n a qu. od. con qu.; über, von meist di; über ein Thema a. su); Worte: dire; Urteil: pronunciare; zu ᴗ sein ricevere; auf j-n nicht gut zu ᴗ sein non vedere qu. di buon occhio; das spricht für ihn ciò gli torna a favore; **ᴗd** fig. espressivo; ᴗ ähnlich molto somigliante.

Sprecher ['ʃprɛçər] m (7) oratore m; Pol. portavoce m; Radio: presentatore m, annunciatore m.

Sprech|funk ['ʃprɛçfuŋk] m radiotelefono m; **ᴗgebühr** f tariffa f telefonica; **ᴗleitung** f linea f telefonica; **ᴗstelle** f posto m telefonico; **ᴗstunde** f orario m (per le visite); ora f d'ufficio; ᴗ haben ricevere; **ᴗstundenhilfe** f assistente f; **ᴗübung** f esercizio m di conversazione; **ᴗweise** f modo m di parlare; **ᴗzimmer** n allg. studio m; anticamera f; der Ärzte: gabinetto m di consultazione, consultorio m; in Klöstern: parlatorio m.

spreizen ['ʃpraɪtsən] (27) (öffnen) aprire, spalancare; ⊕ puntellare; Beine: allargare; fig. sich ᴗ pavoneggiarsi.

Spreng... ['ʃprɛŋ...]: in Zssgn esplosivo; **ᴗbombe** f bomba f esplosiva; **ᴗel** Rel. ['-əl] m (7) parrocchia f.

sprengen ['ʃprɛŋən] (25) far saltare; far brillare; mit Wasser: innaffiare, annaffiare; *mit Weihwasser*: aspergere; *Versammlung*: mandare all'aria, disperdere; *Spielbank*: far saltare.

Spreng|geschoß ['ʃprɛŋɡəʃɔs] *n* proiettile *m* esplosivo; **~körper** *m* oggetto *m* esplosivo; **~ladung** *f* carica *f* esplosiva; **~kraft** *f* forza *f* esplosiva; **~patrone** *f* cartuccia *f* esplosiva; **~stoff** *m* esplosivo *m*; **~ung** *f* il far saltare in aria; *e-r Versammlung*: dispersione *f*, scioglimento *m*; **~wagen** *m* autobotte *f*, innaffiatrice *f*; **~wedel** *m* aspersorio *m*; **~wirkung** *f* effetto *m* esplosivo, forza *f* esplosiva.

sprenkeln ['ʃprɛŋkəln] (29) picchiettare, macchiettare.

Spreu [ʃprɔʏ] *f* (16, *o. pl.*) lolla *f*.

Sprich|wort ['ʃprɪçvɔrt] *n* (1²) proverbio *m*; **2wörtlich** proverbiale.

sprießen ['ʃpriːsən] (30, *sn*) spuntare, germogliare.

Spring|brunnen ['ʃprɪŋbrunən] *m* fontana *f*; **2en** (30, *sn*) saltare; *Ball*: balzare; *Glas, Haut*: screpolarsi; crepare; *Fontäne*: buttare; *~der Punkt* *m* punto *m* saliente; *in die Augen* ~ saltare all'occhio; essere evidente; **~er** *m* (7) saltatore *m*; *Schach*: cavallo *m*; **~feder** *f* molla *f*; **~flut** *f* alta marea *f*, marea *f* colma; **~insfeld** ['-insfɛlt] *m* (3) *fig.* sventato *m*; **~kraft** *f* elasticità *f*; **2lebendig** vivacissimo; **~quelle** *f* polla *f*; **~wurzel** *f* mandragola *f*.

Sprinter ['ʃprɪntər] *m* (7) *Sport*: velocista *m*, sprinter *m*.

Sprit F [ʃprɪt] *m* (3) benzina *f*.

Spritz|e ['ʃprɪtsə] *f* (15) **≋** siringa *f*; *(Einspritzung)* iniezione *f*; *(Feuer2)* pompa *f*; **2en** (27) **1.** *v/i.* (*sn*) schizzare; **2.** *v/t.* spruzzare; **≋** iniettare; **~enhaus** *n* deposito *m* delle pompe; **~er** *m* (7) schizzo *m*; **~fahrt** F *f* scappatina *f*, giterella *f*; **~fleck** *m* zacchera *f*; **2ig** *fig.* vivace; pieno di spirito; **~kuchen** *m* pasta *f* alla siringa; **~pistole** *f* pistola *f* a spruzzo; **~regen** *m* spruzzaglia *f*; **~tour** F *f* scappatina *f*.

spröd|e ['ʃprøːdə] *Metalle*: secco; *(zerbrechlich)* fragile, *(rauh)* ruvido; *fig. von Personen*: ritroso, schivo, restio; **2igkeit** *f* secchezza *f*; fragilità *f*; ruvidezza *f*; *fig.* ritrosia *f*.

Sproß [ʃprɔs] *m* (4) rampollo *m*; *fig.* discendente *m*.

Sprosse ['ʃprɔsə] *f* (15) piolo *m*.

sprossen ['ʃprɔsən] (28, *sn*) germogliare.

Sprößling ['ʃprœslɪŋ] *m* (3¹) rampollo *m*.

Sprotte ['ʃprɔtə] *f* (15) sardina *f* (affumicata).

Spruch [ʃprux] *m* (3³) detto *m*; *(Sinn2)* adagio *m*, proverbio *m*; **≋** sentenza *f*; *(Wahr2)* verdetto *m*; *(Orakel2)* responso *m*; *bibl. die Sprüche m/pl.* i Proverbi *m/pl.*; **~band** *n* striscione *m*; **2reif** maturo.

Sprudel ['ʃpruːdəl] *m* (7) *(Quelle)* sorgente *f* di acque minerali; *Getränk*: gassosa *f*; **~kopf** F *m* testa *f* calda; **2n** (29) scaturire (gorgogliando); *(sieden)* bollire; *Sekt*: spumeggiare; frizzare; **2nd** *fig.* brioso.

sprühen ['ʃpryːən] (25) **1.** *v/t.* schizzare; *Funken*: mandare; **2.** *v/i.* *(a. sn)* mandare scintille; sfavillare; *(regnen)* piovigginare; **~d** brillante.

Sprüh|feuer ['ʃpryːfɔʏər] *n* pioggia *f* di fuoco; **~funke** *m* favilla *f*; **~regen** *m* spruzzaglia *f*, pioggerella *f*.

Sprung [ʃpruŋ] *m* (3³) salto *m*; *(Riß)* crepa *f*; *(Haut2)* screpolatura *f*; *auf dem* ~ *sn zu* essere sul punto di.

Sprung|brett ['ʃpruŋbrɛt] *n* trampolino *m*; **~feder** *f* molla *f*; **~gelenk** *n* gar(r)etto *m*; **2haft** *fig.* volubile; capriccioso; **~riemen** *m* martingala *f*; *Kleidung*: tirante *m*; **~schanze** *f* trampolino *m* da salto; **~tuch** *n* tela *f* di salvataggio; **2weise** a salti; saltuariamente; **~weite** *f* distanza *f* d'un salto.

Spuck|e ['ʃpukə] *f* (15, *o. pl.*) sputo *m*; **2en** (25) sputare; **~napf** *m* sputacchiera *f*.

Spuk [ʃpuːk] *m* (3) apparizione *f*; fantasmi *m/pl.*, spiriti *m/pl.*; F strepito *m*; **2en** (25) riapparire; *es spukt* ci sono gli spiriti; **~geist** *m* folletto *m*; **2haft** da fantasma, spettrale.

Spule ['ʃpuːlə] *f* (15) rocchetto *m*, bobina *f*; **2n** (25) ⊕ incannare.

spül|en ['ʃpyːlən] (25) risciacquare; *Teller*: lavare; **≋** irrigare; *Mund*: sciacquare; *ans Land*: rigettare; **2mittel** *n* detergente *m* lavastoviglie; **2ung** *f* lavaggio *m*; **≋** irrigazione *f*; **2wasser** *n* risciacquatura *f*.

Spulwurm ['ʃpuːlvurm] *m* ascaride *m*.

Spund [ʃpunt] *m* (3³) cocchiume *m*,

zaffo m; (*Stöpsel*) tappo m; '2en (26) zaffare; '**loch** n cocchiume m.

Spur [ʃpuːr] f (16) traccia f; (*Fuß2*) orma f; (*Rad2*) rotaia f; 🚗 scartamento m; (*Tonband*) canale m; hist. vestigia f/pl.; (*Fährte*) pesta f; fig. indizio m; e-e ~ Salz un pizzico di sale; *keine ~!* neppure per idea!; '**breite** f s. Spurweite; '2en (25) centrare; F fig. obbedire.

spür|bar [ˈʃpyːrbaːr] percettibile, palpabile; ~**en** (25) **1.** v/i. braccare; **2.** v/t. sentire; 2**hund** m segugio m.

spurlos [ˈʃpuːrloːs] senza (lasciare) traccia.

Spür|nase [ˈʃpyːrnaːzə] f buon naso m; ~**sinn** m (buon) fiuto m.

Spurweite 🚗 [ˈʃpuːrvaɪtə] f (15) scartamento m, interasse m.

sputen [ˈʃpuːtən] (26): *sich ~* spicciarsi.

Staat [ʃtaːt] m (5) Stato m; (*Pracht*) pompa f; (*Putz*) toeletta f, abbigliamento m; *mit et. ~ machen* sfoggiare qc.; '~**enbund** m confederazione f; '~**enkunde** f scienza f politica; '2**enlos** apolide; '2**lich** statale; dello (dallo) Stato; nazionale.

Staats... [ˈʃtaːts...]: *in Zssgn mst* di Stato; statale; ~**akt** m cerimonia f ufficiale; ~**aktion** f affare m di Stato; ~**amt** n carica f governativa; ~**angehörige(r)** m cittadino m; ~**angehörigkeit** f nazionalità f; ~**angelegenheit** f affare m di Stato; ~**anleihe** f prestito m dello Stato; ~**anwalt** m procuratore m dello Stato; ~**anwaltschaft** f pubblico ministero m; ~**anzeiger** m Gazzetta f ufficiale; ~**archiv** n archivio m di Stato; ~**beamte(r)** m impiegato m statale (*od.* dello Stato); ~**begräbnis** n funerale m a spese dello Stato; ~**bürger** m cittadino m; 2**bürgerlich** civico; ~**bürgerrecht** n diritto m civile; ~**bürgerschaft** f cittadinanza f; ~**dienst** m servizio m dello Stato (*od.* pubblico); ~**eigentum** n proprietà f dello Stato *od.* erariale; ~**examen** n esame m di Stato; ~**feind** m nemico m dello Stato; 2**gefährdend** sovversivo; ~**geheimnis** n segreto m di Stato; ~**gewalt** f potere m dello Stato; ~**haushalt** m bilancio m dello Stato; ~**hoheit** f sovranità f; ~**kasse** f erario m; fisco m; ~**kerl** m F gran buon figliolo m; gran testa f; ~**kirche** f

chiesa f nazionale; ~**körper** m corpo m politico; ~**kosten** pl.: *auf ~* a spese pubbliche; ~**kunst** f politica f; ~**lehre** f s. Staatswissenschaft; ~**mann** m uomo m di Stato; statista m; 2**männisch** da (di) uomo di Stato; politico; diplomatico; ~**minister** m ministro m di Stato; ~**oberhaupt** n capo m dello Stato; ~**papiere** n/pl. atti m/pl. politici; 🏦 valori m/pl. di Stato; fondi m/pl. pubblici; ~**polizei** f polizia f politica; ~**rat** m Consiglio m (*Person:* consigliere m) di Stato; ~**recht** n diritto m pubblico (*od.* costituzionale); ~**religion** f religione f dello Stato; ~**ruder** n timone m dello Stato; ~**schatz** m erario m; ~**schuld** f debito m pubblico; ~**sekretär** m segretario m di Stato; ~**streich** m colpo m di Stato; ~**verbrechen** n delitto m politico; ~**verfassung** f Costituzione f (dello Stato); ~**vertrag** m trattato m politico; ~**wesen** n Stato m; 2**wichtig** d'interesse (*od.* d'importanza) statale; ~**wirtschaftslehre** f economia f politica; ~**wissenschaft** f scienza f politica; ~**wohl** n bene m pubblico; ~**zugehörigkeit** f cittadinanza f.

Stab [ʃtaːp] m (3³) bastone m; (*Stange*) stanga f, asta f; *dünner:* bacchetta f; *am Gitter:* sbarra f; ⚔ stato m maggiore; *fig. den ~ brechen über j-n* condannare qu.; '~**eisen** n ferro m in barre; '~**gold** n oro m in verghe; ~**hochsprung** [ˈhoːxʃprʊŋ] m salto m con l'asta.

stabil [ʃtaˈbiːl] stabile; ~**isieren** [-biliˈziːrən] stabilizzare; 2**isierung** f stabilizzazione f; 2**isierungsfläche** f stabilizzatore m; ~**ität** [---ˈtɛːt] f (16, *o. pl.*) stabilità f.

Stab|reim [ˈʃtaːpraɪm] m allitterazione f; ~**silber** n argento m in barre.

Stabs|arzt [ˈʃtaːpsʔartst] m capitano m medico; ~**chef** m capo m di stato maggiore; ~**offizier** m ufficiale m di stato maggiore; ~**quartier** n quartiere m generale.

stach [ʃtaːx] s. stechen.

Stachel [ˈʃtaxəl] m (10) pungiglione m; 🌱 spina f; fig. pungolo m; ~**beere** f uva f spina; ~**draht** m filo m spinato; ~**drahtverhau** m reticolato m spinato; 2**ig** a punte; spinoso;

S

Tiere: irto; *fig.* pungente; **~schwein** *n* porcospino *m*; **~stock** *m* pungolo *m*.

Stad|ion ['ʃtaːdjon] *n* (9¹) stadio *m*; **~ium** ['-djum] *n* (9) fase *f*.

Stadt [ʃtat] *f* (14¹) città *f*; (*Groß*Ⓠ) metropoli *f*; **'~anleihe** *f* prestito *m* comunale; **'~bahn** *f* (ferrovia *f*) metropolitana *f od.* urbana *f*; **'~be-hörde** *f* autorità *f/pl.* cittadine; municipio *m*; 'Ⓠ**bekannt** notorio; **'~bewohner** *m* cittadino *m*; **'~be-zirk** *m* rione *m*; **'~chronik** *f* cronaca *f* cittadina.

Städtchen ['ʃtɛːtçən] *n* (6) cittadina *f*.

Städte|bau ['ʃtɛːtəbau] *m* urbanistica *f*; **~bauer** *m* urbanista *m*; **~ord-nung** *f* statuti *m/pl.* municipali; **~planung** *f* urbanistica *f*.

Städter(in *f*) ['ʃtɛːtər(in)] *m* (7) abitante *m u. f* della città.

Stadt|gebiet ['ʃtatgəbiːt] *n* zona *f* cittadina; *im* **~** entro i limiti della città; **~gemeinde** *f* comune *f*; **~gespräch** *n fig.* favola *f* del paese; *Fernspr.* conversazione *f* urbana; **~haus** *n* municipio *m*; **~innere(s)** *n* (18) centro *m* della città.

städtisch ['ʃtɛːtiʃ] comunale; municipale; *Ggs. ländlich:* cittadino.

Stadt|kämmerer ['ʃtatkɛmərər] *m* tesoriere *m* municipale; **~kasse** *f* cassa *f* municipale; **~kern** *m* centro *m* urbano; centrocittà *m*; **~kom-mandant** *m* comandante *m* di piazza; Ⓠ**kundig** notorio; *Person:* pratico della città; **~mauer** *f* muraglia *f*; **~plan** *m* pianta *f* (della città); **~planer** *m* (7) urbanista *m*; **~pla-nung** *f* urbanistica *f*; **~rand** *m* periferia *f* (della città); **~randsiedlung** *f* quartiere *m* periferico; **~rat** *m* consiglio *m* comunale; consigliere *m* municipale; *Person a.:* assessore *m* comunale; **~rundfahrt** *f* giro *m* della città; **~schule** *f* scuola *f* comunale; **~sekretär** *m* segretario *m* comunale; **~teil** *m* quartiere *m*, rione *m*; **~tor** *n* porta *f* della città; **~väter** *m/pl.* padri *m/pl.* coscritti; **~ver-ordnete(r)** *m* consigliere *m* municipale; **~verwaltung** *f* amministrazione *f* comunale; **~viertel** *n* quartiere *m* (della città); **~zentrum** *n* centro *m* della città.

Staffage [ʃtaˈfaːʒə] *f* (15) ornamenti *m/pl.*; figure *f/pl.*; *fig.* montatura *f*.

Stafette [ʃtaˈfɛtə] *f* (15) staffetta *f*.

Staffel ['ʃtafəl] *f* (15) scalino *m*; ✗ scaglione *m*; *Sport:* staffetta *f*; ⚓ squadriglia *f*; **~ei** [--'laɪ] *f* cavalletto *m*; **~lauf** *m* corsa *f* di staffette; Ⓠ**n** (29) scaglionare; graduare; **~tarif** *m* tariffa *f* differenziale (*od.* mobile); **~ung** *f* scaglionamento *m*; gradua-zione *f*; **~ungszinsrechnung** *f* calcolo *m* scalare.

Stagn|ation [ʃtagnatsˈjoːn] *f* rista-gno *m*; Ⓠ**ieren** stagnare; *fig.* langui-re.

stahl¹ [ʃtaːl] *s.* stehlen.

Stahl² [ʃtaːl] *m* (3³) acciaio *m*; **~bau** *m* costruzione *f* in acciaio; **~beton** *m* cemento *m* armato; **~blech** *n* lamiera *f* d'acciaio.

stähl|en ['ʃtɛːlən] (25) acciaiare; (*härten*) temperare; *fig.* aguerrire; fortificare; **~ern** d'acciaio.

Stahl|feder ['ʃtaːlfeːdər] *f* molla *f* d'acciaio; (*Schreib*Ⓠ) pennino *m*; **~flasche** *f* bombola *f* (di acciaio); **~guß** *m* acciaio *m* fuso; Ⓠ**hart** duro come l'acciaio; **~helm** *m* elmetto *m* d'acciaio; **~hütte** *f* acciaieria *f*; **~kammer** *f* camera *f* corazzata; **~möbel** *n/pl.* mobili *m/pl.* metallici; **~roß** F *scherzh. n* bicicletta *f*; **~stich** *m* incisione *f* in acciaio; **~wa-ren** *f/pl.* articoli *m/pl.* d'acciaio; **~werk** *n* acciaieria *f*.

stak [ʃtaːk] *s.* stecken.

staken ['ʃtaːkən] (25) puntellare.

Staket [ʃtaˈkeːt] *n* (3) stecconato *m*.

Stal|agmit [stalaˈgmiːt] *m* (12) sta-lagmite *f*; **~ak'tit** *m* (12) stalattite *f*.

Stall [ʃtal] *m* (3³) stalla *f*; (*Renn*Ⓠ) scuderia *f*; **~dünger** *m* concime *m*; **~geld** *n* stallaggio *m*; **~junge** *m* mozzo *m* di stalla; **~knecht** *m* stalliere *m*; **~meister** *m* scudiere *m*; **~ung** *f* scuderia *f*.

Stamm [ʃtam] *m* (3³) tronco *m*; (*Familie*) stirpe *f*; (*Volks*Ⓠ) tribù *f*; *Gram.* tema *m*, (*Wurzel*) radice *f*; ✗ quadro *m*; **'~aktie** *f* azione *f* di prima emissione; **'~baum** *m* albero *m* genealogico; **'~buch** *n* album *m*.

stammeln ['ʃtaməln] **1.** (29) balbet-tare; **2.** Ⓠ *n* (6) balbettio *m*; **~d** bal-buziente.

Stammeltern ['ʃtamˀɛltərn] *pl.* progenitori *m/pl.*

stammen ['ʃtamən] (25, *sn*) discen-dere; *Gram.* derivare; *Dinge:* prove-nire; *aus e-m Lande:* essere oriun-do di.

Stamm|folge ['ʃtamfɔlgə] f genealogia f; '~**form** f forma f radicale, tema m; '~**gast** m assiduo m; avventore m abituale; '~**halter** m erede m; '~**haus** n linea f principale; ✝ casa f madre.

stämmig ['ʃtɛmiç] robusto; ♀**keit** f robustezza f.

Stamm|kapital ['ʃtamkapita:l] n capitale m sociale; ~**kneipe** f solita birreria f (osteria f); '~**kunde** m cliente m abituale; '~**kundschaft** f clientela f fissa; '~**land** n madrepatria f; '~**ler** m (7) tartaglione m; '~**linie** f linea f principale; '~**lokal** n solita birreria f (od. trattoria f, solito caffè m usw.); '~**personal** n personale m permanente (od. di quadro); '~**prioritäts-aktie** f azione f di priorità od. azione f privilegiata; '~**rolle** ⚔ f matricola f; '~**silbe** f sillaba f radicale; '~**sitz** m sede f originaria; '~**tafel** f tavola f genealogica; '~**tisch** m tavola f degli assidui; tavolo m riservato ai clienti abituali; '~**vater** m progenitore m; capostipite m; '♀**verwandt** della stessa stirpe; Gram. della stessa origine; '~**volk** n aborigeni m/pl.; '~**wort** n, '~**wurzel** f radicale f.

Stampfbewegung ['ʃtampfbəve:guŋ] f ⚓ beccheggio m.

Stampf|e ['ʃtampfə] f (15) pestone m; ♀**en** (25) 1. v/t. pestare; Trauben: pigiare; aus dem Boden ~ far sbucare di sottoterra; 2. v/i. ~ scalpitare; mit den Füßen ~ pestare i piedi; ⚓ beccheggiare; ~**en** n (6) pestamento m; pigiatura f; ⚓ beccheggio m; ~**trog** m maceratoio m.

Stand [ʃtant] 1. m (3⁸) stato m; (Lage, Rang) situazione f; condizione f; (Beruf) professione f; (Klasse) ceto m, classe f; des Jägers: posta f; des Wildes: covo m; des Wassers, der Sonne: altezza f; (auf e-r Ausstellung) padiglione m; reparto m, stallo m; (~ort) posto m; sito m; posizione f; e-n schweren ~ haben trovarsi in condizioni sfavorevoli; 2. ♀ s. stehen.

Standard ['ʃtandart] m (11) standard m; (Lebens♀) livello m di vita; ♀**isieren** [--ʃtd'zi:rən] standardizzare; ~**i'sierung** f standardizzazione f; ~**werk** n opera f modello.

Standarte [ʃtan'dartə] f (15) stendardo m.

Standbild ['ʃtantbilt] n statua f.

Ständchen ['ʃtɛntçən] n (6) serenata f; (Morgen♀) mattinata f.

Stände ['ʃtɛndə] m/pl. Pol. Stati m/pl.

Ständer ['ʃtɛndər] m (7) pilastro m; e-r Säule: piedistallo m; Phot. treppiedi m; ⊕ supporto m; montante m; ⚡ statore m.

Standes|amt ['ʃtandəsⁿamt] n (ufficio m di) stato m civile; ♀-**amtlich** civile; ~**beamte(r)** m ufficiale m dello stato civile; ~**dünkel** m orgoglio m di casta; ~**ehe** f matrimonio m di convenienza; ♀**gemäß** conforme alla propria condizione (od. posizione sociale); ~**genosse** m pari m; ~**herr** m gran signore m; ~**person** f personaggio m di grado elevato; ~**en** pl. notabili m/pl.; ~**register** n registro m dello stato civile; ~**unterschied** m differenza f di classe; ~**vor-urteil** n pregiudizio m di casta.

stand|fest ['ʃtantfest] fermo, saldo; ♀**festigkeit** f fermezza f; ♀**geld** n (fitto m del) posteggio m; ♀**gericht** n tribunale m statario; ~**haft** f costante; stabile; ♀**haftigkeit** f costanza f; stabilità f; ~**halten** resistere (dat. a); tener testa, tener duro.

ständig ['ʃtɛndiç] fisso; permanente; continuo; adv. continuamente; ♀**keit** f stabilità f.

ständisch ['ʃtɛndiʃ] professionale.

Stand|licht ['ʃtantliçt] n Auto: fanalino m di posizione; ~**ort** m posto m; luogo m, sito m; fig. posizione f; ~**pauke** F f predicozzo m; ~**platz** m posto m; posteggio m; ~**punkt** m punto m di vista; ~**quartier** n quartiere m; ~**recht** n legge f marziale; ♀**rechtlich** secondo la legge marziale; ~**seilbahn** f funicolare f; ~**uhr** f pendola f.

Stange ['ʃtaŋə] f (15) pertica f; dünne: bacchetta f; (Gold♀) verga f; (Siegellack♀) cannello m; j-m die ~ halten fig. mettersi dalla parte di qu.; dare man forte a qu.; von der ~ kaufen comprare bell'e fatto (Anzug: già confezionato); eine ~ Geld kosten costare un sacco di soldi (od. l'occhio della testa); ~**nbohne** f fagiolo m verde; ~**nspargel** m sparagi m/pl. lunghi.

stank [ʃtaŋk] s. stinken.

Stänker ['ʃtɛŋkər] m (7) puzzone m;

fig. aizzatore *m*; (*Zänker*) accattabrighe *m*; intrigante *m*; ♀n (29) *fig.* accattare brighe; intrigare.

Stanniol [ʃtanˈjoːl] *n* (3¹) stagnuola *f*.

Stanze [ˈʃtantsə] *f* (15) punzone *m*; punzonatrice *f*; (*Loch*♀) perforatrice *f*; ♀n (27) punzonare.

Stapel [ˈʃtaːpəl] *m* (7) ⚓ scalo *m*; (*Haufe*) catasta *f*; mucchio *m*; vom ~ *lassen* varare, *fig.* buttare fuori; **~lauf** *m* varo *m*; ♀n (29) accatastare; **~ort** *m*, **~platz** *m* luogo *m* di deposito; ⚓ scalo *m*; ✝ emporio *m*.

Stapfe [ˈʃtapfə] *f* (15) orma *f*; ♀n (25) camminare a passi pesanti.

Star [ʃtaːr] *m*: **a**) *Zo.* (3) stornello *m*; **b**) ♀: (3) *grauer* ~ cateratta *f*; *grüner* ~ glaucoma *m*; **c**) *Thea.* (11) stella *f*; *Kino*: diva *f*, divo *m*; **~allüren** *f/pl.* capricci *m/pl.* (*od.* arie *f/pl.*) da gran diva (*od.* divo).

starb [ʃtarp] *s.* sterben.

stark [ʃtark] (18²) **1.** *adj.* forte; robusto, vigoroso; ⊕ potente, possente; *Material*: solido; (*dick*) grosso; *Familie*: numeroso; ~ *werden* ingrossare; **2.** *adv.* forte, fortemente, (*sehr, viel*) molto; *das ist ~!* questa è grossa!; ~ *beleibt* corpulento; ~ *besetzt* affollato.

Stärke [ˈʃtɛrkə] *f* (15) (*Kraft*) forza *f*; robustezza *f*, vigore *m*; ⊕ potenza *f*; *Material*: solidezza *f*; (*Anzahl*) quantità *f*; (*Dicke*) grossezza *f*; *das ist seine* ~ è il suo forte; (*Wäsche*♀) amido *m*; **~haltig** [ˈ--haltiç] amidoso; **~mehl** *n* fecola *f*; ♀n (25) fortificare; *mit Gründen*: corroborare; *Wäsche*: inamidare; ✳ tonificare; **~zucker** *m* zucchero *m* di fecola, glucosio *m*.

stark|fließend [ˈʃtarkfliːsənt] rapido; **~gläubig** dalla fede robusta; **~gliederig** membruto; tarchiato; **~knochig** ossuto; ♀strom *m* corrente *f* ad alta tensione.

Stärkung [ˈʃtɛrkuŋ] *f* rinforzamento *m*; corroboramento *m*; (*Labsal*) ristoro *m*; (*Imbiß*) rinfresco *m*; **~smittel** *n* corroborante *m*; tonico *m*.

starr [ʃtar] rigido; *Blick*: fisso; ~ *vor Staunen* sbalordito; ~ *vor Kälte* intirizzito; ~ *vor Furcht* pietrificato, *fig.* inflessibile; ˈ**~en** (25): ~ *auf* (*ac.*) *od. nach* guardare fisso, fissare (con gli occhi); ~ *von* essere coperto di; ˈ♀heit *f* rigidità *f*; rigidezza *f*; ˈ♀kopf *m*, ˈ**~köpfig** [ˈ-kœpfiç] testar-

do *m u. adj.*; ˈ♀köpfigkeit *f*, ˈ♀sinn *m* testardaggine *f*; ˈ♀krampf *m* tetano *m*; ˈ**~sinnig** ostinato, caparbio; ♀sucht *f* catalessi *f*; ˈ**~süchtig** catalettico.

Start [ʃtart] *m* (3 *u.* 11) partenza *f*; mossa *f*; start *m*; ✈ decollo *m*; *stehender* ~ partenza *f* da fermo; *fliegender* ~ partenza *f* lanciata; ˈ**~bahn** *f* pista *f* di decollo; ♀en (26) *v/i.* (*sn*) partire; ✈ levarsi in volo, decollare; ˈ**~er** *m* (7) *Sport*: partente *m*; *Mot.* avviatore *m*; ˈ**~ordnung** *f* ordine *m* di partenza; ˈ**~zeichen** *n* segnale *m* di partenza; *das* ~ *geben* dare il via.

Statik [ˈʃtaːtik] *f* (16, *o. pl.*) statica *f*.

Station [ʃtatsˈjoːn] *f* stazione *f*; ✳ reparto *m*; (*Aufenthalt*) fermata *f*; *freie* ~ *haben* essere tutto spessato; ~ *machen* fermarsi, fare tappa; ♀är [-tsjoˈnɛːr] stazionario; ♀**iert**: ~ *sein* stazionare; **~svorsteher** *m* capostazione *m*.

statisch [ˈʃtaːtiʃ] statico.

Statist|(in *f*) *m* (12) [ʃtaˈtist(in)] comparsa *m u. f*; **~ik** *f* (16) statistica *f*; **~iker** *m* (7), ♀**isch** *adj.* statistico *m u. adj.*

Stativ [-ˈtiːf] *n* (3¹) sopporto *m*; treppiede *m*.

statt [ʃtat] **1.** *prp.* invece; ~ *deiner* in vece tua; **2.** ♀ *f* (16, *o. pl.*) luogo *m*; *an seiner* ~ in suo luogo, in sua vece; *an Kindes* ~ *annehmen* adottare.

Stätte [ˈʃtɛtə] *f* (15) luogo *m*.

statt|finden [ˈʃtatfindən], **~haben** aver luogo; realizzarsi, verificarsi; **~geben** dare libero corso; **~haft** ammissibile; ♀**haftigkeit** *f* ammissibilità *f*; ♀**halter** *m* (7) luogotenente *m*; *Christi*: vicario *m*; ♀**halteˈrei**, ♀**halterschaft** *f* luogotenenza *f*.

stattlich [ˈʃtatliç] imponente; *Summe*: considerevole, ragguardevole; *Person*: prestante; ♀**keit** *f* imponenza *f*; prestanza *f*.

Statue [ˈʃtaːtuə] *f* (15) statua *f*.

statuieren [ʃtatuˈiːrən] statuire; *Exempel*: dare.

Statur [ʃtaˈtuːr] *f* (16) statura *f*.

Status [ˈʃtaːtus] *m uv.* stato *m*.

Statut [ʃtaˈtuːt] *n* (5) statuto *m*; ♀**arisch** statutario; ♀**enmäßig** (♀**enwidrig**) conforme (contrario) allo statuto.

Stau [ʃtau] *m* (3) rigurgito *m*; *Kfz.* intasamento *m*; ˈ**~anlage** *f* diga *f*.

Staub [ʃtaup] m (3) polvere f; feiner ~ pulviscolo m; sich aus dem ~e machen svignarsela; fig. viel ~ aufwirbeln far molto chiasso; '2bedeckt coperto di polvere, polveroso; '~besen m spolverino m; '~beutel ♀ m antera f.

Stäubchen ['ʃtɔʏpçən] n (6) pulviscolo m.

staubdicht ['ʃtaupdɪçt] protetto contro la polvere.

Staubecken ['ʃtaubekən] n (6) bacino m di raccolta.

stauben ['-bən] (25) alzar polvere; es staubt c'è polvere.

stäuben ['ʃtɔʏbən] (25) 1. v/t. impolverare; (ab~) spolverare; 2. v/i. far polvere.

Staub|faden ♀ ['ʃtaupfaːdən] m filamento m; ~fänger m parapolvere m; 2geboren nato dalla polvere; ~gefäß ♀ n stame m; 2ig ['-bɪç] polveroso; ~korn n granello m di polvere; ~lappen m s. Staubtuch; ~mantel m spolverina f; ~regen m acquerugiola f; ~sauger m aspirapolvere m; ~tuch n cencio m (da spolverare); ~wedel m spolverino m; ~wirbel m turbine m di polvere; ~wolke f nuvolo m di polvere; ~zucker m zucchero m a velo.

stauchen ['ʃtauxən] (25) contorcere; ⚙ storcere, slogare.

Staudamm ['ʃtaudam] m (3³) argine m.

Staude ['-də] f (15) arbusto m; (Salat2) cesto m.

stau|en ['-ən] (25) arrestare; ⚓ stivare; Wasser: arginare; sich ~ (Verkehr) congestionarsi.

staunen ['ʃtaunən] 1. (25) stupirsi, meravigliarsi (über ac. di); 2. 2 n (6) stupore m; ~swert sorprendente.

Staupe ♀ ['-pə] f (15) contagio m; (Hunde2) cimurro m.

Stau|see ['ʃtauze:] m lago m artificiale; ~ung f ingorgo m; ♀ u. Verkehr: congestionamento m.

Stearin [ʃtea'ri:n] n (3¹) stearina f; ~kerze f candela f stearica.

Stech|apfel ♀ ['ʃtɛç9apfəl] m stramonio m; ~becken n padella f (per malati); ~eisen n punteruolo m.

stech|en ['ʃtɛçən] (25) 1. v/t. pungere; Dolch: piantare; Loch: fare; Schwein: sgozzare; Rasen: scavare; in Kupfer: incidere; Star: operare; Spiel: mangiare; tot~ ammazzare

(con una coltellata usw.); fig. Silben ~ cercare il pelo nell'uovo; 2. v/i. pungere; Sonne: scottare; nach j-m ~ tirare una pugnalata a qu.; ins Blaue ~ tirare al turchino; ⚓ in See ~ mettersi in mare, salpare; in die Augen ~ dare nell'occhio; ~end pungente; fig. a. mordace, caustico; 2fliege f tafano m; 2heber ⊕ m sifone m; 2mücke f zanzara f; 2palme f agrifoglio m; 2uhr f orologio m segnatempo; 2zirkel m compasso m a punta secca.

Steck|brief ['ʃtɛkbriːf] m mandato di cattura; 2brieflich con mandato di cattura; ~dose f ⚡ presa f di corrente.

steck|en[1] ['ʃtɛkən] 1. v/t. (25) mettere; (pflanzen) piantare; mit Nadeln: appuntare; Nase: ficcare; Ziel: prefiggere; (einführen) introdurre; et. in Brand ~ appiccar fuoco a qc.; sich hinter j-n ~ ricorrere all'appoggio di qu.; j-m et. ~ avvisare qu. segretamente di qc.; 2. v/i. (30) allg. essere; dahinter steckt et. c'è qualcosa sotto, gatta ci cova; in Schulden ~ esser ingolfato nei debiti; wo steckt er? dove s'è cacciato?; wo steckt es? dove è andato a finire?; ich möchte nicht in seiner Haut ~ non vorrei essere nei panni suoi; unter e-r Decke ~ aver dei progetti in comune; 2en² m (6) bastone m; ~enbleiben (sn) rimanere preso (od. bloccato); impigliarsi; fig. arenarsi, incagliarsi; ~enlassen Schlüssel: lasciare nella toppa; 2enpferd n cavalluccio m; fig. cavallo m di battaglia.

Stecker ⚡ ['ʃtɛkər] m (7) spina f.

Steck|kontakt ⚡ ['ʃtɛkkɔntakt] m innesto m, presa f di corrente; ~ling ♀ ['-lɪŋ] m (3¹) piantone m; ~nadel f spillo m; ~reis n propaggine f; ~rübe f navone m.

Steg [ʃte:k] m (3) sentiero m; (Brücke) palancola f; Geige: ponticello m; Typ. regolo m; ✕ anima f; '~reif m: aus dem ~ sprechen improvvisare; '~reifdichter m improvvisatore m.

Steh|aufmännchen ['ʃte:9aufmɛnçən] n (6) misirizzi m; ~bierhalle ['-bi:rhalə] f mescita f di birra.

stehen ['ʃte:ən] 1. (30, h. u. sn) stare; Ggs. sitzen: stare in piedi; (= sein, sich befinden) essere; Uhr: esser fermo; für et. ~ (bürgen) rispondere di qc.; Modell usw.: fare da; zu ~ kommen venir a costare; zu j-m ~ prendere le parti di qu.; stare dalle parti di qu.; seinen Mann ~ farsi valere; über et. ~ esser superiore a qc.; wie steht's? come va?; er steht sich gut si trova in buone condizioni; ich stehe mich gut mit ihm sono in ottimi rapporti con lui; 2. ~n (6): im ~ (stando) in piedi; zum ~ bringen fermare; arrestare; ~bleiben (sn) fermarsi; ~d ritto, in piedi; (fest) fisso; (senkrecht) verticale; Wasser: stagnante; Heer: permanente; Ausdruck: corrente; ~lassen lasciare; j-n: piantare lì; Bart: lasciar crescere; Speise: non toccare.

Steh|kragen ['ʃteː-krɑ:gən] m colletto m alto; ~lampe f lampada f in piedi; ~leiter f scaleo m.

stehlen ['ʃteːlən] (30) rubare; sich ~ in ac. intrufolarsi in; F Sie können mir gestohlen bleiben vada a farsi benedire.

Steh|platz ['-plats] m posto m in piedi; ~pult n leggio m; ~vermögen n tenacia f; capacità f di reggere a ...

steif [ʃtaɪf] rigido; Wäsche: inamidato, saldo; Haltung: impettito; Stil: stentato; Hut: duro; ~ dastehen: impalato; (kühl) freddo; ~er Hals m torcicollo m; ~ und fest behaupten affermare con certezza; 'ₑe f rigidezza f; (Stärke) amido m; △ puntello m; '₂en (25) rendere rigido; Wäsche: insaldare, inamidare; '₂heit f rigidità f; fig. freddezza f; '₂leinen n tela f dura (ingommata); '₂werden n (6) irrigidimento m; Physiol. erezione f.

Steig [ʃtaɪk] m (3) sentiero m; '~bügel m staffa f; '~bügelriemen m staffile m; '~eisen n rampone m.

steig|en ['-gən] 1. (30, sn) salire; montare; ascendere; von, aus: scendere; über: passare; Pferd: inalberarsi; (zunehmen) aumentare, crescere; ins Fenster ~ entrare per la finestra; zu Pferd ~ montare a cavallo; zu Kopf ~ dare alla testa; 2. ₂en n (6) salita f; der Preise: aumento m; ~end fig. crescente; ₂er ⚒ m (7) capominatore m.

steig|ern ['ʃtaɪgərn] v/t. (29) aumentare; alzare; Miete: rincarare; Gram. formare il comparativo; sich

~ crescere; ₂erung f aumento m; rincaro m; Gram. comparazione f.

Steig|fähigkeit ['ʃtaɪkfɛː:içkaɪt] f ⚒ capacità f ascensionale; ~geschwindigkeit f ⚒ velocità f ascensionale; ~höhe f quota f.

Steigung ['ʃtaɪgʊŋ] f salita f.

steil [ʃtaɪl] erto; '₂flug m volo m diritto; abwärts: volo m in picchiata; '₂hang m pendio m ripido (od. a strapiombo); '₂heit f ripidezza f; '₂küste f costa f ripida.

Stein [ʃtaɪn] m (3) pietra f, sasso m; (Gedenk₂) lapide f; im Obst: nocciolo m; Spiel: pedina f; ⚕ calcolo m; ~ und Bein schwören giurare su tutti i santi; bei j-m einen ~ im Brett haben godere grande stima da qu.

'Stein|adler m aquila f reale; ₂'-alt stravecchio; ~bock m stambecco m; Astr. capricorno m; ~bohrer m trapano m; ~brech ⚘ m sassifraga f; ~brechmaschine f macchina f tritapietre; ~bruch m cava f (di pietre); ~butt m (3) Zo. rombo m; ~chen n sassolino m, pietruzza f; ~damm m massicciata f; ~druck m litografia f; ~drucker m litografo m; ~drucke'rei f litografia f; ~eiche f leccio m; ~eisen n Arch. pietra f armata; ~erbarmen n: zum ~ da muovere a compassione le pietre; ₂ern di pietra; ~feldhuhn n coturnice f; ~flachs m Min. amianto m; ~forelle f trota f di ruscello; ~frucht f frutto m a nocciolo; ~garten m giardino m ornato di pietre; ~gut n maiolica f; ~hagel m sassaiola f; ₂'hart duro come la pietra; ~hauer m tagliapietre m; ₂ig pietroso, sassoso; ₂igen (25) lapidare; ~igung f lapidazione f; ~kenner m litologo m; ~klopfer m spaccapietre m; ~kohle f carbon m fossile; ~kohlenlager n giacimento m di carbon fossile; ~krankheit f mal m della pietra, ⚕ litiasi f; ~kunde f litologia f; ~marder m faina f; ~metz ['-mets] m (12) scalpellino m; ~öl n petrolio m; ~obst n frutta f/pl. col nocciolo; ~operation f ⚕ litotomia f; ~pflaster n selciato m; mit großen Platten: lastricato m; mit Kieselsteinen: acciottolato m; ~pilz m boleto m giallo, F porcino m; ~regen m sassaiola f; ₂'reich ricco sfondato; straricco; ~salz n salgemma m; ~sarg m sarcofago *m*; **~schlag** *m* caduta *f* massi (*od.* sassi); **~schneider** *m* lapidario *m*; **~schnitt** *m* litotomia *f*; **~setzer** *m* lastricatore *m*; **~wurf** *m* sassata *f*; **~zeit** *f* età *f* della pietra; **♀zeitlich** neolitico.

Steiß [ʃtaɪs] *m* (3²) ano *m*; '**~bein** *n* coccige *m*.

Stellage [ʃteˈlɑːʒə] *f* (15) trespolo *m*; ♱ opzione *f*, doppio premio *m*.

stellbar [ˈʃtɛlbɑːr] movibile, regolabile.

Stelldichein [ˈʃtɛldiçʔaɪn] *n* (*uv. od.* 11) appuntamento *m*.

Stelle [ˈʃtɛlə] *f* (15) posto *m*; luogo *m*; *Beruf*: impiego *m*; *e-s Buches*: passo *m*, passaggio *m*; (*Behörde*) ufficio *m*; (*Verwaltung usw.*) organo *m*; (*Amt*) carica *f*, funzione *f*; *auf der* ~ immediatamente; *zur* ~ *sein* essere presente; *nicht von der* ~ *kommen* non andare avanti; *an deiner* ~ al tuo posto; *an j-s* ~ *setzen* sostituire; *an j-s* ~ *treten* rimpiazzare; *sich an j-s* ~ *versetzen* mettersi nei panni di qu.

stellen [ˈʃtɛlən] (25) **1.** *v/t.* mettere, porre, collocare; *Preise, Frage*: fare; *Bürgschaft*: dare; *Kaution*: prestare; *Aufgabe*: proporre; *Frist*: fissare; *Uhr*: regolare; *Zeugen*: produrre; *vor Gericht*: tradurre; *Aufgabe*: proporre; *Fallen*: tendere; (*anhalten*) fermare; (*liefern*) fornire; *in Aussicht* ~ far sperare; *in Rechnung* ~ mettere in conto; *vor Augen* ~ far presente; *zur Rede* ~ chiedere spiegazioni a; **2.** *sich* ~ presentarsi; *der Polizei*: costituirsi; *sich auf die Zehen* ~ alzarsi in punta di piedi; *sich j-m in den Weg* ~ sbarrare la strada (*od.* il passo) a qu.; *fig. sich (krank usw.)* ~ fingersi; ♱ *sich* ~ *auf* (*ac.*) venire a costare, *Preis*: ammontare.

Stellen|angebot [ˈʃtɛlənʔaŋgəboːt] *n* offerta *f* d'impiego; **~gesuch** *n* domanda *f* d'impiego; **♀los** senza impiego; disoccupato; **~vermittlungsbüro** *n* agenzia *f* di collocamento; **♀weise** qua e là; parzialmente; in diversi punti.

...stellig, *z.B. drei...* a tre cifre.

Stell|macher [ˈʃtɛlmaxər] *m* (7) carraio *m*; **~mutter** *f* dado *m* di regolazione.

Stellung [ˈʃtɛlʊŋ] *f* posizione *f*; (*Amt♀*) impiego *m*; posto *m*; (*Stellen*)

collocamento *m*; *bei j-m in* ~ *sein* essere impiegato da qu.; essere al servizio di qu.; *e-e* ~ *bekommen* sistemarsi; **~nahme** [ˈ--nɑːmə] *f* (15) presa *f* di posizione; **~skrieg** *m* guerra *f* di posizione; **♀slos** senza impiego; **~slosigkeit** *f* mancanza *f* d'impiego (di lavoro); **~swechsel** *m* cambiamento *m* di posto.

Stell|vertreter [ˈʃtɛlfɛrtreːtər] *m* (7) rappresentante *m*, supplente *m*; *im Amt*: sostituto *m*, *in der Schule*: supplente *m*; **~vertretung** *f* rappresentanza *f*; supplenza *f*; **~werk** *n* 🚂 posto *m* di manovra.

Stelz|bein [ˈʃtɛltsbaɪn] *n*, **~fuß** *m* gamba *f* di legno; **~e** *f* (15) trampolo *m*; **~enläufer** *m*, **~envogel** *m* trampoliere *m*.

Stemm|eisen [ˈʃtɛmʔaɪzən] *n* scalpello *m*; **♀en** (25) puntare; *Baum*: abbattere; *Löcher*: praticare, fare; *sich* ~ opporsi (*gegen ac.* a).

Stempel [ˈʃtɛmpəl] *m* (7) timbro *m*; bollo *m*; ♀ pistillo *m*; (*Präge♀*) punzone *m*; *fig.* impronta *f*; marchio *m*; **~abdruck** *m* bollo *m*; **~abgabe** *f* diritto *m* di bollo; **~amt** *n* ufficio *m* del bollo; **~bogen** *m* foglio *m* di carta bollata; **~eisen** *n* stampo *m*; **~gebühr** *f* diritto *m* (*od.* tassa *f*) di bollo; **~marke** *f* marca *f* da bollo.

stempeln [ˈʃtɛmpəln] (29) bollare (*a. fig.*), timbrare; *fig. j-n zu et.* ~ far figurare qu. come qc.; ~ *gehen* F riscuotere l'indennità ai disoccupati.

Stempel|papier [ˈʃtɛmpəlpapiːr] *n* carta *f* bollata; **~uhr** *f* orologio *m* segnatempo.

Stengel [ˈʃtɛŋəl] *m* (7) gambo *m*.

Steno|gramm [ʃtenoˈgram] *n* (3) stenogramma *m*; **~graph(in** [--ˈgraːf(in)] *m* (12) stenografo (-a) *m* (*f*); **~graphie** [---ˈfiː] *f* (15) stenografia *f*; **♀gra'phieren** stenografare; **♀graphisch** stenografico; **~typistin** [--tyˈpistin] *f* (16¹) stenotipista *f*.

Stentorstimme [ˈʃtɛntɔrʃtimə] *f* voce *f* stentorea.

Stepp|bett [ˈʃtɛpbɛt] *n* strapunto *m*; **~decke** *f* coltrone *m*.

Steppe [ˈʃtɛpə] *f* (15) steppa *f*.

steppen [ˈʃtɛpən] (25) trapuntare; (*tanzen*) clacchettare.

Sterbe|bett [ˈʃtɛrbəbɛt] *n* letto *m* di morte; **~fall** *m* decesso *m*; **~gesang**

m canto *m* funebre; **~gewand** *n* abito *m* mortuario; **~haus** *n* casa *f* dell'estinto; **~hemd** *n* camicia *f* mortuaria; **~kasse** *f* cassa *f* d'assicurazione per caso di morte; **2n 1.** (30, *sn*) morire (*an, vor dat.* di); **2. ~n** *n* (6) morte *f*; *im ~* moribondo; *im ~ liegen* essere agonizzante; *zum ~ verliebt* innamorato cotto; *zum ~ langweilig* da morir di noia; **~nsangst** *f* paura *f* matta; **2nskrank** malato da morire; **2ns'müde** stanco morto; **~nsseele** *f*: *keine ~ non ... anima viva*; **~nswörtchen** ['-ns-'værtçən] *n*: *kein ~* neppure una parola; *kein ~ sagen* non fiatar parola; **~sakramente** *n/pl.* sacramenti *m/pl.*; **~urkunde** *f* atto *m* di morte; **~zimmer** *n* camera *f* mortuaria.

sterblich ['ʃterpliç] mortale; **2keit** *f* mortalità; **2keitsziffer** *f* indice *m* della mortalità.

Stereo|metrie [ʃtereome'tri:] *f* (15) stereometria; **~platte** *f* disco *m* stereofonico; **~plattenspieler** *m* giradischi *m* stereofonico; **~skop** *n* stereoscopio *m*; **2'typ** stereotipo *m*; **~ty'pie** *f* stereotipia *f*; **2ty'pieren** stereotipare.

steril [ʃte'ri:l] sterile; **~isieren** [-rili'zi:rən] sterilizzare; **2i'sierung** *f* sterilizzazione *f*.

Stern [ʃtern] *m* (3) stella *f*; (*Gestirn*) astro *m*; *Typ.* asterisco *m*; (*Augen2*) pupilla *f*; **~bild** *n* costellazione *f*; **~chen** ['-çən] *n* (6) stellina *f*; *Typ.* asterisco *m*; **~deuter** ['-dɔʏtər] *m* (7) astrologo *m*; **~deuterei** [---'raɪ] *f* (16) astrologia *f*; **2deuterisch** ['-dɔʏtəriʃ] astrologico.

Sternen|bahn ['ʃternənba:n] *f* orbita *f* degli astri; **~banner** *n* bandiera *f* stellata; **~himmel** *m* firmamento *m*; **~mantel** *m* manto *m* stellato; **~welt** *f* mondo *m* stellare; **~zelt** *n* cielo *m* stellato; *s. a. Stern...*

Stern|fahrt ['ʃternfa:rt] *f* rallye *f*; **2förmig** ['-fœrmiç] stellare, stellato; **~gucker** ['-gukər] *m* (7) astronomo *m*; **'2hell** stellato; **'~himmel** *m* cielo *m* stellato; **'~karte** *f* carta *f* celeste; **'~kunde** *f* astronomia *f*; **'~schnuppe** *f* (15) stella *f* cadente; **'~schnuppenfall** *m* pioggia *f* di stelle; **'~wahrsager** *m* astrologo *m*; **'~warte** *f* osservatorio *m* (astronomico).

Sterz [ʃterts] *m* (3²) coda *f* (*degli uccelli*); (*Pflug2*) stiva *f*.

stet [ʃte:t] fisso; **'~ig** continuo; **'2igkeit** *f* continuità *f*; **~s** sempre.

Steuer ['ʃtɔʏər]: **a)** *f* (15) tassa *f*, imposta *f*, contribuzione *f*; **b)** *n* (7) ⚓ *u.* ✈ timone *m*; *Auto:* volante *m*; sterzo *m*; *Fahrrad:* manubrio *m*.

Steuer|abzug ['ʃtɔʏər⁹aptsu:k] *m* ritenuta *f* fiscale; **~amt** *n* ufficio *m* delle imposte; **~annahmestelle** *f* esattoria *f*; **~aufkommen** *n* gettito *m* delle tasse; **~beamte(r)** *m* impiegato *m* alle imposte; **~befreiung** *f* esenzione *f* dalle imposte; **~behörde** *f* autorità *f* fiscale; finanza *f*; **~berater** *m* consulente *m* fiscale; **~bord** ⚓ *n* tribordo *m*; **~buch** *n* catasto *m*; **~einnahmestelle** *f* esattoria *f*; **~einnehmer**; **~erheber** *m* esattore *m*; **~erhebung** *f* esazione *f* fiscale; **~erklärung** *f* dichiarazione *f* delle imposte; **~erleichterung** *f* sgravio *m* fiscale; **~ermäßigung** *f* riduzione *f* delle imposte; **2fähig** imponibile; ⚓ dirigibile; **~fähigkeit** *f* imponibilità *f*; ⚓ dirigibilità *f*; **~flucht** *f* evasione *f* fiscale; **2frei** esente da tasse; **~freiheit** *f* esenzione *f* da tasse; **~hinterziehung** *f* frode *f* fiscale; **~jahr** *n* esercizio *m* finanziario; **~kasse** *f* esattoria *f*; **~klasse** *f* categoria *f* (*od.* classe *f*) fiscale; **~knüppel** *m* ✈ leva *f* di comando; **~last** *f* oneri *m/pl.* fiscali; **2los** senza timone; **~mann** ⚓ *m* pilota *m*; timoniere *m*.

steuern ['ʃtɔʏərn] (29) **1.** *v/t.* *Auto:* guidare, condurre (*a.* ⚓), pilotare (*a.* ✈); *nur* ⚓: governare; **2.** *v/i.* stare al timone (al volante); *~ nach* dirigersi a (verso); *einer Sache ~* ovviare a qc.

Steuer|nachlaß ['ʃtɔʏərnaxlas] *m* sgravio *m* fiscale; **2pflichtig** ['--pfliçtiç] soggetto a tasse; contribuente; **~rad** *n* ruota *f* del timone; *Auto,* ✈: volante *m*; **~recht** *n* diritto *m* fiscale; **~reform** *f* riforma *f* tributaria; **~revisor** *m* agente *m* delle tasse; **~ruder** *n* timone *m*; **~satz** *m* tasso *m* dell'imposta; **~schraube** *f*: *die ~ anziehen* aumentare le imposte; **~schuldner** *m* contribuente *m* moroso; **~senkung** *f* ribasso *m* delle imposte; **~system** *n* sistema *m* tributario; **~ung** *f* timone *m*; ⊕ dispositivo *m* di comando;

Steuerrad: volante *m*, sterzo *m*; *das Steuern*: ⚓, 🚢 pilotaggio *m*; ⚓ governo *m*; *Auto*: guida *f*; **~ver-anlagung** *f* tassazione *f*; **~vergehen** *n* contravvenzione *f* alle leggi tributarie; **~vergünstigung** *f* agevolazione *f* fiscale; **~welle** *f* *Auto*: albero *m* degli eccentrici; **~wesen** *n* sistema *m* fiscale (*od.* tributario); **~zahler** *m* contribuente *m*; **~zettel** *m* avviso *m* delle imposte; **~zuschlag** *m* sovrimposta *f*.

Steven ⚓ ['ʃteːvən] *m* (6) ruota *f* di prora.

Steward ['stjuːət] *m* (11) cameriere *m* di bordo; **~eß** ['--dɛs] *f* (16³) hostess *f*.

stibitzen [ʃtiˈbitsən] (27) F fregare.

Stich [ʃtiç] *m* (3) puntura *f*; punto *m*; *Kartensp.* presa *f*; *Zeichenk.* incisione *f*; stampa *f*; *fig.* stoccata *f*; **~** *ins Herz* fitta *f* al cuore; *im ~ lassen* piantare in asso, abbandonare; *e-n ~ haben* essere un po' pazzo, *Wein*: aver preso di forte; *e-n ~ ins Grüne haben* tirare al verde; '**~el** *m* bulino *m*; **~elei** [--'lai] *f* (16) frecciata *f*; **2eln** ['-çəln] (29) punzecchiare, stuzzicare; '**~flamme** *f* vampata *f*; '**2haltig** solido, plausibile; *die Gründe sind nicht ~* le ragioni non reggono; '**~haltigkeit** *f* solidità *f*, plausibilità *f*; '**~ling** *Zo.* ['-liŋ] *m* (3¹) spinello *m*; '**~probe** *f* prova *f* (*a caso*); '**~tag** *m* giorno *m* fissato; '**~waffe** *f* arma *f* a punta; '**~wahl** *f* ballottaggio *m*; '**~wort** *n* (*Losungswort*) parola *f* d'ordine; *Thea.* chiamata *f*; (*im Wörterbuch*) voce *f* di riferimento; *allg.* segnale *m*; '**~wunde** *f* ferita *f* di punta.

Stickarbeit ['ʃtikˀarbait] *f* (lavoro *m* di) ricamo *m*.

stick|en ['ʃtikən] (25) ricamare; **2erei** [-kəˈrai] *f* (16) ricamo *m*.

Stick|gas ['ʃtikgaːs] *n* gas *m* asfissiante; **~husten** *m* tosse *f* asinina; **2ig** soffocante; *~* luft *f* aria *f* soffocante; **~maschine** *f* macchina *f* ricamatrice; **~muster** *n* modello *m* di ricamo; **~rahmen** *m* telaio *m* da ricamo; **~stoff** *m* azoto *m*; **2stoffhaltig** azotato.

Stiefbruder ['ʃtiːfbruːdər] *m* (7¹) fratellastro *m*.

Stiefel ['ʃtiːfəl] *m* (7) stivale *m*; **~absatz** *m* tacco *m* dello stivale; **~anzieher** *m* calzatoio *m*; **~knecht**

m cavastivali *m*; **~macher** *m* calzolaio *m*; **2n** (29) F *v/i.* camminare a grandi passi; *gestiefelt* stivalato; *gestiefelt und gespornt* in pieno assetto; **~putzer** *m* lustrascarpe *m*; **~schaft** *m* gambale *m*.

Stief|eltern ['ʃtiːfˀəltərn] *pl.* patrigno *m* e matrigna *f*; **~geschwister** *pl.* fratellastri *m*/*pl.* e sorellastre *f*/*pl.*; **~kind** *n* figliastro (-a) *m* (*f*); **~mutter** *f* matrigna *f*; **~mütterchen** ♀ *n* viola *f* del pensiero; **2mütterlich** da matrigna; **~schwester** *f* sorellastra *f*; **~sohn** *m* figliastro *m*; **~tochter** *f* figliastra *f*; **~vater** *m* patrigno *m*.

stieg [ʃtiːk] *s.* steigen.

Stiege ['ʃtiːgə] *f* (15) scala *f*, *große:* scalinata *f*. [*m*.)

Stieglitz ['ʃtiːglits] *m* (3²) cardellino)

Stiel [ʃtiːl] *m* (3) manico *m*; ♀ gambo *m*; (*Pfeifen~*) cannuccia *f*; '**~augen** *n*/*pl.*: *~ machen* guardare con tanto d'occhio; **2los** senza manico; senza gambo.

stiehl(s)t [ʃtiːl(s)t] *s.* stehlen.

Stier [ʃtiːr] **1.** *m* (3) toro *m*; **2.** ♀ *Blick:* fisso; **2en** (25) guardare con occhi stralunati; fissare (l'occhio); **~kampf** *m* corrida *f*.

stieß [ʃtiːs] *s.* stoßen.

Stift [ʃtift] **a)** *m* (3) pern(i)o *m*; (*Blei2*) matita *f*, lapis *m* *inv.*; (*Knirps*) F marmocchio *m*; (*Lehrling*) apprendista *m*; **b)** *n* (3) convento *m*; casa *f* pia; opera *f* pia, pio istituto *m*; (*Dom2*) capitolo *m*; '**2en** (26) fondare; *Gegenstände:* regalare; *Unheil:* fare, produrre, causare; *Frieden:* ristabilire la pace; '**~er** *m* (7) fondatore *m*; donatore *m*.

Stifts|dame *f*, **~fräulein** *n* ['ʃtiftsdaːmə, '-frɔʏlain] canonichessa *f*; **~herr** *m* canonico *m*; **~hütte** *f* *bibl.* tabernacolo *m*; **~kirche** *f* chiesa *f* collegiale; **~schule** *f* scuola *f* conventuale; scuola *f* annessa ad un'opera pia.

Stiftung ['ʃtiftuŋ] *f* fondazione *f*; (*Schenkung*) donazione *f*; *milde ~* opera *f* pia; **~sfest** *n* anniversario *m* della fondazione.

Stiftzahn ['ʃtifttsaːn] *m* dente *m* a pernio.

Stil [ʃtiːl] *m* (3) stile *m*; *in großem ~* su vasta scala; **~ett** [ʃtiˈlɛt] *n* (3) stiletto *m*; '**2gerecht** di stile puro; **2isieren** [-liˈziːrən] stilizzare; **~istik**

[-'listik] f (16) stilistica f; ♀**'istisch** stilistico; '**.künstler** m artista m della forma.

still [ʃtil] fermo; (ruhig) calmo, quieto; Vorwurf: tacito; Messe: basso; Gebet: muto; **.e** Zeit f stagione f morta; **.e** Woche f settimana f santa; **.!** silenzio!; sei **.!** sta zitto!; im **.en** in segreto; im Gesellschafter m accomandatario m.

Stille ['ʃtilə] f (15, o. pl.) calma f, silenzio m; fig. in der **.** in segreto.

Stilleben ['ʃtile:bən] n (6, bei Trennung: Still-leben) Mal. natura f morta.

stilleg|en ['le:gən] (bei Trennung: still-legen) chiudere; zeitweilig: sospendere; Verkehr: paralizzare; ♀**ung** f chiusura f; sospensione f; paralizzazione f.

stillen ['ʃtilən] (25) calmare; Durst: spegnere; Blut: arrestare; Kind: allattare; Tränen: frenare; Sehnsucht: appagare; ♀ n (6) mitigazione f; spegnimento m; ristagno m; allattamento m; frenamento m; appagamento m; **.d** 🌢 calmante.

Still|halteabkommen ['halto'apkɔmən] n moratoria f; '♀**halten** star fermo; non muoversi; (anhalten) fermarsi; fig. rassegnarsi.

stilliegen ['ʃtili:gən] (bei Trennung: still-liegen) stare fermo (od. immobile); essere paralizzato.

stillos [ʃti:lo:s] senza stile.

still|schweigen ['ʃtilʃvaɪgən] tacere; ♀**schweigen** n (6) silenzio m; **.schweigend** tacito; adv. senza obiezioni; ♀**stand** m interruzione f, arresto m; 🌢 ristagno m; **.stehen** star fermo; non muoversi; Betrieb: essere fermo; avere sospeso il lavoro; ✕ stillgestanden! attenti!; **.vergnügt** sereno.

stilvoll [ʃti:lfɔl] con gusto, con stile.

Stimm|abgabe ['ʃtim'apgɑ:bə] f votazione f; **.band** n corda f vocale; ♀**berechtigt** che ha diritto di votare, elettore; **.bruch** m muta f (della voce).

Stimme ['ʃtimə] f (15) voce f; (Wahl♀) voto m.

stimmen ['-mən] (25) 1. v/i. accordarsi; Rechnung: combinare; unpers. das stimmt è giusto; Pol. votare; 2. v/t. 🌢 accordare; fig. j-n-: disporre.

Stimmen|gewirr ['ʃtiməngəvir] n

vocio m, vociferio m; **.gleichheit** f parità f di voti; **.mehrheit** f (**.minderheit** f) maggioranza f (minoranza f) di voti.

Stimm|enthaltung ['ʃtim'ɛnthaltuŋ] f astensione f dal voto; **.enzähler** m scrutatore m; **.enzählung** f scrutinio m; **.er** m (7) 🌢 accordatore m; **.führer** m corifeo m; **.gabel** f corista m, diapason m; ♀**haft** Gram. dolce; **.hammer** m accordatoio m; ♀**los** afono; Gram. aspro; **.losigkeit** f afonia f; **.mittel** n/pl. corpo m di voce; **.recht** n diritto m di voto (od. di votare); **.ritze** f glottide f.

Stimmung ['ʃtimuŋ] f intonazione f; des Gemüts: disposizione f d'animo; (Laune) umore m; (Milieu) ambiente m; fröhliche: allegria f, baldoria f; ✝ tendenza f; bei **.** sein essere in vena; öffentliche **.** opinione f pubblica; **.sbild** ['-munsbilt] n quadro m d'ambiente, istantanea f; **.smache** f Pol. agitazioni f/pl. politiche; **.smensch** m uomo m lunatico; **.s-umschwung** m cambiamento m di opinione; ♀**svoll** pieno di sentimento; raccolto; espressivo, animato.

Stimm|wechsel ['ʃtimvɛksəl] m muta f della voce; **.zählung** f scrutinio m; **.zettel** m scheda f elettorale.

Stink|bombe ['ʃtiŋkbɔmbə] f bomba f fetida; ♀**en** (30) puzzare (nach di); ♀**end**, ♀**ig** puzzolente; **.tier** n moffetta f; puzzola f.

Stipendi|at [ʃtipɛnd'jɑ:t] m (12) beneficiario m di una borsa di studio; **.um** ['-pɛndjum] n (9) borsa f di studio.

stippen ['ʃtipən] (25) inzuppare.

Stirn [ʃtirn] f (16) fronte f; die **.** bieten fig. tener testa; ⊕ in Zssgn frontale; **.band** n frontale m; **.bein** n (osso m) frontale m; **.höhle** ♂️ f sino m frontale; **.höhlen-entzündung** f sinusite f; **.locke** f ciuffo m; scherzh. tirabaci m; '**.riemen** m frontino m; '**.runzeln** n (6) corrugamento m della fronte; **.seite** f fronte f; auf der **.** sul di fronte.

stöbern ['ʃtø:bərn] (29) frugare, frugacchiare; rovistare (in dat. in).

stochern ['ʃtɔxərn] (29) stuzzicare; Feuer: attizzare.

Stock [ʃtɔk] m: **a)** (3³) bastone m; (*Stumpf*) tronco m; (*Wein♀*) vite f; (*Bienen♀*) arnia f; (*Strafe*) ceppi m/pl.; *Bill.* stecca f; *Waren:* fondo m; *über ~ und Stein* attraverso i campi; **b)** ⚠ (3, *pl. uv. u.* ~werke) piano m; '**~...** *in Zssgn mit Adjektiven:* molto, interamente; *mit Völkernamen:* puro sangue; '**♀blind** interamente cieco; '**~börse** † f borsa f; '**~degen** m stocco m; '**♀dumm** balordo; '**♀dunkel** buio pesto.

Stöckelschuh ['ʃtœkəlʃuː] m scarpa f a tacco alto.

stock|en ['ʃtɔkən] (25, h. u. sn) fermarsi, *fig.* languire; *im Gespräch:* impuntarsi; (*schimmeln*) ammuffire; *Verkehr:* congestionarsi, arrestarsi; *fig. Blut:* gelarsi, *ins ♀ geraten* languire; intopparsi; '**~finster** m buio pesto; **♀fisch** m baccalà m, stoccafisso m; **♀fleck** m macchia f d'umido.

stockig ['ʃtɔkiç] muffito.

...stöckig *in Zssgn mit Zahlwörtern: z.B. drei~* a tre piani.

Stock|italiener ['ʃtɔk ʔitalʲeːnər] m (7) italiano m puro sangue; **~laterne** f lanternone m; **~rose** f malva f; **~schläge** m/pl. bastonate f/pl.; **~schnupfen** m forte corizza f; **♀taub** sordo come una campana.

Stockung ['ʃtɔkuŋ] f arresto m; interruzione f; *Verkehr:* congestionamento m, intasamento m; *Handel:* ristagno m; *im Gespräch:* illanguidimento m.

Stock|werk ['ʃtɔkverk] n piano m; **~zahn** m dente m molare.

Stoff [ʃtɔf] m (3) stoffa f, tessuto m; (*Material*) materia f; materiale m; (*Inhalt*) argomento m; 🜨 elemento m; '**~el** m (7) babbeo m, sciocco m; '**♀lich 1.** *adj. fig.* materiale; **2.** *adv.* quanto al contenuto; '**~wechsel** m 🜨 ricambio m, metabolismo m; '**~wechselkrankheit** f affezione f di ricambio.

stöhnen ['ʃtøːnən] **1.** (25) gemere; *~ über ac. fig.* lamentarsi di; **2.** ♀ n (6) gemiti m/pl.

Sto|iker ['ʃtoːikər] m (7), **♀isch** adj. stoico m u. adj.

Stola ['ʃtoːla] f (16²) stola f.

Stollen ['ʃtɔlən] m (6) 🜨 galleria f; (*Gebäck*) panettone m.

stolp|erig ['ʃtɔlpəriç] malsicuro;

Weg: scabroso; **~ern** ['-pərn] (29, sn) inciampare (*über ac.* in).

stolz [ʃtɔlts] **1.** *adj.* superbo, fiero; orgoglioso (*auf ac.* di); **2.** ♀ m (3², *o. pl.*) superbia f, fierezza f; orgoglio m; **~'ieren** pavoneggiarsi.

stopfen ['ʃtɔpfən] (25) riempire; *Magen:* rimpinzare; *schließend:* turare; *Pfeife:* caricare; *Geflügel:* ingrassare; *Mund:* tappare; (*et. hineinstecken*) cacciare in; *Strümpfe:* rammendare; 🜨 costipare; **~d** 🜨 astringente.

'**Stopf|garn** n filo m da rammendo; **~nadel** f ago m da rammendare; **~naht** f rammendatura f.

Stopp [ʃtɔp] m (11) fermata f.

Stoppel ['ʃtɔpəl] f (15) stoppia f; **~bart** m barba f di più giorni; **~feld** n seccia f; **♀n** (29) spigolare; *fig.* racimolare.

stopp|en ['ʃtɔpən] (25) v/t. fermare; v/i. fermarsi; **♀licht** n fanalino m d'arresto; **♀uhr** f cronometro m.

Stöpsel ['ʃtœpsəl] m (7) tappo m; 🜨 spina f; **♀n** (29) tappare; 🜨 innestare; connettere.

Stör *Zo.* [ʃtøːr] m (3) storione m.

Storch [ʃtɔrç] m (3³) cicogna f; '**~schnabel** m ⚥ geranio m; ⊕ pantografo m.

stör|en ['ʃtøːrən] (25) disturbare; molestare, incomodare; *Ordnung, Ruhe:* turbare; *lassen Sie sich nicht ~ non* si incomodi; **♀enfried** ['-friːt] m (3) guastafeste m; **♀er** m (7) disturbatore m.

stornieren [stɔr'niːrən] annullare, stornare.

störr|ig ['ʃtœriç], **~isch** caparbio.

Störsender ['ʃtøːrzɛndər] m (7) stazione f (radiotrasmittente) disturbatrice.

Störung ['ʃtøːruŋ] f disturbo m; F seccatura f, molestia f; *Wetter:* perturbazione f; *seelisch:* perturbamento m; ⊕ guasto m; *Radio:* interferenza f; **~sgeräusch** n *Radio:* rumore m parassitario; **~squelle** f fonte f di disturbi; **~sstelle** f servizio m riparazioni.

Stoß [ʃtoːs] m (3² u. ³) colpo m; *Zusammenstoß zweier Körper:* urto m; (*Schub*) spinta f; *mit den Hörnern:* cozzo m; (*Erschütterung*) scossa f; (*Auf♀*) imbatto m; *Fechtk.* botta f; (*Haufen*) mucchio m; *Kleidung:* pedana f; '**~dämpfer** m ammortizzatore *m*; `~degen` *m* stocco *m*, *Fechtk.* fioretto *m*.

Stößel ['ʃtøːsəl] *m* (7) pestone *m*.

stoßen ['ʃtoːsən] (30) **1.** *v/t.* urtare; (*schlagen*) colpire; (*schieben*) spingere; (*fort.~*) (s)cacciare; (*mahlen*) tritare; *zu Pulver*: pestare; *Messer*: piantare; **2.** *v/i.* (*a. sn*) urtare (contro); (*begegnen*) imbattersi (in); *an et.*: confinare con; *nach j-m*: cercare di colpire (qu.); *Wagen*: dare delle scosse; *mit den Hörnern*: cozzare; *ins Horn*: sonare; **3.** *sich* ~ battersi (*an et. in qc.*); *fig.* formalizzarsi.

Stoß|fänger ['ʃtoːsfɛŋər] *m s.* Stoßdämpfer; `~gebet` *n* giaculatoria *f*; `~kante` *f* pedana *f*; `~kraft` *f* forza *f* di propulsione (*od.* d'urto); *fig.* violenza *f*, impeto *m*; `~seufzer` *m* profondo sospiro *m*; `~stange` *f* *Auto*: paraurti *m*; `~truppen` *f/pl.* truppe *f/pl.* d'assalto; `~verkehr` *m* traffico *m* di punta; `~waffe` *f* arma *f* da punta; `2weise` *f* a colpi; a mucchi; `~wind` *m* raffica *f*; `~zahn` *m* zanna *f*.

Stott|erei [ʃtɔtə'raɪ] *f* (16) balbettio *m*; `~erer` *m* (7) tartaglione *m*; `²erig` balbuziente; `²ern` (29) balbettare, tartagliare; F *auf* ² a rate.

stracks [ʃtraks] difilato, immediatamente.

Straf|abteilung ['ʃtraːf⁹aptaɪluŋ] *f* compagnia *f* di disciplina; `~anstalt` *f* penitenziario *m*; `~antrag` *m* requisitoria *f*; `~arbeit` *f* *Schule*: esercizio *m* di castigo; `~aufschub` *m* dilazione *f* della pena; condizionale *f*; `2bar` punibile; *sich* ~ *machen* rendersi colpevole, incorrere in un reato; `~barkeit` *f* colpevolezza *f*; criminalità *f*; `~befehl` *m* ordinanza *f* penale; `~befugnis` *f* diritto *m* di punire.

Strafe ['ʃtraːfə] *f* (15) castigo *m*; *gt̲ nur*: pena *f*; (*Geld*²) multa *f*; *bei* ~ sotto pena; *zur* ~ per castigo.

strafen ['ʃtraːfən] (25) punire; *Kinder*: castigare; *Lügen* ~ smentire; `~d` punitivo; `~er Blick` *m* sguardo *m* di rimprovero.

Straf|erlaß ['ʃtraːf⁹ɛrlas] *m* condono *m* della pena; `~expedition` *f* spedizione *f* punitiva.

straff [ʃtraf] **1.** *adj.* teso; *fig.* rigido; severo; energico; ~ *anziehen* stringere; **2.** *adv.* forte.

Straf|fall ['ʃtraːfal] *m* caso *m* criminale; `2fällig` ['-fɛlɪç] punibile; `~fälligkeit` *f* colpevolezza *f*; criminalità *f*.

straff|en ['ʃtrafən] (25) tendere; *Pol.* riorganizzare; razionalizzare; `2heit` *f* forte tensione *f*; rigidità *f*.

straf|frei ['ʃtraːffraɪ] esente da pena; `2freiheit` *f* impunità *f*; `2gefangene(r)` *m* detenuto *m*; `2geld` *n* multa *f*; `2gericht` *n* tribunale *m* penale; `2gerichtsbarkeit` *f* giurisdizione *f* penale; `2gesetz` *n* legge *f* penale; `2gesetzbuch` *n* codice *m* penale; `2kammer` *f* tribunale *m* penale; `2kolonie` *f* colonia *f* penale.

sträf|lich ['ʃtrɛːflɪç] punibile; *fig.* imperdonabile; `2ling` ['-lɪŋ] *m* (3¹) detenuto *m*.

straf|los ['ʃtraːfloːs] impune (*ausgehen* rimanere); `2losigkeit` *f* impunità *f*; `2mandat` *n* avviso *m* di contravvenzione; `2maß` *n* pena *f*; `2maßnahme` *f* sanzione *f* penale; `~mildernd` attenuante; `2porto` *n* soprattassa *f*; `2prediger` *m* moralista *m*; `2predigt` *f* predicozzo *m*; `2prozeß` *m* processo *m* penale; `2prozeß-ordnung` *f* ordinamento *m* di procedura penale; `2punkt` *m* penalizzazione *f*, punto *m* di penalità; *mit* ~*en belegen* penalizzare; `2raum` *m* *Fußball*: area *f* di rigore; `2recht` *n* diritto *m* penale; `2rechtler(in)` *f* (*f*) ['-rɛçtlər(in)] *m* penalista *m u. f*; `~rechtlich` criminale; `2register` *n* casellario *m* giudiziario; `2sache` *f* causa *f* penale; `2stoß` *m* *Fußball*: calcio *m* di punizione; `2tat` *f* delitto *m*; `2-umwandlung` *f* commutazione *f* della pena; `2verfahren` *n* procedimento *m* penale; `~verschärfend` aggravante; `2verschärfung` *f* inasprimento *m* di pena; `2versetzung` *f* trasferimento *m* per punizione; `2verteidiger` *m* avvocato *m* difensore; `2vollstreckung` *f* esecuzione *f* della pena; `2vollzug` *m* esecuzione *f* della pena; *sich dem* ~ *entziehen* sottrarsi alla giustizia.

Strahl [ʃtraːl] *m* (5) raggio *m*; (*Wasser*²) getto *m*; `²en` (25) raggiare; *fig.* essere raggiante.

Strahlen|behandlung ['ʃtraːlənbehandluŋ] *f* radioterapia *f*; `2brechend` rifrattivo; `~brechung` *f* rifrazione *f*; `~bündel` *n* fascio *m* luminoso; 2d raggiante; 2förmig ['--fœrmiç] disposto in raggi; ~kranz m raggiera f; ~krone f aureola f; ~therapie f radioterapia f; ~tier n radiato m.

strahl|ig ['ʃtraːliç] raggiato; 2-pumpe f iniettore m; 2tier n radiato m; 2triebwerk m motore m a reazione.

Strahlung ['--luŋ] f radiazione f; ~sfeld n campo m radiante; ~sschutz m protezione f contro le radiazioni; ~swärme f calore m radiante.

Strähn|e ['ʃtrɛːnə] f (15) matassa f; Haare: ciocca f; 2ig Haar: grasso.

stramm [ʃtram] teso; fig. energico, robusto; Soldaten: marziale; '~stehen ⚔ stare sull'attenti.

strampel|n ['ʃtrampəln] (29) sgambettare; 2höschen n calzoncini m/pl.

Strand [ʃtrant] m (3³) spiaggia f; '~anzug m prendisole m; '~bad n stabilimento m balneare; bagno m; 2en ['-dən] (26, sn) arenarsi (a. fig.); '~güter n/pl. relitti m/pl. di mare; '~korb m capanna f (od. cesto m) da spiaggia; '~promenade f lungomare m; '~recht n diritto m di mare; '~schirm m ombrellone m; ~schuh m scarpa f da spiaggia; '~ung f arrenamento m; '~wächter m guardacoste m.

Strang [ʃtraŋ] m (3³) corda f; Strafe: impiccagione f; (Bahn2) binari m/pl.; Wolle: matassa f; an e-m ~ ziehen fig. tirare tutti la stessa corda; wenn alle Stränge reißen alla peggio; über die Stränge schlagen oltrepassare i limiti; 2u'lieren strangolare.

Strap|aze [ʃtraˈpaːtsə] f (15) strapazzo m; 2a'zieren strapazzare; 2a'zierfähig da strapazzo, resistente.

Straße ['ʃtraːsə] f (15) strada f; vor Namen: via f; (Meeres2) stretto m.

Straßen... ['ʃtraːsən...]: in Zssgn stradale; ~anzug m vestito m da passeggio; ~arbeit f lavoro m stradale; ~arbeiter m stradino m; ~bahn f tram m, tranvai m; ~bahner ['--baːnər] m (7) tranviere m; ~bahnhaltestelle f fermata f del tram; ~bahnschaffner m fattorino m; ~bahnwagen m carrozza f tranviaria; ~bau m costruzione f di strade; lavori m/pl. stradali; ~be-

leuchtung f illuminazione f stradale; ~damm m mezzo m della strada; ~dienst m servizio m stradale; ~dirne f donna f di mala vita; ~ecke f angolo m della strada; cantonata f; ~feger m spazzino m; ~graben m fossato m; ~händler m venditore m ambulante; ~junge m monello m; ~kampf m combattimento m nelle strade; ~karte f carta f stradale; ~kehrer ['--keːrər] m (7) spazzino m; ~kehrmaschine f spazzatrice f meccanica; ~kleid n abito m (od. vestito m) da passeggio; ~kreuzung f bivio m, crocevia m, crocicchio m; 2kundig pratico delle strade; ~lage f Kfz. tenuta f di strada; ~laterne f lampione m; ~mädchen n puttana f; ~netz n rete f stradale; ~pflaster n lastrico m; ~polizei f polizia f stradale; ~raub m rapina f; ~räuber m rapinatore m; ehm. brigante m; ~räube'rei f brigantaggio m; ~reinigung(swesen n) f nettezza f urbana; ~rennen n corsa f su strada; ~renner m bicicletta f da corsa su strada; ~schild n indicatore m stradale; ~sperre f blocco m stradale; ~überführung f, ~übergang m cavalcavia m, passaggio m; ~unterführung f sottopassaggio m; ~verkehr m circolazione f stradale, movimento m nelle strade; ~verkehrsgesetz n Codice m della Strada; ~verkehrsordnung f ordinamento m stradale; ~verzeichnis n stradario m; ~walze f rullo m compressore; ~zoll m pedaggio m; ~zustand m stato m delle strade.

Strat|ege [ʃtraˈteːgə] m (13) stratega m; ~egie [--ˈgiː] f (15) strategia f; 2'egisch strategico.

Stratosphäre [-toˈsfɛːrə] f (15, o. pl.) stratosfera f.

sträuben ['ʃtrɔʏbən] (25) (far) rizzare; sich ~ rizzarsi; fig. opporsi (gegen ac. a); et. zu tun: rifiutarsi (di).

Strauch [ʃtraux] m (1²) arbusto m; cespuglio m; '~dieb m malandrino m.

straucheln ['ʃtrauxəln] (29, sn) incespicare; fig. cadere in tentazione.

Strauß [ʃtraus] m: a) (Blumen2) (3² u. ³) mazzo m (di fiori); b) Zo. (3²) struzzo m; c) (Kampf2) (3² u. ³) lotta f.

Strebe ['ʃtreːbə] f (15) puntello m;

🏠 montante m; ~bogen m sprone m; ~mauer f barbacane m; ~pfeiler m contrafforte m.

streb|en ['ʃtre:bən] **1.** (25) aspirare (nach a); von Dingen: tendere; **2.** 2en n (6) aspirazione f; 2epfeiler m contrafforte m; 2er(in f) m (7) arrivista m u. f, ambizioso (-a) m (f); ~erhaft ambizioso, arrivistico; 2ertum n arrivismo m; ~sam ['ʃtre:pza:m] zelante; (ehrgeizig) ambizioso; 2samkeit f zelo m; ambizione f.

streck|bar ['ʃtrɛkba:r] estensibile; (dehnbar) duttile; 2barkeit f estensibilità f; duttilità f; 2bett n letto m ortopedico.

Strecke ['ʃtrɛkə] f (15) tratto m; zurückgelegte: percorso m; tragitto m; (Entfernung) distanza f; (Bahn2) linea f; ⚒ galleria f; fig. auf der ~ bleiben rimanerci; Jagdw. essere ammazzato; zur ~ bringen ammazzare.

strecken ['ʃtrɛkən] (25) stendere; Vorräte: allungare, razionare; Zunge: mostrare; Waffen: abbassare; ⊕ trafilare; (heraus~) sporgere.

Strecken|arbeiter ['ʃtrɛkən ʔarbaɪtər] m terrazziere m; ~aufseher m, ~wärter m cantoniere m; 2weise a tratti.

Streck|muskel ['ʃtrɛkmʊskəl] m muscolo m estensore; ~ung f estensione f; ☇ distensione f; ~verband m bendaggio m distensivo.

Streich [ʃtraɪç] m (3) colpo m; böser ~ tiro m; kindischer ~ bambinata f; (Jungen2) ragazzata f; lustiger ~ burla f; toller ~ pazzia f; ~e machen farne di tutti i colori; '~bogen ♪ m archetto m.

streicheln ['ʃtraɪçəln] (29) passare (lievemente) la mano su; j-n: (ac)carezzare.

streich|en ['ʃtraɪçən] (30) **1.** v/i. (a. sn) passare; (umher~) girare; an j-n: sfiorare (qu.); **2.** v/t. passare (qc.); Bart, Haare: lisciarsi; Wand, Fußboden: dipingere, verniciare, dare una mano a; Maß: rasare; aufs Brot: spalmare; Wolle: cardare; Segel, Flagge: ammainare; Violine: sonare; (aus~) cassare; (durch~) cancellare; 2er ♪ m/pl. archi m/pl.

Streich|holz ['ʃtraɪçhɔlts] n, ~hölzchen n fiammifero m; ~instrument n strumento m ad arco; ~käse m formaggio m molle; strac-

chino m; ~konzert n concerto m d'archi; ~musik f musica f d'archi; ~quartett n quartetto m d'archi; ~ung f soppressione f, cancellazione f; annullamento m; ~wolle f lana f cardata.

Streifband ⚭ ['ʃtraɪfbant] n fascia f; unter ~ sotto fascia.

Streife ['ʃtraɪfə] f (15) ronda f; pattuglia f; s. Streifzug.

Streifen ['ʃtraɪfən] **a)** m (6) striscia f; in Kleiderstoffen: riga f; (an den Hosen) gallone m; **b)** 2 (25) **1.** v/t. sfiorare; (ab~) levare; Stoffe: rigare; Ärmel: rimboccare; **2.** v/i. vagare; an et. ~ rasentare qc.; ~wagen m (Polizei) radiomobile f; macchina f della polizia.

Streif|hieb ['ʃtraɪfhi:p] m botta f di striscio; 2ig rigato; ~jagd f battuta f; ~kolonne f, ~korps ⚔ n colonna f mobile; ~kugel f palla f di striscio; ~licht n sprazzo m di luce; fig. ein ~ werfen auf ac. illuminare qc.; ~schuß m ferita f di striscio; ~wache f pattuglia f; ~zug m scorreria f; ⚔ incursione f; Polizei: razzia f.

Streik [ʃtraɪk] m (sg. 3, pl. 11) sciopero m; in den ~ treten entrare in sciopero; '~brecher m crumiro m; '~brecherwesen n crumiraggio m; '2en (25) scioperare; '~ende(r) m (18) scioperante m; '~posten m sentinella f degli scioperanti; picchetto m; '~recht n diritto m di sciopero.

Streit [ʃtraɪt] m (3) allg. lite f; (Wort2) disputa f; (Tätlichkeit) rissa f; (Kampf) lotta f; Pol. conflitto m; ~ stiften mettere zizzania.

Streitaxt ['ʃtraɪtʔakst] f azza f; die ~ begraben fare la pace.

streit|bar ['ʃtraɪtba:r] bellicoso; (tapfer) valoroso; '~en (30) litigare; für j-n: militare; (kämpfen) combattere, lottare; über et.: disputare; darüber läßt sich ~ su ciò si può essere di pareri diversi; '~end litigante; Macht: belligerante; Kirche: militante; '2er m (7) litigante m; combattente m.

Streit|fall ['ʃtraɪtfal] m, '~frage f punto m controverso; '~hahn m, '~hammel F m attaccabrighe m; liticone m; testa f calda; '~handel m lite f; 2ig controverso; ~ machen contrastare; sich et. ~ machen disputarsi qc.; mit j-m über et. ~ sein essere in disputa con qu. su. qc.; '~**kräfte** f/pl. forze f/pl. armate; '2~**lustig** bellicoso; attaccabrighe; '~**macht** f forze f/pl.; '~**objekt** n oggetto m della contesa; '~**punkt** m punto m controverso; '~**roß** n destriere m; '~**sache** f causa f; '~**satz** m tesi f; '~**schrift** f scritto m polemico; '~**sucht** f smania f di litigare; '2**süchtig** s. streitlustig; '~**wagen** m carro m da guerra (od. da battaglia).

streng [ʃtrɛŋ] rigoroso, severo; auf Briefen: ~ vertraulich! personale riservata!; Sitten: austero; Klima: rigido; Geschmack: acerbo; Geruch: acuto; ~er Arrest m arresti m/pl. di rigore; ~, ~stens, aufs ~ste strettamente; rigorosamente; '2e f (15) rigore m; austerità f; rigidità f; asprezza f; '~**flüssig** 🔒 refrattario, ~**genommen** ['-gənɔmən] rigorosamente parlando; '~**gläubig** ortodosso; '2**gläubigkeit** f ortodossia f.

Streu [ʃtrɔy] f(16) strame m; '~**dose** f für Salz: spargisale m; für Pfeffer: spargipepe m.

streuen ['ʃtrɔyən] (25) spargere; (ver~) sparpagliare; Sand in die Augen: gettare; Maschinengewehr: battere a zona.

Streu|**feuer** ['ʃtrɔyfɔyər] n fuoco m a dispersione; ~**zucker** m zucchero m in polvere.

Strich [ʃtriç] **1.** m (3) tratto m; riga f, linea f; (Pinsel2) pennellata f; (Feder2) tratto di penna; (Strichelchen) lineetta f; ♪ tocco m; der Vögel: passaggio m; (Richtung) direzione f; Kleidung: gala f; Stoff, Bart: pelo m; gegen den ~ contropelo, keinen ~ tun fig. non muovere un dito; das geht mir gegen den ~ questo non mi va affatto; e-n ~ durch die Rechnung machen scompigliare i progetti; j-n auf dem ~ haben aver qu. sulle corna; P auf den ~ gehen battere il marciapiede; **2.** 2 s. streichen.

Strich|**elchen** ['ʃtriçəlçən] n (6) lineetta f; 2**eln** ['-çəln] (29) tratteggiare; '~**punkt** m punto e virgola f; '~**regen** m pioggia f parziale; '~**vogel** m uccello m di passaggio; '2**weise** a tratti; ~ Regen piogge locali.

Strick [ʃtrik] m (3) corda f; (Fall2

laccio m; zum Hängen: capestro m; F (junger ~) sbarazzino m; '~**beutel** m borsa f da lavoro; '~**bluse** f camicetta f a maglia; '2**en** (25) **1.** v/i. fare la maglia; **2.** v/t. fare a maglia; Strümpfe: fare; ~**erei** [--'rai] f (16) (lavoro m di) maglia f; '~**leiter** f scala f di corda; '~**maschine** f macchina f per maglieria; '~**nadel** f ago m da maglia; ferro m da calza; '~**strumpf** m calza f a maglia; '~**ware** f maglieria f; '~**warenfabrik** f maglificio m; '~**zeug** n ferri m/pl. da maglia; maglierie f/pl.

Striegel ['ʃtri:gəl] m (7) striglia f; 2**n** (29) strigliare; fig. pulire.

Striem|**e** ['ʃtri:mə] f (15) livido m, striscia f livida; 2**ig** coperto di lividi.

strikt [ʃtrikt] **1.** adj. rigoroso; preciso; **2.** adv. strettamente.

Strippe ['ʃtripə] f (15) tirante m; (Bindfaden) spago m; F j-n an der ~ haben far filare qu.

stritt [ʃtrit] s. streiten.

strittig ['ʃtritiç] controverso.

Stroh [ʃtro:] n (3) paglia f; '~**blume** f elicriso m; '~**boden** m pagliaio m; '~**dach** n tetto m di paglia; '2**decke** f stoino m; '2**farben**, '2**farbig** paglierino m; '~**flasche** f fiasco m; '~**flechter** m impagliatore m, für Hüte: trecciaiolo m; '~**feuer** n fig. fuoco m di paglia; '~**geflecht** n impagliatino m; '2**gelb** paglierino m; '~**halm** m festuca f; '~**hut** m cappello m di paglia; '~**hütte** f capanna f di paglia; 2**ig** ['ʃtro:iç] di paglia; '~**kopf** F m imbecille m; '~**lager** n giaciglio m di paglia; '~**mann** m prestanome m; Spiel: morto m; '~**matte** f stoia f; '~**sack** m pagliericcio m; '~**schober** m, '~**schuppen** m pagliaio m; '~**stuhl** m sedia f impagliata; '~**witwe** f F vedova f d'occasione; '~**witwer** m vedovo m per alcuni giorni.

Strolch [ʃtrɔlç] m (3) vagabondo m; furfante m; '2**en** (25, sn) vagabondare; aggirarsi.

Strom [ʃtro:m] m (3³) corrente f (a. ⚡); nur ⚡ energia f; (Fluß) fiume m; Lava: colata f; fig. nur: torrente m; es regnet in Strömen piove a catinelle; 2**-ab**, 2**-abwärts** a valle; '~**abnehmer** ⚡ m collettore m; pantografo m; (Bürste) spazzola f; '~**aggregat** n gruppo m elettrogeno; 2-'auf, 2-'aufwärts a monte; '~bett n alveo m.

strömen ['ʃtrø:mən] (25, sn) scorrere; (gießen) diluviare; Menge: affluire; (aus~) sgorgare, scaturire; Regen: venir giù a catinelle.

Stromer ['ʃtro:mər] m (7) vagabondo m.

Strom|erzeuger ⚡ ['ʃtro:m⁹ɛrtsoʏgər] m generatore m; ~gebiet n bacino m d'un fiume; ~karte f carta f idrografica; ~kreis m circuito m elettrico; ~leiter m filo m conduttore, reoforo m; ~leitungsbügel m, ~leitungsschiene f sbarra f conduttrice; ~linienform ['-li:njənform] f linea f aerodinamica; 2linienförmig aerodinamico; ~messer m amperometro m; ~netz n rete f elettrica; ~polizei f polizia f fluviale; ~sammler m collettore m; ~schnelle f rapida f; ~stärke f intensità f di corrente, amperaggio m; ~steller m reostato m; ~stoß m colpo m di corrente.

Strömung ['ʃtrø:muŋ] f corrente f (a. fig.).

Strom|verbrauch ['ʃtro:mfɛrbraux] m consumo m di energia elettrica; ~versorgung f distribuzione f di energia elettrica; 2-weise a correnti; ~wender m invertitore m; ~zähler m contatore m dell'elettricità; ~zeiger m reoscopio m.

Strophe ['ʃtro:fə] f (15) strofa f.

strotzen ['ʃtrɔtsən] (27) abbondare; von Gesundheit ~ essere nel colmo della salute; F crepare di salute; ~d esuberante.

Strudel ['ʃtru:dəl] m (7) vortice m; Kochk. pasta f ripiena di mele usw.; 2n (29) girare.

Struktur [ʃtruk'tu:r] f (16) struttura f; 2ell [-tu'rɛl] strutturale.

Strumpf [ʃtrumpf] m (3³) calza f; '~band n legacciolo m; '~fabrik f calzificio m; '~gürtel m reggicalze m inv.; '~halter m giarrettiera f; '~waren f/pl. maglieria f/pl.

Strunk [ʃtruŋk] m (3³) torsolo m; (Baum2) tronco m.

struppig ['ʃtrupiç] ispido; 2keit f ispidezza f.

Strychnin [ʃtryç'ni:n] n (3¹, o. pl.) stricnina f.

Stube ['ʃtu:bə] f (15) camera f; gute ~ salotto m.

Stuben|älteste(r) ⚔ ['ʃtu:bən⁹ɛltəstə(r)] m (18) capocamera m; ~arrest m consegna f; ~fliege f mosca f; ~gelehrte(r) m erudito m; ~hocker m chi sta sempre in casa, F orso m; ~luft f aria f rinchiusa; ~mädchen n cameriera f; ~maler m decoratore m; 2rein (Tier) pulito.

Stuck [ʃtuk] m (3, o. pl.) stucco m.

Stück [ʃtyk] n (3, als Maß im pl. uv.) pezzo m; (Stoffballen) pezza f; pro ~ al pezzo; drei Mark das ~ tre marchi l'uno; ♩, Lit. brano m; Thea. dramma m, commedia f, allg. produzione f; Vieh: capo m; (Bruch2) frammento m; in allen ~en sempre; aus freien ~en spontaneamente; große ~e halten auf (ac.) fare gran conto di; F ein schönes ~ Geld un bel po' di danaro.

Stuck|arbeit ['ʃtuk⁹arbaıt] f stuccatura f; ~arbeiter m stuccatore m. Stück|arbeit ['ʃtyk⁹arbaıt] f lavoro m a cottimo; ~arbeiter(in f) m cottimista m u. f; ~chen n pezzettino m; 2eln (29) sminuzzare; '2en (25) rappezzare; '~fracht f, '~gut n (merci f/pl. a) piccola velocità f; merce f minuta; ~lohn m salario m a cottimo; '2weise pezzo per pezzo; brano per brano; al minuto; '~werk n lavoro m a racimolato; '~zahl f numero m dei pezzi; '~zoll m dazio m specifico.

Student|(in f) [ʃtu'dɛnt(in)] m (12) studente m u. f; ~en-austausch m scambio m di studenti; ~enheim n casa f dello studente; ~enjahre n/pl. anni m/pl. d'università; ~enschaft f associazione f studentesca; ~enverbindung f associazione f studentesca.

Studie ['ʃtu:djə] f (15) studio m; Mal. schizzo m; ~ndirektor m direttore m del collegio; ~nfach n materia f di studio; ~nfahrt f viaggio m di studi; ~ngang m andamento m degli studi; ~ngenosse m compagno m di studi; ~nrat m professore m di scuola media; ~nreise f viaggio m di studio.

studier|en [ʃtu'di:rən] studiare; fare gli studi superiori; ein studierter Mann un uomo colto; 2ende(r) m studente m; 2stübchen n studiolo m; 2zimmer n studio m. Stud|io ['ʃtu:djo] n (11) studio m;

laboratorio *m*; **~ium** ['-djum] *n* (9) studi *m/pl.*

Stufe ['ʃtu:fə] *f* (15) scalino *m*; gradino *m*; *Gram. u. Rang:* grado *m*; ⚒ campione *m* di minerale; *(Raketen⚒)* stadio *m*; *fig.* livello *m*.

Stufen|folge ['ʃtu:fənfɔlgə] *f* scalinata *f*; scala *f*; *fig.* gradazione *f*; **~leiter** *f* scala *f*; *fig.* gradazione *f*; **~reihe** *f* scalinata *f*; *fig.* gradazione *f*; ⚒**weise** grad(u)atamente.

Stuhl [ʃtu:l] *m* (3³) sedia *f*; seggiola *f*; *Heiliger ~* Santa Sede *f*; '**~flechter** *m* impagliatore *m*; '**~gang** *m* evacuazione *f* di corpo; *keinen ~ haben* non andar di corpo; '**~lehne** *f* spalliera *f*; '**~schlitten** *m* slitta *f* a seggiola; '**~verstopfung** *f* 💊 costipazione *f*; '**~zäpfchen** *n* supposta *f*; '**~zwang** *m* tenesmo *m*.

Stukka|teur [ʃtuka'tø:r] *m* (3¹) stuccatore *m*; **~tur** [--'tu:r] *f* stuccatura *f*.

Stulle F ['ʃtulə] *f* (15) fetta *f* di pane con burro *usw.*

Stulpe ['ʃtulpə] *f* (15) *Kleider:* risvolta *f*; *(Manschette)* polsino *m*.

stülpen ['ʃtylpən] (25) *(um~)* rovesciare; *(auf~, über~)* mettere.

Stülpnase ['ʃtylpna:zə] *f* (15) naso *m* rincagnato.

stumm [ʃtum] muto; *fig.* silenzioso; *~ werden* ammutolire.

Stummel ['ʃtuməl] *m* (7) mozzicone *m*; *eines Gliedes:* troncone *m*; *(Arm⚒)* moncherino *m*.

Stummheit ['ʃtumhaɪt] *f* (16, *o. pl.*) mutezza *f*.

Stümper ['ʃtympər] *m* (7) acciarpone *m*; acciabattone *m*; ⚒ strimpellatore *m*; **~ei** [--'raɪ] *f* (16) acciarpamento *m*; ⚒ strimpellatura *f*; ⚒**haft** malfatto; acciabattato; ⚒**n** (29) acciarpare; ⚒ strimpellare.

Stumpf [ʃtumpf] **1.** *m* (3³) mozzicone *m*; *e-s Baumes, e-s Gliedes:* troncone *m*; tronco *m*; *(Arm⚒)* moncherino *m*; **2.** ⚒ ottuso *(a. fig.)*; *Bleistift:* spuntato; *(gefühllos)* apatico; *Kegel:* tronco; *~es Messer n* coltello *m* che non taglia; '**~eckig** ottusangolo; '⚒**heit** *f* ottusità *f*; apatia *f*; '⚒**nase** *f* naso *m* camuso; '**~nasig** camuso; '⚒**sinn** *m* stupidità *f*; stupidaggine *f*; '**~sinnig** stupido; ebete; '**~winklig** ottusangolo.

Stunde ['ʃtundə] *f* (15) ora *f*; *(Lehr⚒)* lezione *f*; *zur ~* per il momento; *zu jeder ~* a qualunque ora.

stunden ['ʃtundən] (26) concedere una proroga.

Stunden|geschwindigkeit ['ʃtundəngəʃvindiçkaɪt] *f* velocità *f* oraria; **~glas** *n* clessidra *f*; **~kilometer** *m* chilometro *m* orario; ⚒**lang 1.** *adj.* che dura ore ed ore; **2.** *adv.* per ore intere; **~lohn** *m* salario *m* orario; **~plan** *m* orario *m* (delle lezioni); ⚒**weise** ad ore; a lezioni; **~zeiger** *m* lancetta *f* delle ore.

...stündig di un'ora; *in Zssgn:* di ... ore; *zweistündig* di due ore.

Stünd|lein ['ʃtyntlaɪn] *n* (6): *das letzte ~* l'ultima *f* ora; ⚒**lich** ['-liç] **1.** *adj.* che si fa ogni ora; **2.** *adv.* ogni ora; ora per ora.

Stundung ['ʃtunduŋ] *f* proroga *f*, dilazione *f*, mora *f*.

Stunk [ʃtuŋk] *m* (3¹, *o. pl.*) baruffa *f*; scandalo *m*.

stupide [ʃtu'pi:də] stupido.

Stupsnase ['ʃtupsna:zə] *f* (15) naso *m* rincagnato. [dura.]

stur [ʃtu:r] testardo, F dalla testa

Sturm [ʃturm] *m* (3³) tempesta *f*, burrasca *f*; *der Leidenschaften:* tumulto *m*; *des Beifalls:* uragano *m*; ⚔ assalto *m*; *~ laufen gegen* dare l'assalto a; *~ läuten* sonare a stormo; '**~abteilung** *f* reparto *m* d'assalto; '**~angriff** *m* assalto *m*; '**~bock** *m* ariete *m*; '**~boot** *n* lancia *f* d'assalto.

stürm|en ['ʃtyrmən] (25) **1.** *v/i.* (*a. sn*) infuriare; *es stürmt* c'è burrasca; *fig.* precipitarsi; **2.** *v/t.* dare l'assalto a; *(er~)* prendere d'assalto a; *e-e Tür:* forzare; ⚒**er** *m* (7) testa *f* calda; *Sport:* attaccante *m*.

Sturm|flut ['ʃturmflu:t] *f* mareggiata *f*; marea *f* colma; '**~glocke** *f*: *die ~ läuten* sonare a stormo; '**~haube** *f* barbuta *f*.

stürmisch ['ʃtyrmiʃ] tempestoso; *Beifall:* vibrante, frenetico; *Personen:* impetuoso.

Sturm|kolonne ['ʃturmkolɔnə] *f* colonna *f* d'assalto; '**~laufen** *n* assalto *m*; '**~leiter** *f* scala *f* d'assalto; '**~möwe** *f* gavina *f*; '**~riemen** *m* sottogola *m*; '**~schritt** *m* passo *m* di carica; '**~signal** *n* ⚔ segnale *m* d'assalto; '**~truppen** *f/pl.* truppe *f/pl.* d'assalto; '**~vogel** *m* procellaria *f*; '**~wind** *m* bufera *f*.

Sturz [ʃturts] *m* (3² u. ³) caduta *f*; ⚠ crollo *m*; '**~acker** *m* campo *m* dissodato; '**~bach** *m* torrente *m*; '**~bad** *n* doccia *f*.

Stürze ['ʃtyrtsə] *f* (15) coperchio *m*.

stürzen ['ʃtyrtsən] (27) **1.** *v/t.* precipitare; (*um.*) rovesciare (*a. fig.*), ribaltare; *ins Elend:* piombare; *die Kasse:* riscontrare; *die Regierung* ~ rovesciare il governo; **2.** *v/refl.:* sich ~ precipitarsi (*aus dem Fenster* dalla finestra); F buttarsi; *sich* ~ *auf* lanciarsi su; balzare su; *sich in Gefahr* ~ esporsi al pericolo; *sich in Schulden* ~ impelagarsi nei debiti; **3.** *v/i.* (*sn*) cadere; (*eilen*) precipitare.

Sturz|flug ['ʃturtsfluːk] *m* ✈ picchiata *f*, volo *m* a picco; **~güter** *n/pl.* carico *m* alla rinfusa; **~helm** *m* casco *m*; **~see** *f*, **~welle** *f* mareggiata *f*.

Stuß F [ʃtus] *m* (4, *o. pl.*) sciocchezze *f/pl.*

Stute ['ʃtuːtə] *f* (15) cavalla *f*; **~n- füllen** *n* puledra *f*.

Stütz... ['ʃtyts...]: ⊕ *in Zssgn* di sostegno *od. in Zssgn* di rinforzo; **~balken** *m* trave *f* di sostegno.

Stutz|bart ['ʃtutsbaːrt] *m* barbetta *f*; **~degen** *m* spadino *m*.

Stütze ['ʃtytsə] *f* (15) sostegno *m*; supporto *m*; *fig.* appoggio *m*, aiuto *m*.

stutzen ['ʃtutsən] **1.** (27): **a)** *v/t.* raccorciare; *Flügel:* tarpare; *Bäume:* svettare; *Ohren:* tagliare; *Haare:* spuntare; **b)** *v/i.* restar sorpreso, rimanere perplesso; **2.** ♀ *m* (6) ⚔ carabina *f*; ⊕ manicotto *m*; tubo *m*.

stützen ['ʃtytsən] (27) sostenere; *Mauer:* puntellare; *auf et.:* appoggiare; *sich* ~ *fig.* basarsi, fondarsi.

Stutzer ['ʃtutsər] *m* (7) bellimbusto *m*, F gagà *m*; ♀**haft** elegantone, F da gagà.

Stutzflügel ['ʃtutsflyːgəl] ♪ *m* pianoforte *m* a mezza coda.

stutzig ['ʃtutsiç] sorpreso; ~ *machen* mettere in sospetto; ~ *werden* adombrarsi.

Stütz|mauer ['ʃtytsmauər] *f* muro *m* di sostegno; **~punkt** *m* punto *m* d'appoggio; ⚔ caposaldo *m*; base *f*.

subaltern [zupˈalˈtɛrn] subalterno.

Subjekt [-ˈjɛkt] *n* (3) soggetto *m*; ♀**iv** [-ˈtiːf] soggettivo, **~ivität** [--tivi- ˈtɛːt] *f* soggettività *f*.

subkutan [zupkuˈtaːn] sotto-cutaneo, subcutaneo.

Sublimat [-liˈmaːt] *n* (3) sublimato *m*.

Subskrib|ent [-skriˈbɛnt] *m* (12) sottoscrittore *m*; ♀**ieren** sotto-scrivere.

Subskription [--tsˈjoːn] *f* sottoscrizione *f*.

subst|antiell [-stantsˈjɛl] sostanziale; ♀**antiv** [-stanˈtiːf] *n* (3¹) sostantivo *m*; ♀**anz** [-ˈstants] *f* (16) sostanza *f*.

subtil [-ˈtiːl] sottile.

Subtr|ahend [-traˈhɛnt] *m* (12) sottraendo *m*; ♀**ahieren** [--ˈhiːrən] sottrarre; **~aktion** [-traktsˈjoːn] *f* sottrazione *f*.

Subvention [-vɛntsˈjoːn] *f* sovvenzione *f*; ♀**ieren** sovvenzionare.

Such|e ['zuːxə] *f* (15) cerca *f*; *auf der* ~ *nach* in cerca di; ♀**en** (25) cercare (*nach j-m* di qu.); *was hast du hier zu* ~? che hai da fare qui?; *das Weite* ~ prendere il largo; *s. gesucht*; **~er** *m* (7) cercatore *m*; *Phot.* mirino *m*.

Sucht [zuxt] *f* (14¹) mania *f*; passione *f* (*nach dat. per*); avidità *f* (di).

süchtig ['zyçtiç] tossicomane.

Sud [zuːt] *m* (3) cotta *f*.

Süd... ['zyːt...]: *in Zssgn* meridionale, del sud; **~afrikaner(in** *f*) *m* ['zyːˈʔafriˈkaːnər(in)], ♀**-afrikanisch** sudafricano (-a) *m* (*f*); **~amerikaner(in** *f*) *m* ['-ʔameriˈkaːnər (-in)], ♀**-amerikanisch** sudamericano (-a) *m* (*f*).

Sud|elei [zuːdəˈlaɪ] *f* F sudiceria *f*; (*Pfuscherei*) acciarpamento *m*; *schriftlich:* scarabocchi *m/pl.*; ♀**eln** (29) pasticciare; scarabocchiare.

Süd|en ['zyːdən] *m* (6) sud *m*; meridione *m*; **~früchte** *f/pl.* frutta *f/pl.* del mezzogiorno; *Apfelsinen, Zitronen usw.:* agrumi *m/pl.*; **~italiener (-in** *f*) *m* ['-ʔitalˈjeːnər(in)], ♀**-italienisch** italiano (-a) *f* del sud; *in Italien:* meridionale *m u. f*; **~küste** *f* costa *f* meridionale; **~län-der(in** *f*) *m* ['-lɛndər(in)] *m* (7), ♀**ländisch** meridionale *m u. f*.

Sudler ['zuːdlər] *m* (7) *Mal.* imbrattatele *m*.

südlich ['zyːtliç] **1.** *adj.* del sud; meridionale; **2.** *adv.* al sud.

Süd-'osten *m* sud-est *m*; ♀**-'östlich 1.** *adj.* dal (del) sud-est; **2.** *adv.* al

sud-est di; **~'ostwind** m scirocco m; **'~pol** m polo m sud (od. antartico); **'~see** f Mare m del Sud; **'2-wärts** verso mezzogiorno; **~'westen** m sud-ovest m; **2'westlich 1.** adj. dal (del) sud-ovest; **2. adv.** al sud-ovest di; **~'westwind** m libeccio m, **~wind** m vento m dal sud.

Suff P [zuf] m (3, o. pl.) sbornia f, sbronza f; **im ~** nella sbornia, sbronzo.

süffig ['zyfiç] Wein: piacevole.

Suffix Gram. [zu'fiks] n (3²) suffisso m.

sugg|erieren [zuge'ri:rən] suggerire; **2estion** [-gɛst'jo:n] f suggestione f; **~es'tiv** suggestivo.

Sühn... ['zy:n...]: in Zssgn espiatorio; **~altar** m altare m espiatorio.

Sühn|e ['zy:nə] f (15) espiazione f; **~emaßnahmen** f/pl. sanzioni f/pl.; **2en** (25) espiare; **~eversuch** ⚖ m tentativo m di conciliazione; **~opfer** n olocausto m; **~ung** f espiazione f.

Suite [svi:t] f (15) fuga f; ✕ seguito m.

sukzessiv [zuktse'si:f] successivo.

Sulf|at [zul'fa:t] n (3) solfato m; **~id** [-'fi:t] n (3) solfito m.

Sultan ['zulta:n] m (3¹) sultano m.

Sülze ['zyltsə] f (15) galantina f (di carne).

summarisch [zu'ma:riʃ] sommario.

Sümmchen ['zymçən] n (6): ein nettes ~ una bella sommetta f.

Summ|e ['zumə] f (15) somma f; **2en** (25) ronzare; ⊕ cantare; **~en** n (6) ronzio m; **~er** m (7) Radio: vibratore m.

summieren [zu'mi:rən] addizionare; sich ~ accumularsi.

Sumpf [zumpf] m (3³) palude f; kleinerer ~ u. fig.: pantano m; **'~boden** m terreno m paludoso; **'2en** F gozzovigliare; **'~fieber** n febbre f malarica (od. palustre); **'~gegend** f regione f paludosa; **'~gras** n gerba f; **'2ig** paludoso; **'~pflanze** f pianta f palustre.

sumsen ['zumzən] (27) ronzare.

Sund [zunt] m (3) stretto m.

Sünde ['zyndə] f (15) peccato m.

Sünden|bock ['zyndənbɔk] m capro m espiatorio; **'~fall** m peccato m originale; **~register** n lista f dei peccati.

Sünder(in f) m ['zyndər(in)] (7) peccatore (-trice) m (f).

sündhaft ['zynthaft] peccaminoso; Personen: pieno di peccati; **~** teuer estremamente caro; **2igkeit** f peccaminosità f.

sündig ['zyndiç] peccaminoso; **~en** ['--gən] (25) peccare.

Super|dividende ['zu:pərdividendə] f extradividendo m; **2fein** sopraffino; **~intendent** ['--ʔintendɛnt] m soprintendente m; **2klug** saccente; **~lativ** ['--lati:f] m superlativo m; **2markt** m supermercato m; **~oxyd** n perossido m; **~phosphat** n superfosfato m.

Suppe ['zupə] f (15) minestra f; mit Brot, dicke ~: zuppa f; minestrone m; j-m e-e schöne ~ einbrocken mettere qu. in un bell'impiccio; j-m die ~ versalzen guastare i piani a qu.

Suppen|fleisch ['zupənflaiʃ] n carne f da brodo; lesso m; **2grün** n verdura f da minestra; **~kelle** f, **~löffel** m cucchiaione m; **~kraut** n ortaggi m/pl.; **~schüssel** f zuppiera f; **~teller** m piatto m fondo; **~terrine** f zuppiera f; **~würfel** m dado m per minestra.

Surrealismus [syrea'lismus] m surrealismo m.

surren ['zurən] (25) sussurrare; Insekten: ronzare.

Surrogat [zuro'ga:t] n (3) surrogato m.

suspendier|en [zuspɛn'di:rən] sospendere (vom Amt dalla carica); **2ung** f sospensione f.

süß [zy:s] dolce; fig. a. soave; Wein: abboccato; **2e** f (15, o. pl.) dolcezza f; **~en** (25) indolcire; dolcificare; (in)zuccherare; **2holz** n liquorizia f; **~** raspeln fare il cascamorto; **'2igkeit** f dolcezza f; **~en** pl. dolciumi m/pl.; **'~lich** dolciastro; fig. sdolcinato; **2lichkeit** f sdolcinatezza f; **2maul** n ghiottoncello m; **'~sauer** agrodolce; **'2speise** f dolce m; **'2stoff** m dolcificante m; saccarina f; **2wasser** n acqua f dolce; **'2wasserfisch** m pesce m d'acqua dolce; **'2wein** m vino m dolce.

Sweater ['sve:tər] m (7) maglione m.

Symbiose [zymb'jo:zə] f (15) simbiosi f.

Symbol [zym'bo:l] n (3¹) simbolo m;

~ik [-'bo:lik] f simbolismo m;
2isch [-'bo:liʃ] simbolico; **2isieren**
[--li'zi:rən] simboleggiare; **~i'sierung** f simboleggiamento m.
Symm|etrie [-me'tri:] f (15) sim-
metria f; **2etrisch** [-'me:triʃ] sim-
metrico.
Symp|athie [-pa'ti:] f (15) simpatia
f; **~a'thiestreik** m sciopero m di
solidarietà; **2athisch** [-'pa:tiʃ]
simpatico; **2athisieren** [-pati-
'zi:rən] simpatizzare.
Symph|onie [-fo'ni:] f (15) sinfonia
f; **~o'nie-orchester** n orchestra f
sinfonica; **2onisch** [-'fo:niʃ] sinfo-
nico.
Symptom [-p'to:m] n (3¹) sintomo
m; **2atisch** [--'ma:tiʃ] sintomatico.
Synagoge [zyna'go:gə] f (15) sinagoga f.
synchron [zyn'kro:n] sincrono; **2-
getriebe** n Kfz. (ingranaggio m)
sincronizzatore m.
synchronisier|en [zynkroni'zi:rən]

sincronizzare; Film a.: doppiare;
2ung f sincronizzazione f; Film a.:
doppiaggio m.
Syndik|at [zyndi'ka:t] n (3) sinda-
cato m; **~us** ['--kus] m (14²)
sindaco m.
Synod|e [-'no:də] f (15) sinodo m;
2al [--'da:l] sinodale.
Synonym [--'ny:m] n (3¹) sinonimo
m.
Syntax ['zyntaks] f (16) sintassi f.
Synth|ese [-'te:zə] f (15) sintesi f;
2'etisch sintetico.
Syphilis ['zy:filis] f (16, o. pl.)
sifilide f.
System [zys'te:m] n (3¹) sistema m;
2atisch [--'ma:tiʃ] sistematico; **2a-
ti'sieren** sistematizzare.
Szen|e ['stse:nə] f (15) scena f;
(Streit) scenata f; in ~ setzen mettere in scena, fig. inscenare; **~en-
wechsel** m cambio m di scena; **~e-
rie** [--'ri:] f (15) scena f; Mal.
panorama m; **2isch** scenico.

S

T

T, t [te:] *n uv.* T, t *m u. f.*

Tabak ['ta:bak] *m* (3) tabacco *m; fig. das ist starker* ~ questa è forte; **~bau** *m* cultura *f* del tabacco; **~fabrik** *f* manifattura *f* del tabacco; **♀farben** color avana; **~händler** *m* tabaccaio *m;* **~laden** *m* spaccio *m* (*od.* rivendita *f*) di tabacchi; **~monopol** *n* monopolio *m* del tabacco; **~raucher** *m* fumatore *m* di tabacco; **~sbeutel** *m* borsa *f* da tabacco; **~sdose** *f* tabacchiera *f;* **~spfeife** *f* pipa *f;* **~steuer** *f* imposta *f* sul tabacco.

tabell|arisch [tabe'la:riʃ] sinottico, in forma di tabella; **♀e** [-'--lə] *f* (15) tabella *f;* grafico *m.*

Tabernakel [tabɛr'na:kəl] *n u. m* (7) tabernacolo *m.*

Tablett [-'blet] *n* (3) vassoio *m;* **~e** *f* (15) *Apoth.* compressa *f.*

tabu [ta'bu:] *adj.,* **♀** *n* (11) tabù *adj. u. m.*

Tachometer [-xo'me:tər] *n* (7) tachimetro *m.*

Tadel ['ta:dəl] *m* (7) biasimo *m;* (*Fehler*) difetto *m;* **♀los** inappuntabile, irreprensibile; impeccabile; *Ware:* senza difetto; *allg.* eccellente; **~losigkeit** *f* irreprensibilità *f;* **♀n** (29) biasimare; criticare (*wegen gen.* per); (*rügen*) riprendere, rimproverare; **♀nswert** ['--nsve:rt] biasimevole; **~sucht** *f* mania *f* di criticare; **♀süchtig** criticone; **~s-votum** *n* (9) voto *m* di biasimo.

Tafel ['ta:fəl] *f* (15) (*Holz♀*) tavola *f;* (*Stein♀*) lastra *f;* (*Schiefer♀*) lavagna *f; Schokolade:* tavoletta *f;* (*langer Tisch*) mensa *f;* offene ~ tavola *f* bandita; **~aufsatz** *m* trionfo *m* da tavola; **~bild** *n* tavola *f;* **~butter** *f* burro *m* da tavola; **~geschirr** *n* servizio *m* da tavola; vasellame *m;* **~land** *n* altipiano *m.*

tafeln ['ta:fəln] (29) banchettare, pranzare.

täfeln ['te:fəln] (29) intavolare; rivestire di legno.

Tafel|obst ['ta:fəlʔo:pst] *n* frutta *f* da tavola; **~runde** *f* tavola *f* rotonda; *commensali m/pl.;* **~tuch** *n* tovaglia *f.*

Täfelung ['te:fəluŋ] *f* rivestimento *m* in legno; intavolato *m.*

Tafelwein ['ta:fəlvaɪn] *m* vino *m* da pasto.

Taft [taft] *m* (3) taffetà *m.*

Tag [ta:k] *m* (3) giorno *m; Dauer, Vorkommnisse:* giornata *f; bei* ~ di giorno; *am hellen* ~ in pieno giorno; **♃** *unter* ~e sottoterra, nel sottosuolo; *über* ~ in superficie; *a cielo aperto; am* ~e *vor* la vigilia di; *am* ~e *nach* l'indomani di; *eines* ~es un giorno; *früh am* ~e di buon mattino; *den lieben langen* ~ tutto il santo giorno; *an den* ~ *kommen* (*bringen*) venire (portare) alla luce; *an den* ~ *legen* manifestare; *in den* ~ *hinein leben* vivere alla giornata; **♃** *zu* ~e *fördern* estrarre; *allg.* produrre; ~ *für* ~ giorno per giorno; *dieser* ~e uno di questi giorni; **♀-'aus**, **♀-'ein** giorno per giorno, tutti i santi giorni.

Tage|bau **♃** ['-gəbau] *m* lavoro *m* a cielo aperto; **~blatt** *n* giornale *m;* **~buch** *n* diario *m;* **~dieb** *m* perdigiorno *m;* **~geld** *n* giornata *f;* **~gelder** ['--gɛldər] *pl.* diaria *f;* **~lang** per giornate intere; per diversi giorni; **~lohn** *m* (salario *m* d'una) giornata *f;* **~löhner** ['--lø:nər] *m* (7) giornaliero *m;* **♀löhnern** (29) lavorare a giornata; **~marsch** *m* giornata *f* (di marcia).

tagen ['ta:gən] (25) tener seduta; deliberare; *unpers.:* es tagt si fa giorno.

Tages... ['-gəs...]: *in Zssgn oft* del giorno, giornaliero; **~anbruch** *m: bei* ~ sul fare (*od.* sullo spuntare) del giorno; **~angabe** *f* data *f;* **~befehl** *m* ordine *m* del giorno; **~bericht** *m* rapporto *m* del giorno; **~dienst** *m* servizio *m* diurno; **~einnahme** *f* introito *m* giornaliero; **~frage** *f* questione *f* del giorno; **~gespräch** *n* tema *m* del giorno; **~kasse** *f* Thea. cassa *f* diurna; **~kurs** *m* cambio *m* della giornata; **~leistung** *f* rendimento *m* giornaliero; **~licht** *n* luce *f* del giorno; **~ordnung** *f* ordine *m* del giorno; programma *m* di lavoro; **~presse** *f* stampa *f* quotidiana; **~schau** *f* (*Fernsehen*) telegiornale *m*; **~vorstellung** *f* rappresentazione *f* diurna; **~zeit** *f* ora *f* del giorno; **~zeitung** *f* (giornale *m*) quotidiano *m*.

tage|weise ['-gəvaizə] a giornate; 2-**werk** *n* giornata *f*.

...tägig in *Zssgn*: di ... giorni, *z.B.* viertägig di quattro giorni.

täglich ['tɛːkliç] **1.** *adj.* giornaliero; diurno; (*all.*) quotidiano; **2.** *adv.* giornalmente; ogni giorno; zweimal ~ due volte al giorno.

tags [taːks]: ~ *darauf* all'indomani; ~ zuvor il giorno prima; **~über** durante la giornata, di giorno.

tag|täglich ['taːk'tɛːkliç] quotidiano; *adv.* ogni giorno; tutti i santi giorni; 2-**undnachtgleiche** [-ʔunt-'naxtglaıçə] *f* equinozio *m*.

Tagung ['taːgʊŋ] *f* (16) congresso *m*, riunione *f*; sessione *f*; **~steilnehmer** *m* congressista *m*.

Taifun [taı'fuːn] *m* (3¹) tifone *m*.

Taille ['taljə] *f* (15) vita *f*.

Takel|age [taːkə'laːʒə] *f* (15), **~werk** *n* attrezzatura *f*; '2n (29) attrezzare.

Takt [takt] *m* (3) battuta *f*; (*Rhythmus*) tempo *m*; *fig.* tatto *m*; '2**fest** fermo al tempo; '~**gefühl** *n* tatto *m*; delicatezza *f*, discrezione *f*; 2'**ieren** *fig.* fare della battuta; '~**ik** *f* tattica *f*; '~**iker** *m*, 2**isch** tattico *m u. adj.*; '2**los** senza tatto; '~**losigkeit** *f* mancanza *f* di tatto; indelicatezza *f*; '2**mäßig** in tempo, cadenzato; '~**messer** *m* metronomo *m*; '~**schritt** *m* passo *m* cadenzato; '~**stock** *m* bacchetta *f*; '2**voll** delicato, discreto, pieno di tatto.

Tal [taːl] *n* (1²; *poet.* a. 3) valle *f*; 2'**abwärts** a valle.

Talar [ta'laːr] *m* (3¹) talare *m*.

tal|aufwärts [taːl'ʔaufverts] a monte; '2**bewohner** *m* valligiano *m*; '2**boden** *m* fondovalle *m*; '2**-ebene** *f* vallata *f*; '2**-enge** *f* chiusa *f*.

Talent [ta'lɛnt] *n* (3) talento *m*; ~ zu et. disposizione *f* a qc.; 2'**iert** pieno di talento; 2**los** privo d'ingegno; 2**voll** pieno d'ingegno.

Taler ['taːlər] *m* (7) tallero *m*.

Talfahrt ['taːlfaːrt] *f* corsa *f*

(*od.* percorso *m*) in discesa; discesa *f*.

Talg [talk] *m* (3) sego *m*; '2-**artig** sebaceo; '~**drüse** *f* glandola *f* sebacea; 2**ig** ['-giç] segoso; '~**licht** *n* candela *f* di sego.

Talgrund ['taːlgrunt] *m* fondo *m* della valle.

Talisman ['taːlisman] *m* (3¹) portafortuna *m inv.*

Talk [talk] *m* (3, *o. pl.*) Min. talco *m*; '~**erde** *f* magnesia *f*.

Talkessel ['taːlkɛsəl] *m* vallata *f*.

Talmi ['talmi] *n* (11, *o. pl.*) talmi *m*, similoro *m*.

Tal|schlucht ['taːlʃluxt] *f* gola *f*, burrone *m*; '~**sohle** *f* fondo *m* della valle; '~**sperre** *f* diga *f* (di sbarramento); '~**station** *f* stazione *f* a valle; '~**überführung** *f* viadotto *m*; 2**wärts** a valle.

Tamar|inde [tama'rində] *f* (15), **~indensaft** *m* tamarindo *m*; '~**iske** *f* (15) tamerice *f*.

Tamburin [tambu'riːn] *n* (3¹) tamburello *m*.

Tampon [tam'põ] *m* (11) tampone *m*; 2'**ieren** tamponare.

Tamtam F [tam'tam] *n* (11) gran chiasso *m*; pubblicità *f* esagerata.

Tand [tant] *m* (3, *o. pl.*) fronzoli *m|pl.*, gingilli *m|pl.*

Tänd|elei [tɛndə'laı] *f* (16) giochetto *m*; *fig.* flirt *m*, amoreggiamento *m*; '2**eln** (29) giocare; perdere il tempo; (*lieben*) amoreggiare.

Tandem ['tandɛm] *n* (11) tandem *m*.

Tang ♀ [taŋ] *m* (3) fuco *m*.

Tangente ⚠ [-'gɛntə] *f* (15) tangente *f*.

Tank [taŋk] *m* (11) (*Behälter*) serbatoio *m*; ⚔ carro *m* armato; '~**-abwehrgeschütz** *n* cannone *m* anticarro; '2**en** (25) fare benzina; *voll~* fare il pieno; '~**er** *m* petroliera *f*; = '~**schiff** *n* nave *f* cisterna; '~**stelle** *f* posto *m* di rifornimento; '2**wagen** *m* 🚃 vagone *m* cisterna; *Auto:* autocisterna *f*, autobotte *f*; '~**wart** *m* addetto *m* al (posto di) rifornimento; F benzinaro *m*.

Tann|e ['tanə] *f* (15) abete *m*; **~enbaum** *m*, **~enholz** *n* abete *m*; **~ennadel** *f* foglia *f* d'abete; **~enzapfen** *m* pi(g)na *f*.

Tannin [ta'niːn] *n* tannino *m*; 2**haltig** tannico.

Tantalusqualen ['tantaluskvɑːlən] f/pl. supplizio m di Tantalo.

Tante ['tantə] f (15) zia f.

Tantieme [tant'jeːmə] f (15) percentuale f.

Tanz [tants] m (3² u. ³) ballo m, danza f; '~abend m serata f danzante; '♀bar¹ ballabile; '~bar² f locale m da ballo; '~bär m orso m ballerino.

tänzeln ['tɛntsəln] (29, h. u. sn) ballonzolare.

tanzen ['tantsən] (27, h. u. sn) ballare; Ballett: danzare.

Tänzer(in f) ['tɛntsər(in)] m (7) ballerino (-a) m (f).

Tanz|fest ['tantsfɛst] n festa f da ballo; ~fläche f pista f da ballo; ~gesellschaft f circolo m danzante; ~kunst f coreografia f; ~lehrer m maestro m di ballo; ~lied n ballabile m; ~lokal n locale m da ballo; ~musik f musica f da ballo; ~saal m sala f da ballo; ~schlager m ballabile m; ~schritt m passo m; ~stunde f lezione f di ballo; ~tee m tè m danzante; ~veranstaltung f festa f danzante.

Tapet [ta'peːt] n: fig. et. aufs ~ bringen intavolare qc.

Tapete [ta'peːtə] f (15) tappezzeria f; ~npapier n carta f da parato; ~ntür f porta f segreta.

tapezier|en [--'tsiːrən] tappezzare; ♀er m (7) tappezziere m.

tapfer ['tapfər] valoroso; ♀keit f valore m; coraggio m.

tappen ['tapən] (25) brancolare; camminare tentoni; ~ in (ac.) cascare in; ~d a tastoni.

täppisch ['tɛpiʃ] goffo.

Tara ['taːra] ✝ f (16²) tara f.

Tarantel Zo. [ta'rantəl] f (15) tarantola f.

Tarif [-'riːf] m (3¹) tariffa f; ~... in Zssgn oft: tariffario; ♀lich tariffario, tariffale; conforme alla tariffa; ~lohn m salario m secondo tariffa; ~partner m/pl. datori e prenditori m/pl. di lavoro; ~vertrag m convenzione f tariffale; contratto m collettivo di lavoro.

tarn|en ['tarnən] (25) ✕ camuffare, mascherare; ♀ung f camuffamento m, mascheramento m.

Täschchen ['tɛʃçən] n (6) taschino m; (Damen♀) borsetta f.

Tasche ['taʃə] f (15) tasca f; (Reise♀, Geld♀) borsa f; (Akten♀) cartella f.

Taschen... ['taʃən...]: in Zssgn oft tascabile, portatile; ~apotheke f farmacia f portatile; ~ausgabe f edizione f tascabile; ~buch n libro m tascabile; ~dieb m borsaiolo m; ~diebstahl m borseggio m; ~format n formato m tascabile; ~geld n denaro m per le spese minute; ~kalender m agenda f; taccuino m; ~kamm m pettinino m; ~krebs m paguro m; ~lampe f lampadina f tascabile; ~messer n temperino m; ~spiel n gioco m di prestigio; ~spieler m prestigiatore m; ~spiele-rei f prestidigitazione f; ~tuch n fazzoletto m; ~uhr f orologio m da tasca; ~wörterbuch n dizionario m tascabile.

Tasse ['tasə] f (15) tazza f; chicchera f; F fig. nicht alle ~n im Schrank haben non avere il cervello a posto.

Tast|atur [tasta'tuːr] f (16) tastiera f; '~e f (15) tasto m; '♀en (26) tastare; nach et. ~ stendere la mano per toccare qc.; '♀end a tastoni; '~er m (7) ⊕ compasso m; ⚡ manipolatore m; Zo. tentacolo m; '~sinn m (senso m del) tatto m.

Tat [taːt] **1.** f (16) fatto m; (Handlung) azione f; atto m; (Heldentat) gesta f/pl.; (Straf♀) delitto m; auf frischer ~ sul fatto; in der ~ infatti; **2.** ♀ s. tun; '~bestand m stato m di cose; fatti m/pl.; ⚖ fattispecie f.

täte ['tɛːtə] s. tun.

Taten|drang ['taːtəndraŋ] m, ~durst m spirito m d'azione; dinamismo m, iniziativa f, energia f; ♀durstig attivo, energico; ♀los inoperoso; inattivo; ~losigkeit f inattività f; ♀reich (ruhmreich) glorioso.

Täter ['tɛːtər] m (7) autore m; colpevole m; ~schaft f colpa f; colpevolezza f.

tätig ['tɛːtiç] attivo; (beschäftigt) occupato; ~ sn als fare il; ~en ['--gən] (25) effettuare; realizzare; ♀keit f attività f; (Beschäftigung) occupazione f; (Beruf) professione f; ♀keitswort n verbo m.

Tat|kraft ['taːtkraft] f energia f; ♀kräftig energico, effettivo.

tätlich ['tɛːtliç] con i fatti; ~ werden passare a vie di fatto; miteinander: venire alle mani; ♀keit f vie f/pl. di fatto.

tätowier|en [tɛto'viːrən] tatuare; **ℒung** f tatuaggio m.

Tat|mensch ['tɑːtmɛnʃ] m uomo m d'azione; **∼sache** f fatto m; **∼sachenbericht** m documentario m; **ℒ'sächlich 1.** adj. effettivo; reale, positivo; **2.** adv. realmente, veramente.

tätscheln ['tɛtʃəln] (29) carezzare.

Tatterich F ['tatəriç] m (3, o. pl.) tremito m (senile).

Tattersall ['--zal] m (11) cavallerizza f.

Tatze ['tatsə] f (15) branca f, zampa f; **∼hieb** m brancata f, zampata f.

Tau [tau]: **a)** n (3) cavo m, fune f; canapo m, gomena f; **b)** m (3, o. pl.) rugiada f.

taub [taup] sordo; (leer) vuoto; (starr) intormentito; **∼** machen assordare; **sich ∼ stellen** fingersi (od. fare il) sordo.

Taube ['taubə] f (15) piccione m, colomba f.

Tauben|haus ['taubənhaus] n piccionaia f; **∼schießen** n tiro m al piccione; **∼schlag** m piccionaia f.

Tauber ['taubər] m (7), **Täuberich** ['tɔybəriç] m (3) colombo m.

Taub|heit ['tauphait] f sordità f; **∼nessel** ♀ f ortica f morta; **ℒstumm** sordomuto; **ℒstummen-anstalt** f istituto m per sordomuti.

Tauchboot ['tauxboːt] n sommergibile m; zur Erforschung von Meerestiefen: batiscafo m.

tauch|en ['tauxən] (25) **1.** v/i. tuffarsi; U-Boot: immergersi; (hervor∼) emergere; **2.** v/t. tuffare; in die Schüssel, das Tintenfaß usw.: intingere; **ℒ-ente** f smergo m; **ℒer** m (7) palombaro m; Zo. a.: tuffolino m; Sport: tuffo m; **ℒer-anzug** m scafandro m; **ℒerglocke** f campana f d'immersione; **∼fähig** sommergibile; **ℒfähigkeit** f sommergibilità f; **ℒgerät** n equipaggiamento m d'immersione; **ℒsieder** ['-ziːdər] m (7) ♨ bollitore m, scalda-acqua m inv. ad immersione; **ℒsport** m sport m subacqueo.

tauen ['tauən] (25, h. u. sn) Schnee: sgelare; Tau: cadere.

Tauende ⚓ ['-ʔɛndə] n cima f.

Tauf|akt ['tauf'ʔakt] m cerimonia f del battesimo; **∼becken** n fonte m battesimale; **∼e** f (15) battesimo m; **ℒen** (25) battezzare.

Täufer ['tɔyfər] m (7) battezzatore m; Johannes: Battista m.

Tauf|handlung ['taufhandluŋ] f (atto m del) battesimo m; **∼kapelle** f battistero m.

Täufling ['tɔyfliŋ] m (3¹) battezzando m.

Tauf|name ['taufnaːmə] m nome m di battesimo; **∼pate** m padrino m di battesimo; **∼patin** f madrina f di battesimo; **∼schein** m fede f (od. certificato m) di battesimo; **∼stein** m fonte m battesimale; **∼zeuge** m padrino m; **∼zeugin** f madrina f.

taug|en ['taugən] (25) valere; essere buono, servire (a qc.); **ℒenichts** m (4; sg. a. uv.) buono m a nulla; **∼lich** ['-kliç] buono; idoneo; ⚔ abile; **ℒlichkeit** f idoneità f.

tauig ['tauiç] rugiadoso.

Taumel ['tauməl] m (7) barcollamento m; (Schwindel) capogiro m; fig. delirio m; vortice m; (Trunkenheit) ebbrezza f; **ℒig** vacillante; **ℒn** (29, sn) barcollare.

Tausch [tauʃ] m (3²) (s)cambio m; **ℒen** (27) (s)cambiare; barattare.

täusch|en ['tɔyʃən] (27) ingannare; Erwartungen: deludere; **sich ∼** illudersi; **∼end** ingannevole; illusorio; Ähnlichkeit: sorprendente.

Tausch|geschäft ['tauʃgəʃɛft] n cambio m, baratto m; **∼handel** m traffico m di cambio; **∼händler** m barattatore m; (Trödler) rigattiere m.

Täuschung ['tɔyʃuŋ] f illusione f; (Betrug) inganno m; (Irrtum) equivoco m.

tausend ['tauzənt] **1.** adj. mille; etwa **∼** a un migliaio; **∼** und aber **∼** mille e mille; molte migliaia di; **2.** ℒ n (3¹) mille m; **3.** ℒ m: ei der **∼**! capperi!; **ℒer** m (7) biglietto m da mille; **∼erlei** ['--dər'lai] di mille specie; **∼fach, ∼fältig** ['--fɛltiç] mille volte tanto; **ℒfüßler** Zo. ['--fyːslər] m (7) millepiedi m, miriapodo m; **ℒ'güldenkraut** ♀ n centaurea f; **∼jährig** millenario; **ℒkünstler** m prestidigitatore m; stregone m; **∼mal** mille volte; **∼malig** ripetuto mille volte; **ℒsassa** ['--zasa:] F m (11) diavolo m d'un uomo; **ℒschön(chen)** ♀ ['--føːn (-çən)] n (3¹ [6]) pratolina f; **∼ste(r)** millesimo m; **ℒstel** n millesimo m.

Tau|werk ⚓ ['tauverk] n sartiame m; **∼wetter** n (tempo m di) sgelo m;

~ziehen n (6) *Sport*: tiro m alla corda; *fig.* tira e molla m.

Taxa|meter [taksaˈmeːtər] m (7) tassametro m; **~tor** [-ˈɑːtɔr] m (8¹) tassatore m.

Taxe [ˈtaksə] f (15) tassa f; tariffa f; (*Mietauto*) tassì m.

Taxi [ˈtaksi] n (11) tassì m; **~chauffeur** m tassista m; **~parkplatz** m stazionamento m tassì.

taxier|en [taˈksiːrən] tassare; (*veranschlagen*) valutare; **2ung** f tassazione f; valutazione f.

Taxusbaum [ˈtaksusbaum] m tasso m.

Taxwert [ˈtaksveːrt] m valore m di stima.

Techn|ik [ˈtɛçnik] f (16) tecnica f; (*Wissenschaft*) tecnologia f; (*Verfahren*) metodo m, procedimento m; **~iker** m (7) tecnico m; **~ikum** n politecnico m; **2isch** tecnico; **~olo-gie** f tecnologia f; **2oˈlogisch** tecnologico.

Techtelmechtel F [tɛçtəlˈmɛçtəl] n amoruccio m.

Teddybär [ˈtɛdibɛːr] m orsacchiotto m di stoffa.

Tee [teː] m (11) tè m; **~brett** n vassoio m; **~gebäck** n pasticcini m/pl. da tè; **~geschirr** n servizio m da tè; **~haube** f; **~wärmer** m copriteiera f; **~kanne** f teiera f; **~kessel** m vaso m da tè; **~löffel** m cucchiaino m; **~maschine** f macchinetta f da tè.

Teer [teːr] m (3) catrame m; **2en** (25) incatramare; **2ig** incatramato; **~jacke** F f marinaio m.

Teerose [ˈteːroːzə] f (15) rosa f tea.

Teer|pappe [ˈteːrpapə] f cartone m catramato; **~seife** f sapone m al catrame; **~tuch** n tela f catramata.

Tee|service [ˈteːzɛrviːs] n servizio m da tè; **~sieb** n colino m da tè; **~stube** f sala f (*od.* salone m) da tè; **~tasse** f tazza f da tè; **~wagen** m tavolino m da tè a rotelle; **~wasser** n acqua f per il tè.

Teich [taɪç] m (3) stagno m; (*Fisch2*) vivaio m; *über den großen ~ fahren* F *fig.* attraversare l'oceano.

Teig [taɪk] m (3) pasta f; **2ig** [ˈ-giç] pastoso; **~knetmaschine** f gramola f; **~messer** n radimadia f; **~mulde** f madia f; **~rolle** f spianatoio m; **~waren** f/pl. farinacei m/pl.; **~warenfabrik** f pastificio m.

Teil [taɪl] m u. n (3) parte f; porzione f; (*An2*) quota f; (*Bruch2*) frazione f, frammento m; ⊕ pezzo m; (*Zubehör*) accessorio m; *ein gut ~ di gran lunga; ich, für mein ~* io, per me; *sein ~ weghaben* aver avuto il fatto suo; *zum ~ in parte; ....: in Zssgn oft* parziale; **2bar** divisibile; **~barkeit** f divisibilità f; **~betrag** m acconto m, rata f; **~chen** [ˈ-çən] n (6) particella f; **2en** (25) dividere; (*ver~*) spartire; *Meinung*: condividere; **~er** Ⓐ m (7) divisore m; **~ergebnis** n risultato m parziale; **2haben** avere (prendere) parte; ✝ esservi interessato; **~haber** [ˈ-haːbər] m (7) associato m; socio m; **~haberschaft** f qualità f di socio; **2-haft**, **2haftig** partecipe (*gen.* di); **~nahme** [ˈ-naːmə] f (15) partecipazione f; *fig.* simpatia f; (*Mitgefühl*) compassione f; interessamento m; *an Arbeit:* cooperazione f; *an Verbrechen:* complicità f; **2nahmslos** indifferente; apatico; **~nahmslosigkeit** f indifferenza f; apatia f; **2nehmen** partecipare, prendere parte (*an dat.* a); (*anwesend sein*) assistere a; (*mitwirken*) collaborare a; **2nehmend** partecipe (*an* di); *fig.* (*mitleidsvoll*) compassionevole; (*liebevoll*) affettuoso; **~nehmer** m (7) partecipe m; ✝ associato m; *Fernspr.*: abbonato m; **~nehmerkarte** f tessera f di partecipazione.

teils [taɪls] in parte.

Teil|sendung [ˈtaɪlzɛnduŋ] f consegna f parziale; **~strecke** f sezione f di linea; *allg.* tratto m; **~strich** m retta f di graduazione.

Teilung [ˈ-luŋ] f divisione f; spartizione f; **~s-artikel** m articolo m partitivo; **~szahl** f dividendo m.

teil|weise [ˈtaɪlvaɪzə] parziale; (*zum Teil*) in parte; **2zahlung** f acconto m; rata f; rateazione f; pagamento m rateale (*od.* a rate).

Teint [tɛ̃] m (11) carnagione f.

T-Eisen [ˈteːʔaɪzən] n ferro m a T.

Tele|fon *usw. s.* **Telephon**; **~graf** *usw. s.* **Telegraph**.

Telegramm [teleˈgram] n (3¹) telegramma m; *ein ~ aufgeben* spedire un telegramma; **~adresse** f indirizzo m telegrafico; **~formular** n modulo m telegrafico; **~gebühr** f tassa f telegrafica.

T

Telegraph [--'graːf] m (12) telegrafo m; **~en-amt** n ufficio m telegrafico; **~enbau-abteilung** f reparto m costruzioni telegrafiche; **~enbeamte(r)** m telegrafista m; **~enleitung** f linea f del telegrafo; **~enschlüssel** m cifrario m; **~enstange** f palo m del telegrafo; **~ie** [--graˈfiː] f telegrafia f; **drahtlose** ~ radiotelegrafia f; **2'ieren** telegrafare; **2isch** telegrafico; adv. per telegrafo; **~ist(in** f) m (12) [---'fist(in)] telegrafista m u. f.

Tele|objektiv ['teːleʔɔpjɛktiːf] n teleobiettivo m; **~pathie** [telepaˈtiː] f telepatia f.

Telephon [--'foːn] n (3¹) telefono m; **~-amt** n ufficio m telefonico; **~-anruf** m chiamata f telefonica; **~-anschluß** m collegamento m alla rete telefonica, comunicazione f telefonica, guida f telefonica; **~buch** n elenco m telefonico, guida f telefonica; **~draht** m filo m telefonico; **~gespräch** n telefonata f, conversazione f telefonica; **2'ieren** telefonare; **2isch** telefonico; adv. per telefono; **~ist(in** f) m (12) [--fo'nist(in)] telefonista m u. f.; **~leitung** f linea f telefonica; **~münze** f gettone m; **~netz** n rete f telefonica; **~nummer** f numero m telefonico; **~stelle** f posto m telefonico; **~zelle** f cabina f telefonica; **~zentrale** f centralino m.

Teleskop [teles'koːp] n (3¹) telescopio m; **2isch** telescopico.

Teller ['tɛlər] m (7) piatto m; **tiefer** ~ piatto m fondo; **kleiner** ~ piattino m; ⊕ disco m; **~eisen** n tagliola f; **~wärmer** m scaldapiatti m; **~wäscher** m lavapiatti m, sguattero m.

Tempel ['tɛmpəl] m (7) tempio m; **~herr** m templare m.

Tempera ['tɛmpera] f (11¹) tempera f; **~malerei** f pittura f a tempera.

Temperament [--raˈmɛnt] n (3) temperamento m; **2voll** pieno di temperamento; brioso, vivace.

Temperatur [--raˈtuːr] f (16) temperatura f; **~anstieg** m aumento m della temperatura; **~schwankung** f sbalzo m di temperatura; **~sturz** m abbassamento m repentino della temperatura.

temperieren [--'riːrən] temperare.

Templer ['tɛmplər] m (7) templare m.

Tempo ['-poː] n (11, pl. a. -pi) ♪

tempo m; (Schnelligkeit) velocità f.

Tendenz [ten'dɛnts] f (16) tendenza f; **~blatt** n giornale m tendenzioso; **2iös** [--'jøːs] tendenzioso; **~stück** n dramma m (od. commedia f) a tesi.

Tender 🚂 ['tɛndər] m (7) tender m, carro m di rifornimento.

tendieren [ten'diːrən] tendere (nach a).

Tenne ['tɛnə] f (15) aia f.

Tennis ['tenis] n uv. tennis m; **~ball** m palla f da tennis; **~platz** m campo m di tennis; **~schläger** m racchetta f; **~spieler(in** f) m tennista m u. f.; **~turnier** n torneo m di tennis.

Tenor¹ ['teːnɔr] m (3¹, o. pl.) (Wortlaut) tenore m; (Inhalt) contenuto m.

Tenor² ♪ [te'noːr] m (3¹ u. ³) tenore m.

Teppich ['tɛpiç] m (3¹) tappeto m; **~kehrmaschine** ['--kɛːrmaʃiːnə] f scopa f rotante; **~klopfer** m battipanni m.

Termin [ter'miːn] m (3¹) termine m; (Frist) scadenza f; (Datum) data f; 𝕫𝕫 morgen habe ich ~ domani ho udienza, domani sono citato; **~geschäft** ✝ n affare m a termine; **~kalender** m scadenzario m; agenda f.

Termin|ologie [terminoloˈgiː] f terminologia f; **~us** ['terminus] m termine m.

Termite [--'miːtə] f (15) termite f; **~nhaufen** m termitaio m.

Terpentin [-pen'tiːn] n (3¹) trementina f; **~baum** m terebinto m; **~öl** n olio m di trementina.

Terrain [tɛ'rɛ̃] n (11) terreno m.

Terrakotta [tera'kɔta] f (16²) terracotta f.

Terrasse [tɛ'rasə] f (15) terrazza f; **2nförmig** a terrazza.

Terrine [-'riːnə] f (15) terrina f.

territori|al [teritor'jaːl] territoriale; **2um** [--'toːrjum] n (9) territorio m.

Terror ['tɛrɔr] m (11, o. pl.) terrore m, terrorismo m; **2i'sieren** terrorizzare; **~'ist(in** f) m (12) terrorista m u. f.

Terz ♪ u. Fechtk. [tɛrts] f (16) terza f; **~ett** [-'tsɛt] n (3) terzetto m.

Test [test] m (3 u. 11) test m; prova f, esame m.

Testament [testa'mɛnt] n (3) testamento m; **2'arisch** testamentario; **~s-eröffnung** f apertura f del testamento; **~svollstrecker** [--'sfɔl-]

ʃtrekər] m (7) esecutore m testamentario.

Test|at [tɛsˈtɑːt] n (3) certificato m; _für Studenten_ firma f; **♀ieren** testare, far testamento; (_attestieren_) attestare; _Professoren:_ firmare; **~pilot** m pilota m di collaudo.

teuer [ˈtɔyər] caro; _wie ~ ist …?_ quanto costa …?; _teurer werden_ rincarare; **♀ung** f carovita m; rincaro m; **♀ungswelle** f ondata f di rincaro; **♀ungszulage** f (indennità f) carovita m.

Teufel [ˈtɔyfəl] m (7) diavolo m; _zum ~! al diavolo!; pfui ~!_ vergogna!; _was zum ~ hat er …?_ che diavolo ha …?; _weiß der ~_ che vuole ch'io ne sappia?; _den ~ auch_ fossi matto; _ich kümmere mich den ~ darum_ me n'importa un cavolo; _da war der ~ los_ si scatenò l'inferno; _ich käme in ~s Küche_ sarei bell'e fritto; _man soll den ~ nicht an die Wand malen_ non chiamare le disgrazie; _das muß mit dem ~ zugehen_ il diavolo ci ha messo la coda; _hol ihn der ~_ che il diavoli lo porti; **~ei** [--ˈlaɪ] f (16) diavoleria f.

Teufels|beschwörer(in f) [ˈtɔyfəlsbəʃvøːrər)] m esorcista m u. f; **~beschwörung** f esorcismo m; **~dreck** m _Apoth._ assa f fetida; **~kerl** F m diavolo m d'un uomo; ragazzo m in gamba; **~lärm** m diavoleto m; **~weib** n diavola f, diavolessa f; indemoniata f.

teuflisch [ˈtɔyfliʃ] diabolico.

Text [tɛkst] m (3²) testo m; _aus dem ~ bringen_ confondere; **~abbildung** f illustrazione f nel testo; **~buch** ♪ n libretto m; **~dichter** m librettista m.

Textil… [-ˈtiːl…]: _in Zssgn_ tessile; **~arbeiter** m operaio m dell'industria tessile; **~ien** pl. tessuti m/pl.; **~industrie** f industria f tessile; **~waren** f/pl. prodotti m/pl. tessili.

Theater [teˈɑːtər] n (7) teatro m; _fig._ commedia f; **~abonnement** n abbonamento m al teatro; **~agent** m agente m teatrale; **~bericht** m cronaca f teatrale; **~coup** m colpo m di scena; **~dichter** m commediografo m; drammaturgo m; **~karte** f biglietto m per il teatro; **~kasse** f botteghino m del teatro; **~kritik** f critica f teatrale; **~maler** m scenografo m; **~stück** n lavoro m drammatico;

~vorhang m sipario m; **~vorstellung** f rappresentazione f teatrale; **~zettel** m programma m teatrale; _Anschlag:_ cartellone m.

theatralisch [-aˈtrɑːliʃ] teatrale (_a. fig._).

Theke [ˈteːkə] f (15) banco m.

Them|a [ˈteːma] n (9¹, _pl. a._ -ta) argomento m; ♪ tema m; **♀atisch** tematico.

Theo|loge [teoˈloːgə] m (13) teologo m; **~logie** f teologia f; **♀logisch** teologico.

Theor|em [teoˈreːm] n (3¹) teorema m; **~etiker** [--ˈreːtikər] m (7), **♀etisch** _adj._ teorico m u. _adj._; **~ie** [--ˈriː] f (15) teoria f.

Therap|eut [teraˈpɔyt] m (12) terapeuta m; **~eutik** f terapeutica; **♀eutisch** terapeutico; **~ie** f terapia f.

thermal [tɛrˈmɑːl] termale; **♀bad** n stabilimento m termale; **♀quellen** f/pl. fonti f/pl. termali.

Therm|en [ˈtɛrmən] f/pl. terme f/pl.; **♀isch** termico.

Thermo|meter [tɛrmoˈmeːtər] n termometro m; **~meterstand** m altezza f termometrica; **♀metrisch** termometrico; **♀nukle'ar** termonucleare; **~'phor** m termoforo m; **'~sflasche** f termos m; **~'siphon** m termosifone m; **~'stat** m termostato m.

These [ˈteːzə] f (15) tesi f.

Thorax [ˈtoːraks] m (3² _od._ 14) torace m.

Thorium [ˈtoːrjum] n (9, _o. pl._) 🜨 torio m.

Thrombose 🩸 [trɔmˈboːzə] f (15) trombosi f.

Thron [troːn] m (3) trono m; **'~besteigung** f avvento m al trono; **'~bewerber** m pretendente m (al trono); **♀en** (25) troneggiare; **'~entsagung** f abdicazione f; **'~erbe** m, **'~folger** m erede m del trono; **'~folge** f successione f al trono; **'~himmel** m baldacchino m; **'~räuber** m usurpatore m; **'~rede** f discorso m della Corona; **'~saal** m sala f del trono; **'~sessel** m trono m; **'~wechsel** m cambio m del trono.

Thunfisch [ˈtuːnfiʃ] m (3²) tonno m.

Thymian [ˈtyːmjaːn] m (3¹) timo m.

Thymusdrüse [ˈtyːmusdryːzə] f glandola f del timo.

Tiara [tiˈɑːra] f (16²) tiara f.

Tick   1086

Tick [tik] *m* (11) 🦗 tic *m*; *fig.* ticchio *m*; '♀en (25) fare tic tac; '♀'tack *n* ticchettio *m*, tic tac *m*.

tief [ti:f] **1.** *adj.* profondo *m*; (*niedrig u. ♪*) basso; *Wasser, Schnee*: alto; *Farbe*: cupo; *Dunkel*: fitto; *zwei Meter ～ liegen* giacere a due metri di profondità; *im ～sten Winter* nel cuore dell'inverno; **2.** *adv.* profondamente; *kränken*: gravemente; *bis ～ in die Nacht hinein* fino a notte inoltrata; *das läßt ～ blicken* questo dà da pensare; *～er legen* (setzen, stellen usw.) abbassare; **3.** ♀*n* (11) depressione *f* atmosferica; zona *f* di bassa pressione, ciclone *m*; '♀bau *m* costruzione *f* di strade e ponti; '♀be-**trübt** profondamente afflitto; '♀**blau** blu scuro; '♀**blick** *m* penetrazione *f*; '♀**druck** *m* *Druckerei*: stampa *f* in incavo; eligrafia *f*; '♀-**druckgebiet** *n* zona *f* di depressione atmosferica.

Tief|e ['ti:fə] *f* (15) profondità *f*; bassezza *f*; (*Grund, Hintergrund*) fondo *m*; sfondo *m*; (*Abgrund*) abisso *m*; **～ebene** *f* bassopiano *m*; **～enpsychologie** *f* psicologia *f* dell'inconscio; **～ensteuer** *n* 🦅 timone *m* di profondità; **～ensteuerung** *f* 🦅 comando *m* di profondità; **～en-wirkung** *f* azione *f* in profondità; ♀'**ernst** molto serio; **～flug** *m* 🦅 volo *m* a bassa quota (*od.* radente); **～gang** *m* profondità *f* d'immersione; ♀**gekühlt** surgelato; ♀**greifend**, ♀**gründig** ['-gryndiç] profondo; **～land** *n* terre *f*/*pl.* basse; bassopiano *m*; ♀**liegend** *Auge*: incavato; *Ursache*: profondo, nascosto; **～schlag** *m* *Boxsport*: colpo *m* basso (*a. fig.*); **～see** *f* oceano *m*; **～seeforschung** *f* esplorazione *f* delle profondità oceaniche, oceanografia *f*; **～seekabel** *n* cavo *m* transatlantico; **～sinn** *m* senso *m* profondo; (*Schwermut*) malinconia *f*; ♀**sinnig** profondo; malinconico; **～stand** *m* livello *m* basso; depressione *f*; ♀**stehend** primitivo, incivile.

Tiegel ['ti:gəl] *m* (7) tegame *m*; 🦅 *fig.* crogiolo *m*; **～druckpresse** *f* pedalina *f*.

Tier [ti:r] *n* (3) animale *m*; bestia *f*; *wildes ～* (*Raubௐ*) fiera *f*; *hohes od. großes ～ fig.* pezzo *m* grosso; '**～arzt** *m*, '♀**ärztlich** veterinario (*m*); '**～bändiger** *m* domatore

m di belve; '**～fabel** *f* apologo *m*; '**～garten** *m* giardino *m* zoologico, zoo *m*; '**～gattung** *f* razza *f* d'animale; '**～halter** *m* proprietario *m* di animali; '**～heilkunde** *f* veterinaria *f*; '♀**isch** animale; (*viehisch*) bestiale; '**～kreis** *m* zodiaco *m*; '**～kunde** *f* zoologia *f*; '**～maler** *m* pittore *m* d'animali; '**～pflanze** *f* zoofito *m*; **～quäle'rei** *f* maltrattamento *m* degli animali; '**～reich** *n* regno *m* animale; '**～schutzverein** *m* ['-futsfer-ʔaɪn] *m* società *f* per la protezione degli animali; '**～welt** *f* mondo *m* animale.

Tiger ['ti:gər] *m* (7) tigre *f*; ♀**farbig** tigrato; ♀**haft** tigresco; **～in** *f* tigressa *f*; **～katze** *f* gatto *m* tigrato; tigre *f*; ♀**n** (29) tigrare; F *fig.* andare.

Tilde ['tildə] *f* (15) tilda *f*.

tilg|bar ['tilkba:r] cancellabile; ✝ estinguibile; ammortizzabile; **～en** ['-gən] (25) annullare; cancellare; ✝ estinguere; (*amortisieren*) ammortizzare; *fig.* espiare; ♀**ung** *f* annullamento *m*; cancellazione *f*; ✝ estinzione *f*; ammortizzazione *f*.

Tinktur [tiŋk'tu:r] *f* (16) tintura *f*.

Tinte ['tintə] *f* (15) inchiostro *m*; *in der ～ sitzen fig.* trovarsi in un bell'impiccio.

Tinten|faß ['tintənfas] *n* calamaio *m*; **～fisch** *m* calamaro *m*; seppia *f*; **～fleck** *m* macchia *f* d'inchiostro; **～klecks** *m* scarabocchio *m*; **～löscher** *m* tampone *m*; **～wischer** *m* nettapenne *m*.

Tip [tip] *m* (11) F *Sport*: pronostico *m*; (*Ratschlag*) buon consiglio *m*.

Tipp|elbruder ['tipəlbru:dər] *m* F vagabondo *m*; ♀**eln** (29) F vagabondare, girare.

tippen ['tipən] (25) toccare leggermente; *Schreibmaschine*: scrivere a macchina; *～ auf* (*ac.*) puntare su.

Tipp|fehler ['tipfe:lər] *m* errore *m* di macchina, sbaglio *m* dattilografico; **～fräulein** F *n* dattilografa *f*; ♀'**topp** F finissimo.

Tisch [tiʃ] *m* (3²) tavola *f*; (*Spielௐ*) tavolino *m*; *vor* (*nach*) *～* prima di (dopo) pranzo; *den ～ decken* apparecchiare la tavola; *zu ～ bitten* invitare a cena (*od.* a pranzo); *sich zu ～ setzen* sedersi a tavola; *fig. reinen ～ machen* fare piazza pulita; '**～dame** *f* ('**～herr** *m*) compagna (-o

m) f di tavola; '**～decke** f tovaglia f; '**～gast** m convitato m; '**～gebet** n benedicite m; '**～genosse** m commensale m; '**～gesellschaft** f tavolata f; '**～karte** f cartoncino m (per gli invitati); '**～klopfen** n tavole f/pl. parlanti.

Tischler ['tiʃlər] m (7) falegname m; **～ei** [--'lai] f (16) falegnameria f; **～meister** m (maestro m) falegname m; ♀n (29) fare l'arte di falegname.

Tisch|platte ['tiʃplatə] f piano m della tavola; *zur Verlängerung:* giunta f; '**～rede** f discorso m; (*Toast*) brindisi m; '**～telefon** n telefono m da tavola; '**～tennis** n tennis m da tavola, pingpong m; '**～tuch** n tovaglia f; '**～tuchklammer** f fermatovaglia m; '**～wein** m vino m da pasto; '**～zeit** f ora f di mangiare (*od.* del pasto); '**～zeug** n biancheria f da tavola.

Titan [ti'taːn] **1.** m (12) *Myth.* titano m; **2.** n (3¹, *o.pl.*) 🜛 titanio m; ♀**isch** titanico.

Titel ['tiːtəl] m (7) titolo m; **～bild** n vignetta f del frontespizio; **～blatt** n frontespizio m; **～jäger** m braccatore m di titoli; **～kopf** m titolo m; intitolazione f; *im Wörterbuch:* voce f; **～rolle** f parte f del protagonista; **～verteidiger** m *Sport:* detentore m (del titolo).

titulieren [titu'liːrən] intitolare; (*anreden*) dare del; (*bezeichnen*) qualificare come.

Toast [toːst] m (3²) brindisi m; *einen ～ ausbringen* fare un brindisi (*auf j-n* a qu.); '**～brot** n pane m tostato; '**～röster** m tostapane m.

tob|en ['toːbən] (25) infuriare; (*lärmen*) strepitare; **～end** furioso; ♀**sucht** f pazzia f furiosa, frenesia f; **～süchtig** ['-zyçtiç] frenetico; furioso.

Tochter ['tɔxtər] f (14¹) figlia f; **～gesellschaft** f società f filiale.

Töchterschule ['tœçtərʃuːlə] f scuola f femminile.

Tochtersprache ['tɔxtərʃpraːxə] f lingua f derivata.

Tod [toːt] m (3) morte f; *e-s natürlichen (gewaltsamen) ～ sterben* morire di morte naturale (violenta); *sich zu ～e arbeiten* ammazzarsi col lavoro; *zu ～e ärgern* far morire dalla rabbia; *nur der ～ ist umsonst* per niente non si fa niente; '♀**-ähnlich**

simile alla morte; cadaverico; '♀**bringend** mortifero.

Todes... ['toːdəs...]: *in Zssgn oft* di (della) morte; (*tödlich*) mortale; **～ahnung** f presentimento m della morte; **～angst** f angoscia f mortale; paura f della morte; **～anzeige** f partecipazione f di morte, annuncio m mortuario; **～art** f genere m di morte; **～engel** m angelo m della morte; **～fall** m caso m letale; decesso m; *im ～ in* caso di morte; **～furcht** f paura f della morte; paura f mortale; **～gedanke** m: *sich ～n machen* pensare sempre alla morte; **～kampf** m agonia f; **～mut** m disprezzo m della morte; ♀**mutig** sprezzante la morte; **～opfer** n vittima f; **～stoß** m, **～streich** m colpo m mortale; *fig.* colpo m di grazia; **～strafe** f pena f di morte, pena f capitale; **～stunde** f ultima ora f, ora f di morte; **～tag** m giorno m (anniversario m) della morte; **～urteil** n sentenza f di morte.

Tod|feind ['toːtfaint] m nemico m mortale, nemico m numero uno; **～feindschaft** f inimicizia f mortale; ♀**krank** in fin di vita.

tödlich ['tøːtliç] mortale; letale.

tod|müde ['toːtmyːdə] stanco morto; '**～sicher** assolutamente sicuro; '♀**sünde** f peccato m mortale; '**～wund** ferito a morte.

Toilette [toa'lɛtə] f (15) toletta f; (*Abtritt*) gabinetto m; **～n-artikel** m/pl. articoli m/pl. da toletta; **～n-papier** n carta f igienica; **～nseife** f sapone m da toletta; **～ntisch** m specchiera f.

toler|ant [tole'rant] tollerante; ♀**anz** f tolleranza f; **～ieren** tollerare.

toll [tɔl] pazzo; (*rasend*) frenetico; (*wütend*) furioso; *Hund:* rabbioso; *fig.* magnifico, stupendo, grandioso; *das ist zu ～* questo è troppo; '♀**e** f (15) ciuffo m; '**～en** (25) scorazzare; *fare un baccano infernale*; '♀**haus** n manicomio m; '♀**häusler** m pazzo m; '♀**heit** f pazzia f; (*Wut*) rabbia f; '♀**kirsche** f belladonna f; '♀**kopf** m pazzarello m; '**～kühn** temerario; '♀**kühnheit** f temerità f; '♀**wut** f idrofobia f; '**～wütig** rabbioso; idrofobo.

Tolpatsch ['tɔlpatʃ] m (3²) s. Tölpel.

Tölpel ['tœlpəl] m (7) balordo m, babbeo m; **～ei** [--'lai] f (16) balordaggine *f*; ♀**haft** balordo; **~haftig-keit** balordaggine *f*.

Tomate [toˈmɑːtə] *f* (15) pomodoro *m*; **~nmark** *n* concentrato *m* di pomodoro; **~nsaft** *m* succo *m* di pomodoro.

Tombola [ˈtɔmbola] *f* (11¹) tombola *f*.

Ton [toːn] *m*: **a**) (3³) tono *m*; (*Schall*) suono *m*; *Gram.* accento *m* (tonico); *Mal.* sfumatura *f*; (*Tonart*) tonalità *f*; *der gute* ~ il galateo; *zum guten* ~ *gehören* far parte del galateo; *den* ~ *angeben* segnare il tono; **b**) (3) *Min.* argilla *f*; **~abnehmer** *m* pick-up *m*; **~abstand** *m* intervallo *m*; ♀**an-gebend** autorevole; **~art** *f* tonalità *f*; ♀**artig** *Min.* argillaceo; **~bad** *n Phot.* viraggio *m*; **~band** *n* nastro *m* magnetico; **~bandgerät** *n* registratore *m* a nastro, magnetofono *m*; **~boden** *m* terreno *m* argilloso; ˈ**~dichter** ♪ *m* compositore *m*; ˈ**~dichtung** ♪ *f* composizione *f*.

tonen [ˈtoːnən] (25) *Phot.* virare.

tönen [ˈtøːnən] (25) **1.** *v/i.* ♪ risonare, suonare; **2.** *v/t.* (*schattieren*) sfumare; **~d** sonoro; *Phrasen:* reboante.

Tonerde [ˈtoːnʔeːrdə] *f* terra *f* argillosa; ⚗ allumina *f*; *essigsaure* ~ acetato *m* d'allumina.

tönern [ˈtøːnərn] d'argilla.

Ton|fall [ˈtoːnfal] *m* accento *m*; ♪ cadenza *f*; *singender* ~ cantilena *f*; **~farbe** *f* timbro *m*; **~film** *m* film *m* sonoro; **~fixierbad** *n* (bagno *m* di) fissaggio *m*; **~folge** *f* scala *f*; ♪ **~führung** *f* modulazione *f*; **~fülle** *f* sonorità *f*; ♀**haltig** [ˈ-haltiç] *Min.* argilloso; **~höhe** *f* altezza *f* del tono; **~ingenieur** *m* ingegnere *m* sonoro; **~kunst** *f* musica *f*; **~künstler(in)** *f* *m* musicista *m u. f*; **~lage** *f* tonalità *f*; **~leiter** ♪ *f* gamma *f*; ♀**los** senza suono; *Gram.* atono; **~malerei** [---ˈraɪ] *f* (16) armonia *f* imitativa.

Tonne [ˈtɔnə] *f* (15) botte *f*; ⚓ *u.* ⚖ tonnellata *f*; **~ngehalt** ⚓ *m* tonnellaggio *m*; **~ngewölbe** *n* volta *f* a botte; ♀**nweise** a botti; a tonnellate.

Ton|pfeife [ˈtoːnpfaɪfə] *f* pipa *f* di gesso; **~satz** ♪ *m* modo *m* di composizione (*od.* di orchestrazione); **~schiefer** *m* schisto *m* argilloso; **~schöpfung** *f* creazione *f* musicale; **~setzer** *m* compositore *m* di musica(s); **~silbe** *f* sillaba *f* tonica; **~**

stärke *f Radio:* volume *m*; **~strei-fen** *m Film:* colonna *f* sonora.

Tonsur [tɔnˈzuːr] *f* (16) tonsura *f*.

Ton|taubenschießen [ˈtɔːntaʊbən-ʃiːsən] *n* (6) tiro *m* al piattello; **~techniker** *m* tecnico *m* del suono; **~verstärker** *m Radio:* amplificatore *m* (del suono); **~waren** *f/pl.* terre *f/pl.* cotte; **~zeichen** *n* accento *m*; ♪ nota *f*.

Topas [toˈpɑːs] *m* (4) topazio *m*.

Topf [tɔpf] *m* (3³) vaso *m*; (*Koch*♀) pentola *f*; ˈ**~deckel** *m* coperchio *m*.

Töpfer [ˈtœpfər] *m* (7) vasaio *m*; (*Ofensetzer*) fumista *m*; **~ei** [--ˈraɪ] *f* (16) fabbrica *f* di stoviglie; mestiere *m* del vasaio (del ceramista); *Kunst:* ceramica *f*; **~erde** *f* argilla *f*; **~geschirr** *n* stoviglie *f/pl.*; **~kunst** *f* ceramica *f*; **~ton** *m* argilla *f*; **~ware** *f* ceramiche *f/pl.*

Topf|gewächs [ˈtɔpfɡəvɛks] *n*, **~pflanze** *f* pianta *f* da vaso; **~gucker** F *m* (7) ficcanaso *m*; **~lappen** *m* panno *m* da pentola.

Topp ⚓ [tɔp] *m* (3¹ *u.* 11) cima *f*; *auf halbem* ~ a mezz'asta.

Tor¹ [toːr] *n* (3) portone *m*; *Stadt*, *Fußball:* porta *f*; *Sport:* rete *f*; *ein* ~ *schießen* fare un gol.

Tor² [toːr] *m* (12) stolto *m*, folle *m*.

Tor|bogen [ˈtoːrboːɡən] *m* volta *f* del portone; **~einfahrt** *f* portone *m* d'ingresso; **~esschluß** *m*: *noch vor* ~ all'ultimo momento.

Torf [tɔrf] *m* (3, *o. pl.*) torba *f*; ˈ**~boden** *m* terreno *m* torboso; ˈ**~gräber** *m* scavatore *m* di torba; ˈ**~grube** *f* torbiera *f*; ˈ♀**haltig** torboso; ˈ**~moor** *n* torbiera *f*; ˈ**~mull** *m* terra *f* torbosa; ˈ**~stich** *m* estrazione *f* della torba.

Torflügel [ˈtoːrflyːɡəl] *m* battente *m*.

Torheit [ˈtoːrhaɪt] *f* stoltezza *f*; follia *f*.

Torhüter [ˈtoːrhyːtər] *m* (7) portinaio *m*; *Fußball:* portiere *m*.

töricht [ˈtøːriçt] stolto, folle; **~er-weise** ~ *hat er ...* è stato tanto stolto da ... (*mit inf.*).

Törin [ˈtøːrin] *f* (16¹) stolta *f*, folle *f*.

Torkel *m od. f* (*Weinpresse*) torchio *m*.

torkeln [ˈtɔrkəln] (29, *h. u. sn*) barcollare.

Torlauf [ˈtoːrlaʊf] *m Sport:* slalom *m*.

Tornister [tɔrˈnistər] *m* (7) zaino *m*.

torpedier|en [tɔrpeˈdiːrən] silurare; **2ung** f siluramento m.

Torpedo [-ˈpeːdo] n (11) torpedine f; **~boot** n torpediniera f; **~bootjäger**, **~bootzerstörer** m cacciatorpediniere m; **~kanone** f lanciatorpedine m.

Tor|pfosten ['toːrpfɔstən] m *Sport:* palo m; **~raum** *im Fußball:* area f di porta; **~schluß** m ora f di chiusura; **~schlußpanik** f panico m dell'ultimo minuto; **~schuß** m *Fußball:* calcio m in rete, gol m.

Torsion [tɔrsˈjoːn] f torsione f.

Torso ['tɔrzo] m (11) torso m.

Torte ['tɔrtə] f (15) torta f.

Tortur [tɔrˈtuːr] f (16) tortura f.

Tor|wächter ['toːrvɛçtər] m, **~wart** ['-vart] m (3) *Sport:* portiere m; **~weg** m androne m.

tosen ['toːzən] (27) muggire; strepitare; **2** n (6) muggito m; strepito m; **~d** *(Beifall)* strepitoso.

tot [toːt] morto; *Augen:* spento; *Farben:* smorto; *Kapital:* morto; *Rennen:* indeciso; *wir sind auf dem ~en Punkt* siamo al punto morto; *sich ~ärgern (~lachen)* scoppiare dalla rabbia (dalla risa).

total [toˈtaːl] totale; intero, completo; **2isator** [-taliˈzaːtɔr] m (8¹) totalizzatore m; **~itär** [---ˈtɛːr] totalitario; **2itätsprinzip** [-taliˈtɛːtsprintsiːp] n principio m totalitario.

töten ['tøːtən] (26) uccidere; ammazzare.

Toten|acker ['toːtənˀakər] m camposanto m; **~amt** n messa f di funebre; **~bahre** f feretro m; **~beschwörer** m negromante m; **~beschwörung** f negromanzia f; **2-ˈblaß**, **2ˈbleich** bianco come un morto, pallido come la morte; **~blässe** f pallore m mortale; **~feier** f esequie f/pl.; **~fest** n commemorazione f (od. giorno m) dei morti; **~gebet** n preghiera f dei morti; **~geläute** n il sonare a morto, campana f a morto; **~gesang** m canto m funebre; **~glocke** f campana f funebre; **~gräber** ['--grɛːbər] m (7) becchino m; **~gruft** f cripta f; **~kopf** m testa f di morto; **~maske** f maschera f; **~messe** f messa f funebre, messa f di requie; **~schädel** m teschio m; **~schau** f necroscopia f; **~schein** m certificato m di morte; **~stadt** f necropoli f; **~starre** ⚕ f rigidezza f

cadaverica; **~stille** f silenzio m di morte; **~tag** m giorno m dei morti; **~tanz** m danza f macabra; **~wache** f veglia f.

Tote(r) ['toːtə(r)] m (**Tote** f) (18) morto (-a) m (f); defunto (-a) m (f).

tot|essen ['toːtˀɛsən]: *sich ~* mangiare a crepapelle; **~fahren** schiacciare sotto le ruote; **~geboren** nato morto; **~kriegen** ridurre al silenzio; *nicht totzukriegen* irriducibile; **~lachen:** *sich ~* crepare dalle risa; **~machen** F ammazzare.

Toto ['toːto] m (11) totocalcio m; **~schein** m schedina f (del totocalcio).

tot|schämen ['toːtʃɛːmən]: *sich ~* vergognarsi a morte; **~schießen** uccidere (con una fucilata od. rivoltellata); **2schlag** m omicidio m; **~schlagen** ammazzare; *die Zeit ~* ingannare il tempo; **2schläger** m omicida m; *Waffe:* mazza f piombata; **~schweigen** seppellire sotto silenzio; **~stellen:** *sich ~* fingersi morto; F fare il morto.

Tötung ['tøːtuŋ] f uccisione f.

Tour [tuːr] f (16) *(Ausflug)* gita f; ⊕ *(Umdrehung)* rotazione f, giro m; F *in einer ~* continuamente.

Touren|fahrt ['tuːrənfaːrt] f *Mot.* escursione f; **~karte** f carta f delle strade; **~rad** n bicicletta f da turismo; **~wagen** m macchina f gran turismo; **~zahl** f numero m dei giri; **~zähler** m contagiri m.

Tourist|(in f) m [tuˈrist(in)] turista m u.f.; **~enklasse** f classe f turistica; **~enverkehr** m movimento m turistico; turismo m; **2isch** turistico.

Tournee [tur'neː] f (11¹ u. 15) tournée f, giro m artistico.

Trab [traːp] m (3, o. pl.) trotto m; *im ~* al trotto.

Trabant [traˈbant] m (12) satellite m; **~enstadt** f città f satellite.

trab|en ['traːbən] (25, sn) trottare; **2er** ['-bər] m (7) trottatore m; **2erbahn** f pista f per le corse al trotto; **2rennen** ['traːprɛnən] n corse f/pl. al trotto.

Tracht [traxt] f (16) costume m; ~ *Prügel* carico m di legnate.

trachten ['traxtən] **1.** (26) cercare (*zu di*); *nach et. ~* mirare a qc.; aspirare a qc.; *nach dem Leben ~* attentare alla vita; **2.** **2** n (6) aspirazioni f/pl., sforzi m/pl.

trächtig ['trɛçtiç] pregno.

Tradition [tradits'jo:n] f tradizione f; **℈ell** [---'nɛl] tradizionale.

traf [trɑ:f] s. treffen.

Trag|bahre ['trɑ:kbɑːrə] f barella f; **~balken** m architrave m; **~band** n cinghia f; **℈bar** portatile; Kleidung: portabile; fig. tollerabile; **~barkeit** f portabilità f; **~bett** n letto m portatile; **~deck** n ala f di sostegno; **~e** ['-gə] f (15) portantina f, barella f.

träge ['trɛːgə] indolente; (faul) pigro; Phys. inerte.

tragen ['trɑːgən] (30) 1. v/t. portare; (stützen) reggere; (einbringen) rendere; Kosten: sopportare; Bedenken, Verlangen usw.: avere; Früchte: dare; Schuld: addossarsi; sich mit dem Gedanken ~ avere in mente di; Bedenken ~, et. zu tun avere scrupoli di fare qc.; Sorge ~ für avere cura di; Uniform ~ portare l'uniforme; 2. v/i. Eis: reggere; Baum: dare frutti; Tier: essere pregno; 3. ℒ n (6) Kleidung: uso m; **~d** fig. fondamentale.

Träger ['trɛːgər] m (7) portatore m; △ architrave m; (Last℈, Gepäck℈) facchino m, portabagagli m; (Krankheits℈) veicolo m; ⊕ supporto m, sostegno m; fig. e-r Idee: rappresentante m; **~lohn** m facchinaggio m; **~rakete** f missile m portante.

trag|fähig ['trɑːkfɛːiç] capace di portare; **℈fähigkeit** f capacità f di carico; ✔ produttività f; (Nutzlast) carico m utile; **℈fläche** ⚔ f ala f; **℈flügelboot** n aliscafo m; **℈gerüst**, **℈gestell** n impalcatura f di sostegno.

Trägheit ['trɛːkhaɪt] f indolenza f; Faulheit: pigrizia f; Phys. inerzia f; **~sgesetz** n legge f d'inerzia.

Trag|ik ['trɑːgik] f tragicità f; **~iker** m (7) (poeta m) tragico m; **℈i'komisch** tragicomico m; **~iko'mödie** f tragicommedia f; **℈isch** tragico m.

Trag|korb ['trɑːk-kɔrp] m cesta f; (Kiepe) gerla f; **~last** f carico m.

Tragödie [tra'gøːdjə] f (15) tragedia f.

Trag|pfeiler ['trɑːkpfaɪlər] m pilastro m di sostegno; portante m; **~riemen** m cinghia f; **~schraube** f elica f di sostegno; **~sessel** m portantina f; **~weite** f portata f (a. fig.).

Train [trɛ̃] m (11) ✗ vettovagliamento m.

Train|er ['trɛːnər] m (7) allenatore m; **℈ieren** allenare; **~ings-anzug** m tenuta f d'allenamento.

Trakt|at [trak'tɑːt] m od. n (3) trattato m; **℈ieren** trattare.

Trak|tion [trakts'jo:n] f trazione f; **~tor** ['-tɔr] m (8[1]) trattore m.

trällern ['trɛlərn] (29) canticchiare.

Trambahn ['tramba:n] f tranvai m.

Trampel F ['trampəl] m bandolone m; **℈n** (29) scalpitare; pestare i piedi; **~tier** n dromedario m.

trampen ['trɛmpən] F viaggiare con mezzi di fortuna.

Tran [trɑːn] m (3) olio m di pesce (bsd. di balena).

tranchier|en [trɑ̃'ʃiːrən] trinciare; **℈messer** n trinciante m.

Träne ['trɛːnə] f (15) lagrima f, lacrima f; in ~n ausbrechen prorompere in lacrime; **℈n** (25) lacrimare.

Tränen|drüse ['trɛːnəndryːzə] f glandola f lacrimale; **~fluß** m torrente m di lacrime; Path. lacrimazione f; **~gas** n gas m lacrimogeno; **℈leer**, **℈los** senza lacrime; **~sack** m lacrimatoio m; **℈voll** lacrimoso.

tranig ['trɑːniç] oleoso (schwerfällig) lento; (schläfrig) sonnolento.

Trank [traŋk] 1. m (3[3]) bevanda f; (Getränk) bibita f; pozione f; 2. ℒ s. trinken.

Tränke ['trɛŋkə] f (15) abbeveratoio m; **℈n** (25) dar da bere a; Vieh: abbeverare; Wiese: in(n)affiare; Zeug: bagnare; impregnare.

Trankopfer ['traŋk°ɔpfər] n libazione f.

trans|alpinisch [trans°al'piːniʃ] transalpino; **~at'lantisch** transatlantico.

Transfer [trans'feːr] m (11) ✝ trasferimento m; **℈ieren** trasferire m.

Transformator ⚡ [-fɔr'maːtɔr] m (8[1]) trasformatore m.

Transit [tran'ziːt] m (3[1]) transito m; **~gut** m merce f di transito; **℈iv** ['--tiːf] Gram. transitivo; **~verkehr** m traffico m di transito; **~zoll** m diritti m/pl. di transito.

transitorisch [tranzi'toːriʃ] transitorio.

Transmission [-mis'jo:n] ⚡ f trasmissione f; **~srad** n puleggia f; **~swelle** f albero m di trasmissione.

trans|ozeanisch [trans°otse'ɑːniʃ] transoceanico; **~pa'rent**[1] trasparente; **℈pa'rent**[2] n (3) (Spruchband) striscione *m*; ♀**pira'tion** *f* traspirazione *f*; **~pi'rieren** traspirare.

Transport [trans'pɔrt] *m* (3) trasporto *m*; ♀**abel** [--'ta:bəl], ♀**fähig** trasportabile; **~arbeiter** *m* operaio *m* addetto ai trasporti; **~eur** [--'tø:r] *m* spedizioniere *m*; **~flugzeug** *n* aereo *m* da trasporto; **~gesellschaft** *f* compagnia *f* di trasporti; ♀**ieren** trasportare; **~kosten** *pl.* spese *f/pl.* di trasporto; **~unternehmen** *n* impresa *f* di trasporti; **~unternehmer** *m* spedizioniere *m*; **~versicherung** *f* assicurazione *f* di trasporto; **~wesen** *n* (sistema *m* di) trasporti *m/pl.*

transzendental [-tsɛndɛn'ta:l] trascendentale.

Trapez [tra'pe:ts] *n* (3²) trapezio *m*; **~künstler** *m* trapezista *m*; **~oid** [--'tso'i:t] *n* (3) trapezoide *m*.

Trappe *Zo.* ['trapə] *f* (15) ottarda *f*.

Trass|ant ✝ [tra'sant] *m* (12) traente *m*; **~at** [-'sa:t] *m* (12) accettante *m*.

Trasse ⚒ ['trasə] *f* (15) traccia *f*.

trassieren [tra'si:rən] ⊕ tracciare; ✝ trarre.

trat [tra:t] *s.* treten.

Tratte ✝ ['tratə] *f* (15) tratta *f*.

Traube ['traubə] *f* (15) grappolo *m*; (*Wein*♀) grappolo *m* d'uva; **~n** *pl.* uva *f*.

Trauben|kern ['traubənkɛrn] *m* acino *m*; **~kur** *f* cura *f* dell'uva; **~lese** *f* vendemmia *f*; **~saft** *m* succo *m* d'uva; **~zucker** *m* glucosio *m*.

trauen ['trauən] (25) 1. *v/i.* fidarsi (*j-m* di qu.); *fig. den Augen:* credere; 2. *v/t.* sposare; 3. *sich ~ zu* osare di, azzardarsi di.

Trauer ['trauər] *f* (15) lutto *m*; *fig.* afflizione *f*; (*Traurigkeit*) tristezza *f*; **~ haben** essere in lutto; **~anzeige** *f* partecipazione *f* di lutto; **~anzug** *m* abito *m* da lutto; **~binde** *f* nastro *m* da lutto; **~botschaft** *f* notizia *f* lugubre; **~fahne** *f* bandiera *f* abbrunata; **~fall** *m* triste evento *m*, decesso *m*; **~flor** *m* velo *m* da lutto; **~gedicht** *n* epicedio *m*, **~gefolge** *n*, **~geleit** *n* corteo *m* funebre; **~gerüst** *n* catafalco *m*; **~gesang** *m* canto *m* funebre; **~haus** *n* casa *f* dell'estinto; **~jahr** *n* anno *m* di lutto; **~kleid** *n* abito *m* da lutto; **~marsch** *m* marcia *f* funebre; ♀**n** (29) essere afflitto; *um j-n:* piangere (*ac.*),

äußerlich: essere in lutto; *die Trauernden* i dolenti; **~nachricht** *f* notizia *f* lugubre; **~papier** *n* carta *f* da lutto; **~rand** *m: mit ~* listato a nero; **~rede** *f* discorso *m* funebre; **~spiel** *n* tragedia *f*; ♀**voll** luttuoso; **~weide** ♀ *f* salice *m* piangente; **~zeit** *f* lutto *m*; **~zug** *m* corteo *m* funebre.

Traufe ['traufə] *f* (15) grondaia *f*.

träufeln ['trɔyfəln] (29) 1. *v/i.* (*sn*) gocciolare; 2. *v/t.* instillare (*bsd.* ⚕); versare a gocce.

traulich ['traulɪç] intimo; familiare; ♀**keit** *f* intimità *f*.

Traum [traum] *m* (3³) sogno *m*; '**~bild** *n* visione *f*; '**~buch** *n* libro *m* dei sogni, F cabala *f*; **~deuter** ['-dɔytər] *m* (7) interprete *m* dei sogni; '**~deutung** *f* interpretazione *f* dei sogni, *Lit.* onirocritica *f*.

träum|en ['trɔymən] (25) sognare; *das hätte ich mir nie ~ lassen* non me lo sarei mai immaginato; ♀**er** *m* (7) sognatore *m*; ♀**erei** [--'rai] *f* (16) sogni *m/pl.*; fantasticheria *f*; **~erisch** trasognato.

Traum|gesicht ['traumgəziçt] *n* visione *f*; ♀**haft** fantastico; **~spiel** *n* fantasmagoria *f*; **~welt** *f* mondo *m* dei sogni.

Trau|rede ['traure:də] *f* discorso *m* nuziale; **~register** *n* registro *m* matrimoniale.

traurig ['-riç] triste; **~ machen** attristare; **~ werden** attristarsi; ♀**keit** *f* tristezza *f*.

Trau|ring ['-riŋ] *m* fede *f*, anello *m* matrimoniale; **~schein** *m* fede *f* di matrimonio; **~ung** *f* sposalizio *m*; *kirchliche ~* matrimonio *m* religioso; *standesamtliche ~* matrimonio *m* civile; **~zeuge** *m* testimone *m* matrimoniale.

Treber ['tre:bər] *m/pl.* (*Malz*♀) gusci *m/pl.* di malto; (*Wein*♀) vinacce *f/pl.*; **~wein** *m* vinello *m*.

Trecker ['trɛkər] *m* (7) trattore *m*.

Treff [trɛf] *n* (11) *Kartensp.* fiori *m/pl.*

treff|en ['trɛfən] (30) 1. *v/i.* cogliere nel segno; 2. *v/t.* colpire; (*begegnen*) incontrare; (*an~*) trovare; *Ball, Ziel:* cogliere; *Vorkehrungen:* prendere; *Wahl:* fare; *vom Los:* toccare a; *vom Schlag:* venire a; (*erraten*) indovinare; *gut, schlecht:* incontrare; *wie es sich gerade trifft* come capita; *das trifft sich prächtig!* che bella combinazione!; *wen trifft die Schuld?* di chi è la colpa?; *wie's trifft* come arriva; **3.** *v/refl. sich ~* incontrarsi; darsi appuntamento; *es traf sich, daß* si dette il caso che; *sich getroffen fühlen* fig. sentirsi colpito; ♀**en** *n* (6) incontro *m* (*a. Sport*); ⚡ scontro *m*; **~end** fig. che coglie nel segno; azzeccato; ben trovato; giusto; ♀**er** *m* (7) buon colpo *m*; *Lotterie*: vincita *f*; fig. (*Glück*) fortuna *f*; ♀**fähigkeit** *f* sicurezza *f* di tiro; **~lich** eccellente; ♀**lichkeit** *f* bontà *f*; squisitezza *f*; **~punkt** *m* punto *m* di convegno; **~sicher** sicuro; giusto; esatto; ♀**sicherheit** *f* precisione *f* di tiro; fig. sicurezza *f*; esattezza *f*.

Treibeis ['traɪpʔaɪs] *n* ghiaccio *m* galleggiante.

treib|en ['traɪbən] (30) **1.** *v/t.* spingere; (*fort~*) cacciare; (*ein~*) piantare; *Vieh*: condurre; *Maschinen*: mettere in movimento, azionare; *Blüten*: mettere; *Handwerk*: esercitare; dedicarsi a; *Musik*, *Sprachen*: studiare; *Unsinn*, *Spott*: fare; *Wild*: scovare; *die Röte ins Gesicht*: far venire; *abs.* fare; *sein Spiel ~* mit farsi gioco di; *was treibst du da?* che fai?; *er treibt es zu bunt* le fa troppo grosse; **2.** *v/i.* (*h. u. sn*) ⚓ essere in balia delle onde; andare alla deriva; *Pflanzen*: germogliare; (*gären*) fermentare; **~de Kraft** *f* forza *f* motrice; (*Person*) iniziatore *m*; **3.** ♀**en** *n* (6) (*Tun*) attività *f*; (*Bewegung*) movimento *m*, animazione *f*; *Tun und ~* vita *f*; occupazione *f*; ♀**er** *m* (7) (*Vieh*♀) mandriano *m*; *Jagdw.* battitore *m*.

Treib|haus ['traɪphaus] *n* serra *f*; **~holz** *n* legname *m* gettato (dall'acqua) sulla spiaggia; **~jagd** *f* battuta *f* (di caccia); **~kraft** *f* forza *f* motrice; **~mine** *f* mina *f* vagante; **~rad** *n* ruota *f* motrice; **~riemen** *m* cinghia *f* di trasmissione; **~sand** *m* arena *f* mobile; **~stoff** *m* carburante *m*; **~stofflager** *n* deposito *m* di carburanti; *s. a.* Trieb...

Treidel ['traɪdəl] *m* (10) alzaia *f*; ♀**n** *v/t.* (29) tirare con l'alzaia; **~steig** *m* ciglione *m*.

Trema ['treːma] *n* (11²) dieresi *f*.

trennbar ['trenbaːr] separabile; ♀**keit** *f* separabilità *f*.

trenn|en ['trenən] (25) separare; dividere; (*absondern*) segregare; (*entzweien*) disunire; (*ab~*) recidere, staccare; *Ehe*: sciogliere; *Naht*: disfare; ⚡ sconnettere, disinnestare; **~scharf** selettivo; ♀**schärfe** *f* selettività *f*; ♀**ung** *f* separazione *f*; divisione *f*; segregazione *f*; (*Abreise*) distacco *m*; (*Spaltung*) scissione *f*; ♀**ungslinie** *f* linea *f* divisoria; ♀**ungsstrich** *m* lineetta *f* di divisione; ♀**ungszulage** *f* indennità *f* di separazione.

Trense ['trenzə] *f* (15) briglione *m*.

trepp|auf [trep'ʔauf], **~'ab** su e giù per le scale.

Treppe ['trɛpə] *f* (15) scala *f*; (*Stockwerk*) piano *m*; *zwei ~n hoch* al secondo piano.

Treppen|absatz ['trepənʔapzats] *m* pianerottolo *m*; **~geländer** *n* ringhiera *f*; **~haus** *n* (tromba *f* delle) scale *f/pl.*; **~stufe** *f* scalino *m*; **~witz** *m* freddura *f*.

Tresor [treˈzoːr] *m* (3¹) (*Stahlkammer*) camera *f* blindata; (*Geldschrank*) cassaforte *f*.

Tresse ['trɛsə] *f* (15) gallone *m*.

Trester ['trɛstər] *m/pl. usw.* = *Treber usw.*

treten ['treːtən] (30) **1.** *v/i.* posare il piede; *beiseite ~* tirarsi in disparte; *fehl~* fare un passo falso; *näher ~* venire avanti; *e-r Frage näher~* affrontare una questione; *ans Fenster*: affacciarsi; *zu j-m*: accostarsi a qu.; raggiungere qu.; *auf j-s Seite*: passare; *auf j-s Fuß*, *Kleid*: pestare (*ac.*); *aus et.*: uscire; *in et.*: entrare; *an die Stelle*: subentrare; *in Ausstand*, *an die Spitze*: mettersi; *in den Hintergrund*: passare; *in Kraft*: entrare; *unter die Augen*: venire; ⚡ *unter die Waffen*: andare; *vor j-n ~* presentarsi a qu.; *zwischen et. ~* frapporsi a qc.; *über die Ufer ~* straripare; *j-m zu nahe ~* offendere qu.; *~ Sie näher!* venga avanti!; **2.** *v/t.* pestare; *mit Füßen ~* calpestare; *Trauben*: pigiare.

Tret|kurbel ['treːtkurbəl] *f* pedivella *f*; **~mühle** *f* verricello *m*; fig. lavoro *m* monotono, schiavitù *f* del lavoro; **~rad** ✍ *n* timpano *m*; **~werk** *n* pedaliera *f*.

treu [trɔʏ] fedele (*a. fig.*); leale; ¹♀**bruch** *m* tradimento *m*; ¹**~brüchig** fedifrago; sleale; traditore; ¹♀**e** *f*

(15, *o. pl.*) fedeltà *f*; lealtà *f*; *auf Treu und Glauben* in buona fede; *meiner Treu!* in fede mia!; '♀-**eid** *m* giuramento *m* di fedeltà; '**gesinnt** leale; ♀**händer** ['-hɛndər] *m* (7) fiduciario *m*; ♀**handgesellschaft** ['-hantgəzɛlʃaft] *f* società *f* fiduciaria; '**herzig** candido; ♀**herzigkeit** *f* candore *m*; '**lich** fedelmente; '**los** senza fede; infedele; perfido; ♀**losigkeit** *f* infedeltà *f*, slealtà *f*; perfidia *f*.

Triangel ♫ *u.* ♪ ['tri:aŋəl] *m* (7) triangolo *m*.

Tribun [tri'bu:n] *m* (3¹ *u.* 12) tribuno *m*; **al** [-bu'na:l] *n* (3¹) tribunale *m*.

Tribüne [-'by:nə] *f* (15) tribuna *f*.

Tribut [-'bu:t] *m* (3) tributo *m*; ♀-**pflichtig** '-pfliçtiç] tributario.

Trichine [-'çi:nə] *f* (15) trichina *f*.

Trichter ['triçtər] *m* (7) imbuto *m*; (*Holz*♀) pevera *f*; (*Mühl*♀) tramoggia *f*; (*Vulkan*♀, *Granat*♀) cratere *m*; '♀**förmig** imbutiforme.

Trick [trik] *m* (3¹ *u.* 11) trucco *m*; '**film** *m* cartoni *m/pl.* animati.

Trieb [tri:p] **1.** *m* (3) *äußerer:* spinta *f*; *innerer:* impulso *m*; (*Instinkt*) istinto *m*; (*Neigung*) inclinazione *f*; (*Verlangen*) desiderio *m*; mania *f*; ♀ germoglio *m*; **2.** ♀ *s. treiben*; '**feder** *f* molla *f*; *fig.* motivo *m*; '♀**haft** istintivo; (*sinnlich*) sensuale; '**kraft** *f* forza *f* motrice; '**rad** *n* ruota *f* motrice; '**sand** *m* arena *f* mobile; '**schraube** *f* elica *f* propellente; '**stange** *f* biella *f*; '**wagen** *m* automotrice *f*, trattrice *f*; '**welle** *f* albero *m* di trasmissione; '**werk** *n* congegno *m* (*od.* meccanismo *m*) motore; (*Getriebe*) ingranaggio *m*.

Trief|auge ['tri:f'ʔaugə] *n* occhio *m* cisposo; ♀**äugig** ['-ɔygiç] cisposo; '**äugigkeit** *f* cisposità *f*; ♀**en** (25) grondare; *Augen:* lacrimare; *Nase:* gocciolare; '**nase** *f* naso *m* moccioso; ♀'**naß** fradicio.

triezen ['tri:tsən] F (27) stuzzicare; infastidire, molestare.

triff, **st**, **t** [trif(st)] *s. treffen*.

Trift [trift] *f* (16) pascolo *m*; *Flöße:* flottazione *f*; '♀**ig** fondato, buono, valido, plausibile; '**igkeit** *f* fondatezza *f*; plausibilità *f*.

Trigono|metrie [trigonome'tri:] *f* trigonometria *f*; ♀'**metrisch** trigonometrico.

Trikolore [triko'lo:rə] *f* (15) tricolore *m*.

Trikot [tri'ko:] *m u. n* (11) canottiera *f*; maglia *f*; '**agen** [-ko'ta:ʒən] *pl.*, **waren** *f/pl.* maglierie *f/pl.*

Triller ['trilər] *m* (7) trillo *m*, gorgheggio *m*; ♀**n** (29) trillare, gorgheggiare; '**pfeife** *f* fischietto *m*.

Trilogie [-lo'gi:] *f* (15) trilogia *f*.

Trimester [-'mɛstər] *n* (7) trimestre *m*.

trimm|en ['trimən] (25) 🚣 equilibrare; ⚓ dare l'assetto; *Hund:* tosare; ♀**er** ⚓ *m* (7) carbonaio *m*; ♀**vorrichtung** 🚣 *f* stabilizzatore *m*.

trink|bar ['triŋkba:r] bevibile; *Wasser:* potabile; ♀**barkeit** *f* bevibilità *f*; ♀**becher** *m* coppa *f*; calice *m*; ♀**bruder** F *m* beone *m*; ♀-**ei** *n* uovo *m* da bere; **en** (30) bere; *Kaffee, Tee:* prendere; ♀**er** *m* (7) bevitore *m*; beone *m*; ubriacone *m*; '**fest** che può bere molto; ♀**gelage** *n* orgia *f*; ♀**geld** *n* mancia *f*; ♀**glas** *n* bicchiere *m*; ♀**halle** *f* mescita *f*; ♀**lied** *n* canto *m* bacchico; ditirambo *m*; ♀**spruch** *m* brindisi *m*; ♀**stube** *f* Bier: birreria *f*; ♀**wasser** *n* acqua *f* potabile.

Trio ['tri:o] *n* (11) trio *m*.

Trip F [trip] *m* (11) gita *f*, escursione *f*.

trippeln ['tripəln] (29, *h. u. sn*) camminare a piccoli passi.

Tripper ⚕ ['tripər] *m* (7) gonorrea *f*; blenorragia *f*.

Triptychon ['triptyçɔn] *n* (9¹ *u.* ²) trittico *m*.

Triptyk ['triptyk] *n* (4) trittico *m*.

Tritt [trit] *m* (3) passo *m*; (*Spur*) orma *f*; (*Fuß*♀) calcio *m*; (*Kutschen*♀) predellino *m*; ♪ pedale *m*; ~ *halten* camminare al passo; *auf Schritt und* ~ ad ogni passo; '**brett** *n* pedana *f*, predellino *m*; '**leiter** *f* scaleo *m*.

Triumph [tri'umf] *m* (3) trionfo *m*; *in Zssgn* trionfale; '**ator** [--'fa:tor] *m* (8¹) trionfatore *m*; '**bogen** *m* arco *m* di trionfo; '**gesang** *m* canto *m* trionfale; ♀'**ieren** trionfare.

trivial [tri'vja:l] triviale; ♀**i'tät** *f* trivialità *f*.

trocken ['trɔkən] secco (*a. fig.*); (*Ggs. feucht*) asciutto; *Boden usw.:* arido; ~ *werden* seccare; **en** *Fußes* senza bagnarsi i piedi; *noch nicht* ~ *hinter den Ohren sn fig.* avere ancora il latte sulle labbra; *auf dem* **en**

sitzen essere al verde; ♀-**apparat** *m* essiccatore *m*; ♀**batterie** *f* batteria *f* a secco; ♀**boden** *m* seccatoio *m*; (*für Wäsche*) stenditoio *m*; ♀**dock** ⚓ *n* bacino *m* di carenaggio; ♀-**element** *⚡ n* pila *f* a secco; ♀**futter** *n* foraggio *m* secco; ♀**gemüse** *n* verdura *f* essiccata; ♀**gestell** *n* essiccatoio *m*; ♀**haube** *f* casco *m* asciugacapelli; ♀**heit** *f* secchezza *f* (*a. fig.*); asciuttezza *f*; *wegen Regenmangels*: siccità *f*; ♀**kammer** *f* essiccatoio *m*; ♀-**kuppelung** *f* frizione *f* a secco; ~**legen** *Gelände*: prosciugare; *Kind*: cambiare i panni a; ♀**legung** *f* prosciugamento *m*; *sumpfiger Orte*: bonifica *f*; ♀**maschine** *f* essiccatore *m*; ♀**milch** *f* latte *m* in polvere; ♀-**obst** *n* frutta *f* secca; ♀**platz** *m* stenditoio *m*; *für Obst*: seccatoio *m*; ♀**rasierapparat** *m* rasoio *m* elettrico; ♀**ständer** *m Phot.* sgocciolatoio *m*; ♀**stempel** *m* timbro *m* a secco; ♀**zeit** *f* periodo *m* di siccità.

trocknen ['-nən] (26) seccare; (*abwischen*) asciugare; *sich die Haare* ~ asciugarsi i capelli.

Troddel ['trɔdəl] *f* (15) nappa *f*; (*Säbel♀*) dragona *f*.

Trödel ['trø:dəl] *m* (7) ciarpame *m*; stracci *m/pl.*; anticaglie *f/pl.*; ~'**ei** *f* (16) lentezza *f*, tentennamento *m*; ~**laden** *m* bottega *f* di rigattiere; ♀**n** (29) non affrettarsi, stare a perdere il tempo.

Trödler ['-dlər] *m* (7) rigattiere *m*; *fig.* dondolone *m*.

Trog [tro:k] *m* (3³) trogolo *m*; (*Back♀*) madia *f*.

trollen ['trɔlən] (25): *sich* ~ andarsene.

Trommel ['trɔməl] *f* (15) tamburo *m*; ~**fell** *n* pelle *f* del tamburo; *Anat.* timpano *m*; ~**feuer** *n* fuoco *m* tamburreggiante; ♀**n** (29) sonare il tamburo, tamburreggiare; *mit den Fingern* ~ battere le dita; ~**schlag** *m* suono *m* del tamburo; ~**stock** *m* bacchetta *f* del tamburo; ~**wirbel** *m* rullo *m* (dei tamburi).

Trommler ['-lər] *m* (7) tamburo *m*.

Trompete [trɔm'pe:tə] *f* (15) tromba *f*; *mit Pauken und* ~ a suon di trombe e di tamburi; ♀**n** (26) suonare la tromba; ~**nschall** *m*, ~**nstoß** *m* suono *m* (*od.* squillo *m*) di tromba; ~**r** *m* (7) trombettiere *m*.

Tropen ['tro:pən] *pl.* tropici *m/pl.*;

in Zssgn tropicale; ~**helm** *m* casco *m* coloniale; ~**klima** *n* clima *m* tropicale.

Tropf [trɔpf] *m* (3³) minchione *m*; *armer* ~ povero diavolo *m*.

tröpfeln ['trœpfəln] (29, *h. u. sn*) gocciolare.

tropfen ['trɔpfən] **1.** (25, *h. u. sn*) gocciolare; **2.** ♀ *m* (6) goccia *f*; ♀-**fänger** *m* fermagocce *m*; ♀**weise** a gocce; ♀**zähler** *m* contagocce *m*.

Tropfstein ['-ʃtaın] *m herabhängend*: stalattite *f*; *aufsteigend*: stalagmite *f*; ~**höhle** *f* grotta *f* di stalattiti.

Trophäe [tro'fɛ:ə] *f* (15) trofeo *m*.

tropisch ['tro:piʃ] tropicale.

Troß [trɔs] *m* (4) carriaggio *m*; bagagli *m/pl.*; *fig.* (*Gefolge*) seguito *m*.

Trosse ⚓ ['trɔsə] *f* (15) cavo *m*.

Trost [tro:st] *m* (3², *o. pl.*) consolazione *f*; conforto *m*; *nicht recht bei* ~ *sn* essere matto; '♀**bringend** consolante.

tröst|en ['trø:stən] (26) confortare, consolare; ♀**er** *m* (7) consolatore *m*; ~**lich** consolante.

trost|los ['tro:stlo:s] sconsolato; (*untröstlich*) inconsolabile; *Ding*: sconfortante; (*öde*) desolato; ♀**losigkeit** *f* sconforto *m*; desolazione *f*; ♀**preis** *m* premio *m* di consolazione; ~**reich** confortante.

Tröstung ['trø:stuŋ] *f* conforto *m*.

trost|voll ['tro:stfɔl] consolante; ♀-**wort** *n* parola *f* di conforto.

Trott [trɔt] *m* (3) trotto *m*.

Trottel ['trɔtəl] *m* (7) imbecille *m*, idiota *m*, cretino *m*.

trotten ['trɔtən] (26, *sn*) trottare.

Trottoir [-to'a:r] *n* (3¹ *u.* 11) marciapiede *m*.

trotz [trɔts] **1.** *prp.* (*gen. u. dat.*) nonostante, malgrado; ~ *der* ... nonostante (malgrado) la ...; ~ *alledem* con tutto ciò; **2.** ♀ *m* (3², *o. pl.*) ostinazione *f*; *j-m zum* ~ a dispetto di qu.; *ihm zum* ~ a suo dispetto; ~ *bieten* sfidare (*ac.*); '~**dem 1.** *adv.* cionnonostante; **2.** *cj.* sebbene; '~**en** (27) affrontare (*ac.*); resistere a; (*schmollen*) tenere il broncio a; *auf et.*: farsi forte di; '~**ig** capabrio; dispettoso; '♀**kopf** *m*, ~**köpfig** ['-kœpfiç] *adj.* testardo *m u. adj.*; '♀**köpfigkeit** *f* testardaggine *f*.

Troubadour ['tru:badu:r] *m* (3¹ *u.* 11) trovatore *m*.

trüb(e) ['try:b(ə)] torbido; *Himmel*: coperto; *Stimmung*: cupo; *Tag*: nero; *Glas*: opaco, (*beschlagen*) appannato; *fig.* mesto, triste; ~ *werden* intorbidirsi; offuscarsi; incupirsi; *im* ~*en fischen* pescare nel torbido.

Trubel ['tru:bəl] *m* (7, *o. pl.*) confusione *f*.

trüb|en ['try:bən] (25) intorbidire; *fig.* turbare; *Licht*: offuscare; *Stimmung*: guastare; *Geist*: ottenebrare; **2heit** *f* torbidezza *f*; umore *m* tetro; **2sal** ['-pza:l] *f* (14) profonda afflizione *f*; (*Drangsal*) tribolazione *f*; ~ *blasen* avere le paturne; **~selig** triste; **2seligkeit** *f* tristezza *f*; **2-sinn** *m* malinconia *f*, umore *m* tetro; **2sinnig** malinconico; cupo; **2ung** *f* intorbidimento *m*; *fig.* perturbazione *f*.

trudeln ['tru:dəln] (29) ✈ avvitarsi, cadere a vite.

Trüffel ['tryfəl] *f* (15) tartufo *m*; **2n** (29) trifolare.

Trug¹ [tru:k] *m* (3, *o. pl.*) inganno *m*, impostura *f*; (*Lüge*) menzogna *f*; (*Betrug*) frode *f*, *s. Lug*; '**~bild** *n* immagine *f* fallace; illusione *f*; '**~dolde** ♀ *f* corimbo *m*.

trug², **trüge** [-, 'try:gə] *s. tragen*.

trüg|en ['try:gən] (30) ingannare; **~erisch** ingannevole; fallace; illusorio.

Trugschluß ['tru:kʃlus] *m* (4²) conclusione *f* erronea; sofisma *m*.

Truhe ['tru:ə] *f* (15) cassapanca *f*.

Trümmer ['trymər] *pl.* (*stehende Reste*) rovine *f/pl.*; (*Schutt*) macerie *f/pl.*; *in* ~ *gehen* (*schlagen*) andare (mandare) in frantumi (*od.* pezzi); **~beseitigung** *f* sgombero *m* delle macerie; **~haufen** *m* mucchio *m* di macerie.

Trumpf [trumpf] *m* (3³) *Kartensp.* trionfo *m*; punto *m* di vantaggio; *fig.* argomento *m* valido.

Trunk [truŋk] *m* (3³) bevuta *f*; (*Trank*) bevanda *f*; (*Schluck*) sorso *m*; *dem* ~ *ergeben* dedito al bere; '**2en** ub(b)riaco; *fig.* ebbro; **~enbold** ['-kənbɔlt] *m* (3) ub(b)riacone *m*; '**~enheit** *f* ub(b)riachezza *f*; *fig.* ebbrezza *f*; '**~sucht** *f* vizio *m* del bere; vizio *m* dell'ub(b)riachezza; **2süchtig** ['-zyçtiç] dedito al bere.

Trupp [trup] *m* (11) gruppo *m*; *Arbeiter*: squadra *f*; ✗ drappello *m*; '**~e**

f (15) ✗ truppa *f*; *Thea.* compagnia *f*; '**~en-aushebung** *f* leva *f*; '**~engattung** *f* arma *f*; '**~enschau** *f* rivista *f*; '**~enteil** *m* unità *f*; '**~enübungsplatz** *m* campo *m* delle manovre; '**~enverschiebung** *f* spostamento *m* di truppa; **2weise** a *od.* in gruppi.

Trust [trast] *m* (3 *u.* 11) trust *m inv.*, sindacato *m*.

Trut|hahn ['tru:tha:n] *m* tacchino *m*; **~henne** *f* tacchina *f*.

Trutz [truts] *m* (3², *o. pl.*) = *Trotz*; *zu Schutz und* ~ per difesa e offesa; *Schutz-und-Trutz-Bündnis n* alleanza *f* difensiva e offensiva.

Tschako ['tʃako] *m* (11) ciaco *m*.

Tschech|e ['tʃɛçə] *m* (13) (**~in** *f*), **2isch** ceco (-a) *m*.

Tschechoslowak|e [-çoslo'va:kə] *m* (13) (**~in** *f*), **2isch** cecoslovacco (-a) *m* (*f*).

Tube ['tu:bə] *f* (15) tubetto *m*.

Tuberk|el 🕱 [tu'bɛrkəl] *m* (7) tubercolo *m*; **2ulös** [--ku'lø:s] tubercoloso; **~ulose** [--ku'lo:zə] *f* (15) tubercolosi *f*.

Tuch [tu:x] *n* (1²*u.*3) panno *m*; (*Stoff*) stoffa *f*; tessuto *m*; (*Umlege2*) fazzoletto *m*; (*Tisch2*) tovaglia *f*; (*Lappen*) cencio *m*; '**~fühlung** *f fig.* contatto *m* stretto; *in* ~ *bleiben* mantenere il contatto; '**~geschäft** *n* negozio *m* di tessuti; '**~handel** *m* commercio *m* di tessuti; '**~händler** *m* negoziante *m* di stoffe; '**~rest** *m* scampolo *m*.

tüchtig ['tyçtiç] bravo; capace; abile; (*vortrefflich*) buono; (*leistungsfähig*) efficiente; *adv.* molto; *F* per bene; **2keit** *f* bravura *f*, capacità *f*.

Tück|e ['tykə] *f* (15) malizia *f*; perfidia *f*; **2isch** maligno; perfido.

Tuff [tuf] *m* (3¹), '**~stein** *m* tufo *m*.

Tüft|elei [tyftə'lar] *f* (16) sofisticheria *f*; '**2eln** (29) sottilizzare.

Tugend ['tu:gənt] *f* (16) virtù *f*; **2-haft** virtuoso; '**~lehre** *f* morale *f*.

Tüll [tyl] *m* (3¹) tulle *m*; '**~e** *f* (15) beccuccio *m*.

Tulpe ♀ ['tulpə] *f* (15) tulipano *m*.

tummel|n ['tuməln] (29) 1. *v/t.* *Pferd*: maneggiare, passeggiare; 2. *refl.*: *sich* ~ muoversi; (*sich beeilen*) spicciarsi; **2platz** *m* (*Reitbahn*) cavallerizza *f*; (*Kampfplatz*,

Thea.) arena f; (Kinderspielplatz)
luogo m di ricreazione; fig. campo
m d'azione.

Tümmler ['tymlər] m (7) Zo. centrina f; delfino m.

Tumor ♣ ['tu:mɔr] m (8¹) tumore m.

Tümpel ['tympəl] m (7) pozza f.

Tumult [tu'mult] m (3) tumulto m; ℒuarisch [--tu'ɑ:riʃ] tumultuario.

tun [tu:n] 1. (30) fare; Abbitte: chiedere; Blick: dare; Dienst: prestare; Eintrag: recare; hinein⁓ in mettere in; groß⁓ fare il grande; leid ⁓ rincrescere; so ⁓ als ob fingere di; fare come se; es ist mir sehr darum zu ⁓ mi importa molto; das hat damit nichts zu ⁓ questo non c'entra; 2. ℒ n (6) fare m; (Beschäftigung) occupazione f; (Handlung) azione f; mein ⁓ und Lassen i fatti miei.

Tünche ['tynçə] f (15) intonaco m; fig. vernice f; ℒn (25) intonacare.

Tunichtgut ['tu:niçtgu:t] m (3, sg. a. uv.) buono m a nulla; birbone m.

Tunke ['tuŋkə] f (15) salsa f; ℒn (25) intingere.

tunlich ['tu:nliç] fattibile; mit ⁓ster Eile con la maggior fretta possibile; ℒkeit f fattibilità f, possibilità f.

Tunnel ['tunəl] m (7) galleria f.

Tüpfel ['typfəl] m u. n (7), ⁓chen ['--çən] n (6) puntolino m; (Fleck) macchiolina f; ℒn (29) punteggiare; macchiettare.

tupfen ['tupfən] 1. (25) toccare leggermente; ♣ asciugare; 2. ℒ m (6) punto m.

Tür [ty:r] f (16) porta f; uscio m; (Wagen ℒ) sportello m; hinter verschlossenen ⁓en a porte chiuse; vor der ⁓ stehen fig. essere prossimo; stare per venire; '⁓angel f cardine m.

Turban ['turbɑ:n] m (3¹) turbante m.

Turbine [-'bi:nə] f (15) turbina f; ⁓nschiff n turbonave f.

Tür|flügel ['ty:rfly:gəl] m battente m della porta; ⁓füllung f impannata f; ⁓griff m maniglia f (della porta); ⁓hüter m guardiaportone m; vor Gerichten: usciere m.

Türk|e ['tyrkə] m (13) (⁓in f), ℒisch turco (-a) m (f); ⁓is [-'ki:s] m (4) turchese m.

Tür|klinke ['ty:rkliŋkə] f maniglia f; ⁓klopfer m picchiotto m.

Turm [turm] m (3³) torre f; (Kirch ℒ, Glocken ℒ) campanile m.

Türm|chen ['tyrmçən] n (6) torricella f; ℒen (25) ammonticchiare; sich ⁓ elevarsi, torreggiare; v/i. P darsela a gambe; getürmt turrito; ⁓er m (7) torriere m.

turm|hoch ['turm'ho:x] fig. gigantesco; ⁓ überlegen sn superare di gran lunga; ℒspitze f guglia f; ℒ-springen n Sport: tuffo m alto; ℒ-uhr f orologio m della torre.

turn|en ['turnən] (25) fare ginnastica; ℒen n (6) ginnastica f; ℒer(in f) m ginnasta m u. f; ⁓erisch ginnastico; ℒfest n festa f ginnastica; ℒ-gerät n attrezzi m/pl. da ginnastica; ℒhalle f palestra f; ℒhose f mutandine f/pl. (od. calzoni m/pl.) da ginnastica.

Turnier [tur'ni:r] n (3¹) torneo m; ⁓platz m lizza f.

Turn|kunst ['turnkunst] f ginnastica f; ⁓lehrer m maestro m di ginnastica; ⁓schuhe m/pl. scarpe f/pl. da ginnastica; ⁓stunde f ora f (od. lezione f) di ginnastica; ⁓unterricht m insegnamento m della ginnastica; ⁓ver-ein m società f ginnastica.

Tür|pfosten ['ty:rpfɔstən] m stipite m; ⁓rahmen m intelaiatura f della porta; ⁓schild n targhetta f; ⁓schließer m (Schloß) serraporta automatico; ⁓schloß n serratura f; ⁓schlüssel m chiave f della porta; ⁓schwelle f soglia f; ⁓steher m guardiaportone m; usciere m.

Turteltaube ['turtəltaubə] f (15) tortora f.

Türvorhang ['ty:rfo:rhaŋ] m portiera f.

Tusch [tuʃ] m (3²) applauso m musicale.

Tusche ['tuʃə] f (15) inchiostro m di Cina.

tuscheln ['tuʃəln] (29) bisbigliare.

tusch|en ['tuʃən] (27) ombreggiare coll'inchiostro di Cina; dipingere ad acquerello; 'ℒkasten m scatola f di colori; 'ℒtinte f inchiostro m di Cina; 'ℒzeichnung f disegno m all'inchiostro di Cina.

Tüte ['ty:tə] f (15) cartoccio m; sacchetto m di carta; das kommt nicht in die ⁓! fig. neanche per idea!

tuten ['tu:tən] (26) sonare il corno (*od.* la sirena).

Tüttel ['tytəl] *m* (7), **~chen** ['--çən] *n* (6) punt(ol)ino *m*.

Twist [tvist] *m* (3²) filato *m* di cotone.

Typ [ty:p] *m* (8), **~e** *f* (15) tipo *m*.

Typhus ['ty:fus] *m uv.* tifo *m*; ⚥-**artig** tifoideo.

typisch ['ty:piʃ] tipico.

Typogr|aph [typo'gra:f] *m* (12) ti-
pografo *m*; **~a'phie** *f* tipografia *f*;
⚥'**aphisch** tipografico.

Typus ['ty:pus] *m* (16²) tipo *m*.

Tyrann [ty'ran] *m* (12) tiranno *m*;
~ei [--'nai] *f* (16) tirannia *f*.

Tyrannen|herrschaft [ty'ranən-
herʃaft] *f* tirannide *f*; **~mord** *m* ti-
rannicidio *m*; **~mörder(in** *f*) *m* ti-
rannicida *m u. f.*

tyrann|isch [ty'raniʃ] tirannico; **~i-
sieren** [--ni'zi:rən] tiranneggiare.

U

U, u [u:] *n uv*. U, u *m u. f.*

U-Bahn ['u:ba:n] *f* (16) suburbana *f*, metropolitana *f*.

übel ['y:bəl] **1.** *adj*. cattivo; **2.** *adv*. male; *nicht* ~ discreto; discretamente; *nicht* ~! non c'è male!; *es wird mir* ~ mi sento male; *das wird ihm* ~ *bekommen* se ne pentirà; ~ *angebracht* fuori di proposito; **3.** ⑨ *n* (7) male *m*; ⑨**befinden** *n* malessere *m*; ~**gelaunt** di cattivo umore; ~**gesinnt** maldisposto; malintenzionato; ⑨**keit** *f* nausea *f*; ~**erregend** nauseabondo; ~**nehmen** prendersela a male; *nehmen Sie das nicht* ~! non se l'abbia a male!; non se la prenda a male!; ~**nehmerisch** permaloso; ~**riechend** maleodorante; ⑨**stand** *m* inconveniente *m*; ⑨**tat** *f* misfatto *m*; ⑨**täter** *m* malfattore *m*; ~**wollen** *v/i.*: *j-m* ~ voler del male a qu.; ⑨**wollen** *n* (6) malvolere *m*; ~**wollend** malevolo; malintenzionato.

üben ['y:bən] (25) **1.** *v/t*. esercitare; *Gerechtigkeit usw.*: praticare; *Gewalt*: usare; *Rache* ~ vendicarsi; **2.** *v/i*. fare degli esercizi, esercitarsi.

über ['y:bər] **1.** *prp.* (*dat. u. ac.*) sopra; (~ *hinaus*) oltre; al di là di; (*reisen, gehen usw.* ~) per, via; (*sprechen, lachen, staunen usw.* ~) di; ~ *folgendes berichten* riferire su quanto appresso; ~ *die Straße gehen* attraversare la strada; (*vor Zahlen*) più di; ~ *hundert Städte* più di cento città; *heute* ~ *acht Tage* oggi a otto; ~ *den Winter usw.* durante l'inverno *usw.*; *sich* ~ *Wasser halten* tenersi a galla; **2.** *adv*. *den Tag* ~ tutto il giorno; ~ *und* ~ interamente; ~**bekommen** prendere in uggia; F *j-m* ~ *sein* essere superiore a qu.; ~ *et*. *hinweg sein* aver superato qc.; *et*. ~ *haben* averne abbastanza di qc.; **3.** (*durch Vermittlung*) tramite, attraverso.

über|**all** [y:bər'ʔal] dappertutto, da tutte le parti; ~**altert** troppo (*od*. per lo più) anziano; ⑨**angebot** *n* offerta *f* eccessiva; ~**anstrengen** affaticare troppo; ⑨**anstrengung** *f* fatica *f* eccessiva; esaurimento *m*; ~**antworten** rimettere; ~**arbeiten** ritoccare; rifare; *sich* ~ lavorare troppo; ⑨**arbeitung** *f* rifacimento *m*; ritocco *m*; lavoro *m* eccessivo; esaurimento *m*; ~**aus** oltremodo.

Über|**bau** ['y:bərbau] *m* sopraelevazione *f*; sopralzo *m*; *fig*. soprastruttura *f*; ⑨**bauen** sopredificare; ~**bein** *n* soprosso *m*; ~**belastung** *f* sovraccarico *m*; ⑨**belichten** *Phot*. sovresporre; ~**bett** *n* piumino *m*; ⑨**bewerten** esagerare il valore di; sovrestimare; ⑨**bieten** offrire più di (qu.); *fig*. sorpassare; *sich* ~ fare a chi offre di più; *fig. sich in et*. ~ gareggiare a chi fa più ...; ~**bleibsel** ['--blaɪpsəl] *n* (7) resto *m*; avanzo *m*; (*Rückstand*) residuo *m*; ⑨**blenden** *Phot*. sovrapporre; ~**blendung** *f* sovrapposizione *f*; ~**blick** *m* vista *f* generale; occhiata *f*; *fig*. sguardo *m* d'assieme; (*Übersicht*) ricapitolazione *f*; ⑨**blicken** abbracciare con lo sguardo; *flüchtig*: dare un'occhiata a; *fig*. rendersi conto di; ⑨**bringen** portare, consegnare, recare; *Grüße*: trasmettere; ~**bringer** *m* (7) latore *m*, portatore *m*; ~**bringerscheck** *m* assegno *m* al portatore; ⑨**brücken** [--'brykən] *v/t*. (25) gettare un ponte sopra; *fig*. superare, trovare un espediente a; ~**brückung** *f fig*. superamento *m*; soluzione *f* interinale; ~**brückungskredit** *m* credito *m* di transizione.

über|**dachen** [--'daxən] (25) coprire d'un tetto; ~**dauern** durare di più; (*überleben*) sopravvivere a; ⑨**decke** *f* sopracoperta *f*; ~**decken** coprire; ~**denken** rimeditare; riflettere su; (*überprüfen*) riesaminare; ~**dies** oltracciò, oltre a ciò; ~**drehen** *Gewinde*: spanare; ⑨**druck** ⊕ *m* sovrappressione *f*; ⑨**druß** ['--drus] *m* (4, *o. pl.*) tedio *m*; *bis zum* ~ a sazietà; ~**drüssig** ['--drysiç] disgustato da; ~**durchschnittlich** superiore alla media.

über|eck [--'ᵺɛk] di traverso; '2-**eifer** m troppo zelo m, zelo m eccessivo; '~eifrig troppo zelante; ~'eignen trasferire, cedere (la proprietà); volturare; ~'eilen precipitare; ~eilt [--'ᵺaɪlt] troppo affrettato; ~'ein d'accordo.

übereinander [--ᵺaɪ'nandər] l'uno sull'altro; **~greifen** sovrapporsi; **~legen** sovrapporre; **~liegen** essere sovrapposto l'uno all'altro; ~**schlagen** Beine: accavalciare, Arme: incrociare.

überein|kommen [--'ᵺaɪnkɔmən] mettersi d'accordo; 2**kommen** n (6), 2**kunft** [--'kunft] f (14¹) accordo m; in ~ mit conformemente a; **~stimmen** essere d'accordo; Dinge: concordare, corrispondere; ~**stimmend** concorde; conforme; 2**stimmung** f accordo m; concordanza f; in ~ mit d'accordo con; ~**treffen** accordarsi.

'**über-empfindlich** ipersensibile; 𝒮 allergico; 2**keit** f ipersensibilità f; allergia f.

'**über-entwick|elt** ipertrofico; 2-**lung** f ipertrofia f.

über|fahren [--'faːrən] investire; travolgere, mettere sotto; Signal: passare (senza farci attenzione); '2-**fahrt** f traversata f; tragitto m; '2-**fall** m aggressione f; ✗ assalto m; attacco m; ~'**fallen** v/t. assalire di sorpresa; sorprendere; '~**fällig** ♣ in ritardo; ♦ venduto e non pagato; 2**fallkommando** ['--falkɔmando] n squadra f volante; ~'**fliegen** sorvolare, trasvolare; fig. scorrere rapidamente; '~**fließen** traboccare; fig. riboccare (von di); '2**flug** m ✈ sorvolo m, trasvolata f; ~**flügeln** [--'flyːgəln] (29) sorpassare; '2**fluß** m abbondanza f; ~ an et. haben abbondare di qc.; im ~ vorhanden sein sovrabbondare; zum ~ per giunta; '~**flüssig** superfluo, inutile; di troppo; ~'**fluten** inondare; 2'**flutung** f inondazione f; ~'**fordern** chiedere (od. esigere) troppo; '2-**fracht** f soprappeso m; 2'**fremdung** [--'frɛmduŋ] f invasione f dell'elemento straniero; ~'**führen** 1. ['----] trasportare; 2. [--'--] 🚂 convincere; 2'**führung** f trasporto m; 🚗 cavalcavia m; 🚂 convincimento m; '2**fülle** f sovrabbondanza f; ~'**füllen** riempir troppo; 🚊, Straßen,

Thea.: gremire, riempir fitto, affollare; ~**füllt** [--'fylt] pieno zeppo; gremito, affollato, riboccante di gente; 2'**füllung** f affluenza f, moltitudine f; ~'**füttern** sovralimentare.

'**Über|gabe** f consegna f; ✗ resa f; '~**gang** m passaggio m; Pol., 🚉 transizione f; Mal. gradazione f; zwischen Sommer und Winter: mezza stagione f; '~**gangsbestimmungen** pl. disposizioni f/pl. transitorie; '~**gangskleidung** f abito m di mezza stagione; '~**gangsstelle** f passaggio m; 2'**geben** consegnare; sich ~ vomitare; ✗ arrendersi; 2**gehen** 1. ['----] v/i. (sn) passare (in et. ~ cambiarsi in; fließend: traboccare); 2. [--'--] v/t. passar sopra a; Worte: saltare; mit Stillschweigen ~ passar sotto silenzio; '~**gehung** f omissione f; mit ~ tralasciando (qc.); '2**genug** sovrabbondante, più che sufficiente; '2**geordnet** superiore; '~**gewicht** n soprappeso m; nur fig. preponderanza f; das ~ bekommen perdere l'equilibrio; fig. prevalere; 2'**gießen** 1. ['----] versare sopra; 2. [--'--] bagnare (di); mit Spott: coprire (di); 2'**glücklich** felicissimo; 2'**greifen** estendersi a; fig. invadere (ac.); usurpare; '~**griff** m soverchieria f; abuso m; 2'**groß** stragrande; enorme; '~**guß** m bagno m (di).

'**über|haben** Mantel: avere addosso, portare; (übrig haben) avanzare; et. ~ F averne abbastanza di qc.; ~**handnehmen** [--'hantneːmən] prendere il sopravvento; crescere; (sich verbreiten) propagarsi; '2**hang** m sporgenza f; fig. sovravvanzo m; '~**hängen** 1. v/i. (30) sporgere; risaltare; 2. v/t. (25) Mantel: mettersi (sulle spalle); Gewehr: appendersi alla spalla; ~'**häufen** colmare (mit di); mit Beleidigungen: caricare; (überladen) sovraccaricare; '~**haupt** in genere; del tutto; wenn ~ se pure, se mai; ~**haupt** (non ...) affatto; ~'**heben**: j-n e-r Sache ~ dispensare qu. da qc.; sich ~ insuperbirsi, presumere; ~**heblich** [--'heːplɪç] arrogante, presuntuoso; 2'**heblichkeit** f presuntuosità f, presunzione f, arroganza f; ~'**heizen** riscaldare troppo; ~**hitzen** [--'hitsən] (27) surriscaldare; '**höflich** eccessivamente cortese; **höhen** [--'hø:ən] (25) sopraelevare; **holen** lasciarsi dietro; *Auto u. fig.*: sorpassare; (*überprüfen*) ripassare, controllare, rimettere a nuovo; **holt** [--'ho:lt] *fig.* antiquato; ♀'**holung** *f* revisione *f*; riparazione *f*; ♀'**holverbot** *n* divieto *m* di sorpasso; **hören** non udire; *absichtlich*: far finta di non sentire; '**irdisch** soprannaturale.

'über|**kippen** *v/i.* (*sn*) ribaltarsi; **kleben** incollare sopra; ♀**kleid** *n* sopravveste *f*; ♀**klug** saccente; ♀**klugheit** *f* saccenteria; **kochen** traboccare (bollendo); **kommen** 1. *v/t.* (*plötzlich*) assalire; 2. *adj.* tradizionale.

über|'**laden** 1. *v/t.* sovraccaricare; *fig.* caricare troppo; 2. *adj.* sovraccarico, stracarico; *fig.* caricato; **lagern** sovrapporre; ♀'**lagerung** *f* sovrapposizione *f*; ⚡ interferenza *f*; '♀**landleitung** ⚡ *f* conduttura *f* a lunga distanza; ♀'**landverkehr** *m* traffico *m* interurbano; ♀'**landzentrale** *f* centrale *f* interurbana; **lassen** lasciare; cedere; (*käuflich*) vendere; (*hingeben*) abbandonare; *es* ~ *sich* ~ rimettersi; *ich überlasse es Ihnen* mi rimetto a Lei; ~ *Sie es mir* lasci fare a me; *sich selbst* ~ (*part.*) abbandonare a sé stesso; ♀'**lassung** *f* cessione *f*; abbandono *m*; '♀**last** *f* sovraccarico *m*; **lasten** sovraccaricare; *fig.* oberare; esigere troppo; **lastet** *adj.* sovraccarico; *fig.* soverchiato dal lavoro; ♀'**lastung** *f* eccesso *m* di lavoro, troppo lavoro *m*; (*Vorsatz*) **laufen** 1. ['----] *v/i.* (*sn*) traboccare; *zum Feind*: passare al nemico, disertare; (*Augen*) empirsi di lacrime; 2. [--'--] *adj.* affollato, troppo frequentato; ♀**läufer** *m* disertore *m*; **leben** sopravvivere a; *sich* ~ passare di moda; *sich überlebt haben* aver fatto il suo tempo; ♀'**lebende**(**r**) *m* (18) superstite *m*; ♀'**lebensgroß** ['--le-bənsgro:s] più grande del naturale; **legen 1.** ['----] mettere sopra; *j-n* ~ sculacciare qu.; 2. [--'--]: *et.* ~ riflettere su qc.; 3. *adj.* superiore; ♀'**legenheit** *f* superiorità *f*; **legt** *adj.* ponderato; 🚂 premeditato; ♀'**legung** *f* riflessione *f*; (*Vorsatz*) premeditazione *f*; '**leiten** far passare, tramandare; '♀**leitung** *f*

transizione *f*; **lesen** scorrere; (*übersehen*) saltare (leggendo); **liefern** consegnare; (*der Nachwelt*) tramandare; ♀'**lieferung** *f* tradizione *f*; **listen** [--'listən] (26) abbindolare; F farla (a qu.).

'**Über|macht** *f* superiorità *f* (*delle forze*); (*Vorherrschen*) prevalenza *f*; (*Vormachtstellung*) predominio *m*; *Pol.* egemonia *f*; ♀**mächtig** strapotente; preponderante; ♀'**malen** ritoccare; dipingere sopra; ♀'**mannen** [--'manən] (25) sopraffare; **maß** *n* eccesso *m* (*an dat.* di); *im* ~ in sovrabbondanza; ♀**mäßig** eccessivo, esagerato; '**mensch** *m* superuomo *m*; ♀'**menschlich** sovrumano; ♀'**mitteln** (29) trasmettere; ♀'**mittlung** *f* trasmissione *f*; ♀'**modern** ultramoderno; ♀'**morgen** dopodomani, posdomani; ♀**müdet** [--'my:dət] spossato, sovraffaticato; **müdung** *f* esaurimento *m*; eccesso *m* di fatica; '**mut** *m* petulanza *f*; *Kinder*: ruzzo *m*; ♀**mütig** [--'my:tiç] petulante; ruzzone.

'über|**nächst**: *am* ~*en Tag* due giorni dopo, il giorno dopo quello seguente; **nachten** [--'naxtən] (26) passare la notte, pernottare; **nächtigt** [--'nɛçtiçt] stanco (dal vegliare); ♀'**nachtung** *f* pernottamento *m*; ♀**nahme** ['--na:mə] *f* (15) assunzione *f*; (*Annahme*) accettazione *f*; presa *f* in consegna; ⚓ trasbordo *m*; '**natürlich** soprannaturale; **nehmen** assumere; *Verpflichtung*: contrarre; (*von j-m et.*) ricevere; (*in Besitz nehmen*) impossessarsi; *Auftrag*: incaricarsi di; *Schuld*: addossarsi; *sich* ~ abusare delle proprie forze; eccedere (*bei dat.* in).

'über|-**ordnen** mettere al di sopra (di); preporre (a); **geordnet** ['--gə'ɔrdnət] superiore; '**partei-lich** al di sopra dei partiti; imparziale; **pinseln** passare col pennello sopra qc.; ♀**produktion** *f* produzione *f* eccessiva; **prüfen** verificare, rivedere, riesaminare; ♀'**prüfung** *f* verifica *f*, revisione *f*, controllo *m*, riesame *m*; **quer** di traverso; **queren** [--'kve:rən] traversare; ♀'**querung** *f* attraversamento *m*; traversata *f*.

über|**ragen** [--'ra:gən] *v/t.* domi-

übersinnlich

nare; sovrastare; (*geistig*) sorpassare; (*vorherrschen*) predominare; *fig.* essere superiore a; ~d dominante; *fig.* eminente; ~**raschen** [--'raʃən] (27) sorprendere; 2'**raschung** *f* sorpresa *f*; *Besuch usw.*: improvvisata *f*; ~'**rechnen** fare il conto di, calcolare; ~'**reden** persuadere; convincere; 2'**redung** *f* persuasione *f*; convinzione *f*; ~'**reich** sovrabbondante; *adv.* in abbondanza; ~'**reichen** presentare; consegnare; 2'**reichung** *f* presentazione *f*; '~**reichlich** *s.* überreich; ~'**reif** stramaturo, più che maturo; ~'**reizen** sovreccitare; 2'**reizung** *f* sovreccitamento *m*; ~'**rennen** gettare a terra correndo; travolgere (*a.* ✕); '2**rest** *m* resto *m*; ~*e pl.* avanzi *m*/*pl.*; '2**rock** *m* soprabito *m*; '~**rumpeln** sorprendere; ✕ cogliere all'improvviso; ✕ (*Handstreich*) colpo *m* di mano; 2'**rumpelung** *f* sorpresa *f*; ~'**runden** *Text*: oltrepassare (di un giro).

über|'**sät** [--'zɛːt] cosparso (*mit di*); ~'**sättigen** saziare alla nausea, soprassaturare; 2'**sättigung** *f* sazietà *f*; soprassaturazione *f*; *fig.* disgusto *m*; ~'**sättigt** [--'zɛtiçt] nauseato, disgustato; '2**schallflugzeug** *n* aereo *m* supersonico; 2'**schallgeschwindigkeit** ['--ʃalgəʃvindiçkaɪt] *f* velocità *f* supersonica; ~'**schätzen** sopravvalutare; tassare (*od.* stimare) troppo alto; *fig.* dare troppa importanza a; 2'**schätzung** *f* sopravvalutazione *f*; ~'**schauen** dominare con lo sguardo; ~'**schäumen** traboccare; ~'**schlafen** dormirci sopra; '2**schlag** *m* calcolo *m* approssimativo; (*Kosten*2) preventivo *m*; (*Purzelbaum*) capitombolo *m*; ~'**schlagen** 1. ['----] *Beine*: incrociare; 2. [--'--] (*auslassen*) saltare; (*berechnen*) calcolare approssimativamente; *sich* ~ rovesciarsi; ribaltarsi; ✕, *Auto*: capovolgersi, capotare; *beim Turnen*: capitombolare; ~'**schnappen** (*sn*) scattare; *Stimme*: dare nel falsetto; F *er schnappt über* gli dà di volta il cervello; *übergeschnappt* matto; ~'**schneiden**: *sich* ~ incrociarsi; *fig.* (*zeitlich*) coincidere; interferire; 2'**schneidung** *f fig.* interferenza *f*; ~'**schreiben** scrivere il titolo (l'in-

dirizzo); ✝ *Aufträge* ~ trasmettere (*od.* passare) ordini; 2'**schreibung** *f* ✝ voltura *f*; ~'**schreien** gridare più forte di qu.; *sich* ~ sfiatarsi; ~'**schreiten** oltrepassare; traversare; *Befehl*: trasgredire; *Gesetz, Gebot*: violare, infrangere; 2'**schreitung** *f* passaggio *m*; ⚖ trasgressione *f*; violazione *f*, infrazione *f*; '2**schrift** *f* titolo *m*; soprascritta *f*; '2**schuh** *m* soprascarpa *f*, caloscia *f*; ~'**schuldet** sovraccarico di debiti; '2**schuß** *m* eccedenza *f*; '~**schüssig** eccedente; ~'**schütten** coprire (*mit di*); *fig.* colmare (*mit di*); 2'**schwang** ['--ʃvaŋ] *m* (3, *o. pl.*) esaltazione *f*; ~'**schwemmen** inondare (*mit di*); 2'**schwemmung** *f* inondazione *f*; ~'**schwenglich** ['--ʃvɛŋliç] esagerato; eccessivo; entusiastico; (*schwärmerisch*) esaltato; '2**schwenglichkeit** *f* entusiasmo *m*; esaltazione *f*.

Übersee ['yːbərzeː] *f uv.* oltremare *m*; *in Zssgn* d'oltremare; ultramarino; ~**dampfer** *m* transatlantico *m*; ~**handel** *m* commercio *m* d'oltremare; 2**isch** d'oltremare; transatlantico.

über|'**sehbar** calcolabile; che si può abbracciare con l'occhio; ~'**sehen** abbracciare (*od.* dominare) con lo sguardo; *fig.* (*berechnen*) calcolare; (*durchsehen*) rivedere; (*nicht sehen*) non osservare; *ich habe es* ~ mi è sfuggito; *ist nicht zu* ~ non si può prevedere; ~'**senden** mandare, spedire, inviare; 2'**sendung** *f* invio *m*; rimessa *f*; ~'**setzbar** traducibile; ~'**setzen** 1. ['----] portare (passare) all'altra riva; 2. [--'--] tradurre; 2'**setzer** *m* traduttore *m*; 2'**setzung** *f* traduzione *f*; ⚙ trasmissione *f*; ⊕ moltiplica *f*, rapporto *m*; 2'**setzungsbüro** *n* ufficio *m* traduzioni; '2**sicht** *f* vista *f* generale (*od.* d'insieme); (*Weitblick*) chiaroveggenza *f*, perspicacia *f*; (*Auszug*) sommario *m*; (*Zusammenstellung*) prospetto *m*; '~**sichtlich** chiaro, perspicuo; *Gelände*: aperto; '2**sichtlichkeit** *f* chiarezza *f*, perspicuità *f*; '2**sichtstabelle** *f* quadro *m* sinottico; ~'**siedeln** trasferirsi; traslocare; (*von ganzen Völkern, Volksstämmen*) trasmigrare; 2'**siedlung** *f* trasloco *m*; trasferimento *m*; trasmigrazione *f*; '~**sinnlich** trascendentale; soprannaturale; metafisico; ~'**spannen: a)** ~ *mit* coprire con; **b)** (*zu sehr anspannen*) tendere troppo; *fig.* esagerare; ~'**spannt** *adj.* esaltato; esagerato; ♀'**spanntheit** *f* esaltazione *f*; ~'**spielen** (*Tonbandaufnahme*) trasferire; ~'**spitzen** *fig.* esagerare; spingere troppo; ~'**springen** saltare (*a. fig.*); ~'**sprudeln** traboccare; ~'**staatlich** al di sopra degli Stati, soprastatale; sopranazionale; ~**stehen 1.** ['----] *v/i.* sporgere; **2.** [--'--] *v/t.* sopportare; *Gefahr:* superare; *glücklich* ~ uscirne bene; ~'**steigbar** sormontabile; ~'**steigen** *v/t.* passare (montando); *Mauer:* scavalcare; *Schwierigkeit:* superare; sormontare; *fig.* essere superiore a; ~'**stimmen** mettere in minoranza; ~'**strahlen** irradiare; *fig.* eclissare; ~'**streichen** spalmare (*mit di*); *mit Öl:* ungere (di); *mit Farbe:* dipingere (di); ~**strömen 1.** ['----] *v/i.* (sn) traboccare; *vom Volk:* rigurgitare di; **2.** [--'--] *v/t.* bagnare tutto; inondare; ♀**stunde** *f* ora *f* straordinaria; ~*n pl.* straordinari *m*; ~'**stürzen** precipitare; ♀'**stürzung** *f* precipitazione *f*.

über|teuern [--'tɔʏɐn] *v/t.* (29) rincarare troppo; ♀'**teuerung** *f* (forte) rincaro *m*; ~'**tölpeln** [--'tœlpəln] (29) minchionare; ~'**tönen:** *den Lärm* ~ coprire il rumore; ♀**trag** ['--trɑːk] *m* (3³) riporto *m*; ~'**tragbar** cedibile; trasferibile; (*a. Krankheit*) trasmissibile; *Schrift:* traducibile; ♀'**tragbarkeit** *f* cedibilità *f*; trasmissibilità *f*; ~'**tragen** (*abtreten*) cedere; (*beauftragen*) incaricare (*j-m et. qu. di qc.*); *Amt:* delegare (*j-m* a qu.); *Zahl:* riportare; *Posten, Artikel:* trasportare; *Schuld:* voltare; *Aktie:* trasferire; *Lit.:* tradurre; *Rundfunk:* trasmettere; *in* ~*er Bedeutung* in senso figurato; ~'**tragung** *f* cessione *f*; incarico *m*; riporto *m*; trasporto *m*; voltura *f*; trasferimento *m*; traduzione *f*, ⚡; *Rundfunk:* trasmissione *f*; 📻 infezione *f*; ~'**treffen** superare; ~'**treiben** esagerare; ♀'**treiber** *m* esageratore *m*; F spaccone *m*; ♀'**treibung** *f* esagerazione *f*; ~**treten 1.** ['----] *v/i.* (sn) *Flüsse:* straripare; *Rel.* convertirsi; *fig.* passare a; **2.** [--'--] *v/t.* contravvenire a; *Gesetz:* trasgredire; infrangere, violare; ♀-

'**tretung** *f* contravvenzione *f*; trasgressione *f*; ~'**trieben** esagerato; ♀**tritt** *m* passaggio *m*; (*Bekehrung*) conversione *f*; ~'**trumpfen** superare; ~'**tünchen** intonacare; *fig.* mascherare; dissimulare.

über|völkern [--'fœlkɐn] (29) sovrappopolare; ♀'**völkerung** *f* sovrappopolazione *f*; ~'**voll** stipieno; ~'**vorteilen** [--'fɔrtaɪlən] (25) ingannare, sfruttare; F bidonare.

über|wachen sorvegliare; ♀'**wachung** *f* sorveglianza *f*; ~'**wältigen** [--'vɛltɪɡən] (25) vincere, sopraffare; *Hindernisse:* superare; ~*d fig.* grandioso; imponente; ♀'**weg** *m* cavalcavia *m*; ~'**weisen** rimettere; assegnare; (*überlassen*) cedere; ♀'**weisung** *f* assegnazione *f*; (*~schein*) assegno *m*; ♀'**weisungsscheck** *m* assegno *m* bancario; ~'**werfen 1.** ['----]: *sich* (*dat.*) ~ mettersi; *Kleid:* infilarsi; **2.** [--'--]: *sich* ~ guastarsi; ~'**wiegen** prevalere; predominare; ~*d* preponderante; *adv.* in preponderanza (*od.* maggioranza); ~'**windbar** vincibile; superabile; ~'**winden** *v/t.* vincere; *Schwierigkeiten:* superare; ♀'**winder** *m* vincitore *m*; ~'**windung** *f* vittoria *f* (su); superamento *m*; (*Selbst*♀) dominio *m* di sé stesso; *es kostet ihn große* ~, *zu* (*inf.*) gli costa un grande sforzo di (*inf.*); ~'**wintern** [--'vintɐn] (29) passare l'inverno; svernare; ~'**wölben** coprire d'una volta; ~'**wuchern** coprire interamente; soffocare; ♀**wurf** *m* (*Tünche*) intonaco *m*; *Kleidung:* sopravveste *f*, mantellina *f*.

'**Über|zahl** *f* soprannumero *m*; superiorità *f* numerica; *in der* ~ *sein* essere in maggioranza; ♀**zählig** eccedente; *Beamter:* soprannumerario; ~'**zahn** *m* sopraddente *m*; ♀'**zeichnen** ✝ coprire; ♀'**zeugen** convincere; *sich* ~ accertarsi; ♀-'**zeugend** convincente; *adv.* in modo convincente; ~'**zeugung** *f* convinzione *f*; *politische* ~ fede *f* politica; ~'**zeugungskraft** *f* forza *f* persuasiva; ♀**ziehen 1.** ['----] *Anzug:* indossare, infilarsi; F *j-m eins* ~ assestarne uno a qu.; **2.** [--'--] (*mit*) rivestire, ricoprire; *Möbel:* tappezzare; *Bett:* mettere le lenzuola; *Kissen:* infederare; *frisch* ~ cambiare la biancheria; *ein Land mit*

Krieg ~ portare la guerra in un paese; *das Konto* ~ lasciare allo scoperto; '~**zieher** *m* soprabito *m*; 2°**zukkern** inzuccherare; '~**zug** *m* fodera *f*; *e-s Kissens:* federa *f*; *(Futteral)* fodero *m*; *(Verkleidung)* rivestimento *m*; *(Schicht)* strato *m*.

üblich ['y:pliç] *adj.* usuale; *wie* ~ secondo l'usato, come di costume; ~ *sein* essere in uso, usare.

U-Boot ['u:bo:t] *n* (3) sommergibile *m*; ~**krieg** *m* guerra *f* sottomarina.

übrig ['y:briç] *adj.* restante, rimanente; *(überflüssig)* superfluo; *die* ~**en** gli altri; *ich habe nichts mehr* ~ non mi resta più nulla; ~ *sn* essere rimasto; *für j-n* etc. ~ *haben* avere delle simpatie per qu.; *dafür habe ich nichts* ~ questo non mi interessa; *das* ~ *e* il resto; *im* ~**en** del resto; *ein* ~**es tun** fare più del dovere; ~**bleiben** (*sn*) avanzare; restare; *es bleibt nichts anderes* ~ *als* non resta altro che; ~**ens** ['--gəns] del resto; ~**lassen** lasciare; *zu wünschen* ~ *lassen* lasciare a desiderare.

Übung ['y:buŋ] *f* esercizio *m*; pratica *f*; *(Training)* allenamento *m*; *(Brauch)* costume *m*; *aus der* ~ *kommen* perdere la pratica; ~ *macht den Meister* l'esercizio fa il maestro; ~**sbuch** *n* libro *m* d'esercizi; ~**sflug** ✈ *m* volo *m* d'addestramento; ~**splatz** *m* piazza *f* d'armi; ~**stück** *n* pezzo *m* d'esercizio.

Ufer ['u:fər] *n* (7) riva *f*; ~**bahn** *f* ferrovia *f* littoranea; ~**land** *n* riviera *f*; 2**los** *fig.* illimitato, senza limiti; ~**promenade** *f* passeggiata *f* lungomare.

Uhr [u:r] *f* (16) orologio *m*; *(Stunde)* ora *f*; *wieviel* ~ *ist es?* che ora è?; *es ist ein* ~ è l'una; *es ist 6* ~ sono le sei; *der 5-Uhr-Zug* il treno delle cinque.

Uhren|fabrik ['u:rənfabri:k] *f* fabbrica *f* d'orologi; ~**geschäft** *n* orologeria *f*; ~**händler** *m* orologiaio *m*; ~**industrie** *f* industria *f* orologiaia.

Uhr|kette ['u:rkεtə] *f* catenella *f*; '~**macher** *m* orologiaio *m*; '~**(macher)laden** *m* orologeria *f*; '~**werk** *n* orologeria *f*; meccanismo *m* dell'orologio; '~**zeiger** *m* lancetta *f*; '~**zeit** *f* ora *f*.

Uhu *Zo.* ['u:hu] *m* (11) gufo *m*.

Ulk [ulk] *m* (3) scherzo *m*; 2**en** fare scherzi; *über j-n* ~ prendere in giro qu.; 2**ig** buffo.

Ulme ♀ ['ulmə] *f* (15) olmo *m*; ~**nwald** *m* olmeto *m*.

Ultim|atum [ulti'ma:tum] *n* (11 *u.* 9) ultimatum *m*; ~**o** ['--mo] *m* (11) fine *f* mese, ultimo *m*.

Ultra|kurzwellen [ultra'kurtsvelən] *f/pl.* onde *f/pl.* ultracorte; ~**ma'rin** *n* oltremare *m*; '~**schall** *m* ultrasuono *m*; '~**schallbehandlung** *f* terapia *f* a ultrasuono; 2**violett** ultravioletto.

um [um] **1.** *prp.* intorno a; *Zeit:* a, per; ~ *Ostern* verso Pasqua; ~ *4 Uhr* alle quattro; *Grund, Preis:* per; *Maß, Vergleich:* di; *einen Tag* ~ *den anderen* ogni due giorni; ~ *jeden Preis* ad ogni costo; 2. *cj.* ~ *zu* ... per ... (*inf.*); ~ *so besser* tanto meglio; ~ *so mehr* tanto più; ~ *so weniger* tanto meno; **3.** *adv.* ~ *und* ~ tutt'intorno; *sein* essere finito; *rechts.~!* fianco destr!

umänder|n ['-²ɛndərn] modificare, cambiare; riformare; 2**ung** *f* modificazione *f*, cambiamento *m*.

'**um-arbeit|en** rifare; ritoccare; *Kleid:* rimettere a nuovo; *Boden:* rivoltare; 2**ung** *f* rifacimento *m*, ritocco *m*.

umarm|en [-'²armən] (25) abbracciare; 2**ung** *f* abbraccio *m*.

'**Umbau** *m* (3, *pl. a. -ten*) ricostruzione *f*; *(Reparaturen)* restauri *m/pl.*; *fig.* riorganizzazione *f*; *der Regierung:* rimpasto *m*; '2**en** ricostruire; *fig.* riformare, riorganizzare.

'**umbehalten** tenere (indosso).

'**umbesetzen** *Thea. v/t.* cambiare gli interpreti.

'**umbiegen** piegare; curvare.

'**umbild|en** trasformare; *Ministerium:* rimpastare; '2**ung** *f* trasformazione *f*; rimpasto *m*.

'**umbinden** legare (attorno); *Kleidung:* mettersi; *Buch:* cambiar legatura a.

'**umblasen** rovesciare soffiando.

'**umblättern** voltare la pagina.

'**umblicken**: *sich* ~ guardare indietro; girarsi (per guardare).

umbrechen 1. ['---] rompere; ✗ *ein Feld:* dissodare; **2.** ['--'] *Typ.* impaginare.

'**umbringen** uccidere, ammazzare.

'**Umbruch** *m Typ.* impaginatura *f*; *fig.* cambiamento *m* radicale.

'**umbuch|en** ↑ riportare da un libro in un altro; prenotarsi per un altro volo (albergo *usw.*); **♀ung** *f* riporto *m* da un libro all'altro.

'umdeuten dare un'altra interpretazione.

um'drängen *v/t.* accalcarsi attorno a, stringersi addosso a.

'umdrehen (ri)voltare; *den Hals*: torcere; *sich ~* voltarsi.

Um'drehung *f* rivoltamento *m*; torcimento *m*; *Astr.* rivoluzione *f*; *um die Achse*: giro *m*, rotazione *f*; **~s-achse** *f* asse *f* di rotazione; **~s-geschwindigkeit** *f* frequenza *f* di giri (*od.* di rotazione); **~szahl** ⊕ *f* numero *m* dei giri.

'umdrucken ristampare.

um-ei'nander l'uno intorno all'altro.

'um-erziehen rieducare.

umfahren 1. ['---] *v/t. Personen*: investire, rovesciare; **2.** [-'--] *v/t.* girare intorno a; *Kap, Insel*: doppiare.

'Umfall *m* cambio *m* brusco d'opinione; voltafaccia *m*; **♀en** (*sn*) cadere; *Wagen*: ribaltare; *Zeugen*: ritrattarsi; *fig.* cambiare opinione; fare un voltafaccia.

'Umfang *m* estensione *f* (*a. fig.*); (*Umkreis*) circonferenza *f*; periferia *f*; (*Stimm♀ u. Körper♀*) volume *m*; *fig.* proporzioni *f/pl.*, entità *f*; **♀-reich** voluminoso; (*ausgedehnt*) esteso; (*ritingere*)

'umfärben cambiare il colore a,

um'fassen abbracciare; (*enthalten*) comprendere, contenere; (*umschließen*) cingere; *den Feind*: aggirare, accerchiare; **~'fassend** ampio, vasto; **♀'fassung** *f* cinta; ⚔ accerchiamento *m*; **♀'fassungsmauer** *f* mura *f/pl.* di cinta.

um'flattern svolazzare intorno a.

um'fließen scorrere attorno; bagnare.

um'flor|en coprire d'un velo; **~t:** **~e** *Stimme* voce *f* velata.

um'fluten circondare con le onde.

'umform|en trasformare; ⚡ convertire; **♀er** *m* trasformatore *m*; ⚡ convertitore *m*; **♀ung** *f* trasformazione *f*.

'Umfrage *f* inchiesta *f* (*halten* fare).

'umfüll|en travasare; **♀ung** *f* travaso *m*, trasfusione *f*.

'Umgang *m* giro *m*; *feierlicher*: processione *f*; (*Verkehr*) rapporti *m/pl.*, relazioni *f/pl.*; △ galleria *f*; *~ haben mit j-m* frequentare qu.

umgänglich ['-gɛŋliç] socievole; **♀keit** *f* socievolezza *f*.

Umgangs|formen ['-gaŋsfɔrmən] *f/pl.* buone maniere *f/pl.*; **~sprache** *f* lingua *f* parlata (*od.* d'uso, comune), linguaggio *m* familiare.

umgarnen [-'garnən] (25) irretire.

umgaukeln [-'gaukəln] (29) volteggiare intorno a.

um|geben [-'ge:bən] circondare (*mit* di); **~gebend** circostante; **♀-gebung** *f* (*Lebenskreis*) ambiente *m*; (*Personen*) compagnia *f*; (*Örtlichkeit*) dintorni *m/pl.*

'Umgegend *f* dintorni *m/pl.*, adiacenze *f/pl.*, zona *f* circostante.

umgeh|en [-'ge:ɔn] **1.** *v/i.* (*sn*) girare; *Gerüchte*: circolare, correre; *mit j-m ~* praticare qu.; (*behandeln*) trattare (qu.); *mit et. sparsam ~* far economia di qc.; *mit et. verschwenderisch ~* fare spreco di qc.; *mit Plänen*: accarezzare (qc.); (*vorhaben*) meditare (qc.); (*anwenden*) impiegare (qc.); *unpers.* es gehen Geister um ci sono spiriti; **2.** [-'--] *v/t.* girare; *Gefahr*: scansare; *Gesetz usw.*: eludere; ⚔ aggirare; **'~end** immediato; *adv.* subito, immediatamente; (*postwendend*) a volta di corriere; **♀ung** [-'-uŋ] *f* ⚔ aggiramento *m*; *fig.* elusione *f*, evasione *f*; **♀ungsstraße** [-'-uŋsʃtra:sə] *f* circonvallazione *f*.

umgekehrt [-'gəke:rt] inverso; (*entgegengesetzt*) opposto; *adv.* all'opposto; *und ~* e viceversa.

'umgestalt|en trasformare; **♀ung** *f* trasformazione *f*.

'umgießen versare; (*umfüllen*) travasare; ⊕ rifondere.

'umgraben vangare, rivoltare.

um'grenzen circondare; (*Grenzen setzen*) circoscrivere; *fig.* delimitare.

'umgruppieren raggruppare; riorganizzare.

um'gürten cingere (*mit* di).

'Umguß ⊕ *m* rifusione *f*.

'umhaben avere indosso.

'umhacken zappare; (*fällen*) abbattere.

umhalsen [-'halzən] (27) abbracciare.

'Umhang *m Kleidung*: mantellina *f*.

'umhänge|n mettere sulle spalle; *Bild*: appendere altrove; *Gewehr*: appendersi; **♀tasche** *f* borsa *f* a tracolla.

'**umhauen** abbattere.

umher [um'he:r] attorno, intorno; *rings~* tutt'intorno; *~fahren* (*sn*) girare (con la macchina); *~führen* ~ *in* (*dat.*) condurre in giro per; *~irren* (*sn*) vagare (intorno); *~reisen* (*sn*): ~ *in* (*dat.*) viaggiare per; *~spazieren* (*sn*) andare passeggiando; *~streichen, ~streifen* (*sn*) andare vagando (*in dat.* per); *~ziehen* (*sn*) vagare; *~ziehend* ambulante; *s. a. herum...*

umhin [-'hin]: *nicht ~ können* non poter fare a meno.

'**umhören:** *sich ~ nach* informarsi di.

umhüll|en [-'hylən] avvolgere; (*verkleiden*) ⊕ rivestire; **2ung** *f* involucro *m*; (*Verkleidung*) ⊕ rivestimento *m*.

Umkehr ['-ke:r] *f uv.* ritorno *m*; *fig.* conversione *f*; **2en 1.** *v/t.* rivoltare; *Taschen*: rovesciare; *von oben nach unten*: capovolgere; ♪, ♫ invertire; (*umwälzen*) sconvolgere; *Typ.* raddrizzare; **2.** *v/i.* (*sn*) voltare, tornar indietro; *s. umgekehrt*; *~ung* *f* rivolgimento *m*; rovesciamento *m*; inversione *f*.

um'jubeln applaudire freneticamente.

'**umkippen 1.** *v/t.* rovesciare; **2.** *v/i.* (*sn*) *Boot*: capovolgersi; *Wagen*: ribaltare.

umklammer|n [-'klamərn] *v/t.* avvinghiare; ✗ accerchiare; **2ung** *f* abbraccio *m*; morsa *f*; ✗ accerchiamento *m*.

'**umklappen** *v/t.* ribaltare.

umkleide|n 1. ['---] cambiar vestiti a; *sich ~* cambiarsi; **2.** [-'--] rivestire (*mit* di); **2raum** ['----] *m* spogliatoio *m*; *Sport*: camerino *m*; cabina *f*.

'**umknicken 1.** *v/t.* piegare; spezzare; **2.** *v/i.* piegarsi; spezzarsi; *mit dem Fuß ~* slogarsi il piede.

'**umkommen** (*sn*) perire; (*verderben*) andare a male; *fig.* morire (*vor* da). [ghirlandare.〉

umkränzen [-'krɛntsən] (27) in-

'**Umkreis** *m* circonferenza *f*; circuito *m*; (*Raum*) ambito *m*; vicinanze *f/pl.*; periferia *f*; *im ~ von 10 km* nel giro di dieci chilometri.

um'**kreisen** circondare; girare intorno a.

'**umkrempeln** (29) rimboccare; *fig.* sconvolgere; *fig.* F *völlig ~* cambiare radicalmente.

'**umlad|en** trasbordare; *anders laden*: ricaricare; '**2ung** *f* trasbordo *m*; ricaricamento *m*.

'**Umlage** *f* ripartizione *f* delle imposte (delle spese).

um'**lagern** ✗ assediare.

'**Umlauf** *m* giro *m*; *Geld, Akten*: circolazione *f*; *Astr.* rivoluzione *f*; (*Schreiben*) circolare *f*; *in ~ bringen* mettere in circolazione; *in ~ sn* circolare; '**2en** (*sn*) girare; *Blut, Geld*: circolare; *Gerüchte*: correre.

Umlaufs|geschwindigkeit['-laufsgəʃvindiçkaɪt] *f* velocità *f* di rotazione; **~zähler** *m* contagiri *m*.

'**Umlaut** *m* inflessione *f* di vocale; metafonesi *f*.

'**umlegen** disporre altrimenti; ⚙ *Weiche*: spostare; (*falten*) piegare; △ (*niederreißen*) smantellare, demolire; *Kragen*: rovesciare; *Mantel*: mettersi, infilarsi; ⚡ *Verband*: applicare; (*verteilen*) ripartire (*auf ac.* su); *fig.* P stendere secco, fare fuori.

'**umleit|en** deviare; '**2ung** *f* deviazione *f*.

'**umlenken 1.** *v/t.* far voltare; **2.** *v/i.* voltare; *fig.* mutar registro.

'**umlernen** riorientarsi.

'**umliegend** circonvicino; *~e Gegend* *f* dintorni *m/pl.*

um'**mauern** attorniare di mura.

'**ummodeln** modificare; cambiare.

'**ummünzen:** *das Geld ~* rifondere la moneta.

um**nacht|et** [-'naxtət]: *geistig ~* demente; **2ung** *f* ottenebrazione *f*.

um**nebeln** [-'ne:bəln] (29) annebbiare.

'**umnehmen** mettersi indosso.

'**umpacken** impacchettare di nuovo; imballare in altro modo; *Koffer*: rifare.

umpflanzen 1. ['---] trapiantare; **2.** [-'--] circondare d'alberi, di piante.

'**umpflügen** arare.

umpolen ⚡ ['-po:lən] *v/t.* (25) invertire i poli.

'**umprägen** riconiare.

um**quartieren** ['-kvarti:rən] (25) far cambiare alloggio a; sloggiare.

'**umrahmen** incorniciare.

um**rand|en** [-'randən] (26) orlare; contorniare; **~et** orlato; listato (*schwarz* di nero); **2ung** *f* bordo *m*; orlo *m*.

U

um'ranken coprire di tralci.

'umrechn|en cambiare; calcolare in altra moneta; ♀ung *f* cambio *m*; conversione *f*; ♀ungskurs *m* tasso *m* di cambio.

umreißen 1. ['---] rovesciare; **2.** [-'-] tracciare i contorni di; delineare.

'umrennen gettare a terra correndo.

um'ringen *v/t.* (25) accerchiare; circondare.

'Umriß *m* (4) contorno *m*; *in großen Umrissen* a grandi tratti.

'umrühren rimestare.

'umsatteln *fig.* cambiar professione (*od.* carriera).

'Umsatz *m* (3² u. ³) giro *m* d'affari; fatturato *m*; volume *m* (*od.* cifra *f*) d'affari; (*Verkauf*) vendite *f/pl.*; *Börse:* quantitativo *m* trattato; ∼**steuer** *f* tassa *f* di scambio.

um'säumen orlare.

'umschalt|en ⚡ commutare; *Motor:* cambiare velocità; ♀**er** ⚡ *m* commutatore *m*; ♀**taste** *f Schreibmaschine:* tasto *m* delle maiuscole; ♀ung *f* ⚡ commutazione *f*.

um'schatten ombreggiare.

'Umschau *f:* ∼ *halten* guardare intorno; ♀**en:** *sich* ∼ voltarsi a guardare.

'umschicht|en *fig.* rimpastare, riorganizzare; ∼**ig** *adv.* alternatamente; ♀ung *f: soziale* ∼ sovvertimento *m* sociale.

um'schiff|en navigare intorno a; *Kap:* doppiare; ♀ung *f* circumnavigazione *f*.

'Umschlag *m* (3³) *e-s Buches:* copertina *f*; (*Brief*♀) busta *f*; (*Hülle*) involucro *m*; 🞥 compressa *f*; *fig.* (*Wendung*) cambio *m* repentino; rovescio *m*; *Wetter:* cambiamento *m*; ✝ trasbordo *m*; ♀**en 1.** *v/i.* (sn) rovesciarsi; ribaltare; (*ändern*) cambiarsi; **2.** *v/t.* abbattere; *Kleidung:* rimboccare, (*umlegen*) mettersi; (*wenden*) voltare; *Nagel:* ribadire; ∼**(e)tuch** ['∼ʃla:ktu:x ('∼-gə...)] *n* scialle *m*; (*Umlegen*) ✝ porto *m* di transito; ∼**platz** *m* emporio *m*.

um'schleiern velare.

um'schließen circondare; ✗ rinchiudere, attorniare; *mit den Armen:* cingere.

um'schlingen avvinghiare.

um'schmeicheln lisciare.

'umschmeißen F rovesciare.

'umschmelzen rifondere.

'umschnallen affibbiare; *Säbel:* cingere.

umschreib|en 1. ['---] riscrivere; scrivere in un altro modo; *Rechte:* trasferire; **2.** [-'--] esprimere con altre parole; *Lit.* perifrasare; ℔ circoscrivere; ∼**end** [-'--] perifrastico; ♀ung *f* **1.** ['---] trascrizione *f*; trasferimento *m*; **2.** [-'--] circonlocuzione *f*; parafrasi *f*, circoscrizione *f*.

'Umschrift *f* trascrizione *f*; *Münzen:* leggenda *f*.

'umschul|en *v/t.* far cambiare scuola; *Pol.* rieducare; *auf e-n Beruf:* avviare ad altra professione; ♀ung *f* cambiamento *m* di scuola; *Pol.* rieducazione *f*; *beruflich:* riavviamento *m* professionale.

'umschütten versare in un altro recipiente, travasare.

um'schwärmen svolazzare intorno.

'Umschweife *pl.* rigiri *m/pl.*; *im Reden:* digressioni *f/pl.*; *ohne* ∼ senza preamboli.

'umschwenken voltare; *fig.* fare un voltafaccia.

'Umschwung *m* mutamento *m* repentino.

um'segeln navigare intorno a.

'umsehen: *sich* ∼ guardarsi intorno; *sich nach j-m* (*et.*) ∼ voltarsi indietro per vedere qu. (qc.); cercare qu. (qc.); *fig.* andar cercando qc.; *sich in der Welt umgesehen haben* aver veduto il mondo.

'umsein *Zeit:* essere spirato; essere finito.

umseitig ['-zaitiç] dall'altra parte; alla pagina seguente.

umsetz|bar ['-zetsba:r] trasponibile; convertibile; vendibile; trasportabile; ∼**en** trasporre; *in:* convertire; ✝ vendere; ♩ trasportare; (*umtauschen*) cambiare; *in die Tat* ∼ realizzare, mettere in atto; ♀ung *f* trasposizione *f*; conversione *f*.

'Umsichgreifen *n* dilagare *m*.

'Umsicht *f fig.* circospezione *f*; ♀**ig** circospetto.

'umsied|eln assegnare un'altra sede; trasferire in un altro luogo; ♀**lung** *f* trasferimento *m*.

'umsinken (sn) cadere.

um'sonst (*kostenlos*) gratuitamente; (*vergeblich*) invano; ∼ *sein* essere inutile; *nicht* ∼ non per nulla.

'um'spannen circondare.
um'spinnen avvolgere; *umsponnen* rivestito.
'umspringen *v/i.* (*sn*) *Wind:* cambiare; *mit j-m ~* trattare qu.; *mit et. ~* maneggiare qu.
'Umstand *m* circostanza *f;* (*Tatsache*) fatto *m;* (*Fall*) caso *m.*
Umstände ['-ʃtɛndə] *m/pl.* circostanze *f/pl.,* condizioni *f/pl.;* situazione *f;* (*Förmlichkeiten*) cerimonie *f/pl.; die näheren ~* i particolari *m/pl.; den ~n nach* relativamente; secondo; *a seconda delle circostanze; unter ~n* in certi casi; *unter allen ~n* in ogni caso; *unter keinen ~n* in nessun caso; *in anderen ~n* stato interessante; *keine ~ machen* non fare complimenti; *mildernde ~* ⚖️ attenuanti *f/pl.;* ₂halber a causa delle circostanze.
umständlich ['-ʃtɛntlɪç] circostanziato; (*weitschweifig*) prolisso; (*förmlich*) cerimonioso; complicato, noioso; *das ist zu ~* è troppo noioso (*od.* lungo *od.* complicato); ₂keit *f* cerimoniosità *f;* complicatezza *f.*
'Umstands|kleider *f/pl.* vestiti *m/pl.* da maternità; ~krämer *m* formalista *m,* pedante *m;* ~wort *n* avverbio *m.*
um'stehen circondare; ~d ['-ənt] vicino, che sta intorno a; *~ geschrieben* scritto qui a tergo; *adv.* a tergo; *die* ₂en *pl.* gli astanti, i circostanti.
Umsteige|fahrschein ['-ʃtaɪɡəfaːrʃaɪn] *m,* ~karte *f* biglietto *m* di coincidenza; ₂n (*sn*) 🚆 cambiar treno (*-vettura*).
umstell|en *v/t.* 1. ['---] disporre in modo diverso; mettere altrove; ⊕ invertire; *sich* (*geistig*) *~* riorientarsi; *sich ~ auf* adattarsi a; 2. [-'--] accerchiare; circondare; '₂ung *f fig.* riorientazione *f;* (*Anpassung*) adattamento *m; Betrieb:* riorganizzazione *f.*
'umstimmen far cambiare opinione a; ♪ accordare in modo diverso; *sich ~ lassen* lasciarsi persuadere.
'umstoßen rovesciare; *fig.* annullare; *Gesetz:* abrogare.
um'strahlen circondare di raggi.
um'stricken *fig.* irretire.
umstritten [-'ʃtrɪtən] discusso; contrastato.

'umstülpen (25) rovesciare; rimboccare.
'Umsturz *m* caduta *f;* (*Umstürzen*) rovesciamento *m; fig., Pol.* sovversione *f;* rivoluzione *f; in Zssgn* sovversivo; ~bestrebung *f* tendenza *f* sovversiva.
'umstürz|en 1. *v/t.* rovesciare; *fig.* sovvertire; 2. *v/i.* (*sn*) rovesciarsi, crollare; ₂ler *m,* ~lerisch sovversivo; rivoluzionario; ₂lertum *n* sovvertivismo *m.*
'Umsturzpartei *f* partito *m* sovversivo.
'umtaufen ribattezzare.
'Umtausch *m* cambio *m,* cambiamento *m;* ₂en cambiare; dare in cambio.
Umtriebe ['-triːbə] *m/pl.* mene *f/pl.,* maneggi *m/pl.,* macchinazioni *f/pl.*
'Umtrunk *m* bere *m* in compagnia.
'umtun *Kleid:* mettersi; *sich nach et. ~* darsi attorno per qc.
Um'wallung *f* circonvallazione *f.*
'umwälz|en (*umstürzen*) sovvertire; sconvolgere; rivoluzionare; '~end rivoluzionario; '₂ung *f* sovvertimento *m;* rivoluzione *f.*
'umwand|eln trasformare; *Strafe:* commutare; *Wertpapier:* convertire; '₂ler ⚡ *m* (7) commutatore *m,* trasformatore *m;* '₂ung *f* trasformazione *f;* ⚖️ commutazione *f;* 🕂 conversione *f.*
um'weben *fig.* circondare.
'umwechs|eln cambiare; '₂(e)lung *f* cambio *m.*
Umweg ['-veːk] *m* giro *m; auf ~en* per via indiretta, indirettamente; *e-n ~ machen* far la via più lunga.
umwehen *v/t.* 1. ['---] rovesciare (soffiando); 2. [-'--] soffiare attorno a.
'Umwelt *f* ambiente *m,* mondo *m* circostante; ~forschung *f* ecologia *f;* ~schutz *m* protezione *f* ecologica; ~sfaktor *m* fattore *m* ambientale; ~verschmutzung *f* inquinamento *m* ecologico.
'umwenden voltare.
um'werben corteggiare; *umworben sein* avere molti adoratori.
'umwerfen rovesciare; *Mantel:* mettersi addosso.
'umwert|en trasmutare i valori, valutare in modo diverso; ₂ung *f* trasmutazione *f* dei valori; rivalorizzazione *f.*

um'wickeln avvolgere (*mit dat.* con); *mit Stoff*: fasciare.

um'winden avvolgere; cingere (*mit di*).

um'wittern aleggiare intorno a.

um'wogen bagnare con le sue onde.

umwölken [-'vœlkən] (25): *sich ~* rannuvolarsi.

'umwühlen smuovere grufolando; mettere sossopra rovistando.

umzäun|en [-'tsɔynən] (25) cingere di siepe (*od.* di stecconato); 2**ung** *f* assiepamento *m*; stecconato *m*.

'umziehen 1. *v/i.* (*sn*) cambiar casa, traslocare; **2.** *v/t.* cambiare; *sich ~* cambiarsi, mettersi un altro vestito.

umzingel|n [-'tsiŋəln] (29) accerchiare; 2**ung** *f* accerchiamento *m*.

'Umzug *m* Wohnung: trasloco *m*; cambio *m* della casa; (*Festzug*) sfilata *f*; *Rel.* processione *f*; **~skosten** *pl.* spese *f/pl.* di trasloco.

um'züngeln lambire.

unab|änderlich [un⁹ap'⁹endərliç] invariabile; immutabile; (*unwiderruflich*) irrevocabile; **~hängig** ['--hɛŋiç] indipendente; 2**hängigkeit** *f* indipendenza *f*; **~kömmlich** ['--kœmliç] indispensabile; insostituibile; **~lässig** ['--lɛsiç] incessante; *adv.* senza posa; **~'sehbar** sterminato; *fig.* incalcolabile; **~setzbar** [--'zɛtsbaːr] inamovibile; 2**setzbarkeit** *f* inamovibilità *f*; **~sichtlich** ['--ziçtliç] involontario; *adv.* senza volere; **~weislich** [--'vaɪsliç] irrecusabile; (*unvermeidlich*) inevitabile; **~wendbar** [--'vɛntbaːr] ineluttabile, incontrovertibile.

'un-achtsam sbadato; 2**keit** *f* sbadataggine *f*.

'un-ähnlich dissimile; *Bild*: poco somigliante; 2**keit** *f* dissomiglianza *f*; poca somiglianza *f*.

unan|fechtbar [un⁹an'fɛçtbaːr] incontestabile, indiscutibile, inoppugnabile; **~gebracht** ['--gəbraxt] inopportuno, sconveniente; **~gefochten** ['--gəfɔxtən] incontestato; (*unbestritten*) indiscusso; **~gemeldet** ['--gəmɛldət] non annunziato; *Pol.* non notificato; '**~gemessen** inadeguato; (*unschicklich*) sconveniente; '**~genehm** spiacevole; et. *ist mir ~* qc. mi dà fastidio; *es ist mir ~, ihn nicht gegrüßt zu haben* mi dispiace di non averlo salutato; *ein ~er Mensch* una persona antipatica;

~'greifbar inattaccabile; **~nehmbar** [--'neːmbaːr] inaccettabile; '2**nehmlichkeit** *f* dispiacere *m*; fastidio *m*; inconveniente *m*; **~en** *pl.* noie *f/pl.*, seccature *f/pl.*; '**~sehnlich** di poca presenza; poco vistoso; insignificante; '**~ständig** indecente; (*anstößig*) sconcio; '2**ständigkeit** *f* indecenza *f*; sconcezza *f*; '**~stößig** inoffensivo; **~tastbar** [--'tastbaːr] intangibile; 2**tastbarkeit** *f* intangibilità *f*; '**~wendbar** inapplicabile.

'un-appetitlich poco appetitoso; (*widerlich*) ripugnante; stomachevole.

'Un-art *f* manieraccia *f*; cattiva maniera *f*; 2**ig** sgarbato; *Kinder*: cattivo; (*unerzogen*) maleducato; (*unhöflich*) scortese.

'un-artikuliert inarticolato.

unästhetisch ['-⁹ɛsteːtiʃ] inestetico; di cattivo gusto; brutto.

'un-auf|fällig poco appariscente; discreto; **~findbar** [--'fɪntbaːr] non reperibile; **~gefordert** ['--gəfordərt] senza essere stato richiesto; senza essere stato invitato; da sé (da me, da te *usw.*); '**~geklärt** non appurato (*od.* chiarito); (*Personen*) non illuminato; **~haltsam** [--'haltzaːm] irresistibile; **~hörlich** [--'høːrliç] incessante; *adv.* continuamente; **~klärbar** inappurabile; **~'löslich** indissolubile; 2**'löslichkeit** *f* indissolubilità *f*; insolubilità *f*; '**~merksam** disattento; (*zerstreut*) distratto; '2**merksamkeit** *f* disattenzione *f*; (*Zerstreutheit*) distrazione *f*; '**~richtig** insincero; '2**richtigkeit** *f* insincerità *f*; **~schiebbar** [--'ʃiːbaːr] improrogabile.

unaus|bleiblich [un⁹aus'blaɪpliç] immancabile; **~'drückbar** inesprimibile; **~'führbar** ineseguibile, inattuabile, irrealizzabile; **~gefüllt** ['--gəfʏlt] (*Formular*) in bianco; **~geglichen** ['--gliçən] non equilibrato; ✝ non bilanciato; **~gesetzt** ['---zɛtst] continuo; **~löschlich** [--'lœʃliç] inestinguibile; *Tinte*: incancellabile; *fig.* indelebile; **~rottbar** [--'rɔtbaːr] inestirpabile; **~sprechlich** [--'ʃpreçliç] inesprimibile; *fig.* ineffabile; **~stehlich** [--'ʃteːliç] insopportabile; **~weichlich** [--'vaɪçliç] inevitabile; fatale.

unbändig ['unbɛndiç] indomabile.

'unbarmherzig spietato; **Ջkeit** f spietatezza f.

unbe|absichtigt ['-bə ᵊapzịçtiçt] involontario; **᷍achtet** ['--ᵊaxtət] inosservato; ～ lassen trascurare; non farci caso, ignorare; **᷍antwortet** incontrastato; **᷍antwortet** senza risposta; **᷍arbeitet** non lavorato; (roh) grezzo; **'᷍baut** incolto; senza costruzioni sopra; **'᷍dacht** inconsiderato; sbadato; **'Ջdachtheit** f sconsideratezza f; **᷍deckt** scoperto; **᷍denklich** (unverdächtig) non sospetto; (ungefährlich) non pericoloso; adv. senza scrupoli; senza esitare; **'Ջdenklichkeits-erklärung** f nulla osta m; **᷍deutend** insignificante, senza importanza; **᷍dingt** incondizionato; adv. assolutamente; **'᷍einflußt** von Meinungen: imparziale; von Tatsachen: non influenzato; **᷍endet** incompiuto; **᷍erdigt** insepolto; **'᷍fahrbar** impraticabile; **᷍fangen** senza pregiudizi; sereno; (unvoreingenommen) imparziale; (ungezwungen) disinvolto; **'Ջfangenheit** f imparzialità f; disinvoltura f; **᷍festigt** non fortificato; **᷍fleckt** immacolato; **᷍friedigend** poco soddisfacente; insufficiente; **᷍friedigt** scontento, insod(d)isfatto; **᷍fristet** a tempo indeterminato; **'᷍fugt** non autorizzato; 𝔱𝔱 incompetente; adv. (᷍erweise) senza permesso (od. autorizzazione); **'᷍gabt** poco intelligente; poco dotato; **᷍graben** insepolto; **'᷍greiflich** inconcepibile; incomprensibile; **᷍grenzt** illimitato; **᷍gründet** infondato; **'Ջgründetheit** f infondatezza f; **'᷍haart** glabro, senza peli, imberbe; **'Ջhagen** n disagio m; (Unwohlsein) malessere m; **'᷍haglich** spiacevole; incomodo; sich ～ fühlen sentirsi a disagio; **'᷍hauen** grezzo; **᷍helligt** ['--hɛlıçt] indisturbato; ～ lassen non importunare; **'᷍hindert** indisturbato; libero; **᷍holfen** ['--hɔlfən] impacciato; **'Ջholfenheit** f goffaggine f; **᷍irrt** ['--ᵊırt] sicuro del fatto suo; **'᷍kannt** sconosciuto; 𝔸 ᷍e Größe f incognita f; er ist mir ～ non lo conosco; **'᷍kleidet** nudo; **'᷍kümmert** noncurante (um di); **'Ջkümmertheit** f noncuranza f; **᷍laden** scarico; **'᷍lästig** non molestato; **'᷍lebt** inanimato; **᷍lesen** illettera-

to; **'᷍lehrbar** incorreggibile; **'᷍liebt** malvisto, poco simpatico; impopolare; **'Ջliebtheit** f impopolarità f; **᷍lohnt** non ricompensato; **'᷍mannt** senza equipaggio; **'᷍merkbar** impercettibile; **᷍merkt** inosservato; **᷍mittelt** senza (od. privo di) mezzi; indigente; **᷍nannt** ['--nant] innominato; 𝔸 indefinito; **'᷍nommen** lecito; es bleibt Ihnen ～ zu (Lei) è padrone di; **'᷍nutzbar** inutilizzabile; **᷍nutzt** non adoperato; non messo a profitto; ～ lassen non approfittare di; **'᷍obachtet** inosservato; **᷍quem** incomodo; **'Ջquemlichkeit** f incomodo m; **᷍rechenbar** incalcolabile; Personen: irresponsabile; **᷍rechtigt** non autorizzato; ingiusto; **'᷍rücksichtigt** et. ～ lassen non tener conto di qc., non prendere in considerazione qc.; **᷍rufen 1.** non autorizzato, importuno; **2.** ～! tocca ferro!; **'᷍rührbar** intangibile; **᷍rührt** intatto; **᷍schadet** ['--ʃaːdət] (gen.) salvo, senza pregiudizio di; **᷍schädigt** intatto; **᷍schäftigt** disoccupato; **᷍scheiden** immodesto; **'Ջscheidenheit** f immodestia f; **᷍scholten** ['--ʃɔltən] irreprensibile; integro; onesto; 𝔱𝔱 senza precedenti penali; **'Ջscholtenheit** f buona reputazione f; integrità f; **᷍schränkt** illimitato; **᷍schreiblich** [--'ʃraɪplıç] indescrivibile; **᷍schrieben** in bianco, non scritto; **᷍schützt** indifeso; **᷍seelt** inanimato; **᷍sehen** senza averlo visto; **'᷍setzt** libero; Amt: vacante; **᷍siegbar** ['--ˈziːkbaːr] invincibile; **'᷍siegt** invitto; **᷍soldet** senza stipendio; onorario; **'᷍sonnen** inconsulto; temerario; sconsiderato; **'Ջsonnenheit** f sconsideratezza f; **᷍sorgt** tranquillo; seien Sie ～! non si dia pensiero!; **'᷍ständig** incostante; **'Ջständigkeit** f incostanza f, instabilità f; ～ lassen non scritto; **᷍stechlich** incorruttibile; **'Ջstechlichkeit** f incorruttibilità f; **᷍stellbar** ['--ˈʃtɛlbaːr] ‿ non recapitabile; **᷍stellt** Brief: non recapitato; ✍ incolto; **'᷍stimmbar** indefinibile; **'᷍stimmt** indefinito; (unsicher) indeciso, vago, incerto; **'Ջstimmtheit** f indefinitezza f; irresolutezza f; **᷍stochen** incorrotto; **'᷍streitbar** incontestabile; **᷍stritten** adj. incontestato; adv.

senza contrasto); '**~teiligt** estraneo (*bei* a); disinteressato (in); '**~tont** non accentuato, atono; '**~beträchtlich** insignificante.

unbeugsam ['-bɔʏkza:m] inflessibile; rigido; **Qkeit** *f* inflessibilità *f*; rigidezza *f*.

unbe|wacht ['unbəvaxt] incustodito; '**~waffnet** inerme; *Auge*: nudo; '**~wandert** non versato; '**~weglich** immobile; *fig.* irremovibile; **~**e *Güter n/pl.* beni *m/pl.* immobili; '**Qweglichkeit** *f* immobilità *f*; irremovibilità *f*; '**~wegt** immobile; *fig.* impassibile; '**~weibt** senza moglie; celibe; solo; '**~weint** illacrimato; '**~'weisbar** indimostrabile; '**~'wiesen** indimostrato; '**~'wohnbar** inabitabile; '**~wohnt** inabitato; '**~wußt** inconscio; istintivo, involontario; *adv.* senza rendersi conto; *das ist mir* **~** questo lo ignoro; '**~'zahlbar** impagabile; '**~zahlt** non pagato; '**~'zähmbar** indomabile; '**~zogen** *Bett*: senza lenzuola; *Kissen*: senza federa; '**~'zwingbar** invincibile; (*unübersteigbar*) insormontabile; '**Q'zwingbarkeit** *f* invincibilità *f*; insormontabilità *f*.

'**unbiegsam** inflessibile; **Qkeit** *f* inflessibilità *f*.

Unbild|en ['-bildən] *pl. uv.*: **~** *der Witterung* intemperie *f/pl.*; '**~ung** *f* mancanza *f* d'istruzione (*od.* di cultura).

Unbill ['-bil] *f* (16, *pl. Unbilden*) ingiustizia *f*; iniquità *f*; ingiuria *f*; **Qig** iniquo, ingiusto; '**~igkeit** *f* ingiustizia *f*.

'**unblutig** senza spargimento di sangue; incruento.

'**unbotmäßig** insubordinato; ribelle; **Qkeit** *f* insubordinazione *f*.

'**unbrauchbar** inservibile, inutilizzabile; *Personen*: inabile; **Qkeit** *f* inservibilità *f*; inabilità *f*.

'**unbrennbar** incombustibile.

'**unbußfertig** impenitente.

'**unchristlich** poco cristiano; non cristiano.

und [unt] e; **~**? ebbene?; **~** *sollte ich ...* anche se dovessi ...; **~** *so weiter* (*usw.*) eccetera (ecc.) e così via.

'**Undank** *m* ingratitudine *f*; **Qbar** ingrato; '**~barkeit** *f* ingratitudine *f*.

undatiert ['-dati:rt] senza data.

undefinierbar ['-defi'ni:rba:r] indefinibile.

un'denkbar inconcepibile, inimmaginabile, impensabile.

un'denklich immemorabile.

'**undeutlich** indistinto; (*verschwommen*) vago; (*Laut*) inarticolato; **Qkeit** *f* poca chiarezza *f*.

'**undicht** permeabile; *Gefäß*: perdente; **~** *sein* perdere; **⚓ ~** *werden* far acqua.

'**Unding** *n* assurdità *f*.

'**undiskutierbar** indiscutibile.

'**undiszipliniert** indisciplinato.

'**unduldsam** intollerante; **Qkeit** *f* intolleranza *f*.

undurchdringlich ['-durç'driŋliç] impenetrabile; *für Flüssigkeiten usw.*: impermeabile; **Qkeit** *f* impenetrabilità *f*; impermeabilità *f*.

'**undurchforscht** inesplorato.

'**undurch'führbar** ineseguibile, inattuabile.

'**undurchlässig** impermeabile.

'**undurchsichtig** opaco; *fig.* imperscrutabile; **Qkeit** *f* opacità *f*.

'**un-eben** ineguale; *Gelände*: scabroso, accidentato; *nicht* **~** *sn fig.* F non essere male; **~**bürtig di nascita infima; **Qheit** *f* inegualità *f*; scabrosità *f*.

'**un-echt** falso; finto; artificiale; *Haar*: posticcio; **A** inverso; *Lit.* apocrifo; **Qheit** *f* falsità *f*; carattere *m* apocrifo.

'**un-edel** ingeneroso.

'**un-ehelich** illegittimo.

'**un-ehr|bar** disonesto; **Qe** *f* disonore *m*; '**~enhaft** disonesto; '**~erbietig** irriverente; **Q-erbietigkeit** *f* irriverenza *f*; '**~lich** disonesto; **Qlichkeit** *f* disonestà *f*.

'**un-eigennützig** disinteressato; **Qkeit** *f* disinteresse *m*.

'**un-einbringlich** irrecuperabile.

'**un-eingeladen** non invitato.

'**un-eingeschränkt** illimitato.

'**un-eingeweiht** non consacrato; *Personen*: non iniziato, profano.

'**un-einig** discorde; **~** *sein* essere discorde *od.* essere in discordia; essere in urto; **~** *sein mit sich selbst* essere in contraddizione con sé stesso; **~** *machen* mettere in discordia, creare dissidio; **Qkeit** *f* discordia *f*; *der Meinungen*: discrepanza *f*.

un-einnehmbar ['--'ne:mba:r] inespugnabile; **Qkeit** *f* inespugnabilità *f*.

'**un-einträglich** poco lucrativo.

'**un·empfänglich** non suscettibile (*für* di); insensibile (*für* a); 🞂 non predisposto a; (*immun*) immune a; ♀**keit** *f* mancanza *f* di suscettibilità; insensibilità *f*.

'**un·empfindlich** insensibile; ♀**keit** *f* infinità *f*; immensità *f*.

un-**endlich** infinito; immenso; ♀**keit** *f* infinità *f*; immensità *f*.

unent|**behrlich** ['-ˀɛntˈbeːrlɪç] indispensabile; ~**geltlich** ['--'gɛltlɪç] gratuito; ~**haltsam** incontinente; ~**rinnbar** ['--'rɪnbaːr] inevitabile; '~**schieden** indeciso, incerto; ♀**schieden** *n* pareggio *m*; '♀**schiedenheit** *f* indecisione *f*, incertezza *f*; '~**schlossen** irresoluto, indeciso; '♀**schlossenheit** *f* irresolutezza *f*, indecisione, ~**schuldbar** ['--'ʃʊlt-baːr] inescusabile; ~**wegt** ['--'veːkt] fermo, imperterrito; ~**wirrbar** ['--'vɪrbaːr] instricabile; '♀**wirrbarkeit** *f* instricabilità *f*; '~**zifferbar** indecifrabile; '~**zündbar** non infiammabile.

uner|**bittlich** ['-ˀɛrˈbɪtlɪç] inesorabile; ~**fahren** inesperto; ♀**fahrenheit** *f* inesperienza *f*; ~**findlich** ['--'fɪntlɪç] introvabile, inesplicabile; ~**forschlich** ['--'fɔrʃlɪç] imperscrutabile; *Land*: inesplorabile; '~**forscht** inesplorato; '~**freulich** spiacevole; ~**füllbar** ['--'fylbaːr] inadempibile; *Wünsche*: inappagabile; '~**füllt** inadempito; insoddisfatto; ~**giebig** improduttivo; '♀**giebigkeit** *f* improduttività *f*; '~**gründlich** impenetrabile; '~**heblich** irrilevante; ~**hört** ['--'høːrt] inaudito; *fig.* incredibile, straordinario; *Bitte*: inesaudito; *adv.* da non dire; ~! cose dell'altro mondo!; ~**kannt** ['--kant] sconosciuto; '~**kennbar** irriconoscibile; '~**klärbar**, '~**klärlich** inspiegabile; inesplicabile; ~**läßlich** ['--'lɛslɪç] indispensabile; inderogabile; *Sünde*: irremissibile; '~**laubt** illecito; inesplicabile; ~**meßlich** ['--'mɛslɪç] immenso, smisurato; ~**müdlich** ['--'myːtlɪç] instancabile; ~**örtert** indiscusso; '~**quicklich** spiacevole; '~**reichbar** inaccessibile; *fig.* irraggiungibile; '~**reicht** non raggiunto; *fig.* senza uguale *od.* pari; ~**sättlich** ['--'zɛtlɪç] insaziabile; '♀**sättlichkeit** *f* insaziabilità *f*; ~**schlossen** *Gelände*: inutilizzato; '~**schöpf-**

lich inesauribile; '~**schrocken** intrepido; '♀**schrockenheit** *f* intrepidezza *f*; ~**'schütterlich** imperturbabile; (*unbeweglich*) incrollabile; '♀**schütterlichkeit** *f* imperturbabilità *f*; incrollabilità *f*; '~**schüttert** imperturbato; fermo; '~**schwinglich** enorme, esorbitante; '~**setzbar**, '~**setzlich** insostituibile; *Verlust*: irreparabile; '~**sprießlich** infruttuoso; '~**träglich** insopportabile; ~**wachsen** non adulto; 🞓🞓 impubere; '~**wähnt** non menzionato; ~ *lassen* passare sotto silenzio; '~**wartet 1.** *adj.* inatteso; **2.** *adv.* all'improvviso; ~**weislich** indimostrabile; '~**widert** non reso; *Liebe*: non corrisposto; ~ *bleiben* rimanere senza risposta; *Liebe*: non essere corrisposto; ~ *lassen* non rispondere a; *Gruß, Besuch*: non rendere, non ricambiare; *Liebe*: non corrispondere; '~**wünscht** indesiderato; '~**zogen** maleducato, ineducato.

'**unfähig** incapace (*zu* di); ♀**keit** *f* incapacità *f*.

'**un'fahrbar** impraticabile; ♀**keit** *f* impraticabilità *f*.

unfair ['-fɛːr] sleale, poco corretto.

'**Unfall** *m* infortunio *m*; (*Verkehrs*♀) incidente *m*; (*Unglück*) disgrazia *f*; ~**kommando** *n* celere *f*; ~**krankenhaus** *n* clinica *f* d'urgenza; ~**rente** *f* pensione *f* d'infortunio; ~**schutzvorrichtung** *f* dispositivo *m* di protezione; ~**station** *f* posto *m* di medicazione (*od.* di soccorso); guardia *f* medica; ~**stelle** *f* luogo *m* dell'incidente; ~**verhütung** *f* prevenzione *f* degli infortuni; ~**versicherung** *f* assicurazione *f* contro gli infortuni; ~**wagen** *m* autoambulanza *f*.

'**un'faßbar** *fig.* incomprensibile; ♀**keit** *f* inafferrabilità *f*; incomprensibilità *f*.

unfehlbar ['-'feːlbaːr] infallibile; ♀**keit** *f* infallibilità *f*.

'**unfein** poco fine; indelicato; ♀**heit** *f* indelicatezza *f*.

'**unfern** non lontano.

'**unfertig** incompiuto.

Unfl|at ['-flaːt] *m* (3, *o. pl.*) sozzura *f*; ♀**ätig** ['-flɛːtɪç] sozzo; ~ *beschimpfen* ingiuriare in modo scandaloso; ~**ätigkeit** *f* sozzezza *f*.

'**Unfleiß** m disapplicazione f; 2**ig** disapplicato.
'**unfolgsam** disobbediente; 2**keit** f disobbedienza f.
unförmig ['-fœrmiç] informe; (*mißgestaltet*) deforme; mostruoso; 2**keit** f informità f; mostruosità f.
'**unfrankiert** non affrancato.
'**unfrei** non libero; schiavo.
'**unfreigebig** illiberale; 2**keit** f illiberalità f.
'**Unfreiheit** f mancanza f di libertà; soggezione f.
'**unfreiwillig** involontario; (*gezwungen*) forzato, coatto.
'**unfreundlich** scortese; *Klima*: inclemente; 2**keit** f scortesia f; inclemenza f.
'**unfreundschaftlich** poco amichevole.
'**Unfried|e(n)** m (13¹ [6], *o. pl.*) discordia f; 2**lich** non pacifico, turbolento.
'**unfruchtbar** sterile; (*unergiebig*) improduttivo; 2**keit** f sterilità f; improduttività f; 2**machung** f sterilizzazione f.
'**Unfug** m (3, *o. pl.*) abuso m; *grober*: eccessi m/pl.
'**unfügsam** indocile.
'**un'fühlbar** impercettibile.
'**ungalant** poco galante.
'**ungangbar** impraticabile.
Ungar ['uŋgar] m (13) (in f), 2**isch** ungherese m u. f.
'**ungastlich** inospitale; 2**keit** f inospitalità f.
unge|achtet ['uŋgə'ʔaxtət] **1.** *adj.* poco stimato; **2.** *prp.* (*gen.*) malgrado, nonostante; **3.** *cj.* sebbene; **ahndet** ['--'ɑːndət] impunito; **ahnt** impensato; **bändigt** indomito; **bärdig** ['--bɛːrdiç] ricalcitrante; (*unmanierlich*) sgarbato; **beten** non pregato; *er Gast* m intruso m; **beugt** ['--bɔykt] diritto; *fig.* inflessibile; **bildet** ignorante, incolto; 2**bildetheit** f ignoranza f, incoltezza f; **bleicht** *Leinen*: greggio; **bräuchlich** inusitato, poco usato; **braucht** nuovo.
Ungebühr|lichkeit) ['--byːr(liç-kaɪt)] f sconvenienza f; 2**lich** sconveniente; impertinente.
'**unge|bunden** sciolto; *fig.* libero; (*zügellos*) sregolato; *Buch*: non rilegato; *e Rede* f prosa f; 2**bundenheit** f libertà f; sregolatezza f;

deckt ['--dɛkt] ✝ scoperto; *Tisch*: sparecchiato; **druckt** ['--drukt] non stampato, inedito; '2**duld** f impazienza f; **duldig** impaziente; '**eignet** disadatto; **fähr** ['--'fɛːr] circa, press'a poco; *von* per caso; '**fährdet** illeso; (*sicher*) sicuro; **fährlich** inoffensivo, non pericoloso; (*unschädlich*) innocuo; '**fällig** scompiacente; (*unangenehm*) spiacevole; '2**fälligkeit** f scompiacenza f; scortesia f; '**färbt** non tinto, incolore; '**fragt** senza essere stato interrogato; '**frierbar** *Phys.* incongelabile; '**füge** rozzo, goffo; '**fügig** indocile; **goren** ['--goː-rən] non fermentato; **halten** ['--haltən] indignato; **heißen** ['--haɪsən] non comandato; *adv.* senz'ordine; di propria iniziativa; '**heizt** non riscaldato; '**hemmt** libero; sfrenato; '**heuchelt** sincero; '2**heuer** n (7) mostro m; '**heuer** enorme; immenso; '**heuerlich** mostruoso; '**hindert** libero; '**hobelt** non piallato; *fig.* grossolano; '**hörig** indebito; (*unpassend*) sconveniente; '2**hörigkeit** f sconvenienza f; '**horsam** *adj.* disubbidiente; '2**horsam** m disubbidienza f; '**hört** inascoltato; inudito.
'**Ungeist** m mancanza f di cultura; 2**ig** incolto, senza interessi di cultura.
unge|kämmt ['uŋgəkɛmt] spettinato; '**kocht** non cotto, crudo; '**künstelt** naturale, non artificiale; '**laden** non invitato; *Waffe*: scarico; '**läufig** poco familiare (*od.* usato); '**legen** inopportuno, importuno; *zu* *er Zeit* male a proposito, ad un'ora sconveniente; '2**legenheit** f inopportunità f; seccatura f; '**lehrig** indocile; poco intelligente; '2**lehrigkeit** f indocilità f; poca intelligenza f; '**lehrt** illetterato, non istruito; *fig.* rigido; (*plump*) impacciato; '**lenk(ig)** rigido; '**lernt** ['--lɛrnt] *Arbeiter*: non qualificato, non specializzato; '**lesen** non letto; '**löscht** non spento; *Kalk*: vivo; '2**mach** n incomodo m; fastidi m/pl.; '**mäß** non adatto; '**mein** poco comune; straordinario; *adv.* molto; estremamente; '**mischt** puro; '**münzt** non monetato; *er Stoff* m

stoffa *f* a colori uniti (*od.* a tinta unita); '**∼mütlich** poco piacevole; incomodo; poco raccolto; ∼ *werden* andare in collera; '**Ǒmütlichkeit** *f* mancanza *f* di comodità; '**∼nannt** innominato; '**∼nau** inesato; '**Ǒnauigkeit** *f* inesattezza *f*; '**∼neigt** poco disposto; **∼niert** ['-ʒe'ni:rt] senza soggezione, disinvolto; *adv.* senza (fare tanti) complimenti; '**∼nießbar** pessimo; non mangiabile; non bevibile; F *Person:* insopportabile; '**∼nötigt** non obbligato; *adv.* spontaneamente; '**∼nügend** insufficiente; '**∼nügsam** incontentabile; '**Ǒnügsamkeit** *f* incontentabilità *f*; '**∼nützt** non messo a profitto; *adv.* senza approfittarne; '**∼ordnet** disordinato; '**∼pflegt** trascurato; incolto; '**∼rächt** invendicato; *adv.* impunemente; '**∼rade** non diritto; *Linie:* curvo; *Zahl:* dispari; '**∼raten** mal riuscito; *fig.* perverso; (*unmenschlich*) snaturato; *Kind:* degenere; '**∼rechnet** senza contare; '**∼recht** ingiusto; '**∼rechtfertigt** ingiustificato; '**Ǒrechtigkeit** *f* ingiustizia *f*; '**∼regelt** non regolato; sregolato; '**∼reimt** sciolto; *fig.* spropositato; ∼es *Zeug* n = '**Ǒreimtheit** *f* assurdità *f*; insulsaggini *f/pl.*

'**ungern** malvolentieri, contro voglia, a malavoglia; *ich sehe es* ∼, *daß* vedo con dispiacere che; non mi piace (*od.* F va) che.

unge|rufen ['ungǝru:fǝn] non chiamato; '**∼rügt** non biasimato; *ich kann nicht* ∼ *lassen* non posso fare a meno di biasimare; '**∼sagt** non detto; ∼ *lassen* non far parola di; '**∼salzen** non salato; scipito; '**∼säuert** senza lievito; '**∼säumt** senza orlo; *adv.* subito; '**∼schehen** non accaduto; *es läßt sich nicht mehr* ∼ *machen* cosa fatta capo ha.

'**Ungeschick** n mala sorte *f*, disgrazia *f*; '**∼lichkeit** *f* *zu et.:* inettitudine *f*; *Veranlagung:* poca abilità *f*, poco senso *m* pratico.

'**ungeschickt** maldestro, inetto.

unge|schlacht ['-ʃlaxt] grossolano, rozzo; '**∼schliffen** ['-ʃlifǝn] non affilato; *Stein:* greggio; *fig.* rozzo; '**Ǒschliffenheit** *f* *fig.* rozzezza *f*; '**∼schmälert** non scemato, intero; '**∼schmeidig** rigido; '**∼schminkt** non imbellettato; *fig.* nudo e crudo;

(*Wahrheit*) puro; '**∼schmückt** disadorno; '**∼schoren** ['-∫o:rǝn]: *fig.* ∼ *lassen* lasciare in pace; '**∼schrieben** ['-∫ri:bǝn]: ∼es *Gesetz* n tacito accordo m; '**∼schützt** indifeso, non protetto; '**∼schwächt** non indebolito; non scemato; '**∼sehen** inosservato; '**∼sellig** insocievole; '**Ǒselligkeit** *f* insocievolezza *f*; insociabilità *f*; '**∼setzlich** illegale; '**Ǒsetzlichkeit** *f* illegalità *f*; '**∼sittet** incivile; '**∼stalt(et)** deforme; informe; '**∼stört** indisturbato; '**∼straft** impunito; *adv.* impunemente; '**∼stüm** ['--∫ty:m] **1.** *adj.* impetuoso; **2.** ♀ *n* (3, *o. pl.*) impeto *m*; irruenza *f*; '**∼sucht** *fig.* non ricercato; naturale; '**∼sund** malsano; *Personen:* di poca salute, malaticcio; *Ort:* insalubre; '**∼tan** ['-gǝta:n]: ∼ *lassen* non fare; F lasciare li; '**∼tauft** non battezzato; '**∼teilt** indiviso; *fig.* unanime; '**∼trennt** inseparato; '**∼treu** infedele; '**∼tröstet** inconsolato; '**∼trübt** inturbato; (*heiter*) sereno; *fig.* non offuscato; *Glück:* inalterabile.

Ungetüm ['ungǝty:m] n (3) mostro m.

unge|übt ['--ɂy:pt] senza pratica, poco pratico; '**∼waschen** non lavato; ∼es *Zeug* n insulsaggini *f/pl.*; F ∼es *Maul* n linguaccia *f*; '**∼wiß** incerto; (*zweifelhaft*) dubbio; (*unentschlossen*) indeciso; '**Ǒwißheit** *f* incertezza *f*; '**Ǒwitter** n temporale m; '**∼wöhnlich** insolito; straordinario; (*seltsam*) strano, singolare; '**∼wohnt** insolito; non abituato; poco pratico; non avvezzo; '**∼zählt** *fig.* innumerevole; '**∼zähmt** indomito; '**Ǒziefer** ['--tsi:fǝr] n (7) insetti m/pl.; '**Ǒzieferbekämpfung** *f* lotta *f* antiparassitaria; '**∼ziemend** sconveniente; '**∼zogen** ['--tso:gǝn] maleducato; *Kinder:* cattivo; '**Ǒzogenheit** *f* malacreanza *f*; maleducazione *f*; '**∼zügelt** sfrenato; '**∼zwungen** spontaneo; (*natürlich*) disinvolto; '**Ǒzwungenheit** *f* spontaneità *f*; disinvoltura *f*.

'**Unglaube** m incredulità *f*; *Rel.* irreligione *f*.

'**ungläubig** incredulo; irreligioso; (*heidnisch*) infedele; pagano; '**Ǒe(r)** *m* *Rel.* infedele m.

un'glaub|lich incredibile; '**∼würdig** non degno di fede; *et.:* inverosimile.

'ungleich 1. adj. disuguale; (~mäßig) ineguale; **2.** adv. molto, assai; incomparabilmente; ~artig eterogeneo; (unähnlich) dissimile; 2-artigkeit f eterogeneità f; disparità f; ~förmig ['--fœrmiç] dissimile; asimmetrico, irregolare; 2heit f disuguaglianza f; ~mäßig ineguale; sproporzionato; 2mäßigkeit f ineguaglianza f; ~seitig dai lati disuguali; Dreieck: scaleno.

Unglimpf ['-glimpf] m (3, o. pl.) rudezza f; (Schimpf) ingiuria f; vilipendio m.

'Unglück n (3) sventura f; (Unfall) incidente m; (Pech) sfortuna f; (~sfall) disgrazia f; zum ~ per disgrazia; ins ~ stürzen cadere nella disgrazia; mandare in rovina; 2lich infelice; sfortunato; disgraziato; ~ fallen cadere malamente; 2licher·weise disgraziatamente.

Unglücks|bote ['-glyksbo:tə] m messaggero m di sventura; ~botschaft f infausta novella f.

unglückselig ['-glykze:liç] sciagurato.

'Unglücks|fall m disgrazia f; sciagura f; ~mensch m disgraziato m; ~rabe F m uccello m di malaugurio; ~stelle f luogo m dell'incidente; ~tag m giorno m infausto; ~wurm F m disgraziato m.

unglückverheißend ['--ferhaɪsənt] malauguroso.

'Un|gnade f disgrazia f; in ~ fallen cadere in disgrazia; 2gnädig inclemente; F di cattivo umore.

'ungrade s. ungerade.

'ungültig non valido, nullo; ~ erklären, ~ machen annullare; invalidare; 2keit f invalidità f; nullità f; 2keits·erklärung f annullamento m; 2machung f invalidamento m.

'Ungunst f sfavore m; (Ungnade) disgrazia f; der Jahreszeit: inclemenza f; die ~ der Zeit i tempi poco propizi; zu meinen ~en a scapito mio, a mio svantaggio.

'ungünstig sfavorevole; svantaggioso; poco propizio (od. promettente).

'ungut: nichts für ~! non se l'abbia a male!, senza rancore!

'ungütig poco benevolo.

'un'haltbar fig. insostenibile; ✗ impossibile da difendere; 2keit f insostenibilità f.

'unhandlich poco maneggevole; scomodo.

'Unheil n malanno m; (Unglück) disgrazia f; 2bar ['-'-ba:r] incurabile; ~barkeit f incurabilità f; 2-bringend nefasto; 2ig profano; (gottlos) empio; 2sam malsano; ~stifter m (7) che porta sventura; (Unruhestifter) mettimale m; 2voll funesto.

'unheimlich poco rassicurante; inquietante; sinistro; mir wird es ~ zumute comincio a sentirmi poco sicuro; adv. F straordinariamente.

'unhöflich scortese; 2keit f scortesia f.

'unhold 1. adj. malevolo; **2.** 2 m (3) bruto m; (Dämon) spirito m maligno.

'un'hörbar impercettibile.

unhygienisch ['-hygje:niʃ] antiigienico.

uni [y'ni:] di tinta unita, (di colore) unito.

Uniform [uni'fɔrm] f (16) divisa f, uniforme f; 2ieren vestire dell'uniforme; uniformare.

Unikum ['u:nikum] n (11 u. 9²) esemplare m (caso m) unico; fig. (tipo m) originale m.

'un-interess|ant per nulla interessante; ~iert indifferente, disinteressato.

Union [un'jo:n] f (16) unione f.

univer|sal [univer'za:l] universale; 2'sal·erbe m erede m universale; 2-salität [---zali'tɛ:t] f universalità f; 2'salschraubenschlüssel m chiave f inglese; ~sell [---'zɛl] universale. [università f.]

Universität [univerzi'tɛ:t] f (16)

Universitäts... [---zi'tɛ:ts...]: in Zssgn mst universitario; ~bibliothek f biblioteca f universitaria; ~bücherei f libreria f dell'università; ~ferien pl. vacanze f/pl. universitarie; ~gebäude n palazzo m dell'università; ~professor m professore m d'università; ~student m (studente m) universitario m; ~zeit f anni m/pl. d'università.

Universum [uni'verzum] n (9, o. pl.) universo m.

unkaufmännisch ['-kaufmɛniʃ] non da buon commerciante.

Unke ['uŋkə] f (15) rospo m; fig. uccello m del malaugurio; 2n (25) F vedere nero; presagire male.

'**unkenn|tlich** irriconoscibile, inconoscibile; **2tlichkeit** f irriconoscibilità f; **2tnis** f ignoranza f.
'**unkeusch** impudico; **2heit** f impudicizia f.
'**unkindlich** poco filiale; poco da bambino; **2keit** f mancanza d di sentimenti filiali; mancanza f di candore infantile.
'**unkirchlich** non attaccato alla chiesa; non ortodosso, non praticante.
'**unklar** poco chiaro; *im* ~*en sein über* essere all'oscuro di; **2heit** f poca chiarezza f.
'**unkleidsam** che non sta bene, poco elegante.   [denza f.]
'**unklug** imprudente; **2heit** f imprudenza f.
'**unkontrollierbar** incontrollabile.
'**unkonventionell** inconvenzionale.
'**unkörperlich** incorporeo; **2keit** f incorporeità f.
'**unkorrekt** scorretto; **2heit** f scorrettezza f.
'**Unkosten** pl. uv. spese f/pl.
'**Unkraut** n malerba f.
'**unkriegerisch** imbelle; pacifico.
'**unkult|iviert** incolto; **2ur** f barbarie f.
un'kündbar irredimibile; che non può essere disdetto (*od.* licenziato); *Staatspapier:* consolidato; *Stellung:* permanente; **2keit** f irredimibilità f.
'**Unkund|e** f imperizia f; *im Leben:* esperto, non pratico; ~ *sn* non sapere, ignorare.
'**unlängst** poco fa; (*neulich*) recentemente.
'**unlauter** impuro; (*unedel*) ignobile; ✝ sleale; **2keit** f impurità f; ignobilità f; slealtà f.
'**unleidlich** insopportabile.
'**unlenk|bar,** ~**sam** ingovernabile; (*unfolgsam*) indocile; **2barkeit** f indocilità f.
'**unle|sbar,** ~**serlich** illeggibile; **2sbarkeit** f illeggibilità f.
unleugbar ['-'lɔykbɑːr] innegabile.
'**unlieb** discaro; *es ist mir nicht* ~ *zu* non mi dispiace di.
'**unliebenswürdig** sgarbato; **2keit** f sgarbatezza f.
'**unliebsam** ['-liːpzaːm] spiacevole.
'**unlogisch** illogico.
'**un'lösbar** insolubile.
'**unlöschbar** inestinguibile.
'**un'löslich** insolubile; **2keit** f insolubilità f.

'**Unlust** f svogliatezza f; (*Abneigung*) ripugnanza f; avversione f; (*Überdruß*) nausea f; *mit* ~ a malavoglia; **2ig** svogliato.
'**unmagnetisch** non magnetico; antimagnetico; ~ *werden* smagnetizzarsi.
'**unmanierlich** sgarbato; **2keit** f sgarbataggine f.
'**unmännlich** effeminato; **2keit** f effeminatezza f.
'**Unmaß** n: *im* ~ a dismisura.
'**Unmasse** f infinità f; quantità f enorme.
unmaßgeblich ['-mɑːs'geːplɪç] che non serve di regola; incompetente; *Meinung:* modesto.
'**unmäßig** smoderato; **2keit** f smoderatezza f; *im Genuß:* intemperanza f.
'**Unmenge** f infinità f.
'**Unmensch** m bruto m; **2lich** disumano; (*übermenschlich*) sovrumano; ~**lichkeit** f crudeltà f.
'**un'merklich** impercettibile.
'**un'meßbar** incommensurabile; **2-keit** f incommensurabilità f.
'**unmilitärisch** poco militare (*od.* marziale); indegno d'un soldato.
unmißverständlich ['-'mɪsfɐɐʃtɛntlɪç] inequivocabile; categorico.
'**unmittelbar** immediato; *in* ~*er Nähe* nell'immediata vicinanza; **2keit** f immediatezza f.
'**unmöbliert** non ammobiliato.
'**unmodern** fuori moda; passato di moda, antiquato.
'**un'möglich** *adj.* impossibile; *adv.* *er kann* ~ *kommen* è impossibile che venga; **2keit** f impossibilità f; *es ist ein Ding der* ~ è assolutamente impossibile.
'**unmoralisch** immorale.
unmotiviert ['-motiviːrt] infondato, immotivato; *adv.* senza alcuna ragione.
'**unmündig** minorenne; **2keit** f minorità f.
'**unmusikalisch** non musicale; che non sente (capisce, ama) la musica.
'**Unmut** m malumore m; **2ig** di malumore.
unnachahm|lich ['-nɑːxˀˀɑːmlɪç] inimitabile; **2lichkeit** f inimitabilità f.
'**unnachgiebig** inarrendevole; intransigente, inflessibile; **2keit** f

unnachsichtig

inarrendevolezza *f*; intransigenza *f*, inflessibilità *f*.

unnachsichtig severo.

unnahbar ['-'na:ba:r] inaccessibile; intrattabile; 2keit *f* inaccessibilità *f*.

unnatürlich innaturale; (*geziert*) affettato; (*unmenschlich*) snaturato; 2keit *f* poca naturalezza *f*; affettazione *f*. [bile.]

unnennbar ['-'nenba:r] innominabile.

unnotiert ✝ non quotato.

unnötig non necessario; superfluo; **~erweise** ['-'nø:tiɡər'vaizə] senza necessità.

unnütz ['-nyts] inutile; cattivo; **~erweise** ['---'tsər'vaizə] inutilmente.

un-ordentlich disordinato; 2keit *f* disordinatezza *f*.

'Un-ordnung *f* disordine *m*; in ~ *bringen* mettere in disordine.

'un-organisch inorganico.

unpaar ['-pa:r] dispari; **~ig** spaiato.

'unparlamentarisch non parlamentare.

'unpartei|isch imparziale; 2ische (-r) *m* (18) arbitro *m*; 2lichkeit *f* imparzialità *f*.

'unpassend non conveniente; sconveniente; (*ungeeignet*) improprio; (*ungelegen*) inopportuno.

'unpas'sierbar impraticabile, intransitabile; ♣ innavigabile.

unpäßlich ['-pesliç] indisposto; 2-keit *f* indisposizione *f*.

'unpersönlich impersonale; 2keit *f* impersonalità *f*.

'un'pfändbar insequestrabile; 2-keit *f* insequestrabilità *f*.

'unpoetisch prosaico.

'unpolitisch impolitico, apolitico.

'unpopulär impopolare.

'unpraktisch poco pratico; *Personen:* poco abile.

'unproduktiv improduttivo; 2ität *f* improduttività *f*.

'unproportioniert sproporzionato.

'unpünktlich impuntuale; 2keit *f* impuntualità *f*.

'unquali'zierbar inqualificabile.

'unrasiert non sbarbato.

Unrast ['-rast] *f* (16, *o. pl.*) inquietudine *f*.

Unrat ['-ra:t] *m* (3, *o. pl.*) lordume *m*; (*Kehricht*) immondizie *f/pl.*; F ~ *wittern* insospettirsi.

'unrationell irrazionale.

'unratsam poco indicato, sconsigliabile.

unrecht 1. *adj.* ingiusto; iniquo; (*falsch*) falso, sbagliato; non giusto, falso; *Zeit:* inopportuno; **~e** *Seite f* rovescio *m*; in **~e** *Hände geraten* capitar male; *es ist ~ von dir* hai fatto male; **2.** *adv.* male; a torto; **3.** 2 *n* (3, *o. pl.*) ingiustizia *f*; *angetanes:* torto *m*; *mit ~ zu ~* a torto; ingiustamente; *im ~ sein* essere dalla parte del torto; *nicht ganz* 2 *haben* non avere tutti i torti; **~mäßig** illegittimo; *sich ~ aneignen* usurpare; 2mäßigkeit *f* illegittimità *f*.

'unredlich disonesto; 2keit *f* disonestà *f*.

'unreell malfido; (*unredlich*) disonesto, sleale.

'unregelmäßig irregolare; 2keit *f* irregolarità *f*.

'unreif immaturo; 2e *f* (15, *o. pl.*) immaturità *f*; *fig. a.* inesperienza *f*.

'unrein *allg.* impuro; (*schmutzig*) sporco; *Sprache:* scorretto; ♪ falso; *ins ~e schreiben* scrivere in brutta copia; 2heit *f* impurità *f*; **~lich** sudicio; 2lichkeit *f* sudiceria *f*.

'unrentabel non redditizio.

unrettbar ['-'retba:r] insalvabile; *adv.* irrimediabilmente.

'unrichtig falso; (*ungenau*) inesatto; 2keit *f* falsità *f*; inesattezza *f*.

'unritterlich poco cavalleresco.

'Unruhe *f* (15) irrequietezza *f*; *fig.* (*Seelen*2) inquietudine *f*; (*Bewegung*) agitazione *f*; **~n** *pl.* disordini *m/pl.*; in ~ *versetzen* (*geraten*) inquietare (-rsi), allarmare (-rsi).

Unruhestifter ['-ru:əʃtiftər] *m* (7) mettimale *m*; *öffentlicher:* mestatore *m*; perturbatore *m*.

'unruhig irrequieto; inquieto; *Meer:* agitato; (*aufrührerisch*) turbolento.

'unrühmlich inglorioso.

uns [uns] ci; (*betont*) *ac.* noi, *dat.* a noi; *ein Freund von* ~ un nostro amico.

'unsachlich non obiettivo.

unsagbar [-'za:kba:r], **unsäglich** [-'ze:kliç] indicibile.

'unsanft duro, brusco.

'unsauber sporco; *moralisch:* immondo.

'unschädlich innocuo; inoffensivo; ~ *machen* mettere nell'impossibilità di nuocere; *Gift:* neutralizzare; 2-keit *f* innocuità *f*.

'unscharf non bene definito; poco chiaro; *Phot.* sfocato, poco nitido.

unschätzbar ['-'ʃɛtsbaːr] inapprezzabile.

'unscheinbar poco appariscente; poco vistoso; (*schlicht*) modesto; (*unbedeutend*) insignificante.

'unschicklich sconveniente; ℒ**keit** *f* sconvenienza *f*.

'unschiffbar innavigabile.

unschlagbar ['-'ʃlaːkbaːr] imbattibile; ℒ**keit** *f* imbattibilità *f*.

Unschlitt ['-ʃlit] *m* (3) sego *m*.

'unschlüssig irresoluto, indeciso; ℒ**keit** *f* irresolutezza *f*; indecisione *f*.

'unschmackhaft insipido.

un'schmelzbar infusibile.

'unschön poco bello; brutto.

'Unschuld *f* (16, *o. pl.*) innocenza *f*; ℒ**ig** innocente; ～ **an** et. *sein* non aver colpa di qc.

'unschwer facilmente, senza difficoltà.

'Unsegen *m* malanno *m*; (*Fluch*) maledizione *f*; (*Schaden*) danno *m*.

'unselbständig dipendente; *fig.* debole; che ha bisogno dell'aiuto altrui; ℒ**keit** *f* dipendenza *f*; *fig.* debolezza *f*.

'unselig funesto; *Person*: sciagurato.

unser ['unzər] **1.** *pron.* di noi; *wir waren* ～ *drei* eravamo in tre; **2.** *adj.* nostro; ～**einer**, ～**eins** noi altri; ～**erseits** ['-rər'zaits] dal canto nostro; ～**es'gleichen** un pari nostro; ～**thalben**, ～**twegen** ['-t'-halbən, '--t've:gən] per amor nostro; per causa nostra; per noi, per conto nostro.

'unsicher malsicuro; (*ungewiß*) incerto; ℒ**heit** *f* mancanza *f* di sicurezza; incertezza *f*.

'unsichtbar invisibile; ℒ**keit** *f* invisibilità *f*.

'Unsinn *m* (3, *o. pl.*) nonsenso *m*; assurdo *m*; (*dummes Zeug*) sciocchezze *f*/*pl.*; ℒ**ig** insensato; ～**igkeit** *f* insensatezza *f*; assurdità *f*.

'unsinnlich immateriale.

'Unsitt|e *f* cattiva abitudine *f*; ℒ**lich** immorale; ～**lichkeit** *f* immoralità *f*.

'unsolid|e poco solido; *Person*: sregolato; ℒ**ität** *f* poca solidità *f*; sregolatezza *f*.

'unsozial asociale.

'unsportlich poco sportivo.

unsr(**ig**)**e** ['unzr(ig)ə] nostro.

'unstabil instabile; ℒ**ität** *f* instabilità *f*.

'unstatthaft inammissibile; (*unpas-*

send) inopportuno; ℒ**igkeit** *f* inammissibilità *f*; inopportunità *f*.

un'sterblich immortale; *adv.* F in modo da non dirsi; ℒ**keit** *f* immortalità *f*.

'Unstern *m* cattiva stella *f*.

'unstet instabile; ♀ incostante; *Charakter*: volubile; *Leben*: da vagabondo; ℒ**igkeit** *f* instabilità *f*.

unstillbar ['-'ʃtilbaːr] insaziabile; *Blut*: che non si può fermare; *Durst*: inestinguibile.

Unstimmigkeit ['-ʃtimiçkait] *f* dissidio *m*; divergenza *f*.

un'streitig incontestabile, indiscutibile; *adv.* senza dubbio.

'Unsumme *f* somma *f* enorme; quantità *f* enorme.

'unsympathisch antipatico.

untadelig ['-'taːdəliç] irreprensibile; ℒ**keit** *f* irreprensibilità *f*.

'Untat *f* misfatto *m*; delitto *m*, crimine *m*.

'untätig inattivo, inerte; ℒ**keit** *f* inattività *f*, inerzia *f*.

'untauglich inetto; ✕ inabile; ～ **erklären** riformare; ℒ**keit** *f* inettitudine *f*; inabilità *f*.

un'teilbar indivisibile; ℒ**keit** *f* indivisibilità *f*.

unten ['untən] giù; ～ **an** ... appiè di ...; *dort* ～ laggiù; *hier* ～ quaggiù; *weiter* ～ più giù; *von oben bis* ～ dall'alto in basso; *siehe* ～ vedi sotto; F *bei j-m* ～ *durch sein* aver perduto la simpatia di qu.; ～**genannt** ['--gənant], ～**stehend** ['--ʃte:ənt] sottomenzionato; sottostante.

unter ['untər] **1.** *prp.* (*dat. u. ac.*) (*Ggs. über*) sotto; (*zwischen*) fra, tra; *fig.* a; con; a meno di; ～ *freiem Himmel* all'aperto; ～ *anderem* fra l'altro; (*Datum*) ～ *dem* ... in data di ...; ～ *der Bedingung* a condizione (*od.* patto); ～ *dem Vorwand* col pretesto; ～ *zehn Mark* meno di dieci marchi; ～ *der Hand* sottomano; ～ *vier Augen* a quattr'occhi; ～ *uns* tra di noi; ～ *dem Schutz der Nacht* col favore della notte; *was verstehst du* ～ *diesem Wort?* come interpreti questa parola?; **2.** ～**e**(**r**) *adj.* (18) inferiore; sottostante; *s. a. unterste*; **3.** ♀ *m* (7) *Kartensp.* fante *m*.

Unter|abteilung ['untər?aptailuŋ] *f* suddivisione *f*; sezione *f*; ～**arm** *m* avambraccio *m*; ～**ärmel** *m* sottomanica *f*; ～**art** *f* sottospecie *f*; ～**arzt**

m medico *m* aggiunto; ⚒ medico *m* aspirante; **~ausschuß** *m* sottocommissione *f*; **~bau** *m* (3, *pl. -bauten*) fondamento *m*; 🚇 infrastruttura *f*; **~beamte(r)** *m* (impiegato *m*) subalterno *m*; **~belastung** *f* carico *m* incompleto; **⚖belichten** *Phot.* sottoesporre; **~belichtung** *f* sottoesposizione *f*; **⚖bewerten** sottovalutare; **~bewertung** *f* sottovalutazione *f*; **~bewußtsein** *n* subconsciente *m*; *Psych.* subconscio *m*; **⚖'bieten** *V*² offrire di meno; *Rekord*: battere; **~bilanz** *f* bilancio *m* passivo; deficit *m*; **⚖binden 1.** ['----] legare (attaccare) sotto; **2.** [--'--] legare; *fig.* interrompere; impedire, ostacolare, paralizzare; **⚖'bleiben** non aver luogo; non venire più relizzato; **⚖'brechen** interrompere; (*zeitweilig*) sospendere; **~'brechung** *f* interruzione *f*; sospensione *f*; *ohne ~* di continuo; **⚖breiten** [--'braıtən] (26) sottoporre; *Gesuch*: presentare; **⚖bringen** collocare; *häuslich*: sistemare, ospitare, alloggiare; *Waren*: smerciare, collocare; **~bringung** *f* collocamento *m*; alloggiamento *m*, sistemazione *f*; smercio *m*; **~deck** ⚓ *n* ponte *m* inferiore; **~decke** *f* sottocoperta *f*; **~derhand** [--der'hant] sottomano; sottobanco; **⚖'des**, **⚖'dessen** frattanto; intanto; **~druck** *m* sottopressione *f*; ⊕ depressione *f*; **⚖'drücken** opprimere; (*beseitigen*) sopprimere; *Zorn, Empörung*: reprimere; **~'drücker** *m* (7) oppressore *m*; **~'drückung** *f* oppressione *f*; soppressione *f*; repressione *f*; **⚖-ei'nander** uno sotto l'altro; tra di loro (noi, voi); reciprocamente; (*durcheinander*) alla rinfusa; **~einteilung** *f* suddivisione *f*; **⚖-entwickelt** sottosviluppato; **⚖ernährt** ['--ºɛrnɛːrt] denutrito; **~ernährung** *f* alimentazione *f* insufficiente; denutrizione *f*; **⚖'fangen 1.** *sich ~ zu* osare di; **2.** ⚖ *n* (6) impresa *f*; **⚖fassen** prendere a braccetto; **⚖fertigen** [--'fɛrtigən] firmare; *der Unterfertigte* il sottoscritto; **~'führrung** *f* sottopassaggio *m*; **~futter** *n* *Kleid*: fodera *f*; **~gang** *m* sfacelo *m*; *Sonne*: tramonto *m*; *Schiff*: naufragio *m*; *Welt*: fine *f*; (*Verfall*) decadenza *f*; (*Sturz*) caduta *f*; rovina *f*; **~gärung** *f* fermentazione *f* lenta; **~gattung** *f* sottospecie *f*; **~gebe-**

ne(r) [--'geːbənə(r)] *m* (18) dipendente *m*; *Beamter*: subalterno *m*; **~'gebenheit** *f* sottomissione *f*; inferiorità *f*; **⚖gehen** andare sotto; *Schiff*: andare a fondo, colare a picco, naufragare; *Welt*: finire; *Sonne u. fig.* tramontare; (*vernichtet werden*) andare in rovina; crollare; **⚖geordnet** ['--gəºɔrdnət] subordinato; sottoposto; **~geschoß** *n* pianterreno *m*; **~gestell** *n* cavalletto *m*; *Auto*: telaio *m*; ⚡ gambe *f/pl.*; **~gewicht** *n* mancanza *f* di peso; ⚓ calo *m*; **⚖'graben** scavare; *fig.* minare; *Gesundheit*: logorare; **~grund** *m* sottosuolo *m*; **~grundbahn** *f* ferrovia *f* sotterranea; metropolitana *f*; **~grundbewegung** *f* *Pol.* movimento *m* di resistenza (*od.* sovversivo); **⚖haken:** *sich ~* prendersi a braccetto; **⚖halb** (*gen.*) al di sotto di.

Unterhalt ['--halt] *m* (3, *o. pl.*) sostentamento *m*, mantenimento *m*; manutenzione *f*; **⚖en 1.** ['----] tenere sotto; **2.** [--'--] mantenere; *mit Reden*: trattenere; *belustigend*: divertire; *sich ~* conversare, discorrere; (*sich vergnügen*) divertirsi; **⚖end** divertente; **~er** [--'haltər] *m* (7): *guter ~* conversatore *m* ameno (*od.* di molto spirito); **'~skosten** *pl.* spese *f/pl.* di manutenzione; **'~spflicht** *f* obbligo *m* (*od.* dovere *m*) di sopperire al sostentamento.

Unter'haltung *f* mantenimento *m*; trattenimento *m*; divertimento *m*; conversazione *f*; ⊕ manutenzione *f*; **~sblatt** *n* supplemento *m* letterario; **~sgabe** *f* dono *m* della conversazione; **~slektüre** *f* letteratura *f* amena; **~smusik** *f* musica *f* leggera.

unter'handeln (29): *~ über ac.* negoziare (*ac.*); **'⚖händler** *m* negoziatore *m*; (*Vermittler*) mediatore *m*; **⚖'handlung** *f* negoziato *m*; conferenza *f*; **'⚖haus** *n* Camera *f* dei Comuni; **'⚖hemd** *n* maglia *f*; **~'höhlen** scavare di sotto; *fig.* minare; **'⚖holz** *n* alberi *m/pl.* di basso fusto; **'⚖hosen** *f/pl.* mutande *f/pl.*; **'~irdisch** sotterraneo; **~jochen** [--'jɔxən] (25) soggiogare; **⚖'jochung** *f* soggiogamento *m*; **'⚖kiefer** *m* mascella *f* inferiore; **'⚖klasse** *f* classe *f* inferiore; **'⚖kleid** *n* sottoveste *f*; **⚖'kleidung** *f* biancheria *f* intima; **'~kommen 1.** trovare un posto; *Wohnung*: trovare alloggio; *Stellung*: trovare impiego; **2.** ♀ *n* (6) posto *m*; (*Wohnung*) alloggio *m*; (*Obdach*) ricovero *m*; '~**kriegen** F vincere; *sich nicht ~ lassen* non lasciarsi scoraggiare; superare tutte le difficoltà; '♀**kunft** *f* (14¹) *s. Unterkommen*; '♀**lage** *f* base *f*; ⊕ sostegno *m*; (*Bett♀*) toppone *m*; *beim Schreiben*: cartella *f*, scannello *m*; ~*n pl.* documentazione *f*; '♀**land** *n* paese *m* basso; ♀**laß** ['~las] *m*: *ohne ~* senza interruzione; ~'**lassen** tralasciare; ♀'**lassung** *f* omissione *f*; '♀**lauf** *m* corso *m* inferiore; ~'**laufen 1.** *v/i.* (sn) *es unterläuft mir* mi succede; *Fehler sind ~* sono scappati degli errori; **2.** *adj.*: *mit Blut ~* livido; *Auge*: iniettato di sangue; ~**legen 1.** ['~----] mettere sotto; *fig. Sinn*: attribuire; **2.** [--'--] foderare (*mit* di); **3.** [--'--] *adj.* ~ *sein* inferiore (*a qu.*; *an dat.* in); ♀'**legenheit** *f* inferiorità *f*; '♀**leib** *m* basso ventre *m*, addome *m*; '♀**leibs...** *in Zssgn* addominale; ~'**liegen** soccombere; ✕ essere vinto (*od.* sconfitto); *fig.* essere soggetto a; *keinem Zweifel ~* essere indubitato; '♀**lippe** *f* labbro *m* inferiore; ~'**malen** *fig.* accompagnare; ♀'**malung** ♪ *f* sfondo *m* musicale; ~'**mauern** *fig.* documentare; '~**mengen** frammischiare; '♀**mieter** *m* subaffittuario *m*; ~**minieren** [--mi'ni:rən] minare; '~**mischen** frammischiare.

unter'nehm|en intraprendere; ♀**en** *n* (6) impresa *f*; ~**end** intraprendente; ♀**er** *m* (7) imprenditore *m*; ♀**ung** *f* impresa *f*; ✕ operazione *f*; ♀**ungsgeist** [--'ne:muŋsgaɪst] *m*, ♀**ungslust** *f* spirito *m* d'iniziativa; ~**ungslustig** intraprendente.

'**Unter|offizier** *m* sottufficiale *m*; ♀-'**ordnen** subordinare; *von untergeordneter Bedeutung* di importanza secondaria; ♀'**ordnung** *f* subordinazione *f*; ~**pfand** *n* pegno *m*; ~'**redung** *f* colloquio *m*.

Unter|richt ['~riçt] *m* (3) insegnamento *m*; *öffentlicher*: istruzione *f*; (*~sstunde*) lezione *f*; ♀**richten** [--'riçtən] istruire (qu. in qc.); dare lezioni; insegnare (qc. a qu.); *von et.*: informare (qu. di qc.); ♀'**richtend** istruttivo; informativo.

'**Unterrichts...**: *in Zssgn oft* d'inse-

gnamento, d'istruzione; ~**briefe** *m/pl.* lettere *f/pl.* per l'insegnamento (di); ~**fach** *n*, ~**gegenstand** *m* materia *f* d'insegnamento; ~**minister** *m* ministro *m* della Pubblica Istruzione; ~**ministerium** *n* ministero *m* della Pubblica Istruzione; ~**raum** *m* classe *f*, aula *f*; ~**stoff** *m* materia *f* d'insegnamento; ~**stunde** *f* lezione *f*; ~**wesen** *n* istruzione *f* pubblica.

'**Unterrock** *m* sottana *f*.

unter|'sagen proibire; interdire; ♀-'**sagung** *f* divieto *m*; ♂½ interdizione *f*; '♀**satz** *m* sostegno *m*, (*Stütze*) appoggio *m*; *für Töpfe*: sottovaso *m*; (*Lampen♀*) sottolume *m*; (*Gläser♀*) sottocoppa *f*, sottobicchiere *m*; (*Flaschen♀*) sottoboccia *f*; △ zoccolo *m*; '♀**schale** *f* piattino *m*; ~-'**schätzen** sottovalutare; *herabsetzend*: deprezzare; ♀'**schätzung** *f* sottovalutazione *f*; deprezzamento *m*.

unterscheid|bar [--'ʃaɪtbɑ:r] distinguibile; ~**en** distinguere; ~**end** distintivo; ♀**ung** *f* distinzione *f*; ♀**ungsgabe** *f*, ♀**ungsvermögen** *n* discernimento *m*; ♀**ungsmerkmal** *n* caratteristica *f*; ♀**ungszeichen** *n* distintivo *m*, contrassegno *m*.

'**Unterschenkel** *m* gamba *f*.

'**unterschieben** mettere sotto; *fig.* sostituire; *Stelle*: interpolare; *Sinn*: attribuire.

Unterschied ['~ʃi:t] *m* (3) differenza *f*; (*Unterscheidung*) distinzione *f*; ♀**lich** diverso; ♀**slos** indistintamente.

unter|schlagen [--'ʃla:gən] *Geld*: sottrarre; *öffentliche Gelder*: malversare; *Brief*: intercettare; ♀-'**schlagung** *f* sottrazione *f*; appropriazione *f* indebita; malversazione *f*; ♀**schleif** ['~ʃlaɪf] *m* (3) malversazione *f*; (*Amts♀*) peculato *m*; ♀-**schlupf** ['~'ʃlupf] *m* (3³) ricovero *m*; '~**schlüpfen** (sn) cacciarsi sotto; *fig.* sistemarsi; ~'**schreiben** sottoscrivere; *et.*: firmare; ♀**schrift** *f* firma *f*.

Untersee|boot ['~ze:bo:t] ⚓ *n* sommergibile *m*, sottomarino *m*; ♀**isch** ['~ze:iʃ] sottomarino *m*.

'**Unter|seite** *f* parte *f* inferiore; ♀-**setzt** [--'zetst] tozzo, tarchiato; ♀-**sinken** (sn) sommergersi; ⚓ colare a picco; ♀'**spülen** scalzare, scavare.

unterst ['untərst] il più basso.
Unter|'staatssekretär m sotto-
segretario m di Stato; **'~stand** m
ricovero m; rifugio m.
unterste(r) ['untərstə(r)] infimo; in
der Klasse: ultimo; zuunterst in
fondo.
unter|'stehen essere subordinato;
sich ~ zu (inf.) osare di (inf.); permettersi di (inf.); **~'stellen 1.** ['----]
mettere sotto; sich ~ mettersi al riparo; **2.** [--'--] subordinare; (vorläufig annehmen) supporre; (zuschreiben) attribuire; (beschuldigen)
imputare; **2'stellung** f subordina-
zione f; supposizione f; insinua-
zione f; **~'streichen** sottolineare;
'**2stufe** f grado m inferiore.
unter|'stützen sostenere; (befür-
worten) appoggiare; (helfen) aiutare,
spalleggiare; (fördern) favorire;
fomentare; **2ung** f appoggio m,
aiuto m; sovvenzione f; (Geld2)
soccorso m; **2ungs...:** in Zssgn di
soccorso; **2ungs-empfänger** m
sussidiato m.
unter|'suchen esaminare; saggiare;
verificare; (nachforschen) ricercare;
🔧 inquirire; 🩺 visitare.
Untersuchung [--'zu:xuŋ] f esame
m; ricerca f; investigazione f; 🔬
analisi f; 🩺 visita f; indagine f;
~s-ausschuß m commissione f
d'inchiesta; **~sgefangene(r)** m detenuto m (in carcere preventivo);
~sgefängnis n carcere m preventivo; **~skommission** f commissione f d'inchiesta; **~srichter** m giudice m istruttore; **~sverfahren** n
processo m informativo.
Untertagebau [--'ta:gəbau] m (3,
o. pl.) estrazione f sotterranea.
unter|'tan ['--'ta:n] (nur pred.) (dat.)
soggetto; **2tan** m (8 u. 12) suddito
m; **~tänig** ['--'te:niç] umile; soggetto; in Briefen usw.: ossequioso;
2tasse f piattino m; fliegende ~
disco m volante; **~tauchen** som-
mergere; tuffare; fig. sparire; rendersi latitante; **2teil** m u. n disotto
m; parte f inferiore; **2'teilung** f
suddivisione f; **2titel** m sottotitolo
m; **2ton** m fig. accento m; **~'tun-
neln** far passare una galleria sotto;
~wärts in basso; **2wäsche** f biancheria f intima; **2'wasserbombe** f
bomba f sottomarina; **2'wassersport** m sport m subacqueo; **~wegs**

[--'ve:ks] per via; cammin facendo;
in giro; **~'weisen** istruire; **2'weisung** f istruzione f; **2welt** f inferno
m; fig. bassi fondi m/pl., feccia f;
~'werfen sottomettere; **2'werfung**
f sottomissione f; (Unterwürfigkeit)
sommissione f; **~'wühlen** minare;
~würfig ['--'vyrfiç] sottomesso;
(knechtisch) servile; **2'würfigkeit**
f sottomissione f; servilità f.
unter'zeichn|en abs. sottoscrivere;
et.: firmare; **2er(in** f) m firmatario
(-ia) m (f); **2ete(r)** [--'tsaiçnətə(r)]
m (18) sottoscritto m; **2ung** f sottoscrizione f; firma f.
'**Unter|zeug** n biancheria f intima;
2ziehen 1. ['----] tirare sotto;
Kleid: mettere qc. sotto; **2.** [--'--]
sottoporre; sich ~ (dat.) sobbarcarsi
a; e-r Prüfung, Operation: sotto-
porsi a.
'**Untiefe** f bassofondo m; (Sandbank)
secca f.
'**Untier** n mostro m.
'**un'tilgbar** incancellabile; Schuld:
inestinguibile; Effekten: irredimibile.
'**un'tragbar** fig. intollerabile.
'**un'trennbar** inseparabile; **2keit** f
inseparabilità f.
'**untreu** infedele; **2e** f infedeltà f.
'**un'tröstlich** inconsolabile.
untrüglich ['-'try:kliç] infallibile.
'**untüchtig** inetto; **2keit** f inettitudine f.
'**Untugend** f vizio m.
unüber|brückbar ['-ʔy:bər'bryk-
ba:r] fig. insormontabile; Gegensatz: inconciliabile; incompatibile;
~legt ['---le:kt] sconsiderato, incon-
siderato; **2legtheit** f sconsideratezza f; **~schreitbar** ['---'ʃraitba:r]
invarcabile; **~sehbar** ['---'ze:ba:r]
sterminato; che non può essere non
osservato; adv. a perdita d'occhio;
~setzbar ['---'zɛtsba:r] intraducibile; **~sichtlich** poco chiaro; in-
distinguibile; **~steigbar** ['---'ʃtaik-
ba:r] insormontabile; **~'tragbar**
non cedibile; Lit. intraducibile; **~
trefflich** ['---'trɛfliç] insuperabile;
'**~troffen** insuperato; **~windlich**
['---'vintliç] invincibile; Schwierigkeit: insormontabile; insuperabile;
'**~wunden** invitto; insuperato.
'**un-üblich** inusitato.
unum|gänglich ['-ʔum'gɛŋliç] **1.**
insocievole; intrattabile; **2.** in-

dispensabile; (*unvermeidlich*) inevitabile; '²'**gänglichkeit** f necessità f assoluta; indispensabilità f; ~**schränkt** ['--'ʃrɛŋkt] illimitato; ~**stößlich** ['--'ʃtøːsliç] irrevocabile, incontestabile, irrefragabile; '~'**stritten** incontestato; ~**wunden** ['--'vundən] franco; *adv.* francamente, senza ambagi.

'**un-unter**'**brochen 1.** *adj.* ininterrotto; **2.** *adv.* senza interruzione.

unveränd|erlich ['-fer'⁹endərliç] invariabile; '²**erlichkeit** f invariabilità f; ~**ert** invariato.

unver|antwortlich ['--'⁹antvɔrtliç] irresponsabile; imperdonabile, ingiustificabile, inescusabile; '²'**antwortlichkeit** f irresponsabilità f; ~**äußerlich** ['--'⁹ɔʏsərliç] inalienabile; ~**besserlich** ['--'besərliç] incorreggibile; '~'**bindlich** non obbligante; senz'impegno; (*unhöflich*) scortese; '~'**blümt** nudo e crudo; '~'**brennbar** incombustibile; ~**brüchlich** ['--'bryçliç] inviolabile; *Gehorsam*: cieco; '~'**bürgt** non garantito; (*unsicher*) incerto; '~'**dächtig** non sospetto; '~'**daulich** indigesto; '²'**daulichkeit** f indigeribilità f; '~'**daut** non digerito; '~'**derblich** incorruttibile; '~'**dient** immeritato; '~'**dienter'maßen**, '~'**dienter'weise** immeritatamente; '~'**dorben** non guasto; (*rein*) incorrotto; puro, innocente; '~'**drossen** indefesso, instancabile, infaticabile; '~'**ehelicht** celibe; ~**eidigt** ['--'⁹aɪdɪçt] che non ha giurato; ~ **bleiben** (*lassen*) non (far) prestar giuramento; '~'-**einbar** incompatibile; '²'**einbarkeit** f incompatibilità f; '~'**fälscht** schietto; autentico; puro, vero; '~'**fänglich** innocuo; '~'**froren** sfrontato; '²'**frorenheit** f sfrontatezza f; '~'**fügbar** indisponibile; '~'**gänglich** imperituro; '~'**gessen** indimenticato; '~'**geßlich** indimenticabile; ~**gleichlich** ['--'glaɪçliç] incomparabile; '~'**hältnismäßig** sproporzionato; *adv.* incomparabilmente, ²**hältnismäßigkeit** ['-fer'hɛltnismɛːsɪçkaɪt] f sproporzione f; '~'**heiratet** celibe; *Mädchen*: nubile; ~**hofft** ['--'hɔft] insperato; '~'**hohlen** franco; '~'**jährbar** imprescrittibile; '²'**jährbarkeit** f imprescrittibilità f; '~'**käuflich** invendibile; ~**kauft** invenduto; ~**kennbar** ['--'kɛnbaːr] evidente; inconfondibile; '~'**kürzt** non abbreviato; non accorciato; integrale; ~**letzbar** ['--'lɛtsbaːr]; '~'**letzlich** invulnerabile; *Gesetze*: inviolabile; '²'**letzlichkeit** f invulnerabilità f; inviolabilità f; *Pol.* immunità f; '~'**letzt** illeso; ~**mählt** *s.* unverheiratet; '~'**meidlich** inevitabile; *Schicksal*: ineluttabile; '~'**mietet** non affittato; '~'**mindert** non diminuito; '~'**mischt** puro; '~'**mittelt** immediatamente; '²'**mögen** n incapacità f, impotenza f; '~'**mögend** incapace; (*arm*) senza mezzi; '~'**mutet** impensato; (*unerwartet*) inatteso; '~'**nehmlich** impercettibile; '²'**nunft** f irragionevolezza f; imprudenza f; '~'**nünftig** irragionevole; assurdo, insensato; (*unklug*) imprudente; '~'-**öffentlich** inedito; '~'**packt** non imballato; sciolto.

unverrichteterdinge ['--riçtətər'dɪŋə] senza avere combinato nulla, senza essere riuscito a nulla.

unver|schämt impertinente; '²'**schämtheit** f impudenza f, impertinenza f; '~'**schuldet** non indebitato; (*nicht verdient*) immeritato; ~**sehens** ['--'zeːəns] *adv.* improvvisamente; ~**sehrt** ['--'zeːrt] sano e salvo, incolume; illeso; '²'**sehrtheit** f incolumità f; '~'**sichert** non assicurato; '~'**siegbar** inessiccabile; (*unerschöpflich*) inesauribile; '~'**söhnlich** irreconciliabile; (*unerbittlich*) implacabile; (*Haltung*) intransigente; '²'**söhnlichkeit** f irreconciliabilità f; implacabilità f; intransigenza f; ~**sorgt** ['--'zɔrkt] sprovvisto (di tutto); *Mädchen*: non collocata; '²'**stand** m mancanza f di giudizio; '~'**standen** ['--'ʃtandən] incompreso; '~'**ständig** irragionevole; '~'**ständlich** inintelligibile, incomprensibile; '²'**ständnis** n mancanza f di comprensione; '~'**steuert** non tassato; in franchigia; '~'**sucht** intentato; *nichts* ~ *lassen* tentare tutto il possibile; ~**teidigt** ['--'taɪdɪçt] senza difesa, indifeso; '~'**tilgbar** inestirpabile; (*unverwischbar*) incancellabile; '~'**träglich** intrattabile; (*unvereinbar*) incompatibile; '²'**träglichkeit** f intrattabilità f; incompatibilità f; '~'**wandt** *Blick*: fisso; '~'**wehrt**: *es bleibt Ihnen* ~ *zu*

(Lei) è padrone di; '~'weilt immediatamente; '~'welklich che non appassisce; *fig.* imperituro, immarcescibile; '~'wendbar inadoperabile; '~'werflich irrecusabile; '~'weslich incorruttibile; ⚏ immarcescibile; '~'wischbar incancellabile; '~'wundbar invulnerabile; '~wundet illeso; ~wüstlich ['--'vy:stliç] indistruttibile; F di gran durata; '2'wüstlichkeit *f* indistruttibilità *f*; '~zagt impavido; '2zagtheit *f* intrepidezza *f*; '~'zeihlich imperdonabile; '~'zinslich senza interessi; infruttifero; '~zollt non sdoganato; ~züglich ['--'tsy:kliç] immediato.

unvoll|endet ['-fɔl'ʔɛndət] incompiuto; incompleto; '~'kommen imperfetto; '2'kommenheit *f* imperfezione *f*; '~'ständig incompleto; '2'ständigkeit *f* stato *m* incompleto, incompiutezza *f*.

unvor|bereitet ['-fo:rbərɑɪtət] impreparato; senza essersi preparato; ~denklich immemorabile; '2~eingenommen spregiudicato; '2eingenommenheit *f* spregiudicatezza *f*; ~hergesehen ['--'he:rgəze:ən] imprevisto; '~sätzlich preterintenzionale; '2sätzlichkeit *f* preterintenzionalità *f*; '~sichtig incauto, imprudente; '2sichtigkeit *f* imprudenza *f*; '~'stellbar inconcepibile, incredibile; ~teilhaft ['-fɔr-tɑɪlhaft] svantaggioso.

unwägbar ['-'vɛ:kba:r] imponderabile.

unwählbar ['-'vɛ:lba:r] ineleggibile; 2keit *f* ineleggibilità *f*.

'**unwahr** falso.

'**unwahrhaftig** poco veritiero; 2keit *f* insincerità *f*.

'**Unwahrheit** *f* falsità *f*; (*Lüge*) menzogna *f*; bugia *f*; *die* ~ *sagen* mentire.

'**unwahrnehmbar** impercettibile.

'**unwahrscheinlich** inverosimile; improbabile; 2keit *f* inverosimiglianza *f*.

'**un'wandelbar** immutabile.

unwegsam ['-ve:kza:m] impraticabile.

'**unweiblich** poco femminino.

unweigerlich [-'vɑɪgərliç] irrecusabile; *adv.* innegabilmente.

'**unweise** poco savio.

'**unweit** (*gen.*) non lontano da.

'**unwert 1.** *adj.* indegno; **2.** ⚥ *m* nessun valore *m*; non-valore *m*; futilità *f*.

'**Unwesen** *n* disordini *m*/*pl.*; *sein* ~ *treiben* provocare disordini; agire.

'**unwesentlich** irrilevante, poco importante.

'**Unwetter** *n* maltempo *m*; (*Gewitter*) temporale *m*, tempesta *f*.

'**unwichtig** irrilevante; ~ *sn* non avere importanza.

unwider|legbar inconfutabile, irrefutabile; '~'ruflich irrevocabile; '~'sprechlich incontrastabile; ~stehlich ['-vi:dər'ʃte:liç] irresistibile.

unwiederbringlich ['---'briŋliç] irrecuperabile; *fig.* irreparabile; ~ *verloren* perduto per sempre.

'**Unwill|e(n)** *m* risentimento *m*; indignazione *f*, sdegno *m*; 2ig **1.** *adj.* indignato; ~ *werden* indignarsi; **2.** *adv.* di malavoglia; 2kommen sgradito; 2kürlich ['--'ky:rliç] involontario; *adv.* senza volerlo; senza pensarci.

'**unwirk|lich** irreale; ~sam inefficace.

unwirsch ['-virʃ] arcigno, brusco.

unwirtlich ['-virtliç] inospitale.

'**unwirtschaftlich** non economico.

unwissen|d ['-visənt] ignorante; 2heit *f* ignoranza *f*.

'**unwissenschaftlich** non scientifico.

'**unwissentlich** insciente; *adv.* senza saperlo.

'**unwohl** indisposto; *mir ist* ~ mi sento male; 2sein *n* (6, *o. pl.*) indisposizione *f*.

'**unwohnlich** inabitabile; scomodo, poco accogliente.

'**unwürdig** indegno; 2keit *f* indegnità *f*.

'**Unzahl** *f* infinità *f*.

unzählig ['-'tse:liç] innumerevole.

'**un'zähmbar** indomabile.

'**unzart** indelicato; 2heit *f* indelicatezza *f*.

Unze ['untsə] *f* (15) oncia *f*.

'**Unzeit** *f* tempo *m* inopportuno; *zur* ~ *male* a proposito; fuori di stagione; 2gemäß inopportuno; 2ig intempestivo; ~igkeit *f* intempestività *f*.

unzer|brechlich ['-tser'breçliç] infrangibile; ~legbar ['--'le:kba:r] indecomponibile; ~reißbar ['-tser-

'raisbaːr] illacerabile; **~setzbar** ['--'zetsbaːr] indecomponibile; **~störbar** ['--'ʃtøːrbaːr] indistruttibile; **~trennlich** ['--'trenliç] inseparabile; **'♀'trennlichkeit** f inseparabilità f.

'**unziemlich** sconveniente.

'**Unzierde** f ineleganza f; zur ~ gereichen deturpare.

'**Unzucht** f impudicizia f; (gewerbsmäßige) prostituzione f.

'**unzüchtig** impudico; Worte: osceno.

'**unzu|frieden** scontento; ♀**friedenheit** f malcontento m; scontentezza f; **~gänglich** inaccessibile; **~länglich** insufficiente; ♀**länglichkeit** f insufficienza f; **~lässig** inammissibile; ♀**lässigkeit** f inammissibilità f; **~rechnungsfähig** irresponsabile; ♀**rechnungsfähigkeit** f irresponsabilità f; **~reichend** insufficiente; **~sammenhängend** sconnesso, incongruente; **~ständig** incompetente; **~träglich** dannoso; ♀**träglichkeit** f inconveniente m; **~treffend** inesatto; **~verlässig** poco sicuro; non fidato, malfido; ♀**verlässigkeit** f poca fidatezza f.

'**unzweckmäßig** inopportuno; poco conveniente od. indicato; (schädlich) controproducente.

'**unzweideutig** inequivocabile, non ambiguo.

'**un'zweifelhaft** indubbio.

üppig ['ypiç] rigoglioso; Natur: lussureggiante; Frau: formosa; (prächtig) sontuoso; (sinnlich) lussurioso; ♀**keit** f rigoglio m; formosità f; sontuosità f; lussuria f.

Ur Zo. [uːr] m (3) uro m.

Ur... ['uːr...]: in Zssgn primitivo; **~abstimmung** f votazione f segreta (per lo sciopero); **~ahn** m proavo m; **~ahne** f proava f; ♀**alt** antichissimo.

Urämie [urɛ'miː] f (15, o. pl.) uremia f.

Uran ⚛ [u'raːn] n (3¹, o. pl.) uranio m; ♀**haltig** uranifero.

'**Ur-an|fang** m origine f; ♀**fänglich** primordiale.

ur|aufführen ['uːr⁹aufyːrən] rappresentare per la prima volta; ♀**aufführung** f ♪ prima esecuzione f; Thea. prima f (rappresentazione f); Kino: prima visione f; **~bar** coltivabile; ~ machen dissodare; ♀**bar-**

machung f dissodamento m; ♀**bedeutung** f significato m primitivo; ♀**bevölkerung** f ♀**bewohner** m/pl. aborigeni m/pl.; ♀**bild** n prototipo m; ♀**christ** m cristiano m primitivo; ♀**christentum** n cristianesimo m primitivo; **~deutsch** prettamente germanico; ♀**eltern** pl. progenitori m/pl.; ♀**-enkel** m, ♀**-enkelin** f pronipote m u. f; ♀**form** f forma f originale; **~ge'mütlich** molto accogliente; comodissimo; ♀**geschichte** f preistoria f; ♀**groß-eltern** pl. nonni m/pl.; ♀**großmutter** f bisnonna f; ♀**großvater** m bisnonno m; ♀**grund** m causa f prima; ♀**heber** m autore m; ♀**heberrecht** n diritto m d'autore; ♀**heberschaft** f paternità f (Werk m od. qualità f) d'autore; ♀**heberschutz** m protezione f della proprietà intellettuale.

Urin [u'riːn] m (3¹) urina f; ♀'**ieren** urinare; ♀**treibend** diuretico.

'**ur'komisch** comicissimo.

Urkund|e ['uːrkundə] f documento m; (Vertrag) istrumento m; **~enfälschung** f falso m in pubblico; contraffazione f di documenti; **~enlehre** f diplomatica f; ♀**lich** ['--tliç] documentato.

Urlaub ['-laup] m (3) vacanze f/pl.; ✕ congedo m, licenza f, permesso m; **~er** m (7) ✕ militare m in licenza; Arbeiter: lavoratore m in vacanza; **~sverlängerung** f prolungamento m delle vacanze.

'**Urmensch** m uomo m primitivo od. preistorico.

Urne ['urnə] f (15) urna f; **~nhalle** f colombario m.

ur|plötzlich ['uːr'plœtsliç] repentino; ♀**quell** m prima fonte f; ♀**sache** f causa f, motivo m; cagione f; alle ~ haben zu avere tutte le ragioni per; keine ~! non c'è di che!; '**~sächlich** causale; '♀**schrift** f originale m; '♀**sprache** f lingua f primitiva; '♀**sprung** m origine f; '**~'sprünglich 1.** adj. originario; **2.** adv. in origine; '♀'**sprünglichkeit** f originalità f; '♀**sprungsland** n paese m d'origine; '♀**sprungszeugnis** n certificato m d'origine; '♀**stoff** m materia f primitiva; ⚛ elemento m.

Urteil ['urtaɪl] m (3) giudizio m; (Meinung) parere m, opinione f; ⚖ sentenza f; (Gutachten) perizia f; ♀**en** (25) giudicare.

Urteils|eröffnung ['--⁹ɛr⁹œfnuŋ] *f* pubblicazione *f* della sentenza; **~fähigkeit** *f*, **~kraft** *f* discernimento *m*; **~spruch** *m* verdetto *m*; *der Richter*: sentenza *f*; **~vollstrekkung** *f* esecuzione *f* della sentenza.

Ur|text ['uːrtɛkst] *m* testo *m* originale; **~tier** *n* animale *m* primitivo; **♀tümlich** primitivo; **~typus** *m* prototipo *m*; **~urahn** *m* proavo *m*; **~-urgroßmutter** *f* trisavola *f*; **~-urgroßvater** *m* trisavolo *m*; **~vater** *m* primo padre *m*; **~volk** *n* popolo *m* primitivo; **~wahl** *f* elezione *f* primaria; **~wähler** *m* elettore *m* primario; **~wald** *m* foresta *f* vergine; giungla *f*; **~welt** *f* mondo *m* primitivo; **♀wüchsig** ['-vyːksiç] na-turale; *Stil*: vigoroso; **~zeit** *f* tempi *m*/*pl*. primitivi; **~zeugung** *f* generazione *f* spontanea; **~zustand** *m* stato *m* primitivo.

Usance [yˈzãːs] *f* (15) uso *m*.

Usurp|ation [uzurpatsˈjoːn] *f* usurpazione *f*; **~'ator** *m* usurpatore *m*; **♀a'torisch** usurpatorio; **♀'ieren** usurpare.

Utensilien [utɛnˈziːljən] *pl. uv.* utensili *m*/*pl*.

Utilit|arier [utiliˈtɑːrjər] *m* (7) utilitario *m*; **~a'rismus** *m* utilitarismo *m*.

Utop|ie [utoˈpiː] *f* (15) utopia *f*; **♀isch** [uˈtoːpiʃ] utopistico; **~'ist(in** *f*) *m* utopista *m* u. *f*.

uzen ['uːtsən] (27) F burlarsi di.

V

V, v [faʊ] *n uv.* V, v *m u. f.*

Vagabund [vaga'bʊnt] *m* (12) vagabondo *m*; **~enleben** *n* vagabondagio *m*; **2ieren** [---'diːrən] vagabondare.

vage ['vɑːgə] vago; impreciso.

vak|ant [va'kant] vacante; **2anz** [-'kants] *f* (16) vacanza *f*.

Vakuum ['vɑːkuʔʊm] *n* (9²) vuoto *m*; **~bremse** *f* freno *m* a vuoto.

Valuta [va'luːta] *f* (16²) valuta *f*.

Vamp [vɛmp] *m* (11) donna *f* fatale.

Vampir [vam'piːr] *m* (3¹) vampiro *m*.

Vanadium [va'nɑːdjum] *n* (9, *o. pl.*) vanadio *m*.

Vandal|e [van'dɑːlə] *m* (13) vandalo *m*; **2isch** [-'dɑːlɪʃ] vandalico; **~ismus** *m* vandalismo *m*.

Vanille [va'nɪl(j)ə] *f* (15, *o. pl.*) vaniglia *f*.

Vari|ante [vari'antə] *f* (15) variante *f*; **~ation** [--ats'joːn] *f* variazione *f*; **~eté** [--e'teː] *n* (11) teatro *m* di varietà; **2ieren** variare.

Vasall [va'zal] *m* (12) vassallo *m*; **~enschaft** *f*, **~entum** *n* vassallaggio *m*.

Vase ['vɑːzə] *f* (15) vaso *m*.

Vaselin [vazə'liːn] *n* (3¹, *o. pl.*), **~e** *f* (15, *o. pl.*) vaselina *f*.

Vater ['fɑːtər] *m* (7¹) padre *m*; F babbo *m*; **~freuden** *f/pl.* gioie *f/pl.* paterne; **~haus** *n* casa *f* paterna; **~land** *n* patria *f*; **2ländisch** patrio; **~landsliebe** ['--lantsliːbə] *f* amor *m* patrio, patriottismo *m*; **2landsliebend** amante della patria, patriottico; **2landslos** senza patria, ɪʔɪ apolide.

väterlich ['fɛːtərlɪç] paterno; **~erseits** ['---çɔrzaɪts] da parte del padre.

vater|los ['fɑːtərloːs] senza padre; **2mord** *m* parricidio *m*; **2mörder** *m* parricida *m*; **2schaft** *f* paternità *f*; **2schaftsklage** *f* causa *f* per il riconoscimento della paternità; **2stadt** *f* città *f* natale; **2stelle** *f*: *bei j-m* **~** *vertreten* far da padre a qu.; **2'unser** *n* (7) paternostro *m*.

Veget|abilien [vegeta'biːljən] *pl.* vegetali *m/pl.*; **2a'bilisch** vegetabile; **~arier** [--'tɑːrjər] *m* (7), **2a'risch** *adj.* vegetariano *m u. adj.*; **~a'rismus** *m* vegetarianismo *m*; **~ation** [--tats'joːn] *f* vegetazione *f*; **2ativ** [---'tiːf] vegetativo; **2ieren** vegetare.

Vehikel [ve'hiːkəl] *n* (7) veicolo *m*.

Veilchen ['faɪlçən] *n* (6) violetta *f*, viola *f*; **2blau** violetto.

Veitstanz ɪʔɪ [faɪtstants] *m* (3², *o. pl.*) ballo *m* di San Vito.

Vektor *Phys.* ['vɛktər] *m* (8¹) vettore *m*.

Velours [və'luːr] *n uv.* velluto *m*.

Vene ['veːnə] *f* (15) vena *f*; **~n-entzündung** *f* flebite *f*.

ven|erisch [ve'neːrɪʃ] venereo; **~ös** venoso.

Ventil [vɛn'tiːl] *n* (3¹) valvola *f*; **~ation** [--lats'joːn] *f* ventilazione *f*; **~ator** [--'lɑːtər] *m* (8¹) ventilatore *m*; **2ieren** ventilare (*a. fig.*).

verabfolgen [fɛr'ʔapfɔlgən] dare; consegnare; somministrare.

ver-'abred|en combinare, concertare; *sich* **~** darsi un appuntamento; **2ung** *f* accordo *m*; (*Stelldichein*) appuntamento *m*.

verab|reichen [-'ʔapraɪçən] dare, somministrare; **~säumen** trascurare; **~scheuen** aborrire; **~scheuenswert** detestabile; abominevole; **~schieden** [-'ʃiːdən] (26) congedare; *Gesetz:* approvare; *sich* **~** accomiatarsi, salutare; **2schiedung** *f* commiato *m*; saluti *m/pl.* d'addio; *Gesetz:* approvazione *f*, votazione *f*.

ver-'achten (di)sprezzare.

Verächt|er [-'ʔɛçtər] *m* (7) sprezzatore *m*; **2lich** spregevole; (*verachtend*) sprezzante; **~** *machen* screditare; **~lichkeit** *f* spregevolezza *f*.

Ver-'achtung *f* disprezzo *m*.

verallgemein|ern [-'ʔalgəmaɪnərn] (29) generalizzare; **2erung** *f* generalizzazione *f*.

veralt|en [-'ʔaltən] (26, *sn*) invecchiare; **~et** antiquato.

Veranda [ve'randa] *f* (16²) veranda *f*.

veränder|lich [fɛrˈ'ʔɛndərliç] variabile, mutabile; **2lichkeit** f variabilità f, mutabilità f; **∼n** cambiare; **2ung** f cambiamento m.

verängstigt [-ˈ'ʔɛŋstiçt] spaurito; intemerito.

ver-'ank|ern ancorare; **2erung** f ancoraggio m; ancoramento m.

veran|lagen [-ˈ'ʔanlɑːgən] (25) tassare; _Steuern_: ripartire; _gut veranlagt_ d'ingegno; ben disposto; **2-lagung** f tassazione f; disposizione f intellettuale; inclinazione f; talento m; **∼lassen** (28) cagionare; _j-n zu et._ ∼ indurre qu. a qc.; **2lassung** f motivo m; _auf_ ∼ _von_ per iniziativa di; **∼schaulichen** [-ˈ'ʃauliçən] v/t. (25) concretizzare; illustrare, rendere evidente; **2schaulichung** f dimostrazione f; **∼schlagen** (25) valutare; **2schlagung** f valutazione f; **∼stalten** [-ˈ'ʃtaltən] (26) preparare; _Fest_: organizzare; **2stalter(in** f) m (7) organizzatore (-trice) m (f); **2staltung** f preparazione f; organizzazione f; _Sport_: manifestazione f.

ver-'antwort|en v/t. rispondere di; _nicht zu_ ∼ imperdonabile; _sich_ ∼ giustificarsi; **∼lich** responsabile (für di); ±ᵗˢ _gegenseitig_ ∼ solidario; **2lichkeit** f responsabilità f; **2ung** f responsabilità f; _j-n zur_ ∼ _ziehen_ chiedere conto a qu., rendere qu. responsabile; _auf eigene_ ∼ a proprio rischio; **∼ungsbewußt** consapevole della propria responsabilità; **∼ungsfreudig** pronto ad assumere ogni responsabilità; **∼ungslos** incosciente; **2ungslosigkeit** f incoscienza f.

veräppeln [-ˈ'ʔɛpəln] (29) F prendere in giro.

ver-'arbeit|en lavorare; ∼ _(zu)_ convertire (in); _Physiol._ elaborare; _(verbrauchen)_ consumare; _geistig_: assimilare; **2ung** f lavorazione f; elaborazione f; consumazione f.

verargen [-ˈ'ʔargən] (25): _j-m et._ ∼ aversela a male.

ver-'ärgern (29) irritare.

verarm|en [-ˈ'ʔarmən] (25, _sn_) impoverire; **2ung** f impoverimento m.

verästel|n [-ˈ'ʔɛstəln] (29): _sich_ ∼ ramificarsi; **2ung** f ramificazione f.

veraus|gaben [-ˈ'ʔausgaːbən] (25) spendere; _fig._ esaurire; _sich_ ∼ spendere tutte le sue forze; **∼lagen**

[-ˈ'-lɑːgən] (25) sborsare; spendere; _(vorschießen)_ anticipare.

ver-'äuß|erlich alienabile; **2erlichkeit** f alienabilità f; **∼ern** (29) alienare; **2erung** f vendita f; alienazione f.

Verb [vɛrp] n (5²) verbo m.

verballhornen [fɛrˈ'balhɔrnən] (25) guastare, storpiare.

Ver'band m (3³) _allg._ legame m; _(Verein)_ federazione f, lega f, associazione f; _(Entente)_ intesa f; _Chir._ fasciatura f; **∼kasten** m cassetta f farmaceutica; **∼stoff** m, **∼zeug** n bendaggi m/pl.; fasciatura f; **∼zimmer** n medicheria f.

ver'bann|en esiliare; _fig._ bandire; **2te(r)** m esiliato m; **2ung** f esilio m.

verbarrika'dieren barricare.

ver'bauen _(versperren)_ ostruire; _(ausgeben)_ spendere fabbricando (od. nella costruzione di ...); _(schlecht bauen)_ costruire male.

ver'bauern [-ˈ'bauərn] (29) F inzotichire.

ver'beißen mandare giù; reprimere, contenere; _das Lachen_ ∼ mordersi le labbra per non ridere; _sich in et._ ∼ incaponirsi in qc.

ver'bergen nascondere.

Ver'besser|er m (7) riformatore m; correttore m; **2lich** correggibile; **2n** (29) migliorare; _Fehlerhaftes_: correggere; **∼ung** f miglioramento m; correzione f; **2ungsfähig** migliorabile.

ver'beug|en: _sich_ ∼ inchinarsi; **2ung** f inchino m.

verbeulen [-ˈ'bɔylən] (25) ammaccare.

ver'biegen storcere.

ver'bieten proibire, vietare.

ver'bild|en deformare; _j-n_: guastare; **∼et** deformato, sfigurato; **2ung** f deformazione f; educazione f falsa.

verbildlichen [-ˈ'biltliçən] (25) simbolizzare.

ver'billigen [-ˈ'biligən] (25) ridurre il prezzo di; rendere meno caro.

ver'bind|en legare; collegare; _(vereinigen)_ unire; congiungere; associare; _(verpflichten)_ obbligare; **⌢** combinare; **⌢** connettere; _Augen_: bendare; _Chir._ fasciare; _Fernspr._ mettere in comunicazione; _falsch_ ∼ sbagliar comunicazione; _falsch verbunden!_ ha sbagliato numero!; _sich_ ∼ unirsi, congiungersi; **∼lich**

[-'bintliç] 🕂 obbligatorio; (*höflich*) obbligante; ~sten Dank sentiti ringraziamenti; molte grazie; **2lichkeit** f obbligatorietà f, obbligo m; (*Gefälligkeit*) gentilezza f; (*Verpflichtung*) impegno m; 🕂 ohne ~ senza impegno.

Ver'bindung f collegamento m; (*Vereinigung*) unione f; mit j-m: relazione f; contatti m/pl.; (*Gesellschaft*) società f; 🔓 combinazione f; 📞, *Fernspr.* comunicazione f; in ~ stehen mit (j-m) essere in contatto con (qu.); (*Zimmer*) comunicare con; sich mit j-m in ~ setzen mettersi in contatto con qu.; ~sbahn f linea f di congiunzione; ferrovia f di collegamento; ~sgang m, ~sweg m (passaggio m, via f di) comunicazione f; ~smöglichkeit f (*im Verkehr*) possibilità f di collegamento; ~smann m uomo m di fiducia; ~s-offizier m ufficiale m di collegamento; ~sstück n pezzo m di raccordo.

verbissen [-'bisǝn] accanito; **2heit** f accanimento m.

ver'bitten sich et. ~ pregare di non fare qc.; pregare d'astenersi da qc.; proibire qc.

verbitter|n [-'bitǝrn] (29) amareggiare; ~t amareggiato; **2ung** f amareggiamento m; *passiv*: amarezza f; asprezza f.

verblassen [-'blasǝn] (28, sn) impallidire; *Stoff usw.*: sbiadire.

Verbleib [-'blaɪp] m (3, o. pl.): nichts über den ~ einer Sache wissen non sapere dove è rimasto (*od.* andato a finire) qc.; **2en** (sn) rimanere; restare; permanere; bei s-r Meinung ~ persistere nella sua opinione; ~en n (6) permanenza f; es wird dabei sein ~ haben le cose resteranno così; **2end** rimanente; restante.

ver'bleichen v/i impallidire; *Farben*: sbiadire; s. *Verblichener.*

ver'blend|en accecare; offuscare; 🔺 mascherare; ~et accecato; **2ung** f accecamento m; 🔺 mascheratura f.

verbleuen [-'blɔʏǝn] F bastonare.

verblichen [-'bliçǝn] p.p. *von verbleichen*; **2e(r)** m (18) defunto m.

verblöd|en [-'blø:dǝn] (26, sn) incretinirsi; ~et cretino, idiota.

verblüff|en [-'blʏfǝn] (25) sbalordire; ~end sbalorditivo; ~t perplesso; **2theit** f, **2ung** f sbalordimento m; perplessità f.

ver'blühen (25, sn) sfiorire.

verblümt [-'bly:mt] figurato.

ver'bluten (sn) perdere il sangue; dissanguarsi.

ver'bohr|en sich ~ in fissarsi in; ~t testardo, ostinato; **2theit** f ostinazione f; fissazione f.

ver'borgen 1. v/t. imprestare; 2. adj. nascosto; (*geheim*) segreto; **2heit** f occultezza f; oscurità f.

Verbot [-'bo:t] n (3) divieto m; proibizione f.

verbrämen [-'brɛ:mǝn] (25) listare, guarnire (mit di).

Ver'brauch m (3, o. pl.) consumo m; **2en** consumare; ~er m consumatore m; **2ergenstand** m articolo m di consumo; ~sgüter n/pl. beni m/pl. di consumo; ~slenkung f disciplina f dei consumi; ~ssteuer f imposta f sui consumi.

ver'brech|en 1. v/t. commettere; 2. **2en** n (6) delitto m; **2er** m (7) delinquente m; **2erbande** f associazione f a delinquere; **2ergesicht** n faccia f patibolare; ~erisch delittuoso; **2erkolonie** f colonia f penitenziaria; **2erleben** n malavita f; **2ertum** n delinquenza f, criminalità f; **2erwelt** f malavita f.

ver'breit|en diffondere, divulgare; sich ~ über (*ac.*) diffondersi su; **2er** m (7) diffonditore m, propagatore m; ~ern (29) allargare; **2erung** f allargamento m; ~et diffuso; popolare; **2ung** f diffusione f, divulgazione f, propagazione f.

ver'brenn|bar combustibile; ~en v/t. (v/i. [sn]) bruciare; *Leichen*: cremare; fig. sich den Mund ~ danneggiarsi col parlare troppo; **2ung** f combustione f; (*Leichen2*) cremazione f; 🕇 supplizio m del fuoco, rogo m; **2ungsmotor** m motore m a combustione; **2ungs-ofen** m forno m crematorio; **2ungsprozeß** m processo m di combustione; **2ungsraum** ⊕ m camera f di combustione.

verbrief|en [-'bri:fǝn] (25) garantire per iscritto; ~t documentato; ~es Recht n privilegio m.

ver'bringen *Zeit*: passare, trascorrere; an e-n Ort: trasportare.

verbrüder|n [-'bry:dǝrn] (29) affratellare; **2ung** f affratellamento m; (*Brüderschaft*) fratellanza f.

ver'brühen scottare.

ver'buchen ✝ allibrare, registrare.

ver'bummeln 1. v/t. sciupare; (*versäumen*) perdere, non fare; **2.** v/i. (sn) vivere alla giornata; darsi all'ozio.

verbünd|en [-'byndən] (26): sich ~ allearsi; 2ete(r) m (18) alleato m.

ver'bunden unito; ich bin Ihnen sehr ~ Le sono molto obbligato; 2heit f amicizia f, comunanza f di destini (*od.* di idee).

ver'bürg|en garantire; sich ~ für rispondere di; ~t garantito; autentico.

ver'büß|en espiare; 2ung f espiazione f; nach ~ von dopo avere espiato (*ac.*).

verchrom|en [-'kro:mən] (25) ⊕ cromare; 2ung f cromatura f.

Verdacht [-'daxt] m (3, *o. pl.*) sospetto m; ~ schöpfen insospettirsi; ~ hegen sospettare (*gegen j-n* qu.).

verdächtig [-'dɛçtiç] sospetto; ~en [---'gən] (25) rendere sospetto; sospettare di; ʃ̧ʒ̧ incolpare; 2ung f sospetto m; 2keit f sospettabilità f.

verdamm|en [-'damən] (25) condannare; *Rel.* dannare; ~enswert condannevole; riprovevole; 2nis f dannazione f; ~t maledetto; 2te(r) m (18) reprobo m; 2ung f condanna f.

ver'dampf|en v/i. (sn) svaporare; 2ung f svaporazione f.

ver'danken (*a. zu* ~ *haben*) dovere; (*danken*) ringraziare.

verdarb [-'darp] s. verderben.

verdattert F [-'datərt] perplesso, costernato.

verdau|en [-'dauən] (25) digerire; ~lich digeribile; 2lichkeit f digeribilità f; 2ung f digestione f.

Ver'dauungs|-apparat m apparato m digerente; ~beschwerden f/pl. disturbi m/pl. intestinali; indigestione f; ~organ n organo m digestivo; ~saft m succo m gastrico; ~störung f disturbo m digestivo, indigestione f.

Ver'deck n (3) ⚓ coperta f; *Wagen:* mantice f, soffietto m; *nur Auto:* cappotta f; 2en coprire; (*verbergen*) nascondere; *fig. a.* occultare.

ver'denken j-m et. nicht ~ können non poter biasimare qu. per qc.

Verderb [-'dɛrp] m (3) rovina f; 2en

[-'-bən] (30) **1.** v/i. (sn) guastarsi; andare a male; *an dir ist ein Mechaniker verdorben* in te c'era la stoffa di un buon meccanico; **2.** v/t. guastare; rovinare; *sittlich:* corrompere; *es mit j-m* ~ disgustare qu.; *das Geschäft wurde verdorben* l'affare andò male; ~en n (6) deterioramento m; rovina f; *j-n ins* ~ *stürzen* mandar qu. in rovina; 2enbringend [-'-bənbriŋənt], 2lich [-'-pliç] pernicioso; corruttibile; (*leicht verderbend*) deteriorabile; ~lichkeit f perniciosità f; deteriorabilità f; ~nis f (14²) perdizione f; corruzione f; 2t corrotto; ~theit f corruzione f; depravazione f; perversità f.

verdeutlichen [-'dɔytliçən] (25) chiarire.

verdeutsch|en [-'dɔytʃən] (27) tradurre in tedesco; 2ung f traduzione f in tedesco.

ver'dicht|bar condensabile; 2barkeit f condensabilità f; ~en condensare; *Flüssigkeit:* solidificare; (*sättigen*) concentrare; 2ung f condensazione f; solidificazione f; concentrazione f.

verdicken [-'dikən] (25) condensare; ispessire; ingrossare.

ver'dienen meritare; *Geld:* guadagnare; *sein Brot* ~ guadagnarsi la vita.

Verdienst [-'di:nst] (3²): **a)** n merito m; **b)** m guadagno m; (*Nutzen*) vantaggio m, profitto m; (*Lohn*) salario m; ~ausfall m perdita f di guadagno; 2lich meritevole; ~lichkeit f benemerenza f; ~spanne f margine m di guadagno; 2voll meritevole; meritorio.

verdient [-'di:nt] (*schuldig*) dovuto; (*um j-n od. et.* ~) benemerito (di); sich ~ machen um (bene)meritare di; ~ermaßen [-'-tər'ma:sən] meritatamente.

Verdikt [ver'dikt] n (3) verdetto m.

verdingen [fer'diŋən] (25, *part. pt. a. verdungen*) dare a nolo; sich ~ entrare al servizio di.

ver'dolmetschen (27) interpretare.

ver'donnern F (29) condannare.

verdoppel|n [-'dɔpəln] (29) raddoppiare; 2ung f raddoppiamento m.

verdorben [-'dɔrbən] s. verderben; sciupato, guasto; *sittlich, Luft:* corrotto; 2heit f corruttela f.

verdorren [-ˈdɔrən] (25, *sn*) seccarsi.

verˈdräng|en scacciare; *Nebenbuhler*: soppiantare; *fig.* sopprimere; **♀ung** *f* spostamento *m*; **♉** stazza *f*; *Psych.* rimozione *f*; *fig.* soppressione *f*.

verˈdreh|en storcere; *Augen*: stralunare; *Worte*: storcere, alterare; *j-m den Kopf* ~ far perdere la testa a qu.; **~t** *adj.* matto; **♉theit** *f* pazzia *f*; **♀ung** *f* storcimento *m*; **⊕** torsione *f*.   [triplicare.]

verdreifachen [-ˈdraifaxən] (25)

verˈdreschen F bastonare.

verdrieß|en [-ˈdriːsən] (30) infastidire; disgustare; seccare; *sich et. nicht* ~ *lassen* non risparmiare fatica; **~lich** di malumore; (*ärgerlich*) indispettito; *et.*: uggioso, noioso, seccante; ~ *werden* indispettirsi; **♉lichkeit** *f* umore *m* tetro.

verdrossen [-ˈdrɔsən] *s.* verdrießen; *adj.* svogliato; (*ärgerlich*) seccato; (*mürrisch*) cupo; **♉heit** *f* svogliatezza *f*; cattivo umore *m*.

verdrucken [-ˈdrukən] stampar male; sbagliare stampando; *Papier*: adoperare per la stampa.

verˈdrücken sgualcire; F *fig. sich* ~ tagliare la corda.

Verdruß [-ˈdrus] *m* (4) dispiacere *m*; (*Ekel*) disgusto *m*; (*Ärger*) dispetto *m*.

verˈduften (*sn*) F *fig. Personen*: ecclissarsi; svignarsela.

verdummen [-ˈdumən] (25) istupidire.

verˈdunkel|n [-ˈduŋkəln] (29) (*a. beim Luftschutz*) oscurare; *fig.* offuscare; **♀ung** *f* (*Luftschutz*) oscuramento *m* antiaereo.

verdünn|en [-ˈdynən] (25) assottigliare; *Luft*: rarefare; *Flüssigkeit*: diluire; *Wein, Kaffee*: allungare; **♀ung** *f* assottigliamento *m*; rarefazione *f*; diluizione *f*; allungamento *m*.

verdunst|en [-ˈdunstən] (26, *sn*) evaporare; **♀ung** *f* evaporazione *f*.

verˈdursten (26, *sn*) morire di sete.

verdüstern [-ˈdyːstərn] (29) oscurare, rabbuiare.

verdutz|en [-ˈdutsən] (27) confondere; sbalordire; **~t** sconcertato, confuso; **♉theit** *f* confusione *f*, sbalordimento *m*.

veredel|n [-ˈʔeːdəln] (29) nobilitare;

♀ innestare; **⊕** raffinare; **♀ung** *f* annobilimento *m*; innesto *m*; raffinamento *m*.

verˈehelich|en maritare; **♀ung** *f* matrimonio *m*.

verˈehr|en venerare; (*anbeten*) adorare; *j-m et.* ~ offrire qc. a qu.; *verehrter Herr!* pregiatissimo signore!; **♉er** *m* adoratore *m*; **~lich** rispettabile; **♀ung** *f* venerazione *f*; **~ungswürdig** venerando, venerabile.

vereidig|en [-ˈʔaidigən] *v/t.* (25) far giurare; **~t** giurato; **♀ung** *f* giuramento *m*.

Verein [-ˈʔain] *m* (3) società *f*, associazione *f*; unione *f*; *im* ~ *mit* in cooperazione (*od.* collaborazione) con, con il concorso di; **♀bar** conciliabile; **♀baren** [-ˈʔainbaːrən] (25) mettersi d'accordo su; conciliare; (*übereinkommen*) combinare; *sich* ~ *lassen* essere compatibile; **~barkeit** *f* compatibilità *f*; **~barung** *f* accordo *m*.

verˈein|en (25) unire; congiungere; *mit vereinten Kräften* unendo tutte le forze; *die Vereinten Nationen* le Nazioni Unite; **~fachen** [-ˈ-faxən] (25) semplificare; **♀fachung** *f* semplificazione *f*; **~heitlichen** [-ˈ-haitliçən] (25) unificare; uniformare; standardizzare; **♀heitlichung** *f* unificazione *f*; standardizzazione *f*; **~igen** (25) unire; (*versammeln*) riunirc; (*in Übereinstimmung bringen*) conciliare; **♀igung** *f* unione *f*; (*Zusammentreffen*) riunione *f*; (*Verein*) associazione *f*; **~nahmen** [-ˈ-naːmən] (25) incassare; **~samen** [-ˈ-zaːmən] (25) *v/i.* (*sn*) rimanere solo (*od.* isolato); **♀samung** *f* isolamento *m*.

Ver-ˈeins|gesetz *n* legge *f* sulle associazioni; **~meieˈrei** *f* mania *f* delle associazioni; **~recht** *m* diritto *m* d'associazione; **~zimmer** *n* camera *f* delle riunioni.

vereinzelt [-ˈʔaintsəlt] *adv.* in casi isolati, sporadicamente.

vereis|en [-ˈʔaizən] (27, *sn*) congelarsi; **~t** gelato; coperto di ghiaccio; **♀ung** *f* gelo *m*.

vereiteln [-ˈʔaitəln] (29) sventare; *Hoffnungen*: frustrare; *Absicht*: deludere.

verˈeitern (*sn*) marcire.

verˈekeln (29) far venire a noia; *das Leben*: avvelenare.

verelenden [-^ıʔeːlɛndən] (26, *sn*) essere ridotto agli estremi.

ver-ˈenden (*sn*) *Tiere*: crepare.

vereng|e(r)n [-ˈɛŋə(r)n] (25 [29]) restringere; ♀ung *f* restringimento *m*.

ver-ˈerb|en lasciare (in eredità); *fig.* trasmettere; *sich* ~ *Path.* essere ereditario; ♀ung *f* ereditarietà *f*; ♀ungslehre *f* teoria *f* (*od.* dottrina *f*) dell'ereditarietà.

verewigen [-^ıʔeːvigən] (25) eternare; *der Verewigte* l'estinto *m*.

verˈfahren 1. *v/i.* (*sn*) procedere; *mit j-m*: trattare (qu.); **2.** *v/t.* *Geld*: spendere in viaggi; *Geschäft*: imbrogliare; *sich* ~ smarrirsi; imbrogliarsi; **3.** ♀ *n* (6) procedimento *m*; (*Handlungsweise*) condotta *f*; tecnica *f*; ⚖ *abs.* procedura *f*, *gegen j-n.*: processo *m*; **4.** *adj.* (*Angelegenheit*) imbrogliato, confuso.

Verˈfall *m* (3, *o. pl.*) decadenza *f*; rovina *f*; *der Sitten*: corruzione *f*, depravazione *f*; ♱ scadenza *f*; *in ~ geraten* decadere, andare in rovina; ♀en **1.** *v/i.* decadere; *Wechsel*: scadere; ⚠ rovinare, andare in rovina; *körperlich*: deperire; *in Fehler, Strafe*: incorrere; *auf et.* ~ immaginarsi qc.; *ich verfalle auf et.* mi viene in mente qc.; ~ *in* (*ac.*) cadere in; **2.** *part. pt.* decaduto; in rovina; *dem Laster* ~ schiavo del vizio; ⚓**tag** ♱ *m* giorno *m* di scadenza.

verˈfälsch|en falsificare; *Wein*: adulterare; ♀er *m* falsificatore *m*; adulteratore *m*; ♀ung *f* falsificazione *f*; adulterazione *f*.

verˈfangen *v/i.* fare effetto; *sich* ~ confondersi; *Wind*: rinserrarsi.

verfänglich [-ˈfɛŋlɪç] insidioso.

verˈfärben: *sich* ~ cambiar colore.

verˈfass|en scrivere; *Artikel*: redigere; comporre; ♀er *m* (7) autore *m*; ♀ung *f* composizione *f*; (*Zustand*) stato *m*; condizione *f*; (*Gemüts*♀) umore *m*; *Pol.*, ♱ costituzione *f*; ⚓**unggebend** *Pol.* costituente; ♀ungsgericht *n* corte *f* costituzionale; ⚓**ungsmäßig** costituzionale; ♀ungs-urkunde *f* carta *f* costituzionale, costituzione *f*; ⚓**ungswidrig** anticostituzionale; ♀ungswidrigkeit *f* incostituzionalità *f*.

verˈfaulen (*sn*) imputridire.

verˈfecht|en propugnare; ♀er *m* (7) propugnatore *m*.

verˈfehl|en *Weg*, *Beruf*: sbagliare; *j-n*: non trovare; *Ziel*: fallire; *Zug*: perdere; ⚓**t** sbagliato, errato; ♀ung *f* mancanza *f*.

verfeinden [-ˈfaɪndən] (26): *sich* ~ inimicarsi.

verfeiner|n [-ˈfaɪnərn] (29) raffinare; ingentilire; (*vervollkommnen*) perfezionare; migliorare; ♀ung *f* raffinamento *m*; perfezionamento *m*.

verfemen [-ˈfeːmən] (25) bandire.

verfertig|en [-ˈfɛrtigən] fare; (*fabrizieren*) fabbricare; ♀er *m* autore *m*; fabbricante *m*; ♀ung *f* fattura *f*; fabbricazione *f*.

verfett|et [-ˈfɛtət] degenerato in grasso; ingrassato; ♀ung *f* ingrassamento *m* (morboso).

verˈfeuern bruciare, prendere come combustibile; *Munition*: esaurire.

verˈfilm|en filmare; ♀ung *f* versione *f* cinematografica.

verfilzen [-ˈfɪltsən] (27) feltrare; *sich* ~ intricarsi.

verfinster|n [-ˈfɪnstərn] (29) rabbuiare; *Astr.* eclissare; ♀ung *f* oscuramento *m*; eclissi *f*.

verflachen [-ˈflaxən] (25) **1.** *v/i.* (*sn*) appianarsi, diventar piatto; *fig.* diventar triviale; **2.** *v/t.* spianare; rendere piatto; *fig.* rendere triviale.

verˈflecht|en intrecciare; (*verwikkeln*) implicare; ♀ung *f* intrecciamento *m*; complicazione *f*; (*Wirtschafts*♀) interdipendenza *f*.

verˈfliegen (*sn*) volar via; *fig.* svanire; ⚛ volatilizzarsi; ⚓ *sich* ~ smarrire la rotta.

verˈfließen (*sn*) scorrere; *Termin*: spirare.

verˈfluch|en *v/t.* maledire; ⚓**t:** ~! maledizione!; *adv.* maledettamente; ♀ung *f* maledizione *f*.

verflüchtig|en [-ˈflʏçtigən] (25) volatilizzare; ♀ung *f* volatilizzazione *f*.

verflüssig|en [-ˈflʏsigən] (25) liquefare; ♀ung *f* liquefazione *f*.

Verfolg [-ˈfɔlk] *m* (3, *o. pl.*) corso *m*; ♀en [-ˈ-gən] seguire; *Fliehende*: inseguire; incalzare; *Zweck*: perseguire; *ungerecht*: perseguitare; *geistig*: tener dietro a, osservare; *j-n gerichtlich* ~ procedere contro qu.; ~er *m* (7) inseguitore *m*; persecutore *m*; ~ung *f* inseguimento *m*; persecuzione *f*; ~ungswahn ⚕ *m* mania *f* di persecuzione.

ver'form|en deformare; **♀ung** *f* deformazione *f*.

verfracht|en [fɛr'fraxtən] (26) (*schicken*) spedire; **♀ung** *f* spedizione *f*.

ver'fressen *adj.*: ein ～er Mensch un ghiottone.

ver'froren freddoloso.

verfrüht [-'fry:t] prematuro; *Nachricht usw.*: anticipato.

verfüg|bar [-'fy:kbɑ:r] disponibile; **♀barkeit** *f* disponibilità *f*; **～en** [-'-gən] **1.** *v/t.* disporre, ordinare; **2.** *v/i.* ～ über disporre di; *sich* ～ recarsi; **♀ung** *f* disposizione *f*; *j-m* zur ～ *stehen* stare a disposizione di qu.; *einstweilige* ～ misura *f* provvisoria; *letztwillige* ～ ultima volontà *f*.

ver'führ|en sedurre; *sittlich*: corrompere; *zu* et.: istigare; **♀er** *m* (7) seduttore *m*; corruttore *m*; **～erisch** seduttorio; (*verlockend*) seducente; **♀ung** *f* seduzione *f*; corruzione *f*; istigazione *f*.

verfünffachen [-'fynffaxən] (25) quintuplicare.

ver'füttern usare da foraggio.

Ver'gabe *f* aggiudicazione *f*; *öffentlicher Arbeiten*: appalto *m*.

ver'gaffen: *sich* ～ *in* invaghirsi di.

vergällen [-'gɛlən] (25) amareggiare.

vergangen [-'gaŋən] *s.* vergehen; passato; **♀heit** *f* passato *m*.

vergänglich [-'gɛŋliç] passeggero, effimero; (*hinfällig*) caduco; **♀keit** *f* transitorietà *f*, fugacità *f*; caducità *f*.

vergas|en [-'gɑ:zən] (27) carburare; (*töten*) gassare; **♀er** *m* ⊕ carburatore *m*; **♀ung** *f* gassazione *f*; ⊕ carburazione *f*.

vergaß, vergäße [-'gɑ:s, -'gɛ:sə] *s.* vergessen.

ver'geb|en (*weggeben*) dare (via); (*verfügen*) disporre (di); *Amt*: conferire; *Auftrag*: aggiudicare; collocare; (*verzeihen*) perdonare; *sich* et. ～ compromettersi; *sich* ～ compromettersi qc.; **～ens** *adv.* invano; **～lich** [-'-pliç] **1.** *adj.* inutile, vano; **2.** *adv.* invano; **♀lichkeit** *f* inutilità *f*, inanità *f*; **♀ung** *f* perdono *m*; *der Sünden*: remissione *f*.

vergegenwärtigen [-ge:gən'vɛrtigən] (25) far presente; *sich* ～ tener presente; figurarsi; immaginarsi.

ver'gehen 1. (*sn*) passare; *Atem*: mancare; *vor Kummer usw.*: morire

(di); *sich* ～ *abs.* mancare; *an j-m, gegen das Gesetz*: violare (qu., qc.); *sich gegen j-n* ～ offendere qu.; *sich tätlich an j-m* ～ metter le mani addosso a qu.; **2.** **♀** *n* (6) ₺ɫ₂ trasgressione *f*; *schwer*: delitto *m*.

vergeistigen [-'gaɪstigən] (25) spiritualizzare.

ver'gelt|en rendere, ricambiare; ripagare; *Gleiches mit Gleichem* ～ pagare con la (*od.* della) stessa moneta; *das werde ich dir* ～ me la pagherai; **♀ung** *f* rappresaglia *f*, rivincita *f*; (*Rache*) vendetta *f*; *Tag m der* ～ giorno *m* del giudizio; **♀ungsmaßnahme** *f* rappresaglia *f*; **♀ungsrecht** *n* legge *f* del taglione.

vergesellschaft|en [-gə'zɛlʃaftən] (26) socializzare; **♀ung** *f* socializzazione *f*.

vergessen [-'gɛsən] (30) dimenticare; *part. pt. ich habe alles* ～ ho dimenticato tutto; **♀heit** *f* dimenticanza *f*; *in* ～ *geraten* cadere in oblio.

vergeßlich [-'gɛsliç] smemorato, F dimenticone; **♀keit** *f* smemoratezza *f*.

vergeud|en [-'gɔydən] (26) sciupare; dissipare; **♀ung** *f* dissipazione *f*, sciupio *m*.

vergewaltig|en [-gə'valtigən] (25) violentare; **♀ung** *f* violentamento *m*.

vergewissern [-gə'visərn] (29): *sich* ～ accertarsi.

ver'gießen versare; spargere.

vergift|en [-'giftən] (26) avvelenare; intossicare; **♀ung** *f* avvelenamento *m*; ♨ intossicazione *f*.

vergilb|en [-'gilbən] (25, *sn*) ingiallire; **～t** [-'-pt] ingiallito.

Vergißmeinnicht ♀ [-'gismaɪniçt] *n* (3) nontiscordardimé *m*, miosotide *f*.

vergittern [-'gitərn] (29) chiudere con un'inferriata (con); *mit Drahtgitter*: ingraticolare.

verglasen [-'glɑ:zən] (27) vetrificare; *Fenster*: mettere i vetri a.

Ver'gleich *m* (3) confronto *m*; paragone *m*; (*Ausgleich*) accomodamento *m*; **♀bar** paragonabile; **♀en** paragonare (*mit dat.* con, a); *Streitende*: metter d'accordo; *Zeugen*: confrontare; *Handschriften*: collazionare; ₺ɫ₂ *u.* ♰ *sich* ～ accordarsi; **～end** comparativo; *Wissenschaft*: comparato; **～sverfahren** *n* procedura *f* di concordato; **♀sweise** in via di paragonc; pcr accordo; **~ung** f s. _Vergleich._

ver'glimmen (sn), **ver'glühen** (sn) spegnersi a poco a poco.

vergnüg|en [-'gny:gən] **1.** (25): sich ~ divertirsi; distrarsi; **2.** ℒen n (6) piacere m; divertimento m; viel ~! buon divertimento!; mit ~! con piacere!; **~lich** divertente; **~t** _Personen:_ contento; allegro; ~ aussehen avere l'aria divertita.

Vergnügung [-'--guŋ] f divertimento m; **~sfahrt** f gita f di piacere; **~spark** m parco m di divertimenti; **~sreise** f viaggio m di piacere; ♆ crociera f; **~ssteuer** f imposta f sugli spettacoli pubblici; ℒssüchtig [-'--zyçtiç] amante dei divertimenti; **~sviertel** n quartiere m mondano.

ver'gold|en (26) (in)dorare; ℒer m indoratore m; ℒung f (in)doratura f.

ver'gönnen concedere.

vergötter|n [-'gœtərn] (29) deificare; _(verehren)_ idolatrare; ℒung f divinizzazione f; idolatria f.

ver'graben sotterrare; sich ~ _fig._ rinchiudersi.

ver'gräm|en (25) _Wild:_ scacciare; **~t** avvilito.

ver'greifen sich ~ sbagliare; _(an j-m)_ metter le mani addosso a; _an der Kasse:_ defraudare (qc.); _an den Gesetzen:_ violare (qc.).

vergriffen [-'grifən] esaurito.

vergrößer|n [-'grø:sərn] (29) ingrandire; ℒung f ingrandimento m; ℒungs-apparat m ingranditore m; ℒungsglas n lente f d'ingrandimento.

Vergünstigung [-'gynstiguŋ] f favore m; ✝ facilitazione f.

vergüt|en [-'gy:tən] (26) _Schaden:_ rifondere; _Geld:_ rimborsare; j-m et. ~ indennizzare qu. di qc.; ℒung f rifusione f; rimborso m; indennizzo m; _(Gehalt)_ stipendio m; _allg._ onorario m.

ver'haft|en arrestare; ℒete(r) m detenuto m; ℒung f arresto m; ℒungsbefehl m mandato m di cattura.

ver'hageln (29, sn) essere devastato dalla grandine.

ver'hallen dileguarsi, morire.

ver'halten v/t. trattenere; _(unterdrücken)_ reprimere; _Urin:_ ritenere; sich ~ stare; _(sich benehmen)_ comportarsi; die Sache verhält sich so

la cosa sta così; sich zu et. ~ stare in rapporto con; ♃ stare a; **2.** ℒ n (6) contegno m, condotta f, comportamento m.

Verhältnis [-'hɛltnis] n (4¹) rapporto m; _persönliches:_ rapporti m/pl.; _(Liebesℒ)_ relazione f; _(Lage)_ situazione f; ♃ proporzione f; im ~ zu in proporzione con; ~se n/pl. condizioni f/pl.; circostanze f/pl.; ℒmäßig **1.** adj. proporzionato; **2.** adv. in proporzione; **~mäßigkeit** f proporzionalità f; **~wahl** f _(rappresentanza f)_ proporzionale f; ℒwidrig sproporzionato; **~wort** n _Gram._ preposizione f.

Ver'haltung f condotta f; ♫ ritenzione f; **~smaßregel** f direttiva f; **~n** f/pl. istruzioni f/pl.

ver'hand|eln 1. v/t. negoziare; ⚖ trattare _una causa;_ **2.** v/i. discutere _(über ac. di);_ _gerichtlich:_ procedere giudizialmente; ℒlung f trattativa f; discussione f; ⚖ dibattimento m.

Ver'handlungs|bereitschaft f volontà f d'intesa _(od._ di trattare); **~bericht** m resoconto m delle trattative; **~sprachen** f/pl. lingue f/pl. usate nelle trattative; **~themen** n/pl. argomenti m/pl. in discussione; **~weg** m: auf dem ~ per via di negoziati.

ver'häng|en (25) coprire; _Konkurs:_ dichiarare; _Belagerungszustand:_ proclamare; _Strafe:_ infliggere _(über a.);_ die Zügel: sciogliere; ℒnis n (4¹) destino m; **~nisvoll** fatale.

verhärmt [-'hɛrmt] gramo, smunto.

ver'harren perseverare, persistere _(bei dat._ in).

verharschen [-'harʃən] (27, sn) _Wunden:_ cicatrizzarsi; _Schnee:_ indurirsi.

ver'härt|en indurire; ℒung f indurimento m.

ver'haspeln (29): sich ~ impapinarsi.

verhaßt [-'hast] odiato; _(gehässig)_ odioso; sich ~ machen farsi odiare.

ver'hätscheln viziare.

Verhau ✕ [-'hau] m (3) trinceramento m.

ver'hauen F _(prügeln)_ bastonare; F sich ~ _(im Reden)_ prendere una cantonata.

verheddern [-'hɛdərn] (29): sich ~ impappinarsi.

verheer|en [-'he:rən] (25) devastare;

˷end F tremendo; ℒung f devastazione f.
ver'hehl|en (25) nascondere; *heuchelnd*: dissimulare; ℒung f occultamento m; dissimulazione f.
ver'heilen (sn) chiudersi, guarire.
verheimlich|en [-'haɪmlɪçən] (25) celare; ℒung f occultamento m.
ver'heirat|en sposare; *sich ˷ Männer*: ammogliarsi; *Frauen*: maritarsi; *verheiratet sein* essere sposato; ℒung f matrimonio m.
ver'heiß|en promettere; ℒung f promessa f.
ver'helfen aiutare ad ottenere qc.
verherrlich|en [-'herlɪçən] (25) glorificare; esaltare; ℒung f glorificazione f; esaltazione f.
ver'hetz|en aizzare; ℒung f aizzamento m.
ver'heuer|n ⚓ noleggiare; ℒung f noleggiamento m.
ver'hexen stregare.
verhimmeln F [-'hɪməln] (29) portare ai sette cieli.
ver'hinder|n impedire; ℒung f impedimento m.
ver'höhn|en schernire, dileggiare; ℒung f dileggio m, scherno m.
Verhör [-'høːr] n (3) interrogatorio m; ℒen v/t. interrogare; *Zeugen*: udire, esaminare; *sich ˷* capire male.
ver'hüllen coprire, nascondere.
verhundertfachen [-'hʊndərtfaxən] (25) centuplicare.
ver'hungern (sn) morire di fame.
verhunzen F [-'hʊntsən] (27) rovinare; (*verderben*) guastare.
ver'hüt|en evitare, prevenire, scongiurare; (*bewahren*) preservare; (*verhindern*) impedire; ˷end preventivo; preservativo; ℒung f prevenimento m; *zur ˷ von* al fine di prevenire qc.; ℒungsmaßregel f misura f preventiva; ℒungsmittel n preservativo m.
verhütt|en ⊕ [-'hʏtən] (26) fondere; ℒung f fusione f.
verifizieren [verifi'tsiːrən] verificare.
verirr|en [fɛr'⁹ɪrən]: *sich ˷* smarrirsi; *fig.* traviarsi; ℒung f smarrimento m; *fig.* traviamento m.
ver'jagen (s)cacciare; espellere.
verjähr|bar [-'jɛːrbaːr] prescrittibile; ℒbarkeit f prescrittibilità f; ˷en (25, sn) cadere (*od.* andare) in prescrizione; ˷t prescritto; ℒung f

prescrizione f; ℒungsfrist f termine m di prescrizione.
ver'jubeln F sciupare nei piaceri.
verjüng|en [-'jʏŋən] (25) ringiovanire; ℒung f ringiovanimento m.
ver'kalk|en v/i. calcinarsi; ˷t calcinato; ♨ sclerotico; *fig.* F rimbambito; ℒung f calcinazione f; ♨ sclerosi f, a. *fig.* rammollimento m.
verkalku'lieren: *sich ˷* sbagliare il calcolo; *fig.* far male i propri calcoli.
verkannt [-'kant] s. *verkennen*; ˷es *Genie* n genio m incompreso.
verkappen [-'kapən] (25) camuffare.
verkapseln [-'kapsəln] (29): ♨ *sich ˷* incapsularsi.
verkatert [-'kaːtərt] accapacciato.
Ver'kauf m (3³) vendita f; ℒen vendere.
Ver'käuf|er m (7) venditore m; ℒ-lich vendibile; ˷erin f venditrice f; ˷lichkeit f vendibilità f.
Verkaufs... [-'kaufs...]: *in Zssgn oft* di vendita; ˷preis m prezzo m di vendita; ˷stand m bancarella f; posto m di vendita; ˷wert m valore m realizzabile.
Verkehr [-'keːr] m (3, o. pl.) movimento m, circolazione f; (*Straße*ℒ) traffico m (stradale); (*Verbindung*) comunicazione f; (*Betrieb*) servizio m; (*Beziehung*) relazione f; *brieflicher ˷* corrispondenza f; ℒen 1. v/i. *mit j-m*: essere in relazione; *bei j-m ˷* frequentare qu.; (*Verbindung unterhalten*) comunicare (con); *Züge usw.*: andare, circolare; 2. v/t. invertire; (*umstoßen*) rovesciare; *Augen*: stralunare.
Ver'kehrs|-ader f arteria f; ˷-ampel f semaforo m; ˷-amt n ufficio m comunicazioni; ℒbestimmungen f/pl. norme f/pl. di circolazione; ˷-büro n ufficio m viaggi; ℒdichte f intensità f del traffico; ˷flugzeug n aereo m passeggieri; ℒfördernd promotore del turismo; ˷hindernis n impedimento m del traffico, incaglio m alla circolazione; ˷-insel f salvagente m; ˷karte f carta f delle linee ferroviarie e di navigazione; ˷knotenpunkt m centro m del traffico; nodo m stradale (ferroviario); ˷minister m ministro m delle comunicazioni; ˷mittel n mezzo m di comunicazione (*od.* di trasporto); ˷ordnung f regolamento m della circolazione; ˷polizei f polizia f

stradale; **~polizist** *m* vigile *m* urbano, vigile *m* di circolazione; **~problem** *n* problema *m* del traffico; **~regeln** *f/pl.* norme *f/pl.* del traffico; **~regelung** *f* regolamento *m* stradale; **♀reich** molto frequentato; **~schild** *n* cartello *m* stradale; **~stockung** *f* congestione *f* del traffico; incaglio *m* alla circolazione; **~störung** *f* interruzione *f* del servizio (*od.* della circolazione *od.* del traffico); **~sünder** *m* contravventore *m* alle norme del traffico; **~teilnehmer** *m* partecipante *m* al traffico; **~umlenkung** *f* deviamento *m* del transito; **~unfall** *m* incidente *m* stradale; **~unternehmen** *n* impresa *f* trasporti; **~vorschriften** *f/pl.* norme *f/pl.* di circolazione; **~weg** [-'-sve:k] *m* via *f* di comunicazione; **~wesen** *n* (sistema *m* dei) trasporti *m/pl.*; traffico *m*; **♀widrig** antiregolamentare; **~zeichen** *n* cartello *m* indicatore; segnale *m* stradale; **~zuwachs** *m* incremento *m* alla circolazione.

verkehrt [-'ke:rt] **1.** *adj.* rovesciato; **~e** Seite *f* rovescio *m*; **~e** Welt *f* mondo *m* alla rovescia; *fig.* falso, sbagliato; assurdo; **2.** *adv.* alla rovescia; *fig.* in modo errato, sbagliatamente; **♀heit** *f* assurdità *f*.

ver'keilen (25) ⊕ imbiettare; F bastonare.

ver'kennen disconoscere; *nicht* ~ non negare.

verkett|en [-'kɛtən] (26) incatenare; *fig.* concatenare; **♀ung** *f* incatenamento *m*; *fig.* concatenazione *f*.

verketzern [-'kɛtsərn] dichiarare eretico; *fig.* gridar la croce addosso.

ver'kitten cementare.

ver|'klagen querelare; **♀'klagte(r)** *m* (18) querelato *m*.

ver'klammt F aggranchito.

ver'klär|en *Rel.* trasfigurare; *verklärtes* Gesicht *n* viso *m* raggiante; **♀ung** *f* trasfigurazione *f*.

ver'klatschen discreditare.

verklausulieren [-klauzu'li:rən] limitare con clausole.

ver'kleid|en travestire (*als* da); ⊕ rivestire (*mit* di); **♀ung** *f* travestimento *m*; rivestimento *m*.

verkleiner|n [-'klaınərn] (29) rimpiccolire; diminuire, ridurre; (*herabsetzen*) denigrare; *verkleinerter* Maßstab *m* scala *f* ridotta; **~nd** di-

minutivo; *fig.* detrattorio; **♀ung** *f* rimpiccolimento *m*; riduzione *f*; detrazione *f*; **♀ungswort** *n* diminutivo *m*.

verkleistern [-'klaıstərn] (29) incollare; impastare.

ver'klingen (*sn*) andar perdendosi.

ver'klopfen, **ver'kloppen** [-'klɔpən] F svendere; (*verprügeln*) bastonare.

ver'knallen F: *sich* ~ innamorarsi.

verknacksen [-'knaksən] (27): *sich* den Fuß ~ slogarsi un piede.

verknapp|en [-'knapən] (25, *sn*) divenire scarso, mancare; **♀ung** *f* scarsità *f*, mancanza *f*.

ver'kneifen: *sich et.* ~ rinunciare a qc., fare a meno di qc.

ver'knittern sgualcire.

verknöcher|n [-'knœçərn] (29, *sn*) ossificarsi; *fig.* fossilizzarsi; **~t** fossilizzato.

ver'knüpf|en annodare; *fig.* congiungere; **♀ung** *f* annodamento *m*; congiungimento *m*; *Ideen, Umstände:* concatenamento *m*.

ver'kochen 1. *v/i.* (*sn*) cuocere troppo; *fig.* sbollire; **2.** *v/t.* lasciar cuocere troppo.

ver'kohlen (25) **1.** *v/t.* carbonizzare; F raccontare delle bugie a qu.; **2.** *v/i.* (*sn*) carbonizzarsi.

verkok|en [-'ko:kən] (25) cokificare, cokefare; **♀ung** *f* cokefazione *f*.

ver'kommen 1. *v/i.* (*sn*) deperire; *moralisch:* abbrutire; **2.** *adj.* decaduto; depravato; **♀heit** *f* depravazione *f*.

ver'koppeln accoppiare.

ver'korken turare, tappare.

verkorksen F [-'kɔrksən] (27) guastare.

ver'körper|n [-'kœrpərn] (29) personificare; *fig.* rappresentare; incarnare; **♀ung** *f* personificazione *f*; incarnazione *f*.

ver'köstigen (25) dare il vitto a qu.

ver'krachen F *v/i.* (*sn*): *sich* ~ guastarsi.

ver'kraften F (26) sopportare, superare; reggere a.

ver'kramen F smarrire.

verkrampft [-'krampft] convulsivo; *fig.* imbarazzato.

ver'kriechen: *sich* ~ rintanarsi, nascondersi.

ver'krümeln F: *sich* ~ andarsene alla chetichella.

ver'krümm|en storcere; **2ung** f storcimento m.

verkrüppel|n [-'krypəln] (29, sn) diventare storpio; **⹂t** storpiato; **2ung** f storpiamento m.

ver'kühlen: sich ⹂ raffreddarsi.

ver'kümmern 1. v/i. (sn) intristire; rattrappire; **2.** v/t. diminuire; Freude: turbare; Rechte: pregiudicare.

ver'künd|(ig)en (26 [25]) annunciare; feierlich: proclamare; Urteil: pronunciare; **2igung** f annuncio m; proclamazione f; pubblicazione f; Mariä ⹂ Annunciazione f.

verkupfern [-'kupfərn] (29) ricoprire di rame.

ver'kuppeln accoppiare (mit dat. con).

ver'kürz|en accorciare; (vermindern) ridurre; diminuire; Lohn: decurtare; Zeit: ingannare; **2ung** f accorciamento m; riduzione f, diminuzione f.

ver'lachen deridere.

ver'lad|en caricare; ⚓ imbarcare; **2eplatz** m scalo m; **2erampe** f rampa f di caricamento; **2ung** f caricamento m; ⚓ imbarco m.

Verlag [-'la:k] m (3) casa f editrice.

ver'lager|n spostare; **2ung** f spostamento m.

Verlags|artikel [-'la:ks⁹artikəl] m articolo m di propria pubblicazione; **⹂buchhändler** m libraio m editore; **⹂buchhandlung** f libreria f editrice; **⹂haus** n casa f editrice; **⹂katalog** m catalogo m delle edizioni; **⹂kosten** pl. spese f/pl. di pubblicazione; **⹂recht** n diritto m d'editore; proprietà f letteraria; **⹂wesen** n editoria f.

ver'langen (25) **1.** v/t. domandare; richiedere; pretendere; reclamare; es wird j. verlangt si cerca qu.; **2.** v/i. nach et. ⹂ desiderare qc.; nach j-m ⹂ domandare di qu.; unpers. es verlangt mich ho voglia di; **3.** 2 n (6) (vivo) desiderio m; (Nachfrage) domanda f; (Forderung) esigenza f; auf ⹂ a richiesta; ⹂ haben nach et. desiderare qc.

verlänger|n [-'lɛŋərn] (29) allungare; Frist: prolungare; **2ung** f allungamento m; prolungamento m.

verlangsam|en [-'laŋza:mən] (25) rallentare; ritardare; **2ung** f rallentamento m; ritardo m.

verläppern F [-'lɛpərn] sciupare.

Verlaß [-'las] m (4, o. pl.): es ist kein ⹂ auf (ac.) non c'è da fidarsi di, non ci si può fidare di.

ver'lassen 1. v/t. abbandonare; j-n a.: piantare; sich auf j-n ⹂ fare assegnamento su qu., fidarsi di; **2.** adj. abbandonato; **2heit** f abbandono m.

verläßlich [-'lɛslɪç] fidato; **2keit** f fidatezza f.

Verlaub [-'laup] m: mit ⹂ con permesso.

Ver'lauf m (3, o. pl.) corso m; svolgimento m; im ⹂ e-s Jahrhunderts nel corso di un secolo; nach ⹂ von drei Wochen in capo a tre settimane; nach ⹂ der Frist decorso il termine; im ⹂ der Zeit coll'andar del tempo; die Sache nimmt e-n schlimmen ⹂ la cosa prende una cattiva piega; **2en** v/i. (sn) scorrere; Zeit: passare; ineinander: fondersi; fig. andare; gut ⹂ andare bene; sich ⹂ smarrirsi; perdersi; Menge: sperdersi.

verlaust [-'laust] impidocchiato.

verlautbar|en [-'lautba:rən] (25) pubblicare; notificare; comunicare; **2ung** f pubblicazione f; (amtliche) notifica f; comunicato m.

ver'lauten (26): ⹂ lassen comunicare; nichts ⹂ lassen osservare il silenzio; es verlautet, daß si comunica che; corre voce che.

ver'leb|en passare; **⹂t** Person: invecchiato dai vizi.

ver'leg|en 1. v/t. spostare; trasportare; Geschäft: trasferire; Truppen: dislocare; (vertagen) rimandare (auf a); (falsch legen) smarrire; non rimettere al suo posto; den Weg: sbarrare; Buch: pubblicare; Handlung eines Romans od. Dramas: fare svolgere; sich auf et. (ac.) ⹂ darsi a qc.; **2.** adj. impacciato, confuso; timido; nie um e-e Antwort ⹂ sn aver sempre pronta una risposta; **2enheit** f imbarazzo m; confusione f; impiccio m; (Geld2) difficoltà f; in ⹂ bringen mettere in imbarazzo; aus der ⹂ helfen trarre d'impiccio.

Verleger [-'le:gər] m (7) editore m.

Ver'legung f trasferimento m; zeitlich: spostamento m; ⊕ posa f; installazione f.

ver'leiden (26): j-m et. ⹂ far perdere la voglia a qu. di qc., rovinare il gusto a qu. di qc.; Freude: turbare.

ver'leih|en prestare; dare a noleggio; *Gaben:* concedere; *Titel:* conferire; *verliehen Buch:* in lettura, a prestito; **♀er** m prestatore m; noleggiatore m; **♀ung** f concessione f; conferimento m.

ver'leimen incollare.

ver'leit|en *zu et.:* istigare, indurre; **♀ung** f istigazione f.

ver'lernen disimparare.

ver'les|en *v/t.* dare lettura di; *Samen:* cernere; *sich ~* sbagliarsi nel leggere; **♀ung** f lettura f.

ver'letz|bar vulnerabile; *fig.* violabile; *(leicht ~)* suscettibile; **♀bar-keit** f vulnerabilità f; suscettibilità f; **~en** (27) ferire; *(beleidigen)* offendere; *Gesetze:* violare; *Pflicht:* mancare a; *Ehre:* ledere; **~end** lesivo; offensivo; **~lich** vulnerabile; **♀ung** f lesione f; *(Wunde)* ferita f; ⚖ violazione f; infrazione f.

ver'leugn|en rinnegare; *(nicht anerkennen)* sconfessare; disconoscere; *sich ~ lassen* far dire che non si è in casa; **♀ung** f rinnegazione f; sconfessione f; *(s-r selbst)* abnegazione f.

ver'leumd|en [-'lɔʏmdən] (26) calunniare; **♀er** m (7) calunniatore m; **~erisch** calunnioso; **♀ung** f abs. calunnia f; *(j-s)* diffamazione f; **♀ungsklage** f querela f per diffamazione.

ver'lieb|en: *sich ~* innamorarsi *(in ac.* di); **~t** [-'pt] innamorato; **♀t-heit** f innamoramento m; inclinazione f.

ver'lier|en [-'li:rən] (30) perdere; *zeitweilig:* smarrire; *Mühe:* sprecare; *s. verloren;* **♀er** m (7) perditore m.

Verlies [-'li:s] n (4) carcere m sotterraneo; segreta f/pl.

ver'loben fidanzare.

ver'lobt [-'lo:pt] fidanzato; promesso; **♀e(r)** su. (18) fidanzato (-a) m (f).

Ver'lobung [-'bun] f fidanzamento m; **~sring** m anello m di fidanzamento.

ver'lock|en allettare; **~end** allettevole; **♀ung** f allettamento m.

ver'logen [-'lo:gən] bugiardo; **♀heit** f falsità f.

ver'lohnen: *es verlohnt sich nicht* non vale la pena.

verloren [-'lo:rən] *s. verlieren;* perduto; *Mühe:* sprecato; *in Gedanken:* assorto; *Eier:* affogato; *bibl. u. fig.*

~er Sohn m figliuol m prodigo; *sich ~ geben* darsi (per) vinto; *das Spiel ~ geben* dar vinta la partita; **~gehen** (sn) perdersi. [guersi.}

ver'löschen spegnersi; estinguersi.

ver'los|en sorteggiare; estrarre (a sorte); **♀ung** f sorteggio m, estrazione f (a sorte).

ver'löten saldare; e-n ~ F dar fondo ad una bottiglia.

verlotter|n [-'lɔtərn] (29, sn) andare in malora; **~t** trasandato.

ver'ludern [-'lu:dərn] *v/i.* (29, sn) andare in malora.

verlumpt [-'lumpt] cencioso.

Verlust [-'lust] m (3²) perdita f; † deficit m inv.; disavanzo m; *~ und Gewinnkonto* n conto m profitti e perdite; **♀bringend** pregiudizievole; rovinoso; **♀ig** perdente; *~ gehen* perdere (qc.); *für ~ erklären* dichiarare decaduto da; **~jahr** n anno m deficitario; **~liste** ✕ f elenco m dei caduti; **♀reich** ✕ sanguinoso; † costoso.

ver'machen lasciare, lasciare.

Ver'mächtnis [-'mɛçtnis] n (4¹) lascito m; testamento m.

ver'mähl|en [-'mɛ:lən] (25): *(sich) ~* sposare (-rsi); **♀ung** f sposalizio m.

vermaledeien [-malə'daɪən] maledire.

Ver'männlichung [-'mɛnliçun] f mascolinizzazione f.

vermannigfachen [-'maniçfaxən] variare, moltiplicare.

vermasseln [-'masəln] (29) F guastare.

ver'massen [-'masən] (28, sn) perdere il carattere individuale, assimilarsi alla massa.

ver'mauern murare.

ver'mehr|en aumentare; *sich ~* moltiplicarsi, crescere; **♀ung** f aumento m; moltiplicazione f.

vermeid|bar [-'maɪtba:r] evitabile; **~en** [-'dən] evitare; scansare; **~lich** evitabile; **♀ung** f evitamento m; scansamento m; *bei ~* sotto pena d'incorrere; *zur ~ von* a scanso di.

ver'mein|en supporre, presumere; **~tlich** supposto, presunto.

ver'melden annunciare.

ver'mengen mescolare; *(verwechseln)* confondere.

vermenschlich|en [-'mɛnʃliçən] (25) umanizzare; **♀ung** f umanizzazione f.

Vermerk [-'mɛrk] m (3) nota f; 2en notare; übel ~ aversi a male.

ver'meßbar misurabile.

ver'mess|en 1. v/t. misurare; sich ~ et. zu tun ardire di far qc.; **2.** adj. temerario; 2enheit f presunzione f; temerarietà f; 2er m (7) misuratore m; (Feldmesser) agrimensore m; 2ung f misurazione f; (Feldvermessung) agrimensura f; 2ungs-amt n ufficio m geodetico; 2ungskunde f geodesia f; 2ungstrupp m squadra f di rilevamento.

ver'miet|en affittare; Gegenstand: dare a nolo; ⚓ noleggiare; 2er m (7) locatore m; noleggiatore m; 2ung f appigionamento m; noleggio m; affittamento m.

ver'mind|ern diminuire; ridurre; 2ung f diminuzione f; riduzione f.

ver'misch|bar mescolabile; ~en mescolare; ~t adj. misto; 2te(s) n in Zeitungen: varietà f/pl.; 2ung f mescolanza f; (das Vermischen) mescolamento m.

ver'mi|ssen non trovare; dare per disperso; schmerzlich: sentire la mancanza di; 2ßte(r) ╳ [-'mistə(r)] m (18) disperso m.

vermitt|eln [-'mitəln] (29) servire da mediatore in; e-e Differenz: comporre; Frieden: negoziare; Kenntnisse: comunicare; Ideen: conciliare; (~d eintreten) intervenire in; Fernspr. mettere in comunicazione; ~els mediante, tramite; 2er m (7) intermediario m; mediatore m; 2lung f mediazione f; accomodamento m; negoziazione f; conciliazione f; intervento m; Fernspr. centralino m, (das Vermitteln) smistamento m; durch ~ von per mezzo di, (über) per il tramite di; 2lungsgebühr f commissione f.

vermöbeln [-'mø:bəln] (29) F conciare per le feste.

vermodern [-'mo:dərn] (29, sn) marcire.

vermöge [-'mø:gə] (gen.) in virtù di.

ver'mög|en 1. v/t. potere; essere capace di; über j-n ~ aver potere su qu.; **2.** 2 n (6) potere m; geistig: facoltà f; (Besitz) fortuna f, sostanza f, patrimonio m; ~d influente; (wohlhabend) facoltoso.

Vermögens|abgabe [-'mø:gəns-⁹apgɑ:bə] f imposta f sul patrimonio; ~abschätzung f valutazione f

del patrimonio; ~absonderung f separazione f dei beni; ~aufnahme f inventario m del patrimonio; ~einziehung f confisca f dei beni; ~steuer f imposta f sul patrimonio; ~verhältnisse n/pl. mezzi m/pl.; stato m di fortuna; situazione f finanziaria; ~verwalter m amministratore m dei beni.

vermorsch|en [-'mɔrʃən] (27, sn) marcire; ~t marcito, marcio.

vermummen [-'mumən] (25) camuffare; (verlarven) mascherare.

vermut|en [-'mu:tən] (26) supporre, presumere; ~lich presumibile, presunto; (wahrscheinlich) probabile; Erbe: presuntivo; 2ung f supposizione f; sospetto m; 🔲 ipotesi f.

vernachlässig|en [-'nɑ:xlɛsigən] (25) trascurare; 2ung f trascuranza f.

ver'nagel|n inchiodare; ~t F duro.

vernarb|en [-'narbən] (25, sn) cicatrizzarsi; 2ung f cicatrizzazione f.

vernarr|en [-'narən]: sich in j-n ~ innamorarsi pazzamente di qu.; in et.: andar matto di qc.; ~t: ~ in (ac.) pazzo di.

ver'naschen spendere in leccornìe.

vernebeln [-'ne:bəln] (29) offuscare; ╳ annebbiare.

vernehm|en [-'ne:mbɑ:r] percettibile; ~en v/t. intendere; (wahrnehmen) percepire; 🏛 interrogare; 2en n: dem ~ nach a quel che si dice; gutem ~ nach abbiamo da buona fonte; ~lich intelligibile; ad alta voce; 2ung f interrogatorio m; ~ungsfähig in istato d'essere interrogato.

ver'neig|en: sich ~ inchinarsi; 2ung f inchino m.

vernein|bar [-'nainbɑ:r] negabile; ~en (25) negare; Fragen: rispondere negativamente a; ~end negativo; 2ung f negazione f; 2ungsfall m: im ~ in caso di risposta negativa; 2ungspartikel f particella f negativa; 2ungswort n negazione f.

vernicht|en [-'niçtən] (26) annientare; (zerstören) distruggere; (ausrotten) sterminare; ~end fig. schiacciante; 2er m distruttore m; sterminatore m; 2ung f annientamento m, distruzione f; sterminio m; 2ungskrieg m guerra f di sterminio.

vernickel|n [-'nikəln] (29) nichellare; 2ung f nichellatura f.

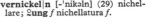

ver'nieten ribadire; chiodare.

Vernunft [-'nunft] f (16, o. pl.) ragione f; (Urteilskraft) discernimento m, giudizio m; reine ~ ragion f pura; ~ annehmen mettere giudizio; zur ~ bringen far mettere giudizio; ♀begabt ragionevole; ~ehe f matrimonio m di convenienza.

vernünfteln [-'nynftəln] (29) sofisticare.

vernunft|gemäß [-'nunftɡəmɛːs] **1.** adj. ragionevole; 𝕌 razionale; **2.** adv. conforme alla ragione; ♀-**glaube** m razionalismo m; ♀**gründe** m/pl. argomenti m/pl. ragionevoli; ♀**heirat** f s. Vernunftehe.

vernünftig [-'nynftiç] ragionevole; (besonnen) sensato; ~ werden mettere giudizio; ~er'weise: ~ habe ich nicht ... sono stato tanto ragionevole da non ...; ♀**keit** f ragionevolezza f; Phil. razionalità f.

Vernunft|lehre [-'nunftle:rə] f logica f; ♀**los** privo della ragione; irragionevole; ~**losigkeit** f mancanza f di ragione; irragionevolezza f; ♀**mäßig** ragionevole; ~**recht** n diritto m naturale; ♀**religion** f religione f naturale; ~**schluß** m raziocinio m; ~**wesen** n essere m ragionevole; ♀**widrig** illogico, assurdo; ~**widrigkeit** f assurdità f.

veröd|en [-'ʔøːdən] (26, sn) desolarsi; spopolarsi; ♀**ung** f desolazione f; spopolamento m.

veröffentlich|en [-'ʔœfəntliçən] (25) pubblicare; Gesetz: promulgare; ♀**ung** f pubblicazione f.

ver'ord|nen ordinare; prescrivere; ♀**nete(r)** m (18) delegato m; ♀**nung** f ordinanza f; abs. ordine m; ☞ ordinazione f; prescrizione f; ricetta f.

ver'pacht|en appaltare; ♀**ung** f appalto m.

Ver'pächter m (7) locatore m; appaltatore m.

ver'pack|en imballare; ♀**er** m (7) imballatore m; ♀**ung** f imballaggio m; ♀**ungsgewicht** n tara f; ♀**ungsleinwand** f tela f da imballaggio.

verpäppeln [-'pɛpəln] (29) Kind: viziare.

ver'passen perdere; j-n: non incontrare; es ~ lasciarsela scappare.

verpesten [-'pɛstən] (26) appestare; ~**d** ammorbante.

ver'petzen F tradire; fare la spia; soffiare, spifferare (qc. su qu.).

ver'pfänd|en impegnare; Grundstück: ipotecare; ♀**ung** f impegnamento m; ipotecamento m.

ver'pflanz|bar trapiantabile; ~**en** trapiantare; ♀**ung** f trapiantazione f.

ver'pfleg|en (25) alimentare, dare da mangiare; mit Speisen: mantenere; ein Heer: approvvigionare, vettovagliare; ♀**ung** f alimentazione f; mantenimento m; (Kost) vitto m; ✕ sussistenze f/pl.; vettovagliamento m.

verpflicht|en [-'pfliçtən] (26) impegnare; obbligare; sich ~ zu obbligarsi a; ich halte mich für verpflichtet zu mi sento in dovere di; ♀**ung** f obbligo m; übernommene: impegno m.

ver'pfuschen sciupare.

verpichen [-'piçən] (25) impeciare.

verpimpeln [-'pimpəln] (29) F rammollire; rendere lezioso.

ver'plappern (29): die Zeit ~ passare il tempo chiacchierando; sich ~ tradirsi.

ver'plaudern s. verplappern.

verplempern F [-'plɛmpərn] (29) sciupare; perdere.

verpönen [-'pøːnən] (25) proibire rigorosamente.

ver'prass|en dilapidare; ♀**ung** f dilapidazione f.

verproviantier|en [-provjan'tiːrən] vettovagliare; ♀**ung** f vettovagliamento m.

ver'prügeln bastonare.

ver'puffen (sn) esplodere; fig. andare in fumo.

verpulvern [-'pulfərn] (29) F Geld: dilapidare.

ver'pumpen F dare in prestito.

verpuppen [-'pupən] (25): sich ~ incrisalidare.

Verputz [-'puts] m (3², o. pl.) intonaco m; ♀**en** 🏛 intonacare; F Geld: dar fondo a.

verqualm|en [-'kvalmən] (25) riempire di fumo; ~**t** pieno di fumo, appestato dal fumo.

verquick|en [-'kvikən] (25) amalgamare; unire arbitrariamente; ♀**ung** f combinazione f (arbitraria).

verquollen [-'kvɔlən] gonfio.

ver'rammeln (29) barricare.

ver'ramschen Ware: svendere.

ver'rannt fig. ostinato, fanatico.

V

Verrat [-'rɑːt] m (3, o. pl.) tradimento m; ♀en tradire; Geheimnis: svelare, palesare; fig. (erkennen lassen) dimostrare.

Verräter|(in f) m (7) [-'rɛːtər(in)], ♀isch traditore (-trice) m (f); ~ei [---'raɪ] f tradimento m.

ver'rauchen v/i. (sn) svaporare; fig. sbollire.

verräuchern [-'rɔʏçərn] affumicare.

ver'rauschen (sn) passare; das Fest war verrauscht l'allegria della festa era cessata.

ver'rechn|en mettere in conto, conteggiare; sich ~ sbagliare i calcoli; contare male; fig. sbagliarsi; ♀ung f computo m; ✝ compensazione f, clearing m; ♀ungs-abkommen n convenzione f di compensazione; clearing m inv.; ♀ungsscheck m assegno m per conteggio; ♀ungsstelle f camera f di compensazione.

ver'recken P (sn) crepare.

ver'regnen (sn) esser guastato dalla pioggia.

ver'reis|en v/i. (sn) partire, andare in viaggio; ~t in viaggio; partito.

ver'reißen fig. stroncare.

verrenk|en [-'rɛŋkən] (25) slogare; ♀ung f slogatura f, lussazione f.

ver'rennen: sich ~ in (ac.) fissarsi in qc.

ver'richt|en fare, eseguire; Gebet: dire; Hochamt: celebrare; ♀ung f esecuzione f.

verriegeln [-'riːgəln] v/t. (29) chiudere col chiavistello; fig. sbarrare.

verringer|n [-'riŋərn] (29) diminuire, ridurre; ♀ung f diminuzione f; riduzione f.

ver'rinnen (sn) scorrere.

verroh|en [-'roːən] (25, sn) abbrutire; ♀ung f abbrutimento m.

ver'rosten (sn) arrugginire, irrugginire, ossidarsi.

verrotten [-'rɔtən] (26, sn) scomporsi, corrompersi.

verrucht [-'ruːxt] scellerato; ♀heit f scelleratezza f.

ver'rück|en spostare; ~t pazzo; ~ machen far diventare pazzo; ~ sein nach andare pazzo per; ♀theit f pazzia f; ♀twerden n (6): es ist zum ~ c'è da diventare pazzo (od. matto).

Ver'ruf m (3, o. pl.) discredito m; in ~ bringen screditare; in ~ erklären proscrivere; interdire; ✝ boicottare;

in ~ stehen aver cattiva fama; ♀en adj. malfamato.

ver'rußen coprirsi di fuliggine.

Vers [fɛrs] m (4) verso m; (Strophe) strofa f; (Bibel♀) versetto m; F sich keinen ~ machen können aus non potersi spiegare qc.

versag|en [-'zɑːgən] **1.** v/t. mancare all'impegno; j-m et.: rifiutare; sich et. ~ rinunziare a qc.; **2.** v/i. mancare; ⊕ non funzionare; Kräfte usw.: venire a mancare; ♀en n mancanza f; ⊕ guasto m; ✗ disfunzione f; fig. incapacità f, disorganizzazione f; ♀er m fiasco m; fig. Person: incapace m, buono m a nulla.

ver'salzen salar troppo; fig. guastare.

ver'samm|eln radunare; riunire; ♀-lung f adunanza f; riunione f; Pol. assemblea f; (Wahl♀) comizio m.

Versand [-'zant] m (3, o. pl.) spedizione f; invio m; (Ausfuhr) esportazione f; ~abteilung f reparto m spedizione; ~anzeige f avviso m di spedizione; ♀bereit pronto per essere spedito.

versanden [-'zandən] (26, sn) insabbiarsi; fig. arenarsi.

versand|fertig [-'zantfɛrtiç] condizionato; ~ machen condizionare; ♀-geschäft n casa f (od. commercio m) di esportazione; ♀wechsel m cambiale f fuori piazza.

Versatz [-'zats] m (4, o. pl.) pegno m; ~amt n monte m di pietà; ~stück n pegno m; pezzo m intercambiabile; Thea. quinta f.

versauen P [-'zauən] (25) insudiciare; fig. guastare, rovinare.

versauern [-'zauərn] (29, sn) inacidire; fig. ingrullire.

ver'säum|en v/t. trascurare; (unterlassen) traslasciare, omettere; Zug, Zeit: perdere; Pflicht: mancare a; nicht ~, zu (inf.) non mancare di (inf.); das Versäumte nachholen riguadagnare il tempo perduto; ♀nis n (4¹) trascuranza f; mancanza f; perdita f del tempo; ♀nis-urteil ⚖ n sentenza f contumaciale.

Versbau ['fɛrsbau] m (3, o. pl.) metrica f.   [re.]

verschachern [fɛr'ʃaxərn] trafficaʃ

ver'schaffen (25) procurare, procacciare; sich Gehör ~ farsi ascoltare; sich Gehorsam ~ farsi ubbidire; sich Recht ~ farsi giustizia.

V

verschal|en [-'ʃa:lən] (25) rivestire (di tavole); pannellare; incassare.

verschämt [-'ʃɛ:mt] vergognoso; (*verlegen*) confuso; **♀heit** *f* verecondia *f*; confusione *f*.

ver'schanz|en: sich ~ trincerarsi; **♀ung** *f* trincea *f*; (*das Verschanzen*) trinceramento *m*; **♀ungs-arbeit** *f* lavoro *m* di fortificazione.

ver'schärf|en inasprire; aggravare, intensificare; **♀ung** *f* inasprimento *m*; aggravamento *m*.

ver'scharren sotterrare; *Leiche*: seppellire.

ver'schätzen: sich ~ valutare male, sbagliare i conti.

ver'scheiden 1. *v/i.* (sn) spirare; **2.** ♀ *n* (6) decesso *m*; im ~ sein essere agli estremi.

ver'schenken dare in regalo; regalare.

ver'scherzen perdere (per troppa leggerezza); (*verlieren*) giocarsi.

verscheuchen [-'ʃɔʏçən] (25) scacciare.

ver'schick|en spedire; *Pol.* deportare; **♀ung** *f* spedizione *f*; deportazione *f*.

verschieb|bar [-'ʃi:pba:r] spostabile; *zeitlich a.*: prorogabile; ⊕ scorrevole; **♀ebahnhof** *m* stazione *f* di smistamento; **~en** spostare; (*aufschieben*) differire, rimandare; *Züge*: manovrare; *Waren*: vendere di sottomano; **♀ung** *f* spostamento *m*; *zeitlich*: proroga *f*, differimento *m*.

verschieden [-'ʃi:dən] **1.** diverso, differente; **~e** *pl.* (*mehrere*) diversi, vari; **2.** *s. verscheiden*; **~artig** svariato, eterogeneo; **♀-artigkeit** *f* varietà *f*; eterogeneità *f*; **~er'lei** di diverse specie; **♀e(s)** *n* in *Zeitungen*: varietà *f/pl.*; **~farbig** multicolore, variopinto; **♀heit** *f* diversità *f*; differenza *f*; **~tlich** diverse volte.

ver'schießen 1. *v/i.* sbiadire; **2.** *v/t.* esaurire (*le munizioni*); *Typ.* trasporre; **3.** F *sich in j-n ~* innamorarsi pazzamente di qu.

ver'schiff|en imbarcare; **♀ung** *f* imbarco *m*; **♀ungs...** in *Zssgn* d'imbarco.

ver'schimmeln ammuffire.

verschlacken [-'ʃlakən] (25) ridursi in scorie.

ver'schlafen 1. *v/t.*: die Zeit ~ alzarsi troppo tardi; et. ~ perdere qc. per

avere troppo dormito; **2.** *adj.* assonnato; mezzo addormentato.

Ver'schlag *m* assito *m*; (*Fach*) scompartimento *m*; (*Kämmerchen*) bugigattolo *m*.

ver'schlagen 1. *v/t.* rivestire di assicelle; *mit Nägeln*: chiudere inchiodando; *Stelle im Buch*: perdere; *Sturm, Schicksal*: sbalestrare; ~ *werden nach* andare a finire a, capitare a, ritrovarsi a; **2.** *adj.* scaltrito; **♀heit** *f* scaltrezza *f*.

verschlammen [-'ʃlamən] (25, sn) impantanarsi.

ver'schlampen F (25) mandare in malora.

verschlechter|n [-'ʃlɛçtərn] (29) peggiorare (*a. sich ~*); **♀ung** *f* peggioramento *m*.

verschleier|n [-'ʃlaɪərn] (29) velare; *fig.* occultare; **♀ung** *f* occultamento *m*.

Verschleiß [-'ʃlaɪs] *m* (3²) (*Abnutzung*) logoramento *m*; *körperlich*: logorio *m*; **♀en** (30) logorare.

ver'schlepp|en *j-n*: portar via con la violenza; sequestrare, deportare; *Krankheit*: non curare; *e-e verschleppte Grippe* un'influenza trascurata; (*aufschieben*) tirare per le lunghe; **♀ung** *f* trasferimento *m* arbitrario; ⚥ sequestro *m* di persona; ⚕ trascuramento *m*; *Pol.* ostruzionismo *m*.

ver'schleudern *Geld*: dilapidare; *Zeit*: sciupare; *Ware*: svendere a prezzi bassissimi.

verschließ|bar [-'ʃli:sba:r] con serratura; che si può chiudere; **~en** chiudere; (*zuschließen*) chiudere a chiave; ⊕ otturare; *Hafen*: sbarrare; *sich e-r Tatsache ~* chiudere gli occhi davanti ad una realtà; *s. verschlossen*.

verschlimmer|n [-'ʃlimərn] (29) (sich) ~ peggiorare; **♀ung** *f* peggioramento *m*.

ver'schlingen *miteinander*: intrecciare; (*hinunterschlucken*) inghiottire; *fig. mit den Augen*: mangiarsi; *viel Geld ~* F costare un sacco di soldi

verschlissen [-'ʃlisən] liso, logoro.

verschlossen [-'ʃlɔsən] **1.** *s. verschließen*; **2.** *adj.* chiuso; *hinter ~en Türen* a porte chiuse; *fig.* riservato; **♀heit** *f* riservatezza *f*; carattere *m* chiuso.

ver'schlucken inghiottire; *Worte*: mangiarsi; *ich habe mich verschluckt* m'è andato qc. per traverso.

Ver'schluß *m* chiusura *f*; (*Schloß*) serratura *f*; *Phot*. otturatore *m*; *unter* ∼ sotto chiave.

verschlüsseln [-'ʃlysəln] (29) cifrare.

ver'schmachten morire (*vor* da); *vor Sehnsucht*: struggersi.

ver'schmäh|en disprezzare; sdegnare; *Arbeit*: rifiutare; ℒung *f* disprezzamento *m*; disdegno *m*, rifiuto *m*.

ver'schmausen F papparsi.

ver'schmelz|en 1. *v/t.* fondere; 2. *v/i.* (sn) fondersi; ℒung *f* fusione *f*.

ver'schmerzen *v/t.* consolarsi di.

ver'schmieren *Loch*: turare; *Papier*: imbrattare.

verschmitzt [-'ʃmitst] scaltro; ℒheit *f* scaltrezza *f*.

ver'schmutz|en insudiciare; *Luft usw*.: inquinare; ℒung *f* insudiciamento *m*; *der Luft usw*.: inquinamento *m*.

ver'schnaufen: *sich* ∼ riprender fiato.

ver'schneiden tagliare (*a. Weine*); (*schlecht schneiden*) tagliare male; *Flügel*: tarpare; *Tiere*: castrare; *Haare*: spuntare.

verschneit [-'ʃnaɪt] coperto di neve.

Verschnittwein [-'ʃnɪtvaɪn] *m* (3) vino *m* da taglio.

ver'schnörkelt [-'ʃnœrkəlt] pieno di ghirigori; *fig.* cerimonioso, manierato.

verschnupft [-'ʃnʊpft] costipato; raffreddato; *fig.* offeso; contrariato.

ver'schnür|en legare; ℒung *f* legatura *f*; ∼en *pl.* alamari *m/pl.*; ℒungsleine ☞ *f* corda *f* d'allacciamento.

verschollen [-'ʃɔlən] scomparso; ✗ disperso.

ver'schonen *v/t.* risparmiare; *j-n mit et*. ∼ lasciare qu. in pace con qc.

ver'schöner|n [-'ʃøːnərn] (29) abbellire; ℒung *f* abbellimento *m*.

verschossen [-'ʃɔsən] *Stoff*: sbiadito; F (*verliebt*) innamorato cotto; *s. a. verschießen*.

ver'schränken [-'ʃrɛŋkən] (25) incrociare.

ver'schraub|en avvitare; ℒung *f* collegamento *m* a vite.

ver'schreiben *Arznei*: prescrivere;

Hab und Gut: cedere per iscritto; *Papier, Tinte*: consumare (scrivendo); *sich* ∼ sbagliarsi (nello scrivere); *fig.* darsi a.

verschrie(e)n [-'ʃriː(ə)n] famigerato, malfamato.

verschroben [-'ʃroːbən] bislacco; eccentrico; stravagante; ℒheit *f* stravaganza *f*.

ver'schrotten [-'ʃrɔtən] (26) vendere come ferro vecchio; ⚓ smantellare.

ver'schrumpeln F (29) raggrinzarsi.

verschüchtern [-'ʃʏçtərn] (29) intimidire.

ver'schuld|en 1. aver colpa et. *verschuldet* haben aver fatto qc.; *er hat es verschuldet!* la colpa è sua!; *sich* ∼ indebitarsi; 2. ℒen *n* (6) colpa *f*; ∼et *adj*. indebitato; ℒung *f* colpa *f*; indebitamento *m*; debiti *m/pl.*

ver'schütten versare; *Graben*: colmare; (*begraben*) seppellire.

ver'schwäger|n [-'ʃvɛːgərn] (29): *sich* ∼ imparentarsi (*mit dat.* con); ∼t imparentato.

ver'schweig|en tacere; *s. verschwiegen*; ℒung *f* occultamento *m*; silenzio *m*; (*Auslassung*) reticenza *f*.

verschwend|en [-'ʃvɛndən] (26) scialare, dissipare; *Vermögen*: dilapidare; *Zeit*: perdere; sprecare; ℒer(in *f*) *m* (7) sprecone (-a) *m* (*f*); ∼erisch 1. *adj*. prodigo; 2. *adv*. a profusione; ℒung *f* sciupio *m*, spreco *m*; dissipazione *f*; ℒungssucht *f* prodigalità *f*.

verschwiegen [-'ʃviːgən] taciturno, riservato; segreto; ℒheit *f* secretezza *f*, discrezione *f*.

ver'schwimmen confondersi (*in dat.* con); *Farben*: svanire; *s. verschwommen*.

ver'schwinden 1. *v/i.* (sn) sparire, scomparire; F (*fortgehen*) eclissarsi; 2. ℒ *n* (6) sparizione *f*; ∼d: ∼ *klein* minimo; minuscolo.

ver'schwister|n [-'ʃvɪstərn]: *sich* ∼ affratellarsi; ∼t: ∼ *sein* essere fratelli (sorelle).

ver'schwitz|en *v/t.* macchiare di sudore; F (*vergessen*) dimenticare; ∼t sudato.

verschwommen [-'ʃvɔmən] vago, confuso; ℒheit *f* carattere *m* vago (*od.* indistinto, confuso).

ver'schwör|en: *sich* ∼ congiurarsi; cospirare; ℒer(in *f*) *m* (7) congiurato (-a) *m* (*f*), cospiratore (-trice) *m*

V

(*f*); ℒung *f* congiura *f*; cospirazione *f*.

versehen [-'ze:ən] **1.** *v/t.* accudire a; *das Amt e-s ... ~* fungere da; *j-s Amt ~* fare le veci di; *mit et. ~* provvedere (*od.* dotare) di qc.; *sich ~* (*irren*) sbagliarsi; *ehe man sich's versieht* quando meno ce lo si aspetta; **2.** ℒ *n* (6) svista *f*, inavvertenza *f*; errore *m*, equivoco *m*; **~tlich** per sbaglio.

ver'sehrt invalido.

ver'send|en spedire; mandare, inviare; ℒer *m* speditore *m*; ℒung *f* spedizione *f*; invio *m*.

ver'sengen abbruciacchiare.

versenk|en [-'zɛŋkən] sommergere, immergere (*auch fig.*); *in e-n Abgrund*: sprofondare; ⚓ affondare; *Sarg*: calare; ⊕ incassare; ℒung *f* immersione *f*; sprofondamento *m*; ⚓ affondamento *m*; *Thea.* trabocchetto *m*.

'Verseschmied *m* poetastro *m*.

versessen [-'zɛsən] pazzo (*auf ac.* di); *auf et. ~ sn* andare matto per qc.; ℒheit *f* mania *f*; gusto *m*.

versetz|bar [-'zɛtsbɑ:r] spostabile; trasferibile; che si può impegnare; trapiantabile; **~en** spostare; rimuovere; *Beamte*: trasferire; *Schüler*: promuovere; *Bäume*: trapiantare; *in e-e Lage bringen*: mettere; *als Pfand*: impegnare; *Schlag*: assestare; *Weg*: sbarrare; ♫ combinare; *Atem*: togliere; *antwortend*: replicare; (*mischen*) mescolare; *in Anklagezustand* (*in den Ruhestand*) *~* mettere in istato d'accusa (in riposo); *sich in j-s Lage ~* mettersi nei panni di qu.; ℒung *f* spostamento *m*; trasposizione *f*; trasferimento *m*; (*Schüler*) promozione *f*; (*Pfand*) impegnamento *m*; (*Mischung*) mescolamento *m*; combinazione *f*.

verseuch|en [-'zɔʏçən] (25) infestare, contaminare; ℒung *f* contaminazione *f*; *der Luft usw.*: inquinamento *m*.

Versfuß ['fɛrsfu:s] *m* piede *m* (metrico).

versicher|bar [-'ziçərbɑ:r] assicurabile; ℒer *m* (7) assicuratore *m*; **~n** assicurare; (*behaupten*) affermare, asserire; ℒte(r) *su.* (18) assicurato (-a) *m* (*f*); ℒung *f* assicurazione *f*; (*Behauptung*) affermazione *f*; (*Versprechen*) promessa *f*.

Versicherungs|agent [-'ziçəruŋs-⁹agent] *m* agente *m* d'assicurazione; **~amt** *n* ufficio *m* d'assicurazione; **~anstalt** *f* istituto *m* d'assicurazione; **~antrag** *m* domanda *f* d'assicurazione; **~gebühr** *f* tassa *f* d'assicurazione; **~gesellschaft** *f* compagnia *f* (*od.* società *f*) d'assicurazione; **~leistung** *f* indennizzo *m*; **~marke** *f* marchetta *f* d'assicurazione; **~nehmer** *m* assicurato *m*; **~police** *f*, **~schein** *m* polizza *f* d'assicurazione; **~prämie** *f* premio *m* d'assicurazione; **~schutz** *m* tutela *f* (*od.* garanzia *f*) assicurativa; **~summe** *f* somma *f* assicurata; **~träger** *m* ente *m* assicuratore; **~vertrag** *m* contratto *m* d'assicurazione; **~wert** *m* valore *m* dell'oggetto assicurato; **~wesen** *n* sistema *m* assicurativo; assicurazioni *f/pl.*

ver'sickern (*sn*) infiltrarsi; trapelare.

ver'siegeln sigillare.

ver'siegen esaurirsi.

versiert [vɛr'zi:rt] pratico, esperto.

Versilber|er [fɛr'zilbərər] *m* (7) argentatore *m*; ℒn (29) (in)argentare; F convertire in denaro; **~ung** *f* (in)argentatura *f*.

versimpeln [-'zimpəln] (29) riminchionire; *et.*: semplificare.

ver'sinken (*sn*) sprofondare; (*verschlungen werden*) essere sommerso; *fig. in et.* (*dat.*) *~* immergersi (essere immerso) in qc.; *s.* **versunken**.

versinnbildlichen [-'zinbiltliçən] (25) simboleggiare.

Version [vɛrz'jo:n] *f* versione *f*.

versippt [fɛr'zipt] imparentato.

versklaven [-'sklɑ:vən] (25) asservire, rendere schiavo.

Vers|kunst ['fɛrskunst], **~lehre** ['-le:rə] *f* arte *f* metrica *f*; **~maß** *n* metro *m*.

versoffen [-'zɔfən] F ub(b)riaco; ℒheit *f* ub(b)riachezza *f*.

versohlen [-'zo:lən] (25) F bastonare.

versöhn|en [-'zø:nən] (25) riconciliare; **~end** riconciliante; **~lich** conciliativo; ℒung *f* riconciliazione *f*; ℒungsfest *n* giorno *m* dell'espiazione; ℒungs-opfer *n* sacrificio *m* espiatorio; (*Opfertier*) vittima *f* espiatoria; ℒungstag *m s.* *Versöhnungsfest*.

versonnen [-'zɔnən] trasognato.

ver'sorg|en provvedere (*mit* di);

(*erhalten*) mantenere; (*verheiraten, Stelle verschaffen*) collocare; ⊕ alimentare; er hat seine Kinder versorgt ha fatto una posizione ai suoi figli; 2ung f provvedimento m; sostentamento m; collocamento m; sistemazione f; messa f a disposizione; approvvigionamento m; mit Lebensmitteln: vettovagliamento m; alimentazione f; 2ungs-anstalt f istituto m di previdenza; ricovero m; ~ungsberechtigt che ha diritto a sovvenzione.

verspät|en [-'ʃpɛːtən] (26): sich ~ ritardarsi; far tardi; 🚇 essere in ritardo; ~et in ritardo; fig. tardivo; 2ung f ritardo m; ~ haben essere in ritardo.

ver'speisen mangiarsi.

verspeku'lieren: sich ~ fare una cattiva speculazione; F fare i conti senza l'oste.

ver'sperren sbarrare; die Aussicht: togliere.

ver'spiel|en 1. v/t. perdere al gioco; **2.** v/i. fig. perdere la partita; ~t poco serio. [lettare.)

versplinten [-'ʃplintən] (26) ⊕ ca-)

ver'spott|en schernire, ridicolizzare; beffarsi od. burlarsi di; F prendere in giro; 2ung f derisione f; beffeggiamento m; F presa f in giro.

ver'sprech|en promettere; sich ~ (irren) sbagliarsi (parlando); 2en n (6), 2ung f promessa f; 2er m F papera f.

ver'sprengen disperdere.

ver'spritzen spruzzare; spargere; Blut: versare.

ver'sprühen mandare; emanare; ⊕ spruzzare; atomizzare.

ver'spüren v/t. (ri)sentire; Lust ~ aver voglia (nach di).

verstaatlich|en [-'ʃtaːtlɪçən] (25) nazionalizzare; 2ung f nazionalizzazione f.

verstädter|n [-'ʃtɛːtərn] (29) abituarsi alla vita in città; 2ung f (Landflucht) urbanesimo m.

Verstand m (3) intelletto m; praktischer: intelligenza f; (Vernunft) ragione f; (Sinn) senso m; (Urteilskraft) giudizio m; gesunder ~ buon senso; den ~ verlieren perdere la testa; nicht bei ~(e) sein non avere il cervello a posto; ohne ~ senza giudizio; klarer ~ mente f chiara.

Verstandes... [-'ʃtandəs...]: in Zssgn intellettuale; ~kraft f forza f d'intelletto; ~kräfte f/pl. facoltà f/pl. intellettuali; 2mäßig ragionevole; ~mensch m uomo m positivo; ~schärfe f perspicacia f.

verständ|ig [-'ʃtɛndɪç] intelligente; (vernünftig) ragionevole; (klug) giudizioso; ~es Alter n età f della ragione; ~ werden metter giudizio; ~igen [-'--gən] (25) far intendere; informare (von di); sich ~ intendersi; (sich einigen) mettersi d'accordo; 2igkeit f giudizio m; 2igung f Pol. intesa f; spiegazione f; (Vergleich) accordo m; 2igungswille m volontà f d'intesa; ~lich [-'-tlɪç] comprensibile; (deutlich) chiaro; schwer ~ difficile da capire; allgemein ~ alla portata di tutti; ~ machen rendere chiaro; sich ~ machen farsi capire.

Verständnis [-'-tnɪs] n (4¹) intelligenza f; (Mitgefühl) comprensione f; ~ haben für comprendere (ac.); intendersi di; 2-innig pienamente d'accordo; 2los senza comprensione; ~losigkeit f mancanza f di comprensione; 2voll comprensivo; adv. con comprensione.

ver'stänkern P (29) appestare, appuzzare.

ver'stärk|en rinforzare, rafforzare; fig. a. intensificare; (vermehren) aumentare; Radio: amplificare; 2er m amplificatore m; 2erröhre f tubo m amplificatore; 2ung f rafforzamento m; ✂, ⊕ rinforzo m; amplificazione f.

ver'stauben (sn) impolverarsi.

ver'stäuben polverizzare.

verstauch|en [-'ʃtauxən] (25) storcere, slogare; 2ung f storcimento m; slogatura f.

ver'stauen ⚓ stivare; (unterbringen) sistemare.

Versteck [-'ʃtɛk] n (3) nascondiglio m; 2en nascondere (vor dat. da); ~spiel n nasconderello m; 2t (heimlich) recondito; adv. di nascosto.

ver'stehen capire, comprendere; intendere; (können) sapere; ~ etwas zu tun saper fare qc.; er versteht keinen Spaß con lui non si scherza; sich ~ intendersi (auf ac. di); (sich mit j-m ~) intendersela con qu.; sich zu et. ~ adattarsi a qc.; versteht sich! s'intende!; das versteht sich *von selbst* questo va da sé; 2 *n* (6) comprensione *f*.

ver'steif|en ⊕ rinforzare; *sich ~* irrigidirsi; *sich ~ auf (ac.) fig.* ostinarsi in, incaponirsi su; volere a tutti i costi; 2ung *f* irrigidimento *m*; ⊕ rinforzo *m*.

ver'steigen: *sich ~* smarrire la strada; *fig.* mirare troppo in alto; avere la pretesa; *er verstieg sich zu der Behauptung* arrivò a sostenere ...

Versteiger|er [-'ʃtaɪgərər] *m* (7) banditore *m* (di un'asta); 2n (29) mettere all'asta; vendere all'incanto; **~ung** *f* asta *f*.

ver'steiner|n (29, *sn*) pietrificare; *fig.* impietrire; 2ung *f* pietrificazione *f*; *fig.* impietrimento *m*.

ver'stell|bar spostabile; ⊕ regolabile; *(beweglich)* mobile; **~en** spostare; ⊕ regolare; *(versperren)* sbarrare; *fig.* contraffare; *heuchelnd:* dissimulare; *sich ~* fingere; 2ung *f* spostamento *m*; regolamento *m*; finzione *f*; 2ungskunst *f* arte *f* di fingere, ipocrisia *f*.

ver'steuern *v/t.* pagare l'imposta per; *(seitens des Staates)* mettere un'imposta (su qc.).

verstiegen [-'ʃti:gən] stravagante; 2heit *f* stravaganza *f*.

ver'stimm|en ♪ scordare; *fig.* mettere di malumore; *den Magen:* sconvolgere; **~t** ♪ scordato; *fig.* di malumore; 2ung *f* ♪ scordatura *f*; *fig.* malumore *m*; *des Magens:* disturbo *m*; ✝ depressione *f*.

verstockt [-'ʃtɔkt] impenitente; 2heit *f* impenitenza *f*; ostinazione *f*.

verstohlen [-'ʃto:lən] furtivo; *adv.* furtivamente.

ver'stopf|en *Loch:* tappare, turare; *Röhren:* ostruire; *Nase:* intasare; *Leib:* costipare; **~t** ✻ stitico; ⊕ otturato; 2ung *f* ostruzione *f*; intasamento *m*; costipazione *f*, stitichezza *f*.

verstorben [-'ʃtɔrbən] defunto.

verstört [-'ʃtø:rt] turbato; *Aussehen:* sconvolto; 2heit *f* turbamento *m*; costernazione *f*.

Verstoß [-'ʃto:s] *m* (3³) mancanza *f* *(gegen ac.* verso); contravvenzione *f* (a); 2en 1. *v/t.* scacciare; *Kinder:* rinnegare; *Frau:* ripudiare; 2. *v/i.* mancare; *gegen das Gesetz ~* trasgredire la legge; *gegen die Sitten ~* offendere i buoni costumi; **~ung** *f*

espulsione *f*; rinnegamento *m*; ripudio *m*.

ver'streb|en ⚙ rinforzare, puntellare; 2ung *f* rinforzamento *m*; intelaiatura *f*; puntello *m*.

ver'streichen 1. *v/i. (sn)* trascorrere; *Termin:* spirare; **2.** *v/t.* tingere; *Ritzen:* otturare.

ver'streuen sparagliare.

ver'stricken *fig.* irretire; *sich ~ in* perdersi in.

verstümmel|n [-'ʃtymələn] (29) mutilare *(a. fig.)*; 2ung *f* mutilazione *f*.

verstummen [-'ʃtumən] (25, *sn*) ammutolire.

Versuch [-'zu:x] *m* (3) tentativo *m*; *(Probe)* prova *f*; *Lit.* saggio *m*; *wissenschaftlicher:* esperimento *m*; 2en *v/t.* tentare *(a. fig.)*; provare *(a. kosten)*, assaggiare; ⊞ sperimentare; *~ zu inf.* cercare di *inf.*; *sich ~* provarsi; **~er** *m* (7) tentatore *m*; **~sanstalt** *f* stazione *f* sperimentale; **~sballon** *m* pallone *m* sonda; **~sfeld** *n* campo *m* sperimentale; **~smethode** *f* metodo *m* sperimentale; 2sweise in via di esperimento; **~ung** *f* tentazione *f*; *in ~ führen* indurre in tentazione.

versumpfen [-'zumpfən] (25, *sn*) F impantanarsi; impelagarsi.

ver'sündig|en: *sich an j-m ~* peccare contro qu.; oltraggiare qu.; 2ung *f* peccato *m*; offesa *f*.

versunken [-'zuŋkən] *s.* versinken; *fig.* assorto; 2heit *f (Geistesabwesenheit)* assorbimento *m*; meditazione *f*.

ver'süß|en addolcire; *fig. Pille:* indorare; 2ung *f* addolcimento *m*; indoramento *m*.

ver'tag|en aggiornare; 2ung *f* aggiornamento *m*.

ver'tändeln sciupare (tempo, danaro) in bagatelle.

vertäuen ⚓ [-'tɔyən] (25) ormeggiare.

ver'tausch|bar scambiabile; invertibile; **~en** cambiare; *die Rollen:* invertire; *(verwwechseln)* confondere, scambiare; 2ung *f* (s)cambio *m*; invertimento *m*.

vertausendfachen [-'tauzəntfaxən] (25) moltiplicare per mille.

verteidig|en [-'taɪdigən] (25) difendere; *schrittweise ~* disputare; 2er *m* (7) difensore *m*; *Fußball:* terzino *m*; *(Titel2)* detentore *m*; 2ung *f* difesa *f*.

Ver'teidigungs... in Zssgn mst di difesa; difensivo; **~bündnis** n alleanza f difensiva; **~krieg** m guerra f difensiva; **~los** senza difesa; indifeso; **~mittel** n mezzo m di difesa; **~rede** f difesa f; **~schrift** f apologia f; ⚖ (memoria f) defensionale f; **~waffe** f arma f difensiva.

ver'teil|bar distribuibile; ripartibile; **~en** distribuire; ripartire; ♀er m (7) distributore m; ♀ung f distribuzione f; ripartizione f; ♀ungsschlüssel m schema m di distribuzione.

verteuer|n [-'tɔɣərn] (29) rincarare; ♀ung f rincaro m.

verteufelt [-'tɔɣfəlt] **1.** adj. indiavolato; **2.** adv. maledettamente.

vertief|en [-'ti:fən] (25) approfondire; sich ~ approfondirsi; fig. sprofondarsi; ♀ung f approfondimento m; (Aushöhlung) cavità f.

vertieren [-'ti:rən] (25, sn) abbrutire.

vertikal [vɛrti'ka:l] verticale.

vertilg|en [fɛr'tilgən] sterminare; (ausrotten) estirpare; (auslöschen) cancellare; F mangiarsi, papparsi; ♀ung f sterminio m; estirpamento m; cancellamento m; ♀ungskrieg m guerra f di sterminio; ♀ungsmittel n (Insekten♀) insetticida m.

ver'tippen: sich ~ sbagliare scrivendo a macchina.

verton|en [-'to:nən] (25) mettere in musica; musicare; Film: sonorizzare; ♀ung f messa f in musica; sonorizzazione f.

vertrackt [-'trakt] scontorto; F fig. complicato, aggrovigliato.

Vertrag [-'tra:k] m (3³) contratto m; Pol. trattato m; (Übereinkunft) convenzione f.

ver'tragen v/t. (ertragen) sopportare; Speisen: poter digerire; Alkohol: reggere a; sich ~ andare d'accordo; von Dingen: andare bene insieme; wie verträgt sich das mit dem, was ...? come si accorda ciò con quel che ...?; er kann nicht viel ~ non sopporta molto.

vertraglich [-'tra:klɪç] contrattuale.

verträglich [-'trɛ:klɪç] Dinge: compatibile; Personen: trattabile; ♀keit f spirito m conciliativo; compatibilità f.

Vertrags|bruch [-'tra:ksbrux] m violazione f dei patti (od. di con-

tratto); ♀brüchig [-'-bryçɪç]: ~ werden violare (od. infrangere) il contratto.

ver'tragschließend contraente; **~e** Parteien f/pl. parti f/pl. contraenti.

ver'trags|mäßig 1. adj. contrattuale; **2.** adv. conforme al contratto; ♀partner m parte f contraente; ♀strafe f pena f convenzionale; **~widrig** contrario al contratto; ♀widrigkeit f violazione f di contratto.

ver'trauen 1. v/i. j-m ~ fidarsi di qu.; auf et. ~ confidare in qc.; **2.** ♀ n (6) fiducia f; bei Mitteilungen: confidenza f; im ~ sagen dire in confidenza; im ~ gesagt a dirla fra noi; im ~ auf confidando in; ~ haben zu avere fiducia in; **~erweckend** che ispira fiducia.

Vertrauens|amt [-'trauəns⁹amt] n posto m (od. carica f) di fiducia; **~arzt** m medico m di fiducia; **~bruch** m abuso m di fiducia; **~frage** f: die ~ stellen porre la questione di fiducia; **~mann** m fiduciario m; **~person** f persona f di fiducia; ♀selig troppo fiducioso; **~seligkeit** f cieca fiducia f; **~stellung** f posto m di fiducia; ♀voll fiducioso; **~votum** n voto m di fiducia; ♀würdig degno di fiducia.

ver'traulich confidenziale; (intim) intimo; familiare; **~!** riservato!; ♀keit f segretezza f; familiarità f.

ver'träum|en passare sognando; **~t** trasognato.

vertraut [-'traut] s. vertrauen; familiare; Freund: intimo; er ist ~ mit dieser Sprache questa lingua gli è familiare; sich ~ machen familiarizzarsi; ♀e(r) m (18) confidente m; ♀heit f familiarità f.

ver'treib|en cacciare; Sorge, Lust, Langeweile usw.: far passare; Zeit: ingannare; F ammazzare; Waren: spacciare; ♀ung f espulsione f; cacciata f.

ver'tret|bar fondato, giusto; giustificato; **~en** sostituire; rimpiazzare; j-n ~ od. j-s Stelle ~ rappresentare qu., fare le veci di qu.; Meinung, Interessen: sostenere; difendere; j-s Sache: patrocinare; sich den Fuß: storcersi; die Beine: sgranchirsi; ♀er m (7) rappresentante m; im Amt: sostituto m; ♀ung f rappresentanza *f*; *im Amt*: supplenza *f*; **~ungsweise** in rappresentanza.

Ver'trieb *m* (3) (*Verkaufsstelle*) spaccio *m*; (*Verkauf*) vendita *f*; (*das Absetzen*) smercio *m*.

Ver'triebene(r) *m* (18) espulso *m*; (*Geächteter*) proscritto *m*.

ver'trinken passare bevendo; *Geld*: spendere bevendo.

ver'trocknen (*sn*) inaridirsi, seccare.

ver'trödeln *Zeit*: sprecare.

ver'tröst|en consolare; (*hinhalten*) tenere a bada (con belle speranze); *j-n auf et.* ~ fare sperare qc. a qu.; **Qung** *f* vane promesse *f|pl.*

vertrotteln [-'trɔtəln] (29) F incretinire.

ver'tun sprecare, sciupare; impiegare male.

ver'tuschen mettere a tacere; seppellire, palliare.

verübeln [-'ʔyːbəln] (29): *j-m et.* ~ avercela con qu.; *ich verüble es ihm gliene ho a male.*

ver-'üb|en commettere; **Qung** *f* perpetrazione *f*.

verulken [-'ʔulkən] F *v|t.* (25) schernire; burlarsi di.

verun|einigen [-'ʔunʔainigən] disunire; **~glimpfen** [-'-glimpfən] (25) denigrare, diffamare; **~glücken** rimanere vittima di una disgrazia; (*sterben*) perire in una disgrazia; *Unternehmen*: abortire; **Qglückte(r)** *m* (18) infortunato *m*; sinistrato *m*; **~reinigen** insudiciare, sporcare, lordare; *Luft*: ammorbare; *Wasser*: inquinare; *fig.* contaminare; **Qreinigung** *f* insudiciamento *m*; ammorbamento *m*; inquinamento *m*; **~stalten** [-'-ʃtaltən] (26) sfigurare; deformare; **~treuen** [-'-trɔyən] (25) malversare; *allg.* sottrarre; rubare; **Qtreuung** *f* appropriazione *f* indebita, malversazione *f*; **~zieren** sfigurare.

verur|sachen [-'ʔuːrzaxən] (25) causare, provocare, cagionare; **~teilen** [-'ʔurtailən] (25) condannare; **Qteilung** *f* condanna *f*.

vervielfach|en [-'fiːlfaxən] (25), **vervielfältig|en** [-'fiːlfɛltigən] (25) moltiplicare; *Phot.*, *Typ.* riprodurre; *mit der Maschine*: copiare, ettografare, autografare; **Qung** *f* moltiplicazione *f*; riproduzione *f*.

Vervielfältigungs|apparat [-'-fɛltiguŋsʔapaːraːt] *m* copiatrice *f*; **~ver-**

fahren *n* metodo *m* di copiatura; policopia *f*.

vervierfachen [-'fiːrfaxən] (25) quadruplicare.

vervollkommn|en [-'fɔlkɔmnən] (26) perfezionare; **Qung** *f* perfezionamento *m*; **~ungsfähig** perfezionabile; perfettibile; **Qungsfähigkeit** *f* perfettibilità *f*.

vervollständig|en [-'fɔlʃtendigən] (25) completare; **Qung** *f* completamento *m*.

ver'wachsen 1. *v|i.* (*sn*) *Wunde*: cicatrizzarsi, chiudersi; *Knochen*: crescere male; (*zs.-wachsen*) crescere insieme; unirsi crescendo; **2.** *p.p.* deforme; ~ *mit*, *in* et. radicato in, aderente a qc.

verwahr|en *v/t.* custodire; (*sichern*) assicurare; *sich* ~ premunirsi; (*protestieren*) protestare; **Qer** *m* (7) depositario *m*; **~losen** [-'-loːzən] (27, *sn*) trascurare; **~lost** [-'-loːst] trascurato, malandato; **Qlosung** *f* incuria *f*; abbandono *m*; **Qung** *f* custodia *f*; ⚖ protesta *f*; ~ *einlegen* protestare; **Qungs-ort** *m* deposito *m*.

verwais|en [-'vaizən] (27, *sn*) restare orfano; **~t** orfano *m*.

ver'walt|en amministrare; **~end** *adj.* amministrativo; **Qer** *m* (7) amministratore *m*; (*Konkurs*⚖) curatore *m*; (*Guts*⚖) fattore *m*.

Verwaltung [-'valtuŋ] *f* amministrazione *f*; **~s...** *in Zssgn* amministrativo; **~sbeamte(r)** *m* impiegato *m* dell'amministrazione; **~sbehörde** *f* autorità *f* amministrativa; **~sdirektor** *m* direttore *m* amministrativo; **~srat** *m* consiglio *m* (*Person*: consigliere *m*) d'amministrazione; **~sreform** *f* riforma *f* burocratica; **~sweg** [-'-veːk] *m*: *auf dem* ~ per via amministrativa; **~swesen** *n* amministrazione *f*.

ver'wand|elbar trasformabile; convertibile; commutabile; **Qelbarkeit** *f* trasformabilità *f*; convertibilità *f*; commutabilità *f*; **~eln** trasformare; *in Geld*: convertire; *in Staub*: ridurre; *e-e Strafe*: commutare; *Gram.* cambiare; **Qlung** *f* trasformazione *f*; cambio *m*; conversione *f*; riduzione *f*; commutazione *f*; *Thea.* cambiamento *m* di scena; *Myth.* metamorfosi *f*; **Qlungskünstler(in** *f*) *m* trasformista *m u.f.*

ver'wandt [-'vant] affine (*mit dat.* a.); (*familien~*) parente (*mit dat.* di), imparentato (con); *er ist uns ~* è nostro parente; 2e(r) *m* parente *m*; 2schaft *f* parentela *f*; *fig.* affinità *f*; analogia *f*; ~schaftlich di parentela; *adv.* tra parenti; 2schafts-grad *m* grado *m* di parentela.

verwanzt [-'vantst] incimiciato.

ver'warn|en avvertire, ammonire; 2ung *f* ammonizione *f*; avvertimento *m*.

ver'waschen *adj.* slavato; *fig.* vago, indistinto, confuso.

ver'wässern annacquare (*a. fig.*).

ver'weben intessere.

ver'wechsel|bar scambiabile; ~n scambiare, confondere; 2ung *f* equivoco *m*; scambio *m*, confusione *f*. [heit *f* temerarietà *f*.]

verwegen [-'ve:gən] temerario; 2-)

ver'wehen 1. *v/t.* disperdere (soffiando); *mit Schnee:* coprire (di); 2. *v/i.* dissiparsi; essere disperso.

ver'wehren impedire; (*verbieten*) proibire.

verweichlich|en [-'vaiçliçən] (25) effeminare; *Kinder:* viziare; 2ung *f* effeminatezza *f*; viziamento *m*.

ver'weiger|n rifiutare; 2ung *f* rifiuto *m*.

ver'weilen trattenersi; *zu lange:* indugiare (*bei dat.* su).

verweint [-'vaint] gonfio di lagrime; ~ *aussehen* avere gli occhi arrossati dal pianto.

Verweis [-'vais] *m* (4) ammonizione *f*; (*Tadel*) rimprovero *m*; rabbuffo *m*; (*Hinweis*) rinvio *m* (*auf ac.* a); 2en [-'-zən] ammonire; rimproverare; (*hinweisen*) rimandare; ~ *aus* espellere da; ~ *nach* (*auf ac.*) relegare in (a); *zur Ordnung* ~ richiamare all'ordine; ~ung *f* rinvio *m*; espulsione *f*; relegazione *f*.

ver'welken (*sn*) appassire.

verweltlich|en [-'vɛltliçən] (25) *Klöster:* secolarizzare; *Schulen:* laicizzare; 2ung *f* secolarizzazione *f*; laicizzazione *f*.

verwend|bar [-'vɛntba:r] adoperabile; utilizzabile; buono a; ~en [-'-dən] impiegare; (*gebrauchen*) adoperare; *Sorgfalt:* mettere; *Blick:* staccare; *sich* ~ adoperarsi (*für ac.* per); 2ung *f* impiego *m*; uso *m*; *für j-n:* buoni uffici *m/pl.*; *keine* ~ *haben für* non saper che fare di.

ver'werf|en rigettare; *j-n:* respingere; (*tadeln*) riprovare; (*ablehnen*) rifiutare; ~lich riprovevole; ₤₴ ricusabile; 2ung *f* reiezione *f*; rifiuto *m*; esclusione *f*.

ver'wert|bar utilizzabile; ~en utilizzare; ⊞ valorizzare; (*zu Geld machen*) † realizzare; 2ung *f* utilizzazione *f*; valorizzazione *f*; realizzazione *f*; *ich habe keine* ~ *dafür* non posso utilizzarlo.

verwesen [-'ve:zən] *v/i.* (27, *sn*) putrefarsi; decomporsi; 2ung *f* putrefazione *f*; decomposizione *f*.

Ver'weser *m* (7) amministratore *m*; (*Reichs*2) reggente *m*.

ver'wetten perdere in una scommessa.

ver'wick|eln imbrogliare; *j-n in et.:* implicare; *sich* ~ impigliarsi; ~elt complicato, imbrogliato; 2lung *f* complicazione *f*; *Lit.* intreccio *m*.

verwilder|n [-'vildərn] (29, *sn*) inselvatichire; *sittlich:* imbarbarire; ~t *Person:* trascurato, indisciplinato; *Feld:* abbandonato, incolto; 2ung *f* inselvatichimento *m*; imbarbarimento *m*.

ver'wind|en ⊕ torcere; *et.* ~ rimettersi da qc.; *Schmerzlichs:* consolarsi di; F *es* ~ *können* poterla mandar giù; 2ung *f* ⊕ torsione *f*.

ver'wirken *Strafe:* meritare; *Rechte:* perdere; *Leben:* meritare la (pena di) morte.

verwirklich|en [-'virkliçən] (25) effettuare, realizzare; 2ung *f* effettuazione *f*, realizzazione *f*.

verwirr|en [-'virən] (25) aggrovigliare; (*Unordnung bringen*) mettere in disordine; *j-n:* confondere; ~end sconcertante; ~t imbrogliato, confuso; ~ *machen* confondere, sconcertare; 2ung *f* groviglio *m*; disordine *m*; confusione *f*, sconcerto *m*, disorientamento *m*.

ver'wirtschaft|en dilapidare; 2ung *f* dilapidazione *f*.

ver'wischen cancellare.

ver'witter|n (*sn*) essere roso dal tempo; guastarsi (per l'azione dell'aria); 🜹 venire in efflorescenza; 2ung *f* guasti *m/pl.* provocati dal tempo; 🜹 efflorescenza *f*.

verwitwet [-'vitvət] vedovo, vedova.

verwöhn|en [-'vø:nən] (25) viziare; 2ung *f* viziamento *m*.

verworfen [-'vɔrfən] 1. *s. verwer-*

fen; **2.** *adj.* ab(b)ietto; **♀heit** *f* ab(b)iezione *f*.

verworren [-'vɔrən] *adj.* imbrogliato; *fig.* confuso; **♀heit** *f* confusione *f*.

verwundbar [-'vuntbɑːr] vulnerabile; **♀keit** *f* vulnerabilità *f*.

ver'wunden (26) ferire.

ver'wunder|lich strano; ~n stupire; meravigliarsi; *es ist nicht zu* ~ non c'è da meravigliarsi; **♀ung** *f* stupore *m*, meraviglia *f*; *in* ~ *setzen* fare stupire; *in* ~ *geraten* meravigliarsi. **Verwund|ete(r)** [-'vundətə(r)] *m* (18) ferito *m*; ~ung [-'-duŋ] *f* ferimento *m*; (*Wunde*) ferita *f*.

verwunschen [-'vunʃən] incantato, fatato.

ver'wünsch|en *v/t.* maledire; stregare; ~t maledetto; **♀ung** *f* imprecazione *f*, maledizione *f*.

verwurzel|n [-'vurtsəln] *v/i.* (29, sn) *fig.* radicarsi; ~t radicato.

verwüst|en [-'vyːstən] (26) devastare; **♀ung** *f* devastazione *f*.

verzag|en [-'tsaːgən] scoraggiarsi; ~t scoraggiato; (*kleinmütig*) pusillanime; **♀theit** *f* scoraggiamento *m*; pusillanimità *f*.

ver'zählen: *sich* ~ sbagliare contando.

ver'zahn|en ⊕ addentellare; **♀ung** *f* ⊕ ingranaggio *m*.

ver'zapfen *Getränke*: mescere (dal fusto); ⊕ imperniare; F *Unsinn* ~ dire delle sciocchezze.

verzärtel|n [-'tsɛːrtəln] (29) ammollire; *Kind*: viziare; **♀ung** *f* viziamento *m*.

ver'zauber|n incantare; ~ *in* (*ac.*) trasformare in; **♀ung** *f* incanto *m*; trasformazione *f*.

verzehnfachen [-'tseːnfaxən] (25) decuplicare.

Verzehr [-'tseːr] *m* (3, *o. pl.*) consumo *m*; **♀bar** consumabile; **♀en** consumare; (*essen*) mangiare; *sich* ~ *fig.* struggersi, rodersi; **♀end** *fig.* struggente; ardente; ~ung *f* consumazione *f*.

ver'zeichn|en notare; (*eintragen*) registrare; *besonders*: specificare; (*schlecht zeichnen*) disegnar male; *zum verzeichneten Kurs* al prezzo notato; **♀is** *n* (4¹) lista *f*; elenco *m*; *Bücher*: catalogo *m*; ⊞ indice *m* delle materie; ~ *der Vorlesungen* programma *m* delle lezioni.

ver'zeih|en perdonare; ~lich perdonabile; **♀ung** *f* perdono *m*; ~! scusi tanto!; *um* ~ *bitten* chiedere perdono.

ver'zerr|en contorcere; sfigurare; **♀ung** *f* contorcimento *m*; sfiguramento *m*.

verzettel|n [-'tsɛtəln] (29) sparpagliare; *sich* ~ perdersi in; **♀ung** *f* sparpagliamento *m*.

Verzicht [-'tsiçt] *m* (3) rinuncia *f*; *unter* ~ *auf* rinunciando a; **♀en** (26) rinunciare (*auf ac.* a); **~leistung** *f* rinuncia *f*.

verziehen [-'tsiːən] **1.** *v/t.* torcere; *keine Miene* ~ non batter ciglio; *Kinder*: viziare; **2.** *sich* ~ contrarsi; *Holz*: piegarsi, F (*schwinden*) dileguarsi; **3.** *v/i.* (sn) *abs.* cambiar casa; ~ *nach* andar a stabilirsi (*od.* a vivere) a; (*zögern*) tardare.

ver'zier|en ornare; **♀ung** *f* ornamento *m*.

verzink|en [-'tsiŋkən] (25) zincare; **♀ung** *f* zincatura *f*.

verzinn|en [-'tsinən] (25) stagnare; **♀ung** *f* stagnatura *f*.

verzins|en [-'tsinzən] (27): *et. mit* 5⁰/₀ pagare per qc. un interesse del 5⁰/₀; *sich mit* 5⁰/₀ ~ fruttare il 5⁰/₀; ~lich [-'-sliç] fruttifero, ad interesse; **♀ung** *f* reddito *m*; interessi *m/pl.*

ver'zöger|n ritardare; (*aufschieben*) differire; *sich* ~ tardare, andare per le lunghe; ~nd ritardativo; ritardante; ᵹ₣ᵹ dilatorio; **♀ung** *f* ritardo *m*, differimento *m*.

verzoll|bar [-'tsɔlbaːr] daziabile; soggetto a dazio; **~en** *v/t.* sdaziare; sdoganare; (*seitens des Staates*) gravare di dazio qc.; **♀ung** *f* sdaziamento *m*; sdoganamento *m*; *allg.* operazioni *f/pl.* doganali.

verzück|en [-'tsykən] (25) rapire (in estasi); **♀ung** *f* estasi *f*; *in* ~ *geraten* andare in estasi, estasiarsi.

ver'zuckern inzuccherare.

Verzug [-'tsuːk] *m* (3, *o. pl.*) indugio *m*; *im* ~ *sein* essere in mora; *Gefahr f im* ~ pericolo m in mora; **~szinsen** *pl.* interessi *m/pl.* di dilazione.

ver'zweif|eln disperare (*an dat.* di); *abs.* disperarsi; **♀lung** *f* disperazione *f*.

verzweig|en [-'tsvaɪɡən] (25): *sich* ~ ramificarsi; *weit verzweigt* diffusissimo; **♀ung** *f* ramificazione *f*.

verzwickt [-'tsvikt] complicato, intricato; **℞heit** f complicatezza f, intricatezza f.

Vesper ['fɛspər] f (15) vespro m; **∼brot** n merenda f; **℞n** (29) merendare; **∼stunde**, **∼zeit** f ora f del vespro (*od.* della merenda).

Vestibül [vɛsti'by:l] n (3¹) vestibolo m.

Veteran [vete'rɑ:n] m (12) veterano m.

Veterinär [veteri'nɛːr] m (3¹) veterinario m.

Veto ['ve:to:] n (11): *ein ∼ einlegen* porre il veto.

Vettel ['fɛtəl] f (15) donnaccia f, strega f.

Vetter ['fɛtər] m (7) cugino m; **℞lich** di (da) cugino; **∼wirtschaft** f nepotismo m; **∼schaft** f parentado m.

Vexier|bild [ve'ksi:rbilt] n rebus m, rompicapo m (illustrato); **∼schloß** n serratura a segreto; **∼spiegel** m specchio m magico.

Viadukt [via'dukt] m (3) viadotto m.

Vibr|ator [vi'brɑːtɔr] m (8¹) vibratore m; **℞ieren** vibrare; **℞ierend** vibrante, vibratorio.

vidimier|en [vidi'mi:rən] (25) vistare, vidimare; **℞ung** f autenticazione f, vidimazione f.

Vieh [fi:] n (3, o. pl.) bestiame m; (*Stück* n) ∼ capo m di bestiame; bestia f; *fig.* bruto m; **∼-ausstellung** f mostra f di bestiame; **∼bremse** f *Insekt*: tafano m; **∼dieb** m ladro m di bestiame; **∼diebstahl** m abigeato m; **∼futter** n foraggio m; **∼glocke** f campanaccio m; **∼handel** m commercio m del bestiame; **∼händler** m commerciante m di bestiame; **∼herde** f mandria f; **∼hirt** m mandriano m; **∼hof** m macello m pubblico; **℞isch** ['fi:iʃ] bestiale; **∼markt** m mercato m del bestiame; **∼seuche** f epizoozia f; **∼sperre** f divieto m d'importazione per bestiame; **∼sterben** n mortalità f tra il bestiame; **∼treiber** m mandriano m; **∼trieb** m pascolo m; **∼wagen** m vagone m da bestiame; **∼weide** f pascolo m; **∼zählung** f censimento m del bestiame; **∼zucht** f (**'∼züchter** m) allevamento m (allevatore m) di bestiame.

viel [fi:l] (*comp. mehr; sup. meist*) molto; tanto; *wie∼* quanto; *zu∼* troppo; *∼ zu∼* troppo davvero; *sehr ∼* moltissimo; *Vergnügen, Glück:*

grande; *et. zu ∼, ein bißchen ∼* un po' troppo; *das ∼e Geld* tutto questo denaro; *durch ∼es Arbeiten* a forza di lavorare; *die ∼en Menschen, die ...* il gran numero di persone che ...

viel|armig ['-ʔarmiç] a (con) molti bracci; **∼artig** ['-ʔaːrtiç] di molte specie; svariato; **∼bändig** ['-bɛndiç] in (di) molti volumi; **∼bedeutend** molto significativo; **∼beschäftigt** affaccendato; **∼besprochen** ['-bəʃprɔxən] di cui si è parlato molto; famoso; **∼deutig** ['-dɔrtiç] ambiguo; **℞deutigkeit** f ambiguità f; **℞eck** ['-ʔɛk] n (3) poligono m; **∼eckig** ['-ʔɛkiç] poligonale; **∼erlei**[1] ['-lərˈlai] ogni specie di; **℞er'lei**[2] n varietà f, numero m svariato; **℞esser** m mangione m; **℞esse'rei** f voracità f; **∼fach**, **∼fältig** ['-fax, '-fɛltiç] **1.** *adj.* multiplo; Å, ⊕ multiplo; **2.** *adv.* ripetutamente; **℞fältigkeit** f molteplicità f; **∼farbig** multicolore; **℞flächner** Å m poliedro m; **∼förmig** ['-fœrmiç] multiforme; **℞fraß** ['-fraːs] m (3²) mangione m; ghiottone m; **∼geliebt** ['-gəliːpt] amatissimo; **∼geprüft** ['-gəpryːft] duramente provato; **∼gereist** ['-gərarst] che ha molto viaggiato; **∼gestaltig** ['-gəʃtaltiç] multiforme; **∼gliedrig** ['-gliːdriç]: *∼e Größe* f polinomio m; **℞götterei** [-gœtəˈrai] f politeismo m; **℞heit** f pluralità f; (*Menge*) quantità f; **∼jährig** ['-jɛːriç] di molti anni; **∼köpfig** ['-kœpfiç] numeroso; **∼leicht** ['-laiçt] forse; *∼!* può darsi!; **∼malig** ['-maːliç] reiterato; **∼mals** ['-maːls] spesso; *danken, grüßen:* vivamente; **℞männerei** [-mɛnəˈrai] f poliandria f; **∼mehr** piuttosto, per contro; **∼sagend** espressivo; **∼saitig** ['-zartiç] ♪ a più corde; **∼seitig** ['-zartiç] multilaterale; *Geist:* versatile; *Bildung:* vasto; **℞seitigkeit** f multilateralità f; versatilità f; vastità f; **∼silbig** ['-zilbiç] polisillabo; **∼sprachig** ['-ʃpraːxiç] poliglotta; **∼stellig** ['-ʃtɛliç]: *∼e Zahl* f numero m di molte cifre; **∼stimmig** ['-ʃtimiç] a più voci; **∼verheißend**, **∼versprechend** molto promettente; **℞weiberei** [-varbəˈrai] f poligamia f; **℞wisser** ['-visər] m (7) erudito m; sputasentenze m; **℞zahl** f gran numero m, quantità f enorme.

vier [fiːr] **1.** *adj.* quattro; *auf allen*

~en carponi; *zu* ~en a (in) quattro;
je ~ *und* ~ a quattro a quattro; *alle*
~e von sich strecken buttarsi disteso;
2. ⚥ *f* (16) quattro *m*; ~**armig**
['-ˀarmiç] a quattro bracci; ~**beinig**
['-bainiç] a quattro gambe; ⚥**eck**
['-ˀɛk] *n* (3) quadrilatero *m*; *regel-
mäßiges*: quadrato *m*; '~**eckig** qua-
drangolare; quadrato; '⚥**er** *m* (7)
Sport: quattro *m*; *mit Steuermann*:
quattro *m* di punta con timoniere;
~**erlei** ['--'lai] di quattro specie; ~**-
fach** ['-fax] quadruplo; ⚥**farben-
druck** *m* quadricromia *f*; ⚥**flächner** Å ['-flɛçnər] *m* (7) tetraedro *m*;
~**flügelig** ['-fly:gəliç] a quattro ali;
⚥**füß(l)er** ['-fy:s(l)ər] *m* (7) quadru-
pede *m*; '⚥**gespann** *n* tiro *m* a quattro; *ehm.* quadriga *f*; '⚥**händer** *m*
quadrumane *m*; ~**händig** ['-hɛndiç]
a quattro mani; *Zo.* quadrumane.

'**vier**|'**hundert** quattrocento; ~**-
hundertste(r)** quattrocentesimo;
⚥**jahresplan** [-'jɑːrəsplaːn] *m* piano
m quadriennale; ~**jährig** di quattro
anni; ~**jährlich** quadriennale; ~**-
kantig** tetragono (*auch fig.*); ~**-
mächtekonferenz** *f* conferenza *f*
delle quattro potenze (*od.* a quattro); ~**mal** quattro volte; ~**malig**
ripetuto quattro volte; ~**motorig**
quadrimotore; ~**prozentig** al (*od.
del*) quattro percento; ⚥**rad-antrieb** *m* propulsione *f* a quattro
ruote; ⚥**radbremse** *f* freno *m* sulle
quattro ruote; ~**rädrig** ['-rɛːdriç]
a quattro ruote; ~**schrötig** ['-ʃrøː-
tiç] quartato; tarchiato; ~**seitig**
['-zaitiç] quadrilatero; ~**silbig** qua-
drisillabo; ⚥**silbner** *m* quadrisilla-
bo *m*; ~**sitzig** ['-zitsiç] a quattro
posti; ~**spaltig** a quattro colonne;
⚥**spänner** *m* tiro *m* a quattro; ~**-
spännig** ['-ʃpɛniç] a quattro cavalli;
~**stimmig** ['-ʃtimiç] a quattro voci;
~**stöckig** di quattro piani; ~**stündig** ['-ʃtyndiç] di quattro ore; ~**tägig** ['-tɛːgiç] di quattro giorni; ⚥**-
taktmotor** *m* motore *m* a quattro
tempi; ~**te** quarto; ~**tausend** quattromila; ~**te
quarto; *am* ~*n Juni* il quattro giugno;
~**teilen** ['-tailən] quadripartire;
töten: squartare; ~**teilig** ['-tailiç] di
(*od.* in) quattro parti.

Viertel ['firtəl] *n* (7) quarto *m*;
(*Stadt*⚥) quartiere *m*; *drei* ~ (*auf*)
fünf le quattro e tre quarti; ~ *nach
zehn* le dieci e un quarto; ~**jahr** *n*

trimestre *m*; ~**Jahrhundert**
[--jɑːˈrhundərt] *n* venticinque anni
m/pl.; ⚥**jährig** di tre mesi; ⚥**jährlich 1.** *adj.* trimestrale; **2.** *adv.* ogni
tre mesi; ⚥**n** (29) quadripartire; ~**-
note** ♪ *f* semiminima *f*; ~**stunde** *f*
quarto *m* d'ora; ⚥'**stündlich** ogni
quarto d'ora; ~**takt** *m* quarto *m* di
battuta.

viertens ['fiːrtəns] in quarto luogo.
Vierung ['fiːruŋ] *f* quadratura *f*.
vier|**zehn** ['firtseːn] quattordici; ~
Tage m/pl. quindici giorni *m/pl.*; ~**-
zehntägig** quindicinale; ~**zehn-
te(r)** quattordicesimo; decimo
quarto; ~**zeilig** ['fiːrtsailiç] di quattro righe.

vierzig ['firtsiç] quaranta; ⚥**er(in** *f*)
m (7) quarantenne; quadragenario (-a)
m (*f*); *in den* ~*n* sulla quarantina; *in
den* ⚥ *Jahren* fra il 1940 e il 1950;
~**jährig** quarantenne; ~**ste(r)** qua-
rantesimo; ⚥**stel** ['--stəl] *n* (7) qua-
rantesimo *m*; ~**tägig** di quaranta
giorni.

Vignette [vinˈjɛtə] *f* (15) vignetta *f*.
Vikar [viˈkaːr] *m* (3¹) vicario *m*; ~**iat**
[--rˈjaːt] *n* (3) vicariato *m*.
Vill|**a** ['vila] *f* (16²) villa *f*; ~**enkolo-
nie** *f*, ~**enviertel** *n* zona *f* residenziale; città *f* giardino.

violett [vioˈlɛt] violetto.
Violin|**e** [--ˈliːnə] *f* (15) violino *m*;
~'**ist(in** *f*) *m* violinista *m u. f.*; ~**hals**
m manico *m* del violino; ~**kasten**
m cassa *f* del violino; ~**schlüssel** *m*
chiave *f* di violino; ~**spieler(in** *f*) *m*
violinista *m u. f.*

Violoncell|**o** (3¹) *u.* ~**o** [--lɔnˈtʃɛlo] *n*
(11, *pl. a.* -lli) violoncello *m*; ~'**ist**
(**-in** *f*) *m* violoncellista *m u. f.*

Viper ['viːpər] *f* (15) vipera *f*.
virtuell [virtuˈɛl] virtuale.
virtuos [virtuˈoːs] virtuoso; ⚥**e**
[--'oːzə] *m* (13) virtuoso *m*; ⚥**ität**
[--oziˈtɛːt] *f* virtuosità *f*, virtuosismo
m.

viru|**lent** [viruˈlɛnt] virulento; ⚥**-
lenz** *f* virulenza *f*.
Virus ['viːrus] *n, m* (16²) virus *m*.
vis-à-vis [vizaˈviː] *uv.* **1.** di faccia,
dirimpetto; **2.** ⚥ *n* dirimpettaio *m*.
Visier [viˈziːr] *n* (3¹) visiera *f*; *am
Gewehr*: mira *f*; ⚥**en 1.** *v/t. Paß*:
vistare; (*messen*) misurare; ⚓ stazzare; **2.** *v/i.* mirare; ~**korn** *n* mirino
m.

Vision [viz'jo:n] *f* visione *f*; 2'**är**
visionario *m*.
Visite [-'zi:tə] *f* (15) visita *f*; ~n-
karte *f* biglietto *m* di visita.
visuell [vizu'ɛl] visuale.
Visum ['vi:zum] *n* (9²) visto *m*; *mit
dem* ~ *versehen* vistare.
vital [vi'ta:l] vitale; 2i'**tät** *f* vitalità *f*.
Vitamin [vita'mi:n] *n* (3¹) vitamina
f; ~**mangel** *m* avitaminosi *f*; 2-
reich ricco di vitamine.
Vitrine [vi'tri:nə] *f* (15) vetrina *f*.
Vitriol [-tri'o:l] *n* (3¹) vetriolo *m*.
vivat ['vi:vat] **1.** ~! evviva!; **2.** 2 *n*
(11) evviva *m*.
Vivisektion [vivizɛkts'jo:n] *f* vivise-
zione *f*.
Vize... ['fi:tsə...]: *in Zssgn* vice...;
~**kanzler** *m* vicecancelliere *m*.
Vlies [fli:s] *n* (4) vello *m*; *(das Goldene* ~*)* tosone *m*, vello d'oro.
Vogel ['fo:gəl] *m* (7¹) uccello *m*; *fig.
lustiger* ~ buontempone *m*; *F einen* ~
haben essere un po' matto; *den* ~
abschießen fare centro; ~**bauer** *n
od. m* gabbia *f*; ~**beerbaum** *m* sorbo *m* selvatico; ~**beere** *f* sorba *f*;
~**deuter** [-'dɔɪrtər] *m* (7) augure *m*;
~**deute'rei** *f* scienza *f* degli auguri,
divinazione *f*; ~**dunst** *m* migliarola
f; ~**fang** *m* uccellagione *f*; ~**fänger**
['--fɛŋər] *m* (7) uccellatore *m*; 2**frei**
fuori della legge; ~**freie(r)** *m* fuori-
legge *m*; ~**futter** *n* becchime *m*; ~
haus *n* uccelliera *f*; ~**herd** *m* paretaio *m*; ~**kirsche** *f* visciola *f*; ~**kunde** *f* ornitologia *f*; ~**kundige(r)** *m*
ornitologo *m*; ~**leim** *m* pania *f*; ~
miere ♀ *f* stellaria *f*; ~**näpfchen** *n
für Futter:* beccatoio *m*; *für Trinken:* beverino *m*; ~**nest** *n* nido *m*
d'uccelli; ~**netz** *n* rete *f* per gli uccelli; ~**perspektive** *f: aus der* ~ *a
vista d'uccello*; ~**pfeife** *f* pispola *f*;
~**schau** *f s. Vogelperspektive*; ~
scheuche *f* spauracchio *m*; ~**schießen** *n* tiro *m* all'uccello; ~**steller**
['--ʃtɛlər] *m* (7) uccellatore *m*; ~
-'**Strauß-Politik** *f* politica *f* dello
struzzo; ~**strich** *m* passo *m* degli
uccelli; ~**warte** *f* stazione *f* ornito-
logica; ~**wiese** *f* campo *m* della fiera;
~**züchter** *m* avicultore *m*; ~**zucht** *f*
avicultura *f*; ~**zug** *m* passo *m* degli
uccelli.
Vogt [fo:kt] *m* (3³) podestà *m*; *(Richter)* giudice *m*; *eines Schlosses:* ca-

stellano *m*; *(Verwalter)* intendente
m; *(Polizei2)* guardia *f*.
Vokabel [vo'ka:bəl] *f* (15) vocabolo
m.
Vokal [vo'ka:l] *m* (3¹) vocale *f*;
2**isch** vocalico; 2i'**sieren** vocalizza-
re; ~i'**sierung** *f* vocalizzazione *f*;
~**konzert** *n* concerto *m* vocale.
Volant [-'lɑ̃] *m* (11) volante *f*.
Volk [fɔlk] *n* (1²) popolo *m*; nazione
f; *(Pöbel)* volgo *m*; plebe *f*.
Völker|beschreibung ['fœlkərbə-
ʃraibuŋ] *f* etnologia *f*, etnografia *f*;
~**bund** *m* Società *f* delle Nazioni;
~**friede** *m* pace *f* internazionale; ~
kunde *f* etnologia *f*; 2**kundlich**
etnologico; ~**recht** *n* diritto *n* internazionale; 2**rechtlich** del *(od.
secondo il)* diritto delle genti; ~
schaft *f* popolazione *f*; ~**verstän-
digung** *f* intesa *f* fra i popoli; ~
wanderung *f* migrazione *f* dei popoli; *als histor. Ereignis:* invasione *f*
dei barbari.
völkisch ['fœlkiʃ] nazionale; etnico;
razzista.
volkreich ['fɔlkraiç] popoloso.
Volks... ['fɔlks...]: *in Zssgn* del popolo; *(für das Volk, dem Volke ange-
hörig, im Volke verbreitet)* popolare;
~**abstimmung** *f* referendum *m*,
plebiscito *m*; ~**aktie** *f* azione *f* popolare; ~**aufstand** *m* insurrezione
f (del popolo); ~**aufwiegler** *m* de-
magogo *m*, aizzatore *m*; ~**ausgabe**
f edizione *f* popolare; ~**bank** *f*
banca *f* popolare; ~**befragung** *f*
referendum *m* popolare; ~**begehren** *n* domanda *f* di plebiscito; ~
beschluß *m* plebiscito *m*; ~**bibliothek** *f* biblioteca *f* popolare; ~**bildung** *f* istruzione *f* pubblica; ~**bil-
dungswerk** *n* opera *f* per la cultura
popolare; ~**charakter** *m* carattere
m nazionale; ~**demokratie** *f* democrazia *f* popolare; ~**dichter** *m* poeta
m popolare; ~**entscheid** *m* plebiscito *m*; ~**epos** *n* epopea *f* nazionale; ~**fest** *n* festa *f* popolare; ~
freund *m* amico *m* del popolo; ~
front *f* fronte *m* popolare; ~**führung** *f* governo *m* (*od.* reggimento
m) del popolo; ~**gemeinschaft** *f*
comunanza *f* (*od.* collettività *f*) del
popolo, compagine *f* popolare; ~
genosse *m* connazionale *m*; ~**gesundheit** *f* sanità *f* pubblica; ~**ge-
sundheitspflege** *f* igiene *f* pubbli-

V

ca; ~**gunst** f aura f popolare; ~**haufe(n)** m turba f di popolo, folla f; ~**heer** n milizia f; ~**herrschaft** f democrazia f; ~**hochschule** f università f popolare; ~**küche** f cucina f economica; ~**kunde** f etnologia f; 2**kundlich** folcloristico; ~**kunst** f arte f popolare; ~**lied** n canzone f popolare; ~**mann** m popolano m; ~**meinung** f opinione f pubblica; ~**mund** m: im ~ nel linguaggio popolare; ~**partei** f partito m popolare; ~**redner** m tribuno m; ~**republik** f repubblica f popolare; ~**schädling** m elemento m nocivo alla nazione; ~**schicht** f classe f sociale; ~**schule** f scuola f elementare; ~**schullehrer** m maestro m elementare; ~**schulwesen** n istruzione f primaria; ~**sprache** f linguaggio m popolare; ~**staat** m stato m fondato sul popolo, stato m nazionale; ~**stamm** m tribù f; ~**sterben** n mortalità f, graduale spopolamento m; ~**stimmung** f opinione f pubblica; ~**tanz** m danza f popolare; ~**tracht** f costume m nazionale; ~**tum** n nazionalità f; tradizioni f/pl. popolari; 2**tümlich** ['-ty:mliç] popolare; ~**tümlichkeit** f popolarità f; ~**vermögen** n patrimonio m nazionale; ~**versammlung** f manifestazione f pubblica; ~**vertreter** m rappresentante m del popolo; ~**vertretung** f rappresentanza f nazionale; ~**weise** f melodia f popolare; ~**wirt** m economista m; ~**wirtschaft** f economia f politica; 2**wirtschaftlich** economico; ~**wohl** n bene(ssere) m pubblico; ~**zählung** f censimento m.

voll [fɔl] pieno (a. fig.); (ganz) intero, totale, completo; (bis oben ~) colmo; P (betrunken) ubriaco, F sbronzo; Segel: gonfio; ~ und ganz pienamente, totalmente; ~ werden riempirsi; mit ~em Recht a buon diritto; eine ~e Woche una settimana intera; die ganze Stadt ist ~ davon tutta la città ne parla; F j-n nicht für ~ nehmen non prendere sul serio qu.; aus ~em Herzen di tutto cuore; aus ~er Kehle a squarciagola; in ~en Zügen a grandi sorsi; in ~em Lauf in piena corsa; in ~em Ernst con tutta serietà; aus dem ~en wirtschaften non esser molto economo.

Voll|aktie ['fɔl'?aktsjə] ✝ f azione f libera; 2**-auf** in abbondanza; ~**bad**

n bagno m in vasca; ~**bart** m barba f piena; 2**berechtigt** che ha tutti i diritti; ~**beschäftigung** f piena occupazione f; ~**besitz** m pieno possesso m; ~**blut** n puro sangue m; 2**blütig** ['-bly:tiç] di puro sangue; pletorico; ~**blütigkeit** f pletora f; ~**bringen** compiere; ✝✝ perpetrare; ~'**bringer** m compitore m; esecutore m; ~'**bringung** f compimento m, esecuzione f; 2**brüstig** dal seno colmo; ~**bürger** m cittadino m avente tutti i diritti civili e politici; 2**bürtig** germano; ~**bürtigkeit** f discendenza f dagli stessi genitori; ~**dampf** m: mit ~ a tutto vapore; ~**druck** m piena pressione f; 2-'**enden** terminare; compiere; 2-'**endet** terminato; (vollkommen) perfetto; ~e Tatsache f fatto m compiuto; 2**ends** ['-lɛnts] interamente, specialmente; ~'**endung** f compimento m; perfezionamento m.

Völlerei [fœlə'raɪ] f (16) crapula f.
voll|fressen ['fɔlfrɛsən]: sich ~ rimpinzarsi; ~'**führen** eseguire; ~'**füllen** colmare; 2**gas** n: ~ geben Auto: spingere il motore a tutta velocità; mit ~ a tutto gas; 2**gefühl** n pienezza f del cuore; im ~ seiner Würde nella piena coscienza della sua dignità; '2**gehalt** m buona lega f; '2**genuß** m pieno godimento m; ~**gepfropft**, ~**gestopft** ['--pfropft, '--ʃtopft] pieno zeppo (mit dat. di); '2**gewalt** f potere m assoluto; '2**gewicht** n peso m giusto; buon peso m; '~**gültig** pienamente valido; '2**gummireifen** m ruota f di gomma piena.

völlig ['fœliç] interamente, completamente.
voll|inhaltlich ['fɔl?inhaltliç] completamente, in tutto il suo contenuto; ~**jährig** maggiorenne; 2**jährigkeit** f età f maggiore; ~'**kommen** perfetto; 2'**kommenheit** f perfezione f; '2**kornbrot** n pane m integrale, pane m di tutto grano; ~**kraft** f vigore m; ~**(l)aufen** (vollaufen) (sn) riempirsi; ~**machen** colmare; e-e Summe ~ arrotondare una cifra; 2**macht** f pieni poteri m/pl.; ✝✝ ✝ procura f; 2**machtgeber** ['-maxtge:bər] m mandante m; 2**kommenheit** ['-maxttrɛ:gər] m mandatario m; 2**milch** f latte m intero; 2**mond** m luna f piena, ple-

nilunio *m*; ♀**pension** *f* pensione *f* completa; ♀**pfropfen** stipare; *den Magen*: rimpinzare; **~saufen** P: *sich* ~ ubbriacarsi; **~schlagen**: *sich den Magen* ~ mangiare a crepapelle; **~schlank** corpacciuto; ♀**sitzung** *f* seduta *f* plenaria; ♀**spur** *f* scartamento *m* normale; **~ständig** completo; ~ *machen* completare; ♀**ständigkeit** *f* completezza *f*; integralità *f*; **~stopfen** *s.* vollpfropfen; **~'streckbar** eseguibile; (*Urteil*) esecutorio; ♀'**streckbarkeit** *f* esecutorietà *f*; **~'strecken** eseguire, dar esecuzione a; ♀'**strecker** *m* esecutore *m*; ♀'**streckung** *f* esecuzione *f*; ♀'**streckungsbeamte(r)** *m* esecutore *m*; ♀'**streckungsbefehl** *m* esecutoria *f*; **~tönend** sonoro; ♀**treffer** *m* colpo *m* in pieno; ♀**versammlung** *f* seduta *f* plenaria; ♀**waise** *f* orfano *m* di padre e madre; **~wertig** ['~ve:rtiç] che ha pieno valore; **~zählig** ['~tse:liç] completo; *Sitzung*: in numero; ♀**zähligkeit** *f* numero *m* legale; **~'ziehen** eseguire; *Vertrag*: ratificare; *Ehe*: celebrare; **~'ziehend** esecutivo; **~e** *Gewalt f* potere *m* esecutivo; ♀'**zieher** *m* esecutore *m*; ♀'**ziehung** *f*, ♀'**zug** *m* esecuzione *f*.

Volontär [volɔn'tɛ:r] *m* (3¹) volontario *m*.

Volt [vɔlt] *n* (3 *u. uv.*) volta *m*; ♀**aisch** ['~ta:iʃ] voltaico; **~a'meter** *n* voltametro *m*.

Volt|e ['vɔltə] *f*(15) volta *f*; caracollo *m*; ♀**igieren** [--'ʒi:rən] volteggiare. '**Voltzahl** *f* voltaggio *m*.

Volumen [vo'lu:mən] *n* (6; *pl. a. -mina*) volume *m*; capacità *f*.

vom [fɔm] = *von dem.*

von [fɔn] *prp.* **1.** di; *Bürgermeister* ~ *Rom* sindaco *m* di Roma; *e-r* ~ *uns* uno di noi; ~ *wem sprechen Sie?* di chi parla?; *der größte* ~ *allen* il più grande di tutti; *ein Kind* ~ *drei Jahren* un bambino di tre anni; **2.** da (*passiv, Trennung*); ~ *allen gelobt* lodato da tutti; *ich komme* ~ *zu Hause* vengo da casa; ~ *wem haben Sie es erhalten?* da chi lo ha ricevuto?; *was wollen Sie* ~ *mir?* che vuole da me?; ~ *außen* dal di fuori; ~ *innen* dal di dentro; ~ *den Alpen bis ...* dalle Alpi sino a ...; **3.** (*mit adv. od. prp.*) ~ *heute an* da oggi in poi; ~ *wo*

di dove; ~ *dort* di là; **4.** *weitere Fälle*: *ein Freund* ~ *mir* un mio amico; ~ *Gottes Gnaden* per grazia di Dio; *grüßen Sie ihn* ~ *mir* lo saluti da parte mia; *es war ein Fehler* ~ *Ihnen* fu uno sbaglio da parte Sua; *das ist nicht schön* ~ *Ihnen* non è bello da parte Sua; **~ei'nander** uno dell'altro (*od.* dall'altro); **~nöten** [-'nø:tən] necessario; **~statten** [-'ʃtatən]: ~ *gehen* aver luogo; andare avanti.

vor [fo:r] (*mit dat. od. mit ac.*) **1.** *räumlich*: ~ *dem Hause*, ~ *das Haus* davanti alla casa; ~ *allen* davanti a tutti; **2.** *zeitlich*: ~ *drei Uhr* prima delle tre; ~ *drei Stunden* tre ore fa; ~ *acht Tagen* otto giorni fa; **3.** *angesichts*: davanti a; al cospetto di; ~ *der ganzen Welt* davanti a tutto il mondo; ~ *Gott* al cospetto di Dio; **4.** *Ursache*: di, da; ~ *Hunger sterben* morire di (dalla) fame; ~ *Freude* di (dalla) gioia; **5.** *besondere Fälle*: *sich* ~ *et.* hüten guardarsi da qc.; *Achtung* ~ *j-m haben* aver rispetto per (di) qu.; *j-n* ~ *die Tür setzen* mettere qu. alla porta; *den Vorrang* ~ *j-m haben* avere la precedenza su qu.; ~ *Gericht* in tribunale; *es liegt dir* ~ *der Nase* l'hai sotto il naso; ~ *et. schützen* proteggere contro qc.

Vor|abend ['fo:r'ʔa:bənt] *m* vigilia *f*; *am* ~ *von* alla vigilia di; **~ahnung** *f* presentimento *m*; **~alarm** *m* preallarme *m*.

voran [fo:'ran] avanti; **~eilen** (*sn*) correre avanti; **~gehen** (*sn*) andare avanti; avere la precedenza; *mit gutem Beispiel* ~ dare il buon esempio; **~kommen** (*sn*) andare avanti, procedere; **~lassen** lasciar passare.

Voranmeldung ['fo:r'ʔanmɛlduŋ] *f* *Fernspr.* preavviso *m*.

voranschicken [fo:'ranʃikən] mandare avanti.

Voranschlag ['fo:r'ʔanʃla:k] *m* (3³) preventivo *m*.

voran|schreiten [-'ranʃraitən] marciare alla testa di; **~stellen** anteporre; (*vorweg bemerken*) anticipare; **~treiben** incentivare.

Voranzeige ['fo:r'ʔantsaigə] *f* preavviso *m*.

Vorarbeit ['-'ʔarbait] *f* lavoro *m* preparatorio; ♀**en** preparare un lavoro; *fig.* preparare il campo; **~er** *m* primo lavorante *m*.

voraus [-'raus] avanti; *s-m Alter* ~ *sein* essere precoce; *er hat viel vor mir* ~ mi supera (*od.* è superiore di me) in molte cose; *im* ~ ['--] anticipatamente, in anticipazione; *vielen Dank im* ~ tanti ringraziamenti in anticipo; **~ahnen** presentire; **~bedingen** stipulare anticipatamente; **~bestellen** ordinare prima; prenotare; far riservare; **2bestellung** *f* ordinazione *f* anteriore (*od.* anticipata); prenotazione *f*; **~bestimmen** predestinare; **2bestimmung** *f* predestinazione *f*; **~bezahlen** pagare anticipatamente; **2bezahlung** *f* pagamento *m* anticipato; **~datieren** antidatare; **~eilen** (*sn*) correre avanti; **~gehen** (*sn*) andare avanti; *fig.* precedere; **~gesetzt:** ~, *daß* supposto che; alla condizione che; **2nahme** *f* anticipazione *f*; **2sage** *f* predizione *f*; **🌠** pronostico *m*; **~sagen** predire; **~schicken** mandare avanti; *fig.* premettere; **~sehen** prevedere; **~setzen** (pre-) supporre; **2setzung** *f* presupposto *m*, premessa *f*; (*Bedingung*) condizione *f*; **2sicht** *f* previsione *f*; **~sichtlich** probabile, presumibile; **~zahlen** pagare in anticipo; **2zahlung** *f* pagamento *m* anticipato.

Vorbau △ ['fo:rbau] *m* aggetto *m*; **2en** fabbricare davanti; *fig.* ovviare; prendere misure di precauzione.

Vorbe|dacht ['-bədaxt] *m* premeditazione *f*; *mit* ~ di proposito; **~deutung** *f* presagio *m*.

'**Vorbedingung** *f* condizione *f* preliminare, premessa *f*.

Vorbehalt ['-bəhalt] *m* (3) riserva *f*; **2en** riservare; *Irrtum* ~ ✝ salvo errore o omissione; **2lich** (*gen.*) salvo (*ac.*); ~ *des Eingangs* salvo incasso; **2los** senza riserva.

vorbei [fo:r'bai] *örtlich:* davanti (*an dat.* a); *zeitlich:* passato; *es ist sechs Uhr* ~ sono le sei passate; ~ *sein* esser finita (*mit j-m* per qu.); *ich komme morgen nochmals* ~ ripasso domani; **~fahren, ~gehen, ~kommen, ~ziehen** passare (*an dat.* davanti a); **~lassen** lasciar passare; **~marsch** *m* sfilata *f*; **~marschieren** sfilare (*vor dat.* davanti a); **~reden:** *aneinander* ~ parlare senza intendersi.

Vorbemerkung ['fo:rbəmerkuŋ] *f* avvertenza *f*; *Lit.* proemio *m*.

vorbenannt ['-bənant] suddetto.

'**Vorberatung** *f* discussione *f* preparatoria.

'**vorbereit|en** preparare; **~end** preparatorio; **2ung** *f* preparativo *m*; preparazione *f*; **2ungsschule** *f* scuola *f* preparatoria.

'**Vorberge** *m/pl.* promontori *m/pl.*, contrafforti *m/pl.*

'**Vorbericht** *m* relazione *f* provvisoria; (*Vorwort*) proemio *m*.

'**Vorbescheid** *m* avviso *m* provvisorio.

'**Vorbesprechung** *f* colloquio *m* (*od.* discussione *f*) preliminare.

'**vorbestell|en** prenotare; farsi riservare; **2ung** *f* prenotazione *f*.

vorbestraft, **2e(r)** *m* (18) pregiudicato (*m*).

vorbeug|en 1. *v/i.* (*dat.*) prevenire; **2.** *v/t.* piegare (chinare) avanti; **~end**, **2ungs...** preventivo; profilattico; **2ung** *f* prevenzione *f*; **🌠** profilassi *f*; **2ungsmaßnahmen** *f/pl.* misure *f/pl.* preventive; **2ungsmittel** *n* preventivo *m*; **🌠** profilattico *m*.

'**Vorbild** *n* modello *m*; esempio *m*; ideale *m*; (*Urbild*) prototipo *m*; **2en** preparare; **2lich** esemplare; tipico; **~ung** *f* istruzione *f* preparatoria; preparazione *f*.

'**vor|binden** legare davanti; *Schürze:* mettere; **2bote** *m* precursore *m*; (*Vorzeichen*) prodromo *m*; **~bringen** produrre; *Meinungen:* manifestare; *Vorschläge:* avanzare; *Worte:* proferire; **~buchstabieren** compitare, sillabare; **2bühne** *f* proscenio *m*; **~christlich** precristiano; **2dach** *n* pensilina *f*; **~datieren** antidatare; **~dem** per l'addietro.

vorder ['fordər] *f* davanti; anteriore; *der* ~*ste* il più avanti; *in Zssgn oft:* anteriore; **2-achse** *f* asse *f* anteriore; **2-ansicht** *f* facciata *f*; **2-arm** *m* avambraccio *m*; **2bein** *n* gamba *f* anteriore; **2deck** ⬧ *n* castello *m* di prua; **2fläche** ⚞ *f* superficie *f* (*od.* ala *f*) anteriore; **2grund** *m* primo piano *m*; *in den* ~ *treten* salire in primo piano; **~hand** ['--hant] per intanto; provvisoriamente; **2haus** *n* parte *f* anteriore della casa; **2lader** ['--la:dər] *m* (7) fucile *m* ad avancarica; **~lastig** ['--lastiç] sovraccarico di testa (⬧ di prua); **2mann** *m* ⚔ capofila *m*; **2rad**

n ruota *f* anteriore; ␧**rad-antrieb** *m* trasmissione *f* sulle ruote anteriori; ␧**reihe** *f* prima fila *f*; ␧**satz** *m* *Gram.* protasi *f*; ␧**schiff** *n* prua *f*; ␧**seite** *f* parte *f* anteriore; △ facciata *f*; ␧**sitz** *m* posto *m* davanti; **st:** *der* ~ e il più avanzato; il primo; ␧**teil** *n* parte *f* anteriore; ⚓ prua *f*; ␧**tür** *f* porta *f* d'entrata; ␧**wohnung** *f* piano *m* esterno; ␧**zahn** *m* dente *m* incisivo; ␧**zimmer** *n* camera *f* esterna (*od.* sul davanti).

vor|drängen ['foːrdrɛŋən] spingere avanti; *sich* ~ farsi innanzi; **dringen 1.** (*sn*) avanzare, andare innanzi; **2.** ␧**dringen** *n* (*6*) avanzata *f*; ~**dringlich** impellente, urgente; ␧**druck** *m* modulo *m*, stampato *m*; ~**ehelich** prematrimoniale.

vor-eilig precipitato; *Person:* precipitoso; ␧**keit** *f* precipitazione *f*.

vor-eingenommen prevenuto (*für ac.* in favore di; *gegen* contro); ␧**heit** *f* prevenzione *f*.

vor-empfind|en presentire; ␧**ung** *f* presentimento *m*.

vor|-enthalten: *j-m* et. ~ ritenere (ingiustamente) qc. a qu.; (*verheimlichen*) nascondere qc. a qu.; ␧**enthaltung** *f* ritenzione *f*, occultazione *f*; ␧**-entscheidung** *f* decisione *f* preliminare.

vorerst ['foːr'?eːrst] dapprima.

vorerwähnt ['-?ɛrvɛːnt] summenzionato.

Vorfahr ['-faːr] *m* (*12*) antenato *m*.

vorfahr|en (*sn*) precedere; *bei j-m* ~ passare davanti alla casa di qu., fermarsi davanti a qu.; ␧**t** *f* precedenza *f*; ␧**tsrecht** *n* diritto *m* di precedenza (*od.* di passaggio).

Vorfall *m* accaduto *m*; (*Ereignis*) avvenimento *m*; ⚕ prolasso *m*; ␧**en** (*sn*) accadere, succedere.

Vor|feier *f* festa *f* preliminare; vigilia *f*; ␧**finden** trovare; ~**frage** *f* domanda *f* preliminare; ⚖ questione *f* pregiudiziale; ~**freude** *f* piacere *m* anticipato; ~**friede** *m* pace *f* preliminare; ~**frühling** *m* principio *m* di primavera, inizio *m* della primavera; ␧**fühlen** sondare il terreno.

Vorführ|dame ['foːrfyːrdaːmə] *f* manichino *m*; modella *f*; ␧**en** condurre davanti a; (*zur Schau*) presentare; *Papiere:* produrre; *Gründe, Beweise:* addurre, allegare; *Film:*

proiettare; *Thea.* rappresentare; ~**er** *m* (*7*) *Film:* operatore *m*; ~**raum** *m* cabina *f* di proiezione; ~**ung** *f* esibizione *f*, presentazione *f*; dimostrazione *f*; produzione *f*; *Thea.* rappresentazione *f*; *Sport:* manifestazione *f*; *Film:* proiezione *f*.

Vor|gabe *f* vantaggio *m*; ~**gang** *m* svolgimento *m*; caso *m*; (*Präzedenzfall*) precedente *m*; (*Beispiel*) esempio *m*; (*Ereignis*) evento *m*; (*Zwischenfall*) incidente *m*; ⊕ procedimento *m*; ⚛ u. ⚙ processo *m*; (*Akten*␧) espediente *m*; ~**gänger** ['-gɛŋər] *m* (*7*) predecessore *m*; ~**garten** *m* giardinetto *m* sul davanti; ␧**gaukeln** fingere, simulare; ␧**geben** sostenere, pretendere; *fälschlich:* dare ad intendere; *Spiel:* dare di vantaggio; ~**gebirge** *n* promontorio *m*; ␧**geblich** ['-geːplɪç] preteso; *adv.* a quanto si dice; ␧**gefaßt** preconcetto; ~**gefecht** *n* avvisaglia *f*; ~**gefühl** *n* presentimento *m*.

vorgehen 1. *v/i.* (*sn*) andare avanti; *fig.* avere la precedenza; *mit et.:* procedere; (*sich ereignen*) accadere; **2.** ␧ *n* (*6*) modo *m* di procedere.

Vorge|lände ✕ *n* avanterreno *m*; ␧**nannt** sopraddetto; ~**richt** *n* antipasto *m*; ␧**rückt** ['--rʏkt] *Alter:* avanzato; *zu* ~**er** *Stunde* a notte tarda; ~**schichte** *f* antefatto *m*; preistoria *f*; ␧**schichtlich** preistorico; ~**schmack** *m* gusto *m* anticipato; idea *f*; ␧**sehen** previsto; *Einrichtung:* apposito; ~**setzte(r)** ['--zɛtsə(r)] *m* (*18*) superiore *m*; ~**spräche** *n/pl.* colloqui *m/pl.* preliminari.

vorgestern ieri l'altro; ~**rig** dell'altro ieri.

vor|greifen anticipare; *Fragen, Rechten:* pregiudicare; ␧**griff** *m* anticipazione *f* (*auf ac.* su); ~**haben** avere davanti a sé; *fig.* meditare; (*planen*) progettare, intendere; *Böses:* tramare; *große Dinge:* aver per la testa; *eine Arbeit:* essere intorno a; *was haben Sie für heute vor?* che progetti ha per oggi?; ␧**haben** *n* (*6*) intenzione *f*; progetto *m*; ~**hafen** *m* avamporto *m*; ␧**halle** *f* atrio *m*; (*Säulen*␧) portico *m*.

vorhalt|en 1. *v/t.* tenere davanti; (*vorwerfen*) rinfacciare; **2.** *v/i.* bastare; (*dauern*) durare; ␧**ung** *f* rimostranza *f*, rimproveri *m/pl.*

'**Vorhand** f *Spiel*: mano f.
vorhanden [-'handən] esistente; ~
sein esserci; esistere; ℒsein n esistenza f.
Vorhandschlag ['-hantʃlɑ:k] m
Tennis: colpo m diritto.
'**Vorhang** m (*Bett*ℒ) cortina f; (*Fensterℒ*) tenda f; *Thea.* sipario m;
Eiserner ~ Cortina f di Ferro.
'**vorhänge|n** mettere davanti; ℒ-
schloß n lucchetto m.
'**Vor|haut** f prepuzio m; ~**hemd** n
sparato m.
vorher ['-'he:r] prima; (*im voraus*)
in anticipo.
vor'her|bestehen (sn) preesistere;
~bestellen ordinare prima; ~be-
stimmen prestabilire; *von Gott,
Schicksal usw.*: predestinare; ℒbe-
stimmung f predisposizione f;
predestinazione f.
'**Vorherbst** m principio m d'autunno.
vor'her|-empfinden presentire; ~
gehen (sn) precedere; ~**gehend**
precedente, antecedente, anteriore;
~**ig** precedente.
'**Vorherrschaft** f predominio m;
supremazia f; egemonia f; ℒen v/i.
predominare; *fig. a.* prevalere;
ℒend predominante.
vor'her|sagen predire; ℒsagung f
predizione f; ~**sehen** prevedere; ~
verkündigen preannunciare; ℒ-
verkündigung f preannuncio m;
~**wissen** sapere in precedenza; F
immaginarsi.
'**vor|heucheln** simulare, fingere; ~
heulen lamentarsi davanti a.
vorhin [-'hin] or ora, poco fa.
vorhinein ['fo:rhinaɪn]: *im* ~ fin dal
principio; in anticipo; già prima.
'**Vor|hof** m vestibolo m; ~**hölle** f
limbo m, antinferno m; ~**hut** ⚔ f
avanguardia f.
'**vor|ig** precedente; *Jahr*: passato;
scorso; ~**es Mal** l'altra volta, la volta
scorsa (*od.* passata); *die* ℒ*en pl.*
Thea. detti m/pl.; ℒ-**instanz** f prima
istanza f; ℒ**jahr** n anno m precedente; *im* ~ l'anno scorso; ~**jährig**
['-jɛ:rıç] dell'anno scorso.
'**Vor|kammer** f anticamera f; *des
Herzens*: auricola f; ~**kämpfer** m
campione m; protagonista m; ℒ-
kauen masticare prima; *fig.* spiegare cento volte; ~**kauf** m accaparramento m; preacquisto m; ~**kaufs-**

'**recht** n diritto m di prelazione; ~
kehrung ['-ke:ruŋ] f disposizione f,
misura f; ~**kenntnis** f cognizione f
preliminare; ~**se** haben esser pratico, esperto.
'**vorkomm|en 1.** v/i. (sn) (*zum Vorschein kommen*) apparire; (*geschehen*)
accadere; succedere; (*sich finden*)
trovarsi; (*vorhanden sein*) esistere,
esserci; (*scheinen*) parere; *Worte*: ricorrere; **2.** ℒ**en** n (6) accaduto m; ✝,
⚔ presenza f; ~**endenfalls** ['-
məndənfals] al caso; ℒ**nis** n (4¹)
fatto m; caso m.
'**Vorkorrektur** f prime bozze f/pl.
'**Vorkriegs...** ['-kri:ks...]: *in Zssgn*
dell'anteguerra, prebellico; ~**zeit** f
anteguerra m.
'**vorlad|en** citare; ℒ**ung** f citazione
f; invito m a presentarsi; mandato m
di comparizione.
'**Vor|lage** f presentazione f; (*Gesetzes*ℒ) progetto m (di legge); (*Muster*) modello m; *Fußball*: passaggio
m; ℒ**lassen** f (*od.* lasciar) passare;
in j-s Gegenwart: ammettere; ℒ**laufen** (sn) correre avanti; ~**läufer** m
precursore m; ℒ**läufig** provvisorio,
adv. per ora; ℒ**laut** indiscreto, invadente, intromettente; ~**leben** n antecedenti m/pl.
'**Vorlege|blatt** ['-le:gəblat] n modello m; ~**gabel** f forchettone m; ~
löffel m cucchiaione m; ~**messer** n
trinciante m.
'**vorleg|en** presentare; (*zeigen*) mostrare; (*unterbreiten*) sottoporre;
Schloß: mettere; *bei Tisch*: servire;
Tempo ~ accelerare il passo; ℒ**er** m
(7) (*Bett*ℒ) pedana f; ℒ**schloß** n
lucchetto m; ℒ**ung** f presentazione f.
'**vorles|en** leggere (ad alta voce);
ℒ**er** m (7) lettore m; ℒ**ung** f lettura f;
(*Vortrag*) conferenza f; (*Universitäts*ℒ) lezione f; ℒ**ungsverzeichnis**
n orario m (*od.* programma m) delle
lezioni.
'**vor|letzt** penultimo; ~**liebe** f predilezione f (*für ac.* per); *mit* ~ di
preferenza; ~**liebnehmen** [-'li:pne:mən]: ~ *mit et.* contentarsi di qc.;
~**liegen** (*vorhanden sein*) esserci;
esistere; *es liegt heute nichts vor*
oggi non c'è nulla da fare (da
discutere *usw.*); ~**liegend** presente;
~**lügen**: *j-m et.* ~ raccontare delle
bugie a qu.
'**vormachen** insegnare; (*zeigen*)

mostrare; F *j-m* et. ~ darla ad intendere a qu.

'Vormacht *f* potenza *f* predominante (*od.* dirigente); **~stellung** *f* egemonia *f*, supremazia *f*; preponderanza *f*.

vormal|ig ['-maːliç] anteriore, precedente; antico; **~s** per l'addietro.

'Vor|marsch *m* avanzata *f*; offensiva *f*; **~mauer** *m* antemurale *m*; **~mensch** *m* uomo *m* preistorico.

'vormerk|en prenotare; prendere nota; appuntare; **Qung** *f* prenotazione *f*.

'vormilitärisch premilitare.

'Vormittag *m* mattina(ta) *f*; *des* **~s** *od.* **Qs** di mattina; *im Lauf des* **~s** in mattinata.

'Vormund *m* tutore *m*; **~schaft** *f* tutela *f*; **Qschaftlich** tutorio; **~schafts...** tutorio.

vormüssen dovere andare (venire) avanti.

vorn [fɔrn] davanti; *im Buch:* sul principio; *nach* ~ in avanti; *nach* ~ *hinaus* sul davanti; *von* ~ dal davanti; (*gesehen*) di faccia; *von* ~ (*anfangen*) daccapo; *von* ~ *bis hinten* da cima a fondo.

Vor|nahme ['foːrnɑːmə] *f* (15) (*Unternehmung*) impresa *f*; (*Ausführung*) esecuzione *f*; **~name** *m* nome *m* (di battesimo).

vornan [fɔrn'ʔan] in capo; in testa; in prima riga.

vorne ['fɔrnə] = *vorn*.

vornehm ['foːrneːm] distinto; (*adlig*) nobile; **~e** *Welt f* gran mondo *m*; ~ *tun* darsi delle arie; **~en** mettersi a fare; (*unternehmen*) intraprendere; *sich j-n* ~ interrogare qu.; F dirne due a qu.; *sich et.* ~ proporsi qc.; **Qheit** *f* distinzione *f*; **~lich** particolarmente; **Qtue'rei** *f* arie *f/pl.*

'vorneigen: *sich* ~ chinarsi in avanti.

vorn|herein ['fɔrnheˈraɪn]: *von* ~ fin dal principio, di primo acchito; **~über** in avanti; a capofitto.

Vorort ['foːrʔɔrt] *m* sobborgo *m*; **~(s)zug** *m* treno *m* vicinale; ferrovia *f* suburbana.

'Vor|platz *m* spianata *f*; **~posten** *m* avamposto *m*; **Qprahlen:** *j-m* et. ~ vantarsi di qc. in presenza di qu.; **~prüfung** *f* esame *m* preliminare; **Qragen** sporgere; *s. hervorragen*; **~rang** *m* precedenza *f*; **~rangstellung** *f* posizione *f* predominante;

~rat *m* (3³) provviste *f/pl.*; scorta *f*; riserva *f*; *solange der* ~ *reicht* fino a che durano le scorte; **Qrätig** ['-rɛːtiç] disponibile; ~ *sein* esserci; ~ *haben* avere pronto; *bei j-m* ~ vendibile presso qu.

'Vorrats|haus *n* deposito *m*; **~kammer** *f*, **~schrar.** *m* dispensa *f*.

'Vor|raum *m* atrio *m*, vestibolo *m*; **Qrechnen** fare il conto ('ɑ qu.); **~recht** *n* privilegio *m*; *ausschließliches* ~ privativa *f*.

'Vorred|e *f* prefazione *f*; **Qen** dare ad intendere; **~ner** *m* (7) oratore *m* precedente.

'vorreit|en 1. *v/i.* (sn) precedere a cavallo; **2.** *v/t. ein Pferd:* presentare; **Qer** *m* (7) battistrada *m*.

vorricht|en approntare; **Qung** *f* preparativo *m*; ⊕ dispositivo *m*; meccanismo *m*.

'vorrücken 1. *v/i.* (sn) avanzare; farsi avanti; **2.** **Q** *n* (6) avanzamento *m*; *s. vorgerückt.*

'vorrufen 🏛 chiamare.

Vorrunde *f Sport:* eliminatoria *f*.

vors [foːrs] = *vor das*.

'Vor|saal *m* antisala *f*; **Qsagen** dire; (*zuflüstern*) suggerire; (*Schule*) soffiare; **~saison** *f* bassa stagione *f*; **~sänger** *m* cantante *m*; *in Kirchen:* antifonario *m*.

'Vor|satz *m* proponimento *m*; proposito *m*; intenzione *f*; 🏛 dolo *m*; (*Entschluß*) decisione *f*; *mit* ~ a bella posta; **Qsätzlich** ['-zɛtsliç] intenzionale; 🏛 premeditato; *adv.* di proposito; **~schau** *f:* ~ *auf* (*ac.*) previsione *f*; *Film:* prossimi *m/pl.*; **~schein** *m:* *zum* ~ *bringen* portare alla luce, far apparire; scoprire; *zum* ~ *kommen* venir fuori, comparire; **Qschicken** mandare innanzi; **Qschieben** spingere avanti; *Riegel usw.:* mettere; *fig.* addurre come pretesto; ✗ *vorgeschobener Posten* *m* posto *m* avanzato; **Qschießen** *Geld:* anticipare; **~schiff** *n* prua *f*.

'Vorschlag *m* proposta *f*; ♩ appoggiatura *f*; *zur* ~ *bringen* proposta *f* d'accomodamento; *in* ~ *bringen* proporre; **Qen** proporre; **~sliste** *f* lista *f* dei candidati; **~srecht** *n* diritto *m* di presentazione.

Vorschlußrunde ['-ʃlusrundə] *f Sport:* semifinale *f*.

Vorschneide|brett ['-ʃnaɪdəbret] *n*

tagliere *m*; ~**messer** *n* trinciante *m*; ⊈n trinciare.

'**vor|schnell** precipitato; ~**schreiben** *fig.* prescrivere (*a.* ⚓); ordinare; *Preise:* fissare; *Bedingungen:* imporre.

'**Vorschrift** *f* (*Verordnung*) prescrizione *f*; regolamento *m*; ⚓ ordinazione *f*; ⊈**smäßig** regolamentare; ✗ d'ordinanza; *adv.* secondo le prescrizioni; ⊈**swidrig** contrario alle prescrizioni; antiregolamentare; scorretto.

'**Vorschub** *m* assistenza *f*; ⊕ avanzamento *m*; ~ *leisten* aiutare (qu.); tener mano.

'**Vor|schule** *f* scuola *f* preparatoria; ~**schuß** *m* anticipo *m*.

'**vor|schützen** addurre per pretesto; ~**schwatzen** sballare; ~**schweben** star davanti agli occhi (*od.* alla mente); *es schwebt mir vor, zu inf.* penso di *inf.*; ~**schwindeln** voler darla a bere.

'**vorseh|en** prevedere; *sich* ~ guardarsi (*vor dat.* da); prendere delle misure di precauzione; ⊈**ung** *f* Provvidenza *f*.

'**vorsetzen** porre davanti; presentare; *j-n:* preporre; *Gram.* prefiggere; *sich* ~ prefiggersi.

'**Vorsicht** *f* precauzione *f*, previdenza *f*; (*Umsicht*) cautela *f*, prudenza *f*; ~! attenzione!; ⊈**ig** prudente, cauto; ⊈**shalber** per maggior prudenza; ~**smaßregel** *f* misura *f* di precauzione.

'**Vorsignal** 📯 *n* segnale *m* d'avviso.

'**Vor|silbe** *f* prefisso *m*; ⊈**singen:** *j-m et.* ~ cantare qc. davanti a qu.; ⊈**sintflutlich** ['-zintflu:tlɪç] antidiluviano; *fig.* antiquato, invecchiato.

'**Vorsitz** *m* presidenza *f*; *den* ~ *führen* presiedere a; ~**ende(r)** ['-zitsəndə(r)] *m* (18) presidente *m*.

'**Vorsorg|e** *f* previdenza *f*; ~ *treffen* prendere provvedimenti; ⊈**en** provvedere; ⊈**lich** ['-zɔrklɪç] provvido; *adv.* per precauzione.

'**Vorspann** *m Film:* titoli *m/pl.* di testa; *vor Pferde:* attaccare.

'**Vorspeise** *f* antipasto *m*.

'**vorspiegel|n** fingere, simulare, millantare; ⊈**ung** *f* illusione *f*; simulazione *f*; millanteria *f*; inganno *m*; ~ *falscher Tatsachen* millantato credito (guadagno *usw.*); impostura *f*.

'**Vorspiel** *n* preludio *m*; *im Drama:* prologo *m*; ⊈**en** recitare (*od.* sonare) davanti a qu.

'**vor|sprechen 1.** *v/t.* dire qc. davanti a qu.; **2.** *v/i.:* *bei j-m* ~ passare da qu.; ~**springen** saltar fuori; △ sporgere (in fuori); ~**springend** sporgente, saliente; ~**es** *Kinn n* bazza *f*; ⊈**sprung** *m* vantaggio *m*; △ aggetto *m*; ⊈**stadt** *f* sobborgo *m*; periferia *f*; ~**städtisch** suburbano.

'**Vorstand** *m* presidenza *f*; (*Vorsteher*) presidente *m*; direttore *m*.

'**vorstehe|n** dirigere (qc.); (*davorstehen*) precedere; (*hervorstehen*) sporgere; ~**nd** saliente, sporgente; (*obig*) suddetto; ⊈**r** *m* (7) direttore *m*; ⊈**rdrüse** ♂ *f* prostata *f*.

'**Vorstehhund** *m* cane *m* da ferma.

'**vorstell|bar** (*denkbar*) immaginabile; ~**en** mettere davanti; *Uhr:* mettere avanti; *j-n:* presentare; (*darstellen*) rappresentare; (*bedeuten*) significare; *sich et.* ~ immaginarsi qc.; ~**ig:** ~ *werden bei* presentare un reclamo presso; ⊈**ung** *f* presentazione *f*; *Thea.* rappresentazione *f*; (*Einwendung*) rimostranza *f*; (*Begriff*) idea *f*; *keine* ~! *Thea.* riposo!; ⊈**ungskraft** *f* immaginazione *f*; ⊈**ungsvermögen** *n* facoltà *f* immaginativa.

'**Vorstoß** *m* avanzata *f*; attacco *m*; offensiva *f*; △ sporto *m*; ⊈**en** (*sn*) spingersi innanzi; avanzare; ~ *auf* (*ac.*) puntare su.

'**Vor|strafen** *f/pl.* precedenti *m/pl.* penali; ⊈**strecken** sporgere; *Zunge:* tirar fuori; *Geld:* anticipare; ~**studien** ['-ʃtu:djən] *pl.* studi *m/pl.* preliminari (*od.* preparatori); ~**stufe** *f* primo grado *m*; *fig.* elementi *m/pl.*; ~**tag** *m* giorno *m* prima; ⊈**täuschen** simulare.

Vorteil ['fɔrtaɪl] *m* (3) vantaggio *m*; ⊈**haft** *adj.* vantaggioso; *adv.* con vantaggio.

Vortrag ['fo:rtra:k] *m* (3³) conferenza *f*; (~*sweise*) dizione *f*; recitazione *f*, declamazione *f*; (*Bericht*) rapporto *m*; ✝ riporto *m*; ⊈**en** ['--gən] (*berichten*) riferire; *an der Universität:* far lezione; *Gedichte usw.:* recitare; ♪ eseguire; ✝ riportare; ~**ende(r)** *m* (18) conferenziere *m*; ~**sabend** ['--ks'ɑ:bənt] *m* serata *f* artistica; recital *m*; ~**s-art,**

~sweise f dizione f; ♪ esecuzione f; **~sreihe** f ciclo m di conferenze.

vor'trefflich eccellente; **2keit** f eccellenza f.

'vor|treten farsi avanti; **2tritt** m precedenza f; j-m den ~ lassen dare la precedenza a qu.; **2trupp** m avanguardia f.

vorüber [fo:'ry:bər] passato; **~gehen** passare; **~gehend** adj. passeggiero; (zeitweilig) temporario; (~ gültig) transitorio; adv. di passaggio; **2gehende(r)** m (18) passante m.

Vor|übung ['fo:r'y:buŋ] f esercizio m preliminare; **~untersuchung** f istruttoria f.

'Vor-urteil n pregiudizio m; **2slos** senza pregiudizi, spregiudicato; **~slosigkeit** f spregiudicatezza f.

Vor|väter ['-fɛ:tər] m/pl.: antenati m/pl.; **~verfahren** n procedimento m preliminare; **~verkauf** m vendita f anticipata; **2verlegen** anticipare; **~vertrag** m precontratto m; **2vorgestern** tre giorni fa; **2wagen**: sich ~ osare farsi avanti; **~wahl** f elezione f preliminare; Fernspr. teleselezione f; **~wählnummer** Fernspr. f prefisso m; **~wand** m pretesto m.

vorwärts ['fo:rvɛrts] avanti; **2gang** m Auto: marcia f in avanti; **~gehen** avanzare; geh es mit deiner Arbeit vorwärts? il tuo lavoro fa progressi?; **~kommen** fig. progredire; in der Welt: farsi strada; **~streben** aspirare ad andare avanti.

vorweg [fo:r'vɛk] anticipatamente; **2nahme** [-'na:mə] f (15, o. pl.) anticipazione f; **~nehmen** anticipare.

'vor|weisen presentare, mostrare, esibire; **2welt** f passato m; (Vorfahren) antenati m/pl.; (Urwelt) mondo m primitivo; **~weltlich** preistorico; **~werfen** gettare (davanti) a, rimproverare; fig. rinfacciare; **2werk** n fattoria f; ⚔ fortino m avanzato; **~wiegen** prevalere, (vorherrschen) predominare; **~wiegend** prevalente; dominante; adv. in prevalenza; **2wissen** n: ohne mein ~ a mia insaputa, senza che lo sapessi.

'Vorwitz m indiscrezione f; Kind: troppa curiosità f; **2ig** indiscreto; curioso; petulante.

'Vorwort n prefazione f; Gram. preposizione f.

'Vorwurf m rimprovero m; (Thema) argomento m; **2svoll** pieno di rimproveri; adv. con aria di rimprovero.

'vor|zählen contare (davanti a); **2zeichen** n indizio m; segno m (precursore); (Vorbedeutung) augurio m; ♪ chiave f; **~zeichnen** tracciare (qc. a qu.); ♪ mettere la chiave.

'vorzeig|en presentare; **2er** m presentatore m; **2ung** f presentazione f.

'Vorzeit f tempi m/pl. remoti; **2en** [-'tsaɪtən] in altri tempi; anticamente; **2ig** ['--tiç] anticipato; precoce; Tod: prematuro; adv. innanzi tempo; **2lich** preistorico.

'Vorzensur f censura f preventiva.

'vorzieh|bar preferibile; **~en** tirare in avanti; fig. preferire.

'Vorkammer n anticamera f.

'Vorzug m prerogativa f; (Bevorzugung) preferenza f; (Eigenschaft) pregio m; ich hatte schon den ~ zu ho già avuto il piacere di.

vorzüglich [-'tsy:kliç] eccellente; ottimo; Speise: squisito; mit ~er Hochachtung con distinta stima; adv. a meraviglia; (besonders) specialmente; **2keit** f ottima qualità f; squisitezza f.

Vorzugs... ['-tsu:ks...]: in Zssgn di preferenza; **~aktie** f azione f preferenziale; **~preis** m prezzo m di favore; **~recht** n diritto m di preferenza; **2weise** di preferenza; **~zoll** m dazio m (od. tariffa f) di favore.

Votiv... [vo'ti:f...]: in Zssgn votivo; **~bild** n exvoto m; **~kapelle** f cappella f votiva; **~tafel** f tabella f votiva.

Votum ['vo:tum] n (9¹ u. ²) voto m.

vulgär [vul'gɛ:r] volgare.

Vulkan [vul'ka:n] m (3¹) vulcano m; **2isch** vulcanico; **2i'sieren** vulcanizzare; **~i'sierung** f vulcanizzazione f.

V

W

W, w [ve:] *n uv.* v doppio *m u. f.*

Waage ['va:gə] *f* (15) bilancia *f*; *Astr. a.* libra *f*; *sich die ~ halten* equilibrarsi; **~balken** *m* giogo *m* (della bilancia); **2recht** orizzontale.

Waagschale ['va:kʃa:lə] *f* piatto *m* (della bilancia).

wabbelig ['vabəlɪç] flaccido; vincido.

Wabe ['va:bə] *f* (15) favo *m*.

wach [vax] desto, sveglio; *~ machen* svegliare, destare; *~ werden* destarsi; '2e *f* (15) guardia *f*; (*Posten*) sentinella *f*; (*Wachbleiben*) veglia *f*; (*Polizeirevier*) commissariato *m* di pubblica sicurezza; *~ haben*, *~ stehen* essere di guardia; *auf ~ ziehen* montare la guardia; **~en** (25) vegliare; *über et. a.*: vigilare, sorvegliare (qc.); '**~habend** (che è) di guardia; '**~halten**: *die Erinnerung ~ an* (ac.) conservare la memoria di, mantenere il ricordo di; '2mann *m* guardia *f*; 2mannschaft *f* (corpo *m* di) guardia *f*.

Wacholder [va'xɔldər] *m* (7) ginepro *m*; **~beere** *f* coccola *f* di ginepro.

wachrufen ['vaxru:fən] *fig.* destare, evocare.

Wachs [vaks] *n* (4) cera *f*; '**~abdruck** *m* impronta *f* sulla cera.

wachsam ['vaxza:m] vigile; 2keit *f* vigilanza *f*.

wachsen ['vaksən] **1.** *v/i.* (30, *sn*) crescere; *fig.* aumentare; (*steigen*) salire; *gut gewachsen sein* avere una buona figura; *e-r Sache gewachsen sein* essere all'altezza di qc.; *~d* crescente; **2.** *v/t.* (27) dare la cera.

wächsern ['vɛksərn] di cera; *fig.* cereo.

Wachs... ['vaks..]: *in Zssgn* di cera; **~fabrik** *f* cereria *f*; **~figur** *f* figura *f* di cera; **~kerze** *f*, **~licht** *n* candela *f* di cera; *für Kirchen*: cero *m*; **~leinwand** *f* tela *f* incerata; **~malerei** *f* encaustica *f*; **~puppe** *f* figurina *f* di cera; **~streichhölzchen** *n* cerino *m*; **~tuch** *n* incerato *m*; tela *f* incerata.

wächst [vɛkst] *s.* wachsen 1.

Wachstum ['vakstu:m] *n* (1, *o. pl.*) crescenza *f*; 2 vegetazione *f*; (*Entwicklung*) sviluppo *m*; *Wein*: vigna *f*; **~s-alter** *n* pubertà *f*, adolescenza *f*.

Wachszündhölzchen ['vakstsynt-hœltsçən] *n* cerino *m*.

Wacht [vaxt] *f* (16) guardia *f*.

Wachtel ['vaxtəl] *f* (15) quaglia *f*.

Wächter ['vɛçtər] *m* (7) guardiano *m*.

Wacht... ['vaxt...]: *in Zssgn oft* di guardia; **~feuer** *n* fuoco *m* di bivacco; **~meister** *m* maresciallo *m*; *Polizei*: brigadiere *m*; **~parade** *f* parata *f* del corpo di guardia; **~posten** *m* sentinella *f*; **~stube** *f* corpo *m* di guardia; *s. a.* Wach... *u.* Wache.

wack|(e)lig ['vak(ə)lɪç] malfermo; *Möbel*: zoppo; *fig.* poco sicuro; **2elkontakt** *⚡ m* contatto *m* lasco; **~eln** (29) vacillare; *mit dem Kopf*: scuotere (la testa); *Möbel*: zoppicare; tentennare; *an et. ~* scrollare qc.; **~er** bravo, prode; (*tapfer*) valente.

Wade ['va:də] *f* (15) polpaccio *m*; **~nbein** *n* fibula *f*; **~nkrampf** *m* granchio *m* al polpaccio; **~nstrumpf** *m* calzettone *m*.

Waffe ['vafə] *f* (15) arma *f*; *zu den ~n greifen* prendere le armi; (*Volk*) sollevarsi in armi.

Waffel ['vafəl] *f* (15) cialda *f*; **~bäcker** *m* cialdonaio *m*; **~eisen** *n* forma *f* da cialde.

Waffen... ['vafən...]: *in Zssgn oft* d'armi; **~bruder** *m* fratello *m* d'armi; **~brüderschaft** *f* fratellanza *f* d'armi; **~dienst** *m* servizio *m* militare; 2fähig atto a portare le armi; **~gang** *m* duello *m*; combattimento *m*; **~gattung** *f* arma *f*; **~geklirr** *n* strepito *m* delle armi; **~gewalt** *f* forza *f* delle armi; *mit ~* a mano armata; **~händler** *m* armaiolo *m*; **~handlung** *f*, **~kammer** *f* armeria *f*; 2los inerme; **~rock** *m* divisa *f*, uniforme *f*; **~ruhe** *f* tregua *f*, armistizio *m*; **~schein** *m* porto *m* d'armi; **~schmied** *m* armaiolo *m*; **~still-**

stand *m* armistizio *m*; ~**tat** *f* fatto *m* d'armi; ~**träger** *m* portatore *m* d'armi; uomo *m* d'armi; ~**übung** *f* esercizio *m* con le armi.

wägbar ['vɛːkbaːr] ponderabile.

Wage|hals ['vaːgəhals] *m* (4²), 2-**halsig** ['---ziç] *adj.* temerario *m u. adj.*; ~**halsigkeit** *f* temerarietà *f*.

Wägelchen ['vɛːgəlçən] *n* (6) carrettino *m*.

Wage|mut ['vaːgəmuːt] *m* audacia *f*; 2**mutig** audace.

wagen¹ ['vaːgən] *v/t.* (25) *zu tun*: osare di; *et.*: arrischiare; *sich* ~ arrischiarsi; *wer nicht wagt, der nicht gewinnt* chi non risica non rosica.

Wagen² ['---] *m* (6) carrozza *f*, vettura *f*, veicolo *m*; *Auto*: macchina *f*; 🚋 vagone *m*; (*Leichen*2, *Bauern*2, *Astr.*) carro *m*; (*Schreibmaschinen*2) carrello *m*.

wägen ['vɛːgən] (30) pesare; *fig.* ponderare.

Wagen|abteil ['vaːgən⁹aptaɪl] *n* scompartimento *m*; ~**aufbau** *m Auto*: carrozzeria *f*; ~**bauer** *m* carrozziere *m*; *für Bauernwagen*: carradore *m*; 2**bremse** *f* martinicca *f*; ~**burg** *f* barricata *f* di carri; ~**dach** *n* cielo *m*; tolda *f*; ~**decke** *f* copertone *m*; ~**fahrt** *f* gita *f* in macchina; ~**fenster** *n* cristallo *m* della carrozza; ~**führer** *m* vetturino *m*; *Straßenbahn*: manovratore *m*; *allg.* conduttore *m*; ~**gestell** *n* (scheletro *m* del) carro *m*; ~**halle** *f* rimessa *f*; ~**heber** *m* cricco *m*; ~**klasse** *f* classe *f*; ~**ladung** *f* carrozzata *f*, carrettata *f*, carrata *f*; ~**park** *m* parco *m* veicoli; 🚋 materiale *m* rotabile; ~**schlag** *m* sportello *m*; ~**schmiere** *f* sugna *f* (da carro); ~**schuppen** *m* rimessa *f*; ~**spur** *f* rotaia *f*; carreggiata *f*; ~**tür** *f* sportello *m*.

Wagestück ['vaːgəʃtyk] *n* impresa *f* ardita.

Waggon [va'gɔŋ] *m* (11) vagone *m*; ~**tür** *f* sportello *m*.

waghalsig ['vaːkhalziç] temerario.

Wagnis ['vaːknis] *n* (4¹) rischio *m*; (*Wagestück*) impresa *f* ardita.

Wahl [vaːl] *f* (16) scelta *f*; *Pol.*, *in Vereinen*: elezione *f*; *die* ~ *treffen* fare la scelta; '~**...**: *in Zssgn oft* elettorale; '~**akt** *m* votazione *f*; '~**aufruf** *m* manifesto *m* elettorale.

wählbar ['vɛːlbaːr] eleggibile; 2-**keit** *f* eleggibilità *f*.

Wahl|beeinflussung ['vaːlbə⁹amflusuŋ] *f* pressione *f* elettorale; ~**berechtigt** con diritto di voto; ~**beteiligung** *f* partecipazione *f* alle elezioni; ~**bezirk** *m* circoscrizione *f* elettorale; ~**bündnis** *n* apparentamento *m*; 2**büro** *n* seggio *m* elettorale.

wähl|en ['vɛːlən] (25) **1.** *v/t.* scegliere; *für Ämter*: eleggere; **2.** *v/i.* votare, dare il voto; *Fernspr.* fare il numero; 2**er** *m* (7) elettore *m*.

Wahlergebnis ['vaːl⁹ergɛːpnis] *n* (4¹) risultato *m* delle elezioni.

wähl|erisch ['vɛːləriʃ] schifiltoso; 2**erliste** *f* lista *f* elettorale; 2**erschaft** *f* corpo *m* elettorale; 2**erscheibe** *Fernspr.* *f* disco *m* combinatore.

wahl|fähig ['vaːlfɛːiç] eleggibile; *s. a. wahlberechtigt*; 2**fach** *n* materia *f* facoltativa; ~**frei** facoltativo; 2**gang** *m* votazione *f*; 2**heimat** *f* patria *f* adottiva; 2**kampf** *m* lotta *f* elettorale; 2**kreis** *m* collegio *m* elettorale; 2**liste** *f* lista *f* elettorale; 2**lokal** *n* seggio *m* elettorale; ~**los** *adv.* senza distinzione; 2**mann** *m* (1²) elettore *m* delegato; 2**niederlage** *f* sconfitta *f* elettorale; 2**propaganda** *f* propaganda *f* elettorale; 2**recht** *n* diritto *m* elettorale; *allgemeines* ~ suffragio *m* universale; 2**rede** *f* discorso *m* elettorale.

Wählscheibe ['vɛːlʃaɪbə] *f Fernspr.* disco *m* combinatore.

Wahl|sieg ['vaːlziːk] *m* vittoria *f* elettorale; ~**spruch** *m* divisa *f*; ~**stimme** *f* voto *m*; ~**tag** *m* giorno *m* delle elezioni; ~**urne** *f* urna *f* elettorale; ~**versammlung** *f* adunanza *f* elettorale; ~**verwandtschaft** *f* affinità *f* elettiva; ~**vorschlag** *m* proposta *f* elettorale; ~**vorstand** *m* comitato *m* elettorale; ~**zettel** *m* scheda *f* elettorale.

Wahn [vaːn] *m* (3, *o. pl.*) illusione *f*; (*Torheit*) follia *f*; ~**bild** *n* chimera *f*.

wähnen ['vɛːnən] (25) credere a torto; immaginarsi.

Wahn|gebilde ['vaːngəbildə] *n* chimera *f*; ~**glaube** *m* superstizione *f*; ~**sinn** *m* pazzia *f*; 2**sinnig** pazzo; ~**vorstellung** *f* fissazione *f*; idea *f* fissa; ~**witz** *m* follia *f*; 2**witzig** folle.

wahr [vaːr] vero; *das ist* ~ è vero; *nicht* ~? non è vero?; ~ *machen* realizzare; so ~ ich ... quant'è vero che io ...; so ~ Gott ... così Dio ...

wahren ['va:rən] v/t. (25) salvaguardare; preservare; die Zunge: tenere; den Schein ~ salvare le apparenze.

währen ['vɛ:rən] (25) durare; ~d 1. prp. durante; ~ des Tages durante il giorno; 2. cj. mentre; ~ ich schrieb mentre scrivevo. [tanto.⟩

währenddessen [--'dɛsən] frat-⟩

wahrhaben ['va:rha:bən]: et. nicht ~ wollen non voler riconoscere qc.

wahrhaft ['va:rhaft] vero; ~ig [-'tiç] 1. adj. verace; 2. adv. veramente; ⚤igkeit f veracità f.

Wahrheit ['-hart] f verità f; um die ~ zu sagen a dire il vero.

Wahrheits|beweis ['va:rhaɪtsbə-vaɪs] m prova f della verità; den ~ antreten portare le prove; ⚤gemäß conforme al vero; ⚤liebe veritiero, veridico; ⚤liebe f veridicità f; ⚤liebend veritiero; ⚤widrig menzognero.

wahrlich ['va:rliç] davvero.

wahr|machen ['va:rmaxən] realizzare; Versprechen: mantenere; ~nehmbar ['-ne:mba:r] percettibile; ⚤nehmbarkeit f percettibilità f; ~nehmen percepire; (sehen) scorgere; Gelegenheit: cogliere; Rechte: salvaguardare, tutelare; ⚤nehmung f percezione f; (Wahrung) salvaguardia f, tutela f; (Bemerkung) osservazione f; ⚤sagekunst f arte f divinatoria; ~sagen divinare; ⚤sager m indovino m; ⚤sagerei [---'raɪ] f (16) divinazione f; ⚤sagerisch divinatorio; ⚤sagung f divinazione f, predizione f; ~scheinlich [-'ʃaɪnliç] verosimile, probabile; ⚤scheinlichkeit [-'ʃaɪnliçkaɪt] f verosimiglianza f, probabilità f; aller ~ nach secondo ogni probabilità; ⚤²scheinlichkeitsrechnung f calcolo m di probabilità; ⚤spruch m verdetto m.

Wahrung ['-ruŋ] f salvaguardia f, difesa f, tutela f.

Währung ['vɛ:ruŋ] f valuta f; ~s-reform f riforma f monetaria; ~s-verfall m deprezzamento m monetario.

Wahrzeichen ['va:rtsaɪçən] n segno m.

Waise ['vaɪzə] f (15) orfano m, orfana f.

'**Waisen|-anstalt** f, ~haus n orfanotrofio m; ~kind n s. Waise; ~knabe m orfan(ell)o m; ~mädchen n orfan(ell)a f.

Wal [va:l] m (3) als Gattung: cetaceo m; s. Walfisch.

Wald [valt] m (1²) selva f (a. fig.), foresta f; kleinerer: bosco m.

Wald... ['valt...]: in Zssgn oft del bosco; forestale; ♃ (wild) silvestre; ~brand m incendio m forestale; ~erdbeere f fragola f di bosco; ~frevel m delitto m forestale; ~gebirge n montagne f/pl. boscose; ~gegend f regione f boscosa; ~horn n corno m da caccia; ~hüter m guardaboschi m; ⚤ig ['-diç] coperto di boschi, boscoso; ~kultur f selvicultura f; ~land n terreno m boschivo; ~meister ♃ m asperula f odorosa; ~nymphe f driade f; ~pflanze f pianta f boschereccia; ~pilz m fungo m boschereccio; ~rand m margini m/pl. del bosco; ⚤reich boscoso; ~schule f scuola f all'aperto; ~ung f boscaglia f; ~vogel m uccello m boschereccio; ~weg m sentiero m nel bosco; via f forestale.

Wal|boot ['va:lbo:t] n baleniera f; ~fang m pesca f della balena; ~fänger ['-fɛŋər] m (7) baleniere m; ~fisch m balena f; ~fischtran m olio m di balena.

Walk|e ['valkə] f (15) gualchiera f; ⚤en gualcare; ~er m, ~müller m gualchieraio m.

Wall [val] m (3³) ✕ u. fig. baluardo m; (Erd⚤) terrapieno m.

Wallach ['-lax] m (3) cavallo m castrato.

wall|en ['-lən] (25, sn u. h.) ondeggiare; (sieden) bollire; ~fahren ['-fa:rən] (25, untr., sn) andare in pellegrinaggio; ⚤fahrer m pellegrino m; ⚤fahrt f pellegrinaggio m; ~fahrten s. wallfahren; ⚤fahrtskirche f chiesa f di pellegrinaggio; ⚤fahrts-ort m luogo m di pellegrinaggio; ⚤ung f ondeggiamento m; bollimento m; fig. agitazione f; des Blutes: bollore m; in ~ bringen (geraten) fig. agitare (-rsi).

Wal|nuß ['-nus] f noce f; ~nußbaum m noce m; ~roß n tricheco m, cavallo m marino; ~statt f campo m di battaglia.

walten ['valtən] (26) abs. comandare; (*wirken*) agire; *j-n* ~ *lassen* lasciar fare; *Gott läßt seine Gnade* ~ *über* Dio accorda la sua grazia a; *s-s Amtes* ~ esercitare le sue funzioni; *das walte Gott!* così piaccia a Dio!, così sia!; *Gnade* ~ *lassen* usare clemenza.

walz|bar ['valtsbɑːr] laminabile; 2-**blech** *n* latta *f* laminata; 2**e** *f* (15) *allg.* cilindro, rullo *m*; (*Straßen*2) appianatoio *m*; *Kochk.* spianatoio *m*; (*Platten*2) laminatoio *m*; F *immer die gleiche* ~ sempre la stessa canzone; 2-**eisen** *n* ferro *m* laminato; **~en** (27) *allg.* cilindrare; *Straßen, Teig:* spianare; *Metalle:* laminare; *v/i.* ballare un valzer; **~enförmig** ['--fermiç] cilindrico.

wälz|en ['veltsən] (27) rotolare; voltolare; *Schuld:* rovesciare; *Bücher:* compulsare; *sich* ~ rotolarsi (*am Boden per terra*); *et. von sich* ~ scaricarsi di qc.

Walz|er ['valtsər] *m* (7) *Tanz:* valzer *m*; **~hütte** *f*, **~werk** *n* laminiera *f*; **~stahl** *n* acciaio *m* laminato; **~straße** *f* treno *m* di laminazione.

Wamme ['vamə] *f* (15) pancia *f*; *unterm Hals:* giogaia *f*.

Wams [vams] *n* (2¹) farsetto *m*, giubbone *m*.

wand¹ [vant] *s. winden.*

Wand² [vant] *f* (14¹) parete *f*; muro *m*; *Fels:* dirupo *m*; *spanische* ~ paravento *m*; ~ *an* ~ muro a muro; *an die* ~ *drücken fig.* mettere con le spalle al muro; *an die* ~ *stellen* mettere al muro; ¹**~bekleidung** *f* rivestimento *m* di parete; ¹**~brett** *n* mensola *f*.

Wandel ['vandəl] *m* (7) (*Lebens*2) condotta *f*; (*Änderung*) cambiamento *m*; *Handel und* ~ commercio ed industria; 2**bar** variabile, mutabile; **~gang** *m* ambulacro *m*; **~halle** *f* atrio *m*; colonnato *m*; corridoio *m*; 2**n** (29) **1.** *v/t.* mutare; *sich* ~ trasformarsi; **2.** *v/i.* (sn) camminare; passeggiare; **~stern** *m* stella *f* errante, pianeta *f*.

Wander... ['vandər...]: *in Zssgn oft* ambulante; **~ausstellung** *f* esposizione *f* ambulante; **~bücherei** *f* biblioteca *f* circolante; **~bühne** *f* teatro *m* ambulante; **~bursche** *m* giovane artigiano *m* ambulante; **~er** *m* (7) viandante *m*, viatore *m*; **~fahrt** *f* gita *f*, escursione *f*; **~falke** *m* falco *m* peregrino; **~handel** *m* commercio *m* ambulante; **~jahre** *n/pl.* anni *m/pl.* di viaggio (per tirocinio); **~karte** *f* carta *f* stradale; **~kleidung** *f* vestiti *m/pl.* da escursione; **~leben** *n* vita *f* nomade; **~lust** *f* voglia *f* di girare (*od.* camminare); 2**n** (29, sn) camminare; fare delle escursioni a piedi; viaggiare a piedi; (*umher*~) girovagare (*Völker, Vögel*) migrare; **~niere** *f* rene *m* flottante; **~pokal** *m* coppa *f* ambulante; **~prediger** *m* predicatore *m* ambulante; **~preis** *m* premio *m* alternato; **~ratte** *f* topo *m* campagnolo; **~schaft** *f* viaggio *m*; *fig.* pellegrinaggio *m*; *auf der* ~ in giro; **~smann** *m* viandante *m*; **~sport** *m* sport *m inv.* escursionistico; **~stab** *m* bordone *m*; **~trieb** *m* nomadismo *m*, istinto *m* nomade; **~ung** *f* escursione *f*; *Vögel:* migrazione *f*; **~vogel** *m* uccello *m* migratore; (*Pfadfinder*) giovane *m* esploratore; **~zirkus** *m* circo *m* nomade.

Wand|gemälde ['vantgəmɛːldə] *n* dipinto *m* murale, *oft:* affresco *m*; **~haken** *m* gancio *m* da muro; **~kalender** *m* calendario *m* murale; **~karte** *f* carta *f* murale; **~leuchter** *m* candelabro *m* a braccio; **~lung** ['-dlun] *f* mutamento *m*; *Rel.* transustanziazione *f*, elevazione *f* dell'ostia; **~malerei** [-malə'raɪ] *f* pittura *f* murale, affresco *m*; **~schirm** *m* paravento *m*; **~schrank** *m* armadio *m* a muro; **~tafel** *f* lavagna *f*; **~teppich** *m* tappeto *m* a muro; **~uhr** *f* pendola *f*; **~ung** *f* parete *f*.

Wange ['vaŋə] *f* (15) guancia *f*.

Wankel|mut ['vaŋkəlmuːt] *m* incostanza *f*, 2**mütig** ['--myːtiç] incostante, instabile.

wanken ['-kən] (25) vacillare; *fig.* titubare; *Boden:* mancare.

wann [van] quando; *dann und* ~ di quando in quando.

Wanne ['vanə] *f* (15) vasca *f* (*da bagno*); ⊕ coppa *f*; **~nbad** *n* bagno *m* in vasca.

Wanst [vanst] *m* (3² *u.* ³) pancia *f*.

Wanten ⚓ ['vantən] *f/pl.* sartie *f/pl.*

Wanze ['vantsə] *f* (15) cimice *f*.

Wappen ['vapən] *n* (6) stemma *m*, blasone *m*; **~kunde** *f* araldica *f*; **~schild** *m* scudo *m*; **~spruch** *m* impresa *f*, divisa *f*.

wappnen ['vapnən] (26) armare (*mit dat.* di).

war [vaːr] *s. sein;* **warb** [varp] *s. werben;* **wäre** ['vɛːrə] *s. sein.*

Ware ['vaːrə] *f* (15) merce *f;* articoli *m/pl.;* erstklassige ~ merce *f* di prima qualità; seidene (wollene) ~ seterie (lanerie) *f/pl.*

Waren|automat ['vaːrən ʔautomaːt] *m* distributore *m* (di articoli) automatico; **~bestand** *m* merci *f/pl.* in magazzino; **~börse** *f* borsa *f* delle merci; **~haus** *n* (grandi) magazzini *m/pl.;* emporio *m;* **~kunde** *f* merceologia *f;* **~lager** *n* deposito *m;* **~probe** *f* campione *m;* **~rechnung** *f* fattura *f;* **~skonto** *m* sconto *m* per i rivenditori; **~vorrat** *m* fondo *m* di magazzino; **~zeichen** *n* marca *f* di fabbrica (*eingetragenes* registrata).

warf [varf] *s. werfen.*

warm [varm] caldo; *fig.* caloroso; *es ist* ~ fa caldo; *mir ist* ~ ho caldo; ~ *setzen,* ~ *stellen* mettere a scaldare; *sich* ~ *arbeiten* riscaldarsi lavorando; ~ *baden* prendere un bagno caldo; ~ *machen* riscaldare; ~ *werden* riscaldarsi; *sich* ~ *anziehen* coprirsi bene; *sich (dat.) j-n* ~ *halten* conservarsi le simpatie di qu.; **2blüter** *Zo. m* (7) animale *m* di sangue caldo; **~blütig** di sangue caldo.

Wärme ['vɛrmə] *f* (15, *o. pl.*) calore *m;* **~aufnahme** *f* assorbimento *m* di calore; **~ausstrahlung** *f* radiazione *f* di calore; **~beständigkeit** *f* resistenza *f* al calore; **~einheit** *f* caloria *f;* **~elektrizität** *f* termoelettricità *f;* **2-erzeugend** calorifico; **~grad** *m* grado *m* di calore; **~kapazität** *f* capacità *f* calorifica; **~kraftwerk** *n* centrale *f* termica; **~lehre** *f* termologia *f;* **~leiter** *m* conduttore *m* termico; **~messer** *m* termometro *m;* calorimetro *m;* **~messung** *f* calorimetria *f;* **2n** (25) scaldare; **~speicher** *m* accumulatore *m* termico; **~strahlung** *f* irradiazione *f* termica; **~übergang** *m* trasmissione *f* di calore; **2verbreitend** calorifero.

Wärmflasche ['vɛrmˌflaʃə] *f* bottiglia *f* d'acqua calda.

warm|halten ['varmhaltən]: *sich j-n* ~ conservarsi le grazie di qu.; **~herzig** caloroso; **~laufen** ⊕ surriscaldarsi; **2luft** *f* aria *f* riscaldata;

2luftheizung *f* riscaldamento *m* ad aria calda.

Warmwasser|heizung [-'vasərhaɪtsuŋ] *f* riscaldamento *m* ad acqua calda; **~speicher** *m* boiler *m;* **~versorgung** *f* distribuzione *f* di acqua calda.

Warn|dienst ['varndiːnst] *m* servizio *m* di vigilanza; **~drei-eck** *n* triangolo *m* di avvertimento; **2en** (25) avvertire; ~ *vor* mettere in guardia contro; *vor ... wird gewarnt* guardarsi da ...; **~ruf** *m* grido *m* d'allarme; **~sirene** *f* sirena *f* d'allarme; **~streik** *m* sciopero *m* d'avvertimento; **~ung** *f* avvertimento *m; gegen j-n:* diffida *f; lassen Sie sich das zur* ~ *dienen* ciò Le serva d'esempio; **~ungsdienst** *m Luftschutz:* servizio *m* di avvertimento; **~ungssignal** *n* segnale *m* d'avviso; **~ungstafel** *f* cartello *m* d'avviso.

warst, wart [vaːr(s)t] *s. sein.*

Warte ['vartə] *f* (15) punto *m* d'osservazione; vedetta *f; (Stern*2*)* osservatorio *m; fig. von hoher* ~ *con* vista larga; **~frau** *f* custode *f; (Wärterin)* infermiera *f; auf* ~ *setzen* mettere in aspettativa; **2n** (26) **1.** *v/i.* aspettare *(auf j-n* qu., *auf et.* qc.); *auf sich* ~ *lassen* farsi attendere, tardare; **2.** *v/t.* assistere a; *(hüten)* sorvegliare.

Wärter ['vɛrtər] *m* (7) guardiano *m; (Kranken*2*)* infermiere *m; (Bahn*2*)* cantoniere *m;* **~haus** *n* casa *f* cantoniera; **~in** *f* guardiana *f;* infermiera *f.*

Warte|raum ['vartəraum] *m,* **~saal** *m,* **~zimmer** *n* sala *f* d'aspetto (d'attesa); anticamera *f;* **~zeit** *f* tempo *m* d'attesa.

Wartturm ['-turm] *m* vedetta *f.*

Wartung ['-tuŋ] *f* assistenza *f;* ⊕ manutenzione *f.*

warum [vaˈrum] perché; **2** *n* perché *m.*

Warz|e ['vartsə] *f* (15) verruca *f; (Brust*2*)* capezzolo *m;* **2ig** porroso.

was [vas] (24) *interrogativ:* che, che cosa; *(= wieviel)* quanto; *(= warum)* perché; *relativ:* ciò che, quello che; F *(etwas)* qualcosa; ~ *für* che, *(wie groß, welcher Art)* quale; ~ *für ein schöner Tag!* che bella giornata!; ~ *für ein Buch hast du gelesen?* quale *(od.* che) libro hai letto?; ~ *immer* qualunque cosa; ~ *ihn betrifft* quanto a lui; *alles* ~ tutto quello che; F *so was* una cosa simile.

Wasch|anstalt ['vaʃʔanʃtalt] *f* lavanderia *f*; **~automat** *m* lavatrice *f* automatica; **2bar** lavabile; **~bär** *Zo. m* procione *m* lavatore; **~becken** *n* lavabo *m*; **~blau** *n* turchinetto *m*; **~bütte** *f* mastello *m*.

Wäsche ['vɛʃə] *f* (15) **1.** *Kleidung*: biancheria *f*; **2.** *das Waschen*: bucato *m*; *in die* ~ *geben* dar a lavare.

waschecht ['vaʃʔɛçt] lavabile; *fig.* schietto.

Wäsche|fabrik ['vɛʃəfabri:k] *f* fabbrica *f* di biancheria; **~geschäft** *n* camiceria *f*; **~klammer** *f* molletta *f*; **~leine** *f* corda *f* da stendere il bucato.

waschen ['vaʃən] *v.* (30) lavare; (*Wäsche haben*) avere bucato; *ich wasche m-e Hände in Unschuld* me ne lavo le mani; *fig. j-m den Kopf* ~ fare una lavata di capo a qu.; F *das hat sich gewaschen* è una cosa coi fiocchi; **2.** ⚲ *n* (6) bucato *m*; ⊕ lavaggio *m*.

Wäsche|rei [vɛʃə'raɪ] *f* (16) lavanderia *f*; **~rin** *f* lavandaia *f*; **~rolle** *f* mangano *m*; **~schleuder** *f* asciugatrice *f* centrifuga; **~schrank** *m* armadio *m* della biancheria.

Wasch|faß ['vaʃfas] *n* mastello *m*, tinozza *f*; **~frau** *f* lavandaia *f*; **~haus** *n*, **~keller** *m* lavatoio *m*; **~kessel** *m* caldaia *f* da bucato; **~korb** *m* cesta *f* da bucato; **~küche** *f* lavanderia *f*; **~lappen** *m* strofinaccio *m*; cencio *m* per lavarsi; *fig.* moscione *m*; **~lauge** *f* lisciva *f*; **~maschine** *f* lavatrice *f*; **~mittel** *n* detergente *m*; **~platz** *m* lavatoio *m*; **~schüssel** *f* bacinella *f*, catinella *f*; **~seide** *f* seta *f* lavabile; **~seife** *f* sapone *m* da bucato; **~tag** *m* giorno *m* da bucato; **~tisch** *m*, **~toilette** *f* lavamano *m*, lavabo *m*; **~trog** *m* mastello *m*; **~ung** *f* lavatura *f*; *Rel.* abluzione *f*; **~wanne** *f* tinozza *f*; **~weib** *n* lavandaia *f*; *fig.* pettegola *f*; **~zettel** *m* lista *f* del bucato; *Presse*: soffietto *m* editoriale.

Wasser ['vasər] *n* (7) acqua *f*; *Kölnisch* ~ acqua *f* di Colonia; *zu* ~ *per mare*; *fig. zu* ~ *werden, ins* ~ *fallen* andare a monte; *bei* ~ *und Brot* a pane ed acqua; *sich über* ~ *halten* tenersi a galla; *unter* ~ *setzen* inondare; *mir läuft das* ~ *im Munde zs.*

mi vien l'acquolina in bocca; *es wird überall mit* ~ *gekocht* tutto il mondo è paese; *über das große* ~ *fahren* attraversare l'Oceano; *das war* ~ *auf s-e Mühle* fu per lui come il cacio sui maccheroni; *mit allen* ~*n gewaschen sn* conoscere tutti i trucchi; **~...**: *in Zssgn* d'acqua; ⊕ idraulico, idrico; *Zo. u.* ⚲ acquatico; ⊕ idroterapico; **~abfluß** *m* scolatoio *m*; **~ader** *f* vena *f* d'acqua; **~arm**[1] *m* braccio *m* d'acqua; **2-arm**[2] povero d'acqua; arido; **~ball** *m* palla *f* da nuoto; **~bau** *m* costruzione *f* idraulica; **~baukunst** *f* ingegneria *f* idraulica; **~baumeister** *m* ingegnere *m* idraulico; **~becken** *n* vasca *f*; bacino *m*; **~behälter** *m* serbatoio *m* d'acqua; **2blau** blu mare; **~bombe** *f* bomba *f* antisommergibile (*od. di profondità*); **~bremse** *f* freno *m* idraulico; **~dampf** *m* vapore *m* acqueo; **2dicht** impermeabile; **~druck** *m* pressione *f* dell'acqua; **~eimer** *m* secchio *m* d'acqua; **~fall** *m* cascata *f*; cateratta *f*; **~farbe** *f* colore *m* dell'acqua; *Mal.* guazzo *m*; **~farbenmalerei** *f* pittura *f* a guazzo; **~fläche** *f* superficie *f* dell'acqua; **~flasche** *f* caraffa *f*; **~floh** *m* pulce *f* acquatica; **~flugplatz** *m* idroscalo *m*; **~flugzeug** *n* idrovolante *m*; idroplano *m*; **~flut** *f* inondazione *f*; (*Regen*) rovescio *m* d'acqua; **~gang** *m* canale *m*; **~geschwulst** *f* edema *m*; **~glas** *n* bicchiere *m* da acqua; 🜨 silicato *m* di soda; **~graben** *m* fossato *m*; **~grube** *f* cisterna *f*; **~guß** *m* acquata *f*; **~hahn** *m* rubinetto *m* dell'acqua; **2haltig** ['--haltiç] acquoso; **~hebewerk** *n* pompa *f* idraulica; **~heil-anstalt** *f* stabilimento *m* idroterapico; **~heilkunde** *f* idroterapia *f*; **~hose** *f* tromba *f* marina; **~huhn** *n* gallina *f* acquaiola.

wässerig ['vɛsəriç] acqueo; (*wasserreich*) acquoso; *den Mund* ~ *machen fig.* far venire l'acquolina in bocca; **2keit** *f* acquosità *f*.

Wasser|jungfer *Zo.* ['vasərjuŋfər] *f* libellula *f*; **~kanne** *f* mesciacqua *m*; **~karte** *f* carta *f* idrografica; **~kessel** *m* ramino *m*, paiolo *m*; ⊕ caldaia *f*; **~kopf** *m* idrocefalo *m*; **~kraft** *f* forza *f* idraulica; **~kraft-anlage** *f* impresa *f* idro-elettrica; **~kraft-**

aufzug m ascensore m idraulico; **~kran** m gru f idraulica; **~krug** m brocca f; **~kühlung** f raffreddamento m ad acqua; **~kunde** f idrologia f; **~kur** f cura f idroterapica; **~lache** f pozzanghera f; **~lauf** m corso m d'acqua; **~leitung** f acquedotto m; *im Hause:* condotto m dell'acqua; **~lilie** f ninfea f; **~linie** ⚓ f linea f di flottazione; **~linse** ♃ f lente f palustre; **~mangel** m mancanza f d'acqua; **~mann** m Astr. Acquario m; **~marke** f s. Wasserzeichen; **~melone** f cocomero m, F popone m; **~messer** m idrometro m; **~mühle** f mulino m ad acqua; ☾n ♃ **1.** (29) ammarare; **2. ~n** n (6) ammaraggio m.

wässern ['vɛsərn] (29) irrigare; *(ein-~)* mettere in molle; *Wein:* annacquare; *Stoffe:* marezzare; *Phot.* lavare.

Wasser|nixe ['vasərniksə] f ondina f; **~not** f scarsità f *(od. mancanza f)* d'acqua; siccità f; **~orgel** f organo m idraulico; **~pflanze** f pianta f acquatica; **~pocken** ♂ f/pl. varicella f; **~pumpe** f pompa f idraulica; **~rad** n ruota f idraulica; **~ratte** f topo m d'acqua; ⚓ F lupo m di mare; **~rohr** n tubo m dell'acqua; **~schaden** m danno m causato dall'acqua; **~scheide** f spartiacque m; ☾scheu¹ che ha paura dell'acqua; ♂ idrofobo; **~scheu²** f paura f dell'acqua; ♂ idrofobia f; **~schi** m idrosci m; sci m nautico *(od. acquatico)*; **~schlauch** m tubo m dell'acqua; **~snot** f *(danni m/pl.* causati dalle) inondazioni f/pl.; **~speicher** m serbatoio m d'acqua; **~speier** ◬ ['--[parər] m (7) gargolla f; **~spiegel** m livello m dell'acqua; **~sport** m sport m nautico *(od. acquatico)*; **~spülung** f sifone m; **~stand** m altezza f dell'acqua; **~standsmesser** m idrometro m; **~stelle** f pozzo m; fonte f; **~stoff** m idrogeno m; ☾stoffblond idrogenato; **~stoffbombe** f bomba f all'idrogeno, bomba f H; **~stoffsuperoxyd** [--ʃtɔf'zu:pər'ɔksy:t] n acqua f ossigenata; **~strahl** m getto m d'acqua, zampillo m; **~straße** f via f fluviale *(od.* di navigazione); **~sucht** ♂ f idropisia f; ☾süchtig ['--zyçtiç] idropico; **~suppe** f minestra f lunga; **~tier** n ani-

male m acquatico; **~transport** m trasporto m per via d'acqua; **~tropfen** m goccia f d'acqua; **~turm** m serbatoio m d'acqua; **~uhr** f contatore m dell'acqua; **~verdrängung** ⚓ f dislocamento m; **~versorgung** f rifornimento m dell'acqua; **~vogel** m uccello m acquatico; **~waage** f livello m d'acqua; **~weg** m: *auf dem ~e* per via d'acqua; **~welle** f Frisur: messa f in pieghe; **~werfer** m cannone m d'acqua; **~werke** n/pl. centrale f idraulica; **~zeichen** n filigrana f.

waten ['va:tən] (26, sn) sguazzare; *(durch~)* passare a guado.

Watsche ['va:tʃə] F f(15) schiaffo m.

watschel|ig ['va:tʃəliç] barcollante; **~n** (29, sn) camminare goffamente (come le anitre), dondolare.

Watt [vat] n: **a)** Erdk. (5) bassofondo m lasciato dalla marea; **b)** ♃ (7) watt m.

Watt|e ['vatə] f(15) ovatta f, cotone m; **~ebausch** m fiocco m di ovatta; ☾'ieren ovattare.

Webart ['ve:p'a:rt] f tessitura f.

weben ['ve:bən] **1.** (25) tessere; **2.** ☾ n (6) tessitura f.

Weber|(in f m (7) ['--r(in)] tessitore (-trice) m (f); **~ei** [--'raɪ] f(16) tessitoria f; fabbrica f di tessuti; **~einschlag** m trama f; **~schiffchen** n spola f; **~spule** f rocchetto m.

Web|stuhl ['ve:pʃtu:l] m telaio m; **~waren** f/pl. tessuti m/pl., articoli m/pl. tessili.

Wechsel ['vɛksəl] m (7) cambiamento m; *(Austausch und* 😊) scambio m; † cambio m; *gezogener:* tratta f; *(~brief)* cambiale f; *Jagdw.* passo m regolarmente frequentato dalla selvaggina; *unbegebbarer ~* cambiale f non negoziabile; *e-n ~ übertragen* girare una cambiale; **~agent** m agente m di cambio; **~agio** n cambio m; **~akzept** n accettazione f d'una cambiale; **~aussteller** m emittente m di una cambiale; **~balg** m fanciullo m supposto; *(Mißgeburt)* mostro m; **~bank** f banca f di cambio; **~bestand** m effetti m/pl. in portafoglio; **~bewegung** f Phys. movimento m reciproco; **~beziehung** f correlazione f; relazioni f/pl. mutue *(od. reciproche)*; **~brief** m cambiale f; **~bürge** m avallante m; **~bürgschaft** f avallo m; **~dis-**

kontierer m scontista m; **∼fall** m vicenda f; **∼fälle** ['--fələ] m/pl. vicissitudini f/pl., peripezie f/pl.; **∼fieber** n febbre f intermittente; **∼frist** f giorni m/pl. di grazia; **∼geld** n moneta f spicciola; **∼gesang** m canto m alternato; **∼geschäft** n affare m di cambio; **∼gespräch** n dialogo m; **∼getriebe** n ingranaggio m di velocità, cambio m; **∼inhaber** m possessore m della cambiale; **∼jahre** n/pl. anni m/pl. climaterici; **∼kurs** m corso m di cambio; **∼makler** m agente m di cambio.

wechseln ['vɛksəln] (29) cambiare; *Worte, Kugeln:* scambiare; (ab∼) alternarsi; *können Sie ∼?* può cambiare?; **∼d** variabile.

Wechsel|nehmer † ['vɛksəlne:mər] m (7) accettante m; **∼protest** m protesto m cambiario; **∼recht** n diritto m cambiario; **∼rede** f dialogo m; **∼reim** m rima f alternata; **∼reite'rei** f emissione f di tratte incrociate; **∼schalter** m ∮ interruttore m alterno; **∼schaltung** f ∮ commutazione f alterna; **⩘seitig** ['--zartiç] scambievole, reciproco; **∼seitigkeit** f reciprocità f; **∼strom** ∮ m corrente f alternata; **∼stromgenerator** m alternatore m; **∼stube** f ufficio m cambio valute, ufficio m cambi; **⩘voll** vicendevole; **⩘weise** alternativamente; a turno; **∼winkel** m angolo m alterno; **∼wirkung** f azione f reciproca; **∼wirtschaft** f *Ackerbau:* cultura f alternata.

Wechsler ['vɛkslər] m (7) cambiavalute m.

weck|en ['vɛkən] **1.** (25) svegliare; *fig.* destare, evocare; **2.** ⩘en n (6) diana f, sveglia f; **⩘er** m (7) svegliatore m; (*Uhr*) sveglia f; **⩘ruf** m sveglia f.

Wedel[1] ['ve:dəl] m (7) (*Staub⩘*) spolverino m; *Rel.* aspersorio m; (*Schwanz*) coda f; **⩘n** (29) *mit dem Schwanz:* scodinzolare; *mit dem Fächer:* far vento.

weder ['ve:dər] m: ∼ ... noch né ... né.

Weg[1] ['ve:k] m (3) via f (a. *fig.*); *fig.; kleiner:* sentiero m; (*Strecke*) percorso m; (*Route*) itinerario m; (*Art u. Weise*) modo m; *nicht über den ∼ trauen* fidarsi ben poco; *im ∼e sein* essere tra i piedi, essere d'ostacolo; *auf dem ∼e strada facendo; auf dem ∼e über* passando

per; *sich auf den ∼ machen* incamminarsi; *j-m über den ∼ laufen* inciampare in qu.; *auf halbem ∼e* a metà strada; *j-m aus dem ∼ gehen* scansare qu.; *auf gütlichem ∼e* in via amichevole; *auf direktem ∼e* direttamente; *aus dem ∼e räumen* rimuovere, *fig.* togliere di mezzo; *in den ∼ treten fig.* affrontare; *in die ∼e leiten* dare l'avvio a, avviare, iniziare; *woher des ∼es?* di dove viene?

weg[2] [vɛk] via; (*abwesend*) assente; (*verschwunden*) scomparso; (*fortgegangen*) uscito; *in e-m ∼* continuamente; *∼ mit dir!* via di qua!, vattene!; *ganz ∼ sn* F rimanere di stucco.

weg|begeben ['vɛkbəge:bən]: *sich ∼* andarsene (via); **∼bekommen** riuscire a togliere; **∼bereiter** ['∼bəraɪtər] m campione m, iniziatore m; precursore m; **∼blasen** soffiar via; **∼bleiben** (sn) non venire; *bleiben Sie nicht weg!* non manchi!; **∼blicken** guardare altrove; **∼bringen** portar via; **∼denken** immaginarsi qc. come lontano; *sich ∼ trasportarsi col pensiero altrove*; **∼drängen** cacciar via; **∼dürfen** potersene andare.

Wege|aufseher ['ve:gə⩘aufze:ər] m ispettore m delle strade; **∼bau** m costruzione f delle strade; **∼baumeister** m ingegnere m stradale; **∼geld** n pedaggio m; **∼karte** f itinerario m; **∼lagerer** ['--la:gərər] m (7) grassatore m.

wegen ['ve:gən] (*gen.*) a causa di; per via di; per; *von j-s ∼* in nome di qu.; *von Amts ∼* d'ufficio.

Wegenetz ['ve:gənɛts] n rete f stradale.

Wegerich ♀ ['--riç] m (3[1]) piantaggine f.

weg|essen ['vɛk⩘ɛsən]: *alles ∼* mangiare tutto; **∼fahren** partire; *über et.:* passare; **⩘fall** m soppressione f; **∼fallen** essere soppresso; (*ausfallen*) non aver luogo; **∼fangen** cogliere; **∼feilen** limar via; **∼fliegen** volare via; *j.:* partire in aereo; **∼fressen** divorare tutto; **⩘gang** m partenza f; **∼geben** dar via; **∼gehen** andar via, andarsene.

Weggenosse ['ve:kgənɔsə] m compagno m (di strada).

weg|haben ['vɛkha:bən] aver ricevuto; *fig. et. von e-r Sache ∼ inten-*

W

dersene di qc.; **~hängen** *Kleider*: sistemare nell'armadio; **~helfen** aiutare ad andarsene (*od.* a fuggire); **~jagen** cacciare via; **~kommen** venir via; (*abhanden kommen*) sparire; non trovar più; *gut* (*schlecht*) *bei et.* **~** uscirne bene (male) da qc.; **~können** poter andare via.

Wegkreuzung ['vɛːkkrɔytsuŋ] *f* biforcazione *f*; crocevia *m*, crocicchio *m*.

weg|lassen ['vɛklasən] omettere; lasciar andar via; **~laufen** (*sn*) correre via; **~legen** metter da parte; **~machen** togliere; **~müssen** dovere andar via; **♀nahme** *f* presa *f*; il portar via; ⚥, *Pol.* sequestro *m*; **~nehmen** togliere, portar via; *Auto*: *Gas* **~** togliere il gas; **~packen** riporre altrove; *sich* **~** andarsene; **~radieren** cancellare; **~raffen** strappar via; *fig.* uccidere; **~räumen** rimuovere; **~reisen** (*sn*) partire; **~reißen** strappare; **~rücken** **1.** *v/t.* scostare; **2.** *v/i.* (*sn*) scostarsi; **~schaffen** portar via; ⚭ eliminare; **~schaufeln** spalare.

Wegscheide ['vɛːkʃaɪdə] *f* bivio *m*.

weg|schenken ['vɛkʃɛŋkən] regalare via; **~scheuchen** cacciar via; **~schicken** mandar via; **~schleichen** (*sn*) svignarsela; **~schleifen** trascinare; **~schnappen** acchiappare; **~schneiden** tagliar via; *Chir.* amputare; **~schütten** versare via; **~schwemmen** portar via; **~sehen** volgere gli occhi altrove; **~sehnen**: *sich* **~** desiderare d'andarsene (*od.* di essere altrove); **~setzen 1.** *v/t.* mettere da parte; **2.** *v/i.* (*sn*) *über et.* **~** saltare qc.; **3.** *sich über et.* **~** non curarsi di; **~spülen** portare via; **~stehlen** rubare; *sich* **~** svignarsela; **~stürzen** (*sn*) uscire precipitosamente; **~tragen** portar via; **~treten** (*sn*) ritirarsi; ⚔ rompere le file; **~tun** togliere via; mandar via.

weg|weisend ['vɛːkvaɪzənt] orientatore; **♀weiser** *m* (7) indicatore *m* stradale.

weg|wenden ['vɛkvɛndən]: *sich* **~** voltarsi; voltar le spalle; **~werfen** gettare via; **~werfend** *fig.* sprezzante; **~wischen** levare; asciugare.

Wegzehrung ['vɛːktseːruŋ] *f* viatico *m*.

weg|ziehen ['vɛktsiːən] **1.** *v/t.* scostare; ritirare; **2.** *v/i.* (*sn*) andare

via; cambiare casa; **♀zug** *m* partenza *f* (*nach* per); cambio *m* di domicilio; trasloco *m*; *der Vögel*: passo *m*; *s. a.* fort...

weh [veː] **1.** **~!** oh!, ahi!, ahimè!; **~** *mir!* povero me!; (*Drohung*: **~** *dir!* guai a te!; **2.** *adj.* che duole; **~** *en* *Finger haben* aver male ad un dito; **3.** *adv.* male; **~** *tun* far male; **4.** ♀ *n* (3) dolore *m*, male *m*; *Kopf♀* mal *m* di testa; *Zahn♀* mal *m* di denti.

Wehe ['-ə] *f* (15): **a)** (*Schnee♀*) nevischio *m*; **b)** **~n** ♂ *pl.* doglie *f/pl.*; **♀n** (25) spirare; soffiare; *Fahnen*: sventolare.

Weh|geschrei ['veːgəʃraɪ] *n* grida *f/pl.* di dolore; **~klage** *f* lamento *m*; **♀klagen** lamentarsi; **♀leidig** piagnucoloso; **~mut** *f* mestizia *f*, malinconia *f*; **♀mütig** ['-myːtiç] mesto, malinconico.

Wehr [veːr] **a)** *f* (16) difesa *f*; (*Waffe*) arma *f*; (*Brust♀*) parapetto *m*; *sich zur* **~** *setzen* difendersi; opporre resistenza a; **b)** *n* (3) (*Damm*) diga *f*, argine *m*; **'~beitrag** *m* contributo *m* alla difesa; **'~bezirk** *m* distretto *m* militare; **'~dienst** *m* servizio *m* militare; **'~dienstverweigerer** *m* obiettore *m* di coscienza; **'♀en** (25) porre freno a; *dem Feuer*: arrestare (*ac.*); *sich* **~** difendersi; (*widerstehen*) opporre resistenza; *sich s-r Haut* **~** difendere la propria pelle; **'♀fähig** atto alle armi, atto a portare le armi; **'~gehänge** *n* bandoliera *f*; **'♀haft** in grado di difendersi; **'~kraft** *f* potenza *f* (*od.* efficienza *f*) bellica; **'♀los** inerme; indifeso; **'~losigkeit** *f* stato *m* inerme; mancanza *f* di difesa; **'~macht** *f* forze *f/pl.* armate; **'~paß** *m* passaporto *m* militare; **'~pflicht** *f* obbligo *m* del servizio militare; **'♀pflichtig** di leva; soggetto al servizio militare; sottoposto alla leva; **'~stand** *m* stato *m* militare.

Weib [vaɪp] *n* (1) donna *f*; (*Ehe♀*) moglie *f*; **~chen** *Zo.* ['-çən] *n* (6) femmina *f*.

Weiber|feind ['vaɪbərfaɪnt] *m* misogino *m*; **~held** *m*, **~narr** *m* donnaiolo *m*; **~regiment** *n* governo *m* della gonnella; **~rock** *m* gonnella *f*; **♀toll** donnaiolo.

weib|isch ['vaɪbiʃ] donnesco; effeminato; **~** *machen*, **~** *werden* infemminire; **~lich** ['-pliç] femminile;

Reim: piano; ℒ**liche(s)** *n* femminino *m*; *das Ewig*ℒ l'eterno femminino; ℒ**lichkeit** *f* femminilità *f*; *die holde ~ scherzh.* le signore.

Weibs|bild ['vaɪpsbilt] *n*, **~person** *f* donnaccia *f*.

weich [vaɪç] molle; (*zart*) tenero; (*schlaff*) floscio; *Stimme*: pastoso; *Ton*: dolce; *Sofa*: soffice; *Haut, Haar*: morbido; *Eier*: à la coque, (*pflaumen~*) bazzotto; **~ machen** rendere molle; *fig.* **~ werden** intenerirsi; ℒ**bild** *n* periferia *f*.

Weiche ['vaɪçə] *f* (15) **1.** mollezza *f*; *s.* Weichheit; **2.** *Anat.* anguinaia *f*; **3.** 🚋 scambio *m*.

weichen ['vaɪçən] **1.** (25) *v/t.* (*Wäsche*) mettere a mollo; ammollare; **2.** (30, *sn*) *v/i.* cedere; (*~ von*) muoversi.

Weichen|steller ['vaɪçənʃtɛlər] *m* (7) deviatore *m*; **~stellung** *f* servizio *m* degli scambi; **~wärter** *m* guardiascambi *m*.

weich|gekocht ['-gəkɔxt] *Ei*: bazzotto; ℒ**heit** *f* mollezza *f*; tenerezza *f*; pastosità *f*; *fig.* dolcezza *f*; morbidezza *f* (*s.* weich); '**~herzig** (di cuore) tenero; 'ℒ**herzigkeit** *f* tenerezza *f*; '**~lich** *fig. Personen*: molle; *Klima*: snervante; 'ℒ**lichkeit** *f* mollezza *f*; ℒ**ling** ['-liŋ] *m* (3¹) F pasta *f* frolla.

Weichsel|baum ['vaɪksəlbaum] *m* visciolo *m*; **~kirsche** *f* visciola *f*; **~rohr** *n* canna *f* di visciolo.

Weich|teile ['vaɪçtaɪlə] *pl.* parti *f/pl.*; (*Eingeweide*) viscere *f/pl.*; **~tier** *n* mollusco *m*.

Weide ['vaɪdə] *f* (15) **1.** ♀ salice *m*; **2.** ♂ (*~fläche*) pascolo *m*; **~land** *n* pascoli *m/pl.*; ℒ**n** (26) **1.** *v/t.* dare da mangiare; menare sul pascolo; *fig.* pascere; *sich ~* deliziarsi (*an dat. vedendo* qc.); **2.** *v/i.* pascolare.

Weiden|baum ['vaɪdənbaum] *m* salice *m*; **~busch** *m*, **~gebüsch** *n* salceto *m*; **~geflecht** *n* vimini *m/pl.*; **~rute** *f* vimine *m*.

Weide|platz ['vaɪdəplats] *m* pascolo *m*; **~recht** *n* diritto *m* di pascolo.

weidlich ['vaɪtliç] *adv.* molto.

Weid|mann ['vaɪtman] *m* cacciatore *m*; **~manns'heil!** buona caccia!; **~werk** *n* arte *f* venatoria; ℒ**wund** ferito a morte.

weiger|n ['vaɪgərn] (29): *sich ~* rifiutarsi; ℒ**ung** *f* rifiuto *m*.

Weih *Zo.* [vaɪ] *m* (3) nibbio *m*.

Weih|becken ['vaɪbɛkən] *n* pila *f* dell'acqua santa, acquasantiera *f*; '**~bild** *n* tavola *f* votiva; '**~bischof** *m* vescovo *m* suffraganeo (*od.* ausiliare); '**~e** *f* (15) *Rel.* consacrazione *f*; (*Priester*ℒ) ordinazione *f*; (*Salbung*) unzione *f*; (*Feierlichkeit*) solennità *f*; 'ℒ**en** (25) consacrare; *Priester*: ordinare; *Brot, Wasser*: benedire; (*widmen*) dedicare; '**~er** *m* (7) stagno *m*.

Weihe|stätte ['vaɪəʃtɛtə] *f* luogo *m* consacrato; **~stunde** *f* commemorazione *f* solenne; ℒ**voll** solenne.

Weih|gabe ['vaɪgaːbə] *f*, **~geschenk** *n* voto *m*; **~kessel** *m s.* Weihbecken.

Weihnacht ['vaɪnaxt] *f uv.*, **~en** *n uv.* (*meist o. art.*) Natale *m*; *Fröhliche ~!* Buon Natale!; ℒ**lich** a (*od.* di) Natale, natalizio; **~s-abend** *m* vigilia *f* di Natale; **~sbaum** *m* albero *m* di Natale; **~sfest** *n* festa *f* di Natale; **~sgeschenk** *n* strenna *f* natalizia, regalo *m* di Natale; **~sgratifikation** *f* gratifica *f* natalizia; **~slied** *n* canzone *f* di Natale; **~smann** *m* babbo *m* di Natale; **~sstollen** *m* panettone *m*; **~szeit** *f* periodo *m* natilizio.

Weih|rauch ['vaɪraux] *m* incenso *m*; *j-m ~ streuen fig.* incensare qu.; **~rauchfaß** *n* turibolo *m*; **~wasser** *n* acqua *f* santa; **~wasserbecken** *n* acquasantiera *f*; **~wedel** *m* aspersorio *m*.

weil [vaɪl] perché.

weiland ['vaɪlant] già; (*vor Titeln*) ex...; (*verstorben*) defunto; (*vormalig*) antico.

Weil|chen ['vaɪlçən] *n* (6) momentino *m*; **~e** *f* (15) pezzo *m*; *für e-e ganze ~* per un bel pezzo (*od.* po'); *eine kleine ~* un minuto; *eile mit ~* chi va piano, va sano e (va) lontano; ℒ**en** (25) fermarsi, restare; vivere; soggiornare; **~er** *m* (7) borgo *m*, borgata *f*.

Wein [vaɪn] *m* (3) vino *m*; (*~traube*) uva *f*; (*~stock*) vite *f*; *reinen ~ einschenken fig.* dire la verità; '**~bau** *m* viticultura *f*; '**~bauer** *m* vignaiolo *m*; *großer*: viticultore *m*; '**~beere** *f* chicco *m* d'uva; '**~berg** *m* vigna *f*; '**~blatt** *n* pampano *m*; '**~brand** *m* brandy *m*; cognac *m*.

wein|en ['vaɪnən] (25) piangere; *um j-n ~* piangere qu.; *sich die Augen* rot ~ avere gli occhi rossi dal pianto; Ձen n (6) pianto m; ~erlich piagnucoloso.

Wein|ernte ['vaɪn⁹ɛrntə] f vendemmia f; ~essig m aceto m di vino; ~faß n botte f da (di) vino; barile m; ~flasche f bottiglia f da (di) vino; ~garten m vigna f; ~gärtner m vignaiolo m; ~gegend f regione f viticola; ~geist m spirito m; ~glas n bicchiere m da (di) vino; ~gut n vigneto m; ~händler m negoziante m di vini, vinaio m; ~handlung f negozio m di vini; fiaschetteria f; ~hefe f feccia f del vino; ~karte f lista f dei vini; ~keller m cantina f; ~kelter f torchio m; ~kenner m conoscitore m di vini; ~kneipe f osteria f.

Weinkrampf ['vaɪnkrampf] m crisi f di pianto.

Wein|küfer ['vaɪnky:fər] m cantiniere m; ~kühler m cantimplora f; ~lager n deposito m di vini; ~land n paese m vinifero (od. di vini); ~laub n pampani m/pl.; ~laube f pergola f; ~laune f: in ~ di buon umore; ~lese f vendemmia f; ~leser m vendemmiatore m; ~lied n canzone f bacchica; ~most m mosto m; ~ranke f viticcio m; ~rebe f vite f; Ձrot rosso bordò; ~schenke f osteria f; ~stein m tartaro m; ~steinsäure f acido m tartarico; ~stock m vite f; ~stube f bottiglieria f; fiaschetteria f; ~traube f (grappolo m di) uva f; ~trester pl. vinacce f/pl.

weise ['vaɪzə] 1. adj. saggio; ~ Frau f levatrice f; die drei Ձn aus dem Morgenland Rel. i Re Magi; 2. Ձ f (15) (Art) modo m, maniera f; ♪ aria f; auf welche ~? in che maniera?; auf jede ~ in ogni modo; auf diese ~ di questo modo, così; in der ~, daß dimodoché; ~n (30) mostrare; den Weg: indicare; an j-n: indirizzare; aus et.: scacciare; von sich, von der Hand: respingere; j-m die Tür ~ mettere qu. alla porta; j-m ~ (18) saggio m, savio m; der Stein der ~n la pietra filosofale.

Weis|heit ['vaɪshaɪt] f sapienza f; ~heitszahn m dente m del giudizio; Ձlich saviamente; Ձmachen: j-m et. ~ darla a bere a qu.

weiß [vaɪs] 1. s. wissen; 2. adj. bianco; ~ werden imbiancarsi; ~ machen

imbiancare; ~ gekleidet vestito di bianco; ein ~er Rabe una mosca bianca; fig. sich ~waschen scolparsi.

weis|sagen ['vaɪsza:gən] (untr.) profetizzare; predire; ~sagend profetico; Ձsager m (7) indovino m; Ձsagung f profezia f.

Weiß... ['vaɪs...]: in Zssgn oft bianco; ~bier n birra f bianca; ~blech n latta f; ~bluten n: bis zum ~ fig. fino a non poterne più; ~brot n pane m bianco; ~buch Pol. n libro m bianco; ~dorn ♀ m biancospino m; ~e f (15) bianchezza f; Ձen (27) imbiancare; ~e(r) m (18) bianco m; ~e(s) n bianco m; vom Ei: chiaro m, albumina f; ~fisch m argentina f; ~fluß m leucorrea f; ~fuchs m volpe f bianca; Ձgekleidet ['-gəklaɪdət] vestito di bianco; ~gerber m pellicciaio m; Ձglühend incandescente; ~glut f incandescenza f; Ձhaarig canuto; ~kohl m cavolo m bianco; Ձlich bianchiccio; ~mehl n fior m di farina; ~näherin f cucitrice f di bianco; ~tanne f abete m bianco; ~ware f teleria f; ~wein m vino m bianco; ~zeug n biancheria f.

Weisung ['vaɪzuŋ] f ordine m; istruzione f.

weit [vaɪt] 1. adj. ampio; (umfassend) vasto; (ausgedehnt) esteso; (breit) largo; Weg, Reise: lungo; (entfernt) lontano; ~ offen spalancato; in ~en Kreisen a (da) moltissima gente; ~er machen allargare; im ~esten Sinne des Wortes nel senso più largo (od. ampio) della parola; 2. adv. ampiamente, vastamente, largamente; (entfernt) lontano; vor comp.: molto; bei ~em nicht so groß molto meno grande; bei ~em größer di gran lunga più grande; so ~ ich ... per quanto io ...; wie ~ ist es nach ...? quanto ci vuole fino a ...?; wie ~ bist du? fino a che punto sei?; bist du schon sehr ~? sei già molto avanti?; so ~ ist es noch nicht fino a questo punto non ci sono (siamo usw.) ancora; wenn es so ~ ist a suo tempo; ~ aufmachen spalancare; zu ~ gehen andar troppo oltre; nicht ~ her sein non esser gran cosa; es ~ bringen fare molta strada; das würde zu ~ führen porterebbe troppo per le lunghe; zu ~ treiben oltrepassare ogni misura; das geht zu ~ questo è troppo; ~ und *breit* dappertutto; *so* ~ *wären wir* eccoci a buon punto; *s. a. Weite, weiter*; '~'**ab** distante; '~'**aus** di gran lunga; '~'**ausgedehnt** esteso; *(ausführlich)* diffuso; '2**blick** *m* perspicacia *f*; '~**blickend** lungimirante; '2**e 1.** *f* (15) ampiezza *f*; *(Breite)* larghezza *f*; *des Weges*: lunghezza *f* (*Trag*2) portata *f*; *(Entfernung)* lontananza *f*; *in die* ~ lontano; *in die* ~ *ziehen* correre per il mondo; *die* ~*n pl.* gli spazi *m/pl.*; **2.** *n* (18): *das* ~ *suchen* prendere il largo; '~**en** (26) allargare, dilatare.

weiter ['vaɪtər] **1.** *adj.* altro; ulteriore; *die* ~*en Folgen* le altre conseguenze; ~*e zwei Wochen* altre due settimane; **2.** *adv.* avanti; *und so* ~ e così via, e via dicendo; ~*!* avanti!; *was* ~? *e poi?*; *nichts* ~ nient'altro; ~ *niemand?* nessun altro?; *wenn es* ~ *nichts ist* se il male sta tutto qui; *ohne* ~*es* senz'altro; *bis auf* ~*es* sino a nuovo ordine; *des* ~*en* inoltre; **3.** 2**e(s)** *n* resto *m*; *das* ~ il resto; ~**befördern** far seguire; recapitare; 2**beförderung** *f* inoltro *m*; rispedizione *f*; 2**bildung** *f* formazione *f* (*od.* istruzione *f*) ulteriore; perfezionamento *m*; 2**führung** *f* continuazione *f*; ~**geben** trasmettere; (far) passare (*an ac.* a.); ~**gehen** (*sn*) andare avanti; continuare; ~**helfen** aiutare a progredire; ~**hin** ancora; in avvenire; ~**kommen** (*sn*) avanzare; andare avanti; progedire; ~**können** poter continuare; ~**leiten** trasmettere; far inoltrare; ~**machen** continuare (a fare); 2**reise** *f* continuazione *f* del viaggio; ~**reisen** (*sn*) continuare il viaggio; ~**sagen** dire; *es nicht* ~ mantenere il segreto; 2**ungen** *f/pl.* complicazioni *f/pl.*, difficoltà *f/pl.*; *(Umständlichkeiten)* formalità *f/pl.*; ~**verbreiten** divulgare; diffondere; 2**verbreitung** *f* diffusione *f*; 2**verkauf** *m* rivendita *f*; ~**verkaufen** rivendere; ~**vermieten** subaffittare.

weit|gehend ['vaɪtgeːənt] ampio; considerevole; *adv.* in larga misura, su vasta scala; ~**gereist** esperto a forza di viaggiare; che conosce il mondo; ~**greifend** con grandi conseguenze; ~**her** ['-'heːr] da lontano; ~**herzig** generoso; tollerante; 2**herzigkeit** *f* generosità *f*; tolleranza *f*; ~**hin** ['-'hin] molto in là; ~

läufig lontano; esteso, vasto; *(ausführlich)* dettagliato; 2**läufigkeit** *f* lontananza *f*; estensione *f*; lungaggine *f*; ~**maschig** ['-maʃiç] a maglie larghe; ~**reichend** esteso; ~**schweifig** ['-ʃvaɪfiç] prolisso; 2**schweifigkeit** *f* prolissità *f*; ~**sichtig** ['-ziçtiç] presbite; *fig.* preveggente; 2**sichtigkeit** *f* presbiopia *f*, presbitismo *m*; *fig.* preveggenza *f*; 2**sprung** *m* salto *m* in lungo; ~**tragend** di grande portata; ~**verbreitet** molto diffuso (*od.* frequente); ~**verzweigt** molto esteso; *fig.* ~**winkelobjektiv** *n* obiettivo *m* grandangolare.

Weizen ['vaɪtsən] *m* (6) grano *m*; *türkischer* ~ granturco *m*; ~**brot** *n* pane *m* di grano; ~**feld** *n* campo *m* di grano; ~**mehl** *n* farina *f* di grano.

welch [vɛlç] *che*; ~ *ein che*.

welche(r) ['vɛlçə(r)] *relativ*: che *od.* il quale; *Frage*: quale?, che?; *unbestimmt*: *ich habe welche gekauft* ne ho comprato alcuni; *welche es auch seien* quali che siano.

welcherlei ['vɛlçər'laɪ] di che specie; *in* ~ *Form es auch sei* in qualsiasi forma.

welk [vɛlk] appassito; *(schlaff)* vizzo; '~**en** (25, *sn*) appassire; avvizzire.

Well|blech ['vɛlblɛç] *n* lamiera *f* ondulata; ~**e** *f* (15) (*a. ⚡*) onda *f*; *große*: ondata *f* (*a. fig.*); ⊕ albero *m*; cilindro *m*; *Turnen*: mulinello *m*; *Reisig*: fastello *m*; (*Dauer*2) permanente *f*; 2**en** (25) ondulare.

Wellen|bereich ['vɛlənbəraɪç] *m* gamma *f* di onde; ~**berg** *m* cresta *f* dell'onda; ~**bewegung** *f* movimento *m* ondulatorio; ondulazione *f*; ~**brecher** *m* frangi-onde *m*; 2**förmig** ondulato; *Phys.* ondulatorio; ~**länge** *Phys.* *f* lunghezza *f* d'onde; ~**linie** *f* linea *f* ondeggiante; ~**reiter** *m* acquaplano *m*; ~**schlag** *m* ondata *f*; ~**schwingung** *f* ondulazione *f*; ~**sittich** *m* pappagallo *m* ondato; ~**tal** *n* gola *f* dell'onda.

Well|fleisch ['vɛlflaɪʃ] *n* bollito *m* di porco; 2**ig** ondoso; *fig.* ondulato; ~**pappe** *f* cartone *m* ondulato.

Wels *Zo.* [vɛls] *m* (4) siluro *m*.

welsch [vɛlʃ] romano; italiano.

Welt [vɛlt] *f* (16) mondo *m*; *alle* ~ tutto il mondo, tutti (quanti); *auf der* ~ nel mondo; *die vornehme* ~ il gran mondo; F *am Ende der* ~ a casa

W

del diavolo; zur ~ kommen nascere, venire al mondo; zur ~ bringen dare alla luce; aus der ~ schaffen togliere di mezzo; wo in aller ~ dove diavolo; um alles in der ~ nicht! no, per tutto l'oro del mondo!

Welt... ['vɛlt...]: in Zssgn oft mondiale, universale; del mondo; ~**all** n universo m; ~**alter** n età f del mondo; era f; ♀-**anschaulich** ideologico; ~**anschauung** f ideologia f, concezione f del mondo (od. della vita); ~**ausstellung** f esposizione f mondiale; ♀**bekannt** conosciuto in tutto il mondo; ♀**berühmt** di fama mondiale, celebre in tutto il mondo; ~**bild** n concezione f del mondo; ~**brand** m conflagrazione f universale; ~**bühne** f scena f del mondo; ~**bummler** m giramondo m; ~**bürger** m cosmopolita m; ~**bürgersinn** m, ~**bürgertum** n cosmopolitismo m; ~**enbummler** m giramondo m; ♀-**entrückt** solitario; ~**entstehungslehre** f cosmogonia f; ~-**ereignis** n grande avvenimento m; ♀-**erfahren** pratico del mondo; ~**ergewicht** ['vɛltɾgəvɪçt] n Sport: peso m Welter; ♀-**erschütternd** che si ripercuote in tutto il mondo; ~**firma** f casa f mondiale; ♀**fremd** ignaro del (od. estraneo al) mondo; ~**friede** m pace f mondiale; ~**friedenskonferenz** f conferenza f mondiale della pace; ~**gebäude** n universo m; ~**geistliche(r)** m prete m secolare; ~**gericht** n giudizio m universale; ~**geschichte** f storia f universale; ♀**geschichtlich** della storia universale; ~es Ereignis n avvenimento m d'importanza capitale; ♀**gewandt** di mondo; ~**handel** m commercio m mondiale; ~**herrschaft** f dominio m del mondo; ~**karte** f mappamondo m; ~**kenntnis** f pratica f del mondo; ~**kind** n uomo m di mondo; ♀**klug** pratico del mondo; ~**klugheit** f esperienza f del mondo; ~**kongreß** m congresso m mondiale; ~**körper** m corpo m celeste; ~**kreis** m universo m; ~**krieg** m guerra f mondiale; ~**kugel** f globo m terrestre; ♀**kundig** pratico del mondo; ~**lage** f situazione f internazionale; ♀**lich** mondano; Priester: secolare; Schule: laico; ~e Macht f potere m temporale; ~**lichkeit** f mondanità f; laicità f; ~**literatur** f letteratura f universale; ~**macht** f, ~**machtstellung** f potenza f mondiale; ~**mann** m uomo m di mondo; ♀**männisch** ['-mɛnɪʃ] distinto, mondano, da gran signore; ~**markt** m mercato m mondiale; ~**meer** n oceano m; ~**meister** m Sport: campione m mondiale; ~**meisterschaft** f campionato m mondiale; ~**meistertitel** m titolo m di campione del mondo; ~**postverein** [-'pɔstfɛɾ⁹aɪn] m unione f postale universale; ~**raum** m spazio m interplanetario (od. siderale), cosmo m; ~**raumfahrer** m astronauta m; ~**raumfahrt** f astronautica f; ~**raumforschung** f ricerche f/pl. spaziali; ~**raumschiff** n nave f spaziale; giro m del mondo; ~**raumstation** f stazione f interplanetaria; ~**reich** n impero m; ~**reise** f viaggio m attorno al mondo; giro m del mondo; ~**rekord** m primato m (od. record m) mondiale; ~**ruf** m fama f mondiale; ~**schmerz** m dolore m universale; pessimismo m; ~**sprache** f lingua f universale; ~**stadt** f metropoli f; ♀-**städtisch** metropolitano, da grande capitale; ~**teil** m continente m; parte f del mondo; ~**umsegelung** f circumnavigazione f, periplo m; ♀-**umspannend** in (per) tutto il mondo; ~**untergang** m fine f del mondo; ~**verbesserer** m riformatore m del mondo; ~**verkehr** m comunicazioni f/pl. internazionali; ~**weisheit** f filosofia f; ~**wirtschaft** f economia f mondiale; ~**wirtschaftskonferenz** f conferenza f sull'economia mondiale; ~**wirtschaftskrise** f crisi f economica mondiale; ~**wunder** n meraviglia f del mondo.

wem [ve:m] (s. wer) a chi; von ~ da chi; '♀**fall** m dativo m.

wen [ve:n] (s. wer) chi.

Wende ['vɛndə] f (15) giro m; (Änderung) cambiamento m; des Jahrhunderts: scorcio m; ~**boje** f ♫ boa f di viraggio; ~**hals** Zo. m torcicollo m; ~**kreis** m tropico m.

Wendel|baum ['vɛndəlbaum] m cilindro m; ~**treppe** f scala f a chiocciola.

wend|en ['vɛndən] (30) **1.** v/t. voltare; ♫ virare; (um.) girare; Augen: volgere; (von et. ~) rimuovere; **2.** sich ~ voltarsi; fig. volgersi; sich an j-n ~ rivolgersi a qu.; sich von j-m ~

abbandonare qu.; **3.** v/i. svoltare; virare; *bitte* ~ vedasi a tergo; 2e**punkt** m svolta f; momento m critico; *fig.* crisi f; *Astr.* punto m solstiziale; **~ig** agile, snello; *Fahrzeuge usw.*: maneggevole; 2**igkeit** f agilità f; 2**ung** f volta f; *eines Weges*: voltata f; ⚓ virata f; ✗ conversione f; *Gram.* locuzione f; (*Änderung*) mutamento m; cambio m; *fig.* piega f; *eine gute* ~ *nehmen* prendere una buona piega; *eine andere* ~ *geben* dare un altro indirizzo.

Wenfall *Gram.* ['vɛːnfal] m accusativo m.

wenig ['veːniç] adj. u. adv. poco; ~ *Brot* poco pane; *ein* ~ *Brot* un poco (*od.* un po') di pane; *ein* ~ *Milch* un poco (*od.* un po') di latte; *nur* ~*e Tage* solo pochi giorni; **~er** ['--gər] meno; *um so* ~ tanto meno; ~ *werden* diminuire; 2**keit** f pochezza f; *meine* ~ la mia povera persona; ~**st** ['-niçst] minimo; *die* ~*en Menschen* pochissime persone; *am* ~*en* meno di tutto; *das* ~*e* il meno; *zum* ~*en* per lo meno; ~**stens** almeno.

wenn [vɛn] *Bedingung*: se; *Zeit*: quando; ~ *nur* purché; *außer* ~ salvo il caso che; ~ *einmal* se mai; ~ *auch* s. wenngleich; ~ *auch noch so wenig* per poco che; *selbst* ~ anche se; *na,* ~ *schon!* e se anche così fosse?; **~gleich** [-'glaiç] quantunque, benché, sebbene, per quanto, quand'anche.

wer [veːr] (24) chi; quello che; ~ *da?* chi va là?; ~ *es auch sei* chicchessia, chiunque, qualunque persona sia.

Werbe... ['vɛrbə...]: *in Zssgn oft* ✝ di pubblicità, pubblicitario; **~ab-teilung** f reparto m pubblicità; **~büro** n agenzia f pubblicitaria; **~fachmann** m specialista m pubblicitario; **~feldzug** m campagna f pubblicitaria; **~film** m film m pubblicitario; **~funk** m trasmissioni f/pl. pubblicitarie; **~leiter** m direttore m della pubblicità; **~material** n materiale m pubblicitario; 2**n** (30) **1.** v/t. *Kunden, Freunde*: procacciarsi; ✗ arruolare; **2.** v/i. far propaganda; *um et.* ~ sollecitare qc.; *um ein Mädchen*: corteggiare, fare la corte (a); **~r** m (7) corteggiatore m; **~schlagwort** n slogan m; **~spruch** m formula f pubblicitaria; **~stempel** ⚒ m timbro m pubblicitario;

~texter m scrittore m pubblicitario; **~zeichner** m cartellonista m.

werb|lich ['vɛrpliç] pubblicitario; 2**ung** ['-buŋ] f propaganda f, reclame f, pubblicità f; ✗ arruolamento m; (*um ein Mädchen*) domanda f di matrimonio; 2**ungskosten** pl. spese f/pl. di pubblicità.

Werdegang ['veːrdəgaŋ] m (3³) sviluppo m, evoluzione f; (*Laufbahn*) carriera f.

werden ['veːrdən] (30) **1.** v/i. (sn) diventare; divenire; (*entstehen*) nascere, farsi; (*bei verbal wiedergegeben*): *groß* ~ ingrandire; *schlank* ~ dimagrire; *rot* ~ arrossire *usw.*; *es werde Licht* sia fatta la luce; *es wird Tag* si fa giorno; *du bist groß geworden* ti sei fatto grande; *was will er* ~? che vuol fare?; *zu et.* ~ cambiarsi in qc., diventare qc.; *was wird aus uns* ~? che sarà di noi?; *es muß anders* ~ così non può durare; *es wird mir schwer* mi riesce difficile; *es wird ihm schlecht* si sente male; **2.** *Hilfszeitwort*: *ich werde lieben* amerò; *geliebt* ~ *essere* (*od.* venire) *amato*; **3.** 2 n (6): *im* ~ in via di formazione; **~d** nascente.

Werder ['vɛrdər] m (7) isolotto m.

Werfall *Gram.* ['veːrfal] m nominativo m.

werfen ['vɛrfən] (30) **1.** v/t. gettare; buttare; (*schleudern*) lanciare; *Blick*: dare; *Feind*: respingere; *Jagdw., Junge*: fare; *Los*: tirare; *aufs Papier*: mettere (in); *hin und her* ~ sballottare; *an den Kopf* ~ scagliare contro la testa; *j-n mit et.* ~ gettare qc. addosso a qu.; *sich* ~ *Holz*: incurvarsi; *sich* ~ *auf* (ac.) dedicarsi a et.; **2.** v/i. *mit et. um sich* ~ gettar via qc. a piene mani.

Werft [vɛrft] f (16) cantiere m navale.

Werg [vɛrk] n (3, o. pl.) stoppa f.

Werk [vɛrk] n (3) opera f; (*Arbeit*) lavoro m; (*Fabrik*) stabilimento m; (*Betrieb*) azienda f; (*Getriebe*) meccanismo m; *ans* ~ *gehen* mettersi all'opera; *fig. im* ~*e sein* stare preparandosi; *ins* ~ *setzen* mettere in opera, realizzare; *zu* ~*e gehen* procedere.

'Werk|bank f banco m da lavoro; **~führer** m capo-officina m; **~leute** pl. lavoranti m/pl.; **~meister** m capomastro m; capo-officina m; **~**

spionage f spionaggio m industriale; ~statt, ~stätte f laboratorio m; officina f; ~stoff m prodotto m succedaneo; materiale m di fabbricazione; materia f plastica; ~stück n pezzo m; ~student m; studente m lavoratore; ~tag m giorno m di lavoro (od. lavorativo, feriale); ♀tags nei giorni di lavoro; ~tätig attivo; occupato; ~tisch m tavolo m da lavoro; ~zeug n (a. fig.) strumento m; ⊕ attrezzo m, utensile m; ~zeugmaschine f macchina f utensili; ~zeugtasche f borsetta f portaferri.

Wermut ['ve:rmu:t] m (3, o. pl.) (Wein) vermut m; ♀ assenzio m.

wert [ve:rt] **1.** adj. (würdig) degno; (geschätzt) pregiato; ~ sein valere; es ist nichts ~ non vale nulla; keinen Heller ~ sein non valere un fico secco; es ist nicht der Mühe ~ non vale la pena; das ist nicht der Rede ~ non merita parlarne; ~er Herr! egregio Signore; ♀ Ihr ~es la pregiata Vostra; **2.** ♀ m (3²) valore m; fig. pregio m; reiner ~ valore m intrinseco; im ~e von per il valore di; ~ legen dare importanza; im ~ gleichkommen equivalere; ¹♀-angabe f indicazione f del valore.

wert|beständig ['ve:rtbəʃtɛndiç] di valore costante; ♀beständigkeit f stabilità f del valore; ♀brief m lettera f valori, lettera f assicurata; ~en (26) valutare; Sport: qualificare (nach secondo); ~eschaffend produttivo; ♀gegenstand m oggetto m di valore; ♀igkeit ⌒ f valenza f; ~los senza valore; ♀losigkeit f mancanza f di valore; ♀messer m criterio m; ♀-minderung ['-mindərʊŋ] f deprezzamento m; ♀paket n pacco m assicurato; ♀papiere n/pl. valori m/pl., effetti m/pl., titoli m/pl.; ♀-sachen f/pl. oggetti m/pl. di valore; ~schätzen stimare; ♀schätzung f stima f; ♀steigerung f aumento m di valore; ♀ung f valutazione f; Sport: classifica f; ♀-urteil n apprezzamento m; valutazione f; ~voll prezioso; di gran valore; ♀zeichen n/pl. valori m/pl. postali; ♀zuwachs m valore m aggiunto; accrescimento m di valore.

Werwolf ['ve:rvɔlf] m lupo m mannaro.

Wesen ['ve:zən] n (6) essere m; Ggs. Schein: realtà f; essenza f; (Natur) natura f; (Charakter) naturale m, indole f, carattere m; (Benehmen) maniere f/pl., modi m/pl., fare m; sein ~ treiben agire, operare; viel ~s machen von far molto caso (od. scalpore) di qc.; ♀haft essenziale; specifico; ♀los irreale; ♀s-art f mentalità f; carattere m; ♀sfremd estraneo alla sua natura; ♀sgleich identico; ~sgleichheit f identità f spirituale; ~szug m caratteristica m.

wesentlich ['ve:zəntliç] essenziale; im ~en in sostanza.

Wesfall Gram. ['vɛsfal] m genitivo m.

weshalb [-'halp] perché; relativisch: per la qual ragione.

Wespe ['vɛspə] f (15) vespa f; ~n-nest n vespaio m; ~ntaille f vitino m sottile.

wessen ['vɛsən] (s. wer) di chi; (s. was) di che.

Weste ['vɛstə] f (15) panciotto m, gilè m.

West|en ['vɛstən] m (6) ovest m, occidente m; ♀lich occidentale, dell'ovest; ~macht f potenza f occidentale; ♀wärts verso ponente; ~wind m vento m di ponente.

weswegen [vɛs've:gən] perché; relativisch: per cui.

Wett|bewerb ['vɛtbəvɛrp] m competizione f; um Preise: concorso m; unlauterer ~ concorrenza f sleale; ~bewerber m concorrente m; ~büro n ricevitoria f di scommesse; ~e f (15) scommessa f; Sport: competizione f, gara f; e-e ~ eingehen fare una scommessa; um die ~ a gara; um die ~ essen fare a chi mangia di più; ~eifer m emulazione f; ♀-eifern gareggiare; competere; rivalizzare; ♀en (26) scommettere (um per, auf ac. su); ~ auf puntare su; ~er¹ m (7) scommettitore m.

Wetter² ['vɛtər] n (7) tempo m; (Gewitter) temporale m; schönes (schlechtes) ~ bel (cattivo) tempo; ⚒ schlagende ~ grisù m; alle ~! accidenti!; ~aussichten f/pl. previsioni f/pl. del tempo; ~be-obachtung f osservazione f meteorologica; ~bericht m bollettino m meteorologico; ~dach n tettoia f; ♀dicht resistente alle intemperie; ~dienst m servizio m meteorologico; ~fahne f banderuola f; ♀fest rotto a tutte le (*od.* resistente alle) intemperie; ~**glas** *n* barometro *m*; ~**hahn** *m* galletto *m*; ~**karte** *f* carta *f* meteorologica; ~**kunde** *f* meteorologia *f*; ~**lage** *f* stato *m* del tempo; ~**leuchten** *n* lampeggi *m/pl.*; 2**leuchten** *v/i.* lampeggiare; ~**mantel** *m* impermeabile *m*; ~**meldung** *f* informazioni *f/pl.* sul tempo; 2n (29) *fig.* infuriare; *es* wettert c'è tempesta; ~**prophet** *m* pronosticatore *m* del tempo; ~**schacht** ⚒ *m* pozzo *m* di ventilazione; ~**strahl** *m* fulmine *m*; ~**sturz** *m* peggioramento *m* del tempo; ~**umschlag** *m*, ~**veränderung** *f* cambiamento *m* del tempo; ~**verhältnisse** *n/pl.* condizioni *f/pl.* atmosferiche; ~**vorhersage** *f* previsioni *f/pl.* del tempo; ~**warte** *f* osservatorio *m* meteorologico; 2**wendisch** ['--vendɪʃ] incostante; ~**wolke** *f* nuvolone *m*.

Wett|fahrer ['vɛtfaːrər] *m* corridore *m*; ~**fahrt** *f* gara *f*, corsa *f*; ~**kampf** *m* lotta *f*; gara *f*; incontro *m*; competizione *f*; ~**kämpfer** *m* partecipante *m* ad una gara, concorrente *m*; ~**lauf** *m* corsa *f*; gara *f* podistica; ~**läufer** *m* corridore *m*; 2**machen** *v/t.* compensare, riparare a; ~**rennen** *n* corse *f/pl.*; ~**rudern** *n*, ~**segeln** *n* regata *f*; ~**rüsten** *n* corsa *f* agli armamenti; ~**schwimmen** *n* gara *f* di nuoto; ~**spiel** *n* partita *f*; incontro *m*; ~**streit** *m* contesa *f*, gara *f*; ~**turnen** *n* gara *f* ginnastica.

wetz|en ['vɛtsən] (27) affilare; 2**stahl** *m* acciarino *m*; 2**stein** *m* cote *f*.

Wichs|e ['vɪksə] *f* (15) lucido *m*; F *fig.* busse *f/pl.*; 2**en** (27) lustrare, dare la ceretta a; F *fig.* picchiare.

Wicht [vɪçt] *m* (3) omiciattolo *m*; individuo *m*; *armer* ~ povero diavolo *m*.

Wichtelmännchen ['vɪçtəlmɛnçən] *n* (6) gnomo *m*.

wichtig ['vɪçtɪç] importante; ~ *tun* darsi importanza; 2**keit** *f* importanza *f*; *von* ~ *sein* essere importante; 2**tuer** ['--tuːər] *m* (7) chi si dà tanta importanza; 2**tuerei** [----'raɪ] *f* (16) il darsi tanta importanza; presunzione *f*.

Wicke ⚘ ['vɪkə] *f* (15) veccia *f*.

Wickel ['vɪkəl] *m* (7) rotolo *m*; (*Locken*2) bigodino *m*; (*Schopf*) ciuffo *m*; 🞖 impacco *m* freddo; ~**band** *n* (1²) fascia *f*; ~**kind** *n* bam-

bino *m* in fasce; *allg.* lattante *m*; 2**n** (29) avvolgere; *Kind*: fasciare; *Haare*: arricciare; *Zigarren*: arrotolare, fare; ⚡ bobinare.

Wicklung ⚡ ['vɪklʊŋ] *f* avvolgimento *m*; bobina *f*.

Widder ['vɪdər] *m* (7) ariete *m*.

wider ['viːdər] (*ac.*) contro; ~**borstig** *fig.* restio; ~n capitare; *ihm ist viel Ehre* ~ è stato colmato di onori; *j-m Gerechtigkeit* ~ *lassen* rendere giustizia a qu.; 2**haken** *m* uncinetto *m*; 2**hall** *m* eco *f*; *fig.* ripercussioni *f/pl.*; 2**hallen** echeggiare; *fig.* ripercuotersi; 2**halt** *m* appoggio *m*; ~**haltig** resistente; 2**klage** *f* controquerela *f*; 2**lager** ⚪ *n* contrafforte *m*; ~**legbar** [--'leːkbaːr] confutabile; ~**legen** [--'leːgən] confutare; 2**legung** *f* confutazione *f*; ~**lich** ributtante, schifoso; 2**lichkeit** *f* schifezza *f*; ~**natürlich** contro natura; perverso; 2**part** *m* controparte *f*; avversario *m*; ~ *halten far fronte*; ~**raten** *j-m et.* ~ sconsigliare qc. a qu.; ~**rechtlich** contrario al diritto, arbitrario; 2**rede** *f* replica *f*; *ohne* ~ senza obiezioni; 2**ruf** *m* ritrattazione *f*; revoca *f*; smentita *f*; *bis auf* ~ fino a nuovo ordine; ~**rufen** ritrattare; *Befehle*, *Gesetze*: revocare; *Nachricht*: smentire; ~**ruflich** [--'ruːflɪç] ritrattabile; revocabile; 2**rufung** *f* revoca *f*; smentita *f*; 2**sacher** ['--zaxər] *m* (7) avversario *m*; ⚖ parte *f* avversa; 2**schein** *m* riflesso *m*; ~**setzlich** *sich* ~ opporsi; ~**setzlich** [--'zɛtslɪç] restio; ribelle; 2**setzlichkeit** *f* ritrosia *f*; ribellione *f*; 2**sinn** *m* controsenso *m*; ~**sinnig** assurdo; ~**spenstig** ['--ʃpɛnstɪç] ricalcitrante; 2**spenstigkeit** *f* ritrosia *f*, renitenza *f*; ~**spiegeln** rispecchiare, riflettere; 2**spiel** *n* contrario *m*; ~**sprechen** contraddire; essere contrario; ~**sprechend** contradditorio; 2**spruch** *m* resistenza *f*, protesta *f*; contraddizione *f*; *im* ~ *stehen zu od. mit* non accordarsi con qc.; ~ *erheben* protestare; ~**spruchsvoll** pieno di contraddizioni; 2**stand** *m* resistenza *f* (*a.* ⚡); 2**standsbewegung** *f* movimento *m* di resistenza; ~**standsfähig** ['--ʃtantsfɛːɪç] resistente, capace di resistere; forte; 2**standsfähigkeit** *f* forza *f* di resistenza; 2**standskämpfer** *m* combattente *m* della resistenza; **~standslos** senza opporre resistenza; **~'stehen** resistere; *von Speisen*: ripugnare; **~'streben** opporsi; (*zuwider sein*) ripugnare; 2**'streben** *n* (6) opposizione *f*; ripugnanza *f*; **~'strebend** riluttante; 2**streit** *m* conflitto *m*; **~'streitend** divergente; **~wärtig** ['--vertiç] avverso; (*widerlich*) ripugnante; 2**wärtigkeit** *f* avversità *f*; schifezza *f*; 2**wille** *m* avversione *f*; (*Ekel*) ripugnanza *f*; **~willig** *adj.* riluttante; *adv.* di mala voglia.

widm|en ['vitmən] (26) dedicare; 2**ung** *f* dedica *f*; 2**ungsschreiben** *n* dedicatoria *f*.

widrig ['vi:driç] contrario; (*widerlich*) stomachevole; **~enfalls** ['--gən'fals] in caso contrario; 2**keit** *f* contrarietà *f*; ripugnanza *f*.

wie [vi:] come; *zeitlich*: quando; **~** ich come me; **~** dem auch sei comunque (sia); **~** hoch ist? quant'è alto?; **~** groß ist? quant'è grande? **~** ich höre a quel che sento; **~** gesagt come ho detto (*od.* come dicevo); **~** lange, **~** viel? quanto?; **~**, wenn er nicht schreibt? e se egli non scrive?; und **~**! e come!, altro che!; **~** schwer es auch sein mag per quanto sia difficile; **~** kommt es, daß? come mai?; **~** breit wünschen Sie ihn? di che larghezza lo desidera?; **~** teuer kommt Ihnen dieser Mantel zu stehen? quanto Le viene a costare questo cappotto?; **~** teuer? quanto costa?; **~** schön! che bello!

Wiedehopf *Zo.* ['vi:dəhɔpf] *m* (3) upupa *f*.

wieder ['vi:dər] di nuovo, un'altra volta, ancora; *nicht* **~** non ... più; *schon* **~**? di nuovo?; *da ist er* **~**! eccolo ritornato!

wieder... ['vi:dər...]: *in Zssgn mst* ri..., *vor* i *jedoch*: re..., *z.B.* **~**anstellen reintegrare; *wo* ri *nicht möglich ist, mst*: di nuovo, ancora, *z.B.* **~**erzählen raccontare di nuovo; **~**'abdruck *m* ristampa *f*; **~**'abdrucken ristampare; **~**'abgeben restituire; **~**'abreisen ripartire; **~**'abtreten retrocedere; 2**'abtretung** *f* retrocessione *f*; **~**'anknüpfen riallacciare; 2**'anknüpfung** *f* riallacciamento *m*; **~**'ankurbeln *fig.* riattivare, rianimare; 2**'ankurbelung** *f* (*der Wirtschaft*) riattivazione *f*; ripresa *f*; **~**'an-

stellen: *j-n* **~** reintegrare qu. al suo posto, riassumere; 2**'anstellung** *f* reintegrazione *f*; 2**'aufbau** *m* ricostruzione *f*; **~**'aufbauen ricostruire; **~**'auferstehen (*sn*) risuscitare; **~**'aufforsten rimboscare; 2**'aufforstung** *f* rimboschimento *m*; 2**'aufführung** *f Film*: ripresa *f*; **~**'aufkommen (*sn*) rimettersi; **~**'aufleben revivescenza *f*; 2**'aufnahme** [--'?aufna:mə] *f* ripresa *f*; riammissione *f*; 🕱 revisione *f*; **~**'aufnehmen riprendere; *j-n*: riassumere; **~**'aufrichten risollevare; 2**'aufstieg** *m* risalita *f*, ripresa *f*; **~**'auftauchen (*sn*) riapparire; **~**'aufwerten rivalorizzare; 2**'aufwertung** *f* rivalorizzazione *f*; 2**'ausfuhr** *f* riesportazione *f*; **~**'ausführen riesportare; 2**'ausgrabung** *f e-r Leiche*: riesumazione *f*; **~**'aussöhnen riconciliare; 2**'aussöhnung** *f* riconciliazione *f*; 2**beginn** *m* ripresa *f*; **~bekommen** riavere; **~beleben** ravvivare, richiamare in vita; rianimare, riattivare; 2**belebungsversuch** [--'bələ:buŋsferzu:x] *m* tentativo *m* di richiamare in vita; 2**bewaffnung** *f* riarmo *m*; **~bezahlen** rimborsare; 2**bezahlung** *f* rimborso *m*; **~bringen** riportare; **~'einbringen** riportare; *Verlust*: rifare di; **~'einführen** riammettere; ✝ reimportare; 2**'eingliederung** *f* reintegrazione *f*; **~'einlösen** *Pfand*: riscattare, ritirare; 2**'einnahme** *f* ripresa *f*; **~'einnehmen** riprendere; **~'einschlafen** (*sn*) riaddormentarsi; **~'einsetzen** reinstallare; reintegrare; 2**'einsetzung** *f* reinstallazione *f*; 2**'einstellung** *f von Arbeitern*: riassunzione *f*; **~'erhalten** riavere; **~erkennen** riconoscere; **~erlangen** ricuperare; 2**'erlangung** *f* ricupero *m*; **~er-obern** riconquistare; 2**er-oberung** *f* riconquista *f*; 2**er-öffnung** *f* riapertura *f*; **~erstatten** restituire; *Geld*: rimborsare; 2**erstattung** *f* restituzione *f*; **~erwachen** (*sn*) risvegliarsi; 2**er-wachen** *n* risveglio *m*; **~erwecken** risvegliare; *vom Tod*: risuscitare; **~erzählen** raccontare di nuovo, ripetere; **~erzeugen** rigenerare; riprodurre; **~finden** ritrovare; 2**gabe** *f* restituzione *f*; *Lit.* riproduzione *f*; traduzione *f*; **~geben** restituire; rendere; ridare; riprodurre; (*übersetzen*) tradurre; ⅃**geburt** *f* rinascita *f*; rigenerazione *f*; *Lit.* rinascimento *m*; ⅃**genesung** *f* convalescenza *f*; **~gewinnen** ricuperare, rigenerare; **~gutmachen** rimediare; riparare; ⅃'**gutmachung** *f* riparazione *f*; risarcimento *m*; **~haben** riavere; **~'herstellbar** restaurabile; **~'herstellen** restaurare; *Gesundheit*: ristabilire; ⅃'**herstellung** *f* restaurazione *f*; guarigione *f*; ⊕ riparazione *f*; restauro *m*; riattamento *m*; **~holen** andar a riprendere; **~'holen** ripetere; *Thea.* replicare; **~holt** [--'ho:lt] ripetuto, reiterato; *adv.* ripetutamente; ⅃'**holung** *f* ripetizione *f*; *Thea.* replica *f*; ⅃**holungsfall** ⅃⅄ [--'ho:luŋsfal] *m*: im **~** in caso di recidività; **~käuen** ['--kɔʏən] (25) ruminare; ⅃**käuer** ['--kɔʏər] *m* (7) ruminante *m*; ⅃**kauf** *m* ricompra *f*; **~kaufen** ricomprare; ⅃**kehr** ['--ke:r] *f* (16, *o. pl.*) ritorno *m*; *e-s Tages*: ricorrenza *f*; **~kehren**, **~kommen** (*sn*) ritornare; ricorrere; **~sagen** *j-m et.*: ripetere; **~sehen** rivedere; ⅃**sehen** *n* (6) incontro *m*; *vielleicht gibt es ein* **~** può darsi che ci rivediamo; *auf* **~!** arrivederci (*od.* arrivederLa)!; **~spiegeln** rispecchiare; ⅃**täufer** *m* anabattista *m*; **~tun** rifare; **~um** di nuovo, (*anderseits*) d'altra parte; **~ver-einigen** riunire (di nuovo); riconciliare; ⅃**ver-einigung** *f* riunificazione *f*; **~vergelten** ricambiare; *Gott*: rimeritare; ⅃**vergeltung** *f* ricompensa *f*; pariglia *f*; ⅃⅄ taglione *m*; **~verheiraten**: *sich* **~** *Frau*: rimaritarsi; *Mann*: riammogliarsi; ⅃**verheiratung** *f* seconde nozze *f/pl.*; ⅃**verkauf** *m* rivendita *f*; **~verkaufen** rivendere; ⅃**verkäufer** *m* rivenditore *m*; **~vermieten** subaffittare; ⅃**vermietung** *f* subaffitto *m*; **~verwenden** riutilizzare; ⅃**wahl** *f* rielezione *f*; **~wählbar** rieleggibile; **~wählen** rieleggere; **~zahlen** rimborsare; **~'zulassen** riammettere; ⅃'**zulassung** *f* riammissione *f*; **~'zustellen** restituire, riconsegnare; ⅃'**zustellung** *f* restituzione *f*, riconsegna *f*.

Wiege ['vi:gə] *f* (15) culla *f*; **~messer** *n* mezzaluna *f*; ⅃**n 1.** *v/t.* (25) *Kind*: cullare; *schaukelnd*: dondolare; *Fleisch*: tritare; *sich* **~** *Vögel*:

librarsi; **2.** *v/t. u. v/i.* (30) pesare; **~ndruck** *m* incunabolo *m*; **~nfest** *n* natalizio *m*; **~nlied** *n* ninna nanna *f*.

wiehern ['vi:ərn] **1.** (29) nitrire; **2.** ⅃ *n* (6) nitrito *m*.

Wiener ['vi:nər] *m* (7), ⅃**isch** viennese (*m*).

wies, wiesen [vi:s, '-zən] *s.* weisen.

Wiese ['vi:zə] *f* (15) prato *m*.

Wiesel ['vi:zəl] *n* (7) donnola *f*.

Wiesen|blume ['-zən...] *f* fiore *m* di prato; **~grund** *m* prateria *f*; **~klee** *m* trifoglio *m* comune; **~land** *n* terreno *m* prativo.

wieso [vi:'so:] perché?; come (mai)?; **~ nicht?** perché no?

wieviel [vi:'fi:l] quanto; **~te** che, quale; *der* **~ ist heute?** quanti ne abbiamo oggi? [tunque.]

wiewohl [vi:'vo:l] sebbene, quan-

wild [vilt] **1.** *adj.* selvaggio; ⅄, *Zo.* selvatico; *Kind*: fiero, vivace; *Miene, Blick*: truce; *Lauf*: sfrenato; (*wütend*) furente; *Gerücht*: fantastico; *Handel*: illecito; *Streik*: non autorizzato; spontaneo; **~es Tier** *n* belva *f*, bestia *f* feroce; **~e Ehe** *f* concubinato *m*; **~e Jagd** *f* tregenda *f*; **~e Flucht** *f* fuga *f* precipitosa; *den* **~en Mann spielen** fare il furioso; **~** *werden Pferde*: imbizzarrirsi; *es ging* **~** *her* ci fu un gran tumulto; **2.** ⅃ *n* (1, *o. pl.*) selvaggina *f*; ⅃**bach** *m* torrente *m*; ⅃**braten** *m* arrosto *m* di selvaggina; ⅃**bret** ['-bret] *n* (11) selvaggina *f*; cacciagione *f*; ⅃**dieb** *m* bracconiere *m*; ⅃**-ente** *f* anitra *f* selvatica; ⅃**e(r)** ['-də(r)] *m* (18) selvaggio *m*; ⅃**erer** *m* (7) bracconiere *m*; **~ern** (29) cacciare di contrabbando; ⅃**-esel** *m* onagro *m*; ⅃**fang** ['viltfaŋ] *m fig.* bambino *m* vivace; **~'fremd** interamente estraneo; che non conosce nessuno; ⅃**gehege** *n* bandita *f* di caccia; ⅃**heit** *f* selvatichezza *f*; (*Grausamkeit*) ferocia *f*; *fig.* impetuosità *f*; sfrenatezza *f*; ⅃**leder** *n* camoscio *m*; ⅃**ling** ⅄ ['-liŋ] *m* (3¹) pianta *f* selvatica; ⅃**nis** *f* (14²) regione *f* solitaria (*od.* deserta), contrada *f* selvaggia; ⅃**park** *m* parco *m* per la selvaggina; **~reich** abbondante di selvaggina; ⅃**sau** *f* scrofa *f*; ⅃**schaden** *m* danno *m* cagionato dalla selvaggina; ⅃**schütz** *m* bracconiere *m*; ⅃**schwein** *n* cinghiale *m*; **~wachsend** selvatico; ⅃'**westfilm** *m* (film *m*) western *m*.

W

will [vil] *s.* wollen.

Wille ['vilə] *m* (13¹) volontà *f; freier*
~ libero arbitrio *m; aus freiem* ~n
spontaneamente; *mit* ~n apposta;
mit meinem ~n col mio consenso;
wider ~n a malincuore; *j-m zu* ~n
sein contentare qu.; *um j-s* ℒn *per
amor di qu.; Letzter* ~ ultima volontà *f; s-n* ~n *durchsetzen* arrivare a
quello che si vuole.

willen|los ['vilənlo:s] senza volontà,
ꗩ abulico; **ℒlosigkeit** *f* mancanza *f*
di volontà; ꗩ abulia *f;* ~**s:** ~ *sein*
avere l'intenzione.

Willens|äußerung ['--ᵊɔysərʊŋ] *f*
atto *m* di volontà; *letzte* ~ ultima
volontà *f;* ~**bestimmung** *f* disposizione *f* testamentaria; ~**erklärung**
f atto *m* di volontà; ~**freiheit** *f* libero arbitrio *m;* ~**kraft** *f* forza *f* di
volontà, energia *f;* ℒ**schwach** 🗡
abulico; ~**schwäche** *f* mancanza *f*
di energia; 🗡 abulia *f;* ℒ**stark** energico; ~**vermögen** *n* facoltà *f* volitiva.

willentlich ['--tliç] di proposito,
con intenzione, a bella posta.

will|fahren [vil'fɑ:rən] (ac)condi-
scendere; ~**fährig** [-'fɛ:riç] condiscendente; **ℒfährigkeit** *f* condiscendenza *f;* '~**ig 1.** *adj.* volonte-
roso; *(fügsam)* docile; **2.** *adv.* di
buona voglia; **ℒkomm** *m* (3¹), ℒ-
'**kommen** *n* (6) benvenuto *m;* ~-
'**kommen** *adj.* benvenuto; *j-n* ~
heißen dare il benvenuto a qu.; *das
ist mir sehr* ~ mi è molto gradito, mi
torna molto a proposito; ℒ**kür**
['-ky:r] *f* (16, *o. pl.*) arbitrio *m;* ℒ-
kürherrschaft *f* dispotismo *m;* '~-
kürlich arbitrario; **ℒkürlichkeit** *f*
arbitrarietà *f.*

wimmeln ['viməln] **1.** (29) brulicare, pullulare; **2.** ℒ*n* (6) brulichio *m.*

wimmern ['-mərn] **1.** (29) gemere;
Kinder: vagire; **2.** ℒ *n* (6) gemiti
m/pl.; vagiti *m/pl.*

Wimpel ⚓ ['vimpəl] *m* (7) pennone
m.

Wimper ['vimpər] *f* (15) ciglio *m;
ohne mit der* ~ *zu zucken* senza battere ciglio.

Wind [vint] *m* (3) vento *m; bei* ~ *und
Wetter* con tutte le intemperie; *in
alle* ~e ai quattro venti; F ~ *bekommen von et.* aver sentore di qc.; *in
den* ~ *reden* gettare le parole al vento; '~**beutel** *m fig.* sventato *m;*

Kochk. (specie *f* di) sgonfiotto *m*
pieno di panna montata; ~**beutelei**
[---'laɪ] *f* (16) fanfaronata *f;* '~-
bruch *m* schianto *m* d'alberi.

Winde ['vində] *f* (15) argano *m;
(Garn*ℒ) arcolaio *m;* ⚓ verricello *m;*
♣ convolvolo *m.*

Windei ['vint'ʔaɪ] *n* (1) uovo *m* vano.

Windel ['vindəl] *f* (15) fascia *f;* ℒ-
weich ['--'vaɪç] F: *j-n* ~ *schlagen*
bastonare qu. di santa ragione.

winden ['-dən] (30) torcere; *Kränze:*
intrecciare; *(um~)* avvolgere; *aus
der Hand:* ghindare; *sich* ~ *vor Schmerz:* con-
torcersi; *Bach, Wege:* serpeggiare;
part.pt. gewunden contorto; *Weg:*
tortuoso.

Windeseile ['-dəs'ʔaɪlə] *f* rapidità *f*
del vento; *mit* ~ come un lampo.

Wind|fahne ['vintfɑ:nə] *f* bande-
ruola *f;* ~**fang** ['-faŋ] *m* (3⁸) paravento *m; (Tür)* bussola *f;* ℒ**geschützt** ['-gəʃytst] riparato dal
vento; ~**harfe** *f* arpa *f* eolica; ~**hose**
f turbine *m;* ~**hund** *m* levriero *m;* F
fig. poco di buono *m;* ℒ**ig** ['-diç]
ventoso; esposto al vento; *fig.* sventato; ~ *sein* tirar vento; ~**jacke**
['vintjakə] *f* giacca *f* a vento; ~**kanal**
m galleria *f* aerodinamica; ~**licht** *n*
torcia *f* a vento; ~**messer** *m* anemometro *m;* ~**mühle** *f* mulino *m* a
vento; ~**pocken** *f/pl.* varicella *f;*
~**richtung** *f* direzione *f* del vento;
~**rose** *f* rosa *f* dei venti; ~**sbraut** *f*
bufera *f;* ~**schatten** *m: im* ~ protetto dal vento; ℒ**schief** storto; ~-
schirm *m* paravento *m;* ~**schutz-
scheibe** *f* ['ʃutsʃaɪbə] *f* parabrezza
m; ~**seite** *f* lato *m* esposto al vento;
~**spiel** *n* levriero *m;* ~**stärke** *f* intensità *f* del vento; ℒ**still** calmo;
~**stille** *f* bonaccia *f*, calma *f;* ~**stoß**
m raffica *f*, folata *f* di vento; ~**tunnel** *m* galleria *f* aerodinamica.

Windung ['-duŋ] *f* voluta *f; (Krümmung)* sinuosità *f*, curva *f; (Schrauben*ℒ) spira *f*, spirale *f; (Straßen*ℒ)
tornante *m;* serpentina *f.*

Wink [viŋk] *m* (3) cenno *m; fig.* avvertimento *m; j-m e-n* ~ *geben fig.*
avvisare qu.

Winkel ['viŋkəl] *m* (7) angolo *m;
(Werkzeug)* squadra *f; (Versteck)*
cantuccio *m;* ~**advokat** *m* azzeccagarbugli *m*, causidico *m;* ~**eisen** *n*
squadra *f;* ℒ**förmig** angolare; ~-

haken m Typ. compositoio m; ℒig ['-k(ə)liç] angoloso; tortuoso; stretto e storto; *Städtchen:* ricco di vicoli e di cantucci; **kneipe** f bettolaccia f; **maß** n squadra f; **messer** m goniometro m; **messung** f goniometria f; **schreiber** m pennaiolo m, imbrattacarte m, scribacchino m; **züge** ['--tsy:gə] m/pl. raggiri m/pl.

wink|en ['-kən] (25) far cenno, far segno; *mit den Augen:* ammiccare; *mit et.* ~ agitare qc.; ℒer m (7) ✕ segnalatore m; *Kfz.* lampeggiatore m; *früher:* freccia f; ℒzeichen n segnale m.

winseln ['vinzəln] **1.** (29) piagnucolare, guaire; **2.** ℒ n (6) piagnisteo m, guaito m.

Winter ['vintər] m (7) inverno m; **abend** m serata f d'inverno; **anzug** m vestito m da inverno; **fahrplan** m orario m invernale; **frucht** f frutto m verneccio; **garten** m giardino m d'inverno; **getreide** n cereali m/pl. d'inverno; **halbjahr** n semestre m d'inverno (od. invernale); **kleid** n abito m da inverno; **kur-ort** m stazione f invernale; **landschaft** f paesaggio m invernale; ℒlich invernale; da inverno; verneccio; **mantel** m cappotto m da inverno; **monat** m mese m d'inverno; ℒn: es wintert si fa sentire l'inverno; **quartier** n quartiere m d'inverno; **saat** f semina f verneccia; **saison** f stagione f invernale; **schlaf** m sonno m brumale; ~ *halten* ibernare; **schlußverkauf** m saldi m/pl. d'inverno; **sonnenwende** f solstizio m d'inverno; **sport** m sport m inv. invernale; **szeit** f periodo m invernale; **tag** m giorno m invernale; giornata f d'inverno.

Winzer ['vintsər] m (7) vendemmiatore m; (*Weinbauer*) vignaiolo m.

winzig ['vintsiç] minuscolo; ℒkeit f piccolezza f.

Wipfel ['vipfəl] m (7) vetta f.

Wippe ['vipə] f (15) bilico f; (*Schaukel*) altalena f; ℒn (25) v/i. fare all'altalena, altalenare; *mit et.* ~ muovere qc. su e giù.

wir [vi:r] noi; *im Gegensatz zu anderen:* noialtri.

Wirbel ['virbəl] m (7) vortice m; *des Kopfes:* cocuzzolo m; (*Rücken*ℒ)

vertebra f; (*Geigen*ℒ) pirolo m; (*Trommel*ℒ) rullo m; F *fig.* tumulto m; ℒig vorticoso; ℒlos invertebrato; ℒn (29) girare vorticosamente, turbinare; (*trillern*) trillare; *auf der Trommel* ~ sonare il tamburo; F stamburare; **säule** f colonna f vertebrale; **sturm** m ciclone m; **tier** n vertebrato m; **wind** m turbine m.

wirb(s)t [virp(s)t] s. werben.

wird [virt] s. werden.

wirf, st, t [virf(st)] s. werfen.

wirk|en ['virkən] (25) **1.** v/t. fare; (*weben*) tessere; *Teig:* gramolare; **2.** v/i. agire; fare effetto; ~ *für* lavorare per; *in einem Amt:* essere impiegato; *als Arzt* ~ fare il medico; er wirkt als Lehrer è maestro; *auf j-n* ~ influire su qu.; *lächerlich* ~ far ridere; **end** efficace; **e Ursache** f causa f efficiente; ℒer m (7) tessitore m; **lich 1.** adj. reale; effettivo; **2.** adv. veramente; davvero; *ich weiß* ~ nicht non so davvero; ℒlichkeit f realtà f; **lichkeitsnah** ['-liçkaitsna:] realistico, realista; ℒlichkeitssinn m realismo m, senso m pratico; **sam** efficace; (*wirkend*) attivo; ℒsamkeit f efficacia f; attività f; *in* ~ (od. *Kraft*) *sein Gesetze:* essere in vigore; ℒstoff m sostanza f attiva; ⚕ ormone m; vitamina f.

Wirkung ['-kuŋ] f effetto m; (*hervorgerufene Tätigkeit*) reazione f; **sbereich** m raggio m d'azione; **sfeld** n campo m d'azione; **sgrad** ⊕ m grado m di rendimento; **skraft** f efficacia f; **skreis** m campo m d'azione; ℒslos inefficace; senza effetto; ℒslosigkeit f inefficacia f; **svoll** di grande effetto, efficace; *fig.* impressionante.

wirr [vir] confuso; (*verwickelt*) intricato; *Haar:* disordinato; **es** Zeug reden dire sciocchezze; *mir ist* ~ *im Kopf* ho la testa confusa; '**en** pl. torbidi m/pl.; disordini m/pl.; '**kopf** m confusionario m; '**nis** f, ℒsal n groviglio m, confusione f; '**warr** m guazzabuglio m; caos m, confusione f, F Babele f.

Wirsing ['virziŋ], **kohl** m cavolo m verzotto, verza f.

Wirt [virt] m (3) padrone m (di casa); (*Gast*ℒ) oste m; (*Hotel*ℒ) albergatore m; (*Kaffee*ℒ) caffettiere m; '**in** f padrona f (di casa); ostessa f; albergatrice f; 'ℒlich ospitale.

Wirtschaft ['-ʃaft] f economia f; (Gast♀) ristorante m; osteria f; (Land♀) economia f rurale; (Haus♀) economia f domestica; governo m della casa; die ~ führen avere il governo della casa; die ~ führen avere il governo della casa; 2en (26) amministrare; im Haus: tenere il governo della casa; ~er m (7) economo m; massaio m; ~erin f (Angestellte) governante f; ~ler m (7) economista m; 2lich economico; (rentabel) redditizio; ~lichkeit f economicità f.

Wirtschafts... ['virtʃafts...]: in Zssgn mst economico; ~abkommen n accordo m economico; ~angelegenheiten f/pl. faccende f/pl. di casa; affari m/pl. economici; ~belebung f ripresa f economica; ~beziehungen f/pl. relazioni f/pl. economiche; ~buch n libro m delle spese; ~gebäude n economato m; ~geld n danaro m per le spese di casa; ~gemeinschaft f: Europäische ~ Comunità f Economica Europea; ~geographie f geografia f economica; ~hilfe f aiuti m/pl. economici; ~jahr n esercizio m; ~krise f crisi f economica; ~lage f situazione f economica; ~lehre f, ~wesen n economia f politica; ~minister m Ministro m del bilancio; ~ministerium n ministero m dell'economia; ~politik f politica f economica; 2politisch politico-economico; ~prüfer m perito revisore m contabile; ~wissenschaft f scienze f/pl. economiche; ~wunder n miracolo m economico.

Wirts|haus ['virtshaus] n ristorante m; birreria f, locanda f, (Weinhaus) osteria f; ~leute pl. padroni m/pl. (della locanda).

Wisch [viʃ] m (3²) (Papier) fogliaccio m; ²en (27) pulire; Staub ~ spolverare; Schweiß, Tränen: asciugare; Mal. sfumare; '~er m (7) Mal. sfumino m; (Tinten♀) puliscipenne m; fig. (Verweis) lavata f di capo; '~lappen m, '~tuch m cencio m, strofinaccio m.

Wisent ['vi:zɛnt] m (3) bisonte m.

Wismut ['vismu:t] n (3, o. pl.) bismuto m.

wispern ['vɪspərn] (29) sus(s)urrare.

Wiß|begier(de) ['visbəgi:r(də)] f voglia f di sapere; curiosità f; 2begierig bramoso di sapere; curioso;

wissen ['visən] **1.** (30) sapere; nicht ~ ignorare; soviel ich weiß per quanto io od. ch'io sappia; um et. ~ essere al corrente di qc.; ~ lassen far sapere; ~ Sie es gewiß? ne è sicuro?; **2.** n (6) sapere m; (Kenntnisse) cognizioni f/pl.; ohne mein ~ a mia insaputa; wider besseres ~ in mala fede; m-s ~s ch'io sappia; nach bestem ~ und Gewissen di miglior scienza e coscienza.

Wissenschaft ['--ʃaft] f scienza f; ~ler m (7) scienziato m; 2lich scientifico; ~lichkeit f carattere m scientifico; serietà f scientifica.

Wissens|drang ['--draŋ] m, ~durst m, ~trieb m bramosia f di sapere; 2wert degno d'essere noto; interessante; ~zweig m ramo m dello scibile; allg. scienza f; disciplina f.

wissentlich ['--tliç] **1.** adj. deliberato; **2.** adv. scientemente, apposta.

wittern ['vitərn] (29) fiutare (a. fig.).

Witterung ['--ruŋ] f tempo m; (Wittern) fiuto m; ~ von et. haben aver subodorato qc.; ~seinflüsse ['---s²amflysə] m/pl. influenze f/pl. atmosferiche; ~s-umschlag m cambiamento m di tempo; ~sverhältnisse n/pl. condizioni f/pl. meteorologiche (od. atmosferiche).

Witwe ['vitvə] f (15) vedova f; ~ngehalt n vedovile m; ~nschaft f, ~nstand m vedovanza f; ~r m (7) vedovo m.

Witz [vits] m (3²) spirito m; (Scherz) scherzo m; (witziger Einfall) spiritosaggine f, barzelletta f; (fauler ~) freddura f; ~e machen fare degli scherzi; '~blatt n giornale m umoristico; 2bold m ['-bɔlt] m (3) burlone m; freddurista m; ~e'lei f spiritosità f; '2eln (29) far dello spirito; über j-n ~ motteggiare qu.; '2ig spiritoso; '~igkeit f spirito m; '2los senza spirito.

wo [vo:] dove; ~ es auch sei dovunque; (= wenn) se; ~ nicht se no; ~'anders altrove.

wobei [vo:'bai] dove; relativisch: presso cui; in cui; oft mit Gerundium zu übersetzen: ~ er sagte dicendo; ~ es möglich ist, daß essendo possibile che.

Woche ['vɔxə] f (15) settimana f; ~n ⚕ pl. puerperio m.

Wochen... ['-xən]: in Zssgn settimanale; ~bericht m bollettino m settimanale; **~bett** n puerperio m; **~blatt** n (giornale m) settimanale m; **~ende** ['~ʾɛndə] n fine f settimana; **~endhaus** n casetta f per la fine settimana; **~geld** n, **~lohn** m paga f della settimana; **~karte** f biglietto m d'abbonamento settimanale; **2-lang** per settimane intere; **~markt** m mercato m settimanale; **~schau** f cinegiornale m; **~schrift** f periodico m settimanale; **~tag** m giorno m feriale; **2tags** nei giorni feriali.

wöchentlich ['vœçəntliç] **1.** *adj.* settimanale; **2.** *adv.* ogni settimana.

wochenweise ['vɔxənvaɪzə] a settimane.

Wöchnerin ['vœçnərin] f puerpera f; **~nenheim** n casa f di maternità.

wo|durch [vo:'durç] in che modo, per qual luogo; *relativ:* con cui, per la qual ragione; **~'fern** purché; **~ nicht** a meno che; **~'für** per che cosa; *relativ:* per cui, per la qual cosa.

wog, wöge [vo:k, 'vø:gə] s. wiegen.

Woge ['vo:gə] f (15) onda f.

wogegen [vo:'ge:gən] contro che; *relativ:* contro cui.

wogen ['vo:gən] (25) ondeggiare.

wo|her [vo:'he:r] di dove; donde; *fig.* come; **~ wissen Sie ...?** come sa ...?; **~ kommt es, daß ...?** come avviene (*od.* è) che ...?; **~'he'rum** da qual parte; **~'hin** dove; **~hi'naus** da che parte; **~'hin'gegen** mentre; **~'hinter** dietro a che; *relativ:* dietro cui.

wohl [vo:l] **1.** *adv.* bene; (*vielleicht*) forse; (*ungefähr*) all'incirca, più o meno; **~ oder übel** volente o nolente, per amore o per forza; **~ ihm, daß er ... bin per lui che ...;** *mir ist nicht* **~** non mi sento bene; **~ bekomm's!** buon prò!; *sich's* **~** *sein lassen* godersela; *leb* **~!** addio!; *leben Sie ...* **~!** stia bene!; *er tut* **~** *daran* fa bene; *ich nicht, er* **~** io no, egli sì; *es ist* **~** *so* sarà così; **2.** **2** *n* (3) bene m; benessere m; prosperità f; *auf Ihr* **~!** alla Sua salute!; **~'an** orsù!; **'~angebracht** bene applicato, opportuno; **'~anständig** decente; **~'auf** or via; **~ sein** star bene; **'~bedacht:** *alles* **~** tutto ben considerato; **'2behagen** n benessere m; *agio* m; **'~behalten** sano e salvo; **'~beleibt** corpulento; **'2-ergehen** n (6) be-

nessere m; salute f; **~erzogen** ['~ʾɛrtsoːgən] ben educato; **2fahrt** ['~faːrt] f (16, *o. pl.*) assistenza f sociale; pubblica assistenza f; carità f; '**2fahrts...:** ... del bene pubblico; ... della salute pubblica; '**2fahrtsamt** n ufficio m di assistenza sociale; '**2fahrts-einrichtung** f istituzione f assistenziale; **~feil** ['~faɪl] a buon mercato; '**~gebaut** Personen: ben fatto; '**2gefallen** n piacere m; '**~gefällig** compiacente, piacevole; **~gemeint** ['~gəmaɪnt] da amico; detto (fatto) con buona intenzione; '**~gemerkt!** ben inteso!; **~gemut** ['~gəmuːt] di buon umore; **~genährt** ['~gəneːrt] ben nutrito; **~geneigt** affezionatissimo; '**~geraten** costumato; ben fatto; '**2geruch** m (buon) odore m, profumo m; '**2geschmack** m buon gusto m; '**~gesinnt** ben intenzionato; '**~gesittet** morigerato; '**2gestalt** f bel personale m; '**~gezielt** ben aggiustato; '**~habend** benestante; '**2habenheit** f agiatezza f.

wohlig ['voːliç] piacevole; gradevole.

Wohl|klang ['voːlklaŋ] m, **~laut** m melodiosità f, armoniosità f; *Gram.* eufonia f; **2klingend** melodioso, armonioso; **2leben** n vita f di piaceri; **2meinend** bene intenzionato; **2riechend** fragrante; **2schmekkend** gustoso; saporito, squisito; **~sein** n salute f; **~stand** m prosperità f; **~standsgesellschaft** f società f del benessere; **~tat** f beneficio m; *fig.* sollievo m; **~täter** m benefattore m; **2tätig** benefico; **~tätigkeit** f beneficenza f; **~tätigkeits...** di beneficenza; **2tuend** ['~tuːənt] benefico; *fig.* gradevole; **2tun** fare del bene; *fig.* far bene; **2-überlegt** ponderato, ben considerato; **2-unterrichtet** ben informato; **2verdient** ben meritato; benemerito (*um* di); **2verstanden** ben inteso; **2verwahrt** ben custodito; **2weislich** prudentemente; **2wollen** v/i. voler bene; **~wollen** n (6) benevolenza f; **2wollend** benevolo.

'**Wohn|block** m caseggiato m; **2en** (25) abitare; *vorübergehend:* alloggiare; (*leben*) vivere; **~gebäude** n casa f; **2haft** domiciliato, residente; **~haus** n casa f di abitazione; **~küche** f cucina f con soggiorno; **2-**

lich comodo; **~lichkeit** f comodità f; **~ort** m residenza f; domicilio m; **~raum** m vano m; **~siedlung** f zona f residenziale; poligono m urbano; **~sitz** m, **~stätte** f domicilio m; dimora f; residenza f; **~stube** f stanza f di soggiorno.

Wohnung ['vo:nuŋ] f appartamento m; abitazione f; allogio m; amtlich: domicilio m; **~s-amt** n ufficio m alloggi; **~sbau** m costruzione f di case d'abitazione (sozialer ~ a fitto limitato); **~sfrage** f problema m degli alloggi; **~sgeldzuschuß** m indennità f d'alloggio; 2slos senza dimora; **~smangel** m penuria f di alloggi; **~smiete** f (af)fitto m; **~snachweis** m agenzia f alloggi; **~snot** f crisi f delle abitazioni; mancanza f d'abitazioni; **~stausch** m permuta f d'alloggio; **~sschild** n targhetta f; **~ssuche** f ricerca f d'alloggio; **~swechsel** m cambiamento m di domicilio.

Wohn|viertel ['vo:nfirtǝl] n quartiere m residenziale; **~wagen** Kfz. m rimorchio m da campeggio, roulotte f; **~zimmer** n (stanza f di) soggiorno m.

wölb|en ['vœlbǝn] (25) inarcare; Δ fabbricare a volta; 2ung f inarcamento m; volta f; curvatura f; concavità f.

Wolf [vɔlf] m (3³) Zo. lupo m; ✠ escoriazione f; (Fleisch2) tritacarne m.

Wölf|in ['vœlfin] f lupa f; 2isch da lupo.

Wolfram ⚗ ['vɔlfram] n (3¹, o. pl.) tungsteno m.

Wolfs|eisen ['vɔlfs⁹aızǝn] n tagliola f; **~grube** f trabocchetto m da lupo; **~höhle** f tana f da lupo; **~hund** m cane m lupo; **~hunger** m fame f da lupo; **~jagd** f caccia f al lupo; **~milch** 💲 euforbia f; latte m di lupo; **~rachen** m gola f di lupo.

Wölkchen ['vœlkçǝn] n (6) nuvoletta f.

Wolke ['vɔlkǝ] f (15) nuvola f; poet. nube f; Rauch, Staub a.: nuvolo m.

Wolken|bruch ['vɔlkǝnbrux] m nubifragio m; 2bruch-artig torrenziale; **~kratzer** ['--kratsǝr] m grattacielo m; 2los sereno; **~wand** f cortina f di nubi; **~zug** m passaggio m delle nuvole.

wolkig ['vɔlkiç] nuvoloso.

Woll... ['vɔl...]: in Zssgn oft di lana; **~e** f (15) lana f; sich in die ~ geraten accapigliarsi; 2en¹ adj. di lana.

wollen² ['vɔlǝn] 1. (30) volere; (wünschen) desiderare; (fordern) chiedere, esigere; (behaupten) pretendere, affermare; lieber ~ preferire; irgendwohin ~ voler andare in qualche luogo; hinaus~ voler uscire; da ist nichts zu ~ non c'è nulla da fare; wir ~ sehen vedremo; das will ich hoffen! lo spero bene!; das wollte ich meinen! lo credo bene!; es will mir scheinen a me parrebbe; es sei, wie es wolle sia come sia; gewollt adj. intenzionale; intenzionato; 2. 2 n (6) volontà f.

Woll|fabrik ['vɔlfabri:k] f lanificio m; **~garn** n filo m di lana; **~haar** n capelli m/pl. lanosi; 2ig lanoso; **~industrie** f industria f laniera; **~spinnerei** f lanificio m; **~stoff** m tessuto m di lana.

Wol|lust ['vɔlust] f (14¹) voluttà f; Laster: lussuria f, libidine f; 2lüstig ['-lystiç] voluttuoso; libidinoso, lussurioso; **~lüstling** ['-lystliŋ] m (3¹) libertino m.

Woll|waren ['vɔlva:rǝn] f/pl., **~zeug** n articoli m/pl. di lana, lanerie f/pl.

wo|mit [vo:'mit] con che, con quale; relativ: con cui; ~ kann ich Ihnen dienen? in che cosa posso servirLa?; das ist es, ~ ich nicht zufrieden bin ecco di che non sono contento; **~'möglich** possibilmente; **~'nach** dopo di che; secondo la qual cosa; ~ fragt er? che cosa domanda?; ~ schmeckt es? che gusto ha?

Wonne ['vɔnǝ] f (15) delizia f; **~gefühl** n sentimento m delizioso; **~monat** m, **~mond** m maggio m; 2selig, 2trunken ['--ze:liç, '--truŋkǝn] ebbro di voluttà; 2voll, **wonnig** ['-niç] delizioso.

wo|ran [vo:'ran] a che; relativ: a cui; **~'rauf** su che; relativ: su cui; **~'raus** di dove; dalla qual cosa; **~'rein** dove; relativ: in cui; nella qual cosa.

Worfel ['vɔrfǝl] f (15) ventilabro m; 2n (29) ventilare.

worin [vo:'rin] in che; relativ: in cui, nella qual cosa.

Wort [vɔrt] n (3, einzeln: 1²) parola f; (Ausdruck) espressione f, termine m; Rel. Verbo m; auf mein ~! sulla mia parola!; _ums ~ bitten_ chiedere la parola; _kein ~ davon!_ non ne fare parola!; _mit anderen ~en_ in altri termini; _ein ~ (Zahlen)_ in lettere; _bei diesen ~en_ a queste parole; _mit e-m ~_ in una parola; _nicht zu ~e kommen_ non riuscire a parlare; _das große ~ führen_ farsi notare a parole; _das ~ ergreifen_ prendere la parola; '**~abstammung** f etimologia f; '**~akzent** m accento m tonico; '**~bruch** m violazione f della fede data, mancanza f di parola; '2̲**brüchig** fedifrago.

Wörtchen ['vœrtçən] n (6) parolina f.

Wörter|buch ['vœrtərbu:x] n dizionario m; **~verzeichnis** n indice m (delle parole); vocabolario m; glossario m.

wörtlich ['vœrtliç] **1.** _adj._ letterale; testuale; **2.** _adv._ alla lettera.

wort|los ['vɔrtlo:s] _adv._ senza dire parola, **~reich** ricco di parole, verboso; 2̲**schatz** m vocabolario m, patrimonio m lessicale; 2̲**schwall** m fiumana f di parole; 2̲**sinn** m senso m letterale; 2̲**spiel** n gioco m di parole; 2̲**stellung** f ordine m delle parole; 2̲**streit** m diverbio m; 2̲**tarif** m tariffa f per parola; 2̲**verdreher** ['-fɛrdre:ər] m (7) storpiaparole m; 2̲**verdrehung** f storpiamento m di parole; 2̲**wechsel** m diverbio m; **~'wörtlich** testualmente.

wo|rüber [vo:'ry:bər] su che; _relativ:_ su cui; **~'rum** di (a, per) che; _relativ:_ di (a, per) cui; **~'runter** sotto che; fra che; _relativ:_ sotto cui; fra cui; **~'selbst** dove; **~'von** di che, _relativ:_ di cui; **~'vor** da che, davanti a che, di che; _relativ:_ da cui, davanti a cui, di cui; **~'zu** a che, perché; a che prò, a che fine; _relativ:_ a cui, alla qual cosa.

Wrack [vrak[n (11 _u._ 3) rottami m/pl. (_od._ avanzi m/pl.) d'una nave; _a. fig._ carcassa f.

wring|en ['vriŋən] (30) strizzare la biancheria; 2̲**maschine** f strizzatrice f.

Wucher ['vu:xər] m (7) usura f; **~er** m (7) usuraio m; **~geschäft** n affare m da usuraio; **~isch** usurario; 2̲**n** (29) esercitare l'usura; _Pflanzen:_ lussureggiare; 🌿 proliferare; _sein Geld ~ lassen_ usureggiare col suo danaro; **~preis** m prezzo m esorbitante; **~ung** f vegetazione f rapida; 🌿 escrescenza f; **~zins** m interesse m usurario.

Wuchs [vu:ks] m (4, _o. pl._) crescenza f, sviluppo m; (_Gestalt_) statura f.

Wucht [vuxt] f (16) (_Gewicht_) peso m; (_Masse_) mole f; _fig._ impeto m, veemenza f; 2̲**en** (26) **1.** _v/i._ pesare; **2.** _v/t._ sollevare con una leva; 2̲**ig** pesante; _fig._ veemente, violento, impetuoso; _Schlag:_ poderoso.

Wühl|arbeit ['vy:l ̣arbaɪt] f sovversivismo m, sobillazione f; agitazione f clandestina; 2̲**en** (25) scavare; _Schwein:_ grufolare; _sich in die Erde:_ nascondersi; _fig._ frugacchiare; _Pol._ agitare gli animi, fomentare la rivolta; _gegen j-n:_ lavorare sott'acqua; **~er** m (7) mestatore m, agitatore m; 2̲**erisch** sedizioso; **~maus** f topo m di campagna.

Wulst [vulst] m (3² u. ³) rigonfio m; _Haare:_ batuffolo m; _Kleidung:_ sgonfio m; _Auto:_ tallone m; (_Kissen_) cuscinetto m; 🌿 protuberanza f; 2̲**ig** gonfio; _Lippe:_ tumido.

wund [vunt] _adj._ (im)piagato; **~e** _Stelle_ piaga f; _fig._ punto m debole; _sich et. ~ laufen_ impiagarsi qc. a forza di correre; '2̲**-arzt** m chirurgo m; 2̲**e** ['-də] f (15) ferita f; (_Wundfläche_) piaga f (_a. fig._).

Wunder ['vundər] n (7) miracolo m; prodigio m; meraviglia f; _die sieben ~ der Welt_ le sette meraviglie del mondo; _kein ~_ non c'è da meravigliarsi; _es nimmt mich 2_ mi stupisce; _sich (dat.) 2 was einbilden_ credersi chissà che cosa; **~arzt** m ciarlatano m; 2̲**bar** (_übernatürlich_) miracoloso; (_staunenerregend_) meraviglioso; 2̲**barer'weise** strano a dirsi; **~ding** n cosa f meravigliosa; prodigio m; **~erscheinung** f apparizione f miracolosa; **~geschichte** f storia f meravigliosa; ~glaube *m* fede *f* nei miracoli; 2'hübsch graziosissimo; ~kind *n* bambino *m* prodigio; ~land *n* paese *m* incantato (*od.* delle favole); ~laterne *f* lanterna *f* magica; 2lich stravagante, strano; ~lichkeit *f* stravaganza *f*; ~märchen *n* racconto *m* fantastico (*od.* di fate); ~mittel *m* toccasana *m*; 2n (29): sich ~ meravigliarsi (*über ac.* di); 2nehmen: es nimmt mich wunder sono sorpreso; 2'schön bellissimo; ~tat *f* miracolo *m*; ~täter *m* (7) taumaturgo *m*; 2tätig miracoloso; ~tier *n* animale *m* prodigioso; F fenomeno *m*; 2voll meraviglioso; ~werk *n*, ~zeichen *n* prodigio *m*.

Wund|fieber ['vuntfi:bər] *n* febbre *f* traumatica; 2liegen: sich ~ impiagarsi; ~mal *n* cicatrice *f*; *Rel.* stigmata *f*; ~salbe *f* unguento *m* vulnerario; ~starrkrampf *m* tetano *m*.

Wunsch [vunʃ] *m* (3² u. ³) desiderio *m*; (*Glück*2) augurio *m*; auf ~ a richiesta; nach ~ a piacere, a discrezione; '~bild *n* ideale *m*.

Wünschel|rute ['vynʃəlru:tə] *f* bacchetta *f* divinatoria; ~rutengänger ['----gəŋər] *m* (7) rabdomante *m*.

wünschen ['-ʃən] (27) desiderare; *j-m et.*: augurare; *j-m* einen Tag usw.: dare; was ~ Sie? cosa desidera?; ~swert desiderabile.

wunsch|gemäß ['vunʃgəmɛ:s] come desiderato; 2konzert *n* concerto *m* di musiche richieste; ~los senza desideri; contento; 2traum *m* desiderio *m*, ideale *m*; 2zettel *m* lista *f* dei desideri.

Würde ['vyrdə] *f* (15) dignità *f*; (*Amt*) grado *m*; ~n pl. onori *m/pl.*; s-r ~ et. vergeben compromettere la sua dignità; 2los indegno; ~losigkeit *f* condotta *f* indegna; ~nträger *m* autorità *f*; dignitario *m*; 2voll pieno di dignità, dignitoso, grave, solenne.

würdig ['vyrdiç] degno; (*würdevoll*) dignitoso; sich e-r Sache ~ erweisen dimostrarsi degno di qc.; ~en ['--gən] (25) apprezzare; *j-n e-r Sache* ~ degnare qu. di qc.; 2keit *f* dignità *f*; (*Verdienst*) merito *m*; 2ung *f* apprezzamento *m*; degnazione *f*.

Wurf [vurf] *m* (3³) getto *m*; lancio *m*; *Kegel*: colpo *m*; *Würfel*: tiro *m*;

Brut: figliata *f*; (*Stein*2) sassata *f*; (*Meisterwerk*) capolavoro *m* d'un getto; *j-m* in den ~ kommen capitare tra i piedi a qu.; '~anker ⚓ *m* ancora *f* di rimorchio; '~bahn *f* traiettoria *f*; '~blei *n* scandaglio *m*.

Würfel ['vyrfəl] *m* (7) dado *m* (*a.* Suppen2); Å cubo *m*; (*Eis*2) cubetto *m*; die ~ sind gefallen il dado è tratto; ~becher *m* bussolotto *m*; ~brett *n* tavoliere *m*; 2förmig cubiforme; Stoff: a scacchiera; 2ig cubico; 2n (29) 1. v/i. giocare ai dadi; 2. v/t. fare (tagliare) a quadretti *od.* a dadi; gewürfelt a scacchiera; ~spiel *n* gioco *m* dei dadi; ~zucker *m* zucchero *m* in quadretti (*od.* dadi).

Wurf|geschoß ['vurfgəʃɔs] *n* proiettile *m*; 2linie *f* linea *f* di proiezione; ~maschine *f* catapulta *f*; ~netz *n* lanciatoia *f*; ~scheibe *f* disco *m*; ~sendung *f* & spedizione *f* in massa di stampati; ~speer *m*, ~spieß *m* giavellotto *m*.

würg|en ['vyrgən] (25) 1. v/i. non poter mandar giù; er würgt an diesem Bissen questo boccone quasi lo soffoca; 2. v/t. strozzare; Bissen: ingoiare; 2-engel *m* (7) 'º-ɛŋəl) *m* angelo *m* sterminatore; 2er *m* (7) strozzatore *m*; Zo. lanario *m*; ~erisch sterminatore; 2falke *m* falcone *m* lanario.

Wurm [vurm] *m* (1²) verme *m*; (*Finger*2) panereccio *m*; F (*Kind*) creatura *f*; 'º-abtreibend vermifugo; 'º-ähnlich vermicolare.

Würmchen ['vyrmçən] *n* (6) vermicetto *m*; F (*Kind*) creaturina *f*.

wurm|en ['vurmən] (25) fig. unpers. rodere; das wurmt mich mi rode il cuore; ~förmig vermicolare; 2fraß *m* tarlatura *f*; 2mehl *n* tarlatura *f*; 2mittel *n* vermifugo *m*; 2stich *m* intarlatura *f*; ~stichig ['-ʃtiçiç] tarlato; Obst: bacato.

Wurst [vurst] *f* (14¹) salsiccia *f*; salame *m*; F es ist mir ~ me n'importa un fico (*od.* un cavolo); '~blatt F *n* giornalaccio *m*.

Würstchen, Würstel ['vyrstçən, '-stəl] *n* (6, 7) salsicciotto *m*, vurstel *m*.

wurst|eln ['vurstəln] (29) F seguire il solito andazzo; (*pfuschen*) acciabattare; ~en (26) fare salsicce; 2händler *m* salumiere *m*; 2hand-

lung f salumeria f; **~ig** F indifferente; **2igkeit** F f indifferenza f; **2-kessel** m: F im ~ sitzen essere nei pasticci; **2macher** m salsicciaio m; **2waren** f/pl. insaccati m/pl.; salumi m/pl.

Würze ['vyrtsə] f (15) spezie f/pl.; Kochk. u. fig. condimento m; des Weines: aroma m.

Wurzel ['vurtsəl] f (15) radice f; (Zahn2) radica f; **~ fassen** mettere radici, attecchire; **~behandlung** 🔩 f trattamento m della radica; **~faser** f fibrilla f (della radice); **2los** fig. senza patria; **2n** (29) radicare; fig. avere le radici; **~reis** n, **~schößling** m rimessiticcio m; **~stock** m rizoma m; **~werk** n barbe f/pl.; **~wort** n radice f; **~zeichen** n (segno m) radicale m; **~ziehen** ⅋ n estrazione f della radice.

würz|en ['vyrtsən] (27) condire (a. fig.); aromatizzare; **~ig** aromatico; saporito.

wusch, wüsche [vu:ʃ, 'vy:ʃə] s. waschen.

wußte, wüßte ['vustə, 'vystə] s. wissen.

Wust [vu:st] m (3², o. pl.) farragine f.

wüst [vy:st] m deserto; Kopf: confuso; Leben: dissoluto; '2e f (15) deserto m; 2e'nei f deserto m; '2heit f stato m deserto; (Verwirrung) confusione f; (Ausschweifung) dissolutezza f; 2-ling ['-lin] m (3¹) libertino m.

Wut [vu:t] f (16, o. pl.) rabbia f, furore m, furia f; (Sucht) mania f; in ~ geraten andare in furia; '~an-fall m accesso m di rabbia.

wüten ['vy:tən] (26) infuriare; Sturm: imperversare; Seuche: infierire; **~d** furente; furioso, arrabbiato; ~ machen far arrabbiare; ~ werden arrabbiarsi.

wut|entbrannt, ~erfüllt ['vu:t-?entbrant, '-?erfylt] furibondo.

Wüterich ['vy:təriç] m (3) uomo m furioso; blutdürstiger: sanguinario m.

wütig ['vy:tiç] Hund: rabbioso, idrofobo.

wutschnaubend ['vu:tʃnaubənt] sbuffante dalla rabbia.

X

X, x [iks] n uv. X, x m u. f; ein X für ein U vormachen vendere lucciole per lanterne; Herr X il signor N.

X|-Beine ['iksbainə] n/pl. gambe f/pl. storte; **~beinig** ['-bainiç] dalle gambe storte; '2-beliebig uno qualsiasi, un tizio; '2-mal mille volte, chissà quante volte.

Xylo|graph [ksylo'gra:f] m (12) silografo m; **~phon** ♪ [--'fo:n] n (3¹) silofono m.

Y

Y, y ['ypsilon] n uv. Y, y m u. f.

Yankee ['jɛnki:] m (11) yankee m.

Yard [ja:rt] n (11) iarda f.

Ysop ⚤ ['i:zɔp] m (3¹) issopo m.

Z

Z, z [tset] *n uv.* Z, z *m u. f.*

Zack|e ['tsakə] *f* (15), **~en¹** *m* (6) (*Spitze*) punta *f*; *Kamm*, *Säge*: dente *m*; *Spitzen*: merletto *m*; (*Geweih*) ramo *m*; **~en²** (25) dentellare; *Kleidung*: merl(ett)are; **~enförmig** a punta; a merletto; **~enlinie** *f* linea *f* a zig zag; **~ig** dentato; merlettato; F *fig. (schneidig)* marziale.

zag|en ['tsa:gən] **1.** (25) aver paura; (*zaudern*) esitare, tentennare; **2.** **~en** *n* (6) sgomento *m*; esitazione *f*; **~haft** ['-khaft] timido; pauroso; irresoluto; **⅋haftigkeit** *f* timidità *f*; irresolutezza *f*.

zäh [tsɛ:] tenace; *Fleisch*: tiglioso; duro; '**~flüssig** viscoso; '**⅋igkeit** *f* tenacia *f*; durezza *f*.

Zahl [tsa:l] *f* (16) numero *m*; (*Zahlzeichen*) cifra *f*; (*Anzahl*) quantità *f*; '**~adverb** *n* avverbio *m* numerale; '**⅋bar** pagabile.

zählbar ['tsɛ:lba:r] numerabile.

zahlen ['tsa:lən] (25) pagare; *Kellner*, **~!** cameriere, il conto!; *was habe ich zu* **~**? quanto le devo?; **~des Mitglied** *n* socio *m* contribuente.

zählen ['tsɛ:lən] (25) contare; *j-n unter s-e Freunde* **~** annoverare qu. tra i suoi amici; *auf j-n* **~** fare assegnamento su qu.

Zahlen|angaben ['tsa:lən⁹anga:bən] *f/pl.* dati *m/pl.* numerici; **~folge** *f* serie *f* di numeri; **~gedächtnis** *n* memoria *f* per i numeri; **~größe** *f* quantità *f* numerica; **~lehre** *f* aritmetica *f*; **⅋mäßig** numerico; **~material** *n* materiale *m* statistico; **~schloß** ⊕ *n* serratura *f* a combinazione; **~system** *n* sistema *m* aritmetico; **~verbindung** *f* combinazione *f* di numeri; **~verhältnis** *n* proporzione *f* numerica; **~wert** *m* valore *m* numerico.

Zahler(in) *f* (7) ['tsa:lər(in)] pagatore -(trice) *m* (*f*).

Zähler ['tsɛ:lər] *m* (7) (*a.* ⊕) contatore *m*; ⅍ numeratore *m*; (*Stimmen⅋*) scrutatore *m*.

Zahl|karte ⅌ ['tsa:lkartə] *f* giro *m*

postale; **⅋los** innumerevole; **~meister** *m* tesoriere *m*; ⅍ ufficiale *m* contabile; **⅋reich 1.** *adj.* numeroso; **2.** *adv.* in gran numero; **~stelle** *f* cassa *f*; **~tag** *m* giorno *m* di pagamento; giorno *m* dei pagamenti; **~tisch** *m* banco *m*.

Zahlung ['tsa:luŋ] *f* pagamento *m*; *eine* **~** *leisten* fare (*od.* effettuare) un pagamento; *in* **~** *geben* (*nehmen*) dare (prendere) in pagamento.

Zählung ['tsɛ:luŋ] *f* numerazione *f*; (*Volks⅋*) censimento *m*; *der Stimmen*: spoglio *m*.

Zahlungs... ['tsa:luŋs...]: *in Zssgn* di pagamento, **~anweisung** *f* mandato *m* di pagamento; **~aufforderung** *f* intimazione *f* di pagamento; **~aufschub** *m* proroga *f*, dilazione *f* di pagamento; **~bedingungen** *f/pl.* condizioni *f/pl.* di pagamento; **~befehl** *m* ordine *m* di pagamento; **~bilanz** *f* bilancio *m* dei pagamenti; **~einstellung** *f* sospensione *f* dei pagamenti; **~erleichterung** *f* facilitazione *f* di pagamento; **⅋fähig** solvente; **~fähigkeit** *f* solvibilità *f*; **~frist** *f* termine *m* di pagamento; **~mittel** *n* mezzo *m* di pagamento; **~ort** *m* *e-s Wechsels*: domicilio *m*; **~schwierigkeit** *f* difficoltà *f* finanziaria; **⅋-unfähig** insolvente; **~unfähigkeit** *f* insolvibilità *f*; **~verkehr** *m* movimento *m* dei pagamenti; **~verweigerung** *f* rifiuto *m* di pagamento; **~weise** *f* modalità *f/pl.* di pagamento.

Zählwerk ['tsɛ:lvɛrk] *n* meccanismo *m* contatore.

Zahlwort ['tsa:lvɔrt] *n* nome *m* (*od.* aggettivo *m*) numerale.

zahm [tsa:m] mansueto; (*gezähmt*) addomesticato; **~** *werden* mansuefarsi; **~** *machen* ammansire.

zähm|bar ['tsɛ:mba:r] addomestichevole; domabile; **⅋barkeit** *f* addomestichevolezza *f*; domabilità *f*; **~en** (25) addomesticare; *Tiere*: domare; *Leidenschaft*: frenare; **⅋ung** *f* addomesticamento *m*; domatura *f*.

Zahmheit ['tsɑ:mhaɪt] f mansuetudine f.

Zahn [tsɑ:n] m (3³) dente m; F j-m auf den ~ fühlen toccare il polso a qu.; Zähne bekommen mettere i denti; F Haare auf den Zähnen haben aver peli sulla lingua; j-m die Zähne zeigen fig. mostrare i denti a qu.; '~**arzt** m, '~**ärztin** f dentista m u. f; '~**bildung** f dentizione f; ~**bürste** f spazzolino m per i denti.

Zähne|fletschen ['tsɛ:nəfletʃən] n (6), ~**knirschen** ['--knirʃən] n (6) digrignamento m di denti; ♀**flet-schend** ringhiante; ~**klappern** n (6) sgretolio m di denti.

zahnen ['tsɑ:nən] (25) **1.** v/i. mettere i denti; **2.** v/t. addentellare; **3.** ♀ n (6) dentizione f.

Zahn... ['tsɑ:n...]: in Zssgn oft 🦷 dentale; ~**ersatz** m dentiera f; protesi f dentale; ~**fäule** f carie f; ~**fleisch** n gengiva f; ~**füllung** f impasto m; ~**heilkunde** f odontoiatria f; ~**höhle** f alveolo m; im Zahn: cavità f; ♀ig dentato; ~**klinik** f clinica f odontoiatrica; ~**kranz** ⊕ m corona f dentata; ~**krone** f corona f del dente; ♀**los** sdentato; ~**losig-keit** f mancanza f di denti; ~**lücke** f vuoto m nella dentatura; ~**paste** f pasta f dentifricia; ~**pflege** f cura f dei denti; ~**pulver** n polvere f dentifricia; ~**rad** n ruota f dentata; pignone m; ~**radbahn** f ferrovia f a cremagliera; ~**radgetriebe** n ingranaggio m; ♀**reinigend** dentifricio; ~**schmelz** m smalto m dei denti; ~**schmerz** m mal m di denti; ~**stein** m tartaro m; ~**stocher** ['-ʃtɔxər] m (7) stuzzicadenti m; ~**techniker** m odontotecnico m, dentista m; ~**ung** f dentatura f; ~**wechsel** m seconda dentizione f; ~**weh** n s. Zahnschmerz; ~**wurzel** f radice f del dente; ~**ziehen** n (6) estrazione f di denti.

Zander ['tsandər] Zo. m (7) luccioperca m.

Zange ['tsaŋə] f (15) tenaglie f/pl.; (Geburts♀) forcipe m; (Zucker♀, Feuer♀) molle f/pl.; ~**ngeburt** 🔬 f parto m strumentale.

Zank [tsaŋk] m (3, o. pl.) lite f, contesa f; ~ anfangen attaccar lite; '~**apfel** m pomo m della discordia; '♀**en** (25): sich ~ litigare, bisticciarsi.

Zänk|er ['tsɛŋkər] m (7) attaccabrighe m; ~**e'rei** f contese f/pl. continue; ♀**isch** litigioso.

Zank|sucht ['tsaŋkzuxt] f mania f di litigare, ♀**süchtig** ['-zyçtiç] litigioso; ~**er Mensch** liticone m.

Zäpfchen ['tsɛpfçən] n (6) Anat. ugola f; 🔬 supposta f.

zapfen ['tsapfən] **1.** v/t. (25) spillare; **2.** ♀ m (6) zaffo m, caviglia f; (Faß♀) tappo m; ♀ strobilo m; (Stift) pernio m; ♀**bohrer** ⊕ m spillo m; ♀**loch** n im Faß: cocchiume m; ♀**streich** ✕ m ritirata f; coprifuoco m.

Zapfsäule ['tsapfzɔylə] f distributore m.

zapp(e)lig ['tsap(ə)liç] irrequieto.

zappeln ['tsapəln] (29) dibattersi; mit et. ~ dimenare qc.; F j-n ~ lassen tenere qu. sulla corda.

Zarge ['tsargə] f (15) ⊕ cornice f; e-s Fensters: telaio m.

zart [tsɑ:rt] tenero; (schwach, zartfühlend) delicato; Mal. morbido; ~**besaitet** ['-bəzaɪtət] sensibile; suscettibile; ~**fühlend** delicato; '♀**gefühl** n delicatezza f; '♀**heit** f tenerezza f; delicatezza f; morbidezza f; (s. zart).

zärtlich ['tsɛ:rtliç] affettuoso; ♀**keit** f tenerezza f, affetto m; (Liebkosung) carezza f.

Zäsur [tsɛ'zu:r] f (16) cesura f.

Zauber ['tsaubər] m (7) incanto m; nur fig.: fascino m; fauler ~ imbroglio m, inganno m; ~**buch** n libro m di magia; ~**ei** [--'raɪ] f magia f; ~**er** m (7) mago m; ♀**flöte** f flauto m magico; ~**formel** f formula f magica; ♀**haft** magico; fig. incantevole, affascinante; ~**in** f maga f; ♀**isch** magico; fig. incantevole; ~**kasten** m cassetta f magica; ~**kraft** f potere m magico; ~**kreis** m cerchio m magico; ~**kunst** f magia f; ~**künstler** m prestigiatore m; ~**kunststück** ['--kunstʃtyk] n gioco m di prestigio; ~**land** n paese m incantato; ~**laterne** f lanterna f magica; ~**lehrling** m apprendista m mago; ~**mittel** n incanto m; ♀**n** (29) esercitare la magia; fare giochi di prestigio; ~**reich** n regno m degli incanti; ~**schlaf** m sonno m magico; ~**spruch** m formula f magica; incantesimo m; ~**stab** m bacchetta f magica; ~**stück**

n sortilegio *m*, colpo *m* di magia; *Thea.* fantasmagoria *f*; ~**trank** *m* filtro *m* magico; ~**welt** *f* mondo *m* incantato; ~**werk** *n* incanti *m/pl.*; ~**wort** *n* parola *f* magica; ~**zeichen** *n* segno *m* magico.

Zauder|er ['tsaudərər] *m* (7) uomo *m* indeciso; temporeggiatore *m*; **2n** (29) esitare; (*abwarten*) temporeggiare.

Zaum [tsaum] *m* (3³) briglia *f*; *fig. nur:* freno *m*; *im* ~ *halten* frenare.

zäumen ['tsɔymən] (25) imbrigliare.

Zaumzeug ['tsaumtsɔyk] *n* finimenti *m/pl.*

Zaun [tsaun] *m* (3³) siepe *f*; *aus Holz:* steccanato *m*; *einen Streit vom* ~ *brechen* provocare una lite (*od.* un conflitto); ~**gast** *m* spettatore *m* senza biglietto (chi assiste ad uno spettacolo dal di fuori della steccanata); '~**könig** *Zo.* *m* scricciolo *m*; '~**pfahl** *m*: *fig.* Wink *m* mit dem ~ avvertimento *m* energico.

zausen ['tsauzən] (27) acciuffare; *Haare:* arruffare.

Zebra *Zo.* ['tse:bra] *n* (11) zebra *f*; ~**streifen** *m* passaggio *m* pedonale.

Zech|bruder ['tsɛçbru:dər] *m* beone *m*; ~**e** *f* (15) scotto *m*; ⚒ miniera *f*; *die* ~ *bezahlen* pagare il conto; **2en** (25) sbevazzare; ~**er** *m* (7) bevitore *m*, beone *m*; ~**erei** [-çə'raɪ] *f*, ~**gelage** *n* baccanale *m*; F gran bevuta *f*; ~**preller** ['-prɛlər] *m* (7) chi scappa senza aver pagato il conto; truffatore *m*; ~**prellerei** [---'raɪ] *m* (16) truffa *f* a danno dell'oste.

Zecke *Zo.* ['tsɛkə] *f* (15) zecca *f*.

Zeder ♀ ['tse:dər] *f* (15) cedro *m*; ~**n-saft** *m* cedrata *f*.

Zeh [tse:] *m* (5), ~**e** ['tse:ə] *f* (15) dito *m* del piede; *große* ~ alluce *m*; '~**enspitze** *f*: *auf* ~ *n* sulla punta dei piedi.

zehn [tse:n] **1.** *adj.* dieci; *etwa* ~ una diecina; **2.** **2** *f* (16) dieci *m*; '**2-eck** *n* decagono *m*; '**2-eckig** ['-⁹ɛkiç] decagonale; **2ender** ['-⁹ɛndər] *m* (7) cervo *m* di dieci palchi; '**2er** *m* diecino *m*; 及 decina *f*; '~**er'lei** di dieci specie; '~**fach**, '~**jährig** decenne; '~**jährlich** decennale; '~**mal** dieci volte; '~**malig** ripetuto dieci volte; **2'pfennigstück** *n* pezzo *m* da dieci pfennig; diecino *m*; '~**silbig** decasillabo; '~**stündig** di dieci ore; '~**tägig** di dieci giorni; '~**tausend**

diecimila: *die oberen* **2** l'alta società; '~**te(r)** *adj.* decimo; '**2te** *m* decima *f*; '**2tel** *n* decimo *m*, decima parte *f*; '~**tens** in decimo luogo; '~**zeilig** di dieci linee.

zehr|en ['tse:rən] (25) vivere, nutrirsi, campare (*von di*); (*verzehren*) consumare; *Seeluft, Sport:* eccitare l'appetito; far dimagrire; ~**end** consuntivo; ~**es Fieber** *n* febbre *f* etica; **2geld** *n* viatico *m*; **2ung** *f* vitto *m*; (*Ver2*) consumazione *f*; *Rel.* letzte ~ viatico *m*.

Zeichen ['tsaɪçən] *n* (6) segno *m*; (*An2*) indizio *m*; (*Erkennungs2*) marca *f*, contrassegno *m*; 及 segnale *m*; † marca *f*; ♒ sintomo *m*; (*Stern2*) costellazione *f*; (*Wink*) cenno *m*; *ein* ~ *von Freundschaft* una testimonianza d'amicizia; *unter einem glücklichen* ~ *geboren* nato sotto una buona stella; *er ist seines* ~*s Schneider* è sarto di professione; *wir leben im* ~ *des ...* viviamo nell'epoca del ...; ~**brett** *n* tavoletta *f* da disegno; ~**buch** *n* album *m* da disegni; ~**deuter** *m* astrologo *m*; ~**erklärung** *f* spiegazione *f* delle sigle; ~**feder** *f* pennino *m* da disegno; ~**kohle** *f* carboncino *m* da disegno; ~**kunst** *f* arte *f* del disegno; ~**lehrer** *m* insegnante *m* (professore *m*) di disegno; ~**mappe** *f* cartella *f* da disegno; ~**papier** *n* carta *f* da disegno; ~**saal** *m* sala *f* da disegno; ~**schrift** *f* geroglifici *m/pl.*; ~**setzung** ['--tsetsuŋ] *f* interpunzione *f*; ~**sprache** *f* linguaggio *m* con cenni; mimica *f*; ~**stift** *m* lapis *m*; ~**tisch** *m* tavola *f* da disegnare; ~**trickfilm** *m* cartone *m* animato; ~**vorlage** *f* modello *m* da disegno.

zeichn|en ['tsaɪçnən] **1.** (26) segnare; *Mal.* disegnare; (*unter~*) sottoscrivere; firmare; *Plan:* tracciare; *Wäsche usw.:* marcare; **2.** **2en** *n* (6) disegno *m*; **2er** *m* (7) disegnatore *m*; sottoscrittore *m*; ~**erisch** grafico; **2ung** *f* segnatura *f*; disegno *m*; sottoscrizione *f*.

Zeigefinger ['tsaɪɡəfiŋər] *m* indice *m*.

zeig|en ['tsaɪɡən] (25) mostrare; *Umgangssprache:* far vedere; *nach:* indicare; *Uhr, Thermometer:* segnare; *das wird sich* ~ vedremo; *das wird sich bald* ~ si vedrà fra breve; *es zeigt sich, daß* si vede che; *sich* ~

farsi vedere; 2er *m* (7) indicatore *m*; (*Uhr*2) lancetta *f*; 2estock *m* bastone *m* indicatore.

zeihen ['tsaıən] (30) incolpare, accusare (*j-n e-r Sache* qu. di qc.).

Zeile ['tsaılə] *f* (15) linea *f*; (*Reihe*) fila *f*; (*Straße*) corso *m*; ~n-abstand *m* interlinea *f*; 2nweise a linee.

Zeisig *Zo*. ['tsaızıç] *m* (3) lucarino *m*.

Zeit [tsaıt] *f* (16) tempo *m*; (*Jahres*2) stagione *f*; (*Zeitraum*) periodo *m*; (*Zeitalter*) era *f*, epoca *f*; (*Uhr*2) ora *f*; (*Termin*) termine *m*; (*Datum*) data *f*; (*Kulturepoche*) età *f*, secolo *m*; ✝ auf ~ a termine; *es hat ~* c'è tempo; *ich habe keine ~* non ho tempo; *vor kurzer ~* poco fa; *lange ~* molto tempo; F un pezzo di tempo; *auf einige ~* per qualche tempo; *zur ~ attualmente*; *in der ~ der ... ai tempi della ...*; *es wird ~ sein, daß* è ora che; *zu meiner ~* ai miei tempi; *zu seiner ~* a suo tempo; *es ist die höchste ~* non c'è tempo da perdere; *die ~ wird mir lang* il tempo non vuol passare; *zur rechten ~* al momento buono; *die guten alten ~en* i vecchi bei tempi; *von ~ zu ~* ogni tanto; 2 *seines Lebens* durante tutta la sua vita; *es ist an der ~, zu* è ora di.

'**Zeit**|-abschnitt *m* periodo *m*, epoca *f*; ~**alter** *n* età *f*; era *f*; (*Jahrhundert*) secolo *m*; *in unserem* ~ al giorno d'oggi; ~**angabe** *f* data *f*; ~**ansage** *f* segnale *m* orario (alla radio); ~**aufnahme** *f* fotografia *f* a posa; ~**aufwand** *m* sacrificio *m* di tempo; ~**berechnung** *f* cronologia *f*; calcolo *m* del tempo; ~**beschreibung** *f* cronografia *f*; ~**bild** *n* cronaca *f*; ~**dauer** *f* durata *f*; ~**einteilung** *f* spartizione *f* del tempo; ~**enfolge** *f* programma *m* orario; processo *m* del tempo; *Gram.* consecuzione *f* dei tempi; ~**er-eignis** *n* avvenimento *m* del tempo (*od.* d'attualità); ~**ersparnis** *f* risparmio *m* di tempo; ~**form** *f* *Gram.* modo *m*; ~**frage** *f* questione *f* di tempo; problema *m* del giorno; 2-**gebunden** che varia col tempo; soggetto alla moda; ~**geist** *m* spirito *m* dell'epoca; mentalità *f* dominante; 2**gemäß** opportuno; moderno, attuale, conforme allo spirito dei tempi; ~**genosse** *m*, 2**genössisch** ['-gənœsıʃ] *adj.* contemporaneo *m*

u. adj.; ~**geschäft** *n* operazione *f* a termine; ~**geschehen** *n* attualità *f*/*pl.*; ~**geschichte** *f* storia *f* contemporanea; 2**ig 1.** *adj.* attuale; (*zeitgemäß*) opportuno; *Obst*: maturo; **2.** *adv.* per tempo; 2**igen** (25) maturare; *fig.* produrre; ~**karte** *f* abbonamento *m*; ~**kauf** *m* acquisto *m* a termine; ~**lang** *f*: *eine* ~ *per un po'* di tempo; ~**lauf** *m* (3³, *pl. a.* -läufte) corso *m* del tempo; ~**läuf(t)e** *m*/*pl.* tempi *m*/*pl.* che corrono; ~**lebens** [-'le:bəns] per tutta la vita; 2**lich** temporale; mondano; *das* 2e *segnen* rendere l'anima a Dio; ~**lichkeit** *f* temporalità *f*; 2**los** eterno; non soggetto a cambiamenti, indipendente dalla moda; ~**lupe** *f* rallentatore *m*; ~**mangel** *m* mancanza *f* di tempo; ~**maß** *f* tempo *m*; ~**messer** *m* *Astr.*, ♪ cronometro *m*; 2**nah** attuale; ~**nehmer** [-'ne:mər] *m* (7) *Sport*: cronometrista *m*; ~**ordnung** *f* ordine *m* cronologico; ~**punkt** *m* momento *m*; epoca *f*; ~**raffer** ['-rafər] *m* (7) acceleratore *m*; 2**raubend** che richiede molto tempo; ~**raum** *m* (spazio *m* di) tempo *m*; ~**rechnung** *f* cronologia *f*; *christliche usw.*: era *f*; ~**schrift** *f* rivista *f*; ~**spanne** *f* lasso *m* di tempo; ~**strömung** *f* corrente *f* del tempo; ~**tafel** *f* tavola *f* cronologica; ~**umstand** *m* circostanza *f*; congiuntura *f*.

Zeitung ['tsaıtuŋ] *f* giornale *m*.

Zeitungs|abonnement ['tsaıtuŋs-ⁱabɔnəmã] *n* abbonamento *m* a un giornale; ~**anzeige** *f* annuncio *m*; ~**artikel** *m* articolo *m* del (sul) giornale; ~**ausschnitt** *m* ritaglio *m* (di giornale); ~**beilage** *f* supplemento *m* di giornale; ~**ente** *f* frottola *f* di giornale; invenzione *f* dei giornali; ~**frau** *f* giornalaia *f*; ~**halter** *m* portagiornali *m*; ~**kiosk** *m* edicola *f* (di giornali); ~**krieg** *m* polemica *f* giornalistica; ~**mappe** *f* reggigiornali *m*; ~**mensch** F *m* giornalista *m*; ~**notiz** *f* trafiletto *m*, stelloncino *m*; ~**papier** *n* carta *f* da giornali; ~**redaktion** *f* redazione *f* del giornale; ~**schreiber(in** *f*) *m* giornalista *m u. f.*; ~**verkäufer** *m* giornalaio *m*; ~**verleger** *m* editore *m* di giornale; ~**wesen** *n* giornalismo *m*; stampa *f*.

Zeit|unterschied ['tsaıtⁱuntərʃi:t]

m scarto *m* orario; **~verlust** *m* perdita *f* di tempo; **~verschluß** *m* Phot. otturatore *m* a posa; **~verschwendung** *f* tempo *m* sprecato; **~vertreib** ['-fɛrtraɪp] *m* (3) passatempo *m*; **Ωweilig** ['-vaɪlıç] temporaneo; **Ωweise** di quando in quando; temporaneamente; **~wende** *f* inizio *m* dell'era cristiana; **~wort** *n* (1²) verbo *m*; **~zeichen** *n* Radio: segnale *m* orario; **~zünder** *m* ✗ spoletta *f* a tempo; **~zündung** *f* accensione *f* ritardata.

zelebrieren [tsele'briːrən] celebrare.

Zell... ['tsɛl...]: in Zssgn oft cellulare; **~e** *f* (15) cella *f*; Physiol., fig. cellula *f*; (Bade♀, Telefon♀) cabina *f*; **Ωen-förmig** cellulare; **~engefängnis** *n* (carcere *m*) cellulare *m*; **~ensystem** *n* sistema *m* cellulare; **~gewebe** *n* tessuto *m* cellulare; **~kern** *m* nucleo *m* cellulare; **~ophan** [-lo'faːn] *n* s. Cellophan; **~stoff** *m* cellulosa *f*; **~uloid** [-lu'lɔyt] *n* (3, o. pl.) celluloide *f*; **~ulose** [-lu'loːzə] *f* (15) cellulosa *f*; **~wolle** *f* lana *f* viscosa.

Zelot [tse'loːt] *m* (12) zelatore *m*; **~entum** *n* fanatismo *m*.

Zelt [tsɛlt] *n* (3) tenda *f*; fig. (Himmelsgewölbe) volta *f*; die **~e** aufschlagen piantare le tende; '**~bahn** *f* telo *m* da tenda; '**~bett** *n* tenda *f*; letto *m* a padiglione; '**~dach** *n* tetto *m* a padiglione; '**~decke** *f* coperta *f* da campo; '**Ωen** (25) attendarsi, campeggiare, accamparsi; '**~en** *n* (6) campeggio *m*; '**~er** *m* (7) palafreno *m*, cavallo *m* ambiente; '**~lager** *n* attendamento *m*, accampamento *m*; campeggio *m*; '**~platz** *m* campeggio *m*.

Zement [tse'mɛnt] *m* (3) cemento *m*; **~bahn** *f* Radsport: pista *f* in cemento; **Ω'ieren** cementare; **~'ierung** *f* cementazione *f*.

Zenit [tse'niːt] *m* (3, o. pl.) zenit *m*.

zens|ieren [tsɛn'ziːrən] censurare, sottoporre alla censura; (beurteilen) giudicare; scharf: criticare; **~iert** censurato; **Ωor** *m* ['-zɔr] *m* (8¹) censore *m*; **Ωur** [-'zuːr] *f* (16) censura *f*; Schule: voto *m*.

Zentesimalwaage [tsɛntezi'maːlvaːgə] *f* (15) bilancia *f* centesimale.

Zentimeter [-ti'meːtər] *m* u. *n* (7) centimetro *m*; **~maß** *n* misura *f* metrica.

Zentner ['tsɛntnər] *m* (7) mezzo

quintale *m*; **~last** *f* fig. carico *m* pesante; **Ωschwer** molto pesante, pesantissimo.

zentral [-'traːl], **Ω...** in Zssgn centrale; **Ωe** *f* (15) centrale *f*; **Ωheizung** *f* riscaldamento *m* centrale; **Ωisa-'tion** *f* centralizzazione *f*; **~i'sieren** accentrare, centralizzare; **Ωkomitee** *n* comitato *m* centrale; **Ωstelle** *f* posto *m* (sede *f*, ufficio *m*) centrale.

zentri|fugal [-trifu'gaːl] centrifugo; **Ωfuge** [--'fuːgə] *f* (15) centrifuga *f*; **~pe'tal** centripeto.

Zentrum ['-trum] *n* (9) centro *m*.

Zephir ['tse:fir] *m* (3¹) zefiro *m*.

Zepter ['tsɛptər] *n* (7) scettro *m*.

zerbeißen [tsɛr'baɪsən] rompere coi denti.

zer'bersten (sn) spaccarsi.

zer'beulen ammaccare.

zerbomben [tsɛr'bɔmbən] (25) distruggere bombardando.

zer'brech|en 1. *v/t.* rompere; sich den Kopf **~** rompersi la testa; **2.** *v/i.* (sn) rompersi; **~lich** fragile; **Ωlich-keit** *f* fragilità *f*.

zer'bröckeln 1. *v/i.* sminuzzare; **2.** *v/i.* (sn) sbricolarsi.

zer'drücken schiacciare; Kleidung: sgualcire.

Zeremon|ie [tseremo'niː, --'moːnjə] *f* (15) cerimonia *f*; **Ωiell¹** [--mon'jɛl] cerimonioso; **~iell²** *n* (3¹) cerimoniale *m*; diplomatisches: protocollo *m*.

zerfahren [tsɛr'faːrən] adj. stordito; confuso; **Ωheit** *f* confusione *f*; distrazione *f*.

Zer'fall *m* rovina *f*, sfacelo *m*; fig. decadenza *f*; 🜊 decomposizione *f*; (Atom♀) disintegrazione *f*; **Ωen 1.** *v/i.* (sn) sfasciarsi; decomporsi; disintegrarsi; fig. decadere; **~** in (sud-) dividersi in; mit j-m **~** guastarsi con qu.; **2.** adj. in rovina.

zerfasern [-'faːzərn] (29) *v/t.* (*v/i.* [sn]) sfilacciare (-rsi).

zerfetzen [-'fɛtsən] (27) lacerare, sbranare.

zer'flattern (sn) sperdersi.

zerfleischen [-'flaɪʃən] (27) dilaniare.

zer'fließen (sn) sciogliersi; struggersi (auch fig.); in nichts **~** svanire; in Tränen **~** disfarsi in lacrime.

zer'fressen rodere; 🜊 corrodere.

zerfurcht [-'furçt] Gesicht: rugoso.

zer'gehen (*sn*) struggersi, sciogliersi; *in Flüssigkeit*: liquefarsi.

zer'glieder|n smembrare; *Anat.* sezionare; **⌀**, *Gram.*, *fig.* analizzare; **⌀ung** *f* smembramento *m*; sezione *f*; analisi *f*.

zer'hacken spezzare; *in Stücke*: fare a pezzi.

zer'hauen tagliare; *in Stücke*: fare a pezzi, spezzettare.

zer'kauen masticar bene.

zer'kleinern [-'klaınərn] (29) sminuzzare; (*zermalmen*) tritare.

zer'klopfen rompere (a colpi di martello ecc.).

zer'klüftet [-'klyftət] frastagliato, dirupato.

zer'knautschen sgualcire.

zer'knirsch|t [-'knirʃt] contrito; **⌀theit** *f*, **⌀ung** *f* contrizione *f*, compunzione *f*.

zer'knittern [-'klaınərn], **∼'knüllen** sgualcire.

zer'kochen stracuocere.

zer'kratzen graffiare.

zer'krümeln 1. *v/t.* sbriciolare; 2. *v/i.* (*sn*) sbriciolarsi.

zer'lassen 1. *v/t.* fondere; 2. *adj.* sciolto.

zerleg|bar [-'le:kba:r] decomponibile; smontabile; **∼en** [-'∼gən] scomporre; *Kochk.* trinciare; **⌀** analizzare; **A** ridurre; **⊕** smontare; **⌀ung** *f* scomposizione *f*; trinciamento *m*; analisi *f*; riduzione *f*; smontaggio *m*.

zer'lesen *adj.* *Buch*: ridotto in cattivo stato a forza di leggere.

zerlöchern [-'lœçərn] (29) bucherellare.

zerlumpt [-'lumpt] cencioso.

zer'mahlen macinare.

zermalmen [-'malmən] (25) stritolare.

zer'martern tormentare; *sein Hirn* ∼ stillarsi il cervello.

zermürb|en [-'myrbən] (25) accasciare, infiacchire, abbattere; demoralizzare; **⌀ungskrieg** *m* guerra *f* di logoramento; **⌀ungstaktik** *f* tattica *f* demolitrice.

zer'nagen rosicchiare.

zer'pflücken sfogliare; *fig.* analizzare.

zer'platzen (*sn*) scoppiare.

zer'quetschen schiacciare.

zer'rauf|en strappare; **∼t:** ∼**es Haar** *n* capelli *m/pl.* arruffati.

Zerrbild ['tsɛrbılt] *n* caricatura *f*.

zer'reiben tritare; polverizzare.

zerreiß|bar [-'raısba:r] lacerabile; **∼en** 1. *v/t.* lacerare; *Ketten*: spezzare; *Tiere*: sbranare; 2. *v/i.* (*sn*) lacerarsi; spezzarsi; squarciarsi; **⌀festigkeit** *f* resistenza *f* alla rottura; **⌀probe** **⊕** *f* prova *f* di rottura.

zerr|en ['tsɛrən] (25) tirare (*an dat.* qc.); (*schleppen*) trascinare; (*dehnen*) stirare; **⌀** storcere, distendere; **⌀ung** **⌀** *f* distensione *f*.

zerrinnen [-'rınən] (*sn*) struggersi; *fig.* dileguarsi.

zerrissen [-'rısən] lacero, dilaniato; *fig.* contrastato, diviso; **⌀heit** *f* *fig.* disunione *f*; *seelisch*: sconcerto *m*, profondo scontento *m*; *Pol.* smembramento *m*; separatismo *m*.

zerronnen [-'rɔnən]: *wie gewonnen, so* ∼ quel che vien di ruffa raffa se ne va di buffa in baffa; dall'acqua viene al vento e all'acqua va.

zerrütt|en [-'rytən] (26) scompigliare; *Kraft*: logorare; *Staat*: disorganizzare; *Verhältnisse*: dissestare; *zerrüttete Verhältnisse n/pl.* dissesti *m/pl.* finanziari; **⌀ung** *f* scompiglio *m*; rovina *f*; disorganizzazione *f*; dissesto *m*.

zer'sägen [-'zɛ:gən] segare.

zerschellen [-'ʃɛlən] (25, *sn*) sfracellarsi; *Wellen*: infrangersi.

zer'schlagen 1. *v/t.* fracassare; distruggere; rompere, spezzare; *sich* ∼ *fig.* andare a monte; 2. *adj.* (*zugerichtet*) ridotto male; (*müde*) stanco morto.

zer'schmeißen fracassare (buttando a terra).

zer'schmelzen 1. *v/t.* fondere; struggere; 2. *v/i.* (*sn*) fondersi; struggersi.

zer'schmettern sfracellare; *fig.* distruggere, annichilare.

zer'schneiden tagliare a pezzi; tagliuzzare; trinciare.

zer'setz|en decomporre; *Pol.* disgregare, disfare, dissolvere; **∼end** *Pol.* disgregatore, dissolvitore, disfattista; **⌀ung** *f* decomposizione *f*; *Pol.* disgregamento *m*, sovversivismo *m*.

zer'spalten spaccare.

zer'splitter|n 1. *v/t.* scheggiare; *fig.* disperdere; 2. *v/i.* (*sn*) andare in scheggie; **∼t** *fig.* disunito; **⚒** disperso; **⌀ung** *f* sparpagliamento *m*; *Pol.* frazionamento *m*, disgregamento *m*.

Z

zer'sprengen *Menge:* sparpagliare; *Feind:* sbaragliare, disperdere.
zer'springen (sn) scoppiare; *Glas:* crepare.
zer'stampfen pestare.
zer'stäub|en (25) polverizzare; *fig.* disperdere; 2er m (7) polverizzatore m; diffusore m; 2ung f polverizzazione f; dispersione f.
zer'stechen foracchiare; *Insekten:* pungere.
zer'stieben [-'ʃti:bən] sparpagliarsi.
zer'stör|bar distruggibile; **~en** distruggere; demolire; rovinare; *Legenden:* sfatare; **~end** distruttivo; 2er m (7) distruttore m; ⚓ torpediniera f; 2ung f distruzione f; 2ungswut f vandalismo m.
zer'stoßen tritare, macinare; *Salz, Zucker usw.:* pestare.
zer'streu|en disperdere (*a.* ✕); ✕ sbandare; *fig.* distrarre, divertire; *sich* ~ dileguarsi; **~t** disperso; *fig.* distratto; 2theit f distrazione f; 2ung f dispersione f; *fig.* distrazione f; 2ungslinse *Phys.* f lente f divergente.
zer'stückel|n (29) sminuzzare, fare a pezzi; spezzettare; *Pol.* smembrare; 2ung f sminuzzamento m; spezzettamento m, smembramento m.
zer'teil|bar divisibile; **~en** dividere; (*zerlegen*) scomporre; 🟊 dissolvere; 2ung f divisione f; scomposizione f; dissoluzione f.
zer'trampeln, zer'treten calpestare.
zer'trennen separare; *Kleid:* disfare, scucire.
zertrümmer|n [-'trymərn] (29) sconquassare; *fig. nur:* distruggere; *Gebäude:* abbattere; *Atom:* disintegrare; 2ung f rovina f; demolizione f; sconquasso m; *Atom:* disintegrazione f.
Zervelatwurst [-və'la:tvurst] f (14[1]) cervellata f.
zer'wühlen scompigliare; arruffare.
Zerwürfnis [-'vyrfnis] n (4[1]) dissidio m.
zer'zaus|en arruffare; **~t** *Haar:* spettinato.
Zeter ['tse:tər] n: ~ und Mordio schreien gridare aiuto; levare le grida al cielo; **~geschrei** n alte grida f/pl.; 2n (29) gridare a squarciagola.
Zettel ['tsetəl] m (7) biglietto m; fo-

glietto m; (*Wahl*2, *Bibliotheks*2) scheda f; *auf Flaschen usw.:* etichetta f; *Thea.* programma m; (*Anschlag*2) manifesto m; ⊕ ordito m; **~ankleber** m attacchino m; **~kartei** f schedario m; **~kasten** m schedario m.
Zeug [tsɔʏk] n (3) *allg.* roba f; (*Stoff u. fig.*) stoffa f; (*Kleidung*) vestiti m/pl.; (*Material*) materiale m; (*Sachen*) cose f/pl.; (*Werkzeug*) arnesi m/pl.; F dummes ~ stupidaggini f/pl.; schlechtes ~ robaccia f; er hat das ~ zum Minister c'è in lui la stoffa d'un ministro; j-m et. am ~ flicken criticare qu.; sich ins ~ legen F darsi da fare; was das ~ hält F a più non posso.
Zeug|e ['tsɔʏgə] m (13) testimonio m; 2en (25) **1.** v/i. deporre, testimoniare; provare; *von et.* ~ essere la prova di qc.; **2.** v/t. generare.
Zeugen|aussage ['tsɔʏgən⁹ausza:gə] f deposizione f testimoniale; **~beweis** m prova f testimoniale; **~eid** m giuramento m testimoniale; **~stand** m banco m dei testimoni; **~verhör** n interrogatorio m dei testimoni.
Zeug|haus ['tsɔʏkhaus] ✕ n arsenale m; **~in** ['-gin] f testimone f; **~nis** n (4[1]) testimonianza f; (*Bescheinigung*) certificato m; (*Schul*2) pagella f.
Zeugung ['-guŋ] f generazione f, procreazione f.
Zeugungs|akt ['tsɔʏguŋs⁹akt] m atto m generatore; (*Beischlaf*) atto m coniugale, coito m; 2fähig atto alla generazione (*od.* alla procreazione); 🜩 potente; **~fähigkeit** f, **~kraft** f potenza f generativa; 🜩 potenza f; **~organ** m organo m generatore; 2-unfähig impotente; **~unfähigkeit** f impotenza f.
Zichorie 🌿 [tsi'ço:rjə] f (15) cicoria f.
Zick|e ['tsikə] F f (15) capra f; **~n** pl. *fig.* capricci m/pl.; **~lein** ['-lain] n (6) capretto m.
Zickzack ['tsiktsak] m (3) zigzag m; 2förmig a zigzag; **~linie** f linea f a zigzag.
Ziege ['tsi:gə] f (15) capra f.
Ziegel ['tsi:gəl] m (7) mattone m; (*Dach*2) tegola f, tegolo m; **~bau** m costruzione f in mattoni; **~brenner** m mattonaio m; tegolaio m; **~brenne'rei** f fornace f; **~dach** n tetto m

di tegole; **~decker** m (7) copritetti m; **~ei** [--'laɪ] f (16) mattonaia f; tegolaia f; **~farbe** f, **2farbig** color m mattone; **~ofen** m fornace f da mattoni (od. da tegoli); **~pflaster** n ammattonato m; **2rot** rosso mattone; **~stein** m mattone m.

Ziegen|bock ['tsi:gənbɔk] m caprone m; **~hirt** m capraio m; **~käse** m (formaggio m caprino m; **~leder** n capretto m; **~peter** ♣ ['--'pe:tər] m (7) orecchioni m/pl.; **~wolle** f lana f caprina.

Zieh|brücke ['tsi:brykə] f ponte m levatoio; **~brunnen** m pozzo m a carrucola.

ziehen ['tsi:ən] (30) **1.** v/t. tirare; Brettspiele: muovere; Bilanz, Vergleich: fare; Blicke usw.: attirare; Blumen: coltivare; Hut: levarsi; Los: estrarre; Nutzen: ricavare; Säbel: sguainare; Wechsel: spiccare, trarre; Zahn: cavare; Furche, Striche: tracciare; in Erwägung: prendere; in Zweifel: mettere; vor Gericht: citare; Gesichter ~ fare smorfie; auf Flaschen ~ imbottigliare; zu Rate ~ consultare; den kürzeren ~ aver la peggio; Folgen nach sich ~ avere delle conseguenze; ins Unglück ~ perdere; **2.** v/i. (a. sn) tirare; (an~) attirare; (um~) cambiar casa, traslocare; Ortswechsel: recarsi; in e-e Straße ~ andare ad abitare in una strada; Vögel, Wolken usw.: passare; in den Krieg: partire per; (durch~) passare per; es zieht c'è corrente; den Tee ~ lassen mettere il tè in infusione; F ein Film, der zieht un film che fa effetto; sich ~ Wege: passare; aus et.: cavarsi; sich in die Länge ~ andare per le lunghe; **3.** 2 n (6) tiro m; tratto m; Zo. allevamento m; ♣ coltivazione f; ~strappi m/pl.

Zieh|feder ['tsi:fe:dər] f tiralinee m; **~harmonika** f fisarmonica f; **~kind** n figlio m adottivo; **~mutter** f madre f putativa.

Ziehung ['~uŋ] f estrazione f; **~sliste** f bollettino m delle estrazioni.

Ziel [tsi:l] n (3) meta f, obiettivo m, scopo m; ✕ bersaglio m, mira f; (Grenze) limite m; (Ende) fine m; (Termin) termine m; Sport: traguardo m, arrivo m; Wechsel: scadenza f; zum ~ gelangen arrivare allo scopo.

'Ziel|band n traguardo m d'arrivo;

2bewußt energico; risoluto; che sa quel che vuole; **2en** (25) mirare (auf ac. a); fig. a. aspirare a, anelare a; **~fernrohr** n cannocchiale m di puntamento; **~gerade** f rettilineo m d'arrivo; **~linie** f linea f d'arrivo; **2los** senza meta; adv. alla ventura; **~punkt** m punto m di mira; bersaglio m; **~richter** m Sport: giudice m d'arrivo; **~scheibe** f bersaglio m; fig. ~ des Spottes zimbello m; **~setzung** f meta f prefissa; **2sicher, 2strebig** che va diritto alla meta; fig. energico, volitivo, sicuro del fatto suo; **~strebigkeit** f risolutezza f, sicurezza f.

ziemen ['tsi:mən] (25): sich ~ convenirsi.

Ziemer ['tsi:mər] m (7) lombo m; (Ochsen2) nervo m di bue.

ziemlich ['tsi:mlɪç] **1.** adj. conveniente, opportuno; passabile; **2.** adv. assai, abbastanza; so ~ press'a poco; ~ viel abbastanza.

Zier [tsi:r] f (16, o. pl.) ornamento f; **'~affe** m bellimbusto m, F gagà m.

Zier|at ['-ra:t] m (3) ornamento m; **~de** ['-də] f (16) ornamento m; **2en** (25) ornare; decorare, abbellire; sich ~ farsi pregare; geziert affettato; **~erei** [--'raɪ] f affettazione f; **'~garten** m giardino m ornamentale (od. di ornamento); **2lich** grazioso, carino; **'~lichkeit** f grazia f, delicatezza f; **'~pflanze** f pianta f ornamentale; **'~puppe** f ragazza f affettata; **'~strauch** m arbusto m ornamentale.

Ziffer ['tsifər] f (15) cifra f, numero m; **~blatt** n mostra f, quadrante m; **2nmäßig** numerale; numerico; **~schrift** f scrittura f cifrata.

Zigarette [tsiga'retə] f (15) sigaretta f; **~netui** [--'-tən ʔetvi:] n portasigarette m; **~npapier** n foglino m da sigaretta; **~nspitze** f bocchino m.

Zigarillo [--'ril(j)o] n (a. m) (11) sigarillo m.

Zigarre [tsi'garə] f (15) sigaro m.

Zigarren|abschneider [-'--ʔap-ʃnaɪdər] m tagliasigari m; **~anzünder** m accendisigari m; **~arbeiter** m sigaraio m; **~geschäft** n, **~laden** m tabaccheria f; **~spitze** f bocchino m (da sigaro); **~stummel** m mozzicone m; **~tasche** f portasigari m, sigariera f.

Zigeuner|(in f) m (7) [tsi'gɔynər

(-in)] zingaro (-a) m (f); ♀haft zingaresco; ~leben n vita f nomade (od. zingara), ~lied n zingaresca f; ~mädchen n zingarella f; ~tanz n danza f zingaresca.

Zikade Zo. [tsi'ka:də] f (15) cicala f.

Zimbel ['tsimbəl] f (15) cembalo m.

Zimmer ['tsimər] n (7) stanza f, camera f; ~antenne f antenna f da camera; ~decke f soffitto m; ~einrichtung f arredamento m; ~flucht f serie f di stanze; ~handwerk n mestiere m del falegname; ~herr m affittuario m di una camera ammobiliata; ~mädchen n cameriera f; ~mann m carpentiere m; ~meister m maestro m carpentiere; ♀n (29) fabbricare; fare; ~nachweis m agenzia f alloggi; ~platz m cantiere m; ~vermieter(in) f m affittacamere m u. f.

zimperlich ['tsimpərliç] smorfioso; delicato, suscettibile; effeminato; ~ tun F far capricci.

Zimt [tsimt] m (3) cannella f.

Zink [tsiŋk] n (3, o. pl.) zinco m; '~ätzung f zincografia f; '~blech n lamiera f zincata; '~blende f (15) blenda f.

Zinke ['tsiŋkə] f (15), ~n m (6) punta f; (Gabel♀) rebbio m; ♪ cornetta f.

Zinn [tsin] n (3, o. pl.) stagno m; '~e f (15) pinnacolo m; ♀ merlo m; ♀ern ['-nərn] di stagno; ~ober [-'no:bər] m (7) cinabro m; '~soldat m soldatino m di piombo.

Zins [tsins] m (5¹) censo m; (Abgabe) tributo m; (Miet♀) fitto m; (Geld♀) interesse m; von den ~en leben vivere sugli interessi; 3% ~en un interesse del tre per cento; ♀bar fruttifero; Kapital: fruttifero; '~endienst m servizio m degli interessi.

Zins|eszins ['tsinzəstsins] m interesse m composto; ♀frei senza interesse; ~freiheit f esenzione f da interessi; ~fuß m tasso m di interesse; ♀pflichtig ['-pfliçtiç] tributario; ~rechnung f calcolo m degli interessi; ~schein m tagliando m; ♀tragend fruttifero.

Zipfel ['tsipfəl] m (7) estremità f; cocca f; am Rock: lembo m; ♀ig a punte; a pizzi; ♀ laciniato; ~mütze f berretta f a punta.

Zipperlein ♪ ['tsipərlain] n (6, o. pl.) gotta f.

Zirbel|drüse ['tsirbəldry:zə] f Anat.

glandola f pineale; ~kiefer ♀ f cembro m.

zirka ['tsirka:] circa, all'incirca, approssimativamente.

Zirkel ['tsirkəl] m (7) circolo m; Werkzeug: compasso m.

Zirkul|ar [-ku'la:r] n (3¹) circolare f; ♀ieren circolare.

Zirkus ['-kus] m (14²) circo m (equestre); ~reiter m cavallerizzo m.

zirpen ['tsirpən] (25) stridere; Vögel: pigolare.

zisch|eln ['tsiʃəln] (29) bisbigliare; ~en (27) fischiare; von kochendem Wasser: cantare; ~laut m Gram. sibilante f.

zisel|ieren [tsizə'li:rən] cesellare; ♀ierung f cesellatura f.

Zisterne [tsis'tɛrnə] f (15) cisterna f.

Zisterzienser [tsistɛrts'jɛnzər] m (7) cisterc(i)ense m.

Zitadelle [tsita'dɛlə] f (15) cittadella f.

Zitat [-'ta:t] n (3) citazione f.

Zither ['-tər] f (15) cetra f; ~spieler (-in f) m citarista m u. f.

zitieren [-'ti:rən] citare.

Zitronat [-tro'na:t] n (3) cedrone m.

Zitrone [-'tro:nə] f (15) limone m; ~baum m limone m; ~n-eis n gelato m al (od. di) limone; ♀ngelb giallo limone; ~nlimonade f limonata f; ~nsaft m succo m di limone; ~nsäure f acido m citrico; ~nschale f buccia f di limone; ~nwasser n limonata f.

Zitteraal ['tsitər⁹a:l] m anguilla f elettrica, ginnoto m.

zitt(e)rig ['tsit(ə)riç] tremante; traballante.

zitter|n ['tsitərn] 1. (29) tremare (vor da); 2. ♀n n (6) tremiti m/pl.; tremore m; vibrazioni f/pl.; ~nd tremante; mit ~er Stimme con voce tremola; ♀pappel f tremula f; ♀rochen m (6) torpedine f.

Zitze ['tsitsə] f (15) capezzolo m; F tetta f.

zivil [tsi'vi:l] 1. civile; 2. ♀n (3¹, o. pl.) Kleidung: abito m borghese; in ~ in borghese; ♀bevölkerung f popalazione f civile; ♀courage f valore m civico; ♀-ehe f matrimonio m civile; ♀gesetzbuch n codice m civile; ♀isa'tion f civiltà f; ~i'sieren civilizzare; ♀ist m (12) borghese m; ♀kläger m parte f civile; ♀kleidung f abito m borghese; ♀-

prozeß m processo m civile; 2-**recht** n diritto m civile; 2**trauung** f matrimonio m civile.

Zobel ['tsoːbəl] m (7), **fell** n zibellino m.

Zofe ['tsoːfə] f (15) cameriera f.

zog, zöge ['tsoːk, 'tsøːgə] s. ziehen.

zögern ['tsøːgərn] **1.** (29) esitare (mit con); (schwanken) titubare, tentennare; **2.** 2 n (6) esitazione f; **d** titubante.

Zögling ['tsøːkliŋ] m (3¹) allievo m; weiblicher: educanda f.

Zölibat [tsøːliˈbɑːt] n (a. m) (3, o. pl.) celibato m.

Zoll [tsɔl] m (3³; als Maß im pl. uv.) (Maß) pollice m; (Stadt2) dazio m; (Grenz2) dogana f, dazio m doganale; (Brücken2) pedaggio m; fig. tributo m.

Zoll|abfertigung ['tsɔlʔapfɛrtiguŋ] f visita f doganale; **amt** n ufficio m di dogana (od. doganale); dogana f; **aufseher** m doganiere m; **beamte(r)** m daziere m; doganiere m; **behörde** f autorità f doganale; **einnehmer** m doganiere m; (Stadt2) daziere m; **erklärung** f dichiarazione f doganale.

zollen ['tsɔlən] (25) fig. tributare; Dank: rendere.

zoll|frei ['tsɔlfraɪ] esente da dazio (od. da dogana); 2**freiheit** f franchigia f (od. esenzione f) doganale (od. daziaria); 2**gebiet** n territorio m doganale; 2**gebühr** f diritto m doganale; 2**gesetz** n legge f doganale; 2**grenze** f cinta f daziaria; confine m doganale; 2**haus** n dogana f; 2**kontrolle** f controllo m (od. ispezione f) doganale; 2**krieg** m guerra f doganale (od. di tariffe); **(l)ager** n deposito m doganale, magazzini m/pl. doganali.

Zöllner ['tsœlnər] m (7) doganiere m; (Stadt2) daziere m; ehm. pubblicano m.

zoll|pflichtig ['tsɔlpfliçtiç] soggetto a dazio (od. a dogana); 2**politik** f politica f doganale; 2**revision** f visita f doganale; 2**schein** m scontrino m della dogana; 2**schranke** f barriera f doganale; Stadt: cinta f daziaria; 2**senkung** f riduzione f delle tariffe doganali; 2**stock** m misura f in pollici; 2**system** n sistema m doganale; 2**tarif** m tariffa f doganale; 2**verband** m, 2**verein**

m Unione f doganale; 2**verschluß** m: unter ~ piombato dalla dogana; 2**wächter** m guardia f doganale; 2**wert** m valore m doganale; 2**wesen** n sistema m doganale; dogane f/pl.

Zone ['tsoːnə] f (15) zona f; **ntarif** m tariffa f a zona.

Zoo [tsoː] m (11[¹]) Abk. für **Zoologischer** [tsoʔoˈloːgiʃər] **Garten** giardino m zoologico; zoo m.

Zoolog|e [tsoʔoˈloːgə] m (13) zoologo m; **ie** [---'giː] f (15, o. pl.) zoologia f; 2**isch** zoologico.

Zopf [tsɔpf] m (3³) treccia f; (Männer2) codino m (a. fig.); alter ~ fig. vecchia storia f; '2ig da codino, parruccone, pedantesco; '**stil** m stile m parruccone.

Zorn [tsɔrn] m (3, o. pl.) collera f, ira f; ira f; in ~ geraten andare in collera; '**anfall** m accesso m d'ira; '**ausbruch** m scoppio m d'ira; 2**entbrannt** ['-ʔɛntbrant], '2**glühend** acceso d'ira, furibondo; '2**ig** adirato; ~ werden arrabbiarsi, incollerirsi.

Zote ['tsoːtə] f (15) oscenità f; 2**nhaft** osceno.

Zott|el ['tsɔtəl] f (15) ciocca f; **elbart** m barba f vellosa; 2**eln** (29) trottare; 2**ig** velloso.

zu [tsuː] **1.** prp. a; ~ m–m Bedauern usw.: con; ~ Ehren, Gunsten, Geschenk: in; **m** Glück, Zeichen, ~ Land, Wasser: per; et. nehmen ~m Kaffee usw.: con; ~ j–m gehen, kommen: da; zum Minister ernennen nominare ministro; **2.** vor inf. meist di; (nach haben u. nach sein) da; (einladen, anfangen, lernen, lehren, zwingen, schwer, leicht ~) a; **3.** adv.: ~ viel, ~ sehr troppo; ~ zweien a due a due; immer ~! faccia pure!; sempre avanti!; **4.** (geschlossen) es ist ~ è chiuso; Tür ~! si chiuda la porta!; **~'aller-'erst** innanzi tutto; prima di tutti gli altri; **~'aller'letzt** in ultimo; **~'äußerst** al punto più estremo.

'**zubauen** chiudere fabbricando; fabbricare in aggiunta.

Zubehör ['-bəhøːr] n (3) ⊕ accessori m/pl.; (Wohnungs2) annessi m/pl.

'**zubeißen** addentare; F wacker ~ mangiare con buon appetito.

'**zubekommen** riuscire a chiudere.

Zuber ['tsuːbər] m (7) mastello m.

'**zubereit|en** preparare; Kochk. a.

cucinare; Ꝺ**ung** f preparazione f;
Kochk. maniera f di fare (qc.).
Zubettgehen [-'bɛtgeːən] n: beim ~
andando a letto.
¹**zubilligen** concedere.
¹**zubinden** legare; *Augen:* bendare.
¹**zublasen** *fig.* soffiare.
¹**zubleiben** (sn) restar chiuso.
¹**zublinzeln** ammiccare, strizzare
l'occhio a qu.
¹**zubring|en 1.** portare; **2.** *Zeit:*
passare; Ꝺ**erdienst** m durch *Kfz.:*
autorecapito m; Ꝺ**erstrecke** f tronco m di raccordo.
¹**zubrüllen** urlare a qu.
¹**Zubuße** f aggiunta f; bonifica f.
Zucht [tsuxt] f (16) Zo. allevamento
m; ♥ coltivazione f; (*Rasse*) razza f;
(*Disziplin*) disciplina f; (*Erziehung*)
educazione f; (*Betragen*) condotta f;
'~**auslese** f allevamento m seletti-
vo; '~**bulle** m toro m da razza.
zücht|en ['tsʏçtən] (26) Zo. allevare;
Blumen: coltivare; Ꝺ**er** m (7) allevatore m; coltivatore m.
Zucht|haus ['tsuxthaus] n *das Ge-
bäude:* reclusorio m; *die Strafe:* reclusione f; *lebenslängliches* ~ erga-
stolo m; ~**häusler** m (7) recluso m;
ergastolano m; ~**hengst** m stallone
m; ~**henne** f gallina f di razza.
züchtig ['tsʏçtiç] pudico, costumato; ~**en** ['--gən] (25) castigare; Ꝺ-
keit f pudicizia f; Ꝺ**ung** f castigo m;
Ꝺ**ungsrecht** n diritto m di castigare.
zucht|los ['tsuxtloːs] indisciplinato;
sittlich: scostumato; Ꝺ**losigkeit** f in-
disciplinatezza f; scostumatezza f;
Ꝺ**mittel** n mezzo m di correzione;
Ꝺ**perle** f perla f coltivata; Ꝺ**pferd** n
stallone m; Ꝺ**rute** f sferza f; Ꝺ**stier**
m toro m da razza; Ꝺ**stute** f cavalla f
da razza; Ꝺ**tier** n animale m da razza.
Züchtung ['tsʏçtuŋ] f Zo. allevamento m; ♥ coltivazione f.
Zuchtwahl ['tsuxtvaːl] f: *natürliche*
~ selezione f naturale.
zuck|eln ['tsukəln] (29) F andare al
piccolo trotto; Ꝺ**eltrab** m piccolo
trotto m.
zucken ['tsukən] (25) **1.** v/t. scuotere; *die Achseln* ~ stringersi nelle
spalle; **2.** v/i. scuotersi; *Glieder:*
palpitare; *Lippen:* tremare; *Blitz:*
guizzare; *ohne mit der Wimper zu* ~
senza battere ciglio; ~**d** palpitante;
convulsivo.

zücken ['tsʏkən] (25) sguainare.
Zucker ['tsukər] m (7) zucchero m; ~
bäcker m pasticciere m; ~**bäckerei**
f pasticceria f; ~**bau** m cultura f
della canna da zucchero; ~**bildung**
f saccarificazione f; ~**birne** f pera f
zuccherina; ~**büchse**, ~**dose** f zuc-
cheriera f; ~**erbsen** f/pl. chicche
f/pl.; ~**fabrik** f zuccherificio m; ~
gehalt m contenuto m zuccherino;
~**guß** m smaltatura f di zucchero;
Ꝺ**haltig** ['--haltiç] zuccheroso, sac-
carifero; ~**hut** m pane m di zucchero; ~**industrie** f industria f zuc-
cheriera; ~**kandis** m zucchero m
candito; Ꝺ**krank** diabetico; ~
krankheit f diabete m.
zuckern ['tsukərn] (29) (in)zucche-
rare.
Zucker|pflanzung ['tsukərpflan-
tsuŋ] f piantagione f di canne da
zucchero; ~**plätzchen** n pasticca f;
~**rohr** n canna f da zucchero; ~**rübe**
f barbabietola f; ~**siede'rei** f raffi-
neria f di zucchero; ~**stoff** m sostanza f zuccherina; Ꝺ**'süß** *fig.*
dolce come lo zucchero; mellifluo;
~**wasser** n acqua f zuccherata; ~
werk n zuccherini m/pl.; confetti
m/pl.; ~**zange** f molle f/pl. da zucchero.
Zuckung ⚕ ['tsukuŋ] f convulsione
f; contrazione f.
zudecken ['tsuːdɛkən] coprire.
zudem [-'deːm] inoltre.
¹**zudiktieren** infliggere.
¹**Zudrang** m ressa f; ~ *des Blutes* afflusso m di sangue.
¹**zudrehen** voltare (*den Rücken le*
spalle); (*schließen*) chiudere (girando).
¹**zudringlich** indiscreto; importuno;
Ꝺ**keit** f importunità f; impertinenza f.
¹**zudrücken** chiudere.
¹**zu-eign|en** aggiudicare; *ein Buch:*
dedicare; *sich* ~ arrogarsi, usurpare;
Ꝺ**ung** f aggiudicazione f; dedica f.
zu-ei'nander vicendevolmente;
l'uno per (*od.* verso) l'altro.
¹**zu-erkenn|en** aggiudicare; *eine*
Strafe: infliggere; Ꝺ**ung** f aggiudicazione f; condanna f.
zu-'erst prima, dapprima; (*als erster*)
(per) primo.
¹**zufächeln** far vento.
¹**zufahr|en** (sn) andare avanti;
schneller: andare più veloce; ~ *auf*

(*ac.*) dirigersi verso; *hastig*: precipitarsi su; *fahr zu!* accelera!; **2t** *f* accesso *m*; **2tstraße** *f* strada *f* d'accesso.

'**Zufall** *m* caso *m*.

'**zufallen** (*sn*) **1.** chiudersi; **2.** (*zuteil werden*) toccare.

'**zufällig** *adj.* fortuito; occasionale; accidentale; *adv.* per caso, per combinazione; **~er'weise** per caso; **2-keit** *f* casualità *f*; caso *m* fortuito.

'**Zufalls...:** *in Zssgn* casuale, accidentale; **~bekan** haft *f* conoscenza *f* fatta per caso reffer *m* colpo *m* fortuito.

'**zuflicken** rattoppare.

'**zufliegen** (*sn*) chiudersi di colpo; *ihm fliegt alles zu* per lui tutto è facile.

'**zufließen** (*sn*) affluire; *j-m et. ~ lassen* far avere qc. a qu.

'**Zuflucht** *f* rifugio *m*; *zu j-m seine ~ nehmen* ricorrere a qu.; *fig.* **~s-ort** *m*, **~sstätte** *f* rifugio *m*.

'**Zufluß** *m* affluenza *f*; afflusso *m*.

'**zuflüstern** su(s)surrare.

'**zufolge** [-'fɔlgə] secondo (*ac.*), a seconda di.

'**zufrieden** [-'fri:dən] contento, soddisfatto (*mit* di); **~geben:** *sich ~* contentarsi; **2heit** *f* contentezza *f*; **~lassen** lasciare in pace; **~stellen** contentare, soddisfare; **~stellend** soddisfacente.

'**zufrieren** (*sn*) gelarsi.

'**zufügen** *abs.* fare; *etwas*: recare; *Schaden*: causare; *fig.* infliggere, inferire.

Zufuhr ['-fu:r] *f* (16) approvvigionamento *m*; (*Transport*) trasporto *m*; ⊕ (ri)fornimento *m*; alimentazione *f*; *die ~ abschneiden* troncare il rifornimento.

'**zuführ|en** portare; trasportare; addurre; apportare; rifornire di; **2ungsdraht** *m* ⚡ filo *m* di alimentazione.

'**zufüllen** riempire.

Zug [tsu:k] *m* (3³) (*Ziehen*) tiro *m*, tratto *m a. fig.*; 🚂 treno *m*; *Spiel*: mossa *f*; (*Ruck*) scossa *f*; *e-r Armee*: marcia *f*; (*Kriegs2*) spedizione *f*; (*Kompanie2*) plotone *m*; *von Vögeln usw.*: passaggio *m*; (*Fest2*) corteo *m*; (*Berg2*) catena *f*; (*Luft2*) corrente *f* d'aria; (*Atem2*) fiato *m*; *beim Rauchen*: tirata *f*; *beim Trinken*: sor-

so *m*; (*Gesichts2*) lineamento *m*; (*~ Pferde usw.*) tiro *m*; *des Herzens*: impulso *m*; ⊕ trazione *f*; *Gewehr*: rigatura *f*; *Ofen*: tiraggio *m*; (*zum Ziehen*) tirante *m*; *in ~ bringen* avviare; *im ~e sein* esser bene avviato; *auf e-n ~, in e-m ~e* d'un fiato; *zum ~e kommen* entrare in azione; *im ~e der Aktion* nel quadro dell'azione; *in den letzten Zügen liegen* essere agli estremi.

Zugabe ['tsu:gɑ:bə] *f* giunta *f*.

Zugang ['-gaŋ] *m* accesso *m*; corridoio *m*, sbocco *m*.

zugänglich ['-gɛŋliç] accessibile; *fig.* aperto (*für ac.* a); *leicht ~* da raggiungere facilmente; **2keit** *f* accessibilità *f*.   [levatoio.]

Zugbrücke ['tsu:kbrykə] *f* ponte *m*

zugeben ['tsu:gə:bən] aggiungere; *fig.* ammettere; concedere; *zugegeben!* d'accordo!

zugegen [tsu:'ge:gən] presente (*bei* a); *~ sn bei* assistere a, prendere parte a; *er ist nicht ~* non è in casa.

zugeh|en ['tsu:ge:ən] (*sn*) avvicinarsi (*auf ac.* a); *auf j-n ~* andare incontro a qu.; *Briefe*: giungere; *Tür*: chiudersi; (*geschehen*) accadere; *~ lassen* inviare; *wie geht es zu, daß* come va che; *es geht sehr lustig zu* si sta molto allegro; *es geht schlimm zu* le cose vanno male; **2frau** *f* donna *f* per le pulizie.

'**zugehör|en** appartenere; **~ig** appartenente; **2igkeit** *f* appartenenza *f*.

zugeknöpft ['-gəknœpft] *fig.* riservato, di poche parole.

Zügel ['tsy:gəl] *m* (7) redine *f*, *mst* redini *f*/*pl.*; *fig.* freno *m*; **2los** senza briglia; *fig.* sfrenato; **~losigkeit** *f* sfrenatezza *f*; **2n** (29) imbrigliare; *fig.* frenare; **2nd** *fig.* moderativo.

zugesellen ['tsu:gəzɛlən] aggregare, associare.

'**Zugeständnis** *n* concessione *f*.

'**zugestehen** concedere.

'**zugetan** (*dat.*) affezionato; *e-m Laster*: dato.

Zug|feder ⊕ ['tsu:kfe:dər] *f* molla *f* di trazione; **~folge** *f* 🚂 successione *f* dei treni; **~führer** *m* 🚂 capotreno *m*; ✖ capoplotone *m*.

zugießen ['tsu:gi:sən] aggiungere, versare ancora.

zugig ['-giç] esposto alla corrente d'aria; *es ist ~* c'è corrente.

zügig ['tsy:giç] di buona lena; rapidamente.

Zug|kraft ['tsu:kkraft] f forza f di trazione; fig. forza f d'attrazione; **2kräftig** attraente, attrattivo; che fa colpo.

zugleich [tsu'glaiç] nello stesso tempo.

Zug|leine ['tsu:klainə] f corda f; ⚓ fune f da rimorchio; **~loch** n sfiatatoio m; **~luft** f corrente f d'aria; **~maschine** f trattore m; 🚂 locomotiva f; **~mittel** n mezzo m di pubblicità; attrazione f; 🚋 **~netz** n strascino m; **~nummer** f numero m sensazionale; **~ochse** m bue m da tiro; **~personal** n personale m del treno; **~pflaster** n vescicante m.

'**zugraben** coprire (di terra).

zugreifen ['-graifən] cogliere l'occasione; afferrare; bei Tisch: servirsi.

Zugriemen ['tsu:kri:mən] m tirante m di cuoio.

Zugriff ['tsu:grif] m fig. mano f.

zugrunde [tsu'grundə] **~ gehen** (sn) andare in rovina, perire; **~ legen**: et. ~ prendere qc. per base; **2legung** f: unter ~ prendendo per base (von et. qc.); **~ liegen** essere il fondamento (od. la causa) di; **~ richten** mandare in rovina, rovinare.

Zug|schnur ['tsu:kʃnu:r] f tirante m; **~schraube** f elica f trattiva; **~seil** n alzaia f; **~stück** n Thea. pezzo m di effetto; **~tier** n animale m da tiro.

zugunsten [tsu'gunstən] (gen.) in favore di.

zugute [-'gu:tə] j-m et. ~ halten tener conto a qu. di qc.; (verzeihen) perdonare; ~ kommen tornare utile; tornare a favore (di); sich et. ~ tun darsi buon tempo; sich auf et. (ac.) ~ tun vantarsi di qc.

zu guter Letzt [tsu'gu:tər'lɛtst] da ultimo, alla fine dei conti.

Zug|verbindung ['tsu:kfɛrbinduŋ] f coincidenza f (di treno); **~verkehr** m traffico m ferroviario; **~verspätung** f ritardo m del treno; **~vieh** n bestiame m da tiro; **~vogel** m uccello m di passo; **2weise** a frotte; a plotoni; **~wind** m corrente f d'aria.

'**zuhaben** aver chiuso.

'**zuhaken** agganciare.

'**zu|halten 1.** v/t. tener chiuso; sich die Ohren ~ turarsi gli orecchi; **2.** v/i.: auf et. ~ dirigersi verso qc.; **2-hälter** ['-hɛltər] m (7) sfruttatore m di donne, ruffiano m; **2hälterei** [---'rai] f sfruttamento m.

zuhängen ['tsu:hɛŋən] coprire (od. chiudere) con una tenda.

'**zuhauen 1.** v/t. digrossare; Tiere: tagliare; **2.** v/i. auf j-n ~ menar botte a qu.

zuhauf [tsu'hauf] a mucchi; in folla.

Zuhause [tsu'hauzə] n casa f.

zuheften ['tsu:hɛftən] imbastire.

zuheilen ['tsu:hailən] (sn) rimarginare; cicatrizzarsi.

Zuhilfenahme [tsu'hilfəna:mə] f: unter ~ von et. aiutandosi con qc.; unter ~ von j-m chiamando qu. in aiuto. [fondo.)

zuhinterst [tsu'hintərst] in coda; in)

zuhöchst [tsu'hø:çst] in cima, nel punto più alto.

zuhör|en ['tsu:hø:rən] (stare ad) ascoltare; **2er** m uditore m; **2erschaft** f uditorio m.

zuinnerst [tsu'ʔinərst] tutt'all'interno; seelisch: nell'intimo.

'**zujauchzen**, '**zujubeln**: j-m ~ acclamare qu.; salutare qu. con giubilo.

'**zukaufen** comprare ancora.

'**zukehren** voltare.

'**zukitten** cementare.

'**zuklappen 1.** v/t. chiudere; **2.** v/i. (sn) chiudersi.

'**zukleben** incollare, ingommare.

'**zuklinken** ['tsu:kliŋkən] (25) chiudere con la sola maniglia.

'**zuknallen** Tür: sbattere; chiudere di colpo.

zuknöpfen ['-knœpfən] (25) abbottonare; zugeknöpft fig. riservato.

'**zukommen** (sn) venire (od. dirigersi) verso; andare incontro a; (gebühren) spettare; ~ lassen mandare.

zukorken ['-kɔrkən] (25) tappare.

Zukunft ['tsu:kunft] f (16, o. pl.) avvenire m; Gram. nur: futuro m.

zukünftig ['-kynftiç] **1.** adj. futuro; **2.** adv. in avvenire.

Zukunfts- ['-kunfts...]: in Zssgn del futuro; **~pläne** m/pl. progetti m/pl. per l'avvenire; **~roman** m romanzo m del futuro.

'**zulächeln** (dat.) sorridere a.

'**Zulage** f aggiunta f; supplemento m (di paga, di stipendio); beim Fleischer: giunta f.

zulande [tsu'landə]: *hier* ~ in questi paesi; qua da noi.

zulangen ['tsu:laŋən] (allungar la mano per) prendere; *bei Tisch:* servirsi; *tüchtig* ~ fare onore alla cucina.

zulänglich ['-lɛŋliç] sufficiente; ⑨-**keit** *f* sufficienza *f*.

'**zulassen 1.** ammettere; *(erlauben)* permettere; **2.** *Tür usw.:* lasciar chiuso.

zulässig ['-lɛsiç] ammissibile; ⑨-**keit** *f* ammissibilità *f*.

'**Zulassung** *f* ammissione *f*; autorizzazione *f*; *Kfz.* libretto *m* di circolazione; ~**nummer** *f* numero *m* d'immatricolazione (*od.* di targa).

'**Zulauf** *m* concorso *m*; afflusso *m*; *großen* ~ *haben* attirare molta gente; ⑨**en** (*sn*) accorrere; ~ *auf* correre verso; *spitz* ~ terminare in punta.

'**zulegen** aggiungere; *sich et.* ~ comprarsi qc., F farsi qc.; F *(verlieren)* rimetterci.

zuleide [tsu'laɪdə]: *j-m et.* ~ *tun* far del male a qu.

'**zuleimen** incollare.

zuleit|en ['tsu:laɪtən] condurre, portare verso; *Briefe:* trasmettere; ⑨**ung** ⊕ *f* condotto *m* d'ammissione; ⑨**ungsrohr** *n* tubo *m* di arrivo.

zuletzt [tsu'lɛtst] in ultimo; (*als letzter*) l'ultimo.

zuliebe [-'li:bə]: *j-m* ~ per amore di qu.

zulöten ['tsu:lø:tən] saldare.

zum [tsum] = *zu dem.*

zumachen ['tsu:maxən] chiudere; *Kleider:* abbottonare.

zumal [tsu'ma:l] specialmente; ~ *da* tanto più che.

zumauern ['tsu:mauərn] murare.

zumeist [tsu'maɪst] per lo più.

zumessen ['tsu:mɛsən] misurare; *fig.* attribuire.

zumut|bar ['tsu:mu:tba:r] da pretendere; ~**e** [-'mu:tə]: *mir ist nicht wohl* ~ non mi sento bene (*od.* a mio agio); ~**en** (26): *j-m et.* ~ pretendere qc. da qu.; *sich zuviel* ~ pretendere troppo dalle proprie forze; ⑨**ung** *f* pretesa *f*.

zunächst [tsu'nɛ:çst] in primo luogo, prima d'ogni altro, intanto, in un primo tempo; *(vorläufig)* per il momento.

zunageln ['tsu:na:gəln] inchiodare.

'**zunähen** cucire.

Zunahme ['-na:mə] *f* (15) aumento *m*; incremento *m*.

'**Zuname** *m* cognome *m*; (*Spitzname*) soprannome *m*.

zünden ['tsyndən] (26) **1.** *v/t.* accendere; *fig.* elettrizzare; **2.** *v/i.* accendersi; ~**d** *fig.* vibrante.

Zunder ['tsundər] *m* (7) esca *f*; (*Lunte*) miccia *f*.

Zünd|er ['tsyndər] *m* (7) (*Geschoß* ⑨) spoletta *f*; (*Sprengstoff* ⑨) detonatore *m*; ~**holz** *n*, ~**hölzchen** ['-hœltsçən] *n* (6) fiammifero *m*; ~**hütchen** ['-hy:tçən] *n* (6) capsula *f*; ~**kerze** *f* candela *f* d'accensione; ~**schlüssel** *m* chiavetta *f* d'accensione; ~**schnur** *f* miccia *f*; ~**stoff** *m* materia *f* infiammabile; *fig.* motivo *m* di discordia; ~**ung** ⊕ ['-duŋ] *f* accensione *f*; *die* ~ *einstellen* regolare l'accensione.

zunehmen ['tsu:ne:mən] aumentare (*an dat.* di); *Größe, Alter:* crescere; *Leibesumfang:* ingrassare; *mit* ~*dem Alter* invecchiando.

'**zuneig|en** inclinare verso; *fig.* simpatizzare con; *sich dem Ende* ~ volgere alla fine; ⑨**ung** *f* inclinazione *f*, affetto *m*, affezione *f*.

Zunft [tsunft] *f* (14¹) corporazione *f*; consorteria *f*; '~**geist** *m* spirito *m* di corpo.

zünftig ['tsynftiç] *fig.* conveniente; *adv.* come si deve.

Zunge ['tsuŋə] *f* (15) lingua *f*; (*Klappe*) linguetta *f*; *es liegt mir auf der* ~ ce l'ho sulla punta della lingua; *e-e böse* ~ *haben* essere una malalingua; *das Herz auf der* ~ *haben* avere il cuore sulle labbra.

züngeln ['tsyŋəln] (29) *Flammen:* lambire; *Blitz:* guizzare.

Zungen|band ['tsuŋənbant] *n* frenulo *m*; *a. fig.* scilinguagnolo *m*; ~**bein** *n* osso *m* ioide; ~**brecher** *m* scioglilingua *m*; ⑨**fertig** pronto di lingua; ~**fertigkeit** *f* prontezza *f* di lingua; ~**schlag** *m*: F *e-n guten* ~ *haben* avere lo scilinguagnolo sciolto; ~**spitze** *f* punta *f* della lingua.

Zünglein ['tsyŋlaɪn] *n* (6) linguetta *f*; *der Waage:* ago *m*.

zunichte [tsu'niçtə]: ~ *machen* annientare, ridurre al nulla; *(vereiteln)* frustrare; ~ *werden* ridursi a nulla, fallire.

zunicken ['tsu:nikən] (*dat.*) fare un cenno con la testa a.

Z

zunutze [tsu'nutsə]: *sich et.* ~ *machen* trarre profitto da qc.

zuoberst [tsu'ʔo:bərst] in cima.

zuordnen ['tsu:ʔɔrdnən] aggiungere.

'zupacken afferrare, dar di piglio a; (*arbeiten*) darsi da fare, mettersi al lavoro.

zupaß [tsu'pas] a proposito.

zupf|en ['tsupfən] (25) tirare; *Seide*: sfilacciare; ⌀**geige** f chitarra f.

zupfropfen ['tsu:pfrɔpfən] (25) tappare.

zur [tsu:r] = zu der.

zuraten ['tsu:rɑ:tən] consigliare; *auf sein* ⌀ per suo consiglio.

zuraunen ['tsu:raunən] (25) bisbigliare.

'zurechn|en aggiungere *od.* includere (nel computo); (*zuschreiben*) ascrivere; ~ *zu* annoverare fra; ⌀**ung** f: mit ~ *aller Kosten* aggiungendovi tutte le spese; ~**ungsfähig** ['-reçnuŋsfe:iç] responsabile; ⌀**ungsfähigkeit** f responsabilità f; *verminderte* ~ infermità f parziale.

zurecht [tsu'reçt] in ordine; come si deve; ~**biegen** raddrizzare; ~**bringen** mettere in ordine; ~**finden**: *sich* ~ raccapezzarsi; ~**kommen** (*sn*) venire a tempo; *mit et.* ~ venire a capo di qc.; *mit j-m* ~ intendersi con qu.; ~**legen** mettere in ordine; (*vorbereiten*) preparare; *sich* (*dat.*) *et.* ~ *fig.* spiegarsi qc.; ~**machen** preparare; *Zimmer*: mettere in ordine; *Salat usw.*: condire; ~**rücken** accomodare; ~**setzen** raddrizzare; *j-m den Kopf* ~ mettere la testa a posto a qu.; ~**stellen** *s.* zurechtlegen; ~**weisen** riprendere; rimproverare; ⌀**weisung** f rimprovero m.

zureden ['tsu:re:dən] consigliare; *sich* ~ *lassen* lasciarsi persuadere.

'zureichen 1. *v/t.* porgere; **2.** *v/i.* bastare; ~**d** sufficiente.

'zureiten 1. *v/t.* scozzonare; **2.** *v/i.* (*sn*): *auf j-n* ~ andare (venire) verso qu. a cavallo; **3.** ⌀ *n* (6) scozzonatura f.

'zuricht|en preparare; *Leder*: conciare; ⊕ apprestare; *Typ., Form.*: avviare; *übel* ~ conciare per le feste; *übel zugerichtet* malconcio; ⌀**er** m apparecchiatore m; conciatore m; *Typ.* marginatore m; ⌀**ung** f preparazione f; apprestamento m.

zuriegeln ['tsu:ri:gəln] *v/t.* (29) mettere il chiavistello a.

zürnen ['tsyrnən] (25) essere in collera con.

Zurschaustellung [tsur'ʃaʊʃtɛluŋ] f esibizione f; mostra f.

zurück [tsu'ryk] indietro; (*~gekehrt*) di ritorno; (*~geblieben*) arretrato; *es gibt kein* ⌀ *mehr* non si torna più indietro; ~ *sn* essere tornato; **...:** *in Zssgn* indietro; ri...; ~**begeben**: *sich* ~ ritornarsene; ~**begleiten** riaccompagnare; ~**behalten** ritenere; ~**bekommen** riavere; ~**berufen** richiamare; ⌀**berufung** f richiamo m; ~**beugen**: *sich* ~ piegarsi indietro; ~**bleiben** (*sn*) rimanere indietro; *fig.* hinter den Erwartungen ~ non corrispondere alle aspettazioni; ~**blicken** riguardare indietro; ~**blickend** retrospettivo; ~**bringen** riportare; *fig.* richiamare; ~**datieren** antidatare; ~**denken** ripensare (*an ac.* a); ~**diskontieren** ✝ riscontare; ~**drängen** respingere, ricacciare; *fig.* reprimere; ~**drehen** girare indietro; ~**dürfen** poter ritornare; ~**eilen** (*sn*) affrettarsi a ritornare; ~**erbitten** chiedere di ritorno; ~**erhalten** riavere; ~**erobern** riconquistare; ~**erstatten** restituire; ~**erwarten** aspettare il ritorno di; ~**fahren** (*sn od.* tornare) indietro; (*zurückstoßen*) fare marcia indietro; *fig.* indietreggiare dallo spavento; ~**fallen** (*sn*) cadere indietro; *fig.* ricadere (*auf ac.* su); ~**finden** ritrovare il cammino; ~**fliegen** (*sn*) ritornare volando; ~**fließen** (*sn*) rifluire; ~**fordern** chiedere di ritorno, chiedere indietro; rivendicare; ~**führen** ricondurre; *fig.* ridurre; (*zuschreiben*) attribuire a; ⌀**gabe** f restituzione f; ~**geben** restituire, rendere; ~**geblieben** rimasto indietro; *fig.* arretrato; ~**gehen** (*sn*) andare indietro; (*~kehren*) ritornare; *auf die Quelle*: risalire a; ~**geleiten** riaccompagnare; ~**gestellt:** ~ *werden* passare in sott'ordine; ~**gewinnen** ricuperare; ~**gezogen** ritirato; ⌀**gezogenheit** f solitudine f; ~**greifen**: *weit* ~ rifarsi da lontano; ~ *auf* ricorrere a; ~**haben** riavere; ~**halten 1.** *v/t.* ritenere; *fig.* Tränen: frenare; **2.** *v/i.* mit et. ~ nascondere qc.; mit s-m Lob ~ essere parco nelle lodi; ~**hal-**

tend riservato; ⊇**haltung** f ritenzione f; fig. riservatezza f; ~**holen** andare a riprendere; ~**kaufen** ricomprare; ~**kehren** (sn) ritornare; ~**klappen** ripiegare; ribaltare indietro; ~**kommen** (sn) ritornare, rivenire; auf et. ~ ritornare sopra qc.; ~**können** poter ritornare; fig. potersi ritirare; ~**lassen** lasciare indietro; ⊇**lassung** f: unter ~ von et. lasciando qc.; ~**laufen** (sn) ritornare correndo; ~**legen** mettere da parte; Weg: percorrere, coprire; Jahre: compiere; Schule: intraprendere; sich ~ chinarsi indietro; ~**lehnen**: sich ~ reclinarsi; ~**liegen** essere successo tempo fa; das liegt schon weit zurück è parecchio tempo (od. sono anni) che è successo; ~**melden**: sich ~ presentarsi come ritornato; ~**müssen** dover tornare; ⊇**nahme** [-'nɑːmə] f (15) ripresa f; fig. ritiro m; ~**nehmen** riprendere; fig. Worte, Gesetze: ritirare; ~**prallen** (sn) rimbalzare; fig. retrocedere inorridito; Phys. essere riflesso; ~**reichen**: ~ bis rimontare fino a; avere origine in; ~**reisen** (sn) tornare indietro; ~**rufen** richiamare (ins Gedächtnis alla memoria); ins Leben ~ richiamare in vita, risuscitare; ~**schaffen** portare indietro; ~**schallen** risonare, riecheggiare; ~**schalten** Kfz. innestare una marcia più bassa; ~**schaudern** (sn) indietreggiare inorridito; ~**schauen** guardare indietro; ~**scheuchen** far scappare, cacciar via; ~**scheuen** (sn) rifuggire da; ~**schicken** rimandare; ~**schieben** respingere; (Beweisgrund: ritorcere; Eid: deferire; ~**schlagen** ribattere; Angriff: respingere; Ärmel: rimboccare; Schleier: alzare; Ball: rimandare; Mantel: gettare indietro; ~**schleudern** lanciare indietro; ~**schrauben** fig. ridurre; ~**schnellen** (sn) scattare indietro; ~**schrecken**: ~ vor (dat.) non osare di, avere paura di; ~**sehnen**: sich nach et. ~ sospirare qc.; bramare di ritornare in qualche luogo; ~**senden** rinviare; ~**setzen** mettere indietro (od. da parte); Fehlerhaftes: scartare; j-n: trattare ingiustamente; umiliare; Schüler: rimandare; zurückgesetzte Waren f/pl. scarti m/pl.; ~**sinken** (sn) (lasciarsi) cadere indietro; in

das Laster ~ ricadere nel vizio; ~**springen** (sn) saltare indietro; Winkel: rientrare; ~**stecken** fig. ridurre; ~**stehen** (sn) stare indietro; fig. hinter j-m ~ essere inferiore a qu.; ~**stellen** (Uhr usw.) mettere indietro; fig. rimandare, rimettere; ✕ riformare; ⊇**stellung** f fig. rinvio m; ✕ riforma f; ~**stoßen** respingere; Phys. ripercuotere; fig. ripugnare a; ~**strahlen** 1. v/t. riflettere; 2. v/i. riflettersi; ~**streifen** Ärmel: rimboccare; ~**strömen** (sn) rifluire; ritornare; ~**stürzen** (sn) cadere indietro; ritornare precipitosamente; ~**taumeln** (sn) indietreggiare barcollando; ~**telegraphieren** rispondere per telegrafo; ~**tragen** riportare; ~**träumen**: sich ~ in et. riportarsi col pensiero (od. in sogno) a qc.; ~**treiben** 1. v/t. respingere; 2. v/i. (sn) fluttuare indietro; ~**treten** (sn) farsi indietro; rientrare; fig. (verzichten) rinunciare a; vom Amt: dimettersi, ritirarsi; ✕ ~! indietro!; ~**verfolgen** fig. seguire fino alle origini; ~**verlangen** chiedere di ritorno; ~**versetzen**: sich ~ in (ac.) rievocare (ac.), riportarsi a; ~**weichen** (sn) indietreggiare; fig. cedere; ~**weisen** respingere; auf et. ~ rimandare a qc.; ⊇**weisung** f ripulsa f; rinvio m; ~**werfen** buttare indietro; Ball: rimandare; Feind: respingere; Phys. riflettere; ~**wirken** reagire su; ~**wünschen**: et. ~ desiderare il ritorno di qc.; ~**zahlen** rimborsare; ⊇**zahlung** f rimborso m; ~**ziehen** ritirare; sich ~ ritirarsi; Sport: abbandonare.

Zuruf ['tsuːruːf] m chiamata f; acclamazione f; Sport: incitamento m; ⊇**en**: j-m et. ~ gridare qc. a qu.; j-m ~ (Sport) incitare qu. con grida.

'**zurüst**|**en** allestire; ⊇**ung** f allestimento m; preparativi m/pl.

Zusage ['tsuːzɑːgə] f (15) promessa f (di fare, di venire usw.); (Zustimmung) adesione f; ⊇**n** 1. v/t. abs. accettare; et.: promettere; 2. v/i. piacere; accettare un invito.

zusammen [tsu'zamən] insieme, assieme (mit a); (im ganzen) in tutto; ~**addieren** addizionare; ⊇**arbeit** f collaborazione f; cooperazione f; ~**arbeiten** collaborare; cooperare; ~**ballen** agglomerare, concentrare; Faust: stringere; sich

~ (r)aggomitolarsi; 2ballung *f* concentramento *m*; 2bau ⊕ *m* montaggio *m*; ~bauen ⊕ montare; ~beißen: *Zähne* ~ stringere i denti; ~bekommen riuscire a riunire (*od.* a mettere insieme); ~betteln accumulare mendicando; ~binden legare; ~bitten invitare; radunare; ~bleiben restare insieme, rimanere uniti; ~brauen mescolare; *fig. sich* ~ prepararsi; ~brechen (*sn*) *Person*: stramazzare, abbattersi; *Geschäft*: fallire; *Gebäude, fig.*: crollare; ~bringen riunire; *Geld*: mettere insieme; 2bruch *m* sfacelo *m*, crollo *m*; ✝ fallimento *m*; rovina *f*; bancarotta *f*; ~drängen pigiare, accalcare; ~drehen attorcigliare; ~drücken stringere; comprimere; ~fahren (*sn*) (*erschrecken*) trasalire; F *Kfz*. mettere sotto; ~fallen (*sn*) crollare; *Personen*: deperire; Å, *Zeit*: coincidere; 2 *n* (6) coincidenza *f*; ~faltbar [-'--faltba:r] pieghevole; ~falten ripiegare; ~fassen prendere insieme; *fig.* abbracciare; *Gedanken*: riassumere, raccogliere; *kurz*: compendiare, riepilogare; ~fassend sommario, riassuntivo; concludendo, riassumendo, per sommi capi; 2fassung *f* riassunto *m*, ricapitolazione *f*; ~finden: *sich* ~ trovarsi insieme; ~flicken rappezzare; *Lit.* compilare; ~fließen (*sn*) confluire; *Farben*: fondersi; 2fluß *m* confluente *m*; affluenza *f*; ~fügen congiungere; ~führen riunire; ~gehen (*sn*) andare insieme; far causa comune; ~gehören formare un insieme; stare bene insieme; esser fatto l'uno per l'altro; ~gehörig compagno, omogeneo; della stessa famiglia (categoria); 2gehörigkeit *f* corrispondenza *f*; 2gehörigkeitsgefühl *n* solidarietà *f*; ~geraten (*sn*) venire alle mani; ~gesetzt composto (*aus di*); ~gewachsen cresciuto insieme; ~gewürfelt accozzato a caso; 2halt *m* coesione *f*; *fig.* accordo *m*; ~halten 1. *v/t*. tenere congiunti; (*vergleichen*) paragonare; 2. *v/i*. stare uniti; ⊕ tenere; *fig.* andare d'accordo; 2hang *m* connessione *f*, coesione *f*, *fig.* coerenza *f*; *Lit.* nesso *m*; *in* ~ stehen stare in rapporto; *den* ~ *verlieren* perdere il filo; *aus dem* ~ dal con-

testo; *ohne* ~ senza costrutto, sconnesso; ~hängen stare in rapporto; *wie hängt das zusammen?* come si spiega questo?; ~hängend continuo; coerente; ~hang(s)los incoerente, sconnesso, senza costrutto; 2hang(s)losigkeit *f* sconnessione *f*; ~hauen tagliare a pezzi; ~heften imbastire; ~heilen (*sn*) cicatrizzarsi; ~holen andar a raccogliere; ~kauern: *sich* ~ accoccolarsi; ~kaufen incettare; ~kitten cementare; 2klang *m* consonanza *f*; *fig.* armonia *f*; ~klappbar [-'--klappba:r] pieghevole; ~klappen 1. *v/t*. chiudere a scatto; 2. *v/i*. (*sn*) chiudersi a scatto; *fig.* cadere svenuti; ~kleben appiccicare; ~knüpfen annodare; ~kommen (*sn*) riunirsi; *mit j-m* ~ incontrarsi, trovarsi con qu.; ~krachen crollare con fracasso; F *fig.* scontrarsi; ~krampfen: *sich* ~ contrarsi (convulsivamente); ~kratzen racimolare; ~krümmen: *sich* ~ raggomitolarsi; 2kunft [-'--kunft] *f* (14¹) incontro *m*; convegno *m*; ~läppern [-'--lepərn] (29): *sich* ~ F fare massa; ~lassen lasciare insieme; ~laufen (*sn*) riunirsi (*correndo*), affluire; Å, convergere; *Stoff*: restringersi; *Milch*: coagularsi; ~leben convivere; 2leben *n* (6) convivenza *f*; ~legbar [-'--le:kba:r] pieghevole; smontabile; ~legen [-'--le:gən] mettere insieme; unire, congiungere; *Unternehmen*: fusionare; *Aktien*: consolidare; (*falten*) piegare; ~leimen incollare; ~lesen racimolare; ~löten saldare; ~nähen cucire; *wieder* ~ ricucire; ~nehmen prendere (qc.) in comune; (*sammeln*) raccogliere; *Kräfte*: concentrare; *sich* ~ dominarsi; contenersi; *nimm dich zusammen!* su! non lasciarti andare!; *alles zusammengenommen* tutto sommato; ~packen impacchettare; mettere insieme; ~passen 1. *v/t*. aggiustare; adattare; 2. *v/i*. star (*od.* andare) bene insieme; ⊕ combaciare; ~pferchen stipare; ~pressen comprimere; serrare; ~raffen raccogliere in fretta; *sich* ~ raccogliere tutte le forze; ~rechnen sommare, fare l'addizione; ~reimen: *sich* ~ andare d'accordo; *wie reimt sich das zusammen?* come si fa a spiegarlo?; *was hast du dir da* *zusammen*gereimt? che cosa ti è passato per la testa?; **~reißen:** *sich ~* farsi forza; **~rollen** arrotolare; **~rotten** [-'--rɔtən] (26): *sich ~* assembrarsi; **⩗rottung** *f* assembramento *m*; **~rücken 1.** *v/t.* avvicinare; **2.** *v/i.* (*sn*) stringersi; **~rufen** convocare; **~sacken** [-'--zakən] (25) accasciarsi; **⩗saufen:** *sich ~* assembrarsi; **~scharren** raggranellare; **~schichten** accatastare; **~schießen** abbattere (uccidere) a cannonate (fucilate); *Geld:* quotarsi; concorrere ad una spesa; **~schlagen 1.** *v/t.* (*zerschlagen*) rompere; fare a pezzi; *die Hände über dem Kopf ~* disperarsi; **2.** *v/i.* (*sn*) battere insieme; *über j-m:* seppellire (qu.); **~schließen** serrare; congiungere, unire; *sich ~* unirsi; associarsi; fusionarsi; **⩗schluß** *m* unione *f*, fusione *f*; **~schmelzen 1.** *v/t.* fondere; **2.** *v/i.* (*sn*) fondersi; *fig.* farsi (sempre) meno; andare scomparendo; **~schmieren** compilare frettolosamente; **~schnüren** legare; *fig. Herz:* stringere; **~schrauben** unire a vite; **~schrecken** (*sn*) terrorizzarsi; scattare; **~schreiben** *zwei Wörter:* scrivere in una parola; **~schrumpfen** (*sn*) raggrinzarsi; *fig.* calare; **~schweißen** saldare insieme; **⩗sein** *n* convegno *m*; *zwanglos*es *~* ritrovo *m* amichevole; **~setzen** mettere insieme; (*aus den Teilen ein Ganzes ~*) comporre; ⊕ montare; *sich ~* comporsi (*aus* di); *zu Besprechungen:* convenire; **⩗setzung** *f* composto *m*; (*das Zusammensetzen*) composizione *f*; montaggio *m*; **~sinken** (*sn*) sfasciarsi; *Personen:* stramazzare; **~sparen** accumulare risparmiando; **⩗spiel** *n* gioco *m* combinato; *fig.* concerto *m*, armonia *f*; **~stecken 1.** *v/i.* star insieme; **2.** *v/t.* mettere insieme; combinare; *die Köpfe ~* bisbigliarsi; **~stehen** stare insieme; formare un gruppo; *fig.* aiutarsi a vicenda; stare uniti; **~stellen** porre (*od.* mettere) insieme; 👥 combinare; (*vergleichen*) paragonare; *Lit.* compilare; **⩗stellung** *f* composizione *f*; paragone *m*; compilazione *f*; *Liste:* elenco *m*; **~stimmen** armonizzare; accordarsi; **~stoppeln** [-'--ʃtɔpəln] (29) accozzare; *Lit.* compilare; **⩗stoß** *m* urto *m*; scontro *m* (*a.* ⚔); collisione *f*;

fig. conflitto *m*; **~stoßen** (*sn*) urtarsi; scontrarsi; collidere, entrare in collisione; (*angrenzen*) confinare; **~streichen** *Text:* raccorciare; **~strömen** (*sn*) affluire; concorrere in massa; **~stückeln** rappezzare; **⩗sturz** *m* crollo *m*; **~stürzen** (*sn*) crollare; *Menge:* riversarsi; **~suchen** andare a cercare; raccogliere da tutte le parti; **~tragen** portare insieme; **~treffen** (*sn*) incontrarsi; *Dinge:* coincidere; **⩗treffen** *n* (6) incontro *m*; coincidenza *f*; *zufälliges:* combinazione *f*; *von Umständen:* concorso *m*; **~treiben** riunire; **~treten** (*sn*) (*sich versammeln*) radunarsi; **⩗tritt** *m* riunione *f*; **~trommeln** riunire; **~tun** mettere insieme; *sich ~* unirsi; **~wachsen** (*sn*) crescere insieme; unirsi crescendo; *Unternehmen:* fusionarsi; **~werfen** gettare insieme; (*umwerfen*) abbattere; *fig.* confondere; **~wickeln** avvolgere; **~wirken** cooperare; *Dinge:* concorrere; **⩗wirken** *n* (6) cooperazione *f*; concorso *m*; **~wohnen** abitare insieme, coabitare; **~würfeln** mettere insieme a casaccio; accozzare; combinare alla meglio; **~zählen** sommare; **~ziehen 1.** *v/t.* contrarre; *Personen:* riunire; ⚔ concentrare; (*verkürzen*) restringere; 🎵 astringere; *den Mund ~* legare i denti; *sich ~ Stoff:* restringersi; *Gewitter:* starsi preparando; **2.** *v/i.* (*sn*) andare ad abitare insieme; **⩗ziehung** *f* contrazione *f*; riunione *f*; concentramento *m*; **~zucken** (*sn*) trasalire.

Zusatz ['tsu:zats] *m* (3² u. ³) aggiunta *f*; **~abkommen** *n* protocollo *m* aggiunto *od.* addizionale; **~antrag** *m* proposta *f* addizionale; **~artikel** *m* articolo *m* addizionale; **~gerät** *n* dispositivo *m* accessorio.

zusätzlich ['tsu:zetsliç] addizionale; supplementare; *adv.* per di più.

zuschanden [tsu'ʃandən]: *~ machen* (*werden*) mandare (andare) a monte; *sich ~ arbeiten* ammazzarsi con il lavoro.

zuschanzen ['tsu:ʃantsən] (27) F far avere, procacciare.

'**zuschau|en** stare a guardare; **⩗er** (**-in** *f*) *m* (7) spettatore (-trice) *m* (*f*); **⩗erschaft** *f* spettatori *m/pl.*, pubblico *m*.

'**zuschaufeln** ricoprire di terra.

'**zuschicken** mandare, spedire, inviare.

'**zuschieben** chiudere; *fig.* attribuire; addossare.

'**zuschießen** 1. *v/i.* (sn): *auf j-n* ~ lanciarsi verso qu.; 2. *v/t.* aggiungere; contribuire a.

Zuschlag ['--ʃlaːk] *m* supplemento *m*; *Steuer, Zoll*, 🚂 soprattassa *f*; *Auktion*: aggiudicazione *f*; ~...: *in Zssgn oft* supplementare; **꒐en** ['--gən] 1. *v/i.* menar botte; *Tür*: (sn) chiudere con fracasso; 2. *v/t.* *Tür*: sbattere; *auf Auktion*: aggiudicare; **~gebühr** *f* soprattassa *f*; **~karte** *f* (biglietto *m* di) supplemento *m*; **~pflichtig** soggetto a supplemento.

'**zuschließen** chiudere (a chiave).

'**zuschnallen** affibbiare.

'**zuschnappen** (sn) chiudersi scattando; (*zubeißen*) azzannare.

'**zuschneid|en** tagliare; *auf j-n zugeschnitten fig.* riferendosi a qu.; **꒐er** *m* (7) tagliatore *m*.

'**zuschneien** (sn) coprirsi di neve.

'**Zuschnitt** *m* taglio *m*; *fig.* foggia *f*.

'**zuschnüren** legare; *Schuhe*: allacciare; *fig. j-m die Kehle* ~ strozzare qu.

'**zuschrauben** avvitare.

'**zuschreiben** aggiungere; *fig.* ascrivere; (*beimessen*) attribuire; *Buch*: dedicare; *er hat es sich* (*dat.*) *selbst* zu ~ è colpa sua.

'**zuschreiten** (sn) andare (*od.* dirigersi, venire) verso.

'**Zuschrift** *f* lettera *f*; missiva *f*; (*Antwort*) risposta *f*.

zuschulden [tsu'ʃuldən]: *sich et.* ~ *kommen lassen* commettere qualche mancanza.

Zuschuß ['tsu:ʃus] *m* (4²) aggiunta *f*; (*Hilfe*) sussidio *m*; sovvenzione *f*.

'**zuschütten** aggiungere versando; *Loch, Brunnen*: colmare.

'**zusehen** stare a vedere; ~, *daß* guardare (*od.* badare) che; **~ds** a vista d'occhio.

'**zusenden** mandare, inviare.

'**zusetzen** 1. *v/t.* aggiungere; (*verlieren*) rimetterci; (*Geld*) perdere; 2. *v/i.*: *j-m* ~ sollecitare qu.; stare alle costole di qu.; *Feind*: incalzare (*ac.*); *von Krankheiten usw.*: ridurre male.

'**zusicher|n** assicurare; **꒐ung** *f* assicurazione *f*.

'**zusperren** sbarrare; *Tür*: chiudere a chiave.

'**Zuspiel** *n Sport*: passaggi *m/pl.*; **꒐en** *Ball*: passare; *j-m et.* ~ far avere qc. a qu.

'**zuspitz|en** appuntare, aguzzare; *sich* ~ *fig.* farsi critico; inasprirsi; **꒐ung** *f* inasprimento *m*.

'**zusprechen** 1. *v/t.* aggiudicare; *ein Telegramm*: trasmettere per telefono; *Mut* ~ fare animo; *j-m Trost* ~ confortare qu.; 2. *v/i. j-m* ~ fare animo a qu., infondere coraggio a qu.; F *dem Glas usw.*: far onore a.

'**zuspringen** (sn) lanciarsi (*auf ac.* verso, su).

'**Zuspruch** *m* conforti *m/pl.*; (*Zulauf*) affluenza *f* (di clienti); ~ *haben* aver molti clienti (visitatori), esser frequentato.

zustande [tsu'ʃtandə]: ~ *bringen* riuscire a fare; venire a capo di; ~ *kommen* venire realizzato (*od.* effettuato); aver luogo; **Qkommen** *n* riuscita *f*.

zuständig ['tsu:ʃtendiç] spettante; *Behörde*: competente; **Qkeit** *f* spettanza *f*; competenza *f*.

zustatten [tsu'ʃtatən]: ~ *kommen* venire a proposito; giovare.

zustecken ['tsu:ʃtɛkən] appuntare; *fig. j-m et.* ~ passare di nascosto qc. a qu.

'**zustehen** spettare.

'**zustell|en**: *j-m et.* ~ recapitare, rimettere (*od.* consegnare) qc. a qu.; **Qung** *f* consegna *f*; recapito *m*; **Qungsgebühr** *f* tassa *f* di recapito.

'**zusteuern** 1. *v/i.* (sn) dirigersi verso; ⚓ fare rotta (su); 2. *v/t.* contribuire (*zu dat.* a).

'**zustimm|en** (*dat.*) aderire; (*einwilligen*) consentire; **~end** affermativo; consenziente; **Qung** *f* adesione *f*; consenso *m*.

'**zustopfen** turare; *Kleidung*: rammendare.

'**zustoßen** 1. *v/t.* chiudere (con uno spintone); 2. *v/i.* (sn) *unpers.* capitare; *was ist dir zugestoßen?* che cosa ti è successo?

'**zustreben** dirigersi verso; *fig.* aspirare a.

'**Zustrom** *m* affluenza *f*.

　　　　　　　　　　　　　　　　　　　　 zuziehen

ˈ**zuströmen** (sn) affluire.
ˈ**zustürmen** (sn), ˈ**zustürzen** (sn) precipitarsi (*auf ac.* su).
ˈ**zustutzen** raffazzonare; *Haare:* accorciare.

zutage [tsuˈtaːgə]: ~ *fördern* scavare; portare alla luce; *fig.* produrre; ~ *treten* venire alla luce; *fig.* essere evidente.

Zutat [ˈtsuːtaːt] *f* (16) *allg.* ingrediente *m;* *Kleidung:* guarnizione *f.*

zuteil [tsuˈtaɪl]: ~ *werden* toccare (a); ~ *werden lassen* donare.

zuteil|en [ˈtsuːtaɪlən] distribuire; (*anweisen*) assegnare; *Privileg:* accordare; 2**ung** *f* ripartizione *f;* assegnazione *f;* (*Anteil*) quota *f,* razione *f.*

ˈ**zutragen** portare; *Nachrichten:* riportare; *sich* ~ accadere.

Zuträger [ˈ-trɛːgər] *m* (7) delatore *m.*

zuträglich [ˈ-trɛːklɪç] (*dat.*) utile, buono; (*heilsam*) salutare; (*günstig*) propizio; ~ *sein* far bene; 2**keit** *f* utilità *f.*

ˈ**zutrau|en** **1.** *j-m et.* ~ credere uno capace di qc.; *sich zuviel* ~ fidarsi troppo di sé; **2.** 2**en** *n* (6) fiducia *f;* ~**lich** fiducioso; (*vertraulich*) familiare; 2**lichkeit** *f* fiducia *f;* familiarità *f.*

ˈ**zutreffen** avverarsi; (*richtig sein*) esser giusto; ~ *auf* (*ac.*) addirsi a; ~**d** giusto; *Nichtzutreffendes streichen* cancellare quel che non interessa.

ˈ**zutreiben 1.** *v/t.* spingere verso; **2.** *v/i.* esser spinto verso.

ˈ**zutrinken:** *j-m* ~ bere alla salute di qu., brindare a.

ˈ**Zutritt** *m* accesso *m;* (*Eintritt*) entrata *f.*

ˈ**zutun 1.** metterci, (*schließen*) chiudere; **2.** 2 *n* (6) intervento *m;* cooperazione *f;* *ohne mein* ~ senza ch'io c'entri; ~**lich** [ˈ-tuːnlɪç] affettuoso; (*dienstbeflissen*) premuroso; 2**lichkeit** *f* affettuosità *f;* premura *f.*

zuungunsten [tsuˈʔungunstən] a svantaggio [fondo.]

zuunterst [tsuˈʔuntərst] giù giù; in[

zuverlässig [ˈtsuːfɛrlɛsɪç] sicuro, fidato; *Nachricht:* attendibile, autentico; degno di affidamento; 2**keit** *f* fidatezza *f;* attendibilità *f;* 2**keitsfahrt** *f* *Sport:* corsa *f* di resistenza; 2**keitsprüfung** *f* prova *f* di resistenza.

Zuversicht [ˈtsuːferzɪçt] *f* (16, *o. pl.*) sicurezza *f;* *auf j-n:* fiducia *f* (in); 2**lich** *adj.* sicuro; fiducioso; *adv.* sicuro; con fiducia; ~**lichkeit** *f* sicurezza *f.*

zuviel [tsuˈfiːl] troppo; *was* ~ *ist, ist* ~ quello che è troppo è troppo; 2 *n* troppo *m;* quantità *f* eccessiva.

zuvor [-ˈfoːr] prima; ~**derst** [-ˈfordərst] innanzi tutto; ~**kommen** (sn) prevenire; ~**kommend** premuroso, gentile; 2**kommenheit** *f* premura *f,* gentilezza *f;* ~**tun:** *es j-m in et.* ~ sorpassare qu. in qc.

Zuwachs [ˈtsuːvaks] *m* (4, *o. pl.*) aumento *m,* incremento *m;* *Kleid:* *auf* ~ *berechnet* a crescenza; ~ *bekommen* aumentare di numero; 2**en** (sn) crescere; *Wunde:* chiudersi; (*zufallen*) toccare; ~**rate** *f* ritmo *m* d'incremento; ~**steuer** *f* imposta *f* sull'aumento del valore.

ˈ**zuwander|n** immigrare; 2**ung** *f* immigrazione *f.*

zuwege [tsuˈveːgə]: *et.* ~ *bringen* venir a capo di qc., riuscire a fare qc.

ˈ**zuwehen:** *j-m Luft* ~ far vento a qu.; *mit Schnee usw.:* coprire di.

zuweilen [tsuˈvaɪlən] talvolta.

zuweis|en [ˈtsuːvaɪzən] *et.:* assegnare; *j-n:* indirizzare; (*zusenden*) inviare; 2**ung** *f* assegnazione *f.*

ˈ**zuwend|en** volgere; *fig. j-m et.:* far avere; *sich* ~ *fig.* darsi a, dedicarsi a; 2**ung** *f* donazione *f.*

zuwenig [tsuˈveːnɪç] troppo poco.

zuwerfen [ˈtsuːverfən] gettare; *Tür:* sbattere; *Loch:* colmare.

zuwider [tsuˈviːdər] contro; contrariamente a; ~ *sein* esser contrario, F (*anwidern*) ripugnare; ~**handeln** contravvenire (a), trasgredire (*ac.*); 2**handelnde(r)** *m* (18) contravventore *m,* trasgressore *m;* 2**handlung** *f* contravvenzione *f;* trasgressione *f;* ~**laufen** essere in contraddizione.

zuwinken [ˈtsuːvɪŋkən] far cenno (a qu.).

ˈ**zuzahlen** pagare in più.

ˈ**zuzählen** annoverare (*zu dat.* tra); (*hinzufügen*) aggiungere.

zuzeiten [tsuˈtsaɪtən] talvolta.

zuzieh|en [ˈtsuːtsiːən] **1.** *v/t.* tirare; chiudere tirando; *j-n:* chiamare; *Arzt:* consultare; *sich et.* ~ tirarsi addosso; *Krankheiten:* buscarsi, pigliarsi; **2.** *v/i.* (sn) stabilirsi, venire a stare; ₂**ung** f invito m (a prender parte a qc.); *Arzt:* consulto m; intervento m; *unter j-s* ~ con l'intervento di qu.; *unter* ~ *der Spesen* più le spese.

'**Zuzug** m arrivo m; affluenza f; ✕ rinforzo m; (*Vermehrung*) aumento m; (*Einwanderung*) immigrazione f.

zuzüglich ['tsu:tsy:kliç] più (*ac.*).

zwacken ['tsvakən] (25) *fig.* vessare, tormentare.

Zwang [tsvaŋ] **1.** m (3³) obbligo m; (*Gewalt*) violenza f, forza f; ₰₰ coazione f, coercizione f; ₰ tenesmo m; ~ *antun* far violenza; *sich* ~ *antun* farsi forza; (*sich genieren*) prendersi soggezione; *sich keinen* ~ *antun* non fare complimenti. **2.** ₂ *s.* zwingen.

zwängen ['tsvɛŋən] (25) comprimere; *Schuh:* premere; (*hinein*~) far entrare per forza.

zwanglos ['tsvaŋlo:s] libero; senza cerimonie; a scelta, a piacere; non ufficiale; *Verkehr:* alla buona; *Personen:* disinvolto; ₂**igkeit** ['--ziçkait] f libertà f; semplicità f; disinvoltura f.

Zwangs... ['tsvaŋs...]: *in Zssgn oft* forzato, forzoso; ₰₰ coattivo, coercitivo; ~**anleihe** f prestito m forzato; ~**arbeit** f lavori m/pl. forzati; ~**beitreibung** f riscossione f forzosa; ~**bewirtschaftung** f esercizio m forzoso; ~**enteignung** f espropriazione f forzata; ~**gesetz** n legge f coercitiva; ₂**gestellt** arrestato, fermato; ~**jacke** f camicia f di forza; ~**kurs** m corso m forzoso; ~**lage** f situazione f forzata; ₂**läufig** obbligatorio; (*unvermeidlich*) inevitabile; *adv.* per forza; ~**maßnahme** f misura f coercitiva; ~**mittel** n mezzo m coercitivo; ~**pensionierung** f collocamento m a riposo d'autorità; ~**räumung** f sfratto m; sloggiamento m forzato; ~**verfahren** n procedura f coercitiva; ~**versicherung** f assicurazione f obbligatoria; ~**versteigerung** f subasta f; ~**vollstreckung** f sequestro m; ~**vorstellung** f idea f fissa, fissazione f; ₂**weise** per forza; ~**wirtschaft** f economia f (*bzw.* amministrazione f) coercitiva; controllo m dello Stato.

zwanzig ['tsvantsiç] venti; *etwa* ~ una ventina; ~**ste** (18), ₂**stel** n (7) ventesimo (m).

zwar [tsvɑ:r] è vero che; per vero; a dir vero; *und* ~ e precisamente.

Zweck [tsvek] m (3) fine m, scopo m; (*Absicht*) intenzione f; (*Ziel*) obiettivo m; *das hat keinen* ~ è inutile; *zu diesem* ~ a questo scopo; *zu welchem* ~? a che scopo?; '~**bau** m costruzione f a scopo pratico; ₂**dienlich** utile; pratico; ₰₰ pertinente; '~**dienlichkeit** f praticità f; utilità f; pertinenza f; '~**e** f (15) bulletta f; ₂'**entsprechend** appropriato al fine; rispondente allo scopo; '₂**los** senza scopo, inutile; '~**losigkeit** f inutilità f; '₂**mäßig** opportuno; ~**mäßigkeit** f opportunità f; ₂**s** (*gen.*) allo scopo di; '₂**widrig** inopportuno; '~**widrigkeit** f inopportunità f.

zwei [tsvaɪ] **1.** *adj.* due; *zu* ~ *und* ~ due a due; *zu* ~*en* in due; **2.** ₂ f (16) due m; ₂**achser** ['-²aksər] m (7) camion m (vagone m) a due assi; ~**armig** ['-²armiç] con due bracci; ~**beinig** ['-baɪniç] bipede; ~**deutig** ['-dɔytiç] equivoco, ambiguo; ₂**deutigkeit** f doppio senso m, ambiguità f; ₂'**drittelmehrheit** f maggioranza f di due terzi; '~**ein'halb** due e mezzo; ~ *Kilo* due chili e mezzo; ~**erlei** ['-ɔr'laɪ] di due specie; *das ist* ~ F è un altro paio di maniche; *Sagen und Tun ist* ~ altro è dire, altro è fare; tra il dire e il fare c'è di mezzo il mare; ~**fach** ['-fax] doppio; *in* ~*er Ausfertigung* in doppia copia; '~**farbig** bicolore.

Zweifel ['tsvaɪfəl] m (7) dubbio m; *ohne* ~ senza dubbio; *im* ~ *sein* essere in dubbio; *es besteht kein* ~ non c'è dubbio; *in* ~ *ziehen* mettere in dubbio; ₂**haft** dubbio; dubbioso; (*ungewiß*) incerto; (*verdächtig*) sospetto; ~**haftigkeit** f dubbiezza f; ₂**los 1.** *adj.* indubitato, senza dubbio; **2.** *adv.* indubbiamente.

zweifeln ['tsvaɪfəln] (29) dubitare (*an dat.* di); ~**d** scettico.

Zweifel|sfall ['tsvaɪfəlsfal] m caso m dubbio; ₂**s-'ohne** indubbiamente; ~**sucht** f mania f di dubitare di tutto; scetticismo m; ₂**süchtig** ['--zyçtiç] scettico.

Zweifler ['tsvaɪflər] m (7) scettico m.

zwei|flüg(e)lig ['tsvaɪfly:g(ə)liç] a due ali; *Tür:* a due battenti; ₂**flügler** Zo. m (7) dittero m; ₂**fronten-krieg** [-'frɔntənkri:k] m guerra f a due fronti; **~füßig** ['-fy:sɪç] *adj.*, **2füßler** ['-fy:slər] *m* (7) bipede *m* u. *adj.*

Zweig [tsvaɪk] *m* (3) ramoscello *m*; (*Ast*) ramo *m*; *fig. a.* branca *f*, settore *m*, specialità *f*; *auf keinen grünen ~ kommen* non riuscire a nulla; **'~bahn** *f* linea *f* di diramazione; **'~bank** *f* banca *f* succursale.

zwei|g(e)leisig ['tsvaɪg(ə)laɪzɪç] a due binari; **2gespann** *n* tiro *m* a due.

Zweiggeschäft['tsvaɪkgəʃɛft]*n* succursale *f*.

Zweigleitung ⚡ ['tsvaɪklaɪtuŋ] *f* derivazione *f*.

zweiglied(e)rig ['tsvaɪgli:d(ə)rɪç] di due membri; Å **~e Größe** *f* binomio *m*.

Zweig|station ['tsvaɪkʃtatsjo:n] *f* stazione *f* di biforcazione; **~stelle** *f* succursale *f*.

Zwei|händer ['tsvaɪhɛndər] *m* (7) bimano *m*; **2händig 1.** *adj.* bimano; **2.** *adv.* a due mani; **~heit** *f* dualità *f*; **~hufer** ['-hu:fər] *m* (7) fissipede *m*; **2'hundert** duecento; **2'hundertste(r)** duecentesimo; **2jährig** di due anni; **2jährlich** biennale; **~kampf** *m* duello *m*; **2köpfig** a due teste; bicipite; **2mal** due volte; **2malig** ripetuto due volte; **~'markstück** *n* moneta *f* da due marchi; **~master** ⚓ *m* nave *f* a due alberi; **2monatlich** bimestrale; **2motorig** ✈ ['-moto:rɪç] bimotore; **2phasig** ['-fa:zɪç] bifase; **~rad** *n* biciclo *m*; **2räd(e)rig** ['-rɛ:d(ə)rɪç] a due ruote; **2reihig** ['-raɪç] a due file; *Kleider*: a doppio petto; **2schneidig** a due tagli; *fig.* rischioso; **2seitig** ['-zaɪtɪç] bilaterale; **2silbig** ['-zɪlbɪç] bisillabo; **~sitzer** ['-zɪtsər] *m* (7) (**~sitziges Fahrrad**) tandem *m* ✈ *usw.* biposto *m*; **2sitzig** ['-zɪtsɪç] a due posti; **2spaltig** ['-ʃpaltɪç] a due colonne; **~spänner** ['-ʃpɛnər] *m* (7) tiro *m* a due; **2spännig** a due cavalli; **~spitz** *m* (*Hut*) feluca *f*; **2sprachig** ['-ʃpra:xɪç] bilingue; **2spurig** ['-ʃpu:rɪç] a doppio binario; **2stimmig** ['-ʃtɪmɪç] a due voci; **2stöckig** ['-ʃtœkɪç] di due piani; **2stündig** di due ore; **2stündlich** ogni due ore; **2tägig** di due giorni; **~takt-motor** *m* motore *m* a due tempi.

zweit|älteste(r) ['tsvaɪt⁹ɛltəstə(r)]

(**~best**) secondo per età (per qualità).

'zwei'tausend duemila.

Zweit|ausfertigung ['tsvaɪt⁹ausfertiguŋ] *f* copia *f*, duplicato *m*; **~druck** *m* seconda tiratura *f*.

zweite ['tsvaɪtə] secondo; *mein ~s Ich* il mio secondo io, un altro io; *kein ~r* nessun altro; *das 2 Gesicht haben* essere visionario.

zwei|teilig ['tsvaɪtaɪlɪç] in due parti; bipartito; **~teilung** *f* bipartizione *f*; **~tens** in secondo luogo.

Zweit|geborene(r) ['tsvaɪtgəbo:rənə(r)] *m* (18) secondogenito *m*; **2klassig** ['-klasɪç] di qualità minore; **2letzte(r)** penultimo.

Zwei|zack *m* bidente *m*, forca *f*; **2zackig** biforcuto; **2zeilig** ['-tsaɪlɪç] di due linee; **2zellig** ['-tselɪç] bicellulare.

Zwerchfell *Anat.* ['tsvɛrçfɛl] *n* diaframma *m*.

Zwerg [tsvɛrk] *m* (3) nano *m*; **'~bildung** *f* nanismo *m*; **2enhaft** ['-gənhaft] nano; **~enhaftigkeit** *f* nanismo *m*; proporzioni *f/pl.* minime; **'~volk** *n* pigmei *m/pl.*

Zwetsch(g)e ⚘ ['tsvetʃ(g)ə] *f* (15) prugna *f*, susina *f*; **~nbaum** *m* prugno *m*; **~nwasser** *n* acquavite *f* di prugne.

Zwickel ['tsvɪkəl] *m* (7) cuneo *m*; (*Hemd2*) gherone *m*; (*Strumpf2*) sprone *m*.

zwick|en ['tsvɪkən] (25) pizzicare; pizzicottare; *mit Zangen ~* attanagliare; *fig.* tormentare; **2er** *m* (7) (*Kneifer*) lenti *f/pl.*; **2mühle** *f* *Spiel*: doppio mulino *m*; *fig.* situazione *f* senza via d'uscita; dilemma *m*; F *j-n in der ~ haben* non dar più pace a qu.

Zwieback ['tsvi:bak] *m* (3³) biscotto *m*.

Zwiebel ['tsvi:bəl] *f* (15) cipolla *f*; (*Blumen2*) bulbo *m*; **2artig** bulboso; **~beet** *n* cipollaio *m*; **2förmig** bulbiforme; **~gericht** *n* cipollata *f*; **~geruch** *m* odore *m* di cipolle; **~gewächs** *n* pianta *f* bulbosa; **~knolle** *f* bulbo *m*; **2n** (29) F *fig.-j-n:* tormentare.

zwie|fach, ~fältig ['tsvi:fax, '-fɛltɪç] doppio; **2gespräch** *n* dialogo *m*; **2-licht** *n* luce *f* crepuscolare; *im ~* tra due luci; **~lichtig** ['-lɪçtɪç] dubbio, sospetto; **~er Geselle** *m* cattivo arnese *m*, losco figuro *m*; Ꙩspalt *m* dissidio *m*; spältig ['-ʃpɛltiç] discorde; Ꙩsprache *f*: halten conversare in due; *mit sich selber* halten meditare; Ꙩtracht *f* (16, *o. pl.*) discordia *f*; trächtig ['-trɛçtiç] discorde.

Zwillich ['tsviliç] *m* (3) traliccio *m*.

Zwilling ['tsviliŋ] *m* (3¹) gemello *m*.

Zwillings|bruder ['--bruːdər] *m* fratello *m* gemello; geburt *f* parto *m* bigemino; geschwister *pl.* gemelli *m/pl.*; motor ⊕ *m* motore *m* gemello; paar *n* coppia *f* di gemelli; schwester *f* sorella *f* gemella.

Zwing|burg ['tsviŋburk] *f* castello *m*; e *f* (15) ghiera *f*; Ꙩen (30) costringere; forzare; *sich* costringersi (*zu* a); fare uno sforzo; Ꙩend coercitivo; er Grund *m* forza *f* maggiore; e *Notwendigkeit f* necessità *f* assoluta; er *m* (7) torre *f* fortificata, bastiglia *f*; serraglio *m*; herr *m* tiranno *m*; herrschaft *f* tirannia *f*.

zwinkern ['tsviŋkərn] (29) ammiccare; *mit e-m Auge* fare l'occhiolino.

zwirbeln ['tsvirbəln] (29) attorcigliare.

Zwirn [tsvirn] *m* (3) refe *m*, filo *m*; ¹Ꙩen (25) torcere; ¹rolle *f* rocchetto *m* di filo.

zwischen ['tsviʃən] (*dat. u. ac.*) fra, tra; in mezzo a; *in Zssgn* mediario; Ꙩ-akt *m* intervallo *m*; intermezzo *m*; Ꙩbemerkung *f* osservazione *f* intercalare; (*Einwendung*) obiezione *f*; Ꙩdeck ⚓ *n* traponte *m*; Ꙩding *n* cosa *f* di mezzo; 'durch *zeitlich*: di quando in quando, ognitando, talvolta; Ꙩfall *m* incidente *m*; Ꙩgericht *n* frammesso *m*; Ꙩgeschoß △ *n* mezzanino *m*; Ꙩhandel *m* commercio *m* intermediario; Ꙩhändler *m* intermediario *m*; Ꙩhandlung *f* intermezzo *m*; Ꙩkredit *m* credito *m* intermediario; Ꙩlandung *f* scalo *m*, atterraggio *m* intermedio; Ꙩlinie *f* interlinea *f*; Ꙩlösung *f* soluzione *f* provvisoria; Ꙩraum *m* spazio *m*; *zeitlich*: intervallo *m*; *Typ.* spaziegiatura *f*; Ꙩregierung *f* interregno *m*; Ꙩruf *m* interruzione *f*; Ꙩsatz *m* Gram. proposizione *f* incidentale;

Ꙩspiel *n* intermezzo *m*; staatlich interstatale; internazionale; Ꙩstation *f* stazione *f* intermedia; Ꙩstockwerk *n* mezzanino *m*; Ꙩstück *n* intermezzo *m*; Ꙩstufe *f* grado *m* intermedio; Ꙩton *m* suono *m* intermedio; Ꙩträger *m* soffione *m*; Ꙩverkauf *m* vendita *f* intermediaria; Ꙩwand *f* tramezza *f*; Ꙩwort *n* Gram. interiezione *f*; Ꙩzeile *f* interlinea *f*; Ꙩzeit *f* frattempo *m*.

Zwist [tsvist] *m* (3²) dissenso *m*; discordia *f*, controversia *f*; ¹Ꙩig discorde; ¹igkeit *f* dissenso *m*.

zwitschern ['tsvitʃərn] (29) cinguettare.

Zwitter ['tsvitər] *m* (7) ermafrodito *m*; bildung *f* ermafrodismo *m*; haft ibrido; bisessuale; wesen *n* natura *f* ibrida; ibridismo *m*.

zwölf [tsvœlf] **1.** *adj.* dodici; *um* Uhr alle dodici; *Stück* una dozzina; **2.** Ꙩ *f* (16) dodici *m*; Ꙩfingerdarm *Anat.* [-'fiŋərdarm] *m* duodeno *m*; 'jährig dodicenne; 'silbig *adj.*, Ꙩsilbner *m* dodecasillabo *adj. u. m*; 'stündig di dodici ore; 'tägig di dodici giorni; 'te(r) dodicesimo, duodecimo, decimosecondo; 'Ꙩtel *n* (7) dodicesimo *m*, dodicesima parte *f*; 'Ꙩtonmusik *f* musica *f* dodecafonica.

Zyankali 🜿 [tsyan'kaːli] *n* (3¹, *o. pl.*) cianuro *m* di potassio.

zyklisch ['tsykliʃ] ciclico.

Zyklon [tsy'kloːn] *m* (3¹) ciclone *m*.

Zyklop [-'kloːp] *m* (12) ciclope *m*; Ꙩisch ciclopico.

Zyklotron [tsyklo'troːn] *n* (3¹) ciclotrone *m*.

Zyklus ['tsyːklus] *m* (16²) ciclo *m*.

Zylinder [tsi'lindər] *m* (7) cilindro *m*; hut *m* (cappello *m* a) staio *m*; inhalt *m* Auto: cilindrata *f*; kopf *Kfz.* *m* testata *f* del cilindro.

zylindrisch [tsi'lindriʃ] cilindrico.

Zyniker ['tsyːnikər] *m* (7), **zynisch** ['tsyːniʃ] *adj.* cinico *m u. adj.*

Zynismus [tsy'nismus] *m* (16²) cinismo *m*.

Zypresse ♀ [tsy'prɛsə] *f* (15) cipresso *m*; nhain *m* cipressaia *f*, cipresseto *m*.

Zyste 🝊 ['tsystə] *f* (15) cisti *f*.

Deutsche Eigennamen
Nomi propri tedeschi

A

'Aachen n Aquisgrana f.
AB'C-Staaten m/pl. i paesi A.B.C.: l'Argentina, il Brasile, il Cile.
Abes'sinien n Abissinia f.
'Abraham m Abramo.
'Adam m Adamo.
'Aden n Aden m.
'Adria f Adriatico m.
Af'ghanistan n Afganistan m.
'Afrika n Africa f.
Ä'gäisches Meer n Mare m Egeo.
Ä'gypten n Egitto m.
'Agnes f Agnese.
Al'banien n Albania f.
'Albert m Alberto.
Ale'xander m Alessandro.
Ale'xandria n Alessandria f.
'Alfons m Alfonso.
Al'gerien n Algeria f.
'Algier n Algeri f.
'Alpen pl. Alpi f/pl.
A'merika n America f.
Ana'tolien n Anatolia f.
Anda'lusien n Andalusia f.
'Anden pl. Ande f/pl.
An'dreas m Andrea.
'Anna, 'Anne f Anna.
Ant'arktis f Antartide f.
An'tillen pl. Antille f/pl.
'Anton m Antonio.
Ant'werpen n Anversa f.
Apen'nin m Appennino m.
A'pulien n Puglia f.
A'rabien n Arabia f.
Ara'gonien n Aragona f.
Argen'tinien n Argentina f.
Ar'dennen pl. Ardenne f/pl.
Ar'menien n Armenia f.
'Ärmelkanal m (Canale m della) Manica f.
'Asien n Asia f.
As'syrien n Assiria f.
A'then n Atene f.
Äthi'opien n Etiopia f.
At'lantik m (Oceano m) Atlantico m.
'Ätna m Etna m.
'Augsburg n Augusta f.
'August m Augusto.

Aus'tralien n Australia f.
'Avignon n Avignone f.
A'zoren pl. Azzorre f/pl.

B

'Babylon n Babilonia f.
Ba'hamainseln f/pl. le (Isole) Bahamas.
Bale'aren pl. Baleari f/pl.
'Balkan m Balcani m/pl.
'Basel n Basilea f.
'Bayern n Baviera f.
'Belgien n Belgio m.
'Belgrad n Belgrado f.
'Beneluxstaaten m/pl. Stati m/pl. Benelux.
Ben'galen n Bengala m.
Ber'lin n Berlino f.
Bern n Berna f.
'Bernhard m Bernardo.
'Bethlehem n Betlemme f.
'Birma n Birmania f.
Bis'kaya f Biscaglia f.
'Bodensee m Lago m di Costanza.
'Böhmen n Boemia f.
Bo'livien n Bolivia f.
Bonn n Bonn f.
'Bosporus m Bosforo m.
'Bozen n Bolzano f.
'Brandenburg n Brande(n)burgo m.
Bra'silien n Brasile m.
'Braunschweig n Brunswick f.
Bre'tagne f Bretagna f.
Bri'gitte f Brigida.
'Brügge n Bruggia f.
'Brüssel n Brusselle f.
Bul'garien n Bulgaria f.
'Bundesrepublik f 'Deutschland Repubblica f Federale di Germania.
Bur'gund n Borgogna f.
By'zanz n Bisanzio f.

C

Cä'cilie f Cecilia.
'Cäsar m Cesare.
'Celebes n Celebe f.
'Ceylon n Ceilano m.
Char'lotte f Carlotta.
'Chile n Cile m.
'China n Cina f.

Christi'ane, Chris'tine *f* Cristina.
'Christoph *m* Cristoforo.
'Christus *m* Cristo.
'Cordoba *n* Cordoba *f*.
'Cornwall *n* Cornovaglia *f*.
'Costa 'Rica *n* Costa Rica *f*.

D

Dal'matien *n* Dalmazia *f*.
Da'maskus *n* Damasco *f*.
'Dänemark *n* Danimarca *f*.
Darda'nellen *pl.* Dardanelli *m/pl.*
'Delphi *n* Delfo *f*.
Den 'Haag *n* L'Aia *f*.
'Deutsche Demo'kratische Repu'blik *f hist.* Repubblica *f* Democratica Tedesca.
'Deutschland *n* Germania *f*.
Dolo'miten *pl.* Dolomiti *f/pl.*
Domini'kanische Repu'blik *f* Repubblica *f* Dominicana.
'Donau *f* Danubio *m*.
Doro'thea *f* Dorotea.
'Dresden *n* Dresda *f*.
'Dünkirchen *n* Dunkerque *f*.

E

Ecua'dor *n* Ecuador *m*.
'Edinburg *n* Edimburgo *f*.
'Eduard *m* Edoardo.
'Eismeer *n* Oceano *m* Glaciale.
'Elbe *f* Elba *f*.
Eleo'nore *f* Eleonora.
'Elfenbeinküste *f* Costa *f* d'Avorio.
E'lisabeth *f* Elisabetta.
'Elsaß *n* Alsazia *f*.
'Emil *m* Emilio.
'England *n* Inghilterra *f*.
'Ernst *m* Ernesto.
'Estland *n* Estonia *f*.
Etsch *f* Adige *m*.
'Eugen *m* Eugenio.
'Euphrat *m* Eufrate *m*.
Eu'rasien *n* Eurasia *f*.
Eu'ropa *n* Europa *f*.

F

Felix *m* Felice.
'Ferdinand *m* Ferdinando.
'Ferner 'Osten *m* Estremo Oriente *m*.
'Feuerland *n* Terra *f* del Fuoco.
'Finnland *n* Finlandia *f*.

'Flandern *n* Fiandra *f*.
Flo'renz *n* Firenze *f*.
'Frankfurt *n* Francoforte *f*; ~ **am Main** ~ sul Meno; ~ **an der Oder** ~ sull'Oder.
'Frankreich *n* Francia *f*.
Franz *m* Francesco.
Fran'ziska *f* Francesca.
'Freiburg *n* Friburgo *f*.
Friede'rike *f* Federica.
'Friedrich *m*, **Fritz** *m* Federico.
'Friesland *n* Frisia *f*.

G

Ga'lizien *n* Galizia *f*.
'Ganges *m* Gange *m*.
Ga'ronne *f* Garonna *f*.
Gas'cogne *f* Gascogna *f*.
'Gelbes Meer *n* Mare *m* Giallo.
Genf *n* Ginevra *f*; ~**er See** Lago *m* di ~.
Gent *n* Gand *f*.
'Genua *n* Genova *f*.
'Georg *m* Giorgio.
Ge'orgien *n* Georgia *f*.
Gi'braltar *n* Gibilterra *f*.
'Gottfried *m* Goffredo.
'Göttingen *n* Gottinga *f*.
'Gottlieb *m* Teofilo.
Grau'bünden *n* Grigioni *m*.
'Gregor *m* Gregorio m.
'Griechenland *n* Grecia *f*.
'Grönland *n* Groenlandia *f*.
Großbri'tannien *n* Gran Bretagna *f*.
Guate'mala *n* Guatemala *m*.
Gua'yana *n* Guayana *f*.
Gui'nea *n* Guinea *f*.

H

Ha'iti *n* Haiti *m*.
'Hamburg *n* Amburgo *f*.
Han'nover *n* Annover *f*.
Hans *m* Gianni.
Ha'vanna *n* L'Avana *f*.
Ha'wai *n* Hawai *m*.
He'briden *f/pl.* Ebridi *f/pl.*
'Hedwig *f* Edvige.
'Heinrich *m* Enrico.
He'lene *f* Elena.
'Helgoland *n* Isola *f* di Helgoland.
Henri'ette *f* Enrichetta.
'Hessen *n* Assia *f*.
'Hindustan *n* Indostan *m*.
Hi'malaya *m* Himalaia *m*.
'Holland *n* Olanda *f*.
Hon'duras *n* Honduras *m*.

I

I'berien n Iberia f.
'Ignaz, Ig'natius m Ignazio.
'Indien n India f.
'Indischer 'Ozean m Oceano m Indiano.
Indo'nesien n Indonesia f.
'Indus m Indo m.
I'rak m Iraq m.
I'ran m Iran m.
'Irland n Irlanda f.
'Island n Islanda f.
'Israel n Israele m.
Istan'bul n Istambul f.
I'talien n Italia f.

J

'Jakob m Giacomo; bibl. Giacobbe.
Ja'maika n Giamaica f.
'Japan n Giappone m.
'Java n Giava f.
'Jemen n od. (mit art.) m Jemen m.
Je'rusalem n Gerusalemme f.
'Jesus m Gesù.
Jo'achim m Gioacchino.
Jo'hann(es) m Giovanni.
Jo'hanna f Giovanna.
'Jordan m Giordano m.
Jor'danien n Giordania f.
'Joseph m Giuseppe.
Jugo'slawien n Iugoslavia f.
'Julius m Giulio.
'Jura m Giura f.
'Jütland n Jutlandia f.

K

'Kadiz n Cadice f.
'Kairo n Cairo m.
Ka'labrien n Calabria f.
Kali'fornien n California f.
Kal'kutta n Calcutta f.
Kam'bodscha n Cambogia m.
Kame'run n Camerun m.
Kampanien n Campagna f.
'Kanada n Canada m.
Ka'narische Inseln f/pl. Isole f/pl. Canarie.
'Kap n der Guten 'Hoffnung Capo m di Buona Speranza.
'Kapstadt n Città f del Capo.
Ka'ribisches Meer n Mar m dei Caraibi.
Karl m Carlo.
'Kärnten n Carinzia f.
'Kaschmir n Cascmir m.
'Kaspisches Meer n Mare m Caspio.

Kas'tilien n Castiglia f.
Kata'lonien n Catalogna f.
Katha'rina, 'Käthe f Caterina.
'Kaukasus n Caucaso m.
'Kenia n Kenia f.
Klein'asien n Asia f Minore.
'Koblenz n Coblenza f.
Ko'lumbien n Colombia f.
Ko'lumbus m Colombo.
'Kongo m Congo m.
'Konrad m Corrado.
'Konstanz n Costanza f.
Kopen'hagen n Copenaghen f.
Kordi'lleren pl. Cordigliere f/pl.
Ko'rea n Corea f.
Ko'rinth n Corinto f.
'Korsika f Corsica f.
'Krakau n Cracovia f.
Kreml m Cremlino m.
Krim f Crimea f.
Kro'atien n Croazia f.
'Kuba n Cuba f.
'Kuwait n Kuwait m.
Ky'kladen pl. Cicladi f/pl.

L

'Laos n Laos m.
'Lappland n Lapponia f.
La'teinamerika n America f Latina.
Lau'sanne n Losanna f.
'Leipzig n Lipsia f.
'Leningrad n Leningrado f.
'Leo m Leone.
Li'berien n Liberia f.
'Libyen n Libia f.
'Libanon m Libano m.
'Liechtenstein n Liechtenstein m.
'Lissabon n Lisbona f.
'Litauen n Lituania f.
'Loire f Loira f.
Lombar'dei f Lombardia f.
'London n Londra f.
Louisi'ana n Luisiana f.
'Ludwig m Lodovico.
'Lüneburg n Luneburgo f.
'Lüttich n Liegi f.
'Luxemburg n Lussemburgo m.
Lu'zern n Lucerna f.

M

Maas f Mosa f.
Mada'gaskar n Madagascar m.
'Mähren n Moravia f.
'Mailand n Milano f.
Main m Meno m.

Mainz n Magonza f.
'Malaga n Malaga f.
Ma'laysia n Malaisia f.
Mandschu'rei f Manciuria f.
Marga'rete f, **'Grete** f Margherita.
Ma'ria f Maria.
Ma'rokko n Marocco m.
Mar'seille n Marsiglia f.
Ma'suren n Masuria f.
'Mexiko n Messico m.
'Michael m Michele.
Missis'sippi m Mississippi m.
Mittela'merika n America f Centrale.
'Mittelmeer n Mediterraneo m.
Mo'naco n Monaco f.
Mongo'lei f Mongolia f.
'Monika f Monica.
Mont'blanc m Monte m Bianco.
'Moritz m Maurizio.
'Mosel f Mosella f.
'Moskau n Mosca f.
'München n Monaco f.

N

'Naher 'Osten m Vicino Oriente m.
Natio'nalchina n Cina f Nazionale.
Ne'apel n Napoli f.
Neu'fundland n Terranuova f.
Neu'seeland n Nuova Zelanda f.
Neugui'nea n Nuova Guinea f.
Neukale'donien n Nuova Caledonia f.
New 'Mexiko n Nuovo Messico m.
New 'York n Nuova York f.
Nia'garafälle m/pl. Cascate f/pl. del Niagara.
Nica'ragua n Nicaragua m.
'Niederkali'fornien n Bassa California f.
'Niederlande pl. Paesi m/pl. Bassi.
'Niedersachsen n Bassa Sassonia f.
Nil m Nilo m.
'Nimwegen n Nimega f.
'Nizza n Nizza f.
Nord'afrika n Africa f del Nord.
Norda'merika n America f del Nord.
Nordda'kota n Dacota del Nord.
Nordkaro'lina n Carolina f del Nord.
'Nordko'rea n Corea f del Nord.
'Nordpol m Polo m Nord.
'Nordsee f Mare m del Nord.
'Nordviet'nam n Vietnam m del Nord.
Norman'die f Normandia f.

'Norwegen n Norvegia f.
'Nürnberg n Norimberga f.

O

Ober'volta n Alto Volta m.
'Oldenburg n Oldemburgo f.
O'lymp m Olimpo m.
'Orient m Oriente m.
'Orpheus m Orfeo.
'Österreich n Austria f.
'Ostsee f (Mare m) Baltico m.
'Otto m Ottone.
Oze'anien n Oceania f.

P

'Pakistan n Pachistan m.
Palä'stina n Palestina f.
'Panama n Panama m.
Panamaka'nalzone f Zona f del Canale del Panama.
Para'guay n Paraguay m.
Pa'ris n Parigi f.
Pata'gonien n Patagonia f.
Paul m Paolo.
Pa'zifik m Pacifico m.
'Peking n Pechino f.
Pelopon'nes m Peloponneso m.
Pennsyl'vanien n Pennsilvania f.
'Persien n Persia f.
Pe'ru n Perù m.
'Peter m Pietro.
Pfalz f Palatinato m.
Phila'delphia n Filadelfia f.
'Philipp m Filippo.
Philip'pinen pl. Filippine f/pl.
'Polen n Polonia f.
Pom'peji n Pompei f.
'Port-au-'Prince n Porto Principe f.
Porto'riko n Porto Rico m.
'Portugal n Portogallo m.
Prag n Praga f.
'Preußen n Prussia f.
Pyre'näen pl. Pirenei m/pl.

R

'Raphael m Raffaele.
'Regensburg n Ratisbona f.
Rhein m Reno m.
'Rheinland n Renania f.
Rho'desien n Rhodesia f.
'Rhone f Rodano m.
'Richard m Riccardo.
'Riesengebirge n Monti m/pl. Giganti.
'Robert m Roberto.
'Rocky 'Mountains pl. Montagne f/pl. Rocciose.

'Roland *m* Orlando.
Rom *n* Roma *f*.
'Rotes Meer *n* Mare *m* Rosso.
'Rudolf *m* Rodolfo.
Ru'mänien *n* Romania *f*.
'Rußland *n* Russia *f*.

S

Saar *f* Saar *f*.
Saar'brücken *n* Saarbrücken *f*.
'Sachsen *n* Sassonia *f*.
Sa'hara *f* Sahara *m*.
Salo'niki *n* Salonicco *f*.
Sa'lurn *n* Salorno *f*.
'Salzburg *n* Salisburgo *f*.
Sa'moainseln *f/pl*. Isole *f/pl*. Samoa.
Sankt-'Lorenz-Strom *m* San Lorenzo *m*.
Sar'dinien *n* Sardegna *f*.
Saudi-A'rabien *n* Arabia *f* Saudita.
Sa'voyen *n* Savoia *f*.
Schaff'hausen *n* Sciaffusa *f*.
'Schelde *f* Scelda *f*.
'Schlesien *n* Slesia *f*.
'Schleswig-'Holstein *n* Slesvig-Holstein *m*.
'Schottland *n* Scozia *f*.
'Schwaben *n* Svevia *f*.
'Schwarzes Meer *n* Mare *m* Nero.
'Schwarzwald *m* Selva *f* Nera.
'Schweden *n* Svezia *f*.
Schweiz *f* Svizzera *f*.
Se'bastian *m* Sebastiano.
'Seine *f* Senna *f*.
'Serbien *n* Serbia *f*.
Si'birien *n* Siberia *f*.
Sieben'bürgen *n* Transilvania *f*.
Si'zilien *n* Sicilia *f*.
Skandi'navien *n* Scandinavia *f*.
Slowa'kei *f* Slovacchia *f*.
Slo'wenien *n* Slovenia *f*.
So'phie *f* Sofia *f*.
Sow'jetunion *f hist*. Unione *f* Sovietica.
'Spanien *n* Spagna *f*.
'Speyer *n* Spira *f*.
'Steiermark *f* Stiria *f*.
'Stephan *m* Stefano.
'Stephanie *f* Stefania.
'Stockholm *n* Stoccolma *f*.
'Straßburg *n* Strasburgo *f*.
Süd'afrika *n* Sudafrica *m*.
Süda'merika *n* America *f* del Sud.
Su'dan *m* Sudan *m*.
'Südda'kota *n* Dacota *m* del Sud.
'Süddeutschland *n* Germania *f* del Sud.

Südkaro'lina *n* Carolina *f* del Sud.
'Südko'rea *n* Corea *f* del Sud.
'Südpol *m* Polo *m* Sud.
'Südsee *f* Mari *m/pl*. del Sud.
'Südviet'nam *n* Vietnam *m* del Sud.
Südwest'afrika *n* Africa *f* Sudoccidentale.
'Syrien *n* Siria *f*.

T

'Tanger *n* Tangeri *f*.
Ta'rent *n* Taranto *f*.
Tauern *pl*. Tauri *m/pl*.
Tes'sin *m* (*Fluß*) *u. n* (*Kanton*) Ticino *m*.
'Texas *n* Texas *m*.
'Thailand *n* Tailandia *f*.
'Theben *n* Tebe *f*.
'Themse *f* Tamigi *m*.
'Theodor *m* Teodoro.
The'rese *f* Teresa.
'Thomas *m* Tommaso.
'Thüringen *n* Turingia *f*.
'Tiber *m* Tevere *m*.
'Tibet *n* Tibet *m*.
Ti'rol *n* Tirolo *m*.
Trier *n* Treviri *f*.
Tschechoslowa'kei *f hist*. Cecoslovacchia *f*.
'Tübingen *n* Tubinga *f*.
Tu'nesien *n* Tunisia *f*.
Tür'kei *f* Turchia *f*.

U

U'kraine *f* Ucraina *f*.
'Ungarn *n* Ungheria *f*.
U'ral *m* Urali *m/pl*.
Uru'guay *n* Uruguay *m*.

V

Vati'kanstadt *n* Città *f* del Vaticano.
Ve'nedig *n* Venezia *f*.
Venezu'ela *n* Venezuela *m*.
Ver'einigte A'rabische Repu'blik *f* Repubblica Araba Unita *f*.
Ver'einigtes 'Königreich Groß-bri'tannien und Nord'irland Regno *m* Unito della Gran Bretagna e dell'Irlanda del Nord.
Ver'einigte 'Staaten *m/pl*. von A'merika Stati *m/pl*. Uniti d'America.
Ve'suv *m* Vesuvio *m*.
Vier'waldstätter See *m* Lago *m* dei Quattro Cantoni.

Viet'nam *n* Vietnam *m*.
Vo'gesen *pl*. Vosgi *m/pl*.
'Vorderasien *n* Asia *f* Minore.

W

Wala'chei *f* Valacchia *f*.
'Wales *n* Galles *m*.
'Walter *m* Gualtiero.
'Warschau *n* Varsavia *f*.
'Weichsel *f* Vistola *f*.
'Westeuropa *n* Europa *f* Occidentale.
West'falen *n* Westfalia *f*.

West'indien *n* Indie *f/pl*. Occidentali.
West Vir'ginia *n* Virginia *f* Occidentale.
Wien *n* Vienna *f*.
'Wilhelm *m* Guglielmo.
'Wolga *f* Volga *m*.
'Württemberg *n* Vurtemberga *f*.

Z

Zacha'rias *m* Zaccaria.
'Zagreb *n* Zagabria *f*.
'Zürich *n* Zurigo *f*.
'Zypern *n* Cipro *f*.

Deutsche Abkürzungen
Abbreviazioni tedesche

A

A *Austria (Kfz-Nationalitätskennzeichen für Österreich)* Austria.
AA *Auswärtiges Amt* Ministero degli Affari Esteri.
a.a.O. *am angeführten Ort* al luogo citato.
Abb. *Abbildung* illustrazione.
Abf. *Abfahrt* partenza.
Abg. *Abgeordneter* deputato.
Abk. *Abkürzung* abbreviazione.
Abs. *Absatz* paragrafo; *Absender* mittente.
Abschn. *Abschnitt* paragrafo, capitolo.
Abt. *Abteilung* sezione; reparto.
a. Chr. (n.) *ante Christum (natum)* avanti Cristo.
a. D. *außer Dienst* a riposo.
ADAC *Allgemeiner Deutscher Automobil-Club* Automobile-Club generale della Germania.
ADN *hist. Allgemeiner Deutscher Nachrichtendienst (DDR)* Servizio informazioni generale della Germania *(RDT)*.
Adr. *Adresse* indirizzo.
AEG *Allgemeine Elektricitäts-Gesellschaft* Società generale dell'elettricità.
AG *Aktiengesellschaft* Società per azioni.
allg. *allgemein* generale; generalmente.
Anh. *Anhang* appendice.
Ank. *Ankunft* arrivo.
Anl. *Anlage* allegato.
Anm. *Anmerkung* annotazione.
AOK *Allgemeine Ortskrankenkasse* Cassa malati provinciale.
a. o. Prof. *außerordentlicher Professor* professore straordinario.
APO *Außerparlamentarische Opposition* opposizione extraparlamentare.
App. *Apparat* apparato.
a. Rh. *am Rhein* sul Reno.
Art. *Artikel* articolo.
AStA *Allgemeiner Studentenausschuß* Associazione generale degli studenti.

atü *Atmosphärenüberdruck* sovrappressione atmosferica.
Aufl. *Auflage* edizione; tiratura.
Ausg. *Ausgabe* edizione.
ausschl. *ausschließlich* esclusivo; esclusivamente.

B

b. *bei* presso.
BAB *Bundesautobahn* Autostrada federale.
Bd. *Band* volume.
BDI *Bundesverband der Deutschen Industrie* Confederazione dell'industria tedesca.
Beibl. *Beiblatt* supplemento.
beif. *beifolgend* aggiunto.
beil. *beiliegend* accluso.
Bem. *Bemerkung* osservazione.
Benelux *Belgien, Niederlande, Luxemburg* Benelux.
bes. *besonders* specialmente.
betr. *betreffend, betreffs* riguardante, concernente.
Betr. *Betreff* oggetto.
bez. *bezahlt* pagato.
Bez. *Bezeichnung* denominazione; *Bezirk* distretto.
BGB *Bürgerliches Gesetzbuch* Codice civile.
Bhf. *Bahnhof* stazione ferroviaria.
bisw. *bisweilen* a volte.
BIZ *Bank für Internationalen Zahlungsausgleich* Banca Internazionale dei Pagamenti.
BKZ *Baukostenzuschuß* sovvenzione ai costi di costruzione.
Bl. *Blatt* foglio.
BP *Bundespost* Poste Federali.
BRD *Bundesrepublik Deutschland* Repubblica Federale di Germania.
brosch. *broschiert* in brosciura.
BRT *Bruttoregistertonne* tonnellata di stazza lorda.
b. w. *bitte wenden* vedere a tergo.
bzw. *beziehungsweise* rispettivamente.

C

C *Celsius* Celsius.
ca. *circa, ungefähr, etwa* circa, all'incirca.

cand. *Kandidat* candidato.
cbm *Kubikmeter* metro cubo.
ccm *Kubikzentimeter* centimetro cubo.
CDU *Christlich-Demokratische Union* Unione Democratica Cristiana.
cf. *confer (vergleiche)* paragona.
CH *Confoederatio Helvetica (Kfz-Nationalitätskennzeichen für die Schweiz)* Confederazione Elvetica.
Cie. *Kompanie* compagnia.
cl *Zentiliter* centilitro.
cm *Zentimeter* centimetro.
Co. *Kompanie* compagnia.
COMECON *hist. Rat für gegenseitige Wirtschaftshilfe (Wirtschaftsorganisation der Ostblockstaaten)* Consiglio di mutua assistenza economica *(organizzazione economica degli Stati del blocco orientale).*
CSU *Christlich-Soziale Union* Unione Sociale Cristiana.
CVJM *Christlicher Verein Junger Männer* Associazione cristiana uomini giovani.

D

d. Ä. *der Ältere* il vecchio.
DAAD *Deutscher Akademischer Austauschdienst* Servizio tedesco per gli scambi accademici.
DAG *Deutsche Angestellten-Gewerkschaft* Sindacato tedesco degli impiegati.
DB *Deutsche Bundesbahn* Ferrovie federali tedesche.
DBB *Deutscher Beamtenbund* Unione dei funzionari statali tedeschi.
DDR *hist. Deutsche Demokratische Republik* Repubblica Democratica Tedesca.
DER *Deutsches Reisebüro* Ufficio viaggi tedesco.
desgl. *desgleichen* parimenti; idem.
DGB *Deutscher Gewerkschaftsbund* Confederazione dei sindacati tedeschi.
dgl. *dergleichen* e via dicendo.
d. h. *das heißt* vale a dire; cioè.
DIN *Deutsche Industrie-Norm* norma industriale tedesca.
Dipl. *Diplom* diploma.
Dipl.-Ing. *Diplomingenieur* ingegnere diplomato.
Diss. *Dissertation* tesi di laurea.
d. J. *dieses Jahres* dell'anno corrente; *der Jüngere* il giovane.

DKP *Deutsche Kommunistische Partei* Partito Comunista Tedesco.
dl *Deziliter* decilitro.
DM *Deutsche Mark* marco tedesco.
DNA *Deutscher Normenausschuß* Commissione tedesca per la standardizzazione.
d. O. *der Obige* il suddetto.
Doz. *Dozent* docente.
DP *Deutsches Patent* brevetto tedesco; *Deutsche Partei* Partito Tedesco.
dpa *Deutsche Presse-Agentur* Agenzia stampa tedesca.
DR *Deutsche Reichsbahn* Ferrovie del Reich.
Dr. *Doktor* dottore.
Dr.-Ing. *Doktor der Ingenieurwissenschaft* dottore in ingegneria.
Dr. jur. *Doktor der Rechte* dottore in legge.
Dr. med. *Doktor der Medizin* dottore in medicina.
Dr. med. dent. *Doktor der Zahnheilkunde* dottore in odontoiatria.
Dr. med. vet. *Doktor der Tierheilkunde* dottore in veterinaria.
Dr. phil. *Doktor der Philosophie* dottore in (lettere e) filosofia.
Dr. rer. nat. *Doktor der Naturwissenschaften* dottore in scienze (fisiche, chimiche e naturali).
Dr. rer. pol. *Doktor der Staatswissenschaften* dottore in scienze politiche.
Dr. theol. *Doktor der Theologie* dottore in teologia.
d. R. *der Reserve* di riserva.
DRK *Deutsches Rotes Kreuz* Croce Rossa Tedesca.
DSG *Deutsche Schlafwagen- und Speisewagen-Gesellschaft* Compagnia tedesca dei vagoni letto e ristorante.
dt(sch). *deutsch* tedesco.
Dtzd. *Dutzend* dozzina.
d. U. *der Unterzeichnete* il sottoscritto.
d. Vf. *der Verfasser* l'autore.
dz *Doppelzentner* quintale.
D-Zug *Durchgangszug, Schnellzug* (treno) direttissimo.

E

E *Eilzug* treno diretto.
ebd. *ebenda* ivi; ibidem.
ECE *Economic Commission for*

Europe (*Wirtschaftskommission der UNO für Europa*) Commissione Economica per l'Europa.

ECLA *Economic Commission for Latin America* (*Wirtschaftskommission für Lateinamerika*) Commissione Economica per l'America Latina.

EDV *Elektronische Datenverarbeitung* elaborazione elettronica dei dati.

EFTA *European Free Trade Association* (*Europäische Freihandelszone*) Associazione Europea di Libero Scambio.

EG *Europäische Gemeinschaft* Comunità Europea.

EGKS *Europäische Gemeinschaft für Kohle und Stahl* (*Montanunion*) Comunità Europea del Carbone e dell'Acciaio.

eGmbH *eingetragene Genossenschaft mit beschränkter Haftung* Società cooperativa registrata a responsabilità limitata.

e. h. *ehrenhalber* honoris causa; onorario.

ehem., ehm. *ehemals* anticamente.

eig., eigtl. *eigentlich* propriamente.

einschl. *einschließlich* compreso; incluso.   [cardiogramma.]

EKG *Elektrokardiogramm* elettro-

entspr. *entsprechend* corrispondente; rispettivo.

erg. *ergänze* aggiungi.

Erl. *Erläuterung* spiegazione.

erl. *erledigt* sbrigato.

EURATOM *Europäische Atomgemeinschaft* Comunità Europea per l'Energia Atomica.

ev. *evangelisch* protestante.

e.V. *eingetragener Verein* associazione registrata.

evtl. *eventuell* eventualmente.

Ew. *Euer* Vostro.

EWA *Europäisches Währungsabkommen* Accordo Monetario Europeo.

EWG *Europäische Wirtschaftsgemeinschaft* Comunità Economica.

exkl. *exklusive* escluso.   [Europea.]

Expl. *Exemplar* esemplare; copia.

Exz. *Exzellenz* Eccellenza.

EZU *Europäische Zahlungsunion* Unione Europea dei Pagamenti.

F

f. *folgende Seite* pagina seguente; *für* per.

Fa *Firma* ditta.

FAO *Food and Agriculture Organization of the United Nations* (*Ernährungs- und Landwirtschaftsorganisation der Vereinten Nationen*) Organizzazione delle Nazioni Unite per l'Alimentazione e l'Agricoltura.

FD(-Zug) *Fernschnellzug* treno rapido.

FDGB *Freier Deutscher Gewerkschaftsbund* (*DDR*) Federazione Libera dei Sindacati Tedeschi (*RDT*).

FDJ *Freie Deutsche Jugend* (*DDR*) Gioventù Libera Tedesca (*RDT*).

FDP *Freie Demokratische Partei* Partito Liberale Democratico.

f. d. R. *für die Richtigkeit* per la giustezza.

ff *sehr fein* superfino.

ff. *folgende Seiten* pagine seguenti.

FIT *International Federation of Translators* (*Internationaler Bund der Übersetzer*) Federazione Internazionale dei Traduttori.

Flak *Flugabwehrartillerie* artiglieria antiaerea.

fm *Festmeter* metro cubo.

Forts. *Fortsetzung* continuazione.

Fr. *Frau* signora.

fr. *frei* libero.

frdl. *freundlich* gentile.

Frhr. *Freiherr* barone.

Frl. *Fräulein* signorina.

frz. *französisch* francese.

FS *Fernschreiben* telex; *Fernsehen* televisione.

FU *Freie Universität* (*Berlin*) Università Libera (*Berlino*).

G

g *Gramm* grammo.

GATT *General Agreement on Tariffs and Trade* (*Allgemeines Zoll- und Handelsabkommen*) Accordo Generale sulle Tariffe Doganali ed il Commercio.

Gbf. *Güterbahnhof* stazione merci.

geb. *geboren* nato; *gebunden* rilegato.

Gebr. *Gebrüder* fratelli.

gef. *gefällig(st)* gentile; gentilmente.

gegr. *gegründet* fondato.

geh. *geheftet* in fascicoli.

gek. *gekürzt* abbreviato.

Ges. *Gesellschaft* società; *Gesetz* legge.

gesch. *geschieden* divorziato.
ges. gesch. *gesetzlich geschützt* tutelato dalla legge; registrato.
Geschw. *Geschwister* fratelli e sorelle; *Geschwindigkeit* velocità.
gest. *gestorben* defunto.
Gew. *Gewicht* peso.
gez. *gezeichnet* firmato.
GG *Grundgesetz* legge fondamentale.
GmbH *Gesellschaft mit beschränkter Haftung* società a responsabilità limitata.

H

ha *Hektar* ettaro.
Hbf. *Hauptbahnhof* stazione principale.
H-Bombe *Wasserstoffbombe* bomba all'idrogeno.
h. c. *honoris causa* honoris causa.
hg. *herausgegeben* pubblicato.
HGB *Handelsgesetzbuch* Codice mercantile.
hl. *heilig* santo.
hl *Hektoliter* ettolitro.
Hr., Hrn. *Herrn* (Al) Signor.
hrsg. *herausgegeben* pubblicato.
Hrsg. *Herausgeber* editore.
Hs. *Handschrift* manoscritto.

I

i. A. *im Auftrag* per ordine.
IAA *Internationales Arbeitsamt* Ufficio Internazionale del Lavoro.
i. allg. *im allgemeinen* in genere.
IATA *International Air Transport Association (Internationaler Luftverkehrsverband)* Associazione Internazionale per i Trasporti Aerei.
i. b. *im besonderen* in particolare.
i. Durchschn. *im Durchschnitt* in media.
IG *Interessengemeinschaft* comunità d'interessi; *Industriegewerkschaft* sindacato industriale.
IHK *Industrie- und Handelskammer* Camera per l'Industria ed il Commercio.
i. J. *im Jahre* nell'anno.
i. L. *in Liquidation* in liquidazione.
Ing. *Ingenieur* ingegnere.
Inh. *Inhaber* proprietario; *Inhalt* contenuto.
inkl. *inklusive* compreso.
insb. *insbesondere* in particolare; specialmente.
INTERPOL *Internationale Kriminalpolizeiliche Organisation* Organizzazione Internazionale della Polizia Criminale.
IOK *Internationales Olympisches Komitee* Comitato Olimpico Internazionale.
i. R. *im Ruhestand* a riposo.
i. V. *in Vertretung* in rappresentanza; per autorizzazione.
i. W. *in Worten* in lettere.
IWF *Internationaler Währungsfonds* Fondo Monetario Internazionale.

J

Jb. *Jahrbuch* annuale.
Jg. *Jahrgang* annata.
JH *Jugendherberge* ostello per la gioventù.
Jh. *Jahrhundert* secolo.
jr., jun. *junior* junior; figlio.

K

Kap. *Kapitel* capitolo.
kart. *kartoniert* rilegato in cartone.
kath. *katholisch* cattolico.
Kfm. *Kaufmann* commerciante.
kfm *kaufmännisch* commerciale; mercantile.
Kfz *Kraftfahrzeug* veicolo a motore; automobile.
kg *Kilogramm* chilogrammo.
KG *Kommanditgesellschaft* società in accomandita.
kgl. *königlich* reale.
kHz, KHz *Kilohertz* chilociclo.
Kl. *Klasse* classe.
km *Kilometer* chilometro.
Komp. *Kompanie* compagnia.
KP *Kommunistische Partei* Partito Comunista.
Kr. *Kreis* distretto.
Kripo *Kriminalpolizei* polizia criminale.
Kto *Konto* conto.
kW *Kilowatt* chilowatt.
kWh *Kilowattstunde* chilowatt-ora.
KZ *Konzentrationslager* campo di concentramento.

L

l *Liter* litro.
landw. *landwirtschaftlich* agricolo.
led. *ledig* celibe.
lfd. *laufend* corrente.
lfd. J. *laufenden Jahres* dell'anno corrente.
lfd. m *laufender Meter* metro lineare.
lfd. M. *laufenden Monats* del mese corrente.

lfd. Nr. *laufende Nummer* numero di serie.

Lfg., Lfrg. *Lieferung* consegna.

Lit. *Literatur* letteratura.

Lkw *Lastkraftwagen* autocarro.

LP *Langspielplatte* disco microsolco.

lt. *laut* secondo.

Lt. *Leutnant* tenente.

luth. *lutherisch* luterano.

M

m *Meter* metro.

mA *Milliampere* milliampere.

m. A. n. *meiner Ansicht nach* secondo il mio parere.

m. a. W. *mit anderen Worten* in altre parole.

mb *Millibar* millibar.

mbH *mit beschränkter Haftung* a responsabilità limitata.

Md *Milliarde* miliardo.

MdB *Mitglied des Bundestags* Membro del Bundestag; Deputato.

MdL *Mitglied des Landtages* Membro della Dieta Provinciale.

m. E. *meines Erachtens* a mio parere.

MEZ *Mitteleuropäische Zeit* ora dell'Europa centrale.

mg *Milligramm* milligrammo.

MG *Maschinengewehr* mitragliatrice.

MHz *Megahertz* megaciclo.

Mill. *Million* milione.

Min. *Minute* minuto.

mm *Millimeter* millimetro.

möbl. *möbliert* ammobiliato.

MP *Militärpolizei* Polizia Militare.

Ms., Mskr. *Manuskript* manoscritto.

m/sec *Meter pro Sekunde* metro al secondo.

mtl. *monatlich* mensile.

MW *Mittelwelle* onde medie.

m. W. *meines Wissens* a mio sapere.

Mz. *Mehrzahl* plurale.

N

N *Norden* nord.

Nachf. *Nachfolger* successore.

nachm. *nachmittags* di pomeriggio.

NASA *National Aeronautics and Space Administration* (*Nationales Amt für Luft- und Weltraumfahrt*) Amministrazione nazionale per la navigazione aerea ed interplanetaria.

NATO *North Atlantic Treaty Organization* (*Nordatlantikpakt-Organisation*) Organizzazione del Patto Nordatlantico.

n. Chr. *nach Christus* dopo Cristo.

NDR *Norddeutscher Rundfunk* Radio della Germania del Nord.

n. J. *nächstes Jahr* l'anno prossimo.

n. M. *nächsten Monat* il mese prossimo.

N. N. *nomen nescio* (*lat. = Name unbekannt*) N. N.; un signor X.

NO *Nordosten* nordest.

No., Nr. *Nummer* numero.

NS *Nachschrift* poscritto.

NW *Nordwesten* nordovest.

O

O *Osten* est.

o. *oben* sopra.

OAS *Organisation der amerikanischen Staaten* Organizzazione degli Stati d'America.

o. B. *ohne Befund* senza reperto.

Obb *Oberbayern* Alta Baviera.

ÖBB *Österreichische Bundesbahnen* Ferrovie Federali Austriache.

od. *oder* o.

OECD *Organization for Economic Cooperation and Development* (*Organisation für wirtschaftliche Zusammenarbeit und Entwicklung*) Organizzazione per la collaborazione e lo sviluppo economico.

ÖTV *Öffentliche Dienste, Transport und Verkehr* (*Gewerkschaft*) servizi pubblici e trasporti (*sindacato*).

OHG *Offene Handelsgesellschaft* società in nome collettivo.

o. J. *ohne Jahr* senza data.

OP *Operationssaal* sala operatoria.

op. *opus* (= *Werk*) opera.

o. P. *ordentlicher Professor* professore ordinario.

P

PA *Patentanmeldung* registrazione di brevetto; *Postamt* ufficio postale.

p. A. *per Adresse* presso.

Pf *Pfennig* pfennig.

Pfd. *Pfund* libbra.

PH *Pädagogische Hochschule* Istituto pedagogico.

Pkt. *Punkt* punto.

Pkw *Personenkraftwagen* automobile.

pp., p. pa., ppa. *per procura* per procura.
Prof. *Professor* professore.
Prov. *Provinz* provincia.
PS *Pferdestärke* cavallo vapore; *Postskriptum* poscritto.
PSchA *Postscheckamt* ufficio per vaglia postale.

Q

q *Quadrat* quadrato.
qkm *Quadratkilometer* chilometro quadrato.
qm *Quadratmeter* metro quadrato.

R

R *Réaumur* Réaumur.
rd. *rund (gerechnet)* in cifre tonde.
Reg.-Bez. *Regierungsbezirk* distretto amministrativo.
Rel. *Religion* religione.
resp. *respektive* rispettivamente.
Rhld. *Rheinland* Renania.
rm *Raummeter* metro cubo.

S

S *Süden* sud.
S. *Seite* pagina.
s. *siehe* vedi.
s. a. *siehe auch* vedi anche.
Sa *Summa, Summe* somma; totale.
S-Bahn *Schnellbahn* ferrovia rapida.
SBB *Schweizerische Bundesbahnen* Ferrovie Federali Svizzere.
Schw. *Schwester* sorella.
s. d. *siehe dies* vedi questo.
SEATO *South East Asia Treaty Organization* (*Südostasienpakt*) Organizzazione del Patto Sudest-Asiatico.
sec *Sekunde* secondo.
SED *hist. Sozialistische Einheitspartei Deutschlands* (*DDR*) Partito Socialista Unificato della Germania (*RDT*).
sen. *senior* padre.
sm *Seemeile* miglio marino.
SO *Südosten* sudest.
s. o. *siehe oben* vedi sopra.
sog. *sogenannt* cosiddetto.
SPD *Sozialdemokratische Partei Deutschlands* Partito Socialdemocratico della Germania.
SS *Sommersemester* semestre estivo.
St. *Sankt* San; Santa.
St., Std. *Stunde* ora.
StGB *Strafgesetzbuch* Codice penale.

StPO *Strafprozeßordnung* Codice di procedura penale.
Str. *Straße* via.
stud. *Student* studente.
StVO *Straßenverkehrsordnung* Codice Stradale.
s. u. *siehe unten* vedi sotto.
SW *Südwesten* sudovest.
s. Z. *seinerzeit* ai suoi tempi.

T

t *Tonne* tonnellata.
tägl. *täglich* giornalmente; ogni giorno.
Tbc *Tuberkulose* tubercolosi.
TEE *Trans-Europ-Express* Espresso Transeuropeo.
Tel. *Telefon* telefono.
TH *Technische Hochschule* Università d'ingegneria; Politecnico.
TOA *Tarifordnung A für Angestellte* regolamento tariffario A per gli impiegati.
TU *Technische Universität* Università d'Ingegneria.
TÜV *Technischer Überwachungs-Verein* ufficio di controllo tecnico.

U

u. *und* e.
u. a. *unter anderem* fra l'altro; *und anderes* ed altro.
u. ä. *und ähnliche(s)* e simili.
u.a.m. *und anderes mehr* ed altri più.
u.A.w.g. *um Antwort wird gebeten* si prega di rispondere.
U-Bahn *Untergrundbahn* ferrovia sotterranea; metropolitana.
u. dgl. (m.) *und dergleichen (mehr)* e simili.
u. d. M. *unter dem Meeresspiegel* sotto il livello del mare.
ü. d. M. *über dem Meeresspiegel* sopra il livello del mare.
UdSSR *hist. Union der Sozialistischen Sowjetrepubliken* Unione delle Repubbliche Socialiste Sovietiche (URSS).
u. E. *unseres Erachtens* a nostro avviso.
UKW *Ultrakurzwelle* onde ultracorte; modulazione di frequenza.
U/min *Umdrehungen pro Minute* giri al minuto.
UNESCO *United Nations Educational, Scientific and Cultural Orga-*

nization (*Organisation der Vereinten Nationen für Erziehung, Wissenschaft und Kultur*) Organizzazione delle Nazioni Unite per l'Educazione, le Scienze e la Cultura.

UNO *Organisation der Vereinten Nationen* Organizzazione delle Nazioni Unite.

urspr. *ursprünglich* originariamente.

USA *United States of America (Vereinigte Staaten von Nordamerika)* Stati Uniti d'America.

usf. *und so fort* e così via.

usw. *und so weiter* eccetera.

u. U. *unter Umständen* circostanze permettendo.

u. ü. V. *unter üblichem Vorbehalt* con le solite riserve.

u. W. *unseres Wissens* a nostro sapere.

V

v. *von* di; da.

V *Volt* volt.

V. *Vers* verso.

v. Chr. *vor Christus* avanti Cristo.

VEB *hist. Volkseigener Betrieb (DDR)* impresa socializzata (*RDT*).

Verf., Vf. *Verfasser* autore.

verh. *verheiratet* sposato.

Verl. *Verlag* casa editrice.

verw. *verwitwet* vedovo.

vgl. *vergleiche* paragona.

v. g. u. *vorgelesen, genehmigt, unterschrieben* letto, approvato, firmato.

v. H. *vom Hundert* per cento.

v. J. *vorigen Jahres* dell'anno passato.

v. M. *vorigen Monats* del mese scorso.

vorm. *vormals* già; ex; *vormittags* al mattino.

Vors. *Vorsitzender* presidente.

v. T. *vom Tausend* per mille.

VW *Volkswagen* volkswagen.

W

W *Westen* ovest.

WDR *Westdeutscher Rundfunk* Radio della Germania dell'Ovest.

WEU *Westeuropäische Union* Unione dell'Europa Occidentale.

WEZ *Westeuropäische Zeit* ora dell'Europa occidentale.

WGB *Weltgewerkschaftsbund* Federazione Sindacale Mondiale.

WS *Wintersemester* semestre invernale.

Wwe. *Witwe* vedova.

Z

Z. *Ziffer* cifra.

z. B. *zum Beispiel* per esempio.

z. d. A. *zu den Akten* agli atti; da archiviare.

z. Hd(n). *zu Händen von* alle mani di; sue proprie mani.

ZPO *Zivilprozeßordnung* Codice di Procedura Civile.

z. S. *zur See* di marina.

z. T. *zum Teil* in parte.

Ztg *Zeitung* giornale.

Ztr. *Zentner* mezzo quintale.

Ztschr. *Zeitschrift* rivista.

zus. *zusammen* insieme.

zw. *zwischen* tra.

z. Z. *zur Zeit* attualmente.

Esempi
di declinazione e coniugazione
della lingua tedesca

A. Declinazione

Ordine dei casi: nom., gen., dat. e ac. sg. e pl. — I sostantivi e gli aggettivi composti (p. e. Eisbär, Ausgang, abfällig, ecc.) si declinano come l'ultima parola componente (Bär, Gang, fällig). Le lettere tra parentesi possono essere omesse.

I. Sostantivi e nomi propri

1   Bild   ~(e)s[1]   ~(e)   ~
       Bilder[2]   ~   ~n   ~

[1] *solo* **es**: Geist, Geistes.
[2] **a, o, u > ä, ö, ü**: Rand, Ränder; Haupt, Häupter; Dorf, Dörfer; Wurm, Würmer.

---

2   Reis*   ~es   ~(e)   ~
       Reiser   ~   ~n   ~

[1] **a, o > ä, ö**: Glas, Gläser; Haus, Häuser; Faß, Fässer; Schloß, Schlösser.
* **ß** (*preceduta da vocale breve*) **> ss**: Faß, Fasse(s).

---

3   Arm   ~(e)s[1, 2]   ~(e)[1]   ~
       Arme[3]   ~   ~n   ~

[1] *senza* **e**: Billard, Billard(s).
[2] *solo* **es**: Maß, Maßes.
[3] **a, o, u > ä, ö, ü**: Gang, Gänge; Saal, Säle; Gebrauch, Gebräuche; Sohn, Söhne; Hut, Hüte.

---

4   Greis[1]*   ~es   ~(e)   ~
       Greise[2]   ~   ~n   ~

[1] **s > ss**: Kürbis, Kürbisse(s).
[2] **a, o, u > ä, ö, ü**: Hals, Hälse; Baß, Bässe; Schoß, Schöße; Fuchs, Füchse; Schuß, Schüsse.
* **ß** (*preceduta da vocale breve*) **> ss**: Roß, Rosse(s).

---

5   Strahl   ~(e)s[1, 2]   ~(e)[2]   ~
       Strahlen[3]   ~   ~   ~

[1] *solo* **es**: Schmerz, Schmerzes.
[2] *senza* **e**: Juwel, Juwel(s).
[3] Sporn, Sporen.

---

6   Lappen   ~s   ~   ~*
       Lappen[1]   ~   ~   ~

[1] **a, o > ä, ö**: Graben, Gräben; Boden, Böden.
* *I modi infiniti sostantivati non formano il pl.*: Atmen, Befinden, *ecc.*

7	Maler	~s	~	~
	Maler¹	~	~n	~

¹ a, o, u > ä, ö, ü: Vater, Väter; Kloster, Klöster; Bruder, Brüder.

8	Untertan	~s	~	~
	Untertanen¹, ²	~	~	~

¹ *Con spostamento dell'accento:* Pro'fessor, Profes'soren; 'Dämon, Dä'monen.
² *pl.* **ien:** Kolleg, Kollegien; Mineral, Mineralien.

9	Studium	~s	~	~
	Studien¹, ²	~	~	~

¹ a e o(n) > en: Drama, Dramen; Folio, Folien; Stadion, Stadien.
² on e um > a: Lexikon, Lexika; Faktum, Fakta.

10	Auge	~s	~	~
	Augen	~	~	~

11	Genie	~s¹★	~	~
	Genies²★	~	~	~

¹ *Senza desinenza:* Bouillon, Diva, *ecc.*
² *pl.* **s** *oppure* **ta:** Komma, Kommas *oppure* Kommata; *però:* Klima, Klimate (3).
★ *La* **s** *viene pronunciata:* Genies: ʒe'niːs.

12	Bär¹	~en	~en	~en²
	Bären	~	~	~

¹ ß (*preceduta da vocale breve*) > ss: Genoß, Genossen.
² Herr, *sg.* Herrn; Herz, *gen.* Herzens, *ac.* Herz.

13	Knabe	~n¹	~n	~n
	Knaben	~	~	~

¹ ns: Name, Namens.

14	Trübsal	~	~	~
	Trübsale¹, ², ³	~	~n	~

¹ a, o, u > ä, ö, ü: Hand, Hände; Braut, Bräute; Not, Nöte; Luft, Lüfte; *senza* e: Tochter, Töchter; Mutter, Mütter; ß (*preceduta da vocale breve*) > ss: Nuß, Nüsse.
² s > ss: Kenntnis, Kenntnisse; Nimbus, Nimbusse.
³ is e us > e: Pluralis, Plurale; Kultus, Kulte; *con spostamento dell'accento:* Di'akonus, Dia'kone.

15	Blume	~	~	~
	Blumen	~	~	~

...'ee [-'eː, *pl.* -'eːən], *p. e.* I'dee, I'deen.

...ie $\begin{cases} \text{*in sillaba tonica:* [-'iː, *pl.* -'iːən], *p. e.* Batte'rie(n).} \\ \text{*in sillaba atona:* ['-jə, *pl.* '-jən], *p. e.* Ar'terie(n).} \end{cases}$

16
Frau   ~   ~   ~
Frauen[1], [2], [3]   ~   ~   ~

[1] **in** > **innen:** Freundin, Freundinnen.

[2] **a, is, os e us** > **en:** Firma, Firmen; Krisis, Krisen; Epos, Epen; Genius, Genien; *con spostamento dell'accento:* 'Heros, He'roen; Di'akonus, Dia'konen; 'Agens, A'genzien.

[3] **s e ß** > **ss:** Kirmes, Kirmessen; Meß, Messen; **s** *dopo una consonante* > **s:** Eins, Einsen; Sechs, Sechsen.

---

17   a) *I nomi propri con articolo determinato* (22):

Friedrich   ~   ~   ~
Friedriche[1], [2]   ~   ~n   ~
Elisabeth   ~   ~   ~
Elisabethen[1]   ~   ~   ~[3]
Marie (15)   ~   ~   ~
Marien[1]   ~   ~   ~

[1] *Il plurale dei nomi di persone, paesi e popoli è poco usato.*

[2] *pl.* = *sg.*: Alexander (*dat.* Alexandern), Gretchen.

[3] *pl.* **s:** Paula, Paulas.

b) *Formano il gen. sg. in* **s:**

1. *I nomi propri senza articolo determinato:* Friedrichs, Paulas, (Friedrich von) Schillers, Deutschlands, Berlins;

2. *I nomi propri maschili o neutri* (eccettuati i nomi di popoli) *con articolo determinato e un aggettivo:* des braven Friedrichs Bruder, des jungen Deutschlands (Söhne).

Dopo una **s, ß, x e z** *il gen. sg. termina in* **ens** *oppure* ' (*in luogo di* ' *però si preferisce l'articolo determinato oppure* **von**), *p. e.* die Werke des (*oppure* von) Sokrates, Voß *oppure* Sokrates', Voß' (*non* Sokratessens, *raramente* Vossens) Werke; *solo:* die Umgebung **von** Mainz. *I nomi femminili che terminano in consonante oppure la vocale* **e** *formano il gen. sg. in* (**en**)**s** *oppure* (**n**)**s**; *nel dat. e nell' ac. sg. tali nomi possono terminare in* (**e**)**n** (*pl.* = 17a):

Fritz   ~ens   ~(en)   ~(en)
Elisabeth   ~(en)s   ~(en)   ~(en)
Marie   ~(n)s   ~(n)   ~(n)

c) *Se al nome proprio si aggiunge un titolo, si declina:*

1. *solo il titolo se si impiega con articolo determinato:*
     der Kaiser Karl (der Große)
     des ~s   ~   (des ~n), *ecc.*;

2. *solo il (l'ultimo) nome, se si impiega senza articolo:*
     Kaiser Karl (der Große)
     ~   ~s   (des ~n) *ecc.*
     (*però:* Herrn Lehmanns Brief)

II. Aggettivi e participi (usati anche come sostantivi*), pronomi, ecc.

18

		m	f	n	pl.	
a) gut	{	er[1, 2]	∼e	∼es	∼e†	} senza articolo, dopo prepo-
		en**	∼er	∼en**	∼er	sizioni, pronomi personali e
		em	∼er	∼em	∼en	voci invariabili
		en	∼e	∼es	∼e	

b) gut	{	e[1, 2]	∼e	∼e	∼en	} con articolo determinato (22)
		en	∼en	∼en	∼en	o con pronome (21)
		en	∼en	∼en	∼en	
		en	∼e	∼e	∼en	

c) gut	{	er[1, 2]	∼e	∼es	∼en	} con articolo indeterminato
		en	∼en	∼en	∼en	oppure con pronome (20)
		en	∼en	∼en	∼en	
		en	∼e	∼es	∼en	

[1] ß (preceduta da vocale breve) > ss: kraß, krasse(r, ∼s, ∼st, ecc.).

[2] a, o, u > ä, ö, ü formando il comp. e sup.: alt, älter(e, ∼es, ecc.), ältest (der ∼e, am ∼en); grob, gröber(e, ∼es, ecc.), gröbst (der ∼e, am ∼en); kurz, kürzer(e, ∼es, ecc.), kürzest (der ∼e, am ∼en).

* p. e. **Böse(r)** su.: der (die, eine) Böse, ein Böser; **Böse(s)** n: das Böse, senza articolo Böses; pure Abgesandte(r) su., Angestellte(r) su., ecc. In alcuni casi l'uso varia.

** A volte il gen. sg. termina in **es** invece di **en**: beim Vergessen empfangenes Guten, gutes (oppure guten) Mutes sein.

† Viene soppressa una e: böse, böse(r, ∼s, ∼st, ecc.).

Gradi di comparazione

Le desinenze del grado comparativo e del superlativo sono:

comp. ∼er: reich, reicher }
sup. ∼st: schön, schönst } declinati secondo (18[2]).

Dopo vocali (eccetto e [18†]) e dopo d, s, sch, ß, st, t, tz, x e z il super-lativo termina in est, però in sillabe atone dopo d, sch e t generalmente in st: blau, blauest; rund, rundest; rasch, raschest, ecc.; però: 'dringend, 'dringendst; 'närrisch, 'närrisch(e)st; ge'eignet, ge'eignetst.

Osservazione. — Negli aggettivi terminanti in el, en (eccetto nen) e er (p. e. dunkel, eben, heiter), come pure negli aggettivi possessivi unser e euer (20) si sopprime in genere la e (convertendosi la ss in ß: angemessen, angemeßner).

Flessione:	e	em	en	er	es
+el >	le	lem*	len*	ler	les
+en >	(e)ne	(e)nem	(e)nen	(e)ner†	(e)nes
+er >	(e)re	rem*	ren*	(e)rer†	(e)res

* oppure elm, eln, erm, ern; p. e. dunk|el: ∼le, ∼lem (oppure ∼elm), ∼len (oppure ∼eln), ∼ler, ∼les; eb|en: ∼(e)ne, ∼(e)nem, ecc.; heit|er: ∼(e)re, ∼rem (oppure ∼erm), ecc.

† Il comp. declinato si forma in ner e rer solamente: eben, ebnere(r, ∼s, ecc.); heiter, heitrere(r, ∼s, ecc.); però sup. ebenst, heiterst.

19

	1ª pers. m, f, n	2ª pers. m, f, n	3ª pers. m	f	n
sg.	ich	du	er	sie	es
	meiner*	deiner*	seiner*	ihrer	seiner*
	mir	dir	ihm	ihr	ihm†
	mich	dich	ihn	sie	es†
pl.	wir	ihr	sie	(Sie)	
	unser	euer	ihrer	(Ihrer)	
	uns	euch	ihnen	(Ihnen)†	
	uns	euch	sie	(Sie)†	

* *In forma poetica a volte senza desinenza*: gedenke mein!; **es** *per* seiner *n*: ich bin es überdrüssig.

† *Forma riflessiva*: sich.

20

	m	f	n	pl.
mein		~e	~	~e*
dein	es	~er	~es	~er
sein	em	~er	~em	~en
(k)ein	en	~e	~	~e

* *L'articolo indeterminato* ein *non ha plurale.* — *In forma poetica* mein, dein *e* sein *possono essere posti dopo il sostantivo, senza desinenza*: die Mutter (Kinder) mein, *oppure come predicato*: der Hut, (die Tasche, das Buch) ist mein; *senza sostantivo* (m)einer *m*, (m)eine *f*, (m)ein(e)s *n*, meine *pl* (21), *p. e.*: wem gehört der Hut (die Tasche, das Buch)? es ist meiner (meine, mein[e]s); *con articolo determinato*: der (die, das) meine, *pl.* die meinen (18b); *oppure* der meinige, *ecc.* (18b). *Rispetto a* unser *e* euer *vedasi l'osservazione* (18).

21

	m	f	n	pl.
dies	er	~e	~es*	~e**
jen	es	~er	~es	~er¹
manch	em	~er	~em	~en¹
welch	en	~e	~es*	~e

¹ **welche(r, ~s)** *come pronome relativo*: *gen. sg. e pl.* dessen, deren, *dat. pl.* denen (23).

* *Quando viene usato come sostantivo si preferisce* dies *a* dieses.

** manch, solch, welch *spesso senza flessione*:

manch	guter (ein guter) Mann			
solch	~en (~es ~en)	~es		
welch	~em (~em ~en)	~e	*ecc.* (18).	

Ugualmente all:

all der (dieser, mein) Schmerz
~ des (~es, ~es) ~es *ecc.*

22

	m	f	n	pl.	
der	die	das	die¹		*articolo*
des	der	des	der		*determinato*
dem	der	dem	den		
den	die	das	die		

¹ derjenige; derselbe — desjenigen, demjenigen; desselben, demselben, *ecc.* (18b).

23 *Pronome relativo*

m	f	n	pl.
der	die	das	die
dessen*	deren	dessen*	deren[1]
dem	der	dem	denen
den	die	das	die

[1] *anche* derer *quando si usa come pronome dimostrativo.*

* *anche* des.

24

wer	was	jemand, niemand
wessen*	wessen	~(e)s
wem	—	~(em†)
wen	was	~(en†)

* *anche* wes.

† *meglio senza desinenza.*

B. Coniugazione

Avvertenze generali. — *Nelle tavole di coniugazione (25—30) non figurano che i verbi semplici, e nella lista alfabetica (pag. 1233—1238) sono compresi i verbi composti solo quando non esiste il verbo semplice (p. e.* **beginnen***; *ginnen non esiste). Per informarsi sulla coniugazione di un qualunque verbo composto (con prefisso separabile o inseparabile, regolare o irregolare) basta consultare il rispettivo verbo semplice.*

Verbi con prefissi separabili e accentati come '**ab-**, '**an-**, '**auf-**, '**aus-**, '**bei-**, **be'vor-**, '**dar-**, '**ein-**, **em'por-**, **ent'gegen-**, '**fort-**, '**her-**, **he'rab-**, *ecc. come pure* '**klar-**[*legen*], '**los-**[*schießen*], '**sitzen-**[*bleiben*], '**überhand-**[*nehmen*]*, ecc. (però non i verbi derivati da sostantivi composti come* **be'an-tragen** *da* '**Antrag** *oppure* **be'ratschlagen** *da* '**Ratschlag***, ecc.) pongono tra il prefisso tonico e la radice: la preposizione* **zu** *(nell'infinito e nel participio presente) e la sillaba* **ge** *(nel participio passivo e passato).*

*I verbi con prefisso inseparabile (*untr.*) e atono come* **be-**, **emp-**, **ent-**, **er-**, **ge-**, **ver-**, **zer-** *e in generale* **miß-** *pongono la preposizione* **zu** *davanti al prefisso e perdono la sillaba* **ge** *nel participio passivo e passato. I prefissi* **durch-**, **hinter-**, **über-**, **um-**, **unter-**, **voll-**, **wi(e)der-** *sono separabili, se portano l'accento e inseparabili se sono atoni.*

Esempi:

geben: *zu geben, zu gebend; gegeben; ich gebe, du gibst, ecc.;*

'**abgeben:** '*abzugeben,* '*abzugebend;* '*abgegeben; ich gebe (du gibst, ecc.) ab;*

ver'geben: *zu ver'geben, zu ver'gebend; ver'geben; ich ver'gebe, du ver'gibst, ecc.;*

'**umstellen:** '*umzustellen,* '*umzustellend;* '*umgestellt; ich stelle (du stellst, ecc.) um;*

um'stellen: *zu um'stellen, zu um'stellend; um'stellt; ich um'stelle, du um'stellst, ecc.*

Le stesse regole sono da osservare se il verbo possiede due prefissi, p. e.

zu'rückbehalten *(vedasi* **halten***): zu'rückzubehalten, zu'rückzubehaltend; zu'rückbehalten; ich behalte (du behältst, ecc.) zurück;*

wieder'aufheben *(vedasi* **heben***): wieder'aufzuheben, wieder'aufzuhebend; wieder'aufgehoben; ich hebe (du hebst, ecc.) wieder auf.*

Le forme tra parentesi vengono usate in modo analogo.

a) Coniugazione debole

25

loben

prs. ind.	{	lobe	lobst	lobt
		loben	lobt	loben
prs. cong.	{	lobe	lobest	lobe
		loben	lobet	loben
impf. ind.	{	lobte	lobtest	lobte
e cong.		lobten	lobtet	lobten

imp. sg. lob(e), *pl.* lob(e)t, loben Sie; *inf. prs.* loben; *inf. pt.* gelobt haben; *part. prs.* lobend; *part. pt.* gelobt (18; 29★★).

26 reden

prs. ind.	{ rede	redest	redet
	{ reden	redet	reden
prs. cong.	{ rede	redest	rede
	{ reden	redet	reden
impf. ind.	{ redete	redetest	redete
e *cong.*	{ redeten	redetet	redeten

imp. sg. rede, *pl.* redet, reden Sie; *inf. prs.* reden; *inf. pt.* geredet haben; *part. prs.* redend; *part. pt.* geredet (18, 29★★).

---

27 reisen

prs. ind.	{ reise	reist★	reist
	{ reisen	reist	reisen
prs. cong.	{ reise	reisest	reise
	{ reisen	reiset	reisen
impf. ind.	{ reiste	reistest	reiste
e *cong.*	{ reisten	reistet	reisten

imp. sg. reise, *pl.* reist, reisen Sie; *inf. prs.* reisen; *inf. pt.* gereist sein; *part. prs.* reisend; *part. pt.* gereist (18, 29★★).

★ **s:** reisen, du reist (reisest); **sch:** naschen, naschst (naschest); **ß:** spaßen, spaßt (spaßest); **tz:** ritzen, ritzt (ritzest); **x:** hexen, hext (hexest); **z:** reizen, reizt (reizest).

---

28 fassen

prs. ind.	{ fasse	faßt★	faßt
	{ fassen	faßt	fassen
prs. cong.	{ fasse	fassest	fasse
	{ fassen	fasset	fassen
impf. ind.	{ faßte	faßtest	faßte
e *cong.*	{ faßten	faßtet	faßten

imp. sg. fasse (faß), *pl.* faßt, fassen Sie; *inf. prs.* fassen; *inf. pt.* gefaßt haben; *part. prs.* fassend; *part. pt.* gefaßt (18, 29★★).

★ du faßt (fassest).

---

29 handeln

	prs. ind.		
	handle★	handelst	handelt
	handeln	handelt	handeln
	prs. cong.		
	handle★	handelst	handle★
	handeln	handelt	handeln
	impf. ind. e *cong.*		
	handelte	handeltest	handelte
	handelten	handeltet	handelten

imp. sg. handle, *pl.* handelt, handeln Sie; *inf. prs.* handeln; *inf. pt.* gehandelt haben; *part. prs.* handelnd; *part. pt.* gehandelt (18, 29★★).

★ *Anche* handele; wandern, wand(e)re; *però* bessern, bessere (beßre); donnern, donnere.

★★ *Senza* ge *se la prima sillaba è atona, p. e.* begrüßen, begrüßt; entstehen, ent'standen; stu'dieren, stu'diert (*non* gestudiert); trom'peten, trom'petet (*ugualmente se si prepone un prefisso accentato:* 'austrompeten, 'austrompetet, *non* 'ausgetrompetet). *Alcuni verbi deboli tengono nel part. pt. la desinenza* **en** *invece di* **t,** *p. e.* mahlen — gemahlen. *Con i verbi* brauchen, dürfen, heißen, helfen, hören, können, lassen, lehren, lernen, machen, mögen, müssen, sehen, sollen, wollen, *il part. pt. viene cambiato in inf. (senza* **ge**), *quando si costruisce con un altro inf., p. e.* ich habe ihn singen hören, du hättest es tun können, er hat gehen müssen, ich hätte ihn laufen lassen sollen.

b) Coniugazione forte

30   (*Vedasi l'elenco a pag. 1233—1238*)

fahren

prs. ind.	{	fahre	fährst	fährt
		fahren	fahrt	fahren
prs. cong.	{	fahre	fahrest	fahre
		fahren	fahret	fahren
impf. ind.	{	fuhr	fuhrst*	fuhr
		fuhren	fuhrt	fuhren
impf. cong.	{	führe	führest	führe
		führen	führet	führen

imp. sg. fahr(e), *pl.* fahr(e)t, fahren Sie; *inf. prs.* fahren; *inf. pt.* gefahren haben *oppure* sein; *part. prs.* fahrend; *part. pt.* gefahren (18, 29**).

* *Nell'elenco dei verbi irregolari (pag. 1233—1238) non viene indicata la 2ª persona dell' impf. ind. se si forma aggiungendo* **st** *alla 1ª persona.*

Lista dei verbi forti ed irregolari

(*cong.* = *cong.impf.*)

backen *pres.* backe, bäckst, bäckt; *imp.* back(e); *part.pt.* gebacken.

befehlen *pres.* befehle, befiehlst, befiehlt; *impf.* befahl; *cong.* beföhle; *imp.* befiehl; *part.pt.* befohlen.

beginnen *pres.* beginne, beginnst, beginnt; *impf.* begann; *cong.* begänne (begönne); *imp.* beginn(e); *part.pt.* begonnen.

beißen *pres.* beiße, beißt, beißt; *impf.* biß, bissest; *cong.* bisse; *imp.* beiß(e); *part.pt.* gebissen.

bergen *pres.* berge, birgst, birgt; *impf.* barg; *cong.* bärge; *imp.* birg; *part.pt.* geborgen.

bersten *pres.* berste, birst (berstest), birst (berstet); *impf.* barst, barstest; *imp.* birst; *part.pt.* geborsten.

bewegen *pres.* bewege, bewegst, bewegt; *impf.* bewegte (*fig.* bewog); *cong. fig.* bewöge; *imp.* beweg(e); *part.pt.* bewegt (*fig.* bewogen).

biegen *pres.* biege, biegst, biegt; *impf.* bog; *cong.* böge; *imp.* bieg(e); *part.pt.* gebogen.

bieten *pres.* biete, biet(e)st, bietet; *impf.* bot, bot(e)st; *cong.* böte; *imp.* biet(e); *part.pt.* geboten.

binden *pres.* binde, bindest, bindet; *impf.* band, band(e)st; *cong.* bände; *imp.* bind(e); *part.pt.* gebunden.

bitten *pres.* bitte, bittest, bittet; *impf.* bat, bat(e)st; *cong.* bäte; *imp.* bitte; *part.pt.* gebeten.

blasen *pres.* blase, bläst, bläst; *impf.* blies, bliesest; *cong.* bliese; *imp.* blas (blase); *part.pt.* geblasen.

bleiben *pres.* bleibe, bleibst, bleibt; *impf.* blieb, bliebst; *cong.* bliebe; *imp.* bleib(e); *part.pt.* geblieben.

braten *pres.* brate, brätst, brät; *impf.* briet, briet(e)st; *cong.* briete; *imp.* brat(e); *part.pt.* gebraten.

brechen *pres.* breche, brichst, bricht; *impf.* brach; *cong.* bräche; *imp.* brich; *part.pt.* gebrochen.

brennen *pres.* brenne, brennst, brennt; *impf.* brannte; *cong.* brennte; *imp.* brenn(e); *part.pt.* gebrannt.

bringen *pres.* bringe, bringst, bringt; *impf.* brachte; *cong.* brächte; *imp.* bring(e); *part.pt.* gebracht.

denken *pres.* denke, denkst, denkt; *impf.* dachte; *cong.* dächte; *imp.* denk(e); *part.pt.* gedacht.

dreschen *pres.* dresche, drischst, drischt; *impf.* drosch, droschst; *cong.* drösche; *imp.* drisch; *part.pt.* gedroschen.

dringen *pres.* dringe, dringst, dringt; *impf.* drang, drangst; *cong.* dränge; *imp.* dring(e); *part.pt.* gedrungen.

dünken *pres.* mich dünkt (deucht); *impf.* dünkte (deuchte); *cong.* —; *imp.* —; *part.pt.* gedünkt (gedeucht).

dürfen *pres.* darf, darfst, darf; dürfen; *impf.* durfte; *cong.* dürfte; *imp.* —; *part.pt.* gedurft.

empfangen *pres.* empfange, empfängst, empfängt; *impf.* empfing; *cong.* empfinge; *imp.* empfang(e); *part.pt.* empfangen.

empfehlen *pres.* empfehle, empfiehlst, empfiehlt; *impf.* empfahl; *cong.* empföhle (empfähle); *imp.* empfiehl; *part.pt.* empfohlen.

empfinden *pres.* empfinde, empfindest, empfindet; *impf.* empfand, empfand(e)st; *cong.* empfände; *imp.* empfind(e); *part.pt.* empfunden.

erlöschen *pres.* erlösche, erlischst, erlischt; *impf.* erlosch, erlosch(e)st; *cong.* erlösche; *imp.* erlisch; *part.pt.* erloschen.

erschrecken *v/i.* *pres.* erschrecke, erschrickst, erschrickt; *impf.* erschrak; *cong.* erschräke; *imp.* erschrick; *part.pt.* erschrocken.

erwägen *s.* wägen; *part.pt.* erwogen.

essen *pres.* esse, ißt (issest), ißt; *impf.* aß, aßest; *cong.* äße; *imp.* iß; *part.pt.* gegessen.

fahren *pres.* fahre, fährst, fährt; *impf.* fuhr, fuhrst; *cong.* führe; *imp.* fahr(e); *part.pt.* gefahren.

fallen *pres.* falle, fällst, fällt; *impf.* fiel; *cong.* fiele; *imp.* fall(e); *part.pt.* gefallen.

fangen *pres.* fange, fängst, fängt;

impf. fing; *cong.* finge; *imp.* fang(e); *part.pt.* gefangen.

fechten *pres.* fechte, fichtst, ficht; *impf.* focht, focht(e)st; *cong.* föchte; *imp.* ficht; *part.pt.* gefochten.

finden *pres.* finde, findest, findet; *impf.* fand, fand(e)st; *cong.* fände; *imp.* find(e); *part.pt.* gefunden.

flechten *pres.* flechte, flichtst, flicht; *impf.* flocht, flochtest; *cong.* flöchte; *imp.* flicht; *part.pt.* geflochten.

fliegen *pres.* fliege, fliegst, fliegt; *impf.* flog, flogst; *cong.* flöge; *imp.* flieg(e); *part.pt.* geflogen.

fliehen *pres.* fliehe, fliehst, flieht; *impf.* floh, flohst; *cong.* flöhe; *imp.* flieh(e); *part.pt.* geflohen.

fließen *pres.* fließe, fließt, fließt; *impf.* floß, flossest; *cong.* flösse; *imp.* fließ(e); *part.pt.* geflossen.

fressen *pres.* fresse, frißt, frißt; *impf.* fraß, fraßest; *cong.* fräße; *imp.* friß; *part.pt.* gefressen.

frieren *pres.* friere, frierst, friert; *impf.* fror; *cong.* fröre; *imp.* frier(e); *part.pt.* gefroren.

gären *pres.* gäre, gärst, gärt; *impf.* gor (*bsd. fig. auch* gärte); *cong.* göre (gärte); *imp.* gär(e); *part.pt.* gegoren (gegärt).

gebären *pres.* gebäre, gebärst (gebierst); gebärt (gebiert); *impf.* gebar; *cong.* gebäre; *imp.* gebär(e) (gebier); *part.pt.* geboren.

geben *pres.* gebe, gibst, gibt; *impf.* gab; *cong.* gäbe; *imp.* gib; *part.pt.* gegeben.

gedeihen *pres.* gedeihe, gedeihst, gedeiht; *impf.* gedieh; *cong.* gediehe; *imp.* gedeih(e); *part.pt.* gediehen.

geh(e)n *pres.* gehe, gehst, geht; *impf.* ging; *cong.* ginge; *imp.* geh(e); *part.pt.* gegangen.

gelingen *pres.* es gelingt; *impf.* es gelang; *cong.* es gelänge; *imp.* geling(e); *part.pt.* gelungen.

gelten *pres.* gelte, giltst, gilt; *impf.* galt, galt(e)st; *cong.* gölte (gälte); *imp.* gilt; *part.pt.* gegolten.

genesen *pres.* genese, genest, genest; *impf.* genas, genasest; *cong.* genäse; *imp.* genese; *part.pt.* genesen.

genießen *pres.* genieße, genießt, genießt; *impf.* genoß, genossest; *cong.* genösse; *imp.* genieß(e); *part.pt.* genossen.

geschehen *pres.* es geschieht; *impf.* es geschah; *cong.* es geschähe; *imp.* —; *part.pt.* geschehen.

gewinnen *pres.* gewinne, gewinnst, gewinnt; *impf.* gewann, gewannst; *cong.* gewönne (gewänne); *imp.* gewinn(e); *part.pt.* gewonnen.

gießen *pres.* gieße, gießt, gießt; *impf.* goß, gossest; *cong.* gösse; *imp.* gieß(e); *part.pt.* gegossen.

gleichen *pres.* gleiche, gleichst, gleicht; *impf.* glich, glichst; *cong.* gliche; *imp.* gleich(e); *part.pt.* geglichen.

gleiten *pres.* gleite, gleitest, gleitet; *impf.* glitt, glitt(e)st; *cong.* glitte; *imp.* gleit(e); *part.pt.* geglitten.

glimmen *pres.* glimme, glimmst, glimmt; *impf.* glomm (glimmte); *cong.* glömme (glimmte); *imp.* glimm(e); *part.pt.* geglommen (geglimmt).

graben *pres.* grabe, gräbst, gräbt; *impf.* grub, grubst; *cong.* grübe; *imp.* grab(e); *part.pt.* gegraben.

greifen *pres.* greife, greifst, greift; *impf.* griff, griffst; *cong.* griffe; *imp.* greif(e); *part.pt.* gegriffen.

haben *pres.* habe, hast, hat; *impf.* hatte; *cong.* hätte; *imp.* habe; *part.pt.* gehabt.

halten *pres.* halte, hältst, hält; *impf.* hielt, hielt(e)st; *cong.* hielte; *imp.* halt(e); *part.pt.* gehalten.

hängen *v/i.* *pres.* hänge, hängst, hängt; *impf.* hing; *cong.* hinge; *imp.* häng(e); *part.pt.* gehangen.

hauen *pres.* haue, haust, haut; *impf.* haute (hieb); *cong.* haute (hiebe); *imp.* hau(e); *part.pt.* gehauen.

heben *pres.* hebe, hebst, hebt; *impf.* hob, hobst; *cong.* höbe; *imp.* heb(e); *part.pt.* gehoben.

heißen *pres.* heiße, heißt, heißt; *impf.* hieß, hießest; *cong.* hieße; *imp.* heiß(e); *part.pt.* geheißen.

helfen *pres.* helfe, hilfst, hilft; *impf.* half, halfst; *cong.* hülfe; *imp.* hilf; *part.pt.* geholfen.

kennen *pres.* kenne, kennst, kennt; *impf.* kannte; *cong.* kennte; *imp.* kenne; *part.pt.* gekannt.

klimmen *pres.* klimme, klimmst, klimmt; *impf.* klomm (klimmte); *cong.* klömme (klimmte); *imp.*

klimm(e); *part.pt.* geklommen (geklimmt).

klingen *pres.* klinge, klingst, klingt; *impf.* klang, klangst; *cong.* klänge; *imp.* kling(e); *part.pt.* geklungen.

kneifen *pres.* kneife, kneifst, kneift; *impf.* kniff, kniffst; *cong.* kniffe; *imp.* kneif(e); *part.pt.* gekniffen.

kommen *pres.* komme, kommst, kommt; *impf.* kam; *cong.* käme; *imp.* komm(e); *part.pt.* gekommen.

können *pres.* kann, kannst, kann; können; *impf.* konnte; *cong.* könnte; *imp.* —; *part.pt.* gekonnt.

kriechen *pres.* krieche, kriechst, kriecht; *impf.* kroch; *cong.* kröche; *imp.* kriech(e); *part.pt.* gekrochen.

laden *pres.* lade, lädst, lädt; *impf.* lud, ludst; *cong.* lüde; *imp.* lad(e); *part.pt.* geladen.

lassen *pres.* lasse, läßt, läßt; *impf.* ließ, ließest; *cong.* ließe; *imp.* laß; *part.pt.* gelassen.

laufen *pres.* laufe, läufst, läuft; *impf.* lief, liefst; *cong.* liefe; *imp.* lauf(e); *part.pt.* gelaufen.

leiden *pres.* leide, leidest, leidet; *impf.* litt, litt(e)st; *cong.* litte; *imp.* leid(e); *part.pt.* gelitten.

leihen *pres.* leihe, leihst, leiht; *impf.* lieh, liehst; *cong.* liehe; *imp.* leih(e); *part.pt.* geliehen.

lesen *pres.* lese, liest, liest; *impf.* las, lasest; *cong.* läse; *imp.* lies; *part.pt.* gelesen.

liegen *pres.* liege, liegst, liegt; *impf.* lag; *cong.* läge; *imp.* lieg(e); *part.pt.* gelegen.

lügen *pres.* lüge, lügst, lügt; *impf.* log, logst; *cong.* löge; *imp.* lüg(e); *part.pt.* gelogen.

meiden *pres.* meide, meidest, meidet; *impf.* mied, mied(e)st; *cong.* miede; *imp.* meid(e); *part.pt.* gemieden.

melken *pres.* melke, melkst, melkt; *impf.* melkte (molk); *cong.* mölke; *imp.* melk(e); *part.pt.* gemolken (gemelkt).

messen *pres.* messe, mißt, mißt; *impf.* maß, maßest; *cong.* mäße; *imp.* miß; *part.pt.* gemessen.

mißlingen *pres.* es mißlingt; *impf.* es mißlang; *cong.* es mißlänge; *imp.* —; *part.pt.* mißlungen.

mögen *pres.* mag, magst, mag; mögen; *impf.* mochte; *cong.*

möchte; *imp.* —; *part.pt.* gemocht.

müssen *pres.* muß, mußt, muß; müssen, müßt, müssen; *impf.* mußte; *cong.* müßte; *imp.* müsse; *part.pt.* gemußt.

nehmen *pres.* nehme, nimmst, nimmt; *impf.* nahm, nahmst; *cong.* nähme; *imp.* nimm; *part.pt.* genommen.

nennen *pres.* nenne, nennst, nennt; *impf.* nannte; *cong.* nennte; *imp.* nenn(e); *part.pt.* genannt.

pfeifen *pres.* pfeife, pfeifst, pfeift; *impf.* pfiff, pfiffst; *cong.* pfiffe; *imp.* pfeif(e); *part.pt.* gepfiffen.

preisen *pres.* preise, preist, preist; *impf.* pries, priesest; *cong.* priese; *imp.* preise; *part.pt.* gepriesen.

quellen (*v/i.*) *pres.* quelle, quillst, quillt; *impf.* quoll; *cong.* quölle; *imp.* quill; *part.pt.* gequollen.

raten *pres.* rate, rätst, rät; *impf.* riet, riet(e)st; *cong.* riete; *imp.* rat(e); *part.pt.* geraten.

reiben *pres.* reibe, reibst, reibt; *impf.* rieb, riebst; *cong.* riebe; *imp.* reib(e); *part.pt.* gerieben.

reißen *pres.* reiße, reißt, reißt; *impf.* riß, rissest; *cong.* risse; *imp.* reiß(e); *part.pt.* gerissen.

reiten *pres.* reite, reitest, reitet; *impf.* ritt, ritt(e)st; *cong.* ritte; *imp.* reit(e); *part.pt.* geritten.

rennen *pres.* renne, rennst, rennt; *impf.* rannte; *cong.* rennte; *imp.* renn(e); *part.pt.* gerannt.

riechen *pres.* rieche, riechst, riecht; *impf.* roch; *cong.* röche; *imp.* riech(e); *part.pt.* gerochen.

ringen *pres.* ringe, ringst, ringt; *impf.* rang; *cong.* ränge; *imp.* ring(e); *part.pt.* gerungen.

rinnen *pres.* rinne, rinnst, rinnt; *impf.* rann, rannst; *cong.* ränne; *imp.* rinn(e); *part.pt.* geronnen.

rufen *pres.* rufe, rufst, ruft; *impf.* rief, riefst; *cong.* riefe; *imp.* ruf(e); *part.pt.* gerufen.

saufen *pres.* saufe, säufst, säuft; *impf.* soff; *cong.* söffe; *imp.* sauf(e); *part.pt.* gesoffen.

saugen *pres.* sauge, saugst, saugt; *impf.* sog (saugte); *cong.* söge; *imp.* saug(e); *part.pt.* gesogen (gesaugt).

schaffen (er~) *pres.* schaffe, schaffst, schafft; *impf.* schuf, schufst; *cong.* schüfe; *imp.* schaff(e); *part.pt.* geschaffen.

scheiden *pres.* scheide, scheidest, scheidet; *impf.* schied, schied(e)st; *cong.* schiede; *imp.* scheid(e); *part.pt.* geschieden.

scheinen *pres.* scheine, scheinst, scheint; *impf.* schien, schienst; *cong.* schiene; *imp.* schein(e); *part.pt.* geschienen.

schelten *pres.* schelte, schiltst, schilt; *impf.* schalt, schaltst; *cong.* schölte; *imp.* schilt; *part.pt.* gescholten.

scheren *pres.* schere, scherst, schert; *impf.* schor, schorst; *cong.* schöre; *imp.* scher(e); *part.pt.* geschoren.

schieben *pres.* schiebe, schiebst, schiebt; *impf.* schob, schobst; *cong.* schöbe; *imp.* schieb(e); *part.pt.* geschoben.

schießen *pres.* schieße, schießt, schießt; *impf.* schoß, schossest; *cong.* schösse; *imp.* schieß(e); *part.pt.* geschossen.

schlafen *pres.* schlafe, schläfst, schläft; *impf.* schlief, schliefst; *cong.* schliefe; *imp.* schlaf(e); *part.pt.* geschlafen.

schlagen *pres.* schlage, schlägst, schlägt; *impf.* schlug, schlugst; *cong.* schlüge; *imp.* schlag(e); *part.pt.* geschlagen.

schleichen *pres.* schleiche, schleichst, schleicht; *impf.* schlich, schlichst; *cong.* schliche; *imp.* schleich(e) *part.pt.* geschlichen.

schleifen *pres.* schleife, schleifst, schleift; *impf.* schliff; *cong.* schliffe; *imp.* schleif(e); *part.pt.* geschliffen.

schließen *pres.* schließe, schließt, schließt; *impf.* schloß, schlossest; *cong.* schlösse; *imp.* schließ(e); *part.pt.* geschlossen.

schlingen *pres.* schlinge, schlingst, schlingt; *impf.* schlang, schlangst; *cong.* schlänge; *imp.* schling(e); *part.pt.* geschlungen.

schmeißen *pres.* schmeiße, schmeißt, schmeißt; *impf.* schmiß, schmissest; *cong.* schmisse; *imp.* schmeiß(e); *part.pt.* geschmissen.

schmelzen *pres.* schmelze, schmilzt, schmilzt; *impf.* schmolz, schmolzest; *cong.* schmölze; *imp.* schmilz; *part.pt.* geschmolzen.

schneiden *pres.* schneide, schnei-

dest, schneidet; *impf.* schnitt, schnitt(e)st; *cong.* schnitte; *imp.* schneid(e); *part.pt.* geschnitten.

schrecken (*v/i.* = er~) *pres.* schrecke, schrickst, schrickt; *impf.* schrak, schrakst; *cong.* schräke; *imp.* schrick; *part.pt.* erschrocken.

schreiben *pres.* schreibe, schreibst, schreibt; *impf.* schrieb, schriebst; *cong.* schriebe; *imp.* schreib(e); *part.pt.* geschrieben.

schreien *pres.* schreie, schreist, schreit; *impf.* schrie; *cong.* schriee; *imp.* schrei(e); *part.pt.* geschrie[e]n.

schreiten *pres.* schreite, schreitest, schreitet; *impf.* schritt, schritt(e)st; *cong.* schritte; *imp.* schreit(e); *part.pt.* geschritten.

schweigen *pres.* schweige, schweigst, schweigt; *impf.* schwieg, schwiegst; *cong.* schwiege; *imp.* schweig(e); *part.pt.* geschwiegen.

schwellen *v/i.* *pres.* schwelle, schwillst, schwillt; *impf.* schwoll, schwollst; *cong.* schwölle; *imp.* schwill; *part.pt.* geschwollen.

schwimmen *pres.* schwimme, schwimmst, schwimmt; *impf.* schwamm, schwammst; *cong.* schwömme (schwämme); *imp.* schwimm(e); *part.pt.* geschwommen.

schwinden *pres.* schwinde, schwindest, schwindet; *impf.* schwand, schwand(e)st; *cong.* schwände; *imp.* schwind(e); *part.pt.* geschwunden.

schwingen *pres.* schwinge, schwingst, schwingt; *impf.* schwang; *cong.* schwänge; *imp.* schwing(e); *part.pt.* geschwungen.

schwören *pres.* schwöre, schwörst, schwört; *impf.* schwor (schwur); *cong.* schwüre; *imp.* schwör(e); *part.pt.* geschworen.

sehen *pres.* sehe, siehst, sieht; *impf.* sah; *cong.* sähe; *imp.* sieh; *part.pt.* gesehen.

sein *pres.* bin, bist, ist; sind, seid, sind; *cong.* sei, sei(e)st, sei; seien, seiet, seien; *impf.* war, warst, war; waren; *cong.* wäre; *imp.* sei, seid; *part.pt.* gewesen.

senden *pres.* sende, sendest, sendet; *impf.* sandte (sendete*); *cong.* sendete; *imp.* send(e); *part.pt.* gesandt (gesendet*).

---

*) Radio.

sieden *pres.* siede, siedest, siedet; *impf.* sott (siedete), sottest (siedetest); *cong.* sötte (siedete); *imp.* sied(e); *part.pt.* gesotten (gesiedet).

singen *pres.* singe, singst, singt; *impf.* sang, sangst; *cong.* sänge; *imp.* sing(e); *part.pt.* gesungen.

sinken *pres.* sinke, sinkst, sinkt; *impf.* sank, sankst; *cong.* sänke; *imp.* sink(e); *part.pt.* gesunken.

sinnen *pres.* sinne, sinnst, sinnt; *impf.* sann, sannst; *cong.* sänne (sönne); *imp.* sinn(e); *part.pt.* gesonnen.

sitzen *pres.* sitze, sitzt, sitzt; *impf.* saß, saßest; *cong.* säße; *imp.* sitz(e); *part.pt.* gesessen.

sollen *pres.* soll, sollst, soll; *impf.* sollte; *cong.* sollte; *imp.* —; *part.pt.* gesollt.

speien *pres.* speie, speist, speit; *impf.* spie; *cong.* spiee; *imp.* spei(e); *part.pt.* gespie(e)n.

spinnen *pres.* spinne, spinnst, spinnt; *impf.* spann, spannst; *imp.* spinn(e); *part.pt.* gesponnen.

spleißen *pres.* spleiße, spleißt (spleißest), spleißt; *impf.* spliß, splissest; *cong.* splisse; *imp.* spleiß(e); *part.pt.* gesplissen.

sprechen *pres.* spreche, sprichst, spricht; *impf.* sprach, sprachst; *cong.* spräche; *imp.* sprich; *part.pt.* gesprochen.

sprießen *pres.* sprieße, sprießt (sprießest), sprießt; *impf.* sproß, sprossest; *cong.* sprösse; *imp.* sprieß(e); *part.pt.* gesprossen.

springen *pres.* springe, springst, springt; *impf.* sprang, sprangst; *cong.* spränge; *imp.* spring(e); *part.pt.* gesprungen.

stechen *pres.* steche, stichst, sticht; *impf.* stach, stachst; *cong.* stäche; *imp.* stich; *part.pt.* gestochen.

stecken *v/i.* *pres.* stecke, steckst, steckt; *impf.* steckte (stak) *cong.* steckte (stäke); *imp.* steck(e); *part.pt.* gesteckt.

steh(e)n *pres.* stehe, stehst, steht; *impf.* stand, stand(e)st; *cong.* stände (stünde); *imp.* steh(e); *part.pt.* gestanden.

stehlen *pres.* stehle, stiehlst, stiehlt; *impf.* stahl; *cong.* stähle; *imp.* stiehl; *part.pt.* gestohlen.

steigen *pres.* steige, steigst, steigt; *impf.* stieg, stiegst; *cong.* stiege; *imp.* steig(e); *part.pt.* gestiegen.

sterben *pres.* sterbe, stirbst, stirbt; *impf.* starb; *cong.* stürbe; *imp.* stirb; *part.pt.* gestorben.

stinken *pres.* stinke, stinkst, stinkt; *impf.* stank, stankst; *cong.* stänke; *imp.* stink(e); *part.pt.* gestunken.

stoßen *pres.* stoße, stößt, stößt; *impf.* stieß, stießest; *cong.* stieße; *imp.* stoß(e); *part.pt.* gestoßen.

streichen *pres.* streiche, streichst, streicht; *impf.* strich, strichst; *cong.* striche; *imp.* streich(e); *part.pt.* gestrichen.

streiten *pres.* streite, streitest, streitet; *impf.* stritt, stritt(e)st; *cong.* stritte; *imp.* streit(e); *part.pt.* gestritten.

tragen *pres.* trage, trägst, trägt; *impf.* trug; *cong.* trüge; *imp.* trag(e); *part.pt.* getragen.

treffen *pres.* treffe, triffst, trifft; *impf.* traf, trafst; *cong.* träfe; *imp.* triff; *part.pt.* getroffen.

treiben *pres.* treibe, treibst, treibt; *impf.* trieb; *cong.* triebe; *imp.* treib(e); *part.pt.* getrieben.

treten *pres.* trete, trittst, tritt; *impf.* trat, trat(e)st; *cong.* träte; *imp.* tritt; *part.pt.* getreten.

trinken *pres.* trinke, trinkst, trinkt; *impf.* trank, trankst; *cong.* tränke; *imp.* trink(e); *part.pt.* getrunken.

trügen *pres.* trüge, trügst, trügt; *impf.* trog, trogst; *cong.* tröge; *imp.* trüg(e); *part.pt.* getrogen.

tun *pres.* tue, tust, tut; tun; *impf.* tat, tat(e)st; *cong.* täte; *imp.* tu(e); *part.pt.* getan.

verderben *pres.* verderbe, verdirbst, verdirbt; *impf.* verdarb; *cong.* verdürbe; *imp.* verdirb; *part.pt.* verdorben.

verdrießen *pres.* verdrieße, verdrießt, verdrießt; *impf.* verdroß, verdrossest; *cong.* verdrösse; *imp.* verdrieß(e); *part.pt.* verdrossen.

vergessen *pres.* vergesse, vergißt, vergißt; *impf.* vergaß, vergaßest; *cong.* vergäße; *imp.* vergiß; *part.pt.* vergessen.

verlieren *pres.* verliere, verlierst, verliert; *impf.* verlor; *cong.* verlöre; *imp.* verlier(e); *part.pt.* verloren.

verschleißen *pres.* verschleiße, verschleißt (verschleißest), verschleißt; *impf.* verschliß, verschlissest; *cong.* verschlisse; *imp.* verschleiß(e); *part.pt.* verschlissen.

wachsen *pres.* wachse, wächst, wächst; *impf.* wuchs, wuchsest; *cong.* wüchse; *imp.* wachs(e); *part.pt.* gewachsen.

wägen *pres.* wäge, wägst, wägt; *impf.* wog (wägte); *cong.* wöge (wägte); *imp.* wäg(e); *part.pt.* gewogen (gewägt).

waschen *pres.* wasche, wäschst, wäscht; *impf.* wusch, wuschest; *cong.* wüsche; *imp.* wasch(e); *part.pt.* gewaschen.

weichen *pres.* weiche, weichst, weicht; *impf.* wich, wichst; *cong.* wiche; *imp.* weich(e); *part.pt.* gewichen.

weisen *pres.* weise, weist, weist; *impf.* wies, wiesest; *cong.* wiese; *imp.* weis (weise); *part.pt.* gewiesen.

wenden *pres.* wende, wendest, wendet; *impf.* wandte (wendete); *cong.* wendete; *imp.* wende, (wendet); *part.pt.* gewandt (gewendet).

werben *pres.* werbe, wirbst, wirbt; *impf.* warb; *cong.* würbe; *imp.* wirb; *part.pt.* geworben.

werden *pres.* werde, wirst, wird; *impf.* wurde; *cong.* würde; *imp.* werde; *part.pt.* geworden (worden*).

werfen *pres.* werfe, wirfst, wirft; *impf.* warf, warfst; *cong.* würfe; *imp.* wirf; *part.pt.* geworfen.

wiegen *pres.* wiege, wiegst, wiegt; *impf.* wog; *cong.* wöge; *imp.* wieg(e); *part.pt.* gewogen.

winden *pres.* winde, windest, windet; *impf.* wand, wandest; *cong.* wände; *imp.* winde; *part.pt.* gewunden.

wissen *pres.* weiß, weißt, weiß; wissen, wißt, wissen; *impf.* wußte; *cong.* wüßte; *imp.* wisse; *part.pt.* gewußt.

wollen *pres.* will, willst, will; wollen; *impf.* wollte; *cong.* wollte; *imp.* wolle; *part.pt.* gewollt.

wringen *pres.* wringe, wringst, wringt; *impf.* wrang; *cong.* wränge; *imp.* wring(e); *part.pt.* gewrungen.

zeihen (ver~) *pres.* zeihe, zeihst, zeiht; *impf.* zieh, ziehst; *cong.* ziehe; *imp.* zeih(e); *part.pt.* geziehen.

ziehen *pres.* ziehe, ziehst, zieht; *impf.* zog, zogst; *cong.* zöge; *imp.* zieh(e); *part.pt.* gezogen.

zwingen *pres.* zwinge, zwingst, zwingt; *impf.* zwang, zwangst; *cong.* zwänge; *imp.* zwing(e); *part.pt.* gezwungen.

---

*) Quando accompagnato dal *part.pt.* di altri verbi.

Norme generali per la pronuncia tedesca

A 1. La lingua tedesca possiede vocali lunghe, brevi e semilunghe.

2. Le vocali brevi sono sempre aperte: [ɛ] [œ] [i] [y] [ɔ] [u]

3. Le vocali lunghe e semilunghe sono sempre chiuse all'eccezione di [ɛ]:

[e:] [ø:] [i:] [y:] [o:] [u:]
[e·] [ø·] [i·] [y·] [o·] [u·]
Eccezione: [ɛ:] [ɛ·]

4. Nelle parole di origine straniera si trovano in sillabe posttoniche (cioè nella sillaba seguente la sillaba accentuata) vocali brevi, che vengono appena pronunciate e non formano perciò sillabe proprie:

[ĭ] [y̆] [ŭ] [ŏ]

5. La **a** tedesca è neutrale, il che vuol dire che la sua pronuncia, sia essa breve o lunga, rimane ugualmente distante dalla **o** e dalla **e**. Generalmente la **a** lunga viene però pronunciata di qualche grado più bassa di quella breve e semilunga.

Indichiamo la **a** lunga e bassa (semivelare) come

[ɑ:]

e la **a** breve e semilunga "chiara" (semipalatale) come

[a·]

6. Nei prefissi **be-** e **ge-**, nei suffissi davanti a **-l, -ln, -lst, -m, -n, -nd, -nt, [-r, -rm, -rn, -rt, -rst]*), -s,** e in fine di parola (**-e**) la **e** viene pronunciata come una cosiddetta "vocale mista" con valore fonetico poco distinto: [ə]

B L'ortografia tedesca segue in parte la tradizione storica, e in parte la pronuncia effettiva.

Si possono però stabilire delle norme per la giusta pronuncia della maggioranza delle parole tedesche:

1. Le vocali sono sempre brevi davanti a doppie consonanti (p.e. **ff, mm, tt, ss***), e **ck**, che, nella scrittura, sta al posto di **kk** e generalmente brevi davanti a due o più consonanti.

offen ['ʔɔfən]
lassen ['lasən]
oft [ʔɔft']

Le eccezioni sono segnalate nel vocabolario con l'indicazione della vocale lunga: Jagd [jɑ:kt']

2. Le vocali sono lunghe

a) in sillabe aperte e accentuate: Ware ['vɑ:rə]

Le vocali che sono lunghe nell'infinito dei verbi deboli, rimangono tali anche nelle forme della flessione:

sagen ['zɑ:gən]
sagte ['zɑ:ktə]
gesagt [gə'zɑ:kt']

b) quando sono raddoppiate: Paar [p'ɑ:r]

c) quando sono seguite da una **h** muta:

Bahn [bɑ:n]

d) quando sono seguite da una singola consonante:

Tag [t'ɑ:k']

---

*) Vedi E 7 c.   **) Per **ß** vedi B 2 e.

Eccezioni:

ab	[ˀapˑ]	bis	[bis]	hin	[hin]	in	[ˀin]
man	[man]	mit	[mitˑ]	ob	[ˀɔpˑ]	um	[ˀum]
-nis	[-nis]	ver-	[fɛr-]	zer-	[tser-]	bin	[bin]
zum	[tsum]	das	[das]	an	[ˀan]	von	[fɔn]
un-	[ˀun-]	wes	[vɛs]	was	[vas]	es	[ˀɛs]
des	[dɛs]	weg	[vɛkˑ]				

e in alcune parole composte, p.e.:   barfuß ['baːrfuːs]

e) davanti a ß tra vocali: grüßen ['gryːsən]

In fine di parola la giusta ortografia tedesca prescrive sempre la lettera **ß**, e non ss: Schluß [ʃlus]

Si può sapere, se una vocale, precedente una **ß** finale, è lunga o breve, formando il plurale, qualora si tratti di un sostantivo, o il comparativo nel caso di un aggettivo; se la **ß** rimane tale anche nel plurale o nel comparativo, la vocale è lunga:

Gruß [uː] — Grüße [yː]
groß [oː] — größer [øː]

Se invece la parola viene scritta con ss nel plurale risp. nel comparativo, la vocale è breve tanto nel singolare o nella forma semplice dell'aggettivo quanto nel plurale o nel comparativo:

Faß [a] — Fässer [ɛ]
naß [a] — nässer [ɛ]

f) Dato che la **ch** e la **sch** non vengono mai raddoppiate, non si può sapere per regola, se la vocale precedente sia lunga o breve. Prevale però la pronuncia breve: Bach [bax]

Wäsche ['vɛʃə]

Le eccezioni sono segnalate nel vocabolario con l'indicazione della vocale lunga: Buch [buːx]

3. Le vocali semilunghe si trovano esclusivamente nelle sillabe àtone (non accentuate), e per la maggior parte nelle parole di origine straniera: vielleicht [fiˈlaɪçtˑ]

monoton [moˑnoˑˈtˑoːn]

C Il tedesco possiede tre dittonghi: au [aʊ]

ai, ei, ey [aɪ]
äu, eu, oi [ɔʏ]

La prima vocale dei dittonghi è pronunciata più fortemente che non la seconda.

La seconda vocale è assai aperta, cioè la **u** aperta [ʊ] in **au** [aʊ] si avvicina alla **o** chiusa [o], la **i** aperta [ɪ] in **ei**, **ai** e **ey** [aɪ] alla **e** chiusa [e]; nel caso di **äu**, **eu**, **oi** [ɔʏ] si verifica un leggero arrotondamento verso la **ö** [ø]. Per questa ragione, molti non scrivono [aʊ], [aɪ], [ɔʏ], ma invece [ao], [ae], [ɔø].

D Vocali nasali si trovano solo in parole derivanti dal francese; in posizione tonica (accentuata) sono lunghe, a differenza, spesso, del francese; in posizione àtona sono semilunghe.

In parole di uso comune le nasali vengono spesso sostituite dalla stessa vocale pura seguita dalla consonante occlusiva nasale [ŋ]. Indichiamo la pronuncia di queste parole nella maniera, in cui vengono pronunciate effettivamente dai tedeschi, senza badare a regole teoriche:

Waggon [vaˈgɔn]

E In seguito spieghiamo alcune particolarità che riguardano le singole consonanti tedesche e il loro valore fonetico in dipendenza dalla loro posizione nella parola.

1. Le vocali, che stanno all'inizio delle parole, vengono pronunciate, premettendo una cosiddetta occlusiva gutturale che si può definire anche come "attacco duro" (in inglese: glottal stop, in francese: coup de glotte); il suono è molto simile allo Stød danese e allo Hamza arabo: [ʔ]

    Nell'ortografia tedesca questo suono non è indicato. Se si produce all'interno delle parole (dopo prefissi), lo segnaliamo mediante un corto tratto d'unione: ab-ändern [ˈʔapˈʔɛndərn]

2. La **h** viene pronunciata in tedesco:

    a) all'inizio delle parole: hinein [hiˈnaɪn]

    b) davanti a vocali accentuate; davanti a vocali facenti parte di una sillaba radicale (in tal caso portano un accento secondario):
    Halt [halt]
    anhalten [ˈʔanhaltən]

    c) in parole di diverso tipo, specialmente in parole straniere:
    Uhu [ˈʔuːhuː]
    Alkohol [ˈʔalkoˈhoːl]

    In tutti gli altri casi la **h** è muta:
    gehen [ˈgeːən]
    sehen [ˈzeːən]
    Ehe [ˈʔeːə]

3. **p — t — k**

    Queste occlusive "sorde" vengono generalmente aspirate nelle posizioni definite meglio qui sotto. L'aspirazione si produce mediante una specie di soffio, pari ad una debole **h**, che segue la pronuncia della consonante stessa. In tal modo l'aspirazione avviene:

    a) All'inizio delle parole davanti a vocali:
    Pech [pˈɛç]

    oppure davanti a **l, n, r** e **v** (in **qu-**):
    Plage [ˈpˈlaːgə]
    Kreis [kˈraɪs]
    Quelle [ˈkˈvɛlə]

    b) nella sillaba accentuata all'interno delle parole:
    ertragen [ɛrˈtˈraːgən]

    c) nelle parole straniere davanti a vocali, anche nelle sillabe àtone:
    Krokodil [kˈroˈkˈoˈdiːl]

    d) alla fine delle parole:
    Rock [rɔkˈ]

    In tutti gli altri casi **p, t** e **k** sono aspirate poco o affatto.

4. **b — d — g**

    Queste occlusive "sonore" diventano "sorde" alla fine delle parole (v. regola 3d):
    ab [ʔapˈ]
    und [ʔuntˈ]
    Weg [veːkˈ]

    Lo stesso vale per i gruppi di consonanti **-gd, -bt, -gt:**
    Jagd [jaːktˈ]
    gibt [giːptˈ]
    gesagt [gəˈzaːktˈ]

In fine di sillaba e davanti ad una consonante della sillaba successiva **b, d, g** si pronunciano senza vibrazione; le trascriviamo sempre come [p], [t], [k]:

ablaufen ['ʔaplaufən]
endgültig ['ʔɛntɡyltɪç]
weggehen ['vɛkɡeːən]

5. Quando s'incontrano due occlusive sorde uguali, ma appartenenti a due sillabe diverse (p.e. **-tt-**), solo una di esse viene pronunciata distintamente, seppure con un leggero prolungamento della sua articolazione in bocca. Così, pronunciando per esempio la parola "Bettuch", si esita per un attimo dopo **-t-**, prima di pronunciare la seguente **-u-**. Si produce quindi una sola occlusiva con successiva aspirazione:

Bettuch ['bɛtt'uːx]
Handtuch ['hantt'uːx]

La pronuncia delle occlusive doppie come delle doppie consonanti in genere è quindi diversa dall'italiano, ove le consonanti doppie vengono realmente pronunciate come tali: lot-ta, tap-pa, boc-ca.

6. Quando ad una consonante sorda segue una consonante sonora, che sta all'inizio della sillaba successiva, non avviene l'assimilazione né in senso progressivo, né in senso contrario; con altre parole: né la consonante sorda rende tale quella seguente, né quella seguente rende sonora la consonante precedente. Si pronunciano quindi distintamente le due consonanti secondo la loro qualità fonetica:

aussetzen ['ʔauszɛtsən]
Absicht ['ʔapzɪçt']

7. In tedesco esistono tre pronuncie della **r**, e cioè

a) una **r** gutturale ben distinta all'inizio delle sillabe e dopo consonanti. Si produce mediante la vibrazione dell'ugola:

rollen ['rɔlən]
Ware ['vaːrə]
schreiben ['ʃraɪbən]

b) una **r**, prodotta pure con la vibrazione dell'ugola in fine di parola e davanti a consonanti; è però più breve della prima e quasi smorzata:

für [fyːr]
stark [ʃtark']

c) una **r** fortemente vocalizzata nella sillaba finale àtona **-er**; si confonde quasi con la **e** precedente, rendendola più cupa:

Lehrer ['leːrər]

Zahlwörter — Numerali

Die italienischen Ordnungszahlen haben für das weibliche Geschlecht eine besondere Form, die durch Verwandlung des auslautenden -o in -a gebildet wird; desgleichen nehmen sie die Pluralform an. Wir geben im folgenden nur die männliche Form ohne Artikel.

Grundzahlen — Numeri cardinali

0	null *zero*	30	dreißig *trenta*
1	eins *uno, una, un, un'*	31	einunddreißig *trentuno*
2	zwei *due*	38	achtunddreißig *trentotto*
3	drei *tre*	40	vierzig *quaranta*
4	vier *quattro*	50	fünfzig *cinquanta*
5	fünf *cinque*	60	sechzig *sessanta*
6	sechs *sei*	70	siebzig *settanta*
7	sieben *sette*	80	achtzig *ottanta*
8	acht *otto*	90	neunzig *novanta*
9	neun *nove*	100	hundert *cento*
10	zehn *dieci*	101	einhunderteins *cento uno*
11	elf *undici*	200	zweihundert *duecento*
12	zwölf *dodici*	300	dreihundert *trecento*
13	dreizehn *tredici*	400	vierhundert *quattrocento*
14	vierzehn *quattordici*	500	fünfhundert *cinquecento*
15	fünfzehn *quindici*	600	sechshundert *seicento*
16	sechzehn *sedici*	700	siebenhundert *settecento*
17	siebzehn *diciassette*	800	achthundert *ottocento*
18	achtzehn *diciotto*	900	neunhundert *novecento*
19	neunzehn *diciannove*	1000	tausend *mille*
20	zwanzig *venti*	1001	eintausendeins *mille uno*
21	einundzwanzig *ventuno*	2000	zweitausend *duemila*
22	zweiundzwanzig *ventidue*	3000	dreitausend *tremila*
23	dreiundzwanzig *ventitré*	100 000	hunderttausend *centomila*
28	achtundzwanzig *ventotto*	1 000 000	eine Million *un milione*

Ordnungszahlen — Numeri ordinali

1.	erste *primo*	15.	fünfzehnte *quindicesimo, decimoquinto* [sesto]
2.	zweite *secondo*	16.	sechzehnte *sedicesimo, decimo-*
3.	dritte *terzo*	17.	siebzehnte *diciassettesimo, decimosettimo*
4.	vierte *quarto*	18.	achtzehnte *diciottesimo, decimottavo*
5.	fünfte *quinto*		
6.	sechste *sesto*	19.	neunzehnte *diciannovesimo, decimonono*
7.	siebente *settimo*	20.	zwanzigste *ventesimo, vigesimo*
8.	achte *ottavo*	21.	einundzwanzigste *ventunesimo, ventesimo primo*
9.	neunte *nono*		
10.	zehnte *decimo*	22.	zweiundzwanzigste *ventiduesimo, ventesimo secondo*
11.	elfte *undicesimo, decimoprimo, undecimo*		
12.	zwölfte *dodicesimo, decimosecondo, duodecimo*	23.	dreiundzwanzigste *ventesimo terzo*
13.	dreizehnte *tredicesimo, decimoterzo*	28.	achtundzwanzigste *ventesimo ottavo*
14.	vierzehnte *quattordicesimo, decimoquarto*		

30. dreißigste *trentesimo*	400. vierhundertste *quattrocente-simo*
31. einunddreißigste *trentesimo primo*	500. fünfhundertste *cinquecente-simo*
38. achtunddreißigste *trentesimo ottavo*	600. sechshundertste *seicentesimo*
40. vierzigste *quarantesimo*	700. siebenhundertste *sette-centesimo*
50. fünfzigste *cinquantesimo*	800. achthundertste *ottocentesimo*
60. sechzigste *sessantesimo*	900. neunhundertste *novecentesimo*
70. siebzigste *settantesimo*	1000. tausendste *millesimo*
80. achtzigste *ottantesimo*	1001. tausenderste *millesimo primo*
90. neunzigste *novantesimo*	2000. zweitausendste *duemillesimo*
100. hundertste *centesimo*	3000. dreitausendste *tremillesimo*
101. hunderterste *centunesimo, centesimo primo*	100 000. hunderttausendste *centomillesimo*
200. zweihundertste *duecentesimo*	1 000 000. millionste *milionesimo*
300. dreihundertste *trecentesimo*	

Bruchzahlen — Numeri frazionari

$1/2$ ein halb *un mezzo*
$1/3$ ein drittel *un terzo*
$2/3$ zwei drittel *due terzi*
$1/4$ ein viertel *un quarto*

$3/4$ drei viertel *tre quarti*
$1/5$ ein fünftel *un quinto*
$1/6$ ein sechstel *un sesto*
$1/10$ ein zehntel *un decimo*

Vervielfältigungszahlen — Numeri proporzionali

Einfach *semplice*, zweifach *doppio*, dreifach *triplo*, vierfach *quadruplo*, fünffach *quintuplo*, sechsfach *sestuplo*, siebenfach *settuplo*, achtfach *ottuplo*, neunfach *nonuplo*, zehnfach *decuplo*, hundertfach *centuplo*.

Einmal *una volta*; zwei-, drei-, viermal *usw. due, tre, quattro volte*; zweimal so viel *due volte tanto*; noch einmal *ancora una volta*.

$7+8 = 15$ sieben und acht sind fünfzehn *sette più otto fa quindici*.

$10-3 = 7$ zehn weniger drei sind sieben *dieci meno tre fa sette*.

$2 \times 3 = 6$ zwei mal drei ist sechs *due per tre fa sei*.

$20 : 4 = 5$ zwanzig (geteilt) durch vier ist fünf *venti diviso quattro fa cinque*.

Zahladverbien — Avverbi numerali

Erstens *in primo luogo*, *primo* (1°).
Zweitens *in secondo luogo*, *secondo* (2°).
Drittens *in terzo luogo*, *terzo* (3°).

Potenzen, Wurzeln und Prozente
Potenze, radici e percentuali

Potenz: 3^2 *tre elevato alla seconda potenza* oder *tre elevato a due*

Wurzel: $\sqrt{9}$ *la radice quadrata di nove*

Prozent: 4% *il quattro per cento*

Deutsche Maße und Gewichte
Misure e pesi tedeschi

Längenmaße
Misure di lunghezza

1 mm Millimeter *millimetro*
1 cm Zentimeter *centimetro*
1 dm Dezimeter *decimetro*
1 m Meter *metro*
1 km Kilometer *chilometro*
1 sm Seemeile *miglio marino =
1852 metri*

Flächenmaße
Misure di superficie

1 qmm Quadratmillimeter *millimetro quadrato*
1 qcm Quadratzentimeter *centimetro quadrato*
1 qdm Quadratdezimeter *decimetro quadrato*
1 qm Quadratmeter *metro quadrato*
1 ha Hektar *ettaro*
1 qkm Quadratkilometer *chilometro quadrato*
1 Morgen *iughero*

Raummaße
Misure di capacità

1 cmm Kubikmillimeter *millimetro cubo*

1 ccm Kubikzentimeter *centimetro cubo*
1 cdm Kubikdezimeter *decimetro cubo*
1 cbm Kubikmeter *metro cubo*
1 rm Raummeter *metro cubo*
1 fm Festmeter *metro cubo (solido)*
1 BRT Bruttoregistertonne *tonnellata di stazza lorda*

Hohlmaße
Misure di capacità

1 dl Deziliter *decilitro*
1 l Liter *litro*
1 hl Hektoliter *ettolitro*

Gewichte
Pesi

1 mg Milligramm *milligrammo*
1 g Gramm *grammo*
1 Pfd. Pfund *libbra*
1 kg Kilogramm *chilogrammo*
1 Ztr. Zentner *mezzo quintale*
1 dz Doppelzentner *quintale*
1 t Tonne *tonnellata*

Mengenbezeichnung
Quantità

1 Dtzd. Dutzend *dozzina*

Buchstabieralphabete
Alfabeti telefonici

	Deutsch *Tedesco*	*Italienisch* *Italiano*	*International* *Internazionale*
A	Anton	Ancona	Amsterdam
Ä	Ärger	—	—
B	Berta	Bologna	Baltimore
C	Cäsar	Como	Casablanca
D	Dora	Domodossola	Danemark
E	Emil	Empoli	Edison
F	Friedrich	Firenze	Florida
G	Gustav	Genova	Gallipoli
H	Heinrich	Hotel	Havanna
I	Ida	Imola	Italia
J	Julius	I lunga, jersey	Jérusalem
K	Kaufmann	Kursaal	Kilogramme
L	Ludwig	Livorno	Liverpool
M	Martha	Milano	Madagaskar
N	Nordpol	Napoli	New York
O	Otto	Otranto	Oslo
Ö	Ökonom	—	—
P	Paula	Padova	Paris
Q	Quelle	Quarto	Québec
R	Richard	Roma	Roma
S	Siegfried	Savona	Santiago
T	Theodor	Torino	Tripoli
U	Ulrich	Udine	Uppsala
Ü	Übermut	—	—
V	Viktor	Venezia	Valencia
W	Wilhelm	Washington	Washington
X	Xanthippe	Ics, xeres	Xanthippe
Y	Ypsilon	York, yacht	Yokohama
Z	Zacharias	Zara	Zürich

Weitere Sprachwerke für Italienisch

Langenscheidts Handwörterbuch Italienisch

Teil I: Italienisch-Deutsch. 560 Seiten.
Teil II: Deutsch-Italienisch. 660 Seiten.
Beide Teile auch in einem Band.

Dieses Nachschlagewerk enthält rd. 180 000 Stichwörter und Wendungen
in beiden Teilen. Neben der heutigen Allgemeinsprache wurde weitgehend
der Fachwortschatz verschiedenster Wissensgebiete mit einer Fülle von
Neologismen berücksichtigt.

Langenscheidts Praktisches Lehrbuch Italienisch

Neubearbeitung. Von Dr. Margherita Jaeger-Marcucci. 224 Seiten.

Ein Lehrbuch für denjenigen, der sich eingehender mit dem Studium der
italienischen Sprache befassen möchte. Nach gründlicher Durcharbeitung
wird der Lernende in der Lage sein, Italienisch zu verstehen und sich korrekt
auszudrücken. Zu diesem Lehrbuch sind zwei Begleit-Cassetten lieferbar.

Langenscheidts Expresskurs Italienisch

Von Elisabetta und Allessandra Cavalli.
Lehrbuch 144 Seiten, Format 11 × 18 cm, kartoniert-laminiert
und Audio-Cassette (C 60).

Langenscheidts Expresskurs Italienisch führt auf leichte, unterhaltsame Weise
in die fremde Sprache ein. Die Audio-Cassette enthält alle fremdsprachlichen
Lektionstexte zum Üben der Aussprache.

Buch und Cassette einzeln oder als Lern-Set in einer Box erhältlich.

Langenscheidts Grundwortschatz Italienisch

Von Giuliano Merz. 324 Seiten, Format 11,8 × 18,5 cm, Plastikeinband.

Ein nach Sachgebieten geordnetes Lernwörterbuch mit rund 3000 Grund-
wörtern in 4000 Wortgleichungen. Ideal zum erstmaligen Erwerb oder
zum Wiederholen und Festigen eines Grundwortschatzes.

Langenscheidts fremdsprachliche Lektüre Italienisch

Un po' di tutto   Italia allo specchio
Storie poliziesche   L'italiano è così

Alle weniger bekannten Vokabeln sind erläutert. "Italia allo specchio"
und "L'italiano è così" enthalten zusätzliche Übungsaufgaben mit
„Schlüssel".

Langenscheidt ... weil Sprachen verbinden

Langenscheidts Taschenwörterbücher

Rund 85 000 Stichwörter und Wendungen in den Komplettbänden.
Mit Angabe der Aussprache. Format 9,6 × 15,1 cm. Plastikeinband.

Altgriechisch
Komplettband 858 Seiten.
Altgriechisch-Deutsch
Deutsch-Altgriechisch

Althebräisch
Althebräisch-Deutsch
(zum Alten Testament) 306 S.

Arabisch
Komplettband 1080 Seiten.
Arabisch-Deutsch
Deutsch-Arabisch

Dänisch
Komplettband 1069 Seiten.
Dän.-Deutsch/Deutsch-Dän.

Englisch
Teil I: Englisch-Deutsch 688 S.
Teil II: Deutsch-Englisch 720 S.
Komplettband 1408 Seiten.
Auch als Dünndruckausgabe im
Ganzledereinband.

Französisch
Teil I: Französisch-Deutsch 576 S.
Teil II: Deutsch-Französisch 663 S.
Komplettband 1248 Seiten.
Auch als Dünndruckausgabe im
Ganzledereinband.

Hebräisch
Komplettband 964 Seiten.
Hebräisch-Deutsch
Deutsch-Hebräisch

Italienisch
Komplettband 1246 Seiten.
Ital.-Deutsch/Deutsch-Ital.

Latein
Teil I: Lateinisch-Deutsch 576 S.
Teil II: Deutsch-Lateinisch 460 S.
Komplettband 1036 Seiten.

Neugriechisch
Komplettband 1108 Seiten.
Neugriechisch-Deutsch
Deutsch-Neugriechisch

Niederländisch
Komplettband 1069 Seiten.
Niederländisch-Deutsch
Deutsch-Niederländisch

Polnisch
Komplettband 1212 Seiten.
Polnisch-Deutsch
Deutsch-Polnisch

Portugiesisch
Komplettband 1248 Seiten.
Portugiesisch-Deutsch
Deutsch-Portugiesisch

Russisch
Teil I: Russisch-Deutsch 568 S.
Teil II: Deutsch-Russisch 604 S.
Komplettband 1172 Seiten.

Schwedisch
Komplettband 1008 Seiten.
Schwedisch-Deutsch
Deutsch-Schwedisch

Spanisch
Komplettband 1056 Seiten.
Spanisch-Deutsch
Deutsch-Spanisch

Tschechisch
Komplettband 1054 Seiten.
Tschechisch-Deutsch
Deutsch-Tschechisch

Türkisch
Komplettband 1040 Seiten.
Türkisch-Deutsch
Deutsch-Türkisch

Langenscheidt ... weil Sprachen verbinden

Sturz

Sturz [ʃturts] m (3² u. ³) caduta f; ⚠ crollo m; '~acker m campo m dissodato; '~bach m torrente m; '~bad n doccia f.

Stürze ['ʃtyrtsə] f (15) coperchio m.

stürzen ['ʃtyrtsən] (27) **1.** v/t. precipitare; (um~) rovesciare (a. fig.), ribaltare; ins Elend: piombare; die Kasse: riscontrare; die Regierung ~ rovesciare il governo; **2.** v/refl.: sich ~ precipitarsi (aus dem Fenster dalla finestra); ↑ buttarsi; sich ~ auf: lanciarsi su; balzare su; sich in Gefahr ~ esporsi al pericolo; sich in Schulden ~ impelagarsi nei debiti; **3.** v/i. (sn) cadere; (eilen) precipitarsi.

Sturz|flug ['ʃturtsfluːk] m ✈ picchiata f, volo m a picco; ~güter n/pl. carico m alla rinfusa; ~helm m casco m; ~see f, ~welle f mareggiata f.

Stuß F [ʃtus] m (4, o. pl.) sciocchezze f/pl.

Stute ['ʃtuːtə] f (15) cavalla f; ~nfüllen n puledra f.

Stütz... ['ʃtyts...]: ⊕ in Zssgn di sostegno od. di rinforzo; ~balken m trave f di sostegno.

Stutz|bart ['ʃtutsbaːrt] m barbetta f; ~degen m spadino m.

Stütze ['ʃtytsə] f (15) sostegno m; supporto m; fig. appoggio m, aiuto m.

stutzen ['ʃtutsən] **1.** (27): **a)** v/t. raccorciare; Flügel: tarpare; Bäume: svettare; Ohren: tagliare; Haare: spuntare; **b)** v/i. restar sorpreso, rimanere perplesso; **2.** ♀ m (6) ✗ carabina f; ⊕ manicotto m; tubo m.

stützen ['ʃtytsən] (27) sostenere; Mauer: puntellare; fig. et.: appoggiare; sich ~ fig. basarsi, fondarsi.

Stutzer ['ʃtutsər] m (7) bellimbusto m, F gagà m; ♀haft elegantone, F da gagà.

Stutzflügel ['ʃtutsflyːgəl] ♪ m pianoforte m a mezza coda.

stutzig ['ʃtutsiç] sorpreso; ~ machen mettere in sospetto; ~ werden adombrarsi.

Stütz|mauer ['ʃtytsmauər] f muro m di sostegno; ~punkt m punto m d'appoggio; ✗ caposaldo m; base f.

subaltern [zʊpʔalˈtɛrn] subalterno.

Subjekt [-ˈjɛkt] n (3) soggetto m; ♀iv [--ˈtiːf] soggettivo; ~ivität [--iviˈtɛːt] f soggettività f.